COLEÇÃO **SÚMULAS comentadas**

Organizador: **Roberval Rocha**

ENUNCIADOS •FPPC•

FÓRUM PERMANENTE DE PROCESSUALISTAS CIVIS

Organizados por assunto, anotados e

comentados

COLEÇÃO **SÚMULAS comentadas**
Organizador: **Roberval Rocha**

ENUNCIADOS • FPPC •

FÓRUM PERMANENTE DE PROCESSUALISTAS CIVIS

Organizados por assunto, anotados e

comentados

COORDENADOR
Ravi Peixoto

INCLUI

- Índice Alfabético-remissivo
- Índice Cronológico-remissivo

PREFÁCIO
Alexandre Freitas Câmara

2ª edição
revista, ampliada e atualizada

2019

EDITORA *Jus*PODIVM
www.editorajuspodivm.com.br

EDITORA *Jus*PODIVM
www.editorajuspodivm.com.br

Rua Território Rio Branco, 87 – Pituba – CEP: 41830-530 – Salvador – Bahia
Tel: (71) 3045.9051
• Contato: https://www.editorajuspodivm.com.br/sac

Diagramação: Cendi Coelho *(cendicoelho@gmail.com)*

Capa: Rene Bueno e Daniela Jardim *(www.buenojardim.com.br)*

ISBN: 978-85-442-2982-8

A Fredie Didier Jr., por ser o idealizador e grande representante do espírito de debates francos e abertos do FPPC.

APRESENTAÇÃO DA COLEÇÃO

> *"Importante ressaltar a difusão que teve a Súmula, como método de trabalho, pois este parece ser o seu aspecto de maior eficácia, suplantando mesmo a sua condição de repertório oficial de jurisprudência da Alta Corte. Em certo sentido, pode-se dizer que o conteúdo da súmula passa para segundo plano, quando o comparamos com a sua função de método de trabalho, revestido de alguns efeitos processuais, que contribuem para o melhor funcionamento da Justiça."*
>
> *Florianópolis, 04/09/1981.*
>
> *Victor Nunes Leal, in "Passado e Futuro da Súmula do STF"*

A coleção SÚMULAS COMENTADAS traz para os leitores informações objetivas e relevantes, tanto da doutrina como da jurisprudência, sobre a aplicação dada aos enunciados sumulares dos tribunais e das instituições mais importantes do país.

Seu escopo é levar, aos estudiosos, aos operadores do direito e àqueles que lidam com os órgãos das mais diversas esferas de atuação governamental, as máximas da sistematização judicial e administrativa, cujos textos intentam orientar, da maneira mais racional possível, a atuação dos entes estatais no cumprimento de seu múnus constitucional.

VOLUMES DA COLEÇÃO

- Volume 01 – Súmulas STF
- Volume 02 – Súmulas STJ
- Volume 03 – Súmulas TCU
- Volume 04 – Súmulas AGU
- Volume 05 – Enunciados Câmaras de Coordenação e Revisão do MPF
- Volume 06 – Súmulas TNU
- Volume 07 – Enunciados FONAJE
- Volume 08 – Enunciados FONAJEF
- Volume 09 – Enunciados FONACRIM
- Volume 10 – Enunciados CJF (Vol. I – Direito Civil)
- Volume 11 – Enunciados CJF (Vol. II – Direito Comercial)
- Volume 12 – Súmulas TRTs
- Volume 13 – Súmulas TRFs
- Volume 14 – Súmulas TJs
- Volume 15 – Súmulas do CARF
- Volume 16 – Súmulas do TJSP
- Volume 17 – Súmulas do TJRJ
- Volume 18 – Enunciados do Fórum Permanente de Processualistas Civis
- Volume 19 – Enunciados NCPC – ENFAM
- Volume 20 – Enunciados das Turmas Recursais dos Juizados Especiais dos TJs

ROBERVAL ROCHA
Organizador

NOTA DO COORDENADOR À 2ª EDIÇÃO

Inicialmente, agradecemos aos leitores pela boa recepção da obra, que já foi citada em diversos artigos. Destaco ainda que os enunciados do FPPC vêm sendo utilizados tanto em decisões como eventualmente até em questões de concurso, o que demonstra o seu alcance e sua importância para o meio jurídico.

Depois do lançamento desta obra, já foram realizados dois Fóruns Permanentes de Processualistas Civis, na cidade do Recife e em Brasília, nos quais foram elaborados novos enunciados, bem como a revisão e o cancelamento de alguns outros. Esta edição levou em conta todas essas mudanças.

Temos a participação de diversos novos autores, comentando os enunciados elaborados, bem como a revisão de enunciados revisados e a própria atualização realizada pela evolução da interpretação.

Esperamos que a obra tenha a mesma acolhida da primeira edição e agradecemos eventual crítica ou comentário enviados.

Recife, julho de 2019.

RAVI PEIXOTO

APRESENTAÇÃO

O Fórum Permanente de Processualistas Civis (FPPC) é um espaço de discussão aberta que vem sendo realizado desde 2014, na Bahia, quando o atual CPC era ainda um mero anteprojeto. Em março de 2017 foi realizado o VIII FPPC, na cidade de Florianópolis. Vale destacar que cada fórum é realizado em uma cidade diferente e, a cada vez, com mais participantes. O último foi realizado em março de 2019, em Brasília (DF). Sintam-se convocados a participar das próximas discussões, sugerindo novos enunciados ou criticando os já produzidos.

O evento é organizado da seguinte forma: em um primeiro dia, os participantes são divididos em salas temáticas, a exemplo de parte geral, direito probatório, precedentes, entre vários outros grupos. Dentro de tais grupos, tais temas serão discutidos, com o objetivo de redigir enunciados, exigindo-se sempre aprovação unânime. Cabe a um relator a coordenação da discussão e a consolidação dos enunciados, bem como a sua apresentação e defesa no plenário, que é a segunda parte do fórum. Nos outros dias, tem-se a plenária, em que os grupos se reúnem e cada relator irá apresentar os enunciados discutidos e aprovados em sua temática. Nesse momento, cada enunciado é lido e qualquer um, de qualquer grupo, pode debatê-lo, seja para sugerir alterações redacionais, seja para discutir a sua correção, mas sempre de forma fundamentada. Basta que apenas uma pessoa exerça o seu direito de veto do enunciado, de forma fundamentada, para que ele não seja aprovado. Isso significa que todos os enunciados dependem de aprovação unânime da plenária.

A principal característica do FPPC é a de que *qualquer interessado* pode participar de tais eventos, independentemente de qualificação acadêmica ou profissional e essa pluralidade também é refletida nas discussões, em que um estudante de direito tem a liberdade e a possibilidade de discutir abertamente com um famoso doutrinador. O evento é gratuito e requer, tão somente, uma inscrição prévia no grupo escolhido para auxiliar na organização e impedir que alguns grupos fiquem excessivamente lotados, o que impediria o bom andamento da discussão.

A própria pluralidade de profissões também é interessante, eis que o fórum conta com a participação de advogados, professores, promotores, juízes, defensores públicos, procuradores etc. Permite-se assim uma visão mais ampla e menos enviesada na produção de enunciados.

O principal visionário desse projeto foi Fredie Didier Jr., para o qual este livro é dedicado. Desde o primeiro fórum, ele jamais deixou de participar ativamente de sua organização e das inúmeras discussões. No primeiro dia, não é estranho pensar que ele talvez possua alguns irmãos gêmeos, pois todos os grupos acabam passando por alguma(s) discussão(ões) por ele provocada(s) ao passar por cada um dos grupos.

Na plenária, está sempre Fredie no meio das discussões, do início ao fim (pense em um evento que começa às 9h e vai até as 19h). Enfim, Fredie Didier Jr. é a representação de um jurista inquieto, curioso e aberto às discussões, sendo o grande representante do espírito do FPPC.

Esse é, em resumo, o funcionamento do FPPC. Após a realização de dez encontros, já foram produzidos 706 (setecentos e seis) enunciados interpretativos do processo civil à luz do NCPC. Eles abrangem desde a parte geral até a legislação extravagante, havendo enunciados sobre temas como juizados especiais, mandado de segurança, processo coletivo, recuperação judicial etc.

Pensando em uma forma de auxiliar na compreensão do raciocínio dos enunciados, surgiu a ideia de produzir uma obra – coletiva e plural, tal qual o fórum –, cujo objetivo seria o de esclarecer o potencial de cada enunciado, além, ainda, de ser possível a crítica à ideia por ele proposta. Por meio de comentários a cada um dos enunciados, havia o propósito de entender o significado de cada um deles e de que forma ele se relaciona com os textos normativos a ele relacionados.

Para tanto, foram convidados processualistas de diversos estados do país, com formação igualmente diversa, que se dispuseram a dialogar sobre esses enunciados. Há representantes desde o Rio Grande do Sul até o Amazonas, que permitiram a produção de uma obra de qualidade e plural, refletindo o próprio espírito do FPPC. Tem-se a participação de processualistas já consagrados, como Eduardo Talamini, Hermes Zaneti, Eduardo José da Fonseca Costa, Rodrigo Reis Mazzei, Dierle Nunes, entre outros, e de jovens processualistas, a exemplo de Marcelo Pichioli, Juliana Provedel e José Humberto Pereira Muniz Filho.

Um detalhe deve ser apontado sobre a redação de enunciados. Eles não se propõem a impedir novas discussões, seja em outros fóruns, em que pode ser proposta a sua revisão ou cancelamento, seja na produção doutrinária. Consistem apenas em propostas de interpretação do direito processual civil, as quais, em determinado momento e por um determinado número de pessoas, houve concordância. Foi inclusive com esse raciocínio que esta obra foi pensada. A ideia é dialogar com os enunciados com a completa liberdade para a crítica.

RAVI PEIXOTO
Coordenador

COORDENAÇÃO E AUTORIA

COORDENADOR

RAVI PEIXOTO

Doutorando em direito processual pela UERJ. Mestre em Direito pela UFPE. Membro da ANNEP, do CEAPRO, da ABDPRO e do IBDP. Procurador do Município de João Pessoa. Advogado.

AUTORES

ALEXANDRE FREIRE

Doutor em Direito pela PUC-SP. Mestre em Direito pela UFPR. Chefe da Assessoria da Presidência da Comissão Mista de Orçamento do Congresso Nacional. Ex-Subchefe Adjunto para assuntos jurídicos da Presidência da República. Ex-Assessor de Ministro do Supremo Tribunal Federal. Secretário adjunto para assuntos legislativos do Instituto Brasileiro de Direito Processual (IBDP).

ALEXANDRE FREIRE PIMENTEL

Pós-doutor (Universidade de Salamanca, Espanha). Doutor e Mestre (UFPE). Professor da Universidade Católica de Pernambuco (mestrado e doutorado). Professor da Faculdade de Direito do Recife (UFPE). Consultor ad hoc da Coordenação de Aperfeiçoamento de Pessoal de Nível Superior (CAPES) e do Conselho de Pós-Graduação e Pesquisa em Direito (CONPEDI). Membro da Associação Norte Nordeste de Professores de Processo (ANNEP) e da Associação Brasileira de Direito Processual (ABDPRo). Juiz de Direito do TJPE. Diretor da Escola Judicial Eleitoral do TRE-PE.

ALEXANDRE MELO FRANCO BAHIA

Doutor e Mestre em Direito pela UFMG. Professor Adjunto na UFOP e IBMEC-BH. Membro da Academia Brasileira de Direito Processual Civil (ABDPC). Advogado

ANDRE ROQUE

Doutor e mestre em Direito Processual pela UERJ. Professor Adjunto de Direito Processual Civil da FND/UFRJ. Advogado.

ANGÉLICA MOTA CABRAL

Advogada especialista em Direito Processual Civil, membro da Comissão de Direito Processual da OAB/CE e da ABDPro

ANTÔNIO CARVALHO

Doutorando pela PUC-SP. Mestre pela Universidade de Coimbra. Membro-fundador e diretor de comunicação social da ABDPro. Professor da Escola da Magistratura do Paraná. Juiz de direito.

ANTONIO CARLOS F. DE SOUZA JÚNIOR

Doutorando em Direito Tributário (USP). Mestre em Direito (UNICAP). Pós-graduação em Direito Tributário pelo IBET/SP. Professor do Curso de Pós-graduação do IBET em Recife/PE e em João Pessoa/PB. Secretário-Geral da ABDPro. Membro da ANNEP. Vice-presidente da Comissão de Assuntos Tributários da OAB/PE. Conselheiro Administrativo Fiscal do Município do Recife. Advogado.

ARNOLDO CAMANHO DE ASSIS

Desembargador do Tribunal de Justiça do Distrito Federal e Territórios. Graduado pela Universidade de Brasília, onde cursou o Mestrado em Direito e Estado. Doutorando em Direito Constitucional pela Universidade de Buenos Aires. Especialista em Direito Internacional Público e Privado (Academia de Direito Internacional de Haia, Holanda) e em Direito do Consumidor (Universidade de Coimbra, Portugal). Professor de Direito Processual Civil na Escola da Magistratura do Distrito Federal, no Instituto Brasiliense de Direito Público - IDP e nos cursos de Pós-Graduação em Direito Processual Civil da Faculdade Atame. Membro fundador e atual Presidente da Associação Brasiliense de Direito Processual Civil. Secretário--Adjunto do Instituto Brasileiro de Direito Processual no Distrito Federal. Membro da Academia Brasileira de Direito Processual Civil e do Instituto Brasileiro de Direito de Família.

BEATRIZ GALINDO

Mestranda em Ciências Jurídico-Forenses na Universidade de Lisboa. Pós-Graduada em Direito Processual Civil pela PUC-Rio. Graduada na Universidade Federal Fluminense. Membro da Comissão do projeto Mulheres no Processo Civil Brasileiro – IBDP. Advogada.

BECLAUTE OLIVEIRA SILVA

Doutor em Direito (UFPE). Mestre em Direito (UFAL). Professor Adjunto da FDA/UFAL (mestrado e graduação). Professor Titular III do CESMAC; Professor Titular da UNIT. Membro fundador da ANNEP; Membro do Instituto Iberoamericano de Direito Processual (IIDP). Membro do IBDP. Membro da ABDPRo.

CARLA TERESA BONFADINI DE SÁ

Juíza Federal da Seção Judiciária do Rio de Janeiro. Mestranda em Direito Processual pela UERJ.

CAROLINA UZEDA

Mestranda em Direito Processual Civil pela PUC-SP. Advogada.

DIEGO CREVELIN DE SOUSA

Especialista em Direito Processual Civil pela Universidade Anhanguera-Uniderp. Membro da ABDPro. Professor do curso de Direito das Faculdades Integradas de Aracruz-ES – FAACZ. Advogado.

DIERLE NUNES

Doutor em Direito Processual (PUC-MG/Università degli Studi di Roma "La Sapienza"). Mestre em Direito Processual (PUC-MG). Professor permanente do PPGD da PUC-MG. Professor Adjunto na PUC-MG e na UFMG. Secretário-Geral Adjunto do IBDP. Membro fundador da Associação Brasileira de Direito Processual Constitucional (ABDPConst), Diretor do departamento de direito processual do IAMG, Membro da International Association of Procedural Law e Instituto Panamericano de Derecho Procesal (IPDP). Advogado. Membro da Comissão de Juristas que assessorou, na Câmara dos Deputados, a redação e discussão do Novo Código de Processo Civil.

EDERSON GARIN PORTO

Mestre e Doutor em Direito pela UFRGS. Professor da Faculdade de Direito da Unisinos.

EDILSON VITORELLI

Procurador da República, doutor em Direito pela Universidade Federal do Paraná, mestre pela UFMG. Visiting scholar na Stanford Law School, visiting researcher na Harvard Law School. Professor Adjunto na Universidade Presbiteriana Mackenzie e na Escola Superior do Ministério Público da União. Professor convidado em diversos cursos de graduação e pós-graduação. Autor de diversos livros e artigos científicos publicados no Brasil e no exterior

EDUARDO ARANHA FERREIRA

Mestrando em Direito Processual Civil pela Pontifícia Universidade Católica de São Paulo. Graduado em Direito pela Pontifícia Universidade Católica de Campinas. Professor assistente dos cursos de Bacharelado da Pontifícia Universidade Católica de São Paulo. Advogado.

EDUARDO CAMBI

Pós-doutor pela Università degli Studi do Pavia. Doutor e mestre em Direito pela Universidade Federal do Paraná. Promotor de Justiça no Paraná. Assessor da Procuradoria-Geral de Justiça. Coordenador do Centro de Estudos e Aperfeiçoamento Funcional do MP-PR. Membro colaborador da Comissão de Direitos Fundamentais do CNMP. Professor da Universidade Estadual do Norte do Paraná e da Universidade Paranaense.

EDUARDO FONSECA DA COSTA

Juiz Federal. Presidente da ABDPro. Diretor da RBDPro. Doutor pela PUC/SP. Pós-doutorando pela UNISINOS. Membro do IBDP, do IPDP e do IIDP.

EDUARDO SCARPARO

Doutor em direito (UFRGS). Professor Adjunto de Direito Processual Civil (UFRGS). Advogado em Porto Alegre (RS)

EDUARDO TALAMINI

Livre-docente em Direito Processual na Faculdade de Direito da Universidade de São Paulo (USP). Mestre e Doutor em Direito Processual pela Faculdade de Direito da Universidade de São Paulo (USP). Professor adjunto de Direito Processual Civil da Faculdade de Direito da Universidade Federal do Paraná (UFPR). Advogado, sócio da Justen, Pereira, Oliveira e Talamini – Sociedade de Advogados. Coordenador do curso de pós-graduação em Direito Processual Civil do Instituto de Direito Romeu Felipe Bacellar. Vice-presidente da Câmara de Arbitragem da Federação das Indústrias do Paraná (CAIEP). Autor de diversos livros e artigos.

ELIE PIERRE EID

Doutorando e Mestre em Direito Processual Civil pela Faculdade de Direito da Universidade de São Paulo (USP). Professor em cursos de pós-graduação. Membro do Instituto Brasileiro de Direito Processual (IBDP). Advogado.

FÁBIO VICTOR DA FONTE MONNERAT

Procurador Federal. Mestre e doutorando em Direito Processual Civil pela Pontifícia Universidade Católica de São Paulo (PUC/SP). Coordenador e professor do Curso de Especialização em Direito Processual Civil da Escola Superior de Advocacia da OAB, Seção São Paulo. Professor convidado dos cursos de Pós-graduação lato sensu (especialização) da Escola Paulista de Direito – EPD, da Pontifícia Universidade Católica de São Paulo (PUC/SP), da Universidade Presbiteriana Mackenzie de São Paulo, da Universidade Federal do Mato Grosso (UFMT), do Complexo Educacional e Faculdade de Direito Damásio de Jesus, da Universidade Católica de Santos (Unisantos), Universidade Católica de Salvador (UNICSAL) e da Pontifícia Universidade Católica do Rio de Janeiro (PUC/Rio). Autor do livro "Introdução ao Estudo do Direito Processual Civil" pela editora Saraiva

FERNANDA TARTUCE

Doutora e Mestre em Direito Processual pela USP. Professora do Programa de Mestrado e Doutorado da Faculdade Autônoma de Direito de São Paulo. Professora e Coordenadora de Processo Civil da Escola Paulista de Direito. Membro do IBDFAM, do IBDP e do IASP. Presidente do Conselho do Centro de Estudos Avançados de Processo (CEAPRO). Advogada, mediadora e autora de publicações jurídicas.

FERNANDA MEDINA PANTOJA

Professora de Direito Processual da PUC-Rio. Doutora em Direito Processual pela UERJ. Mestre em Direito Processual pela UERJ. Advogada

FLÁVIO QUINAUD PEDRON

Doutor e Mestre em Direito pela UFMG. Professor Permanente do PPGD da Faculdade de Guanambi/Bahia. Professor Adjunto do Curso de Direito do IBMEC. Professor Adjunto da PUC-MG. Advogado.

FREDERICO KOEHLER

Mestre em Direito pela Universidade Federal de Pernambuco (UFPE). Professor Adjunto da Universidade Federal de Pernambuco (UFPE). Membro e Secretário-Geral Adjunto do IBDP. Membro e Diretor da ANNEP. Membro da ABDPRO. Diretor da Revista Jurídica da Seção Judiciária de Pernambuco. Juiz Federal.

GABRIELA EXPÓSITO

Mestre em Direito pela Universidade Federal da Bahia. Especialista em direito processual civil. Advogada. Diretora de Publicações da Associação Norte Nordeste de Professores de Processo (ANNEP).

GILBERTO CARLOS MAISTRO JUNIOR

Advogado. Mestre (UNIMES/SP) e Doutorando (FADISP/SP) em Direito. Professor Titular na Faculdade de Direito de Sorocaba/SP. Coordenador dos Cursos de Especialização em Direito Processual Civil, Direito do Trabalho e Processual do Trabalho da mesma Faculdade. Professor Convidado nos Programas de Pós-Graduação "Lato Sensu" de diversas Instituições. Membro do CEAPRO.

GILBERTO GOMES BRUSCHI

Advogado em São Paulo. Doutor e mestre em Direito Processual Civil pela PUC/SP. Professor na graduação e pós-graduação da Faculdade de Damásio (DeVry). Coordenador do curso pós-graduação lato sensu em Direito Processual Civil da Faculdade Damásio (DeVry). Membro do IBDP e do CEAPRO, onde também é conselheiro.

GUSTAVO AZEVEDO

Advogado, Mestre em Direito pela Universidade Federal de Pernambuco, Bacharel em Direito pela mesma Universidade, membro da ANNEP, Vice-Presidente da Comissão Especial para o Novo Código de Processo Civil (CENCPC) da OAB/PE e professor convidado da Escola Superior da Advocacia de Pernambuco (ESA/PE).

HERMES ZANETI JR.

Professor Adjunto de Direito Processual Civil no Mestrado e Graduação da Universidade Federal do Espírito Santo – UFES. Pós-doutorado pela Università degli Studi di Torino/IT. Doutor em Teoria e Filosofia do Direito pela Università degli Studi di Roma 3/IT. Doutor e Mestre em Direito Processual pela Universidade Federal do Rio Grande do Sul – UFRGS. Promotor de Justiça no MPES.

JALDEMIRO RODRIGUES DE ATAÍDE JR.

Doutor em Direito pela PUC-SP. Mestre em Direito pela UNICAP-PE. Graduado em Direito pela UFPB. Diretor-tesoureiro da ABDPro. Membro efetivo da ANNEP. Professor do curso de pós-graduação lato sensu do Centro Universitário de João Pessoa – UNIPÊ. Advogado.

JANAÍNA SOARES NOLETO CASTELO BRANCO.

Doutora em Direito pela Universidade Federal do Ceará - UFC. Professora Adjunta de Processo Civil da UFC. Procuradora federal. Membro da ANNEP, IBDP e ABDPRO

JOÃO LUIZ LESSA NETO

Doutorando pela Universidade de São Paulo. Mestre pela Universidade Federal de Pernambuco/Queen Mary, University of London. Advogado.

JORGE BHERON ROCHA

Mestre em Ciências Jurídico-criminais pela Faculdade de Direito da Universidade de Coimbra com estágio na Georg-August-Universität Göttingen, Alemanha. Sócio fundador do Instituto Latino-Americano de Estudos sobre Direito, Política e Democracia – ILAEDPD. Membro da ANNEP e da ABDPro. Professor de Penal e Processo Penal da Graduação e Pós-Graduação. Defensor Público do Estado do Ceará.

JOSÉ HENRIQUE MOUTA ARAÚJO

Pós-doutor (Faculdade de Direito da Universidade de Lisboa), doutor e mestre (Universidade Federal do Pará), Professor do Centro Universitário do Estado do Pará (CESUPA) e da Faculdade Metropolitana de Manaus (FAMETRO), procurador do estado do Pará e advogado.

JOSÉ HUMBERTO PEREIRA MUNIZ FILHO

Mestrando em Processo e Hermenêutica pela Universidade Católica de Pernambuco. Membro da ABDPro. Professor Substituto UFPB. Advogado.

JULIA LIPIANI

Mestra em Direito Processual pela Universidade do Estado do Rio de Janeiro (UERJ). Especialista em Direito Processual Civil pela Faculdade Baiana de Direito, graduada em Direito pela Universidade Federal da Bahia (UFBA). Membro da ANNEP. Advogada.

JULIANA PROVEDEL CARDOSO

Mestre em Direito Processual pela Faculdade de Direito da Universidade Federal do Espírito Santo – UFES. Monitora da disciplina Processo Coletivo e Procedimentos Especiais (Processo Civil VI) no curso de graduação em Direito da UFES. Pesquisadora vinculada ao Grupo de Pesquisa Fundamentos do Processo Civil Contemporâneo do Programa de Mestrado em Direito da Universidade Federal do Espírito Santo – UFES. Advogada.

LEONARD ZIESEMER SCHMITZ

Doutor em Direito Processual Civil na Pontifícia Universidade Católica (PUC/SP). Mestre em Direito Processual Civil pela PUC/SP (2014). Graduado em Direito pela Universidade Federal de Santa Catarina – UFSC (2011), com estágio de pesquisa em política judiciária na George Washington University – GWU/EUA (2007) e em filosofia política na Università degli Studi di Padova – UNIPD/Itália (2009). Professor assistente nos cursos de graduação e pós-graduação stricto sensu da PUC/SP e da Faculdade Autônoma de Direito de São Paulo (FADISP). Membro da Comissão Permanente de Estudos de Processo Constitucional do Instituto dos Advogados de São Paulo (IASP). Advogado.

LERIANE DRUMOND BENTO

Graduada em Direito pela Universidade Federal do Espírito Santo (UFES). Membro do Grupo de Pesquisa 'A reconstrução do Processo Civil segundo o modelo democrático' (UFES), com estágio em pesquisa pelas editoras Eppur si Muove (ESM) e Juspodivm.

LIANA CIRNE LINS

Professora Adjunta da Faculdade de Direito do Recife (UFPE). Doutora em Direito Público (UFPE). Mestra em Instituições Jurídico-Políticas (UFSC). Membro da ANNEP. Advogada.

LORENA GUEDES

Doutoranda na Universidade Federal de Pernambuco (UFPE) e Mestre em Direito Processual pela Universidade Católica de Pernambuco (UNICAP). Diretora na Associação Brasileira de Direito Processual (ABDPRO). Professora e Advogada.

LÚCIO DELFINO

Pós-doutor em Direito pela Universidade do Vale do Rio dos Sinos (UNISINOS). Doutor em Direito pela Pontifícia Universidade Católica de São Paulo (PUC-SP). Membro-fundador da ABDPro. Diretor da Revista Brasileira de Direito Processual (RBDPro). Advogado.

LUIZ DELLORE

Mestre e Doutor em Direito Processual pela USP. Mestre em Direito Constitucional pela PUC/SP. Professor de Direito Processual do Mackenzie, Fadisp, EPD, IEDI, Saraiva Aprova e outros cursos. Advogado concursado da Caixa Econômica Federal. Ex-assessor de Ministro do STJ. Membro do IBDP, do IPDP e diretor do CEAPRO.

MARCELA KOHLBACH DE FARIA

Mestre e Doutoranda em Direito pela UERJ. Membro do Instituto Carioca de Processo Civil (ICPC) e do Instituto Brasileiro de Direito Processual (IBDP). Advogada. Endereço eletrônico: marcela_kohlbach@hotmail.com.

MARCELO LIMA GUERRA

Pós-Doutor pela Università degli Studi di Pavia. Doutor e Mestre em Direito pela PUC-SP. Professor da Graduação e do Curso de Mestrado da Faculdade de Direito da Universidade Federal do Ceará. Juiz do Trabalho do TRT-7ª Região.

MARCELO PACHECO MACHADO

Advogado. Doutor e Mestre em Direito Processual pela USP. Conselheiro da OAB/ES. Membro do IBDP e do CEAPRO.

MARCELO PICHIOLI DA SILVEIRA

Membro da ABDPro. Parecerista ad hoc da Revista Brasileira de Direito Processual (RBDPro). Professor de Direito Processual Civil.

MARCO ANTONIO RODRIGUES

Procurador do Estado do Rio de Janeiro. Professor Adjunto de Direito Processual Civil da UERJ. Pós-doutor pela Universidade de Coimbra/Portugal. Mestre em Direito Público e Doutor em Direito Processual pela UERJ. Advogado. Professor de cursos de pós-graduação em Direito pelo Brasil. Membro da International Association of Procedural Law, do IBDP, do Instituto Ibero-Americano de Direito Processual e do Instituto Português de Processo Civil. Advogado e consultor jurídico.

MARCOS YOUJI MINAMI

Doutor (UFBA). Mestre (UFBA). Especialista (UNISUL). Membro da ANNEP. Professor de Processo Civil (FAP-CE). Professor de Pós-Graduação em Processo Civil (URCA-CE e FAP-CE). Técnico Judiciário (TRE-CE).

MARÍLIA SIQUEIRA

Mestra em Processo Civil pela Universidade de São Paulo. Especialista em Direito Empresarial pela Fundação Getúlio Vargas.

MARINA FRANÇA SANTOS

Doutora em Direito pela PUC-Rio. Mestre e bacharel em Direito pela UFMG. Procuradora do Município de Belo Horizonte. Professora de Direito na Escola Superior Dom Helder Câmara.

MATEUS COSTA PEREIRA

Doutor e Mestre em Direito pela Universidade Católica de Pernambuco (Unicap). Professor de Processo Civil da Unicap. Diretor de Assuntos Institucionais da ABDPro. Membro da ANNEP e da Associação Linguagem e Direito (ALIDI). Advogado.

MATEUS VARGAS FOGAÇA

Mestre em Ciência Jurídica pela Universidade Estadual do Norte do Paraná (UENP). Especialista em Direito Imobiliário pela Universidade Positivo. Pesquisador do Grupo de Estudos Neoconstitucionalismo e Neoprocessualismo (UENP). Membro da Comissão de Direito Imobiliário e da Construção da OAB/PR. Membro da Comissão de Infraestrutura Legal e Acompanhamento Legislativo da Associação Brasileira de Crédito Imobiliário e Poupança (ABECIP). Advogado.

MAURÍCIO FERREIRA CUNHA

Doutor em Direito Processual pela PUC/MINAS. Membro da Associação Brasileira de Direito Processual (ABDPRO), do Instituto Brasileiro de Direito Processual (IBDP) e do Centro de Estudos Avançados de Processo (CEAPRO). Juiz de Direito (TJMG). Endereço eletrônico: cunhaprocivil@gmail.com

MICHEL FERRO E SILVA

Mestre em Direito do Estado, especialista em Direito Processual, professor de Direito Processual Civil do CESUPA – Centro Universitário do Pará (graduação e especialização) e da FAP – Faculdade Estácio do Pará (graduação e especialização). Membro da ANNEP e do IBDP. Advogado em Belém/PA.

MÔNICA PIMENTA JUDICE

Mestre em Direito Processual Civil na Pontifícia Universidade Católica de São Paulo (PUC/SP). Mestre em Direito Marítimo pela Universidade de Oslo – Noruega (UIO). Especialista em Direito Tributário pelo Instituto Brasileiro de Estudos Tributários (IBET). Membro da Associação Brasileira de Direito Marítimo – ABDM. Membro do IPDP. Advogada.

MURILO AVELINO

Mestre em Direito pela Universidade Federal de Pernambuco. Pós-graduado lato sensu em Direito Constitucional. Bacharel em Direito pela Universidade Federal de Pernambuco. Membro da ANNEP. Advogado e Professor de Direito Processual Civil. Professor na Universidade Federal de Pernambuco e na Escola Superior de Advocacia da OAB Pernambuco. Procurador da Fazenda Nacional.

PEDRO HENRIQUE NOGUEIRA

Doutor (UFBA) e Mestre em Direito (UFAL). Professor de Direito Processual Civil (graduação e mestrado) na Universidade Federal de Alagoas (UFAL). Membro do IBDP, membro fundador da ANNEP, membro do Instituto Iberoamericano de Direito Processual. Advogado.

PEDRO MIRANDA DE OLIVEIRA

Doutor em Direito pela PUC-SP. Mestre em Direito pela PUC-PR. Secretário Adjunto do Instituto Brasileiro de Direito Processual – IBDP. Membro do Instituto dos Advogados de Santa Catarina - IASC, da Academia Brasileira de Direito Processual Civil - ABDPC e do Instituto Iberoamericano de Derecho Procesal – IIDP. Membro do corpo editorial da Revista de Processo – RePro. Professor de Processo Civil dos cursos de graduação, mestrado e doutorado da Faculdade de Direito da UFSC. Diretor Geral da Escola Superior de Advocacia da OAB/SC. Advogado e consultor jurídico.

RAFAEL SIRANGELO DE ABREU

Mestre e Doutor em Direito pela UFRGS. Professor da Faculdade de Direito da FAPA.

RAPHAEL MIZIARA

Mestrando em Direito do Trabalho pela UDF, professor em cursos de graduação e pós-graduação em Direito do Trabalho, professor da Escola Superior de Advocacia do Piauí – ESA/PI, autor de livros e artigos na área juslaboral, advogado e consultor jurídico. Membro da Comissão do Advogado Professor e da Comissão de Direito do Trabalho da OAB/PI. Membro da ANNEP. Membro da ABDPro. Parecerista da Revista de Direito do Trabalho da Revista dos Tribunais.

RAVI PEIXOTO

Doutorando em Direito Processual pela UERJ. Mestre em Direito pela UFPE. Membro da ANNEP, do CEAPRO, da ABDPRO e do IBDP. Procurador do Município de Recife. Advogado.

RENATA CORTEZ

Mestre em Direito pela UNICAP. Professora de Direito Processual Civil. Membro da Associação Norte e Nordeste de Professores de Processo (ANNEP) e do Instituto Brasileiro de Direito Processual (IBDP). Tabeliã de Notas e Protestos no Estado de Pernambuco. Endereço eletrônico: renatacortez@outlook.com.br.

RINALDO MOUZALAS

Doutorando em direito pela UFPE. Mestre em Direito pela Universidade Católica de Pernambuco. Graduado em Direito pela Universidade Federal da Paraíba. Professor da Universidade Federal da Paraíba. Advogado.

RITA DIAS NOLASCO

Doutora em Direito pela PUC/SP. Procuradora da Fazenda Nacional. Diretora do CEAE/SP – Centro de Altos Estudos da Procuradoria Regional da Fazenda Nacional da 3ª Região – São Paulo. Membro do Conselho Executivo da Escola da AGU-SP. Professora do COGEAE/PUC-SP na Especialização de Direito Processual Civil. Professora do Curso de Especialização em Direto Processual Civil da Escola Superior da Procuradoria Geral do Estado de São Paulo e Escola da Advocacia-Geral da União. Membro do IBDP. Secretária-Geral Adjunta do IBDP no Estado de São Paulo. Membro da Comissão do IBDP do Projeto "Mulheres no Processo Civil Brasileiro" Membro do CEAPRO.

ROBERTO CAMPOS GOUVEIA FILHO

Bacharel, mestre e doutorando pela Universidade Católica de Pernambuco (UNICAP). Professor de Direito Civil e Processual Civil da mesma Instituição. Vice-Presidente da ABDPro. Membro do Conselho Editorial da Revista Brasileira de Direito Processual (RBDPro). Advogado.

ROBSON RENAULT GODINHO

Pós-doutor (UFBA), Doutor e Mestre (PUCSP) em Direito Processual Civil. Promotor de Justiça (MPRJ).

RODRIGO REIS MAZZEI

Pós-doutor (UFES). Doutor (FADISP). Mestre (PUC-SP). Bacharel (UFES). Professor da UFES (graduação e mestrado). Membro do IBDP e do CEAPRO. Membro do IBDFAM (Instituto Brasileiro do Direito de Família) e do Conselho Superior do IAEES (Instituto dos advogados do Estado do Espírito Santo).

RONALDO CRAMER

Doutor e Mestre em Direito Processual Civil pela PUC-SP. Professor de Direito Processual Civil pela PUC-Rio. Vice-Diretor de Pesquisas do IBDP. Membro do IIDP. Membro do Instituto Carioca de Processo Civil – ICPC. Vice-Presidente da OAB/RJ. Advogado

ROSALINA FREITAS MARTINS DE SOUSA

Doutora em Direito Público pela Universidade Federal de Pernambuco. Mestre em Direito Processual pela Universidade Católica de Pernambuco. Assessora Técnica Judiciária de Desembargador do Tribunal de Justiça do Estado de Pernambuco e Instrutora Interna também do Tribunal de Justiça do Estado de Pernambuco. Membro do Instituto Brasileiro de Direito Processual - IBDP, da Associação Norte e Nordeste de Professores de Processo - ANNEP e da Associação Brasileira de Direito Processual - ABDPRO.

SOFIA TEMER

Doutoranda e Mestre em Direito Processual pela Universidade do Estado do Rio de Janeiro (UERJ). Membro do Instituto Carioca de Processo Civil (ICPC). Advogada.

TAMYRES TAVARES DE LUCENA

Mestra em Direito pela UFPE. Membra da ANNEP e da ABDPRO. Advogada e professora de Processo Civil na Faculdade Metropolitana da Grande Recife – FMGR.

THAÍS AMOROSO PASCHOAL

Doutora e mestre em Direito pela Universidade Federal do Paraná. Graduada em Direito pela Universidade Estadual de Londrina. Professora de Direito Processual Civil na Universidade Positivo, em Curitiba, e coordenadora do Núcleo de Prática Jurídica dessa Instituição. Professora em cursos de pós-graduação. É membro integrante do Instituto Brasileiro de Direito Processual. Integrante do Núcleo de Pesquisa Constitucionalismo e Democracia: filosofia e dogmática constitucional contemporâneas e do Núcleo de Pesquisa em Direito Processual Civil Comparado, do PPGD-UFPR. Advogada.

TIAGO FIGUEIREDO GONÇALVES

Doutor e Mestre em Direito pela PUC-SP, Professor da Escola da Magistratura do Espírito Santo – EMES, Advogado.

TICIANO ALVES E SILVA

Mestre em Direito Processual (UERJ). Professor de Direito Processual Civil. Procurador do Estado do Amazonas. Advogado. Membro do IBDP, do CEAPRO e da ANNEP.

THIAGO RODOVALHO

Professor da PUC/Campinas. Doutor e Mestre em Direito Civil pela PUC/SP, com Pós-Doutorado no Max-Planck-Institut fur ausländisches und internationales Privatrecht. Membro da Lista de Árbitros da Câmara de Arbitragem e Mediação da Federação das Indústrias do Estado do Paraná – CAM-FIEP, do Conselho Arbitral do Estado de São Paulo – CAESP, da Câmara de Mediação e Arbitragem da Sociedade Rural Brasileira – CARB, da Câmara de Mediação e Arbitragem das Eurocâmaras – CAE, da Câmara Brasileira de Mediação e Arbitragem Empresarial – CBMAE, do Centro Brasileiro de Mediação e Arbitragem – CEBRAMAR, e da ARBITRANET. Membro do Instituto dos Advogados de São Paulo – IASP, do Instituto de Direito Privado – IDP, do IBDP e do Centro de Estudos Avançados de Processo – CEAPRO. Autor de diversas publicações no Brasil e no exterior (livros e artigos).

THIANA CABRAL

Mestranda em Direito Processual pela Universidade de São Paulo (USP). Membro da Associação Norte Nordeste de Professores de Processo (ANNEP) e do Instituto Baiano de Direito Imobiliário (IBDI). Advogada. Endereço eletrônico: thianacabral@gmail.com

TRÍCIA NAVARRO XAVIER CABRAL

Pós-Doutora em Direito Processual pela USP. Doutora em Direito Processual na UERJ. Mestre em Direito pela UFES. Juíza Estadual no Espírito Santo. Membro efetivo do IBDP. Professora do PPGDIR/UFES.

VINICIUS SILVA LEMOS

Advogado. Doutorando em Direito Processual pela UNICAP/PE. Mestre em Sociologia e Direito pela UFF/RJ. Especialista em Processo Civil pela FARO. Professor de Processo Civil na FARO e UNIRON. Coordenador da Pós-Graduação em Processo Civil da Uninter/FAP. Vice-Presidente do Instituto de Direito Processual de Rondônia – IDPR. Membro do IBDP. Membro da ANNEP. Membro do CEAPRO. Membro da Academia Brasileira de Direito Processual Civil – ABDPC. Membro da ABDPRO.

VITOR DE PAULA RAMOS

Mestre em Direito pela UFRGS. Doutor em Direito pela mesma Universidade e pela Universidade de Girona (Espanha). Professor nos cursos de pós-graduação lato sensu em Processo Civil da UFRGS, da PUCRS, da Uniritter e da Unisinos. Professor convidado em diversos cursos de Processo Civil, incluindo AJURIS, ESA-OAB/RS e ESAPERGS. Membro efetivo do IBDP. Advogado

ZULMAR DUARTE

Advogado. Consultor Jurídico. Especialista em Direito Civil e Direito Processual Civil. Professor da Unisul e de diversos Cursos de Pós-Graduação. Professor Convidado Permanente da Escola Superior da Advocacia – OAB/SC. Delegado para Região Sul da ABDPro. Membro do IBDP, do IAB (Instituto dos Advogados Brasileiros), do IASP (Instituto dos Advogados de São Paulo) e do CEAPRO. Autor de diversos livros, artigos e pareceres com ênfase em Direito Processo Civil.

A ESTRUTURAÇÃO DO LIVRO

Para que o leitor possa identificar rapidamente o tipo de informação contida nos comentários e anotações, são utilizados diferentes formatos de textos, antecedidos por símbolos que identificam o item sob leitura:

- • referências informativas dos enunciados;
- ◙ tópicos de jurisprudência;
- ► tópicos de legislação;

Como no exemplo abaixo:

SÚMULA Nº 684 – É INCONSTITUCIONAL O VETO NÃO MOTIVADO À PARTICIPAÇÃO DE CANDIDATO A CONCURSO PÚBLICO.

● **Súmula aplicável.** • *Data: 24.9.2003.* • *Referência legislativa: CF/88, art. 5º, XXXVI.* • *Precedentes: RMS 17999, DJ 15.3.1968; RE 111400, DJ 22.5.1987; RE 125556, DJ 15.5.1992; AI 179583 AgR, DJ 1º.7.1996; RE 200747 AgR, DJ 19.12.1996.*

"•" Símbolo que antecede as informações sobre o ***status* da súmula (aplicável, vinculante, superada, mitigada, revogada, cancelada)** e sobre referências legislativas e precedentes judiciais que embasaram o enunciado.

C… base em critérios subjetivos, como a ver… e privada, e posterior exclusão do certa… dministrativo inconstitucional, que atent… do conhecimento do Poder Judiciário …

◙ …] O exame psicotécnico, especialmente quando possuir natureza eliminatória, deve re… em sua realização, à observância de cri-té… destinada a viabilizar o controle jurisdici… bilidade dos parâmetros norteadores da fo… estes psicológicos, sob pena de frustrar--s… didato, da garantia de acesso ao Poder Judiciário, na hipótese de lesão a direito. […]. (STF. 2ª Turma. AI-AgR 539408/DF. Rel.: Min. Celso de Mello. DJ 7.4.2006)

"◙" Símbolo que antecede os exemplos de **jurisprudência** que discorrem sobre as súmulas e sobre temas a elas correlatos.

► **CF. Art. 5º,** XXXV – a lei não excluirá da apreciação do Poder Judiciário lesão ou ameaça a direito.

"►" Símbolo indicador dos textos de **legislação** que normatizam o assunto a que a súmula se refere.

Os Enunciados/Súmulas são agrupados por assunto em tópicos específicos, em que se indica sua pertinência com o ordenamento jurídico atual (e, se for o caso, com a classificação de aplicáveis, superados, cancelados, revogados, mitigados ou vinculantes), de acordo com o entendimento da jurisprudência, da aplicação que lhes é dada pelas Cortes brasileiras, e, também, pela análise da doutrina majoritária sobre os temas que versam.

Para cada súmula/enunciado há comentários objetivos, calcados em estudo de obras jurídicas o mais atualizadas possível, seguidos de exemplos-resumo de ementas de julgamentos importantes envolvendo o assunto antes e depois de sua edição, assim como as referências legislativas históricas que lhes serviram de base normativa e os textos legais referidos nas decisões judiciais.

Os livros trazem, também, excertos de julgamentos sobre os temas abordados, visando familiarizar o leitor com a aplicação dada aos verbetes pelos Tribunais, descortinando o panorama dos litígios que as envolvem, de maneira que permita aclarar o pensamento judicial majoritário nessas composições colegiadas.

Um índice cronológico-remissivo evidencia a página do livro em que se encontram os comentários de cada um dos enunciados/súmulas, proporcionando uma rápida localização de seus textos:

ÍNDICE CRONOLÓGICO-REMISSIVO

001 É vedada a expulsão de estrangeiro casado com brasileira, ou que tenha filho brasileiro, dependente da economia paterna. » 233

002 Concede-se liberdade vigiada ao extraditando que estiver preso por prazo superior a sessenta dias. » 236

003 A imunidade concedida a deputados estaduais é restrita à Justiça do Estado. » 155

004 Não perde a imunidade parlamentar o congressista nomeado Ministro de Estado. » 154

Outro índice, alfabético-remissivo, indica os enunciados que tratam de determinados assuntos, separados por palavras-chave:

ÍNDICE ALFABÉTICO-REMISSIVO

A

Abono salarial. » Súms. 241, 230, 234, 235, 501, 552.
Ação civil pública. » Súms. 643.
Ação cominatória. » Súms. 500.
Ação declaratória. » Súms. 258.
Ação direta de inconstitucionalidade. » Súms. 360, 614, 642.
Ação penal. » Súms. 388, 524, 554, 601, 607, 608, 609.
Ação popular. » Súms. 365.
Ação previdenciária. » Súms. 689.

PREFÁCIO

Em matéria de direito processual civil, a única coisa unânime é que nada é unânime. Ouvi essa frase muitas vezes ao longo dos anos, e sinceramente acreditava nela. Afinal, é enorme a quantidade de divergências sobre todos, rigorosamente todos, os temas da ciência processual civil. Quantas são as teorias sobre a ação? Já houve mesmo quem dissesse que cada processualista teria a sua própria. Qual a natureza do processo? Relação jurídica? Procedimento em contraditório? Instituição? Situação jurídica? E qual a natureza da sentença que julga procedentes os embargos do executado? Declaratória? Constitutiva? Aliás, a classificação das sentenças de mérito admite quantas espécies? Três? Quatro? Cinco? Ou essas classificações já estão superadas e não servem para mais nada?

Pois pensei nisso tudo quando me disseram que eu estava convidado para participar do FPPC – Fórum Permanente de Processualistas Civis, em que temas de direito processual civil seriam debatidos para se tentar aprovar enunciados que apresentassem um consenso interpretativo mínimo sobre temas processuais, especialmente voltados à compreensão do CPC que estava, àquela altura, sendo projetado (e que a partir de 2015 se tornou uma realidade). E por que pensei nisso? Simples! Porque só seriam aprovados os enunciados que contassem com a unanimidade dos participantes do Fórum. Minha primeira reação foi pensar, então, que nenhum enunciado seria aprovado.

Mesmo assim, comecei a participar dos encontros do Fórum. Para começo de conversa, cada participante arcava com os custos de sua ida. Quem quisesse ir que comprasse sua passagem, reservasse seu hotel e pagasse por sua alimentação. Tudo completamente diferente dos eventos que costumo frequentar como conferencista, em que a entidade organizadora paga todas essas despesas para os convidados. Mas, no FPPC, quem era a entidade organizadora? Simplesmente não existe essa entidade. O Fórum é, apenas, o conjunto de seus participantes.

No primeiro dia do evento, sempre uma sexta-feira, todos reunidos em salas separadas por temas, cada uma delas coordenada por um relator. A primeira de que participei versava sobre recursos. Ali as propostas de enunciados eram apresentadas (não sem antes ter havido uma apresentação prévia, por meios eletrônicos, primeiro o e-mail, depois os grupos de trocas de mensagens via celular) e debatidas. Os debates eram densos, profundos. Lembro-me bem, naquela minha primeira participação, das intervenções de Flávio Cheim Jorge, um dos mais respeitados estudiosos da matéria. E, para minha surpresa, a unanimidade era possível em diversos pontos. Sim, existia ali o tal "consenso interpretativo mínimo".

Nos outros dois dias, a Plenária. Ali, as propostas de enunciados aprovadas nos grupos temáticos eram apresentadas e defendidas pelos relatores. E a aprovação exigia a unanimidade dos participantes da Plenária. Bastava um participante apresentar uma objeção fundamentada para estar vetado o enunciado. E – surpreso como quem presencia um evento miraculoso, uma verdadeira maravilha – eu vi muitos enunciados sendo aprovados. A unanimidade existia, mesmo entre centenas de estudiosos do processo civil. E sobre temas complexos, candentes, tormentosos.

Dali para frente eu nunca mais deixei de participar dos encontros do Fórum Permanente de Processualistas Civis. E pude perceber que eu me tornara integrante do mais democrático de todos os eventos jurídicos de que já tive notícia. E que fique claro, o que faz dele tão democrático não é a exigência de unanimidade. O que o torna tão profundamente democrático é o fato de que nos encontros do Fórum Permanente de Processualistas Civis todos, rigorosamente todos, os participantes são tratados com igual consideração e respeito. Ali não existe qualquer tipo de hierarquia. O que há é, simplesmente, uma reunião de pessoas que se respeitam e se admiram. E que têm, em comum, pelo menos um ponto: somos todos apaixonados – a palavra é exatamente esta, sem qualquer exagero – pelo direito processual civil.

Nos diversos Fóruns de que participei, vi gigantes da ciência processual, como Fredie Didier Jr., Antônio do Passo Cabral, Teresa Arruda Alvim, Leonardo Carneiro da Cunha, Hermes Zaneti Jr., Dierle Nunes, entre tantos outros autores dos livros que todos nós lemos. Ali também vi juristas com quem eu já tinha compartilhado muitas experiências acadêmicas, como Rodrigo da Lima Cunha Freire, Renato Montans, Arnoldo Camanho de Assis, Fernando da Fonseca Gajardoni. Encontrei autores de obras que me marcaram e me fizeram refletir, como Fernanda Tartuce, Sofia Temer, Beclaute Oliveira Silva, Lucas Buril. Encontrei advogados como Ronaldo Cramer, juízes como Frederico Koehler, membros do Ministério Público como Robson Renault Godinho, desembargadores como Clayton Maranhão, defensores públicos como José Augusto Garcia de Souza. E todos tão apaixonados pelo direito processual civil que são capazes de deixar suas cidades, suas famílias, seus momentos de descanso, e trocar tudo isso por um final de semana dedicado exclusivamente ao estudo e ao debate de temas de direito processual civil.

No FPPC vi surgirem novos grandes nomes do direito processual civil brasileiro. E vi o brilho nos olhos de jovens que se sentiam estimulados a apresentar suas opiniões, ainda que elas divergissem de seus próprios professores. E vi ruir até mesmo a barreira do temor reverencial. Muitos jovens estudiosos, que nos primeiros encontros respeitosamente me chamavam de professor, provavelmente levando em conta o fato de que eram crianças, ou talvez não tivessem nem ainda nascido, quando comecei a lecionar direito processual civil, no já longínquo ano de 1991, agora já me chamam pelo nome. E isso é ótimo, pois mostra que no FPPC não existe qualquer diferença, qualquer hierarquia, qualquer distinção entre nós. O que existe é, apenas, o amor pelo direito processual civil. No FPPC vi, também, amizades florescerem, casais se apaixonarem, parcerias acadêmicas serem estabelecidas.

Mas de tudo que vi e vivi no FPPC, um destaque especial merece o nosso Hervalzinho – José Herval Sampaio Júnior –, que é a diversão dos nossos encontros. Um Fórum sem Hervalzinho não tem a mesma graça. Ele é, como diz o Leo (que o público conhece como Leonardo Carneiro da Cunha), o nosso "glosador gozador". Uma figuraça! A participação do Hervalzinho nas Plenárias foi fundamental para garantir que todos tivessem voz (afinal, é ele que leva o microfone a todos os que querem se manifestar). Mas foi fundamental também para tornar mais amenos os momentos em que as discussões se tornavam um pouco mais tensas. Que participante do FPPC não se lembra do Hervalzinho batendo no peito e dizendo "confie em mim!"? Herval é responsável por muito da unidade do nosso Fórum.

Pois é isso que ele é: o nosso Fórum. O FPPC não tem dono exclusivo. Ele é de todos nós. Todos os que amamos o direito processual civil no Brasil. E se você é tão apaixonado pelo direito processual civil quanto nós todos somos, então você já está convidado para os nossos próximos encontros, quando ajudará a formar a unanimidade na construção do consenso interpretativo mínimo. Nos vemos lá! Mas não sem antes ler este livro, em que participantes do FPPC comentam os enunciados que até agora aprovamos. Eles são fundamentais para se entender o processo civil brasileiro que vem sendo construído. E ele não é mais imposto por uma elite iluminada. O direito processual civil brasileiro é construído por todos os que a ele se dedicam.

ALEXANDRE FREITAS CÂMARA

Membro do Fórum Permanente de Processualistas Civis.

SUMÁRIO

CAPÍTULO I

CÓDIGO DE PROCESSO CIVIL

SUMÁRIO

1. PARTE GERAL (ARTS. 1º A 317)

1.1. Das Normas Processuais Civis (arts. 1º a 15)

1.1.1. Das Normas Fundamentais e da Aplicação das Normas Processuais (arts. 1º a 15)

1.1.1.1. Das Normas Fundamentais do Processo Civil (arts. 1 a 12)

ENUNCIADO 108. NO PROCESSO DO TRABALHO, NÃO SE PROFERIRÁ DECISÃO CONTRA UMA DAS PARTES, SEM QUE ESTA SEJA PREVIAMENTE OUVIDA E OPORTUNIZADA A PRODUÇÃO DE PROVA, BEM COMO NÃO SE PODE DECIDIR COM BASE EM CAUSA DE PEDIR OU FUNDAMENTO DE FATO OU DE DIREITO A RESPEITO DO QUAL NÃO SE TENHA OPORTUNIZADO MANIFESTAÇÃO DAS PARTES E A PRODUÇÃO DE PROVA, AINDA QUE SE TRATE DE MATÉRIA APRECIÁVEL DE OFÍCIO.

● *Grupo: Impacto do CPC no Processo do Trabalho.* ● *Referências: arts. 9º e 15.*

▸ ***Raphael Miziara***

A transposição de normas do processo comum ao processo do trabalho não se faz de maneira automática, devendo o intérprete perquirir acerca da presença de dois requisitos, quais sejam: a) omissão normativa e b) compatibilidade normativa (regras e princípios) (art. 15, do CPC c/c art. 769 da CLT)[1].

---

1. O art. 15 do CPC não revogou o art. 769, da CLT, pois este dispositivo constitui-se em norma específica para solucionar os conflitos de interesses que são da competência constitucional da Justiça do Trabalho (LINDB, art. 2º, §§ 1º e 2º). O próprio Código de Processo Civil estabelece, em seu art. 1.046, § 2º, que permanecem em vigor as disposições especiais dos procedimentos regulados em outras leis – como na CLT –, aos quais se aplicará supletivamente este Código. Nesse prumo, segue dominante o entendimento pelo qual não basta que o processo do trabalho seja omisso em relação a determinado tema. A transposição de normas do processo civil somente será lícita se não for incompatível com

Nessa lógica, pode-se indagar acerca da aplicabilidade do disposto nos artigos 9º e 15 do CPC ao processo do trabalho, notadamente em face de sua faceta mais acentuada em termos de efetividade e celeridade processuais.

Fato é que a proibição de que o juiz possa decidir com base em causa de pedir ou fundamento de fato ou de direito a respeito do qual não se tenha oportunizado manifestação das partes e a produção de prova, ainda que se trate de matéria apreciável de ofício é norma que emana do próprio texto constitucional (art. 5º, inciso LV), ao qual, obviamente, deve o processo do trabalho guardar compatibilidade.

Não obstante, é preciso reconhecer que o contraditório, visto sob o processo sob sua perspectiva garantista, deve se acomodar ao processo visto sob seu viés instrumental, de modo que o direito material tutelado exerce parcela de influência na harmonização desses valores. O que se quer dizer é que o contraditório possui graus de incidência de acordo com o direito material tutelado. Nesse sentido:

> O contraditório deve ser observado em consonância com as peculiaridades do processo sobre o qual esteja sendo aplicado, alcançando diferente incidência no penal e no civil. O princípio, para o processo penal, significa contraditório efetivo, real, substancial. Tanto que se exige defesa técnica substancial do réu, ainda que revela (art. 261, CPP), para que se tenha por obedecido o mandamento constitucional. Para isso a norma é completada por aqueloutra do art. 497. n. V, do CPP, que manda seja dado defensor ao réu, quando o juiz o considerar indefeso. (...). No processo civil o contraditório não tem essa amplitude. É suficiente que seja dada oportunidade aos litigantes para se fazerem ouvir no processo, por intermédio do contraditório recíproco, da paridade de tratamento e da liberdade de discussão da causa. (Nelson Nery Júnior, Princípios do Processo Civil na Constituição Federal)

Pois bem, o princípio garantista do contraditório substancial, enquanto garantia de influência e não surpresa, ganha diferentes coloridos a depender do direito material que visa instrumentalizar. No entanto, seja em qual ambiente for, o devido processo constitucional consagra o contraditório como elemento concretizador do princípio político da participação democrática do povo no processo[2].

Nesse cenário, cabe ao intérprete a tarefa de encontrar o perfeito equilíbrio a ser estabelecido entre a atuação de ofício do juízo e o respeito ao contraditório, de modo a evitar que, surpreendendo as partes ao decidir a controvérsia sob perspectiva não debatida no processo, seja violada a garantia do devido processo legal[3].

Nesse mister, é preciso registrar que o direito do contraditório prévio não é absoluto, podendo haver decisão surpresa, por exemplo, nas hipóteses de julgamento

---

o processo do trabalho (CLT, art. 679) – não apenas do ponto de vista da literalidade das disposições deste, mas de seus princípios essenciais. Portanto, apesar do art. 15 do CPC disciplinar que a integração do processo comum ao processo do trabalho se dará na hipótese de omissão remanesce a necessidade de examinar o requisito da compatibilidade, sob pena de desfalecimento do sistema processual trabalhista, criado para regular uma especial lide, qual seja, a relação de trabalho, de natureza totalmente distinta dos conflitos comuns.

2. DIAS, Ronaldo B. C. *Elementos de teoria do processo constitucional*. 3. ed. Belo Horizonte: Del Rey, 2015. p. 134.
3. MALLET, Estevão. "Notas sobre o problema da chamada 'decisão surpresa'". *In*: *Revista da Faculdade de Direito da USP*, v. 109. p. 389-414, jan./dez. 2014.

liminar de improcedência do pedido (art. 332, *caput* e § 1º, c/c parágrafo único do artigo 487 do CPC), de tutela provisória liminar de urgência ou da evidência (parágrafo único do artigo 9º) e de indeferimento liminar da petição inicial (CPC, art. 330).

O TST editou a Instrução Normativa nº 39 ao aplicar referido princípio, em sua plenitude, no julgamento do mérito da causa (art. 4º, § 1º, da IN) e, portanto, na esfera do direito material, de forma a impedir a adoção de fundamento jurídico não debatido previamente pelas partes. Segundo o TST, persiste a possibilidade de o órgão jurisdicional invocar o brocardo *jura novit curia*, mas não sem audiência prévia das partes;

Por outro lado, no plano estritamente processual, mitigou-se o rigor da norma (art. 4º, § 2º, da IN). E, assim o fez, em razão dos seguintes fatores:

b1) as especificidades do processo trabalhista (mormente a exigência fundamental de celeridade em virtude da natureza alimentar das pretensões deduzidas em juízo);

b2) a preservação pelo próprio NCPC (art. 1.046, § 2º) das "disposições especiais dos procedimentos regulados em outras leis", dentre as quais sobressai a CLT;

b3) o próprio Código de Processo Civil não adota de forma absoluta a observância do princípio do contraditório prévio como vedação à decisão surpresa;

b4) a experiência do direito comparado europeu, berço da nova concepção de contraditório, que recomenda algum temperamento em sua aplicação; tome-se, a título de ilustração, a seguinte decisão do Tribunal das Relações de Portugal de 2004: "A decisão surpresa apenas emerge quando ela comporte uma solução jurídica que, perante os factos controvertidos, as partes não tinham obrigação de prever".

No plano processual, portanto, o TST disciplinou que não se reputa "decisão surpresa" a que as partes tinham obrigação de prever, concernente às condições da ação, aos pressupostos de admissibilidade de recurso e aos pressupostos processuais.

No entanto, não se pode aceitar como fez o Tribunal Superior do Trabalho, o afastamento do conceito de decisão surpresa "a que, à luz do ordenamento jurídico nacional e dos princípios que informam o Direito Processual do Trabalho, as partes tinham obrigação de prever, concernente às condições da ação, aos pressupostos de admissibilidade de recurso e aos pressupostos processuais, salvo disposição legal expressa em contrário" (art. 4º, § 2º, da IN nº 39 do TST). Entendimento desse jaez viola o núcleo essencial do contraditório substancial.

Especificamente sobre o tema José Lebre de Freitas leciona que "a proibição da chamada decisão-surpresa tem sobretudo interesse para as questões, de direito material ou processual, de que o tribunal pode conhecer de ofício".[4]

O contraditório constitui-se em uma limitação ao poder de o juiz decidir de ofício, seja em questões materiais, seja em temas afetos ao direito processual. Apenas em

---

4. FREITAS, José Lebre de. *Introdução ao processo civil*: conceito e princípios gerais. Coimbra: Coimbra Editora, 1996. p. 96.

casos excepcionais, previstos na própria legislação infraconstitucional, é o que o princípio pode ser mitigado, levando-se em conta a natureza do direito material tutelado.

▶ **NCPC. Art. 9º** Não se proferirá decisão contra uma das partes sem que ela seja previamente ouvida. **Parágrafo único.** O disposto no caput não se aplica: I – à tutela provisória de urgência; II – às hipóteses de tutela da evidência previstas no art. 311, incisos II e III; III – à decisão prevista no art. 701. ▶ **Art. 15.** Na ausência de normas que regulem processos eleitorais, trabalhistas ou administrativos, as disposições deste Código lhes serão aplicadas supletiva e subsidiariamente.

ENUNCIADO 369. O ROL DE NORMAS FUNDAMENTAIS PREVISTO NO CAPÍTULO I DO TÍTULO ÚNICO DO LIVRO I DA PARTE GERAL DO CPC NÃO É EXAUSTIVO.

● *Grupo: Normas fundamentais.* ● *Referências: arts. 1º a 12.*

▶ *Marcelo Lima Guerra*

O entendimento consubstanciado no Enunciado é um óbvio corolário da circunstância de serem as normas fundamentais previstas nos artigos 1º a 12 do CPC, em grande parte, meras reproduções de normas constitucionais, que integram o modelo constitucional do processo.

Com efeito, a não exaustividade de normas como essas, na medida em que tais normas consagram direitos fundamentais de cunho processual, já decorre do próprio § 2º do artigo 5º da CF/88.

ENUNCIADO 370. NORMA PROCESSUAL FUNDAMENTAL PODE SER REGRA OU PRINCÍPIO.

● *Grupo: Normas fundamentais.* ● *Referências: arts. 1º a 12.*

▶ *Marcelo Lima Guerra*

O entendimento consubstanciado neste Enunciado é de natureza diversa daquela dos demais enunciados, em sua esmagadora maioria. Esses últimos pretendem, bem ou mal, enriquecerem o sentido textual dos dispositivos integrantes do NCPC. São tentativas, portanto, de documentarem uma certa interpretação destes dispositivos, de modo a orientar a concreta interpretação que deles se venha a fazer, num caso concreto, para assim extrair as normas correspondentes.

Já o Enunciado sob comento é de cunho estritamente teórico, registrando um entendimento sobre a "natureza" das normas processuais fundamentais. Nessa perspectiva, é forçoso reconhecer que tal enunciado padece de sérias deficiências.

Em primeiro lugar, os termos 'princípio' e 'regra', tanto isoladamente, como em contexto em que aparecem como veiculando noções dicotômicas ('regra ou princípio'), são termos irredutivelmente polissêmicos. São termos que integram vocabulários teóricos de diferentes autores e, como tais, não são dotados de nenhum sentido rígido, sendo mesmo um sério equívoco qualquer tentativa de atinar o "sentido correto" de qualquer desses termos.

Dessa forma, o texto do presente enunciado é, por si só, irremediavelmente ambíguo e nada contribui. Qualquer avaliação do entendimento que se pretendeu veicular com tal sentença pressupõe, necessariamente, que primeiro se determine a que tipo de conceito teórico se está designando com os termos 'regras' e 'princípios'.

Para exemplificar, seja trazido à colação três vocabulários distintos que, no Brasil, se tornaram bastante conhecidos: aquele de Dworkin, o de Alexy e o de Ávila. 'Regra' e 'princípio' designam diferentes conceitos para cada um desses autores, não sendo lícito dizer, de nenhum deles, que é "mais certo do que os outros", ao optar por este ou aquele conceito teórico como aqueles designados pelos mencionados termos. Por isso mesmo, tomando apenas essas três concepções, o Enunciado "diz" três coisas distintas e, portanto, admite três avaliações igualmente distintas. Por exemplo, tomando como referência Dworkin, o Enunciado é, simplesmente, falso, tendo em vista que aquilo que este filósofo denomina com a expressão 'princípios' jamais corresponde, por definição, a normas positivadas por texto legislativo (ainda que essa não seja sua única característica).

Por outro lado, tomando por base a contribuição de Alexy, o Enunciado é verdadeiro, porém, inteiramente inútil. Com efeito, para Alexy, todas as normas jurídicas ou são regras, ou são princípios. Essa é uma dicotomia que Alexy entende ser aplicável a todas as normas de qualquer sistema jurídico. Por isso, identificar um determinado conjunto de normas jurídicas e, apontando para tais normas, afirmar que "neste conjunto há normas que são regras e há normas que são princípios" é algo que, mesmo quando seja verdadeiro, não tem nenhuma serventia. Se verdadeira, uma tal afirmação é inteiramente inútil, pois o que se revela relevante, com a dicotomia proposta por Alexy, é precisamente saber, com relação a determinada norma, se ela é regra ou princípio.

O mesmo se diga com relação à hipótese em que o vocabulário de Ávila é tomado como referência. Neste caso, a probabilidade de ser verdadeira uma afirmação como a que se faria com o (a enunciação do) Enunciado é diminuída, pela circunstância de que para Ávila, as normas jurídicas, além de "princípios" e "regras", nos termos em que este autor entende tais categorias, também podem ser "postulados". De qualquer maneira, também neste caso, mesmo quando verdadeiro, o Enunciado é inteiramente inútil, uma vez que a importância do uso da distinção entre regras, princípios e postulados, no universo do vocabulário de Ávila, é apenas com relação à categorização de normas determinadas.

ENUNCIADO 372. O ART. 4º TEM APLICAÇÃO EM TODAS AS FASES E EM TODOS OS TIPOS DE PROCEDIMENTO, INCLUSIVE EM INCIDENTES PROCESSUAIS E NA INSTÂNCIA RECURSAL, IMPONDO AO ÓRGÃO JURISDICIONAL VIABILIZAR O SANEAMENTO DE VÍCIOS PARA EXAMINAR O MÉRITO, SEMPRE QUE SEJA POSSÍVEL A SUA CORREÇÃO.

● *Grupo: Normas fundamentais.* ● *Referências: art. 4º.*

▸ ***Marcelo Lima Guerra***

Este Enunciado 372 torna explícito aquilo que o próprio CPC cuidou de explicitar em diversos outros dispositivos.

Há, todavia, um aspecto do alcance da norma veiculada pelo artigo 4º do NCPC, que não foi levado em consideração pelo Enunciado sob comento, nem mesmo pela maioria dos comentadores do mencionado artigo 4º. Trata-se da sua aplicação também ao processo de execução. Ora, também no processo de execução se pode falar de uma "extinção substancial (normal)" – quando ele realiza o crédito representado documentalmente em título executivo, ou quando tal crédito é declarado inexistente, em sede de impugnação à execução – e de uma "extinção formal (ou anômala)", quando ele se extingue por razões de mera formalidade.

Neste último caso, também se pode falar da existência de vícios que impedem a satisfação do crédito exequendo, vícios que são, todavia, sanáveis. Pense-se, por exemplo, na hipótese mais radical: o credor que, por um lapso, não junta o título executivo à inicial. Também aqui se está diante de um vício sanável. Saná-lo, todavia, não é assegurar o "exame do mérito", mas algo diverso. Contudo, trata-se de autêntica prestação jurisdicional, a prestação de tutela executiva, a qual impõe-se não ser obstaculizada pela constatação de vício sanável, em razão do que se tem uma situação de aplicação devida do artigo 4º do CPC, também no processo de execução.

▶ **NCPC. Art. 4º** As partes têm o direito de obter em prazo razoável a solução integral do mérito, incluída a atividade satisfativa.

ENUNCIADO 373. AS PARTES DEVEM COOPERAR ENTRE SI; DEVEM ATUAR COM ÉTICA E LEALDADE, AGINDO DE MODO A EVITAR A OCORRÊNCIA DE VÍCIOS QUE EXTINGAM O PROCESSO SEM RESOLUÇÃO DO MÉRITO E CUMPRINDO COM DEVERES MÚTUOS DE ESCLARECIMENTO E TRANSPARÊNCIA.

● *Grupo: Normas fundamentais.* ● *Referências: arts. 4º e 6º.*

▸ ***Ravi Peixoto***

O Enunciado trabalha com a imbricação entre boa-fé, cooperação e princípio da primazia do julgamento de mérito. No entanto, do ponto de vista normativo, não parece viável a exigência de cooperação entre as partes – isso não significa que ela não possa ocorrer, como se verifica na realização de negócios processuais. De toda forma, é inegável a existência do princípio da cooperação (art. 6º, CPC) e a de que ele gera diversos deveres.

Por outro lado, é viável a exigência de um comportamento ético e leal por todos os sujeitos processuais, que é parte do conteúdo da boa-fé objetiva, prevista no artigo 5º, do CPC. "A boa-fé objetiva pode ser definida como uma norma de conduta, impondo aos participantes de determinada relação jurídica que atuem de forma leal, respeitando a confiança legítima dos outros participantes"[5]. Ao se analisar essa construção a partir da

5. MARTINS-COSTA, Judith. *A boa-fé no direito privado.* São Paulo: RT, 2000. p. 412; CORDEIRO, António Manuel R. M. *Da boa-fé no direito civil.* Coimbra: Almedina, 2011. p. 632-660; SILVA, Clóvis V. C. *A obrigação como um processo.* Rio de Janeiro: FGV, 2006. p. 33; CABRAL, Antonio P. O contraditório como dever e a boa-fé processual objetiva. *Revista de Processo.* São Paulo: RT, v. 126, ago/2005, versão digital, n. 7. p. 11.

teorização normativa desenvolvida por Marcelo Neves[6], a tendência da atuação da boa-fé é que ela funcione geralmente como um princípio, ao atuar na construção de regras que exijam uma atuação leal no tráfego jurídico. O sentido primordial dessa modalidade de boa-fé é a regra de conduta, que qualifica uma norma de comportamento leal[7]. Como destaca Menezes Cordeiro, em um nível instrumental, "ela reduz a margem de discricionariedade da actuação privada, em função de objetivos externos"[8].

Por sua vez, o princípio da prevalência da decisão de mérito, que vem sendo desenvolvido pela doutrina a partir do artigo 4º, pioneiramente defendida pelo professor Fredie Didier Jr., em debates ocorridos no encontro do IBDP realizado em Campos de Jordão em 2014, visa impor ao órgão julgador priorizar a decisão de mérito, ao invés de simplesmente extinguir o processo, estimulando a correção ou sanação de vícios, bem como o aproveitamento dos atos processuais.[9]

O enunciado, ao realizar uma conjunção entre cooperação, boa-fé e primazia do mérito, trabalha com um objetivo – evitar a extinção do processo sem exame do mérito – a partir do estabelecimento de deveres de esclarecimento e transparência. Ocorre que esses deveres, cujo objetivo seria o de evitar a extinção do processo sem exame do mérito, não existem entre as partes, mas apenas entre elas e o juiz. Sob este ponto de vista, é possível vislumbrar um conteúdo relevante tratado pelo enunciado.

A lógica é a de, dialogando com o Enunciado 372/FPPC, que exige a aplicação da primazia do mérito em todas as instâncias, desenvolver a primazia da decisão de mérito por meio dos deveres de esclarecimento e transparência, especialmente do ponto de vista do magistrado. Um exemplo de tal situação pode ser vislumbrado nos casos de defeitos sanáveis, tendo como base a exigência do artigo 321, voltada a petição inicial, caso em que o juiz deve indicar, com precisão os vícios da petição inicial a ser emendada. Por meio dos deveres de esclarecimento e transparência, tal dever seria aplicável a todas as demais situações. Ou seja, quando for detectado um vício sanável pelo magistrado, a parte deve ser informada qual é este vício e de que forma ele pode ser sanado.

Enfim, o Enunciado tem por objetivo o fortalecimento do princípio da primazia do julgamento de mérito, por meio do desenvolvimento de deveres do magistrado na tarefa de evitar extinções de processos em exame do mérito.

► **NCPC. Art. 4º** As partes têm o direito de obter em prazo razoável a solução integral do mérito, incluída a atividade satisfativa. ► **Art. 6º** Todos os sujeitos do processo devem cooperar entre si para que se obtenha, em tempo razoável, decisão de mérito justa e efetiva.

---

6. NEVES, Marcelo. *Entre Hidra e Hércules: princípios e regras constitucionais.* São Paulo: Martins Fontes, 2013, passim. A explicação sobre a diferenciação entre regras e princípios construída pelo autor e utilizada nesta obra pode ser encontrada no tópico 1.2.
7. MARTINS-COSTA, Judith. *A boa-fé no direito privado...* cit. p. 412.
8. CORDEIRO, António Manuel R. M. *Da boa-fé no direito civil...* cit. p. 649.
9. Corroborando com essa constatação e também adotando a mesma nomenclatura e conceito, cf.: CUNHA, Leonardo C. "Comentários ao art. 4º". *In*: STRECK, Lenio. *et al.* (Orgs.). *Comentários ao Código de Processo Civil.* São Paulo: Saraiva, 2016. p. 36. Sobre o tema: DIDIER JR., Fredie. *Curso de direito processual civil.* 15. ed. Salvador: Juspodivm, 2015, v. 1. p. 136.

Enunciado 374. O art. 5º prevê a boa-fé objetiva.

● *Grupo: Normas fundamentais.* ● *Referências: art. 5º.*

▸ *Marcelo Lima Guerra*

Por insondável que seja a "real intenção dos enunciadores históricos" do Enunciado em comento, é certo que ao menos parte da motivação deles, em proferir esse enunciado (para assentir com o que quer que ele expresse), pode ser atribuída à notória ambiguidade da expressão "boa-fé", para se referir a, pelo menos, duas ordens de coisas radicalmente distintas: aquelas designadas pelo nome, mais específico, de "boa-fé subjetiva" e aquelas designadas pelo nome, mais específico, "boa-fé objetiva".

Daí se poder dizer que o que torna, em princípio, relevante este Enunciado, é a necessidade de explicitar que no artigo 5º do CPC, com o uso da expressão "boa-fé", se quis referir àquilo que melhor se refere com a expressão 'boa-fé objetiva', e não (ou não apenas) com a expressão "boa-fé subjetiva". Dito de outra forma, é como se o Enunciado em questão pretendesse dizer que o artigo 5º do CPC, tem, realmente, a seguinte redação "aquele que de qualquer forma participa do processo deve comportar-se de acordo com a boa-fé objetiva".

Assim, o Enunciado em questão parece pretender deixar claro o seguinte entendimento: que o artigo 5º expressa norma que melhor se expressaria com a substituição da expressão "boa-fé", ocorrente neste dispositivo, pela expressão "boa-fé objetiva". A pretensão, imagina-se, é determinar, com maior precisão (supõe-se), as condições de satisfação da própria norma, ou seja, determinar com maior precisão aquilo que em sendo feito, ter-se-á a norma como cumprida e, em não tendo sido feito, ter-se-á a norma como violada. Porém, não se pode negar que a simples substituição de "boa-fé" por "boa-fé objetiva" não produz muita diferença, uma vez que a própria expressão "boa-fé objetiva" é de significado altamente incerto e controvertido, seja pelas ambiguidades em seus usos, seja pela reconhecida vagueza das noções que expressa.

Este entendimento, acrescente-se, é com grande (quase total) uniformidade, manifestado em comentários doutrinários sobre o dispositivo em questão. No entanto, qual é, exatamente, o "ganho hermenêutico" que este Enunciado promove, com relação ao texto de referência (o art. 5º do CPC), é algo, todavia, em grande medida incerto. E isto não por qualquer "deficiência" do Enunciado em si, porém em razão da própria dificuldade em se determinar, com alguma precisão, o que significa, exatamente, "comportar-se de acordo com a boa-fé", seja no processo civil, seja em qualquer outro contexto.

Com efeito, as manifestações de adesão a este entendimento – não obstante sua vagueza, por falta de maior clareza e precisão na compreensão do significado de "comportar-se de acordo com a boa-fé (objetiva) no processo civil" – têm sido unânimes. Todas elas são produzidas e argumentadas com um certo padrão bastante sugestivo: toma-se exemplos "clássicos" de normas específicas associadas à (vaga) noção de boa-fé objetiva e se apresenta casos ou hipóteses de "ocorrências processuais", que são, de modo bastante inequívoco, caracterizáveis como atraindo a incidência de tais normas e, por isso, tidas como "contrárias à boa-fé objetiva" ou "conforme à boa-fé objetiva".

Com efeito, para além das incertezas e discordâncias teóricas existentes naquela que pode ser chamada de "doutrina da boa-fé", o certo é que há um determinado número de normas que são, tradicionalmente e sob diferentes fundamentações, invocadas e utilizadas "em nome" da boa-fé objetiva. Ora, pelo próprio conteúdo de tais normas, as quais serão, doravante, denominadas "BFO-normas", resta manifesto que elas são, muito naturalmente, "incindíveis" ou "aplicáveis" nas mais diversas "relações jurídicas" – ou ainda, como aqui se preferirá dizer, nos mais diversos "microssistemas normativos". Assim, é fácil identificar diversos atos processuais, que atrairiam a "incidência" de tais normas associadas à boa-fé objetiva. Os exemplos, de fato, abundam nas manifestações doutrinárias (e algumas jurisprudenciais) sobre o tema. Com isto se produz uma importante confirmação do entendimento, de alcance ainda impreciso, no sentido de que "Aquele que de qualquer forma participa do processo deve comportar-se de acordo com a boa-fé objetiva": os atos processuais atraem (ou são aptos a atrair) a incidência de normas como o "nemo venire contra factum proprium potest" e outras.

Contudo, quando se observa os exemplos de situações processuais que são "tratadas" com a invocação da boa-fé objetiva, a situação (teórica e) normativa com que se depara é a seguinte: todos os exemplos de violação de tais normas associadas à boa-fé objetiva também podem ser perfeitamente enquadráveis como violação de normas processuais, se não explícitas, extraíveis dos valores constitucionais processuais integrantes do modelo constitucional de processo (doravante, a ser denominado "MCP"). Ademais, esse enquadramento produz o exato mesmo "resultado normativo", que pode ser produzido pelas apontadas BFO-normas.

Apenas por esses exemplos, já se tem base suficiente para formular uma conjectura plausível: que toda e qualquer "resultado normativo" produzido pelo uso das normas associadas à boa-fé objetiva, no processo civil, já pode ser produzido, autonomamente, por normas processuais "típicas", ou tidas como "específicas" do processo. Com certeza, esta conjectura desafia verificação empírica, a qual parece ser sempre limitada e contingente (pois inspeção de todos os casos, hoje conhecidos, não implica que não existam novos, a serem inspecionados), no sentido de levantar todos os casos presentemente concebíveis de "incidência da boa-fé objetiva" numa situação processual, e verificar se cada um deles é igualmente "tratável" apenas com o recurso das normas processuais, sobretudo daquelas que constituem o MCP.

Porém, há certos aspetos das normas associadas à boa-fé que, quando são bem compreendidos, traduzem-se não apenas num forte elemento de confirmação da hipótese aqui levantada, como também estabelecem as próprias diretrizes da verificação dessa hipótese. Daí a relevância de, mesmo neste contexto de comentários, apresentar uma sucinta "reconstrução" da doutrina da boa-fé, de modo a dela extrair os pontos mais importantes para a compreensão crítica do Enunciado em questão.

Contudo, os casos atualmente conhecidos e divulgados amplamente, já possibilitam levantar a seguinte questão, de ordem epistemológica, tanto ou mais que propriamente jurídica: quais seriam os "ganhos" e as "perdas" epistêmicas em se manter ou excluir essa "duplicidade" de tratamentos jurídicos para os mesmos problemas concretos? Dito de outra forma, qual a vantagem e qual a desvantagem em se caracterizar determinado ato processual como "violação a BFO-normas", se o mesmo ato já for caracterizável como violação, por exemplo, à garantia constitucional do contraditório?

Desde logo, convém sublinhar que a duplicidade de fundamentos jurídicos para o mesmo efeito (ou mais amplamente "solução") jurídico é fenômeno corriqueiro. A importância disto, contudo, apenas se pode verificar, na perspectiva normativa, quando existe a possibilidade de uma mesma situação possa ser enquadrada em um fundamento, mas não em outro. No caso presente, assume-se – para depois demonstrar – que toda e qualquer situação concreta caracterizável como violação a alguma BFO-norma é, ipso facto, uma violação a alguma norma processual (explícita ou implícita). Assim, do ponto de vista estritamente normativo, nem haveria ganhos (nem perdas) com a invocação de BFO-normas para valorar, normativamente, determinado ato processual.

Por outro lado, quando se leva em consideração que a própria "normatividade" do MCP é incerta e ainda exige um intenso labor doutrinário e jurisprudencial, a invocação de BFO-normas pode se mostrar um obstáculo ao pleno desenvolvimento doutrinário e jurisprudencial do próprio MCP, o qual é muito mais abrangente do que o microssistema constituído pelas BFO-normas. Neste caso, em que a eficácia (social) das normas constitucionais que integram o MCP depende do efetivo uso dessas normas, à luz de discussões teóricas e judiciais, a invocação de outras normas tende a enfraquecer – ou mesmo interromper – o processo de amadurecimento e desenvolvimento do MCP.

Ademais, o enquadramento de certos atos processuais, especialmente de juízes e outros "sujeitos institucionais" do processo, como violação a BFO-normas, é potencialmente enganoso, uma vez que não se tenha atentamente em conta a complexa ontologia destes "sujeitos institucionais" do processo. Com efeito, fenômeno pouco observado pela processualística nacional vem a ser este: cada ato processual de um sujeito processual é, ao mesmo tempo, um ato administrativo realizado pela pessoa física que "age em nome do sujeito institucional". A consequência disso, para o que aqui interessa, é que na realização de atos processuais de sujeitos institucionais, há a incidência de dois ordenamentos distintos: o ordenamento processual, disciplinando os atos propriamente processuais dos sujeitos institucionais, e o ordenamento administrativo que disciplina a atuação de certas pessoas, ao exercer uma dessas funções institucionais. Sendo as BFO-normas sempre referentes a um dado ordenamento normativo, com relação ao qual as BFO-normas servem como "ordenamento complementar", ter-se-ia duas possibilidades autônomas de incidência das BFO-normas com relação aos atos dos sujeitos institucionais do processo: a de valoração do ato processual propriamente dito realizado pelo sujeito institucional e a realização do ato administrativo, realizado pelo agente que atua em nome do sujeito institucional.

Por ora, ficam apenas assinaladas essas observações, uma vez que elas serão melhor desenvolvidas e avaliadas, por ocasião da análise do Enunciado, que trata, especificamente, da submissão dos atos judiciais às BFO-normas.

▶ **NCPC. Art. 5°** Aquele que de qualquer forma participa do processo deve comportar-se de acordo com a boa-fé.

ENUNCIADO 375. O ÓRGÃO JURISDICIONAL TAMBÉM DEVE COMPORTAR-SE DE ACORDO COM A BOA-FÉ OBJETIVA.

● *Grupo: Normas fundamentais.* ● *Referências: art. 5º.*

▶ *Marcelo Lima Guerra*

O Enunciado guarda íntima relação com os Enunciados 376 e 377. Vale notar que esta conexão já se revela na necessidade de realização de certas considerações preliminares comuns, tanto às considerações a serem feitas sobre o presente Enunciado 375, bem como àquelas a serem feitas sobre os Enunciado 376 e Enunciado 377. Tais breves considerações preliminares serão sobre:

a) a compreensão do que sejam esses "enunciados", como esses ora comentados, enquanto produtos de um tipo de prática social e da distinção entre "enunciado-texto" e "enunciado-sentido".

b) a compreensão mínima do que é razoável pressupor que os enunciadores históricos estariam querendo "comunicar" com o proferimento (a realização do "ato enunciativo") deste Enunciado 375 e de qualquer outro (em princípio).

c) a própria norma veiculada no artigo 5º do CPC, à qual se referem, indubitavelmente, os apontados Enunciados 375, 376 e 377 (e tantos outros, como o Enunciado 374, antes comentado).

Numa singela caracterização, os Enunciados do FPPC, assim como outros análogos, podem ser caracterizados como o produto de um tipo específico de prática social, cujas características centrais são as seguintes:

i) um grupo de pessoas – aqui denominadas "enunciadores históricos" – ligadas à área jurídica (advogados, juízes, promotores, professores, estudantes etc.), organizados em grupos mais ou menos específicos, reúnem-se para debater certas questões controvertidas sobre determinado ramo do direito.

ii) como resultado destas discussões, são produzidos esses "enunciados", os quais veiculam o entendimento firmado pelo grupo relativo a cada questão debatida.

Devido ao caráter "opinativo" dos entendimentos veiculados, revela-se adequado denominar tais manifestações de "enunciados epistêmicos". O "macro-objetivo" em produzir e publicizar esses enunciados parece ser o de, com eles, transmitir um "consenso epistêmico" sobre alguma questão jurídica controvertida.

Como é notório, esses "enunciados epistêmicos" se apresentam, num nível muito elementar de descrição, como construções linguísticas, ou seja, um conjunto de palavras. Porém, essas palavras foram, historicamente, proferidas em determinada data, por pessoas determinadas (ou determináveis), não pelo simples ato de produzir um texto escrito, mas com a intenção de, com esse texto ou construção linguística proferida – naquele lugar, naquela data, por aquelas pessoas – comunicar algo, um certo "conteúdo", um certo "sentido" (para uma comunidade indeterminada de "ouvintes"). A obviedade desta distinção não elimina a necessidade de se insistir nela, justamente porque, mesmo óbvia, a distinção precisa ser levada explicitamente em consideração na exata determinação deste "conteúdo" que se pretendeu comunicar, com o enunciado-texto, justamente quando os dados fornecidos pelo próprio texto (semântica) não são suficientes para permitir uma inequívoca e inquestionável determinação do "Enunciado-sentido" correspondente a um dado "Enunciado-texto". Esta situação, na realidade, tende a ser a regra quando há uma razoável distância entre o contexto de enunciação e a leitura de um dos enunciados-texto.

Desde logo, vale advertir que o intérprete de "enunciados epistêmicos" está bem mais livre de certas "amarras" do que o intérprete de textos legislativos. Mesmo assim, a exata determinação do sentido (quer dizer, do enunciado-sentido correspondente ao) do próprio Enunciado (-texto) que se venha a examinar, mostra-se como imprescindível para formar qualquer juízo de valor sobre o próprio enunciado-sentido veiculado no enunciado-texto, ou seja, o entendimento ou opinião que o grupo conseguiu firmar.

Como quer que seja, há uma pressuposição que parece legítima fazer sobre a "intenção geral" dos Enunciadores, ao produzirem enunciados epistêmicos: pode-se dizer que, ao menos expressamente, nenhum deles tem a intenção de "criar normas". Assim, mesmo quando o enunciado-texto empregar expressões deônticas e consistir num tipo de construção linguística que poderia ser o veículo linguístico de uma norma, o enunciado-texto deve ser compreendido como expressando um entendimento mais "descritivo", ainda que "elucidativo" das normas postas. Assim, os enunciados-textos podem ser parafraseados por outros, que explicitem, ao nível textual, essa pressuposição.

O Enunciado 375, assim como o Enunciado 376 e o Enunciado 377 são ótimas oportunidades para exemplificar esse ponto. Com efeito, à luz dessas considerações sobre os enunciados epistêmicos em geral, o Enunciado 375 pode ser parafraseado pela seguinte construção linguística, a qual, presume-se, preserva o "enunciado-sentido" que se quis veicular com o Enunciado 375, enquanto mero enunciado-texto:

Enunciado 375-ALT: Nós, os enunciadores, entendemos que, da norma veiculada pelo art. 5º do CPC, pode ser deduzida, como "norma menos geral", implícita na primeira, uma norma que poderia ser expressa, de forma mais explícita, pelo seguinte texto: "Se (x) é o órgão jurisdicional que atuar no processo, então (x) deve comportar-se de acordo com a boa-fé (objetiva)".

Seguindo a mesma lógica, os Enunciado 376 e Enunciado 377 poderiam ser parafraseados pelas seguintes construções linguísticas:

Enunciado 376-ALT: Nós, os enunciadores, entendemos que, da norma veiculada pelo art. 5º do CPC, pode ser deduzida, como "norma menos geral", implícita na primeira, uma norma que poderia ser expressa, de forma mais explícita, pelo seguinte texto: "Se (x) é o órgão jurisdicional que atuar no processo, então (x) deve observar a vedação do comportamento contraditório".

Enunciado 377-ALT: Nós, os enunciadores, entendemos que, da norma veiculada pelo art. 5º do CPC, pode ser deduzida, como "norma menos geral", implícita na primeira, uma norma que poderia ser expressa, de forma mais explícita, pelo seguinte texto: "Se (x) é o julgador, então (x) deve observar a vedação de proferir, sem motivar a alteração, decisões diferentes sobre uma mesma questão de direito aplicável a situações de fato análogas, ainda que em processos distintos".

Como se vê, a cada um desses enunciados há uma norma associada, como sendo "implícita" na norma veiculada pelo art. 5º, norma implícita esta que pode ser expressa por um veículo linguístico adequado, assim como há a afirmação (epistêmica, teórica) de "dedutibilidade" desta norma, a partir da norma veiculada pelo art. 5º do CPC.[10] Dessa forma, a avaliação destes enunciados requer um exame de sua veracidade, no sentido de verificar se a norma associada é, realmente, dedutível da norma apontada como "premissa" – aquela, repita-se, veiculada pelo artigo 5º do CPC.

Note-se que esta norma "subscrita" pelos Enunciados mencionados, foi deliberadamente veiculada através de uma construção linguística com a forma de uma "sentença condicional aberta", ou seja, uma sentença condicional (com a forma "se..., então"...), na qual as variáveis foram expressamente assinaladas, permitindo, assim, a assinalação dos predicados (= conceitos) constitutivos da norma veiculada pelo artigo 5º do CPC. Para fins de avaliação destes entendimentos, é importante distinguir os próprios enunciados e as normas por eles subscritas. Assim, para quando for necessário se referir ou reproduzir a norma que, sustenta-se, é subscrita pelos enunciados, adotar-se-á as expressões 'N/E.'. Assim, as normas subscritas pelo Enunciado 375, Enunciado 376 e Enunciado 377, respectivamente, serão denominadas N/E. 375, N/E. 376 e N/E. 377.

Por isso mesmo, para bem compreender a relação da norma subscrita por estes enunciados (a N/E. 375, a N/E. 376 e a N/E. 377) com aquela veiculada pelo artigo 5º

10. Cumpre registrar, por oportuno, que ao se afirmar que "a norma N1 é dedutivamente inferível da norma N2", se está fazendo uma afirmação "minimalista", com relação ao complexo dilema da "aplicabilidade da lógica formal às normas jurídicas" (i.e., se as normas são ou não itens capazes de estarem como premissa ou conclusão de inferências lógicas), ou seja, não se está considerando que uma "norma individual" possa ser deduzida de uma norma geral. Essa dedutibilidade entre normas gerais (de uma norma menos geral de outra mais geral) foi reconhecida pelo próprio Kelsen, em seu detalhado ataque à possibilidade de normas individuais serem "deduzidas" de normas gerais, do qual a melhor fonte de conhecimento que se tem é, infelizmente, a sua obra póstuma "Teoria Geral das Normas". Ademais, se reconhece como paradigma de "dedução válida", a "inferência semântica", ou seja, aquela que é (dedutivamente) válida apenas pelos conceitos nela utilizados. Ex.: "João está à direita de Pedro, logo Pedro está à esquerda de João". A validade e correção substancial dessa inferência semântica (direta) é inteiramente função do significado de 'estar à direita de' e 'estar à esquerda de'.

do CPC, convém reenunciar também esta última norma nos mesmos termos, ou seja, por um texto que evidencie sua estrutura condicional (ou seja, utilizando, como um seu veículo linguístico, também uma sentença condicional *aberta*, isto é, dotado de variáveis expressas)[11].

Assim, assume-se que a forma lógica daquilo que é expresso, literalmente, pelo artigo 5º do CPC (*qua* texto), pode ser expresso sem acréscimo de "conteúdo", mas com "redistribuição explicitadora" do mesmo conteúdo, nos seguintes termos:

Se (x) é o que de qualquer forma participa do processo, então (x) deve agir de acordo com a boa-fé (objetiva, ex. Enunciado 374)[12].

Assim reenunciada a norma do artigo 5º do CPC, o próprio texto torna mais visíveis (explícitos) os seguintes aspectos:

a) a norma é constituída, basicamente, por dois conceitos ("é o que de qualquer forma participa do processo" e "agir de acordo com a boa-fé objetiva"), embora não possa ser reduzida a eles.

b) distingue-se claramente duas partes na norma: uma antecedente e uma consequente.

c) um dos dois conceitos mencionados ("é o que de qualquer forma participa do processo") compõe a parte antecedente e o outro ("agir de acordo com a boa-fé objetiva") a parte consequente da norma.

d) a parte antecedente da norma é aquela, pode-se dizer, "que incide", ou seja, é onde estão identificadas as "condições de incidência" da norma. Para que a norma incida, é necessário que um item individual satisfaça o conceito "(x) é o que participa...".

e) já a parte consequente é aquela que "é aplicada", que "se concretiza", por assim dizer, aquela que traz fixadas, portanto, as condições a serem satisfeitas para se ter a norma como "cumprida" e/ou "aplicada". Incidindo a norma, a consequência concreta há de ser uma conduta – comissiva ou omissiva – que satisfaça o conceito "(x) agindo de acordo com a boa-fé (objetiva)".

Diante disso, o conceito integrante da parte antecedente será denominado "conceito de incidência" e o conceito integrante da parte consequente será denominado "conceito de aplicação"[13].

---

11. Isto não se faz, todavia, com a intenção de inferir nada sobre a "natureza" dessa norma, de ela ter ou deixar de ter uma estrutura condicional. Nesse contexto, trata-se tão somente de uma estratégia para melhor compreender os conceitos que compõem a norma em questão, de modo a poder melhor avaliar supostas "inferências semânticas" que tomariam tal norma como premissa e teria uma norma (mais específica) como conclusão dedutivamente válida (e a única maneira disso acontecer, sob certas circunstâncias, é através de uma inferência semântica).
12. [Para todo (x), na comunidade jurídica do direito brasileiro] Se (x) é o que participa de qualquer forma num processo [judicial], então (x) deve agir de acordo com a boa-fé (objetiva, *ex.* Enunciado 374).
13. Os dois conceitos "operam", ambos, com condições de satisfação, as quais consistem em "conexões com a realidade concretas", porém, em "direções opostas", como dir-se-ia *à la* Searle. Esta duplicidade e diversidade de "funções conceituais de encaixe" da norma com a realidade concreta, é o que permite

De posse desse vocabulário, pode-se dizer que, com o Enunciado 375, teve-se em vista tornar mais específico, com um exemplo, o "conceito de *incidência*" do artigo 5º do CPC. Para visualizar isto da melhor maneira, convém colocar lado a lado ambas as normas – a veiculada pelo artigo 5º do CPC e a N/E. 375, com as devidas marcações.

Art. 5º do CPC:

Se (x) é o que de qualquer forma participa do processo (conceito de incidência),

Então (x) deve agir de acordo com a boa-fé objetiva (conceito de aplicação)

N/E. 375:

Se (x) é o órgão jurisdicional que atuar no processo (conceito de incidência)[14],

Então (x) deve agir de acordo com a boa-fé objetiva (conceito de aplicação).

Pela simples leitura desses textos, percebe-se que a verdade do Enunciado 375, como asserção teórica sobre a dedutibilidade (semântica) de N/E. 375 do artigo 5º do CPC, depende da aceitação de uma "premissa implícita", que se mostra suficiente – verdadeira ou não – para validar formalmente a dedução dessa norma mais específica, N/E. 375, a partir daquela veiculada pelo artigo 5º do CPC. Tal premissa consiste, precisamente, na afirmação (supostamente apenas semântica) que caracteriza o conceito de incidência de N/E. 375 como "conceito mais específico", incluído no conceito de incidência da norma veiculada pelo artigo 5º do CPC. Tal premissa implícita pode ser formulada nos seguintes termos:

(PI) o conceito de <o órgão jurisdicional> está incluído no conceito de <o que de qualquer forma participa do processo>[15].

A trivialidade do Enunciado 375 decorre, sem dúvida, da trivialidade da própria "premissa implícita" mencionada, a qual se faz necessária, rigorosamente, para conferir validade dedutiva à norma subscrita em Enunciado 375, tomando-se como premissa aquela veiculada pelo artigo 5º do CPC[16]. Assim, não existindo dúvida razoável

---

identificar, mesmo sem uma explicação adequada do por que, duas "partes" na maioria das normas: a chamada "parte antecedente" e a que pode ser chamada de "parte consequente"; porém, aqui não se quer tomar nenhum partido sobre a "natureza" das normas, mas apreendê-las naquilo que elas têm de mais "fenomenologicamente percebido coletivamente".).

14. Note-se que este conceito de incidência é mais específico (de maior intensão e menor extensão) do que o conceito de incidência da norma veiculada pelo art. 5º do CPC.

15. A partir de agora, adota-se a convenção de, para referir a conceitos, enquanto aquilo que é veiculado por expressões linguísticas, sem com elas se confundirem, serão utilizadas '<>'. Quando, por outro lado, se pretender se referir às expressões linguísticas *como tais*, ou seja, pelo que elas são, não pelo que elas "significam", serão utilizadas aspas simples (' ').

16. Um ponto digno de nota é que o conceito <aquele que participa no processo> é um "metaconceito", ou melhor, um conceito, necessariamente, de conceitos. Praticamente todos os que "atuam no processo" são tipos de "personagens", ou centros funcionalmente diferenciados de imputação de poderes, deveres, ônus e outras posições processuais subjetivas. Daí, inclusive, a relevância do entendimento subscrito pelo Enunciado 375, apesar da sua trivialidade: são muitos os diferentes "personagens" que efetivamente "atuam no processo", o que não custa lembrar que o personagem "o órgão jurisdicional" também é um deles.

sobre a veracidade da "premissa implícita", a N/E. 375 se revela válida e substancialmente dedutível, por mera inferência semântica, da norma veiculada no artigo 5 do CPC, o que autoriza considerar como verdadeiro o Enunciado 375.

Contudo – ou antes, por isso mesmo – ao entendimento veiculado pelo Enunciado 375 aplicam-se os questionamentos já feitos, em geral, quanto à própria norma veiculada pelo artigo 5º do CPC, por ocasião da "especificação doutrinária enunciativa" operada pelo Enunciado 374, antes comentado. Mais do que isso, a hipótese contemplada pelo Enunciado 376, como se verá, é, precisamente, um caso emblemático, que bem se presta como elemento de confirmação da própria tese que, aceita conjecturalmente, dá lugar aos questionamentos mencionados: a de que todo caso enquadrável como "violação à boa-fé (objetiva)" é igualmente enquadrável, pelas mesmas propriedades relevantes para enquadrá-lo como violação da boa-fé, como violação de algum ou mais de um valor que integra o modelo constitucional de processo – e mesmo, em inúmeros casos, normas específicas de direito infraconstitucional, já incorporações consagradas da mesma "ética processual" defendida em nome da boa-fé (objetiva).

▶ **NCPC. Art. 5º** Aquele que de qualquer forma participa do processo deve comportar-se de acordo com a boa-fé.

Enunciado 376. A vedação do comportamento contraditório aplica-se ao órgão jurisdicional.

● *Grupo: Normas fundamentais.* ● *Referências: art. 5º.*

▶ *Marcelo Lima Guerra*

Como se viu, o Enunciado 376, enquanto enunciado-texto, pode ser parafraseado, com um mínimo de "assunções pragmáticas", pelo seguinte "veículo linguístico alternativo":

Enunciado 376-ALT: Nós, os enunciadores, entendemos que, da norma veiculada pelo artigo 5º do CPC, pode ser deduzida, como "norma menos geral", implícita na primeira, uma norma que poderia ser expressa, de forma mais explícita, pelo seguinte texto: "Se (x) é o órgão jurisdicional que atuar no processo, então (x) deve observar a vedação do comportamento contraditório".

Como se vê, e levando em consideração as observações preliminares já feitas, é fácil compreender que este Enunciado 376 traz uma maior especificação ao chamado "conceito de *aplicação*" do artigo 5º do CPC, somando essa especificação àquela já feita, com o Enunciado 375, quanto ao "conceito de incidência" desta mesma norma. Assim, à N/E. 375, deduzida daquela veiculada pelo artigo 5º do CPC, acrescenta-se a especificação quanto ao seu conceito de aplicação. Para bem compreender esses pontos, cumpre transcrever, lado a lado, tanto o artigo 5º do CPC, como N/E. 375 e N/E. 376:

Art. 5º do CPC:

Se (x) é o que de qualquer forma participa do processo (conceito de incidência),

Então (x) deve agir de acordo com a boa-fé objetiva (conceito de aplicação)

N/E. 375:

Se (x) é o órgão jurisdicional que atuar no processo (conceito de incidência),

Então (x) deve agir de acordo com a boa-fé objetiva (conceito de aplicação).

N/E. 376:

Se (x) é o órgão jurisdicional que atuar no processo (conceito de incidência),

Então (x) deve observar a vedação do comportamento contraditório (conceito de aplicação[17]).

Pela simples leitura desses textos, percebe-se que a verdade do Enunciado 376, como asserção teórica sobre a dedutibilidade (semântica) de N/E. 376 do artigo 5º do CPC, depende da aceitação tanto da "premissa implícita" necessária para validar a dedução de N/E. 375 do artigo 5º do CPC, como de uma outra "premissa implícita", as quais, juntas, se mostram suficientes – verdadeiras ou não – para validar formalmente a dedução dessa norma mais específica, N/E. 376, a partir daquela veiculada pelo artigo 5º do CPC. A segunda dessas premissas consiste, precisamente, na afirmação (supostamente apenas semântica) que caracteriza o conceito de aplicação de N/E. 376 como "conceito mais específico", incluído no conceito de aplicação da norma veiculada pelo artigo 5º do CPC. Tais premissas implícitas podem ser formuladas nos seguintes termos:

(PI1) o conceito de <o órgão jurisdicional> está incluído no conceito de <o que de qualquer forma participa do processo>.

(PI2) o conceito de <observar a vedação do comportamento contraditório> está contido no conceito de <agir de acordo com a boa-fé objetiva>, para fins de aplicação do artigo 5º do CPC.

Também este Enunciado 376 se revela tão – ou mais, devido à tradição doutrinária sobre a boa-fé objetiva que ele reproduz – trivial quanto o Enunciado 375. Tal trivialidade, da mesma forma, também decorre da trivialidade desta "premissa implícita", que se faz necessária, rigorosamente, para conferir validade dedutiva à norma subscrita em Enunciado 376, tomando-se como premissa aquela veiculada pelo artigo 5º do CPC. Assim, não existindo dúvida razoável sobre a veracidade da "premissa implícita", também N/E.376 se revela valida e substancialmente dedutível, por mera inferência semântica, da norma veiculada no artigo 5º do CPC, o que autoriza considerar como verdadeiro também o Enunciado 376.

Porém, como já se antecipou, o entendimento veiculado por este Enunciado 376 é, precisamente, um caso emblemático, que bem se presta como elemento de confirmação da própria tese que, aceita conjecturalmente, dá lugar aos questionamentos

17. Note-se que este conceito de aplicação é mais específico (de maior intensão e menor extensão) do que o conceito de aplicação da norma veiculada pelo art. 5º do CPC.

mencionados: a de que todo caso enquadrável como "violação à boa-fé (objetiva)" é igualmente enquadrável, pelas mesmas propriedades relevantes para enquadrá-lo como violação da boa-fé, como violação de algum ou mais de um valores que integram o modelo constitucional de processo (e mesmo, em inúmeros casos, normas específicas de direito infraconstitucional, já incorporações consagradas da mesma "ética processual" defendida em nome da boa-fé (objetiva).

Tome-se, nesse sentido, um caso de recente decisão do STJ, que ganhou certa notoriedade, por ter sido amplamente divulgada nas redes sociais por ser uma das aplicações "pioneiras" do artigo 5º do CPC com relação ao "comportamento de órgãos jurisdicionais", dadas logo pelo STJ. Eis a sumária descrição do caso[18]:

> O processo foi pautado para julgamento, mas na sessão o ministro Napoleão Nunes Maia Filho, que apresentaria voto-vista, indicou o adiamento do feito para a próxima reunião da turma, o que provocou a saída dos patronos da causa. No mesmo dia, porém, após julgamento de diversos processos, o ministro acabou trazendo o feito e proferiu voto. Outros ministros também votaram e o resultado final foi proclamado.
>
> O fato foi apontado pelos advogados em embargos de declaração. A relatora, ministra Regina Helena Costa, rejeitou a preliminar de nulidade suscitada. Mas a maioria seguiu entendimento do ministro Gurgel de Faria, para quem, de fato se deu "vício no prosseguimento do julgamento", tendo em vista que, anunciado o adiamento, "tornou-se sem efeito a intimação para aquela assentada".
>
> Gurgel iniciou seu voto lembrando que o CPC trouxe várias inovações. "Entre elas um sistema cooperativo processual – norteado pelo princípio da boa-fé objetiva –, no qual todos os sujeitos (juízes, partes e seus advogados) possuem responsabilidades na construção do resultado final do litígio. Isso leva à obrigatoriedade de que praticamente todos os processos sejam pautados, inclusive aqueles com pedido de vista que não forem levados na sessão subsequente (como é o caso dos autos), nos termos do art. 940, §§ 1º e 2º, do CPC/2015".
>
> Segundo o ministro, o objetivo da mudança é dar maior transparência aos atos processuais, a fim de evitar a surpresa na formação das decisões. Quanto caso em análise, fez questão de esclarecer:
>
> "Tenho certeza de que o Ministro Napoleão Nunes Maia Filho resolveu retomar a apresentação do seu voto-vista por equívoco, em razão do grande volume de feitos que temos para julgamento, sem atentar para o adiamento indicado no começo da sessão. Pelo que conheço do em. Ministro, pelo zelo que possui na sua atividade judicante, pela atenção que tem com os advogados e com as partes, jamais haveria qualquer intuito de deslealdade. Deixo bem claro isso".
>
> Ainda assim, Gurgel entendeu se tratar de uma situação de nulidade. Para o ministro, é dever do Órgão colegiado, quando decide adiar o julgamento de um processo, respeitar o ato de postergação.
>
> "Nesse contexto, é claro o vício no prosseguimento do julgamento, pois, com a informação prestada aos advogados de que a apresentação daquele feito seria adiada – o que provocou a saída dos patronos do plenário da Primeira Turma –, tornou-se sem efeito a intimação para aquela assentada. Dessa forma, a retomada do julgamento e o seu encerramento, com a proclamação do resultado, no final desse mesmo dia, acarretam a sua nulidade, pois não foram respeitados os princípios referidos, especialmente os da não surpresa e da lealdade processual".

18. Artigo: "STJ diz que julgadores também devem observar princípio da boa-fé". Disponível no site Migalhas.

O que a "qualificação" desses casos como violações da boa-fé objetiva contribuem? No máximo, em evidenciar as raízes profundas da garantia do contraditório, revelando estarem elas assentadas, entre outros fundamentos éticos, naqueles referidos como "proteção da confiança legítima".

Porém, é inequívoco que uma sessão, pautada para um dia determinado, restando as partes intimadas desta designação, se vier a ser realizada em dia diverso do estabelecido, sem que tenha havido, igualmente, prévia intimação das partes, é uma banal e grosseira violação ao princípio do contraditório, mesmo compreendido na sua versão mais "tímida", como "mera informação obrigatória + participação possível". E, nessa perspectiva, impõe-se indagar: qual a contribuição que a desconsideração desta violação da manifesta do contraditório, para enxergar no mesmo fato, "apenas" uma violação à boa-fé objetiva, pode trazer com relação àquele ineliminável processo sociocultural, que é a construção de uma "mentalidade" de respeito às garantias constitucionais, processo este que, no Brasil, se encontra não apenas em pleno andamento, mas em flagrante crise, até ao nível institucional?

A este ponto, o máximo que se pode fazer, além de levantar a questão, é conjecturar. É que só dados que apenas serão existentes e acessíveis após alguns anos do momento em que se escreve possibilitaram respostas minimamente verificáveis a tal questão. Mesmo assim – e justamente porque não se trata de uma "realidade futura já definida", mas antes, algo bastante sensível de ser modificado até por esse tipo de questionamento – justifica-se formular a questão apontada, mesmo se impondo uma "suspensão epistêmica de julgamento" quanto a qualquer tentativa de respondê-la.

► **NCPC. Art. 5º** Aquele que de qualquer forma participa do processo deve comportar-se de acordo com a boa-fé.

Enunciado 377. A boa-fé objetiva impede que o julgador profira, sem motivar a alteração, decisões diferentes sobre uma mesma questão de direito aplicável às situações de fato análogas, ainda que em processos distintos.

● *Grupo: Normas fundamentais.* ● *Referências: art. 5º.*

► ***Marcelo Lima Guerra***

As considerações até agora realizadas, especialmente quanto ao "método de análise", que se procurou (construir e) implementar, revelar-se-ão de grande utilidade no exame crítico deste Enunciado 377, o qual se revelará, de longe, o mais controvertido dentre os analisados. Como se viu, o Enunciado 376, enquanto mero enunciado-texto, pode ser parafraseado no seguinte "texto alternativo":

Enunciado 377-ALT: Nós, os enunciadores, entendemos que, da norma veiculada pelo artigo 5º do CPC, pode ser deduzida, como "norma menos geral", implícita na primeira, uma norma que poderia ser expressa, de forma mais explícita[19], pelo seguinte texto: "Se (x) é o julgador, então (x) deve observar a vedação de proferir, sem motivar

19. De modo a melhor explicitar sua forma lógica.

a alteração, decisões diferentes sobre uma mesma questão de direito aplicável a situações de fato análogas, ainda que em processos distintos".

Seguindo a mesma lógica que esta metodologia possibilita, é razoável afirmar que a N/E. 377 é resultado de uma dupla "especificação", tanto no "conceito de incidência", como no "conceito de aplicação".

Todavia, é interessante notar o seguinte: enquanto a "maior especificação" trazida por N/E. 377, no que diz com o "conceito de aplicação", seja uma "especificação da especificação" que, com N/E. 376 se fez ao conceito de aplicação de artigo 5º, a especificação trazida por N/E. 377 ao "conceito de incidência" de artigo 5º do CPC, foi uma especificação completamente autônoma (não hierarquizada, como é uma "especificação de especificação", ex. o caso do conceito de aplicação de N/E. 376 em relação ao conceito de aplicação de N/E. 375) da especificação que a N/E. 375 trouxe ao conceito de incidência de artigo 5º CPC.

Para bem visualizar estes aspectos, convém colocar, lado a lado, os respectivos textos:

Art. 5º do CPC:

Se (x) é o que de qualquer forma participa do processo (conceito de incidência),

Então (x) agir de acordo com a boa-fé objetiva (conceito de aplicação).

N/E. 377:

Se (x) é o julgador [em qualquer processo] (conceito de incidência),

Então (x) deve observar a vedação de proferir, sem motivar a alteração, decisões diferentes sobre uma mesma questão de direito aplicável a situações de fato análogas, ainda que em processos distintos (conceito de aplicação).

Ora, seguindo a mesma lógica dos Enunciados 375 e 376, a verdade do Enunciado 377 (como asserção teórica) depende da aceitação de certas "premissas implícitas", as quais são suficientes – verdadeiras ou não – para validar formalmente a dedução dessa norma mais específica, apontada pelo Enunciado 377, a partir daquela veiculada pelo artigo 5º do CPC. Tais premissas consistem, precisamente, nas afirmações (supostamente apenas semânticas) que caracterizam os "conceitos mais específicos", integrantes do Enunciado 377, como efetivamente incluídos, semanticamente, nos conceitos mais gerais que constituem a norma do artigo 5º. Tais premissas implícitas são:

(PI1) o conceito de <o julgador> está incluído no conceito de <o que de qualquer forma participa do processo>.

(PI2) o conceito de <observar a vedação do comportamento contraditório> está contido no conceito de <agir de acordo com a boa-fé objetiva>, para fins de aplicação do artigo 5º do CPC.

(PI3) O conceito de <não proferir, sem motivar a alteração, decisões diferentes sobre uma mesma questão de direito aplicável às situações de fato análogas, ainda que

em processos distintos> está incluído no conceito de <observar a vedação do comportamento contraditório>.

Assume-se, inicialmente, que com o Enunciado 377 se pretendeu consolidar um entendimento que pode ser reformulado, com maior explicitude, nos seguintes termos:

Na norma veiculada pelo artigo 5º do CPC, está implícita (ou dela é dedutível) norma mais específica, a qual poderia ser expressa pelo seguinte texto: 'Se (x) é o julgador, então (x) deve não proferir, sem motivar a alteração, decisões diferentes sobre uma mesma questão de direito aplicável às situações de fato análogas, ainda que em processos distintos'.

Recorde-se, por oportuno, que o artigo 5º do CPC foi parafraseado no seguinte texto, como forma linguística mais conveniente de expressar a mesma norma:

Se (x) é o que de qualquer forma participa do processo [antecedente normativo], então (x) deve agir de acordo com a boa-fé (objetiva, ex. Enunciado 374) [consequente normativo].

Assim, com o vocabulário desenvolvido anteriormente, pode-se afirmar que, com o Enunciado 377, pretenderam os seus enunciadores apresentar especificações (puramente) semânticas a ambos os conceitos constitutivos da norma veiculada pelo artigo 5º do CPC, ou seja, tanto àquele integrante do antecedente normativo ("o que de qualquer forma participa do processo"), bem como àquele integrante do consequente normativo ("agir de acordo com a boa-fé objetiva"). Nesse sentido, o antecedente da norma mais específica indicada no Enunciado 377 ("o julgador") consistiria numa especificação semântica do antecedente da norma do artigo 5º e o consequente da norma mais específica indicada no Enunciado 377 ("não proferir, sem motivar a alteração, decisões diferentes sobre uma mesma questão de direito aplicável às situações de fato análogas, ainda que em processos distintos") consistiria numa especificação do consequente da norma do artigo 5º Tais especificações são extremamente discutíveis, como se verá, e devem ser analisadas atentamente.

Ora, seguindo a mesma lógica dos Enunciados 375 e 376, a verdade do Enunciado 377 (como asserção teórica) depende da aceitação de certas "premissas implícitas", as quais são suficientes – verdadeiras ou não – para validar formalmente a dedução dessa norma mais específica, apontada pelo Enunciado 377, a partir daquela veiculada pelo artigo 5º do CPC. Tais premissas consistem, precisamente, nas afirmações (supostamente apenas semânticas) que caracterizam os "conceitos mais específicos", integrantes do Enunciado 377, como efetivamente incluídos, semanticamente, nos conceitos mais gerais que constituem a norma do artigo 5º. Tais premissas implícitas são:

(PI1) o conceito de <o julgador> está incluído no conceito de <o que de qualquer forma participa do processo>.

(PI2) o conceito de <observar a vedação do comportamento contraditório> está contido no conceito de <agir de acordo com a boa-fé objetiva>, para fins de aplicação do artigo 5º do CPC.

(PI3) O conceito de <não proferir, sem motivar a alteração, decisões diferentes sobre uma mesma questão de direito aplicável às situações de fato análogas, ainda que em processos distintos> está incluído no conceito de <agir de acordo com a boa-fé (objetiva)>.

Com efeito, uma vez aceitas explicitamente (PI1) a (PI3), N/E. 377 se deduz, por mera inferência semântica (em razão dos conceitos envolvidos), da norma do artigo 5º do CPC.

Ocorre que justamente as premissas implícitas (PI1) e (PI3), apesar de se mostrarem, numa primeira impressão, bastante plausíveis, são altamente discutíveis e escondem, na realidade, um sério erro de categoria, cometido pelo próprio Enunciado 377 (ou seja, enquanto "enunciado-sentido"). O cometimento desse erro, acredita-se, é "induzido" pela falta de adequada consciência da distinção, feita pelos próprios enunciadores, entre "órgão jurisdicional", enquanto "entidade institucional" – "entidade abstrata", portanto, num certo sentido, mesmo que possa ser individualizável – e "julgador", enquanto "pessoa física respondendo por um órgão jurisdicional".

Preliminarmente, cumpre determinar se a expressão 'o julgador', no Enunciado 377, expressa ou não conceito diferente daquele expresso pela expressão 'o órgão jurisdicional', no Enunciado 375 e no Enunciado 376. A relevância dessa questão, mesmo óbvia, não impede que seja explicitada: a norma subscrita pelo Enunciado 377 (enquanto enunciado-sentido) será diversa, em função de (a) considerar que 'o julgador' designa o mesmo que 'o órgão jurisdicional', nos Enunciado 375 e Enunciado 376, ou se 'o julgador', designa conceito diverso daquele designado, nos Enunciados mencionados, por 'o órgão jurisdicional'. Dito de outro modo, a cada uma dessas opções, corresponde uma "N/E. 377" diversa e, estando no campo de intepretação de "enunciados epistêmicos", esse tipo de "ambiguidade", mais que um problema, pode ser uma "oportunidade", quando se passar a considerar conjecturalmente, como se verdadeiras fossem, as duas alternativas.

Do ponto de vista estritamente semântico, não se pode dizer que haja uma total sinonímia entre as duas expressões – 'o julgador' e 'o órgão jurisdicional' – embora não seria minimamente "extravagante" o uso da expressão 'o julgador', para se referir ao órgão jurisdicional e não ao magistrado que o estiver representando. No caso da ocorrência da expressão no Enunciado 377 ter-se dado, "historicamente", num item integrante de um conjunto de outros dotados, supostamente, de uma certa "lógica" ou sistematicidade, sendo que, para tratar de outros aspectos da boa-fé objetiva no processo, os dois Enunciados imediatamente antecedentes – o Enunciado 375 e o Enunciado 376 – utilizaram a expressão 'órgão jurisdicional'. Com esse mínimo recurso ao contexto, pode-se confirmar que não é "casual" o uso da expressão 'o julgador' apenas no Enunciado 377 e o uso da expressão 'o órgão jurisdicional' no Enunciado 375 e Enunciado 376: revela-se razoável considerar que, nos Enunciado 375 e Enunciado 376, os enunciadores pretenderam, com a expressão 'o órgão jurisdicional', se referir à "unidade concreta (no sentido de individualizada) do Poder Judiciário", àquilo que, no processo, é efetivamente o centro de imputação de uma série de poderes, deveres e sujeições; já com a expressão 'o julgador' pretenderam se referir à pessoa humana ocupante, circunstancialmente, da titularidade (representatividade) do órgão jurisdicional.

Trata-se de distinção até banal: não há quem confunda a 2ª Vara Cível - que é órgão jurisdicional - com a Dra. Maria ou o Dr. Pedro, "julgadores", ou melhor, "magistrados", que estejam, circunstancialmente (seja com a maior estabilidade de "titular", seja na condição de "substituto"), respondendo pela 2ª Vara Cível[20]. Todavia, há aspectos cruciais e sutis dessa distinção que tem passado despercebidos. Tanto é que, afinal, foi cometido o erro de categoria no Enunciado 377, o qual se irá apontar, com a necessidade desta longa demonstração.

Entretanto, o fato de se estar num empreendimento de interpretar textos de enunciados epistêmicos, facilita - e até sugere - que se investigue ambas as alternativas: aquela (norma) em que 'o julgador' e 'o órgão jurisdicional' são sinônimas e aquela (outra norma) em que as referidas expressões designam conceitos (e se referem a itens) distintos. Contudo é imprescindível, para bem explorar essa metodologia, buscar firmar com precisão e clareza analíticas mínimas, a distinção entre (o que quer que seja designado) por 'o julgador', e (o que quer que seja designado) por 'o órgão jurisdicional', assumindo, de início, que seriam coisas distintas e correspondentes à noção trivial e cotidiana entre o "juízo da 2ª Vara" e o "juiz [titular ou substituto] respondendo pela 2ª Vara".

O primeiro passo para bem compreender essa distinção entre "julgador" e "órgão jurisdicional", na perspectiva que aqui interessa, é a identificação de dois grupos diferentes de normas. As normas veiculadas pelos artigos 139 a 142 do NCPC são emblemáticas, a esse respeito, pois entre elas se encontra normas dos dois grupos que se quer distinguir claramente, postas lado a lado. Sejam transcritos os respectivos dispositivos legais:

Grupo 1:

Art. 139. O juiz dirigirá o processo conforme as disposições deste Código, incumbindo-lhe:

I – assegurar às partes igualdade de tratamento;

II – velar pela duração razoável do processo;

III – prevenir ou reprimir qualquer ato contrário à dignidade da justiça e indeferir postulações meramente protelatórias;

---

20. Realmente, essa distinção não é exclusiva dos órgãos jurisdicionais. Há, na realidade, uma importante categoria de sujeitos processuais, os quais bem poderiam ser denominados "sujeitos processuais institucionais", ou seja, sujeitos que, embora "concretos", no sentido de "individualizados", em cada processo concreto em que atuam, são, na realidade, "entidades institucionais" e, portanto, "entidades abstratas". É o caso dos Promotores, Procuradores e Defensores Públicos, para citar os mais destacados. Também a eles se aplicam as considerações a serem feitas sobre a distinção entre "juiz-órgão jurisdicional" e "juiz-magistrado".

IV – determinar todas as medidas indutivas, coercitivas, mandamentais ou sub-rogatórias necessárias para assegurar o cumprimento de ordem judicial, inclusive nas ações que tenham por objeto prestação pecuniária;

V – promover, a qualquer tempo, a autocomposição, preferencialmente com auxílio de conciliadores e mediadores judiciais;

VI – dilatar os prazos processuais e alterar a ordem de produção dos meios de prova, adequando-os às necessidades do conflito de modo a conferir maior efetividade à tutela do direito;

VII – exercer o poder de polícia, requisitando, quando necessário, força policial, além da segurança interna dos fóruns e tribunais;

VIII – determinar, a qualquer tempo, o comparecimento pessoal das partes, para inquiri-las sobre os fatos da causa, hipótese em que não incidirá a pena de confesso;

IX – determinar o suprimento de pressupostos processuais e o saneamento de outros vícios processuais;

X – quando se deparar com diversas demandas individuais repetitivas, oficiar o Ministério Público, a Defensoria Pública e, na medida do possível, outros legitimados a que se referem o art. 5º da Lei no 7.347, de 24 de julho de 1985, e o art. 82 da Lei no 8.078, de 11 de setembro de 1990, para, se for o caso, promover a propositura da ação coletiva respectiva.

Parágrafo único. A dilação de prazos prevista no inciso VI somente pode ser determinada antes de encerrado o prazo regular.

Art. 140. O juiz não se exime de decidir sob a alegação de lacuna ou obscuridade do ordenamento jurídico.

Parágrafo único. O juiz só decidirá por equidade nos casos previstos em lei.

Art. 141. O juiz decidirá o mérito nos limites propostos pelas partes, sendo-lhe vedado conhecer de questões não suscitadas a cujo respeito a lei exige iniciativa da parte.

Art. 142. Convencendo-se, pelas circunstâncias, de que autor e réu se serviram do processo para praticar ato simulado ou conseguir fim vedado por lei, o juiz proferirá decisão que impeça os objetivos das partes, aplicando, de ofício, as penalidades da litigância de má-fé.

Grupo 2:

Art. 143. O juiz responderá, civil e regressivamente, por perdas e danos quando:

I – no exercício de suas funções, proceder com dolo ou fraude;

II – recusar, omitir ou retardar, sem justo motivo, providência que deva ordenar de ofício ou a requerimento da parte.

Parágrafo único. As hipóteses previstas no inciso II somente serão verificadas depois que a parte requerer ao juiz que determine a providência e o requerimento não for apreciado no prazo de 10 (dez) dias.

Art. 144. Há impedimento do juiz, sendo-lhe vedado exercer suas funções no processo:

I – em que interveio como mandatário da parte, oficiou como perito, funcionou como membro do Ministério Público ou prestou depoimento como testemunha;

II – de que conheceu em outro grau de jurisdição, tendo proferido decisão;

III – quando nele estiver postulando, como defensor público, advogado ou membro do Ministério Público, seu cônjuge ou companheiro, ou qualquer parente, consanguíneo ou afim, em linha reta ou colateral, até o terceiro grau, inclusive;

IV – quando for parte no processo ele próprio, seu cônjuge ou companheiro, ou parente, consanguíneo ou afim, em linha reta ou colateral, até o terceiro grau, inclusive;

V – quando for sócio ou membro de direção ou de administração de pessoa jurídica parte no processo;

VI – quando for herdeiro presuntivo, donatário ou empregador de qualquer das partes;

VII – em que figure como parte instituição de ensino com a qual tenha relação de emprego ou decorrente de contrato de prestação de serviços;

VIII – em que figure como parte cliente do escritório de advocacia de seu cônjuge, companheiro ou parente, consanguíneo ou afim, em linha reta ou colateral, até o terceiro grau, inclusive, mesmo que patrocinado por advogado de outro escritório;

IX – quando promover ação contra a parte ou seu advogado.

§ 1º Na hipótese do inciso III, o impedimento só se verifica quando o defensor público, o advogado ou o membro do Ministério Público já integrava o processo antes do início da atividade judicante do juiz.

§ 2º É vedada a criação de fato superveniente a fim de caracterizar impedimento do juiz.

§ 3º O impedimento previsto no inciso III também se verifica no caso de mandato conferido a membro de escritório de advocacia que tenha em seus quadros advogado que individualmente ostente a condição nele prevista, mesmo que não intervenha diretamente no processo.

Art. 145. Há suspeição do juiz:

I – amigo íntimo ou inimigo de qualquer das partes ou de seus advogados;

II – que receber presentes de pessoas que tiverem interesse na causa antes ou depois de iniciado o processo, que aconselhar alguma das partes acerca do objeto da causa ou que subministrar meios para atender às despesas do litígio;

III – quando qualquer das partes for sua credora ou devedora, de seu cônjuge ou companheiro ou de parentes destes, em linha reta até o terceiro grau, inclusive;

IV – interessado no julgamento do processo em favor de qualquer das partes.

§ 1º Poderá o juiz declarar-se suspeito por motivo de foro íntimo, sem necessidade de declarar suas razões.

Todos os dispositivos acima reproduzidos contêm a expressão 'o juiz'. Porém, embora a expressão 'o juiz' signifique o mesmo em todas as respectivas ocorrências nos dispositivos que compõem o Grupo 1, assim como naqueles que integram o Grupo 2, a mesma expressão significa coisas distintas em cada um desses dois grupos. Dito de outro modo, todas as normas veiculadas pelos dispositivos do Grupo 1 tem um único destinatário, referido pela expressão 'o juiz', assim como todas as normas veiculadas pelos dispositivos do Grupo 2 também possuem um único destinatário, referido pela idêntica expressão 'o juiz'. Porém, o destinatário das normas do Grupo 1 *não é o mesmo destinatário* das normas do Grupo 2.

O destinatário das normas do Grupo 1 é aquilo que, no Enunciado 375 e no Enunciado 376 é (parece ser) referido pela expressão 'órgão jurisdicional', e consiste, propriamente, num órgão jurisdicional, enquanto "entidade institucional". Exemplos: o Juízo da 1ª Vara Cível da cidade de Fortaleza, o Juízo da Vara Única do Trabalho de Quixadá, o Tribunal Eleitoral do Ceará etc. Já o destinatário das normas do Grupo 2 são os indivíduos, as pessoas físicas (ao menos por enquanto), que tenham sido selecionadas a "atuarem respondendo por um órgão jurisdicional". Esse grupo de pessoas é a quem o Enunciado 377 se refere (parece se referir) com a expressão 'o julgador'. Exemplos: o Dr. Sérgio Moro, o Min. Teori Zavascki etc.

Cada um dos grupos de dispositivos reproduzidos veicula, portanto, grupos distintos de normas. Na realidade, pode-se dizer que cada um desses grupos de normas integra distintos "microssistemas normativos", os quais serão aqui denominados, de modo um tanto "informal" (pré-teórico), "marco normativo dos órgãos jurisdicionais" e "marco normativo das pessoas pré-estabelecidas para responderem por órgãos jurisdicionais", ou ainda, mais simplesmente, "marco normativo dos magistrados". As normas do Grupo 1 integram o primeiro desses marcos normativos – assim como inúmeras outras (praticamente todas as demais) normas processuais que, por qualquer expressão, se refira a "órgão jurisdicional", tendo-o como (ao menos em parte) seu destinatário, seja para conferir-lhe um poder, um dever ou qualquer outra posição normativa processual. Já as normas do Grupo 2 integram o segundo desses marcos, ao lado de outras normas que estão, paradigmaticamente, na LOMAN (mas também normas oriundas do CNJ e de Regimentos Internos de Tribunais).

Essa é parte "não visível" e de maior importância da distinção entre o órgão jurisdicional, enquanto uma "entidade abstrata", ou seja, um centro de imputações de deveres, poderes, reunidos por uma "identidade teleológica" (ou funcional), de uma ou um conjunto de pessoas que "atuem em nome desse órgão": é que a cada uma dessas "personagens" – o "juiz-órgão" e o "juiz-pessoa" – correspondem microssistemas normativos distintos, cada qual regendo e disciplinando cada uma dessas "personagens". Assim, as normas do Grupo 1 são normas estritamente processuais, enquanto que as normas do Grupo 2 são normas "administrativas". Esse ponto é fundamental para compreender que os atos de um órgão jurisdicional não se confundem com os atos de um magistrado, mesmo quando se tratar de ato de magistrado que "valha como" um ato do órgão jurisdicional, até porque cada um desses atos é disciplinado por normas distintas (ainda que contemporaneamente incidentes).

De posse dessa distinção, se está em condições de afirmar que a norma subscrita pelo Enunciado 377, N/E. 377, melhor se caracteriza como uma norma pertencendo ao "marco normativo de magistrados" e não ao "marco normativo de órgão jurisdicional". Aliás, pela mesma razão, uma norma variante de N/E. 377, obtida com a substituição de "julgador" (o conceito, não (ou não apenas) o termo) por "órgão jurisdicional", seria, essa sim, uma norma integrante do "marco normativo de órgão jurisdicional" e não do "marco normativo de magistrados". Este é um ponto de fundamental importância na avaliação crítica que aqui se faz do Enunciado 377, como se verá mais adiante.

Cumpre, na sequência, como próximo passo estratégia para compreender N/E. 377 e, assim, avaliar o próprio Enunciado 377 (enquanto enunciado-sentido, claro), analisar essa outra norma, que se apresenta como uma "variação" plausível de N/E. 377. Tal norma, repita-se, obtém-se ao se substituir 'o julgador' (termo e conceito correspondente) por 'o órgão jurisdicional', no texto de N/E. 377, a saber:

N/E. 377-ALT: 'Se (x) é o órgão jurisdicional, então (x) deve não proferir, sem motivar a alteração, decisões diferentes sobre uma mesma questão de direito aplicável às situações de fato análogas, ainda que em processos distintos'

Seria tal norma dedutível da norma veiculada pelo artigo 5º do CPC? Seguindo a mesma lógica observada em E.375 e Enunciado 376, a resposta positiva se impõe, desde que, também aqui, sejam acrescentadas as seguintes "premissas implícitas":

(PI1) o conceito de <o órgão jurisdicional> está incluído no conceito de <o que de qualquer forma participa do processo>.

(PI2) o conceito de <observar a vedação do comportamento contraditório> está contido no conceito de <agir de acordo com a boa-fé objetiva>, para fins de aplicação do artigo 5º do CPC.

(PI3) O conceito de <não proferir, sem motivar a alteração, decisões diferentes sobre uma mesma questão de direito aplicável às situações de fato análogas, ainda que em processos distintos> está incluído no conceito de <observar a vedação do comportamento contraditório>.

Como bem se vê, tanto a premissa, como a própria norma deduzida do artigo 5º se revelam "plausíveis", nada de "estranho" se apresentando. Afinal, se órgãos jurisdicionais são participantes do processo, para fins de incidência do artigo 5º, e se "proferir, sem motivar a alteração, decisões diferentes sobre uma mesma questão de direito aplicável às situações de fato análogas, ainda que em processos distintos" for considerado um caso de "comportamento contraditório", para fins de "aplicação" do mesmo artigo 5º, é uma questão de mera inferência semântica, do artigo 5º do CPC, a norma acima, que se mostra uma "variação" daquela subscrita pelo Enunciado 377.

Contudo, sem nem precisar entrar no mérito da defesa desta ideia, a existência de uma dita norma, como integrante do ordenamento jurídico, já se mostra uma opção cancelada pela existência de outra norma (uma garantia constitucional dos "magistrados"). Com efeito, um órgão pode ser representado por diferentes magistrados e eles estão garantidos, constitucionalmente, a terem opiniões divergentes uns dos outros, "sobre uma mesma questão de direito aplicável às situações de fato análogas". Então, o que há, nesse grupo de situações em que diferentes magistrados respondem, sucessivamente, pelo mesmo órgão, é uma "garantia constitucional de contradição", que é qualificada pelo enunciado como vetada, com fundamento na boa-fé objetiva.

Tome-se o seguinte exemplo: imagine-se a hipótese em que dois casos semelhantes tenham sido julgados diferentemente por uma mesma unidade jurisdicional – a Vara V1 – sendo que um foi julgado pelo juiz titular da Vara V1 e outro por um juiz que apenas estava substituindo o titular. É óbvio que essa "contraditoriedade", predicável ao "Juízo", consistente no órgão Jurisdicional correspondente à Vara V1, não é e não poderia ser combatida em nome da "boa-fé objetiva", uma vez que isso estaria flagrantemente contrário a uma das garantias constitucionais que tem, como destinatário, não o órgão jurisdicional, mas os seus ocupantes, a saber, a independência funcional.

Dessa forma, apesar de N/E. 377-ALT se revelar uma norma perfeitamente concebível e plausível e, em princípio, dedutível daquela veiculada pelo artigo 5º do CPC, ela se revela inconstitucional, por violar a garantia constitucional dos magistrados de independência.

Enfim, como último passo preliminar antes de passar à análise crítica do Enunciado 377, em particular no que diz com a norma por ele subscrita (N/E. 377), cumpre elaborar um outro exemplo imaginário de norma mais específica possivelmente dedutível do artigo 5º.

Tome-se o seguinte exemplo de norma:

NI: 'Se (x) é o promotor, então (x) deve não proferir, sem motivar a alteração, decisões diferentes sobre uma mesma questão de direito aplicável às situações de fato análogas, ainda que em processos distintos'.

Ora, seria de se esperar que tal norma fosse dedutível daquela do artigo 5º com o simples acréscimo de "premissas implícitas" como as seguintes:

(PI1) o conceito de <o promotor> está incluído no conceito de <o que de qualquer forma participa do processo>.

(PI2) o conceito de <observar a vedação do comportamento contraditório> está contido no conceito de <agir de acordo com a boa-fé objetiva>, para fins de aplicação do artigo 5º do CPC.

(PI3) O conceito de <não proferir, sem motivar a alteração, decisões diferentes sobre uma mesma questão de direito aplicável às situações de fato análogas, ainda que em processos distintos> está incluído no conceito de <observar a vedação do comportamento contraditório>.

Contudo, este exemplo torna manifesto que há um erro de categoria na norma acima. É que "proferir decisões" – sendo que, no caso, já se sabe serem decisões judiciais – não é uma ação que possa ser praticada por qualquer sujeito. Promotores, certamente, não estão autorizados a proferir decisões, em razão do que a norma em questão é, na realidade, um *non sense* deôntico, algo que sequer faz sentido.

Agora, quem são os agentes autorizados a proferirem decisões judiciais num processo (como aquelas referidas no conceito de aplicação da norma subscrita pelo Enunciado 377)? O "órgão jurisdicional", o "julgador", ou ambos? Para responder esta questão, convém tomar uma hipotética situação concreta para análise.

Imagine-se a seguinte situação: João moveu uma ação indenizatória contra, digamos, a TIM, tendo sido distribuída a ação para a 2ª Unidade de Juizado Especial de Fortaleza. O Titular, Dr. Pedro estava de férias e quem estava respondendo era a Dra. Maria, Juíza Titular da 1ª Unidade de Juizado Especial. Respondendo pela 2ª Unidade, a Dra. Maria julgou liminarmente improcedente o pedido, com fundamento no art. 332 do CPC.

Inconformado, João formula um pedido de reconsideração, chamando a atenção do juiz da causa (Juízo ou Magistrado?) para certos aspectos que não foram percebidos.

Quando da ocasião da apreciação deste pedido de reconsideração, o Juiz Titular, Dr. Pedro, já estava de volta e apreciou o referido pedido, no sentido de reconhecer o equívoco e determinar a citação do réu para audiência de conciliação.

Parece inquestionável que foram proferidas duas decisões. Curiosamente, se se perguntar 'quantas decisões foram proferidas por cada um dos magistrados?', muito provavelmente todos responderiam que cada magistrado proferiu uma sentença. Ao mesmo tempo, se se perguntar 'quantas decisões foram proferidas pelo órgão jurisdicional, o Juízo da 2ª Unidade de Juizado Especial?', todos responderão, muito provavelmente, 'duas'. Porém, essas duas respostas dão conta de *quatro* decisões: duas proferidas pelo órgão jurisdicional, uma proferida pela Dra. Maria e outra proferida pelo Dr. Pedro, o que é um absurdo? Onde está o erro?

O erro está em ser induzido a crer que magistrados, em seus próprios nomes, proferem decisões judiciais. Esse é o erro de categoria cometido pelo Enunciado 377. Rigorosamente, nenhum julgador "profere decisões". Quem pratica os atos processuais judiciais são os órgãos jurisdicionais – o Juízo da 10ª Vara Cível, o Juízo da 2ª Vara da Fazenda Pública etc. e não aqueles que, circunstancialmente, os estão representando.

Agora, se Dra. Maria e Dr. Pedro, ao responderem pela 2º JEC, não "proferiram decisões judiciais", o que eles fizeram? Essa é uma indagação da maior relevância, de razoável complexidade, mas que não tem sido levada na devida conta.[21] E é justamente a falta de compreensão sedimentada em doutrina sobre isso o que permite considerar altamente "temerário", no atual estado da processualística nacional, querer "consolidar um entendimento" sobre a aplicabilidade do princípio da boa-fé – positivado explicitamente em diversas normas do ordenamento jurídico brasileiro – como fonte complementar do "marco normativo dos magistrados". Este é um horizonte muito rico de investigações – que também inclui o exame da função da boa-fé como fonte complementar do marco normativo das outras carreiras jurídicas antes mencionadas, associadas aos "sujeitos processuais institucionais": Ministério Público, Defensoria Pública etc. – que não foram, todavia, sequer iniciadas. Pensar tais atos e suas respectivas disciplinas ou marcos normativos, na perspectiva do princípio da boa-fé e as normas mais específicas que a ele são tradicionalmente associadas, é algo de extrema relevância. Porém, dada a complexidade, dificilmente poderia ser, racionalmente, objeto de um ou mesmo um pequeno conjunto de enunciados epistêmicos, sobretudo, repita-se, nesse momento histórico.

▶ **NCPC. Art. 5º** Aquele que de qualquer forma participa do processo deve comportar-se de acordo com a boa-fé.

21. Nessa perspectiva, percebe-se um dado bastante significativo: aquilo que um juiz faz ao praticar o ato do órgão jurisdicional que ele representa é muito mais parecido – da mesma ordem – daquilo que um "promotor-pessoa" faz, ao praticar o ato do "órgão ministerial" (2ª Promotoria da Vara de Família, por exemplo) que ele, promotor-pessoa, representa.

ENUNCIADO 378. A BOA-FÉ PROCESSUAL ORIENTA A INTERPRETAÇÃO DA POSTULAÇÃO E DA SENTENÇA, PERMITE A REPRIMENDA DO ABUSO DE DIREITO PROCESSUAL E DAS CONDUTAS DOLOSAS DE TODOS OS SUJEITOS PROCESSUAIS E VEDA SEUS COMPORTAMENTOS CONTRADITÓRIOS.

● *Grupo: Normas fundamentais.* ● *Referências: arts. 5º, 6º, 322, § 2º, e 489, § 3º.*

▸ ***Marcelo Lima Guerra***

O Enunciado apenas cuida de detalhar o sentido geral do artigo 5º do CPC, na compreensão que lhe deu o Enunciado 374, ou seja, que a norma veiculada pelo mencionado artigo 5º consagra a aplicação da boa-fé objetiva na disciplina processual. Com efeito, a doutrina da boa-fé objetiva reconhece como sendo sua função (do princípio geral da boa-fé e das várias normas que lhe conferem maior "densidade semântica") desempenham várias "funções". Aliás, a estas diferentes funções faz referência o próprio ordenamento brasileiro, em diferentes dispositivos legais. Como informa Lupion[22]:

> No Brasil, a boa-fé é referida no Código de Defesa do Consumidor, sob forma de cláusula geral, conforme artigo 51, inciso IV, e no Código Civil, como regra de interpretação dos negócios jurídicos (art. 113), da licitude do exercício dos direitos (artigo 187) e como norma de conduta imposta aos contratantes (art. 422), (...).

Ora, o Enunciado cuida, tão somente, de "adaptar" ao processo civil, este entendimento consagrado na doutrina tradicional da boa-fé objetiva e que também recebeu reconhecimento em outras normas do CPC, como aquelas veiculadas pelos artigos 322, § 2º e 489, § 3º.

▸ **NCPC. Art. 5º** Aquele que de qualquer forma participa do processo deve comportar-se de acordo com a boa-fé. ▸ **Art. 6º** Todos os sujeitos do processo devem cooperar entre si para que se obtenha, em tempo razoável, decisão de mérito justa e efetiva. ▸ **Art. 322. § 2º** A interpretação do pedido considerará o conjunto da postulação e observará o princípio da boa-fé. ▸ **Art. 489. § 3º** A decisão judicial deve ser interpretada a partir da conjugação de todos os seus elementos e em conformidade com o princípio da boa-fé.

ENUNCIADO 379. O EXERCÍCIO DOS PODERES DE DIREÇÃO DO PROCESSO PELO JUIZ DEVE OBSERVAR A PARIDADE DE ARMAS DAS PARTES.

● *Grupo: Poderes do juiz.* ● *Referências: art. 7º.*

▸ ***Marcelo Lima Guerra***

O presente Enunciado revela-se sobremaneira obscuro, ao menos para quem, como é o caso deste intérprete, não participou da sua formação. O ponto obscuro é, principalmente, o seguinte. Um dos fins ou objetivos a serem alcançados *através* do exercício dos poderes de direção do processo pelo juiz vem a ser, precisamente, assegurar a paridade de armas. É dizer: verificando o juiz uma situação concreta em que uma das partes se encontra em situação de maior vulnerabilidade em relação à outra, o inc. I do artigo 139 do CPC confere ao juiz poderes – necessariamente

22. LUPION, Ricardo. *Boa-fé objetiva nos contratos empresariais: contornos dogmáticos dos deveres de conduta.* Porto Alegre: Livraria do Advogado, 2011. p. 49.

indeterminados, porém jamais ilimitados – para assegurar, no caso concreto, a "igualdade de tratamento" às partes, noção na qual se insere, inquestionavelmente, aquela de "paridade de armas".

Além de uma mera paráfrase (mal formulada, diga-se de passagem) do mencionado dispositivo legal, que sentido veicularia o presente enunciado? Arrisca-se dizer que a única alternativa seria algo que teria expressão linguística mais precisa com a seguinte frase: "ao exercer os poderes de direção do processo, o juiz deve observar a garantia do contraditório". Ora, em tese, não é necessário que isso seja explicitado, numa comunidade jurídica em que seja moeda corrente a seguinte orientação geral: todos os poderes indeterminados conferidos aos juízes são limitados pelo conjunto dos direitos fundamentais assegurados pela Constituição.

Agora, uma vez aceita essa orientação geral, que já deveria ser óbvia desde a década de 90 do século passado, a missão principal da doutrina deveria ser a de se empenhar em estabelecer modelos teóricos adequados a lidar com a ineliminável vagueza do direito. Ora "observar a paridade de armas" é noção extremamente vaga e, por isso mesmo, não se presta a "remediar" a indeterminação de poderes conferidos ao juiz opor normas que se limitam a estabelecer os fins a serem realizados com o exercício de tais poderes. Nesse sentido, o Enunciado em questão ou diz com outras palavras, o que já está dito no inc. I do artigo 139 do CPC, ou não diz o bastante, para estabelecer critérios objetivos de controle do exercício dos poderes indeterminados conferidos ao juiz no artigo 139 do CPC.

▶ **NCPC. Art. 7º** É assegurada às partes paridade de tratamento em relação ao exercício de direitos e faculdades processuais, aos meios de defesa, aos ônus, aos deveres e à aplicação de sanções processuais, competindo ao juiz zelar pelo efetivo contraditório.

Enunciado 380. A expressão "ordenamento jurídico", empregada pelo Código de Processo Civil, contempla os precedentes vinculantes.

● *Grupo: Precedentes, IRDR, Recursos Repetitivos e Assunção de competência.* ● *Referências: arts. 8º, 926, 927.*

▸ ***Beclaute Oliveira Silva***

O presente enunciado possui duas questões centrais: ordenamento jurídico e precedentes vinculantes. Entre eles se estabelece uma relação entre gênero (ordenamento jurídico) e espécie (precedentes vinculantes).

Inicialmente, deve-se estabelecer que a categoria precedente não esgota o conteúdo ordenamento, já que este é composto por outras espécies prescritivas.

Feita essa digressão, passa a análise dos dois termos e de sua relação. Saliente-se que o enunciado em comento parte da premissa que a relação existe. Esse é o ponto de partida.

Há uma diferença posta na teoria geral do direito entre ordenamento jurídico e sistema jurídico. O primeiro é visto como conjunto de preceitos prescritivos veiculados por um determinado Estado soberano. No plano da textualidade ingressa nesse conceito a Constituição ou as Constituições (no caso de Estados Federais), Emendas

Constitucionais, Leis (nas mais variadas espécies), Decretos, Sentenças, Negócios jurídicos etc. Perceba-se, de logo, que embora um contrato decorra da autonomia da vontade, ele se dá no bojo do Estado que autoriza esse tipo de prática e, por isso, ingressa com veículo introdutor de normas jurídicas. Assim, do ponto de vista formal, o negócio jurídico é jurídico pois se dá conforme os critérios estabelecidos pelo Estado.

Um ponto crucial no ordenamento jurídico é a questão da prescritividade. Há prescritividade na moral, na religião, na ética, na moda, só que no direito, essa prescritividade é munida de uma sanção sociopoliticamente organizada pelo Estado (conforme ensinamentos de Hans Kelsen).

Nesse contexto, o ordenamento jurídico é o objeto do estudo da ciência do direito que o organiza a partir de critérios capazes de conferir homogeneidade e organização. A ciência, assim, torna o ordenamento, sistema. Organiza e por isso, sistematiza esse conjunto de preceitos prescritivos estatal, que é o ordenamento jurídico. Assim, ordenamento jurídico está para o direito positivo assim como sistema jurídico está para a ciência do direito.

Apenas o ordenamento jurídico prescreve. O sistema, por estar no campo da ciência, descreve. Há, no entanto, organização interna no ordenamento. Essa organização foi percebida por Adolf Merkl, discípulo de Hans Kelsen, sob a forma piramidal. Essa pirâmide parte da ideia de que há textos de direito positivo que possuem superioridade hierárquica frente a outros textos. Dessa forma, a Constituição Federal é superior a Lei Ordinária, por exemplo. Essa organização hierárquica se dá no plano dogmático do direito positivo.

Marcado o que se entende, de forma sucinta, por ordenamento jurídico, avançamos para a questão do precedente. Para fins dessa glosa, partimos da ideia de que o precedente é um texto veiculado pelo Poder Judiciário na solução de um caso ou de casos.

Saliente-se que o ordenamento jurídico se encarrega de estabelecer que tipos de decisões serão reputados precedentes obrigatórios, logo de conteúdo prescritivo. Há quem defenda que todas as decisões emanadas do Poder Judiciário veiculadas no artigo 927 do CPC são precedentes obrigatórios. Há quem defenda que só os precedentes veiculados por Tribunais Superiores. Há quem exclua, por exemplo, do rol dos obrigatórios, a orientação do plenário ou do órgão especial. Nesse ponto, não há consenso. Mas, sendo obrigatório, os precedentes, segundo o enunciado sob análise, irão fazer parte do ordenamento jurídico. E irão por quê? (a) são expressão da soberania do Estado; (b) prescrevem conduta de forma cogente.

Percebe-se que a decisão, cujo radical é o termo "cisão" (cindir, partir, cortar, separar) é ato de força pelo qual o julgador irá escolher (separar) a melhor solução para o caso ou casos (no sentido kelseniano). Essa escolha, por ser veiculada pelo Estado-juiz, é pura expressão de sua soberania. Ela é prescritiva para o caso. Essa solução, no entanto, pode ou não servir de critério para solucionar situações análogas. Depende do ordenamento jurídico.

O precedente obrigatório torna essas decisões como sendo de observância obrigatória pelo magistrado, no ato de julgar. Percebe-se assim que o artigo 927 do CPC introduziu, no sistema, uma norma de competência ou de estrutura – aquela que estabelece como outras normas irão ser produzidas, segundo a clássica definição de Alf Ross e de Norberto Bobbio, que se espelhou nos ensinamentos de Hans Kelsen. Ela vincula o magistrado no ato de construir a decisão para o caso análogo.

Assim, pode-se afirmar que o precedente é obrigatório, vinculante e cogente porque há no ordenamento uma regra determinando, de forma prescritiva, sua aplicação.

É interessante notar que o precedente, salvo as hipóteses em que o texto Constitucional determina a observância pelos demais Poderes – súmulas vinculantes e decisões definitivas no controle abstrato de constitucionalidade –, só vincula o Poder Judiciário, sob pena de ferir a regra da separação de poderes.

Outro ponto importante é que o órgão que editou a decisão pode superá-lo. Sua superação expressa o retira do ordenamento, enquanto preceito obrigatório. Essa retirada pode ser modulada, mas tudo depende do órgão que o emitiu. Deve-se salientar que pode ocorrer a indiferença ao procedente obrigatório. Se a indiferença é feita pelo juízo *a quo*, cabe recurso. Se a indiferença decorrer do órgão que o emitiu, pode ser que haja superação tácita ou arbitrariedade do órgão julgador. Em ambos os casos, cabe recurso.

Vale salientar que, para o Poder Judiciário, o precedente obrigatório é norma de estrutura. Mas para os demais Poderes e para o cidadão, quando ele se aplica, o precedente pode ser norma de estrutura ou de conduta, já que pode determinar como as relações intersubjetivas serão reguladas (seguindo os passos de Kelsen, Ross e Bobbio).

De volta ao enunciado, o precedente obrigatório é texto prescritivo e, por isso, compõe o ordenamento jurídico.

► **NCPC. Art. 8º** Ao aplicar o ordenamento jurídico, o juiz atenderá aos fins sociais e às exigências do bem comum, resguardando e promovendo a dignidade da pessoa humana e observando a proporcionalidade, a razoabilidade, a legalidade, a publicidade e a eficiência. ► **Art. 926.** Os tribunais devem uniformizar sua jurisprudência e mantê-la estável, íntegra e coerente. ► **Art. 927.** Os juízes e os tribunais observarão: I – as decisões do Supremo Tribunal Federal em controle concentrado de constitucionalidade; II – os enunciados de súmula vinculante; III – os acórdãos em incidente de assunção de competência ou de resolução de demandas repetitivas e em julgamento de recursos extraordinário e especial repetitivos; IV – os enunciados das súmulas do Supremo Tribunal Federal em matéria constitucional e do Superior Tribunal de Justiça em matéria infraconstitucional; V – a orientação do plenário ou do órgão especial aos quais estiverem vinculados.

Enunciado 382. No juízo onde houver cumulação de competência de processos dos juizados especiais com outros procedimentos diversos, o juiz poderá organizar duas listas cronológicas autônomas, uma para os processos dos juizados especiais e outra para os demais processos.

● *Grupo: Poderes do juiz.* ● *Referências: art. 12.*

► ***Beclaute Oliveira Silva***

A lista prevista no artigo 12 do CPC, com a redação estipulada pela Lei 13.256/16, tem por função primar pela cláusula da isonomia, no processo judicial. A ideia é privilegiar a ordem cronológica de conclusão para sentença e para acórdão. Ficam de fora as demais conclusões, embora deva seguir, se possível, a mesma sistemática, como forma de concretizar o tratamento isonômico.

Com relação às Varas que possuem competência mista – juizados e demais procedimentos –, o CPC não fez distinção expressa quanto à ordem cronológica entre os procedimentos dos juizados e os demais procedimentos. No entanto, no artigo 12, § 1º, VIII, do CPC, destacou, da lista geral, os processos criminais. Percebe-se assim que, a razão do discrímen foi a especialidade que o rito do processo penal tem com relação aos feitos do procedimento cível. Noutros termos, não se trata de forma igual o que se apresenta distinto.

A razão que levou a destacar os processos criminais, na ordem cronológica, também justifica o tratamento diferenciado a ser dispensado ao rito dos juizados, já que a ideia nele contida é proferir decisão célere e efetiva a feitos de menor complexidade, de valores módicos, ou que dispensem tratamento diferenciado em face da matéria, conforme disposto no artigo 275, II, do CPC/73, ainda em vigor, para fins dos juizados, conforme prescrição expressa do artigo 1.063 do CPC.

Registre-se ainda que é uma das funções do microssistema dos juizados a produção de decisão judicial em processo célere (art. 2º da Lei 9.099/95). O CPC não poderia impedir essa característica típica desses feitos.

Desta feita, para privilegiar a celeridade, bem como a isonomia, deve o magistrado, ao elaborar a lista de processos conclusos para sentença ou acórdão, destacar um rol autônomo para os processos dos juizados, dada sua especialidade, função e princípios norteadores.

► **NCPC. Art. 12.** Os juízes e os tribunais atenderão, preferencialmente, à ordem cronológica de conclusão para proferir sentença ou acórdão. **§ 1º** A lista de processos aptos a julgamento deverá estar permanentemente à disposição para consulta pública em cartório e na rede mundial de computadores. **§ 2º** Estão excluídos da regra do caput: I – as sentenças proferidas em audiência, homologatórias de acordo ou de improcedência liminar do pedido; II – o julgamento de processos em bloco para aplicação de tese jurídica firmada em julgamento de casos repetitivos; III – o julgamento de recursos repetitivos ou de incidente de resolução de demandas repetitivas; IV – as decisões proferidas com base nos arts. 485 e 932; V – o julgamento de embargos de declaração; VI – o julgamento de agravo interno; VII – as preferências legais e as metas estabelecidas pelo Conselho Nacional de Justiça; VIII – os processos criminais, nos órgãos jurisdicionais que tenham competência penal; IX – a causa que exija urgência no julgamento, assim reconhecida por decisão fundamentada. **§ 3º** Após elaboração de lista própria, respeitar-se-á a ordem cronológica das conclusões entre as preferências legais. **§ 4º** Após a inclusão do processo na lista de que trata o § 1º, o requerimento formulado pela parte não altera a ordem cronológica para a decisão, exceto quando implicar a reabertura da instrução ou a conversão do julgamento em diligência. **§ 5º** Decidido o requerimento previsto no § 4º, o processo retornará à mesma posição em que anteriormente se encontrava na lista. **§ 6º** Ocupará o primeiro lugar na lista prevista no § 1º ou, conforme o caso, no § 3º, o processo que: I – tiver sua sentença ou acórdão anulado, salvo quando houver necessidade de realização de diligência ou de complementação da instrução; II – se enquadrar na hipótese do art. 1.040, inciso II.

ENUNCIADO 407. NOS NEGÓCIOS PROCESSUAIS, AS PARTES E O JUIZ SÃO OBRIGADOS A GUARDAR NAS TRATATIVAS, NA CONCLUSÃO E NA EXECUÇÃO DO NEGÓCIO O PRINCÍPIO DA BOA-FÉ.

● *Grupo: Negócios processuais.* ● *Referências: arts. 5º e 190; art. 422, CC/2002.*

▸ ***Beclaute Oliveira Silva***

A boa-fé pode ser analisada do ponto de vista subjetivo, em que se busca a intenção do sujeito, ou sob o prisma objetivo, onde se analisa a conduta, sem perquirir a intenção. A boa-fé aqui tratada é a objetiva (art. 5º do CPC). Ela é vista na lei processual vigente como expressão do devido processo legal, do contraditório, da cooperação, da moralidade etc.

Um dos pontos centrais da boa-fé objetiva é a proteção da confiança incutida em uma das partes em face do comportamento da outra.

Como o negócio jurídico é uma espécie de fato jurídico cujo suporte fático tem por cerne manifestação de vontade consciente, a boa-fé é pressuposto de validade e de eficácia que permeia essa conduta desde as tratativas até sua conclusão.

Assim, não se pode, de forma válida, desprezar essa cláusula, sob pena de afrontar garantias constitucionais inafastáveis, corolário do processo justo.

▶ **NCPC. Art. 5º** Aquele que de qualquer forma participa do processo deve comportar-se de acordo com a boa-fé. ▶ **Art. 190.** Versando o processo sobre direitos que admitam autocomposição, é lícito às partes plenamente capazes estipular mudanças no procedimento para ajustá-lo às especificidades da causa e convencionar sobre os seus ônus, poderes, faculdades e deveres processuais, antes ou durante o processo.

▶ **CC. Art. 422.** Os contratantes são obrigados a guardar, assim na conclusão do contrato, como em sua execução, os princípios de probidade e boa-fé.

ENUNCIADO 486. A INOBSERVÂNCIA DA ORDEM CRONOLÓGICA DOS JULGAMENTOS NÃO IMPLICA, POR SI, A INVALIDADE DO ATO DECISÓRIO.

● *Grupo: Sentença, coisa julgada e ação rescisória.* ● *Referências: arts. 12 e 489.*

▸ ***Beclaute Oliveira Silva***

A ordem cronológica dos julgamentos é uma norma de estrutura - aquela que tem por função estabelecer o modo como outras regras irão ser produzidas (valho-me aqui dos ensinamentos de Hans Kelsen, Alf Ross e Norberto Bobbio). No caso, ela estabelece em que momento deverá ser efetivado o julgamento.

O modal deôntico, no entanto, não é obrigatório, mas facultativo (permissão bilateral), já que o artigo 12 do CPC, com a redação estabelecida pela Lei 13.256/16, estabeleceu que o julgamento da sentença e do acórdão dar-se-á, preferencialmente, na ordem de conclusão. Percebe-se assim que essa ordem cronológica tem função meramente administrativa para gestão dos processos no órgão jurisdicional.

Sua inobservância não macula, *a priori*, o ato jurisdicional. No entanto, pode ocorrer que a inobservância da ordem cronológica seja indício de falta de isenção do magistrado. Neste caso, a parcialidade é caso de invalidade. Mas, se restar demonstrado mera desorganização, sem que haja sinais de parcialidade, essa prática poderá motivar medidas correcionais, sem que haja decretação de invalidade.

> ▶ **NCPC. Art. 12.** Os juízes e os tribunais atenderão, preferencialmente, à ordem cronológica de conclusão para proferir sentença ou acórdão. (...). ▶ **Art. 489.** São elementos essenciais da sentença: (...).

ENUNCIADO 574. A IDENTIFICAÇÃO DE VÍCIO PROCESSUAL APÓS A ENTRADA EM VIGOR DO CPC DE 2015 GERA PARA O JUIZ O DEVER DE OPORTUNIZAR A REGULARIZAÇÃO DO VÍCIO, AINDA QUE ELE SEJA ANTERIOR.

● *Grupo: Direito intertemporal.* ● *Referências: arts. 4º e 8º.*

▸ *Beclaute Oliveira Silva*

O processo é uma marcha, uma caminhada. No latim, o termo *procaedere* designa caminhar. No grego, o termo *methodos* – prefixo *meta* (através de, por meio) e radical *hodos* (via, caminho). Percebe-se nitidamente que processo e método possuem um objetivo comum – estabelecer caminhos. Em nosso caso, o caminho para solucionar problemas.

A ênfase na resolução do caso fez com que a lei priorizasse o julgamento do mérito, procurando evitar vielas processuais.

Durante esse caminho podem ocorrer percalços, que podem dificultar a marcha normal do processo causando problemas. Porém, esses percalços não podem ser um fim em si mesmo, pelo contrário, deve ser corrigido para que a marcha flua sem contratempos. Por esta razão, as partes devem corrigir os eventuais vícios. Para tanto, deve o magistrado oportunizar às partes a possibilidade de sanar os defeitos que não impliquem, por si, a extinção do feito.

Um ponto interessante é se a correção dos vícios processuais deve ou não seguir a regra *tempus regit actum*. Registre-se que a lei é expressa ao estipular que: "A norma processual não retroagirá e será aplicável imediatamente aos processos em curso, respeitados os atos processuais praticados e as situações jurídicas consolidadas sob a vigência da norma revogada" (artigo 14 do CPC).

No entanto, o enunciado em comento não faz tábula rasa a essa regra, já que o ato viciado permanece viciado, até que seja sanado. O que o enunciado enfatiza é que a forma de sanação que venha a se dá sob a égide do CPC atual não pode valer-se do CPC/73, já que este não mais produz efeitos, salvo expressa ressalva. Deve-se aplicar a regra nova, já que o ato de sanar se dará sob a vigência do atual CPC.

Assim, quando o juiz se vale das regras do CPC atual para sanar vício de ato veiculado sob o CPC/73 não está a ferir a regra *tempus regit actum*. Pelo contrário, ele a está realizando.

> ▶ **NCPC. Art. 4º** As partes têm o direito de obter em prazo razoável a solução integral do mérito, incluída a atividade satisfativa. ▶ **Art. 8º** Ao aplicar o ordenamento jurídico, o juiz atenderá aos fins sociais e às exigências do bem comum, resguardando e promovendo a dignidade da pessoa humana e observando a proporcionalidade, a razoabilidade, a legalidade, a publicidade e a eficiência.

1.1.1.2. Da Aplicação das Normas Processuais (arts. 13 a 15)

ENUNCIADO 109. NO PROCESSO DO TRABALHO, QUANDO JUNTADAS NOVAS PROVAS OU ALEGADO FATO NOVO, DEVE O JUIZ CONCEDER PRAZO, PARA A PARTE INTERESSADA SE MANIFESTAR A RESPEITO, SOB PENA DE NULIDADE.

● *Grupo: Impacto do CPC no Processo do Trabalho.* ● *Referências: arts. 10 e 15.*

▸ ***Beatriz Galindo***

A razão de ser deste enunciado é comum a muitos outros: identificar, dentre as inovações do CPC/15, quais terão reflexos nos demais sistemas processuais.

Por conta dos art. 769 e 889 da CLT, restou estabelecido que o direito processual civil tem função de norma geral, de aplicação subsidiária, em relação ao direito processual do trabalho. Mantendo a mesma linha, o CPC/15, em seu art. 15 previu sua aplicação supletiva e subsidiária ao processo do trabalho quando não existir norma a tratar da matéria.

Por uma leitura simplista destes dispositivos, em conjunto com o parágrafo 2º do art. 2º da Lei de Introdução às Normas do Direito Brasileiro, não haveria grandes dificuldades na identificação das matérias afetadas pela norma geral, porém faz-se necessário compatibilizá-las com as normas e princípios do Direito Processual do Trabalho, a fim de proteger a base principiológica e axiológica que o norteia e fundamenta. Daí decorre a problemática e a necessidade da criação de um enunciado específico para afirmar a adequação do disposto no art. 10 do CPC/15 ao processo do trabalho.

O referido art. 10 tem por objetivo evitar a decisão que surpreende às partes, sendo proferida sem prévia manifestação por elas sobre o tema abordado. Decorre de uma ampliação da concepção do princípio do contraditório, de modo a abranger até mesmo as matérias em que o juiz pode decidir de ofício. Justifica-se, pois, na medida em que o poder de decidir de ofício decorre simplesmente da falta de provocação das partes, e não da desnecessidade de manifestação prévia delas.

Ora, como julgar com base em novas provas ou fato novo sem oportunizar às partes o direito pleno de defesa? Ainda que esta concessão de prazo prejudique a oralidade e a celeridade perseguidas pelo direito processual do trabalho, em ponderação ao contraditório – neste novo viés mais amplo – justifica-se a prevalência da norma geral, haja vista que a não aplicação geraria um prejuízo superior.

Após a aprovação do enunciado em apreço, o TST optou por editar a Instrução Normativa nº 39, corroborando, em seu art. 4º, a compatibilidade do disposto no art. 10 do CPC/15 com o sistema processual do trabalho. No entanto, em seus dois parágrafos cria critérios próprios para o que se entende por decisão surpresa, de modo a distanciar-se da norma geral.

No parágrafo 1º conseguimos enxergar o mesmo sentido defendido pelo enunciado, pois dispõe que: "entende-se por 'decisão surpresa' a que, no julgamento final do mérito da causa, em qualquer grau de jurisdição, aplicar fundamento jurídico ou embasar-se em fato não submetido à audiência prévia de uma ou de ambas as partes".

Entretanto, o parágrafo 2º cria verdadeira limitação a este disposto, ao afirmar que: "não se considera 'decisão surpresa' a que, à luz do ordenamento jurídico nacional e dos princípios que informam o Direito Processual do Trabalho, as partes tinham obrigação de prever, concernentes às condições da ação, aos pressupostos de admissibilidade de recurso e aos pressupostos processuais, salvo disposição legal expressa em contrário".

Subjetivou-se, portanto, o conceito de decisão surpresa ao retirar-lhe as questões que a parte *tinha obrigação de prever*.

No que tange o enunciado em análise, consideramos que o parágrafo 2º não restringirá sua aplicação plena, uma vez que há disposição legal expressa em sentido contrário (art. 493, parágrafo único e art. 437, §1º, ambos do CPC/15) que exigem o contraditório prévio em caso de provas ou fatos novos.

Vale salientar, ainda, que o Fórum Permanente de Direito Processual do Trabalho possui enunciado semelhante, de nº 23: "(art. 10 do CPC) No processo do trabalho, quando juntadas novas provas ou alegado fato novo, deve o juiz conceder prazo à parte interessada para se manifestar a respeito, sob pena de nulidade."

Enunciado FPDPT 23. No processo do trabalho, quando juntadas novas provas ou alegado fato novo, deve o juiz conceder prazo à parte interessada para se manifestar a respeito, sob pena de nulidade.

▶ **NCPC. Art. 10.** O juiz não pode decidir, em grau algum de jurisdição, com base em fundamento a respeito do qual não se tenha dado às partes oportunidade de se manifestar, ainda que se trate de matéria sobre a qual deva decidir de ofício. ▶ **Art. 15.** Na ausência de normas que regulem processos eleitorais, trabalhistas ou administrativos, as disposições deste Código lhes serão aplicadas supletiva e subsidiariamente.

1.2. Da Função Jurisdicional (arts. 16 a 69)

1.2.1. Da Jurisdição e da Ação (arts. 16 a 20)

ENUNCIADO 110. HAVENDO SUBSTITUIÇÃO PROCESSUAL, E SENDO POSSÍVEL IDENTIFICAR O SUBSTITUÍDO, O JUIZ DEVE DETERMINAR A INTIMAÇÃO DESTE ÚLTIMO PARA, QUERENDO, INTEGRAR O PROCESSO.

● *Grupo: Litisconsórcio e Intervenção de Terceiros.* ● *Referências: art. 18, par. ún.*

▸ ***Robson Renault Godinho***

Em linhas gerais, a autorização normativa para a defesa em nome próprio de direito alheio configura a substituição processual, que pode ser exclusiva ou concorrente. O enunciado traduz importante ideia referente à ciência de processo pendente ao substituído, no caso de legitimação concorrente, e, com isso, possibilita seu ingresso no processo. Trata-se não só de decorrência da regra inserta no artigo 18, parágrafo único, CPC, mas também da concretização de suas normas fundamentais, notadamente as que expressam a cooperação, a boa-fé objetiva e o contraditório.

A relação entre o substituto e o substituído enseja diversas polêmicas, entre as quais a eficácia subjetiva da coisa julgada (que agora provocará intensa discussão sobre a aplicação na substituição processual do novo balizamento previsto no artigo 506, CPC), possibilidade de reconvenção (prevista no artigo 343, § 5º, CPC) e a própria participação no processo do legitimado ordinário, que se dará como "assistente litisconsorcial" (arts. 18, parágrafo único, e 996, parágrafo único, CPC).

A previsão da possibilidade de intervenção do substituído na condição de assistente litisconsorcial se dá por se tratar, evidentemente, do titular do direito afirmado no processo, e em razão de configurar hipótese de litisconsórcio facultativo unitário ulterior.

O enunciado ainda possui uma importância prática para os casos em que o substituído sequer está ciente da tramitação de processo em que se discute relação jurídica de que é titular, situação que se vê com alguma frequência na prática.

Pode ocorrer que haja um desencontro volitivo entre o substituto e o substituído, querendo este último recorrer da sentença, enquanto aquele concorda com seu conteúdo, por exemplo. Em situações desse jaez, de absoluta gravidade, em que há discordância entre o substituto e o substituído, sendo que este não figura na relação processual, é fundamental que se assegure a possibilidade de participação efetiva do substituído, até para evitar a formação de coisa julgada material que o atinja e com a qual não concorde. Note-se que são dois fenômenos distintos, que não se comprometem nem se confundem: uma coisa é a formação da coisa julgada, que sempre estará presente em situações de substituição processual (abstraindo-se, neste comentário específico a um enunciado, a discussão sobre o alcance do artigo 506, CPC); situação diversa é o direito à informação que deve ser conferido ao substituído para que lhe seja esclarecida sua situação jurídica e possibilitado o ingresso no processo, a fim de que não seja surpreendido por decisão que entenda ser prejudicial, sem que possa evitar processualmente a formação da coisa julgada.

Acrescente-se que, nos casos em que o Ministério Público atue como substituto processual para a tutela de direito individual indisponível, invariavelmente os substituídos serão pessoas em situação de risco, que nem sempre possuem condições satisfatórias para a compreensão dos efeitos de uma decisão judicial e de sua irreversibilidade, ocasião em que apenas a ciência formal do ajuizamento da ação é insuficiente para se garantir a adequada informação das consequências potencialmente decorrentes do processo, de modo que, no atendimento extrajudicial da parte ou até em audiência, devam ser prestadas as informações necessárias para o esclarecimento do titular do direito material.

O enunciado, portanto, veicula relevante ideia que visa a assegurar a ciência e a participação do substituído no processo conduzido pelo substituto.

► **NCPC. Art. 18. Parágrafo único.** Havendo substituição processual, o substituído poderá intervir como assistente litisconsorcial.

1.2.2. Da Competência Interna (arts. 42 a 69)

1.2.2.1. Da Competência (arts. 42 a 66)

Enunciado 236. O art. 44 não estabelece uma ordem de prevalência, mas apenas elenca as fontes normativas sobre competência, devendo ser observado o art. 125, § 1º, da Constituição Federal.

● *Grupo: Competência e invalidades processuais.* ● *Referência: art. 44.*

▸ *Marina França Santos*

O enunciado tem por objetivo evitar interpretação equívoca do texto normativo, que subverta a hierarquia de normas do ordenamento jurídico.

O regramento da competência deve observar, portanto, inicialmente, os preceitos da Constituição da República, entre os quais estão as determinações de que a competência dos tribunais deve ser definida na Constituição do Estado e de que a lei de organização judiciária, também fonte normativa da matéria, é de iniciativa do Tribunal de Justiça.

A competência é também disciplinada pelas normas previstas no Código de Processo Civil e em legislação especial, não estabelecendo o NCPC uma ordem especial de prevalência.

> ▸ **NCPC. Art. 44.** Obedecidos os limites estabelecidos pela Constituição Federal, a competência é determinada pelas normas previstas neste Código ou em legislação especial, pelas normas de organização judiciária e, ainda, no que couber, pelas constituições dos Estados.

Enunciado 237. O rol do art. 55, § 2º, I e II, é exemplificativo.

● *Grupo: Competência e invalidades processuais.* ● *Referência: art. 55, § 2º, I e II.*

▸ *Marina França Santos*

As normas referentes à modificação de competência tornaram-se, a um só tempo, mais explícitas e mais abertas com o NCPC, especialmente no que concerne às causas de alteração legal: a conexão e a continência. A mudança destacada especificamente no enunciado 237 diz respeito, nesse contexto de explicitação e de abertura das regras de modificação de competência, à ampliação da noção de conexão, trazida expressamente pelo novo texto.

O conceito legal nuclear permanece o mesmo do Código de 1973, configurando-se a conexão, em relação à modificação de competência, sempre que duas ou mais ações tiverem, entre si, idênticos pedidos ou causa de pedir (art. 55, *caput*, NCPC). O NCPC revela, além, de modo expresso, que a hermenêutica apropriada à matéria deve buscar a ampliação das possibilidades trazidas pela conexão. É o caso do artigo 55 § 2º, I e II do NCPC, referido neste enunciado, que admite, especificamente, as hipóteses de conexão entre demandas executivas e de conexão entre ação de conhecimento e ação executiva. A norma visa, especialmente, esclarecer divergência existente na vigência do Código de Processo Civil anterior quanto à possibilidade de serem reunidas, em um só juízo, ações de conhecimento e de execução conexas entre si.

O enunciado pretende esclarecer, portanto, para deixar clara a interpretação sistemática da matéria, que o parágrafo 2º do artigo 55 do NCPC não restringe, ao contrário amplia, as hipóteses de conexão admitidas para fins de modificação de competência. Deve-se entender, desse modo, que o objetivo do artigo é apenas o de exemplificar algumas situações, suscetíveis de dúvida, em que o vínculo entre demandas é suficiente para se fazer presente o instituto jurídico.

Admite o Novo Código, portanto, a conexão por prejudicialidade, a ser observada, por exemplo, em casos como a coexistência de ação anulatória de débito e de execução fiscal ou de ação de despejo e de execução do respectivo contrato, gerando, em todos eles também, a reunião de processos. Essas hipóteses do § 2º do artigo 55 do NCPC coexistem, como frisa o enunciado 237, com as demais possibilidades de conexão já tranquilamente admitidas na vigência CPC/73, como, por exemplo, a conexão entre ação de busca e apreensão e ação revisional de contrato cumulada com consignação em pagamento que possuem o mesmo contrato de financiamento como causa de pedir ou a conexão entre ações indenizatórias de dano moral do filho e da mãe de pessoa falecida em acidente de trânsito.

► **NCPC. Art. 55. § 2º** Aplica-se o disposto no caput: I – à execução de título extrajudicial e à ação de conhecimento relativa ao mesmo ato jurídico; II – às execuções fundadas no mesmo título executivo.

Enunciado 238. O aproveitamento dos efeitos de decisão proferida por juízo incompetente aplica-se tanto à competência absoluta quanto à relativa.

● *Grupo: Competência e invalidades processuais.* ● *Referência: art. 64, caput e § 4º.*

► ***Marina França Santos***

O enunciado tem por objetivo destacar uma novidade, trazida pelo novo Código no regramento da declinação de competência. Trata-se da *translatio iudicii*: o aproveitamento de todos os atos processuais, inclusive os decisórios, em caso de declaração de incompetência. O Novo Código acaba com a relação causal automática, existente no Código de 1973, entre o reconhecimento de incompetência absoluta e a anulação dos atos decisórios proferidos pelo juízo declarado incompetente. Isto é, não subsiste mais, na nova sistemática processual civil, regra jurídica que determine a necessária supressão de atos processuais em decorrência da declaração de incompetência do juízo que os praticou (art. 113 § 2º, CPC/73).

Passa-se a se admitir, ao contrário, a conservação dos efeitos das decisões proferidas pelo juízo incompetente, como regra (art. 64 § 4º, NCPC). Ao juízo competente, a quem os autos serão remetidos, atribui-se a possibilidade de validação dos atos do juiz declarado incompetente, bastando, para tanto, que não decida em sentido contrário. Essa possibilidade, é importante frisar, abrange os atos processuais decisórios, que tendem, portanto, a ser aproveitados com o Novo Código.

O objetivo da nova sistemática processual brasileira é exatamente prestigiar os princípios da instrumentalidade, da economia e da efetividade do processo, buscando-se a preservação de atos processuais que não se tornam necessariamente inviabilizados pela declaração de incompetência. A mudança não significa, anota-se, a desconsideração da gravidade do vício de incompetência absoluta, a macular a atuação do magistrado feita em violação ao princípio constitucional do juiz natural. Para impedir tal ofensa ao direito é que se faculta ao juiz competente decidir de modo contrário ao juiz incompetente, suprimindo e eliminando os efeitos de qualquer decisão anterior por ele proferida.

Conveniente na interpretação desse dispositivo, de modo a garantir a segurança jurídica no processo, que seja o juízo competente cingido a declarar, imediatamente, isto é, já no despacho em que determinar a continuidade do processo, os atos atingidos pela inicial incompetência, de forma que se saiba exatamente quais decisões foram validadas e quais não mais produzirão efeitos no processo. A exigência não foi estabelecida pelo Novo Código mas parece ser a interpretação mais adequada do instituto em face dos princípios que o sustentam.

O enunciado ora discutido tem, desse modo, por objetivo, destacar que esse novo sistema da *translatio iudicii* passa a reger, indiferentemente, os casos de incompetência relativa e os de incompetência absoluta. Justifica-se a ênfase dada pelo enunciado tendo em vista, justamente, a determinação oposta da sistemática processual anterior, que optou, como referido, pela imediata nulidade dos atos decisórios em caso de reconhecimento de incompetência absoluta.

A interpretação adequada da declaração de incompetência, com o Novo Código, é, portanto, aquela que prestigia a obtenção do máximo de resultado na atuação do processo com o mínimo possível de dispêndio de recursos, sem com isso, obviamente, ofender o princípio do juiz natural. Torna-se, assim, regra, a conservação dos efeitos de decisões proferidas pelos juízes declarados incompetentes, seja a incompetência absoluta ou relativa, requerendo-se, para a anulação dos atos, expressa manifestação em sentido contrário por parte dos juízes competentes.

> ▶ **NCPC. Art. 64.** A incompetência, absoluta ou relativa, será alegada como questão preliminar de contestação. (...). **§ 4º** Salvo decisão judicial em sentido contrário, conservar-se-ão os efeitos de decisão proferida pelo juízo incompetente até que outra seja proferida, se for o caso, pelo juízo competente.

ENUNCIADO 630. A NECESSIDADE DE JULGAMENTO SIMULTÂNEO DE CAUSAS CONEXAS OU EM QUE HÁ CONTINÊNCIA NÃO IMPEDE A PROLAÇÃO DE DECISÕES PARCIAIS.

● *Grupo: Sentença, ação rescisória e coisa julgada.* ● *Referências: arts. 57, 58 e 356.*

▸ ***Marina França Santos***

A reunião para julgamento conjunto das ações conexas ou em que há continência é consequência jurídico-processual que visa evitar o risco de decisões contraditórias e privilegiar a economia processual. Tais objetivos são justificados pelo relevante vínculo existente entre as referidas ações, consistente na identidade parcial de seus elementos constitutivos.

A simultaneidade do julgamento, a ser proferido pelo juízo prevento, constitui determinação taxativa do Novo Código de Processo Civil, que ao substituir o termo "poder", utilizado pelo CPC de 1973:

> Art. 105. Havendo conexão ou continência, o juiz, de ofício ou a requerimento de qualquer das partes, pode ordenar a reunião de ações propostas em separado, a fim de que sejam decididas simultaneamente.

Pelo "far-se-á" e "serão" na nova formulação normativa não deixa margem para discricionariedade judicial quanto à oportunidade ou à conveniência da reunião e decisão conjunta das ações.

A situação é distinta, no entanto, no que diz respeito às decisões parciais, julgamentos que não incidem sobre a integralidade do objeto da lide, seja por resolver apenas parcialmente a pretensão posta em discussão, hipótese de julgamento antecipado parcial do mérito (art. 356 do NCPC), seja por extinguir parcialmente o processo em situações como o reconhecimento de decadência ou prescrição, o indeferimento da petição inicial ou a declaração da ausência de legitimidade de um litisconsorte ou de interesse processual com relação a um dos pedidos (parágrafo único do artigo 354 do NCPC).

Em relação a essas decisões, proferidas na fase de julgamento conforme o estado do processo, não incide a obrigatoriedade de julgamento simultâneo pelo juízo prevento das causas reunidas por conexão ou continência, por ser possível que apenas uma das ações esteja em condições de receber decisão parcial, sendo, em relação a essa, inútil e contrário à economia processual a instauração da fase instrutória, enquanto em relação à outra a antecipação indevida configuraria ofensa ao contraditório. Em tal hipótese, portanto, o Enunciado ressalta não existir obrigatoriedade de simultaneidade do julgamento, ainda que existente conexão ou continência, tratando-se, portanto, de exceção logicamente decorrente do sistema da regra modificada pela redação do artigo 58 do NCPC.

▶ **NCPC. Art. 58.** A reunião das ações propostas em separado far-se-á no juízo prevento, onde serão decididas simultaneamente.

Enunciado 668. A convenção de arbitragem e a cláusula de eleição de foro para os atos que necessitem da participação do Poder Judiciário não se excluem, ainda que inseridas em um mesmo instrumento contratual.

● *Grupo: Competência e cooperação judiciária nacional*

▶ ***Janaína Soares Noleto Castelo Branco***

A opção das partes pela arbitragem obviamente exclui a via judicial para resolução da controvérsia. Todavia, não se mostra inútil a previsão no instrumento contratual de foro competente para eventuais ações judiciais, mesmo com a convenção de arbitragem.

Se, num mesmo instrumento contratual, as partes preveem convenção de arbitragem e cláusula de eleição de foro, não há incompatibilidade entre elas, servindo a cláusula de eleição de foro para a hipótese de execução da sentença arbitral e de demanda para efetivação de medidas urgentes. Ou seja, nos casos em que for inevitável o recurso à via judicial, o foro competente será o eleito pelas partes.

> ▶ **NCPC. Art. 63.** As partes podem modificar a competência em razão do valor e do território, elegendo foro onde será proposta ação oriunda de direitos e obrigações. § 1º A eleição de foro só produz efeito quando constar de instrumento escrito e aludir expressamente a determinado negócio jurídico. § 2º O foro contratual obriga os herdeiros e sucessores das partes. § 3º Antes da citação, a cláusula de eleição de foro, se abusiva, pode ser reputada ineficaz de ofício pelo juiz, que determinará a remessa dos autos ao juízo do foro de domicílio do réu. § 4º Citado, incumbe ao réu alegar a abusividade da cláusula de eleição de foro na contestação, sob pena de preclusão.

1.2.2.2. Da Cooperação Nacional (arts. 67 a 69)

Enunciado 4. A carta arbitral tramitará e será processada no Poder Judiciário de acordo com o regime previsto no Código de Processo Civil, respeitada a legislação aplicável.

● *Grupo: Arbitragem.* ● *Referência: art. 69, § 1º.*

▸ *João Luiz Lessa Neto*

O NCPC e a reforma promovida pela Lei 13.129/15 na Lei de Arbitragem (Lei 9.307/96) criaram a carta arbitral, instrumento de cooperação jurisdicional entre árbitro e juiz.

A carta arbitral submete-se ao regime geral das cartas, aplicando-se-lhe, no que for cabível, as regras atinentes às cartas precatórias, de ordem e rogatórias. Além das regras comuns, a carta arbitral deverá ser instruída com cópia da convenção de arbitragem e com prova da nomeação do árbitro e de sua aceitação da função, o termo de arbitragem, normalmente, será, junto com a convenção, o documento a ser apresentado. Tal documentação é necessária para comprovar o desenvolvimento do processo e da jurisdição arbitral.

Além disso, caso a arbitragem seja confidencial, a carta arbitral será, igualmente, processada de confidencialmente, consoante estabelecem os artigos 189, IV, do NCPC e 22-C, parágrafo único, da Lei de Arbitragem. Não poderia ser diferente, se na arbitragem, jurisdição privada, foi estipulada, seja por expressa convenção das partes, seja por previsão das regras aplicáveis, a confidencialidade, não é a necessidade de cooperação com o Poder Judiciário que deverá implicar a divulgação das informações contidas no processo arbitral.

O enunciado indica que, além das regras do NCPC são, igualmente, aplicáveis à carta arbitral as normas constantes da legislação extravagante, uma vez que a literalidade do § 1º do artigo 69 do NCPC menciona apenas que as cartas seguirão o regime estabelecido no próprio Código. Não poderia, realmente, haver outra interpretação.

> ▶ **NCPC. Art. 69. § 1º** As cartas de ordem, precatória e arbitral seguirão o regime previsto neste Código.

Enunciado 5. O pedido de cooperação jurisdicional poderá ser realizado também entre o árbitro e o Poder Judiciário.

● *Grupo: Arbitragem.* ● *Referência: art. 69, § 3º.*

▸ *João Luiz Lessa Neto*

O artigo 69 do NCPC estabelece a possibilidade de cooperação entre órgãos integrantes de diferentes ramos do Poder Judiciário. O enunciado 5 do FPPC procura explicitar que a cooperação jurisdicional pode, também, ocorrer entre o árbitro e o juiz.

Considerando que o processo arbitral representa o exercício de uma jurisdição privada, naturalmente, é possível a cooperação com a jurisdição estatal. Não é por outra razão que o árbitro ou o tribunal arbitral pode expedir carta arbitral para que o juiz estatal pratique o ato solicitado ou, ainda, determine o seu cumprimento.

A carta arbitral, típico mecanismo de cooperação jurisdicional, está previsto tanto no NCPC quanto na Lei de Arbitragem, Lei 9.307/96, artigo 22-C, incluído pela Lei 13.129/15. Não cabe ao magistrado controlar a decisão do árbitro contida na carta arbitral ou, de qualquer maneira, interferir na jurisdição do árbitro, assim como não cabe ao juiz estatal ao qual solicita-se a cooperação controlar ou rever a decisão do árbitro. Estando em ordem a carta arbitral, instruída com os documentos previstos no artigo 260, § 3º, do NCPC, cabe ao magistrado dar-lhe cumprimento.

▶ **NCPC. Art. 69. § 3º** O pedido de cooperação judiciária pode ser realizado entre órgãos jurisdicionais de diferentes ramos do Poder Judiciário.

Enunciado 670. A cooperação judiciária pode efetivar-se pela prática de atos de natureza administrativa ou jurisdicional.

● *Grupo: Competência e cooperação judiciária nacional*

▸ *Janaína Soares Noleto Castelo Branco.*

Os atos de cooperação podem ter natureza administrativa, não somente jurisdicional e podem envolver diversos aspectos da administração judiciária. Citam-se como exemplos a apreensão e a indisponibilidade de bens, a administração de bens apreendidos, o cumprimento de mandados por telefone, a marcação e a remarcação de vistoria e a interação com a autoridade central. O pedido de cooperação poderá ser realizado também entre o árbitro e o Poder Judiciário.

Enunciado 671. O inciso II do §2º do art. 69 autoriza a produção única de prova comum a diversos processos, assegurada a participação dos interessados.

● *Grupo: Competência e cooperação judiciária nacional*

▸ *Janaína Soares Noleto Castelo Branco.*

De acordo com o §2º, inciso II, do art. 69 do CPC, é possível que os juízes cooperantes estabeleçam procedimento para "a obtenção e apresentação de provas e a coleta de depoimentos". Haveria inquestionáveis vantagens na divisão dos custos da produção da prova.

Todavia, para a produção dessa prova comum é mister a participação de todos aqueles a quem a prova possa interessar. Não tendo havido a participação dos interessados, a utilização da prova contra seus interesses não seria possível, sob pena de ofensa ao princípio da ampla defesa e do contraditório substancial.

▶ **NCPC. Art. 69.** O pedido de cooperação jurisdicional deve ser prontamente atendido, prescinde de forma específica e pode ser executado como: (...) § 2° Os atos concertados entre os juízes cooperantes poderão consistir, além de outros, no estabelecimento de procedimento para: I – a prática de citação, intimação ou notificação de ato; II – a obtenção e apresentação de provas e a coleta de depoimentos; (...).

ENUNCIADO 669. O REGIMENTO INTERNO PODE REGULAMENTAR A COOPERAÇÃO ENTRE ÓRGÃOS DO TRIBUNAL.

● *Grupo: Ordem dos processos no tribunal e regimentos internos.* ● *Referência: arts. 67, 68 e 69; art. 96, I, "a", da CF.*

▶ ***Thiana Cabral***

O Código de Processo Civil inova ao dispor no Capítulo II do Título III do Livro II sobre a Cooperação Nacional. Nos seus arts. 67, 68 e 69 são encontradas disposições estabelecendo o dever de recíproca cooperação entre órgãos do Poder Judiciário, bem como exemplos de atos concertados e de como poderão ser executados.

O art. 68 é expresso ao indicar que os juízes podem formular pedido de cooperação para a prática de *qualquer ato processual*. O art. 69 prevê, no *caput*, que o pedido de cooperação *prescinde de forma específica*; seu §2º traz exemplos de atos concertados registrando que se trata de rol meramente exemplificativo ("os atos concertados entre os juízes cooperantes *poderão* consistir, *além de outros*"). A lei confere amplo espaço para regulamentação pelos tribunais, que deverão atuar em favor da utilização dessa importante ferramenta para a efetividade da justiça.

O art. 96 da Constituição define ser da competência privativa dos tribunais elaborar seus regimentos internos dispondo sobre a competência e o funcionamento dos respectivos órgãos jurisdicionais e administrativos. Assim, é certo que o regimento interno apresenta-se como sede adequada para a regulamentação dos atos de cooperação entre os órgãos do tribunal. Afinal, se o tribunal pode definir quais são os seus órgãos e fracionar entre eles sua competência, pode regulamentar a cooperação entre seus órgãos.

O regimento interno não deverá se limitar a repetir o texto legal, mas, sim, trazer disposições sobre a forma pela qual os atos de cooperação serão realizados, definindo procedimento claro, requisitos e critérios para a sua utilização. O regimento interno também poderá indicar outros atos concertados que possam ser praticados pelos órgãos do tribunal, sem, contudo, restringir seu rol, sob pena de violar o disposto no art. 68 do CPC. Questões relacionadas à citação e à intimação, à produção de provas, à penhora e a medidas executivas em geral no âmbito dos tribunais podem ser adequadamente solucionadas pela definição de atos de cooperação no regimento interno.

Ainda, o regimento interno revela-se sede adequada para a regulamentação da participação do tribunal em atos de cooperação com outros tribunais. Cabe ao regimento definir a competência interna no tribunal para o processamento de pedidos de cooperação de outros tribunais e também para o envio de pedido de cooperação formulados por órgãos da própria Corte, bem como estabelecer a forma adequada para a concretização dos atos de cooperação.

A regulamentação da cooperação entre órgãos do tribunal é essencial para a eficiência, evitando-se, inclusive, desperdício de atividade jurisdicional e ampliando-se o diálogo no âmbito da Corte para a efetiva observância do dever de cooperação imposto, pelo art. 6º do CPC, a todos que participam de alguma forma do processo.

► **NCPC. Art. 67.** Aos órgãos do Poder Judiciário, estadual ou federal, especializado ou comum, em todas as instâncias e graus de jurisdição, inclusive aos tribunais superiores, incumbe o dever de recíproca cooperação, por meio de seus magistrados e servidores. ► **Art. 68.** Os juízos poderão formular entre si pedido de cooperação para prática de qualquer ato processual. ► **Art. 69.** O pedido de cooperação jurisdicional deve ser prontamente atendido, prescinde de forma específica e pode ser executado como: I – auxílio direto; II – reunião ou apensamento de processos; III – prestação de informações; IV – atos concertados entre os juízes cooperantes. §1° As cartas de ordem, precatória e arbitral seguirão o regime previsto neste Código. §2° Os atos concertados entre os juízes cooperantes poderão consistir, além de outros, no estabelecimento de procedimento para: I – a prática de citação, intimação ou notificação de ato; II – a obtenção e apresentação de provas e a coleta de depoimentos; III – a efetivação de tutela provisória; IV – a efetivação de medidas e providências para recuperação e preservação de empresas; V – a facilitação de habilitação de créditos na falência e na recuperação judicial; VI – a centralização de processos repetitivos; VII – a execução de decisão jurisdicional. §3° O pedido de cooperação judiciária pode ser realizado entre órgãos jurisdicionais de diferentes ramos do Poder Judiciário. ► **CF. Art. 96.** Compete privativamente: I – aos tribunais: a) eleger seus órgãos diretivos e elaborar seus regimentos internos, com observância das normas de processo e das garantias processuais das partes, dispondo sobre a competência e o funcionamento dos respectivos órgãos jurisdicionais e administrativos.

Enunciado 686. Aplica-se o art. 64, § 4.º à hipótese de ato de cooperação que invada a competência do juízo requerente.

▸ *Nilsiton Rodrigues de Andrade Aragão*

Para compreender a importância prática do enunciado n.º 686 do FPPC, é preciso antes entender o contexto no qual ele está inserido. A ideia de conservação de efeitos de decisões judiciais proferidas por juízes incompetentes nele contida deve ser analisada no contexto da definição do objeto da cooperação judiciária nacional e de sua inter-relação com o princípio do juiz natural.

O artigo 68 do CPC, ao disciplinar o âmbito de cabimento da cooperação judiciária, dispõe que ela pode referir-se à "prática de qualquer ato processual".[23] Portanto, *prima facie*, não há restrição legal prévia ao seu conteúdo, de modo que ela pode desenvolver-se para a efetivação, por exemplo, de atos de comunicação, ordenação, instrução, execução e decisão.

Apesar da amplitude de cabimento, essa atipicidade legal do objeto da cooperação judiciária não importa na ausência de restrições, pois é possível afastar sua aplicação por incompatibilidade da medida pretendida com outras normas do sistema que se mostrem mais relevantes no caso concreto. Como existem princípios constitucionais que fundamentam a própria cooperação judiciária (razoável duração do processo, eficiência, unidade da jurisdição nacional, etc.), em muitos casos a delimitação de seu alcance envolve uma ponderação entre princípios constitucionais que colidem em pontos específicos, tornando a matéria ainda mais complexa.

Nesse contexto intrincado e ainda carente de diretrizes dogmáticas, existe uma questão que se destaca, fruto da necessária harmonização da cooperação judiciária com as normas definidoras de competências jurisdicionais e com o princípio do juiz natural. Trata-se da discussão sobre a possibilidade de prolação de decisões pelo juiz cooperante nos processos em que atua unicamente em função da cooperação.

A doutrina diverge quanto a esse aspecto. Para uma primeira corrente, apesar da opção redacional abrangente utilizada pelo artigo 68 do CPC, essa norma precisa ser compatibilizada com o princípio da indelegabilidade da jurisdição, o que impossibilita a prática de atos decisórios pelo juiz cooperante.[24] Em sentido contrário, uma segunda corrente defende que o compartilhamento de competências observado na cooperação judiciária tem como desdobramento a possibilidade de prolação de decisão pelo juízo cooperante.[25]

---

23. Nesse sentido, dispõem Nelson Nery Junior e Rosa Maria de Andrade Nery: "Seja como for, todos os exemplos aqui mencionados não configuram rol exaustivo dos atos concertados possíveis, como o próprio parágrafo deixa claro. Toda medida que exigir colaboração de um outro juízo que não seja aquele pelo qual tramita o feito pode ser alvo de um acordo entre juízos, desde que o objetivo final seja maior celeridade do trâmite do processo, mas sem prejuízo do *due process of law*" (NERY JUNIOR, Nelson; NERY, Rosa Maria de Andrade. *Comentários ao Código de Processo Civil*. São Paulo: RT, 2015, p. 369).

24. Murilo Teixeira Avelino assevera: "De fato, deve o dispositivo ser interpretado tendo em conta a regra da indelegabilidade dos atos decisórios. Estes se relacionam intimamente com o princípio do juiz natural, decorrendo daí a reserva absoluta de lei para que se institua competência decisória" (AVELINO, Murilo Teixeira. Breves comentários à cooperação nacional no Código de Processo Civil. *Revista Jurídica da Seção Judiciária de Pernambuco*, v. 8, p. 187-196, 2015, p. 192). No mesmo sentido, Luiz Guilherme Marinoni, Sérgio Cruz Arenhart e Daniel Mitidiero sustentam: "Não se pode, porém, delegar atividades que possuam caráter decisório, sob pena de violação do princípio do juiz natural (art. 5.º, XXXVII e LIII, CF)" (MARINONI, Luiz Guilherme; ARENHART, Sérgio Cruz; MITIDIERO, Daniel. *Código de Processo Civil comentado*. São Paulo: Thomson Reuters, 2017, p. 215).

25. Assim defende Maria Gabriela Silva Campos Ferreira: "Todos esses exemplos citados revelam a prática de atos decisórios pelo juízo cooperante, mas que não representam prejuízo ao processo, muito menos às partes, nem encontram óbice no sistema de competência contemporâneo. Muito pelo contrário, a prática desses atos é encorajada pelo sistema processual, uma vez que atendem às exigências de economia e eficiência processuais" (FERREIRA, Maria Gabriela Silva Campos. *O compartilhamento de*

A segunda corrente parece ajustar-se melhor aos fundamentos da cooperação judiciária e do processo civil moderno.

O entendimento clássico sobre o princípio do juiz natural e sobre a indelegabilidade da jurisdição precisa ser repensado em alguns aspectos para contemplar as possibilidades da cooperação judiciária em sua plenitude.[26] As exigências do processo contemporâneo já não comportam a compreensão de que a competência jurisdicional é necessariamente de cunho excludente, ou seja, que uma vez definida a competência de um juiz, será ele o responsável único e exclusivo do primeiro ao último ato do processo. É preciso admitir a viabilidade do compartilhamento de competências para determinados casos.

Para que seja possível a prática de atos processuais por juízes cooperantes, é necessário admitir certa flexibilidade no exercício da competência para que ela se adapte às necessidades do conflito de modo a conferir maior efetividade à tutela do direito.

Quando se examina a questão sob a ótica da cooperação judiciária nacional, a exclusão da competência dos demais juízes passa a poder sofrer modulações. Em determinados casos, será possível que dois ou mais juízes atuem simultaneamente em um mesmo processo. O juiz não atuará necessariamente de forma isolada, pois, quando se mostrar adequada à efetividade da prestação jurisdicional, a combinação de competências é possível.

Em essência, é isso que os artigos 67 a 69 do CPC preveem. Ainda que existam manifestações da cooperação judiciária que não importem propriamente em um compartilhamento de competência, como naquelas destinadas à simples prestação de informações, na maioria dos casos ela estará presente, em menor ou maior grau. Negar essa conclusão é ignorar o próprio texto da lei.

A indelegabilidade da jurisdição é outra questão que merece atenção nesse debate. De modo sintético, a delegação consiste na transferência do exercício de um aspecto da competência para um órgão que não teria autorização para a sua prática. Como regra, a jurisdição só pode ser exercida pelo órgão que o ordenamento estabeleceu como competente.

No entanto, essa vedação não é absoluta, existindo diversos institutos processuais que propiciam a delegação de ao menos uma parte da competência jurisdicional.[27] É o

---

competências e os atos processuais concertados entre juízes. 2019. Dissertação (Mestrado em Direito) – Universidade Federal de Pernambuco, Recife, 2019, p. 109).

26. É nesse sentido a análise de Antonio do Passo Cabral: "Essas características importam no fracionamento, divisão e isolamento mútuo entre os órgãos jurisdicionais, contribuindo para o engessamento das competências e falta de coordenação. Em nosso entendimento, esses traços são ineficientes e imobilizam as formas processuais sobre a competência, e portanto incongruentes com o que se espera da jurisdição contemporânea" (CABRAL, Antonio do Passo. *Juiz natural e eficiência processual:* flexibilização, delegação e coordenação de competências no processo civil. 2017. Tese (Concurso para Professor Titular de Direito Processual) – Universidade do Estado do Rio de Janeiro, Rio de Janeiro, 2017, p. 33).

27. Nas palavras de Antonio do Passo Cabral: "Não obstante esse lugar comum da indelegabilidade da competência, é relevante salientar que, em muitos institutos processuais existentes há décadas na

caso do art. 102, I, m, da CF/88, pelo qual o STF pode delegar a execução de suas decisões. No âmbito infraconstitucional, vale referência ao art. 972 do CPC que autoriza a delegação de atos instrutórios no âmbito das ações rescisórias. As próprias cartas precatórias e de ordem comportam, ainda que em menor escala, diversas outras hipóteses de delegação.

Ademais, a cooperação judiciária não importa propriamente em uma delegação de jurisdição. Embora sejam muitas as similaridades entre os dois institutos, eles não se confundem inteiramente. Nos casos de cooperação judiciária o compartilhamento da competência parte de um consenso entre os juízos, característica alheia à delegação que se realiza independe da vontade do delegatário.[28] Portanto, não há razão para inviabilizar a prolação de decisões no exercício interativo de competências sob esse argumento.

Como se percebe, a prática de atos decisórios pelo juiz cooperante é uma decorrência natural da cooperação judiciária que demande um compartilhamento de competências. Para possibilitar uma compreensão mais precisa da questão, é conveniente analisar o contexto geral de manifestação dessas decisões.

A prolação de decisões interlocutórias diretamente relacionadas à efetivação do ato objeto da cooperação judiciária não só é possível como indispensável à consecução da eficiência que se busca. Caso contrário, todo passo do processo que exigisse alguma definição judicial imporia o retorno do processo ao juiz originário, o que acarretaria uma burocratização incompatível com a duração razoável do processo.

No que concerne às decisões sobre o próprio mérito dos processos envolvidos na cooperação judiciária, é preciso registrar que o âmbito de cabimento é menor, mas, ainda assim, possível. Na maior parte dos casos, a cooperação se destina a atos das fases postulatória, ordinatória e instrutória, retornando os autos para julgamento pelo juiz originário do caso. Porém, quando se analisa, por exemplo, a previsão de cooperação para a centralização de processos repetitivos (art. 69, § 2.º, VI), parece claro que um dos atos que pode ser objeto da cooperação é justamente o julgamento das ações.

Apesar dos fundamentos apresentados em prol da possibilidade da prolação de decisões pelo juiz cooperante, não é possível negar que a divergência atualmente verificada sobre o tema pode gerar uma insegurança na utilização do instituto. A pouca maturidade do assunto impede que se firmem posições peremptórias ou uma maior

---

legislação, vemos delegação de atos processuais e às vezes verdadeira delegação total de prestação da jurisdição para outros juízos e até para particulares". (CABRAL, Antonio do Passo. *Juiz natural e eficiência processual:* flexibilização, delegação e coordenação de competências no processo civil. 2017. Tese (Concurso para Professor Titular de Direito Processual) – Universidade do Estado do Rio de Janeiro, Rio de Janeiro, 2017, p. 454).

28. Assim destaca Maria Gabriela Silva Campos Ferreira: "Talvez o aspecto mais relevante e distintivo da delegação de competência em relação ao compartilhamento é o fato de que, na delegação, não se exige o consenso do órgão delegatário. [...] O compartilhamento de competência, por sua vez, é caracterizado pelo consenso dos órgãos jurisdicionais no exercício da competência". (FERREIRA, Maria Gabriela Silva Campos. *O compartilhamento de competências e os atos processuais concertados entre juízes.* 2019. Dissertação (Mestrado em Direito) – Universidade Federal de Pernambuco, Recife, 2019, p. 96).

minudência na análise de manifestações práticas. Em face disso, discussões sobre a validade das decisões judiciais proferidas em cooperação judiciária podem inclusive ensejar incidentes e recursos que conturbem o andamento do processo, minimizando ou anulando os benefícios que dela se esperam.

É nesse ponto que *translatio iudicii* manifesta sua importância. Se por ocasião do exercício interativo da jurisdição o juiz cooperante proferir decisões que ultrapassem os limites estabelecidos para a interação judicial que fora ajustada, a ela deve-se aplicar a regra de aproveitamento dos atos decisórios e de preservação dos efeitos processuais e materiais daí decorrentes, com base no artigo 64, § 4.º, do CPC.

Exatamente pela complexidade e pela controvérsia que cercam essa questão, mostra-se correto e relevante o entendimento firmado no enunciado n.º 686 do FPPC. A aplicação da *translatio iudicii* a esses casos potencializa os efeitos da cooperação judiciária e realiza os princípios da efetividade, da duração razoável do processo, da economia processual e do aproveitamento dos atos processuais.

Enunciado 687. A dispensa legal de forma específica para os atos de cooperação judiciária não afasta o dever de sua documentação nos autos do processo.

▸ *Nilsiton Rodrigues de Andrade Aragão*

De acordo com o *caput* do artigo 69 do CPC, a cooperação judiciária "prescinde de forma específica". Essa regra é um reforço ao princípio da liberdade de formas, previsto no artigo 188 do CPC, pelo qual só é possível condicionar a validade e a eficácia de um ato processual ao cumprimento de uma determinada formalidade se a lei expressamente assim exigir.

Os atos de cooperação judiciária são atos jurídicos processuais e, como tal, possuem uma forma de manifestação. O que o mencionado princípio preconiza é a dispensa de uma forma específica de realizar o ato, afastando dúvidas que possam pairar sobre a adequação dos atos de cooperação judiciária que se realizem de modo diverso do que tradicionalmente era admitido.[29]

Desse modo, o pedido pode ser formulado por ofício, por sistema específico do tribunal para processos administrativos internos, por e-mail, por videoconferência, por telefone, por aplicativo de mensagens multiplataforma, em contato direto, etc. Dentre as diversas vias possíveis, deve-se dar preferência ao uso dos meios eletrônicos, pois

29. Na análise de Tereza Arruda Alvim Wambier, Maria Lúcia Lins Conceição, Leonardo Ferres da Silva Ribeiro e Rogério Licastro Torres de Mello: "Há, contudo, que se ter cuidado com a real extensão da expressão 'prescinde de forma específica' relativamente ao pedido de cooperação jurisdicional. *Ipso facto*, a dispensa de forma específica não quer dizer, em absoluto, dispensa de forma, a forma, em termos de direito processual, sempre será algo necessariamente presente e relevante" (WAMBIER, Tereza Arruda Alvim; CONCEIÇÃO, Maria Lúcia Lins; RIBEIRO, Leonardo Ferres da Silva; MELLO, Rogério Licastro Torres de. *Primeiros comentários ao Novo Código de Processo Civil:* artigo por artigo. São Paulo: RT, 2015, p. 135).

eles tendem a potencializar a celeridade, a eficiência e a desburocratização que fundamentam a cooperação judiciária.

O que não se pode admitir é que a informalidade que marca a cooperação judiciária seja causa de insegurança para as partes do processo ou justificativa para a violação de direitos e garantias processuais. Dentre essas garantias, destaca-se, para a análise do enunciado em discussão, a publicidade dos atos processuais, prevista no artigo 5.º, LX, da CF/88, que impõe o amplo acesso ao teor desses atos, ressalvados os casos de segredo de Justiça.

Um dos desdobramentos mais basilares da publicidade dos atos processuais é o dever de documentação, necessário à preservação de sua memória. Em verdade, a documentação é, para muitos casos, uma premissa da publicidade, pois, sem o registro, não há como divulgar o ato processual. Embora não exista um tratamento normativo geral para essa matéria, o dever de documentação pode ser percebido em manifestações específicas, como, por exemplo, nos artigos 152, V, 192 e 208 do CPC.

Portanto, a forma utilizada para realizar a cooperação judiciária, seja ela qual for, precisa ser documentada nos autos do processo. Isso é crucial para resguardar a necessária publicidade que os atos processuais devem ter e para possibilitar a consulta e a fiscalização da dinâmica da cooperação pelos interessados.[30]

O respeito ao dever de documentação dos atos processuais permite também um melhor entendimento futuro sobre a construção e o desenvolvimento da cooperação judiciária. Caso não existam nos autos do processo elementos que demonstrem as ocorrências, com o passar do tempo, será difícil resgatar o teor das manifestações, dos fundamentos e dos objetivos da colaboração judiciária.

A informalidade impede que se defina previamente um modo específico de documentar os atos a ela relacionados. O certo é que o registro deve ser seguro e consistente, podendo ser efetivado, por exemplo, por meio da juntada aos autos da cópia das mensagens (e-mail, WhatsApp, ofício, etc.) ou mediante certidão que declare que o pedido foi formulado.

Por fim, impõe-se ressaltar que a documentação deve retratar o teor do pedido de cooperação judiciária e da respectiva resposta dos juízos cooperantes ou da manifestação única, quando for construída conjuntamente. Pelas mesmas razões já apresentadas, também precisam ser documentados os atos subsequentes, próprios do desenvolvimento da cooperação.

---

30. De acordo com Alexandre Freitas Câmara: "Atos de cooperação judiciária nacional, como regra geral, não estão sujeitos a forma determinada. Isso, como já dito, nada mais é do que uma manifestação da regra da liberdade das formas. Daí não resulta, porém, uma dispensa de documentação desses atos. Sempre que um ato de cooperação for praticado sem que para isso se empregue um instrumento escrito que possa ser juntado aos autos, será necessária sua redução a termo" (CÂMARA, Alexandre Freitas. *Atos de cooperação judiciária devem ser documentados (e o Enunciado 687 do FPPC)*. 2019. Disponível em https://www.conjur.com.br/2019-abr-10/alexandre-camara-documentacao-atos-cooperacao-judiciaria. Acesso em: 10 abr. 2019).

Enunciado 688. Por ato de cooperação judiciária, admite-se a determinação de um juízo para a penhora, avaliação ou expropriação de bens de um mesmo devedor que figure como executado em diversos processos.

▸ *Nilsiton Rodrigues de Andrade Aragão*

A execução é certamente um dos ambientes mais favoráveis ao desenvolvimento da cooperação judiciária. Superar a resistência do executado com a localização de seu patrimônio penhorável exige uma atuação dinâmica e a realização de diligências complexas que muitas vezes ultrapassam os limites da competência do juízo da execução.

No estudo dessa hipótese de cooperação judiciária, é preciso inicialmente definir seu alcance. Isso porque o artigo 69, § 2.º, VII, do CPC, ao exemplificar o objeto da cooperação judiciária, refere-se unicamente à "execução de decisão jurisdicional", o que pode equivocadamente induzir a uma interpretação restritiva que limite o seu cabimento ao cumprimento de sentença.

Embora a descrição textual da norma indique uma aparente remissão aos títulos executivos judiciais, é plenamente possível que tais atos se realizem também no âmbito das execuções fundadas em títulos extrajudiciais. Não existem distinções essenciais entre os procedimentos de cumprimento de sentença e de processo de execução que imponham tratamento diferenciado em relação à cooperação judiciária. Essa conclusão é reforçada pelo caráter meramente exemplificativo do rol do artigo 69, § 2.º, do CPC.[31]

Outro aspecto do regramento legal que merece uma interpretação mais cuidadosa é a definição dos meios pelos quais as execuções podem ser realizadas. Isso porque a execução está referida entre as hipóteses do artigo 69, § 2.º, do CPC, que dispõe unicamente sobre os atos concertados. Assim, uma interpretação literal e restritiva pode levar equivocadamente à conclusão de que a execução não pode ser objeto de cooperação judiciária materializada em outros meios. Essa restrição não tem razão de ser. Nada obsta a que a cooperação judiciária no âmbito das demandas executivas se realize por auxílio direto, por reunião ou apensamento de processos, etc.

Evoluindo agora para uma análise da manifestação prática da cooperação judiciária no âmbito das execuções jurisdicionais, é possível que a colaboração entre juízos se destine, assim como nas ações cognitivas, à comunicação das partes ou à efetivação de tutela provisória (art. 69, § 2.º, I e III). Nas defesas do executado, ou em incidentes que exijam algum nível de instrução processual, ela pode destinar-se à obtenção e apresentação de provas e à coleta de depoimentos (art. 69, § 2.º, II). Em síntese, no que for compatível, as experiências de cooperação judiciária podem ser aplicadas às execuções.

---

31. No mesmo sentido é o pensamento de Edilton Meireles: "Óbvio, ainda, que quando o legislador se referiu à execução da decisão jurisdicional não quis se limitar ao cumprimento da sentença. Aqui também se inclui os atos praticados na ação de execução por título extrajudicial. Até porque o rol apontado no § 2.º do art. 69 do CPC é meramente exemplificativo" (MEIRELES, Edilton. Cooperação judicial e poderes do juiz na execução conforme o CPC de 2015. *Revista Jurídica Luso-Brasileira*, Lisboa, ano 4, n. 1, 2018, p. 483).

Resta definir o alcance concreto do artigo 69, § 2.º, VII, hipótese especificamente destinada à execução. De forma exemplificativa, para a satisfação de créditos de obrigações de pagar quantia, a cooperação judiciária pode viabilizar a realização de penhora, avaliação ou expropriação de bens de um mesmo devedor que figura como executado em diversos processos.

Quando processados em separado, a repetição desnecessária de atos executórios é patente. A atuação isolada de vários juízos em demandas executivas distintas movidas contra um mesmo devedor, que terá o mesmo bem, muitas vezes o único possível de expropriação, penhorado e avaliado em vários processos, é, para dizer o mínimo, contraproducente. À vista disso, a cooperação torna-se uma exigência lógica.

Existem alguns desdobramentos práticos desse entendimento que precisam ser ponderados. Quando o objeto da cooperação judiciária for unicamente a avaliação e a expropriação dos bens, não haverá maiores problemas, pois os interesses dos exequentes são convergentes em praticamente todos os aspectos desse ato. A divergência só se manifesta quando da divisão do produto da expropriação, mas a lei já estabelece critérios prévios e objetivos de preferência para conduzir a divisão dos valores apurados.

O tema ganha maior complexidade quando a cooperação judiciária envolve também a realização da penhora. O problema é que, quando a penhora é realizada de forma unificada para diversos credores de processos diversos, em função da simultaneidade desse ato, não será possível estabelecer o direito de preferência entre os credores quirografários (art. 797 do CPC). Diante disso, faz-se necessário definir como se dará a distribuição do valor apurado caso ele não seja suficiente para quitar todos os créditos.

Uma possível solução para essa ausência de critério legal de priorização dos créditos concorrentes é o rateio proporcional ao valor dos respectivos créditos dos exequentes envolvidos, de forma similar ao que ocorre nos casos de insolvência. Ainda que essa técnica seja análoga à utilizada nos casos de insolvente, não se está tratando de concurso universal de credores. Na hipótese em análise pressupõe-se a solvibilidade do devedor, de modo que o pagamento integral de todos ocorrerá em momento posterior, com a penhora futura de outros bens que venham a ser localizados. Portanto, justifica-se a cooperação judiciária inclusive para a realização conjunta de penhoras, como bem aponta o Enunciado n.º 688 do FPPC.

Outra questão que merece reflexão é o efeito suspensivo atribuído à defesa do devedor em algum dos processos envolvidos na cooperação judiciária. Como em regra as relações jurídicas serão distintas, há uma grande probabilidade de que o tema discutido diga respeito exclusivamente ao embargante, logo a suspensividade não se estenderá aos demais. A saída que se propõe para tais situações é a manutenção em depósito judicial dos valores que lhe caberiam do produto de uma eventual expropriação até o julgamento da questão. Se, ao final, a defesa for julgada improcedente, o valor ser-lhe-á entregue. Se a decisão for pela procedência com exclusão do crédito correspondente, rateia-se o valor entre os demais.

Ainda que o foco das análises tenha sido a cooperação judiciária voltada à expropriação de bens, destaque-se que é possível que ela seja utilizada para a prática de outros atos executórios, inclusive atípicos, e destinadas também à satisfação de obrigações não pecuniárias.

Por fim, é válido ressaltar que a realização cooperada desses atos não pode violar as garantias do credor e do devedor.[32] Assim, todos os envolvidos devem ter assegurada a possibilidade de apresentação das alegações, defesas, incidentes e recursos que seriam admitidos se seus processos tramitassem isoladamente.

ENUNCIADO 695. A SUSPENSÃO DO JULGAMENTO DA CAUSA DE QUE TRATA O ART. 377 DO CPC É APLICÁVEL AO REQUERIMENTO DE PRODUÇÃO DE PROVA OU DE VERIFICAÇÃO DE DETERMINADO FATO VEICULADO POR QUALQUER MEIO DE COOPERAÇÃO JUDICIÁRIA.

▸ *Nilsiton Rodrigues de Andrade Aragão*

Entre as hipóteses de suspensão do processo disciplinadas pelo CPC, há aquela destinada a aguardar a verificação de determinado fato ou a produção de certa prova imprescindível ao julgamento do mérito que tenha sido requisitada a outro juízo antes da decisão de saneamento (arts. 313, V, b, e 377, do CPC).

Como se sabe, a forma tradicional de se requisitar a realização de tais atos a outro juízo é por meio de carta precatória ou de ordem. Porém, os artigos 67 a 69 do CPC ampliam os meios de cooperação judicial, tornando as cartas só uma das formas de realizar a colaboração entre juízos. Em função disso, é preciso definir se a referida hipótese de suspensão processual se aplica a todas as formas de cooperação judiciária admitidas pela nova sistemática.

A despeito das limitações existentes à interpretação extensiva das hipóteses de suspensão do processo, deve esta ocorrer também em relação aos requerimentos de produção de prova ou de verificação de fato determinado veiculados por vias distintas das cartas precatórias.

A redação do artigo 313 do CPC deixa essa conclusão ainda mais clara, pois ele prevê a suspensão com fundamento no objeto da cooperação e não na forma pela qual se efetiva. Sua justificativa é a necessidade da prova a ser produzida em outro juízo para a solução do litígio, sendo o instrumento utilizado para tanto uma questão de importância secundária.

32. Leonardo Carneiro da Cunha observa: "A realização de penhoras ou leilões unificados tem por finalidade conferir maior eficiência à execução, com redução de custos e maior precisão na investigação patrimonial e excussão dos bens, mas é preciso que se respeitem as garantias fundamentais do processo, com observância do contraditório e dos demais elementos integrantes do devido processo legal". (CUNHA, Leonardo Carneiro da. *Atos concertados e compartilhamento de competências entre os juízos da execução.* 2017. Disponível em: https://www.leonardocarneirodacunha.com.br/opiniao/opiniao-68-atos-concertados-e-compartilhamento-de-competencias-entre-os-juizos-da-execucao/. Aceso em: 12 jan. 2019).

O art. 377 do CPC reforça o cabimento dessa interpretação mais ampla, pois o dispositivo faz referência expressa também ao auxílio direto. Assim, uma vez que o artigo 377 admite a suspensão do processo para o meio de cooperação mais solene (carta precatória) e para o mais simples (auxílio direto), não há motivo para deixar de admiti-la para aqueles que se encontram na zona intermediária entre eles.

Em verdade, não há razão para tratamento diferenciado entre os meios de cooperação judiciária, sendo meramente exemplificativa a referência à carta precatória e ao auxílio direto. A utilização de outras formas de cooperação entre os juízos, que se mostrem mais adequadas para o caso concreto, pode inclusive atender melhor ao objetivo da norma, pois tende a concretizar o ato em um tempo mais curto, evitando uma dilação desnecessária da suspensão do processo.

Não se deve olvidar do fato de que a obtenção e a apresentação de provas e a coleta de depoimentos são descritas pelo CPC como objeto dos atos concertados, sendo essa a via principal de sua realização por cooperação judiciária (art. 69, § 2º, II, do CPC), ainda que não a única.

Portanto, os artigos 377 e 313, V, b precisam ser interpretados sistematicamente com o artigo 69. Caso contrário, os demais meios de cooperação, ainda que mais adequados para a situação específica, tenderão a ser preteridos ante a ausência de suspensividade, acarretando uma incongruência no sistema de cooperação judiciária.

1.3. Dos Sujeitos do Processo (arts. 70 a 187)

1.3.1. Das Partes e dos Procuradores (arts. 70 a 112)

1.3.1.1. Da Capacidade Processual (arts. 70 a 76)

ENUNCIADO 383. AS AUTARQUIAS E FUNDAÇÕES DE DIREITO PÚBLICO ESTADUAIS E DISTRITAIS TAMBÉM PODERÃO AJUSTAR COMPROMISSO RECÍPROCO PARA PRÁTICA DE ATO PROCESSUAL POR SEUS PROCURADORES EM FAVOR DE OUTRO ENTE FEDERADO, MEDIANTE CONVÊNIO FIRMADO PELAS RESPECTIVAS PROCURADORIAS.

● *Grupos: Impacto do novo CPC e os processos da Fazenda Pública e Negócios Processuais.* ● *Referências: art. 75, § 4º.*

▸ *Ravi Peixoto*

O parágrafo 4º do artigo 75 do NCPC autoriza que as procuradorias dos Estados e do Distrito Federal realizem convênios entre si para a prática de atos processuais por seus procuradores em favor de outro ente federativo. Trata-se de interessante previsão nas hipóteses em que a competência da demanda não esteja no ente federativo de origem da procuradoria e haja dificuldade de locomoção. Do contrário, caberia à procuradoria custear o deslocamento de um de seus procuradores, por vezes, tão somente para a prática de um ato processual. Muito embora já fosse prática realizada por alguns entes federativos, a previsão no CPC tem aptidão para ampliar a sua utilização. Há de se apontar que, embora a previsão normativa tenha abrangido apenas os Estados e o Distrito Federal, ou seja, os entes da administração direta, não faz sentido a eles ser limitada.

A autorização constante do artigo 75, § 4º, não tem o sentido de vedar que outros entes também possam realizar tais convênios[33]. Por conta disso, foi elaborado o Enunciado, ampliando a possibilidade de realização desses compromissos também para os entes da administração indireta, quais sejam as autarquias e fundações de direito público estaduais e distritais.

A importância deste enunciado pode ser percebida pelo fato de que tais entes, na grande maioria dos casos, por terem personalidade jurídica própria, possuem corpo próprio de procuradores, não sendo representados pelas procuradorias estaduais e distritais. Isso permite que seja aberta a possibilidade de que, havendo corpo próprio de procuradores, o respectivo ente da administração indireta possa firmar tais acordos recíprocos, tornando mais eficiente, especialmente em termos econômicos, a sua atuação. Do contrário, não sendo possível a eles realizar, de forma autônoma, tais convênios, não seriam abrangidos pelos que forem realizados pelas procuradorias que representem a administração direta. Justamente pelo fato de que possuem corpo próprio de procuradores que não teriam participado do convênio firmado pela procuradoria que atua na defesa da administração direta estadual ou distrital.

Ainda mais, esses acordos poderão ser firmados por tais entes da administração indireta seja com os Estados, seja com outros entes da administração indireta, sendo ainda possível admitir que sejam realizados convênios com procuradorias municipais ou da União.

> ► **NCPC. Art. 75. § 4º** Os Estados e o Distrito Federal poderão ajustar compromisso recíproco para prática de ato processual por seus procuradores em favor de outro ente federado, mediante convênio firmado pelas respectivas procuradorias.

1.3.1.2. Dos Deveres das Partes e de seus Procuradores (arts. 77 a 102)

Enunciado 7. O pedido, quando omitido em decisão judicial transitada em julgado, pode ser objeto de ação autônoma.

● *Grupo: Ordem dos Processos no Tribunal, Teoria Geral dos Recursos, Apelação e Agravo.* ● *Referência: art. 85, § 18; art. 1.026, § 3º, III.*

► ***Andre Roque***

O enunciado em tela, ainda que aplicável a qualquer pedido, parte especificamente da discussão quanto ao pedido de arbitramento de honorários de advogado sucumbenciais.

Mesmo sem pedido da parte, deve o juiz condenar o vencido ao pagamento de honorários (art. 85, *caput,* CPC). Trata-se do chamado "pedido implícito", que se compreende na postulação do autor por força de lei (art. 322, § 1º, CPC). Se não houver tal fixação em 1º grau, cabe o seu arbitramento no tribunal, a requerimento da parte ou

33. PEREIRA, Cesar. Convênio para representação judicial entre os entes da federação (art. 75, § 4º, do CPC/2015). TALAMINI, Eduardo. (Coord). *Processo e administração pública.* Salvador: Juspodivm, 2016. p. 84.

mesmo de ofício. Enquanto, portanto, não transitada em julgado a decisão judicial, é cabível a fixação de honorários, sendo permitida inclusive a oposição de embargos de declaração para suprir a omissão quanto à matéria (art. 1.022, II, CPC).

Com o trânsito em julgado, todavia, a situação se modifica. O direito aos honorários constitui pedido implícito, mas não efeito anexo da sentença[34], de maneira que, sem estar contemplada expressamente tal parcela na condenação, não poderá a parte promover a sua execução, por desbordar dos limites do título executivo judicial.

Configurada tal situação, ao tempo do CPC/73, restava a seguinte dúvida: poderia o advogado, impedido de executar os honorários de sucumbência que deixaram de ser arbitrados, ingressar com ação autônoma relativamente a tal parcela não apreciada no processo anterior? A questão é polêmica e, na vigência do Código revogado, após muita discussão, a jurisprudência firmou entendimento de que não seria possível tal ação autônoma, operando-se a preclusão, nos termos do Enunciado de Súmula 453/STJ. O CPC/2015, contudo, seguiu caminho oposto e reverteu tal orientação.

Prevaleceu a tese, assim, de que se não houve apreciação da verba relativa aos honorários de sucumbência na decisão transitada em julgado, não se formou coisa julgada sobre o ponto e, portanto, seria possível o ajuizamento de ação autônoma visando ao seu arbitramento (art. 85, § 18 do CPC), ainda que se trate de verba de natureza acessória.[35] Os limites objetivos da coisa julgada ficam adstritos às questões apreciadas expressamente no dispositivo da decisão transitada em julgado (art. 503, *caput*, CPC) e, preenchidas determinadas condições, à questão prejudicial, desde que também decidida de forma expressa (art. 503, § 1º do CPC). Não se forma coisa julgada sobre questões que não foram objeto de apreciação explícita por parte do órgão jurisdicional.

Se o enunciado dissesse respeito apenas ao pedido de arbitramento de honorários sucumbenciais, seria redundante e nada agregaria de relevante à compreensão da legislação processual, pois o artigo 85, § 18 do CPC já prevê o cabimento de ação autônoma para a definição e cobrança dos honorários que deixaram de ser fixados no processo anterior. Sua utilidade, contudo, é que se aplica a qualquer pedido que tenha sido formulado e que, por um lapso, deixou de ser examinado na decisão transitada em julgado. Se o processo anterior se encerrou, não é mais possível suprir a omissão, nem mesmo mediante embargos de declaração. Contudo, a parte fica livre para, querendo, ajuizar nova ação autônoma, que terá por objeto precisamente o pedido que deixou de ser apreciado[36].

---

34. ROQUE, Andre Vasconcelos. "Comentários ao art. 322". *In*: GAJARDONI, Fernando. *et al. Processo de conhecimento e cumprimento de sentença: comentários ao CPC de 2015*. São Paulo: Método, 2018. p. 24.
35. DELLORE, Luiz. "Comentários ao art. 85". In: GAJARDONI, Fernando. *et al. Teoria Geral do Processo: comentários ao CPC de 2015*. São Paulo: Método, 2018. p. 336/337.
36. Nesse sentido, BARBOSA MOREIRA, José Carlos. Item do pedido sobre o qual não houve decisão. Possibilidade de reiteração noutro processo. Temas de direito processual (2ª série). Saraiva: São Paulo, 1988. p. 252.

Súmula STJ 453. Os honorários sucumbenciais, quando omitidos em decisão transitada em julgado, não podem ser cobrados em execução ou em ação própria.

► **NCPC. Art. 85. § 18**. Caso a decisão transitada em julgado seja omissa quanto ao direito aos honorários ou ao seu valor, é cabível ação autônoma para sua definição e cobrança.

ENUNCIADO 8. FICA SUPERADO O ENUNCIADO 453 DA SÚMULA DO STJ APÓS A ENTRADA EM VIGOR DO CPC ("OS HONORÁRIOS SUCUMBENCIAIS, QUANDO OMITIDOS EM DECISÃO TRANSITADA EM JULGADO, NÃO PODEM SER COBRADOS EM EXECUÇÃO OU EM AÇÃO PRÓPRIA").

● *Grupo: Ordem dos Processos no Tribunal, Teoria Geral dos Recursos, Apelação e Agravo.* ● *Referência: arts. 85, § 18, 1.026, § 3º, III.*

► ***Andre Roque***

Como exposto nos comentários ao Enunciado 7, mesmo sem pedido da parte, deve o juiz condenar o vencido ao pagamento de honorários (art. 85, *caput*, CPC). Trata-se do chamado "pedido implícito", que se compreende na postulação do autor por força de lei (art. 322, § 1º, CPC). Se não houver tal fixação em 1º grau, cabe o seu arbitramento no tribunal, a requerimento da parte ou mesmo de ofício. Enquanto, portanto, não transitada em julgado a decisão judicial, é cabível a fixação de honorários, inclusive em sede de embargos de declaração (art. 1.022, II, CPC).

Com o trânsito em julgado, todavia, a situação se modifica. O direito aos honorários constitui pedido implícito, mas não efeito anexo da sentença[37], de maneira que, sem estar contemplada expressamente tal parcela na condenação, não poderá a parte promover a sua execução, por desbordar dos limites do título executivo judicial. A Súmula 453/STJ, após muita discussão, consolidou o entendimento de que nem mesmo por ação autônoma poderia o advogado pedir o arbitramento de honorários sucumbenciais que deixaram de ser fixados no processo anterior, ante o fenômeno da preclusão e o fato de se tratar de verba acessória. Tal entendimento foi confirmado pelo STJ, ainda, entre outros julgados, no REsp 886.178, Corte Especial, Rel. Min. Luiz Fux, julg. 2.12.2009, submetido ao regime dos recursos repetitivos.

O artigo 85, § 18 do CPC/2015 reverte tal orientação, tornando superada em parte a Súmula 453/STJ, ao contemplar a possibilidade de ajuizamento de ação autônoma. De acordo com o referido dispositivo, se não houve apreciação da verba relativa aos honorários de sucumbência na decisão transitada em julgado, não se formou coisa julgada sobre o ponto e, portanto, seria possível o ajuizamento de ação autônoma para este fim. É que os limites objetivos da coisa julgada ficam adstritos às questões apreciadas expressamente no dispositivo da decisão transitada em julgado (art. 503, *caput*, CPC) e, preenchidas determinadas condições, à questão prejudicial, desde que também decidida de forma expressa (art. 503, § 1º do CPC).

37. ROQUE, Andre Vasconcelos. "Comentários ao art. 322". *In*: GAJARDONI, Fernando F. *et al. Processo de conhecimento e cumprimento de sentença: comentários ao CPC de 2015.* São Paulo: Método, 2016. p. 23-24.

Trata-se de opção legislativa polêmica, havendo quem sustente que a inovação viola a coisa julgada, podendo-se cogitar, no máximo, de ação rescisória por violação de dispositivo legal que determinava a apreciação da questão relativa à distribuição da verba sucumbencial, mas não de nova ação autônoma para o arbitramento dos honorários sucumbenciais, sem que seja desconstituída a coisa julgada formada no processo anterior.[38] De todo modo, a alteração legislativa acaba por aproximar o regime dos honorários de sucumbência de outro consectário da condenação, qual seja, os juros de mora, os quais podem ser incluídos até mesmo na fase de liquidação, ainda que omissa a sentença, em discutível violação à coisa julgada (Súmula 254/STF).

A redação do Enunciado ora comentado, contudo, merece críticas, uma vez que a superação do enunciado da Súmula 453/STJ é apenas parcial. Por certo, a possibilidade de ação autônoma está consagrada no artigo 85, § 18 do CPC/2015, mas continua não sendo permitida a inclusão dos honorários sucumbenciais na execução, ausente qualquer condenação a esse respeito. Referido enunciado de súmula, portanto, fica preservado em parte, ao estabelecer que os honorários sucumbenciais, quando omitidos em decisão transitada em julgado, não podem ser cobrados em execução.

Tema complexo diz respeito à possibilidade de um segundo arbitramento de verba sucumbencial nesta ação autônoma. O réu não deu causa a este novo processo, mas sim o juiz da ação anterior (ao deixar de apreciar a matéria) e o autor (ao deixar de pedir que a omissão fosse sanada, por exemplo, por meio de embargos de declaração). Nessa hipótese, já se sustentou em doutrina que, exceto se o réu contestar, alegando a inexistência do direito a honorários, não haveria causalidade para lhe impor o pagamento de novos honorários sucumbenciais, mesmo que contestasse discutindo o valor dos honorários que deveriam ter sido fixados no processo anterior[39].

A questão, porém, não pode ser resolvida aprioristicamente, pois o réu poderá resistir sustentando critérios manifestamente ilegais de arbitramento dos honorários (por exemplo, em percentual abaixo do mínimo legal), caso em que deverá também responder pela verba sucumbencial do segundo processo, ante a sua resistência injustificada.

Súmula STF 254. Incluem-se os juros moratórios na liquidação, embora omisso o pedido inicial ou a condenação.

Súmula STJ 453. Os honorários sucumbenciais, quando omitidos em decisão transitada em julgado, não podem ser cobrados em execução ou em ação própria.

---

38. DELLORE, Luiz. "Comentários ao art. 85". GAJARDONI, Fernando. *et al. Teoria geral do processo: comentários ao CPC de 2015.* São Paulo: Método, 2018. p. 336/337 e NERY JR., Nelson; NERY, Rosa Maria A. *Comentários ao Código de Processo Civil.* São Paulo: RT, 2015. p. 438; contra, aplaudindo a alteração, VOLPE CAMARGO, Luiz Henrique. "Comentários ao art. 85". *In*: WAMBIER, Teresa A. *et al.* (Coord.). *Breves comentários ao novo Código de Processo Civil.* São Paulo: RT, 2016. p. 354-355; e REDONDO, Bruno. "Comentários ao art. 85". *In*: CABRAL, Antonio P.; CRAMER, Ronaldo. (Coords.). *Comentários ao novo Código de Processo Civil.* Rio de Janeiro: Forense, 2015. p. 154.

39. PEIXOTO, Ravi. O trânsito em julgado da decisão omissa em relação aos honorários advocatícios: uma análise das possíveis soluções do CPC/1973 ao CPC/2015. *Revista Jurídica da Seção Judiciária de Pernambuco*, número 8, 2015. p. 210.

▶ **NCPC. Art. 85. § 18.** Caso a decisão transitada em julgado seja omissa quanto ao direito aos honorários ou ao seu valor, é cabível ação autônoma para sua definição e cobrança. ▶ **Art. 1.026. § 3°** Na reiteração de embargos de declaração manifestamente protelatórios, a multa será elevada a até dez por cento sobre o valor atualizado da causa, e a interposição de qualquer recurso ficará condicionada ao depósito prévio do valor da multa, à exceção da Fazenda Pública e do beneficiário de gratuidade da justiça, que a recolherão ao final.

Enunciado 112. No processo do trabalho, se a transação ocorrer antes da sentença, as partes ficam dispensadas do pagamento das custas processuais, se houver.

● *Grupo: Impacto do CPC no Processo do Trabalho.* ● *Referência: arts. 90, § 3º, e 15.*

▶ *Zulmar Duarte*

O Código atribuiu relevo à solução consensual das controvérsias, na medida em que reconheceu, a par do atual estado da arte, que a decisão construída no consenso das partes é superior àquela solução adjudicada pelo Poder Judiciário. Portanto, apostou o Código na promoção e no estímulo à resolução consensual dos conflitos, compromisso com o tratamento do litígio em sentido amplo, inclusive como fenômeno social.[40]

Aliás, a exposição de motivos ao anteprojeto consignou:

> Pretendeu-se converter o processo em instrumento incluído no contexto social em que produzirá efeito o seu resultado. Deu-se ênfase à possibilidade de as partes porem fim ao conflito pela via da mediação ou da conciliação.
>
> Entendeu-se que a satisfação efetiva das partes pode dar-se de modo mais intenso se a solução é por elas criada e não imposta pelo juiz.

Portanto, o Código estimulou, em diversas fases, a abertura ao diálogo e a superação ao dissenso, exortando a participação dialógica dos juízes, advogados, defensores públicos e membros do Ministério Público, não mais exclusivamente dos magistrados (artigo 125, inciso IV, do CPC/73), tudo a formar ambiente cultural que supere a cultura do litígio.

Para além de catalisar a abertura do diálogo, o Código estabeleceu verdadeiros indutores destinados estimular a realização da transação, como, por exemplo, predispondo no início do processo fase processual própria para conciliação ou mediação (artigos 334, 565 e 695). Longe de ser mero capítulo de uma determinada sessão de audiência (como dantes nos artigos 331 e 447 do CPC/73), a fase de conciliação ou mediação ganhou corpo, audiência própria e exclusiva para tal finalidade, sendo considerado ato atentatória da justiça a ausência injustificada de comparecimento (artigo 334, § 8).

Ainda, durante todo o desenvolvimento do processo, dá-se vazão à pulsão da conciliação (artigos 139, inciso V, e 359), com reflexos na atuação dos auxiliares da justiça

40. GAJARDONI, Fernando. *et al. Teoria geral do processo: comentários ao CPC de 2015.* São Paulo: Método, 2015. vol. 1. p. 17.

(artigo 154, inciso VI e parágrafo único), abrindo-se a produção antecipada de prova com vistas à sua viabilização (artigo 381, inciso II).

Ademais, objetivando incentivar a realização da transação, o Código diminui os impactos financeiros do processo quando presente a solução consensual antes da sentença, dispensando as partes das custas processuais remanescentes (artigo 90, § 3º).

É de se observar, a responsabilidade pelo pagamento das custas processuais é ônus por vezes significativo na condução da demanda, apresentando-se a dispensa, quanto às remanescentes, interessante indutor para transação. O ônus financeiro do processo pode, nesses casos, servir como subsídio cruzado na negociação, integrando, ainda que indiretamente, os benefícios para a efetivação da transação. Mesmo porque, sobre os honorários as partes sempre detiveram plena disponibilidade para dispor.

A propósito, o processo trabalhista sempre foi permeável às soluções consensuais (por exemplo, artigos 764, 831, 846, 850 e 852-E da Consolidação das Leis do Trabalho), pelo que as disposições relativas à autocomposição são plenamente conectáveis ao regramento trabalhista (artigo 15 do Código de Processo Civil – artigo 769 da CLT).

Ainda que o regramento trabalhista não preveja regra expressa no particular (artigos 789 e seguintes da Consolidação das Leis do Trabalho), sua disciplina normativa não é refratária ao disposto ao § 3º do artigo 90 do CPC, no que conjuga a solução autocompositiva com dispensa das custas processuais.

Assim, correto o enunciado ao propugnar a aplicação do disposto no § 3º do artigo 90 do CPC ao processo do trabalho, a fim de que as partes fiquem dispensadas de recolher custas processuais remanescentes, acaso transacionem antes da sentença.

Como se verifica do artigo 90, § 3º, do CPC, o comando se direciona as custas que remanescem, isto é, aquelas ainda não resgatadas.

Portanto, como na justiça do trabalho as custas, via de regra somente são recolhidas ao final (artigo 789, § 1º, da CLT), a transação dispensará o pagamento das respectivas custas quando a mesma se perfectibilizar antes da sentença.

► **NCPC. Art. 90. § 3º** Se a transação ocorrer antes da sentença, as partes ficam dispensadas do pagamento das custas processuais remanescentes, se houver.

ENUNCIADO 113. NA JUSTIÇA DO TRABALHO, O EMPREGADOR PODE SER BENEFICIÁRIO DA GRATUIDADE DA JUSTIÇA, NA FORMA DO ART. 98.

● *Grupo: Impacto do CPC no Processo do Trabalho.* ● *Referência: art. 98.*

► ***Zulmar Duarte***

A assistência judiciária gratuita concretiza o acesso à justiça (artigo 5º, inciso XXXV, da Constituição da República Federativa do Brasil), pois o mesmo poderia ser obstaculizado pela impossibilidade de a parte fazer frente ao ônus financeiro do processo.

Em tal perspectiva, afastando contingências no acesso à justiça, o Estado assegura ao hipossuficiente financeiramente a assistência jurídica integral e gratuita. A Defensoria Pública, por exemplo, é instituição que encarna o objetivo de dar cabo ao direito e garantia individual dos necessitados receberem do Estado a assistência jurídica integral e gratuita (artigo 134 da Constituição – artigo 185 do Código de Processo Civil). Mas não só. Ao hipossuficiente é também assegurado a isenção no pagamento das despesas processuais e honorários advocatícios, isto é, fica por assim dizer imunizado dos efeitos financeiros, ônus econômicos, do processo.

Não sem razão, Bryant Garth e Mauro Cappelletti colocaram como primeiros esforços, primeira onda, para assegurar o acesso à justiça, a assistência judiciária gratuita.[41]

No ponto, não se pode olvidar, a Constituição assegurou o direito da assistência judiciária gratuita a toda e qualquer pessoa, natural ou jurídica, brasileira ou estrangeira, empregada ou empregadora, desde que comprovada a hipossuficiência econômica: "o Estado prestará assistência jurídica integral e gratuita aos que comprovarem insuficiência de recursos" (CF, artigo 5º, LXXIV).

Ademais, não seria incorreto assentar, que historicamente se verifica a ampliação da proteção estatal ao hipossuficiente, com a ampliação dos favorecidos e a flexibilização dos requisitos para a concessão da assistência judiciária gratuita.

A legislação laboral sempre assegurou o benefício da justiça gratuita com foco no trabalhador, como se depreende da lei nº 5.584, de 26 de junho de 1970, e do artigo 790, § 3º, da Consolidação das Leis do Trabalho.

Porém, o próprio Tribunal Superior do Trabalho já reconhecia o benefício da assistência judiciária gratuita para as empresas[42]:

> (...). Assistência judiciária gratuita. Pretensão de concessão à pessoa jurídica. A jurisprudência desta Corte admite em alguns casos a concessão dos benefícios da gratuidade de justiça à pessoa jurídica, desde que demonstrado conclusiva e inequivocamente a inviabilidade econômica de arcar com as despesas do processo, o que não se evidencia no presente caso face o recolhimento do depósito recursal e das custas pela cooperativa reclamada. (...).

Logo, não existia qualquer razão para exegese restritiva que circunscrevesse a gratuidade da justiça ao trabalhador, afastando consequentemente do seu espectro o empregador.

A exegese é reforçada pelo atual § 4º do artigo 790 da Consolidação das Leis do Trabalho, inserido pela reforma trabalhista (Lei no 13.467 de 2017), que claramente permite a concessão da justiça gratuita de forma indistinta para quem: "comprovar insuficiência de recursos para o pagamento das custas do processo.".

Ainda, o artigo 98 do Código de Processo Civil não estabelece qualquer limitador de ordem subjetiva para a concessão da assistência judiciária gratuita, tanto que

---

41. GARTH, Bryant; CAPPELLETTI, Mauro. *Acesso à justiça*. Porto Alegre: Fabris, 1988.
42. TST, RR 114-10.2015.5.04.0831, Rel. Min. Antonio José de Barros Levenhagen, 5ª T., DEJT 1.7.2016.

expressamente exemplifica serem titulares pessoas naturais ou jurídicas, brasileiras ou estrangeiras.

Verdade seja, os diversos ramos da árvore do direito processual estão atados em tronco único e comum, não obstante a autonomia científica e metodológica reconhecida à cada um deles. Precisamente, vivem da mesma seiva e constantemente se entrelaçam[43]:

> Por outro lado, a concepção instrumental do Direito serve para esclarecer cada dia mais a unidade do mesmo. Certo que existem grandes diferenças entre o contrato e a sentença, entre o juiz e o árbitro, entre o processo civil e processo penal, entre a fase processual de conhecimento e de execução, entre a expropriação singular e a falência; mas também o coração e o cérebro são dois órgãos, e isso não impede que sejam duas partes dessa maravilhosa unidade que é o corpo humano. Quem não leva em conta a unidade resultante do da coordenação dos diversos meios para o fim único, não poderá penetrar o segredo da vida nem o do Direito.

Nessa medida, como bem acentua o enunciado em apreço, o artigo 98 do CPC deve ser aplicado no processo do trabalho, na medida em que o Código de Processo Civil auxilia na disciplina dos ordenamentos processuais parciais (aplicação subsidiária), no que confortado atualmente pela redação do artigo 98, § 4º, da Consolidação das Leis do Trabalho (artigo 15 do CPC).

Noutro giro, mas ao redor do mesmo epicentro, a disciplina do artigo 98 não afeta o "espírito" da regulamentação processual em particular (trabalhista), tendo em vista que não se verifica no regramento trabalhista deliberada exclusão dos empregadores do benefício da assistência judiciária gratuita (o silêncio é proposital), mas sim omissão na disciplina (silêncio) não ocasional.

Finalmente, a restrição da assistência judiciária gratuita aos empregados, excluindo do seu abrigo empregadores hipossuficientes, certamente ofenderia a cláusula constitucional da igualdade e a próprio sentido e alcance da garantia constitucional conferida aos hipossuficientes (artigo 5º, *caput*, incisos I e LXXIV, da Constituição).

▶ **NCPC. Art. 98.** A pessoa natural ou jurídica, brasileira ou estrangeira, com insuficiência de recursos para pagar as custas, as despesas processuais e os honorários advocatícios têm direito à gratuidade da justiça, na forma da lei.

ENUNCIADO 240. SÃO DEVIDOS HONORÁRIOS NAS EXECUÇÕES FUNDADAS EM TÍTULO EXECUTIVO EXTRAJUDICIAL CONTRA A FAZENDA PÚBLICA, A SEREM ARBITRADOS NA FORMA DO § 3º DO ART. 85.

● *Grupo: Advogado e Sociedade de Advogados. Prazos.* ● *Referência: arts. 85, § 3º, e 910.*

▸ ***Luiz Dellore***

O artigo 85 do CPC/2015, que trata dos honorários advocatícios, corresponde ao artigo 20 do CPC/73. No sistema anterior, esse artigo tinha 4 parágrafos, ao passo

43. CARNELUTTI, Francesco. *Sistema de direito processual civil*: introdução e função do processo civil. Traduzido por Hiltomar Martins Oliveira. São Paulo: Classic Book, 2000. v. I. p. 33.

que no novo Código são 19. De qualquer forma, ainda é possível que permaneçam algumas dúvidas em relação à incidência de honorários, especialmente quando não houver expressa previsão legal – isso porque existe um debate é se o rol do artigo 85, § 1º (reproduzido abaixo, na legislação de referência) é taxativo ou exemplificativo. Como exemplo, o debate a respeito da existência de honorários advocatícios no incidente de desconsideração da personalidade jurídica (o qual, destaco, em meu entendimento, há).

Ainda que o Código expressamente preveja a existência de honorários contra a Fazenda (art. 85, § 3º) e que também traga a previsão de honorários na execução de título extrajudicial, embargada ou não (art. 85, § 1º), pode existir alguma dúvida se, na execução de título executivo extrajudicial contra a Fazenda há incidência de honorários. Isso porque não há menção *específica* a execução contra a Fazenda – a qual, frise-se, no meu entender seria desnecessário.

Inicialmente discutiu-se até mesmo se seria possível a existência de execução de título extrajudicial contra a Fazenda, o que foi respondido de forma positiva pela jurisprudência, em enunciado editado em 2004 (Súmula 279/STJ).

Assim, em linha com a visão de que os honorários são a regra, quando houver atuação do profissional, é de se concluir que não há qualquer justificativa para afastar a existência de honorários na execução de título extrajudicial. Inclusive, dado o grau de regulamentação do tema no Código e a própria redação do artigo 85, § 1º, é possível cogitar que sequer haverá debate jurisprudencial a respeito do tema.

Já em relação ao valor dos honorários, é certo que deve ser aplicado o escalonamento conforme o valor envolvendo, nos termos do artigo 85, § 3º. Assim, conforme o valor da execução, haverá a fixação dos honorários na respectiva faixa (incisos desse parágrafo).

Por fim, são cabíveis os honorários mesmo que não haja embargos por parte da Fazenda (art. 85, § 1º). Assim, a forma de a Fazenda não pagar honorários é se antecipar à execução e pagar espontaneamente o título extrajudicial – o que, do ponto de vista concreto, não é comum de ocorrer, considerando que o pagamento pela Fazenda é feito basicamente por precatório.

Súmula STJ 279. É cabível execução por título extrajudicial contra a Fazenda Pública.

▶ **NCPC. Art. 85. § 1º** São devidos honorários advocatícios na reconvenção, no cumprimento de sentença, provisório ou definitivo, na execução, resistida ou não, e nos recursos interpostos, cumulativamente. **§ 3º** Nas causas em que a Fazenda Pública for parte, a fixação dos honorários observará os critérios estabelecidos nos incisos I a IV do § 2º e os seguintes percentuais: I – mínimo de dez e máximo de vinte por cento sobre o valor da condenação ou do proveito econômico obtido até 200 (duzentos) salários-mínimos; II – mínimo de oito e máximo de dez por cento sobre o valor da condenação ou do proveito econômico obtido acima de 200 (duzentos) salários-mínimos até 2.000 (dois mil) salários-mínimos; III – mínimo de cinco e máximo de oito por cento sobre o valor da condenação ou do proveito econômico obtido acima de 2.000 (dois mil) salários-mínimos até 20.000 (vinte mil) salários-mínimos; IV – mínimo de três e máximo de cinco por cento sobre o valor da condenação ou do proveito econômico obtido acima de 20.000 (vinte mil) salários-mínimos até 100.000 (cem mil) salários-mínimos; V – mínimo de um e máximo de três por cento sobre o valor da condenação ou do proveito econômico obtido acima de 100.000 (cem mil) salários-mínimos. ▶ **Art. 910.** Na execução fundada em título extrajudicial, a Fazenda Pública será citada para opor embargos em 30 (trinta) dias.

Enunciado 241. Os honorários de sucumbência recursal serão somados aos honorários pela sucumbência em primeiro grau, observados os limites legais.

● *Grupo: Advogado e Sociedade de Advogados. Prazos.* ● *Referência: art. 85, caput e § 11.*

▶ ***Luiz Dellore***

O enunciado trata de uma das importantes inovações do CPC/2015, que é a sucumbência recursal. No CPC/73, em cada processo, havia uma única condenação em honorários. No novo sistema, a cada recurso, há a majoração na condenação em honorários – além daqueles já fixados anteriormente, no grau anterior.

Assim, se a sentença for de procedência e fixar honorários, quando da apelação (mantendo a sentença) haverá a majoração dessa verba, e o mesmo se diga em relação a eventual recurso especial.

De seu turno, se o pedido for improcedente em 1º grau (com honorários ao patrono do réu) e houver apelação que vier a ser provida, então haverá a inversão no ônus da sucumbência, com a fixação de honorários a favor do patrono do autor (a respeito da fixação de honorários recursais nesse momento, vide enunciado 243). Por sua vez, se houver recurso especial ao qual se negue provimento, então haverá a fixação dos honorários em grau recursal.

Essa é a lógica do novo sistema. Contudo, qual o teto para esses honorários?

O artigo 85, § 11 responde a esse ponto. O teto para a fixação dos honorários, já com a sucumbência recursal, é o limite previsto no § 2º desse mesmo artigo (20%, no caso de particulares) e § 3º (3% a 20%, conforme a faixa, no caso da Fazenda Pública). Ou seja, mesmo com a sucumbência recursal, o teto de 20% de honorários não poderá ser ultrapassado.

Quando da tramitação do Código no Congresso Nacional, anteriores versões do texto permitiam um teto ainda superior (25%). Porém, tal qual no sistema anterior, o teto ficou exatamente em 20%[44].

Ao julgar o recurso, de ofício ou a requerimento, o tribunal irá aumentar os honorários. Assim, é possível vislumbrar que, no cotidiano, ocorra o seguinte: condenação em 10% quando da sentença, majorada para 15% quando do acórdão da apelação e para 20% quando do acórdão do recurso especial. Assim, não se tem uma fixação de 20% em grau recursal, à que se soma os 10% iniciais. Isso porque o teto, somado todos os graus e recursos, será de 20%.

---

44. A respeito, vide DELLORE, Luiz. "Comentários ao artigo 85". *In*: GAJARDONI, Fernando. *et al.* (Coords.). *Teoria geral do processo: comentários ao CPC de 2015.* 2ª ed. São Paulo: Método, 2017, p. 331.

Nesse contexto, se o juiz fixar uma fixação em 1º grau no teto (20%), diante de recurso, não haverá qualquer majoração no Tribunal intermediário. Da mesma forma, se o Tribunal de segundo grau, após recurso, fixar a sucumbência recursal em 20%, não haverá qualquer majoração no âmbito dos tribunais superiores.

Ou seja, o teto é de 20%, independentemente do grau recursal em que se estiver.

▶ **NCPC. Art. 85. § 11.** O tribunal, ao julgar recurso, majorará os honorários fixados anteriormente levando em conta o trabalho adicional realizado em grau recursal, observando, conforme o caso, o disposto nos §§ 2º a 6º, sendo vedado ao tribunal, no cômputo geral da fixação de honorários devidos ao advogado do vencedor, ultrapassar os respectivos limites estabelecidos nos §§ 2º e 3º para a fase de conhecimento.

Enunciado 242. Os honorários de sucumbência recursal são devidos em decisão unipessoal ou colegiada.

● *Grupo: Advogado e Sociedade de Advogados. Prazos.* ● *Referência: art. 85, § 11.*

▸ ***Luiz Dellore***

O artigo 85 do CPC/2015 prevê a sucumbência recursal. Porém, a legislação não foi expressa ao apontar em quais recursos seria possível essa modalidade de sucumbência. Assim, em virtude de quais recursos deve ser aplicada a sucumbência recursal? Seria em todos os recursos existentes no sistema, ou seja, aqueles mencionados no artigo 994 do NCPC?[45] E seria em todas as formas de julgamento, tanto acórdão quanto decisão monocrática?

Parte dessa questão é exatamente respondida pelo enunciado ora em análise.

Conforme debatido no FPPC, concluiu-se que é possível ocorrer a fixação de honorários recursos tanto no caso de julgamento monocrático do relator (art. 932) quanto na hipótese de prolação de acórdão pelo órgão colegiado (art. 204).

Portanto, diante de uma apelação não conhecida de forma monocrática (art. 932, III), haverá a majoração dos honorários no bojo da decisão monocrática. De seu turno, se houver interposição de agravo interno, e este vier a ser negado, haverá nova majoração dos honorários. Assim, poder-se-ia cogitar da seguinte situação: (i) honorários fixados em 10% em 1º grau, (ii) majorados para 12% diante do não conhecimento monocrático pelo relator e (iii) novo aumento para 15% quando negado o agravo interno, de forma colegiada. Sendo que, por óbvio, esses percentuais são apenas indicativos, sendo possível a fixação, pelo relator e turma julgadora, de forma – sempre, porém, observando o teto de 20% (vide enunciado 241).

Contudo, a questão é polêmica.

Debatendo o assunto em encontro da ENFAM (Escola Nacional de Formação e Aperfeiçoamento da Magistratura), houve a aprovação do seguinte enunciado, em sentido

45. A respeito, vide DELLORE, Luiz. "Comentários ao art. 85". GAJARDONI, Fernando. *et al. Teoria geral do processo: comentários ao CPC de 2015.* 2ª ed. São Paulo: Método, 2017. p. 332 e ss.

oposto ao do FPPC: "Não é possível majorar os honorários na hipótese de interposição de recurso no mesmo grau de jurisdição (art. 85, § 11, do NCPC)". Ora, como o agravo interno é julgado no mesmo grau de jurisdição da apelação (o agravo de forma colegiada; a apelação, no caso, de forma monocrática), então pelo enunciado em questão, elaborado por magistrados, não seria possível a majoração dos honorários.

De seu turno, a jurisprudência está dividida. O STF, no seguinte julgado, constante do Informativo STF 830, entende possível a condenação em honorários, na linha do enunciado FPPC:

> Honorários de sucumbência recursal. Fixação. Artigo 85, § 11, do Código de Processo Civil de 2015. Havendo interposição de agravo interno sob regência do Código de Processo Civil de 2015, cabível é a fixação de honorários de sucumbência recursal previstos no artigo 85, § 11 do diploma legal. Agravo. Artigo 1.021, § 4º, do Código de Processo Civil de 2015. Multa. Se o agravo é manifestamente infundado, impõe-se a aplicação da multa prevista no § 4º do artigo 1.021 do Código de Processo Civil de 2015, arcando a parte com o ônus decorrente da litigância de má-fé. (STF, AgReg no ARE 938.519, Rel. Min. Marco Aurélio)

Contudo, o STJ, em diversas decisões, manifesta-se *contra* a possibilidade de fixação no mesmo grau de jurisdição, ou seja, no sentido da ENFAM e contra o FPPC:

> EMBARGOS DE DECLARAÇÃO NO AGRAVO INTERNO NO RECURSO ESPECIAL. PROCESSUAL CIVIL. OMISSÃO CONFIGURADA. ACOLHIMENTO DOS EMBARGOS PARA SANAR O VÍCIO. CABIMENTO DE HONORÁRIOS ADVOCATÍCIOS RECURSAIS. REQUISITOS.
>
> I – Para fins de arbitramento de honorários advocatícios recursais, previstos no § 11 do art. 85 do CPC de 2015, é necessário o preenchimento cumulativo dos seguintes requisitos: Direito Intertemporal: deve haver incidência imediata, ao processo em curso, da norma do art. 85, § 11, do CPC de 2015, observada a data em que o ato processual de recorrer tem seu nascedouro, ou seja, a publicação da decisão recorrida, nos termos do Enunciado 7 do Plenário do STJ: "Somente nos recursos interpostos contra decisão publicada a partir de 18 de março de 2016, será possível o arbitramento de honorários sucumbenciais recursais, na forma do art. 85, § 11, do novo CPC"; o não conhecimento integral ou o improvimento do recurso pelo Relator, monocraticamente, ou pelo órgão colegiado competente; a verba honorária sucumbencial deve ser devida desde a origem no feito em que interposto o recurso; não haverá majoração de honorários no julgamento de agravo interno e de embargos de declaração oferecidos pela parte que teve seu recurso não conhecido integralmente ou não provido; não terem sido atingidos na origem os limites previstos nos §§ 2º e 3º do art. 85 do Código de Processo Civil de 2015, para cada fase do processo; não é exigível a comprovação de trabalho adicional do advogado do recorrido no grau recursal, tratando-se apenas de critério de quantificação da verba.
>
> II – A título exemplificativo, podem ser utilizados pelo julgador como critérios de cálculo dos honorários recursais: a) respeito aos limites percentuais estabelecidos nos §§ 2º e 3º do art. 85 do CPC de 2015; b) observância do padrão de arbitramento utilizado na origem, ou seja, se os honorários foram fixados na instância a quo em valor monetário, por meio de apreciação equitativa (§ 8º), é interessante que sua majoração observe o mesmo método; se, por outro lado, a verba honorária foi arbitrada na origem com base em percentual sobre o valor da condenação, do proveito econômico ou do valor atualizado da causa, na forma do § 2º, é interessante que o tribunal mantenha a coerência na majoração utilizando o mesmo parâmetro; c) aferição do valor ou do percentual a ser fixado, em conformidade com os critérios estabelecidos nos incisos I a IV do § 2º do art. 85; d) deve ser observado se o recurso é parcial, ou seja, se impugna apenas um ou alguns capítulos da sentença, pois em relação aos demais haverá trânsito em julgado, nos termos do art. 1.002 do CPC de 2015, de modo que os honorários devem ser arbitrados tendo em vista o proveito econômico que a parte pretendia alcançar com a interposição do recurso parcial; e) o efetivo trabalho do advogado do recorrido.(...)

(EDcl no AgInt no REsp 1573573/RJ, Rel. Ministro MARCO AURÉLIO BELLIZZE, TERCEIRA TURMA, julgado em 04/04/2017, DJe 08/05/2017)

No mais, além do debate relativo ao agravo interno, existe também em relação aos embargos de declaração[46] – com STF e STJ também em sentidos divergentes. A questão, portanto, ainda não está pacificada, sendo certo que a última palavra acerca do tema é de índole infraconstitucional, de modo que, para fins de pacificação, mais relevante o decidido pelo STJ. Resta aguardar uma definição via súmula ou repetitivo.

▶ **NCPC. Art. 85. § 11.** O tribunal, ao julgar recurso, majorará os honorários fixados anteriormente levando em conta o trabalho adicional realizado em grau recursal, observando, conforme o caso, o disposto nos §§ 2º a 6º, sendo vedado ao tribunal, no cômputo geral da fixação de honorários devidos ao advogado do vencedor, ultrapassar os respectivos limites estabelecidos nos §§ 2º e 3º para a fase de conhecimento.

ENUNCIADO 243. NO CASO DE PROVIMENTO DO RECURSO DE APELAÇÃO, O TRIBUNAL REDISTRIBUIRÁ OS HONORÁRIOS FIXADOS EM PRIMEIRO GRAU E ARBITRARÁ OS HONORÁRIOS DE SUCUMBÊNCIA RECURSAL.

● *Grupo: Advogado e Sociedade de Advogados. Prazos.* ● *Referência: art. 85, § 11.*

▶ *Luiz Dellore*

O presente enunciado trata da situação em que existe *provimento* do recurso e como se dá a redistribuição da sucumbência – especialmente se existe ou não a fixação de honorários sucumbenciais recursais.

No sistema do CPC/73, a situação era a seguinte: sentença de procedência fixa honorários em favor do advogado do autor; se o recurso de apelação fosse provido, haveria a inversão da sucumbência – com a fixação dos honorários a favor do patrono do réu, em quantia a ser definida pelo relator. Nesse contexto, usualmente haveria a fixação em 10% em 1º grau a favor de um advogado, com a fixação de 10% em favor do outro, após o julgamento do recurso.

No sistema do CPC/2015, essa exata situação como ficaria? Apenas a inversão da sucumbência (que passaria do advogado do autor para o do advogado do réu) ou também a fixação de honorários sucumbenciais recursais?

Pelo enunciado, haverá não só a inversão, mas *também* a fixação dos honorários em grau recursal. Assim, se o pedido for procedente em 1º grau (com honorários ao patrono do autor) e houver apelação que vier a ser provida, então haverá a inversão no ônus da sucumbência (com honorários ao advogado do réu) e, também, já a fixação de honorários.

Assim, voltando ao exemplo anterior, considerando o entendimento esposado no enunciado, haverá o seguinte:

46. Entendo que o mais adequado seria a fixação no agravo interno, mas não nos embargos de declaração (a respeito, vide DELLORE, Luiz. "Comentários ao art. 85". GAJARDONI, Fernando. *et al. Teoria geral do processo: comentários ao CPC de 2015.* 2ª ed. São Paulo: Método, 2015. p. 333 e ss).

a) em 1º grau fixação de 10% de honorários ao advogado autor;

b) com o provimento da apelação, inversão do ônus de sucumbência, agora em favor do causídico do réu (digamos, em 10% – a título de honorários regulares);

c) nesse mesmo momento, também já haverá a majoração dos honorários do advogado do réu, a título de fixação de honorários recursais (digamos, para 15%).

O enunciado parte da premissa de que, se não houvesse essa fixação de honorários recursais, não haveria a remuneração pelo trabalho do advogado realizado em grau recursal – e, portanto, não restaria observado a inovação prevista no sistema recursal. De qualquer forma, vale lembrar, mesmo nesse caso deve ser observado o teto de 20% (vide enunciado 241).

Contudo, a questão é polêmica. Nesse sentido, concluindo de modo distinto: "Exatamente por essa lógica de que o novo dispositivo não tem a finalidade de punir o litigante que está debatendo uma tese não pacificada ou uma questão que suscita dúvidas no Judiciário é que concluímos pela impossibilidade de aplicação da sucumbência recursal no caso de provimento do recurso. Assim, se a sentença é de procedência e a apelação do réu é provida, haverá a inversão da sucumbência, mas não a fixação de honorários recursais. Salvo, é claro, se posteriormente houver recurso especial não provido, hipótese em que cabível a condenação em honorários recursais".[47]

De qualquer forma, mesmo à luz desse entendimento divergente, nada obsta que haja, no momento da fixação originária por parte do tribunal, a definição dos honorários em percentual superior aos 10% – hipótese em que, do ponto de vista prático (mas não teórico), haveria exatamente a mesma situação propugnada pelo Enunciado.

Resta verificar se a jurisprudência irá tomar o mesmo sentido do Enunciado FPPC.

► **NCPC. Art. 85. § 11.** O tribunal, ao julgar recurso, majorará os honorários fixados anteriormente levando em conta o trabalho adicional realizado em grau recursal, observando, conforme o caso, o disposto nos §§ 2º a 6º, sendo vedado ao tribunal, no cômputo geral da fixação de honorários devidos ao advogado do vencedor, ultrapassar os respectivos limites estabelecidos nos §§ 2º e 3º para a fase de conhecimento.

Enunciado 244. Ficam superados o Enunciado 306 da Súmula do STJ ("Os honorários advocatícios devem ser compensados quando houver sucumbência recíproca, assegurado o direito autônomo do advogado à execução do saldo sem excluir a legitimidade da própria parte") e a tese firmada no REsp Repetitivo n. 963.528/PR, após a entrada em vigor do CPC, pela expressa impossibilidade de compensação.

● *Grupo: Advogado e Sociedade de Advogados. Prazos).* ● *Referência: art. 85, § 14.*

► ***Marcelo Pacheco Machado***

O enunciado se pautada na premissa de que o artigo 85, § 14, do Código de Processo Civil tem conteúdo diametralmente antagônico à "ratio decidendi " estabelecida quando do julgamento pelo Superior Tribunal de Justiça do REsp 963.528, repetitivo.

47. *Ibidem*, p. 333.

O referido julgado se pauta basicamente na redação de dois dispositivos. O primeiro é o artigo 21 do Código de Processo Civil de 1973, o qual determina "Se cada litigante for em parte vencedor e vencido, serão recíproca e proporcionalmente distribuídos e compensados entre eles os honorários e as despesas". O segundo, por sua vez, é o artigo 23 do Estatuto da OAB: "Os honorários incluídos na condenação, por arbitramento ou sucumbência, pertencem ao advogado, tendo este direito autônomo para executar a sentença nesta parte, podendo requerer que o precatório, quando necessário, seja expedido em seu favor".

A linha de raciocínio desenvolvida pela Corte foi no sentido de que, muito embora a Lei 8.906/94 assegure a titularidade da verba honorária ao advogado, esta não teve o condão de revogar a disposição contida no então vigente Código de Processo Civil, especialmente em seu artigo 21, o qual declara expressamente a necessidade de compensação das verbas honorárias, na hipótese de sucumbência recíproca.

O regramento da compensação dos honorários advocatícios no Código de Processo Civil de 1973 mostrava-se incoerente com o regime jurídico da compensação no Código Civil, tal como previsto pelo artigo 368: "se duas pessoas forem ao mesmo tempo credor e devedor uma da outra, as duas obrigações extinguem-se, até onde se compensarem".

É dizer, a compensação, tal como regulada pelo direito civil, somente pode ocorrer nas hipóteses em que exista coincidência entre credores e devedores.[48] Ocorre que, nas hipóteses citadas de sucumbência recíproca ou parcial, os devedores dos honorários advocatícios, porque sucumbentes, são as partes. Ao passo que os credores são indivíduos distintos, seus respectivos advogados (Estatuto da OAB, artigo 23). A compensação entre os débitos de honorários das partes e os créditos de honorários, de titularidade dos advogados, era definitivamente uma situação "sui generis", a qual, embora prevista no Código revogado, aviltava as premissas do direito civil.

A situação foi devidamente retificada pelo Código de Processo Civil de 2015, o qual prevê expressamente a proibição de compensação, harmonizando-se com o regramento da matéria pelo Direito Civil e, especialmente, tornado obsoleto o enunciado da Súmula 306/STJ.[49]

(...). Honorários advocatícios. Sucumbência recíproca. Compensação. Súmula 306 do STJ. (...). 1. "Os honorários advocatícios devem ser compensados quando houver sucumbência recíproca, assegurado o direito autônomo do advogado à execução do saldo sem excluir a legitimidade da própria parte". (Súmula 306...) 2. O Código de Processo Civil, quanto aos honorários advocatícios, dispõe, como regra geral, que: "Art. 20. A sentença condenará o vencido a pagar ao vencedor as despesas que antecipou e os honorários advocatícios. Esta verba honorária será devida, também, nos casos em que o advogado funcionar em causa própria". "Art. 21. Se cada litigante for em parte vencedor e vencido, serão recíproca e proporcionalmente distribuídos e compensados entre eles os honorários e as despesas". 3. A seu turno, o Estatuto da OAB – Lei 8.906/94 – estabelece que, in verbis: "Art. 22. A prestação de serviço profissional assegura aos inscritos

48. Cf. Caio Mario da Silva Pereira, *Instituições de direito Civil*. vol. II, 23. ed. Rio de Janeiro: Forense, 2010.
49. Cf. Bruno Vasconcelos Carrillho Lopes. Comentários ao Código de Processo Civil. Vol. II. São Paulo: Saraiva, 2017. p. 206.

na OAB o direito aos honorários convencionados, aos fixados por arbitramento judicial e aos de sucumbência". "Art. 23. Os honorários incluídos na condenação, por arbitramento ou sucumbência, pertencem ao advogado, tendo este direito autônomo para executar a sentença nesta parte, podendo requerer que o precatório, quando necessário, seja expedido em seu favor". "Art. 24. A decisão judicial que fixar ou arbitrar honorários e o contrato escrito que os estipular são títulos executivos e constituem crédito privilegiado na falência, concordata, concurso de credores, insolvência civil e liquidação extrajudicial. (Omissis). § 3º É nula qualquer disposição, cláusula, regulamento ou convenção individual ou coletiva que retire do advogado o direito ao recebimento dos honorários de sucumbência". 4. A Lei nº 8.906/94 assegura ao advogado a titularidade da verba honorária incluída na condenação, sendo certo que a previsão, contida no Código de Processo Civil, de compensação dos honorários na hipótese de sucumbência recíproca, não colide com a referida norma do Estatuto da Advocacia. É a "ratio essendi" da Súmula 306 do STJ. (...). 5. "O artigo 23 da Lei nº 8.906, de 1994, não revogou o art. 21 do Código de Processo Civil. Em havendo sucumbência recíproca e saldo em favor de uma das partes é assegurado o direito autônomo do advogado de executar o saldo da verba advocatícia do qual o seu cliente é beneficiário". (REsp 290.141...). (REsp 963.528, Rel. Min. Luiz Fux, Corte Especial, Recurso repetitivo, Tema 195, DJe 4.2.2010)

Súmula STJ 306. Os honorários advocatícios devem ser compensados quando houver sucumbência recíproca, assegurado o direito autônomo do advogado à execução do saldo sem excluir a legitimidade da própria parte.

▶ **NCPC. Art. 85. § 14.** Os honorários constituem direito do advogado e têm natureza alimentar, com os mesmos privilégios dos créditos oriundos da legislação do trabalho, sendo vedada a compensação em caso de sucumbência parcial.

ENUNCIADO 245. O FATO DE A PARTE, PESSOA NATURAL OU JURÍDICA, ESTAR ASSISTIDA POR ADVOGADO PARTICULAR NÃO IMPEDE A CONCESSÃO DA JUSTIÇA GRATUITA NA JUSTIÇA DO TRABALHO.

● *Grupo: Impacto do CPC no processo do trabalho.* ● *Referência: art. 99, § 4º, 15.*

▶ *Zulmar Duarte*

Como anteposto, nos comentários ao enunciado 113, a assistência judiciária gratuita dá concreção ao acesso à justiça (artigo 5º, inciso XXXV, da Constituição da República Federativa do Brasil), desobstruindo seu caminho do custo financeiro do processo.

Verdade seja, o Estado assegura ao hipossuficiente financeiramente a assistência jurídica integral e gratuita, que se resolve em três dimensões, a assistência jurídica (ou orientação jurídica), assistência judiciária e justiça gratuita.

Porém, grassa confusão e uso indistinto dos três termos no âmbito da legislação e jurisprudência, com reflexos na doutrina e, consequentemente, na perfeita compreensão das respectivas perspectivas. Com razão, Sampaio Dória advertia que os homens dissentem mais em virtude da equivocidade da linguagem que usam, do que pelas concepções que têm da realidade em si.

Assistência jurídica é a orientação jurídica ao economicamente hipossuficiente, em juízo ou fora dele. Assistência judiciária é o serviço de postulação em juízo (portanto, inserido na assistência jurídica), possibilitando ao jurisdicionado advogado sem custo. Justiça gratuita (ou gratuidade de justiça) é a isenção do recolhimento de custas e despesas devidas no bojo do processo – seja diante do serviço prestador de assistência jurídica, seja diante do advogado privado.[50]

Precisamente, a assistência judiciária envolve o patrocínio da demanda por advogado indicado pelo Estado, pela Defensoria Pública que titulariza o objetivo de dar cabo ao direito e garantia individual dos necessitados receberem do Estado a assistência jurídica integral e gratuita (artigo 134 da Constituição – artigo 185 do Código de Processo Civil).

De toda forma, isso não impede que a parte seja patrocinada por advogado particular, recebendo a isenção dos custos financeiros do processo (justiça gratuita), como estrema de qualquer dúvida, eventualmente ocorrente no regime pretérito, o artigo 99, § 4º, do CPC.[51]

Quem pode o mais, pode o menos: *in eo quod plus est semper inest et minus*[52]:

> O fato de obter o beneficiário da gratuidade de maneira alguma impede o necessitado de fazer-se representar por profissional liberal. Se o seu direito abrange ambos os benefícios – a isenção de pagamentos e a prestação de serviços (...) – nada obsta a que ele reclame do Estado apenas o primeiro. É antijurídico impor-lhe o dilema: tudo ou nada. Em país com características do nosso, denota, além disso, alarmante dose de irrealismo ou de insensibilidade. Eventuais abusos de litigantes ou de advogados inescrupulosos hão de encontrar o corretivo adequado em cada hipótese. Felizmente, os Tribunais têm sabido repelir, na grande maioria dos casos, as investidas da tese – verdadeiramente absurda – da incompatibilidade entre o benefício da justiça gratuita e a escolha pessoal do advogado pelo beneficiário.

Não bastasse isso, o Código autoriza o escalonamento dos benefícios que compõem a assistência judiciária gratuita, autorizando a gradação na sua concessão, tal qual prevê o parágrafo 5º do artigo 98 do Código de Processo Civil.

Posta assim a questão, nada impede que a parte se limite a postular a justiça gratuita, isto é, a dispensa no pagamento das despesas processuais e honorários de sucumbência, mas se faça representar por advogado particular de sua confiança, inclusive na justiça do trabalho.

Mesmo porque, o liame entre advogado e a parte está pautado na confiança, a qual deve ser valorizada independentemente da situação financeira da última:

> Código de Ética e Disciplina da OAB. Art. 16. O mandato judicial ou extrajudicial não se extingue pelo decurso de tempo, desde que permaneça a confiança recíproca entre o outorgante e o seu patrono no interesse da causa".

Outrossim, no âmbito da justiça do trabalho, a Lei 5.584, de 26 de junho de 1970, vinculava o patrocínio da parte ao advogado do Sindicato respectivo, pelo que não

---

50. DELLORE, Luiz; TARTUCE, Fernanda. Gratuidade da justiça no novo CPC. *Revista de Processo*, v. 236. p. 305-324, out.2014.
51. GAJARDONI, Fernando. *et al. Teoria geral do processo: comentários ao CPC de 2015.* São Paulo: Método, 2015. vol. 1. p. 338.
52. MOREIRA, José Carlos Barbosa. O direito a assistência jurídica evolução no ordenamento brasileiro de nosso tempo. *Revista Ajuris*. vol. 55.

se mostra infensa na dinâmica trabalhista a nomeação de advogado particular para patrocinar os interesses da parte hipossuficiente.

> ▶ **NCPC. Art. 99. § 4º** A assistência do requerente por advogado particular não impede a concessão de gratuidade da justiça. **§ 5º** Na hipótese do § 4º, o recurso que verse exclusivamente sobre valor de honorários de sucumbência fixados em favor do advogado de beneficiário estará sujeito a preparo, salvo se o próprio advogado demonstrar que tem direito à gratuidade.

ENUNCIADO 246. DISPENSA-SE O PREPARO DO RECURSO QUANDO HOUVER PEDIDO DE JUSTIÇA GRATUITA EM SEDE RECURSAL, CONSOANTE ART. 99, § 6º, APLICÁVEL AO PROCESSO DO TRABALHO. SE O PEDIDO FOR INDEFERIDO, DEVE SER FIXADO PRAZO PARA O RECORRENTE REALIZAR O RECOLHIMENTO.

● *Grupo: Impacto do CPC no processo do trabalho.* ● *Referência: arts. 99, § 7º, e 15.*

▸ ***Marcelo Pacheco Machado***

O preparo consistente no pagamento prévio das despesas relativas ao processamento do recurso, configurando requisito de admissibilidade recursal. Isto é, ausente o preparo, o tribunal competente estará impedido de analisar o mérito recursal (existência do *error in judicando* ou *error in procedendo* alegado nas razões recursais)[53]:

> A falta de preparo, como a não interposição do recurso no prazo devido, são causas puramente objetivas de inadmissibilidade e prescindem de qualquer indagação sobre a vontade do omisso.

Isto significa que a sanção legal prevista para a omissão da parte em comprovar o recolhimento do preparo, denominada "deserção", apresenta relevantes repercussões para a relação jurídica recursal, impedindo a admissibilidade do recurso e, por consequência, produzindo as preclusões e estabilizações decorrentes do impedimento para que o recurso inadmissível produza seus efeitos (devolutivo e obstativo).

A situação se mostra especialmente problemática nas hipóteses em que, ao recorrer, a parte pleiteia assistência judiciária gratuita e, por consequência, isenção das despesas processuais e do preparo (CPC, artigo 99, *caput*). Há um dilema. Se a parte não recolhe preparo, há risco de se configurar a inadmissibilidade recursal, ao mesmo tempo em que, ao pleitear assistência judiciária gratuita, a parte demonstra que não tem condições de efetuar tal pagamento, já tendo pleiteado sua isenção.

Ora, quando a assistência gratuita já foi apreciada e deferida, a parte tem tranquilidade quando à ausência do ônus de recolher o preparo, do mesmo modo que, tendo este requerimento sido indeferido (e sem mudança na situação dos fatos), a parte sabe que terá de recolher o preparo, sob pena de ver futuramente seu recurso inadmitido por deserção. O problema existe quando o requerimento é recente, contemporâneo ao recurso, a ainda não foi sequer apreciado por órgão jurisdicional. Surge clara situação de incerteza contra o recorrente, o qual haveria de temer o indeferimento

---

53. MOREIRA, José Carlos B. *Comentários ao Código de Processo Civil*. vol. v. 13. ed. Rio de Janeiro: Forense, 2006, p. 391-392.

futuro do requerimento de assistência gratuita e, consequentemente, a declaração de inadmissibilidade daquele recurso desacompanhado de preparo.

Nesse sentido, determina expressamente o parágrafo 7º do artigo 99 do Código de Processo Civil que, nas hipóteses em que a gratuidade da justiça é requerida em razões recursais, não será ônus do recorrente comprovar o preparo no momento da interposição. Diferentemente, o recurso pode ser interposto sem preparo, de modo que deverá a parte aguardar a apreciação de tal requerimento pelo órgão recursal competente.

Na hipótese de deferimento, o recurso seguirá para sua análise de mérito. Na hipótese de indeferimento, estará o juiz proibido de inadmitir o recurso por deserção, devendo necessariamente conceder prazo para que o recorrente efetue o preparo recursal. Somente na omissão do requerente, posterior a despacho com tal designação expressa, estará o órgão jurisdicional autorizado a declarar a inadmissibilidade recursal.

Tal sistemática, é importante ressaltar, não possui qualquer sorte de regramento perante as normas específicas do processo do trabalho, as quais se limitam genericamente a regular os requisitos para a assistência judiciária gratuita (CLT, artigo 790, § 3º). Desse modo, torna-se subsidiariamente aplicável o Código de Processo Civil ao processo trabalhista, conferindo neste ponto, instrumento que resguarda a validade dos atos processuais e que impede a utilização do formalismo como obstáculo ao acesso à justiça (CPC, artigo 15).

▶ **NCPC. Art. 99. § 7º** Requerida a concessão de gratuidade da justiça em recurso, o recorrente estará dispensado de comprovar o recolhimento do preparo, incumbindo ao relator, neste caso, apreciar o requerimento e, se indeferi-lo, fixar prazo para realização do recolhimento.

Enunciado 384. A lei regulamentadora não poderá suprimir a titularidade e o direito à percepção dos honorários de sucumbência dos advogados públicos.

● *Grupo: Impacto do novo CPC e os processos da Fazenda Pública.* ● *Referência: art. 85, § 19.*

▶ *Andre Roque*

A matéria disciplinada no artigo 85, § 19 do CPC/2015 foi um dos temas mais controvertidos nos debates legislativos que precederam ao código atual. No CPC/73, já ocorria a condenação em honorários em favor dos entes estatais, a qual segue existindo normalmente. Contudo, no código anterior, os honorários não necessariamente seriam revertidos aos seus respectivos procuradores. Ao tempo do CPC/73, havia carreiras nas quais os procuradores já recebiam honorários sucumbenciais (algumas procuradorias municipais e estaduais). Assim, a inserção do dispositivo em tela interessava em especial às categorias da advocacia pública que não recebiam honorários sucumbenciais (ou seja, outras procuradorias municipais e estaduais e a advocacia pública federal)[54].

---

54. Sobre o ponto, ver: DELLORE, Luiz. "Comentários ao artigo 85". GAJARDONI, Fernando. *et al.* (Coords.). Teoria geral do processo: comentários ao CPC de 2015. São Paulo: Método, 2018, p. 337.

Contudo, o dispositivo em tela remeteu à regulamentação por outra lei (melhor dizendo, uma lei federal para a advocacia pública federal; leis estaduais para a advocacia pública na esfera estadual e leis municipais para a advocacia pública municipal). Enquanto tal regulamentação não for implementada, o artigo 85, § 19 do CPC/2015 não produzirá efeitos.

O Enunciado em tela dispõe que a lei regulamentadora não deverá transbordar de seu papel e acabar por esvaziar de significado o dispositivo constante do § 19 do artigo 85 do CPC/2015, o qual visou a contemplar precisamente a titularidade e o direito à percepção dos honorários de sucumbência dos advogados públicos.

No âmbito federal, foi editada a Lei 13.327/16, a qual regulamenta a matéria e, de fato, em estrita observância ao artigo 85, § 19 do CPC/2015 e ao enunciado em discussão, manteve a titularidade e o direito à percepção dos honorários de sucumbência dos advogados públicos em seu artigo 29. De acordo com o parágrafo único do aludido dispositivo, os honorários "não integram o subsídio e não servirão como base de cálculo para adicional, gratificação ou qualquer outra vantagem pecuniária". Além disso, os honorários serão rateados entre os advogados públicos ativos (em percentual crescente para os que estão no início da carreira) e inativos (em percentual decrescente, até o mínimo legal), na forma do artigo 31 da Lei 13.327/16. O artigo 33 criou o Conselho Curador dos Honorários Advocatícios (CCHA), órgão vinculado à Advocacia-Geral da União, composto por um representante de cada uma das carreiras da advocacia pública federal e o qual terá competência para, entre outros assuntos, editar normas para operacionalizar o crédito e a distribuição dos honorários advocatícios.

Contudo, é difícil justificar tal enunciado do FPPC. Se uma nova lei federal ordinária retirar tal direito dos advogados públicos, como o CPC/2015 e a Lei 13.327/16 nada mais são do que outras leis ordinárias, terá inegavelmente ocorrido revogação por lei posterior. Alguma dúvida poderia remanescer quanto à hipótese em que leis estaduais ou municipais esvaziassem de significado o § 19 do artigo 85 do CPC/2015, mas a distribuição dos honorários recebidos pelo ente estatal entre os seus advogados públicos, a rigor, não consiste em matéria processual civil, de competência legislativa privativa da União (art. 22, I da Constituição). Trata-se de matéria relativa à remuneração dos advogados públicos, de competência do próprio ente estatal e de iniciativa do Poder Executivo, nos termos do artigo 61, § 1º, II, CF[55]. Há, por isso mesmo, fundada dúvida quanto à constitucionalidade do § 19 do artigo 85 do CPC/2015, no que tange aos advogados públicos nas esferas estadual e municipal.

Seja como for, o fato é que eventual lei regulamentadora nos âmbitos estadual e municipal deverá enfrentar temas complexos, como, por exemplo, se tais honorários de sucumbência deverão ser considerados para fins de observância do teto previsto no artigo 37, XI da CF; se serão destinados a um fundo comum para distribuição entre todos os advogados públicos (como na Lei 13.327/16) ou revertidos especificamente

55. Nesse sentido: NERY JR, Nelson; NERY, Rosa Maria A. *Comentários ao Código de Processo Civil.* São Paulo: RT, 2015, p. 439.

ao profissional que atuou no processo e se tal verba pode ser destinada a quem recebe pelo regime de subsídio, a ser pago em parcela única e que, portanto, não admite acréscimo de qualquer gratificação, adicional, abono, prêmio, verba de representação ou outra espécie remuneratória, nos termos do artigo 39, § 4º da CF[56].

▶ **NCPC. Art. 85. § 19.** Os advogados públicos perceberão honorários de sucumbência, nos termos da lei.

Enunciado 385. Havendo risco de perecimento do direito, o poder do juiz de exigir do autor a comprovação dos pressupostos legais para a concessão da gratuidade não o desincumbe do dever de apreciar, desde logo, o pedido liminar de tutela de urgência.

● *Grupo: Poderes do juiz.* ● *Referência: art. 99, § 2º.*

▸ *Marcelo Pacheco Machado*

A garantia constitucional de inafastabilidade da tutela jurisdicional garante aos litigantes, não apenas acesso à justiça formal, entendido como a mera possibilidade de ingressar com uma demanda perante o Judiciário, mas também acesso à justiça substancial, isto é, a existência de um conjunto de mecanismos aptos a dar razão a quem tem razão em um tempo razoável, entendidas aí tanto a tutela cognitiva quanto a tutela executiva.[57]

O processo deverá deter meios efetivos – que levem em consideração as especificidades de cada relação de direito material – para a declaração e efetivação de direitos dentro de um prazo razoável, ao mesmo tempo em que se desenvolverá em respeito ao contraditório, à publicidade, à motivação das decisões judiciais, à isonomia, à dignidade da pessoa humana (CF, art. 5º, incisos I, XXXV, LV, LIV e LXXVIII, e art. 93, IX).

Este sistema, garantido pela Constituição, concretiza-se no Código de Processo Civil em seu artigo 99, § 2º, o qual efetua ponderação entre a necessidade de se garantir o recolhimento efetivo das custas processuais, limitando as isenções a casos especiais, ao mesmo tempo em que se preocupa com a necessidade de o processo garantir meios adequados para a tutela de direitos, levanto em consideração as necessidades da relação de direito material.

Não há dúvidas de que a isenção das despesas do processo somente pode ser concedida quando presentes os requisitos legais e que, efetivamente, a análise pertinente a estes requisitos pode consumir tempo no processo, especialmente diante da necessidade de o juiz pleitear das partes esclarecimentos, bem como a apresentação de novos documentos (CPC, art. 99, § 2º).[58]

---

56. CAMARGO, Luiz Henrique V. "Comentários ao artigo 85". *In*: WAMBIER, Teresa A. *et al.* (Coords.). *Breves comentários ao novo Código de Processo Civil.* São Paulo: RT, 2016, p. 355.
57. Cf. DINAMARCO, *Instituições de direito processual civil.* vol. I. São Paulo: Malheiros, 2004. p. 110.
58. Cf. Bruno Vasconcelos Carrillho Lopes. Comentários ao Código de Processo Civil. Vol. II. São Paulo: Saraiva, 2017. p. 254.

Ocorre que o tempo necessário para a análise de tais questões não pode configurar um impedimento absoluto para a concessão de tutelas de urgência efetivas em favor daqueles que não têm condições financeiras de arcar com as custas do processo. Especialmente, nos casos em que o risco de dano não comporta dilação temporal de tal natureza, sem prejuízo do bem da vida em disputa.[59]

Em circunstâncias normais, quando efetuado requerimento de justiça gratuita na petição inicial, é razoável que o prosseguimento da causa, e a apreciação de quaisquer requerimentos das partes, aguarde a prévia análise deste requerimento de assistência judiciária gratuita. Ora, no seu deferimento, o processo prosseguirá de imediato, mas no seu eventual indeferimento será necessária a intimação da parte para o recolhimento das custas processuais, sob pena de extinção do processo (CPC, art. 102, parágrafo único). No entanto, nos casos em que há pedido de tutela de urgência, a ser concedida antes do contraditório (liminarmente), o fator tempo passa a ser determinante. Com o risco imediato de deterioração do bem da vida a ser tutelado pelo processo, a apreciação da tutela de urgência deve ocorrer antes da análise da presença, ou não, dos requisitos legais para a justiça gratuita, sob pena de vir a ser mostrar futuramente inócua.

Entender-se de modo distinto, seria conceder às partes carentes de recursos financeiros apenas um meio formal de tutela (acesso à justiça formal), sem que, no entanto, fossem-lhe assegurados os meios adequados à situação especificamente tratada (acesso à justiça substancial), a qual se configura pela urgência e pela necessidade de uma resposta jurisdicional imediata. Ao juiz caberá fazer a adequada ponderação, diante das circunstâncias fáticas de cada caso, devendo, desse modo, ao identificar situação de urgência que não comporta nenhuma dilação adicional, apreciar antes o requerimento de tutela provisória para que, apenas em momento posterior, dirigir-se à identificação dos requisitos legais da justiça gratuita.

► **NCPC. Art. 99. § 2°** O juiz somente poderá indeferir o pedido se houver nos autos elementos que evidenciem a falta dos pressupostos legais para a concessão de gratuidade, devendo, antes de indeferir o pedido, determinar à parte a comprovação do preenchimento dos referidos pressupostos.

Enunciado 622. A execução prevista no § 4º do art. 95 também está sujeita à condição suspensiva de exigibilidade prevista no § 3º do art. 98.

● *Grupo: Gratuidade da justiça, petição inicial, contestação e fase de organização e saneamento* ● *Referência: arts. 95, § 4º e 98, §§ 2º, 3º e 7º.*

► ***Marcelo Pacheco Machado***

A concessão do benefício da assistência judiciária gratuita não representa, para o devedor das verbas sucumbenciais, uma verdadeira isenção. Diferentemente, o sistema processual é enfático ao ressaltar que o débito continua a existir, e que a condição de beneficiário da assistência judiciária, não é fato extintivo de qualquer obrigação.

59. Cf. Araken de Assis. Processo civil brasileiro. Vol. II. Tomo II. São Paulo: RT, 2017. p. 374.

A peculiaridade, todavia, cinge-se na exigibilidade da obrigação. O parágrafo 3º do artigo 98 do Código de Processo Civil simplesmente estabelece que "Vencido o beneficiário, as obrigações decorrentes de sua sucumbência ficarão sob condição suspensiva de exigibilidade e somente poderão ser executadas se, nos cinco anos subsequentes ao trânsito em julgado da decisão que as certificou, o credor demonstrar que deixou de existir a situação de insuficiência de recursos que justificou a concessão de gratuidade, extinguindo-se, passado esse prazo, tais obrigações do beneficiário".

São, portanto, dois os requisitos para que a obrigação de pagar as verbas sucumbenciais seja exigível. O primeiro, meramente temporal, diz respeito a necessidade de observância do prazo de cinco anos, a contar da data do trânsito em julgado. O segundo, cumulativo ao primeiro, diz respeito ao ônus do credor em provar que o devedor, ultrapassado o referido período legal, não mais se encontra em situação econômica/financeira apta a justificar a concessão da assistência judiciária gratuita.

É importante ressaltar que a referida "suspensividade" não se limita às condenações estabelecidas relativamente a honorários advocatícios e custas processuais. Expressamente, por força do artigo 95, § 4º, do Código de Processo Civil, estão incluídos os capítulos acessórios da sentença, relativamente aos custos do processo, dentre os quais as despesas com a perícia.[60]

Se sucumbente em processo no qual foi realizada perícia custeada pelo Poder Público (CPC, art. 95, § 3º), o beneficiário da assistência judiciária gratuita também passará a figurar como devedor, em face da Fazenda Pública, das quantias dispendidas para o custeio da perícia.

Ocorre que, como de modo geral em relação aos débitos do sucumbente, também as quantias devidas em favor da Fazenda Pública, pelo beneficiário da assistência judiciária gratuita, se submeterão aos requisitos gerais indicados acima, quais seja, necessidade de observância do prazo de 5 anos, a contar do trânsito em julgado, bem como a necessidade de demonstração, por parte do credor, de que o devedor não mais se encontra em situação financeira/econômica apta a configurar hipótese legal de assistência judiciária gratuita.

► **NCPC. Art. 95.** Cada parte adiantará a remuneração do assistente técnico que houver indicado, sendo a do perito adiantada pela parte que houver requerido a perícia ou rateada quando a perícia for determinada de ofício ou requerida por ambas as partes. (...). **§ 4º** Na hipótese do § 3º, o juiz, após o trânsito em julgado da decisão final, oficiará a Fazenda Pública para que promova, contra quem tiver sido condenado ao pagamento das despesas processuais, a execução dos valores gastos com a perícia particular ou com a utilização de servidor público ou da estrutura de órgão público, observando-se, caso o responsável pelo pagamento das despesas seja beneficiário de gratuidade da justiça, o disposto no art. 98, § 2º. ► **Art. 98.** A pessoa natural ou jurídica, brasileira ou estrangeira, com insuficiência de recursos para pagar as custas, as despesas processuais e os honorários advocatícios têm direito à gratuidade da justiça, na forma da lei. (...). **§ 2º** A concessão de gratuidade não afasta a responsabilidade do beneficiário pelas despesas processuais e pelos honorários advocatícios decorrentes de sua sucumbência. **§ 3º** Vencido o

---

60. Cf. Bruno Vasconcelos Carrillho Lopes. Comentários ao Código de Processo Civil. Vol. II. São Paulo: Saraiva, 2017. p. 251.

beneficiário, as obrigações decorrentes de sua sucumbência ficarão sob condição suspensiva de exigibilidade e somente poderão ser executadas se, nos 5 (cinco) anos subsequentes ao trânsito em julgado da decisão que as certificou, o credor demonstrar que deixou de existir a situação de insuficiência de recursos que justificou a concessão de gratuidade, extinguindo-se, passado esse prazo, tais obrigações do beneficiário. (...). **§ 7º** Aplica-se o disposto no art. 95, §§ 3º a 5º, ao custeio dos emolumentos previstos no § 1º, inciso IX, do presente artigo, observada a tabela e as condições da lei estadual ou distrital respectiva.

ENUNCIADO 623. O DEFERIMENTO DA GRATUIDADE DE JUSTIÇA NÃO AFASTA A IMPOSIÇÃO DE MULTAS PROCESSUAIS, MAS APENAS DISPENSA SUA EXIGÊNCIA COMO CONDIÇÃO PARA INTERPOSIÇÃO DE RECURSOS.

● *Grupo: Gratuidade da justiça, petição inicial, contestação e fase de organização e saneamento.* ● *Referências: art. 98, § 1º, VIII e § 4º.*

▸ ***Andre Roque***

O beneficiário de gratuidade de justiça, por evidente, pode incorrer em atos ou omissões que impliquem o pagamento de multas processuais – como, por exemplo, por ausência à audiência de conciliação (art. 334, § 8º), por litigância de má-fé (art. 81) ou pela prática de ato atentatório à dignidade da justiça na execução (art. 774). A gratuidade de justiça não acarreta isenção no pagamento de tais multas, afinal, tal benefício não pode ser considerado como uma autorização para praticar ilícitos processuais sem sofrer nenhuma sanção.

No entanto, nos termos do artigo 98, § 4º, tais multas processuais somente podem ser exigidas ao final do processo. Por esta razão, sempre que tais multas estejam previstas em lei como condição para a interposição de recursos (por exemplo, na reiteração de embargos de declaração protelatórios e no agravo interno considerado manifestamente inadmissível ou improcedente – respectivamente, arts. 1.026, § 3º e 1.021, § 5º), o beneficiário da gratuidade de justiça não precisará efetuar o depósito da multa para que seu recurso seja admitido.

É que, caso assim não fosse, haveria o risco de a parte com dificuldades financeiras ter obstado o acesso às instâncias recursais, comprometendo garantias fundamentais no processo. É razoável, em tais circunstâncias, afastar o depósito da multa processual como requisito para a admissibilidade do recurso, tratando-se de medida que visa a promover a igualdade material das partes e assegurar a paridade de armas no processo (art. 7º do CPC/2015). Mesmo em tais casos, de todo modo, a multa poderá ser cobrada ao final do processo.

Observe-se que, em qualquer hipótese, a multa processual aplicada contra o beneficiário de gratuidade de justiça será sempre devida, ainda que não se altere a sua condição financeira (requisito para que lhe possa ser exigido o pagamento das verbas sucumbenciais, na forma do artigo 98, § 3º, mas não das multas processuais, cuja exigibilidade não observa tal requisito). Se não ocorrer o pagamento espontâneo da multa processual, caso esta beneficie a parte contrária (como se passa na generalidade dos casos), será possível a instauração de cumprimento de sentença. Caso, por outro lado, a multa seja revertida em favor do Estado (por exemplo, artigo 77, § 3º), será realizada a inscrição em dívida ativa, com a possibilidade de posterior ajuizamento de execução fiscal.

Enunciado 624. As regras que dispõem sobre a gratuidade da justiça e sua impugnação são aplicáveis ao procedimento de mediação e conciliação judicial.

● *Grupo: Mediação e conciliação (CPC e Lei 13.140/2015).* ● *Referência: arts. 98 a 102 e 337, XIII. Lei 13.140/2015.*

▸ *Zulmar Duarte*

Aposta capital do Código se fez no tocante à promoção e ao estímulo para resolução consensual dos conflitos, compromisso com o tratamento do litígio em sentido amplo, inclusive como fenômeno social.[61]

A própria exposição de motivos ao anteprojeto foi absolutamente clara em tal sentido:

> Pretendeu-se converter o processo em instrumento incluído no contexto social em que produzirá efeito o seu resultado. Deu-se ênfase à possibilidade de as partes porem fim ao conflito pela via da mediação ou da conciliação.
>
> Entendeu-se que a satisfação efetiva das partes pode dar-se de modo mais intenso se a solução é por elas criada e não imposta pelo juiz.

Como se observa do cotejo do regramento processual, o Código, em diversas de suas fases processuais projetadas, é poroso ao diálogo e à superação do dissenso, exortando a participação dialógica dos juízes, advogados, defensores públicos e membros do Ministério Público, não mais exclusivamente dos magistrados (artigo 125, inciso IV, do CPC/73), tudo a formar ambiente cultural que supere a cultura do litígio.

Ainda, o Código erigiu verdadeiros indutores destinados a estimular a realização da transação, como, por exemplo, predispondo no início do processo fase processual própria para conciliação ou mediação (artigos 334, 565 e 695). Longe de ser mero capítulo de uma determinada sessão de audiência (como dantes nos artigos 331 e 447 do CPC/73), a fase de conciliação ou mediação ganhou corpo, audiência própria e exclusiva para tal finalidade, sendo considerado ato atentatória da justiça a ausência injustificada de comparecimento (artigo 334, § 8º).

Ainda, durante todo o desenvolvimento do processo, dá-se vazão à pulsão da conciliação (artigos 139, inciso V, e 359), com reflexos na atuação dos auxiliares da justiça (artigo 154, inciso VI e parágrafo único), abrindo-se a produção antecipada de prova com vistas à sua viabilização (artigo 381, inciso II).

Ademais, objetivando incentivar a realização da transação, o Código minimizou os impactos financeiros do processo em ocorrendo a solução consensual antes da sentença, pelo que dispensa as partes das custas processuais remanescentes (artigo 90, § 3º).

---

61. GAJARDONI, Fernando. *et al. Teoria geral do processo: comentários ao CPC de 2015.* São Paulo: Método, 2015. vol. 1. p. 17

Pois bem, o estímulo à solução negociada não pode ser esvaziado pela circunstância de que litiguem hipossuficientes financeiramente, sob pena inclusive de erigirmos uma justiça de classes. Seria um contrassenso que o regramento relativo à conciliação e à mediação ficasse, por assim dizer, em suspensão, quando envolvidas partes destituídas de recursos financeiros.

A mediação e a conciliação não são instrumentos predestinados à determinados litigantes, com recursos para fazerem frente aos custos inerentes, mas sim metas colocadas à testa do Código, como objetivos a serem alcançados para uma justiça melhor e mais eficaz em todo e qualquer processo.

A par disso, todo o regramento relativo à justiça gratuita deve ser aplicado, estendendo seu espectro, no procedimento de mediação e conciliação judicial. Mesmo porque, o procedimento de mediação e conciliação judicial é integrado ao processo, pelo que acobertado pela justiça gratuita prevista no artigo 98 do Código.

Demais disso, o próprio Código estabelece, como forma de subsídio cruzado, situações em que as Câmaras Privadas de Conciliação e Mediação atuarão em processos nos quais deferida a justiça gratuita, o que reforça a existência de gratuidade no procedimento de mediação e conciliação.

Não fosse o suficiente, o parágrafo 2º do artigo 4º da Lei 13.140/15, adiante transcrito, assegurou a gratuidade no procedimento de mediação, na hipótese em que as partes sejam hipossuficientes financeiramente.

Consequentemente, a justiça gratuita, com o regramento respectivo, aplica-se integralmente a fase de mediação e conciliação do processo judicial.

▶ **NCPC. Art. 98.** A pessoa natural ou jurídica, brasileira ou estrangeira, com insuficiência de recursos para pagar as custas, as despesas processuais e os honorários advocatícios têm direito à gratuidade da justiça, na forma da lei. ▶ **Art. 169. § 2º** Os tribunais determinarão o percentual de audiências não remuneradas que deverão ser suportadas pelas câmaras privadas de conciliação e mediação, com o fim de atender aos processos em que deferida gratuidade da justiça, como contrapartida de seu credenciamento.

▶ **Lei 13.140/15. Art. 4º. § 2º** Aos necessitados será assegurada a gratuidade da mediação.

1.3.1.3. Dos Procuradores (arts. 103 a 107)

ENUNCIADO 425. OCORRENDO SIMULTANEAMENTE AS HIPÓTESES DOS ART. 106, § 1º, E ART. 321, CAPUT, O PRAZO DE EMENDA SERÁ ÚNICO E DE QUINZE DIAS.

● *Grupo: Petição inicial, resposta do réu e saneamento.* ● *Referências: arts. 321, 106, § 1º.*

▸ ***Murilo Avelino***

O desenvolvimento do princípio da cooperação impõe uma revisão conceitual e funcional de diversos institutos jurídicos clássicos do processo. O contraditório recebe atenção especial da doutrina na medida em que indispensável a uma decisão que materialize o ideal de justiça. O princípio da cooperação rege diversos aspectos da relação processual, precipuamente no que se refere ao diálogo entre partes, juízes, e todos os demais atores, inseridos neste ambiente dialógico chamado *processo*. Atualmente, o magistrado é membro do contraditório, somente se sobrelevando no momento de proferir a decisão, fruto de um diálogo democrático, ético e participativo[62] na prestação da jurisdição. Reforça-se, da mesma forma, o *princípio da primazia do julgamento de mérito*, a partir do qual a prestação da jurisdição deve buscar a solução dos conflitos, não se satisfazendo com resultados meramente formais, baseados no reconhecimento de vícios que não levam a outra solução senão a extinção sem julgamento de mérito (art. 485). O estudo contemporâneo das invalidades processuais impõe um esforço para a superação dos vícios, com o escopo de permitir a prestação da tutela jurisdicional satisfativa[63].

Com a consagração do princípio da cooperação e uma releitura de princípios já há muito consagrados como o devido processo legal e o contraditório, é possível verter nova luz à temática do formalismo no processo como legitimador da prestação jurisdicional em um ambiente dialógico. Impõe-se, nesse ínterim, um novo passar de vista sobre os deveres impostos ao magistrado, às partes e aos demais sujeitos que participam do processo, visando reformular a legitimidade da atividade jurisdicional sob o novo paradigma, regrada pelos valores constitucionais, de modo a garantir uma efetiva participação de todos os sujeitos no contraditório processual e prevenindo a atuação não cooperativa de qualquer dos seus atores.

Tanto as partes têm o dever de argumentar de forma correta, quanto o juiz se vincula ao conteúdo do que foi debatido[64]. É, em essência, um processo dialógico. Daí a necessidade de falar dos deveres de cooperação. Todos os sujeitos do processo se submetem ao amplo contraditório. Os deveres decorrentes da cooperação incidem sobra a atuação de todos eles, de forma comunicativa. Talvez pela valorização do Poder Judiciário nos tempos de neoconstitucionalismo, talvez pela ampliação do diálogo processual ou pelo medo do autoritarismo judicial, a doutrina tem grande preocupação a respeito da atuação do magistrado inserido no processo cooperativo. Aqui, nos interessa tratar especialmente de um dos deveres incidentes sobre a conduta do magistrado: o *dever de esclarecimento*.

O dever de esclarecimento impõe a necessidade de que a atuação do magistrado seja clara e precisa, não deixe margem a dúvidas e proporcione o perfeito entendimento aos seus destinatários. Do mesmo modo, se o magistrado tem dúvidas a

62. DIDIER JR. Fredie. *Fundamentos do Princípio da Cooperação no Direito Processual Civil Português.* Coimbra: Coimbra Editora, 2010. p. 45-50.
63. Sobre a teoria contemporânea das invalidades processuais: CABRAL, Antonio P. Nulidades no Processo Moderno. Rio de Janeiro: Forense, 2010.
64. ZANETI JÚNIOR, Hermes. *A constitucionalização do processo: o modelo constitucional da justiça brasileira e as relações entre processo e constituição.* São Paulo: Atlas, 2014. p. 98-99.

respeito da atuação de qualquer dos demais sujeitos, perante ele deve esclarecer qual o conteúdo do ato. O dever de esclarecimento impede que decisões sejam tomadas de forma apressada, sem a boa compreensão a respeito das posições exercidas pelos demais sujeitos.

Este dever de materializa em um dos dispositivos que inspiraram a edição do Enunciado sob comento, qual seja, o artigo 321. O preceito ordena que o magistrado, ao perceber viciada a petição inicial por falta de preenchimento de um ou mais dos requisitos dos artigos 319 e 320, ordene a sua emenda "indicando com precisão o que deve ser corrigido ou completado". Esta necessidade de indicação precisa decorre exatamente do dever de esclarecimento. É que, sob a égide do artigo 284 do CPC/73, tornou-se prática comum na magistratura o despacho para simplesmente "corrigir os termos da inicial, no prazo legal". Despachos com este conteúdo ferem frontalmente o dever de esclarecimento, na medida em que o autor não terá qualquer conhecimento do suposto vício a ser corrigido, dando causa a um verdadeiro jogo de adivinhação onde somente um dos jogadores possui a resposta certa. Ainda que o conteúdo normativo do contraditório e da cooperação já abarcasse o dever de esclarecimento, foi necessário ao legislador inserir, expressamente, o dever de esclarecimento do magistrado no preceito normativo do artigo 321 atual.

Há também o dever de prevenção. Trata-se da necessidade de o magistrado prevenir as partes a respeito da possibilidade de verem frustradas suas posições jurídicas face ao mau uso da técnica. O dever de prevenção é intimamente relacionado ao tema das invalidades no processo, pois o magistrado deve cuidar para que a prática de atos defeituosos não prejudique o andamento da própria apreciação do mérito da causa. Protege-se, assim, o *princípio da primazia do julgamento de mérito*, um dos seus principais vetores.

Os vícios observados na prática dos atos processuais devem ser diligentemente corrigidos, senão superados, através da conduta cooperativa do magistrado com os demais sujeitos do processo[65]. "São quatro as áreas de aplicação do dever de prevenção: explicação de pedidos pouco claros, o caráter lacunar da exposição dos fatos relevantes, a necessidade de adequar o pedido formulado à situação concreta e a sugestão de certa atuação pela parte".[66]

Por exemplo, no momento de ordenar a emenda da petição inicial, apontando que o problema se encontra no pedido e qual a espécie de pedido possível no caso. O artigo 321 do NCPC, então, serve ao exercício tanto do dever de esclarecimento

---

65. "A funcionalização valorativa das formas faz com que as invalidades tenham que ser excepcionais, devendo ser evitadas sempre que possível. Dessa premissa, decorre outra obrigação especificamente aplicável ao sistema das invalidades. É o denominado *dever de prevenção*, destinado a evitar a pronúncia de nulidade. O juiz deve diligenciar para que os atos processuais não sejam praticados de forma viciada e desleal ou, quando já identificado o defeito, para que este seja corrigido rapidamente". CABRAL, Antonio P. *Nulidades... Ob. cit.* p. 243.
66. DIDIER JR., Fredie. Os três modelos de direito processual: inquisitivo, dispositivo e cooperativo. In.: DIDIER Jr., Fredie; NALINI, José Renato; RAMOS, Glauco Gumerato; LEVY, Wilson (Coords.). *Ativismo Judicial e Garantismo Processual*. Salvador: Juspodivm, 2013. p. 216.

quanto do dever de prevenção[67], a depender da situação concreta observada, pois o magistrado pode, a partir do dispositivo, ordenar tanto os meros esclarecimentos dos pedidos ou mesmo a necessidade de aperfeiçoar e corrigir eventuais vícios formais dos articulados.

Neste ponto, o dever de prevenção encontra previsão também no artigo 106, § 1º do CPC. O segundo dispositivo que inspirou o Enunciado em tela regula a hipótese de o advogado litigar em causa própria, incumbindo-lhe do dever de declarar, na petição inicial ou na contestação, o endereço, seu número de inscrição na Ordem dos Advogados do Brasil e o nome da sociedade de advogados da qual participa, para o recebimento de intimações. Caso não o faça, o magistrado deve ordenar que supra a omissão em cinco dias, sob pena de indeferimento da petição.

A situação prevista no Enunciado nº 425 respeita a uma aparente antinomia entre o artigo 106, § 1º e o artigo 321 no que tange aos prazos para correção de vícios apresentados pelos articulados do advogado que atua em causa própria. Caso descumpra o disposto no inciso I do artigo 106 e, cumulativamente, sua petição não preencha os requisitos dos artigos 319 e 320 ou apresente defeitos capazes de dificultar o julgamento de mérito, é caso de incidência simultânea do § 1º do artigo 106 e do artigo 321, que impõem oportunizar a correção de tais irregularidades. Nesta hipótese, há dois prazos em conflito: cinco dias (art. 106) e quinze dias (art. 321).

A conclusão a que chegou o Fórum é a mais acertada: não há razão para que haja prazos distintos na hipótese. A correção dos vícios deve ser feita em petição única em prazo único, até porque os vícios apontados na norma específica do artigo 106 são abarcados pela menção que o artigo 321 faz aos requisitos da petição inicial (arts. 319 e 320), mormente no que tange à qualificação das partes. Além disso, somente se poderá exigir a correção dos vícios apontados no artigo 321 no prazo maior de quinze dias, o que impossibilita, antes deste interregno, o juízo quanto à admissibilidade ou inadmissibilidade da peça após a oportunidade de correção. Respeitar o prazo de cinco dias quanto à correção dos vícios referentes ao artigo 106 não possibilitaria, de toda forma, a continuidade do processo.

Assim, caso o único defeito dos articulados apresentados pelo advogado que postula em causa própria seja a ausência de quaisquer dos requisitos do artigo 106, I, aplica-se o prazo do § 1º do mesmo dispositivo. Doutra sorte, havendo a incidência do artigo 321, autonomamente ou de forma cumulativa com o artigo 106, deve-se respeitar o prazo de quinze dias para a correção dos defeitos.

▶ **NCPC. Art. 106. § 1º** Se o advogado descumprir o disposto no inciso I, o juiz ordenará que se supra a omissão, no prazo de 5 (cinco) dias, antes de determinar a citação do réu, sob pena de indeferimento da petição.

67. "Há aí inequívoco dever de esclarecimento e de prevenção do órgão jurisdicional para com as partes". MITIDIERO, Daniel. *Colaboração no processo civil*. São Paulo: RT, 2011. p. 123-124.

1.3.2. Do Litisconsórcio (arts. 113 a 118)

ENUNCIADO 10. EM CASO DE DESMEMBRAMENTO DO LITISCONSÓRCIO MULTITUDINÁRIO, A INTERRUPÇÃO DA PRESCRIÇÃO RETROAGIRÁ À DATA DE PROPOSITURA DA DEMANDA ORIGINAL.

● *Grupo: Litisconsórcio, Intervenção de Terceiros e Resposta do Réu. Redação revista (III FPPC).* ● *Referência: arts. 113, §§ 1º e 2º, art. 240, § 1º.*

▸ *Michel Ferro e Silva*

Quanto ao momento em que é formado, o litisconsórcio poderá ser classificado em inaugural (inicial) ou posterior (ulterior).

Será inaugural quando, desde a petição inicial, já houver cúmulo subjetivo quer no polo ativo, quer no passivo ou em ambos da relação processual. O litisconsórcio inaugural é resultado da vontade dos demandantes.

Já o litisconsórcio ulterior é aquele formado no curso do processo, ou seja, após a propositura da demanda. São exemplos: no caso de sucessão do sujeito originário do processo, existindo vários sucessores; na hipótese de chamamento ao processo em que o chamado passa a figurar como litisconsorte passivo facultativo (art. 131, do CPC); no caso de denunciação da lide, quando terceiro denunciado comparece em juízo e passa a integrar a relação jurídica processual ao lado do denunciante (art. 127 e 128, do CPC).[68]

Pois bem, como dito, na hipótese inaugural já há, desde a propositura da demanda, o cúmulo subjetivo, ou seja, a petição inicial já foi apresentada com tal formação.

Caso o juízo entenda que o número de litisconsortes constantes é excessivo, pode optar por sua limitação, em nome de preservar a rápida solução do litígio, o direito de defesa ou o cumprimento da sentença. Trata-se do chamado *litisconsórcio multitudinário,* cuja previsão está no art. 113, § 1º, do CPC.

A decisão de limitação – com as ressalvas feitas nos comentários ao Enunciado n. 386 abaixo – acarreta o desmembramento do processo, com a formação de novos autos para acomodar aqueles que foram retirados, sendo que, cópias da petição inicial originária, acompanhadas dos documentos comuns a todos e com aqueles exclusivos dos integrantes do grupo limitado, deverão ser submetidas à distribuição por dependência ao juízo da causa originária (art. 286, II, CPC). Não faz sentido, contudo, que os novos autos sejam apensados aos autos originais para processamento em conjunto.[69]

Todavia, para fins de aplicação do disposto no § 1º, do art. 240, do CPC, deverá ser levado em conta não a data da nova distribuição e sim a data da distribuição originária. Qualquer entendimento diverso não merece prosperar já que os litisconsortes originários propuseram a demanda dentro do prazo prescricional e somente haverá

---

68. Nesse sentido, *v.* DIAS, Jean Carlos, MOUTA, José Henrique, SILVA, Michel Ferro e, HOMCI, Arthur Laércio, OLIVÉRIO, Adelvan. ***Curso de Processo Civil****: Processo de Conhecimento de acordo com o Novo CPC.* Rio de Janeiro: Lumen Juris, 2016, p. 46.
69. Cf., SILVA, Michel Ferro e. ***Litisconsórcio multitudinário***. Curitiba: Juruá, 2009, p. 146.

a necessidade de nova distribuição em decorrência da decisão de limitação. É exatamente o que prevê o enunciado aqui tratado.

Vale observar que é ônus dos litisconsortes retirados "adotar, no prazo de dez dias, as providências necessárias para viabilizar a citação, sob pena de não se aplicar o disposto no § 1º", conforme prevê o § 2º, do art. 240, do CPC. Assim, todas as diligências voltadas à citação, tais como, pagamento de custas, fornecimento de cópias, indicação de endereço, deverão ser realizadas pelos autores que sofreram a limitação dentro do prazo de dez dias, não podendo haver prejuízo se a demora for imputada ao serviço judiciário (art. 240, § 3º, do CPC).

Por fim, conforme estabelecido no § 4º, do citado artigo, o efeito retroativo também ocorrerá no tocante à decadência e aos demais prazos extintivos previstos em lei.

► **NCPC. Art. 113. § 1º** O juiz poderá limitar o litisconsórcio facultativo quanto ao número de litigantes na fase de conhecimento, na liquidação de sentença ou na execução, quando este comprometer a rápida solução do litígio ou dificultar a defesa ou o cumprimento da sentença. **§ 2º** O requerimento de limitação interrompe o prazo para manifestação ou resposta, que recomeçará da intimação da decisão que o solucionar. ► **Art. 240. § 1º** A interrupção da prescrição, operada pelo despacho que ordena a citação, ainda que proferido por juízo incompetente, retroagirá à data de propositura da ação.

ENUNCIADO 11. O LITISCONSORTE UNITÁRIO, INTEGRADO AO PROCESSO A PARTIR DA FASE INSTRUTÓRIA, TEM DIREITO DE ESPECIFICAR, PEDIR E PRODUZIR PROVAS, SEM PREJUÍZO DAQUELAS JÁ PRODUZIDAS, SOBRE AS QUAIS O INTERVENIENTE TEM O ÔNUS DE SE MANIFESTAR NA PRIMEIRA OPORTUNIDADE EM QUE FALAR NO PROCESSO.

● *Grupo: Litisconsórcio, Intervenção de Terceiros e Resposta do Réu. Redação revista (III FPPC).* ● *Referência: arts. 116 e 124.*

► ***Michel Ferro e Silva***

Já se disse que o litisconsórcio unitário é "a unidade da pluralidade: vários são considerados um; o *litisconsórcio unitário* não é o que parece ser, pois várias pessoas são tratadas no processo como se fossem apenas uma."[70]

De fato, no litisconsórcio unitário os colitigantes se unem para a defesa de uma mesma relação jurídica da qual são titulares, objetivando um fim comum: uma decisão favorável.

Levando-se em conta que, no litisconsórcio necessário unitário, a participação de todos os colitigantes é obrigatória, sob pena de nulidade da decisão (art. 115, I, do CPC), deve o órgão jurisdicional determinar a integralização daquele que ficou ausente da relação processual, o que poderá ser feito, conforme exposto no enunciado, também, após a realização da fase instrutória.

As modalidades de litisconsórcio, classificadas de acordo com o direito material – unitário e simples – adotam regimes de tratamento diferentes, o que implicará no aproveitamento ou não dos atos praticados por um litisconsorte em relação aos demais.

70. DIDIER JR, Fredie. ***Curso de Direito Processual Civil***. V.1. Salvador: Jus Podium, 2015, p. 450.

O unitário será regido pelo princípio da interdependência, isto é, os atos considerados benéficos praticados por um litisconsorte a todos aproveita.[71] É o que ocorre quando um litisconsorte contesta a ação e o outro não, elidindo os efeitos da revelia (art. 345, I, do CPC) ou quando um recurso interposto por um litisconsorte aproveita aos demais (art. 1.005, do CPC).

O princípio da interdependência está expressamente previsto na parte final do art. 117, do CPC, já que "os litisconsortes serão considerados, em suas relações com a parte adversa, como litigantes distintos, exceto no litisconsórcio unitário, caso em que os atos e as omissões de um não prejudicarão os outros, mas os poderão beneficiar."

Dentro dessa perspectiva, o enunciado n. 11 indica que quando houver a integralização de litisconsorte unitário não arrolado na petição inicial, deve-lhe ser dada a oportunidade de participar da instrução processual, seja manifestando-se a respeito das provas já produzidas por aqueles que já fazem parte da relação processual, seja requerendo a produção de outras que julgar pertinentes.[72]

Trata-se de leitura baseada nos princípios da cooperação (art. 6º, do CPC), ampla defesa e contraditório substancial, permitindo que os argumentos da defesa sejam efetivamente levados em consideração na decisão a ser tomada.

► **NCPC. Art. 116.** O litisconsórcio será unitário quando, pela natureza da relação jurídica, o juiz tiver de decidir o mérito de modo uniforme para todos os litisconsortes. ► **Art. 124.** Considera-se litisconsorte da parte principal o assistente sempre que a sentença influir na relação jurídica entre ele e o adversário do assistido.

Enunciado 116. Quando a formação do litisconsórcio multitudinário for prejudicial à defesa, o juiz poderá substituir a sua limitação pela ampliação de prazos, sem prejuízo da possibilidade de desmembramento na fase de cumprimento de sentença.

● *Grupo: Negócios Processuais.* ● *Referência: arts. 113, § 1º, e 139, VI.*

► *Michel Ferro e Silva*

A adaptação procedimental ou elasticidade processual[73] não é uma inovação trazida pelo CPC/15. Contudo, inegavelmente, a nova lei a traz de forma mais evidente, mais incisiva, o que se justifica em razão dos novos paradigmas que devem ser observados.

A adaptação do procedimento pode ser visualizada em três dimensões: legislativa, jurisdicional e negocial. Para a interpretação do enunciado n. 116, interessa-nos a jurisdicional.

A flexibilização poderá ser jurisdicional, permitindo que o magistrado ajuste o procedimento no caso concreto, já que a adequação legislativa é sempre pensada no

71. Cf. DIAS, MOUTA, SILVA, HOMCI e OLIVÉRIO, *op. cit*, p. 66.
72. No mesmo sentido, *v.* DIDIER JR., *op. cit.*, p. 454.
73. Expressão utilizada por BEDAQUE, José Roberto dos Santos. ***Direito e Processo***. São Paulo: Malheiros, 2011, p. 74.

plano abstrato e não consegue identificar todas as situações concretas.[74] São exemplos: a) a possibilidade de redistribuição do ônus da prova (art. 373, § 1º, do CPC); b) o julgamento antecipado do mérito (art. 355, do CPC); c) a dispensa de realização da audiência de conciliação ou mediação, quando o litígio não comportar autocomposição (art. 334, 4º, II, do CPC); d) o julgamento antecipado parcial de mérito (art. 356, do CPC) etc. É também o caso, quando há dilatação de prazos processuais e a alteração da ordem de produção de provas em razão das especificidades do conflito (art. 139, VI, do CPC).

Na legislação alienígena, observa-se uma tendência de se permitir que o juiz adeque o procedimento às peculiaridades do caso concreto. Nesse sentido é o art. 265º-A, do Código de Processo Civil de Portugal, ao prever que "quando a tramitação processual prevista na lei não se adequar às especificidades da causa, deve o juiz, oficiosamente, ouvidas as partes, determinar a prática dos atos que melhor se ajustem ao fim do processo, bem como as necessárias adaptações". Trata-se do chamado princípio da adequação formal.

Vale o registro de que a redação original do projeto de Lei do Senado n. 166, previa expressamente em seu art. 107, V, ser lícito ao juiz "adequar as fases e atos processuais às especificações do conflito, de modo a conferir maior efetividade à tutela do bem jurídico, respeitando sempre o contraditório e a ampla defesa", o que representaria enorme inovação em nosso sistema. Infelizmente, a redação foi alterada na versão final do Senado, remanescendo o que consta no art. 139, VI, do CPC, ao permitir que o juiz dilate os prazos processuais e altere a ordem da produção dos meios de prova, adequando-os às necessidades do conflito "de modo a conferir maior efetividade à tutela do direito".

Em que pese a modificação da redação final do CPC, não se pode ignorar que a adaptação do procedimento deve ser vista como corolário do caráter democrático e plural da tutela jurisdicional, "uma vez que os conflitos são de natureza variada e a prestação jurisdicional deve acompanhar esta diferenciação."[75] Em outras palavras, o rigor procedimental não contribui para que a tutela jurisdicional seja prestada de forma adequada.

Por certo, a adequação procedimental deverá vir precedida de uma intimação às partes a fim de que seja assegurado o contraditório, a igualdade processual e o modelo cooperativo de processo (art. 6º, do CPC). No ponto, não há cizânia na doutrina processual.[76] Não se pode permitir, portanto, que a modificação do procedimento seja

---

74. Nesse sentido, *v.* DIDIER JR., Fredie. ***Curso de Direito Processual Civil***. Vol. I. Salvador: Jus Podium, 2015, p. 117.

75. Cf. CAMBI, Eduardo; NEVES, Aline Regina. ***Flexibilização procedimental no Novo Código de Processo Civil***. In: MACÊDO, Lucas Buril; PEIXOTO, Ravi; FREIRE, Alexandre. *Coleção Novo CPC: Doutrina Selecionada*. Salvador: Jus Podium, 2015, p. 484.

76. Por todos, conferir, CUNHA, Leonardo Carneiro da. ***A Atendibilidade dos Fatos Supervenientes no Processo Civil***. Coimbra: Almedina, 2012, p. 82. Destaca-se: "Com efeito, ao adequar formalmente o processo ao caso concreto, o juiz não deve adotar procedimento que subtraia a igualdade de condições

feita de maneira inesperada, sem prévio contraditório, o que pode comprometer a própria dialética processual e a previsibilidade dos atos processuais.[77]

Ademais, não se pode perder de vista que a flexibilização do procedimento deverá ser motivada a fim de que seja respeitada a exigência constitucional (art. 93, IX, da CR). A motivação é, pois, pressuposto de validade para a flexibilização procedimental *jurisdicional*.[78]

Pois bem, desde que observado o que foi exposto ao norte, pode o juiz optar pela adaptação do procedimento, com a ampliação de prazos, inclusive de defesa, ao invés de determinar a limitação ao litisconsórcio multitudinário. Vale o registro, contudo, de que não havendo a limitação na etapa de conhecimento, nada impede que o órgão jurisdicional utilize-a na etapa de cumprimento de sentença a fim de permitir maior efetividade à satisfação dos créditos reconhecidos.

> ► **NCPC. Art. 113. § 1º** O juiz poderá limitar o litisconsórcio facultativo quanto ao número de litigantes na fase de conhecimento, na liquidação de sentença ou na execução, quando este comprometer a rápida solução do litígio ou dificultar a defesa ou o cumprimento da sentença. ► **Art. 139.** O juiz dirigirá o processo conforme as disposições deste Código, incumbindo-lhe: VI – dilatar os prazos processuais e alterar a ordem de produção dos meios de prova, adequando-os às necessidades do conflito de modo a conferir maior efetividade à tutela do direito.

ENUNCIADO 117. EM CASO DE DESMEMBRAMENTO DO LITISCONSÓRCIO MULTITUDINÁRIO ATIVO, OS EFEITOS MENCIONADOS NO ART. 240 SÃO CONSIDERADOS PRODUZIDOS DESDE O PROTOCOLO ORIGINÁRIO DA PETIÇÃO INICIAL.

● *Grupo: Litisconsórcio e Intervenção de Terceiros.* ● *Referência: arts. 113 e 312.*

► ***Michel Ferro e Silva***

O litisconsórcio será facultativo por exclusão, ou seja, "ocorrerá sempre que não estiverem presentes as causas que justificam a obrigatoriedade da sua formação, hipótese na qual será necessário."[79]

Na legislação processual atual o litisconsórcio facultativo está tratado no art. 113, admitindo-se a sua formação nas hipóteses de: a) comunhão de direitos ou de

a serem conferidas às partes, suprimindo de uma delas a oportunidade de praticar algum ato indispensável. De igual modo, há de ser respeitado o contraditório. E, em obediência ao princípio da cooperação, cabe ao juiz o dever de consulta, intimando as partes para que se manifestem previamente sobre a adequação formal a ser levada a cabo no caso concreto".

77. Cf. CAMBI; NEVES. *Op. cit.*, p. 490.

78 Idem, p. 491.

79. Cf. DIAS, Jean Carlos, MOUTA, José Henrique, SILVA, Michel Ferro e, HOMCI, Arthur Laércio, OLIVÉRIO, Adelvan. ***Curso de Processo Civil***: *Processo de Conhecimento de acordo com o Novo CPC*. Rio de Janeiro: Lumen Juris, 2016, p.52.

obrigações relativamente ao mérito; b) conexão pelo objeto ou causa de pedir; e c) afinidade de questões por um ponto comum de fato ou de direito.

Somente o litisconsórcio facultativo, quando multitudinário, poderá sofrer a limitação prevista no § 1º, do art. 113, do CPC. Por maior que seja o número de colitigantes, no litisconsórcio necessário a participação de todos é obrigatória (art. 114, no CPC).

O art. 240, do CPC, estabelece que "a citação válida, ainda quando ordenada por juízo incompetente, induz litispendência, torna litigiosa a coisa e constituição o devedor em mora, [...}". Trata-se de alguns dos efeitos *materiais* e *processuais* da citação, conforme lembrado por Cassio Scarpinella Bueno.[80] São efeitos *materiais*: a) fazer a coisa litigiosa e, b) constituir em mora o devedor. A indução da litispendência é um efeito processual.

A constituição do devedor em mora deve ser analisada de acordo com as regras do Direito Civil. É o que ocorre nas hipóteses em que se mostra necessária a interpelação pessoal do devedor, servindo a citação para tal fim (art. 397, parágrafo único, do Código Civil).

A citação válida também torna litigiosa a coisa, sujeitando o património do devedor, salvo as exceções legais, ou coisa especifica sua (obrigações específicas), a atos executivos judiciais. Inclusive, o novo Código de Processo Civil pretende acabar com antiga discussão envolvendo qual efeito é produzido com o reconhecimento da ocorrência de fraude de execução (art. 792, § 1º, do CPC).

Como sabido, a litispendência é pressuposto processual negativo, consistindo na proibição de repetição de uma mesma demanda que ainda está em curso. Difere da coisa julgada, cuja decisão final já é definitiva, ou seja, não mais sujeita a recurso.

Considera-se proposta a ação quando a petição inicial for protocolada, inclusive com a fixação de prevenção do juízo (art. 59, do CPC).

Na hipótese de limitação ao litisconsórcio multitudinário, conforme exposto na análise do enunciado n. 10, haverá o desmembramento dos autos originais em tantos quantos forem necessários para acomodar os litisconsortes retirados da relação processual, sendo que, cópias da petição inicial originária, acompanhadas dos documentos comuns a todos e com aqueles exclusivos dos integrantes do grupo limitado, deverão ser submetidas à distribuição por dependência ao juízo da causa originária (art. 286, II, CPC).

Para fins dos efeitos previstos no art. 240, do CPC, quando realizada a citação, deverá ser levada em conta a data da distribuição de petição inicial originária e não a data em que ocorrerá a nova distribuição em decorrência da limitação ao litisconsórcio.

---

80. BUENO, Cassio Scarpinella. ***Curso Sistematizado de Direito Processual Civil***. V. 2, T. I. São Paulo: Saraiva, 2012, p. 155.

▶ **NCPC. Art. 113.** Duas ou mais pessoas podem litigar, no mesmo processo, em conjunto, ativa ou passivamente, quando: I – entre elas houver comunhão de direitos ou de obrigações relativamente à lide; II – entre as causas houver conexão pelo pedido ou pela causa de pedir; III – ocorrer afinidade de questões por ponto comum de fato ou de direito. ▶ **Art. 312.** Considera-se proposta a ação quando a petição inicial for protocolada, todavia, a propositura da ação só produz quanto ao réu os efeitos mencionados no art. 240 depois que for validamente citado.

Enunciado 118. O litisconsorte unitário ativo pode optar por ingressar no processo no polo ativo ou passivo ou, ainda, adotar outra postura que atenda aos seus interesses.

● *Grupo: Litisconsórcio e Intervenção de Terceiros.* ● *Baseado na versão da Câmara dos Deputados. Na versão final do NCPC, o dispositivo que previa a intervenção "iussuiudicis" foi suprimido.* ● *Referência: art. 116.*

▸ *Michel Ferro e Silva*

O enunciado n. 118 cuida de uma das grandes controvérsias envolvendo o tema litisconsórcio: a possibilidade ou não de formação de litisconsórcio necessário unitário ativo.

O litisconsórcio unitário é aquele em que "o conteúdo da decisão final tiver que ser dado de maneira idêntica aos litisconsortes ocupantes do mesmo polo da relação processual",[81] conforme estabelece o art. 116, do CPC. Assim, é indispensável que haja uma decisão uniforme para todos, daí porque se costuma classificar o litisconsórcio em questão de acordo com a sorte no plano do direito material.

A unicidade que caracteriza essa modalidade de litisconsórcio "não deve ser observada após a prolação da sentença"[82] e sim se existe ou não a possibilidade de seu conteúdo ser dado de maneira diferente para cada litisconsorte. Havendo a simples possibilidade, o litisconsórcio não será do tipo unitário.

Os casos de litisconsórcio necessário unitário passivo não provocam dúvidas: todos aqueles que fizerem parte da relação obrigacional deverão ser arrolados no polo passivo da relação processual. É o que estabelece o parágrafo único, do art. 115, do CPC.

Problema há se se tratar de uma hipótese de litisconsórcio necessário unitário ativo, já que ninguém pode ser obrigado a demandar como autor, assim como o exercício do direito de ação não pode ficar condicionado à anuência de outrem. Trata-se de direito fundamental que decorre do acesso à justiça (art. 5º, XXXV, da Constituição da República). A doutrina já afirmou que:

> "Realmente, ninguém pode ser compelido a agir em juízo, sendo autor ou exequente contra a sua própria vontade. Esse autêntico dogma corresponde à tradição que nos vem das fontes mais cristalinas e incontrastadas. É princípio no direito romano a *liberdade de agir em juízo* e geral a assertiva de que ou o litisconsórcio se forma, quando necessário, ou o juiz deve "*respingere la domanda non proposta da tutti o contro tutti*"."[83]

81. Cf. DIAS, MOUTA, SILVA, HOMCI e OLIVÉRIO, 2016, p. 59.
82. Idem, p. 60.
83. DINAMARCO, Cândido Rangel. ***Litisconsórcio.*** São Paulo: Malheiros, 2002, p. 223.

E, ainda:

> "Firmemente excluída a possibilidade de figurar no pólo ativo da relação processual sem o concurso de sua própria vontade, a necessariedade do litisconsórcio ativo importa em pesadíssima restrição à garantia constitucional da ação: o legitimado que quer demandar não é admitido a fazê-lo individualmente, nem pode compelir o co-legitimado a litigar em conjunto com ele, ficando com isso impedido de trazer ao Poder Judiciário a pretensão de que é titular (Const., art. 5º, inc. XXXV)".[84]

Nelson Nery Junior e Rosa Maria de Andrade Nery, ainda sob a vigência da lei processual antiga, considerando que o exercício do direito de ação não pode ficar prejudicado, apresentaram interessante solução para o problema:

> "O autor deve movê-la, sozinho, incluindo aquele que deveria ser seu litisconsorte ativo, no pólo passivo da demanda, como réu, pois existe *lide* entre eles, porquanto esse citado está resistindo à pretensão do autor, embora por fundamento diverso da resistência do réu".[85]

Prosseguem, concluindo que:

> "Citado, aquele que deveria ter sido litisconsorte necessário ativo passa a integrar de maneira forçada a relação processual. Já integrado no processo, esse réu pode manifestar sua vontade de: a) continuar no pólo passivo, resistindo à pretensão do autor; b) integrar o pólo ativo, formando o litisconsórcio necessário ativo reclamado pelo autor. Em qualquer dos dois casos, a sentença será dada em relação a ele, litisconsorte necessário renitente, e produzirá normalmente seus efeitos."[86]

Pela leitura do enunciado ora analisado percebe-se, claramente, que a solução dada por Nelson Nery Junior e Rosa Maria de Andrade Nery foi prestigiada. Com efeito, a solução para o problema envolvendo o litisconsórcio necessário unitário ativo está na citação do litisconsorte resistente, que será integralizado na relação processual. Caso insista em oferecer resistência à pretensão do autor, poderá atuar ao lado do réu. Diversamente, se estiver convencido dos argumentos do autor, poderá assumir a qualidade de seu litisconsorte.

O enunciado teve sua redação revista no IX FPPC – Recife, com a inclusão da possiblidade do litisconsorte integralizado poder "adotar outra postura que atenda aos seus interesses".

O que importa, efetivamente, é a sua participação no processo, seja no polo ativo ou passivo da relação processual, até mesmo para evitar os efeitos danosos do art. 155, do CPC e, ainda, sujeitá-lo aos efeitos da coisa julgada.

► **NCPC. Art. 116.** O litisconsórcio será unitário quando, pela natureza da relação jurídica, o juiz tiver de decidir o mérito de modo uniforme para todos os litisconsortes.

---

84. DINAMARCO, *op. cit.*, p. 231.
85. NERY JUNIOR, Nelson; NERY, Rosa Maria de Andrade. ***Código de Processo Civil Comentado***. São Paulo: Revista dos Tribunais, 2006, p. 224.
86. NERY JUNIOR; NERY, *op. cit.*, p. 224.

Enunciado 119. Em caso de relação jurídica plurilateral que envolva diversos titulares do mesmo direito, o juiz deve convocar, por edital, os litisconsortes unitários ativos incertos e indeterminados (art. 259, III), cabendo-lhe, na hipótese de dificuldade de formação do litisconsórcio, oficiar ao Ministério Público, à Defensoria Pública ou a outro legitimado para que possa propor a ação coletiva.

● *Grupo: Litisconsórcio e Intervenção de Terceiros.* ● *Redação revista (VII FPPC).* ● *Referências: arts. 116, e 259, III. Lei 7.347/1985, art. 7º.*

▸ *Michel Ferro e Silva*

Ainda que saibamos que a comunhão de interesses é fundamento que justifica a formação do litisconsórcio multitudinário e da ação coletiva, não se pode ignorar que os institutos não se confundem.[87]

Tratando-se de litisconsórcio, multitudinário ou não, o que há é a reunião de pretensões individuais que se aproximam de acordo com a gradação prevista no art. 113, do CPC. Há uma homenagem aos princípios da economia e da celeridade processual, permitindo que o órgão jurisdicional julgue diversas pretensões num só processo.

Na hipótese de ação coletiva, além da soma de interesses individuais, há a presença de um interesse social, que justifica a presença de um legitimado extraordinário agindo em nome do interesse comum eis que "as partes legítimas não correspondem aos integrantes da relação de direito material controvertido, ou seja, não correspondem precisamente a uma situação legitimante."[88]

Admite-se a formação de litisconsórcio na ação coletiva, composto pelos entes que gozam de legitimidade concorrente e disjuntiva, todavia, dificilmente se estará diante de um cúmulo multitudinário que justifique, inclusive, a limitação prevista na lei processual.[89]

A demanda coletiva pode se basear em interesses difusos, coletivos ou individuais homogêneos. No último caso, conforme lembrado por Teori Albino Zavascki, "embora tuteláveis coletivamente, não deixam de ser o que realmente são: genuínos direitos subjetivos individuais", daí porque chamados muitas vezes de "direitos acidentalmente coletivos."[90] O referido autor lembra que:

> "[...] a lesão a certos direitos individuais homogêneos pode assumir tal grau de profundidade ou de extensão que acaba comprometendo também interesses sociais. Realmente, há certos interesses individuais que, quando visualizados em seu conjunto, em forma coletiva e impessoal, têm a força de transcender a esfera de interesses puramente individuais e passar a representar, mais que a soma de interesses dos respectivos titulares, verdadeiros interesses da comunidade como um todo."[91]

Não se pode perder de vista, portanto, que os direitos individuais homogêneos nada mais são que "direitos subjetivos individuais", mas que podem ser reunidos

87. SILVA, Michel Ferro e. ***Litisconsórcio multitudinário***. Curitiba: Juruá, 2009, p. 117.
88. DINAMARCO, Pedro da Silva. ***Ação Civil Pública***. São Paulo: Saraiva, 2001, p. 118.
89. Cf. SILVA, *op. cit.*, p. 118-9.
90. ZAVASCKI, Teori Albino. ***Processo Coletivo***. São Paulo: Revista dos Tribunais, 2006, p. 55.
91. ZAVASCKI, *op.* cit., p. 55.

numa demanda coletiva, com a presença de um substituto processual de acordo com o que estabelecem os artigos 5º, da Lei n. 7.347/85 e 82, da Lei n. 8.078/90.

O enunciado n. 119, do FPPC, cuida exatamente disso. Identificando o órgão jurisdicional uma demanda que envolva diversos titulares do mesmo direito, deve determinar a citação por edital daqueles incertos ou desconhecidos (art. 259, III, CPC) e se houver dificuldade na formação do litisconsórcio, inclusive com a possibilidade de se transformar em multitudinário, oficiar ao Ministério Público, à Defensoria Pública ou a outro legitimado para a propositura da ação coletiva (art. 5º, da Lei n. 7.347/85 e art. 82, da Lei n. 8.078/90).

No tocante ao Ministério Público, por força do que prevê os artigos 127 e 129, da Constituição da República, somente os interesses de relevância social darão azo à iniciativa de propor a demanda coletiva. Nesse sentido:

> "[...] há um limitador implícito na legitimação do Ministério Público, decorrente de normas constitucionais (arts. 127 e 129 da CF), que demarcam a sua finalidade e o âmbito de suas atribuições e competências: a defesa coletiva de direitos individuais homogêneos somente é legítima quando isso representar também a tutela de relevante interesse social. É indispensável, pois, que haja conformação entre o objeto da demanda e os valores jurídicos previstos no art. 127 da CF, que atribui ao Ministério Público a incumbência de promover a defesa dos interesses sociais."[92]

Assim, caberá ao órgão ministerial avaliar se deve ou não propor a demanda coletiva a fim de respeitar a cláusula constitucional. Os demais legitimados coletivos, igualmente, deverão verificar se devem ou não tomar a iniciativa de mover a demanda coletiva, analisando caso a caso, cabendo ao Poder Judiciário verificar se a sua legitimação se mostra adequada.

► **NCPC. Art. 116.** O litisconsórcio será unitário quando, pela natureza da relação jurídica, o juiz tiver de decidir o mérito de modo uniforme para todos os litisconsortes. ► **Art. 139.** O juiz dirigirá o processo conforme as disposições deste Código, incumbindo-lhe: X – quando se deparar com diversas demandas individuais repetitivas, oficiar o Ministério Público, a Defensoria Pública e, na medida do possível, outros legitimados a que se referem o art. 5° da Lei n. 7.347, de 24 de julho de 1985, e o art. 82 da Lei n. 8.078, de 11 de setembro de 1990, para, se for o caso, promover a propositura da ação coletiva respectiva. ► **Art. 259.** Serão publicados editais: III – em qualquer ação em que seja necessária, por determinação legal, a provocação, para participação no processo, de interessados incertos ou desconhecidos.

Enunciado 386. A limitação do litisconsórcio facultativo multitudinário acarreta o desmembramento do processo.

● *Grupo: Litisconsórcio e intervenção de terceiros.* ● *Referência: art. 113, § 1º; art. 4º.*

► ***Michel Ferro e Silva***

O enunciado se propõe a resolver antiga discussão existente na doutrina e que envolvia as consequências da limitação ao litisconsórcio multitudinário.

---

92. Idem, p. 175.

Com efeito, ainda sob a vigência do CPC/73, através de reforma provocada pela Lei n. 8.952, de 13.12.1994, foi introduzido o parágrafo único do art. 46, permitindo ao juiz limitar o litisconsórcio nas hipóteses em que o número excessivo de litigantes pudesse retardar a prestação jurisdicional ou comprometer o direito de defesa do réu. Através de decisão fundamentada podia o órgão jurisdicional ordenar a redução, seja no polo ativo ou passivo da relação processual.

Parte considerável da doutrina defendia que a decisão de limitação ao litisconsórcio deveria provocar o desmembramento do processo com a formação de novos autos, tantos quantos necessários ao acolhimento dos litisconsortes retirados do processo originário. Referida opinião era defendida, dentre outros, por Fredie Didier Jr,[93] Cassio Scarpinella Bueno[94] e Mario Henrique Godoy.[95]

Por outro lado, respeitados doutrinadores defendiam a ideia de que a limitação não deveria provocar o desmembramento e sim a exclusão dos litisconsortes da relação processual originária. Aqueles que fossem excluídos teriam que promover sozinhos o ajuizamento da ação ou juntamente com outras pessoas, igualmente excluídas ou, ainda, com demandantes que comparecessem pela primeira vez.[96] Alexandre Freitas Câmara, defensor da exclusão, advertia que o desmembramento implicaria na formação de novos autos e o surgimento, indesejável, de se ter que discutir qual juízo seria competente para conhecer e julgar as ações novas.[97]

Em trabalho anterior defendi que a opção pelo desmembramento ou pela exclusão deveria variar de acordo com a hipótese que justificasse a formação do litisconsórcio, conforme os permissivos contidos no antigo art. 46. É de lembrar-se o que foi escrito:

> "Pois bem; tratando-se das hipóteses consagradas nos três primeiros incisos do art. 46, deve o juiz ordenar o *desmembramento* do processo com a formação de novos autos, os quais, em decorrência da *prevenção*, deverão ser distribuídos por dependência à vara originária".[98]

Portanto, defendi que, nas hipóteses de formação do litisconsórcio pela comunhão de direitos ou de obrigações, pelo mesmo fundamento de fato ou de direito ou pela conexão, a ordem de limitação deveria provocar o desmembramento do processo.

Contudo, tratando-se de litisconsórcio formado por afinidade de questões por um ponto comum de fato ou de direito – laço mais tênue que permite a formação do cúmulo subjetivo – a ordem de limitação deveria provocar a exclusão do

93. DIDIER JR, Fredie. ***Curso de Direito Processual Civil***. V.1. Salvador: Ed. Jus Podium, 2007, p. 285.
94. BUENO, Cassio Scarpinella. ***Partes e terceiros no processo civil brasileiro***. São Paulo: Saraiva, 2003, p. 86
95. GODOY, Mario Henrique Holanda. ***Doutrina e prática do litisconsórcio.*** Rio de Janeiro: Forense, 2003, p. 179.
96. Cf. BERMUDES, Sergio. ***A reforma do Código de Processo Civil.*** Rio de Janeiro: Freitas Bastos, 1995, p. 57.
97. CÂMARA, Alexandre Freitas. ***Lições de Direito Processual Civil***. V.I. Rio de Janeiro: Lumen Juris, 2002, p. 171.
98. SILVA, Michel Ferro e. ***Litisconsórcio multitudinário.*** Curitiba: Juruá, 2009, p. 145.

litisconsorte.[99] É que, neste caso, o litisconsórcio não se forma para "se evitar decisões conflitantes e sim, em nome da *economia processual*, possibilitando que ações semelhantes sejam decididas através de uma única sentença."[100]

A nova lei processual repete as hipóteses de formação de litisconsórcio facultativo, conforme disposto no art. 113.[101]

De toda forma, em que pese as considerações ao norte, o enunciado n. 386, do FPPC, adota entendimento uniforme, ou seja, ratificou-se a tese de que a decisão de limitação deverá gerar o desmembramento do processo.

O novo código inova ao permitir que o desmembramento possa ocorrer na fase de conhecimento, na liquidação de sentença ou na execução, conforme estipulado no § 1º, do art. 113, buscando assegurar às partes a obtenção em prazo razoável da solução integral do mérito, incluída a atividade satisfativa (art. 4º, do CPC).

Inexiste qualquer critério previamente estabelecido que defina a partir de quantos litigantes se formará o litisconsórcio multitudinário e, consequentemente, passa a ser aconselhável a limitação prevista no §1º, do art. 113. O juiz terá que analisar caso a caso, decidindo fundamentadamente (art. 489, do CPC).[102] A decisão que rejeita o pedido de limitação poderá ser desafiada pela interposição do recurso de agravo de instrumento (art. 1.015, VIII, do CPC). A que defere, contudo, não desafia tal recurso.

Sempre defendi que, havendo a opção pela limitação, o magistrado deve manter na relação processual aqueles litisconsortes cuja atividade probatória seja comum, já que "a formação de grupos de litisconsortes de acordo com a carga probatória facilita a atividade do magistrado e implica a solução de um número expressivo de pretensões sem desperdício da função jurisdicional."[103]

Finalmente, Fredie Didier Jr. lembra que, ocorrendo a limitação, "cópias da petição inicial originária, instruídas com os documentos comuns a todos e com aqueles

---

99. O litisconsórcio por afinidade de questões é também chamado de impróprio. Vale a pena lembrar importante lição: "Exatamente porque tênue o laço entre as demandas (mera afinidade, menos que a conexidade), o litisconsórcio impróprio constitui um dos ´dois tipos extremos´ da litisconsorcialidade, em oposição ao litisconsórcio necessário, que é o mais sólido. Recebe legitimação no sistema quase só pela economia processual que é apto a propiciar, porque menos sensível será o conflito entre julgados sobre causas apenas afins (não conexas)." (DINAMARCO, Cândido Rangel. ***Litisconsórcio.*** São Paulo: Malheiros, 1998, p. 91).

100. SILVA, *op. cit.*, p. 146.

101. A nova lei acaba com a "superposição" dos incisos II e III, do art. 46, do CPC/73, remanescendo a hipótese mais abrangente, isto é, quando houver causas conexas pelo objeto ou pela causa de pedir. No decorrer da tramitação do projeto de lei do NCPC já apontava a necessidade de se corrigir o equívoco da lei anterior. Nesse sentido, conferir SILVA, Michel Ferro e. ***Considerações iniciais a respeito do regime do litisconsórcio no futuro Código de Processo Civil***. In: O Projeto do Novo Código de Processo Civil: Estudos em homenagem ao Professor José de Albuquerque Rocha. Salvador: Jus Podium, 2011, p. 296.

102. No mesmo sentido, *v*. DIDIER JR., idem, 2015, p. 472.

103. SILVA, *op. cit.*, 2009, p. 149.

exclusivos dos integrantes do grupo, serão submetidas à distribuição por dependência ao juízo da causa originária (art. 286, II, CPC, aplicado por analogia)".[104]

▶ **NCPC. Art. 4º** As partes têm o direito de obter em prazo razoável a solução integral do mérito, incluída a atividade satisfativa. ▶ **Art. 113. § 1º** O juiz poderá limitar o litisconsórcio facultativo quanto ao número de litigantes na fase de conhecimento, na liquidação de sentença ou na execução, quando este comprometer a rápida solução do litígio ou dificultar a defesa ou o cumprimento da sentença.

Enunciado 387. A limitação do litisconsórcio multitudinário não é causa de extinção do processo.

● *Grupo: Litisconsórcio e intervenção de terceiros.* ● *Referência: art. 113, § 1º; art. 4º.*

▸ ***Michel Ferro e Silva***

A formação do litisconsórcio justifica-se, basicamente, pela economia processual e pela harmonia de julgados. No tocante à economia, Cândido Rangel Dinamarco lembra que:

> "Quando se fala na economia como fundamento do instituto do litisconsórcio, pensa-se na conveniência de se cumularem num só processo diversas partes e suas respectivas demandas, evitando-se com isso a multiplicação de processos e a repetição de instruções em torno do mesmo contexto de fato."[105]

Prossegue o autor afirmando que:

> "A harmonia de julgados representa a conveniência de evitar o conflito entre sentenças, risco que acompanha (teoricamente, mais do que na prática) a pronúncia de duas delas, ou mais, em processos separados, sobre pretensões que assentam no mesmo fundamento, ou em fundamentos análogos."[106]

Há casos, contudo, em que o número de litisconsortes relacionados quer no polo ativo quer no passivo é tão expressivo que pode provocar prejuízos aos próprios propósitos da formação do litisconsórcio, trazendo retardamento à prestação da tutela jurisdicional, ao direito de defesa do réu ou ao cumprimento da sentença (art. 113, §1º, CPC).

Justamente em tais hipóteses é que a lei permite ao órgão jurisdicional limitar o número de litisconsortes, ordenando o desmembramento dos autos originais em tantos quantos forem necessários para acomodar os colitigantes retirados.

Como visto acima, inexistem critérios prévios estabelecidos pela lei definindo quantos litisconsortes deverão permanecer e quantos deverão ser retirados da relação processual.

Não há como se afirmar que o ideal será a manutenção de dez ou vinte colitigantes e que os demais deverão ser retirados do processo. Somente a sensibilidade do juiz responsável pelo caso poderá definir se a limitação se faz, ou não, necessária e

104. DIDIER JR, *op. cit*, 2015, p. 472.
105. DINAMARCO, *op. cit.*, p. 61.
106. Idem, p. 61.

qual o número de colitigantes deverá ser utilizado. Qualquer outra solução parece fadada ao insucesso.

De toda forma, o que é se mostra inquestionável é que o número excessivo de litisconsortes jamais poderá implicar na extinção do processo. É exatamente isso o que prevê o enunciado ora analisado.

Mesmo que se defenda a exclusão de litisconsortes, nas hipóteses em que o cúmulo decorre da afinidade de questões por um ponto comum de fato ou de direito, conforme exposto no item anterior, a limitação não pode provocar a extinção do processo. O juiz decidirá aqueles que deverão ser excluídos, prosseguindo o processo normalmente para os que foram mantidos. Em outras palavras, sua tarefa se restringe a limitar, ou não, inexistindo a possibilidade de provocar a extinção, que somente poderá ocorrer caso o litisconsórcio pretendido não se amolde a uma das hipóteses previstas no rol taxativo do caput do art. 113, do CPC.[107]

A limitação poderá ser ordenada, de ofício, pelo magistrado ou requerida pelo réu, desde que fundamentada na alegação de que o número excessivo de colitigantes irá comprometer o seu direito de defesa.[108] O pedido de limitação deverá ser apresentado no prazo de cinco dias, conforme prevê o art. 218, § 3º, do CPC.[109]

► **NCPC. Art. 4º** As partes têm o direito de obter em prazo razoável a solução integral do mérito, incluída a atividade satisfativa. ► **Art. 113. § 1º** O juiz poderá limitar o litisconsórcio facultativo quanto ao número de litigantes na fase de conhecimento, na liquidação de sentença ou na execução, quando este comprometer a rápida solução do litígio ou dificultar a defesa ou o cumprimento da sentença.

1.3.3. Da Intervenção de Terceiros (arts. 119 a 138)

1.3.3.1. Da Assistência (arts. 119 a 124)

Enunciado 388. O assistente simples pode requerer a intervenção de "amicus curiae".

● *Grupo: Litisconsórcio e intervenção de terceiros.* ● *Referência: arts. 119 e 138.*

► ***Carolina Uzeda***

O enunciado trata de duas modalidades típicas de intervenção de terceiros: a assistência simples e o *amicus curiae*.

A assistência simples encontra previsão nos artigos 119 e seguintes e implica intervenção de indivíduo com relação jurídica conexa à discutida pelas partes. A sentença afetará sua relação com o assistido, razão pela qual tem interesse jurídico em

107. Cf. SILVA, 2009, p. 141.
108. Nesse sentido, *v.* DIAS, Jean Carlos, MOUTA, José Henrique, SILVA, Michel Ferro e, HOMCI, Arthur Laércio, OLIVÉRIO, Adelvan. ***Curso de Processo Civil:*** *Processo de Conhecimento de acordo com o Novo CPC.* Rio de Janeiro: Lumen Juris, 2016, p. 64.
109. Cf. DIDIER JR., 2015, p. 473.

contribuir para o sucesso da parte. Não se trata, portanto, de uma intervenção meramente altruísta, uma vez que o assistente age com parcialidade, para que a sentença seja reflexamente favorável aos seus interesses.

O NCPC não inovou com relação aos poderes do assistente simples, tendo reproduzido o que constava no artigo 52, do CPC/73. Na forma do artigo 121, o assistente estará sujeito aos mesmos ônus e exercerá os mesmos poderes da parte, como a plena participação no contraditório e na instrução. Sua atuação será, todavia, subordinada, não podendo agir de forma contrária à expressa vontade do assistido. Assim, desde que não haja manifestação em sentido contrário por parte do assistido, o assistente simples possui ampla liberdade de atuação podendo, por exemplo, requerer e participar da produção de provas.

Já o *amicus curiae* é modalidade de intervenção de terceiro incluída pelo novo Código, apesar de não poder ser considerado exatamente uma novidade. A previsão para intervenção do *amicus curiae* era encontrada em leis esparsas (*v.g.* leis 6.385/76, 9.279/96 e 9.882/99) e o NCPC regulamentou genericamente a matéria, tratando das hipóteses nas quais a intervenção é possível, a forma de ingresso e os limites para sua atuação. Também tornou possível a intervenção em qualquer processo (ainda que não seja coletivo).

O artigo 138 afirma que é possível ao juiz ou relator, de ofício ou a requerimento das partes, solicitar ou admitir a intervenção de *amicus*

. Da expressa previsão legal é possível extrair que, considerando que o assistente simples exerce os mesmos poderes que o assistido, não há óbice para que requeira a intervenção do

curiae, especialmente considerando se tratar de intervenção de terceiros que pode ser determinada *ex officio* ou mediante requerimento do próprio interveniente.

Muito embora o Enunciado tenha tratado expressamente do assistente simples, considerando que a lei atribui ao assistente litisconsorcial a qualidade de litisconsorte da parte principal (art. 124), é possível, com maior razão, que o assistente litisconsorcial também requeira a intervenção de *amicus curiae*.

► **NCPC. Art. 119.** Pendendo causa entre 2 (duas) ou mais pessoas, o terceiro juridicamente interessado em que a sentença seja favorável a uma delas poderá intervir no processo para assisti-la. ► **Art. 138.** O juiz ou o relator, considerando a relevância da matéria, a especificidade do tema objeto da demanda ou a repercussão social da controvérsia, poderá, por decisão irrecorrível, de ofício ou a requerimento das partes ou de quem pretenda manifestar-se, solicitar ou admitir a participação de pessoa natural ou jurídica, órgão ou entidade especializada, com representatividade adequada, no prazo de 15 (quinze) dias de sua intimação.

Enunciado 389. As hipóteses previstas no art. 122 são meramente exemplificativas.

● *Grupo: Litisconsórcio e intervenção de terceiros.* ● *Referência: art. 122.*

▸ ***Carolina Uzeda***

O enunciado trata da limitação à atuação do assistente simples.

O artigo 122 afirma que o assistente simples não poderá obstar que a parte "reconheça a procedência do pedido, desista da ação, renuncie ao direito sobre o que se funda a ação ou transija sobre direitos controvertidos". São todos atos de disposição de direitos que, em decorrência da atuação meramente subordinada do assistente simples (vide comentários ao Enunciado 388), não podem ser impedidos pela vontade do terceiro.

A principal diferença entre o texto vigente e o CPC/73 está na previsão expressa da possibilidade de o assistido renunciar ao direito sobre o qual se funda ação, o que, a bem da verdade, não altera a interpretação que é, há muito, atribuída à norma. A atuação do assistente simples é complementar a do assistido, nunca contrária. Muito embora o artigo 122 tenha tratado expressamente de alguns atos de disposição, seu espectro é muito mais amplo, de forma a impedir que, em todo e qualquer caso, a atuação do assistente sirva como limitadora do exercício de direitos do assistido.

Disto é possível extrair, na esteira do Enunciado 389, que o assistente simples não pode recorrer, quando a parte demonstrar concordância tácita com a decisão. Não pode, também, requerer a produção de provas, quando o assistido expressamente requerer o julgamento antecipado da lide. Ou, ainda, contestar fato confessado pelo assistido. Enfim, independentemente de direitos materiais ou processuais, previstos ou não no artigo 122, o assistente não poderá se contrapor à vontade manifestamente expressa pelo assistido.

Neste contexto é importante esclarecer que a omissão da parte na prática de determinado ato processual não pode ser considerada como manifestação de vontade. A questão é relevante, especialmente considerando que o artigo 121, parágrafo único, atribui ao assistente simples a condição de substituto processual do assistido, quando permanecer omisso. Ou seja, caso o assistido deixe de contestar ou recorrer, o assistente poderá fazê-lo de forma autônoma. Apesar de sua atuação ser subordinada à do assistido, a omissão, aqui, não pode ser interpretada como manifestação de vontade ou ato de disposição de direitos, autorizando a ampla atuação do assistente como substituto processual.

► **NCPC. Art. 122.** A assistência simples não obsta a que a parte principal reconheça a procedência do pedido, desista da ação, renuncie ao direito sobre o que se funda a ação ou transija sobre direitos controvertidos.

1.3.3.2. Da Denunciação da Lide (arts. 125 a 129)

Enunciado 120. A ausência de denunciação da lide gera apenas a preclusão do direito de a parte promovê-la, sendo possível ação autônoma de regresso.

● *Grupo: Litisconsórcio e Intervenção de Terceiros.* ● *Referência: art. 125, § 1º, art. 1.072, II.*

► ***Carolina Uzeda***

A denunciação da lide é espécie de intervenção de terceiros provocada, na qual o denunciante, autor ou réu, antecipa a cobrança de seu eventual direito de regresso, para buscar o ressarcimento dos prejuízos que porventura venha a ter em decorrência da demanda principal. Trata-se, portanto, de demanda eventual, uma vez que o denunciado apenas será condenado na hipótese de sucumbência do denunciante.

Dentre os principais benefícios da denunciação da lide, está a vinculação do denunciado ao resultado da lide originária, uma vez que, tendo participado do processo como parte, se submete aos efeitos da coisa julgada. Além disso, a denunciação da lide traz consigo todos os demais benefícios decorrentes da cumulação de demandas, especialmente a economia processual, uma vez que, prolatada a sentença, será possível, inclusive, a realização do cumprimento de sentença diretamente pela parte vencedora, em face do denunciado (muito embora não seja possível falar em sua condenação direta), na forma do parágrafo único, do artigo 128.

O enunciado trata da (não) obrigatoriedade de denunciação da lide. Isso porque o artigo 70, do CPC/73, afirmava que a denunciação da lide era obrigatória e, muito embora doutrina e jurisprudência tenham se consolidado no sentido na não obrigatoriedade, ainda existia margem para entendimentos contraditórios, realizados mediante a estrita leitura do texto legal.

O NCPC resolveu a polêmica e alterou o termo "obrigatória" para "admissível". Assim, a parte poderá apresentar denunciação da lide, optando por exercer seu direito de regresso nos próprios autos e se beneficiar da vinculação do denunciado ao que for decidido e, ainda, da possibilidade de requerer o cumprimento de sentença diretamente contra o denunciado, ou em nova demanda.

Caso a parte opte por não apresentar denunciação da lide ou, ainda, caso a mesma seja indeferida ou não permitida, poderá propor a ação regressiva própria no futuro, não existindo qualquer limitação, conforme, inclusive, informa o § 1º, do artigo 125.

Por certo, como esclarece o Enunciado, ultrapassado o prazo para promover a denunciação da lide, ocorrerá o fenômeno da preclusão, apto a surtir efeitos apenas no processo, mas não a obstar o ajuizamento de futura ação autônoma. O mesmo raciocínio se aplica, igualmente, às hipóteses nas quais a denunciação não for admitida ou for indeferida, salvo quando o indeferimento ocorrer por motivo que, naturalmente, obstaria o ajuizamento de nova ação (art. 486).

> ▶ **NCPC. Art. 125. § 1º** O direito regressivo será exercido por ação autônoma quando a denunciação da lide for indeferida, deixar de ser promovida ou não for permitida.

ENUNCIADO 121. O CUMPRIMENTO DA SENTENÇA DIRETAMENTE CONTRA O DENUNCIADO É ADMISSÍVEL EM QUALQUER HIPÓTESE DE DENUNCIAÇÃO DA LIDE FUNDADA NO INCISO II DO ART. 125.

● *Grupo: Litisconsórcio e Intervenção de Terceiros.* ● *Referência: art. 125, II, art. 128, par. ún.*

▸ ***Carolina Uzeda***

O artigo 125 apresenta duas hipóteses nas quais a denunciação da lide é admissível. A primeira delas trata da evicção, admitindo-se a denunciação da lide dirigida ao alienante imediato, na forma do artigo 450, do Código Civil. No caso, o texto legal foi cuidadoso ao deixar claro que será admissível a denunciação do alienante imediato, excluindo-se, portanto, a possibilidade de denunciação da lide *per saltum*. O artigo 125, I é coerente com o artigo 1.072, que revogou expressamente o artigo 456, do Código Civil, o qual autorizava a denunciação de qualquer dos alienantes anteriores.

A segunda hipótese de admissibilidade da denunciação da lide é o exercício do direito de regresso, quando, por força do contrato ou da lei, o denunciado está obrigado a indenizar o prejuízo do denunciante, caso seja vencido na demanda originária. É exemplo clássico de denunciação da lide para exercício de direito de regresso a denunciação da seguradora pelo segurado.

O entendimento constante no enunciado já era encontrado na doutrina e na jurisprudência, que autorizavam o requerimento do cumprimento de sentença em face do denunciado. Isto não quer dizer que se possa falar de condenação direta do denunciado, uma vez que, sendo lide eventual, para que possa ser julgada, é necessário que o denunciante efetivamente seja derrotado. Assim, o denunciante será condenado, todavia, é autorizado que o autor promova o cumprimento de sentença diretamente em face do denunciado, o que atende a economia processual.

Muito embora, na égide do CPC/73, o requerimento de cumprimento de sentença tenha se consolidado como cabível nas hipóteses de denunciação de seguradora, o artigo 128 do CPC traz autorização expressa, sem apresentar qualquer restrição, o que impõe o cabimento, independentemente da relação de direito material que justificou a denunciação.

Sendo, portanto, procedentes a ação originária e a denunciação, sem qualquer limitação e em qualquer das hipóteses do inciso II, o autor poderá requerer o cumprimento de sentença diretamente em face do denunciado, sempre nos limites impostos por sua condenação[110].

► **NCPC. Art. 125.** É admissível a denunciação da lide, promovida por qualquer das partes: II – àquele que estiver obrigado, por lei ou pelo contrato, a indenizar, em ação regressiva, o prejuízo de quem for vencido no processo. ► **Art. 128. Parágrafo único.** Procedente o pedido da ação principal, pode o autor, se for o caso, requerer o cumprimento da sentença também contra o denunciado, nos limites da condenação deste na ação regressiva.

Enunciado 122. Vencido o denunciante na ação principal e não tendo havido resistência à denunciação da lide, não cabe a condenação do denunciado nas verbas de sucumbência.

● *Grupo: Litisconsórcio e Intervenção de Terceiros.* ● *Referência: art. 129.*

► *Carolina Uzeda*

Em regra, sendo o denunciante vencedor na demanda originária, não há o que se falar sequer em apreciação da denunciação da lide, razão pela qual o denunciado não poderá ser condenado nas verbas de sucumbência. O raciocínio é inverso quando

110. CÂMARA, Alexandre F. *O novo processo civil brasileiro*. São Paulo: Atlas, 2015. p. 93.

vencido o denunciante, o que faz surgir o direito de regresso e a possibilidade de conhecimento e julgamento da denunciação, que, se julgada procedente, levará à incidência dos ônus da sucumbência.

A situação não é a mesma quando o denunciado deixa de oferecer resistência à denunciação, concordando integralmente com sua obrigação de indenizar o denunciante pelas despesas que eventualmente venha a sofrer com o julgamento da demanda originária. Isso porque, na hipótese, a denunciação da lide, muito embora seja considerada uma demanda, em virtude de suas características próprias e seu caráter eventual, foge à regra geral, prevista no artigo 90, que impõe a condenação em honorários do réu que reconhece a procedência do pedido.

A exceção se justifica porque a denunciação se trata de lide eventual, cujos prejuízos apontados pelo denunciante ainda não foram por ele experimentados (pode ser que nem sejam). Isso quer dizer que o denunciante, ao propor a denunciação, o faz de forma preventiva, sem que tenha havido efetiva resistência por parte do denunciado (não há pretensão resistida). Como ainda não havia condenação ou prejuízo ao tempo da denunciação, não era possível saber se o denunciado – de fato – se oporia ao cumprimento espontâneo da obrigação, o que se traduz através de seu comportamento nos autos, quando deixa de apresentar resistência.

No caso, não havendo resistência do denunciado, não há o que se falar em lide, ou nexo entre a conduta do denunciado e o ajuizamento da denunciação, razão pela qual restou consolidado o entendimento no sentido de não ser cabível a condenação em honorários advocatícios (STJ, REsp 285.723).

> ▶ **NCPC. Art. 129.** Se o denunciante for vencido na ação principal, o juiz passará ao julgamento da denunciação da lide.

1.3.3.3. Do Incidente de Desconsideração da Personalidade Jurídica (arts. 133 a 137)

ENUNCIADO 123. É DESNECESSÁRIA A INTERVENÇÃO DO MINISTÉRIO PÚBLICO, COMO FISCAL DA ORDEM JURÍDICA, NO INCIDENTE DE DESCONSIDERAÇÃO DA PERSONALIDADE JURÍDICA, SALVO NOS CASOS EM QUE DEVA INTERVIR OBRIGATORIAMENTE, PREVISTOS NO ART. 178.

● *Grupo: Litisconsórcio e Intervenção de Terceiros.* ● *Referência: art. 133.*

▸ ***Gilberto Gomes Bruschi e Gilberto Carlos Maistro Junior***

O art. 133 do CPC fixa a legitimidade do Ministério Público para requerer a instauração do incidente de desconsideração da personalidade jurídica "quando lhe couber intervir no processo". *Contrario sensu,* fora dessas hipóteses, não terá, o *parquet*, a dita legitimidade, cabendo exclusivamente à parte fazê-lo, se for do seu interesse.

Assim, por razões óbvias, desnecessária se mostra a intervenção do Ministério Público, como fiscal da ordem jurídica, no incidente de desconsideração da personalidade jurídica, nos casos em que não lhe couber intervir obrigatoriamente, elencados no art. 178, a saber:

"Art. 178. O Ministério Público será intimado para, no prazo de 30 (trinta) dias, intervir como fiscal da ordem jurídica nas hipóteses previstas em lei ou na Constituição Federal e nos processos que envolvam:

I – interesse público ou social;

II – interesse de incapaz;

III – litígios coletivos pela posse de terra rural ou urbana.

Parágrafo único. A participação da Fazenda Pública não configura, por si só, hipótese de intervenção do Ministério Público".

Vale destacar, aqui, o escólio de Marcos Stefani, no sentido de que: *"Cabe ao Ministério Público, como órgão independente, decidir se há ou não motivo que justifique a intervenção".*[111]

Em obra publicada pouco antes da vigência do Código, Gilberto Gomes Bruschi, Rita Dias Nolasco e Rodolfo Amadeo assim prelecionam:

"Consideramos que não se pode dar interpretação extensiva ao art. 133 do CPC/2015 para admitir a possibilidade de instauração do incidente de desconsideração da personalidade jurídica pelo Ministério Público em todos os casos em que figure como fiscal da lei. De fato, considerando que cabe ao credor a escolha de aumentar o âmbito da responsabilidade patrimonial para a satisfação forçada de seu crédito, não haveria legitimidade para o Ministério Público instaurar o incidente".[112]

▶ **NCPC. Art. 133.** O incidente de desconsideração da personalidade jurídica será instaurado a pedido da parte ou do Ministério Público, quando lhe couber intervir no processo. ▶ **Art. 178.** O Ministério Público será intimado para, no prazo de 30 (trinta) dias, intervir como fiscal da ordem jurídica nas hipóteses previstas em lei ou na Constituição Federal e nos processos que envolvam: I – interesse público ou social; II – interesse de incapaz; III – litígios coletivos pela posse de terra rural ou urbana. **Parágrafo único.** A participação da Fazenda Pública não configura, por si só, hipótese de intervenção do Ministério Público.

Enunciado 124. A desconsideração da personalidade jurídica no processo do trabalho deve ser processada na forma dos arts. 133 a 137.

● *Grupo: Impacto do CPC no Processo do Trabalho.* ● *Referência: art. 133; art. 15.*

▸ *Gilberto Gomes Bruschi e Gilberto Carlos Maistro Junior*

De início, cabe destacar que o enunciado sob comentários teve sua redação revista no IX FPPC-Recife, sendo certo que seu texto, antes, assim trazia: "A desconsideração da personalidade jurídica no processo do trabalho deve ser processada na forma dos arts.133 a 137, *podendo o incidente ser resolvido em decisão interlocutória ou na sentença*".

---

111. Teresa Arruda Alvim Wambier, Fredie Didier Jr., EduardoTalamini e Bruno Dantas (Coords.). **Breves Comentários ao Novo Código de Processo Civil.** 2ª .ed.São Paulo: Revista dos Tribunais, 2016, p. 591.

112. **Fraudes patrimoniais e a desconsideração da personalidade jurídica no Código de Processo Civil de 2015.** São Paulo: Revista dos Tribunais, 2016, p. 161.

Trata-se de enunciado aprovado, considerado seu texto original, antes da Reforma Trabalhista. Por isso, a sua análise deve ser feita com atenção a duas realidades: (1) a anterior à Reforma Trabalhista (Lei nº 13.467/2017); e (2) a posterior à dita Reforma, que trouxe importantes alterações sobre o tema (em especial, frente à inclusão do art.855-A no texto da CLT).

Ocorre que, antes da Lei nº 13.467/2017 (Reforma Trabalhista), não havia previsão específica, na legislação processual do trabalho, acerca da necessidade de instauração do incidente para fim de desconsideração da personalidade jurídica, verificando-se a coexistência de entendimentos díspares quanto à matéria, a tornar bastante relevante o debate quanto ao tema.

Tanto é assim que a análise da aplicação (ou não) do disposto nos arts.133 a 137 do Código de Processo Civil de 2015 (incidente de desconsideração da personalidade jurídica) ao Processo do Trabalho também foi objeto de análise no Fórum Permanente de Processualistas do Trabalho realizado no Rio de Janeiro, nos dias 25 e 26.07.2015, e resultou na edição do enunciado nº 4, com o seguinte teor:

> "FPPT. Enunciado nº 4. (arts. 133 a 137 do CPC e art. 878 da CLT) Considerando a omissão da CLT a respeito da desconsideração da personalidade jurídica e da desconsideração inversa da personalidade jurídica, aplica-se ao processo do trabalho o incidente de que cuidam os arts. 133 a 137 do CPC, que pode ser suscitado em qualquer fase do processo, sem prejuízo da adoção de tutela provisória. Na fase de execução, o incidente pode ser instaurado de ofício pelo juiz, em face do quanto dispõe o art. 878 da CLT".

Percebe-se, pois, que foi prestigiada a mesma conclusão antes firmada no âmbito do FPPC, registrada no enunciado sob comentários.

Depois, também foi objeto de análise, pelo Tribunal Superior do Trabalho (TST), por ocasião da edição da Resolução nº 203, de 15.03.2016, que trouxe à lume a Instrução Normativa nº 39 do mesmo Tribunal Superior.

A referida Instrução Normativa traz a posição do TST no sentido da aplicação, ao Processo do Trabalho, do incidente de desconsideração da personalidade jurídica, na forma do fixado no CPC, ao pontuar, no seu art. 6º:

> "IN39. Art.6º. Aplica-se ao Processo do Trabalho o incidente de desconsideração da personalidade jurídica regulado no Código de Processo Civil (arts. 133 a 137), assegurada a iniciativa também do juiz do trabalho na fase de execução (CLT, art. 878).
>
> § 1º Da decisão interlocutória que acolher ou rejeitar o incidente:
>
> I – na fase de cognição, não cabe recurso de imediato, na forma do art. 893, § 1º da CLT;
>
> II – na fase de execução, cabe agravo de petição, independentemente de garantia do juízo;
>
> III – cabe agravo interno se proferida pelo Relator, em incidente instaurado originariamente no tribunal (CPC, art. 932, inciso VI). § 2º A instauração do incidente suspenderá o processo, sem prejuízo de concessão da tutela de urgência de natureza cautelar de que trata o art. 301 do CPC".

Percebe-se, portanto, que a conclusão do Tribunal Superior do Trabalho também prestigiou o entendimento trazido no enunciado do FPPC sob comento.

Vale destacar que a parte final do *caput* do mesmo art. 6º da Instrução Normativa já deixava clara a ressalva do TST no sentido de adaptar o procedimento às regras que regem a execução trabalhista, ao pontuar a possibilidade do Juiz do Trabalho, de ofício, promover a instauração do incidente, flexibilizando a exigência do requerimento da parte ou do Ministério Público e, consequentemente, o próprio princípio da inércia, tudo frente ao disposto na CLT, art.878, *caput*[113], considerado o seu texto vigente à época – o que, como será demonstrado, deixou se ser possível após a "Reforma Trabalhista".

Todavia, ao contrário do que isso possa aparentemente sinalizar, a questão não se encontrava pacificada entre os processualistas do trabalho, havendo vozes no sentido de inadmitir a aplicação do incidente no Processo do Trabalho, por, dentre outras razões, vislumbrar incompatibilidade com os princípios e regras que o informam, de modo a esbarrar no disposto na CLT, art.769[114], ainda vigente mesmo após a entrada em vigor do art.15 do Novo CPC – saliente-se que as referidas regras de integração em caso de lacunas devem ser harmonizadas conforme fixado na mesma Instrução Normativa nº 39, do TST, art.1º[115].

Aliás, antes da edição da referida Instrução Normativa nº 39, do TST, diversas foram as conclusões em contrário, no sentido da inaplicabilidade dos arts.133 a 137 do CPC/15 ao Processo do Trabalho, conclusões essas fixadas também em fóruns e jornadas realizadas no âmbito das Escolas Judiciais de diversos Tribunais Regionais do Trabalho dedicadas ao exame dos impactos do então Novo Código de Processo Civil ao Processo do Trabalho.

Um exemplo que pode ser citado é a conclusão firmada pelos magistrados do Tribunal Regional do Trabalho da 10ª Região no Seminário de Formação Continuada (11, 12 e 13.11.2015), na Oficina sobre o Novo CPC (18, 19 e 20.01.2016) e na Jornada sobre o Novo CPC (11.03.2016), realizados pela Escola Judicial do mesmo Tribunal (EJUD 10), que culminou na edição do Enunciado nº 45, que traz:

> EJUD 10. Enunciado nº 45. *"**INCIDENTE DE DESCONSIDERAÇÃO DA PERSONALIDADE JURÍDICA. INAPLICABILIDADE AO PROCESSO DO TRABALHO.** Não se adota o rito do incidente de desconsideração da personalidade jurídica do CPC por incompatível com o processo do trabalho".*

Ainda antes, porém no mesmo sentido, a conclusão fixada no Enunciado nº 6 da I Jornada sobre o Código de Processo Civil de 2015, realizada pela Escola Judicial do TRT da 18ª Região (GO):

---

113. A CLT, art.878, *caput*, **antes da Reforma Trabalhista (Lei nº 13.467/2017)**, trazia: *"A execução poderá ser promovida por qualquer interessado, ou ex officio pelo próprio Juiz ou Presidente ou Tribunal competente, nos termos do artigo anterior".* Após a Reforma, o mesmo artigo passou a dispor que: *"A execução **será promovida pelas partes**, permitida a execução de ofício pelo juiz ou pelo Presidente do Tribunal apenas nos casos em que as partes não estiverem representadas por advogado"* (negrito nosso).

114. CLT, art.769. *"Nos casos omissos, o direito processual comum será fonte subsidiária do direito processual do trabalho, **exceto naquilo em que for incompatível com as normas deste Título**"* (negrito nosso).

115. IN39 do TST: *"Art. 1° Aplica-se o Código de Processo Civil, subsidiária e supletivamente, ao Processo do Trabalho, em caso de omissão e desde que haja compatibilidade com as normas e princípios do Direito Processual do Trabalho, na forma dos arts. 769 e 889 da CLT e do art. 15 da Lei nº 13.105, de 17.03.2015".*

I Jornada sobre o CPC/15. TRT-18º Reg. *"INAPLICABILIDADE DO INCIDENTE DE DESCONSIDERAÇÃO DA PERSONALIDADE JURÍDICA DO EMPREGADOR AO PROCESSO DO TRABALHO. O incidente de desconsideração da personalidade jurídica, previsto no NCPC (arts. 133 a 137, 674, § 2º, IV, e 794) é incompatível com o processo do trabalho e inaplicável pela aplicação do filtro do art. 769 da CLT. A adoção da teoria menor da desconsideração pelo Direito do Trabalho torna desnecessária a apuração de culpa ou dolo do sócio. Além disso, a execução trabalhista é processada de ofício, de modo que o incidente é incabível no processo do trabalho, sem prejuízo de que o sócio exerça o contraditório e a ampla defesa com os meios e recursos a ela inerentes".*

A Súmula do TRT da 17ª Região (ES), verbete nº 32, também parecia carregar entendimento que caminhava nesse mesmo sentido, ao admitir a possibilidade de imediata constrição dos bens do sócio, inclusive por decisão *de ofício*, antes mesmo da citação do sócio *a ser incluído* no polo passivo. Traz o verbete:

TRT-17ª Reg., Súmula nº 32. *"PODER GERAL DE CAUTELA. CONSTRIÇÃO CAUTELAR E DE OFÍCIO DE PATRIMÔNIO DO SÓCIO DA EMPRESA EXECUTADA IMEDIATA À DESCONSIDERAÇÃO DA PERSONALIDADE JURÍDICA DESTA. CABIMENTO. Desconsiderada a personalidade jurídica da executada para atingir o patrimônio dos sócios, em se constatando a insuficiência de patrimônio da empresa, admite-se, a imediata constrição cautelar de ofício de bens dos sócios, inclusive por meio dos convênios BacenJud e RenaJud, antes do ato de citação do sócio a ser incluído no polo passivo, a fim de assegurar-se a efetividade do processo"*[116].

Na doutrina, também se encontravam vozes no sentido da inaplicabilidade do incidente no Processo do Trabalho. Mauro Schiavi, por exemplo, em obra concluída em janeiro de 2016 (antes, portanto, da publicação do entendimento do TST, havido na Instrução Normativa nº 39, de março do mesmo ano), afirmou entendimento no sentido de que o incidente não deveria ser aplicado ao Processo do Trabalho *"pois o Juiz do Trabalho promove a execução de ofício (art. 878 da CLT) e o referido incidente de desconsideração é incompatível com a simplicidade e a celeridade da execução trabalhista"*, inclusive por trazer complicadores (que considera desnecessários), de modo a comprometer a simplicidade do procedimento da execução trabalhista, atrasá-lo (em razão da suspensão do andamento processual *ex vi* do disposto no CPC, art.134, §3º), além de que, *"potencialmente, em muitos casos, pode inviabilizar a efetividade da execução"*[117].

---

116. Disponibilizada no Caderno Judiciário do Tribunal Regional do Trabalho da 17ª Região – Diário Eletrônico da Justiça do Trabalho nº 1716, 1717 e 1718, às páginas 93/95, 12/14 e 89/91, nos dias 29 e 30 de abril de 2015 e 04 de maio de 2015, respectivamente, considerando-se publicada no dia 30 de abril de 2015.

117. **Manual de Direito Processual do Trabalho**: de acordo com o novo CPC. 10ª ed. São Paulo: LTr, 2016. p. 1085. Destacava, ainda, que: *"O processo do trabalho instrumentaliza o Direito Material do Trabalho, e isso é sua razão de existência. Não se podem isolar as normas processuais do direito que instrumentaliza. Os princípios da natureza alimentar do crédito, da hipossuficiência do empregado, da despersonalização do empregador (arts.2º, 10 e 448, da CLT), e da real impossibilidade do trabalhador demonstrar ato culposo do sócio a justificar a desconsideração, autorizam o Juiz do Trabalho a realizar a desconsideração da pessoas jurídica, tanto de forma direta como inversa, por meio de decisão interlocutória fundamentada (art.93, IX, da CF), propiciando o contraditório 'a posteriori', por meio de embargos à execução ou embargos de terceiro"* (Id.Ibid., mesma página). Vide, também: ALMEIDA, Cleber Lúcio. Incidente de desconsideração da personalidade jurídica. *In:* **O Novo Código de Processo Civil e seus reflexos no Processo do Trabalho.** Salvador: Jus Podivm, 2015. p. 294.

Destacava Schiavi, ainda, que a "hipossuficiência" do credor trabalhista e a natureza alimentar do crédito autorizavam o Juiz do Trabalho a postergar o contraditório na desconsideração, ao menos para após a garantia do juízo pela penhora. Segundo afirmava, mesmo que a jurisprudência trabalhista viesse a entender pela aplicação do incidente nos feitos que tramitam na Justiça do Trabalho (o que, considerava, poderia ocorrer sob a justificativa do necessário respeito ao contraditório e à ampla defesa do sócio – embora considerasse que tais princípios não são ofendidos quando postergados para fase precedida da garantia do juízo), sempre que possível, deveria o Juiz do Trabalho, *"em sede cautelar, determinar o bloqueio de numerário de dinheiro do sócio ou determinar medida cautelar de protesto contra alienação de seus bens (arts.9º, I, 300 e 854 do CPC e 878 da CLT), limitados ao valor da execução, a fim de garantir o resultado útil do processo, evitar a transferência de bens e assegurar a satisfação da execução em prazo razoável"*[118].

Nota-se, aqui, posição que se aproximava do verbete nº 32 da Súmula do TRT-17ª Região, acima referida: não se dispensava o contraditório, o que, aliás, macularia de inconstitucionalidade o procedimento, mas garantia-se a sua concretude de modo *diferido*, em busca da maior celeridade e da efetividade da execução trabalhista. Outros autores, como Bruno Klippel[119], Homero Batista Mateus da Silva[120], Ben-Hur Silveira Claus[121] e Cleber Lúcio de Almeida[122], também se posicionaram, à época, contra a aplicação do incidente de desconsideração da personalidade jurídica, na forma prevista no CPC, arts.133 a 137, no Processo do Trabalho, alguns até defendendo a desnecessidade do procedimento tendo em vista a despersonificação do conceito legal de empregador (CLT, art.2º, *caput*) ou a adoção da teoria menor e a desnecessidade de

---

118. Id.Ibid. p. 1085-1086.

119. O incidente de desconsideração da personalidade jurídica e suas repercussões no Processo do Trabalho. *In:* LEITE, Carlos Henrique Bezerra (org.) **Novo CPC – Repercussões o Processo do Trabalho.** São Paulo: Saraiva, 2015. p. 74-75.

120. **Curso de Direito do Trabalho aplicado.** v.10 – Execução Trabalhista. 2ª ed. São Paulo: Revista dos Tribunais, 2015. p. 57-59.

121. Bem-Hur Silveira Claus, em conclusão, afirmava: *"A doutrina justrabalhista majoritária tem compreendido que o incidente de desconsideração da personalidade jurídica previsto no novo CPC contraria o propósito superior de promover tal equalização na fase de execução do processo trabalhista, rompendo com a simplificada e produtiva fórmula do contraditório diferido consagrada historicamente no subsistema jurídico procedimental trabalhista ao longo de sete décadas, no que diz respeito à aplicação da técnica da desconsideração da personalidade jurídica da sociedade executada. Vale dizer: de um lado, o incidente não seria compatível com diversos princípios do Direito Processual do Trabalho; de outro lado, o incidente rompe com a simplificada e produtiva fórmula do contraditório diferido praticada no subsistema jurídico procedimental trabalhista, de modo que a aplicação do incidente ao subsistema jurídico trabalhista representaria histórico retrocesso procedimental, com prejuízo severo à efetividade da jurisdição e à própria realização dos direitos fundamentais sociais previstos na Constituição Federal e na legislação trabalhista"* (**O incidente de desconsideração da personalidade jurídica previsto no CPC de 2015 e o Direito Processual do Trabalho**. Disponível em: http://www.enamat.gov.br/wp-content/uploads/2015/11/TD14_Ben_Hur_Silveira_Claus_4_O-incidente-de-desconsidera%C3%A7%C3%A3º-da-personalidade-jur%C3%ADdica-previsto-no-novo-CPC.pdf. Acesso em: 05.09.2016).

122. Incidente de desconsideração da personalidade jurídica. **O novo Código de Processo Civil e seus reflexos no Processo do Trabalho.** Salvador: Jus Podivm, 2015. p. 294.

atenção a qualquer outro requisito senão a própria ausência de patrimônio do devedor[123].

Nesse ponto, Manuel Antonio Teixeira Filho afirmava ser inaplicável ao Processo do Trabalho o disposto no art.134, §4º, que exige a demonstração, no requerimento de instauração do incidente, do preenchimento dos pressupostos legais específicos para a desconsideração da personalidade jurídica, em razão de bastar, para tanto, a constatação da inexistência de bens suficientes no patrimônio do devedor para responder pela execução, tratando-se, portanto, de um critério objetivo[124]. Afirmava, ainda, ser inaplicável ao Processo do Trabalho o §3º do mesmo art.134 e a suspensão do processo em razão da instauração do incidente, por duas razões principais: (1) afrontar à celeridade; e (2) os incidentes, no Processo do Trabalho, em regra, não suspendem o andamento do feito, sendo resolvidos por decisões interlocutórias não recorríveis de imediato (CLT, art.893, §1º).

Registre-se a propositura da ADI nº 5.516/DF pela Associação Nacional dos Magistrados da Justiça do Trabalho (ANAMATRA), distribuída à Ministra Carmen Lúcia, posteriormente substituída pelo Ministro Ricardo Lewandowski (RISTF, art. 38), na qual combatia a referida Instrução Normativa nº 39 do TST, sob o fundamento de que o Tribunal Superior do Trabalho, a pretexto de regulamentar a aplicação do Novo CPC ao Processo do Trabalho, extrapolou suas funções e poderes, passando a legislar sem competência constitucional ou legal para tanto, em conduta que viola a independência dos magistrados. Sobre a questão, arrematou Guilherme Guimarães Feliciano:

> "Por isso tudo, a Anamatra pede a concessão de medida cautelar para o fim de que seja suspensa a eficácia da Instrução Normativa nº 39/2016, com efeitos ex nunc; e, ao final, a procedência do pedido de declaração de nulidade por vício de inconstitucionalidade formal e material, também com efeitos ex nunc. Mas daí também poderá advir,como nos parece mais adequado, provimento declaratório de eficácia erga omnes com interpretação conforme da IN nº 39, para que a ela não se reconheçam senão efeitos de recomendação (i.e, efeitos não vinculantes), como, aliás, sugerido no preâmbulo da peça"[125].

Vale anotar,contudo, que, conforme informação encontrada no sítio do STF, foi protocolizada petição de desistência no dia 08.09.2016[126].

Porém, como visto, a posição inicial do TST já apontava para a aplicação do incidente, com adaptações aos princípios e regras que regem o Processo do Trabalho, na forma do pontuado no destacado artigo da Instrução Normativa nº 39, do Tribunal Superior do Trabalho. E, na doutrina, também se encontrava posições favoráveis à conclusão fixada no enunciado sob comentários, como, dentre outras, a emanada do

---

123. Por todos: Bruno Klippel. **O incidente de desconsideração** ***cit.*** p.74.

124. **Comentários ao Novo Código de Processo Civil sob a perspectiva do Processo do Trabalho.** São Paulo: LTr, 2015. p.160.

125. Novo Código de Processo Civil e desconsideração da personalidade jurídica: impactos no Processo do Trabalho. *In:* ROMITA, Arion Sayão *et.al.* **Revista Magister de Direito do Trabalho.** Porto Alegre: Magister, v.72, maio/junho. 2016. p. 21-22.

126. Vide em: http://www.stf.jus.br/portal/processo/verProcessoAndamento.asp?numero=5516&classe=ADI&origem=AP&recurso=0&tipoJulgamento=M. Acesso em: 08.09.2016.

sempre respeitável entendimento de Pedro Paulo Teixeira Manus, defendido já de antes da IN39, sem prejuízo de algumas adaptações ao procedimento trabalhista assim pontuadas, *verbis*:

> "Não temos dúvida quanto à aplicação do incidente ao processo do trabalho, quer diante da determinação legal (CLT e NCPC), quer diante da inexistência de colisão com os princípios do processo do trabalho. Ao contrário, sua aplicação decorre da exigência de respeito ao princípio da segurança jurídica, permitindo-se aquele que até então não era parte no processo, integre-o por citação, com direito a ampla defesa e e contraditório. Por exemplo. Não se argumente com eventual ofensa à celeridade e a simplificação processual, pois caberá ao juiz do trabalho, como em tantas outras hipóteses, adequar o procedimento ao processo do trabalho. A adaptação do instituto ao nosso processo, o que sempre ocorreu, permitirá, por exemplo, que o juiz do trabalho instaure o incidente 'ex officio', à semelhança do que ocorre com a antecipação de tutela. Ademais, o prazo de 15 dias para manifestação do citado, constante do artigo 135 do novo CPC, será reduzido, de forma compatível com nosso procedimento.Nada obstante, sua necessária aplicação ao processo do trabalho trará a necessária segurança às partes, com uniformidade de procedimento, com o necessário respeito ao devido processo legal, ao direito ao contraditório e à ampla defesa.Não olvidemos jamais que os princípios e normas do processo do trabalho, como de resto de todos os microssistemas processuais em nosso ordenamento, submetem-se obrigatoriamente aos princípios constitucionais do processo, e só a sua observância e aplicação é que garantem o Estado democrático de direito"[127].

Resolve-se o incidente por decisão interlocutória (CPC, art.136 – contudo, quando dispensado, por postulada a desconsideração já na petição inicial – CPC, art.134, §2º –, aquela será decidida na sentença). Considerando que o incidente cabe *em qualquer fase do processo de conhecimento, no cumprimento de sentença e na execução fundada em título extrajudicial* (CPC, art.133, *caput*), com suspensão do processo (CPC, art.134, §3º), bem como o disposto no CPC, art.1015, IV (cabimento do agravo contra decisão que versa sobre o incidente de desconsideração da personalidade jurídica), evidente que deve ser resolvido em decisão interlocutória. Procedida a necessária adaptação às regras que regem o Processo do Trabalho, resta claro que a dita decisão, admitido o incidente, poderá se dar ao longo do processo de conhecimento ou da execução trabalhista (regida na CLT nos arts.876 a 892), portanto, em decisão interlocutória. Por isso, aliás, as regras acerca dos recursos cabíveis contra a dita decisão, fixadas pelo TST na Instrução Normativa nº 39, de 2016, art. 6º, §1º, já que, como sabido, a CLT, art.893, §1º, bem como a parte inicial da Súmula do TST, verbete 214, são claras no sentido de que não cabe recurso de imediato contra decisão interlocutória no Processo do Trabalho – sendo incompatível com este, portanto, o recurso de Agravo de Instrumento previsto no CPC (no Processo do Trabalho, o Agravo de Instrumento, recurso homônimo previsto no art.897, *b,* da CLT, presta-se apenas ao combate de decisões que, em sede de primeiro juízo de admissibilidade, carregam o não recebimento de outro recurso; serve, portanto, para "destrancar" o seguimento do outro recurso).

---

127. Aplicação do Novo CPC ao Processo do Trabalho trará segurança às partes. Reflexões trabalhistas. **Consultor Jurídico.** Disponível em: http://www.conjur.com.br/2015-ago-14/reflexoes-trabalhistas-aplicacao-cpc-processo-trabalho-trara-seguranca. Acesso em: 04.09.2016. Texto publicado em 14.08.2015.

Pontuado isso, há de se passar à análise da aplicabilidade do incidente de desconsideração da personalidade jurídica previsto no CPC/15 a partir das alterações introduzidas pela Lei nº 13.467/2017, ou seja, pela Reforma Trabalhista.

Ocorre que, por esta, introduziu-se no Capítulo III do Título X da CLT, a Seção IV, com o título *"Do Incidente de Desconsideração da Personalidade Jurídica"*.

A referida seção é composta por um único artigo, 855-A, cujo *caput* traz: *"Aplica-se ao processo do trabalho o incidente de desconsideração da personalidade jurídica previsto nos arts.133 a 137 da Lei nº 13.105, de 16 de março de 2015 – Código de Processo Civil"*.

Percebe-se, portanto, que a Reforma Trabalhista fulminou qualquer dúvida quanto à aplicação do referido incidente nos domínios do Processo do Trabalho, no mesmo sentido já antevisto no âmbito do FPPC, conforme fixado no enunciado sob comentários.

O mesmo art.855-A da CLT, com o texto pós-Reforma, traz, ainda, dois parágrafos. O §1º dispõe que, da decisão interlocutória que acolher ou rejeitar o incidente: *"I- na fase de cognição, não cabe recurso de imediato, na forma do §1º do art.893" da CLT.* Traz, outrossim, que: *"II- na fase de execução, cabe agravo de petição, independentemente de garantia do juízo"* e *"III-cabe agravo interno se proferida pelo relator em incidente instaurado originariamente no tribunal"*.

Portanto, da leitura do *caput* e do §1º do já referido art.855-A da Consolidação das Leis do Trabalho, extrai-se que: (a) no Processo do Trabalho, agora por força de expressa disposição legal, há de se observar o disposto nos arts.133 a 137 do CPC no que toca ao procedimento para desconsideração da personalidade jurídica; (b) o texto da CLT passa a trazer as necessárias adaptações no que se refere às previsões acerca dos recursos cabíveis contra as decisões interlocutórias proferidas, no acolhimento ou na rejeição "do incidente", para fim que se amoldem aos princípios e regras que regem o Processo do Trabalho (irrecorribilidade imediata das decisões interlocutórias na fase cognitiva do processo de conhecimento, em regra; cabimento de agravo de petição contra decisões proferidas na fase de execução – vide CLT, art.897, *a*; e agravo interno contra decisões monocráticas proferidas pelo relator).

O §2º do mesmo art.855-A da CLT, por sua vez, passou a trazer: *"A instauração do incidente suspenderá o processo, sem prejuízo da tutela de urgência de natureza cautelar de que trata o art.301 da Lei nº 13.105, de 16 de março de 2015 (Código de Processo Civil)"*.

Percebe-se, pois, que o legislador fez introduzir no texto da CLT praticamente o entendimento firmado pelo TST no art.6º da referida Instrução Normativa 39/2016, todavia, com a supressão da menção à possibilidade de instauração do incidente pelo juiz, de ofício, na fase executiva.

Ocorre que a Lei nº 13.467/2017 (Reforma Trabalhista) também alterou o texto do art. 878 da CLT, para suprimir a possibilidade do juiz iniciar, de ofício, a fase de execução trabalhista, exceção feita às hipóteses de *jus postulandi*. Passou, assim, a trazer o referido artigo da Consolidação das Leis do Trabalho: *"A execução será promovida pelas partes, permitida a execução de ofício pelo juiz ou pelo Presidente do Tribunal apenas nos casos em que as partes não estiverem representadas por advogado."*

Percebe-se, pois, que restou prejudicada, também, a parte final do citado enunciado nº 4 do FPPT, no tocante à possibilidade de instauração de ofício, pelo juiz, do incidente aqui tratado. Ficou superada, também, a parte final do enunciado nº 5 do mesmo Fórum Permanente de Processualistas do Trabalho[128].

Importante anotar, contudo, a posição de Mauro Schiavi no sentido de que o juiz do trabalho poderá, pautado no princípio da cooperação (CPC, art.6º), *"consultar o reclamante se pretende a instauração do referido incidente, a fim de evitar o início do prazo para a prescrição intercorrente"*[129] (vide CLT, art.11-A).

Enunciado FPPT 4. Considerando a omissão da CLT a respeito da desconsideração da personalidade jurídica e da desconsideração inversa da personalidade jurídica, aplica-se ao processo do trabalho o incidente de que cuidam os arts. 133 a 137 do CPC, que pode ser suscitado em qualquer fase do processo, sem prejuízo da adoção de tutela provisória. Na fase de execução, o incidente pode ser instaurado de ofício pelo juiz, em face do quanto dispõe o artigo 878 da CLT.

► **NCPC. Art. 15.** Na ausência de normas que regulem processos eleitorais, trabalhistas ou administrativos, as disposições deste Código lhes serão aplicadas supletiva e subsidiariamente. ► **Art. 133.** O incidente de desconsideração da personalidade jurídica será instaurado a pedido da parte ou do Ministério Público, quando lhe couber intervir no processo.

► **IN 39/2016 TST. Art. 6º** Aplica-se ao Processo do Trabalho o incidente de desconsideração da personalidade jurídica regulado no Código de Processo Civil (arts. 133 a 137), assegurada a iniciativa também do juiz do trabalho na fase de execução (CLT, art. 878). **§ 1º** Da decisão interlocutória que acolher ou rejeitar o incidente: I – na fase de cognição, não cabe recurso de imediato, na forma do art. 893, § 1º da CLT; II – na fase de execução, cabe agravo de petição, independentemente de garantia do juízo; III – cabe agravo interno se proferida pelo Relator, em incidente instaurado originariamente no tribunal (CPC, art. 932, inciso VI). **§ 2º** A instauração do incidente suspenderá o processo, sem prejuízo de concessão da tutela de urgência de natureza cautelar de que trata o art. 301 do CPC.

ENUNCIADO 125. HÁ LITISCONSÓRCIO PASSIVO FACULTATIVO QUANDO REQUERIDA A DESCONSIDERAÇÃO DA PERSONALIDADE JURÍDICA, JUNTAMENTE COM OUTRO PEDIDO FORMULADO NA PETIÇÃO INICIAL OU INCIDENTEMENTE NO PROCESSO EM CURSO.

● *Grupo: Litisconsórcio e Intervenção de Terceiros.* ● *Referência: art. 134.*

► ***Gilberto Gomes Bruschi e Gilberto Carlos Maistro Junior***

Segundo o entendimento alcançado no âmbito do FPPC, que deu razão à edição do enunciado sob comentários, haverá litisconsórcio passivo facultativo quando requerida a desconsideração da personalidade jurídica já na petição inicial, na forma do CPC,

128. Enunciado nº 5 do FPPT (arts. 15, 133 e 795, §4º do CPC). *"O incidente de desconsideração da personalidade jurídica se aplica à execução trabalhista, em conformidade com o art.15 do CPC,* ***podendo ser instaurado de ofício****"* (negrito nosso).

129. **A reforma trabalhista e o Processo do Trabalho.** São Paulo: LTr, 2017. p. 131.

art. 134, §2º, conclusão essa com a qual não se pode deixar de concordar. Afinal, o dispositivo mencionado é claro ao apontar, inclusive, que, nesse caso, o sócio ou a pessoa jurídica serão citados, restando dispensada a instauração do incidente. Logo, já são considerados partes na relação jurídica processual principal, inclusive[130]. De outro lado, a leitura da parte final do enunciado sob comentários ("*...ou incidentalmente no processo em curso*") permite concluir que o verbete carrega entendimento no sentido de que também haverá a formação de litisconsórcio passivo facultativo nos casos de instauração do incidente de desconsideração.

Nesse ponto, em sendo essa a interpretação dada ao enunciado, ousamos discordar do seu conteúdo. E tal se dá por um motivo simples: enquanto não solucionado o incidente, o sócio ou a pessoa jurídica (na desconsideração *inversa*) somente participarão da relação jurídica processual pertinente àquele. Tanto que o incidente de desconsideração da personalidade jurídica é tido, no CPC, como modalidade de intervenção de *terceiros*, que somente vai repercutir diretamente na relação jurídica processual principal a partir do momento em que resultar no acolhimento da pretensão do requerente. A partir desse momento, indubitavelmente, haverá a formação de litisconsórcio passivo ulterior facultativo. Caso contrário, esvaziar-se-á de sentido a participação do terceiro no processo sem que tenha sido incluído, por assim dizer, no bojo da discussão processual principal, não havendo que se cogitar litisconsórcio. Observe-se que, do contrário, ter-se-ia que concluir que houve, pelo mero requerimento de instauração do incidente, a inclusão de parte e, depois, pelo seu não acolhimento, a correlata exclusão, o que, parece, não reflete a realidade do procedimento em questão. Nem mesmo a conclusão encontrada na doutrina, no sentido de que o incidente resulta de verdadeira *ação incidental* com o condão de estender ao sócio a responsabilidade pela obrigação da pessoa jurídica[131], tem força suficiente para alterar a posição aqui defendida. Não por outro motivo, em comentários ao art. 133 do mesmo Código, afirma Flávio Luiz Yarshell:

> *"De fato, o conceito de terceiro se encaixa na situação, conquanto isso não tenha sido usual perante a ordem precedente: o responsável patrimonial de que aqui se cogita (e que não seja devedor), não está presente na relação jurídica processual. Se e quando for trazido para o processo, ele perderá a qualidade de terceiro e tecnicamente passará a ser qualificado como parte (sujeito em contraditório perante o juiz)"*[132].

Por isso, a leitura e a interpretação do enunciado sob comentários exigem maiores cautelas.

---

130. Vale destacar o entendimento de Cássio Scarpinella Bueno (**Novo Código de Processo Civil Anotado.** São Paulo: Saraiva, 2015. p.133): *"Neste caso, que está previsto no §2º, a situação parece se amoldar melhor à ocorrência de um litisconsórcio, ainda que formulado a título eventual e provavelmente fundado em diversa causa de pedir, isto é, na hipótese de a pessoa jurídica não ter condições de arcar com sua responsabilização"*.

131. Dentre outros, vide os comentários de Luiz Henrique Volpe Camargo ao art. 134 do NCPC (*In:* CABRAL, Antonio do Passo; CRAMER, Ronaldo (coords.). **Comentários ao Novo Código de Processo Civil.** Rio de Janeiro: Forense, 2015. p. 235).

132 *In:* CABRAL, Antonio do Passo; CRAMER, Ronaldo (coords.). **Comentários ao Novo Código de Processo Civil.** Rio de Janeiro: Forense, 2015. p. 230.

► **NCPC. Art. 134.** O incidente de desconsideração é cabível em todas as fases do processo de conhecimento, no cumprimento de sentença e na execução fundada em título executivo extrajudicial.

ENUNCIADO 126. NO PROCESSO DO TRABALHO, DA DECISÃO QUE RESOLVE O INCIDENTE DE DESCONSIDERAÇÃO DA PERSONALIDADE JURÍDICA NA FASE DE EXECUÇÃO CABE AGRAVO DE PETIÇÃO, DISPENSADO O PREPARO.

● *Grupo: Impacto do CPC no Processo do Trabalho.* ● *Referência: art. 134; art. 15.*

► ***Gilberto Gomes Bruschi e Gilberto Carlos Maistro Junior***

A questão foi enfrentada pelo TST na já referida Instrução Normativa nº 39, trazida pela Resolução nº 203, de 15.03.2016, do mesmo Tribunal Superior. Vale transcrever, novamente, o art. 6º da Instrução mencionada:

> IN39, TST. "Art.6º. Aplica-se ao Processo do Trabalho o incidente de desconsideração da personalidade jurídica regulado no Código de Processo Civil (arts. 133 a 137), assegurada a iniciativa também do juiz do trabalho na fase de execução (CLT, art. 878).
>
> § 1º Da decisão interlocutória que acolher ou rejeitar o incidente:
>
> I – na fase de cognição, não cabe recurso de imediato, na forma do art. 893, § 1º da CLT;
>
> II – na fase de execução, cabe agravo de petição, independentemente de garantia do juízo;
>
> III – cabe agravo interno se proferida pelo Relator, em incidente instaurado originariamente no tribunal (CPC, art. 932, inciso VI).
>
> § 2º A instauração do incidente suspenderá o processo, sem prejuízo de concessão da tutela de urgência de natureza cautelar de que trata o art. 301 do CPC".

Com a Reforma Trabalhista (Lei nº 13.467/2017), verificou-se a introdução da Seção IV no Capítulo III do Título X da CLT, na qual se encontra o art. 855-A, que praticamente repete a redação do mencionado art.6º da IN39 do TST, afastada, entretanto, a menção à possibilidade de instauração do incidente de desconsideração da personalidade jurídica pelo juiz, de ofício, frente à alteração, também promovida pela Reforma, no que toca ao disposto no art.878 da Consolidação das Leis do Trabalho[133].

Para a análise do enunciado sob comentários, assim, importante destacar o §1º, II do dito art.855-A da CLT pós-Reforma Trabalhista. O mencionado dispositivo (da mesma forma antes verificada na IN39 do TST, art.6º, §1º, II), confirma a conclusão firmada no âmbito do FPPC. A justificativa parece-nos tranquila e encontra-se no disposto na CLT, art.897, *a*. O referido dispositivo da Consolidação das Leis do Trabalho fixa a hipótese de cabimento do recurso denominado "agravo de petição", nos seguintes termos: *"Art.897. Cabe agravo, no prazo de 8 (oito) dias: a) de petição, das decisões do Juiz ou Presidente, nas execuções;"*. Assim, o agravo de petição é o recurso cabível contra as decisões proferidas, na fase de execução, no Processo do Trabalho. Dessa

133. Dispõe a CLT, art.878: *"A execução será promovida pelas partes, permitida a execução de ofício pelo juiz ou pelo Presidente do Tribunal apenas nos casos em que as partes não estiverem representadas por advogado"*.

forma, não poderia ser outra a conclusão firmada no enunciado sob comentários. Todavia, nova questão se abre quanto à parte final do mesmo enunciado: a dispensa do *preparo* para o agravo de petição. Pois bem. O preparo, no Processo do Trabalho, pode ser composto pelas custas ou pelas custas acompanhadas do chamado "depósito recursal".

Quanto às custas, são pagas ao final, na forma da CLT, art. 789-A. Porém, há que se analisar a questão do depósito recursal. Trata-se de quantia que deve ser dispendida pelo recorrente quando tiver sofrido condenação na obrigação de pagar quantia. Corresponde ao valor da condenação (ou ao seu arbitramento), limitado a um teto previamente fixado e periodicamente atualizado pelo TST. Presta-se à garantia da futura execução por quantia certa, não consistindo em taxa judiciária, tudo na forma do fixado pelo TST na Instrução Normativa nº 3/1993, de 05.03.1993, I, que traz:

> IN 3/1993, TST. "I – Os depósitos de que trata o art. 40, e seus parágrafos, da Lei n.º 8.177/1991, com a redação dada pelo art. 8º da Lei n.º 8.542/1992, e o depósito de que tratam o § 5º, I,do art. 897 e o § 7º do art. 899, ambos da CLT, com a redação dada pela Lei n.º 12.275, de 29/6/2010, não têm natureza jurídica de taxa de recurso, mas de garantia do juízo recursal, que pressupõe decisão condenatória ou executória de obrigação de pagamento em pecúnia, com valor líquido ou arbitrado".

Percebe-se, pois, que se trata de instrumento para coibir a interposição de recursos com fins meramente protelatórios. Ora, por ocasião do agravo de petição, no mais das vezes, a execução já se encontra garantida pela penhora ou pelo depósito, prévios à oposição dos embargos à execução no Processo do Trabalho[134]. Quando tal se dá de modo suficiente, não há, por lógica, necessidade de nova garantia, restando dispensado o depósito recursal, que voltará a ser necessário no caso de elevação do valor devido (em caráter complementar), hipótese na qual será exigida a complementação da garantia em juízo. Nesse sentido, a Súmula do TST, verbete 128, II: *"Garantido o juízo, na fase executória, a exigência de depósito para recorrer de qualquer decisão viola os incisos II e LV do art. 5º da CF/1988. Havendo, porém, elevação do valor do débito, exige-se a complementação da garantia do juízo. (ex-OJ nº 189 – Inserida em 08.11.2000)"*.

Mas, por ocasião da desconsideração, não haverá ainda a garantia do juízo, pois, verificada, restaria absolutamente inexplicável a própria desconsideração. E, dessa conclusão, a pergunta: o que justifica, então, a dispensa do preparo para o agravo de petição, nesse caso? A resposta está na Instrução Normativa nº 3/1993, do TST, em seu item XI: *"Não se exigirá a efetivação de depósito em qualquer fase ou grau recursal do processo, fora das hipóteses previstas nesta Instrução Normativa"*.

Por falta de previsão específica na própria Instrução Normativa mencionada, restará dispensado.

De modo a prestigiar o referido entendimento, a Lei nº 13.467/2017 (Reforma Trabalhista) introduziu na CLT previsão expressa no sentido de ser inexigível qualquer garantia do juízo para fim da interposição de agravo de petição contra decisão

134. Traz o *caput* do art.884 da CLT: *"Garantida a execução ou penhorados os bens, terá o executado 5 (cinco) dias para apresentar embargos, cabendo igual prazo ao exequente para impugnação"*.

que, na fase executiva trabalhista, acolhe ou rejeita "o incidente" de desconsideração da personalidade jurídica, *ex vi* do que se encontra no art. 855-A, §1º, II, parte final, do seu texto..

Súmula TST 128. II. Garantido o juízo, na fase executória, a exigência de depósito para recorrer de qualquer decisão viola os incisos II e LV do art. 5º da CF/1988. Havendo, porém, elevação do valor do débito, exige-se a complementação da garantia do juízo.

▶ **NCPC. Art. 15.** Na ausência de normas que regulem processos eleitorais, trabalhistas ou administrativos, as disposições deste Código lhes serão aplicadas supletiva e subsidiariamente. ▶ **Art. 134.** O incidente de desconsideração é cabível em todas as fases do processo de conhecimento, no cumprimento de sentença e na execução fundada em título executivo extrajudicial.

▶ **IN 39/2016 TST. Art. 6º** Aplica-se ao Processo do Trabalho o incidente de desconsideração da personalidade jurídica regulado no Código de Processo Civil (arts. 133 a 137), assegurada a iniciativa também do juiz do trabalho na fase de execução (CLT, art. 878). **§ 1º** Da decisão interlocutória que acolher ou rejeitar o incidente: I – na fase de cognição, não cabe recurso de imediato, na forma do artigo 893, § 1º da CLT; II – na fase de execução, cabe agravo de petição, independentemente de garantia do juízo; III – cabe agravo interno se proferida pelo Relator, em incidente instaurado originariamente no tribunal (CPC, art. 932, inciso VI). **§ 2º** A instauração do incidente suspenderá o processo, sem prejuízo de concessão da tutela de urgência de natureza cautelar de que trata o artigo 301 do CPC.

▶ **IN 3/1993 TST.** I. os depósitos de que trata o art. 40, e seus parágrafos, da Lei nº 8.177/1991, com a redação dada pelo art. 8º da Lei nº 8.542/1992, e o depósito de que tratam o § 5º, I, do art. 897 e o § 7º do art. 899, ambos da CLT, com a redação dada pela Lei nº 12.275, de 29.6.2010, não têm natureza jurídica de taxa de recurso, mas de garantia do juízo recursal, que pressupõe decisão condenatória ou executória de obrigação de pagamento em pecúnia, com valor líquido ou arbitrado. (...). IX. não se exigirá a efetivação de depósito em qualquer fase ou grau recursal do processo, fora das hipóteses previstas nesta Instrução Normativa.

Enunciado 247. Aplica-se o incidente de desconsideração da personalidade jurídica no processo falimentar.

● *Grupo: Impactos do CPC nos Juizados e nos procedimentos especiais de legislação extravagante.* ● *Referência: art. 133.*

▶ ***Gilberto Gomes Bruschi e Gilberto Carlos Maistro Junior***

Inegável a relevância da desconsideração da personalidade jurídica no processo falimentar, a permitir a extensão dos efeitos da falência, por exemplo, às demais sociedades que integram um determinado grupo, em especial diante do desvirtuamento da personalidade e da utilização de grupos empresariais como instrumento de fraude ou simulação para frustração dos direitos dos credores, dentre outras situações. O desvio de finalidade da pessoa jurídica e a confusão patrimonial também podem ver verificados em tais casos. Diante disso, não se encontrando na Lei especial (11.101/2005) previsão procedimental para tanto, e à luz do disposto no art.189 da mesma lei (que remete à aplicação do CPC/1973, vigente à época de sua publicação, no que couber – logo, no que for compatível com o procedimento especial falimentar fixado na lei de regência), aplicáveis se mostram os artigos do Novo CPC e, com isso, a disciplina pertinente ao incidente de desconsideração. Exatamente sobre essa questão o enunciado objeto destes comentários. Nota-se que o dito enunciado traz a conclusão de que o incidente de desconsideração da personalidade jurídica (e, consequentemente, a disciplina fixada nos arts.133 a 137 do CPC) é compatível com o processo falimentar.

Com isso, restará prestigiado o contraditório prévio e a mais ampla defesa às partes. Vale destacar que o art.133 do CPC pontua que o incidente será instaurado a requerimento da parte ou do Ministério Público, quando lhe couber intervir no processo. A questão que se abre, aqui, passa a ser a seguinte: quem pode ser considerado "parte" para tal fim, no processo falimentar? Entendemos que os credores e a massa falida (representada pelo síndico). A própria falida, embora também seja parte no processo falimentar, parece carecer de interesse para tanto. Não se negue, outrossim, pelos impactos que a falência provoca na ordem social, que ao Ministério Público também é permitido requerer a desconsideração. Todavia, entendemos que um dispositivo em especial não deve ser aplicado nos domínios dos feitos falimentares, qual seja, o art. 134, §3º.

Ocorre que o dito parágrafo dispõe que, instaurado o incidente, haverá a suspensão do andamento do processo principal – no evidente propósito de solucionar previamente as questões pertinentes à desconsideração já que, acolhida a pretensão nesse sentido, haverá alteração na composição do polo passivo, com a responsabilização dos sócios, administradores da sociedade ou até da pessoa jurídica na desconsideração *inversa*.

Ocorre que as peculiaridades do procedimento, nos processos falimentares, marcado por uma execução concursal, não admitiria a dita suspensão, sob pena de comprometimento da celeridade e da própria efetividade. Não se pode negar a grande urgência que marca a prática dos atos processuais, na busca da preservação e da reunião de ativos da massa falida objetiva, no propósito de formação da massa falida subjetiva, o que encontraria na suspensão do andamento do processo inegável prejuízo em desfavor de todo uma universalidade de credores. Ademais, o procedimento falimentar é regido por lei especial (11.101/2005), cujos princípios apontam para a consecução do resultado acima referido, de modo célere e efetivo, desiderato que seria obstaculizado pela suspensão em questão. Portanto, pelo conflito até principiológico verificado, há de prevalecer a base da lei especial.

Um dos autores destes comentários já teve oportunidade de defender a possibilidade de aplicação da regra da desconsideração em meio ao processo falimentar, em um tempo em que não havia previsão de um procedimento próprio, como ocorre no CPC/2015.[135]

Se já era defensável a aplicação ao processo falimentar, agora, com o procedimento determinado pelo CPC/2015, deve ser instaurado o incidente de desconsideração da personalidade jurídica, para definição de responsabilidade, nos termos do art. 790, VII, do CPC, com a consequente expropriação de bens dos sócios e administradores envolvidos.

---

135. Gilberto Gomes Bruschi. **Aspectos processuais da desconsideração da personalidade jurídica.** 2ª ed., São Paulo: Saraiva, 2009, n. 10.3.2, p. 129 e 130.

▶ **NCPC. Art. 133.** O incidente de desconsideração da personalidade jurídica será instaurado a pedido da parte ou do Ministério Público, quando lhe couber intervir no processo.

Enunciado 248. Quando a desconsideração da personalidade jurídica for requerida na petição inicial, constitui ônus do sócio ou da pessoa jurídica, na contestação, impugnar não somente a própria desconsideração, mas também os demais pontos da causa.

● *Grupo: Petição inicial, resposta do réu e saneamento.* ● *Referência: art. 134, § 2º; art. 336.*

▸ ***Gilberto Gomes Bruschi e Gilberto Carlos Maistro Junior***

O texto deste enunciado foi revisto no IX FPPC-Recife, em março de 2018. Antes, trazia: "Quando a desconsideração da personalidade jurídica for requerida na petição inicial, incumbe ao sócio ou a pessoa jurídica, na contestação, impugnar não somente a própria desconsideração, mas também os demais pontos da causa".

Na hipótese do art. 134, §2º, na qual o autor postula a desconsideração da personalidade jurídica já na petição inicial, com a inclusão dos sócios ou da pessoa jurídica (no caso de desconsideração inversa) no polo passivo desde a origem (a ponto de dispensar a instauração do incidente), a própria análise dos requisitos legais autorizadores da desconsideração integra a causa de pedir. Ademais, como o sócio ou a pessoa jurídica integrará o polo passivo, a sua participação na relação jurídica processual estabelecida dar-se-á na condição de litisconsorte passivo (réu).

Portanto, aplica-se, aqui, o disposto no CPC, arts. 336 (princípio da eventualidade) e 341 (ônus da impugnação específica), cabendo, tanto ao sócio quanto à pessoa jurídica, a impugnação específica da integralidade do narrado na inicial e a apresentação, já na contestação, de todas as matérias de defesa que pretenda ou possa pretender levar ao exame da causa, sob pena de preclusão e, consequentemente, de restar fulminada a possibilidade de fazê-lo posteriormente (ressalvadas as exceções do art. 342).

Em outras palavras, na contestação, constitui ônus do sócio ou da pessoa jurídica apresentar os argumentos suficientes à impugnação da pretensão de desconsideração, mas, também, aqueles voltados ao afastamento das demais pretensões do autor (no mérito), bem como os eventuais vícios do processo que identificar. Com isso, o sócio ou a pessoa jurídica devem, na contestação, já apresentar a defesa processual e a defesa de mérito pertinente ao julgamento dos pedidos deduzidos pelo autor, além da sua impugnação fundamentada ao requerimento de desconsideração da personalidade jurídica, sob pena da perda da faculdade de fazê-lo posteriormente em caso de acolhimento da pretensão de desconsideração da personalidade jurídica (e consequente não acolhimento das suas razões de contrariedade quanto a essa).

Vale destacar que Gilberto Gomes Bruschi, Rita Dias Nolasco e Rodolfo Amadeo,[136] em obra que tratou do incidente de desconsideração da personalidade jurídica, estabeleceram posicionamento contrário ao requerimento feito na petição inicial:

136. **Fraudes patrimoniais...**, cit., p. 174.

"No segundo caso, o pedido será processado junto com as demais pretensões da petição inicial, regra geral pelo procedimento comum e sem a suspensão do processo (art. 133, § 3.º, do CPC/2015), podendo ser decidido por sentença (quando caberá apelação, nos termos do art. 1.009) ou parcial e antecipadamente na forma do art. 356 do CPC/2015.

Não aconselhamos o requerimento na inicial, já que o procedimento pode ser mais lento do que via incidente, uma vez que, salvo na hipótese de haver julgamento antecipado parcial de mérito (exceção à regra geral) o pedido será julgado apenas na sentença, ensejando recurso de apelação, recebido em seu efeito suspensivo.

Entendemos que, mesmo sendo sabido pelo autor, desde o ajuizamento da ação, que será necessária a desconsideração, deve ser aguardado o oferecimento da contestação para ser requerido a instauração do incidente, que fará com que seja possível a incidência da responsabilidade do terceiro de forma mais célere.

Ao contrário, sendo pleiteada fora da petição inicial, o que pode se dar a qualquer momento da fase de conhecimento ou de execução, a desconsideração da personalidade jurídica será processada por meio do incidente, dependendo de pedido do legitimado, com a demonstração do preenchimento dos requisitos legais previstos pela lei material aplicável ao caso concreto (art. 134, § 4.º, do CPC/2015)."[137]

▶ **NCPC. Art. 134. § 2°** Dispensa-se a instauração do incidente se a desconsideração da personalidade jurídica for requerida na petição inicial, hipótese em que será citado o sócio ou a pessoa jurídica. ▶ **Art. 336.** Incumbe ao réu alegar, na contestação, toda a matéria de defesa, expondo as razões de fato e de direito com que impugna o pedido do autor e especificando as provas que pretende produzir.

Enunciado 390. Resolvida a desconsideração da personalidade jurídica na sentença, caberá apelação.

● *Grupo: Litisconsórcio e intervenção de terceiros.* ● *Referência: arts. 136, caput, 1.015, IV, 1.009, § 3º.*

▶ ***Gilberto Gomes Bruschi e Gilberto Carlos Maistro Junior***

A desconsideração da personalidade jurídica pode ser resolvida em decisão interlocutória (hipótese em que caberá agravo de instrumento contra a referida decisão, *ex vi* do disposto no art. 1.015, IV do CPC) ou na sentença (no caso de este restar dispensado, por se tratar, a desconsideração, de pretensão deduzida na própria inicial, sua solução dar-se-á naturalmente em capítulo da sentença).

Aliás, em regra, se não requerida já na petição inicial (art. 133, §3º), com a consequente provocação da instauração do incidente (arts. 133 a 137), haverá de ser resolvida a questão por decisão interlocutória, tão logo concluída a instrução, se necessária (art.136).

137. No mesmo sentido: Araken de Assis, **Processo civil brasileiro. Parte geral: institutos fundamentais.** São Paulo: Ed. RT, 2015. vol. 2, t. 1, n. 533, p. 145: *"Não há a menor necessidade de deduzir pretensão autônoma, formando relação processual própria, para desconsiderar a personalidade jurídica. Embora prevista no art. 134, § 2.º, o uso dessa via é eventual, pois contrariaria o postulado da efetividade, remetendo o interessado para o tortuoso, lento e oneroso caminho da via ordinária, tornando o pronunciamento futuro, na prática, completamente inútil".*

Nesse caso, evidentemente, caberá agravo de instrumento, na forma do CPC, art. 1.015, IV.

Porém, tal se dará apenas quando o incidente de desconsideração reste resolvido em decisão interlocutória, pois, se o incidente for decidido no bojo de capítulo de sentença, como no caso em que dispensado, segundo expressamente disposto no CPC, art. 1.009, §3º, o recurso cabível será a apelação.

▶ **NCPC. Art. 136.** Concluída a instrução, se necessária, o incidente será resolvido por decisão interlocutória. ▶ **Art. 1.009. § 3º** O disposto no caput deste artigo aplica-se mesmo quando as questões mencionadas no art. 1.015 integrarem capítulo da sentença. ▶ **Art. 1.015.** Cabe agravo de instrumento contra as decisões interlocutórias que versarem sobre: IV – incidente de desconsideração da personalidade jurídica.

Enunciado 689. A desconsideração da personalidade jurídica requerida em reconvenção processa-se da mesma forma que a deduzida em petição inicial. (Grupo: Intervenção de terceiros, gratuidade de justiça, fase de organização e saneamento).

● *Grupos: Intervenção de terceiros, gratuidade de justiça, fase de organização e saneamento*

▸ ***Elie Pierre Eid***

O enunciado esclarece que o pedido de desconsideração da personalidade jurídica, formulado em sede de reconvenção, deverá ser processado nos mesmos moldes daquele feito em petição inicial. Três são as razões para assim se concluir.

A primeira diz respeito à adequada interpretação dada ao artigo 134, § 2º, CPC, que afirma ser desnecessária a instauração do incidente quando a desconsideração for requerida em petição inicial. Deve-se entender que, nessa situação, o pedido de responsabilização do sócio integra o objeto do processo e, portanto, esse sujeito passa a ser demandado juntamente com a sociedade. Ao contrário do que se passa com o requerimento formulado em caráter incidental, a referência legal à petição inicial quer significar que há pedido do autor formulado em face do sócio, tendo por pressuposto sua responsabilidade por algum elemento que leve à superação episódica da personalidade jurídica da sociedade. Assim, o objeto do processo é composto por pedido de responsabilização do sócio, cuja premissa é a necessidade de desconsideração da personalidade jurídica.

A reconvenção se configura como contra-ataque do réu, pela qual deduz demanda em face do autor e amplia o objeto do processo, tornando-o complexo. Por meio dela, o réu poderá formular pedido de responsabilização do sócio da sociedade autora, que passará a integrar o objeto do processo. A previsão disposta no art. 134, § 2º, CPC, não deve se limitar à petição inicial, pois esse não é o único veículo por meio do qual é possível incluir no objeto do processo a responsabilização do sócio. O fato de que a reconvenção é formulada com o processo já em curso não deve servir de argumento para obrigar a instauração do incidente, tendo em vista a diferença substancial entre haver pedido de responsabilização do sócio, com a consequente integração do objeto do processo, e o requerimento incidental, o qual, conquanto também se trate de demanda, possui natureza incidental.[138]

A segunda se refere à possibilidade de haver reconvenção subjetivamente ampliativa, ou seja, ser proposta pelo réu em conjunto com terceiro ou em face do autor e de um terceiro, ambas em litisconsórcio (art. 343, §§ 3º e 4º, CPC). Nesse sentido, caso a reconvenção tenha por objeto a responsabilização do sócio, entende-se que, até então, esse era um terceiro que passará a integrar a relação processual por ter demanda contra si proposta pelo réu. Figuram como litisconsortes passivos da reconvenção a sociedade (autora) e o sócio, cuja responsabilidade se pretende ver reconhecida, por força de algum ato que tenha provocado a superação episódica da personalidade jurídica da primeira. A relevância em tratar o sócio como terceiro que passa a compor a relação processual só se torna relevante em razão do momento processual, isto é, até a reconvenção, era terceiro porque não havia proposto demanda e nem sido demandado.

A terceira justificativa está na conexidade de que trata o art. 343, *caput*, CPC para admissibilidade da reconvenção. Como assentado em doutrina, esse conceito é amplo, bastando que haja um liame com fundamento da demanda do autor ou da defesa do réu para se aceitar a reconvenção.[139] A responsabilidade do sócio poderá ser fundamento da reconvenção, ainda que sua ligação seja indireta com a defesa ou com a demanda do autor. A questão, para fins de admissibilidade, é saber se o pedido formulado em face do sócio guarda alguma relação que justifique a reunião de demandas. Parece natural aceitar o pedido de responsabilização em sede reconvencional quando o réu se volta contra a sociedade objetivando, por exemplo, o reparo de algum dano que esta tenha lhe causado, mas que, por algum motivo, o sócio também deva ser responsabilizado.

▶ **NCPC. Art. 134. § 2º** Dispensa-se a instauração do incidente se a desconsideração da personalidade jurídica for requerida na petição inicial, hipótese em que será citado o sócio ou a pessoa jurídica.

▶ **NCPC. Art. 343** Na contestação, é lícito ao réu propor reconvenção para manifestar pretensão própria, conexa com a ação principal ou com o fundamento da defesa.

1.3.3.4. Do "Amicus curiae" (art. 138)

ENUNCIADO 127. A REPRESENTATIVIDADE ADEQUADA EXIGIDA DO "AMICUS CURIAE" NÃO PRESSUPÕE A CONCORDÂNCIA UNÂNIME DAQUELES A QUEM REPRESENTA.

● *Grupo: Litisconsórcio e Intervenção de Terceiros.* ● *Referências: art. 138.*

▶ ***Eduardo Talamini***

O *amicus curiae* é terceiro admitido no processo para fornecer subsídios instrutórios (probatórios ou jurídicos) à solução de causa revestida de especial relevância

138. VIEIRA, Christian Garcia. **Desconsideração da personalidade jurídica no novo CPC**: natureza, procedimentos e temas polêmicos. Salvador: Juspodivm, 2017, p. 95-107.

139. BONDIOLI, Luís Guilherme Aidar. **Reconvenção no processo civil**. São Paulo: Saraiva, 2009, p. 196.

ou complexidade, sem, no entanto, passar a titularizar posições subjetivas relativas às partes (nem mesmo limitada e subsidiariamente, como o assistente simples). Auxilia o órgão jurisdicional no sentido de que lhe traz mais elementos para decidir (daí o nome de "amigo da corte").[140]

A condição para admitir-se o terceiro como *amicus* é sua potencialidade de aportar elementos úteis para a solução do processo ou incidente. Essa demonstração faz-se pela verificação do histórico e atributos do terceiro, de seus procuradores, agentes, prepostos etc. A lei aludiu a "representatividade adequada". Mas não se trata propriamente de uma aptidão do terceiro em representar ou defender os interesses de jurisdicionados. Precisamente por isso descabe cogitar de "concordância dos representados", a que aludiu, ainda que para mitigá-la, o enunciado ora em exame. Não há na hipótese representação nem substituição processual. A expressão "representatividade", no artigo 138 do Código, refere-se à capacitação avaliada a partir da qualidade (técnica, cultural...) do terceiro (e de todos aqueles que atuam com ele e por ele) e do conteúdo de sua possível colaboração (petições, pareceres, estudos, levantamentos etc.). A "representatividade" não tem aqui o sentido de legitimação subjetiva, mas, de qualificação objetiva. Permite-se um neologismo, à falta de expressão mais adequada para o exato paralelo: trata-se de uma *contributividade adequada* (adequada aptidão em colaborar).

O emprego do termo "representatividade" poderia induzir à noção de que o *amicus curiae* há de representar determinado interesse de determinado grupo ou categoria dentro do processo. Essa ideia é equivocada. Em regra, a admissibilidade da intervenção do *amicus curiae* não é pautada por seu interesse jurídico ou extrajurídico na solução da causa. Isso não significa que o eventual envolvimento subjetivo do terceiro seja um empecilho à sua participação como *amicus curiae* ou mesmo sequer que seja irrelevante. O seu eventual interesse no resultado do julgamento, em si, não é significativo. Rejeita-se a participação de terceiro como *amicus* fundada na mera indicação de um interesse jurídico na solução da questão.[141]

Porém, é frequente que a existência desse interesse faça do terceiro alguém especialmente qualificado para fornecer subsídios úteis ao processo. Não é incomum, por exemplo, que determinada entidade de classe, precisamente porque seus membros têm interesse na definição da interpretação ou validade de certa norma, promova diversos simpósios, estudos, levantamentos ou obtenha pareceres de especialistas sobre o tema. Todo esse acervo – nitidamente formado a partir de interesses específicos da entidade e seus integrantes – tende a ser muito útil à solução do processo objetivo. Caberá ao julgador aproveitá-lo, filtrando eventuais desvios ou imperfeições. Mas, mesmo nesses casos, não é a circunstância de a entidade representar determinada classe que a habilita a participar como *amicus curiae*. É, sempre, a aptidão em

---

140. Para uma visão aprofundada do instituto, v.: BUENO, Cassio Scarpinella. *Amicus curiae no processo civil brasileiro*. 3. ed. São Paulo: Saraiva, 2012. O autor dos presentes comentários já se dedicou ao tema nos comentários ao art. 138, *In*: WAMBIER, Teresa A. *et al.* (Coords.). *Breves comentários ao novo Código de Processo Civil*. 3. ed. São Paulo: RT, 2016.

141. STF, ADC 18, Min. Rel. Carlos Direito, decisão monocrática, j. 14.11.2007.

contribuir. A representatividade, quando muito, pode ser um indicativo da *contributividade*, mas não a dispensa nem a substitui.

Mesmo porque podem ser *amici curiae* tanto pessoas naturais quanto jurídicas, e, nesse caso, tanto entes públicos como privados; entidades com ou sem fins lucrativos. Inclusive órgãos internos a outros entes públicos podem em tese contribuir como *amici curiae*. Não há restrição quanto à natureza intrínseca do sujeito interveniente. O próprio STF já admitiu em controle direto de constitucionalidade a participação de pessoas físicas, na medida em que detinham especial qualificação – p. ex., nos casos em que se discutia a legitimidade de pesquisas e terapia com células-tronco (ADIn 3510, Rel. Min. Carlos Britto) e a possibilidade da interrupção do feto anencefálico (ADPF 54, Rel. Min. Marco Aurélio).

Por outro lado, cabe reconhecer que há um conjunto de hipóteses em que a participação do *amicus* expressamente se ampara em seu interesse no resultado do julgamento. Trata-se dos julgamentos por amostragem: incidente de resolução de demandas repetitivas (art. 983) e recursos especiais e extraordinários repetitivos (art. 1.038, I). Tratando do tema ainda no CPC/73, parcela da doutrina afirma que bastaria ao terceiro demonstrar seu interesse na controvérsia – no sentido de que aquilo que ali se decidir servirá para outro recurso, que versa sobre questão idêntica, em processo de que ele é parte.[142]

Porém, parece mais adequada uma solução intermediária. Nesse caso, a aferição da aptidão para intervir não pode ser puramente objetiva, fundada apenas na qualidade da contribuição que o terceiro está potencialmente apto a dar, como p. ex. nos processos de controle direto de constitucionalidade. Mas não parece viável admitir no processo, como *amicus curiae*, todo aquele que apenas demonstre que é parte em outro processo em que há recurso sobre a mesma questão: em vez de uma imensidão de recursos, ter-se-ia um recurso com uma imensidão de partícipes... Isso seria de nenhuma ajuda para a efetiva incidência do contraditório: centenas ou milhares de manifestações acumuladas, muitas absolutamente idênticas quanto ao conteúdo, obscureceriam aquelas intervenções que de fato contribuiriam para o debate.

Portanto, a demonstração de que se é parte em outro processo, que trata da mesma questão, pode atenuar a demonstração da contributividade, mas não a eliminar por completo. E mesmo nesse caso, não há nenhuma relevância a questão da representatividade, no sentido próprio do termo. Portanto, mesmo nesse caso, não há de se falar em qualquer autorização de grupo ou classe para o terceiro intervir como *amicus curiae*.

---

142. DIDIER JR., Fredie; CUNHA, Leonardo C. *Curso de direito processual civil.* 3. ed. Salvador: Juspodivm, 2007. vol. 3, cap. VII, n. 17.8. p. 272; WAMBIER, Luiz R.; WAMBIER, Teresa A. A., MEDINA, José Miguel G. *Breves comentários à nova sistemática processual civil.* São Paulo: RT, 2007. vol. 3. p. 247-248; ASSIS, Carlos Augusto de. "Repercussão geral como requisito de admissibilidade do recurso extraordinário". *Revista Dialética de Direito processual.* vol. 54, 2007. p. 42. Há quem chegue a afirmar que o caso é de assistência, e não *amicus curiae* (PRÁ, Carlos Del. *Amicus curiae: instrumento de participação democrática e de aperfeiçoamento da prestação jurisdicional.* Curitiba: Juruá, 2007. p. 119).

► **NCPC. Art. 138.** O juiz ou o relator, considerando a relevância da matéria, a especificidade do tema objeto da demanda ou a repercussão social da controvérsia, poderá, por decisão irrecorrível, de ofício ou a requerimento das partes ou de quem pretenda manifestar-se, solicitar ou admitir a participação de pessoa natural ou jurídica, órgão ou entidade especializada, com representatividade adequada, no prazo de 15 (quinze) dias de sua intimação.

Enunciado 128. No processo em que há intervenção do "amicus curiae", a decisão deve enfrentar as alegações por ele apresentadas, nos termos do inciso IV do § 1º do art. 489.

● *Grupo: Litisconsórcio e Intervenção de Terceiros.* ● *Referências: arts. 138 e 489, § 1º, IV.*

► *Marina França Santos*

Dentre as positivações mais relevantes do Novo Código de Processo Civil, está uma que sequer pode ser considerada novidade no modelo constitucional de processo vigente, muito embora sua presença no texto do NCPC deva ser festejada por evidenciar, de modo inequívoco, os primados do processo civil brasileiro, direcionando a jurisdição rumo ao aprofundamento da democratização do processo e da legitimidade das decisões judiciais.

Trata-se do § 1º do artigo 489 do NCPC, que explicitou, detidamente, algo que já se sabe, mas que na prática nem sempre se verifica: a participação no processo decisório não é concebida como mera faculdade de afirmar um direito material em juízo, trazendo consigo, também, o direito dos sujeitos de influírem, substancialmente, sobre o convencimento do juiz. O dispositivo realçou, ainda, o dever cogente do magistrado de explicitar, em suas decisões, exata e exaustivamente, todos os motivos que o levaram ao convencimento.

Com esses objetivos, o Novo Código estabelece claramente a impossibilidade de o juiz limitar-se, ao decidir, à mera indicação de dispositivos normativos sem especificar sua relação com a questão decidida; ao emprego de conceitos jurídicos indeterminados sem justificar o motivo concreto de sua incidência no caso; à utilização de motivos que se prestariam a justificar qualquer outra decisão e à invocação ou afastamento de precedente ou enunciado de súmula sem identificação de seus fundamentos determinantes ou demonstração da existência de distinção no caso em julgamento ou a superação do entendimento.

Impõe o dispositivo, ainda, determinação que merece relevante destaque, contida no inciso IV do § 1º do artigo 489, consistente no necessário enfrentamento, por parte do órgão julgador, de todos os argumentos deduzidos no processo capazes de, em tese, infirmar a conclusão adotada. O objetivo do dispositivo é garantir a concreta participação dos jurisdicionados na construção das decisões judiciais, por meio do reforço ao caráter substancial dos princípios da fundamentação e do contraditório.

Fica definitivamente assentado, portanto, com o NCPC, que o direito fundamental ao acesso à justiça, ao contraditório e à efetividade do processo compreendem não apenas o direito de provocar a atuação do Estado e dele receber um provimento, mas, principalmente, o de obter (em prazo adequado) uma decisão que provenha da participação concretamente democrática dos sujeitos no processo.

O Enunciado ora comentado tem por escopo ressaltar a amplitude da aplicabilidade do artigo 489, § 1º, e, mais especificamente, de seu inciso IV, explicitando-se a conexão sistemática existente entre o dispositivo e o artigo 138, também do Novo CPC, referente à intervenção de terceiros. Reflete o enunciado, portanto, a intenção do Código de aprofundamento da democratização do processo, garantindo-se a concreta possibilidade de participação, na construção da decisão, de todos aqueles que atuam processualmente deduzindo alegações hábeis a formar a convicção judicial.

Como visto, o inciso IV, § 1º do artigo 489 do NCPC registrou, a título de reforço, a concepção de contraditório harmônica com a sistemática constitucional vigente. O enunciado 128 vem pôr em relevo que tal preceito não se restringe às partes no processo e, por consequência, deve-se aplicar também ao *amicus curiae*. Essa interpretação decorre, inicialmente, da literalidade do próprio artigo 489 que, ao fazer referência a "todos os argumentos deduzidos no processo capazes de, em tese, infirmar a conclusão adotada pelo julgador", alcança, claramente, todos os sujeitos – e não somente as partes – que deduzam tais argumentos. Decerto, o que o novo texto legal determina é a imprescindibilidade de que se leve em consideração toda participação processual na construção do processo decisório.

Em segundo lugar, o Enunciado funda sua razão de ser na própria necessidade de não tornar letra morta a previsão do instituto do *amicus curiae,* que passa, com o Novo Código, a ser admitido genericamente nos processos judiciais (art. 138, NCPC), em mais um passo importante no sentido da democratização do processo e do reconhecimento de que a interpretação é um processo aberto e criativo. Sem dúvidas, a abertura do processo à atuação do *amicus curiae* vai ao encontro dos objetivos fundamentais do processo, aduzindo à construção do provimento perspectivas e argumentos que permitam a busca por meios de tutela mais adequados ao objeto da demanda, por condições mais favoráveis à reconstituição dos fatos tidos por relevantes e pela melhor forma de se garantir a eficácia da decisão a quem tem direito.

Entendimento contrário ao Enunciado conduziria, portanto, à admissão de que a participação do *amicus curiae* no processo seja tida como mera figuração, o como apoio de argumentos para a decisão já tomada pelo juiz, desprezando-se, simplesmente, as alegações formuladas, naquilo em que forem incompatíveis com a decisão proferida. O enunciado ressalta, diferentemente, que o magistrado deve guardar, em relação ao *amicus curiae,* em todo processo em que sua intervenção for admitida, os mesmos deveres impostos pelos princípios do contraditório e da fundamentação que possui em face das partes do processo.

O verbete funciona, por conseguinte, como um aviso de que a admissão do *amicus curiae* como terceiro interveniente no processo deve servir ao aperfeiçoamento do exercício da jurisdição, tanto no aspecto da legitimidade quanto da efetividade. O *amicus curiae* passa, por conseguinte, a realmente integrar o contraditório processual e suas contribuições serão, assim, de interesse público e de apreciação vinculante pelo juiz, sob pena de ofensa ao art. 489, § 1º, IV e ao art. 138 do NCPC.

▶ **NCPC. Art. 138.** O juiz ou o relator, considerando a relevância da matéria, a especificidade do tema objeto da demanda ou a repercussão social da controvérsia, poderá, por decisão irrecorrível, de ofício ou a requerimento das partes ou de quem pretenda manifestar-se, solicitar ou admitir a participação de pessoa natural ou jurídica, órgão ou entidade especializada, com representatividade adequada, no prazo de 15 (quinze) dias de sua intimação. ▶ **Art. 489. § 1º** Não se considera fundamentada qualquer decisão judicial, seja ela interlocutória, sentença ou acórdão, que: IV – não enfrentar todos os argumentos deduzidos no processo capazes de, em tese, infirmar a conclusão adotada pelo julgador.

Enunciado 249. A intervenção do "amicus curiae" é cabível no mandado de segurança.

● *Grupo: Impactos do CPC nos Juizados e nos procedimentos especiais de legislação extravagante.* ● *Referências: art. 138.*

▸ *Eduardo Talamini*

A atuação do *amicus curiae*, dada sua limitada esfera de poderes (e, consequentemente, sua restrita interferência procedimental), é cabível inclusive em procedimentos especiais em que se veda genericamente a intervenção de terceiros – sobretudo naqueles que são regulados por leis anteriores ao NCPC.

É o que se passa com o mandado de segurança.

No que tange às formas de intervenção de terceiros previstas no Código de Processo Civil, prevaleceu sob a égide da antiga lei do mandado de segurança (Lei 1.533/51) o entendimento de que seriam inadmissíveis – exceção feita à assistência litisconsorcial, que, por constituir simples modalidade de litisconsórcio superveniente, era aceita, por força da regra que expressamente admitia o litisconsórcio no mandado de segurança.[143] O argumento utilizado para a negativa da intervenção de terceiros no mandado de segurança, contudo, era extremamente falho. Invocava-se o artigo 20 da Lei 1.533/51, para daí se extrair a inaplicabilidade das regras do Código de Processo Civil ao mandado de segurança. A tese não procedia.

O artigo 20 da antiga lei, ao estabelecer que "revogam-se os dispositivos do Código de Processo Civil sobre o assunto e mais disposições em contrário", tinha de ser compreendido em seu contexto histórico. Até a edição da Lei 1.533/51, o processo do mandado de segurança era regulado por dispositivos inseridos no Código de 1939. Foi a aplicação de tais regras específicas, e não necessariamente de outras, que se pretendeu afastar. Note-se que não foi apenas no campo da intervenção de terceiros que o argumento ora criticado foi utilizado. A negativa de condenação em honorários de sucumbência (Súm. 512/STF) e a inadmissão de embargos infringentes em apelação em mandado de segurança (Súm. 597/STF; Súm. 169/STJ), por exemplo, também foram conclusões extraídas daquele equivocado fundamento.

A Lei 12.016/09, contudo, não possui nenhuma disposição da qual se possa extrair – ainda que indiretamente ou, como antes ocorrera, de modo artificioso – qualquer

143. Cf. p. ex., STF, MS 24.414-3, Pleno, v.m., Rel. Min. Cesar Peluso, DJU 21.11.2003.

diretriz no sentido de que as normas do Código de Processo Civil não se aplicariam ao mandado de segurança. Bem o contrário, foram reiteradas as remissões da Lei 12.016 ao Código de Processo Civil de 1973 (*v.g.*, Lei 12.016/09, art. 6º, § 5º, art. 7º, §§ 1º e 5º, art. 24...) – o que indica a aplicabilidade subsidiária do diploma processual civil, que, de resto, era confirmada pelo art. 1.211 do Código anterior e pelo art. 1º do atual CPC. A negativa de condenação em honorários de sucumbência e a inadmissibilidade de embargos infringentes, antes fundadas na tese da inaplicabilidade subsidiária do Código, ora estão expressamente consagradas no novo diploma (art. 25 da Lei 12.016/09). No entanto, não há nenhuma regra na nova lei que expressamente vede a intervenção de terceiros. Isso significaria que ora as várias modalidades interventivas previstas no Código são admissíveis no mandado de segurança?

A resposta é negativa. Cumpre considerar qual era o adequado fundamento para mesmo antes se negar o cabimento de intervenção de terceiros em mandado de segurança. Por certo, não era o artigo 20 da antiga lei. A incidência das regras do Código no processo do mandado de segurança encontrava um limite, inerente a toda aplicação subsidiária. Apenas eram aplicáveis as normas do CPC compatíveis com a essência constitucional do mandado de segurança: instrumento célere, de cognição sumária e "eficácia potenciada". A celeridade, simplicidade e sumariedade do rito do processo do mandado de segurança incompatibilizam-no com todas as modalidades de intervenção de terceiros previstas no Código (desse rol excluída, reitere-se, a assistência litisconsorcial, que se submete ao regime do litisconsórcio). Esse fundamento permanece plenamente válido. Note-se que mesmo a assistência simples é apta a gerar significativos transtornos procedimentais. Basta considerar a necessidade de instauração de um incidente específico, caso uma das partes impugne o pedido de intervenção assistencial (NCPC, art. 120).

Mas tais razões não se aplicam minimamente ao ingresso do *amicus curiae*. Por um lado, a proibição à intervenção de terceiros só se justifica relativamente às modalidades em que o terceiro torna-se parte ou assume subsidiariamente os poderes da parte. Por outro lado, e mesmo como decorrência desse primeiro aspecto, o requerimento de ingresso do terceiro como *amicus curiae* não gera nenhum tipo de perturbação procedimental. Não instaura nenhum incidente. Deve ser decidido de plano pelo juiz ou relator, mediante pronunciamento que inclusive a lei qualifica como "irrecorrível".

Assim, cabe o ingresso de *amicus curiae* no processo do mandado de segurança.[144]

► **NCPC. Art. 138.** O juiz ou o relator, considerando a relevância da matéria, a especificidade do tema objeto da demanda ou a repercussão social da controvérsia, poderá, por decisão irrecorrível, de ofício ou a requerimento das partes ou de quem pretenda manifestar-se, solicitar ou admitir a participação de pessoa natural ou jurídica, órgão ou entidade especializada, com representatividade adequada, no prazo de 15 (quinze) dias de sua intimação.

---

144. Sobre o tema, ver TALAMINI, Eduardo. "Partes e terceiros no mandado de segurança". *Revista Dialética de Direito Processual*, v. 80, 2009, n. 8. p. 51.

Enunciado 250. Admite-se a intervenção do "amicus curiae" nas causas trabalhistas, na forma do art. 138, sempre que o juiz ou relator vislumbrar a relevância da matéria, a especificidade do tema objeto da demanda ou a repercussão geral da controvérsia, a fim de obter uma decisão respaldada na pluralidade do debate e, portanto, mais democrática.

● *Grupo: Impacto do CPC no processo do trabalho.* ● *Referências: arts. 15 e 138.*

▸ *Eduardo Talamini*

O Código de Processo Civil aplica-se subsidiariamente aos demais campos processuais – inclusive o processo trabalhista (NCPC, art. 15). Como visto nos comentários anteriores, o instituto do *amicus curiae* constitui modalidade fundamental de expressão da garantia constitucional do contraditório. Portanto, dentro de certos limites, já seria apto a incidir no processo trabalhista independentemente de expressa prevista infraconstitucional – como, de resto, já se reconhecia que ele incidia, atipicamente, no processo civil, antes do atual diploma processual civil.

Isso é dito para evidenciar que, se há alguma discussão sobre os limites do artigo 15, no que tange à aplicação das regras do Código ao processo trabalhista, tal debate há de passar ao largo da figura do *amicus curiae*. Esse, reitere-se, pode intervir no processo trabalhista não tanto ou apenas por força do artigo 138 do NCPC (que funciona, antes, como um parâmetro operativo do emprego do instituto em tal seara), mas por direta incidência da garantia constitucional do contraditório (CF, art. 5º, LV).

▸ **NCPC. Art. 15.** Na ausência de normas que regulem processos eleitorais, trabalhistas ou administrativos, as disposições deste Código lhes serão aplicadas supletiva e subsidiariamente. ▸ **Art. 138.** O juiz ou o relator, considerando a relevância da matéria, a especificidade do tema objeto da demanda ou a repercussão social da controvérsia, poderá, por decisão irrecorrível, de ofício ou a requerimento das partes ou de quem pretenda manifestar-se, solicitar ou admitir a participação de pessoa natural ou jurídica, órgão ou entidade especializada, com representatividade adequada, no prazo de 15 (quinze) dias de sua intimação.

Enunciado 391. O "amicus curiae" pode recorrer da decisão que julgar recursos repetitivos.

● *Grupos: Litisconsórcio e intervenção de terceiros; Precedentes, IRDR, Recursos Repetitivos e Assunção de competência.* ● *Referências: art. 138, § 3º.*

▸ *Eduardo Talamini*

Em regra, o *amicus curiae* não detém legitimidade para interpor recursos no processo de que participa. Tal limitação explica-se pela natureza de sua intervenção: não assume, nem subsidiariamente, os poderes processuais inerentes às partes.

Há duas exceções gerais: (a) pode sempre opor embargos declaratórios, o que se justifica pela função meramente integrativa e esclarecedora desse recurso; (b) pode recorrer dos julgamentos de demandas e recursos repetitivos, o que se explica pela especial condição do *amicus curiae* nessas hipóteses, em que seu interesse assume um papel relevante, ainda que não exclusivo.

O artigo 138, § 3º, alude em termos explícitos apenas à legitimidade recursal do *amicus curiae* no "incidente de resolução de demandas repetitivas" (IRDR). Nada diz acerca dos outros dois procedimentos de julgamento "por amostragem" previstos no processo civil, atinentes aos recursos especiais e aos recursos extraordinários repetitivos. Todavia, as três hipóteses – IRDR, julgamento de recursos especiais repetitivos e julgamento de recursos extraordinários repetitivos – constituem um microssistema submetido à mesma disciplina geral (NCPC, art. 928). A previsão expressa de legitimidade recursal do *amicus curiae* no IRDR é plenamente aplicável aos especiais e extraordinários repetitivos. Não há fundamento razoável para a diferenciação, que seria uma exceção à disciplina geral. Só se justificaria, se houvesse um motivo concreto plausível para tratar de modo diferente hipóteses iguais.

Some-se a isso a circunstância de que o *amicus curiae* constitui mecanismo de direta concretização da garantia constitucional do contraditório (art. 5º, LV, CF – vide comentários ao Enunciado 460). No voto que proferiu no processo administrativo que aprovou a instituição do julgamento por amostragem de recursos extraordinários contra decisões dos Juizados Especiais Federais (ER 12/03), o Ministro Gilmar Mendes deu especial ênfase a esse aspecto da questão. Depois de destacar que, na prática, já se decidia nesses moldes, com a simples reprodução nos recursos subsequentes da decisão tomada no precedente, o Ministro Mendes observou que a institucionalização desse procedimento teria a vantagem de permitir que as partes (dos demais recursos, sobrestados) "se manifestem quando da formação do *leading case*" (STF, Processo Administrativo 318.715). Nos julgamentos "por amostragem", a questão é decidida não apenas para as partes do caso selecionado como amostra.

A solução da tese aplicar-se-á, de modo vinculante, a todos os outros casos, envolvendo outros sujeitos, em que a questão jurídica se ponha. Logo, a viabilização do contraditório, sob a modalidade do *amicus curiae*, é imprescindível para a legitimidade constitucional dessa técnica. O *amicus curiae* poderá apresentar memoriais, juntar pareceres e documentos. No IRDR, está expressamente previsto que ele terá também o direito de realizar sustentação oral (CPC, art. 984, II). A exemplo da legitimidade recursal do *amicus curiae*, não há regra expressa a esse respeito, na disciplina estabelecida no CPC para os procedimentos de julgamento de recursos especiais e extraordinários repetitivos. Mas essa é também uma imposição da garantia do contraditório. O Regimento Interno do STJ explicita essa possibilidade.[145]

No Regimento do STF, há também previsão de sustentação pelo *amicus curiae* (explícita nos processos de controle concentrado de constitucionalidade, cf. art. 131, § 3º, acrescido pela ER 15/04 – mas também extraível, no caso dos julgamentos "por amostragem", do disposto no artigo 131, § 4º, acrescido pela ER 20/06). Se assim o é relativamente à sustentação oral, nada justifica solução diversa no que tange à legitimidade recursal. É imprescindível que o *amicus curiae* possa recorrer da decisão-quadro

145. Artigo 160, § 8º, acrescido pela ER 20/2015, que tornou superada a orientação, desde a origem incorreta – data venia –, adotada no REsp 1.205.946, Corte Especial, v.m., Rel. Min. Benedito Gonçalves, j. 17.8.2011.

proferida no julgamento do recurso repetitivo. Não há como restringir a titularidade da faculdade recursal às partes, considerando-se que o que se decide nesse procedimento vai muito além do interesse das próprias partes.

A rigor, o julgamento da questão jurídica repetitiva nem mesmo se identifica com o julgamento do recurso-amostra atinente ao caso concreto. Há, num mesmo momento, a sobreposição de dois julgamentos distintos: (i) o do recurso que serviu de amostra para a solução da questão repetitiva e (ii) o da própria questão objetivada, que transcende o interesse das partes. Tanto são objetos distintos que a desistência do recurso-amostra antes do julgamento, conquanto possível (pois a faculdade recursal permanece na esfera de disponibilidade da parte), não extingue o procedimento para julgamento da questão objetivada (CPC, art. 998, par. ún.). Compreende-se que o *amicus curiae* não detenha legitimidade nem interesse para recorrer de capítulos decisórios pertinentes exclusivamente ao caso do recurso-amostra. Mas excluir-lhe a legitimidade recursal mesmo em face da decisão-quadro (i.e., da resolução da questão objetivada) seria injustificável, à luz das garantias do devido processo.

Por fim, note-se ainda que, mesmo em outras modalidades processuais, podem surgir situações gravosas e diretamente incidentes sobre a esfera jurídica do *amicus curiae*. Pense-se na hipótese em que o juiz atribui ao terceiro ônus e deveres que vão além da sua condição de *amicus curiae*, ou o condena por litigância de má-fé. Se não cabe recurso nessas hipóteses, impõe-se admitir o emprego do mandado de segurança (CF, art. 5º, LXIX, e Lei 12.016/09, art. 5º, II).

► **NCPC. Art. 138. § 3º** O "amicus curiae" pode recorrer da decisão que julgar o incidente de resolução de demandas repetitivas.

Enunciado 392. As partes não podem estabelecer, em convenção processual, a vedação da participação do "amicus curiae".

● *Grupo: Litisconsórcio e intervenção de terceiros.* ● *Referências: arts. 138 e 190.*

► ***Eduardo Talamini***

O artigo 190 do CPC consagrou a ampla possibilidade da celebração de negócios jurídicos processuais. As partes podem, antes do processo ou durante ele, convencionar a modificação de seus poderes, ônus e faculdades processuais, bem como modular o procedimento. Os negócios processuais submetem-se a dois pressupostos gerais de validade – um subjetivo (capacidade das partes para o exercício dos direitos em juízo) e outro objetivo (a pretensão objeto do processo deve comportar "autocomposição", no sentido de admitir alguma forma de solução extrajudicial). Há também um relevante limite de eficácia, no sentido de que o juiz obstará os efeitos da convenção processual abusivamente imposta "em contrato de adesão ou no qual alguma parte se encontre em manifesta situação de vulnerabilidade" (art. 190, par. ún.). Por fim, há ainda outro limite de eficácia que é inerente a qualquer negócio jurídico: ninguém pode dispor de posições jurídicas que não lhe pertencem. Não há como convencionar eficazmente sobre poderes e faculdades processuais alheios.

O *amicus curiae* pode constituir modalidade de intervenção tanto provocada quanto espontânea. O seu ingresso no processo pode derivar de pedido de uma das partes ou do próprio terceiro. Pode também ser solicitado de ofício pelo juiz. Vale dizer: (i) as partes têm o direito de provocar a intervenção de *amicus curiae*, demonstrando que o caso requer sua participação; (ii) o terceiro tem o direito de intervir como *amicus curiae*, nos casos em que cumpra os requisitos para tanto; (iii) o juiz tem o poder de, mesmo de ofício, determinar a intervenção de *amicus curiae*, quando constatar que sua contribuição pode ser muito relevante para a solução da causa.

Daí já se vê que a intervenção de *amicus curiae* não tem como ser eficazmente vedada por convenção processual entabulada pelas partes, em todo e qualquer caso. As partes não podem mediante negócio processual: (1º) vedar a intervenção espontânea de terceiro como *amicus curiae*; (2º) impedir o juiz de determinar de ofício a intervenção de um terceiro como *amicus curiae*; (3º) estabelecer que um terceiro, alheio à avença, obrigatoriamente intervenha como *amicus curiae*. Em suma, o negócio jurídico não pode restringir direitos nem impor deveres a terceiros.

À luz dessa diretriz é que se identificam os negócios jurídicos processuais possíveis, no que concerne à figura do *amicus curiae*. As partes podem mediante negócio processual: (1º) obrigar-se a não provocar a intervenção de um *amicus curiae*; (2º) pactuar, com um terceiro, que ele se obriga a intervir como *amicus curiae* em processo (presente ou futuro) entre as partes.

▶ **NCPC. Art. 138.** O juiz ou o relator, considerando a relevância da matéria, a especificidade do tema objeto da demanda ou a repercussão social da controvérsia, poderá, por decisão irrecorrível, de ofício ou a requerimento das partes ou de quem pretenda manifestar-se, solicitar ou admitir a participação de pessoa natural ou jurídica, órgão ou entidade especializada, com representatividade adequada, no prazo de 15 (quinze) dias de sua intimação. ▶ **Art. 190.** Versando o processo sobre direitos que admitam autocomposição, é lícito às partes plenamente capazes estipular mudanças no procedimento para ajustá-lo às especificidades da causa e convencionar sobre os seus ônus, poderes, faculdades e deveres processuais, antes ou durante o processo.

ENUNCIADO 393. É CABÍVEL A INTERVENÇÃO DE "AMICUS CURIAE" NO PROCEDIMENTO DE EDIÇÃO, REVISÃO E CANCELAMENTO DE ENUNCIADOS DE SÚMULA PELOS TRIBUNAIS.

● *Grupo: Litisconsórcio e intervenção de terceiros.* ● *Referências: arts. 138, 926, § 1º, e 927, § 2º.*

▸ ***Eduardo Talamini***

O pressuposto objetivo de cabimento da intervenção do *amicus curiae* é a "relevância da matéria, a especificidade do tema objeto da demanda ou a repercussão social da controvérsia" (art. 138). Esse substrato está sempre presente nos processos de edição, revisão e cancelamento de enunciados de súmula de jurisprudência dos tribunais. Se se cogita da edição de um enunciado sumular, é porque se reputa relevante a matéria nele versada. E a edição de um enunciado de súmula inevitavelmente terá repercussão social, no sentido de que a tese ali afirmada haverá de aplicada, pelo próprio tribunal e pelos graus de jurisdição inferiores, nos processos em que a mesma questão jurídica se ponha – inclusive quando não se tratar de súmula vinculante

(CPC, arts. 332, I e IV, 927, IV, 932, IV, a e V, a, 995, par. ún., I, 966, § 5º, 1.035, § 3º, I etc.). Essas características também estão presentes no processo de cancelamento ou revisão da súmula. Portanto, o processo de edição, revisão ou cancelamento de enunciados sumulares é um dos âmbitos em que a intervenção de *amici curiae* se mostra mais adequada e se faz mais necessária. Trata-se, mesmo, de imposição da garantia constitucional do contraditório (art. 5º, LV).

No processo de súmula vinculante no STF, há previsão expressa a respeito da participação do *amicus curiae*. Mediante decisão irrecorrível do relator, terceiros podem ser admitidos a manifestar-se no procedimento da proposta de edição, revisão ou cancelamento de súmula (Lei 11.417/06, art. 3º, § 2º). A lei não especifica qual o requisito para a participação desses terceiros. É razoável interpretação no sentido de que tal regra equivale àquela que, nos demais processos de controle direto de constitucionalidade, permite a manifestação de terceiros que demonstrem especial qualificação para colaborar com subsídios na definição da questão (esp. Lei 9.868/99, art. 7º, § 2º). O *amicus curiae* poderá apresentar manifestações escritas. Além disso, o Regimento Interno do STF assegura ao *amicus curiae* a possibilidade de realizar sustentação oral na sessão de julgamento, "no processo de controle de constitucionalidade" (art. 131, § 3º, conforme ER 15/04) – regra aplicável ao processo objetivo de edição, revisão ou cancelamento da súmula vinculante. Nas ações diretas, a jurisprudência do Supremo Tribunal admite a participação do *amicus curiae*, em regra, até o exaurimento do prazo para prestação de informações pelas autoridades que emitiram o ato normativo impugnado.[146]

Excepcionalmente, tendo em vista a "relevância do caso" ou a "notória contribuição que a manifestação possa trazer para o julgamento da causa", permite-se manifestação de *amicus curiae* ainda que fora desse prazo.[147] No processo da súmula vinculante, como não há idêntica manifestação de autoridades responsáveis pelo ato, não é possível aplicar analogicamente a baliza geral acerca do prazo para intervenção. Porém, é preciso estabelecer-se um marco temporal dentro do qual deva ocorrer o ingresso de terceiros no processo. Esse parâmetro é dado pelo art. 354-B do RISTF: uma vez deferido o processamento do pedido de edição, revisão ou cancelamento de súmula vinculante, será publicado "edital no sítio do Tribunal e no Diário da Justiça Eletrônico, para ciência e manifestação de interessados no prazo de cinco dias".

Mas esse prazo não é inafastável. Na linha da jurisprudência acima referida, que flexibiliza o limite temporal para a intervenção do *amicus curiae* nos demais processos de controle concentrado de constitucionalidade, a magnitude da questão ou a inquestionável qualidade da contribuição que o terceiro pode vir a aportar no processo, justificam a admissão de seu ingresso mesmo depois do prazo do artigo 354-B. Os pressupostos para a admissão do *amicus curiae* no processo da súmula vinculante equiparam-se àqueles estabelecidos para a ação direta de inconstitucionalidade. A participação do terceiro tem seu cabimento definido por critérios que não

146. P. ex., ADI 2997, Rel. Min. Cezar Peluso, decisão monocrática, DJU 9.12.2003.
147. P. ex., ADI 2548, Rel. Min. Gilmar Mendes, decisão monocrática, DJU 24.10.2005.

consideram, ao menos diretamente, o seu interesse jurídico na questão. Tal como nas ações diretas, o que aqui interessa é a potencialidade de o terceiro propiciar um auxílio efetivo à Corte, mediante o aporte de elementos úteis para o processo. Assim, a baliza principal para definir o cabimento da participação do terceiro, como *amicus curiae*, é a *contributividade adequada*, a que se aludiu nos comentários ao Enunciado 127/FPPC, aos quais ora se remete.

Relativamente aos enunciados de súmulas de jurisprudência não vinculantes, não bastasse a regra geral do artigo 138 do CPC, há ainda o artigo 927, § 2º, também do CPC, que prevê expressamente a admissibilidade de *amici curiae* no processo de revisão ou cancelamento de enunciados sumulares de qualquer espécie, em quaisquer tribunais. O processo de edição do enunciado tem a mesma natureza do destinado à sua revisão ou cancelamento. Logo, a indicação expressa do cabimento da intervenção do *amicus* nesse último é igualmente corroboradora de sua admissibilidade naquele primeiro. Aplicam-se à intervenção e atuação do *amicus curiae* em todos esses processos as diretrizes gerais já destacadas relativamente ao processo de súmula vinculante.

A participação do *amicus curiae* é instrumento essencial de legitimação do processo objetivo de edição, revisão ou cancelamento de enunciados de súmula dos tribunais. É "um fator de pluralização e de legitimação do debate constitucional".[148] Não é um favor, uma mera liberalidade que a lei ou o tribunal confere aos jurisdicionados, mas um mecanismo fundamental para a própria legitimidade dos instrumentos de objetivação da solução de questões jurídicas. É inclusive irrelevante o fato de que antes tal mecanismo não era previsto no direito positivo e, por isso, não era comumente aplicado a tais processos. Isso não autoriza supor que a lei, assim como deu, poderia tirar essa garantia. Vigora a "cláusula de proibição de retrocesso". Se antes faltavam na lei infraconstitucional previsões consagradoras do contraditório nos processos objetivos, isso implicava uma lacuna, uma falha no sistema de proteção jurisdicional. Mas, uma vez consagrado na legislação infraconstitucional mecanismo apto à concretização da garantia constitucional, não é possível retroceder. Nesse ponto, é possível aludir à "garantia de proibição do retrocesso".[149] Por isso, devem ser descartadas formulações que se prestam a afastar em termos gerais a possibilidade de participação do *amicus curiae*. A potencialidade da intervenção de *amici curiae* e – mais ainda – a cultura do efetivo exercício e aceitação dessa faculdade são aspectos fundamentais para a própria legitimidade do instituto da súmula vinculante.

No procedimento de edição da Súmula Vinculante 2 (que versa sobre a inconstitucionalidade de leis estaduais sobre bingos e loterias) o STF não admitiu a intervenção de associação nacional das empresas exploradoras de loterias estaduais (Proc.

---

148. ADI-MC 2321, Pleno, v.u. (quanto à questão), Rel. Min. Celso de Mello, DJU 10.6.2005.

149. CANOTILHO, *Direito Constitucional*, 6. ed. Coimbra: Almedina, 1993, Parte IV, cap. 6, C, II, n. 1.1. p. 541-542; *Constituição dirigente e vinculação do legislador: contributo para a compreensão das normas constitucionais programáticas*, Coimbra: Coimbra Editora, 1994, Parte II, n. 4.1.3. p. 374-375) ou à "ação positiva de manter em vigência" (ALEXY, *Teoria de los derechos fundamentales* (trad. E. Garzón Valdés, da edição alemã de 1986 de *Theorie der Grundrechte*), Madri, Centro de Estudios Constitucionales, 1997, cap. IX, III, n. 4.1

327.880/07, v.m., DJe 10.8.2007). O fundamento do voto da Min. Ellen Gracie foi no sentido de que, quando o procedimento de edição de súmula é instaurado por requerimento de um dos membros do STF, não se admitiria em nenhuma hipótese a intervenção de terceiros. Apenas haveria verdadeiro processo, com respeito à garantia do contraditório, quando o requerimento de edição, cancelamento ou revisão da súmula proviesse de algum dos outros legitimados a tanto. Vale dizer: o procedimento, quando instaurado pelos próprios membros da Corte, seria alheio ao crivo do contraditório.

A Ministra Gracie invocou ainda um argumento literal: o artigo 3º, § 2º, da Lei 11.417/06 alude à possibilidade de o "relator" admitir a participação de terceiros. Segundo ela, apenas haverá relator quando o procedimento de edição, cancelamento ou revisão da súmula for instaurado a pedido de outros legitimados que não os próprios Ministros do STF. Por fim, considerou também o fato de que a associação que pretendia ingressar no procedimento já tivera antes a possibilidade de participar, como *amicus curiae*, de vários processos individuais e de controle objetivo em que o tema fora discutido, nos quais se formaram os precedentes que ora justificariam a edição da súmula – razão por que não se justificaria uma nova participação.

Esse conjunto de argumentos, se procedente fosse, poderia conduzir também à inadmissibilidade generalizada do *amicus curiae* nos procedimentos de edição dos enunciados de jurisprudência não vinculante. Afinal, é muito comum a concepção – hoje já de todo inservível – de que o processo de edição de enunciados seria mera atividade administrativa dos tribunais.

Mas, com a devida vênia, tal entendimento é incompatível com as premissas que legitimam o processo objetivo de edição, revisão ou cancelamento de enunciados sumulares, antes expostas. Não há nenhuma diferença essencial no processo objetivo a ser desenvolvido nos casos em que a proposta de edição do enunciado provém de um próprio membro do tribunal e nos casos em que tal proposição advém de outro legitimado. As normas constitucionais não autorizam tal distinção. Tampouco a Lei 11.417/06 (ao tratar da súmula vinculante) e o CPC (ao tratar dos demais enunciados sumulares) o fizeram – e nem o poderiam. Bem por isso, o Ministro Marco Aurélio reputou que era cabível a intervenção do *amicus curiae* no caso acima referido – ficando vencido. Nem mesmo o argumento literal parece proceder. Mesmo no procedimento de edição de enunciado iniciado a pedido de membro do tribunal, alguém assume o papel de relator: no caso do STF, o próprio Presidente da Corte. Pode não receber formalmente esse nome, mas é precisamente a tarefa de relatoria a que ele desenvolve.

O terceiro argumento, da anterior participação nos processos em que se formaram os precedentes justificadores da edição do enunciado da súmula, também não parece autorizar a recusa à intervenção da entidade no processo de edição da súmula. Mesmo porque o *amicus curiae* pode dedicar-se a tecer argumentos apontando a inviabilidade da edição da súmula (p. ex., por não atender aos requisitos objetivos antes indicados) – matéria certamente não versada em suas anteriores manifestações nos processos individuais e objetivos de que antes participara. Ou ainda, pode fornecer subsídios úteis para a definição da questão atinente à modulação dos efeitos da súmula vinculante – tema que também normalmente não terá ainda antes sido analisado.

Posteriormente à orientação jurisprudencial acima indicada, o STF editou a Resolução 388/08, que passava a contemplar a possibilidade de intervenção do *amicus curiae* em qualquer hipótese de edição, revisão ou cancelamento de súmula vinculante, independentemente de quem tenha formulado a proposta (art. 1º), regra essa subsequentemente reproduzida no RISTF (art. 354-B, acrescido pela ER 46/11).

Assim, cabe – e mais do que isso, é de essencial importância – a participação de *amici curiae* nos processos de edição, cancelamento ou revisão de enunciados de súmula não vinculantes e de súmulas vinculantes.

▶ **NCPC. Art. 138.** O juiz ou o relator, considerando a relevância da matéria, a especificidade do tema objeto da demanda ou a repercussão social da controvérsia, poderá, por decisão irrecorrível, de ofício ou a requerimento das partes ou de quem pretenda manifestar-se, solicitar ou admitir a participação de pessoa natural ou jurídica, órgão ou entidade especializada, com representatividade adequada, no prazo de 15 (quinze) dias de sua intimação. ▶ **Art. 926. § 1º** Na forma estabelecida e segundo os pressupostos fixados no regimento interno, os tribunais editarão enunciados de súmula correspondentes a sua jurisprudência dominante. ▶ **Art. 927. § 2º** A alteração de tese jurídica adotada em enunciado de súmula ou em julgamento de casos repetitivos poderá ser precedida de audiências públicas e da participação de pessoas, órgãos ou entidades que possam contribuir para a rediscussão da tese.

Enunciado 394. As partes podem opor embargos de declaração para corrigir vício da decisão relativo aos argumentos trazidos pelo "amicus curiae".

● *Grupo: Litisconsórcio e intervenção de terceiros.* ● *Referências: art. 138, § 1º, 489, § 1º, IV, 1.022, II, art. 10.*

▸ ***Eduardo Talamini***

Remete-se aos comentários ao enunciado 128. Como lá se apontou, há um núcleo essencial ineliminável na participação do *amicus* no processo: seus argumentos devem ser enfrentados pela decisão judicial (NCPC, arts. 489, § 1º, IV, 984, § 2º, e 1.038, § 3º; FPPC, enunciado 128, acima).

A decisão que se omitir de examinar tais argumentos, assim como aquela que os examinar de modo obscuro ou contraditório, ensejará a interposição de embargos de declaração, para os quais estarão legitimados e deterão interesse processual tanto as partes do processo quanto o *amicus curiae*.

Mantido o defeito na decisão – seja porque não se interpuseram embargos declaratórios, seja porque tenham sido rejeitados – haverá uma nulidade (CF, art. 93, IX, e CPC, art. 11), que poderá ser arguida ou conhecida de ofício em subsequente recurso e poderá até mesmo ensejar ação rescisória por violação manifesta a norma jurídica (CPC, art. 966, V).

▶ **NCPC. Art. 10.** O juiz não pode decidir, em grau algum de jurisdição, com base em fundamento a respeito do qual não se tenha dado às partes oportunidade de se manifestar, ainda que se trate de matéria sobre a qual deva decidir de ofício. ▶ **Art. 138. § 1º** A intervenção de que trata o caput não implica alteração de competência nem autoriza a interposição de recursos, ressalvadas a oposição de embargos de declaração e a hipótese do § 3º. ▶ **Art. 489. § 1º** Não se considera fundamentada qualquer decisão judicial, seja ela interlocutória, sentença ou acórdão, que: IV – não enfrentar todos os argumentos deduzidos no processo capazes de, em tese, infirmar a conclusão adotada pelo julgador. ▶ **Art. 1.022. C**abem embargos de declaração contra qualquer decisão judicial para: II – suprir omissão de ponto ou questão sobre o qual devia se pronunciar o juiz de ofício ou a requerimento.

Enunciado 395. Os requisitos objetivos exigidos para a intervenção do "amicus curiae" são alternativos.

● *Grupo: Litisconsórcio e intervenção de terceiros.* ● *Referências: art. 138, caput.*

▸ *Eduardo Talamini*

A intervenção do *amicus curiae* cabe quando houver "relevância da matéria, a especificidade do tema objeto da demanda ou a repercussão social da controvérsia" (art. 138). As regras especiais dessa intervenção, previstas em legislação esparsa e mesmo em outras disposições do NCPC, não exaurem as hipóteses objetivas de cabimento, mas servem para ilustrá-las. São duas as balizas: por um lado a especialidade da matéria, o seu grau de complexidade; por outro, a importância da causa, que deve ir além do interesse das partes, i.e., sua transcendência, repercussão transindividual ou institucional.

A importância transcendental da causa, justificadora a intervenção do *amicus curiae*, pode pôr-se tanto sob o aspecto qualitativo ("relevância da matéria") quanto quantitativo ("repercussão social da controvérsia"). Por vezes, a solução da causa tem repercussão que vai muito além do interesse das partes porque será direta ou indiretamente aplicada a muitas outras pessoas (ações de controle direto, processos coletivos, incidentes de julgamento de questões repetitivas, edição, revisão ou cancelamento de súmula dos tribunais ou mesmo a simples formação de um precedente relevante etc.). Mas em outras ocasiões, a dimensão *ultra partes* justificadora da intervenção do *amicus* estará presente em questões que, embora sem a tendência de reproduzir-se em uma significativa quantidade de litígios, versam sobre temas fundamentais para a ordem jurídica.

São requisitos alternativos ("ou"), não necessariamente cumulativos: tanto a sofisticação da causa quanto sua importância ultra partes pode autorizar, por si só, a intervenção. De todo modo, os dois aspectos, em casos em que não se põem isoladamente de modo tão intenso, podem ser somados, considerados conjuntamente, a fim de viabilizar a admissão do *amicus curiae*.

▶ **NCPC. Art. 138.** O juiz ou o relator, considerando a relevância da matéria, a especificidade do tema objeto da demanda ou a repercussão social da controvérsia, poderá, por decisão irrecorrível, de ofício ou a requerimento das partes ou de quem pretenda manifestar-se, solicitar ou admitir a participação de pessoa natural ou jurídica, órgão ou entidade especializada, com representatividade adequada, no prazo de 15 (quinze) dias de sua intimação.

ENUNCIADO 460. O MICROSSISTEMA DE APLICAÇÃO DE FORMAÇÃO DOS PRECEDENTES DEVERÁ RESPEITAR AS TÉCNICAS DE AMPLIAÇÃO DO CONTRADITÓRIO PARA AMADURECIMENTO DA TESE, COMO A REALIZAÇÃO DE AUDIÊNCIAS PÚBLICAS PRÉVIAS E PARTICIPAÇÃO DE "AMICUS CURIAE".

● *Grupo: Precedentes, IRDR, Recursos Repetitivos e Assunção de Competência.* ● *Referência: art. 927, § 1º; art. 138.*

▸ ***Eduardo Talamini***

O artigo 926, *caput*, do CPC, impõe aos tribunais o dever de manter sua jurisprudência estável, íntegra e coerente. Tal determinação aplica-se não apenas aos pronunciamentos com força vinculante. É uma diretriz a ser observada em toda e qualquer atuação de cada corte.

A instabilidade jurisprudencial (não raro, na mesma câmara, com o mesmo relator...) muitas vezes não deriva de intencionais mudanças de orientação, mas apenas da falta de controle do acervo jurisprudencial – problema que tende a ser eliminado ou diminuído com as providências organização e indexação do repertório de julgados.

Mas, além disso, não são infrequentes os verdadeiros casos de alterações de orientação jurisprudencial, por vezes até sucessivas. Não se pretende a fossilização de entendimentos que se revelam superados. A produção jurisprudencial deve revestir-se de dinamismo que acompanhe as mutações que ocorram no cenário social, político, cultural... Nesse ponto, cabe distinguir, por um lado, os casos em que, ao longo do tempo, se altera o próprio sentido do dispositivo legal não por mera divergência ("amadurecimento") de interpretação, mas em vista de uma evolução no âmbito sociocultural (a *letra da lei* permanece a mesma, mas a *norma* torna-se outra), e, por outro, os casos em que se tem a simples oscilação interpretativa fazendo com que uma mesma corte, em curto período de tempo e sem que tenha havido a alteração de premissas ou do contexto, adote diferentes posicionamentos sobre a mesma questão. É essa instabilidade que se busca evitar.

Um dos modos de se reduzir essa instabilidade consiste em evitar a emissão de pronunciamentos revestidos de maior eficácia vinculante enquanto ainda não houver verdadeiro amadurecimento da interpretação da questão. Por exemplo, há casos em que se constata já haver grande número de processos em que se discute uma mesma questão jurídica. No entanto, se não há ainda um razoável aprofundamento da compreensão da questão, é preferível que não se instaure desde logo um procedimento de resolução de questões repetitivas (julgamento de recursos por amostragem ou incidente de resolução de demandas repetitivas, conforme o caso). Em vez disso, é preferível que, em um primeiro momento, apenas se anuncie a futura instauração desse procedimento – a fim de que os potenciais *amici curiae* já se possam previamente preparar-se para o processo objetivo que está por vir (quanto a isso, v. comentários ao enunciado 575, adiante). Isso, em um primeiro momento, gerará certa gama de decisões divergentes no tribunal – o que poderia implicar um descumprimento da determinação contida no artigo 926.

Mas isso se faria no tempo estritamente necessário para o tribunal enriquecer sua apreensão da matéria – e para que também a "sociedade aberta de intérpretes" do ordenamento possa igualmente municiar-se de subsídios, de modo a propiciar um contraditório de qualidade. O enfrentamento desses primeiros casos permitirá aos integrantes do tribunal aprimorar seu domínio da questão – ampliando-se as chances de que finalmente profiram, em procedimento de resolução de casos repetitivos, uma decisão que seja fruto de verdadeira reflexão, meditação sobre o tema. Uma decisão nesses termos terá muito maior propensão à estabilidade. Estará bem menos sujeita ao risco de precisar ser complementada, ressalvada, retificada ou mesmo integralmente revista. Em suma, perde-se um pouco de tempo antes, para não se perder muito mais depois, com idas e vindas desnecessárias.[150]

De resto, uma vez instaurado o procedimento de resolução de casos repetitivos, deve-se permitir que o debate efetivamente floresça em seu âmbito. O Código confere ao juiz (inclusive ao relator, nos processos nos tribunais) o poder de modular o procedimento instrutório e dilatar prazos (art. 139, VI). Assim, na medida em que o caso exija, não há porque limitar o debate aos termos tímidos fixados no artigo 984. Aliás, o poder de modulação é especificamente reiterado no § 1º do artigo 984. Nesse passo, sempre que necessário, caberá ao tribunal promover audiência pública específica para a ouvida dos *amici curiae* – se for o caso, em mais de uma oportunidade.

▶ **NCPC. Art. 927. § 1º** Os juízes e os tribunais observarão o disposto no art. 10 e no art. 489, § 1º, quando decidirem com fundamento neste artigo. ▶ **Art. 138.** O juiz ou o relator, considerando a relevância da matéria, a especificidade do tema objeto da demanda ou a repercussão social da controvérsia, poderá, por decisão irrecorrível, de ofício ou a requerimento das partes ou de quem pretenda manifestar-se, solicitar ou admitir a participação de pessoa natural ou jurídica, órgão ou entidade especializada, com representatividade adequada, no prazo de 15 (quinze) dias de sua intimação.

Enunciado 575. Verificada a relevância da matéria, a repercussão social da controvérsia ou a especificidade do tema objeto da demanda, o juiz poderá promover a ampla divulgação do processo, inclusive por meio dos cadastros eletrônicos dos tribunais e do Conselho Nacional de Justiça, para incentivar a participação de mais sujeitos na qualidade de "amicus curiae".

● *Grupo: Litisconsórcio e intervenção de terceiros.* ● *Referências: art. 138.*

▶ ***Eduardo Talamini***

A jurisdição assume papel de imensa importância nos atuais Estados de Direito, num contexto que se tem denominado de neoconstitucionalismo (Constituições rígidas; catálogos positivados de direitos e garantias fundamentais; omnipresença dos princípios jurídicos, com força normativa; incidência direta das normas constitucionais, inclusive nas relações entre particulares; atribuição jurisdicional de garantia da Constituição). Cabe aos órgãos jurisdicionais permanentemente identificar e concretizar os valores fundamentais estabelecidos na Constituição. Fica descartada a ideia de que a jurisdição consista na atividade de aplicação pura e automática da lei ao caso concreto (concepção essa discutível mesmo antes). Reconhece-se que a interpretação

150. WAMBIER e TALAMINI, *Curso avançado de processo civil.* 16. ed. vol. 2, São Paulo: RT, 2016. p. 34-35

e aplicação do direito, especialmente dos princípios constitucionais, envolve necessariamente uma atividade que é em certa medida *construtiva*.

Além disso, a atuação jurisdicional, mais do que a aplicação da lei (no sentido de lei infraconstitucional), destina-se também e primeiramente à aplicação da Constituição – o que implica o permanente controle da lei e exige, em muitos casos, a direta aplicação de princípios constitucionais em campos em que a lei é omissa ou insuficiente.

Por fim, a atividade jurisdicional deixou de ser simples forma de solução de litígios individuais. Em muitos casos – seja nas ações de controle direto de constitucionalidade, seja nas ações coletivas, seja ainda nos mecanismos de solução de casos e questões repetitivas – têm-se uma atividade que produz resultados aplicáveis a toda uma generalidade de pessoas, quando não a todos os jurisdicionados.

Assim, o papel do Judiciário de órgão pacificador de conflitos também é potencializado e assume novas características nesse contexto. Os órgãos jurisdicionais passam a equacionar não apenas litígios privados, intersubjetivos – mas verdadeiros conflitos institucionais, que muitas vezes põem em choque amplos setores da sociedade, quando não ela mesma como um todo (basta tomar como exemplos importantes questões enfrentadas pelo Judiciário brasileiro nos últimos anos: interrupção de gestação de feto anencefálico; pesquisas com células-tronco de embriões; efeitos jurídicos da união homoafetiva; responsabilidade por possíveis perdas em planos econômicos etc.).

No exame crítico dos atuais instrumentos e formas de atuação da jurisdição, a doutrina manifesta, por vezes, preocupação com um possível "déficit democrático" do Judiciário. Pondera-se que, embora detendo competência para emitir inclusive comandos abstratos, gerais, com eficácia *erga omnes* e vinculantes, os integrantes da magistratura não são democraticamente eleitos e, em regra, ocupam o cargo por prazo indeterminado, até a idade da aposentadoria compulsória.[151]

Esse não é um debate que se trava apenas no Brasil. As preocupações com instituições contramajoritárias e sua compatibilização com a democracia também estão presentes na doutrina estrangeira.[152]

O caráter contramajoritário do Poder Judiciário, em si, não é fator negativo. Pelo contrário, é condição essencial para a preservação do Estado de Direito que

---

151. Ver. p. ex., SCAFF, Fernando. "Novas dimensões do controle de constitucionalidade no Brasil: prevalência do concentrado e ocaso do difuso", *Revista Dialética de Direito Processual*, 50, 2007, n. IV. p. 38-40, e GRECO, Leonardo, "A reforma do Poder Judiciário e o acesso à Justiça", em *Revista Dialética de Direito Processual*, 27, 2005, n. 6.9. p. 78.

152. Ver. p. ex., Alexander M. Bickel, "*The least dangerous branch: the Supreme Court at the bar of politics*". 2. ed. New Haven, *Yale Press*, 1986, cap. 1. p. 16-23; Roberto Gargarella, *La justicia frente al gobierno: sobre el caráter contramayoritario del poder judicial* (apresent. Cass Sunstein), Barcelona, Ariel, 1996, *passim*; Yves Mény, "De la démocratie en Europe: old concepts and new challenges", em *JCMS* 41, 2003, *passim* e, sobre as cortes constitucionais, esp. n. II. p. 5-6; Giandomenico Majone, "Temporal consistency and policy credibility: why democracies need non-majoritarian institutions", European University Institute, Working Paper RSC n. 96/57, *passim.*

determinadas instituições, entre elas notadamente os órgãos judiciais, estejam alheias ao sistema da escolha pelo voto da maioria. E assim o é inclusive e especialmente para que, não estando submetidas diretamente ao critério da escolha majoritária, tenham autonomia e independência inclusive para, por um lado, proteger as próprias minorias e, por outro, resguardar as garantias fundamentais e institucionais que devem ser existir independentemente da escolha da maioria. Nesse sentido, considere-se que a própria Constituição, em suas cláusulas pétreas (CF, art. 60, § 4º), é um instituto contramajoritário: nenhuma maioria é apta a alterar essas normas – seja pela via parlamentar, seja pela via direta do plebiscito ou referendo.[153]

O princípio da prevalência da vontade majoritária não suplanta o do respeito à dignidade humana (que é o cerne dos direitos humanos). Pelo contrário, aquele subordina-se a esse. Ou seja, a dignidade humana – vale dizer, o postulado do respeito à vida digna de cada ser humano, o núcleo dos direitos humanos – é que fundamenta e condiciona axiologicamente o princípio da decisão pela maioria. A soberania popular é importante meio de efetivação e preservação dos direitos humanos. Não é, contudo, mais do que isso. Do mesmo modo que a votação majoritária não cria tais direitos, não lhe é dado suprimi-los ou restringi-los.[154] E é assim precisamente porque o respeito à vontade da maioria *não* se fundamenta em uma concepção utilitarista do Direito.[155] A soberania popular só tem valor como instrumento em prol da dignidade humana.

E cabe precisamente ao Judiciário e especialmente à Suprema Corte, como instituições contramajoritárias, zelar para que as pretensões majoritárias não ultrapassem os limites de sua função instrumental.

O fator fundamental de atribuição de legitimidade à atuação do Judiciário não é extrínseco. Concerne a um aspecto inerente à atividade jurisdicional no Estado de Direito. Como escreveu Carnelutti, a participação da parte na formação do comando, em colaboração com a autoridade, é o dado fundamental na distinção entre jurisdição (produção *interpartes*) e legislação (produção *superpartes*).[156] Não apenas esse é o aspecto distintivo da jurisdição, como é o seu fundamento de legitimação. Portanto, é o efetivo exercício da garantia do contraditório que legitimará a atuação jurisdicional.

E no âmbito dos processos objetivos de controle de constitucionalidade, bem como nos demais processos de controle incidental, que cada vez mais se objetivam em sua tramitação, como visto acima, a plena observância da garantia do contraditório não se faz apenas com a atribuição de possibilidade de participação plena aos sujeitos que ocupam a posição de partes. Mais do que isso, é fundamental a participação de

153. Sobre o contido nesse parágrafo e nos seguintes, ver Eduardo Talamini, "Dignidade humana, soberania popular e pena de morte", *Revista Trimestral de Direito Público*, v. 11, 1995, e Revista do Instituto dos Advogados do Paraná, v. 26, 1996, passim.

154. COMPARATO, Fabio Konder. "Igualdade, desigualdades", *Revista Trimestral de Direito Público*, v. 1, 1993. p. 75

155. ARENDT, Hannah. *Origens do totalitarismo* (trad. R. Raposo, da ed. americana de *The origins of totalitarianism*), São Paulo, Companhia das Letras, 1989, parte II, n. 5. p. 332.

156. CARNELUTTI, Francesco. *Diritto e processo*, Nápoles, Morano, 1958, n. 18. p. 31-32; *Teoria geral do direito* (trad. Antonio C. Ferreira, sem indicação da ed. original), São Paulo, Lejus, 1999, n. 59. p. 148.

"terceiros" que sejam aptos a contribuir, mediante a apresentação de subsídios fáticos e jurídicos, na solução das questões constitucionais postas em cada processo. Assim, o instituto do *amicus curiae* assume importância destacada na legitimação da jurisdição. Como se tem reiteradamente observado, a ideia de democracia é fundamento último do contraditório e da figura do *amicus curiae*.[157]

Como já se indicou nos comentários ao Enunciado 393, a admissão do *amicus curiae* nos processos objetivos (e nos processos de controle incidental com carga objetiva) não é um mero favor da lei, não é uma gratuidade no sistema de garantias processuais. Trata-se de pressuposto essencial para a legitimação da jurisdição constitucional: o reconhecimento de que a interpretação e a aplicação do ordenamento jurídico não são da conta exclusiva do Poder Judiciário. Cabem a toda sociedade.

É a ideia defendida por Häberle, em seu conhecido ensaio sobre *A sociedade aberta dos intérpretes da Constituição*, em que ele preconiza uma interpretação constitucional "pluralista e 'procedimental'". Vale dizer, não apenas os mais variados setores da sociedade devem participar do debate hermenêutico sobre as normas constitucionais, como ainda esse debate deve ser processualizado. Devem ser assegurados mecanismos que permitam a efetiva participação dos vários setores nos processos constitucionais. Nas palavras de Häberle: "Os instrumentos de informação dos juízes constitucionais (i.e., mecanismos que permitam apresentação de subsídios por órgãos e pessoas ao juiz) (...) devem ser ampliados e aperfeiçoados, especialmente no que se refere às formas gradativas de participação e à própria possibilidade de participação no processo constitucional (especialmente nas audiências e nas 'intervenções'). Devem ser desenvolvidas novas formas de participação das potências públicas pluralistas enquanto intérpretes em sentido amplo da Constituição. O direito processual constitucional torna-se parte do direito de participação democrática".[158]

Nesse contexto, a legitimação da atuação jurisdicional, nos casos em que ela assume marcante função objetiva (i.e., em que a solução a ser dada destina-se a transcender a esfera subjetiva das partes do processo) completa-se com a ampla publicidade da sua atuação – não apenas mediante a publicação formal e burocrática dos seus atos, mas a plena divulgação, por diferentes meios de comunicação, dos seus processos e decisões, para permitir inclusive e especialmente a ciência dos potenciais *amici curiae*. O enunciado ora comentado alude à divulgação no cadastro eletrônico dos tribunais e do Conselho Nacional de Justiça. Mas a publicidade da tramitação

---

157. BUENO, Cassio Scarpinella. *Amicus curiae no processo civil brasileiro*. 3. ed. São Paulo: Saraiva, 2012, cap. 2. p. 41-86, e, tratando especificamente da relação entre ampliação da força vinculante ou persuasiva das decisões e necessidade de larga admissão do *amicus curiae*, cap. 8, n. 2. p. 632-633; WAMBIER, Teresa A. "*Amicus curiae*: afinal quem é ele?". *Revista do Instituto dos Advogados do Paraná*, v. 34, 2006. p. 243; DEL PRÁ, Carlos. "Súmula vinculante: legitimação pelo procedimento e participação do *amicus curiae*". *In*: *Processo e Constituição: estudos em homenagem ao Prof. José Carlos Barbosa Moreira*, São Paulo, RT, 2006, *passim*.

158. *Hermenêutica constitucional: a sociedade aberta dos intérpretes da Constituição. Contribuição para a interpretação pluralista e 'procedimental' da Constituição* (trad. Gilmar F. Mendes, da ed. alemã de *Die offene Gesellschaft der Verfassungsinterpreten. Ein Beitrag zur pluralistischen und 'prozessualen' Verfassungsinterpretation*), Porto Alegre: Safe, 1997, n. IV. 3. p. 46-48.

dos processos objetivos não se deve cingir a isso: o espaço reservado ao Judiciário na "Hora do Brasil", os programas de televisão no canal destinado à Justiça, os *clippings* e informativos dos tribunais – todos esses mecanismos devem ser intensamente dedicados à divulgação dos processos pendentes revestidos de relevância transcendental, inclusive com o fim específico e declarado de convidar a participação de *amici curiae*.

► **NCPC. Art. 138.** O juiz ou o relator, considerando a relevância da matéria, a especificidade do tema objeto da demanda ou a repercussão social da controvérsia, poderá, por decisão irrecorrível, de ofício ou a requerimento das partes ou de quem pretenda manifestar-se, solicitar ou admitir a participação de pessoa natural ou jurídica, órgão ou entidade especializada, com representatividade adequada, no prazo de 15 (quinze) dias de sua intimação.

Enunciado 675. O assistente e o *amicus curiae* têm direito de pedir esclarecimentos ou solicitar ajustes na decisão de saneamento e organização do processo, nos limites dos seus poderes e interesse processual.

● *Grupo: Litisconsórcio e Intervenção de Terceiros.* ● *Referência:art. 357, §1º.*

▸ *Renata Cortez*

Através da decisão de saneamento do processo, nos termos do art. 357 do CPC, o juiz resolve as questões processuais pendentes, delimita as questões de fato sobre as quais recairá a atividade probatória, define a distribuição do ônus da prova, delimita as questões de direito relevantes para a decisão de mérito e designa, se necessário, a audiência de instrução e julgamento.

Cuida-se de decisão de natureza interlocutória através da qual o magistrado saneia e organiza o processo, preparando-o para a fase probatória ou, não sendo o caso, diretamente para a decisão de mérito. Embora seja evidente a relevância da decisão de saneamento, a opção legislativa foi pela sua irrecorribilidade imediata, a não ser no que concerne à redistribuição do ônus da prova, sendo cabível, nesse ponto, o agravo de instrumento (art. 1.015, XI, do CPC).

Embora não seja decisão recorrível de imediato (ressalvado o disposto no art. 1.015, XI), estabelece o §1º do art. 357 que "realizado o saneamento, as partes têm o direito de pedir esclarecimentos ou solicitar ajustes, no prazo comum de 5 (cinco) dias, findo o qual a decisão se torna estável".

Discorrendo sobre tal estabilidade, Daniel Amorim Assumpção Neves[159] entende que se trata de preclusão que se dirige tanto às partes como ao juiz, "de forma que aquilo que foi esclarecido e decidido não possa ser mais modificado". Para o autor, essa seria a única forma das partes se insurgirem contra a decisão (ressalvado o agravo em caso de redistribuição do ônus da prova), muito embora reconheça que é difícil pensar em preclusão no tocante a algumas matérias decididas no saneamento.

159. Manual de direito processual civil: volume único. Salvador: JusPodivm, 2016, p. 631-631.

Para Alexandre Freitas Câmara[160], de outro lado, essa preclusão "só alcança o juízo, mas não as partes, que poderão rediscutir todas essas matérias em sede de apelação (ou contrarrazões de apelação), nos termos do art. 1.009, §1º, além de poderem ser apreciadas em grau de recurso, algumas delas até mesmo de ofício (art. 485, §3º)", orientação que nos parece mais adequada, notadamente à luz do princípio do contraditório.

Como se vê, a matéria é controversa e, diante da possibilidade de se considerar preclusa a decisão também para as partes após o prazo previsto no art. 357, §1º, deve-se dar especial relevo à atuação das partes prevista no referido dispositivo, qual seja, a de pedir esclarecimentos e solicitar ajustes no tocante à decisão de saneamento.

Nesse passo, é preciso indagar se, no conceito de partes previsto na regra sob comento, entrariam as figuras do assistente simples e do *amicus curiae,* ou pelo menos se, ainda que não sejam considerados como partes, podem tais sujeitos processuais participar da decisão de saneamento, nos termos do art. 357, §1º.

A controvérsia sobre o conceito de parte remonta a autores clássicos do Direito Processual[161], perpassando por diversos autores da atualidade[162].

No que diz respeito ao assistente simples, não há pensamento uniforme na doutrina no que diz respeito à sua condição ou não de parte. Para Fredie Didier Jr.[163], o assistente simples é parte, porque sujeito parcial do contraditório, porém, seria parte auxilar, atuando no processo como legitimado extraordinário do assistido, atuando de forma subordinada a este. Para Humberto Theodoro Jr.[164], o assistente simples não é

---

160. O novo processo civil brasileiro. São Paulo: Atlas, 2015, p. 215.

161. Sobre tal divergência, esclarece Daniel Amorim Assumpção Neves (In: Manual de direito processual civil: volume único. Salvador: JusPodivm, 2016, p. 100-102): "É antiga e tradicional a divergência doutrinária a respeito do conceito de parte. Enquanto Chiovenda entende que parte é o sujeito que pede ou contra quem se pede tutela jurisdicional, Liebman tem entendimento mais amplo, afirmando ser parte todo sujeito que participa da relação jurídica processual em contraditório defendendo interesse próprio ou alheio. Esses sujeitos, ao defenderem interesse próprio ou alheio em juízo, são titulares de situações jurídicas ativas e passivas (faculdades, ônus, poderes, deveres, estado de sujeição), responsáveis pelo desenvolvimento das atividades a serem praticadas pelas partes".

162 De modo geral, percebe-se que é a partir dessas duas definições (Liebman e Chiovenda) que os processualistas brasileiros estabelecem o conceito de parte. Alguns adotam a posição restritiva de Chiovenda (A exemplo de Cassio Scarpinella Bueno (In: Curso Sistematizado de Direito Processual Civil: teoria geral do direito processual civil, vol. 1. São Paulo: Saraiva, 2009, p. 368-370) e Moacyr Amaral Santos (In: Curso Sistematizado de Direito Processual Civil: teoria geral do direito processual civil, vol. 1. São Paulo: Saraiva, 2009, p. 368-370); Alguns autores apresentam uma concepção mista. Embora reproduzam o conceito de parte estabelecido por Chiovenda, reconhecem também, de alguma forma, a acepção mais ampla de Liebman.É o caso de Arruda Alvim (In: Manual de direito processual civil. São Paulo: Revista dos Tribunais, 2013, p. 563-564) e Humberto Theodoro Júnior (In: Curso de Direito Processual Civil, vol I. Rio de Janeiro: Forense, 2013, p. 97-98). Fredie Didier Júnior (In: Curso de Direito Processual Civil, vol. 1. p. 178-179) faz referência aos conceitos de parte processual e parte material (parte do litígio), parecendo também tentar conciliar as definições de Chiovenda e Liebman, embora considerando a orientação deste último é a que deve prevalecer.

163. Didier Jr., Fredie. Curso de direito processual civil: introdução ao direito processual civil, parte geral e processo de conhecimento. Salvador: Juspodivm, 2015, p. 483.

164 *Op. cit.,* p. 355.

parte da relação processual. Cuida-se de terceiro que busca auxiliar uma das partes a vencer a demanda.

De qualquer modo, é certo que a atuação do assistente simples está definida no art. 121 do CPC: trata-se de um auxiliar da parte principal, podendo exercer os mesmos poderes e sujeitando-se aos mesmos ônus processuais que o assistido. Se pode exercer os mesmos poderes que o assistido, não há dúvidas de que se pode admitir a sua participação na fase de saneamento e organização do processo, inclusive no tocante ao disposto no art. 357, §1º, podendo pedir esclarecimentos ou solicitar ajustes relacionados à decisão de saneamento, ficando, entrementes, limitada e subordinada a sua atuação no que se refere à vontade do assistido, nos precisos termos do art. 121 do CPC, ressalvadas as hipóteses de revelia ou de omissões daquele (art. 121, parágrafo único).

No que concerne ao *amicus curiae*, não há maiores controvérsias: trata-se de terceiro interveniente que não assume a condição de parte no processo.

Inobstante, o Código permite que o *amicus curiae* exerça, ainda que de forma restritiva, alguns poderes e faculdades inerentes às partes, a exemplo da interposição do recurso de embargos de declaração e do recurso contra a decisão que julgar o incidente de resolução de demandas repetitivas (art. 138, §§1º e 3º).

Ademais, é certo que o juiz ou relator poderá definir os poderes do *amicus curiae*, ampliando a sua atuação em juízo e permitindo que pratique atos processuais que, em tese, somente são permitidos às partes, a exemplo da produção de provas e a sustentação oral[165].

Dada a relevância da participação do *amicus curiae* no processo, que tem a função de fornecer subsídios para a prolação da decisão pelo órgão jurisdicional, não se pode afastar a possibilidade de sua atuação na fase de saneamento do processo, inclusive porque suas manifestações podem ser fundamentais para a delimitação das questões de fato e de direito da demanda, razão pela qual lhe deve ser conferida a prerrogativa de pedir esclarecimentos ou solicitar ajustes no que se refere à decisão de saneamento, nos termos do art. 357, §1º.

De qualquer modo, como cabe ao órgão jurisdicional estabelecer os poderes do *amicus curiae* e como tal terceiro interveniente não é efetivamente parte, sua participação deve sempre observar os limites decorrentes de sua condição e dos parâmetros definidos pelo órgão jurisdicional.

▶ **NCPC. Art. 357.** Não ocorrendo nenhuma das hipóteses deste Capítulo, deverá o juiz, em decisão de saneamento e de organização do processo: (...) § 1º Realizado o saneamento, as partes têm o direito de pedir esclarecimentos ou solicitar ajustes, no prazo comum de 5 (cinco) dias, findo o qual a decisão se torna estável.

165 *Idem*, p. 525.

Enunciado 690. A "representatividade adequada" do *amicus curiae* não pressupõe legitimidade extraordinária.

● *Grupos: Intervenção de terceiros, gratuidade de justiça, fase de organização e saneamento*

▸ ***Elie Pierre Eid***

O enunciado esclarece que o termo "representatividade adequada" empregado pelo artigo 138, CPC, não se confunde necessariamente com legitimidade extraordinária.

A expressão é própria do processo coletivo para designar a qualidade que o legitimado extraordinário deve possuir na tutela dos interesses do grupo. Trata-se, portanto, de mecanismo por meio da qual se exerce o controle da atuação do autor da demanda coletiva. Por definição, a legitimação extraordinária é a tutela de interesses alheios em nome próprio. Em razão das dimensões dessa legitimidade no processo coletivo, o legitimado extraordinário precisa ostentar qualidade que demonstre estar apto a representar os interesses da coletividade em nome de quem busca a tutela jurisdicional.

Como pressuposto para se admitir a intervenção do *amicus curiae*, não parece fazer sentido transportar a mesma ideia que o termo "representatividade adequada" possui no processo coletivo. Não há, por parte do terceiro que ingressa no processo na condição de *amicus curiae*, o exercício de legitimidade extraordinária. O terceiro não vai a juízo para a tutela de interesse alheio em nome próprio, mas com a finalidade de contribuir para os debates existentes no processo. O interesse da intervenção do *amicus curiae*, portanto, liga-se mais diretamente ao conhecimento que detém sobre a matéria controvertida e, por conta disso, a capacidade que possui de aportar ao processo contribuições econômicas, sociais, políticas, técnicas, científicas ou até mesmo jurídicas. Tampouco faria sentido dizer que há uma relação de adequação com interesses de quem não foi ou não pode integrar o processo, até porque os sujeitos que podem figurar como *amicus curiae* não estariam aptos à legitimidade extraordinária, como pessoa física, entes despersonalizados, entidades sem fins lucrativos, etc.

Ainda que, em determinado processo, intervenha como *amicus curiae* um terceiro com legitimidade para atuar no processo coletivo, não há confusão de figuras. Como já dito, esse interveniente não vai ao processo com a finalidade de atuar como legitimado extraordinário, embora possa ser porta-voz de diversos interesses que coincidam com seus conhecimentos. Desse modo, o controle é feito em eixo completamente distinto daquele para o processo coletivo. Por isso, o enunciado admite que a representatividade adequada do *amicus curiae* não pressupõe legitimidade extraordinária.

Dito tudo isso, parece, então, mais correto dizer que o termo "representatividade adequada" empregado pelo art. 138, CPC, diz respeito à capacidade de contribuição ou, nas palavras de Wambier e Talamini, seria melhor entendê-lo como "contributividade adequada"[166], isto é, aferir se o terceiro detém reais condições de participar do processo para colaborar com elementos úteis ao deslinde do processo, independentemente de sua natureza jurídica.

▶ **NCPC. Art. 138** O juiz ou o relator, considerando a relevância da matéria, a especificidade do tema objeto da demanda ou a repercussão social da controvérsia, poderá, por decisão irrecorrível, de ofício ou a requerimento das partes ou de quem pretenda manifestar-se, solicitar ou admitir a participação de pessoa natural ou jurídica, órgão ou entidade especializada, com representatividade adequada, no prazo de 15 (quinze) dias de sua intimação.

1.3.4. Do Juiz e dos Auxiliares da Justiça (arts. 139 a 175)

1.3.4.1. Dos Poderes, dos Deveres e da Responsabilidade do Juiz (arts. 139 a 143)

Enunciado 12. A aplicação das medidas atípicas sub-rogatórias e coercitivas é cabível em qualquer obrigação no cumprimento de sentença ou execução de título executivo extrajudicial. Essas medidas, contudo, serão aplicadas de forma subsidiária às medidas tipificadas, com observação do contraditório, ainda que diferido, e por meio de decisão à luz do art. 489, § 1º, I e II.

● *Grupo: Execução.* ● *Referências: arts. 139, IV, 523, 536 e 771.*

▶ *Leonard Ziesemer Schmitz e Eduardo Aranha Ferreira*

O artigo 139, inciso IV do NCPC atribui ao juiz o poder de aplicar ao caso concreto todas as medidas executivas que se mostrarem necessárias, a fim de garantir o cumprimento da ordem judicial. O referido dispositivo prevê, portanto, que são admissíveis todos os meios indutivos, coercitivos, mandamentais e sub-rogatórios, sendo necessário acrescentar que eles deverão ser idôneos.

Ao tempo do CPC/73, sobretudo com a sua redação original, predominava no ordenamento jurídico a chamada "tipicidade dos meios executivos", o que significa dizer que somente eram admissíveis no processo civil os meios executivos expressamente previstos pela lei. Sobre isso, afirma Arruda Alvim que:

> Aquele diploma normativo classificava as execuções conforme a natureza da obrigação a ser adimplida (fazer e não fazer, entregar coisa, e pagar quantia), e estabelecia procedimento e técnicas executivas específicas para cada uma delas. Era aquilo que se poderia chamar de tipicidade dos meios executivos, inspirada no princípio da legalidade e no estado liberal[167].

É importante dizer que mesmo ao tempo do CPC/73, já havia o legislador admitido a utilização de todos os meios possíveis de execução, fazendo-o, contudo, apenas

---

166. **Curso avançado de processo civil**, vol. 1, 16ª ed. São Paulo: Editora Revista dos Tribunais, 2016, p. 381.

167. ALVIM, Arruda. *Novo contencioso cível, de acordo com o novo CPC – Lei 13.105/2015*. São Paulo: RT, 2016. p. 349.

em relação às obrigações de fazer, não fazer e entregar coisa diversa de dinheiro, de modo que em relação às obrigações de pagar quantia (obrigações pecuniárias), permanecia a necessidade de observância estrita dos meios executivos previstos pela lei processual[168].

Com o advento do NCPC, especialmente por força da redação do artigo 139, inciso IV, passa-se a ter como regra geral a chamada "atipicidade dos meios executivos", pela qual é dado ao juiz adotar todos os meios executivos compatíveis com o Texto Constitucional, inclusive nas execuções que visem o cumprimento de obrigação pecuniária.

Importa observar que a doutrina comumente classifica os meios executivos em medidas coercitivas e medidas sub-rogatórias[169]. As medidas coercitivas prestam-se a coagir o devedor a cumprir a obrigação a que está adstrito, tendo especial relevância nas hipóteses em que o cumprimento da obrigação necessita da intervenção do devedor. As medidas sub-rogatórias, por outro lado, permitem que o magistrado dê cumprimento à obrigação, substituindo a vontade do devedor em cumpri-la.

Muito embora o artigo 139, inciso IV do NCPC autorize a utilização de todos os meios executivos em qualquer espécie de obrigação, inclusive as de dar coisa diversa de dinheiro (obrigações pecuniárias), certo é que a utilização dos meios típicos deve ser prioritária, sob pena de tornar letra morta os artigos que os preveem especificamente para cada tipo de procedimento.

Assim, seria desnecessária a previsão de incidência de multa no artigo 523, § 1º do NCPC, *v.g.*, caso não fosse esse, via de regra, o primeiro meio coercitivo previsto pela lei processual para o caso de mora no adimplemento da obrigação pecuniária fixada na decisão exequenda.

Portanto, são admissíveis todos os meios indutivos, coercitivos, sub-rogatórios e mandamentais idôneos como forma de efetivar uma decisão judicial, independentemente do tipo de obrigação por ela fixada. Todavia, sua utilização será subsidiária, dando-se prevalência aos meios executórios típicos, como é o caso da multa de 10% sobre o valor devido em cumprimento de sentença. Desse modo, apenas em casos excepcionais (subsidiariamente) é que será dado ao julgador alterar o meio executivo previsto pela lei processual.

A questão tem ganhado importância, sobretudo pela recorrência de decisões judiciais determinando a apreensão de documentos pessoais dos devedores, como a Carteira Nacional de Habilitação – CNH, condicionando a sua devolução ao pagamento das dívidas. Em casos dessa natureza, é preciso que se analise a conformação do meio executivo atípico à Constituição Federal. Em decisão monocrática em *habeas corpus*, por exemplo, o TJSP concedeu tutela provisória em *Habeas Corpus* (HC 2183713-85.2016.8.26.0000, 30ª Câm. Dir. Privado, Rel. Des. Marcos Ramos), a fim de determinar a restituição, ao paciente, de sua CNH e seu Passaporte, sob o fundamento de

168. *Idem.*

169. SIQUEIRA, Thiago F. *A responsabilidade patrimonial no novo sistema processual civil.* São Paulo: RT, 2016, p. 61.

que a suspensão daquela e a apreensão deste violam a liberdade de locomoção do indivíduo, o que está fora do âmbito de atuação do julgador ao "eleger" o meio executivo mais adequado.

É importante destacar, por fim, que o NCPC dá especial atenção ao princípio do contraditório (art. 5º, inciso LV), como se pode extrair dos artigos 9º e 10. Tratando-se, portanto, de princípio constitucional, repetido pelo NCPC, sua observância não é facultativa. Desse modo, nos casos em que o julgador opta por meios atípicos de execução, a decisão (fundamentada) deverá ser submetida ao contraditório, mesmo que o seja posteriormente. O que é absolutamente vedada é a impossibilidade de que a parte que sofre o meio atípico de execução possa discutir o acerto ou desacerto da decisão.

▶ **NCPC. Art. 139.** O juiz dirigirá o processo conforme as disposições deste Código, incumbindo-lhe: IV – determinar todas as medidas indutivas, coercitivas, mandamentais ou sub-rogatórias necessárias para assegurar o cumprimento de ordem judicial, inclusive nas ações que tenham por objeto prestação pecuniária. ▶ **Art. 523.** No caso de condenação em quantia certa, ou já fixada em liquidação, e no caso de decisão sobre parcela incontroversa, o cumprimento definitivo da sentença far-se-á a requerimento do exequente, sendo o executado intimado para pagar o débito, no prazo de 15 (quinze) dias, acrescido de custas, se houver. ▶ **Art. 536.** No cumprimento de sentença que reconheça a exigibilidade de obrigação de fazer ou de não fazer, o juiz poderá, de ofício ou a requerimento, para a efetivação da tutela específica ou a obtenção de tutela pelo resultado prático equivalente, determinar as medidas necessárias à satisfação do exequente. ▶ **Art. 771.** Este Livro regula o procedimento da execução fundada em título extrajudicial, e suas disposições aplicam-se, também, no que couber, aos procedimentos especiais de execução, aos atos executivos realizados no procedimento de cumprimento de sentença, bem como aos efeitos de atos ou fatos processuais a que a lei atribuir força executiva.

Enunciado 129. A autorização legal para ampliação de prazos pelo juiz não se presta a afastar preclusão temporal já consumada.

● *Grupo: Negócios Processuais.* ● *Referências: art. 139, VI, e par. ún.*

▸ ***Leonard Ziesemer Schmitz e Eduardo Aranha Ferreira***

O artigo 139, inciso VI do NCPC permite ao juiz que dilate os prazos processuais e altere a ordem de produção de provas, a fim de atender às especificidades da causa.

O processo, como se sabe, não encontra um fim em si mesmo, buscando sempre a solução de uma crise existente no mundo dos fatos. Disso se extrai o princípio da instrumentalidade do processo. Por essa razão, é preciso que o processo seja composto de procedimentos que culminem no julgamento definitivo, o que passa, necessariamente, pela fixação de prazos para que os atos processuais sejam praticados.

Contudo, esse mesmo princípio faz com que o processo não seja regido pelo exacerbado formalismo, isto é, que as questões processuais não se sobreponham às questões materiais, propriamente ditas, únicas capazes de solucionar o litígio existente no mundo empírico. Por essa razão é que o artigo 139, inciso VI do NCPC autoriza modificações procedimentais que, a despeito de serem necessárias, por conduzirem o processo, em regra, ao julgamento de mérito, precisam ser adaptadas, justamente para atender às peculiaridades do caso concreto.

Para a compreensão do dispositivo ora tratado, é preciso ter em conta a distinção entre os prazos processuais peremptórios e os dilatórios. Dizem-se peremptórios aqueles prazos cuja inobservância acarreta a preclusão, isto é, a perda da faculdade de praticar determinado ato processual. Por outro lado, são dilatórios os prazos cuja inobservância não acarreta a preclusão.

Antes da entrada em vigor do NCPC, a referida distinção era de todo importante, pois como a própria nomenclatura sugere, apenas os prazos dilatórios poderiam sofrer alteração por determinação judicial ou pelas próprias partes.

Com o advento da nova lei processual, a distinção se atenua, na medida em que mesmo os prazos peremptórios passaram a admitir alteração, como se extrai, por exemplo, da possibilidade de negociação processual a respeito do prazo para prática de determinados atos (art. 190 do NCPC), ou mesmo a própria calendarização, de que cuida o artigo 191 do NCPC.

De qualquer forma, quer-nos parecer que a distinção entre prazos peremptórios e dilatórios é, em certa medida, útil, não mais porque aqueles são inalteráveis e estes admitem mudança, mas em virtude da consequência de não ser praticado o ato.

Nessa toada, ainda que seja possível a alteração dos prazos peremptórios, não sendo praticado o ato em seu (novo) termo, haverá a perda da faculdade processual de fazê-lo.

Como se afirmou acima, o artigo 139, inciso VI do NCPC autoriza ao juiz que dilate (aumente) os prazos processuais, sem fazer qualquer distinção entre os prazos peremptórios e dilatórios, o que permite a conclusão de que a depender das especificidades da causa, poderá o juiz majorar também os prazos peremptórios. De qualquer forma, é importante reafirmar que sobrevindo o termo final do prazo sem qualquer manifestação da parte, dar-se-á a preclusão temporal.

Sobre o tema, é especialmente relevante o que dispõe o parágrafo único do artigo 139 do NCPC. Trata o dispositivo de vedar a dilação de prazos peremptórios (que acarretam a preclusão) quando aquele assinalado anteriormente já houver se escoado.

Isso porque tratando-se de prazo peremptório, o seu escoamento sem manifestação da parte importa em perda da faculdade de praticar o ato processual. Desse modo, o artigo 139, inciso VI do NCPC não se presta a fazer renascer uma faculdade processual que a parte já não tem mais, justamente porque não a exerceu em tempo.

Portanto, é pressuposto para a dilação do prazo que a parte ainda tenha a faculdade processual de praticar determinado ato, ou seja, é preciso que ainda não tenha ocorrido a preclusão temporal. Caso a parte já tenha perdido tal faculdade, pelo decurso do tempo, será vedado ao juiz majorar o prazo, ou mesmo conceder novo interregno, o que renderia ensejo, *v.g.*, a fraudes processuais pelo afastamento de preclusão recaída sobre "questões já superadas pelo tempo, fazendo com que o processo retrocedesse sua marcha (o que é contraproducente)"[170].

▶ **NCPC. Art. 139.** O juiz dirigirá o processo conforme as disposições deste Código, incumbindo-lhe: IV – determinar todas as medidas indutivas, coercitivas, mandamentais ou sub-rogatórias necessárias para assegurar o cumprimento de ordem judicial, inclusive nas ações que tenham por objeto prestação pecuniária.... **Parágrafo único.** A dilação de prazos prevista no inciso VI somente pode ser determinada antes de encerrado o prazo regular.

Enunciado 251. O inciso VI do art. 139 do CPC aplica-se ao processo de improbidade administrativa.

● *Grupo: Impactos do CPC nos Juizados e nos procedimentos especiais de legislação extravagante.* ● *Referências: art. 139, VI.*

▸ ***Leonard Ziesemer Schmitz e Eduardo Aranha Ferreira***

Tal como se tratou nos comentários ao Enunciado 129/FPPC, o artigo 139, inciso VI do NCPC autoriza ao juiz que promova alterações no procedimento, a fim de adequá-lo às especificidades do caso concreto. Com isso, prevê o referido dispositivo normativo que é admissível a dilação de prazos (peremptórios e dilatórios), bem como a alteração na ordem de produção das provas.

A improbidade administrativa é disciplinada por lei extravagante (Lei 8.429/92), que em seu artigo 17 prevê a adoção do procedimento ordinário na ação que visa discutir a prática de atos dessa natureza. O NCPC, como se sabe, extinguiu o chamado "procedimento ordinário", prevendo como regra geral a adoção do procedimento comum (arts. 318 e seguintes do NCPC), que nada mais é que o antigo procedimento comum, contando, certamente, com alterações importantes.

Desse modo, aplica-se à ação de improbidade administrativa o procedimento comum previsto nos artigos 318 e seguintes do NCPC.

Em razão da adoção do diploma processual civil pela Lei de Improbidade Administrativa, certo é que também as disposições relativas aos poderes do juiz encontram campo de aplicação em tal lei extravagante.

Veja-se que não se trata aqui de aplicação subsidiária ou supletiva do NCPC à Lei de Improbidade Administrativa, pois esta faz implícita referência à lei processual quando trata, no artigo 17, do rito ordinário, que atualmente corresponde, em grande medida, ao procedimento comum.

Não só o artigo 139, inciso VI do NCPC aplica-se à improbidade administrativa, mas também todos aqueles dispositivos que podem ser aplicados ao procedimento comum, que se acham, de modo geral, na Parte Geral do Código, bem como em seus arts. 318 e seguintes.

---

170. GAJARDONI, Fernando. *et al. Teoria geral do processo: comentários ao Código de Processo Civil.* Rio de Janeiro: Método, 2015. p. 465.

► **NCPC. Art. 139.** O juiz dirigirá o processo conforme as disposições deste Código, incumbindo-lhe: VI – dilatar os prazos processuais e alterar a ordem de produção dos meios de prova, adequando-os às necessidades do conflito de modo a conferir maior efetividade à tutela do direito.

Enunciado 396. As medidas do inciso IV do art. 139 podem ser determinadas de ofício, observado o art. 8º.

● *Grupo: Poderes do juiz.* ● *Referências: arts. 8º e 139, IV.*

▸ *Leonard Ziesemer Schmitz e Eduardo Aranha Ferreira*

O artigo 139, inciso IV do NCPC proclama a chamada "atipicidade dos meios executivos", o que significa dizer que o juiz não está adstrito aos meios especificamente previstos pela lei processual como forma de coagir o devedor a cumprir determinada obrigação, ou como forma de substituir a sua vontade em fazê-lo, conforme se tratou nos comentários ao Enunciado 12 do FPPC.

Extrai-se de tal dispositivo o dever dos juízes de garantir a efetividade das suas decisões, isto é, recai sobre o magistrado a obrigação não apenas de proferir decisões, mas de conceber meios para que elas sejam implementadas na ordem prática. Como bem aponta a doutrina, "a parte não conta com ninguém mais, a não ser o magistrado, para fazer a decisão judicial valer"[171].

Portanto, os meios para efetivação da decisão judicial integram inteiramente o dever do Judiciário de prestar a tutela jurisdicional, até porque o artigo 5º, inciso XXXV da Constituição Federal, como contemporaneamente analisado, proclama o acesso efetivo à Justiça[172].

Sendo parte integrante da prestação da tutela jurisdicional, não se pode dizer que a adoção dos meios executivos mais adequados configura violação ao princípio dispositivo, isto é, o princípio de que o processo se inicia por vontade da parte (art. 2º do NCPC). Nessa mesma linha, não há qualquer violação ao princípio da adstrição (arts. 141 e 492 do NCPC), que consiste na vedação a que o juiz decida aquém, além ou mesmo fora daquilo que foi pedido pela parte.

Diz-se que não há violação a tais princípios porque, como se disse, a tutela jurisdicional do Estado não se liga apenas ao julgamento de mérito, mas também à efetivação da decisão no plano empírico. Desse modo, a partir do momento em que alguém formula um pedido ao Poder Judiciário, requer, também, que a decisão que lhe for favorável seja exequível, isto é, implementável na ordem prática. Mais do que isso, a partir do momento em que a parte requer o cumprimento de uma decisão, requer-se também que o meio de efetivação mais adequado seja utilizado, quer do ponto de

171. GAJARDONI, Fernando. *et al. Teoria geral do processo: comentários ao Código de Processo Civil.* Rio de Janeiro: Método, 2015. p. 458.

172. MARINONI, Luiz G.; ARENHART, Sérgio Cruz; MITIDIERO, Daniel. *Novo curso de processo civil.* v. 2. São Paulo: RT, 2015. p. 40.

vista do credor da obrigação (meio executivo mais efetivo), quer do ponto de vista do obrigado (meio executivo menos gravoso). Busca-se, assim, o meio executivo mais efetivo e menos gravoso possível.

Todavia, ainda que seja possível a adoção, de ofício, de tal ou qual meio executivo, é insofismável a conclusão de que a escolha pelo meio mais adequado encontra limites. É do que trata o artigo 8º do NCPC, ao ressaltar o respeito à dignidade humana, à razoabilidade, à legalidade, à publicidade e à eficiência. Releva notar, aliás, que a decisão judicial não deve respeitar apenas os princípios ou postulados elencados exemplificativamente pelo art. 8º da lei processual, mas sim todos os direitos e garantias constitucionais[173].

Ou seja, está-se a dizer que a escolha do julgador, ainda que tomada de ofício, não é discricionária, adotada ao alvedrio do magistrado. Muito pelo contrário, trata-se de decisão judicial e que, por isso, necessita ser fundamentada, a fim de demonstrar às partes as razões pelas quais aquele meio executivo é considerado o mais adequado ao caso concreto. A Constituição Federal, como lhe é ínsito, deve nortear a adoção dos meios executivos mais adequados ao caso concreto.

▶ **NCPC. Art. 8º** Ao aplicar o ordenamento jurídico, o juiz atenderá aos fins sociais e às exigências do bem comum, resguardando e promovendo a dignidade da pessoa humana e observando a proporcionalidade, a razoabilidade, a legalidade, a publicidade e a eficiência. ▶ **Art. 139.** O juiz dirigirá o processo conforme as disposições deste Código, incumbindo-lhe: IV – determinar todas as medidas indutivas, coercitivas, mandamentais ou sub-rogatórias necessárias para assegurar o cumprimento de ordem judicial, inclusive nas ações que tenham por objeto prestação pecuniária.

ENUNCIADO 410. APLICA-SE O ART. 142 DO CPC AO CONTROLE DE VALIDADE DOS NEGÓCIOS JURÍDICOS PROCESSUAIS.

● *Grupo: Negócios processuais.* ● *Referências: art. 190 e 142.*

▸ ***Leonard Ziesemer Schmitz e Eduardo Aranha Ferreira***

O artigo 142 do NCPC permite ao juiz que, de ofício, impeça o atingimento de fim ilícito almejado pelas partes, penalizando-as. Deverá o juiz, nesse caso, proferir decisão que impeça que as partes sejam agraciadas com o objetivo escuso, não havendo, portanto, nenhum vitorioso, afinal não cabe ao juiz manter-se inerte frente às fraudes que pretendem produzir as partes litigantes. Como aponta a doutrina, "a utilização do processo para conseguir objetivo ilegal viola o dever de lealdade e de boa-fé"[174].

Dentro do espectro de condutas fraudulentas das partes, encontra-se a negociação processual, cuja atipicidade foi encampada pelo legislador no artigo 190 do NCPC.

173. ALVIM, Arruda. *Novo contencioso cível, de acordo com o novo CPC – Lei 13.105/2015.* São Paulo: RT, 2016. p. 350.
174. GAJARDONI, Fernando. *et al. Teoria geral do processo: comentários ao Código de Processo Civil.* Rio de Janeiro: Método, 2015. p. 476.

Prevê o referido dispositivo que havendo litígio sobre direito que admite autocomposição e sendo as partes capazes, será possível a negociação para ajustamento do procedimento, a fim de adequá-lo aos interesses e especificidades do caso concreto. Com isso, permite-se que as partes afastem a incidência da lei processual para, em seu lugar, fazer aplicar uma norma convencional.

Nos casos em que o julgador verificar que o real objetivo dos litigantes, celebrantes de negócio jurídico processual, é fraudar a lei, caberá a ele declarar a nulidade do negócio jurídico processual, justamente porque haverá intuito lesivo ao ordenamento jurídico.

Com efeito, será nulo o negócio jurídico processual, que nada mais é que um negócio jurídico, que objetivar fraudar a lei imperativa (cuja incidência era inderrogável por convenção das partes), na forma do artigo 166, inciso VI do CC/2002. Na mesma linha, poderá ser declarada a nulidade do negócio jurídico na forma do artigo 167 do CC/2002, caso haja a simulação de um negócio jurídico processual, com vistas a esconder outro negócio jurídico.

▶ **NCPC. Art. 142.** Convencendo-se, pelas circunstâncias, de que autor e réu se serviram do processo para praticar ato simulado ou conseguir fim vedado por lei, o juiz proferirá decisão que impeça os objetivos das partes, aplicando, de ofício, as penalidades da litigância de má-fé. ▶ **Art. 190.** Versando o processo sobre direitos que admitam autocomposição, é lícito às partes plenamente capazes estipular mudanças no procedimento para ajustá-lo às especificidades da causa e convencionar sobre os seus ônus, poderes, faculdades e deveres processuais, antes ou durante o processo.

ENUNCIADO 485. É CABÍVEL CONCILIAÇÃO OU MEDIAÇÃO NO PROCESSO DE EXECUÇÃO, NO CUMPRIMENTO DE SENTENÇA E NA LIQUIDAÇÃO DE SENTENÇA, EM QUE SERÁ ADMISSÍVEL A APRESENTAÇÃO DE PLANO DE CUMPRIMENTO DA PRESTAÇÃO.

● *Grupo: Execução.* ● *Redação revista (VII FPPC).* ● *Referências: arts. 3º, §§ 2º e 3º e 139, V, 509 e 513*

▸ ***Leonard Ziesemer Schmitz e Eduardo Aranha Ferreira***

O legislador ordinário demonstrou uma especial preocupação com o excesso de demandas em tramitação no Judiciário brasileiro, conforme relevam diversos dispositivos do NCPC.

Uma das medidas que aparentemente foram adotadas para diminuir a quantidade de processos pendentes de resolução no Judiciário foi a previsão da obrigatoriedade de realização da audiência de conciliação ou mediação, prevista no artigo 334 do NCPC.

É importante destacar que o NCPC, muito embora pretenda contribuir, ao que nos parece, com a diminuição da quantidade de ações em tramitação no Poder Judiciário brasileiro, tem também um importante mérito, que é a atribuição de um verdadeiro dever aos juízes de buscarem, a todo tempo, a solução consensual dos conflitos.

É evidente que a autocomposição é sempre menos traumática às partes do que a heterocomposição, dentro da qual se inclui a decisão judicial. Isso porque na autocomposição, é o próprio titular do direito, bem como aquele que o viola, que decidem qual é a melhor solução para a controvérsia, enquanto que na heterocomposição, um terceiro (Estado) age na relação jurídica para substituir a vontade de uma das partes.

Tal dever se pode extrair do artigo 3º, §§ 2º e 3º, bem como do artigo 139, inciso V, ambos do NCPC.

Como se extrai dos dispositivos referidos, almejou o legislador, sempre que possível, o atingimento da autocomposição dos litígios levados à sua apreciação.

Nessa linha, razão alguma haveria para obstar a utilização da conciliação ou mediação nos processos de execução ou no cumprimento de sentença.

Ainda que o processo de execução e a fase de cumprimento de sentença tenham finalidade única[175], isto é, a satisfação do credor, é certo que nada impede que exequente e executado transacionem.

Desse modo, ainda que na execução (processo ou fase) o credor já seja titular de um título (extrajudicial ou judicial) que lhe atribui o direito que se busca efetivar, é de todo importante que seja buscada a autocomposição, justamente para que haja a rápida satisfação da pretensão.

Com efeito, muito embora o detentor do título executivo já tenha, por essa razão, assegurado o seu direito, nada obsta que seja tentada a composição amigável, por meio da conciliação ou mediação, o que, aliás, é capaz de ensejar a mais célere satisfação do direito materializado no título executivo.

► **NCPC. Art. 3º** Não se excluirá da apreciação jurisdicional ameaça ou lesão a direito. (...). **§ 2º** O Estado promoverá, sempre que possível, a solução consensual dos conflitos. § **3º** A conciliação, a mediação e outros métodos de solução consensual de conflitos deverão ser estimulados por juízes, advogados, defensores públicos e membros do Ministério Público, inclusive no curso do processo judicial. ► **Art. 139.** O juiz dirigirá o processo conforme as disposições deste Código, incumbindo-lhe: (...). V – promover, a qualquer tempo, a autocomposição, preferencialmente com auxílio de conciliadores e mediadores judiciais; (...). ► **Art. 509.** Quando a sentença condenar ao pagamento de quantia ilíquida, proceder-se-á à sua liquidação, a requerimento do credor ou do devedor: I – por arbitramento, quando determinado pela sentença, convencionado pelas partes ou exigido pela natureza do objeto da liquidação; II – pelo procedimento comum, quando houver necessidade de alegar e provar fato novo. (...). ► **Art. 513.** O cumprimento da sentença será feito segundo as regras deste Título, observando-se, no que couber e conforme a natureza da obrigação, o disposto no Livro II da Parte Especial deste Código.

175. ALVIM, Arruda. *Novo contencioso cível, de acordo com o novo CPC – Lei 13.105/2015*. São Paulo: RT, 2016. p. 342.

ENUNCIADO 581. O PODER DE DILAÇÃO DO PRAZO, PREVISTO NO INCISO VI DO ART. 139 E NO INCISO I DO § 1º DO ART. 303, ABRANGE A FIXAÇÃO DO TERMO FINAL PARA ADITAR O PEDIDO INICIAL POSTERIORMENTE AO PRAZO PARA RECORRER DA TUTELA ANTECIPADA ANTECEDENTE.

● *Grupo: Tutela provisória.* ● *Referências: arts. 139, VI e 303, § 1º, I.*

▸ ***Leonard Ziesemer Schmitz e Eduardo Aranha Ferreira***

O NCPC previu em seu artigo 303 a possibilidade de o autor requerer a concessão de tutela de urgência antecipada (satisfativa) em caráter antecedente, isto é, antes de formular seu pedido de mérito, propriamente dito.

Ademais, previu o artigo 304 que a tutela antecipada concedida nos termos do artigo 303 torna-se estável se não houver a interposição de recurso contra a decisão, sendo agravo de instrumento, caso se trate de decisão interlocutória (cf. art. 1.015, inciso I) ou agravo interno, caso se trate de decisão monocrática do relator, em ação de competência originária do tribunal (cf. art. 1.021).

Um dos muitos temas controvertidos a respeito da estabilização da tutela antecipada concedida em caráter antecedente, diz respeito à questão do aditamento da petição inicial, previsto no artigo 303, § 1º, inciso I do NCPC. Referido dispositivo prevê que sendo concedido o pedido de tutela de urgência antecipada, caberá ao autor aditar a petição inicial, complementando-a com todos os demais elementos necessários ao julgamento de mérito, formulando, ainda, o pedido de mérito.

A questão que surge diz respeito ao prazo para aditamento, que será de, no mínimo, 15 dias (úteis, conforme art. 219 do NCPC), contados da intimação da decisão, o que no mais das vezes fará com que o prazo para aditamento tenha fim antes do prazo para interposição de recurso pelo réu (15 dias úteis, contados da citação). Desse modo, sendo concedido o prazo mínimo previsto pelo art. 303, § 1º, inciso I do NCPC, computado imediatamente, terá o autor que aditar a petição inicial, deduzindo todos os seus pedidos de mérito, sob pena de extinção sem julgamento de mérito e consequente cassação da tutela antecipada obtida (cf. art. 303, § 2º), para, só então, aguardar a interposição ou não de recurso pelo réu, caso este em que haverá a extinção do processo com a estabilização da tutela de urgência antecipada.

Observa-se, portanto, que se for concedido apenas o prazo de 15 dias para aditamento, na grande maioria das vezes o autor deverá praticar um ato processual que poderá tornar-se inútil, ante a inércia do réu, que é o aditamento da petição inicial.

Por essa razão, cabe ao magistrado agir de maneira prudente, fixando o termo final do prazo para aditamento da petição inicial em momento posterior ao da interposição do agravo de instrumento (ou agravo interno, se o caso) pelo réu, evitando-se, com isso, a prática desnecessária de atos processuais.

Nessa linha, é possível que o julgador, valendo-se dos artigos 139, inciso VI e 303, § 1º, inciso I, ambos do NCPC, conceda prazo com vencimento condicionado ao termo final do prazo recursal, garantindo-se que em qualquer hipótese, o aditamento só tenha que vir aos autos após a interposição do recurso pelo réu. Caso não haja a interposição de recurso, sequer será necessário o aditamento, pois haverá, na forma do artigo 304, caput e § 1º, a estabilização da tutela antecipada e a extinção do processo.

► **NCPC. Art. 139.** O juiz dirigirá o processo conforme as disposições deste Código, incumbindo-lhe: (...). VI – dilatar os prazos processuais e alterar a ordem de produção dos meios de prova, adequando-os às necessidades do conflito de modo a conferir maior efetividade à tutela do direito; (...). ► **Art. 303.** Nos casos em que a urgência for contemporânea à propositura da ação, a petição inicial pode limitar-se ao requerimento da tutela antecipada e à indicação do pedido de tutela final, com a exposição da lide, do direito que se busca realizar e do perigo de dano ou do risco ao resultado útil do processo. § 1º Concedida a tutela antecipada a que se refere o caput deste artigo: I – o autor deverá aditar a petição inicial, com a complementação de sua argumentação, a juntada de novos documentos e a confirmação do pedido de tutela final, em 15 (quinze) dias ou em outro prazo maior que o juiz fixar; (...).

1.3.4.2. Dos Impedimentos e da Suspeição (arts. 144 a 148)

Enunciado 489. Observado o dever de revelação, as partes celebrantes de convenção de arbitragem podem afastar, de comum acordo, de forma expressa e por escrito, hipótese de impedimento ou suspeição do árbitro.

● *Grupo: Arbitragem.* ● *Referências: arts. 144 e 145; arts. 13 e 14 da Lei 9.307/96.*

► ***Leonard Ziesemer Schmitz e Eduardo Aranha Ferreira***

As causas de suspeição e impedimento previstas nos artigos 144 e 145 do NCPC, que atingem a imparcialidade do juiz, aplicam-se ao processo arbitral, por força dos artigos 13 e 14 da Lei de Arbitragem (Lei 9.307/96).

Além disso, no âmbito da arbitragem, vige o chamado dever de revelação, pelo qual os árbitros escolhidos pelas partes litigantes devem relevar a elas todos os fatos que possam, hipoteticamente, pôr em xeque a sua imparcialidade, afinal os árbitros, tal como os juízes estatais, devem ser terceiros imparciais, a quem a Constituição Federal (Poder Judiciário) ou as próprias partes (arbitragem) atribuem poder jurisdicional.

No âmbito do processo civil, deixando a parte de alegar a suspeição do juiz (causa subjetiva que afeta a imparcialidade do magistrado) no prazo de 15 dias contados da ciência da causa de suspeição (art. 146 do NCPC), haverá a preclusão. De outro lado, mesmo que não haja alegação de impedimento (causa objetiva de imparcialidade do julgador), não haverá convalidação do vício processual, rendendo ensejo, inclusive, ao ajuizamento de ação rescisória, com fundamento no artigo 966, inciso II do NCPC, pois trata-se de matéria de ordem pública.

Na arbitragem, a questão deve ser encarada de maneira diferente. Isto, pois a arbitragem trata essencialmente de lides patrimoniais, como exige o artigo 1º da Lei 9.307/96, sendo do estrito interesse das partes a escolha dos árbitros.

É de se observar, inclusive, que a arbitragem é muitas vezes indicada quando houver extrema especificidade da causa a ser decidida, o que justifica a escolha de árbitro que tenha elevado conhecimento sobre o tema.

Nessa hipótese, ainda que o árbitro escolhido se enquadre em algum dos incisos dos artigos 144 e 145 do NCPC, certo é que cabe às partes, expressamente, reconhecer que isso não afasta a sua confiança no julgamento imparcial do terceiro escolhido.

Dessa forma, cumprindo o árbitro com o seu dever de revelação, interessa apenas às partes litigantes a manutenção ou exclusão de tal árbitro do tribunal arbitral.

Caso as partes optem expressamente, por escrito, por afastar as causas de suspeição ou impedimento, não caberá ao Judiciário interferir na vontade dos litigantes, únicos interessados na imparcialidade dos árbitros.

Portanto, caso haja expressa manifestação de vontade das partes quanto ao afastamento das causas de suspeição ou impedimento dos árbitros, decorrentes do estrito cumprimento do dever de revelação, tal vontade deverá ser respeitada pelo Direito, pois os únicos interessados na observância da imparcialidade, no caso concreto, terão escolhido o árbitro de comum acordo, mesmo diante das causas que o tornariam parcial.

► **NCPC. Art. 144.** Há impedimento do juiz, sendo-lhe vedado exercer suas funções no processo: (...). ► **Art. 145.** Há suspeição do juiz: (...).

► **Lei 9.307/96. Art. 13.** Pode ser árbitro qualquer pessoa capaz e que tenha a confiança das partes. ► **Art. 14.** Estão impedidos de funcionar como árbitros as pessoas que tenham, com as partes ou com o litígio que lhes for submetido, algumas das relações que caracterizam os casos de impedimento ou suspeição de juízes, aplicando-se-lhes, no que couber, os mesmos deveres e responsabilidades, conforme previsto no Código de Processo Civil.

1.3.4.3. Dos Auxiliares da Justiça (art. 149)

ENUNCIADO 371. OS MÉTODOS DE SOLUÇÃO CONSENSUAL DE CONFLITOS DEVEM SER ESTIMULADOS TAMBÉM NAS INSTÂNCIAS RECURSAIS.

● *Grupo: Normas fundamentais.* ● *Referência: arts. 3º, § 3º, e 165.*

► ***Fernanda Tartuce***

Na seara judicial e no plano normativo a priorização de chances para entabular negociações vem se intensificando ao longo dos anos. O CPC/2015 confirma essa tendência ao contemplar diversas regras sobre o fomento aos meios consensuais de abordagem de conflitos. Sob a perspectiva numérica, eis as ocorrências: a mediação é mencionada em 39 dispositivos, a conciliação aparece em 37, a autocomposição é referida em 20 e a solução consensual consta em 7, o que totaliza 103 previsões.

A previsão do enunciado em comento se alinha ao disposto no artigo 932, I do Código ("incumbe ao relator, quando for o caso, homologar autocomposição das partes").

Sob certa perspectiva pode soar estranho que alguém já contemplado com uma decisão judicial se disponha a buscar respostas conjuntas para o impasse que o conecta à outra parte. Tal percepção, porém, ignora que o contexto das partes (que muitas vezes muda com o passar do tempo) pode ter elementos que atraiam tratativas consensuais; como exemplos, a decisão judicial pode ter sido de parcial procedência do pedido e/ou a solução judicial não ter enfrentado pontos considerados fulcrais pelos litigantes (v. g., quanto ao alegado descumprimento de certa obrigação). Além disso, o tempo que cada pessoa demanda para se abrir a possibilidades consensuais é extremamente variável – assim como o é o tempo que o Poder Judiciário utiliza para apreciar os recursos que lhe são dirigidos. Perguntar, em diferentes momentos, se as pessoas estão dispostas a tentar soluções consensuais é uma iniciativa interessante que pode abrir espaço para a (re)consideração de elementos úteis para o exercício da autonomia da vontade das partes.

Do ponto de vista da estrutura da negociação a ser travada em segunda instância, há um elemento importante a ser considerado: na maior parte dos cenários em que há recurso(s) pendente(s) uma das partes pode já possuir, ainda que de forma provisória, o pronunciamento da autoridade competente reconhecendo o direito a favor dela (por ex., mandando efetivar um direito exigido ou declarando que algo não pode ser exigido em face dela); esse elemento – existência de uma decisão – pode mudar o equilíbrio de uma negociação.

Costuma-se afirmar que as pessoas engajadas em negociações se orientam, dentre outros elementos, pelas *alternativas* à solução negociada que elas podem alcançar, ou seja, soluções que não passam por se compor com a outra parte (como o simples seguimento do processo e, no caso, a espera pelo julgamento do recurso). A parte que já dispõe da declaração de primeiro grau em seu favor pode perceber o seguimento do julgamento do recurso como algo mais favorável do que renegociar o resultado provisório. Como se nota, *parte* da incerteza de um processo judicial já foi dissipada por um pronunciamento judicial, ainda que provisoriamente.

Outra questão diz respeito à percepção da própria parte quanto ao seu interesse: uma sentença favorável é um elemento objetivo que pode gerar um senso de fortalecimento e deixar o beneficiado em uma posição mais confortável. O trabalho de persuasão da outra parte pode ser mais íngreme nesse cenário.

Assim, outros elementos devem ganhar destaque na tentativa de autocomposição em segundo grau, como a exequibilidade da decisão proferida, o custo para sua implementação, a segurança da manutenção ou a chance de reforma da decisão, o dano que o seu cumprimento ou o seu descumprimento pode causar à relação; esses fatores devem ser considerados ao se cogitar sobre a pertinência da adoção de meios consensuais estando o feito em trâmite no segundo grau de jurisdição.

Como se percebe, o advento da sentença de primeiro grau promove um rearranjo nos elementos a serem considerados no momento da tentativa de autocomposição – mas isso não significa, necessariamente, que ele seja apto a inviabilizar a ocorrência de conciliações e mediações proveitosas.

► **NCPC. Art. 3º. § 3º** A conciliação, a mediação e outros métodos de solução consensual de conflitos deverão ser estimulados por juízes, advogados, defensores públicos e membros do Ministério Público, inclusive no curso do processo judicial. ► **Art. 165.** Os tribunais criarão centros judiciários de solução consensual de conflitos, responsáveis pela realização de sessões e audiências de conciliação e mediação e pelo desenvolvimento de programas destinados a auxiliar, orientar e estimular a autocomposição.

ENUNCIADO 397. A ESTRUTURA PARA AUTOCOMPOSIÇÃO, NOS JUIZADOS ESPECIAIS, DEVERÁ CONTAR COM A CONCILIAÇÃO E A MEDIAÇÃO.

● *Grupo: Impacto nos Juizados e nos procedimentos especiais da legislação extravagante.* ● *Referência: arts. 165 a 175, § 3º; Lei 9.099/95, Lei 10.259/01, Lei 12.153/09.*

► *Fernanda Tartuce*

O art. 165 do CPC dispõe ser necessária a criação de Centros Judiciários de Solução Consensual de conflitos em previsão praticamente idêntica ao teor do artigo 24 da Lei de Mediação (Lei 13.140/2015). Os dispositivos repetem iniciativa inaugurada pela Resolução CNJ 125/2010, que no art. 8º estipulou aos Tribunais o dever de criar Centros Judiciários de Solução de Conflitos e Cidadania ("Centros" / "Cejuscs") para atender aos Juízos, Juizados ou Varas com competência nas áreas cível, fazendária, previdenciária e de família, assim como aos Juizados Especiais Cíveis, Criminais e Fazendários. Tais unidades judiciárias são responsáveis pela realização de sessões e audiências de conciliação e mediação a cargo de conciliadores e mediadores, devendo também fornecer atendimento e orientação aos cidadãos.

Desde o seu advento os Juizados Especiais revelaram grande consideração pela adoção de meios consensuais. É exemplo disso o comando do art. 2º da Lei 9.099/95: após expor que o processo será orientado por critérios de oralidade, simplicidade, informalidade, economia processual e celeridade, a previsão destaca o dever de buscar, sempre que possível, a conciliação ou a transação.

A mediação não foi mencionada no dispositivo porque a tradição brasileira sempre enfocou a conciliação como meio consensual prioritário. Como, porém, há expressa menção a transação (contrato previsto no art. 840 do Código Civil que se identifica com o acordo), é óbvio que o uso da mediação deve ser uma opção aos litigantes que se atuam nos Juizados.

Pela distinção preconizada pelo CPC, a mediação será adotada preferencialmente nos casos em que tiver havido um vínculo anterior entre as partes. Como exemplo, se chegou aos Juizados Especiais Cíveis uma demanda de obrigação de fazer que envolve vizinhos (v.g., com pleito de instalação de um portão entre as casas), pode ser interessante que eles se valham da mediação para buscar o esclarecimento sobre o cenário que os envolve de modo a avançar nas tratativas essenciais à resolução da controvérsia. Durante as conversações outros problemas – talvez até mais importantes – poderão ser revelados (como a ocorrência de barulhos e a falta de cuidados quanto ao muro que divide os imóveis). A mediação propiciará que as partes falem, escutem e adotem posturas protagonistas ao apresentarem propostas de soluções para as controvérsias.

A menção à mediação no enunciado parece também visar ao combate de práticas observáveis em alguns Juizados Especiais: a promoção de sessões conciliatórias em uma pauta apertadíssima (com pouco tempo para que as negociações se desenvolvam) e a falta de atuação esmerada do terceiro imparcial em relação a adoção de técnicas consensuais.

Tais práticas podem até ser explicadas pelo fato de os Juizados conterem uma grande quantidade de casos de litigância de massa envolvendo litigantes repetitivos (que possuem números expressivos de causas a quem dispensam tratamento padronizado – como bancos, empresas de telefonia e órgãos previdenciários). Esses litigantes muitas vezes enviam às sessões consensuais prepostos sem poderes para negociar ou então pessoas que, quando se dispõem a solucionar consensualmente o caso, apenas trazem propostas prontas sem margem de negociação.

Esse tipo de ocorrência, porém, tende a mudar. Muitas entidades (inclusive envolvidas em litigância repetitiva/ de massa) têm percebido a importância de fomentar a gestão eficiente das controvérsias como forma de propiciar economia de recursos e melhoria na reputação.

O sistema de justiça deve estar preparado para lidar bem com os conflitos que lhe são direcionados. Por essa razão, os encarregados pelas sessões consensuais devem ser treinados para diferenciar os casos e poder definir qual é o tratamento mais eficaz em cada caso. Nesse sentido, dispõe a Resolução 125/2010 do CNJ que os Tribunais (de Justiça e Regionais Federais) deverão assegurar que nos Centros atue ao menos 1 (um) servidor com dedicação exclusiva, capacitado em métodos consensuais de solução de conflitos, para a triagem e encaminhamento adequado de casos (art. 9º, § 2º).

► **NCPC. Art. 165.** Os tribunais criarão centros judiciários de solução consensual de conflitos, responsáveis pela realização de sessões e audiências de conciliação e mediação e pelo desenvolvimento de programas destinados a auxiliar, orientar e estimular a autocomposição.

Enunciado 398. As câmaras de mediação e conciliação têm competência para realização da conciliação e da mediação, no âmbito administrativo, de conflitos judiciais e extrajudiciais.

● *Grupo: Impacto do novo CPC e os processos da Fazenda Pública e Impacto nos Juizados e nos procedimentos especiais da legislação extravagante.* ● *Redação revista (VIII FPPC).* ● *Referências: art. 174.*

► ***Fernanda Tartuce***

As câmaras de mediação e conciliação previstas no art. 174 do CPC têm competência para a solução consensual de conflitos envolvendo os órgãos e entidades da Administração Pública; tais controversias sujeitam-se, naturalmente, às restrições de Direito Público e, mais especificamente, de Direito Administrativo.

Apesar de parecer claro que os conflitos que envolvem tais entidades podem ser objeto de composição consensual tanto quando são objeto de demanda judicial como quando não (como ocorre com qualquer outro tipo de conflito), há razão para o enunciado expressar essa afirmação.

Ainda há resistência por parte de certos órgãos da administração e de suas respectivas procuradorias em submeter os conflitos à solução consensual: muitos preferem leva-los a juízo e relega-los à decisão de um terceiro para, de tal forma, não assumirem a responsabilidade direta pelo desfecho. Dessa forma, há quem defenda que a Administração Pública apenas deva realizar acordos quando o conflito for objeto de lide que tramita em juízo e o acordo importe em alguma vantagem (considerada comparativamente em relação a um provável resultado judicial mais desvantajoso[176]).

A contemplação das soluções extrajudiciais de conflitos envolvendo a Administração Pública depende de uma alteração cultural da ótica pela qual essas demandas costumavam ser tratadas.

A perspectiva de sucesso ou insucesso de uma demanda judicial em concreto deixa de ser o determinante para a realização de acordos. A Administração pode, dessa forma, utilizar bases diferentes para negociar a solução extrajudicial de um conflito – como os próprios critérios de justiça que devem nortear também as decisões administrativas – e estabelecer um ambiente mais propício à consideração consciente dos interesses da Administração e dos particulares envolvidos – tudo, evidentemente, com respeito aos princípios da legalidade, da isonomia e da contemplação do interesse público.

► **NCPC. Art. 174.** A União, os Estados, o Distrito Federal e os Municípios criarão câmaras de mediação e conciliação, com atribuições relacionadas à solução consensual de conflitos no âmbito administrativo, tais como: I – dirimir conflitos envolvendo órgãos e entidades da administração pública; II – avaliar a admissibilidade dos pedidos de resolução de conflitos, por meio de conciliação, no âmbito da administração pública; III – promover, quando couber, a celebração de termo de ajustamento de conduta.

ENUNCIADO 617. A MEDIAÇÃO E A CONCILIAÇÃO SÃO COMPATÍVEIS COM O PROCESSO JUDICIAL DE IMPROBIDADE ADMINISTRATIVA.

● *Grupo: Mediação e conciliação (CPC e Lei 13.140/15).* ● *Referências: art. 3º, § 2º; art. 36, § 4º da Lei 13.140/15; art. 17, § 1º da Lei nº 8.429/92.*

▸ ***Fernanda Tartuce***

O Enunciado 617 pode ser considerado polêmico, razão pela qual é interessante destacar parte da movimentada história do tema.

O art. 17, § 1º, da Lei 8.429/92 veda a ocorrência de transação, acordo e conciliação em ações de improbidade. A MP 703/2015 revogou, pelo art. 2º, inc. I, esse dispositivo – que deixou de constar no ordenamento jurídico entre 21/12/2015 e 29/05/2016. A limitação temporal ocorreu por ter transcorrido o prazo para a conversão da MP em lei. Incidindo o art. 62, § 3º da Constituição Federal, o ato normativo

176. BAPTISTA JÚNIOR, Onofre Alves. *Transações administrativas.* São Paulo: Quartier Latin, 2007, p. 514.

perdeu a eficácia e o art. 17, §1º da Lei de Improbidade Administrativa voltou ao ordenamento. A previsão voltou a estar, desde junho de 2016, oficialmente vigente (já que não mais se pode falar em revogação expressa).

Ocorre, porém, que a controvérsia não se limita ao plano normativo. Mesmo antes da edição da referida MP 703 a doutrina se dividia sobre a melhor interpretação a ser dada ao referido dispositivo.

Fazendo contraponto a uma visão que reputa extremamente restritiva, Antonio do Passo Cabral entende que a lei carecia de uma interpretação harmônica com mais de duas décadas de atividade legislativa voltadas à promoção da consensualidade. Ponto relevante nessa inflexão foi a Lei Anticorrupção (Lei 12.846/2013), cujos artigos 16 e 17 preveem a celebração de acordos de leniência com relevantes intersecções entre as condutas previstas em um e outro diploma.[177] Há inclusive projeto de Lei (PL 5208/2016) com tramite na Câmara dos Deputados para alterar conjuntamente as Leis 2.846/2013 e 8.429/92 para disciplinar os acordos de leniência.[178] Há também quem entenda que a Lei de Mediação (Lei 13.140/2015) revogou implicitamente o art. 17, § 1º, da Lei 8.429/92.[179]

No entanto, é também possível sustentar o contrário. Corroborando o princípio de presunção de vigência das leis, outros diplomas recentes preservam as demandas de improbidade administrativa contra as transações. A Lei de Mediação prevê, no art. 36, § 4º, que as ações em que, concomitantemente com a ação em que se deseja transacionar, exista ação de improbidade administrativa, é necessário que o juiz dê sua anuência expressa para que se possa promover a composição extrajudicial do conflito, ou conciliação, na terminologia um tanto dúbia do dispositivo.

Seria possível conceber que a mediação (mas não a conciliação) não seria incompatível com o procedimento da Lei de Improbidade Administrativa, na medida em que ela não resultasse em transação ou em acordo. No entanto, não haveria sentido em se realizar sessão de mediação que não pudesse resultar em transação ou acordo – e a lei não restringe o âmbito de admissibilidade dos acordos ou transações que não podem ser realizados no escopo da Lei 8.429/92.

Como se percebe, o Enunciado 617 marca um posicionamento firme sobre a celeuma existente – que deverá seguir gerando polêmica enquanto não se verificar nova alteração legislativa e/ou não houver um pronunciamento qualificado dos tribunais superiores a respeito.

---

177. CABRAL, Antonio do Passo. A resolução nº 118 do Conselho Nacional do Ministério Público e as convenções processuais. In: Antonio do Passo CABRAL; Pedro Henrique NOGUEIRA (coord.). *Negócios Processuais* (Coleção Grandes Temas do Novo CPC, v. 1). 2ª edição. Salvador: Juspodivm, 2016, p. 677-93, aqui p. 682-683.

178. Disponível em < http://www.camara.gov.br/proposicoesWeb/prop_mostrarintegra?codteor=1456182&filename=PL+5208/2016 > Acesso em: 28 jun. 2017.

179. GODOY, Luciano. Acordo e mediação na ação de improbidade administrativa. JOTA. 03 ago. 2015. Disponível em: <https://jota.info/colunas/luciano-godoy/acordo-e-mediacao-na-acao-de-improbidade-administrativa-03082015> Acesso em: 27 jun. 2017.

► **NCPC. Art. 3º. § 2º** O Estado promoverá, sempre que possível, a solução consensual dos conflitos.

► **Lei 8.429/92. Art. 17. § 1º** É vedada a transação, acordo ou conciliação nas ações de que trata o caput.

► **Lei 13.140015. Art. 36. § 4º** Nas hipóteses em que a matéria objeto do litígio esteja sendo discutida em ação de improbidade administrativa ou sobre ela haja decisão do Tribunal de Contas da União, a conciliação de que trata o caput dependerá da anuência expressa do juiz da causa ou do Ministro Relator.

ENUNCIADO 618. A CONCILIAÇÃO E A MEDIAÇÃO SÃO COMPATÍVEIS COM O PROCESSO DE RECUPERAÇÃO JUDICIAL.

● *Grupo: Mediação e conciliação (CPC e Lei 13.140/2015).* ● *Referências: arts. 3º, §§ 2º e 3º, 139, V, 166 e 168; arts. 35 e 47 da Lei nº 11.101/2005; art. 3º, caput, e §§ 1º e 2º, art. 4º, caput e § 1º, e art. 16, caput, da Lei nº 13.140/2015.*

► *Fernanda Tartuce*

Os procedimentos previstos na Lei 11.101/2005 são campo fértil para a obtenção de soluções consensuais especialmente pela centralidade das decisões tomadas pela assembleia-geral de credores (arts. 35 e seguintes) verificada tanto na recuperação judicial (art. 56 e seguintes) como, ainda que em menor grau, na falência (art. 145). Vale lembrar que o juiz fica vinculado às decisões da assembleia-geral, salvo em casos determinados (art. 58, §1º). Em um procedimento no qual ganha relevo a consensualidade, nada mais natural que a admissão da conciliação e da mediação. Ademais, uma vez que, por previsão expressa do art. 189 da Lei 11.101/2005, o CPC se aplica subsidiariamente aos procedimentos nela descritos, o tema da adaptabilidade dos meios consensuais nos processos encampados por essa lei ganha destaque.

Um aspecto do processo legislativo é esclarecedor. Quando tramitava no Senado a tentativa de normatizar a mediação por meio do PLS 517/2011, o Substitutivo ao Anteprojeto aprovado pela CCJ previa, no art. 3º, §3º, inc. III, a vedação ao emprego de tal mecanismo consensual em conflito que discutisse sobre "recuperação judicial ou falência"[180]. Como essa restrição caiu na tramitação na Câmara, conclui-se que, tendo cogitado a inaplicabilidade, o legislador optou por não vedar o emprego da mediação nesses processos, o que é de se louvar dado o espírito de consensualidade que perpassa a Lei 11.101/2005.

É preciso, no entanto, atentar para algumas situações. Em primeiro lugar, não é tão simples conceber qual seria a forma assumida pelo meio consensual nesse caso, já que a pluralidade de pessoas envolvidas tenderia a dificultar a logística para a realização de uma audiência como a prevista no art. 334 do CPC. Quando se realizaria essa audiência? Quando o credor manifesta objeção ao plano de recuperação judicial, pode ele apresentar pedido de realização de sessão consensual (art. 56, *caput*, da Lei

---

180. Disponível em: < https://legis.senado.leg.br/sdleg-getter/documento?dm=3415408&disposition=inline> Acesso em: 28 jun. 2017.

11.101)? Mas a determinação da assembleia-geral não se dá, nesse caso, justamente porque é preciso conciliar o interesse de uma pluralidade de sujeitos?

Talvez fosse caso de conceber a possibilidade de recorrer aos meios consensuais entre algumas pessoas-chave, como o devedor, seus administradores, o comitê e o administrador judicial (art. 64), durante a execução do plano de recuperação judicial. Ainda nesse caso, embora possível, o formato da realização da autocomposição parece um pouco inespecífico. Não seria este um caso em que o desenho de sistema de solução de conflito, feito sob medida, tenderia a ser mais produtivo? Quem sabe alguma utilidade se poderia conceber no caso específico da recuperação judicial de microempresas e empresas de pequeno porte (arts. 70-72 da Lei 11.101/2005)?

Note-se a posição francamente positiva de Ronaldo Vasconcelos, para quem a mediação pode ser utilizada na fase deliberatória do plano de recuperação judicial, "fazendo com que o diálogo efetivo entre os sujeitos do processo (contraditório) seja utilizado como ferramenta fundamental de obtenção da solução mais eficiente para a crise da empresa."[181] Segundo o autor, o juiz estaria autorizado, sem que para isso fosse necessária qualquer modificação legislativa, a "delimitar oportunidades de sessões de mediação na fase mais significativa do processo de recuperação judicial - fase do plano -, tão logo seja deferido o processamento do pedido...".[182]

O que preocupa não é tanto a admissibilidade - afirmada no Enunciado -, dado o relevo da consensualidade na recuperação judicial e a vinculação do juiz, na maior parte dos casos, às deliberações das partes (plano de recuperação judicial e assembleia-geral), mas a aplicabilidade prática dos meios consensuais nesses casos.

Também causa estranheza o fato de o Enunciado se referir apenas à recuperação judicial e não à falência. Ora, embora improvável, não seria, ao menos em tese, cabível a tentativa de autocomposição em caso de falência, especialmente associada à contestação no art. 95 da Lei 11.101, eventualmente com um acordo para evitar a falência por meio da recuperação judicial?

De todo modo, no direito empresarial, é muito mais provável que os meios consensuais atuem no âmbito extrajudicial de forma mais eficiente do que no âmbito judicial, de modo que, seja a forma que assumir a negociação entre as partes - qualificada ou não pela presença de um terceiro imparcial, com procedimentos ortodoxos ou não -, a ideia de uma sessão consensual em juízo pode ser trabalhada desde que haja estrutura e planejamento adequados.

▶ **NCPC. Art. 3º. § 2º** O Estado promoverá, sempre que possível, a solução consensual dos conflitos. § 3º A conciliação, a mediação e outros métodos de solução consensual de conflitos deverão ser estimulados por juízes, advogados, defensores públicos e membros do Ministério Público, inclusive no curso do processo judicial.

---

181. VASCONCELOS, Ronaldo. Impactos do Novo Código de Processo Civil na Recuperação Judicial: compatibilidade entre as Leis n. 11.101/05 e 13.105/15. In: Eduardo Fonseca da COSTA e Heitor Vitor Mendonça SICA (coord.). *Legislação Processual Extravagante* (Coleção Repercussões do Novo CPC, v. 9). Salvador: Juspodivm, 2016, p. 287-313, aqui p. 302.
182. VASCONCELOS, Ronaldo. Impactos do Novo Código de Processo Civil na Recuperação Judicial, p. 303.

1.3.5. Do Ministério Público (arts. 176 a 181)

ENUNCIADO 399. OS ARTS. 180 E 183 SOMENTE SE APLICAM AOS PRAZOS QUE SE INICIAREM NA VIGÊNCIA DO CPC DE 2015, APLICANDO-SE A REGULAMENTAÇÃO ANTERIOR AOS PRAZOS INICIADOS SOB A VIGÊNCIA DO CPC DE 1973.

● *Grupo: Direito intertemporal.* ● *Referências: arts. 180 e 183.*

▸ *Robson Renault Godinho*

Trata-se de enunciado de direito intertemporal e, portanto, com aplicabilidade restrita aos atos cujos prazos se iniciaram sob a vigência do Código anterior, basicamente aplicando-se os arts. 14 e 1.046 do novo Código, que veiculam a técnica do "isolamento dos atos processuais".

Os artigos 180 e 183, naquilo que possuem em comum, modificaram sensivelmente o artigo 188 CPC/73, que previa o prazo em quádruplo para contestar e em dobro para recorrer quando se tratasse da Fazenda Pública e do Ministério Público.

Os atos praticados a partir da vigência do novo CPC pelo Ministério Público, União, Estados, Distrito Federal, Municípios e suas respectivas autarquias contarão com uma regra única para a contagem de prazo processual: prazo em dobro para quaisquer manifestações processuais, cuja contagem se iniciará a partir da intimação pessoal, salvo quando a lei estabelecer, de forma expressa, prazo próprio.

Além da unificação do prazo em dobro, com exclusão de qualquer referência a prazo em quádruplo, os arts. 180 e 183 não vinculam esse benefício processual a uma determinada espécie de ato, mas, sim, a qualquer manifestação processual para a qual não haja prazo próprio expressamente fixado. O benefício do prazo em dobro não se restringe, portanto, à contestação ou ao recurso, aplicando-se a todo prazo processual. No caso do Ministério Público, por exemplo, o prazo para intervir como fiscal da ordem jurídica é de trinta dias, conforme art. 178 do NCPC. Nesse caso, por se tratar de prazo próprio expressamente fixado, não incidirá a regra do artigo 180. Já em relação à contestação, interposição de recursos, oferecimento de contrarrazões etc., o prazo será em dobro.

Duas outras novidades importantes dos referidos dispositivos e que incidirão para os atos cujos prazos se iniciarem após a vigência do NCPC: 1) o artigo 180, § 1º, prevê uma espécie de prazo próprio para o Ministério Público, na linha do que já consta no artigo 12, parágrafo único, da Lei 12.016/09, e no artigo 7º da Lei 13.300/16; 2) a previsão de que o prazo para a União, os Estados, o Distrito Federal, os Municípios e suas respectivas autarquias será contado a partir da intimação pessoal por carga, remessa ou meio eletrônico (art. 183, § 1º).

O enunciado, portanto, expressa a concretização da técnica de direito intertemporal do isolamento dos atos processuais, de modo que, na forma dos artigos 14 e 1046, CPC, a data do início do prazo é o parâmetro para se verificar a aplicação das modificações trazidas pelos artigos 180 e 183, CPC.

► **NCPC. Art. 180.** O Ministério Público gozará de prazo em dobro para manifestar-se nos autos, que terá início a partir de sua intimação pessoal, nos termos do art. 183, § 1°. ► **Art. 183.** A União, os Estados, o Distrito Federal, os Municípios e suas respectivas autarquias e fundações de direito público gozarão de prazo em dobro para todas as suas manifestações processuais, cuja contagem terá início a partir da intimação pessoal.

1.3.6. Da Advocacia Pública (arts. 182 a 184)

Enunciado 400. O art. 183 se aplica aos processos que tramitam em autos eletrônicos.

● *Grupo: Impacto do novo CPC e os processos da Fazenda Pública.* ● *Referência: art. 183.*

▸ *Rita Dias Nolasco*

O artigo 183 estabelece que os prazos para a Fazenda Pública serão contados em dobro para todas as manifestações processuais, inclusive para a réplica e para as contrarrazões. A contagem dos prazos terá início a partir da intimação pessoal de seus representantes legais, feita por carga, remessa ou por meio eletrônico.

Somente não se aplica a contagem dos prazos em dobro nos casos em que a lei estabelecer expressamente *prazo próprio* (art. 183, § 2º). Por exemplo, o artigo 910, NCPC estabelece prazo próprio de trinta dias, para a Fazenda Pública opor embargos à execução fundada em título executivo extrajudicial.

A aplicação da contagem dos prazos em dobro, expressa no artigo 183, persiste mesmo nos processos que tramitam em autos eletrônicos. Referida regra de contagem dos prazos para a Fazenda Pública deve ser aplicada inclusive nos processos eletrônicos.

O objetivo da lei foi conceder os prazos para as manifestações processuais em dobro quando forem dirigidas à Fazenda Pública. Fazenda Pública, aqui entendida – União, Estados, Distrito Federal e Municípios, bem como suas Autarquias, Empresas Públicas, prestadoras de serviço público, e Fundações Públicas.

Essa prerrogativa processual, estabelecida em razão da necessária proteção do interesse público, subsiste tanto nos processos físicos como nos eletrônicos.

► **NCPC. Art. 183.** A União, os Estados, o Distrito Federal, os Municípios e suas respectivas autarquias e fundações de direito público gozarão de prazo em dobro para todas as suas manifestações processuais, cuja contagem terá início a partir da intimação pessoal.

Enunciado 401. Para fins de contagem de prazo da Fazenda Pública nos processos que tramitam em autos eletrônicos, não se considera como intimação pessoal a publicação pelo Diário da Justiça Eletrônico.

● *Grupo: Impacto do novo CPC e os processos da Fazenda Pública.* ● *Referência: art. 183, § 1º.*

▸ *Rita Dias Nolasco*

A prerrogativa da intimação pessoal de seus procuradores que, até então, vigora com fundamento em legislação extravagante, apenas com relação aos representantes judiciais da União[183] agora está expressamente prevista para todos os procuradores dos Estados, DF e Municípios.

Ressalta-se que, para fins de contagem de prazo da **Fazenda Pública** nos processos eletrônicos, **não se considera como intimação pessoal a publicação através de Diário da Justiça eletrônico**.

A publicação da decisão no Diário da Justiça eletrônico deve ser feita em atenção ao princípio da publicidade (CF, art. 93, IX) e não dispensa a intimação pessoal da Fazenda Pública. A publicação no órgão oficial é meio de intimação (CPC, art. 272) que é **inaplicável à Advocacia Pública**.

Ressalta-se, também, que a intimação pessoal do representante legal da Fazenda Público não pode ser realizada por e-mail. A intimação por meio eletrônico só pode ser realizada através de portal específico. Ou seja, o Poder Judiciário deverá disponibilizar as intimações eletrônicas através de portal específico, considerando-se válidas as intimações no dia em que o intimado tomar ciência do teor da intimação através de consulta realizada junto ao portal específico para tal fim.

A realização da intimação por meio eletrônico é regulamentada por lei própria – Lei 11.419/06, bem como com a Resolução 185/13 do Conselho Nacional de Justiça, que institui o Sistema Processo Judicial eletrônico. O parágrafo 2º do artigo 4º da Lei 11.419/06 determina que as publicações veiculadas no Diário de Justiça Eletrônico não podem ser utilizadas nos casos em que a lei prevê a intimação ou vista pessoal. E, a Resolução 185/13 do CNJ prevê que serão consideradas vista pessoal do interessado as citações, intimações, notificações e remessas que viabilizem o acesso à íntegra do processo correspondente.

E, de acordo com o parágrafo 4º do artigo 5º da Lei 11.419/06, as intimações serão feitas por meio eletrônico em portal próprio, a ser cadastrado por cada instituição junto à administração do respectivo Tribunal, do mesmo modo o artigo 1.050 do NCPC será necessário o cadastro no Portal Eletrônico.

Se a citação das Fazendas Públicas Estadual e Municipal, por meio de Portal Eletrônico ainda não estiver disponível (ausência de cadastro), a intimação pessoal dos representantes legais da Fazenda Pública deverá ser realizada por carga ou remessa dos autos. Além das modalidades carga, remessa, quando frustrada a intimação por meio eletrônico ou nos casos de urgência devidamente fundamentada, tal ato processual também poderá ser realizado por oficial de justiça, observadas as regras prevista no artigo 275 e no parágrafo 3º do artigo 269 do Código de Processo Civil.

Alguns doutrinadores se insurgem contra as prerrogativas conferidas aos representantes judiciais dos entes públicos, alegando quebra da isonomia entre os advogados públicos e advogados privados. De outro lado, é preciso analisar a isonomia.

183. Lei n. 9.028, de 12 de abril de 1995, cujo artigo 6º assim estabelece: "A intimação de membro da Advocacia-Geral da União, em qualquer caso, será feita pessoalmente".

► **NCPC. Art. 183. § 1°** A intimação pessoal far-se-á por carga, remessa ou meio eletrônico. ► **Art. 1.050.** A União, os Estados, o Distrito Federal, os Municípios, suas respectivas entidades da administração indireta, o Ministério Público, a Defensoria Pública e a Advocacia Pública, no prazo de 30 (trinta) dias a contar da data da entrada em vigor deste Código, deverão se cadastrar perante a administração do tribunal no qual atuem para cumprimento do disposto nos arts. 246, § 2°, e 270, parágrafo único.

Enunciado 578. Em razão da previsão especial do § 1º do art. 183, estabelecendo a intimação pessoal da Fazenda Pública por carga, remessa ou meio eletrônico, a ela não se aplica o disposto no § 1º do art. 269.

● *Grupo: Impacto do novo CPC e os processos da Fazenda Pública.* ● *Referências: art. 183, § 1º.*

► *Ravi Peixoto*

A advocacia pública é detentora de uma prerrogativa que foi expandida pelo CPC para a advocacia pública como um todo (União, Estados e Municípios, bem como suas respectivas autarquias e fundações de direito público), que é a intimação pessoal, a qual deve ser realizada por meio de carga, remessa ou meio eletrônico. Trata-se de uma disposição específica em relação à regra geral, segundo a qual, "as intimações realizam-se, sempre que possível, por meio eletrônico, na forma da lei" (art. 270, *caput*, CPC).

No tratamento das intimações em geral, o CPC permitiu que o advogado da parte contrária, objetivando agilizar a intimação do outro advogado, que ele possa intimá-lo de um determinado ato através do correio, devendo juntar aos autos, cópia do ofício de intimação e do aviso de recebimento (art. 269, §1º). Note-se que essa é uma exceção ao tratamento da *intimação em geral, a qual, em regra, deve ser realizada por meio eletrônico.*

Por outro lado, essa é uma regra que seria incompatível com a forma de intimação dos advogados públicos, os quais possuem a prerrogativa da intimação *pessoal*, a qual é efetivada por meio de *carga, remessa ou meio eletrônico.* Permitir que ela seja efetivada por meio dos correios seria diminuir um direito garantido pela legislação aos advogados públicos, eis que ainda haveria necessidade de ter acesso aos autos, mas o prazo já poderia ter sido iniciado. Quando esse tema é visto sob o ponto de vista da intimação em geral, do ponto de vista do advogado da parte contrária, ele é beneficiado. Afinal, ao invés da intimação de intimação por meio eletrônico, esta será realizada pelos correios, com maior segurança, o que não ocorre no caso dos advogados públicos.

Portanto, a exceção à regra geral da intimação por meio eletrônico, consubstanciada na prática desse ato promovida por meio dos correios, por iniciativa do advogado da parte contrária é incompatível com o regime de intimação da advocacia pública, devido a sua incompatibilidade.

► **NCPC. Art. 183. § 1°** A intimação pessoal far-se-á por carga, remessa ou meio eletrônico. ► **Art. 269. § 1°** É facultado aos advogados promover a intimação do advogado da outra parte por meio do correio, juntando aos autos, a seguir, cópia do ofício de intimação e do aviso de recebimento.

1.3.7. Da Defensoria Pública (arts. 185 a 187)

Enunciado 626. O requerimento previsto no § 2º do art. 186, formulado pela Defensoria Pública ou pelas entidades mencionadas no § 3º do art. 186, constitui justa causa para os fins do § 2º do art. 223, quanto ao prazo em curso.

● *Grupos: Poderes do juiz e intervenção do Ministério Público.* ● *Referências: arts. 186, §§ 2º e 3º, e 223, §§ 1º e 2º.*

▸ *Jorge Bheron Rocha*

O parágrafo 2º do artigo 186 do Novo CPC traz uma importantíssima inovação para os beneficiários do serviço de assistência jurídica integral e gratuita ofertado pela Defensoria Pública: o requerimento ao Juízo para intimação pessoal através de oficial de Justiça da parte patrocinada nas hipóteses em que a perfeita consecução do ato processual dependa de providência ou informação que somente por esta possa ser realizada ou prestada.

A experiência prática tem demonstrado a imensa dificuldade de a Defensoria Pública manter contato com seus assistidos, por diversas razões, a começar pela estrutura ainda insipiente da Instituição, nomeadamente nas comarcas do interior do Brasil. Apesar desta dificuldade, muitas vezes, a Instituição é intimada a realizar atos que dependem de informações ou providências que apenas podem ser prestadas pessoalmente pelos seus assistidos, tais como a apresentação de documentos, o arrolamento ou substituição de testemunhas não encontradas.

Por outro lado, a regular atuação da Defensoria Pública nas causas que patrocina independe de mandato[184] e comumente se dá exatamente assim, sem a apresentação de qualquer procuração judicial, o que lhe impede, sem os poderes especiais que apenas por cláusula específica podem ser conferidos, de *receber citação, confessar, reconhecer a procedência do pedido, transigir, desistir, renunciar ao direito sobre o qual se funda a ação, receber, dar quitação, firmar compromisso* (art. 105, CPC), sendo, contudo, dispensada a declaração de hipossuficiência econômica da parte assistida ou de procuração específica para este fim, que tenha como escopo a obtenção do benefício da Gratuidade da Justiça[185].

Na verdade, quando patrocinada pela Defensoria Pública, a intimação pessoal se reveste em prerrogativa da própria parte como forma de atender aos fins sociais e às exigências do bem comum (art. 8º, CPC), e à efetiva possibilidade de participar do processo e influir na decisão (art. 9º e 10, CPC), sendo regra no CPC, conforme se verifica, por exemplo, nas hipóteses do artigo 455, § 4º, IV (testemunhas arroladas), do artigo 513, § 2º, II (cumprimento de sentença), do artigo 876, § 1º, II (adjudicação).

Entretanto, em caso de requerimento do defensor público para a intimação pessoal da parte, é necessário que o prazo assinalado pelo juízo seja reavido para

184. Incisos XI dos arts. 44, 89 e 128 da Lei Complementar 80/94 e art. 287, II, CPC.

185. "... a dispensa de mandato ao Defensor Público prevista no art. 16 da Lei n. 1.060/50 se estende, também, à própria declaração de hipossuficiência da parte" (STJ, REsp 287688, Min. Aldir Passarinho Junior, DJ 5.3.2001).

a efetividade da previsão legal, que é possibilitar substancialmente a realização da providência ou a prestação da informação.

Neste cenário, o artigo 223 (*caput* e parágrafos) impõe, como condição para a parte reaver o prazo, a prova da justa causa para a não realização do ato determinado pelo juízo, considerando como tal o impedimento de sua prática pela própria parte ou por mandatário em decorrência de evento alheio à sua vontade. A impossibilidade de o defensor público realizar o ato determinado pelo juízo em razão de este depender de providência ou informação que somente o assistido pode realizar ou prestar, se enquadra perfeitamente no conceito legal de justa causa, autorizando a reaver o prazo.

A Defensoria Pública deve requerer a intimação do assistido dentro do prazo inicialmente assinalado para a realização do ato, sob pena de preclusão, demonstrando que, naquela situação concretamente analisada, a providência ou informação somente pode ser prestada pela parte patrocinada, não estando, logicamente, o Juízo vinculado a tal requerimento, podendo decidir por deferi-lo ou indeferi-lo.

Na hipótese de deferimento, o novo prazo começa a ser contado a partir da intimação pessoal da própria parte, tendo em vista que o magistrado aquiesceu com os argumentos apresentados pela Defensoria Pública de que o ato processual pendente apenas por aquela pessoalmente poderia ser realizado.

E na hipótese de indeferimento, o juízo deverá reaver o prazo para a Defensoria Pública, novamente com a intimação pessoal do membro da Instituição.

Por fim, não obstante os escritórios de prática jurídica das faculdades de Direito reconhecidas na forma da lei e as entidades que prestam assistência jurídica gratuita conveniadas com a Defensoria Pública não gozem da prerrogativa da intimação pessoal, por ausência de previsão legal – uma vez que tal prerrogativa se encontra prevista no § 1º e não no *caput*, ao qual não faz referência a disposição do § 3º do artigo 186, CPC – poderão requerer a intimação pessoal da parte patrocinada, pois, como dito, é prerrogativa que a esta se liga em razão de sua condição de vulnerabilidade e da necessidade de atender às finalidades sociais e exigências do bem comum, proporcionando um contraditório substancial, cooperação efetiva e participação materialmente equilibrada.

► **NCPC. Art. 186. § 2º** A requerimento da Defensoria Pública, o juiz determinará a intimação pessoal da parte patrocinada quando o ato processual depender de providência ou informação que somente por ela possa ser realizada ou prestada. **§ 3º** O disposto no caput aplica-se aos escritórios de prática jurídica das faculdades de Direito reconhecidas na forma da lei e às entidades que prestam assistência jurídica gratuita em razão de convênios firmados com a Defensoria Pública. ► **Art. 223.** Decorrido o prazo, extingue-se o direito de praticar ou de emendar o ato processual, independentemente de declaração judicial, ficando assegurado, porém, à parte provar que não o realizou por justa causa. **§ 1º** Considera-se justa causa o evento alheio à vontade da parte e que a impediu de praticar o ato por si ou por mandatário. **§ 2º** Verificada a justa causa, o juiz permitirá à parte a prática do ato no prazo que lhe assinar.

1.4. Dos Atos Processuais (arts. 188 a 293)

1.4.1. Da Forma, do Tempo e do Lugar dos Atos Processuais (arts. 188 a 235)

1.4.1.1. Da Forma dos Atos Processuais (arts. 188 a 211)

1.4.1.1.1. Dos Atos em Geral (arts. 188 a 192)

ENUNCIADO 6. O NEGÓCIO JURÍDICO PROCESSUAL NÃO PODE AFASTAR OS DEVERES INERENTES À BOA-FÉ E À COOPERAÇÃO.

● *Grupo: Negócio Processual.* ● *Redação revista (III FPPC).* ● *Referências: arts. 5º, 6º e 190.*

▸ ***Pedro Henrique Nogueira***

O enunciado trata dos limites objetivos aos negócios jurídicos processuais, mais especificamente dos deveres de boa-fé e da cooperação. Note-se que o texto, acertadamente, não menciona os negócios processuais atípicos do artigo 190 do NCPC, do que resulta sua maior amplitude para abarcar as espécies típicas e atípicas.

Para os negócios jurídicos processuais e pré-processuais, apesar da amplitude da cláusula geral do artigo 190 do NCPC, é necessário considerar a existência dos limites objetivos pré-estabelecidos no sistema. A ilicitude do objeto é predisposta pelo art. 104, II do Código Civil como uma das causas de nulidade do negócio jurídico. Essa regra igualmente se aplica às negociações sobre o processo, pré-processuais, assim como aos negócios processuais.

Celebrar um pacto ou convenção contrariando norma cogente significa, ao mesmo tempo, eleger um objeto ilícito que se reconduz em contrariedade ao formalismo processual.[186]

As normas fundamentais do processo civil funcionam como limites objetivos aos negócios processuais e convenções sobre o processo, por isso não se admite a prática de atos negociais que afastem suas prescrições.

A cooperação, por força da norma extraída do artigo 6º do NCPC, impõe aos diversos sujeitos do processo determinados deveres. Busca-se, através do processo cooperativo, alcançar um estado ideal de coisas, isto é, a obtenção de uma comunidade de trabalho. Logo, tornam-se ilícitas as condutas contrárias a alcançar esse estado ideal de coisas.[187]Nessa linha de raciocínio, não seriam válidos os negócios que afastassem deveres de cooperação das partes, a exemplo do que sucederia com um pacto por força do qual os litigantes não estivessem obrigados a redigir seus arrazoados com clareza, ou que estivessem liberados para praticar ilícitos processuais, danosos ou não etc.

---

186. NOGUEIRA, Pedro Henrique. *Negócios jurídicos processuais.* 2 ed. Salvador, Juspodivm, 2017. p. 240-241.

187. DIDIER JR., Fredie. *Curso de direito processual civil.* Salvador: Juspodivm, 2017, v. 1. p. 128.

A força da cooperação, como norma estruturante do processo civil brasileiro, veda condutas das partes e do juiz que contrariem os deveres dela decorrentes. Desse modo, não poderiam as partes, por meio de atos negociais, alcançar fins incompatíveis com essa diretriz.

O mesmo se pode afirmar em relação à norma fundamental da boa-fé (NCPC, art. 5º), também estruturante do processo civil brasileiro. Os sujeitos do processo, segundo tal diretriz, devem agir de maneira leal e sempre respeitando as expectativas legítimas resultados de seus comportamentos. A boa-fé objetiva impede a prática de atos (negociais ou não) que fujam dessa diretriz. Um padrão de comportamento leal é estabelecido com estado de coisas a ser alcançado e imposto aos sujeitos do processo, daí surgindo deveres concretos com o *ne venire contra factum proprium*. A proibição do comportamento contraditório não poderia ser afastada pelas partes, ainda que por meio de negócio jurídico processual. Logo, não seria válido um pacto que liberasse as partes para litigar de modo temerário, ou faltando com a verdade dos fatos, ou que tolerasse o abuso de direitos processuais etc.

Por último, convém mencionar que o enunciado n. 6 do FPPC, conquanto faça alusão apenas aos deveres de cooperação e de boa-fé, poderia englobar todas as demais normas fundamentais cogentes estruturantes do processo civil brasileiro. O raciocínio para elas seria o mesmo: veda-se a celebração de negócios jurídicos que afastem os deveres inerentes ao devido processo legal, no que a cooperação e boa-fé estão inseridas.

Enunciado 13. O disposto no inciso IV do art. 189 abrange todo e qualquer ato judicial relacionado à arbitragem, desde que a confidencialidade seja comprovada perante o Poder Judiciário, ressalvada em qualquer caso a divulgação das decisões, preservada a identidade das partes e os fatos da causa que as identifiquem.

● *Grupo: Arbitragem.* ● *Redação revista (III FPPC).* ● *Referências: art. 189, IV.*

▸ ***Pedro Henrique Nogueira***

O artigo 237, IV do NCPC cria a carta de arbitral como instrumento de cooperação entre juízes e árbitros, tendo em vista a necessidade de solicitação da prática de atos processuais. Sempre que, no âmbito de um processo arbitral, houver ato que não possa ser praticado pelo árbitro, necessária será a colaboração da jurisdição estatal para sua consecução, o que se faz por meio da solicitação veiculada através de carta arbitral.

Já o artigo 198, IV do NCPC cuida do segredo de justiça nos processos judicias que versem sobre arbitragem e nos procedimentos para cumprimento da carta arbitral. Havendo a estipulação de confidencialidade na convenção de arbitragem, o regime de sigilo atribuído ao processo arbitral se impõe, por extensão, aos atos praticados pelo juiz estatal em cumprimento à carta arbitral. Essa medida se justifica para preservar o caráter confidencial do processo arbitral, já que a carta arbitral também será instruída com diversos documentos sigilosos extraídos do procedimento arbitral (art. 260, § 3º do NCPC).

O Enunciado esclarece que a confidencialidade necessita ser comprovada perante o juiz estatal e, quando o for, alcança todo e qualquer ato ainda que diretamente relacionado à arbitragem. O mesmo vale para ação anulatória de sentença arbitral (Lei 9.307/96, art. 32) ou para a execução de sentença arbitral, caso a confidencialidade do procedimento tenha sido ajustada na convenção de arbitragem.

Por isso, provando as partes o caráter confidencial da arbitragem, deve o juiz, ao receber a na carta arbitral ou qualquer demanda por meio da qual se vise questionar qualquer aspecto da arbitragem ou da respectiva convenção, decretar o segredo de justiça, a fim de não frustrar o consenso dos litigantes quanto à confidencialidade.

O dever de sigilo, quando convencionado entre as partes, não elimina a possibilidade de se divulgar o teor das decisões proferidas, desde que não sejam revelados os nomes e atributos dos envolvidos, assim como trechos e passagens que permitam identificá-los.

▶ **NCPC. Art. 189.** Os atos processuais são públicos, todavia tramitam em segredo de justiça os processos: IV – que versem sobre arbitragem, inclusive sobre cumprimento de carta arbitral, desde que a confidencialidade estipulada na arbitragem seja comprovada perante o juízo.

Enunciado 15. As arbitragens que envolvem a Administração Pública respeitarão o princípio da publicidade, observadas as exceções legais (vide art. 2º, § 3º, da Lei n. 9.307/1996, com a redação da Lei n. 13.129/2015).

● *Grupo: Arbitragem.* ● *Referências: art. 189.*

▶ ***Pedro Henrique Nogueira***

A Lei 13.129/215 positivou de maneira expressa e genérica a possibilidade da arbitragem nos conflitos relativos a direitos patrimoniais disponíveis envolvendo a Administração Pública direta e indireta, ao introduzir os § § 1º e 2º ao art. 1º da Lei 9.307/96.

Doutrinariamente, antes mesmo do advento da Lei 13.129/15, já se admitia essa possibilidade[188]e a própria legislação, de maneira tópica e pontual, contemplava a arbitrabilidade de entes públicos em situações específicas, a exemplo do que estabeleceram as Leis 9.478/97, em seu artigo 43, X, 10.233/01, em seu artigo 35, XVI, e 11.079/04, em seu artigo 11, III.

O artigo 2º, § 3º da Lei 9.307/96 prevê que a arbitragem envolvendo a Administração Pública direta ou indireta será sempre de direito e respeitará o princípio da publicidade. Já a confidencialidade nas arbitragens é em geral extraída da regra do artigo 13, § 6º, segundo a qual o árbitro, no desempenho de sua função, deverá proceder com imparcialidade, independência, competência, diligência e "discrição". Na prática, considerando a abertura dada pelo art. 21 da Lei 9.307/96, algumas instituições

188. CARMONA, Carlos Alberto. *Arbitragem e processo*. 3 ed. São Paulo: Atlas, 2009. p. 45.

arbitrais têm estabelecido a confidencialidade dos procedimentos arbitrais em seus respectivos regulamentos.

A regra geral quando a arbitragem envolva entidade da Administração Pública é a publicidade. Nessa hipótese, a princípio, qualquer interessado poderá ter acesso aos atos praticados no processo arbitral. Não seria válida a convenção entre os litigantes estipulando sigilo e confidencialidade, nem seria válido, nessa parte, regulamento de entidade arbitral que excluísse o regime de publicidade e transparência inerentes à atuação das entidades públicas, resultantes inclusive de imposição constitucional (CF/88, art. 37).

Há certos litígios, contudo, que se revelam confidenciais pela sua própria natureza. Determinados interesses patrimoniais, oriundos de propriedade intelectual, por exemplo, se deduzidos em processo judicial, seriam cobertos por segredo de justiça. Não haveria nenhum sentido que, em processo arbitral tendo como objeto o mesmo conflito, dados protegidos pela confidencialidade estivessem livremente expostos ao público em geral, com prejuízo às próprias partes em disputa. Note-se que o artigo 206 da Lei 9.279 prevê que na hipótese de serem reveladas, em juízo, informações confidenciais, sejam segredo de indústria ou de comércio, deverá o juiz decretar o segredo de justiça, podendo vedar o uso de tais informações inclusive à outra parte, em certas situações. Essa regra também seria aplicável a eventual processo arbitral envolvendo entidade da administração pública.

Não se pode também descartar que, em certas situações a proteção de informações e a restrição da publicidade, ainda que a determinados atos ou documentos do processo, sirva justamente para tutelar o interesse público ou social.

O Enunciado corrige uma falsa impressão que poderia ser colhida da interpretação meramente literal do artigo 3º, § 2º da Lei 9.307/96, já que as exceções legais e constitucionais ao regime de publicidade dos atos processuais aplicáveis ao processo judicial também são extensíveis aos processos arbitrais de que sejam partes entidades da Administração Pública.

▶ **NCPC. Art. 189.** Os atos processuais são públicos, todavia tramitam em segredo de justiça os processos: I – em que o exija o interesse público ou social; II – que versem sobre casamento, separação de corpos, divórcio, separação, união estável, filiação, alimentos e guarda de crianças e adolescentes; III – em que constem dados protegidos pelo direito constitucional à intimidade; IV – que versem sobre arbitragem, inclusive sobre cumprimento de carta arbitral, desde que a confidencialidade estipulada na arbitragem seja comprovada perante o juízo.

Enunciado 16. O controle dos requisitos objetivos e subjetivos de validade da convenção de procedimento deve ser conjugado com a regra segundo a qual não há invalidade do ato sem prejuízo.

● *Grupo: Negócio Processual.* ● *Referências: art. 190, par. ún.*

▸ ***Pedro Henrique Nogueira***

Todos os requisitos gerais de validade objetivos e subjetivos exigíveis para a prática dos atos processuais pelas partes em geral devem ser observados também nos negócios processuais. As regras integrantes do regime de invalidades no Código de Processo Civil (art. 276 e seguintes) estendem-se também aos negócios e convenções sobre o processo.

O Enunciado menciona "convenção de procedimento", mas é preciso levar em consideração que há negócios processuais sobre ônus, faculdades, poderes e deveres dos sujeitos do processo que não repercutem diretamente no procedimento. A cláusula geral de negociação, extraída do artigo 190, *caput*, do CPC abre espaço às partes para (a) convencionar sobre o procedimento, assim como para (b) negociar sobre ônus, faculdades e direitos e também sobre seus deveres processuais.[189]

No processo civil brasileiro, a invalidade sempre necessita ser decretada e resulta da pronúncia judicial, sendo necessário que, além do vício, traduzido no defeito pela inobservância da forma legal, esteja configurado o prejuízo para a parte. Esse regime jurídico também é aplicável aos negócios processuais. O artigo 282, § 1º do NCPC estabelece que o ato processual não será repetido e nem sua falta suprida quando não prejudicar a parte. A invalidade processual é sanção decorrente da regra jurídica em cujo suporte fático está o vício associado ao prejuízo[190].

Os negócios jurídicos são espécies de atos jurídicos. Desse modo, a todos os negócios processuais, e não apenas às convenções sobre procedimento, deve ser aplicada a regra prevista no artigo 277 do NCPC, segundo a qual o juiz considerará válido o ato processual se, mesmo quando realizado de outro modo, alcançar-se a sua finalidade. Sendo assim, é extensível o Enunciado a todo e qualquer negócio jurídico processual.

► **NCPC. Art. 190. Parágrafo único.** De ofício ou a requerimento, o juiz controlará a validade das convenções previstas neste artigo, recusando-lhes aplicação somente nos casos de nulidade ou de inserção abusiva em contrato de adesão ou em que alguma parte se encontre em manifesta situação de vulnerabilidade.

ENUNCIADO 17. AS PARTES PODEM, NO NEGÓCIO PROCESSUAL, ESTABELECER OUTROS DEVERES E SANÇÕES PARA O CASO DO DESCUMPRIMENTO DA CONVENÇÃO.

● *Grupo: Negócio Processual.* ● *Redação revista (III FPPC).* ● *Referências: art. 190.*

▸ *Pedro Henrique Nogueira*

O enunciado n. 17 do FPPC cuida dos deveres e sanções estabelecidos por meio de negócios jurídicos processuais e pré-processuais. É preciso considerar que a cláusula geral de negociação processual expressamente aponta a estipulação de "deveres" como objeto do que pode vir a ser convencionado entre as partes.

---

189. NOGUEIRA, Pedro Henrique. *Negócios jurídicos processuais*. Salvador: Juspodivm, 2016. p. 225.
190. DIDIER JR., Fredie; NOGUEIRA, Pedro Henrique. *Teoria dos fatos jurídicos processuais*. 2 ed. Salvador: Juspodivm, 2013. p. 83.

Há no ordenamento jurídico processual diversos deveres a serem observados pelas partes e pelos terceiros, muitos dos quais estruturantes do devido processual legal, como acontece, por exemplo, com o dever geral de boa-fé (NCPC, art. 5º).

É lícito às partes ampliar o elenco de deveres processuais (por exemplo, dever estipulado convencionalmente de redigir arrazoados dentro de certo limite de laudas). Não há, contudo, espaço negocial para que os litigantes convencionem a exclusão de deveres resultante de normas cogentes, especialmente das que estruturam o devido processo legal.

É possível também a convenção pré-processual ou processual sobre as sanções. Da mesma forma que é lícito às partes se vincularem por meio de novos deveres que venham a ser estipulados, também é permitido que prevejam, negocialmente, sanções para a hipótese de seu descumprimento (por exemplo, multa contra a parte que descumpre o dever de exibir a coisa a ser periciada na data em que foi convencionada; multa à parte que deixa de franquear acesso ao imóvel que iria ser objeto de inspeção judicial em determinada data etc.). Essas sanções podem consistir na imposição de prestação pecuniária, mas também em punições de outra natureza como a caducidade de direitos (a parte assume o dever de apresentar ao tribunal uma proposta de acordo, com a cominação de, se não apresentar na data fixada, perder o direito ao recurso interposto).

Conquanto o enunciado fale em estipulação, por negócios processuais, de sanções para a hipótese de "descumprimento da convenção", não se pode repelir a possibilidade de um negócio jurídico que objetive estabelecer novas sanções para estimular o cumprimento de deveres processuais legais (por exemplo, acordo para majoração da multa por litigância de má-fé prevista em lei).

> ▶ **NCPC. Art. 190.** Versando o processo sobre direitos que admitam autocomposição, é lícito às partes plenamente capazes estipular mudanças no procedimento para ajustá-lo às especificidades da causa e convencionar sobre os seus ônus, poderes, faculdades e deveres processuais, antes ou durante o processo.

Enunciado 18. Há indício de vulnerabilidade quando a parte celebra acordo de procedimento sem assistência técnico-jurídica.

● *Grupo: Negócio Processual.* ● *Referências: art. 190, par. ún.*

▸ ***Pedro Henrique Nogueira***

Segundo o artigo 190, parágrafo único, do NCPC, a ausência de "manifesta situação de vulnerabilidade" dos sujeitos do negócio jurídico também é requisito subjetivo de validade. A vulnerabilidade se traduz no reconhecimento pelo direito de que determinadas posições nas quais se inserem as pessoas são merecedoras de proteção.[191] Se o negócio jurídico é feito por um sujeito manifestamente vulnerável, deve o ato ser invalidado, inclusive de ofício pelo juiz.

191. LÔBO, Paulo. *Direito civil: contratos.* São Paulo: Saraiva: 2011. p. 140.

Não é possível, porém, presumir a existência de vulnerabilidade, que será sempre identificada *a posteriori*. O sujeito será ou não considerado manifestamente vulnerável a partir da relação estabelecida entre ele e o direito litigioso ou entre ele a outra parte.

Por isso, sujeitos normalmente categorizados como vulneráveis, para fins de aplicação das regras de direito material que lhe são dirigidas, não estão *a priori* impedidos de celebrar negócios jurídicos processuais (por exemplo, consumidor e fornecedor de produtos, conquanto no plano substancial possam estar em situação de desequilíbrio, podem vir a negociar em situação de isonomia e equilíbrio a redução ou ampliação de prazos processuais).

Revela-se importante para constatar a situação de vulnerabilidade saber se as partes dispõem do domínio das informações, se estão tecnicamente assistidas quando a natureza do negócio assim o recomendar, ou se as possibilidades de barganha estão razoavelmente equilibradas.

Não por outro motivo, o assessoramento do advogado, procurador, defensor público ou membro do Ministério Público, ou outros sujeitos com qualificação técnica para o tipo de ato jurídico caracterizado numa convenção sobre o processo, é indicativo de ausência de vulnerabilidade, conforme posto no enunciado n. 18 do FPPC.

O "indício de vulnerabilidade" a que se refere o enunciado n. 18 do FPPC objetiva apenas apontar para a relevância do apoio técnico ao sujeito que negocia seus ônus, direitos, faculdades, deveres, tendo em vista que a falta de acompanhamento jurídico pode redundar na celebração do negócio em erro. Sujeitos que dispõem do conhecimento técnico-jurídico suficiente para celebrar uma determinada convenção não necessitam, porém, de assistência ou auxílio técnico para negociar (por exemplo, um magistrado enquanto figurante de uma convenção, um acadêmico ou bacharel em direito etc.). Até mesmo o "necessitado", merecedor dos benefícios de gratuidade da justiça, se devidamente acompanhado por defensor público, pode validamente figurar como sujeito de negócio jurídico processual.

▶ **NCPC. Art. 190. Parágrafo único.** De ofício ou a requerimento, o juiz controlará a validade das convenções previstas neste artigo, recusando-lhes aplicação somente nos casos de nulidade ou de inserção abusiva em contrato de adesão ou em que alguma parte se encontre em manifesta situação de vulnerabilidade.

ENUNCIADO 19. SÃO ADMISSÍVEIS OS SEGUINTES NEGÓCIOS PROCESSUAIS, DENTRE OUTROS: PACTO DE IMPENHORABILIDADE, ACORDO DE AMPLIAÇÃO DE PRAZOS DAS PARTES DE QUALQUER NATUREZA, ACORDO DE RATEIO DE DESPESAS PROCESSUAIS, DISPENSA CONSENSUAL DE ASSISTENTE TÉCNICO, ACORDO PARA RETIRAR O EFEITO SUSPENSIVO DE RECURSO, ACORDO PARA NÃO PROMOVER EXECUÇÃO PROVISÓRIA; PACTO DE MEDIAÇÃO OU CONCILIAÇÃO EXTRAJUDICIAL PRÉVIA OBRIGATÓRIA, INCLUSIVE COM A CORRELATA PREVISÃO DE EXCLUSÃO DA AUDIÊNCIA DE CONCILIAÇÃO OU DE MEDIAÇÃO PREVISTA NO ART. 334; PACTO DE EXCLUSÃO CONTRATUAL DA AUDIÊNCIA DE CONCILIAÇÃO OU DE MEDIAÇÃO PREVISTA NO ART. 334; PACTO DE DISPONIBILIZAÇÃO PRÉVIA DE DOCUMENTAÇÃO (PACTO DE "DISCLOSURE"), INCLUSIVE COM ESTIPULAÇÃO DE SANÇÃO NEGOCIAL, SEM PREJUÍZO DE MEDIDAS COERCITIVAS, MANDAMENTAIS,

SUB-ROGATÓRIAS OU INDUTIVAS; PREVISÃO DE MEIOS ALTERNATIVOS DE COMUNICAÇÃO DAS PARTES ENTRE SI; ACORDO DE PRODUÇÃO ANTECIPADA DE PROVA; A ESCOLHA CONSENSUAL DE DEPOSITÁRIO-ADMINISTRADOR NO CASO DO ART. 866; CONVENÇÃO QUE PERMITA A PRESENÇA DA PARTE CONTRÁRIA NO DECORRER DA COLHEITA DE DEPOIMENTO PESSOAL.

● *Grupo: Negócio Processual.* ● *Redação revista (III FPPC, V FPPC, VI FPPC).* ● *Referências: art. 190.*

▸ ***Pedro Henrique Nogueira***

O enunciado n. 19 do FPPC traz extenso rol de negócios jurídicos processuais admissíveis, seguindo a mesma técnica adotada em enunciados anteriores (por exemplo, enunciados 19, 490).

O pacto de impenhorabilidade é negócio jurídico processual típico, extraído do artigo 833, I do NCPC. Por meio dele, as partes convencionam excluir a possibilidade de penhora sobre determinado bem, independentemente de sua posição na gradação legal do artigo 835 do NCPC. Trata-se de negócio jurídico que pode ser prévio ao processo, inserido em cláusula contratual, por exemplo, ou realizado no curso do processo, inclusive da execução.

É possível o acordo de ampliação de prazos das partes. Desapareceu, após o advento do NCPC, a utilidade na tradicional divisão, porém nem por isso questionável, entre prazos dilatórios e peremptórios. Todos os prazos das partes, no regime do Código de 2015, passam a ser dilatórios.[192] As partes podem, a partir da cláusula geral de negociação processual, acordar a redução ou ampliação de seus prazos.

As partes podem celebrar acordo de rateio de despesas processuais. Trata-se de negócio jurídico de larga difusão na praxe forense, sendo cláusula comum em instrumentos de transação que encerram processos judiciais, regulando com quem ficarão os ônus de sucumbência, inclusive a responsabilidade pelas despesas do processo, e até mesmo em qual medida a parte suportaria esse encargo (*v.g.* convenção para que as custas processuais já pagas até então sejam devolvidas, ou para que as custas futuras sejam suportadas por determinado litigante).

A dispensa consensual de assistente técnico é negócio jurídico plenamente admissível no processo civil brasileiro. A intervenção do assistente técnico é sempre facultativa; a parte tem o ônus de indicá-lo ou não (NCPC, art. 415, II). Trata-se de espaço de liberdade para cujo exercício se prescinde de anuência ou concordância da parte adversa. Por isso, revela-se claramente aceitável que as partes, bilateralmente, já declarem, inclusive previamente à propositura da demanda, que dispensam seus assistentes técnicos para hipótese de eventual perícia, podendo funcionar esse acordo como importante técnica de aceleração do procedimento, já que tornaria a prova pericial mais simples e rápida.

Uma das mais interessantes figuras negociais atípicas, resultante de concretização da cláusula geral de negociação processual (NCPC, art. 190), está no negócio jurídico para retirar o efeito suspensivo de recurso, de modo especial da apelação.

---

192. NOGUEIRA, Pedro Henrique. *Negócios Jurídicos Processuais*. Salvador: Juspodivm, 2016. p. 245.

No regime do Código, a apelação terá efeito suspensivo (NCPC, art. 1.012, *caput*), impedindo a execução, mesmo a provisória, da sentença, salvo nas situações do artigo 1.012, § 1º. A regra jurídica que submete a apelação ao efeito suspensivo confere ao apelante uma situação jurídica processual: o direito subjetivo processual de não sofrer a execução. Desse modo, é dado ao recorrente abdicar dessa posição jurídica, dispondo sobre sua situação jurídica, e assim aceitar que a execução provisória se faça mesmo na pendência do julgamento da apelação em causa fora do rol previsto no artigo 1.012, § 1º do NCPC.

Da mesma forma que o acordo para afastar o efeito suspensivo é admissível, o mesmo também se dá com o acordo para não se promover execução provisória. Aqui o recorrido tem o direito subjetivo processual de executar provisoriamente a decisão impugnada por recurso (cumprimento provisório de sentença), que é feita sempre e necessariamente por iniciativa da parte interessada (NCPC, art. 520, I). Se a parte recorrida tem a liberdade de simplesmente não deflagrar a execução provisória e aguardar o trânsito em julgado, é possível também que isso seja convencionado previamente e já se estabeleça que a execução provisória não acontecerá. Esse acordo pode ser feito, pré-processualmente, antes da propositura da demanda, ou durante a litispendência, inclusive após o advento da decisão exequenda.

A audiência prévia de mediação ou conciliação prevista para o procedimento comum, no artigo 334 do NCPC, também comporta várias possibilidades de negociação processual. Podem as partes acordar que a audiência não se realizará, quer em um contrato quer em documento em separado, ou até mesmo após a propositura da demanda, quando o autor na petição inicial declara não querer a audiência e o réu assim também o faz, na forma do artigo 334, § 5º do NCPC. Os interessados também podem, usando da cláusula geral de negociação processual, convencionarem a obrigatoriedade da realização da audiência de mediação ou conciliação, ou, ainda, estipularem a exigência de prévia sessão de mediação extrajudicial, na forma do artigo 21 da Lei 13.140/15, antes da propositura da demanda. Trata-se aí de pactuar que a parte somente demandará em juízo após o insucesso da tentativa de mediação extrajudicial prévia.

As partes podem celebrar um negócio jurídico processual atípico para estabelecer um procedimento próximo ao da *Discovery* ou *Disclosure*, usada em países do *Common Law* e em processos arbitrais. Por meio dessa técnica, as partes se comprometem a disponibilizar entre si, para investigação recíproca, provas que estejam em seu poder. Quando a *Disclosure* se dá na fase antecedente à demanda (ou, no caso brasileiro, antes da primeira audiência), estimulam e aumentam as chances de acordo e pode reduzir os custos do litígio.[193]O pacto para disponibilização prévia de documentos pode vir acompanhado de outras estipulações negociais agregadas, contendo sanções e penalidades (pacto sobre deveres processuais, previsto no artigo 190 do NCPC) para imputação à parte que descumprir o avençado, sem prejuízo de medidas coercitivas, mandamentais, sub-rogatórias ou indutivas, a serem determinadas pelo juiz.

193. ANDREWS, Neil. *O Moderno Processo Civil*. São Paulo; RT, 2010. p. 139.

O artigo 269, § 1º do NCPC autoriza aos advogados de uma parte a promoverem a intimação do advogado da parte adversa por meio do correio, juntando aos autos cópia do ofício de intimação e do aviso de recebimento respectivo. Vige no processo civil brasileiro a regra da liberdade das formas (NCPC, art. 188). Disso resulta que não há obstáculo para que se convencione forma diferente para realização acontece, desde que a finalidade do ato, qual seja a cientificação inequívoca da parte destinatária, aconteça. (*v.g.* as partes ajustam que as intimações recíprocas entre os advogados acontecerão por meio de envio de mensagem de correio eletrônico ao endereço declarado nos autos; ou por meio da entrega direta do ofício de intimação mediante protocolo na secretaria do escritório etc.). Trata-se do negócio jurídico processual que estipule meios alternativos de comunicação das partes entre si.

É possível que as partes celebrem um acordo para produção antecipada de prova. A medida judicial de produção antecipada de prova, regulada pelo art. 381 e seguintes do NCPC, mas nada impede que as partes a convencionem, eliminando, com isso, controvérsia entre as partes sobre a presença dos requisitos autorizadores da medida. Na verdade, uma das hipóteses autorizadoras da produção antecipada está na situação em que a prova a ser produzida possa viabilizar a autocomposição (NCPC, art. 381, II). Se a prova a ser produzida é determinante na celebração de transação, nada impede que as próprias partes já se antecipem de convencionem a necessidade da produção antecipada.

Na penhora sobre percentual de faturamento da empresa, deve o juiz proceder à nomeação de depositário-administrador, que desempenhará o papel de submeter à aprovação judicial a sua forma de atuação e também prestará contas, entregando em juízo as quantias recebidas, com os respectivos balancetes mensais, a fim de serem imputadas no pagamento da dívida, na forma do artigo 866 do NCPC. A definição sobre quem será o depositário-administrador pode também ser feita negocialmente, mediante acordo entre exequente e executado, até porque a execução se desenvolve no interesse do exequente e este pode assentir que a função de depositário-administrador recaia sobre até mesmo um preposto da empresa executada, como forma de garantir a satisfação do crédito sem comprometer a continuidade da atividade empresarial.

É válido também o negócio jurídico processual que permita a presença da parte contrária por ocasião de seu depoimento pessoal. O NCPC, art. 385, § 2º estabelece ser defeso à parte que ainda depôs assistir ao depoimento do adversário. Assim, uma parte tem o direito subjetivo processual de exigir a ausência da outra. Nada desautoriza, porém, que a parte depoente concorde com a presença da parte adversa. Trata-se de negócio processual atípico.

► **NCPC. Art. 190.** Versando o processo sobre direitos que admitam autocomposição, é lícito às partes plenamente capazes estipular mudanças no procedimento para ajustá-lo às especificidades da causa e convencionar sobre os seus ônus, poderes, faculdades e deveres processuais, antes ou durante o processo.

ENUNCIADO 20. NÃO SÃO ADMISSÍVEIS OS SEGUINTES NEGÓCIOS BILATERAIS, DENTRE OUTROS: ACORDO PARA MODIFICAÇÃO DA COMPETÊNCIA ABSOLUTA, ACORDO PARA SUPRESSÃO DA PRIMEIRA INSTÂNCIA.

● *Grupo: Negócio Processual.* ● *Referências: art. 190.*

▸ *Pedro Henrique Nogueira*

O Enunciado exemplifica dois tipos de negócios jurídicos processuais que não são admissíveis no direito brasileiro: acordo para modificação da competência absoluta e acordo para supressão da primeira instância.

Para a validade dos negócios jurídicos processuais, não obstante a amplitude da cláusula geral de negociação processual (NCPC, art. 190), é necessário levar em conta a existência dos limites objetivos no sistema. O próprio Código Civil, no artigo 104, II, coloca a ilicitude do objeto como uma das causas de nulidade do negócio jurídico. Essa regra é aplicável às convenções sobre o processo, dado o seu caráter pré-processual, assim como aos negócios processuais, dado que celebrar um pacto ou convenção contrariando regra cogente significa, ao mesmo tempo, eleger um objeto ilícito.

As normas constitucionais do processo civil, inclusive os princípios, funcionam como limites objetivos aos negócios processuais e não se admite a prática de atos negociais que afastem suas prescrições.

Por isso, não seria válido o negócio que acarretasse a escolha do juiz da causa, pois o princípio do juiz natural (CF/88, art. 5º, XXXVII e LIII) não admite que as partes ou o próprio juízo escolham qual será o órgão julgador de determinado caso. O juízo deve ser definido a partir de critérios abstratos, impessoais e apriorísticos.

A celebração de negócio processual que implicasse alteração da competência absoluta também seria incompatível com o princípio do juiz natural. A competência absoluta, por concretizar interesse público, da própria jurisdição, não comporta modificação, quer por vontade ou convenção das partes, quer por vontade do juiz, sendo, por isso, inderrogável. Esse é, a rigor, um dos traços característicos dessa espécie de competência, que permite diferenciá-la da competência relativa, esta sim passível de modificação por vontade das partes (por exemplo, eleição convencional do foro). O artigo 62 do NCPC explicita que a competência em razão da matéria, da pessoa e a competência funcional (todas as espécies de competência absoluta) são imodificáveis por convenção.

▸ **NCPC. Art. 190.** Versando o processo sobre direitos que admitam autocomposição, é lícito às partes plenamente capazes estipular mudanças no procedimento para ajustá-lo às especificidades da causa e convencionar sobre os seus ônus, poderes, faculdades e deveres processuais, antes ou durante o processo.

ENUNCIADO 21. SÃO ADMISSÍVEIS OS SEGUINTES NEGÓCIOS, DENTRE OUTROS: ACORDO PARA REALIZAÇÃO DE SUSTENTAÇÃO ORAL, ACORDO PARA AMPLIAÇÃO DO TEMPO DE SUSTENTAÇÃO ORAL, JULGAMENTO ANTECIPADO DO MÉRITO CONVENCIONAL, CONVENÇÃO SOBRE PROVA, REDUÇÃO DE PRAZOS PROCESSUAIS.

● *Grupo: Negócio Processual.* ● *Redação revista (III FPPC).* ● *Referências: art. 190.*

▸ ***Pedro Henrique Nogueira***

O enunciado n. 21 do FPPC apresenta um rol exemplificativo de negócios jurídicos processuais atípicos, passíveis de celebração em face da previsão do artigo 190, *caput*, do NCPC. Há, dentre as figuras negociais ali explicitadas, algumas de fácil assimilação, mas outras que ensejam alguma controvérsia.

Menciona-se no enunciado o acordo para sustentação oral. Deve-se entender aí o negócio jurídico que define apenas se haverá ou não a sustentação oral em determinado processo no qual seja permitido sustentar oralmente, pois às partes não é dado subverter a regra cogente do artigo 937 do NCPC e pactuar a sustentação oral em hipóteses não contempladas na lei.

O pacto de ampliação do tempo de sustentação oral, mencionado no enunciado 21 do FPPC, encontra obstáculo no artigo 937, *caput*, do NCPC, que prevê a duração da sustentação em prazo "improrrogável" de quinze minutos.

A negociação processual para viabilizar o julgamento antecipado do mérito, inclusive a resolução parcial do mérito, é possível, inclusive porque art. 355, I do NCPC contempla como hipótese do julgamento antecipado do mérito a desnecessidade instrução. Assim, se as partes acordam que não querem produzir outras provas além das já eventualmente produzidas, estão pactuando o julgamento antecipado do mérito. Isso pode se verificar também no tocante à resolução parcial do mérito em relação a um dos pedidos (NCPC, art. 356, II).

O enunciado também aponta, genericamente, como exemplificação de negócio jurídico processual, a "convenção sobre prova". Há grande diversidade de negócios jurídicos probatórios (pacto de dispensa de documento, perícia, depoimento; pacto de eleição de perito; pacto de arrolamento prévio de testemunhas; pacto de definição do procedimento probatório, pacto de inversão do ônus da prova etc.). A vantagem do enunciado é justamente deixar clara a possibilidade dos acordos probatórios, sem avançar para indicar essa ou aquela espécie, algumas das quais controversas.

A convenção para redução dos prazos processuais é negócio jurídico admissível de grande utilidade, especialmente como técnica de aceleração do procedimento. O artigo 225 do NCPC admite que a parte renuncie ao próprio prazo, desde que o faça expressamente. Assim como é dado a uma das partes renunciar total ou parcialmente ao prazo, de maneira unilateral, é dado aos litigantes acordarem uma renúncia recíproca do prazo processual.

▸ **NCPC. Art. 190.** Versando o processo sobre direitos que admitam autocomposição, é lícito às partes plenamente capazes estipular mudanças no procedimento para ajustá-lo às especificidades da causa e convencionar sobre os seus ônus, poderes, faculdades e deveres processuais, antes ou durante o processo.

ENUNCIADO 115. O NEGÓCIO JURÍDICO CELEBRADO NOS TERMOS DO ART. 190 OBRIGA HERDEIROS E SUCESSORES.

● *Grupo: Negócios Processuais.* ● *Referências: arts. 190, 109 e 110.*

▸ ***Pedro Henrique Nogueira***

O Código de Processo Civil prevê, no artigo 110, que "Ocorrendo a morte de qualquer das partes, dar-se-á a sucessão pelo seu espólio ou pelos seus sucessores", bastando apenas observar as regras para o procedimento de habilitação. Assim, o evento morte, que é um fato jurídico *stricto sensu* processual[194] produz como efeito a suspensão do processo (NCPC, art. 313, § 2º) a fim de acontecer a habilitação do espólio, herdeiros e sucessores, e a transmissão dos direitos e situações jurídicas processuais até então titularizados pelo falecido.

Somente quando o direito litigioso não for passível de transmissão *causa mortis* essa eficácia sucessiva não se verificará, pois, nessa hipótese, o fato jurídico morte produzirá a extinção do processo sem resolução de mérito (NCPC, arts. 316 e 485, IX).

Os negócios jurídicos processuais produzem sua eficácia gerando na esfera jurídica dos envolvidos as mais diversas situações jurídicas (direitos processuais, deveres, faculdades, ônus). Mesmo quando a negociação processual direciona-se a ajustar o procedimento às especificidades da causa (NCPC, art. 190, *caput*), há situações jurídicas que alcançam as partes, o juiz ou até mesmo outros sujeitos do processo.

Não importa, assim, a origem (legal, negocial ou judicial) das situações jurídicas processuais titularizadas partes: havendo morte e sendo transmissível o direito, opera-se a sucessão processual. Às vezes certas situações jurídicas processuais que beneficiam a parte não se transmitem com a morte, apesar de ser transmissível o direito litigioso (é o que se verifica com a morte de idoso, que enseja a sucessão por pessoas não idosas; o idoso, enquanto vivo, titularizava o direito subjetivo processual à tramitação prioritária do processo, que não seria transmitido aos respectivos herdeiros).

O Enunciado leva em consideração justamente essa circunstância. Os herdeiros e sucessores, justamente por força do fenômeno da sucessão processual advinda da morte da parte, assumem as situações jurídicas, ativa e passiva e no processo, titularizadas pelo *de cujus* ainda que esses direitos, faculdades, deveres ou ônus tenham surgido de um negócio processual. Basta apenas que haja transmissibilidade.

Embora o Enunciado use a expressão "obriga as partes e sucessores", a rigor, os sucessores e herdeiros também assumem eventuais posições jurídicas de vantagens titularizadas pelo falecido (se o de cujos faleceu após a intimação da sentença, o direito ao recurso passa aos herdeiros e/ou sucessores). O fenômeno da sucessão não se restringe às situações jurídicas passivas (deveres, obrigações). Além disso, pode acontecer de o espólio habilitar-se no processo assumindo a posição do falecido. Espólio, conquanto sujeito de direito detentor da capacidade de ser parte, não se confunde

194. DIDIER JR., Fredie; NOGUEIRA, Pedro Henrique. *Teoria dos Fatos Jurídicos Processuais*. 2 ed. Salvador: Juspodivm, 2013. p. 41.

com os herdeiros e sucessores. Um negócio processual celebrado pelo autor, que no curso do processo vem a falecer, gera efeitos processuais e situações jurídicas que serão assumidas pelo espólio, até que ocorra a partilha.

Portanto, os herdeiros e sucessores da parte que faleceu durante a litispendência, assumem as respectivas situações jurídicas, mesmo quando produzidas a partir de um negócio jurídico processual, salvo quando houver intransmissibilidade absoluta do direito litigioso, hipótese em que terá lugar a extinção do processo, sem resolução de mérito (NCPC, art. 485, IX).

▶ **NCPC. Art. 109.** A alienação da coisa ou do direito litigioso por ato entre vivos, a título particular, não altera a legitimidade das partes. ▶ **Art. 110.** Ocorrendo a morte de qualquer das partes, dar-se-á a sucessão pelo seu espólio ou pelos seus sucessores, observado o disposto no art. 313, §§ 1º e 2º. ▶ **Art. 190.** Versando o processo sobre direitos que admitam autocomposição, é lícito às partes plenamente capazes estipular mudanças no procedimento para ajustá-lo às especificidades da causa e convencionar sobre os seus ônus, poderes, faculdades e deveres processuais, antes ou durante o processo.

ENUNCIADO 131. APLICA-SE AO PROCESSO DO TRABALHO O DISPOSTO NO ART. 190 NO QUE SE REFERE À FLEXIBILIDADE DO PROCEDIMENTO POR PROPOSTA DAS PARTES, INCLUSIVE QUANTO AOS PRAZOS.

● *Grupo: Impacto do CPC no Processo do Trabalho.* ● *Referências: arts. 15 e 190.*

▸ ***Pedro Henrique Nogueira***

Questão de grande relevo é identificar a extensão da cláusula geral de negociação processual a partir do diálogo de fontes entre o NCPC e outros diplomas processuais.

Relativamente ao processo do trabalho, objeto do Enunciado, o NCPC estabelece, em seu artigo 15, a aplicação supletiva e subsidiária de suas normas ao processo trabalhista. Aplicar supletivamente significa complementar pela ausência de regramento específico. Já a aplicação subsidiária importa o transporte das regras processuais civis em razão de deficiência ou incompletude na regulamentação. Expande-se, assim, o vínculo entre esses dois ramos do direito processual.[195]

Há normas processuais provenientes do Código de Processo Civil que se aplicam ao processo trabalhista, ainda quando não seja o caso de omissão legislativa por deficiência ou incompletude. A cláusula geral de negociação processual, prevista no artigo 190 do NCPC, está nesse grupo de normas que podem ser aplicadas ao processo trabalho.

O Enunciado em comento deixa claro esse diálogo de fontes. Todavia, menciona a expressão "flexibilidade do procedimento" por proposta das partes, podendo sugerir com isso uma falsa impressão de que só haveria espaço para negociação processual

---

195. GAJARDONI, Fernando. *et al. Teoria geral do processo: comentários ao Código de Processo Civil.* Rio de Janeiro: Método, 2015. p. 96.

atípica no processo trabalhista na modalidade "acordos de procedimento", o que não corresponde à realidade.

Extrai-se do artigo 190, *caput*, do NCPC duas modalidades de negócios jurídicos pré-processuais e processuais atípicos: (a) convenções sobre o procedimento; e (b) convenções sobre ônus, faculdades e direitos e também sobre seus deveres processuais.[196] As duas modalidades de negócio jurídico são plenamente compatíveis com o processo do trabalho, pois não há regra específica proibitiva na CLT.

Naturalmente que a extensão da cláusula de negociação processual atípica ao processo trabalhista perpassa pelo confronto do exercício do poder de autorregramento da vontade com o universo de normas cogentes e às especificidades do processo laboral. Nada obstante, alguns exemplos podem ser visualizados: acordo para que as partes, na instrução, levem cada qual, no máximo, uma testemunha arrolada com antecedência de ao menos cinco dias antes da audiência; c) acordo para duplicar o valor do depósito recursal em caso de sentença de procedência, total ou parcial; d) acordo para que os prazos do processo, inclusive recursais, para ambas as partes, sejam de cinco dias; e) acordo para que as peças dos atos postulatórios do processo possuam no máximo 10 laudas e, em caso de inobservância, a estipulação de multa contra a parte que descumpri-lo; f) acordo para distribuir o ônus da prova pericial a cargo do reclamado, relativamente a fato que deveria ser provado pelo reclamante, com pacto de compensação de 50% do respectivo encargo financeiro em caso de procedência da reclamação trabalhista etc.

A presença do trabalhador como litigante pode ensejar o controle do juiz acerca da sua eventual vulnerabilidade, sempre no caso concreto, como prevê o artigo 190, parágrafo único, do NCPC. Não se pode, contudo, supor uma vulnerabilidade apriorística e invariável pela presença do trabalhador como um dos polos do processo, já que nem sempre essa vulnerabilidade estará evidenciada (basta imaginar as situações dos pequenos empregadores, microempresários) e também porque a configuração da vulnerabilidade precisará ser aferida em função do objeto litigioso e das circunstâncias do negócio jurídico (basta imaginar que o negócio processual pode até mesmo reforçar situações jurídicas processuais de vantagem do próprio trabalhador).

Outra observação importante acerca do Enunciado diz respeito ao acordo sobre prazos, expressamente ali referido. A CLT contém uma disciplina própria de prazos processuais, que difere substancialmente do modelo adotado no Código de Processo Civil. De acordo com o artigo 775 da CLT, os prazos processuais "contam-se com exclusão do dia do começo e inclusão do dia do vencimento, e são contínuos e irreleváveis".

Assim, embora seja possível às partes estabelecer por meio de acordo prazos diferenciados, não se tornaria possível, pela via negocial, estipular que a contagem dos prazos no processo trabalhista seria apenas em dias úteis. Portanto, por flexibilização dos prazos, tal como mencionado no Enunciado, não se poderia abarcar uma

---

196. NOGUEIRA, Pedro Henrique. *Negócios jurídicos processuais*. Salvador: Juspodivm, 2016. p. 225.

modificação do regime legal estabelecido na CLT para a forma de contagem dos prazos no processo trabalhista.

> ▶ **NCPC. Art. 15.** Na ausência de normas que regulem processos eleitorais, trabalhistas ou administrativos, as disposições deste Código lhes serão aplicadas supletiva e subsidiariamente. ▶ **Art. 190.** Versando o processo sobre direitos que admitam autocomposição, é lícito às partes plenamente capazes estipular mudanças no procedimento para ajustá-lo às especificidades da causa e convencionar sobre os seus ônus, poderes, faculdades e deveres processuais, antes ou durante o processo.

Enunciado 132. Além dos defeitos processuais, os vícios da vontade e os vícios sociais podem dar ensejo à invalidação dos negócios jurídicos atípicos do artigo 190.

● *Grupo: Negócios Processuais.* ● *Referências: art. 190.*

▸ ***Pedro Henrique Nogueira***

Os civilistas, ao tratarem do problema da validade dos atos jurídicos, desde a doutrina formada a partir do Código Civil de 1916, costumava apontar os vícios de vontade como causa de invalidade dos atos jurídicos, abrangendo aqueles psíquicos, materializados pela mácula do próprio discernimento, e os vícios exteriores à operação voluntária, mas que contaminam a vontade por desviá-la da boa-fé e honestidade que devem guiar as relações da vida; estes seriam os vícios sociais.[197]

Com o advento do Código Civil de 2002, permaneceu ainda em boa parte dos doutrinadores o apego à divisão entre vícios de vontade e vícios sociais. Segundo o artigo 104, a validade dos negócios jurídicos depende da capacidade do agente, objeto lícito, possível, determinado ou determinável; e forma prescrita ou não defesa em lei. No capítulo dos "defeitos dos negócios jurídicos", elenca o Código o erro ou ignorância, dolo, coação, estado de perigo, lesão e fraude contra credores. A doutrina produzida a partir do CC/02 passou a dividir os defeitos dos negócios jurídicos em vícios de consentimento (erro ou ignorância, dolo, coação, estado de perigo, lesão) e vícios sociais (simulação e fraude contra credores).[198] Não há, como se observa, homogeneidade terminológica.

No tocante aos negócios jurídicos processuais e às convenções sobre o processo, o Enunciado fala que tanto os vícios de vontade como os chamados "vícios sociais" podem ensejar a invalidação dos negócios atípicos (NCPC, art. 190, *caput*). O enunciado é abrangente e se forra de imprecisões e dúvidas quanto à nomenclatura.

É preciso, contudo, atentar para uma especificidade: o parágrafo único do artigo 190 do NCPC põe sob o crivo judicial o controle sobre a validade dos negócios processuais e pré-processuais, inclusive de ofício, apenas nas situações de "nulidade".

197. BEVILÁQUA, Clóvis. *Teoria geral do direito civil.* Rio de Janeiro: Francisco Alves, 1975. p. 216.
198. Assim, dentre outros: GAGLIANO, Pablo Stolze; PAMPLONA FILHO, Rodolfo. *Novo curso de direito civil,* I. São Paulo: Saraiva, 2012. p. 393.

Assim, é importante distinguir, dentre os vícios (seja "de consentimento" ou "sociais"), quais deles estão, de acordo com o direito material, sujeitos à nulidade e quais se submetem ao regime das anulabilidades. Segundo o artigo 171, II do Código Civil, é anulável o negócio jurídico por "erro, dolo, coação, estado de perigo, lesão ou fraude contra credores". Como a anulabilidade não pode ser pronunciada de ofício (Código Civil, art. 177), e como o artigo 190, parágrafo único do NCPC, fala do controle da validade dos negócios processuais jurídicos atípicos nos casos de "nulidade", a arguição do defeito de anulabilidade em negócio pré-processual ou processual deve sempre ser precedida de iniciativa da parte interessada, inclusive por meio da ação anulatória. A arguição do defeito também pode ser feita nos autos do processo, mediante simples petição (por exemplo, a parte comparece no processo para alegar coação ou dolo no negócio jurídico processual).

Para os vícios que ensejam nulidade (por exemplo, simulação), não há necessidade de provocação. O juiz pode, oficiosamente, decretar a invalidade do negócio jurídico pré-processual ou processual atípicos.

> ▶ **NCPC. Art. 190.** Versando o processo sobre direitos que admitam autocomposição, é lícito às partes plenamente capazes estipular mudanças no procedimento para ajustá-lo às especificidades da causa e convencionar sobre os seus ônus, poderes, faculdades e deveres processuais, antes ou durante o processo.

ENUNCIADO 133. SALVO NOS CASOS EXPRESSAMENTE PREVISTOS EM LEI, OS NEGÓCIOS PROCESSUAIS DO ART. 190 NÃO DEPENDEM DE HOMOLOGAÇÃO JUDICIAL.

● *Grupo: Negócios Processuais.* ● *Referências: art. 190 e 200, par. ún.*

▸ ***Pedro Henrique Nogueira***

O juiz se vincula diretamente aos negócios jurídicos processuais, não havendo necessidade de homologação para que a convenção celebrada entre as partes produza seus efeitos, já que, por força do artigo 200 NCPC, as manifestações de vontade produzem imediatamente a constituição, modificação ou extinção de situações jurídicas processuais, dispensando-se qualquer ato homologatório para a eficácia ser produzida, salvo quando exista regra expressa estabelecendo a homologação como requisito para eficácia do ato (como sucede, *v.g.*, na desistência da demanda, prevista no artigo 200, parágrafo único, do NCPC, e no saneamento consensual do processo, previsto no artigo 357, § 2º do CPC).

A homologação judicial, somente quando expressamente exigida, é elemento integrativo do suporte fático do negócio jurídico, obstando a irradiação da sua eficácia típica. Não se trata, portanto, de causa de invalidade. Essa distinção é relevante, pois praticado o negócio processual que, segundo a lei, depende de homologação (*v.g.* negócio jurídico unilateral de desistência da demanda, art. 200, parágrafo único, do NCPC), é possível sua livre revogação enquanto não vier a ser homologado.

Há negócios jurídicos processuais em que se exige a participação do juiz, como sucede com o calendário processual (art. 191). Nesse caso, a manifestaçã) de vontade judicial compõe o núcleo do suporte fático dessa modalidade negocial, que é um típico negócio jurídico plurilateral, mas assim o é porque a própria regra jurídica do artigo 191, *caput*, do CPC o estabelece, reputando necessária a presença do juiz como sujeito do negócio.

Não havendo norma expressa, incide a regra do artigo 200 do NCPC, da qual deflui a imediata eficácia dos atos unilaterais e bilaterais praticados das partes. O Enunciado tem a virtude de explicitar que a homologação judicial somente quando regra expressa o estabelecer.

▶ **NCPC. Art. 190.** Versando o processo sobre direitos que admitam autocomposição, é lícito às partes plenamente capazes estipular mudanças no procedimento para ajustá-lo às especificidades da causa e convencionar sobre os seus ônus, poderes, faculdades e deveres processuais, antes ou durante o processo. ▶ **Art. 200. Parágrafo único.** A desistência da ação só produzirá efeitos após homologação judicial.

ENUNCIADO 134. NEGÓCIO JURÍDICO PROCESSUAL PODE SER INVALIDADO PARCIALMENTE.

● *Grupo: Negócios Processuais.* ● *Referências: art. 190, par. ún.*

▸ ***Pedro Henrique Nogueira***

A invalidade do ato jurídico (*lato sensu*) constitui aplicação de sanção pela violação de regra jurídica processual que gera prejuízo a uma das partes.[199]

O juízo de invalidação, assim, comporta diferentes graus. É perfeitamente possível que partes do ato ou negócio jurídico fiquem a salvo da pronúncia da invalidade. Desse modo, a questão da invalidade total ou parcial do ato jurídico diz respeito à separabilidade das partes, que, por seu turno, relaciona-se com a preservação do ato (a) do ponto de vista objetivo e (b) do ponto de vista subjetivo.[200]

Em um negócio jurídico bilateral processual (por exemplo, acordo para redução de prazos), pode acontecer de uma das partes, em litisconsórcio passivo, estar desprovida de capacidade negocial por se configurar vulnerável. Nessa hipótese, sendo o negócio subjetivamente separável, a invalidade do negócio somente alcançará uma das partes (litisconsorte passivo), ficando preservado em relação aos demais figurantes (autor e réu). Tem-se aí a invalidade subjetivamente parcial.

Podem as partes combinar negócios jurídicos processuais no mesmo processo (acordo para renunciar ao recurso de apelação e calendário processual para dinamizar os atos processuais até a sentença, com a presença do juiz). Se houver razão para decretar a invalidade do pacto de instância (por exemplo, por versar a causa sobre direito insusceptível de autocomposição), é possível preservar o calendário. Trata-se aí de invalidade objetivamente parcial.

---

199. DIDIER JR., Fredie; NOGUEIRA, Pedro Henrique Pedrosa. *Teoria dos Fatos Jurídicos Processuais*. 2. ed. Salvador; Juspodivm, 2013. p. 75.

200. MELLO, Marcos Bernardes de. *Teoria do fato jurídico: plano da validade*. 14 ed. São Paulo: Saraiva, 2015. p. 109.

O problema da complexidade do negócio processual e o da sua separabilidade em partes nada têm com a unicidade de instrumento. É possível que um só documento instrumentalize negócios jurídicos processuais completamente independentes, inclusive em cláusulas distintas, assim como é possível ter unidade de negócios formalizados por meio de instrumentos diferentes (por exemplo, acordo de escolha do bem penhorado, formado a partir de petições distintas das partes adversas).

No direito processual civil brasileiro, também deve ser levado em conta, mesmo quando possível for a separação e a salvação de parte do negócio jurídico, o regime jurídico das invalidades processuais, especialmente a sanabilidade do defeito antes da pronúncia (NCPC, art. 139, IX) e a necessidade de demonstração do prejuízo para o juiz decretar a invalidade (NCPC, art. 289, § 1º).

> ▶ **NCPC. Art. 190. Parágrafo único.** De ofício ou a requerimento, o juiz controlará a validade das convenções previstas neste artigo, recusando-lhes aplicação somente nos casos de nulidade ou de inserção abusiva em contrato de adesão ou em que alguma parte se encontre em manifesta situação de vulnerabilidade.

ENUNCIADO 135. A INDISPONIBILIDADE DO DIREITO MATERIAL NÃO IMPEDE, POR SI SÓ, A CELEBRAÇÃO DE NEGÓCIO JURÍDICO PROCESSUAL.

● *Grupo: Negócios Processuais.* ● *Referências: art. 190.*

▶ *Pedro Henrique Nogueira*

O NCPC, no *caput* do artigo 190, previu que as convenções sobre o processo e os negócios processuais são admissíveis quando em jogo "direitos que admitam autocomposição". Não se devem confundir os direitos patrimoniais disponíveis, opção conceitual da Lei 9.307/96, art. 1º, para o uso da arbitragem, com os direitos que admitam autocomposição, noção mais abrangente, pois mesmo os direitos indisponíveis podem ser objeto de negociação, e frequentemente o são, quanto ao modo de cumprimento, tal como se passa nos compromissos de ajustamento de conduta.

O Enunciado tem o mérito de evidenciar que a indisponibilidade do direito litigioso não constitui óbice à celebração de negócios jurídicos pré-processuais e processuais.

Direitos teoricamente indisponíveis, posto que irrenunciáveis (por exemplo, direito subjetivo a alimentos) podem comportar transação quanto ao valor, vencimento e forma de satisfação. Direitos difusos, como o direito ao meio-ambiente ecologicamente equilibrado, conquanto sejam indisponíveis, não repelem, quando postos em litígio, a celebração de negócios processuais, ou até mesmo de convenções sobre o processo anteriormente à litispendência, como sucederia nos compromissos de ajustamento de conduta (Lei 7.347/85, art. 5º, § 6º) que contemplassem disposições relacionadas ao procedimento ou aos ônus, direitos, faculdades e deveres dos envolvidos, pois se não é possível a disposição do próprio direito em si, permite-se a transação, no mínimo, sobre o modo da respectiva satisfação.

Assim, os negócios processuais podem ser celebrados em processos cujo objeto litigioso tenha por base direitos indisponíveis, inclusive com a presença do Ministério Público. Se há possibilidade de autocomposição sobre o direito litigioso, em qualquer nível ou amplitude, permite-se a negociação sobre o procedimento e sobre os ônus, poderes e deveres processuais.

► **NCPC. Art. 190.** Versando o processo sobre direitos que admitam autocomposição, é lícito às partes plenamente capazes estipular mudanças no procedimento para ajustá-lo às especificidades da causa e convencionar sobre os seus ônus, poderes, faculdades e deveres processuais, antes ou durante o processo.

Enunciado 252. O descumprimento de uma convenção processual válida é matéria cujo conhecimento depende de requerimento.

● *Grupo: Negócios Processuais.* ● *Referências: art. 190.*

▸ *Pedro Henrique Nogueira*

A cláusula geral de negociação processual (NCPC, art. 190, *caput*) permite que as partes exerçam um espaço de autonomia no processo. É preciso compreender esse espaço a partir do princípio do respeito ao autorregramento da vontade no processo, extraído do artigo 3º, § 3º do NCPC, cujo enunciado prevê que "A conciliação, a mediação e outros métodos de solução consensual de conflitos deverão ser estimulados por juízes, advogados, defensores públicos e membros do Ministério Público, inclusive no curso do processo judicial". O NCPC no artigo 3º, § 3º estabelece um dever geral de estímulo à autocomposição, decorrente o princípio do respeito ao autorregramento da vontade no processo.[201]

Cabe, ao juiz e aos demais sujeitos do processo, estimular e promover a solução consensual dos conflitos; há um dever geral de busca da autocomposição. A negociação processual é uma das dimensões da autocomposição. Assim, com se pode inferir do dever geral de promover a autocomposição, não é lícito ao juiz, de ofício, interferir nas convenções celebradas pelas partes, ainda que para detectar eventual descumprimento da avença.

A atuação oficiosa do juiz em matéria de negócios processuais, a princípio, está limitada ao controle de validade e à homologação do ato, nos casos em que expressamente prevista na lei a imprescindibilidade do ato homologatório. O próprio conhecimento da existência da convenção processual, quando feita extrajudicialmente, antes ou durante a litispendência, depende da iniciativa das partes, que podem, mesmo depois de concluírem o negócio processual, consensualmente decidir não o levar a efeito, ainda que sem expressá-lo por escrito; também esse consenso quanto à revogação ou distrato do negócio processual deve ser respeitado, o que supõe que o juiz aguarde a iniciativa das partes.

---

201. DIDIER JR., Fredie. Princípio do respeito ao autorregramento da vontade no processo civil. *In*: CABRAL, Antonio P.; NOGUEIRA, Pedro Henrique (Coord.). *Negócios processuais*. Salvador: Juspodivm, 2015. p. 23.

O Enunciado, porém, precisa de um redimensionamento. É preciso levar em consideração que os negócios processuais, não raro, acarretam disciplina dos ônus e das faculdades das partes e, por conseguinte, modificam o âmbito da cognição judicial, muitas vezes até o objeto do juízo de admissibilidade. Um acordo que reduza os prazos processuais das partes interfere no exame da admissibilidade dos recursos, ou na tempestividade dos arrazoados, ou até na própria caracterização da revelia. Se uma das partes leva ao processo um negócio processual, a partir desse momento está o juiz autorizado a decidir e a conduzir o procedimento a partir do que foi estipulado entre as partes, não sendo necessário que qualquer delas venha a arguir a intempestividade de seu adversário para que o juiz dela venha a conhecer.

Há situações jurídicas, inclusive ônus, direitos e faculdades, que são extintas em razão do negócio jurídico processual. Se uma parte leva o acordo aos autos, está o juiz autorizado a proceder conforme o que foi convencionado, sem precisar aguardar alegação de "descumprimento" da avença (*v.g.* acordo prévio para não realização da audiência do artigo 334 do NCPC; se o juiz dele toma conhecimento, deixa de designar a audiência; se a parte declara no acordo feito com o adversário que não quer ouvir determinada testemunha e, depois, pede o seu depoimento, o juiz pode reconhecer a preclusão e indeferir o pedido, sem que a outra precise vir arguir o "descumprimento" pela outra).

Embora as partes possam celebrar o distrato processual, o juiz não fica inibido de dar cumprimento ao negócio jurídico processual e nem tampouco fica adstrito à espera da iniciativa da outra parte arguir o descumprimento da avença. O negócio jurídico processual é eficaz, conforme estabelece o artigo 200 do NCPC, até que sobrevenha algum fato jurídico que corte sua eficácia. A possibilidade de distrato ou revogação não afasta a eficácia do negócio.

Assim, a palavra "descumprimento" posta no Enunciado deve ser entendida como significativa do inadimplemento de deveres estipulados através do negócio jurídico processual. Se as partes convencionam novos deveres, o exame do seu descumprimento, assim como a imposição da respectiva sanção, seja ela de origem legal ou negocial, depende de alegação pela parte interessada.

> ▶ **NCPC. Art. 190.** Versando o processo sobre direitos que admitam autocomposição, é lícito às partes plenamente capazes estipular mudanças no procedimento para ajustá-lo às especificidades da causa e convencionar sobre os seus ônus, poderes, faculdades e deveres processuais, antes ou durante o processo.

ENUNCIADO 253. O MINISTÉRIO PÚBLICO PODE CELEBRAR NEGÓCIO PROCESSUAL QUANDO ATUA COMO PARTE.

● *Grupo: Negócios Processuais.* ● *Referências: art. 190; Res. 118/CNMP.*

▸ ***Pedro Henrique Nogueira***

As convenções sobre o processo (negócios jurídicos pré-processuais) e os negócios jurídicos processuais podem ter como objeto direitos ou interesses indisponíveis. Se há possibilidade de autocomposição, em qualquer nível ou amplitude, mesmo que mínima, sobre o direito litigioso, permite-se a negociação sobre o procedimento e sobre os ônus, poderes e deveres processuais.

O Ministério Público, mesmo quando atue na defesa de interesses indisponíveis, pode celebrar negócios jurídicos processuais. A observação de Antonio do Passo Cabral é elucidativa: "Em se tratando de convenções atinentes a direitos processuais ou a procedimentos, não há propriamente a disposição de direitos materiais de coletividade".[202]

A Resolução CNMP n. 118/14, no artigo 15, recomenda que convenções processuais sejam promovidas quando o procedimento deva ser adaptado para permitir a adequada tutela aos interesses materiais em jogo, assim como para resguardar o âmbito de proteção dos direitos fundamentais processuais.

O que será relevante para fins de admitir a celebração de negócio jurídico processual por parte do Ministério Público é a possibilidade de autocomposição sobre o direito litigioso.

Convém ainda ponderar que, embora o Enunciado fale em celebração de negócio processual quando o Ministério Público "atua como parte", em tese é possível a sua celebração nas situações em que atue como fiscal da ordem jurídica, nas hipóteses do artigo 178 do NCPC. Isso porque o atuar na condição de parte, confere ao órgão ministerial, nos termos do artigo 179, certas faculdades processuais (produzir provas, recorrer etc.) passíveis de negociação.

> ► **NCPC. Art. 190.** Versando o processo sobre direitos que admitam autocomposição, é lícito às partes plenamente capazes estipular mudanças no procedimento para ajustá-lo às especificidades da causa e convencionar sobre os seus ônus, poderes, faculdades e deveres processuais, antes ou durante o processo.

Enunciado 254. É inválida a convenção para excluir a intervenção do Ministério Público como fiscal da ordem jurídica.

● *Grupo: Negócios Processuais.* ● *Referências: art. 190.*

► ***Pedro Henrique Nogueira***

O Enunciado busca apenas exemplificar uma hipótese de negócio jurídico processual inadmissível por ilicitude do objeto: acordo para afastar a intervenção do Ministério Público nas hipóteses em que obrigatoriamente deva intervir como fiscal da ordem jurídica.

O NCPC, no artigo 178, prevê que o Ministério Público intervirá como fiscal da ordem jurídica, além das hipóteses previstas na legislação e na Constituição, nos casos

202. CABRAL, Antonio P. A Resolução nº 118/2014 do Conselho Nacional do Ministério Público e as Convenções Processuais. *In*: CABRAL, Antonio; NOGUEIRA, Pedro Henrique (org.). *Negócios Processuais.* Salvador: Juspodivm, 2015. p. 550.

em que houver interesse público ou social em conflito, interesse de incapaz e nos litígios coletivos pela posse de terra rural ou urbana.

Trata-se de regra cogente que instrumentaliza o exercício das funções institucionais do Ministério Público, especificando o comando do artigo 127 da Constituição Federal, que o coloca como instituição permanente, essencial à função jurisdicional do Estado, incumbindo-lhe a defesa da ordem jurídica, do regime democrático e dos interesses sociais e individuais indisponíveis.

Não há espaço de autorregramento da vontade para que as partes, ainda que com a participação de algum representante do Ministério Público, negociem a não intervenção do órgão ministerial no processo quando sua presença como fiscal da ordem jurídica seja obrigatória.

▶ **NCPC. Art. 190.** Versando o processo sobre direitos que admitam autocomposição, é lícito às partes plenamente capazes estipular mudanças no procedimento para ajustá-lo às especificidades da causa e convencionar sobre os seus ônus, poderes, faculdades e deveres processuais, antes ou durante o processo.

ENUNCIADO 255. É ADMISSÍVEL A CELEBRAÇÃO DE CONVENÇÃO PROCESSUAL COLETIVA.

● *Grupo: Negócios Processuais.* ● *Referências: art. 190.*

▸ ***Pedro Henrique Nogueira***

O artigo 190, *caput*, do NCPC, ao prever a atipicidade na negociação processual e pré-processual, não restringiu essa modalidade de convenção aos direitos individuais, nem muito menos afastou, explícita ou implicitamente, a possibilidade de que entidades representativas de certas categorias firmassem acordos processuais coletivos, que pudessem beneficiar os respectivos representados.

Assim, a abertura dada pela cláusula geral de negociação processual revela-se plenamente compatível com a celebração de negócios jurídicos processuais coletivos.

Para que as convenções processuais coletivas sejam celebradas, é necessário observar a legitimidade do ente que se propõe a celebrá-la, aplicando-se por analogia, tendo em vista a carência de regramento expresso no NCPC a esse respeito, as regras do artigo 107 do CDC e o regramento das convenções coletivas de trabalho.[203]

Há alguns exemplos que podem ser considerados: acordo entre entidades representativas de consumidores e determinados fornecedores de produto sobre adaptações no procedimento a ser seguido nas respectivas ações individuais que fossem promovidas; acordos de procedimento em dissídios coletivos da Justiça do Trabalho etc.

O Enunciado não entra em maiores detalhes sobre os negócios jurídicos processuais coletivos, especialmente sobre seu regime jurídico, ou mesmo sobre a legitimidade

203. DIDIER JR., Fredie. *Curso de direito processual civil.* 17 ed. Salvador: 2015, Juspodivm. p. 393.

para firmar convenções processuais coletivas, ou, ainda, sobre os reflexos da convenção coletiva nos processos individuais e direito dos representados ou substituídos a não se submeterem ao que venha a ser avençado pela entidade, mas afirma expressamente ser admissível essa modalidade de negócio jurídico, o que já representa um avanço.

► **NCPC. Art. 190.** Versando o processo sobre direitos que admitam autocomposição, é lícito às partes plenamente capazes estipular mudanças no procedimento para ajustá-lo às especificidades da causa e convencionar sobre os seus ônus, poderes, faculdades e deveres processuais, antes ou durante o processo.

Enunciado 256. A Fazenda Pública pode celebrar negócio jurídico processual.

● *Grupo: Negócios Processuais.* ● *Referências: art. 190.*

▸ ***Pedro Henrique Nogueira***

Não há assim qualquer óbice a que a Fazenda Pública, em tese, participe de negócios processuais ou de convenções sobre o processo. O Enunciado, acertadamente, busca evidenciá-lo. Segundo o artigo 190, *caput*, do NCPC, é admitido o negócio versando a causa sobre direitos que admitam autocomposição e é sempre salutar advertir que a indisponibilidade do direito ou interesse não se confunde com a possibilidade ou não de autocomposição.

A indisponibilidade do interesse público comumente defendido no processo civil por meio das Fazendas Públicas não é impedimento à negociação processual, inclusive por ser possível a celebração de um negócio jurídico que fortaleça as situações jurídicas processuais do ente público.

Ademais, permite-se a autocomposição de direitos materiais da Fazenda Pública, pois a supremacia do interesse público não significa que os bens da Administração sejam indisponíveis, mas que o ato de disposição seja condicionado a certos requisitos.[204] A lei de cada ente federativo estabelecerá requisitos e limites para negociação sobre direitos do ente público (por exemplo, a lei que permite o parcelamento voluntário do crédito tributário torna esse direito passível de autocomposição, do que resulta a possibilidade também de negociação processual no processo de que ele seja objeto).

A experiência mostra, exitosamente, que a Fazenda Pública já pode negociar e conciliar no âmbito dos processos de competência dos Juizados Especiais da Justiça Federal (Lei 10.259/01, art. 10, parágrafo único) e dos Juizados Especiais de Fazenda Pública (Lei 12.153/09, art. 8º). A negociação processual relativa a ônus, faculdades, direitos e deveres nesses processos já se revela plenamente possível.

---

204. CIANCI, Mirna; MEGNA, Bruno L. "Fazenda Pública e negócios processuais no novo CPC: pontos de partida para o estudo". *In*: CABRAL, Antonio P.; NOGUEIRA, Pedro Henrique (Orgs.). *Negócios processuais*. Salvador: Juspodivm, 2015. p. 502.

► **NCPC. Art. 190.** Versando o processo sobre direitos que admitam autocomposição, é lícito às partes plenamente capazes estipular mudanças no procedimento para ajustá-lo às especificidades da causa e convencionar sobre os seus ônus, poderes, faculdades e deveres processuais, antes ou durante o processo.

ENUNCIADO 257. O ART. 190 AUTORIZA QUE AS PARTES TANTO ESTIPULEM MUDANÇAS DO PROCEDIMENTO QUANTO CONVENCIONEM SOBRE OS SEUS ÔNUS, PODERES, FACULDADES E DEVERES PROCESSUAIS.

● *Grupo: Negócios Processuais.* ● *Referências: art. 190.*

▸ *Pedro Henrique Nogueira*

O artigo 190, *caput*, do NCPC representa uma grande novidade no direito brasileiro: conferiu-se faculdade às partes e aos sujeitos em geral de disciplinarem, por meio de acordos ou convenções, de maneira ampla, o próprio processo.

Conquanto algumas figuras negociais típicas já existissem sob a égide da legislação anterior, nunca se teve tamanho espaço de participação dos litigantes no desenrolar da atividade jurisdicional, a ponto de possibilitar que as partes construam, negocialmente, o próprio procedimento.

O dispositivo é resultado do uso da técnica legislativa da cláusula geral, caracterizada por revelar disposições normativas que utilizam em sua linguagem uma tessitura aberta e vaga, promovendo a abertura do sistema. O NCPC (art. 3º, § 3º) estabelece um dever geral de estímulo à autocomposição. A negociação sobre o processo constitui uma das formas possíveis de solução consensual dos litígios, valorizando a possibilidade de acordo sobre o modo de resolver os conflitos, especialmente quando não seja possível a sua própria resolução por via amigável.

A partir do artigo 190 do NCPC, é possível extrair a possibilidade de celebração de negócios jurídicos processuais atípicos, isto é, para além daqueles já expressamente previstos no sistema. Dentre dessa atipicidade negocial, as partes podem: *(a)* convencionar sobre o procedimento, assim como (b) negociar sobre quaisquer ônus, faculdades e direitos e também sobre seus deveres no processo.

O Enunciado põe em evidência essa dupla possibilidade de negociação atípica. Desse modo, as partes podem se limitar a convencionar sobre seus ônus, faculdades ou deveres processuais, sem que daí resulte qualquer modificação no desenrolar da marcha procedimental (por exemplo, negócio jurídico para alterar a legitimidade das partes), assim como podem estabelecer acordos de procedimento, isto é, pactos que impliquem alterações na sucessão dos atos do processo a partir do modelo típico, previsto em lei (por exemplo, acordo para inverter a ordem de produção das provas, acordo para postecipar ou eliminar a audiência preliminar de conciliação, prevista no artigo 334 do NCPC). É lícito também aos litigantes combinarem as duas modalidades de negócios processuais, celebrando acordos de procedimento, associados a pactos sobre ônus, faculdades e deveres.

▶ **NCPC. Art. 190.** Versando o processo sobre direitos que admitam autocomposição, é lícito às partes plenamente capazes estipular mudanças no procedimento para ajustá-lo às especificidades da causa e convencionar sobre os seus ônus, poderes, faculdades e deveres processuais, antes ou durante o processo.

Enunciado 258. As partes podem convencionar sobre seus ônus, poderes, faculdades e deveres processuais, ainda que essa convenção não importe ajustes às especificidades da causa.

● *Grupo: Negócios Processuais.* ● *Referências: art. 190.*

▶ ***Pedro Henrique Nogueira***

Já se salientou que o artigo 190, *caput*, do NCPC confere às partes a possibilidade de celebrar negócios pré-processuais e processuais sobre ônus, faculdades, poderes e deveres dos sujeitos do processo, assim como para convencionar sobre o procedimento.

Os acordos de procedimento, pela dicção do artigo 190 do NCPC, têm lugar quando as partes estipulam "mudanças no procedimento para ajustá-lo às especificidades da causa". Trata-se do que alguns denominam de flexibilização procedimental voluntária.[205]

É preciso considerar que as "especificidades da causa" mencionadas no enunciado normativo do artigo 190 do NCPC constituem as circunstâncias que as próprias partes convencionam como relevantes para conferir um tratamento diferenciado ao procedimento. São as partes ou figurantes do negócio jurídico que elegem as especificidades e a partir delas acordam ajustes procedimentais.

Essa correlação entre a modificação voluntária do procedimento e o ajuste da marcha procedimental às especificidades da causa só tem lugar nos acordos de procedimento. Para os negócios processuais e pré-processuais que disciplinam ônus, poderes, faculdades e deveres processuais, descabe falar em necessidade de ajustes às especificidades da causa. O Enunciado tenta justamente pôr em claro que a negociação processual atípica alcança as duas modalidades de avenças (negócios sobre ônus, faculdades, poderes e deveres dos sujeitos do processo e negócios sobre o procedimento) e somente para a segunda modalidade (acordos de procedimento) é que a lei exige que a convenção esteja direcionada a ajustar o rito em conformidade com as especificidades da causa.

▶ **NCPC. Art. 190.** Versando o processo sobre direitos que admitam autocomposição, é lícito às partes plenamente capazes estipular mudanças no procedimento para ajustá-lo às especificidades da causa e convencionar sobre os seus ônus, poderes, faculdades e deveres processuais, antes ou durante o processo.

---

205. GAJARDONI, Fernando. *Flexibilização procedimental*. São Paulo: Atlas, 2008. p. 215.

Enunciado 259. A decisão referida no parágrafo único do art. 190 depende de contraditório prévio.

● *Grupo: Negócios Processuais.* ● *Referências: arts. 190 e 10.*

▸ ***Pedro Henrique Nogueira***

O controle sobre os requisitos subjetivos e objetivos de validade dos negócios jurídicos processuais é feito, inclusive de ofício, pelo juiz. O NCPC, art. 190, parágrafo único, prevê expressamente que o juiz pode invalidar o negócio processual independentemente de provocação.

Quando isso o corre, isto é, o juiz, por sua iniciativa, detecta haver algum vício no negócio jurídico processual capaz de invalidá-lo, deve consultar as partes antes de decidir. Trata-se de exigência posta no artigo 10 do NCPC.

Todas as decisões judiciais que impliquem invalidação de atos processuais, aí incluídos os negócios jurídicos, portanto, devem ser precedidas da oportunidade para o debate entre as partes a respeito do tema. A garantia constitucional do contraditório (CF/88, art. 5º, LV), especificada pela regra que estatui o dever de consulta (NCPC, art. 10), torna necessária a prévia provocação para o diálogo entre as partes sobre todas as questões a serem enfrentadas, inclusive aquelas ligadas à validade dos atos do processo.

Dessa maneira, ou as partes já controverteram sobre a validade do negócio jurídico processual, situação em que o juiz está autorizado a decidir de pronto, ou, havendo iniciativa judicial oficiosa sobre a ausência de algum dos requisitos de validade do negócio, deve o julgador provocar o debate, como exige o artigo 10 do NCPC, para só então decidir.

▸ **NCPC. Art. 10.** O juiz não pode decidir, em grau algum de jurisdição, com base em fundamento a respeito do qual não se tenha dado às partes oportunidade de se manifestar, ainda que se trate de matéria sobre a qual deva decidir de ofício. ▸ **Art. 190.** Versando o processo sobre direitos que admitam autocomposição, é lícito às partes plenamente capazes estipular mudanças no procedimento para ajustá-lo às especificidades da causa e convencionar sobre os seus ônus, poderes, faculdades e deveres processuais, antes ou durante o processo.

Enunciado 260. A homologação, pelo juiz, da convenção processual, quando prevista em lei, corresponde a uma condição de eficácia do negócio.

● *Grupo: Negócios Processuais.* ● *Referências: arts. 190 e 200.*

▸ ***Pedro Henrique Nogueira***

Os negócios jurídicos processuais não dependem de homologação judicial para produção de sua eficácia, de regra. Todos os direitos, deveres, ônus ou faculdades processuais exsurgem diretamente do negócio, salvo quando houver alguma condição ou termo que subordine a sua eficácia, ou, ainda, quando norma legal estabelecer a imprescindibilidade da homologação.

Portanto, em razão do que prevê o artigo 200 do NCPC, segundo o qual os atos jurídicos (em sentido amplo) produzem imediatamente a constituição de direitos processuais, a homologação judicial não é necessária para que o ato processual produza os seus efeitos.

Quando a lei previr a necessidade de homologação, a exemplo do acontece no artigo 200, parágrafo único, do NCPC, é preciso levar em consideração que o ato homologatório subordinará apenas os efeitos jurídicos do negócio processual, em nada interferindo na existência ou validade da convenção.

Por esse motivo, nos negócios sujeitos à homologação, é possível celebrar a convenção processual e, ates de sua homologação, revogá-la, a exemplo do sucede com a desistência da demanda (NCPC, art. 200, parágrafo único); é possível desistir (a desistência é negócio jurídico processual unilateral) e, antes da homologação judicial, desistir da desistência, revogando-se o negócio jurídico anterior.

Não se deve confundir validade e eficácia. O negócio processual sujeito à homologação, enquanto não for homologado, estará impossibilitado de produzir sua eficácia típica, será ineficaz até o ato homologatório.

Há negócios homologáveis por opção, situação em que o ato homologatório apenas agrega alguns efeitos ao negócio jurídico (por exemplo, a homologação da transação, que não é exigida, mas quando feita transforma o negócio das partes em título executivo judicial) e há negócios sem cuja homologação serão ineficazes.

O Enunciado apenas ratifica que a homologação, em qualquer das circunstâncias, inclusive quando a lei a exigir o ato homologatório, interferirá na produção da eficácia do negócio jurídico processual.

▶ **NCPC. Art. 190.** Versando o processo sobre direitos que admitam autocomposição, é lícito às partes plenamente capazes estipular mudanças no procedimento para ajustá-lo às especificidades da causa e convencionar sobre os seus ônus, poderes, faculdades e deveres processuais, antes ou durante o processo. ▶ **Art. 200.** Os atos das partes consistentes em declarações unilaterais ou bilaterais de vontade produzem imediatamente a constituição, modificação ou extinção de direitos processuais.

Enunciado 261. O art. 200 aplica-se tanto aos negócios unilaterais quanto aos bilaterais, incluindo as convenções processuais do art. 190.

● *Grupo: Negócios Processuais.* ● *Referências: arts. 190 e 200.*

▸ ***Pedro Henrique Nogueira***

Segundo o artigo 200 do NCPC, os "atos das partes consistentes em declarações unilaterais ou bilaterais de vontade produzem imediatamente a constituição, modificação ou extinção de direitos processuais". O dispositivo deixa claro que a eficácia dos atos processuais não se subordina a nenhuma outra exigência para a produção da sua eficácia.

Os atos jurídicos processuais, tomando-se como critério classificatório os elementos essenciais (nucleares) do suporte fático, podem ser subdivididos em atos jurídicos *stricto sensu*, quando basta a manifestação de vontade do sujeito para sua entrada no mundo jurídico, e negócios jurídicos processuais, quando o elemento volitivo vem associado ao poder de autorregramento.[206]

O Enunciado explicita que o regime jurídico de plena e imediata eficácia dos atos jurídicos processuais praticados pelas partes no processo também é extensível aos negócios processuais unilaterais. A rigor, isso já pode ser facilmente inferido pela própria redação do artigo 200, *caput*, do NCPC, ao se referir no dispositivo às declarações unilaterais ou bilaterais de vontade.

Vale dizer, por "declarações de vontade" devem ser entendidas todas as manifestações de vontade das partes, negociais ou não, unilaterais, bilaterais ou até mesmo plurilaterais. Aplica-se a regra do artigo 200 do NCPC a todos os atos processuais em sentido amplo (negociais e não negociais).

A vantagem do Enunciado, para além de reafirmar o que já está indicado no enunciado do artigo 200 do NCPC no tocante à produção imediata de efeitos dos atos processuais (*lato sensu*), é deixar evidente que os negócios jurídicos processuais atípicos construídos como fruto do exercício da liberdade de estipulação negocial prevista no artigo 190 do NCPC também serão plenamente eficazes, tornando prescindível ulterior homologação ou qualquer outro ato de intermediação judicial para irradiação de seus efeitos.

► **NCPC. Art. 190.** Versando o processo sobre direitos que admitam autocomposição, é lícito às partes plenamente capazes estipular mudanças no procedimento para ajustá-lo às especificidades da causa e convencionar sobre os seus ônus, poderes, faculdades e deveres processuais, antes ou durante o processo. ► **Art. 200.** Os atos das partes consistentes em declarações unilaterais ou bilaterais de vontade produzem imediatamente a constituição, modificação ou extinção de direitos processuais.

ENUNCIADO 262. É ADMISSÍVEL NEGÓCIO PROCESSUAL PARA DISPENSAR CAUÇÃO NO CUMPRIMENTO PROVISÓRIO DE SENTENÇA.

● *Grupo: Negócios Processuais.* ● *Referências: arts. 190, 520, IV e 521.*

► ***Pedro Henrique Nogueira***

Uma das singularidades do cumprimento provisório de sentença é a necessidade de caução para assegurar a reversibilidade concreta dos efeitos de uma execução forçada deflagrada enquanto o título executivo esteja sendo questionado no próprio processo.

Segundo o artigo 520 do NCPC, o cumprimento provisório da sentença se submete ao seguinte regime: a) corre por iniciativa do exequente, que responderá objetivamente pelos danos causados, se a decisão for reformada; b) fica sem efeito,

206. DIDIER JR., Fredie; NOGUEIRA, Pedro Henrique. *Teoria dos fatos jurídicos processuais*. 2 ed. Salvador: Juspodivm, 2013. p. 54 e segs.

sobrevindo decisão que modifique ou anule a sentença objeto da execução, total ou parcialmente, restituindo-se as partes ao estado anterior; c) o levantamento de depósito em dinheiro e a prática de atos que importem transferência de posse ou alienação de propriedade ou de outro direito real, ou dos quais possa resultar grave dano ao executado, dependem de caução suficiente e idônea, arbitrada de plano pelo juiz e prestada nos próprios autos.

A caução constituiu um limite à execução provisória, estabelecido em benefício do executado. Trata-se de uma situação jurídica ativa. Na pendência da impugnação recursal contra a decisão exequenda, tem o executado o direito de exigir que a expropriação seja precedida de caução. Sendo assim, é possível a disposição dessa posição de vantagem.

Note-se que o próprio artigo 521 do NCPC já estabelece algumas hipóteses legais de dispensa de caução. Nelas o próprio ordenamento já pré-exclui a necessidade de caução. Essas situações não se confundem e também não afastam as situações de dispensa voluntária da caução, quando o próprio executado aceita que a execução provisória seja levada a efeito independentemente de contracautela.

Pode o executado simplesmente abrir mão da caução, praticando um ato abdicativo de sua posição jurídica vantagem, assim como colocá-la como objeto de um negócio jurídico bilateral (por exemplo, o executado acorda com o exequente será o bem penhorado na execução penhorado com exclusão de qualquer outro e, concomitantemente, dispensa a caução em caso de adjudicação pelo exequente).

O Enunciado trata da admissibilidade dessa espécie de negócio jurídico processual.

▶ **NCPC. Art. 190.** Versando o processo sobre direitos que admitam autocomposição, é lícito às partes plenamente capazes estipular mudanças no procedimento para ajustá-lo às especificidades da causa e convencionar sobre os seus ônus, poderes, faculdades e deveres processuais, antes ou durante o processo. ▶ **Art. 520.** O cumprimento provisório da sentença impugnada por recurso desprovido de efeito suspensivo será realizado da mesma forma que o cumprimento definitivo, sujeitando-se ao seguinte regime: IV – o levantamento de depósito em dinheiro e a prática de atos que importem transferência de posse ou alienação de propriedade ou de outro direito real, ou dos quais possa resultar grave dano ao executado, dependem de caução suficiente e idônea, arbitrada de plano pelo juiz e prestada nos próprios autos. ▶ **Art. 521.** A caução prevista no inciso IV do art. 520 poderá ser dispensada nos casos em que: I – o crédito for de natureza alimentar, independentemente de sua origem; II – o credor demonstrar situação de necessidade; III – pender o agravo do art. 1.042; IV – a sentença a ser provisoriamente cumprida estiver em consonância com súmula da jurisprudência do Supremo Tribunal Federal ou do Superior Tribunal de Justiça ou em conformidade com acórdão proferido no julgamento de casos repetitivos.

ENUNCIADO 402. A EFICÁCIA DOS NEGÓCIOS PROCESSUAIS PARA QUEM DELES NÃO FEZ PARTE DEPENDE DE SUA ANUÊNCIA, QUANDO LHE PUDER CAUSAR PREJUÍZO.

● *Grupo: Negócios processuais.* ● *Referências: art. 190.*

▸ ***Pedro Henrique Nogueira***

No âmbito do direito civil, fala-se no princípio da relatividade dos contratos em decorrência do qual o contrato somente atinge a esfera jurídica dos contratantes, não alcançando terceiros. Essa restrição subjetiva, contudo, tem sido compreendida com ressalvas, em face da possibilidade de se impor a observância do negócio jurídico até mesmo em face de quem nele não figurou, a exemplo do que se verifica na chamada tutela externa do crédito[207].

O NCPC não prevê como se dá a limitação subjetiva da eficácia jurídica dos negócios processuais. Embora seja possível, diante da dicção do artigo 190, *caput*, extrair-se a compreensão civilista quanto à limitação subjetiva da eficácia entre os negociantes, é preciso levar em conta que os limites subjetivos da eficácia do negócio jurídico dependem do ordenamento jurídico. Se o negócio jurídico processual é expressão da autodeterminação das partes é entre elas que se dá a própria vinculação. No processo, porém, há subjacente ao ato negocial, uma relação jurídica, ou diversas relações jurídicas vinculando diversos sujeitos (partes e juiz, partes e auxiliares da justiça, partes entre si etc.). Um negócio jurídico processual, direta ou indiretamente, vai interferir de maneira variada na esfera jurídica daquele que não seja negociante. Disso se extrai que o sistema pode vir a estabelecer a heterovinculação, entendida como a vinculação ao negócio por quem dele não seja figurante (*v.g.*, o negócio jurídico unilateral de desistência do recurso vincula o tribunal, que fica impedido de julgá-lo; a desistência consensual da perícia vincula o perito, que havia sido nomeado etc.).

Parece-nos que o Enunciado ora analisado foi mais abrangente do que o necessário. Embora seja certo afirmar que o negócio jurídico não poderia prejudicar as partes litigantes que nele não figuraram, não é de todo exato afirmar que terceiros estejam sempre imunes à eficácia jurídica do negócio processual. O próprio NCPC, no artigo 122, ao regular a assistência simples, prevê que o assistente exerce no processo os mesmos ônus, faculdades e deveres das partes, mas não pode evitar que o assistido "reconheça a procedência do pedido, desista da ação, renuncie ao direito sobre o que se funda a ação ou transija sobre direitos controvertidos". Portanto, é o próprio sistema que prevê a extensão subjetiva da eficácia desses negócios jurídicos processuais típicos (reconhecimento da procedência do pedido, desistência, renúncia ao direito subjetivo litigioso, transação) ao assistente (que, a rigor, já não é mais considerado "terceiro" na relação processual, mas é um estranho e, portanto, um "terceiro" em relação aos negócios processuais referidos). Nem mesmo a potencialidade de prejuízo ao assistente evita que a eficácia jurídica do negócio lhe seja oponível. O assistente não precisa anuir na desistência da ação manifestada pelo assistido e desse negócio processual (unilateral ou bilateral, conforme o caso) decorre a extinção de situações jurídicas processuais e direitos processuais titularizados pelo assistente, resultando em prejuízo.

Também está expressamente previsto no NCPC, art. 119, parágrafo único, que o assistente simples ou litisconsorcial recebe o processo "no estado em que se encontre". Isso torna possível e factível que, concretamente, a parte a ser futuramente assistida realize negócios jurídicos processuais, inclusive dispositivos (pacto de redução de prazos, pacto de renúncia de instância) que alcancem e prejudiquem o assistente

207. LÔBO, Paulo. *Contratos*. São Paulo: Saraiva, 2011, p. 64.

que futuramente venha a coadjuvar a parte figurante do negócio. O calendário processual (NCPC, art. 191) feito entre as partes e o juiz é negócio jurídico passível de alcançar a esfera jurídica de terceiros, até mesmo limitando o exercício de faculdades processuais (*v.g.* calendarização que, na prática, restrinja o prazo para réplica; se o assistente intervém após o acordo, sujeita-se ao que se estipulou no calendário).

A rigor, o traço característico do regime jurídico da assistência simples no processo civil brasileiro é a submissão do assistente à vontade do assistido. O assistente atua inclusive suprindo condutas omissivas da parte coadjuvada, mas as omissões negociais do assistido interferem na esfera jurídica do assistente, paralisando sua atuação.[208]

Portanto, não se pode afirmar em termos categóricos, como está colocado no Enunciado, que a eficácia jurídica prejudicial ao terceiro que não figurou no negócio sempre vá depender de sua concordância.

► **NCPC. Art. 190.** Versando o processo sobre direitos que admitam autocomposição, é lícito às partes plenamente capazes estipular mudanças no procedimento para ajustá-lo às especificidades da causa e convencionar sobre os seus ônus, poderes, faculdades e deveres processuais, antes ou durante o processo.

Enunciado 403. A validade do negócio jurídico processual, requer agente capaz, objeto lícito, possível, determinado ou determinável e forma prescrita ou não defesa em lei.

● *Grupo: Negócios processuais.* ● *Referências: art. 190; art. 104, CC/2002.*

► ***Pedro Henrique Nogueira***

Segundo o artigo 104 do Código Civil, a validade do negócio jurídico requer: capacidade do agente, objeto lícito, possível, determinado ou determinável, e forma prevista ou não proibida na lei.

Trata-se de regra extensível aos negócios jurídicos processuais. O que faz o Enunciado 403 justamente prever que a validade dos negócios pré-processuais e processuais passa pelo atendimento do que está previsto no artigo 104 do Código Civil.

A incapacidade de que cuida o artigo 190 do NCPC para os negócios jurídicos processuais propriamente ditos, é a processual. Por isso, aqueles que, a despeito de possuírem plena capacidade no plano do direito civil, estejam desprovidos da plena capacidade processual (por exemplo, o réu preso ou o civilmente incapaz com representante em situação de colisão de interesses) não podem ser sujeitos de negócios processuais ou de convenções sobre o processo. O processualmente incapaz, desde que representado, pode celebrar negócios processuais, isso porque a representação suprirá a incapacidade. Segundo o artigo 70 do NCPC, todos que possam exercer os seus direitos têm a capacidade processual. A representação, por isso, possibilita à parte que necessite ser representada exercitar os seus direitos e faculdades no processo

208. Cf. DIDIER JR., Fredie. *Curso de direito processual civil.* Salvador: Juspodivm, 2015, v. 1. p. 486.

por meio de seu representante. Assim, *v.g.*, o espólio, ou o condomínio, uma vez representados, estão aptos a celebrar negócios processuais.

Relativamente à licitude do objeto, sabe-se que as normas constitucionais do processo civil, inclusive os princípios, funcionam como limites objetivos aos negócios processuais e não se admite a prática de atos negociais que afastem suas prescrições. Por isso, não seriam válidos os negócios que afastassem o regime de publicidade externa dos atos processuais fora das exceções constitucionais (CF/88, art. 5º, LX), que implicasse escolha do juiz da causa, ou modificação da competência absoluta, em face do princípio do juiz natural (CF/88, art. 5º, XXXVII e LIII), ou que implicasse a criação de diversas medidas e providências que contrariassem a observância da razoável duração do processo (CF/88, art. 5º, LIV), ou que liberasse o juiz dos seus deveres de cooperação, ou que afastasse a exigência de motivação das decisões judiciais (CF/88, art. 93, IX e NCPC, art. 489), ou que liberasse as partes para litigar de modo temerário (contrariando o dever de probidade) etc. Em síntese, a dimensão objetiva do devido processo legal é um limite à negociação processual.

No Código de Processo Civil e na legislação especial também se encontram normas que, objetivamente, limitam o exercício do poder de autorregramento de vontade na celebração de negócios processuais e convenções sobre o processo. Assim, *v.g.*, não é dado às partes pactuar a suspensão do processo por prazo superior a seis meses, convencionar a não intimação do Ministério Público nos casos em que obrigatória sua intervenção, pactuar a criação de outros recursos para além daqueles previstos no artigo 994 do NCPC, ou alterar a adequação recursal estabelecida na lei processual (*v.g.* ampliando as hipóteses de cabimento do agravo de instrumento) etc.

No que diz respeito à forma, não há exigência específica a respeito da formalização dos negócios jurídicos processuais. Aplica-se então a regra da liberdade das formas (NCPC, art.188).

- **NCPC. Art. 190.** Versando o processo sobre direitos que admitam autocomposição, é lícito às partes plenamente capazes estipular mudanças no procedimento para ajustá-lo às especificidades da causa e convencionar sobre os seus ônus, poderes, faculdades e deveres processuais, antes ou durante o processo.

- **CC. Art. 104.** A validade do negócio jurídico requer: I – agente capaz; II – objeto lícito, possível, determinado ou determinável; III – forma prescrita ou não defesa em lei.

ENUNCIADO 404. NOS NEGÓCIOS PROCESSUAIS, ATENDER-SE-Á MAIS À INTENÇÃO CONSUBSTANCIADA NA MANIFESTAÇÃO DE VONTADE DO QUE AO SENTIDO LITERAL DA LINGUAGEM.

● *Grupo: Negócios processuais.* ● *Referências: art. 190; art. 112, CC/2002.*

▸ ***Pedro Henrique Nogueira***

O Código Civil brasileiro, no artigo 112, estabelece que "Nas declarações de vontade se atenderá mais à intenção nelas consubstanciada do que ao sentido literal da linguagem". Essa diretriz interpretativa prescritivamente imposta aos negócios jurídicos privados prestigia a vontade real em detrimento da vontade declarada.

O que importa é a vontade real, o que foi desejado pelo figurante do negócio, e não a vontade tal como documentada e vertida em termos linguísticos. A interpretação do negócio jurídico deve perquirir e considerar aquilo que foi querido pela parte.

Não se deve considerar, porém, como objeto cognoscível da interpretação a intenção enquanto estado anímico, pois a intenção não exteriorizada não interessa ao direito, nem pode servir à interpretação do negócio jurídico.[209] Havendo divergência entre a vontade real dos figurantes, aferida pelas circunstâncias e pelo contexto do que foi exteriorizado, e o significado literal dos vocábulos utilizados para documentar o ato, deve prevalecer o que foi querido pelos sujeitos do negócio jurídico.

O Enunciado praticamente reproduz, com ajustes redacionais, o texto do artigo 112 do Código Civil. Para as convenções sobre o processo, isto é, as celebradas pré-processualmente, não haveria muita dúvida em se aplicar o disposto no artigo 112 do Código Civil, pois teríamos aí autênticos negócios jurídicos de direito material.

Para os negócios jurídicos processuais propriamente ditos, isto é, aqueles celebrados concomitantemente ao procedimento a que se refiram, a mesma regra de interpretação deve ser aplicada. Como o Código de Processo Civil não traz outro regramento para a interpretação dos negócios jurídicos processuais, torna-se aplicável o regime jurídico estabelecido no Código Civil.

- **NCPC. Art. 190.** Versando o processo sobre direitos que admitam autocomposição, é lícito às partes plenamente capazes estipular mudanças no procedimento para ajustá-lo às especificidades da causa e convencionar sobre os seus ônus, poderes, faculdades e deveres processuais, antes ou durante o processo.

- **CC. Art. 112.** Nas declarações de vontade se atenderá mais à intenção nelas consubstanciada do que ao sentido literal da linguagem.

Enunciado 405. Os negócios jurídicos processuais devem ser interpretados conforme a boa-fé e os usos do lugar de sua celebração.

● *Grupo: Negócios processuais.* ● *Referências: art. 190; art. 113, CC/2002.*

▸ ***Pedro Henrique Nogueira***

O Enunciado também trata da interpretação dos negócios processuais, estabelecendo um ponto de conexão com o artigo 113 do Código Civil, o qual prevê que os negócios "devem ser interpretados conforme a boa-fé e os usos do lugar de sua celebração".

A interpretação do negócio jurídico processual deve levar em conta a boa-fé dos sujeitos que dele participam. Para os negócios jurídicos em geral, a boa-fé é norma que limita o exercício do autorregramento da vontade. Trata-se de um padrão de conduta estribado no respeito à confiança e lealdade, que precisa ser observado pelos negociantes. O Código Civil, no artigo 422, prevê expressamente que "Os contratantes

209. LÔBO, Paulo. *Direito Civil: Parte Geral.* 2 ed. São Paulo: Saraiva, 2010. p. 258.

são obrigados a guardar, assim na conclusão do contrato, como em sua execução, os princípios de probidade e boa-fé".

Além da boa-fé enquanto norma de conduta a ser seguida pelos sujeitos do negócio, ela também funciona como regra de interpretação do negócio jurídico, a ser cotejada com a regra do artigo 112 do Código Civil. Assim, se de um lado a intenção das partes é relevante na interpretação do negócio, prevalecendo sobre o que graficamente se encontra expresso nos documentos, a perquirição sobre qual seria vontade negocial a ser considerada perpassa pela análise objetiva das circunstâncias.

Relativamente aos negócios processuais, não há dúvida sobre a necessidade de observância da boa-fé, que vai funcionar também como regra de interpretação, a exemplo do acontece com os negócios jurídicos civis. O artigo 6º do NCPC, como norma fundamental estruturante do processo civil brasileiro, prevê que "Aquele que de qualquer forma participa do processo deve comportar-se de acordo com a boa-fé".

Para essa finalidade, isto é, para se interpretar o negócio jurídico de acordo com a boa-fé, não se faz necessário buscar separar os negócios jurídicos pré-processuais, celebrados antes da litispendência, dos negócios processuais propriamente ditos, já que a ambos se aplica o mesmo regime jurídico, razão pela qual andou bem o enunciado ao descrever essa regra de interpretação.

- **NCPC. Art. 190.** Versando o processo sobre direitos que admitam autocomposição, é lícito às partes plenamente capazes estipular mudanças no procedimento para ajustá-lo às especificidades da causa e convencionar sobre os seus ônus, poderes, faculdades e deveres processuais, antes ou durante o processo.

- **CC. Art. 113**. Os negócios jurídicos devem ser interpretados conforme a boa-fé e os usos do lugar de sua celebração.

ENUNCIADO 406. OS NEGÓCIOS JURÍDICOS PROCESSUAIS BENÉFICOS E A RENÚNCIA A DIREITOS PROCESSUAIS INTERPRETAM-SE ESTRITAMENTE.

● *Grupo: Negócios processuais.* ● *Referências: art. 190; art. 114, CC/2002.*

▸ ***Pedro Henrique Nogueira***

Por negócios jurídicos bilaterais benéficos entendem-se aqueles gratuitos, desprovidos de contraprestação. Num negócio jurídico, quem presta sem que o outro figurante contrapreste, ou prometa contraprestar, aliena a título gratuito. A contraprestação é o que determina a onerosidade, daí se poder classificar os contratos e os negócios jurídicos em geral em gratuitos e onerosos.[210]

Já a renúncia constitui negócio jurídico unilateral abdicativo, é ato de abdicação. Renuncia-se quando se abre mão de alguma situação jurídica (direitos, faculdades etc.). As renúncias são abdicativas e não translativas.

210. MIRANDA, Francisco Cavalcante Pontes de. *Tratado de Direito Privado*, XXXVIII. Rio de Janeiro: Borsói, 1962. p. 369.

O Código Civil, no artigo 114, estabelece importante regra de interpretação para os negócios jurídicos bilaterais benéficos e para as renúncias: a interpretação há de ser feita de maneira restritiva. Justifica-se esse regramento para proteger aquele pratica, sem contraprestação, o ato abdicativo em benefício de terceiros, evitando-se agravar-lhe a situação por meio da interpretação da alguma cláusula ou condição.

Para os negócios jurídicos processuais, não há no Código de Processo Civil regra semelhante ao do artigo 114 do Código Civil. Trata-se, contudo, de norma aplicável ao direito processual. É preciso entendê-la como regra de interpretação dos negócios jurídicos em geral e não apenas dos negócios civis. Seria inadequado buscar a disciplina da interpretação dos negócios jurídicos processuais, à míngua de regras interpretativas no NCPC, fora da disciplina estabelecida no Código Civil.

A imposição da restritividade na interpretação dos negócios jurídicos processuais abdicativos e benéficos atende à boa-fé, tutelando a posição jurídica e a expectativa daquele que, por ato de liberalidade, e sem contraprestação, abriu de situações jurídicas, mas somente nos limites dessa abdicação.

O Enunciado, em boa hora, afirma ser extensível aos negócios processuais benéficos e as renúncias a direitos e faculdades processuais o regime de interpretação restritiva estabelecido no artigo 114 do Código Civil. Assim, para os negócios benéficos e para as renúncias a direitos processuais, se houver divergência o que foi verbalizado na linguagem e o que foi querido pelo sujeito, não cabe ampliar o espectro da abdicação em nome da busca da vontade real de quem negociou. Para essas modalidades negociais, afasta-se a interpretação integrativa. A interpretação restritiva não permite que se vá além da literalidade expressa.[211]

► **NCPC. Art. 190.** Versando o processo sobre direitos que admitam autocomposição, é lícito às partes plenamente capazes estipular mudanças no procedimento para ajustá-lo às especificidades da causa e convencionar sobre os seus ônus, poderes, faculdades e deveres processuais, antes ou durante o processo.

► **CC. Art. 114.** Os negócios jurídicos benéficos e a renúncia interpretam-se estritamente.

Enunciado 408. Quando houver no contrato de adesão negócio jurídico processual com previsões ambíguas ou contraditórias, dever-se-á adotar a interpretação mais favorável ao aderente.

● *Grupo: Negócios processuais.* ● *Referências: art. 190; art. 423, CC/2002.*

▸ ***Pedro Henrique Nogueira***

O Enunciado propõe a extensão aos negócios jurídicos processuais da regra interpretativa do artigo 423 do Código Civil, adiante transcrita.

211. LÔBO, Paulo. *Direito Civil – Parte Geral*. 2 ed. São Paulo: Saraiva, 2010. p. 260.

A relação entre os negócios processuais, notadamente os atípicos, e os contratos de adesão é muito delicada e não pode prescindir da interpretação conjunta da regra prevista no parágrafo único do artigo 190 do NCPC.

Proíbe-se *a priori*, de acordo com o artigo 190 do NCPC, a inserção abusiva de convenções sobre o processo em contratos de adesão. Trata-se de vedação bastante salutar, que visa evitar abusos, pois nessa modalidade de contratos não há um amplo espaço de negociação entre as partes contrapostas.

Por contrato de adesão tem-se aquele que, ao ser concluído, adere a condições gerais predispostas por uma das partes, que passam a produzir efeitos independentemente da aceitação do outro sujeito. Na verdade, um dos sujeitos estipula, unilateralmente, as condições e obrigações, cabendo ao contratante simplesmente aceitar ou não o que ali foi predisposto, pouco ou quase nada participando da formação do ato.[212]

Há, no contrato de adesão, as condições gerais – estipuladas pelo proponente de forma unilateral –, assim como as cláusulas negociadas, fruto do consenso, ainda que, às vezes, com espaço de estipulação bastante reduzido.

Ora, a base da negociação processual está justamente na valorização do autorregramento de vontade, existente em grau mínimo nos contratos de adesão, daí por que o artigo 190 do NCPC, a princípio, veda a inserção de convenções sobre o processo em contratos de adesão em casos de abuso, mesmo porque em tese é possível, embora pouco provável, que o contrato de adesão contenha estipulação relativa ao processo mais benéfica ao consumidor ou a outro que se encontre na posição de aceitar o contrato.

Preocupou-se o legislador em limitar a predisposição de condições gerais em que o proponente (fornecedor de produtos e serviços ou não, pois nem todo contrato de adesão se circunscreve às relações de consumo) estipule unilateralmente obrigações, deveres e ônus prejudiciais a outra parte.

O texto do artigo 190, parágrafo único, do NCPC fala também em "inserção abusiva em contrato de adesão" para justificar a recusa à aplicação da convenção sobre o processo. Será abusiva a cláusula ou condição que restrinja, elimine ou dificulte o exercício de direitos ou faculdades processuais sem que esse ato dispositivo seja resultado da autonomia da vontade manifestada pela parte.

Dessa forma, havendo contrato de adesão com estipulações de convenções válidas sobre o processo, que não restrinjam, embaracem ou prejudiquem o exercício de direitos processuais assegurados pela lei ao aderente, tem lugar a aplicação da regra interpretativa do artigo 423 do Código Civil, favorecendo o aderente em cláusulas ambíguas ou contraditórias. Estipulações contraditórias são aquelas conflitantes, contendo proposições que se excluem. Já as ambíguas são as que permitem a construção de mais de um sentido. Em qualquer das situações, havendo convenções sobre

212. LÔBO, Paulo. *Condições gerais dos contratos e cláusulas abusivas.* São Paulo: Saraiva, 1991. p. 40.

processo veiculadas em contratos de adesão por meio de cláusulas e condições ambíguas, a interpretação a prevalecer será sempre a mais benéfica ao aderente.

- **NCPC. Art. 190.** Versando o processo sobre direitos que admitam autocomposição, é lícito às partes plenamente capazes estipular mudanças no procedimento para ajustá-lo às especificidades da causa e convencionar sobre os seus ônus, poderes, faculdades e deveres processuais, antes ou durante o processo.

- **CC. Art. 423.** Quando houver no contrato de adesão cláusulas ambíguas ou contraditórias, dever-se-á adotar a interpretação mais favorável ao aderente.

Enunciado 409. A convenção processual é autônoma em relação ao negócio em que estiver inserta, de tal sorte que a invalidade deste não implica necessariamente a invalidade da convenção processual.

● *Grupo: Negócios processuais.* ● *Referências: art. 190; art. 8º, caput, Lei 9.307/96.*

Pedro Henrique Nogueira

O Enunciado revela-se de grande utilidade por eliminar possíveis dúvidas sobre uma possível invalidação dos negócios jurídicos processuais quando insertas em instrumentos que também veiculem negócios jurídicos de direito material viciados.

É preciso diferenciar o texto, o negócio jurídico e a realidade empírica subjacente a ambos. Revela-se possível essa decomposição, uma vez que o ato jurídico não se confunde com o enunciado que o veicula e também não se identifica com a realidade fenomênica.

A existência do negócio jurídico (como de qualquer fato jurídico) constitui uma *abstração*; os fatos jurídicos não estão presentes na realidade sensível. Não se pode ver ou sentir um negócio jurídico, conquanto se possam ver fatos e condutas humanas no plano dos fenômenos que, por abstração, são considerados fatos jurídicos.[213]

Por isso, um determinado texto ou documento (um instrumento particular, uma escritura pública) pode ser reportar a um ou mais fatos ou negócios jurídicos. O mesmo documento pode conter cláusulas ou fragmentos de textos que se reportem a negócios jurídicos materiais e processuais simultaneamente (num contrato de compra e venda, encontra-se a estipulação do preço e da obrigação de entrega da coisa, mas se pode encontrar uma convenção processual para escolha do foro, para reduzir prazos processuais ou para escolher meios de prova a serem utilizados em uma futura controvérsia relativa a essa avença). Consequentemente, é possível que algum vício contamine o negócio jurídico de direito material, mas deixe intacto o negócio processual veiculado no mesmo instrumento (se numa compra e venda, o instrumento prevê que o vendedor poderá livremente fixar o preço, tem-se aí uma causa de nulidade, que não alcançaria eventuais negócios processuais, tais como escolha do foro, ou convenção de arbitragem, estipulados no mesmo "contrato").

213. NOGUEIRA, Pedro Henrique. *Negócios Jurídicos Processuais*. Salvador: Juspodivm, 2016. p. 172.

A autonomia da convenção processual, proclamada no Enunciado, vem justamente ratificar que os negócios jurídicos processuais, especialmente quando celebrados antes da litispendência, não podem ser confundidos com outros negócios jurídicos de direito material eventualmente postos no mesmo instrumento.

▶ **NCPC. Art. 190.** Versando o processo sobre direitos que admitam autocomposição, é lícito às partes plenamente capazes estipular mudanças no procedimento para ajustá-lo às especificidades da causa e convencionar sobre os seus ônus, poderes, faculdades e deveres processuais, antes ou durante o processo.

▶ **Lei 9.307/96. Art. 8º** A cláusula compromissória é autônoma em relação ao contrato em que estiver inserta, de tal sorte que a nulidade deste não implica, necessariamente, a nulidade da cláusula compromissória.

Enunciado 411. O negócio processual pode ser distratado.

● *Grupo: Negócios processuais.* ● *Referências: art. 190.*

▸ ***Pedro Henrique Nogueira***

No direito civil, tem-se por resilição o ato jurídico que põe fim a um negócio jurídico, com eficácia *ex nunc*.[214] A resilição pode ser bilateral (distrato), ou unilateral. Ao resilir, o sujeito resolve um determinado negócio jurídico dali para frente. Forma-se um negócio para extinguir o seu antecessor.

É perfeitamente possível que as partes celebrem um negócio processual e, em seguida, promovam o distrato, que tem a natureza de um negócio jurídico processual subsequente. O Enunciado explicita a possibilidade, em tese, de se distratar o negócio processual anteriormente celebrado.

Por imposição do artigo 200 do NCPC, os negócios processuais são eficazes de imediato. Desse modo, feita a convenção as partes se vinculam mutuamente, não havendo espaço para que uma delas deixe de cumprir o estipulado, ou deixe de se sujeitar aos ônus e consequências do que foi convencionado.

Apesar disso, ao permitir-se, no artigo 190 do NCPC, que as partes livremente estipulem e disponham sobre seus direitos, faculdades, ônus e deveres está o ordenamento jurídico abrindo espaço a que as partes insiram, na convenção processual, em benefício de uma delas ou até mesmo de ambas, o direito potestativo de resilir o negócio, com eficácia prospectiva. A ordem jurídica não veda esse tipo de estipulação. Ademais, é possível inferir da cláusula geral de negociação processual, implicitamente, essa possibilidade.

A resilição dos negócios jurídicos pode ser legal ou convencional. O artigo 190 do NCPC contempla a possibilidade de, por acordo de vontades, ajustar-se a resilição. Trata-se, portanto, de espaço para resilição convencional. Isso porque quando se

214. MIRANDA, Francisco Cavalcante Pontes de. *Tratado de Direito Privado*, XXXVIII. Rio de Janeiro: Borsói, 1962. p. 331.

acorda, bilateralmente, ser possível a resilição por uma das partes, está-se a celebrar também um negócio processual a recair sobre situações jurídicas processuais (direito de extinguir, pela denúncia, direitos e faculdades oriundos do negócio processual a ser resilido).

A livre disposição dos direitos, faculdades, ônus e deveres alcança desde a possibilidade de inserção de novos direitos, deveres das partes, ou alteração do modo como serão exercidos no processo, até a possibilidade de que os litigantes, se assim entenderem adequado à tutela dos seus interesses, denunciem, cada um de per si, a própria convenção processual, restaurando o regime jurídico legal, ou até mesmo o regime estipulado em outra convenção processual.

► **NCPC. Art. 190.** Versando o processo sobre direitos que admitam autocomposição, é lícito às partes plenamente capazes estipular mudanças no procedimento para ajustá-lo às especificidades da causa e convencionar sobre os seus ônus, poderes, faculdades e deveres processuais, antes ou durante o processo.

Enunciado 412. A aplicação de negócio processual em determinado processo judicial não impede, necessariamente, que da decisão do caso possa vir a ser formado precedente.

● *Grupo: Negócios processuais.* ● *Referências: art. 190.*

► ***Pedro Henrique Nogueira***

É possível que de determinados negócios jurídicos processuais surjam limitações probatórias para as partes negociantes, restrição das questões a serem objeto da cognição judicial, ou, ainda, simplificação do procedimento.

Essas limitações ou restrições não são obstáculo à formação de precedentes. A *ratio decidendi* pode se tornar universalizável mesmo com cognição limitada, restrições probatórias ou procedimento simplificado. A rigor, a existência do negócio jurídico processual pode até mesmo, a depender do caso, ser uma razão para proceder-se à distinção, possibilitando que determinada tese jurídica seja ou não seja aplicável a casos similares conforme haja ou não negócios processuais que limitem à atividade probatória, cognitiva ou procedimental.

A técnica do *distinguishing* há de se impor: se a tese jurídica advém de decisão resultante de atividade probatória limitada consensualmente pelas partes, é possível, a depender das circunstâncias, admitir que a mesma tese jurídica não se aplique a casos similares quando no caso sucessivo seja permitido ao juiz examinar determinadas questões não apreciadas no primeiro caso em razão do negócio jurídico processual.

Também não se pode afastar a possibilidade de superação do precedente construído em processo no qual as partes hajam convencionado restringir a cognição do juiz ou mesmo a produção de provas, por exemplo. Trata-se de admitir, em razão da maior amplitude de cognição, a firmação de nova tese jurídica, superando o precedente.

Por isso, o Enunciado deixa claro que a celebração de negócio jurídico processual não afasta a formação de precedente a partir da decisão do caso.

► **NCPC. Art. 190.** Versando o processo sobre direitos que admitam autocomposição, é lícito às partes plenamente capazes estipular mudanças no procedimento para ajustá-lo às especificidades da causa e convencionar sobre os seus ônus, poderes, faculdades e deveres processuais, antes ou durante o processo.

ENUNCIADO 413. O NEGÓCIO JURÍDICO PROCESSUAL PODE SER CELEBRADO NO SISTEMA DOS JUIZADOS ESPECIAIS, DESDE QUE OBSERVADO O CONJUNTO DOS PRINCÍPIOS QUE O ORIENTA, FICANDO SUJEITO A CONTROLE JUDICIAL NA FORMA DO PARÁGRAFO ÚNICO DO ART. 190 DO CPC.

● *Grupo: Impacto nos Juizados e nos procedimentos especiais da legislação extravagante.* ● *Referências: arts. 190 e 191; Leis 9.099/95, 10.259/01 e 12.153/09.*

► ***Pedro Henrique Nogueira***

A partir da interpretação conjunta do artigo 1º da Lei 9.099/95, art. 1º, § 1º da Lei 12.153/09 e art. 1º da Lei 10.259/01 é possível justificar normativamente a existência de microssistema dos juizados especiais, abarcando os juizados especiais estaduais, os Juizados Especiais da Justiça Federal, e os Juizados Especiais da Fazenda Pública dos Estados, Distrito Federal e Municípios.

O regramento dos processos dos juizados especiais há de ser buscado dentro do ambiente normativo do próprio juizado especial, daí se falar em um sistema. O caráter fragmentário das leis que regulam o processo e procedimento dos respectivos juizados (estaduais, federais e fazendários, conforme o caso) permite a integração normativa, que é feita, a princípio, dentro do próprio microssistema. As regras do Código de Processo Civil se aplicam subsidiariamente aos ajuizados, isto é, na falta de norma dentro do próprio microssistema (Lei 12.153/09, art. 27).

No que diz respeito à cláusula geral de negociação processual atípica (NCPC, art. 190, *caput*), pode-se aplicá-la ao microssistema dos juizados especiais, inclusive por que não há regra que discipline a celebração de negócios processuais naquele âmbito, nem muito menos qualquer regra proibitiva a respeito.

É necessário levar com consideração, porém, que o processo no âmbito dos juizados especiais obedece a princípios próprios, que estruturam o respectivo procedimento. Segundo o artigo 2º da Lei 9.099/9, o processo, nos juizados, "orientar-se-á pelos critérios da oralidade, simplicidade, informalidade, economia processual e celeridade, buscando, sempre que possível, a conciliação ou a transação".

Portanto, a aplicação subsidiária de qualquer regra do Código de Processo Civil ao microssistema dos juizados há de ser precedida do teste de compatibilidade com os princípios indicados no artigo 2º da Lei 9.099/95, pois somente se aplicam aos juizados normas que não os contrariem (por exemplo, não seriam aceitáveis convenções que estipulassem a recorribilidade das decisões interlocutórias, pois contrariaria o princípio da oralidade, ou que instituíssem mudanças procedimentais que prejudicassem a celeridade).

Para saber se os negócios processuais atípicos podem ser celebrados para terem aplicação nos processos dos juizados especiais é preciso investigar se objeto da negociação não conflita com o disposto no artigo 2º da Lei 9.099/95, pois, em caso positivo, há invalidade do negócio jurídico por ilicitude do objeto, que pode ser controlada pelo juiz, inclusive de ofício, nos termos do parágrafo único do artigo 190 do NCPC.

Se é certo que os negócios processuais atípicos podem ser celebrados no âmbito dos juizados, não é menos certo que a validade da convenção depende da compatibilidade entre o conteúdo da avença e os princípios da oralidade, simplicidade, informalidade, economia processual e celeridade, buscando, sempre que possível, a conciliação ou a transação.

► **NCPC. Art. 190.** Versando o processo sobre direitos que admitam autocomposição, é lícito às partes plenamente capazes estipular mudanças no procedimento para ajustá-lo às especificidades da causa e convencionar sobre os seus ônus, poderes, faculdades e deveres processuais, antes ou durante o processo. ► **Art. 191.** De comum acordo, o juiz e as partes podem fixar calendário para a prática dos atos processuais, quando for o caso.

Enunciado 414. O disposto no § 1º do artigo 191 refere-se ao juízo.

● *Grupo: Negócios processuais.* ● *Referências: art. 191, § 1º.*

► *Pedro Henrique Nogueira*

O calendário processual é o negócio jurídico através do qual as partes e o juiz manifestam vontade com vistas definir, por consenso, os momentos para a prática dos atos do processo. Somente em casos excepcionais e justificados os prazos definidos no calendário podem ser revistos. Trata-se de instrumento valioso de combate ao tempo ocioso e desperdiçado ao longo do procedimento. Segundo o artigo 191, § 1º do CPC, o calendário processual "vincula as partes e o juiz, e os prazos nele previstos somente serão modificados em casos excepcionais, devidamente justificados".

Assim, o acordo de calendarização e o acordo de procedimento são diferentes e autônomos, embora possam ser celebrados concomitantemente.[215] A presença do juiz somente é exigida para o calendário, por imposição do artigo 191, § 1º do CPC.

O propósito do Enunciado é deixar evidente que o juiz, enquanto sujeito do calendário processual, age como órgão do Estado, de modo que a calendarização, uma vez celebrada, deve ser observada inclusive por outros juízes que, por razões diversas (substituição, promoção, aposentadoria), assumam posteriormente a direção do processo. Por isso, o "juízo", e não a pessoa do juiz pura e simplesmente, passa a estar vinculado ao calendário.

► **NCPC. Art. 191. § 1º** O calendário vincula as partes e o juiz, e os prazos nele previstos somente serão modificados em casos excepcionais, devidamente justificados.

215. COSTA, Eduardo J. F. "Calendarização Processual". *In*: CABRAL, Antonio; NOGUEIRA, Pedro Henrique (org.). *Negócios Processuais*. Salvador: Juspodivm, 2015. p. 360.

Enunciado 490. São admissíveis os seguintes negócios processuais, entre outros: pacto de inexecução parcial ou total de multa coercitiva; pacto de alteração de ordem de penhora; pré-indicação de bem penhorável preferencial (art. 848, II); pré-fixação de indenização por dano processual prevista nos arts. 81, § 3º, 520, inc. I, 297, parágrafo único (cláusula penal processual); negócio de anuência prévia para aditamento ou alteração do pedido ou da causa de pedir até o saneamento (art. 329, inc. II).

● *Grupo: Negócios processuais.* ● *Referências: arts. 81, § 3º, 190, 297, par. ún., 329, II, 520, I e 848, II.*

▸ *Pedro Henrique Nogueira*

O Enunciado apenas apresenta uma lista de negócios jurídicos processuais admissíveis no direito brasileiro, típicos e atípicos, a exemplo do que também se verifica nos enunciados 19 e 21 do FPPC. Uma das utilidades desses enunciados é justamente auxiliar na concretização da cláusula geral de negociação processual atípica (NCPC, art. 190), facilitando a identificação de algumas figuras negociais.

O pacto de inexecução parcial ou total de multa coercitiva é negócio jurídico processual atípico que possibilita aos beneficiários da multa coercitiva fixada judicialmente dela dispor para convencionar a sua não execução. É possível também um acordo estabelecendo um momento a partir de quando a multa fixada passaria a ser exigível judicialmente. Para as *astreintes* fixadas em execução de fazer, não fazer e entregar coisa, a lei (NCPC, art. 537, § 4º) estabelece ser possível a execução provisória da quantia relativa à multa cominatória, havendo então espaço de liberdade para que as partes alterem o momento a partir de quando se daria essa execução, ou, ainda, até mesmo para que as partes renunciem ao valor correspondente à multa.

É possível que as partes celebrem pacto de alteração de ordem de penhora. O NCPC, no artigo 835 estabelece uma gradação preferencial de bens penhoráveis. A observância dessa ordem, contudo, é flexibilizada pelo próprio artigo 835, § 1º, dando ao juiz a possibilidade de alterá-la conforme as circunstâncias do caso concreto. Se a execução se desenvolve no interesse do credor (NCPC, art. 797) e se o próprio exequente pode pedir para que a penhora não observe a ordem, conclui-se que as partes podem convencionar a inversão da gradação de bens penhoráveis.

O artigo 848, II do NCPC prevê um negócio jurídico típico para indicação de bem penhorável; trata-se do pacto pré-indicação de bem penhorável preferencial. Caso a penhora recaia eventualmente sobre outro bem diverso daquele indicado previamente pelas partes, a parte interessada tem direito à substituição do bem.

O Enunciado também contempla o negócio jurídico processual de pré-fixação de indenização por dano processual, prevista nos artigos 81, § 3º, 520, inc. I, 297, parágrafo único do NCPC, ali denominado de "cláusula penal processual", isso porque o artigo 81, § 3º do NCPC prevê a possibilidade de liquidação da indenização por dano processual através de arbitramento, não havendo qualquer óbice a que a partes desde logo estipulem negocialmente o *quantum* indenizatório, ou até mesmo um limite máximo para a sua fixação pelo juiz, ou, ainda, patamares mínimo e máximo a fim de que o juiz possa arbitrar a indenização dentro desses parâmetros.

O artigo 329, II do NCPC prevê como negócio jurídico processual típico o acordo para alteração do pedido ou da causa de pedir, o que pode ser feito, segundo a interpretação literal do texto legal, somente até o saneamento, operando-se a partir daí a estabilização objetiva da demanda, muito embora já se defenda a possibilidade dessa alteração, mediante avaliação do magistrado, ainda que depois do saneamento.[216] O Enunciado contempla a figura negocial da anuência prévia dada à parte adversa para que essa alteração se proceda. Note-se que é possível esse acordo na fase pré-processual, antes mesmo de saber quem será o autor ou réu do processo, ou mesmo antes de se saber qual será o pedido ou a causa de pedir articulada, daí a utilidade do enunciado.

► **NCPC. Art. 81. § 3º** O valor da indenização será fixado pelo juiz ou, caso não seja possível mensurá-lo, liquidado por arbitramento ou pelo procedimento comum, nos próprios autos. ► **Art. 190.** Versando o processo sobre direitos que admitam autocomposição, é lícito às partes plenamente capazes estipular mudanças no procedimento para ajustá-lo às especificidades da causa e convencionar sobre os seus ônus, poderes, faculdades e deveres processuais, antes ou durante o processo. Parágrafo único. De ofício ou a requerimento, o juiz controlará a validade das convenções previstas neste artigo, recusando-lhes aplicação somente nos casos de nulidade ou de inserção abusiva em contrato de adesão ou em que alguma parte se encontre em manifesta situação de vulnerabilidade. ► **Art. 297. Parágrafo único.** A efetivação da tutela provisória observará as normas referentes ao cumprimento provisório da sentença, no que couber. ► **Art. 329.** O autor poderá: (...). II – até o saneamento do processo, aditar ou alterar o pedido e a causa de pedir, com consentimento do réu, assegurado o contraditório mediante a possibilidade de manifestação deste no prazo mínimo de 15 (quinze) dias, facultado o requerimento de prova suplementar. ► **Art. 520.** O cumprimento provisório da sentença impugnada por recurso desprovido de efeito suspensivo será realizado da mesma forma que o cumprimento definitivo, sujeitando-se ao seguinte regime: I – corre por iniciativa e responsabilidade do exequente, que se obriga, se a sentença for reformada, a reparar os danos que o executado haja sofrido; (...). ► **Art. 848.** As partes poderão requerer a substituição da penhora se: (...). II – ela não incidir sobre os bens designados em lei, contrato ou ato judicial para o pagamento; (...).

Enunciado 491. É possível negócio jurídico processual que estipule mudanças no procedimento das intervenções de terceiros, observada a necessidade de anuência do terceiro quando lhe puder causar prejuízo.

● *Grupo: Negócios processuais.* ● *Referências: art. 190.*

► ***Pedro Henrique Nogueira***

É possível decompor o Enunciado em duas partes: a) na primeira, enuncia-se a possibilidade de negócios jurídicos processuais que tenham como objeto o procedimento das modalidades de intervenção de terceiros; b) na segunda, insere-se uma ressalva: o terceiro necessita anuir ou participar do acordo de procedimento, quando dele lhe advenha prejuízo.

216. DIDIER JR., Fredie. *Curso de direito processual civil.* 17 ed. Salvador: Juspodivm, 2015, v. 1. p. 578.

O NCPC prevê cinco modalidades típicas de intervenção de terceiros: assistência, denunciação da lide, chamamento ao processo, desconsideração da personalidade jurídica e intervenção do *amicus curiae*. Nelas, o terceiro, seja por iniciativa própria ou mediante provocação de qualquer das partes ou do próprio juiz, ingressa na relação jurídica processual, podendo, daí, falar-se em intervenção voluntária e provocada.

Antes de seu ingresso no processo, o terceiro titulariza situações jurídicas processuais, apesar de não ser até esse momento, parte. O próprio direito subjetivo processual de intervir é o exemplo mais evidente de situação jurídica titularizada pelo terceiro e de cujo exercício resultará na sua inserção no processo na condição de parte, a depender da modalidade interventiva.

O tema relativo à extensão subjetiva dos acordos de procedimento relativos à intervenção de terceiro é uma especificação do tema abordado no Enunciado 402/FPPC, que trata dos negócios processuais em face dos terceiros que dele não figuraram, e a cujos comentários ora se faz remissão.

É possível que as partes pretendam realizar negócios jurídicos processuais para adequar o próprio procedimento da intervenção, estabelecendo ajustes no rito, inclusive com vistas a simplificá-lo e, até mesmo, afastar a possibilidade de que uma dos terceiros intervenha em algumas modalidades (*v.g.* as partes convencionam no contrato a responsabilidade regressiva de um dos contratantes, mas também acordam que a ação de regresso será veiculada por demanda autônoma, afastando-se, convencionalmente, a denunciação da lide; *v.g.* as partes convencionam que se houver chamamento ao processo de um dos fiadores, os demais cogarantidores não demandados não poderão ser chamados).

No âmbito do direito civil, fala-se no princípio da relatividade dos contratos em decorrência do qual o contrato somente atinge a esfera jurídica dos contratantes, não alcançando terceiros. Essa restrição subjetiva, contudo, tem sido compreendida com ressalvas, em face da possibilidade de se impor a observância do contrato até mesmo em face de quem nele não figurou, a exemplo do que se verifica na chamada tutela externa do crédito.[217]

O NCPC não prevê como se dá a limitação subjetiva da eficácia jurídica dos negócios processuais. Embora seja possível, diante da dicção do artigo 190, *caput*, extrair-se a compreensão civilista quanto à limitação subjetiva da eficácia entre os negociantes, é preciso levar em conta que os limites subjetivos da eficácia do negócio jurídico dependem do ordenamento jurídico. Se o negócio jurídico processual é expressão da autodeterminação das partes é entre elas que se dá a própria vinculação. No processo, porém, há subjacente ao ato negocial, uma relação jurídica, ou diversas relações jurídicas vinculando diversos sujeitos (partes e juiz, partes e auxiliares da justiça, partes entre si etc.). Um negócio jurídico processual direta ou indiretamente vai interferir de maneira variada na esfera jurídica daquele quem não seja negociante. Disso se extrai que o sistema pode vir a estabelecer a heterovinculação, entendida como a vinculação

217. LÔBO, Paulo. *Direito civil: contratos*. São Paulo: Saraiva, 2011. p. 64.

ao negócio por quem dele não seja figurante (*v.g.*, o negócio jurídico unilateral de desistência do recurso vincula o tribunal, que fica impedido de julgá-lo; a desistência consensual da perícia vincula o perito, que havia sido nomeado etc.).

No Enunciado, cogita-se, também, da necessária anuência do terceiro para que a eficácia jurídica do negócio processual relativo à intervenção possa lhe ser estendida. Não se concebe que o assistente simples, que preencha os requisitos para intervir no processo para coadjuvar a parte assistida, deva se sujeitar a eventuais restrições estabelecidas negocialmente entre o assistido e seu adversário. Também não seria aceitável que autor e réu convencionassem que o incidente de desconsideração da personalidade jurídica tivesse prazos reduzidos e sucedesse com restrições probatórias, sem que desse pacto o sócio ou administrador figurassem.

Os terceiros prejudicados, legitimados a intervir (voluntariamente ou por provocação) não podem sofrer a eficácia dos negócios pré-processuais e processuais. O prejuízo que dá ao terceiro a possibilidade de se opor ao negócio jurídico pode ser de qualquer ordem, nele se incluindo a lesão configurada pelo embaraço ou impedimento do exercício de direitos processuais do terceiro (*v.g.* pacto entre autor e réu para afastar a possibilidade do ingresso do assistente simples sem sua concordância).

▶ **NCPC. Art. 190.** Versando o processo sobre direitos que admitam autocomposição, é lícito às partes plenamente capazes estipular mudanças no procedimento para ajustá-lo às especificidades da causa e convencionar sobre os seus ônus, poderes, faculdades e deveres processuais, antes ou durante o processo. **Parágrafo único.** De ofício ou a requerimento, o juiz controlará a validade das convenções previstas neste artigo, recusando-lhes aplicação somente nos casos de nulidade ou de inserção abusiva em contrato de adesão ou em que alguma parte se encontre em manifesta situação de vulnerabilidade.

Enunciado 492. O pacto antenupcial e o contrato de convivência podem conter negócios processuais.

● *Grupo: Negócios processuais.* ● *Referências: art. 190.*

▶ ***Pedro Henrique Nogueira***

O Código Civil, no artigo 1.653 a 1.657, regula os pactos antenupciais, que são negócios jurídicos celebrados antes do casamento e que disponham sobre o regime de bens entre os cônjuges, ou sobre qualquer outra questão patrimonial a ele relacionada.

Do mesmo modo que os noivos podem, pelo exercício da autonomia privada, convencionar o regime de bens do casamento ou transferências patrimoniais entre si, nada obsta a que, no mesmo instrumento, também insiram cláusulas para tratar convenções sobre o processo judicial em caso de eventual litígio a respeito do pacto antenupcial. Trata-se aí de simples questão de conveniência: veicular negócios jurídicos processuais (a rigor, pré-processuais) na própria escritura que contém as convenções pré-nupciais, ou celebrados por meio de outros documentos (não necessariamente por escritura pública).

O contrato de convivência, por seu turno, constitui o negócio jurídico por meio do qual os conviventes buscam disciplinar aspectos patrimoniais da união estável, notadamente para afastar a regra de submissão ao regime da comunhão parcial de bens, como fruto do exercício da autonomia privada (Código Civil, art. 1.725).

Também aqui é dado aos conviventes lançarem mão do mesmo instrumento (público ou particular) que materializará o contrato de convivência para nele inserir convenções sobre o processo judicial em caso de eventual litígio a respeito da união estável. É possível veicular negócios jurídicos processuais (pré-processuais) como cláusulas do pacto convivencial, ou por meio de outro instrumento em separado.

O Enunciado, conquanto fale que o pacto antenupcial e o pacto convivencial "podem conter" negócios processuais, quis, na verdade, apenas deixar clara a possibilidade de utilização do mesmo instrumento formal para inserção das duas modalidades negociais. Deve-se interpretá-lo como se esteve dito: "Os instrumentos que veiculem o pacto antenupcial ou o contrato de convivência também podem veicular negócios processuais (pré-processuais)".

► **NCPC. Art. 190.** Versando o processo sobre direitos que admitam autocomposição, é lícito às partes plenamente capazes estipular mudanças no procedimento para ajustá-lo às especificidades da causa e convencionar sobre os seus ônus, poderes, faculdades e deveres processuais, antes ou durante o processo. **Parágrafo único.** De ofício ou a requerimento, o juiz controlará a validade das convenções previstas neste artigo, recusando-lhes aplicação somente nos casos de nulidade ou de inserção abusiva em contrato de adesão ou em que alguma parte se encontre em manifesta situação de vulnerabilidade.

ENUNCIADO 493. O NEGÓCIO PROCESSUAL CELEBRADO AO TEMPO DO CPC/1973 É APLICÁVEL APÓS O INÍCIO DA VIGÊNCIA DO CPC/2015.

● *Grupo: Direito Intertemporal.* ● *Referências: art. 190.*

► ***Pedro Henrique Nogueira***

O Enunciado objetiva pôr em claro que os negócios processuais celebrados ao tempo da vigência do CPC/73 podem ser "aplicáveis" após a entrada em vigor do NCPC. Há duas ponderações que precisam ser feitas.

Primeiramente, é preciso levar em conta que o negócio processual, antes de qualquer coisa, é um fato jurídico, que surge para o mundo do direito após a incidência da norma sobre o seu suporte fático. Quando os fatos descritos na hipótese normativa acontecem no plano da realidade, incide a norma; tem-se o fato jurídico.[218]

Assim, um negócio jurídico celebrado ao tempo da vigência do CPC/73 é disciplinado pelas normas desse diploma normativo. Os requisitos de validade, notadamente a ilicitude do objeto, deverão ser examinados a partir do regime jurídico estabelecido no Código de 1973. Ademais, o início da vigência do NCPC não terá o condão de

218. MIRANDA, Francisco Cavalcante Pontes de. *Tratado de Direito Privado*, I. Rio de janeiro: Borsói, 1945. p. 77 e segs.

"convalidar" um negócio jurídico gestado com vício a partir do parâmetro de referência do CPC/73 (por exemplo, se as partes celebram, em janeiro de 2016, no curso do procedimento, um acordo para alteração do prazo recursal, esse negócio deve ser invalidado por ilicitude do objeto).

Além disso, o artigo 14 do NCPC prevê a irretroeficácia da lei processual nova. As normas do NCPC não podem ser aplicadas a fatos jurídicos surgidos sob a vigência do CPC/73. Está previsto que a lei nova deve respeitar os "atos processuais praticados e as situações jurídicas consolidadas sob a vigência da norma revogada". Por isso, todos os efeitos jurídicos do negócio processual celebrado sob a égide do CPC/73 permanecem intactos após a vigência do NCPC.

► **NCPC. Art. 190.** Versando o processo sobre direitos que admitam autocomposição, é lícito às partes plenamente capazes estipular mudanças no procedimento para ajustá-lo às especificidades da causa e convencionar sobre os seus ônus, poderes, faculdades e deveres processuais, antes ou durante o processo. **Parágrafo único.** De ofício ou a requerimento, o juiz controlará a validade das convenções previstas neste artigo, recusando-lhes aplicação somente nos casos de nulidade ou de inserção abusiva em contrato de adesão ou em que alguma parte se encontre em manifesta situação de vulnerabilidade.

Enunciado 494. A admissibilidade de autocomposição não é requisito para o calendário processual.

● *Grupo: Negócios processuais.* ● *Referências: art. 191.*

► ***Pedro Henrique Nogueira***

Revela-se de grande valia uma adequada taxionomia dos negócios jurídicos processuais. O sistema do NCPC torna possível a classificação, já amplamente utilizada no direito privado, [219] dos negócios em (a) atípicos, quando as partes, constroem figuras negociais não previamente previstas no ordenamento, mas admissíveis como resultado do legítimo exercício do poder de autorregramento da vontade (NCPC, art. 190, *caput*), e (b) típicos, quando o ordenamento processual já consagra certas figuras negociais.

Para a celebração dos negócios processuais atípicos, é necessário para a validade do ato que o processo verse sobre direitos "que admitam autocomposição". Esse requisito, porém, somente é exigido para negociação atípica.

O calendário processual, por sua vez, é negócio jurídico típico, contemplado expressamente no artigo 191 do NCPC. Trata-se de mecanismo importante de adaptação e aceleração do procedimento, a permitir que os prazos, sobretudo na instrução, sejam fixados de maneira adequada e possam ser cumpridos mais facilmente, sem a necessidade de sucessivas intimações dirigidas às partes, ou de sucessivos pedidos de prorrogação de prazos dilatórios.

---

219. ABREU, José O. *O Negócio jurídico e sua teoria geral*. São Paulo: 1997, Saraiva. p. 80.

O Enunciado explicita um alerta para que não se confundam as duas categorias de negócios processuais (típicos e atípicos), consequentemente evitando exigir para uma modalidade de negócio requisitos de validade pertinentes a outra.

Por isso, é perfeitamente possível a celebração de calendário processual entre as partes e o juiz ainda que a causa verse sobre direitos insusceptíveis de autocomposição.

► **NCPC. Art. 191.** De comum acordo, o juiz e as partes podem fixar calendário para a prática dos atos processuais, quando for o caso. **§ 1º** O calendário vincula as partes e o juiz, e os prazos nele previstos somente serão modificados em casos excepcionais, devidamente justificados. **§ 2º** Dispensa-se a intimação das partes para a prática de ato processual ou a realização de audiência cujas datas tiverem sido designadas no calendário.

1.4.1.1.2. Da Prática Eletrônica de Atos Processuais (arts. 193 a 199)

Enunciado 263. A mera juntada de decisão aos autos eletrônicos não necessariamente lhe confere publicidade em relação a terceiros.

● *Grupo: Advogado e Sociedade de Advogados. Prazos.* ● *Referências: art. 194.*

▸ *Alexandre Freire Pimentel*

O NCPC regulamentou a prática de atos processuais eletrônicos em seção específica, inserida no capítulo que trata da forma dos atos processuais. Na Seção II, do Capítulo I, do Título I, do Livro IV, da Parte Geral do Código de 2015 quedam-se elencados os requisitos constitutivos dos atos processuais eletrônicos, os quais são aplicáveis genericamente aos demais dispositivos esparsos que cuidam da aplicação da tecnologia ao processo. Nessa mesma Seção, em especial no artigo 194, constam os princípios regentes do processo civil eletrônico dentre os quais se destaca o da publicidade.

O Enunciado 263, por sua vez, imbrica-se visceralmente com o princípio da publicidade dos atos processuais eletrônicos em face de terceiros e o analisa em razão da juntada de decisão judicial aos autos digitais. Respalda-se no mesmo art. 194 do NCPC, o qual estabelece requisitos mínimos de inclusão processual, cujo congênere do CPC/73 traçava, apenas, o requisito geral da certificação digital ao qual os atos processuais deviam observar.

Os sistemas de automação processual, porém, devem observar não apenas os requisitos exigidos no artigo 194 do NCPC (requisitos mínimos), mas, também, os previstos na MP nº 2.200-2/01, na Lei 11.419/06, no que guardarem relação de pertinência, na Constituição Federal, bem como as exigências instituídas na Resolução nº 185/13-CNJ e outros atos administrativos do Conselho Nacional de Justiça, considerando que o artigo 196 do CPC outorga ao CNJ competência para regulamentar o processo eletrônico.

A leitura do artigo 194 do NCPC associada ao conteúdo do Enunciado nº 263 do FPPC força a conclusão no sentido de que a publicidade dos atos processuais, de fato e de direito, constitui verdadeiro princípio do direito processual eletrônico aplicável não apenas aos sujeitos de direito integrantes da relação processual, mas, também em face de terceiros. Esse princípio é, igualmente, previsto nos artigos 189 e 368 do NCPC, bem como no artigo 93 da Constituição Federal, e exige que todos os julgamentos do poder judiciário sejam públicos, isso não significa, todavia, que alguns processos não possam tramitar em segredo de justiça tal como ocorre com os relacionados ao estado das pessoas, bem como aqueles em que o exigir o interesse público.

O princípio da publicidade, porém, vinha sendo inobservado no modelo de processo eletrônico instituído pela Lei 11.419/06, caracterizado pela dispensabilidade de publicação das decisões no DOE e da disponibilidade dos autos na internet. A não publicação dos atos processuais no diário oficial eletrônico macula a Constituição Federal e, sob esse aspecto, o artigo 194 do NCPC torna os arts 4º, § 2º, e 5º da Lei 11.419/06 incompatíveis com a nova sistemática introduzida pelo NCPC, à medida que ordena que "os sistemas de automação processual respeitarão a publicidade dos atos". Reforçando o dever de publicação dos atos judiciais, o artigo 205, § 3º, do NCPC revoga, na medida em que dispõe de forma distinta, os dispositivos da Lei 11.419/06 citados acima, porquanto explicitamente determina, que: "Os despachos, as decisões interlocutórias, o dispositivo das sentenças e a ementa dos acórdãos serão publicados no Diário de Justiça Eletrônico", extirpando, assim, qualquer dúvida quanto à necessidade de difusão da decisão judicial no Diário Oficial.

Por sua vez, a orientação adotada no Enunciado, em relação à juntada, há de ser compatibilizada com a prescrição assentada no artigo 22 da Resolução nº 185/13-CNJ, que adotou a regra da juntada automática de atos postulatórios e documentos a eles acostados. O acerto do Enunciado em questão evidencia-se em face de, no sistema PJe, a juntada operar-se pelos próprios advogados e demais detentores de capacidade postulatória sem qualquer participação do chefe de secretaria ou do escrivão, mediante expedição de recibo eletrônico cuja finalidade é assegurar os advogados, defensores e membros do Ministério Público de que ela ocorreu de fato.

O Enunciado foi feliz no referente à orientação de vedar a irradiação de efeitos processuais derivados da juntada em relação a terceiros. Se, por um lado, a publicidade no processo eletrônico é dotada do ficto efeito da ubiquidade, já que as decisões judiciais devem ser veiculadas no Diário Oficial, por outro, não se pode confundir a mera juntada de decisão ou de documentos com a publicação, ainda que o conteúdo do processo virtual quede-se integralmente disponível na internet.

Quanto à espécie de terceiro albergado pelo Enunciado do FPPC nº 263, é preciso considerar que o conceito de terceiro submete-se a duas principais concepções: 1º) consoante a teoria cronológica, terceiro é aquele que não integra a relação processual e adquire a condição de parte a partir de seu ingresso no processo; 2º) de acordo com a teoria da substantividade do direito, terceiro é aquele que não possui a condição de titular do direito material objeto do processo. No entanto, ambas as posições são sujeitas a críticas porque não conseguem enquadrar todas as hipóteses legais, vejamos: em relação à teoria cronológica, o litisconsorte que ainda não ingressou no processo (terceiro, portanto), ao ingressar não é tratado por nenhuma das formas de intervenção de terceiros, será tratado como parte; em relação à teoria da substantividade, se terceiro fosse sempre quem não participou da relação de direito material o instituto do chamamento ao processo restaria inexplicado, pois nele o terceiro efetivamente participa do liame jurídico material como fica bem claro no exemplo de devedores solidários no qual o credor pode demandar apenas um deles e o que for demandado pode 'chamar' os demais ao processo na imprópria condição de 'terceiros'[220].

Pode-se, entretanto, adotar o conceito de terceiro que considera como tal aquele que não sendo parte na causa, não foi ainda citado nem interveio de forma voluntária e nem sucedeu a qualquer dos litigantes[221]. Sob outro aspecto, o terceiro, considerado em relação ao processo pendente, pode ser: juridicamente indiferente – "o terceiro que é sujeito de uma relação compatível na prática com a decisão pronunciada entre as partes, mas que dela pode receber um prejuízo de fato"; juridicamente interessado – "O terceiro que é sujeito de uma relação na prática incompatível com a decisão"[222]. A teleologia do Enunciado ora comentado quer garantir que a mera juntada da decisão judicial não pode ser considerada como publicação da decisão apenas em relação aos terceiros não intervenientes (interessados ou indiferentes), independentemente de sua natureza ou inserção em taxonomias doutrinárias. Sobre isto tinha razão Liebman quando afirmava que independentemente do tipo interventivo sempre que o terceiro se faz presente no processo adquire a qualidade de parte e como tal deve ser tratado[223].

► **NCPC. Art. 194.** Os sistemas de automação processual respeitarão a publicidade dos atos, o acesso e a participação das partes e de seus procuradores, inclusive nas audiências e sessões de julgamento, observadas as garantias da disponibilidade, independência da plataforma computacional, acessibilidade e interoperabilidade dos sistemas, serviços, dados e informações que o Poder Judiciário administre no exercício de suas funções.

ENUNCIADO 264. SALVO HIPÓTESES DE SEGREDO DE JUSTIÇA, NOS PROCESSOS EM QUE SE REALIZAM INTIMAÇÕES EXCLUSIVAMENTE POR PORTAL ELETRÔNICO, DEVE SER GARANTIDA AMPLA PUBLICIDADE AOS AUTOS ELETRÔNICOS, ASSEGURADO O ACESSO A QUALQUER UM.

● *Grupo: Advogado e Sociedade de Advogados. Prazos.* ● *Referências: art. 194.*

▸ ***Alexandre Freire Pimentel***

No tocante à intimação, o artigo 269 do NCPC a define como "... o ato pelo qual se dá ciência a alguém dos atos e dos termos do processo". Enquanto a citação pressupõe que inexista relação jurídica processual entre autor e réu, já que é a citação que instituirá o vínculo relacional do processo, ressalvada a hipótese de comparecimento espontâneo, diferentemente, a intimação pressupõe a preexistência da relação jurídica processual pendente já que ela não a institui, mas confere ciência às partes sobre atos e termos do processo.

Quanto à forma da intimação, o artigo 270 do código de 2015 mantém regra preexistente no CPC anterior pela qual "As intimações realizam-se, sempre que possível,

220. DINAMARCO, Cândido R. *Litisconsórcio.* São Paulo: Malheiros, 2001. p. 33.
221. *Ibidem, p.* 26.
222. DINAMARCO, Cândido R. *Intervenção de terceiros.* São Paulo: Malheiros, 1997. p. 19.
223. LIEBMAN, Enrico Tullio. *Manual de direito processual civil.* Rio de Janeiro: Forense, 1985. p. 111.

por meio eletrônico, na forma da lei". Resta também mantida a forma da intimação eletrônica prevista no § 1º do artigo 5º da Lei 11.419/06, em face de sua compatibilidade com o NCPC, segundo a qual: "Considerar-se-á realizada a intimação no dia em que o intimando efetivar a consulta eletrônica ao teor da intimação, certificando-se nos autos a sua realização". Porém, para que o chefe de secretaria ou escrivão certifique tal data é imperioso que o sistema a informe, e assim acontece de fato, embora algumas versões do PJe ainda possibilitem que os advogados consigam acessar o conteúdo das decisões judiciais sem especificar tal acesso como marco para o início do prazo, fato que na prática possibilita um elastecimento indevido do tempo do processo.

Essa regra do artigo 5º, § 1º, da Lei 11.419/06 é complementada por um esclarecimento positivado no § 2º, pelo qual se a consulta for realizada em dia não útil ela somente será considerada como realizada no primeiro dia útil subsequente. Mas o advogado somente estará obrigado a fazer a consulta após ser previamente "cientificado", através do próprio sistema eletrônico, pelo chefe de secretaria ou escrivão. Há, na verdade, uma "cientificação" para a "intimação" ou uma cientificação para acessar o conteúdo da decisão ou do ato ordinatório no sistema eletrônico. E após essa primeira cientificação o advogado terá dez dias para acessar o sistema e tomar conhecimento do teor da decisão, considerando-se intimado ao término desse prazo se deixar que ele se escoe *in albis*. Dessa forma, o chefe de secretaria ou escrivão deve enviar ao advogado a comunicação de que há ato judicial ou ato ordinatório do próprio chefe de secretaria ou escrivão sobre o qual a parte deve tomar ciência. Uma vez "cientificado", o advogado tem duas opções, conforme o seu interesse no andamento processual:

a) ele pode, incontinenti, acessar o sistema e fazer a consulta à decisão ou ato judicial ou ordinatório, e, dessa maneira, o próprio sistema certificará que houve o acesso e passará a fluir o prazo processual nos tautológicos termos do artigo 5º, § 1º, da Lei 11.419/06, *verbis*: "Considerar-se-á realizada a intimação no dia em que o intimando efetivar a consulta eletrônica ao teor da intimação" (a redação não poderia ser pior);

b) ou, contrariamente, ele pode utilizar os dez dias, contados após a data da cientificação para a intimação, pois nos termos do artigo 5º, § 3º, da Lei 11.419/06, a intimação será considerada realizada depois do transcurso desses dez dias se a consulta não for efetuada, vejamos: "A consulta referida nos §§ 1º e 2º deste artigo deverá ser feita em até dez dias corridos contados da data do envio da intimação, sob pena de considerar-se a intimação automaticamente realizada na data do término desse prazo". Isso quer dizer que a consulta é ônus processual da parte.

Uma vez ocorrido o envio da cientificação sobre a intimação, o § 4º, do artigo 5º da Lei 11.429/06 faculta ao escrivão ou chefe de secretaria que, em caráter meramente informativo, envie correspondência eletrônica ao advogado da parte intimada dando-lhe ciência acerca do "envio da intimação". Mas, tanto no caso da citação quanto no da intimação, em quaisquer hipóteses deve-se garantir a exclusão do primeiro dia e inclusão do último (NCPC, art. 224).

Impende reconhecer que há mais de uma maneira de intimação no processo eletrônico: ela pode ocorrer pela publicação no DOE ou pelo mecanismo da consulta. O problema do Enunciado do FPPC nº 264 é que ele refere a processos nos quais a intimação ocorra exclusivamente por portal eletrônico, no entanto, não existe intimação prevista em Lei que possa ser procedida através de "portal" eletrônico. Melhor andaria o Enunciado se tivesse mencionado à intimação através do Diário Oficial Eletrônico, mas não de portal, pois tal modalidade é inexistente. E ainda que se interprete a expressão 'portal' como sinônimo de Diário Oficial Eletrônico, ainda assim restaria a imprecisão relativa à menção de que haveria processos nos quais as intimações ocorreriam exclusivamente por esse meio.

Note-se que no NCPC não há, sequer, previsão de intimação através de correio eletrônico, mas de uma mera faculdade do escrivão ou chefe de secretaria de remeter expediente por correio eletrônico informando que já houve a remessa da comunicação eletrônica pelo próprio sistema de processo virtual. Não se deve confundir a comunicação eletrônica feita pelo sistema com o correio eletrônico, portanto.

É importante observar que, nos termos do artigo 224, § 2º, considera-se como data de publicação o primeiro dia útil seguinte ao da disponibilização da informação no Diário da Justiça eletrônico. Nesse caso, na prática, o advogado ganha um dia a mais na contagem do prazo, pois a lei passou a fazer a distinção entre data da veiculação e data da publicação da decisão ou do ato ordinatório do escrivão ou chefe de secretaria no DOE. Assim, uma vez veiculada a decisão no DOE (na internet) ela somente será considerada publicada no dia útil seguinte. E, uma vez publicada, começará a correr o prazo processual com exclusão do primeiro dia e inclusão do último. Nesse sentido, o parágrafo 3º do artigo 224 do NCPC acrescenta que: "A contagem do prazo terá início no primeiro dia útil que seguir ao da publicação".

Mas, essa regra não prevalecerá para todas as situações, pois nem sempre o prazo fluirá a partir da publicação no DOE. Assim, o artigo 231, V, do NCPC, reitera que se considera dia do começo do prazo "o dia útil seguinte à consulta ao teor da citação ou da intimação ou ao término do prazo para que a consulta se dê (dez dias), quando a citação ou a intimação for eletrônica". Por sua vez, o inciso VII dispõe que se considera dia do começo do prazo "a data de publicação, quando a intimação se der pelo Diário da Justiça impresso ou eletrônico". Fica, então, o problema: qual dos incisos em questão deve prevalecer no processo eletrônico para capitular a data precisa do início da fluência do prazo?

Pois bem, antes de tudo, é imperioso atentar para as regras específicas da Lei 11.419/06 que se mantêm compatíveis com o NCPC. Nem todas o são! Já vimos que o artigo 5º, *caput,* da Lei 11.419/06 dispensa a publicação das decisões judiciais no Diário Oficial, inclusive eletrônico, por outro lado o NCPC não dispensa a publicação dos atos judiciais (incluindo os despachos) no DOE (Diário Oficial Eletrônico) constante estatui o artigo 205, § 3º. É evidente que, nos termos da Lei de Introdução Geral às Normas do Direito Brasileiro, o artigo 5º, *caput*, da Lei 11.419/06, está revogado pela Lei 13.105/15 (CPC). Fixemo-nos nisto.[224]

224. Embora haja uma tendência observada pela posição da Corregedoria Nacional, no sentido de que o NCPC deve ser aplicado apenas na fase de cumprimento de sentença nos juizados especiais, o

Remanesce, então, o problema: a fluência do prazo deve reger-se pelo art. 231 do NCPC. Mas, em consonância com o inciso V (o dia útil seguinte à consulta ao teor da citação ou da intimação ou ao término do prazo para que a consulta se dê) ou com o inciso VII (a data de publicação no DOE)? Antes de firmar posição, é necessário ter em mente que o "término do prazo para que a consulta se dê" não está regulado pelo NCPC. Nesse caso, deve prevalecer a regra especial do artigo 5º, § 3º, da Lei 11.419/06, segundo o qual: "A consulta referida nos §§ 1º e 2º deste artigo deverá ser feita em até dez dias corridos contados da data do envio da intimação, sob pena de considerar-se a intimação automaticamente realizada na data do término desse prazo". Considerando que (em relação à consulta) a norma de regência é esta, resta afastada a regra geral de contagem dos prazos prevista no artigo 219 do NCPC, pela qual os prazos processuais devem ser contados em dias úteis. No caso específico do artigo 231, VII, quando deva incidir esse dispositivo, os dez dias que se contam da data do envio da intimação eletrônica ao advogado, defensor ou membro do Ministério Público são dez dias corridos.

Volvendo ao problema de saber-se qual dos incisos do artigo 231 do NCPC (V ou VII) deve prevalecer, considerando que o NCPC (corrigindo uma falha da Lei 11.419/2006, que dispensou a publicação no DOE, ferindo, portanto, o princípio da publicidade dos atos processuais) previu essas duas possibilidades de fluência de prazo, deve-se contar o prazo a partir do primeiro dia útil seguinte ao da publicação do ato jurisdicional ou do chefe de secretaria no DOE ou do dia útil seguinte à consulta ao teor da citação ou da intimação ou ao término do prazo (de dez dias corridos) para que a consulta se dê, adotando-se como o critério que primeiramente ocorrer.

► **NCPC. Art. 194.** Os sistemas de automação processual respeitarão a publicidade dos atos, o acesso e a participação das partes e de seus procuradores, inclusive nas audiências e sessões de julgamento, observadas as garantias da disponibilidade, independência da plataforma computacional, acessibilidade e interoperabilidade dos sistemas, serviços, dados e informações que o Poder Judiciário administre no exercício de suas funções.

ENUNCIADO 265. É POSSÍVEL HAVER DOCUMENTOS TRANSITORIAMENTE CONFIDENCIAIS NO PROCESSO ELETRÔNICO.

● *Grupo: Advogado e Sociedade de Advogados. Prazos.* ● *Referências: art. 194.*

▸ ***Alexandre Freire Pimentel***

Em consonância com o NCPC e com a Constituição Federal, somente os casos de segredo de justiça é que podem subtrair-se da força impositiva do princípio da publicidade instituído no artigo 194 em associação ao art. 205, § 3º, ambos do CPC.

Enunciado 128/FONAJE agride a Constituição Federal, na medida em que chancela o segredo de justiça nos juizados, ao declarar que: "Além dos casos de segredo de justiça e sigilo judicial, os documentos digitalizados em processo eletrônico somente serão disponibilizados aos sujeitos processuais, vedado o acesso a consulta pública fora da secretaria do juizado".

Quanto ao conteúdo textual do Enunciado nº 265, que admite a existência de documentos transitoriamente confidenciais no processo eletrônico, se faz necessário apontar que tal orientação não se refere aos processos que tramitam, necessariamente, em segredo de justiça, porquanto nesses todas as peças processuais são confidenciais e restritas às partes e a seus advogados devidamente constituídos. Assim, o Enunciado limita-se às hipóteses de confidencialidade negocial, cuja protraição pode ser transitória de acordo com o estabelecido pelas partes.

Em verdade, a transitoriedade da confidencialidade de determinados documentos juntados aos autos independe da forma do processo, isto é, tanto podem existir em processos físicos quanto eletrônicos. Porém, a digitalização de documentos confidenciais é regulada pela Lei 12.682/12, cujo art. 3º estabelece que "O processo de digitalização deverá ser realizado de forma a manter a integridade, a autenticidade e, se necessário, a confidencialidade do documento digital, com o emprego de certificado digital emitido no âmbito da Infraestrutura de Chaves Públicas Brasileira – ICP – Brasil. Parágrafo único. Os meios de armazenamento dos documentos digitais deverão protegê-los de acesso, uso, alteração, reprodução e destruição não autorizados".

Os notários, por sua vez, recorrem ao art. 127 da Lei 6.015/73 e aos arts. 37 e 38 da Lei 11.977/09, para confeccionar o registro de declaração de vontade (facultativa) sob a cláusula de sigilo. Isso, no entanto, não malfere o princípio constitucional da publicidade, pois como observa Jairo Vasconcelos Rodrigues do Carmo "Sucede que a garantia de certidões, por exceção, há de observar as hipóteses de sigilo justificável, em defesa da intimidade das pessoas, naturais ou jurídicas, basta que a publicação possa expor e comprometer aspectos importantes da vida privada".[225]

Contudo, os tribunais têm quebrado a cláusula de confidencialidade em homenagem ao princípio da proporcionalidade, a depender do valor que deve preponderar no caso concreto: privacidade ou publicidade.

> ▶ **NCPC. Art. 194.** Os sistemas de automação processual respeitarão a publicidade dos atos, o acesso e a participação das partes e de seus procuradores, inclusive nas audiências e sessões de julgamento, observadas as garantias da disponibilidade, independência da plataforma computacional, acessibilidade e interoperabilidade dos sistemas, serviços, dados e informações que o Poder Judiciário administre no exercício de suas funções.

1.4.1.1.3. Dos Atos das Partes (arts. 200 a 202)

ENUNCIADO 495. O DISTRATO DO NEGÓCIO PROCESSUAL HOMOLOGADO POR EXIGÊNCIA LEGAL DEPENDE DE HOMOLOGAÇÃO.

● *Grupo: Negócios processuais.* ● *Referências: art. 200.*

▸ ***Pedro Henrique Nogueira***

O negócio jurídico processual, de uma forma geral, seja típico ou atípico, a princípio, não depende de homologação para produzir seus efeitos. Assim, praticado o

225. CARMO, "Regime jurídico de sigilo no registro facultativo de documentos privados em papel ou mídia digitalizada". Disponível no site IRTDPJBrasil. Acesso em: 3.julho.2016.

negócio jurídico unilateral ou celebrada a convenção processual ou negócio plurilateral, a eficácia já se produz, com a irradiação de direitos, deveres, ônus, faculdades, conforme o caso. Trata-se do regime de plena e imediata eficácia dos atos jurídicos das partes, que decorre do artigo 200 do NCPC.

Certos negócios processuais, por imposição da lei, nada obstante, subordinam-se à homologação judicial, a exemplo do que acontece com a desistência da demanda e saneamento consensual.

Não há no direito brasileiro nenhuma norma que impeça o distrato ou revogação do negócio jurídico processual. Na verdade, o distrato ou revogação têm natureza de negócio jurídico processual. São permitidos, pois não há vedação no sistema, inexistindo ao exercício do poder de autorregramento pelas partes para fazer cessar um negócio anterior ou revogá-lo.

Caso o distrato verse sobre negócio jurídico processual que necessite da homologação, o distrato também deverá ser homologado para que possa produzir os seus efeitos típicos.

O Enunciado vem justamente explicitar que a homologação, que será sempre condição de eficácia do negócio, é imprescindível nos casos em que o negócio processual distratado tenha sido, por imposição de lei, homologado.

> ► **NCPC. Art. 200.** Os atos das partes consistentes em declarações unilaterais ou bilaterais de vontade produzem imediatamente a constituição, modificação ou extinção de direitos processuais. Parágrafo único. A desistência da ação só produzirá efeitos após homologação judicial.

Enunciado 579. Admite-se o negócio processual que estabeleça a contagem dos prazos processuais dos negociantes em dias corridos.

● *Grupo: Negócios processuais.* ● *Referências: arts. 190, 219 e 222, § 1º.*

► ***Pedro Henrique Nogueira***

A cláusula geral de negociação processual atípica (NCPC, art. 190) autoriza o pacto sobre prazos processuais, seja para reduzi-los, seja para ampliá-los. A forma de contagem dos prazos das partes, contudo, também pode ser convencionada. As partes podem, inclusive, combinar as duas possibilidades de negociação (escolha de prazo diferente do prazo legal, com alteração na forma de contagem).

Embora o NCPC estabeleça como regra geral a contagem de prazos processuais em dias úteis (art. 219 e parágrafo único), o próprio dispositivo refere-se expressamente a prazos fixados "por lei" ou "pelo juiz", abrindo espaço para que os prazos negociais sejam contados de outro modo, inclusive continuamente.

O Enunciado, ao mencionar a contagem "em dias corridos", apenas explicita essa possibilidade de negócio jurídico processual versando sobre o regime de contagem dos prazos processuais. É certa, portanto, a admissibilidade de negócios através dos quais as partes adotem o regime de continuidade de seus prazos, ou até mesmo outro regime por elas escolhido.

▶ **NCPC. Art. 190.** Versando o processo sobre direitos que admitam autocomposição, é lícito às partes plenamente capazes estipular mudanças no procedimento para ajustá-lo às especificidades da causa e convencionar sobre os seus ônus, poderes, faculdades e deveres processuais, antes ou durante o processo. ▶ **Art. 219.** Na contagem de prazo em dias, estabelecido por lei ou pelo juiz, computar-se-ão somente os dias úteis. Parágrafo único. O disposto neste artigo aplica-se somente aos prazos processuais. ▶ **Art. 222.** Na comarca, seção ou subseção judiciária onde for difícil o transporte, o juiz poderá prorrogar os prazos por até 2 (dois) meses. **§ 1º** Ao juiz é vedado reduzir prazos peremptórios sem anuência das partes.

ENUNCIADO 580. É ADMISSÍVEL O NEGÓCIO PROCESSUAL ESTABELECENDO QUE A ALEGAÇÃO DE EXISTÊNCIA DE CONVENÇÃO DE ARBITRAGEM SERÁ FEITA POR SIMPLES PETIÇÃO, COM A INTERRUPÇÃO OU SUSPENSÃO DO PRAZO PARA CONTESTAÇÃO.

● *Grupo: Negócios processuais.* ● *Referências: arts. 190, 313, II e 337, X.*

▶ *Pedro Henrique Nogueira*

O Enunciado tem a grande virtude de interpretar adequadamente o problema da arguição no processo civil da existência de convenção de arbitragem.

É matéria típica de contestação (NCPC, art. 337, X) a alegação de convenção de arbitragem, até porque, se não alegada pelo réu, haverá preclusão sobre o tema alcançado as partes e o juiz (preclusão *pro judicato*) e o consequente afastamento da possibilidade de instauração da jurisdição arbitral (NCPC, art. 337, § § 5º e 6º).

As partes podem convencionar, partir da cláusula geral de negociação processual atípica, o desmembramento da resposta do réu, possibilitando que primeiro venha a alegação de convenção de arbitragem, com pacto adjeto de suspensão ou até mesmo interrupção da fluência do prazo de contestação, de modo a partir que, primeiro, se decida onde o processo irá tramitar para, em seguida, abrir as possibilidades de apresentação de defesa do réu.

Esse negócio jurídico processual complexo, mencionado no Enunciado, envolvendo dois negócios jurídicos distintos (pacto de desmembramento da defesa e pacto de suspensão ou interrupção do prazo para contestar), resolve o problema da situação do réu que, antes de oferecer contestação (até porque, no procedimento comum, o prazo para isso se iniciará somente depois da audiência de mediação ou conciliação), necessite comparecer aos autos apenas e tão somente para arguir a existência da convenção de arbitragem, de modo que essa conduta pudesse induzir à dúvida sobre a ocorrência de eventual preclusão consumativa já que, pela regra da eventualidade, a defesa teria estar concentrada no mesmo ato (NCPC, art. 336), de modo que se o réu se limitou a arguir a convenção de arbitragem por simples petição, antecipadamente, não poderia posteriormente apresentar outras matérias de defesa.

A regra da eventualidade estabelece um ônus para a parte: se ela não deduzir toda matéria de defesa naquele momento, impossibilita-se o acréscimo posteriormente. Como o artigo 190 do NCPC permite às partes negociarem sobre seus ônus, nada obsta a que as partes estabeleçam um mecanismo diferenciado de configuração da eventualidade, excluindo de sua abrangência determinadas matérias, como a alegação de convenção de arbitragem, ou até mesmo outras como a arguição de incompetência territorial (NCPC, art. 337, II), facultando ao réu alega-las antecipadamente, de forma desconcentrada das demais matérias defensivas.

► **NCPC. Art. 190.** Versando o processo sobre direitos que admitam autocomposição, é lícito às partes plenamente capazes estipular mudanças no procedimento para ajustá-lo às especificidades da causa e convencionar sobre os seus ônus, poderes, faculdades e deveres processuais, antes ou durante o processo. ► **Art. 313.** Suspende-se o processo: (...). II – pela convenção das partes; (...). ► **Art. 337.** Incumbe ao réu, antes de discutir o mérito, alegar: (...). X – convenção de arbitragem; (...).

1.4.1.2. Do Tempo e do Lugar dos Atos Processuais (arts. 212 a 217)

Enunciado 415. Os prazos processuais no sistema dos Juizados Especiais são contados em dias úteis.

● *Grupo: Impacto nos Juizados e nos procedimentos especiais da legislação extravagante.* ● *Referências: arts. 212 e 219; Lei 9.099/95; Lei 10.259/01; Lei 12.153/09.*

► *Lúcio Delfino*

Argumentos utilitaristas, cuja mira encerra-se no ideal da duração razoável do processo, não encontram *força normativa* para blindar os Juizados Especiais da influência do NCPC. Afinal, a duração razoável do processo é diretriz normativa de ordem constitucional (CF/88, art. 5º, LXXVIII), cujos reflexos, só por isso, alcançam a jurisdição na sua totalidade – o próprio NCPC faz referência a ela em variadas passagens (arts. 4º, 6º, 139, 685, parágrafo único). Enfim, a busca por um processo mais rápido e sem dilações indevidas não é uma meta exclusiva dos Juizados Especiais, como parecem sugerir algumas vozes.

Naquilo que importa aqui, é suficiente ponderar que a Lei 9.099/95 nada regulamenta sobre prazos, salvo pouquíssimas exceções bastante específicas. E se assim for, não há opção senão consultar a legislação geral – ou seja, o NCPC – a fim de abastecer os procedimentos dos Juizados Especiais com critérios normativos indispensáveis acerca do cômputo de prazos.

Para ser direto: como a regra geral de contagem de prazos foi alterada pelo NCPC, significa isso que os Juizados Especiais estão a ela igualmente vinculados. *Também por lá o cômputo dos prazos deve ocorrer apenas em dias úteis, e não mais corridos, como se dava outrora.*

► **NCPC. Art. 212.** Os atos processuais serão realizados em dias úteis, das 6 (seis) às 20 (vinte) horas. ► **Art. 219.** Na contagem de prazo em dias, estabelecido por lei ou pelo juiz, computar-se-ão somente os dias úteis.

1.4.1.3. Dos Prazos (arts. 218 a 293)

ENUNCIADO 22. O TRIBUNAL NÃO PODERÁ JULGAR EXTEMPORÂNEO OU INTEMPESTIVO RECURSO, NA INSTÂNCIA ORDINÁRIA OU NA EXTRAORDINÁRIA, INTERPOSTO ANTES DA ABERTURA DO PRAZO.

● *Grupo: Ordem dos Processos no Tribunal, Teoria Geral dos Recursos, Apelação e Agravo.* ● *Referências: arts. 218, § 4º e 1.003.*

▸ *Lúcio Delfino*

O referido enunciado sustenta-se sobremodo no artigo 4º. do NCPC, norma fundamental que implica desdobramento do princípio constitucional ao acesso à justiça (CF/88, art. 5º., XXXV). Foi elaborado para enfatizar, *e implementar*, o alcance que deve possuir uma jurisdição comprometida com a normatividade constitucional, legitimada pelos direitos fundamentais processuais, aqui em especial empenhada na *duração razoável*, *prevalência do julgamento de mérito* e *efetividade*.

Importa no momento trabalhar com a *prevalência do julgamento de mérito*. É preciso ter em mente que acesso à justiça que se preze, alinhado à Constituição, blinda o jurisdicionado contra uma atividade jurisdicional imperfeita e inacabada, mais frustrante que propriamente pacificadora, empurrando conflitos ou fazendo vista grossa para aquilo que é verdadeiramente relevante. O NCPC adota estrutura normativa que prioriza o julgamento do mérito. Trata-se de posicionamento normativo acertado, pois a atividade jurisdicional só cumpre seu papel com presteza ao produzir resultados que solucionem, de forma definitiva, o conflito de interesses. Conquanto as vezes inevitáveis, sentenças e acórdãos que não resolvem o mérito expressam, a bem da verdade, o fracasso de uma atividade jurisdicional sem vigor, com resultados meramente formais, a significar perda de tempo e dinheiro tanto pelos litigantes quanto pelo próprio Estado.

O artigo 4º decerto reflete seu brilho a todos os graus de jurisdição. Trata-se, enfim, de um alento contra a malsinada jurisprudência defensiva, *prática de choque* utilizada por tribunais a fim de baixar as pilhas de processos nos gabinetes – em outros termos, traduz-se em expedientes voluntaristas-pragmáticos, de cunho extralegal, manejados pelos tribunais para evitar que o mérito dos recursos seja conhecido.

Aspecto louvável do comando trazido pelo art. 4º é que, de fato, importa em vedação à jurisprudência defensiva. O referido texto legal tem efeito bloqueador da ânsia tribunalesca de elaboração desses entendimentos jurisprudenciais compromissados unicamente com aspectos gerenciais de cumprimento de metas e esvaziamento de gabinetes, e não com uma prestação jurisdicional adequada e de qualidade. Daí que, em boa hora, o NCPC trouxe uma série de dispositivos destinados ao combate da jurisprudência defensiva, a ponto de implodir muitos entendimentos sumulados pelo STJ. Alguns exemplos: i) a insuficiência no valor do preparo, incluído porte de remessa e de retorno, implicará deserção apenas se o recorrente, intimado na pessoa de seu advogado, não vier a supri-lo no prazo de cinco dias (art. 1.007, § 2º); ii) o recorrente que não comprovar, no ato de interposição do recurso, o recolhimento do preparo, será intimado, na pessoa de seu advogado, para realizar o recolhimento em dobro, sob pena de deserção (art. 1.007, § 2º) – significa isso que perde força a Súmula 187 do STJ; iii) o equívoco no preenchimento da guia de custas não implica deserção, cabendo ao relator, na hipótese de dúvida quanto ao recolhimento, intimar o recorrente para sanar o vício no prazo de cinco dias (art. 1.007, § 7º). E naquilo que diz respeito especificamente ao Enunciado sob comento: será considerado tempestivo o ato praticado antes do termo inicial do prazo, o que compreende a própria atividade dos tribunais, porquanto não poderão julgar extemporâneo ou intempestivo recursos, na instância ordinária ou extraordinária, interpostos antes da abertura do prazo (art. 218, § 4º).

Em conclusão, o artigo 4º, que encontra evidente reflexo no artigo 218, § 4º, veio em boa hora e corrige a anomalia grotesca – espraiada por toda a extensão do território brasileiro e incentivada pelos exemplos dos próprios tribunais superiores – voltada a punição do litigante diligente, àquele que se adianta ao próprio prazo processual, sobretudo interpondo recursos, a fim de lutar diligentemente pela tutela dos direitos que entende possuir. Deveria antes ser enaltecido, porque atua com assento na diretriz constitucional da duração razoável do processo, jamais sancionado – e o que é pior, de forma extrema, com a própria extinção do seu direito de acesso à justiça. Há que se elogiar o novo CPC neste particular, inquestionavelmente um de seus pontos mais altos!

Súmula STJ 187. É deserto o recurso interposto para o Superior Tribunal de Justiça, quando o recorrente não recolhe, na origem, a importância das despesas de remessa e retorno dos autos.

► **NCPC. Art. 218. § 4º** Será considerado tempestivo o ato praticado antes do termo inicial do prazo. ► **Art. 1.003.** O prazo para interposição de recurso conta-se da data em que os advogados, a sociedade de advogados, a Advocacia Pública, a Defensoria Pública ou o Ministério Público são intimados da decisão.

Enunciado 23. Fica superado o Enunciado 418 da Súmula do STJ após a entrada em vigor do CPC ("É inadmissível o recurso especial interposto antes da publicação do acórdão dos embargos de declaração, sem posterior ratificação").

● *Grupo: Ordem dos Processos no Tribunal, Teoria Geral dos Recursos, Apelação e Agravo.* ● *Referências: art. 218, § 4º e 1.024, § 5º.*

► ***Lúcio Delfino***

Tudo o que se afirmou no tópico antecedente (Enunciado 22) serve para justificar a conclusão segundo a qual a Súmula 418/STJ, após a entrada em vigor do NCPC, está indiscutivelmente superada.

As razões dessa superação são as seguintes: i) o artigo 4º do NCPC adota como parâmetro normativo a prevalência do julgamento de mérito, de tal sorte que os órgãos judiciários devem se esforçar para identificar e eliminar vícios sanáveis a fim de atingirem decisões que enfrentem o mérito. Segundo uma perspectiva constitucional, a jurisdição apenas cumpre seu papel com perfeição em circunstâncias nas quais resultados concretos são atingidos e sepultados pelo selo da coisa julgada; ii) há, por influência do artigo 4º do NCPC, um conjunto normativo destinado ao combate da jurisprudência defensiva. Quer-se, mais que nunca, privilegiar julgamentos de mérito, a significar isso que vícios sanáveis devem ser superados também em grau recursal, para que recursos sejam conhecidos e seu mérito efetivamente julgado; iii) o artigo 1.024, § 4º, impõe que, caso o acolhimento dos embargos de declaração implique modificação da decisão embargada, o embargado que já tiver interposto outro recurso contra a decisão originária tem o direito de complementar ou alterar suas razões, nos exatos limites da modificação, no prazo de quinze dias, contado da intimação da decisão dos embargos de declaração; iv) outrossim, está positivado que, se os embargos de declaração forem rejeitados ou não alterarem a conclusão do julgamento anterior, o recurso interposto pela outra parte antes da publicação dos embargos de declaração será processado e julgado independentemente de ratificação (o art. 1.024, § 5º).

Portanto, o que faz o Enunciado é golpear a Súmula 418/STJ, à qual realmente não tem como vingar frente à clareza solar do artigo 1.024, §§ 4º e 5º. Em termos diretos: o recurso especial interposto prematuramente será sempre julgado, e a depender do caso, se os embargos declaratórios forem acolhidos e implicarem modificação da decisão embargada, admite-se ao recorrente, assim desejando, ratificá-lo. E mais: a Corte Especial do STJ decidiu, em 1.7.2016, pelo cancelamento da Súmula 418 e, ato contínuo, aprovou a Súmula 579, em sintonia fina com a Constituição.

Súmula STJ 418. É inadmissível o recurso especial interposto antes da publicação do acórdão dos embargos de declaração, sem posterior ratificação. (Cancelada).

Súmula STJ 579. Não é necessário ratificar o recurso especial interposto na pendência do julgamento dos embargos de declaração, quando inalterado o resultado anterior.

► **NCPC. Art. 218. § 4º** Será considerado tempestivo o ato praticado antes do termo inicial do prazo. ► **Art. 1.024. § 5º** Se os embargos de declaração forem rejeitados ou não alterarem a conclusão do julgamento anterior, o recurso interposto pela outra parte antes da publicação do julgamento dos embargos de declaração será processado e julgado independentemente de ratificação.

ENUNCIADO 266. APLICA-SE O ART. 218, § 4º, AO PROCESSO DO TRABALHO, NÃO SE CONSIDERANDO EXTEMPORÂNEO OU INTEMPESTIVO O ATO REALIZADO ANTES DO TERMO INICIAL DO PRAZO.

● *Grupo: Impacto do CPC no processo do trabalho.* ● *Referências: arts. 218, § 4º, 15.*

► ***Lúcio Delfino***

Segundo prevê o artigo 15 do NCPC, na "ausência de normas que regulem processos eleitorais, trabalhistas ou administrativos, as disposições deste Código lhes serão aplicadas supletiva e subsidiariamente".

"Aplicação supletiva" significa que o NCPC deve ser consultado quando a lei especial, não obstante regulamentar determinado instituto processual, o fizer de maneira incompleta. De outro lado, "aplicar subsidiariamente" implica o dever de utilizar do NCPC sempre que a lei especial não disciplinar, de maneira alguma, determinado tema. Então, a regra, "interpretada em atenção ao processo do trabalho", denota que omissões

na legislação trabalhista processual hão de ser supridas via interpretação feita com base no NCPC.

Não há na codificação legal trabalhista preceito que imponha a intempestividade de ato praticado antes do termo inicial. Aliás, se assim fosse, estar-se-ia frente a um absurdo sintático: afinal, intempestivo é aquilo que foi praticado extemporaneamente, de forma tardia. Numa visão técnico-jurídica, seria punir pela intempestividade quem agiu com diligência, em atenção ao princípio da duração razoável do processo. Havia, antes do NCPC, uma prática generalizada dos tribunais em considerar intempestivos recursos interpostos prematuramente. A finalidade era puramente utilitarista: com base em fundamento extralegal, deixava-se de julgar o mérito recursal com o propósito velado de esvaziar as pautas de julgamento.

Importa sobremodo o seguinte: não será considerado extemporâneo (ou intempestivo) ato realizado no processo do trabalho antes do termo inicial do prazo.

▶ **NCPC. Art. 218. § 4º** Será considerado tempestivo o ato praticado antes do termo inicial do prazo.

ENUNCIADO 267. OS PRAZOS PROCESSUAIS INICIADOS ANTES DA VIGÊNCIA DO CPC SERÃO INTEGRALMENTE REGULADOS PELO REGIME REVOGADO.

● *Grupo: Direito intertemporal e disposições finais e transitórias.* ● *Referências: arts. 218, e 1.046.*

▶ ***Lúcio Delfino***

São três as correntes voltadas a explicitar problemas que envolvam a eficácia das leis processuais no tempo:

i) *unidade processual*: o processo é encarado como um complexo de atos processuais inseparáveis uns dos outros, todos eles subordinados à tutela jurisdicional. Ao se considerar o processo como entidade única é até natural a conclusão de que ele deve, sempre, ser regido por uma única lei. Se o processo está em curso e uma lei nova passa a viger, será ele disciplinado inteiramente por esta ou pela lei precedente. Acaso se opte pela lei nova, todos os atos já realizados serão tidos por ineficazes, e assim também os efeitos dela decorrentes, entendimento que abaliza o efeito retroativo da lei processual. Se tal teoria fosse adotada no Brasil, a escolha correta seria a aplicação da lei velha, evitando-se, com isso, o efeito retro-operante do texto normativo, cuja vedação encontra-se positivada pela Constituição;

ii) *fases processuais*: admite-se várias fases processuais autônomas no processo (postulatória, probatória, decisória, recursal), cada qual compreendendo um conjunto de atos inseparáveis, e cada uma constituindo uma unidade processual. Encontrando-se um processo em curso, e sobrevindo uma lei nova, a esta não é autorizado disciplinar a fase ainda não encerrada, que continuaria a se reger pela lei anterior. Tão só as fases seguintes, nascidas sob a vigência da lei nova, passariam a dever-lhe respeito;

iii) *isolamento dos atos processuais*: sem olvidar que o processo é uma unidade em vista do fim a que se propõe, ele é visto como um conjunto de atos, cada um dos quais devendo ser considerado isoladamente para os efeitos de aplicação da lei nova.[226] A novel legislação, deparando-se com um processo em desenvolvimento, honra os atos processuais já concluídos e seus efeitos (pretéritos, presentes e futuros) e disciplina o processo a partir de sua vigência. Ou em outras palavras: a lei nova respeita os atos processuais realizados e os seus efeitos, aplicando-se aos que houverem de realizar-se, ainda que oriundos de fase processual pendente quando da passagem da lei velha para a nova, e sempre respeitados o ato jurídico perfeito, o direito processual adquirido e a coisa julgada. Esta última corrente é a que vigora no País.

Ao cabo das considerações anteriores, e sempre considerando o desprestígio de critérios radicais, é possível pontuar balizas hermenêuticas capazes de guiar o intérprete, de forma quase segura, quando envolto em raciocínios voltados a superação de problemas afetos ao direito processual intertemporal.

São elas:

i) a lei processual nova não se aplica aos processos já findos quando ela entrou em vigor, cujos atos (e seus efeitos) se regeram pela lei anterior e cujas decisões têm eficácia já conseguida antes da passagem da lei velha para a nova – trata-se da rigorosa aplicação da máxima *tempus regit actum*.[227] Dito de outro modo: os atos processuais ocorridos e já consumados no passado não se regem pela lei nova que entra em vigor, mas continuam valorados segundo a lei do seu tempo, sempre respeitados e preservados os efeitos deles já produzidos e aqueles ainda a serem produzidos;

ii) a retroatividade da lei (cogente ou dispositiva) apenas é admitida em hipóteses expressamente autorizadas pela Constituição Federal;

iii) a lei processual nova aplica-se inteiramente aos processos instaurados na sua vigência, sobretudo porque as previsões contidas na lei velha já não existem e, obviamente, as consequências jurídicas dos atos processuais futuros não são as que ela ditara no passado;[228] e

iv) em hipóteses envolvendo *processos pendentes*, a lei nova respeita os atos processuais realizados e os seus efeitos (pretéritos, presentes e futuros), aplicando-se, por outro lado, aos atos processuais que houverem de realizar-se (aplicação imediata da lei), ainda que oriundos de fase processual pendente quando da passagem da lei velha para a nova, *sempre respeitados o ato processual jurídico perfeito, o direito processual adquirido e a coisa julgada*.

De tudo isso, não há dificuldade em se concluir que os prazos processuais iniciados antes da vigência do NCPC devem mesmo ser regulados integralmente pelo regime revogado. Não fosse assim, estar-se-ia admitindo retroação legal, em prejuízo da parte que já estava obrigada ao regime de prazos iniciado antes da entrada em vigor

226. SANTOS, Moacyr Amaral. *Primeiras linhas de direito processual civil.* 23. ed. São Paulo: Saraiva, 2004. v. 1. p. 32.

227. DINAMARCO, Cândido R. *Instituições de direito processual civil.* 5. ed. São Paulo: Malheiros, 2005. v. 1. p. 117.

228. *Idem.*

da nova legislação. Em atenção a inteligência da *teoria do isolamento dos atos processuais*, a lei nova deve honrar não apenas o ato judicial praticado ou autorizado pela lei, senão ainda os efeitos dele decorrentes. Há, nisso, salvo melhor juízo, um direito processual adquirido de adotar o regime de prazos deflagrado antes da vigência da nova lei, o que se afina sobremodo à segurança jurídica.

► **NCPC. Art. 218.** Os atos processuais serão realizados nos prazos prescritos em lei. ► **Art. 1.046.** Ao entrar em vigor este Código, suas disposições se aplicarão desde logo aos processos pendentes, ficando revogada a Lei n. 5.869, de 11 de janeiro de 1973.

ENUNCIADO 268. A REGRA DE CONTAGEM DE PRAZOS EM DIAS ÚTEIS SÓ SE APLICA AOS PRAZOS INICIADOS APÓS A VIGÊNCIA DO NOVO CÓDIGO.

● *Grupo: Direito intertemporal e disposições finais e transitórias.* ● *Referências: arts. 219 e 1.046.*

► *Lúcio Delfino*

Tudo o que foi dito sobre direito intertemporal processual na análise do Enunciado 267/FPPC vale também aqui.

Portanto, nada mais correto, em atenção a teoria do *isolamento dos atos processuais*, que advogar a aplicação da contagem de prazos em dias úteis apenas aos prazos iniciados após a vigência do NCPC. Se a lei nova trouxe novidade, a sua aplicação é imediata mesmo em processos pendentes, desde que haja respeito aos atos processuais já realizados e seus efeitos (pretéritos, presentes e futuros), aplicando-se a lei nova também aos atos processuais que houverem de realizar-se, ainda que oriundos de fase processual pendente quando da passagem da lei velha para a nova, respeitados o ato processual jurídico perfeito, o direito processual adquirido e a coisa julgada.

Dito isso, se o prazo iniciou-se antes da lei velha, porém seguiu curso na vigência da lei nova, há, nessa específica situação, *direito processual adquirido* ao regime pretérito de contagem. Pensar diferentemente é defender a retroação legal, vedada pela Constituição em prol da segurança jurídica.

► **NCPC. Art. 219.** Na contagem de prazo em dias, estabelecido por lei ou pelo juiz, computar-se-ão somente os dias úteis. ► **Art. 1.046.** Ao entrar em vigor este Código, suas disposições se aplicarão desde logo aos processos pendentes, ficando revogada a Lei n. 5.869, de 11 de janeiro de 1973.

ENUNCIADO 269. A SUSPENSÃO DE PRAZOS DE 20 DE DEZEMBRO A 20 DE JANEIRO É APLICÁVEL AOS JUIZADOS ESPECIAIS.

● *Grupo: Impactos do CPC nos Juizados e nos procedimentos especiais de legislação extravagante.* ● *Referências: art. 220.*

► *Lúcio Delfino*

A Lei 9.099/95 nada regulamenta sobre o período de suspensão de prazos no final de ano. Por ser assim, a solução deve ser encontrada na legislação geral – ou seja, o NCPC. Significa isso justamente àquilo que estabelece o enunciado ora comentado:

a suspensão de prazos de 20 de dezembro a 20 de janeiro é aplicável aos Juizados Especiais.

É utilitarista o argumento que busca afastar essa conclusão com assento na duração razoável do processo. Afinal, essa é uma diretriz normativa de ordem constitucional (CF/88, art. 5º, LXXVIII), cujas luzes alcançam a jurisdição como um todo – o próprio NCPC faz referência a ela em variadas passagens (arts. 4º, 6º, 139, 685, parágrafo único). Enfim, a busca por um processo mais rápido e sem dilações indevidas não é uma meta exclusiva dos Juizados Especiais, como implicitamente sugerem algumas vozes. E não se pode olvidar, de outro lado, que a luta contra a morosidade da justiça não será ganha somente na arena legislativa: trata-se de problema de ordem estrutural, cuja solução atrela-se, em boa dosagem, à vontade política.

► **NCPC. Art. 220.** Suspende-se o curso do prazo processual nos dias compreendidos entre 20 de dezembro e 20 de janeiro, inclusive.

Enunciado 270. Aplica-se ao processo do trabalho o art. 224, § 1º.

● *Grupo: Impacto do CPC no processo do trabalho.* ● *Referências: arts. 15 e 224, § 1º.*

▸ *Lúcio Delfino*

Segundo prevê o artigo 15 do NCPC, "[n] a ausência de normas que regulem processos eleitorais, *trabalhistas* ou administrativos, as disposições deste Código lhes serão aplicadas *supletiva* e *subsidiariamente*". *Aplicar supletivamente* significa que o NCPC deve ser consultado quando a lei especial, não obstante regulamentar determinado instituto processual, o fizer de maneira incompleta. *Aplicar subsidiariamente*, de outro lado, implica o dever de utilizar do NCPC sempre que a lei especial não disciplinar, de maneira alguma, determinado tema. Então, a regra, lida em atenção ao processo do trabalho, denota que omissões da legislação trabalhista processual hão de ser supridas via interpretação feita com base no NCPC. Em termos simples: *o NCPC pode tanto disciplinar integralmente, como também complementar o regramento já existente na legislação trabalhista.*

Entre os arts. 770 e 782 da CLT estão regulamentados atos, termos e prazos processuais do processo trabalhista. No que importa aqui, não há antinomias entre NCPC e CLT que inibam a incidência do artigo 15 do NCPC. Ou trocando em miúdos: também na Justiça do Trabalho os dias do começo e do vencimento do prazo serão protraídos para o primeiro dia seguinte, sempre que se coincidir com dia em que o expediente forense for encerrado antes ou iniciado depois da hora normal, ou houver indisponibilidade da comunicação eletrônica (portanto, não há em tal hipótese contagem de prazo).

► **NCPC. Art. 15.** Na ausência de normas que regulem processos eleitorais, trabalhistas ou administrativos, as disposições deste Código lhes serão aplicadas supletiva e subsidiariamente. ► **Art. 224. § 1°** Os dias do começo e do vencimento do prazo serão protraídos para o primeiro dia útil seguinte, se coincidirem com dia em que o expediente forense for encerrado antes ou iniciado depois da hora normal ou houver indisponibilidade da comunicação eletrônica.

ENUNCIADO 271. QUANDO FOR DEFERIDA TUTELA PROVISÓRIA A SER CUMPRIDA DIRETAMENTE PELA PARTE, O PRAZO RECURSAL CONTA A PARTIR DA JUNTADA DO MANDADO DE INTIMAÇÃO, DO AVISO DE RECEBIMENTO OU DA CARTA PRECATÓRIA; O PRAZO PARA O CUMPRIMENTO DA DECISÃO INICIA-SE A PARTIR DA INTIMAÇÃO DA PARTE.

● *Grupo: Advogado e Sociedade de Advogados. Prazos.* ● *Referências: art. 231.*

▸ ***Lúcio Delfino***

O enunciado toca em particularidade que, se não bem compreendida, compromete a segurança jurídica, prejudica o trabalho do advogado e desfavorece o litigante. Prazos têm destinatários específicos, e isso deve ser levado em conta para que se estabeleça o termo de sua contagem inicial.

Deferida a tutela provisória (NCPC, art. 294), a um só tempo podem surgir duas situações distintas: i) a decisão interlocutória que concede pedido de tutela provisória possui eficácia imediata (NCPC, art. 995), de sorte que sua sustação dependerá da interposição do competente recurso (NCPC, art. 1.015, I; art. 1.021), condicionando-se ainda à atribuição do efeito suspensivo (NCPC, art. 1.019, I) por parte do relator. Em tais casos, considera-se *dia do começo* para contagem do prazo recursal a data da juntada do *mandado de intimação*, do *aviso de recebimento* ou da *carta precatória* (NCPC, art. 231, I, II e VI). *Aqui o que se tem é um prazo cujo destinatário é o advogado*; ii) lado outro, naqueles casos em que cumpre somente ao próprio litigante o cumprimento da decisão que deferiu a tutela provisória, o prazo para tal inicia-se a partir da data da ocorrência de sua própria intimação. *Aqui o que se tem é um prazo cujo destinatário é a parte, com exclusividade.*

Salvo situações excepcionais (por exemplo, advogado com poderes amplos e especiais para receber intimações, notificações e interpelações), é preciso mesmo diferenciar esses prazos para o fim de situar o termo inicial de sua contatem. Pensamento diverso significaria implantar na prática judiciária a presunção equivocada de que ao advogado é sempre possível localizar seus clientes; de resto, algo assim no mais das vezes extrapolaria os próprios poderes que os últimos outorgaram ao primeiro, via instrumento de mandato.

▸ **NCPC. Art. 231.** Salvo disposição em sentido diverso, considera-se dia do começo do prazo: I – a data de juntada aos autos do aviso de recebimento, quando a citação ou a intimação for pelo correio; II – a data de juntada aos autos do mandado cumprido, quando a citação ou a intimação for por oficial de justiça; III – a data de ocorrência da citação ou da intimação, quando ela se der por ato do escrivão ou do chefe de secretaria; IV – o dia útil seguinte ao fim da dilação assinada pelo juiz, quando a citação ou a intimação for por edital; V – o dia útil seguinte à consulta ao teor da citação ou da intimação ou ao término do prazo para que a consulta se dê, quando a citação ou a intimação for eletrônica; VI – a data de juntada do comunicado de que trata o art. 232 ou, não havendo esse, a data de juntada da carta aos autos de origem devidamente cumprida, quando a citação ou a intimação se realizar em cumprimento de carta; VII – a data de publicação, quando a intimação se der pelo Diário da Justiça impresso ou eletrônico; VIII – o dia da carga, quando a intimação se der por meio da retirada dos autos, em carga, do cartório ou da secretaria.

Enunciado 272. Não se aplica o § 2º do art. 231 ao prazo para contestar, em vista da previsão do § 1º do mesmo artigo.

● *Grupo: Advogado e Sociedade de Advogados. Prazos.* ● *Referências: art. 231, § 2º.*

▸ *Lúcio Delfino*

De um lado, o artigo 231 reza que "quando houver mais de um réu, o dia do começo do prazo para contestar corresponderá à última das datas a que se referem os incisos I a VI do caput" NCPC, art. 231 § 1º). De outro, estabelece que, "havendo mais de um intimado, o prazo para cada um é contado individualmente" (NCPC, art. 231, § 2º). Daí a questão: é comum ou individualizado o prazo para *contestar* em caso de litisconsórcio passivo?

No que diz respeito ao prazo para contestar, aplica-se sem dúvida o parágrafo 1º do artigo 231, pois elaborado justamente para regulamentar circunstâncias a envolver *litisconsórcio passivo* e o marco a partir do qual inicia-se a contagem do prazo para defesa. Tanto assim que faz referência ao verbo "contestar". De sua vez, o § 2º do mesmo dispositivo legal regulamenta casos envolvendo "intimação" e não "citação".

Portanto, o que se tem em hipóteses de litisconsórcio passivo é um prazo comum para contestar, cuja fruição se dá de acordo com os incisos I a VI do artigo 231 do NCPC (aviso de recebimento, quando a citação for pelo correio; data de juntada aos autos do mandado cumprido, quando a citação for por oficial de justiça; data da ocorrência da citação, quando ela se der por ato do escrivão ou chefe de secretaria; dia útil seguinte ao fim da dilação assinada pelo juiz, quando a citação for por edital; dia útil seguinte à consulta ao teor da citação ou ao término do prazo para que a consulta se dê, quando a citação for eletrônica; e data de juntada do comunicado de que trata o artigo 232 ou, não havendo esse, data de juntada da carta aos autos de origem devidamente cumprida, quando a citação se realizar em cumprimento de carta).

> ▶ **NCPC. Art. 231. § 2º** Havendo mais de um intimado, o prazo para cada um é contado individualmente.

Enunciado 275. Nos processos que tramitam eletronicamente, a regra do art. 229, § 1º, não se aplica aos prazos já iniciados no regime anterior.

● *Grupo: Direito intertemporal e disposições finais e transitórias.* ● *Redação revista (V FPPC).* ● *Referências: arts. 229, § 2º, 1.046.*

▸ *Lúcio Delfino*

São três as correntes voltadas a esclarecer problemas envolvendo a eficácia das leis processuais no tempo:

i) *unidade processual*: o processo é encarado como um complexo de atos processuais inseparáveis uns dos outros, todos eles subordinados à tutela jurisdicional. Ao se considerar o processo como entidade única é até natural a conclusão de que ele deve, sempre, ser regido por uma única lei. Se o processo está em curso e uma lei nova passa a viger, será ele disciplinado inteiramente por esta ou pela lei precedente. Acaso se opte pela lei nova, todos os atos já realizados serão tidos por ineficazes, e assim também os efeitos dela decorrentes, entendimento que abaliza o efeito retroativo da lei processual. Se tal teoria fosse adotada no Brasil, a escolha correta seria a aplicação da lei velha, evitando-se, com isso, o efeito retro-operante do texto normativo, cuja vedação encontra-se positivada pela Constituição;

ii) *fases processuais*: admite-se várias fases processuais autônomas no processo (postulatória, probatória, decisória, recursal), cada qual compreendendo um conjunto de atos inseparáveis, e cada uma constituindo uma unidade processual. Encontrando-se um processo em curso, e sobrevindo uma lei nova, a esta não é autorizado disciplinar a fase ainda não encerrada, que continuaria a se reger pela lei anterior. Tão só as fases seguintes, nascidas sob a vigência da lei nova, passariam a dever-lhe respeito;

iii) *isolamento dos atos processuais*: sem olvidar que o processo é uma unidade em vista do fim a que se propõe, ele é visto como um conjunto de atos, cada um dos quais devendo ser considerado isoladamente para os efeitos de aplicação da lei nova.[229] A novel legislação, deparando-se com um processo em desenvolvimento, honra os atos processuais já concluídos e seus efeitos (pretéritos, presentes e futuros) e disciplina o processo a partir de sua vigência. Ou em outras palavras: a lei nova respeita os atos processuais realizados e os seus efeitos, aplicando-se aos que houverem de realizar-se, ainda que oriundos de fase processual pendente quando da passagem da lei velha para a nova, e sempre respeitados o ato jurídico perfeito, o direito processual adquirido e a coisa julgada. Esta última corrente é a que vigora no País.

Ao cabo das considerações procedidas, e sempre considerando o desprestígio de critérios radicais, é possível pontuar balizas hermenêuticas capazes de guiar o intérprete, de forma quase segura, quando envolto em raciocínios voltados a superação de problemas afetos ao direito processual intertemporal. São elas: i) a lei processual nova não se aplica aos processos já findos quando ela entrou em vigor, cujos atos (e seus efeitos) se regeram pela lei anterior e cujas decisões têm eficácia já conseguida antes da passagem da lei velha para a nova – trata-se da rigorosa aplicação da máxima *tempus regit actum*.[230] Dito de outro modo: os atos processuais ocorridos e já consumados no passado não se regem pela lei nova que entra em vigor, mas continuam valorados segundo a lei do seu tempo, sempre respeitados e preservados os efeitos deles já produzidos e aqueles ainda a serem produzidos; ii) a retroatividade da lei (cogente ou dispositiva) apenas é admitida em hipóteses expressamente autorizadas pela Constituição Federal; iii) a lei processual nova aplica-se inteiramente aos processos instaurados na sua vigência, sobretudo porque as previsões contidas na lei velha já não existem e, obviamente, as consequências jurídicas dos atos processuais futuros não são as que ela ditara no passado;[231] e iv) em hipóteses envolvendo processos pendentes, a lei nova respeita os atos processuais realizados e os seus efeitos (pretéritos,

229. SANTOS, Moacyr Amaral. *Primeiras linhas de direito processual civil.* 23. ed. São Paulo: Saraiva, 2004. v. 1. p. 32.

230. DINAMARCO, Cândido R. *Instituições de direito processual civil.* 5. ed. São Paulo: Malheiros, 2005. v. 1. p. 117.

231. *Idem.*

presentes e futuros), aplicando-se, por outro lado, aos que houverem de realizar-se (aplicação imediata da lei), ainda que oriundos de fase processual pendente quando da passagem da lei velha para a nova, e sempre respeitados o ato processual jurídico perfeito, o direito processual adquirido e a coisa julgada.

Em termos diretos: se o prazo para contestar (recorrer ou, de modo geral, falar nos autos) teve início para litisconsortes com diferentes advogados na vigência do CPC/73, ser-lhe-ão contados em dobro (CPC/73, art. 191), ainda que os referidos procuradores atuem no mesmo escritório de advocacia. Prevalece, pois, o regime anterior em detrimento do novo, este último que prevê contagem em dobro apenas para litisconsortes com diferentes procuradores *de escritórios de advocacia distintos*. Enfim, se o *termo inicial* de contagem do prazo principiou-se na vigência da lei revogada, os litisconsortes com diferentes procuradores (atuantes ou não no mesmo escritório de advocacia) têm assegurado o direito à contagem em dobro dos prazos para falar nos autos.

▶ **NCPC. Art. 229. § 2º** Não se aplica o disposto no caput aos processos em autos eletrônicos.

Enunciado 416. A contagem do prazo processual em dias úteis prevista no art. 219 aplica-se aos Juizados Especiais Cíveis, Federais e da Fazenda Pública.

● *Grupo: Impacto do novo CPC e os processos da Fazenda Pública.* ● *Referências: art. 219.*

▸ ***Lúcio Delfino***

Argumentos utilitaristas não encontram força normativa para impermeabilizar os Juizados Especiais da influência do NCPC. A duração razoável do processo corresponde a uma diretriz normativa de ordem constitucional (CF/88, art. 5º, LXXVIII) cujos reflexos, seguramente, alcançam a jurisdição em toda a sua extensão – o próprio NCPC faz referência a ela em variadas de suas passagens (arts. 4º, 6º, 139, 685, parágrafo único). É óbvio, por isso, que a busca por um processo mais rápido e sem dilações indevidas não é uma meta exclusiva dos Juizados Especiais, como parecem sugerir algumas vozes.

As Leis 9.099/95, 10.259/01 e 12.153/09 nada regulamentam sobre prazos, salvo poucas exceções específicas. Daí por que não há opção senão a consulta da legislação geral – ou seja, o NCPC – a fim de abastecer os procedimentos dos Juizados Especiais com critérios normativos indispensáveis no que tange ao cômputo de prazos.

Em síntese: como a regra geral de contagem de prazos foi alterada pelo NCPC, significa isso que os Juizados Especiais estão a ela igualmente vinculados. Também por lá o cômputo dos prazos deve ocorrer apenas em dias úteis, e não mais corridos, como se dava outrora. E na medida em que os Juizados Especiais formam um sistema (Lei 10.259, art. 1º; Lei 12.153/09, art. 27), a conclusão acima alcança, a um só tempo, Juizados Especiais Cíveis, Federais e da Fazenda Pública.

▶ **NCPC. Art. 219.** Na contagem de prazo em dias, estabelecido por lei ou pelo juiz, computar-se-ão somente os dias úteis.

1.4.2. Da Comunicação dos Atos Processuais (arts. 236 a 275)

1.4.2.1. Disposições Gerais (arts. 236 a 237)

ENUNCIADO 24. INDEPENDENTEMENTE DA SEDE DA ARBITRAGEM OU DOS LOCAIS EM QUE SE REALIZEM OS ATOS A ELA INERENTES, A CARTA ARBITRAL PODERÁ SER PROCESSADA DIRETAMENTE PELO ÓRGÃO DO PODER JUDICIÁRIO DO FORO ONDE SE DARÁ A EFETIVAÇÃO DA MEDIDA OU DECISÃO, RESSALVADAS AS HIPÓTESES DE CLÁUSULAS DE ELEIÇÃO DE FORO SUBSIDIÁRIO.

● *Grupo: Arbitragem.* ● *Redação revista (III FPPC, V FPPC).* ● *Referências: art. 237, IV.*

▸ ***Murilo Avelino e Gustavo Azevedo***

A carta arbitral é o instrumento de comunicação entre o juiz estatal e o árbitro, que permite ao árbitro solicitar ao magistrado a prática de determinados atos para os quais seja incompetente, normalmente relacionados à efetivação das decisões arbitrais. Assim como as cartas de ordem, precatória e rogatória, aquela serve à comunicação de órgãos que atuam na solução do processo. Trata-se do meio que permite a *cooperação* entre juízes estatais e árbitros, cujo objetivo é a maior eficiência na prestação da tutela jurisdicional; a carta arbitral permite o apoio do Judiciário ao tribunal arbitral.

O artigo 69 explicita as formas pelas quais se dará a cooperação jurisdicional entre diferentes órgãos, já o seu § 3º dispõe que o pedido de cooperação judiciária pode ser realizado entre órgãos jurisdicionais de diferentes ramos do Poder Judiciário. O § 1º prescreve que a comunicação através das *cartas* deve se dar com respeito ao regime previsto no Código (arts. 236 e 237; 260 a 268); uma delas é exatamente a *carta arbitral*. Daí a justificativa para o Enunciado 5/FPPC: "O pedido de cooperação jurisdicional poderá ser realizado também entre o árbitro e o Poder Judiciário".

A necessidade de previsão e regulação da carta arbitral decorre da *incompetência* do juízo arbitral para o exercício de certos atos: ao árbitro falta poder de coerção, de materialização das decisões proferidas; falta-lhe, em suma, poder de *imperium*. Em outras palavras, o árbitro não pode ordenar medidas executórias e constritivas. Havendo necessidade da prática de atos executórios ou de atos sob reserva de decisão judicial, utiliza-se a carta arbitral como forma de o árbitro comunicar e requerer a prática do ato ao juiz competente.

Como aponta Pedro Henrique Nogueira ao tratar da carta arbitral[232]:

---

232. NOGUEIRA, Pedro Henrique. "Art. 237". *In*: STRECK, Lenio. *et al.* (Orgs.). *Comentários ao Código de Processo Civil.* São Paulo: Saraiva, 2016. p. 346.

Trata-se de instrumento que permite ao juízo arbitral solicitar do juízo estatal a prática de determinados atos jurídicos que não possam ser praticados pelo árbitro. Assim, sucede, por exemplo, com a realização ou cumprimento das medidas cautelares deferidas pelo árbitro, ou com a condução coercitiva de testemunha recalcitrante, previstos no artigo 22, §§ 2º e 4º, da Lei n. 9.307/96.

Nos termos do artigo 260 do CPC, a carta arbitral deve preencher todos os requisitos exigidos para as cartas precatória e rogatória, devendo ser instruída também com a convenção de arbitragem e com as provas da nomeação do árbitro e de sua aceitação da função. Trata-se de requisitos necessários para que o juiz estatal verifique a própria legitimidade do procedimento arbitral. Não preenchidos tais requisitos ou havendo dúvida a respeito da autenticidade, pode o magistrado recusar cumprimento à carta arbitral, nos termos do artigo 267, I e III, do CPC. Estando em ordem, "cabe ao Judiciário, no exercício de seu poder de império, promover, direta ou sob sua autoridade, o cumprimento das providências solicitadas. Sua posição, neste momento, é de cooperação com o juízo arbitral".[233]

O juízo competente para receber e processar a carta arbitral é definido de acordo com as regras gerais de competência territorial previstas no CPC, nos termos do artigo 237, IV. Nesse sentido, enunciado nº 4 do FPPC: "A carta arbitral tramitará e será processada no Poder Judiciário de acordo com o regime previsto no Código de Processo Civil, respeitada a legislação aplicável".

Todavia, a competência territorial é *disponível*, ou seja, pode ser objeto de negócio jurídico entre as partes, que podem alterá-la de acordo com a sua conveniência. Assim, a convenção de arbitragem pode abarcar tanto a definição de competência do árbitro quanto a competência territorial do órgão judicial apto a conhecer a processar as cartas arbitrais. Igualmente, o foro de eleição contratual pode definir tal competência territorial.

A norma inscrita no artigo 237, IV, do CPC traz como regra que é o juiz territorialmente competente para a prática do ato que deve receber a carta expedida pelo juízo arbitral. Ocorre, como já se disse, que tal competência é disponível, nos termos do artigo 63, *caput*, do CPC. O que o enunciado nº 24 do FPPC explica é que a convenção de arbitragem pode regular *duas competências distintas*: a competência do árbitro e a competência territorial do juízo estatal processante de eventual carta arbitral. A definição de uma não vincula ou prejudica a da outra. Se as partes – durante a arbitragem – desejam alterar a competência do juízo estatal para a prática de atos de cooperação judiciária e efetivação de tutelas provisórias, devem fazê-lo expressamente. É que como informa o próprio enunciado: a competência de foro para o processamento da carta arbitral *independe da sede da arbitragem ou do local em que se realizem os atos a ela inerentes*. A ressalva fica por conta somente da convenção que disponha diversamente das regras gerais do CPC a respeito desta competência.

233. CAHALI, Francisco José. *Curso de Arbitragem*. 5. ed. São Paulo: RT, 2015. p. 311.

Podem ser objeto da carta arbitral, conforme o artigo 237, IV, pedidos de *cooperação judiciária* e de *efetivação de tutela provisória*. Ou seja, a carta arbitral pode versar tanto sobre atos instrutórios quanto diretivos ou executórios. O árbitro não pode delegar ao magistrado atos decisórios. É que a convenção de arbitragem o torna absolutamente competente para proferir as decisões a respeito do conflito posto ao seu conhecimento, não podendo o árbitro declinar desta competência decisória.

Importa atentar que não se pode, através da convenção de arbitragem, dispor sobre competência em razão da matéria e da hierarquia. Trata-se de competências indisponíveis. Por isso mesmo o artigo 267, II, autoriza ao magistrado negar cumprimento à carta rogatória, devolvendo-a motivadamente ou remetendo ao órgão competente, quando faltar-lhe exatamente a competência em razão da matéria ou da hierarquia.

O CPC trata da carta arbitral no Capítulo II do Título III do Livro II, cujo título é "Da cooperação nacional". Nada dispõe sobre a carta arbitral no capítulo "Da cooperação internacional". Assim, tudo que foi aqui exposto aplica-se às cartas arbitrais, cujo tribunal arbitral tenha sede – *jurídica* – nacional; nesses casos, a carta arbitral seguirá o regime geral das cartas, tal qual a carta precatória judicial. Contudo, se a arbitragem é estrangeira, deve seguir o regime da carta rogatória e, assim, receber o *exequatur* do STJ. Como bem explica João Luiz Lessa Neto[234]:

> Ora, se a sentença arbitral estrangeira se submete à prévia homologação no STJ para poder ser executada no país (art. 35 da Lei de Arbitragem e art. 105, I, da Constituição Federal) e possui um regime jurídico diferente da arbitragem nacional, tal situação deve se estender par o tratamento dos pedidos de cooperação da carta arbitral, formulados por tribunais arbitrais que tenham sede jurídica no estrangeiro.

À lei cabe definir se a arbitragem é nacional ou estrangeria. A lei brasileira, especificamente, adotou o regime territorialista e considera nacional a arbitragem cuja sede jurídica seja no Brasil. Assim, independente da sede da instituição arbitral que gerencia o procedimento ou, inclusive, da nacionalidade das partes ou dos árbitros, a sede *jurídica* da arbitragem é o local escolhido pelas partes. Se o local for no Brasil, para a lei brasileira será considerada uma arbitragem nacional.[235]

Dessa forma, sendo a arbitragem nacional, à carta arbitral aplica-se o enunciado ora comentado, seguindo tal qual uma carta precatória judicial, conforme as regras de competência territorial legais ou convencionais. Doutro lado, se a arbitragem é internacional, o regime da carta precatório será o das cartas rogatórias, necessitando do *exequatur* concedido pelo STJ.

> ▶ **NCPC. Art. 237. S**erá expedida carta: IV – arbitral, para que órgão do Poder Judiciário pratique ou determine o cumprimento, na área de sua competência territorial, de ato objeto de pedido de cooperação judiciária formulado por juízo arbitral, inclusive os que importem efetivação de tutela provisória.

---

234. LESSA NETO, João Luiz. *Arbitragem e Poder Judiciário:* a definição da competência do árbitro. Salvador: Juspodivm, 2016. p. 48.

235. *Idem.*

1.4.2.2. Da Citação (arts. 238 a 259)

ENUNCIADO 25. A INEXISTÊNCIA DE PROCEDIMENTO JUDICIAL ESPECIAL PARA A AÇÃO DE USUCAPIÃO E DE REGULAMENTAÇÃO DA USUCAPIÃO EXTRAJUDICIAL NÃO IMPLICA VEDAÇÃO DA AÇÃO, QUE REMANESCE NO SISTEMA LEGAL, PARA QUAL DEVEM SER OBSERVADAS AS PECULIARIDADES QUE LHE SÃO PRÓPRIAS, ESPECIALMENTE A NECESSIDADE DE CITAÇÃO DOS CONFINANTES E A CIÊNCIA DA UNIÃO, DO ESTADO, DO DISTRITO FEDERAL E DO MUNICÍPIO.

● *Grupo: Procedimentos Especiais.* ● *Redação revista (III FPPC).* ● *Referências: arts. 246, § 3º e 1.071 e §§.*

▸ ***Murilo Avelino e Gustavo Azevedo***

O NCPC não prevê o procedimento especial para a ação de usucapião. O procedimento especial para ação de usucapião, que fora previsto no CPC/73 (arts. 941 a 945) e no CPC/39 (arts. 454 a 456), deixa de ser previsto no novo código. Isso não significa o fim da ação material de usucapião, mas tão-somente que não há mais um procedimento especial para exercer a pretensão de usucapir. Mantêm-se no sistema o direito e pretensão materiais relativos à usucapião e, por consequência, a ação material de usucapião, que será exercida em procedimento comum. Antes, a ação material de usucapião era exercida mediante procedimento especial; com o NCPC, a ação material de usucapião deverá ser promovida pelo rito comum.

O NCPC – no atual estágio sincrético do processo – não enxergou motivos para especializar o processo em que se veicula a ação de usucapião. O que justifica a previsão de *procedimentos especiais* é exatamente a necessidade de um instrumento diverso do comum para a tutela de uma situação material específica, o que não ocorre com a usucapião.

As peculiaridades do usucapião não são tantas, a ponto de necessitar de um procedimento especial. Foram preferíveis e suficientes regras esparsas no NCPC tratando de pontos particulares da usucapião, sendo desnecessário um procedimento especial.

O CPC/73, quando vigente, trazia as seguintes singularidades no procedimento especial da ação de usucapião: (i) intervenção obrigatório do Ministério Público; (ii) a apresentação de planta do imóvel a ser usucapido; (iii) a intimação postal dos entes públicos para manifestação de interesse no feito; (iv) a publicação de edital para intimar eventuais interessados; (v) a citação dos confinantes. Dentre as cinco particularidades, as duas últimas foram mantidas como regras esparsas no NCPC. As três primeiras, porém, não foram tratadas, merecendo um pouco mais atenção.

A publicação de edital, na ação de usucapião, é prevista expressamente no artigo 259, I, portanto, nas ações de usucapião, ainda que pelo procedimento comum, mantém-se a obrigatoriedade de publicar edital para intimar eventuais interessados no feito.

Igualmente, também há previsão expressa da citação pessoal dos confinantes, salvo se o imóvel usucapiendo for unidade autônoma de condomínio edilício, quando a citação dos confinantes será dispensada, nos termos do artigo 246, § 3º, do NCPC. Caso os confinantes sejam casados, ou vivam em união estável, seus cônjuges ou companheiros deverão ser citados.[236]Cuida-se de um litisconsórcio passivo necessário, por força de lei.

A regra busca proteger os confinantes. É que nas ações de usucapião de gleba, há uma ação demarcatória implícita[237]. A ação de usucapião demarca o imóvel que será usucapido, porém nada impede que parte da gleba esteja invadindo imóvel do vizinho. A alegada posse pode ter sido exercida sobre parte do imóvel do confinante, ou seja, a ação de usucapião atinge a propriedade do confinante, daí por que imprescindível sua citação. Com base nessa explicação é que se dispensa a citação dos confinantes quando se pretende usucapir unidade em condomínio edilício; as unidades compreendem área certa e delimitada, sendo bastante difícil o exercício da posse sobre área além o aquém dos limites da unidade, a justificar a citação dos confinantes.

Ponto importante é a ausência de previsão específica para apresentar planta do imóvel a ser usucapido acompanhando a petição inicial. A ausência de dispositivo expresso não desobriga a juntada da planta do imóvel, pois se trata de documento indispensável à propositura da ação[238], enquadrando-se nos termos do artigo 320. Sem a planta do imóvel, não há como o processo desenvolver-se regularmente. Não é possível identificar o objeto da demanda, isto é, o imóvel usucapiendo. Igualmente, não será possível identificar os confinantes a serem citados. Até mesmo o registro de eventual sentença de procedência restaria impossibilitado, com abertura de nova matrícula no cartório de imóveis, que necessita do georreferenciamento do imóvel.

Logo, muito embora não haja mais a previsão expressa da apresentação da planta do imóvel na ação de usucapião, sua juntada ainda é obrigatória, já que se cuida de documento indispensável à propositura da demanda, sendo, inclusive, impossível de substituí-la por mero croqui. A não apresentação da planta impõe, inclusive, a incidência do artigo 321, devendo o magistrado ordenar a correção da inicial com a juntada do documento.

A imposição de intimação dos entes públicos – União, Estados, Distrito Federal e Municípios – nos quais esteja localizado o imóvel usucapiendo também desaparece do texto legal. Assim como na hipótese anterior, em virtude das características do instituto da usucapião e do interesse público, a obrigatoriedade se mantém, a despeito da ausência de previsão textual específica. É que vedação ao usucapião de bens públicos encontra previsão constitucional (CF/88, art. 183, § 3º, art. 191, par. ún.), reforçando a necessidade de a Administração ser instada a se manifestar. A intimação dos entes públicos se impõe pelo escopo de evitar que bens públicos sejam objetos de usucapião, em afronta ao interesse público e à norma constitucional.

---

236. CÂMARA, Alexandre F. *Lições de direito processual civil.* 21. ed. vol. 3. São Paulo: Atlas, 2014. p. 448.
237. THEODORO JUNIOR, Humberto. *Curso de direito processual civil.* 19. ed. vol. III. Rio de Janeiro: Forense, 1997. p. 206.
238. "A planta do imóvel é, pois, documento indispensável à propositura da ação, além do que a petição inicial deverá conter descrição pormenorizada do imóvel usucapiendo". (SALLES, José Carlos de Moraes. *Usucapião de bens imóveis e móveis.* 7. ed. São Paulo: RT, 2010. p. 212).

Tanto é assim que, na modalidade de usucapião extrajudicial (Lei 6.015/73, art. 216-A), fruto de alteração da Lei de Registo Público pelo NCPC (art. 1.071), o oficial do Registro de Imóveis deverá dar ciência à União, ao Estado, ao Distrito Federal e ao Município, pessoalmente, por intermédio do oficial de registro de títulos e documentos, ou pelo correio com aviso de recebimento, para que se manifestem, em quinze dias, sobre o pedido.

Por fim, não há mais necessidade de intervenção do Ministério Público, salvo nos casos gerais em que atua como fiscal da ordem jurídica (NCPC, art. 178). O novo CPC reduziu as hipóteses de intervenção do *parquet*, não havendo razão que justifique sua obrigatoriedade em ações como a de usucapião, onde prevalece o interesse privado e a tutela do interesse público se dá exatamente com a ciência da União, Estado, Distrito Federal e Municípios.

► **NCPC. Art. 246. § 3º** Na ação de usucapião de imóvel, os confinantes serão citados pessoalmente, exceto quando tiver por objeto unidade autônoma de prédio em condomínio, caso em que tal citação é dispensada.

ENUNCIADO 136. A CITAÇÃO VÁLIDA NO PROCESSO JUDICIAL INTERROMPE A PRESCRIÇÃO, AINDA QUE O PROCESSO SEJA EXTINTO EM DECORRÊNCIA DO ACOLHIMENTO DA ALEGAÇÃO DE CONVENÇÃO DE ARBITRAGEM.

● *Grupo: Arbitragem.* ● *Referências: art. 240, § 1º e 485, VII.*

▸ *Murilo Avelino e Gustavo Azevedo*

A citação é uma espécie de ato processual cuja função é especificamente convocar o réu, o executado ou o interessado para integrar a relação jurídica processual (NCPC, art. 238). É com a citação que eles passam a integrar a relação jurídica processual. O processo já existe e produz efeitos para o autor e para o Estado-juiz desde o momento em que a petição inicial é protocolizada, contudo o processo apenas produzirá efeitos para o réu, executado ou outro interessado quando validamente citados (NCPC, art. 312). Enquanto não realizada a citação do réu, executado ou outro interessado, contra eles o processo não tem eficácia.

No regime processual revogado, a citação era o ato pelo qual o réu era convocado a juízo para defender-se (CPC/73, art. 213). O dispositivo continha atecnia corrigida pelo NCPC. É que muitas vezes o réu não era citado para defender-se, a exemplo da execução, em que era citado para pagar ou nomear bens à penhora. Atualmente, no procedimento comum, o réu é citado para comparecer à audiência prévia de conciliação ou mediação. Somente após encerrada a audiência e frustrada a autocomposição é que será aberto o prazo para defesa (NCPC, art. 334). Em suma, a citação convoca aqueles cujo direito é discutido em juízo (réu, executado e interessado) para participarem da relação jurídica processual, viabilizando o exercício do contraditório.

A citação produz uma série de efeitos. Ainda que ordenada por juízo absolutamente incompetente, induz litispendência, torna litigiosa a coisa e constitui em mora o devedor (NCPC, art. 240).

Por outro lado, o despacho do juiz, mesmo que absolutamente incompetente, interrompe a prescrição (CC, art. 202, I), retroagindo à data da propositura da ação, desde que o autor tome as providências necessárias para viabilizar a citação, no prazo de 10 dias (NCPC, art. 240, §§ 1º e 2º). Compreende-se como providências necessárias indicar o endereço completo do réu, recolher as custas relacionadas ao ato etc. Se o autor não tomar as medidas necessárias, a consequência é não retroagir à data de citação, porém, ainda assim o despacho citatório será o marco interruptivo do prazo prescricional. Lembrando que o autor não pode ser prejudicado pela morosidade do Judiciário (NCPC, art. 240, § 3º).

Interrupção do prazo significa parar de fluir e reiniciar sua contagem do zero. Já suspensão significa parar a contagem do prazo com reinício (cessada a causa de suspensão) do mesmo momento em que parou. Assim, o que se interrompe não é propriamente a prescrição, mas a fluência de seu prazo. A interrupção da prescrição apenas ocorre uma única vez (CC, art. 202, caput) e, durante o curso do processo, não fluirá, salvo nas hipóteses de prescrição intercorrente especificamente na execução, ou seja, aquela decorrente da inércia processual das partes (NCPC, arts. 921, § 4º, 924, V).

Pelo que foi dito, observa-se que o enunciado ora comentado não seguiu a melhor técnica. Não é a citação que interrompe a prescrição. É o despacho citatório que interrompe o prazo prescricional. Somente o despacho ordenando a citação. Qualquer outro despacho ou decisão não possui o efeito de interromper a citação; é efeito tão-somente o despacho determinando a citação.

A interrupção da prescrição ocorre ainda que o despacho citatório seja proferido por juízo absolutamente incompetente. É o teor literal e expresso do artigo 240, § 1º. Para produzir o efeito de interromper a prescrição, é totalmente irrelevante a competência do juiz. Não importa se absoluta ou relativamente incompetente. Basta que determine a citação do réu, executado ou interessado. Posterior reconhecimento da incompetência do juízo pode até implicar em invalidação de atos decisórios (NCPC, art. 64, § 4º), contudo o efeito interruptivo da prescrição permanecerá.

Quando entre as partes há cláusula compromissória (convenção arbitral), atribuindo ao tribunal arbitral a competência para solucionar o litígio, o juiz estatal é absolutamente incompetente para julgar o caso. A cláusula compromissória retira a competência do juiz estatal; possui um efeito negativo que lhe impede de conhecer do mérito. Nessa hipótese, o juiz estatal deverá extinguir o processo sem resolução de mérito, por ser absolutamente incompetente (NCPC, art. 485, VII). Caso tenha ordenado a citação a citação do réu, antes da extinção do processo, opera-se o efeito interruptivo da prescrição. Contudo, se extinguiu o processo, sem determinar a citação, não há que se falar em interrupção da prescrição, pois, como dito, o que interrompe a prescrição é apenas o despacho citatório.

► **NCPC. Art. 240. § 1º** A interrupção da prescrição, operada pelo despacho que ordena a citação, ainda que proferido por juízo incompetente, retroagirá à data de propositura da ação. ► **Art. 485.** O juiz não resolverá o mérito quando: VII – acolher a alegação de existência de convenção de arbitragem ou quando o juízo arbitral reconhecer sua competência.

ENUNCIADO 273. AO SER CITADO, O RÉU DEVERÁ SER ADVERTIDO DE QUE SUA AUSÊNCIA INJUSTIFICADA À AUDIÊNCIA DE CONCILIAÇÃO OU MEDIAÇÃO CONFIGURA ATO ATENTATÓRIO À DIGNIDADE DA JUSTIÇA, PUNÍVEL COM A MULTA DO ART. 334, § 8º, SOB PENA DE SUA INAPLICABILIDADE.

● *Grupo: Petição inicial, resposta do réu e saneamento.* ● *Referências: arts. 250, IV e 334, § 8º.*

▸ *Murilo Avelino e Gustavo Azevedo*

O novo código prevê uma grande novidade no procedimento comum: a audiência prévia de conciliação e mediação. Trata-se de ato necessário do procedimento, prévio à própria apresentação da peça de defesa do réu, cujo objetivo principal é a autocomposição. O prestígio das formas de solução consensual dos conflitos decorre do princípio da cooperação e do ideal de redução de litigiosidade que informa o novo código. No capítulo inaugural das "Normas Fundamentais do Processo Civil", o artigo 3º, §§ 2º e 3º, normatiza o dever de o Estado promover, sempre que possível, a solução consensual dos conflitos. Da mesma forma, todos aqueles que atuam no processo, sejam juízes, advogados, defensores públicos ou membros do Ministério Público, devem estimular, a qualquer tempo, a conciliação, a mediação ou outros métodos de solução consensual de conflitos.

Da forma como regulado o procedimento comum, é obrigatório comparecimento à audiência prévia, salvo nas hipóteses excepcionais do artigo 334, § 4º. "O objetivo é implementar efetivamente o modelo multiportas e levar as partes a terem efetivo contato com as técnicas de negociação assistida, propiciando a efetiva solução adequada dos conflitos".[239]

Na petição inicial deve o autor se manifestar a respeito do interesse na ocorrência da audiência prévia de conciliação ou mediação (art. 319, VI). Isso porque, apesar de ser ato necessário do procedimento, a audiência pode ser dispensada em duas hipóteses: quando todas as partes manifestarem desinteresse pela autocomposição; ou quando o direito material objeto do processo não admitir autocomposição (art. 334, § 4º, I e II). A ausência de manifestação autoral, todavia, não impede o juízo positivo de admissibilidade da petição inicial. Não havendo manifestação, deve-se presumir o interesse por sua realização já que, como adiantando, a audiência prévia ocorre como regra; sua não realização é excepcional[240].

Caso o autor demonstre *interesse* na realização do ato, qualquer manifestação posterior do réu contrária à sua realização é ineficaz, mantendo-se a audiência e o

239. LESSA NETO, João Luiz. "Art. 334". *In*: STRECK, Lenio. *et al.* (Orgs.). *Comentários ao Código de Processo Civil*. São Paulo: Saraiva, 2016. p. 484.

240. Entendem tratar-se de requisito necessário na inicial (justificando inclusive, a incidência do art. 321) conquanto não possa levar ao seu indeferimento face ao princípio da primazia do mérito: RIBEIRO, Sérgio Luiz de Almeida; LIBARDONI, Carolina Uzeda. "Algumas observações sobre a obrigatoriedade da audiência de conciliação ou mediação no Novo CPC". *In*: MACÊDO, Lucas Buril; PEIXOTO, Ravi; FREIRE, Alexandre (Orgs.). *Coleção Novo CPC – Doutrina Selecionada*. Salvador: Juspodivm, 2015, v. 2. p. 141-154. A nós, como já restou claro na exposição, não se trata de requisito necessário da petição inicial.

dever de comparecimento; caso o próprio autor manifesta o *desinteresse* inicial em sua realização, mesmo assim deve o magistrado marcar a audiência e citar o réu para comparecer. Somente não haverá audiência, nesta última hipótese, se também o réu manifestar o *desinteresse* de forma expressa. Na linha do que afirma Humberto Theodoro Júnior[241]:

> O autor, portanto, não tem o poder de, isoladamente, impedir ou evitar a audiência. Sem a adesão do réu, a sessão ocorrerá necessariamente. Da mesma forma, o demandado também não tem o poder de impedi-la pela só manifestação individual de desinteresse. Nem uma nem outra parte têm possibilidade de, sozinha, escapar da audiência preliminar.

A citação do réu, pelo novo regramento, é feita para comparecer à audiência prévia e não mais para contestar. O artigo 250, IV, inclusive, impõe expressamente que o mandado citatório informe a necessidade de o réu comparecer à audiência acompanhado de representante, noticiando-o do dia, hora e local de sua realização. O prazo de resposta, nos termos do artigo 335, I, somente ocorrerá após finda a audiência sem que as partes tenham chegado à solução consensual. Assim, quando o *direito* objeto do processo admitir autocomposição, ainda que o réu não deseje, deve comparecer à audiência caso o autor haja manifestado interesse ou simplesmente silenciado a respeito da audiência.

Com o escopo de evitar faltas injustificadas e a frustração da tentativa prévia de redução da litigiosidade, o artigo 334, § 8º, prevê que o não comparecimento injustificado do autor ou do réu à audiência de conciliação é considerado ato atentatório à dignidade da justiça e, assim, será sancionado com multa de até dois por cento da vantagem econômica pretendida ou do valor da causa, revertida em favor da União ou do Estado. O comparecimento à audiência é "(...) um dever de respeito ao Judiciário e à parte adversária. Como a solução por autocomposição é vista como prioritária (art. 3º, § 2º, CPC), o dever de comparecimento é, também, um corolário do princípio da cooperação (art. 6º, CPC)".[242]

A multa se caracteriza como uma *sanção processual*, decorrente do descumprimento injustificado do dever de comparecer à audiência prévia de conciliação e mediação. Esta obrigatoriedade e a consequente sanção pelo descumprimento atrai a incidência do inciso III do artigo 250, que prescreve a necessidade de o mandado conter informação a respeito da sanção para o caso de descumprimento da ordem.

---

241. THEODORO JR., Humberto. *Curso de direito processual civil.* Rio de Janeiro: Forense, 2015, v. 1. p. 779.
242. DIDIER Jr., Fredie. *Curso de direito processual civil.* Salvador: Juspodivm, 2016, v. 1. p. 634. Criticando a opção do Legislador quanto à obrigatoriedade da audiência: RIBEIRO, Sérgio Luiz de Almeida; LIBARDONI, Carolina Uzeda. Algumas observações sobre a obrigatoriedade da audiência de conciliação ou mediação no Novo CPC. *In*: MACÊDO, Lucas Buril; PEIXOTO, Ravi; FREIRE, Alexandre (Orgs.). *Coleção Novo CPC – Doutrina Selecionada* Salvador: Juspodivm, 2015, v. 2. p. 148-149. Afirmam os autores: " (...) parece-nos, no mínimo, intrigante a obrigatoriedade de comparecimento à audiência de conciliação ou mediação, sobretudo porque uma das maiores bandeiras daqueles que participaram da elaboração do texto foi a adoção de sistema democrático, de ampla liberdade e participação. Apesar disso, o novo código, louvavelmente, estimula a autocomposição, mas o faz com um viés compulsório, exigindo que as partes se submetam a sessão de conciliação ou mediação, ainda que não tenham o menor interesse em compor".

Como aponta Pedro Henrique Nogueira[243]:

> O réu precisa ser cientificado das consequências de sua eventual conduta omissiva. O mandado deve conter indicação de ordem ou determinação a ser cumprida desde logo pelo réu, assim como da sanção para o descumprimento.

Nos termos do enunciado nº 273 do FPPC não basta somente constar do mandado citatório a ordem de comparecimento à audiência. É preciso informar ao réu exatamente as consequências de sua ausência. Se do mandado não constar a informação expressa de que a ausência injustificada implicará a imposição de multa por ato atentatório à dignidade da justiça, esta não poderá ser aplicada. É a consequência normativa do desrespeito à norma constante dos incisos III e IV do artigo 250. Trata-se de materialização do dever de informação, desdobramento da cooperação e que impõe ao órgão judicial esclarecer às partes as consequências que podem advir dos seus atos omissivos ou comissivos.

► **NCPC. Art. 250.** O mandado que o oficial de justiça tiver de cumprir conterá: IV – se for o caso, a intimação do citando para comparecer, acompanhado de advogado ou de defensor público, à audiência de conciliação ou de mediação, com a menção do dia, da hora e do lugar do comparecimento. ► **Art. 334. § 8º** O não comparecimento injustificado do autor ou do réu à audiência de conciliação é considerado ato atentatório à dignidade da justiça e será sancionado com multa de até dois por cento da vantagem econômica pretendida ou do valor da causa, revertida em favor da União ou do Estado.

1.4.2.3. Das Cartas (arts. 260 a 268)

ENUNCIADO 26. OS REQUISITOS LEGAIS MENCIONADOS NO INCISO I DO ART. 267 SÃO OS PREVISTOS NO ART. 260.

● *Grupo: Arbitragem.* ● *Referência: art. 260; art. 267, I.*

► *Marcelo Pichioli da Silveira*

O enunciado nº 26 é redundante. Os *requisitos legais* de uma carta precatória são aqueles indicados nos incisos I a IV do artigo 260 do novo Código de Processo Civil. O artigo 267 aponta, em seu *caput*, que o juízo deve recusar o cumprimento a carta precatória *ou arbitral* quando ela "não estiver revestida dos requisitos legais" (inciso I). Evidentemente, os "requisitos legais" a que se refere o inciso I do artigo 267 são, justamente, aqueles arrolados pelo art. 260 (veja-se, aliás, o parágrafo 3º do artigo 260 do próprio NCPC!).

► **NCPC. Art. 260.** São requisitos das cartas de ordem, precatória e rogatória: I – a indicação dos juízes de origem e de cumprimento do ato; II – o inteiro teor da petição, do despacho judicial e do instrumento do mandato conferido ao advogado; III – a menção do ato processual que lhe constitui o objeto; IV – o encerramento com a assinatura do juiz. ► **Art. 267.** O juiz recusará cumprimento a carta precatória ou arbitral, devolvendo-a com decisão motivada quando: I – a carta não estiver revestida dos requisitos legais.

---

243. NOGUEIRA, Pedro Henrique. "Art. 250". *In*: STRECK, Lenio. *et al.* (Orgs.). *Comentários ao Código de Processo Civil*. São Paulo: Saraiva, 2016. p. 357.

Enunciado 27. Não compete ao juízo estatal revisar o mérito da medida ou decisão arbitral cuja efetivação se requer por meio da carta arbitral, salvo nos casos do §3º do art. 26 do CPC.

● *Grupo: Arbitragem.* ● *Referência: art. 267.*

▸ ***Marcelo Pichioli da Silveira***

Segundo pensamos, a arbitragem perfaz verdadeira atividade jurisdicional. Ainda que haja divergências sobre o assunto, não concordamos com a visão segundo a qual a jurisdição seria um monopólio do Estado. Não é nosso objetivo, aqui, o estudo da jurisdição, mas um bom argumento para encarar a arbitragem como tal reside, só para exemplificar, no fato de a sentença arbitral ser dotada de eficácia executiva de caráter judicial (NCPC, art. 515, inciso VII): não é possível opor embargos à execução (que traria cognição muito mais alargada do que a impugnação ao cumprimento de sentença, pautada por assuntos restritos).

O Enunciado confirma essa lógica ao vedar a revisão do mérito de medida ou de decisão arbitral pelo juízo estatal que estiver cumprindo uma carta arbitral.

▸ **NCPC. Art. 267.** O juiz recusará cumprimento a carta precatória ou arbitral, devolvendo-a com decisão motivada quando: I – a carta não estiver revestida dos requisitos legais; II – faltar ao juiz competência em razão da matéria ou da hierarquia; III – o juiz tiver dúvida acerca de sua autenticidade.

Enunciado 417. São requisitos para o cumprimento da carta arbitral: i) indicação do árbitro ou do tribunal arbitral de origem e do órgão do Poder Judiciário de destino; ii) inteiro teor do requerimento da parte, do pronunciamento do árbitro ou do Tribunal arbitral e da procuração conferida ao representante da parte, se houver; iii) especificação do ato processual que deverá ser praticado pelo juízo de destino; iv) encerramento com a assinatura do árbitro ou do presidente do tribunal arbitral conforme o caso.

● *Grupo: Arbitragem.* ● *Referência: arts. 260, caput e § 3º, 267, I.*

▸ ***Marcelo Pichioli da Silveira***

O Enunciado apenas faz uma releitura do artigo 260 do novo Código de Processo Civil, adaptando-o à realidade arbitral. Ao invés de "juízes de origem" (inciso I), o enunciado fala em indicação "do árbitro ou do tribunal arbitral de origem e do órgão do Poder Judiciário de destino". Ao invés de "inteiro teor da petição", de "despacho inicial" e de "instrumento do mandato conferido ao advogado" (inciso II), o enunciado fala em "inteiro teor do requerimento da parte, do pronunciamento do árbitro ou do Tribunal arbitral e da procuração conferida ao representante da parte, se houver". Ao invés de "menção do ato processual que lhe constitui o objeto" (inciso III), o enunciado fala em "especificação do ato processual que deverá ser praticado pelo juízo de destino". Finalmente, ao invés de "encerramento com a assinatura do juiz" (inciso IV), o enunciado fala em "encerramento com a assinatura do árbitro ou do presidente do tribunal arbitral conforme o caso".

A rigor, este enunciado observa a previsão do § 3º do mencionado artigo 260 do NCPC, segundo o qual a carta arbitral tem de atender, no que couber, "aos requisitos a que se refere o *caput* e será instruída com a convenção de arbitragem e com as provas da nomeação do árbitro e de sua aceitação da função". Não goza de caráter vinculante enquanto mero enunciado; pode-se dizer, porém, que aí temos um sentido razoável a ser imputado às balizas semânticos do texto inserido no § 3º (e a *norma* aí contida seria, justamente, este *sentido imputado ao texto*).

► **NCPC. Art. 260.** São requisitos das cartas de ordem, precatória e rogatória: I – a indicação dos juízes de origem e de cumprimento do ato; II – o inteiro teor da petição, do despacho judicial e do instrumento do mandato conferido ao advogado; III – a menção do ato processual que lhe constitui o objeto; IV – o encerramento com a assinatura do juiz. (...). **§ 3º** A carta arbitral atenderá, no que couber, aos requisitos a que se refere o caput e será instruída com a convenção de arbitragem e com as provas da nomeação do árbitro e de sua aceitação da função.

1.4.2.4. Das Intimações (arts. 269 a 275)

ENUNCIADO 274. APLICA-SE A REGRA DO § 6º DO ART. 272 AO PRAZO PARA CONTESTAR, QUANDO FOR DISPENSÁVEL A AUDIÊNCIA DE CONCILIAÇÃO E HOUVER PODERES PARA RECEBER CITAÇÃO.

● *Grupo: Advogado e Sociedade de Advogados. Prazos.* ● *Referências: art. 272, § 6º.*

► *Julia Lipiani e Marília Siqueira*

O termo inicial do prazo para contestar sofreu significativa alteração com o atual Código de Processo Civil, pela previsão de audiência de conciliação ou de mediação *antes* da apresentação da defesa. A sua realização, em regra, é obrigatória e, neste caso, o termo inicial do prazo de quinze dias será a data da sua realização ou da última sessão de conciliação/mediação.

Há casos, todavia, em que esta audiência será dispensada, seja porque ambas as partes expressamente manifestaram desinteresse na sua realização, seja porque o processo versa sobre direitos que não admitem autocomposição (artigo 334, § 4º, CPC).

Nestas duas situações, se ao advogado tiver sido outorgado o poder específico para receber citação, o enunciado ora em análise esclarece que poderá ser aplicada a regra contida no artigo 272, § 6º, CPC. É dizer: o prazo para contestar terá início na data da retirada dos autos do cartório ou da secretaria em carga pelo advogado ou por pessoa credenciada a pedido do advogado ou da sociedade de advogados, conforme o caso.

Isso porque, havendo poderes para receber a citação, com a carga dos autos, a parte, por meio do seu advogado, terá ciência regular e inequívoca acerca da existência e do conteúdo da demanda contra ela proposta. Assim, o ato será aperfeiçoado com o alcance da sua finalidade e, além disso, concretizando o princípio da economia processual, uma vez que evitará a movimentação da máquina judiciária para a realização do ato de citação fora das dependências do cartório ou secretaria.

► **NCPC. Art. 272. § 6º** A retirada dos autos do cartório ou da secretaria em carga pelo advogado, por pessoa credenciada a pedido do advogado ou da sociedade de advogados, pela Advocacia Pública, pela Defensoria Pública ou pelo Ministério Público implicará intimação de qualquer decisão contida no processo retirado, ainda que pendente de publicação.

1.4.3. Das Nulidades (arts. 276 a 283)

Enunciado 276. Os atos anteriores ao ato defeituoso não são atingidos pela pronúncia de invalidade.

● *Grupo: Competência e invalidades processuais.* ● *Referência: arts. 281 e 282.*

▸ ***Eduardo Scarparo***

Para bem compreender o enunciado, importa ter em consideração o princípio da causalidade e as consequências no sistema de extensão e contenção das invalidades processuais[244]. Em termos gerais, a causalidade relaciona-se intimamente com a organização lógica do processo, para que haja racionalidade na estrutura do procedimento, a fim de que, por exemplo, a contestação proceda à petição inicial[245].

O princípio da causalidade tem forte ligação com a característica procedimental do processo. A organização procedimental liga-se à ideia de que os atos do processo estão ordenados à prossecução de determinadas finalidades, o que impede que a sequência seja arbitrariamente organizada pela atividade legislativa[246]. Então, pode-se compreender a noção mais elementar sobre a causalidade: as séries de atos processuais são meios ou expressões de atividades para um fim, sendo que os atos coligam-se uns aos outros[247].

Trata-se de uma consequência lógica do encadeamento dos atos do procedimento. O valor efetividade atua para que apenas seja possível essa invalidação se houver estrita relação de dependência dos atos. Assim, não se invalida todo o processo, mas apenas o ato ou atos nos quais o defeito repercutiu negativamente. O enunciado em questão leva em consideração que a causalidade determina vínculos entre os atos do procedimento, mas a invalidade do ato posterior não afeta a dos atos anteriores[248].

---

244. Para aprofundamento nessas questões, de nossa parte, ver. SCARPARO, Eduardo. *As invalidades processuais civis na perspectiva do formalismo-valorativo.* Porto Alegre: Livraria do Advogado, 2013. p. 142-144 e 227-234.

245. NERY JR., Nelson. *Princípios do processo civil na Constituição Federal.* 8. ed. São Paulo: RT, 2004. p. 36.

246. SILVA, Paula Costa e. *Acto e processo: o dogma da irrelevância da vontade na interpretação e nos vícios do acto postulativo.* Coimbra: Coimbra Editora, 2003. p. 115.

247. SANTOS, Moacyr Amaral. Nulidades processuais. In. *Enciclopédia Saraiva do Direito.* v. 55. São Paulo: Saraiva. p. 163-171, 1977-1982. p. 167.

248. "A imperfeição formal e a eficácia de um ato devem ser aferidas não no antecedente, mas nas consequências possíveis do ato processual no restante da série. Note-se que um mesmo ato, estaticamente definido como inválido (a atipicidade analisada em si mesma), pode ser validado no curso da cadeia procedimental por força de várias circunstâncias (preclusão, acordos, renúncia, consentimento, padrões de conduta firmados, etc.)". CABRAL, Antônio P. *Nulidades no processo moderno.* Rio de Janeiro: Forense, 2009. p. 281-282.

Exemplificativamente, o reconhecimento de invalidade da sentença, com seu posterior juízo de cassação, em nada afeta a produção probatória que lhe foi anterior. Os atos anteriores não são dependentes para validamente situarem-se no procedimento daqueles que o sucedem. Há a imperiosidade de que alguns atos antecedam outros, condicionando a validade dos posteriores. Daí, conclui-se que em cada série de atos do procedimento, os atos condicionantes apresentarão efeitos preparatórios aos atos futuros e serão requisitos de validade do ato conclusivo. O contrário, no entanto, não é verdadeiro.

Embora a projeção de atos futuros interfira no âmbito discursivo processual, com sensível alteração nas perspectivas argumentativas e instrutórias tomadas pelas partes[249], não há afetação sobre a validade dos atos antecedentes pela ocorrência de vícios nos atos subsequentes. Isso se dá porque a análise de validade dos atos componentes da série será conforme determinar a lei ao tempo da sua formação, e a validade do ato conclusivo dependerá da regularidade dos seus atos condicionantes. Como o ato não depende do posterior para ser validamente praticado, não há extensão dos efeitos da invalidade para atos passados.

Isso não significa absolutamente que eventos futuros não possam causar consequências em atos pretéritos, inclusive relativamente ao seu exame de validade. Veja-se, por exemplo, que a preclusão opera como fator de aproveitamento de atos viciados, repercutindo, quando incidente, em uma impossibilidade de apreciação da invalidade na dinâmica da série de atos: um evento futuro no procedimento reflete na análise de invalidação de um ato pretérito, fazendo essa perquirição dinâmica e não estática[250]. De igual forma, a aquiescência produz consequências na invalidade decretada ou tendente à decretação, isso mediante a conexão dos demais atos da série com o ato viciado. O que não se dá, no entanto, é a consideração dos critérios de invalidação do ato passado a partir da invalidação do ato futuro.

Moniz de Aragão, escrevendo sobre o CPC/73, sustenta que, embora a regra seja de que a invalidação do ato não possa produzir efeitos retro operantes, refere exceção no caso de "anulada a arrematação, porque o bem alienado já estava onerado, eventualmente a própria penhora será atingida"[251]. Sobre o ponto, não se concorda com jurista, nem sob a perspectiva do CPC/73, nem do NCPC. Sem embargo de a lei (NCPC. Art. 281) já referir que a invalidade derivada é para os atos subsequentes, e não dos precedentes, não se afasta a característica do exame em retroação do exame de validade.

---

249. Por exemplo, quando o réu apresenta contestação, tem em mente uma projeção de quais as provas ainda serão produzidas e qual o possível parecer do juiz sobre as teses jurídicas. Essa projeção interfere na formulação da contestação, o que pode significar uma maior ênfase argumentativa em um ponto ou outro na elaboração da peça defensiva. O mesmo se dá na inicial, quando projeta a contestação futura, as provas e a sentença e os atos que seguem.

250. Para uma compreensão aprofundada acerca da incidência das diferentes formas de aproveitamento e convalidação, entre elas a preclusão, ver SCARPARO, Eduardo. *As invalidades processuais civis na perspectiva do formalismo-valorativo.* Porto Alegre: Livraria do Advogado, 2013. p. 207-226.

251. ARAGÃO, Egas Moniz de. *Comentários ao Código de Processo Civil.* v. 2. 2. ed. Rio de Janeiro: Forense, 1981. p. 374.

O tempo rege o ato e a validade do ato em conformidade com o sistema jurídico apenas pode ser aferida contemporaneamente à prática do ato. De modo que é impossível a retroação da invalidade. Como se percebe mais atentamente, no exemplo proposto, não há vício que deriva do ato posterior, mas vício sobre o próprio ato de penhora, de modo que a invalidade não é derivada, mas originária e, assim sendo, não retro operante. De outra banda, convém também pontuar que se a oneração se deu entre a penhora e a hasta, tratar-se-ia de ato válido e ineficaz, porquanto configuraria hipótese de fraude à execução (NCPC, art. 792, § 1º). A invalidade derivada, concluindo, atuará apenas sobre os atos posteriores que dependam do ato invalidado, sendo essa a essência do Enunciado em comento.

▶ **NCPC. Art. 281.** Anulado o ato, consideram-se de nenhum efeito todos os subsequentes que dele dependam, todavia, a nulidade de uma parte do ato não prejudicará as outras que dela sejam independentes. ▶ **Art. 282.** Ao pronunciar a nulidade, o juiz declarará que atos são atingidos e ordenará as providências necessárias a fim de que sejam repetidos ou retificados.

Enunciado 277. Para fins de invalidação, o reconhecimento de que um ato subsequente é dependente de um ato defeituoso deve ser objeto de fundamentação específica à luz de circunstâncias concretas.

● *Grupo: Competência e invalidades processuais.* ● *Referência: arts. 281 e 282.*

▸ ***Eduardo Scarparo***

Igualmente ao que destacado no comentário ao verbete 276/FPPR, a noção de causalidade tem papel fundamental ao perscrutar sobre o Enunciado em análise. Porém, destaca em particular aqui a percepção dos deveres de fundamentação e motivação de decisões de invalidação, inclusive naquilo que condiz ao sistema de contenção e extensão das invalidades processuais.

O enunciado também versa sobre invalidade derivada. Nesses casos, a invalidade não advém de um vício sobre o próprio ato, mas do defeito sobre ato precedente que lhe é necessário, sendo que este se afigura como um verdadeiro requisito procedimental do ato. Afinal, se a ligação dos atos pelo procedimento determina que um ato na cadeia seja a consequência do ato que o precede e o pressuposto do seguinte [252], consequência lógica é que a invalidade do ato precedente produz a mácula de todos os atos que dele são dependentes, pelo vínculo do procedimento. Daí, "um vício que venha a atingir qualquer ato da série pode ter proporções de monta, na medida em que, eventualmente, atinge atos que lhe são subsequentes"[253].

---

252. FAZZALARI, Elio. *Istituzioni di diritto processuale.* Padova: CEDAM, 1975. p. 25.

253. DALL'AGNOL JR. Antônio Janyr. Invalidade derivada e invalidade parcial. Exegese do art. 248 do CPC. Revista da Ajuris, Porto Alegre, n. 33. p. 125-132, mar. 1985. p. 155. Em outras palavras, "pelo princípio da causalidade, sempre que constatada uma relação de dependência entre determinados atos do processo, o ato dependente daquele revestido pela mácula da invalidade também deve ser considerado inválido" MADER, Alexandre. *Das invalidades no direito processual civil.* São Paulo: Malheiros, 2010. p. 63.

Em razão da natureza procedimental do processo, a causalidade lhe é característica essencial. Esse vínculo entre os atos do procedimento não permite que, a modo cartesiano [254], analise-se todas as peças isoladas para posterior compreensão do todo, uma vez que as relações entre os atos do procedimento são de complexidade inalcançável pelo estudo não integrado das partes que o compõem. Essa constatação faz incluir no tipo do ato processual a perfeição dos antecedentes necessários, comunicando o ato com o procedimento em sua validade [255].

Para a configuração da invalidade derivada, portanto, deve-se, assim como no fenômeno da invalidade parcial [256], distinguir entre atos dependentes e atos independentes. Diferenciam-se porque os primeiros, por alguma razão lógica, devem ser antecedidos por outros, seus antecedentes indispensáveis, ao contrário dos últimos que possuem vida autônoma [257]. Como refere Passo Cabral, "*ainda que o processo seja uma sucessão encadeada de atos processuais, nem todos os elos da cadeia, apenas por serem posteriores cronologicamente ao ato viciado, serão atingidos pela pronúncia de nulidade*". [258]

Com exatidão a lição de Antônio Dall'Agnol Jr., dizendo que "a dependência é um liame que liga o ato sucessivo ao antecedente, não apenas em razão de cronologia, mas, fundamentalmente, porque o ato antecedente evidencia-se como indispensável". Por isso, se não houver um laço de dependência, o ato sucessivo não será contagiado, ou seja, se alguma invalidade nele houver, será originária e não derivada [259].

---

254. A respeito, Descartes propõe: "dividir cada uma das dificuldades que eu examinasse em tantas parcelas possíveis e que fossem necessárias para melhor resolvê-las". DESCARTES, René. *Discurso do método.* Porto Alegre: LPM, 2009. p. 55. Trad. Paulo Neves.
255. Conforme defesa em outra oportunidade, não se pode excluir da conceituação de tipo os componentes do ato jurídico que lhe são extrínsecos, como as formalidades. Daí, a ingerência do procedimento produz a inclusão no tipo sobre os atos antecedentes necessários, remetendo a uma infração do tipo normativa, ou seja, uma invalidade derivada, e não meramente uma ineficácia derivada, como, *v.g.*, se concluiria caso fosse restrita a validade ao exame de forma em sentido estrito. A propósito, a concepção restritiva do tipo parte do estudo da parte com exclusão do todo (ou seja, do ato sem sua relação com o processo), razão pela qual os antecedentes necessários restam excluídos da apreciação da validade. Ocorre que o processo é uma cadeia de atos interligados e em perspectiva dinâmica e comunicativa. Insistir no exame de validade separando as partes do todo importa renegar a sua característica procedimental. Nesse caso, mais se ajustaria a criticada e estática teoria da relação jurídica processual que a dinâmica compreensão procedimental. Sobre a proposta de compreensão do tipo para o exame de validade, ver SCARPARO, Eduardo. *As invalidades processuais civis na perspectiva do formalismo-valorativo.* Porto Alegre: Livraria do Advogado, 2013. p. 41-64 e 182-188.
256. Sobre a invalidade parcial e sua distinção da invalidade derivada ver: SCARPARO, Eduardo. *As invalidades processuais civis na perspectiva do formalismo-valorativo.* Porto Alegre: Livraria do Advogado, 2013. p. 230-231.
257. "No seu anseio de evitar, quanto possível, a decretação de invalidade, acolheu o Código a distinção entre atos dependentes e atos independentes. Desse modo, a invalidade de um ato (anterior) só contagiará o posterior (ou posteriores), se esse não for independente; ou, talvez melhor, positivamente, se for o ato sucessivo dependente do anterior inválido". DALL'AGNOL JUNIOR. Antônio Janyr. Invalidade derivada e invalidade parcial. Exegese do art. 248 do CPC. *Revista da Ajuris.* Porto Alegre, n. 33. p. 125-132, mar. 1985. p. 126.
258. CABRAL, Antônio P. *Nulidades no processo moderno.* Rio de Janeiro: Forense, 2009. p. 61.
259. DALL'AGNOL JR., Antônio Janyr. Invalidade derivada e invalidade parcial. Exegese do art. 248 do CPC. Revista da Ajuris, Porto Alegre, n. 33. p. 125-132, mar. 1985. p. 126. No mesmo sentido, o ensinamento

Note-se que os conceitos de dependência e independência exigem um referencial. Não se é independente ou dependente de todos os atos, mas de alguns. Assim, um ato será necessariamente independente de algum outro ato. Veja-se que a apresentação de apelação pelo autor é independente do impulso recursal do réu, mas dependente de uma sentença anterior que é desfavorável ao recorrente.

O exame do liame de dependência não pode ser realizado abstratamente, em dissintonia com os dados concretamente determinantes na causa. Justamente por isso afigura-se de extrema importância a fundamentação acerca das razões de haver sido estabelecido o vínculo entre o ato invalidado e os seus subsequentes. Nesse contexto, o Enunciado representa uma importante lembrança ao juiz de que se trata de decisão e, por isso, suscetível aos deveres de fundamentação, na esteira dos artigos 489, § 1º, do NCPC.

▶ **NCPC. Art. 281.** Anulado o ato, consideram-se de nenhum efeito todos os subsequentes que dele dependam, todavia, a nulidade de uma parte do ato não prejudicará as outras que dela sejam independentes. ▶ **Art. 282.** Ao pronunciar a nulidade, o juiz declarará que atos são atingidos e ordenará as providências necessárias a fim de que sejam repetidos ou retificados.

Enunciado 278. O CPC adota como princípio a sanabilidade dos atos processuais defeituosos.

● *Grupo: Competência e invalidades processuais.* ● *Referência: arts. 282, § 2º, e 4º.*

▸ ***Eduardo Scarparo***

Desde muito tempo a noção de sanabilidade é marco no sistema processual. Comumente, ele se refere ao "aproveitamento" dos atos como "princípio da convalidação" ou da "sanação", já que "*convalidar*" ou "*sanar*" querem dizer *restabelecer* ou *curar*, verbos que indicam o sentido da norma: os atos viciados devem ser, na medida do possível, curados dessas vicissitudes[260].

Faz-se uma ressalva, todavia, explicitando a razão de nominar diversamente o princípio. O termo "convalidar" indica uma mudança de estado: algo inválido se torna válido mediante a convalidação. Como no processo civil as invalidades pressupõem um decreto, inexistindo invalidade *prima facie* de seus atos, a convalidação resta

---

de Martinetto: "O nexo de dependência que determina a transmissão da nulidade subsiste todas quando um ato se põe como necessário antecedente de outro. Para que se opere a extensão da nulidade é necessário que um ato seja não só cronologicamente anterior, mas indispensável para a sua realização". MARTINETTO, Giuseppe. "*Della nullità degli atti*". *In*: ALLORIO, Enrico. *Commentario del Codice di Procedura Civile.* Turim: UTET, 1973, 1576-1687. p. 1620.

260. Não é aplicável ao Direito Processual Civil, a distinção conceitual proclamada outrora entre convalidação e saneamento, que atribui à convalidação o afastamento de vícios mediante omissões – como o decurso do tempo –, e saneamento como ato fruto de uma vontade consciente e expressa, típica do direito material. Para aprofundamento na distinção, aqui não acolhida, ver MELLO, Marcos Bernardes de. *Teoria do fato jurídico: plano da validade.* São Paulo: Saraiva, 2004. p. 230-231.

adstrita às atividades posteriores à constituição do estado de invalidade. Afinal, não se pode reverter um estado que não foi sequer constituído[261].

Tem-se, então, o aproveitamento, como atuação para evitar a invalidação; e a convalidação, para reverter esse estado. O aproveitamento dos atos se dá quando, ante a presença do defeito, incidem técnicas capazes de torná-lo irrelevante a ponto de não influenciar na validade do ato relacionado[262]. Por causa disso é que esse princípio possui uma função preventiva, impondo medidas a serem tomadas pelo juízo, a fim de que não seja necessária a decretação total da invalidade, como ocorre quando se determina a emenda à inicial (NCPC, art. 321) ou a exibição do instrumento de procuração faltante (NCPC, art. 76)[263].

Assim, a abrangência do princípio é mais ampla que a "cura" de vícios de atos processuais, já que o aproveitamento protege os atos realizados para impedir a decretação de invalidade, mesmo sem excluir as vicissitudes. Melhor é considerar que o princípio do aproveitamento e da convalidação não age para corrigir os vícios do ato, mas propriamente para afastar os males que os desvios do tipo possam gerar, sejam eles anteriores (aproveitamento) ou posteriores (convalidação) à invalidação. Assim, caso presentes prejuízos com o vício, o princípio irá buscar formas de extirpação dos danos, de modo que o ato possa ser utilizado, mesmo com a dessemelhança entre o ato praticado e o ato previsto no esquema da lei. A atividade de aproveitamento e convalidação não tem como centro de estudo o vício, mas sim os prejuízos e os desvios da finalidade derivados do defeito.

Trata-se de um princípio geral incidente sobre todo o sistema de invalidades. Sendo assim, de início, qualquer ato processual defeituoso é passível de ser aproveitado ou convalidado. Está-se diante de um verdadeiro remédio, cuja finalidade é reparar e eliminar as consequências nocivas da presença de vícios no ato[264], pois o cicatriza, reforçando sua aptidão a produzir efeitos pelo expurgo dos prejuízos ao processo ou aos direitos que o vício possa gerar.

A atuação da diretiva pode ser anterior ao decreto de invalidação, com o aproveitamento; ou posterior, mediante a convalidação. No primeiro caso, pode ser vista inclusive como um suposto da invalidação[265]. Dessa forma, para que um ato tenha seus efeitos extirpados por um decreto de invalidade, deverá ter, antes, sobre si, o crivo infrutífero das normas de aproveitamento, elemento integrante do suporte fático de invalidade

261. "Se o vício não chega a ser relevante, não há que se falar em invalidade e tampouco se cogita de qualquer convalidação". CABRAL, Antônio P. *Nulidades no processo moderno.* Rio de Janeiro: Forense, 2009. p. 283.

262. Para a compreensão do ponto, relevante é apontar que não basta a presença de um desvio do tipo para a invalidação, sendo também necessário que o defeito verificado seja relevante para o alcance das finalidades essenciais do ato, importando prejuízo.

263. TESHEINER, José Maria Rosa; BAGGIO, Lucas Pereira. *Nulidades no processo civil brasileiro.* Rio de Janeiro: Forense, 2008. p. 84-85.

264. CARNELUTTI, Francesco. *Instituciones del proceso civil.* v. 1. Buenos Aires: EJEA, 1959. p. 546-547. Trad. Santiago Sentís Melendo.

265. KOMATSU, Roque. *Da invalidade no processo civil.* São Paulo: RT, 1991. p. 242-246.

cujo estudo é central ao exame das invalidades processuais[266]. No segundo caso, o ato já invalidado assume o status de válido pelo expurgo de algum dos elementos que permitiram a sua invalidação, sendo, nesse caso, preciso falar-se em convalidação.

No sistema jurídico processual brasileiro, são irrelevantes os defeitos, quando houver, nos casos em que os interesses o permitirem: a ausência de prejuízo somado ao alcance do escopo do ato, a aquiescência, a preclusão e a ausência de legítimo interesse. Desse modo, aproveitam-se os atos. Após a invalidação, o princípio age como convalidação, nas formas de ratificação, de conversão, de conservação e de redução dos efeitos do ato inválido[267].

Na perspectiva do aproveitamento, o princípio age automaticamente, impedindo a invalidação, sem exigir nenhuma atividade processual posterior a de feitura do ato para tomar lugar. Sobre determinado ato defeituoso, incidem, imediatamente, as suas diretivas, tornando irrelevante o defeito para fins de sustentar um decreto de invalidade. A partir de sua incidência, pode-se impedir a constituição desse estado, pois assim a falha não produzirá quaisquer consequências, representando mera irregularidade. O aproveitamento atua, nesse caso, como uma norma negativa, impeditiva de constituição do estado de invalidade.

Sob os incessantes e já óbvios alertas da doutrina de que o processo tem caráter instrumental e que, por isso, deve privilegiar o julgamento efetivo da lide – ao invés de lidar com julgamentos unicamente estatísticos – o NCPC laborou diretamente contra vários instrumentos da assim chamada "jurisprudência defensiva" – prática muito comum nos tribunais hodiernos que importa destacar questões formais como preponderantes, ampliando sua relevância, a ponto de inviabilizar julgamentos meritórios –. Há nitidamente um propósito na nova legislação de favorecer o exame de mérito. Assim, uma leitura rápida do novo código já aponta objeções específicas e gerais à assim chamada jurisprudência defensiva. Entre exemplos, se pode listar, entre outros, os art. 76, art. 218, § 4º, art. 488, art. 941, art. 1007, § 7º, art. 1017, § 7º, art. 1024, § 5º, art. 1025, art. 1029, §§ 2º e 3º e art. 1033.

A incidência das normas de aproveitamento e convalidação está sempre voltada à preservação do valor efetividade, mas somente pode ocorrer quando não ensejar danos de monta ao valor segurança jurídica, análise que exige a ponderação[268]. Concluindo esse breve comentário, é correto afirmar que a insanabilidade de um ato é excepcional[269], não se podendo, *a priori*, estabelecer atos insuscetíveis de aproveitamento.

---

266. SCARPARO, Eduardo. *As invalidades processuais civis na perspectiva do formalismo-valorativo.* Porto Alegre: Livraria do Advogado, 2013. p. 180-233, especialmente fls. 207-227.

267. Para aprofundamento dessas categorias, ver SCARPARO, Eduardo. *As invalidades processuais civis na perspectiva do formalismo-valorativo.* Porto Alegre: Livraria do Advogado, 2013. p. 180-233, especialmente fls. 207-234.

268. Esta ponderação concreta deve se dar mediante a aplicação de postulados normativos, em especial o da proporcionalidade, como salientado por AMARAL, Guilherme Rizzo. *Cumprimento e execução da sentença sob a ótica do formalismo-valorativo.* Porto Alegre: Livraria do Advogado, 2008. p. 81-92.

269. CARNELUTTI, Francesco. *Instituciones del proceso civil.* v. 1. Buenos Aires: EJEA, 1959. p. 546. Trad. Santiago Sentís Melendo.

▶ **NCPC. Art. 4º** As partes têm o direito de obter em prazo razoável a solução integral do mérito, incluída a atividade satisfativa. ▶ **Art. 282. § 2º** Quando puder decidir o mérito a favor da parte a quem aproveite a decretação da nulidade, o juiz não a pronunciará nem mandará repetir o ato ou suprir-lhe a falta.

ENUNCIADO 279. PARA OS FINS DE ALEGAR E DEMONSTRAR PREJUÍZO, NÃO BASTA A AFIRMAÇÃO DE TRATAR-SE DE VIOLAÇÃO A NORMA CONSTITUCIONAL.

● *Grupo: Competência e invalidades processuais.* ● *Referência: arts. 282 e 283.*

▸ ***Eduardo Scarparo***

O NCPC consagra a necessidade de prejuízo para a invalidação de atos. Não se trata de novidade no sistema processual brasileiro, dado que essa ideia é bastante próxima da sistematização de Calmon de Passos, proposta ainda sob a vigência do CPC/39. Fato é que também se discutiu por longo período a viabilidade de presumir o prejuízo diante de certas circunstâncias. O Enunciado nº 279 consagra a ideia de que não se admite prejuízo presumido, mas tão somente aquele que puder ser demonstrado.

A informação sobre a presunção de prejuízo em certas situações não é nova na literatura processual brasileira. Afinal, a previsão legislativa indicando um sistema amparado pelo critério da cominação no CPC/39 e no CPC/73 (que anacronicamente deixou raízes secas à mostra na redação do NCPC)[270] conduziu ao questionamento doutrinário acerca da utilidade da cominação no sistema de invalidades, inclusive para fins de presumir a existência de prejuízos.

Olhando de perto se nota que à época, a tese de Pontes de Miranda indicava que as normas mais importantes eram dotadas de especial proteção no ordenamento, mediante a presença da cominação da nulidade na lei[271]. Apesar de contemporaneamente essa sistematização estar felizmente desacreditada[272], há uma reedição da antiga celeuma. Assim porque não mais seriam as normas íntegras do sistema de Pontes que presumiriam prejuízo em seu descumprimento, mas as normas constitucionais. Ou seja, aquilo que se considera mais importante. Em suma, a questão apresentada é a mesma, mas com um peculiar diferencial: a cominação de nulidade em uma e a topologia constitucional em outra.

Duas hipóteses são levantadas. Havendo uma presunção relativa de prejuízo, a princípio, a parte que o alega não teria o ônus de prová-lo. Da mesma forma, a presunção bastaria para o juiz de ofício invalidar o ato defeituoso. Daí, o decreto invalidatório

---

270. Sobre o ponto, ver SCARPARO, Eduardo. "Invalidades processuais no Código de Processo Civil de 2015". *In*: FREIRE, Alexandre. *et al.* (Orgs.). Coleção Novo CPC. Doutrina Selecionada. *Parte Geral.* Salvador: Juspodivm, 2015, v. 1. p. 1143-1158.

271. MIRANDA, Francisco Cavalcante Pontes de. *Comentários ao Código de Processo Civil.* v. 3. Rio de Janeiro: Forense, 1997. p. 355 e seguintes.

272. Sobre um exame da sistematização de Pontes de Miranda e sua crítica, trabalhou-se anteriormente e com maior profundidade em: SCARPARO, Eduardo. *As invalidades processuais civis na perspectiva do formalismo-valorativo.* Porto Alegre: Livraria do Advogado, 2013. p. 145-154.

poderia ocorrer sem que exista qualquer indício, já que a lei estabelece uma presunção de antemão. Caberia, porém, àquele que almejar a manutenção do ato, apesar do defeito, a prova de que não ocorreu qualquer dano com a violação do tipo, ou seja, exige-se dele a produção de prova negativa. Na outra hipótese, considerando inexistir sequer presunção relativa de dano, impor-se-ia ao julgador exigir a demonstração do prejuízo concreto com o desvio da finalidade, não podendo se valer exclusivamente do texto da lei para constituir o estado de invalidade.

Para responder à questão, deve-se reafirmar os festejados princípios da instrumentalidade das formas, do aproveitamento e convalidação e da economia processual, sendo que são partes integrantes e inafastáveis de todo o sistema de invalidades. Justamente por isso, defende-se que a existência de uma presunção relativa de prejuízo inverte a lógica de preservação dos atos indicada por esses princípios, já que exige a realização de prova de difícil constituição (a prova negativa) para que o ato se mantenha no processo. Assim, perde o valor a efetividade do processo, sem ganhos significativos para a segurança jurídica.

Antiga é a lição de Inocêncio Borges da Rosa, sustentando que os defensores da invalidade por prejuízo potencial "não se libertaram de todo da poderosa influência exercida pelo sistema já relegado de Romagnosi, segundo o qual ocorre nulidade sempre que há violação de forma essencial ou substancial da lei". Conclui sabiamente o jurista: "não; não basta o prejuízo potencial, a dúvida se ocorreu o prejuízo, a presunção do prejuízo".[273]

Em certas circunstâncias, toda a prova que se necessita para invalidar ou convalidar um ato processual já está nos autos, sem que o juiz ou a parte tenham que a produzir para esse fim específico. Foi o que Inocêncio Borges da Rosa chamou de "*demonstração pelo raciocínio*", quando o juiz se valeria exclusivamente de meios argumentativos[274]. Essa é, em regra, a situação quando diante de alegação de violação de norma constitucional.

Pondera-se, todavia, que não há demonstração exclusivamente pelo raciocínio. Na maior parte das vezes a prova do prejuízo está já realizada no próprio processo.

---

273. ROSA, Inocêncio Borges da. *Nulidades do Processo.* Porto Alegre: Livraria do Globo, 1935. p. 154. Outrossim, no dizer de Moacyr Amaral Santos, a influência do pensamento de Bentham também se verifica na argumentação. Defendia o jurista inglês um sistema de invalidades amparado na boa ou má-fé. Haveria invalidade justamente diante de um ato de má-fé, que era presumida na violação de formas, cabendo ao interessado, na validade do ato, a comprovação da boa-fé. SANTOS, Moacyr Amaral. Nulidades processuais. In. *Enciclopédia Saraiva do Direito.* v. 55. São Paulo: Saraiva. p. 163-171, 1977-1982. p. 164

274. "A demonstração pelo raciocínio, por meio tão somente de argumentos, dispensa prova, porque trata-se de fato notório, evidente ou intuitivo. Assim, si a citação não foi feita com os requisitos legais indispensáveis para a consecução do seu fim, segue-se que ela não atinge o seu fim, quando o citando não comparece a juízo ainda em tempo de tratar convenientemente da sua defesa. Em tais condições, não é necessário que o citando prove que ocorreu prejuízo, pois é claro que si já estava encerrada a dilação probatória, quando ele compareceu a juízo, segue-se que ele não pode fazer prova em sua defesa, sendo assim evidente o prejuízo para a sua defesa". ROSA, Inocêncio Borges da. *Nulidades do processo.* Porto Alegre: Livraria do Globo, 1935. p. 155.

Tratando-se de violação ao contraditório, *v.g.*, a falta de participação das partes, nota-se que a prova do prejuízo não necessita mais ser realizada porque o dano já é evidente nos autos, o que não significa que tenha essa prova sido suprida pela simples argumentação.

Em nenhum momento afirma a lei haver uma presunção de prejuízo, nem essa conclusão parece legítima, com base nos valores fundamentais do processo, que bem se refletem nos princípios da instrumentalidade das formas, da economia e do aproveitamento. Pelo contrário, ao que parece, "*existe uma preferência normativa pela validez dos atos processuais*"[275], noção incompatível com a ideia de presunção absoluta ou relativa de um prejuízo. Em razão disso, faz-se indispensável à invalidação a demonstração do prejuízo, seja pela prova que já está no processo, fazendo desnecessária a produção superveniente, seja pelos meios ordinários de prova.

Consequência de todo o argumentado é que não há qualquer relevância à imprescindibilidade da demonstração do prejuízo o fato de a invalidade decorrer ou não de violação de norma constitucional. Todo e qualquer prejuízo impõe sua demonstração concreta, não estando afeito o sistema de invalidade a abstrações dissociadas do contexto em que julgada a validade dos atos processuais.

▶ **NCPC. Art. 282.** Ao pronunciar a nulidade, o juiz declarará que atos são atingidos e ordenará as providências necessárias a fim de que sejam repetidos ou retificados. ▶ **Art. 283.** O erro de forma do processo acarreta unicamente a anulação dos atos que não possam ser aproveitados, devendo ser praticados os que forem necessários a fim de se observarem as prescrições legais.

1.4.4. Da Distribuição e do Registro (arts. 284 a 290)

Enunciado 139. No processo do trabalho, é requisito da petição inicial a indicação do endereço, eletrônico ou não, do advogado, cabendo-lhe atualizá-lo, sempre que houver mudança, sob pena de se considerar válida a intimação encaminhada para o endereço informado nos autos.

● *Grupo: Impacto do CPC no Processo do Trabalho.* ● *Referências: arts. 15 e 287.*

▸ ***Julia Lipiani e Marília Siqueira***

A aplicação do Código de Processo Civil ao processo do trabalho.

Na vigência do Código de Processo Civil de 1973, as normas do direito processual comum eram consideradas fontes do direito processual trabalhista, de forma subsidiária e subordinada à compatibilidade com as normas específicas de direito do trabalho, por força de disposição expressa constante no artigo 769, CLT.

O Código de Processo Civil de 2015, avançando sobre o tema, determina, no artigo 15, a aplicação das normas nele contidas de forma supletiva e subsidiária ao processo trabalhista, desde que inexistam normas específicas sobre a matéria, aproximando um pouco mais o processo trabalhista do processo civil comum. O mencionado

275. CABRAL, Antônio P. *Nulidades no processo moderno.* Rio de Janeiro: Forense: 2009. p. 194.

dispositivo inova, portanto, ao mencionar a aplicação *supletiva* das normas do Código de Processo Civil e ao deixar de mencionar a necessidade de compatibilidade com as normas da CLT.

Quanto à aplicação *supletiva* das normas do Código de Processo Civil, importa dizer que se diferencia da aplicação subsidiária da seguinte forma: esta tem cabimento quando se está diante de lacuna ou omissão absoluta; aquela tem como objetivo complementar uma norma principal incompleta.[276] Enquanto a aplicação subsidiária significa a integração de uma legislação, com o preenchimento de lacunas absolutas, a aplicação supletiva implica complementação de uma lei por outra.[277]

A menção à aplicação supletiva, além da subsidiária, no artigo 15, CPC, soluciona questão discutida no processo do trabalho quanto à possibilidade de incidência das normas de direito processual civil quando inexiste lacuna absoluta na CLT. De acordo com o novo dispositivo, portanto, é possível que sejam aplicadas as normas contidas no diploma processual civil ao processo do trabalho também quando existir na CLT norma incompleta, ou seja, quando a omissão legislativa for apenas parcial – e não somente nos casos de omissão absoluta.

Quanto à ausência de menção à necessidade de compatibilidade com a CLT das normas processuais civis a serem aplicadas ao processo do trabalho, é possível defender que o artigo 15 teria revogado o artigo 769, CLT, de modo que essa exigência teria deixado de existir. De todo modo, ainda que se entenda pela revogação deste dispositivo e, consequentemente, da mencionada exigência, a compatibilidade da norma subsidiária ou supletiva à legislação que se pretende integrar ou completar é imprescindível, sob pena de se revogar o sistema ou a norma mais especial.[278]

A indicação do endereço como requisito da inicial e o dever de atualizá-lo.

O artigo 287, CPC prevê a necessidade de que a petição inicial seja acompanhada do instrumento de procuração, indispensável para que se observe o pressuposto processual da capacidade postulatória. Dentre outros requisitos do mandato judicial, ele deverá conter o endereço completo e correio eletrônico do advogado.

Ainda, de acordo com o artigo 77, V, CPC, é dever das partes e dos seus procuradores a indicação do endereço onde receberão intimações e a sua atualização, sempre que ocorrer qualquer alteração temporária ou definitiva. A inobservância deste dever afasta a invalidade de comunicações e intimações encaminhadas ao endereço antigo (art. 274, par. único, CPC). Ou seja, para fins de aferição de validade da comunicação ou intimação, deve ser considerado o endereço constante nos autos.

---

276. MEIRELES, Edilton. O Novo CPC e sua aplicação supletiva e subsidiária no Processo do Trabalho. *In*: DIDIER JR., Fredie (coord.) *Novo CPC. Doutrina selecionada. Parte geral.* Salvador: Juspodivm, 2015, v. 1. p. 586.

277. TUPINAMBÁ, Carolina. *In*: CABRAL, Antonio P.; CRAMER, Ronaldo. (Coords.). *Comentários ao novo Código de Processo Civil.* Rio de Janeiro: Forense, 2015. p. 50.

278. Sobre o tema, ver: MEIRELES, Edilton. *O Novo CPC e sua aplicação supletiva e subsidiária no Processo do Trabalho.* Ob. cit. p. 590-597.

As normas que se extraem dos artigos 287 e 77, CPC têm como *ratio* a busca pela celeridade e efetividade. A possibilidade de o Poder Judiciário localizar e comunicar as partes acerca dos assuntos do processo é imprescindível para que a tutela jurisdicional ocorra em tempo razoável e de forma efetiva, conforme preconizam as normas fundamentais do direito processual civil brasileiro.

O andamento do processo depende de as partes serem informadas acerca de todos os atos processuais e poderem se manifestar sobre isso (inclusive por conta do princípio do contraditório). A informação e a oportunidade de manifestação ocorrerão de forma muito mais rápida e simples se o endereço, eletrônico ou não, para onde devam ser encaminhadas as comunicações e intimações está nos autos, devidamente atualizado.

A aplicabilidade dos artigos 287 e 77, inciso V, CPC ao processo do trabalho.

Considerando o quanto disposto no artigo 15, CPC, as regras contidas nos artigos 287 e 77, inciso V, do mesmo diploma legal são plenamente aplicáveis ao processo do trabalho.

Primeiro, porque a CLT é omissa em relação à matéria tratada nos mencionados artigos. Não há na legislação específica trabalhista norma que trate dos requisitos do instrumento de mandato outorgado ao advogado ou dos deveres dos participantes do processo em relação à informação de endereço nos autos no procedimento comum (para o procedimento sumaríssimo trabalhista há previsão no artigo 852-B, § 2º, CLT, semelhante àquelas extraídas dos artigos 77, V, e 274, par. único, CPC).

Segundo, porque as normas que se extraem dos artigos 287 e 77, inciso V, CPC não são incompatíveis com aquelas aplicáveis ao processo do trabalho. Ao contrário: conforme dito, estão em absoluta consonância com os princípios da duração razoável do processo e da efetividade da tutela jurisdicional, que são bastante relevantes no processo trabalhista, tendo em vista a natureza alimentar do direito que em geral se discute neste processo. Tanto assim que, como já se adiantou, há expressa previsão na CLT no sentido de que, no procedimento sumaríssimo, as partes e advogados comunicarão ao juízo as mudanças de endereço ocorridas no curso do processo, reputando-se eficazes as intimações enviadas ao local anteriormente indicado, na ausência de comunicação (852-B, § 2º, CLT).

Daí porque é possível concluir que, também no processo do trabalho, a indicação de endereço, eletrônico ou não, do advogado é requisito da petição inicial e que é dever dos participantes do processo, inclusive o advogado, informar qualquer alteração do endereço, mantendo-o atualizado, sendo reputada válida a intimação encaminhada para o endereço constante nos autos.

► **NCPC. Art. 15.** Na ausência de normas que regulem processos eleitorais, trabalhistas ou administrativos, as disposições deste Código lhes serão aplicadas supletiva e subsidiariamente. ► **Art. 287.** A petição inicial deve vir acompanhada de procuração, que conterá os endereços do advogado, eletrônico e não eletrônico.

Enunciado 280. O prazo de quinze dias a que se refere o art. 290 conta-se da data da intimação do advogado.

● *Grupo: Advogado e Sociedade de Advogados. Prazos.* ● *Referências: art. 290.*

▸ *Julia Lipiani e Marília Siqueira*

Durante a vigência do Código de Processo Civil de 1973, houve séria controvérsia acerca da necessidade de intimação da parte autora antes do cancelamento da distribuição da petição inicial por conta de falta de pagamento das custas e despesas de ingresso. A redação do dispositivo que tratava da matéria naquele Código (art. 257, CPC/73) não trazia qualquer referência à questão da intimação. O STJ, então, fixou entendimento no sentido de que a intimação da parte seria dispensável, salvo nos casos em que a petição inicial já tivesse sido despachada, sob o fundamento de que o impulso da ação é responsabilidade do autor.[279]

O legislador do Código de Processo Civil de 2015, no artigo 290, pôs fim à celeuma, optando pela necessidade de intimação da parte, por meio do seu advogado, para que efetue o pagamento faltante antes que seja cancelada a distribuição da petição inicial. Esta é a norma jurídica que se extrai da interpretação do texto do dispositivo, seja da sua interpretação literal, seja de acordo com o ordenamento jurídico em que está inserido.

Quanto à interpretação literal do dispositivo, da sua leitura e extração dos sentidos possíveis dos signos ali constantes é possível perceber claramente a opção do legislador: a distribuição do feito será cancelada se a parte, que já foi intimada para tanto, não realizar o pagamento no prazo previsto. Não há como se compreender de outro modo o que está posto.

O prazo de 15 dias, portanto, somente poderá começar a correr depois de intimada a parte na pessoa do seu advogado.

Além disso, cabe dizer que, considerando a interpretação do dispositivo de acordo com o ordenamento jurídico, devem ser observadas as normas fundamentais do novo direito processual civil brasileiro, sobretudo o princípio do contraditório e a relacionada regra de vedação das decisões surpresa (art. 10), assim como o princípio da cooperação (art. 6º).

O princípio do contraditório, na sua dimensão formal, garante que as partes participem do processo, sendo-lhe oportunizada a sua ouvida. Já na dimensão substancial, garante o poder de influência, ou seja, que a parte seja ouvida em condições de poder influenciar a decisão do órgão jurisdicional. Esta dimensão substancial do contraditório impede a prolação de decisões surpresa (sem que tenha sido oportunizada à parte a manifestação acerca do fundamento da decisão).[280]

O princípio da cooperação, por sua vez, que se destina a transformar o processo em uma "comunidade de trabalho", torna devidos os comportamentos necessários à

279. STJ, EREsp 264.895, Corte Especial, Rel. Min. Ari Pargendler, DJ 15.4.2002.
280. DIDIER JR., Fredie. *Curso de direito processual civil.* 18. ed. Salvador: Juspodivm, v. 1. p. 81-82.

obtenção de um processo cooperativo e leal. Os deveres processuais decorrentes deste princípio são imputáveis tanto às partes como ao órgão julgador. Especialmente para a análise do presente enunciado, importa lembrar que, tendo em vista o princípio da cooperação, o órgão julgador tem o dever de consulta e o dever de prevenção. De acordo com tais deveres, respectivamente, o juiz não pode decidir com base em questão sobre a qual as partes não puderam se manifestar e deve apontar as deficiências das postulações das partes para que sejam supridas, inclusive sugerindo alguma atuação pela parte.[281]

O disposto no artigo 290, então, deve ser compreendido de acordo com tais normas jurídicas. O prazo para realização e comprovação dos pagamentos faltantes somente pode começar a correr depois que a parte seja intimada acerca da necessidade desse pagamento, sob pena de o cancelamento da distribuição do feito ser determinado sem que lhe seja dada oportunidade de manifestar-se. Interpretação em outro sentido implicaria violação ao princípio do contraditório e da cooperação, bem como à regra da vedação às decisões surpresa.

Assim, em verdade, considerando os mencionados princípios e regra, é nula a decisão que determinar o cancelamento da distribuição sem a prévia intimação da parte na pessoa do seu advogado.[282]

▶ **NCPC. Art. 290.** Será cancelada a distribuição do feito se a parte, intimada na pessoa de seu advogado, não realizar o pagamento das custas e despesas de ingresso em 15 (quinze) dias.

1.5. Da Tutela Provisória (arts. 294 a 311)

1.5.1. Disposições Gerais (arts. 294 a 299)

ENUNCIADO 29. É AGRAVÁVEL O PRONUNCIAMENTO JUDICIAL QUE POSTERGAR A ANÁLISE DO PEDIDO DE TUTELA PROVISÓRIA OU CONDICIONAR SUA APRECIAÇÃO AO PAGAMENTO DE CUSTAS OU A QUALQUER OUTRA EXIGÊNCIA.

● *Grupo: Tutela Antecipada.* ● *Redação revista (V, VII FPPC).* ● *Referências: art. 298, art. 1.015, I.*

▸ ***Eduardo Fonseca da Costa***

Quando o juiz (a) posterga a análise do pedido de tutela provisória ou (b) condiciona sua apreciação ao pagamento de custas ou a qualquer exigência, ele *decide*. Em (a), decide que no caso concreto não há *periculum in mora* em grau extremado. Decide, enfim, que não há risco de perecimento de direito nem risco à eficácia da medida caso cientificado o réu, razão por que é possível aguardar-se o contraditório (o que equivale a *indeferir* o pedido de concessão *non audita altera parte*). Já em (b),

281. *Ibidem*, p. 128-132.

282. Nesse sentido: FARIA, Juliana Cordeiro de. *In*: WAMBIER, Teresa A. *et al* (Coords.). *Breves comentários ao novo Código de Processo Civil*. São Paulo: RT, 2015. p. 758.

o juiz decide que a apreciabilidade do pedido de tutela provisória se condiciona ao pagamento de custas ou a qualquer outra exigência entrevista.

Logo, esses pronunciamentos são verdadeiras *decisões interlocutórias*. Se proferidas por juiz de primeira instância, a elas se pode interpor *agravo de instrumento* (NCPC, art. 1.015, I); se proferidas por relator de recurso ou ação de competência originária de tribunal, cabe *agravo interno* (NCPC, art. 1.021). No entanto, infelizmente, é comum no quotidiano forense que essas decisões não sejam devidamente fundamentadas. Não raro, o juiz posterga sem explicar o motivo, ou seja, sem expor as razões que o levam a crer que a situação de perigo não é extremada.

Da mesma forma, muitas vezes não aponta a regra que condiciona a apreciabilidade do pedido de tutela provisória ao pagamento de custas ou a qualquer outra exigência. Ele simplesmente escreve – sem maiores justificativas – "postergo a análise do pedido de tutela provisória para após a vinda da contestação" ou "intime-se o autor a recolher as custas em até quinze dias". Daí por que esses pronunciamentos são *omissos*, a eles se podendo opor *embargos de declaração* (NCPC, art. 1.022, II). De qualquer modo, nesses casos, nada impede que a parte prejudicada já interponha *diretamente* o agravo; afinal, decisão não fundamentada é decisão *nula*.

► **NCPC. Art. 298**. Na decisão que conceder, negar, modificar ou revogar a tutela provisória, o juiz motivará seu convencimento de modo claro e preciso. ► **Art. 1.015.** Cabe agravo de instrumento contra as decisões interlocutórias que versarem sobre: I – tutelas provisórias.

Enunciado 30. O juiz deve justificar a postergação da análise liminar da tutela provisória sempre que estabelecer a necessidade de contraditório prévio.

● *Grupo: Tutela Antecipada. Redação revista (V FPPC).* ● *Referência: art. 298.*

► ***Eduardo Fonseca da Costa***

Esse enunciado é perigoso. Afinal, gera a (falsa) impressão de que o juiz deve justificar a postergação da análise do pedido de liminar sempre que estabeleça a necessidade de contraditório prévio, mas não deve justificar a desnecessidade de contraditório prévio para a análise do pedido de liminar. O artigo 9º do NCPC prescreve que "não se proferirá decisão contra uma das partes sem que esta seja previamente ouvida"; todavia, no inciso I ao seu parágrafo único ressalva que o disposto no caput não se aplica à "tutela provisória de urgência". Infelizmente, os dispositivos não primam pela clareza.

Por isso, ao menos duas interpretações mutuamente excludentes se podem extrair da conjugação funcional entre o caput e o inciso I do parágrafo único: i) a tutela de urgência *non audita altera parte* é uma *obrigatoriedade*; ii) a tutela de urgência *non audita altera parte* é uma tão somente *possibilidade*. Decerto, a interpretação (i) é *inconstitucional*. É juridicamente possível a concessão de tutela de urgência *non audita altera parte*. No entanto, essa possibilidade é sempre verificável *in concreto*. Ou seja, a concessão de tutela de urgência sem a ouvida da parte contrária não é cabível *tout court*.

É insatisfatória, portanto, a postura judicial que simplesmente concede *simpliciter et de plano* de tutelas de urgência sem o estabelecimento prévio do contraditório. É inegável tratar-se de postura mais cômoda; porém, nem sempre o mais cômodo é o mais justo. Afinal, a oitiva prévia do réu é importante porque a narrativa unilateral do caso pelo autor pode distorcer bastante o ocorrido e induzir maliciosamente o juiz a concessão uma tutela que ele dificilmente concederia caso antes escutasse o demandado.

Não se pode esquecer que aqui estão em jogo dois interesses constitucionalmente protegidos: i) o princípio do *contraditório* e ii) o princípio da *inafastabilidade do Poder Judiciário*. Ora, *princípios* nada mais são do que normas que estabelecem um estado ideal de coisas a ser gradualmente alcançado[283]. Entretanto, embora esses princípios possam *em tese* ser harmônicos entre si, às vezes, *na prática*, entrechocam-se em determinada situação concreta. É o que se nota, p. ex., nas concessões de tutela de urgência: de um lado, o réu invocando o *direito ao contraditório* para poder pronunciar-se sobre o pedido de tutela de urgência; de outro, o autor invocando o *direito a uma tutela jurisdicional adequada*. Nesse caso, é imprescindível que o juiz se valha de um *postulado aplicativo-normativo*, ou seja, que utilize uma meta-norma, capaz de estruturar uma solução *otimizante* da eficácia dos dois princípios em colisão.

Enfim, deve o juiz lançar mão de uma técnica harmonizadora que lhe permita resolver o *conflito de princípios*, equacionando essa situação litigiosa, em que cada uma das partes envolvidas pugna pela realização concreta de fins diferentes entre si, todos eles constitucionalmente legitimados. Ora, essa *técnica* normativa é o *postulado da proporcionalidade.*

Tal postulado visa estruturar a aplicação de princípios colidentes, buscando, a um só tempo: α) a solução adequada à promoção dos princípios; β) a solução que consiga promover os princípios conflitantes de modo menos restritivo a cada um deles; γ) a solução em que as vantagens apresentadas pela promoção dos fins justificam as desvantagens causadas pelas restrições de alguns dos princípios em jogo.

Nesse caso, para que se saiba se num determinado caso concreto é possível a concessão da tutela de urgência *non audita altera parte*, é necessário que o juiz saiba antes se: a) entre os vários momentos processuais possíveis para a apreciação do pedido de liminar, o instante mais adequado ao afastamento da situação de perigo é o momento anterior à ouvida do réu [= subpostulado da *adequação*]; b) há momentos alternativos para o afastamento da situação de perigo [= subpostulado da *necessidade*]; c) os benefícios que o requerente da medida terá com a concessão *non audita altera parte* justificam a postecipação do contraditório [= subpostulado da *proporcionalidade* stricto sensu].

Logo, não basta ao autor simplesmente pedir em juízo a concessão da tutela *non audita altera parte*, limitando-se a alegar o *periculum in mora* como se se tratasse de uma "palavra mágica". Antes, é preciso que concretamente o juiz constate: 1)

---

283. Cf. ÁVILA, Humberto. *Teoria dos princípios.* 2. ed. São Paulo: Malheiros, 2003, p. 70-71.

atendendo ao *subpostulado da adequação*, que não é possível *in casu* aguardar a resposta do réu, sob pena de perecimento irreversível do direito alegado; 2) atendendo ao *subpostulado da necessidade*, que a medida precisa ser outorgada imediatamente, razão por que o autor está fadado a sofrer um *damnum irreparabile* mesmo que se conceda alternativamente ao réu um prazo exíguo inferior ao da contestação; 3) atendendo ao *subpostulado da proporcionalidade em sentido estrito*, que a postecipação do contraditório não impede o réu de ulteriormente pedir a reconsideração da medida ou interpor agravo de instrumento.

Por conseguinte, será *inconstitucional* a decisão concessiva de tutela de urgência: i) que for proferida *non audita altera parte*, embora seja possível aguardar a vinda da contestação, já que a ocorrência do dano está prevista para ocorrer só após o prazo de defesa; ii) que for proferida *non audita altera parte* nos casos em que, embora não se possa aguardar a resposta no prazo legal, haja tempo suficiente para o réu se manifestar-se sobre o pedido de tutela de urgência em prazo alternativo inferior ao da contestação. Neste último caso, é possível aplicar-se analogicamente ao caso a norma do artigo 2º da Lei 8.437/92 e, com isso, intimar-se o réu para manifestar-se em 72 (setenta e duas) horas sobre o pedido de tutela de urgência.

De todo modo, o prazo pode ser menor (se a urgência for incompatível com 72 horas de espera) ou maior (se houver a possibilidade de aguardar-se mais tempo). A fixação do prazo exigirá do juiz exercício de *prudência*. Daí já se vê a concessão de tutela de urgência *non audita altera parte* deve ser *excepcional*. A regra, portanto, é postergar-se justificadamente a análise do pedido.

► **NCPC. Art. 298**. Na decisão que conceder, negar, modificar ou revogar a tutela provisória, o juiz motivará seu convencimento de modo claro e preciso.

Enunciado 140. A decisão que julga improcedente o pedido final gera a perda de eficácia da tutela antecipada.

● *Grupo: Tutela Antecipada.* ● *Baseado na versão da Câmara dos Deputados. Na redação, final, o termo "tutela antecipada" foi substituído por "tutela provisória"; o termo "satisfativa", por "antecipada".* ● *Referência: art. 296.*

► ***Eduardo Fonseca da Costa***

O enunciado prima por esmero técnico, pois utiliza "perda de eficácia" em lugar de "revogação". O homem do foro costuma dizer que a sentença desfavorável de mérito "revoga" a decisão antecipatória. Entretanto, não se constata aí uma revogação propriamente dita. Afinal, a autêntica revogação acarreta a retirada de um ato do mundo jurídico.

É consequência do desfazimento do suporte fático em que aquele se inseria. Quem revoga, retira a voz, a expressão da vontade que integra o suporte fático do ato. Não é o que se verifica, porém, quando uma decisão que julga improcedente o pedido final sobrevém à decisão concessiva de tutela antecipada. Aqui, não há apagamento existencial, mas uma mera supressão eficacial.

O elemento volitivo, que ocupa o núcleo do suporte fático da decisão interlocutória, permanece incólume. A aludida decisão continua *sendo, persistindo*, mesmo após a improcedência. Continua existindo, mas ineficazmente. É, mas sem irradiar os seus efeitos. São eles *sufocados* pela sentença desfavorável de mérito. Tanto é verdade que, se porventura a sentença for nulificada, a causa sufocadora desaparecerá e, por conseguinte, os efeitos da tutela antecipada reaparecerão até novo pronunciamento.

> ▶ **NCPC. Art. 296.** A tutela provisória conserva sua eficácia na pendência do processo, mas pode, a qualquer tempo, ser revogada ou modificada.

Enunciado 141. O disposto no art. 298, CPC, aplica-se igualmente à decisão monocrática ou colegiada do Tribunal.

● *Grupo: Tutela Antecipada.* ● *Referência: art. 298.*

▸ ***Eduardo Fonseca da Costa***

O enunciado diz o óbvio. Afinal, o termo "decisão", contido no artigo 298 do CPC, significa *sentença*, *acórdão* e *decisão interlocutória*. Aliás, à luz do sistema de direito positivo brasileiro, o dispositivo é redundante, já que recai sobre o juiz [= juiz de primeira instância, juiz ou desembargador de tribunal inferior e ministros de tribunais superiores] o dever constitucional de fundamental suas decisões (CF, art. 93, IX). Não o fazendo ou fazendo-o mal, produz ato *nulo*. Lembre-se que a fundamentação é *imperativo de razão*. Razão é capacidade de raciocinar, e raciocinar é chegar encadeadamente a conclusões a partir de premissas.

Nesse sentido, fundamentar é expor o encadeamento lógico. É descrever ao interlocutor como o raciocínio decisório se estruturou. Antes de ser dever jurídico-positivo, é dever *jurídico-natural*. Entretanto, não se exige fundamentação qualquer. É necessário que ela tenha *qualidades*, já que se dirige a interlocutores (no caso das decisões judiciais, não somente às partes, mas a toda a sociedade e àqueles que intervenham interessada e desinteressadamente no processo). Enfim, é necessário que a fundamentação seja formalmente *inteligível* e objetivamente *determinada*. Deve haver fundamentação *clara* e *precisa*, pois. Fundamentação obscura e inexata é tão nula quanto falta de fundamentação. Portanto, se há decisão no ato de conceder, negar, modificar ou revogar a tutela provisória, incide o imperativo jurídico-racional da fundamentação. Aliás, com maior força deve ele incidir sobre o exercício da jurisdição das tutelas provisórias, em que ainda persevera a preguiça. Infelizmente, até hoje se veem decisões-pílula como "defiro o pedido de tutela antecipada ante a presença dos pressupostos legais", ou "indefiro o pedido de tutela liminar diante da ausência dos requisitos legais".

Tudo sem maiores explanações. Por isso, como bem leciona Cassio Scarpinella Bueno[284]:

284. Ob. cit., p. 65.

> Pela cultura e pelo "jeito brasileiro", nunca é demais lembrar que certas leis, certos dispositivos normativos, têm de ser observados. A técnica, comuníssima entre nós, é ficar repetindo esses comandos para ver se sua leitura aqui e acolá convence alguém de que é para valer, que é sério, que deve haver alguma consequência para quem acatar a regra jurídica.

Assim sendo, a redundância é muito bem-vinda. Ainda não se encontrou melhor remédio contra o arbítrio e o decisionismo que a boa e velha fundamentação.

> ► **NCPC. Art. 298**. Na decisão que conceder, negar, modificar ou revogar a tutela provisória, o juiz motivará seu convencimento de modo claro e preciso.

ENUNCIADO 142. DA DECISÃO MONOCRÁTICA DO RELATOR QUE CONCEDE OU NEGA O EFEITO SUSPENSIVO AO AGRAVO DE INSTRUMENTO OU QUE CONCEDE, NEGA, MODIFICA OU REVOGA, NO TODO OU EM PARTE, A TUTELA PROVISÓRIA NOS CASOS DE COMPETÊNCIA ORIGINÁRIA OU RECURSAL, CABE AGRAVO INTERNO NOS TERMOS DO ART. 1.021 DO CPC.

● *Grupo: Tutela Antecipada.* ● *Referência: art. 298; art. 1.021.*

► ***Eduardo Fonseca da Costa***

O enunciado diz o óbvio. Afinal, de acordo com o artigo 1.021 do CPC, "contra decisão proferida pelo relator caberá agravo interno para o respectivo órgão colegiado, observadas, quanto ao processamento, as regras do regimento interno do tribunal". Ora, ao conceito de "decisão proferida pelo relator" se encaixa perfeitamente a decisão monocrática do relator que concede ou nega o efeito suspensivo ao agravo de instrumento ou que concede, nega, modifica ou revoga, no todo ou em parte, a tutela jurisdicional nos casos de competência originária ou recursal.

> ► **NCPC. Art. 298**. Na decisão que conceder, negar, modificar ou revogar a tutela provisória, o juiz motivará seu convencimento de modo claro e preciso. ► **Art. 1.021.** Contra decisão proferida pelo relator caberá agravo interno para o respectivo órgão colegiado, observadas, quanto ao processamento, as regras do regimento interno do tribunal.

ENUNCIADO 418. AS TUTELAS PROVISÓRIAS DE URGÊNCIA E DE EVIDÊNCIA SÃO ADMISSÍVEIS NO SISTEMA DOS JUIZADOS ESPECIAIS.

● *Grupo: Impacto nos Juizados e nos procedimentos especiais da legislação extravagante.* ● *Referência: arts. 294 a 311; Leis 9.099/95, 10.259/01 e 12.153/09.*

► ***Eduardo Fonseca da Costa***

O CPC traz normas *procedimentais* e *processuais* sobre tutelas provisórias. *Procedimento* é categoria do plano da *existência*: trata-se de sequência de fatos jurídicos, atos jurídicos *stricto sensu*, atos-fatos jurídicos e negócios jurídicos efetuados pelo autor (distribuição da inicial, réplica, desistência da ação, etc.), pelo réu (contestação, reconvenção, impugnação ao valor da causa, arguição de exceção de impedimento, etc.), pelo juiz (ordem de citação, saneamento do processo, nomeação de perito, prolação de sentença, etc.) e pelos auxiliares da Justiça (elaboração de laudo, administração judicial, cumprimento de mandado, tradução de documentos, etc.).

Já o *processo* é uma categoria do plano da *eficácia*: trata-se do fluxo contínuo das situações jurídicas que são irradiadas no plano da eficácia à medida que são realizados no plano da existência os respectivos fatos jurídicos, atos jurídicos *stricto sensu*, atos-fatos jurídicos e negócios jurídicos que formam o procedimento. Logo, o procedimento e o processo não se confundem, assim como não se confundem o contrato e a relação jurídica obrigacional que ele faz nascer. Decerto, as normas procedimentais gerais do NCPC não se aplicam às ações de procedimento especial, pois aqui incide o adágio "regra especial revoga regra geral" (*lex specialis derogat legi generali*); entretanto, as normas processuais se aplicam.

Nisso não atenta a jurisprudência, a qual acertadamente recusa a possibilidade de réplica no mandado de segurança (que é ato de procedimento), mas equivocadamente nega ali a possibilidade de intervenção de terceiros (que é uma faculdade processual). Logo, às ações de procedimento especial com regime próprio de liminar (ex.: mandado de segurança, ação de nunciação de obra nova, ações de despejo, ações de posse nova, embargos de terceiro) não se aplicam os procedimentos das tutelas antecipada e cautelar requeridas em caráter antecedente (artigos 303 e 305); no entanto, nessas ações – ao lado das suas liminares específicas – é possível que se concedam as tutelas genéricas de urgência satisfativa, de urgência cautelar e de evidência, desde que presentes os respectivos pressupostos.

No mandado de segurança, p. ex., será possível a concessão de tutela cautelar, de tutela antecipada e de tutela de evidência; contudo, não poderá o impetrante pedir liminar em procedimento antecedente e aditar ulteriormente a inicial para completá-la ou deduzir pedido principal. O mesmo raciocínio se estende ao procedimento especial dos Juizados Especiais.

▶ **NCPC. Art. 294.** A tutela provisória pode fundamentar-se em urgência ou evidência.

ENUNCIADO 496. PREENCHIDOS OS PRESSUPOSTOS DE LEI, O REQUERIMENTO DE TUTELA PROVISÓRIA INCIDENTAL PODE SER FORMULADO A QUALQUER TEMPO, NÃO SE SUBMETENDO À PRECLUSÃO TEMPORAL.

● *Grupo: Tutela de urgência e tutela de evidência.* ● *Referências: arts. 294, par. ún., 300, caput e § 2º e 311.*

▸ ***Ravi Peixoto***

A tutela provisória pode ser requerida de forma incidental ou antecedente, no caso da tutela provisória de urgência. A tutela provisória de evidência apenas pode ser requerida de forma incidental.

A tutela provisória incidental é requerida dentro de um processo em que se requer uma tutela definitiva. Nesse sentido, o pedido de tutela provisória é incidental ao pedido de tutela definitiva, em que há o objetivo de adiantar os seus efeitos e independe do pagamento de custas (art. 295, CPC). Esse requerimento pode ser *contemporâneo* ou *posterior* à formulação do pedido de tutela definitiva, inexistindo na legislação processual, a princípio, qualquer espécie de preclusão à formulação do pedido de tutela provisória, nos termos do apontado pelo enunciado n. 496. Tem-se que a tutela provisória constitui relevante medida à disposição do juiz, para que propicie a prestação jurisdicional oportuna e adequada que, efetivamente, confira proteção ao bem jurídico em litígio, abreviando, ainda que em caráter provisório, os efeitos práticos do provimento definitivo.

Como destacado pela doutrina, isso significa que o requerimento de tutela provisória pode ser formulado: "a) na própria petição inicial (contestação, petição de ingresso do terceiro ou de manifestação do Ministério Público); b) em petição simples; c) oralmente, em mesa de audiência ou durante a sessão de julgamento no tribunal – quando deve ser reduzido a termo; d) ou no bojo de petição recursal".[285]

Inclusive, recentemente o STJ afirmou que "é possível o requerimento de antecipação dos efeitos da tutela em sede de sustentação oral".[286]

Quanto a esse ponto específico, foi destacado pelo tribunal que, se o pedido poderia ser formulado ao relator, e o próprio art. 296, *caput*, do NCPC deixa nítido que novas circunstâncias autorizam o requerimento, possível também que seja deduzido em sessão de julgamento, em feito que comporta sustentação oral, ao Colegiado que apreciará o recurso. Isso porque, tal procedimento consiste em manifestação formal (art. 554 do CPC/1973 e 937 do NCPC) a oportunizar à parte adversa até mesmo o contraditório prévio ao exame do pedido.

Em outros termos, a tutela provisória incidental pode ser requerida a qualquer momento, não se podendo ignorar a necessidade – em regra – de intimar a parte contrária antes de haver decisão (art. 9º, CPC). Basta que os requisitos para a sua concessão sejam preenchidos, o que, afinal, pode vir a ocorrer apenas em momento posterior ao ingresso da parte no processo, a exemplo de pedido de realização de cirurgia que vem a se tornar urgente por algum fato superveniente, ou de pedido de tutela provisória de evidência que passa a estar embasado em súmula vinculante editada após o início do processo, dentre vários outros exemplos.

► **NCPC. Art. 294. Parágrafo único.** A tutela provisória de urgência, cautelar ou antecipada, pode ser concedida em caráter antecedente ou incidental. ► **Art. 300.** A tutela de urgência será concedida quando houver elementos que evidenciem a probabilidade do direito e o perigo de dano ou o risco ao resultado útil do processo. (...). **§ 2º** A tutela de urgência pode ser concedida liminarmente ou após justificação prévia. ► **Art. 311.** A tutela da evidência será concedida, independentemente da demonstração de perigo de dano ou de risco ao resultado útil do processo, quando: I – ficar caracterizado o abuso do direito de defesa ou o manifesto propósito protelatório da parte; II – as alegações de fato puderem ser comprovadas apenas documentalmente e houver tese firmada em julgamento de casos repetitivos ou em súmula vinculante; III – se tratar de pedido reipersecutório fundado em prova documental adequada do contrato

---

285. DIDIER JR., Fredie; BRAGA, Paula Sarno; OLIVEIRA, Rafael. *Curso de direito processual civil*. v. 2. 12. ed. Salvador: Juspodivm, 2017. p. 650.
286. STJ, 3ª T., REsp 1.332.766, Rel. Min. Luis Felipe Salomão, por unanimidade, DJe 1.8.017, Informativo 608.

de depósito, caso em que será decretada a ordem de entrega do objeto custodiado, sob cominação de multa; IV – a petição inicial for instruída com prova documental suficiente dos fatos constitutivos do direito do autor, a que o réu não oponha prova capaz de gerar dúvida razoável. Parágrafo único. Nas hipóteses dos incisos II e III, o juiz poderá decidir liminarmente.

Enunciado 497. As hipóteses de exigência de caução para a concessão de tutela provisória de urgência devem ser definidas à luz do art. 520, IV, CPC.

● *Grupo: Tutela de urgência e tutela de evidência.* ● *Referências: arts. 297, par. ún., 300, § 1º e 520, IV.*

▸ *Ravi Peixoto*

De acordo com o art. 300, § 1º, para a concessão de tutela provisória de urgência, o juiz poder exigir que a parte beneficiada venha a prestar caução real ou fidejussória idônea para ressarcir os danos que a outra parte possa vir a sofrer. Destaque-se que a exigência de caução deve ocorrer *conforme o caso*, sendo esta a regra, como forma de garantir a possibilidade de restituição da esfera jurídica do demandado, "salvo quando a parte hipossuficiente não puder prestá-la, não recomendar a natureza da obrigação ou quando o requerente da medida provisória é comprovadamente solvente (a Fazenda Pública, por exemplo)".[287]

O art. 520, IV, do CPC, afirma que no cumprimento provisório de sentença "o levantamento de depósito em dinheiro e a prática de atos que importem transferência de posse ou alienação de propriedade ou de outro direito real, ou dos quais possa resultar grave dano ao executado, *dependem de caução suficiente e idônea, arbitrada de plano pelo juiz e prestada nos próprios autos*". O art. 297, parágrafo único, do CPC, destaca que a efetivação da tutela provisória observará, no que for possível, as regras do cumprimento provisório da sentença.

O mencionado art. 520, IV, aponta casos em que haveria necessidade de caução para a efetivação de alguns atos, quais sejam, *o levantamento em dinheiro e a prática de atos que importem transferência de posse ou alienação de propriedade ou de outro direito real, ou dos quais possa resultar grave dano ao executado*. O enunciado ora comentado tem por objetivo a afirmativa de que a caução que pode ser exigida pelo juiz para a concessão de tutela provisória, não deve ser exigida desde o momento de sua concessão, mas apenas no momento da prática de algum dos atos mencionados no art. 520, IV, do CPC. Para a prática de atos anteriores aos mencionados no art. 520, IV, não seria, ainda, necessária a exigência de prestação de caução pelo beneficiário da tutela provisória, devido ao fato de que ainda não haveria a iminência da prática de um ato que cause prejuízo significante à parte contra a qual foi deferida a tutela provisória.

287. CAVALCANTI NETO, Antonio M. "Comentários ao art. 300". *In*: GOUVEIA, Lucio Grassi. *et al.* (Coords.). *Novo Código de Processo Civil comentado.* t. I. São Paulo: Lualri, 2017. p. 478.

▶ **NCPC. Art. 297. Parágrafo único.** A efetivação da tutela provisória observará as normas referentes ao cumprimento provisório da sentença, no que couber. ▶ **Art. 300. § 1°** Para a concessão da tutela de urgência, o juiz pode, conforme o caso, exigir caução real ou fidejussória idônea para ressarcir os danos que a outra parte possa vir a sofrer, podendo a caução ser dispensada se a parte economicamente hipossuficiente não puder oferecê-la. ▶ **Art. 520.** O cumprimento provisório da sentença impugnada por recurso desprovido de efeito suspensivo será realizado da mesma forma que o cumprimento definitivo, sujeitando-se ao seguinte regime: (...) IV – o levantamento de depósito em dinheiro e a prática de atos que importem transferência de posse ou alienação de propriedade ou de outro direito real, ou dos quais possa resultar grave dano ao executado, dependem de caução suficiente e idônea, arbitrada de plano pelo juiz e prestada nos próprios autos.

1.5.2. Da Tutela de Urgência (arts. 300 a 310)

1.5.2.1. Disposições Gerais (arts. 300 a 302)

Enunciado 31. O poder geral de cautela está mantido no CPC.

● *Grupo: Tutela Antecipada.* ● *Referência: art. 301.*

▸ ***Eduardo Fonseca da Costa***

É preciso entender o enunciado com algum cuidado. Afinal, quando se fala em "poder *geral* de cautela", tem-se de admitir - por correlação - um "poder *especial* de cautela". Todavia, no sistema de direito processual civil cunhado pela NCPC, não há mais "medidas cautelares típicas" e "medidas cautelares atípicas". Agora, só se fala em *medida cautelar* e, portanto, em *poder de cautela*. Nada impede, porém, que leis processuais civis extravagantes prevejam medidas cautelares específicas típicas (p. ex., a medida cautelar fiscal da Lei 8.397/92).

Todavia, dentro do NCPC, a dicotomia perdeu sentido a diferenciação entre "poder específico de cautela" e "poder geral de cautela". Há nisso vantagem e desvantagem. A vantagem é que se ganha em economia de legislação, simplificando-se a apreensão do sistema. Contudo, perde-se em praticidade. Afinal, o CPC/73 tinha a conveniência de trazer um excelente catálogo das medidas cautelares mais usuais que a experiência forense foi acumulando (arresto, sequestro, caução, busca e apreensão, arrolamento de bens, posse em nome do nascituro, etc.). Com isso, servia aos agentes do foro como guia prático. Todavia, hoje, à exceção da asseguração cautelar de prova (art. 381, I), esses "tipos legais formais" de tutela cautelar se transformaram em "tipos históricos materiais" (ao lado de sustação de protesto, registro de protesto contra alienação de bem, intervenção em coisa litigiosa, suspensão de deliberação social, depósito cautelar, voto em separado, proibição de dispor, condicionamento de certos atos de administração a prévia autorização judicial, etc.).

De qualquer maneira, isso não lhes retira o valor *paradigmático*. Quem pretender assegurar a satisfação de crédito monetário, terá de pedir *arresto*; quem pretender evitar o extravio ou a dissipação de bens, terá de pedir *arrolamento*. Por isso, os renomados livros sobre tutela cautelar escritos sob o pálio do CPC/73 continuarão a ensinar aos operadores forenses os meios cautelares adequados à consecução dos mais diversos fins.

> ► **NCPC. Art. 301**. A tutela de urgência de natureza cautelar pode ser efetivada mediante arresto, sequestro, arrolamento de bens, registro de protesto contra alienação de bem e qualquer outra medida idônea para asseguração do direito.

Enunciado 143. A redação do art. 300, caput, superou a distinção entre os requisitos da concessão para a tutela cautelar e para a tutela satisfativa de urgência, erigindo a probabilidade e o perigo na demora a requisitos comuns para a prestação de ambas as tutelas de forma antecipada.

● *Grupo: Tutela Antecipada.* ● *Baseado na versão da Câmara dos Deputados. Na redação, final, o termo "tutela antecipada" foi substituído por "tutela provisória"; o termo "satisfativa", por "antecipada".* ● *Referência: art. 300, caput.*

► ***Eduardo Fonseca da Costa***

Enunciado equivocadíssimo.

Há anos a doutrina debate-se para distinguir o "perigo de dano" que justifica a concessão da tutela antecipada e o "perigo de dano" que justifica a concessão de tutela cautelar. Da mesma forma, discute se existe diferença de grau entre a "probabilidade do direito" que justifica a concessão da tutela antecipada e a "probabilidade do direito" que justifica a concessão da tutela cautelar. Uma coisa é certa: sob o ponto de vista *pragmático*, o cotidiano forense nunca se perdeu nessas diferenciações, pois trabalha com a ideia de "urgência", referindo-se a ela pela expressão latina *periculum in mora*, e com a ideia de "evidência", referindo-se a ela pela expressão latina *fumus boni iuris*.

É bem verdade que, sob o ponto de vista *semântico*, o *fumus boni iuris* da tutela antecipada é idêntico ao *fumus boni iuris* da tutela cautelar: é mero juízo de aparência, verossimilhança ou probabilidade sobre a existência da pretensão de direito material objeto da lide principal. Todavia, o *periculum in mora*da tutela antecipada não é idêntico ao *periculum in mora*da tutela cautelar.

Na tutela antecipada, há necessidade de "execução para a segurança" [Pontes de Miranda]: é preciso satisfazer adiantadamente a pretensão material para afastar-se risco à esfera do requerente. Ou seja, a aludida esfera é acometida por um "perigo de dano" ou "*pericolo di tardività*" [Piero Calamandrei]. Em contrapartida, na tutela cautelar, há necessidade de "segurança para a execução" (Pontes de Miranda): é preciso assegurar a pretensão material para afastar-se o risco de que não possa ser futuramente satisfeita. Enfim, a mencionada pretensão é ameaçada por um "perigo de demora" ou "*pericolo di infruttuosità*" [Piero Calamandrei].

Essa distinção não tem valor puramente teórico, porém: ela ajuda a identificar – o que nem sempre é fácil – quando se está diante de pedido de tutela antecipada ou de pedido de tutela cautelar (os quais se submetem a regimes procedimentais distintos). Com isso já se vê que não existe qualquer "unidade ontológica" entre tutela cautelar e tutela antecipada e que, portanto, o artigo 300 do NCPC simplesmente procedeu a uma *uniformidade linguística* de menção entre o *periculum in mora*da primeira tutela e o da segunda. Só isso.

> ▶ **NCPC. Art. 300.** A tutela de urgência será concedida quando houver elementos que evidenciem a probabilidade do direito e o perigo de dano ou o risco ao resultado útil do processo.

Enunciado 419. Não é absoluta a regra que proíbe tutela provisória com efeitos irreversíveis.

● *Grupo: Tutela de urgência e tutela de evidência.* ● *Referência: art. 300, § 3º.*

▸ ***Eduardo Fonseca da Costa***

Na linguagem jurídica, o termo "reversível" pode ter três sentidos: (a) lógico-jurídico [= possibilidade de um bem retornar à esfera jurídica de seu titular anterior mediante reconsideração legal ou voluntária de um ato, que passa a tornar-se ineficaz] (ex.: pacto de retrovenda, revogação de doação por ingratidão do donatário, exercício de direito de arrependimento, resgate de enfiteuse por foreiro, resgate do imóvel sujeito a prestações de renda, pagamento integral da dívida pelo devedor fiduciário); (b) empírico-fático [= possibilidade de uma transformação ser feita quer num sentido, quer no inverso, dês que na transformação indireta o corpo ou o sistema passe pelos mesmos estados que se transpuseram quando da transformação direta] (ex.: a reação química $CaCO3 \leftrightarrow CaO + CO2$, em que é possível tanto $CaCO3$⍰$CaO + CO2$ quanto $CaO + CO2$⍰ $CaCO3$); (c) econômico-financeiro [= disponibilidade patrimonial ou pecuniária bastante para custear a transformação inversa] (ex.: descontos mensais limitados nas folhas de vencimentos de servidores que se beneficiaram de liminar revogada que ordenara reajuste remuneratório – cf. Lei 8.112/90, art. 46). Decerto, o parágrafo 3º do artigo 300 se refere aos sentidos (b) e (c), pois em (a) a reversibilidade plena é sempre possível, desde que para tanto haja previsão normativa.

Todo o problema da provisoriedade da realização prática de uma tutela de urgência está em saber se tal realização é – fática e economicamente – reversível ou irreversível. Se o juiz autoriza liminarmente o contribuinte a efetuar *sponte propria* compensações dos débitos tributários vincendos com os indébitos inconstitucionais vencidos do mesmo tributo, o dispositivo não incide, pois, todas as situações jurídicas daí constituídas podem ser desfeitas por meio de posterior ato de revogação da tutela provisória. Porém, se o juiz ordena liminarmente o sacrifício de rebanho infectado por peste altamente contagiosa e letal à vida humana, a morte dos animais jamais poderá desfazer-se mediante decisão revogadora, pois não se pode repor in natura a vida dos animais sacrificados. Situação mais difícil, porém, dá-se nos casos em que não há nem reversibilidade plena nem irreversibilidade absoluta. É o que se tem, aliás, no ordinariedade dos casos, pois a reversibilidade da situação fática não obedece à lógica binária de "tudo ou nada": situações plenamente reversíveis e situações absolutamente irreversíveis são apenas os extremos (ideais) de uma linha em cuja extensão se apresentam situações intermediárias *ad infinitum*, dentro de um verdadeiro "espectro de gradiência contínua". Logo, se em toda transformação social há certo risco indelével de reversibilidade específica in natura, a vedação do § 3º ao artigo 300 deve ser entendida com temperamentos, sob pena de eliminar-se o instituto mesmo da tutela de urgência.

Veja-se a liminar concedida em ação de modificação de guarda de menores proposta pelo pai, ação que ao final venha a ser julgada improcedente: conquanto a reversão da situação de fato seja possível mediante o cumprimento de um mandado de entrega dos infantes à ré vencedora, é indelével o trauma psicológico sofrido pela separação forçosa. É muito difícil, aliás, conciliar o caráter satisfativo da antecipação e com regra que a condiciona à reversibilidade dos efeitos do ato concessivo. Não haveria, porém, sentido em negar-se a antecipação da tutela, p. ex., a um portador terminal do vírus da AIDS, que propõe demanda em face do Estado para dele obter periodicamente um medicamento necessário para o combate aos sintomas, sob a hedionda alegação de que o consumo dos remédios geraria o sério risco de não mais se poder repô-los aos estoques farmacêuticos públicos. Nem haveria sentido em se negar a antecipação dos efeitos da tutela final pretendida a um sexagenário famélico que pleiteia a concessão de benefício de assistência social, sob a alegação de que o malsão não dispõe de patrimônio bastante para a devolução das prestações pecuniárias por ele percebidas caso a ação seja julgada improcedente.

Idêntica interpretação vale para o artigo 1º da Lei 9.494/97. O dispositivo manda que se aplique às liminares concedidas em face da Fazenda Pública a regra do artigo 3º da Lei 8.437/92, segundo o qual "não será cabível medida liminar que esgote, no todo ou em parte, o objeto da ação". Ora, "esgotar o objeto da ação" implica, aqui, entregar ao autor a tutela jurisdicional por ele pretendida, sendo impossível que tal tutela se mostre provisória e que seja ela, portanto, substituída por uma posterior tutela definitiva. Enfim, o vocábulo "esgotar" foi usado no sentido de "criar situação de irreversibilidade". Logo, ao art. 1º da Lei 9.494/97 devem ser alinhavadas as mesmas considerações que foram tecidas ao art. 300, § 3º, do NCPC, posto que partam de distintas técnicas de redação legislativa. Aliás, aqui, o temperamento tem ainda maior razão de ser, pois a letra fria do artigo 3º da Lei 8.437/92 se atreve a proibir a concessão de liminares não apenas em situações de esgotamento total do objeto da ação, mas também em situações em que o esgotamento é parcial, ainda que o grau de irreversibilidade neste último caso seja suportável. Um apriorismo deveras inaceitável, pois. Assim, o dispositivo legal em apreço deve ser entendido *cum grano salis*, sob pena de considerar-se inconstitucional, visto não se poder subtrair do Judiciário a pronta apreciação de lesão a um direito individual. Na prática, a interpretação literal do artigo 1º da Lei 9.494/97 implica conferir ao Poder Público uma imunidade contra toda e qualquer jurisdição de liminares, i.e., conferir-lhe a não sujeição a toda e qualquer tutela de urgência. Pior: significa conferir-lhe torpe autorização para poder imprimir a quem quer que seja danos irreparáveis ou de difícil reparação, contra os quais a parte lesada não possa dispor de remédio processual algum.

Todavia, para o juiz poder flexibilizar o rigor do § 3º ao artigo 300, cabe-lhe aferir o grau de proporcionalidade entre dois riscos: os decorrentes do deferimento e os consequentes do indeferimento da tutela. Se, no mesmo caso, o indeferimento da tutela gerar risco de dano irreversível ao direito do autor e o seu deferimento gerar perigo de irreversibilidade a uma reposição in natura da situação fática anterior, deverá o juiz sacrificar o direito improvável: não há sentido em sacrificar-se o direito provável ameaçado pelo dano iminente em nome de uma possível, mas improvável, situação de irreversibilidade. Em contrapartida, se além da bilateralidade do risco de dano irreparável houver equivalência entre os índices de probabilidade dos direitos que se encontram em conflito, deverá o juiz sacrificar os interesses de menor relevância para o ordenamento jurídico. Exemplo: se os dados fáticos da petição exordial de uma ação demolitória incutirem a probabilidade de ser iminente a ruína de um edifício vizinho, e se o mesmo grau de probabilidade colorir a contestação quanto à segurança dessa construção, deverá o juiz antecipar a tutela sob a máxima de que o direito à vida do autor sobrepõe-se ao direito de propriedade do réu. Do mesmo modo, se forem igualmente verossímeis, tanto a afirmação do paciente hipossuficiente com risco à saúde de que tem pretensão a que o Estado lhe forneça os medicamentos essenciais, quanto a alegação do Estado de que esta obrigação não lhe assiste, deverá o juiz conceder a liminar fundado na superioridade dos direitos à vida e à saúde sobre os interesses estatais. Note-se, portanto, que a solução para esses conflitos não tem qualquer guarida no sistema positivo de direito processual civil [plano das normas jurídicas], mas decorre de um juízo ético-processual [plano dos valores jurídicos], que destrona o juiz dos seus arquétipos legalistas para lançá-lo no exercício quase desterrado da prudência.

► **NCPC. Art. 300. § 3º** A tutela de urgência de natureza antecipada não será concedida quando houver perigo de irreversibilidade dos efeitos da decisão.

ENUNCIADO 498. A POSSIBILIDADE DE DISPENSA DE CAUÇÃO PARA A CONCESSÃO DE TUTELA PROVISÓRIA DE URGÊNCIA, PREVISTA NO ART. 300, § 1º, DEVE SER AVALIADA À LUZ DAS HIPÓTESES DO ART. 521.

● *Grupo: Tutela de urgência e tutela de evidência.* ● *Referências: art. 297, par. ún., 300, § 1º e 521.*

► *Ravi Peixoto*

De acordo com o art. 300, § 1º, para a concessão de tutela provisória de urgência o juiz poderia exigir que a parte beneficiada venha a prestar caução real ou fidejussória idônea para ressarcir os danos que a outra parte possa vir a sofrer. Destaque-se que a exigência de caução deve ocorrer *conforme o caso*, sendo esta a regra, como forma de garantir a possibilidade de restituição da esfera jurídica do demandado, "salvo quando a parte hipossuficiente não puder prestá-la, não recomendar a natureza da obrigação ou quando o requerente da medida provisória é comprovadamente solvente (a Fazenda Pública, por exemplo)".[288]

O art. 297, parágrafo único, do CPC, destaca que a efetivação da tutela provisória observará, no que for possível, as regras do cumprimento provisório da sentença. O art. 521, por sua vez, elenca as hipóteses em que a caução exigida para a prática de atos constante do art. 520, IV, pode ser dispensada. Já se mencionou que a exigência

288. CAVALCANTI NETO, Antonio Moura. "Comentários ao art. 300". *In*: GOUVEIA, Lucio Grassi. *et al.* (Coords.). *Novo Código de Processo Civil comentado.* t. I. São Paulo: Lualri, 2017. p. 478.

de caução constante do art. 520, IV, comunica-se com a exigência de caução igualmente constante para a concessão de tutela provisória do art. 300, § 1º, do CPC (v. enunciado n. 497). O que faz o enunciado ora comentado é trabalhar com situações em que a caução pode ser dispensada, quais sejam os casos em que: i) o crédito for de natureza alimentar, independentemente de sua origem; ii) o credor demonstrar situação de necessidade; iii) pender o agravo do art. 1.042; iv) a sentença a ser provisoriamente cumprida estiver em consonância com súmula da jurisprudência do Supremo Tribunal Federal ou do Superior Tribunal de Justiça ou em conformidade com acórdão proferido no julgamento de casos repetitivos. No entanto, ainda há aqui a possibilidade de exigência da caução caso a sua dispensa venha a resultar manifesto risco de grave dano de difícil ou incerta a reparação.

Em resumo, o enunciado aponta para que, além de outras situações concretas, a caução pode vir a ser dispensada nas mesmas situações em que o art. 521 dispensa a prestação da caução constante do art. 520, IV. Essa comunicação é permitida expressamente pelo parágrafo único do art. 297.

> ▶ **NCPC. Art. 297. Parágrafo único.** A efetivação da tutela provisória observará as normas referentes ao cumprimento provisório da sentença, no que couber. ▶ **Art. 300. § 1º** Para a concessão da tutela de urgência, o juiz pode, conforme o caso, exigir caução real ou fidejussória idônea para ressarcir os danos que a outra parte possa vir a sofrer, podendo a caução ser dispensada se a parte economicamente hipossuficiente não puder oferecê-la. ▶ **Art. 521.** A caução prevista no inciso IV do art. 520 poderá ser dispensada nos casos em que: I – o crédito for de natureza alimentar, independentemente de sua origem; II – o credor demonstrar situação de necessidade; III – pender o agravo do art. 1.042; IV – a sentença a ser provisoriamente cumprida estiver em consonância com súmula da jurisprudência do Supremo Tribunal Federal ou do Superior Tribunal de Justiça ou em conformidade com acórdão proferido no julgamento de casos repetitivos. **Parágrafo único.** A exigência de caução será mantida quando da dispensa possa resultar manifesto risco de grave dano de difícil ou incerta reparação.

ENUNCIADO 499. EFETIVADA A TUTELA DE URGÊNCIA E, POSTERIORMENTE, SENDO O PROCESSO EXTINTO SEM RESOLUÇÃO DO MÉRITO E SEM ESTABILIZAÇÃO DA TUTELA, SERÁ POSSÍVEL FASE DE LIQUIDAÇÃO PARA FINS DE RESPONSABILIZAÇÃO CIVIL DO REQUERENTE DA MEDIDA E APURAÇÃO DE DANOS.

● *Grupo: Tutela de urgência e tutela de evidência.* ● *Referências: arts. 302, III e par. ún., e 309, III.*

▸ *Ravi Peixoto*

No procedimento de tutela provisória antecedente de urgência, caso seja concedida a tutela provisória, o autor será intimado para aditar a petição inicial no prazo de 15 dias (art. 303, § 1º, I) e o réu será citado e intimado para a audiência de conciliação ou de mediação (art. 303, § 1º, II), podendo manejar o devido recurso para impedir a estabilização da tutela concedida (art. 304, *caput*). Caso o autor não realiza o mencionado aditamento, não haverá a estabilização da tutela e o processo será extinto sem resolução do mérito (art. 303, § 2º)

Existem duas hipóteses gerais, em que pode ter ocorrido a efetivação da tutela de urgência e igualmente ocorrer a extinção do processo sem estabilização da tutela: i) tem-se a concessão da tutela provisória da urgência e a sua efetivação, mas o autor não realiza o aditamento da petição inicial ou ii) a tutela é concedida, o autor adita sua petição inicial, o réu agrava da decisão, mas posteriormente algum dos vícios constantes do art. 485 é identificado e o processo vem a ser extinto sem resolução do mérito. Nada impede que outras situações de extinção do processo sem resolução do mérito e efetivação da tutela de urgência, devido à complexa regulação do tema e da grande variação doutrinária acerca de como interpretar o texto normativo, mas as duas situações mencionadas podem, tranquilamente, ser verificadas mediante uma análise básica da legislação processual.

O objetivo do enunciado é esclarecer que, mesmo que o processo venha a ser extinto sem resolução do mérito e tenha ocorrido a efetivação da tutela provisória, com alguma espécie de prejuízo para o réu, que este possa requerer a indenização por tais prejuízos nos próprios autos, como destaca o art. 302, parágrafo único. *Enfim, mesmo que o processo seja extinto sem resolução do mérito, será possível fase de liquidação para fins de responsabilização civil do requerente da medida e apuração de danos.*

▶ **NCPC. Art. 302.** Independentemente da reparação por dano processual, a parte responde pelo prejuízo que a efetivação da tutela de urgência causar à parte adversa, se: (...) III – ocorrer a cessação da eficácia da medida em qualquer hipótese legal; (...). **Parágrafo único.** A indenização será liquidada nos autos em que a medida tiver sido concedida, sempre que possível. ▶ **Art. 309.** Cessa a eficácia da tutela concedida em caráter antecedente, se: (...) III – o juiz julgar improcedente o pedido principal formulado pelo autor ou extinguir o processo sem resolução de mérito.

1.5.2.2. Do Procedimento da Tutela Antecipada Requerida em Caráter Antecedente (arts. 303 a 304)

Enunciado 32. Além da hipótese prevista no art. 304, é possível a estabilização expressamente negociada da tutela antecipada de urgência antecedente.

● *Grupo: Tutela Antecipada.* ● *Redação revista (V FPPC).* ● *Referências: art. 304.*

▸ ***Eduardo Fonseca da Costa***

O trecho "de urgência antecedente" é despiciendo. Melhor teria sido a seguinte redação: "Além da hipótese prevista no artigo 304, é possível a estabilização expressamente negociada da tutela antecipada".

De acordo com a letra fria do artigo 304 do NCPC, estabilizar-se-á a tutela antecipada (1) se houver ela sido concedida no âmbito do chamado "procedimento de tutela antecipada requerida em caráter antecedente", e (2) se da respectiva decisão não tiver sido interposto o respectivo recurso.

Contudo, nada obsta que as partes definam negocialmente outros elementos para a configuração do suporte fático [plano da existência]; logo, podem convencionar, v. g., a possibilidade de estabilização: i) da tutela de evidência; ii) da tutela de urgência satisfativa concedida *incidenter tantum*; iii) da tutela de urgência satisfativa concedida *inaudita altera parte*, por falta de contestação ou sua intempestividade.

Da mesma forma, nada impede que as partes regulem, por negócio processual, o próprio grau ou nível da estabilização que pretendem [plano da eficácia]; portanto, podem convencionar, p. ex., que da falta de interposição recursal decorra uma "hiperestabilização" [= impossibilidade absoluta de revisão, reforma e invalidação da tutela antecipada estabilizada], ou uma "hipoestabilização" [= possibilidade *ad aeternum* de revisão, reforma e invalidação da tutela antecipada estabilizada].

Também é possível que se celebre – no curso da instrução – negócio *retro-estabilizador, i.e.*, negócio processual que estabilize a tutela antecipada, que por alguma razão não se estabilizou no decorrer do procedimento antecedente.

Todavia, não se pode convencionar estabilização de tutela antecipada cuja própria estabilização seja impossível ou expressamente proibida (ex.: liminar em ação rescisória; liminar em cumulação própria sucessiva de demandas): o negócio processual seria *nulo* por impossibilidade ou ilicitude do objeto.

► **NCPC. Art. 304.** A tutela antecipada, concedida nos termos do art. 303, torna-se estável se da decisão que a conceder não for interposto o respectivo recurso.

ENUNCIADO 33. NÃO CABE AÇÃO RESCISÓRIA NOS CASOS ESTABILIZAÇÃO DA TUTELA ANTECIPADA DE URGÊNCIA.

● *Grupo: Tutela Antecipada.* ● *Referências: art. 304 e §§.*

► ***Eduardo Fonseca da Costa***

Não cabe ação rescisória nos casos de estabilização da tutela antecipada de urgência simplesmente porque não há aí formação de coisa julgada. Na antecipação de tutela, adianta-se o elemento sentencial mandamental ou executivo. Esse elemento desprega-se do conteúdo eficacial da futura sentença favorável de mérito para integrar a composição conteudística da decisão antecipatória. Logo, quando se fala em *estabilização* da tutela antecipada, fala-se em estabilização do elemento sentencial mandamental ou executivo antecipado. Estabilidade outra coisa não significa senão *irrevogabilidade* e *imodificabilidade* – no mesmo processo – desse elemento. Estabilizar é imunizar contra revogação ou modificação. Enfim, estabilizar é *imutabilizar*.

Por isso, não pode o juiz rever, reformar ou invalidar – a requerimento ou de ofício – tutela antecipada estabilizada (art. 304, § 3º), a não ser que se ajuíze a ação a que alude o parágrafo 2º do artigo 304 (art. 304, § 6º). Na coisa julgada material, a imutabilidade é do elemento sentencial declaratório; na estabilização de tutela antecipada, é do elemento sentencial mandamental ou executivo que se antecipou. Note-se, portanto, que elas têm limites objetivos distintos. Por isso, na estabilização da tutela antecipada, não há formação de coisa julgada material (art. 304, § 6º): não houve juízo declarativo de certeza sobre a pretensão de direito material objeto da lide, mas só juízo de aparência. O suporte fático da coisa julgada material é formado por dois elementos: 1) um juízo declarativo de certeza sobre o mérito + 2) um elemento preclusivo (que é a coisa julgada formal).

Já o suporte fático da estabilização da tutela antecipada é formado por 1) decisão antecipatória de tutela (em que também há um juízo declarativo sobre o mérito, embora juízo de mera verossimilhança ou probabilidade) + 2) um elemento preclusivo (que é a falta de interposição recursal ou a interposição recursal intempestiva). Com isso se percebe que, no plano da existência, há analogia estrutural entre a coisa julgada material e a estabilização da tutela antecipada. Todavia, não são a mesma coisa, embora homólogas.

Nem mesmo há formação de coisa julgada após o transcurso *in albis* do prazo decadencial bienal a que alude o parágrafo 5º do artigo 304 do CPC. De acordo com esse dispositivo, a parte interessada terá o prazo *decadencial* (portanto, ininterruptível) de dois anos, a partir da decisão que extinguiu o processo, para ajuizar ação desconstitutiva de tutela antecipada estabilizada. Para ajuizá-la, deverá requerer o desarquivamento dos autos em que foi concedida a medida para instruir a petição inicial, que será distribuída ao mesmo juízo (prevento) (art. 304, § 4º).

A inicial não será encartada nos mesmos autos: ela abrirá autos novos, que receberão numeração própria e serão apensados aos autos em que se deu a estabilização da tutela antecipada. Se a decisão antecipatória for revista, reformada ou invalidada, a estabilidade será afastada (art. 304, § 6º) e, por via de consequência, o processo em que a tutela antecipada foi concedida retomará seu curso. É preciso sublinhar que, se a segunda ação for proposta pelo réu da primeira, ele agora será autor e, por isso, terá o ônus de provar o fato constitutivo da sua pretensão (art. 373, I), a menos que o juiz aqui proceda à chamada "dinamização das cargas probatórias dinâmicas" (art. 373, § 1º).

Na segunda ação, nada impede que *excepcionalmente* se antecipe tutela para obstar os efeitos da tutela antecipada estabilizada na primeira ação. É verdade que o parágrafo 3º do artigo 304 prevê a conservação da tutela antecipada estabilizada enquanto não revista, reformada ou invalidada por *decisão de mérito*. Todavia, em se tratando estabilização à revelia, p. ex., nada impede que na segunda ação se conceda liminar, dês que a proponente surpreenda o juiz com fundamentos relevantes e esteja gravemente ameaçada pela iminência de um dano irreversível. Entendimento contrário feriria o artigo 5º, XXXV, da CF ("a lei não excluirá da apreciação do Poder Judiciário lesão ou ameaça a direito"). De todo modo, não poderá haver estabilização da segunda tutela contra a primeira tutela já estabilizada, sob pena de instituir-se a possibilidade de uma sequência infinita de tutelas estabilizadas contra tutelas estabilizadas.

Transcorrido o prazo in albis o prazo para a revisão, a reforma ou a invalidação da medida, gera-se indiscutibilidade externa, que é efeito próprio de coisa julgada material. É preciso frisar que a estabilização da tutela antecipada se faz em progressão escalar: i) estabilização da tutela antecipada (após transcorrer in albis o prazo para recorrer); ii) superestabilização da tutela antecipada (após transcorrer in albis o prazo bienal para ajuizar-se ação para a desconstituição da tutela antecipada estabilizada). O parágrafo 6º do artigo 304 – segundo o qual "a decisão que concede a tutela (antecipada) não fará coisa julgada" – só incide na fase (i), não na fase (ii).

Portanto, transcorrido in albis o prazo bienal para ajuizar-se ação para a desconstituição da tutela antecipada estabilizada, não se forma a coisa julgada material em si, mas há irradiação de efeito equivalente ao de coisa julgada material. No plano da existência, não há como suporte fático (a) indiscutibilidade interna + (b) elemento declarativo de mérito, o que é próprio da coisa julgada material. Na verdade, o suporte fático = (a) decisão antecipatória de tutela + (b) falta de interposição de recurso + (c) transcurso in albis do prazo bienal para desfazer-se a tutela antecipada estabilizada. Já plano da eficácia, há efeito externo semelhante ao de coisa julgada material, que é a impossibilidade de discutir-se o mérito noutro processo.

Note-se que, aqui, a expressão "indiscutibilidade externa" tem sentido específico: não se trata de impossibilidade de rediscussão (= debate repetido) no segundo processo, mas de impossibilidade de discussão (= debate original), já que no primeiro processo não se teceu juízo de certeza sobre o mérito, mas sim mero juízo de verossimilhança ou probabilidade a respeito da existência da pretensão de direito material objeto da lide. Ora, se coisa julgada é "vedação de repetição da atividade jurisdicional sobre o mesmo objeto" (Luiz Eduardo Ribeiro Mourão), isso não se verifica na "superestabilização" da tutela antecipada, uma vez que não se pode vetar a repetição de algo que sequer ocorreu.

A Romanística diria que aqui haveria uma "quasi res iudicata": quase não no sentido de "algo que falta pouco para ser", mas de "algo equiparado a". No "quase-contrato", o núcleo do suporte fático não é integrado por declaração de vontade negocial, embora dali se irradie relação jurídica obrigacional tipicamente contratual. Da mesma forma, na "quase-coisa julgada", o suporte fático não é integrado por discussão vertical a respeito do mérito da causa; não obstante, há irradiação do efeito externo próprio à coisa julgada material. Ora, se não há coisa julgada, mas só efeito de coisa julgada, não se há de falar em possibilidade de ação rescisória; ou seja, formada a superestabilização da tutela antecipada, não se pode rescindi-la: entendimento contrário duplicaria, por via oblíqua, o prazo para a desconstituição da tutela antecipada estabilizada. Ainda assim, caberá *querela nullitatis insabilis* se a estabilização e a superestabilização se deram em processo de réu revel não citado ou citado nulamente.

► **NCPC. Art. 304.** A tutela antecipada, concedida nos termos do art. 303, torna-se estável se da decisão que a conceder não for interposto o respectivo recurso. **§ 1º** No caso previsto no caput, o processo será extinto. **§ 2º** Qualquer das partes poderá demandar a outra com o intuito de rever, reformar ou invalidar a tutela antecipada estabilizada nos termos do caput. **§ 3º** A tutela antecipada conservará seus efeitos enquanto não revista, reformada ou invalidada por decisão de mérito proferida na ação de que trata o § 2º. **§ 4º** Qualquer das partes poderá requerer o desarquivamento dos autos em que foi concedida a medida, para instruir a petição inicial da ação a que se refere o § 2º, prevento o juízo em que a tutela antecipada foi concedida. **§ 5º** O direito de rever, reformar ou invalidar a tutela antecipada, previsto no § 2º deste artigo, extingue-se após 2 (dois) anos, contados da ciência da decisão que extinguiu o processo, nos termos do § 1º. **§ 6º** A decisão que concede a tutela não fará coisa julgada, mas a estabilidade dos respectivos efeitos só será afastada por decisão que a revir, reformar ou invalidar, proferida em ação ajuizada por uma das partes, nos termos do § 2º deste artigo.

Enunciado 420. Não cabe estabilização de tutela cautelar.

● *Grupo: Tutela de urgência e tutela de evidência.* ● *Referências: art. 304.*

▸ ***Eduardo Fonseca da Costa***

É preciso muito cuidado com esse enunciado. Quando se diz que "não cabe estabilização de tutela cautelar", é preciso ressalvar que não cabe aí a estabilização a que alude o artigo 304. Na estabilização de tutela antecipada regulada pelo aludido dispositivo, obtém-se, em caráter definitivo, tutela judicial mandamental ou executiva *secundum eventum defensionis*, embora sob cognição apenas sumária ou incompleta, imputando-se ao réu o ônus da iniciativa do contraditório. Nesse sentido, está-se diante de manifesta expressão da *técnica monitória*. Na verdade, o NCPC instituiu um *microssistema* de tutela de direitos subjetivos pela técnica monitória: de um lado, está a (a) estabilização da tutela antecipada (art. 304); de outro, a (b) ação de procedimento especial monitório (artigos 700 a 702). Nesse sentido, a estabilização é tão somente da *tutela de urgência satisfativa*: não há razão para estabilizar-se aí a tutela de urgência cautelar para os fins do artigo 304, uma vez que ela não satisfaz a pretensão objeto da lide principal.

No entanto, a tutela cautelar também se estabiliza, se bem que em outros termos. Ora, quando o juiz concede tutela cautelar, *declara* em favor do requerente a existência do chamado "direito substancial de cautela". Reconhece, enfim, a existência da *pretensão de direito material à segurança* afirmada em juízo. Nesse sentido, emite juízo de *certeza*. Sob cognição vertical *completa* ou *exauriente*, o juiz *aclara* o mundo do direito e *certifica* que nele existe a situação jurídica subjetiva ativa cuja titularidade o requerente alegou ser sua. Logo, se a decisão cautelar *típica* possui eficácia preponderante *mandamental* (Pontes de Miranda diria que há, aqui, a mandamentalidade em primeira plana ou em grau 5), é inegável que ela também traz consigo eficácia alicerçal imediata *declaratória* (ou seja, declaratividade em segunda plana ou em grau 4). Assim sendo, vê-se, no julgamento cautelar, declaratividade em tônus suficiente para a formação de coisa julgada material (que é uma forma de estabilização mais forte que a estabilização aludida no artigo 304): o juiz declara a pretensão à segurança, compromete-se a realizar a respectiva ação de direito material e, se a decisão tornar-se irrecorrível, nunca mais se poderá rediscutir num outro processo cautelar a mesma causa. Sublinhe-se: a declaração judicial tornada indiscutível tem como objeto a pretensão material *à segurança* (que integra a lide cautelar), não a pretensão de direito material *a ser assegurada* (a qual integra a lide principal).

Enfim, a *res iudicata* produzida pela jurisdição cautelar não diz respeito à relação jurídica acautelada, mas sim à relação jurídica lateral, na qual está inserido o chamado "direito substancial de cautela". Havendo a formação de coisa julgada material cautelar, fica vedada, portanto, a rediscussão específica da lide cautelar, não – obviamente – a rediscussão da lide principal. Ou seja, a coisa julgada material barra a postulação repetida de medida cautelar já denegada caso sejam idênticos o pedido, o fundamento e as partes.

▶ ▶ **NCPC. Art. 304.** A tutela antecipada, concedida nos termos do art. 303, torna-se estável se da decisão que a conceder não for interposto o respectivo recurso.

Enunciado 421. Não cabe estabilização de tutela antecipada em ação rescisória.

● *Grupo: Tutela de urgência e tutela de evidência.* ● *Referências: arts. 304 e 969.*

▸ *Eduardo Fonseca da Costa*

Em tese, é possível estabilização de tutela antecipada em ações declarativas e constitutivas. No entanto, em alguns casos isso é tormentoso. É o exemplo da ação rescisória (que é ação constitutiva negativa). Sempre foi assente na jurisprudência do STJ a possibilidade excepcional de antecipar-se tutela na ação rescisória para suspender-se a exequibilidade da decisão rescindenda[289]. Não por outra razão a Lei 11.280/06 deu nova redação ao art. 489 do CPC/73: "O ajuizamento da ação rescisória não impede o cumprimento da sentença ou acórdão rescindendo, ressalvada a concessão, caso imprescindíveis e sob os pressupostos previstos em lei, de medidas de natureza cautelar ou antecipatória de tutela".

O comando foi reproduzido em termos similares pelo artigo 969 do NCPC: "A propositura da ação rescisória não impede o cumprimento da decisão rescindenda, ressalvada a concessão de tutela provisória". Se o relator da ação rescisória conceder tutela cautelar, a exequibilidade da decisão rescindenda será suspenda por mandamentalidade originária; em contrapartida, se houver aí concessão de tutela antecipada, a suspensão da exequibilidade dar-se-á por mandamentalidade derivada (que é o preceito de *non offendendo*, o qual se desprega do capítulo rescindente do acórdão para compor o plexo eficacial da decisão antecipatória). Se na ação rescisória o autor valer-se do procedimento de tutela cautelar requerida em caráter antecedente, o depósito prévio de 5% sobre o valor da causa (art. 968, II) não terá de acompanhar a petição inicial, mas só o aditamento, pois aqui há a duplicação de demandas (cautelar + principal) e o aludido depósito diz respeito apenas à demanda principal. Entretanto, se na ação rescisória o autor utilizar-se do procedimento de tutela antecipada em caráter antecedente, o depósito já haverá de necessariamente acompanhar a inicial, já que aqui há uma única demanda e, portanto, ela já estará sendo proposta.

Resta saber, contudo, se a tutela antecipada será estabilizada se o réu não a impugnar (obs.: não se há de falar em estabilização de tutela cautelar, uma vez que ela não satisfaz provisoriamente a pretensão material objeto da lide principal, mas apenas a assegura). Ora, é preciso ter em mente que a tutela antecipada na ação rescisória se faz por decisão monocrática do relator (art. 932, II). Logo, havendo estabilização e superestabilização (= estabilização + transcurso *in albis* do prazo bienal para desfazer-se a estabilização), a referida decisão singular teria o condão de impedir

---

289. Cf. 5ª T., REsp 263.110, Rel. Min. Edson Vidigal, DJ 4.12.2000; 4ª T., REsp 127.342, Rel. Min. Barros Monteiro, DJ 22.10.2001; 3ª S., Agr-AR 1766, Rel. Min. Paulo Gallotti, DJ 24.2.2003; 1ª Seção, Agr-AR 1.291, Rel. Min. Luiz Fux, DJ 27.9.2004; 6ª T., REsp 477.481, Rel. Min. Vicente Leal, DJ 17.12.2004.

ad aeternum a exequibilidade de uma decisão transitada em julgado. Nisso haveria afronta, porém, ao chamado princípio da homologia ou do paralelismo de formas. A decisão provisória superestabilizada de um relator não pode apagar – para sempre! – a decisão definitiva transitada em julgado de um juiz ou de um tribunal. O provisório é *minus* em relação ao definitivo; a superestabilização é *minus* em relação à coisa julgada material. Ademais, a CF garante a intangibilidade coisa julgada (art. 5º, XXXVI) e prevê o seu desfazimento tão apenas por ação rescisória (art. 102, I, j; art. 105, I, e; art. 108, I, b) (*rectius*: por realização definitiva de ação material de rescisão do julgado).

▶ **NCPC. Art. 304.** A tutela antecipada, concedida nos termos do art. 303, torna-se estável se da decisão que a conceder não for interposto o respectivo recurso. ▶ **Art. 969.** A propositura da ação rescisória não impede o cumprimento da decisão rescindenda, ressalvada a concessão de tutela provisória.

ENUNCIADO 501. A TUTELA ANTECIPADA CONCEDIDA EM CARÁTER ANTECEDENTE NÃO SE ESTABILIZARÁ QUANDO FOR INTERPOSTO RECURSO PELO ASSISTENTE SIMPLES, SALVO SE HOUVER MANIFESTAÇÃO EXPRESSA DO RÉU EM SENTIDO CONTRÁRIO.

● *Grupo: Tutela de urgência e tutela de evidência.* ● *Referências: arts. 121, par. ún e 304.*

▸ ***Eduardo Fonseca da Costa***

Como sabido, o assistente não alega direito próprio, mas direito do assistido. Defende o *direito* do assistido para que, por via reflexa, esteja defendido o seu próprio *interesse*. Logo, não pede diretamente para si, mas para o assistido. Auxiliando a parte a que aderiu e pedindo para ela, trabalha para si.

Nesse sentido, é figura que se subordina à parte que auxilia: Assim: *a)* o assistente pode praticar qualquer ato que beneficie o assistido (ex.: recorrer, arguir prescrição), dês que não aja contra a vontade do assistido [= princípio do benefício]; *b)* o assistente *não* pode praticar ato que prejudique o assistido (ex.: renunciar a direito, transacionar, reconhecer juridicamente pedido, desistir de recurso), salvo se houver concordância expressa do assistido [= princípio da vedação do prejuízo]; *c)* o assistido não depende de anuência do assistente para praticar qualquer ato, ainda que ele importe – por exemplo – em renúncia de direito, reconhecimento jurídico do pedido, transação ou desistência de recurso [= princípio da supremacia da vontade do assistido].

Daí o acerto do Enunciado: se a interposição de recurso *impede* a estabilização da tutela antecipada, pode o assistente do réu – por força do princípio do benefício – impedir a estabilização recorrendo ele mesmo em lugar do assistido; no entanto, por força do princípio da supremacia da vontade do assistido, o recurso não imunizará o assistido contra a estabilização caso ele a queira expressamente.

▶ **NCPC. Art. 304. A** tutela antecipada, concedida nos termos do art. 303, torna-se estável se da decisão que a conceder não for interposto o respectivo recurso. ▶ **Art. 121. Parágrafo único.** **S**endo revel ou, de qualquer outro modo, omisso o assistido, o assistente será considerado seu substituto processual.

Enunciado 582. Cabe estabilização da tutela antecipada antecedente contra a Fazenda Pública.

• *Grupo: Tutela provisória.* • *Referências: arts. 304, caput. CF, 5º, caput e inc. XXXV.*

▸ ***Eduardo Fonseca da Costa***

Não há razão para que a tutela antecipada não se estabilize contra a Fazenda Pública. Embora o *interesse público* justifique o tratamento diferenciado à Fazenda em juízo, os privilégios daí decorrentes devem estar expressamente discriminados em lei, visto que excepcionais ao princípio da isonomia entre as partes; assim, devem interpretar-se *restritivamente* [*exceptiones sunt strictissimœ interpretationis*]. Todavia, resta saber se essa estabilização está condicionada a reexame necessário (art. 496) e, em caso positivo, em que instante os autos devem ser remetidos ao tribunal. Como já visto, é preciso ter em mente que – transcorrido o prazo *in albis* para a revisão, reforma ou invalidação da tutela antecipada estabilizada – gera-se indiscutibilidade externa, que é efeito equivalente ao de coisa julgada material. Pior: o efeito corresponde ao de coisa julgada material *irrescindível*. É o que chamamos de "superestabilização".

Contudo, isso não se pode produzir contra a Fazenda Pública sem que a decisão seja antes confirmada pelo tribunal (salvo nas hipóteses definidas nos §§ 3º e 4º do artigo 496): se o reexame da sentença é obrigatório para a formação de coisa julgada *rescindível, a fortiori* o reexame da decisão antecipatória é obrigatório para a geração do efeito de coisa julgada *irrescindível*. Além disso, não se pode olvidar que a estabilização de tutela antecipada e a ação de procedimento especial monitório formam um autêntico *microssistema* de tutela de direitos pela técnica monitória, pois em ambos os âmbitos há obtenção adiantada em definitivo de mandamento ou execução *secundum eventum defensionis*; portanto, se há remessa necessária quando a Fazenda Pública não apresenta embargos monitórios (art. 701, § 4º), deve haver remessa necessária quando a Fazenda Pública não recorre da decisão antecipatória de tutela.

A questão é saber em que momento os autos devem ser remetidos ao tribunal para reexame em caso de tutela antecipada estabilizada. Três seriam as possibilidades: a) logo após o transcurso *in albis* do prazo para recorrer da tutela antecipada (*i.e.*, logo após a estabilização); b) logo após a prolação da sentença terminativa que extingue o processo em que estabilizada a tutela antecipada; c) logo após o transcurso *in albis* do prazo para a revisão, a reforma ou a invalidação da tutela antecipada estabilizada (*i.e.*, logo após a superestabilização). As soluções (a) e (b) atentam contra o propósito da tutela antecipada, que é o adiantamento urgente de satisfação da pretensão material afirmada pelo autor; daí por que não há razão para que a situação de perigo só seja afastada após a confirmação da decisão pelo tribunal. Assim, a melhor solução é (c). De todo modo, ela não é imune a inconveniente, visto que a estabilização poderá ser revogada pelo tribunal após mais dois anos, lapso dentro do qual a tutela antecipada já poderá ter sido efetivada de forma irreparável ou de difícil reparação (mediante pagamento de precatório, p. ex.). Nesse caso, porém, poder-se-á exigir do autor que preste caução idônea para efetivar-se a tutela estabilizada (art. 300, § 1º); se não puder prestar, poderá responsabilizar-se objetivamente por eventuais danos causados à Fazenda (art. 302). Se a decisão antecipatória não for confirmada pelo tribunal, a sentença terminativa será cassada e o processo prosseguirá a fim de que a cognição seja complementada.

► **NCPC. Art. 304.** A tutela antecipada, concedida nos termos do art. 303, torna-se estável se da decisão que a conceder não for interposto o respectivo recurso.

► **CF. Art. 5º.** (...). XXXV – a lei não excluirá da apreciação do Poder Judiciário lesão ou ameaça a direito; (...).

1.5.2.3. Do Procedimento da Tutela Cautelar Requerida em Caráter Antecedente (arts. 305 a 310)

Enunciado 381. É cabível réplica no procedimento de tutela cautelar requerida em caráter antecedente.

● *Grupo: Tutela de urgência e tutela de evidência.* ● *Referência: arts. 9º, 350, 351 e 307, par. ún.*

► ***Eduardo Fonseca da Costa***

Se o pedido não for contestado, os fatos alegados pelo autor (constitutivos da pretensão à cautela) presumir-se-ão aceitos pelo réu como ocorridos. Trata-se de presunção *relativa*, não absoluta, já que pode haver elementos nos autos que infirmem as alegações constantes da petição inicial. De todo modo, a presunção recai sobre os fatos constitutivos da pretensão material à segurança [pretensão referente], não da pretensão material a assegurar-se [pretensão referida]. Enfim, a presunção atinge a lide cautelar, não a lide principal. Nesse caso, o juiz decidirá dentro de cinco dias (art. 307). Essa decisão tem caráter *sentencial*, porque resolve a lide cautelar. E só ela. Nada se faz em relação à lide principal.

Contudo, se o pedido for contestado e o réu arguir questão preliminar atinente tão apenas à demanda cautelar (ex.: coisa julgada cautelar – art. 337, VII), o juiz terá de determinar a oitiva do autor em *réplica*. O prazo da réplica cautelar *não* será de quinze dias, tal como previsto no artigo 350 do NCPC. Afinal, o prazo da réplica não pode ser superior ao da contestação (que na seara cautelar é de apenas cinco dias). A solução há de fazer-se por *paralelismo de formas*, pois: se no procedimento comum os prazos de contestação e de réplica são idênticos [= quinze dias], em âmbito cautelar também haverão de sê-lo [= cinco dias]. Aliás, nada impede que eventualmente a réplica cautelar sobrevenha à dedução do pedido principal: embora isso possa causar embaralhamento de petições, é o risco em que o legislador incorreu ao decidir pela dedução dos pedidos cautelar e principal na mesma linha procedimental.

► **NCPC. Art. 9º** Não se proferirá decisão contra uma das partes sem que ela seja previamente ouvida. ► **Art. 307. Parágrafo único.** Contestado o pedido no prazo legal, observar-se-á o procedimento comum. ► **Art. 350.** Se o réu alegar fato impeditivo, modificativo ou extintivo do direito do autor, este será ouvido no prazo de 15 (quinze) dias, permitindo-lhe o juiz a produção de prova. ► **Art. 351.** Se o réu alegar qualquer das matérias enumeradas no art. 337, o juiz determinará a oitiva do autor no prazo de 15 (quinze) dias, permitindo-lhe a produção de prova.

Enunciado 500. O regime da estabilização da tutela antecipada antecedente aplica-se aos alimentos provisórios previstos no art. 4º da Lei 5.478/1968, observado o § 1º do art. 13 da mesma lei.

● *Grupo: Impacto nos Juizados e nos procedimentos especiais da legislação extravagante.* ● *Referências: art. 304.*

▸ *Ravi Peixoto*

Os artigos 303 e 304 do CPC regulam o procedimento da tutela antecipada requerida em caráter antecedente e, dentre uma das particularidades desse regime, tem-se a estabilização da tutela provisória, caso o réu não interponha o respectivo recurso. Um desafio desse regime é o de verificar a sua (in)compatibilidade com procedimentos especiais regulados pela legislação extravagante.

No caso dos alimentos provisórios, poderia haver alguma dúvida quanto ao cabimento da estabilização, devido à previsão do art. 13, § 1º, da Lei 5.478/1968, segundo o qual, "Os alimentos provisórios fixados na inicial poderão ser revistos a qualquer tempo, se houver modificação na situação financeira das partes, mas o pedido será sempre processado em apartado". Ocorre que não há, em princípio, qualquer incompatibilidade entre o regime dos alimentos provisória e a possibilidade de sua alteração a qualquer tempo, pois é natural das sentenças que tratam de obrigações em trato sucessivo, que a coisa julgada esteja submetida à cláusula *rebus sic stantibus*. Caso haja alguma alteração no direito ou na situação fática das partes, a parte sempre pode requerer a revisão do que foi estatuído na sentença (art. 505, I, CPC). Essa mesma lógica deve ser aplicada para o regime de estabilização da tutela provisória, inclusive no caso dos alimentos provisórios.

Em outros termos, a sentença que for estabilizada no caso dos alimentos provisórios ficará sujeita à cláusula *rebus sic stantibus*, e, caso haja alguma alteração na situação financeira das partes, mesmo que ultrapassados os dois anos para a revisão do que foi estatuído na sentença (art. 304, §§ 4º e 5º), pode haver a revisão.

O prazo de dois anos tem por objetivo permitir a revisão, tendo por base a manutenção da mesma situação financeira das partes, ou seja, que ela não tenha sido alterada. Pode, por exemplo, o réu ajuizar tal ação com o objetivo de alegar que, à época da concessão da tutela, já não tinha condições de arcar com os alimentos provisórios fixados. Passados esses dois anos, aquela situação adquire uma estabilização maior, não sendo mais possível sua rediscussão baseada na ação prevista pelo art. 304, §§ 4º e 5º do CPC.

Por outro lado, mesmo que ultrapassado esse período de dois anos, caso haja *alteração da situação financeira*, pode haver a rediscussão do valor dos alimentos provisórios, devido à já mencionada cláusula *rebus sic stantibus*, a qual está expressa no art. 13, § 1º, da Lei 5.478/1968.

▸ **NCPC. Art. 304.** A tutela antecipada, concedida nos termos do art. 303, torna-se estável se da decisão que a conceder não for interposto o respectivo recurso.

▸ **Lei 5.478/68. Art. 4º** As despachar o pedido, o juiz fixará desde logo alimentos provisórios a serem pagos pelo devedor, salvo se o credor expressamente declarar que deles não necessita.

> ▶ **Art. 13. § 1º** Os alimentos provisórios fixados na inicial poderão ser revistos a qualquer tempo, se houver modificação na situação financeira das partes, mas o pedido será sempre processado em apartado.

Enunciado 502. Caso o juiz entenda que o pedido de tutela antecipada em caráter antecedente tenha natureza cautelar, observará o disposto no art. 305 e seguintes.

● *Grupo: Tutela de urgência e tutela de evidência.* ● *Referências: art. 305, par. ún.*

▶ ***Ravi Peixoto***

De acordo com o art. 305, parágrafo único, do CPC, caso a parte se utilize do procedimento da tutela cautelar requerida em caráter antecedente, mas o juiz verifique que este possui natureza antecipada, sendo o caso de utilização do procedimento da tutela antecipada requerida em caráter antecedente, deverá alterar o procedimento. Em outros termos, tem-se aqui a previsão de uma fungibilidade entre o procedimento da tutela cautelar requerida em caráter antecedente e o procedimento da tutela antecipada requerida em caráter antecedente, que é uma previsão importante devido ao fato de que, até hoje, existem inúmeras situações concretas sobre as quais doutrina e jurisprudência ainda não firmaram posicionamento quanto à sua natureza de tutela cautelar ou de técnica de antecipação dos efeitos da tutela.

Há de se verificar que, a princípio, a legislação processual estabeleceu apenas uma fungibilidade de mão única, ou seja, do procedimento cautelar para o procedimento antecipatório. No entanto, "a *ratio* que legitima a fungibilidade tipificada (cautelar > satisfativa) justifica o raciocínio analógico a fim de compreender outras modalidades: urgente-satisfativa > cautelar; urgente-satisfativa > evidência; cautelar > evidência; evidência > urgente-satisfativa; evidência > cautelar. Em todas essas situações o que se busca é a adaptação do procedimento à necessidade de tutela decorrente de situação jurídica de direito substancial trazida a juízo".[290]

Destaque-se ainda que o próprio CPC, no art. 300, *caput*, acabou por aproximar o regime da tutela antecipada e da tutelar cautelar, inserindo a probabilidade e o perigo de dano ou o risco ao resultado útil do processo como requisitos comuns para a concessão da tutela provisória de urgência, que se subdivide em cautelar e antecipada. Por mais que se possa diferenciar, em termos teóricos, as duas situações de urgência, tanto a histórica divergência doutrinária e jurisprudencial acerca da natureza jurídica de algumas situações concretas, como o próprio tratamento normativo dos temas no NCPC impõem que seja garantida a fungibilidade de mão dupla em relação à tutela provisória de urgência cautelar e antecipada.

Deve-se, então, no caso de a parte ajuizar o procedimento da tutela antecipada requerida em caráter antecedente, e o juiz entender que a situação concreta tem

290. GONÇALVES, Marcelo B. Comentários ao art. 305. GOUVEIA, Lucio Grassi de *et ali* (coord). Novo Código de Processo Civil Comentado. São Paulo: Lualri, 2017, t. I, p. 497-498.

natureza cautelar, que observe o disposto nos arts. 305 e seguintes. Uma observação importante para as duas espécies de fungibilidade é a necessidade de, na medida do possível, a prévia intimação do autor para que se manifeste sobre a utilização de procedimento diverso daquele requerido, afinal, os regimes jurídicos são diversos e o autor tem direito a se manifestar sobre essa alteração.

▶ **NCPC. Art. 305.** Parágrafo único. Caso entenda que o pedido a que se refere o caput tem natureza antecipada, o juiz observará o disposto no art. 303.

ENUNCIADO 503. O PROCEDIMENTO DA TUTELA CAUTELAR, REQUERIDA EM CARÁTER ANTECEDENTE OU INCIDENTE, PREVISTO NO CÓDIGO DE PROCESSO CIVIL É COMPATÍVEL COM O MICROSSISTEMA DO PROCESSO COLETIVO.

● *Grupo: Impacto nos Juizados e nos procedimentos especiais da legislação extravagante.* ● *Referências: arts. 305 a 310; art. 4º da Lei 7.347/85; art. 16 da Lei 8.249/92.*

▸ *Ravi Peixoto*

A legislação do direito processual civil coletivo faz menção, em alguns momentos, à possibilidade de ajuizamento de ação cautelar, a exemplo do art. 4º, da Lei da Ação Civil Pública. Há também menção a pedido de natureza cautelar no art. 16 da Lei de Improbidade Administrativa. No entanto, em termos de cabimento amplo e irrestrito, a disposição legal mais relevante consta do mencionado art. 4º, da Lei da ACP, segundo o qual "Poderá ser ajuizada ação cautelar para os fins desta Lei, objetivando, inclusive, evitar dano ao patrimônio público e social, ao meio ambiente, ao consumidor, à honra e à dignidade de grupos raciais, étnicos ou religiosos, à ordem urbanística ou aos bens e direitos de valor artístico, estético, histórico, turístico e paisagístico". Tal previsão é utilizada para outros requerimentos cautelares em outras espécies de processos coletivos devido ao microssistema coletivo.[291]

Ocorre que na legislação extravagante inexiste um tratamento detalhado do regime processual desse pedido de natureza cautelar, o que vem a atrair, naturalmente, a aplicação do Código de Processo Civil. Consoante destaca Daniel Amorim Assumpção Neves, a tutela cautelar é decorrente da proteção jurisdicional prestada pelo Estado com o objetivo de afastar o risco ao resultado útil do pedido satisfativo da parte, atuando como uma concretização da inafastabilidade da tutela jurisdicional (art. 5º, XXXV, CF).[292] Assim, mesmo que não houvesse a previsão do art. 4º, da Lei da ACP, as cautelares seriam cabíveis nos processos coletivos. Existindo tal previsão e não havendo desenvolvimento do seu requisito e procedimentos, cabe a aplicação do Código de Processo Civil.

O que faz o Enunciado é apenas esclarecer que, havendo pedido de natureza cautelar em processo coletivo, pode ser utilizado o procedimento do Código de Processo Civil. Em outros termos, a tutela cautelar pode ser requerida tanto de forma

291. NEVES, Daniel Amorim Assumpção. *Manual do processo coletivo*. 3. ed. Salvador: Juspodivm, 2016. p. 421.

292. Idem, p. 422.

autônoma, seguindo o rito dos arts. 305 a 307 do CPC, como de forma incidental (art. 294, parágrafo único, CPC). Os seus requisitos serão os mesmos das demais cautelares, ou seja, a existência de risco ao resultado útil do processo e a probabilidade do direito (art. 300, *caput*, CPC).

► **Lei 7.347/85. Art. 4º** Poderá ser ajuizada ação cautelar para os fins desta Lei, objetivando, inclusive, evitar dano ao patrimônio público e social, ao meio ambiente, ao consumidor, à honra e à dignidade de grupos raciais, étnicos ou religiosos, à ordem urbanística ou aos bens e direitos de valor artístico, estético, histórico, turístico e paisagístico.

► **Lei 8.249/92. Art. 16.** Havendo fundados indícios de responsabilidade, a comissão representará ao Ministério Público ou à procuradoria do órgão para que requeira ao juízo competente a decretação do sequestro dos bens do agente ou terceiro que tenha enriquecido ilicitamente ou causado dano ao patrimônio público.

Enunciado 504. Cessa a eficácia da tutela cautelar concedida em caráter antecedente, se a sentença for de procedência do pedido principal, e o direito objeto do pedido foi definitivamente efetivado e satisfeito.

● *Grupo: Tutela de urgência e tutela de evidência.* ● *Referências: art. 309, III.*

► *Ravi Peixoto*

O art. 309, III, afirma que, caso o juiz julgue improcedente o pedido principal formulado pelo autor ou extinguir o processo sem resolução de mérito, cessará a eficácia da tutela concedida em caráter antecedente. Houve modificação do regime proposto pelo CPC/1973, segundo o qual tal cessação de eficácia ocorreria também nos casos em que o pedido principal fosse acolhido (art. 808, III).

Trata-se de uma alteração importante. A absorção automática do pedido de natureza cautelar apenas vem a ocorrer nos casos em que o julgamento é de improcedência do pedido principal, baseado em cognição exauriente, gerando a perda da eficácia da cautelar, que apenas requer uma cognição sumária em relação ao pedido de tutela final.

Por outro lado, isso nem sempre irá ocorrer quando o julgamento do pedido final é coincidente com o do pedido de natureza cautelar, eis que, em diversas situações, a manutenção da medida cautelar garantirá a frutuosidade da medida satisfativa quando esta venha a ser tornar executável de forma provisória ou definitiva. Imagine-se situação em que foi concedido arresto por meio de tutela cautelar concedida em caráter antecedente, a sentença do processo de conhecimento é julgada procedente, mas a apelação é recebida no duplo efeito (art. 1.012, *caput*). Caso houvesse perda automática da eficácia do arresto, o réu ficaria com os seus bens desembaraçados enquanto a sentença sequer seria possível de cumprimento provisório, gerando um prejuízo para o autor.[293]

293. GONÇALVES, Marcelo B. "Comentários ao art. 309". *In*: GOUVEIA, Lucio Grassi. *et al.* (Coords.). *Novo Código de Processo Civil comentado*. t. I. São Paulo: Lualri, 2017. p. 503.

Portanto, "a cognição exauriente em favor do beneficiário da medida cautelar reforça a necessidade de acautelamento dos bens, razão pela qual a constrição deve permanecer enquanto o título executivo não for revogado ou a tutela cautelar perder a utilidade, tal como na hipótese de ser substituída pela penhora no curso da fase satisfativa".[294]

A lógica do Enunciado, então, é a de que, caso o julgamento do pedido cautelar e do pedido principal venham a coincidir, não há a cessação automática da tutela cautelar concedida, mas tão apenas se ela vier a perder a sua utilidade, se o direito objeto do pedido foi definitivamente efetivado e satisfeito.

▶ **NCPC. Art. 309.** Cessa a eficácia da tutela concedida em caráter antecedente, se: (...) III – o juiz julgar improcedente o pedido principal formulado pelo autor ou extinguir o processo sem resolução de mérito.

1.5.3. Da Tutela da Evidência (art. 311)

Enunciado 34. Considera-se abusiva a defesa da Administração Pública, sempre que contrariar entendimento coincidente com orientação vinculante firmada no âmbito administrativo do próprio ente público, consolidada em manifestação, parecer ou súmula administrativa, salvo se demonstrar a existência de distinção ou da necessidade de superação do entendimento.

● *Grupo: Tutela Antecipada.* ● *Referência: art. 311, I.*

▶ ***Eduardo Fonseca da Costa***

Enunciado equivocado.

É indiscutível a possibilidade de concessão de tutela de evidência contra a Fazenda Pública caso a pretensão material afirmada pelo autor se escore em precedente administrativo vinculante. No entanto, a concessão *não* tem fundamento no inciso I do artigo 311 do CPC. Por força da incidência do princípio da boa-fé objetiva, recai sobre a Administração Pública a vedação do comportamento contraditório [*nemo potest venire contra factum proprium*], razão por que não pode agir em desacordo com os precedentes firmados em sede administrativa e aos quais decidiu vincular-se. Entretanto, não é abusiva a defesa da Fazenda Pública que contraria seu próprio precedente administrativo. A ilicitude está no plano *material*, não no plano processual. Ir contra uma orientação vinculante *interna corporis* configura atentado à boa-fé *administrativa*, não à boa-fé processual. Nada impede que a Administração Pública, exercendo regularmente o seu direito de ampla defesa, alegue em contestação a equivocidade de um precedente seu.

Isso configurará, quando muito, a evidência do direito do autor (o que ensejará *ab initio* a concessão da tutela de evidência e *in fine* a procedência do pedido do autor), não a abusividade da defesa do réu. Não age com ilicitude processual a União quando

294. Idem, *ibidem*.

alega em sua defesa, p. ex., o manifesto desacerto de uma súmula administrativa do Conselho Administrativo de Recursos Fiscais – CARF (que é um órgão de julgamento imparcial) e os esforços internos envidados pela Coordenação do Contencioso Administrativo Tributário (COCAT) da Procuradoria Geral da Fazenda Nacional para o cancelamento do referido enunciado.

Assim sendo, a concessão da tutela de evidência é devida, pois a probabilidade do direito do autor é gritante. No entanto, essa tutela não tem fundamento nos incisos do predito dispositivo. Não é possível encaixá-la formalmente em qualquer um deles. Nesse caso, tem-se de admitir que o artigo 311 não traz um rol taxativo [*numerus clausus*], mas *exemplificativo* [*numerus apertus*]. Portanto, "evidência" não é o que o Código diz que é, mas tudo quanto desperte no juiz um estado de quase certeza.

Se assim não for, terá o legislador frustrado a magnânima ideia que o inspirou. A tutela de evidência sempre ocorreu na prática viva do dia-a-dia forense, conquanto não expressamente prevista em textos de lei. Portanto, há o perigo de que, uma vez legislado, o instituto se engesse e os seus pressupostos sejam mecanizados. O "direito vivo" revela que as diversas tutelas provisórias concedidas pelo Judiciário nada mais tem sido do que diferentes "combinações" não axiomáticas dos diferentes graus de *fumus boni iuris* e de *periculum in mora*. É sempre problemático, pois, legislar-se sobre um fenômeno marcado por *valorações*, *subjetividade* e *discricionariedade*.

Melhor teria sido se o NCPC contivesse um dispositivo que estabelecesse os pressupostos fundamentais da tutela de urgência [*fumus* e *periculum*] e lhe acrescentasse um parágrafo prescrevendo que "o juiz pode mensurar um pressuposto com menor rigor se o outro se mostrar com maior densidade" (nesse caso, as hipóteses de "*fumus* de extremidade *presumida*" e de "*periculum* de extremidade presumida" teriam de ser expressamente previstas, pois aqui a "suficiência compensatória" entre *fumus* e *periculum* é "normada", ou seja, não depende de uma avaliação do juiz). Ganhar-se-ia em generalidade, visto que a tutela de evidência não seria submetida a simplórias designações casuísticas. Mais: em uma única frase, haveria a previsão da propalada *tutela de evidência sem urgência* e da olvidada (mas não menos corrente) *tutela de urgência sem evidência*.

Certamente, uma redação desse jaez conferiria aos juízes uma liberdade arredia a objetivações excessivas e controles racionais rígidos. No entanto, nem mesmo ante leis cerradas as decisões judiciais deixam de ser um evento *axiológico* para serem um acontecimento puramente *lógico*. É verdade que a figura do juiz que *valora* ainda incomoda. Afinal, nem todo juiz que *pondera* é *ponderado*. Entretanto, é absolutamente impossível desempenhar-se uma jurisdição de tutelas provisórias sem a boa e velha *prudência*.

► **NCPC. Art. 311.** A tutela da evidência será concedida, independentemente da demonstração de perigo de dano ou de risco ao resultado útil do processo, quando: I – ficar caracterizado o abuso do direito de defesa ou o manifesto propósito protelatório da parte.

Enunciado 35. As vedações à concessão de tutela provisória contra a Fazenda Pública limitam-se às tutelas de urgência.

● *Grupo: Tutela Antecipada. Redação revista (V FPPC).* ● *Referência: art. 311.*

▸ ***Eduardo Fonseca da Costa***

Enunciado equivocado.

Para que bem se entendam as leis impeditivas de tutela provisória contra a Fazenda Pública, é preciso entender que a concessão obedece a uma estrutura tipológica, não uma estrutura conceitualista. Um conceito é formado de algumas notas distintivas particulares, que se desligam e se abstraem do objeto no qual se apresentam e, na sua generalização, são isoladas e separadas umas das outras. Portanto, aqui, não há "mais ou menos": ou um objeto é enquadrado no conceito porque possui marcas características concretas que se subsumem a todas as notas distintivas abstratas descritas na definição, ou ele não se enquadra. Logo, no conceito, não se apreende o objeto na plenitude substancial de todas as suas partes e particularidades, como um todo único.

Assim sendo, quando se enxerga a concessão de tutelas provisórias à luz de um pensamento conceitualista, tende-se a dizer que essa concessão é uma mera subsunção por operação silogística, que ocorre porque, no caso concreto, as alegações do autor são enquadradas no conceito de *fumus boni iuris* e a situação que o aflige se encaixa no conceito de *periculum in mora*. Entretanto, se um desses encaixes não for possível, a medida provisória não será concedida. É uma aplicação baseada na alternativa "tudo ou nada". Nesse sentido, a explicação conceitualista está em consonância com a velha cantilena racional-iluminista de inspiração cartesiana. De acordo com ela, basta ao juiz averiguar metodicamente – dentro de um raciocínio linear e de uma neutralidade axiológica – se os pressupostos descritos na lei estão presentes: se todos estiverem concretizados, o juiz terá o dever de conceder a tutela provisória; se algum deles faltar, terá o dever de denegá-la.

Contudo, a vida mostra que a concessão de tutelas provisórias não se subsume a essa rigidez procedimental. Nessa matéria, a prática cotidiana forense sói enveredar um raciocínio tipológico, que, por sua vez, pressupõe circularidade e avaliações subjetivas. Ora, diferentemente do conceito, o tipo é mais fluido e adaptável. Nele, são permitidas formas intermediárias e "figuras híbridas", as quais geralmente não se podem incluir no esquema previamente dado. Isso porque a composição do tipo nunca parte dum método isolante e abstrativo de notas singulares que são pensadas isoladamente, mas sempre de um método de agrupamento e concretização de notas distintivas, que somente se podem apreender em seu todo. Assim, se o conceito é uma forma abstrata e fragmentada à qual os objetos são subsumidos por encaixes, o tipo é um esquema mais concreto e íntegro a que os objetos se achegam por comparações (motivo pelo qual os traços do tipo podem aparecer na imagem particular do objeto com diferentes matrizes e combinações).

Nesse sentido, o *fumus boni iuris* e o *periculum in mora* são vistos como pautas "móveis", que podem se apresentar em graus ou níveis distintos e que, por isso, não são suscetíveis de fixação em termos genéricos. Ou seja, o *fumus boni iuris* e o *periculum in mora* são vistos como pressupostos que precisam ser antes concretizadas pelo julgador, e relacionados entre si em uma espécie de "coordenação valorativa", para poderem ser aplicadas ao caso. Isso mostra que é inútil definir fumus boni iuris e *periculum in mora*: é melhor que sejam "explicitáveis", "descritíveis" ou "explicáveis", e não propriamente "definíveis". Conseguintemente, para conceder-se a tutelas provisórias, não há a necessidade da presença simultânea dos dois pressupostos. Entre eles há uma espécie de permutabilidade livre. Se o caso concreto desviar-se do "tipo normal" e somente um dos pressupostos estiver presente em "peso decisivo", mesmo assim será possível conceder-se a medida, embora por força de uma "configuração atípica" ou "menos típica", que se afasta do modelo descrito na lei. Tudo se passa como se, nos processos concretos de concessão de tutelas provisórias, o fumus boni iuris e o *periculum in mora* fossem "elementos" ou "forças" que se articulam de forma variável, sem absolutismo e fixidez dimensional. O que importa, no final das contas, é a "imagem global" do caso, ainda que a relação entre o fumus e o periculum seja assimétrica.

A compreensão dessa teoria dos "vasos comunicantes" ou da "imagem global" é fundamental para desmistificarem-se as leis que impedem a concessão de liminares. Da letra fria dos §§ 2º e 5º do artigo 7º da Lei 12.016/09, p. ex., costuma-se extrair que se vedou a concessão de tutela provisória que tenha por objeto: (a) compensação de créditos tributários; (b) entrega de mercadorias e bens provenientes do exterior; (c) reclassificação ou equiparação de servidores públicos; (d) concessão de aumento ou a extensão de vantagens ou pagamento de qualquer natureza.

No entanto, não se trata de direito novo. A Lei 12.016/09 simplesmente compilou disposições esparsas que "impediam" tutelas liminares desse tipo. O artigo 170-A do CTN (inserido pela LC 104/01) "obstava a compensação mediante o aproveitamento de tributo, objeto de contestação judicial pelo sujeito passivo, antes do trânsito em julgado da respectiva decisão judicial". Já o artigo 1º da Lei 2.770/56, "proibia" - nas ações que visassem a liberação de mercadorias, bens ou coisas de qualquer espécie procedentes do estrangeiro - a concessão de liminar que, direta ou indiretamente, importasse na entrega da mercadoria, bem ou coisa. Finalmente, o artigo 2º-B da Lei 9.494/97 (introduzido pela MP 2.180-35/01) prescrevia que somente após o trânsito em julgado seria possível a execução de sentença que tivesse por objeto "a liberação de recurso, inclusão em folha de pagamento, reclassificação, equiparação, concessão de aumento ou extensão de vantagens a servidores da União, dos Estados, do Distrito Federal e dos Municípios, inclusive de suas autarquias e fundações".

É bem verdade que a constitucionalidade desses dispositivos textos sempre foi redarguida por pequena parcela da jurisprudência e pela quase unanimidade da doutrina. Aliás, sempre foi uma constante a afirmação de que feriam o princípio da inafastabilidade da jurisdição (CF, art. 5º, XXXV). Afinal, se a esfera jurídica do autor encontra-se sob risco atual, grave e iminente de dano irreparável ou de difícil reparação, tem ele direito a uma tutela jurisdicional do Estado que seja adequada a sanar a situação de perigo. Contudo, se essa "proibição" contida nesses textos sustenta-se no plano abstrato-textual, não resiste a uma análise mais acurada quando se olha o plano empírico-normativo. A prática tem revelado um verdadeiro abismo entre o texto geral e abstrato e a norma que se vive a partir dele. Se o texto legislativo parece proibir, no dia-a-dia forense a norma jurídica que dele se extrai não se mostra tão proibitiva assim. Ou seja, dentro da comunicação normativa global, as leis "impeditivas" de liminar constituem um código fraco.

Como visto, ao analisar a presença dos pressupostos para a concessão da tutela provisória, o juiz acaba atuando dentro de uma "ampla margem de discricionariedade" para avaliar se o "peso" ou a "dosagem" de um pressuposto é suficiente para "compensar" a ausência ou a palidez do outro. No entanto, por vezes, a lei manieta o julgador e prescreve qual a "imagem global" que ela entende apropriada para a liminar ser concedida. Ou seja, é possível que a lei restrinja a liberdade do juiz de aquilatar, por si mesmo, a "relação de complementação mútua" entre o fumus e o periculum. Pode ser que a lei preestabeleça a "densidade" que cada um desses pressupostos deve ter para que a tutela de urgência seja concedida. Em geral, diante da prodigalidade com que os juízes concedem determinados tipos de liminar, a lei prefixa a "dosagem" do periculum, exigindo que ele se apresente em grau elevado para que as concessões generosas sejam dificultadas. É exatamente o que passa com as chamadas "leis impeditivas de liminar". Usam-se as aspas porque, na verdade, essas leis não vedam a concessão; elas apenas enrijecem os seus pressupostos. Quando do julgamento da ADC 4 (Rel. p/ ac. Min. Celso de Mello, DJe 30.10.2014), o Pleno do STF reputou constitucional o caput do artigo 1º da Lei 9.494/97[295]. De acordo com a literalidade do dispositivo, é vedada a concessão de tutela antecipada que determine reclassificação, equiparação, concessão de aumento ou extensão de vantagens em benefício de servidores públicos.

No entanto, o próprio STF ressalvou situações especiais, justamente para evitar o perecimento do "bem da vida" posto em debate. Nem poderia ser diferente: a previsão de liminar não é mera questão de política processual, que se coloca na lei, ou dela se retira, ao sabor de conveniências legislativas indevassáveis. Não se pode ferir a "natureza das coisas". Há situações da vida que "pedem" impreterivelmente uma liminar. E o juiz não pode deixar de concedê-la. Não por outro motivo o STJ admite a concessão de liminar para afastar inconteste estado de necessidade que ameace a sobrevivência do jurisdicionado[296]. Isso significa que STF e STJ entendem que as liminares ordenatórias de reclassificação, equiparação, concessão de aumento ou extensão de vantagens em favor de servidores públicos só são possíveis diante da presença de um *periculum* extremado. Mesmo que o direito do autor seja quase certo, ainda assim só será concedida a liminar se estiver configurada uma emergência crítica. Logo, de acordo com os tribunais superiores, não é possível a concessão da liminar apenas com base na alegação genérica de que o pedido tem natureza alimentar. É preciso comprovar cabalmente *ab initio* que o requerente passa por situação famélica e que a medida por ele pleiteada é a única forma de remediar a gravidade de sua situação.

---

295. Lei 9.494/97. Art. 1º. Aplica-se à tutela antecipada prevista nos artigos 273 e 461 do Código de Processo Civil, o disposto nos artigos 5º e seu parágrafo único e art. 7º da Lei nº 4.348, de 26 de junho de 1964, no artigo 1º e seu § 4º da Lei nº 5.021, de 9 de junho de 1966, e nos artigos 1º, 3º e 4º da Lei nº 8.437, de 30 de junho de 1992.

296. Cf., e.g., 5ª T., REsp 447.668, Rel. Min. Félix Fischer, DJ 4.11.2002; 5ª T., AGA 518.684, Rel. Min. Gilson Dipp, DJ 6.10.2003; 1ª T., Ag no REsp 397725, Rel. Min. Francisco Falcão, DJ 2.12.2002.

Idêntica argumentação pode ser estendida à compreensão da Súmula 212/STJ, do artigo 170-A do CTN, do § 5º do artigo 1º da Lei 8.437/92 (incluído pela MP 2.180-35/01) e do § 2º do artigo 7º da Lei 12.016/09, que proíbem a concessão de liminares para fins de compensação tributária. Em verdade, na prática, esses comandos não fazem outra coisa senão exigir *periculum in mora* mais robusto. Antes da edição da Súmula 212/STJ, da introdução do artigo 170-A no CTN pela LC 104/01, do advento do § 5º do artigo 1º da Lei 8.437/92 e do § 2º do artigo 7º da Lei 12.016/09, os contribuintes comumente sustentavam que se encontravam sob risco de dano irreparável ou de difícil reparação, já que a cada desembolso se sujeitavam à tormentosa via do solve et repete, ou mesmo às sanções administrativas decorrentes da inadimplência (autuação, inscrição do nome no cadastro de inadimplentes, etc.).

Daí por que inúmeras liminares eram concedidas com base nessa fundamentação. Porém, como se pode ver, não se trata de *periculum* radical, capaz de inviabilizar a existência mesma da empresa, ou de comprometer a sua saúde econômico-financeira. Isso mostra que a maior parte dessas liminares amparava situações de urgência não extremada. Todavia, com o advento do artigo 170-A do CTN, nada impede que se conceda a liminar para a compensação tributária, desde que esteja escorada na comprovação concreta de uma emergência crítica, não na singela alegação de que medidas poderão ser tomadas pelo Fisco contra a requerente. Há respeitada corrente jurisprudencial nesse sentido[297].

Em verdade, o raciocínio é extensível à compreensão de todo e qualquer texto que "impeça" a concessão de liminares, não apenas às hipóteses aventadas no § 2º do artigo 7º da Lei 12.016/09. Tome-se o exemplo do artigo 29-B da Lei 8.036/90 (introduzido pela MP 2.197-42/01). Segundo esse dispositivo:

> Art. 29-B. Não será cabível medida liminar em mandado de segurança, no procedimento cautelar ou em quaisquer outras ações de natureza cautelar ou preventiva, nem a tutela antecipada prevista nos artigos 273 e 461 do Código de Processo Civil que impliquem saque ou movimentação da conta vinculada do trabalhador no FGTS.

Ora, de acordo com a abalizada jurisprudência[298]:

> O artigo 29-B da Lei n. 8.036/90, obstativo de concessão de liminar e antecipação de tutela autorizadora de movimentação e saque de valor em conta vinculada do trabalhador no FGTS, deve ser observado com temperança, porquanto hipóteses há em que o caráter urgente da medida jurisdicional pleiteada obriga o julgador a prestá-la, sob pena de perecimento do bem da vida.

Portanto, "não obstante seja vedado o deferimento de medida de urgência que implique em saque ou movimentação da conta vinculada do trabalhador ao FGTS pelo artigo 29-B da Lei 8.036/90, introduzido pela Medida Provisória n. 2.197-43, mostra-se razoável a liberação em favor de portadora de neoplasia maligna, com 62 anos

---

297. Cf., p. ex., STJ, 2ª T., MC 8.995, Rel. Min. Humberto Martins, DJ 18.12.2006; TRF da 1ª Região, 8ª T., AG 2004.01.00.040026-6, Rel. Des. Fed. Maria do Carmo Cardoso, DJ 1.6.2007; TRF da 5ª Região, 3ª T., MC 2004.05.00.021826-8, Rel. Des. Fed. Manoel Erhardt, DJ 13.3.2007; TRF da 5ª Região, 1ª T., AG 2004.05.00.000211-9, Rel. Des. Fed. Francisco Wildo, DJ 15.4.2005.

298. TRF da 5ª Região, 1ª T., AG 2004.05.00.027861-7, Rel. Des. Fed. José Maria Lucena, DJ 20.5.2005.

de idade, ainda que de modo excepcional"[299]. O que se vê é que a jurisprudência, por desconhecer a teoria da imagem global, prefere dizer que as leis "impeditivas" são constitucionais, mas que, a depender do caso, podem ser flexibilizadas. Trata-se de uma forma linguística oblíqua e improvisada de referir-se à mesma coisa.

Com isso se vê que a barreira das leis impeditivas de liminares pode ser superada, dês que haja *periculum in mora* extremado. Se aí a urgência não for extremada ou se não houver urgência, a tutela provisória não poderá ser concedida contra o Poder Público. Daí por que essas leis alcançam – sem qualquer ressalva – as chamadas "tutelas de evidência" (art. 311) [= tutela de evidência extremada pura ou tutela de evidência sem urgência]. Todavia, se houver evidência extremada pura (estando configurada qualquer das hipóteses previstas no artigo 311) + urgência extremada, o juiz deverá conceder a tutela.

Súmula STJ 212. A compensação de créditos tributários não pode ser deferida em ação cautelar ou por medida liminar cautelar ou antecipatória.

▶ **NCPC. Art. 311.** A tutela da evidência será concedida, independentemente da demonstração de perigo de dano ou de risco ao resultado útil do processo, quando: I – ficar caracterizado o abuso do direito de defesa ou o manifesto propósito protelatório da parte; II – as alegações de fato puderem ser comprovadas apenas documentalmente e houver tese firmada em julgamento de casos repetitivos ou em súmula vinculante; III – se tratar de pedido reipersecutório fundado em prova documental adequada do contrato de depósito, caso em que será decretada a ordem de entrega do objeto custodiado, sob cominação de multa; IV – a petição inicial for instruída com prova documental suficiente dos fatos constitutivos do direito do autor, a que o réu não oponha prova capaz de gerar dúvida razoável.

Enunciado 422. A tutela de evidência é compatível com os procedimentos especiais.

● *Grupo: Tutela de urgência e tutela de evidência.* ● *Referência: art. 311.*

▸ ***Eduardo Fonseca da Costa***

O CPC traz normas *procedimentais* e *processuais* sobre tutelas provisórias. *Procedimento* é categoria do plano da *existência*: trata-se de sequência de fatos jurídicos, atos jurídicos *stricto sensu*, atos-fatos jurídicos e negócios jurídicos efetuados pelo autor (distribuição da inicial, réplica, desistência da ação, etc.), pelo réu (contestação, reconvenção, impugnação ao valor da causa, arguição de exceção de impedimento, etc.), pelo juiz (ordem de citação, saneamento do processo, nomeação de perito, prolação de sentença, etc.) e pelos auxiliares da Justiça (elaboração de laudo, administração judicial, cumprimento de mandado, tradução de documentos, etc.).

Já o *processo* é uma categoria do plano da *eficácia*: trata-se do fluxo contínuo das situações jurídicas que são irradiadas no plano da eficácia à medida que são realizados no plano da existência os respectivos fatos jurídicos, atos jurídicos *stricto sensu*,

299. TRF da 5ª Região, 4ª T., AG 2004.05.00.033231-4, Rel. Des. Fed. Edílson Nobre, DJ 7.3.2005. Em sentido similar, ainda: TRF da 1ª Região, 6ª T., AG 2001.01.00.045505-0, Rel. Des. Fed. Maria Isabel Galotti Rodrigues, DJ 18.9.2002.

atos-fatos jurídicos e negócios jurídicos que formam o procedimento. Logo, o procedimento e o processo não se confundem, assim como não se confundem o contrato e a relação jurídica obrigacional que ele faz nascer. Decerto, as normas procedimentais gerais do NCPC não se aplicam às ações de procedimento especial, pois aqui incide o adágio "regra especial revoga regra geral" (*lex specialis derogat legi generali*); entretanto, as normas processuais se aplicam. Nisso não atenta a jurisprudência, a qual acertadamente recusa a possibilidade de réplica no mandado de segurança (que é ato de procedimento), mas equivocadamente nega ali a possibilidade de intervenção de terceiros (que é uma faculdade processual).

Logo, às ações de procedimento especial com regime próprio de liminar (ex.: mandado de segurança, ação de nunciação de obra nova, ações de despejo, ações de posse nova, embargos de terceiro) não se aplicam os procedimentos das tutelas antecipada e cautelar requeridas em caráter antecedente (artigos 303 e 305); no entanto, nessas ações – ao lado das suas liminares específicas – é possível que se concedam as tutelas genéricas de urgência satisfativa, de urgência cautelar e de evidência, desde que presentes os respectivos pressupostos. No mandado de segurança, p. ex., será possível a concessão de tutela cautelar, de tutela antecipada e de tutela de evidência; contudo, não poderá o impetrante pedir liminar em procedimento antecedente e aditar ulteriormente a inicial para completá-la ou deduzir pedido principal.

► **NCPC. Art. 311.** A tutela da evidência será concedida, independentemente da demonstração de perigo de dano ou de risco ao resultado útil do processo, quando: I – ficar caracterizado o abuso do direito de defesa ou o manifesto propósito protelatório da parte; II – as alegações de fato puderem ser comprovadas apenas documentalmente e houver tese firmada em julgamento de casos repetitivos ou em súmula vinculante; III – se tratar de pedido reipersecutório fundado em prova documental adequada do contrato de depósito, caso em que será decretada a ordem de entrega do objeto custodiado, sob cominação de multa; IV – a petição inicial for instruída com prova documental suficiente dos fatos constitutivos do direito do autor, a que o réu não oponha prova capaz de gerar dúvida razoável.

ENUNCIADO 423. CABE TUTELA DE EVIDÊNCIA RECURSAL.

● *Grupo: Tutela de urgência e tutela de evidência.* ● *Referência: arts. 311; 995, par. ún.; 1.012, § 4º; 1.019, inciso I; 1.026, § 1º; 1.029, § 5º.*

▸ ***Eduardo Fonseca da Costa***

De acordo com o parágrafo único do artigo 995 do CPC, "a eficácia da decisão recorrida poderá ser suspensa por decisão do relator, se da imediata produção de seus efeitos houver risco de dano grave, de difícil ou impossível reparação, e ficar demonstrada a probabilidade de provimento do recurso". Nota-se *simpliciteret de plano* que a textualidade gélida do sistema recursal brasileiro não foi sintonizada com o sistema de tutelas sumárias (impropriamente chamadas de "tutelas provisórias") introduzido pelo novo Código.

No âmbito das *ações*, o NCPC prevê as tutelas antecipadas de urgência e de evidência. No entanto, no âmbito dos *recursos*, há dupla limitação: i) só se prevê tutela antecipada de urgência; ii) só se prevê a suspensão da eficácia da tutela concedida pelo juízo *a quo*, não a concessão da tutela denegada pelo juízo *a quo*. Todavia, onde há a mesma razão, deve haver o mesmo direito ("*ubi eadem ratio, ibi eadem ius*"). Afinal – na esteira de autores como Carlo Umberto del Pozzo, Renzo Provinciali, Emilio Betti, Lodovico Mortara, Peter Gilles, Jaime Guasp, Araken de Assis e Roberto Campos Gouveia Filho –, *recurso é ação*; logo, se cabe tutela de evidência na ação não-recursal, não há razão para não caber tutela de evidência na ação recursal.

Daí por que uma interpretação sistemática permite que se divise no processo civil brasileiro – de *lege lata* – quatro hipóteses:

1) tutela de urgência recursal suspensiva da tutela concedida *a quo* (ex.: atribuição de efeito suspensivo – fundada em *fumus boni iuris* e *periculum in mora* – a apelação interposta de sentença de procedência);

2) tutela de urgência recursal concessiva da tutela denegada *a quo* (ex.: concessão de "efeito ativo"– fundada em *fumus boni iuris* e *periculum in mora* – em apelação interposta de sentença de improcedência);

3) tutela de evidência recursal suspensiva da tutela concedida *a quo* (ex.: atribuição de efeito suspensivo – fundada na evidência negativa do direito do autor recorrido – a apelação interposta de sentença de procedência);

4) tutela de evidência recursal concessiva da tutela denegada *a quo* (ex.: concessão de "efeito ativo"– fundada na evidência positiva do direito do autor recorrente – em apelação interposta de sentença de improcedência).

É ainda possível, como não poderia deixar de ser, interposição de agravo de instrumento de decisão denegatória de tutela de evidência pelo juízo de primeira instância (sendo aqui possível ao autor escorar-se na evidência para requerer ao relator a antecipação dos efeitos do provimento recursal final, ou simplesmente aguardar o provimento final do recurso pela turma julgadora).

► **NCPC. Art. 311.** A tutela da evidência será concedida, independentemente da demonstração de perigo de dano ou de risco ao resultado útil do processo, quando: I – ficar caracterizado o abuso do direito de defesa ou o manifesto propósito protelatório da parte; II – as alegações de fato puderem ser comprovadas apenas documentalmente e houver tese firmada em julgamento de casos repetitivos ou em súmula vinculante; III – se tratar de pedido reipersecutório fundado em prova documental adequada do contrato de depósito, caso em que será decretada a ordem de entrega do objeto custodiado, sob cominação de multa; IV – a petição inicial for instruída com prova documental suficiente dos fatos constitutivos do direito do autor, a que o réu não oponha prova capaz de gerar dúvida razoável. ► **Art. 995. Parágrafo único.** A eficácia da decisão recorrida poderá ser suspensa por decisão do relator, se da imediata produção de seus efeitos houver risco de dano grave, de difícil ou impossível reparação, e ficar demonstrada a probabilidade de provimento do recurso. ► **Art. 1.012. § 4º** Nas hipóteses do § 1º, a eficácia da sentença poderá ser suspensa pelo relator se o apelante demonstrar a probabilidade de provimento do recurso ou se, sendo relevante a fundamentação, houver risco de dano grave ou de difícil reparação. ► **Art. 1.019.** Recebido o agravo de instrumento no tribunal e distribuído imediatamente, se não for o caso de aplicação do art. 932, incisos III e IV, o relator, no prazo de 5 (cinco) dias: I – poderá atribuir efeito suspensivo ao recurso ou deferir, em antecipação de tutela, total ou parcialmente, a pretensão recursal, comunicando ao juiz sua decisão. ► **Art. 1.026. § 1º** A eficácia da decisão monocrática ou colegiada poderá ser suspensa pelo respectivo juiz ou relator se demonstrada a probabilidade de provimento do recurso ou, sendo relevante a fundamentação, se houver risco de dano grave ou de difícil reparação. ► **Art. 1.029.** § 5º O pedido de concessão de efeito suspensivo a recurso extraordinário ou a recurso especial poderá ser formulado por requerimento dirigido: I – ao tribunal superior respectivo, no período compreendido entre a publicação da decisão de admissão do recurso e sua distribuição, ficando o relator designado para seu exame prevento para julgá-lo; II – ao relator, se já distribuído o recurso; III – ao presidente ou ao vice-presidente do tribunal recorrido, no período compreendido entre a interposição do recurso e a publicação da decisão de admissão do recurso, assim como no caso de o recurso ter sido sobrestado, nos termos do art. 1.037.

2. PARTE ESPECIAL (ARTS. 318 A 1.072)

2.1. Do Processo de Conhecimento e do Cumprimento de Sentença (arts. 318 a 770)

2.1.1. Do Procedimento Comum (arts. 318 a 512)

2.1.1.1. Da Petição Inicial (arts. 319 a 331)

ENUNCIADO 145. NO PROCESSO DO TRABALHO, É REQUISITO DA INICIAL A INDICAÇÃO DO NÚMERO NO CADASTRO DE PESSOAS FÍSICAS OU NO CADASTRO NACIONAL DE PESSOAS JURÍDICAS, BEM COMO OS ENDEREÇOS ELETRÔNICOS DO AUTOR E DO RÉU, APLICANDO-SE AS REGRAS DO NOVO CÓDIGO DE PROCESSO CIVIL A RESPEITO DA FALTA DE INFORMAÇÕES PERTINENTES OU QUANDO ELAS TORNAREM IMPOSSÍVEL OU EXCESSIVAMENTE ONEROSO O ACESSO À JUSTIÇA.

● *Grupo: Impacto do CPC no Processo do Trabalho.* ● *Referências: arts. 15 e 319.*

► *Marco Antonio Rodrigues e Carla Teresa Bonfadini de Sá*

O artigo 769 da CLT prevê a aplicação subsidiária do CPC ao processo do trabalho, desde que haja compatibilidade com os princípios do direito processual do trabalho. Ao referir-se à aplicação subsidiária, o CPC, em seu artigo 15, pretendeu abarcar as hipóteses em que há omissão sobre a matéria no processo do trabalho (hipótese de subsidiariedade propriamente dita, para colmatação de lacunas); reservando-se o advérbio "supletivamente" aos casos em que, não obstante a existência de norma na CLT sobre a questão, aplica-se o CPC para complementar a disciplina realizada no âmbito do direito do trabalho.

Registre-se que tem sido afastada a exegese literal do artigo 769 da CLT, adotando-se uma interpretação evolutiva, norteada pelos valores constitucionais, para permitir a aplicação subsidiária não somente nas hipóteses de lacunas normativas, mas também nos casos em que a norma da CLT encontra-se envelhecida, defasada, inapta a assegurar a efetividade da tutela jurisdicional pretendida[300].

---

300. Em prol da interpretação evolutiva da CLT para a heterointegração normativa nos casos de lacunas axiológicas (ausência de norma justa na CLT) e ontológicas, em virtude da evolução do processo civil na direção da obtenção da tutela jurisdicional efetiva manifesta-se LEITE, Carlos Henrique Bezerra. *Curso de Direito processual do trabalho*. 13. ed. São Paulo: Saraiva, 2015. p. 115.

Nesse sentido é o Enunciado 66 da 1ª Jornada de Direito Material e Processual do Trabalho, realizada em novembro de 2007:

> Enunciado JDMPT 66 Aplicação subsidiária de normas do processo comum ao processo trabalhista. Omissões ontológica e axiológica. Admissibilidade. Diante do atual estágio de desenvolvimento do processo comum e da necessidade de se conferir aplicabilidade à garantia constitucional da duração razoável do processo, os artigos 769 e 889 da CLT comportam interpretação conforme a Constituição Federal, permitindo a aplicação de normas processuais mais adequadas à efetivação do direito. Aplicação dos princípios da instrumentalidade, efetividade e não retrocesso social.

Quanto à disciplina da petição inicial, o artigo 840 da CLT prevê menos requisitos que o artigo 319 do CPC, exigindo apenas o endereçamento ao juiz do trabalho, qualificação das partes, exposição dos fatos, pedido, data e assinatura do reclamante ou de seu representante. Considerando a compatibilidade com os princípios do processo do trabalho, deve ser aplicado supletivamente o CPC para complementar os requisitos da petição inicial da reclamação trabalhista, mediante a inclusão da indicação do CPF, CNPJ e do endereço eletrônico das partes, previsto no artigo 319 do CPC. Objetiva-se, com esta complementação, obter uma identificação mais precisa das partes, para evitar a propositura de demanda em face de homônimos, e, especialmente, facilitar a realização dos atos de comunicação processual, viabilizando a intimação eletrônica prevista no artigo 246, V, do CPC, e a consulta das informações e realização de diligências no curso do processo mediante a utilização dos sistemas auxiliares do Poder Judiciário (Bacenjud, Infojud, Renajud). A qualificação mais completa das partes contribui para uma prestação jurisdicional mais célere e efetiva, encontrando-se consentânea com os princípios do processo do trabalho, notadamente o acesso à justiça do trabalhador. Frise-se, contudo, que a falta do requisito previsto no inciso II do artigo 319 do CPC não acarretará o indeferimento da inicial.

Igualmente aplicável ao processo do trabalho, em virtude da compatibilidade com os seus princípios, é a regra do § 1º do artigo 319 do CPC de auxílio judicial – dever derivado do princípio da colaboração previsto no artigo 6º do CPC – para a obtenção das informações necessárias à qualificação de autor e réu, quando não disponham as partes dos referidos dados. O auxílio judicial visa a remover o obstáculo referente à falta de informações para satisfazer os requisitos do artigo 319 do CPC, evitando que seja obstado ou dificultado o acesso à justiça.

► **NCPC. Art. 15.** Na ausência de normas que regulem processos eleitorais, trabalhistas ou administrativos, as disposições deste Código lhes serão aplicadas supletiva e subsidiariamente. ► **Art. 319.** A petição inicial indicará: I – o juízo a que é dirigida; II – os nomes, os prenomes, o estado civil, a existência de união estável, a profissão, o número de inscrição no Cadastro de Pessoas Físicas ou no Cadastro Nacional da Pessoa Jurídica, o endereço eletrônico, o domicílio e a residência do autor e do réu; III – o fato e os fundamentos jurídicos do pedido; IV – o pedido com as suas especificações; V – o valor da causa; VI – as provas com que o autor pretende demonstrar a verdade dos fatos alegados; VII – a opção do autor pela realização ou não de audiência de conciliação ou de mediação.

Enunciado 281. A indicação do dispositivo legal não é requisito da petição inicial e, uma vez existente, não vincula o órgão julgador.

● *Grupo: Petição inicial, resposta do réu e saneamento.* ● *Redação revista (V FPPC).* ● *Referências: art. 319, III.*

▸ *Marco Antonio Rodrigues e Carla Teresa Bonfadini de Sá*

O inciso III do artigo 319 exige a exposição dos fatos (causa de pedir remota) e do fundamento jurídico do pedido (causa de pedir próxima), integrantes da causa de pedir. A fundamentação jurídica, compreendida como o enquadramento dos fatos em uma categoria jurídica, contudo, não se confunde com a apresentação dos dispositivos legais, que constitui a fundamentação legal. Como bem elucida Greco[301], o fundamento jurídico é o direito material invocado, que pode derivar de outra fonte, que não a lei (contrato, negócio jurídico, dentre outros).

Convém esclarecer que a indicação do dispositivo de lei não integra a causa de pedir, nem vincula o julgador, sendo apenas uma sugestão, uma forma de influir no seu convencimento[302]. Caso o demandante não o faça, suportará os efeitos de o juiz adotar fundamentação legal diversa[303].

Destarte, a falta de indicação do dispositivo legal não gera a inépcia da petição inicial, assim como a sua menção expressa na peça vestibular não vincula o julgador, pois a mudança de enquadramento jurídico pode ser realizada livremente pelo juiz[304], vez que não alteraria a causa de pedir. Tal orientação pode ser condensada nos conhecidos brocardos *iura novit curia* e *da mihi factum, dabo tibi ius*. Considerando que cabe às partes aportar aos autos os fatos, e ao juiz, conhecedor do Direito, descobrir a norma aplicada ao caso concreto, inexistiria mesmo vinculação do juiz à valoração jurídica apresentada pelas partes.

▸ **NCPC. Art. 319.** A petição inicial indicará: III – o fato e os fundamentos jurídicos do pedido.

Enunciado 282. Para julgar com base em enquadramento normativo diverso daquele invocado pelas partes, ao juiz cabe observar o dever de consulta, previsto no art. 10.

● *Grupo: Petição inicial, resposta do réu e saneamento.* ● *Referências: arts. 319, III e 343.*

▸ *Marco Antonio Rodrigues e Carla Teresa Bonfadini de Sá*

O enunciado consagra a releitura dos clássicos brocardos *iura novit curia* e *da mihi factum, dabo tibi ius* – dai-me os fatos, que te darei o direito –, em virtude do

301. GRECO, Leonardo. *Instituições de processo civil. vol.* I. 5. ed. Rio de Janeiro: Forense, 2015. p. 189.
302. DINAMARCO, Cândido R. *Instituições de processo civil.* vol. I. 5. ed. São Paulo: Malheiros, 2005.
303. RODRIGUES, Marco Antonio S. *A modificação do pedido e da causa de pedir no processo civil.* Rio de Janeiro: GZ, 2014. p. 56.
304. Em sentido diverso, entendendo que não pode o juiz modificar o enquadramento jurídico realizado pelas partes, GRECO, Leonardo. *Instituições de Processo civil.* vol. I. 5. ed. Rio de Janeiro: Forense, 2015. p. 191.

fortalecimento do contraditório participativo[305]. Parte-se da premissa de que o juiz deve sempre decidir com base em pontos previamente discutidos, a fim de evitar a prolação de decisões-surpresa, o que abarca também o enquadramento jurídico diverso daquele realizado pelas partes, conforme preceitua o artigo 10 do CPC. No novo contexto do contraditório como direito de influência, não é possível privar as partes de influírem no convencimento do julgador relativamente à possibilidade de enquadramento jurídico diverso, participando da formulação da norma aplicável ao caso concreto[306]. Não há mais como considerar que às partes cabe apenas a discussão acerca da matéria fática, pois a moderna visão do contraditório impõe que a valoração jurídica também seja submetida à discussão[307].

Muitas vezes, essa manifestação permitirá, inclusive, que as partes esclareçam algumas questões fáticas ligadas ao novo enquadramento jurídico. Não é possível efetuar uma cisão precisa entre as matérias de direito e de fato, porquanto nítido o seu entrelaçamento, sua mútua interdependência[308], já que a atividade de interpretação é a formulação da norma, a partir do texto, com o influxo dos fatos[309].

► **NCPC. Art. 319.** A petição inicial indicará: III – o fato e os fundamentos jurídicos do pedido. ► **Art. 343.** Na contestação, é lícito ao réu propor reconvenção para manifestar pretensão própria, conexa com a ação principal ou com o fundamento da defesa.

ENUNCIADO 283. APLICAM-SE OS ARTS. 319, § 1º, 396 A 404 TAMBÉM QUANDO O AUTOR NÃO DISPUSER DE DOCUMENTOS INDISPENSÁVEIS À PROPOSITURA DA AÇÃO.

● *Grupo: Petição inicial, resposta do réu e saneamento.* ● *Referências: arts. 319, § 1º, 320, 396.*

► ***Marco Antonio Rodrigues e Carla Teresa Bonfadini de Sá***

O enunciado trata da aplicação da regra do auxílio judicial prevista no § 1º do artigo 319 do CPC a outro caso, além daquele versado no inciso II do artigo 319 do

305. OLIVEIRA, Carlos Alberto A. A garantia do contraditório. *In*: *Revista Forense*. Rio de Janeiro. vol. 346, abr./jun. 1999. p. 16. MITIDIERO, Daniel. *Colaboração no processo civil*. 2. ed. São Paulo: RT, 2011. p. 103. Em estudo aprofundado sobre a relação entre fato e direito, em que se defende que as questões de fato e de direito estão para o processo, entrelaçadas, reciprocamente se influenciando, confira-se: LANES, Júlio Cesar Goulart. *Fato e direito no processo civil cooperativo*. São Paulo: RT, 2016.

306. MITIDIERO, Daniel. *Colaboração no processo civil*. 2. ed. São Paulo: RT, 2011. p. 103.

307. *Idem*.

308. LANES Júlio Cesar Goulart. *Fato e Direito no processo civil cooperativo*. São Paulo: RT, 2016. p. 117. Da mesma forma, já nos manifestamos em RODRIGUES, Marco Antonio S. *A modificação do pedido...*, ob. cit. p. 50: "Com efeito, no processo há uma indissociável relação entre fatos e direito afirmados em juízo. Os fatos alegados possuem sentido para a relação processual, na medida em que configuram um direito cuja existência ou inexistência se pretende reconhecer em juízo. Já de outro lado, a relação jurídica ou o direito deduzido só tem como ser analisado à luz dos acontecimentos que dão ensejo à busca do Poder Judiciário para a satisfação da pretensão. Note-se que, ao julgar, o magistrado precisará fundamentalmente de ambos os institutos, não bastando, para sentenciar, que apenas enfrente fatos, sem analisar a existência de um direito, ou o inverso".

309. ÁVILA, Humberto afirma que texto não pode ser confundido com a norma, pois esta é o resultado da interpretação do texto, conforme o excerto a seguir transcrito: "Normas não são textos nem o conjunto

CPC. Pela exegese literal e isolada do § 1º do artigo 319 do CPC, somente quando não detivesse informações acerca da qualificação das partes, número de CPF, endereço eletrônico, poderia o autor postular, na petição inicial, a realização de diligências pelo juízo para obtê-las.

Não obstante, em nome dos princípios do acesso à justiça e da cooperação (dever de auxílio do órgão jurisdicional), deve ser concedida interpretação extensiva ao § 1º do artigo 319 do CPC.

É possível por meio da interpretação sistemática, notadamente da leitura conjugada do § 1º do artigo 319 do CPC com os arts. 396 a 404 – que tratam da exibição de documentos –, sustentar que o autor pode postular na petição inicial a exibição dos documentos indispensáveis à propositura da ação, quando estes se encontram em poder do réu, ou de terceiros.

Razões de economia processual também recomendam tal orientação, dispensando-se a prévia propositura de ação de exibição de documentos somente para instruir futura ação.

► **NCPC. Art. 319. § 1º** Caso não disponha das informações previstas no inciso II, poderá o autor, na petição inicial, requerer ao juiz diligências necessárias a sua obtenção. ► **Art. 320.** A petição inicial será instruída com os documentos indispensáveis à propositura da ação. ► **Art. 396.** O juiz pode ordenar que a parte exiba documento ou coisa que se encontre em seu poder.

Enunciado 285. A interpretação do pedido e dos atos postulatórios em geral deve levar em consideração a vontade da parte, aplicando-se o art. 112 do Código Civil.

● *Grupo: Petição inicial, resposta do réu e saneamento.* ● *Referências: art. 322, § 2º.*

► ***Marco Antonio Rodrigues e Carla Teresa Bonfadini de Sá***

Diversamente do CPC/73 que, em seu artigo 293, previa a interpretação restritiva, ou melhor, estrita, do pedido[310], o atual CPC adotou a exegese lógico-sistemática do pedido, já reconhecida e aplicada em sede jurisprudencial[311], atendendo-se à vontade da parte aferida por meio da análise de todo o conteúdo da petição inicial, e não apenas à fulcrada no sentido literal do pedido formulado. Nessa linha, o enunciado elaborado pelo FPPC reforça o entendimento de que os atos postulatórios, sendo atos de declaração de vontade, devem ser interpretados à luz do artigo 112 do Código Civil,

---

deles, mas os sentidos construídos a partir da interpretação sistemática de textos normativos. Daí se dizer que os dispositivos se constituem no objeto da interpretação; e as normas no seu resultado" (*Teoria dos princípios*. 4. ed. São Paulo: Malheiros, 2005. p. 22).

310. Adotar a interpretação restritiva significaria autorizar o órgão julgador a proferir decisões *citra petita*, como já frisamos em RODRIGUES, Marco Antonio S. *A modificação do pedido...*, ob. cit. p. 268. No mesmo sentido, DINAMARCO, Cândido R. *Instituições de Direito Processual Civil*. São Paulo: Malheiros, 2005. p. 280.

311. STJ: Ag Rg no RESP1276751, 3ª T., Rel. Min. João Otávio de Noronha, DJe 19.11.2014; AgRg no AREsp, 322.510, Rel. Min. Herman Benjamin, AgRg no REsp 1.477.608, Rel. Min. Mauro Campbell Marques, DJe 28.10.2014.

atentando-se mais à vontade evidenciada pelo conjunto da peça vestibular, do que ao sentido estrito da linguagem empregada no pedido. Interpreta-se teleologicamente o pedido formulado sob a diretriz da boa-fé, partindo da premissa de que foi obedecido o padrão de conduta leal, sem o propósito de prejudicar o outro contendor.

No entanto, se a interpretação lógico-sistemática do ato postulatório conduzir à ampliação do sentido estrito do pedido formulado, não poderá o juiz surpreender o réu com tal entendimento. Mesmo que ao juiz pareça óbvio o sentido exato do pedido, conferido pelo conjunto (causa de pedir e pedido) das informações da peça vestibular, deve resguardar os interesses do réu, que pode se ater à exegese literal do pedido formulado. Mais prudente seria, primeiramente, buscar maiores esclarecimentos da parte que praticou o ato postulatório, antes da citação do réu, para a fixação do exato alcance da postulação, evitando algum déficit comunicativo a prejudicar o debate processual, a defesa da parte contrária. Todavia, se tal fato não foi percebido pelo juiz antes da apresentação da contestação, deverá aferir pelo conteúdo da defesa qual o sentido que o demandado atribuiu aos pedidos apresentados na exordial.

Nesse ponto, Didier Junior destaca que a manifestação do réu é um dado importante a ser considerado para a interpretação do pedido do demandante, permitindo-se aferir pelo conteúdo da contestação o sentido conferido aos pedidos formulados na peça vestibular.[312] Obviamente, se restar claro que o réu não se defendeu do pedido formulado, segundo a exegese lógico-sistemática, não poderá o juiz acolher o pleito em seu sentido mais amplo, sem antes possibilitar o pleno contraditório de ambas as partes. Essencial se fará primeiramente ouvir o autor, de modo a verificar qual a sua exata pretensão, bem como o réu, para que se defenda diante de eventual definição de que o pedido não corresponde àquele literalmente formulado[313].

Se, ao revés, o réu tiver se defendido do pedido segundo a exegese lógico-sistemática com efeito ampliativo, não haverá prejuízo à defesa a desautorizar a apreciação do pedido pelo juiz em seu sentido "ampliado".

► **NCPC. Art. 322. § 2º** A interpretação do pedido considerará o conjunto da postulação e observará o princípio da boa-fé.

ENUNCIADO 286. APLICA-SE O § 2º DO ART. 322 À INTERPRETAÇÃO DE TODOS OS ATOS POSTULATÓRIOS, INCLUSIVE DA CONTESTAÇÃO E DO RECURSO.

● *Grupo: Petição inicial, resposta do réu e saneamento.* ● *Referências: arts. 5º e 322, § 2º.*

▸ ***Marco Antonio Rodrigues e Carla Teresa Bonfadini de Sá***

O enunciado elaborado pelo FPPC estende a exegese lógico-sistemática sob a diretriz da boa-fé para todos os atos postulatórios praticados no processo (contestação,

---

312. DIDIER JR., Fredie. *Curso de direito processual civil. vol.* I. 15. ed. Salvador: Juspodivm, 2015. p. 589.

313. "Em alguns casos, relativos às mais diversas matérias, o magistrado chega à conclusão, a partir da análise da petição inicial, de que o pedido formulado não expressa aquilo que o autor da demanda efetivamente busca. Dessa forma, a fim de conceder a tutela jurisdicional realmente pretendida pela

reconvenção, recurso). De fato, não faria sentido realizar a interpretação lógico-sistemática apenas para os pedidos formulados na exordial, desconsiderando os demais atos postulatórios. Em todos os atos postulatórios há a manifestação da vontade da parte e o dever do juiz em analisá-los, razão pela qual deve ser aplicada a mesma exegese teleológica para apreender o real sentido do pedido formulado.

Registre-se que, relativamente à contestação, há a previsão de exegese sistemática para obstar a presunção de veracidade dos fatos articulados na petição inicial, quando, a despeito de não ter havido impugnação especificada, houver contradição dos fatos narrados na peça vestibular com o conjunto da defesa (art. 341, III, do CPC)[314]. Isso demonstra a necessidade de que a contestação seja interpretada sistematicamente, a partir da vontade do réu.

▶ **NCPC. Art. 5°** Aquele que de qualquer forma participa do processo deve comportar-se de acordo com a boa-fé. ▶ **Art. 322. § 2°** A interpretação do pedido considerará o conjunto da postulação e observará o princípio da boa-fé.

Enunciado 287. O pedido subsidiário somente pode ser apreciado se o juiz não puder examinar ou expressamente rejeitar o principal.

● *Grupo: Petição inicial, resposta do réu e saneamento.* ● *Referências: art. 326.*

▶ *Marco Antonio Rodrigues e Carla Teresa Bonfadini de Sá*

Trata-se de hipótese de cúmulo alternativo eventual, ou subsidiário, em que há a reunião de um ou mais pedidos em uma só iniciativa processual com manifestação de preferência por um deles[315]. Nesse caso, há uma cumulação imprópria, na medida em que pretende o autor a procedência do pedido ao qual atribui preferência, e apenas na eventualidade de ser inadmitido (ausência dos requisitos de admissibilidade) ou inacolhido o pleito prioritário, postula-se a apreciação do segundo pedido.

O propósito do Enunciado é reforçar a necessidade de expressa manifestação judicial acerca da inadmissibilidade, ou improcedência do pedido preferencial, evitando-se que a cumulação alternativa eventual receba o mesmo tratamento da cumulação alternativa ordinária, em que não é estabelecida ordem de prioridade entre os pedidos. No caso de improcedência ou inadmissibilidade do pedido prioritário, há sucumbência parcial, o que não ocorre no caso da cumulação alternativa ordinária, em que há a formulação de acolhimento de um pleito ou outro, sem ordem de prioridade. Destarte, encontra-se o julgador adstrito à ordem de preferência estabelecida

---

parte, o Poder Judiciário vem permitindo uma interpretação compreensiva do pedido, evitando que haja uma frustração do jurisdicionado com o resultado da atividade". (RODRIGUES, Marco Antonio S. *A modificação do pedido...*, ob. cit. p. 250).

314. DIDIER JR., Fredie. *Curso de direito processual civil. vol.* I. 15. ed. Salvador: Juspodivm, 2015. p. 586

315. DINAMARCO, Cândido R. *Instituições de Processo Civil.* vol. II. 5. ed. São Paulo: Malheiros, 2005. p. 171; MARINONI, Luiz G.; ARENHART, Sérgio Cruz; MITIDIERO, Daniel. *Curso de Processo Civil.* vol. II. São Paulo: RT, 2015. p. 163.

na exordial, podendo apenas ingressar na análise do pedido subsidiário, caso seja expressamente inacolhido o pleito principal[316].

► **NCPC. Art. 326.** É lícito formular mais de um pedido em ordem subsidiária, a fim de que o juiz conheça do posterior, quando não acolher o anterior.

Enunciado 288. Quando acolhido o pedido subsidiário, o autor tem interesse de recorrer em relação ao principal.

● *Grupo: Petição inicial, resposta do réu e saneamento.* ● *Referências: art. 326.*

► *Marco Antonio Rodrigues e Carla Teresa Bonfadini de Sá*

Partindo-se da premissa de que a pretensão do autor era o acolhimento do pedido principal, ao qual conferiu preferência, a decisão de procedência do pedido subsidiário, importa em sucumbência parcial. Desse modo, há evidente interesse recursal na interposição de recurso para impugnar o capítulo da decisão referente à inadmissibilidade ou improcedência do pedido principal.

Note-se que o interesse recursal da parte se encontra ligado à possibilidade de melhora de sua situação a partir do provimento do recurso. Por isso, se o julgador acolheu o pedido subsidiário, rejeitando o principal, é possível que eventual recurso ofertado leve ao provimento deste, representando um benefício ao recorrente.

► **NCPC. Art. 326.** É lícito formular mais de um pedido em ordem subsidiária, a fim de que o juiz conheça do posterior, quando não acolher o anterior.

Enunciado 289. Se houver conexão entre pedidos cumulados, a incompetência relativa não impedirá a cumulação, em razão da modificação legal da competência.

● *Grupo: Petição inicial, resposta do réu e saneamento.* ● *Referências: art. 327, § 1º, II.*

► *Marco Antonio Rodrigues e Carla Teresa Bonfadini de Sá*

Embora seja prevista a competência do mesmo juízo como requisito da cumulação de pedidos no inciso II do § 1º do artigo 327 do CPC, quando houver conexão objetiva entre os pedidos e se tratar de incompetência relativa[317], não haverá óbice à cumulação de pedidos. É que nesse caso a mera existência de conexão entre os pedidos formulados já provocaria a alteração legal da competência, ou seja, a sua prorrogação,

316. Necessário, neste ponto, recordar a ressalva que fizemos em RODRIGUES, Marco Antonio S. *A modificação do pedido e da causa de pedir no Processo Civil.* Rio de Janeiro: Mundo Jurídico, 2014. p. 273-274: "Como são pedidos que não precisam estar no mesmo plano lógico, pois ocorrerá apenas a procedência de um deles, não é necessário que sejam os pleitos compatíveis entre si (...). No entanto, a prescindibilidade da compatibilidade não significa que os pedidos reunidos quando da cumulação subsidiária possam ser totalmente incompatíveis entre si. É preciso que haja alguma ligação entre eles, um elo de prejudicialidade, considerando que o acolhimento do pedido principal faz desaparecer o interesse na procedência do pedido subsidiário".

317. DINAMARCO, Cândido R. *Instituições de processo civil.* vol. II. 5. ed. São Paulo: Malheiros, 2005. p. 166.

nos termos do artigo 54 do CPC. Esse entendimento deriva da interpretação conjugada do artigo 327 do CPC com os artigos 54 e 55 do CPC.

Saliente-se que, se rejeitada a cumulação dos pedidos conexos, levando à necessidade de propositura de ações distintas, há uma enorme possibilidade de que haja uma futura reunião dos processos, com base no artigo 55 do CPC. Assim sendo, a prorrogação da incompetência relativa atende ao interesse público consistente em evitar decisões contraditórias e realizar de forma eficiente, com maior economia os atos processuais, especialmente a atividade probatória.

► **NCPC. Art. 327. § 1°** São requisitos de admissibilidade da cumulação que: II – seja competente para conhecer deles o mesmo juízo.

Enunciado 290. A enumeração das espécies de contrato previstas no § 2º do art. 330 é exemplificativa.

● *Grupo: Petição inicial, resposta do réu e saneamento.* ● *Referências: art. 330, §§ 2º e 3º.*

► ***Marco Antonio Rodrigues e Carla Teresa Bonfadini de Sá***

Prevê o parágrafo 2º do artigo 330 do novo CPC, como requisito da petição inicial das ações de revisão de obrigação decorrente de empréstimo, financiamento ou de alienação de bens, a discriminação da obrigação controvertida, além da quantificação do valor incontroverso, que deverá ser pago no tempo e modo ajustados. A redação não é muito diferente daquela prevista no artigo 285-B do CPC/73, incluído pela Lei 12.810/13.

A técnica utilizada foi a da enumeração exemplificativa, permitindo-se a aplicação da regra do § 2º a outros contratos análogos, que contemplem obrigações de trato sucessivo, passíveis de serem impugnadas, revistas em juízo. Trata-se de verdadeira exigência da boa-fé que aquele que busca em juízo rever obrigação decorrente de relação de trato sucessivo identifique o que é objeto de controvérsia, bem como quais são as parcelas incontroversas. Tal conduta também decorre do direito fundamental ao contraditório do réu, que por meio de tal quantificação pode exercer seu direito de defesa de maneira mais adequada.

Em face da complexidade dos negócios jurídicos, não haveria como prever de modo exaustivo todos os contratos que comportassem pedido de revisão de obrigação. A previsão legal de discriminação da obrigação controvertida tem por escopo tornar fundamentada a pretensão do autor, vez que se trata de requisito relativo à causa de pedir[318], evitando-se as alegações genéricas de discordância com o cálculo das prestações. Consequentemente, com a determinação do valor controverso,

318. Neste sentido MARINONI, Luiz G., ARENHART, Sérgio Cruz e MITIDIERO, Daniel. *Curso de Processo Civil*. vol. II. São Paulo: RT, 2015, p 155. Adotando entendimento diverso, para considerar como requisito referente ao pedido, que deve ser determinado, ABBOUD, Georges; SANTOS, José Carlos Van Cleef de Almeida. *In*: WAMBIER, Tereza A. *et al.* (Coord.). *Breves comentários ao novo Código de Processo Civil*. São Paulo: RT, 2015. p. 844.

obsta-se a propositura de demanda com propósito meramente protelatório, e há maiores elementos para o juízo aferir a presença dos requisitos para a concessão das tutelas de urgência e de evidência antecipadas.

▶ **NCPC. Art. 330. § 2º** Nas ações que tenham por objeto a revisão de obrigação decorrente de empréstimo, de financiamento ou de alienação de bens, o autor terá de, sob pena de inépcia, discriminar na petição inicial, dentre as obrigações contratuais, aquelas que pretende controverter, além de quantificar o valor incontroverso do débito. **§ 3º** Na hipótese do § 2º, o valor incontroverso deverá continuar a ser pago no tempo e modo contratados.

Enunciado 291. Aplicam-se ao procedimento do mandado de segurança os arts. 331 e parágrafos e 332, § 3º do CPC.

● *Grupo: Impactos do CPC nos Juizados e nos procedimentos especiais de legislação extravagante.* ● *Referências: art. 331.*

▸ *Marco Antonio Rodrigues e Carla Teresa Bonfadini de Sá*

As regras referentes ao juízo de retratação exercido no recurso de apelação interposto para impugnar sentença de indeferimento da petição inicial (art. 331 e parágrafos do CPC) e a de improcedência liminar do pedido (art. 332, § 3º do CPC), são aplicáveis ao procedimento do mandado de segurança, porquanto plenamente compatíveis com o rito célere do *writ*[319].

Conquanto ausente a previsão da possibilidade de exercício do juízo de retratação na Lei 12.016/09, relativamente à apelação interposta da sentença de indeferimento da petição inicial, sua aplicação não causa atraso à marcha processual, sendo, ao revés, um meio célere de correção pelo juiz de algum equívoco na decisão de indeferimento da petição inicial, evitando-se a necessidade de processamento e julgamento do recurso pelo tribunal, com posterior acórdão de anulação da sentença.

▶ **NCPC. Art. 331.** Indeferida a petição inicial, o autor poderá apelar, facultado ao juiz, no prazo de 5 (cinco) dias, retratar-se.

Enunciado 292. Antes de indeferir a petição inicial, o juiz deve aplicar o disposto no art. 321.

● *Grupo: Sentença, Coisa Julgada e Ação Rescisória.* ● *Referências: arts. 4º, 321 e 330.*

▸ *Marco Antonio Rodrigues e Carla Teresa Bonfadini de Sá*

Na parte geral do novo CPC, são previstos os princípios reitores do processo, merecendo destaque o artigo 4º que consagra os princípios da efetividade, da primazia pelo julgamento do mérito e da duração razoável do processo.

---

319. Sobre o procedimento do mandado de segurança, conferir: RODRIGUES, Marco Antonio. *A Fazenda Pública no processo civil.* 2. ed. São Paulo: Atlas, 2016. p. 231-234.

A regra do artigo 321 do CPC concretiza ao mesmo tempo os princípios da primazia do julgamento do mérito, da efetividade, da duração razoável do processo previstos no artigo 4º do CPC, além do princípio da colaboração (art. 6º do CPC).

Segundo o princípio da primazia do julgamento do mérito, umbilicalmente ligado à instrumentalidade das formas, o órgão julgador deve priorizar o julgamento do mérito, empenhando-se na correção dos vícios, defeitos, que obstem a apreciação do objeto do processo[320]. O indeferimento da exordial seria a última providência (*ultima ratio*)[321], depois de malograda a tentativa de instar a parte a sanar os vícios processuais.

Desse modo, deve o juiz, antes de indeferir a petição inicial (art. 330 do CPC), sempre conceder ao autor a oportunidade de emendar a petição inicial, apontando com precisão o que deve ser corrigido ou completado. Mesmo no caso de constatação de vícios insanáveis, em atenção ao dever de consulta inerente ao contraditório (art. 10 do CPC), deverá o juiz abrir vista à parte, para se manifestar[322].

Por outro lado, o artigo 321 do CPC também configura um dever judicial de prevenção, inerente ao princípio da colaboração, consistente em alertar, prevenir o autor acerca das deficiências da petição inicial, evitando-se a prematura extinção do processo, pois a parte não pode ser surpreendida com a extinção do processo, quando possível a correção do vício processual.

► **NCPC. Art. 4º** As partes têm o direito de obter em prazo razoável a solução integral do mérito, incluída a atividade satisfativa. ► **Art. 321.** O juiz, ao verificar que a petição inicial não preenche os requisitos dos arts. 319 e 320 ou que apresenta defeitos e irregularidades capazes de dificultar o julgamento de mérito, determinará que o autor, no prazo de 15 (quinze) dias, a emende ou a complete, indicando com precisão o que deve ser corrigido ou completado. ► **Art. 330.** A petição inicial será indeferida quando: I – for inepta; II – a parte for manifestamente ilegítima; III – o autor carecer de interesse processual; IV – não atendidas as prescrições dos arts. 106 e 321.

ENUNCIADO 293. O JUÍZO DE RETRATAÇÃO, QUANDO PERMITIDO, SOMENTE PODERÁ SER EXERCIDO SE A APELAÇÃO FOR TEMPESTIVA.

● *Grupo: Petição inicial, resposta do réu e saneamento.* ● *Redação revista (VIII FPPC).* ● *Referências: arts. 331, 332, § 3º, 1.010, § 3º.*

► ***Marco Antonio Rodrigues e Carla Teresa Bonfadini de Sá***

De forma análoga ao CPC/73, o atual CPC previu o juízo de retratação da sentença de extinção do processo sem julgamento do mérito por indeferimento da petição inicial; majorando, contudo, o prazo de 48 h para cinco dias.

320. DIDIER JR., Fredie. *Comentários ao novo Código de Processo Civil. In*: CABRAL, Antonio P. *et al.* (Coord.). São Paulo: RT, 2015. p. 12.
321. CABRAL, Antonio P. *Nulidades no processo moderno.* Rio de Janeiro: Forense, 2009. p. 193.
322. MARINONI, Luiz G., ARENHART, Sérgio Cruz. MITIDIERO, Daniel. *Curso de processo civil. vol.* II. São Paulo: RT, 2015. p. 167.

A questão que se coloca é a seguinte: deveria o juiz, a quem não mais incumbe o exercício do juízo de admissibilidade da apelação, aferir a tempestividade do recurso, apenas para realizar o juízo de retratação? A resposta é afirmativa. No caso específico do recurso interposto para impugnar sentença de indeferimento da petição inicial, é dever do juiz verificar a tempestividade antes de exercer o juízo de retratação.

O propósito é evitar, por meio da decisão de retratação, a rescisão da sentença, já transitada em julgado, pois o recurso intempestivo não possui efeito obstativo. Caso o juiz constate a intempestividade do recurso, não poderá, obviamente, retratar-se, em face do óbice da coisa julgada, cabendo apenas determinar a remessa ao órgão *ad quem* para o julgamento do recurso nos termos do § 3º do artigo 1010 do CPC, porquanto a este incumbe o exercício do juízo de admissibilidade para este fim.

▶ **NCPC. Art. 331.** Indeferida a petição inicial, o autor poderá apelar, facultado ao juiz, no prazo de 5 (cinco) dias, retratar-se. ▶ **Art. 332. § 3º** Interposta a apelação, o juiz poderá retratar-se em 5 (cinco) dias. ▶ **Art. 1.010. § 3º** Após as formalidades previstas nos §§ 1º e 2º, os autos serão remetidos ao tribunal pelo juiz, independentemente de juízo de admissibilidade.

ENUNCIADO 424. OS PARÁGRAFOS DO ART. 319 DEVEM SER APLICADOS IMEDIATAMENTE, INCLUSIVE PARA AS PETIÇÕES INICIAIS APRESENTADAS NA VIGÊNCIA DO CPC/1973.

● *Grupo: Direito intertemporal.* ● *Referências: arts. 15 e 319. Lei 11.419/06.*

▶ ***Marco Antonio Rodrigues e Carla Teresa Bonfadini de Sá***

Consoante a regra de direito intertemporal prevista nos artigos 14 e 1046 do CPC, as normas do novo Código aplicam-se de forma imediata aos processos pendentes, porém são preservadas as situações jurídicas consumadas e atos praticados sob a égide do CPC/73, nos termos do artigo 14 do CPC.

Destarte, da leitura do artigo 1046 c/c art. 14 do CPC deduz-se ter sido adotada a teoria do isolamento dos atos processuais[323] relativamente à eficácia das regras do novo CPC no tempo. Parte-se da premissa de que o processo, conquanto unitário, é um conjunto de atos que devem ser considerados isoladamente, para a aplicação da lei nova. Desse modo, são preservados os atos já praticados, bem como seus efeitos, incidindo a lei nova quanto aos que serão realizados[324].

Não obstante, em relação às petições iniciais apresentadas durante a vigência do CPC/73, segundo a redação do Enunciado, devem ser imediatamente aplicáveis os §§ 1º, 2º e 3º do artigo 319 do CPC, pois os dispositivos em questão respeitam a eficácia do ato postulatório praticado e não trazem prejuízo à marcha processual nem ao autor. Não se está a exigir o preenchimento de novos requisitos da petição inicial, diversos daqueles previstos no CPC/73, mas apenas a aplicação de regras benéficas

323. DINAMARCO, Cândido R. *Instituições de direito processual civil. vol.* I. 8. ed. São Paulo: Malheiros, 2016. p. 185-186.

324. SANTOS, Moacyr Amaral dos. *Primeiras linhas de direito processual civil.* vol. I. 19. ed. São Paulo: Saraiva, 1997. p. 32.

ao demandante, na medida em que asseguram o auxílio judicial para a obtenção de informações referentes à qualificação do réu (§ 1º), e evitam o indeferimento da petição inicial nas hipóteses dos §§ 2º e 3º. As referidas regras visam a concretizar o direito fundamental de acesso à justiça, e asseguram a primazia do julgamento do mérito, porquanto obstam a prematura extinção do processo nas hipóteses versadas nos §§ 1º, 2º e 3º do artigo 319 do CPC.

▶ **NCPC. Art. 15.** Na ausência de normas que regulem processos eleitorais, trabalhistas ou administrativos, as disposições deste Código lhes serão aplicadas supletiva e subsidiariamente. ▶ **Art. 319.** A petição inicial indicará: I – o juízo a que é dirigida; II – os nomes, os prenomes, o estado civil, a existência de união estável, a profissão, o número de inscrição no Cadastro de Pessoas Físicas ou no Cadastro Nacional da Pessoa Jurídica, o endereço eletrônico, o domicílio e a residência do autor e do réu; III – o fato e os fundamentos jurídicos do pedido; IV – o pedido com as suas especificações; V – o valor da causa; VI – as provas com que o autor pretende demonstrar a verdade dos fatos alegados; VII – a opção do autor pela realização ou não de audiência de conciliação ou de mediação. **§ 1º** Caso não disponha das informações previstas no inciso II, poderá o autor, na petição inicial, requerer ao juiz diligências necessárias a sua obtenção. **§ 2º** A petição inicial não será indeferida se, a despeito da falta de informações a que se refere o inciso II, for possível a citação do réu. **§ 3º** A petição inicial não será indeferida pelo não atendimento ao disposto no inciso II deste artigo se a obtenção de tais informações tornar impossível ou excessivamente oneroso o acesso à justiça.

Enunciado 506. A expressão "procedimentos especiais" a que alude o § 2º do art. 327 engloba aqueles previstos na legislação especial.

● *Grupo: Impacto nos Juizados e nos procedimentos especiais da legislação extravagante.* ● *Referências: art. 327, § 2º.*

▶ ***Marco Antonio Rodrigues e Carla Teresa Bonfadini de Sá***

Ao cuidar dos pedidos, o artigo 327 permite sua cumulação, ainda que estejam submetidos a procedimentos distintos. No entanto, tal junção se dará pelo procedimento comum, admitindo expressamente o CPC – o que não era previsto no CPC de 1973 – que sejam utilizadas as técnicas processuais diferenciadas estabelecidas para os procedimentos especiais a que estejam submetidos um ou mais dos pedidos formulados, desde que compatíveis com o procedimento comum. Trata-se de regra que procura prestigiar a efetividade das técnicas diferenciadas criadas pelos procedimentos especiais.

A alusão a procedimentos especiais no § 2º do artigo 327 do CPC para a autorização de cumulação de pedidos com procedimentos diversos, mediante a adoção do procedimento comum, aplica-se tanto aos procedimentos previstos no CPC, quanto àqueles disciplinados em lei extravagante.

Além de não constar expressa restrição no dispositivo aos "procedimentos especiais previstos no Código", seria contrário ao princípio da economia processual reduzir o alcance da regra, para excluir os procedimentos especiais previstos na legislação especial.

▶ **NCPC. Art. 327. § 2º** Quando, para cada pedido, corresponder tipo diverso de procedimento, será admitida a cumulação se o autor empregar o procedimento comum, sem prejuízo do emprego das técnicas processuais diferenciadas previstas nos procedimentos especiais a que se sujeitam um ou mais pedidos cumulados, que não forem incompatíveis com as disposições sobre o procedimento comum.

ENUNCIADO 505. NA AÇÃO DE DESPEJO CUMULADA COM COBRANÇA, JULGADOS PROCEDENTES AMBOS OS PEDIDOS, SÃO PASSÍVEIS DE EXECUÇÃO, ALÉM DAS PARCELAS VENCIDAS INDICADAS NA PETIÇÃO INICIAL, AS QUE SE TORNARAM EXIGÍVEIS ENTRE A DATA DE PROPOSITURA DA AÇÃO E A EFETIVA DESOCUPAÇÃO DO IMÓVEL LOCADO.

● *Grupo: Impacto nos Juizados e nos procedimentos especiais da legislação extravagante.* ● *Referências: art. 323; Lei 8.245/1991*

▶ *Marco Antonio Rodrigues e Carla Teresa Bonfadini de Sá*

Sob a égide do CPC/73, a jurisprudência[325] interpretava o então art. 290 de forma a albergar a hipótese do pedido de cobrança dos aluguéis e encargos locatícios vencidos até a entrega das chaves do imóvel, na ação de despejo cumulada com cobrança, vez que se tratava de obrigação de trato sucessivo, dispensando-se o demandante de formular pedido expresso de condenação do réu ao pagamento das prestações futuras.

No atual CPC, de forma análoga, o artigo 323 prevê, nas ações que tenham por objeto cumprimento de obrigação em prestações sucessivas, que essas serão consideradas incluídas no pedido, independentemente de declaração expressa do autor, e incluídas na condenação, enquanto durar a obrigação. Desse modo, encontra-se abrangido pela regra do artigo 323 o pleito de cobrança dos aluguéis que se vencerem até a desocupação do imóvel na ação de despejo cumulada com cobrança de aluguéis. Não faria sentido, por razões de economia processual, e em nome da efetividade do processo, exigir que o autor propusesse mais de uma demanda para cobrar os aluguéis e encargos locatícios vencidos até a desocupação do imóvel, referentes ao mesmo negócio jurídico (contrato de locação de imóvel)[326].

Nesse caso de pedido implícito, não há qualquer prejuízo à defesa do réu, visto que a obrigação de pagamento das prestações sucessivas deriva de um mesmo

325. " (...). Ação de despejo e cobrança de encargos da locação. Inclusão das parcelas vencidas no curso do processo. Art. 290 do CPC. Pedido implícito. Inocorrência de julgamento além dos limites do pedido. Fiadores. Legitimidade. Prorrogação contratual automática. Responsabilidade assumida até a entrega das chaves. 1. A jurisprudência desta Corte orienta que deve ser considerada implícita no pedido a condenação nas parcelas vencidas no curso da lide, nos termos do artigo 290 do Código de Processo Civil. 2. Na prorrogação do contrato de locação, havendo cláusula expressa de responsabilidade do fiador após a prorrogação do contrato, esse deverá responder pelas obrigações posteriores, a menos que tenha se exonerado na forma dos artigos 1.500 do Código Civil de 1916 ou 835 do Código Civil vigente. (...)".. (STJ, AgRg no AREsp 800.058, Rel. Min. Maria Isabel Gallotti, 4ª T., DJe 1.2.2016).

326. MARINONI, Luiz G.; ARENHART, Sérgio Cruz; MITIDIERO, Daniel. *Novo curso de processo civil. vol.* II. São Paulo: RT, 2015. p. 159.

negócio jurídico descrito na exordial, havendo certeza quanto ao pedido mediato[327]. Relativamente ao pedido imediato, há apenas a dispensa de formulação expressa do pedido de cobrança das prestações sucessivas futuras na exordial, na medida em que a inclusão decorre de dispositivo legal.

> ▶ **NCPC. Art. 323.** Na ação que tiver por objeto cumprimento de obrigação em prestações sucessivas, essas serão consideradas incluídas no pedido, independentemente de declaração expressa do autor, e serão incluídas na condenação, enquanto durar a obrigação, se o devedor, no curso do processo, deixar de pagá-las ou de consigná-las.

2.1.1.2. Da Improcedência Liminar do Pedido (art. 332)

Enunciado 146. Na aplicação do inciso I do art. 332, o juiz observará o inciso IV do caput do art. 927.

● *Grupo: Precedentes.* ● *Referências: arts. 332, I e 927, IV.*

▶ ***Ravi Peixoto e Alexandre Freire***

A improcedência liminar do pedido regulada pelo artigo 332 do NCPC é uma reformulação bastante bem-vinda do antigo art. 285-A, do CPC/73, em que o legislador, regulando os casos em que será cabível, permite uma abreviação do procedimento, permitindo ao magistrado, mesmo antes de citar o réu, julgar o pedido liminarmente improcedente. Trata-se de uma forma de densificar a duração razoável do processo através da criação de uma técnica que permite abreviar o procedimento nas situações em que o pedido do autor não tem praticamente nenhuma chance de sucesso no Poder Judiciário. Assim, abrevia-se o procedimento para o autor, evitando que venha a trazer-lhe mais custos, ao réu, que sequer precisará contratar um advogado para se defender e igualmente abrevia o trabalho do Poder Judiciário, que não precisará dar prosseguimento à prática de diversos atos preparatórios para um julgamento que já se poderia antever, desde o início, o resultado. As situações em que se permite a utilização dessa técnica focam em uma compatibilização com a sistemática de precedentes obrigatórios (art. 332, I II e III), [328] nos pedidos que contrariem enunciado de súmula de tribunal de justiça sobre direito local (art. 332, IV) e ainda nas hipóteses de prescrição ou decadência (art. 332, § 1º), sempre havendo a desnecessidade de dilação probatória constatada pelo juízo.

Uma das hipóteses em que se admite o julgamento por improcedência liminar do pedido no NCPC relacionada com os precedentes obrigatórios é nas hipóteses em que o pedido contrariar enunciado de súmula do Supremo Tribunal Federal ou do Superior Tribunal de Justiça (art. 332, I). No entanto, essa previsão normativa não está completa, eis que, para uma súmula de um desses tribunais ter aptidão para se tornar obrigatória, deverá se ater à moldagem constitucional atribuída a cada um desses

---

327. Nesse sentido, MARINONI, Luiz G.; ARENHART, Sérgio Cruz; MITIDIERO, Daniel asseveram: "Quando o Código exige que o pedido seja certo, portanto, ele não está se referindo ao pedido imediato, mas ao pedido mediato; ao bem da vida que se pretende obter em juízo, o qual deve estar expresso e especificado na petição inicial" (ob. cit. p. 158).

328. Para uma análise dessa relação, cf.: MACEDO, Lucas Buril de. *Precedentes judiciais e o direito processual civil*. 2. ed. Salvador: Juspodivm, 2016. p. 490-494.

tribunais, ou seja, ao STF compete uniformizar o entendimento da matéria constitucional e ao STJ da matéria infraconstitucional.[329]Portanto, apenas caberá a utilização da técnica da improcedência liminar do pedido nas hipóteses em que o pedido estiver em sentido contrário a súmula do STF em matéria constitucional e do STJ em matéria infraconstitucional.

Tanto é que, no artigo 927, IV, que trata das hipóteses dos casos em que os precedentes seriam obrigatórios, [330]há menção expressa de que apenas serão vinculantes os "enunciados das súmulas do Supremo Tribunal Federal *em matéria constitucional* e do Superior Tribunal de Justiça *em matéria infraconstitucional*". Por mais que na atualidade haja maior respeito desses tribunais na edição de súmulas apenas nas matérias em que lhe cabe uniformizar entendimentos, o STF ainda possui diversas súmulas do período anterior à Constituição de 1988, quando ainda não havia o STJ e o STF ainda atuava na uniformização da matéria infraconstitucional. Seguindo a lógica mencionada pelo enunciado, essas súmulas antigas do STF que tratem de matéria infraconstitucional não terão eficácia vinculante e nem servirão como suporte fático para a utilização do julgamento pela improcedência liminar do pedido.

Essa é uma interpretação sistemática necessária para dar maior racionalidade à tentativa do NCPC de organizar uma sistemática de precedentes obrigatórios, do contrário, haveria um nítido descompasso entre os enunciados jurisprudenciais obrigatórios (art. 927) e as hipóteses de improcedência liminar do pedido ao tratarem do mesmo tema – as súmulas do STJ e do STF.

▶ **NCPC. Art. 332.** Nas causas que dispensem a fase instrutória, o juiz, independentemente da citação do réu, julgará liminarmente improcedente o pedido que contrariar: I – enunciado de súmula do Supremo Tribunal Federal ou do Superior Tribunal de Justiça. ▶ **Art. 927.** Os juízes e os tribunais observarão: IV – os enunciados das súmulas do Supremo Tribunal Federal em matéria constitucional e do Superior Tribunal de Justiça em matéria infraconstitucional.

ENUNCIADO 294. O JULGAMENTO LIMINAR DE IMPROCEDÊNCIA, DISCIPLINADO NO ART. 332, SALVO COM RELAÇÃO AO § 1º, SE APLICA AO PROCESSO DO TRABALHO QUANDO CONTRARIAR: A) ENUNCIADO DE SÚMULA OU DE ORIENTAÇÃO JURISPRUDENCIAL DO TST; B) ACÓRDÃO PROFERIDO PELO TST EM JULGAMENTO DE RECURSOS DE REVISTA REPETITIVOS; C) ENTENDIMENTO FIRMADO EM RESOLUÇÃO DE DEMANDAS REPETITIVAS.

● *Grupo: Impacto do CPC no processo do trabalho.* ● *Referências: arts. 332, § 1º e 15.*

▸ ***Ravi Peixoto e Alexandre Freire***

A construção desse enunciado tem por base a previsão constante do artigo 15 do NCPC, o qual aponta que, na ausência de normas que regulem o processo trabalhista,

329. Esse raciocínio vem sendo acolhido pela doutrina: GAJARDONI, Fernando. *et al. Processo de conhecimento e cumprimento de sentença: comentários ao CPC de 2015*. São Paulo: Método, 2016. p. 58; DIDIER JR., Fredie. *Curso de direito processual civil*. 18. ed. Salvador: Juspodivm, 2016, v. 1. p. 605.

330. Naturalmente, não é possível afirmar que as súmulas não se confundem com os precedentes, mas são apenas uma tentativa de esclarecimento da *ratio decidendi* dos precedentes que a dera origem.

o CPC será a ele aplicável, de forma supletiva e subsidiária. Como não há previsão de julgamento por improcedência liminar no processo trabalhista, tal técnica constante do CPC seria aplicável a esse ramo do processo. Por se tratar de uma forma de densificar a duração razoável do processo, não se vislumbra qualquer incompatibilidade entre essa técnica e o processo trabalhista.

De toda forma, tem-se a necessidade de adaptação de tal técnica a seara trabalhista para que ela se adapte aos precedentes e institutos assemelhados específicos sobre o tema. Essa foi a linha do artigo 7º, da Instrução Normativa n. 39 do TST, a qual pode ser melhor compreendida quando comparada com o artigo 332 do CPC:

Art. 332. Nas causas que dispensem a fase instrutória, o juiz, independentemente da citação do réu, julgará liminarmente improcedente o pedido que contrariar: I – enunciado de súmula do Supremo Tribunal Federal ou do Superior Tribunal de Justiça; II – acórdão proferido pelo Supremo Tribunal Federal ou pelo Superior Tribunal de Justiça em julgamento de recursos repetitivos; III – entendimento firmado em incidente de resolução de demandas repetitivas ou de assunção de competência; IV – enunciado de súmula de tribunal de justiça sobre direito local.	**Art. 7º** Aplicam-se ao Processo do Trabalho as normas do artigo 332 do CPC, com as necessárias adaptações à legislação processual trabalhista, cumprindo ao juiz do trabalho julgar liminarmente improcedente o pedido que contrariar: I – enunciado de súmula do Supremo Tribunal Federal ou do Tribunal Superior do Trabalho (CPC, art. 927, inciso V); II – acórdão proferido pelo Supremo Tribunal Federal ou pelo Tribunal Superior do Trabalho em julgamento de recursos repetitivos (CLT, art. 896-B; CPC, art. 1046, § 4º); III – entendimento firmado em incidente de resolução de demandas repetitivas ou de assunção de competência; IV – enunciado de súmula de Tribunal Regional do Trabalho sobre direito local, convenção coletiva de trabalho, acordo coletivo de trabalho, sentença normativa ou regulamento empresarial de observância obrigatória em área territorial que não exceda à jurisdição do respectivo Tribunal (CLT, art. 896, "b", a *contrario sensu*)

Segundo o Enunciado, o artigo 332 do CPC teria algumas particularidades, eis que, além das situações reguladas pelo texto normativo, seria aplicável nas seguintes situações: a) enunciado de súmula ou de Orientação Jurisprudencial do TST; b) acórdão proferido pelo TST em julgamento de recursos de revista repetitivos; c) entendimento firmado em resolução de demandas repetitivas. Todas essas particularidades foram acolhidas pelo artigo 7º, da instrução normativa n. 39 do TST, havendo ainda maior especificidade na instrução normativa, com a menção ao incidente de assunção de competência e súmulas sobre convenção coletiva de trabalho, acordo coletivo de trabalho, sentença normativa ou regulamento empresarial de observância obrigatória em área territorial que não exceda à jurisdição do respectivo Tribunal.

Um aspecto interessante é que o artigo 7º da Instrução Normativa n. 39 do TST parece ter seguido por caminho diverso, ou seja, ele altera as decisões que embasariam a improcedência liminar do pedido. A diferença mais relevante é a extração das decisões do STJ por aquelas proferidas pelo TST.[331] Toma, então, posicionamento no sentido de que as decisões do STJ não seriam capazes de embasar a improcedência liminar do pedido na seara trabalhista. Muito embora não haja qualquer justificativa para tanto, poderia ser algo decorrente da ausência de participação do STJ na estrutura judiciária da justiça do trabalho. Em outros termos, como não é possível que uma decisão na seara trabalhista venha a ser analisada pelo STJ, seja para confirmar ou haver a superação do precedente, as decisões desse tribunal não seriam vinculantes para os órgãos da justiça trabalhista.

Acerca do enunciado de súmula de tribunal regional trabalhista que venha a interpretar algum texto normativo específico da região, uma observação pode ser feita. Por mais que caiba à União legislar privativamente sobre direito trabalhista (art. 22, I, CF), nada impede que um determinado tribunal emita súmula sobre algum regulamento local e que ela venha a ser utilizada como suporte fático para a aplicação da improcedência liminar do pedido.

Afinal, a ideia do Enunciado é a de tentar adaptar a aplicação do artigo 332 do CPC a seara trabalhista. No entanto, a instrução normativa do TST é mais completa do que ele, poderia servir de base a uma revisão do próprio conteúdo de tal enunciado, de forma a tratar o tema de forma mais ampla.

► **NCPC. Art. 332. § 1°** O juiz também poderá julgar liminarmente improcedente o pedido se verificar, desde logo, a ocorrência de decadência ou de prescrição.

Enunciado 507. O art. 332 aplica-se ao sistema de Juizados Especiais.

● *Grupo: Impacto nos Juizados e nos procedimentos especiais da legislação extravagante.* ● *Referências: art. 332; Lei 9.099/95.*

► ***Ravi Peixoto e Alexandre Freire***

No diálogo entre o sistema dos juizados especiais e o Código de Processo Civil de 2015 tem existido muito ruído na comunicação, com forte divergência entre o que se admite aplicável pelos juízes que fazem parte deste sistema e a doutrina que escreve sobre o tema. Um dos grandes entraves é, por exemplo, a contagem do prazo em dias

331. Essa conclusão é reforçada pelo art. 15 da mesma instrução normativa: "Art. 15. O atendimento à exigência legal de fundamentação das decisões judiciais (CPC, art. 489, § 1º) no Processo do Trabalho observará o seguinte: I – por força dos arts. 332 e 927 do CPC, adaptados ao Processo do Trabalho, para efeito dos incisos V e VI do § 1º do art. 489 considera-se "precedente" apenas: a) acórdão proferido pelo Supremo Tribunal Federal ou pelo Tribunal Superior do Trabalho em julgamento de recursos repetitivos (CLT, art. 896-B; CPC, art. 1046, § 4º); b) entendimento firmado em incidente de resolução de demandas repetitivas ou de assunção de competência; c) decisão do Supremo Tribunal Federal em controle concentrado de constitucionalidade; d) tese jurídica prevalecente em Tribunal Regional do Trabalho e não conflitante com súmula ou orientação jurisprudencial do Tribunal Superior do Trabalho (CLT, art. 896, § 6º); e) decisão do plenário, do órgão especial ou de seção especializada competente para uniformizar a jurisprudência do tribunal a que o juiz estiver vinculado ou do Tribunal Superior do Trabalho".

úteis, eis que o Enunciado 165/FONAJE apontar que haveria contagem em dias corridos e o Enunciado 415/FPPC afirma que os prazos seriam contados em dias úteis.

No entanto, no caso da improcedência liminar do pedido, não é possível vislumbrar qualquer incompatibilidade com o sistema de juizados especiais, nem se usado o critério estabelecido pelo Enunciado 161/FONAJE[332]. Inclusive, o Enunciado 101/FONAJE permite interpretar que seria admissível a utilização da improcedência liminar no sistema dos juizados ao afirmar que "aplica-se ao Juizado Especial o disposto no artigo 285, a, do CPC", pois o 285-A é o texto normativo correspondente do CPC/73 ao atual art. 332.

Afinal, não há qualquer motivo impeditivo da adoção dessa técnica nos juizados especiais, já que está em completo acordo com diversos dos princípios do artigo 2º, da Lei 9.099/95, tais como a economia processual e a celeridade, eis que o processo é finalizado de forma muito mais rápida com essa técnica.[333] Tanto é aplicável essa técnica que o Enunciado 43/ENFAM aponta a mesma conclusão, segundo o qual:

> O art. 332 do CPC/2015 se aplica ao sistema de juizados especiais e o inciso IV também abrange os enunciados e súmulas dos seus órgãos colegiados competentes.

É possível ainda fazer uma breve menção a uma adaptação a ser feita no caso da aplicação da referida técnica, adiantada pelo mencionado enunciado n. 43 do ENFAM, que seria no sentido de ampliar a interpretação do inciso VI, do artigo 332, que menciona o cabimento da improcedência liminar quando o pedido do autor contraria "enunciado de súmula de tribunal de justiça sobre direito local". Isso porque, embora os colégios e turmas recursais dos juizados não sejam propriamente tribunais, seria possível interpretar que, no âmbito dos juizados estaduais, eles fazem as vezes de tribunais de justiça na interpretação do direito local. E, por isso, a técnica seria também aplicada quando o pedido da parte estivesse em contrariedade com enunciados dos colégios ou turmas recursais dos juizados sobre o direito local[334], sendo essa a interpretação mais adequada, de forma a compatibilizar a improcedência liminar do pedido com a organização judiciário dos juizados.

► **NCPC. Art. 332.** Nas causas que dispensem a fase instrutória, o juiz, independentemente da citação do réu, julgará liminarmente improcedente o pedido que contrariar: I – enunciado de súmula do Supremo Tribunal Federal ou do Superior Tribunal de Justiça; II – acórdão proferido pelo Supremo Tribunal Federal ou pelo Superior Tribunal de Justiça em julgamento de recursos repetitivos; III – entendimento firmado em incidente de resolução de demandas repetitivas ou de assunção de competência; IV – enunciado de súmula de tribunal de justiça sobre direito local.

---

332. E. 161: Considerado o princípio da especialidade, o CPC/2015 somente terá aplicação ao Sistema dos Juizados Especiais nos casos de expressa e específica remissão ou na hipótese de compatibilidade com os critérios previstos no art. 2º da Lei 9.099/95.
333. No mesmo sentido: AURELLI, Arlete I.; PANTALEÃO, Izabel Cristina P. C. "Impactos do novo CPC nos juizados especiais: petição inicial e juízo de admissibilidade da demanda". *In*: REDONDO, Bruno G. *et al.* (Orgs.). *Juizados especiais.* Salvador: Juspodivm, 2015. p. 280.
334. No mesmo sentido: DONOSO, Denis; SERAU JUNIOR, Marco Aurelio. Improcedência liminar do pedido no âmbito dos juizados especiais. *In*: REDONDO, Bruno G. *et al.* (Orgs.). *Juizados especiais.* Salvador: Juspodivm, 2015. p. 297; LIMA, Lucas R. S. Improcedência liminar nos juizados e o novo CPC. *In*: REDONDO, Bruno G. *et al.* (Orgs.). *Juizados especiais.* Salvador: Juspodivm, 2015. p. 307.

Enunciado 508. Interposto recurso inominado contra sentença que julga liminarmente improcedente o pedido, o juiz pode retratar-se em cinco dias.

● *Grupo: Impacto nos Juizados e nos procedimentos especiais da legislação extravagante.* ● *Referências: art. 332, § 3º; Leis 9.099/95, 10.259/01 e 12.153/09.*

▸ *Ravi Peixoto e Alexandre Freire*

Tendo por base o Enunciado 507/FPPC, que aponta o cabimento da técnica do julgamento liminar de improcedência do pedido, algumas adaptações seriam necessárias. É que, como no sistema dos juizados especiais, não se tem da apelação, mas sim do recurso inominado, uma vez que o artigo 332, § 3º faz menção apenas à apelação, seria possível questionar se ela seria aplicável aos casos de julgamento liminar de improcedência nos juizados. A resposta deve ser positiva, sob pena de haver uma violação do contraditório substancial, que exige um efetivo diálogo entre os sujeitos processuais.

Por mais que se possa considerar que o artigo 332 é uma exceção a aplicação do artigo 10 do CPC[335], é por meio da garantia do efeito regressivo que se permite algum diálogo entre o apelante e o magistrado, pois, no recurso, o recorrente poderá demonstrar que: a) o processo requer dilação probatória e/ou b) que o pedido não contraria nenhum dos precedentes ou enunciados nos incisos do *caput* ou que não ocorreu a prescrição ou a decadência. E, em tendo sucesso nessa argumentação, deve haver a retratação e o prosseguimento do processo, com a citação do réu (art. 332, § 4º)

Portanto, para que haja a garantia de um contraditório substancial, mesmo que diferido, por se tratar de uma adaptação do procedimento que visa garantir a duração razoável do processo, deve ser permitida a retratação do juiz também nos juizados, no caso do recurso inominado.

▶ **NCPC. Art. 332. § 3º** Interposta a apelação, o juiz poderá retratar-se em 5 (cinco) dias.

2.1.1.3. Da Conversão da Ação Individual em Ação Coletiva (art. 333)

Enunciado 37. É presumida a relevância social na hipótese do inciso I do art. 333, sendo dispensável a verificação da "dificuldade de formação do litisconsórcio".

● *Grupo: Conversão de Ação Individual em Coletiva.* ● *O Art. 333 foi integralmente vetado.* ● *Referências: art. 333, I.*

Não foram realizados comentários a esse enunciado, tendo em vista que eles visavam analisar a conversão da ação individual em ação coletiva, que constava da versão do CPC aprovada pelo Poder Legislativo, mas que, no entanto, foi vetada pela Presidência da República. Por conta disso, o referido enunciado deixa de ser analisado por conta de ser referente a um artigo que sequer chegou a entrar em vigor.

---

335. FREIRE, Alexandre; RAMOS NETO, Newton Pereira. "Comentários ao art. 332". *In*: FREIRE, Alexandre. *et al.* (Coords). *Comentários ao Código de Processo Civil.* São Paulo: Saraiva, 2016. p. 482.

ENUNCIADO 38. OS REQUISITOS DE RELEVÂNCIA SOCIAL E DE DIFICULDADE DE FORMAÇÃO DO LITISCONSÓRCIO SÃO ALTERNATIVOS.

● *Grupo: Conversão de Ação Individual em Coletiva.* ● *Redação revista (III FPPC).* ● *O Art. 333 foi integralmente vetado.* ● *Referências: art. 333, II.*

Não foram realizados comentários a esse enunciado, tendo em vista que eles visavam analisar a conversão da ação individual em ação coletiva, que constava da versão do CPC aprovada pelo Poder Legislativo, mas que, no entanto, foi vetada pela Presidência da República. Por conta disso, o referido enunciado deixa de ser analisado por conta de ser referente a um artigo que sequer chegou a entrar em vigor.

ENUNCIADO 39. É DEVER DO JUIZ INTIMAR OS LEGITIMADOS DO ART. 333 DO CPC PARA, SE FOR O CASO, REQUERER A CONVERSÃO, APLICANDO-SE, POR ANALOGIA, O ART. 139, X, DO CPC.

● *Grupo: Conversão de Ação Individual em Coletiva.* ● *O Art. 333 foi integralmente vetado.* ● *Referências: art. 333.*

Não foram realizados comentários a esse enunciado, tendo em vista que eles visavam analisar a conversão da ação individual em ação coletiva, que constava da versão do CPC aprovada pelo Poder Legislativo, mas que, no entanto, foi vetada pela Presidência da República. Por conta disso, o referido enunciado deixa de ser analisado por conta de ser referente a um artigo que sequer chegou a entrar em vigor.

ENUNCIADO 40. HAVENDO REQUERIMENTO DE CONVERSÃO, O JUIZ, ANTES DE DECIDIR, OUVIRÁ O AUTOR E, CASO JÁ TENHA SIDO CITADO, O RÉU.

● *Grupo: Conversão de Ação Individual em Coletiva.* ● *O Art. 333 foi integralmente vetado.* ● *Referências: art. 333.*

Não foram realizados comentários a esse enunciado, tendo em vista que eles visavam analisar a conversão da ação individual em ação coletiva, que constava da versão do CPC aprovada pelo Poder Legislativo, mas que, no entanto, foi vetada pela Presidência da República. Por conta disso, o referido enunciado deixa de ser analisado por conta de ser referente a um artigo que sequer chegou a entrar em vigor.

ENUNCIADO 41. A OPOSIÇÃO DAS PARTES À CONVERSÃO DA AÇÃO INDIVIDUAL EM COLETIVA LIMITA-SE À ALEGAÇÃO DO NÃO PREENCHIMENTO DOS SEUS PRESSUPOSTOS.

● *Grupo: Conversão de Ação Individual em Coletiva.* ● *O Art. 333 foi integralmente vetado.* ● *Referências: art. 333.*

Não foram realizados comentários a esse enunciado, tendo em vista que eles visavam analisar a conversão da ação individual em ação coletiva, que constava da versão do CPC aprovada pelo Poder Legislativo, mas que, no entanto, foi vetada pela Presidência da República. Por conta disso, o referido enunciado deixa de ser analisado por conta de ser referente a um artigo que sequer chegou a entrar em vigor.

2.1.1.4. Da Audiência de Conciliação ou de Mediação (art. 334)

Enunciado 151. Na Justiça do Trabalho, as pautas devem ser preparadas com intervalo mínimo de uma hora entre as audiências designadas para instrução do feito. Para as audiências para simples tentativa de conciliação, deve ser respeitado o intervalo mínimo de vinte minutos.

● *Grupo: Impacto do CPC no Processo do Trabalho.* ● *Referências: arts. 15, 334, § 12 e 357, § 9º.*

▸ *Fernanda Tartuce*

No CPC usa-se de modo recorrente o vocábulo "audiência" para se referir à sessão de autocomposição; como a expressão tradicionalmente remete à circunstância em que o magistrado conduz os trabalhos sob a vertente contenciosa, sua pertinência é obvia para se referir à instrução – mas o mesmo não se verifica em relação à conciliação. Soa mais apropriado e é mais recorrente o uso da expressão "sessão" para designar encontros pautados pela consensualidade[336]. De todo modo, como nas sessões conciliatórias também deve haver escuta, a palavra audiência pode ser usada com algum proveito por remeter ao verbo "ouvir".

O enunciado buscou destacar que as sessões consensuais podem contar com um espaçamento menor entre as diversas ocorrências, o que as diferencia das audiências de instrução (que geralmente demandam mais tempo pela necessidade de escutar diferentes pessoas para a coleta de subsídios probatórios).

Vale ainda destacar a expressão "simples tentativa de conciliação". Inicialmente, vale perquirir: o que seria simples? A depender do perfil das partes e da complexidade do conflito (especialmente se a relação trabalhista é longa e traz diversos episódios controvertidos), algo que pareça singelo pode se revelar complexo. O enunciado tem utilidade, porém, por mostrar que a diferença de tempo decorre da atuação sob lógicas diversas. Na audiência de instrução impera a lógica de julgamento, sendo imperioso obter elementos para formar a convicção sobre o que ocorreu no passado e permitir a apreciação da causa pelo magistrado. Na sessão consensual prevalece a lógica da negociação, sendo importante que as partes falem, escutem e atuem para pensar em propostas sobre como obter o equacionamento de pendências em uma perspectiva futura.

Em verdade, o estudo das técnicas de conciliação e mediação, com o conhecimento de suas diversas etapas e da necessidade de avaliação das partes quanto às diferentes informações e variadas propostas que são apresentadas nas sessões, revela ser muito importante que as partes não sejam pressionadas por falta de estrutura e tempo. O lapso de meros 20 minutos é um tempo curto demais para que seja obtida uma solução consensual que cumpra o objetivo de pacificação e ainda seja capaz de satisfazer, na medida do possível, ambas as partes.

Contudo, em muitas situações as partes já se encontram preparadas para negociar em audiência, conhecendo seus interesses e suas opções para composição do litígio.

---

336. TARTUCE, Fernanda. *Mediação nos conflitos civis.* 3ª ed. SP: Método, 2016, p. 274.

Recomenda-se, aliás, que os advogados avancem o máximo possível na negociação direta em conversações anteriores à audiência e deixem para este encontro presencial apenas o enfoque necessário para o arremate dos ajustes. Nesses casos, o curto espaço entre as audiências tende a ser suficiente para a celebração do acordo. De todo modo, cabe advertir: as partes e o terceiro imparcial responsável pela condução da sessão não devem pressionar a(s) outra(s) pessoa por força do curto tempo disponível. É sempre recomendável que, havendo fatores como a necessidade de coleta e organização de informações ou, ainda, a reflexão sobre o teor exposto, seja designada e/ou combinada data para uma nova sessão consensual.

► **NCPC. Art. 334. § 12.** A pauta das audiências de conciliação ou de mediação será organizada de modo a respeitar o intervalo mínimo de 20 (vinte) minutos entre o início de uma e o início da seguinte. ► **Art. 357. § 9º** As pautas deverão ser preparadas com intervalo mínimo de 1 (uma) hora entre as audiências.

Enunciado 295. As regras sobre intervalo mínimo entre as audiências do CPC só se aplicam aos processos em que o ato for designado após sua vigência.

● *Grupo: Direito intertemporal e disposições finais e transitórias.* ● *Referências: arts. 334, § 12 357, § 9º, 1.046.*

► *Fernanda Tartuce*

O teor do enunciado teve como objetivo garantir que os Juízos passassem a organizar a pauta de audiências conforme as previsões do Novo Código de Processo Civil apenas após a entrada em vigência deste, respeitando a forma de organização própria de cada Juízo estabelecida na vigência do CPC/1973 (que não trazia exigência do tipo).

De todo modo, vale destacar que, sem uma restruturação coordenada de todos os setores de conciliação ligados aos Juízos de primeiro grau para a adequação ao CPC/2015, assim como o apoio dos órgãos de hierarquia superiores, como a Presidência dos respectivos Tribunais e o CNJ, tais normas tendem a permanecer letra morta.

Mesmo a designação da audiência consensual prevista no art. 334 do CPC/2015 chega a ser afastada por muitos Juízos por força da inviabilidade de comportar todos os casos em suas pautas. Notam-se, inclusive, decisões invocando a possibilidade de promover a autocomposição a qualquer tempo (nos termos do art. 139, IV do CPC) e a respectiva interpretação a ele dada pelo ENFAM: nos termos de seu enunciado n. 35, "além das situações em que a flexibilização do procedimento é autorizada pelo art. 139, VI, do CPC/2015, pode o juiz, de ofício, preservada a previsibilidade do rito, adaptá-lo às especificidades da causa, observadas as garantias fundamentais do processo". Como se percebe, sob o argumento da flexibilização do procedimento diante das necessidades da causa pode-se deixar de realizar a sessão consensual.

Enunciado ENFAM 35. Além das situações em que a flexibilização do procedimento é autorizada pelo art. 139, VI, do CPC/2015, pode o juiz, de ofício, preservada a previsibilidade do rito, adaptá-lo às especificidades da causa, observadas as garantias fundamentais do processo.

> ▶ **NCPC. Art. 334. § 12.** A pauta das audiências de conciliação ou de mediação será organizada de modo a respeitar o intervalo mínimo de 20 (vinte) minutos entre o início de uma e o início da seguinte. ▶ **Art. 357. § 9º** As pautas deverão ser preparadas com intervalo mínimo de 1 (uma) hora entre as audiências. ▶ **Art. 1.046.** Ao entrar em vigor este Código, suas disposições se aplicarão desde logo aos processos pendentes, ficando revogada a Lei n. 5.869, de 11 de janeiro de 1973.

Enunciado 509. Sem prejuízo da adoção das técnicas de conciliação e mediação, não se aplicam no âmbito dos juizados especiais os prazos previstos no art. 334.

● *Grupo: Impacto nos Juizados e nos procedimentos especiais da legislação extravagante.* ● *Referências: art. 334; Lei 9.099/95.*

▸ ***Fernanda Tartuce***

Os Juizados Especiais foram pioneiros no estabelecimento de etapas específicas para a tentativa de autocomposição – exemplo disso é que, de acordo com o art. 21 da Lei n. 9.099/1995, é obrigatória a realização de audiência conciliatória. A adoção de tentativas de alcançar o consenso já está bem assimilado pelos Juizados Especiais e seus setores de conciliação; em que pesem as críticas à forma de atuação de muitos deles (com sessões demasiadas curtas, algumas conduzidas sem a adoção de técnicas consensuais apropriadas), o fato é que eles já estão relativamente bem estruturados, inclusive em termos de organização da pauta e celeridade do agendamento.

O enunciado parece querer resguardar os Juizados Especiais já organizados de algum efeito desestabilizador que as novas previsões do CPC/15 pudessem (ou possam) causar. Assim, não se aplicam aos Juizados o prazo de 30 (trinta) dias de antecedência para a designação da audiência ou de 20 (vinte) dias para a citação.

Na mesma linha, também não devem ser aplicadas outras disposições do art. 334 que confrontem o desenho do procedimento especial estabelecido na Lei n. 9.099/95 – como, por exemplo, a pena de multa por não comparecimento prevista no art. 334, §8°: ela não deve ser aplicada porque devem prevalecer nos Juizados as consequências previstas na Lei n. 9.099/95 em termos de extinção (art. 51, I) e decretação da revelia (art. 20).

> ▶ **NCPC. Art. 334.** Se a petição inicial preencher os requisitos essenciais e não for o caso de improcedência liminar do pedido, o juiz designará audiência de conciliação ou de mediação com antecedência mínima de 30 (trinta) dias, devendo ser citado o réu com pelo menos 20 (vinte) dias de antecedência.

Enunciado 576. Admite-se a solução parcial do conflito em audiência de conciliação ou mediação.

● *Grupo: Mediação e conciliação (CPC e Lei 13.140/2015).* ● *Redação revista (VIII FPPC).* ● *Referências: arts. 166, § 4º e 354, par. ún. Lei 13.140/15, art. 3º, § 1º.*

▸ ***Fernanda Tartuce***

Em razão da autonomia da vontade das partes, a solução do conflito pode se dar apenas de forma parcial na audiência de conciliação ou mediação.

As partes podem querer resolver apenas parte do conflito sobre a qual tenham já consenso estabelecido e relegar à decisão judicial o restante da controvérsia. Exemplo claro se verifica na ação de divórcio: os cônjuges muitas vezes concordam com a decretação do fim da união e/ou a fixação da guarda dos filhos com um dos cônjuges, mas controvertem sobre a partilha de bens. Por essa razão, aliás, é tradicional no ordenamento brasileiro a previsão de que o juiz pode relegar às partes a uma posterior partilha; no CPC/2015 o tema é tratado no artigo 731, parágrafo único (se os cônjuges não acordarem sobre a partilha dos bens, far-se-á esta depois de homologado o divórcio, na forma estabelecida nos arts. 647 a 658).

O enunciado está em consonância ainda com a disposição que permite o julgamento antecipado parcial do mérito (prevista no art. 356 do CPC/2015). Neste caso, a composição sobre parcela do conflito será homologada gerando título executivo judicial (art. 515, II); caso se trate de parte do pedido deduzido, ocorrerá resolução parcial do mérito na forma do art. 487, III, c do Novo CPC.

► **NCPC. Art. 166. § 4º** A mediação e a conciliação serão regidas conforme a livre autonomia dos interessados, inclusive no que diz respeito à definição das regras procedimentais. ► **Art. 354. Parágrafo único.** A decisão a que se refere o caput pode dizer respeito a apenas parcela do processo, caso em que será impugnável por agravo de instrumento.

ENUNCIADO 577. A REALIZAÇÃO DE SESSÕES ADICIONAIS DE CONCILIAÇÃO OU MEDIAÇÃO DEPENDE DA CONCORDÂNCIA DE AMBAS AS PARTES.

● *Grupo: Mediação e conciliação (CPC e Lei 13.140/2015).* ● *Referências: arts. 166, § 4º e 696. Lei 13.140/15, art. 2º, II e V.*

► *Fernanda Tartuce*

A realização de sessões adicionais na busca de autocomposição exige o engajamento de todos os envolvidos; afinal, é essencial que todas as pessoas envolvidas concordem em seguir conversando na busca de esclarecimentos e possíveis entendimentos. Não será possível haver conversas e negociações favorecidas por uma pessoa imparcial de quem se interessa pela composição estiver indisposta para dialogar. Em cenários assim, caso se force um encontro adicional, poderá haverá irritação, ampliação da indisposição, incremento nas resistências e possivelmente um improdutivo monólogo.

Considerando que se deve levar a sério o princípio da autonomia da vontade, a intencionalidade dos participantes deve ser considerada; além disso, a isonomia demanda que a vontade de todos seja considerada.

O Código já limita a autonomia ao trazer previsão que menciona a recusa de ambas as partes e inspirar em muitos o entendimento sobre a obrigatoriedade da sessão consensual em qualquer caso; sob essa perspectiva, ao menos uma das partes restará contrariada.

O Código também já limita a autonomia a prever sanção de multa de 2% (dois por cento) da vantagem econômica auferível no processo em caso de ausência injustificada à sessão conciliatória (334, § 8º). Seria excessivo considerar obrigatório o prosseguimento da conciliação ou da mediação havendo discordância de uma das partes.

Não apenas do ponto de vista da autonomia, mas também da efetividade, o enunciado traz uma proposta coerente: se uma das partes, mesmo tendo sido devidamente apresentada ao meio consensual na primeira sessão decide não ser pertinente o agendamento de mais uma reunião, deve-se considerar que ela tomou a decisão de forma esclarecida e entendeu que a ausência é melhor para si e para a gestão da disputa, não sendo produtivo o prosseguimento das conversações (ao menos naquele momento).

► ► **NCPC. Art. 166. § 4º** A mediação e a conciliação serão regidas conforme a livre autonomia dos interessados, inclusive no que diz respeito à definição das regras procedimentais. ► **Art. 696.** A audiência de mediação e conciliação poderá dividir-se em tantas sessões quantas sejam necessárias para viabilizar a solução consensual, sem prejuízo de providências jurisdicionais para evitar o perecimento do direito.

► **Lei 13.140/15. Art. 2º** A mediação será orientada pelos seguintes princípios: (...). II – isonomia entre as partes; (...). V – autonomia da vontade das partes; (...).

Enunciado 583. O intervalo mínimo entre as audiências de mediação ou de conciliação não se confunde com o tempo de duração da sessão.

● *Grupo: Mediação e conciliação (CPC e Lei 13.140/2015).* ● *Referências: art. 334, § 12.*

► *Fernanda Tartuce*

Em espaços onde há amplas condições de agendamento, a duração dos encontros consensuais pode ser combinada entre os interessados; há quem recomende sessões entre uma e duas horas, enquanto outros preferem realizar rodadas longas de conversações na busca de obter resultados céleres.

Em mediações extrajudiciais costuma fazer parte da primeira sessão a combinação sobre o cronograma de reuniões e a sua duração; como a autonomia das partes é considerável, revela-se viável formatar todo tipo de calendário. Uma programação que pode funcionar é a que considera a realização de reuniões periódicas com a duração desejada pelas partes (por ex., encontros semanais com duração de uma a duas horas). Por fim, pode-se perguntar: quanto tempo deve demorar a sessão consensual? A resposta não é fechada porque depende de uma série de fatores ligados ao perfil dos interessados e à evolução da comunicação. É interessante que se combine com clareza: pode-se ajustar tanto um certo número de reuniões como combinar que, a cada uma delas, será definido se haverá outra[337].

Nas mediações e conciliações judiciais será preciso considerar a estrutura existente no aparato jurisdicional; por força do considerável volume de demandas, podem haver restrições por força de pautas apertadas.

Em procedimentos consensuais pode ser necessário realizar, além de reuniões conjuntas entre as partes, sessões privadas (também chamadas de *caucus*) entre os envolvidos e quem media/concilia. Pela Lei de Mediação, no desempenho de sua função o mediador poderá reunir-se com as partes, em conjunto ou separadamente,

---

337. TARTUCE, Fernanda. *Mediação nos conflitos civis.* 3ª ed. SP: Método, 2016, p. 248.

assim como lhes solicitar as informações que entender necessárias para facilitar o entendimento entre elas (Lei 13.140/2015, art. 19).

A possibilidade de haver sessões individuais costuma ser abordada na primeira sessão consensual logo na abertura da reunião. Eis casos em que são recomendáveis as sessões individuais: 1. Há um elevado grau de animosidade entre as partes; 2. Há dificuldade (de uma ou ambas) de se comunicar ou expressar adequadamente quanto a interesses e questões presentes no conflito; 3. O mediador percebe que há particularidades importantes que só serão obtidas por meio de uma comunicação reservada; 4. Há necessidade de uma conversa com as partes sobre suas expectativas quanto ao resultado, por exemplo, de eventual sentença judicial[338].

No ambiente judicial o terceiro facilitador precisará considerar a estrutura fornecida pelo fórum em termos de tempo e espaço para viabilizar a ocorrência de sessões separadas. Muitas sessões de conciliação são agendadas para durar pouco tempo; como já destacado, consta no CPC que "a pauta das audiências de conciliação ou de mediação será organizada de modo a respeitar o intervalo mínimo de 20 (vinte) minutos entre o início de uma e o início da seguinte" (art. 334, § 12). Esse período é exíguo demais; facilitar a comunicação entre pessoas que têm um histórico de impasses e/ou falta de comunicação é árduo e demanda tempo. Um espaço de tempo tão curto permite, quando muito, o "arremate" de acordos já negociados pelos envolvidos antes da sessão em juízo ou a simples apresentação de propostas sem espaço para a reflexão adequada sobre seus termos.

Por estes motivos, os intervalos mínimos de 20 minutos previstos em lei devem ser considerados como um "piso" para as sessões que pode (e deve) naturalmente ser estendido sempre que necessário. Ademais, nada impede o organizador da pauta venha a estabelecer intervalos maiores, como é prática de alguns Juízos, e, ainda, considerando as particularidades dos casos, estabeleça intervalos diferentes.

▶ **NCPC. Art. 334.** (...). **§ 12.** A pauta das audiências de conciliação ou de mediação será organizada de modo a respeitar o intervalo mínimo de 20 (vinte) minutos entre o início de uma e o início da seguinte.

Enunciado 573. As Fazendas Públicas devem dar publicidade às hipóteses em que seus órgãos de Advocacia Pública estão autorizados a aceitar autocomposição.

● *Grupo: Impacto do novo CPC e os processos da Fazenda Pública.* ● *Referências: arts. 3º, §§ 2º e 3º e 334.*

▶ ***Fernanda Tartuce***

O enunciado parte do pressuposto de que as hipóteses de realização de autocomposição pela Fazenda Pública deveriam estar previstos em normas publicadas.

338. AZEVEDO, André Gomma de (org.). Manual de mediação judicial. 6ª ed. (Brasília/DF: CNJ), 2016, p. 187.

Em realidade, discute-se se é necessária a previsão normativa quanto às possibilidades de acordo a ser realizado pela Administração Pública. A pergunta poderia ser dividida em três, conforme expõe André Bergamaschi[339]: (i) o instrumento a ser utilizado deve ser autorizado legalmente de forma específica ao ente público? (ii) o conteúdo do acordo deve estar delimitado na Lei? e (iii) o sujeito competente deve estar identificado pela lei?

Quanto ao instrumento, a questão está superada por haver expressa previsão da autocomposição no processo civil.

Quanto ao conteúdo específico do acordo, o autor conclui que não é essencial autorização legal delimitando-o – exceto quando se tratar de efetiva renúncia, por exemplo, de crédito fiscal. A doutrina ainda entende não ser necessário haver autorização legal específica para transação quando há troca com vantagem para a Administração.

Questão diversa diz respeito a parâmetros ou balizas do acordo. Entende-se que a falta desse balizamento não impede a realização de acordos, sendo apenas necessária autorização legal no caso de efetiva renúncia a bens ou direitos da Administração – a exemplo da Portaria AGU n. 109/2007, expedida pelo Advogado-Geral (autoridade competente para transigir e firmar acordos) que disciplina os critérios utilizados para celebração de acordos nos Juizados Especiais[340]. Ademais, a celebração de acordo envolvendo interesses públicos efetivamente tidos como indisponíveis ou metaindividuais não demanda autorização legal do seu conteúdo, pois os instrumentos para tanto (Termos de Compromisso) já são destinados a garantir o cumprimento da Lei ou exigir o atendimento de um interesse público[341].

Por outro lado, o autor aponta que, mesmo que as balizas legais sejam dispensáveis na maioria dos casos, sua previsão é de todo recomendável para conferir segurança aos diversos níveis hierárquicos dos advogados públicos. De qualquer forma, a Lei e as normas expedidas no plano infralegal pelos entes públicos devem conter a identificação do sujeito competente para a realização do acordo. É natural que a identificação de tal sujeito venha acompanhada das respectivas balizas – até porque nos diferentes níveis hierárquicos da Administração Pública pode ser realizados acordos de diferentes naturezas e valores[342]. Ademais, a existência de tais normas é essencial para o efetivo desenvolvimento de uma cultura de autocomposição nas Fazendas Públicas: em pesquisa empírica realizada na Procuradoria-Geral do Município de São Paulo, a normatização dos parâmetros aparece como principal fator de preocupação

339. BERGAMASCHI, André Luís. A Resolução dos Conflitos Envolvendo a Administração Pública por Meio de Mecanismos Consensuais. Dissertação (mestrado). São Paulo, Faculdade de Direito da Universidade de São Paulo, 2015, p. 145. Disponível em: < http://media.wix.com/ugd/c850aa_b2d5c6030b-8348c09767d82d0a51d0f3.pdf>. Acesso em 29.07.2016.

340. BERGAMASCHI, André Luís. A Resolução dos Conflitos Envolvendo a Administração Pública por Meio de Mecanismos Consensuais, p. 148.

341. BERGAMASCHI, André Luís. A Resolução dos Conflitos Envolvendo a Administração Pública por Meio de Mecanismos Consensuais, p. 149.

342. BERGAMASCHI, André Luís. A Resolução dos Conflitos Envolvendo a Administração Pública por Meio de Mecanismos Consensuais, p. 152.

dos procuradores; a regulação resolveria problemas de tratamento isonômico ao possibilitar que todos os particulares em conflito com a Administração em situações semelhantes fossem submetidos aos mesmos critérios de acordo, mais ou menos abertos, a depender da matéria envolvida, e ainda resguardaria a responsabilidade pessoal dos procuradores[343].

Assim, é de todo salutar, para haver maior segurança quanto aos acordos entabulados e maior confiabilidade da pessoa que esteja em negociação com o advogado público, que ela tenha conhecimentos para poder averiguar se ele é competente para realizar o acordo e até onde pode ir; tal nível de informação é importante para que a parte interessada possa eventualmente buscar a vinda de pessoas de outros níveis hierárquicos para a realização do acordo ou cobrar a devida autorização do advogado público.

► **NCPC. Art. 3º. § 2º** O Estado promoverá, sempre que possível, a solução consensual dos conflitos. **§ 3º** A conciliação, a mediação e outros métodos de solução consensual de conflitos deverão ser estimulados por juízes, advogados, defensores públicos e membros do Ministério Público, inclusive no curso do processo judicial. ► **Art. 334.** Se a petição inicial preencher os requisitos essenciais e não for o caso de improcedência liminar do pedido, o juiz designará audiência de conciliação ou de mediação com antecedência mínima de 30 (trinta) dias, devendo ser citado o réu com pelo menos vinte dias de antecedência.

Enunciado 625. O sucesso ou insucesso da mediação ou da conciliação não deve ser apurado apenas em função da celebração de acordo.

● *Grupo: Mediação e conciliação (CPC e Lei 13.140/15).* ● *Referências: art. 167, § 3º.*

► ***Fernanda Tartuce***

Para bem compreender o tema, é interessante contrastar as definições da mediação existentes na lei especifica (Lei 13.140/2015) e no CPC/2015. De acordo com a primeira, mediação é um "meio de solução de controvérsias entre particulares" (art. 1º, caput), "atividade técnica exercida por terceiro imparcial sem poder decisório, que, escolhido ou aceito pelas partes, as auxilia e estimula a identificar ou desenvolver soluções consensuais para a controvérsia". Já o art. 165, § 3º do CPC caracteriza o mediador como a pessoa que "atuará preferencialmente nos casos em que houver vínculo anterior entre as partes" e "as auxiliará a compreender as questões e os interesses em conflito, de modo que eles possam, pelo restabelecimento da comunicação, identificar, por si próprios, soluções consensuais que gerem benefícios mútuos".

Embora se identifique, em ambos os textos, uma tendência a conceber a mediação como um "meio de solução de controvérsias" – de modo que o objetivo de resolver seja da essência do procedimento –, a definição encontrada no CPC explicita objetivos paralelos, sendo alguns de ordem cognitiva (compreender questões e interesses) e outros sob o prisma comunicativo (restabelecer a comunicação). Ao assim proceder,

343. BERGAMASCHI, André Luís. *A Resolução dos Conflitos Envolvendo a Administração Pública por Meio de Mecanismos Consensuais*, p. 301.

o CPC se aproxima mais da definição de mediação para a qual convergem os especialistas e que é muitas vezes sintetizada na fórmula "trabalhar o conflito". Sob tal perspectiva, a mediação visa a permitir que as situações controvertidas sejam melhor apreciadas pelas partes, o que pode conduzir a um diálogo proveitoso e, eventualmente, à efetiva solução do problema (muitas vezes consubstanciada na celebração de acordos).

O Enunciado 625 deixa clara a pluralidade de objetivos dos meios consensuais ao distinguir entre sucesso e acordo. O procedimento pode ser bem-sucedido sem haver acordo, uma vez que a mediação tem objetivos múltiplos que não se reduzem ao consenso final consubstanciado em um pacto.

Na conciliação essa mesma lógica é plenamente aplicável. Nos termos do art. 165 § 2º do CPC/2015, o conciliador poderá sugerir soluções para o litígio – mas eventual falta de acolhimento das propostas não significa falta de êxito.

Escutar as propostas e o delineamento de opções realizados nas sessões consensuais promove clareza sobre como a controvérsia é vista sob outros prismas e amplia opções. As partes poderão não acatar as propostas naquele momento, mas refletir sobre elas e eventualmente aceitarem-nas depois... ou mesmo propor uma versão alternativa delas contemplando outros pontos.

Se houve, como efeito da sessão de autocomposição, o resgate na comunicação (de modo que as pessoas conseguiram voltar a dialogar de forma respeitosa), os meios consensuais alcançaram seu desiderato (ainda que não tenha havido a definição total do caso sob o prisma jurisdicional).

Enunciado 22 JPSEC-CJF. A expressão "sucesso ou insucesso" do art. 167, § 3º, do Código de Processo Civil não deve ser interpretada como quantidade de acordos realizados, mas a partir de uma avaliação qualitativa da satisfação das partes com o resultado e com o procedimento, fomentando a escolha da câmara, do conciliador ou do mediador com base nas suas qualificações e não nos resultados meramente quantitativos.

▸ **NCPC. Art. 165. § 3º** O mediador, que atuará preferencialmente nos casos em que houver vínculo anterior entre as partes, auxiliará aos interessados a compreender as questões e os interesses em conflito, de modo que eles possam, pelo restabelecimento da comunicação, identificar, por si próprios, soluções consensuais que gerem benefícios mútuos. ▸ **Art. 167. § 3º** Do credenciamento das câmaras e do cadastro de conciliadores e mediadores constarão todos os dados relevantes para a sua atuação, tais como o número de processos de que participou, o sucesso ou insucesso da atividade, a matéria sobre a qual versou a controvérsia, bem como outros dados que o tribunal julgar relevantes.

▸ **Lei 13.140/15. Art. 1º** Esta Lei dispõe sobre a mediação como meio de solução de controvérsias entre particulares e sobre a autocomposição de conflitos no âmbito da administração pública. **Parágrafo único.** Considera-se mediação a atividade técnica exercida por terceiro imparcial sem poder decisório, que, escolhido ou aceito pelas partes, as auxilia e estimula a identificar ou desenvolver soluções consensuais para a controvérsia.

ENUNCIADO 628. AS PARTES PODEM CELEBRAR NEGÓCIOS JURÍDICOS PROCESSUAIS NA AUDIÊNCIA DE CONCILIAÇÃO OU MEDIAÇÃO.

● *Grupo: Mediação e conciliação (CPC e Lei 13.140/15).* ● *Referências: arts. 190, 191, 334 e 695.*

▸ ***Fernanda Tartuce***

O CPC realizou grande mudança na concepção do processo ao introduzir a cláusula aberta de negociação sobre convenções processuais no artigo 190. O referido artigo dispõe que, "versando o processo sobre direitos que admitam autocomposição, é lícito às partes plenamente capazes estipular mudanças no procedimento para ajustá-lo às especificidades da causa e convencionar sobre os seus ônus, poderes, faculdades e deveres processuais, **antes ou durante o processo**." (grifos nossos)

Os negócios jurídicos processuais, que constituem acordos relativos ao próprio procedimento, podem realizar-se antes do processo (por exemplo, quando da celebração de um contrato, por meio da inserção de cláusulas em que as partes acordam sobre elementos de eventual procedimento judicial), seja quando o processo já está em curso (e há vários momentos para tanto, como a inovadora audiência de saneamento e organização do processo do art. 357, §§ 2º e 3º).

A audiência de conciliação ou de mediação é, por óbvio, um momento privilegiado para isso. Pode ser que não haja acordo sobre toda a matéria *sub judice* no decorrer da audiência; com a celebração de um acordo parcial, outras questões serão efetivamente submetidas à decisão imperativa do juiz. Pode até mesmo ser que não haja qualquer acordo sobre as questões de direito material, não havendo zona incontroversa nas alegações das partes sobre os fatos da vida que as levaram a juízo. Isso não impede, obviamente, que as partes concordem a respeito de como realizar os atos processuais futuros; como exemplo, elas poderão, ao fim da audiência, identificando há potencial para que a negociação evolua com a contribuição de um terceiro imparcial, combinar que o feito será suspenso para uma adicional rodada de sessões extrajudiciais de mediação, combinando desde já quem será a mediadora atuante.

Andou bem o Enunciado 628 ao explicitar a possibilidade de realização de negócios jurídicos processuais na audiência de conciliação ou mediação, menos porque se trataria eventualmente de ponto controverso - não parece haver leitura razoável do art. 190 que exclua essa possibilidade - e mais por chamar a atenção dos operadores do Direito, especialmente no período inicial de vigência do CPC/2015, para uma importante oportunidade de ampliar o espectro de consenso no bojo do processo judicial.

▸ **NCPC. Art. 3º. § 2º** O Estado promoverá, sempre que possível, a solução consensual dos conflitos. **§ 3º** A conciliação, a mediação e outros métodos de solução consensual de conflitos deverão ser estimulados por juízes, advogados, defensores públicos e membros do Ministério Público, inclusive no curso do processo judicial. ▸ **Art. 190.** Versando o processo sobre direitos que admitam autocomposição, é lícito às partes plenamente capazes estipular mudanças no procedimento para ajustá-lo às especificidades da causa e convencionar sobre os seus ônus, poderes, faculdades e deveres processuais, antes ou durante o processo.

ENUNCIADO 673. A PRESENÇA DO ENTE PÚBLICO EM JUÍZO NÃO IMPEDE, POR SI, A DESIGNAÇÃO DA AUDIÊNCIA DO ART. 334.

● *Grupo: Mediação e conciliação.* ● *Referência: art. 334, §4º, II e art. 139, V.*

▸ *Trícia Navarro Xavier Cabral*

Importante novidade legislativa consistiu na expressa previsão e o estímulo à solução consensual dos conflitos pela Administração Pública. Tanto a Lei de Mediação (13.140/15) quanto o CPC/15 tratam da utilização da mediação e da conciliação no tratamento de controvérsias que envolvam o Poder Público. Sem dúvida, essa previsão legal representa uma quebra de paradigmas quanto à possibilidade de que disputas que envolvam interesse público também poderem ser resolvidas mediante consenso, com benefícios para todas as partes. A questão, que sempre foi alvo de intensos debates na doutrina, começa a ter uma interpretação mais contemporânea, levando-se em consideração o grau de interesse público em jogo, e permitindo que controvérsias atinentes a direitos indisponíveis, mas transacionáveis, possam ser tratadas por métodos adequados de resolução de conflitos, sepultando de forma correta restrições injustificáveis e sem efetividade. No CPC/15 o assunto está disposto no artigo 174, do CPC/15, que diz que a União, Estados, Distrito Federal e Municípios criarão câmaras de mediação e conciliação para a resolução de conflitos no âmbito administrativo, exemplificando em três incisos as hipóteses de cabimento. Na Lei de Mediação (13.140/15) a matéria é tratada nos artigos 32 a 40, com um grau de detalhamento bem mais completo, o que confere a segurança jurídica necessária para a aplicação do instituto. A Lei de Mediação (13.140/15) aborda a necessidade de criação de órgãos específicos para a mediação, as hipóteses de cabimento, os efeitos processuais, a possibilidade de mediação coletiva, e os aspectos procedimentais. Não obstante, a Lei de Mediação (13.140/15) regulamenta a transação por adesão nos conflitos entre a Administração Pública, suas autarquias e fundações, disciplinando, inclusive, questões tributárias e de responsabilização de servidores e empregados que participem da composição extrajudicial. De todos os aspectos previstos na Lei em relação à Administração Pública, tem-se que a criação de órgãos especializados para a realização da mediação é medida que se faz imperiosa para garantir a padronização de procedimento e a capacitação dos indicados a atuar nessa espécie de resolução de conflito, o que certamente contribuirá para a uniformização de soluções e, por via reflexa, garantirá a isonomia de tratamento entre os envolvidos. Ademais, as diferentes peculiaridades existentes entre os acordos firmados no âmbito privado e no público devem ser consideradas, especialmente no que diz respeito a aspectos que limitam a atuação da Administração Pública, identificados em três princípios: legalidade (ou da juridicidade), isonomia e publicidade. Sob o viés da legalidade, os acordos envolvendo o Poder Público devem ser devidamente fundamentados, indicando a adequação, a economia e demais parâmetros de regem a atuação de entes públicos, pois se sujeitam a controle interno e externo. No que tange à isonomia, a Administração Pública deve ter a cautela de verificar se a situação controvertida é única existente ou se retrata um conflito coletivo que, em última análise, requer um tratamento isonômico entre todos os que se encontram em igual situação, além de seu cumprimento ter que possuir viabilidade técnica e financeiramente. Por último, em relação à publicidade, esta deve ser a regra na resolução consensual dos conflitos envolvendo o Poder Público, sendo a confidencialidade uma exceção que precisa, inclusive, ser juridicamente justificada.

Feitas essas considerações quanto às particularidades que rondam os conflitos atinentes à Administração Pública, tem-se que o CPC/15 previu, no art. 334, uma audiência de conciliação ou mediação no início do procedimento. Pretendeu-se, com isso, oportunizar que, de forma prematura no processo, as partes pudessem dialogar sobre a controvérsia, não só para se tentar um acordo, mas também para que possam conhecer melhor os contornos fáticos e jurídicos do litígio, inclusive para fins de ampla defesa. Temos que lembrar que a audiência preliminar prevista no art. 331 do CPC/73 só ocorria após a apresentação de contestação e réplica, o que, na prática representava dois ou três anos de tramitação do feito sem que as partes tivessem tido qualquer contato ou conversa. Tratou-se, pois, de percepção salutar do legislador e de iniciativa bem-vinda.

A referida audiência do art. 334 só não ocorrerá: a) se ambas as partes, expressamente, manifestarem o desinteresse na composição consensual (art. 334, §4º, I); e b) quando o direito em debate não admitir autocomposição (art. 334, §4º, II).

Segundo o art. 334, §5º, do Código, o réu será citado para comparecer à audiência de mediação (ou conciliação), podendo indicar o seu desinteresse na autocomposição, por petição, apresentada com 10 (dez) dias de antecedência, contados da data da audiência, sendo que, em caso de litisconsórcio, todos devem se manifestar (§ 6º), exigência que não restou especificada na Lei de Mediação. A audiência também poderá ser realizada por meio eletrônico (art. 334, §7º).

Como sanção ao não comparecimento injustificado de qualquer das partes à audiência, a ausência será considerada ato atentatório à dignidade da justiça, com a aplicação de multa de até dois por cento da vantagem econômica pretendida ou do valor da causa, revertida em favor da União ou do Estado (art. 334, §8º). Registre-se que a parte pode constituir representante, por meio de procuração específica com poderes para negociar e transigir (§10º).

Observa-se, pois, que é vedado ao juiz dispensar o ato, mesmo que o acordo seja improvável. Ademais, a lei não admite a recusa de apenas uma das partes, o que vale, também, para a Administração Pública. Em outros termos, o fato de um ente público estar em um dos polos da demanda não faz com que o ato seja automaticamente dispensado. Essa foi exatamente a razão da aprovação do Enunciado 673.

Isso porque, na prática, ou os juízes não estão designando a referida audiência, ou, quando designada, o ente público não tem comparecido sob a justificativa de ausência de autorização legal para transacionar.

Ora, não há dúvidas de que a Administração Pública pode e deve criar parâmetros e critérios objetivos, por meio de regulamentações específicas, capazes de lastrear e legitimar os acordos eventualmente firmados, dando segurança jurídica a todos os integrantes da relação processual. O que não se pode admitir é a Administração Pública refutar de plano as possibilidades de se resolver conflitos sob a pecha de indisponibilidade do direito ou de falta de previsão legal, o que, infelizmente, tem se verificado no dia a dia forense. A boa notícia é que no I Fórum Nacional do Poder Público realizado nos dias 17 e 18 de junho em Brasília, foram aprovados três Enunciados sobre o tema, evidenciando uma mudança de cultura entre os próprios entes envolvidos. São eles: 1. (art. 6º, Lei 13.140/15) Após atuar como mediador ou conciliador no âmbito da Administração Pública, o advogado público não fica impedido de assessorar, representar ou patrocinar o respectivo ente público, senão em relação ao outro participante da mediação e ao seu objeto, cumulativamente. (Grupo: Meios alternativos de solução de conflitos e a Fazenda Pública); 6. (art. 166, Lei 13.105/15; art. 2º, Lei 13.140/15; Lei 12.527/11) A confidencialidade na mediação com a Administração Pública observará os limites da lei de acesso à informação (Grupo: Meios alternativos de solução de conflitos e a Fazenda Pública); 16. (art. 334 §4º II, art. 3º §2º e art. 5º, Lei 13.105/15; art. 37, Constituição Federal) A Administração Pública deve publicizar as hipóteses em que está autorizada a transacionar. (Grupo: Meios alternativos de solução de conflitos e a Fazenda Pública). Além disso, também há Enunciado aprovados no VII FPPC (Fórum Permanente de Processualistas Civis) de São Paulo: 573. (arts. 3º, §§2º e 3º; 334) As Fazendas Públicas devem dar publicidade às hipóteses em que seus órgãos de Advocacia Pública estão autorizados a aceitar autocomposição. (Grupo: Impacto do novo CPC e os processos da Fazenda Pública).

Importante registrar que, em alguns casos, será necessária a intervenção do Ministério Público, nos termos do art. 176, do CPC/15.

De qualquer modo, tem-se que: a) havendo publicidade quanto às hipóteses autorizativas de transação pela Administração Pública, o juiz deverá designar a audiência; b) caso a Administração Pública disponibilize casos impeditivos de transação, por óbvio, o magistrado deverá se valer do art. 334, §4º, II, e não agendar o ato, otimizando, assim, a pauta de audiência; e c) se a Administração nada disser quanto à possibilidade de autocomposição em relação à determinada matéria, o juiz deverá designar a audiência e tentar a transação.

Registre-se, ainda, que a multa prevista no art. 334, §8º, pelo não comparecimento injustificado também se aplica à Administração Pública, já havendo julgado[344] do TRF3 confirmando a aplicação da multa ao INSS, ou seja, reafirmando a necessidade de todos aderirem à política pública de tratamento adequado de conflitos.

Por fim, um último registro merece atenção e diz respeito à ausência de auxiliares da justiça (conciliadores e mediadores judiciais) para a realização da audiência. Nessas hipóteses, próprio juiz poderá agendar audiência de conciliação – e não de mediação – e realizar o ato. Nesse sentido, o art. 139, V, do CPC/15, que trata dos poderes, dos deveres e das responsabilidades do juiz, diz que a autocomposição será promovida, **preferencialmente**, com o auxílio de conciliadores e mediadores judiciais. Assim, caso o juízo não disponha desses auxiliares, caberá ao próprio juiz designar audiência de conciliação e realizar o ato, tentando compor as partes. Saliente-se, novamente, que o juiz não poderá atuar como mediador nos casos em for julgar, para não ferir a

344. https://trf-3.jusbrasil.com.br/noticias/479982122/trf3-confirma-multa-aplicada-ao-inss-pelo-nao-comparecimento-em-audiencia-previa-de-conciliacao.

confidencialidade que envolve o referido método. Contudo, nada impede que possa se utilizar da conciliação para tentar o diálogo e, eventualmente, a autocomposição entre as partes.

- **NCPC. Art. 334**, §4º, II. A audiência não será realizada: [...] II – quando não se admitir a autocomposição.

- **NCPC. Art. 139**, V. promover, a qualquer tempo, a autocomposição, preferencialmente com auxílio de conciliadores e mediadores judiciais;

2.1.1.5. Da Contestação (arts. 335 a 342)

Enunciado 42. O dispositivo aplica-se mesmo a procedimentos especiais que não admitem intervenção de terceiros, bem como aos juizados especiais cíveis, pois se trata de mecanismo saneador, que excepciona a estabilização do processo.

● *Grupo: Litisconsórcio, Intervenção de Terceiros e Resposta do Réu.* ● *Referência: art. 339.*

▸ ***Mateus Costa Pereira***

Ao iniciar nossa participação nestes comentários é necessário fazer uma advertência: a despeito de a obra anunciar seu direcionamento ao estudo de enunciados aprovados pelo Fórum Permanente de Processualistas Civis (FPPC), não vemos como o mote seja redutível à reflexão de enunciados de caráter interpretativo e/ou especulativo; essa, ao menos, não é perspectiva que adotamos. Várias razões escoram esse entendimento, ora sintetizadas em: enunciados (doutrinários ou jurisprudenciais) não pretendem (não podem...) substituir o texto normativo ou vincular a atividade do julgador; a compreensão do texto normativo ocorre no horizonte da aplicação (pré-compreensão, circularidade, intersubjetividade); a doutrina não é fonte isolada do direito, tampouco a jurisprudência, senão concorrendo a outras fontes à sua (re) construção, sem olvidar nossa tradição legalista;[345] outrossim, doutrinadores não são os "intérpretes autênticos", posto que inolvidável tomar em consideração o esforço da doutrina que doutrina (tautologia necessária); por último, ainda que retumbantes obviedades, a riqueza da vida jamais poderá ser apreendida ou esgotada por qualquer esforço humano[346], e, como lembrava Nelson Saldanha, todo objeto cultural pressupõe a hermenêutica.[347]

Logo, é necessário um cuidado redobrado na manipulação dos enunciados para que não incorramos em um neopandectismo, não sendo possível sua invocação *sic et simpliciter* como arrimo de pronunciamentos judiciais (atalho para conclusões, uma espécie de raciocínio *prêt-à-porter*); como se o conhecimento em geral, e o

345. No sentido de Nelson Saldanha. Sobre o assunto, ver: *Legalismo e ciência do direito*. São Paulo: Atlas, 1977.

346. Sobre o tema, ver as reflexões críticas desenvolvidas por COSTA, Eduardo J. F.; RAMOS, Glauco Gumerato; DI SPIRITO, Marco Paulo Denucci. *Revista Brasileira de Direito Processual*. Belo Horizonte, ano 24, n. 94, abr./jun. 2016.

347. Nesse sentido, ver: SALDANHA, Nelson Nogueira. *Ordem e hermenêutica*. 2. ed. Rio de Janeiro: Renovar, 2003, passim.

conhecimento jurídico em particular, pudesse ser simples, estável e objetivo.[348] Adaptando a crítica de Morais da Rosa, os enunciados não podem ser tratados como se resultantes de um "Monastério dos Sábios", a partir dos quais o complexo trabalho hermenêutico poderia seria simplificado; enunciados, mesmo quando dotados de caráter normativo (não é o caso...), estão longe de ser um ponto final hermenêutico.[349] Dito isso.

Suprimindo a nomeação à autoria de seu texto, outrora hipótese típica de intervenção de terceiro provocada, mas cujo verdadeiro escopo era a correção do vício de ilegitimidade passiva[350], o NCPC instituiu mecanismo similar que, a um só tempo, afigura-se mais amplo e simplificado. No sentido da amplitude, não é ocioso recordar que a nomeação à autoria tinha pertinência por hipótese de detentor demandado em ação reivindicatória ou possessória, mas também nos casos de indenizatórias em que o sujeito demandado originariamente alegasse ter praticado o ato sob ordens ou em cumprimento de instruções de terceira pessoa[351]. Pontes de Miranda também acrescia o possuidor que era demandado equivocadamente, ilustrando com o caso do locatário demandado, quando a ação deveria ter sido proposta em desfavor do locador.[352] Nesse passo, acaso levada a efeito a nomeação não gerava uma ampliação subjetiva no polo passivo, tal como ocorria nas diferentes modalidades interventivas, senão à própria sucessão do nomeante, cujo lugar passaria a ser ocupado pelo nomeado.[353] Ao se admitir a nomeação como hipótese de intervenção, não era possível ignorar esse caráter *sui generis*.[354]Sob disciplina diversa, o novo código não apresenta as mesmas limitações de matéria, o que viabiliza a técnica do artigo 338 para, em tese, qualquer situação de afirmação de ilegitimidade passiva.

Além da referida amplitude, a nova técnica não está subordinada ao consentimento da parte adversa[355], tampouco do "nomeado"[356], o que pode ser traduzido em nítida simplificação. No particular, houve sensível aperfeiçoamento da legislação: dispensando-se a dupla aceitação reclamada pelo código revogado para que houvesse a

348. Ainda em tom de censura aos enunciados e sua manipulação, ver os ensaios de Streck disponíveis no site Consultor Jurídico: "A febre dos enunciados e a constitucionalidade do ofurô! Onde está o furo?", e "Enunciado 'self service', feito em workshop, virou fonte para preventiva".

349. ROSA, Alexandre Morais da. *Crítica à hermenêutica do conforto.* Disponível no site Empório do Direito. Acesso em: 2 ago.2016.

350. MITIDIERO, Daniel. *Comentários ao Código de Processo Civil.* t. I. São Paulo: Memória Jurídica, 2004. p. 340; CARNEIRO, Athos Gusmão. *Intervenção de terceiros.* 15. ed. São Paulo: Saraiva, 2003. p. 91.

351. SILVA, Ovídio A. B. *Comentários ao Código de Processo Civil. vol.* 1. 2. ed. São Paulo: RT, 2005. p. 316-317.

352. MIRANDA, Francisco Cavalcante Pontes de. *Comentários ao Código de Processo Civil.* 2. ed. Rio de Janeiro: Forense, 1958, t. II. p. 168-169.

353. DINAMARCO, Cândido R. *Intervenção de terceiros.* 3. ed. São Paulo: Malheiros, 2002. p. 34.

354. No mesmo sentido, segue o escólio de Didier Jr. ao comentar a disciplina do tema no CPC/73: "Rigorosamente, a nomeação à autoria mais se assemelha a uma sucessão voluntária do que a uma intervenção de terceiro: o nomeado sucede o nomeante, que sai do processo. Não há ampliação subjetiva do processo, apenas modificação de um dos seus polos". *Curso de direito processual civil.* v. 1. 15. ed. Salvador: Juspodivm, 2013. p. 400.

355. Tal como era exigido pelo artigo 67 do CPC/73.

356. Tal e qual era reclamado pelo artigo 65 do CPC/73.

sucessão, em vista do NCPC caberá ao autor escolher contra quem exercerá a pretensão à tutela jurídica; inclusive, o código também inovou ao permitir que o autor postule contra ambos os réus ("nomeante" e "nomeado"), repristinando, em certa medida, o que já existia ao tempo do CPC/39. A nosso ver, o cenário admitido pelo CPC/73 era um tanto quanto esdrúxulo: após a aceitação da nomeação pelo autor, cabia a ele promover a citação do nomeado; este, a seu turno, poderia recusá-la.[357] Ora, mas como o nomeado poderia recusar essa condição, e não ser alcançado pela coisa julgada se competia ao autor selecionar contra quem promoveria a demanda?![358] No ponto, melhor técnica existia ao tempo do pelo CPC/39, o qual, ao ensejo da nomeação à autoria, facultava ao autor demandar contra ambos.[359] Técnica similar passou a (re)vigorar com o artigo 339, § 2º, NCPC.

Pelas razões encimadas, reforçada pela topografia do instituto no código, afere-se não se tratar de modalidade de intervenção de terceiros, [360] de modo que não é alcançada por eventuais restrições procedimentais existentes quanto ao ingresso de sujeito estranho ao processo. Ainda que possa ser considerada uma modalidade interventiva, as peculiaridades em derredor do instituto justificam um tratamento apartado.

Sobre a estabilização da demanda, sabido que ela tem dimensões objetivas e outra subjetiva. Assim, para além de se estabelecer a perpetuação da jurisdição e limitações no tocante à modificação – ampliação, redução ou substituição – do pedido e/ou causa de pedir (dimensões objetivas), a estabilização também acode à manutenção das partes originárias (dimensão subjetiva). Nessa linha, o artigo 109 estabelece que nem mesmo a alienação do direito ou coisa litigiosa afetará a legitimidade dos sujeitos parciais. Usualmente, a sucessão das partes ocorrerá por morte ou por eventual

---

357. Por todos, cf. THEODORO JR., Humberto. *Curso de direito processual civil.* v. 1. 51. ed. Rio de Janeiro: Forense, 2010. p. 131.

358. O problema já havia sido detectado por Ovídio A. Baptista da Silva, o qual censurava o que, para ele, seria uma interpretação literal do art. 68, CPC/73: "Quer ele compareça aos autos para defender-se, ou para alegar sua ilegitimidade, quer se mantenha omisso, a questão de sua sujeição à causa não dependerá, em nenhuma hipótese, de sua intenção de ser ou não demandado. " (...). Essa exegese não se harmoniza com a finalidade do instituto da *nomeação à autoria*, cuja função, como todos admitem, é evitar o julgamento liminar de improcedência da ação, por ilegitimidade passiva – dita pelo Código *carência de ação* –, em virtude do qual se proceda à correção de rumo de uma demanda proposta contra quem não era legitimado passivo, redirecionando-a contra o verdadeiro legitimado. Pois bem, constatado o engano, estando o autor e o nomeante convencidos de que o nomeado é quem deverá responder como réu, basta que este se oponha à nomeação para que o litígio prossiga contra quem ambas as partes sabem de antemão não ser o legitimado para a causa. Este é um resultado certamente não desejado pela lei e nem compatível com a função do instituto da *nominatio auctoris*". *Comentários ao Código de Processo Civil.* v. 1. 2. ed. São Paulo: RT, 2005. p. 323-324.

359. Elogiando a disciplina do CPC/39 sobre o tema, ao interpretar o art. 66 do CPC/73, Celso Agrícola Barbi defendia que, acaso houvesse a recusa do nomeado, a ele deveriam se estender os efeitos da coisa julgada; de acordo com o mesmo autor, essa solução, adotada pelo CPC português, evitava recusas infundadas pelo nomeado. BARBI, Celso Agrícola. *Comentários ao Código de Processo Civil.* v. I. t. II. Rio de Janeiro: Forense, 1975. p. 333.

360. Em sentido contrário: DIDIER JR. Fredie. *Curso de direito processual civil.* v. 1. 17. ed. Salvador: Juspodivm, 2015. p. 648.

fusão, incorporação etc. Pelos motivos já declinados, os arts. 338 e 399 também ressalvam a perpetuação.[361]

> ▶ **NCPC. Art. 339.** Quando alegar sua ilegitimidade, incumbe ao réu indicar o sujeito passivo da relação jurídica discutida sempre que tiver conhecimento, sob pena de arcar com as despesas processuais e de indenizar o autor pelos prejuízos decorrentes da falta de indicação.

Enunciado 44. A responsabilidade a que se refere o art. 339 é subjetiva.

● *Grupo: Litisconsórcio, Intervenção de Terceiros e Resposta do Réu.* ● *Referência: art. 339.*

▸ ***Mateus Costa Pereira***

O artigo 339 alberga um *dever*, e não apenas um *ônus*; o dispositivo tutela interesse alheio, não se subsumindo às situações em que a norma tutela interesse exclusivo do sujeito onerado.[362] A essa conclusão, parcela da doutrina já chegava pela recepção da teoria da aparência e pela observância de um padrão ético de conduta imposto pela boa-fé processual.[363] No particular, a interpretação do novo texto normativo não conduz a raciocínio distinto.

Sobre a natureza da responsabilidade do sujeito demandado, seja por hipótese de omissão, seja pela indicação errônea, a doutrina controvertia ao tempo do CPC/73. Para Pontes de Miranda, por exemplo, a responsabilidade em questão prescindia da demonstração de dolo ou culpa, sendo suficiente que o réu incorresse em qualquer das situações descritas na lei.[364] Mas a posição de Pontes não prevaleceu. Entre nós, vingou a corrente capitaneada por Arruda Alvim[365], à qual aderiu Ovídio Baptista da Silva.[366] Para esses doutrinadores, a responsabilidade estava subordinada à presença do elemento subjetivo.

---

361. No mesmo sentido: SICA, Heitor V. M. "Técnica similar prevista no CPC de 1973". *In*: WAMBIER, Teresa A. *et al.* (Coords.). *Breves comentários ao novo Código de Processo Civil.* São Paulo: RT, 2015. p. 911-912.
362. DIDIER JR., Fredie; NOGUEIRA, Pedro Henrique Pedrosa. *Teoria dos fatos jurídicos processuais.* Salvador: Juspodivm, 2011. p. 126.
363. Na precisa lição de Fredie Didier Jr. sobre o instituto existente no CPC/73: "Trata-se de intervenção de terceiro provocada pelo réu, que não amplia o objeto litigioso do processo. A razão de caber ao réu a nomeação encontra respaldo na dispensabilidade que tem o autor de investigar, a fundo, quem de direito é o legitimado passivo. O réu, porquanto mantenha a relação de dependência com o terceiro, tem todas as condições de indicar a legítima parte ré. É a extensão ao processo civil da teoria da aparência. Embora o autor não saiba que se equivocou na indicação do réu, desconhecendo aquele em face de quem a demanda deveria ser proposta, o réu indevidamente demandado sabe quem deveria ter sido demandado; ele tem consciência desse fato, que fora encoberto pela aparência". *Curso de direito processual civil.* 15. ed. Salvador: Juspodivm, 2013, v. 1. p. 400.
364. Pontes de Miranda entendia que a responsabilidade prescindia da demonstração de dolo ou culpa (*In*: *Comentários ao Código de Processo Civil.* 2. ed. Rio de Janeiro: Forense, 1958, t. II. p. 168-171).
365. Comentado por Ovídio Baptista da Silva. *Comentários ao Código de Processo Civil.* v. 1. 2. ed. São Paulo: RT, 2005. p. 325. Sem se posicionar sobre o tema, Mitidiero se limitava a retratar a divergência doutrinária: MITIDIERO, Daniel. *Comentários ao Código de Processo Civil.* t. I. São Paulo: Memória Jurídica, 2004. p. 351.
366. SILVA, Ovídio A. B. Ob. cit. p. 325.

Pois bem. Se, diante de hipóteses típicas (CPC/73) não prevaleceu a responsabilidade objetiva, parece-nos, com maior razão, que prevalecerá a necessidade de demonstração de dolo ou culpa; esse seria o motivo pelo qual o enunciado do FPPC se quedou em não desafiar a doutrina engendrada na vigência do código revogado.

▶ **NCPC. Art. 339.** Quando alegar sua ilegitimidade, incumbe ao réu indicar o sujeito passivo da relação jurídica discutida sempre que tiver conhecimento, sob pena de arcar com as despesas processuais e de indenizar o autor pelos prejuízos decorrentes da falta de indicação.

Enunciado 152. O autor terá prazo único para requerer a substituição ou inclusão de réu (arts. 338, caput; 339, §§ 1º e 2º), bem como para a manifestação sobre a resposta (arts. 350 e 351).

● *Grupo: Litisconsórcio e Intervenção de Terceiros.* ● *Redação revista (VII e VIII FPPC).* ● *Referências: arts. 338, caput, 339, §§ 1º e 2º, 350 e 351.*

▸ *Mateus Costa Pereira*

Diante do dever imposto pelos artigos 338/339, [367] mas sem olvidar que o comportamento do réu é temperado pela eventualidade, na mesma oportunidade em que suscitar a própria ilegitimidade indicando aquele contra quem a demanda deveria ter sido exercida, também caberá ao demandado, dentro de suas possibilidades e escolhas – contestar é um *ônus* e não um *dever* – resistir à pretensão do autor. Posto que o réu originário tenha o dever de indicar o verdadeiro legitimado, o que pressupõe a ciência de quem o seja, não há como ele antever qual será o comportamento do autor; mesmo porque, a argumentação do réu sobre a ilegitimidade não vincula o demandante. No ponto, é importante assinalar que os parágrafos do artigo 339 autorizam que o demandante i) requeira a substituição do réu originário; ii) persista na configuração subjetiva inicial da demanda; ou, iii) promova a inclusão do "nomeado" mediante o requerimento de sua citação originando um litisconsórcio passivo ulterior – entendido o requerimento de citação como a afirmação da demanda contra alguém.

Sob outro prisma, a legitimidade das partes continua integrando as matérias cognoscíveis de ofício. Ao ensejo da provocação do réu, a lei atribui ao autor a possibilidade de corrigir o eventual vício de ilegitimidade passiva, mas a matéria não se furta ao controle do magistrado. Com a evolução natural do procedimento, a forçosa marcha para frente, após a prática dos atos pelas partes e diante do cenário existente nos autos, caberá ao magistrado declarar o feito saneado (vício corrigido pela atividade das partes) ou proceder ao julgamento conforme o estado do processo; eventualmente, para encerrar o procedimento sem resolução de mérito (art. 354 c/c art. 485).

367. Dever que foi instituído pelo CPC/73 ao modificar a disciplina da nomeação à autoria presente no CPC/39 (sobre o tema, cf. BARBI, Celso Agrícola. *Comentários ao Código de Processo Civil.* v. I. t. II. Rio de Janeiro: Forense, 1975. p. 327), mas que é possível defender sua persistência no novo código.

> ► **NCPC. Art. 339. § 1º** O autor, ao aceitar a indicação, procederá, no prazo de 15 (quinze) dias, à alteração da petição inicial para a substituição do réu, observando-se, ainda, o parágrafo único do art. 338. **§ 2º** No prazo de 15 (quinze) dias, o autor pode optar por alterar a petição inicial para incluir, como litisconsorte passivo, o sujeito indicado pelo réu.

ENUNCIADO 296. VERIFICANDO LIMINARMENTE A ILEGITIMIDADE PASSIVA, O JUIZ FACULTARÁ AO AUTOR A ALTERAÇÃO DA PETIÇÃO INICIAL, PARA SUBSTITUIÇÃO DO RÉU SEM ÔNUS SUCUMBENCIAIS.

● *Grupo: Petição inicial, resposta do réu e saneamento.* ● *Referência: arts. 338 e 339.*

▸ ***Mateus Costa Pereira***

A técnica disciplinada nos artigos 338 e 339 viabiliza a correção de eventual ilegitimidade passiva por provocação do réu; há, como visto, um dever do demandado em apontar quem seria o verdadeiro legitimado, desde que tenha conhecimento.[368] Sem embargo, cediço que o controle dos pressupostos processuais é realizado pelo magistrado desde o seu primeiro contato com a exordial, ao tempo em que desempenha o juízo de admissibilidade; nesse momento, entre outros pressupostos necessários ao desenvolvimento regular do processo, caberá ao juiz examinar a legitimidade das partes (ativa e passiva).[369]

A provocação consubstanciada nos artigos 338/339 pressupõe que o próprio magistrado não tenha detectado o eventual vício de ilegitimidade passiva ao tempo em que, no limiar do procedimento, perquiriu os pressupostos processuais.[370] Como sói, o exercício do juízo de admissibilidade abre uma porta ao saneamento processual, evitando a extinção prematura do procedimento, sempre que se tratar de vício sanável, tal como sucede com a ilegitimidade passiva. Como veremos adiante, a interpretação vertida no enunciado tem largo supedâneo na doutrina.

Sob a égide do código anterior, a doutrina sustentava que o saneamento não estava restrito a um momento específico, nada obstante o código tivesse reservado um momento por excelência para tanto (art. 331, CPC/73); falava-se, então, em um dever de "saneamento difuso"[371], visto que se espraiava por toda a atividade jurisdicional.[372]

---

368. A regra deve ser interpretada com muito cuidado a fim de que o réu não seja "demonizado" sempre que deixar de indicar quem seria o legitimado.
369. Para uma análise crítica da doutrina eclética (condições da ação), indispensável a leitura de PASSOS, Calmon. *A ação no direito processual civil brasileiro.* Salvador: Juspodivm, 2014. Já para uma reflexão crítica do tema conforme o novo código, ver o nosso: PEREIRA, Mateus Costa; GOUVEIA; Lúcio Grassi de; OTÁVIO NETO, Deocleciano. "Do dogma da completude à (im)possibilidade jurídica do pedido: aportes filosóficos à reflexão do tema". *In*: Coleção Doutrina Selecionada, Parte Geral. Salvador: Juspodivm, 2015.
370. Admitindo-se que as condições da ação tenham sido abolidas enquanto "categoria jurídica", isto é, que tenha deixado de existir um trinômio de questões (pressupostos, condições da ação e mérito) para existir um binômio (pressupostos processuais e mérito), a legitimidade para a causa para ser enquadrada dentre os pressupostos subjetivos.
371. FIGUEIRA JR., Joel Dias. *Comentários ao Código de Processo Civil.* 2. ed. São Paulo: RT, v. 4, t. II. p. 76-83.
372. MOREIRA, José Carlos Barbosa. *O novo processo civil brasileiro.* 23. ed. Rio de Janeiro: Forense, 2005. p. 22. FABRÍCIO, Adroaldo Furtado. "Extinção do processo e mérito da causa", *Revista de Processo*, v.

Sob o pálio da nova legislação, a conclusão não pode ser diferente: há variados preceitos normativos conectados em torno da "novel" ideia de "primazia do julgamento de mérito", os quais reforçam a diretiva do saneamento. Em suma, restou consolidado o entendimento doutrinário engendrado já ao tempo do código anterior, da pena de Pontes de Miranda, o qual dizia que a lei havia se preocupado mais com regras jurídicas contrárias à nulidade, ou à sua decretação, enaltecendo o propósito político de salvar os procedimentos judiciais.[373] Por óbvio, algo que não significa que o procedimento possa ser salvo em qualquer circunstância.

A assunção de um *dever* de saneamento (difuso) nos remete à outra, qual seja, do (s) correlato (s) direito (s) subjetivo (s). Restringindo a argumentação ao juízo inicial, diante de vícios sanáveis o magistrado tem o dever de franquear a palavra ao autor à correção ou complementação do instrumento da demanda, vale dizer, de respeitar o direito subjetivo à emenda/aditamento. No mesmo orbe, sob a égide do artigo 10, CPC é possível concluir que esse dever existe mesmo em face de vícios insanáveis (ex. falta de interesse processual), evitando-se que o autor seja surpreendido com a decisão e, sobretudo, permitindo-lhe exercer seu direito de influência[374]; ao fim e ao cabo, inclusive, é possível que o demandante logre demonstrar a presença do próprio *interesse*.[375]À luz do contraditório-influência, arrisca-se dizer, dificilmente haverá indeferimento de súbito.[376]

► **NCPC. Art. 338.** Alegando o réu, na contestação, ser parte ilegítima ou não ser o responsável pelo prejuízo invocado, o juiz facultará ao autor, em 15 (quinze) dias, a alteração da petição inicial para substituição do réu. ► **Art. 339.** Quando alegar sua ilegitimidade, incumbe ao réu indicar o sujeito passivo da relação jurídica discutida sempre que tiver conhecimento, sob pena de arcar com as despesas processuais e de indenizar o autor pelos prejuízos decorrentes da falta de indicação.

58, abr./jun., 1990. p. 7-32; FIGUEIRA JR., Joel Dias. "A metodologia no exame do trinômio processual: pressupostos processuais, condições da ação e mérito da causa: o pensamento do Prof. Alfredo Buzaid". *Revista de Processo*, v. 72, 1993, out/dez. p. 335-347. No mesmo sentido: FERNANDES, Luís Eduardo Simardi. "Saneamento e organização do processo". *In*: WAMBIER, Teresa A. *et al.* (Coords.). *Breves comentários ao novo Código de Processo Civil.* São Paulo: RT, 2015. p. 969.

373. *Comentários ao Código de Processo Civil.* 2. ed. Rio de Janeiro: Forense, 1979. p. 449.

374. Sobre o direito de influência (dimensão material do contraditório), cf.: OLIVEIRA, Carlos Alberto A. de. "A garantia do contraditório". *In*: Do formalismo no processo civil. 2. ed. São Paulo: Saraiva, 2003. p. 227-243; THEODORO JR., Humberto; NUNES, Dierle J. Coelho. "O princípio do contraditório: tendências de mudança da sua aplicação". *Revista da Faculdade de Direito do Sul de Minas*, Pouso Alegre, v. 28. p. 177-206, jan/jun. 2009; DIAS, Ronaldo B. C. Novo Código de Processo Civil e processo constitucional. *Revista Brasileira de Direito Processual*, Belo Horizonte, ano 23, n. 92, out/dez. 2015.

375. Sobre o tema, censurando o entendimento jurisprudencial peruano, cf. CAVANI, Renzo. "Contra as nulidades-surpresa: o direito fundamental ao contraditório diante da nulidade processual". *Revista de Processo*, São Paulo, RT, v. 218, abr. 2013, versão digital. No Brasil, dissertando o contraditório e tangenciando o tema das nulidades, ver: THEODORO JR., Humberto; NUNES, Dierle J. Coelho. "O princípio do contraditório: tendências de mudança da sua aplicação". *Revista da Faculdade de Direito do Sul de Minas*, Pouso Alegre, v. 28. p. 177-206, jan/jun. 2009.

376. Ilustrando com a ausência de interesse processual, Marinoni, Arenhart e Mitidiero citam, como decorrência do contraditório-influência, o direito de o autor esclarecer as próprias afirmações, censurando um indeferimento súbito da petição inicial. MARINONI, Luiz G.; ARENHART, Sergio C.; MITIDIERO, Daniel F. *Novo curso de processo civil: tutela dos direitos mediante procedimento comum*. vol. II. São Paulo: RT, 2015. p. 167.

ENUNCIADO 426. O JUÍZO PARA O QUAL FOI DISTRIBUÍDA A CONTESTAÇÃO OU A CARTA PRECATÓRIA SÓ SERÁ CONSIDERADO PREVENTO SE O FORO COMPETENTE FOR O LOCAL ONDE FOI CITADO.

● *Grupo: Petição inicial, resposta do réu e saneamento.* ● *Referência: art. 340, § 2º.*

▸ *Mateus Costa Pereira*

A compreensão do Enunciado é bem sintetizada pela explanação de Heitor Sica ao comentar o artigo 340 do NCPC[377]:

> Se o réu alegou incompetência relativa e essa matéria foi acolhida, o processo será remetido, por prevenção, ao juízo que recebeu e encaminhou a contestação (art. 340, § 2º), a quem caberá designar a audiência de conciliação ou mediação. Contudo, se o réu alegou incompetência absoluta, e a matéria for acolhida, o processo não será remetido ao juízo que recebeu a contestação, mas será enviado ao órgão judiciário reputado competente.

Adicionalmente, registre-se que, à vista do artigo 59 do novo código, a prevenção é um consectário do registro ou distribuição da inicial. Todavia, considerando, em tese, que o órgão jurisdicional para o qual foi distribuída a ação é incompetente, uma vez acolhida a alegação de incompetência, outro deverá ser o critério à determinação do juízo competente; como o código não fixou um critério para tanto, entende-se o esforço doutrinário consubstanciado no Enunciado em análise.

Ainda sobre o tema, também é oportuno referir à crítica de Sica. Para o autor, os dois parágrafos iniciais do artigo 340 seriam desnecessários diante de procedimentos integralmente digitais; outrossim, em se tratando de autos físicos, uma técnica mais apurada seria a de permitir a protocolização da peça de defesa via fax ou correio, lembrando que a Lei 9.800/99 não foi revogada pelo código.[378] De fato, assiste razão ao autor e a proposta evitaria problemas de índole prática.

► **NCPC. Art. 340. § 2º** Reconhecida a competência do foro indicado pelo réu, o juízo para o qual for distribuída a contestação ou a carta precatória será considerado prevento.

2.1.1.6. Da Reconvenção (art. 343)

ENUNCIADO 45. PARA QUE SE CONSIDERE PROPOSTA A RECONVENÇÃO, NÃO HÁ NECESSIDADE DE USO DESSE "NOMEN IURIS", OU DEDUÇÃO DE UM CAPÍTULO PRÓPRIO. CONTUDO, O RÉU DEVE MANIFESTAR INEQUIVOCAMENTE O PEDIDO DE TUTELA JURISDICIONAL QUALITATIVA OU QUANTITATIVAMENTE MAIOR QUE A SIMPLES IMPROCEDÊNCIA DA DEMANDA INICIAL.

● *Grupo: Litisconsórcio, Intervenção de Terceiros e Resposta do Réu.* ● *Referência: art. 343.*

▸ *Mateus Costa Pereira*

Redimensionando a concentração dos atos processuais de defesa, o código estabeleceu que a reconvenção será apresentada no bojo da contestação; aliás, não

377. SICA, Heitor V. M. "Alegação de incompetência no foro do domicílio do réu e a audiência de conciliação ou mediação". *In*: WAMBIER, Teresa A. *et al.* (Coords.). *Breves comentários ao novo Código de Processo Civil.* São Paulo: RT, 2015. p. 915.

378. SICA, Heitor V. M. "Balanço crítico". *In*: WAMBIER, Teresa A. *et al.* (Coords.). *Breves comentários ao novo Código de Processo Civil.* São Paulo: RT, 2015. p. 915.

apenas a reconvenção – fazendo o registro de mudanças similares no mesmo contexto –, como também a incorreção do valor da causa, a impugnação da assistência judiciária gratuita e a incompetência relativa, seguindo tendência assinalada por Barbosa Moreira já na década de 70.[379]

De fato, nada além do culto à forma poderia explicar a multiplicação das vias processuais ao exercício pleno da defesa, tal como o CPC/73 forçava o réu; diferente não se dava com a reconvenção, cuja duplicação de peças (contestação e reconvenção), costumava levar à duplicação de argumentos, tornando a leitura enfadonha e, eventualmente, displicente. Nesse sentido, a reunião dos atos processuais de defesa (maior parte) em uma única peça representou sensível simplificação, reduzindo a burocracia e gerando outros ganhos paralelos.[380] Doravante, fiquemos apenas com a análise da reconvenção.

O mesmo código que estabelece como a defesa deverá ser exercitada, não desce aos pormenores de estabelecer como a petição deverá ser redigida; não se imiscui, e nem poderia, na técnica de redação ou mesmo no estilo da peça. Assim, é irrelevante a menção ao ato de contestar e de reconvir no preâmbulo da petição; é, outrossim, irrelevante que o demandado reserve um item específico da contestação para reconvir, bastando que seja qualitativa ou quantitativamente superior à rejeição da pretensão autoral.

Em arremate, uma rápida observação: a possibilidade de apresentação da contestação e reconvenção em petição única não implica na obrigatoriedade de contestar para poder reconvir; a imposição, sabido, passa a existir apenas quando a reconvenção é conexa ao fundamento de defesa.

▶ **NCPC. Art. 343.** Na contestação, é lícito ao réu propor reconvenção para manifestar pretensão própria, conexa com a ação principal ou com o fundamento da defesa.

Enunciado 46. A reconvenção pode veicular pedido de declaração de usucapião, ampliando subjetivamente o processo, desde que se observem os arts. 259, I, e 327, § 1º, II.

● *Grupo: Petição inicial, resposta do réu e saneamento. Redação revista (IV FPPC).* ● *Referência: art. 343, § 3º.*

▸ ***Mateus Costa Pereira***

Usualmente, tirante nos casos de ações possessórias diante da vedação normativa, [381] os pretórios admitiam a *exceção de usucapião* (matéria de defesa), malgra-

---

379. MOREIRA, José Carlos Barbosa. "Resposta do réu no sistema do Código de Processo Civil". *Revista de Processo*, v. 2, 1976, abr/jun. p. 249-262.

380. SICA, Heitor V. M. "Tipologia e formas dos meios de resposta do réu no CPC de 2015". *In*: WAMBIER, Teresa A. *et al.* (Coords.). *Breves comentários ao novo Código de Processo Civil.* São Paulo: RT, 2015. p. 890.

381. Lembrando que a discussão acerca da propriedade (exceção de domínio) é vedada nas ações possessórias, sendo excepcionada apenas em dois casos: i) usucapião especial urbana (art. 11, Lei nº 10.257/01); ou, ii) por hipótese da própria posse se apresentar duvidosa. No escólio de Ovídio Baptista da Silva, a fim de que possamos compreender a segunda situação: "Mesmo assim, ainda que se

do desautorizassem o uso da reconvenção à veiculação da pretensão aquisitiva, sob o argumento da incompatibilidade de ritos. O entendimento está bem retratado em ementa de aresto do Tribunal de Justiça de Minas Gerais[382]:

> Agravo de Instrumento. Reivindicatória. Usucapião arguida em reconvenção. Impossibilidade. Embora a Súmula nº 237 do STF admita a alegação da usucapião como matéria de defesa na ação reivindicatória, não é possível desenvolver-se pedido próprio de declaração de domínio do imóvel por usucapião, seja na contestação, seja através de reconvenção, por se tratar de pedido de natureza declaratória, demanda rito especial para seu reconhecimento. (TJMG. Apelação nº 1.0479.04.078168-0/002, Rel. Elias Camilo, J.23.4.2008)

Como arrimo à tese, em análise do inteiro teor de cada uma dessas decisões, afere-se a alusão à Súmula 237/STF, aprovada na sessão plenária de 1963 e vazado nos seguintes termos: "o usucapião pode ser arguido em defesa". Muito bem. Para subsidiar a compreensão do enunciado do FPPC é o que importa "relatar"[383]. Passemos à análise da disciplina da reconvenção no NCPC (art. 343), com destaque à modificação legislativa que esmaeceu o argumento da incompatibilidade de ritos.

Conhecida por inaugurar outra relação, na reconvenção o autor da ação originária passará a ser réu, porque o réu da mesma ação se fez autor;[384] para tanto, impõe-se a observância de diferentes requisitos, os quais, ora listados em rodapé, não podem ser analisados no momento[385]. De acordo com o NCPC, além da ampliação objetiva do processo (inclusão de nova causa de pedir e pedido em seu objeto litigioso), inerente ao instituto, a reconvenção também poderá levar a uma ampliação subjetiva do feito.

---

considere banida de nosso direito a possibilidade de se suscitarem as partes questões fundadas em direito, a chamada *exceptio dominii* poderá, em determinadas hipóteses, emergir nas ações possessórias. Tal poderá ocorrer quando a posse se apresente duvidosa, ou insuficiente para autorizar, por si só, o julgamento fundado apenas na controvérsia sobre a posse. Assim, se o autor não consegue demonstrar suficientemente sua condição de possuidor turbado ou esbulhado, nem o réu, ao defender-se, logra provar que a posse lhe pertence, surgirá a necessidade de o magistrado decidir a quem atribuirá o ônus da prova. Segundo a regra do direito probatório, o critério de julgamento, nos casos em que haja insuficiência de prova, é a declaração de improcedência da ação, segundo o clássico princípio de que *actore non probante absolvitur*, ou seja, a prova incumbe a quem alega e não a quem nega. Para que o autor, em qualquer ação, logre a vitória, é necessário que ele prove os fatos alegados em sua demanda, assim como ao demandado caberá o ônus de provar os fatos por ele alegados". SILVA, Ovídio A. B. *Curso de processo civil: processo de conhecimento.* 8. ed. Rio de Janeiro: Forense, 2009, v. 1, t. II. p. 189.

382. Em uníssono: TJ-SP, APL 9200625-53.2007.8.26.0000, Rel. Rômolo Russo, 11ª Câm. Dir. Privado, DJ 20.7.2012; TJ-SP, APL 0051766-53.2004.8.26.0002, Relator: Salles Vieira, DJ 6.2.2014, 24ª Câm. Dir. Privado, DJ 6.2.2014; TJ-BA, AI 00115713120158050000, Rel.: Cynthia Maria Pina Resende, 4ª Câm. Cível, DJ 5.8.2015.

383. Antes do 219, § 5º, CPC/73, também se discutia a indispensabilidade da matéria ser suscitada, uma vez que não era possível o conhecimento oficioso da prescrição aquisitiva.

384. MIRANDA, Francisco Cavalcanti Pontes de. *Comentários ao Código de Processo Civil.* 2. ed. Rio de Janeiro: Forense, 1979, t. IV. p. 149.

385. São eles: i) causa pendente; ii) conexidade da ação principal com a reconvenção ou com fundamento de defesa; iii) compatibilidade procedimental; iv) competência do juízo; v) apresentação da reconvenção na mesma peça da contestação; vi) obrigatoriedade de apresentação da contestação quando a reconvenção for conexa ao fundamento de defesa; e vii) interesse de agir. Tudo isso, exclusão dos requisitos indispensáveis a qualquer demanda.

No particular, alinhado com os ensinamentos de Barbosa Moreira, o código passou a autorizar a formação de litisconsórcio ativo ou passivo na demanda reconvencional (art. 343, §§ 3º e 4º).

Ao consagrar a mencionada abertura, houve um claro impacto no entendimento pretoriano quanto à veiculação da pretensão de usucapião, já que na ação de usucapião de imóvel, exige-se a citação pessoal dos confinantes à precisa delimitação da área usucapienda; somente quando a pretensão tiver por objeto unidade autônoma em condomínio (art. 246, § 3º), quando a área já estará suficientemente delimitada, que a citação se afigura desnecessária. Não bastasse isso, também é indispensável a intimação de entes públicos.

Em síntese, por força da inovação normativa, o principal óbice a que a pretensão de usucapião fosse deduzida na reconvenção, deixou de existir[386]. Em verdade, sequer foi reservado um procedimento à usucapião de imóveis no NCPC.

► **NCPC. Art. 343. § 3°** A reconvenção pode ser proposta contra o autor e terceiro.

Enunciado 629. Se o réu reconvier contra o autor e terceiro, o prazo de contestação à reconvenção, para ambos, iniciar-se-á após a citação do terceiro.

● *Grupo: Gratuidade da justiça, petição inicial, contestação e fase de organização e saneamento.* ● *Referências: arts. 231, § 1º, 343, § 3º e 350.*

▸ ***Mateus Costa Pereira***

A reconvenção figura dentre o universo das repostas ou atitudes do réu[387], mas não se confunde com a defesa (em sentido estrito) por diferentes motivos, dos quais destacamos dois: i) via de regra, nela não há uma objeção frontal à pretensão do autor, tal como ocorre na contestação (em havendo, não se restringe a ela); ii) na reconvenção, o demandado não se limita a negar o fato constitutivo e/ou apresentar defesa de mérito indireta, senão veiculando *ação* própria, que poderia ser independente, mas que é deduzida por dentro, no mesmo processo[388]– a independência ou autonomia da reconvenção é explicitada pelos §§ 2º e 6º do artigo 343. Em suma, a reconvenção é

386. Nesse sentido, suficiente o raciocínio condensado na ementa a seguir: " (...). Usucapião. Arguição em reconvenção. Inadmissibilidade. Não se admite a possibilidade de alegação da usucapião em reconvenção nas ações petitórias e possessórias. Isto porque o procedimento especial da prescrição aquisitiva exige a formação de um litisconsórcio obrigatório entre os confinantes e terceiros interessados e, ainda, a intervenção obrigatória às Fazendas Públicas e do Ministério Público. O conceito de conexão empregado pelo legislador na elaboração do art. 315 é mais amplo do que aquele registrado no art. 103 do CPC. Neste sentido, há conexão entre demanda principal, cujo objeto é a extinção de condomínio e cobrança de aluguéis e a demanda reconvencional que visa o ressarcimento de despesas com a manutenção do imóvel. – Agravo parcialmente provido". (TJMG, 13ª Câm. Civ., Ag 1.0024.06.123048-8/001, Rel. Des. Barros Levenhagen, j. 18.9.2008).

387. MOREIRA, José Carlos Barbosa. "Resposta do réu no sistema do Código de Processo Civil". Revista de Processo, v. 2, 1976, abr/jun. p. 249-262.

388. MIRANDA, Francisco Cavalcanti Pontes de. *Comentários ao Código de Processo Civil.* 2. ed. Rio de Janeiro: Forense, 1979, t. IV. p. 120.

um ataque, e não simples ato defesa[389]. Não por outro motivo, apresentada a reconvenção ("re-ação"), o magistrado determinará que se proceda à respectiva anotação pelo distribuidor (art. 286, parágrafo único), havendo regular previsão de honorários advocatícios (art. 85, § 1º).

De acordo com o NCPC, além da ampliação objetiva (inclusão de nova causa de pedir e pedido no objeto litigioso), a reconvenção também poderá levar a uma ampliação subjetiva do feito, na medida em que o código, alinhado com as lições de Barbosa Moreira, passou a autorizar que alguém estranho ao procedimento judicial em curso (terceiro) fosse incluído no polo ativo e passivo da demanda reconvencional; assim, o reconvinte ou reconvindo em litisconsórcio com um ou mais terceiros (art. 343, §§ 3º e 4º). Mesmo porque, a não ser possível a ampliação subjetiva "por dentro", o ajuizamento de demanda conexa (à ação principal ou ao fundamento de defesa) levaria à distribuição por dependência (juízo prevento), fazendo com que a segunda causa fosse apensada à primeira. Adensa (aumentar o número) e apensa, quando poderia apensar adensar (tornar mais denso).

Dito isso, o enunciado em questão cuida da contagem do prazo de resposta ao ensejo da reconvenção; especificamente, seu termo inicial. Ao tratar da reconvenção no artigo 343, com o cuidado para perceber que o § 1º atribui poderes ao advogado do autor para tomar ciência da demanda proposta pelo réu, não há dispositivo que cuide das questões atinentes ao prazo, o que nos remete à disciplina geral do código. No ponto, a questão não suscitaria problemas, em vista da conhecida regra de que o prazo é contado a partir da última juntada e/ou certificação *ex vi* do artigo 231, § 1º, CPC, o que deve ocorrer na espécie. Sem embargo, talvez por um excesso de cautela que anima esses colóquios, o enunciado visa a deixar clara a impossibilidade de aplicação do § 2º do artigo 231, específico para intimações.

Por último, observemos que as colocações valem para a resposta dos reconvindos, não apenas à apresentação da contestação.

Enunciado 674. A admissibilidade da reconvenção com ampliação subjetiva não se restringe às hipóteses de litisconsórcio necessário.

● *Grupo: Litisconsórcio e Intervenção de Terceiros;* ● *Referências: art. 343, §§ 3º e 4º.*

▸ ***Renata Cortez***

Os §§3º e 4º do art. 343 do CPC estabelecem hipóteses de ampliação subjetiva na reconvenção, através da possibilidade de participação de terceiros da referida relação processual, tanto no polo ativo (reconvenção proposta pelo réu em litisconsórcio com terceiro) como no passivo (reconvenção proposta contra o autor em litisconsórcio com terceiro).

Tal previsão põe termo à divergência doutrinária e jurisprudencial que se estabeleceu a respeito do tema durante a vigência do Código revogado – que não continha

389. SILVA, Ovídio A. B. *Curso de processo civil* .8. ed. Rio de Janeiro: Forense, 2008, v. 1, t. I. p. 249.

regramento similar –, ao menos no tocante ao seu cabimento. Com efeito, vislumbrando a intervenção de terceiros na reconvenção como instrumento de efetividade da tutela jurisdicional, Cândido Rangel Dinamarco[390] reputava possível o litisconsórcio ativo e passivo na referida modalidade de resposta do réu com sujeitos estranhos à relação processual. Já Luiz Guilherme Marinoni e Sérgio Cruz Arenhart[391] consideravam que a inclusão de terceiros no polo passivo da reconvenção poderia acarretar "tumulto indesejável no processo, criando-se problemas maiores que os benefícios gerados pela inclusão da demanda reconvencional". Na jurisprudência, a questão também não encontrava solução uniforme[392].

Embora resolvida a problemática acerca da possibilidade de ampliação subjetiva na reconvenção, através da formação de litisconsórcio ativo ou passivo com terceiros, tendo em vista as regras contidas nos §§3º e 4º do art. 343 do CPC, tem-se que subsistiu questão relevante, atinente às modalidades de litisconsórcio admissíveis na hipótese.

Debruçando-se sobre o tema, Fredie Didier Jr. explica que, em caso de litisconsórcio ativo na reconvenção (réu e terceiro contra o autor), como não existe litisconsórcio necessário ativo, haverá de se formar sempre um litisconsórcio do tipo facultativo. Ademais, somente se deve admitir, em princípio, o litisconsórcio facultativo unitário, visto que admitir o litisconsórcio simples indistintamente equivaleria à escolha do juízo por parte do terceiro interveniente, o que poderia importar em violação ao princípio do juiz natural. O litisconsórcio simples será possível apenas quando ensejar conexão entre as demandas (a originária e a reconvencional), em razão da possibilidade de modificação da competência nessa hipótese[393].

Em se tratando de litisconsórcio passivo na demanda reconvencional, ainda conforme Didier[394], haverá sempre aplicabilidade da regra às situações de litisconsórcio necessário (simples ou unitário). Em relação ao litisconsórcio facultativo, somente haverá incidência da regra nos casos em que houver conexão (dada a probabilidade de modificação da competência). Seguindo a mesma linha de raciocínio, Daniel

390. Instituições de direito processual civil, v. III. São Paulo: Malheiros, 2003, p. 506.

391. Processo de conhecimento. São Paulo: Revista dos Tribunais, 2008, p. 147.

392. No STJ, há decisão reputando inviável o litisconsórcio com terceiros na reconvenção ((REsp 45.343/SP, Rel. Ministro NILSON NAVES, TERCEIRA TURMA, julgado em 16/08/1994, DJ 10/10/1994, p. 27168), mas há também julgado no sentido de que a ampliação subjetiva da demanda na reconvenção pode ocorrer, mas somente e dependendo das peculiaridades do caso, "(...) OU QUANDO O INTEGRANTE NOVO TRAZIDO NA CONTRA-AÇÃO FORMAR UM LITISCONSORCIO COM O AUTOR DA DEMANDA INICIAL, OU QUANDO OS DIREITOS OU AS OBRIGAÇÕES EM CAUSA DERIVAREM DO MESMO FUNDAMENTO DE FATO OU DE DIREITO". (REsp 147.944/SP, Rel. Ministro CESAR ASFOR ROCHA, QUARTA TURMA, julgado em 18/12/1997, DJ 16/03/1998, p. 156)

393. Curso de direito processual civil: introdução ao direito processual civil, parte geral e processo de conhecimento. Salvador: Juspodivm, 2015, pp. 659-660. Em complemento, o autor afirma; "É que, proibido que fosse esse litisconsórcio, ao terceiro sobraria a possibilidade de propor essa demanda autonomamente, a qual, por ser conexa, seria reunida à demanda reconvencional anterior, perante o juízo da causa originária, que estaria prevento".

394. *Idem*, p. 659.

Colnago Rodrigues[395] afirma que, em caso de litisconsórcio passivo na reconvenção, a modalidade facultativa somente se revela admissível se houver, "(...) no mínimo, litisconsórcio por conexão de interesses (art. 113, II, do CPC), afora, claro, a hipótese de colegitimação entre autor reconvindo e terceiro, como acontece na solidariedade passiva". Em outras situações, o litisconsórcio facultativo serviria apenas para tumultuar o processo, não devendo, portanto, ser permitido.

Tais considerações justificam, portanto, o texto do enunciado sob comento:"A admissibilidade da reconvenção com ampliação subjetiva não se restringe às hipóteses de litisconsórcio necessário", visto que, nos casos do art. 343, §3º, deve-se admitir, sempre, o litisconsórcio necessário, mas, em determinadas situações, pode-se formar também o facultativo (notadamente nos casos de conexão); e, na hipótese do §4º, em regra, somente se pode admitir o litisconsórcio facultativo, porquanto não se afigura possível, em nosso ordenamento jurídico, o litisconsórcio ativo necessário.

▶ **NCPC. Art. 343.** Na contestação, é lícito ao réu propor reconvenção para manifestar pretensão própria, conexa com a ação principal ou com o fundamento da defesa. § 3° A reconvenção pode ser proposta contra o autor e terceiro.§ 4° A reconvenção pode ser proposta pelo réu em litisconsórcio com terceiro.

2.1.1.7. Do Julgamento Conforme o Estado do Processo (arts. 354 a 357)

ENUNCIADO 154. É CABÍVEL AGRAVO DE INSTRUMENTO CONTRA ATO DECISÓRIO QUE INDEFERE PARCIALMENTE A PETIÇÃO INICIAL OU A RECONVENÇÃO.

● Grupo: Coisa Julgada, Ação Rescisória e Sentença. ● Redação revista (VII FPPC). ● Referências: arts. 354, par. ún. e 1.015, XIII.

▸ ***Mateus Costa Pereira***

A reformulação do agravo por instrumento é um dos pontos mais críticos da novel codificação; por muitos considerada um retrocesso – em coro, inúmeras vozes já se ergueram em tom de censura no próprio Fórum Permanente de Processualistas Civis –, já foi até comparada a uma tentativa de repristinação do sistema existente no CPC/39. De acordo a nova sistemática, admite-se a recorribilidade em separado das interlocutórias somente nas hipóteses discriminadas em lei (art. 1.015).

Em uma ordem jurídica que, por suposto, estimula a judicialização e a recorribilidade, era previsível que a restrição ao manejo do agravo, isto é, a diminuição dos casos em que uma mesma matéria se torne objeto de exames paralelos em duas ou mais instâncias, fosse reprochada com estentor.[396] Lado outro, em um país que carece de estatísticas e outros estudos não dogmáticos do sistema recursal, denotando

395. Intervenção de terceiros. São Paulo: Revista dos Tribunais, 2017, p. 165.

396. Sobre o novo perfil do agravo, ver: MARANHÃO, Clayton. Agravo de instrumento no Código de Processo Civil de 2015: entre a taxatividade do rol e um indesejado retorno do mandado de segurança contra ato judicial. *Revista de Processo*, São Paulo, RT, v. 256. p. 147-168, jun. 2016.

que as reformas processuais são operadas com "lastro" em exercícios de adivinhação, preferências ou qualquer outro fator alopoiético que flerta com o irracional, a crítica passa a ser justificada.[397] Muito bem.

Por não ter o condão de encerrar o procedimento, já ao tempo do código revogado o indeferimento parcial da petição inicial era sindicável pelo agravo por instrumento; raciocínio similar alcançava a reconvenção, cujo indeferimento (parcial ou total) desautorizava a apelação. Sob a égide do regime anterior, o agravo era o remédio cabível contra os pronunciamentos judiciais que, diferente da sentença, não tinham conteúdo determinado (arts. 267 ou 269, CPC/73), tampouco eram aptos a encerrar o procedimento ou o módulo cognitivo.[398] Sucede que, muito embora o juízo de admissibilidade negativo da inicial esteja disciplinado pelos artigos 330/331, o legislador aludiu apenas ao cabimento da apelação (indeferimento total da inicial da ação originária), deixando um aparente hiato às demais hipóteses de indeferimento acima listadas. *Quid iuris?*

Ainda que a nova disciplina do agravo possa ser considerada um retrocesso, enquanto texto posto (texto normativo), sabe-se que sua interpretação/aplicação passa ao largo da *doxa*. Ainda que não nos seja possível analisar o tema com a profundidade que merece, deve-se ter em mente que o Enunciado está referido à polêmica doutrinária quanto à taxatividade e a (im)possibilidade de ampliação do cabimento do agravo pelo hermeneuta. Nesse passo, em vista do artigo 1.015 há autores defendendo que a circunstância do rol ser taxativo não inibiria a interpretação extensiva[399], posição que, entretanto, já vem sendo combatida por outro setor, na medida em que poderia levar à preclusão do direito de recorrer[400], gerando insegurança jurídica.[401] Ao migrarmos da ampla recorribilidade das interlocutórias à sua irrecorribilidade "abrandada" – na expressão de Clayton Maranhão –, [402] era previsível que muitas situações não seriam

397. Suficiente refletir o seguinte ponto: havia algum levantamento sobre as situações em que, rotineiramente, os agravos de instrumento eram convertidos em agravos retidos? Essa indagação, com tantas outras correlatas, é suficiente para despertar a curiosidade de como as reformas são levadas a efeito no Brasil.

398. Esse passou a ser o entendimento de sentença após a reforma operada pela Lei 11.232/15.

399. DIDIER Jr., Fredie; CUNHA, Leonardo J. C. Uma interpretação sobre o agravo de instrumento previsto no CPC/2015, *Revista de Processo*. vol. 242. p. 275–284, abr. 2015. Dos mesmos autores, ver: Curso de direito processual civil. 13. ed. Salvador: Juspodivm, 2016, v. 3. p. 209. Em defesa da mesma tese: MARANHÃO, Clayton. Agravo de instrumento no Código de Processo Civil de 2015: entre a taxatividade do rol e um indesejado retorno do mandado de segurança contra ato judicial. Revista de Processo, São Paulo, RT, v. 256. p. 147-168, jun. 2016.

400. Diante de uma decisão interlocutória não prevista em lei, a parte interessada entende que poderia renovar aquela matéria em sede de apelação ou de contrarrazões. Sucede que, ao depois, após reproduzir a matéria para que o tribunal possa apreciá-la, é surpreendida pelo entendimento do tribunal quanto à possibilidade do agravo por instrumento à impugnação daqueles assuntos (interpretação extensiva), tendo perdido o direito de recorrer (direito ao reexame da matéria) por não ter deduzido o recurso próprio no momento oportuno.

401. DELLORE, Luiz. *et al.* Hipóteses de agravo de instrumento no novo CPC: os efeitos colaterais da interpretação extensiva. Disponível no site Jota. Acesso em: 10.abr.2016.

402. MARANHÃO, Clayton. "Agravo de instrumento no Código de Processo Civil de 2015: entre a taxatividade do rol e um indesejado retorno do mandado de segurança contra ato judicial". *Revista de Processo*, São Paulo, RT, v. 256. p. 147-168, jun. 2016.

contempladas; seja porque o dogma da onipotência do legislador é um mito (é impossível ao legislador antever e contemplar em lei tudo que poderá ocorrer na pragmática), seja por razões de política legislativa (a opção de estabelecer a agravabilidade de algumas decisões, não o fazendo para outras).

Sem adentrar na polêmica quanto à natureza dos pronunciamentos judiciais, tema sobre o qual nosso legislador vem patinando desde os sucessivos movimentos de reforma do CPC/73 – e, incrivelmente, continuou a patinar com o advento do NCPC[403] –, lembremos que há outras decisões agraváveis fora do rol do artigo 1.015, o que é sinalizado por seu inciso XIII. A fim de não nos alongarmos indevidamente, detenhamo-nos no art. 354, parágrafo único, CPC.

O parágrafo único do artigo 354 não é uma simples repetição do artigo 356, de modo que sua interpretação não pode ser canhestra. O artigo 356 está afeto ao julgamento antecipado parcial do mérito, não guardando proximidade ao juízo de admissibilidade negativo da inicial (parcial ou total). Numa primeira análise, tampouco nos parece que a incidência mais larga do artigo 354 alcance o agravo contra a decisão parcial.[404] O artigo 354, parágrafo único, está referido aos pronunciamentos de mérito diversos do acolhimento ou rejeição do pedido (art. 487, I), mas também alcança as decisões do artigo 485 (pronunciamentos sem resolução do mérito), dês que, em todos os casos, as decisões sejam parciais.[405] Logo, diante do indeferimento parcial da inicial, seria cabível o agravo por instrumento; havendo litispendência parcial ou coisa julgada de apenas uma das pretensões, a decisão também seria sindicável pelo agravo; o mesmo sucederia se, em face do óbito, um dos direitos deduzidos fosse considerado intransmissível.[406] Conquanto a temática careça de mais reflexões/aprofundamentos, à primeira vista, não nos parece que isso leve a uma desnaturação da sistemática recursal entabulada pelo NCPC.

▶ **NCPC. Art. 354. Parágrafo único.** A decisão a que se refere o caput pode dizer respeito a apenas parcela do processo, caso em que será impugnável por agravo de instrumento.

403. No ponto, indispensável a leitura dos comentários de Roberto Campos Gouveia Filho ao art. 203 do NCPC. Há um trecho, contudo, cuja colação é imperiosa: " (...). É possível dizer que a grande preocupação de tentar precisar, ao máximo, a definição legal de sentença... foi a de tentar racionalizar o sistema de cabimento dos recursos, isso por uma certa incompatibilidade do procedimento da apelação com as chamas sentenças parciais. Melhor seria pontuar especificamente o recurso cabível contra determinado tipo decisional, e não, em uma subversão lógica, moldar as decisões pelo recurso cabível". cf. GOUVEIA FILHO, Roberto Campos. *Código de Processo Civil comentado.* CÂMARA, Helder M. (Coord.). *Código de Processo Civil comentado.* São Paulo: Almedina, 2016. p. 337-340.

404. Marcelo Navarro Ribeiro Dantas, por exemplo, cita o julgamento fracionado do mérito como uma situação alcançada pelo parágrafo único do art. 354. 26. Correspondência com o anterior CPC e novidades da nova regulação. *In*: WAMBIER, Teresa A. *et al.* (Coord.). *Breves comentários ao novo Código de Processo Civil* São Paulo: RT, 2015. p. 954. Sem embargo, a nós parece que a supressão ao inciso I do art. 487 no caput do art. 354 atendeu a um apelo de coerência sistêmica.

405. E não tenham o condão de encerrar o procedimento ou o módulo cognitivo. Em sentido semelhante: MOURÃO, Luiz Eduardo R. *In*: CÂMARA, Helder M. (Coord.). *Código de Processo Civil comentado.* São Paulo: Almedina, 2016. p. 530.

406. Em todos esses casos, por óbvio, sem ignorar a singularidade/unirrecorribilidade recursal.

Enunciado 297. O juiz que promove julgamento antecipado do mérito por desnecessidade de outras provas não pode proferir sentença fundamentada em não atendimento ao ônus probatório.

● *Grupo: Petição inicial, resposta do réu e saneamento.* ● *Referência: art. 355.*

▸ *Mateus Costa Pereira*

O julgamento antecipado do mérito (parcial ou total) tem por pressuposto básico a desnecessidade de produção de outros meios de prova – segundo Calmon de Passos, também a impossibilidade.[407] É espécie de julgamento conforme o estado do processo, com enfrentamento do mérito, calcado na suficiência dos elementos probatórios constantes dos autos. Enquanto uma técnica de "abreviamento" do procedimento – estando no imaginário coletivo que o caminho natural do procedimento também seria palmilhar a fase destinada à produção das provas[408] –, é hipótese em que, via de regra, a decisão estará embasada em documentos carreados aos autos pela inicial e/ou pela contestação (art. 434, CPC). Com o cuidado em não se ignorar a possibilidade de ter havido produção antecipada (arts. 381/383), juntada de parecer técnico ou confecção de ata notarial, as quais também poderão concorrer à resolução dita antecipada.

Pois bem, o Enunciado 297 em análise traduz regra básica de boa-fé objetiva, extraível do texto do artigo 5º do NCPC. A boa-fé objetiva, não custa mencionar, alcança todos aqueles que participam do processo, e não apenas os sujeitos parciais. Os consectários da boa-fé objetiva, pois, também norteiam a atividade do órgão jurisdicional, se é que não é necessário reconhecer que essa é a sua incidência "principal", assumindo-se que o processo seja uma "instituição de garantia".[409] E não poderia ser diferente.

Da boa-fé objetiva é possível extrair algumas regras de conduta; não havendo espaço para analisá-las em seus pormenores, foquemos na proibição ao comportamento contraditório. Dentro ou fora do processo, o dever de coerência é um consectário da boa-fé objetiva, nomeadamente, do *nemo potest venire contra factum proprium* (ninguém pode antagonizar comportamento próprio anterior).[410] É nessa proibição que repousa o enunciado do FPPC ora em exame.

---

407. Para o saudoso processualista baiano, diante da revelia e da incidência de seu efeito material, o demandado restaria impossibilitado de produzir provas; naturalmente, o que não implica que o pedido do autor será acolhido. De toda sorte, para ele seria possível ao autor protestar pela produção de outras provas. PASSOS, J. J. Calmon de. *Comentários ao Código de Processo Civil*, v. III: arts. 270 a 331. 9. ed. Rio de Janeiro: Forense, 2005. p. 461 e 465-466.

408. DIDIER JR., Fredie. Curso de direito processual civil. 17. ed. Salvador: Juspodivm, 2015, v. 1. p. 688-689.

409. Nesse sentido: COSTA, Eduardo J. F. Processo como instituição de garantia. *Revista Consultor Jurídico*. Disponível no site Conjur. Acesso em: 20.nov.2016. COSTA, Eduardo J. F.; PEREIRA, Mateus Costa. Processo não pode sufocar os direitos que nele são discutidos. *Revista Consultor Jurídico*. Disponível no site Conjur. No exterior, ver: NAVARRETE, Antonio María Lorca. *Tratado de derecho procesal civil, parte general: el nuevo proceso civil*. Madrid: Dykinson, 2000. p. 8-42.

410. SCHREIBER, Anderson. A proibição de comportamento contraditório: tutela da confiança e "venire contra factum proprium". 2. ed., Rio de Janeiro: Renovar, 2007. p. 162 e ss.

O principal efeito da proibição ao comportamento contraditório é a inadmissibilidade da conduta posterior. Porém, antes de identificar como se daria a contradição, tendo o enunciado do FPPC como fio condutor, impende analisar pontos correlatos, quais sejam: i) saber se o julgamento antecipado está subordinado a requerimento; ii) refletir o julgamento antecipado no contexto de eventual iniciativa probatória; iii) conciliar o controle jurisdicional da pertinência da prova com a resolução antecipada. Vejamos.

Sobre o primeiro ponto, após as providências preliminares, ou não havendo necessidade delas, o magistrado franqueará a palavra às partes para que[411], querendo, indiquem as provas que pretendam produzir.[412] Nessa oportunidade, nada impede que: a) ambas convirjam quanto à sua dispensa; b) ambas silenciem; c) as duas protestem pela produção de provas; d) apenas uma delas apresente requerimento de provas. Muito bem. Se ambas se manifestarem, expressa ("a") ou tacitamente ("b") pela desnecessidade de dilação probatória e o magistrado rejeitar a pretensão deduzida por ausência de lastro probatório, não há de se falar em contradição; mesmo porque, os comportamentos não poderiam ser atribuídos ao mesmo sujeito. Apenas as situações aventadas em "c" e "d" podem ser alcançadas pelo enunciado interpretativo (nº 297), caso o magistrado, ao tempo em que indefira a produção de provas pelo demandante, rejeite o pedido por insuficiência probatória do fato constitutivo, ou, após indeferir o requerimento de provas aviado pelo demandado, condene-o por falta de provas do fato impeditivo, modificativo ou extintivo do direito do autor. Nessas situações a incoerência do julgador é desvelada por não ter permitido que a parte se desincumbisse do ônus de provar (comportamento 01) e utilizar a mesma regra do ônus como fundamento à prolação da decisão desfavorável (comportamento 02), o que se sujeita à censura por meio da apelação.

Quanto ao segundo ponto, alinhamo-nos aos doutrinadores contrários à iniciativa probatória do magistrado, por entender que a postura ativista repousa em bases filosóficas frágeis, além de carecer de sustentação científica; somente o véu ideológico explica sua sobrevivência no texto do código. Nesse passo, rechaçamos o ativismo judicial porque ele persiste no esquema sujeito-objeto (relação dual de conhecimento); não bastasse isso, ainda hipertrofia os polos dessa suposta relação dual[413], seja alçando o magistrado à condição de um oráculo de verdade (apenas o juiz reuniria

411. Caso haja necessidade, o que se caracteriza pela ausência de manifestação anterior pelo julgamento antecipado ou pela produção de provas.

412. Cabe às partes apresentar requerimento de provas já ao tempo da propositura ou defesa, mas também quando o magistrado, após as providências preliminares ou não havendo necessidade delas, oportunizar-lhes um momento para tanto. Ainda que o código indique a especificação de provas como requisito da inicial (art. 319, VI), preceito que também orienta a defesa, é a partir do comportamento do réu que o autor terá ciência dos pontos de fato carentes de confirmação, assim como o comportamento do autor em "réplica" anunciará ao demandado quais pontos de sua versão reclamam esclarecimento – lembrando que o ônus da impugnação especificada também alcança a atitude do autor diante da defesa. Daí porque, usualmente, as partes serão intimadas para especificar os meios de prova que pretendem se valer após a apresentação de defesa pelo réu, ou após as providências preliminares se houver necessidade delas (arts. 347 e 353).

413. No ensejo, necessário perceber que a hipertrofia pode ser de um, ou mesmo de ambos os polos.

condições e/ou estaria comprometido com os fatos)[414], seja pressupondo o ingresso dos fatos em estado bruto, indene de qualquer interferência/valoração subjetiva, inclusive, do próprio juiz-cientista.[415] Nessa linha, ignorando a intersubjetividade do conhecimento (sujeito-objeto-sujeito), olvida que os fenômenos ocorrem na dimensão da linguagem, condição de possibilidade do conhecimento, de modo que são interpretados e levados ao processo na forma de enunciados.[416]

Adicionalmente, a censura ao ativismo judicial também retira fundamento de estudos de psicologia comportamental cognitiva, os quais, conforme as reflexões de Eduardo Costa, revelam que a tese da iniciativa probatória esbarra na garantia do juiz natural, notadamente, na exigência de *impartialidade* – exigência que se soma à imparcialidade (imparcialidade funcional/objetiva e imparcialidade subjetiva, respectivamente). Vejamos as lições do autor, contextualizadas ao tema em análise[417]:

> Quando o juiz ordena oficiosamente uma prova para afastar seu estado de dúvida, pode ser que: a) já saiba que ela favorecerá o autor; b) já saiba que ela favorecerá o réu; c) não saiba a quem ela favorecerá.
>
> Em (a), verifica-se uma quebra de imparcialidade, porquanto o juiz trabalha para o autor, não se contentando com uma sentença de improcedência por falta de provas. Em (b), também há quebra, já que o juiz auxilia o réu, não se satisfazendo com uma sentença de procedência. Em ambas as situações, o juiz já escolheu seu favorecido, mas não pode beneficiá-lo, pois não encontra respaldo no quadro probatório oferecido pelas partes. Por isso, ele decide abandonar a equidistância e abraçar precipitadamente a causa de uma das partes, coadjuvando-a. Ele sente-se estimulado a complementar as provas para que outro resultado desponte no processo. Enfim, tenta forçar uma vitória que, embora esperada por ele, até então não vingou. Daí por que a assimetria de forças é manifesta. Afinal, uma parte conta consigo e com o juiz; a outra, tão apenas consigo. É indiscutível que todo juiz traz preferências em seu mundo intrapsíquico: no entanto, é inaceitável que a preferência por uma das partes invada o mundo extrapsíquico e se materialize em atos funcionais de privilegiamento. O desejável "juiz neutral" é um o juiz funcionalmente neutro, que não ajuda nem prejudica. Por isso, não basta que ele se imparcial [= imparcialidade psicológica = imparcialidade subjetiva = imparcialidade propriamente dita]; é preciso que também seja impartial [= imparcialidade funcional = imparcialidade objetiva = "terceiridade"]. Ou seja, o juiz não deve ter atuação probatória, como se parte fosse. A correlação necessária entre imparcialidade e impartialidade é indisfarçável, pois.

---

414. Nesse sentido, a despeito da seriedade do autor, consultar a obra de Michele Taruffo. Por todas, ver: Uma simples verdade: o juiz e a construção dos fatos. São Paulo: Marcial Pons, 2012. Em tom de censura à posição de Taruffo, entre outros trabalhos citados ao longo do texto, ver: SILVA, Beclaute Oliveira. "Verdade como objeto do negócio jurídico processual". *In*: MACÊDO, Lucas Buril de. *et al.* (Coords.). *Provas*. 2. ed. Salvador: Juspodivm, 2016.
415. Na lapidar observação de Araken de Assis: " (...). A reconstrução do que ocorreu assume, a rigor, caráter probabilístico". Processo civil brasileiro: parte geral; institutos fundamentais. São Paulo: RT, 2015, v. 2, t. II. p. 64.
416. Sobre o tema, ver DELFINO, Lúcio; LOPES, Ziel Ferreira. "Streck, Fonseca Costa, Kahneman e Tversky: todos contra o ativismo judicial probatório de Michele Taruffo". *Revista de Processo*, São Paulo, v. 255, abr./2016.
417. COSTA, Eduardo J. F. "Algumas considerações sobre as iniciativas judiciais probatórias". *Revista Brasileira de Direito Processual.* Belo Horizonte, Ano 23, n. 90. p. 153-173, abr./jun. 2015.

Ademais, insistindo nas palavras de Eduardo Costa, ainda que o juiz não consiga antever se a prova determinada de ofício, necessariamente, beneficiará uma das partes (normalmente, o autor)[418], é plenamente possível identificar quem ele pretendia beneficiar com a sua determinação, circunstância suficiente para caracterizar a quebra da *impartialidade* e, pois, da imparcialidade. Daí porque o argumento da ignorância, transformado em reduto dos ativistas [a hipótese (c) na transcrição acima], tampouco resiste a um crivo macroscópico, inexistindo poderes instrutórios "bacteriologicamente assépticos".[419] Sobre o tema, estudos que remontam a artigo publicado em 1974, por Amos Tversky e Daniel Kahneman, difundido e aprofundado entre nós por Eduardo Costa, vêm denunciando as inconscientes propensões cognitivas do julgador (leia-se, ser humano), conducentes à prolação de decisões ideologicamente enviesadas.[420] Forte nesse motivo, Costa sustenta que, por malferir a imparcialidade judicial reclamada pelo devido processo legal procedimental (art. 5º, LIV, CF), a prova de ofício é nula.

Pelas razões expostas acima, e enxergando o *processo* como uma garantia ("o garantismo é *processual* e o ativismo é *judicial*")[421], a produção de provas deve ser compreendida na dimensão do contraditório: são as partes que, aficionadas com o resultado da causa, têm interesse em demonstrar/convencer da procedência de suas alegações, não cabendo ao julgador se imiscuir em terreno que não lhe é próprio[422]; há, como bem pontuado pela doutrina, uma clara partição de funções, sendo as partes destinatárias do ônus de provar (autorresponsabilidade probatória), não se admitindo a figura de um juiz contraditor, agora na censura de Lúcio Delfino e

---

418. Lúcio Delfino e Ziel Ferreira Lopes também citam a possibilidade do réu ser beneficiado, casos em que, em segundo eles, a iniciativa judicial probatória funcionará em prol da improcedência. Para eles, isso ocorreria em duas situações: i) quando o réu confirma fato constitutivo do direito do autor, porém alega fato impeditivo, modificativo ou extintivo; e ii) na inversão do ônus da prova, quando a prova do fato constitutivo do direito do autor é transferida para o réu. DELFINO, Lúcio; LOPES, Ziel Ferreira. Streck, Fonseca Costa, Kahneman e Tversky: todos contra o ativismo judicial probatório de Michele Taruffo. *Revista de Processo*, São Paulo, v. 255, abr. 2016.

419. COSTA, Eduardo J. F. "Algumas considerações sobre as iniciativas judiciais probatórias, *Revista Brasileira de Direito Processual*, Belo Horizonte, Ano 23, n. 90. p. 153-173, abr/jun. 2015.

420. *Idem*: "Daí já se percebe que a suspeição não é um problema técnico-legislativo ou puramente dogmático-processual, mas *psicológico-cognitivo* e *filosófico*. Não cabe à ciência jurídica explicar, por meio de simples cálculo de princípios e regras, o grau de comprometimento da imparcialidade judicial pelas iniciativas probatórias oficiais. A dogmática, porque lida com textos de direito positivo, não detém o aporte metodológico adequado para abordar a questão. A psique dos juízes não é a 'região ôntica' própria da dogmática jurídica; enfim, não é a CF, o CPC e as leis processuais extravagantes que responderão se a capacidade de discernimento decisório dos juízes fica total ou parcialmente afetada quando ele ordena provas sem requerimento das partes. Em meio aos ativistas, talvez Michele Taruffo seja o único que se debruça sobre esses problemas, embora sob enfoque mais epistemológico e menos psíquico-cognitivo".

421. COSTA, Eduardo J. F. Algumas considerações sobre as iniciativas judiciais probatórias, *Revista Brasileira de Direito Processual*, Belo Horizonte, Ano 23, n. 90. p. 153-173, abr/jun. 2015.

422. Nesse sentido: SOUSA, Diego Crevelin de. Segurando o juiz contraditor pela impartialidade: de como a ordenação de provas de ofício é incompatível com as funções judicantes (trabalho ainda inédito, já aprovado para publicação na Revista Brasileira de Direito Processual, gentilmente cedido pelo autor).

Fernando Rossi.[423] A despeito das incoerências do texto codificado[424], é importante ter em mente que o contraditório – redimensionado pelo NCPC – não se coaduna com as iniciativas probatórias do julgador[425], não se tolerando (constitucionalmente) a figura do "juiz contraditor".

A assunção de poderes instrutórios recai em questões mais sensíveis, mas que persistem obnubiladas pela instrumentalidade.[426] Nesse sentido, há um lugar-comum no discurso instrumentalista ao entrelaçar a busca da verdade como pressuposto à concretização da justiça[427], o que costuma ser exposto como uma obviedade (algo do tipo, a jurisdição tem por objetivo a justa composição da lide ou a realização da justiça...), mas que passa ao largo de construções/problematizações filosóficas seculares; outrossim, alimentam a ingênua crença de que os magistrados seriam seres humanos – processualmente – privilegiados à descoberta da verdade.[428] Ao fim e ao cabo, parece que ainda estamos presos a uma visão maniqueísta de mundo, em que o código binário lícito/ilícito utilizado pelo Direito e pelo processo, pode/deve ceder espaço ao bom/mau, belo/feio, verdade/mentira etc., conforme a valoração do julgador. Saímos

423. Sobre o tema, ver o importante trabalho de Lúcio Delfino e Fernando Rossi, do qual ora reproduzimos uma das conclusões, o qual explica a sugestiva expressão (juiz contraditor), ao mesmo tempo em que censuram o entendimento doutrinário que sustenta a paridade no diálogo dentre juiz e partes: "O contraditório traduz-se em direito fundamental e, deste modo, sua observância (= dever de cumprimento, de respeito) cumpre ao juiz, que representa o Estado no âmbito do processo judicial. Atribuir ao julgador a qualidade de contraditor significaria o esvaziamento da importância desse direito fundamental, especialmente naquilo que diz respeito à sua esfera protetiva, destinada a resguardar as partes contra os efeitos deletérios oriundos de eventuais arbítrios judiciais". DELFINO, Lúcio; ROSSI, Fernando F. Juiz contraditor? *Revista Brasileira de Direito Processual*, Belo Horizonte, ano 21, n. 82. p. 229-254, abr./jun. 2013.

424. Nesse sentido, cf.: SOUSA, Diego Crevelin de. Segurando o juiz contraditor pela impartialidade: de como a ordenação de provas de ofício é incompatível com as funções judicantes. Trabalho ainda inédito, aprovado para publicação na Revista Brasileira de Direito Processual, e gentilmente cedido pelo autor.

425. Para uma crítica aos poderes instrutórios, além dos trabalhos já citados, ver: RAMOS, Glauco Gumerato. Expectativas em torno do Novo CPC. Entre o ativismo judicial e o garantismo processual. *Revista Brasileira de Direito Processual*, Belo Horizonte, ano 23, n. 90. p. 213-225, abr/jun. 2015.

426. Para uma crítica ao instrumentalismo e aos propalados escopos metajurídicos da jurisdição, ver: DIAS, Ronaldo B. C.; FIORATTO, Débora Carvalho. "A conexão entre os princípios do contraditório e da fundamentação das decisões na construção do Estado Democrático de Direito". *Revisa Eletrônica do Curso de Direito* (PUC-Minas Serro), Belo Horizonte, n. 1, 2010. Secundando o mesmo entendimento, cf. o ótimo ensaio de DEL NEGRI, André. Processo e decisão jurídica. *Revista Brasileira de Direito Processual*, Belo Horizonte, ano 21, n. 84, out/dez. 2013. Ainda em linha crítica, ver: LEAL, André Cordeiro. O contraditório e a fundamentação das decisões jurisdicionais. Belo Horizonte: Mandamentos, 2002. p. 101 e ss.; SCHMITZ, Leonard Ziesemer. Fundamentação das decisões judiciais: a crise na construção de respostas no processo civil. São Paulo: RT, 2015. p. 188-189; MAGALHÃES, Joseli Lima. Técnica normativa estrutural das decisões jurisdicionais no Estado Democrático de Direito. Revista Brasileira de Direito Processual, Belo Horizonte, ano 18, n. 71, jul./set. 2010.

427. Sobre a busca da verdade, dentre outros trabalhos citados ao longo do presente, ver a crítica de: SCHMITZ, Leonard Ziesemer. "Entre produzir provas e confirmar hipóteses: o risco do argumento da 'busca da verdade real' na instrução e fundamentação das decisões". *Revista de Processo*, São Paulo, v. 250. p. 91-117, dez. 2015.

428. Sobre o tema, indispensável a leitura de: STRECK, Lenio. *O que é isto: decido conforme minha consciência?* Porto Alegre: Livraria do Advogado, 2010.

do dogma da onipotência do legislador e, não percebemos, caímos no dogma da onipotência do magistrado. No ensejo, há quem defenda a iniciativa probatória enquanto um poder-dever do magistrado[429], o que (re)cai em outros problemas.[430]

Decerto que nenhum dos pontos acima colocados busca diminuir a importância da função judicante. Ao revés, considerando o magistrado um ser humano como qualquer outro, e o processo como uma garantia/limitação ao exercício da jurisdição, tencionamos situar o problema em questões mais latentes e relevantes: os direitos e garantias constitucionais do jurisdicionado, com destaque, momentaneamente, ao juiz natural (imparcialidade/impartialidade) e ao contraditório. Logo, regressando ao tema de análise, inexiste contradição se o julgamento antecipado, nos moldes já referidos, não for precedido da determinação oficiosa de provas, visto que cabe às partes avaliar sua pertinência.[431]

Por último, não menos sensível é a questão do controle jurisdicional da admissibilidade da prova (ponto iii). Malgrado as partes tenham direito a um processo sem dilações indevidas, o que, decerto, também alcança a realização de diligências inúteis, o controle desempenhado pelo juiz não pode prejudicar o exercício do contraditório ou mesmo levar ao cerceamento de defesa. Não havendo uma equação para resolver a matéria, entendemos que, na dúvida, a questão deva ser resolvida em resguardo do direito subjetivo à prova (dimensão do contraditório). Desta feita, havendo dúvida sobre o deferimento de uma prova ou a realização do julgamento antecipado, entende-se que a balança se inclinará para favorecer a atividade das partes[432]; longe de ser uma opção ideológica, o exercício do contraditório, materialmente redimensionado, assim o determina.

► **NCPC. Art. 355.** O juiz julgará antecipadamente o pedido, proferindo sentença com resolução de mérito, quando: I – não houver necessidade de produção de outras provas; II – o réu for revel, ocorrer o efeito previsto no art. 344 e não houver requerimento de prova, na forma do art. 349.

---

429. É o caso de SOUZA, Miguel Teixeira. "Omissão do dever de cooperação do tribunal: que consequências?" Disponível no site Academia. Acesso em: 20.abr.2016.

430. "Alguns processualistas civis, levando a necessidade de 'verdade real' às últimas consequências, entendem que os poderes instrutórios do juiz são um 'poder-dever'. No entanto, quando se entende que o exercício desses poderes é obrigatório, criam-se duas situações indesejadas: i) faz-se tábua rasa do sistema de autorresponsabilidade probatória das partes (o que fere o art. 333 do CPC [art. 373 do NCPC]); ii) faz-se regra da parcialidade judicial (o que fere o art. 5º, LIV, CF). É importante registrar que um dos sonhos da Processualística vanguardista tem sido exatamente casar esse *hiperativismo* de juízes com um *cooperativismo* de partes. Somente a chamada 'pós-modernidade' é capaz de engendrar uma excentricidade como esta: um processo de 'juiz *parcial*' e 'partes *imparciais*'. Uma verdadeira *triade de fous*". COSTA, Eduardo J. F. Algumas considerações sobre as iniciativas judiciais probatórias, Revista Brasileira de Direito Processual, Belo Horizonte, Ano 23, n. 90. p. 153-173, abr/jun. 2015.

431. Em sentido contrário, vislumbrando a possibilidade de o magistrado manifestar a intenção de julgar antecipada, mas, para tanto, exigindo a intimação prévia das partes: DIDIER JR., Fredie. *Curso de direito processual civil.* 17. ed. Salvador: Juspodivm, 2015, v. 1. p. 689.

432. No mesmo sentido: FERREIRA, Willian S. "Regra: deferimento de prova. Exceção: indeferimento, mediante decisão fundamentada". WAMBIER, Teresa A. *et al.* (Coords.). *Breves comentários ao novo Código de Processo Civil.* São Paulo: RT, 2015. p. 997-998.

Enunciado 298. A audiência de saneamento e organização do processo em cooperação com as partes poderá ocorrer independentemente de a causa ser complexa.

● *Grupo: Petição inicial, resposta do réu e saneamento.* ● *Referência: art. 357, § 3º.*

▸ *Mateus Costa Pereira*

O parágrafo 3º do artigo 357 suscita uma importante questão: o que se entende por causa complexa? Parece-nos que o ponto é central na reflexão do tema e, pois, à interpretação vertida no enunciado. Sem que determinemos ou tenhamos uma noção aproximada do que seja complexidade para os fins normativos, não será possível às partes antever a aplicação do referido dispositivo, tampouco ao magistrado fundamentar a designação da audiência como este propósito. Sob essa perspectiva, a questão está longe de ser meramente cerebrina ou academicismo. Nada obstante, a preocupação não é comungada por outros autores[433].

Ao disciplinar o saneamento e a organização do processo, o CPC faz menção a três possíveis caminhos ou formas à sua realização, espelhados em seus três primeiros parágrafos: i) prolação de uma decisão de saneamento pelo magistrado, independente de audiência, a partir da qual as partes seriam intimadas para pedir esclarecimentos ou solicitar ajustes, no prazo comum de cinco dias; ii) a elaboração do saneamento pelas partes, hipótese típica de negócio processual, com a peculiaridade da lei exigir a homologação do juiz, o que deve ser entendido como condição de eficácia[434]; iii) havendo *complexidade*, a designação de audiência à realização do saneamento em "cooperação" com as partes, oportunidade em que os sujeitos parciais, acaso "convidados" pelo juiz, também poderão integrar ou esclarecer suas alegações. Pois bem.

Sem desvelar a si mesma, a existência da propalada *complexidade* ensejará a realização de audiência. Sem incorrer em uma exegese literal, tampouco no engodo da *mens legislatoris*, não deixemos de notar quão curiosos são alguns dos termos presentes no texto normativo. Além da mencionada *complexidade*, carente de um esforço hermenêutico, observemos que a decantada *cooperação* somente foi lembrada quando o saneamento e a organização do processo ocorrerem em audiência (um "saneamento cooperativo"). Aos entusiastas do tema – não é o nosso caso[435]–, soa pouco crível que a cooperação somente esteja referida no último caso, pelo motivo das partes

433. DIDIER JR. Fredie. *Curso de direito processual civil.* 17. ed. Salvador: Juspodivm, 2015, v. 1. p. 693-694; MARINONI, Luiz G.; ARENHART, Sérgio Cruz; MITIDIERO, Daniel. *Novo Código de Processo Civil comentado.* São Paulo: RT, 2015. p. 381-384; FERNANDES, Luís Eduardo Simardi. "Saneamento e organização do processo". *In*: WAMBIER, Teresa A. *et al.* (Coords.). *Breves comentários ao novo Código de Processo Civil.* São Paulo: RT, 2015. p. 970; NERY JR., Nelson; NERY, Rosa Maria de Andrade. *Comentários ao Código de Processo Civil.* São Paulo: RT, 2015. p. 973.

434. É importante pontuar, na esteira de Antonio do Passo Cabral, que a exigência de homologação ocorre em poucos casos determinados pela lei; outrossim, que diz respeito à eficácia do negócio, e não à sua existência ou à sua validade. Convenções processuais. Salvador: Juspodivm, 2016. p. 234.

435. Sobre o tema, ver o importante ensaio de Lúcio Delfino, o qual retratou, como poucos, as principais objeções à cooperação. Cooperação processual: inconstitucionalidades e excessos argumentativos – trafegando na contramão da doutrina. Revista Brasileira de Direito Processual, Belo Horizonte, ano 24, n. 93. p. 149-168, jan/mar. 2016.

se fazerem presentes diante do togado.[436] Mas paremos por aqui, pois não queremos que o leitor desavisado levante falsas acusações; eventualmente, associando esta brevíssima crítica a uma determinada corrente de pensamento jurídico engendrada no limiar do séc. XIX.

(In)felizmente, o texto do código não fornece indícios do que se entende por causa complexa. Senão, vejamos. Não é suficiente entender como complexas qualquer causa em tramitação na justiça comum – a *contrario sensu* das causas de competência dos juizados, cuja competência é orientada pela "simplicidade" –, pois a conclusão não auxiliaria na determinação da hipótese de saneamento em comento. Tampouco é possível rotular de complexa a causa que inviabilize o julgamento antecipado, pois que, neste caso, quiçá as medidas necessárias ao saneamento retirassem fundamento do artigo 352, e não do artigo 357. Por outro lado, costuma-se empregar o rótulo em questão às causas que inviabilizam os debates orais e a prolação da decisão na própria audiência de instrução (art. 364, § 2º), mas o futuro (instrução e julgamento) não se prestaria a explicar o passado (saneamento e organização cooperativos). Também não é possível atrelar a complexidade à necessidade de provas científicas, pois que a própria perícia é reputada complexa quando abarca mais de uma área do conhecimento (art. 475) – salvo se trabalharmos com complexidades em graus ou escala (causa complexa = necessidade de perícia; perícia complexa = causa complexa em que a perícia envolva mais de uma área do conhecimento). Lembrando que o código prevê a chamada prova técnica simplificada, consistente na oitiva de um experto ("expert witness")[437], independente da elaboração de um laudo (art. 464, § 2º, CPC).

É de se observar que o termo (complexidade) também é utilizado em outras passagens do código, mas com a mesma vagueza: art. 218, § 1º; art. 357, § 7º; art. 437, § 2º; e art. 464, § 2º. Insistimos: não se trata de questão meramente teórica, pois a dúvida diz respeito à compreensão da hipótese de incidência do preceito.

Não se visualizando espaço à reflexão filosófica – como se a complexidade estivesse associada aos estudos de epistemologia de Bachelard, Morin e outros, por exemplo –, tudo leva a crer que a complexidade tenha sido empregada como se fosse um termo autoexplicativo; uma espécie de sofisma, infensa à discussão. Conseguintemente, a simples alusão à *complexidade* seria suficiente aos propósitos pretendidos, leia-se, de realização da audiência; ao fim e ao cabo, funcionaria como um véu para mascarar opções momentâneas ou preferências pessoais do magistrado.[438]

---

436. Segundo Nelson Nery Jr. e Rosa Maria de Andrade Nery (*Comentários ao Código de Processo Civil.* São Paulo: RT, 2015. p. 973, item 12), a menção a um saneamento cooperativo se justificaria diante da complexidade da causa, o que não supõe inexistir cooperação nas demais hipóteses. A interpretação dos autores é mais que razoável. Nossa ideia, contudo, não é enveredar pela discussão da cooperação, senão refletir o eventual emprego de termos inúteis pelo legislador, a contrariar conhecida regra de interpretação.

437. Sobre o tema, ver: TARUFFO, Michele. *A prova.* São Paulo: Marcial Pons, 2014. p. 89 e ss.

438. Sem refletir o termo na mesma perspectiva, Cassio Scarpinella Bueno entende que a complexidade estaria sujeita à variação de acordo com os olhos do observador. *In*: CABRAL, Antonio P.; CRAMER, Ronaldo. (Coords.). *Comentários ao novo Código de Processo Civil.* Rio de Janeiro: Forense, 2015. p. 1121.

Destarte, aos magistrados que já eram entusiastas da audiência do artigo 331, CPC/73, seria possível continuar designando audiência a fim de, velando pela imediatidade, ter contato direto com as partes; eventualmente, buscar a conciliação, a despeito dessa função já não ser acometida ao julgador (aquele que julga...), tal e qual o artigo 166, *caput*, deixa evidenciado.[439] A seu turno, os magistrados que já eram contrários à audiência preliminar terão uma válvula permanente no § 1º, sequer sendo preciso justificar a não designação da audiência, pois a prolação da decisão de saneamento, ainda que proveniente de esforço "hercúleo", "denotaria" a ausência de complexidade na causa. Nessa perspectiva, o termo somente se presta (ria) a encobrir voluntarismos.

Em par dessas considerações, salvante se assumirmos que o Enunciado (re)caiu nos mesmos problemas encimados, não vislumbramos relevância no seu conteúdo. Uma tentativa de preservá-lo, contudo, seria atrelar a complexidade à necessidade de prova pericial, o que incorre nos problemas já apontados.[440]

► **NCPC. Art. 357. § 3º** Se a causa apresentar complexidade em matéria de fato ou de direito, deverá o juiz designar audiência para que o saneamento seja feito em cooperação com as partes, oportunidade em que o juiz, se for o caso, convidará as partes a integrar ou esclarecer suas alegações.

Enunciado 299. O juiz pode designar audiência também (ou só) com objetivo de ajustar com as partes a fixação de calendário para fase de instrução e decisão.

● *Grupo: Petição inicial, resposta do réu e saneamento.* ● *Referência: arts. 357, § 3º, e 191.*

► ***Mateus Costa Pereira***

De início, é importante esclarecer que o *acordo de procedimento* não se confunde à *calendarização processual*; enquanto o primeiro é um acordo sobre o procedimento ("negócio jurídico constitutivo de um formato procedimental"), consistente na instituição de um rito não previsto em lei, ou na conformação de um procedimento já existente às circunstâncias do caso, o segundo, calendarização, poderá ocorrer enquanto *pacto adjeto* a um acordo de procedimento (acordo de procedimento com calendarização processual), mas também poderá ter existência autônoma (simples calendarização de um procedimento já existente). Em outras palavras, insistindo nas lições de Eduardo Costa, o ordenamento processual permite: i) *calendarização com flexibilização procedimental*, o que expressa o princípio da tutela jurisdicional diferenciada; e, ii) *calendarização sem flexibilização procedimental*, quando as partes apenas fixam datas limites à realização dos atos processuais, perspectivando-os em um cronograma preestabelecido.[441] Conquanto não seja possível baralhar as figuras, ambas cons-

---

439. Sobre o tema, ver nossos comentários: PEREIRA, Mateus Costa. *In*: CÂMARA, Helder M. (Coord.). *Código de Processo Civil comentado.* São Paulo: Almedina, 2016. p. 215-217, item 9.

440. E se esse fosse o caminho eleito, melhor seria se, por exemplo, a designação do saneamento/organização do processo estivesse vinculada à realização da perícia.

441. COSTA, Eduardo J. F. "Calendarização processual". *In*: CABRAL, Antonio P. e NOGUEIRA, Pedro Henrique. (Coords.). *Negócios processuais.* Salvador: Juspodivm, 2015. p. 360.

tituem manifestações do autorregramento da vontade. No ensejo, a calendarização guardaria uma peculiaridade não compartilhada pelo acordo de procedimento, a saber: a necessidade de homologação do juízo enquanto "elemento integrativo de eficácia do negócio"[442]; condição de eficácia, e não à sua validade ou existência[443].

Questão sensível é saber se, além das partes, também o magistrado restaria vinculado à observância do calendário – como sói, a conclusão refletirá as premissas doutrinárias encampadas, não se resolvendo em pura interpretação literal do artigo 191, § 1º. Para Eduardo Costa, por exemplo, partindo da premissa de que os prazos legais dos pronunciamentos judiciais são impróprios, entende que não perderiam essa característica quando estipulados pelas partes; para o referido autor somente o descumprimento que descambe no irrazoável poderia ensejar alguma sanção correicional.[444] Por outro lado, é possível considerar que a data limite ao pronunciamento seja estabelecida pelo próprio julgador; nesse caso, assumindo que o juiz figure como *codeclarante* no calendário, vale dizer, como partícipe do negócio processual.[445] Sem embargo, há questões objetivas que, independente da corrente filiada, justificariam

---

442. *Ibidem, p.* 361.

443. Conforme nota de rodapé, na calendarização o magistrado também poderá ser exercer o papel de codeclarante, não apenas funcionando como autoridade competente ao exercício da atividade integrativa; é o que se extrai do art. 191, CPC. Todavia, com fulcro no art. 190, não vislumbramos óbice para a calendarização envolver apenas as partes, hipótese em que o juiz não seria codeclarante. Sobre o tema, mas sem aventar a última hipótese como exemplo de calendarização, ver: ATAÍDE JÚNIOR, Jaldemiro Rodrigues de. *et al.* No acordo de procedimento qual é o papel do Juiz (codeclarante, mero homologador ou outro)? *Revista Brasileira de Direito Processual*, Belo Horizonte, ano 23, n. 91, jul/set. 2015.

444. *Ibidem*, p. 361.

445. Na lição de Jaldemiro Rodrigues de Ataíde Jr., o papel do juiz poderá ser o de a) apenas aplicador da norma; b) autoridade competente ao exercício da atividade integrativa; ou, c) codeclarante ou parte do negócio. Recorrendo às palavras do autor: "Destarte, quanto aos variados papéis que o juiz pode assumir diante de um negócio jurídico processual, pode-se inferir que: (i) em qualquer negócio jurídico processual, o juiz será, no mínimo, o aplicador da norma construída a partir da convenção e, como tal, deverá apreciar a validade do negócio jurídico processual, antes de aplicá-lo como norma de estrutura; para além desse papel de aplicador da norma construída a partir do negócio jurídico processual, (ii) o juiz pode exercer a função de autoridade competente para exercício da atividade integrativa (no mais das vezes, autoridade homologadora), naqueles casos em que a lei exige ato integrativo para que o negócio jurídico surta seus efeitos jurídicos próprios (*v.g.*, homologação da desistência pelo juiz) e, por fim, (iii) o juiz será codeclarante ou mesmo parte de um negócio jurídico plurilateral, o que ocorre quando ele tem sua esfera jurídica diretamente afetada, seja por que o negócio jurídico processual cria-lhe obrigação ou por que restringe os seus poderes-deveres, *v.g.*, (iii.i) a convenção sobre a calendarização do processo (art. 191, §§ 1º e 2º, CPC/2015) e, (iii.ii) a organização negociada do processo (art. 357, § 2º, CPC/2015)". ATAÍDE JÚNIOR, Jaldemiro Rodrigues de *et al.* No acordo de procedimento qual é o papel do Juiz (codeclarante, mero homologador ou outro)?. Revista Brasileira de Direito Processual – RBDPro, Belo Horizonte, ano 23, n. 91, jul/set. 2015. Em uníssono, em posição externada no artigo acima, colhe-se a posição de Newton Pereira Ramos Neto: "Todavia, há casos em que o juiz é parte integrante do próprio acordo – que, no caso, será de cunho plurilateral –, haja vista que, exatamente por afetarem o exercício da atividade jurisdicional, certas medidas pressupõem a aquiescência do Estado-juiz. É o que ocorre, a título de ilustração, na fixação do calendário para a prática de atos processuais (art. 191, NCPC). O juiz aqui é parte integrante do ajuste, de modo que sua atividade se insere no plano da própria existência do acordo".

o eventual descumprimento do prazo pelo juiz, tais como: convocação pelo tribunal, acúmulo de varas, suspensão do procedimento etc.; situações que constituem causas resolutivas do calendário.[446]

A calendarização poderá ter por objeto todo o procedimento ou apenas uma fase dele; outrossim, inexiste um momento determinado à sua celebração podendo, inclusive, ser anterior à própria demanda.[447] Daí porque o enunciado do FPPC se refere à possibilidade de fixação de calendário à instrução e decisão. Tendo em mente que a audiência do artigo 357, § 3º é anteposta à fase de instrução probatória, as partes poderão estipular um cronograma à realização de uma perícia, por exemplo, estabelecendo, conforme pontuado por Pedro Nogueira, prazo à apresentação de quesitos, entrega do laudo, protocolo de manifestações, depósito dos honorários periciais etc.[448]

Em arremate, a calendarização processual abrevia o trabalho da secretaria do juízo, na medida em que a abertura de prazos e a comunicação dos atos processuais se tornarão desnecessárias; a fixação de um cronograma à prática de atos é suficiente para que as partes sejam consideradas intimadas, tomando ciência antecipada, de todos os atos calendarizados. Não se cogitando de quebra de imparcialidade, não há problema de o próprio magistrado instar as partes ao calendário; por óbvio, nenhuma delas poderá ser compelida a tanto, uma vez que se está palmilhando terreno em que a lei pressupõe a livre manifestação da vontade.

► **NCPC. Art. 191.** De comum acordo, o juiz e as partes podem fixar calendário para a prática dos atos processuais, quando for o caso. ► **Art. 357. § 3º** Se a causa apresentar complexidade em matéria de fato ou de direito, deverá o juiz designar audiência para que o saneamento seja feito em cooperação com as partes, oportunidade em que o juiz, se for o caso, convidará as partes a integrar ou esclarecer suas alegações.

Enunciado 300. O juiz poderá ampliar ou restringir o número de testemunhas a depender da complexidade da causa e dos fatos individualmente considerados.

● *Grupo: Petição inicial, resposta do réu e saneamento.* ● *Referência: arts. 357, § 7º.*

▸ ***Mateus Costa Pereira***

O artigo 357, § 6º do NCPC segue a linha das codificações brasileiras, recepcionando o mesmo – e já discutível – critério matemático existente ao tempo do CPC/73 e do CPC/39; nessa linha, manteve o teto de testemunhas em dez, divididas em, no máximo, três à confirmação de cada enunciado de fato.[449] Comentando o artigo 407,

446. Também falando na vinculação do juiz: NOGUEIRA, Pedro Henrique. *Negócios jurídicos processuais.* 2. ed. Salvador: Juspodivm, 2016. p. 245.

447. COSTA, Eduardo J. F. “Momento adequado para calendarizar”. *In*: CÂMARA, Helder M. (Coord.). *Código de Processo Civil comentado.* São Paulo: Almedina, 2016. p. 320.

448. NOGUEIRA, Pedro Henrique. *Negócios jurídicos processuais.* 2. ed. Salvador: Juspodivm, 2016. p. 244.

449. Sobre a limitação em três testemunhas para “cada fato”, Amaral Santos dizia, em visão que transcrevemos apenas para fins de ilustração, que: “Com esse dispositivo quer o legislador dizer várias coisas. Visa, primeiro, a autorizar, não exigir, que as partes relacionem as testemunhas já indicando os fatos sobre os quais versará o seu depoimento. Visa, em segundo lugar, a autorizar o juiz, previamente, a

parágrafo único, correlato ao dispositivo vigente, Pestana de Aguiar aduzia que o número limite de dez testemunhas fazia parte da tradição de nosso direito, dado que a variação para mais ou para menos agregaria pouco valor à produção da prova.[450] De fato, o CPC/39 entabulava critério idêntico em seu artigo 237, no que rompia – a observação é de Pontes de Miranda – com o teto de quinze e de vinte testemunhas, a depender do caso, existente ao tempo do "velho processo anterior às legislações estaduais".[451] No tocante às raízes da limitação numérica, segundo Amaral Santos, e apenas a título de curiosidade, seriam encontráveis já no direito romano.[452]

Muito bem. A simples existência de um critério matemático não causa inquietações; mesmo porque, não faria sentido permitir que as partes pudessem arrolar testemunhas em número indefinido, o que, acaso fosse permitido, provavelmente, geraria mais prejuízos a ganhos na atividade processual. Outrossim, concorreria à dilação indevida do procedimento, malferindo a promessa da razoável duração do processo (art. 5º, LXXVIII, CF). A inquietação repousa, sobretudo, em sua perpetuação ao longo do tempo. Conforme é possível delinear com alguma tranquilidade, ao menos desde 1939.

Mais uma vez, no escólio de Moacyr Amaral Santos, a experiência teria demonstrado que o número de dez testemunhas seria suficiente, ainda que para "fatos complexos". No ensejo, o mesmo autor consignava uma única ressalva: para ele, somente seriam computadas as testemunhas cujo depoimento fosse positivo, isto é, as que fornecessem elementos acerca do ocorrido; conseguintemente, qualquer testemunha que declarasse "nada saber", o chamado depoimento negativo, estaria fora do número.[453] Sem entrar na polêmica, muito embora a situação aventada seja mais factível noutra época, é o que pode ocorrer com as testemunhas referidas.[454]

Contudo, o critério matemático não pode ser considerado absoluto; essa é a interpretação consubstanciada no enunciado do FPPC. Da mesma forma que muitas causas sejam abarcáveis pelo artigo 357, § 6º sem que isso represente empeço aos direitos dos envolvidos, decerto que a riqueza da vida nunca será absorvida ("sequestrada") em abstrato, de modo que a multiplicidade de enunciados de fato relevantes (pertinentes e controvertidos) justifique seu afastamento. Por outro lado, soa perigoso trabalhar com um critério apriorístico, limitando não apenas o número total de testemunhas

---

indagar da parte proponente da prova, a matéria sobre a qual deporá a testemunha. Visa, em terceiro lugar, a autorizar o juiz a dispensar as testemunhas que hajam de depor sobre o mesmo fato, quando sobre este já tenham informado três testemunhas". SANTOS, Moacyr Amaral. *Comentários ao Código de Processo Civil.* Rio de Janeiro: Forense, 1976. p. 304.

450. AGUIAR, João Carlos Pestana de. *Comentários ao Código de Processo Civil.* São Paulo: RT, 1974, v. 4. p. 284.

451. MIRANDA, Francisco Cavalcante Pontes de. *Comentários ao Código de Processo Civil.* 2. ed. Rio de Janeiro: Forense, 1958, t. II. p. 390.

452. SANTOS, Moacyr Amaral. *Comentários ao Código de Processo Civil.* Rio de Janeiro: Forense, 1976. p. 304.

453. *Ibidem*, p. 304.

454. Sobre as testemunhas referidas, ver: MARINONI, Luiz G.; ARENHART, Sérgio Cruz. *Prova.* São Paulo: RT, 2009. p. 762.

como, igualmente, estabelecendo quantas poderão responder perguntas sobre "cada fato". Inclusive, essa pretensa unidade ou fracionamento dos acontecimentos (cada fato) é de difícil determinação no caso concreto (da qual o Enunciado não fugiu). Em suma, a situação é complicada sob todos os ângulos, não sendo desejável a aplicação *sic et simpliciter* do critério matemático.

Desta feita, entendemos ser perfeitamente possível o arrolamento em número superior ao teto normativo, cabendo ao interessado motivar a opção; a eventual limitação ou mesmo a diminuição, deverá ocorrer ao tempo da instrução, e não antes. Ao fim e ao cabo, não é o número de testemunhas que determinará se um enunciado de fato se confirmará ou não, pois que, não é desejável resgatar uma espécie de sistema tarifário calcado no número de pessoas que apontam para um lado ou para outro, algo que, em última instância, seria recair em conhecido adágio: *testis unus, testis nullus*. Em definitivo, a questão jamais poderá ser resolvida na frieza da matemática, o que não importa em alvará à prática de abusos. Assim como o requerimento, também o (in)deferimento deverá ser motivado.

▸ **NCPC. Art. 357. § 7º** O juiz poderá limitar o número de testemunhas levando em conta a complexidade da causa e dos fatos individualmente considerados.

Enunciado 427. A proposta de saneamento consensual feita pelas partes pode agregar questões de fato até então não deduzidas.

● *Grupo: Negócios processuais.* ● *Referência: art. 357, § 2º.*

▸ ***Mateus Costa Pereira***

Como referido noutra oportunidade (vide comentários ao Enunciado 298), a proposta de saneamento do artigo 357, § 2º é hipótese de negócio processual típico, para cuja *eficácia* a lei exige a homologação do magistrado.[455] Sobre o tema, forte na lição de Cabral, não é demasiado lembrar que a homologação é condição de eficácia do negócio apenas quando assim for determinado por lei; que no âmbito de seu poder negocial, as partes poderão estabelecer a indispensabilidade da homologação como condição de eficácia do negócio; por último, nada impede que, em alguns casos, a despeito de não ter existido previsão nesse sentido, as partes submetam um acordo válido e eficaz à homologação de um juiz, tal e qual já era previsto pelo artigo 57 da Lei 9.099/95, agora ressoado no artigo 515, III, CPC.[456]

Muito embora os negócios processuais encontrem limites, bem delineados no parágrafo único do artigo 190, inexiste óbice normativo para que as partes, ao tempo em que formulam a proposta de saneamento, agreguem pontos de fato não deduzidos em

455. Sobre o tema, ver o trabalho de Jaldemiro Rodrigues de Ataíde Jr., em que o autor reflete os diferentes papéis assumidos pelo magistrado nos negócios processuais. "O papel do juiz diante dos negócios processuais". Disponível no site Portal Processual. Acesso em: 20.jun.2016.

456. CABRAL, Antonio P. *Convenções processuais*. Salvador: Juspodivm, 2016. p. 232-237.

tempo oportuno (inicial, defesa ou réplica).[457] Ainda que seja situação de difícil ocorrência, deve-se observar que a iniciativa das partes nesse sentido não atentaria contra a estabilização da demanda. No ponto, sabido que, por força de lei, é a decisão de saneamento que fixa o último marco temporal para tanto (art. 329, II). Destarte, se atividade das partes é preparatória ao próprio saneamento, inexiste o apontado óbice temporal.

> ▶ **NCPC. Art. 357. § 2º** As partes podem apresentar ao juiz, para homologação, delimitação consensual das questões de fato e de direito a que se referem os incisos II e IV, a qual, se homologada, vincula as partes e o juiz.

Enunciado 428. A integração e o esclarecimento das alegações nos termos do art. 357, § 3º, não se confundem com o aditamento do ato postulatório previsto no art. 329.

● *Grupo: Petição inicial, resposta do réu e saneamento.* ● *Referência: art. 357, § 3º, 329.*

▶ ***Mateus Costa Pereira***

Integrar e esclarecer não podem ser baralhados a aditar. Assim: quem adita, acresce algo, inova; quem esclarece, limita-se a expor com outras palavras, oxalá, com apuro vernacular suficiente a otimizar a transmissão de ideias; quem integra, contudo, no intuito de completar ou tornar inteiro, também acaba, em certa medida, acrescendo algo, (re)criando.[458]

A interpretação presente no enunciado se presta à orientação dos sujeitos processuais, no sentido de que, malgrado a entrada de elementos novos (aditamento) ainda seja oportuna (art. 329, II), estará subordinada à elaboração conjunta de proposta de saneamento. Sem a convergência de vontades, não será possível alterar o pedido e/ou causa de pedir, hipótese em que, caso "convidada" pelo magistrado, a parte poderá apenas esclarecer ou integrar suas alegações (eventuais acréscimos textuais não se confundem ao aditamento).

No tocante à introdução de novos elementos fático-jurídicos com fundamento no artigo 357, § 2º, ver nossos comentários ao Enunciado 427/FPPC.

> ▶ **NCPC. Art. 329.** O autor poderá: I – até a citação, aditar ou alterar o pedido ou a causa de pedir, independentemente de consentimento do réu; II – até o saneamento do processo, aditar ou alterar o pedido e a causa de pedir, com consentimento do réu, assegurado o contraditório mediante a possibilidade de manifestação deste no prazo mínimo de 15 (quinze) dias, facultado o requerimento de prova suplementar. ▶ **Art. 357. § 3º** Se a causa apresentar complexidade em matéria de fato ou de direito, deverá o juiz designar audiência para que o saneamento seja feito em cooperação com as partes, oportunidade em que o juiz, se for o caso, convidará as partes a integrar ou esclarecer suas alegações.

---

457. No ensejo, para fins de admissibilidade, dispensável que se cogite de fatos novos (desconhecidos ou que, por questões alheias, não puderam ser alegados em tempo oportuno). A possibilidade de encartar novas questões fático-jurídicas não passa pelo filtro de admissibilidade dos chamados "fatos novos".

458. Não por outro motivo, sempre se disse que, ao ensejo dos embargos de declaração aviados sob o argumento de omissão, a decisão seria integrada.

Enunciado 512. A decisão ilíquida referida no § 1º do art. 356 somente é permitida nos casos em que a sentença também puder sê-la.

● *Grupo: Sentença, coisa julgada e ação rescisória.* ● *Referências: art. 356.*

▸ *Mateus Costa Pereira*

O artigo 356 alberga o julgamento antecipado parcial do mérito. Malgrado não seja um instituto desconhecido de nossa doutrina, tendo havido extensas tergiversações acerca da natureza do artigo 273, § 6º, do CPC/73, a divergência somente foi superada com o advento do NCPC; a disciplina avulsa dessa técnica processual de julgamento (art. 356), não baralhada à da tutela provisória (arts. 294 a 311), representou um ponto final às discussões engendradas sob a égide do código revogado.[459]

O julgamento parcial ocorrerá quando o mérito for passível de fracionamento, seja porque a natureza do pedido autoriza esta cisão (ex. dinheiro), seja porque um dos pedidos cumulados ficou incontroverso. No ponto, registramos que a doutrina costuma limitar a resolução parcial à cumulação própria (simples e sucessiva); que o pedido, objeto do julgamento parcial, será enfrentado com ânimo definitivo (art. 356, § 3º), em virtude da dispensa de produção de outras provas (art. 374, III); que, muito embora enfrente o mérito, conforme a sistematização dos pronunciamentos judiciais do NCPC – animada por nítida subversão lógica, importante registrar[460]– a decisão é considerada interlocutória (art. 203, § 2º), desafiando, na mesma linha, o recurso de agravo por instrumento (art. 356, § 5º). Por último, o julgamento parcial de mérito é uma técnica importante para combater a *ordinariedade* do procedimento comum (cf. nossos comentários ao Enunciado 513/FPPC)[461], pois que, além desse procedimento ser moroso e pressupor a igualdade formal dentre as partes, como foi elaborado para ser um arquétipo procedimental (um procedimento padrão, completo), é indiferente/neutro ao direito material (às tutelas do direito); nesse sentido, o julgamento antecipado (parcial ou total) não deixa de ser um meio de adaptação do procedimento às circunstâncias dos autos, rompendo com o que, a depender da perspectiva, pode ser encarado como um conservadorismo imposto pelo rito.

O Enunciado é fruto de uma interpretação sistemática, visando a preservar a coerência da legislação ao alinhar a interpretação/aplicação do artigo 356 a do artigo 491. Destarte, somente nos casos em que o último admite a prolação de decisão com

459. Sobre o tema, ver o nosso trabalho: PEREIRA, Mateus Costa. *et al.* Do julgamento antecipado parcial do mérito: primeira abordagem do tema no novo CPC. *In*: MACÊDO, Lucas Buril de. *et al.* (Orgs.). *Procedimento comum.* 2. ed. Salvador: Juspodivm, 2016. p. 355-366.

460. O alvitre é de Roberto Campos Gouveia Filho, o qual, refletindo a classificação dos pronunciamentos judiciais no novo CPC, observa que a natureza da decisão é determinada pelo recurso cabível; daí a ideia de uma subversão lógica. *In*: CÂMARA, Helder M. (Coord.). *Código de Processo Civil comentado.* São Paulo: Almedina, 2016. p. 337.

461. Conforme explicamos em nossos comentários ao Enunciado 513/FPPC, a ordinariedade (ordinário) do procedimento somente foi retirada do nome, conservando-se, em parte, fiel aos pilares científicos sobre os quais o procedimento comum ordinário havia sido forjado.

obrigação ilíquida, que a resolução fracionada poderá versar obrigação sem precisar todos os seus elementos.

> ▶ **NCPC. Art. 356.** O juiz decidirá parcialmente o mérito quando um ou mais dos pedidos formulados ou parcela deles: I – mostrar-se incontroverso; II – estiver em condições de imediato julgamento, nos termos do art. 355.

Enunciado 513. Postulado o despejo em cumulação com outro (s) pedido (s), e estando presentes os requisitos exigidos pelo art. 356, o juiz deve julgar parcialmente o mérito de forma antecipada, para determinar a desocupação do imóvel locado.

● *Grupo: Impacto nos Juizados e nos procedimentos especiais da legislação extravagante.* ● *Referências: art. 356; Lei 8.245/91.*

▸ *Mateus Costa Pereira*

O enunciado 513/FPPC busca contextualizar o julgamento antecipado parcial do mérito no procedimento da ação de despejo. Antes de comentá-lo, façamos algumas breves considerações sobre o procedimento comum e sua aplicação subsidiária (art. 318, parágrafo único), tal e qual já era previsto no código revogado (art. 271, CPC/73).

O novo código disciplina o "procedimento comum" no Título I do Livro I, Parte Especial. Com a supressão da disciplina do rito sumário é possível afirmar que o procedimento comum deixou de ser *ordinário* - epíteto que perdeu a razão de existir com o fim da subdivisão -, mas não é apropriado dizer que estamos livres da *ordinariedade*. No particular, na esteira das lições ovidianas, compreendendo a *ordinariedade* como o (s) sintoma (s) do racionalismo epistemológico no direito processual civil.[462] Crítico incansável do pensamento sistemático e da redução do fenômeno jurídico à dimensão formal ou analítica[463]; da pretensão de validez científica calcada na linguagem matemática; repudiando a *forma* cientificista de apreensão/explicação do mundo; em suma, da importação ao Direito dos pressupostos epistemológicos construídos no seio das ciências naturais nos sécs. XVII e XVIII, a obra de Ovídio Baptista da Silva constitui um libelo contra o racionalismo (à *ordinariedade...*), cujo procedimento comum (ordinário) é um dos seus mais conhecidos emblemas: "Se o procedimento ordinário oferecia reconhecidas vantagens sobre os processos sumários, à medida que aquele normalmente poderia conter uma

---

462. Sobre o tema, cf. o nosso trabalho: PEREIRA, Mateus Costa; FELICIANO, Ivna Cavalcanti; PINHEIRO, Larissa. "Processo x Ideologia: um ensaio sobre os compromissos ideológicos do direito processual civil; em memória de Ovídio A. Baptista da Silva". *Revista de Processo*. São Paulo, ano 40, n. 246. p. 581-606, ago/2015.

463. Sobre a influência racionalista na teoria do processo, ver o nosso: PEREIRA, Mateus Costa. "Da Teoria Geral do Direito à Teoria Geral do Processo: um ensaio sobre possíveis formas de pensar o fenômeno processual brasileiro e seus vínculos ideológicos". *Revista Brasileira de Direito Processual*, Belo Horizonte, ano 24, n. 93. p. 199-223, jan./mar. 2016.

demanda plenária, capaz de trazer para o processo todo o conflito de interesses qualificador da lide, as necessidades e contingências atuais de nossa realidade têm mostrado, muito mais do que suas possíveis vantagens, as enormes e insuportáveis desvantagens desse tipo procedimental, exacerbadamente moroso e complicado, a ponto de tornar-se inadequado ao nosso tempo e às novas exigências decorrentes de uma sociedade urbana de massa".[464]

De índole conservadora, nas palavras do mesmo autor, o procedimento ordinário era – é – um procedimento que privilegia o cenário fático existente ao tempo da propositura (*status quo*).[465] Se bem compreendidos, alguns institutos processuais, com destaque à tutela provisória satisfativa (de urgência ou de evidência), têm vocação para romper com esse ranço; não é diferente com o julgamento antecipado parcial do mérito, técnica que permite a entrega de porção da prestação jurisdicional, tornando o procedimento permeável às circunstâncias dos autos.[466]

Sobre o procedimento da ação de despejo, de duvidosa *especialidade*, [467] nele também é possível ser realizado o julgamento antecipado (parcial ou total) – lembrando da aplicação subsidiária do procedimento comum (art. 318, parágrafo único). No ensejo, não sendo possível aplicar o julgamento parcial, é importante registrar que a parte também poderá requerer a concessão de tutela da evidência com fulcro no artigo 311, I ou IV (hipóteses em que a incidência desta modalidade de tutela provisória é menos restrita). No mais, nunca é ocioso recordar que a *ação material* de despejo tem preponderante eficácia executiva; havendo resolução fracionada, à maneira prevista no Enunciado, julgar-se-á a pretensão executiva (pretensão à coisa, *res*), sem prejuízo da porção litigiosa remanescente, fruto de outras pretensões deduzidas.[468]

▶ **NCPC. Art. 356.** O juiz decidirá parcialmente o mérito quando um ou mais dos pedidos formulados ou parcela deles: I – mostrar-se incontroverso; II – estiver em condições de imediato julgamento, nos termos do art. 355.

---

464. SILVA, Ovídio A. B. *Curso de processo civil: processo de conhecimento.* 8. ed. Rio de Janeiro: Forense, 2008, v. 1, t. I. p. 94.
465. *Ibidem*, p. 94.
466. Como afirmado noutra oportunidade, além de ser um procedimento moroso, o procedimento comum (ordinário) pressupõe a igualdade formal entre as partes e, enquanto arquétipo procedimental (padrão), é indiferente/neutro ao direito material (às tutelas do direito).
467. No escólio de Ovídio Baptista: "A ação de despejo não oferece nenhuma peculiaridade procedimental que a torne diferente das ações ordinárias, salvo as hipóteses agora reguladas pelo art. 59 da Lei que disciplina a locação de prédios urbanos..., nas quais é possível a concessão de liminar para desocupação do imóvel, independentemente da audiência da parte contrária, uma vez prestada a caução pelo locador". SILVA, Ovídio A. B. *Curso de processo civil.* 6. ed. Rio de Janeiro: Forense, 2008, v. 1, t. II. p. 225.
468. Sem ignorar que, a pretensão ao despejo, pressupõe um pronunciamento judicial quanto ao contrato. Na observação de Ovídio, dissertando sua natureza executiva: "Para ter-se bem marcada essa diferença, basta considerar que o despejo somente se torna possível depois de a sentença afastar o contrato. O locador somente terá essa ação real, pela qual irá recuperar a posse da coisa dada em locação, se o inquilino não estiver protegido pelo contrato. Ou seja, a ação de despejo pressupõe a inexistência de um contrato". *Curso de processo civil.* 6. ed. Rio de Janeiro: Forense, 2008, v. 1, t. II. p. 230.

ENUNCIADO 631. A EXISTÊNCIA DE SANEAMENTO NEGOCIAL OU COMPARTILHADO NÃO AFASTA A INCIDÊNCIA DO ART. 493.

● *Grupo: Gratuidade da justiça, petição inicial, contestação e fase de organização e saneamento.* ● *Referências: arts. 357, §§ 2º e 3º, e 493.*

▸ *Mateus Costa Pereira*

O artigo 493 do CPC estabelece que o juiz deverá tomar em consideração fatos novos (constitutivos, modificativos ou extintivos) que possam influir no julgamento de mérito, de ofício ou a requerimento dos interessados. O dispositivo é orientado a garantir que o pronunciamento judicial mantenha sua atualidade, vale dizer, que acompanhe, na medida do possível, a dinâmica da vida[469]. A adequada compreensão do dispositivo passa por uma crítica e uma ressalva. Vejamos.

O texto normativo é expresso em autorizar que o magistrado conheça de fatos por iniciativa própria (oficiosamente), o que aparenta não ser um problema, mas, a nosso juízo, é. Se os enunciados de fato são trazidos aos autos pelas partes no exercício de seu contraditório (alegações e provas), a principal (senão única) forma de admitir que o juiz conheça de enunciados de fato sem a provocação dos sujeitos parciais seria admitir que o magistrado tenha poderes de iniciativa probatória, tal como realizado pelo artigo 370, *caput*, mas que recai nos problemas de (in)constitucionalidade já tratados por outros autores (acinte ao juiz natural, haja vista a quebra da imparcialidade objetiva ou funcional – "impartialidade") e, em um panorama ainda mais amplo, nos problemas do próprio instrumentalismo.[470] Lançada a censura, cujos argumentos principais constam de nossos comentários ao enunciado 297/FPPC, resta consignar a ressalva.

A despeito das divergências doutrinárias[471], entendemos que a alegação do fato novo não pode levar à alteração da causa de pedir. O fato novo a ser alegado (posterior à propositura ou de conhecimento novo), precisa se "amoldar" ao que fora descrito na inicial e/ou defesa. Se do fato novo surgirem outras pretensões, não é o caso de suscitá-lo nos autos para efeito de consideração do juízo (de origem ou em grau recursal), senão a veiculação em demanda própria. Dois exemplos de nosso cotidiano podem facilitar a compreensão.

Joana (nome fictício) ingressou com ação de obrigação de fazer c/c indenização por danos morais e materiais contra um plano de saúde e um hospital. Em suma,

469. MOURÃO, Luiz Eduardo Ribeiro. "Decisão judicial e fato novo". *In*: CÂMARA, Helder M. (Coord.). *Código de Processo Civil comentado.* São Paulo: Almedina, 2016. p. 658. MARINONI, Luiz G. *et al. Novo Código de Processo Civil comentado.* São Paulo: RT, 2005. p. DIDIER JR., Fredie. *et al.* "Comentários ao art. 493". *In*: CABRAL, Antonio P.; CRAMER, Ronaldo. (Coords.). *Comentários ao novo Código de Processo Civil.* Rio de Janeiro: Forense, 2015. p. 735, nota 1.

470. Sobre o tema, ver o seguinte trabalho: COSTA, Eduardo J. F.; PEREIRA, Mateus Costa. Processo não pode sufocar os direitos que nele são discutidos. *Revista Consultor Jurídico*,26 jul. 2017. Disponível no site Conjur.

471. Sobre o assunto, ver: MIRANDA, Francisco Cavalcanti Pontes de. *Comentários ao Código de Processo Civil.* Rio de Janeiro: Forense, 1974, t. v. p. 100-101; CUNHA, Leonardo C. "Comentários ao art. 493". *In*: WAMBIER, Teresa A. *et al.* (Coords.). *Breves comentários ao novo Código de Processo Civil.* São Paulo: RT, 2015. p. 1.242-1.247.

após ter se acidentado em casa, fraturando o fêmur, Joana acionou o plano e o hospital a ele conveniado para se submeter a procedimento cirúrgico e consectários. Sucede que o plano não autorizou o procedimento, ao passo que o hospital alegou que ela não teria direito à internação em quarto próprio, senão que deveria, caso quisesse, permanecer na enfermaria. Tudo isso após a radiografia que identificou a gravidade da situação, principalmente em se tratando de uma senhora idosa. Ingressando na justiça com a demanda mencionada, após algum imbróglio à concessão da justiça gratuita, em prestígio do contraditório (e desprestígio da probabilidade do direito e da urgência), o magistrado postergou (= indeferiu) a apreciação da tutela provisória em caráter liminar.

No ínterim de citação e resposta, por não conseguir se locomover, a referida senhora desenvolveu úlceras de pressão (escaras) nas costas. Esse fato, novo, decorrente da demora no tratamento médico (tardança na apreciação do pedido de tutela provisória e, seguidamente, do cumprimento da decisão mandamental pelos demandados), não implicou alteração do pedido e/ou causa de pedir. Sobre não se discutir seu caráter de novidade (cuidava-se de circunstância nova), sem que a inovação fosse suficiente à modificação do pedido e/ou causa de pedir; as escaras se ajustavam à desídia do plano de saúde e do hospital, ao descumprimento de cláusulas do contrato de cobertura, além do acinte a variados dispositivos do Código de Defesa do Consumidor etc., conforme já havíamos descrito na inicial. Tempos mais tarde, contudo, ao longo do mesmo procedimento judicial, já debilitada em sua saúde, a autora/senhora veio a óbito. No particular, esse (segundo) fato novo rendeu ensejo a uma nova demanda indenizatória, desta feita, promovida pela única filha. Naturalmente que o óbito foi comunicado na ação em curso, mas apenas para efeito de sucessão no polo ativo.[472]

Também um caso real, a segunda ilustração diz respeito a um litígio oriundo de concurso público. Após a reprovação na fase de exame médico de um determinado certame, um candidato com deficiência, ora chamado de João, impetrou mandado de segurança postulando a suspensão (liminar) e posterior decretação de nulidade do ato administrativo que o havia eliminado do concurso para que fosse imediatamente reintegrado e pudesse participar das demais etapas, reconhecendo-se a ilegalidade do ato por malferir seu direito de participar do concurso em igualdade de condições aos demais candidatos. A liminar foi prontamente deferida. Todavia, após uma série de equívocos praticados pela comissão organizadora, atendendo a uma recomendação do Ministério Público, todos os candidatos refizeram a fase imediatamente anterior ao exame médico, de exame psicotécnico. Aprovado pela segunda vez no psicotécnico, João, cuja situação já estava "sub judice", foi novamente convocado para se submeter a outro exame médico. A situação gerou perplexidade ao candidato, na medida em que, por exemplo, o pedido de liminar havia se cingido à suspensão do ato; ao passo que o mérito do *writ* consistia no reconhecimento da ilegalidade/direito à isonomia. E só! Não havia pedido ou corolário que pudesse levar à renovação do exame médico para o candidato com deficiência. Nada obstante, por fato da administração, João fora

---

472. A primeira ação fora proposta por Joana (mãe) e sua filha (Roberta); a segunda ação, tão somente pela filha. Suprimimos pormenores fáticos para facilitar a compreensão do exemplo.

convocado para, repetidos todos os exames indicados no edital, submetê-los a uma equipe multidisciplinar. O fato novo (segunda realização/aprovação do psicotécnico e nova convocação ao exame médico) foi levado ao judiciário com pedido de expedição de nova ordem à autoridade coatora para efeito de dispensar o candidato da convocação referida. Uma segunda ordem fora concedida, pois que o cenário já estava acobertado pelos fundamentos de fato e de direito vertidos na inicial, bem assim pelo pedido formulado por João.[473]

A estabilização da demanda, seja por força da decisão de saneamento, seja por força da homologação do saneamento negocial, não alcança o artigo 493. Como registramos de início, a nosso sentir, o preceito normativo não afasta o instituto da estabilização. Daí a advertência contida no Enunciado.

Enunciado 694. Modificada a decisão de saneamento quanto à delimitação das questões de fato sobre as quais recairá a produção de prova testemunhal, poderá a parte complementar ou alterar seu rol de testemunhas.

● *Grupos: Intervenção de terceiros, gratuidade de justiça, fase de organização e saneamento*

▸ *Elie Pierre Eid*

É possível que após, a fixação dos pontos controvertidos e a indicação de testemunhas, sobrevenha modificação da decisão de saneamento em razão do pedido de esclarecimentos e ajustes de que trata o §1º do artigo 357, CPC. Caso essas alterações recaiam sobre a delimitação das questões de fato, passa a ser necessário avaliar em que medida ainda são pertinentes as testemunhas anteriormente arroladas.

A estabilização dessa decisão ocorrerá se a parte não formular esclarecimentos e ajustes ou, caso formulados, após a sua apreciação. Do mesmo modo, a decisão tornar-se-á estável se a parte deixar de opor embargos de declaração. Se algum desses expedientes for utilizado, admite-se a possibilidade de alteração dos variados capítulos da decisão de saneamento, dentre os quais as questões de fato delimitadas (art. 357, II, CPC).

O enunciado esclarece que, com a modificação da decisão de saneamento no tocante à delimitação das questões de fato, as partes poderão alterar o rol de testemunhas para adequá-lo às questões de fato suprimidas, incluídas ou alteradas. Relevante perceber que não se trata de exceção à preclusão – até porque, nesse tocante, aplicável o artigo 1.009, §1º, CPC –, mas da superveniência de nova situação para a qual as partes poderão reajustar seu rol de testemunhas. Além disso, merece ser abarcado pelo enunciado hipótese em que a parte tenha deixado de arrolar testemunha por acreditar não ser o meio de prova cabível diante das questões de fato inicialmente delimitadas, mas, com a posterior modificação, entenda ser necessária a referida prova oral em relação às questões de fato incluídas ou alteradas.

473. A segunda ordem considerou, ademais, que um novo exame médico chegaria ao mesmo resultado já arrostado naquela propositura.

Além de invocar a ampla defesa, inegavelmente aplicável, parece correto dizer que o enunciado tem por objetivo elucidar, em decorrência de uma realidade de modificação das questões de fato, a preservação do direito à indicação de testemunhas, o qual poderá ter se tornado inócuo caso assim mostre a revisão da decisão de saneamento, com a necessária abertura de prazo às partes para se manifestarem a respeito.

▶ **NCPC. Art. 357, § 1ª** Realizado o saneamento, as partes têm o direito de pedir esclarecimentos ou solicitar ajustes, no prazo comum de 5 (cinco) dias, findo o qual a decisão se torna estável.

▶ **NCPC. Art. 357, § 4ª** Caso tenha sido determinada a produção de prova testemunhal, o juiz fixará prazo comum não superior a 15 (quinze) dias para que as partes apresentem rol de testemunhas.

2.1.1.8. Da Audiência de Instrução e Julgamento (arts. 358 a 368)

ENUNCIADO 429. A ARBITRAGEM A QUE SE REFERE O ART. 359 É AQUELA REGIDA PELA LEI 9.307/1996.

● *Grupo: Arbitragem.* ● *Referências: art. 359.*

▶ ***Murilo Avelino***

O novo código consagra o que se tem chamado de *processo multiportas*. Trata-se de um sistema em que se valoriza a técnica adequada à solução de cada espécie de conflito. O legislador passa a reconhecer que nem sempre o Judiciário é a instância ideal para que se ponha fim ao litígio. Destacam-se, ao lado da jurisdição estatal, as técnicas da mediação, conciliação e arbitragem. Estes últimos, tradicionalmente chamados de *meios alternativos de solução de conflito* foram sobremaneira valorizados pelo NCPC. Em verdade, como anota Leonardo Carneiro da Cunha, melhor seria falar em meios integrados[474]:

> Estudos mais recentes demonstram que tais meios não seriam "alternativos", mas sim integrados, formando um modelo de sistema de justiça multiportas. Para cada tipo de controvérsia seria adequada uma forma de solução, de modo que há casos em que a melhor solução há de ser obtida pela mediação, enquanto outros, pela conciliação, outros, pela arbitragem e, finalmente, os que resolveriam pela decisão do juiz estatal. Há casos, então, em que o meio alternativo é que seria o da justiça estatal.

O prestígio das formas alternativas de solução dos conflitos decorre do princípio da cooperação e do ideal de redução de litigiosidade que informa o novo código. No capítulo inaugural das "Normas Fundamentais do Processo Civil" o artigo 3º, em seus §§ 1º a 3º, deixa patente a permissão para que os interessados se submetam à arbitragem e normatiza o dever de o Estado promover, sempre que possível, a solução consensual dos conflitos. Da mesma forma, todos aqueles que atuam no processo, sejam juízes, advogados, defensores públicos ou membros do Ministério Público, devem estimular a qualquer tempo a conciliação, a mediação ou outros métodos de solução

---

474. CUNHA, Leonardo C. Art. 3º. *In*: STRECK, Lenio. *et al.* (Orgs.). *Comentários ao Código de Processo Civil.* São Paulo: Saraiva, 2016. p. 32.

consensual de conflitos. Em suma, o processo passa a admitir como melhor decisão aquela que aproxima as partes e proporciona uma solução consensual para o litígio.

Mediação, conciliação e arbitragem podem ser promovidas por sujeitos privados. O NCPC prevê a existência de Câmaras privadas dedicadas à mediação e à conciliação (art. 167), enquanto a Lei 9.307/96 regula a arbitragem. Quanto à mediação e conciliação, todavia, sua promoção pode se dar dentro ou fora do processo judicial. É inclusive o que se compreende dos §§ 2º e 3º do supracitado artigo 3º. A arbitragem, doutra forma, ocorre somente em âmbito privado, instituindo-se através da *convenção de arbitragem* firmada entre as partes que, concordantes, passam a se submeter ao árbitro ou à câmara arbitral em vez do Poder Judiciário.

Em outras palavras, a atuação da jurisdição estatal não afasta ou é afastada pela aplicação das técnicas de mediação e conciliação, como inclusive denota a regulação do tema nos artigos 165 a 175 do CPC. Quanto à arbitragem, todavia, uma vez a ela submetidas, as partes não podem se valer do processo judicial. Caso a questão esteja submetida à arbitragem e um dos interessados intende a ação judicial, o réu pode alegar em preliminar de contestação a existência de convenção de arbitragem (art. 337, X), o que levará à extinção de mérito do processo (art. 485, VII).

A introdução do tema é necessária face à confusa redação da parte final do artigo 359 do CPC, que peca por excesso. Inserido na regulação da audiência de instrução e julgamento, em uma leitura desatenta, o dispositivo pode causar confusão. Ao afirmar que, "instalada a audiência, o juiz tentará conciliar as partes, independente do emprego de outros métodos de solução consensual de conflitos", o texto em comento não fez nada mais do que prever uma regra decorrente necessariamente da norma fundamental que promove a solução consensual dos conflitos. Ainda que desnecessária a previsão – face a redação mesma do artigo 3º – entendeu o legislador por reforçar a possibilidade de promoção da conciliação pelo próprio magistrado quando instalada a audiência de instrução e julgamento.

A menção final a "como a mediação e arbitragem" pode gerar a seguinte confusão: o eventual emprego anterior mediação e arbitragem, pode ter sido feito pelo magistrado? Quanto à mediação, não há maiores problemas, pois esta pode ser promovida no processo judicial ou fora dele. A arbitragem, por outro lado, não.

O Enunciado serve exatamente para deixar claro que, ao se referir à arbitragem, o artigo 359 não está (nem poderia fazê-lo) se referindo a uma hipótese de arbitragem promovida pelo magistrado. Isto não pode ocorrer face à própria natureza do instituto, que tem inerente a função de se substituir à heterocomposição promovida pelo juiz estatal. Assim, arbitragem e processo judicial se afastam, de forma que uma não pode conviver uma com o outro como instância de solução de conflito, salvo nas hipóteses de atos de cooperação entre árbitro e juiz estatal através das cartas arbitrais. Por isso, que ao mencionar a *arbitragem*, o artigo 359 se refere àquela regida pela Lei 9.307/96.

Caso a promoção prévia da arbitragem não resolva o conflito, dando causa a um processo judicial, não há qualquer impedimento para que o magistrado, aberta a audiência, tente conciliar as partes. Trata-se de hipótese rara, mas que pode vir a ser verificada caso os próprios interessados revoguem de comum acordo convenção de arbitragem que os vinculava, quando seja decretada a invalidade da própria arbitragem em virtude de vícios de vontade presentes da formação da convenção, ou face ao controle jurisdicional da sentença arbitral nos termos dos artigos 32 e 33 da Lei 9.307/96[475].

▶ **NCPC. Art. 359.** Instalada a audiência, o juiz tentará conciliar as partes, independentemente do emprego anterior de outros métodos de solução consensual de conflitos, como a mediação e a arbitragem.

Enunciado 430. A necessidade de licença concedida pelo juiz, prevista no parágrafo único do art. 361, é aplicável também aos Defensores Públicos.

● *Grupo: Poderes do juiz.* ● *Referências: art. 361, par. ún.*

▸ ***Murilo Avelino***

As provas orais são produzidas perante o juízo na audiência de instrução e julgamento. O artigo 361 do CPC institui uma ordem preferencial de oitiva dos sujeitos processuais que possam vir a se manifestar oralmente na audiência. Deve-se ouvir primeiro o perito e os assistentes técnicos quando necessário esclarecer aspectos concernentes ao laudo e aos pareceres, respectivamente, não respondidos de forma escrita. Em seguida, toma-se o depoimento do autor e depois o réu. Depois, são inquiridas as testemunhas arroladas pelo autor e depois as arroladas pelo réu.

Apesar de consolidado o amplo diálogo processual, valorizando-se o *contraditório-influência* e a cooperação, a audiência de instrução e julgamento é um ato formal do processo presidido pelo magistrado, responsável por sua condução. Por isso, o artigo 361, parágrafo único exige licença do magistrado para que Ministério Público e advogados se manifestem enquanto depuserem o perito, os assistentes técnicos, as partes e as testemunhas. Trata-se da necessidade de manter a ordem e o bom andamento da audiência.

O Enunciado conforma o espectro normativo do parágrafo único do artigo 361: quando se fala em *advogado* o legislador faz referência não somente ao advogado privado, mas também aos advogados públicos (já abarcados em "*advogados*") e aos defensores públicos. Trata-se de consagração da isonomia no processo, aplicável aos causídicos que participam no processo.

---

475. "Há possibilidade de controle judicial da sentença arbitral, mas apenas em relação à sua validade (arts. 32 e 33, *caput*, Lei n. 9.307/1996). Não se trata de revogar ou modificar a sentença arbitral quanto ao seu mérito, por entendê-la injusta ou por errônea apreciação da prova pelos árbitros, senão de pedir sua anulação por vícios formais. Trata-se de uma espécie de 'ação rescisória' de sentença arbitral, que deve ser ajuizada no prazo de noventa dias após o recebimento da intimação da sentença arbitral ou de seu aditamento (art. 33, § 1º, Lei n. 9.307/1996)". DIDIER Jr., Fredie. *Curso de direito processual civil.* vol. 1. Salvador: Juspodivm, 2016. p. 173.

Não há qualquer elemento especial na atuação da Defensoria Pública no contexto da audiência de instrução e julgamento que justifique um tratamento diferenciado para os seus membros face aos demais advogados. O enunciado em comento explicita esta compreensão. Assim, ao tratar de *advogados*, o legislador o fez de forma ampla, para abarcar os representantes judiciais das partes, inclusive o defensor público, que também precisa respeitar a necessidade de licença do juiz para intervir ou apartear enquanto depuserem os sujeitos listados no artigo 361.

A regra decorre do artigo 7º do CPC, que consagra a isonomia material no processo. Às partes deve ser assegurado tratamento paritário, cabendo ao magistrado zelar pelo efetivo contraditório. Não somente, mas também o artigo 139, I do CPC impõe ao magistrado dirigir o processo assegurando às partes igualdade de tratamento.

Assim, impõe-se tanto às partes quanto ao magistrado atuar de forma que se respeitem as regras de procedimento e a ordem dos atos, sem se descuidar do amplo diálogo processual. Desta forma, a *licença* do magistrado necessária à intervenção dos advogados, defensores públicos e membros do Ministério Público não afasta o direito de manifestação, sob pena de cerceamento de defesa, elemento indissociável do contraditório. Trata-se, em verdade, de uma *técnica* para a manutenção da *ordem* na audiência, incumbência do magistrado, nos termos do artigo 360, I, CPC. "É inerente, portanto, a esse poder [de ordenar a audiência], a autoridade do juiz para organizar a maneira que as partes e o Ministério Público, eventualmente, poderão intervir enquanto ele, o juiz, faz a inquirição das partes, testemunhas, peritos e assistentes técnicos".[476]

> ▶ **NCPC. Art. 361. Parágrafo único.** Enquanto depuserem o perito, os assistentes técnicos, as partes e as testemunhas, não poderão os advogados e o Ministério Público intervir ou apartear, sem licença do juiz.

2.1.1.9. Das Provas (arts. 369 a 484)

ENUNCIADO 50. OS DESTINATÁRIOS DA PROVA SÃO AQUELES QUE DELA PODERÃO FAZER USO, SEJAM JUÍZES, PARTES OU DEMAIS INTERESSADOS, NÃO SENDO A ÚNICA FUNÇÃO INFLUIR EFICAZMENTE NA CONVICÇÃO DO JUIZ.

● *Grupo: Direito Probatório.* ● *Referência: art. 369; art. 370, caput.*

▸ ***Vitor de Paula Ramos***

Entendia-se antigamente que a prova se destinava exclusivamente a convencer o juiz. Assim, as partes produziam provas mirando no magistrado, que poderia, de acordo com seu entendimento subjetivo, permitir ou não produção de provas, tendo por base exclusivamente sua consciência. Tal entendimento apareceu durante muito

---

476. JAYME, Fernando Gonzaga; ALMEIDA, João Alberto. "Art. 361". STRECK, Lenio. *et al.* (Orgs.). *Comentários ao Código de Processo Civil.* São Paulo: Saraiva, 2016. p. 537.

tempo (e infelizmente ainda aparece) nos tribunais, quando, então, indefere-se prova relevante sustentando que o magistrado é o "dono" da prova, cabendo somente a ele, com base em critérios pessoais, decidir quais provas devem e quais não devem ser produzidas.

Há bastante tempo, entretanto, a doutrina superou o entendimento de que a prova se destinaria exclusivamente ao juiz. Isso porque, primeiramente, todas as decisões no processo devem ser previamente debatidas com as partes, sendo vedado ao magistrado fornecer interpretação jurídica ou sobre os fatos que não tenha sido previamente debatida com as partes. Em segundo lugar, porque o sistema deve privilegiar o direito fundamental à prova das partes, que exige que provas sobre alegações relevantes sejam produzidas.

É dizer, independentemente de qualquer análise sobre se o magistrado formou ou não alguma convicção sobre os fatos da causa, o indeferimento de prova relevante afeta o núcleo duro do direito fundamental à prova.

▶ **NCPC. Art. 369.** As partes têm o direito de empregar todos os meios legais, bem como os moralmente legítimos, ainda que não especificados neste Código, para provar a verdade dos fatos em que se funda o pedido ou a defesa e influir eficazmente na convicção do juiz. ▶ **Art. 370.** Caberá ao juiz, de ofício ou a requerimento da parte, determinar as provas necessárias ao julgamento do mérito.

ENUNCIADO 51. A COMPATIBILIZAÇÃO DO DISPOSTO NESTES DISPOSITIVOS COM O ART. 5º, LXIII, DA CF/1988, ASSEGURA À PARTE, EXCLUSIVAMENTE, O DIREITO DE NÃO PRODUZIR PROVA CONTRA SI EM RAZÃO DE REFLEXOS NO AMBIENTE PENAL.

● *Grupo: Direito Probatório.* ● *Referência: art. 378; art. 379.*

▶ ***Vitor de Paula Ramos***

O CPC, em seu artigo 379, promove perversa ambiguidade, que, se não desfeita, pode levar a resultados catastróficos. Isso porque o texto permitiria pelo menos duas interpretações. A primeira delas, de que o artigo 379 estaria conferindo à parte um direito de não produção de provas contra si própria. Isto é, tal direito decorreria do próprio texto do artigo 379. Nesta hipótese, entretanto, o texto de tal artigo estaria em franca e direta contradição com o disposto no artigo 378 (que diz que todos devem colaborar com o Judiciário para o descobrimento da verdade) e, principalmente, com o artigo 400, parágrafo único, que confere um verdadeiro *dever* de prova para as partes.

Ora, como poderiam as partes ter, ao mesmo tempo, um *dever* de produzir provas e um *direito* de não produzir provas contra si própria? Seria, então, um dever de produzir provas somente quando essas lhe favorecessem? A resposta, até mesmo intuitivamente, é não. A outra interpretação, esta sim procedida com uma leitura sistemática do NCPC, é de que o artigo 379 não está conferindo um direito, mas sim fazendo referência a algum direito de não produção de provas que já existe no ordenamento jurídico brasileiro.

O Enunciado em questão, portanto, elege expressamente essa segunda interpretação, uma vez que dá conta de que o direito a que o artigo 379 faz referência está no artigo 5º. LXIII da CRFB, que consagra entre nós o *privilege against self-incrimination.* Isto é, o artigo 379 tem aplicabilidade somente para casos em que, em tese, a prova a ser produzida puder expor que exibe a consequências criminais. Em casos exclusivamente civis, com consequências exclusivamente civis, será aplicável o artigo 400, parágrafo único e o artigo 378, não havendo que se falar em direito de não produção.

► **NCPC. Art. 378.** Ninguém se exime do dever de colaborar com o Poder Judiciário para o descobrimento da verdade. ► **Art. 379.** Preservado o direito de não produzir prova contra si própria, incumbe à parte: I – comparecer em juízo, respondendo ao que lhe for interrogado; II – colaborar com o juízo na realização de inspeção judicial que for considerada necessária; III – praticar o ato que lhe for determinado.

ENUNCIADO 52. PARA A UTILIZAÇÃO DA PROVA EMPRESTADA, FAZ-SE NECESSÁRIA A OBSERVÂNCIA DO CONTRADITÓRIO NO PROCESSO DE ORIGEM, ASSIM COMO NO PROCESSO DE DESTINO, CONSIDERANDO-SE QUE, NESTE ÚLTIMO, A PROVA MANTENHA A SUA NATUREZA ORIGINÁRIA.

● *Grupo: Direito Probatório. (art. 372)* ● *Referência: art. 372.*

▸ *Vitor de Paula Ramos*

O artigo 372 trouxe para dentro do CPC a prova emprestada, prática reiterada há muito tempo na jurisprudência. O enunciado em tela visa somente a garantir que o empréstimo da prova não possa de forma alguma significar prejuízos para o contraditório. Assim, exige para que a prova possa ser emprestada, tanto contraditório no processo de origem, como no destino. Isso será o que legitimará o empréstimo da prova.

► **NCPC. Art. 372.** O juiz poderá admitir a utilização de prova produzida em outro processo, atribuindo-lhe o valor que considerar adequado, observado o contraditório.

ENUNCIADO 53. NA AÇÃO DE EXIBIÇÃO NÃO CABE A FIXAÇÃO, NEM A MANUTENÇÃO DE MULTA QUANDO A EXIBIÇÃO FOR RECONHECIDA COMO IMPOSSÍVEL.

● *Grupo: Direito Probatório.* ● *Referência: art. 396.*

▸ *Vitor de Paula Ramos*

O artigo 400, parágrafo único, trouxe um verdadeiro *dever* de produção de provas. Com isso, a parte pode ser obrigada judicialmente a exibir documentos ou coisas, algo impossível na vigência CPC/73 segundo a jurisprudência pacífica do STJ.

Apesar da disposição salutar, que aumenta a qualidade da busca de provas do processo brasileiro, a exibição só pode redundar em multa ou qualquer outra forma de coerção quando a parte realmente possuir o documento. É dizer, a parte não pode ser forçada a uma exibição impossível, fática ou juridicamente.

► **NCPC. Art. 396.** O juiz pode ordenar que a parte exiba documento ou coisa que se encontre em seu poder.

Enunciado 54. Fica superado o Enunciado 372 da Súmula do STJ ("Na ação de exibição de documentos, não cabe a aplicação de multa cominatória") após a entrada em vigor do CPC, pela expressa possibilidade de fixação de multa de natureza coercitiva na ação de exibição de documento.

● *Grupo: Direito Probatório.* ● *Referência: art. 400, par. ún.; art. 403, par. ún.*

▸ *Vitor de Paula Ramos*

O Enunciado parte da ideia de que o óbvio precisa ser dito. Na vigência CPC/73, com a interpretação que lhe era concedida pelo STJ, a exibição de documentos era considerada um ônus. Não havendo a exibição, a parte poderia ficar somente sujeita às presunções previstas no diploma processual.

A Súmula 372, sempre muito criticada pela doutrina, era, então, uma consequência do reconhecimento de que a exibição era um ônus. O artigo 400, parágrafo único, do novo diploma processual, entretanto, muda os paradigmas, ao dispor claramente ser a exibição um dever jurídico. Assim sendo, o artigo 400, parágrafo único implica a revogação da Súmula 372, uma vez que a contraria frontalmente.

Súmula STJ 372. Na ação de exibição de documentos, não cabe a aplicação de multa cominatória.

▶ **NCPC. Art. 400. Parágrafo único.** Sendo necessário, o juiz pode adotar medidas indutivas, coercitivas, mandamentais ou sub-rogatórias para que o documento seja exibido. ▶ **Art. 403. Parágrafo único.** Se o terceiro descumprir a ordem, o juiz expedirá mandado de apreensão, requisitando, se necessário, força policial, sem prejuízo da responsabilidade por crime de desobediência, pagamento de multa e outras medidas indutivas, coercitivas, mandamentais ou sub-rogatórias necessárias para assegurar a efetivação da decisão.

Enunciado 107. O juiz pode, de ofício, dilatar o prazo para a parte se manifestar sobre a prova documental produzida.

● *Grupo: Negócios Processuais.* ● *Referência: arts. 7º, 139, I, 218, 437, § 2º.*

▸ *Vitor de Paula Ramos*

O enunciado confere interpretação sistemática ao CPC. Uma vez que o artigo 139 prevê a possibilidade de que o juiz zele pela igualdade material no tratamento das partes no processo, entende o enunciado que o artigo 437, § 2º teria "exagerado" ao demandar que, para aumento de prazo, fosse necessário pedido da parte. Diante de juntada de documentos em quantidade ou complexidade, o magistrado, até mesmo por questão de economia processual, pode desde logo dilatar os prazos, sem necessidade de que se aguarde solicitação da parte.

▶ **NCPC. Art. 7º** É assegurada às partes paridade de tratamento em relação ao exercício de direitos e faculdades processuais, aos meios de defesa, aos ônus, aos deveres e à aplicação de sanções processuais, competindo ao juiz zelar pelo efetivo contraditório. ▶ **Art. 139.** O juiz dirigirá o processo conforme as disposições deste Código, incumbindo-lhe: I – assegurar às partes igualdade de tratamento. ▶ **Art. 218.** Os atos processuais serão realizados nos prazos prescritos em lei. ► **Art. 437. § 2º** Poderá o juiz, a requerimento da parte, dilatar o prazo para manifestação sobre a prova documental produzida, levando em consideração a quantidade e a complexidade da documentação.

Enunciado 155. No processo do trabalho, as testemunhas somente serão intimadas judicialmente nas hipóteses mencionadas no § 4º do art. 455, cabendo à parte informar ou intimar as testemunhas da data da audiência.

● *Grupo: Impacto do CPC no Processo do Trabalho.* ● *Referência: art. 455, § 4º.*

▸ ***Vitor de Paula Ramos***

Uma vez que a aplicabilidade ao processo do trabalho está sujeita ao disposto no artigo 15, esclarece o Enunciado ter o parágrafo 4º do artigo 455 aplicação. Assim, via de regra a intimação deverá ser feita pelo advogado, abrindo-se possibilidade de intimação judicial somente nas hipóteses descritas no texto do artigo em comento.

► **NCPC. Art. 455. § 4º** A intimação será feita pela via judicial quando: I – for frustrada a intimação prevista no § 1º deste artigo; II – sua necessidade for devidamente demonstrada pela parte ao juiz; III – figurar no rol de testemunhas servidor público ou militar, hipótese em que o juiz o requisitará ao chefe da repartição ou ao comando do corpo em que servir; IV – a testemunha houver sido arrolada pelo Ministério Público ou pela Defensoria Pública; V – a testemunha for uma daquelas previstas no art. 454.

Enunciado 156. Não configura induzimento, constante do art. 459, caput, a utilização de técnica de arguição direta no exercício regular de direito.

● *Grupo: Direito Probatório.* ● *Referência: art. 459, caput.*

▸ ***Vitor de Paula Ramos***

O NCPC adotou nova sistemática na produção de prova oral, permitindo que as perguntas sejam formuladas diretamente pelas partes, por seus procuradores. Entretanto, a prova oral deve seguir as mesmas regras de admissibilidade de qualquer outra prova. Isto é, as perguntas formuladas pelas partes devem ser pertinentes (dizer respeito ao mérito da causa), relevantes (terem, em tese, condições de aumentar ou diminuir a confirmação das hipóteses fáticas) e controversas (dizer respeito a hipóteses que contem com mais de uma versão nos autos).

Da mesma forma, a prova oral não serve para uma parte ou para outra, mas sim para o processo. Dessa forma, o juiz deve neutralizar eventuais tentativas de advogados de utilização de *leading questions*, de questões sem relação com a demanda (por exemplo, perguntas sobre a vida conjugal da testemunha etc.), ou de estratégias para irritação ou desestabilização da testemunha (como a repetição). Entretanto, isso não quer dizer – e isto é o que salienta o enunciado em comento – que o advogado não possa se utilizar de técnicas de arguição, sem abusos.

O advogado pode, por exemplo, utilizar-se de técnicas para fazer com que a testemunha se contradiga, ou para demonstrar que a testemunha, em verdade, não viu ou ouviu bem os fatos que afirma ter visto. Tudo isso, não envolvendo abusos, deverá ser deferido pelo magistrado, se sobre questões de fato pertinentes, controversas e relevantes.

► **NCPC. Art. 459.** As perguntas serão formuladas pelas partes diretamente à testemunha, começando pela que a arrolou, não admitindo o juiz aquelas que puderem induzir a resposta, não tiverem relação com as questões de fato objeto da atividade probatória ou importarem repetição de outra já respondida.

Enunciado 157. Deverá ser facultada às partes a formulação de perguntas de esclarecimento ou complementação decorrentes da inquirição do juiz.

● *Grupo: Direito Probatório.* ● *Referência: art. 459 § 1º.*

► ***Vitor de Paula Ramos***

Uma vez que o CPC faculta ao juiz a formulação de perguntas antes e depois da inquirição das partes, podem surgir, nessa última hipótese, novas questões. Uma vez que o processo do Estado Constitucional se desenvolve necessariamente em colaboração, nada justifica que as partes não tenham a mesma possibilidade de esclarecimento, que, obviamente, deve ser dada a ambas.

► **NCPC. Art. 459. § 1º** O juiz poderá inquirir a testemunha tanto antes quanto depois da inquirição feita pelas partes.

Enunciado 158. Constitui direito da parte a transcrição de perguntas indeferidas pelo juiz.

● *Grupo: Direito Probatório.* ● *Referência: art. 459, § 3º.*

► ***Vitor de Paula Ramos***

A fim de evitar constrangimentos no decorrer da audiência, no sentido de que o juiz entenda não haver prejuízo na não transcrição ou de sua irrelevância, deixa claro o enunciado em comento tratar-se de verdadeiro *direito* da parte, para cujo exercício não é necessária alguma justificação e, muito menos, a concordância do juiz. O magistrado, com efeito, deverá ordenar a transcrição, bastando para tanto que a parte o requeira.

► **NCPC. Art. 459. § 3º** As perguntas que o juiz indeferir serão transcritas no termo, se a parte o requerer.

Enunciado 301. Aplicam-se ao processo civil, por analogia, as exceções previstas nos §§ 1º e 2º do art. 157 do Código de Processo Penal, afastando a ilicitude da prova.

● *Grupo: Competência e invalidades processuais.* ● *Referência: art. 369.*

► ***Vitor de Paula Ramos***

Os parágrafos mencionados do artigo 157 do CPP consagram a regra e as exceções relacionadas à conhecida doutrina do *fruit of the poisonous tree,* segundo a qual a ilicitude de uma prova contamina demais provas que tenham sido conhecidas por conta daquela produzida ilicitamente. O enunciado em comento deixa claro, entretanto, que são aplicáveis ao processo civil, por analogia, também as exceções previstas no CPP.

É dizer, casos em que não há evidência de nexo de causalidade entre a "prova--árvore" e a "prova-fruto", ou quando a "prova-fruto" poderia ser obtida por fonte independente, assim entendida aquela que "por si só, seguindo os trâmites típicos e de praxe, próprios da investigação ou instrução criminal, seria capaz de conduzir ao fato objeto da prova".

▶ **NCPC. Art. 369.** As partes têm o direito de empregar todos os meios legais, bem como os moralmente legítimos, ainda que não especificados neste Código, para provar a verdade dos fatos em que se funda o pedido ou a defesa e influir eficazmente na convicção do juiz.

ENUNCIADO 302. APLICA-SE O ART. 373, §§ 1º E 2º, AO PROCESSO DO TRABALHO, AUTORIZANDO A DISTRIBUIÇÃO DINÂMICA DO ÔNUS DA PROVA DIANTE DE PECULIARIDADES DA CAUSA RELACIONADAS À IMPOSSIBILIDADE OU À EXCESSIVA DIFICULDADE DA PARTE DE CUMPRIR O SEU ENCARGO PROBATÓRIO, OU, AINDA, À MAIOR FACILIDADE DE OBTENÇÃO DA PROVA DO FATO CONTRÁRIO. O JUIZ PODERÁ, ASSIM, ATRIBUIR O ÔNUS DA PROVA DE MODO DIVERSO, DESDE QUE DE FORMA FUNDAMENTADA, PREFERENCIALMENTE ANTES DA INSTRUÇÃO E NECESSARIAMENTE ANTES DA SENTENÇA, PERMITINDO À PARTE SE DESINCUMBIR DO ÔNUS QUE LHE FOI ATRIBUÍDO.

● *Grupo: Impacto do CPC no processo do trabalho.* ● *Referência: arts. 373, §§ 1º e 2º, e 15.*

▸ ***Vitor de Paula Ramos***

Não havendo previsão específica na CLT sobre dinamização do ônus da prova, entende o enunciado que, por conta do artigo 15 do CPC, aplica-se ao processo do trabalho o artigo 373, §§ 1º e 2º, permitindo-se, também no processo do trabalho, a dinamização do ônus da prova quando presentes as condições materiais e processuais exigidas pelo CPC para tanto.

▶ **NCPC. Art. 373. § 1º** Nos casos previstos em lei ou diante de peculiaridades da causa relacionadas à impossibilidade ou à excessiva dificuldade de cumprir o encargo nos termos do caput ou à maior facilidade de obtenção da prova do fato contrário, poderá o juiz atribuir o ônus da prova de modo diverso, desde que o faça por decisão fundamentada, caso em que deverá dar à parte a oportunidade de se desincumbir do ônus que lhe foi atribuído. **§ 2º** A decisão prevista no § 1º deste artigo não pode gerar situação em que a desincumbência do encargo pela parte seja impossível ou excessivamente difícil.

ENUNCIADO 514. O JUIZ NÃO PODERÁ REVOGAR A DECISÃO QUE DETERMINOU A PRODUÇÃO DE PROVA DE OFÍCIO SEM QUE CONSULTE AS PARTES A RESPEITO.

● *Grupo: Direito probatório.* ● *Referências: art. 370.*

▸ ***Vitor de Paula Ramos***

Num processo pautado pela colaboração, e em que o destinatário da prova não é exclusivamente o juiz (vide Enunciado 50/FPPC), havendo revogação de decisão que determina a produção de provas, as partes podem manifestar seu interesse. Isso porque as partes possuem verdadeiro direito fundamental à prova. A iniciativa probatória, assim, pode ser das partes, forte no artigo 369, ou do juiz, forte no artigo 370. Para ser admitida, entretanto, a prova deverá sempre superar os requisitos (pertinência, controvérsia e relevância).

▶ **NCPC. Art. 370.** Caberá ao juiz, de ofício ou a requerimento da parte, determinar as provas necessárias ao julgamento do mérito. **Parágrafo único.** O juiz indeferirá, em decisão fundamentada, as diligências inúteis ou meramente protelatórias.

Enunciado 515. Aplica-se o disposto no art. 489, § 1º, também em relação às questões fáticas da demanda.

● *Grupo: Direito probatório.* ● *Referências: arts. 371 e 489, § 1º.*

▸ *Vitor de Paula Ramos*

O artigo 489 do CPC representa um avanço extraordinário quanto à fundamentação das decisões judiciais, fazendo exigências, em geral descuidadas no foro, para que a decisão possa ser considerada minimamente fundamentada. Apesar de todo esse cuidado em relação às questões jurídicas da demanda, o legislador deixou de fazer menção expressa no texto do CPC às questões de fato.

Isso, entretanto, não pode servir para que se entenda que as questões jurídicas devem ser motivadas de maneira analítica e as fáticas como bem entender o magistrado. Assim, o enunciado em comento esclarece que, como nem poderia ser diferente, todas as exigências de motivação analítica para as questões de direito, aplicam-se, também, às questões fáticas.

▶ **NCPC. Art. 371.** O juiz apreciará a prova constante dos autos, independentemente do sujeito que a tiver promovido, e indicará na decisão as razões da formação de seu convencimento. ▶ **Art. 489. § 1º** Não se considera fundamentada qualquer decisão judicial, seja ela interlocutória, sentença ou acórdão, que: I – se limitar à indicação, à reprodução ou à paráfrase de ato normativo, sem explicar sua relação com a causa ou a questão decidida; II – empregar conceitos jurídicos indeterminados, sem explicar o motivo concreto de sua incidência no caso; III – invocar motivos que se prestariam a justificar qualquer outra decisão; IV – não enfrentar todos os argumentos deduzidos no processo capazes de, em tese, infirmar a conclusão adotada pelo julgador; V – se limitar a invocar precedente ou enunciado de súmula, sem identificar seus fundamentos determinantes nem demonstrar que o caso sob julgamento se ajusta àqueles fundamentos; VI – deixar de seguir enunciado de súmula, jurisprudência ou precedente invocado pela parte, sem demonstrar a existência de distinção no caso em julgamento ou a superação do entendimento.

Enunciado 516. Para que se considere fundamentada a decisão sobre os fatos, o juiz deverá analisar todas as provas capazes, em tese, de infirmar a conclusão adotada.

● *Grupo: Direito probatório.* ● *Referências: arts. 369, 371 e 489, § 1º.*

▸ *Vitor de Paula Ramos*

Quanto mais completa a produção de provas, em tese, maior é a qualidade epistêmica do processo. De nada adianta, entretanto, que o legislador confira inúmeras ferramentas para maximizar a completude do material probatório se, na hora de valorar a prova, o juiz puder simplesmente "pescar" provas nos autos, sem dever de motivar o porquê da consideração de uma prova em detrimento de outra. Sói ocorrer no foro, por exemplo, que uma testemunha 1 diga X e a testemunha 2 diga não-X, mas o magistrado, em sua decisão, diga somente que, já que a testemunha disse que X, então é de se concluir que X.

Os deveres de motivação analítica implicam, portanto, que o magistrado analise todas as provas dos autos capazes de, em tese, infirmar as conclusões de sua decisão. Novamente, trata-se de entendimento no sentido de que os deveres de motivação analítica não dizem respeito somente às questões de direito, mas também às questões fáticas.

▶ **NCPC. Art. 369.** As partes têm o direito de empregar todos os meios legais, bem como os moralmente legítimos, ainda que não especificados neste Código, para provar a verdade dos fatos em que se funda o pedido ou a defesa e influir eficazmente na convicção do juiz. **Art. 371.** O juiz apreciará a prova constante dos autos, independentemente do sujeito que a tiver promovido, e indicará na decisão as razões da formação de seu convencimento. ▶ **Art. 489. § 1º** Não se considera fundamentada qualquer decisão judicial, seja ela interlocutória, sentença ou acórdão, que: I – se limitar à indicação, à reprodução ou à paráfrase de ato normativo, sem explicar sua relação com a causa ou a questão decidida; II – empregar conceitos jurídicos indeterminados, sem explicar o motivo concreto de sua incidência no caso; III – invocar motivos que se prestariam a justificar qualquer outra decisão; IV – não enfrentar todos os argumentos deduzidos no processo capazes de, em tese, infirmar a conclusão adotada pelo julgador; V – se limitar a invocar precedente ou enunciado de súmula, sem identificar seus fundamentos determinantes nem demonstrar que o caso sob julgamento se ajusta àqueles fundamentos; VI – deixar de seguir enunciado de súmula, jurisprudência ou precedente invocado pela parte, sem demonstrar a existência de distinção no caso em julgamento ou a superação do entendimento.

ENUNCIADO 517. A DECISÃO JUDICIAL QUE EMPREGAR REGRAS DE EXPERIÊNCIA COMUM, SEM INDICAR OS MOTIVOS PELOS QUAIS A CONCLUSÃO ADOTADA DECORRE DAQUILO QUE ORDINARIAMENTE ACONTECE, CONSIDERA-SE NÃO FUNDAMENTADA.

● *Grupo: Direito probatório.* ● *Referências: arts. 375 e 489, § 1º.*

▸ ***Vitor de Paula Ramos***

O enunciado em comento novamente preocupa-se com a motivação analítica das decisões sobre os fatos. Assim, apesar do artigo 417 fazer referência genérica a "regras de experiência comum" e a coisas que acontecem "ordinariamente", o artigo 489 exige que o magistrado demonstre, em sua decisão, o porquê de considerar que os fatos em questão permitem tal conclusão. Não basta, portanto, a mera e simples referência à ideia de experiência comum, sendo necessário que a motivação possa permitir um controle intersubjetivo.

▶ **NCPC. Art. 375.** O juiz aplicará as regras de experiência comum subministradas pela observação do que ordinariamente acontece e, ainda, as regras de experiência técnica, ressalvado, quanto a estas, o exame pericial. ▶ **Art. 489. § 1º** Não se considera fundamentada qualquer decisão judicial, seja ela interlocutória, sentença ou acórdão, que: I – se limitar à indicação, à reprodução ou à paráfrase de ato normativo, sem explicar sua relação com a causa ou a questão decidida; II – empregar conceitos jurídicos indeterminados, sem explicar o motivo concreto de sua incidência no caso; III – invocar motivos que se prestariam a justificar qualquer outra decisão; IV – não enfrentar todos os argumentos deduzidos no processo capazes de, em tese, infirmar a conclusão adotada pelo julgador; V – se limitar a invocar precedente ou enunciado de súmula, sem identificar seus fundamentos determinantes nem demonstrar que o caso sob julgamento se ajusta àqueles fundamentos; VI – deixar de seguir enunciado de súmula, jurisprudência ou precedente invocado pela parte, sem demonstrar a existência de distinção no caso em julgamento ou a superação do entendimento.

Enunciado 518. Em caso de exibição de documento ou coisa em caráter antecedente, a fim de que seja autorizada a produção, tem a parte autora o ônus de adiantar os gastos necessários, salvo hipóteses em que o custeio incumbir ao réu.

● *Grupo: Direito probatório.* ● *Referências: art. 396.*

▸ ***Vitor de Paula Ramos***

O enunciado em comento visa a evitar que, após obter o documento ou coisa que lhe era necessário, a parte demandante, já tendo obtido o bem da vida pretendido, furte-se de adimplir os custos, tendo o demandado de buscar vias para recuperar os valores despendidos na produção da prova. Assim, o enunciado entende que o magistrado deve, antes de ordenar a exibição antecedente, que determinar que a parte demandante recolha as custas necessárias, consultando a demandada, se necessário.

▸ **NCPC. Art. 396.** O juiz pode ordenar que a parte exiba documento ou coisa que se encontre em seu poder.

Enunciado 519. Em caso de impossibilidade de obtenção ou de desconhecimento das informações relativas à qualificação da testemunha, a parte poderá requerer ao juiz providências necessárias para a sua obtenção, salvo em casos de inadmissibilidade da prova ou de abuso de direito.

● *Grupo: Direito probatório.* ● *Referências: arts. 6º, 319, § 1º e 450.*

▸ ***Vitor de Paula Ramos***

Trata-se o enunciado em comento de mera aplicação da colaboração do juiz com as partes, prevista no artigo 6º do CPC. Uma das dimensões da colaboração é o dever de auxílio do magistrado para com as partes. Especificamente quanto à prova testemunhal, pode ocorrer de a parte que necessita da prova não ter condições de descobrir o paradeiro da testemunha. Nesses casos, deverá o juiz colocar o aparato estatal à disposição da parte, auxiliando-a a obter as informações necessárias, seja mediante consulta a órgãos oficiais, seja mediante ofícios etc.

▸ **NCPC. Art. 6º** Todos os sujeitos do processo devem cooperar entre si para que se obtenha, em tempo razoável, decisão de mérito justa e efetiva. ▸ **Art. 319. § 1º** Caso não disponha das informações previstas no inciso II, poderá o autor, na petição inicial, requerer ao juiz diligências necessárias a sua obtenção. ▸ **Art. 450.** O rol de testemunhas conterá, sempre que possível, o nome, a profissão, o estado civil, a idade, o número de inscrição no Cadastro de Pessoas Físicas, o número de registro de identidade e o endereço completo da residência e do local de trabalho.

Enunciado 584. É possível que um litisconsorte requeira o depoimento pessoal do outro.

● *Grupo: Direito probatório.* ● *Referências: arts. 117 e 385.*

▸ ***Vitor de Paula Ramos***

Uma vez que a produção da prova, no processo civil do Estado Constitucional, não pertence a uma parte, à outra, ou ao juiz, entende o enunciado que o litisconsorte poderá ter interesse jurídico na produção de depoimento pessoal do outro. Para tanto, o enunciado em comento considera o disposto no artigo 117.

▸ **NCPC. Art. 117.** Os litisconsortes serão considerados, em suas relações com a parte adversa, como litigantes distintos, exceto no litisconsórcio unitário, caso em que os atos e as omissões de um não prejudicarão os outros, mas os poderão beneficiar. ▸ **Art. 385.** Cabe à parte requerer o depoimento pessoal da outra parte, a fim de que esta seja interrogada na audiência de instrução e julgamento, sem prejuízo do poder do juiz de ordená-lo de ofício.

Enunciado 632. A redistribuição de ofício do ônus de prova deve ser precedida de contraditório.

● *Grupo: Direito probatório.* ● *Referências: arts. 10 e 373, § 1º.*

▸ ***Robson Renault Godinho***

O artigo 373, § 1º, do CPC autoriza que o juiz redistribua de ofício o ônus da prova, ao dispor que "nos casos previstos em lei ou diante de peculiaridades da causa relacionadas à impossibilidade ou à excessiva dificuldade de cumprir o encargo nos termos do caput ou à maior facilidade de obtenção da prova do fato contrário, poderá o juiz atribuir o ônus da prova de modo diverso, desde que o faça por decisão fundamentada, caso em que deverá dar à parte a oportunidade de se desincumbir do ônus que lhe foi atribuído".

Duas observações se impõem para que o dispositivo legal seja interpretado de acordo com o sistema processual: 1) a atuação de ofício do juiz deve ser sempre subsidiária e, no caso da distribuição do ônus da prova, a preponderância deve ser para o consenso entre as partes, se possível (arts. 357, § 2º, e 373, § 3º, CPC); 2) o fato de a regra poder ser aplicada de ofício não elimina a necessidade de contraditório prévio, conforme o artigo 10 do CPC[477], que, ao mesmo tempo em que exige a possibilidade de participação das partes, proíbe a existência de decisão surpresa. O contraditório prévio nessa hipótese pode evitar que se estabeleça a prova diabólica reversa e, também, previne o reconhecimento de nulidades em grau de recurso.

477. "Art. 10. O juiz não pode decidir, em grau algum de jurisdição, com base em fundamento a respeito do qual não se tenha dado às partes oportunidade de se manifestar, ainda que se trate de matéria sobre a qual deva decidir de ofício".

Há que se registrar que a didática preocupação do CPC com os princípios constitucionais do processo, notadamente o respeito ao contraditório previsto nos artigos 9º e 10 do Código e que decorre diretamente da Constituição, nota-se a tendência jurisprudencial para a manutenção da permanente violação dessas normas, reproduzindo entendimentos incompatíveis com esse regramento[478]. Nesse contexto, é fundamental a edição de enunciados que reforçam a necessidade de submeter ao contraditório prévio toda e qualquer decisão que possa ser tomada de ofício, não se podendo confundir os poderes do juiz com a aniquilação da participação das partes e muito menos ter o processo como campo apropriado para ciladas decisórias.

Caso se observe com rigor o disposto no artigo 357, III, CPC, e se decida sobre a inversão do ônus da prova na fase da organização e do saneamento do processo, o contraditório poderá ser observado por meio da designação da audiência prevista no artigo 357, § 3º, CPC, ou pode ser realizado por escrito. O fundamental, entretanto, é assegurar que as partes se manifestem previamente à inversão de ofício do ônus da prova pelo juiz[479].

---

478. Confira-se, por exemplo, o recente julgado: STJ, EDcl no REsp 1280825, 4ª T., Rel. Min. Maria Isabel Gallotti, j. 27.6.2017.

479. "Além das partes, a dinamização do ônus da prova também poderá ser suscitada pelo próprio juiz. Caso ele perceba, por exemplo, que uma das partes tenha melhores condições probatórias, enquanto a outra tem dificuldade para se desincumbir do seu ônus, trata-se de hipótese de cabimento de dinamização. No entanto, é imprescindível que dois pressupostos sejam preenchidos: a) o juiz deve intimar previamente as partes para que se manifestem sobre o tema (art. 10, CPC); b) tal decisão deve permitir à parte que vier a receber o novo ônus que dele possa se desincumbir" (MACÊDO, Lucas Buril. PEIXOTO, Ravi. *Ônus da Prova e sua Dinamização*. 2. ed. Salvador: Juspodivm, 2016. p. 201). "Como já mencionado, a decisão que dinamiza a atribuição do ônus necessariamente deverá observar o disposto nos arts. 9º, 10 e 357, III, além da parte final do art. 373, § 1º, todos do novo CPC. A complexidade inerente à necessidade da dinamização das regras sobre ônus probatório deverá ensejar a incidência do saneamento compartilhado previsto no art. 357, § 3º, do novo CPC, isso se as partes não apresentarem o negócio processual válido sobre a matéria. Evidentemente, caso a constatação da necessidade da atribuição dinâmica do ônus da prova se dê após a decisão de saneamento e de organização do processo, ainda assim o contraditório deve ser observado. Como a possibilidade de modificação das regras comuns que fixam o ônus da prova relaciona-se com a impossibilidade ou a excessiva dificuldade de cumprir o encargo ou ainda a maior facilidade de obtenção da prova do fato contrário, há que se definir, apontar, submeter às partes e justificar o fato – ou o conjunto de fatos – que será objeto da dinamização. Ou seja: a atribuição de modo diverso do padrão não significa uma transferência genérica do ônus probatório e deve ser vinculada à necessidade de comprovação de fato específico. A decisão que "redistribuir" o ônus da prova obviamente deve ser fundamentada e não pode gerar situação em que a desincumbência do encargo pela parte seja impossível ou excessivamente difícil, que é uma limitação tradicional inclusive para a convenção entre as partes sobre a matéria, cabendo lembrar o disposto no art. 489, § 1º, e está sujeita à nova sistemática do recurso de agravo de instrumento, conforme previsão no art. 1015, XI, ambos do novo CPC (registre-se que é passível de agravo apenas a decisão que modifica a fixação do ônus da prova; aquela que a indefere deve ser impugnada por meio de recurso de apelação, considerando-se a taxatividade das hipóteses que desafiam a interposição do recurso de agravo de instrumento)". GODINHO, Robson. *Negócios processuais sobre o ônus da prova no Novo Código de Processo Civil*. São Paulo: RT, 2015. p. 214).

Enunciado 634. Se, na pendência do processo, ocorrer a hipótese do art. 381, I ou II, poderá ser antecipado o momento procedimental de produção da prova, seguindo-se o regramento próprio do meio de prova requerido e não o procedimento dos arts. 381 a 383.

• *Grupo: Direito probatório.* • *Referências: art. 381.*

▸ **Robson Renault Godinho**

A produção antecipada da prova[480] pode ocorrer, entre outros motivos, quando houver "fundado receio de que venha a tornar-se impossível ou muito difícil a verificação de certos fatos na pendência da ação" e, também, quando a prova a ser produzida puder viabilizar a autocomposição ou outro meio adequado de solução de conflito. Previu o legislador, portanto, o procedimento antecedente e autônomo para produção de prova. Nesse contexto, o legislador foi omisso acerca da possibilidade de antecipação da produção de prova incidental, ou seja, na pendência de processo em curso e não como procedimento autônomo.

Com efeito, sobretudo em situações de urgência, pode se afigurar a antecipação da produção de determinado meio de prova na pendência do processo, não podendo ser compartimentada de modo absoluta a fase instrutória de modo a impedir, por questões formais estanques, a realização da atividade probatória que se mostrar necessária. Hipóteses que justificam a produção autônoma e antecipada de prova podem surgir apenas na pendência de um processo e, também nesse caso, é possível se requerer a produção antecipada de forma incidental. Além de não haver óbice legal, essa situação se assemelha às hipóteses de cautelar previstas no código anterior.

480. "Art. 381. A produção antecipada da prova será admitida nos casos em que: I – haja fundado receio de que venha a tornar-se impossível ou muito difícil a verificação de certos fatos na pendência da ação; II – a prova a ser produzida seja suscetível de viabilizar a autocomposição ou outro meio adequado de solução de conflito; III – o prévio conhecimento dos fatos possa justificar ou evitar o ajuizamento de ação. § 1º O arrolamento de bens observará o disposto nesta Seção quando tiver por finalidade apenas a realização de documentação e não a prática de atos de apreensão. § 2º A produção antecipada da prova é da competência do juízo do foro onde esta deva ser produzida ou do foro de domicílio do réu. § 3º A produção antecipada da prova não previne a competência do juízo para a ação que venha a ser proposta. § 4º O juízo estadual tem competência para produção antecipada de prova requerida em face da União, de entidade autárquica ou de empresa pública federal se, na localidade, não houver vara federal. § 5º Aplica-se o disposto nesta Seção àquele que pretender justificar a existência de algum fato ou relação jurídica para simples documento e sem caráter contencioso, que exporá, em petição circunstanciada, a sua intenção. Art. 382. Na petição, o requerente apresentará as razões que justificam a necessidade de antecipação da prova e mencionará com precisão os fatos sobre os quais a prova há de recair. § 1º O juiz determinará, de ofício ou a requerimento da parte, a citação de interessados na produção da prova ou no fato a ser provado, salvo se inexistente caráter contencioso. § 2º O juiz não se pronunciará sobre a ocorrência ou a inocorrência do fato, nem sobre as respectivas consequências jurídicas. § 3º Os interessados poderão requerer a produção de qualquer prova no mesmo procedimento, desde que relacionada ao mesmo fato, salvo se a sua produção conjunta acarretar excessiva demora. § 4º Neste procedimento, não se admitirá defesa ou recurso, salvo contra decisão que indeferir totalmente a produção da prova pleiteada pelo requerente originário. Art. 383. Os autos permanecerão em cartório durante 1 (um) mês para extração de cópias e certidões pelos interessados. Parágrafo único. Findo o prazo, os autos serão entregues ao promovente da medida".

A previsão de um procedimento autônomo para a produção antecipada de prova foi estabelecida para evitar o risco de sua perda e também para oferecer às partes – também destinatárias da prova – conhecimentos de fatos que possibilitem a solução do conflito, de modo que a previsão legal não pode ser pensada como obstáculo apto a amesquinhar a instrução do processo. Em síntese, a previsão de ação autônoma[481] para a produção antecipada de prova não significa que, havendo fundamentos que justifiquem a mesma providência no decorrer de um processo, está vedada a possibilidade de antecipação incidental[482]. O enunciado pretende esclarecer, portanto, que a utilidade e a necessidade da prova não se vinculam a rígidos aspectos temporais, podendo estar presentes antecipada ou incidentalmente.

Enunciado 635. Antes de decidir sobre a conduta da parte no depoimento pessoal, deverá o magistrado submeter o tema a contraditório para evitar decisão surpresa.

● *Grupo: Direito probatório.* ● *Referências: arts. 9º, 10 e 386.*

▸ ***Robson Renault Godinho***

O artigo 385, § 1º, CPC, mantém a conhecida regra que dispõe sobre a conduta da parte que se recusa a depor: "se a parte, pessoalmente intimada para prestar depoimento pessoal e advertida da pena de confesso, não comparecer ou, comparecendo, se recusar a depor, o juiz aplicar-lhe-á a pena". O artigo 386 do CPC complementa[483] esse quadro ao dispor que, "quando a parte, sem motivo justificado, deixar de responder ao que lhe for perguntado ou empregar evasivas, o juiz, apreciando as demais circunstâncias e os elementos de prova, declarará, na sentença, se houve recusa de depor".

---

481. A ação probatória autônoma prevista no art. 381 do CPC dá origem a processo próprio e autônomo, independentemente de futuro e eventual processo. Consequentemente, por ser ação judicial autônoma, é possível cogitar-se a concessão de tutela provisória nesse procedimento específico, a fim de assegurar o direito à produção da prova em casos de urgência extremada (sobre a tutela provisória liminar do direito à produção da prova: DIDIER JR., Fredie. *et al. Curso de direito processual civil.* 11. ed. Salvador: Juspodivm, 2016. p. 147-148). O enunciado ora comentado, entretanto, trata de situação bem diversa, isto é, da hipótese em que, havendo processo pendente, há necessidade de antecipação procedimental de alguma produção de prova.

482. "Se em processo já em curso justificar-se a produção de uma prova antes da fase instrutória, aplica-se o art. 139, VI, e não a medida ora examinada". TALAMINI, Eduardo. *Comentários ao novo Código de processo Civil.* CABRAL, Antonio P.; CRAMER, Ronaldo. (Coords.). *Comentários ao novo Código de Processo Civil.* Rio de Janeiro: Forense, 2015. p. 589.

483. "Em verdade, o art. 386 praticamente complementa a hermenêutica do art. 385, § 1º, acrescentando a ele especificações para a incidência da ficta confessio. Cotejando os dois dispositivos mencionados, observa-se que o presente acresce àquele o requisito da ausência de motivo justo como causa para aplicação da sanção ficta. (...). Ou seja: para que se tenha a parte como confessa (ficticiamente) é indispensável que o silêncio da parte ocorra sem motivo justo. Este mesmo requisito se exige, como sói ser evidente, no caso de falta da parte; também aqui somente se aplica a consequência da confissão ficta para o caso em que a parte não se apresente ao ato de seu depoimento pessoal sem justa razão (MARINONI, Luiz G. ARENHART, Sérgio Cruz. *Prova e Convicção.* 3. ed. São Paulo: RT, 2015. p. 478).

A decisão judicial que qualificar a conduta da parte, durante o depoimento pessoal, como recusa de depor deverá ser submetida a contraditório prévio, como decorrência da respectiva garantia constitucional e da didática regra inserta no artigo 10 do CPC. Com efeito, a sanção de confissão ficta a ser aplicada pelo juiz, na forma do artigo 386 do CPC[484], além da imprescindível fundamentação, deverá decorrer da valoração da conduta da parte e essa situação potencialmente capaz de surpreender as partes deve ser submetida a prévio contraditório.

O fato de a consequência de uma conduta estar prevista em lei evidentemente não exclui a observância do dever do juiz de provocar o contraditório, sob pena de a garantia constitucional ser reduzida a zero. Note-se, ainda, que deve ser conferida à parte a possibilidade de conhecer essa possibilidade concreta de sanção e poder defender-se e influenciar a decisão, seja para comprovar que houve "justo motivo", seja para esclarecer "as demais circunstâncias e os elementos de prova" ou assinalar a presença de escusas legais ou a não incidência de confissão, entre outras matérias.

Além disso, há ainda a possibilidade de aquele que colher o depoimento não ser necessariamente o mesmo que proferirá a decisão final, sobretudo com o fim da identidade física do juiz. Enfim, o enunciado expressa a ideia fundamental que se extrai do CPC, no sentido de um processo com contraditório efetivo e regido pela boa-fé objetiva.

ENUNCIADO 636. AS CONVERSAS REGISTRADAS POR APLICATIVOS DE MENSAGENS INSTANTÂNEAS E REDES SOCIAIS PODEM SER ADMITIDAS NO PROCESSO COMO PROVA, INDEPENDENTEMENTE DE ATA NOTARIAL.

● *Grupo: Direito probatório.* ● *Referências: arts. 369, 439, 440 e 584.*

▸ **Robson Renault Godinho**

A admissibilidade de meio de prova no processo civil brasileira não se vincula à tipicidade dos meios de prova[485], o que significa a liberdade da produção de meios de prova, desde que moralmente legítimo e lícito. Se há possibilidade de utilização de meios de prova atípicos, não há que se vincular sua produção com qualquer outro

484. Evidentemente, a sanção da confissão ficta somente pode ser aplicada se não houver as denominadas escusas de depor e se for possível a confissão.

485. "Art. 369. As partes têm o direito de empregar todos os meios legais, bem como os moralmente legítimos, ainda que não especificados neste Código, para provar a verdade dos fatos em que se funda o pedido ou a defesa e influir eficazmente na convicção do juiz". Ainda que o conceito de documento como fonte de prova tenha sido alargado para abarcar as novas tecnologias e o CPC tenha mencionado como meio de prova o uso de documentos eletrônicos, o fato é que a informalidade, a dinâmica e a dificuldade em se identificar a exata autoria fazem com que as mensagens trocadas por aplicativos de comunicação instantânea possam encontrar dificuldades para se incluírem no tipo da prova documental, ainda que, em tese, seja possível sua "conversão à forma impressa" (sobre os problemas modernos relacionados à prova documental: AMARAL, Paulo O. *Provas: atipicidade, liberdade e instrumentalidade*. 2. ed. São Paulo: RT, itens 8.2 e 8.3). Por essa razão, mantém-se a qualificação desse meio de prova como atípico; entretanto, caso se entenda que se trata de prova documental, a aplicação do enunciado é preservada e facilitada, não prejudicando sua compreensão e incidência.

meio típico. Com efeito, se uma prova atípica necessitasse do amparo de uma prova típica, na realidade estaria consagrado o sistema da tipicidade dos meios probatórios, o que, evidentemente, é incompatível com o ordenamento processual civil brasileiro.

Com o novo CPC, a ata notarial passou a ser um meio de prova típico, conforme o artigo 384: "a existência e o modo de existir de algum fato podem ser atestados ou documentados, a requerimento do interessado, mediante ata lavrada por tabelião". Trata-se de faculdade da parte e não uma imposição de espécie de prova legal, de modo que não há que se vincular uma prova atípica à produção desse meio de prova típico.

A atipicidade probatória é essencialmente independente e prescinde, com o perdão do truísmo, de meio previsto em lei. Ainda que se afigure uma obviedade o que foi dito, a importância didática está no fato de que vivemos com uma atávica mentalidade cartorária e não é cenário ficcional esse que o enunciado pretende evitar. O uso de registros eletrônicos como prova é válido por si e será valorado pelo juiz independentemente de uso de ata notarial[486], que não pode ser considerada meio necessário para admissão de tal prova.

Enunciado 637. A escolha consensual do perito não impede as partes de alegarem o seu impedimento ou suspeição em razão de fato superveniente à escolha.

● *Grupo: Direito probatório.* ● *Referências: art. 471.*

▸ ***Robson Renault Godinho***

O artigo 471 do CPC[487] autoriza a escolha consensual do perito pelas partes, estabelecendo, assim, um negócio processual típico. Para a compreensão do dispositivo e, consequentemente, do enunciado do FPPC, são necessárias algumas premissas: 1) a escolha consensual do perito pode decorrer da perícia requerida unilateralmente, também por consenso ou determinada de ofício; 2) a escolha das partes vincula o juiz, que, contudo, pode controlar os requisitos e pressupostos do consenso, como ocorre nos negócios jurídicos em geral; 3) a escolha consensual do perito encontra balizamentos legais como todo negócio jurídico; 4) consequentemente, o consenso não é suficiente para superar a parcialidade do perito, quando decorrente de fato superveniente; 5) o questionamento da parcialidade do perito pode significar comportamento contraditório e violação da boa-fé objetiva, já que o consenso pressupõe liberdade de escolha e coinfluência de desígnios; 6) a perícia consensual não difere da

486. "Art. 384. A existência e o modo de existir de algum fato podem ser atestados ou documentados, a requerimento do interessado, mediante ata lavrada por tabelião. Parágrafo único. Dados representados por imagem ou som gravados em arquivos eletrônicos poderão constar da ata notarial".

487. "Art. 471. As partes podem, de comum acordo, escolher o perito, indicando-o mediante requerimento, desde que: I – sejam plenamente capazes; II – a causa possa ser resolvida por autocomposição. § 1º As partes, ao escolher o perito, já devem indicar os respectivos assistentes técnicos para acompanhar a realização da perícia, que se realizará em data e local previamente anunciados. § 2º O perito e os assistentes técnicos devem entregar, respectivamente, laudo e pareceres em prazo fixado pelo juiz. § 3º A perícia consensual substitui, para todos os efeitos, a que seria realizada por perito nomeado pelo juiz".

perícia determinada pelo juiz, salvo na determinação subjetiva do perito; 7) as partes podem discordar do laudo elaborado pelo perito, na medida em que são autorizadas a nomear assistentes técnicos (art. 471, § 1º, CPC).

O consenso tem como um dos efeitos principais precisamente a impossibilidade de se praticar comportamento contraditório, de modo que às partes em princípio fica vedado o questionamento da parcialidade do perito escolhido. Entretanto, a parcialidade pode decorrer de fato posterior[488] à escolha consensual, sendo possível que a parte eventualmente prejudicada busque a resolução do negócio e a consequentemente substituição do perito, não havendo preclusão lógica nesse caso.

Em síntese, havendo fato superveniente à escolha do perito que implique sua parcialidade, pode a parte alegar suspeição ou impedimento, não havendo que se falar nessa hipótese em violação da boa-fé diante da mudança do contexto existente à época da celebração do negócio processual.

Enunciado 677. É possível a ampliação do número de testemunhas, em razão da complexidade da causa e dos fatos individualmente considerados.

● *Grupo: Direito Probatório;* ● *Referências: art. 357, §7°*

▸ ***Rosalina Freitas Martins de Sousa***

O diploma processual civil em vigor estabelece, no seu art. 357, §6°, que o número de testemunhas arroladas não pode ser superior a 10 (dez), sendo 3 (três), no máximo, para a prova de cada fato.

Nos termos do §7° do mesmo dispositivo legal, porém, o juiz poderá, observada a complexidade da causa e dos fatos postos em discussão, estabelecer uma limitação do número de testemunhas. Isso quer dizer que o magistrado poderá verificar que, em processo de reduzida complexidade, uma ou duas testemunhas são suficientes para demonstrar a ocorrência de um fato alegado. Imagine-se, por exemplo, que há alegação das partes de que determinado fato só foi testemunhado por uma única pessoa. Nessa hipótese, não há razão para permitir que sobre esse fato, individualmente considerado, sejam arroladas 03 (três) testemunhas.

Como se vê, o texto normativo abre claramente a possibilidade de o juiz deferir um número de testemunhas abaixo do máximo previsto no §6° do art. 357[489].

---

488. O enunciado se limita a autorizar a impugnação por fato superveniente à escolha. Trata-se de conclusão mais conservadora, que foi adotada em virtude da necessidade de haver unanimidade nas votações pelas quais passam todos os enunciados aprovados no FPPC. Entretanto, pode-se imaginar que, na prática forense, três outras questões merecerão atenção da doutrina e da jurisprudência: 1) possibilidade de alegação da parcialidade do perito por fato anterior à escolha, mas com ciência do fato pela parte apenas em momento posterior; 2) se a suspeição e o impedimento podem receber a mesma disciplina acerca da disponibilidade pelas partes; 3) possibilidade de o juiz controlar a parcialidade do perito de ofício. Ressalve-se, porém, que o enunciado apenas aborda aquilo que é bastante tranquilo: alegação decorrente de fato superveniente à escolha.

489. Conforme adverte a doutrina, esse poder de limitar o número de testemunhas "deve ser utilizado com extrema ponderação, considerando que o convencimento, na maioria das vezes, não se limita apenas

Sucede que do mesmo modo que o magistrado, analisando o caso concreto, pode verificar que a hipótese reclama a limitação do número de testemunhas, o inverso também pode ocorrer[490]. O enunciado ora comentado contempla exatamente essa possibilidade, justamente porque a situação concreta, em vez de apontar para uma limitação, pode exigir sejam ouvidas mais testemunhas que o previsto no art. 357, §6°.

Tem-se, assim, que os limites fixados no dispositivo mencionado não são peremptórios[491], podendo o magistrado avaliar a necessidade da oitiva de mais testemunhas para elucidação dos fatos[492]. Noutro dizer: o magistrado, como diretor do processo, detém poderes para conformar o procedimento às peculiaridades do caso concreto, tudo como meio de mais bem tutelar o direto material discutido.

O enunciado 677, ora comentado, portanto, está sintonizado com o princípio da adequação[493], na medida em que admite a ampliação do número de testemunhas, em razão da complexidade da causa e dos fatos individualmente considerados.

Essa adequação jurisdicional do processo, naturalmente, deve ser precedida de uma intimação às partes, a fim de preservar o contraditório e respeitar o modelo cooperativo de processo. As partes não podem ser surpreendidas, sem que lhes seja dada a chance de se adaptarem a elas, alterando, se for o caso, as suas estratégias processuais.

---

ao juiz que produz a prova em primeiro grau, mas também aos desembargadores que julgarão a futura e provável apelação". NEVES, Daniel Amorim Assumpção. Novo Código de Processo Civil Comentado. 2. ed. Salvador: JusPodivm, 2017, pág. 653.

490. Percebeu o ponto: DIDIER JR. Fredie; BRAGA, Paula Sarno; OLIVEIRA, Rafael Alexandria. Curso de direito processual civil: teoria da prova, direito probatório, decisão, precedente, coisa julgada e tutela provisória. 13 ed. Salvador: JusPodivm, 2018, pág. 289.

491. YARSHELL, Flávio Luiz; PEREIRA, Guilherme Setogui J..; RODRIGUES, Viviane Siqueira. Comentários ao Código de Processo Civil: artigos 334 ao 368. *In*: MARINONI, Luiz Guilherme; ARENHART, Sérgio Cruz, MITIDIERO, Daniel (coords.). Coleção comentários ao Código de Processo Civil; v. 5. São Paulo: Revista dos Tribunais, 2016, pág. 298.

492. Nesse sentido, já entendeu o STJ sob a égide do CPC/1973. Eis trecho da ementa do julgado: "[...] 2. Se a parte apresentar mais de 3 testemunhas para provar cada fato, facultar-se-á ao magistrado dispensar as que excedam a esse número, ou seja, o juiz poderá dispensar as testemunhas restantes quando já se dê por habilitado a formar convicção sobre determinado fato probando. 3. A limitação das 3 testemunhas constante do parágrafo único do art. 407 do CPC se restringe ao número de testemunhas a serem indicadas pelas partes, não se aplicando ao arbítrio do juiz em decidir quantas testemunhas serão por ele ouvidas para cada fato probando. 4. Se entender pertinente à instrução processual, o magistrado poderá ouvir mais pessoas como testemunhas do juízo, providência esta que não segue as restrições do parágrafo único do art. 407 do Diploma Processual Civil, e sim os ditames do art. 130 do mesmo Codex. Recurso especial conhecido em parte e, nesta parte, improvido. (REsp 1371246/RS, Rel. Min. Humberto Martins, 2ª Turma, julgado em 05/12/2013, DJe 16/12/2013).

493. "O *princípio da adequação* pode ser visualizado em três dimensões: a) *legislativa*, como informador da produção legislativa das regras processuais; b) *jurisdicional*, permitindo ao juiz, no caso concreto, adaptar o procedimento às peculiaridades da causa que lhe é submetida; c) *negocial*: o procedimento é adequado pelas próprias partes, negocialmente. No segundo e no terceiro casos, há quem prefira, assim, designar o fenômeno de *adaptabilidade, flexibilidade* ou *elasticidade do processo*." DIDIER JR. Fredie. Curso de direito processual civil: introdução ao direito processual civil, parte geral e processo de conhecimento. 20 ed. Salvador: JusPodivm, 2018, págs. 144/145.

► **NCPC. Art. 357.** § 7°. O juiz poderá limitar o número de testemunhas levando em conta a complexidade da causa e dos fatos individualmente considerados.

ENUNCIADO 678. É LÍCITA A IMPOSIÇÃO DE MULTA POR ATO ATENTATÓRIO À DIGNIDADE DA JUSTIÇA, EM CASO DE DESCUMPRIMENTO INJUSTIFICADO POR TERCEIRO DA ORDEM DE INFORMAR AO JUIZ OS FATOS E AS CIRCUNSTÂNCIAS DE QUE TENHA CONHECIMENTO OU DE EXIBIR COISA OU DOCUMENTO QUE ESTEJA EM SEU PODER.

● *Grupo: Direito Probatório;* ● *Referências: art. 380; art. 77, IV.*

▸ *Rosalina Freitas Martins de Sousa*

Todos, em geral, possuem o dever de colaborar com o Poder Judiciário. Os terceiros, naturalmente, não escapam desse dever de colaboração. O CPC evidencia que o terceiro está sujeito ao dever de colaboração não apenas segundo a disposição normativa aberta constante no art. 378. De acordo com o art. 380 do CPC, cabe ao terceiro informar ao juiz os fatos e as circunstâncias de que tenha conhecimento e exibir coisa ou documento que esteja em seu poder[494].

De se verificar que o CPC claramente estabelece um arsenal geral para a efetivação do dever de colaboração. Nos termos do parágrafo único do art. 380 do CPC, na hipótese de o terceiro descumprir a ordem judicial, o juiz poderá determinar, além da imposição de multa, outras medidas indutivas, coercitivas, mandamentais ou sub-rogatórias[495].

Ao lado dessas medidas, o juiz ainda pode empregar a sanção prevista no art. 77, IV, c/c o seu §2°.

De acordo com esse dispositivo, qualquer pessoa que, de alguma forma, participe do processo, deve cumprir com exatidão as decisões jurisdicionais, de natureza provisória ou final, e não criar embaraço à sua efetivação. A prática de conduta que consista em violação ao dever em análise é considerada ato atentatório à dignidade da justiça, passível o responsável, como se disse, nos termos do § 2° do art. 77, de multa de até vinte por cento do valor da causa, de acordo com a gravidade da conduta, sem

494. "O art. 380, CPC, é exemplificativo. Ao impor especificamente os deveres que constam do artigo em comento, não excluiu a colaboração por outras vias. O terceiro está sujeito ao dever de colaboração sempre e por qualquer modo que interesse ao processo – ressalvados, apenas, os casos em que há regra de exclusão para proteção da esfera jurídica do terceiro (arts. 404 e 448, por exemplo)." MARINONI, Luiz Guilherme; ARENHART, Sérgio Cruz; MITIDIERO, Daniel. Código de Processo Civil Comentado. 3. ed. São Paulo: Revista dos Tribunais, 2017, pág. 494.

495. O atual CPC, em relação ao diploma processual revogado, amplia as medidas cabíveis pelo magistrado para que se tenha acesso à coisa ou documento de terceiro. Se o CPC/1973 permitia tão somente a expedição de mandado de busca e apreensão, no caso de recusa injustificada de exibição da coisa ou documento, o diploma processual em vigor, nos termos do já mencionado parágrafo único do art. 380, amplia as medidas que podem ser utilizadas, buscando conferir maior efetividade à exibição de documentos ou de coisas em face de terceiros. Nesse sentido, entende-se por superado o enunciado n. 372 da Súmula do STJ, segundo a qual "Na ação de exibição de documentos, não cabe a aplicação de multa cominatória".

prejuízo das sanções criminais, cíveis e processuais cabíveis, podendo tal penalidade ser fixada em até dez salários mínimos, quando o valor da causa for irrisório ou inestimável (art. 77, §5°).

Ainda que a medida estampada no art. 77 do CPC tenha caráter punitivo, inegavelmente a sua existência estimula os terceiros a colaborar com o Poder Judiciário, constituindo em mais uma forma de sanção para efetivar a decisão judicial. A medida, ademais, por seu caráter punitivo, pode ser cumulada com outras técnicas indutivas, coercitivas, mandamentais ou sub-rogatórias tendentes a forçar o terceiro a colaborar com o Judiciário[496].

O enunciado 678, ora comentado, deixa clara, portanto, a possibilidade de o órgão judicial impor multa por ato atentatório à dignidade da justiça, em caso de descumprimento injustificado por terceiro da ordem de informar ao juiz os fatos e as circunstâncias de que tenha conhecimento ou de exibir coisa ou documento que esteja em seu poder.

► **NCPC. Art. 380.** Incumbe ao terceiro, em relação a qualquer causa: I – informar ao juiz os fatos e as circunstâncias de que tenha conhecimento; II – exibir coisa ou documento que esteja em seu poder. Parágrafo único. Poderá o juiz, em caso de descumprimento, determinar, além da imposição de multa, outras medidas indutivas, coercitivas, mandamentais ou sub-rogatórias.

► **NCPC. Art. 77,** IV. Além de outros previstos neste Código, são deveres das partes, de seus procuradores e de todos aqueles que de qualquer forma participam do processo: [...]; IV – cumprir com exatidão as decisões jurisdicionais, de natureza provisória ou final, e não criar embaraços à sua efetivação.

2.1.1.10. Da Sentença e da Coisa Julgada (arts. 485 a 508)

2.1.1.10.1. Disposições Gerais (arts. 485 a 488)

Enunciado 47. A competência do juízo estatal deverá ser analisada previamente à alegação de convenção de arbitragem.

● *Grupo: Arbitragem. Redação revista (III FPPC).* ● *Referência: art. 485, VII.*

▸ ***Thiago Rodovalho***

O NCPC mantém corretamente a impossibilidade de conhecimento de ofício da convenção de arbitragem, tornando, ainda, claro o efeito de sua não arguição, que há de compreendida, *ex vi legis*, como *renúncia* (tácita) à arbitragem.[497] Deste modo, a

496. MARINONI, Luiz Guilherme; ARENHART, Sérgio Cruz. Comentários ao Código de Processo Civil: artigos 369 ao 380. *In*: MARINONI, Luiz Guilherme; ARENHART, Sérgio Cruz, MITIDIERO, Daniel (coords.). Coleção comentários ao Código de Processo Civil; v. 6. São Paulo: Revista dos Tribunais, 2016, págs. 299/300.

497. Cf. CPC/2015: "Art. 337. (...). § 5º Excetuadas a convenção de arbitragem e a incompetência relativa, o juiz conhecerá de ofício das matérias enumeradas neste artigo. § 6º A ausência de alegação da existência de convenção de arbitragem, na forma prevista neste Capítulo, implica aceitação da jurisdição estatal e renúncia ao juízo arbitral".

parte interessada deve alegar, no primeiro momento, é dizer, na contestação, a existência de convenção de arbitragem, sob pena de configurar *renúncia tácita*.

Assim sendo, em havendo alegação de convenção de arbitragem, exsurge a possibilidade de extinção do processo por se fazer presente um "pressuposto processual negativo", o que pode ocorrer em duas situações: (i) quando o juiz acolhe a alegação de convenção de arbitragem; ou (ii) quando o juízo arbitral reconhecer sua competência (a esse respeito, v. comentários ao Enunciado 153).

Nesse sentido, o Enunciado busca harmonizar a apreciação da alegação de convenção de arbitragem com a própria discussão em torno da competência do juízo estatal.

Grosso modo, temos que *competência* é a "concretização" da jurisdição, i.e., a "atribuição" *in concreto* da *fração de jurisdição* a um determinado juiz ou órgão julgador[498], ou, nos dizeres de Liebman, a "*quantidade de jurisdição cujo exercício é atribuído a cada órgão*".[499]

Todo juiz, uma vez (e enquanto) investido no cargo, é dotado, em potencial, de jurisdição, de tal sorte que a competência consubstancia-se, portanto, na atribuição do "poder-dever" do exercício *in concreto* do poder jurisdicional a um determinado juiz ou órgão julgador, tendo por finalidade a racionalização da administração da justiça, a facilitação do acesso à justiça e a preservação da estrutura hierárquica do Poder Judiciário.[500]

Assim, o que o Enunciado em questão *corretamente* preceitua é que, em havendo alegação de convenção de arbitragem e havendo *também* alegação de incompetência do juízo estatal (absoluta ou relativa), essa alegação de incompetência do juízo estatal deve ser enfrentada "antes" que o juiz aprecie efetivamente a alegação de convenção de arbitragem, evitando-se, pois, que essa apreciação se dê por um juiz incompetente para decidir a matéria.

Isto porque – salvo, de forma "excepcionalíssima", e "quando material e juridicamente irremediável e irreversível o dano [relevante]" (TRF3, AgIn 234.283, Rel. Des. Carlos Muta), a necessidade de medida de urgência, a teor art. 64, § 4º do NCPC[501]-[502]–, ao juiz incompetente não é dada a prática de nenhum ato judicial, à exceção da declaração de sua incompetência[503], de modo que ele não pode apreciar a alegação de convenção de arbitragem *antes* de decidir sobre a incompetência ou não do juízo estatal.

---

498. CALAMANDREI, Piero. *Istituzioni di diritto processuale civile*. *In*: *Opere giuridiche*. Napoli: Morano. vol. IV. p. 315-317.
499. LIEBMAN, Enrico Tullio. *Manual de direito processual civil* (trad. Cândido Dinamarco). 2. ed. Rio de Janeiro: Forense. vol. I, 1985. p. 55.
500. V. GRECCO, Leonardo. *Instituições de processo civil*. 5. ed. Rio de Janeiro: Forense. vol. I. p. 123-125.
501. Art. 64. A incompetência, absoluta ou relativa, será alegada como questão preliminar de contestação. (...). § 4º Salvo decisão judicial em sentido contrário, conservar-se-ão os efeitos de decisão proferida pelo juízo incompetente até que outra seja proferida, se for o caso, pelo juízo competente.
502. Nesse sentido, cfr. MEDINA, José Miguel G. *Novo Código de Processo Civil comentado*. São Paulo: RT, 2015. p. 138.
503. LIEBMAN, Enrico Tullio. *Manual de direito processual civil*... cit. p. 56.

▶ **NCPC. Art. 485.** O juiz não resolverá o mérito quando: VII – acolher a alegação de existência de convenção de arbitragem ou quando o juízo arbitral reconhecer sua competência.

Enunciado 48. A alegação de convenção de arbitragem deverá ser examinada à luz do princípio da competência-competência.

● *Grupo: Arbitragem.* ● *Referência: art. 485, VII.*

▸ ***Thiago Rodovalho***

O presente enunciado trata do enfrentamento da alegação de convenção de arbitragem. Na versão da Câmara dos Deputados, o então projeto possuía um melhor regramento da matéria.[504]

Não obstante, o NCPC buscou uma maior harmonização com o *princípio da competência-competência* (também conhecido como *Kompetenz-Kompetenz, competence--competence* ou *compétence-compétence*). Dizemo-lo *mais harmonizado com o princípio da competência-competência*, pois é da essência desse princípio justamente a ideia de que o árbitro decida "*primeiramente*", i.e., *em primeiro lugar* (mas não *exclusivamente*) sobre sua própria competência, cabendo ao Poder Judiciário *a palavra final* (*has the last word*)[505], que será dada apenas *posteriormente* e não *concorrentemente*[506], sendo que, no Brasil, como regra, somente *se* provocado a fazê-lo, em sede de controle da sentença arbitral.[507]-[508]

Trata-se de *cronológico* (*regra de prioridade*)[509], e não de *critério hierárquico*, procurando-se, assim, evitar que haja *concorrência temporal* entre a Jurisdição Estatal e

504. Sobre o tema, cfr. ROQUE, André V.; e RODOVALHO, Thiago. *A convenção de arbitragem e o novo CPC no Senado Federal: a exceção que foge à regra*. Disponível no site Migalhas; e Cahali, Francisco José; e Rodovalho, Thiago. "A arbitragem no novo CPC: primeiras impressões". *In*: FREIRE, Alexandre. *et al.* (Orgs.). *Novas tendências do processo civil*. v. 2, Salvador: Juspodivm, 2014. p. 583-604.

505. VAN DEN BERG, Albert Jan. *The New York Arbitration Convention of 1958*. Deventer: Kluwer Law, 1981. p. 131.

506. Ver, entre outros: GAILLARD, Emmanuel. *Aspects philosophiques du droit de l'arbitrage international*. Leiden: Martinus Nijhoff, 2008. p. 128.

507. Esse é, precisamente, o modelo adotado pelo ordenamento jurídico brasileiro, como se depreende do teor da LARb art. 8º, par. ún. ("Caberá ao árbitro decidir de ofício, ou por provocação das partes, as questões acerca da existência, validade e eficácia da convenção de arbitragem e do contrato que contenha a cláusula compromissória") e 20 caput e § 2º "A parte que pretender arguir questões relativas à competência, suspeição ou impedimento do árbitro ou dos árbitros, bem como nulidade, invalidade ou ineficácia da convenção de arbitragem, deverá fazê-lo na primeira oportunidade que tiver de se manifestar, após a instituição da arbitragem" (...). "Não sendo acolhida a arguição, terá normal prosseguimento a arbitragem, sem prejuízo de vir a ser examinada a decisão pelo órgão do Poder Judiciário competente, quando da eventual propositura da demanda de que trata o art. 33 desta Lei".

508. Alguns países, como Alemanha e Portugal, adotam disciplina um pouco diferente. A esse respeito, v. amplamente TRIPODI, Leandro; e RODOVALHO, Thiago. "Aspectos da arbitragem securitária no contexto de projetos de infra-estrutura: uma análise do caso Jirau à luz de princípios da arbitragem internacional e do direito brasileiro". *Revista de Processo*, v. 237, São Paulo: RT, Janeiro/2014. p. 363-/381.

509. NUNES, Thiago Marinho. "A prática das anti-suit injunctions no procedimento arbitral e seu recente desenvolvimento no direito brasileiro". *Revista Brasileira de Arbitragem*, n. 5, jan-mar/2005. p. 32.

a Jurisdição Arbitral para decidir sobre a competência ou não do Tribunal Arbitral e da arbitralidade ou não do conflito (a existência da convenção de arbitragem, a capacidade das partes para celebrar a convenção de arbitragem, a arbitralidade do litígio, a forma da convenção de arbitragem, licitude do objeto da convenção de arbitragem, a inclusão do litígio no objeto da convenção, a constituição do tribunal arbitral).[510]-[511]

Há exceção a esse princípio somente *se* e *quando* tratar-se de convenção de arbitragem *manifestamente nula*, a teor da Convenção de Nova York (*New York Arbitration Convention – Convention on the Recognition and Enforcement of Foreign Arbitral Awards done at New York, on 10 June 1958*), conforme seu artigo 2º item III: "*The court of a Contracting State, when seized of an action in a manner in respect of which the parties have made an agreement within the meaning of this article at the request of one of the parties, refer the parties to arbitration unless it finds that the said agreement is null and void, inoperative or incapable of being performed*"[512], cujo dispositivo há de ser dada *interpretação restritiva*, a fim de evitar abusos.[513]

Esse é, no nosso entendimento, o sentido do Enunciado ora em comento, que, em respeito ao *princípio da competência-competência*, procura evitar que haja *concorrência temporal* entre a Jurisdição Estatal e a Jurisdição Arbitral.

> ▶ **NCPC. Art. 485.** O juiz não resolverá o mérito quando: VII – acolher a alegação de existência de convenção de arbitragem ou quando o juízo arbitral reconhecer sua competência.

Enunciado 153. A superveniente instauração de procedimento arbitral, se ainda não decidida a alegação de convenção de arbitragem, também implicará a suspensão do processo, à espera da decisão do juízo arbitral sobre a sua própria competência.

● *Grupo: Arbitragem.* ● *Referência: art. 485, VII.*

▸ ***Thiago Rodovalho***

O NCPC, por evidente, admite que o juiz decida a alegação de convenção de arbitragem, consignando, porém, como "regra", em harmonia com o *princípio da*

510. BARROCAS, Manuel Pereira. *Manual de arbitragem*. Coimbra: Almedina, 2010. p. 247.
511. O próprio STJ (4ª T., REsp 1.278.852, Rel. Min. Luis Felipe Salomão, v.u., DJ 19.6.2013) já reconheceu, em recente acórdão, expressamente, que cabe ao árbitro decidir *primeiramente* sobre sua própria competência, cabendo ao Poder Judiciário somente o controle *posterior* dessa decisão: "De fato, é certa a coexistência das competências dos juízos arbitral e togado relativamente às questões inerentes à existência, validade, extensão e eficácia da convenção de arbitragem. Em verdade, excluindo-se a hipótese de cláusula compromissória patológica ('em branco'), o que se nota é uma alternância de competência entre os referidos órgãos, porquanto a ostentam em momentos procedimentais distintos, ou seja, a possibilidade de atuação do Poder Judiciário é possível tão somente após a prolação da sentença arbitral, nos termos dos arts. 32, I e 33 da Lei de Arbitragem".
512. Tradução: "O tribunal de um Estado signatário, quando de posse de ação sobre matéria com relação à qual as partes tenham estabelecido acordo nos termos do presente artigo [convenção arbitral], a pedido de uma delas, encaminhará as partes à arbitragem, a menos que constate que tal acordo é nulo e sem efeitos, inoperante ou inexequível".
513. A esse respeito, v. amplamente VAN DEN BERG, Albert Jan. *The New York Arbitration Convention...* cit. p. 154-169, em especial p. 155.

competência-competência, que, quando o juízo arbitral reconhecer sua competência, o processo será extinto sem resolução de mérito (art. 485, inc. VII).

Entretanto, o NCPC não é claro sobre como se dará essa decisão sobre a alegação de convenção de arbitragem e o eventual reconhecimento da própria competência pelo tribunal arbitral, de modo a evitar colisão temporal entre as jurisdições.

Na versão da Câmara dos Deputados, o então projeto era mais claro, ainda que com alguns defeitos de redação. Assim, para o então Projeto, na versão Câmara dos Deputados, se a arbitragem *já houver sido instaurada* "antes" da propositura da ação, o juiz, ao receber a alegação de convenção de arbitragem, "*suspenderá*" o processo, *à espera da decisão do juízo arbitral sobre a sua própria competência*. Deste modo, reconhecendo o árbitro sua própria competência, o processo seria extinto sem resolução de mérito.[514]

A redação do artigo 347 do Projeto do NCPC na versão Câmara dos Deputados avançava no sentido de aclarar o momento e forma de apreciação da alegação de convenção de arbitragem, evitando conflitos entre Jurisdição Estatal e a Jurisdição Arbitral. Contudo, a redação do então Projeto poderia (e deveria) ser aprimorada, com a exclusão e modificação da parte que diz "*antes da propositura da ação*", ficando com a seguinte redação:

> Art. 347. Se o procedimento arbitral já houver sido instaurado antes de ser proferida decisão judicial sobre a questão, o juiz, ao receber a alegação de convenção de arbitragem, suspenderá o processo, à espera da decisão do juízo arbitral sobre a sua própria competência; não havendo sido instaurado, o juiz decidirá a questão.

Deste modo, atender-se-ia por completo a *racionalidade* internacionalmente reconhecida do *princípio da competência-competência* (a esse respeito, v. comentários ao Enunciado 48), evitando-se conflito entre jurisdições. Com a redação do então Projeto, o conflito, em tese, ainda poderia ocorrer, caso a arbitragem fosse instaurada *no curso da ação judicial*, mas antes da decisão do juiz sobre a questão, e o árbitro se dê por competente.

O ideal seria sempre a "suspensão do processo" se, *antes da decisão do juiz sobre a alegação de convenção de arbitragem*, o procedimento arbitral já houver sido instaurado, de sorte a aguardar-se *decisão do juízo arbitral sobre a sua própria competência*, em harmonia com o *princípio da competência-competência*. Assim, o juiz somente deveria decidir diretamente sobre a alegação de convenção de arbitragem *se não instaurada a arbitragem* "antes" dessa decisão sua. Este é o sentido do presente Enunciado.

► **NCPC. Art. 485.** O juiz não resolverá o mérito quando: VII – acolher a alegação de existência de convenção de arbitragem ou quando o juízo arbitral reconhecer sua competência.

---

514. Ver o Projeto do NCPC na versão Câmara dos Deputados: "Art. 347. Se o procedimento arbitral já houver sido instaurado antes da propositura da ação, o juiz, ao receber a alegação de convenção de arbitragem, suspenderá o processo, à espera da decisão do juízo arbitral sobre a sua própria competência; não havendo sido instaurado, o juiz decidirá a questão. Art. 348. Acolhida a alegação de convenção de arbitragem, ou reconhecida pelo juízo arbitral a sua própria competência, o processo será extinto sem resolução de mérito".

ENUNCIADO 159. NO PROCESSO DO TRABALHO, O JUIZ PODE RETRATAR-SE NO PRAZO DE CINCO DIAS, APÓS A INTERPOSIÇÃO DO RECURSO CONTRA SENTENÇA QUE EXTINGUE O PROCESSO SEM RESOLUÇÃO DO MÉRITO.

● *Grupo: Impacto do CPC no Processo do Trabalho.* ● *Referência: art. 485, § 7º.*

▸ *Thiago Rodovalho*

O enunciado em comento diz respeito a uma importante e salutar inovação do NCPC, que é a ampliação do *juízo de retratação* ou do *efeito regressivo*, antes limitado, no CPC/73, às hipóteses de indeferimento da petição inicial e de improcedência liminar do pedido.[515]

Nesse contexto, permanece, por evidente, a regra de que, uma vez tornada pública a sentença, ao juiz é vedado alterá-la, salvo nas hipóteses do artigo 494.[516] Contudo, há outras exceções a essa regra, que são justamente as previstas nos artigos 331 e 332 § 3º, e no artigo 485 § 7º, sendo que este último ampliou as hipóteses de juízo de retratação pelo magistrado.

Assim, para além das hipóteses do artigo 494, poderá ainda o juiz retratar-se, no prazo de cinco dias (prazo *impróprio*, como sói acontecer)[517], quando a apelação interposta tiver por objeto: (i) indeferimento da petição inicial (arts. 331 e 485 I e § 7º); (ii) improcedência liminar do pedido (art. 332 § 3º); e (iii) sentença *terminativa*, é dizer, que extinguiu o processo sem exame de mérito (art. 485 § 7º).

Trata-se, essa ampliação, de salutar avanço no NCPC, pois, como consigna Renato Montans, *prestigia* um dos princípios estruturantes dessa nova codificação, que é o *princípio da primazia do julgamento de mérito*, a teor de seus arts. 4º e 488[518], além do prestigiar o *máximo aproveitamento processual* (= princípio da economia processual, instrumentalidade das formas e máxima sanabilidade dos atos processuais defeituosos; vide, p. ex., arts. 4º, 139 IX, 932 par. ún., 1.024 §§ 4º e 5º, 1.029 § 3º).[519]

Nesse contexto, e com esses ideais, o presente Enunciado reconhece seu impacto na Justiça do Trabalho, lacunosa a esse respeito, admitindo, *com inteiro acerto*, que o juiz trabalhista também possa retratar-se no prazo de cinco dias, após a interposição de recurso ordinário contra sentença que extinga o processo sem resolução do mérito.

Observe-se que tal entendimento também é adotado pela Instrução Normativa nº 39 do TST, que justamente dispõe, de forma não exaustiva, sobre as normas do NCPC aplicáveis e inaplicáveis ao Processo do Trabalho:

---

515. BUENO, Cassio Scarpinella. *Novo Código de Processo Civil anotado*, São Paulo: Saraiva, 2015. p. 322.
516. Art. 494. Publicada a sentença, o juiz só poderá alterá-la: I – para corrigir-lhe, de ofício ou a requerimento da parte, inexatidões materiais ou erros de cálculo; II – por meio de embargos de declaração.
517. WAMBIER, Teresa A. *et al. Primeiros comentários ao novo Código de Processo Civil.* São Paulo: RT, 2015. p. 786.
518. Art. 4º As partes têm o direito de obter em prazo razoável a solução integral do mérito, incluída a atividade satisfativa. Art. 488. Desde que possível, o juiz resolverá o mérito sempre que a decisão for favorável à parte a quem aproveitaria eventual pronunciamento nos termos do art. 485.
519. Cfr. MONTANS, Renato. *Manual de direito processual civil.* 2. ed. São Paulo: Saraiva. 2016. p. 1083-1084.

> Art. 3º Sem prejuízo de outros, aplicam-se ao Processo do Trabalho, em face de omissão e compatibilidade, os preceitos do Código de Processo Civil que regulam os seguintes temas: (...). VIII – art. 485, § 7º (juízo de retratação no recurso ordinário).

Desta feita, por haver lacuna e compatibilidade, aplica-se o juízo de retratação do NCPC art. 485 § 7º ao processo do trabalho, na hipótese de interposição de recurso ordinário contra sentença que extinga o processo sem resolução do mérito.

> ▶ **NCPC. Art. 485. § 7º** Interposta a apelação em qualquer dos casos de que tratam os incisos deste artigo, o juiz terá 5 (cinco) dias para retratar-se.

Enunciado 160. A sentença que reconhece a extinção da obrigação pela confusão é de mérito.

● *Grupo: Coisa Julgada, Ação Rescisória e Sentença.* ● *Referência: art. 487, I.*

▸ ***Thiago Rodovalho***

Este é um enunciado muito polêmico, seja pela perspectiva do direito processual, seja pela perspectiva do direito material.

No CPC/73, a opção do legislador era ter a *confusão* como hipótese de extinção do processo sem resolução de mérito (v. CPC/73 art. 267, inc. X). Essa também havia sido a opção do Anteprojeto do NCPC (v. art. 467, inc. X do Anteprojeto do NCPC), bem como da versão aprovada originalmente no Senado Federal (v. Projeto de Lei do Senado nº 166, de 2010, texto aprovado pelo Senado Federal, art. 472, inc. X). Foi na votação da Câmara dos Deputados que esse inciso foi suprimido da redação do NCPC (v. Substitutivo da Câmara dos Deputados, nº 8.046, de 2010, art. 495).[520]

Com a supressão, instaurou-se a dúvida acerca da natureza do provimento jurisdicional, se *com* ou *sem* resolução de mérito. Muito dessa dúvida vem da disciplina dada pelo direito material ao instituto jurídico da *confusão*.

Isto porque, o Código Civil atribui *efeito extintivo* da obrigação à confusão ("*Art. 381. Extingue-se a obrigação, desde que na mesma pessoa se confundam as qualidades de credor e devedor*"); contudo, a mesma codificação preceitua que "cessando a confusão, para logo se restabelece, com todos os seus acessórios, a obrigação anterior" (CC art. 384). Essa aparente esquizofrenia na disciplina legal do instituto é a raiz de toda polêmica, pois fica a dúvida sobre qual seja o real efeito da confusão: (i) verdadeiramente *extintivo*; ou (ii) meramente *paralisador* ou *suspensivo*.

Nesse contexto, no âmbito do direito material, muitos autores já vinham defendendo uma releitura do CC art. 384. Assim, Pontes de Miranda, p. ex., já defendia que a cessação da confusão não poderia ser compreendida como hipótese de *ressurreição*

---

520. Justamente por isso, o entendimento majoritário, sob a égide do CPC/73, era no sentido que a sentença era sem resolução de mérito (v., por todos, Pontes de Miranda. *Comentários ao Código de Processo Civil*, t. III, 2. ed., Rio de Janeiro: Forense, 1974. p. 437-438; embora a polêmica não passasse despercebida, cfr. SANTOS, Nelton dos. "Comentários CPC 267". *In*: MARCATO, Antonio Carlos. *Código de Processo Civil interpretado*, 3. ed., São Paulo: Atlas, 2008. p. 810).

ou *renascimento* da obrigação, o que conflitaria com o *efeito extintivo* da confusão. Assim, o autor propunha que a cessação gerava a *pós-ineficacização* da confusão.[521]

Mais recentemente, com percuciência, Jorge Cesa, passou a defender a impropriedade de falar-se em *"paralisação da pretensão"*, defendendo o efeito verdadeiramente *extintivo* da confusão[522]:

> A melhor conclusão é a de que a confusão extingue realmente o crédito, sendo definitiva. A ideia de que ela, em verdade, apenas paralisaria a pretensão deve ser afastada.

Assim, em sendo o *efeito* da confusão verdadeiramente *extintivo* da obrigação, o mais correto é falar-se em sentença *com* resolução de mérito, como preconiza o Enunciado, a despeito de toda polêmica que o cerca tanto no direito processual como no direito material.

► **NCPC. Art. 487.** Haverá resolução de mérito quando o juiz: I – acolher ou rejeitar o pedido formulado na ação ou na reconvenção.

Enunciado 161. É de mérito a decisão que rejeita a alegação de prescrição ou de decadência.

● *Grupo: Coisa Julgada, Ação Rescisória e Sentença* ● *Referência: art. 487, II.*

▸ ***Thiago Rodovalho***

A esse respeito, o NCPC mantém a sistemática que era conferida à prescrição e à decadência pelo CPC/73, mas com avanço em relação à decisão que *rejeita* a alegação de prescrição.

No tocante à *decadência*, dúvida não há. Os prazos decadenciais referem-se às situações jurídicas em que há *poder de sujeição*. São os chamados *direitos potestativos*, que independem de qualquer *prestação* (positiva ou negativa) do sujeito passivo para que determinada declaração de vontade tenha o poder de influir em sua situação jurídica independentemente de sua vontade.[523]

Nesse sentido, como já tivemos oportunidade de pontuar, no exercício dos direitos potestativos, o que se pleiteia não é propriamente uma prestação (seja de dar, fazer, não-fazer ou abster-se) do sujeito passivo (ainda que em alguns casos ocorra

---

521. Cfr. Pontes de Miranda. *Tratado de direito privado*, t. XXV, 3. ed., Rio de Janeiro: Borsoi, 1971. p. 44-45. No mesmo sentido, MARTINS-COSTA, Judith. *In*: TEIXEIRA, Sálvio F. (Coord.). *Comentários ao novo Código Civil*. vol. V, t. I, 2. ed., Forense: Rio de Janeiro, 2005. p. 690-692.

522. SILVA, Jorge Cesa F. *Adimplemento e extinção das obrigações*, coords. Miguel Reale e Judith Martins-Costa. vol. 6, São Paulo: RT, 2007. p. 518-520.

523. Para uma ampla análise e distinção entre o que seja prescrição e decadência, v., por todos, o clássico estudo AMORIM FILHO, Agnelo. "Critério científico para distinguir a prescrição da decadência e para identificar as ações imprescritíveis", *Revista dos Tribunais*. vol. 744, São Paulo, Out/1997. p. 725-750.

aparentemente uma prestação), deseja-se tão somente obter a *modificação, extinção* ou *criação* de uma determinada relação jurídica.[524]

Portanto, é esse direito que a parte tem de *criar, modificar* ou *extinguir* relações jurídicas existentes entre ela e o sujeito passivo que *decai* ou *caduca*, não mais podendo, após o término do prazo decadencial, promover criação, modificação ou extinção na relação jurídica que se consolidou, incontinenti, com o término do prazo fatal e peremptório da decadência. Desta feita, *é de fato um direito que a decadência extingue: o direito a criar, modificar ou extinguir alguma relação jurídica a que a lei ou a convenção fixou um prazo (que é fatal e peremptório).*[525]

Com o perecimento do direito, não há exercitá-lo em qualquer lugar, seja juridicamente seja extrajudicialmente. Caso houvesse possibilidade de exercê-lo fora do Poder Judiciário, tal exercício poderia ser desfeito judicialmente (diferentemente do que ocorre com a prescrição), portanto, após operar-se a decadência, jamais poderá ser exercido o direito extinto, seja qual for o modo, [526] razão pela qual dúvida não há que a decisão que acolhe ou rejeita alegação de decadência é sempre de mérito.

A dúvida, eventualmente, poderia colocar-se apenas com relação à prescrição. A prescrição diz respeito a prazos para obtenção de determinado bem da vida por meio de uma *prestação* devida pelo sujeito passivo, positiva ou negativa, de modo que "há sempre um sujeito passivo obrigado a uma prestação, seja positiva (dar ou fazer), como nos direitos de crédito, seja negativa (abster-se), como nos direitos de propriedade".[527]

Assim, a dúvida poderia surgir, pois a prescrição não atinge o direito propriamente dito, mas, sim, apenas e tão somente sua *pretensão*, remanescendo o direito, só que desprovido de pretensão, como uma *obrigação natural*. A pretensão, fulminada pela prescrição, é justamente esse *poder de exigir alguma prestação.*[528]

Contudo, o *direito propriamente dito* subsiste, desprovido dessa pretensão. Nos dizeres de Pontes de Miranda, os prazos prescricionais[529]:

> Não destroem o direito, que é; não cancelam, não apagam as pretensões; apenas, encobrindo a eficácia da pretensão, atendem à conveniência de que não perdure por demasiado tempo a exigibilidade ou a acionabilidade.

Enfim, a prescrição é para nós *o direito que se constitui com o decurso do prazo estabelecido em lei (cujo curso inicia-se a partir da violação de um direito, donde exsurge*

524. RODOVALHO, Thiago. *Prescrição e decadência no âmbito do Código Civil Brasileiro*, Campinas: Copola, 2003. p. 76.
525. *Ibidem*, p. 111.
526. *Idem*.
527. AMORIM FILHO, Agnelo. *Critério científico para distinguir a prescrição da decadência*... cit. p. 728.
528. MIRANDA, Francisco Cavalcanti Pontes de. *Comentários ao Código de Processo Civil*, t. I, 2. ed., Rio de Janeiro: Forense, 1974. p. 56.
529. *Ibidem*, p. 101.

a pretensão ou exigibilidade jurídica) para provimentos condenatórios (decurso este ocorrido sem interrupção, ou seja, aliado à inércia do sujeito lesado, que detinha a pretensão) integrando a universalidade jurídica do sujeito passivo da relação jurídica (= o beneficiado da prescrição) como um meio de defesa, ou seja, uma exceção, de sorte que ele pode obstaculizar "peremptoriamente" a exigibilidade jurídica da tutela jurídica pretendida pelo autor (atinge a pretensão, encobre a eficácia que poderia ter em favor do autor o provimento jurídico).[530]

Embora não fulmine o direito propriamente dito (que pode ser cumprido espontaneamente, como obrigação natural, sem direito à repetição, p. ex.), atinge, *de forma peremptória* (salvo se houver renúncia, CC art. 191), a "*pretensão*" do sujeito ativo, encobrindo-lhe uma possível eficácia de um provimento jurisdicional que lhe fosse favorável, de tal sorte que, judicialmente, o sujeito ativo não pode exigir nenhuma prestação do sujeito passivo, restando-lhe, como visto, tão-só a possibilidade de adimplemento voluntário por parte deste último, porquanto subsiste o direito como obrigação natural. Nesse contexto, a sentença que reconhece a prescrição, i.e., essa destruição peremptória da pretensão, consubstancia-se, efetivamente, em julgamento "*com*" mérito.[531]

De igual sorte se passa, no NCPC, com a decisão que *rejeita* a alegação de prescrição. A prescrição, como uma *exceção* (meio de defesa), implica o exercício de um *contradireito*[532], cuja decisão sobre ele é sempre de mérito, seja para acolhê-lo seja para rejeitá-lo. Nesse sentido, Fredie Didier Jr.: a "decisão que não acolhe a afirmação de contradireito é decisão de mérito apta à coisa julgada"[533].

Daí o acerto do Enunciado, no sentido de ser "*com*" *exame de mérito* a sentença que *decide* a alegação de prescrição ou decadência, seja para "*acolhê-la*", seja para "*rejeitá-la*", posto que *decidir* sobre prescrição ou decadência vale tanto para o acolhimento quanto para o desacolhimento da exceção (*contradireito*), pondo fim, o NCPC, à discussão que havia sob a égide do CPC/73, que dizia que era de mérito apenas a sentença que *pronunciava* a prescrição. Desta feita, tem-se, pois, que a decisão que rejeita alegação de prescrição ou decadência é também decisão de mérito.[534]

► **NCPC. Art. 487.** Haverá resolução de mérito quando o juiz: II – decidir, de ofício ou a requerimento, sobre a ocorrência de decadência ou prescrição.

530. RODOVALHO, Thiago. *Prescrição e decadência...* cit. p. 78-79.

531. Já tínhamos defendido no passado entendimento contrário, cujo posicionamento mudamos (v. RODOVALHO, Thiago. *Prescrição e decadência...* cit. p. 78-80).

532. A esse respeito, cfr. RODOVALHO, Thiago. "Comentários NCPC 350". STRECK, Lenio. *et al.* (Orgs.). *Comentários ao Código de Processo Civil.* São Paulo: Saraiva, 2016. p. 513-516.

533. Ver, amplamente, DIDIER JR., Fredie. "Comentários NCPC 487". *In*: CABRAL, Antonio P.; CRAMER, Ronaldo. (Coords.). *Comentários ao novo Código de Processo Civil.* Rio de Janeiro: Forense, 2015. p. 699.

534. *Ibidem*, p. 699-700.

Enunciado 434. O reconhecimento da competência pelo juízo arbitral é causa para a extinção do processo judicial sem resolução de mérito.

● *Grupo: Arbitragem.* ● *Referência: art. 485, VII.*

▸ ***Thiago Rodovalho***

O presente enunciado visa a *compatibilizar* o NCPC com o *princípio da competência-competência*. Como vimos, o *princípio da competência-competência* encerra um critério *cronológico* (*regra de prioridade*), e não de *critério hierárquico*, para evitar que haja *concorrência temporal* entre a Jurisdição Estatal e a Jurisdição Arbitral, de modo a que o árbitro decida "*primeiramente*", i.e., *em primeiro lugar* (mas não *exclusivamente*) sobre sua própria competência, cabendo ao Poder Judiciário *a palavra final* (*has the last word*), que será dada apenas *posteriormente* e não *concorrentemente*, sendo que, *no Brasil*, como regra, somente *se* provocado a fazê-lo, em sede de controle da sentença arbitral.[535]-[536] A esse respeito, vide comentários ao Enunciado 48/FPPC.

A exceção ao *princípio da competência-competência* é contida na Convenção de Nova Iorque de 1958 sobre o Reconhecimento e a Execução de Sentenças Arbitrais Estrangeiras (CNI), em seu Artigo 2 (III)[537]-[538]:

> The court of a Contracting State, when seized of an action in a manner in respect of which the parties have made an agreement within the meaning of this article at the request of one of the parties, refer the parties to arbitration unless it finds that the said agreement is null and void, inoperative or incapable of being performed.

Em sentido próximo é a disciplina do Código de Processo Civil francês, seja na antiga redação do artigo 1.458[539], como na atual redação do artigo 1.455[540], é dizer,

---

535. Esse é, precisamente, o modelo adotado pelo ordenamento jurídico brasileiro, como se depreende do teor da LARb art. 8º par. ún. ("Caberá ao árbitro decidir de ofício, ou por provocação das partes, as questões acerca da existência, validade e eficácia da convenção de arbitragem e do contrato que contenha a cláusula compromissória") e 20 caput e § 2º ["A parte que pretender arguir questões relativas à competência, suspeição ou impedimento do árbitro ou dos árbitros, bem como nulidade, invalidade ou ineficácia da convenção de arbitragem, deverá fazê-lo na primeira oportunidade que tiver de se manifestar, após a instituição da arbitragem" (...). "Não sendo acolhida a arguição, terá normal prosseguimento a arbitragem, sem prejuízo de vir a ser examinada a decisão pelo órgão do Poder Judiciário competente, quando da eventual propositura da demanda de que trata o art. 33 desta Lei"].
536. Alguns países, como Alemanha e Portugal, adotam disciplina um pouco diferente. A esse respeito, ver amplamente: TRIPODI, Leandro; RODOVALHO, Thiago. *Aspectos da arbitragem securitária...* cit. p. 363-381.
537. "O tribunal de um Estado signatário, quando de posse de ação sobre matéria com relação à qual as partes tenham estabelecido acordo nos termos do presente artigo [convenção arbitral], a pedido de uma delas, encaminhará as partes à arbitragem, a menos que constate que tal acordo é nulo e sem efeitos, inoperante ou inexequível".
538. A esse respeito, cfr. VAN DEN BERG, Albert Jan. *The New York Arbitration Convention...* cit. p. 154-169.
539. CPC fr.: antigo artigo 1458 "Lorsqu'un litige dont un tribunal arbitral est saisi en vertu d'une convention d'arbitrage est porté devant une juridiction de l'Etat, celle-ci doit se déclarer incompétente. Si le tribunal arbitral n'est pas encore saisi, la juridiction doit également se déclarer incompétente à moins que la convention d'arbitrage ne soit manifestement nulle. Dans les deux cas, la juridiction ne peut relever d'office son incompétence".
540. CPC fr.: atual artigo 1455 "Si la convention d'arbitrage est manifestement nulle ou manifestement inapplicable, le juge d'appui déclare n'y avoir lieu à désignation".

quando se tratar de convenção de arbitragem "*manifestamente*" *nula*. Também nesse sentido é o conteúdo da decisão do Supremo Tribunal Federal de Justiça alemão (*Bundesgerichtshof*), tão precisamente comentado por Carmen Tiburcio.[541]

Assim, por força do Artigo 2 (III) CNI, admite-se que, *excepcionalmente*, a jurisdição estatal pode manifestar-se imediatamente sobre a alegação de incompetência do tribunal arbitral caso a convenção de arbitragem seja "*manifestamente*" nula, sem efeito ou irrealizável.

Contudo, não se pode interpretar o que é *excepcional* como se fosse a *regra*; a interpretação das palavras do artigo 2 (III) da CNI há de ser "*restritiva*", como adverte Albert Jan van den Berg[542]:

> Having regard to the 'pro-enforcement bias' of the Convention, the words should be construed narrowly, and the invalidity of the arbitration agreement should be accepted in manifest cases only. To quote again from the District Court of New York: '[T]he drafters intended to impose on the ratifying States a 'broad undertaking' to give effect to agreements [falling under the Convention]".

Justamente por isso que se defende, como bem o faz Carlos Alberto Carmona, acompanhando E. Gaillard, que "o juiz só possa declarar a invalidade da convenção arbitral quando o vício for reconhecível *prima facie*, ou seja, de pronto, sem necessidade de maior exame"[543], como, por exemplo, no caso de direitos indisponíveis, não arbitráveis segundo o direito brasileiro.

Além do mais, em regra, o princípio da competência-competência é também conveniente, pois uma arbitragem, pela sua própria natureza, costuma ser célere, ao passo que um processo judicial (ao menos no Brasil), pela sua estrutura e por todos os recursos que podem ser manejados, poderia postergar por tempo demasiadamente longo a discussão acerca da competência do tribunal arbitral, razão pela qual, também por isso, afigura-se mais lógica a prioridade cronológica estabelecida pelo princípio da competência-competência.

Nesse contexto, o Enunciado parece-nos muito correto, colocando o Brasil entre as nações que respeitam adequadamente o *princípio da competência-competência*, harmonizando jurisdição estatal e jurisdição arbitral. Assim, se o árbitro reconheceu sua competência, *a regra* (salvo a excepcionalíssima exceção da CNI art. 2-III) deve ser a extinção do processo judicial sem resolução de mérito, somente controlando o acerto ou desacerto da decisão do árbitro *posteriormente*, se provocado a fazê-lo, em sede de controle da sentença arbitral (LArb arts. 8 par. ún. e 33).

► **NCPC. Art. 485.** O juiz não resolverá o mérito quando: VII – acolher a alegação de existência de convenção de arbitragem ou quando o juízo arbitral reconhecer sua competência.

---

541. TIBURCIO, Carmen. *O princípio da Kompetenz-Kompetenz revisto pelo Supremo Tribunal Federal de Justiça alemão (Bundesgerichshof)*, in LEMES, Selma Ferreira *et al.* (Coords.). *Arbitragem – estudos em homenagem ao Prof. Guido Fernando Soares, in memoriam*. São Paulo: Atlas, 2007, *passim*.

542. VAN DEN BERG, Albert Jan. *The New York Arbitration Convention...* cit. p. 155.

543. CARMONA, Carlos Alberto. *Arbitragem e processo*. 3.. ed. São Paulo: Atlas, 2009. p. 177.

Enunciado 520. Interposto recurso inominado contra sentença sem resolução de mérito, o juiz pode se retratar em cinco dias.

● *Grupo: Impacto nos Juizados e nos procedimentos especiais da legislação extravagante.* ● *Referências: art. 485, § 7º; Leis 9.099/95 e 12.153/09.*

▸ *Thiago Rodovalho*

A exemplo do que comentamos no Enunciado 159, trata-se de importante e salutar inovação do NCPC, ampliando as hipóteses de *juízo de retratação* ou de *efeito regressivo*, antes limitado, no CPC/73, às hipóteses de indeferimento da petição inicial e de improcedência liminar do pedido.[544]

Por evidente, permanece a regra de que, uma vez tornada pública a sentença, ao juiz é vedado alterá-la, salvo nas hipóteses do artigo 494.[545] Contudo, há outras exceções a essa regra, que são justamente as previstas nos artigos 331 e 332 § 3º, e no artigo 485 § 7º, sendo que este último *ampliou* as hipóteses de juízo de retratação pelo magistrado.

Assim, para além das hipóteses do artigo 494, poderá ainda o juiz retratar-se, no prazo de cinco dias (prazo *impróprio*, como sói acontecer)[546], quando a apelação interposta tiver por objeto: (i) indeferimento da petição inicial (arts. 331 e 485 I e § 7º); (ii) improcedência liminar do pedido (art. 332 § 3º); e (iii) sentença *terminativa*, é dizer, que extinguiu o processo sem exame de mérito (art. 485 § 7º).

Trata-se, essa ampliação, de salutar avanço no NCPC, que *prestigia* um dos princípios estruturantes dessa nova codificação, que é o *princípio da primazia do julgamento de mérito*, a teor de seus arts. 4º e 488[547], além do prestigiar o *máximo aproveitamento processual* (= princípio da economia processual, instrumentalidade das formas e máxima sanabilidade dos atos processuais defeituosos; vide, p. ex., arts. 4º, 139 IX, 932 par. ún., 1.024 §§ 4º e 5º, 1.029 § 3º).[548]

Essa inovação – que, repita-se, "*prestigia*" o *princípio da primazia do julgamento de mérito* e o *máximo aproveitamento processual* (= princípio da economia processual, instrumentalidade das formas e máxima sanabilidade dos atos processuais defeituosos) – "não" conflita com os princípios que informam o sistema dos juizados especiais, tal como disposto na Lei 9.099/95 art. 2º. Assim, como já dito, o juízo de retratação, tal como previsto no artigo 485 § 7º do NCPC, não só não conflita com esses princípios, como, ao revés, prestigia-os.

---

544. BUENO, Cassio Scarpinella. *Novo Código de Processo Civil anotado*... cit. p. 322.
545. Art. 494. Publicada a sentença, o juiz só poderá alterá-la: I – para corrigir-lhe, de ofício ou a requerimento da parte, inexatidões materiais ou erros de cálculo; II – por meio de embargos de declaração.
546. WAMBIER, Teresa A. *et al. Primeiros comentários ao novo Código de Processo Civil*... cit. p. 786.
547. Art. 4º *As partes têm o direito de obter em prazo razoável a solução integral do mérito, incluída a atividade satisfativa.* Art. 488. *Desde que possível, o juiz resolverá o mérito sempre que a decisão for favorável à parte a quem aproveitaria eventual pronunciamento nos termos do art. 485.*
548. Cfr. MONTANS, Renato. *Manual de direito processual civil*... cit. p. 1083/1084.

Nesse contexto, e com esses ideais, o presente Enunciado reconhece seu impacto também nos Juizados, cuja lei é lacunosa a esse respeito, admitindo, *com inteiro acerto*, que o juiz também possa retratar-se no prazo de cinco dias, após a interposição de interposto recurso inominado contra sentença sem resolução de mérito.

> ▶ **NCPC. Art. 485. § 7º** Interposta a apelação em qualquer dos casos de que tratam os incisos deste artigo, o juiz terá 5 (cinco) dias para retratar-se.
>
> ▶ **Lei 9.099/95. Art. 2º** O processo orientar-se-á pelos critérios da oralidade, simplicidade, informalidade, economia processual e celeridade, buscando, sempre que possível, a conciliação ou a transação.

Enunciado 521. Apenas a decadência fixada em lei pode ser conhecida de ofício pelo juiz.

● *Grupo: Sentença, coisa julgada e ação rescisória.* ● *Referências: art. 487, par. ún.; arts. 210 e 211 do CC/2002.*

▸ ***Thiago Rodovalho***

Uma leitura açodada e isolada do NCPC art. 487, inc. II ("*decidir, de ofício ou a requerimento, sobre a ocorrência de decadência ou prescrição*") e parágrafo único ("*Ressalvada a hipótese do § 1º do artigo 332, a prescrição e a decadência não serão reconhecidas sem que antes seja dada às partes oportunidade de manifestar-se*"), pode levar a equívocos, dando a falsa impressão de que o juiz pode analisar de modo amplo a decadência, desde que observando a vedação à decisão-surpresa (NCPC arts. 10 e 487. Parágrafo único). Em verdade, pode apenas com relação aos prazos decadenciais "*legais*", mas não com relação aos prazos decadenciais "*convencionais*".

Isto porque, decadência, a exemplo da prescrição, é instituto de *direito material*, ainda haja alguma disciplina a seu respeito no NCPC, ante as *repercussões* que o instituto tem no direito processual.

Desta feita, a interpretação dos dispositivos do NCPC relativos à decadência (e também à prescrição) deve ser feita em consonância com a disciplina dada ao instituto pelo Código Civil.

Nesse sentido, o CC arts. 210 ("*Deve o juiz, de ofício, conhecer da decadência, quando estabelecida por lei*") e 211 ("*Se a decadência for convencional, a parte a quem aproveita pode alegá-la em qualquer grau de jurisdição, mas o juiz não pode suprir a alegação*") deixam claro que a cognoscibilidade de ofício pelo magistrado é "restrita" aos prazos *legais*, dependendo de alegação pela parte interessa quando se tratar de prazos decadenciais *convencionais*.[549]

Sendo assim, a decadência *convencional*, se não alegada, importa *renúncia tácita*,[550] sem adentrar, aqui, na discussão sobre a possibilidade de alegação em qualquer grau de jurisdição.

---

549. DIDIER JR., Fredie. *Comentários NCPC 487*... cit. p. 700.

550. THEODORO JUNIOR, Humberto. *Comentários ao novo Código Civil*, coord. Sálvio de Figueiredo Teixeira. vol. III, t. II, 2. ed., Forense: Rio de Janeiro, 2003. p. 377

▶ **NCPC. Art. 487. Parágrafo único.** Ressalvada a hipótese do § 1º do art. 332, a prescrição e a decadência não serão reconhecidas sem que antes seja dada às partes oportunidade de manifestar-se.

2.1.1.10.2. Dos Elementos e dos Efeitos da Sentença (arts. 489 a 495)

Enunciado 162. Para identificação do precedente, no processo do trabalho, a decisão deve conter a identificação do caso, a suma do pedido, as alegações das partes e os fundamentos determinantes adotados pela maioria dos membros do colegiado, cujo entendimento tenha ou não sido sumulado.

● *Grupo: Impacto do CPC no Processo do Trabalho.* ● *Referências: art. 489, § 1º.*

▸ ***Dierle Nunes, Alexandre Melo Franco Bahia e Flávio Quinaud Pedron***

Um dos grandes problemas para o delineamento de um sistema de precedentes diz respeito à identificação de seus limites argumentativos para que mediante analogias e contra-analogias se possa promover a aplicação de seu teor universalizável (aplicável em casos idênticos) com racionalidade.

Para tanto, o tribunal prolator do precedente precisa dimensionar um novo modo de tornar público seu teor para facilitar a perseguição dos deveres cooperativos da coerência, integridade e estabilidade (art. 926).

O CNJ em 13.7.2016 editou a Resolução 235 na qual se determinou que "o STJ, o TST, o TSE, o STM, os Tribunais de Justiça dos Estados e do Distrito Federal, os Tribunais Regionais Federais e os Tribunais Regionais do Trabalho manterão, na sua página na internet, banco de dados pesquisável com os registros eletrônicos dos temas para consulta pública com informações padronizadas de todas as fases percorridas dos casos repetitivos" sendo que "o banco de dados previsto no caput conterá, no mínimo, as informações previstas no Anexo I desta Resolução e deverá permitir a consulta das peças eletrônicas dos processos paradigmas essenciais à compreensão da questão discutida e da tese firmada" (art. 8º e Anexo I).

A publicidade da fundamentação apresentada, com destaque aos fundamentos determinantes empregados pelos votos majoritários, torna-se um fator essencial para obstar o julgamento de casos em anarquia interpretativa como se cada julgador estivesse a "inventar a roda" a cada novo julgamento, que induz perda de eficiência, quebra da previsibilidade, descrédito do Judiciário e impõe retrabalhos constantes a cada novo julgado.

Ponto a ser destacado é que o precedente somente pode ser extraído caso os julgadores adotem em seus votos fundamentos convergentes. Em outros termos, isto significa que caso cada julgador adote um fundamento diferente para se chegar à conclusão (ex. provimento do recurso) não será aferível a existência de precedente, pois não existirá um fundamento universalizável a ser aplicado a novos casos.

O fenômeno das decisões plurais que partem de pressupostos decisórios para se julgar deve ser combatido mediante o uso adequado de fases decisórias preparatórias (como as do artigo 1.037).

Quanto mais descritiva a publicidade dos julgados e precedentes maiores as chances de se oferecer previsibilidade que inibirá a litigiosidade aventureira pelos altos riscos de sucumbência e imporá ônus argumentativos maiores na postulação das partes que serão constrangidas a demonstrar com maior afinco hipóteses de distinção ou superação de entendimentos.

> ▶ **NCPC. Art. 489. § 1°** Não se considera fundamentada qualquer decisão judicial, seja ela interlocutória, sentença ou acórdão, que: I – se limitar à indicação, à reprodução ou à paráfrase de ato normativo, sem explicar sua relação com a causa ou a questão decidida; II – empregar conceitos jurídicos indeterminados, sem explicar o motivo concreto de sua incidência no caso; III – invocar motivos que se prestariam a justificar qualquer outra decisão; IV – não enfrentar todos os argumentos deduzidos no processo capazes de, em tese, infirmar a conclusão adotada pelo julgador; V – se limitar a invocar precedente ou enunciado de súmula, sem identificar seus fundamentos determinantes nem demonstrar que o caso sob julgamento se ajusta àqueles fundamentos; VI – deixar de seguir enunciado de súmula, jurisprudência ou precedente invocado pela parte, sem demonstrar a existência de distinção no caso em julgamento ou a superação do entendimento.

ENUNCIADO 303. AS HIPÓTESES DESCRITAS NOS INCISOS DO § 1º DO ART. 489 SÃO EXEMPLIFICATIVAS.

● *Grupo: Sentença, Coisa Julgada e Ação Rescisória.* ● *Referências: art. 489, § 1º.*

▸ ***Dierle Nunes, Alexandre Melo Franco Bahia e Flávio Quinaud Pedron***

O parágrafo primeiro do artigo 489 estabelece balizas mínimas de fundamentação racional no direito brasileiro em conformidade com os ditames constitucionais do artigo 93, IX da CRFB/88.

No entanto, seu teor não esgota a necessidade de uma fundamentação correta eis que os desafios de um sistema de precedentes, por exemplo, não conseguem se esgotar pelos incisos V e VI do preceito.

Outros dispositivos do próprio CPC ofertam técnicas decisórias de fundamentação como as normas fundamentais dos artigos 4º, 5º, 6º, 8º, 10, 926 e984, § 2º.

Ocorre que devemos iniciar o respeito à efetiva fundamentação das decisões com o respeito integral do artigo 489, utilizando-se com recorrência os Embargos de declaração (art. 1.022, parágrafo único, II) para controle de omissões, *v.g.*, ao dever de consideração (art. 489, § 1º, IV) ao menos enquanto a nova cultura decisória seja implementada.

> ▶ **NCPC. Art. 489. § 1°** Não se considera fundamentada qualquer decisão judicial, seja ela interlocutória, sentença ou acórdão, que: I – se limitar à indicação, à reprodução ou à paráfrase de ato normativo, sem explicar sua relação com a causa ou a questão decidida; II – empregar conceitos jurídicos indeterminados, sem explicar o motivo concreto de sua incidência no caso; III – invocar motivos que se prestariam a justificar qualquer outra decisão; IV – não enfrentar todos os argumentos deduzidos no processo capazes de, em tese, infirmar a conclusão adotada pelo julgador; V – se limitar a invocar precedente ou enunciado de súmula, sem identificar seus fundamentos determinantes nem demonstrar que o caso sob julgamento se ajusta àqueles fundamentos; VI – deixar de seguir enunciado de súmula, jurisprudência ou precedente invocado pela parte, sem demonstrar a existência de distinção no caso em julgamento ou a superação do entendimento.

Enunciado 304. As decisões judiciais trabalhistas, sejam elas interlocutórias, sentenças ou acórdãos, devem observar integralmente o disposto no art. 499, sobretudo o seu § 1º, sob pena de se reputarem não fundamentadas e, por conseguinte, nulas.

● *Grupo: Impacto do CPC no processo do trabalho.* ● *Referências: arts. 15 e 489.*

▸ *Dierle Nunes, Alexandre Melo Franco Bahia e Flávio Quinaud Pedron*

O dever de fundamentação dos pronunciamentos jurisdicionais (decisões judiciais em sentido amplo) é norma de natureza constitucional prevista no artigo 93, IX da CF, razão pela qual não é exclusiva do Processo Civil, mas se insere como cláusula do princípio do devido processo legal, de obediência para todo e qualquer modalidade de procedimento (civil, penal, trabalhista, etc.). Não é por outra razão que a Instrução Normativa n. 39, de 2016, produzida pelo TST, em seu artigo 3º, IX, explicitamente faz reconhecer sua aplicabilidade às demandas justrabalhistas.

▶ **NCPC. Art. 15.** Na ausência de normas que regulem processos eleitorais, trabalhistas ou administrativos, as disposições deste Código lhes serão aplicadas supletiva e subsidiariamente. ▶ **Art. 489.** São elementos essenciais da sentença: I – o relatório, que conterá os nomes das partes, a identificação do caso, com a suma do pedido e da contestação, e o registro das principais ocorrências havidas no andamento do processo; II – os fundamentos, em que o juiz analisará as questões de fato e de direito; III – o dispositivo, em que o juiz resolverá as questões principais que as partes lhe submeterem.

Enunciado 306. O precedente vinculante não será seguido quando o juiz ou tribunal distinguir o caso sob julgamento, demonstrando, fundamentadamente, tratar-se de situação particularizada por hipótese fática distinta, a impor solução jurídica diversa.

● *Grupo: Precedentes.* ● *Referências: art. 489, § 1º, VI.*

▸ *Dierle Nunes, Alexandre Melo Franco Bahia e Flávio Quinaud Pedron*

Os precedentes vinculantes – listados no artigo 927 – configuram uma grande aposta do NCPC para resolver problemas decorrentes de "demandas em massa". Ao mesmo tempo, são ferramenta para garantir que a jurisprudência seja, na medida do possível, "estável, íntegra e coerente" (art. 926). No entanto, haver precedentes não significa que os mesmos sejam "eternos" e nem que abranjam todas as possibilidades de aplicação da norma.

Assim, é possível (e desejável) que juízes/Tribunais não sigam certo precedente se, na análise das particularidades do caso concreto – em contraposição às particularidades do (s) caso (s) que deu (ram) origem ao precedente – se verifique haver questões fáticas que ou não foram objeto de discussão antes ou que antes eram questões marginais, mas agora se mostram centrais para a correta resolução do caso.

Por outro lado, isso não pode ser feito de maneira que o órgão julgador simplesmente "desconheça" haver precedentes sobre a matéria sem se desincumbir do ônus argumentativo de apresentar os casos passados e demonstrar sua inaplicação ou superação. Seja para seguir, seja para não seguir um precedente ou súmula, o julgador terá um ônus argumentativo de fazer a comparação acima exposta para demonstrar que o fundamento determinante ("ratio decidendi") fixado, ainda que válida, não deverá ser aplicada ao caso, impondo-lhe proceder a um julgamento independente.

> ▶ **NCPC. Art. 489. § 1°** Não se considera fundamentada qualquer decisão judicial, seja ela interlocutória, sentença ou acórdão, que: VI – deixar de seguir enunciado de súmula, jurisprudência ou precedente invocado pela parte, sem demonstrar a existência de distinção no caso em julgamento ou a superação do entendimento.

ENUNCIADO 309. O DISPOSTO NO § 1º DO ART. 489 DO CPC É APLICÁVEL NO ÂMBITO DOS JUIZADOS ESPECIAIS.

● *Grupo: Impactos do CPC nos Juizados e nos procedimentos especiais de legislação extravagante.* ● *Referências: art. 489.*

▸ *Dierle Nunes, Alexandre Melo Franco Bahia e Flávio Quinaud Pedron*

Como já aludido o dever de fundamentação dos pronunciamentos jurisdicionais (decisões judiciais em sentido amplo) é norma de natureza constitucional prevista no artigo 93, IX da CF, razão pela qual não é exclusiva do Processo Civil, mas se insere como cláusula do princípio do Devido Processo Legal, de obediência para todo e qualquer modalidade de procedimento (civil, penal, trabalhista, etc.).

É dessa forma, o Enunciado 47/ENFAM é absolutamente contrário ao comando constitucional ao defender que o dever de fundamentação seria incompatível com os valores da simplicidade e da informalidade (supostamente típicos da ordem dos JESP).

Enunciado ENFAM 47. O art. 489 do CPC/2015 não se aplica ao sistema de juizados especiais.

> ▶ **NCPC. Art. 489.** São elementos essenciais da sentença: I – o relatório, que conterá os nomes das partes, a identificação do caso, com a suma do pedido e da contestação, e o registro das principais ocorrências havidas no andamento do processo; II – os fundamentos, em que o juiz analisará as questões de fato e de direito; III – o dispositivo, em que o juiz resolverá as questões principais que as partes lhe submeterem.

ENUNCIADO 310. NÃO É TÍTULO CONSTITUTIVO DE HIPOTECA JUDICIÁRIA A DECISÃO JUDICIAL QUE CONDENA À ENTREGA DE COISA DISTINTA DE DINHEIRO.

● *Grupo: Sentença, Coisa Julgada e Ação Rescisória.* ● *Referências: art. 495.*

▸ *Dierle Nunes, Alexandre Melo Franco Bahia e Flávio Quinaud Pedron*

A finalidade do instituto da hipoteca judiciária é assegurar o cumprimento de decisões judiciais através da criação de um obstáculo para que a parte devedora possa se desfazer do seu patrimônio gravo até o cumprimento definitivo da obrigação. Sendo assim, tem por pressuposto um provimento que imponha um comando condenatório (pagamento em dinheiro).

> ▶ **NCPC. Art. 495.** A decisão que condenar o réu ao pagamento de prestação consistente em dinheiro e a que determinar a conversão de prestação de fazer, de não fazer ou de dar coisa em prestação pecuniária valerão como título constitutivo de hipoteca judiciária.

ENUNCIADO 308. APLICA-SE O ART. 489, § 1º, A TODOS OS PROCESSOS PENDENTES DE DECISÃO AO TEMPO DA ENTRADA EM VIGOR DO CPC, AINDA QUE CONCLUSOS OS AUTOS ANTES DA SUA VIGÊNCIA.

● *Grupo: Direito intertemporal e disposições finais e transitórias.* ● *Redação revista (V FPPC).* ● *Referências: arts. 489, § 1º e 1.046.*

▸ *Dierle Nunes, Alexandre Melo Franco Bahia e Flávio Quinaud Pedron*

Tem-se aqui uma orientação de direito intertemporal preocupada em harmonizar os comandos do NCPC com os processos já em curso. Contudo, ainda que pese o sistema de isolamento dos atos processuais consagrado no artigo 1.046 do NCPC, temos que lembrar que a exigência de fundamentação é norma de ordem constitucional (art. 93, IX CF) e, por isso mesmo, de aplicação imediata a todos os processos, inclusive àqueles cujas conclusões já tenham sido realizadas, mas que não houve a publicação do pronunciamento jurisdicional.

► **NCPC. Art. 489. § 1°** Não se considera fundamentada qualquer decisão judicial, seja ela interlocutória, sentença ou acórdão, que: I – se limitar à indicação, à reprodução ou à paráfrase de ato normativo, sem explicar sua relação com a causa ou a questão decidida; II – empregar conceitos jurídicos indeterminados, sem explicar o motivo concreto de sua incidência no caso; III – invocar motivos que se prestariam a justificar qualquer outra decisão; IV – não enfrentar todos os argumentos deduzidos no processo capazes de, em tese, infirmar a conclusão adotada pelo julgador; V – se limitar a invocar precedente ou enunciado de súmula, sem identificar seus fundamentos determinantes nem demonstrar que o caso sob julgamento se ajusta àqueles fundamentos; VI – deixar de seguir enunciado de súmula, jurisprudência ou precedente invocado pela parte, sem demonstrar a existência de distinção no caso em julgamento ou a superação do entendimento. ► **Art. 1.046.** Ao entrar em vigor este Código, suas disposições se aplicarão desde logo aos processos pendentes, ficando revogada a Lei n. 5.869, de 11 de janeiro de 1973.

ENUNCIADO 522. O RELATÓRIO NOS JULGAMENTOS COLEGIADOS TEM FUNÇÃO PREPARATÓRIA E DEVERÁ INDICAR AS QUESTÕES DE FATO E DE DIREITO RELEVANTES PARA O JULGAMENTO E JÁ SUBMETIDAS AO CONTRADITÓRIO.

● *Grupo: Precedentes, IRDR, Recursos Repetitivos e Assunção de competência.* ● *Referências: arts. 489, I, 931 e 933.*

▸ *Dierle Nunes, Alexandre Melo Franco Bahia e Flávio Quinaud Pedron*

Como se vem defendendo há algum tempo todo julgamento de mérito no Brasil deveria ser antecedido de uma metódica fase preparatória.

Buscando atender a este anseio, o enunciado indica esta importantíssima função ao relatório para os julgamentos colegiados para definição dos fatos operativos e dos fundamentos a serem enfrentados na formação do precedente.

Diversamente CPC/73 (art. 458), no qual o relatório foi relegado a uma narrativa pouco importante da sequência de atos-fatos processuais, no NCPC caberá ao tribunal, para identificação do caso, pontuar todos os argumentos fáticos e jurídicos que deverão ser analisados igualmente e sob os mesmos pressupostos pelos membros do colegiado, de maneira a se permitir a extração, pós-julgamento, dos fundamentos determinantes (*ratio decidendi*) objeto de discussão a ser utilizados como padrão decisório panorâmico para casos futuros.

Do mesmo modo, nos juízos monocráticos caberá, na elaboração do relatório, indicar os fatos operativos a permitir, mediante analogias e contra-analogias, a aplicação adequada do precedente mediante exata identificação e aplicação de seus fundamentos determinantes (art. 489, § 1º, inc. V) e nunca de modo mecânico, sem comparações, como hoje se mostra corriqueiro.

Igualmente, a identificação no relatório dos fatos operativos do caso viabilizará a demonstração da existência de distinção no caso em julgamento ou a superação do entendimento (art. 489, § 1º, inc. VI).

Pontue-se, que na hipótese de o precedente já ter enfrentado com amplitude, em sua formação, os argumentos relevantes suscitados no atual caso em julgamento, será despiciendo ao julgador enfrentar novamente os mesmos argumentos (suscitados pelas partes) no caso atual (como preceitua o artigo 489, § 1º, inc. IV), salvo quando a parte trouxer novos argumentos relevantes ou que permitam a distinção entre os casos, eis que o objetivo do *dever de consideração* não é o de burocratizar o julgamento, mas aprimorar qualitativamente os julgamentos.

Assevere-se que deve haver integridade (art. 926, *caput*) na reconstrução da história institucional de aplicação de decisões-modelo e de enunciados de súmula. Por isso, especialmente ao formar a decisão-modelo e editar o enunciado, o tribunal deverá levar em consideração todo o histórico de aplicação da matéria jurídica neles tratada, sendo inviável que se decida desconsiderando o passado de decisões acerca da temática[551].

▶ **NCPC. Art. 489.** São elementos essenciais da sentença: I – o relatório, que conterá os nomes das partes, a identificação do caso, com a suma do pedido e da contestação, e o registro das principais ocorrências havidas no andamento do processo; ▶ **Art. 931.** Distribuídos, os autos serão imediatamente conclusos ao relator, que, em 30 (trinta) dias, depois de elaborar o voto, restituí-los-á, com relatório, à secretaria. ▶ **Art. 933.** Se o relator constatar a ocorrência de fato superveniente à decisão recorrida ou a existência de questão apreciável de ofício ainda não examinada que devam ser considerados no julgamento do recurso, intimará as partes para que se manifestem no prazo de 5 (cinco) dias.

ENUNCIADO 523. O JUIZ É OBRIGADO A ENFRENTAR TODAS AS ALEGAÇÕES DEDUZIDAS PELAS PARTES CAPAZES, EM TESE, DE INFIRMAR A DECISÃO, NÃO SENDO SUFICIENTE APRESENTAR APENAS OS FUNDAMENTOS QUE A SUSTENTAM.

● *Grupo: Sentença, coisa julgada e ação rescisória.* ● *Referências: art. 489, § 1º, IV.*

▸ ***Dierle Nunes, Alexandre Melo Franco Bahia e Flávio Quinaud Pedron***

O disposto no inciso IV do § 1º do artigo 489 do NCPC causou algumas leituras (apressadas) equivocadas e o Enunciado n. 523 tem o mérito de chamar a atenção para uma melhor interpretação do dispositivo. Este visa superar jurisprudência firme dos

551. Cf. NUNES, Dierle; HORTA, André Frederico. "A doutrina do precedente judicial: fatos operativos, argumentos de princípio e novo Código de Processo Civil". *In*: *Prodireito: Direito Processual Civil, Programa de Atualização em Direito, Ciclo 1.* Porto Alegre: Artmed Panamericana, 2015. p. 9-58).

Tribunais Superiores no sentido de que "o juiz/Tribunal não é obrigado a responder a todas as questões postas pela parte se puder tomar uma delas e julgar todo o caso".

Ao revés, se o contraditório demanda mais do que "dizer e contradizer", abarcando as garantias de influência e não surpresa (arts. 7º, 9º e 10), logo, o magistrado não se exime do dever de fundamentação ao entender que certa tese, entre várias, é a correta: ele precisará ir à antítese trazida pela outra parte e enfrentá-la.

De forma que não é que o juiz/tribunal seja obrigado a responder a todas as alegações de cada parte, mas somente àquela (s) que possa (m) contrariar a tese que sustenta sua decisão – decisão esta que deve ser o reflexo, justamente, das particularidades do caso reconstruídas no processo em contraditório, assim como em contraditório foi discutido o próprio ordenamento jurídico aplicável. Não obedece às exigências constitucionais do contraditório e da fundamentação das decisões a decisão que sustenta uma tese e deixa de enfrentar, justamente, os argumentos que sustentam tese contrária.

► **NCPC. Art. 489. § 1º** Não se considera fundamentada qualquer decisão judicial, seja ela interlocutória, sentença ou acórdão, que: (...). IV – não enfrentar todos os argumentos deduzidos no processo capazes de, em tese, infirmar a conclusão adotada pelo julgador.

Enunciado 524. O art. 489, § 1º, IV, não obriga o órgão julgador a enfrentar os fundamentos jurídicos deduzidos no processo e já enfrentados na formação da decisão paradigma, sendo necessário demonstrar a correlação fática e jurídica entre o caso concreto e aquele já apreciado.

● *Grupo: Precedentes, IRDR, Recursos Repetitivos e Assunção de competência.* ● *Referências: arts. 489, § 1º, IV e 985, I.*

▸ ***Dierle Nunes, Alexandre Melo Franco Bahia e Flávio Quinaud Pedron***

O Enunciado é um complemento do seu anterior e precisa ser lido com o mesmo, assim como com o que ficou estabelecido no Enunciado n. 306. Assim, uma vez estabelecido um precedente vinculante (art. 927), os juízes/tribunais devem, em princípio, seguir tal orientação, a fim de gerar, na medida do possível, uma jurisprudência "estável, íntegra e coerente" (art. 926). Assim é que o órgão decisor deve fazer uma minuciosa análise das particularidades de fato do caso que tem a julgar, assim como do (s) precedente (s) que toma como paradigma por similitude de questões.

Verificando que as questões de fato e de direito (compreendidas aí da forma como foram reconstruídas em ambos os casos) são similares e compatíveis, ele deve aplicar a "ratio decidendi" anteriormente formada de forma a decidir o novo caso. Sendo este o caso não há necessidade de o juiz/tribunal enfrentar os fundamentos do caso *sub judice*, uma vez que tais questões já se encontram discutidas e decididas no paradigma – sempre no suposto de que há a compatibilidade aludida, isto é, que as questões/teses centrais, de fato e de direito, entre ambos sejam similares, ainda que, por óbvio, haja diferenças entre os mesmos, sendo tais, no entanto, marginais à solução do caso.

► **NCPC. Art. 489. § 1º** Não se considera fundamentada qualquer decisão judicial, seja ela interlocutória, sentença ou acórdão, que: (...). IV – não enfrentar todos os argumentos deduzidos no processo capazes de, em tese, infirmar a conclusão adotada pelo julgador. ► **Art. 985.** Julgado o incidente, a tese jurídica será aplicada: I – a todos os processos individuais ou coletivos que versem sobre idêntica questão de direito e que tramitem na área de jurisdição do respectivo tribunal, inclusive àqueles que tramitem nos juizados especiais do respectivo Estado ou região.

Enunciado 585. Não se considera fundamentada a decisão que, ao fixar tese em recurso especial ou extraordinário repetitivo, não abranger a análise de todos os fundamentos, favoráveis ou contrários, à tese jurídica discutida.

● *Grupo: Sentença, coisa julgada e ação rescisória.* ● *Referências: arts. 489, § 1º, IV, 984, § 2º e 1.038, § 3º.*

▸ ***Dierle Nunes, Alexandre Melo Franco Bahia e Flávio Quinaud Pedron***

Denuncia-se que desde muito a jurisprudência brasileira (principalmente por julgados oriundos da relatoria do Min. Gilmar Mendes) fixaram entendimento de que o Judiciário não é obrigado a responder. Contudo, deve-se verificar que o dever de fundamentação acompanha e ampara o princípio do contraditório, que não pode mais ser reduzido a um mero dizer e contradizer.

Sendo assim, para efetivo entendimento de que o mesmo consagra um direito de coconstruir argumentativamente o provimento jurisdicional faz-se necessário que os Tribunais Superiores no curso dos procedimentos que definir precedentes, tenham atenção e cuidado para alargar os fundamentos da decisão, trazendo em seu interior todos os argumentos trazidos pelas mais diversas vozes que participaram do julgamento. Só com essa amplitude de atores participantes e o respeito a sua participação argumentativa que se podem construir um sistema de precedentes na forma do artigo 926 do NCPC (dotado de coerência e integridade).

▶ **NCPC. Art. 489. § 1º** Não se considera fundamentada qualquer decisão judicial, seja ela interlocutória, sentença ou acórdão, que: (...). IV – não enfrentar todos os argumentos deduzidos no processo capazes de, em tese, infirmar a conclusão adotada pelo julgador; (...). ▶ **Art. 984.** (...). **§ 2º** O conteúdo do acórdão abrangerá a análise de todos os fundamentos suscitados concernentes à tese jurídica discutida, sejam favoráveis ou contrários. ▶ **Art. 1.038.** (...). **§ 3º** O conteúdo do acórdão abrangerá a análise dos fundamentos relevantes da tese jurídica discutida.

2.1.1.10.3. Da Remessa Necessária (art. 496)

Enunciado 164. A sentença arbitral contra a Fazenda Pública não está sujeita à remessa necessária.

● *Grupo: Arbitragem.* ● *Referência: art. 496.*

▸ ***José Henrique Mouta Araújo***

Este Enunciado enfrenta dois temas ligados à fazenda pública: a) a possibilidade instituição convencional da arbitragem como instrumento de solução de conflitos[552]; b) a inexistência de remessa necessária nas sentenças arbitrais.

552. No tema, ver TALAMINI, Eduardo; PEREIRA, Cesar Augusto G. (Coords). *Arbitragem e poder público.* São Paulo: Saraiva, 2010.

No Brasil, a Lei 9.307/96 regulamenta a arbitragem, constituída por meio de negócio jurídico antes mesmo da existência de conflito de interesses. Esta lei foi alterada (pela Lei 13.129/15), passando a permitir expressamente a arbitragem pelo Poder Público[553].

Portanto, após a modificação advinda do ano de 2015, resta claro que o Poder Público pode convencionar fixando a arbitragem como o instrumento para a resolução de eventual conflito de interesse.

Por outro lado, a escolha convencional pela arbitragem já é suficiente para fundamentar, como consequência, a desnecessidade de remessa necessária da sentença arbitral.

Mais existem outros argumentos que conduzem a esta conclusão.

É fato que ainda permanece certa polêmica acerca da natureza jurisdicional da arbitragem[554]. Contudo, sendo desnecessária a homologação da sentença arbitral (art. 31, da Lei 9.307/96), o julgado passa a ter eficácia imediata, inclusive nos casos envolvendo a fazenda pública.

Outrossim, não há divisão de instâncias[555] na arbitragem, o que torna impossível a utilização do instituto do reexame necessário.

A própria Lei 9.307/96 não consagra este instituto. Logo, com as modificações advindas da Lei 13.129/15, é possível concluir que a fazenda pública pode instituir a arbitragem com o procedimento previsto na Lei especial, onde inexiste a previsão da remessa necessária[556].

Em verdade, não existiria sequer órgão para a remessa da sentença arbitral para o eventual reexame. É este o entendimento do Enunciado.

De toda sorte, a sentença arbitral constitui título executivo judicial (art. 515, VII, do CPC) e provoca o sistema do cumprimento de sentença contra a fazenda pública (*v.g.*, ao reconhecer a exigibilidade de obrigação de pagar quantia certa – artigos 534 e 535 do CPC). Assim, mesmo não estando sujeita à remessa necessária prevista no

---

553. Esta é a redação do art. 1º, da Lei 9.307/1996: "Art. 1º As pessoas capazes de contratar poderão valer-se da arbitragem para dirimir litígios relativos a direitos patrimoniais disponíveis. § 1º A administração pública direta e indireta poderá utilizar-se da arbitragem para dirimir conflitos relativos a direitos patrimoniais disponíveis. § 2º A autoridade ou o órgão competente da administração pública direta para a celebração de convenção de arbitragem é a mesma para a realização de acordos ou transações".

554. No tema, ver MITIDIERO, Daniel F. *Elementos para uma teoria contemporânea do processo civil brasileiro*. Porto Alegre: Revista do Advogado, 2005.

555. DIDIER JR, Fredie, CUNHA, Leonardo C. *Curso de direito processual civil*. Vol 3, 13. ed., Salvador: Juspodivm, 2016. p. 409.

556. Vale citar passagem de ensaio escrito por Heitor Vitor Mendonça Sica: "Sua inaplicabilidade ao processo arbitral é manifesta, seja porque não há previsão na Lei n.9.307/96, seja porque o CPC (seja o de 1973, seja o de 2015) não se aplica sequer subsidiariamente ao processo arbitral (o qual é regido pelas regras escolhidas pelas partes ou, à falta delas, por aquelas fixadas pelo árbitro, a teor do art. 21, *caput* e § 1º, da Lei n. 9.307/96". *Arbitragem e fazenda pública*. Disponível no site Academia.edu. Acesso em: 9.junho.2016.

CPC, a sentença arbitral constitui título executivo judicial, cujo cumprimento será processado nos termos da legislação processual.

▶ **NCPC. Art. 496.** Está sujeita ao duplo grau de jurisdição, não produzindo efeito senão depois de confirmada pelo tribunal, a sentença: I – proferida contra a União, os Estados, o Distrito Federal, os Municípios e suas respectivas autarquias e fundações de direito público; II – que julgar procedentes, no todo ou em parte, os embargos à execução fiscal.

Enunciado 311. A regra sobre remessa necessária é aquela vigente ao tempo da publicação em cartório ou disponibilização nos autos eletrônicos da sentença, de modo que a limitação de seu cabimento no CPC não prejudica os reexames estabelecidos no regime do art. 475 do CPC de 1973.

● *Grupo: Direito intertemporal e disposições finais e transitórias. Redação revista (V FPPC).* ● *Referência: arts. 496 e 1.046.*

▸ *José Henrique Mouta Araújo*

Este Enunciado enfrenta questão ligada a direito intertemporal.

Em verdade, muitas discussões são estabelecidas, no NCPC, em decorrência do direito intertemporal, e precisam ser analisadas tendo como ponto de partida os arts. 14 e 1046, do CPC.

Algumas premissas devem ser apontadas: a) o NCPC é aplicável aos processos em curso; b) são respeitados os atos processuais que foram praticados e as situações ocorridas na vigência do CPC/73; c) o NCPC revoga o regime anterior, mas permanecem em vigor as disposições relativas, por exemplo, aos procedimentos especiais e sumário que foram revogados, relativamente às demandas não sentenciadas até o início de vigência do novo CPC (art. 1.046, § 1º, do NCPC).

Em relação à remessa necessária, o NCPC provocou uma série de modificações que, na prática, tendem a diminuir o âmbito de sua incidência, quer em relação ao aumento do valor da condenação (art. 496, § 3º), quer em relação à força do precedente obrigatório (art. 496, § 4º).

Contudo, há a necessidade de análise das situações jurídicas anteriores que, pelo CPC/73, estavam sujeitas à remessa e que, de acordo com o NCPC, passaram a não mais ser sujeitas a esta prerrogativa da fazenda pública.

Vamos citar um exemplo: uma sentença que reconheceu obrigação de pagar quantia pela fazenda estadual em cem salários mínimos foi remetida ao 2º grau de Jurisdição para reanálise, no regime do CPC/73. O novo CPC aumentou o valor da dispensa da remessa para quinhentos salários mínimos. Será que o TJE, na vigência do NCPC, deve apreciar a decisão ou simplesmente declarar a sua inexistência e a ocorrência da coisa julgada?

Ora, se de um lado o NCPC consagra o isolamento dos atos processuais, de outro, não pode prejudicar direitos que foram adquiridos no regime processual anterior. Por tais razões, o Enunciado do FPPC consagra que a análise dos requisitos para a remessa deve ser feita de acordo com a legislação em vigor no momento da publicação em cartório ou disponibilização nos autos eletrônicos da sentença.

Portanto, mesmo em vigor o NCPC, ainda serão apreciadas as remessas que foram encaminhadas ao 2º grau em decorrência do regime processual anterior.

Este Enunciado de direito intertemporal dialoga, por exemplo, com o Enunciado 355, do próprio FPPC, que consagra: "se, no mesmo processo, houver questões resolvidas na fase de conhecimento em relação às quais foi interposto agravo retido na vigência do CPC/73, e questões resolvidas na fase de conhecimento em relação às quais não se operou a preclusão por força do artigo 1.009, § 1º, do CPC, aplicar-se-á ao recurso de apelação o artigo 523, § 1º, do CPC/73 em relação àquelas, e o artigo 1.009, § 1º, do CPC em relação a estas".

Este é o raciocínio a ser estabelecido pelo intérprete: a lei vigência estabelece as limitações ao instituto do reexame necessário.

▶ **NCPC. Art. 496.** Está sujeita ao duplo grau de jurisdição, não produzindo efeito senão depois de confirmada pelo tribunal, a sentença: I – proferida contra a União, os Estados, o Distrito Federal, os Municípios e suas respectivas autarquias e fundações de direito público; II – que julgar procedentes, no todo ou em parte, os embargos à execução fiscal.

Enunciado 312. O inciso IV do § 4º do art. 496 do CPC aplica-se ao procedimento do mandado de segurança.

● *Grupo: Impactos do CPC nos Juizados e nos procedimentos especiais de legislação extravagante.* ● *Referência: art. 496.*

▶ ***José Henrique Mouta Araújo***

O Enunciado consagra que se aplica à dispensa da remessa necessária ao mandado de segurança nos casos do inciso IV, do § 4º, do artigo 496, do NCPC, a saber: decisão judicial coincidente com orientação vinculante firmado no âmbito administrativo do ente público.

Em verdade, o tema deste enunciado é um pouco mais amplo e acaba discutindo o cabimento das restrições ao reexame necessário, advindas do novo CPC, também ao mandado de segurança.

Uma premissa deve ser apresentada: o mandado de segurança é impetrado, na maioria das vezes, para controlar atos administrativos oriundos do Poder Público. Por tal razão, é correta a interpretação de dispensa de reexame nos casos de existência de ato normativo vinculante à própria administração.

Não se deve esquecer que, não obstante o entendimento do Enunciado, o controle da aplicação do ato normativo deve inicialmente ser feito pela própria administração, que detém o poder de rever seus atos eivados de vícios[557]. A conduta do administra-

557. Sobre o tema "poder da Administração de rever seus próprios atos", ver as Súmulas 346 e 473 do STF, além, dentre outros, os seguintes precedentes: STF, RE 247399, RMS 21529; STJ, RMS 12815, RMS 16431, RMS 12887, RMS 10373 e RMS 9286.

dor deve ser pautada pela legalidade e ele, mais do que ninguém, controla a sua atividade e o atendimento ao sistema jurídico.

Contudo, não exercendo a administração a verificação interna da legalidade, esta deve ser exercida pelo Poder Judiciário, por meio dos vários instrumentos jurisdicionais de controle.

De fato, os princípios da inafastabilidade da jurisdição e unicidade da jurisdição consagram a necessidade de controle dos atos administrativos oriundos dos outros poderes (Executivo, Legislativo) e mesmo do próprio Poder Judiciário.

Aliás, como consequência da consagrada Jurisdição una tem-se, por exemplo, a inexistência de reflexos, no âmbito jurisdicional, da coisa julgada administrativa e a desnecessidade de exaurimento da instância administrativa para provocação da tutela jurisdicional[558].

De fato, o sistema de controle dos atos administrativos pode ser feito internamente (pelo próprio poder executivo ou outro poder, na função atípica) e externamente, através de vários instrumentos processuais.

No que respeita ao controle externo, vale destacar que em regra é posterior, e verificado por meio dos vários instrumentos, dentre os quais o mandado de segurança, a ação civil pública, ação popular, etc.

Nada impede, contudo, que sejam feitos os controles interno e externo simultaneamente, vindo a decretação de nulidade do ato pela própria administração refletir em demanda já em curso como ocorre, *v.g.*, nos casos de aplicação da Súmula 346/STF, pelo administrador durante a tramitação do mandado de segurança, refletindo na futura extinção do *mandamus* sem resolução de mérito.

Ora, sendo impetrado visando discutir ato administrativo, é acertado o entendimento de que não haverá reexame nos casos em que existir entendimento administrativo vinculante que serviu de fundamento para a decisão judicial.

Uma vez observado que o mandado de segurança procura, em regra, impugnar ato administrativo omissivo ou comissivo, vale a pena analisar as restrições ao reexame e sua aplicação ao procedimento do mandado de segurança.

A rigor, vários pontos do novo CPC provocam interpretação se são ou não aplicáveis ao mandado de segurança, como: a) contagem de prazos em dias úteis; b) aplicação de precedentes obrigatórios; c) tutelas provisórias e suas restrições; d) negócio processual; e) resolução parcial de mérito; f) controle dos pronunciamentos judiciais; g) restrições do reexame necessário[559], etc.

---

558. Sobre o princípio da unicidade da jurisdição e seus desdobramentos (como a inafastabilidade da jurisdição e a desnecessidade de exaurimento da instância administrativa), ver FREITAS, Juarez. *Estudos de direito administrativo*. São Paulo: Malheiros, 1995. p. 85.

559. Visando maior aprofundamento, ver ARAÚJO, José Henrique Mouta. *Mandado de segurança*. 5. ed. Salvador: Juspodivm. 2015.

Neste espaço, vale a pena enfrentar este último. Como bem observa Leonardo Carneiro da Cunha: "segundo entende o STJ, as hipóteses de dispensa de remessa necessária não se aplicam ao mandado de segurança, ao argumento de que há de prevalecer a norma especial em detrimento da geral"[560].

De fato, o posicionamento do Tribunal Superior é pautado, em regra, sob estas premissas: a) procedimento especial do MS; b) inexistência de qualquer restrição no artigo 14 da Lei 12.016/09; c) prevalência da lei especial sobre a geral. Vale citar dois precedentes do STJ, que indicam o entendimento majoritário da Corte (anteriores ao NCPC – mas já analisam bem a questão da aplicabilidade das restrições à remessa no mandado de segurança)[561]:

> (...). Sujeição de sentença concessiva de mandado de segurança ao duplo grau de jurisdição obrigatório. Inaplicabilidade do art. 475 do CPC. Aplicação da regra especial da lei do mandado de segurança. 1. De acordo com a jurisprudência dominante do Superior Tribunal de Justiça, é inaplicável ao mandado de segurança o art. 475 do Código de Processo Civil, pois a regra especial contida no art. 12, parágrafo único, da Lei 1.533/51, e reproduzida no art. 14, § 1º, da Lei n. 12.016/2009, prevalece sobre a disciplina genérica do Código de Processo Civil (art. 2º, § 2º, da LICC). (...). (STJ, REsp 1274066, Rel. Min. Mauro Campbell Marques, 2ª T, DJe9.12.2011).

> (...) Mandado de segurança. Reexame necessário. Não incidência do art. 475, § 2º, do CPC, introduzido pela Lei 10.352/01. Princípio da especialidade. Aplicação do art. 12 da Lei 1.533/51. Precedentes. Inaplicável o § 2º do art. 475 do CPC, que dispensa a remessa necessária da sentença quando sucumbir a Fazenda Pública e o direito ou valor controvertido for inferior a 60 salários mínimos, por se tratar o feito de mandado de segurança que possui legislação própria, constante do art. 12 da Lei 1.533/51, sendo aplicável o princípio da especialização. (...). (STJ, REsp 786561, 2ª T, Rel. Min. Peçanha Martis, DJ 6.2.2006)

É importante indagar: qual o motivo para não se aplicar as restrições à remessa necessária ao mandado de segurança, especialmente no caso em que a sentença é fundamentada em orientação administrativa do próprio ente público?

A rigor, entendo que as restrições à remessa necessária caminham de acordo com a interpretação global advinda do novo CPC. Não vejo porque não se aplicar ao MS as restrições previstas no artigo 496, §§ 3º e 4º.

E mais: quando o precedente é da própria administração pública não há motivo para garantir esta prerrogativa do poder público que, a rigor, visa rediscutir decisão judicial proferida de acordo com o próprio entendimento do administrador.

Ora, se a administração pode rever seus próprios atos, esta conduta estará ainda mais presente quando a decisão judicial está de acordo com o entendimento vinculante do próprio órgão.

Evidente que, nos casos em que a sentença no mandado de segurança for ilíquida, não será cabível a restrição da remessa prevista no artigo 496,§ 3º, do NCPC. Agora, quando a decisão estiver fundada em precedente obrigatório (art. 927 c/c art. 496, §

---

560. Comentários ao art. 496. *In*: WAMBIER, Teresa A. *et al.* (Coords). *Breves comentários ao novo Código de Processo Civil.* São Paulo: RT, 2015. p. 1262.
561. Ver também, no STJ: EREsp 654839, EREsp 647717, EREsp 687216 e EREsp 654837.

4º), não vejo razão para não aplicação ao mandado de segurança. Considerando que o MS, na grande maioria de vezes, visa impugnar ato administrativo oriundo do Poder Público, me parece claro que a maior incidência da discussão quanto à aplicação das restrições à remessa dirá respeito aos precedentes obrigatórios.

Logo, apesar do Enunciado tratar exclusivamente da hipótese do inciso IV, do § 4º, do artigo 496, do CPC (precedente administrativo vinculante), penso que, além dele, todas as restrições à remessa necessária devem ser aplicadas ao procedimento do mandado de segurança. Este será um grande tema a ser enfrentado pela doutrina e jurisprudência do novo CPC.

▶ **NCPC. Art. 496.** Está sujeita ao duplo grau de jurisdição, não produzindo efeito senão depois de confirmada pelo tribunal, a sentença: I – proferida contra a União, os Estados, o Distrito Federal, os Municípios e suas respectivas autarquias e fundações de direito público; II – que julgar procedentes, no todo ou em parte, os embargos à execução fiscal.

Enunciado 432. A interposição de apelação parcial não impede a remessa necessária.

● *Grupo: Impacto do novo CPC e os processos da Fazenda Pública.* ● *Referências: art. 496, § 1º.*

▶ *José Henrique Mouta Araújo*

Este Enunciado provoca a análise de vários institutos, a saber: a) recurso parcial; b) coisa julgada parcial; c) apelação parcial e remessa necessária de capítulos autônomos; d) remessa de interlocutórias de mérito.

Não irá ser enfrentada, pois ultrapassa os limites pretendidos neste comentário, a restrição às hipóteses de remessa necessária advinda do NCPC, quer em relação ao aumento do valor, quer em relação à aplicação dos precedentes vinculantes (art. 496, §§ 3º e 4º, do CPC). O que irá ser enfrentada é a possibilidade de remessa parcial e, também, o convívio entre esta prerrogativa e o recurso parcial.

Uma coisa é certa: apesar de o Enunciado mencionar apelação parcial, também vislumbro a necessidade de remessa necessária nos casos de decisão interlocutória de mérito (ex. art. 356, do NCPC) irresignada por meio de agravo de instrumento parcial.

O ponto de partida para o enfrentamento da questão passa, a meu ver, pela análise dos artigos 356 e 1.008 do NCPC.

Vale destacar que o mais importante para um pronunciamento judicial é a verificação de seu conteúdo; e se terá ou não o grau cognitivo suficiente para a imunização. Há, no sistema processual, várias situações jurídicas em que a decisão, apesar de não encerrar o processo ou uma de suas fases, possui cognição suficiente para a formação da coisa julgada. Logo, não podem ser consideradas como sentenças (art. 203), mas sim decisão parcial de mérito.

Destarte, nas hipóteses de extinção parcial do processo com resolução de mérito (art. 354, parágrafo único, do CPC) e julgamento antecipado parcial de mérito (art. 356, do CPC), se está diante de desmembramento do objeto litigioso com formação de coisa julgada em momentos diferenciados em um mesmo processo.

Além disso, em caso de julgamento de pedidos cumulados, a interposição de recurso parcial não impede a formação de coisa julgada do capítulo não impugnado.

Contudo, estas situações devem ser sopesadas quando se tratar de demandas movidas contra a fazenda pública e que estejam sujeitas à remessa necessária (art. 496).

Logo, caso ocorra recurso de apelação parcial, o capítulo não recorrido estará sujeito à remessa, desde que não ocorra uma das situações previstas nos §§ 3º e 4º, do artigo 496. Da mesma forma, caso haja o julgamento de parte do objeto litigioso de forma antecipada, a falta de recorribilidade ou mesmo o manejo de agravo de instrumento parcial, não impedirá o reexame do capítulo não recorrido.

Como já mencionado, esta prerrogativa da fazenda pública foi mantida pelo NCPC em relação à *sentença*, com grandes modificações em relação ao valor e à força do precedente (art. 496, §§ 3º e 4º). A questão é se ela deve ser estendida à decisão parcial de mérito contrária a fazenda pública.

Antes de tentar encontrar uma resposta, vale a pena repisar que esta interlocutória de mérito provoca as mesmas consequências processuais da sentença, em relação aos institutos da coisa julgada, cumprimento e rescisória. Além disso, o agravo de instrumento terá aproximação da apelação, em relação ao instituto da técnica da uniformização de votos (art. 942, § 3º, II).

A premissa para encontrar uma resposta razoável é que o novo CPC permite a quebra da unicidade de julgamento. Logo, se em alguns institutos expressamente foi alterada a expressão *sentença*, por *decisão*, este entendimento deve estar presente em relação a outros como a remessa necessária, o recurso adesivo e na possibilidade de defesa oral.

A opção legislativa pela recorribilidade das decisões parciais de mérito por meio de agravo de instrumento foi, como mencionado anteriormente, para tentar solucionar as discussões existentes no sistema anterior acerca da possível existência de sentenças parciais e apelações por instrumento. Assim, em que pese não ser recorrível por apelação, o agravo de instrumento tem muita proximidade com o recurso interposto contra a sentença.

Portanto, se o caso concreto for passível de remessa necessária, a resolução antecipada parcial de um dos pedidos contrários à fazenda pública deve provocar a reapreciação pelo tribunal, ampliando a expressão *sentença*, contida no CPC. Com efeito, a remessa necessária é prerrogativa da fazenda pública, quando cabível, nos casos de decisões parciais de mérito proferidas em 1º grau.

Assim, deve ser ampliado o conceito de *remessa necessária de sentença*, para admiti-la nos casos de interlocutórias de mérito contrárias à fazenda pública. No tema, Fredie Didier Jr e Leonardo Carneiro da Cunha entendem que[562]:

> Mesmo não sendo sentença, estará sujeita à remessa necessária. Isso porque a remessa necessária relaciona-se com as decisões de mérito proferidas contra a Fazenda Pública; a coisa julgada somente pode ser produzida se houver remessa necessária. Se houve decisão de mérito contra o Poder Público, é preciso que haja seu reexame pelo tribunal respectivo; é preciso, enfim, que haja remessa necessária. Significa, então, que há remessa necessária de sentença, bem como da decisão interlocutória que resolve parcialmente o mérito.

Algumas questões práticas que merecem ser enfrentadas: a) ocorrerá o desmembramento dos autos judiciais físicos, levando em conta que será realizada a remessa necessária em relação ao capítulo resolvido precocemente? b) há a eficácia imediata deste capítulo, mesmo na pendência da reapreciação da decisão pelo órgão colegiado, eis que o eventual agravo de instrumento não possui efeito suspensivo legal?

Em relação ao primeiro questionamento, parece que não há grande problema: se for o caso, os autos podem ser remetidos, em autuação suplementar e parcial, para o Tribunal, enquanto os originais permanecem no 1º grau até a prolatação da sentença[563].

Por outro lado, em relação à eficácia imediata do capítulo de mérito sujeito à remessa necessária, a resposta é negativa, exceto quando concedida tutela provisória na decisão parcial (art. 1012, V, do CPC – *por analogia*), ou naqueles em que, expressamente, o próprio legislador consagra a eficácia imediata da decisão.

A premissa apontada anteriormente merece ser confirmada: deve existir uma aproximação entre os sistemas da recorribilidade da decisão de mérito por apelação e por agravo de instrumento. Portanto, devem ser *emprestadas* aos julgamentos parciais as regras da ineficácia imediata antes da remessa e do *efeito suspensivo legal* do recurso (arts. 496 e 1012, V, do CPC).

Com efeito, há a necessidade de uma interpretação conjunta dos artigos 356 (*eficácia imediata da decisão parcial de mérito*) e 496, do CPC (*remessa necessária como condicionante ao efeito imediato da decisão*). Ora, estando sujeita ao reexame pelo Tribunal, este capítulo não poderá ter eficácia imediata, exceto nos casos em que a apelação também não tenha efeito suspensivo legal (art. 1012, do CPC).

Portanto, ao contrário das disposições contidas no artigo 356, do NCPC, este capítulo julgado antecipadamente contra a fazenda, não estará sujeito ao cumprimento imediato, apenas após a reapreciação pelo Tribunal, exceto se for concedida tutela provisória – de urgência ou evidência – na própria decisão (como nos casos do artigo 311, II, do CPC).

De outro prisma, a partir do momento em que se está apresentando a analogia interpretativa entre a *apelação* e o *agravo de instrumento* interposto contra a decisão

562. *Curso de direito processual civil. vol.* 3. 13. ed. Salvador: Juspodivm, 2016. p. 405.
563. O art. 356, § 4º consagra a possibilidade de existência de autos suplementares.

parcial de mérito, também é necessário defender a possibilidade de apelo adesivo (art. 997, § 2º, II, do CPC) e defesa oral (art. 937, I, do CPC). Os regimes jurídicos dos recursos são aproximados e, portanto, além do prazo ser idêntico (quinze dias úteis), deve ser estendido ao agravo de mérito os mesmos institutos cabíveis no recurso de apelação.

Aliás, uma interpretação literal dos dispositivos acima citados pode levar a uma incongruência: a apelação contra sentença que não aprecia mérito (art. 485, do CPC) permite a apresentação de defesa oral e o agravo de instrumento contra decisão parcial de mérito, não teria tal possibilidade.

Este posicionamento não me parece correto. No caso de julgamento antecipado parcial de mérito com sucumbência recíproca deve ser admitido tanto o agravo adesivo como a defesa oral no momento do julgamento pelo colegiado, fazendo com que efetivamente ocorra a aproximação dos dois meios recursais contra as decisões de mérito proferidas em 1º grau.

Por outro lado, também há a possibilidade de remessa necessária nos casos de sentenças recorridas apenas parcialmente. Aqui, a questão a ser tratada é a inexistência de coisa julgada em relação ao capítulo não recorrido, tendo em vista a existência de reapreciação da matéria pelo Tribunal.

Este é o entendimento do Enunciado do FPPC. A interposição de apelação parcial não impede o reexame do capítulo irrecorrido, que será remetido ao órgão *ad quem* por força da remessa.

Uma indagação interessante a ser enfrentada é a seguinte: após o julgamento, pelo Tribunal, do recurso de apelação parcial e da remessa necessária, a parte terá recorribilidade total para eventual recurso especial ou extraordinário, inclusive em relação aos capítulos recursais que não foram objeto de irresignação em 1º grau?

No STJ há entendimentos que consagram a existência de preclusão quando não há interposição de apelação[564], pelo que, após a apreciação da remessa pelo Tribunal, e confirmada a decisão, a fazenda pública não poderá interpor recursos aos Tribunais Superiores. Contudo, em outros julgamentos[565], o STJ posiciona-se pela inexistência de preclusão e, consequentemente, pela possibilidade de recurso após a remessa, o que também é seguido em julgados do STF[566].

Portanto, a consequência do julgamento feito pelo tribunal local da apelação parcial e da remessa torna a questão de maior relevância prática, tendo em vista a existência de posicionamentos dos Tribunais Superiores no sentido de inexistência de preclusão. Logo, para finalizar a interpretação deste Enunciado, vale ressaltar que, seguindo este último posicionamento, após o julgamento da apelação parcial e da remessa, poderá a fazenda pública interpor recurso aos Tribunais Superiores com objeto maior do que aquele que fundamentou a apelação parcial.

564. STJ, REsp 904.885, EREsp 1.036.329.
565. AgRg no REsp 588.108, AgRg no RE 330.007.
566. STF, RE-AgR 330007, RE 396989.

▶ **NCPC. Art. 496. § 1º** Nos casos previstos neste artigo, não interposta a apelação no prazo legal, o juiz ordenará a remessa dos autos ao tribunal, e, se não o fizer, o presidente do respectivo tribunal avocá-los-á.

2.1.1.10.4. Do Julgamento das Ações Relativas às Prestações de Fazer, de não Fazer e de Entregar Coisa (arts. 497 a 501)

Enunciado 525. A produção do resultado prático equivalente pode ser determinada por decisão proferida na fase de conhecimento.

● *Grupo: Sentença, coisa julgada e ação rescisória.* ● *Referências: arts. 139, IV, 492 e 497.*

▸ *Ravi Peixoto*

A regra do sistema processual é a da congruência ou adstrição do juiz ao pedido das partes, sendo-lhe vedado proferir decisão de natureza diversa da requerida ou mesmo de condenar a parte em quantidade superior ou em objeto diverso do que lhe foi demandado (art. 493, *caput*). Ocorre que a própria legislação estabelece algumas exceções a essa lógica, a exemplo do artigo 497, *caput*, do CPC, o qual autoriza que o juiz, julgando procedente o pedido, conceda a tutela específica (obrigação de fazer ou não fazer) *ou* determine "providências que assegurem a obtenção de tutela pelo resultado prático equivalente". Esse *resultado prático equivalente* pode ser definido como aquele que, "embora não corresponda ao espontâneo adimplemento, proporciona ao exequente satisfação mais próxima que a conversão em perdas e danos".[567] A lógica aqui não é a de tão apenas autorizar a utilização de medidas executivas para que se alcance a tutela específica, inclusive porque essa autorização já consta de outros textos normativos (art. 139, IV e 536, § 1º), mas a de efetivamente permitir *a alteração do resultado final*.[568] Inclusive, nesse sentido, sequer parece fazer sentido a referência, por parte do enunciado, ao art. 139, IV, que trata de outro tema, qual seja, a utilização de medidas indutivas, coercitivas, mandamentais ou sub-rogatórias para assegurar o cumprimento de ordem judicial e não a substituição da tutela específica requerida pela parte.

A título de exemplo de resultado prático equivalente, imagine-se que a parte requeira que uma determinada empresa pare de despejar lixo tóxico em um rio que está em sua propriedade mediante o fechamento da empresa. O juiz, analisando a proporcionalidade do pedido, poderia determinar a instalação de um filtro ou a mudança do local em que despejado o lixo.

567. MOUZALAS, Rinaldo. "Comentários ao art. 497". *In*: DIDIER JR., Fredie. *et al.* (Coords). *Breves comentários ao novo Código de Processo Civil.* São Paulo: RT, 2015. p. 1267.

568. DIDIER JR., Fredie. *et al. Curso de direito processual civil.* 7. ed. Salvador: Juspodivm, 2017, v. 5. p. 584. No mesmo sentido: MARINONI, Luiz G.; MITIDIERO, Daniel; ARENHART, Sergio C. *Novo curso de processo civil.* vol. II. São Paulo: RT, 2015. p. 482. Em sentido contrário, por exemplo, MEDINA, José Miguel G. defende que "Por resultado prático equivalente, tem-se a tutela jurisdicional realizada com o intuito de se obter o mesmo resultado final, mas através da atuação de terceiros" (*Direito processual civil moderno.* 2. ed. São Paulo: RT, 2016. p. 771).

A utilização da tutela pelo resultado prático equivalente, por lógica, não deve ser a prioridade, a qual pertence à tutela específica. Portanto, apenas deve ser admitida caso o juiz justifique que: i) a situação concreta torna impossível a obtenção da tutela específica ou ii) ainda que possível, uma ponderação dos bens em disputa deixar evidente que é mais adequado, necessário e proporcional a concessão da tutela pelo resultado prático equivalente[569], sempre devendo haver uma presunção de manutenção de concessão da tutela específica. Além disso, é importante que as partes sejam intimadas para que se manifestem sobre a alteração do pedido, de forma a evitar uma decisão surpresa (art. 10, CPC).

Partindo especificamente para o enunciado, o que se deseja defender é a possibilidade de que essa decisão seja tomada *na fase de conhecimento*, além de, naturalmente ser tomada durante a fase de cumprimento, quando os requisitos de substituição da tutela específica sejam preenchidos. A questão é que o enunciado aponta que a alteração da tutela específica pelo resultado prático equivalente pode ser determinada *na própria decisão na fase de conhecimento, antes mesmo de iniciado o cumprimento da obrigação, desde que, por óbvio, já nesse momento seja possível identificar que os requisitos para essa substituição tenham sido preenchidos.*

▶ **NCPC. Art. 139.** O juiz dirigirá o processo conforme as disposições deste Código, incumbindo-lhe: (...). IV – determinar todas as medidas indutivas, coercitivas, mandamentais ou sub-rogatórias necessárias para assegurar o cumprimento de ordem judicial, inclusive nas ações que tenham por objeto prestação pecuniária. ▶ **Art. 492.** É vedado ao juiz proferir decisão de natureza diversa da pedida, bem como condenar a parte em quantidade superior ou em objeto diverso do que lhe foi demandado. **Parágrafo único.** A decisão deve ser certa, ainda que resolva relação jurídica condicional. ▶ **Art. 497. N**a ação que tenha por objeto a prestação de fazer ou de não fazer, o juiz, se procedente o pedido, concederá a tutela específica ou determinará providências que assegurem a obtenção de tutela pelo resultado prático equivalente. **Parágrafo único.** Para a concessão da tutela específica destinada a inibir a prática, a reiteração ou a continuação de um ilícito, ou a sua remoção, é irrelevante a demonstração da ocorrência de dano ou da existência de culpa ou dolo.

2.1.1.10.5. Da Coisa Julgada (arts. 502 a 508)

Enunciado 111. Persiste o interesse no ajuizamento de ação declaratória quanto à questão prejudicial incidental.

● *Grupo: Coisa Julgada, Ação Rescisória e Sentença.* ● *Referências: arts. 19, 329, II, 503, § 1º.*

▶ ***Antonio Carlos F. de Souza Júnior e Roberto Campos Gouveia Filho***

Vide comentários ao Enunciado 165/FPPC, em especial o item 11, mais especificamente ainda o subitem 11.1.

▶ **NCPC. Art. 19.** O interesse do autor pode limitar-se à declaração: I – da existência, da inexistência ou do modo de ser de uma relação jurídica; II – da autenticidade ou da falsidade de documento. ▶ **Art. 329.** O autor poderá: II – até o saneamento do processo, aditar ou alterar

---

569. DIDIER JR., Fredie. *et al.* Rafael. *Curso de direito processual civil...* cit. p. 585.

o pedido e a causa de pedir, com consentimento do réu, assegurado o contraditório mediante a possibilidade de manifestação deste no prazo mínimo de 15 (quinze) dias, facultado o requerimento de prova suplementar. ▶ **Art. 503. § 1°** O disposto no caput aplica-se à resolução de questão prejudicial, decidida expressa e incidentemente no processo, se: I – dessa resolução depender o julgamento do mérito; II – a seu respeito tiver havido contraditório prévio e efetivo, não se aplicando no caso de revelia; III – o juízo tiver competência em razão da matéria e da pessoa para resolvê-la como questão principal.

ENUNCIADO 165. A ANÁLISE DE QUESTÃO PREJUDICIAL INCIDENTAL, DESDE QUE PREENCHA OS PRESSUPOSTOS DOS PARÁGRAFOS DO ART. 503, ESTÁ SUJEITA À COISA JULGADA, INDEPENDENTEMENTE DE PROVOCAÇÃO ESPECÍFICA PARA O SEU RECONHECIMENTO.

● *Grupo: Coisa Julgada, Ação rescisória e Sentença.* ● *Redação revista (VI FPPC).* ● *Referências: art. 503, §§ 1º e 2º.*

▸ ***Antonio Carlos F. de Souza Júnior e Roberto Campos Gouveia Filho***

1. Aspectos introdutórios

Como cediço, os §§ 1º e 2º do artigo 503, CPC, estendem os efeitos da coisa julgada à análise da questão prejudicial que serve de fundamento para o pedido.

Antes de se fazer qualquer comentário não só aos dispositivos mencionados, mas também, e acima de tudo, ao enunciado do FPPC acima, faz-se necessário tecer algumas considerações sobre o conceito de coisa julgada.

Em seguida, é necessário fixar o conceito do que venha a ser questão prejudicial e, dentro do conceito, o que pode ser abrangido ou não pela eficácia declaratória sentencial. Trata-se de verdadeira condição de possibilidade para a compreensão do enunciado.

2. Breves notas para uma noção de coisa julgada

Coisa julgada, em si, é o estado da sentença passada em julgado. A *res deducta* torna-se *res judicata*, tal como diz Adriano Soares da Costa. É a *vera sententia,* a que alude Pontes de Miranda. Coisa julgada é, pois, um fato, e não um efeito jurídico. Ocorre que, ante o trânsito em julgado (que integraliza o suporte fático da sentença: integralizar no sentido de atribuir algo a outro), exsurgem efeitos jurídicos específicos. Está-se, aqui, portanto, no âmbito da eficácia da coisa julgada, da qual são elementos a coisa julgada formal e a coisa jugada material.

Ambas projetam uma indiscutibilidade (= característica daquilo que não pode ser discutido). A diferença está nos limites espaço-temporais: a formal impede a discussão no âmbito do processo em que surgiu (obsta a litispendência); a material, em qualquer um. A coisa julgada formal é pressuposto lógico da coisa julgada material. Não se leva em conta para tal distinção o que foi objeto da declaração judicial: se o próprio mérito da causa ou algo estranho a ele.

Em ambos os casos, salvo exclusão legal, tais decisões são aptas a formarem coisa julgada formal e material. Por exemplo, a decisão que declara o autor não ser parte legítima, embora, por opção do sistema positivo (art. 485, VI, NCPC), não toque o mérito da causa, se torna, com o trânsito em julgado, indiscutível dentro do próprio processo em que surgiu e também em qualquer outro.

Pragmaticamente, a distinção entre coisa julgada formal e material tem grande relevância no âmbito das decisões definitivas parciais (exclusão de litisconsorte, *e. g.*). Caso elas não sejam impugnadas no momento adequado (pela interposição, quando cabível, do agravo de instrumento, *v. g.),* suas eficácias declaratórias não podem ser rediscutidas em outro momento do processo, que continua em relação ao que não foi analisado.

2.1. Indiscutibilidade e imutabilidade: o problema dos limites objetivos da coisa julgada

Como dito, a eficácia de coisa julgada consiste numa indiscutibilidade. É preciso, todavia, entender o que se torna indiscutível. Das possíveis eficácias sentenciais, é a declaratória-base que a passa ter tal característica: toda decisão pressupõe um dizer (*dictum*) sobre aquilo que foi posto à discussão (não custa frisar que o processo judicial, como fenômeno jurídico, é fato linguístico, isso, inclusive, é a base epistêmica para ser possível dizê-lo dialético).

O nome "declaratória-base" se deve ao fato de que é possível que de uma declaração surjam outras, que da primeira são efeitos. Exemplo clássico destas é o da declaração de ineficácia na ação de nulidade, que decorre da declaração da existência do poder de nulificar o ato jurídico questionado. Por menor que seja, toda decisão – até mesmo aquelas antecipatórias da tutela – tem um *dictum.* No caso destas, o dizer é relativo à pretensão processual a antecipar, que tem o Estado-juiz como sujeito passivo, obrigado a prestá-la.

A parte constatativa (o *dictum)* das decisões antecipatórias da tutela, que tem na ideia de "antecipação da cognição" de Pontes de Miranda uma ótima base epistêmica, é comumente ignorada pela processualística brasileira em geral. Por óbvio, a indiscutibilidade do dizer impede que ele seja reprocessualizado, no sentido de voltar a ser discutido. Seja ele voltando como objeto a ser declarável, hipótese em que não poderá ser analisado (dito efeito negativo da coisa julgada), seja ele voltando como premissa para o julgamento, hipótese em que deverá ser considerado tal como o foi (dito efeito positivo da coisa julgada).

No entanto, e o mais relevante, é entender que toda discutibilidade não é um fim em si mesma. Ela serve de base para outras consequências processuais possíveis. Mesmo na ação preponderantemente declaratória (dita, erroneamente, "meramente declaratória") a discussão judicial serve a algo: no caso, a criação de certeza jurídica sobre o dito e, com isso, possíveis efeitos práticos decorrem, como o impedimento à prática de qualquer agir que atente contra a declaração. A discutibilidade pode servir, desse modo, à mutação de outras eficácias sentenciais. Nas decisões no âmbito das tutelas provisórias, por exemplo, por não haver indiscutibilidade, é possível, nos moldes do *caput* do artigo 296, NCPC, alterar a situação estabelecida, seja para revogar, seja para modificar.

Válido frisar que, com a ressalva da eficácia declaratória-base da sentença, todas as outras são mutáveis por variados motivos. A indiscutibilidade da coisa julgada não é óbice a isso. Eis a razão de ser equivocada – não obstante a literalidade da disposição legal, no caso o artigo 502, NCPC – a ideia de ter a imutabilidade da sentença (mais propriamente, de suas eficácias) como decorrência natural da coisa julgada. Se o condenado paga, a eficácia condenatória da sentença se esvai sem que isso atente contra a coisa julgada. Se ocorre o advento do prazo de prescrição, resta neutralizada, com o devido exercício da exceção de prescrição pelo condenado, a eficácia executiva da sentença, algo que, igualmente, não atenta contra a coisa julgada. São exemplos que não nos permitem dizer o contrário.

A indiscutibilidade do *dictum* impossibilita tão-somente que as demais eficácias sentenciais sejam alteradas pela constatação de inexistência daquilo que foi declarado. A imutabilidade, aqui, se dá apenas por mera decorrência lógica da indiscutibilidade: por não se poder rediscutir o dito na sentença, não se pode, de modo forçado ao seu beneficiário, mudar as demais eficácias. Isso, por óbvio, não impede que, por acordo, (claro, desde que transacionável seja o benefício auferido), o beneficiário transacione sobre aquilo que a sentença lhe proporcionou ou, até mesmo, dele renuncie.

A eficácia de coisa julgada não é óbice, portanto, à negociação sobre a eficácia da sentença. Não se trata, por isso, de uma imutabilidade *per se,* algo incompatível com a ideia de coisa julgada. O que se tem é indiscutibilidade da declaração-base e ampla mutabilidade das demais eficácias sentenciais. Neste caso, em decorrência de fatos jurídicos dos mais diversos, tal como se exemplificou. Ou seja, ao contrário do que consta da literalidade do mencionado artigo 502, CPC, que coloca em antecedência cronológica (sugestionando, além disso, outra de ordem lógica) o termo "imutável" em relação ao termo "indiscutível", é a indiscutibilidade que pode dar ensejo a um tipo, bem específico, de imutabilidade.

2.2. Coisa julgada e preclusão: uma distinção necessária.

É corrente, especialmente nos últimos tempos, ter a coisa julgada como um tipo de preclusão, uma "preclusão máxima" dir-se-ia. Não me parece, porém, correto tal entendimento.

Preclusão é perda. Mais especificamente, perda de uma situação jurídica. Em regra, de um direito. Por exemplo, transcorrido o prazo para a interposição do recurso, perde-se o direito de recorrer.

A preclusão, portanto, é uma eficácia jurídica negativa. Ou seja, em vez de agregar algo a alguém, retira algo que com ele está: "quem tinha direito de contestar, perde-o pelo transcurso do prazo"; "quem tinha direito de recorrer, perde-o por ter cumprido o comando decisório" etc.

Diante disso se percebe que ela nada tem a ver com o conceito de coisa julgada posto acima. Esta, como se disse, gera algo para alguém, sendo uma eficácia jurídica positiva. Esse algo é a "indiscutibilidade" na forma acima descrita. Numa linguagem mais afeita à da processualística, a coisa julgada é situação jurídica nova.

Disso, percebe-se, facilmente, que preclusão e coisa julgada estão em módulos distintos. Devendo cada uma delas ser analisada de acordo com bases analíticas distintas.

No mais, é possível ocorrer uma sem que ocorra a outra.

As decisões irrecorríveis, por exemplo, não geram preclusão, pois não há o que "se extinguir", mas geram, e de imediato, coisa julgada.

Já as decisões dadas a título provisório (como as antecipatórias da tutela), embora sejam recorríveis (art. 1.015, I, CPC), dão azo à preclusão, pois, com o transcurso do prazo, perde-se o direito de delas agravar, sem, contudo, ser aptas a formarem coisa julgada, já que são discutíveis, para serem modificadas ou revogadas, a qualquer tempo (art. 296, CPC).

3. Do trânsito em julgado ao fato jurídico da coisa julgada

De acordo com o que foi dito, coisa julgada e eficácia de coisa julgada são conceitos distintos. Esta última é um tipo de eficácia jurídica. Já a coisa julgada propriamente, um fato jurídico. É preciso, portanto, analisar a coisa julgada como fato jurídico para poder falar na eficácia da coisa julgada. Em verdade, diversos fatos jurídicos dão ensejo à eficácia de coisa julgada. À medida do possível, analisaremos a composição de cada um deles. É necessário compreender que todos são decisionais, ou seja, o que gera a coisa julgada é a decisão: não ela pura e simplesmente, mas sim a decisão ultimada, a *vera sententia* a que alude Pontes de Miranda, valendo-se de ideias de autores lusitanos clássicos. Ou seja, a decisão, nos diversos moldes estabelecidos, e o advento do trânsito em julgado.

O trânsito em julgado funciona como um elemento a mais no fato jurídico decisional, projetando-lhe a imagem de coisa julgada, fazendo-o gerar a eficácia de coisa julgada. Ele é, portanto, elemento fundamental da coisa julgada. Por ora, analisaremos o conceito de trânsito em julgado. Pode-se dizer ser ele um momento (como muito bem percebeu Alexandre Senra), porém não apenas no sentido cronológico. Tem viés espaço-temporal e, acima de tudo, opera logicamente, pois é pressuposto para a formação da coisa julgada.

O trânsito em julgado, contudo, não se dá de modo uniforme. Se em geral ele ocorre por um ato-fato jurídico, referente ao transcurso *in albis* do prazo para o exercício do poder de recorrer, há hipóteses em que isso não acontece: *i)* nas decisões irrecorríveis (seja por óbice legal ou negocial), o próprio fato da decisão já é juridicizado como *vera sententia*.

O trânsito em julgado, portanto, opera de modo automático, sendo declaratório o juízo sobre ele; *ii)* além disso, o trânsito em julgado pode ocorrer como eficácia anexa de alguns fatos processuais, como se dá na renúncia do poder de recorrer, na aceitação da decisão e na desistência do recurso; *iii)* além disso, ele pode advir de outro trânsito em julgado. É o que se tem quando, por motivos dos mais variados, a decisão de inadmissibilidade do recurso transita em julgado, algo que, por consequência, gera o trânsito em julgado da decisão recorrida.

4. Mérito e coisa julgada

Como colocado acima, o que diferencia a coisa julgada material da formal não é o objeto da decisão, mas sim os limites espaço-temporais da indiscutibilidade. Isso, no entanto, precisa ser confrontado com o conceito de mérito, cuja expressão consta no dispositivo legal em comento.

4.1. Breves notas para um conceito de mérito

Se se parte da premissa de que todo processo judicial é voltado para a discussão e, como consequência, a resolução de algo, deve-se entender que qualquer decisão judicial tem um objeto, isto é: aquilo sobre o que se pronuncia. Todo processamento tem, portanto, um mérito, no sentido de ter um conteúdo. As decisões sobre a admissibilidade do processo não escapam a tal ideia. Nelas, o objeto é a questão de admissibilidade posta. Por exemplo, ser, ou não, o autor parte legítima para causa; ter, ou não, o juízo competência para processar e julgar a causa.

Mérito, desse modo, é uma noção relativa, pois dependente de um referencial: sua posição na dinâmica processual. Mérito é aquilo que está (processualmente) posto à análise judicial. Num conflito de competência (e até mesmo na própria defesa fundada em incompetência), por exemplo, a questão da competência é o mérito. O que pode variar é a solenidade do processamento de tais questões. Ao tempo CPC/73, a alegação de incompetência relativa se fazia por intermédio de um incidente processual.

A substância, porém, não se altera. Nos recursos, isso se demonstra com muito mais força explicativa. Como cediço, há recursos cujo mérito é o juízo de admissibilidade de outro, caso do agravo do artigo 1.042, CPC. Desse modo, posso dizer que o mérito não está no direito material, tendo este como direito civil, administrativo, tributário, empresarial etc., ou seja, direitos não processuais do ponto de vista estático (art. 22, CRFB), mas sim na alegação de qualquer direito processualizado, incluindo o próprio direito processual, como nos exemplos acima colocados.

E é exatamente nesse sentido que se deve compreender o termo "mérito" contido nos artigos 485 e 487, CPC. Neles, a alusão ao termo é em referência à posição processual, ou seja: ao que, por intermédio do ato postulatório, foi posto como objeto no procedimento principal. Uma decisão fundada em reconhecimento de ilegitimidade ativa para a causa (inciso VI do mencionado artigo 485), por exemplo, não é de mérito porque não diz respeito ao objeto processualizado pelo ato de demandar. Contudo, ela tem um mérito, referente à pronúncia de não ser a parte autora legítima para a causa.

4.2. Coisa julgada das decisões de admissibilidade

Assim sendo, não é forçoso dizer que as decisões de admissibilidade, salvo expressa exclusão legal, são aptas a formarem coisa julgada, incluindo a material. Aqui, tem-se um cânone hermenêutico: o artigo 502, CPC, ao falar das decisões de mérito, não funciona como hipótese de restrição à formação de coisa julgada das decisões de admissibilidade, porque seu termo mérito deve ser interpretado na forma acima estabelecida.

A ideia de não formação de coisa julgada deve se fundar em textos que denotem isso diretamente, embora não necessariamente de modo expresso. Por exemplo, quando o artigo 296, *caput,* CPC, estabelece a modificabilidade e revogabilidade das decisões no âmbito da tutela provisória, estabelece que, para tais fins, a declaração-base é rediscutível, algo que denota não formação de coisa julgada.

5. Coisa julgada formal e coisa material: necessidade da distinção

Como dito, ambas têm a ver com a eficácia de coisa julgada. Também como já aventado, elas projetam uma indiscutibilidade (= característica daquilo que não pode ser discutido). Vem se disseminando na doutrina (Luiz Eduardo Ribeiro Mourão, por todos) o entendimento de que a diferença entre elas estaria no objeto. Se a decisão é de natureza "processual", há coisa julgada formal; se de "mérito", ocorre coisa julgada material.

Tal distinção, porém, é uma questão meramente de nomenclatura, um semanticismo. Em rigor, não apresenta funcionalidade, uma vez que as consequências de uma e de outra são as mesmas. É necessário, desse modo, apresentar uma distinção que, tendo analiticidade, seja pragmaticamente útil. A distinção por ser proposta, embora presente na tradição jurídica, apresenta uma nova abordagem.

5.1. O viés epistemológico da distinção e sua relevância pragmática

Prima facie, coisa jugada formal e material diferem nos limites espaço-temporais: a primeira impede a discussão no âmbito do processo em que surgiu (obsta a litispendência); a segunda, em qualquer um. Ocorre que, rigorosamente, essa (aparente) singela distinção apresenta algo muito mais relevante: nela residem graus (bem) diversos de estabilidade das decisões. A coisa julgada formal, por ser um simples óbice à litispendência, não atribui a decisão um nível muito considerável de estabilidade, já que, por uma ação autônoma, seu conteúdo pode, sem maiores amarras cognitivas, ser rediscutido.

Além disso, um aspecto de ordem epistemológica deve ser observado: a coisa julgada formal é condição de possibilidade da coisa julgada material, pois, para que algo se torne indiscutível em qualquer meio, ele primeiro precisa sê-lo no próprio meio em que foi gerado. Eis o fundamento cientificamente determinante da distinção. Já pragmaticamente, a distinção tem grande relevância no âmbito das decisões definitivas parciais (exclusão de litisconsorte, *e. g.*).

Caso elas não sejam impugnadas no tempo adequado (pela interposição, quando cabível, do agravo de instrumento, *v. g.),* suas eficácias declaratórias não podem ser rediscutidas em outro momento do processo, que continua em relação ao que não foi analisado. Além disso, como já defendi em artigo escrito em coautoria, a chamada estabilização da decisão antecipatória satisfativa, prevista no artigo 304, CPC, opera no mesmo módulo e frequência da coisa julgada formal.

Por fim, como dito no item anterior, não se leva em conta para tal distinção o que foi objeto da declaração judicial: se o próprio mérito da causa ou algo estranho a ele. Em ambos os casos, salvo exclusão legal, tais decisões são aptas a formarem coisa julgada formal e material. Por exemplo, a decisão que declara o autor não ser parte legítima, embora, por opção do sistema positivo (art. 485, VI, CPC), não toque o mérito da causa, se torna, com o trânsito em julgado, indiscutível dentro do próprio processo em que surgiu e também em qualquer outro.

Eis a razão de se dizer que, se não sanado o vício (no caso, correção da indicação do legitimado ativo), não se pode repropor a causa, algo que Fredie Didier Jr., de há muito, defende. Mas o que torna inviável essa (re)propositura é o fato de que a citada decisão tem uma declaração-base (expressa em moldes do tipo: "por tais motivos, não é o autor parte legítima para a causa") que, pelo advento da eficácia de coisa julgada (material!), se tornou indiscutível. Afirmar que não se pode repropor sem explicitar o porquê é algo, epistemologicamente, reprovável.

6. A formação da coisa julgada: o problema da concreção do suporte fático

Tendo já sido estabelecido que, para fins de formação de coisa julgada, é irrelevante a natureza do objeto da decisão e entendendo, por óbvio, que o momento do trânsito em julgado é essencial para a mesma formação, posso abordar a questão da concreção do suporte fático da coisa julgada.

É comum falar em outro elemento necessário para a formação da coisa julgada: a pretensão de definitividade da decisão. Muitos ainda emendam: só decisões dadas em grau de cognição exauriente teriam tal aptidão. De um lado, essa questão da profundidade da cognição como pressuposto para a formação da coisa julgada é algo que depende do sistema jurídico, não é da essência das decisões. Estamos, nesse ponto, de pleno acordo com Beclaute Oliveira Silva.

A tradição do sistema jurídico brasileiro é, contudo, de afastar a coisa julgada dessas decisões que, em geral, são classificadas como de cognição sumária. Isso se reproduz no CPC vigente, art. 296. Assim, tais tipos decisionais ficam de fora da moldura normativa referente à coisa julgada. Já em relação à definitividade, deve-se entender de modo análogo: em verdade, só decisões desse tipo são passíveis de transitarem em julgado.

Ocorre que, pelo sistema jurídico brasileiro, o critério para aferir se uma decisão transita, ou não, em julgado reside no fato de ela poder a qualquer tempo ser reanalisada ou não, algo que acontece, por exemplo, nas decisões proferidas no âmbito da tutela provisória. Logo, se não houver a previsão legal que possibilite a reanálise do conteúdo da decisão, haverá o trânsito em julgado. Tem-se, desse modo, o suporte fático básico da formação da coisa julgada. Existe, porém, um caso específico, por ser analisado logo abaixo, o referente ao enunciado do FPPC ora em análise.

Por fim, para fins de formação da coisa julgada (e de seus efeitos), é irrelevante o tipo decisional. Qualquer um dos conhecidos, seja a "sentença", a "decisão interlocutória", o "acórdão" ou a "decisão monocrática em órgão colegiado (chamada, talvez por modismo, de decisão unipessoal)" apto a tanto. Trata-se de uma obviedade que, no entanto, por vezes precisa ser mencionada. Não à toa, isso está disposto no Enunciado 436/FPPC.

6.1. A pré-exclusão da formação

Além disso, é possível que haja regra jurídica pré-excludente da coisa julgada. É o que acontece com a coisa julgada nas ações coletivas ativas (incisos do artigo 103, CDC), que não se forma se a decisão de improcedência é dada por insuficiência probatória (*secundum eventum probationis*), e isso inclusive, não obstante a suposta polêmica doutrinária, no âmbito da tutela de direitos individuais homogêneos. Nesses casos, só se tem, até por um imperativo de ordem prática, a ocorrência de coisa julgada formal.

6.1.1. O problema da documentação indispensável

Não se pode confundir, entretanto, o impedimento da formação da coisa julgada com os casos de extinção do processo sem resolução do mérito por falta de documentação necessária, como se dá no mandado de segurança (art. 19, Lei 12.016/09) e na execução fundada em título extrajudicial (art. 803, I, CPC). É preciso, porém, entender duas situações distintas: a primeira referente à inadmissibilidade pela ausência da documentação necessária, na hipótese de não ter o autor, mesmo – como deve ser – intimado para tanto, a trazido aos autos; a segunda, pelo juízo declaratório de que a documentação presente não se configura como a adequada ao procedimento.

No primeiro caso, o que se tem é um simples vício, de modo que não há óbice a repropositura da ação, desde que, por óbvio, se traga a documentação necessária. No segundo, há juízo de avaliação negativa do documento trazido, que a lei tem como indispensável à admissibilidade do procedimento. Diz-se, por exemplo, que o documento trazido não é título executivo. Aqui, embora a decisão seja de inadmissibilidade, ela é apta a gerar coisa julgada formal e também material tal como se analisou no subitem (5.1). Portanto, não se pode, de modo algum, equiparar tais casos aos de não formação da coisa julgada por insuficiência probatória.

7. Por uma compreensão do sentido do termo "questão prejudicial" empregado no parágrafo 1º do artigo 503, CPC.

Para o correto entendimento não só dispositivo acima mencionado, bem como do Enunciado do FPPC em comentário, é preciso entender o que vem a ser "questão prejudicial". Mais: o que vem a ser questão prejudicial dentro do contexto do dispositivo em referência.

Primeiramente, é preciso dizer que o conceito de questão com que se trabalha aqui é amplo. Tenho-o como tudo aquilo que pode ser levado à apreciação jurisdicional. Questão, portanto, é o que pode ser objeto da análise do juiz, objeto do processo como querem alguns (Sydney Sanches, Fredie Didier Jr., dentro outros) ou, como prefiro, objeto do conhecimento. Questão, nesse sentido, friso, é conceito muito mais amplo do que a ideia de ponto controvertido, como defende, por exemplo, Cândido Rangel Dinamarco. Há questão, nesse sentido, inclusive no que não é controvertido.

Na mesma perspectiva do entendimento de autores como Hélio Tornaghi e José Carlos Barbosa Moreira, deve-se dizer que, quando se usa o termo questão prejudicial, tem-se de fazer alusão ao que, por ela, é prejudicado. A prejudicialidade, portanto, não está na questão em si, mas, em verdade, na relação que a questão tem com outra, dita subordinada. Questão prejudicial é, além disso, espécie de um gênero chamado de questões prévias, do qual a outra espécie é a questão preliminar.

A diferença entre ambas está na intensidade do vínculo: enquanto a questão preliminar (a que se pode relacionar com a ideia de "vínculo forte") pode impedir, por impossibilidade lógica, a análise da questão subordinada (por exemplo, o juízo de admissibilidade do recurso em relação ao juízo de mérito); a dita prejudicial, no máximo, condiciona o modo como a subordinada será analisada (daí, na mesma esteira, se poder dizê-la "vínculo fraco"), é o caso da defesa fundada em prescrição em relação ao pedido condenatório.

O sentido do termo "questão prejudicial" empregado no § 1º do artigo 503, CPC, passa pela noção acima colocada. É preciso prosseguir, todavia. Além de uma questão relacional (o vínculo da questão com outra), há um problema posicional: a questão prejudicial é aquela que está na causa de pedir, mais especificamente na porção remota dela. E é, por estar na causa de pedir, que ela, relacionando-se com o pedido, se torna prejudicial, pois a análise dela é condicionante do pedido, ou seja, a depender do resultado da análise o pedido ou será rejeitado ou, no mínimo, seguir-se-á com sua análise.

Por exemplo, numa ação reivindicatória, o pedido é referente à coisa (pede-se, imediatamente, a alteração do título da posse, eficácia executiva, e, mediatamente, a imissão do autor na posse da coisa) e o fundamento dele é composto da afirmação de o autor, sendo proprietário, não ter a posse da coisa que se encontra indevidamente com o réu. Aqui, a afirmação da propriedade funciona como questão prejudicial ao pedido, uma vez que, caso se entenda não ser o autor proprietário, o pedido deve ser, inexoravelmente, rejeitado; já se se entender que o autor é proprietário a análise do pedido deverá prosseguir a fim de averiguar os demais elementos componentes da causa de pedir.

O termo "questão prejudicial" contido no § 1º do artigo 503, CPC, tem, portanto, um sentido específico: trata-se da relação de prejudicialidade que um dos elementos da causa de pedir remota tem com o pedido.

8. Por uma noção de incidentalidade

O enunciado em análise utiliza o termo "incidental", colocando-o, mais do que isso, com função predicativa do termo "questão". É preciso, por isso, analisar, de modo perfunctório, o termo.

Incidental é algo que surge no curso de outro. Por exemplo, questão incidental (ou, com mais propriedade: questão incidente) é aquela que foi colocada no curso do processo, como, por exemplo, quando o réu alega a incompetência do juízo. Ou seja, a questão ou outro substantivo (como uma causa ou até mesmo um procedimento) torna-se incidental quando é inserida com o processo em curso. O termo funciona, portanto, como adjetivo, como qualidade de questões deduzidas.

Nesse sentido, existem questões incidentais que estão no processo para serem devidamente resolvidas. Pode-se nominar o julgamento delas de "julgamento de questões incidentais". É o que acontece com o exemplo da competência levantado acima. O fato de serem incidentais não implica dizer que não devam ser julgadas. Devem sê-lo, julgamento esse que, frise-se, com o trânsito em julgado, gera eficácia de coisa julgada. Era esse o sentido empregado, por exemplo, no § 2º do artigo 162, CPC/73, quando mencionava que "decisão interlocutória é aquela que, no curso do processo, resolve questão incidente".

Há, contudo, questões que estão no processo apenas para serem analisadas a fim de que outras sejam julgadas. Pode-se nominar tal sistemática de "análise incidental de questão". Aqui, o termo incidental nada tem a ver com a premissa acima. A incidentalidade não está no momento processual em que a questão é veiculada, mas sim no fato de ela estar no processo para ser "meramente" analisada, e não propriamente julgada. É o que se chama de *incidenter* em oposição à ideia de *principaliter,* que é denotativo daquilo que é julgável após a análise do que é "meramente incidental". O termo "incidental", nesse caso, desempenha a função de advérbio do termo "questão", porquanto tenha a ver com o modo como esta é analisada, ou seja, incidentalmente. Nesse sentido, "incidental" é, em rigor, uma qualidade da análise, e não a questão.

Pois bem. No enunciado em comento, o vocábulo "incidental", embora mal empregado, tem a ver com o segundo sentido apontado acima para o termo. Não se trata de questão a ser julgada, mas sim "meramente" analisada. É o que ocorre no exemplo dado da ação reivindicatória, em que a propriedade é fundamento do pedido de imissão na posse da coisa.

Assim, não se pode entendê-lo como referente a questões que são introduzidas com o processo em curso, porquanto, em verdade, a questão já é processual (e, mais especificamente, litigiosa) com a própria propositura da ação, uma vez que compõe a causa de pedir remota do pedido.

O parágrafo 1º do artigo 503, CPC, usa (como o inciso III do artigo 469, CPC/73, utilizava) o termo "incidentemente", mas não se refere a um adjetivo do termo "questões", como consta do enunciado, e sim como designativo do modo em que a análise da questão se dá. Ou seja, utiliza-o no segundo sentido apontado neste texto. Ao elaborar o enunciado, contudo, não se observou tal sutileza. Empregou-se o termo "incidental" como adjetivo de "questão", dando causa, como se colocará abaixo, a problemas de ambiguidade.

Por isso, e tendo em vista que tais enunciados constituem uma espécie de metalinguagem epistêmica do texto legal, logo se sujeitando aos rigores analíticos de um sistema descritivo de sentido (nomoempírico descritivo, como querem Lourival Vilanova e Marcelo Neves), é de censurar o uso do termo "incidental" como adjetivo do substantivo "questão", pois, por sua ambiguidade, pode dar azo a más interpretações, como a que fixe a ideia de serem tais questões objeto de um verdadeiro julgamento. De outro modo, pode dar ensejo à aplicação do regime jurídico do § 1º do citado artigo 503 àquelas questões que, conquanto surjam com o processo em curso, são objeto de declaração (julgamento), e não de mera análise. O enunciado, com isso, pode contribuir para o "ruído" pragmático de misturar dois regimes jurídicos bem distintos: o do *caput* e do § 1º do artigo 503, CPC, por serem analisados em momento próprio.

9. Do objeto declarável

Um dos pontos centrais para a compreensão da temática objeto do enunciado acima é o referente ao objeto declarável. Ou seja, aquilo que é sujeito à declaração judicial.

Uma questão que, de logo, se põe é a seguinte: a eficácia prevista o parágrafo 1º do artigo 503, CPC (extensão da indiscutibilidade), ocorre apenas naquela parte da fundamentação da decisão que contém a análise (seja confirmatória, seja negatória) de uma eficácia jurídica ou, de forma mais ampla, atinge também simples questões de fato que funcionam como prejudiciais ao pedido?

Exemplificando:

a) numa ação reivindicatória, a propriedade, inequivocamente um tipo de eficácia jurídica (art. 1.225, I, CC), é, em sua alegação, elemento da causa de pedir remota;

b) numa ação de indenização, o dano, fato do mundo que compõe suportes fáticos dos mais diversos, não tendo, em si, natureza de eficácia jurídica, do mesmo modo é componente da causa de pedir remota.

Em ambos os exemplos, temos "dados" que funcionam como questão prejudicial ao pedido: no primeiro, meio que se diz: "faço jus à coisa, pois, sendo proprietário dela, não a tenho", logo funciona a propriedade como questão prejudicial ao pedido de imissão na posse; no segundo, a alegação do dano tem função análoga, pois, do mesmo modo que só quem é proprietário pode reivindicar, só quem sofreu dano pode pedir indenização.

Acontece que, no primeiro caso, a questão prejudicial tem natureza de eficácia jurídica, é, portanto, efeito de um fato jurídico, embora seja reintroduzida no sistema como elemento de suporte fático. No caso, do suporte fático do fato jurídico da reivindicabilidade. Já no segundo, a questão prejudicial (alegação do dano) não tem tal natureza jurídica, dano é "puro" elemento fático.

No primeiro caso, levando em conta – em sua própria literalidade – o disposto no inciso I do artigo 19, CPC, a propriedade seria objeto declarável, pois, pelo dito acima, se encaixa na noção de "relação jurídica" descrita no texto legal.

Já o segundo caso não se enquadraria em tal perfil. Dano, como dito, é "simples" elemento fático. Corroborando com isso, tem-se talvez um dos maiores dogmas da processualística brasileira: não cabe ação declaratória de fato.

O problema, porém, não é tão simples. Para melhor compreendê-lo é preciso, primeiramente, destrinchar as nuances do artigo 19, CPC, e, em seguida, verificar se ele funciona no sistema como texto que, por fixar algumas hipóteses, se fecha para todas as outras. Ou seja, se ao prever quando é cabível a ação declaratória, ele, por vedação, estabelece que em outros casos não se cabe a propositura de tal ação.

Primeiramente uma análise do artigo 19, mais especificamente, de seu inciso I, se impõe.

Em redação mais extensa do que seu correspondente no CPC/73 (inciso I do artigo 4º), o dispositivo estabelece que o interesse pode-se limitar: "à declaração da existência, da inexistência ou do modo de ser de uma relação jurídica".

É conhecida a ideia de que, em verdade, a previsão é mais ampla: no lugar de "relação jurídica" (espécie) deve-se entender "situação jurídica" (gênero), pois não há razão para que situações jurídicas não relacionais, como aquelas que decorrem do negócio jurídico de oferta não sejam declaráveis.

O dispositivo prevê que não somente se pode declarar se uma relação jurídica existe ou não (incluindo o ter existido ou não), mas sim, a partir da expressão "modo de ser", tudo aquilo que diz respeito a ela, como os elementos que podem vir a compô-la (direitos, pretensões, ações, seus correspondentes passivos etc.), eventuais limitadores à sua eficácia, como ocorre nas relações jurídicas sujeitas à condição e termo (pode pedir declaração de que uma determinada relação obrigacional está sujeita à condição suspensiva, por exemplo) etc.

Parece ser adequado dizer que o sentido do texto em comento é o de que qualquer eficácia jurídica (ou seja, consequência de um fato jurídico) é declarável, incluindo a não produção de determinada eficácia jurídica, como a ação declaratória de ineficácia de um ato jurídico nulo de pleno direito.

Nesse caso, a redação deveria conter o termo mais genérico "eficácia jurídica", e não "relação jurídica", termo mais restrito. Sem entrar em discussões mais analíticas, a referência ao primeiro termo se faz de modo mais amplo do que a ideia de "situação jurídica". Mesmo para que entende ser esta o gênero que engloba as relações jurídicas (como é o caso de Marcos Bernardes de Mello e os que o seguem), ele é insuficiente para abarcar a totalidade de eficácias jurídicas possíveis, pois, em rigor, situação jurídica é termo que, ao menos classificação bernardiana, denota eficácia positiva, ou seja, o fato jurídico atribui a alguém algo, como a oferta, que dá ao destinatário o direito potestativo a aceitar (exemplo de situação jurídica complexa unilateral na invocada classificação), e o fato jurídico da maioridade, que atribui capacidade civil absoluta ao ser humano (exemplo de situação jurídica simples na mesma classificação). Bem pensadas as coisas, há fatos jurídicos cuja eficácia não gera atribuição de algo a alguém, mas sim uma desconstituição, isso sem falar naqueles de função modificativa. É o caso, por exemplo, do fato jurídico preclusivo, cujo efeito é, exatamente, a extinção do poder de praticar um determinado ato: não há situação jurídica que derive dele; pelo contrário, ele é extintivo de alguma. Presentes os pressupostos, pode-se pleitear a declaração de que algo deixou de existir.

Dito isso, persiste o problema de saber se, para além daquilo que seja propriamente uma eficácia jurídica, há possibilidade de declaração. Isto é, se o simples fato, incluindo sua "inexistência" e o seu "modo de ser" pode ser declarado.

Como se sabe, o próprio artigo 19, CPC, mantendo a tradição do direito brasileiro, fixa, em seu inciso II, hipóteses de cabimento de ação declaratória de fato: trata-se do cabimento de declaração de autenticidade ou falsidade documental.

A questão que se coloca é saber se a mencionada possibilidade pode se dar para além das hipóteses acima.

A resposta passa não pela ideia de que o artigo 19, CPC, é taxativo do cabimento. Não poderia sê-lo, pois, se o fizesse, deixaria uma série de interesses juridicamente tutelados fora do âmbito da tutela jurisdicional, quando se sabe que a declaração também a compõe. A ponto de alguns (Daniel Mitidiero, por exemplo) falarem em tutela certificatória.

Assim sendo, dentro dos limites deste texto, estabelecer-se-á uma premissa (sem excluir a possibilidade de outras) para a solução do problema.

Desse modo, se o interesse, conquanto não tenha o atributo de eficácia jurídica (não seja, por exemplo, um direito subjetivo), é protegido pelo sistema jurídico, parece ser inegável que, presentes os pressupostos de praxe, é cabível ação para declará-lo, inclusive pela negativa (não existência).

É o que acontece com a posse. À parte maiores discussões analíticas, a posse, ao menos, não é catalogada no direito brasileiro como direito subjetivo, sendo compreendida como poder fático, que, por vezes, é componente de suportes fáticos de fatos jurídicos dos mais diversos, como a usucapião.

Se se tem a possibilidade de ação para declarar a propriedade, por qual razão a posse – tão ou mais protegida pelo sistema – não deveria receber tratamento análogo?

Assim, em ação na qual a afirmação da posse componha a causa de pedir (funcionando como questão prejudicial ao pedido), algo que ocorre nas ações possessórias, caso, presentes os pressupostos do § 1º do artigo 503, CPC, se entenda pela existência ou não dela, não há como dizer não se formar uma indiscutibilidade sobre a análise judicial.

Para casos assim, é irrelevante haver previsão expressa de cabimento de ação declaratória. A declarativididade decorre da própria previsão constitucional da tutela jurídica (art. 5º., XXXV, CRFB). Pode-se, inclusive, falar em declaração como decorrência da própria pretensão à tutela jurídica (dita "direito de ação").

Já para aqueles fatos que, em si, não são tuteláveis pelo sistema jurídico, como o dano, acima referenciado, não se haveria de falar em declaratividade.

Não obstante, vendo a coisa pela ótica do interesse de agir, não seria absurdo falar no cabimento da ação declaratória, principalmente na forma da eficácia fixada no § 1º do artigo 503, CPC. O mesmo fato é valorado pelo sistema jurídico dos mais variados modos. O dano causado ao imóvel pelo inquilino, por exemplo, além de ser a base do direito à indenização do locador, é também causa para o despejo. Assim, tendo sido, numa ação de despejo, constatado o dano, a indiscutibilidade da análise judicial sobre ele seria útil ao locador, porquanto na ação de indenização se teria de considerar como ocorrido o dano.

Certamente, a pertinência ao sistema de ações declaratórias de simples fatos, caso do "dano" acima referido, é algo que precisa ser bem melhor analisado. Para isso, não se pode invocar pura e simplesmente a literalidade das hipóteses mencionadas no artigo 19, CPC, sob pena de se cair num legalismo anacrônico.

O enunciado n. 437, FPPC, faz, portanto, mera repetição de texto de lei acima, sem analisar os pormenores do problema. Do ponto de vista científico, deve receber máxima censura.

10. Outra coisa julgada ou extensão da eficácia da coisa julgada formada?

Um ponto relevante é saber se a eficácia prevista no § 1º do artigo 503, CPC, decorre de uma coisa julgada própria ou é uma extensão da eficácia da coisa julgada já formada. Isso tem relevância pragmática. Caso se entenda tratar-se de coisa julgada distinta, é possível falar de hipóteses em que, embora sem se formar quanto à questão principal, haja formação em relação à prejudicial. Embora já tenha defendido a ideia da extensão, percebo, muito a partir de um diálogo que mantive com Leonardo Carneiro da Cunha, se tratar de uma coisa julgada própria. Explico minhas razões para tanto.

Ao que parece, não há, no texto normativo em comentário, nada que denote a extensão. Pelo contrário, tem-se todo um regime jurídico próprio para a causa julgada da questão prejudicial. Há um detalhe, porém, que precisa ser observado: a análise da questão principal é indispensável para fazer surgir a possibilidade de coisa julgada sobre a prejudicial. Eis o sentido do inciso I do § 1º do artigo 503, por ser analisado mais adiante.

Isso implica dizer que a análise da prejudicial pode adquirir o *status* de um capítulo próprio da decisão, desde que os pressupostos do mencionado parágrafo estejam presentes. Exemplo: numa ação reivindicatória, o réu se defende alegando, primeiramente, não ser o autor proprietário pela ocorrência da usucapião e, valendo-se da eventualidade, ter acontecido a prescrição da pretensão a obter a coisa. O juiz rejeita a primeira defesa, mas julga improcedente por entender estar configurada a prescrição.

Caso o réu, vitorioso no que tange ao pedido reivindicatório, não recorra, pela via direta ou adesivamente, da análise acerca da ocorrência da usucapião, haverá, presentes os pressupostos, formação de coisa julgada quanto à questão prejudicial.

10.1. A coisa julgada da prejudicial é autônoma em relação à da principal?

Outro problema é saber se a resolução da questão prejudicial é independente da coisa julgada em relação ao principal. A relevância prática aqui sobressalta: sendo afirmativa a reposta, a sorte do principal não afeta a do prejudicial. Se, por exemplo, for rescindida a decisão quanto a ele, caso o fundamento da rescisão não tiver a ver com a questão prejudicial, a resolução quanto esta continuará indiscutível.

A nosso ver, uma vez ocorrida, a resolução da prejudicial ganha autonomia. Pensamos não haver nada no ordenamento jurídico brasileiro que estabeleça regra estabelecedora do contrário. A mesma ação reivindicatória é útil neste momento como exemplo. Suponha-se que, tendo ela sido procedente, a sentença, fundada, antes de tudo, no juízo positivo acerca da propriedade do autor, é alvo de rescisória. Isso porque, ao não atentar para o fato do transcurso do prazo prescricional (art. 205, CC), o juiz violou norma jurídica. Nesse caso, rescindida a sentença, a eficácia executiva é desfeita, de modo que o autor da ação originária terá de restituir a coisa. No entanto, a indiscutibilidade sobre a análise (afirmativa) da propriedade permanecerá, pelo fato de a resolução quanto a ela não ter sido objeto da rescisória.

11. Entre a compulsoriedade do efeito e a necessidade de pronúncia dele pelo juiz

Um ponto que precisa ser esclarecido tem a ver com a desnecessidade de o juiz, no dispositivo, emitir pronúncia sobre a questão prejudicial. Ela não precisa ser, portanto, declarada.

Isso se dá porque o efeito ora em comento (extensão da indiscutibilidade à análise da questão prejudicial) ocorre por força de compulsoriamente.

Diferentemente, era o que se tinha no Projeto de Lei 8.046/10 do Senado, o qual acabou, com todas as mudanças realizadas, por gerar o CPC vigente. No artigo 20 do aludido Projeto, assim se dispunha: "Se, no curso do processo, se tornar litigiosa relação jurídica de cuja existência ou inexistência depender o julgamento da lide, o juiz, assegurado o contraditório, a declarará na sentença, com força de coisa julgada".

Desde 2011, em artigo escrito em coautoria, um dos autores deste texto defende que a regra extraível do texto acima era a de que o juiz deveria declarar, no dispositivo, a existência ou não da relação jurídica base da questão prejudicial ao pedido. Tratava-se de poder-dever do juiz, que, não o fazendo, proferia decisão *citra-petita*. A coisa julgada, porém, se se daria se, e somente se, houvesse tal declaração. Esse poder-dever do juiz consistia na necessidade de ele emitir o juízo declaratório, sendo irrelevante, para tanto, o pedido feito pela parte, este via propositura de ação declaratória incidental.

O que se tem com o texto vigente é, como digo, algo diverso. Independentemente de qualquer pronúncia judicial, haverá, presentes os pressupostos, o efeito da indiscutibilidade. Este, como sói ser dito, ocorre por "força de lei", porquanto produto de uma compulsoriedade.

Se o texto aprovado denota uma situação menos burocrática, já que o efeito ocorre automaticamente; por outro lado, pode dar causa a inseguranças jurídicas, como será observado em item próprio.

Restam, todavia, em torno do ponto, dois problemas: o primeiro se ainda é possível falar na ação declaratória incidental; o segundo se, não obstante a compulsoriedade, o juiz pode (ou, até mesmo, deve) pronunciar acerca da questão prejudicial?

11.1. Da possibilidade de propor ação declaratória sobre a questão prejudicial, inclusive pela via incidental.

O fato de haver, de modo compulsório, coisa julgada sobre a análise da questão prejudicial não é impeditivo para as partes proporem ação declaratória sobre a última. Inclusive, tal ação poderá ser proposta de modo incidental, ou seja, com o processo em curso.

Ao autor, a propositura incidental pode ser feita nos moldes do artigo 329, CPC. Já para o réu, isso pode ocorrer pela reconvenção (art. 343, CPC). No caso, a ação declaratória estará contida na reconvenção, que, em rigor, é apenas um remédio jurídico processual veiculador de ações das mais diversas. Com um detalhe relevante, é inerente à ação declaratória sobre a questão prejudicial a conexão prevista no *caput* do artigo 343. O CPC não acabou, por isso, com a ação declaratória incidental, apenas não prevê mais a possibilidade da providência preliminar prevista, ao tempo do CPC/73, no artigo 325.

11.2. Da "necessidade" de o juiz se pronunciar sobre a formação

Outra consideração relevante é de que a compulsoriedade da formação coisa julgada não impede o juiz, independentemente de qualquer pedido da parte, se pronunciar sobre a questão prejudicial, declarando-a no dispositivo. Pelo contrário, tal medida terá a importante função de esclarecimento. Com a declaração, não haverá quaisquer dúvidas sobre a formação da coisa julgada sobre a questão prejudicial.

É indispensável, todavia, que os pressupostos estejam presentes, não podendo o juiz levar ao dispositivo a análise da questão prejudicial como se ela fosse puramente uma questão principal. Os regimes jurídicos de uma e de outra continuam próprios. Caso ele o faça sem estarem presentes os pressupostos, há *error in judicando* (salvo se a declaração não estiver quanto ao ponto devidamente fundamentada, algo que dá causa a *error in procedendo*), o que não impede a formação de coisa julgada sobre a declaração.

12. Coisa julgada sobre a questão prejudicial e ações impugnativas

Questão relevantíssima é saber quais ações são cabíveis para atacar a decisão acerca da questão prejudicial. Obviamente, em ocorrendo da coisa julgada, ter-se-á, presentes os pressupostos, a rescindibilidade nos moldes do artigo 966, CPC.

12.1. Não ocorrência da coisa julgada: possibilidade de propositura de ação declaratória

Não ocorrida a coisa julgada, não há falar sobre rescindibilidade. No entanto, havendo qualquer dúvida sobre, surge interesse na declaração da formação ou não dela. Assim, se em um determinando processo, a parte invoca a ocorrência de coisa julgada sobre a análise da questão prejudicial relativa a outro processo, a parte adversa pode pedir, pelas vias adequadas, a declaração de não formação.

Sendo, por intermédio de uma ação autônoma, deverá ser implementada ou a reunião das causas ou, conforme o caso, a suspensão do processo da causa originária (art. 313, V, *a*, CPC). É possível, além disso, a propositura própria da mencionada ação declaratória se, extrajudicialmente, se estiver opondo, como eficácia de coisa julgada, a análise da questão prejudicial. A recíproca também é verdadeira, de modo que, estando sendo negada, é possível pedir a declaração positiva. Em suma, presentes os pressupostos de praxe, a formação da coisa julgada da questão prejudicial é um bem jurídico passível de ser declarado judicialmente.

A competência hierárquica para o processamento dessa ação declaratória é a mesma na qual foi proferida a decisão questionada. Por cessar com o término da litispendência, não há falar em prevenção para o juízo originário, porém.

12.2. Pendência simultânea de ação declaratória de não formação de coisa julgada e de ação rescisória

Situação interessante é a pendência simultânea das ações mencionadas. Trata-se de hipótese não tão incomum. Provavelmente, a prática mostrará que a constatação da ocorrência dos pressupostos para fins de certificar a formação de coisa julgada sobre a questão prejudicial não será sempre uma tarefa simples. Até porque, consoante visto acima, a coisa julgada se forma de modo compulsório. Logo, estando em dúvida, o prejudicado poderá, afirmando a ocorrência da coisa julgada, propor ação rescisória e, em hipótese contrária, propor a declaratória.

Tendo ambas de tramitarem em juízos distintos, é preciso saber qual delas deverá ter seu processamento suspenso. Não resta dúvida que, no caso, a causa subordinante é a declaratória, porquanto, obviamente, primeiro é necessário saber se houve formação da coisa julgada para, na afirmativa, poder se falar em rescindibilidade ou não. Desse modo, em tal situação, deverá ser suspenso o processamento da ação rescisória.

> ▶ **NCPC. Art. 503. § 1º** O disposto no caput aplica-se à resolução de questão prejudicial, decidida expressa e incidentemente no processo, se: I – dessa resolução depender o julgamento do mérito; II – a seu respeito tiver havido contraditório prévio e efetivo, não se aplicando no caso de revelia; III – o juízo tiver competência em razão da matéria e da pessoa para resolvê-la como questão principal. § **2º** A hipótese do § 1º não se aplica se no processo houver restrições probatórias ou limitações à cognição que impeçam o aprofundamento da análise da questão prejudicial.

ENUNCIADO 313. SÃO CUMULATIVOS OS PRESSUPOSTOS PREVISTOS NOS § 1º E SEUS INCISOS, OBSERVADO O § 2º DO ART. 503.

● *Grupo: Sentença, Coisa Julgada e Ação Rescisória.* ● *Referências: art. 503, §§ 1º e § 2º.*

▸ ***Antonio Carlos F. de Souza Júnior e Roberto Campos Gouveia Filho***

Como sabido, a autoridade da coisa julgada deve se limitar ao objeto litigioso do processo. Porém, a referida limitação foi alterada com a instituição do regime da coisa julgada das questões prejudiciais.

Ou seja, o NCPC, ao instituir o regime especial para as questões prejudiciais, alterou consideravelmente os limites objetivos da coisa julgada. Basta uma simples leitura do artigo 469, inciso III, do CPC/73 para entender o que estamos a aludir.

No entanto, a exclusão das questões prejudiciais dos limites objetivos da coisa julgada não foi absoluta, ficando a matéria subordinada ao preenchimento de determinados requisitos previstos nos parágrafos do artigo 503 do NCPC. Isto é, não estando preenchidos os pressupostos legais, a questão prejudicial decidida não será albergada pela coisa julgada, sujeitando-se ao mesmo tratamento das hipóteses descritas no artigo 504 do NCPC.

A disposição dos requisitos não ficou em um único parágrafo de modo que o primeiro parágrafo contemplou os três primeiros, a saber: i) pertinência da questão prejudicial com a resolução do mérito, *v. g*, existência de uma relação de dependência entre a questão prejudicial e a questão principal; ii) *contraditório*: necessidade de ter havido contraditório prévio e efetivo sobre a questão; iii) o juízo possuir competência para resolver a questão como principal. O exemplo mais comum é a decretação de inconstitucionalidade que, salvo os casos submetido a ação direta, somente pode ser reconhecida de modo incidental.

O segundo parágrafo instituiu, isoladamente, mais um requisito (iv) que é a impossibilidade de reconhecer a coisa julgada da questão prejudicial quando houver limitações probatórias para questão prejudicial. O requisito em questão possuiu uma relação de complementariedade com o (ii), pois não há contraditório efetivo com aplicação de restrições probatórias ou limitações na cognição da matéria.

Sendo assim, o enunciado apenas ratifica que a interpretação de que há requisitos cumulativos nos parágrafos do artigo 503 do NCPC, não podendo ser albergada pela coisa julgada a questão que deixar de preencher algum dos requisitos acima.

> ► **NCPC. Art. 503. § 1º** O disposto no caput aplica-se à resolução de questão prejudicial, decidida expressa e incidentemente no processo, se: I – dessa resolução depender o julgamento do mérito; II – a seu respeito tiver havido contraditório prévio e efetivo, não se aplicando no caso de revelia; III – o juízo tiver competência em razão da matéria e da pessoa para resolvê-la como questão principal. **§ 2º** A hipótese do § 1º não se aplica se no processo houver restrições probatórias ou limitações à cognição que impeçam o aprofundamento da análise da questão prejudicial.

Enunciado 436. Preenchidos os demais pressupostos, a decisão interlocutória e a decisão unipessoal (monocrática) são suscetíveis de fazer coisa julgada.

● *Grupo: Sentença, coisa julgada e ação rescisória.* ● *Referências: arts. 502 e 506.*

▸ ***Antonio Carlos F. de Souza Júnior e Roberto Campos Gouveia Filho***

Vide comentários ao Enunciado 165/FPPC, em especial o item 3 a 6, este em destaque.

> ► **NCPC. Art. 502.** Denomina-se coisa julgada material a autoridade que torna imutável e indiscutível a decisão de mérito não mais sujeita a recurso. ► **Art. 506.** A sentença faz coisa julgada às partes entre as quais é dada, não prejudicando terceiros.

Enunciado 437. A coisa julgada sobre a questão prejudicial incidental se limita à existência, inexistência ou modo de ser de situação jurídica, e à autenticidade ou falsidade de documento.

● *Grupo: Sentença, coisa julgada e ação rescisória.* ● *Referências: arts. 503, § 1º, 19.*

▸ ***Antonio Carlos F. de Souza Júnior e Roberto Campos Gouveia Filho***

Vide comentários ao Enunciado 165/FPPC, em especial o item 9.

▶ **NCPC. Art. 19.** O interesse do autor pode limitar-se à declaração: I – da existência, da inexistência ou do modo de ser de uma relação jurídica; II – da autenticidade ou da falsidade de documento. ▶ **Art. 503. § 1°** O disposto no caput aplica-se à resolução de questão prejudicial, decidida expressa e incidentemente no processo, se: I – dessa resolução depender o julgamento do mérito; II – a seu respeito tiver havido contraditório prévio e efetivo, não se aplicando no caso de revelia; III – o juízo tiver competência em razão da matéria e da pessoa para resolvê-la como questão principal.

Enunciado 438. É desnecessário que a resolução expressa da questão prejudicial incidental esteja no dispositivo da decisão para ter aptidão de fazer coisa julgada.

● *Grupo: Sentença, coisa julgada e ação rescisória.* ● *Referências: art. 503, § 1º.*

▸ ***Antonio Carlos F. de Souza Júnior e Roberto Campos Gouveia Filho***

O enunciado procura ressaltar que o legislador, ao criar um regime especial de formação de coisa julgada para as questões prejudiciais, não impôs como requisito para a formação da coisa julgada (art. 503, § 1º) a necessidade de inclusão do comando decisório no dispositivo da decisão.

O cerne do enunciado é estabelecer o sentido do vocábulo *expressa* contido no § 1º do artigo 503, bem como estabelecer uma análise sistemática com o artigo 504 e o artigo 489, inciso III.

Ao que parece, os termos "expressa" (art. 503, § 1º) e "expressamente" (art. 503, *caput*) afastam a ideia de que a coisa julgada possa recair sobre uma decisão implícita ou de conteúdo duvidoso. Nesse sentido, Araken de Assis defende a impossibilidade de formação de coisa julgada quando a decisão sobre a questão prejudicial for duvidosa ou imprecisa[570]. Logo, ao estabelecer a existência de decisão expressa como condição necessária para formação da coisa julgada, o legislador concretizou o dever de esclarecimento, decorrente da cooperação (art. 6º do NCPC).

Por outro lado, o artigo 489, inciso III, estabelece que o juiz deve inserir no dispositivo da decisão as questões principais submetidas pelas partes. Aqui é preciso esclarecer ser o termo *questão principal* pode albergar as questões prejudiciais.

Como visto no comentário ao enunciado nº 165, a questão prejudicial é espécie de um gênero chamado de questões prévias, do qual a outra espécie é a questão preliminar. Desse modo, a questão prejudicial não se amolda a formulação de questão principal prevista no inciso III, do artigo 489 do NCPC.

Entretanto, em que pese não ser obrigatória, a inclusão da resolução das questões prejudiciais no dispositivo da decisão é salutar, pois elimina ruídos de comunicação sobre a interpretação do que ficou decidido como questão prejudicial e, consequentemente, fortalece a clareza do que foi expressamente decidido na decisão.

---

570. ASSIS, Araken de. *Processo civil brasileiro*. vol. III: São Paulo: RT, 2015. p. 1449.

▶ **NCPC. Art. 503. § 1º** O disposto no caput aplica-se à resolução de questão prejudicial, decidida expressa e incidentemente no processo, se: I – dessa resolução depender o julgamento do mérito; II – a seu respeito tiver havido contraditório prévio e efetivo, não se aplicando no caso de revelia; III – o juízo tiver competência em razão da matéria e da pessoa para resolvê-la como questão principal.

ENUNCIADO 439. NAS CAUSAS CONTRA A FAZENDA PÚBLICA, ALÉM DO PREENCHIMENTO DOS PRESSUPOSTOS PREVISTOS NO ART. 503, §§ 1º E 2º, A COISA JULGADA SOBRE A QUESTÃO PREJUDICIAL INCIDENTAL DEPENDE DE REMESSA NECESSÁRIA, QUANDO FOR O CASO.

● *Grupo: Impacto do novo CPC e os processos da Fazenda Pública.* ● *Referências: art. 503, §§ 1º e 2º.*

▸ ***Antonio Carlos F. de Souza Júnior e Roberto Campos Gouveia Filho***

O enunciado procura explicitar a necessidade de fazer uma intepretação sistemática dos §§ 1º e 2º do artigo 503 e o artigo 496 do NCPC nas causas envolvendo a Fazenda Pública. Com isso, é adicionado mais um pressuposto para formação da coisa julgada sobre questão prejudicial, qual seja: a necessidade de análise da questão prejudicial pelo Tribunal, quando cabível a remessa necessária.

A expressão *quando for o caso* possui o condão de ressalvar a dependência duplo grau de jurisdição nos casos em que a própria legislação dispensa a exigência da remessa necessária, notadamente os §§ 3º e 4º do artigo 496 do NCPC. A título exemplificativo, destacamos as seguintes hipóteses: a) questão resolvida com base em súmula de Tribunal Superior; b) questão decidida com base em entendimento firmado pelo Superior Tribunal de Justiça ou pelo Supremo Tribunal Federal em julgamento de recursos repetitivos; c) questão fundada em entendimento firmado em incidente de resolução de demandas repetitivas ou assunção de competência.

No entanto, o enunciado acaba não esclarecendo um problema prático que exsurge da aplicação da remessa necessária para as questões prejudiciais, o qual será tratado a seguir.

Como visto no comentário ao enunciado nº 165, a questão prejudicial condiciona o modo como a subordinada será analisada. Além de uma questão relacional (o vínculo da questão com outra), há um problema posicional: a questão prejudicial é aquela que está na causa de pedir, mais especificamente na porção remota dela. E é, por estar na causa de pedir, que ela, relacionando-se com o pedido, se torna prejudicial, pois a análise dela é condicionante do pedido.

Por isso, dada sua autonomia, o regime da remessa necessária pode ser distinto da questão principal e vice-versa. Tal aspecto pode gerar dúvida acerca da necessidade do reexame ou até mesmo se a questão foi albergada pela coisa julgada.

Por exemplo, em uma ação anulatória de débito fiscal (valor inferior a 100 salários-mínimos – art. 496, § 3º do NCPC), o pedido consiste na desconstituição do crédito tributário. No caso, a parte autora afirma que é titular de isenção e a cobrança é indevida. Para tanto, fundamenta a sua pretensão na ilegalidade da instrução normativa, que proibiu o gozo do regime isentivo (não estamos tratando de exame de constitucionalidade). Aqui, o exame da legalidade da instrução normativa funciona como questão prejudicial ao pedido. No caso procedência do pedido e da questão prejudicial, bem como a ausência de recurso da Fazenda Pública, haveria a formação da coisa julgada da questão prejudicial?

Note-se que, em virtude da dispensa contida no § 3º do artigo 496 do NCPC, somente a questão prejudicial se sujeitaria ao regime da remessa necessária. Do exemplo citado, podemos extrair algumas reflexões: a) por ser subordinada ao pedido principal, é possível que haja o reexame necessário apenas em relação à questão prejudicial ou o reexame tem que albergar tudo? b) no exemplo, a parte autora poderá dispor sobre o envio ou não do processo para reexame necessário? (Se não houver o reexame a questão prejudicial não será albergada pela coisa julgada); c) a Fazenda Pública possui o interesse de pleitear o envio do processo ao Tribunal para reexame da questão principal? d) é possível que o Tribunal avoque o envio dos autos para o reexame da questão prejudicial, nos termos do § 1º do artigo 496 do NCPC?

▶ **NCPC. Art. 503. § 1°** O disposto no caput aplica-se à resolução de questão prejudicial, decidida expressa e incidentemente no processo, se: I – dessa resolução depender o julgamento do mérito; II – a seu respeito tiver havido contraditório prévio e efetivo, não se aplicando no caso de revelia; III – o juízo tiver competência em razão da matéria e da pessoa para resolvê-la como questão principal. **§ 2°** A hipótese do § 1° não se aplica se no processo houver restrições probatórias ou limitações à cognição que impeçam o aprofundamento da análise da questão prejudicial.

Enunciado 638. A formação de coisa julgada sobre questão prejudicial incidental, cuja resolução como principal exigiria a formação de litisconsórcio necessário unitário, pressupõe contraditório efetivo por todos os legitimados, observada a parte final do art. 506.

● *Grupo: Sentença, ação rescisória e coisa julgada.* ● *Referências: arts. 115, I, 503, § 1º, e 506.*

▶ ***Ravi Peixoto e Roberto Campos Gouveia Filho***

O NCPC inseriu um regime especial para a coisa julgada sobre a questão prejudicial incidental, o qual depende, para que haja a eficácia da coisa julgada, do preenchimento de uma série de requisitos constantes do art. 503, §§ 1º e 2º. Dentre tais requisitos, exige-se que tenha ocorrido contraditório prévio e efetivo e, como uma de suas decorrências expressas, tem-se a vedação à formação desse tipo de coisa julgada em caso de revelia. Note-se que esses requisitos são essenciais à formação do regime especial da coisa julgada, o qual independe de qualquer requerimento das partes. Portanto, em sendo identificado que não houve contraditório efetivo, a questão prejudicial incidental não será acobertada pela eficácia da coisa julgada.

No litisconsórcio necessário unitário, tem-se uma situação em que, pela natureza da relação jurídica, o juiz tem de decidir o mérito de modo uniforme para todos os litisconsortes, sendo ainda obrigatório que todos os participantes da relação jurídica de direito material sejam citados para integralizar o processo.

A lógica do enunciado, então, é a de que o contraditório efetivo para a formação dessa coisa julgada depende da presença de todos aqueles que obrigatoriamente precisam ter sido integrados ao processo. Imagine-se processo que envolva uma obrigação indivisível do qual participaram do negócio jurídico diversos indivíduos a título de devedores. Caso haja alguma questão prejudicial incidental nesse processo, todos esses sujeitos deveriam ter sido integrados para que se considere satisfeito o requisito do *contraditório efetivo*, eis que, faltando algum desses indivíduos, não se pode simplesmente considerar que aqueles que participaram do processo teriam uma carga de representatividade para atuar em seu nome na relação processual. Ou seja, não importaria se os outros participantes daquele polo da relação obrigacional participaram ativamente do processo para que se considere ter sido preenchido o requisito do *contraditório efetivo*.

O enunciado ainda faz menção à observância da parte final do art. 506, segundo o qual a coisa julgada não pode prejudicar terceiro, o qual alterou o regime processual anterior, que vedava a possibilidade de a coisa julgada prejudicar *ou* beneficiar terceiros. Assim, parece pressupor a seguinte possibilidade: mesmo que não participem todos os integrantes da relação jurídica que exige a formação do litisconsórcio passivo necessário, haveria a possibilidade da formação do regime da coisa julgada sobre questão prejudicial incidental caso ela fosse benéfica a eles, mas não quando lhes fosse prejudicial. Em outros termos, seria um regime da coisa julgada *secundum eventum litis*.

2.1.2. Do Cumprimento da Sentença (arts. 513 a 538)

2.1.2.1. Disposições Gerais (arts. 513 a 519)

Enunciado 440. O art. 516, III e o seu parágrafo único aplicam-se à execução de decisão interlocutória estrangeira, após a concessão do *exequatur* à carta rogatória.

● *Grupo: Execução.* ● *Referências: arts. 516, III e 515, IX.*

▸ ***José Humberto Pereira Muniz Filho e Jaldemiro Rodrigues de Ataíde Jr.***

1. Disposições gerais.

A decisão interlocutória estrangeira representa uma inovação no rol de títulos executivos judiciais do NCPC. De acordo com o artigo 475-N do CPC/73, apenas as sentenças de mérito condenatórias estrangeiras eram consideradas título executivo judicial. No entanto, o NCPC seguiu uma linha de entendimento que já vinha sendo abordada no STJ. Essa apontava uma tendência de abertura da jurisdição brasileira às decisões estrangeiras que tratassem de matéria de competência concorrente entre a jurisdição nacional e a alóctone, o que marcou uma "nacionalização" das decisões estrangeiras. Como exemplo daquela corrente, pode-se citar um precedente que tratou da possibilidade de homologação de sentença estrangeira de divórcio, ainda que não existisse prova de seu trânsito em julgado, na hipótese em que, preenchidos os demais requisitos, foi comprovado que a parte requerida foi a autora da ação de divórcio e que o provimento judicial, no exterior, teve caráter consensual (vide o julgamento da Corte Especial na SEC 7.746-US). Nesse contexto, elevam-se as decisões interlocutórias ao patamar de título executivo. Com efeito, o NCPC estabelece que o meio adequado para execução daquelas decisões será a Carta Rogatória (CPC, 960, § 1º) que postulará a concessão do *exequatur*.

2. Espectro da concessão do *exequatur*.

Evidencia-se que, assim como o processo de homologação de sentença estrangeira, a análise de carta rogatória deve ter como balizas os parâmetros fixados na análise da SEC 3.932-GB, segundo os quais: não cabe ao tribunal nacional a análise do mérito da medida, ressalvado o exame dos aspectos atinentes à ordem pública, soberania nacional, contraditório, ampla defesa e devido processo legal" (Rel. Min. Felix Fischer, DJ6.4.2011). A decisão interlocutória veiculada na carta rogatória é um provimento judicial dotado de carga executiva. Em sua maioria, as decisões interlocutórias são diferenciadas por sua imediatidade que manifesta uma antecipação do elemento executivo ou mandamental (i.e., ordenatório) da sentença. Sobre esse aspecto, respectivamente, ilustra-se: pode o requerente do provimento interlocutório procurar uma medida que atenda sua necessidade imediata, como o custeio prévio de uma pesquisa científica, em face de um contrato outrora firmado; bem como é possível ao requerente vislumbrar a realização de determinada obrigação de fazer, no caso do descumprimento de uma obrigação contratual acessória. Essas medidas interlocutórias, assim como outras de natureza distinta (*e.g.*, uma medida cautelar de arresto), pelo artigo 515, IX, NCPC, passam a ser objeto de *exequatur* de carta rogatória. Destarte, longe de qualquer prolixidade, a carta rogatória que busca *exequatur* no STJ tem como objeto imediato a importação do elemento executivo ou mandamental da decisão estrangeira. O *exequatur* delimita o que será realizado pela jurisdição brasileira em 1º Grau, conforme o 516, III e o seu parágrafo único, CPC.

3. Do cumprimento do *exequatur*.

Igualmente ao que é colocado ao processo de homologação de sentença, em razão de uma distribuição de competência funcional e atribuições regimentais, o elemento executivo ou mandamental da decisão interlocutória estrangeira deve ser realizado no primeiro grau, pois subentende-se que este tem maior contato com a parte demandada, além de contar com um maior leque de atos instrutórios, ordenatórios e expropriatórios. Não obstante, registra-se que o juízo competente para prover o *exequatur* só se debruçará sobre as questões referentes ao valor e à responsabilidade patrimonial do (s) requerido (s).

4. Da competência.

Como colocado acima, após a concessão do *exequatur*, a competência para os provimentos executórios será do juízo de primeiro grau, especificamente, do juízo federal de primeiro grau, conforme assinala o artigo 516, II e III, NCPC, e o artigo 109, X, CRFB. Neste aspecto, é interessante notar que o Enunciado ainda concebe a relativização da competência territorial prevista no parágrafo único do artigo 516 ao cumprimento da decisão interlocutória estrangeira. Em face disso, após a concessão do *exequatur*, no cumprimento daquela decisão, o exequente poderá optar pelo foro

a) do atual domicílio do executado; b) do local onde se encontre os bens sujeitos à execução; c) do local onde deva ser executada a obrigação de fazer ou não fazer.

5. Conclusões.

Diante dessas considerações, constata-se que o Enunciado compila as disposições relativas ao cumprimento das decisões estrangeiras, seguindo os dispositivos do NCPC e implicitamente uma tendência já traçada no STJ.

► **NCPC. Art. 515.** São títulos executivos judiciais, cujo cumprimento dar-se-á de acordo com os artigos previstos neste Título: IX – a decisão interlocutória estrangeira, após a concessão do exequatur à carta rogatória pelo Superior Tribunal de Justiça. ► **Art. 516.** O cumprimento da sentença efetuar-se-á perante: III – o juízo cível competente, quando se tratar de sentença penal condenatória, de sentença arbitral, de sentença estrangeira ou de acórdão proferido pelo Tribunal Marítimo.

Enunciado 527. Os créditos referidos no art. 515, inc. V, e no art. 784, inc. X e XI do CPC/2015 constituídos ao tempo do CPC/73 são passíveis de execução de título judicial e extrajudicial, respectivamente.

● *Grupo: Direito Intertemporal.* ● *Referências: arts. 515, V e 784, X e XI.*

▸ ***José Humberto Pereira Muniz Filho e Jaldemiro Rodrigues de Ataíde Jr.***

1. Considerações iniciais e objetivo do Enunciado.

O Enunciado tem como um de seus objetos de estudo o crédito dos auxiliares da justiça, quando as custas, emolumentos ou honorários tiverem sido aprovados pelo juiz do processo a que se referem. No contexto dos auxiliares da justiça destacam-se os peritos, o administrador judicial, o depositário, o intérprete e o tradutor, todos com previsão no Título IV do Livro II do CPC. Essas pessoas auxiliam a instrução do processo de acordo com seu conhecimento técnico (ex.: a realização de uma perícia no imóvel litigioso, a tradução de um documento anexado por uma das partes, a administração da coisa litigiosa, etc.).

Neste aspecto, o propósito do Enunciado em tela é demonstrar que os valores decorrentes dos serviços prestados por aquelas pessoas, ainda que finalizados na vigência do CPC/73, poderão ser executados via cumprimento de sentença, o que diferencia da legislação antiga. Em tempos do CPC/73, esses valores só poderiam ser executados através de uma ação executiva autônoma, em virtude de tais valores somente estarem contidos no rol de títulos extrajudiciais. Outra face contemplada pelo Enunciado toca os títulos extrajudiciais. Neste ponto, aparecem as contribuições condominiais ordinárias ou extraordinárias e a certidão notarial ou registral de emolumentos e demais despesas como novidades legislativas implementadas pelo NCPC. Essas inovações assumem o patamar de títulos extrajudiciais em decorrência do elevado grau de previsibilidade de que as dívidas ali assinaladas sejam confiáveis e favoráveis ao exequente, em detrimento do executado inadimplente. Em face disso, para o status de título executivo extrajudicial das contribuições condominiais, o CPC pressupõe a previsão na convenção do condomínio ou a aprovação em assembleia geral, devendo ambos os atos ser documentados. Outrossim, às certidões das serventias extrajudiciais, o CPC tem como critério a adequação dos débitos à tabela estabelecida em lei, visto que essas dívidas possuem natureza tributária de taxa.

Mais do que uma proposição sobre cumprimento de sentença ou execução, o Enunciado trata de disposições de direito intertemporal. Tal qual será analisado nos comentários ao Enunciado 528, tem-se que o NCPC segue a regra do sistema de isolamento dos atos processuais. Segundo esta, a nova lei processual não prejudica os atos já praticados, mas é aplicável aos atos pendentes (vide os comentários aos Enunciados sobre direito intertemporal nesta obra e os arts. 14 e 1.046, CPC). Para solução de eventuais problemas de direito intertemporal, a regra do isolamento dos atos processuais impõe a identificação do momento em que surge o ato sobre qual se analisará os desdobramentos. Assim, o que importa para o Enunciado em análise não é o momento em que se deu a formação do título executivo judicial ou extrajudicial. Ainda que esses fossem formados na vigência do CPC/73, a sua executividade (i.e., a "processualidade" do título ou do crédito, no que toca os auxiliares da justiça) tem contornos delineados pelo NCPC. Não obstante, é o direito material que se satisfaz com a execução, tanto que a cognição na execução dos títulos extrajudiciais se limita às exceções do direito material[571].

Percebe-se, então, que o NCPC apenas atribuiu um novo regramento processual ao crédito formado nas relações em tela. Logo, as custas, emolumentos ou honorários que tiverem sido aprovados pelo juiz da causa serão executados conforme o artigo 515, V, NCPC, i.e., via cumprimento de sentença, bem como as contribuições condominiais ordinárias ou extraordinárias, a certidão notarial ou registral de emolumentos e demais despesas, nos termos do artigo 784, XI, NCPC.

Apesar de a inclusão daquelas contribuições ser uma novidade no rol de títulos executivos extrajudiciais, a regularidade da sua execução se dá pelo fato de que o momento de averiguação da eficácia executiva do título será na data do seu ajuizamento. Assim, as contribuições condominiais ordinárias ou extraordinárias devidamente documentadas, a certidão notarial ou registral de emolumentos e demais despesas, ainda que sejam formuladas na vigência do CPC/73 adquirem carga executiva suficiente para se tornarem título executivo extrajudicial. Não há, portanto, que se falar em direito adquirido do devedor/executado à atipicidade do regime do CPC/73, que não previa essas hipóteses no rol de títulos executivos extrajudiciais. Ademais, destaca-se que, assim como o rol do artigo 585 do CPC/73, as hipóteses previstas no artigo 784 do NCPC constituem a tipicidade dos títulos executivos, segundo a qual a execução de outros títulos deverá ser adequada a algum dos tipos previstos no dispositivo legal, que em determinados casos apresenta hipóteses de incidência aberta (e.g., documento particular assinado pelo devedor e por duas testemunhas) ou fechada (e.g., a certidão notarial ou registral de emolumentos), ou eventual convenção das partes formulada a partir da aplicação do artigo 190, CPC.

---

571. MIRANDA, Francisco Cavalcanti Pontes de. *Comentários ao Código de Processo Civil.* T. IX. Rio de Janeiro: Forense, 1976. p. 64 e 258.

Já no que se refere a executividade dos créditos dos auxiliares da justiça, o NCPC demonstrou considerável avanço. Afinal, em certa medida, a regulamentação da matéria no CPC/73 mostrava-se paradoxal, eis que o valor reconhecido pelo juiz e devido ao auxiliar não seria um título judicial, mas sim um título extrajudicial submetido a uma ação executiva autônoma e não ao cumprimento da decisão – algo inconsistente.

2. Reflexão sobre a natureza dos remédios executivos aplicáveis ao Enunciado.

Temos duas hipóteses: (i) as custas, emolumentos ou honorários que tiverem sido aprovados pelo juiz são aplicáveis as regras do cumprimento de sentença definitivo ou provisório; (ii) já às contribuições condominiais ordinárias ou extraordinárias e à certidão notarial ou registral de emolumentos e demais despesas são aplicáveis as regras da ação executiva lato sensu, dispostas no Livro II da Parte Especial do NCPC.

A principal diferença entre a ação executiva de títulos extrajudiciais e os judiciais é que a destes tem cognição completa preestabelecida pela eficácia executiva sentencial, enquanto que a eficácia executiva da ação dos títulos extrajudiciais provém do próprio documento[572]. O título executivo extrajudicial independe de qualquer manifestação prévia da justiça, porque o processo executivo será desenvolvido a partir de cognição incompleta, para se atender à eficácia a que se atribui ao título, sendo essa anterior a uma sentença[573]. Nessas hipóteses, a eficácia executiva já está implantada no próprio título extrajudicial, diversamente de outras ocasiões em que a relação jurídica demanda uma ação de conhecimento para atribuição de carga executiva suficiente à satisfação da pretensão. Ao passo que o legislador confere um remédio jurídico processual (= ação executiva) mais célere à satisfação do direito material estampado no título extrajudicial, ele também pressupõe, em outra escala, a previsibilidade de demandas que deverão ser analisadas pelo judiciário, ao enumerar um rol de negócios jurídicos e/ou títulos qualificados como extrajudicial. Caso o autor busque apenas satisfazer a pretensão executiva materializada em um daqueles negócios e/ou títulos, seu interesse de agir será processualizado pela ação executiva stricto sensu. Assim sendo, pressupõe-se que o interesse de agir do exequente adequa-se à via executiva, em vez do processo de conhecimento; hipótese diversa pode não ser tão positiva ao exequente, bem como pode demandar um trabalho desnecessário do Judiciário que estará analisando e atribuindo qualidades já presentes e presumidas no título.

Contudo, caso opte pelo atingimento da coisa julgada material a outras questões anexas, não parece ser adequada a crítica aqui tecida. Em que pese o relevo dos argumentos aqui defendidos, o Código seguiu o entendimento manifestado pelo STF quanto à possibilidade de propositura da ação de conhecimento (vide: AgRg no AREsp 197.026 eREsp 981.440).

3. Conclusões.

Considera-se que, mesmo quando reconhecidos na vigência do CPC/73, as custas, emolumentos ou honorários que tiverem sido aprovados pelo juiz, bem como devidas

572. *Ibidem*, p. 5.
573. *Ibidem*, p. 219.

as contribuições condominiais ordinárias ou extraordinárias, a certidão notarial ou registral de emolumentos e demais despesas (art. 784) serão executados conforme o NCPC, desde que atendidos os requisitos legais, através do cumprimento de sentença ou ação executiva, respectivamente.

► **NCPC. Art. 515.** São títulos executivos judiciais, cujo cumprimento dar-se-á de acordo com os artigos previstos neste Título: (...). V – o crédito de auxiliar da justiça, quando as custas, emolumentos ou honorários tiverem sido aprovados por decisão judicial; ► **Art. 784.** São títulos executivos extrajudiciais: (...). X – o crédito referente às contribuições ordinárias ou extraordinárias de condomínio edilício, previstas na respectiva convenção ou aprovadas em assembleia geral, desde que documentalmente comprovadas; XI – a certidão expedida por serventia notarial ou de registro relativa a valores de emolumentos e demais despesas devidas pelos atos por ela praticados, fixados nas tabelas estabelecidas em lei.

ENUNCIADO 529. AS AVERBAÇÕES PREVISTAS NOS ARTS. 799, IX E 828 SÃO APLICÁVEIS AO CUMPRIMENTO DE SENTENÇA.

• *Grupo: Cumprimento de sentença.* • *Referências: arts. 133, 134, 523, 799 e 828.*

► ***José Humberto Pereira Muniz Filho e Jaldemiro Rodrigues de Ataíde Jr.***

1. Considerações iniciais.

Na sistemática do processo de execução, o NCPC buscou uma maior proteção ao crédito do exequente em face de terceiros, de maneira que estabeleceu, além da marcação de fraude à execução por quantia certa (art. 828, NCPC), uma faculdade ao exequente em todas as modalidades de execução: a averbação em registro público do *ato de propositura da execução* e dos *atos de constrição realizados*, para conhecimento de terceiros (art. 799, IX, CPC). Como dito, esses mecanismos são dispostos no Código ao se referir ao processo de execução, ocorre que a proximidade desse com a fase de cumprimento de sentença (provisório ou definitivo) faz com que aqueles instrumentos sejam aplicáveis a essa etapa. Assim, a possibilidade de averbação em registro público do *ato de propositura da execução* e dos *atos de constrição realizados*, para conhecimento de terceiros, prevista no artigo 799, IX, e os desdobramentos da fraude à execução previstos no artigo 828 são aplicáveis à etapa de cumprimento de sentença. Portanto, ao protocolar o requerimento para cumprimento da decisão, o exequente, segundo o Enunciado em apreço, poderá averbar no registro público o ato que comprove o ajuizamento do cumprimento e dos atos já praticados nessa fase, para conhecimento de terceiros e prevenção de fraude ao cumprimento.

2. Natureza da averbação.

Tais averbações não são obrigatórias, mas constituem uma *faculdade* conferida ao exequente. A averbação tem o escopo de divulgar a terceiros – e ao próprio executado, pois, na prática, será pouco provável que a intimação tenha se realizado – a existência de um cumprimento de sentença em trâmite que pode gerar a fraude na hipótese de alienação ou oneração do bem, desde que não se preserve montante suficiente à satisfação. No entanto, ainda que na fase de cumprimento, a averbação delimita presunção absoluta de fraude, quando da alienação do bem sujeito a penhora, arresto ou indisponibilidade, e garantia suficientes à satisfação do crédito, pouco importando para isso a boa-fé do terceiro adquirente. Como exemplo: A propõe cumprimento de sentença no valor R$ 500.000,00 (quinhentos mil reais) em face de B e extrai, na secretaria do juízo, certidão de propositura (vide os comentários ao Enunciado 130/FPPC); em posse desse documento, A averba-o no cartório de registro de imóveis em que B tem um único apartamento inscrito, para conhecimento e prevenção de prejuízos a terceiros; acontece que B aliena o referido imóvel a C, que o adquire de boa-fé, mas B não deixa patrimônio suficiente à satisfação do crédito de A; neste exemplo, ainda que C estivesse de boa-fé e houvesse apenas a fase de cumprimento de sentença, identificar-se-ia fraude a esse.

A partir desse exemplo, pondera-se que a venda de B para C é válida e eficaz, mas não produz nenhum efeito ao cumprimento, de modo que o bem, ainda em posse de C, pode vir a ser penhorado. Há, pois, uma ineficácia relativa que pode ser reconhecida pelo magistrado no próprio curso do cumprimento de sentença. Neste ponto, merece nota o artigo 792, § 4º, CPC. Este dispositivo prevê que o juiz, antes de declarar a fraude à execução, deverá intimar o terceiro (no exemplo colocado: C) para oposição de embargos de terceiro, no prazo de quinze. Ao que parece, essa disposição também é aplicável à fraude ao cumprimento, de modo que deve o magistrado intimar o terceiro para oposição de seus embargos, sobrelevando-se, assim, a boa-fé deste último. Por fim, verifica-se que a averbação no registro público é uma opção legislativa que possui força de proteção àquela pretensão executiva. De tal modo, a partir da leitura do artigo 828, CPC, verifica-se que essa proteção é extensiva aos registros oficiais de bens imóveis, móveis (*e.g.*, veículos, aeronaves, embarcações) e semoventes (*e.g.*, instituições que regulamentam o registro de animais dotados de alto valor econômico) em que o executado possua inscrições daqueles.

3. Impossibilidade de aplicação do Enunciado: exceção.

Por precaução, a proposição em comento não é adequada aos cumprimentos propostos em face da Fazenda Pública. Nessa hipótese, assim como toda etapa de cumprimento de obrigação de pagar quantia certa, há um regramento especial disposto nos art. 534 e 535 do CPC, tendo em vista o regime de precatórios previsto no artigo 100 da Constituição Federal. Registra-se que no cumprimento de quantia certa em face da Fazenda Pública não há penhora nem apropriação ou expropriação de bens para alienação judicial, pois os bens públicos são inalienáveis e impenhoráveis.[574] Assim, a execução será satisfeita com a expedição do precatório ou de requisição de pequeno valor, não havendo que se falar em fraude à execução.

4. Conclusão.

Em vista do que foi colocado, vê-se que os desdobramentos do Enunciado são louváveis, pois não há motivos para afastar da etapa de cumprimento os instrumentos de proteção ao crédito do processo de execução autônomo. Em tais momentos, a pretensão do exequente é a mesma: satisfazer seu direito material através da execução.

574. *Vide*: CUNHA, Leonardo C. *A Fazenda Pública em juízo*. 13. ed. Rio de Janeiro: Forense, 2016. p. 334.

▶ **NCPC. Art. 133.** O incidente de desconsideração da personalidade jurídica será instaurado a pedido da parte ou do Ministério Público, quando lhe couber intervir no processo. ▶ **Art. 134.** O incidente de desconsideração é cabível em todas as fases do processo de conhecimento, no cumprimento de sentença e na execução fundada em título executivo extrajudicial. ▶ **Art. 523.** No caso de condenação em quantia certa, ou já fixada em liquidação, e no caso de decisão sobre parcela incontroversa, o cumprimento definitivo da sentença far-se-á a requerimento do exequente, sendo o executado intimado para pagar o débito, no prazo de 15 (quinze) dias, acrescido de custas, se houver. ▶ **Art. 799.** Incumbe ainda ao exequente: (...). IX – proceder à averbação em registro público do ato de propositura da execução e dos atos de constrição realizados, para conhecimento de terceiros. ▶ **Art. 828.** O exequente poderá obter certidão de que a execução foi admitida pelo juiz, com identificação das partes e do valor da causa, para fins de averbação no registro de imóveis, de veículos ou de outros bens sujeitos a penhora, arresto ou indisponibilidade.

Enunciado 679. A anotação da propositura da ação à margem do título protestado não se restringe à ação rescisória, podendo abranger outros meios de desfazimento da coisa julgada.

● *Grupos: Cumprimento de sentença e Execução.* ● *Referências: art. 517, § 3º).*

▸ *Marcela Kohlbach de Faria*

O CPC/2015 demonstrou nítida preocupação em conferir maior efetividade à fase de cumprimento de sentença. Neste ínterim, o art. 517 do CPC/2015 autoriza o protesto das decisões judiciais transitadas em julgado, desde que transcorrido o prazo para o pagamento voluntário de 15 dias, conforme o previsto no artigo 523 do CPC/2015 e o exequente obtenha certidão de teor da decisão com o nome e a qualificação do exequente e do executado, o número do processo, o valor da dívida e a data de decurso do prazo para pagamento voluntário. Trata-se de medida de proteção do crédito, que serve como eficaz instrumento de coerção para o pagamento da dívida pelo devedor, já que o executado terá dificuldades em tomar crédito no mercado a partir do protesto[575].

No entanto, o parágrafo 3º do artigo 517 autoriza a anotação da propositura de ação rescisória pelo executado, desde que o mesmo o faça às suas expensas e sob sua responsabilidade. De fato, considerando que a ação rescisória tem o condão de cassar ou mesmo reformar a decisão que se pretende executar, a anotação à margem do título protestado serve como proteção do executado, já que dá conhecimento público ao fato de que o crédito exequendo poderá não ser mais devido em caso de procedência da ação rescisória.

Ocorre que a ação rescisória não é o único meio de desfazimento da coisa julgada. A impugnação ao cumprimento de sentença, por exemplo, em algumas hipóteses do artigo 525 do CPC/2015, poderá implicar o desfazimento da coisa julgada, como é o caso das hipóteses de falta de ou nulidade de citação se, na fase de conhecimento, o processo correu à revelia.

575. CABRAL, Antonio do Passo; CRAMER, Ronaldo. *Comentários ao Novo Código de Processo Civil.* Rio de Janeiro: Forense, 2015, p. 907.

É possível, ainda, vislumbrar a possibilidade de protesto da decisão arbitral, considerando a equiparação da sentença arbitral à sentença judicial feita tanto pela Lei 9.307/1996 (art. 31), como pelo CPC/2015 ao arrolar a sentença arbitral dentre os títulos executivos judiciais, na forma do art. 515, inciso VII[576]. Assim, a ação anulatória da sentença arbitral prevista no artigo 32 da Lei 9.307/1996 é o meio hábil para a desconstituição da sentença arbitral e a sua propositura poderá ser igualmente anotada à margem do título protestado, às expensas e por conta e risco do executado.

▶ **NCPC. Art. 517. § 3º** O executado que tiver proposto ação rescisória para impugnar a decisão exequenda pode requerer, a suas expensas e sob sua responsabilidade, a anotação da propositura da ação à margem do título protestado.

2.1.2.2. Do Cumprimento Provisório da Sentença que Reconhece a Exigibilidade de Obrigação de Pagar Quantia Certa (arts. 520 a 522)

Enunciado 528. No cumprimento provisório de sentença por quantia certa iniciado na vigência do CPC/73, sem garantia da execução, deve o juiz, após o início de vigência do CPC/2015 e a requerimento do exequente, intimar o executado nos termos dos arts. 520, § 2º, 523, § 1º e 525, caput.

● *Grupo: Direito Intertemporal.* ● *Referências: arts. 520, § 2º, 523, § 1º e 525.*

▸ ***José Humberto Pereira Muniz Filho e Jaldemiro Rodrigues de Ataíde Jr.***

1. Disposições gerais.

A proposição em comento direciona o intérprete à conciliação das regras de direito intertemporal com a fase de cumprimento provisório de sentença e suas disposições sobre obrigações de pagar quantia certa. A priori, o Enunciado reforça o teor do *caput do artigo* 520 do CPC, no sentido de ser o cumprimento das obrigações de quantia certa formulado com base no regramento do cumprimento definitivo da mesma modalidade obrigacional.

2. Regra de direito intertemporal aplicada: breve análise de um "caso" pretérito[577].

Os problemas na aplicação de novas regras processuais em matéria de execução não representam novidade no processo civil brasileiro. Essa dificuldade já foi enfrentada - com rigor - quando da publicação da Lei 11.382/06 que alterou a dinâmica do processo de execução no CPC/73. Entre outras mudanças, aquele dispositivo

576. Um problema prático para o protesto da sentença arbitral é a confidencialidade usualmente imposta pelas partes ao procedimento arbitral. No entanto, a confidencialidade não é inerente ao procedimento arbitral como regra, sendo admissível que as partes abram mão da mesma. De qualquer forma, em tese, não vislumbramos óbice para o protesto da sentença arbitral, desde que preenchidos os requisitos do artigo 517 e seus parágrafos.

577. Registra-se que o entendimento aqui apresentado é visto em escrito de Pedro Henrique Nogueira que tratou da aplicação da Lei 11.382/06 aos embargos do devedor no CPC/73. Disponível no site Jus ("A Lei nº 11.382/2006 e o direito intertemporal o prazo para embargos nas execuções pendentes"), tal como nos escritos preliminares de Leonardo Carneiro da Cunha para sua obra "Direito Intertemporal e o Novo Código de Processo Civil", ainda no prelo.

modificou regras importantes no tocante ao marco inicial da contagem do prazo para apresentação dos embargos do devedor (hoje, embargos do executado). Assim como a saída encontrada em 2006, o NCPC segue a regra do *sistema de isolamento dos atos processuais*. Segundo esta, a nova lei processual não prejudica os atos já praticados, mas é aplicável aos atos pendentes (vide os comentários aos Enunciados sobre direito intertemporal nesta obra e os arts. 14 e 1.046, CPC).

Como ressaltado anteriormente, para solução de eventuais problemas de direito intertemporal, a regra do isolamento dos atos processuais impõe a identificação do *momento* em que surge o ato sobre qual se analisará os desdobramentos. A partir do Enunciado em análise, tem-se que o momento processual que delimita a aplicação das novas regras de cumprimento de sentença é a *intimação* ou *ciência da parte executada* sobre a propositura do cumprimento provisório, ainda que este tenha se iniciado sob a égide do CPC/73. Exemplifica-se: no dia 16 de março de 2016, X propõe cumprimento provisório em face de Y, nos termos do artigo 475-O do CPC/73, tendo em vista sentença condenatória a seu favor e a apelação interposta por Y ter sido recebida apenas no efeito devolutivo; neste caso, muito provavelmente, a intimação de Y se deu já na vigência do NCPC; logo, o direito de Y impugnar o cumprimento provisório, bem como os contornos desta etapa dar-se-ão na vigência da nova legislação.

Antes da intimação do executado, portanto, não havia direito adquirido daquele às regras que dispunham sobre a modalidade de satisfação da quantia certa, os meios de impugnação da fase de cumprimento ou desdobramentos (*e.g.*, a aplicação de multa pelo inadimplemento, o prazo para impugnação, etc.), tampouco havia expectativa de direito do executado aos demais ditames do CPC/73 aplicáveis a esse exemplo. Caso contrário, falar-se-ia em uma "retrospectiva" de direito, pois buscar-se-ia empregar uma regra revogada pela Lei 13.105/15. Outrossim, mostra-se relevante a exclusão analítica promovida pelo enunciado que destaca a expressão "sem garantia da execução".

Porquanto, caso a execução estivesse garantida na vigência do CPC/73, irrefutavelmente, a ciência do executado teria se dado sob a ordem antiga; dessa forma, os meios de impugnação ao cumprimento provisório e os seus desdobramentos legais, ora citados, seriam balizados pelo CPC/73 e não pelo novo diploma, pois o ato processual que cientificou o executado da fase de cumprimento (= a garantia do juízo) deu-se no regramento antigo. Conclui-se que não há ofensa a direito adquirido do executado, muito menos violação de ato jurídico. Assim sendo, diante dessa fase de transição de diplomas, o Enunciado é pedagógico no estudo do cumprimento de sentença.

3. O requerimento do exequente: natureza jurídica.

O cumprimento de sentença representa uma fase do processo, por assim ser, seu início carece de um ato de demanda próprio. Vê-se que o requerimento do exequente é o ato especial de demanda que instaura a fase de cumprimento[578]. Tanto no cumprimento provisório, como no definitivo, a simples petição prevista no *caput do artigo*

---

578. De igual modo: ASSIS, Araken de. *Cumprimento de sentença*. Rio de Janeiro: Forense, 2006. p. 344.

523, CPC, é o remédio jurídico processual que materializa a pretensão executiva do exequente ao início do cumprimento. Aqui se faz necessária uma atenção especial. Segundo o Enunciado em tela, como já dito, o requerimento do exequente marca a aplicação das regras do NCPC às fases de cumprimento iniciadas ainda na vigência do CPC/73; nesse sentido, uma das principais vantagens conferidas ao exequente se trata do *caráter punitivo* estabelecido pelo NCPC ao simples inadimplemento do executado, face o requerimento.

Observa-se que no aspecto punitivo, o CPC mantém a multa de 10% sobre o valor do débito executado, antes prevista no artigo 475-J do CPC/73. No entanto, há o acréscimo da condenação em honorários no montante de 10% sobre aquela quantia. Essa possibilidade de aplicação de multa e honorários é delineada no § 2º do artigo 520 do Código e melhor organizada no § 1º do seu artigo 523. Assim, ainda que o cumprimento tenha iniciado sob a égide do CPC/73, ao ser intimado ou ao tomar ciência do cumprimento, o Executado está sujeito ao pagamento da multa e dos honorários, em caso de inadimplemento. Nessas circunstâncias, essa dupla condenação decorre de um *pedido implícito* de natureza legal.

4. Natureza dos honorários no cumprimento.

Cumpre observar, ademais, a natureza dos honorários na fase de cumprimento. Esses representam uma vantagem econômica de origem punitiva assegurada ao exequente. Nessa linha de entendimento, no ano de 2015, consubstanciando o teor do julgamento do Recurso Especial Repetitivo nº 1.134.186, o STJ aprovou a Súmula 517 que previu a incidência dos honorários advocatícios na fase de cumprimento de sentença, dado o escoamento do prazo para pagamento. Como dito, na fase de cumprimento de sentença, esgotado o prazo para cumprimento "voluntário", haverá a condenação em honorários cumulados com a multa, ainda que não haja requerimento do exequente, pois essas duas parcelas representam um *pedido implícito* do exequente, face o descumprimento do devedor. Assim sendo, constata-se que o CPC bipartiu os mecanismos de punição pela mora do executado: enquanto a multa é encorpada por um cunho punitivo que tem sua aplicação atribuída ao juiz da causa, os honorários, não obstante sejam um reflexo punitivo da mora, representam uma pretensão patrimonial garantida ao advogado do exequente, o qual desempenhará seu trabalho em uma etapa que já deveria ter sido satisfeita.

5. Tentativa de sistematização das alterações na fase cumprimento de sentença: proposta de uma análise pragmática do enunciado.

Em linhas procedimentais, os contornos dados pelo CPC ao cumprimento inovam em pontos que estão umbilicalmente relacionados: a) o início da contagem do prazo para apresentação da impugnação; b) a desnecessidade de garantia para apresentação da impugnação; e c) a aplicação conjunta de multa e honorários, cada qual no valor de 10% do débito, como já analisado.

(a) em razão da remissão do artigo 520 ao art. 523, todos do CPC, percebe-se que o início do prazo para apresentação da impugnação ao cumprimento (provisório ou definitivo) da obrigação de pagar quantia certa dar-se-á com o transcurso do prazo inicial para pagamento – isto é, após o decurso dos quinze dias que tem o executado para, quando intimado, satisfazer a obrigação de quantia certa, conforme alude o artigo 523 do CPC. Observe que há duas etapas. Primeiro, ocorre a intimação para satisfação do cumprimento, para só então iniciar o prazo para impugnação. Insta notar que o prazo para impugnação, mesmo no cumprimento, prescinde nova intimação. Portanto, transcorrido o prazo para pagamento, inicia-se *automaticamente* o prazo para impugnação (vide o parágrafo 1º do artigo 520 c/c o *caput do artigo* 525). De igual modo há a incidência da multa e dos honorários previstos no § 1º do art. 523, CPC, como colocado acima.

(b) ao se decompor analiticamente o artigo 525 do Código, pondera-se que o CPC *dispensa* a garantia do juízo à apresentação da impugnação ao cumprimento de sentença (provisório ou definitivo), ao contrário do que estabelecia o parágrafo 1º do artigo 475-J do CPC/73 e o entendimento do Superior Tribunal de Justiça cristalizado no julgamento do REsp 1.265.894-RS. Agora, nos moldes do § 6º do artigo 525, CPC, passa a garantia do juízo ter o propósito de atribuir efeito suspensivo ao cumprimento, e não mais ser um requisito da impugnação. Nesse aspecto, o CPC merece louvor, pois a antiga ordem dos atos executivos era anacrônica: por um lado, permitia-se o ajuizamento dos embargos sem garantia do juízo, por outro, vedava-se a propositura da impugnação sem aquela.

(c) como analiso acima, não havendo satisfação do crédito, o montante pecuniário sofre o acréscimo de multa e honorários. Por fim, cumpre notar que esse arranjo não é fielmente adequado aos cumprimentos de sentença em que a Fazenda Pública seja parte. Com efeito, podem ser citadas como principais distinções: i) a Fazenda não é intimada para pagar, mas para apresentar impugnação; ii) a multa prevista no § 1º do artigo 523 não é aplicável à Fazenda, como pontua o parágrafo 2º do artigo 534, todos do CPC.

6. Considerações finais.

Pelo exposto, conclui-se que o Enunciado tem o objetivo de demonstrar que essa sistematização imposta pelo NCPC é aplicável ao cumprimento de sentença iniciado ainda sob a égide do CPC/73, desde que seja requerido pelo exequente e não tenha havido ato de ciência do executado (intimação ou garantia do juízo).

Súmula STJ 517. São devidos honorários advocatícios no cumprimento de sentença, haja ou não impugnação, depois de escoado o prazo para pagamento voluntário, que se inicia após a intimação do advogado da parte executada.

▶ **NCPC. Art. 520. § 2º** A multa e os honorários a que se refere o § 1º do art. 523 são devidos no cumprimento provisório de sentença condenatória ao pagamento de quantia certa. ▶ **Art. 523. § 1º** Não ocorrendo pagamento voluntário no prazo do caput, o débito será acrescido de multa de dez por cento e, também, de honorários de advogado de dez por cento.

Enunciado 621. Ao cumprimento de sentença do capítulo relativo aos honorários advocatícios, aplicam-se as hipóteses de penhora previstas no § 2º do art. 833, em razão da sua natureza alimentar.

● *Grupo: Cumprimento de sentença e execução.* ● *Referências: arts. 85, § 14, 771 e 833, § 2º.*

▸ ***Edilson Vitorelli***

O enunciado se refere à execução do capítulo da sentença referente à fixação dos honorários sucumbenciais, os quais pertencem ao advogado do vencedor (art. 85). Nos termos do artigo 85, § 14, que encampou jurisprudência dominante no Superior Tribunal de Justiça e no Supremo Tribunal Federal[579], os honorários têm natureza alimentar, mesmo que a condenação obtida em favor do cliente não o tenha. Assim, ainda que pareça esdrúxulo, é possível, pela orientação legal e jurisprudencial, que o crédito devido ao advogado, em razão da vitória no processo judicial, tenha um privilégio superior e não compartilhado pelo crédito objeto da mesma condenação da qual se originaram os honorários. O acessório pode ser, portanto, mais privilegiado que o principal. Em situação de falência, o crédito do advogado, decorrente da sucumbência da parte contrária, terá preferência sobre o pagamento do crédito de seu próprio cliente, o que, seguramente, é um contrassenso, uma vez que não se trata de exigir que o advogado trabalhe graciosamente. O que se discute aqui são apenas os honorários sucumbenciais, não os contratuais.

O Enunciado estende ao crédito de honorários a disposição do artigo 833, § 2º, a qual estabelece que a impenhorabilidade dos "vencimentos, os subsídios, os soldos, os salários, as remunerações, os proventos de aposentadoria, as pensões, os pecúlios e os montepios, bem como as quantias recebidas por liberalidade de terceiro e destinadas ao sustento do devedor e de sua família, os ganhos de trabalhador autônomo e os honorários de profissional liberal" e da "quantia depositada em caderneta de poupança, até o limite de 40 (quarenta) salários-mínimos" não é oponível à hipótese de penhora para pagamento de prestação alimentícia, independentemente de sua origem.

Assim, de acordo com o enunciado, o advogado do vencedor pode penhorar o salário ou as aplicações financeiras do vencido, como forma de receber seus honorários sucumbenciais, ainda que seu próprio cliente não possa fazê-lo, para receber o valor da condenação.

Embora a situação seja, de fato, altamente contraditória, ela não decorre do enunciado, mas do equívoco originário, que é equiparar os honorários sucumbenciais a verba alimentar. O advogado se remunera pelos honorários contratuais. A prestação sucumbenciais, evento futuro e incerto, seguramente não tem natureza remuneratória, muito menos, alimentar, mas meramente premial. Assim, o entendimento adotado pelo código deveria ser limitado às verbas decorrentes do contrato. Contudo, uma vez firmada a compreensão equivocada, o entendimento estabelecido no enunciado é seu consectário lógico.

579. Por todos: "A jurisprudência desta Corte está consolidada no sentido de que é de caráter alimentar a natureza jurídica dos honorários advocatícios originados do ônus de sucumbência. 3. Agravo regimental não provido". (AI 849470 AgR, Rel. Min. Dias Toffoli, 1ª T., DJe 9.10.2012)

2.1.2.3. Do Cumprimento Definitivo da Sentença que Reconhece a Exigibilidade de Obrigação de Pagar Quantia Certa (arts. 523 a 527)

ENUNCIADO 56. É CABÍVEL ALEGAÇÃO DE CAUSA MODIFICATIVA OU EXTINTIVA DA OBRIGAÇÃO NA IMPUGNAÇÃO DE EXECUTADO, DESDE QUE TENHA OCORRIDO APÓS O INÍCIO DO JULGAMENTO DA APELAÇÃO, E, UMA VEZ ALEGADA PELA PARTE, TENHA O TRIBUNAL SUPERIOR SE RECUSADO OU OMITIDO DE APRECIÁ-LA.

● *Grupo: Execução.* ● *Referências: art. 525, § 1º, VII.*

▸ ***José Humberto Pereira Muniz Filho e Jaldemiro Rodrigues de Ataíde Jr.***

1. Disposições gerais.

Tal como o requerimento para cumprimento de sentença, a impugnação representa um ato de demanda. Nesse caso, a impugnação é o ato que veicula a oposição do executado ao pedido do exequente. Em virtude de o momento de apresentação da impugnação ser bem à frente no trâmite procedimental – o que restringe o campo de cognição do magistrado – o legislador do NCPC, seguindo os parâmetros estabelecidos no artigo 475-L do CPC/73 (agora, § 1º do artigo 525) optou por limitar as matérias suscetíveis de impugnação. Neste último dispositivo, entre as hipóteses aptas à impugnação, encontra-se o surgimento de causa modificativa ou extintiva da obrigação, em momento posterior à sentença, e.g.: pagamento, novação, compensação, transação ou prescrição (art. 525, § 1º, inciso VII).

2. Aplicação do Enunciado.

O objeto em análise relaciona causas de impugnação posteriores surgidas no momento do julgamento da apelação pelo Tribunal. Em alguns casos, há o surgimento da causa modificativa ou extintiva da obrigação em momento posterior ao início do julgamento da apelação. Nessas circunstâncias, o recurso estará prejudicado, de maneira que deverá ser extinto pelo Tribunal, quando do reconhecimento da causa modificativa ou extintiva da obrigação. No entanto, pode ocorrer de o Órgão Colegiado se omitir ou se recusar a apreciar a causa superveniente. De tal modo, subtende-se que a próxima fase processual será o cumprimento da decisão. Destarte, pelo Enunciado em tela, terá o executado a possibilidade de veicular a condição de superveniência na sua impugnação, sendo este o seu ato de demanda próprio. Como exemplo, entre o recorrente e o recorrido houve uma compensação (= modalidade de extinção da obrigação[580]); o recorrido, após o início do julgamento da apelação, manifesta pedido de reconhecimento da compensação para que seja extinta a obrigação e, porquanto, prejudicado o recurso; contudo, o Tribunal não considera a manifestação apresentada. Assim, o processo retorna ao primeiro grau para cumprimento da sentença, onde, agora, o executado poderá alegar a compensação na sua impugnação.

580. Art. 369 do Código Civil: A compensação efetua-se entre dívidas líquidas, vencidas e de coisas fungíveis.

3. Natureza do rol de causas supervenientes: reflexão necessária.

Cumpre notar que o rol de causas supervenientes previsto no artigo 525, § 1º, inciso VII é meramente exemplificativo. As modalidades ali previstas não excluem o acolhimento de outras causas supervenientes, como a remissão da dívida, a confusão e a inexigibilidade da dívida por recuperação judicial ou falência[581]. Nesse caso, o fato de o exequente ter remido a dívida, após a sentença, e ter o executado aceito-a, identifica-se uma remissão[582] que extingue a obrigação e constitui fato superveniente que poderá ser levado em impugnação. Ainda no que se refere ao rol das causas supervenientes, insta assinalar que a transação referida no Enunciado em comento, tal como no artigo 525, § 1º, inciso VII, NCPC, refere-se a uma espécie de contrato prevista nos artigos 840 a 850 do Código Civil[583]. De tal modo, a transação é um contrato bilateral que tem por fim prevenir ou terminar o litígio, através de concessões mútuas. Assim, a resolução do litígio configura uma modalidade de extinção obrigacional instrumentalizada pelo contrato de transação, de modo que sendo homologada a transação, é a decisão homologatória que passa ser o título executivo.

4. Conclusão.

A preocupação do Enunciado é, portanto, ratificar a possibilidade de propositura da impugnação com base em fato superveniente que modifique ou extinga a obrigação que, apesar de alegado em instância recursal, não fora apreciado. Por fim, ratifica-se que se o fato alegado tiver sua pretensão rejeitada na instância recursal, será impossível a rediscussão na fase de cumprimento de sentença.

► **NCPC. Art. 525. § 1º** Na impugnação, o executado poderá alegar: (...). VII – qualquer causa modificativa ou extintiva da obrigação, como pagamento, novação, compensação, transação ou prescrição, desde que supervenientes à sentença.

ENUNCIADO 57. A PRESCRIÇÃO PREVISTA NOS ARTS. 525, § 1º, VII E 535, VI, É EXCLUSIVAMENTE DA PRETENSÃO EXECUTIVA.

● *Grupo: Execução.* ● *Referências: arts. 525, § 1º, VII e 535, VI.*

▸ ***José Humberto Pereira Muniz Filho e Jaldemiro Rodrigues de Ataíde Jr.***

1. Considerações iniciais.

Sem tantas delongas, registra-se que o Enunciado em análise tem o propósito de regulamentar uma das modalidades de extinção da obrigação eventualmente levadas

581. Nesse sentido: ASSIS, Araken de. *Cumprimento de sentença*. Rio de Janeiro: Forense, 2006. p. 327.
582. Artigo 385 do Código Civil: A remissão da dívida, aceita pelo devedor, extingue a obrigação, mas sem prejuízo de terceiro.
583. Art. 840. É lícito aos interessados prevenirem ou terminarem o litígio mediante concessões mútuas. Art. 841. Só quanto a direitos patrimoniais de caráter privado se permite a transação. Art. 842. A transação far-se-á por escritura pública, nas obrigações em que a lei o exige, ou por instrumento particular, nas em que ela o admite; se recair sobre direitos contestados em juízo, será feita por escritura pública, ou por termo nos autos, assinado pelos transigentes e homologado pelo juiz.

a juízo na impugnação ao cumprimento: a prescrição[584]. Outrossim, busca-se evitar uma confusão teórica no que se refere ao estudo daquela. Com efeito, além da passagem prevista no artigo 525, § 1º, VII, NCPC e no Enunciado 56, o Enunciado em tela traz o arquétipo da impugnação apresentada pela Fazenda Pública (art. 535, VI, CPC). Nota-se que o Enunciado 57 sistematiza a natureza da prescrição fortuitamente debatida em impugnação ao cumprimento e a distingue da prescrição vista como exceção do processo de conhecimento, i.e., aquela matéria discutida em etapa anterior à formação do título executivo.

2. Da natureza da prescrição.

Neste ponto, o Enunciado é cirúrgico e digno de deferência, eis que sua proposição encontra-se em consonância com a maioria da doutrina e com o entendimento do STF firmado na Súmula 150 – "prescreve a execução no mesmo prazo de prescrição da ação". Durante o lapso processual são identificáveis duas modalidades de prescrição: i) condenatória e ii) executiva. A primeira tem como marco final a formação do título e como balizas as causas impeditivas e interruptivas (arts. 197 a 204 do Código Civil). Já a executiva tem início a partir da formação do título, sendo demarcada pelas mesmas causas impeditivas e interruptivas da primeira. A prescrição condenatória, observada como exceção ao crédito, não poderá ser alegada na fase de cumprimento, tendo em vista a eficácia preclusiva da coisa julgada e a formação de um título executivo[585].

3. Aplicação do Enunciado.

Imaginemos a seguinte situação: Marcos demanda Pedro, buscando reaver R$ 100.000,00 (cem mil reais) originados do vencimento de um contrato de locação de prédio urbano. Destaca-se que a pretensão de Marcos envolvia crédito vencido há mais de três anos[586]. No entanto, Pedro não opôs nenhuma exceção ao prazo prescricional, levantando tão somente outras matérias de defesa. Proferida a sentença de procedência e não havendo recurso, há o trânsito em julgado da decisão e a formação do título. A partir de então, Marcos terá três anos para executar a quantia certa prevista naquele, de maneira que não cabe a Pedro impugnar o cumprimento em face da prescrição condenatória não debatida na fase de conhecimento. Contudo, caso Marcos deixe de executar a condenação em três anos, haverá, então, a prescrição da pretensão executiva, a qual não se confunde com a condenatória.

4. Conclusão.

Percebe-se que a prescrição referida no Enunciado em apreço corresponde a uma prescrição de segunda fase que toca a pretensão executiva e não a condenatória, com efeitos tanto para o exequente como para o executado.

---

584. Sobre os critérios científicos para estudo da prescrição, pelo relevo acadêmico, indica-se o escrito de Agnelo Amorim Filho: "Critério científico para distinguir a prescrição da decadência e para identificar as ações imprescritíveis". *Revista de Direito Processual Civil*. São Paulo, v. 3. p. 95-132, jan./jun. 1961.
585. Nesse sentido: ASSIS, Araken de. *Cumprimento de sentença*. Rio de Janeiro: Forense, 2006. p. 329.
586. Art. 206. Prescreve: (...) § 3º Em três anos: I – a pretensão relativa a aluguéis de prédios urbanos ou rústicos.

▶ **NCPC. Art. 525. § 1º** Na impugnação, o executado poderá alegar: VII – qualquer causa modificativa ou extintiva da obrigação, como pagamento, novação, compensação, transação ou prescrição, desde que supervenientes à sentença. ▶ **Art. 535.** A Fazenda Pública será intimada na pessoa de seu representante judicial, por carga, remessa ou meio eletrônico, para, querendo, no prazo de 30 (trinta) dias e nos próprios autos, impugnar a execução, podendo arguir: VI – qualquer causa modificativa ou extintiva da obrigação, como pagamento, novação, compensação, transação ou prescrição, desde que supervenientes ao trânsito em julgado da sentença.

Enunciado 58. As decisões de inconstitucionalidade a que se referem os art. 525, §§ 12 e 13 e art. 535 §§ 5º e 6º devem ser proferidas pelo plenário do STF.

● *Grupo: Sentença, Coisa Julgada e Ação Rescisória.* ● *Referências: art. 525, §§ 12 e 13, e 535, §§ 5º e 6º.*

▶ ***José Humberto Pereira Muniz Filho e Jaldemiro Rodrigues de Ataíde Jr.***

1. Disposições Gerais.

Os art. 525, §§ 12 e 13, e 535, §§ 5º e 6º, do CPC seguem as premissas observadas no § 1º do artigo 475-L do CPC/73, no intuito de estabelecer a inconstitucionalidade declarada sem modulação de efeitos pelo Plenário do STF como causa de inexigibilidade superveniente do título judicial. Logo, a declaração de inconstitucionalidade dá azo ao executado apresentar, na sua impugnação ao cumprimento (provisório ou definitivo), o entendimento firmado pelo STF em sede controle de controle de constitucionalidade, seja em controle concreto (e.g., exame de constitucionalidade promovido em recurso extraordinário julgado por decisão plenária) ou abstrato (e.g., julgamento de ADI, ADC ou ADPF).

Neste caso, a declaração de inconstitucionalidade (=nulidade) da lei ou do ato que fundamentou a sentença obsta a eficácia executiva do título, dado o efeito vinculante do julgamento que analisou a estabilidade constitucional da norma. Tal como assinalado por um desses autores em outro escrito[587], o escopo do efeito vinculante do julgamento da questão constitucional é assegurar a coerência e previsibilidade da ordem jurídica, i.e., a segurança jurídica. Ainda que o juiz da fase de cumprimento seja competente para analisar a questão constitucional (ou melhor, ainda que presente seu poder-dever), a alteração gerada pelo STF no parâmetro constitucional da decisão prejudica a executividade desta.

Desta feita, cumpre destacar que o Enunciado apresenta três vertentes.

A primeira diz respeito aos casos em que a declaração de inconstitucionalidade da lei ou ato se contrapõe a aquilo que foi tido como constitucional no título judicial. Ilustra-se: decisão do STF pode ter sido em: ADI procedente; ADC improcedente; ADPF, que considerou não recepcionado dispositivo de lei anterior à Constituição e, RE, decidido no Plenário, onde fora reconhecida a inconstitucionalidade de lei. Tais

587. ATAÍDE JR., Jaldemiro R. "A impugnação ao título judicial pautado em fundamento inconstitucional como parte de um sistema de precedentes". *In*: DIDIER JR, Fredie. *et al. Execução e cautelar: estudos em homenagem a José de Moura Rocha.* Salvador: Juspodivm, 2012.

modalidades exigem a aplicação do artigo 97 da Constituição Federal e da Súmula Vinculante nº 10, os quais estabelecem a cláusula de reserva de plenário para as decisões em controle de constitucionalidade, seja em caráter concentrado ou difuso.

A segunda situação refere-se aos casos em que o STF reconhece constitucional lei ou ato declarado como inconstitucional na decisão exequenda. Exemplo: ADI é julgada improcedente; há uma ADC procedente; um ADPF considera recepcionado dispositivo de lei anterior à Constituição e, RE, decidido no Plenário, onde fora reconhecida a constitucionalidade de lei. Nesses casos, o atestado de constitucionalidade da lei ou do ato, em regra, produz efeitos *ex tunc*, haja vista a presunção de constitucionalidade daqueles elementos.

Por último, a impugnação, o Enunciado e os art. 525, §§ 12 e 13 e art. 535 §§ 5º e 6º, NCPC, guardam o lugar do título judicial que se fundou em interpretação vedada em decisão do STF de declaração de nulidade parcial sem redução de texto ou de interpretação conforme a Constituição, em sede de controle concentrado ou difuso; de modo que, nesse caso, também, haverá prejuízo da executividade do título que poderá ser alegada na impugnação, caso o julgamento da constitucionalidade tenha ocorrido antes do trânsito em julgado.

Em suma, aduz-se que todas as decisões "definitivas" do STF sobre (in) constitucionalidade de lei com eficácia *erga omnes* e efeito vinculante podem ensejar a aplicação dos art. 525, §§ 12 e 13 e art. 535 §§ 5º e 6º, NCPC.

2. Contornos da inconstitucionalidade como matéria de defesa na impugnação.

Como bem assinalado por Araken de Assis (idem, p. 329), ainda em estudo sobre o cumprimento de sentença no CPC/73, a hipótese de o executado obstaculizar aquela etapa com base em lei ou ato normativo declarado inconstitucional pelo STF foi posta ao direito brasileiro por Gilmar Mendes, tendo por parâmetro o direito alemão. A partir de então, formulou-se o artigo 741 do CPC/73, que adiante reproduziu-se no § 1º do 475-L, também do diploma passado. Pontua-se que o STF está em vistas de declarar a constitucionalidade dos art. 741 e 475-L, § 1º, CPC/73, bem como os preceitos correspondentes no NCPC (art. 525, § 1º, III e §§ 12 e 14 e o artigo 535, § 5º)[588].

O descompasso do ato ou da lei, que fundamentou o título executivo (i.e., a decisão), com a ordem constitucional vigente retira a eficácia executiva da decisão e sua indiscutibilidade. Com efeito, quando o plenário do STF se pronunciar pela inconstitucionalidade do dispositivo ou pela constitucionalidade, nos casos em que o título judicial considerou aquele como inconstitucional, prejudicar-se-á o cumprimento. Destarte, todas as técnicas de exame em controle concentrado ou difuso (e.g., interpretação conforme a constituição, declaração de inconstitucionalidade parcial com redução do texto, etc.) podem instrumentalizar a impugnação que tenha por objeto o reconhecimento da inconstitucionalidade.

---

588. Em que pese o entendimento majoritário ter sido firmado na Corte, o julgamento encontra-se sobrestado por um pedido de vista do Min. Ricardo Lewandowski. RE 611503, Rel. Min. Teori Zavascki, 1º.6.2016.

No entanto, destaca-se que não é possível que a decisão em medida liminar em controle concentrado tenha força de ensejar a apresentação de impugnação fundamentada nos art. 525, §§ 12 e 13, e 535, §§ 5º e 6º, CPC. Primeiro, a medida liminar só apresenta efeito *ex nunc*[589]. Segundo, em medida liminar, não há declaração da Corte sobre a (in) constitucionalidade, mas um juízo precário que cassa a vigência da lei ou do ato contestado frente a urgência e relevância da matéria.

Ademais, como defendido em momento anterior[590], não é necessário que o fundamento viciado do título judicial seja tal, que sua desconsideração modifique totalmente o sinal da sentença, de procedente, para improcedente. Pode ser que o fundamento viciado da sentença tenha relevância para apenas um determinado capítulo de mérito da sentença (danos morais, p. ex.).

3. Efeito impeditivo da impugnação provocado pela inexigibilidade: distinção necessária e alguns apontamentos.

Apesar da brevidade do Enunciado em comento, não se deve confundir o efeito impeditivo provocado pela impugnação, que tem como objeto a declaração ulterior de (in)constitucionalidade, com os efeitos e desdobramentos da ação rescisória. A impugnação prejudica a pretensão executiva. A rescisão/desfazimento do julgado só será possível com eventual ação rescisória ajuizada com base nos artigos 525, § 15; 535, § 8º ou 966, V do CPC. Nas hipóteses contempladas no Enunciado, a impugnação não objetiva desconstituir ou rescindir a decisão, obsta-se apenas a sua eficácia. Por exemplo, não cabe ao executado, na via de impugnação por declaração de inconstitucionalidade, requerer a restituição daquilo que já foi pago ou entregue ao exequente; neste escopo, tamanha pretensão só poderia ser satisfeita em uma eventual ação rescisória. Ainda que haja uma declaração de inconstitucionalidade, há uma restrição procedimental que delimita seus desdobramentos.

A decisão que formou o título é válida, mas tem seu plano de eficácia bloqueado, ou melhor, ainda não houve produção integral de efeitos, pois a impugnação se encontra na etapa de cumprimento. A impugnação apenas apresenta uma causa de inexigibilidade da obrigação. A inexigibilidade da obrigação pela declaração de inconstitucionalidade prejudica o poder de exigir do exequente, isto é, ataca-se uma parcela do direito subjetivo deste. Nestes casos, não se está rescindindo a sentença ou decretando-se a sua invalidade. "Pelo contrário, a sentença permanece incólume. Apenas uma de suas eficácias, que não está coberta pelo manto da coisa julgada (= a eficácia executiva), será, na linguagem ponteana, mutilada"[591].

---

589. De igual modo: ASSIS, Araken. ob. cit., p. 331.

590. ATAÍDE JR., Jaldemiro R. A impugnação ao título judicial pautado em fundamento inconstitucional como parte de um sistema de precedentes (...)

591. Cf.: SILVA, Beclaute Oliveira. "Coisa julgada baseada em lei inconstitucional (?) Análise sob o prisma da teoria das cargas de eficácia da sentença em Pontes de Miranda". *In*: COSTA, Eduardo J. F.; MOURÃO, Luiz Eduardo R.; NOGUEIRA, Pedro Henrique. *Teoria quinária da ação*. Salvador: Juspodivm, 2010. p. 72-77.

Já na ação rescisória destroem-se os efeitos produzidos, em face da eficácia *ex tunc* de tal remédio[592]". A rescindibilidade nada tem com a não existência (portanto com a declarabilidade de não existência), nem com a não eficácia (portanto com a declarabilidade de não eficácia)"[593]. Ainda, observa-se que, na situação trabalhada no Enunciado, a inconstitucionalidade deve ter sido reconhecida antes do trânsito em julgado, conforme dispõe o § 14 do artigo 525 e § 7º do artigo 535, CPC. A bem da verdade, a inconstitucionalidade pode ser compreendida em duas hipóteses que contém três situações. A primeira hipótese diz respeito a decisão do STF ser proferida antes do trânsito em julgado; nesta, o executado pode apresentar sua impugnação com base nos artigos 525, § 12 e 535, § 5º, CPC. Ainda na primeira hipótese, pode o executado propor ação rescisória com base no artigo 966, V, CPC, buscando os efeitos rescisórios à decisão, sob fundamento da violação à norma jurídica, sendo o prazo iniciado com o trânsito em julgado da última decisão proferida no processo.

No caso daquela ação rescisória, há um defeito congênito que gera a rescindibilidade da decisão[594]. Por seu turno, a segunda hipótese refere-se ao reconhecimento da inconstitucionalidade após o trânsito em julgado; nesses casos, vislumbrar-se-á o ajuizamento da ação rescisória com base nos art. 525, § 15 / 535, § 8º, CPC, agora, o prazo de dois anos para propositura de tal ação será iniciado com o trânsito em julgado da decisão do STF. Assim sendo, os efeitos da impugnação que visa declarar a ineficácia da decisão, como os exemplos traçados no Enunciado, são distintos da hipótese de ação rescisória de coisa inconstitucional destacada no § 14 do artigo 525, no § 8º do artigo 525, ou no artigo 966, V, CPC. Enfim, caso a decisão de inconstitucionalidade seja posterior ao trânsito em julgado e não haja modulação dos efeitos será hipótese de ação rescisória, pois a busca pelo desfazimento da decisão ou pela rescisão do julgado só será possível com a rescisória.

Cumpre sinalar que o objeto da declaração inconstitucionalidade tem que ser essencial ao caso concreto em que se apresenta a impugnação, de modo que deve ficar demonstrado que a decisão exequenda teria resultado diverso, caso a lei ou o ato fosse (m) inconstitucional (ais) à época da prolação; de tal maneira, em sentido inverso, pode o exequente demonstrar que, ainda que a decisão observasse o entendimento do STF, o resultado seria o mesmo, ou seja, de todo modo, haveria a condenação. Por último, insta registrar que os art. 525, § 12 / 535, § 5º, CPC, superaram a divergência doutrinária que entendia apenas pela relevância da inconstitucionalidade marcada em controle concentrado[595]. Agora, o CPC aproxima-se dos fenômenos chamados de abstrativação do controle de constitucionalidade ou objetivação do controle difuso, os quais são observados na Constituição de 88 e almejam a construção de uma decisão *ultra partes* e paradigmática no controle difuso – como instrumentos dessa tendência

---

592. De igual modo: MIRANDA, Francisco Cavalcanti Pontes de. *Tratado da ação rescisória*. 3. ed. Rio de Janeiro: Borsoi, 1957. p. 252.
593. *Ibidem*, p. 259.
594. De igual modo: CUNHA, Leonardo C. *A Fazenda Pública em juízo*. 13. ed. Rio de Janeiro: Forense, 2016. p. 344.
595. Vide ASSIS, Araken. OB CIT., p. 331.

pode-se citar a possibilidade de modulação dos efeitos temporais da decisão, a figura do *amicus curiae* como terceiro interveniente para ampliação do debate, a edição das súmulas vinculantes motivadas por decisões em controle difuso, etc. Assim, tanto a decisão em controle concentrado, como em controle difuso, são causas de impugnação por declaração de inconstitucionalidade.

4. Eficácia do Enunciado às sentenças declaratórias e constitutivas. Ao contrário das sentenças condenatórias, as duas espécies de sentenças colocadas neste tópico produzem uma eficácia direta-imediata, quando da sua prolação. Nessas circunstâncias, uma sentença declaratória ou constitutiva exaure seu plano de eficácia desde logo, ao passo que as sentenças condenatórias demandam a fase de cumprimento para satisfação. Assim, em um nível pragmático, torna-se dificultoso imaginar uma impugnação que veicule eventual alteração no parâmetro de (in)constitucionalidade de uma sentença constitutiva ou declaratória.

5. Conclusões. Em face do que foi colocado, constata-se que o Enunciado aborda a perda da exigibilidade do título executivo judicial ou apenas de alguns de seus capítulos, quando do reconhecimento de (in)constitucionalidade de lei ou ato que o embasou, tendo em vista a apreciação do STF. Reitera-se que o Enunciado não se refere apenas ao julgamento da inconstitucionalidade da lei ou ato, mas sim a toda decisão definitiva do Supremo que aprecie/altere o parâmetro que consolidou o título judicial. Ainda, vale destacar que a impugnação, que veicula a alteração no parâmetro constitucional da decisão, apesar de prejudicar a executividade do título no cumprimento, não possui natureza de ação rescisória.

► **NCPC. Art. 525. § 12.** Para efeito do disposto no inciso III do § 1º deste artigo, considera-se também inexigível a obrigação reconhecida em título executivo judicial fundado em lei ou ato normativo considerado inconstitucional pelo Supremo Tribunal Federal, ou fundado em aplicação ou interpretação da lei ou do ato normativo tido pelo Supremo Tribunal Federal como incompatível com a Constituição Federal, em controle de constitucionalidade concentrado ou difuso. **§ 13.** No caso do § 12, os efeitos da decisão do Supremo Tribunal Federal poderão ser modulados no tempo, em atenção à segurança jurídica. ► **Art. 535. § 5º** Para efeito do disposto no inciso III do caput deste artigo, considera-se também inexigível a obrigação reconhecida em título executivo judicial fundado em lei ou ato normativo considerado inconstitucional pelo Supremo Tribunal Federal, ou fundado em aplicação ou interpretação da lei ou do ato normativo tido pelo Supremo Tribunal Federal como incompatível com a Constituição Federal, em controle de constitucionalidade concentrado ou difuso. **§ 6º** No caso do § 5º, os efeitos da decisão do Supremo Tribunal Federal poderão ser modulados no tempo, de modo a favorecer a segurança jurídica.

Enunciado 176. Compete exclusivamente ao Supremo Tribunal Federal modular os efeitos da decisão prevista no § 13 do art. 525.

● *Grupo: Execução.* ● *Referências: art. 525, § 13.*

► ***José Humberto Pereira Muniz Filho e Jaldemiro Rodrigues de Ataíde Jr.***

1. Como observado nos comentários ao Enunciado anterior, o STF pode modular os efeitos da decisão de (in) constitucionalidade. Caso ocorra essa modulação, a apresentação de impugnação, que tenha por objeto aquela declaração de

inconstitucionalidade, restará prejudicada, pois, em tal circunstância, a declaração terá apenas efeito *ex nunc* ou prospectivo (i.e., a partir de uma data decidida no julgamento), ao contrário das hipóteses estabelecidas nos comentários ao Enunciado 58, as quais partiam do efeito *ex tunc* da decisão.

2. Assim sendo, o Enunciado em tela tem o fim de ressaltar o óbvio: a modulação dos efeitos temporais da declaração de inconstitucionalidade compete exclusivamente ao STF. Ora, a competência para modulação temporal dos efeitos pressupõe a competência para apreciação da (in)constitucionalidade. Por assim ser, não é possível outro órgão operar a referida modulação, caso contrário haveria uma invasão na competência absoluta do STF. Para não parecer tão cético, o Enunciado pode ser útil à eventual dúvida sobre a competência para modulação dos efeitos em controle difuso. No entanto, essa questão fortuita é superficial e facilmente solucionada, pois o § 12 do artigo 525, do CPC, prevê expressamente que somente as declarações de inconstitucionalidades em controle difuso proferidas pelo próprio STF são úteis à impugnação por inexigibilidade da obrigação em virtude de inconstitucionalidade da lei ou ato normativo. De igual modo, o expediente é resolvido pela competência absoluta do STF para o exame da inconstitucionalidade que ensejará a impugnação.

3. Outrossim, vale assinalar a reflexão colocada por Luiz Guilherme Marinoni, Sérgio Cruz Arenhart e Daniel Mitidiero.[596] A seu turno, relacionando a hipótese da impugnação que tenha como base a declaração de inconstitucionalidade (vide comentários ao Enunciado 58), os autores destacam que há uma contradição na afirmação de que a impugnação só pode invocar decisão de inconstitucionalidade anterior ao trânsito em julgado e declarar que o Supremo Tribunal Federal pode dar efeitos prospectivos à decisão de inconstitucionalidade para essa não retroagir sobre a coisa julgada. Com efeito, os professores sulistas marcam que a modulação de efeitos, prevista no § 13 do artigo 525, só teria algum sentido se a decisão de inconstitucionalidade gerasse, por mera consequência, a invalidade das decisões que se fundaram na lei declarada inconstitucional. Com estima e acato aos referidos processualistas, a contradição apresentada é superada pelo entendimento de que, nos casos em que ocorra modulação dos efeitos e estes sejam prospectivos, a exigibilidade do crédito e a eficácia executiva da decisão impugnada não restarão prejudicadas. Porquanto, a decisão está fora do espectro eficacial da decisão do STF. Exemplifica-se: uma 'sentença A' transitou em julgado em 2012; em 2011 houve a declaração de inconstitucionalidade do ato normativo que fundamentava a decisão; contudo, no julgamento da inconstitucionalidade, ocorreu uma modulação prospectiva dos efeitos (i.e., a inconstitucionalidade só repercutirá a partir de 2014). Nessa situação hipotética, o trânsito em julgado da 'sentença A' e seus efeitos estão fora do corte temporal da inconstitucionalidade reconhecida pelo Supremo, de modo que não há prejuízo na exigibilidade da decisão inserida no corte temporal da modulação.

Outra hipótese diz respeito ao caso em que uma sentença reputa inconstitucional lei declarada constitucional posteriormente pelo STF. A grosso modo, essa situação

---

596. *Novo curso de processo civil. vol.* 2. São Paulo: RT, 2015. p. 947.

fática deverá ser regulada pelos parâmetros colocados no Enunciado 58. Acontece que o reconhecimento da constitucionalidade pode ser originado pela improcedência de uma Ação Direta de Inconstitucionalidade; pela procedência de uma Ação Declaratória de Constitucionalidade; pela recepção, em ADPF, de dispositivo de lei anterior à Constituição; pelo julgamento de RE decidido no Plenário, onde fora reconhecida a constitucionalidade de lei. Em tais casos, a norma outrora contestada, que serviu de fundamento ou base interpretativa ao título judicial, possui uma presunção de constitucionalidade. Isso faz com que a modulação dos efeitos reste prejudicada, uma vez que, pressupondo a inexistência de medida cautelar no processo constitucional levado a cabo, a norma base será reconhecida como constitucional e essa declaração atesta o pressuposto de que a norma sempre foi constitucional, o que leva a perder sentido a modulação nessa hipótese.

Ademais, tal como observado nos comentários ao Enunciado nº 58, competirá também ao Supremo a modulação dos efeitos nos casos em que ocorra *declaração de nulidade parcial sem redução de texto* ou de *interpretação conforme a Constituição*, em sede de controle concentrado ou difuso. Como salientado anteriormente, essas modalidades, apesar de colocadas na parte final dos seus respectivos dispositivos legais e representarem uma menor parcela dos casos, similarmente à decretação de inconstitucionalidade comum, devem ter seus efeitos, quando necessários, modulados pelo próprio Supremo.

4. Por fim, conclui-se que somente o STF pode modular os efeitos da decisão que declara a inconstitucionalidade da lei ou do ato normativo que fundamentou a decisão eventualmente impugnada; ainda, compete exclusivamente ao STF delimitar o campo temporal da declaração de inconstitucionalidade, para fins de apresentação de impugnação ao cumprimento de sentença com base nessa matéria.

▶ **NCPC. Art. 525. § 13.** No caso do § 12, os efeitos da decisão do Supremo Tribunal Federal poderão ser modulados no tempo, em atenção à segurança jurídica.

Enunciado 530. Após a entrada em vigor do CPC/2015, o juiz deve intimar o executado para apresentar impugnação ao cumprimento de sentença, em quinze dias, ainda que sem depósito, penhora ou caução, caso tenha transcorrido o prazo para cumprimento espontâneo da obrigação na vigência do CPC/73 e não tenha àquele tempo garantido o juízo.

● *Grupo: Direito Intertemporal.* ● *Referências: art. 525.*

▸ ***José Humberto Pereira Muniz Filho e Jaldemiro Rodrigues de Ataíde Jr.***

1. Disposições gerais.

O conteúdo aqui abordado aproxima-se dos comentários ao Enunciado 528. Assim como aquele, o Enunciado parte de uma regra de direito intertemporal à propositura da impugnação ao cumprimento de sentença. Preliminarmente, vale relembrar que, agora, a impugnação dispensa a garantia em juízo para sua apresentação. Assim, diante da remissão do artigo 520 ao art. 523, CPC, percebe-se que o início do prazo para apresentação da impugnação ao cumprimento (provisório ou definitivo) da obrigação de pagar quantia certa dar-se-á com o *transcurso do prazo inicial para pagamento* – i.e., após o decurso dos quinze dias que tem o executado para, quando intimado, satisfazer "voluntariamente" a obrigação de pagar quantia certa, conforme alude o artigo 523 do CPC.

Observe que há duas etapas. Primeiro, ocorre a intimação para satisfação do cumprimento, para só então iniciar o prazo para impugnação. Constata-se que o prazo para impugnação, mesmo no cumprimento provisório, prescinde nova intimação. Portanto, transcorrido o prazo para pagamento, inicia-se *automaticamente* o prazo para impugnação (vide o parágrafo 1º do artigo 520 c/c o *caput do artigo* 525) – de igual modo há a incidência da multa e dos honorários previstos no § 1º do art. 523, CPC, como colocado anteriormente.

2. Objetivo.

O Enunciado em apreço busca demonstrar o dever que tem o juiz de intimar o executado para apresentação da impugnação ao cumprimento de sentença, ainda que não garantido o juízo em quinze dias. A inexistência daquela *automaticidade* ao início do prazo para impugnação ao cumprimento no CPC/73 (= decorrido o prazo para cumprimento voluntário inicia-se o prazo para impugnação) faz com a intimação seja obrigatória, como coloca o Enunciado, pois o novo Código alterou as regras de apresentação da impugnação, e por esta ainda estar pendente, aplicam-se as novas disposições sem restrições. O NCPC adota a regra do *sistema de isolamento dos atos processuais*. Segundo esta, a nova lei processual não prejudica os atos já praticados, mas é aplicável aos atos pendentes (vide os comentários aos Enunciados sobre direito intertemporal, os comentários ao Enunciado 528 e os arts. 14 e 1.046, CPC). Destarte, para solução de eventuais problemas de direito intertemporal, a regra do isolamento dos atos processuais impõe a identificação do *momento* em que surge o ato sobre qual se analisará os desdobramentos.

Como já colocado em outra oportunidade, o momento processual que delimita a aplicação das novas regras no cumprimento de sentença é a intimação ou ciência da parte executada sobre a propositura do cumprimento, ainda que este tenha se iniciado sob a égide do CPC/73. Assim, se o executado for intimado para apresentação de impugnação somente na vigência do NCPC, ainda que o cumprimento de sentença tenha iniciado na vigência do CPC/73, as implicações processuais e materiais são delineadas pelo novo Código (*e.g.*, a desnecessidade da garantia do juízo para apresentação da impugnação). Equivalentemente, caso a execução estivesse garantida na vigência do CPC/73 seria irrefutável a ciência do executado sob a ordem antiga; dessa forma, os meios de impugnação ao cumprimento e os seus desdobramentos legais seriam balizados pelo CPC/73 e não pelo novo diploma, eis que o ato processual que cientificou o executado da fase de cumprimento (= a garantia do juízo) deu-se no regramento antigo.

Ao fim e ao cabo, a proposição em comento ratifica o direito de o executado impugnar o cumprimento de sentença sem garantia do juízo, porquanto, conforme a redação do anterior § 1º do artigo 475-J do CPC/73, a impugnação só seria apresentada quando houvesse a avaliação e penhora (i.e., a garantia do juízo). Para isso, o

Enunciado delimita dois pressupostos: (i) o decurso do prazo para cumprimento espontâneo da obrigação na vigência do CPC/73; (ii) e que, de igual modo, o juízo não tenha sido garantido na vigência do CPC/73. Esses cortes provocados pelo Enunciado seguem o raciocínio já esboçado acima.

3. Conclusão.

Diante do que foi colocado, nota-se que (i) transcorrido o prazo para cumprimento espontâneo da obrigação (= 15 dias) e (ii) não havendo garantia do juízo, o magistrado deverá intimar o executado que terá o direito de impugnar o cumprimento de sentença nos moldes do NCPC. No entanto, adverte-se que, tal como assinalado nos comentários ao Enunciado 528, o inadimplemento no prazo para cumprimento espontâneo atrai a aplicação de multa e honorários no valor de 10% (cada) sobre a quantia executada.

> **NCPC. Art. 525.** Transcorrido o prazo previsto no art. 523 sem o pagamento voluntário, inicia-se o prazo de 15 (quinze) dias para que o executado, independentemente de penhora ou nova intimação, apresente, nos próprios autos, sua impugnação.

Enunciado 531. É possível, presentes os pressupostos do § 6º do art. 525, a concessão de efeito suspensivo à simples petição em que se alega fato superveniente ao término do prazo de oferecimento da impugnação ao cumprimento de sentença.

● *Grupo: Cumprimento de sentença.* ● *Referências: art. 525, §§ 6º e 11.*

José Humberto Pereira Muniz Filho e Jaldemiro Rodrigues de Ataíde Jr.

1. Como regra, a impugnação ao cumprimento de sentença não possui efeito suspensivo. No entanto, o parágrafo 6º do artigo 525, CPC, estabelece a possibilidade de concessão de tal efeito desde sejam preenchidos alguns requisitos: (i) requerimento do executado nesse sentido, (ii) garantia do juízo através de penhora, caução ou depósito suficientes, (iii) relevância dos fundamentos apresentados e (iv) impossibilidade da criação de grave dano de difícil ou incerta reparação ao executado. A partir da análise desses requisitos, verifica-se que a atribuição do efeito suspensivo ao cumprimento não é automático, frente a garantia do juízo; além de que para a concessão daquele efeito, o juízo deve ser garantido integralmente, ao contrário dos embargos à execução que dispensam a integralidade da garantia e, dependendo do caso, dispõem do deferimento de uma tutela de urgência para concessão de tal efeito (sobre a garantia do juízo, merece destaque a exceção feita pelo STJ quando dispensou aquela exigência para atribuição de efeito suspensivo no caso de pessoa carente que demonstrou a desvantagem dos seus direitos fundamentais à exigência legal-econômica: REsp 7410/MT*)*. Outrossim, assinala-se que a exigência da relevância dos fundamentos do executado coloca-se em virtude da preferência e presunção de certeza que o sistema processual atribui à decisão executada na fase de cumprimento. Dessa maneira, a cadeia argumentativa apresentada pelo executado deve se ater atenciosamente às particularidades do caso concreto, bem como a decisão que acolhe tamanha pretensão, sob pena desta ser contestada por agravo de instrumento interposto com base no parágrafo único do artigo 1.015, CPC. No que se refere ao "grave dano de difícil ou

incerta reparação", a simples alienação do bem dado em garantia não configura esse requisito. Logo, o executado deve pormenorizar os prejuízos da eventual alienação e da continuidade dos atos expropriatórios.

2. Em suma, ao alocar a faculdade de concessão do efeito suspensivo originário da impugnação ao § 11 do artigo 525, CPC, o Enunciado acima contempla mais um instrumento de defesa do executado ao cumprimento de sentença: uma simples petição que demonstre o advento de fato superveniente naquela etapa. Essa nova possibilidade atribui à simples petição prevista no § 11 do artigo 525, CPC – aquela apresentada na etapa de cumprimento de sentença após o decurso do prazo de quinze dias da impugnação – a possibilidade de obtenção de efeito suspensivo à prática dos atos executivos, inclusive os de expropriação. Aqui, podemos estabelecer até um paralelismo: assim como as alegações de fato superveniente previstas no artigo 342, I, CPC, estão para o réu no processo de conhecimento, as questões supervenientes estão para o executado na etapa de cumprimento de sentença, conforme expõe o § 11 do artigo 525, CPC.

3. Cumpre destacar que a natureza do fato superveniente disposto no § 11 do artigo 525, CPC, não se confunde com as hipóteses de causas supervenientes previstas no inciso VII do § 1º do artigo 525, CPC. Estas últimas são causa que levam à extinção do cumprimento (*e.g.*, prescrição da pretensão executiva, transação, novação, compensação), enquanto que aquele fato influi – tão somente – na robusteza da matéria de defesa do executado que visa a obtenção de efeito suspensivo ao cumprimento de sentença e a seus atos expropriatórios. Como exemplo desse fato superveniente, tem-se a hipótese da penhora realizada pelo oficial após a apresentação da impugnação; neste caso, segundo o Enunciado em estudo, o executado poderá protocolar uma petição com fundamento no artigo 525, § 11, CPC, para obtenção do efeito suspensivo ao cumprimento e aos eventuais atos expropriatórios. No exemplo colocado, os requisitos para atribuição do efeito suspensivo ficam preenchidos: (i) o executado apresentou a petição requerendo a concessão de tal efeito, (ii) o juízo foi garantido pela penhora tardia, (iii) presume-se que os fundamentos apresentados foram relevantes e (iv) a alienação do bem dado em garantia pode trazer grave dano de difícil ou incerta reparação ao executado. Com tratamento semelhante, cumpre notar ainda que os fatos ocorridos antes do decurso do prazo para impugnação, mas só conhecidos após este também devem ser qualificados como fatos novos e, assim, ensejarem a apresentação da referida petição.

4. Tal como ocorre com a impugnação, em decorrência da atribuição do efeito suspensivo pela simples petição já comentada, vale advertir que nos parece possível ao exequente requerer o prosseguimento da execução, mediante caução suficiente e idônea arbitrada pelo juiz e prestada nos próprios autos. Por consequência, a atribuição de efeito suspensivo via § 11 é compatível com o § 10, todos do artigo 525 do CPC. Neste ponto, temos um desdobramento implícito que não foi colocado no Enunciado, mas que é merecedor de reflexão.

5. Os caracteres de superveniência e a limitação cognitiva aproximam a petição do § 11 do artigo 525 da conhecida e reiterada peça de exceção de pré-executividade.

Ainda que próximas, elementos teóricos e práticos as diferenciam facilmente. O primeiro aspecto prático que as distingue diz respeito às matérias que podem ser por si alegadas. O estágio atual da exceção de pré-executividade lhe confere toda e qualquer matéria jurídica ou fática apreciável *simpliciter et de plano*, de modo que a petição da "exceção de pré-executividade" tende a assemelhar-se cada vez mais à petição inicial de um mandado de segurança.[597] São exemplos de matérias sujeitas à exceção de pré-executividade: a incompetência absoluta, a ilegitimidade das partes, o impedimento do magistrado na execução. Já a petição do § 11 do artigo 525, CPC, é apta a uma maior abertura cognitiva. Imagine-se que o executado possua dois imóveis e que em um desses é averbada cláusula de impenhorabilidade, porém a penhora é feita justamente sobre o bem revestido por tal cláusula; em razão disso, o executado poderá propor essa petição alegando a invalidade da penhora.

Observe-se que a exceção de pré-executividade se prende com maior ênfase às matérias de direito, enquanto que a petição em análise volta-se ao conteúdo fático. Outro ponto que distancia a exceção de pré-executividade e a petição de demonstração de fatos supervenientes toca a questão do prazo para apresentação. Por seu turno, a exceção de pré-executividade não demanda prazo para apresentação, logo, pode ser oposta a qualquer tempo. Todavia, o § 11 do artigo 525, CPC, prevê expressamente o prazo de 15 (quinzes) dias para formulação da arguição, contado da comprovação da ciência do fato ou da intimação do ato que enseje conhecimento daquele. Agora, topograficamente, insta assinalar que a exceção de pré-executividade foi construída para o processo típico de execução. Prova disso, todos os antecedentes legislativos no direito brasileiro a trataram como mecanismo de defesa do executado sem garantia do juízo: artigos 10 e 31 do Decreto Imperial no 9.885/1888; Decreto Federal nº 8.484, de 11.10.1890; art. 1º do Decreto 5.225, de 31.12.1932, do Rio Grande do Sul. Noutro campo, encontra-se a petição do § 11 do artigo 525, CPC. Restritivamente, anota-se que esta só é possível na fase de cumprimento de sentença que reconheça obrigação de pagar quantia certa, à medida que a exceção de pré-executividade pode se adequar à todas as modalidades de cumprimento de sentença, tal como ao processo executivo. Em que pese o relevo dos argumentos exposto, há parcela da doutrina que entende pelo fim do espaço da exceção de pré-executividade.[598]

6. Por tudo o que foi analisado, percebe-se o intento do Enunciado é registrar a oportunidade do executado obter efeito suspensivo ao cumprimento e aos seus atos expropriatórios através da alegação de fato superveniente por meio da petição prevista no § 11 do artigo 525, CPC, desde que esteja o juízo garantido, haja relevância dos fundamentos apresentados e ocorra grave dano de difícil ou incerta reparação ao executado.

---

597. Nesse sentido: COSTA, Eduardo J. F. "Uma arqueologia das ciências dogmáticas do processo". *In*: DIDIER Jr., Fredie. *Teoria do Processo*. vol. 2. Salvador: Juspodivm, 2010. p. 235.

598. Ver: MARINONI, Luiz G.; ARENHART, Sérgio Cruz; MITIDIERO, Daniel. *Novo curso de processo civil*. v. 2. São Paulo: RT, 2015. p. 961.

▶ **NCPC. Art. 525. § 6º** A apresentação de impugnação não impede a prática dos atos executivos, inclusive os de expropriação, podendo o juiz, a requerimento do executado e desde que garantido o juízo com penhora, caução ou depósito suficientes, atribuir-lhe efeito suspensivo, se seus fundamentos forem relevantes e se o prosseguimento da execução for manifestamente suscetível de causar ao executado grave dano de difícil ou incerta reparação. (...). **§ 11.** As questões relativas a fato superveniente ao término do prazo para apresentação da impugnação, assim como aquelas relativas à validade e à adequação da penhora, da avaliação e dos atos executivos subsequentes, podem ser arguidas por simples petição, tendo o executado, em qualquer dos casos, o prazo de 15 (quinze) dias para formular esta arguição, contado da comprovada ciência do fato ou da intimação do ato.

Enunciado 545. Aplicam-se à impugnação ao cumprimento de sentença, no que couber, as hipóteses previstas nos incisos I e III do art. 918 e no seu parágrafo único.

● *Grupo: Cumprimento de sentença.* ● *Referências: arts. 525, 771, 774, par. ún. e 918, incs. e par. ún.*

▸ ***José Humberto Pereira Muniz Filho e Jaldemiro Rodrigues de Ataíde Jr.***

1. O artigo 918 do CPC estabelece as hipóteses de rejeição liminar dos embargos à execução. Para tanto, o dispositivo elege três situações: (i) a intempestividade daqueles; (ii) as hipóteses de indeferimento da inicial ou da improcedência liminar dos pedidos dos embargos, em consonância com os art. 330 a 332, CPC; ou (iii) quando aqueles forem manifestamente protelatórios. Ainda, o parágrafo único do artigo 918, CPC, equipara a propositura dos embargos manifestamente protelatórios à conduta atentatória à dignidade da justiça no processo executivo. A seu turno, essas condutas atentatórias são previstas no artigo 774 do CPC. A bem da verdade, o ponto de importância da equiparação proposta no parágrafo único do artigo 918, CPC, é possibilidade de aplicação, pelo juiz, de multa de até 20% sobre o valor atualizado do débito em execução, em face da prática da conduta tipificada.

2. Por sua vez, o Enunciado relaciona duas hipóteses de rejeição liminar dos embargos (as situações i e iii) com a impugnação ao cumprimento de sentença; ainda promove uma derivação do resultado daquela equiparação legal, que objetiva reprimir a propositura de embargos manifestamente protelatórios, também à impugnação. Isto é, quando a impugnação for manifestamente protelatória, o executado fica sujeito à aplicação de multa no valor de até 20% sobre a quantia atualizada do cumprimento. Registra-se que essa multa não se confunde com a multa por litigância de má-fé prevista no artigo 81, CPC. Esta última contempla a responsabilidade geral da parte ao dano processual causado ao adversário. Já a multa prevista no parágrafo único do artigo 774, CPC, trata de um ato atentatório específico, tanto que seu percentual é superior àquela primeira (= até 20% sobre o valor atualizado da quantia executada e não entre 1 e 10% do valor corrigido da causa).

3. Assim sendo, registra-se que a impugnação manifestamente protelatória será aquela que rompa com a boa-fé processual do executado. Nessas circunstâncias, a boa-fé representa um dever de conduta do executado (= boa-fé objetiva) para com a satisfação do crédito, bem como em relação ao magistrado na condução do cumprimento. Como parâmetros, identificam-se os incisos II e III do artigo 774, CPC, que preveem,

respectivamente, como ato atentatório, a hipótese do executado se opor maliciosamente à execução, empregando meios ardis e artificiosos; ou aquele vir a dificultar ou embaraçar a realização da penhora. Além disto, a impugnação pode ser caracterizada como manifestamente protelatória nas situações em que atente à duração razoável do processo ou aponte à obstrução dos atos executórios. Como exemplo, pode ser considera protelatória aquela impugnação em que o executado veicule matéria não prevista no § 1º do artigo 525, CPC. Neste aspecto, o Enunciado merece elogios, pois, ao longo desses comentários, percebeu-se que o regramento da impugnação ao cumprimento de sentença, sobretudo naqueles em que há o reconhecimento de obrigação de pagar quantia certa, aproxima-se dos embargos à execução. Logo, não faria sentido ter um instrumento tão válido e eficaz a serviço da repreensão a aqueles executados que faltam com a boa-fé no processo executivo, e não o utilizar na fase de cumprimento de sentença.

No quesito tempestividade, a equiparação proposta pelo Enunciado impõe ao magistrado rejeitar liminarmente a impugnação quando esta for apresentada após os quinze dias que dispõe o executado para veiculação, sendo aqueles contados do transcurso do prazo para cumprimento voluntário da obrigação. No entanto, na prática, a rejeição liminar por intempestividade aparenta perder sua consistência em face da petição que alegue fato superveniente (tema trabalhado no Enunciado 531; *vide* também o § 11 do artigo 525, CPC). À primeira vista, essa ponderação pode despertar confusão, mas é esclarecida ao imaginarmos o caso em que um executado perde o prazo para apresentação da impugnação, mas apresenta a petição em que alega fato superveniente. Caso o fato não seja conhecido em momento anterior ao prazo da impugnação não haverá problema a sua exposição através da petição prevista no § 11 do artigo 525, CPC. Vale perceber que este dispositivo não traz nenhuma vedação à manifestação dessa petição, quando do não ajuizamento da impugnação.

4. Decerto, seja por intempestividade ou por ser manifestamente protelatória, a rejeição da impugnação suscita a interposição de agravo de instrumento com fundamento no parágrafo único do artigo 1.015, CPC. Observa-se que em ambos os casos a rejeição é uma decisão interlocutória na etapa de cumprimento, logo o recurso cabível é o agravo de instrumento.

► **NCPC. Art. 525.** Transcorrido o prazo previsto no art. 523 sem o pagamento voluntário, inicia-se o prazo de 15 (quinze) dias para que o executado, independentemente de penhora ou nova intimação, apresente, nos próprios autos, sua impugnação. (...). ► **Art. 771.** Este Livro regula o procedimento da execução fundada em título extrajudicial, e suas disposições aplicam-se, também, no que couber, aos procedimentos especiais de execução, aos atos executivos realizados no procedimento de cumprimento de sentença, bem como aos efeitos de atos ou fatos processuais a que a lei atribuir força executiva. **Parágrafo único.** Aplicam-se subsidiariamente à execução as disposições do Livro I da Parte Especial. ► **Art. 774. Parágrafo único.** Nos casos previstos neste artigo, o juiz fixará multa em montante não superior a vinte por cento do valor atualizado do débito em execução, a qual será revertida em proveito do exequente, exigível nos próprios autos do processo, sem prejuízo de outras sanções de natureza processual ou material. ► **Art. 918.** O juiz rejeitará liminarmente os embargos: I – quando intempestivos; II – nos casos de indeferimento da petição inicial e de improcedência liminar do pedido; III – manifestamente protelatórios. **Parágrafo único.** Considera-se conduta atentatória à dignidade da justiça o oferecimento de embargos manifestamente protelatórios.

ENUNCIADO 697. A CAUÇÃO EXIGIDA EM SEDE DE CUMPRIMENTO PROVISÓRIO DE SENTENÇA PODE SER PRESTADA POR TERCEIRO, DEVENDO O JUIZ AFERIR A SUFICIÊNCIA E A IDONEIDADE DA GARANTIA.

● *Grupo: Cumprimento de sentença e execução.* ● *Referência: art. 520, IV.*

▸ *Maurício Ferreira Cunha*

É sabido que boa parte dos provimentos judiciais comporta insurgência através dos respectivos recursos, da mesma forma que, via de regra, produzirá efeitos ainda que na pendência de análise de tais meios de impugnação. Uma simples leitura do art. 995, que é excepcionado pelo art. 1.012, *caput*, responsável por apontar o efeito suspensivo automático da apelação (salvo nos casos do § 1º), ambos do CPC, possibilita que cheguemos a tal conclusão.

Neste sentido, caso a decisão proferida reconheça a exigibilidade de obrigação de pagar, de fazer ou de não fazer, ainda que o vencido tenha interposto recurso, desprovido de efeito suspensivo, poderá a parte vencedora dar início às atividades executivas, por sua conta e risco, fazendo-se cumprir, destarte o comando decisório encartado no título executivo judicial.

O legislador, em se tratando de tais situações, tenta compatibilizar duas exigências que se contrapõem, quais sejam, i) a necessidade de conferir concreta efetividade ao conteúdo das decisões em favor da parte vencedora; ii) o risco de a parte vencida obter uma reversão em grau recursal.

Pois bem. O art. 520, dando cabo ao que acima exposto, trata da disciplina do 'cumprimento provisório da sentença', isto é, da chamada 'execução provisória', então insculpida no art. 475-O do CPC/1973, sendo de fácil percepção, a propósito, que o legislador incorreu em idêntico equívoco conceitual, pois o que é provisório não é o 'cumprimento da sentença', mas, sim, o 'título executivo' que o fundamenta, mesmo porque dele ainda remanesce de análise, reitere-se, recurso interposto sem efeito suspensivo.

Por outro lado, importa destacar que os atos executivos aqui praticados, na verdade, nada têm de provisórios, constituindo-se em nítido adiantamento daqueles atos destinados à satisfação da parte credora, ainda que antes do trânsito em julgado da decisão que reconhece o seu direito.

Tecidas tais singelas ideias, verifica-se que o sistema ostenta algumas regras especiais a respeito e que consistem, basicamente, i) na exigência de que (excetuando-se as hipóteses do art. 521, CPC) os atos de levantamento de dinheiro, que importem alienação de propriedade ou de outro direito real, ou dos quais possa resultar grave dano ao executado, dependerão de caução suficiente e idônea (art. 520, IV, CPC), sobre a qual, aliás, deverá recair eventual pretensão indenizatória do executado caso consiga reformar ou anular a decisão objeto de reexame recursal; ii) no fato de que a execução provisória se resolve sob patente condição resolutiva, pois não terá efeito caso a decisão venha a ser reformada ou anulada (art. 520, II, CPC); iii) na imposição, ao exequente, da responsabilidade objetiva de restituir o executado ao estado anterior através da devolução do bem da vida objeto da execução ou seu equivalente em dinheiro, além de ressarci-lo pelas despesas e danos então sofridos (art. 520, § 4º, CPC).

Sobre a caução, propriamente, fica claro que sua prestação tem como função estabelecer efetiva garantia em favor do executado, equilibrando as posições das partes numa fase, é bom que se reitere, provisória, pois, ao mesmo tempo em que admite a satisfação do direito do exequente, garante o ressarcimento de um eventual e futuro prejuízo indenizável do executado.

Questiona-se, aliás, quanto à natureza jurídica do instituto da caução, havendo duas posições doutrinárias a seguir destacadas: i) parcela entendendo que não se trata de medida cautelar, não cabendo ao juiz apreciar o "fumus boni juris", tampouco o "periculum in mora", vez que estaria vinculado à lei para a sua concessão (posicionamento que se mostra mais lógico e razoável, inexistindo, pois, qualquer grau de discricionariedade); ii) parcela dispondo que a caução tem natureza cautelar e que serve para garantir a eficácia de futura e eventual execução (agora, pelo executado) em caso de reforma ou invalidação da decisão judicial exequenda.

Mais, ainda que a caução tenha que ser "suficiente" e "idônea", é dizer, séria o necessário para fazer frente a um eventual prejuízo que venha a ser suportado pelo executado, pouco importando se real ou fidejussória, fato é que o legislador responsável pela elaboração do CPC/2015 não se descurou, de forma expressa, quanto à possibilidade de sua prestação se dar por 'terceiro', o que era explícito no texto revogado, conforme estabelecia o art. 828.

O enunciado, assim, busca demonstrar que a ausência de previsão manifesta no texto vigente, de forma alguma, desautoriza a prestação de caução por terceiro, real ou fidejussória, valendo lembrar que também é possível inferir seu cabimento através da interpretação de outros dispositivos legais do nosso ordenamento processual civil (vide arts. 300, § 1º; 559; 779, V, e 895, § 1º), impondo-se que o órgão jurisdicional afira sua suficiência e idoneidade em cada caso concreto e, havendo necessidade, até mesmo determinando a realização de instrução probatória para tanto.

► **NCPC. Art. 520, IV.** O cumprimento provisório da sentença impugnada por recurso desprovido de efeito suspensivo será realizado da mesma forma que o cumprimento definitivo, sujeitando-se ao seguinte regime: (...) IV. o levantamento de depósito em dinheiro e a prática de atos que importem transferência de posse ou alienação de propriedade ou de outro direito real, ou dos quais possa resultar grave dano ao executado, dependem de caução suficiente e idônea, arbitrada de plano pelo juiz e prestada nos próprios autos.

2.1.2.4. Do Cumprimento de Sentença que Reconheça a Exigibilidade de Obrigação de Prestar Alimentos (arts. 528 a 533)

ENUNCIADO 587. A LIMITAÇÃO DE QUE TRATA O § 3º DO ART. 529 NÃO SE APLICA À EXECUÇÃO DE DÍVIDA NÃO ALIMENTAR.

● *Grupo: Cumprimento de sentença e execução.* ● *Referências: arts. 528, § 8º, 529, § 3º e 833, IV e § 2º.*

▸ ***Marcos Youji Minami***

A especialidade da execução de alimentos decorre da natureza do objeto da execução. Se é verdade que a demora em receber um crédito devido pode prejudicar o credor, o dano é ainda pior quando a prestação inadimplida consiste em alimentos e isso é constantemente reforçado pela legislação. Entre as opções para executar, por exemplo, pode-se escolher o local do domicílio do alimentando, mesmo que na fase de conhecimento o processo não tenha tramitado no domicílio do exequente[599].

Mas, talvez a maior diferença da execução de alimentos para as demais consiste na possibilidade de coagir o devedor mediante ameaça de prisão. É que, como lembra Araken de Assis, são três os meios executórios da tutela de obrigação alimentar: "(a) a coerção pessoal (art. 528, § 2º a 7º; art. 911; (b) o desconto (art. 529 e art. 912); e (c) a expropriação (art. 528, § 8º, c/c art. 523). O legislador expressou, na abundância da terapia executiva, o interesse público prevalente da rápida realização forçada do crédito alimentar".[600]Para evitar a medida mais drástica, a prisão, o Código permite o desconto em folha da importância devida. Trata-se de meio por demais eficaz. São as previsões do artigo 912 – desconto em folha na execução de alimentos fundada em título executivo extrajudicial – e do artigo 529 – desconto em folha na execução de alimentos fundada em título executivo judicial.

Esse desconto, contudo, não pode ser de tudo o que o devedor mensalmente recebe. O parágrafo 3º do artigo 529 estabelece que "sem prejuízo do pagamento dos alimentos vincendos, o débito objeto de execução pode ser descontado dos rendimentos ou rendas do executado, de forma parcelada, nos termos do caput deste artigo, contanto que, somado à parcela devida, não ultrapasse cinquenta por cento de seus ganhos líquidos". Importante lembrar que o limite de cinquenta por cento é previsto expressamente ao cumprimento de sentença de prestação de alimentos, mas não há empecilhos para que se aplique, também, à execução autônoma de alimentos – aquela fundada em título executivo extrajudicial[601].

Pode causar estranheza a possibilidade de desconto em folha dada a impenhorabilidade dos vencimentos, subsídios, soldos, salários e congêneres conforme previsão do inc. IV do artigo 833. Contudo, a lei traz duas exceções a essa impenhorabilidade no § 2º do mesmo artigo. Eis o texto: "§ 2º O disposto nos incisos IV e X do caput não se aplica à hipótese de penhora para pagamento de prestação alimentícia, independentemente de sua origem, bem como às importâncias excedentes a 50 (cinquenta) salários-mínimos mensais, devendo a constrição observar o disposto no artigo 528, § 8º, e no artigo 529, § 3º".

Os vencimentos e congêneres podem então ser penhorados: a) para pagamento de prestações de alimentos e b) quando são importâncias excedentes a 50 (cinquenta) salários-mínimos mensais.

O final do parágrafo descrito acima faz, entretanto, uma ressalva alertando que a constrição deve obedecer ao limite do§ 3º do artigo 529. Ou seja, ela não deve ultrapassar cinquenta por cento de ganhos líquidos do devedor. É aqui que o enunciado 587

599. ROQUE, André; OLIVA, Milena D. "Prestação de alimentos por ato ilícito no novo Código de Processo Civil: regras aplicáveis". *Revista de Processo*. vol. 253. Ano 41. São Paulo: RT, mar. 2016. p. 219.

600. ASSIS, Araken de. *Manual de execução*. 18. ed. São Paulo: RT, 2016. p. 1296.

601. NEVES, Daniel A. A. *Manual de direito processual civil. vol. ún.* 8. ed. Salvador: Juspodivm, 2016. p. 1224.

ganha razão de existir. É que essa limitação não se aplica à execução de dívida não alimentar. Ou seja, no caso de "altos salários", não apenas é possível a penhora do que exceder a 50 (cinquenta) salários-mínimos mensais, como é possível a constrição mensal para pagar a dívida sem que seja necessário observar a limitação do § 3º do artigo 529.

É possível também interpretar o enunciado no sentido de que o desconto mensal – bem como a limitação do § 3º do artigo 529 – só se aplica quando a dívida é de prestação de alimentos, uma vez que, fora disso, em regra, os salários e congêneres são impenhoráveis. Seja como for, o enunciado 587 só é corretamente compreendido se interpretado à luz do artigo 833, inc. IV, bem como de seu § 2º.

Um último alerta.

Os vencimentos e congêneres são impenhoráveis (salvo os casos acima citados), mas nada impede que o devedor abra mão dessa impenhorabilidade no caso concreto e faça acordo para dispor desses valores. Isso significa que, caso queira, pode o devedor não apenas permitir a penhora da importância que recebe a título de salário, como também autorizar o desconto mensal em sua folha com o objetivo de quitar sua dívida. Nesses casos, como estamos a falar de acordo realizado entre credor e devedor, a limitação de desconto mensal de 50% também pode ser deixada de lado. Quem vai ditar esse limite é o caso concreto.

▶ **NCPC. Art. 528. § 8°** O exequente pode optar por promover o cumprimento da sentença ou decisão desde logo, nos termos do disposto neste Livro, Título II, Capítulo III, caso em que não será admissível a prisão do executado, e, recaindo a penhora em dinheiro, a concessão de efeito suspensivo à impugnação não obsta a que o exequente levante mensalmente a importância da prestação. ▶ **Art. 529. § 3°** Sem prejuízo do pagamento dos alimentos vincendos, o débito objeto de execução pode ser descontado dos rendimentos ou rendas do executado, de forma parcelada, nos termos do caput deste artigo, contanto que, somado à parcela devida, não ultrapasse cinquenta por cento de seus ganhos líquidos. ▶ **Art. 833.** São impenhoráveis: (...). IV – os vencimentos, os subsídios, os soldos, os salários, as remunerações, os proventos de aposentadoria, as pensões, os pecúlios e os montepios, bem como as quantias recebidas por liberalidade de terceiro e destinadas ao sustento do devedor e de sua família, os ganhos de trabalhador autônomo e os honorários de profissional liberal, ressalvado o § 2°; (...). **§ 2°** O disposto nos incisos IV e X do caput não se aplica à hipótese de penhora para pagamento de prestação alimentícia, independentemente de sua origem, bem como às importâncias excedentes a 50 (cinquenta) salários-mínimos mensais, devendo a constrição observar o disposto no art. 528, § 8°, e no art. 529, § 3°.

2.1.2.5. Do Cumprimento de Sentença que Reconheça a Exigibilidade de Obrigação de Pagar Quantia Certa pela Fazenda Pública (arts. 534 a 535)

ENUNCIADO 532. A EXPEDIÇÃO DO PRECATÓRIO OU DA RPV DEPENDE DO TRÂNSITO EM JULGADO DA DECISÃO QUE REJEITA AS ARGUIÇÕES DA FAZENDA PÚBLICA EXECUTADA.

● *Grupo: Impacto do novo CPC e os processos da Fazenda Pública.* ● *Referências: art. 535, § 3º; art. 100, § 5º da CF/88.*

▸ ***José Humberto Pereira Muniz Filho e Jaldemiro Rodrigues de Ataíde Jr.***

1. Com o devido acato e como já colocado em oportunidade anterior, o Enunciado em tela ressalta o óbvio. Porém, o fim pedagógico a que se dispõe motiva saber que,

para a Fazenda Pública, na fase de cumprimento, há um regramento especial disposto nos art. 534 e 535, CPC. Essa especialidade se dá em razão do regime de precatórios previsto no artigo 100 da Constituição Federal, o qual parte dos preceitos de inalienabilidade e impenhorabilidade dos bens públicos. Com efeito, as quantias executadas em face do Poder Público só serão pagas via precatório ou Requisição de Pequeno Valor (RPV).

No conceito de Fazenda Pública encaixam-se as pessoas jurídicas de direito público (os Entes), as autarquias e as fundações públicas. A esse regime especial, também está sujeita a Empresa Brasileira de Correios e Telégrafos, ainda que seja uma empresa pública, pois sobreleva-se o seu monopólio e sua função pública.

2. Sob o regime especial de pagamento, cumpre destacar que em face da Fazenda Pública são possíveis duas modalidades de execução: (i) o cumprimento de sentença por obrigação de pagar quantia certa (art. 534 e 534, CPC); (ii) a execução que tem como objeto título executivo extrajudicial, hipótese ratificada na Súmula 279/STJ e no artigo 910, CPC. Tanto em uma como outra, é inaplicável a regra da responsabilidade patrimonial do artigo 789, CPC. Portanto, em tais casos, não se fala em penhora nem apropriação ou expropriação de bens para alienação judicial, pois o pagamento está sujeito à expedição de precatório ou da RPV, de modo que essa expedição só se dará com o esgotamento da discussão processual, i.e., o trânsito em julgado.

Na hipótese de cumprimento de sentença, a Fazenda é intimada para apresentar a impugnação no prazo de 30 (trinta) dias, a qual terá efeito suspensivo automático (art. 535, CPC). Já na hipótese de execução de título extrajudicial, o Poder Público é citado para opor embargos também em 30 (trinta) dias (art. 910, CPC). Esses exemplos de manifestações não impedem a apresentação de outros meios de defesa pelo Poder Público, *e.g.*, a exceção de pré-executividade ou a petição que alegue fato superveniente, nos termos do § 11 do artigo 525, CPC.

3. Seguindo essas premissas, o corte expresso no Enunciado – "trânsito em julgado da decisão que rejeita as arguições da Fazenda Pública executada" – refere-se aos desdobramentos processuais de qualquer decisão em sede de execução ou cumprimento. Em sentido amplo, o cumprimento ou a execução podem ser alvos, respectivamente, de impugnação ou embargos, tal como exceção de pré-executividade proposta ou petição que alegue fato superveniente. Em sentido estrito, tem-se que o trânsito em julgado a que se referem os §§ 3º e 5º do artigo 100 da CF é o da sentença que julgar a impugnação ao cumprimento de sentença ou os embargos à execução fundada em título extrajudicial. Nesse ponto, Leonardo Carneiro da Cunha alude apenas o sentido estrito do trânsito em julgado (*cf.*: idem, p. 337). Porém, o Enunciado vem reforçar o sentido amplo das decisões sujeitas ao trânsito em julgado. Ilustra-se o caso em que a petição que alega fato superveniente é rejeitada, trazendo grave prejuízo ao Poder Público; por tal razão, a Fazenda interpõe agravo de instrumento; essa interposição faz surgir do cumprimento de sentença um desmembramento processual que sujeita o pagamento do débito (por precatório ou RPV, dependendo do caso) ao trânsito em julgado dessa nova relação.

4. Assim, demonstra-se o intento do Enunciado: elucidar as dúvidas sobre que decisões estão sujeitas ao trânsito em julgado, as quais se portam como condicionantes do pagamento da quantia pela Fazenda – o que já era observado na prática.

5. Vale perceber que a condicionante imposta no Enunciado retrata uma posição ativa da Fazenda Pública (*e.g.*, a interposição de um recurso em face de uma decisão interlocutória no cumprimento de sentença). Em sentido oposto, mostra-se pertinente a aplicação do Enunciado em situações em que a Fazenda é omissa. No caso em que a impugnação for parcial, a parte não questionada será, desde logo, objeto de cumprimento, expedindo-se o precatório ou a RPV, como exemplifica o parágrafo 4º do artigo 535, CPC. Ainda, quando não for apresentada impugnação ou passar em julgado a decisão que a inadmitir ou rejeitar, deverá ser expedido o precatório ou a RPV (CUNHA, Leonardo Carneiro da, idem, p. 335). De igual modo, nas execuções de título extrajudicial em que não forem opostos embargos ou houver transitada em julgado a decisão que os rejeitar, haverá a expedição do precatório ou da RPV, nos termos do § 1º do artigo 910, CPC.

6. Por fim, consigna-se que só haverá expedição do precatório ou da RPV quando transitarem em julgado todas as decisões e desdobramentos do processo que envolva o pagamento de quantia certa pela Fazenda Pública.

Súmula STJ 279. É cabível execução por título extrajudicial contra a Fazenda Pública.

▶ **NCPC. Art. 535. § 3º** Não impugnada a execução ou rejeitadas as arguições da executada: I – expedir-se-á, por intermédio do presidente do tribunal competente, precatório em favor do exequente, observando-se o disposto na Constituição Federal; II – por ordem do juiz, dirigida à autoridade na pessoa de quem o ente público foi citado para o processo, o pagamento de obrigação de pequeno valor será realizado no prazo de 2 (dois) meses contado da entrega da requisição, mediante depósito na agência de banco oficial mais próxima da residência do exequente.

2.1.2.6. Do Cumprimento de Sentença que Reconheça a Exigibilidade de Obrigação de Fazer, de não Fazer ou de Entregar Coisa (arts. 536 a 538)

ENUNCIADO 441. O § 5º DO ART. 536 E O § 5º DO ART. 537 ALCANÇAM SITUAÇÃO JURÍDICA PASSIVA CORRELATA A DIREITO REAL.

● *Grupo: Execução.* ● *Referências: arts. 536, § 5º, 537, § 5º.*

▶ ***José Humberto Pereira Muniz Filho e Jaldemiro Rodrigues de Ataíde Jr.***

1. Inicialmente, informa-se que as premissas desenvolvidas neste Enunciado são fundamentais ao estudo do próximo (442), o que previamente justifica a eventual brevidade nos comentários desse último. Ambas as proposições (Enunciados 441 e 442) abordam a aplicação das medidas necessárias ao cumprimento de sentença que reconheça obrigação de fazer ou não fazer em situações especiais. Entre aquelas medidas, podemos citar: a multa por descumprimento daquela obrigação (*astreintes*), o mandado de busca e apreensão, a remoção de pessoas e coisas, o desfazimento de obras, o impedimento de atividade nociva e até mesmo o auxílio de força policial.

Todavia, os Enunciados malversam seu propósito (= a clareza que deveriam resplandecer à sua utilização). À medida que tais enunciados avançam no estudo daquelas medidas ao constrangimento do devedor à satisfação da obrigação, eles regridem no quesito "fácil compreensão". A redação das proposições é atécnica e caliginosa, ao olvidar a serventia das medidas de satisfação e sua precisão em uma "situação jurídica passiva correlata a direito real" e o alcance daquelas aos "deveres legais". A porosidade textual dos Enunciados não traz qualquer esclarecimento quanto à definição do que seja uma "situação jurídica passiva correlata a direito real" ou quais são os "deveres legais" propostos pelas passagens. Portanto, além de uma reflexão sobre instrumentos de satisfação da obrigação de fazer ou não fazer, o estudo dos Enunciados 441 e 442 enfrenta um problema semântico – definir os elementos de seus respectivos núcleos de aplicação.

Pois bem, aqui cuidaremos da definição da *situação jurídica passiva correlata a direito real*. Antes disso, teceremos alguns comentários sobre os meios de satisfação da obrigação de fazer ou não fazer.

2. O parágrafo 5º do artigo 536 e o parágrafo 5º do artigo 537, CPC, bem como os Enunciados merecem elogios no ponto em que reforçam os mecanismos de concretização do direito fundamental à uma tutela jurisdicional efetiva em situações específicas. As proposições sinalizam uma *autonomia* dos meios de execução direto ou indireto a todos os deveres de fazer ou não fazer (na situação em tela, temos a hipótese da "situação jurídica passiva correlata a direito real" e na proposição seguinte os "deveres legais").

Por exemplo, a multa é uma medida coercitiva que ao longo do tempo mostrou-se eficaz que logo pode ter sua aplicação generalizada à aplicação dos provimentos judiciais como um todo. Ela não é uma medida subsidiária tão somente às obrigações de fazer ou não fazer.[602] Ainda que seja uma das vias mais estreitas de imposição, a multa (*astreintes*) é um meio executivo primordial à disposição do órgão judiciário que se destaca pela pressão psicológica sobre o vencido, colocando-o perante dois termos de alternativa: ou atende o comando judiciário ou sofrerá a imposição de multa de valor exorbitante[603]. Como modelo, ilustra-se a situação que será analisada no Enunciado 526 (aplicação da multa no descumprimento de ordem protetiva prevista na Lei Maria da Penha). Outrossim, seguindo a ideia de amplitude da multa como meio coercitivo ao cumprimento, o próprio CPC estabelece a possibilidade de aplicação daquela no cumprimento de sentença de obrigação de entregar coisa certa (CPC, § 3º do artigo 538), o que representa uma sistematização louvável, pois a origem da multa está ligada ao elemento mandamental ou executivo de toda e qualquer decisão judicial que lhe demande aplicação. Não somente, aos meios de coerção à satisfação da execução, destaca-se também a possibilidade de uso de força policial para cumprimento de liminar em interdito proibitório (exemplo analisado adiante).

602. Nesse sentido: TARUFFO, Michele. *Processo civil comparado: ensaios*. Trad. Daniel Mitidiero. São Paulo: Marcial Pons, 2013. p. 105.

603. De igual modo: ASSIS, Araken. ob. cit., p. 223.

A aplicação dos instrumentos traçados no primeiro parágrafo demonstra a materialização da tutela inibitória ou tutela específica, dependendo do caso, no cumprimento dos deveres de fazer e não fazer. A tutela específica preocupa-se com a integridade da obrigação original, impedindo a sua degradação em pecúnia. Tutela específica é gênero do qual a tutela inibitória é espécie. Além desta, a tutela específica coleciona a tutela de remoção do ilícito, a ressarcitória na forma específica, do adimplemento na forma específica e do cumprimento do dever legal[604]. Nesse escopo, a tutela inibitória é caracterizada pela imposição de um não fazer sob pena de multa ou das medidas específicas, de tal modo, ao estudo em tela, analisaremos sua aplicação em uma situação jurídica passiva correlata a direito real.

Aos Enunciados 441 e 442 importa perceber que aquelas modalidades de tutela são também esboçadas no artigo 497 do CPC. Na esteira do artigo 84 do Código de Defesa do Consumidor, aquele dispositivo dispensa a comprovação de dano ou existência de culpa ou dolo à aplicação da tutela e ainda estabelece duas diretrizes à satisfação da obrigação de fazer ou não fazer: (i) a tutela específica e (ii) as providências que assegurem a obtenção de tutela pelo resultado prático equivalente. Nota-se que o *resultado prático equivalente* também é modalidade de tutela específica. Isto é, o sistema dá prevalência ao resultado que seria atingido caso o obrigado cumprisse voluntariamente a prestação assumida. Acontece que, na tutela específica, a satisfação da obrigação dar-se-á pelo próprio executado, enquanto que no resultado prático equivalente ter-se-á o mesmo resultado, mas prestado por terceiro.

Também nesse escopo, vale notar que o artigo 536, CPC, inova, ao autorizar o juiz – de ofício – determinar modalidade executiva que reputa idônea à satisfação da obrigação, bem como confere-lhe a possibilidade de concessão da tutela específica ou do seu resultado prático equivalente, ainda que os meios de execução não sejam correlatos a aqueles requeridos pelo exequente. Assim, a análise conjunta dos art. 497 e 536 oportuniza o deferimento de *meios de execução* distintos (*e.g.*, o exequente requereu a aplicação da multa como instrumento de coerção ao cumprimento, porém o juiz determina a busca e apreensão da coisa), mas se veda ao magistrado conferir uma tutela distinta da que foi requerida (*e.g.*, caso o exequente peça uma tutela inibitória, frente uma possível ilicitude, é tolhida do juiz a aplicação de uma tutela ressarcitória por meio de uma decisão condenatória).

Em suma, essa primeira parte foi necessária à compreensão das medidas executivas e de algumas tutelas aplicáveis a este Enunciado e ao Enunciado 442. Agora, passamos à análise da *situação jurídica passiva correlata a direito real.*

3. Tem-se que a *situação jurídica passiva correlata a direito real* denota um aspecto obrigacional (ao recair sobre uma pessoa) e um aspecto real (ao vincular uma coisa suscetível de valor econômico àquela pessoa). Superficialmente, a natureza da situação descrita no Enunciado aproxima-se da figura que os romanos chamavam de *ob rem, propter rem* ou ambulatórias (i.e., ônus que estão entre as obrigações reais e as obrigacionais). O direito real por excelência é a propriedade o crédito por quantia

604. Essa diferenciação é aprofundada por MARINONI, Luiz G. ob. cit. p. 815.

certa é o exemplo clássico de direito obrigacional. Assim, a *situação jurídica passiva correlata a direito real* espelha um hibridismo dessas duas classificações. Segundo as concepções clássicas, o direito real representa um poder jurídico direto, universal e imediato, do seu titular para com a coisa. De tal modo, a situação jurídica passiva anotada em epígrafe atrai esses predicados.

Com efeito, para diferenciar direito real de direito pessoal, parte da doutrina deposita a solução na análise do sujeito passivo. Para tanto, no direito pessoal, o sujeito passivo é pessoa certa e determinada (o devedor); enquanto que no direito real aquele é indeterminado, havendo nesse caso uma obrigação passiva universal, a de respeitar o direito – obrigação que se concretiza toda vez que alguém a viola[605]. Outro ponto de diferenciação é o fato de os direitos reais decorrerem exclusivamente de obrigações *ex lege*. No entanto, frise-se que há relações contratuais/pessoais que, quando registradas no cartório imobiliário, ganham eficácia de direito real, como é o caso da promessa de compra e venda (CC, art. 1.417).

Sob o aspecto processual dos direitos reais e pessoais, sobretudo em face dos Enunciados tratados, cumpre uma reflexão. Atente-se que a distinção da situação jurídica correlata a direito real ou pessoal pode ser resolvida pela diferenciação do objeto (coisa x obrigação), e não somente pela definição de que este último se refere a uma pessoa determinada e aquele a um sujeito indeterminado. Uma vez violada a situação jurídica correlata a direito real, surge uma relação pessoal (= entre o detentor da situação jurídica e aquele que violou ou ameaçou violar) da qual surge ao credor uma pretensão obrigacional.[606]

4. Destarte, o Enunciado em epígrafe tem o objetivo de demonstrar que violada *situação jurídica passiva correlata a direito real* surge ao credor (exequente) uma pretensão em face do violador (devedor), de maneira que à satisfação dessa pretensão podem ser empregadas as medidas necessárias previstas no § 5º do artigo 536 e no § 5º do artigo 537, CPC, as quais foram analisadas no início deste aparte.

Então, buscando esclarecer a densidade da expressão colocada no texto do Enunciado, observamos no Código Civil algumas *situações jurídicas passivas correlatas a direito real*: no Capítulo referente ao direito de vizinhança, temos o artigo 1.277 que prevê a obrigação do possuidor fazer cessar as interferências prejudiciais à segurança, ao sossego e à saúde dos que o habitam, provocadas pela utilização de propriedade vizinha; na Seção que disciplina o uso das águas, identificamos o artigo 1.288 que obriga ao possuidor do prédio inferior a receber as águas que correm naturalmente do superior, não podendo realizar obras que embaracem o seu fluxo.

605. Cf.: GOMES, Orlando. *Direitos reais.* 19. ed. Atual. Luiz Edson Fachin. Rio de Janeiro: Forense, 2004. p. 12.

606. Próximo a esse sentido, seguem as lições de Bernhard Windscheid publicadas na *Polemica sobre la actio.*: es importante observar que todos los derechos reales (derecho sobre cosas) adquieren, al ser lesionados, una relación personal que hasta entonces no tenían: la de cobrar forma de derecho creditório o, como lo vinimos llamando en este libro, de pretensión contra el lesionador. Trad. Tomás A. Banzhaf. Buenos Aires: EJEA, 1974. p. 185.

Já com maior enfoque na relação entre o direito processual e material, identificamos o tratamento processual da *posse*, de sobremaneira, o interdito proibitório previsto nos art. 567 e 568, CPC. O interdito é um exemplo de tutela inibitória e tem por fim proteger a posse daquele que tenha justo receio de ser molestado. Podemos identificar três requisitos ao deferimento do interdito: (i) posse atual do autor; (ii) ameaça de turbação ou esbulho por parte do réu; (iii) justo receio de ser concretizada a ameaça – assinala-se que não é qualquer ato que legitima o interdito, a *situação concreta* é que deve dar indícios de que a posse está em iminência de ser violada, tudo pautado na análise de dados objetivos. Nesta hipótese, a redação do Enunciado reforça a aplicação de medidas já conhecidas na prática, *v.g.*: o uso de força policial para cumprimento de liminar em interdito proibitório, o impedimento de atividade que venha ameaçar objetivamente a posse de terceiro. Não obstante, se foi pedida a proibição de turbação (como deve se proceder no interdito) e o réu esbulhou, além de se lhe aplicar a pena cominada por infração, expede-se contra ele o mandado de reintegração, liquidando-se na execução as perdas e danos em que for então condenado, ainda que acima da pena cominada, mas independente dela[607].

5. Por todo o exposto, conclui-se que o Enunciado relaciona aquelas medidas específicas do cumprimento de obrigação de fazer ou não fazer com situações concretas, que aqui foram ilustradas como as *correlatas a direito real*, a fim de impor ao executado uma coerção mais efetiva (no que toca os elementos executivos e mandamentais da decisão judicial), bem como o intuito de preservar a satisfação do direito material do exequente.

> ▶ **NCPC. Art. 536. § 5º** O disposto neste artigo aplica-se, no que couber, ao cumprimento de sentença que reconheça deveres de fazer e de não fazer de natureza não obrigacional. ▶ **Art. 537. § 5º** O disposto neste artigo aplica-se, no que couber, ao cumprimento de sentença que reconheça deveres de fazer e de não fazer de natureza não obrigacional.

ENUNCIADO 442. O § 5º DO ART. 536 E O § 5º DO ART. 537 ALCANÇAM OS DEVERES LEGAIS.

● *Grupo: Execução.* ● *Referências: arts. 536, § 5º, 537, § 5º.*

▸ ***José Humberto Pereira Muniz Filho e Jaldemiro Rodrigues de Ataíde Jr.***

1. Como ressaltado na introdução dos comentários ao Enunciado 441, a proposição em epígrafe segue as premissas ali traçadas, no tocante ao estudo das modalidades de tutelas em obrigações de fazer e não fazer, tal como às medidas e técnicas de satisfação do direito material do exequente. Assim, por empréstimo dos comentários anteriores, registramos que o objetivo do Enunciado em tela é estabelecer a aplicação daquelas medidas e técnicas à satisfação do exequente (*v.g.*, a multa do artigo 537, o mandado de busca e apreensão, a remoção de pessoas e coisas, o desfazimento de obras, o impedimento de atividade nociva e até mesmo o auxílio de força policial) no que se refere, agora, aos *deveres legais* do executado.

---

607. cf.: MIRANDA, Francisco Cavalcanti Pontes de. *Comentários ao Código de Processo Civil.* t. VI. Rio de Janeiro: Forense, 1976. p. 157.

De igual a aquilo traçado no Enunciado 441, a declaração *supra* suscita um problema de ordem semântica: a definição do que são deveres legais e a sua dimensão. Logo, os deveres legais representam prestações positivas ou negativas que o ordenamento designa a um sujeito de direitos, seja uma pessoa física ou jurídica, de direito privado ou de direito público.

2. Consequentemente, o objetivo do Enunciado é retratar a aplicação daquelas medidas/técnicas de satisfação do exequente a aquele que descumpra tamanhas prestações, ainda que o dever de cumprimento seja legal. Noutros termos, o Enunciado *supra* expõe aquilo que é óbvio: a quebra de um dever de conduta previsto pelo ordenamento, além da sanção, que é característica embrionária da norma jurídica, pressupõe a aplicação de medidas que reestabeleçam o equilíbrio do sistema de maneira integral, apropriada e coerente. Assim, mais do que em benefício do exequente, a quebra de um dever legal prejudica a unidade do sistema jurídico, de forma que o juiz deve dispor de mecanismos que impeçam e constranjam a continuidade dessa violação.

3. Como exemplo, podemos pensar no exemplo clássico de uma fábrica que descumpre seu dever legal de preservação do meio ambiente; de modo que, para preservar os postos de trabalho da unidade, o juiz determina a instalação de determinado filtro. Situação similar é vista no artigo 1.280, CC, que confere ao proprietário ou ao possuidor o direito de exigir do dono do prédio vizinho a demolição, ou a reparação deste, quando ameace ruína, bem como que lhe preste caução pelo dano iminente (neste exemplo, o proprietário do imóvel em ruína quebrou com seu dever legal de conservação da coisa à segurança dos terceiros); sendo cabível, nesses casos, a aplicação das medidas de satisfação do artigo 536 e do artigo 537 do CPC. De igual modo, repara-se o artigo 1.336, CC, que impõe os deveres do condômino, entre os quais se destaca a vedação à alteração da forma e cor da fachada, das partes e esquadrias externas do prédio; caso em que o descumprimento do diploma (*e.g.*, o condômino que altera sua fachada e a pinta com cor diferente daquela do condomínio), pode levar a imposição das medidas previstas nos art. 536 e 537, CPC.

Em outra esfera, a imposição dos preceitos legais citados acima também se mostra adequada no direito público. Na prática, identificamos a possibilidade de a Administração Pública ser obrigada, por decisão do Poder Judiciário, a manter estoque mínimo de determinado medicamento utilizado no combate a doença grave, de modo a evitar novas interrupções no tratamento, sob pena de multa diária ou até mesmo prisão do secretário de saúde do respectivo Ente ou do chefe do órgão competente, conforme entendeu o STF no julgamento do RE 429903 (1ª Turma, Rel. Min. Ricardo Lewandowski, j. 25.6.2014). Por oportuno, o Supremo entendeu que nesses casos não há violação ao princípio da separação dos poderes no caso. Isso porque com essa decisão o Poder Judiciário não está determinando metas nem prioridades do Estado, nem tampouco interferindo na gestão de suas verbas. O que se está fazendo é controlar os atos e serviços da Administração Pública que, neste caso, se mostraram ilegais ou abusivos já que, mesmo o Poder Público se comprometendo a adquirir os medicamentos, há falta em seu estoque, ocasionando graves prejuízos aos pacientes.

4. Por apreço, provoca-se um engenhoso questionamento que aqui não será exaurido, mas seu relevo o torna apropriado à reflexão do leitor, bem ainda serve de ponto de partida para eventuais debates: como analisado nos comentários aos Enunciados sobre precedentes, percebeu-se que o Código atribui àquelas modalidades de decisão uma posição destacada, de modo que os juízes e tribunais deverão observá-los (CPC, art. 927), tanto que seu descumprimento pode ser causa de nulidade da decisão (CPC, art. 489, § 1º, VI) ou hipótese de ação rescisória (CPC, art. 966, § 5º), como exemplo de alguns de seus desdobramentos; considerando a *ratio decidendi* dos precedentes vinculantes como normas[608], tal como os precedentes como *normas de estrutura*, i.e., como normas que servem à produção de outras normas[609]; indaga-se – o rompimento de um dever firmado em um precedente vinculante atrai a aplicação das medidas dos art. 536 e 537 do CPC, tratando-se de casos que versem sobre obrigação de fazer ou não fazer?

A princípio, não. Como bem ressaltou o próprio Eduardo José da Fonseca, o artigo 927 do CPC não suprime ou desfigura o sistema de *Civil Law* vigente em nosso País, cuja principal fonte de normas de comportamento continua sendo a *lei* em sentido amplo (ou seja, os textos normativos escritos de direito positivo, editados e impostos à observância de todos pelo Estado). Logo, em um plano material ou pré-processual, a violação de um precedente não gera pretensão processual à parte contrária, tampouco preenche a substância necessária às medidas satisfativas. No entanto, no decorrer da relação processual, ou até mesmo no requerimento de uma tutela de evidência (CPC, 311), as circunstâncias do caso podem levar à aplicação de alguma daquelas medidas. Em que pese o curto espaço, a coerência desse entendimento decorre da previsão do artigo 5º, II, da Constituição Federal, que prevê o princípio da legalidade em sentido amplo, como asseverado por Fonseca Costa, de modo que somente aquelas disposições positivadas pelo legislador são atribuídas de normatividade – caso contrário, vislumbrar-se-ia eventuais questionamentos sobre a inconstitucionalidade daquele sistema tão priorizado pelo Novo Código.

5. Em resumo, ressalvado o debate exposto no último parágrafo, conclui-se que em todos os exemplos colocados torna-se possível a aplicação das medidas dispostas no artigo 536 e 537, mesmo que esses deveres sejam legais e comportem sanções específicas previstas nos seus tipos positivos próprios. Portanto, apesar da dificuldade semântica, pragmaticamente, o Enunciado tem seus préstimos.

▶ **NCPC. Art. 536. § 5º** O disposto neste artigo aplica-se, no que couber, ao cumprimento de sentença que reconheça deveres de fazer e de não fazer de natureza não obrigacional. ▶ **Art. 537. § 5º** O disposto neste artigo aplica-se, no que couber, ao cumprimento de sentença que reconheça deveres de fazer e de não fazer de natureza não obrigacional.

---

608. Vide: MACÊDO, Lucas Buril. *Precedentes judiciais e o direito processual.* Salvador: Juspodivm, 2014, p. 318 e ss.

609. Vide: COSTA, Eduardo José F. "Comentários ao art. 927 do CPC/2015". *In*: CÂMARA, Hélder M. (Coord.). Rio de Janeiro: Almedina Brasil, 2016.

ENUNCIADO 444. PARA O PROCESSO DE EXECUÇÃO DE TÍTULO EXTRAJUDICIAL DE OBRIGAÇÃO DE NÃO FAZER, NÃO É NECESSÁRIO PROPOR A AÇÃO DE CONHECIMENTO PARA QUE O JUIZ POSSA APLICAR AS NORMAS DECORRENTES DOS ARTS. 536 E 537.

● *Grupo: Execução.* ● *Referências: arts. 771, par. ún., 822 e 823 e 139, IV.*

▸ ***José Humberto Pereira Muniz Filho e Jaldemiro Rodrigues de Ataíde Jr.***

1. Preliminarmente, vale relembrar que algumas discussões sobre a eficácia executiva dos títulos extrajudiciais e a dispensa da ação de conhecimento já foram propostas nos comentários ao Enunciado 527.

2. Como anotado, a principal diferença entre a ação executiva de títulos extrajudiciais e os judiciais é que a destes tem cognição completa preestabelecida pela eficácia executiva sentencial, enquanto que a eficácia executiva da ação dos títulos extrajudiciais provém do próprio documento[610]. O título executivo extrajudicial independe de qualquer manifestação prévia da justiça, porque o processo executivo será desenvolvido a partir de cognição incompleta, para se atender à eficácia a que se atribui ao título, sendo essa anterior a uma sentença[611]. Nessas hipóteses, a eficácia executiva já está implantada no próprio título extrajudicial, diversamente de outras ocasiões em que a relação jurídica demanda uma ação de conhecimento para atribuição de carga executiva suficiente à satisfação da pretensão. Ao passo que o legislador confere um remédio jurídico processual (= ação executiva) mais célere à satisfação do direito material estampado no título extrajudicial, ele também pressupõe, em outra escala, a previsibilidade de demandas que deverão ser analisadas pelo judiciário, ao enumerar um rol de negócios jurídicos e/ou títulos qualificados como extrajudicial. Caso o autor busque apenas satisfazer a pretensão executiva materializada em um daqueles negócios e/ou títulos, seu interesse de agir será processualizado pela ação executiva *stricto sensu* que independe de uma ação de conhecimento.

A execução de título extrajudicial de obrigação de não fazer tem como objeto um dever jurídico negativo que foi violado por aquele que não deveria praticar certa conduta. Decerto, é uma obrigação de prestação de fato negativa. Em face disso, o exequente requer que o juiz determine um prazo para que o executado desfaça o ato a qual deveria ter-se abstido, de modo que a impossibilidade na interrupção da prática do ato ou a ineficácia da abstenção, com relação ao direito do exequente, leva à responsabilidade do executado por perdas e danos, ainda que não prevista no negócio jurídico – em breve aparte, aponta-se que o exequente tem o direito à fixação de um prazo para cumprimento voluntário da obrigação pelo executado. Não obstante, havendo recusa ou mora do devedor, ante a urgência da situação fática, confere-se ao credor o poder de requerer ao juiz o desfazimento do ato à custa devedor, sem prejuízo das perdas e danos (CPC, art. 823, combinado com o artigo 251 do Código Civil).

---

610. De igual modo: MIRANDA, Francisco Cavalcanti Pontes de. *Comentários ao Código de Processo Civil.* T. IX. Rio de Janeiro: Forense, 1976. p. 5.

611. *Ibidem*, p. 219.

3. Imagine-se o contrato celebrado entre os proprietários de duas fazendas vizinhas – assinado por duas testemunhas – no qual as partes se comprometeram a não construir muros nos espaços utilizados para passagem do rebanho à pastagem; um dos contratantes descumpre o título e ergue um muro que dificulta o trânsito do rebanho do outro; segundo o Enunciado e a aplicação correta das disposições processuais e materiais, este último poderá propor a execução do contrato, de maneira que o juiz deverá fixar uma data para derrubada do muro (aplicação do artigo 536, § 1º, CPC); persistindo a mora, o juiz poderá mandar o executado derrubá-lo à sua custa, sob pena de multa e sem prejuízo das eventuais perdas e danos. No entanto, a multa moratória pode estar prevista no contrato, hipótese na qual poderá o juiz reduzi-la, caso seja excessiva.

No entanto, vale perceber que em alguns casos o desfazimento do ato não surte efeitos à pretensão material do exequente, tais como os exemplos de vazamento de um segredo industrial. Em tais situações, a obrigação de não fazer converte-se em perdas e danos, de modo que há transfiguração no objeto obrigacional, substituindo, porquanto, a modalidade de satisfação do exequente: falar-se-á em cumprimento de obrigação por quantia certa (= o valor das perdas e danos) fixada em título judicial (= a decisão que converte a obrigação em perdas e danos), devendo essa nova etapa ser regida pelos art. 523 a 527, CPC.

4. Ao fim e ao cabo, o objetivo do Enunciado é demonstrar que a obrigação de não fazer dispensa a ação de conhecimento autônoma para que sejam aplicáveis as medidas específicas e coercitivas dos art. 536 e 537, CPC. Aquelas medidas consideram as técnicas de efetivação da decisão e modalidades de tutelas específicas, inibitórias e reparatórias empregáveis no cumprimento das obrigações de fazer ou não fazer. Repetidamente, consigna-se que as medidas de efetivação da decisão judicial dispostas ao cumprimento de sentença não são estranhas ao processo de execução autônomo, bem como as medidas dispostas a este não são incompatíveis em sua totalidade àquela etapa. Assim, a multa do artigo 537, a aplicação da pena de litigância de má-fé, o mandado de busca e apreensão, a remoção de pessoas e coisas, o desfazimento de obras, o impedimento de atividade nociva e até mesmo o auxílio de força policial são medidas aplicáveis à execução de título executivo extrajudicial de obrigação de não fazer (como nos exemplos analisados acima).

O valor do Enunciado é compatibilizar essas medidas do cumprimento de sentença com a execução de obrigação de não fazer. Afinal, como salientado no início desta proposição, a executividade da obrigação de não fazer está estampada no título que foi tido, pelo CPC, como extrajudicial e, por isso, dotado de uma maior carga de exigibilidade que dispensa uma cognição profunda para satisfação da obrigação ali celebrada. Em tais hipóteses, frente o elevado grau de exigibilidade do negócio jurídico e a presunção de validade dada pelo sistema processual, conclui-se que a ação de conhecimento é insignificante e desnecessária para atribuição de efeito executivo, como exigido em outras ocasiões.

► **NCPC. Art. 139.** O juiz dirigirá o processo conforme as disposições deste Código, incumbindo-lhe: IV – determinar todas as medidas indutivas, coercitivas, mandamentais ou sub-rogatórias necessárias para assegurar o cumprimento de ordem judicial, inclusive nas ações que tenham por objeto prestação pecuniária. ► **Art. 771. Parágrafo único.** Aplicam-se subsidiariamente à execução as disposições do Livro I da Parte Especial. ► **Art. 822.** Se o executado praticou ato a cuja abstenção estava obrigado por lei ou por contrato, o exequente requererá ao juiz que assine prazo ao executado para desfazê-lo. ► **Art. 823.** Havendo recusa ou mora do executado, o exequente requererá ao juiz que mande desfazer o ato à custa daquele, que responderá por perdas e danos.

Enunciado 526. A multa aplicada por descumprimento de ordem protetiva, baseada no art. 22, incisos I a V, da Lei 11.340/2006 (Lei Maria da Penha), é passível de cumprimento provisório, nos termos do art. 537, § 3º.

● *Grupo: Impacto nos Juizados e nos procedimentos especiais da legislação extravagante.* ● *Referências: arts. 497, caput e 537, caput e § 3º.*

► ***José Humberto Pereira Muniz Filho e Jaldemiro Rodrigues de Ataíde Jr.***

1. A tutela inibitória é um poder concedido ao juiz e às partes para proteção de determinado bem jurídico em face da prática de ato ilícito ou elevado perigo de ilicitude. A natureza de tal tutela demanda a existência de técnicas processuais a serem utilizadas pelo juiz para controle e inibição dessas ilicitudes concretas ou potenciais. Em virtude disso, a tutela inibitória está presente nas variadas modalidades processuais e se caracteriza, *grosso modo*, pela imposição de uma obrigação de fazer ou não fazer sob pena de multa, de modo que a aplicação desta independe da demonstração de culpa, tal como demonstra o parágrafo único do artigo 497, CPC. Ademais, registra-se que o descumprimento pressupõe um ilícito e não um dano, de modo que a violação à ordem legal ou judicial enseja a aplicação da tutela inibitória. Em síntese, o dano não é elemento constitutivo do ilícito para fins de tutela inibitória. A dispensa da culpa e do dano para aplicação dessa tutela implica uma cognição limitada que objetiva a prestação de uma tutela jurisdicional mais célere.[612]

2. Por sua vez, o Enunciado sinaliza uma hipótese de tutela inibitória especial: as medidas protetivas de urgência da Lei Maria da Penha. Os meios de efetivação das técnicas inibitórias comuns são aplicáveis em algumas modalidades específicas. Logo, em face dos poderes da tutela jurisdicional inibitória, o juiz pode (em verdade, deve) fixar multa à hipótese descumprimento das medidas protetivas previstas no artigo 22, I a IV, Lei 11.340/06, aplicáveis ao caso concreto – assinala-se que essas medidas possuem eficácia prospectiva, não produzindo efeitos pretéritos, por isso que a multa é um instrumento importante na prevenção ao descumprimento.

Ainda que a multa seja originada em decisão que trate de matéria com procedimento próprio (= Lei Maria da Penha), essa prestação, para seu cumprimento, atrai as regras do direito processual comum: CPC, art. 537, § 3º.

---

612. De igual modo: MARINONI, Luiz G. *Tutela Inibitória*. São Paulo: RT, 2006. p. 40, *passim*.

Portanto, verifica-se que as medidas protetivas da Lei Maria da Penha (Lei 11.340/06) possuem natureza autônoma e satisfativa de tutela inibitória cível e não cautelar (entendimento anotado pelo Min. Félix Fischer no julgamento monocrático do AREsp 491828, DJ 4.2.2015). Essa característica ratifica a posição de que a tutela inibitória não se adstringe ao procedimento comum, sendo, pois, um modelo de tutela jurisdicional aplicável a todos os tipos de procedimentos. Como colocado, as ordens protetivas da Lei Maria da Penha são exemplos de medidas da tutela inibitória, tendo em vista que, de acordo com as necessidades do caso, o juiz poderá determinar o afastamento do agressor do lar, proibir a aproximação dele da vítima ou dos familiares, suspender as visitas aos menores, etc. (vide art. 22 da Lei 11.340/06). Em suma, a decisão que defere as medidas protetivas tem como bem jurídico tutelado a integridade da mulher e do restante da família em face do perigo de ilícito a ser cometido pelo agressor. Assim, o descumprimento da obrigação colocada pelo magistrado leva à imposição da multa, a qual se apresenta como uma sanção por descumprimento (i.e., um mecanismo de efetivação da tutela inibitória), o que aproxima o regramento do artigo 537, CPC.

A bem da verdade, o cumprimento provisório daquela multa não é previsto no diploma especial, no entanto, a sua natureza (= sanção vista como mecanismo de efetivação da tutela inibitória) o aproxima da lei processual comum, permitindo, assim, o cumprimento provisório, quando a sentença for favorável e transitar em julgado ou no caso de pendência de agravo em recurso especial ou extraordinário. Em grande parte, a decisão que fixa as medidas protetivas é de natureza interlocutória, pois está ligada à urgência do caso concreto, de modo que a multa será devida desde o dia em que a decisão que determine alguma obrigação ao agressor seja descumprida.

3. Diante dessas considerações, constata-se que o Enunciado foi ditoso ao correlacionar com precisão a tutela inibitória da Lei Maria da Penha e o cumprimento da multa nas obrigações fazer e não fazer do CPC. A proposição destacada enriquece o leque de instrumentos do magistrado à efetivação da tutela inibitória em um procedimento delicado como é o de violência doméstica; sem contar que a vítima poderá executar a quantia em cumprimento provisório, tendo com isso um proveito pecuniário mais célere, ainda que este não seja equiparável aos prejuízos sofridos por aquela violência.

► **NCPC. Art. 497**. Na ação que tenha por objeto a prestação de fazer ou de não fazer, o juiz, se procedente o pedido, concederá a tutela específica ou determinará providências que assegurem a obtenção de tutela pelo resultado prático equivalente. ► **Art. 537.** A multa independe de requerimento da parte e poderá ser aplicada na fase de conhecimento, em tutela provisória ou na sentença, ou na fase de execução, desde que seja suficiente e compatível com a obrigação e que se determine prazo razoável para cumprimento do preceito. (...). **§ 3º** A decisão que fixa a multa é passível de cumprimento provisório, devendo ser depositada em juízo, permitido o levantamento do valor após o trânsito em julgado da sentença favorável à parte.

► **Lei 11.340/06. Art. 22.** Constatada a prática de violência doméstica e familiar contra a mulher, nos termos desta Lei, o juiz poderá aplicar, de imediato, ao agressor, em conjunto ou separadamente, as seguintes medidas protetivas de urgência, entre outras: I – suspensão da posse ou restrição do porte de armas, com comunicação ao órgão competente, nos termos da Lei n.

10.826, de 22 de dezembro de 2003; II – afastamento do lar, domicílio ou local de convivência com a ofendida; III – proibição de determinadas condutas, entre as quais: a) aproximação da ofendida, de seus familiares e das testemunhas, fixando o limite mínimo de distância entre estes e o agressor; b) contato com a ofendida, seus familiares e testemunhas por qualquer meio de comunicação; c) frequentação de determinados lugares a fim de preservar a integridade física e psicológica da ofendida; IV – restrição ou suspensão de visitas aos dependentes menores, ouvida a equipe de atendimento multidisciplinar ou serviço similar; V – prestação de alimentos provisionais ou provisórios.

Enunciado 533. Se o executado descumprir ordem judicial, conforme indicado pelo § 3º do art. 536, incidirá a pena por ato atentatório à dignidade da justiça (art. 774, IV), sem prejuízo da sanção por litigância de má-fé.

● *Grupo: Cumprimento de sentença.* ● *Referências: arts. 536, § 3º e 774, IV.*

▸ ***José Humberto Pereira Muniz Filho e Jaldemiro Rodrigues de Ataíde Jr.***

1. O cumprimento da obrigação de fazer ou não fazer determina ao executado uma conduta ativa ou passiva, sob pena de multa ou outros meios coercitivos necessários. Cumpre notar que o direito brasileiro adota um sistema que prioriza a tutela específica do interesse do exequente ou a proteção a um resultado prático equivalente, no que toca as obrigações de fazer ou não fazer. Já os países de *common law* disciplinam as técnicas judiciais de satisfação nas regras de *contemp of court*. A tradição anglo-saxã pressupõe que o juiz deve dispor de todos os meios necessários para efetivação de suas decisões (seja até mesmo a prisão do executado que não cumpriu determinada obrigação). Assim, o juiz naquela tradição não deve ter o seu poder limitado à tipicidade das modalidades executivas. O direito brasileiro, como analisado anteriormente, dispõe de um sistema híbrido. Ainda que priorize a satisfação específica das obrigações, o ordenamento brasileiro possui algumas regras que estabelecem um grau de coerção ao cumprimento daquelas relações. Como exemplo, o CPC aponta (i) a aplicação de multa de 20% do valor da causa por quebra do dever de cumprimento das decisões judiciais, de natureza provisória ou final (art. 77, inciso IV e § 2º), em proveito do Judiciário; (ii) fixa a indenização de 1 a 10% sobre o valor corrigido da causa, em benefício da parte pelos prejuízos suportados pela litigância de má-fé (art. 81, CPC) da parte contrária; (iii) estabelece os atos atentatórios à dignidade da justiça (art. 774) com a possibilidade de aplicação de multa de até 20% sobre o valor da quantia executada, a favor da parte exequente; (iv) de maneira genérica, pode ocorrer a incidência de multa (*astreintes*) quando do atraso no cumprimento da obrigação firmada na fase de conhecimento, em tutela provisória, sentença ou execução (art. 537), sem prejuízo da indenização por eventuais perdas e danos (art. 500); (v) já o Código Penal tipifica as hipóteses em que a desobediência à decisão judicial configura crime (art. 330 e 359).

2. Sobre essa matéria, ilustra-se o caso de um portal eletrônico de notícias que seja obrigado a retirar de circulação um *link* que contenha informações falsas e ardilosas que prejudiquem a carreira de um atleta. Nesse exemplo, segundo o Enunciado em tela, diante do descumprimento da obrigação de fazer, o *site* poderá ser punido com a *aplicação conjunta* da multa por ato atentatório à dignidade da justiça (art. 774,

IV, CPC) e da multa por litigância de má-fé (art. 81, CPC) e, dependendo da gravidade do descumprimento, poderá haver até a prisão do diretor responsável pela publicação das informações. Recentemente, ao proceder com a prisão do vice-presidente, na América Latina, de uma rede social, uma decisão ficou bastante conhecida no Brasil (Proc. 201555000783, Vara Criminal de Lagarto - SE, TJ/SE). Apesar da proximidade com a matéria trabalhada neste Enunciado, o fundamento daquela prisão foi feito com base no dispositivo da Lei de Organização Criminosa (Lei 12.850/13) que penaliza aquele que impede ou, de qualquer forma, embaraça a investigação de infração penal que envolva organização criminosa. Em que pese a distinção dos fundamentos, na prática, tais medidas representam meios de efetivação da decisão, tanto que, ainda que se averigue a competência do juízo criminal, as multas (por litigância e ato atentatório) são aplicáveis a aquele que descumpra a obrigação de fazer determinada na decisão judicial.

3. Em verdade, o *objetivo* do Enunciado é sistematizar essas hipóteses de sanções em uma passagem que expressa a possibilidade de cumulação de tais medidas, de modo que podem ser aplicadas conjuntamente: (i) a incidência de multa (*astreintes*) quando do atraso no cumprimento da obrigação firmada na fase de conhecimento, em tutela provisória, sentença ou execução (art. 537), sem prejuízo da indenização por eventual perdas e danos (art. 500); (ii) o reconhecimento da litigância de má-fé pelo descumprimento da decisão judicial com incidência de indenização de 1 a 10% sobre o valor corrigido da causa, em benefício da parte contrária pelos prejuízos que sofreu (art. 81, CPC); (iii) o emprego de multa por ato atentatório à justiça, no percentual de até 20% sobre o valor atualizado da causa (art. 774, IV, e parágrafo único, CPC); (iv) e, por fim, a tipificação do crime de desobediência, conforme o dispõe o artigo 536, § 3º, CPC, e art. 330 ou 359 do Código Penal, a depender da gravidade do descumprimento.

Insta assinalar que por termos em tela o cumprimento de obrigação de fazer ou não fazer, não se fala no valor líquido do débito, eis que, certamente, haverá uma sentença ilíquida, de modo que o "débito" é expresso em uma conduta (um fazer ou não fazer). Assim, a multa do artigo 774, IV, CPC, deve incidir sobre o valor atualizado da causa, não havendo que se falar em *bis in idem* com relação à multa por litigância de má-fé do artigo 81, pois os fatos geradores são distintos (ato atentatório X litigância de má-fé). Ainda sobre a inexistência do *bis in idem*, entendemos que a litigância de má-fé representa uma ilicitude (ato ilícito *stricto sensu*) e não abuso de direito[613]. O artigo 80 do NCPC indica condutas processualmente ilícitas, de modo que sua prática, independentemente da comprovação de culpa, viola a lei processual e enseja a aplicação de multa quantificada no artigo 81.

Como visto, o ato atentatório por descumprimento também é tratado capítulo referente aos deveres das partes (art. 77, IV e § 2º). Acontece que a multa de até 20% colocada por esse dispositivo é revertida em proveito do Estado, já a multa de até 20% sobre o valor atualizado do débito, tratada no parágrafo único do artigo 774, é

613. De igual modo: GOUVEIA, Lúcio G. Litigância de má-fé: abuso de direito ou ilicitude? DIDIER Jr., Fredie. *et al. Pontes de Miranda e o Direito Processual*. Salvador: Juspodivm, 2013. p. 731, *passim*.

convertida em benefício do exequente, como comentado acima. A exposição desses parâmetros prova, mais uma vez, a inexistência de *bis in idem*, de modo que buscam estabelecer instrumentos de coerção ao executado desidioso, bem como dar manutenção à integridade e efetividade da decisão judicial.

4. Apesar de repetir algumas linhas do antigo diploma, o regramento engenhado pelo CPC e seguido pelo Enunciado em tela, se aplicado com rigor, pode desestimular o inadimplemento do executado, tendo em vista a amplitude das medidas sancionatórias. No caso de descumprimento de ordem judicial, observe que o Executado está sujeito à aplicação da multa de 20% ao Judiciário (art. 77), da multa de 20% ao exequente (art. 774) e ainda da multa por litigância de má-fé (de 1 a 10%), sem se falar na multa diária fixada na decisão (art. 537) e na possibilidade de pena prisão, a depender da gravidade do descumprimento. Reforça-se que em determinadas hipóteses, o Executado pode submeter-se ao acréscimo de 50% do valor da causa corrigido, além da multa diária por descumprimento, o que torna economicamente desvantajoso o desrespeito à decisão judicial, em algumas situações.

► **NCPC. Art. 536. § 3º** O executado incidirá nas penas de litigância de má-fé quando injustificadamente descumprir a ordem judicial, sem prejuízo de sua responsabilização por crime de desobediência. ► **Art. 774.** Considera-se atentatória à dignidade da justiça a conduta comissiva ou omissiva do executado que: (...). IV – resiste injustificadamente às ordens judiciais.

2.1.3. Dos Procedimentos Especiais (arts. 539 a 770)

2.1.3.1. Da Ação de Consignação em Pagamento (arts. 539 a 549)

ENUNCIADO 59. EM AÇÃO DE CONSIGNAÇÃO E PAGAMENTO, QUANDO A COISA DEVIDA FOR CORPO QUE DEVA SER ENTREGUE NO LUGAR EM QUE ESTÁ, PODERÁ O DEVEDOR REQUERER A CONSIGNAÇÃO NO FORO EM QUE ELA SE ENCONTRA. A SUPRESSÃO DO PARÁGRAFO ÚNICO DO ART. 891 DO CÓDIGO DE PROCESSO CIVIL DE 1973 É INÓCUA, TENDO EM VISTA O ART. 341 DO CÓDIGO CIVIL.

● *Grupo: Procedimentos Especiais.* ● *Redação revista (III FPPC).* ● *Referências: art. 540.*

▸ ***Tiago Figueiredo Gonçalves***

O artigo 540 do NCPC disciplina a competência em torno da ação de consignação em pagamento, assim dispondo: "Requerer-se-á a consignação no lugar do pagamento, cessando para o devedor, à data do depósito, os juros e os riscos, salvo se a demanda for julgada improcedente".

Trata-se de reprodução praticamente literal do caput do artigo 891 do CPC/73 ("requerer-se-á a consignação no lugar do pagamento, cessando para o devedor, tanto que se efetue o depósito, os juros e os riscos, salvo se for julgada improcedente"). Agora, nem no artigo 540 nem em nenhum outro dispositivo do NCPC é reproduzido o teor do parágrafo único antes presente no artigo 891 do CPC/73, o qual preceituava, verbis: "Quando a coisa devida for corpo que deva ser entregue no lugar em que está, poderá o devedor requerer a consignação no foro em que ela se encontra".

A supressão do texto, contudo, não exclui de dentro do ordenamento jurídico a regra que dele se extraía, na medida em que o artigo 341 do Código Civil contém disposição idêntica[614].

Em doutrina eram tecidas críticas ao referido dispositivo, porque o entendiam como mera reprodução do *caput* do artigo 891 do CPC/73[615].

A regra, agora presente apenas no texto do artigo 341 do CC/02, diferentemente do que sustentado pela doutrina que lhe é refratária, tem a finalidade de afirmar regime específico de competência para as ações de consignação cujo objeto material é coisa a ser entregue necessariamente no lugar em que se encontra, ou seja, que têm como objeto material coisa imóvel, ou coisa de grande porte[616], ou coisa que não pode ser transportada sem grande dano ou despesa.[617]

Há, pois, por esta regra específica, o estabelecimento de uma competência absoluta, a qual alcança as hipóteses em que o pagamento em consignação tem por objeto coisa imóvel[618], e que, portanto, ao contrário da regra estabelecida no artigo 540 do NCPC, não pode ser derrogada.[619]

Trata-se de regra de exceção, que cria uma competência territorial absoluta, a qual prevalece sobre a regra geral de competência para as ações de consignação, que, de sua feita, tal como disposta no *caput* do artigo 540 do NCPC, é territorial relativa.

> **NCPC. Art. 540.** Requerer-se-á a consignação no lugar do pagamento, cessando para o devedor, à data do depósito, os juros e os riscos, salvo se a demanda for julgada improcedente.

Enunciado 60. Na ação de consignação em pagamento que tratar de prestações sucessivas, consignada uma delas, pode o devedor continuar a consignar sem mais formalidades as que se forem vencendo, enquanto estiver pendente o processo.

● *Grupo: Procedimentos Especiais.* ● *Referências: art. 541.*

Tiago Figueiredo Gonçalves

O artigo 541 do NCPC versa sobre a consignação em pagamento de prestações sucessivas. Segue reproduzido *verbis* o texto do dispositivo: "Tratando-se de prestações

---

614. GONÇALVES, Tiago F. *Consignação em pagamento: aspectos de direito processual e material.* Curitiba: Juruá, 2013. p. 90-91.
615. Dando notícia das críticas: SILVA, Ovídio A. B. *Procedimentos especiais: exegese do Código de Processo Civil (arts. 890 a 981).* Rio de Janeiro: Aide, 1989. p. 24.
616. *Ibidem*, p. 23.
617. ALMEIDA, Lacerda de. *Manual do Código Civil brasileiro. vol.* XI. Rio de Janeiro: Freitas Bastos, 1934. p. 221. SANTOS, João Manuel C. *Código Civil brasileiro interpretado.* vol. XIII. 10. ed. Rio de Janeiro: Freitas Bastos, 1977. p. 40.
618. É o que se infere, igualmente, do art. 341 do Código Civil.
619. Em sentido contrário: THEODORO JÚNIOR, Humberto. *Curso de direito processual civil: procedimentos especiais.* Rio de Janeiro: Forense, 2006. p. 28; MARMITT, Arnaldo. *Consignação em pagamento.* Rio de Janeiro: Aide, 1990. p. 86. SANTOS, Ernane Fidélis. *Ação de consignação em pagamento.* Digesto de processo. v. 1. Rio de Janeiro: Forense, 1980. p. 81.

sucessivas, consignada uma delas, pode o devedor continuar a depositar, no mesmo processo e sem mais formalidades, as que se forem vencendo, desde que o faça em até cinco dias contados da data do respectivo vencimento". Seu teor é praticamente o mesmo do contido no artigo 892 do CPC/73.[620]

Não existe expresso no texto um marco final para a realização dos depósitos. Seria a sentença esse marco, a partir do qual, portanto, remanescendo prestações vincendas, caberia ao autor propor nova demanda de consignação para nela prosseguir promovendo os depósitos em pagamento? Ou os depósitos poderiam ser realizados no mesmo processo, mesmo depois de já proferida sentença, enquanto não ocorrido o trânsito em julgado da decisão? A doutrina sempre se mostrou vacilante a respeito do tema.[621]

Muito influenciado pelo novo Código de Processo Civil de Portugal de 26 de junho de 2013 (Lei 41/13), foi aprovado no II FPPC o presente Enunciado, que prevê a possibilidade de as prestações sucessivas serem depositadas em pagamento no mesmo processo enquanto o mesmo estiver pendente, ou seja, enquanto não ocorrido o trânsito em julgado da última decisão nele proferida. Segue-o, *verbis*: "Na ação de consignação em pagamento que tratar de prestações sucessivas, consignada uma delas, pode o devedor continuar a consignar sem mais formalidades as que se forem vencendo, enquanto estiver pendente o processo".

Com efeito, os números 3 e 4 do artigo 1.024 do CPC de Portugal prescrevem:

---

620. "Art. 892. Tratando-se de prestações periódicas, uma vez consignada a primeira, pode o devedor continuar a consignar, no mesmo processo e sem mais formalidades, as que se forem vencendo, desde que os depósitos sejam efetuados até 5 (cinco) dias, contados da data do vencimento".

621. Para Lopes da Costa: "A sentença não declara, nem poderia declarar 'efetuado o pagamento' de prestações ainda não vencidas e não pagas. O que pode suceder na consignação é que o autor, devedor, deposite a prestação já vencida e, no curso do processo faça o mesmo com as prestações que se forem vencendo". LOPES DA COSTA, A. *Consignação em pagamento. Prestações vincendas – condenação "in futurum" (Notas à margem de um acórdão).* Revista dos Tribunais. vol. 233. São Paulo: RT, 1955. p. 19. O argumento de Lopes da Costa, de que não poderia haver declaração em relação a fato futuro (efetuação do pagamento de prestações ainda não vencidas e não pagas) não assusta. Em verdade, a sentença de procedência do pedido em ação consignatória declara o autor liberado em relação às prestações vencidas e em relação às quais operou-se o depósito em pagamento. Se o acórdão que julga o recurso é no sentido de negar-lhe provimento, tem-se que, em virtude do efeito substitutivo (art. 512 do CPC), não só é dada uma nova declaração em relação aos depósitos em pagamento anteriores à sentença, como há a declaração de liberação do devedor no tocante aos depósitos em pagamento posteriores à sentença (art. 517 do CPC). Também no sentido de que o termo final para a efetuação de depósitos em pagamento é a sentença: SILVA, Ovídio A. B. *Procedimentos especiais: exegese do Código de Processo Civil (arts. 890 a 981).* Rio de Janeiro: Aide, 1989. p. 27. MARMITT, Arnaldo. *Consignação em pagamento.* Rio de Janeiro: Aide, 1990. p. 200. FABRÍCIO, Adroaldo Furtado. *Comentários ao Código de Processo Civil. vol.* VIII, tomo III. Rio de Janeiro: Forense, 1980. p. 111. Humberto Theodoro Jr., a partir de lição de Pontes de Miranda a respeito da sentença declarativa *in futurum*, condiciona a possibilidade de os depósitos continuarem a ser realizados após a prolação da sentença, enquanto pendente de julgamento o recurso contra ela interposto, a que o autor faça pedido expresso na petição inicial nesse sentido, de maneira a que o juiz, na sentença, autorize expressamente que os depósitos continuem a ser realizados. THEODORO JÚNIOR, Humberto. *Curso de direito processual civil: procedimentos especiais.* 36. ed. Rio de Janeiro: Forense, 2006. p. 32.

> Art. 1.024. 3 – Tratando-se de prestações periódicas, uma vez depositada a primeira, o requerente pode depositar as que se forem vencendo enquanto estiver pendente o processo, sem necessidade de oferecer o pagamento e sem outras formalidades; estes depósitos sucessivos consideram-se consequência e dependência do depósito inicial e o que for decidido quanto a este vale em relação àqueles. 4 – Se o processo tiver subido em recurso, os depósitos sucessivos podem ser feitos na 1ª instância, ainda que não tenha ficado traslado.

A propósito do ponto, já se teve a oportunidade de assinalar[622]:

> Conquanto declaratória a sentença de procedência do pedido consignatório, tem-se como certa e acertada a possibilidade de o autor continuar a proceder ao depósito de prestações vincendas após a prolação da sentença, desde que condicionada, na linha do que propugnado por Ernane Fidélis dos Santos, a circunstâncias qualitativas e quantitativas relacionadas às prestações. Naqueles casos em que as obrigações sucessivas, em virtude do contrato ou por sua natureza, forem variadas qualitativa e quantitativamente, não há como se admitir que, após a sentença, o autor continue a realizar o depósito das que se forem vencendo. Quando, contudo, as prestações, a par de possuírem regularidade temporal, são, também, invariáveis em termos de quantidade e qualidade, inexiste óbice a que o autor continue a depositá-las mesmo depois de proferida a sentença.

► **NCPC. Art. 541.** Tratando-se de prestações sucessivas, consignada uma delas, pode o devedor continuar a depositar, no mesmo processo e sem mais formalidades, as que se forem vencendo, desde que o faça em até 5 (cinco) dias contados da data do respectivo vencimento.

ENUNCIADO 61. É PERMITIDO AO RÉU DA AÇÃO DE CONSIGNAÇÃO EM PAGAMENTO LEVANTAR "DESDE LOGO" A QUANTIA OU COISA DEPOSITADA EM OUTRAS HIPÓTESES ALÉM DA PREVISTA NO § 1º DO ART. 545 (INSUFICIÊNCIA DO DEPÓSITO), DESDE QUE TAL POSTURA NÃO SEJA CONTRADITÓRIA COM FUNDAMENTO DA DEFESA.

● *Grupo: Procedimentos Especiais.* ● *Referências: art. 545.*

► ***Tiago Figueiredo Gonçalves***

Na disciplina do procedimento da ação de consignação em pagamento no qual o réu, em contestação, alega a não integralidade do depósito (NCPC, art. 544, IV), prevê-se a possibilidade de o autor completá-lo em 10 dias (NCPC, art. 545, *caput*). Não havida a complementação, e, portanto, prosseguindo o processo para verificação da diferença, faculta-se ao réu o levantamento desde logo da quantia ou coisa depositada (NCPC, art. 545, § 1º).

Já se disse, em outro contexto[623], que muito embora a literalidade do § 1º do artigo 545 do NCPC induza a crer que o levantamento da quantia depositada em pagamento somente se faria possível quando a defesa do réu versasse sobre a insuficiência do depósito, *a norma a ser extraída do dispositivo deve considerar que o levantamento da quantia ou da coisa possa ocorrer em outras situações, salvo quando se estiver diante de inadimplemento absoluto*, já que "essa situação levará à improcedência, e a dificuldade

622. GONÇALVES, Tiago F. *Consignação em pagamento: aspectos de direito processual e material.* Curitiba: Juruá, 2013. p. 121.
623. *Ibidem*, p. 150.

será a devolução da quantia levantada".[624] Em virtude de em relação à quantia ou coisa depositada inexistir controvérsia entre as partes, até mesmo quando se esteja diante de sentença sem resolução de mérito, não há óbice a que o levantamento da coisa ou da quantia seja procedido pelo réu.[625]

Na trilha deste entendimento segue o Enunciado em questão.

► **NCPC. Art. 545.** Alegada a insuficiência do depósito, é lícito ao autor completá-lo, em 10 (dez) dias, salvo se corresponder a prestação cujo inadimplemento acarrete a rescisão do contrato.

ENUNCIADO 62. A REGRA PREVISTA NO ART. 548, III, QUE DISPÕE QUE, EM AÇÃO DE CONSIGNAÇÃO EM PAGAMENTO, O JUIZ DECLARARÁ EFETUADO O DEPÓSITO EXTINGUINDO A OBRIGAÇÃO EM RELAÇÃO AO DEVEDOR, PROSSEGUINDO O PROCESSO UNICAMENTE ENTRE OS PRESUNTIVOS CREDORES, SÓ SE APLICARÁ SE O VALOR DO DEPÓSITO NÃO FOR CONTROVERTIDO, OU SEJA, NÃO TERÁ APLICAÇÃO CASO O MONTANTE DEPOSITADO SEJA IMPUGNADO POR QUALQUER DOS PRESUNTIVOS CREDORES.

● *Grupo: Procedimentos Especiais.* ● *Referências: art. 548, III.*

▸ *Tiago Figueiredo Gonçalves*

Ao dispor sobre o procedimento da ação de consignação para os casos de dúvida quanto a quem seja o credor, o artigo 548 do NCPC, adiante transcrito, segue a linha de seu correspondente no CPC/73.

Em anotações sobre o tema, verberou-se outrora[626]:

> A solução que o Código oferece para o caso de comparecimento de mais de um réu não pode ser observada de maneira automática pelo órgão jurisdicional. Isto porque o Juízo só poderá declarar liberado o devedor, e, portanto, reconhecer a obrigação como extinta, se nenhum dos réus, em defesa, suscitar questões impugnando a causa da consignação ou o depósito em si.

É bem verdade que a simples comparência de mais de um réu se afigura fundamento relevante e suficiente para demonstrar a objetividade da dúvida do devedor, a tornar legítimo o depósito em pagamento, ao menos neste aspecto. Mas pode ser que qualquer dos réus venha a suscitar outras matérias de defesa – como, por exemplo, a insuficiência do depósito – que necessariamente deverão ser dissipadas antes que

624. ANDRIGHI, Fátima N. *Consignação em pagamento: Reforma do Código de Processo Civil*. TEIXEIRA, Sálvio F. (Coord.). São Paulo: Saraiva, 1996. p. 473.

625. " (...). Consignação. Depósito. Levantamento. Extinção do feito sem julgamento do mérito. CPC, art. 899, § 1º. Aplicabilidade. O § 1º do Art. 899 do CPC outorga ao réu, na ação de consignação, o direito de levantar, desde logo, a quantia depositada pelo autor, por se tratar de valor incontroverso. Isto porque, a quantia oferecida é aquela que o autor reconhece como devida e, se o réu aceita recebê-la, é porque admite ser credor. O § 2º do Art. 899 nada tem com o § 1º. Ele trata de sentença de mérito que constitui um título executivo em favor do credor demandado. Não faz sentido devolver à devedora quantia que ela mesma ofereceu em pagamento. Tal devolução obrigaria a credora a desenvolver desnecessário esforço de cobrança. Isso significa: a devolução instaurará lide em torno de controvérsia inexistente, fazendo tábula rasa da instrumentalidade das normas processuais". (STJ, REsp 515.976, 3ª T., Rel. Min. Humberto Gomes de Barros, DJU 17.12.2004).

626. GONÇALVES, Tiago F. *Consignação em pagamento: aspectos de direito processual e material*. Curitiba: Juruá, 2013. p. 158-159.

haja a declaração de liberação do devedor. Por isto que o processo deverá prosseguir também com o autor, até que sejam resolvidas as questões suscitadas em contestação por um, por alguns, ou por todos os réus.

Tem-se, então, que o comparecimento de mais de um réu, cada qual apenas sustentando a titularidade do direito sobre a coisa ou quantia depositada, sem que qualquer deles se insurja contra o depósito, implica a liberação do devedor e a consequente extinção da obrigação, prosseguindo-se o processo exclusivamente entre os sedizentes credores, com observância, a partir deste instante, do procedimento comum, nos termos do artigo 548, III, do NCPC.

Não se descure da possibilidade de, diante das provas subministradas aos autos, o Juízo reunir condições de, neste momento inicial, não só declarar o autor liberado da obrigação, como, outrossim, de decidir quanto à titularidade do crédito. Sobre o ponto, Arnaldo Marmitt verbera: "Há de ter-se presente, também, que na dúvida quanto à pessoa do credor, quando tiverem comparecido vários pretendentes à importância depositada, o processo não precisa necessariamente continuar na sua tramitação. Nem sempre após declarada extinta a obrigação do devedor, há essa outra fase entre os supostos credores. A lide pode extinguir-se aí mesmo, pois nada impede que, em face dos termos da controvérsia, e porque absolutamente dispensável a produção de outras provas, o juiz prolate sentença e assim reúna as duas etapas procedimentais em que se desdobra o feito via de regra".[627]

Quando, contudo, qualquer dos réus, além de comparecer ao processo para demonstrar sua condição de titular do crédito, oferecer contestação impugnando a causa da consignação ou o depósito em si, o processo deverá prosseguir com o autor, até que as questões suscitadas pelo (s) réu (s) sejam resolvidas.

Suponha-se que um dos réus, além de aduzir razões com as quais busque demonstrar ser ele o titular do direito, ofereça contestação para alegar que o depósito é insuficiente. Ou, ainda, que mais de um réu assim proceda, cada qual indicando um valor, diferentes entre si e em relação ao depositado pelo autor. Outra não é a solução, que não a propugnada por Eládio Rocha, que pontua[628]:

> Deverá o juiz, impossibilitado de extinguir a obrigação em face a discussão que se estabelecerá nos autos em relação à não integralidade do depósito, em redobrando os cuidados na condução do feito ante à grande probabilidade de se instalar o tumulto e a descaracterização do rito indicado, determinarão seguimento da demanda com dupla angulação.

É a ideia que em suma se encontra estampada no Enunciado.

► **NCPC. Art. 548.** No caso do artigo 547: I – não comparecendo pretendente algum, converter-se-á o depósito em arrecadação de coisas vagas; II – comparecendo apenas um, o juiz decidirá de plano; III – comparecendo mais de um, o juiz declarará efetuado o depósito e extinta a obrigação, continuando o processo a correr unicamente entre os presuntivos credores, observado o procedimento comum.

---

627. MARMITT, Arnaldo. *Consignação em pagamento.* Rio de Janeiro: Aide, 1990. p. 141.
628. ROCHA, Eládio. "Particularidades da ação de consignação em pagamento". *Revista dos Tribunais.* vol. 666. São Paulo, 1991. p. 56.

ENUNCIADO 534. A DECISÃO A QUE SE REFERE O INCISO III DO ART. 548 FAZ COISA JULGADA QUANTO À EXTINÇÃO DA OBRIGAÇÃO.

● *Grupo: Sentença, coisa julgada e ação rescisória.* ● *Referências: art. 548, III.*

▸ ***Tiago Figueiredo Gonçalves***

O artigo 203, § 1º, do NCPC conceitua sentença mediante a convergência de dois fatores que se conjugam. Por um lado, exige-se que o pronunciamento do juiz verse sobre alguma das matérias contempladas nos artigos 485 e 487, ou seja, leva-se em consideração o conteúdo da decisão. Por outro lado, exige-se que o pronunciamento tenha aptidão para colocar fim à fase cognitiva do procedimento comum ou extinguir a execução (leia-se: processo de execução ou cumprimento de sentença), isto é, leva-se em conta a posição do pronunciamento dentro do procedimento, partindo-se, portanto, de critério topológico.

É bem verdade que a locução com que o texto do § 1º do artigo 203 é iniciado apresenta ressalva em relação a eventuais pronunciamentos judiciais proferidos no bojo de procedimentos especiais: "ressalvadas as disposições expressas dos procedimentos especiais". Exige-se, contudo, que haja disposição legal expressa conferindo a determinado pronunciamento a natureza de sentença sem que nele se identifiquem os dois fatores a partir dos quais o artigo 203, § 1º apresenta a conceituação de tal pronunciamento.

O artigo 548 do NCPC, ao regular o procedimento da ação de consignação fundada em dúvida quanto a quem seja o credor, prevê, por seu inciso III, que diante do comparecimento de mais de um réu ao chamado da citação, cada qual afirmando a sua condição de credor, deve o juiz proferir decisão pela qual declare efetuado o depósito e extinta a obrigação, com a consequente exclusão do autor-devedor do processo, prosseguindo-se o procedimento em relação aos presuntivos credores. Observe-se que este pronunciamento não se enquadra no conceito de sentença fornecido pelo artigo 203, § 1º, já que não tem aptidão para pôr fim à fase cognitiva do procedimento. Por outro turno, trata-se de pronunciamento no qual há efetivamente manifestação do juiz sobre o mérito do processo, com carga declarativa suficiente para liberar o autor-devedor da obrigação, mediante o reconhecimento de sua extinção com o depósito em pagamento. Tal pronunciamento, pois, a despeito de possuir natureza de decisão interlocutória, tem aptidão para o fazimento de coisa julgada material no que concerne à liberação do devedor com a declaração de extinção da obrigação. Este é o que o Enunciado busca exprimir.

▸ **NCPC. Art. 547.** Se ocorrer dúvida sobre quem deva legitimamente receber o pagamento, o autor requererá o depósito e a citação dos possíveis titulares do crédito para provarem o seu direito. ▸ **Art. 548.** No caso do art. 547: (...). III – comparecendo mais de um, o juiz declarará efetuado o depósito e extinta a obrigação, continuando o processo a correr unicamente entre os presuntivos credores, observado o procedimento comum.

Enunciado 535. Cabe ação rescisória contra a decisão prevista no inciso III do art. 548.

● *Grupo: Sentença, coisa julgada e ação rescisória.* ● *Referências: art. 548, III.*

▸ ***Tiago Figueiredo Gonçalves***

O teor do enunciado nº 535 do FPPC é consectário lógico do teor do Enunciado 534/FPPC, a cujos comentários se remete. Se o pronunciamento a que se refere o artigo 548, III, do NCPC, cuja natureza é de decisão interlocutória, ao declarar efetuado o depósito e extinta a obrigação, tem aptidão para o fazimento de coisa julgada material quanto à extinção da obrigação, consequentemente é pronunciamento que comporta impugnação através de ação rescisória. É o que busca expressar o Enunciado em comento.

► **NCPC. Art. 547.** Se ocorrer dúvida sobre quem deva legitimamente receber o pagamento, o autor requererá o depósito e a citação dos possíveis titulares do crédito para provarem o seu direito. ► **Art. 548.** No caso do art. 547: (...). III – comparecendo mais de um, o juiz declarará efetuado o depósito e extinta a obrigação, continuando o processo a correr unicamente entre os presuntivos credores, observado o procedimento comum.

2.1.3.2. Das Ações Possessórias (arts. 554 a 568)

Enunciado 63. No caso de ação possessória em que figure no polo passivo grande número de pessoas, a ampla divulgação prevista no § 3º do art. 554 contempla a inteligência do art. 301, com a possibilidade de determinação de registro de protesto para consignar a informação do litígio possessório na matricula imobiliária respectiva.

● *Grupo: Procedimentos Especiais.* ● *Referência: art. 554.*

▸ ***Rodrigo Mazzei e Leriane Drumond Bento***

O artigo 554 do NCPC inicia o tratamento das ações possessórias, tratando, em seu *caput* do princípio da fungibilidade das ações possessórias, e em seus três parágrafos dos regramentos específicos para as hipóteses de grandes conflitos possessórios, em que, devido à quantidade de pessoas no polo passivo da ação, fazem-se necessárias soluções próprias. Sobre isto, cabe salientar, inicialmente, que não ocorreu boa sistematização geral no capítulo que envolve as ações possessórias no NCPC, na medida em que a temática tratada nos três parágrafos do dispositivo não guarda qualquer relação com o *caput.*

Enquanto os parágrafos tratam especificamente dos chamados *litígios coletivos da posse*, o *caput* tem escopo amplo aplicável à dinâmica da posse, usualmente anunciada pela doutrina como *fungibilidade possessória.* Não resta dúvida que os ditos parágrafos deveriam estar atrelados, ou ao menos próximos, ao disposto no artigo 565 do NCPC, que trata de diversos assuntos sobre os litígios coletivos da posse. A despeito disto, tratam os dois primeiros parágrafos do artigo 554 sobre a regra de citação a ser adotada nestes casos, determinando-se que os ocupantes que forem encontrados no local sejam citados pessoalmente, sendo realizada a citação pela via editalícia para os demais.

Estes comandos prestigiam posição jurisprudencial anterior ao NCPC em relação à possibilidade de citação editalícia em causas que envolvam litígio coletivo em relação aos que não forem identificados (STJ, REsp 362.365, REsp 154.906). O parágrafo terceiro, por sua vez, traz medida de apoio à citação nas ações possessórias com grande número de pessoas no polo passivo, em especial para dar a visibilidade nem sempre alcançada pela citação por edital. Isso porque prevê o citado dispositivo que o juiz deverá determinar que se dê ampla publicidade da existência da ação possessória com grande número de pessoas no polo passivo, podendo, para tanto, adotar medidas variadas, entre as quais, anúncios em jornal ou rádio locais, publicação de cartazes na região do conflito e outros meios.

Trata-se de regra exemplificativa, que comporta outros meios que efetivem a medida. No sentido, trazendo alguns outros exemplos, a divulgação poderá ser feita pela circulação de carros de som na área do conflito, anúncios em sítios eletrônicos e apoio de entidades sociais de apoio, tais como associação de moradores. O caso concreto irá demonstrar os meios mais adequados à ampla divulgação.

Afigura-se, às claras, que a criação de cadastro nacional eletrônico trazendo as informações acerca dos conflitos coletivos sobre a posse, aliado a uma boa divulgação da sua existência, poderá ser uma boa via de apoio à manutenção da ampla publicidade. Isso porque a ampla divulgação não está limitada à citação, mas aos prazos processuais da ação, situação que fará com que em vários momentos do processo seja necessário que divulgue informações relevantes da pendenga. Neste sentido, o enunciado 63 do FPPC traz à baila as disposições do artigo 301, que buscando concretizar a tutela de urgência de natureza cautelar, cita, dentre outras hipóteses, o registro de protesto contra alienação de bem.

Assim, delineia o referido enunciado a possibilidade de determinação pelo juízo do registro de protesto para consignar na matrícula do imóvel informações sobre o litígio possessório. A orientação fixada no citado enunciado deve ser compreendida em toda a sua extensão, pois acaba tendo efeito externo à ampla divulgação almejada no § 3º do artigo 554, que está focada – ao menos numa primeira leitura – as partes do processo judicial. Antes de tudo, o protesto tratado no artigo 301 do NCPC (*registro de protesto contra alienação*) não terá, a priori, o condão de impedir as alienações e/ou onerações, mas apenas *consignar a informação do litígio possessório na matrícula imobiliária respectiva*, ou seja, servindo como elemento de publicidade acerca do litígio sobre o bem (STJ, REsp 1.432.831, EREsp 440.837).

O protesto contra a alienação de bens exige a presença de dois requisitos: legítimo interesse e não prejudicialidade efetiva da medida. (...) O primeiro requisito – legítimo interesse – se traduz na necessidade ou utilidade da medida para assegurar ao promovente o fim colimado. Assim, devem ser sumariamente indeferidos por falta de legítimo interesse os protestos formulados por quem não demonstra vínculo com a relação jurídica invocada ou que se mostrem desnecessários frente aos próprios fatos descritos na petição inicial. O segundo requisito – não nocividade da medida – exige que o protesto não atente contra a liberdade de contratar ou de agir juridicamente, ou seja, o seu deferimento não deve dar causa a dúvidas e incertezas que possam impedir a formação de contrato ou a realização de negócio lícito. Esse impedimento, porém, é de natureza psicológica, porque o protesto não tem a força de direito de impedir qualquer negócio jurídico.

Na prática, portanto, o Juiz deve tolher o uso abusivo da medida, como meio de suscitar suspeitas infundadas ou exageradas sobre o bem ou direito objeto do protesto, a ponto de afastar indevidamente o possível interesse de terceiros em firmar negócio jurídico envolvendo o mencionado bem ou direito" (STJ, RMS 35.481, REsp 737.345, RMS 28.290 e RMS 24.066). Plasmando as ideias firmadas na jurisprudência, terá legítimo interesse todo aquele que figurar em qualquer ação que tenha como discussão a posse e/ou titularidade real do bem, sendo a publicidade (averbação) aliada na prevenção em relação a terceiros.

Evita-se, assim, que áreas com litígios envolvendo posse e reivindicatórias sejam utilizadas em alienações e/ou onerações, sem que o terceiro tenha ciência do fato, até porque tal situação implica em pontos cruciais do negócio, notadamente o preço. Apenas como exemplo útil, uma área que está sendo objeto de usucapião coletivo não poderá ser adquirida sem que o comprador esteja ciente de que aquele negócio poderá ser neutralizado, ao menos no campo do Direito das Coisas, por decisão judicial.

O conhecimento do fato levará a análise de risco do comprador, que poderá não desistir do negócio se entender que o direito do postulante a usucapião é parco, ou, de outra banda, caminhar por um desenho contratual que lhe propicie mais garantias, inclusive no plano da evicção. Em relação aos possuidores a medida também permite, aliada a ampla divulgação geral por outros meios, informar que há litígio sobre o imóvel, situação que pode desestimular o comércio interno das posições (= posição de possuidor).

Não é incomum que alguns possuidores que já estavam no imóvel desde o começo do litígio passem a "vender de seus direitos", passando sua posse em prol de pessoa que sequer tem ciência da ação judicial. Percebe-se, portanto, que não se pode limitar a noção de publicidade prevista no § 3º do artigo 554 para a análise interna da ação, pois esta teria apenas a finalidade de identificar os possuidores, em complemento ao disposto no § 1º do mesmo artigo.

Tal interpretação restritiva fugiria, inclusive, à noção de processo eficiente (NCPC, art. 8º). Deste modo, na medida em que o processo deve ser realizado em ambiente de boa-fé objetiva (NCPC, art. 5º), a análise ampliativa da publicidade nos casos traçados no artigo 554, § 3º, evita que terceiros sejam prejudicados por carência de informações acerca dos processos judiciais. O Enunciado nº 63 do FPPC, com tal balada, potencializa o § 3º do artigo 554, para lhe dar efeitos além dos litigantes.

Por fim, apesar do citado enunciado apenas fazer alusão às *ações possessórias coletivas* (expressão para se referir às ações com grande número de pessoas afirmando possuir posse) afigura-se que a providência que pode ser postulada no âmbito de ações com o mesmo perfil, mas sem a presença de grande número de pessoas em qualquer dos polos. A publicidade acerca de conflito envolvendo bem é relevante para se evitar outros litígios e desdobramentos envolvendo terceiros, como se pode extrair de uma interpretação mais alongada do artigo 792, II, do NCPC.

► **NCPC. Art. 554.** A propositura de uma ação possessória em vez de outra não obstará a que o juiz conheça do pedido e outorgue a proteção legal correspondente àquela cujos pressupostos estejam provados.

ENUNCIADO 65. O ART. 557 DO PROJETO NÃO OBSTA A CUMULAÇÃO PELO AUTOR DE AÇÃO REIVINDICATÓRIA E DE AÇÃO POSSESSÓRIA, SE OS FUNDAMENTOS FOREM DISTINTOS.

● *Grupo: Procedimentos Especiais.* ● *Referência: art. 557.*

▸ ***Rodrigo Mazzei e Leriane Drumond Bento***

O artigo 557 está vinculado à tríade de interditos possessórios prevista no artigo 1.210 do CC, cujo ponto de toque no fundamento é o exercício de posse anterior pelo autor, bastando observar os arts. 560-568 do CPC atual. Em suma, como efeito do exercício da posse, o possuidor tem direito a ser reintegrado (= *restituído*) na posse em caso de esbulho, mantido na hipótese de turbação e segurado de violência iminente (se tiver justo receio de ser molestado).

Há, todavia, outras ações que podem alcançar resultado (proteção da posse) semelhante aos interditos possessórios (p. exemplo: ação reivindicatória e ação de embargos de terceiro). Mais ainda, não consta no artigo 557 qualquer comando que indique que o autor deve buscar a proteção possessória apenas se valendo do fundamento de que exerce (ou exercia) posse anterior (art. 1.210, CC), até porque, se assim, regulasse o dispositivo, tal regra seria claramente inconstitucional, violando o acesso à justiça.

Note-se, ainda, que é perfeitamente possível que uma pessoa tenha a seu favor duplo fundamento que permite proteger a posse de determinado bem, bastando pensar no caso do proprietário que foi esbulhado da posse (que já exercia alguns anos) de imóvel se sua titularidade. No exemplo hipotético, poderia o interessado ingressar tanto com a ação reivindicatória (fundamento = direito real), quanto com a ação possessória (fundamento = exercício da posse anterior, que foi esbulhada).

De modo geral, em tais casos, se a agressão ocorreu em prazo inferior a ano e dia, o interessado optava pela ação possessória, seduzido pela *técnica especial da tutela provisória da posse,* pois a antecipação da tutela pretendida possui requisitos mais simples e objetivos (art. 561). Raros são os casos em que o proprietário, mesmo tendo posse anterior, propõe ação possessória se a agressão ocorreu há mais de ano e dia, tendo em vista que a ação possessória de força velha não agasalha nenhuma *técnica especial da tutela provisória da posse* (art. 558).

Dessa forma, nos casos em que a ação possessória seria enquadrada como de força velha, esta se torna pouco atraente, recaindo a opção pela ação reivindicatória que, embora também desprovida de técnica especial de tutela provisória, possui fundamento de direito material de maior calibre. Interessante notar que apesar do *duplo fundamento* que poderia ser invocado pelo autor (posse e direito real), passível de cumulação, não se observa de forma vulgar a opção pelo cúmulo.

Certamente a resposta advém da redação do artigo 292, § 2º, do CPC/73, que previa que *quando, para cada pedido, corresponder tipo diverso de procedimento, admitir-se-á a cumulação, se o autor empregar o procedimento ordinário.* Seguindo no exemplo, com a cumulação do fundamento possessório com o fundamento (real) reivindicatório o autor escapava do procedimento especial e perdia a *técnica especial da tutela provisória da posse*, sendo remetido para a tutela provisória em seu gabarito ordinário.

Note-se do acima resenhado que as opções acerca da ação e do descarte da cumulação estão atreladas a exame de questões de cunho processual, cujo sítio é a *técnica especial da tutela provisória da posse.* Enfim, a escolha da ação se dá em razão de uma técnica processual, mas não pelo próprio fundamento da ação, numa demonstração clara de maior atenção ao direito processual do que ao direito material.

Trata-se de um grave equívoco e tal linha de opção pode redundar em prejuízo ao autor, pois não há sentido em descartar o fundamento vinculado ao direito real no exemplo acima, até mesmo diante da potência da sequela que carrega e que não se verifica igualmente nas ações possessórias.

Com efeito, da comparação dos arts. 1.228 e 1.212 do CC tem-se que se a ação foi movida contra terceiro que não o esbulhador original, em se tratando de ação possessória a viabilidade desta dependerá na análise se o réu está em posição de boa-fé ou de má-fé, ao passo que na ação (real) reivindicatória tal aferição é irrelevante para o desfecho, já que alcançará quem quer que seja (parte final do artigo 1.228, CC) e não apenas o terceiro possuidor de má-fé, como ocorre na ação possessória (art. 1.212, CC). Com tal norte, seguindo no exemplo, numa ação possessória de força nova movida contra terceiro, em sendo a posse o único fundamento do autor (que é proprietário e possui título de tal condição), se a contestação alegar boa-fé e trouxer documento que possa considerado como justo título (art. 1.201, parágrafo único, CC), o autor não poderá discutir a titularidade da coisa, mas tão somente se o documento exibido (e eventual contexto probatório) caracteriza a boa-fé ou não do réu.

Caso positivo, consoante art. 1.212 do CC, a ação possessória terá insucesso, pois não é capaz de alcançar o terceiro de boa-fé. Assim, a posse com fundamento da ação de restituição é *mais fraca* do que a *propriedade*, pois se a última for vetor do fundamento da postulação, pouco importará a posição de boa-fé (ou não) do terceiro que se encontra na coisa (art. 1.228, CC). A discussão tomará outro rumo, pois o fundamento é distinto da posse, qual seja: a real titularidade do bem em disputa.

O quadro acima indica que as opções de manejo envolvendo a ação possessória e outras (no caso do exemplo, a ação reivindicatória) não podem ser feitas com olhos exclusivos ou preferenciais no direito processual. Além de inexistir qualquer vedação no *caput* do artigo 557, que somente versa sobre restrições acerca de ações possessórias já *pendentes*, ou seja, sem tratar de restrição do desenho das ações não propostas, a novidade inserida no § 2º do artigo 327 do NCPC abre espaço para cumulação de outros fundamentos aos da tríade clássica das ações possessórias (art. 1.210, CC).

Isso porque, diferente do § 2º do artigo 292 do revogado CPC/73, o novo dispositivo prevê que embora a cumulação de pedidos com procedimento diverso remeta a ação para o procedimento comum, não haverá a perda das técnicas processuais diferenciadas dos procedimentos especiais a que se sujeitam um ou mais pedidos cumulados, desde que não sejam incompatíveis com as disposições sobre o procedimento comum. Com este novo panorama e fazendo interpretação das regras do NCPC a partir das suas normas fundamentais (que incluem o acesso à justiça de forma integral, para a solução de mérito definitiva da questão posta ao Poder Judiciário – arts. 1º, 3º, 4º, 5º, 6º e 8º), o autor que optar por cumular outro fundamento que não o possessório não perderá a *técnica especial da tutela provisória da posse*, caso a ação seja de força nova.

É importante salientar que o próprio NCPC permite a cumulação de fundamento de direito real com a posse para a proteção possessória de bem que foi objeto de constrição judicial, bastando, pois, observar com atenção a conjugação do *caput* do artigo 674 com os arts. 678 e 681, dispositivos que tratam dos embargos de terceiro. Com efeito, com fundamentação ampla, a ação dos embargos de terceiro pode estar arrimada na posse ou qualquer direito incompatível com o ato constritivo (art. 674) e, caso julgado procedente o pedido, além do afastamento das medidas constritivas, a sentença poderá *reconhecer o domínio* (= titularidade de direito real ou outro direito), para determinar a manutenção da posse ou da reintegração definitiva do bem ou do direito ao autor (art. 681).

Com outras palavras, para a propositura dos embargos de terceiro pode o autor trazer cumulação de pedidos, sem que isso cause nenhum embaraço à ação, situação que indica que mesma linha deve ser adotada na ação possessória, uma vez que não há justificativa para a permissão de cúmulo apenas nos embargos de terceiro, já que a decisão final tem escopo semelhante (proteção da posse, com ordem de restituição, manutenção ou afastamento de ameaça de moléstia – arts. 674, 678 e 681, NCPC).

Reforça a possibilidade de cumulação ainda a interpretação atual que se dá a Súmula 487/STF, que possuía seguinte redação: "Será deferida a posse a quem, evidentemente, tiver o domínio, se com base neste for ela disputada". A projeção do raciocínio que sustenta a Súmula, adaptado aos arts. 1.210 do CC e 557 do CPC atual, permite dizer que se o autor fez cumulação de pedidos, trazendo a posse e direito real como fundamentos, se não for possível julgar procedente o pedido em razão do fundamento possessório, poderá o julgador examinar os fundamentos expostos com base no *'domínio'*, desde que tenha sido dada oportunidade ao réu para contestar também o pleito arrimado em fundamento diverso da posse.

Nesse ponto, percebe-se que a cumulação feita pelo autor não pode ser vista como nociva ao réu, bastando, pois, que este tenha a possibilidade de combater todos os fundamentos, através de contraditório efetivo. O requerente ao fazer a cumulação explícita está trazendo postulação *eficiente* (NCPC, art. 8º), capaz de dar solução definitiva à questão (NCPC, arts. 3º e 4º), sem a provável necessidade de outro processo, em ato cooperativo e de boa-fé (NCPC, arts. 5º e 6º), assegurando o contraditório e igualdade (NCPC, art. 7º), com prestígio à noção de acesso máximo à justiça (NCPC, arts. 1º e 2º).

Não é possível aumentar as restrições que estão no artigo 557, já que aquelas são pontuais e cravadas justamente para beneficiar o autor que – ao ajuizar a ação possessória – apenas utiliza o fundamento possessório (provavelmente o único direito que possui sobre a coisa). As vedações acerca das matérias que podem ser arguidas pelo réu têm o objetivo justamente de que o fundamento único trazido pelo autor não seja neutralizado por defesa que traga fundamento diverso da posse.

Este é o motivo porque o parágrafo único do artigo 557 é peremptório ao prever que não obsta à manutenção ou à reintegração de posse a alegação de propriedade ou de outro direito sobre a coisa, que conjugado ao *caput* do dispositivo comentado também prevê a vedação de ação de contra-ataque de ações que podem ser propostas com os mesmos fundamentos de defesa censurados.

Pensar diferente implica em caminho para interpretação que leva o artigo 557 à inconstitucionalidade, ou mesmo à necessidade de declaração de interpretação conforme a Constituição, em ambos os casos tendo como fundamento a lesão ao direito constitucional de propriedade e ao direito constitucional de ação (acesso à justiça). Registre-se, no particular, que o artigo 705 do CPC da Itália, que possui redação próxima ao artigo comentado, foi declarado inconstitucional pela Corte Constitucional Italiana (Sentença n. 25, no ano de 1992), adotando-se posição mais aguda, inclusive, do que a aqui defendida (*"Dichiara l'illegittimità costituzionale dell'art. 705, primo comma, cod. proc. civ., nella parte in cui subordina la proposizione del giudizio petitorio alla definizione della controversia possessoria e all'esecuzione della decisione nel caso che ne derivi o possa derivarne um pregiudizio irreparabile al convenuto"*).

Destaque-se, por pertinente, que as decisões do STF acerca da constitucionalidade do artigo 923 do CPC/73 (que teve o espaço ocupado pelo art. 557) – RE 87.334 e RE 89.179 – trabalharam com ambiente diverso do atual contexto legal e constitucional. A conclusão dos julgamentos, basicamente, foi no sentido de que se já foi proposta ação possessória com base no *'domínio'*, isto é, em título, não pode ser proposta nova ação reivindicatória, tanto assim que de forma expressa, no voto do Ministro Cordeiro Guerra (RE 89.179), ficou assentado que a restrição somente se aplica "naqueles casos em que a disputa de posse se baseia em título dominical".

Efetuado o corte pelas decisões constitucionais citadas, não seria inconstitucional a restrição do artigo 923 do CPC/73 que impedia nova ação embasada em títulos que já faziam parte da fundamentação da ação possessória, evitando uma espécie de *litispendência específica* que poderia ocorrer, muito embora o fenômeno processual aqui indicado não o tenha sido feito nas referidas decisões. Portanto, a cumulação do fundamento possessório com outros, inclusive o de direito real, não padece de nenhum embaraço, merecendo ser recepcionado.

Correto, portanto, o entendimento que se firmou no Enunciado em análise. A única ressalva que deve ser feita é que os fundamentos *sempre* serão distintos na cumulação versada no enunciado transcrito, pois a ação possessória tem como fundamento a posse anterior (art. 1.210, CC) e a reivindicatória o direito real (art. 1.228, CC).

> ▶ **NCPC. Art. 557.** Na pendência de ação possessória é vedado, tanto ao autor quanto ao réu, propor ação de reconhecimento do domínio, exceto se a pretensão for deduzida em face de terceira pessoa.

ENUNCIADO 66. A MEDIDA LIMINAR REFERIDA NO ART. 565 É HIPÓTESE DE TUTELA ANTECIPADA.

● *Grupo: Procedimentos Especiais. Redação revista (III FPPC).* ● *Baseado na versão da Câmara dos Deputados. Na redação, final, o termo "tutela antecipada" foi substituído por "tutela provisória"; o termo "satisfativa", por "antecipada".* ● *Referência: art. 565.*

▸ ***Rodrigo Mazzei e Leriane Drumond Bento***

O artigo 565 faz alusão à *audiência de mediação* como ato obrigatório à análise da concessão de *medida liminar*.

A partir do momento que se define que *audiência* somente terá o espaço obrigatório nas ações em que a agressão da posse (turbação ou esbulho) ocorreu há mais de ano e dia (conforme determina o *caput* do artigo 565), é intuitiva a aferição de que a *medida liminar* tratada no dispositivo não possui vínculo com a técnica de tutela possessória especial prevista nos arts. 561-563 do NCPC (atinente às *ações de força nova*).

Assim, a tutela possessória prevista no artigo 565 deve ser vista como postulação de "tutela antecipada", que seguirá o regime geral das tutelas provisórias (NCPC, arts. 297 e seguintes).

> ▶ **NCPC. Art. 565.** No litígio coletivo pela posse de imóvel, quando o esbulho ou a turbação afirmado na petição inicial houver ocorrido há mais de ano e dia, o juiz, antes de apreciar o pedido de concessão da medida liminar, deverá designar audiência de mediação, a realizar-se em até 30 (trinta) dias, que observará o disposto nos §§ 2º e 4º.

ENUNCIADO 67. A AUDIÊNCIA DE MEDIAÇÃO REFERIDA NO ART. 565 (E SEUS PARÁGRAFOS) DEVE SER COMPREENDIDA COMO A SESSÃO DE MEDIAÇÃO OU DE CONCILIAÇÃO, CONFORME AS PECULIARIDADES DO CASO CONCRETO.

● *Grupo: Procedimentos Especiais.* ● *Referência: art. 565.*

▸ ***Rodrigo Mazzei e Leriane Drumond Bento***

O artigo 565 consiste em novidade trazida pelo novo diploma processual, tratando de pontos específicos dos chamados litígios coletivos envolvendo a posse de bens imóveis. Primeiramente, há de se perceber que tanto o *caput* como os parágrafos do artigo 565 tem como base comum a *audiência* que é obrigatória e precede a análise de pedido de tutela provisória nas *ações de força velha*, pois na cabeça do artigo comentado é feita menção expressa à hipótese do seu encaixe processual: *agressões na posse (esbulho ou turbação) ocorridas há mais de ano e dia.* Importante também notar que a dita *audiência de mediação* (embora falte boa técnica na redação da expressão) refere-se à *autocomposição*, ou seja, trata-se de ato processual que – apesar de ser antecedente à análise da tutela provisória – não pode ser confundida com a *audiência de justificação* prevista nos arts. 562 e 300, § 2º, ambos do NCPC.

Portanto, há dois pilares no artigo 565 que irão nortear a sua aplicação: (a) ambiente restrito para as ações em que a agressão na posse ocorreu em data superior a um ano e um dia; (b) a audiência a ser realizada tem o objetivo específico de propiciar a autocomposição. Nesta seara, o enunciado 67 do FPPC afirma que, muito embora o artigo 565 refira-se apenas à audiência de mediação, deve-se compreender como possível tanto a mediação quanto a conciliação, a depender do caso concreto. Sobre este tema, mister fixar que conciliação e mediação são dois métodos autocompositivos distintos, consoante pode se extrair do artigo 165, §§ 2º e 3º do NCPC.

De forma bem resumida, a conciliação se volta para hipóteses em que não há vínculo prévio entre as partes, tratando-se o problema de maneira pontual, por um terceiro imparcial que aponta sugestões de acordo para as partes. A mediação, por sua vez, indica-se para os conflitos inseridos em relações com um histórico entre as partes, de modo que um terceiro imparcial apenas auxiliará as partes para que restabeleçam o diálogo. Como são métodos distintos, os atos que envolvem as técnicas são bem diversos, admitindo-se, por exemplo, atos de mediação com apenas uma das partes, situação invulgar na conciliação.

Por tal passo, diante da diversidade das técnicas, os encontros que buscam a conciliação são tratados como *audiências*, ao passo que os vinculados à medição são tidos como *sessões*. Pois bem, percebe-se que o artigo 565 faz alusão apenas à mediação, sem cogitar na conciliação, mas, ao mesmo tempo, aduz que será designada *audiência*. O atropelo do artigo 565 não é isolado, já que o artigo 695 (vinculado às ações de família) traz redação conjunta, ao cogitar em "audiência de mediação e conciliação", dando a impressão de que as duas formas de autocomposição dar-se-ão simultaneamente na mesma "audiência".

Enfim, não é incomum que ocorra confusão entre audiência de conciliação com sessão de mediação, utilizando as palavras e expressões como sinônimas fossem, o que é equivocado. Todavia, o deslize redacional não pode levar a má compreensão do artigo 565, devendo ser interpretado que no ambiente das ações possessórias coletivas de bem imóvel é possível que se instale tanto a conciliação, marcando-se audiência, como a mediação, designando-se sessão. Com tal bussola, a partir da diferenciação feita nos §§ 2º e 3º do artigo 165, o juiz deverá analisar qual a técnica de autocomposição mais adequada para o caso em análise, para que esta seja definida, até porque os profissionais que laboram com estas nem sempre são os mesmos, diante das nuances de cada uma das duas modalidades.

Em exemplo, uma invasão ocorrida por pessoas que sequer tinham ciência da titularidade do imóvel poderá ser resolvida, de forma autocompositiva, pela conciliação. Todavia, em situação que se verifique vínculo anterior entre as partes, como é o caso de vizinhança e de posse precária, poderão motivar o uso da mediação, tendo em vista a necessidade de uma comunicação mais íntima, para restabelecimento de relação, com projeção, inclusive, futura. Portanto, a expressão "audiência de mediação" – apesar de padecer de desvio técnico – deve ser compreendida como base para se admitir tanto a conciliação (através de designação de audiência), como para mediação (fixando-se sessão).

Na decisão que deliberar acerca do ato deverá o juiz motivar não só acerca da necessidade do ato prévio de tentativa de autocomposição do artigo 565, mas também da técnica que será empregada no caso, fundamentando no sentido com espeque nos §§ 2º e 3º do artigo 165 do NCPC.

> ▶ **NCPC. Art. 565.** No litígio coletivo pela posse de imóvel, quando o esbulho ou a turbação afirmado na petição inicial houver ocorrido há mais de ano e dia, o juiz, antes de apreciar o pedido de concessão da medida liminar, deverá designar audiência de mediação, a realizar-se em até 30 (trinta) dias, que observará o disposto nos §§ 2º e 4º.

ENUNCIADO 178. O VALOR DA CAUSA NAS AÇÕES FUNDADAS EM POSSE, TAIS COMO AS AÇÕES POSSESSÓRIAS, OS EMBARGOS DE TERCEIRO E A OPOSIÇÃO, DEVE CONSIDERAR A EXPRESSÃO ECONÔMICA DA POSSE, QUE NÃO OBRIGATORIAMENTE COINCIDE COM O VALOR DA PROPRIEDADE.

● *Grupo: Procedimentos Especiais.* ● *Referência: arts. 554 e 677.*

▸ ***Rodrigo Mazzei e Leriane Drumond Bento***

Não se pode confundir posse com propriedade, pois são institutos distintos. Tanto assim que a posse e a propriedade sobre determinado bem – em boa parte das vezes – terão expressões econômicas diversas, notadamente em hipóteses que se sujeitam fenômenos peculiares, como é o caso do *fracionamento* dos poderes-faculdades. Basta pensar no locatário que – como possuidor direto – pode defender a sua posse em razão de terceiro e do locador que – na qualidade de possuidor indireto – também assim poderá fazer.

Por certo, a expressão econômica da posse é variável para cada um dos possuidores e demandará a análise concreta do caso para tentar se aferir o montante mais próximo possível. Com efeito, não se pode pensar que a expressão econômica da posse para o locatário será a mesma no começo ou no fim do contrato, admitindo-se para o locador também variação a partir da sua posição jurídica, pois certamente lhe terá mais valoração se for o proprietário do que, por exemplo, estiver em tal posição em razão de usufruto.

Assim, o valor da causa nas ações possessórias é tema singular, que não se confunde com o valor de propriedade, sendo hipótese de aferição no caso concreto, razão pela qual é salutar breve tópico na petição inicial sobre o tema. Justamente neste sentido está o enunciado 178 do FPPC. Registre-se, inclusive, que o artigo 292, IV, do NCPC apenas vincula o valor do imóvel às ações de divisão, de demarcação e de reivindicação, ou seja, ações de natureza real, o que não é o caso das ações possessórias.

Note-se, contudo, que ocorrendo a cumulação de pedidos, admitida expressamente pelos arts. 555 e 327, há de se aplicar as regras respectivas, em especial o disposto no inciso VI do artigo 292, que prevê que na ação em que há cumulação de pedidos, o valor da causa deve representar a quantia correspondente à soma dos valores de todos os pleitos.

▶ **NCPC. Art. 554.** A propositura de uma ação possessória em vez de outra não obstará a que o juiz conheça do pedido e outorgue a proteção legal correspondente àquela cujos pressupostos estejam provados. ▶ **Art. 677.** Na petição inicial, o embargante fará a prova sumária de sua posse ou de seu domínio e da qualidade de terceiro, oferecendo documentos e rol de testemunhas.

Enunciado 179. O prazo de cinco dias para prestar caução pode ser dilatado, nos termos do art. 139, inciso VI.

● *Grupo: Procedimentos Especiais.* ● *Referência: arts. 559 e 139, VI.*

▸ ***Rodrigo Mazzei e Leriane Drumond Bento***

O enunciado em análise refere-se à caução de que trata o artigo 559 do NCPC, cabível nos casos em que deferida a tutela provisória da posse (nas modalidades reintegração ou manutenção), o réu demonstre que o autor não possui *idoneidade financeira*. Deferido o requerimento do réu, o juiz deve conferir ao autor o prazo de cinco dias para a prestação da caução, sob pena de ser depositada a coisa litigiosa, ou seja, extraindo-se o bem do poder do autor para entregar a um terceiro, a ser indicado pelo julgador.

A regra, embora seja movida pela necessidade de buscar garantia para assegurar a falta de idoneidade financeira do autor, é inaplicável quando o pedido de caução se voltar para o hipossuficiente. O objetivo do dispositivo visa assegurar ao réu, através da prestação de caução por parte do autor, de que em caso de insucesso do requerente da ação possessória, o retorno ao *status quo ante* será efetuado não apenas no plano fático, mas também no plano pecuniário, garantindo-se o sucesso de indenização respectiva. Assim, a caução tem o escopo de garantir *efeito anexo* da decisão final de insucesso da tutela possessória pretendida pelo autor.

Objetiva, assim, assegurar pleito de indenização, a ser liquidado nos próprios autos da ação possessória, ao qual se aplica as regras gerais do artigo 302 do NCPC. Sobre o tema, determina o Enunciado que não se deve interpretar o prazo disposto no artigo 559 de forma inflexível, podendo este ser prorrogado ou definido de forma diversa, não sendo alvejado por rigidez. Desse modo, o juiz, a depender do caso concreto, e valendo-se do disposto no artigo 139, VI, poderá estabelecer prazo diferenciado para a prestação da caução.

▶ **NCPC. Art. 139.** O juiz dirigirá o processo conforme as disposições deste Código, incumbindo-lhe: VI – dilatar os prazos processuais e alterar a ordem de produção dos meios de prova, adequando-os às necessidades do conflito de modo a conferir maior efetividade à tutela do direito. ▶ **Art. 559.** Se o réu provar, em qualquer tempo, que o autor provisoriamente mantido ou reintegrado na posse carece de idoneidade financeira para, no caso de sucumbência, responder por perdas e danos, o juiz designar-lhe-á o prazo de 5 (cinco) dias para requerer caução, real ou fidejussória, sob pena de ser depositada a coisa litigiosa, ressalvada a impossibilidade da parte economicamente hipossuficiente.

ENUNCIADO 180. A PRESTAÇÃO DE CAUÇÃO PREVISTA NO ART. 559 PODERÁ SER DETERMINADA PELO JUIZ, CASO O RÉU OBTENHA A PROTEÇÃO POSSESSÓRIA, NOS TERMOS NO ART. 556.

• *Grupo: Procedimentos Especiais.* • *Referência: art. 559.*

▸ ***Rodrigo Mazzei e Leriane Drumond Bento***

O Enunciado estende a aplicação do disposto no artigo 559 do NCPC à situação em que o réu postula e obtém a tutela possessória em matéria de defesa, na forma prevista do artigo 556. Este dispositivo explicita que poderá o réu, na contestação, alegando que foi o ofendido em sua posse, demandar a proteção possessória.

Com tal norte, caso seja pleiteada e deferida a tutela possessória em favor do réu, seguindo-se a plataforma do artigo 556, é perfeitamente possível que o pedido de caução com base no artigo 559 seja requerido pelo autor. Isso porque o artigo comentado tem a finalidade de proteger a parte que sofre com a concessão da tutela da posse, pouco importando o polo processual da ação.

▶ **NCPC. Art. 559.** Se o réu provar, em qualquer tempo, que o autor provisoriamente mantido ou reintegrado na posse carece de idoneidade financeira para, no caso de sucumbência, responder por perdas e danos, o juiz designar-lhe-á o prazo de 5 (cinco) dias para requerer caução, real ou fidejussória, sob pena de ser depositada a coisa litigiosa, ressalvada a impossibilidade da parte economicamente hipossuficiente.

ENUNCIADO 328. OS ARTS. 554 E 565 DO CPC APLICAM-SE À AÇÃO DE USUCAPIÃO COLETIVA (ART. 10 DA LEI 10.258/2001) E AO PROCESSO EM QUE EXERCIDO O DIREITO A QUE SE REFEREM OS §§ 4º E 5º DO ART. 1.228, CÓDIGO CIVIL, ESPECIALMENTE QUANTO À NECESSIDADE DE AMPLA PUBLICIDADE DA AÇÃO E DA PARTICIPAÇÃO DO MINISTÉRIO PÚBLICO, DA DEFENSORIA PÚBLICA E DOS ÓRGÃOS ESTATAIS RESPONSÁVEIS PELA REFORMA AGRÁRIA E POLÍTICA URBANA.

• *Grupo: Impactos do CPC nos Juizados e nos procedimentos especiais de legislação extravagante.* • *Referência: arts. 554 e 565.*

▸ ***Rodrigo Mazzei e Leriane Drumond Bento***

Existem outros conflitos que envolvam a posse e que estão além do âmbito das ações possessórias com grande número de pessoas previstas no NCPC, tais como os dispostos no enunciado ora comentado. Muito embora as hipóteses fora do NCPC não sejam idênticas, fica evidente que são situações que possuem algum tipo de afinidade, sendo necessário recepcionar os regramentos do NCPC. Por exemplo, são estendidas a estes outros conflitos a regra de citação prevista nos parágrafos primeiro e segundo do artigo 554, qual seja, citação pessoal dos ocupantes que forem encontrados no local e a citação por edital dos demais, bem como o comando disposto no parágrafo terceiro do referido artigo, quanto à necessidade de ampla publicidade da ação, podendo, para tanto, adotar medidas variadas, entre as quais, anúncios em jornal ou rádio locais, da publicação de cartazes na região do conflito e de outros meios.

Também se aplicam as regras quanto à participação do Ministério Público, que, conforme o artigo 178, III, deve atuar como *custo legis*. Importante destacar que, apesar do supracitado artigo se referir apenas a litígios coletivos pela *posse*, a participação do Ministério Público ocorrerá em qualquer litígio coletivo (= envolvendo grande número de pessoas) que tenha como foco a posse (ainda que de forma indireta), postura esta que pode ser extraída do § 5º do artigo 565 do NCPC, na medida em que o citado dispositivo determina a aplicação das regras que envolvem tais ações possessórias também aos litígios que envolvam conflitos semelhantes acerca da propriedade imobiliária. Além disto, também se estende aos outros tipos de conflitos coletivos possessórios existentes fora do NCPC a regra que afirma pela necessidade de participação da Defensoria Pública, a qual deverá ser intimada sempre toda vez que o conflito possessório coletivo envolver pessoas em situação de *hipossuficiência econômica.*

Conjugam-se, neste ponto, os arts. 554, § 1º e o artigo 565, § 2º, contudo, o artigo 554, § 1º, tem escopo mais amplo, de aplicação logo no início do processo e não apenas de forma pontual da audiência de autocomposição (art. 565, § 2º). Com efeito, o juiz ao receber a petição inicial deve fazer uma aferição logo após a admissão da ação: existência potencial de grande número de pessoas no polo passivo da ação possessória em situação de *hipossuficiência econômica*. Verificando tal possibilidade, deverá ser expedido ofício à Defensoria Pública com cópia da petição inicial e da decisão, a fim de que a instituição adote medidas pertinentes.

De igual modo, estende-se a estes outros grandes conflitos possessórios a necessidade de intimação dos órgãos responsáveis pela política agrária e pela política urbana de que trata o artigo 565, § 4º. A convocação tem dois objetivos básicos: (a) colheita de manifestação sobre seu interesse no processo e (b) existência de possibilidade de solução para o conflito possessório, passando, nesse caso, a serem partes figurantes para a autocomposição judicial.

Cabe salientar que esta intimação não se deve limitar aos órgãos responsáveis pela política agrária e pela política urbana, podendo ser estendida para outros órgãos públicos vinculados ao licenciamento ambiental e urbanístico, pois há questões outras que podem não ser tratadas pelos órgãos citados no § 5º do artigo 565. Objetiva, portanto, o enunciado 328 destacar a importância da exportação das regras dispostas no NCPC sobre litígios possessórios coletivos também a outros tipos de conflitos não previstos na codificação processual, tais como a usucapião coletiva e o procedimento de que trata o artigo 1.228, §§ 4º e 5º do CC/02.

► **NCPC. Art. 554.** A propositura de uma ação possessória em vez de outra não obstará a que o juiz conheça do pedido e outorgue a proteção legal correspondente àquela cujos pressupostos estejam provados. ► **Art. 565.** No litígio coletivo pela posse de imóvel, quando o esbulho ou a turbação afirmado na petição inicial houver ocorrido há mais de ano e dia, o juiz, antes de apreciar o pedido de concessão da medida liminar, deverá designar audiência de mediação, a realizar-se em até 30 (trinta) dias, que observará o disposto nos §§ 2º e 4º.

2.1.3.3. Da Ação de Divisão e da Demarcação de Terras Particulares (arts. 569 a 598)

Enunciado 68. Também possuem legitimidade para a ação demarcatória os titulares de direito real de gozo e fruição, nos limites dos seus respectivos direitos e títulos constitutivos de direito real. Assim, além da propriedade, aplicam-se os dispositivos do Capítulo sobre ação demarcatória, no que for cabível, em relação aos direitos reais de gozo e fruição.

● *Grupo: Procedimentos Especiais.* ● *Referência: art. 569.*

▸ *Antônio Carvalho*

A ação demarcatória (*actio finium regundorum*) tem por finalidade promover a definição dos limites de prédios confinantes de acordo com os títulos, normalmente de domínio, existentes, seja para a definição primeira dessas fronteiras físicas, seja para o "avivamento" das linhas apagadas, bem como promover a renovação de marcos destruídos ou arruinados.

A regra a amparar a possibilidade da demarcatória está disposta no artigo 1.297 do CC. A finalidade desta ação é suprimir a confusão dos limites dos imóveis (*confusio finium*)[629], não se baralhando com a ação divisória - que visa, em última análise, o desfazimento de condomínio com a atribuição do quinhão devido a cada um dos condôminos - e tampouco com ação de reivindicatória - cujo fim é a obtenção da posse do bem em razão da propriedade exercida, mas que pressupõe a perfeita identificação do imóvel.

Importante notar que a ação demarcatória é fundada em direito real imobiliário[630]-[631]potestativo e perpétuo[632], não se submetendo à prescrição enquanto o interessado for o detentor do direito real imobiliário respectivo.

O Enunciado trata da legitimidade ativa para a ação demarcatória com relação aos demais direitos reais de uso, gozo e fruição do imóvel, que não a propriedade. O artigo 569, I, do CPC prescreve que a demarcatória poderá ser movida pelo proprietário do prédio, contudo, em vista da tutela adequada ao direito material real, é imperioso notar que outros titulares de direitos reais imobiliários poderão lançar mão do instrumento em tela. Deste modo, qualquer titular de direito de uso, gozo ou fruição imobiliária poderá utilizar a ação demarcatória com a finalidade de determinar novos

629. OLIVEIRA JR., Zulmar D. "Comentários ao art. 569". *In*: GAJARDONI, Fernando. *et al. Processo de conhecimento e cumprimento de sentença: comentários ao CPC de 2015*. São Paulo: Método, 2016. p. 959.

630. Neste sentido: DELFINO, Lúcio. "Comentários ao art. 569". *In*: CÂMARA, Helder M. (Coord.). *Código de Processo Civil comentado*. São Paulo: Almedina, 2016. p. 758. THEODORO JÚNIOR, Humberto. "Comentários ao art. 569". *In*: STRECK, Lenio. *et al.* (Orgs.). *Comentários ao Código de Processo Civil*. São Paulo: Saraiva, 2016. p. 817.

631. A *contrario sensu*, entendendo ser ação fundada em direito pessoal: MARINONI, Luiz G. "Natureza da ação demarcatória e os efeitos da sua sentença de procedência". *In*: Soluções Práticas. vol. 1. p. 31, São Paulo: RT (versão *RT online*).

632. MARINONI, Luiz G. *et al. Novo Código de Processo Civil comentado*. 2. ed., São Paulo: RT. p. 706.

limites, aviventar rumos apagados e renovar marcos destruídos ou arruinados, para o bom exercício de seu direito.

Destarte, para além do proprietário pleno entendemos que o condômino (como já referido no artigo 575 do NCPC), o nu-proprietário, o superficiário (arts. 1.369 e ss. do CC), o usufrutuário (arts. 1.390 e ss. do CC), o usuário para colheita de frutos (arts. 1.412 e ss do CC) ou para habitação (arts. 1.414 e ss do CC), o enfiteuta (art. 678 e ss do CC/16) e o fiduciário (art. 1.367 do CC) possuem legitimidade ativa para a promoção da ação demarcatória[633]-[634].

A faculdade de demarcação é um dos direitos de vizinhança, talvez o mais relevante deles, já que é inerente à contiguidade de domínios imobiliários. Deste modo, o direito de estremar prédios decorre do próprio domínio pleno ou então de algum de seus elementos, tais como o uso, gozo e fruição do bem, não havendo qualquer justificativa plausível para sua limitação apenas ao proprietário[635]:

> O que se deve fazer é a restrição do direito que fundamenta a demarcação, de modo que os limites alcançados sejam pertinentes sempre apenas àquele direito e não alcance nem prejudique outros direitos incidentes sobre o mesmo imóvel.

Importante notar, outrossim, que o artigo 73 do NCPC (art. 1.647, II, do CC) exige o consentimento do cônjuge quando a ação verse sobre direito real imobiliário, salvo quando casados sob o regime de separação absoluta de bens, legal ou convencional, ou sob o regime de participação final nos aquestos com cláusula autorizativa de alienação e oneração de direitos reais imobiliários em pacto antenupcial, nos termos do artigo 1.656 do CC, sendo aplicável no presente caso. O NCPC fez a opção por submeter o convivente em união estável ao mesmo regime jurídico do cônjuge comunheiro, como se vê no artigo 73, § 3º. Inexistindo o consentimento ora manifestado, pode o interessado buscar a sua supressão nos termos do art. 74 do NCPC (art. 1.648 do CC).

O objeto da ação demarcatória para esses titulares de direito real imobiliário diverso da propriedade plena é a definição ou a redefinição dos limites e/ou marcos da área em que o titular exerce o seu direito.

Assim, figurando quaisquer desses sujeitos como autores, a legitimidade passiva dependerá da pretensão e de sua direção. A necessidade de delimitação da área de exercício do direito real imobiliário pode se dar apenas contra o proprietário do bem nas hipóteses em que o imóvel afetado pelo mencionado direito – ou sua parcela – esteja encravado no imóvel do proprietário.

---

633. THEODORO JÚNIOR, Humberto. "Comentários ao art. 569". *In*: STRECK, Lenio. *et al.* (Orgs.). *Comentários ao Código de Processo Civil.* São Paulo: Saraiva, 2016. p. 816; THEODORO JR., Humberto. *Terras Particulares: demarcação, divisão e tapumes.* 5. ed. São Paulo: Saraiva. p. 198.

634. Entendendo não ser possível a extensão interpretativa da legitimidade ativa da demarcatória: DELFINO, Lúcio. "Comentários ao art. 569". *In*: CÂMARA, Helder M. (Coord.). *Código de Processo Civil comentado.* São Paulo: Almedina, 2016. p. 759; MOUZALAS, Rinaldo. "Primeiras considerações acerca da ação de demarcação de terras particulares no NCPC". *In*: MACÊDO, Lucas Buril. *et al.* (Coord.). *Novo CPC: doutrina selecionada.* v. 4. Salvador: Juspodivm. p. 415.

635. THEODORO JR., Humberto. *Terras particulares....* p. 198.

Contudo, a pretensão demarcatória pode ser dirigida contra terceiros nas hipóteses em que o prédio demarcando confrontar com propriedade de terceiros. Neste caso a legitimidade passiva será dos terceiros proprietários dos imóveis lindeiros. Importante notar que o proprietário do imóvel no qual é exercido quaisquer dos direitos reais acima referidos deverá participar do processo. Em havendo ajuste com o titular do direito real de uso, gozo ou fruição o proprietário poderá atuar como litisconsorte ativo. No entanto, não existe regra a obrigar o proprietário a assumir o polo ativo da demanda. Neste caso, especificamente, o titular do direito real imobiliário diverso da propriedade deverá integrar o proprietário como litisconsorte passivo, diante da indispensabilidade de sua participação no processo, pois é o titular do domínio. Destarte, a definição ou a redefinição dos limites existentes deve passar, necessariamente, pela ciência e oportunidade de participação de seu proprietário. Citado, o proprietário pode optar por assumir posição de assistente litisconsorcial do requerente caso entenda que ele possui razão ao invés de contestar o pedido.

Também no polo passivo deve-se observar o disposto no artigo 73, § 1º, I, do NCPC, citando-se também o cônjuge do proprietário requerido – salvo se casado sob o regime de separação total ou no de participação final nos aquestos com pacto antenupcial de livre disposição de imóveis – e o convivente (art. 73, § 3º, do NCPC).

Em tempo, os titulares de direito real imobiliário diverso da propriedade também podem figurar no polo passivo no caso da ação demarcatória for movida por quaisquer dos sujeitos indicados acima.

Por fim, é importante notar que embora a posse seja considerada direito pessoal em nosso sistema, o possuidor tem o direito a promover a demarcação da posse contra terceiro[636]. Por óbvio, isso não se trata de demarcação de domínio ou mesmo de direito real de uso, gozo ou fruição do imóvel, o fundamento é a posse em si considerada[637].

▶ **NCPC. Art. 569.** Cabe: I – ao proprietário a ação de demarcação, para obrigar o seu confinante a estremar os respectivos prédios, fixando-se novos limites entre eles ou aviventando-se os já apagados; II – ao condômino a ação de divisão, para obrigar os demais consortes a estremar os quinhões.

▶ **CC. Art. 1.297.** O proprietário tem direito a cercar, murar, valar ou tapar de qualquer modo o seu prédio, urbano ou rural, e pode constranger o seu confinante a proceder com ele à demarcação entre os dois prédios, a aviventar rumos apagados e a renovar marcos destruídos ou arruinados, repartindo-se proporcionalmente entre os interessados as respectivas despesas. **§ 1º** Os intervalos, muros, cercas e os tapumes divisórios, tais como sebes vivas, cercas de arame ou de madeira, valas ou banquetas, presumem-se, até prova em contrário, pertencer a ambos os proprietários confinantes, sendo estes obrigados, de conformidade com os costumes da localidade, a concorrer, em partes iguais, para as despesas de sua construção e conservação. **§ 2º** As sebes vivas, as árvores, ou plantas quaisquer, que servem de marco divisório, só podem ser cortadas, ou arrancadas, de comum acordo entre proprietários. **§ 3º** A construção de tapumes especiais para impedir a passagem de animais de pequeno porte, ou para outro fim, pode ser exigida de quem provocou a necessidade deles, pelo proprietário, que não está obrigado a concorrer para as despesas.

636. MIRANDA, Francisco Cavalcanti Pontes de. Comentários ao Código de Processo Civil, v. 13. p. 201.
637. THEODORO JR., Humberto. *Terras particulares....* p. 201.

Enunciado 69. Cabe ao proprietário ação demarcatória para extremar a demarcação entre o seu prédio e do confinante, bem como fixar novos limites, aviventar rumos apagados e a renovar marcos destruídos (art. 1.297 do Código Civil)

● *Grupo: Procedimentos Especiais.* ● *Referência: art. 569.*

▸ ***Antônio Carvalho***

Em primeiro lugar, é necessária a correção ortográfica no enunciado para a correção da expressão "extremar", que significa ato de fazer chegar ao extremo, ao máximo, para "estremar", que significa demarcar terras, traças limites, divisas, balizas, que é o significado proposto.

O enunciado em tela visa estabelecer que o artigo 569 do NCPC deve ser lido em consonância com o artigo 1.267 do CC, garantindo-se, para além da fixação de novos limites ou o aviventamento de rumos apagados, a renovação de marcos destruídos ou deteriorados, já que esta última previsão consta, exclusivamente, da regra contida no diploma civil. Nas palavras de Humberto Theodoro Júnior[638]:

> O objeto da demarcatória é, necessariamente, a assinalação da linha de limites entre dois prédios confinantes, que reclamam a discriminação de seus confins.

Importante notar que o artigo 1.297 do CC traz outra regra importante sobre as despesas para a realização da demarcação. Elas correrão em divisão proporcional entre os interessados, confinantes. Assim, pretendendo-se, exclusivamente, a delimitação de dois prédios, cada um de seus proprietários arcará com o pagamento de metade das despesas. Esta circunstância estabelece um condomínio necessário[639] sobre a linha divisória e as possíveis acessões lá estabelecidas, tais como muros, sebes vivas ou cercas.

Salientamos, derradeiramente, que a ação demarcatória como regulada no NCPC é medida cabível para estremar os limites entre terras particulares, urbanas ou rurais. Tratando-se de terras públicas aplica-se o procedimento da Lei 6.383/76 para a respectiva ação discriminatória.

▶ **NCPC. Art. 569.** Cabe: I – ao proprietário a ação de demarcação, para obrigar o seu confinante a estremar os respectivos prédios, fixando-se novos limites entre eles ou aviventando-se os já apagados; II – ao condômino a ação de divisão, para obrigar os demais consortes a estremar os quinhões.

▶ **CC. Art. 1.297.** O proprietário tem direito a cercar, murar, valar ou tapar de qualquer modo o seu prédio, urbano ou rural, e pode constranger o seu confinante a proceder com ele à demarcação entre os dois prédios, a aviventar rumos apagados e a renovar marcos destruídos ou arruinados, repartindo-se proporcionalmente entre os interessados as respectivas despesas. **§ 1º** Os intervalos, muros, cercas e os tapumes divisórios, tais como sebes vivas, cercas de arame ou de madeira, valas ou banquetas, presumem-se, até prova em contrário, pertencer a ambos os proprietários confinantes, sendo estes obrigados, de conformidade com os costumes da localidade, a concorrer, em partes iguais, para as despesas de sua construção e conservação. **§ 2º**

638. *Ibidem*, p. 176.

639. GRECHI, Frederico Price. "Comentários ao art. 569". *In*: CABRAL, Antonio P.; CRAMER, Ronaldo. (Coords.). *Comentários ao novo Código de Processo Civil*. Rio de Janeiro: Forense, 2015. p. 906.

As sebes vivas, as árvores, ou plantas quaisquer, que servem de marco divisório, só podem ser cortadas, ou arrancadas, de comum acordo entre proprietários. **§ 3º** A construção de tapumes especiais para impedir a passagem de animais de pequeno porte, ou para outro fim, pode ser exigida de quem provocou a necessidade deles, pelo proprietário, que não está obrigado a concorrer para as despesas.

ENUNCIADO 70. DO LAUDO PERICIAL QUE TRAÇAR A LINHA DEMARCANDA, DEVERÁ SER OPORTUNIZADA A MANIFESTAÇÃO DAS PARTES INTERESSADAS, EM PRESTÍGIO AO PRINCÍPIO DO CONTRADITÓRIO E DA AMPLA DEFESA.

● *Grupo: Procedimentos Especiais.* ● *Referência: art. 580, art. 10.*

▸ ***Antônio Carvalho***

Como cediço, o procedimento demarcatório é dividido em duas fases, uma de conhecimento e outra de execução da demarcação definida anteriormente.

O CPC/73 estabelecia como indispensável a realização de prova pericial para a definição da linha demarcanda (art. 956 do CPC/73)[640]. A leitura isolada do artigo 579 do NCPC pode levar à mesma conclusão, pois o dispositivo impõe a prova pericial para estabelecer o "traçado da linha demarcanda, considerando os títulos, os marcos, os rumos, a fama da vizinhança, as informações de antigos moradores do lugar e outros elementos que coligirem", mesmo na hipótese de revelia[641].

Entretanto, o artigo 573 do NCPC prevê que a prova pericial será dispensada na hipótese de imóvel georreferenciado, com averbação no registro de imóveis. Tal circunstância se justifica pela precisão na localização dos marcos do imóvel, já que estabelecidas por GPS[642]. Ainda, é necessário frisar que o georreferenciamento tornou-se obrigatório aos imóveis rurais quando de sua tradição, desmembramento, remembramento ou parcelamento, nos termos da Lei 10.267/01, regulamentada pelo Decreto nº 4.449/02 e a Norma de Execução nº 105/12 do INCRA. Deste modo, entendemos que o âmbito de aplicação do artigo 573 do NCPC é apenas aos imóveis rurais com memorial descritivo, acompanhado de georreferenciamento, devidamente homologado pelo INCRA (art. 9º, § 1º, do Decreto 4.449/02).

Note-se, portanto, que a desnecessidade de prova pericial não é propriamente a existência de levantamento por georreferenciamento imobiliário, mas sim a sua homologação pelo INCRA devidamente averbada na matrícula do imóvel. Frise-se que a mencionada certificação pelo INCRA a respeito da inexistência de sobreposição de áreas e aprovação do memorial descritivo georreferenciado não implica, de qualquer

640. Humberto Theodoro Júnior, Terras particulares.... p. 261 e 262 (obra anterior ao Novo CPC). Esse entendimento foi agasalhado pelo STJ no REsp 790.206.

641. É o que defende DELFINO, Lúcio "Comentários ao art. 579". *In*: CÂMARA, Helder M. (Coord.). *Código de Processo Civil comentado.* São Paulo: Almedina, 2016. p. 767.

642. Humberto Theodoro Júnior, Comentários ao art. 573. *In*: STRECK, Lenio. *et al.* (Orgs.). *Comentários ao Código de Processo Civil.* São Paulo: Saraiva, 2016. p. 819. Zulmar Duarte de Oliveira Jr., Comentários ao art. 579, *in* Processo de Conhecimento.... p. 974.

modo, o reconhecimento do domínio ou mesmo a exatidão dos limites e confrontações indicadas pelo proprietário (art. 9º, § 2º, do Decreto 4.449/02). O legislador entendeu prudente emprestar presunção relativa ao georreferenciamento aprovado pelo INCRA e averbado na matrícula do imóvel rural. Assim, não havendo dúvida – devido à inexistência de impugnação específica do georreferenciamento realizado – sobre o levantamento, a sentença da 1ª fase do julgador deverá ter por base esses dados.

Note-se, que até o momento, não existe regulamentação sobre a averbação do georreferenciamento de bens urbanos nas respectivas matrículas, tendo em vista a necessidade, em tese, de controle estatal acerca do aparente acerto das divisas encontradas. Assim, no caso de imóveis urbanos, entendemos que não se aplica o disposto no artigo 573 do NCPC.

Contudo, mesmo no caso de imóveis rurais que ainda não passaram pelo procedimento de georreferenciamento com aprovação do INCRA, acima referido, ou na hipótese de imóveis urbanos, entendemos que poderá haver a dispensa da prova pericial referida no artigo 579 do NCPC quando autor e réu apresentem memoriais descritivos acompanhados de georreferenciamento das áreas contíguas por profissionais habilitados, conforme prevê o artigo 472 do NCPC[643], ou mesmo quando haja convenção processual (art. 190 do NCPC) para aceitação do georreferenciamento realizado por apenas uma das partes.

Destarte, não havendo a averbação do mencionado georreferenciamento na matrícula do imóvel, ou então mesmo averbado houver qualquer impugnação sobre sua correção, deverá o juiz, sem prejuízo da determinação de outras provas, oportunizar a produção da prova pericial de que trata o artigo 579 do NCPC.

Neste ponto, é importante notar que o artigo 578 do NCPC prevê que após a oportunidade de resposta do réu o rito passará a observar as regras do procedimento comum. Com efeito, a prova pericial disposta no mencionado artigo 579 deve seguir as mesmas disposições de qualquer outra prova técnica no procedimento comum (arts. 464 e seguintes do NCPC). Deve-se, pois, oportunizar às partes a apresentação de quesitos e de assistentes técnicos após a nomeação do perito, no prazo de quinze dias, nos termos do artigo 465, § 1º, do NCPC, devendo-se, ainda, intimar as partes sobre a data e local para o início dos trabalhos periciais (art. 474 do NCPC). O laudo pericial, por sua vez, deverá cumprir os requisitos estabelecidos no artigo 473 do NCPC na falta de outros previstos no regramento especial da demarcatória.

Apresentado o laudo, deve o procedimento seguir a regra disposta no artigo 477, § 1º, do NCPC, oportunizando às partes a manifestação acerca das conclusões periciais, no prazo de 15 dias. Não há dúvida que esta regra, que vai ao encontro do enunciado ora comentado, concretiza o princípio do contraditório, evitando-se a existência de decisão surpresa, vedada pelo artigo 10, do NCPC. Seja como for, entendemos que

---

643. Neste mesmo sentido é a posição de José Miguel Garcia Medina, Novo Código de Processo Civil comentado, Ed. Revista dos Tribunais. p. 896. Contrariamente é a posição de Guilherme C. Leroy *et al*, Comentários ao art. 579. *In*: STRECK, Lenio. *et al.* (Orgs.). *Comentários ao Código de Processo Civil.* São Paulo: Saraiva, 2016. p. 822

o enunciado merece ter sua redação atualizada para fazer referência concreta ao art. 477, § 1º, do NCPC. Sugerimos, pois, a seguinte: "Do laudo pericial que traçar a linha demarcanda, deverá ser oportunizada a manifestação das partes interessadas e respectivos assistentes técnicos, nos termos do artigo 477, § 1º, do NCPC".

Havendo quaisquer divergências das partes, Ministério Público ou do Juiz acerca de ponto da prova pericial, ou ainda no caso de divergência entre o laudo e parecer apresentado por assistente técnico, o perito deverá apresentar os esclarecimentos no prazo de quinze dias (art. 477, § 2º, do NCPC), renovando-se, posteriormente, a oportunidade para a manifestação das partes.

► **NCPC. Art. 10.** O juiz não pode decidir, em grau algum de jurisdição, com base em fundamento a respeito do qual não se tenha dado às partes oportunidade de se manifestar, ainda que se trate de matéria sobre a qual deva decidir de ofício. ► **Art. 474.** As partes terão ciência da data e do local designados pelo juiz ou indicados pelo perito para ter início a produção da prova. ► **Art. 477.** O perito protocolará o laudo em juízo, no prazo fixado pelo juiz, pelo menos 20 (vinte) dias antes da audiência de instrução e julgamento. **§ 1º** As partes serão intimadas para, querendo, manifestar-se sobre o laudo do perito do juízo no prazo comum de 15 (quinze) dias, podendo o assistente técnico de cada uma das partes, em igual prazo, apresentar seu respectivo parecer. ► **Art. 580.** Concluídos os estudos, os peritos apresentarão minucioso laudo sobre o traçado da linha demarcanda, considerando os títulos, os marcos, os rumos, a fama da vizinhança, as informações de antigos moradores do lugar e outros elementos que coligirem.

Enunciado 443. Em ação possessória movida pelo proprietário é possível ao réu alegar a usucapião como matéria de defesa, sem violação ao art. 557.

● *Grupo: Procedimentos Especiais.* ● *Referência: art. 557.*

▸ *Antônio Carvalho*

Como se sabe posse e propriedade são direitos e autônomos, que podem ser exercidos sobre determinado bem simultaneamente por pessoas diferentes. Por opção legislativa há expressa vedação para se inaugurar o juízo petitório enquanto pendente o juízo possessório, como se vê no artigo 557, *caput*, do NCPC, que, *grosso modo*, repete o disposto no artigo 923 do CPC/73, salvo em relação à terceiro.

Sem adentrar na polêmica acerca do (des)acerto da regra disposta no artigo 557 do NCPC[644], o parágrafo único do dispositivo transcreve a regra do artigo 1.210, § 2º, do CC, ao estabelecer que a tutela interdital não será obstada pela exceção de domínio ou de outro direito (real) sobre o bem.

---

644. ARAÚJO, Fábio C. "Comentários ao art. 557". *In*: CUNHA, José Sebastião. *et al.* (Coords.). *Código de Processo Civil comentado.* São Paulo: RT, 2016. p. 834-835; GAJARDONI, Fernando. "Comentários ao art. 557". *In*: GAJARDONI, Fernando. *et al. Processo de conhecimento e cumprimento de sentença: comentários ao CPC de 2015.* São Paulo: Método, 2016. p. 932-934; FABRÍCIO, Adroaldo F. "Comentários ao art. 557". *In*: WAMBIER, Teresa A. *et al.* (Coords). *Breves comentários ao novo Código de Processo Civil.* São Paulo: RT, 2015. p. 1.446-1.449; GOUVEIA FILHO, Roberto P. C. *et al.* "Comentários ao art. 557". *In*: STRECK, Lenio. *et al.* (Orgs.). *Comentários ao Código de Processo Civil.* São Paulo: Saraiva, 2016. p. 802-804.

Especificamente sobre esse ponto, a Súmula 487/STF prevê, de longa data, "exceção" à regra, ao enunciar que "será deferida a posse a quem, evidentemente, tiver o domínio, se com base neste for ela disputada". Deste modo, requerida a tutela possessória pela alegação de propriedade (ou outro direito real), é possível ao réu a apresentação de exceção de domínio (ou de outro direito real equivalente ao do autor), passando a questão a ser analisada pelo Juiz a partir deste espectro. Neste ponto, entendemos ser necessária a correção a um equívoco analítico da doutrina e dos tribunais acerca da natureza da pretensão exercida pelo autor e resistida pelo réu. Para tanto, lançamos mãos da lição de Roberto Campos Gouveia Filho e Venceslau Tavares Costa Filho[645]-[646]:

> Assim, quando se pede proteção possessória ao argumento de que o autor exerce posse qualificada, a ação será reputada possessória. Mas quando se pede que o juízo conceda a posse, em virtude de o autor haver demonstrado ser o titular do direito de propriedade (ou de outro direito real) sobre aquele bem, está-se diante de uma ação petitória. Por isso, ainda que o autor nomeie uma ação como possessória, isso será irrelevante; se pede a posse com base no direito de propriedade, a ação será qualificada como petitória.

Levando essa assertiva em conta, ajuizada "ação possessória" com fundamento na propriedade, poderá o réu promover a *exceptio dominii* (inclusive a decorrente da alegação de usucapião), já que se trata de demanda petitória, inexistindo, neste caso, qualquer violação ao disposto no artigo 557, parágrafo único, do NCPC.

Na verdade, a vedação à exceção do domínio prevista na regra em análise, visa limitar os impulsos autoritários do proprietário quando o bem (móvel ou imóvel) esteja sob a posse direta (art. 1.197 do CC) e causal de outrem. Se assim não fosse, o direito de propriedade sempre prevaleceria sobre a posse, ignorando-se a causa e a origem desta última.

Bastaria que o *dominus* tomasse a posse à força, fora do permissivo do artigo 1.210, § 1º, do CC, e, na ação possessória promovida por aquele que sofreu o esbulho, cometido pelo titular do domínio, este o alegasse em defesa. Haveria um estímulo da autotutela privada, flagrantemente vedada e caracterizadora do tipo penal previsto no artigo 345 do CP[647]. Com efeito, o locador, o arrendante o comodante, por exemplo, poderia exigir a posse da coisa pelo simples fundamento da propriedade, extinguindo prematuramente o negócio jurídico respectivo anteriormente firmado[648], o que não se-

---

645. GOUVEIA FILHO, Roberto P. C. *et al.* "Comentários ao art. 557". *In*: STRECK, Lenio. *et al.* (Orgs.). *Comentários ao Código de Processo Civil.* São Paulo: Saraiva, 2016. p. 557. No mesmo sentido, NERY JR., Nelson. "Proteção judicial da posse". *Revista de Direito Privado.* vol. 7/2001, RT. p. 104-127, item 2 (versão eletrônica).

646. Em sentido contrário, entendemos que a ação tem natureza possessória, que "funciona como posição avançada de defesa do domínio": FABRÍCIO, Adroaldo F. "Comentários ao art. 557". *In*: WAMBIER, Teresa A. *et al.* (Coords). *Breves comentários ao novo Código de Processo Civil.* São Paulo: RT, 2015. p. 1.447 e 1.448. É essa a posição que deu origem à mencionada Súmula 487/STF, e também é seguida pelo STJ, como se vê nos julgados dos AgRg no REsp 906392 e AgRg no REsp 885930, dentre outros.

647. NERY JR., Nelson. "Proteção judicial da posse". *Revista de Direito Privado.* vol. 7/2001, RT. p. 104-127, item 2 (versão eletrônica).

648. GAJARDONI, Fernando. "Comentários ao art. 557". *In*: GAJARDONI, Fernando. *et al. Processo de conhecimento e cumprimento de sentença: comentários ao CPC de 2015.* São Paulo: Método, 2016. p. 933 e 934.

ria admissível pela própria limitação do domínio que o proprietário voluntariamente aderiu, o que caracterizaria inadmissível comportamento contraditório (*venire contra factum proprium*) e, por consequência, abuso de direito.

Isso não impede, contudo, a alegação, mesmo que em sede de contestação, do exercício de posse direta do bem em razão da propriedade, coisa bastante diversa da alegação da propriedade em si considerada. O proprietário-possuidor direto do bem, evidentemente, pode defender a posse contra o esbulhador ou turbador utilizando como fundamento o fato de ser o proprietário do bem que exerce plenamente os direitos decorrentes do domínio.

Estabelecidas essas premissas, passamos à análise do Enunciado.

Caso o proprietário promova "ação possessória" alegando, simplesmente, a existência de sua propriedade, como vimos, a sua pretensão será petitória. Deste modo, estará o requerido autorizado a promover a exceção de usucapião (ou mesmo a exceção de domínio) defendendo a sua propriedade em si considerada, adquirida pela posse mansa e pacífica em razão do decurso do prazo de prescrição aquisitiva. É este o melhor modo de interpretar a previsão da Súmula 487/STF ("Será deferida a posse a quem, evidentemente, tiver o domínio, se com base neste for ela disputada"), que embora criada durante a vigência do artigo 505 do CC/16, surgiu para temperar a interpretação da exceção de domínio contida na 2ª parte do mencionado dispositivo. Com efeito, tendo em vista que neste caso estamos diante de típico juízo petitório, a orientação pretoriana pode ser aplicada sem maiores dificuldades.

Inclusive a parte ré poderá promover a reconvenção para a declaração da usucapião com a ampliação subjetiva do polo passivo para integrar os confrontantes (art. 343, § 3º c/c art. 246, § 3º, do NCPC). Importante frisar que a usucapião especial de imóvel urbano, nos termos do artigo 13, da Lei 10.257/01, prescinde da reconvenção para o reconhecimento do domínio, bastando, para tanto, a apresentação da exceção respectiva, desde que em demanda com juízo de propriedade[649].

De outro lado, como já referimos, o proprietário poderá alegar que além desta condição é também o possuidor direto do bem. Nesta hipótese, sua pretensão será tipicamente possessória. Ainda assim, o requerido poderá alegar sua usucapião como matéria de defesa, contudo, o julgador não conhecerá da matéria como usucapião, mas sim no tocante a posse a ela subjacente (mansa, pacífica, duradora, atual etc.). Não haverá, pois, qualquer reconhecimento acerca da usucapião, uma vez que a matéria sobre o domínio não será objeto de cognição.

Por oportuno, entendemos que a Súmula 237/STF ("O usucapião pode ser arguido em defesa") é imprestável para albergar o entendimento ora esposado sobre a possibilidade de manejo da exceção de usucapião nas ações possessórias típicas.

---

649. Em sentido contrário sustentando que a exceção de usucapião especial urbana em demanda tipicamente possessória poderá acarretar o reconhecimento do domínio: GAJARDONI, Fernando. "Comentários ao art. 557" *In*: GAJARDONI, Fernando. *et al. Processo de conhecimento e cumprimento de sentença: comentários ao CPC de 2015*. São Paulo: Método, 2016. p. 934

Analisando os precedentes que deram origem à sua redação[650] verifica-se que nenhum deles ocupou-se dessa circunstância, pelo contrário, em todos, o debate era sobre direitos reais (servidão e propriedade) ou a pressuposição de sua existência (divisão de condomínio). De qualquer modo, como demonstramos, a usucapião poderá ser utilizada como matéria de defesa nas possessórias típicas, cabendo ao magistrado, exclusivamente, a análise a respeito da posse (*ad usucapionem*) alegada pelo requerido.

O que está vedado nas ações possessórias típicas é o conhecimento pelo juiz da exceção de domínio propriamente dita, fundada na propriedade formalmente existente, já que a cognição neste tipo de processo é restrita à existência ou não de posse. Neste sentido, os enunciados 78 e 79 das Jornadas de Direito Civil da CJF.

Enunciado CJF/Civil 78. Tendo em vista a não-recepção pelo novo Código Civil da "exceptio proprietatis" (art. 1.210, § 2º) em caso de ausência de prova suficiente para embasar decisão liminar ou sentença final ancorada exclusivamente no "ius possessionis", deverá o pedido ser indeferido e julgado improcedente, não obstante eventual alegação e demonstração de direito real sobre o bem litigioso.

Enunciado CJF/Civil 79. A "exceptio proprietatis", como defesa oponível às ações possessórias típicas, foi abolida pelo Código Civil de 2002, que estabeleceu a absoluta separação entre os juízos possessório e petitório.

► **NCPC. Art. 557.** Na pendência de ação possessória é vedado, tanto ao autor quanto ao réu, propor ação de reconhecimento do domínio, exceto se a pretensão for deduzida em face de terceira pessoa. **Parágrafo único.** Não obsta à manutenção ou à reintegração de posse a alegação de propriedade ou de outro direito sobre a coisa.

2.1.3.4. Do Inventário e da Partilha (arts. 610 a 673)

ENUNCIADO 71. PODERÁ SER DISPENSADA A GARANTIA MENCIONADA NO PARÁGRAFO ÚNICO DO ART. 654, PARA EFEITO DE JULGAMENTO DA PARTILHA, SE A PARTE HIPOSSUFICIENTE NÃO PUDER OFERECÊ-LA, APLICANDO-SE POR ANALOGIA O DISPOSTO NO ART. 300, § 1º.

● *Grupo: Procedimentos Especiais. Redação revista (III FPPC).* ● *Referência: art. 654; art. 300, § 1º.*

► ***Rodrigo Mazzei e Leriane Drumond Bento***

O artigo 654 do NCPC, diferentemente do artigo 1.026 do CPC/73, traz em seu parágrafo único uma ressalva à necessidade de juntada do comprovante de pagamento do imposto de transmissão a título de morte para que se possa julgar a partilha. Prevê, deste modo, que a existência de dívida para com a Fazenda Pública não impedirá o julgamento da partilha, desde que seu pagamento esteja garantido.

---

650. STF: RE 22656, DJ 17.12.1953 (exceção de usucapião em ação de reconhecimento de servidão sem alegação de posse); RE 18241, DJ 10.1.1952 (exceção de usucapião em ação de divisão); RE 10544, DJ 19.10.1950 (ação de embargos de terceiros promovido por condômina que alega ser proprietária de parte do imóvel rural e usucapiente das demais quotas pelo abandono dos condôminos); RE 10819, DJ 12.1.1949 (exceção de usucapião em ação de divisão); RE 8952, DJ 19.8.1948 (exceção de usucapião em ação reivindicatória).

Trata-se de regra que visa agilizar o processo de inventário e partilha e também assegurar a isonomia, na medida em que "fica extinto o meio coercitivo anteriormente à disposição da Fazenda (e não disponível para outras pessoas), que podia obstar a prolação da sentença de partilha para satisfazer obrigação fiscal"[651]. Neste cenário, o Enunciado do FPPC prescreve diretriz no sentido de que caso a parte seja hipossuficiente, tal garantia não se faz necessária, valendo-se da inteligência de regramento atrelado à tutela provisória (art. 300, § 1º).

▶ **NCPC. Art. 300. § 1°** Para a concessão da tutela de urgência, o juiz pode, conforme o caso, exigir caução real ou fidejussória idônea para ressarcir os danos que a outra parte possa vir a sofrer, podendo a caução ser dispensada se a parte economicamente hipossuficiente não puder oferecê-la. ▶ **Art. 654.** Pago o imposto de transmissão a título de morte e juntada aos autos certidão ou informação negativa de dívida para com a Fazenda Pública, o juiz julgará por sentença a partilha.

ENUNCIADO 137. CONTRA SENTENÇA TRANSITADA EM JULGADO QUE RESOLVE PARTILHA, AINDA QUE HOMOLOGATÓRIA, CABE AÇÃO RESCISÓRIA.

● *Grupo: Coisa Julgada, Ação Rescisória e Sentença.* ● *Referência: art. 658; art. 966, § 4º; art. 1.068.*

▸ ***Rodrigo Mazzei e Leriane Drumond Bento***

A partilha de bens pode dar-se de modo amigável ou judicial, a depender da concordância dos herdeiros e da existência de interesse de incapazes. No caso da partilha amigável, os herdeiros estão de comum acordo, sendo todos maiores e capazes. Nestas hipóteses, é facultado às partes optarem por um procedimento extrajudicial (que será realizado por instrumento público, conforme art. 610, § 1º) ou judicial, a fim de obter a chancela do Poder Judiciário sobre a partilha.

Por outro lado, dá-se obrigatoriamente a partilha judicial quando há discordância dos herdeiros quanto ao modo de dividir os bens ou em decorrência de interesse de incapaz, que necessariamente precisa ser tutelado em juízo. Tal diferenciação faz-se importante, na medida em que, em caso de eventuais vícios na efetivação destas partilhas, a forma de desconstitui-las será diferente. O enunciado em análise trata justamente deste tema, voltando sua atenção às partilhas judiciais, as quais são decididas por sentença judicial, e por tal razão, são revestidas pelo manto de imutabilidade advindo da coisa julgada.

Com efeito, enquanto o artigo 657 do NCPC traz hipóteses em que se abre a possibilidade de propositura de ação anulatória da partilha amigável, lavrada em instrumento público, reduzida a termo nos autos do inventário ou constante de escrito particular homologado pelo juiz, o artigo 658 do mesmo Código enumera situações em que possível a propositura de ação rescisória da decisão que julga a partilha. Entre tais hipóteses, o inciso I do artigo 658 contempla o cabimento da rescisória contra a

651. MOREIRA, Pedro Alexandre. "Art. 647". *In*: STRECK, Lenio. *et al.* (Orgs.). *Comentários ao Código de Processo Civil*. São Paulo: Saraiva, 2016, p. 886.

decisão que "julga" a partilha nos casos mencionados no artigo 657, ou seja, admite o cabimento da rescisória contra a sentença homologatória.

Tais demandas convivem harmonicamente entre si, já que possuem objetos distintos. Se na ação anulatória se busca atacar a própria partilha, seja pela configuração de dolo, coação, erro essencial ou intervenção de incapaz, na ação rescisória o objeto a ser desconstituída é a própria decisão que homologou a partilha. Assim, o Enunciado trata exatamente de clarificar esta ideia. Sem prejuízo de se poder atacar a partilha através de ação anulatória nos moldes do artigo 657, admissível a rescisória visando especificamente a desconstituição da decisão homologatória, permanecendo intacta aquela.

▶ **NCPC. Art. 658.** É rescindível a partilha julgada por sentença: I – nos casos mencionados no art. 657; II – se feita com preterição de formalidades legais; III – se preteriu herdeiro ou incluiu quem não o seja. ▶ **Art. 966. § 4º** Os atos de disposição de direitos, praticados pelas partes ou por outros participantes do processo e homologados pelo juízo, bem como os atos homologatórios praticados no curso da execução, estão sujeitos à anulação, nos termos da lei.

ENUNCIADO 138. A PARTILHA AMIGÁVEL EXTRAJUDICIAL E A PARTILHA AMIGÁVEL JUDICIAL HOMOLOGADA POR DECISÃO AINDA NÃO TRANSITADA EM JULGADO SÃO IMPUGNÁVEIS POR AÇÃO ANULATÓRIA.

● *Grupo: Coisa Julgada, Ação Rescisória e Sentença.* ● *Referência: art. 657; art. 966, § 4º; art. 1.068.*

▸ ***Rodrigo Mazzei e Leriane Drumond Bento***

A partilha, enquanto ato pelo qual se dá a distribuição do acervo hereditário ou a repartição dos bens da herança pode ser realizada extrajudicialmente, por escritura pública, ou judicialmente, através de decisão judicial. Pode acontecer de no bojo de processo jurisdicional as partes a realizarem de forma amigável, quando então deve ser necessariamente submetida a decisão homologatória.

Nada impede ainda que, realizada extrajudicialmente (sempre de forma amigável), seja submetida a homologação em juízo. É certo que toda partilha pode ser objeto de ação anulatória (art. 2.027 do CC). O direito de anulá-la se extingue em um ano (art. 2.027, parágrafo único, CC), cuja contagem se dá, no caso de coação, do dia em que ela cessou; no caso de erro ou dolo, do dia em que se realizou o ato; quanto ao incapaz, do dia em que cessar a incapacidade (art. 657, NCPC).

Quando, contudo, a partilha amigável, seja aquela realizada extrajudicialmente, seja aquela realizada no processo, é submetida a homologação judicial, a possibilidade de ser impugnada através de ação anulatória tem como termo final o trânsito em julgado da decisão, a despeito do que prescreve o parágrafo único do artigo 657 do NCPC. Em outros termos, e conforme consignado no Enunciado, o cabimento da ação anulatória terá espaço quando ainda não tenha ocorrido o trânsito em julgado da decisão que homologa a partilha amigável extrajudicial ou a partilha amigável judicial.

▶ **NCPC. Art. 657.** A partilha amigável, lavrada em instrumento público, reduzida a termo nos autos do inventário ou constante de escrito particular homologado pelo juiz, pode ser anulada por dolo, coação, erro essencial ou intervenção de incapaz, observado o disposto no § 4º do art. 966. ▶ **Art. 966. § 4º** Os atos de disposição de direitos, praticados pelas partes ou por outros participantes do processo e homologados pelo juízo, bem como os atos homologatórios praticados no curso da execução, estão sujeitos à anulação, nos termos da lei.

Enunciado 181. A previsão do parágrafo único do art. 647 é aplicável aos legatários na hipótese do inciso I do art. 645, desde que reservado patrimônio que garanta o pagamento do espólio.

● *Grupo: Procedimentos Especiais.* ● *Referência: arts. 645, I, 647, par. ún., 651.*

▸ ***Rodrigo Mazzei e Leriane Drumond Bento***

O artigo 647 trata da partilha dos bens inventariados, dispondo que, após a separação e expropriação dos bens destinados ao pagamento das dívidas do espólio, é facultado aos herdeiros formularem seu pedido de quinhão, para que o juiz decida sobre como esta divisão será efetivada. É possível, todavia, na forma do parágrafo único do artigo 647, que o magistrado antecipadamente - antes da partilha - defira a qualquer dos herdeiros o exercício do direito usar e fruir de determinado bem, advertindo-o de que, ao termo do inventário, tal bem será integrado à quota deste herdeiro e que este é responsável por todos os ônus e bônus decorrentes do exercício dos direitos a ele concedidos.

Trata-se de regra que prestigia a efetivação do princípio da função social, na medida em que "a partilha deverá ser orientada não pela atribuição de parte igual em cada um dos bens aos herdeiros, e sim pela divisão em função das circunstâncias e utilização dos bens por cada herdeiro"[652]. Neste cenário, o Enunciado estende tal tratamento aos legatários, na hipótese em que toda a herança seja dividida em legados e desde que haja patrimônio suficiente para o pagamento das dívidas do espólio. Apresentada tal previsão, faz-se necessário perquirir os contornos dos legados, a fim de compreender exatamente a possibilidade aventada através do enunciado.

Sabe-se que o legatário recebe bens do *de cujus* a título singular, diferentemente do que ocorre em relação aos herdeiros, quando há aquisição do patrimônio a título universal. Portanto, a sucessão por legados demanda, necessariamente, a existência de testamento, o qual, por sua vez, deve reservar bem de forma individualizada ao legatário. Há, deste modo, a ideia de singularidade e identificação patrimonial, e por tal razão, em princípio, não recai sobre bens desta natureza responsabilidade pelas dívidas do espólio.

No ponto, a partilha representa a individualização final do patrimônio universal, tendo superfície de contato com o legado, na medida em que este representa individualização já lançada em testamento. Assim, se o legado não afetará a partilha, não

652. *Ibidem*, p. 880.

adentrando na parte indisponível ("legítima") – caso seja a hipótese, assim como comprometerá o pagamento das dívidas, não resta obstáculo para que o legado seja cumprido através da decisão firmada no artigo 647, parágrafo único. Em suma, estando o legado dentro dos parâmetros legais e havendo patrimônio suficiente para quitação das dívidas do espólio, não há prejuízo no deferimento da regra prevista no artigo 647, parágrafo único, ao legatário, concedendo, desde logo, o uso e fruição do bem a ele definido pelo *de cujus* em testamento, conforme delineado pelo enunciado em análise.

Perceba-se, ainda, que determina o artigo 645 do NCPC que em duas situações será o legatário parte legítima para manifestar-se sobre as dívidas do espólio, quais sejam, i) caso toda herança seja dividida em legados ou ii) o reconhecimento de dívidas importe em redução do legado. O Enunciado em análise refere-se justamente a esta primeira hipótese, na qual, em razão de todo o acervo sucessório ser composto de legados, inevitavelmente o pagamento de dívidas terá que se valer destes bens, de modo que a participação dos legatários neste procedimento precisa ser preservada[653].

Assim, em sendo dividida toda a herança em legados, e havendo separação patrimonial para quitação das dívidas do espólio, não há prejuízo no deferimento da regra prevista no artigo 647, parágrafo único, a um legatário, antecipando a ele o uso e fruição do bem a ele concedido pelo *de cujus* em testamento, conforme delineado pelo enunciado em análise.

► **NCPC. Art. 645.** O legatário é parte legítima para manifestar-se sobre as dívidas do espólio: I – quando toda a herança for dividida em legados. ► **Art. 647. Parágrafo único.** O juiz poderá, em decisão fundamentada, deferir antecipadamente a qualquer dos herdeiros o exercício dos direitos de usar e de fruir de determinado bem, com a condição de que, ao término do inventário, tal bem integre a cota desse herdeiro, cabendo a este, desde o deferimento, todos os ônus e bônus decorrentes do exercício daqueles direitos. ► **Art. 651.** O partidor organizará o esboço da partilha de acordo com a decisão judicial, observando nos pagamentos a seguinte ordem: I – dívidas atendidas; II – meação do cônjuge; III – meação disponível; IV – quinhões hereditários, a começar pelo coerdeiro mais velho.

Enunciado 182. Aplica-se aos legatários o disposto no parágrafo único do art. 647, quando ficar evidenciado que os pagamentos do espólio não irão reduzir os legados.

● *Grupo: Procedimentos Especiais.* ● *Referência: arts. 647 e 651.*

► ***Rodrigo Mazzei e Leriane Drumond Bento***

O enunciado em análise também dispõe sobre o artigo 647, parágrafo único, estendendo aos legatários a possibilidade concedida aos herdeiros de antecipadamente – antes da partilha – exercerem os direitos de usar e de fruir de determinado bem, respeitando as condições delineadas no dispositivo (vide comentários ao Enunciado 181).

653. MAZZEI, Rodrigo; GONÇALVES, Tiago F. "Art. 645". *In*: STRECK, Lenio. *et al.* (Orgs.). *Comentários ao Código de Processo Civil.* São Paulo: Saraiva, 2016, p. 878.

Ressalva o Enunciado em análise que esta prerrogativa somente poderá ser deferida caso fique demonstrado que os pagamentos das dívidas do espólio não irão reduzir os legados. Sabe-se que, via de regra, os legados não respondem pelas dívidas do espólio, na medida em que advêm de sucessão a título individual. Contudo, é possível que o reconhecimento de dívidas importe em redução dos legados quando as disposições testamentárias ultrapassarem a parte disponível da herança.

Neste caso, deve-se aplicar a regra do artigo 1.967 do CC sobre a redução proporcional das quotas dos herdeiros e dos legatários. Por outro lado, não existindo a possibilidade de redução dos legados, ou seja, restando evidenciado que os demais bens do acervo hereditário são suficientes para a quitação das dívidas, não há empecilho para que o magistrado antecipe o uso do bem atribuído ao legatário, na medida em que ao final da partilha, aquele será o patrimônio a ele concedido.

► **NCPC. Art. 647.** Cumprido o disposto no art. 642, § 3º, o juiz facultará às partes que, no prazo comum de 15 (quinze) dias, formulem o pedido de quinhão e, em seguida, proferirá a decisão de deliberação da partilha, resolvendo os pedidos das partes e designando os bens que devam constituir quinhão de cada herdeiro e legatário. ► **Art. 651.** O partidor organizará o esboço da partilha de acordo com a decisão judicial, observando nos pagamentos a seguinte ordem: I – dívidas atendidas; II – meação do cônjuge; III – meação disponível; IV – quinhões hereditários, a começar pelo coerdeiro mais velho.

ENUNCIADO 183. A AÇÃO RESCISÓRIA DE PARTILHA COM FUNDAMENTO NA PRETERIÇÃO DE HERDEIRO, PREVISTA NO INCISO III DO ART. 658, ESTÁ VINCULADA À HIPÓTESE DO ART. 628, NÃO SE CONFUNDINDO COM A AÇÃO DE PETIÇÃO DE HERANÇA (ART. 1.824 DO CÓDIGO CIVIL), CUJO FUNDAMENTO É O RECONHECIMENTO DO DIREITO SUCESSÓRIO E A RESTITUIÇÃO DA HERANÇA POR AQUELE QUE NÃO PARTICIPOU, DE QUALQUER FORMA, DO PROCESSO DE INVENTÁRIO E PARTILHA.

● *Grupo: Procedimentos Especiais.* ● *Referência: art. 658.*

► ***Rodrigo Mazzei e Leriane Drumond Bento***

O enunciado em análise visa extirpar as dúvidas que possam pairar sobre a diferença entre a ação rescisória de partilha intentada pelo herdeiro preterido (art. 628 do NCPC) e a petição de herança (arts. 1.824 a 1.828 do CC). Explicita, deste modo, que quando o artigo 658, III, prevê a possibilidade de ação rescisória de partilha, está se referindo ao mecanismo colocado à disposição do herdeiro preterido de que trata o artigo 628, ou seja, aquele que, por mais que tenha participado do processo de inventário, ao final, não recebeu o quinhão que julgava fazer jus.

Isto pode ocorrer quando, por exemplo, feitas as citações segundo definido no artigo 626, algum dos supostos sucessores deixe de ser incluído no processo. Assim, é facultado a ele requerer sua admissão no processo, a qual somente pode ocorrer "enquanto existir litispendência, portanto, enquanto ainda não realizada a partilha"[654].

654. MAZZEI, Rodrigo e GONÇALVES, Tiago Figueiredo. Art. 628. *In*: STRECK, Lenio. *et al.* (Orgs.). *Comentários ao Código de Processo Civil*. São Paulo: Saraiva, 2016, p. 866.

Diferentemente, a petição de herança é a ação disponível ao herdeiro que não participou do processo de inventário e partilha, e por isto, busca o reconhecimento de seu direito sucessório.

Trata-se de distinção que já atormentava a doutrina desde o CPC/73, em razão da expressão "herdeiro preterido" ser utilizada, por vezes, em ambas as situações. Contudo, a despeito desta confusão terminológica - que persistiu no NCPC -, certo é que são institutos distintos, com estruturas próprias. Dentre estas diferenças, destaca-se a questão da legitimidade. A ação rescisória de partilha pode ser maneja por quem se julgar preterido, desde que demande sua admissão no inventário antes da partilha. Ou seja, este meio impugnativo somente é disponível a quem efetivamente participar do processo de inventário.

De outra banda, a petição de herança "pressupõe de modo mais vulgar justamente a não participação do herdeiro no inventário, pois a postulação principal é justamente o '*reconhecimento do direito sucessório*' do autor"[655]. No que concerne ao prazo de ajuizamento, no caso da ação rescisória este será de 02 anos, contados do trânsito em julgado da sentença (art. 975 do NCPC). Já no que toca à petição de herança, prevalece o entendimento de que não se trata de ação imprescritível, conforme expressa a Súmula 149 do STF. Assim, entende a doutrina que se pode manejar tal ação no prazo de 10 anos, aplicando-se o artigo 205 do CC/02[656].

Entretanto, há posição no sentido de que o tratamento da petição de herança deveria aproximar-se do direito luso, no qual a mesma é imprescritível[657]. Há também diferenciação entre tais institutos no tocante aos efeitos decorrentes da sentença de cada uma delas. Entende-se que "a sentença da ação de petição de herança parece ter conteúdo declaratório, ficando sem eficácia a partilha efetuada em relação ao autor da ação, sendo, por tal passo dispensada a anulação da partilha, ao contrário do que irá ocorrer na ação rescisória de partilha, diante da sua natureza constitutiva negativa"[658]. Sobre o tema, dispõe a jurisprudência que[659]:

---

655. TARTUCE, Fernanda; MAZZEI, Rodrigo. *Inventário e Partilha no CPC/15:* pontos de destaque na relação entre os direitos material e processual. *In*: MACEDO, Lucas B.; PEIXOTO, Ravi; FREIRE, Alexandre. (Orgs.). *Procedimentos especiais, tutela provisória e direito transitório*. Salvador: Juspodivm, 2015, p. 446.

656. No sentido: MARINONI, Luiz G. *et al. Novo Código de Processo Civil comentado*. São Paulo: RT, 2015, p. 657; MOREIRA, Pedro Alexandre. "Art. 647". *In*: STRECK, Lenio. *et al.* (Orgs.). *Comentários ao Código de Processo Civil*. São Paulo: Saraiva, 2016, p. 889; RAMINA DE LUCCA, Rodrigo. "Art. 658". *In*: WAMBIER, Teresa A. *et al.* (Coords). *Breves comentários ao novo Código de Processo Civil*. São Paulo: RT, 2016, p. 1.636; FARIAS, Cristiano C.; ROSENVALD, Nelson. *Curso de direito civil*: Sucessões. São Paulo: Atlas, 2015, p. 191.

657. TARTUCE; MAZZEI, *op. cit.*, p. 446, nota 17.

658. TARTUCE, Fernanda; MAZZEI, Rodrigo. *Inventário e partilha no CPC/15:* pontos de destaque na relação entre os direitos material e processual. *In*: MACEDO, Lucas B.; PEIXOTO, Ravi; FREIRE, Alexandre. (Orgs). *Procedimentos especiais, tutela provisória e direito*. Salvador: Juspodivm, 2015, p. 449.

659. STJ, REsp 16.137, Rel. Min. Sálvio de Figueiredo Teixeira, 4ª T., DJ 27.3.1995. No mesmo sentido, em jurisprudência mais recente, confira-se REsp 1.381.655.

> A execução da decisão de procedência proferida em autos de petição de herança faz-se, como regra, por meio de simples pedido de retificação de partilha, uma vez que a sentença homologatória de partilha não faz coisa julgada em relação ao herdeiro não convocado ao processo de inventario.

Diante do exposto, o Enunciado mostra-se de suma importância, na medida em que esclarece e reafirma a distinção entre as ações supra-analisadas.

▶ **NCPC. Art. 658.** É rescindível a partilha julgada por sentença: I – nos casos mencionados no art. 657; II – se feita com preterição de formalidades legais; III – se preteriu herdeiro ou incluiu quem não o seja.

ENUNCIADO 698. O § 4º DO ART. 664 REMETE ÀS DISPOSIÇÕES DO ART. 662, E NÃO À DO ART. 672, QUANTO AO LANÇAMENTO, AO PAGAMENTO E À QUITAÇÃO DA TAXA JUDICIÁRIA E DO IMPOSTO SOBRE A TRANSMISSÃO DA PROPRIEDADE DOS BENS DO ESPÓLIO.

▶ *Ravi Peixoto*

O enunciado n. 698 tem por objetivo a correção de um erro material existente no CPC. Para a adequada compreensão, é importante a utilização da transcrição dos textos normativos, com início no art. 664, §4º, do CPC, que trata do arrolamento, hipótese simplificada do inventário:

> § 4º Aplicam-se a essa espécie de arrolamento, no que couber, as disposições do art. 672, relativamente ao lançamento, ao pagamento e à quitação da taxa judiciária e do imposto sobre a transmissão da propriedade dos bens do espólio.

O texto normativo supracitado tem por base a menção à forma de tratamento das questões relativas ao lançamento, ao pagamento e à quitação da taxa judiciária e do imposto sobre a transmissão da propriedade dos bens do espólio, remetendo o intérprete para o art. 672. Ocorre que o mencionado texto normativo não faz qualquer referência a esses temas, mas sim aos requisitos para a cumulação de inventários para a partilha de heranças de pessoas diversas:

> Art. 672. É lícita a cumulação de inventários para a partilha de heranças de pessoas diversas quando houver:
>
> I – identidade de pessoas entre as quais devam ser repartidos os bens;
>
> II – heranças deixadas pelos dois cônjuges ou companheiros;
>
> III – dependência de uma das partilhas em relação à outra.
>
> Parágrafo único. No caso previsto no inciso III, se a dependência for parcial, por haver outros bens, o juiz pode ordenar a tramitação separada, se melhor convier ao interesse das partes ou à celeridade processual.

Pois bem, percebe-se que a remissão realizada pelo §4º, do art. 664 do CPC simplesmente não faz sentido. Isso porque essa remissão deveria estar relacionada com texto normativo que tratasse do regime relativo ao lançamento, ao pagamento e à quitação da taxa judiciária e do imposto sobre a transmissão da propriedade dos bens do espólio.

O texto normativo que faz referência a tais temáticas pode ser observado no art. 662 do CPC:

> Art. 662. No arrolamento, não serão conhecidas ou apreciadas questões relativas ao lançamento, ao pagamento ou à quitação de taxas judiciárias e de tributos incidentes sobre a transmissão da propriedade dos bens do espólio.
>
> § 1º A taxa judiciária, se devida, será calculada com base no valor atribuído pelos herdeiros, cabendo ao fisco, se apurar em processo administrativo valor diverso do estimado, exigir a eventual diferença pelos meios adequados ao lançamento de créditos tributários em geral.
>
> § 2º O imposto de transmissão será objeto de lançamento administrativo, conforme dispuser a legislação tributária, não ficando as autoridades fazendárias adstritas aos valores dos bens do espólio atribuídos pelos herdeiros.

Assim, é perceptível que há a necessidade de o intérprete corrigir o erro material existente no CPC para que a remissão constante do art. 664, §4º, do CPC faça sentido. Essa mesma conclusão também foi alvo do enunciado n. 131 do CJF.[660]

Para que se compreenda a necessidade e a importância da correção dessa remissão, importa fazer algumas considerações. O arrolamento é subdividido em arrolamento sumário, quando há partilha amigável, celebrada entre partes capazes (art. 659 e ss) e arrolamento comum, quando o valor dos bens do espólio for igual ou inferior a 1.000 (mil) salários-mínimos (art. 664).

O arrolamento sumário, topograficamente situado no CPC antes do arrolamento comum regula as questões tributárias e, face uma escolha de simplificação do procedimento, remete as questões tributárias para a esfera administrativa. Uma vez que o art. 659, §2º, do CPC dispensa o comprovante de recolhimento dos tributos referentes aos bens e às rendas para a homologação de partilha ou adjudicação, o art. 662 apenas reitera e reforça a remessa da questão tributária ao âmbito administrativo.

Por sua vez, o arrolamento comum, regulado logo após, para não repetir as mesmas disposições acerca das questões tributárias, apenas faz referências a tais questões no art. 664, §4º, do CPC. Assim, evidente a existência do erro material, devendo ser compreendido que a regulação das questões fiscais no arrolamento comum também é processada na esfera administrativa.

---

660. E. 131: A remissão ao art. 672, feita no art. 664, § 4º, do CPC, consiste em erro material decorrente da renumeração de artigos durante a tramitação legislativa. A referência deve ser compreendida como sendo ao art. 662, norma que possui conteúdo integrativo adequado ao comando expresso e finalístico do art. 664, § 4º. Sobre o mencionado enunciado, cf.: GALINDO, Andrian de Lucena. Comentários ao enunciado n. 131. KOEHLER, Frederico Augusto Leopoldino; PEIXOTO, Marco Aurélio; FLUMINGNAN, Silvano José Gomes (coords). *Enunciados CJF*. Salvador: Juspodivm, 2019, p. 274-276.

2.1.3.5. Dos Embargos de Terceiro (arts. 674 a 681)

ENUNCIADO 184. OS EMBARGOS DE TERCEIRO TAMBÉM SÃO OPONÍVEIS NA FASE DE CUMPRIMENTO DE SENTENÇA E DEVEM OBSERVAR, QUANTO AO PRAZO, A REGRA DO PROCESSO DE EXECUÇÃO.

● *Grupo: Procedimentos Especiais.* ● *Referências: art. 675.*

▸ ***Rodrigo Mazzei e Leriane Drumond Bento***

Os embargos de terceiro são mecanismos colocados à disposição de quem não é parte no processo, contudo está com seu patrimônio sofrendo ou em vias de sofrer constrição em razão da lide. Ou seja[661]:

> Constituem demanda à disposição daquele que, não sendo responsável patrimonial, ou possuindo bem específico que escapa a esta responsabilidade, sofre ameaça ou tem concretizada sobre patrimônio seu a prática de turbação ou de esbulho perpetrado por força de decisão judicial.

Tem, portanto, "natureza repressiva ou preventiva, voltada contra a constrição ou ameaça de constrição decorrente de ato judicial sobre o patrimônio do lesado, ou ameaçado de lesão"[662]. Permite, deste modo, que o terceiro proteja seu patrimônio. Esta ação é cabível no processo de conhecimento, no cumprimento de sentença e no processo de execução, contudo, em cada uma destas fases, há uma delimitação temporal para o manejo dos embargos de terceiro. Tal se dá em razão do fato de serem os embargos ação incidental, que deve ser proposta enquanto esteja o processo principal em curso[663].

Deste modo, "o estado de litispendência do processo em que praticado o ato constritivo impugnado pelos embargos é condição para a admissibilidade dos mesmos, estando diretamente relacionada ao interesse processual"[664]. No que concerne ao processo de conhecimento, o limite é o trânsito em julgado da sentença. Já no que toca ao cumprimento de sentença e ao processo de execução, o artigo 675 estipula que poderão ser opostos embargos de terceiro até cinco dias depois da adjudicação, da alienação por iniciativa particular ou da arrematação, mas sempre antes da assinatura da respectiva carta. Neste sentido está o Enunciado, que destaca o cabimento dos embargos de terceiro no cumprimento de sentença, salientando que, quanto ao prazo, deve-se observar a regra do processo de execução, conforme explicitado acima.

Cabe pontuar que, "a despeito da fixação do termo final para os embargos em cinco dias depois da adjudicação, da alienação por iniciativa particular ou da arrematação, vinha-se admitindo o oferecimento dos embargos de terceiro enquanto não ocorrida a assinatura da respectiva carta, inexistindo, a rigor, justificativa para que

661. MAZZEI, Rodrigo; GONÇALVES, Tiago Figueiredo. Embargos de Terceiro. *In*: *Enciclopédia Jurídica da PUC-SP*: processo civil. 2017, p. 4.
662. MEDINA, José Miguel Garcia. *Direito processual civil moderno.* 2. ed. São Paulo: RT, 2016, 860.
663. WAMBIER, Teresa A. *et al. Primeiros comentários ao novo Código de Processo Civil*: artigo por artigo. São Paulo: RT, 2015. p. 1009.
664. MAZZEI; GONÇALVES, *op. cit.*, p. 5, nota 1.

este entendimento seja modificado agora com o NCPC"[665]. Importante destacar que, no que concerne à relação entre a ciência da execução e a fluência do prazo para manejo dos embargos, há divergência doutrinária. Assim, "a fluência do prazo para a oposição dos embargos de terceiro não está condicionada à efetiva ciência do terceiro em relação à medida constritiva; o prazo flui existindo ou não seu conhecimento em relação à constrição".

"Por isso que a não utilização dos embargos de terceiro, mesmo por aquele que tinha conhecimento do ato de constrição, não resulta na perda do direito material sobre o bem, cuja titularidade poderá vir a ser discutida pela via ordinária apropriada"[666]. Em sentido diverso, "o prazo referido no artigo 675 do CPC/2015, assim, incide se o terceiro tinha conhecimento da execução"[667].

Sobre o tema, deve se gizar que há jurisprudência do STJ no sentido de que "o termo inicial dos embargos de terceiro, para o embargante que não teve ciência da execução, é a data da efetiva turbação ou esbulho" (STJ, AgRg no AREsp 520.399). Assim, não se pode admitir presunção de que o terceiro teve ciência da execução e com isto acolher a intempestividade da postulação (STJ, AgRg no AREsp 312.124). Independentemente da posição adotada, certo é que caso o terceiro não oponha embargos no prazo consignado no artigo 675, não há perda do direito, na medida em que este poderá tutelá-lo através de ação autônoma.

► **NCPC. Art. 675.** Os embargos podem ser opostos a qualquer tempo no processo de conhecimento enquanto não transitada em julgado a sentença e, no cumprimento de sentença ou no processo de execução, até 5 (cinco) dias depois da adjudicação, da alienação por iniciativa particular ou da arrematação, mas sempre antes da assinatura da respectiva carta.

ENUNCIADO 185. O JUIZ DEVE OUVIR AS PARTES ANTES DE DETERMINAR A INTIMAÇÃO PESSOAL DO TERCEIRO.

● *Grupo: Procedimentos Especiais.* ● *Referências: art. 675, par. ún.*

► ***Rodrigo Mazzei e Leriane Drumond Bento***

O Enunciado em análise tem como supedâneo o artigo 675, parágrafo único, o qual inova ao determinar que o juiz, caso identifique a existência de interesse de terceiro em embargar o ato, mande intimá-lo pessoalmente para se manifestar sobre o ato de constrição. Trata-se de medida que "favorece a economia processual – já que há algo a ser alegado, que isto seja feito o quanto antes – e evidencia a opção do legislador em prestigiar o princípio da cooperação (art. 9º)"[668].

---

665. *Ibidem*, p. 6.
666. *Ibidem*, p. 8.
667. MEDINA, *op. cit.*, p. 862, nota 2.
668. WAMBIER, Teresa A. *et al. Primeiros comentários ao novo Código de Processo Civil*: artigo por artigo. São Paulo: RT, 2015, p. 1.012.

Corroborando com este objetivo, o enunciado 185 do FPPC dispõe ser necessário que o magistrado, antes de determinar esta intimação do terceiro, ouça as partes sobre esta situação. Trata-se de medida que visa preservar o contraditório, na medida em que permite a participação efetiva das partes na condução do processo, dando-lhes ciência e oportunidade de defender seus interesses.

Assim, a depender da situação, podem manifestar-se no sentido de "desistir ou de requerer o cancelamento da constrição", auxiliando "na solução de questão que poderia assumir contornos mais tormentosos em outro contexto"[669].

► **NCPC. Art. 675. Parágrafo único.** Caso identifique a existência de terceiro titular de interesse em embargar o ato, o juiz mandará intimá-lo pessoalmente.

ENUNCIADO 186. A ALUSÃO À "POSSE" OU A "DOMÍNIO" NOS ARTS. 677, 678 E 681 DEVE SER INTERPRETADA EM CONSONÂNCIA COM O ART. 674, CAPUT, QUE, DE FORMA ABRANGENTE, ADMITE OS EMBARGOS DE TERCEIRO PARA AFASTAR CONSTRIÇÃO OU AMEAÇA DE CONSTRIÇÃO SOBRE BENS QUE POSSUA OU SOBRE QUAIS TENHA "DIREITO INCOMPATÍVEL COM O ATO CONSTRITIVO".

● *Grupo: Procedimentos Especiais.* ● *Referências: arts. 677, 678 e 681.*

▸ *Rodrigo Mazzei e Leriane Drumond Bento*

O artigo 674 do NCPC, diferentemente do revogado artigo 1.046 do CPC/73, refere-se como legítimo a manejar os embargos de terceiro aquele que, não sendo parte do processo, sofra ou esteja na iminência de sofrer constrição sobre bens que possua ou tenha direito incompatível com o ato de constrição. Nota-se, deste modo, a inclusão de cláusula que amplia a legitimidade ativa para propositura dos embargos de terceiro, na medida em que se protege qualquer direito incompatível com o ato constritivo.

Entretanto, os arts. 677, 678 e 681 fazem referência apenas a "posse" ou "domínio", de modo que se faz necessária uma interpretação sistêmica do instituto, a fim de combinar tais dispositivos com a previsão traçada no artigo 674. Justamente neste sentido está o Enunciado ora analisado. Assim[670]:

> O que o embargante busca com a demanda de embargos de terceiro é inibir ou reprimir a turbação ou o esbulho da posse direta ou indireta que exerce sobre o bem objeto da constrição determinada por decisão judicial; essa pretensão pode estar fundada na posse enquanto mero fato (almeja, no caso, a tutela da posse com fundamento na posse), quando então a ação de embargos de terceiro assumirá natureza de verdadeira ação possessória, ou, então, pode estar fundada no direito à posse, independentemente da natureza da relação jurídica que lhe dá origem, ou seja, independentemente de o direito à posse ter fundamento em direito real sobre a coisa ou de o direito à posse decorrer de relação jurídica obrigacional.

A concepção mais ampliada faz-se necessária na medida em que "a limitação dos embargos de terceiro a situações de proteção unicamente da posse não se coaduna

669. MAZZEI, Rodrigo; GONÇALVES, Tiago F. "Embargos de terceiro". *In*: *Enciclopédia Jurídica da PUC-SP*: processo civil. 2017, p. 10.

670. *Ibidem*, p. 20.

com as necessidades de do direito material em relação a determinados direitos"[671]. Por tal razão, admitem-se os embargos de terceiro na "defesa de direitos (creditícios, de propriedade, derivados de propriedade - reais e obrigacionais -, de retenção, direitos e ações etc.) e da posse - com ou sem título, direta ou indireta"[672]. Assim, quando da análise dos embargos de terceiro, deve-se seguir a nova sistemática adotada pelo NCPC, de modo que a interpretação de todos os dispositivos que tratam deste instituto deve ser orientada desta forma.

> ► **NCPC. Art. 677.** Na petição inicial, o embargante fará a prova sumária de sua posse ou de seu domínio e da qualidade de terceiro, oferecendo documentos e rol de testemunhas. ► **Art. 678.** A decisão que reconhecer suficientemente provado o domínio ou a posse determinará a suspensão das medidas constritivas sobre os bens litigiosos objeto dos embargos, bem como a manutenção ou a reintegração provisória da posse, se o embargante a houver requerido. ► **Art. 681.** Acolhido o pedido inicial, o ato de constrição judicial indevida será cancelado, com o reconhecimento do domínio, da manutenção da posse ou da reintegração definitiva do bem ou do direito ao embargante.

2.1.3.6. Das Ações de Família (arts. 693 a 699)

Enunciado 72. O rol do art. 693 não é exaustivo, sendo aplicáveis os dispositivos previstos no Capítulo X a outras ações de caráter contencioso envolvendo o Direito de Família.

● *Grupo: Procedimentos Especiais.* ● *Referências: art. 693.*

► ***Beatriz Galindo***

Na Parte Especial do Código, Livro I, Título III, que regula os procedimentos especiais, foi inserido o Capítulo X que se destina às ações de família (art. 693 a 699). A dúvida sanada pelo enunciado 72 é: as normas ali presentes se destinam a toda e qualquer ação de família ou apenas às listadas no art. 693?

À primeira vista, o art. 693 parece esgotar as possibilidades de ações de família, ao tratar dos processos contenciosos de divórcio, separação, reconhecimento e extinção de união estável, guarda, visitação e filiação - excluindo expressamente a ação de alimentos deste rol no seu parágrafo único. No entanto, precisamos considerar o objetivo do legislador ao criar um procedimento especial para estas ações - até então inexistente no CPC/73.

Qual a razão de ser da concepção de um procedimento especial para privilegiar a resolução consensual de um litígio, sendo este, justamente, um dos parâmetros basilares do Código de Processo Civil para o procedimento comum? Ao escolher esse caminho, o legislador aponta que as ações que envolvem Direito de Família são

---

671. BARIONI, Rodrigo. "Art. 674". *In*: STRECK, Lenio. *et al.* (Orgs.). *Comentários ao Código de Processo Civil.* São Paulo: Saraiva, 2016, p. 900.

672. RODRIGUES, Ruy F. Z. *In*: ALVIM, Angélica A. *et al.* (Coords.). *Comentários ao Código de Processo Civil.* São Paulo: Saraiva, 2016, p. 776.

especialmente propícias à conciliação ou à mediação, de modo que não haveria sentido restringir aos casos exemplificados no art. 693.

Exemplo importante se faz com ações em que se alega abuso ou alienação parental, que a despeito de não estarem previstas no rol do art. 693, são tratadas dentro do capítulo X, no art. 699. Maria Berenice Dias cita também a ação de anulação do casamento, que apesar de não presente no rol do art. 693, se sujeitará ao regramento[673]. Caso o rol fosse exaustivo, a exigência nestas ações da presença de um profissional especializado em conjunto com o juiz na colheita do depoimento do incapaz seria inadequada, eis que não estariam abrangidas por este procedimento especial.

▶ **NCPC. Art. 693.** As normas deste Capítulo aplicam-se aos processos contenciosos de divórcio, separação, reconhecimento e extinção de união estável, guarda, visitação e filiação.

Enunciado 187. No emprego de esforços para a solução consensual do litígio familiar, são vedadas iniciativas que gerem constrangimento ou que sejam intimidatórias para que as partes obtenham autocomposição.

● *Grupo: Procedimentos Especiais.* ● *Referências: arts. 694, 165, § 2º, 166.*

▸ ***Beatriz Galindo***

Ao criar uma estrutura para a solução consensual de litígios, o CPC/15 pretendeu instituir uma nova forma de promover a conciliação e a mediação. Para tanto, positivou princípios estruturantes, além de ter regulamentado em detalhes as atividades dos profissionais encarregados desta função (art. 165 a 175), mas o fez de maneira subjetiva, cabendo às demais fontes do Direito conferirem a objetividade ao caso concreto.

O enunciado 187 não inova ao vedar iniciativas de constrangimento ou intimidação para que as partes conciliem, já que há previsão expressa neste sentido no §2º do art. 165 do CPC/15, servindo como um reforço impedir condutas reprováveis.

É dito com frequência nos corredores da Justiça que partes são levadas a firmar acordos por serem "alertadas" pelos conciliadores da fraqueza de seus argumentos, ou da baixa probabilidade de se obter um valor equivalente em uma sentença judicial. Independente de se tratar de um rumor – o que não se sabe –, pretende-se com este enunciado, evitar que o profissional encarregado de promover a resolução consensual do litígio, não produza opiniões ou aconselhamentos que gerem constrangimento ou intimidação nas partes.

Isto porque a autocomposição pressupõe que a solução do litígio não ocorra por exercício da força ou intimidação, mas pela vontade das partes, sob pena de ser incompatível com o Estado Democrático de Direito. Quando a parte assina um acordo por ser levada a acreditar que não obteria o seu direito por meio de uma decisão

673. DIAS, Maria Berenice. *A Lei de Alimentos ou o que sobrou dela*. Disponível em < http://www.mariaberenice.com.br/manager/arq/(cod2_13035)A_Lei_de_Alimentos_ou_o_que_sobrou_dela.pdf>

judicial, ela pode estar incorrendo em um vício de vontade – e aqui, a depender do caso, poderão estar enquadrados qualquer dos vícios previsto no Capítulo IV do Código Civil.

Como é de se esperar, a função do conciliador não é reduzir a quantidade de processos do Judiciário, firmando negócios viciados, mas sim promover a verdadeira e justa resolução do litígio por meio exclusivo da vontade das partes.

Vale ressaltar que por ocasião do X FPPC-Brasília a redação do enunciado foi alterada. A redação anterior dizia: "*No emprego de esforços para a solução consensual do litígio familiar, são vedadas iniciativas de constrangimento ou intimidação para que as partes conciliem, assim como as de aconselhamento sobre o objeto da causa*", que difere da atual, especialmente, por fazer menção ao aconselhamento sobre o objeto da causa.

▶ **NCPC. Art. 165. § 2º** O conciliador, que atuará preferencialmente nos casos em que não houver vínculo anterior entre as partes, poderá sugerir soluções para o litígio, sendo vedada a utilização de qualquer tipo de constrangimento ou intimidação para que as partes conciliem. ▶ **Art. 166.** A conciliação e a mediação são informadas pelos princípios da independência, da imparcialidade, da autonomia da vontade, da confidencialidade, da oralidade, da informalidade e da decisão informada. ▶ **Art. 694**. Nas ações de família, todos os esforços serão empreendidos para a solução consensual da controvérsia, devendo o juiz dispor do auxílio de profissionais de outras áreas de conhecimento para a mediação e conciliação. Parágrafo único. A requerimento das partes, o juiz pode determinar a suspensão do processo enquanto os litigantes se submetem a mediação extrajudicial ou a atendimento multidisciplinar.

Enunciado 639. O juiz poderá, excepcionalmente, dispensar a audiência de mediação ou conciliação nas ações em que uma das partes estiver amparada por medida protetiva..

● *Grupo: Mediação e conciliação (CPC e Lei 13.140/2015)* ● *Referências: arts. 695 e 334, § 4º, II.*

▶ ***Beatriz Galindo***

Imagine a sensação de ser obrigado pelo órgão jurisdicional a ficar frente à frente com seu agressor. E pior: sob pena de multa em caso de não comparecimento.

Logo no início da vigência do Código de Processo Civil esse foi um medo recorrente das vítimas de agressão familiar, haja vista que a leitura rasa do §8º do art. 334 CPC poderia levar a esse constrangimento, pois considera ato atentatório à dignidade da justiça o não comparecimento na audiência de conciliação ou mediação quando não houver justificativa, aplicando multa como punição. Portanto, se fez necessário o enunciado 639 para não restar dúvidas da possibilidade de o juiz dispensar a realização dessa audiência em casos prévios de agressão.

Poder-se-ia dizer que estatísticas mostram casos de mulheres agredidas que perdoam o companheiro com frequência, razão pela qual não sofreriam ao encontrá-lo em juízo, sendo desnecessária a dispensa da audiência. Entretanto, o enunciado não protege apenas as mulheres, mas toda e qualquer pessoa amparada por uma medida protetiva. Em segundo lugar, não é razoável que a legislação brasileira por um lado conceda uma medida protetiva, atestando a necessidade de distanciamento entre agressor e vítima, e por outro obrigue o encontro das partes para promover uma autocomposição. E ainda, o fato de algumas mulheres terem perdoado seus agressores não justifica expor ao constrangimento – ou até mesmo ao perigo – todas as pessoas amparadas por medidas protetivas. Até porque, a vítima que pretenda perdoar o agressor poderá solicitar a realização da audiência ao juízo, visto que a dispensa trata-se apenas de uma faculdade do juiz.

Inclusive, a excepcionalidade da dispensa foi uma das condições para a aprovação do enunciado, pois teme-se o enfraquecimento da obrigatoriedade da realização de audiências de conciliação e mediação, que tanto já vem sendo mitigada indevidamente pela praxe forense.

Pelo mesmo motivo, outra condição para se obter a aprovação unânime do enunciado foi a exigência de haver medida protetiva concedida à vítima para autorizar a dispensa da audiência. Havia quem defendesse a simples alegação de violência familiar, ou ainda o registro de um boletim de ocorrência ou uma queixa-crime contra o agressor. Por prudência, contudo, optou-se pelo critério mais rigoroso, quando a questão já foi submetida à análise judicial, com deferimento da medida protetiva.

Fica clara a preocupação dos processualistas integrantes do Fórum em não banalizar a dispensa da realização da audiência de conciliação e mediação, autorizada apenas em casos excepcionais.

► **NCPC. Art. 695.** Recebida a petição inicial e, se for o caso, tomadas as providências referentes à tutela provisória, o juiz ordenará a citação do réu para comparecer à audiência de mediação e conciliação, observado o disposto no art. 694. **§ 1º** O mandado de citação conterá apenas os dados necessários à audiência e deverá estar desacompanhado de cópia da petição inicial, assegurado ao réu o direito de examinar seu conteúdo a qualquer tempo. **§ 2º** A citação ocorrerá com antecedência mínima de 15 (quinze) dias da data designada para a audiência. **§ 3º** A citação será feita na pessoa do réu. **§ 4º** Na audiência, as partes deverão estar acompanhadas de seus advogados ou de defensores públicos. ► **Art. 334.** Se a petição inicial preencher os requisitos essenciais e não for o caso de improcedência liminar do pedido, o juiz designará audiência de conciliação ou de mediação com antecedência mínima de 30 (trinta) dias, devendo ser citado o réu com pelo menos 20 (vinte) dias de antecedência. (...). **§ 4º** A audiência não será realizada: I – se ambas as partes manifestarem, expressamente, desinteresse na composição consensual; II – quando não se admitir a autocomposição.

ENUNCIADO 672. É ADMISSÍVEL A CUMULAÇÃO DO PEDIDO DE ALIMENTOS COM OS PEDIDOS RELATIVOS ÀS AÇÕES DE FAMÍLIA, VALENDO-SE O AUTOR DESSE PROCEDIMENTO ESPECIAL, SEM PREJUÍZO DA UTILIZAÇÃO DA TÉCNICA ESPECÍFICA PARA CONCESSÃO DE TUTELA PROVISÓRIA PREVISTA NA LEI DE ALIMENTOS.

● *Grupo: Gratuidade da Justiça, petição inicial, contestação e fase de organização e saneamento.* ● *Referência: arts. 327, §2º e 693, parágrafo único.*

► ***Lorena Guedes***

O enunciado toma por base os textos dos artigos 327, §2° e 693, parágrafo único, ambos do CPC/15. A conjugação dos dois dispositivos versa sobre a hipótese de cumulação do pedido de alimentos – sujeito à lei especial nº 5.478/68 – e outros pedidos relativos às ações de família, que se submetem ao procedimento especial previsto nos artigos 693 a 699 do mesmo diploma processual.

Ab intio, vê-se que o caput do art. 327 admite pleitos cumulados em uma só demanda contra o mesmo réu, ainda que entre eles não haja conexão; já seu parágrafo 2° autoriza a cumulação de pedidos submetidos a procedimentos distintos quando adotado o comum. No entanto, as divergências recaem sobre a interpretação que se dá à parte final do §2°, pois o dispositivo resguarda a autonomia no manejo das técnicas processuais diferenciadas que sejam compatíveis com o procedimento comum.

Já o mencionado art. 693 pertence ao capítulo próprio das ações de família (Capítulo X)[674], no qual o CPC/15 carrega disposições especialmente voltadas à solução do litígio familiar. O texto do caput faz referência expressa aos processos contenciosos de divórcio, separação, reconhecimento e extinção de união estável, guarda, visitação e filiação. Todavia, o referido rol deve ser considerado exemplificativo[675].

Nos artigos 693 a 699, o diploma processual oferece reforços à autocomposição do litígio familiar sem olvidar dos procedimentos previstos nas leis especiais[676]; ademais, trata de regras específicas e diferenciadas para manejo das citações/intimações; também prevê que profissionais especialistas acompanhem determinados atos no processo (art. 699). Vê-se, portanto, que tais peculiaridades especializam o procedimento a ser adotado para cuidar dos direitos relativos aos litígios familiares.

Referindo-se ao parágrafo único do art. 693, o enunciado pretende uniformizar o entendimento acerca da possibilidade de cumulação do pedido de alimentos com outros pleitos relativos às ações de família, sem que seja necessário abrir mão da técnica antecipatória prevista na Lei de Alimentos (Lei 5.478/68)[677]. Trata-se da técnica que pretende a concessão dos alimentos provisórios, sujeitos à decisão final que virá confirmar, revogar ou reformar o *quantum* fixado.

É que, ao tempo do CPC/73, o judiciário já era dissonante acerca do tema, produzindo decisões divergentes – ora concedendo a cumulação, ora afastando. De um lado, ordenava-se o desmembramento dos pedidos em com fundamento na incompatibilidade dos procedimentos, ou no melhor interesse do incapaz que estivesse envolvido

674. Cumpre registrar que o capítulo X do CPC/15 compreende os artigos 693 a 699, e versa sobre os processos contenciosos. Assim, em se tratando de demandas familiares que se submetem à jurisdição voluntária, o arrimo legal pode ser encontrado no capítulo XV do mesmo diploma processual, que versa sobre os procedimentos de jurisdição voluntária (artigos 731 a 734).

675. Tal como sugere o enunciado 72 do FPPC: "O rol do art. 693 não é exaustivo, sendo aplicáveis os dispositivos previstos no Capítulo X a outras ações de caráter contencioso envolvendo o Direito de Família. (Grupo: Procedimentos Especiais)"

676. Sobre o tema, conferir a Lei de Alimentos (Lei 5.478/68); Lei de alimentos gravídicos (Lei n° 11.804/08); Estatuto da Criança e do adolescente (Lei n° 8.069/90).

677. A lei 5.478/68 confere à ação de alimentos a qualidade de procedimento especial, cuja tramitação poderá ser iniciada independentemente de prévia distribuição e de anterior concessão do benefício de gratuidade (art. 1°). Além disso, trata-se de procedimento simplificado, no qual há dispensa de produção probatória quando estiverem preenchidos os requisitos dispostos no art. 2° da referida lei.

naquela demanda. De outra banda, havia decisões que autorizavam a cumulação, fundamentadas nos princípios da celeridade e da economia processual[678]. De toda sorte, muitos julgados de primeiro grau que indeferiam a possibilidade de cumulação de pedidos foram reformados em segundo grau, evidenciando que a demora na prestação jurisdicional adequada poderia ter sido evitada.

Em razão disso, tem-se experimentado indesejável insegurança jurídica, por não ser possível afirmar se a cumulação de pedidos será deferida antes que haja apreciação jurisdicional. Na prática forense, o jurisdicionado precisa esperar o despacho inicial para saber se haverá necessidade de distribuir nova petição inicial reiterando o pedido que eventualmente tenha sido considerado incompatível com o procedimento comum.

Todavia, mesmo sob a égide do CPC/15, admitir a cumulação dos pedidos mediante adoção do procedimento comum pode significar o afastamento de alguns privilégios que só seriam obtidos em decorrência do procedimento especial, tal como a possibilidade de fixação de prazo diferenciado para apresentação da contestação[679].

Por outro lado, há casos[680] nos quais o indeferimento da cumulação de pedidos fere a economia processual e prejudica a celeridade na tramitação da demanda, tal como se vê na propositura de uma ação de inversão de guarda, que poderá provocar litígio acerca dos alimentos, ensejando eventual substituição do respectivo devedor. Em casos como esse, a cumulação dos pedidos viabiliza que o juízo aceca dos pedidos cumulados seja fruto de um dialogo processual havido nos autos de apenas um processo judicial.

De fato, uma análise superficial quanto à conjugação dos artigos 327, §2° e 693, parágrafo único, não garante a autorização de cumulação dos pedidos, mas também

---

678. Nesse sentido, veja-se a ementa a seguir colacionada: AGRAVO DE INSTRUMENTO – AÇÃO DE AÇÃO DE GUARDA E REGULAMENTAÇÃO DE VISITA – PEDIDO DE ALIMENTOS -CUMULAÇÃO DE PEDIDOS – POSSIBILIDADE. Malgrado a ação de alimentos esteja sujeita à procedimento próprio (Lei nº. 5.478/68), a jurisprudência tem admitido, em homenagem aos princípios da economia e celeridade judiciais, a cumulação dos pedidos (guarda e alimentos) nos termos do art. 292 do CPC. Recurso provido. (TJ-MG – AI: 10024133049213001 MG, Relator: Fernando Caldeira Brant, Data de Julgamento: 30/01/2014, Câmaras Cíveis / 5ª CÂMARA CÍVEL, Data de Publicação: 07/02/2014); no mesmo sentido há tantas outras: TJ-SP – AG: 5814914200 SP, Relator: Donegá Morandini, Data de Julgamento: 11/11/2008, 3ª Câmara de Direito Privado, Data de Publicação: 18/11/2008

679. Tal como ocorre com o art. 7° da lei de alimentos gravídicos (Lei n° 11.804/08): "Art. 7º O réu será citado para apresentar resposta em 5 (cinco) dias." Ou ainda aquele previsto na própria lei de alimentos (Lei 5.478/68): "Art. 5º § 1º. Na designação da audiência, o juiz fixará o prazo razoável que possibilite ao réu a contestação da ação proposta e a eventualidade de citação por edital.

680. Como referencial, tem-se um recente julgado no processo de número **1028974-60.2018.8.26.0564 do TJSP**, cujo trecho merece colação: "(...) Entendo, porém, que os pedidos de guarda e de regulamentação de visitas devem ser veiculados por meio de ação autônoma, porquanto a adoção do procedimento comum seria prejudicial ao filho menor, ainda que nele possam ser empregadas as técnicas processuais diferenciadas previstas nos procedimentos especiais a que se sujeitam um ou mais pedidos cumulados (CPC, art. 327, § 2º, segunda parte)." Publicação disponível em: https://www.jusbrasil.com.br/diarios/220083989/djsp-judicial-1a-instancia-interior-parte-iii-03-12-2018-pg-1469?ref=topic-lawsuit

não determina o afastamento. De um modo ou de outro, o jurisdicionado fica a mercê de uma adequada ponderação jurisdicional quanto à compatibilidade entre o procedimento comum e a técnica diferenciada prevista na lei de alimentos.

Assim, o enunciado tem pertinência porque, mesmo sob a égide do CPC/15, os tribunais continuam precisando se manifestar acerca de decisões que indeferem a cumulação em casos como esses[681]. De toda sorte, sem perder o compromisso com a celeridade, a tramitação do feito em cumulação de pedidos nos termos da proposta enunciada consubstancia os princípios da economia e da efetividade processuais[682].

De outra banda, embora não seja objeto do enunciado em comento, o manejo da tutela provisória em sede de litígio familiar também é disposto no art. 695 do CPC/15, que ressalva a aplicação da técnica antecipatória sem prejuízo da tentativa de autocomposição, deixando para submeter as partes ao procedimento comum apenas em caso de restarem infrutíferas as tentativas de acordo (art. 697 do mesmo diploma).

Assim, ao mesmo tempo em que o CPC/15 ressalva a aplicação da legislação especial no que se refere à ação de alimentos (art. 693, par. ún.), também é receptivo às ferramentas processuais contidas no seu próprio texto (art. 695). Ferramentas tais que podem ser tão (ou mais) eficazes quanto (que) o antigo, porém vigente, procedimento especial da lei de alimentos em relação ao manejo da tutela jurisdicional diferenciada no litígio familiar.

Não custa lembrar, no entanto, que o CPC/15 trouxe a figura da tutela de urgência requerida em caráter antecedente (art. 294, par. ún.), na qual o autor tem a faculdade de elaborar uma petição inicial sucinta, com os elementos que o próprio diploma legal apontou como obrigatórios (art. 303, em caso de tutela antecipada satisfativa; art. 305, se versar sobre tutela cautelar). Nesse sentido, é relevante registrar que a ferramenta da tutela de urgência requerida em caráter antecedente é compatível com o procedimento comum e pode ser utilizada quando da cumulação de pedidos prevista no art. 693 do CPC/15. Trata-se de alternativa que pode auxiliar na solução dos litígios familiares e ensejar a redução das divergências jurisprudenciais acerca da cumulação do pedido de alimentos.

---

681. Como exemplo, veja-se: APELAÇÃO CÍVEL. DIREITO DE FAMÍLIA. AÇÃO DE RECONHECIMENTO E DISSOLUÇÃO DE UNIÃO ESTÁVEL, PARTILHA, ALIMENTOS, GUARDA E REGULAMENTAÇÃO DE VISITAS. CUMULAÇÃO DE PEDIDOS. POSSIBILIDADE. PRINCÍPIOS DA ECONOMIA PROCESSUAL E DURAÇÃO RAZOÁVEL DO PROCESSO. ART. 327, § 1º, I, II E III, DO CPC. Consoante o disposto no artigo 327, caput, § 1º, incisos I, II e III, do Código de Processo Civil, é lícita a cumulação, em um único processo e contra o mesmo réu, de diversos pedidos, ainda que entre eles não haja conexão, desde que sejam compatíveis entre si, seja competente para conhecer deles o mesmo Juízo, e o tipo de procedimento seja adequado para todos os pedidos formulados. Apelação provida. (TJ-DF 20170110301964 – Segredo de Justiça 0005953-32.2017.8.07.0016, Relator: CARMELITA BRASIL, Data de Julgamento: 28/02/2018, 2ª TURMA CÍVEL, Data de Publicação: Publicado no DJE : 02/03/2018 . Pág.: 478/488)

682. No mesmo sentido: TJ-DF – AGI: 20150020172015, Relator: TEÓFILO CAETANO, Data de Julgamento: 02/09/2015, 1ª Turma Cível, Data de Publicação: Publicado no DJE : 11/09/2015 . Pág.: 90)

▶ **NCPC. Art. 327, §2°.** É lícita a cumulação, em um único processo, contra o mesmo réu, de vários pedidos, ainda que entre eles não haja conexão. **§2°.** Quando, para cada pedido, corresponder tipo diverso de procedimento, será admitida a cumulação se o autor empregar o procedimento comum, sem prejuízo do emprego das técnicas processuais diferenciadas previstas nos procedimentos especiais a que se sujeitam um ou mais pedidos cumulados, que não forem incompatíveis com as disposições sobre o procedimento comum. ▶ **Art. 693, parágrafo único.** As normas deste Capítulo aplicam-se aos processos contenciosos de divórcio, separação, reconhecimento e extinção de união estável, guarda, visitação e filiação. **Parágrafo único.** A ação de alimentos e a que versar sobre interesse de criança ou de adolescente observarão o procedimento previsto em legislação específica, aplicando-se, no que couber, as disposições deste Capítulo.

2.1.3.7. Da Ação Monitória (arts. 700 a 702)

ENUNCIADO 188. COM A EMENDA DA INICIAL, O JUIZ PODE ENTENDER IDÔNEA A PROVA E ADMITIR O SEGUIMENTO DA AÇÃO MONITORIA.

● *Grupo: Procedimentos Especiais.* ● *Referências: art. 700, § 5º.*

▸ *Diego Crevelin de Sousa*

A ação monitória é técnica de aceleração processual à disposição de quem possui prova escrita sem eficácia de título executivo, referente a direito de exigir do devedor capaz o pagamento de quantia em dinheiro, a entrega de coisa fungível ou infungível ou de bem móvel ou imóvel ou o adimplemento de obrigação de fazer ou de não fazer (art. 700, CPC).

Trata-se de procedimento alternativo ao comum que objetiva a formação abreviada de título executivo judicial. Tratando-se de alternativa, o portador de prova escrita tem a potestade de optar livremente entre demandar entre o procedimento comum e o monitório. Esse encurtamento cognitivo que precipita a formação do título executivo judicial decorre da existência de direito evidente estampado em prova escrita. Esta prova escrita não necessita ser robusta a ponto de autorizar a formação de juízo de certeza do fato constitutivo do direito do autor, bastando que autorize o juiz a estabelecer juízo de probabilidade do direito.

Como o direito do autor é provável, o réu é citado e intimado para cumprir, em 15 dias, a obrigação referida na inicial, e não para se defender. Findo o prazo sem cumprimento ou sem apresentação de embargos monitórios, constituir-se-á de pleno direito o título executivo judicial (art. 701, § 2º, CPC). De modo que a probabilidade do direito inverte para o réu o ônus de instaurar a discussão sobre a sua existência ou inexistência (art. 702, CPC), esperando-se que opte pelo pagamento à apresentação de defesa de improvável acolhimento[683]. Por sinal, além da previsível derrota, em si, mais duas vantagens podem estimular o réu a cumprir o mandado monitório: (i) a

683. Assim, conferir: MARINONI, Luiz; ARENHART, Sérgio; MITIDIERO, Daniel. *Novo curso de direito processual.* v. 3. São Paulo: RT, 2015. p. 231.

isenção do pagamento das custas processuais (art. 701, § 1º, CPC) e (ii) o pagamento de honorários advocatícios à razão de 5% do valor da causa (art. 701, *in fine*)[684].

De relevo para o enunciado em liça, é a questão da prova escrita que faz cabível a ação monitória. Os dispositivos de regência fornecem conceito insuficiente de prova escrita para os seus fins, versando apenas que pode consistir em prova oral documentada, produzida antecipadamente nos termos do artigo 381 (art. 700, § 1º). Não é necessário maior esforço interpretativo para concluir que não é apenas essa a prova escrita que torna cabível a ação monitória. Ninguém discordará, por exemplo, que o cheque e a nota promissória sem eficácia executiva atendem tal requisito[685]. Na realidade, formalmente, qualquer documento escrito, público ou particular, dá suporte à ação monitória[686]. Mas não só: é necessário, principalmente, que este escrito forje no juiz a convicção de que o direito do autor é provável. Por isso, é indubitável que o juiz deve fundamentar o recebimento da ação monitória (art. 93, IX, CRFB), dizendo por que reputa satisfeito o requisito da prova escrita (art. 489, § 1º, I, CPC). Todavia, se o documento não é idôneo para esse fim, o processamento da monitória é de inferir-se.

Justamente essa a questão que o enunciado em comento intentou resolver. Nos termos do § 5º do artigo 700, havendo dúvida quanto à idoneidade de prova documental apresentada pelo autor, o juiz intimá-lo-á para, querendo, emendar a petição inicial, adaptando-a ao procedimento comum. Contudo, no intento de preservar o cabimento da ação monitória, os participantes do Fórum Permanente de Processualistas Civis propuseram que, intimado o autor para emendar a inicial da ação monitória para adequá-la ao procedimento comum, "o juiz pode entender idônea a prova e admitir o seguimento da ação monitoria".

O enunciado é correto. Afinal, se o que leva o juiz a intimar o autor a emendar a inicial é a *dúvida quanto à idoneidade do documento*, sanada essa dúvida – porque o autor prestou informações que fizeram inteligível o documento inicialmente apresentado ou porque juntou outros documentos que corroboram o que consta no

---

684. Em relação a (i), se vencido no procedimento ordinário, o réu arcará com as custas processuais. Como alguns Estados da federação estão operando com elevados valores de custas, a sua isenção pode ser um estímulo ao cumprimento. Em relação a (ii), como o valor da causa, em regra, coincide com o valor do pedido (cf. art. 292, CPC), a derrota no procedimento comum redundaria em condenação de honorários de pelo menos o dobro do procedimento monitório (art. 85, § 2º). Se, por exemplo, a prova escrita refere-se a um crédito de R$ 50.000,00, o cumprimento do mandado monitório exige o pagamento de R$ 2.500,00 a título de honorários, ao passo em que a condenação no procedimento comum imporia, no mesmo caso, a este título, o valor de R$ 5.000,00, no mínimo.

685. Súmula 299/STJ. "É admissível a ação monitória fundada em cheque prescrito", e Súmula 504/STJ. "O prazo para ajuizamento de ação monitória em face do emitente de nota promissória sem força executiva é quinquenal, a contar do dia seguinte ao vencimento do título".

686. Nelson Nery Jr e Rosa Maria de Andrade Nery apresentam interessante rol de exemplos de prova escrita: "a) cheque prescrito (v. STJ 299); b) duplicata sem aceite; c) carta confirmando a aprovação do valor do orçamento e a execução dos serviços; d) carta agradecendo ao destinatário empréstimo em dinheiro (Bermudes. *Reforma*. p. 172); e) telegrama; f) fax; g) duplicata sem aceite protestada; h) documento eletrônico sem eficácia executiva (v. coment. CPC 784); i) prova oral produzida antecipadamente (CPC 381 § 1º)" (*in Comentários ao Código de Processo Civil*. RT. 2015. Versão eletrônica)".

primeiro[687] –, não há razão para negar seguimento à ação monitória. Se há prova escrita e o juiz está convencido da probabilidade do direito, o prosseguimento da ação monitória é imperativo[688].

> ▶ **NCPC. Art. 700. § 5º** Havendo dúvida quanto à idoneidade de prova documental apresentada pelo autor, o juiz intimá-lo-á para, querendo, emendar a petição inicial, adaptando-a ao procedimento comum.

ENUNCIADO 446. CABE AÇÃO MONITÓRIA MESMO QUANDO O AUTOR FOR PORTADOR DE TÍTULO EXECUTIVO EXTRAJUDICIAL.

● *Grupo: Execução.* ● *Referências: arts. 785 e 700.*

▸ ***Diego Crevelin de Sousa***

Ao tempo do CPC/73, a doutrina divergia sobre a admissibilidade, ou não, do ajuizamento da ação de conhecimento por quem possuía título executivo extrajudicial. O STJ pronunciou-se positivamente, admitindo que o possuidor de título executivo

687. A prova escrita, para fins do art. 700, CPC, pode ser depoimento pessoal documentado em produção antecipada de provas (art. 700, § 1º, CPC), e, nesse plano, não há qualquer óbice a que resulte da colheita de vários depoimentos. Como cada depoimento será documentado, tem-se que aí a prova escrita pode resultar de váriasprovas documentadas. Nesse sentido, também se deve admitir que o autor apresente mais de um escrito para demonstrar a probabilidade do direito afirmado. Ou seja, a prova escrita também pode resultar de várias provas documentais. Admitindo a cumulação de provas documentais para caracterizar a prova escrita necessária ao cabimento da ação monitória, conferir: MARINONI, Luiz; ARENHART, Sérgio; MITIDIERO, Daniel. *Novo curso de direito processual*. v. 3. São Paulo: RT, 2015. p. 235. Contra, defendendo que a prova escrita poderá ser feita por um único documento: PEREZ, Marcela. *In*: CABRAL, Antonio P.; CRAMER, Ronaldo. (Coords.). *Comentários ao novo Código de Processo Civil*. Rio de Janeiro: Forense, 2015. Versão eletrônica).

688. Escrevendo sobre o art. 700, § 5º, CPC, escreve Helder Moroni Câmara: "cremos que este dispositivo de lei disse menos do que deveria, já que, ao que parece, a única opção que o autor teria nessa hipótese seria a conversão da ação monitória em ação pelo procedimento comum. Todavia, no nosso entender, não é essa a única opção, já que poderá também o autor emendar a inicial levando para os autos documentos e indícios outros do direito que alega ter, com o objetivo de convencer o julgador sobre seu direito de manejar a ação monitória" (*In*: CÂMARA, Helder M. (Coord.). *Código de Processo Civil comentado*. São Paulo: Almedina, 2016. p. 857). No mesmo sentido, inclusive fazendo menção ao Enunciado 188/FPPC, ora comentado, posiciona-se Marcela Melo Perez: "a prova será reputada inidônea na ação monitória se incutir no magistrado fundadas dúvidas sobre a probabilidade do direito autoral e não o convencer de que o mandado monitório deva ser expedido imediatamente. Assim, considerando inidônea a prova juntada pelo autor, deverá o juiz intimá-lo para, querendo, emendar a inicial, adaptando-a ao procedimento comum. Admite-se, contudo, que eventuais esclarecimentos ou a juntada de novos documentos na emenda à inicial podem fazer com que o juiz altere o posicionamento antes firmado e defira o prosseguimento da ação, conforme o procedimento monitório, como reconhecido pelo Enunciado 188/FPPC: "Art. 700 (...). § 5º Com a emenda da inicial, o juiz pode entender idônea a prova e admitir o seguimento da ação monitória". (*In*: CABRAL, Antonio P.; CRAMER, Ronaldo. (Coords.). *Comentários ao novo Código de Processo Civil*. Rio de Janeiro: Forense, 2015. Versão eletrônica). Curioso notar que, se na nota anterior, foi expressado o entendimento da autora de que *a prova escrita deve constituir-se por apenas um único documento*, agora, para impedir a conversão da ação monitória em ação ordinária, possa o autor juntar *novos documentos* capazes de convencer o juiz acerca da probabilidade do direito (...). Assim, salvo melhor juízo, parece que o entendimento da autora é que a *prova escrita* pode constituir-se de vários documentos, não de um só.

extrajudicial optasse pela ação de conhecimento ou monitória[689]. Não é o caso, porém, de avançar sobre as razões desse debate, seja pela estreiteza deste espaço, seja pela consagração expressa dessa possibilidade no artigo 785, CPC.

Ausente qualquer inconstitucionalidade na prescrição do artigo 785, CPC – e, por isso mesmo, não há qualquer relevância em discutir a pertinência, ou não, da sua instituição – não há dúvida de que ela reflete sobre a ação monitória. Trata-se de indagar: o credor portador de título executivo extrajudicial pode optar por ajuizar ação monitória ao invés de ajuizar ação de execução? Como cediço, os participantes do Fórum Permanente de Processualistas Civis houveram por bem concluir que sim.

Para perscrutar sobre o acerto do enunciado em comento, calha verificar que a ação monitória principia inequivocamente como ação de conhecimento. Tanto é verdade que a oposição dos embargos suspende a eficácia da decisão que admite a ação monitória e determina a expedição do respectivo mandado até o julgamento em primeiro grau (§ 4º, art. 702, CPC).

Nessa toada, se o titular de título executivo extrajudicial pode optar pelo processo de conhecimento, a fim de obter título executivo judicial, auferindo, a diante, as vantagens daí decorrentes – notoriamente a incidência de multa de 10% sobre o valor atualizado do crédito em caso de descumprimento no prazo de 15 dias, quando intimado para tanto (art. 523, § 1º, CPC), o que, dependendo do valor do crédito, pode ser assaz atrativo para o exequente –, e sendo a ação monitória principiada por atividade cognitiva, conclui-se que o enunciado está correto[690].

► **NCPC. Art. 700.** A ação monitória pode ser proposta por aquele que afirmar, com base em prova escrita sem eficácia de título executivo, ter direito de exigir do devedor capaz: I – o pagamento de quantia em dinheiro; II – a entrega de coisa fungível ou infungível ou de bem móvel ou imóvel; III – o adimplemento de obrigação de fazer ou de não fazer. ► **Art. 785.** A existência de título executivo extrajudicial não impede a parte de optar pelo processo de conhecimento, a fim de obter título executivo judicial.

---

689. STJ, 3ª T., AgRg no AREsp 403996, Rel. Min. Ricardo Villas Bôas Cueva, DJe 13.2.2014.

690. Nesse sentido, pronunciam-se Luiz Guilherme Marinoni, Sérgio Cruz Arenhart e Daniel Mitidiero: "O art. 700, do CPC, afirma que para ajuizar a ação monitória, é necessário que a parte possua prova escrita da obrigação, sem eficácia de título executivo. Obviamente, quem tem título executivo *judicial* não teria o menor interesse de valer-se de uma ação monitória para chegar ao mesmo tipo de título. Todavia, recorde-se que, nos termos do art. 785, do CPC, aquele que possui título executivo *extrajudicial* pode "renunciar" à força executiva desse documento, buscando em juízo a constituição de um título *judicial*. Assim, na realidade, pouco importa se o documento que vai basear a ação monitória tem ou não força de título executivo *extrajudicial*. Ainda que tenha, isso não impede que a parte possa ajuizar a ação monitória – ou qualquer outra ação judicial – a fim de constituir um título judicial, o que lhe garante os benefícios correspondentes a esse tipo de título" (*in Novo curso de direito processual civil*. São Paulo: RT, 2015. p. 232). Em sentido contrário, porém, Nelson Nery Jr e Rosa Maria de Andrade Nery sustentam: "O documento que aparelha a ação monitória deve ser escrito e não possuir eficácia de título executivo. Se tiver, o autor será carecedor da ação monitória, pois tem, desde já, ação de execução contra o devedor inadimplente" (*in Comentários ao Código de Processo Civil*. São Paulo: RT, 2015. Versão eletrônica).

Enunciado 699. Aplicam-se o art. 11 e o §1º do art. 489 à decisão que aprecia o pedido de expedição do mandado monitório.

● *Grupo: Procedimentos especiais.*

▸ ***Ravi Peixoto***

A ação monitória é uma espécie de procedimento especial, cuja principal característica é a de aceleração da produção de um título executivo quando consta um direito evidenciado, mediante prova escrita. É preciso que se compreenda a *especialidade* do procedimento da ação monitória, o qual permite que, *após uma decisão que reconhece a evidência do direito*, permite a produção de um título executivo judicial de imediato caso não sejam apresentados os embargos.

É evidente que a decisão que *concede ou denega* o pedido de expedição do mandado monitório representa uma decisão interlocutória sobre a tutela da evidência[691] e, por óbvio, exige-se a devida justificação do preenchimento acerca da presença da prova escrita apta a comprovar a obrigação nela contida, nos termos do art. 11 e 489, §§1º e 2º, do CPC.

Para que se compreenda adequadamente essa afirmação, é importante que se diferencie a decisão do cite-se no procedimento comum, da decisão inicial da ação monitória.

No procedimento comum, não há qualquer necessidade de probabilidade do direito para seja dada a ordem de citação do réu e, mais ainda, partindo do pressuposto que o primeiro ato venha a ser a apresentação da defesa, caso esta não seja apresentada, haverá apenas a aplicação da pena de revelia, mas ainda haverá produção da prova, aberta ao revel e ampla discussão sobre os aspectos jurídicos da causa. Destaque-se que revelia não implica julgamento favorável ao autor, mas apenas a presunção de veracidade *relativa* dos fatos por ele afirmados.

Na ação monitória, a situação é completamente diferente. A decisão inicial é baseada no art. 701, *caput*, do CPC, segundo a qual, "Sendo *evidente* o direito do autor, o juiz deferirá a expedição". Veja-se que há a exigência da evidência do direito do autor e que a decisão do cite-se, na verdade, é a expedição de um mandado monitório. Caso não haja a apresentação dos embargos, tem-se a formação de um título executivo judicial (art. 701, §2º, do CPC).

Em outros termos, a decisão inicial da monitória possui um potencial de prejuízo enorme para o réu, pois, caso não sejam apresentados os embargos, haverá a constituição de pleno direito do título executivo judicial. Não haverá mais oportunidade de dilação probatória ou de discussão do direito, o que ocorre no caso da revelia do procedimento comum.

---

691. No mesmo sentido: MACHADO, Marcelo Pacheco. *Comentários ao código de processo civil*. São Paulo: Saraiva, 2017, v. XIII, p. 220. Sob a égide do CPC/1973, já afirmava a doutrina tratar-se de decisão interlocutória, com base na verossimilhança do mérito: TALAMINI, Eduardo. *Tutela monitória*. 2ª ed. São Paulo: RT, 2001, p. 115.

Ora, é evidente que a decisão que defere a tutela monitória não é mero despacho de mero expediente, como ocorre com o cite-se do procedimento comum. Trata-se de uma decisão que reconhece um suposto direito evidente do autor.

A decisão que seria comparável ao deferimento da tutela monitória no procedimento comum seria uma decisão de concessão de tutela provisória, seja ela de evidência ou de urgência, caso em que seria imprescindível a devida fundamentação.

Inegável, então, que a decisão que a decisão que aprecia o pedido de expedição do mandado monitório deve ser devidamente fundamentada, seja ela de indeferimento ou de deferimento. De fato, em geral, a preocupação maior refere-se à decisão de deferimento, face o seu potencial de trazer prejuízos à esfera jurídica do réu. Não se pode admitir decisões lacônicas, sendo inaceitável a imotivada determinação de citação e intimação para cumprimento do mandado monitório.[692]

É imprescindível que se perceba, em resumo, o seguinte: a decisão que defere o mandado monitório não é mero despacho. Trata-se de uma decisão interlocutória que reconhece a evidência do direito do autor e tem o potencial de se tornar título executivo judicial pela mera inércia do réu em apresentar os embargos, não havendo qualquer análise posterior dos documentos caso não sejam apresentados os embargos.

Importante destacar que a decisão que convola os embargos em título executivo, essa sim dispensa fundamentação, ou seja, toda a justificativa decisória na ação monitória em que não são apresentados os embargos concentra-se na decisão que defere o mandado monitório. Portanto, por lógica, precisa ser devidamente justificada, face ao seu potencial danoso em face do réu.

▶ **CPC. Art. 701.** Sendo evidente o direito do autor, o juiz deferirá a expedição de mandado de pagamento, de entrega de coisa ou para execução de obrigação de fazer ou de não fazer, concedendo ao réu prazo de 15 (quinze) dias para o cumprimento e o pagamento de honorários advocatícios de cinco por cento do valor atribuído à causa. Art. 489. § 1º Não se considera fundamentada qualquer decisão judicial, seja ela interlocutória, sentença ou acórdão, que: I – se limitar à indicação, à reprodução ou à paráfrase de ato normativo, sem explicar sua relação com a causa ou a questão decidida; II – empregar conceitos jurídicos indeterminados, sem explicar o motivo concreto de sua incidência no caso; III – invocar motivos que se prestariam a justificar qualquer outra decisão; IV – não enfrentar todos os argumentos deduzidos no processo capazes de, em tese, infirmar a conclusão adotada pelo julgador; V – se limitar a invocar precedente ou enunciado de súmula, sem identificar seus fundamentos determinantes nem demonstrar que o caso sob julgamento se ajusta àqueles fundamentos; VI – deixar de seguir enunciado de súmula,

692. MARINONI, Luiz Guilherme; ARENHART, Sérgio Cruz; MITIDIERO, Daniel. *Novo curso de processo civil.* São Paulo: RT, 2015, v. 3, p. 238; CAMARGO, Luiz Henrique Volpe. Comentários ao art. 701. STRECK, Lenio; CUNHA, Leonardo Carneiro da; FREIRE, Alexandre; NUNES, Dierle (coords). *Comentários ao código de processo civil.* 2ª ed. São Paulo: Saraiva, 2017, p. 957; NERY JUNIOR, Nelson; NERY, Rosa Maria de Andrade. *Código de processo civil comentado.* São Paulo: RT, 2015, versão digital, comentários ao art. 702, tópicos 2 e 3; THEODORO JUNIOR, Humberto. *Curso de direito processual civil.* 50 ed. Rio de Janeiro: Forense, 2016, v. II, versão digital, tópico 248. A mesma posição também já foi acolhida pelo STJ: STJ, 4ª T., AgRg no REsp 1.402.170/RS, Rel. Min. Raul Araújo, j. 11/02/2014, DJe 14/03/2014; STJ, 3ª T., REsp 1.677.895/SP, Rel. Min. Nancy Andrighi, j. 06/02/2018, DJe 08/02/2018.

jurisprudência ou precedente invocado pela parte, sem demonstrar a existência de distinção no caso em julgamento ou a superação do entendimento. Art. 11. Todos os julgamentos dos órgãos do Poder Judiciário serão públicos, e fundamentadas todas as decisões, sob pena de nulidade.

2.1.3.8. Da Homologação do Penhor Legal (arts. 703 a 706)

ENUNCIADO 73. NO CASO DE HOMOLOGAÇÃO DO PENHOR LEGAL PROMOVIDA PELA VIA EXTRAJUDICIAL, INCLUEM-SE NAS CONTAS DO CRÉDITO AS DESPESAS COM O NOTÁRIO, CONSTANTES DO § 2º DO ART. 703.

● *Grupo: Procedimentos Especiais.* ● *Referências: art. 703, §§.*

▸ *Julia Lipiani e Marília Siqueira*

O penhor é um direito real de garantia que recai sobre bens móveis e, em regra, implica transferência da posse do bem ao credor até o adimplemento da dívida; a sua função é permitir ao credor, em caso de inadimplemento, executar diretamente o bem, sem a necessidade da prática de atos por terceiro. A existência de um crédito certo, portanto, é pressuposto para a constituição do penhor, o que poderá ocorrer por previsão legal (independentemente da vontade dos sujeitos) ou por negócio jurídico. A primeira espécie é, justamente, a que se denomina de penhor legal e tem suas hipóteses de cabimento previstas nos artigos 1.467, CC e 31, Lei 6.533/78.

Em linhas gerais, após a tomada da posse do bem pelo credor, a homologação do penhor legal, conforme disposto no artigo 703, CPC, poderá ocorrer tanto pela via judicial quanto extrajudicial (alteração promovida pelo atual Código), caso em que o credor apresentará seu requerimento a notário de sua livre escolha. Qualquer que seja a via escolhida, exige-se que a petição inicial esteja acompanhada do contrato de locação ou conta pormenorizada das despesas, tabela dos preços e a relação dos objetos retidos (§§ 1º e 2º do artigo 703, CPC), que são os documentos e cálculos relativos ao crédito objeto da garantia. Importa-nos, aqui, a homologação extrajudicial.

Recebido o requerimento e promovida a notificação pelo notário, o devedor poderá pagar o débito, impugnar a cobrança (indicando por escrito umas das causas previstas no artigo 704, CPC) ou quedar-se inerte. Caso o devedor impugne a cobrança, o procedimento será encaminhado ao juízo competente para decisão, por outro lado, a ausência de manifestação pelo devedor autoriza que o próprio notário homologue o penhor legal por meio de escritura pública. Este ato, assim como a sentença judicial, acresce ao contrato a garantia por penhor, transformando-lhe em título executivo extrajudicial.[693]

Feitos estes breves esclarecimentos, destaca-se que, ao tratar dos documentos e cálculos relativos à existência e valor do crédito, que devem acompanhar a petição inicial, o Código não fez qualquer referência às despesas notariais para a homologação

693. GOUVEIA FILHO, Roberto P. C. *In*: WAMBIER, Teresa A. *et al.* (Coords.). *Breves comentários ao novo Código de Processo Civil.* São Paulo: RT, 2015. p. 1633.

do penhor legal. No entanto, estes custos, pelo princípio da causalidade, a partir uma interpretação sistemática, em atenção à isonomia, deverão ser suportados pelo vencido, assim como ocorre com as despesas do processo judicial, nos termos do artigo 82, § 2º, CPC.

Assim, seja para fins de pagamento espontâneo pelo devedor, seja para a homologação do penhor legal pelo notário ou pelo juiz (em caso de resistência do devedor), deverão ser consideradas as despesas suportadas pelo credor neste procedimento[694]. É o que nos diz o enunciado ora em comento.

Nada obstante, é importante notar que, como no procedimento de homologação de penhor legal não se decide a respeito da dívida garantida, as despesas quanto ao procedimento de homologação extrajudicial do penhor legal apenas passam a compor as contas do crédito, porém somente serão suportadas pelo devedor se houver reconhecimento e pagamento espontâneo da dívida ou se for ela reconhecida e executada judicialmente. Desse modo, caso, posteriormente, entenda-se pela inexistência, invalidade ou extinção do contrato e do crédito a ele correspondente por fato anterior ao início do procedimento notarial, não haverá que se falar em ressarcimento das despesas pelo devedor.

► **NCPC. Art. 703. § 1º** Na petição inicial, instruída com o contrato de locação ou a conta pormenorizada das despesas, a tabela dos preços e a relação dos objetos retidos, o credor pedirá a citação do devedor para pagar ou contestar na audiência preliminar que for designada. **§ 2º** A homologação do penhor legal poderá ser promovida pela via extrajudicial mediante requerimento, que conterá os requisitos previstos no § 1º deste artigo, do credor a notário de sua livre escolha. **§ 3º** Recebido o requerimento, o notário promoverá a notificação extrajudicial do devedor para, no prazo de 5 (cinco) dias, pagar o débito ou impugnar sua cobrança, alegando por escrito uma das causas previstas no art. 704, hipótese em que o procedimento será encaminhado ao juízo competente para decisão. **§ 4º** Transcorrido o prazo sem manifestação do devedor, o notário formalizará a homologação do penhor legal por escritura pública.

Enunciado 74. No rol do art. 704, que enumera as matérias de defesa da homologação do penhor legal, deve-se incluir a hipótese do art. 1.468 do Código Civil, não tendo o CPC/73 o citado dispositivo.

● *Grupo: Procedimentos Especiais.* ● *Referências: art. 704.*

► *Julia Lipiani e Marília Siqueira*

A ação de homologação de penhor legal, em razão do disposto no artigo 704, CPC, possui um corte cognitivo, ao restringir as matérias de defesa do devedor a cinco hipóteses: (i) nulidade do processo; (ii) extinção da obrigação; (iii) não subsunção da dívida às hipóteses legais; (iv) impenhorabilidade dos bens; e (v) rejeição de caução idônea pelo credor. Esta limitação está diretamente relacionada ao objeto da demanda que é apenas a constituição da garantia, e não o reconhecimento e cobrança da dívida, como esclarecido nos comentários ao enunciado n. 73.

694. Neste sentido: FLEXA, Alexandre M. *In*: CABRAL, Antonio P.; CRAMER, Ronaldo. (Coords.). *Comentários ao novo Código de Processo Civil*. Rio de Janeiro: Forense, 2015. p. 1015

Nesta demanda, discute-se apenas a existência ou não do direito de constituição da garantia, de modo que ao magistrado caberá a verificação dos seus pressupostos, não passando por questões relativas ao contrato ou exceções do devedor, salvo a extinção da obrigação, pois, se esta não mais existir, não haverá o que se garantir. Tanto é assim que especificamente quanto à dívida somente a decisão de improcedência da ação de homologação de penhor legal com fundamento em extinção da obrigação formará coisa julgada material, tornando indiscutível o reconhecimento de sua inexistência.[695]

Ocorre que, a despeito da taxatividade do artigo 704, CPC, o dispositivo deve ser interpretado sistematicamente, para garantir a eficácia das regras constantes na legislação material, sobretudo as que com ele não são incompatíveis (não se discute aqui a especialidade da norma). É o caso do artigo 1.468, CC, que prevê, nos casos de hospedagem ou fornecimento de pousada ou alimentos, hipótese típica de nulidade do penhor: a ausência de conformidade da cobrança com a tabela de preços impressa, prévia e ostensivamente exposta na casa[696]. Caso não houvesse a possibilidade de suscitar esta causa de nulidade na defesa do devedor, estar-se-ia permitindo o absurdo de que fosse homologado penhor viciado, fadado a futura decretação de invalidade, o que, a toda evidência, não se afigura admissível.

Nesse sentido, o enunciado em comento busca, justamente, esclarecer que, apesar da taxatividade do artigo 704, CPC, será possível ao devedor alegar, também, eventual vício invalidante do penhor, com fundamento no artigo 1.468, CC.

▶ **NCPC. Art. 704.** A defesa só pode consistir em: I – nulidade do processo; II – extinção da obrigação; III – não estar a dívida compreendida entre as previstas em lei ou não estarem os bens sujeitos a penhor legal; IV – alegação de haver sido ofertada caução idônea, rejeitada pelo credor.

2.1.3.9. Da Regulação de Avaria Grossa (arts. 707 a 711)

ENUNCIADO 75. NO MESMO ATO EM QUE NOMEAR O REGULADOR DA AVARIA GROSSA, O JUIZ DEVERÁ DETERMINAR A CITAÇÃO DAS PARTES INTERESSADAS.

● *Grupo: Procedimentos Especiais.* ● *Referências: art. 707.*

▸ ***Mônica Pimenta Judice***

No Direito Marítimo, avaria grossa é toda despesa extraordinária feita a bem do navio ou da carga e todos os danos acontecidos àquele ou a esta, desde o embarque e partida até a sua volta e desembarque, sendo exemplos: 1 – Tudo o que se dá ao inimigo, corsário ou pirata por composição ou a título de resgate do navio e fazendas, conjunta ou separadamente; 2 – As coisas alijadas para salvação comum; 3 – Os cabos,

695. GOUVEIA FILHO, Roberto P. C. *In*: WAMBIER, Teresa A. *et al.* (Coords.). *Breves comentários ao novo Código de Processo Civil.* São Paulo: RT, 2015. p. 1633.

696. Nesse sentido: CÂMARA, Helder M. (Coord.). *Código de Processo Civil comentado.* São Paulo: Almedina, 2016. p. 872

mastros, velas e outros quaisquer aparelhos deliberadamente cortados, ou partidos por força de vela para salvação do navio e carga; 4 – As âncoras, amarras e quaisquer outras coisas abandonadas para salvamento ou benefício comum; 5 – Os danos causados pelo alijamento às fazendas restantes a bordo; 6 – Os danos feitos deliberantemente ao navio para facilitar a evacuação d'água e os danos acontecidos por esta ocasião à carga; 7 – O tratamento, curativo, sustento e indenizações da gente da tripulação ferida ou mutilada defendendo o navio; 8 – A indenização ou resgate da gente da tripulação mandada ao mar ou à terra em serviço do navio e da carga, e nessa ocasião aprisionada ou retida; 9 – As soldadas e sustento da tripulação durante arribada forçada; 10 – Os direitos de pilotagem, e outros de entrada e saída num porto de arribada forçada; 11 – Os aluguéis de armazéns em que se depositem, em, porto de arribada forçada, as fazendas que não puderem continuar a bordo durante o conserto do navio; 12 – As despesas da reclamação do navio e carga feitas conjuntamente pelo capitão numa só instância, e o sustento e soldadas da gente da tripulação durante a mesma reclamação, uma vez que o navio e carga sejam relaxados e restituídos; 13 – Os gastos de descarga, e salários para aliviar o navio e entrar numa barra ou porto, quando o navio é obrigado a fazê-lo por borrasca, ou perseguição de inimigo, e os danos acontecidos às fazendas pela descarga e recarga do navio em perigo; 14 – Os danos acontecidos ao corpo e quilha do navio, que premeditadamente se faz varar para prevenir perda total, ou presa do inimigo; 15 – As despesas feitas para pôr a nado o navio encalhado, e toda a recompensa por serviços extraordinários feitos para prevenir a sua perda total, ou presa; 16 – As perdas ou danos sobrevindos às fazendas carregadas em barcas ou lanchas, em consequência de perigo; 17 – As soldadas e sustento da tripulação, se o navio depois da viagem começada é obrigado a suspendê-la por ordem de potência estrangeira, ou por superveniência de guerra; e isto por todo o tempo que o navio e carga forem impedidos; 18 – O prêmio do empréstimo a risco, tomado para fazer face a despesas que devam entrar na regra de avaria grossa; 19 – O prêmio do seguro das despesas de avaria grossa, e as perdas sofridas na venda da parte da carga no porto de arribada forçada para fazer face às mesmas despesas; 20 – As custas judiciais para regular as avarias, e fazer a repartição das avarias grossas; 21 – As despesas de uma quarentena extraordinária, todos exemplos constantes no artigo 764 do Código Comercial Brasileiro (Lei 556/1850), que, por fim, resume que, em geral, são os danos causados deliberadamente em caso de perigo ou desastre imprevisto, e sofridos como consequência imediata destes eventos, bem como as despesas feitas em iguais circunstâncias, depois de deliberações motivadas (artigo nº 509), em bem e salvamento comum do navio e mercadorias, desde a sua carga e partida até o seu retorno e descarga.

A avaria é classificada na doutrina:

(i) avaria simples ou particulares que deriva de um dano não intencional, que acarretará uma demanda ordinária, sendo o valor suportado pela parte que deu causa ao incidente marítimo, assim se discutirá a responsabilidade civil do transportador marítimo. São exemplos de avaria simples e particulares, aqueles constantes no artigo 766 do Código Comercial: 1 – O dano acontecido às fazendas por borrasca, presa, naufrágio, ou encalhe fortuito, durante a viagem, e as despesas feitas para salvá-las. 2 – A perda de cabos, amarras, âncoras, velas e mastros, causada por borrasca ou outro acidente do mar. 3 – As despesas de reclamação, sendo o navio e fazendas reclamadas separadamente. 4 – O conserto particular de vasilhas, e as despesas feitas para conservar os efeitos avariados. 5 – O aumento de frete e despesa de carga e descarga; quando declarado o navio inavegável, as fazendas são levadas ao lugar do destino por um ou mais navios (artigo nº 614).

(ii) a avaria grossa ou comum que são despesas extraordinárias decorrentes de um ato intencional praticado em defesa dos interesses comuns. Em decorrência disso, é repartida proporcionalmente entre o navio (proprietário e armador), seu frete (afretador) e a carga (consignatário), conforme dispõe o artigo 763 do Código Comercial. O Código Comercial, no artigo 783, determina que a regulação, repartição ou rateio das avarias grossas serão feitos por árbitros, nomeados por ambas as partes. Caso as partes interessadas não cheguem a um consenso sobre quem deverá ser o regulador de avaria (STF, RE 57591), a parte poderá propor uma ação de rito especial, de regulação de avaria grossa, disciplinada no Novo Código de Processo Civil (do artigo 707 ao 711, Seção X, Capítulo XIII – Da Regulação de Avaria Grossa)[697], a fim de que o regulador de avaria determinado pelo juízo se manifeste se o caso trata de avaria grossa e, sendo positiva a resposta, estabeleça, em um segundo momento, o rateio das despesas. A competência é da Justiça Estadual, (STJ, CC 59018) na comarca do primeiro porto onde o navio tiver atracado após a ocorrência da avaria, conforme art. 786 do Código Comercial, sendo liquidadas as avarias no porto de entrega da carga, na forma do artigo 787 do mesmo diploma. Tendo sido fixado o juízo, far-se-á a nomeação do regulador de avaria grossa, de notório conhecimento (NCPC, art. 707).

Nessa linha de raciocínio, o Enunciado apenas complementou o artigo 707, a fim de que, neste mesmo ato (*rectius*: o ato que nomeou o regulador de avaria), o magistrado deverá determinar a citação das partes interessadas na referida expedição marítima. Em seguida, tendo sida apresentada a declaração pelo regulador, o juiz deve determinar a intimação destes mesmos interessados, estabelecendo prazo para a impugnação, conforme art. 708 do NCPC.

▶ **NCPC. Art. 707.** Quando inexistir consenso acerca da nomeação de um regulador de avarias, o juiz de direito da comarca do primeiro porto onde o navio houver chegado, provocado por qualquer parte interessada, nomeará um de notório conhecimento.

ENUNCIADO 79. NÃO SENDO POSSÍVEL A INQUIRIÇÃO TRATADA NO ART. 768 SEM PREJUÍZO AOS COMPROMISSOS COMERCIAIS DA EMBARCAÇÃO, O JUIZ EXPEDIRÁ CARTA PRECATÓRIA ITINERANTE PARA A TOMADA DOS DEPOIMENTOS EM UM DOS PORTOS SUBSEQUENTES DE ESCALA.

● *Grupo: Procedimentos Especiais.* ● *Sem Referência.*

▶ ***Mônica Pimenta Judice***

O protesto formado a bordo ou processo testemunhável formado a bordo é o ato que registra, no próprio diário da navegação, o relatório circunstanciado do sinistro,

697. JUDICE, Mônica. *Direito Marítimo no Código de Processo Civil.* Salvador: Juspodivm, 2015.

avarias, ou quaisquer perdas, ocorridas durante a viagem da embarcação ou navio, e tendente a comprová-los, conforme o artigo 505 do Código Comercial (Lei 556/1850). É a ratificação de protesto uma autenticação do registro que passará a ter um reconhecimento jurídico após a ratificação realizada em juízo – é, por assim dizer, uma medida de constituição de prova.[698]

Trata-se de um dos meios de que serve o capitão do navio para comprovar quaisquer ocorrências no curso da viagem, seja em relação à carga, aos passageiros ou ao próprio navio.[699] Representa, assim, o registro de qualquer acidente ocorrido na viagem, constando, pois, de uma declaração ou relato feito pelo capitão relativo às circunstâncias da viagem, às tempestades ou maus tempos suportados pelo navio, aos acidentes supervenientes que o obrigaram a procurar outro porto e ai se refugiar, à própria conduta do capitão a respeito de qualquer medida, que julgou ser de seu dever tomar[700] e que, eventualmente, poderá se desdobrar na abertura de uma regulação de avaria grossa, por exemplo, dentre outros desdobramentos, como acionamento do seguro.

É um procedimento de jurisdição voluntária (STJ, CC 59018) disciplinada no Novo Código de Processo Civil (do artigo 766 ao 770, Seção XII, Capítulo XV – Da Ratificação dos Protestos Marítimos e dos Processos Testemunháveis Formados a Bordo). O capitão deve apresentar-se pessoalmente, no prazo de vinte e quatro horas úteis de chegada da embarcação, ao juízo competente, o Juiz de Direito, no primeiro lugar onde chegar (Código Comercial, art. 505), a fim de que este ratifique os termos contidos no diário da navegação, livro de bordo, de posse do capitão. A não observância ao procedimento de ratificação de protesto marítimo poderá constituir uma presunção relativa de culpabilidade do capitão pelos danos do navio.

A petição inicial deverá ser distribuída com urgência e encaminhada ao juiz, que ouvirá, sob compromisso a ser prestado no mesmo dia, o capitão e as testemunhas em número mínimo de duas e máximo de quatro, que deverão comparecer ao ato independentemente de intimação, sendo elas estrangeiras deverão estar acompanhadas de um tradutor ou, na sua ausência, nomeará outro que preste o compromisso em audiência.[701] Como se verifica, as provas testemunhais serão o alicerce da ratificação do protesto formado a bordo.

Daí o Enunciado, no sentido de que não sendo possível a inquirição das testemunhas, sem prejuízo aos compromissos comerciais da embarcação, o juiz expedirá carta precatória itinerante para a tomada dos depoimentos em um dos portos subsequentes de escala. A ideia do enunciado foi de conjugá-lo com aqueles dispositivos sobre a comunicação dos atos processuais, podendo ser expedida carta para a

---

698. TJSC, Ap. 24.240, 2ª Câm., DJ 20.5.1986, Rel. Rubem Cordova, Área do Direito: Geral. Revista dos Tribunais. vol. 614. p. 167

699. DE PLÁCIDO E SILVA. *Comentários ao Código de Processo Civil. vol.* IV. 4. ed. Rio de Janeiro: Revista Forense, 1956. p. 301

700. LYON-CAEN ET RENAULT, *Traité de Droit Commercial.* vol. 5. p. 532

701. JUDICE, Mônica. *Direito marítimo no Código de Processo Civil.* São Paulo: Juspodivm, 2015.

prática de atos fora dos limites territoriais do tribunal, da comarca, da seção ou da subseção judiciárias (NCPC, art. 236 § 1º). Será expedida carta: precatória, para que órgão jurisdicional brasileiro pratique ou determine o cumprimento, na área de sua competência territorial, de ato relativo a pedido de cooperação judiciária formulado por órgão jurisdicional de competência territorial diversa, na forma do artigo 237 do novo código.

Trata-se de uma hipótese excepcional, em prol do princípio da efetividade e economia processual, porém, não se deve olvidar que se admite, na nova sistemática processual, a prática de atos processuais por meio de videoconferência ou outro recurso tecnológico de transmissão de sons e imagens em tempo real, resolvendo-se, assim, aparentemente a questão. Diante disso, vale a reflexão para que a interpretação do enunciado não desvirtue a necessidade de que o juiz promova a instrução sumariamente (no mesmo dia), porque, na grande maioria dos casos, inclusive comerciais, não se esperará a audiência por muito tempo, diante da possibilidade de carta precatória, quando então o magistrado terá a oportunidade de aguardar a devolução do mandado para somente após a conclusão, reconheça o protesto por sentença. Pode ser que inclusive já exista uma ação ordinária específica que tenha produzido nova prova e de pouco valendo o procedimento especial marítimo.

► **NCPC. Art. 768.** A petição inicial deverá ser distribuída com urgência e encaminhada ao juiz, que ouvirá, sob compromisso a ser prestado no mesmo dia, o comandante e as testemunhas em número mínimo de 2 (duas) e máximo de 4 (quatro), que deverão comparecer ao ato independentemente de intimação.

2.1.3.10. Da Restauração de Autos (arts. 712 a 718)

ENUNCIADO 76. LOCALIZADOS OS AUTOS ORIGINÁRIOS, NELES DEVEM SER PRATICADOS OS ATOS PROCESSUAIS SUBSEQUENTES, DISPENSANDO-SE A REPETIÇÃO DOS ATOS QUE TENHAM SIDO ULTIMADOS NOS AUTOS DA RESTAURAÇÃO, EM CONSONÂNCIA COM A GARANTIA CONSTITUCIONAL DA DURAÇÃO RAZOÁVEL DO PROCESSO (CF/88, 5º, LXXVIII) E INSPIRAÇÃO NO ART. 964 DO CÓDIGO DE PROCESSO CIVIL PORTUGUÊS.

● *Grupo: Procedimentos Especiais.* ● *Referência: art. 716.*

▸ *Antônio Carvalho*

O enunciado trata da hipótese de localização dos autos originários após o início do procedimento de restauração. O parágrafo único do artigo 716 do NCPC já menciona, expressamente, que os atos processuais seguirão nos autos originários a partir do momento em que forem localizados, apensando-se os autos da restauração. Por certo, não haverá qualquer repetição de atos processuais realizados nos autos restaurados (o caderno que se formou a partir da sentença do procedimento de restauração), tendo em vista sua completa desnecessidade. Do contrário haveria inarredável ofensa aos princípios da duração razoável do processo (art. 5º, LXXVIII, da CF), bem como da eficiência, disposto no artigo 8º do NCPC. É disso que trata a parte final do artigo 964º do CPC Português de 2013, ao referir o aproveitamento desses atos.

Na prática, ou o magistrado mandará trasladar cópia dos atos processuais realizados nos autos restaurados (a partir da sentença de restauração), juntando-se nos autos originais em ordem cronológica, ou determinará que seja certificado nos autos originais a realização dos atos no caderno restaurado, preservando, assim, o conhecimento desta circunstância a todos os atores processuais que passarem a atuar no respectivo processo.

- **NCPC. Art. 716.** Julgada a restauração, seguirá o processo os seus termos. **Parágrafo único. A**parecendo os autos originais, neles se prosseguirá, sendo-lhes apensados os autos da restauração.

- **CPC Português. Art. 964.** Aparecimento do processo original. Se aparecer o processo original, nele seguem os termos subsequentes, apensando-se-lhe o processo da reforma. Deste processo só pode aproveitar-se a parte que se siga ao último termo lavrado no processo original.

2.1.3.11. Dos Procedimentos de Jurisdição Voluntária (arts. 719 a 770)

Enunciado 79. Não sendo possível a inquirição tratada no art. 768 sem prejuízo aos compromissos comerciais da embarcação, o juiz expedirá carta precatória itinerante para a tomada dos depoimentos em um dos portos subsequentes de escala.

● *Grupo: Procedimentos Especiais.* ● *Referência: art. 768.*

▸ *Marcos Youji Minami*

Alguns fatos ou atos inusitados ocorridos durante a viagem da embarcação ou navio são registrados no diário da navegação pelo comandante[702]. A isso o artigo 505 do Código Comercial chama de "processos testemunháveis e protestos formados a bordo". O objetivo é, principalmente, a necessidade de comprovar, em terra, sinistros, avarias, ou quaisquer perdas. Essa declaração de protesto é de interesse, principalmente, do comandante. É "medida preventiva de constituição da prova em benefício do capitão do navio"[703]. Melhor explicando. Pode haver situações, durante a viagem, aptas a trazer repercussões jurídicas em terra. Para facilitar apuração do ocorrido, faz-se, então, o protesto no diário de navegação. Mas esse protesto somente terá força probatória após ratificação[704]. Essa ratificação ocorre mediante procedimento previsto nos artigos 766 a 770 do NCPC. Em resumo, comparece o comandante do navio, nos termos do artigo 766, ao juiz de direito do primeiro porto da escala imediatamente após os acontecimentos registrados no protesto e nas primeiras 24 horas de chegada da embarcação. Ainda sobre a competência, cabe registrar observações de Mazzei e Rizk: "A competência para processar e julgar a ratificação de protesto marítimo é da

---

702. Como advertem Mazzei e Rizk, tal registro, excepcionalmente, " (...) pode ser cabível a terceiros – como ao piloto na hipótese de o comandante recusar sua orientação (art. 539 do CCom)". MAZZEI, Rodrigo; RIZK, Werner Braun. *In*: WAMBIER, Tereza A. *et al.* (Coords.). *Breves comentários ao novo Código de Processo Civil.* São Paulo: RT, 2015. p. 1764.

703. JUDICE, Mônica. *In*: CABRAL, Antonio P.; CRAMER, Ronaldo. (Coords.). *Comentários ao novo Código de Processo Civil.* Rio de Janeiro: Forense, 2015. p. 767.

704. JUDICE, Mônica. *O direito marítimo no código de processo civil.* Salvador: Juspodivm, 2015. p. 64.

Justiça Estadual, tendo em vista a inexistência de interesse jurídico da União, em que pese o disposto no artigo 109, III e IX, CF".[705]

A ratificação dos protestos marítimos é procedimento ditado pela rapidez, notadamente por haver casos em que a embarcação não deverá demorar no local do juízo competente para seu processamento. Pensando nisso, o artigo 767 traz, não apenas a previsão de distribuição em regime de urgência, como a necessidade de se ouvir, no mesmo dia, o comandante e as testemunhas em número mínimo de duas e máximo de quatro, que comparecerão independentemente de intimação. Mas essa é uma situação ideal. Pode ocorrer de não haver juiz despachando naquele dia, ou de a audiência prologar-se demais, ou algum outro fato que impeça o bom termo do ato em tempo hábil. Nesse caso, preferem-se os compromissos comerciais da embarcação que deve seguir viagem.

O processo, contudo, continua e, nos termos do Enunciado, será determinada expedição de carta precatória itinerante para a tomada dos depoimentos em um dos portos subsequentes de escala. Duas observações são necessárias:

Primeira: "carta", em linguagem da prática do foro, é conjunto de documentos formado pelo judiciário para possibilitar a realização de algum ato fora das estruturas físicas do juízo em que o processo originalmente tramita. Por isso, por exemplo, carta precatória, rogatória, de ordem e a antiga execução por carta. Quando o conjunto de documentos é feito pela parte, costuma-se dar o nome de instrumento. Daí, por exemplo, agravo de instrumento, execução por instrumento e a lendária apelação por instrumento, para quem a defendia. Atualmente, é possível que uma audiência seja realizada por vídeo conferência. Então não teremos, necessariamente, uma "carta" em sua utilização clássica. As testemunhas serão ouvidas, fisicamente, no local onde a embarcação se encontrar, mas o registro dos atos pode ocorrer diretamente no local onde o protesto foi ajuizado. Isso facilita o andamento da ratificação em comento.

Segunda: não sendo o caso de realização de atos à distância, é preciso uma coordenação grande entre o judiciário e a agenda da embarcação, para que a carta não chegue muito antes ou muito depois do local onde as testemunhas devem ser ouvidas.

ENUNCIADO 189. O ART. 765 DEVE SER INTERPRETADO EM CONSONÂNCIA COM O ART. 69 DO CÓDIGO CIVIL, PARA ADMITIR A EXTINÇÃO DA FUNDAÇÃO QUANDO INÚTIL A FINALIDADE A QUE VISA.

● *Grupo: Procedimentos Especiais.* ● *Referência: art. 765.*

▸ *Marcos Youji Minami*

O Código de Processo Civil não se contentou em tratar exclusivamente de matéria processual. Por vezes, acabou discorrendo sobre direito material, ora de forma

705. MAZZEI, Rodrigo; RIZK, Werner Braun. *In*: WAMBIER, Tereza A. *et al.* (Coords.). *Breves comentários ao novo Código de Processo Civil*/ São Paulo: RT, 2015. p. 1764.

ostensiva, ora de forma velada. Exemplo disso é o artigo 765 que trouxe hipóteses para se requerer ao Ministério Público a promoção, em juízo, da extinção da fundação.

Os casos elencados foram: a) o objeto da fundação tornou-se ilícito; b) sua manutenção tornou-se impossível e o c) o prazo de sua existência venceu. Ocorre que as hipóteses de extinção de uma fundação são matérias de direito civil e não de processo civil. Por tal motivo, embora se ensine que as hipóteses de extinção das fundações são taxativas, dado seu interesse público[706], é preciso combinar o CPC com o Código Civil que trata do assunto no artigo 69.

Por isso, além das causas de extinção trazidas pelo artigo 765 do CPC, outra hipótese, prevista no artigo 69 do CC, deve ser considerada: quando inútil a finalidade a que visa. Aliás, essa lição não tem sido desprezada por quem tem comentado esse artigo[707] e é essa a razão do Enunciado.

► **NCPC. Art. 765.** Qualquer interessado ou o Ministério Público promoverá em juízo a extinção da fundação quando: I – se tornar ilícito o seu objeto; II – for impossível a sua manutenção; III – vencer o prazo de sua existência.

ENUNCIADO 640. O DISPOSTO NO PARÁGRAFO ÚNICO DO ART. 723 NÃO EXIME O JUIZ DE OBSERVAR O DISPOSTO NOS §§ 1º E 2º DO ART. 489.

● *Grupo: Poderes do juiz e intervenção do Ministério Público.* ● *Referências: arts. 489 e 723, parágrafo único.*

► *Marcos Youji Minami*

O parágrafo único do artigo 723 necessita uma cuidadosa interpretação. Isso é dito, pois é possível concluir, a partir dele, uma autorização, pelo CPC, para decisões pelo juiz em total desacordo com a lei, ou decisões a partir do que parte da doutrina chama de "equidade". Nas palavras de Merryman, a equidade[708]:

> Consiste no poder que o juiz tem em mitigar a rigidez da estrita aplicação da lei, ou de fixar a responsabilidade de acordo com os fatos particulares de um caso individual. Em outras palavras, a equidade é uma outorga limitada de poder aos juízes e tribunais para aplicar princípios de justiça na resolução de disputas judiciais.

É preciso, contudo, ponderar essa conclusão. Sem entrar na discussão se estaríamos aqui diante da autorização expressa de julgamento por equidade, ou mesmo sobre o que ela seria, o fato é que mesmo nos casos de jurisdição voluntária em que se

---

706. DALLA, Humberto. *In*: WAMBIER, Tereza A. *et al.* (Coords.). *Breves comentários ao novo Código de Processo Civil*/ São Paulo: RT, 2015. p. 1761.

707. SCHENK, Leonardo. *In*: CABRAL, Antonio P.; CRAMER, Ronaldo. (Coords.). *Comentários ao novo Código de Processo Civil.* Rio de Janeiro: Forense, 2015. p. 1085; DALLA, Humberto. WAMBIER, Tereza A. *et al.* (Coords.). *Breves comentários ao novo Código de Processo Civil.* São Paulo: RT, 2015. p. 1761; NERY JR., Nelson; NERY, Rosa Maria de Andrade. *Comentários ao Código de Processo Civil.* São Paulo: RT, 2015. Livro eletrônico.

708. MERRYMAN, John Henry, PÉREZ-PERDOMO, Rogelio. *A tradição da civil Law: uma introdução aos sistemas jurídicos da Europa e da América Latina.* Trad. Cássio Casagrande. Porto Alegre: Sérgio Antonio Fabris, 2009. p. 83.

autoriza ao magistrado, uma vez observado determinado suporte fático legal, aplicar conclusão um pouco distinta daquela prevista em lei, isso não significa ausência de fundamentação. Se é possível afastar-se da lei, não é possível afastar-se do ordenamento.

Nas palavras de Leonardo Greco, ainda que se permita certa discricionariedade pelo magistrado[709].:

> Deve o juiz explicitar as razões da sua decisão para evidenciar sua causalidade adequada, velando que essas razões determinem em todos os casos idênticos soluções absolutamente uniformes.

Há mesmo quem prefira nem falar em discricionariedade. É o caso de Scarpinella Bueno. Para ele, embora a redação do parágrafo único possibilite uma interpretação que aproxima a decisão do juiz na jurisdição voluntária de "ato discricionário", tal interpretação "não tem razão de ser, em um Estado Constitucional, nem sequer para a função administrativa"[710].

Por tudo exposto, fica evidente a razão do enunciado. Evitar que a decisão do parágrafo único do artigo 723 torne-se casual: para cada caso, o juiz aplica seu "senso de justiça". É preciso não apenas manter uma coerência na solução dos casos, como alertou Greco, mas também é imperioso a devida fundamentação da decisão nos termos do artigo 489. A decisão é manifestação de poder pelo magistrado, mas não é manifestação de *seu poder*. Por isso, a necessidade de fundamentação adequada. Quanto mais se afastar dos parâmetros legais, maior o ônus argumentativo do juiz. Não há aqui opção. Qualquer decisão, como salienta o parágrafo 1º do art. 489 – e mesmo que a lei não salientasse isso, é o que se extrai do ordenamento –, precisa de fundamentação adequada.

► **NCPC. Art. 723.** O juiz decidirá o pedido no prazo de 10 (dez) dias. **Parágrafo único.** O juiz não é obrigado a observar critério de legalidade estrita, podendo adotar em cada caso a solução que considerar mais conveniente ou oportuna.

ENUNCIADO 680. ADMITE-SE PEDIDO DE AUTOINTERDIÇÃO E DE LEVANTAMENTO DA PRÓPRIA INTERDIÇÃO A PARTIR DA VIGÊNCIA DO ESTATUTO DA PESSOA COM DEFICIÊNCIA.

● *Grupo: Procedimentos Especiais.* ● *Referência: art.747; art. 1.768, IV do Código Civil.*

▸ ***Gabriela Expósito***

O art. 1.768 do Código Civil (CC), antes da entrada em vigor do Estatuto da Pessoa com Deficiência (EPD) e do Código de Processo Civil (CPC), possuía a seguinte redação: "Art. 1.768. A interdição deve ser promovida: I – pelos pais ou tutores; II – pelo cônjuge, ou por qualquer parente; III – pelo Ministério Público". O Código de Processo Civil, publicado em 16 de março de 2015, com entrada em vigor em 16 de março de

709. GRECO, Leonardo. *In*: WAMBIER, Tereza A. *et al.* (Coords.). *Breves comentários ao novo Código de Processo Civil*. São Paulo: RT, 2015. p. 1.671.

710. BUENO, Cassio Scarpinella. *Manual de direito processual civil*. São Paulo: Saraiva, 2016. p. 511.

2016, revogou o art. 1.768 e instituiu o art. 747 no CPC que previu: "A interdição pode ser promovida: I - pelo cônjuge ou companheiro; II - pelos parentes ou tutores; III - pelo representante da entidade em que se encontra abrigado o interditando; IV - pelo Ministério Público". Contudo, o Estatuto da Pessoa com Deficiência, publicado em 06 de julho de 2015, com entrada em vigor em 02 de janeiro de 2016, alterou o art. 1.768 do Código Civil que, pelo texto do Código de Processo Civil, seria revogado. Segundo o EPD, o art. 1.768 do CC passaria a vigorar assim: "Art. 1.768. O processo que define os termos da curatela deve ser promovido: I - pelos pais ou tutores; II - pelo cônjuge, ou por qualquer parente; III - pelo Ministério Público; IV - pela própria pessoa".

Com o quadro exposto, surgiram, na doutrina, correntes para tentar dirimir a problemática de direito intertemporal instaurada, especialmente acerca do proposto pelo inciso IV, do art. 1.768 do CC, que menciona a autointerdição, ou seja, a possibilidade de o próprio interditando promover a ação de interdição.

Fredie Didier Jr. defende a hipótese de revogação parcial. Assim, a revogação feita pelo CPC considerou a legislação civil da época, não sendo possível revogar o inciso que inseria o deficiente como promovedor da curatela. Com isso, para o autor, mantem-se no sistema a possibilidade de autointerdição.[711] Maurício Requião aponta que, diante do cenário apresentado, a pessoa com deficiência só poderia exercer a autointerdição no lapso temporal entre a entrada em vigor do Estatuto e a entrada em vigor do CPC, porém, apesar disso, segue entendimento de que permanece em vigor a autointerdição pela revogação parcial em consonância com Fredie Didier Jr. [712]

Amanda Souza Barbosa e Antônio Lago Junior, mesmo sem defender a revogação parcial do art. 1.768, apontaram ser plausível sustentar a auto interdição pela via interpretativa, com fundamento na Convenção sobre os Direitos da Pessoa com Deficiência.[713] Também defendem a possibilidade de autointerdição Maria Helena Daneluzzi e Maria Ligia Mathias.[714]

O enunciado em análise destaca o posicionamento majoritário da doutrina que pugna pela possibilidade não só de autointerdiçãoo, mas também do próprio interditado requerer o levantamento da medida. Trata-se de entendimento que coaduna com diversos dispositivos do Estatuto da Pessoa com Deficiência, como, por exemplo, o art. 4º ("Toda pessoa com deficiência tem direito à igualdade de oportunidades com as demais pessoas e não sofrerá nenhuma espécie de discriminação") e art. 79 ("O poder público deve assegurar o acesso da pessoa com deficiência à justiça, em igualdade de

---

711 DIDIER JR. Fredie. *Estatuto da pessoa com deficiência, código de processo civil de 2015 e código civil: uma primeira reflexão.* Editorial 187 publicado em 06.08.2015.

712 REQUIÃO. Maurício. Estatuto da Pessoa com Deficiência, Incapacidade e Interdição. Salvador: Juspodivm, 2016, p.171-172.

713 BARBOSA, Amanda Souza; LAGO JUNIOR. Antônio. Primeiras análises sobre o sistema de (in)capacidades, interdição e curatela pós estatuto da pessoa com deficiência e Código de Processo Civil. *Revista de Direito Civil Contemporâneo*, São Paulo, vol.8, p.91-114, 2016, p. 98.

714 DANELUZZI, Maria Helena Marques Braceiro. MATHIAS, Maria Ligia Coelho. Repercussão do Estatuto da Pessoa com Deficiência (Lei 13.146/2015), nas legislações civil e processual civil. *In Revista de Direito privado.* Vol. 66/2016. Abril-jun/2016.

oportunidades com as demais pessoas, garantindo, sempre que requeridos, adaptações e recursos de tecnologia assistiva").

▶ **NCPC. Art. 747.** A interdição pode ser promovida: I – pelo cônjuge ou companheiro; II – pelos parentes ou tutores; III – pelo representante da entidade em que se encontra abrigado o interditando; IV – pelo Ministério Público. Parágrafo único. A legitimidade deverá ser comprovada por documentação que acompanhe a petição inicial.

2.2. Do Processo de Execução (arts. 771 a 925)

2.2.1. Da Execução em Geral (arts. 771 a 796)

2.2.1.1. Disposições Gerais (arts. 771 a 777)

Enunciado 536. O juiz poderá, na execução civil, determinar a quebra de sigilo bancário e fiscal.

● *Grupo: Execução.* ● *Referências: arts. 772, III e 773, par. ún.*

▶ ***Edilson Vitorelli***

O sigilo bancário é regulamentado pela Lei Complementar nº 105, de 10 de janeiro de 2001, enquanto o sigilo fiscal tem como norma matriz o artigo 198 do Código Tributário Nacional. Embora não previstos, de modo expresso, na Constituição de 1988, são considerados derivações do direito constitucional à intimidade (art. 5º, X) constituindo, por essa razão, direito individual fundamental.

Entretanto, como recordam os constitucionalistas, não existem direitos absolutos, o que permite que qualquer espécie de sigilo seja afastada quando confrontada com outros valores socialmente relevantes[715]:

> No que diz respeito às espécies de limitações, registra-se substancial consenso quanto ao fato de que os direitos fundamentais podem ser restringidos tanto por expressa disposição constitucional como por norma legal promulgada com fundamento na Constituição. Da mesma forma, há quem inclua uma terceira alternativa, vinculada à possibilidade de se estabelecerem restrições a direitos por força de colisões entre direitos fundamentais, mesmo inexistindo limitação expressa ou autorização expressa assegurando a possibilidade de restrição pelo legislador.

Nessa linha, são conhecidos e relativamente corriqueiros os afastamentos de sigilos bancário e fiscal para a investigação de ilícitos penais, mas isso não significa que tais providências não possam ser adotadas no âmbito do processo civil. Aliás, o artigo 1º, § 4º, da Lei Complementar 105/01 é expresso no sentido de que "§ 4º A quebra de sigilo poderá ser decretada, quando necessária para apuração de ocorrência de qualquer ilícito".

Nesse sentido, a afirmação do enunciado 536 não deve despertar maior espanto nos processualistas ou nos aplicadores do direito. A celeuma, contudo, jaz não na

715. SARLET, Ingo W. MARINONI, Luiz G. MITIDIERO, Daniel. *Curso de direito constitucional.* 2. ed. São Paulo: RT, 2013, p. 344.

aceitação dessa possibilidade, mas nos pressupostos para sua operacionalização. Em outras palavras, o problema não está em aceitar que o juiz cível possa afastar os sigilos bancário e fiscal, mas nos pressupostos para que isso seja feito. O Superior Tribunal de Justiça, ao julgar o REsp 1.220.307 (Rel. Min. Aldir Passarinho Jr., j. 23.3.2011), asseverou[716]:

> Conquanto viável ao Juízo determinar a quebra do sigilo fiscal de pessoa física ou jurídica no curso da lide, em homenagem ao preponderante interesse público, tal medida excepcional – e o é porque a regra é a preservação da privacidade protegida pela Carta da República em seu art. 5º, inciso X – impõe requisitos que a justifiquem, sob pena de se configurar arbitrária. Portanto, imprescindível que tal ordem seja precedida de fundamentação, e, que seja ela consistente em demonstrar que se revela essencial à instrução ou necessária à eficácia dos atos executórios.

Embora todas essas decisões tenham contextos fáticos relativamente diversos, que merecem ser analisados pelo operador que se defrontar com a possibilidade de requerimento da medida, há um motivo condutor em todas elas: a decisão de afastamento do sigilo é possível, mas exige que as circunstâncias do caso sejam tais que justifiquem sua adoção. Não se pode converter tal medida em providência padrão, por exemplo, na tentativa de localizar bens do executado. Dessa maneira, o afastamento do sigilo será especialmente adequado na ocorrência das hipóteses fáticas previstas nos incisos do artigo 774, que descreve os atos atentatórios à dignidade da justiça que podem ser praticados pelo executado. Dentre as hipóteses se inclui a ocultação de bens penhoráveis, de modo que não há que se negar a possibilidade de afastamento desses sigilos para viabilizar a localização de patrimônio sujeito a penhora, caso existam indícios de que o mesmo está sendo escamoteado pelo executado.

De outro lado, a jurisprudência também exige substancial fundamentação, por parte do juízo da execução, na decisão que determina a quebra. Com efeito, na maior parte dos casos em que os tribunais superiores invalidaram a providência, a reforma deveu-se a deficiência na fundamentação da decisão. É pertinente lembrar que, com o reforço do dever de fundamentação, claramente insculpido no novo CPC (arts. 10, 11 e 489, § 1º, por exemplo), esse requisito venha a ser reforçado.

Em resumo, não há dúvidas quanto à possibilidade de afastamento dos sigilos bancário e fiscal, no contexto da execução civil, tal como apontado pelo enunciado, desde que ele se dê à luz de circunstâncias fáticas que justifiquem a restrição desses direitos fundamentais, bem como que a decisão que embasa a medida seja elaborada com fundamentação adequada.

Cabe ressalvar que, na ausência de elementos que indiquem a necessidade de postergação do contraditório, o afastamento do sigilo deve ser precedido de oitiva do

716. O julgado vai na linha de outras decisões anteriores do STJ, tais como RMS 25.174, Rel. Min. Maria Thereza de Assis Moura, DJe 14.4.2008; RMS 20.892, Rel. Min. Aldir Passarinho Jr., DJe 15.12.2008; REsp 576.149, Rel. Min. Aldir Passarinho Jr., DJU 1.7.2005; RMS 24.632, Rel. Min. Nancy Andrighi, DJe 26.9.2008; RMS 20.350, Rel. Min. Luiz Fux, DJU 8.3.2007; RMS 15.511, Rel. Min. Gilson Dipp, DJU 28.4.2003; RMS 15.809, Rel. Min. Barros Monteiro, DJU 3.4.2006; RMS 15.085, Rel. Min. Ruy Rosado de Aguiar, DJU 10.2.2003. No Supremo Tribunal Federal, merecem ser consultado o RE 219.780, Rel. Min Carlos Velloso, DJ 10.9.1999.

executado, nos termos do artigo 9º do CPC. É certo, todavia, que o juízo deve avaliar com cuidado a conveniência de se postergar o contraditório para momento subsequente, especialmente se a decisão for adotada em um contexto que indique a possibilidade da prática de fraudes por parte do executado, como é o caso da ocultação ou dilapidação patrimonial. Se é certo que não existem direitos absolutos, é igualmente certo que não existem direitos processuais absolutos.

▶ **NCPC. Art. 772.** O juiz pode, em qualquer momento do processo: (...) III – determinar que sujeitos indicados pelo exequente forneçam informações em geral relacionadas ao objeto da execução, tais como documentos e dados que tenham em seu poder, assinando-lhes prazo razoável. ▶ **Art. 773. Parágrafo único.** Quando, em decorrência do disposto neste artigo, o juízo receber dados sigilosos para os fins da execução, o juiz adotará as medidas necessárias para assegurar a confidencialidade.

Enunciado 537. A conduta comissiva ou omissiva caracterizada como atentatória à dignidade da justiça no procedimento da execução fiscal enseja a aplicação da multa do parágrafo único do art. 774 do CPC/15.

● *Grupo: Impacto nos Juizados e nos procedimentos especiais da legislação extravagante.* ● *Referências: art. 774; Lei 6.830/80.*

▶ ***Edilson Vitorelli***

A Lei de Execução Fiscal, Lei 6.830/80, não contém quaisquer previsões relacionadas à litigância de má-fé ou ao modo como ela seria sancionada. Afirma, contudo, já em seu artigo 1º, a aplicação subsidiária do Código de Processo Civil. Assim, nada mais adequado que a aplicação, àquele que frauda a execução fiscal, das mesmas penas previstas para todas as demais execuções, pelo artigo 774 do CPC.

O problema concreto não está na possibilidade de imposição da multa, mas em sua efetiva aplicação. É sabido que o Poder Judiciário brasileiro ainda é tímido na imposição de multas em decorrência litigância de má-fé ou de atos atentatórios à dignidade da justiça. Mais ainda, a Ordem dos Advogados do Brasil é praticamente silente na punição de tais condutas, muito diferentemente do que ocorre, por exemplo, nos Estados Unidos[717]. Isso consolidou, no Brasil, um sistema de litigância altamente irresponsável para todos os envolvidos, no qual os riscos decorrentes da má-fé são baixos e os benefícios possíveis são elevados. O desafio do novo CPC, nesse particular, é fazer com que essas punições passem a ser mais frequentemente aplicadas.

Há, ainda, nesse particular, dois dissensos a serem solucionados pela doutrina e jurisprudência nacionais: o primeiro é que as multas por ato atentatório à dignidade da justiça, previstas para o processo de execução, se destinam à parte contrária, enquanto as aplicadas no processo de conhecimento, ao Estado ao qual pertence a Justiça (estado-membro, para as justiças estaduais ou União, para as justiças federais), nos

717. Ver, por exemplo, RHODE, Deborah; LUBAN, David; Cummings, Scott. *Legal Ethics*. 6. ed. Foundation Press, 2013.

termos do artigo 77, § 3º do CPC. Essa inexplicável contradição certamente prejudicará a execução das multas impostas no processo de conhecimento.

O segundo problema se refere ao sujeito passivo da multa, notadamente, se ela pode ser imposta ao operador do direito que representa processualmente a parte, ou apenas a esta. Há posições em diversos sentidos, cuja exposição extrapolaria os limites do presente comentário. Parece-nos evidente, entretanto, que a multa deve incidir sobre o sujeito responsável pela conduta, seja ele o advogado, que, por exemplo, interpôs um recurso protelatório, seja a parte, que ocultou patrimônio penhorável.

► **NCPC. Art. 774.** Considera-se atentatória à dignidade da justiça a conduta comissiva ou omissiva do executado que: I – frauda a execução; II – se opõe maliciosamente à execução, empregando ardis e meios artificiosos; III – dificulta ou embaraça a realização da penhora; IV – resiste injustificadamente às ordens judiciais; V – intimado, não indica ao juiz quais são e onde estão os bens sujeitos à penhora e os respectivos valores, nem exibe prova de sua propriedade e, se for o caso, certidão negativa de ônus. **Parágrafo único.** Nos casos previstos neste artigo, o juiz fixará multa em montante não superior a vinte por cento do valor atualizado do débito em execução, a qual será revertida em proveito do exequente, exigível nos próprios autos do processo, sem prejuízo de outras sanções de natureza processual ou material.

Enunciado 586. O oferecimento de impugnação manifestamente protelatória é ato atentatório à dignidade da justiça que enseja a aplicação da multa prevista no parágrafo único do art. 774 do CPC.

● *Grupo: Cumprimento de sentença e execução.* ● *Referências: arts. 525, 771, 774, par. ún. e 918.*

► ***Edilson Vitorelli***

No paradigma do processo cooperativo, não existe direito de se opor ou resistir injustificadamente às ordens judiciais, seja na fase de conhecimento (arts. 77, II, e 80, I e IV), seja na fase de execução (art. 774, II e IV). Tanto é assim que o artigo 918 prevê a rejeição liminar dos embargos nas hipóteses que ensejariam indeferimento da inicial ou improcedência liminar, hipóteses que são aplicáveis igualmente à fase de conhecimento, mas também, genericamente, quando os embargos forem "manifestamente protelatórios".

Assim, ao contrário da fase de conhecimento, na qual as hipóteses de improcedência liminar são relativamente bem delineadas, o processo de execução contempla uma cláusula genérica de rejeição da defesa, em virtude de seu caráter manifestamente protelatório. É evidente que caberá ao juiz, à luz do caso, determinar o que é protelatório e, mais do que isso, o que é "manifestamente protelatório".

Esse conceito, de difícil delineamento teórico, é construído no contexto do abuso do direito de defesa. Se, conforme já afirmado, não existem direitos absolutos, a ampla defesa também não pode ser exercida sem qualquer limite. Defender-se é um direito do réu, mas esse direito deve ser exercido a partir de parâmetros ético-jurídicos de respeito à verdade dos fatos, à autoridade da jurisdição e aos direitos da parte contrária.

Dessa maneira, se os embargos à execução são evidentemente infundados, apoiam-se em teses já rejeitadas pela jurisprudência dominante ou que já foram objeto de precedente obrigatório, contrário às pretensões do embargante, deverá o juiz rejeitar liminarmente a petição e fazer incidir a multa do artigo 774, parágrafo único, sobre a parte embargante, uma vez que a defesa manifestamente protelatória constitui oposição maliciosa à execução, na forma do artigo 774, II, que se coaduna com o artigo 77, II, que veda, sob pena de cometimento de ato atentatório à dignidade da justiça, a todos os que participam do processo "formular pretensão ou de apresentar defesa quando cientes de que são destituídas de fundamento".

É claro que, na prática, seja durante o processo de conhecimento, seja na execução, o juiz deverá ser parcimonioso na análise das circunstâncias fáticas, de modo a fazer incidir a multa apenas sobre aqueles que se valem do direito de defesa de forma abusiva, não para coibir o exercício regular desse mesmo direito. A experiência prática, contudo, releva que essa preocupação é pouco justificável, empiricamente. Via de regra, os problemas do processo brasileiro se referem, conforme já asseverado, muito mais à falta de punições do que ao excesso.

O objetivo do enunciado 586 é apenas esclarecer que o disposto nos arts. 918 e 774, parágrafo único, aplica-se também ao cumprimento de sentença, uma vez que, embora não existam dispositivos similares no capítulo específico, é certo que ambos os procedimentos seguem a mesma lógica e cumprem o mesmo objetivo, de modo que não há qualquer razão para pretender que a conduta vedada em um seja permitida no outro. Assim, o oferecimento de impugnação ao cumprimento de sentença meramente protelatória deve atrair as mesmas consequências dos embargos meramente protelatórios: rejeição liminar e imposição de multa.

► **NCPC. Art. 525.** Transcorrido o prazo previsto no art. 523 sem o pagamento voluntário, inicia-se o prazo de 15 (quinze) dias para que o executado, independentemente de penhora ou nova intimação, apresente, nos próprios autos, sua impugnação. (...). ► **Art. 771.** Este Livro regula o procedimento da execução fundada em título extrajudicial, e suas disposições aplicam-se, também, no que couber, aos procedimentos especiais de execução, aos atos executivos realizados no procedimento de cumprimento de sentença, bem como aos efeitos de atos ou fatos processuais a que a lei atribuir força executiva. ► **Art. 774.** Considera-se atentatória à dignidade da justiça a conduta comissiva ou omissiva do executado que: I – frauda a execução; II – se opõe maliciosamente à execução, empregando ardis e meios artificiosos; III – dificulta ou embaraça a realização da penhora; IV – resiste injustificadamente às ordens judiciais; V – intimado, não indica ao juiz quais são e onde estão os bens sujeitos à penhora e os respectivos valores, nem exibe prova de sua propriedade e, se for o caso, certidão negativa de ônus. **Parágrafo único.** Nos casos previstos neste artigo, o juiz fixará multa em montante não superior a vinte por cento do valor atualizado do débito em execução, a qual será revertida em proveito do exequente, exigível nos próprios autos do processo, sem prejuízo de outras sanções de natureza processual ou material. ► **Art. 918.** O juiz rejeitará liminarmente os embargos: I – quando intempestivos; II – nos casos de indeferimento da petição inicial e de improcedência liminar do pedido; III – manifestamente protelatórios. (...).

Enunciado 588. Aplicam-se subsidiariamente à execução, além do Livro I da Parte Especial, também as disposições da Parte Geral, do Livro III da Parte Especial e das Disposições Finais e Transitórias.

● *Grupo: Cumprimento de sentença e execução.* ● *Referências: art. 771, par. ún.*

▸ ***Edilson Vitorelli***

A chamada Parte Geral do CPC é composta por três títulos e vai do artigo 1º ao artigo 317 do Código. Ela é a espinha dorsal do processo brasileiro, tratando das normas fundamentais do processo, da jurisdição e da competência, da identificação, direitos e deveres dos variados sujeitos processuais, dos atos por eles praticados e as respectivas formas de seu processamento e comunicação, das nulidades, da tutela provisória e da formação, suspensão e extinção do processo. É induvidoso, pela característica geral dessas disposições, que elas se aplicam também ao processo de execução.

O Livro I da Parte Especial é o que cuida do procedimento comum. Suas disposições se aplicam subsidiariamente à execução, já que tratam, por exemplo, de requisitos da petição inicial e regras para o seu indeferimento, medidas de saneamento do processo, produção de provas e decisão. De modo especial, esses dispositivos serão aplicáveis aos embargos à execução, que seguirão pelo rito do procedimento comum, via de regra.

O Livro III da Parte Especial é o que regula o processo e os meios de impugnação das decisões judiciais, notadamente, os recursos. É certo que tais disposições também têm lugar na execução.

Finalmente, as Disposições Finais e Transitórias são destinadas a facilitar a transição do sistema anterior para o atual, motivo pelo qual serão aplicáveis, no que couber, também à execução. Há, ainda, algumas disposições de natureza não transitória nesse Livro, como a atribuição de prioridade na tramitação para os processos relacionados a idosos e ao Estatuto da Criança e do Adolescente, prioridade esta que deve ser estendida também à execução.

▸ **NCPC. Art. 771. Parágrafo único.** Aplicam-se subsidiariamente à execução as disposições do Livro I da Parte Especial.

2.2.1.2. Das Partes (arts. 778 a 780)

Enunciado 445. O fiador judicial também pode ser sujeito passivo da execução.

● *Grupo: Execução.* ● *Referências: art. 779.*

▸ ***Edilson Vitorelli***

O fiador é um terceiro que presta fiança, garantindo satisfazer ao credor uma obrigação assumida pelo devedor, caso este não a cumpra (arts. 818-826 do Código Civil). A peculiaridade do fiador judicial é que a prestação dessa garantia se dá em relação a uma obrigação objeto de um processo judicial. Como a fiança sempre se constitui por escrito (art. 819 do Código Civil), a fiança judicial deverá ser estabelecida por termo nos autos, em favor de uma das partes ou de um terceiro interveniente.

De reduzidíssima utilização prática, a vantagem da fiança judicial é permitir a execução da condenação contra o fiador e contra o afiançado, ainda que o primeiro não tenha sido parte no processo, garantindo a ele, na forma da lei civil, direito de regresso contra o afiançado. Assim, a fiança judicial permite a extensão dos efeitos do título executivo em face de uma pessoa que, em outras circunstâncias, não poderia ser sujeito passivo da execução, já que não participou da formação do título executivo, ampliando, assim, a garantia do credor. Não se trata, contudo, de hipótese de fiança legal, de modo que a vontade do fiador, comparecendo aos autos livremente, é essencial para a constituição do vínculo[718]. Não há necessidade, todavia, de que o fiador participe do processo, embora seja, nessa condição, legitimado à assistência. O título será formado contra si, independentemente do efetivo exercício do contraditório.

O NCPC, no artigo 779, excluiu a referência ao fiador judicial, antes referida no artigo 568, IV, do diploma de 1973. Embora seja possível cogitar que tal exclusão foi proposital, devendo-se ao completo desuso do instituto, o plenário do Fórum Permanente de Processualistas Civis entendeu, ao editar este enunciado, que, se alguém deseja comparecer aos autos e manifestar a vontade de prestar fiança a uma das partes, a alteração do texto do CPC não é suficiente para proibi-lo, à luz do princípio da autonomia da vontade. Assim o fazendo, e sendo derrotado o afiançado, será o fiador também legitimado a ser sujeito passivo da execução.

> ▶ **NCPC. Art. 779.** A execução pode ser promovida contra: I – o devedor, reconhecido como tal no título executivo; II – o espólio, os herdeiros ou os sucessores do devedor; III – o novo devedor que assumiu, com o consentimento do credor, a obrigação resultante do título executivo; IV – o fiador do débito constante em título extrajudicial; V – o responsável titular do bem vinculado por garantia real ao pagamento do débito; VI – o responsável tributário, assim definido em lei.

2.2.1.3. Da Competência (arts. 781 a 782)

ENUNCIADO 190. O ART. 782, § 3º, NÃO VEDA A INCLUSÃO EXTRAJUDICIAL DO NOME DO EXECUTADO EM CADASTROS DE INADIMPLENTES, PELO CREDOR OU DIRETAMENTE PELO ÓRGÃO DE PROTEÇÃO AO CRÉDITO.

● *Grupo: Execução.* ● *Referências: art. 782, § 3º.*

▸ ***Edilson Vitorelli***

O artigo 782, § 3º consagrou legalmente a possibilidade, aceita na praxe forense antes mesmo da edição do CPC, de que o juiz determine a inclusão do devedor em cadastros de inadimplentes, cuja gestão é privada, sendo os principais o Serviço de Proteção ao Crédito – SPC e o SERASA.

718. Ver ASSIS, Araken de. "Da legitimidade do fiador no processo de execução". In: *Revista do Ministério Público do Rio Grande do Sul*, vol. 1, n. 18, 1985, p. 48-59.

O propósito do enunciado é apenas esclarecer que a possibilidade de o juiz determinar a inclusão de pessoas nesses cadastros não significa que tal determinação seja requisito para o ato. Assim, se o credor for conveniado aos serviços de proteção ao crédito e, por essa razão, tiver condições de remeter, por si mesmo, o nome do devedor para inclusão, poderá fazê-lo livremente. A ordem judicial não foi convertida em requisito para o ato. Ela é útil apenas para os credores não conveniados ao serviço.

Cabe recordar que, em virtude de sua natureza privada, a inclusão de pessoas nesses cadastros não é graciosa e seu custo deverá ser suportado pelo credor. O código não resolveu o problema desse custeio caso o credor seja beneficiário da gratuidade judiciária. Por interpretação do artigo 98, § 1º, do CPC, não há como entender que esse custo esteja incluído nas disposições concernentes à gratuidade. Assim, caberá ao credor, em qualquer hipótese, arcar com o custo da medida e, por essa razão avaliar sua relevância.

Deve-se criticar o excesso burocrático do CPC, exigindo ordem judicial para a realização de uma providência que os credores empresariais podem adotar livremente, desde que sejam conveniados com o serviço. Melhor seria que essa medida fosse autorizada a partir da simples obtenção de certidão de distribuição da execução, tal como ocorre com a previsão do artigo 828, atinente à averbação da existência da execução nos registros de imóveis, veículos e outros.

Finalmente, não deixa de ser triste a disposição do artigo 782, § 3º, eis que representa o reconhecimento implícito de que a força executiva do Estado é menos efetiva que um banco de dados mantido por particulares. Essa é, entretanto, a realidade atual do processo de execução.

▶ **NCPC. Art. 782. § 3º** A requerimento da parte, o juiz pode determinar a inclusão do nome do executado em cadastros de inadimplentes.

Enunciado 538. Aplica-se o procedimento do § 4º do art. 517 ao cancelamento da inscrição de cadastro de inadimplentes do § 4º do art. 782.

● *Grupo: Cumprimento de sentença.* ● *Referências: arts. 517, § 4º e 782, § 4º.*

▶ ***Edilson Vitorelli***

O § 4º do artigo 782 dispõe que "a inscrição será cancelada imediatamente se for efetuado o pagamento, se for garantida a execução ou se a execução for extinta por qualquer outro motivo". Não disciplina, entretanto, o procedimento para a realização do cancelamento. Assim, é razoável a aplicação analógica do disposto no artigo 517, § 4º, relativamente ao cancelamento do protesto da sentença judicial.

Logo, o cancelamento da inscrição no cadastro de inadimplentes deverá ser efetuado a requerimento do executado, mediante determinação judicial, que será corporificada em ofício dirigido ao serviço de proteção, com prazo máximo de 3 dias para a retirada do nome do devedor. A expedição dessa ordem está condicionada ao pagamento, garantia da execução ou sua extinção, por qualquer motivo.

▶ **NCPC. Art. 517. § 4º** A requerimento do executado, o protesto será cancelado por determinação do juiz, mediante ofício a ser expedido ao cartório, no prazo de 3 (três) dias, contado da data de protocolo do requerimento, desde que comprovada a satisfação integral da obrigação. ▶ **Art. 782. § 4º** A inscrição será cancelada imediatamente se for efetuado o pagamento, se for garantida a execução ou se a execução for extinta por qualquer outro motivo.

2.2.1.4. Da Responsabilidade Patrimonial (arts. 789 a 796)

ENUNCIADO 191. O PRAZO DE QUINZE DIAS PARA OPOR EMBARGOS DE TERCEIRO, DISPOSTO NO § 4º DO ART. 792, É APLICÁVEL EXCLUSIVAMENTE AOS CASOS DE DECLARAÇÃO DE FRAUDE À EXECUÇÃO; OS DEMAIS CASOS DE EMBARGOS DE TERCEIRO SÃO REGIDOS NA FORMA DO CAPUT DO ART. 675.

● *Grupo: Execução.* ● *Redação revista (VI FPPC).* ● *Referências: arts. 792, § 4º, 675, caput e par. ún.*

▸ ***Edilson Vitorelli***

Os embargos de terceiro são ação de procedimento especial cujo objetivo é prevenir ou eliminar constrição indevida, provocada pelo processo judicial, sobre bens de terceiro, estranho ao processo. O autor dos embargos de terceiro é alguém que não figura no processo que provocou a constrição, enquanto os legitimados passivos serão aqueles diretamente impactados pela desconstituição do ato, podendo ou não haver litisconsórcio necessário entre o autor e o réu do processo originário, a depender das circunstâncias fáticas (art. 677, § 4º). Ainda que haja alguma polêmica jurisprudencial, é adequado concluir que quem é parte do processo não tem legitimidade para interpor embargos de terceiro, devendo se defender de eventuais constrições nos próprios autos.

A constrição indevida pode incidir tanto sobre a propriedade, quanto sobre a posse do terceiro, de modo que os embargos podem ser manejados tanto por proprietário quanto por possuidor. Afirma Ruy Rosado de Aguiar[719]:

> Os embargos de terceiros não são remédios possessórios, com os quais não se confundem, pois que são contra atos do juiz, e não do particular; processam-se perante o mesmo juízo que proferiu a decisão atacada e servem para afastar ofensa da qual o possuidor não pode defender-se por sua própria força (art. 502 do CC). Mas são semelhantes às ações possessórias, porque se podem basear na posse; serão assemelhados à ação reivindicatória quando fundados em domínio e posse, ou à ação real de garantia, se fundamentados em direito real de garantia.

Embora sejam mais comuns durante o processo de execução, os embargos de terceiro podem ser manejados sempre que haja justo receio de contrição, inclusive durante o processo de conhecimento, conforme explicitamente determina o artigo 674. Ele não pode ser utilizado para desconstituir sentença dada entre as partes, mas não há óbice à sua utilização para que a eficácia da coisa julgada não se estenda para atingir terceiro[720].

---

719. AGUIAR, Ruy R. "Embargos de terceiro". Disponível no site do STJ. Acesso em: 20.junho.2016.
720. THEODORO JR., Humberto. *Curso de direito processual civil.* vol. II. 50. ed. Rio de Janeiro: Forense, 2016, p. 339.

O problema tratado pelo enunciado se refere à oportunidade para apresentação dos embargos, com o objetivo de solucionar uma aparente contradição legislativa: o artigo 675 dispõe que é possível seu manejo a qualquer tempo no processo de conhecimento e, no cumprimento de sentença, até cinco dias depois da adjudicação ou alienação, mas sempre antes da assinatura da carta que aperfeiçoa o ato. É certo, ainda, nos termos do parágrafo único, que o juiz deverá intimar terceiro cujo interesse eventualmente seja identificado.

Já o artigo 792, § 4º regula o prazo para apresentação dos embargos de terceiro no caso em que o processo tem como objetivo anular o negócio jurídico que deu origem a sua propriedade, em virtude de fraude à execução praticada pelo alienante. Nesse caso, o juiz deve intimar o terceiro adquirente antes de declarar a fraude, oportunizando-lhe a apresentação dos embargos em quinze dias.

O enunciado esclarece que o regime especial do artigo 792, § 4º é exclusivo da fraude à execução. Em todas as demais hipóteses, os embargos se regulam pelo disposto no artigo 675.

Ao final, é bom ressaltar que o vetusto princípio do *res inter alios iudicata tertio neque nocet neque prodest*, ou seja, a coisa julgada não pode prejudicar ou beneficiar terceiros, prevalece sobre todos os prazos previstos no CPC. A lei processual não serve para privar as pessoas que não estão abrangidas pela decisão judicial de seus direitos materiais. Assim, os prazos previstos em ambos os dispositivos servem apenas para estabelecer marcos temporais processuais. Se eles forem superados, a turbação poderá ser alegada pelo terceiro em ação própria, possessória ou reivindicatória, dentro dos prazos estabelecidos no direito material. A utilização dos embargos de terceiro é, portanto, facultativa para o terceiro[721]. É nesse sentido a jurisprudência, em interessante e recente acórdão (RESp 1548882) que ressalta a flexibilidade com que se deve interpretar as disposições do instituto, em nome da economia processual.

(...). 1. O art. 1.048 do CPC fixa dois momentos para o ajuizamento dos embargos de terceiro: (1) a qualquer tempo no processo de conhecimento enquanto não transitada em julgado a sentença; e, (2) no processo de execução, até 5 dias depois da arrematação, adjudicação ou remição, mas sempre antes da assinatura da respectiva carta. 2. A determinação judicial de depósito dos bens móveis que se encontravam no imóvel objeto de ação de despejo foi proferida em carta de sentença, portanto, em execução provisória, aplicando-se a primeira parte do dispositivo que autoriza a oposição do remédio processual a qualquer tempo, enquanto não ocorrer o trânsito em julgado da sentença. Precedentes do STJ que admitem o ajuizamento dos embargos de terceiro até mesmo após o trânsito em julgado da sentença, sob o fundamento de que a coisa julgada é fenômeno que só diz respeito aos sujeitos do processo, não atingindo terceiros. 3. O depósito não é hipótese de expropriação definitiva e, portanto, não se equipara à arrematação, adjudicação ou remição (hoje, modo de adjudicação). No caso não houve a transferência dos bens, que se encontram sob custódia judicial, no aguardo da solução da demanda. 4. A utilização dos embargos de terceiro é facultativa; decorrido o prazo para sua oposição, subsiste o direito material que o terceiro poderá alegar em ação

721. Esse entendimento, que já foi polêmico, hoje está bastante pacificado. Ver, no STJ, AgRg no Ag 88.561, Rel. Min. Waldemar Sveiter, j. 26.3.1996.

autônoma. A adoção da tese de intempestividade resultaria no prolongamento da discussão judicial com o ajuizamento de nova ação, medida de todo contrária à economia processual e à necessidade de solução dos litígios em tempo razoável. (...). (STJ, REsp 1548882, Rel. Min. Moura Ribeiro, 3ª T., DJe 11.12.2015)

► **NCPC. Art. 675.** Os embargos podem ser opostos a qualquer tempo no processo de conhecimento enquanto não transitada em julgado a sentença e, no cumprimento de sentença ou no processo de execução, até 5 (cinco) dias depois da adjudicação, da alienação por iniciativa particular ou da arrematação, mas sempre antes da assinatura da respectiva carta. **Parágrafo único.** Caso identifique a existência de terceiro titular de interesse em embargar o ato, o juiz mandará intimá-lo pessoalmente. ► **Art. 792. § 4º** Antes de declarar a fraude à execução, o juiz deverá intimar o terceiro adquirente, que, se quiser, poderá opor embargos de terceiro, no prazo de 15 (quinze) dias.

2.2.2. Das Diversas Espécies de Execução (arts. 797 a 913)

2.2.2.1. Disposições Gerais (arts. 797 a 805)

ENUNCIADO 447. O EXEQUENTE DEVE PROVIDENCIAR A INTIMAÇÃO DA UNIÃO, ESTADOS E MUNICÍPIOS NO CASO DE PENHORA DE BEM TOMBADO.

● *Grupo: Execução.* ● *Referências: arts. 799, 804, 889, VIII e 1.072, I.*

▸ *Edilson Vitorelli*

O legislador processual, por motivos difíceis de serem racionalmente explicados, tencionou unificar, no artigo 799, todas as previsões de intimação de terceiros interessados, quanto ao ato de penhora de bem. Já no artigo 889, pretendeu unificar todas as hipóteses de comunicação desses terceiros, relativamente à alienação judicial de bem. Por essa razão, o artigo 1.072, I, do CPC, revogou o artigo 22 do Decreto-Lei 25/37, que determinava o direito de preferência dos entes públicos, na hipótese de alienação onerosa de bem tombado.

Trata-se de mudança desastrada, que só não gerará efeitos mais deletérios porque essa preferência raramente era exercida pelos entes públicos, dado que o gravame imposto em decorrência do tombamento é de natureza *propter rem*, incidindo, nos mesmos moldes, sobre o novo proprietário. Assim, o ente público, ou o interesse público na proteção do patrimônio histórico têm muito pouco a ganhar com o exercício do direito de preferência[722].

722. A compreensão da inaptidão do legislador será melhor compreendida pela leitura do dispositivo revogado: DL 25/37. "Art. 22. Em face da alienação onerosa de bens tombados, pertencentes a pessoas naturais ou a pessoas jurídicas de direito privado, a União, os Estados e os municípios terão, nesta ordem, o direito de preferência. § 1º Tal alienação não será permitida, sem que previamente sejam os bens oferecidos, pelo mesmo preço, à União, bem como ao Estado e ao município em que se encontrarem. O proprietário deverá notificar os titulares do direito de preferência a usá-lo, dentro de trinta dias, sob pena de perdê-lo. § 2º É nula alienação realizada com violação do disposto no parágrafo anterior, ficando qualquer dos titulares do direito de preferência habilitado a sequestrar a coisa e a impor a multa de vinte por cento do seu valor ao transmitente e ao adquirente, que serão por ela

Conforme se observa, se o CPC deveria interferir em norma relacionada a tombamento de bens – o que é altamente discutível – deveria ter revogado apenas o § 4º do artigo 22, que é o único que se refere a alienação judicial. As demais normas regulam todas as hipóteses de alienação onerosa por via negocial, não apenas a alienação de bens no curso do processo. Assim, nada têm a ver com o CPC e sua revogação constitui verdadeira teratologia, provocando um vácuo legislativo não suprido pelo Código que pode, em hipóteses específicas, colocar em risco o patrimônio histórico. Mereceria maior estudo, inclusive, a inconstitucionalidade de tal revogação.

Para piorar ainda mais, embora o artigo 889 tenha previsto a necessidade de cientificação dos entes públicos quanto à alienação do bem tombado, o artigo 799 se olvidou de incluir tal determinação no que se refere à penhora. Assim, pela literalidade do Código, os entes públicos somente tomarão ciência da alienação do bem tombado cinco dias antes do leilão, o que, evidentemente, impedirá que tomem qualquer providência útil a partir dessa comunicação. Logo, o texto transforma esse ato em mera burocracia, sem relevância empírica.

Para corrigi-lo, o enunciado propugna que se inclua, por interpretação, no artigo 799, que os entes públicos devem também ser intimados da penhora do bem tombado. Corrigir-se-ia, ainda que de modo parcial, a canhestra alteração realizada pelo legislador processual, invadindo campo que claramente não era de sua competência.

▶ **NCPC. Art. 799.** Incumbe ainda ao exequente: I – requerer a intimação do credor pignoratício, hipotecário, anticrético ou fiduciário, quando a penhora recair sobre bens gravados por penhor, hipoteca, anticrese ou alienação fiduciária; II – requerer a intimação do titular de usufruto, uso ou habitação, quando a penhora recair sobre bem gravado por usufruto, uso ou habitação; III – requerer a intimação do promitente comprador, quando a penhora recair sobre bem em relação ao qual haja promessa de compra e venda registrada; IV – requerer a intimação do promitente vendedor, quando a penhora recair sobre direito aquisitivo derivado de promessa de compra e venda registrada; V – requerer a intimação do superficiário, enfiteuta ou concessionário, em caso de direito de superfície, enfiteuse, concessão de uso especial para fins de moradia ou concessão de direito real de uso, quando a penhora recair sobre imóvel submetido ao regime do direito de superfície, enfiteuse ou concessão; VI – requerer a intimação do proprietário de terreno com regime de direito de superfície, enfiteuse, concessão de uso especial para fins de moradia ou concessão de direito real de uso, quando a penhora

---

solidariamente responsáveis. A nulidade será pronunciada, na forma da lei, pelo juiz que conceder o sequestro, o qual só será levantado depois de paga a multa e se qualquer dos titulares do direito de preferência não tiver adquirido a coisa no prazo de trinta dias. § 3º O direito de preferência não inibe o proprietário de gravar livremente a coisa tombada, de penhor, anticrese ou hipoteca. § 4º Nenhuma venda judicial de bens tombados se poderá realizar sem que, previamente, os titulares do direito de preferência sejam disso notificados judicialmente, não podendo os editais de praça ser expedidos, sob pena de nulidade, antes de feita a notificação. § 5º Aos titulares do direito de preferência assistirá o direito de remissão, se dela não lançarem mão, até a assinatura do auto de arrematação ou até a sentença de adjudicação, as pessoas que, na forma da lei, tiverem a faculdade de remir. § 6º O direito de remissão por parte da União, bem como do Estado e do município em que os bens se encontrarem, poderá ser exercido, dentro de cinco dias a partir da assinatura do auto de arrematação ou da sentença de adjudicação, não se podendo extrair a carta, enquanto não se esgotar este prazo, salvo se o arrematante ou o adjudicante for qualquer dos titulares do direito de preferência".

recair sobre direitos do superficiário, do enfiteuta ou do concessionário; VII – requerer a intimação da sociedade, no caso de penhora de quota social ou de ação de sociedade anônima fechada, para o fim previsto no art. 876, § 7º; VIII – pleitear, se for o caso, medidas urgentes; IX – proceder à averbação em registro público do ato de propositura da execução e dos atos de constrição realizados, para conhecimento de terceiros. ► **Art. 804.** A alienação de bem gravado por penhor, hipoteca ou anticrese será ineficaz em relação ao credor pignoratício, hipotecário ou anticrético não intimado. ► **Art. 889.** Serão cientificados da alienação judicial, com pelo menos 5 (cinco) dias de antecedência: VIII – a União, o Estado e o Município, no caso de alienação de bem tombado.

ENUNCIADO 448. AS MEDIDAS URGENTES PREVISTAS NO ART. 799, VIII, ENGLOBAM A TUTELA PROVISÓRIA URGENTE ANTECIPADA.

● *Grupo: Execução.* ● *Referências: arts. 799, VIII.*

▸ **Edilson Vitorelli**

O artigo 799, VIII, do CPC, se refere, genericamente, à possibilidade de que o exequente pleiteie medidas de urgência no próprio processo de execução. O propósito do enunciado é esclarecer que essas medidas incluem a tutela provisória de urgência de natureza antecipada, ou seja, o requerimento de que o bem da vida que se busca na execução, independentemente da natureza da obrigação (fazer, não fazer, dar coisa ou pagar) seja total ou parcialmente antecipado em favor do exequente, invertendo, assim, o ônus do tempo no processo de execução. Logo, as disposições dos artigos 294 a 311 se aplicam perfeitamente ao processo de execução.

Esse esclarecimento é interessante porque as medidas urgentes na execução são pragmaticamente mais associadas a medidas de natureza cautelar, cujo propósito é apenas garantir a integridade do direito material, não antecipar sua fruição para o exequente. A utilização da tutela antecipada, em conjunto com o poder geral de efetivação das decisões previsto no artigo 139, IV, do CPC, pode dar maior efetividade ao processo de execução.

► **NCPC. Art. 799.** Incumbe ainda ao exequente: VIII – pleitear, se for o caso, medidas urgentes.

ENUNCIADO 539. A CERTIDÃO A QUE SE REFERE O ART. 828 NÃO IMPEDE A OBTENÇÃO E A AVERBAÇÃO DE CERTIDÃO DA PROPOSITURA DA EXECUÇÃO (ART. 799).

● *Grupo: Execução.* ● *Referências: arts. 312, 799, IX e 828.*

▸ **Edilson Vitorelli**

Os arts. 799, IX e 828 se referem a certidões que podem ser obtidas pelo exequente, ainda no início do processo de execução, para gravar o patrimônio do devedor, fazendo presumir a ciência de eventual terceiro, adquirente de seus bens, em relação à pendência do processo.

O problema que se apresenta é saber se os dois dispositivos se referem à mesma certidão ou se se tratam de certidões distintas. O enunciado se inclina para o segundo entendimento, sustentando que a certidão a que se refere o artigo 799 é uma simples certidão de distribuição, cuja emissão independe de deferimento judicial. Já a certidão do artigo 828 é de admissão da execução, o que pressupõe a decisão judicial que recebe a petição inicial, com a determinação de citação do devedor.

Em termos práticos, as duas certidões cumprem a mesma finalidade, que é a averbação da pendência do processo nos registros de bens do devedor e tanto uma quanto outra atendem aos interesses do credor. A certidão prevista no artigo 828, cujo procedimento é mais regulado e burocrático, teria como vantagem a previsão expressa, no § 4º, de presunção de fraude à execução caso ocorra alienação do bem após a averbação, presunção que não assistiria à certidão do artigo 799, que só serviria para demonstrar a ciência do comprador quanto à existência da execução. O mais provável, contudo, é que a praxe forense equipare os efeitos de ambas as certidões, fazendo incidir uma presunção absoluta de conhecimento da existência do processo de execução, por parte do comprador.

▶ **NCPC. Art. 312.** Considera-se proposta a ação quando a petição inicial for protocolada, todavia, a propositura da ação só produz quanto ao réu os efeitos mencionados no art. 240 depois que for validamente citado. ▶ **Art. 799.** Incumbe ainda ao exequente: (...) IX – proceder à averbação em registro público do ato de propositura da execução e dos atos de constrição realizados, para conhecimento de terceiros. ▶ **Art. 828.** O exequente poderá obter certidão de que a execução foi admitida pelo juiz, com identificação das partes e do valor da causa, para fins de averbação no registro de imóveis, de veículos ou de outros bens sujeitos a penhora, arresto ou indisponibilidade.

Enunciado 641. O exequente deve providenciar a intimação do coproprietário no caso da penhora de bem imóvel indivisível ou de direito real sobre bem imóvel indivisível.

● *Grupo: Cumprimento de sentença e execução.* ● *Referências: arts. 799, 843, 867, § 5º, e 889.*

▶ ***Edilson Vitorelli***

O artigo 799 impõe ao exequente o ônus de providenciar a intimação de diversos terceiros que podem ter direitos reais, de uso, de garantia ou de aquisição, incidentes sobre o bem objeto de penhora, a fim de que possam exercer os privilégios decorrentes de sua condição. Em sentido similar, o artigo 842 prevê a intimação do cônjuge do executado, quando a penhora recai sobre bem imóvel, ressalvada a circunstância de serem casados em separação absoluta de bens.

Ocorre que essas disposições não mencionam a necessidade de intimação de coproprietário do bem imóvel indivisível, o que é essencial, até para que possa exercer os direitos decorrentes do artigo 843, quais sejam, a preferência na arrematação do bem, em igualdade de condições (art. 843, § 1º), o direito de concorrer para a adjudicação (art. 876, § 5º, combinado com art. 889, II) e, em último caso, de se sub-rogar no valor obtido com a alienação do bem, para obter o montante equivalente a sua cota-parte.

Assim, o enunciado corrige, corretamente, uma falha de redação do Código.

2.2.2.2. Da Execução por Quantia Certa (arts. 824 a 909)

Enunciado 130. A obtenção da certidão prevista no art. 828 independe de decisão judicial.

● *Grupo: Execução.* ● *Referências: arts. 152, V e 828.*

▶ ***Edilson Vitorelli***

O artigo 828, ao estabelecer a possibilidade de que o exequente obtenha certidão de que a execução foi admitida pelo juiz, prevê um procedimento para averbação dessas mesmas certidões nos registros de patrimônio do executado. Nos cinco parágrafos que regulam esse procedimento, o CPC menciona, por duas vezes, a participação do juiz (§ 1º No prazo de 10 (dez) dias de sua concretização, o exequente deverá comunicar ao juízo as averbações efetivadas; § 3º O juiz determinará o cancelamento das averbações, de ofício ou a requerimento, caso o exequente não o faça no prazo).

A dúvida, nesse contexto, é saber se, por essa intensa – e, provavelmente, desnecessária – participação do magistrado, a expedição da certidão deveria ser tida como condicionada a decisão judicial. O entendimento do enunciado é de que não há necessidade desse condicionamento, que apenas adicionaria mais um passo burocrático à proteção dos direitos do exequente. O entendimento se apoia no incido V do artigo 152, que considera de atribuição do escrivão ou chefe de secretaria "fornecer certidão de qualquer ato ou termo do processo, independentemente de despacho, observadas as disposições referentes ao segredo de justiça".

▶ **NCPC. Art. 152.** Incumbe ao escrivão ou ao chefe de secretaria: V – fornecer certidão de qualquer ato ou termo do processo, independentemente de despacho, observadas as disposições referentes ao segredo de justiça. ▶ **Art. 828.** O exequente poderá obter certidão de que a execução foi admitida pelo juiz, com identificação das partes e do valor da causa, para fins de averbação no registro de imóveis, de veículos ou de outros bens sujeitos a penhora, arresto ou indisponibilidade.

Enunciado 192. Alienação por iniciativa particular realizada por corretor ou leiloeiro não credenciado perante o órgão judiciário não invalida o negócio jurídico, salvo se o executado comprovar prejuízo.

● *Grupo: Execução.* ● *Referências: art. 880.*

▶ ***Edilson Vitorelli***

O artigo 880 do CPC exigiu que a alienação por leilão judicial se faça por leiloeiro público, credenciado perante o órgão jurisdicional. Trata-se de inexplicável excesso de formalismo, uma vez que, na alienação por iniciativa particular, o exequente pode se valer dos auxiliares que bem entender (leiloeiros, corretores de imóveis, representantes comerciais etc.) para realizar o negócio jurídico que lhe assegure o melhor proveito. Assim, se a alienação por iniciativa particular é modalidade que prefere a alienação pública, como explicitamente demonstra o artigo 880 do CPC, não há razão para se exigir maior formalidade da alternativa subsidiária.

Ademais, o próprio CPC demonstra a pouca utilidade da exigência, ao permitir, no artigo 880, § 4º, que o leilão seja realizado por leiloeiro não credenciado, nas localidades em que não haja profissional credenciado. Assim, considerando que o Código não estabelece os critérios de credenciamento, os quais poderão ser utilizados apenas para restringir a concorrência entre leiloeiros e, com isso, elevar os preços do serviço, em prejuízo das partes, melhor seria que o Código tivesse deixado tal atividade aberta à concorrência livre no mercado.

O enunciado tem como objetivo esclarecer que, ainda que o negócio seja feito por leiloeiro não credenciado, em local em que exista profissional credenciado, não haverá nulidade, salvo se for demonstrado prejuízo. Trata-se de aplicação da regra matriz da teoria das nulidades, inscrita no artigo 277 do CPC: "quando a lei prescrever determinada forma, o juiz considerará válido o ato se, realizado de outro modo, lhe alcançar a finalidade".

► **NCPC. Art. 880.** Não efetivada a adjudicação, o exequente poderá requerer a alienação por sua própria iniciativa ou por intermédio de corretor ou leiloeiro público credenciado perante o órgão judiciário.

Enunciado 193. Não justifica o adiamento do leilão, nem é causa de nulidade da arrematação, a falta de fixação, pelo juiz, do preço mínimo para a arrematação.

● *Grupo: Execução.* ● *Referências: arts. 885, 886, II, 891, par. ún.*

► ***Edilson Vitorelli***

Um dos elementos que necessariamente devem estar contidos no edital de leilão é o valor mínimo para arrematação, conforme explicita o artigo 886, II, do CPC, valor este que deverá ser fixado pelo juiz, na forma do artigo 885. A questão é saber se, não fixado esse valor, haveria causa de nulidade da arrematação. O enunciado procura evidenciar que não. Primeiramente, porque a regra do artigo 277 determina que quando a lei prescrever determinada forma, o juiz considerará válido o ato se, realizado de outro modo, lhe alcançar a finalidade. Assim, não se podem ser os requisitos formais de alienação do bem, no contexto da execução, como elementos estáticos, cuja simples desobediência é suficiente para invalidar o ato.

Ademais, o artigo 891, parágrafo único, contém regra que pode suprir a omissão jurisdicional nessa situação. Aponta o dispositivo que o juiz deverá fixar o valor mínimo para alienação do bem, abaixo do qual o preço será considerado vil e, na ausência dessa fixação, será considerado vil o preço inferior a 50% do valor da avaliação.

Nesses termos, o sistema de alienação de bens penhorados do Código deve ser compreendido da seguinte forma: não existe mais a formalidade de se realizar um primeiro leilão, no qual a alienação pode ser dar apenas pelo valor da avaliação e um segundo, no qual pode ocorrer por qualquer valor que não seja vil. No NCPC, sempre cabe ao juiz fixar o valor mínimo pelo qual a coisa pode ser alienada, em primeiro ou segundo leilão. Caso o juiz não o faça, o preço vil será aquele inferior a 50% do valor da avaliação. Trata-se, portanto, de regulamentação consideravelmente mais flexível que a existente no sistema anterior, uma vez que permite que a alienação se dê por valor inferior ao da avaliação mesmo em primeiro leilão, se o juiz assim considerar razoável. Como afirma Humberto Theodoro Júnior[723]:

> A técnica atual de alienação dos bens penhorados não mais se vincula ao valor da avaliação. Este, mesmo no leilão judicial, não impede que a arrematação se dê por lance menor. O valor de avaliação figura apenas como uma referência a observar para que a alienação não se dê por preço vil.

Finalmente, cabe observar que o CPC eliminou a distinção entre hasta pública e praça pública, referindo-se, indistintamente, ao uso do leilão para alienação tanto de bens móveis quanto de imóveis.

► **NCPC. Art. 885.** O juiz da execução estabelecerá o preço mínimo, as condições de pagamento e as garantias que poderão ser prestadas pelo arrematante. ► **Art. 886.** O leilão será precedido de publicação de edital, que conterá: I – a descrição do bem penhorado, com suas características, e, tratando-se de imóvel, sua situação e suas divisas, com remissão à matrícula e aos registros. ► **Art. 891. Parágrafo único.** Considera-se vil o preço inferior ao mínimo estipulado pelo juiz e constante do edital, e, não tendo sido fixado preço mínimo, considera-se vil o preço inferior a cinquenta por cento do valor da avaliação.

ENUNCIADO 329. NA EXECUÇÃO TRABALHISTA DEVE SER PRESERVADA A QUOTA PARTE DE BEM INDIVISÍVEL DO COPROPRIETÁRIO OU DO CÔNJUGE ALHEIO À EXECUÇÃO, SENDO-LHE ASSEGURADO O DIREITO DE PREFERÊNCIA NA ARREMATAÇÃO DO BEM EM IGUALDADE DE CONDIÇÕES.

● *Grupo: Impacto do CPC no processo do trabalho.* ● *Referências: arts. 843, caput e § 1º, e 15.*

▸ ***Edilson Vitorelli***

O Tribunal Superior do Trabalho, por intermédio da Resolução 203, de 2016, editou a Instrução Normativa 39, de 2016, explicitando quais aspectos do processo do trabalho seriam afetados pelo novo CPC. Apesar de imbuída do louvável propósito de reduzir a insegurança jurídica na aplicação subsidiária do CPC às ações trabalhistas, a norma representa interferência do tribunal sobre a atuação dos juízes que lhe são subordinados, interferência esta cuja constitucionalidade já foi questionada por intermédio da ADI 5516, ajuizada pela Associação Nacional de Magistrados da Justiça do Trabalho – ANAMATRA. A ADI foi distribuída à Min. Carmen Lúcia, que adotou o rito do artigo 10, da Lei 9.868/99 e, por essa razão, deixou de apreciar o pedido de liminar. Assim, até a data em que estas linhas eram escritas, a Resolução permanecia válida.

Seu texto, entretanto, é omisso quanto a situação tratada no enunciado, qual seja, a preferência do cônjuge não executado, em igualdade de condições com terceiro, para arrematação da parcela de bem indivisível, pertencente ao seu cônjuge, este sim, executado. Assim, por exemplo, se um bem indivisível, pertencente ao casal, é penhorado em virtude de execução pendente apenas contra um dos cônjuges, e segue para alienação, o cônjuge não executado teria prioridade para adquirir a parcela do bem

723. THEODORO JR., Humberto. *Curso de direito processual civil.* vol. III. 48. ed. Rio de Janeiro: Forense, 2016, p. 559.

que está sendo alienada, qual seja, a que pertence ao outro cônjuge. Assim, o bem passaria a pertencer exclusivamente ao cônjuge não executado, evitando-se que este sofra com o prejuízo de ser privado do bem, recebendo apenas o equivalente monetário de seu quinhão.

Não há motivos para que essa possibilidade seja aplicada, indistintamente, ao processo do trabalho, tendo em vista que, por se exigir do cônjuge, para exercício do direito de preferência, que ofereça lance em igualdade de condições com terceiro adquirente, não há qualquer prejuízo discernível para o exequente, que continuará auferindo a mesma quantia em virtude da arrematação. Ao mesmo tempo, evita-se causar prejuízo a pessoa que, apesar de casada com o devedor, é estranha ao procedimento executivo em andamento.

► **NCPC. Art. 15.** Na ausência de normas que regulem processos eleitorais, trabalhistas ou administrativos, as disposições deste Código lhes serão aplicadas supletiva e subsidiariamente. ► **Art. 843.** Tratando-se de penhora de bem indivisível, o equivalente à quota-parte do coproprietário ou do cônjuge alheio à execução recairá sobre o produto da alienação do bem. **§ 1º** É reservada ao coproprietário ou ao cônjuge não executado a preferência na arrematação do bem em igualdade de condições.

Enunciado 330. Na Justiça do Trabalho, o juiz pode deferir a aquisição parcelada do bem penhorado em sede de execução, na forma do art. 895 e seus parágrafos.

● *Grupo: Impacto do CPC no processo do trabalho.* ● *Referências: arts. 895 e 15.*

▸ ***Edilson Vitorelli***

Conforme observado em comentário anterior, o Tribunal Superior do Trabalho, por intermédio da Resolução 203, de 2016, editou a Instrução Normativa 39, de 2016, explicitando quais aspectos do processo do trabalho seriam afetados pelo novo CPC. Apesar de imbuída do louvável propósito de reduzir a insegurança jurídica na aplicação subsidiária do CPC às ações trabalhistas, a norma representa interferência do tribunal sobre a atuação dos juízes que lhe são subordinados, interferência esta cuja constitucionalidade já foi questionada por intermédio da ADI 5516, ajuizada pela Associação Nacional de Magistrados da Justiça do Trabalho – ANAMATRA. A ADI foi distribuída à Ministra Carmen Lúcia, que adotou o rito do artigo 10, da Lei 9.868/99 e, por essa razão, deixou de apreciar o pedido de liminar. Assim, até a data em que estas linhas eram escritas, a Resolução permanecia válida.

O disposto neste enunciado foi considerado aplicável ao processo do trabalho pelo TST, no artigo 3º, XX, da Resolução 203, de 2016, de modo que não deve haver maiores polêmicas quanto a sua admissibilidade. E, de todo modo, não há razão para se repelir o pagamento parcelado da arrematação, uma vez que o próprio artigo 895 prevê que o pagamento a vista é sempre prioritário ao pagamento parcelado, se as demais condições forem idênticas. Além disso, é mais benéfico para o credor que a arrematação seja paga em parcelas do que simplesmente não se realizar. Cabe lembrar que, como a adjudicação é a forma prioritária de satisfação do credor, a ocorrência do leilão pressupõe o desinteresse do credor em adjudicar o bem penhorado. Nessa situação, a arrematação, ainda que em parcelas, é sempre melhor para o credor do que a frustração do leilão.

► **NCPC. Art. 15.** Na ausência de normas que regulem processos eleitorais, trabalhistas ou administrativos, as disposições deste Código lhes serão aplicadas supletiva e subsidiariamente. ► **Art. 895.** O interessado em adquirir o bem penhorado em prestações poderá apresentar, por escrito: I – até o início do primeiro leilão, proposta de aquisição do bem por valor não inferior ao da avaliação; II – até o início do segundo leilão, proposta de aquisição do bem por valor que não seja considerado vil.

ENUNCIADO 450. APLICA-SE A REGRA DECORRENTE DO ART. 827, § 2º, AO CUMPRIMENTO DE SENTENÇA.

● *Grupo: Execução.* ● *Referências: arts. 827, § 2º, 523, 525, 771, par. ún.*

► ***Edilson Vitorelli***

Dispõe o artigo 827, § 2º, que "O valor dos honorários poderá ser elevado até vinte por cento, quando rejeitados os embargos à execução, podendo a majoração, caso não opostos os embargos, ocorrer ao final do procedimento executivo, levando-se em conta o trabalho realizado pelo advogado do exequente". O enunciado em comento afirma que tal regra deve ser estendida também ao cumprimento de sentença.

É preciso, para que tal extensão seja feita adequadamente, compreender o sistema de honorários do cumprimento de sentença. Na execução de título extrajudicial, não existiu processo anterior, de modo que o juiz, ao despachar a inicial, fixa honorários de 10% (artigo 827), que podem serão reduzidos a 5%, se houver pagamento em 3 dias (artigo 827, § 1º). Se, entretanto, houver embargos, ou a execução se mostrar dificultosa, o valor dos honorários pode ser elevado a até 20%.

No caso do cumprimento de sentença, o processo já foi iniciado antes, com a fase de conhecimento, na qual o advogado do vencedor já foi premiado[724] com honorários de 10 a 20%. Iniciado o cumprimento (artigo 523), o valor dos honorários da fase de

724. O texto usa a palavra "premiado" não por acaso. Embora muito se repita que os honorários de sucumbência têm como finalidade "remunerar" o trabalho do advogado, a utilização da palavra "remuneração" tem apenas o objetivo ideológico de justificar a atribuição da titularidade dessa verba ao próprio advogado. Os honorários de sucumbência surgiram para compensar a parte vencedora pelos honorários contratuais, pagos a seu advogado. Em 1994, com a edição da Lei 8.906/94, essa verba foi injustificadamente transferida para o próprio advogado, que passou a receber duas vezes para atuar no mesmo processo: uma vez, de seu próprio cliente, e outra, da parte vencida. De remuneração, portanto, não se trata, mas de prêmio, uma vez que a remuneração é paga por intermédio do contrato com a parte. Se remuneração fosse, seria preciso chegar à absurda conclusão de que o advogado do vencido, pelo simples fato de ser vencido, não merece ser remunerado. Estabelecida a verdadeira natureza da verba, pode-se até discutir se é justa ou injusta a criação desse prêmio. A este autor parece que é injusta, tendo em vista que ele inviabiliza que o vencedor da ação obtenha a tutela integral e adequada de seu direito material, já que não terá como se ressarcir dos honorários contratuais que pagou ao seu advogado, terminando a ação, necessariamente, com um resultado líquido inferior ao que lhe assegurava o direito material, o que viola, a toda evidência, o direito fundamental de acesso à justiça.

conhecimento já estará incluído no crédito a ser executado. Caso não haja pagamento voluntário em 15 dias, contudo, o CPC optou, no artigo 523, § 1º, em acrescer ao débito, multa de 10% e honorários advocatícios de mais 10% (art. 523, § 1º).

Esse acréscimo de 10% em honorários, além daqueles que já foram determinados na fase de conhecimento, é um completo despropósito. Se é certo que, no Brasil, desde 2006, conhecimento e cumprimento de sentença constituem um único processo, parece não haver razão lógica para que, de uma fase para a outra, se incluam novos honorários sucumbenciais. Contudo, essa foi a opção do legislador, nos termos do artigo 525, § 1º.

Ainda que se possa discutir a constitucionalidade, ou mesmo a justiça dessa previsão, parece correto que, se já são cabíveis mais 10% de honorários, pelo simples não pagamento do débito em 15 dias, é razoável entender-se que esse valor poderá ser elevado, caso o cumprimento de sentença se delongue, em virtude de dificuldades decorrentes de sua própria tramitação, ou da apresentação de impugnação, pelo executado, atingindo o patamar máximo de 20%, em situações atipicamente complexas e excepcionais. É esse o sentido do enunciado, que segue a sistemática do código, mas acaba por permitir que, para a realização de um direito material, o advogado receba valor equivalente a até 40% do crédito que assiste ao seu cliente, além dos honorários contratuais. Levando-se em conta a praxe comercial de que os honorários girem em torno de 20 a 30% do crédito da parte, a recebimento total do advogado pode chegar a 60 ou 70% do valor econômico do direito que se pretendia realizar, algo verdadeiramente difícil de se considerar razoável.

Curiosamente, portanto, o processo civil brasileiro é sincrético para todos os efeitos, menos para a incidência de honorários sucumbenciais, que se dá em cada uma de suas fases, aumentando a remuneração do advogado em detrimento do devedor e, eventualmente, de seu próprio cliente, uma vez que os honorários têm natureza alimentar (art. 85, § 14)[725], o que pode não ser o caso do crédito exequendo. Assim, gozarão de prioridade sobre os créditos da parte.

► **NCPC. Art. 523.** No caso de condenação em quantia certa, ou já fixada em liquidação, e no caso de decisão sobre parcela incontroversa, o cumprimento definitivo da sentença far-se-á a requerimento do exequente, sendo o executado intimado para pagar o débito, no prazo de 15 (quinze) dias, acrescido de custas, se houver. ► **Art. 525.** Transcorrido o prazo previsto no art. 523 sem o pagamento voluntário, inicia-se o prazo de 15 (quinze) dias para que o executado, independentemente de penhora ou nova intimação, apresente, nos próprios autos, sua impugnação. ► **Art. 771. Parágrafo único.** Aplicam-se subsidiariamente à execução as disposições do Livro I da Parte Especial. ► **Art. 827. § 2º** O valor dos honorários poderá ser elevado até vinte por cento, quando rejeitados os embargos à execução, podendo a majoração, caso não opostos os embargos, ocorrer ao final do procedimento executivo, levando-se em conta o trabalho realizado pelo advogado do exequente.

725. Equivocadamente, vez que não se trata de verba remuneratória, mas sim premial, conforme explicitado na nota de rodapé anterior. Remuneratórios são os honorários contratuais.

Enunciado 451. A regra decorrente do caput e do § 1º do art. 827 aplica-se às execuções fundadas em título executivo extrajudicial de obrigação de fazer, não fazer e entrega de coisa.

● *Grupo: Execução.* ● *Referências: arts. 827, caput e § 1º, e 85, § 1º.*

▸ **Edilson Vitorelli**

Dispõe o artigo 827, § 1º que "No caso de integral pagamento no prazo de 3 (três) dias, o valor dos honorários advocatícios será reduzido pela metade". A regra tem o claro propósito de estimular o executado ao cumprimento voluntário e pronto da obrigação, pela redução do ônus decorrente do processo. Tal redução ainda se justifica pelo reduzido trabalho do advogado do exequente, que, nessa hipótese, se restringe à elaboração da petição inicial.

Considerando que todas essas razões se aplicam indistintamente a obrigações de pagar, fazer, não fazer e dar coisa, o mais correto é interpretar a disposição do artigo 827, § 1º como uma regra geral, aplicável a qualquer espécie de execução.

► **NCPC. Art. 85. § 1º** São devidos honorários advocatícios na reconvenção, no cumprimento de sentença, provisório ou definitivo, na execução, resistida ou não, e nos recursos interpostos, cumulativamente. ► **Art. 827.** Ao despachar a inicial, o juiz fixará, de plano, os honorários advocatícios de dez por cento, a serem pagos pelo executado. **§ 1º** No caso de integral pagamento no prazo de 3 (três) dias, o valor dos honorários advocatícios será reduzido pela metade.

Enunciado 540. A disciplina procedimental para penhora de dinheiro prevista no art. 854 é aplicável ao procedimento de execução fiscal.

● *Grupo: Impacto nos Juizados e nos procedimentos especiais da legislação extravagante.* ● *Referências: art. 854; Lei 6.830/80.*

▸ **Edilson Vitorelli**

O artigo 854 regulamenta o procedimento da penhora eletrônica de dinheiro, que é efetivada pelo sistema conhecido na praxe forense como "BACEN-JUD". Esse sistema nasceu como construção da justiça trabalhista e, por essa razão, não tinha, até a edição do novo CPC, regulamentação em lei. Tal vácuo foi suprido pelo artigo 854. Por essa razão, tal dispositivo deve ser considerado aplicável a todos os sistemas processuais que se valem subsidiariamente do CPC, como é o caso da execução fiscal. É esse o propósito do enunciado.

Cabe ressaltar que o Tribunal Superior do Trabalho, ao editar a Resolução 203/2016 também considerou o artigo 854 aplicável ao processo do trabalho (art. 3º, XIX).

► **NCPC. Art. 854.** Para possibilitar a penhora de dinheiro em depósito ou em aplicação financeira, o juiz, a requerimento do exequente, sem dar ciência prévia do ato ao executado, determinará às instituições financeiras, por meio de sistema eletrônico gerido pela autoridade supervisora do sistema financeiro nacional, que torne indisponíveis ativos financeiros existentes em nome do executado, limitando-se a indisponibilidade ao valor indicado na execução. (...).

Enunciado 541. A responsabilidade que trata o art. 854, § 8º, é objetiva e as perdas e danos serão liquidadas de forma incidental, devendo ser imediatamente intimada a instituição financeira para preservação do contraditório.

● *Grupo: Execução.* ● *Referências: art. 854, §§ 7º e 8º.*

▸ ***Edilson Vitorelli***

O § 8º do artigo 854 estabelece a responsabilidade da instituição financeira pelos prejuízos causados ao executado em decorrência da indisponibilidade de ativos financeiros em valor superior ao indicado na execução ou pelo juiz, bem como na hipótese de não cancelamento da indisponibilidade no prazo de 24 (vinte e quatro) horas, quando assim determinar o juiz.

O enunciado afirma ser objetiva tal responsabilidade, ou seja, cabe ao executado demonstrar apenas a existência do prejuízo e seu nexo de causalidade com a conduta da instituição financeira responsável pelo bloqueio. Não se deve cogitar de comprovação de dolo ou culpa na indisponibilização indevida ou na manutenção da ordem por prazo superior ao judicialmente determinado.

É certo, contudo, que a instituição deve ter a oportunidade de demonstrar a licitude de seu comportamento, motivo pelo qual deve ser intimada para se manifestar, oportunizando-lhe o contraditório. Este, contudo, fica limitado à comprovação de inexistência da conduta ou do nexo de causalidade.

Da mesma forma que em todas as demais situações de dano processual, a liquidação e execução deverão ser realizadas nos próprios autos, independentemente do ajuizamento de ação autônoma.

▸ **NCPC. Art. 854. § 7º** As transmissões das ordens de indisponibilidade, de seu cancelamento e de determinação de penhora previstas neste artigo far-se-ão por meio de sistema eletrônico gerido pela autoridade supervisora do sistema financeiro nacional. **§ 8º** A instituição financeira será responsável pelos prejuízos causados ao executado em decorrência da indisponibilidade de ativos financeiros em valor superior ao indicado na execução ou pelo juiz, bem como na hipótese de não cancelamento da indisponibilidade no prazo de 24 (vinte e quatro) horas, quando assim determinar o juiz.

Enunciado 542. Na hipótese de expropriação de bem por arrematante arrolado no art. 890, é possível o desfazimento da arrematação.

● *Grupo: Execução.* ● *Referências: art. 903, caput e §§ 1º e 4º.*

▸ ***Edilson Vitorelli***

No artigo 903, o CPC procura prestigiar a segurança jurídica do arrematante de bem alienado judicialmente, com o objetivo de estimular que as pessoas se sintam interessadas em adquirir bens nessa modalidade de alienação. Assim, eventuais impugnações à arrematação devem ser feitas, em regra, até que o respectivo auto esteja assinado. Após esse momento, a arrematação é considerada "perfeita, acabada e irretratável" (art. 903) restando aos eventuais prejudicados apenas ação autônoma de perdas e danos.

O § 1º do artigo 903, contudo, estabelece três exceções que autorizam o desfazimento ou a restrição dos efeitos da arrematação após a assinatura do auto: I - se a alienação estiver viciada, por exemplo, em virtude de ter sido praticado preço vil, poderá ser invalidada; II - se houver credor pignoratício, hipotecário ou anticrético, não intimados da alienação, na forma do artigo 804, esta será considerada ineficaz perante os mesmos; III - se não for pago o preço ou prestada a caução, a alienação será resolvida.

O objetivo do enunciado é esclarecer que, entre os vícios que podem autorizar a invalidação da arrematação, exemplificados no inciso I do artigo 903 apenas com o preço vil, também se inclui o fato de ter sido realizada por pessoa impedida de lançar, na forma do artigo 890.

Assim a arrematação poderá ser desfeita, mesmo depois de assinado o auto, se o arrematante for tutor ou curador do devedor, testamenteiro, administrador ou liquidante dos bens arrematados; assim como mandatário encarregado da gestão dos bens; juiz, membro do Ministério Público e da Defensoria Pública, escrivão, chefe de secretaria e demais servidores e auxiliares da justiça, em relação aos bens e direitos objeto de alienação, na localidade onde servirem ou a que se estender a sua autoridade; servidores públicos em geral, quanto aos bens ou aos direitos da pessoa jurídica a que servirem ou que estejam sob sua administração direta ou indireta; leiloeiros e seus prepostos, quanto aos bens de cuja venda estejam encarregados ou os advogados de qualquer das partes.

► **NCPC. Art. 903.** Qualquer que seja a modalidade de leilão, assinado o auto pelo juiz, pelo arrematante e pelo leiloeiro, a arrematação será considerada perfeita, acabada e irretratável, ainda que venham a ser julgados procedentes os embargos do executado ou a ação autônoma de que trata o § 4º deste artigo, assegurada a possibilidade de reparação pelos prejuízos sofridos. **§ 1º** Ressalvadas outras situações previstas neste Código, a arrematação poderá, no entanto, ser: I – invalidada, quando realizada por preço vil ou com outro vício; II – considerada ineficaz, se não observado o disposto no art. 804; III – resolvida, se não for pago o preço ou se não for prestada a caução. (...). **§ 4º** Após a expedição da carta de arrematação ou da ordem de entrega, a invalidação da arrematação poderá ser pleiteada por ação autônoma, em cujo processo o arrematante figurará como litisconsorte necessário.

Enunciado 589. O termo "multa" constante no art. 898 refere-se à perda da caução prevista no art. 897.

● *Grupo: Cumprimento de sentença e execução.* ● *Referências: arts. 897 e 898.*

► ***Edilson Vitorelli***

O CPC não exige, via de regra, que o arrematante preste caução para assegurar a seriedade do lance que apresenta no leilão. O faz apenas quando o arrematante se interessa em adquirir o bem em prestações (art. 895, § 1º). Entretanto, isso não impede que o juiz exija, no edital de leilão, a apresentação de caução para o lance a vista, com o objetivo de garantir a seriedade dos proponentes. Também pode o juiz exigir que o lance seja garantido por fiança.

Inadimplida a obrigação assumida pelo arrematante, a situação é resolvida pelo artigo 897: fica desfeito o leilão, sendo os bens encaminhados para nova rodada de alienação. O juiz deve impor punição ao lançador infiel, o qual também fica impedido de comparecer ao novo leilão. O artigo 897 afirma que essa punição será a perda da caução em favor do exequente, como forma de compensá-lo pelo tempo desperdiçado e os custos do leilão, decorrentes do lance não sério. Tal punição só existirá, portanto, se houver, no edital, previsão de prestação de caução. Há, nesse ponto, uma omissão do código, que impõe multa para o arrematante inadimplente apenas se o bem arrematado pertencer a incapaz (art. 896, § 2º). Essa multa é de 20% do valor da arrematação e se destina ao incapaz devedor, não ao exequente.

Ocorre que o artigo 898, ao tratar da possibilidade de que o fiador do arrematante assuma para si a arrematação inadimplida, menciona que o mesmo deve efetuar o pagamento do valor do lance, "e a multa". Todavia, o código não prevê multa para o arrematante nessa situação, de modo que a previsão do artigo 898 não tem conteúdo aparente. Na falta de previsão legal, o enunciado entende que essa "multa" é apenas a perda da caução referida no artigo 897, não havendo sanção adicional.

► **NCPC. Art. 897.** Se o arrematante ou seu fiador não pagar o preço no prazo estabelecido, o juiz impor-lhe-á, em favor do exequente, a perda da caução, voltando os bens a novo leilão, do qual não serão admitidos a participar o arrematante e o fiador remissos. ► **Art. 898.** O fiador do arrematante que pagar o valor do lance e a multa poderá requerer que a arrematação lhe seja transferida.

Enunciado 642. A decisão do juiz que reconhecer o direito a indenização, decorrente de indevida averbação prevista no art. 828 ou do não cancelamento das averbações excessivas, é apta a ensejar a liquidação e o posterior cumprimento da sentença, sem necessidade de propositura de ação de conhecimento.

● *Grupo: Cumprimento de sentença e execução.* ● *Referências: arts. 515, I, 523, 771 e 828, §§ 2º e 5º.*

► *Edilson Vitorelli*

O enunciado se refere ao dever geral do exequente ressarcir o executado pelos prejuízos que a execução indevidamente lhe ocasionar, conforme disposto no artigo 776. O artigo 828 autoriza que o exequente, no intuito de evitar a alienação fraudulenta de bens pelo devedor, obtenha certidão de distribuição da execução e promova sua averbação nos registros patrimoniais respectivos.

Em contrapartida, o artigo 828 estabelece que é dever do exequente comunicar ao juiz as averbações realizadas, para que possa ser mantido o controle judicial sobre sua conduta (§ 1º) e providenciar o cancelamento das averbações que excederem o valor da dívida, no prazo de 10 dias (§ 2º). Embora o juiz também tenha o dever de cancelar as averbações excessivas de ofício (§ 3º), o § 5º determina que "o exequente que promover averbação manifestamente indevida ou não cancelar as averbações nos termos do § 2º indenizará a parte contrária, processando-se o incidente em autos apartados".

O problema abordado pelo enunciado é a natureza jurídica da decisão que será proferida nesse incidente, que se processa em autos apartados. A opção interpretativa, que parece correta, é compreender que esse pronunciamento constitui título executivo judicial, eis que decorrente de uma decisão (art. 515, I). Nesse contexto, é apto a ensejar liquidação dos prejuízos, se não houver determinação de valor, ou cumprimento de sentença, caso já estejam reconhecidos pelo juiz.

É bom lembrar que o prejuízo indenizável em decorrência da averbação indevida ou do atraso no cancelamento daquela que excede o valor da dívida não é presumido, cabendo ao exequente a sua demonstração, no contexto do incidente referido no § 5º. Embora a doutrina brasileira, de modo praticamente unânime, entenda que a responsabilidade do exequente pelos prejuízos indevidamente causados ao executado é de natureza objetiva, ou seja, independe de demonstração de culpa, ela não dispensa nem a prova do dano, nem do nexo causalidade entre a sua ocorrência e a conduta do exequente.

ENUNCIADO 643. A INTIMAÇÃO PREVISTA NO ART. 859, PARA QUE SEJA EFETUADO O DEPÓSITO DE PRESTAÇÃO OU RESTITUIÇÃO (EM FAVOR DO EXECUTADO), DEVE SER DIRECIONADA AO DEVEDOR DO EXECUTADO.

● *Grupo: Cumprimento de sentença e execução.* ● *Referências: art. 859.*

▸ ***Edilson Vitorelli***

O enunciado corrige um equívoco de redação patente do artigo 859, que prejudica significativamente a sua compreensão. Dispõe a norma que "recaindo a penhora sobre direito a prestação ou a restituição de coisa determinada, o executado será intimado para, no vencimento, depositá-la, correndo sobre ela a execução". Ela regula, portanto, uma situação especial de penhora de crédito, ou seja, a possibilidade de penhora sobre direito creditício que o executado tenha contra terceiro. A penhora de crédito é regulada nos arts. 855-860 e, basicamente, se rege por uma dinâmica simples: o juiz intima o executado para que não pratique atos de disposição do crédito que tem contra terceiro, e intima esse terceiro devedor para que não pague ao executado, mas deposite em juízo a quantia devida.

A peculiaridade da situação regulada pelo artigo 859 é que o terceiro não é devedor de quantia em favor do executado, mas de coisa determinada. Essa coisa pode pertencer ao terceiro devedor, mas sobre ela incidir relação obrigacional que determine sua entrega futura, ou pode pertencer ao próprio executado, havendo compromisso de restituição futura. Em ambas as situações, por força dos arts. 789 e 780, III, essa coisa responde pelas dívidas do executado.

Ocorre que o artigo 859 equivocadamente se refere à necessidade de que o executado seja intimado para depositar a coisa. Ora, a coisa, no caso, não está em poder do executado, mas do terceiro devedor, de modo que é ele quem deve ser intimado para efetuar o referido depósito. Não há qualquer sentido em intimar o executado para entregar bem que não está em sua posse.

Embora o enunciado diga o oposto do que se lê no artigo 859, essa interpretação é inafastável. É impossível aplicar o comando legal, tal como redigido.

ENUNCIADO 644. A AÇÃO AUTÔNOMA REFERIDA NO § 4º DO ART. 903 COM BASE NA ALEGAÇÃO DE PREÇO VIL NÃO PODE INVALIDAR A ARREMATAÇÃO.

● *Grupo: Cumprimento de sentença e execução.* ● *Referências: art. 903, §§ 3º e 4º.*

▸ *Edilson Vitorelli*

Uma das grandes preocupações do Código de Processo Civil é garantir a segurança jurídica do terceiro que adquire bens em leilão judicial. A alienação judicial de bens sempre foi uma das maiores dificuldades para a efetividade da execução. Os riscos jurídicos associados ao negócio afastam o comprador comum, restando apenas pessoas experientes ou que exploram essa atividade comercialmente. Dentre esses riscos, destacam-se a possibilidade do bem não ser entregue, ou ser entregue apenas depois de um longo lapso temporal, ou ainda, em estado mais deteriorado do que estava descrito no edital. Recentemente, a situação de insolvência dos estes estaduais acarretou, em Minas Gerais, dificuldades até mesmo para a restituição do valor depositado pelo terceiro em decorrência de arrematação posteriormente desfeita.

Todos esses riscos explicam os motivos pelos quais a alienação judicial dos bens do devedor, que era a modalidade principal de satisfação do credor na redação originária do CPC de 1973, veio perdendo espaço para se converter, no NCPC, em *ultima ratio*: apenas se o credor não desejar adjudicar os bens penhorados, nem promover a sua alienação por iniciativa particular, proceder-se-á o leilão judicial.

A proteção do adquirente do bem leiloado está estruturada principalmente no teor do artigo 903, que determina: "Qualquer que seja a modalidade de leilão, assinado o auto pelo juiz, pelo arrematante e pelo leiloeiro, a arrematação será considerada perfeita, acabada e irretratável, ainda que venham a ser julgados procedentes os embargos do executado ou a ação autônoma de que trata o § 4º deste artigo, assegurada a possibilidade de reparação pelos prejuízos sofridos". Desse modo, o auto de arrematação perfectibiliza a transferência do bem para o adquirente. Se, futuramente, por quaisquer razões, acolhidas em embargos à execução ou em ação autônoma de impugnação, o devedor for exonerado, total ou parcialmente, da obrigação exequenda, não terá mecanismo algum para recuperar o bem alienado no patrimônio do terceiro adquirente. Deverá se voltar contra o exequente. Explica Araken de Assis[726]:

> Convém acentuar que, nada obstante a assinatura do auto de arrematação, prevendo o direito anterior sua impugnação por meio de embargos, dizia-se que a arrematação "só se torna perfeita, acabada e irretratável após o julgamento dos embargos". Ora, vencido o prazo de dez dias, previsto no art. 903, § 2º, para alegação dos vícios de atividade e o inadimplemento do arrematante (art. 903, § 1º, I a III), a procedência dos embargos do executado ou de ação autônoma não afetará a arrematação (art. 903, caput, 2ª parte), nada obstante a faculdade de o adquirente desistir, deduzida tal oposição (art. 903, § 5º).

726. ASSIS, Araken de. *Manual da execução.* São Paulo: RT, 2016, p. 830.

O problema tratado pelo enunciado se refere à conciliação dessa disposição com o teor do artigo 891, que determina que não será aceito lance por preço vil, que é aquele abaixo do definido pelo juiz como preço mínimo de venda ou, na ausência dessa definição, preço inferior a 50% do valor de avaliação. A dificuldade está na situação em que o leiloeiro, por qualquer razão, aceitou o lance por preço vil, lavrou o auto de arrematação e o executado deixou transcorrer o prazo de 10 dias previsto no § 2º do artigo 903, mas propôs a ação autônoma de impugnação referida no § 4º do mesmo dispositivo, pretendendo anular a arrematação, valendo-se da literalidade do teor do § 1º, I, também do artigo 903, que determina que "invalidada, quando realizada por preço vil ou com outro vício".

O entendimento expresso pelo enunciado é coerente com o pensamento de Araken de Assis, supratranscrito: vencido o prazo de 10 dias, a arrematação não poderá ser desfeita, ainda que realizada por preço vil. Nesse caso, contudo, no intuito de evitar que o terceiro se beneficie de sua própria torpeza, deve-se aceitar que o devedor volte sua pretensão indenizatória tanto contra o exequente, quanto contra o adquirente, mantendo-se, contudo, hígido o negócio jurídico decorrente da alienação forçada. Araken de Assis conclui[727]:

> O problema sofreu auspiciosa reviravolta no art. 903, caput, parte final, e respectivo § 4º. Em síntese, julgados procedentes os embargos do art. 746, a posição do adquirente não é afetada. Não se dissolverá o negócio. Ao invés, responderá o exequente – o credor que promoveu a execução na qual ocorreu a alienação, e não os demais credores concorrentes – pela restituição do preço. É o que dispõe o art. 903, § 5º. (...)
>
> Se no direito anterior mostrava-se frágil a posição do adquirente, no direito vigente tornou-se arriscado para o executado a realização da alienação forçada. No entanto, a ponderação dos interesses aponta o acerto da atual solução. E de toda sorte, para evitar incômodos para o adquirente, tornado litisconsorte obrigatório na ação anulatória (art. 903, § 4º), o art. 903, § 5º, autoriza a desistência, que o juiz homologará imediatamente, restituindo-lhe o que houver pago.

De fato, consideradas todas as circunstâncias, parece que o regime do Código acerta ao reforçar a posição do adquirente que, no direito anterior, acabava se vendo enredado no conflito processual, quando sua intenção era apenas a aquisição de um bem, o que interessa para a dinâmica do processo executivo.

2.2.3. Dos Embargos à Execução (arts. 914 a 920)

ENUNCIADO 80. A TUTELA PROVISÓRIA A QUE SE REFEREM O § 1º DO ART. 919 E O ART. 969 PODE SER DE URGÊNCIA OU DE EVIDÊNCIA.

● *Grupo: Tutela Antecipada.* ● *Referências: arts. 919, § 1º e 969.*

▸ ***Ederson Garin Porto e Rafael Sirangelo de Abreu***

1. Efeito suspensivo aos embargos. Os embargos à execução, como mecanismo autônomo de defesa na execução de título executivo extrajudicial não têm, na dinâmica

727. *Idem*, p. 835.

do novo Código de Processo Civil, efeito suspensivo como regra. O efeito suspensivo concedido aos embargos à execução é espécie de tutela provisória interinal, concedida mediante cognição sumária, de caráter satisfativo. Interinal porque na pendência do processo executivo; mediante cognição sumária porque revogável quando da decisão final dos embargos; satisfativa porque outorga desde logo o bem da vida buscado pelo embargante (não apenas acautelando para satisfação futura).

A bem da verdade, é da natureza da pretensão deduzida por meio dos embargos à execução a urgência: o prosseguimento da execução com o desenvolvimento das técnicas executivas tendentes à satisfação do direito é, por si só, fator que acarreta perigo de dano ao patrimônio do executado. Ocorre que, a despeito da comprovação de que o prosseguimento dos atos expropriatórios possa vir a causar perigo manifesto de dano grave de difícil ou incerta reparação, pode o direito do embargante demonstrar-se, desde logo, evidente. Nessa situação, pergunta-se a respeito da possibilidade de concessão de efeito suspensivo aos embargos à execução quando, mesmo sem comprovação da urgência, o direito do embargante mostrar-se evidente (conforme as hipóteses previstas no art. 311, CPC).

2. Tutela provisória de urgência e evidência nos embargos. Os cortes de cognição no sentido vertical (relativamente à profundidade da cognição) podem se dar por razões de urgência ou evidência no direito brasileiro (art. 294, *caput*). A discussão gira em torno da seguinte pergunta: quem deve suportar o ônus do tempo do processo? (MARINONI, Luiz Guilherme. Antecipação de tutela, 11ª Ed. São Paulo: 2009, p. 23). O mesmo raciocínio pode ser aplicado aos embargos à execução, defesa do executado que tem por finalidade controverter o título executivo extrajudicial. Daí porque restringir as hipóteses de tutela provisória nos embargos à urgência significa desconsiderar que é perfeitamente crível que a pretensão executiva contrarie precedente (art. 311, II, CPC).

É possível, nessa medida, que o juiz conceda tutela provisória e, portanto, outorgue efeito suspensivo aos embargos à execução, a despeito da não-comprovação da urgência se, à luz das afirmações e dos documentos juntados aos embargos, for possível conceder, ainda que provisoriamente, a tutela pretendida pelo embargante com base na evidência do seu direito, caracterizada, especialmente, pela contrariedade da pretensão executiva a precedente.

▶ **NCPC. Art. 919. § 1º** O juiz poderá, a requerimento do embargante, atribuir efeito suspensivo aos embargos quando verificados os requisitos para a concessão da tutela provisória e desde que a execução já esteja garantida por penhora, depósito ou caução suficientes. ▶ **Art. 969.** A propositura da ação rescisória não impede o cumprimento da decisão rescindenda, ressalvada a concessão de tutela provisória.

Enunciado 331. O pagamento da dívida objeto de execução trabalhista fundada em título extrajudicial pode ser requerido pelo executado nos moldes do art. 916.

● *Grupo: Impacto do CPC no processo do trabalho.* ● *Redação revista (VI FPPC).* ● *Referências: arts. 916 e 15.*

▸ ***Ederson Garin Porto e Rafael Sirangelo de Abreu***

1. Pagamento parcelado da dívida. O art. 916 permite a utilização do pagamento parcelado como forma de satisfação do direito. Trata-se, na visão de Araken de Assis,

de direito formativo gerador, que submete o credor à eficácia do respectivo exercício (ASSIS, Araken de. Manual da Execução. 18ª Ed. São Paulo: RT, 2016, p. 715). O executado submete o exequente ao parcelamento proposto, desde que depositado o percentual de trinta por cento do valor da execução e que as parcelas não excedam seis meses. Trata-se de um regime de sanção premial que complementa o regime de mecanismos indiretos (coercitivos ou premiais) voltados à satisfação dos débitos pelo executado. A postulação significa reconhecimento do crédito pelo executado e atua como meio de suspensão dilatória da execução.

2. Aplicação ao regime trabalhista. Em se tratando se direito formativo gerador do executado, não há razão para deixar de aplicar a mesma sistemática para a execução de títulos extrajudiciais que reconheçam a existência de créditos de caráter trabalhista, haja vista a inexistência de previsão a esse respeito no regime da CLT processual. A essa conclusão chegou o próprio Tribunal Superior do Trabalho, pelo seu Tribunal Pleno, que, por meio da Resolução nº 203, de 15 de março de 2016, editou a Instrução Normativa n° 39, que dispôs sobre a aplicação do Novo Código de Processo Civil aos feitos trabalhistas: *Art. 3° Sem prejuízo de outros, aplicam-se ao Processo do Trabalho, em face de omissão e compatibilidade, os preceitos do Código de Processo Civil que regulam os seguintes temas: (...) XXI – art. 916 e parágrafos (parcelamento do crédito exequendo).*

► **NCPC. Art. 15.** Na ausência de normas que regulem processos eleitorais, trabalhistas ou administrativos, as disposições deste Código lhes serão aplicadas supletiva e subsidiariamente. ► **Art. 916.** No prazo para embargos, reconhecendo o crédito do exequente e comprovando o depósito de trinta por cento do valor em execução, acrescido de custas e de honorários de advogado, o executado poderá requerer que lhe seja permitido pagar o restante em até 6 (seis) parcelas mensais, acrescidas de correção monetária e de juros de um por cento ao mês.

ENUNCIADO 543. EM EXECUÇÃO DE TÍTULO EXECUTIVO EXTRAJUDICIAL, O JUÍZO ARBITRAL É O COMPETENTE PARA CONHECER DAS MATÉRIAS DE DEFESA ABRANGIDAS PELA CONVENÇÃO DE ARBITRAGEM.

● *Grupo: Arbitragem.* ● *Referências: arts. 914 a 920.*

► ***Ederson Garin Porto e Rafael Sirangelo de Abreu***

1. Arbitragem e defesa do executado. O Novo Código de Processo Civil privilegia de forma contundente a arbitragem (art. 3º, art. 485, VII, entre outros). Entretanto, nada estabelece a respeito dos casos em que o título executivo extrajudicial (um contrato, por exemplo) contém cláusula compromissória. Nesses casos, a despeito do fato de ser possível a utilização do Poder Judiciário para fazer valer a pretensão executiva incumbe estabelecer os limites da cognição do Judiciário a respeito de eventuais alegações defensivas do executado. Como regra, a cláusula arbitral abarcará as questões atinentes ao conteúdo das obrigações estabelecidas no contrato e, portanto, no título executivo e, portanto, essas matérias, acaso alegadas como matéria defensiva em sede de execução de título extrajudicial (por exemplo, validade de disposições contratuais ou até mesmo cumprimento de certas obrigações ali estabelecidas), deverão ser objeto de apreciação pelo Juízo Arbitral que deverá ser instaurado.

2. Mecanismo de alegação. Em sede de embargos à execução deverá o executado alegar preliminarmente a existência de convenção de arbitragem válida (por analogia, art. 337, X, NCPC). Nessa medida, deverá demonstrar que as matérias de defesa apresentadas como mérito dos embargos à execução estão abrangidas pela cláusula arbitral e, portanto, devem lá ser apreciadas.

3. Distinção: questões formais e questões materiais. Nem todas as matérias de defesa do executado deverão ser submetidas à apreciação do Juízo Arbitral, ainda que haja cláusula compromissória que abranja a totalidade do mérito das defesas. Isso porque é possível que existam matérias afeitas ao próprio desenvolvimento válido da execução que, acaso alegadas, devem ser apreciadas pelo Juízo Estatal, por não afetarem o conteúdo material das disposições contratuais. Essa distinção já foi devidamente compreendida pelo Superior Tribunal de Justiça (REsp 1465535/SP, Rel. Ministro LUIS FELIPE SALOMÃO, QUARTA TURMA, julgado em 21/06/2016, DJe 22/08/2016), que na ementa deixou claro que "*A exceção de convenção de arbitragem levará a que o juízo estatal, ao apreciar os embargos do devedor, limite-se ao exame de questões formais do título ou atinentes aos atos executivos (v.g., irregularidade da penhora, da avaliação, da alienação), ou ainda as relacionadas a direitos patrimoniais indisponíveis, devendo, no que sobejar, extinguir a ação sem resolução do mérito*". Nessa medida, eventuais alegações envolvendo incompetência para a execução, aos requisitos do título, a problemas ligados aos atos executivos, entre outras matérias, deverão ser conhecidas pelo Poder Judiciário, resguardando-se ao Juízo Arbitral a cognição das matérias atinentes às obrigações estabelecidas no título.

► **NCPC. Art. 914.** O executado, independentemente de penhora, depósito ou caução, poderá se opor à execução por meio de embargos. § 1° Os embargos à execução serão distribuídos por dependência, autuados em apartado e instruídos com cópias das peças processuais relevantes, que poderão ser declaradas autênticas pelo próprio advogado, sob sua responsabilidade pessoal. § 2° Na execução por carta, os embargos serão oferecidos no juízo deprecante ou no juízo deprecado, mas a competência para julgá-los é do juízo deprecante, salvo se versarem unicamente sobre vícios ou defeitos da penhora, da avaliação ou da alienação dos bens efetuadas no juízo deprecado. ► **Art. 915.** Os embargos serão oferecidos no prazo de 15 (quinze) dias, contado, conforme o caso, na forma do art. 231. § 1° Quando houver mais de um executado, o prazo para cada um deles embargar conta-se a partir da juntada do respectivo comprovante da citação, salvo no caso de cônjuges ou de companheiros, quando será contado a partir da juntada do último § 2° Nas execuções por carta, o prazo para embargos será contado: I – da juntada, na carta, da certificação da citação, quando versarem unicamente sobre vícios ou defeitos da penhora, da avaliação ou da alienação dos bens; II – da juntada, nos autos de origem, do comunicado de que trata o § 4° deste artigo ou, não havendo este, da juntada da carta devidamente cumprida, quando versarem sobre questões diversas da prevista no inciso I deste parágrafo. § 3° Em relação ao prazo para oferecimento dos embargos à execução, não se aplica o disposto no art. 229. § 4° Nos atos de comunicação por carta precatória, rogatória ou de ordem, a realização da citação será imediatamente informada, por meio eletrônico, pelo juiz deprecado ao juiz deprecante. ► **Art. 916.** No prazo para embargos, reconhecendo o crédito do exequente e comprovando o depósito de trinta por cento do valor em execução, acrescido de custas e de honorários de advogado, o executado poderá requerer que lhe seja permitido pagar o restante em até 6 (seis) parcelas mensais, acrescidas de correção monetária e de juros de um por cento ao mês. § 1° O exequente será intimado para manifestar-se sobre o preenchimento dos pressupostos do caput, e o juiz decidirá o requerimento em 5 (cinco) dias. § 2° Enquanto não apreciado o requerimento, o executado terá de depositar as parcelas vincendas, facultado ao exequente seu levantamento. § 3° Deferida a proposta, o exequente levantará a quantia depositada, e serão suspensos os atos executivos. § 4° Indeferida a proposta, seguir-se-ão os atos executivos, mantido o depósito, que será convertido em penhora. § 5° O não pagamento de qualquer das prestações acarretará cumulativamente: I – o vencimento das prestações subsequentes e o prosseguimento do processo, com o imediato reinício dos atos executivos; II – a imposição ao executado de multa de dez por cento sobre o valor das prestações não pagas. § 6º A opção pelo parcelamento de que trata este artigo importa renúncia ao direito de opor embargos. § 7° O disposto neste artigo não se aplica ao cumprimento da sentença. ▶ **Art. 917.** Nos embargos à execução, o executado poderá alegar: I – inexequibilidade do título ou inexigibilidade da obrigação; II – penhora incorreta ou avaliação errônea; III – excesso de execução ou cumulação indevida de execuções; IV – retenção por benfeitorias necessárias ou úteis, nos casos de execução para entrega de coisa certa; V – incompetência absoluta ou relativa do juízo da execução; VI – qualquer matéria que lhe seria lícito deduzir como defesa em processo de conhecimento. § 1° A incorreção da penhora ou da avaliação poderá ser impugnada por simples petição, no prazo de 15 (quinze) dias, contado da ciência do ato. § 2° Há excesso de execução quando: I – o exequente pleiteia quantia superior à do título; II – ela recai sobre coisa diversa daquela declarada no título; III – ela se processa de modo diferente do que foi determinado no título; IV – o exequente, sem cumprir a prestação que lhe corresponde, exige o adimplemento da prestação do executado; V – o exequente não prova que a condição se realizou. § 3° Quando alegar que o exequente, em excesso de execução, pleiteia quantia superior à do título, o embargante declarará na petição inicial o valor que entende correto, apresentando demonstrativo discriminado e atualizado de seu cálculo. § 4° Não apontado o valor correto ou não apresentado o demonstrativo, os embargos à execução: I – serão liminarmente rejeitados, sem resolução de mérito, se o excesso de execução for o seu único fundamento; II – serão processados, se houver outro fundamento, mas o juiz não examinará a alegação de excesso de execução. § 5° Nos embargos de retenção por benfeitorias, o exequente poderá requerer a compensação de seu valor com o dos frutos ou dos danos considerados devidos pelo executado, cumprindo ao juiz, para a apuração dos respectivos valores, nomear perito, observando-se, então, o art. 464. § 6° O exequente poderá a qualquer tempo ser imitido na posse da coisa, prestando caução ou depositando o valor devido pelas benfeitorias ou resultante da compensação. § 7° A arguição de impedimento e suspeição observará o disposto nos arts. 146 e 148. ▶ **Art. 918.** O juiz rejeitará liminarmente os embargos: I – quando intempestivos; II – nos casos de indeferimento da petição inicial e de improcedência liminar do pedido; III – manifestamente protelatórios. Parágrafo único. Considera-se conduta atentatória à dignidade da justiça o oferecimento de embargos manifestamente protelatórios. ▶ **Art. 919.** Os embargos à execução não terão efeito suspensivo. § 1° O juiz poderá, a requerimento do embargante, atribuir efeito suspensivo aos embargos quando verificados os requisitos para a concessão da tutela provisória e desde que a execução já esteja garantida por penhora, depósito ou caução suficientes. § 2° Cessando as circunstâncias que a motivaram, a decisão relativa aos efeitos dos embargos poderá, a requerimento da parte, ser modificada ou revogada a qualquer tempo, em decisão fundamentada. § 3° Quando o efeito suspensivo atribuído aos embargos disser respeito apenas a parte do objeto da execução, esta prosseguirá quanto à parte restante. § 4° A concessão de efeito suspensivo aos embargos oferecidos por um dos executados não suspenderá a execução contra os que não embargaram quando o respectivo fundamento disser respeito exclusivamente ao embargante. § 5° A concessão de efeito suspensivo não impedirá a efetivação dos atos de substituição, de reforço ou de redução da penhora e de avaliação dos bens. ▶ **Art. 920.** Recebidos os embargos: I – o exequente será ouvido no prazo de 15 (quinze) dias; II – a seguir, o juiz julgará imediatamente o pedido ou designará audiência; III – encerrada a instrução, o juiz proferirá sentença.

Enunciado 544. Admite-se a celebração de convenção de arbitragem, ainda que a obrigação esteja representada em título executivo extrajudicial.

● *Grupo: Arbitragem.* ● *Referências: arts. 914 a 920.*

▸ ***Ederson Garin Porto e Rafael Sirangelo de Abreu***

1. Execução de título executivo extrajudicial e celebração de convenção de arbitragem.

O fato de um documento ser investido da força executiva, podendo desencadear atos executivos independentemente de uma fase de conhecimento prévia, não influencia na possibilidade de que esse documento seja revestido de cláusula arbitral. Haverá consequências quanto aos limites daquilo que poderá ser conhecido pelo Juízo Estatal ao apreciar eventual defesa do executado (especialmente naquilo que diga respeito às obrigações contidas no instrumento), mas nada impede que a cláusula seja válida e, especialmente, eficaz, naquilo que ela abranja da discussão.

2. Celebração de compromisso arbitral em sede de execução.

Situação distinta é a do caso em que o título executivo extrajudicial não contém cláusula arbitral, mas as partes, após a instauração de módulo cognitivo (pela apresentação dos embargos à execução pelo executado), resolvem levar a discussão de fundo para um Juízo Arbitral. Nesse caso, pela celebração de compromisso arbitral, deverá ser a execução suspensa, os embargos extintos (naquilo que estejam contemplados pelo compromisso), com a remessa da discussão para a sede arbitral.

Enunciado 546. O efeito suspensivo dos embargos à execução e da impugnação ao cumprimento de sentença pode ser requerido e deferido a qualquer momento do seu trâmite, observados os pressupostos legais.

● *Grupo: Execução.* ● *Referências: art. 919, § 1º.*

▸ ***Ederson Garin Porto e Rafael Sirangelo de Abreu***

1. Momento do requerimento do efeito suspensivo aos embargos. Os embargos à execução não têm, desde as reformas do Código Buzaid, efeito suspensivo automático. Ou seja, a suspensão ou não da eficácia executiva do título depende de decisão judicial, que será proferida mediante tutela provisória, haja vista que a cognição, em momento anterior ao julgamento definitivo dos embargos, será sempre sumária. O deferimento do "efeito suspensivo" (rectius: suspensão da execução) depende do preenchimento dos requisitos inerentes à tutela provisória (perigo de dano grave de difícil ou incerta reparação aliado à relevância dos fundamentos dos embargos), mas não só. Exige-se, também, a prévia e suficiente garantia da execução, mediante prestação de caução, depósito ou efetivação de prévia penhora. O fato de não haver na sistemática qualquer indicação relativamente à forma pela qual deve ser deduzido o pleito antecipatório indica a desnecessidade de preenchimento de qualquer requisito formal. Por essa razão, pode o pleito ser deduzido nas razões dos embargos ou, em havendo interesse, por mera petição autônoma.

2. Perspectiva dinâmica das tutelas provisórias. A concessão de "efeito suspensivo" aos embargos atende a uma perspectiva dinâmica das tutelas provisórias. Vale dizer: não há momento previamente estabelecido pelo legislador para a ocorrência do perigo de dano. No caso específico dos embargos, o risco de transferência do patrimônio, que é inerente ao processo executivo, pode ocorrer somente quando da efetivação da penhora, que pode não ocorrer logo no início da execução. Nesse caso, poderá o executado apresentar os embargos à execução quando ainda não perfectibilizado nenhum ato constritivo e, posteriormente, quando da sua efetivação, requerer a concessão do efeito suspensivo, haja vista que perigo, antes, não havia. Por essa razão, a postulação pode ser feita em momento posterior à oposição dos embargos, por mera petição nos autos.

3. Momento do requerimento do efeito suspensivo na impugnação ao cumprimento de sentença. A impugnação, assim como ocorre com os embargos à execução, não tem efeito suspensivo automático. Nessa medida, a concessão do efeito suspensivo depende de decisão judicial. Não há momento específico para que seja requerida a concessão de efeito suspensivo (e, pela mesma razão, para que seja deferido), na medida em que se aplica, igualmente aqui, a perspectiva dinâmica das tutelas provisórias; caso sobrevenha situação que enseje a sua concessão, a parte impugnante poderá requerer ao juiz a sua concessão, não havendo obstáculo preclusivo caso o requerimento não tenha sido deduzido quando da apresentação da impugnação.

► **NCPC. Art. 919. § 1º** O juiz poderá, a requerimento do embargante, atribuir efeito suspensivo aos embargos quando verificados os requisitos para a concessão da tutela provisória e desde que a execução já esteja garantida por penhora, depósito ou caução suficientes.

Enunciado 547. O efeito suspensivo dos embargos à execução e da impugnação ao cumprimento de sentença pode ser parcial, limitando-se ao impedimento ou à suspensão de um único ou de apenas alguns atos executivos.

● *Grupo: Execução.* ● *Referências: art. 919, § 1º.*

► ***Ederson Garin Porto e Rafael Sirangelo de Abreu***

1. Suspensão parcial da execução ou do cumprimento de sentença. Poderá haver interesse na suspensão de tão somente alguns atos executivos (pense-se, por exemplo, na penhora de um bem que satisfaça em tese apenas parcialmente a dívida). Nesses casos, poderá haver o requerimento (ou a concessão) de suspensividade parcial da execução ou do cumprimento de sentença, impedindo-se a continuidade de apenas alguns atos executivos. O parágrafo terceiro do art. 919 e o parágrafo oitavo do art. 525 são claros ao permitir a concessão parcial do "efeito suspensivo", na medida em que assumem essa possibilidade ao determinar que "quando o efeito suspensivo atribuído aos embargos disser respeito apenas a parte do objeto da execução, esta prosseguirá quanto à parte restante" e que "quando o efeito suspensivo atribuído à impugnação disser respeito apenas a parte do objeto da execução, esta prosseguirá quanto à parte restante".

2. Atos específicos sobre os quais pode incidir a suspensão ou impedimento. A possibilidade de concessão do "efeito suspensivo" parcial permite que se cogite do corte tanto relativamente ao *quantum* executado (há relevância do fundamento dos embargos apenas quanto a parcela do débito) quanto relativamente a atos específicos na execução/cumprimento de sentença. Essa possibilidade permite que se construa um procedimento executivo que exerça todos os atos de preparação da expropriação, suspendendo-se tão somente os atos tendentes à transferência de patrimônio. Poder-se-ia cogitar, portanto, da construção de um procedimento de execução incompleta nos casos de execução definitiva quando há relevância nas razões de embargos. Nesses casos, poderia haver concessão do "efeito suspensivo" apenas quanto aos atos de adjudicação, por exemplo, mantendo-se todo o procedimento de avaliação e penhora.

► **NCPC. Art. 919. § 1º** O juiz poderá, a requerimento do embargante, atribuir efeito suspensivo aos embargos quando verificados os requisitos para a concessão da tutela provisória e desde que a execução já esteja garantida por penhora, depósito ou caução suficientes.

Enunciado 590. Na impugnação ao cumprimento de sentença e nos embargos à execução, o executado que alegar excesso de execução deverá elaborar demonstrativo de débito em conformidade com os incisos do art. 524 e do parágrafo único do art. 798, respectivamente.

● *Grupo: Cumprimento de sentença e execução.* ● *Referências: arts. 798, par. ún. e 917, § 3º.*

► ***Ederson Garin Porto e Rafael Sirangelo de Abreu***

1. Demonstrativo de cálculo na inicial executiva/requerimento de cumprimento de sentença e correlato ônus para o embargante/impugnante que alega excesso de execução. Os arts. 524 e 798, em seu parágrafo único, arrolam uma série de requisitos que devem constar do memorial de cálculo a ser apresentado pelo exequente/requerente quando do requerimento de cumprimento de sentença ou propositura da ação executiva. Trata-se de ônus ligado ao modelo cooperativo, permitindo-se, a partir da transparência, que o juízo executivo e a parte contrária vislumbrem (e possam exercer contraditório sobre) eventuais equívocos de cálculo (especialmente de atualização do crédito). Esse ônus, que se impõe ao exequente sob pena de determinação de emenda da inicial ou do requerimento de cumprimento, também grava o executado quando esse alega excesso de execução, na medida em que também nesse caso faz-se necessário conhecer os parâmetros de cálculo indicados como corretos pelo executado, para que possa haver o controle do juízo executivo e da contraparte. A despeito de o art. 525, § 4º e do art. 917, §3º não fazerem expressa menção aos requisitos do cálculo a ser apresentado, aplicam-se os parâmetros do art. 798, parágrafo único.

2. Ausência dos cálculos e necessidade de exercício do dever de prevenção/indicação. Em havendo a apresentação de memória de cálculo incompleta pelo executado que opõe defesa com fundamento do excesso da execução, deverá o juiz determinar a retificação do cálculo, sendo-lhe vedado desconsiderar *a priori* a defesa apresentada por presença de mero equívoco de forma. As informações constantes do cálculo são necessárias para que se possa contrastar a memória apresentada e, portanto, deverá

o juiz exercer o dever de prevenção, determinando a retificação com a indicação, pelo executado, dos parâmetros utilizados.

▶ **NCPC. Art. 798. Parágrafo único.** O demonstrativo do débito deverá conter: I – o índice de correção monetária adotado; II – a taxa de juros aplicada; III – os termos inicial e final de incidência do índice de correção monetária e da taxa de juros utilizados; IV – a periodicidade da capitalização dos juros, se for o caso; V – a especificação de desconto obrigatório realizado. ▶ **Art. 917. § 3º** Quando alegar que o exequente, em excesso de execução, pleiteia quantia superior à do título, o embargante declarará na petição inicial o valor que entende correto, apresentando demonstrativo discriminado e atualizado de seu cálculo.

2.2.4. Da Suspensão e da Extinção do Processo de Execução (arts. 921 a 925)

2.2.4.1. Da Suspensão do Processo de Execução (arts. 921 a 923)

Enunciado 194. A prescrição intercorrente pode ser reconhecida no procedimento de cumprimento de sentença.

● *Grupo: Execução.* ● *Referências: arts. 921, e 771; Súmula 150/STF.*

▸ ***Ederson Garin Porto e Rafael Sirangelo de Abreu***

1. O tempo e o direito processual civil. O Direito não se afeiçoa a eternização dos conflitos. A fluência do tempo opera, por vezes, a extinção do direito justamente para que se ponha fim ao conflito. Neste ponto, doutrina e jurisprudência convergem no reconhecimento de que a manutenção do estado de incerteza é mais prejudicial para a sociedade que tolher a expectativa creditória pelo decurso do tempo. Sopesando, numa ponderação de interesses, o direito do credor em ver seu crédito adimplido e a expectativa da sociedade em ver o fim de um litígio, pode-se afirmar que é preferível para a pacificação social que se opere a prescrição do crédito para que o estado de incerteza dê lugar à estabilização dos conflitos. É por essa razão que o Supremo Tribunal Federal editou o enunciado da Súmula n° 150, estabelecendo que o prazo de prescrição da execução é idêntico ao prazo prescricional da ação que originou o direito creditício.

2. Reconhecimento da prescrição intercorrente no cumprimento de sentença. O Código de Processo Civil reconhece, portanto, a possibilidade do reconhecimento da prescrição intercorrente no bojo do próprio cumprimento de sentença, podendo inclusive ser realizada de ofício pelo magistrado. Logo, não se afigura necessária a apresentação de impugnação, nem mesmo revela-se necessária a provocação do devedor, consoante dicção do parágrafo quinto do artigo 921.

▶ **NCPC. Art. 771.** Este Livro regula o procedimento da execução fundada em título extrajudicial, e suas disposições aplicam-se, também, no que couber, aos procedimentos especiais de execução, aos atos executivos realizados no procedimento de cumprimento de sentença, bem como aos efeitos de atos ou fatos processuais a que a lei atribuir força executiva. ▶ **Art. 921.** Suspende-se a execução: I – nas hipóteses dos arts. 313 e 315, no que couber; II – no todo ou em parte, quando recebidos com efeito suspensivo os embargos à execução; III – quando o executado não possuir bens penhoráveis; IV – se a alienação dos bens penhorados não se realizar por falta de licitantes e o exequente, em 15 (quinze) dias, não requerer a adjudicação nem indicar outros bens penhoráveis; V – quando concedido o parcelamento de que trata o art. 916.

ENUNCIADO 195. O PRAZO DE PRESCRIÇÃO INTERCORRENTE PREVISTO NO ART. 921, § 4º, TEM INÍCIO AUTOMATICAMENTE UM ANO APÓS A INTIMAÇÃO DA DECISÃO DE SUSPENSÃO DE QUE TRATA O SEU § 1º.

● *Grupo: Execução.* ● *Referências: art. 921, § 4º; Súmula 314/STJ.*

▸ ***Ederson Garin Porto e Rafael Sirangelo de Abreu***

1. Contagem dos prazos de prescrição intercorrente. A contagem da fluência da prescrição intercorrente sempre foi uma questão tormentosa para a jurisprudência, pois o reconhecimento do decurso do tempo após o ajuizamento da pretensão executiva dependia da definição precisa do termo inicial em que se poderia considerar inerte o credor. O texto do Novo Código de Processo Civil segue a trilha da previsão contida no artigo 40 da Lei n° 6.830/80 (Lei de Execução Fiscal), acolhendo marcos temporais para a contagem dos prazos. Assim, pode-se dizer que a paralização da execução inicia-se com decisão do magistrado que determina o arquivamento dos autos em face da não localização de bens do devedor pelo prazo de um ano (art. 921, § 1°). Concluído o ciclo de um ano de suspensão do feito com arquivamento dos autos – e não tendo ocorrido nenhum movimento processual relevante –, a legislação processual prescreve que a prescrição intercorrente inicia-se automaticamente (art. 921, § 4°), sendo dispensável a adoção de qualquer medida por parte do devedor ou do magistrado para assinalar o início da contagem da prescrição.

Súmula STJ 314. Em execução fiscal, não localizados bens penhoráveis, suspende-se o processo por um ano, findo o qual se inicia o prazo da prescrição quinquenal intercorrente.

▸ **NCPC. Art. 921. § 4°** Decorrido o prazo de que trata o § 1° sem manifestação do exequente, começa a correr o prazo de prescrição intercorrente.

ENUNCIADO 196. O PRAZO DA PRESCRIÇÃO INTERCORRENTE É O MESMO DA AÇÃO.

● *Grupo: Execução.* ● *Referências: art. 921, § 4º; Súmula 150/STF.*

▸ ***Ederson Garin Porto e Rafael Sirangelo de Abreu***

1. Incerteza quanto à influência do tempo nas posições processuais. A influência do tempo sobre o direito de ação encontra-se disciplinada no Código Civil e em legislação esparsa. Pode-se afirmar que o Direito comina com a extinção do direito de ação daquele que tardou para exercer sua pretensão em juízo. Ocorre que o exercício tempestivo do direito de ação não poderia conceder ao credor um status de detentor de uma pretensão imprescritível, facultando-lhe exercer a pretensão executiva quando lhe melhor aprouvesse. Em verdade, assim como o direito de ação, a pretensão executiva deve respeitar um prazo sob pena de se reconhecer a imprescritibilidade de certas posições jurídicas. Todavia, a definição do prazo da chamada prescrição intercorrente nem sempre se encontra claramente expresso na legislação.

Súmula 150, STF. A edição do enunciado da Súmula 150 do Supremo Tribunal Federal é resultado da incerteza sobre o prazo da prescrição intercorrente, na medida em que incontáveis demandas questionavam exatamente qual o limite temporal para o exercício da pretensão executória. Assim, quando a legislação não disponha de forma expressa – como é o caso do artigo 40 da Lei n° 6.830/80 –, pode-se afirmar que o prazo da prescrição intercorrente é o mesmo da ação que originaria o crédito.

▸ **NCPC. Art. 921. § 4°** Decorrido o prazo de que trata o § 1° sem manifestação do exequente, começa a correr o prazo de prescrição intercorrente.

Enunciado 548. O simples desarquivamento dos autos é insuficiente para interromper a prescrição.

● *Grupo: Execução.* ● *Referências: art. 921, § 3º.*

▸ ***Ederson Garin Porto e Rafael Sirangelo de Abreu***

1. Desarquivamento como forma de interrupção da prescrição (estratégia insuficiente). O Código de Processo Civil estabeleceu uma clara disciplina para as hipóteses de execuções e/ou cumprimentos de sentenças infrutíferos. Quando não encontrado bens do devedor, o magistrado determina a suspensão do feito pelo prazo de um ano, impondo o arquivamento dos autos quando decorridos 365 dias sem qualquer manifestação do credor. Como o decurso do prazo assinalado no parágrafo primeiro do artigo 921 enseja o arquivamento dos autos e início automático da prescrição intercorrente, já se pôde observar a adoção do estratagema de solicitar o desarquivamento dos autos sistematicamente para elidir a prescrição intercorrente. Com efeito, o Código de Processo Civil autoriza que o credor solicite o desarquivamento a qualquer tempo quando localizar bens penhoráveis do devedor (art. 921, § 3°). Todavia, a jurisprudência tem reconhecido que o mero pedido de desarquivamento sem que se tenha adotado uma providência processual útil não tem o condão de interromper a fluência da prescrição intercorrente. Essa orientação justifica-se no combate à prática de atos processuais inúteis como forma de buscar a eternização do direito creditório, o que já foi apanhado pela prática forense e combatido pela jurisprudência pátria.

2. Contraditório prévio ao reconhecimento (mesmo que de ofício) da prescrição intercorrente. O Superior Tribunal de Justiça decidiu, em Incidente de Assunção de Competência (Tema 1), que "O contraditório é princípio que deve ser respeitado em todas as manifestações do Poder Judiciário, que deve zelar pela sua observância, inclusive nas hipóteses de declaração de ofício da prescrição intercorrente, devendo o credor ser previamente intimado para opor algum fato impeditivo à incidência da prescrição" (REsp 1604412/SC, Rel. Ministro MARCO AURÉLIO BELLIZZE, SEGUNDA SEÇÃO, julgado em 27/06/2018, DJe 22/08/2018). Assim sendo, deve ser respeitado o contraditório prévio para que possa ser reconhecida a prescrição intercorrente.

▶ **NCPC. Art. 921. § 3°** Os autos serão desarquivados para prosseguimento da execução se a qualquer tempo forem encontrados bens penhoráveis.

2.3. Dos Processos nos Tribunais e dos Meios de Impugnação das Decisões Judiciais (arts. 926 a 1.044)

2.3.1. Da Ordem dos Processos e dos Processos de Competência Originária dos Tribunais (arts. 926 a 993)

2.3.1.1. Disposições Gerais (arts. 926 a 928)

Enunciado 2. Para a formação do precedente, somente podem ser usados argumentos submetidos ao contraditório.

● *Grupo: Precedentes 2.* ● *Referências: arts. 10 e 927, § 1º.*

▶ *Ravi Peixoto*

Esse enunciado tem por objetivo apenas ressaltar o óbvio: na formação dos precedentes é exigida a obediência ao comando inserido no artigo 10 do CPC. Ou seja, os magistrados não podem decidir – e formar precedentes – sem que tenha havido o devido contraditório sobre todos os argumentos. O juiz continua podendo trazer novos argumentos jurídicos de ofício (*iura novit curia*), no entanto, exige-se que as partes possam se manifestar sobre eles de forma prévia. Por exemplo, se em um determinado caso concreto tem-se a discussão acerca da configuração ou não da responsabilidade subjetiva, caso o tribunal verifique tratar-se de uma situação que poderia ser interpretada como uma atividade de risco, sendo caso de responsabilidade objetiva (art. 927, parágrafo único, CC). Isso seria possível e poderia haver a formação de um precedente que inserisse uma determinada atividade como sendo de risco. No entanto, haveria a necessidade de prévia oportunização ao contraditório.

Talvez a dificuldade para a utilização desse enunciado na prática é sua forma de controle. Em casos posteriores à formação do precedente, será difícil verificar se, no caso paradigma, todos os argumentos foram submetidos ao contraditório prévio.

Uma consequência que pode ser extraída deste enunciado é a ausência de aptidão do precedente para vincular caso haja utilização de algum argumento não submetido previamente ao contraditório. Como um dos requisitos para a formação dos precedentes é a observação do disposto no artigo 10 do CPC (art. 927, § 1º, CPC), a falta de sua observância impediria que o precedente fosse considerado obrigatório.

▶ **NCPC. Art. 10.** O juiz não pode decidir, em grau algum de jurisdição, com base em fundamento a respeito do qual não se tenha dado às partes oportunidade de se manifestar, ainda que se trate de matéria sobre a qual deva decidir de ofício. ▶ **Art. 927. § 1°** Os juízes e os tribunais observarão o disposto no art. 10 e no art. 489, § 1°, quando decidirem com fundamento neste artigo.

ENUNCIADO 55. PELOS PRESSUPOSTOS DO § 3º DO ART. 927, A MODIFICAÇÃO DO PRECEDENTE TEM, COMO REGRA, EFICÁCIA TEMPORAL PROSPECTIVA. NO ENTANTO, PODE HAVER MODULAÇÃO TEMPORAL, NO CASO CONCRETO.

● *Grupo: Precedentes 2.* ● *Referências: art. 927, § 3º.*

▸ *Ravi Peixoto*

Discorda-se do referido enunciado.[728] Não parece adequado defender que a superação de precedentes tem, como regra, efeitos prospectivos. Por mais que se considere a existência de criatividade, de inovação pela formação de um precedente sobre determinada matéria, "a criatividade judicial, embora reconhecida, deve ser vista como algo inevitável, não como algo dotado de valor" intrínseco.[729] Não haveria uma aplicação analógica da regra da irretroatividade das leis para que haja, então, uma irretroatividade do direito como um todo. Nos textos normativos, há dispositivo expresso no sentido da irretroatividade, na atividade judicial não. Veja-se, ainda como exemplo, que há texto normativo no direito penal (art. 5º, XL, da CR) permitindo a retroatividade quando benéfica ao réu. Há ainda dificuldades de se estabelecer quando há, exatamente, a consolidação de um entendimento jurisprudencial e também quando há a superação, pois, infelizmente, por vezes, ela não é expressa.

A própria ocorrência da superação não pode ser igualada a modificação de um texto normativo. Como destaca Harmut Maurer, "a modificação da jurisprudência, de fato, muitas vezes, *repercute* como uma modificação de lei", mas "se se considera ambas mais rigorosamente, então se mostra que o paralelismo aceito não existe".[730] Uma nova legislação sempre representará uma quebra no tratamento daquela matéria em um período que pode ser determinado no tempo – aquele texto normativo esteve vigente a partir do momento x até o momento y, quando foi revogado pela lei z. Se houvesse a retroatividade, haveria, sempre, quebra da previsibilidade.

O precedente, por outro lado, pode ser desgastado aos poucos e, no momento em que há a efetiva superação, aquele entendimento originário pode já possuir pouca aplicabilidade, tendo se tornado incapaz de ser um parâmetro de previsibilidade. Não haveria confiança em um precedente desgastado, que já tenha sido alvo de tantas distinções que não mais possui um núcleo seguro de incidência.[731]

Mesmo nas hipóteses em que não há o desgaste prévio, por vezes, aquela *ratio decidendi* originária sofre mutações com o decorrer do tempo, aumentando ou diminuindo o seu âmbito de incidência, dificultando mais ainda definir se aquela viragem jurisprudencial quebrou as expectativas dos jurisdicionados. O único momento em

728. Os comentários a esse enunciado têm por base a seguinte obra: PEIXOTO, Ravi. *Superação do precedente e segurança jurídica*. 2. ed Salvador: Juspodivm, 2016. p. 232-237.
729. BUSTAMANTE, Thomas da Rosa de. *Teoria do precedente judicial:* a justificação e a aplicação de regras jurisprudenciais. São Paulo: Noeses, 2012. p. 461.
730. MAURER, Harmut. Garantia de continuidade e proteção à confiança: contributos para o direito do estado. Trad. Luís Afonso Heck. Porto Alegre: Livraria do Advogado, 2007. p. 139.
731. MARINONI, Luiz G. "Comentários ao art. 927". *In*: WAMBIER, Tereza A. *et al.* (Coords.). *Breves comentários ao novo Código de Processo Civil*. São Paulo: RT, 2015. p. 2079.

que a superação de precedentes se aproxima da alteração do texto normativo é quando um determinado entendimento consolidado e que não tenha sido alvo de inúmeras modificações no decorrer do tempo é superado sem qualquer espécie de sinalização anterior. Por vezes, não será sequer possível identificar o exato momento da superação.[732] Mas essa é apenas uma situação dentre várias possíveis, não se devendo tomar como regra geral, sendo ainda viável estabelecer outras diferenças entre essas duas atividades.

Além do mais, a atividade judiciária é voltada ao passado, não ao futuro, como essencialmente o é a atividade legislativa, muito embora essa relação seja mitigada na teoria dos precedentes.[733]*O tempo da decisão judicial na teoria dos precedentes é dialético, por requerer uma consolidação do passado, do presente e do futuro.* Do futuro, por almejar tornar-se condutor das atividades dos jurisdicionados; do passado, porque os fatos jurídicos assim ocorreram; do presente, pela junção da visão do passado. *Mas, ainda assim, diverge do tempo da legislação, que não leva em conta o passado.*[734] Como aponta Humberto Ávila, "enquanto a lei se destina ao futuro, as decisões judiciais, em regra, vertem sobre o passado".[735] Isso faz com que a regra *seja a retroatividade na superação de precedentes, sendo a modulação dependente de razões fático-jurídicas relevantes.*[736]

---

732. WALDRON, Jeremy. Stare decisis and the rule of law: a layered approach. *Michigan Law Review*, v. 111, 2012. p. 27-28; MAURER, Harmut. Garantia de continuidade e proteção à confiança... cit. p. 140; ARAÚJO, Valter Shuenquener de. *O princípio da proteção da confiança*: uma nova forma de tutela do cidadão diante do estado. Rio de Janeiro: Impetus, 2009. p. 197.

733. Em sentido semelhante: DUXBURY, Neil. *Nature and authority of precedent*. Cambridge: Cambridge University Press, 2008. p. 4; SANTOS, Evaristo Aragão. Em torno do conceito e da formação do precedente judicial. WAMBIER, Teresa A. (Coord.). *Direito jurisprudencial*. São Paulo: RT, 2012. p. 179-180.

734. HOECKE, Mark van. Time and law. Is it the nature of law to last. OST, François; HOECKE, Mark van (Coords). *Temps et droit. Le droit a-t-il pour vocation de durer?* Bruxelles: Bruylan, 1998. p. 463. Destacando essa relação, leciona François Ost que "não é o juiz chamado a decidir casos de hoje com a ajuda de textos de ontem, tendo simultaneamente em mente o precedente que a sua decisão poderá representar para amanhã?". (OST, François. *O tempo do direito*. Trad. Maria Fernanda de Oliveira. Lisboa: Instituto Piaget, 1999. p. 32).

735. ÁVILA, Humberto. *Segurança jurídica*. São Paulo: Malheiros, 2011. p. 474.

736. ÁVILA, Humberto. *Segurança jurídica*... cit. p. 563; BARROS, Lucas Buril de Macêdo. *Os precedentes judiciais no sistema jurídico brasileiro.* Dissertação de Mestrado. Recife: UFPE, 2014. p. 344; BUSTAMANTE, Thomas da Rosa de. *Teoria do precedente judicial*... cit. p. 457-462; EISENBERG, Melvin Aron. *The nature of the common law*. London: Harvard University Press, 1998. p. 132; FAIRCHILD, Thomas. Limitations of new-judge made law to prospective effect only: "prospective overruling" or sunbursting". *Marquette Law Review*. v. 51, 1967-1968. p. 254; MAURER, Harmut. Garantia de continuidade e proteção à confiança. cit. p. 138-143; MELLO, Celso Antônio B. Segurança jurídica e mudança de jurisprudência. *Revista de Direito do Estado*, n. 6, 2007. p. 334; ROSITO, Francisco. *Teoria dos precedentes judiciais*: racionalidade da tutela jurisdicional. Curitiba: Juruá, 2012. p. 330, 334; ZIMMERMANN, Reinhard; JANSEN, Nils. *Quietamovere*: interpretative change in a codified system. CANE, Peter; STAPLETON, Jane (Orgs.). *The law of obligations*: essays in celebration of John Fleming. Oxford: Clarendon, 1998. p. 306; GISMONDI, Rodrigo. Segurança jurídica e superação de precedentes: entre retroatividade e restrospectividade da nova orientação jurisprudencial. *Revista Forense*. Rio de Janeiro: Forense, v. 421, 2015. p. 180. De forma semelhante é o entendimento do STF: 2ª T., RE 696.321-AgR, Rel. Min. Jaquim Barbosa, DJe 21.9.2012. Em outros países, a superação de precedentes segue regra semelhante, a exemplo dos EUA, visto com mais detalhes em tópico específico, da Corte de Taxas da Holanda

Não se nega que a adoção da teoria dos precedentes gera dois discursos diferentes a partir de uma decisão jurisdicional: um voltado ao caso concreto, e outro, com o objetivo de conceder unidade ao direito, em que o seu "endereço é institucional e direcionado à sociedade em geral".[737] O dispositivo da decisão analisa fatos anteriores e é natural sua retroatividade, porém, a *ratio decidendi* a ser extraída da decisão irá servir de orientação para os demais casos. Este segundo momento é relevante para o aspecto da modulação de efeitos, porém, ele não é capaz de atrair a incidência da regra da irretroatividade, tal qual como atua nas modificações legislativas.

As diferenças existentes entre a atividade jurisdicional e a legislativa, como a incerteza inerente ao exercício desse poder, a possibilidade de realização de distinções restritivas ou mesmo inconsistentes, da técnica da sinalização, mesmo com as restrições apontadas, dentre outros fatores, apontam para a inadequação do posicionamento doutrinário de que, uma vez fixado um entendimento, a sua superação sempre atuará *ex nunc*.[738] Tem-se, ainda, uma maior gama de possibilidades de efeitos temporais, que podem retroagir apenas a certo momento, podem protrair sua eficácia até

(LUBBERS, Allard; GRIBNAU, Hans. The temporal effect of Dutch Tax Court decisions. POPELIER, Patricia; VERSTRAELEN, Sarah; VANHEULE, Dirk; VANLENBERGHE, Beatrix (eds.). The effects of judicial decision in time. Cambridge: Intersentia, 2014. p. 185), da Suprema Corte de Israel (BAR-SIMON-TOV, Ittai. Time and judicial review in Israel: tempering the temporal effects of judicial review... cit. p. 209-210). Essa também é a regra seguida pela Corte de Justiça da União Europeia. Nesse sentido: Corte de Justiça da União Europeia. C-292/04, Meilickeandothers v. Finanzant Bonn-Innenstadt, j. 6 de março de 2007 ECRI-1835, publicado na obra POPELIER, Patricia; VERSTRAELEN, Sarah; VANHEULE, Dirk; VANLENBERGHE, Beatrix (eds.). The effects of judicial decision in time. Cambridge: Intersentia, 2014. p. 242-243; LANG, Michael. Limitation of temporal effects of CJEU judgments: mission impossible for the governments of EU Member States. POPELIER, Patricia; VERSTRAELEN, Sarah; VANHEULE, Dirk; VANLENBERGHE, Beatrix (eds.). The effects of judicial decision in time. Cambridge: Intersentia, 2014. p. 245, 248. Em sentido contrário, almejando aplicar analogicamente a regra da irretroatividade das leis à superação de precedente, por exemplo: CARRAZZA, Roque Antonio. Segurança jurídica e eficácia temporal das alterações jurisprudenciais: competência dos tribunais superiores para fixa-la – questões conexas. FERRAZ JR., Tercio; CARRAZZA, Roque; NERY JUNIOR, Nelson. *Efeito ex nunc e as decisões do STJ*. 2. ed. Barueri: Manole, 2009, especialmente p. 61-65; COÊLHO, Sacha Calmon Navarro. Norma e lei – Mudança jurisprudencial – Segurança jurídica e irretroatividade da norma judicial. COÊLHO, Sacha Calmon Navarro. (Coord.). *Segurança jurídica*: irretroatividade das decisões judiciais prejudiciais aos contribuintes: livro em louvor à Professora Misabel de Abreu Machado Derzi. Rio de Janeiro: Forense, 2013. p. 20-29; COSTA, Marília S. As consequências da incidência do princípio da proteção da confiança da decisão de *overruling*: uma análise à luz do art. 521 do novo CPC. FREIRE, Alexandre. *et al.* (Orgs.). *Novas tendências do processo civil*: estudos sobre o projeto do novo Código de Processo Civil. Salvador: Juspodivm, 2014, v. 3. p. 410-411; DERZI, Misabel. *Modificações da jurisprudência no direito tributário*... cit., 310-311, 546 e ss.; QUINTELA, Guilherme. *Segurança jurídica e proteção da confiança*: a justiça prospectiva na estabilização das expectativas no direito tributário brasileiro. Belo Horizonte: Fórum, 2013. p. 249. No entanto, pode haver modulação temporal, no caso concreto. Veja-se ainda as diversas referências a autores com esse posicionamento na doutrina alemã: MAURER, Harmut. Garantia de continuidade e proteção à confiança... cit. p. 138, nota de rodapé n. 341.

737. MITIDIERO, Daniel. Fundamentação e precedentes: dois discursos a partir da decisão judicial. *In*: AMARAL, Guilherme Rizzo; MITIDIERO, Daniel. (Coords). *Processo civil: estudos em homenagem ao professor doutor Carlos Alberto Alvaro de Oliveira.* São Paulo: Atlas, 2012. p. 91.

738. De certa forma, também: MARINONI, Luiz G. *O STJ enquanto corte de precedentes: recompreensão do sistema processual da corte suprema.* São Paulo: RT, 2013. p. 267.

certo momento no futuro, dentre outras possibilidades. Não se deve equiparar por igual a atividade legislativa à atividade jurisdicional em termos de eficácia temporal, devendo haver a utilização da superação prospectiva apenas quando preenchidos os seus requisitos e mediante fundamentação específica do tribunal.

Ainda uma interessante reflexão sobre a temática é fornecida por Zimmermann e Jansen.[739] A proibição da retroatividade é uma regra especial aplicada às alterações de textos normativos, porque o Poder Legislativo pode, desde que não haja inconstitucionalidade, implementar qualquer regra legal que desejar, além de não haver qualquer necessidade de utilização de argumentos convincentes. A proibição da retroatividade da legislação corresponde à arbitrariedade substancial do texto normativo em uma democracia. A atuação jurisdicional não pode ser arbitrária, devendo ser fundada em argumentos jurídicos, estando sua validade baseada na qualidade do processo argumentativo. Enquanto o legislador não possui nenhuma espécie de dever de fundamentação, as decisões judiciais devem ser motivadas e, ainda mais, baseadas nos textos normativos em vigor.[740] Também não possui o precedente caráter definitivo de um texto normativo, sendo mais frágil, estando sempre sujeito a modificação por argumentos melhores. A superação de precedentes é mais limitada pela necessidade de fundamentação e a limitação causada pelos textos normativos.[741]

Outro fator ainda poderia ser discutido. Se a modificação tem sempre eficácia *ex nunc*, haveria sempre a desconsideração da confiança da outra parte no sentido de que o julgamento de sua causa seria baseado no direito vigente, no posicionamento agora mais adequado ao caso concreto. Mesmo que se admita que a retroatividade seja aplicada com a inclusão daquela decisão e abrangendo os casos posteriormente analisados, haveria quebra da igualdade para com aqueles que já tiveram os seus casos julgados, mas em que os fatos ocorreram ao tempo da decisão em que houve a superação.[742] É possível mencionar ainda que, sendo a regra *ex nunc*, apenas aqueles sujeitos de direito envolvidos em causas repetitivas teriam interesse em investir na superação de um precedente, pois os demais não teriam qualquer vantagem no dispêndio de tempo e dinheiro para tanto.[743] *A simples solução da aplicação analógica da irretroatividade das leis não é capaz de abarcar toda a complexidade da atividade jurisdicional, tornando-se inadequada.*

---

739. ZIMMERMANN, Reinhard; JANSEN, Nils. *Quieta movere: interpretative change in a codified system*... cit. p. 305-306.

740. Também fazendo essa diferenciação entre a atividade do legislador e dos juízes: GUASTINI, Riccardo. *Das fontes às normas*. Trad. Edson Bini. São Paulo: Quartier Latin, 2005. p. 222; ZANETI JR., Hermes. *O valor vinculante dos precedentes*. Salvador: Juspodivm, 2015. p. 182; MITIDIERO, Daniel. *Cortes superiores e cortes supremas: do controle à interpretação, da jurisprudência ao precedente*. São Paulo: RT, 2013. p. 87; HURLEY, S. L. Coherence, hypothetical cases, and precedente. HERSHOVITZ, Scott (ed). *Exploring Law's Empire: The Jurisprudence of Ronald Dworkin*. Oxford: Oxford University Press, 2006, versão kindle, página 86 de 328.

741. Com raciocínio semelhante: MAURER, Harmut. *Garantia de continuidade e proteção à confiança*. cit. p. 140.

742. *Ibidem*, p. 141.

743. *Idem*.

► **NCPC. Art. 927. § 3º** Na hipótese de alteração de jurisprudência dominante do Supremo Tribunal Federal e dos tribunais superiores ou daquela oriunda de julgamento de casos repetitivos, pode haver modulação dos efeitos da alteração no interesse social e no da segurança jurídica.

Enunciado 166. A aplicação dos enunciados das súmulas deve ser realizada a partir dos precedentes que os formaram e dos que os aplicaram posteriormente.

● *Grupo: Precedentes.* ● *Referências: art. 926.*

▸ *Ravi Peixoto*

As súmulas não são, por si sós, precedentes[744], não tendo "vida própria". Isso se percebe tanto na sua formação, quanto na sua aplicação, que não pode ocorrer de forma abstrata. Para que se identifique efetivamente o campo de incidência da norma dos precedentes que deram origem à súmula, é necessária a análise dos julgados que a ela deram origem e dos posteriores, do contrário, tem-se um texto normativo parado no tempo. Essa não é a lógica dos precedentes, que serão sempre dinâmicos.

As súmulas, para serem devidamente aplicadas, devem sempre partir dos casos concretos, do contrário, há uma abstrativização inadmissível para a dinâmica dos precedentes. Muito embora o texto da súmula se mantenha o mesmo, o seu âmbito de aplicação pode ser modificado com o passar do tempo, mediante a evolução do direito e dos julgados que a aplicam. Além do mais, para a aplicação de precedentes, os fatos não podem ser ignorados, situação que ocorreria pela autonomia interpretativa do texto da súmula.[745] Algo que deve sempre ser destacado é o de que as súmulas, tal como os demais textos normativos utilizados pelo magistrado, não estão imunes à interpretação.[746]

A forma de aplicação das súmulas no direito brasileiro é um obstáculo à cultura dos precedentes, já que, embora a sua introdução tenha sido inspirada no *stare decisis*, a praxe de sua utilização mais se assemelha aos assentos portugueses.[747] Enfim, a súmula não é um texto normativo autônomo, não devendo ser tratada como se lei fosse, mas apenas como um texto base, que depende tanto dos julgados anteriores, como

744. TARUFFO, Michele. "Le funzioni dele cortisupremetrauniformità e giustizia". *In*: ZUFELATO, Camilo. *et al.* (Coords). *I Colóquio Brasil-Itália de direito processual civil*. Salvador: Juspodivm, 2015. p. 31. Na mesma obra, é possível encontrar a tradução para o português do texto de Michele Taruffo, sendo a mesma referência encontrada na página 43.

745. BUSTAMANTE, Thomas da Rosa. "Súmulas, praticidade e justiça: um olhar crítico sobre o direito sumular à luz do pensamento de Misabel de Abreu Machado Derzi". *In*: COÊLHO, Sacha Calmon Navarro Coêlho (org). *Segurança Jurídica: Irretroatividade das decisões judiciais prejudiciais aos contribuintes*: livro em louvor à Professora Misabel de Abreu Machado Derzi. Rio de Janeiro: Forense, 2013. p. 99-106.

746. Destacando essa situação: SCHMITZ, Leonard. *Fundamentação das decisões judiciais*. São Paulo: RT, 2015. p. 318-320.

747. ZANETI JR., Hermes. *Il valore vincolante dei precedenti*. Tese de Doutorado. Roma: Roma Tre, 2014. p. 198-200.

dos posteriores para a sua aplicação na dinâmica dos precedentes. Ora, a súmula em si não é o problema. Ela não gera a aplicação mecânica do direito.

A sua aplicação errônea é que traz consigo uma nova exegese sumular. Por mais que ela seja uma espécie de novidade introduzida no direito brasileiro, a partir de uma inspiração portuguesa, não existindo um mecanismo semelhante nos países típicos do *common law*, a súmula faz parte da construção pátria de uma teoria dos precedentes. Dificilmente ela poderá ser retirada da nossa sistemática processual. O grande desafio é o controle de sua forma de aplicação, para que não acabe (ou permaneça) sendo aplicada como se fosse um enunciado abstrato.

► **NCPC. Art. 926.** Os tribunais devem uniformizar sua jurisprudência e mantê-la estável, íntegra e coerente.

ENUNCIADO 167. OS TRIBUNAIS REGIONAIS DO TRABALHO ESTÃO VINCULADOS AOS ENUNCIADOS DE SUAS PRÓPRIAS SÚMULAS E AOS SEUS PRECEDENTES EM INCIDENTE DE ASSUNÇÃO DE COMPETÊNCIA OU DE RESOLUÇÃO DE DEMANDAS REPETITIVAS.

● *Grupo: Impacto do CPC no Processo do Trabalho.* ● *Referências: arts. 15, 926, 947, § 3º e 976.*

► ***Ravi Peixoto***

Uma vez fixado pelo tribunal competente determinado entendimento, ele deve, salvo exceções, ser mantido nas decisões posteriores, tendo em vista que só assim os jurisdicionados terão condições de tomar decisões e comprometer recursos baseados nos precedentes.[748] O *stare decisis* do ponto de vista horizontal exige o respeito aos precedentes pelo próprio tribunal. Afinal, apenas será possível o desenvolvimento de uma cultura dos precedentes se o próprio tribunal que os forma, os tenha como razão de decidir nos casos posteriores, evitando superações constantes.

Esse dever obviamente também é aplicável ao processo trabalhista e, especialmente para o caso do enunciado, aos tribunais regionais trabalhistas quando editarem súmulas ou decidirem incidentes de assunção de competência ou de resolução de demandas repetitivas. Em todos esses casos, o próprio tribunal estará obrigado a tomar tais decisões como parâmetros de outros casos concretos, exceto no caso de identificar uma distinção ou a necessidade de sua superação.

► **NCPC. Art. 926.** Os tribunais devem uniformizar sua jurisprudência e mantê-la estável, íntegra e coerente. ► **Art. 947. § 3º** O acórdão proferido em assunção de competência vinculará todos os juízes e órgãos fracionários, exceto se houver revisão de tese. ► **Art. 976.** É cabível a instauração do incidente de resolução de demandas repetitivas quando houver, simultaneamente: I – efetiva repetição de processos que contenham controvérsia sobre a mesma questão unicamente de direito; II – risco de ofensa à isonomia e à segurança jurídica.

---

748. BENDITT, Theodore M. The rule of precedent. GOLDSTEIN, Laurence. (Ed). *Precedent in law*. Oxford: Clarendon Press, 1987. p. 91, 97.

ENUNCIADO 168. OS FUNDAMENTOS DETERMINANTES DO JULGAMENTO DE AÇÃO DE CONTROLE CONCENTRADO DE CONSTITUCIONALIDADE REALIZADO PELO STF CARACTERIZAM A "RATIO DECIDENDI" DO PRECEDENTE E POSSUEM EFEITO VINCULANTE PARA TODOS OS ÓRGÃOS JURISDICIONAIS.

● *Grupo: Precedentes.* ● *Redação revista (IV FPPC).* ● *Referências: arts. 927, I e 988, III.*

▸ ***Ravi Peixoto***

Este Enunciado tem por objetivo interpretar o artigo 927, I do CPC, no sentido de modificar uma recente tendência do Supremo Tribunal Federal. Isso porque, de acordo com a Corte, tem havido a recusa da tese da transcendência dos motivos determinantes, ou seja, afirma o tribunal que os efeitos vinculantes estariam restritos ao dispositivo das decisões no controle concentrado de constitucionalidade. É nítido e até já houve referência a essa situação em outras decisões de que esse posicionamento jurisprudencial tem, como um dos motivos, o receio do STF de ser afogado por reclamações. Perceba-se que, ao recusar o cabimento de reclamação que teria por base a eficácia transcendente dos motivos determinantes, [749] isso torna esse remédio jurídico processual cabível apenas, por exemplo, contra uma determinada lei considerada inconstitucional. Não seria cabível reclamação contra outras leis idênticas, mas editadas por outros entes federativos (ou mesmo por uma lei idêntica que tenha sido reeditada pelo ente federativo em questão).

Trata-se de uma forma de tentar adequar a interpretação do efeito vinculante constante da Constituição em referência ao controle concentrado à teoria dos precedentes. Isso porque sequer faz sentido afirmar-se que o efeito vinculante incide apenas sobre o dispositivo da decisão quando já se tem a coisa julgada *erga omnes*. A atual forma de interpretação do STF torna sem sentido a previsão de eficácia vinculante em conjunto com a coisa julgada *erga omnes*. Isso porque a coisa julgada *erga omnes* atinge o dispositivo da decisão, tornando todos sujeitos ao comando da coisa julgada. Não haveria razão de ser em falar de efeito vinculante no dispositivo. Ele é naturalmente conexo aos fundamentos determinantes da decisão.

Portanto, a questão agora é verificar qual será a interpretação do STF em relação à abrangência do artigo 927, I e, igualmente, do artigo 988, III, já que ambos tratam da eficácia vinculante das decisões do STF em controle concentrado de constitucionalidade e admitem o cabimento de reclamação para a observância dessa decisão.

▸ **NCPC. Art. 927.** Os juízes e os tribunais observarão: I – as decisões do Supremo Tribunal Federal em controle concentrado de constitucionalidade. ▸ **Art. 988.** Caberá reclamação da parte interessada ou do Ministério Público para: III – garantir a observância de enunciado de súmula vinculante e de decisão do Supremo Tribunal Federal em controle concentrado de constitucionalidade.

749. E é isso exatamente o que tem ocorrido: STF, Rcl 7672 AgR, Rel. Min. Edson Fachin, 1ª T., DJe 19.8.2016.

ENUNCIADO 169. OS ÓRGÃOS DO PODER JUDICIÁRIO DEVEM OBRIGATORIAMENTE SEGUIR OS SEUS PRÓPRIOS PRECEDENTES, SEM PREJUÍZO DO DISPOSTO NOS § 9º DO ART. 1.037 E § 4º DO ART. 927.

● *Grupo: Precedentes.* ● *Referências: art. 927.*

▸ ***Ravi Peixoto***

Esse enunciado faz referência ao *stare decisis* horizontal. Uma vez fixado pelo tribunal competente determinado entendimento, ele deve, salvo exceções, ser mantido nas decisões posteriores, tendo em vista que só assim os jurisdicionados terão condições de tomar decisões e comprometer recursos baseados nos precedentes.[750]O *stare decisis* do ponto de vista horizontal exige o respeito aos precedentes pelo próprio tribunal. Afinal, apenas será possível o desenvolvimento de uma cultura dos precedentes se o próprio tribunal que os forma, os tenha como razão de decidir nos casos posteriores, evitando superações constantes. O § 9º do artigo 1.037 e o parágrafo 4º do artigo 927 tratam, respectivamente, da distinção e da superação de precedentes. O § 9º do artigo 1.037 não trata propriamente de distinção, fazendo referência ao requerimento de distinção no caso de instauração de recurso extraordinário ou especial repetitivo e a parte alega que o seu caso não é idêntico àquela a ser julgada no recurso especial ou extraordinário afetado. De certa forma, trata de distinção, mas para um caso bastante específico.

Mais adequado ao Enunciado seria a referência ao art. 489, § 1º, VI no sentido de que "Não se considera fundamentada qualquer decisão judicial, seja ela interlocutória, sentença ou acórdão, que: VI – deixar de seguir enunciado de súmula, jurisprudência ou precedente invocado pela parte, sem demonstrar a existência de distinção no caso em julgamento ou a superação do entendimento". Aqui, quando analisado do ponto de vista dos tribunais que formaram o precedente, tem-se uma perfeita conexão com o *stare decisis* horizontal. Portanto, a lógica do *stare decisis* do ponto de vista horizontal é a de estabelecer uma vinculação superável para quem forma o precedente, de forma a permitir o diálogo entre a permanência e a continuidade do precedente.

▸ **NCPC. Art. 927.** Os juízes e os tribunais observarão: I – as decisões do Supremo Tribunal Federal em controle concentrado de constitucionalidade; II – os enunciados de súmula vinculante; III – os acórdãos em incidente de assunção de competência ou de resolução de demandas repetitivas e em julgamento de recursos extraordinário e especial repetitivos; IV – os enunciados das súmulas do Supremo Tribunal Federal em matéria constitucional e do Superior Tribunal de Justiça em matéria infraconstitucional; V – a orientação do plenário ou do órgão especial aos quais estiverem vinculados.

750. BENDITT, Theodore M. The rule of precedent. GOLDSTEIN, Laurence. (Ed). *Precedent in law.* Oxford: ClarendonPress, 1987. p. 91, 97.

Enunciado 170. As decisões e precedentes previstos nos incisos do caput do art. 927 são vinculantes aos órgãos jurisdicionais a eles submetidos.

• *Grupo: Precedentes.* • *Referências: art. 927, caput.*

▸ *Ravi Peixoto*

O *caput* do artigo 927 afirma que as "Os juízes e os tribunais *observarão*", ao iniciar o elenco dos precedentes que devem ser seguidos. *Para além de uma mera persuasão, tais precedentes são obrigatórios*, não cabendo aos magistrados a eles sujeitos a opção de seguir ou não, quando o caso em questão estiver sob o âmbito de incidência de um dos precedentes listados no artigo 927.

Para Alexandre Freitas Câmara, o comando do *caput do artigo* 927: "observarão" implica apenas em um dever de levar o precedente em consideração, requerendo outra norma que a ele atribua eficácia vinculante. Afirma o autor que o caso "a" é vinculante pelo comando do artigo 102, § 2º, da CR, o "b" pelo artigo 103-A, da CR, o incidente de assunção de competência, pelo artigo 947, § 3º, do CPC, o IRDR, pelo artigo 985, I e II, do NCPC e os recursos especial e extraordinário repetitivos, pelo artigo 1.040, do NCPC. Os demais casos mencionados seriam meramente persuasivos.[751] Conclusão semelhante é alcançada por José Miguel Garcia Medina, mas com o foco para o cabimento de reclamação como instrumento apto a gerar uma vinculação formal. Assim, os casos dos incisos IV e V do artigo 927 do CPC seriam apenas persuasivos por não ser cabível a reclamação, muito embora não possam ser ignorados por força do artigo 489, § 1º, VI, CPC, que exige a devida fundamentação para a não aplicação do precedente.[752]

A vinculação advinda do comando do artigo 927 por meio do termo "observarão" não parece, ter, de forma alguma, conotação de um mero dever de levar em consideração. Para além do próprio termo, haveria a criação de um sistema completamente contraditório, eis que seria possível admitir que um precedente advindo de um IRDR de um tribunal de justiça seria vinculante, enquanto um precedente advindo do tribunal pleno do STF sobre matéria constitucional seria meramente persuasivo. *Não há qualquer necessidade de outros comandos normativos para que quaisquer dos casos mencionados no artigo 927 tenham eficácia vinculante.* Lembre-se que o próprio STF já considerava que os precedentes originados de recursos extraordinários com repercussão geral eram vinculantes sob a égide do CPC/73.[753] Em um CPC que tanto fortalece a jurisprudência, seria um contrassenso a interpretação restritiva da vinculação do artigo 927, que implicaria até na retirada da eficácia vinculante já apontada pelo STF no período do CPC/73.

▸ **NCPC. Art. 927.** Os juízes e os tribunais observarão: I – as decisões do Supremo Tribunal Federal em controle concentrado de constitucionalidade; II – os enunciados de súmula vinculante; III – os acórdãos em incidente de assunção de competência ou de resolução de demandas

751. CÂMARA, Alexandre F. *O novo processo civil brasileiro*. São Paulo: Atlas, 2015. p. 434-435.
752. MEDINA, José Miguel G. *Novo Código de Processo Civil comentado*. 4. ed. São Paulo: RT, 2016. p. 1324.
753. STF, Tribunal Pleno, Rcl 10.793, Rel. Min. Ellen Gracie, DJe 6.6.2011.

repetitivas e em julgamento de recursos extraordinário e especial repetitivos; IV – os enunciados das súmulas do Supremo Tribunal Federal em matéria constitucional e do Superior Tribunal de Justiça em matéria infraconstitucional; V – a orientação do plenário ou do órgão especial aos quais estiverem vinculados.

Enunciado 171. Os juízes e tribunais regionais do trabalho estão vinculados aos precedentes do TST em incidente de assunção de competência em matéria infraconstitucional relativa ao direito e ao processo do trabalho, bem como às suas súmulas.

● *Grupo: Impacto do CPC no Processo do Trabalho.* ● *Referências: arts. 15 e 927, II, III e IV.*

▸ ***Ravi Peixoto***

O TST está inserido como tribunal hierarquicamente superior aos demais órgãos do Poder Judiciário trabalhista. Portanto, tendo em vista a nítida relação entre o precedente e a estrutura do Poder Judiciário e, mais ainda, pela sistemática de precedentes obrigatórios prevista pelo NCPC (especialmente arts. 926 e 927), aplicável ao processo trabalhista por força do artigo 15 do CPC, é evidente que, nos casos em que a decisão do TST se amolde a uma das hipóteses previstas pelo artigo 927 do CPC e esteja relacionada com matéria infraconstitucional relativa ao direito e ao processo do trabalho ela será obrigatória para os juízes e tribunais regionais.

O objetivo do enunciado foi apenas para destacar que a vinculação existirá também nas decisões advindas de incidentes de assunção de competência e as súmulas.

▸ **NCPC. NCPC. Art. 927.** Os juízes e os tribunais observarão: II – os enunciados de súmula vinculante; III – os acórdãos em incidente de assunção de competência ou de resolução de demandas repetitivas e em julgamento de recursos extraordinário e especial repetitivos; IV – os enunciados das súmulas do Supremo Tribunal Federal em matéria constitucional e do Superior Tribunal de Justiça em matéria infraconstitucional.

Enunciado 172. A decisão que aplica precedentes, com a ressalva de entendimento do julgador, não é contraditória.

● *Grupo: Precedentes.* ● *Referências: art. 927, § 1º.*

▸ ***Ravi Peixoto***

Uma técnica que é utilizada para as hipóteses em que o magistrado discorda do conteúdo do precedente obrigatório, mas ainda assim o aplica é a chamada ressalva de entendimento do julgador. Ela permite que o magistrado, no caso de discordância acerca do conteúdo do precedente, fundamente com base em seu entendimento, mas apontar que, devido à obrigatoriedade dos precedentes, aplicará a *ratio decidendi* dos tribunais superiores.

Trata-se de uma técnica que valoriza a coerência, a integridade e a estabilidade da jurisprudência e, ao mesmo tempo, incentiva a evolução do direito, pois o juiz traz novos elementos que podem permitir a superação do precedente pelo tribunal superior. Afinal, a parte que litiga com base no precedente, tem a expectativa legítima de que ele seja obedecido e, ao mesmo tempo, a parte contrária tem o direito de combatê-lo e de fazer chegar ao tribunal superior para eventual revisão.

A utilização dessa técnica não deve ser considerada como uma decisão contraditória, eis que tem-se apenas uma forma de respeitar o precedente e, ao mesmo tempo, permitir que o juiz possa contribuir para a evolução do direito. A importância deste enunciado está relacionada com o descabimento dos embargos de declaração sob a alegação de contradição (art. 1.022, I, CPC).

► **NCPC. Art. 927. § 1º** Os juízes e os tribunais observarão o disposto no art. 10 e no art. 489, § 1º, quando decidirem com fundamento neste artigo.

ENUNCIADO 173. CADA FUNDAMENTO DETERMINANTE ADOTADO NA DECISÃO CAPAZ DE RESOLVER DE FORMA SUFICIENTE A QUESTÃO JURÍDICA INDUZ OS EFEITOS DE PRECEDENTE VINCULANTE, NOS TERMOS DO CÓDIGO DE PROCESSO CIVIL.

● *Grupo: Precedentes.* ● *Redação revista (IV FPPC).* ● *Referências: art. 927.*

▸ *Ravi Peixoto*

O enunciado visa esclarecer a possibilidade de formação de *ratione decidendi* em face de questões ou pontos, e não somente na solução do direito material. Isso permite que certas situações, não abarcadas usualmente pela doutrina do *common law*, focada na solução de casos[754], possam vir a formar precedentes, a exemplo das questões prejudiciais e preliminares rejeitadas e mesmo as questões resolvidas em favor de uma das partes que ao final restou vencida.[755] Não há razões para se limitar, no ordenamento jurídico brasileiro, a formação da *ratio decidendi* apenas à resolução do caso concreto, já que isso impediria que diversos entendimentos consolidados dos tribunais superiores formassem precedentes. A título de exemplo, em um determinado caso concreto, em que o magistrado rejeita uma alegação de incompetência e julga o caso procedente, a questão de competência irá gerar uma nova *ratio decidendi,* e não apenas a que julgou o caso concreto.

Esse entendimento é auxiliado pela utilização da teoria dos capítulos de sentença, que foi desenvolvida por Enrico Tullio Liebman[756] e adaptada ao nosso país por Cândido Rangel Dinamarco.[757] De acordo com ela, existem tantos capítulos quantas forem as resoluções de questões no caso concreto, que podem versar tanto sobre o mérito da causa, como sobre questões processuais. E, havendo essa partição, cada um deles

754. Veja-se por exemplo a definição de Michael Zander: "uma proposição de direito que decide o caso, à luz ou no contexto dos fatos materiais". Tradução livre de: "a proposition of law wich decides the case, in the light or in the context of the material facts". (ZANDER, Michael. *The law-making process.* 6. ed. Cambridge: Cambridge University Press, 2011. p. 268-269).

755. ATAÍDE JR., Jaldemiro R. *Precedentes vinculantes e irretroatividade do direito no sistema processual brasileiro.* Curitiba: Juruá, 2012. p. 76-77; MARINONI, Luiz G. *Precedentes obrigatórios.* São Paulo: RT, 2009. p. 260-261.

756. LIEBMAN, Enrico Tullio. *"Parte" o "capo" disentenza. Rivista di diritto processuale civile.* Padova: Cedam, v. XIX, 1964.

757. DINAMARCO, Cândido R. *Capítulos de Sentença.* 4. ed. São Paulo: Malheiros, 2009.

poderá ser regido por pressupostos autônomos. Cada uma das questões solucionadas – seja ela de natureza material ou processual, ou mesmo decidida como questão principal ou preliminar/prejudicial – terá aptidão para formar um capítulo de decisão e também gerar um precedente específico. Portanto, na prática brasileira, podemos ter tantos precedentes quantas forem as decisões prolatadas no caso concreto, seja a decisão referente ao direito material, que pode também ser particionada, mediante a cumulação de pedidos, seja o julgamento referente ao direito processual.

> ► **NCPC. Art. 927.** Os juízes e os tribunais observarão: I – as decisões do Supremo Tribunal Federal em controle concentrado de constitucionalidade; II – os enunciados de súmula vinculante; III – os acórdãos em incidente de assunção de competência ou de resolução de demandas repetitivas e em julgamento de recursos extraordinário e especial repetitivos; IV – os enunciados das súmulas do Supremo Tribunal Federal em matéria constitucional e do Superior Tribunal de Justiça em matéria infraconstitucional; V – a orientação do plenário ou do órgão especial aos quais estiverem vinculados.

Enunciado 174. A realização da distinção compete a qualquer órgão jurisdicional, independentemente da origem do precedente invocado.

● *Grupo: Precedentes.* ● *Referências: art. 1.037, § 9º.*

▸ ***Ravi Peixoto***

Acerca do conceito da distinção, remete-se o leitor ao enunciado 326 para maiores considerações. Como tem-se apenas uma não aplicação do precedente pela existência de alguma diferenciação fática relevante, não se tem, nesse caso, qualquer crítica ao conteúdo do precedente invocado seja pelas partes seja pelo magistrado.

Por conta disso, ao contrário do que ocorre na superação de precedentes, a diferenciação de casos pode ser realizada por qualquer magistrado, não existindo problemas atinentes à competência, havendo a possibilidade de distinção de um precedente do STF por um juiz de primeiro grau. É uma espécie de técnica que visa o afastamento de um precedente não por ele ser injusto, mas simplesmente por não se adequar à situação fática em análise.

> ► **NCPC. Art. 1.037. § 9º** Demonstrando distinção entre a questão a ser decidida no processo e aquela a ser julgada no recurso especial ou extraordinário afetado, a parte poderá requerer o prosseguimento do seu processo.

Enunciado 175. O relator deverá fundamentar a decisão que inadmitir a participação de pessoas, órgãos ou entidades e deverá justificar a não realização de audiências públicas.

● *Grupo: Precedentes.* ● *Referências: art. 927, § 2º.*

▸ ***Ravi Peixoto***

Em diversos momentos, o NCPC autoriza que o magistrado admita a participação de pessoas, órgãos ou entidades e realize de audiências públicas para que a decisão que tem potencial para se tornar um precedente obrigatório seja mais adequadamente fundamentada. Por meio da participação desses sujeitos, mais argumentos podem ser utilizados, dificultando a alteração do posicionamento ao menos em um futuro próximo. Tem-se tal permissão para os casos de alteração de tese jurídica (art. 927, § 2º, CPC), julgamento do IRDR (art. 983, CPC), julgamento de recurso extraordinário e especial repetitivos (art. 1.038, I e II, CPC). Como no NCPC tem-se um grande fortalecimento dos precedentes judiciais, é ainda mais importante a abertura ao contraditório nas decisões que tenham aptidão para a formação de precedentes obrigatórios.

Por óbvio, a decisão que inadmite a participação de pessoas, órgãos ou entidades não é imune aos requisitos da fundamentação (art. 489, § 1º, CPC), devendo haver a devida justificativa para tal exclusão de maior abertura do contraditório. Da mesma forma, também seria exigido do magistrado que justifique a eventual não realização de audiência pública.

> ▶ **NCPC. Art. 927. § 2º** A alteração de tese jurídica adotada em enunciado de súmula ou em julgamento de casos repetitivos poderá ser precedida de audiências públicas e da participação de pessoas, órgãos ou entidades que possam contribuir para a rediscussão da tese.

ENUNCIADO 316. A ESTABILIDADE DA JURISPRUDÊNCIA DO TRIBUNAL DEPENDE TAMBÉM DA OBSERVÂNCIA DE SEUS PRÓPRIOS PRECEDENTES, INCLUSIVE POR SEUS ÓRGÃOS FRACIONÁRIOS.

● *Grupo: Precedentes.* ● *Referências: art. 926.*

▸ ***Ravi Peixoto***

O dever de estabilidade estaria relacionado com um segundo momento após a uniformização, qual seja, a manutenção de um determinado entendimento. Afinal, para que os precedentes possam atuar como orientadores de conduta dos jurisdicionados, é imprescindível que eles sejam estáveis, não se podendo admitir que o próprio tribunal prolator do precedente fique mudando a todo tempo de posicionamento.

Por óbvio, para que haja estabilidade do precedente, este deve ser observado pelo próprio tribunal. Trata-se de um tema relacionado com o *stare decisis* horizontal, que requer que o próprio tribunal que produziu o precedente esteja obrigado a seguir aquela orientação salvo nos casos em que seja possível a realização da distinção ou haja a necessidade de superação do entendimento. Não é viável a existência de uma sistemática de precedentes em que os órgãos fracionários não seguem os precedentes do plenário/corte especial.

> ▶ **NCPC. Art. 926.** Os tribunais devem uniformizar sua jurisprudência e mantê-la estável, íntegra e coerente.

ENUNCIADO 314. AS DECISÕES JUDICIAIS DEVEM RESPEITAR OS PRECEDENTES DO SUPREMO TRIBUNAL FEDERAL, EM MATÉRIA CONSTITUCIONAL, E DO SUPERIOR TRIBUNAL DE JUSTIÇA, EM MATÉRIA INFRACONSTITUCIONAL FEDERAL.

● *Grupo: Precedentes.* ● *Referências: arts. 926 e 927, I e V.*

▸ ***Ravi Peixoto***

O STJ é o tribunal constitucionalmente competente à uniformização do entendimento acerca da legislação infraconstitucional, consoante se infere do artigo 105 da

CRFB, e os seus precedentes devem servir de molde à resolução de casos semelhantes pelos tribunais e à conduta dos jurisdicionados. Cabe-lhe fixar o significado, no direito brasileiro, da legislação infraconstitucional.[758] O STF, por sua vez, tem a incumbência de guardar a constituição (art. 102, *caput*, CF), sendo responsável pela uniformização da interpretação concernente ao texto constitucional.

Por consequência lógica, em uma sistemática de precedentes obrigatórios, apenas nos limites de seus respectivos deveres constitucionais é que as decisões do STF e do STJ podem tornar-se precedentes obrigatórios. Essa constatação foi feita pelo artigo 927, IV, do CPC, ao afirmar que apenas serão obrigatórios os enunciados das súmulas do Supremo Tribunal Federal em matéria constitucional e do Superior Tribunal de Justiça em matéria infraconstitucional. Essa mesma lógica, embora não tenha sido explicitada pelo legislador, deve ser seguida nos demais casos, que, em tese, poderiam formar precedentes obrigatórios, como as decisões do pleno ou da corte especial (art. 927, V) e nas causas repetitivas e na assunção de competência (art. 927, IV).

Isso porque, em certos casos, o STF tem competência para decidir questões que envolvem o direito infraconstitucional (a exemplo dos requisitos de admissibilidade recursais presentes no CPC) em um recurso extraordinário, em ação de competência originária etc. e, não havendo tal previsão, eventual decisão do pleno do tribunal poderia ser considerada vinculante. Como o STF não é o tribunal com autorização constitucional para ser o intérprete máximo, suas decisões sobre a temática não terão a aptidão para formar precedentes obrigatórios.

► **NCPC. Art. 926.** Os tribunais devem uniformizar sua jurisprudência e mantê-la estável, íntegra e coerente. ► **Art. 927.** Os juízes e os tribunais observarão: I – as decisões do Supremo Tribunal Federal em controle concentrado de constitucionalidade; V – a orientação do plenário ou do órgão especial aos quais estiverem vinculados.

Enunciado 315. Nem todas as decisões formam precedentes vinculantes.

● *Grupo: Precedentes.* ● *Referências: art. 927.*

► ***Ravi Peixoto***

Vide comentários ao Enunciado 317/FPPC.

► **NCPC. Art. 927.** Os juízes e os tribunais observarão: I – as decisões do Supremo Tribunal Federal em controle concentrado de constitucionalidade; II – os enunciados de súmula vinculante; III – os acórdãos em incidente de assunção de competência ou de resolução de demandas repetitivas e em julgamento de recursos extraordinário e especial repetitivos; IV – os enunciados das súmulas do Supremo Tribunal Federal em matéria constitucional e do Superior Tribunal de Justiça em matéria infraconstitucional; V – a orientação do plenário ou do órgão especial aos quais estiverem vinculados.

758. MITIDIERO, Daniel. *Cortes superiores e cortes supremas*... cit. p. 82.

ENUNCIADO 317. O EFEITO VINCULANTE DO PRECEDENTE DECORRE DA ADOÇÃO DOS MESMOS FUNDAMENTOS DETERMINANTES PELA MAIORIA DOS MEMBROS DO COLEGIADO, CUJO ENTENDIMENTO TENHA OU NÃO SIDO SUMULADO.

• *Grupo: Precedentes.* • *Referências: art. 927.*

▸ ***Ravi Peixoto***

Um dos desafios ocasionados pela sistemática dos julgamentos das Cortes superiores do Brasil é a determinação da *ratio decidendi* em julgamentos colegiados em que cada ministro elabora o seu voto. Não há, como em alguns países da Europa Continental, um único acórdão elaborado após julgado o caso concreto.[759] O julgamento dos tribunais brasileiros mais se assemelha ao das Cortes do *common law*, em que geralmente se permite a elaboração de votos dissidentes, a exemplo dos EUA e da Inglaterra.[760] É possível que uma turma formada por cinco ministros realize um julgamento por maioria e até mesmo em casos de decisões unânimes, mas que nenhum deles obedeça a uma mesma *ratio decidendi.*

De acordo com Neil Maccormick, na hipótese, existirão várias *rationes* que devem ser seguidas, ao menos no sentido de não serem contraditadas no futuro, de forma a permitir o desenvolvimento do precedente com o tempo em torno de apenas um fundamento principal. No entanto, reconhece que elas não terão tanta coerência no decorrer do tempo, devendo se admitir que terão caráter apenas persuasivo, permitindo que em futuros julgamentos haja maior liberdade para o desenvolvimento das questões jurídicas postas em juízo.[761] Para outra parte da doutrina só haverá formação de precedente se houver coincidência nos fundamentos pela maioria dos magistrados[762], sendo essa tese consagrada nos enunciados n. 317 e n. 319. Esse posicionamento parece ser o mais adequado, pois, do contrário, o precedente restaria extremamente fragilizado em termos argumentativos, inclusive, dificultando a identificação da amplitude da norma criada. A adoção dessa tese ainda implica no entendimento de que nem sempre as decisões mencionadas no artigo 927 terão eficácia vinculante, por

---

759. Muito embora tradicionalmente esses países não permitissem a elaboração de votos dissidentes, a doutrina indica que essa é atualmente uma tendência nas Cortes Constitucionais da Europa, tendo sido iniciada com a Alemanha e acompanhada logo depois por Portugal e Espanha. Na atualidade, as únicas exceções seriam as Cortes Constitucionais da Itália, França, Bélgica, Áustria e Luxemburgo. De toda forma, essa é uma tendência apenas das Cortes Constitucionais, uma vez que a Espanha é o único país da Europa Ocidental que permite a elaboração de votos dissidentes em todo o judiciário. (KELEMEN, Katalin. *Dissenting opinions in Constitutional Courts. German Law Journal*, v. 14, n. 8, 2013. Disponível no site *German Law Journal*. Acesso em 7 de julho de 2017. p. 1345, 1347-1348). Ou seja, o país que, em termos de estrutura da decisão, mais se assemelha o Brasil é a Espanha.

760. Tais informações, bem como a análise da forma de elaboração das decisões em vários países, especialmente nos EUA, França e Itália, constam do seguinte texto: FACCHINI NETO, Eugênio. A sentença em perspectiva comparada: estilos norte-americano, francês e italiano em confronto. *Revista de Processo*. São Paulo: RT, n. 235, set/2014, passim.

761. MACCORMICK, Neil. *Why cases have rationes and what these are*. GOLSDTEIN, Laurence (ed). *Precedent in law*. Oxford: Clarendon Press, 1987. p. 171; MACCORMICK, Neil. *Rhetoric and the rule of law:* a theory of legal reasoning. Oxford: Oxford University Press, 2005. p. 154.

762. ATAÍDE JR., Jaldemiro R. *Precedentes vinculantes e irretroatividade do direito no sistema processual brasileiro*... cit. p. 82; MARINONI, Luiz G. *Precedentes obrigatórios*... cit. p. 263.

dependerem da adoção da mesma *ratio decidendi* pela maioria dos julgadores. Ou seja, é possível decisão, em tese, apta a ser vinculante, mas que não terá essa eficácia devido à ausência de *ratio decidendi*. Afinal, como destaca o Enunciado n. 315, nem todas as decisões formas precedentes vinculantes.

A doutrina norte-americana desenvolveu uma série de critérios para tentar extrair a *ratio decidendi* quando não há uma adequada coincidência entre os fundamentos dos votos dos julgadores.[763] Em geral, há uma tentativa de se encontrar algum elemento coincidente entre os votos vencedores para formar, ao menos, uma *ratio decidendi* sobre alguma das questões julgadas no caso concreto. De toda forma, quando não for possível, não se deve "forçar" a existência de uma *ratio decidendi*, sendo viável e, por vezes, até recomendável, que ela não venha a existir em certos casos. A função dos tribunais superiores não se esgota na formação de precedentes e, ainda, em certas hipóteses, a ausência de formação de uma *ratio decidendi* abre espaço para que os tribunais inferiores e a doutrina possam atuar no sentido de amadurecer a matéria e permitir, posteriormente, a formação de um precedente de qualidade.[764]

► **NCPC. Art. 927.** Os juízes e os tribunais observarão: I – as decisões do Supremo Tribunal Federal em controle concentrado de constitucionalidade; II – os enunciados de súmula vinculante; III – os acórdãos em incidente de assunção de competência ou de resolução de demandas repetitivas e em julgamento de recursos extraordinário e especial repetitivos; IV – os enunciados das súmulas do Supremo Tribunal Federal em matéria constitucional e do Superior Tribunal de Justiça em matéria infraconstitucional; V – a orientação do plenário ou do órgão especial aos quais estiverem vinculados.

Enunciado 318. Os fundamentos prescindíveis para o alcance do resultado fixado no dispositivo da decisão ("obiter dicta"), ainda que nela presentes, não possuem efeito de precedente vinculante.

● *Grupo: Precedentes.* ● *Referências: art. 927.*

► ***Ravi Peixoto***

O *obiter dictum* refere-se às questões apreciadas, mas que não são suficientes para a resolução das questões ou pontos relevantes no caso concreto, não possuindo a eficácia típica do precedente em relação ao qual foi extraído, ao contrário da *ratio decidendi*. Esse conceito precisa ser trabalhado em conjunto com a noção de que *ratio decidendi* abrange tanto a resolução dos pedidos, como de questões prejudiciais ou preliminares e, em todas essas decisões, podem estar contidos *obter dicta*.

Ao que parece, a forma mais adequada de sua identificação é pelo caráter residual, fazendo referência às proposições insuficientes a solucionar questões ou pontos que venham a surgir no caso concreto e àquelas que resolvam temas que sejam completamente irrelevantes. Um exemplo de resolução de tema irrelevante seria a solução de

763. Sobre o tema: MARINONI, Luiz G. *Julgamento nas Cortes Supremas*: precedentes e decisão do recurso diante do novo CPC. São Paulo: RT, 2015. p. 69-89.

764. *Ibidem*, p. 143-151.

uma situação hipotética, que, mesmo relacionada com a matéria em discussão, seja desnecessária para a solução do ponto ou questão específico. Tal definição é importante para detectar que partes da decisão não serão aptas a possuir a eficácia típica dos precedentes naquele ordenamento jurídico.

Muito embora não tenha a eficácia típica dos precedentes, os *obiter dicta* podem, sim, ter importância na dinâmica de aplicação dos precedentes, a depender da Corte que os pronunciou, ou mesmo da relevância do magistrado que tratou da questão, tendo em certos casos, eficácia persuasiva.[765] A diferenciação é gradual, não sendo possível precisar, *a priori*, quais terão mais ou menos eficácia persuasiva, que podem ser modificadas por diversas razões.[766] Essa constatação pode estar relacionada com a Corte que os pronunciou, dos argumentos apresentados, enfim, de uma série de elementos que dependerão da análise do caso concreto. Inclusive, a doutrina do *common law* chega a apontar a possibilidade de um *obiter dictum*, pela dinâmica dos precedentes, poder vir a se tornar uma *ratio decidendi* [767], sendo por vezes imprescindível para a construção da solução de questões que não possuam precedentes anteriores sobre o tema. É inegável que o *obiter dictum* também possui importância na dinâmica dos precedentes, eventualmente se desenvolvendo para se tornar uma *ratio decidendi*, auxiliando na resolução de um caso sem precedentes anteriores.

► **NCPC. Art. 927.** Os juízes e os tribunais observarão: I – as decisões do Supremo Tribunal Federal em controle concentrado de constitucionalidade; II – os enunciados de súmula vinculante; III – os acórdãos em incidente de assunção de competência ou de resolução de demandas repetitivas e em julgamento de recursos extraordinário e especial repetitivos; IV – os enunciados das súmulas do Supremo Tribunal Federal em matéria constitucional e do Superior Tribunal de Justiça em matéria infraconstitucional; V – a orientação do plenário ou do órgão especial aos quais estiverem vinculados.

ENUNCIADO 319. OS FUNDAMENTOS NÃO ADOTADOS OU REFERENDADOS PELA MAIORIA DOS MEMBROS DO ÓRGÃO JULGADOR NÃO POSSUEM EFEITO DE PRECEDENTE VINCULANTE.

● *Grupo: Precedentes.* ● *Referências: art. 927.*

▸ ***Ravi Peixoto***

Vide comentários ao Enunciado 317/FPPR.

► **NCPC. Art. 927.** Os juízes e os tribunais observarão: I – as decisões do Supremo Tribunal Federal em controle concentrado de constitucionalidade; II – os enunciados de súmula vinculante; III – os acórdãos em incidente de assunção de competência ou de resolução de demandas repetitivas e em julgamento de recursos extraordinário e especial repetitivos; IV – os enunciados das

765. ALDISERT, Ruggero J. Precedent: what it is and what it isn't; when do we kiss it and when do we kill it? *Pepperdine Law Review*, v. 17, 1990. p. 632.

766. ALDISERT, Ruggero J. Precedent: what it is and what it isn't; when do we kiss it and when do we kill it?. RE, Edward D. "Stare decisis"... cit. p. 49.

767. DUXBURY, Neil. *Nature and authority of precedent.* Cambridge: Cambridge University Press, 2008. p. 69

súmulas do Supremo Tribunal Federal em matéria constitucional e do Superior Tribunal de Justiça em matéria infraconstitucional; V – a orientação do plenário ou do órgão especial aos quais estiverem vinculados.

Enunciado 320. Os tribunais poderão sinalizar aos jurisdicionados sobre a possibilidade de mudança de entendimento da corte, com a eventual superação ou a criação de exceções ao precedente para casos futuros.

● *Grupo: Precedentes.* ● *Referências: art. 927.*

▸ ***Ravi Peixoto***

A técnica da sinalização estaria fortemente ligada à incidência do princípio da segurança jurídica na aplicação de precedentes. Sua função seria a de preparar os casos de superação de precedentes quando o tribunal em questão percebe a necessidade de superação do precedente, mas percebe que é necessária uma preparação da sociedade, de forma a tutelar a confiança no entendimento pelos jurisdicionado[768] e por isso, *não modifica imediatamente o seu posicionamento, mas sinaliza que o fará em um futuro próximo.* Para o caso concreto da decisão de sinalização, há a manutenção do precedente que agora passa a deter caráter duvidoso. Com a sua utilização, o referido tribunal passa uma mensagem aos demais membros da comunidade jurídica da necessidade de diálogo sobre a questão. Não há, de acordo com a doutrina, a obrigatoriedade da sinalização e nem há, na utilização, uma vinculação da posterior modificação do posicionamento.

Ocorre que a mensagem passada pela técnica da sinalização é incerta para os jurisdicionados. Como destaca a doutrina que defende a técnica, ao operar o anúncio público sobre essa possível mudança de entendimento, "o tribunal transfere o risco dos prejuízos pela alteração ao particular".[769] Afinal, o que eles devem fazer durante o período existente entre a primeira decisão, a sinalizadora e a posterior, de caráter ainda misterioso? Não existem respostas seguras para essa pergunta. Por mais que se admita a utilização da técnica da superação prospectiva, tendo como base a primeira decisão, os jurisdicionados não sabem *quando* ela ocorrerá e nem *se* ocorrerá. São muitas incertezas que dificultam a conduta concreta daqueles submetidos ao precedente e a previsibilidade das consequências jurídicas dos seus comportamentos é comprometida. Portanto, defende-se a inadequação da utilização da referida técnica no direito brasileiro nos moldes do defendido pela doutrina.

A técnica da sinalização apenas poderia ser incorporada ao direito brasileiro caso seja modificada a sua forma de utilização. *Para o desenvolvimento de um conceito que permita maior flexibilidade ao stare decisis e, ao mesmo tempo, não dificulte, em demasia, a calculabilidade dos jurisdicionados, não seria a decisão que iria romper a*

768. EISENBERG, Melvin Aron. *The nature of the common law.* London: Harvard University Press, 1998. p. 122.

769. CABRAL, Antonio P. A técnica do julgamento-alerta na mudança de jurisprudência consolidada. *Revista de Processo.* São Paulo: RT, v. 221, jul/2013. p. 36.

confiança do precedente, mas alguma situação fática indicada no julgado. Ou seja, o tribunal deveria apontar quais os requisitos para que o precedente possa ser superado no futuro. Por exemplo, na hipótese em que o STF analisou a lei que concedida prazo em dobro para as defensorias e decretou a sua constitucionalidade "até que sua organização, nos Estados, alcance o nível da organização do respectivo Ministério Público".[770]

Na decisão referida, não é a decisão que quebra a confiança do precedente, mas sim a existência da situação fática futura que o faz. A partir do momento em que prolatada a decisão, o jurisdicionado sabe que aquele entendimento é confiável e que só o deixará de ser em determinadas situações já indicadas. Assim, os jurisdicionados teriam o conhecimento de que, satisfeitas determinadas condições fáticas, aquela *ratio decidendi* seria superação, ao contrário do conceito tradicional, em que há apenas indicação de perda de confiabilidade do precedente, sem que seja indicado em que momento e se haverá a sua superação.

► **NCPC. Art. 927.** Os juízes e os tribunais observarão: I – as decisões do Supremo Tribunal Federal em controle concentrado de constitucionalidade; II – os enunciados de súmula vinculante; III – os acórdãos em incidente de assunção de competência ou de resolução de demandas repetitivas e em julgamento de recursos extraordinário e especial repetitivos; IV – os enunciados das súmulas do Supremo Tribunal Federal em matéria constitucional e do Superior Tribunal de Justiça em matéria infraconstitucional; V – a orientação do plenário ou do órgão especial aos quais estiverem vinculados.

ENUNCIADO 321. A MODIFICAÇÃO DO ENTENDIMENTO SEDIMENTADO PODERÁ SER REALIZADA NOS TERMOS DA LEI Nº 11.417, DE 19 DE DEZEMBRO DE 2006, QUANDO SE TRATAR DE ENUNCIADO DE SÚMULA VINCULANTE; DO REGIMENTO INTERNO DOS TRIBUNAIS, QUANDO SE TRATAR DE ENUNCIADO DE SÚMULA OU JURISPRUDÊNCIA DOMINANTE; E, INCIDENTALMENTE, NO JULGAMENTO DE RECURSO, NA REMESSA NECESSÁRIA OU CAUSA DE COMPETÊNCIA ORIGINÁRIA DO TRIBUNAL.

● *Grupo: Precedentes.* ● *Referências: art. 927, § 4º.*

▸ *Ravi Peixoto*

O NCPC, na versão da Câmara dos Deputados possuía um regramento mais detalhado sobre a sistemática dos precedentes. Dentro dessa regulação, constava a temática do procedimento para a superação de posicionamentos consolidados no § 6º, do artigo 521, retirado na versão final. No entanto, parece viável, pela via interpretativa, recuperar esse raciocínio desenvolvido pelo texto normativo proposto anteriormente para a atual sistemática, que diferenciava a procedimento para a superação das súmulas vinculantes, as demais súmulas e dos demais precedentes.

Afinal, existiriam duas espécies de procedimentos para a revisão de precedentes, um concentrado e um difuso[771].

770. STF, Pleno, HC 70.514, Rel. Min. Sydney Sanches, DJ 27.6.1997.

771. DIDIER JR., Fredie; OLIVEIRA, Rafael; BRAGA, Paula S. *Curso de direito processual civil.* 10. ed. Salvador: Juspodivm, 2015, v. 2. p. 496.

O primeiro seria decorrente de um procedimento específico para a revisão do precedente. Dois relevantes exemplos estão contidos na Lei 11.417/06, que trata da súmula vinculante e no artigo 986 do NCPC, que versa sobre a revisão de teses firmadas em causas repetitivas. É possível ainda a criação de outras hipóteses, para o caso de revisão das súmulas e da jurisprudência dominante dos tribunais por meio dos regimentos internos dos tribunais.

O modelo difuso, por sua vez, iria permitir a revisão dos precedentes em qualquer processo. Não haveria um procedimento específico, mas sim uma superação feita de forma incidental, seja no julgamento de recurso, causa de competência originária ou em remessa necessária.

Esses dois modelos convivem em harmonia. O fato de haver um procedimento específico para a revisão não impede que seja feito de forma incidental. Por exemplo, as súmulas vinculantes podem ter a sua revisão proposta de forma incidental pelos legitimados do artigo 3º, da Lei 11.417/06, pelos municípios (§ 1º, do artigo 3º, da Lei 11.417/06), de ofício pelo STF, não se podendo excluir ainda a possibilidade dessa revisão ser suscitada e acolhida pelo tribunal em caso concreto relativo à súmula. Da mesma forma ocorre com a revisão das teses jurídicas firmadas em incidentes de causas repetitivas.

Por mais que exista um procedimento com legitimados específicos, não se pode impedir que a revisão do precedente possa também ocorrer de forma incidental. Trata-se de um mecanismo imprescindível à evolução do direito, do contrário, a superação de certos precedentes ficaria limitada a apenas alguns legitimados, que poderiam eventualmente optar por não se utilizarem desses procedimentos. Para além disso, um determinado argumento novo, apto a provocar a superação pode surgir apenas em um recurso específico e não admitir que a superação possa ocorrer de forma incidental é impedir a evolução do direito.

► **NCPC. Art. 927. § 4º** A modificação de enunciado de súmula, de jurisprudência pacificada ou de tese adotada em julgamento de casos repetitivos observará a necessidade de fundamentação adequada e específica, considerando os princípios da segurança jurídica, da proteção da confiança e da isonomia.

ENUNCIADO 322. A MODIFICAÇÃO DE PRECEDENTE VINCULANTE PODERÁ FUNDAR-SE, ENTRE OUTROS MOTIVOS, NA REVOGAÇÃO OU MODIFICAÇÃO DA LEI EM QUE ELE SE BASEOU, OU EM ALTERAÇÃO ECONÔMICA, POLÍTICA, CULTURAL OU SOCIAL REFERENTE À MATÉRIA DECIDIDA.

● *Grupo: Precedentes.* ● *Referências: art. 927, § 4º.*

► ***Ravi Peixoto***

O *overruling* é a denominação atribuída à técnica de superação de um entendimento anterior sobre o mesmo objeto agora em julgamento; técnica que é essencial para qualquer sistema de precedentes, permitindo que o sistema possa evoluir. Ao ser utilizada a técnica da superação, são criadas duas novas regras impositivas: uma relativa ao entendimento superado e uma de natureza processual, relativa ao precedente, afirmando que agora este é o novo precedente e que deterá a eficácia concedida pelo ordenamento jurídico.[772]

Há uma série de situações diferentes em que é adequada a superação de precedentes, que é a técnica de alteração de um entendimento jurisprudencial anterior, muito embora o CPC não as mencione. Sempre haverá uma forte pressão normativa pela manutenção do precedente, sendo a superação a última opção a ser feita pela Corte, justamente pela possibilidade de gerar instabilidade no ordenamento jurídico.[773]

O STF já reconheceu que a superação de precedentes não deve ser uma situação rotineira. Na ADI 4071, indicou o tribunal que a mudança de entendimento jurisdicional "pressupõe a ocorrência de significativas modificações de ordem jurídica, social ou econômica, ou, quando muito, a superveniência de argumentos nitidamente mais relevantes do que aqueles antes prevalecentes".[774] Assim, reforça a argumentação de que a alteração de precedentes exige mais do que uma fundamentação corriqueira, não sendo adequada a simples mudança sem quaisquer justificativas que apontem ou o manifesto erro do entendimento anterior, ou a existência de alterações na ordem jurídica, social, cultural ou econômica. É seguindo essa lógica que foi elaborado o Enunciado.

Isso significa dizer que a superação de precedentes não deve ser baseada tão somente na mudança de opinião dos julgadores ou na consideração de que uma decisão anterior estaria incorreta. Se assim o fosse, a própria lógica do *stare decisis* iria ruir, pois é baseada na pressuposição de que um precedente anterior deve ser aplicado pelo fato de existir e não por ele ser considerado correto. Se uma Corte mudar de entendimento todas as vezes em que considerar um precedente anterior incorreto, não será mais possível dizer que há *stare decisis*.[775]

O enunciado ainda faz menção à revogação ou modificação da lei na qual se baseou o precedente, no entanto, aqui, não há tecnicamente uma superação de precedente. Esta técnica apenas pode ser realizada pela Corte que o editou ou por Corte a ela superior na matéria em questão. Como será tratado com maiores detalhes nos comentários ao enunciado n. 324, na alteração legislativa, em regra, qualquer juiz poderá deixar de aplicar o precedente, uma vez que ele teria sido automaticamente revogado pela mudança no texto legal.

Por fim, é preciso destacar que os requisitos para a superação de precedentes citados no artigo 322 são tidos como exemplificativos, como já o deixa entender ao

772. BENDITT, Theodore M. The rule of precedent. GOLDSTEIN, Laurence. (Ed). *Precedent in law*. Oxford: Clarendon Press, 1987. p. 101.

773. DUXBURY, Neil. *Nature and authority of precedent*. Cambridge: Cambridge University Press, 2008. p. 123.

774. STF, Tribunal Pleno, ADI 4.071 AgR, Rel. Min. Menezes Direito, DJe 16.10.2009. Em 2015, o STF voltou a fazer menção ao tema em dois pedidos negados de revisão de súmula vinculante, ao exigir que a parte tivesse demonstrado o preenchimento de uma das seguintes hipóteses: "a) a evidente superação da jurisprudência do STF no trato da matéria; b) a alteração legislativa quanto ao tema; ou, ainda, c) a modificação substantiva de contexto político, econômico ou social". (STF, Tribunal Pleno, PSV 13/DF e PSV 54/DF, ambas julgadas no dia 24.9.2015 e publicadas no Informativo n. 800).

775. SCHAUER. Frederick. *Thinking like a lawyer*. Cambridge: Inglaterra, 2009. p. 60.

mencionar alguns deles e "entre outros". Dentre eles, é possível imaginar o caso do erro evidente, que ocorre quando o resultado fornecido pela Corte não está dentro do âmbito de possibilidade do texto normativo e a alteração do entendimento estaria baseada nessa justificativa.[776]

▶ **NCPC. Art. 927. § 4º** A modificação de enunciado de súmula, de jurisprudência pacificada ou de tese adotada em julgamento de casos repetitivos observará a necessidade de fundamentação adequada e específica, considerando os princípios da segurança jurídica, da proteção da confiança e da isonomia.

Enunciado 323. A formação dos precedentes observará os princípios da legalidade, da segurança jurídica, da proteção da confiança e da isonomia.

● *Grupo: Precedentes.* ● *Referências: arts. 926 e 927.*

▸ ***Ravi Peixoto***

Tendo em vista que o NCPC tenta estabelecer uma sistemática de precedentes obrigatórios, é evidente que ganha maior importância o processo de formação dos precedentes. É preciso que os tribunais atentem para a importância de cada uma de suas decisões e a sua aptidão para atuarem como precedentes obrigatórios. É baseado nessa maior relevância concedida que o enunciado ora comentado exige o respeito aos princípios da legalidade, da segurança jurídica, da proteção da confiança e da isonomia no processo de formação de precedente, sendo necessário entender o que cada uma dessas normas jurídicas modifica no processo decisional.

A legalidade, constante do artigo 37, *caput*, da CF e mencionada no artigo 8º, do CPC, deve ser entendida na perspectiva da atual teoria do direito, qual seja, a obrigatoriedade de que as decisões sejam tomadas em conformidade com o ordenamento jurídico, não podendo o juiz tentar corrigir o direito através de sua própria moral. De outro ponto de vista, a legalidade atual, por óbvio, não significa a doutrina da exegese e, ao se fazer menção ao ordenamento jurídico, significa afirmar que a decisão deve levar em conta todo o direito positivo, seja ele infralegal, legal e, especialmente, o direito constitucional, que exerce uma filtragem nos demais textos normativos. Portanto, a legalidade atua no processo de formação do precedente como um controle de qualidade da decisão, exigindo que esta seja baseada no ordenamento jurídico como um todo. Mais ainda, significa que, na formação dos precedentes, também devem ser observados outros precedentes vinculantes atinentes à matéria[777]

A menção aos princípios da segurança jurídica e da confiança legítima tem por objetivo destacar um aspecto dos precedentes obrigatórios que é o de regular a conduta dos jurisdicionados e o de fazer com que eles possam ter confiança de que os precedentes

776. Com mais vagar sobre o tema: PEIXOTO, Ravi. *Superação do precedente e segurança jurídica*. Salvador: Juspodivm, 2015. p. 205-207.

777. Ver Enunciado 380/FPPC: A expressão "ordenamento jurídico", empregada pelo Código de Processo Civil, contempla os precedentes vinculantes. Na doutrina: DIDIER JR., Fredie; BRAGA, Paula S.; OLIVEIRA, Rafael. *Curso de direito processual civil*. 11. ed. Salvador: Juspodivm, 2016, v. 2. p. 481.

possam ter essa função. Isso significa que a segurança jurídica implica na estabilização da *ratio decidendi* para que os jurisdicionados possam prever o resultado de suas ações e a isonomia requer que casos iguais sejam decididos da mesma forma.

A superação de precedentes quebra essa lógica, já que um precedente estabelecido atua justamente na promoção da segurança jurídica, aumentando o grau de previsibilidade dos jurisdicionados e garante também que situações semelhantes tenham a mesma solução. O desafio em relação à segurança jurídica é o de ponderar até que momento é mais adequado ao ordenamento jurídico manter um entendimento inadequado ou desatualizado de forma a permitir que os jurisdicionados possam prever as consequências de suas ações ou omissões.[778] Outra forma de atuação da segurança jurídica e da confiança legítima na formação de precedentes é no sentido de que, mesmo que se observe a necessidade da superação do precedente, ser possível que ela seja realizada de forma prospectiva (art. 927, § 3º), preservando os sujeitos de direito que pautaram a sua conduta no precedente superado.[779]

Portanto, na formação dos precedentes – e para o caso da segurança jurídica, da confiança legítima e da isonomia –, especialmente nos casos em que haverá superação, tais normas jurídicas atuam no sentido de gerar um ônus argumentativo pela manutenção do entendimento anterior. E, nos casos em que tenha havido superação, a segurança jurídica e a confiança legítima têm importância para que seja realizada a modulação de efeitos.

► **NCPC. Art. 926.** Os tribunais devem uniformizar sua jurisprudência e mantê-la estável, íntegra e coerente. ► **Art. 927.** Os juízes e os tribunais observarão: I – as decisões do Supremo Tribunal Federal em controle concentrado de constitucionalidade; II – os enunciados de súmula vinculante; III – os acórdãos em incidente de assunção de competência ou de resolução de demandas repetitivas e em julgamento de recursos extraordinário e especial repetitivos; IV – os enunciados das súmulas do Supremo Tribunal Federal em matéria constitucional e do Superior Tribunal de Justiça em matéria infraconstitucional; V – a orientação do plenário ou do órgão especial aos quais estiverem vinculados.

ENUNCIADO 324. LEI NOVA, INCOMPATÍVEL COM O PRECEDENTE JUDICIAL, É FATO QUE ACARRETA A NÃO APLICAÇÃO DO PRECEDENTE POR QUALQUER JUIZ OU TRIBUNAL, RESSALVADO O RECONHECIMENTO DE SUA INCONSTITUCIONALIDADE, A REALIZAÇÃO DE INTERPRETAÇÃO CONFORME OU A PRONÚNCIA DE NULIDADE SEM REDUÇÃO DE TEXTO.

● *Grupo: Precedentes.* ● *Referências: art. 927.*

▸ ***Ravi Peixoto***

A primeira observação é de que não haveria configuração efetiva de superação quando houver modificação da base normativa.[780] De fato, em tal situação não

778. SCHAUER, Frederic. Precedent. *Stanford LawReview*, v. 39, 1987. p. 597.
779. Com mais vagar sobre o tema: PEIXOTO, Ravi. *Superação do precedente e segurança jurídica*. 2. ed. Salvador: Juspodivm, 2016.
780. ÁVILA, Humberto. *Segurança jurídica*: entre permanência, mudança e realização no direito tributário. São Paulo: Malheiros, 2011. p. 467. Aparentemente em sentido contrário, inserindo-a como uma das

há propriamente modificação de um posicionamento da Corte em questão, já que essa mudança ocorreu por um fator completamente externo e que, por si só, tem a possibilidade de fazê-lo, com a exceção de a modificação legislativa ou constitucional ser decretada como inconstitucional ou ocorrera realização de interpretação conforme ou a pronúncia de nulidade sem redução de texto.[781] Outro aspecto que também deve ser analisado é a hierarquia do precedente, e qual o nível hierárquico da alteração legislativa, posto que, para a superação do precedente, a alteração da base normativa deve ter o mesmo nível ou superior.[782]

Isso significa, por exemplo, que um precedente firmado pelo STF no sentido de que determinado texto normativo infraconstitucional é inconstitucional só será automaticamente alterado caso seja editada emenda constitucional. Uma nova lei, versando sobre o tema, embora não seja automaticamente inconstitucional, não irá alterar, de imediato, o posicionamento do STF. O que se terá neste caso, é um diálogo institucional, em que a lei será novamente apreciada, no entanto, é possível afirmar que, estando em sentido contrário ao posicionamento do STF, de que esse texto normativo teria uma espécie de presunção de inconstitucionalidade.[783] Por outro lado, um precedente do STJ seria automaticamente revogado por uma lei, já que teria a mesma hierarquia normativa do precedente.

Assim, *no caso de alteração do texto normativo, a superação ocorre a partir do início de vigência do novo texto*. Sequer há necessidade de prévia manifestação do tribunal que deu origem ao precedente revogado, até porque tem-se a presunção de constitucionalidade no direito brasileiro. Isso significa que os demais tribunais e juízos monocráticos já podem, a partir do início da vigência da nova lei, deixar de aplicar o entendimento jurisprudencial, pois o precedente teria sido revogado.

Nos casos em que há alteração do texto normativo, não se aplicam as condicionantes da superação, já que ele é realizado pelo Poder Legislativo. Como apontado, a única hipótese de ele não ocorrer é por meio de decretação de sua inconstitucionalidade. Um exemplo recente está relacionado com a possibilidade de protesto da certidão de dívida ativa pela Fazenda Pública. Durante muito tempo, era pacífico o entendimento do STJ pela sua impossibilidade, no entanto, a Lei 9.492/97 ampliou as espécies de documentos de dívida que poderiam ser levadas ao protesto, o que incluiu a CDA, após a modificação sofrida levada a efeito pela Lei 12.767/12, gerando,

---

hipóteses de superação de precedentes: ROSITO, Francisco. *Teoria dos precedentes judiciais...* cit. p. 309.

781. No mesmo sentido é o enunciado n. 324, do FPPC: Lei nova, incompatível com o precedente judicial, é fato que acarreta a não aplicação do precedente por qualquer juiz ou tribunal, ressalvado o reconhecimento de sua inconstitucionalidade, a realização de interpretação conforme ou a pronúncia de nulidade sem redução de texto.

782. No mesmo sentido, tratando da superação de precedentes por alteração do texto normativo e também da hierarquia do precedente: MACÊDO, Lucas Buril de. *Precedentes judiciais e o direito processual civil...* cit. p. 327.

783. Um aprofundamento sobre o tema dos diálogos constitucionais entre os poderes pode ser visto em: BRANDÃO, Rodrigo. *Supremacia judicial versus diálogos constitucionais.* 2. ed. Rio de Janeiro: Lumen Juris, 2017.

por consequência, a mudança do posicionamento do tribunal.[784] Muito embora razões adicionais tenham sido utilizadas, o motivo principal da mudança foi a alteração legislativa, que permitiu a prática. Não há, no exemplo mencionado, uma efetiva superação, mas uma alteração via legislação do entendimento jurisprudencial.[785]

Uma situação específica que pode ser identificada na superação dos precedentes por texto normativo, é a sua eficácia temporal. Como haverá um ponto específico no tempo em que pode ser identificada a específica razão para a mudança do posicionamento, em face da irretroatividade, ao menos em geral, das novas leis, o novo entendimento terá como eficácia temporal inicial a data da entrada em vigência da alteração do texto.

> ▶ **NCPC. Art. 927.** Os juízes e os tribunais observarão: I – as decisões do Supremo Tribunal Federal em controle concentrado de constitucionalidade; II – os enunciados de súmula vinculante; III – os acórdãos em incidente de assunção de competência ou de resolução de demandas repetitivas e em julgamento de recursos extraordinário e especial repetitivos; IV – os enunciados das súmulas do Supremo Tribunal Federal em matéria constitucional e do Superior Tribunal de Justiça em matéria infraconstitucional; V – a orientação do plenário ou do órgão especial aos quais estiverem vinculados.

ENUNCIADO 325. A MODIFICAÇÃO DE ENTENDIMENTO SEDIMENTADO PELOS TRIBUNAIS TRABALHISTAS DEVE OBSERVAR A SISTEMÁTICA PREVISTA NO ART. 927, DEVENDO SE DESINCUMBIR DO ÔNUS ARGUMENTATIVO MEDIANTE FUNDAMENTAÇÃO ADEQUADA E ESPECÍFICA, MODULANDO, QUANDO NECESSÁRIO, OS EFEITOS DA DECISÃO QUE SUPERA O ENTENDIMENTO ANTERIOR.

● *Grupo: Impacto do CPC no processo do trabalho.* ● *Referências: arts. 927 e 15.*

▸ ***Ravi Peixoto***

Há um ônus argumentativo para a superação do precedente, que gera um dever de fundamentação qualificado para o magistrado, destacado pelo NCPC, ao exigir, no § 4º, do seu artigo 927, a "necessidade de fundamentação adequada e específica" para a superação de precedentes. Ou seja, para além da fundamentação típica das decisões ordinárias, que por si só passa a ser mais detalhada pelas exigências do § 1º do artigo 489 do NCPC, há a previsão de uma argumentação ainda mais sólida quando a decisão implicar na superação de um "entendimento sedimentado, sumulado ou não". Todos esses textos normativos devem ser aplicados ao âmbito trabalhista, por força do artigo 15, do NCPC.

O STF já reconheceu que a superação de precedentes não deve ser uma situação rotineira. Na ADI 4071, indicou o tribunal que a mudança de entendimento jurisdicional "pressupõe a ocorrência de significativas modificações de ordem jurídica, social ou econômica, ou, quando muito, a superveniência de argumentos nitidamente mais

---

784. STJ, 2ª T., REsp 1.126.515, Rel. Min. Herman Benjamin, DJe 16.12.2013.

785. Com o mesmo entendimento, cf.: CUNHA, Leonardo C. *Protesto cambiário de certidão de dívida ativa.* Opinião 22. Disponível no site Leonardo Carneiro da Cunha. Acesso em 15.abril.2014.

relevantes do que aqueles antes prevalecentes".[786] Assim, reforça a argumentação de que a alteração de precedentes exige mais do que uma fundamentação corriqueira, não sendo adequada a simples mudança sem quaisquer justificativas que apontem ou o manifesto erro do entendimento anterior, ou a existência de alterações na ordem jurídica, social ou econômica.

Inclusive, a legislação trabalhista, ao tratar da revisão da decisão firmada em julgamento de casos repetitivos vai além do tratamento concedido pelo próprio NCPC. Se o NCPC não estabelece expressamente o conteúdo da "fundamentação específica", o artigo 896-C, § 17 exige, para a superação de precedente em casos repetitivos, a alteração da situação econômica, social ou jurídica. Essa exigência, no entanto, deve ser exigida não apenas para os casos repetitivos, mas também para todos os demais casos de superação de precedentes, não se podendo admitir o desenvolvimento de uma sistemática de precedentes em que eles possam ser superados tão somente pela mudança de entendimento pessoal dos julgadores.

O enunciado ainda aponta a possibilidade de modulação de efeitos pelos tribunais trabalhistas nos casos de superação de precedentes, nos termos do artigo 927, § 3º. Essa autorização, na legislação trabalhista, já existe para os casos repetitivos, no artigo 896-C. A aplicação do texto normativo do NCPC serve como um auxílio para ampliar essa autorização para os demais casos.

Acerca dos requisitos para a realização da superação prospectiva, esta apenas deve ser realizada quando houver violação da segurança jurídica e da confiança legítima dos jurisdicionados, sendo propostos os seguintes requisitos: a) o novo precedente efetivamente de implicar em uma modificação surpreendente na linha jurisprudencial anterior do tribunal; b) a parte que deseje a aplicação prospectiva deve demonstrar a atuação de boa-fé em conformidade com o entendimento anterior; c) na superação de precedentes, só haveria necessidade de tutela da confiança quando fosse demonstrado prejuízo significante à esfera jurídica da (s) parte (s) por ela prejudicada (s); d) a possibilidade de suspensão da eficácia da decisão de forma a permitir uma modulação da eficácia prospectiva pelo Poder Legislativo, especialmente nas hipóteses em que haja a necessidade de criação de um regime de transição complexo.[787]

► **NCPC. Art. 927.** Os juízes e os tribunais observarão: I – as decisões do Supremo Tribunal Federal em controle concentrado de constitucionalidade; II – os enunciados de súmula vinculante; III – os acórdãos em incidente de assunção de competência ou de resolução de demandas repetitivas e em julgamento de recursos extraordinário e especial repetitivos; IV – os enunciados das

786. STF, Pleno, ADI 4.071 AgR, Rel. Min. Menezes Direito, DJe 16.10.2009. Em 2015, o STF voltou a fazer menção ao tema em dois pedidos negados de revisão de súmula vinculante, ao exigir que a parte tivesse demonstrado o preenchimento de uma das seguintes hipóteses: "a) a evidente superação da jurisprudência do STF no trato da matéria; b) a alteração legislativa quanto ao tema; ou, ainda, c) a modificação substantiva de contexto político, econômico ou social". (STF, Tribunal Pleno, PSV 13/DF e PSV 54/DF, ambas julgadas no dia 24.9.2015 e publicadas no Informativo n. 800).

787. Com mais vagar sobre o tema: PEIXOTO, Ravi. *Superação do precedente e segurança jurídica*. 2. ed. Salvador: Juspodivm, 2016, capítulo 4.

súmulas do Supremo Tribunal Federal em matéria constitucional e do Superior Tribunal de Justiça em matéria infraconstitucional; V – a orientação do plenário ou do órgão especial aos quais estiverem vinculados.

ENUNCIADO 326. O ÓRGÃO JURISDICIONAL TRABALHISTA PODE AFASTAR A APLICAÇÃO DO PRECEDENTE VINCULANTE QUANDO HOUVER DISTINÇÃO ENTRE O CASO SOB JULGAMENTO E O PARADIGMA, DESDE QUE DEMONSTRE, FUNDAMENTADAMENTE, TRATAR-SE DE SITUAÇÃO PARTICULARIZADA POR HIPÓTESE FÁTICA DISTINTA, A IMPOR SOLUÇÃO JURÍDICA DIVERSA.

● *Grupo: Impacto do CPC no processo do trabalho.* ● *Referências: arts. 927 e 15.*

▸ ***Ravi Peixoto***

A técnica de distinção tratada neste enunciado está relacionada com uma forma de verificar se existem diferenças relevantes entre dois casos. Caso elas existam, pode ser afastada a aplicação de precedente invocado por uma das partes ou pelo magistrado. Tem-se aqui o tratamento da distinção por particularidade fática.

Quando um dos sujeitos processuais argumenta com base em um precedente, que, de acordo com ele, aplica-se ao caso concreto, deverá demonstrar a similitude fática dos casos. À parte contrária, por sua vez, caso discorde, deverá demonstrar que existem fatos relevantes que impedem a sua aplicação. Muito embora simples na teoria, a utilização da técnica guarda um grande desafio argumentativo, que é o de "demonstrar o quanto os fatos que ensejam a distinção são decisivos para a correta interpretação e aplicação dos termos dos dispositivos legais e outras disposições normativas".[788] Havendo sucesso na argumentação, o precedente invocado simplesmente será inaplicável ao caso concreto, sendo possível ao magistrado decidir de forma diversa.

O NCPC destaca a necessidade da devida fundamentação por parte do magistrado no caso de utilização da técnica da distinção. Tanto é que o § 1º, do artigo 489 considera não fundamentada a decisão que "deixar de seguir enunciado de súmula, jurisprudência ou precedente invocado pela parte, sem demonstrar a existência de *distinção no caso em julgamento* ou a superação do entendimento".

O desafio é justamente a correta categorização dos fatos relevantes e irrelevantes no caso suscitado como precedente e no caso concreto em questão.[789] Isso porque, nem toda particularidade implica na distinção, pois ela pode ser insuficiente para implicar na inaplicabilidade do precedente.[790] Por vezes, mais importante do que os próprios fatos enquanto ocorridos é a forma como são compreendidos e categorizados, o que dependerá da atividade argumentativa dos sujeitos processuais nos casos posteriores, o que irá delimitar adequadamente o precedente.[791]

---

788. TUSHNET, Mark. *Os precedentes judiciais nos Estados Unidos*... cit. p. 107.
789. De forma semelhante: MARSHALL, Geoffrey. What is binding in a precedent. MACCORMICK, Neil; SUMMERS, Robert S. *Interpreting precedents*: a comparative study. Aldershot: Dartmouth, 1997. p. 505.
790. MARINONI, Luiz G. *Precedentes obrigatórios*. 3. ed. São Paulo: RT, 2013. p. 326.
791. MACÊDO, Lucas Buril de. *Precedentes judiciais e o direito processual civil*... cit. p. 354.

Um exemplo fictício pode ilustrar esse raciocínio: uma determinada pessoa foi proibida de entrar com um cachorro em um restaurante. Os fatos estão categorizados e delineados. Em outra situação, caso entre um cego com um cão-guia, o precedente anterior seria aplicado? E se simplesmente fosse outro animal, como um pequeno pássaro em uma gaiola? A mera diferenciação da cor do animal seria relevante? Ora, é evidente que por vezes o importante não são os fatos puros, mas a forma com a qual são apresentados.[792]

Como já mencionado no Enunciado 174/FPPC, é uma técnica que compete a qualquer juiz, independentemente de sua posição na hierarquia do Poder Judiciário. Além disso, sendo uma técnica essencial a um ordenamento jurídico que adota a teoria dos precedentes, deve também ser utilizada no processo trabalhista, não se podendo cogitar de qualquer vedação nesse sentido. A bem da verdade, a técnica da distinção é essencial à construção de um sistema de precedentes; sem ela, não haverá a flexibilidade necessária na interpretação e na aplicação de precedentes.

Esse é o propósito básico do referido enunciado, ao autorizar que os órgãos jurisdicionais trabalhistas também possam utilizar-se da técnica da distinção, desde que os seus pressupostos sejam atendidos.

► **NCPC. Art. 927.** Os juízes e os tribunais observarão: I – as decisões do Supremo Tribunal Federal em controle concentrado de constitucionalidade; II – os enunciados de súmula vinculante; III – os acórdãos em incidente de assunção de competência ou de resolução de demandas repetitivas e em julgamento de recursos extraordinário e especial repetitivos; IV – os enunciados das súmulas do Supremo Tribunal Federal em matéria constitucional e do Superior Tribunal de Justiça em matéria infraconstitucional; V – a orientação do plenário ou do órgão especial aos quais estiverem vinculados.

Enunciado 327. Os precedentes vinculantes podem ter por objeto questão de direito material ou processual.

● *Grupo: Precedentes.* ● *Referências: art. 928, par. ún.*

► ***Ravi Peixoto***

A *ratio decidendi* é o elemento vinculante do precedente e, no *common law*, estaria relacionada tão somente à resolução dos casos e não das demais questões solucionadas no caso concreto[793], o que iria impedir a sua formação quando relacionada às questões prejudiciais e preliminares rejeitadas e mesmo as questões resolvidas em favor de uma das partes que ao final restou vencida.

792. Exemplo inspirado em: *Idem*. p. 354.

793. MARINONI, Luiz G. *Precedentes obrigatórios*... cit. p. 244-245, 260. Veja-se por exemplo a definição de Michael Zander: "uma proposição de direito que decide o caso, à luz ou no contexto dos fatos materiais". Tradução livre de: "a proposition of law wich decides the case, in the light or in the context of the material facts". (ZANDER, Michael. *The law-making process*. 6. ed. Cambridge: Cambridge University Press, 2011. p. 268-269).

No direito brasileiro, tal limitação não deve ocorrer, sendo permitida a formação de *ratione decidendi* em face de questões ou pontos, e não somente na solução do direito material. Isso permite que possam vir a formar precedentes, a exemplo das questões prejudiciais e preliminares e mesmo as questões resolvidas em favor de uma das partes que ao final restou vencida.[794] Não há razões para se limitar, no ordenamento jurídico brasileiro, a formação da *ratio decidendi* apenas à resolução do caso concreto, já que isso impediria que diversos entendimentos consolidados dos tribunais superiores formassem precedentes. A título de exemplo, em um determinado caso concreto, em que o magistrado rejeita uma alegação de incompetência e julga o caso procedente, a questão de competência irá gerar uma nova *ratio decidendi,* e não apenas a que julgou o caso concreto.

Esse entendimento é auxiliado pela utilização da teoria dos capítulos de sentença, que foi desenvolvida por Enrico Tullio Liebman[795] e adaptada ao nosso país por Cândido Rangel Dinamarco.[796] De acordo com ela, existem tantos capítulos quanto forem as resoluções de questões no caso concreto, que podem versar tanto sobre o mérito da causa, como sobre questões processuais. E, havendo essa partição, cada um deles poderá ser regido por pressupostos autônomos. Cada uma das questões solucionadas – seja ela de natureza material ou processual, ou mesmo decidida como questão principal ou preliminar/prejudicial – terá aptidão para formar um capítulo de decisão e também gerar um precedente específico. Portanto, na prática brasileira, podemos ter tantos precedentes quanto forem as decisões prolatadas no caso concreto, seja a decisão referente ao direito material, que pode também ser particionada, mediante a cumulação de pedidos, seja o julgamento referente ao direito processual.

▶ **NCPC. Art. 928. Parágrafo único.** O julgamento de casos repetitivos tem por objeto questão de direito material ou processual.

ENUNCIADO 431. O JULGADOR, QUE ADERIR AOS FUNDAMENTOS DO VOTO-VENCEDOR DO RELATOR, HÁ DE SEGUIR, POR COERÊNCIA, O PRECEDENTE QUE AJUDOU A CONSTRUIR NO JULGAMENTO DA MESMA QUESTÃO EM PROCESSOS SUBSEQUENTES, SALVO SE DEMONSTRAR A EXISTÊNCIA DE DISTINÇÃO OU SUPERAÇÃO.

● *Grupo: Poderes do juiz.* ● *Referências: arts. 489, § 1º, VI, 926 e 927.*

▸ ***Ravi Peixoto***

A preocupação do Enunciado é com a vinculação horizontal de precedentes. Por mais que o próprio tribunal que tenha produzido a decisão que se tornou precedente possa deixar de aplicá-lo por meio da técnica da superação, a vinculação horizontal

794. ATAÍDE JR., Jaldemiro R. *Precedentes vinculantes e irretroatividade do direito no sistema processual brasileiro...* cit. p. 76-77; MARINONI, Luiz G. *Precedentes obrigatórios...* cit. p. 260-261.

795. LIEBMAN, Enrico Tullio. "Parte" o "capo" disentenza. *Rivista di diritto processuale civile.* Padova: Cedam, v. XIX, 1964.

796. DINAMARCO, Cândido R. *Capítulos de Sentença.* 4. ed. São Paulo: Malheiros, 2009.

impõe tanto um ônus argumentativo para não aplicar o precedente, como exige a *autorreferência*.

Dentre as decorrências da adoção de um sistema de precedentes, uma característica que, embora seja básica para qualquer espécie de ordenamento jurídico, é-lhe imputada comumente, é a necessidade de coerência na aplicação do direito, como sempre alertou o jurista americano Ronald Dworkin. Assim o fez através da imortalização da imagem da elaboração de um livro (*chain-novel*), em que cada magistrado irá elaborar um dos capítulos.[797]

Na interessante metáfora de Dworkin, é imprescindível que cada capítulo retome o raciocínio do anterior, dando continuidade à narração, seja para caminhar em outro sentido, seja para manter a mesma linha. Assim sendo, cada julgador, que se equipara ao autor do livro na analogia, precisa adicionar algum elemento para o livro, ou não dá continuidade à história.

A autorreferência é um elemento fundamental para o bom funcionamento dos precedentes judiciais. É preciso que o magistrado, mesmo que seja para superar o precedente, com ele dialogue e, eventualmente, o desconsidere, *sempre de forma fundamentada*.

A autorreferência, portanto, nada mais é do que um *dever específico de fundamentação*, consistente no dever de consideração do Judiciário, no momento de decidir, de algo que foi por ele dito anteriormente.[798]

O fato de o membro no tribunal apenas seguir o precedente, sem elaborar um voto próprio, também lhe torna comprometido com o raciocínio desenvolvido no caso concreto. Colocando-o na metáfora de Dworkin, significa que ele seria um dos coautores do capítulo escrito, por mais que eventualmente não tenha redigido nenhuma das palavras, mas teria com elas concordado. A ele também compete seguir o precedente, salvo distinção ou no caso de superação, não podendo ignorar a decisão com a qual se comprometeu.

► **NCPC. Art. 489. § 1º** Não se considera fundamentada qualquer decisão judicial, seja ela interlocutória, sentença ou acórdão, que: VI – deixar de seguir enunciado de súmula, jurisprudência ou precedente invocado pela parte, sem demonstrar a existência de distinção no caso em julgamento ou a superação do entendimento. ► **Art. 926.** Os tribunais devem uniformizar sua jurisprudência e mantê-la estável, íntegra e coerente. ► **Art. 927.** Os juízes e os tribunais observarão: I – as decisões do Supremo Tribunal Federal em controle concentrado de constitucionalidade; II – os enunciados de súmula vinculante; III – os acórdãos em incidente de assunção de competência ou de resolução de demandas repetitivas e em julgamento de recursos

797. DWORKIN, Ronald. *Law's empire*. Oxford: Hart Publishing, 1998. p. 225-238; DWORKIN, Ronald. *O império do direito*. Trad. Jefferson Luiz Camargo. São Paulo: Martins Fontes, 2007. p. 271-286.

798. Nesse sentido, conferir: SCHAUER, Frederick. "Precedent". Stanford Law Review, v. 39, 1987. p. 580-581. DUXBURY, Neil. The nature and authority of precedent. Cambridge: Cambridge University Press, 2008. p. 109. TUCCI, José Rogério Cruz e. "Parâmetros de eficácia e critérios de interpretação do precedente judicial". WAMBIER, Teresa A. (Coord.). Direito jurisprudencial. São Paulo: RT, 2012. p. 105

extraordinário e especial repetitivos; IV – os enunciados das súmulas do Supremo Tribunal Federal em matéria constitucional e do Superior Tribunal de Justiça em matéria infraconstitucional; V – a orientação do plenário ou do órgão especial aos quais estiverem vinculados.

ENUNCIADO 433. CABE À ADMINISTRAÇÃO PÚBLICA DAR PUBLICIDADE ÀS SUAS ORIENTAÇÕES VINCULANTES, PREFERENCIALMENTE PELA REDE MUNDIAL DE COMPUTADORES.

● *Grupo: Impacto do novo CPC e os processos da Fazenda Pública.* ● *Referências: arts. 6º, 496, § 4º, IV e 927, § 5º.*

▸ *Ravi Peixoto*

Um dos deveres inerentes a uma sistemática de precedentes obrigatórios é a concessão de publicidade às decisões judiciais (art. 927, § 5º). De nada adiantaria a concessão de eficácia vinculante às decisões se os cidadãos não tiverem conhecimentos das decisões que irão servir como pauta para as suas condutas.

Na sistemática de precedentes proposta, tem-se uma valorização tanto dos precedentes judiciais, quanto dos precedentes administrativos. Essa valorização das decisões administrativas é observada pela inclusão de mais uma hipótese de exclusão do cabimento da remessa necessária no caso de a sentença estar fundada em "entendimento coincidente com orientação vinculante firmada no âmbito administrativo do próprio ente público, consolidada em manifestação, parecer ou súmula administrativa" (art. 496, § 4º, IV).

Trata-se de uma interessante novidade, baseada na proibição do comportamento contraditório: a lógica é a de que não deve haver o reexame necessário, quando o próprio ente possui entendimento firmado no âmbito administrativo favorável à pretensão exercida. O grande desafio é justamente o da publicidade, pois, em diversos casos, as manifestações, pareceres ou súmulas administrativas dos respectivos entes não são devidamente divulgados para o público, especialmente nos entes menores, como os municípios.

O objetivo do Enunciado é o de fomentar a publicização das orientações vinculantes dos entes públicos, como forma de evitar reexames necessários quando a própria decisão coincide com o posicionamento administrativo do ente. Isso porque, para que a remessa necessária não seja aplicada, as partes, em especial a contrária ao ente público e o magistrado precisam ter acessos a essas orientações vinculantes. Portanto, a adequada publicização de tais orientações é condição imprescindível para que o artigo 496, § 4º, IV, possa ser devidamente aplicado nos casos em que incida.

▸ **NCPC.** ▸ **Art. 6º** Todos os sujeitos do processo devem cooperar entre si para que se obtenha, em tempo razoável, decisão de mérito justa e efetiva. ▸ **Art. 496. § 4º** Também não se aplica o disposto neste artigo quando a sentença estiver fundada em: IV – entendimento coincidente com orientação vinculante firmada no âmbito administrativo do próprio ente público, consolidada em manifestação, parecer ou súmula administrativa. ▸ **Art. 927. § 5º** Os tribunais darão publicidade a seus precedentes, organizando-os por questão jurídica decidida e divulgando-os, preferencialmente, na rede mundial de computadores.

Enunciado 453. A estabilidade a que se refere o caput do art. 926 consiste no dever de os tribunais observarem os próprios precedentes.

● *Grupo: Precedentes, IRDR, Recursos Repetitivos e Assunção de competência.* ● *Referências: arts. 926 e 1.022, par. ún., I.*

▸ *Ravi Peixoto*

Para além da vinculação de precedentes, a manutenção de um entendimento jurisprudencial estabelece uma nova camada na concretização do princípio da segurança jurídica. Afirma Jeremy Waldron que não se trata apenas de garantir previsibilidade pela vinculação, mas sim de "conceder tempo aos jurisdicionados para se acostumar com a norma jurisdicional e a internalizar como base para a sua tomada de decisões".[799]

Quando se tem um precedente vinculante, quanto mais tempo ele continua a ser respeitado e aplicado pelos demais tribunais, mais ele se torna parte da própria cultura dos indivíduos a eles sujeitos. Se há um precedente afirmando que determinada conduta não é tributável, tanto as empresas não levarão aquele gasto em seu planejamento, como os entes públicos não considerarão aquela receita. E com o passar do tempo, a confiança de todos naquele entendimento torna-se cada vez mais arraigada.

Há uma série de situações diferentes, com requisitos também diversos, em que é adequada a realização da superação. É importante estabelecer que sempre haverá uma forte pressão normativa pela manutenção do precedente, sendo a superação a última opção a ser feita pela Corte, justamente pela possibilidade de gerar instabilidade no ordenamento jurídico.[800]

Esse ônus argumentativo para a superação do precedente gera um dever de fundamentação qualificado para o magistrado, destacado pelo NCPC, ao exigir, no § 4º, do seu artigo 927, a "necessidade de fundamentação adequada e específica" para a superação de precedentes. Ou seja, para além da fundamentação típica das decisões ordinárias, que por si só passa a ser mais detalhada pelas exigências do § 1º do artigo 489 do NCPC, há a previsão de uma argumentação ainda mais sólida quando a decisão implicar na superação de um "entendimento sedimentado, sumulado ou não".

Isso significa dizer que a superação de precedentes não deve ser baseada tão somente na mudança de opinião dos julgadores ou na consideração de que uma decisão anterior estaria incorreta.[801] Se assim o fosse, a própria lógica do *stare decisis* iria ruir, pois é baseada na pressuposição de que um precedente anterior deve ser aplicado pelo fato de existir e não por ele ser considerado correto. Se uma Corte mudar de

799. Tradução livre de: "It is about people having time to take a norm on board and internalize it as a basis for their decisionmaking". (WALDRON, Jeremy. Stare decisis and the rule of law: a layered approach... cit. p. 28).

800. DUXBURY, Neil. *Nature and authority of precedent*... cit. p. 123.

801. Isso não impede, no entanto, o reconhecimento excepcional dos erros evidentes, que permitem a superação do precedente, consoante será mencionado no decorrer do texto.

entendimento todas as vezes em que considerar um precedente anterior incorreto, não será mais possível dizer que há *stare decisis*.[802]

Há uma passagem bastante interessante da Suprema Corte norte-americana que bem simboliza a exigência de um ônus argumentativo qualificado para a superação de precedentes, no caso *Stephen Kimble, et al., petitioners v. Marvel Entertainment, LLC, successorto Marvel Enterprises, Inc.*[803]:

> O que nós decidimos, nós podemos modificar. Mas o stare decisis ensina que nós devemos exercer esse poder com moderação. Cf. S. Lee e S. Ditko, Amazing Fantasy n. 15: "Spider-Man", p. 13 (1962) ("Nesse mundo, com grandes poderes trazem consigo – grande responsabilidade"). Encontrar muitas razões para permanecer no curso do staredecisis e nenhuma "justificativa especial" para se afastar dele, nós rejeitamos o convite de Kimble para superar Brulotte.

A necessidade de manutenção dos precedentes vigentes, de forma a gerar previsibilidade e garantir a isonomia na aplicação do direto, impõe tanto um maior esforço argumentativo à parte que litiga em face de precedente em sentido contrário, como ao magistrado que atue nessa superação (a quem cabe o dever de fundamentação qualificada), estando tal ônus, de acordo com a doutrina, relacionado com o princípio da inércia argumentativa.[804]

Por mais que os próprios tribunais produtores dos precedentes possam superá-los, essa prática há de ser exercida com parcimônia. Do contrário, a sistemática de precedentes obrigatórios será incapaz de orientar adequadamente os jurisdicionados.

▶ **NCPC. Art. 926.** Os tribunais devem uniformizar sua jurisprudência e mantê-la estável, íntegra e coerente. ▶ **Art. 1.022. Parágrafo único.** Considera-se omissa a decisão que: I – deixe de se manifestar sobre tese firmada em julgamento de casos repetitivos ou em incidente de assunção de competência aplicável ao caso sob julgamento; II – incorra em qualquer das condutas descritas no art. 489, § 1º.

---

802. SCHAUER. Frederick. *Thinking like a lawyer*... cit. p. 60.

803. Tradução livre de: What we can decide, we can undecide. But stare decisis teaches that we should exercise that authority sparingly. Cf. S. Lee and S. Ditko, Amazing Fantasy n. 15: "Spider-Man" p. 13 (1962) ("[I]n this world, with great power there must also come – great responsibility"). Finding many reasons for staying the stare decisis course and no "special justification" for departing from it, we decline Kimble's invitation to overrule Brulotte.

804. ATAÍDE JR., Jaldemiro R. O princípio da inércia argumentativa diante de um sistema de precedentes em formação no direito brasileiro. *Revista de processo*. São Paulo: RT, n. 229, mar/2014, *passim*; CRUZ E TUCCI, José Rogério. *Precedente judicial como fonte do direito*... cit. p. 180-181. De acordo com o autor, "a inércia argumentativa intervém em favor do estado de coisas existente, que só deve ser alterado, se houver razões a favor da mudança, se houver prova da oportunidade de mudar de conduta diante de uma situação que se repete. No direito, as razões a favor da mudança funcionam de forma bastante semelhante à força resultante que pode pôr em movimento um corpo em repouso, ou a alterar a velocidade ou direção de um corpo em movimento" (ATAÍDE JR., Jaldemiro R. O princípio da inércia argumentativa diante de um sistema de precedentes em formação no direito brasileiro... cit. p. 390). Ressalte-se que o princípio da inércia argumentativa, relacionado com a própria manutenção do precedente estabelecido anteriormente, também atua na diminuição do ônus argumentativa de quem atua com base no entendimento atual e mitiga a necessidade de motivação do magistrado, a quem se requer basicamente a demonstração de aplicação do precedente.

Enunciado 454. Uma das dimensões da coerência a que se refere o caput do art. 926 consiste em os tribunais não ignorarem seus próprios precedentes (dever de autorreferência).

● *Grupo: Precedentes, IRDR, Recursos Repetitivos e Assunção de competência.* ● *Referências: arts. 926 e 1.022, par. ún., I.*

▸ ***Ravi Peixoto***

A autorreferência, portanto, nada mais é do que um *dever específico de fundamentação*, consistente no dever de o Judiciário tomar em conta, no momento de decidir, algo que foi por ele dito anteriormente.[805]

O conceito de coerência é bastante multifacetado, no entanto, é possível identificar elementos básicos que devem fazer parte deste conceito mais amplo da coerência. Um deles é o dever de autorreferência. Não se pode mais admitir que, em havendo algum entendimento anterior sobre aquele mesmo tema, possa ele ser solenemente ignorado na decisão do magistrado. As decisões não podem partir de um grau zero, sem respeito à integridade do direito e aos julgados passados sobre situações fáticas semelhantes.[806] Do contrário, as decisões mais pareceriam decorrentes da pura individualidade dos magistrados, e não como decorrentes da interpretação dos textos normativos e desenvolvida nos julgados anteriores.[807] É preciso encarar o exercício do Poder Judiciário como instituição e não de forma isolada.

Mesmo que o juiz tenha competência para superar seu próprio precedente, não será possível a ele simplesmente ignorar aquela fonte do direito, mesmo que seja para afirmar – fundamentadamente – que não irá aplicá-lo.

Há de ser perceber que esse dever se manifesta tanto nos casos em que o mesmo posicionamento é adotado, quanto nas hipóteses em que é utilizada a técnica de superação de precedentes. Por mais que o tribunal possa superar os próprios precedentes, a ele incumbe, ao menos, o dever de dialogar com as decisões anteriores, de forma a conceder coerência e consistência ao direito.[808]

A autorreferência relaciona-se com uma visão institucional do exercício da função judicial. Apenas um ponto de vista estritamente individual do exercício dessa função tem aptidão para permitir um exercício individual da jurisdição por cada juiz, que desconsidera os precedentes anteriores e ignora "o dever de tutelar os casos de forma

805. Nesse sentido, conferir: SCHAUER, Frederick. "Precedent". Stanford Law Review, v. 39, 1987. p. 580-581. DUXBURY, Neil. The nature and authority of precedent. Cambridge: Cambridge University Press, 2008. p. 109. TUCCI, José Rogério Cruz e. "Parâmetros de eficácia e critérios de interpretação do precedente judicial". WAMBIER, Teresa A. (Coord.). Direito jurisprudencial. São Paulo: RT, 2012. p. 105.

806. NUNES, Dierle; THEODORO JR, Humberto; BAHIA, Alexandre G. M. F. Breves considerações sobre a politização do Judiciário e sobre o panorama de aplicação no direito brasileiro Análise da convergência entre o civil law e o common law e dos problemas da padronização decisória... cit. p. 42-47.

807. ZAGREBELSKY, Gustavo. *Principî e voti*: la Corte costituzionale e lapolitica. Torino: GuilioEinaudi editore, 2005. p. 83.

808. MACÊDO, Lucas Buril de. *Precedentes judiciais e o direito processual civil*... cit. p. 268.

coerente e isonômica, sem ferir a previsibilidade".[809] Afinal, é preciso passar de um modelo individualista para um institucionalista, situação que traz consigo o dever de autorreferência.

As normas extraídas dos precedentes seriam como regras probatórias para questões jurídicas ao invés de questões de fato. Elas geram maior força para um indicador particular acerca do que seria a decisão adequada para a resolução do ponto ou questão em questão. Os precedentes atuam como uma espécie de presunção de correção do direito.[810] Tal qual ocorre na presunção relativa sobre fatos, tem-se uma conclusão inicial de que a solução apresentada no julgado anterior é adequada, exceto se a parte contrária e o magistrado apresentarem argumentos capazes de superar a presunção, ensejando a sua inaplicabilidade do precedente ao caso concreto.

De acordo com a doutrina, as normas judiciais ainda guardam certas características semelhantes com as regras sobre admissibilidade de provas, primeiro porque por vezes elas falham em buscar a interpretação mais adequada ao texto normativo e segundo porque elas se baseiam em mais do que apenas a pretensão de correção, que seriam os princípios que fundamentam o *stare decisis*, tais como a segurança jurídica, a igualdade etc.[811] E, naturalmente, ter uma resposta uniforme e estável sobre uma questão não é a igual a ter a resposta mais adequada.[812]

Uma imagem interessante e que pode ser aqui utilizada é a de que decidir casos com base em precedentes pode ser semelhante à imagem de uma novela em cadeia, em que cada magistrado irá escrever um capítulo da obra. Cada capítulo precisa estar conectado ao anterior, levando em consideração o que já foi decidido anteriormente, muito embora detenha suas particularidades. Não se pode simplesmente ignorar o que já foi escrito/decidido, devendo haver a incorporação das construções anteriores, o que incrementa o desenvolvimento da história/direito.

Naturalmente, pode ser demonstrado que o capítulo que esteja escrito naquele momento parte para um desenvolvimento diferente da história contada, mas incumbe ao julgador a realização da distinção. Há, com isso, um dever de diálogo, não de submissão, uma espécie de liberdade condicionada. Mesmo que opte por abandonar a

809. MARINONI, Luiz G. *A ética dos precedentes*: justificativa do novo CPC. São Paulo: RT, 2014. p. 91. Também criticando fortemente o individualismo nas decisões que ignoram os precedentes, cf.: JARAMILLO, Javir Tamayo; JARAMILLO J. Carlos Ignacio. *El precedente judicial en Colombia*: papel y valor asignados a la jurisprudencia. Bogotá: Ibañez, 2012. p. 219-220.

810. De forma semelhante, Hermes Zaneti menciona a pretensão de correção e de presunção a favor da correção do precedente. (ZANETI JR., Hermes. Precedentes (*treat cases alike*) e o novo Código de Processo Civil – universalização e vinculação horizontal como critérios de racionalidade e a negação da "jurisprudência persuasiva" como base para uma teoria e dogmática dos precedentes no Brasil. cit. p. 317, 319).

811. O exemplo da primeira situação em termos de questões fáticas seriam as presunções relativas que podem, se não superadas, gerar resultados inadequados em termos fáticos. No segundo caso, o exemplo seria a proibição das provas ilícitas, em que se ignora a busca pela situação real dos fatos por conta do direito a intimidade etc.

812. O raciocínio comparativo foi extraído do seguinte texto: HARRISON, John. The power of congress over the rules of precedent. *Duke Law Journal*, v. 50, 2000. p. 512-513.

empreitada e superar por completo aquele precedente, o julgador deve sempre tentar manter a linha do romance em cadeia.[813] Cabe a cada um dos magistrados que venham a trabalhar com aquele precedente a escrita do seu próprio capítulo, mesmo que seja para caminhar em sentido diverso, mas não pode ignorar os anteriores, devendo, sim, interpretá-los e incorporar o desenvolvimento anterior.

Na teoria dos precedentes e no direito como um todo, há uma forte necessidade de integridade na aplicação do direito, seja para que se alcancem soluções semelhantes, seja para que se modifiquem os resultados dos julgados anteriores. Em suma, tal qual ocorre na novela em cadeia, a interpretação jurídica "não é nem totalmente livre como o poderia ser a escrita de um romance novo, nem totalmente limitada como o seria a tradução de um autor estrangeiro; *revela-se simultaneamente livre e limitada, como a obra do próprio juiz*".[814]

Por tais motivos, o dever de autorreferência não pode ser ignorado pelos tribunais, especialmente com uma cultura de precedentes obrigatórios. Há uma correlação necessária (mas não suficiente) entre o sucesso de uma teoria dos precedentes e a autorreferência, pois em um país onde os tribunais que prolatam as decisões que servem como precedentes obrigatórios não as utilizam ao menos como base para os casos concretos semelhantes a eles submetidos posteriormente não pode esperar que os demais componentes do Poder Judiciário sigam as suas decisões.

► **NCPC. Art. 926.** Os tribunais devem uniformizar sua jurisprudência e mantê-la estável, íntegra e coerente. ► **Art. 1.022. Parágrafo único.** Considera-se omissa a decisão que: I – deixe de se manifestar sobre tese firmada em julgamento de casos repetitivos ou em incidente de assunção de competência aplicável ao caso sob julgamento; II – incorra em qualquer das condutas descritas no art. 489, § 1º.

ENUNCIADO 455. UMA DAS DIMENSÕES DO DEVER DE COERÊNCIA SIGNIFICA O DEVER DE NÃO-CONTRADIÇÃO, OU SEJA, O DEVER DE OS TRIBUNAIS NÃO DECIDIREM CASOS ANÁLOGOS CONTRARIAMENTE ÀS DECISÕES ANTERIORES, SALVO DISTINÇÃO OU SUPERAÇÃO.

● *Grupo: Precedentes, IRDR, Recursos Repetitivos e Assunção de competência.* ● *Referências: art. 926.*

► ***Ravi Peixoto***

Dentre as decorrências da adoção de um sistema de precedentes, uma característica que, embora seja básica para qualquer espécie de ordenamento jurídico, é-lhe imputada comumente, é a necessidade de coerência na aplicação do direito, como sempre alertou o jurista americano Ronald Dworkin. Assim o fez através da imortalização

813. DWORKIN, Ronald. *Law's empire*. Oxford: Hart Publishing, 1998. p. 225-238; DWORKIN, Ronald. *O império do direito*. Trad. Jefferson Luiz Camargo. São Paulo: Martins Fontes, 2007. p. 271-286.
814. OST, François. *O tempo do direito*. Trad. Maria Fernanda de Oliveira. Lisboa: Instituto Piaget, 1999. p. 98.

da imagem da elaboração de um livro (*chain-novel*), em que cada magistrado irá elaborar um dos capítulos, mencionada em outros enunciados.[815]

Seguindo tal lógica, ainda que o juiz dissinta da linha jurisprudencial que estava fixada, é imprescindível que faça referência a ela, demonstrando as razões do desvio. A isto, chama-se *autorreferência*. Trata-se de um elemento fundamental para o bom funcionamento dos precedentes judiciais. É preciso que o magistrado, mesmo que seja para superar o precedente, com ele dialogue e, eventualmente, o desconsidere, *sempre de forma fundamentada*. A autorreferência, portanto, nada mais é do que um *dever específico de fundamentação*, consistente no dever de o Judiciário tomar em conta, no momento de decidir, algo que foi por ele dito anteriormente.[816]

Um sistema de precedentes em que os juízes e tribunais não se referem aos casos passados simplesmente não irá funcionar. As decisões não podem partir de um grau zero, sem respeito à integridade do direito e aos julgados passados sobre situações fáticas semelhantes.[817] Do contrário, as decisões mais pareceriam decorrentes da pura individualidade dos magistrados, e não como decorrentes da interpretação dos textos normativos e desenvolvida nos julgados anteriores.[818] É preciso encarar o exercício do Poder Judiciário como instituição e não de forma isolada.

Os tribunais superiores, ao ignorarem seus julgados passados, acabam transmitindo a mensagem de desrespeito aos próprios precedentes aos órgãos jurisdicionais a eles submetidos. Como exigir coerência e respeito dos tribunais e juízes inferiores, se eles mesmos não respeitam seus próprios precedentes? Não se pode, na vivência do direito, aplicar a máxima "faça o que eu digo, não faça o que eu faço".

Causa espanto ao aplicador do direito imaginar a vindoura vinculação aos precedentes e, ao mesmo tempo, constatar a jurisprudência lotérica[819] diuturnamente implementada nos tribunais superiores, tudo sem qualquer autorreferência e com a inadequada utilização das técnicas conexas ao estabelecimento do *stare decisis*.

► **NCPC. Art. 926.** Os tribunais devem uniformizar sua jurisprudência e mantê-la estável, íntegra e coerente.

815. DWORKIN, Ronald. *Law'sempire*. Oxford: Hart Publishing, 1998. p. 225-238; DWORKIN, Ronald. *O império do direito*. Trad. Jefferson Luiz Camargo. São Paulo: Martins Fontes, 2007. p. 271-286.

816. Nesse sentido, conferir: SCHAUER, Frederick. "Precedent". Stanford Law Review, v. 39, 1987. p. 580-581. DUXBURY, Neil. The nature and authority of precedent. Cambridge: Cambridge University Press, 2008. p. 109. TUCCI, José Rogério Cruz e. "Parâmetros de eficácia e critérios de interpretação do precedente judicial". *In*: WAMBIER, Teresa A. (Coord.). *Direito jurisprudencial*. São Paulo: RT, 2012. p. 105.

817. NUNES, Dierle; THEODORO JR, Humberto; BAHIA, Alexandre G. M. F. Breves considerações sobre a politização do Judiciário e sobre o panorama de aplicação no direito brasileiro Análise da convergência entre o *civil law* e o *common law* e dos problemas da padronização decisória... cit. p. 42-47.

818. ZAGREBELSKY, Gustavo. *Principî e voti*: la Corte costituzionale e lapolitica. Torino: GuilioEinaudi editore, 2005. p. 83.

819. CAMBI, Eduardo. Jurisprudência lotérica. *Revista dos Tribunais*. v. 786, 2001.

Enunciado 456. Uma das dimensões do dever de integridade consiste em os tribunais decidirem em conformidade com a unidade do ordenamento jurídico.

● *Grupo: Precedentes, IRDR, Recursos Repetitivos e Assunção de competência.* ● *Referências: art. 926.*

▸ *Ravi Peixoto*

A unidade do ordenamento jurídico é uma espécie de postulado normativo utilizado por Humberto Ávila, que consiste na exigência de que o intérprete, ao realizar a interpretação, opere por meio de relações entre "a parte e o todo, mediante o emprego das categorias de ordem e de unidade".[820] No entanto, essa afirmação, por si só, não consegue explicar muita coisa. É necessária uma maior especificação dos eventuais deveres da exigência dessa unidade do ordenamento jurídico.

Ao que consta, uma das suas decorrências é a de tentar impedir o voluntarismo judicial e as argumentações arbitrárias, eis que compete ao juiz decidir em conformidade com o direito em toda a sua complexidade (normas constitucionais, administrativas, negociais, precedentes etc.).[821] O magistrado não poderá simplesmente decidir apenas em conformidade com o direito civil, se, para o caso concreto, tem-se a aplicação de normas constitucionais e administrativas.

Além disso, o juiz ainda há de respeitar a hierarquia das normas, o que faz parte da formação de um ordenamento jurídico que tenha um aspecto unitário. O próprio Humberto Ávila insere como uma das decorrências de um ordenamento jurídico unitário, o dever de que o intérprete relacione "as normas com as normas que lhes são formal ou materialmente superiores".[822]

Enfim, todos esses deveres poderiam ser extraídos da exigência da integridade da jurisprudência existente no artigo 926, do NCPC. A noção geral é a de que as decisões judiciais precisam estar de acordo com o direito como um todo, não podendo levar em consideração tão somente um determinado ramo e, também, não poderiam decorrer do mero voluntarismo judicial.

Há quem critique o enunciado n. 456, pois o dever de decidir conforme a unidade do ordenamento jurídico estaria relacionado não com a integridade, mas com o dever de preservação da coerência da jurisprudência.[823]No entanto, este não parece ser o posicionamento mais adequado, na medida em que a integridade, em geral, é entendida dentre um de seus elementos como uma necessidade de que as decisões estejam em conformidade com o ordenamento jurídico como um todo. A coerência da jurisprudência, por outro lado, está mais relacionada com a existência de uma linha de entendimento coerente dentro do que vem sendo decidido pelo Poder Judiciário. É uma visão limitada ao que vem sendo decidido, pois é possível que haja uma

---

820. ÁVILA, Humberto. *Teoria dos princípios*. 12. ed. São Paulo: Malheiros, 2011. p. 136.

821. DIDIER JR., Fredie. "Sistema brasileiro de precedentes judiciais obrigatórios e os deveres institucionais dos tribunais: uniformidade, estabilidade, integridade e coerência da jurisprudência". *In*: DIDIER JR., Fredie. *et al.* (Coords.). *Precedentes*. Salvador: Juspodivm, 2015. p. 395.

822. ÁVILA, Humberto. *Teoria dos princípios*... cit. p. 136.

823. CÂMARA, Alexandre F. *O novo processo civil brasileiro*. São Paulo: Atlas, 2015. p. 432

coerência na jurisprudência, mas ela própria estar em desacordo com o ordenamento jurídico. Afinal, o direito não se resume ao que afirmar as decisões judiciais como defende o realismo jurídico.

> ▶ **NCPC. Art. 926.** Os tribunais devem uniformizar sua jurisprudência e mantê-la estável, íntegra e coerente.

ENUNCIADO 457. UMA DAS DIMENSÕES DO DEVER DE INTEGRIDADE PREVISTO NO CAPUT DO ART. 926 CONSISTE NA OBSERVÂNCIA DAS TÉCNICAS DE DISTINÇÃO E SUPERAÇÃO DOS PRECEDENTES, SEMPRE QUE NECESSÁRIO PARA ADEQUAR ESSE ENTENDIMENTO À INTERPRETAÇÃO CONTEMPORÂNEA DO ORDENAMENTO JURÍDICO.

● *Grupo: Precedentes, IRDR, Recursos Repetitivos e Assunção de competência.* ● *Referências: art. 926.*

▶ ***Ravi Peixoto***

É inegável que o conceito de integridade constante do *caput* do artigo 926 é polissêmico. Diversas interpretações diversas podem ser extraídas desse mesmo texto, especialmente por ele, mesmo antes de qualquer referência legal, já ser alvo de debates doutrinários, sempre fazendo parte da teoria do direito desenvolvida de Ronald Dworkin.

O Enunciado apenas afirma um dos conteúdos do termo integridade, qual seja, a necessária aplicação das técnicas da distinção e da superação quando necessárias a adequação de um determinado precedente à interpretação contemporânea do ordenamento jurídico.

A técnica de distinção é basicamente uma forma de verificar se existem diferenças relevantes entre dois casos ao ponto de se afastar a aplicação de precedente invocado por uma das partes ou pelo magistrado. Um maior detalhamento da técnica foi realizado nos comentários ao enunciado n. 326 para o qual remetemos o leitor.

Ao ser devidamente utilizada, não se está implicando em um ataque direto ao precedente, mas apenas ajustando os fatos sobre o qual poderá ele incidir. Se afirma o STJ que a responsabilidade civil objetiva aplica-se às empresas públicas e sociedades de economia mista que prestam serviços públicos. Em caso concreto posterior, em que a parte alegue a aplicação da mesma regra para uma sociedade de economia mista que não presta serviço público, cabe ao magistrado aplicar a técnica da distinção, esclarecendo que essas pessoas jurídicas não estariam abrangidas pelo entendimento da Corte superior.

Para além da possibilidade da distinção no sentido da inaplicabilidade de um precedente a um determinado caso concreto, há ainda a identificação do *distinguishing* ampliativo e restritivo. Nessa hipótese, não se tem propriamente uma distinção do precedente, pois ele é efetivamente aplicado ao caso concreto, mas apenas um ajuste quanto aos fatos substanciais em relação aos quais ele deve ser aplicado. A utilização dessa distinção não irá proporcionar a formação de uma nova *ratio decidendi*, mas irá apenas ampliar ou diminuir o âmbito de incidência do precedente.

A denominada distinção ampliativa ocorre quando um determinado precedente passa a ser aplicado, por meio de decisões posteriores, a fatos em relação aos quais não tinha a decisão originária feito menção. Nessa situação ocorre uma expansão silenciosa do precedente originário.[824] Por outro lado, a distinção restritiva será identificada quando fatos substanciais sejam retirados de uma *ratio decidendi*, diminuindo, assim, o seu âmbito de incidência[825], técnica que deve ser realizada com cuidado, sob pena de haver tentativa de superação por órgão jurisdicional incompetente para tanto.

Quando o ajuste entre o precedente invocado e o caso concreto em questão não é automático, para que se justifique a sua aplicação, deve-se verificar os fundamentos ou a finalidade da *ratio decidendi* originária e a sua compatibilidade com o novo caso.[826] Assim, para a restrição ou a ampliação do precedente originário, é imprescindível a verificação da compatibilidade entre as razões invocadas para a construção do primeiro julgado estão presentes no segundo, do contrário, impõe-se o desenvolvimento de solução diversa.

O objetivo da técnica da distinção é o de ir continuamente adequando os precedentes às novas situações fáticas que forem surgindo, seja ampliando-o ou restringindo-o. É essencial que sempre haja uma análise cuidadosa da *ratio decidendi* originária para verificar a sua adequação para as novas situações fáticas que venham a surgir.

Acerca da superação de precedentes, quando se tem um precedente vinculante, quanto mais tempo ele continua a ser respeitado e aplicado pelos demais tribunais, mais ele se torna parte da própria cultura dos indivíduos a eles sujeitos. Se há um precedente afirmando que determinada conduta não é tributável, tanto as empresas não levarão aquele gasto em seu planejamento, como os entes públicos não considerarão aquela receita. E com o passar do tempo, a confiança de todos naquele entendimento torna-se cada vez mais arraigada.

Por óbvio, isso não significa que os precedentes se tornem imutáveis. O direito há de ser adaptável às alterações ocorridas na sociedade, do contrário, acaba por haver uma crise e, eventualmente, a criação de uma situação insustentável. Ocorre que a superação de precedentes, em uma cultura que se utiliza dos precedentes obrigatórios, é um momento traumático, atuando como uma espécie de válvula de escape. *Não se pode modificar entendimentos como se troca de roupa.*

Isso significa que a superação de precedentes atua quando um determinado precedente não mais se adequa à interpretação contemporânea do ordenamento jurídico,

824. JACOB, Marc. *Precedents and Case-Based Reasoning in the European Court of Justice*: unfinished business. New York: Cambridge University Press, 2014. p. 129.
825. MACÊDO, Lucas Buril de. *Os precedentes judiciais no sistema jurídico brasileiro*... cit. p. 290-291.
826. MACÊDO, Lucas Buril de. *Precedentes judiciais e o direito processual civil*... cit. p. 359-360; MARINONI, Luiz G. *Precedentes obrigatórios*. 3. ed... cit. p. 330; SUMMERS, Robert S. Precedent in the United States. MACCORMICK, Neil; SUMMERS, Robert S. *Interpreting precedents*: a comparative study. Aldershot: Dartmouth, 1997. p. 391.

permitindo que o direito jurisprudencial a ele se adeque. Não é uma técnica corriqueira, mas, como dito, *atua como uma válvula de escape*.

É preciso que se analise esse enunciado em conjunto com o Enunciado 456/FPPC. Afinal, se uma das dimensões da integridade é a de que os precedentes devem estar em acordo com o ordenamento jurídico, é preciso que existam técnicas aptas a permitir que os precedentes acompanhem a evolução do ordenamento jurídico como um todo. Se há, por exemplo, uma mudança de paradigma, como ocorreu com a constitucionalização do direito, será necessária a utilização da técnica da superação para adequar os precedentes aos precedentes que não obedecem essa nova forma de pensar.

> **NCPC. Art. 926.** Os tribunais devem uniformizar sua jurisprudência e mantê-la estável, íntegra e coerente.

Enunciado 458. Para a aplicação, de ofício, de precedente vinculante, o órgão julgador deve intimar previamente as partes para que se manifestem sobre ele.

● *Grupo: Precedentes, IRDR, Recursos Repetitivos e Assunção de competência.* ● *Referências: arts. 926, 927, § 1º, e 10.*

▸ *Ravi Peixoto*

O NCPC adota o modelo cooperativo de processo (art. 6º, CPC), tentando estabelecer um maior diálogo entre os sujeitos processuais – inclui-se o juiz como sujeito do diálogo. Um dos deveres mais relevantes que é extraído do princípio da cooperação é o dever de consulta (art. 10, CPC). Ele consiste na proibição da decisão de terceira via, também denominada de decisão surpresa, ou seja, não poderá o magistrado decidir com base em questão de fato ou de direito, mesmo que esta possa ser conhecida de ofício, sem que tenha havido manifestação das partes sobre ela. Portanto, na fundamentação do magistrado, é vedada a utilização de questões de fato e de direito não submetidas ao crivo do contraditório entre as partes. A razão dessa proibição deriva da própria necessidade de um contraditório em sentido forte, pois, permitindo-se essa manifestação prévia das partes, o magistrado terá maiores informações para a construção de sua decisão[827].

O precedente obrigatório, enquanto fonte do direito, precisa ter sido debatido entre as partes e, caso seja conhecido de ofício pelo magistrado, em regra, deve ser obedecido o dever de consulta, extraído do artigo 10, do NCPC[828]. É uma forma de permitir que as partes possam trazer diversos argumentos acerca do precedente vinculante identificado pelo magistrado, tais como o cabimento de distinção, a anterior superação ou mesmo a proposta de que ela seja feita neste momento, o cabimento da superação antecipada etc. Portanto, a permissão de que as partes possam se manifestar antes de o juiz aplicar um precedente vinculante de ofício é bastante útil, podendo trazer novos pontos de vista acerca da interpretação do precedente identificado pelo juiz.

---

827. CAVANI, Reno. Contra as "nulidades-surpresa": o direito fundamental ao contraditório diante da nulidade processual. *Revista de Processo*. São Paulo: RT, v. 218, abr/2013. p. 73.

828. No mesmo sentido: MACÊDO, Lucas Buril de. *Precedentes judiciais e o direito processual civil...* cit. p. 268; THEODORO JÚNIOR, Humberto; *et al. Novo CPC: fundamentos e sistematização...* cit. p. 100.

Defende-se que a afirmação de que a *regra* é a aplicação do dever de consulta deriva da expressa autorização, no artigo 332, do NCPC, do julgamento liminar de improcedência do pedido, quando o pedido contrarie uma série de precedentes mencionados nos incisos I a IV do artigo 332. Nessas hipóteses, haverá, na maioria dos casos a aplicação de ofício de um precedente (nada impede que o próprio autor mencione o precedente na petição inicial e a alegue a possibilidade de distinção ou superação, sem sucesso) sem a incidência do dever de consulta. Não parece haver inconstitucionalidade no referido texto normativo ou incompatibilidade com o artigo 10, do CPC e, ao menos, o legislador resguarda a possibilidade de retratação do juiz em cinco dias, que pode ser exercido, por exemplo, em hipótese em que o autor alegue a existência de distinção e ela seja acolhida pelo magistrado.

Ao que consta do enunciado, o dever de prévio contraditório será exigido tão somente de precedentes *vinculantes*, excluindo, portanto, os persuasivos. Tal exclusão está adequada, pois, do contrário, o desembargador do TJPB teria obrigação de prévia intimação das partes para se manifestarem caso desejasse utilizar-se de precedente não anteriormente debatido do TJPE ou de outro tribunal estadual.

> ▶ **NCPC. Art. 10.** O juiz não pode decidir, em grau algum de jurisdição, com base em fundamento a respeito do qual não se tenha dado às partes oportunidade de se manifestar, ainda que se trate de matéria sobre a qual deva decidir de ofício. ▶ **Art. 926.** Os tribunais devem uniformizar sua jurisprudência e mantê-la estável, íntegra e coerente. ▶ **Art. 927. § 1º** Os juízes e os tribunais observarão o disposto no art. 10 e no art. 489, § 1º, quando decidirem com fundamento neste artigo.

Enunciado 459. As normas sobre fundamentação adequada quanto à distinção e superação e sobre a observância somente dos argumentos submetidos ao contraditório são aplicáveis a todo o microssistema de formação dos precedentes.

● *Grupo: Precedentes, IRDR, Recursos Repetitivos e Assunção de competência.* ● *Referências: arts. 927, § 1º, 489, § 1º, V e VI, e 10.*

▶ ***Ravi Peixoto***

O NCPC, através da regulação da sistemática de precedentes vinculantes em vários momentos, contribui para a formação de um microssistema de aplicação e formação de precedentes. Essa regulação passa pelo artigo 489, § 1º, os artigos 926 a 928 e ainda se tem os procedimentos do incidente de resolução de demandas repetitivas, os recursos repetitivos e a assunção de competência, que possuem um regramento mais detalhado, em face da preocupação com a formação de um precedente de qualidade e alguns outros artigos espalhados pela legislação.

Os arts. 926 a 928 estabelecem apenas as regras gerais, mas os procedimentos do incidente de resolução de demandas repetitivas, os recursos repetitivos e a assunção de competência possuem um regramento mais detalhado, em face da preocupação com a formação de um precedente de qualidade e esses regramentos devem ser aplicáveis a todo o microssistema de formação dos precedentes.

No IRDR, destaca-se o regramento referente à revisão da tese jurídica, que pode ser realizada pelo mesmo tribunal, de ofício ou mediante o requerimento através de petição do Ministério Público ou pela Defensoria Pública (art. 986), que é aplicável a todos os demais procedimentos de formação de precedentes. Igualmente o artigo 927, § 2º a 4º tratam da superação em geral dos precedentes, permitindo a abertura do contraditório, a modulação de efeitos e ainda a exigência de fundamentação adequada e específica. A superação ainda é mencionada no artigo 489, § 1º, VI, que exige a demonstração da superação para a não aplicação do precedente no caso concreto.

A distinção é igualmente mencionada no artigo 489, § 1º, VI, exigindo a demonstração da existência de distinção para a não aplicação de precedente, que, em tese, seria aplicável ao caso. A distinção é mencionada também no artigo 1.037, §§ 9º ao 13, mas aqui focadas à demonstração de sua existência nos casos em que há suspensão dos processos. Uma outra menção à distinção consta do artigo 966, § 5º, que permite o cabimento de ação rescisória por violação de norma jurídica em face de decisão baseada em enunciado de súmula ou acórdão proferido em julgamento de casos repetitivos que não tenha considerado a existência de distinção entre a questão discutida no processo e o padrão decisório que lhe deu fundamento. Parece viável ampliar essa hipótese para os demais casos de aplicação errônea de quaisquer dos precedentes obrigatórios constantes do artigo 927, eis que, o Poder Judiciário ao se utilizar de um precedente inaplicável ao caso concreto, está violando norma jurídica. Afinal, se, por exemplo, o TJPB aplica um precedente do pleno do STF sustentando que em determinada atividade é regida pela responsabilidade objetiva quando havia uma distinção a ser aplicada, houve uma errônea aplicação de norma jurídica.

Acerca da observância somente dos argumentos submetidos ao contraditório, destaca-se o artigo 927, § 1º, exigindo que juízes e tribunais observem o artigo 10 e o artigo 489, § 1º quando decidirem com base em um dos incisos do artigo 927. Tal texto normativo deve ser aplicado tanto na formação quanto na aplicação de precedentes. Especialmente para o caso de formação de precedentes, haveria relação com a necessidade de prévio debate das questões jurídicas a serem utilizadas como base para a formação do precedente, obedecendo ao comando do artigo 10 e a violação da prolação de decisões surpresa. Essa conclusão é reforçada pelo Enunciado 2/FPPC, que exige que, para a formação do precedente, somente possam ser usados argumentos submetidos ao contraditório.

Enfim, a ideia é a de que haja a formação de um microssistema de precedentes que trate adequadamente de duas técnicas essenciais ao seu adequado funcionamento, qual sejam a distinção e a superação.

► **NCPC. Art. 489. § 1º** Não se considera fundamentada qualquer decisão judicial, seja ela interlocutória, sentença ou acórdão, que: V – se limitar a invocar precedente ou enunciado de súmula, sem identificar seus fundamentos determinantes nem demonstrar que o caso sob julgamento se ajusta àqueles fundamentos; VI – deixar de seguir enunciado de súmula, jurisprudência ou precedente invocado pela parte, sem demonstrar a existência de distinção no caso em julgamento ou a superação do entendimento. ► **Art. 927. § 1º** Os juízes e os tribunais observarão o disposto no art. 10 e no art. 489, § 1º, quando decidirem com fundamento neste artigo.

Enunciado 481. O disposto nos §§ 9º a 13 do art. 1.037 aplica-se, no que couber, ao incidente de resolução de demandas repetitivas.

● *Grupo: Precedentes, IRDR, Recursos Repetitivos e Assunção de competência.* ● *Referências: art. 1.037, §§ 9º a 13.*

▸ *Ravi Peixoto*

A lógica dos §§ 9º a 13 do artigo 1.037 decorre do fato de que a instauração do incidente de julgamento dos recursos extraordinário e especial repetitivos implica na suspensão de todos os processos pendentes no território nacional (art. 1.037, II). Os parágrafos mencionados tratam do procedimento criado para que as partes possam alegar que o seu caso não é semelhante ao que foi destacado para julgamento, não devendo ser abrangido pela suspensão. No caso do IRDR, a sua instauração também implica na suspensão dos processos pendentes, individuais ou coletivos, que tramitem na região (art. 982, I), valendo destacar que tal suspensão pode ser tornada nacional caso o STJ ou o STF reconheçam a sua necessidade com base na segurança jurídica (art. 982, § 3º). No entanto, mesmo que o IRDR detenha a mesma aptidão do incidente de julgamento dos recursos extraordinário e especial repetitivos, não há, no primeiro, uma regulação da forma de alegação da distinção. Isso cria uma distorção no sistema de formação de precedentes, que tornaria a decisão de suspensão inquestionável pelas partes, que poderiam ficar sujeitas a serem submetidas a esperar a formação de um precedente que sequer lhes é aplicável. Portanto, o enunciado aponta para a possibilidade de aplicação deste procedimento criado para o incidente de julgamento dos recursos extraordinário e especial repetitivos também ao IRDR, por força do microssistema de formação de precedentes obrigatórios.

Tratando mais especificamente do tema, os §§ 9º a 13 do artigo 1.037 versam sobre o direito subjetivo da parte de demonstrar a distinção entre a questão a ser decidida no processo e aquela a ser julgada no recurso extraordinário ou especial afetado. O texto normativo detalha o procedimento da distinção alegada e deve ser aplicado, no que couber, também ao incidente de resolução de demandas repetitivas. Far-se-á, então, uma breve análise do que pode ser aplicado ao IRDR.

Inicialmente, a competência para o processamento desse requerimento varia a depender de onde estiver o processo em questão. Será dirigido ao juiz, caso o processo sobrestado esteja no primeiro grau (art. 1.037, § 10, I) e ao relator, caso o processo esteja no tribunal local (art. 1.037, § 10, II). Há menção às hipóteses em que cabe esse pedido ao relator do acórdão recorrido, caso sobrestado recurso especial ou extraordinário no tribunal de origem (art. 1.037, § 10, III) e ao relator, no tribunal superior, de recurso extraordinário cujo processamento haja sido sobrestado (art. 1.037, § 10, III). Tais hipóteses só podem ocorrer caso o IRDR já tenha sido julgado no tribunal local e tenha havido interposição de recurso especial extraordinário, que possui, por expressa previsão legal, efeito suspensivo (art. 987, § 1º), implicando na manutenção do sobrestamento. É possível que ele possa afetar recursos interpostos anteriormente à instauração do IRDR e haja a necessidade de alegação da distinção.

À parte interessada caberá a demonstração da existência de particularidade fática que distinga o seu caso concreto da questão afetada. A outra parte deverá ser ouvida sobre o requerimento no prazo de cinco dias (art. 1.037, § 11).

Acolhida a alegação de distinção, o juiz ou relator dará prosseguimento ao processo (art. 1.037, § 12, I). O inciso II, do § 12 do artigo 1.037, menciona a hipótese em que houvesse sido interposto o recurso especial ou extraordinário e ele estivesse sobrestado no tribunal local, apontando que deveria ser encaminhado ao tribunal superior. Esse texto normativo perdeu sua normatividade em face da alteração provocada pela Lei 13.256/16, que alterou o artigo 1.030, impondo a realização de juízo de admissibilidade também no tribunal local. Portanto, se o recurso especial ou extraordinário estiver no tribunal local e for sobrestado devido à interposição de outro recurso especial ou extraordinário em IRDR, mesmo que a alegação da distinção tenha sucesso, deverá continuar no tribunal local para que seja posteriormente realizado o juízo de admissibilidade.

Da decisão que analisa o requerimento, seja ela positiva ou negativa, será cabível o agravo de instrumento, caso o processo esteja no primeiro grau (art. 1.037, § 13, I) ou o agravo interno, se a referida decisão for de relator (art. 1.037, § 13, II).

Portanto, com as devidas especificações, o procedimento criado para a alegação de distinção para os casos de suspensão incorreta dos processos pendentes no caso incidente de julgamento dos recursos extraordinário e especial repetitivos deve também ser aplicado ao IRDR.

► **NCPC. Art. 1.037. § 9º** Demonstrando distinção entre a questão a ser decidida no processo e aquela a ser julgada no recurso especial ou extraordinário afetado, a parte poderá requerer o prosseguimento do seu processo. **§ 10.** O requerimento a que se refere o § 9º será dirigido: I – ao juiz, se o processo sobrestado estiver em primeiro grau; II – ao relator, se o processo sobrestado estiver no tribunal de origem; III – ao relator do acórdão recorrido, se for sobrestado recurso especial ou recurso extraordinário no tribunal de origem; IV – ao relator, no tribunal superior, de recurso especial ou de recurso extraordinário cujo processamento houver sido sobrestado. **§ 11.** A outra parte deverá ser ouvida sobre o requerimento a que se refere o § 9º, no prazo de 5 (cinco) dias. **§ 12.** Reconhecida a distinção no caso: I – dos incisos I, II e IV do § 10, o próprio juiz ou relator dará prosseguimento ao processo; II – do inciso III do § 10, o relator comunicará a decisão ao presidente ou ao vice-presidente que houver determinado o sobrestamento, para que o recurso especial ou o recurso extraordinário seja encaminhado ao respectivo tribunal superior, na forma do art. 1.030, parágrafo único. **§ 13.** Da decisão que resolver o requerimento a que se refere o § 9º caberá: I – agravo de instrumento, se o processo estiver em primeiro grau; II – agravo interno, se a decisão for de relator.

ENUNCIADO 549. O ROL DO ART. 927 E OS PRECEDENTES DA TURMA NACIONAL DE UNIFORMIZAÇÃO DOS JUIZADOS ESPECIAIS FEDERAIS DEVERÃO SER OBSERVADOS NO ÂMBITO DOS JUIZADOS ESPECIAIS.

● *Grupo: Impacto nos Juizados e nos procedimentos especiais da legislação extravagante.* ● *Referências: art. 927; Lei 10.259/01.*

► ***Ravi Peixoto***

O NCPC aponta, no artigo 927, quais os precedentes considerados obrigatórios. São eles: a) as decisões do STF em controle concentrado de constitucionalidade, b) os enunciados de súmula vinculante, c) os acórdãos em incidente de assunção de competência ou de resolução de demandas repetitivas e em julgamento de recursos extraordinário e especial repetitivos; d) os enunciados das súmulas do STF em matéria constitucional e do STJ em matéria infraconstitucional; e) a orientação do plenário ou do órgão especial aos quais estiverem vinculados. Muito embora não se faça menção específica aos juizados, estes, em tese, deveriam estar sujeitos ao mencionado rol de precedentes obrigatórios, eis que o *caput* do artigo 927 afirma que os "juízes e tribunais observarão" os mencionados precedentes e os magistrados que fazem parte do sistema dos juizados especiais também estão incluídos.[829]

Ocorre que algumas dificuldades podem ocorrer dessa situação, já que, em certa medida, os juizados encontram-se em outra organização estrutural. O caso do IRDR, por exemplo, é emblemático, por implicar em uma eventual vinculação dos juizados especiais às decisões dos Tribunais de Justiça do Estado e aos Tribunais Regionais Federais, que iria em sentido contrário do entendimento do STF, no sentido de que inexiste subordinação jurisdicional dos juizados a tais tribunais. Portanto, como os TJs e os TRFs não teriam competência sobre os juizados especiais, em face do disposto no artigo 98, I, da CF/88, tal organização não poderia ser alterada pela legislação infraconstitucional.[830] Foi com base nesse raciocínio que a Turma Regional de Uniformização da 5ª Região, no Proc. 0502847-71.2014.4.05.8302, Rel. Juiz Federal Marco Antônio Garapa de Carvalho, na sessão de 16 de maio de 2016, decidiu pela inconstitucionalidade da aplicação do julgamento de IRDR pelo TJ/TRF no microssistema dos juizados.

Restariam ainda alguns outros problemas, mesmo não se considerando o IRDR como inconstitucional, tais como: a) a dificuldade da admissão do IRDR pelas turmas recursais e de uniformização, eis que o artigo 977 aponta o cabimento desse incidente apenas em tribunais, o que não é o caso das referidas turmas recursais (embora haja o entendimento do Enunciado 44/ENFAM, que defende tal possibilidade); b) o problema da ausência de cabimento de recurso especial de turmas recursais para o STJ (Súmula 203/STJ). Embora possa se pensar na utilização do requerimento para uniformização de jurisprudência constante do artigo 14, § 4º, da Lei 10.259/01 e do artigo 18, § 3º, da Lei 12.153/09, ainda restaria a discussão sobre a constitucionalidade desse instituto e da ausência de previsão semelhante para os juizados especiais estaduais, que sequer contam com uma Turma Nacional de Uniformização.[831]

A lógica de manutenção de coerência do Poder Judiciário aponta para a inserção dos juizados dentro da obrigatoriedade dos precedentes previstos no CPC/2015. Ocorre que a introdução dos juizados na vinculação dos precedentes obrigatórios não é uma situação simples, em face seja de problemas de constitucionalidade, seja por conta da diferente estrutura na qual eles foram inseridos. Não parece haver

---

829. COSTA, Letícia Z. P. A segurança jurídica e os juizados especiais: notas sobre a valorização de precedentes no novo CPC. *In*: REDONDO, Bruno G. *et al.* (Orgs.). *Juizados Especiais*. Salvador: Juspodivm, 2015, v. 7. p. 553.

830. KOEHLER, Frederico. O NCPC, o incidente de resolução de demandas repetitivas, os precedentes e os juizados especiais: esqueceram das turmas de uniformização? *In*: DIDIER JR., Fredie. *et al.* (Coords.). *Precedentes*. Salvador: Juspodivm, 2016. p. 685.

831. *Ibidem*, p. 685-686.

dificuldades na vinculação dos juizados às decisões do STF em controle concentrado e derivadas de súmulas vinculantes e ainda das demais súmulas editadas pelo STJ e pelo STF. Ainda é possível vislumbrar a vinculação dos recursos especial e extraordinário repetitivos e do incidente de assunção de competência que seja instaurado no STJ ou no STF. A problemática maior é na vinculação decorrente do incidente de assunção de competência e do IRDR nos tribunais locais, como apontado. Acerca da decisão do pleno dos tribunais, seria viável essa vinculação das decisões dos tribunais superiores, mas não daquelas advindas dos tribunais locais, devido à inserção dos juizados em outra estrutura judiciária. Afinal, como os precedentes possuem uma forte relação com a estrutura judiciária, não parece adequado inserir uma vinculação sem que haja uma respectiva forma de controle de uma eventual decisão que não aplique o precedente.

▶ **NCPC. Art. 927.** Os juízes e os tribunais observarão: I – as decisões do Supremo Tribunal Federal em controle concentrado de constitucionalidade; II – os enunciados de súmula vinculante; III – os acórdãos em incidente de assunção de competência ou de resolução de demandas repetitivas e em julgamento de recursos extraordinário e especial repetitivos; IV – os enunciados das súmulas do Supremo Tribunal Federal em matéria constitucional e do Superior Tribunal de Justiça em matéria infraconstitucional; V – a orientação do plenário ou do órgão especial aos quais estiverem vinculados.

ENUNCIADO 591. O TRIBUNAL DARÁ AMPLA PUBLICIDADE AO ACÓRDÃO QUE DECIDIU PELA INSTAURAÇÃO DO INCIDENTE DE ARGUIÇÃO DE INCONSTITUCIONALIDADE, INCIDENTE DE ASSUNÇÃO DE COMPETÊNCIA OU INCIDENTE DE RESOLUÇÃO DE DEMANDAS REPETITIVAS, CABENDO, ENTRE OUTRAS MEDIDAS, SUA PUBLICAÇÃO EM SEÇÃO ESPECÍFICA NO ÓRGÃO OFICIAL E INDICAÇÃO CLARA NA PÁGINA DO TRIBUNAL NA REDE MUNDIAL DE COMPUTADORES.

● *Grupo: Ordem do processo nos tribunais e regimentos internos.* ● *Referências: arts. 927, § 5º, 950, § 3º e 979.*

▶ ***Ravi Peixoto***

A publicidade é um elemento essencial para o funcionamento do *stare decisis*. É apenas por meio da publicação das decisões que os jurisdicionados e os advogados podem ter conhecimento dos precedentes obrigatórios e possam conduzir sua atuação a partir deles. O acesso formal aos textos normativos é um componente essencial e básico da cognoscibilidade, que é um dos indicadores da segurança jurídica. Afinal, a publicidade das fontes do direito – dentre elas os precedentes – garante aos destinatários, ao menos, o conhecimento da existência dos textos normativos.[832]

Não por acaso, a doutrina defende que "a publicação do precedente é requisito *sine qua non* para a eficácia de sua norma". Portanto, "precedente sem publicação não possui força obrigatória; ele existe, mas não é eficaz".[833] No entanto, por mais que o Brasil seja avançado neste aspecto, publicando todas as decisões prolatadas pelos tribunais superiores, assim permitindo o acesso amplo e irrestrito ao inteiro

832. PEIXOTO, Ravi. *Superação do precedente e segurança jurídica*. 2. ed. Salvador: Juspodivm, 2016. p. 47.

833. MACÊDO, Lucas Buril de. *Precedentes judiciais e o direito processual civil*. Salvador: Juspodivm, 2015. p. 293.

teor de tais decisões, é preciso ir além e pensar em métodos que aumentem o conhecimento de tais precedentes pelo público. Mais do que isso, embora nos tribunais superiores haja amplo acesso às suas decisões, isso não ocorre nos tribunais locais, onde ainda há certa dificuldade de identificar qual o entendimento por eles adotado em diversas questões jurídicas. Como o NCPC valorizou os precedentes por ele prolatados, concedendo eficácia vinculante aos acórdãos em incidente de assunção de competência ou de resolução de demandas repetitivas (art. 927, III) e a orientação do plenário ou do órgão especial aos quais estiverem vinculados (art. 927, V), não se pode mais admitir essa ausência de transparência no modo de decidir de tais órgãos do Poder Judiciário.

Pensando nos procedimentos voltados à formação concentrada de precedentes obrigatórios e ainda no incidente de arguição de inconstitucionalidade, os quais objetivam formar um precedente de qualidade, é necessário aumentar as formas de publicização de tais procedimentos. É que, ao próprio procedimento de formação de tais precedentes é necessária uma maior publicidade como forma de gerar um maior contraditório, pois eventuais *amici curiae* podem tomar conhecimento do julgamento. E, da mesma forma, também chama a atenção da comunidade jurídica, que pode, por meio da doutrina, atuar por meio de obras jurídicas sobre a temática em destaque.

O enunciado n. 591 foi elaborado pensando na necessidade dessa maior publicidade de tais decisões. É que apenas há menção no texto normativo (art. 979) para a concessão de divulgação e publicidade para a instauração do incidente de resolução de demandas repetitivas e, mesmo no mencionado artigo, não se indica formas específicas de aumentar a divulgação. É preciso que a instauração de quaisquer desses incidentes que proporcionam a formação de um precedente de qualidade seja publicizada da melhor forma possível, exigência esta que ser extraída, de forma geral para os precedentes do artigo 927, § 5º.

O objetivo do enunciado foi o de destacar a necessidade de publicidade para a decisão de instauração de tais incidentes de formação de precedentes. Ao requerer que o acórdão de instauração de tais incidentes sejam publicados em seção específica no órgão oficial e indicação clara na página do tribunal na rede mundial de computadores, ele atinge dois objetivos: a) garante maior publicidade à decisão final, ao informar previamente a comunidade da instauração do incidente e b) fortalece a possibilidade do diálogo, pois, por meio dessa maior divulgação, entes que tem potencial para atuar como *amici curiae* podem tomar conhecimento desses procedimentos.

Por fim, é preciso destacar que a publicação desses acórdãos em sessão específica do site do tribunal não é a única forma de conceder maior divulgação a essas decisões. Nada impede que outros meios sejam utilizados pelo tribunal, a exemplo de divulgação por meio de rádio, jornal etc.

▶ **NCPC.** ▶ **Art. 927. § 5º** Os tribunais darão publicidade a seus precedentes, organizando-os por questão jurídica decidida e divulgando-os, preferencialmente, na rede mundial de computadores. ▶ **Art. 950. § 3º** Considerando a relevância da matéria e a representatividade dos postulantes, o relator poderá admitir, por despacho irrecorrível, a manifestação de outros órgãos ou entidades. ▶ **Art. 979.** **A** instauração e o julgamento do incidente serão sucedidos da mais ampla e específica divulgação e publicidade, por meio de registro eletrônico no Conselho Nacional de Justiça. (...).

2.3.1.2. Da Ordem dos Processos no Tribunal (arts. 929 a 946)

ENUNCIADO 81. POR NÃO HAVER PREJUÍZO AO CONTRADITÓRIO, É DISPENSÁVEL A OITIVA DO RECORRIDO ANTES DO PROVIMENTO MONOCRÁTICO DO RECURSO, QUANDO A DECISÃO RECORRIDA: (A) INDEFERIR A INICIAL; (B) INDEFERIR LIMINARMENTE A JUSTIÇA GRATUITA; OU (C) ALTERAR LIMINARMENTE O VALOR DA CAUSA.

● *Grupo: Ordem dos Processos no Tribunal, Teoria Geral dos Recursos, Apelação e Agravo.* ● *Referência: art. 932, V.*

▸ *Rinaldo Mouzalas*

O NCPC, a concretizar o direito fundamental constante no artigo 5º, LV, da Constituição da República ("aos litigantes, em processo judicial ou administrativo, e aos acusados em geral são assegurados o contraditório..".), reconheceu, em seu artigo 7º, o contraditório efetivo como norma fundamental ("É assegurada às partes paridade de tratamento em relação ao exercício de direitos e faculdades processuais, aos meios de defesa, aos ônus, aos deveres e à aplicação de sanções processuais, competindo ao juiz zelar pelo efetivo contraditório").

As construções normativas, especialmente aquelas manifestadas a partir das decisões jurisdicionais (e não necessariamente judiciais), devem ser realizadas mediante a adoção do contraditório como vetor hermenêutico. Até porque, embora não seja apenas por isso, nos termos do artigo 1º do Código de Processo Civil, "o processo civil será ordenado, disciplinado e interpretado conforme os valores e as normas fundamentais estabelecidos na Constituição da República Federativa do Brasil, observando-se as disposições deste Código". Logo, ao decidir, o juiz deve prezar pelo respeito ao (e, quando necessário, à afirmação do) contraditório efetivo, que se manifesta, também, pela concessão de oportunidade, em favor dos interessados, de efetiva participação na formação do convencimento do julgador.

O desrespeito ao contraditório enseja invalidades processuais, em relação ao próprio ato e aos dele consequentes.

Prossiga-se.

Indefere-se a petição inicial quando não for possível a correção do vício de ordem processual pertinente ou quando, instado a assim fazer, o autor não tenha atendido a determinação. Por isso, orienta o enunciado 292 do Fórum Permanente de Processualistas Civis, que, "antes de indeferir a petição inicial, o juiz deve aplicar o disposto no artigo 321". O artigo 330 do CPC preconiza que a petição inicial será indeferida quando: a) for inepta; b) a parte for manifestamente ilegítima; c) o autor carecer de interesse processual; d) não atendidas as prescrições dos artigos 106 e 321. Mas, antes de indeferir a petição inicial por ilegitimidade passiva da parte, o juiz deve facultar sua correção, a teor do que dispõe o artigo 339 do CPC. Aliás, é assim que orienta o enunciado 296 do Fórum Permanente de Processualistas Civis: "quando conhecer liminarmente e de ofício a ilegitimidade passiva, o juiz facultará ao autor a alteração da petição inicial, para substituição do réu, nos termos dos artigos 339 e 340, sem ônus sucumbenciais".

A petição inicial deve indicar o valor atribuído à causa, que deve ser certo e expresso em moeda corrente nacional, segundo os critérios de apuração previstos no artigo 292 do Código de Processo Civil. O valor da causa tem importância para quantificar economicamente a ação, definir do rito processual adequado e fixar a competência do juízo. Noutras ocasiões, é utilizado como parâmetro para fixação de multas processuais e de efetivação de averbação premonitória, além do que definição a necessidade (ou não) de reexame necessário. Serve, ainda, para aferir o cabimento de determinados recursos (art. 34 da Lei 6.830/80), para determinar os valores das custas processuais a serem recolhidas, embora sejam limitadas a um valor máximo. Também, serve como base para a definição de honorários advocatícios. Por fim, destina-se à verificação da necessidade (ou não) de constituição de advogado. Por tais importâncias, o valor da causa é colocado como requisito da petição inicial, sem o qual não é considerada apta.

Especificamente nas ações que tenham por objeto a revisão de obrigação decorrente de empréstimo, de financiamento ou de alienação de bens, o autor terá de, sob pena de inépcia, discriminar na petição inicial, dentre as obrigações contratuais, aquelas que pretende controverter, além de quantificar o valor incontroverso do débito, que deverá continuar a ser pago no tempo e modo contratados.

O indeferimento da petição inicial é ato judicial que ocorre antes de proferido despacho de citação. Advindo este, a petição inicial estará deferida. Seria contraditório indeferir o que foi antes deferido. Logo, depois do despacho de citação, ainda que concorra qualquer vício que poderia levar a petição inicial ao indeferimento, o processo deve ser extinto em razão de outro motivo.

Sob a vigência do CPC/73, essa informação era essencial pelo fato de que o juízo de retratação, previsto no artigo 296, somente era possível se a petição inicial fosse indeferida. Contudo, sob a vigência do NCPC, conquanto seja também possível o juízo de retratação por indeferimento da petição inicial, a teor do que estabelece o artigo 331, ele é extensível a qualquer outra situação de prolatação de sentença sem resolução de mérito (§ 7º do artigo 485). Assim, indeferida a petição inicial, o autor poderá apelar, facultado ao juiz, no prazo de cinco dias, mediante empréstimo de efeito regressivo, retratar-se. Se não houver retratação, o juiz mandará citar o réu para responder ao recurso. Se a sentença for reformada pelo tribunal, o prazo para a contestação começará a correr da intimação do retorno dos autos, observado o disposto no artigo 334, que determina a designação de audiência de conciliação e de mediação. Não interposta apelação, o réu será intimado do trânsito em julgado da sentença.

Para se retratar, é necessário que o juízo considere a apelação tempestiva. Caso contrário, orienta o Enunciado 293/FPPC, "se considerar intempestiva a apelação contra sentença que indefere a petição inicial ou julga liminarmente improcedente o pedido, não pode o juízo a quo retratar-se".

O indeferimento da petição inicial pode ser total ou parcial. Contra a sentença (de indeferimento total), cabe apelação. Contra a decisão interlocutória (de indeferimento parcial), pode caber agravo de instrumento, mas, no comum das vezes, será impugnável por apelação, em razão do rol trazido pelo artigo 1.015 do Código de Processo Civil.

O autor, na petição inicial, deve recolher as respectivas custas processuais, que têm natureza jurídica de taxa. Sem essa providência, não será ofertado o serviço jurisdicional. Inclusive, é assim que dispõe o artigo 82 do Código: "salvo as disposições concernentes à gratuidade da justiça, incumbe às partes prover as despesas dos atos que realizarem ou requererem no processo, antecipando-lhes o pagamento, desde o início até a sentença final ou, na execução, até a plena satisfação do direito reconhecido no título". Há casos, porém, em que o seu recolhimento é dispensado, em razão de isenção (concedida, sobretudo, a algumas pessoas jurídicas de direito público) ou suspensão (em razão de hipossuficiência econômica). O Código de Processo Civil, no artigo 98, estabelece que "a pessoa natural ou jurídica, brasileira ou estrangeira, com insuficiência de recursos para pagar as custas, as despesas processuais e os honorários advocatícios tem direito à gratuidade da justiça, na forma da lei".

O Enunciado orienta a dispensa à oitiva do recorrido, antes do provimento monocrático do recurso. Considera, para as situações, inútil o contraditório, incapaz de causar prejuízo. De fato, para haver decretação de invalidade, é necessária a verificação de prejuízo. Sem ele, não há invalidade a ser decretada, conquanto irregular o ato. Não por outra razão que o parágrafo único do artigo 283 do Código de Processo Civil dispõe que: "dar-se-á o aproveitamento dos atos praticados desde que não resulte prejuízo à defesa de qualquer parte". Logo, não será decretada invalidade sem a verificação de prejuízo, afinal, *pas de nullité sans grief*.

A situação, pois, retratada no enunciado 81 do FPPC é a seguinte: ao intentar ação, a respectiva petição inicial é, de logo (antes de ser citado o réu), indeferida ou é indeferido o requerimento de concessão dos benefícios da gratuidade judiciária ou é determinada a alteração do valor atribuído à causa, sendo, contra a respectiva decisão, interposto recurso, que, por sua vez, é provido monocraticamente. Assim, a decisão unipessoal do membro do tribunal, quando julga o recurso interposto, defere a petição inicial ou concede os benefícios da justiça gratuita ou mantém o valor atribuído à causa sem, antes, ouvir a parte recorrida. Como se trata de decisões provisórias, que podem ser modificadas depois da citação, não há, por consequência, prejuízo à parte adversa. Ao ser citada, ela (parte adversa) poderá impugnar os vícios processuais que induziriam ao indeferimento da petição inicial (a fim de ser proferida decisão terminativa – sem resolução do mérito –, contudo, sem ensejar indeferimento – total ou parcial – da petição inicial), impugnar, em contestação, a concessão dos benefícios da gratuidade judiciária, bem assim o valor atribuído à causa. Não haverá o obstáculo, em desfavor da parte adversa, da preclusão para o exercício do contraditório efetivo.

Logo, em exceção à disposição do inciso V do artigo 932 do Código de Processo Civil, que determina a apresentação de contrarrazões antes de julgamento unipessoal pelo relator, pode ser dado provimento monocrático ao recurso, independentemente de contraditório prévio, contra decisão que indeferiu a petição inicial ou, liminarmente, indeferiu os benefícios da gratuidade judiciária, bem assim alterou, também liminarmente, o valor atribuído à causa.

▶ **NCPC. Art. 98.** A pessoa natural ou jurídica, brasileira ou estrangeira, com insuficiência de recursos para pagar as custas, as despesas processuais e os honorários advocatícios tem direito à gratuidade da justiça, na forma da lei. **§ 1º** A gratuidade da justiça compreende: I – as taxas ou as custas judiciais; II – os selos postais; III – as despesas com publicação na imprensa oficial, dispensando-se a publicação em outros meios; IV – a indenização devida à testemunha que, quando empregada, receberá do empregador salário integral, como se em serviço estivesse; V – as despesas com a realização de exame de código genético – DNA e de outros exames considerados essenciais; VI – os honorários do advogado e do perito e a remuneração do intérprete ou do tradutor nomeado para apresentação de versão em português de documento redigido em língua estrangeira; VII – o custo com a elaboração de memória de cálculo, quando exigida para instauração da execução; VIII – os depósitos previstos em lei para interposição de recurso, para propositura de ação e para a prática de outros atos processuais inerentes ao exercício da ampla defesa e do contraditório; IX – os emolumentos devidos a notários ou registradores em decorrência da prática de registro, averbação ou qualquer outro ato notarial necessário à efetivação de decisão judicial ou à continuidade de processo judicial no qual o benefício tenha sido concedido. ▶ **Art. 932.** Incumbe ao relator: V – depois de facultada a apresentação de contrarrazões, dar provimento ao recurso se a decisão recorrida for contrária a: a) súmula do Supremo Tribunal Federal, do Superior Tribunal de Justiça ou do próprio tribunal; b) acórdão proferido pelo Supremo Tribunal Federal ou pelo Superior Tribunal de Justiça em julgamento de recursos repetitivos; c) entendimento firmado em incidente de resolução de demandas repetitivas ou de assunção de competência.

ENUNCIADO 82. É DEVER DO RELATOR, E NÃO FACULDADE, CONCEDER O PRAZO AO RECORRENTE PARA SANAR O VÍCIO OU COMPLEMENTAR A DOCUMENTAÇÃO EXIGÍVEL, ANTES DE INADMITIR QUALQUER RECURSO, INCLUSIVE OS EXCEPCIONAIS.

● *Grupo: Ordem dos Processos no Tribunal, Teoria Geral dos Recursos, Apelação e Agravo.* ● *Referência: art. 932, par. ún.; art. 938, § 1º.*

▸ ***Rinaldo Mouzalas***

O dever, diferentemente da faculdade, tem vínculo relacionado à tutela do interesse alheio. Por isso, se não cumprido o dever, haverá uma sanção jurídica. Disposições de processo civil impõem aos sujeitos do processo, inclusive aos que ocupam órgãos jurisdicionais, uma série de deveres.

O parágrafo único do artigo 932 determina que, "antes de considerar inadmissível o recurso, o relator concederá o prazo de cinco dias ao recorrente para que seja sanado vício ou complementada a documentação exigível". O parágrafo 1º do artigo 938, ao seu turno, determinada que, "constatada a ocorrência de vício sanável, inclusive aquele que possa ser conhecido de ofício, o relator determinará a realização ou a renovação do ato processual, no próprio tribunal ou em primeiro grau de jurisdição, intimadas as partes".

Nos dois dispositivos legais acima transcritos, há imposição de deveres ao relator, o de conceder prazo para a correção de vícios apontados. Se não observados tais deveres pelo relator (que deve agir de ofício, mas pode ser provocado por qualquer interessado), haverá vício de procedimento, que autorizará a decretação de invalidade do ato processual decisório seguinte e todos os demais que a ele estejam concatenados.

Pelo Enunciado analisado, busca-se possibilitar a observância dos pressupostos de admissibilidade recursal, destacadamente o da regularidade formal, a partir da potencialização da primazia na resolução do mérito, prevista, dentre outros dispositivos, no artigo 6º do CPC: "Todos os sujeitos do processo devem cooperar entre si para que se obtenha, em tempo razoável, decisão de mérito justa e efetiva". Combate-se, definitivamente, a construção de uma "jurisprudência defensiva", especialmente pelos tribunais superiores, que sempre foram muito refratários, quando em risco a ampliação do quantitativo de processos (tráfego processual), à tomada de posições afirmativas ao acesso qualificado da prestação jurisdicional.

Em razão do prolongamento do direito de ação, que se exerce por intermédio de um processo, o recurso somente tem seu mérito examinado pelo órgão funcionalmente competente, quando preenchidos os respectivos pressupostos de admissibilidade, que estão delineados pela legislação própria. Ditos pressupostos de admissibilidade (gerais) são os seguintes: a) cabimento; b) legitimidade recursal; c) interesse recursal; d) inexistência de fato extintivo ou impeditivo; e) tempestividade; f) regularidade formal; g) preparo. Para alguns casos, exige-se, ainda: a) prequestionamento; b) repercussão geral.

A regularidade formal, especificamente, consubstancia-se na exigência de que o recurso seja interposto na forma estabelecida em lei. Em algumas situações, a legislação estabelece, para a prática de atos postulatórios, no caso, relativos a recursos, formas a serem observadas, porque há uma finalidade (aspirada) a ser alcançada. Se a forma legal não for atendida, mas sendo alcançada a sua finalidade, o pressuposto da regularidade formal, em razão da instrumentalidade das formas, pode ser mitigado. Mas, se não atendida a forma e, por isso, não alcançada a finalidade, o ato é irregular. Antes, porém, de sancionar o recorrente com a inadmissibilidade do recurso, o relator deve lhe conceder oportunidade para corrigir o vício. E assim o fará em relação a qualquer vício formal, desde que, por óbvio, sanável.

Nos termos do Enunciado 332/FPPC, "considera-se vício sanável, tipificado no artigo 938, § 1º, a apresentação da procuração e da guia de custas ou depósito recursal em cópia, cumprindo ao relator assinalar prazo para a parte renovar o ato processual com a juntada dos originais". Outro exemplo que autorização a correção de vício é o trazido pelo Enunciado 333/FPPC: "em se tratando de guia de custas e depósito recursal inseridos no sistema eletrônico, estando o arquivo corrompido, impedido de ser executado ou de ser lido, deverá o relator assegurar a possibilidade de sanar o vício, nos termos do artigo 938, § 1º".

Em termos legais, a superar anterior entendimento sufragado pelo Superior Tribunal de Justiça, que, num claro movimento de construção de uma jurisprudência defensiva, entendia ser deserto o recurso, quando a guia de custas fosse equivocadamente preenchida, o Código de Processo Civil passou a dispor, no § 7º do artigo 1.007, que: "o equívoco no preenchimento da guia de custas não implicará a aplicação da pena de deserção, cabendo ao relator, na hipótese de dúvida quanto ao recolhimento, intimar o recorrente para sanar o vício no prazo de cinco dias".

Há vícios, entretanto, que são insanáveis, pelo que dispensam, por inócua, a concessão de oportunidade para sua correção.

De qualquer modo, cumprida a respectiva diligência destinada a sanar o vício indicado, o relator, sempre que possível, prosseguirá no julgamento do recurso.

Se não determinadas as diligências encimadas (para sanar vício e produzir documentação exigível) pelo relator, a quem é imposto o respectivo dever, aquelas poderão ser determinadas pelo órgão colegiado eventualmente competente para julgamento do recurso, mediante a suscitação de questão de ordem. Se não oportunizada a correção do vício formal, haverá, repita-se, erro de procedimento, a justificar a decretação da invalidade do ato decisão respectivo.

A maior novidade trazida pelo enunciado em comentário, a considerar o contexto jurisprudencial trazido até o início da vigência do NCPC, é a possibilidade de se sanar o vício que acoima recurso excepcional. Antes, sob a vigência do CPC/73, a jurisprudência, relativamente aos recursos ordinários, possibilitava a correção de vícios. Basta lembrar a necessidade de intimação do recorrente, em apelação, para juntar instrumento de procuração (mandato) do novel advogado, a teor do que estabelecia o artigo 13, bem assim para a complementação do instrumento do agravo. Tal não ocorria, entretanto, com os recursos excepcionais. Aliás, o enunciado da Súmula 115/STJ orientava que "na instância especial é inexistente recurso interposto por advogado sem procuração nos autos". Sob a vigência do NCPC, portanto, a antiga orientação jurisprudencial fica superada, mesmo em se tratando de recurso excepcional.

▶ **NCPC. Art. 932. Parágrafo único.** Antes de considerar inadmissível o recurso, o relator concederá o prazo de 5 (cinco) dias ao recorrente para que seja sanado vício ou complementada a documentação exigível. ▶ **Art. 938. § 1º** Constatada a ocorrência de vício sanável, inclusive aquele que possa ser conhecido de ofício, o relator determinará a realização ou a renovação do ato processual, no próprio tribunal ou em primeiro grau de jurisdição, intimadas as partes.

Enunciado 83. Fica superado o Enunciado 115 da Súmula do STJ após a entrada em vigor do CPC ("Na instância especial é inexistente recurso interposto por advogado sem procuração nos autos").

● *Grupo: Ordem dos Processos no Tribunal, Teoria Geral dos Recursos, Apelação e Agravo.* ● *Referência: art. 932, par. ún.; art. 76, § 2º; art. 104, § 2º; art. 1.029, § 3º.*

▸ ***Rinaldo Mouzalas***

O Enunciado constitui decorrência lógica da orientação estabelecida pelo enunciado 82, segundo o qual "é dever do relator, e não faculdade, conceder o prazo ao recorrente para sanar o vício ou complementar a documentação exigível, antes de inadmitir qualquer recurso, inclusive os excepcionais". Seria incoerente possibilitar-se a superação de vícios sanáveis e não se admitir recurso excepcional por simples ausência (momentânea) de procuração nos autos, que constitui forma a ser observada pelo recorrente em respeito à regularidade formal (pressuposto de admissibilidade recursal).

E não poderia ser diferente, porque o parágrafo único do artigo 932 do Código de Processo Civil, de uma forma ampla, ou seja, sem restringir qualquer espécie recursal, determina que, "antes de considerar inadmissível o recurso, o relator concederá o prazo de cinco dias ao recorrente para que seja sanado vício ou complementada a documentação exigível". E justamente por isso que o parágrafo 1º do artigo 938 determina que, "constatada a ocorrência de vício sanável, inclusive aquele que possa ser conhecido de ofício, o relator determinará a realização ou a renovação do ato processual, no próprio tribunal ou em primeiro grau de jurisdição, intimadas as partes".

Há, pois, indicação de superação do entendimento sufragado pelo enunciado 115 da súmula do Superior Tribunal de Justiça, que institui clássico exemplo de constituição de jurisprudência defensiva. Com a nova orientação, pois, além de se afirmar a função política da jurisdição, em razão da observância da primazia na resolução do mérito, de uma forma específica, acaba-se por, também, afirmar a função uniformizadora dos tribunais superiores. Tal ocorre, nomeadamente, quando se deve considerar que a formação de precedentes vinculantes funda-se, em regra, em seus pronunciamentos decisórios, conforme art. 105, III, "c", da Constituição da República e art. 932 do Código de Processo Civil.

Entretanto, facultada a correção do vício, se não observado o prazo respectivo, o recurso, pelo menos em regra, não será admitido. O que não deve ocorrer é inadmissibilidade do recurso antes de facultada a correção do vício, mas, depois, é plenamente possível.

Súmula STJ 115. Na instância especial é inexistente recurso interposto por advogado sem procuração nos autos.

▶ **NCPC. Art. 76. § 2º** Descumprida a determinação em fase recursal perante tribunal de justiça, tribunal regional federal ou tribunal superior, o relator: I – não conhecerá do recurso, se a providência couber ao recorrente; II – determinará o desentranhamento das contrarrazões, se a providência couber ao recorrido. ▶ **Art. 104. § 2º** O ato não ratificado será considerado ineficaz relativamente àquele em cujo nome foi praticado, respondendo o advogado pelas despesas e por perdas e danos. ▶ **Art. 932. Parágrafo único.** Antes de considerar inadmissível o recurso, o relator concederá o prazo de 5 (cinco) dias ao recorrente para que seja sanado vício ou complementada a documentação exigível. ▶ **Art. 1.029. § 3º** O Supremo Tribunal Federal ou o Superior Tribunal de Justiça poderá desconsiderar vício formal de recurso tempestivo ou determinar sua correção, desde que não o repute grave.

ENUNCIADO 84. A AUSÊNCIA DE PUBLICAÇÃO DA PAUTA GERA NULIDADE DO ACÓRDÃO QUE DECIDIU O RECURSO, AINDA QUE NÃO HAJA PREVISÃO DE SUSTENTAÇÃO ORAL, RESSALVADA, APENAS, A HIPÓTESE DO § 1º DO ART. 1.024, NA QUAL A PUBLICAÇÃO DA PAUTA É DISPENSÁVEL.

● *Grupo: Ordem dos Processos no Tribunal, Teoria Geral dos Recursos, Apelação e Agravo.* ● *Referência: art. 935.*

▸ ***Rinaldo Mouzalas***

O Enunciado, em superação a anterior entendimento jurisprudencial (STJ, REsp 1183774), orienta que a ausência de publicação da pauta de julgamento, perante o tribunal, enseja a invalidade do acórdão, que julgou o respectivo recurso, mesmo que, para este, não haja previsão de sustentação oral. Ressalva apenas da hipótese do § 1º do artigo 1.024, que trata dos embargos de declaração, recurso que, nos tribunais, o relator apresentá-lo-á em mesa na sessão subsequente, proferindo voto, e, não havendo julgamento nessa sessão, será o recurso incluído em pauta automaticamente.

Entretanto, não é porque não publicada a pauta de julgamento, que o acórdão é inválido. Faz-se necessário sua decretação mediante decisão judicial. O acórdão, pois, é inválido porque decisão judicial constitutiva reconhece a irregularidade do ato judicial, a decretar a sua invalidade. Não se descarta a hipótese de não ser publicada a pauta de julgamento, mas, ainda assim, não ser decretada invalidade. Basta que, para tanto, a parte prejudicada não suscite a necessidade de decretação em seu favor, conquanto se trate de decisão definitiva.

Aliás, deve-se fazer uma crítica redacional ao enunciado, a fim de que ele se torne mais preciso. A ausência de publicação, por si só, não enseja invalidade, como posto acima, mas, apenas, proporciona a sua decretação, sobretudo quando se tratar de uma decisão definitiva. E pode ocorrer de, apesar de ser publicada a pauta de julgamento, ser possível a decretação da invalidade do acórdão, justamente porque a publicação foi irregular, conquanto existente. Seria o caso de ser publicada pauta de julgamento, mas ela não identificar os sujeitos interessados (ou qualquer deles).

A assim ocorrer, há publicação de pauta, mas persistirá o motivo para a decretação de invalidade. Isso ocorre pelo menos em regra. Não se pode descartar o caso de, publicada a pauta de julgamento, ela não identificar apenas uma das partes, sendo, contudo, ela beneficiada com o julgamento. Aí, embora verificada a irregularidade na publicação da pauta, não haveria necessidade de decretação da invalidade, porque o julgamento foi favorável àquela (à parte que não foi intimada). A invalidade apenas se decreta em favor de quem sofreu o prejuízo, e não de quem se beneficia.

Como dispõe § 2º do artigo 282 do Código de Processo Civil, quando puder decidir o mérito a favor da parte a quem aproveite a decretação da nulidade, o juiz não a pronunciará nem mandará repetir o ato ou suprir-lhe a falta. Assim, conquanto a falta (ou irregularidade) de intimação de uma das partes possa ensejar a decretação de invalidade, faz-se necessária, antes, a verificação de prejuízo. Por óbvio, se ambas as partes não foram (devidamente) intimadas, ante a não publicação da pauta, alguma delas ou ambas ficarão prejudicadas, pelo que se poderá decretar a invalidade.

Na pauta de julgamento, sob pena de invalidade, é indispensável que conste os nomes das partes e de seus advogados, com o respectivo número de inscrição na Ordem dos Advogados do Brasil, ou, se assim requerido, da sociedade de advogados, a teor do estabelece o parágrafo 2º do artigo 272. E, conforme dispõe o respectivo § 5º, constando dos autos pedido expresso para que as comunicações dos atos processuais sejam feitas em nome dos advogados indicados, o seu desatendimento implicará nulidade. Logo, a respectiva pauta, quando requerido, deve constar os nomes dos advogados indicados. Caso contrário, a intimação respectiva será irregular com a possibilidade de ser decretada inválida (art. 280 do CPC).

De outro ajuste redacional carece o enunciado comentado. De acordo com seus termos, "a ausência de publicação da pauta gera nulidade do acórdão". Só que não é bem a ausência de publicação da pauta. Seria a ausência de inclusão e publicação em pauta. Há três situações distintas. Uma é não existir pauta. Outra é existir, mas não ser publicada. E uma terceira é existir, ser publicada, mas não incluir o processo específico. Nas três hipóteses haverá possibilidade de ser decretada nulidade, ante a irregularidade da comunicação processual.

Melhor seria que o enunciado identificasse que a não inclusão em e/ou ausência de publicação da pauta de julgamento enseja a decretação de invalidade do acórdão respectivo.

Apesar disso, o enunciado é digno de elogios. Ele deixa muito claro que apenas o acórdão pode ter sua invalidade decretada em razão de irregularidade de comunicação processual relacionada à pauta de julgamento. Não haveria de ser diferente, porque o julgamento unipessoal, mediante decisão monocrática, não é público quanto à sua realização, mas apenas quanto ao seu resultado, a ser desnecessária a intimação prévia. Inclusive, quanto a este ponto, deve-se fazer uma ponderação.

O artigo 11 do Código de Processo Civil, a seguir mesma direção estabelecida pelo artigo 93, IX, da Constituição da República, estabelece que todos os julgamentos dos órgãos do Poder Judiciário serão públicos, e fundamentadas todas as decisões, sob pena de nulidade. Mas, conquanto públicos os julgamentos, não se dispensa a intimação dos interessados a comparecer à sessão de julgamento. A intimação destina-se a possibilitar a realização de sustentação oral e, mesmo quando ela não tenha previsão, intervenção, em cooperação, para suscitar questões de fato relacionadas ao julgamento.

Seja como for, a teor do que estabelece o artigo 281 do Código de Processo Civil, anulado o ato, consideram-se de nenhum efeito todos os subsequentes que dele dependam. Todavia, a nulidade de uma parte do ato não prejudicará as outras que dela sejam independentes. Logo, os atos que dependam do acórdão invalidado (portanto, hão de ser posteriores, sendo preservados os anteriores) serão, também, decretados inválidos, mas, aqueles que são independentes (ainda que posteriores), por não ter concatenação ao acórdão invalidado, serão aproveitados.

(...). 1. A ausência de publicação de pauta de julgamento, conquanto caracterize irregularidade processual (art. 552 do CPC), somente acarretará nulidade se demonstrado efetivo prejuízo à parte. 2. O julgamento do agravo de instrumento na origem não comporta a possibilidade de sustentação oral, afastando-se, portanto, a existência de prejuízo em virtude da ausência de publicação da pauta de julgamento. (...). (STJ, REsp 1183774, Rel. Min. Nancy Andrighi, 3ª T., DJe 27.6.2013)

► **NCPC. Art. 935.** Entre a data de publicação da pauta e a da sessão de julgamento decorrerá, pelo menos, o prazo de 5 (cinco) dias, incluindo-se em nova pauta os processos que não tenham sido julgados, salvo aqueles cujo julgamento tiver sido expressamente adiado para a primeira sessão seguinte.

Enunciado 197. Aplica-se o disposto no parágrafo único do art. 932 aos vícios sanáveis de todos os recursos, inclusive dos recursos excepcionais.

● *Grupo: Ordem dos Processos nos Tribunais e Recursos Ordinários.* ● *Referência: art. 932, par. ún.*

▸ ***Rinaldo Mouzalas***

O parágrafo único do artigo 932 do Código de Processo Civil estabelece que, antes de considerar inadmissível o recurso, o relator concederá o prazo de cinco dias ao recorrente para que seja sanado vício ou complementada a documentação exigível. A redação anterior do enunciado orientava que "aplica-se o disposto no parágrafo único do artigo 932 a todos os vícios de forma dos recursos". A modificação se justifica para que não se restrinja a aplicação do enunciado apenas aos recursos ordinários. Deixa-se clara sua extensão a todos os recursos, inclusive os excepcionais.

Dito enunciado é até desnecessário, a considerar a precedência do enunciado 82, que traz idêntica orientação. Segundo o dito enunciado, "é dever do relator, e não faculdade, conceder o prazo ao recorrente para sanar o vício ou complementar a documentação exigível, antes de inadmitir qualquer recurso, inclusive os excepcionais". Ambos os enunciados (82 e 197), portanto, orientam que o parágrafo único do artigo 932 do Código de Processo Civil aplica-se a todos os recursos, inclusive os excepcionais. A única diferença é que o enunciado 82 identifica a atuação do julgador como dever.

Em complementação, o parágrafo 1º do artigo 938 determina que, constatada a ocorrência de vício sanável, inclusive aquele que possa ser conhecido de ofício, o relator determinará a realização ou a renovação do ato processual, no próprio tribunal ou em primeiro grau de jurisdição, intimadas as partes. Se não observados tais deveres pelo relator, que deve agir de ofício, mas pode ser provocado por qualquer interessado, haverá vício de procedimento, que autorizará a decretação de invalidade do ato processual decisório seguinte e todos os demais que a ele estejam concatenados.

No Enunciado em análise, busca-se possibilitar a observância dos pressupostos de admissibilidade recursal, destacadamente o da regularidade formal, a partir da afirmação da primazia na resolução do mérito. Combate-se a jurisprudência defensiva, especialmente pelos tribunais superiores, que sempre foram muito refratários, quando em risco a ampliação do quantitativo de processos (tráfego processual), à tomada de posições afirmativas ao acesso qualificado da prestação jurisdicional.

Nos termos do Enunciado 332/FPPC, "considera-se vício sanável, tipificado no artigo 938, § 1º, a apresentação da procuração e da guia de custas ou depósito recursal em cópia, cumprindo ao relator assinalar prazo para a parte renovar o ato processual com a juntada dos originais". Outro exemplo de vício sanável é trazido pelo Enunciado 333/FPPC: "em se tratando de guia de custas e depósito recursal inseridos no sistema eletrônico, estando o arquivo corrompido, impedido de ser executado ou de ser lido, deverá o relator assegurar a possibilidade de sanar o vício, nos termos do artigo 938, § 1º".

► **NCPC. Art. 932. Parágrafo único.** Antes de considerar inadmissível o recurso, o relator concederá o prazo de 5 (cinco) dias ao recorrente para que seja sanado vício ou complementada a documentação exigível.

ENUNCIADO 198. IDENTIFICADA A AUSÊNCIA OU A IRREGULARIDADE DE PUBLICAÇÃO DA PAUTA, ANTES DE ENCERRADO O JULGAMENTO, INCUMBE AO ÓRGÃO JULGADOR DETERMINAR SUA CORREÇÃO, PROCEDENDO A NOVA PUBLICAÇÃO.

● *Grupo: Ordem dos Processos nos Tribunais e Recursos Ordinários.* ● *Referência: art. 935.*

▸ *Rinaldo Mouzalas*

Antes, foi apresentada a redação do Enunciado 84: "a ausência de publicação da pauta gera nulidade do acórdão que decidiu o recurso, ainda que não haja previsão de sustentação oral, ressalvada, apenas, a hipótese do § 1º do artigo 1.024, na qual a publicação da pauta é dispensável". Foram dirigidas críticas ao enunciado, que se relacionavam à sua precisão, pois que sua redação se referia apenas à ausência de publicação da pauta, quando a sua irregularidade também poderia ensejar a decretação de invalidade do acórdão.

O Enunciado sob comento, além de apresentar momento anterior ao identificado no Enunciado 84/FPPC, tem maior precisão redacional, porque não se refere apenas à ausência de publicação, mas, também, à sua irregularidade. Por óbvio, não faz referência à possibilidade de decretação da invalidade de julgamento, porque, no momento identificado, ele (o julgamento) não ocorreu por completo. Antes de encerrado, o órgão julgador deve determinar a sua correção, mediante nova publicação, justamente para se evitar a eventual decretação de invalidade.

Da conjugação dos enunciados, pode-se concluir que, antes do julgamento, se ausente ou irregular a publicação da pauta, o relator deve determinar a correção, com a supressão da omissão ou a correção da irregularidade. Caso o relator não adote as necessárias providências para suprir a omissão ou corrigir a irregularidade, elas devem ser tomadas pelo órgão julgador antes de encerrado o julgamento. Caso encerrado o julgamento, será, depois, caso haja provocação, decretação de invalidade para, depois, ser suprida a omissão ou corrigida a irregularidade para, só então, haver novo julgamento.

A orientação trazida pelo enunciado é no sentido de se evitar a prática de atos irregulares, que poderiam ensejar a futura decretação de invalidade. Logo, antes de eles (atos irregulares) serem praticados, o órgão relator deve realizar a necessária supressão ou correção, pois, se ignoradas e depois decretada a invalidade, estar-se-ia a atentar contra a economia e a duração razoável do processo. Isso a considerar que, depois de decretada a invalidade, precisar-se-ia corrigir a irregularidade de publicação ou a sua própria omissão.

Não se deve, pois, arriscar a prática de ato inválido, a se esperar a omissão dos interessados. O julgador não deve arriscar a verificação de desinteresse na decretação da invalidade. Primeiramente, porque o interesse deve ser manifestado no sentido da decretação da invalidade. Depois, porque a atuação jurisdicional, em desrespeito a diversas garantias (tal qual o contraditório) não seria aderente ao Estado Democrático de Direito. O julgado não disporia da necessária legitimidade. Logo, antes de se aguardar omissão dos interessados, deve-se a eles garantir a efetiva participação na formação do convencimento do órgão julgador.

▶ **NCPC. Art. 935.** Entre a data de publicação da pauta e a da sessão de julgamento decorrerá, pelo menos, o prazo de 5 (cinco) dias, incluindo-se em nova pauta os processos que não tenham sido julgados, salvo aqueles cujo julgamento tiver sido expressamente adiado para a primeira sessão seguinte.

Enunciado 199. No processo do trabalho, constatada a ocorrência de vício sanável, inclusive aquele que possa ser conhecido de ofício pelo órgão jurisdicional, o relator determinará a realização ou a renovação do ato processual, no próprio tribunal ou em primeiro grau, intimadas as partes; cumprida a diligência, sempre que possível, prosseguirá no julgamento do recurso.

● *Grupo: Impacto do CPC no Processo do Trabalho.* ● *Referência: arts. 938, § 1º, e 15.*

▸ *Rinaldo Mouzalas*

A convalidação diferencia-se da sanação, fenômeno que pode advir (mas, não necessariamente) da própria cooperação. Naquela, não se afasta o defeito do ato processual, enquanto que, nesta, sim. A sanação do ato decorre de sua correção, pelo que, quando realizada, torna desnecessária a decretação da invalidade. Nos termos do enunciado 278 do Fórum Permanente de Processualistas Civis, "o CPC adota como princípio a sanabilidade dos atos processuais defeituosos".

Conquanto o enunciado se refira ao processo do trabalho, ele segue a mesma diretriz estabelecida pelos enunciados 82 ("É dever do relator, e não faculdade, conceder o prazo ao recorrente para sanar o vício ou complementar a documentação exigível, antes de inadmitir qualquer recurso, inclusive os excepcionais") e 197 ("Aplica-se o disposto no parágrafo único do artigo 932 aos vícios sanáveis de todos os recursos, inclusive dos recursos excepcionais"), que se referem ao processo civil.

Em sua compreensão, o enunciado 199 estabelece que o parágrafo 1º do artigo 938 do Código de Processo Civil ("Constatada a ocorrência de vício sanável, inclusive aquele que possa ser conhecido de ofício, o relator determinará a realização ou a renovação do ato processual, no próprio tribunal ou em primeiro grau de jurisdição, intimadas as partes"), que busca afirmar a economia processual e a própria primazia na resolução do mérito, aplica-se ao processo do trabalho.

Nos termos do Enunciado 332/FPPC: "considera-se vício sanável, tipificado no artigo 938, § 1º, a apresentação da procuração e da guia de custas ou depósito recursal em cópia, cumprindo ao relator assinalar prazo para a parte renovar o ato processual com a juntada dos originais". Outro exemplo é trazido pelo Enunciado 333/FPPC: "em se tratando de guia de custas e depósito recursal inseridos no sistema eletrônico, estando o arquivo corrompido, impedido de ser executado ou de ser lido, deverá o relator assegurar a possibilidade de sanar o vício, nos termos do artigo 938, § 1º".

Poder-se-ia indagar, não apenas para o processo do trabalho, mas de uma forma geral, se a orientação estabelecida pelo enunciado não atentaria contra o duplo grau de jurisdição. A resposta é negativa, a considerar a situação trazida pelo enunciado, porque, ali, não se traz questões novas, mas, apenas, determina-se a correção de vício. Apesar disso, não se descarta que, em determinadas situações, o duplo grau de jurisdição seja mitigado frente à economia, ao acesso à prestação jurisdicional efetiva e à própria duração razoável do processo.

O vício, para ser corrigível, deve ser sanável. E ele pode ser verificado não apenas em relação ao recurso (por falta de algum pressuposto de admissibilidade), mas em outros atos praticados anteriormente à sua interposição, que dele possa ser objeto. Basta imaginar, aí, a situação em que uma das partes, no recurso, alega cerceamento ao direito de defesa, porque não produzida determinada prova. O vício precede a interposição e pode ser corrigido mediante posterior produção da prova, nos moldes do artigo 370 do CPC.

A correção do vício ocorre principalmente pela determinação do relator ou do próprio órgão colegiado, se já iniciado (mas não finalizado) o julgamento, mediante a realização de ato (cuja omissão tenha sido verificada) ou de sua renovação (cuja irregularidade tenha sido identificada), no juízo de primeira instância ou no próprio tribunal. Em qualquer que seja a situação de correção, as partes, se não agiram por impulso próprio, deverão ser intimadas previamente, seja para tomar conhecimento da determinação apenas, seja para, também, providenciar a prática ou renovação do ato determinado.

▶ **NCPC. Art. 15.** Na ausência de normas que regulem processos eleitorais, trabalhistas ou administrativos, as disposições deste Código lhes serão aplicadas supletiva e subsidiariamente. ▶ **Art. 938. § 1°** Constatada a ocorrência de vício sanável, inclusive aquele que possa ser conhecido de ofício, o relator determinará a realização ou a renovação do ato processual, no próprio tribunal ou em primeiro grau de jurisdição, intimadas as partes.

Enunciado 200. Fica superado o enunciado 320 da súmula do STJ ("A questão federal somente ventilada no voto vencido não atende ao requisito do prequestionamento").

● *Grupo: Ordem dos Processos nos Tribunais e Recursos Ordinários.* ● *Referências: art. 941, § 3º, e 15.*

▶ ***Frederico Koehler***

O enunciado em tela deve-se à regra trazida no artigo 941, § 3º, do NCPC, adiante transcrita. Referida norma vai de encontro ao enunciado da Súmula 320/STJ, o qual resta, portanto, superado[834]-[835].

---

834. Também restou superada a Questão de Ordem nº 14 da Turma Nacional de Uniformização dos Juizados Especiais Federais: *"Os temas tratados no voto vencido, sem terem sido enfrentados pelo voto condutor, não satisfazem o requisito do prequestionamento"*.

835. Corroborando a ideia do enunciado ora em comento: OLIVEIRA, Pedro Miranda de. O novo CPC e o princípio da primazia do julgamento do mérito recursal. *In*: SANTANA, Alexandre Ávalo e ANDRADE

O dispositivo em referência traz duas normas inovadoras: 1) a obrigatoriedade de declaração do voto vencido; 2) a previsão de que o voto vencido é parte integrante do acórdão para todos os fins, inclusive pré-questionamento[836].

Note-se que a jurisprudência do STJ, na vigência do CPC/73, pacificara o entendimento de que não era imprescindível a declaração de voto divergente, com exceção das hipóteses em que fossem cabíveis os embargos infringentes. Assim julgou o STJ:

> A jurisprudência firmou-se no sentido de que não há obrigatoriedade de declaração de voto divergente em hipóteses nas quais não sejam admitidos embargos infringentes, mesmo porque tal lacuna não causou quaisquer prejuízos à parte recorrente. (AgRg no AREsp 312.138, Rel. Min. Mauro Campbell Marques, DJe 13.5.2013)

Tal entendimento resta superado com o advento do NCPC, como se vê.

Na vigência do NCPC, portanto, a ausência de juntada do voto vencido com os respectivos fundamentos, em qualquer hipótese, abre às partes a possibilidade de oposição de embargos declaratórios a fim de sanar a omissão no julgado[837].

A obrigatoriedade de juntada do voto vencido é muito bem-vinda, e chega no bojo de um movimento de valorização da fundamentação das decisões judiciais, conforme prescreve o artigo 489 do NCPC.

O voto vencido, além de servir para comprovar o pré-questionamento, pode ajudar na definição da *ratio decidendi* e sua diferenciação dos *obiter dicta*. Além disso, tem a importante função de registrar a argumentação embasadora das teses contrárias à *ratio decidendi*, o que possui dois efeitos imediatos: 1) mantém a questão em debate no seio de toda a comunidade jurídica; 2) pode viabilizar a superação do precedente[838].

NETO, José de (Coord.). *Novo CPC:* análise doutrinária sobre o novo direito processual brasileiro. Campo Grande: Contemplar, 2016. p. 569; MARINONI, Luiz G.; ARENHARDT, Sérgio Cruz; MITIDIERO, Daniel. *Curso de Processo Civil*: tutela dos direitos mediante procedimento comum. vol. 2. 2. ed. São Paulo: RT, 2016. p. 578; LEITE, Carlos Henrique Bezerra. Comentários ao art. 941 do CPC/2015. *In*: ALVIM, Angélica A. *et al. Comentários ao Código de Processo Civil.* São Paulo: Saraiva, 2016. p. 1.081.

836. Sobre como o art. 941, § 3º do CPC alterou a concepção de que o voto vencido não integra o acórdão e, por isso, não tinha serventia para fins de pré-questionamento, confira-se: LEMOS, Vinícius Silva. O prequestionamento no novo Código de Processo Civil. *In*: FREIRE, Alexandre; MACÊDO, Lucas Buril de; PEIXOTO, Ravi (Coord.). *Doutrina Selecionada: processo nos tribunais e meios de impugnação às decisões judiciais. vol.* 6. 2. ed. Salvador: Juspodivm, 2016. p. 1.068.

837. Osmar Mendes Paixão Côrtes entende que a não juntada do voto vencido e de seus fundamentos será causa de nulidade do julgado, diante da expressa determinação legal. CÔRTES, Osmar M. P. Comentários ao art. 941 do CPC/2015. *In*: WAMBIER, Teresa A. *et al.* (Coord.). *Breves comentários ao novo Código de Processo Civil.* São Paulo: RT, 2015. p. 2.101.

838. No mesmo sentido, confira-se: CUNHA, Leonardo C.; DIDIER JR. Fredie. *Curso de direito processual civil*: meios de impugnação às decisões judiciais e processo nos tribunais. vol. 3. 13. ed. Salvador: Juspodivm, 2016. p. 39-40. Vide, ainda: SOKAL, Guilherme Jales. *O julgado colegiado nos tribunais.* São Paulo: Método, 2012. p. 335; MARINONI, Luiz G. *Julgamento nas cortes supremas.* São Paulo: RT, 2015. p. 41.

Observe-se que a necessidade de juntada do voto vencido e de suas razões dá cumprimento à regra contida no artigo 984, § 2º do CPC, referente ao incidente de resolução de demandas repetitivas.

Súmula STJ 320. A questão federal somente ventilada no voto vencido não atende ao requisito do prequestionamento.

► **NCPC. Art. 15.** Na ausência de normas que regulem processos eleitorais, trabalhistas ou administrativos, as disposições deste Código lhes serão aplicadas supletiva e subsidiariamente. ► **Art. 941. § 3º** O voto vencido será necessariamente declarado e considerado parte integrante do acórdão para todos os fins legais, inclusive de pré-questionamento. ► **Art. 984. § 2º** O conteúdo do acórdão abrangerá a análise de todos os fundamentos suscitados concernentes à tese jurídica discutida, sejam favoráveis ou contrários.

ENUNCIADO 332. CONSIDERA-SE VÍCIO SANÁVEL, TIPIFICADO NO ART. 938, § 1º, A APRESENTAÇÃO DA PROCURAÇÃO E DA GUIA DE CUSTAS OU DEPÓSITO RECURSAL EM CÓPIA, CUMPRINDO AO RELATOR ASSINALAR PRAZO PARA A PARTE RENOVAR O ATO PROCESSUAL COM A JUNTADA DOS ORIGINAIS.

● *Grupo: Impacto do CPC no processo do trabalho.* ● *Referências: arts. 938, § 1º, e 15.*

► ***Frederico Koehler***

Esse enunciado resulta da aplicação de um dos inúmeros dispositivos espalhados pelo novo diploma legal que buscam combater a jurisprudência defensiva[839], qual seja, o artigo 938, § 1º, do NCPC. O novo diploma legal, de fato, busca fulminar a jurisprudência defensiva, combatendo a criação de "empecilhos artificiais criados pelos tribunais para não apreciarem o mérito dos recursos", na feliz definição de Rodrigo da Cunha Lima Freire[840].

É também uma materialização dos princípios da primazia do julgamento do mérito (art. 4º do NCPC) e da cooperação (art. 6º do NCPC).

O que o enunciado em comento faz é apenas dar um exemplo da aplicação do artigo 938, § 1º, ao dispor que se considera vício sanável a apresentação da procuração e da guia de custas ou depósito recursal em cópia, cumprindo ao relator assinalar prazo para a parte renovar o ato processual com a juntada dos originais.

Note-se que a apresentação da procuração e da guia de custas ou depósito recursal em cópia é vício que se deve sanar no próprio tribunal. Há outros vícios, no

839. Muito oportuna a colocação de Pedro Miranda de Oliveira, de que o termo correto deveria ser jurisprudência *ofensiva*, pois ofende os princípios da legalidade, da inafastabilidade do controle jurisdicional, do contraditório, da boa-fé, da cooperação e da razoabilidade, além de ofender o bom senso, a segurança jurídica, o exercício da advocacia e a cidadania. OLIVEIRA, Pedro M. O novo CPC e o princípio da primazia do julgamento do mérito recursal. *In*: SANTANA, Alexandre Ávalo; ANDRADE NETO, José de. (Coords.). *Novo CPC:* análise doutrinária sobre o novo direito processual brasileiro. Campo Grande: Contemplar, 2016. p. 553-554.

840. FREIRE, Rodrigo C. L. Comentários ao art. 932 do CPC/2015. *In*: WAMBIER, Tereza A. *et al.* (Coords.). *Breves comentários ao novo Código de Processo Civil.* São Paulo: RT, 2015. p. 2.090.

entanto, que deverão ser sanados em primeiro grau, mediante a conversão do feito em diligência.

O artigo 938, § 1º (e também o § 2º) traz, na verdade, um dever geral de correção de defeitos processuais em tribunal, nas precisas palavras de Fredie Didier Jr. e Leonardo Carneiro da Cunha[841], regra essa que repete a prevista no artigo 932, parágrafo único.

A propósito, além de ser sanável a apresentação da procuração e da guia de custas ou depósito recursal em cópia, também se preocupou o NCPC em registrar que eventual equívoco no preenchimento da guia de custas não implicará a aplicação *imediata* da pena de deserção, cabendo ao relator intimar o recorrente para sanar o vício no prazo de cinco dias, consoante previsto no artigo 1.007, § 7º.

É importante registrar-se que o artigo 938, § 1º traz um *dever* e não apenas uma faculdade do relator, consoante explicitado em outro enunciado da FPPC[842]:

> Enunciado 82/FPPC: É dever do relator, e não faculdade, conceder o prazo ao recorrente para sanar o vício ou complementar a documentação exigível, antes de inadmitir qualquer recurso, inclusive os excepcionais.

Na verdade, entendemos que o enunciado em comento foi excessivamente cauteloso. Em nossa opinião, a juntada da procuração e da guia de custas ou depósito recursal em cópia não chega a ser vício sanável. A jurisprudência do STJ já havia se consolidado nesse sentido antes mesmo do advento do NCPC:

> Processual civil. Agravo de instrumento previsto no art. 522 do CPC. Comprovação do preparo com cópia das guias e dos respectivos comprovantes de pagamento. Possibilidade desde que se permita evidenciar as informações necessárias à comprovação do pagamento. 1. Não enseja deserção a juntada da cópia do pagamento das guias que comprovam o recolhimento dos componentes do preparo, desde que seja possível evidenciar as informações necessárias à identificação do pagamento. Precedentes. (...). 2. Não há como impor qualquer tipo de restrição à utilização de cópias como meio hábil à comprovação do recolhimento de custas judiciais, postura que caminha na contramão da desburocratização do processo. 3. Agravo Regimento não provido. (STJ, AgREsp 1572683, Rel. Min. Herman Benjamin, 2ª T., DJe 19.5.2016)

Ademais, deve-se considerar que o artigo 425, inc. IV, do NCPC (com correspondência no artigo 365, inc. IV, do CPC/73), presume a boa-fé das partes e de seus advogados, admitindo que o próprio advogado declare a autenticidade de cópias de peças processuais acostadas aos autos[843].

---

841. CUNHA, Leonardo C.; DIDIER JR. Fredie. *Curso de direito processual civil*: meios de impugnação às decisões judiciais e processo nos tribunais. vol. 3. 13. ed. Salvador: Juspodivm, 2016. p. 50.

842. No mesmo sentido: JORGE, Flávio Cheim; SIQUEIRA, Thiago Ferreira. A sanabilidade dos requisitos de admissibilidade dos recursos. *In*: FREIRE, Alexandre; MACÊDO, Lucas Buril de; PEIXOTO, Ravi (Coord.). Doutrina Selecionada: processo nos tribunais e meios de impugnação às decisões judiciais. vol. 6. 2. ed. Salvador: Juspodivm, 2016. p. 630-631; CÂMARA, Alexandre F. *O novo processo civil brasileiro*. São Paulo: Atlas, 2015. p. 450.

843. Aliás, à medida que o processo eletrônico tornar-se regra no Brasil, tal discussão perderá o sentido, tendo em vista que o impresso do comprovante de pagamento feito via internet equivale à via original, pois se trata de documento virtual, nos termos do artigo 11 da Lei 11.419/2006. Ou seja, perderá

Dito isso, perceba-se que a utilidade do enunciado reside em que, caso se alegue falsidade na cópia da procuração ou da guia de custas ou depósito recursal, aí sim, não se permite a aplicação imediata da pena de deserção, cumprindo ao relator assinalar prazo para a parte promover a juntada dos originais.

Em suma, as preocupações formais com a guia de custas recursais existem para que se possa aferir se houve o efetivo preparo do recurso. Ou seja, os aspectos formais são instrumentos para se verificar se o pagamento das custas recursais de fato ocorreu[844]. O fato de existirem advogados que se utilizam de guias falsas, ou de uma mesma guia para recursos diferentes, não deve servir como pretexto para não se conhecer de recursos por formalismos ligados à guia de custas, cabendo, isto sim, a punição do recorrente por litigância de má-fé ou ato atentatório à dignidade da justiça, bem como a comunicação à OAB para as devidas providências[845].

Por fim, importa enfatizar a novidade contida no artigo 1.007, § 4º, adiante transcrito. Ora, seria ilógico que o legislador tivesse inovado ao prever uma segunda chance de recolhimento do preparo mesmo quando não tenha havido pagamento algum, e não oportunize a mesma chance àquele recorrente que junta guia comprovando o pagamento, mas essa guia apresente algum problema formal.

► **NCPC. Art. 15.** Na ausência de normas que regulem processos eleitorais, trabalhistas ou administrativos, as disposições deste Código lhes serão aplicadas supletiva e subsidiariamente. ► **Art. 932. Parágrafo único.** Antes de considerar inadmissível o recurso, o relator concederá o prazo de 5 (cinco) dias ao recorrente para que seja sanado vício ou complementada a documentação exigível. ► **Art. 938. § 1º** Constatada a ocorrência de vício sanável, inclusive aquele que possa ser conhecido de ofício, o relator determinará a realização ou a renovação do ato processual, no próprio tribunal ou em primeiro grau de jurisdição, intimadas as partes. ► **Art. 1.007. § 4º** O recorrente que não comprovar, no ato de interposição do recurso, o recolhimento do preparo, inclusive porte de remessa e de retorno, será intimado, na pessoa de seu advogado, para realizar o recolhimento em dobro, sob pena de deserção.

ENUNCIADO 333. EM SE TRATANDO DE GUIA DE CUSTAS E DEPÓSITO RECURSAL INSERIDOS NO SISTEMA ELETRÔNICO, ESTANDO O ARQUIVO CORROMPIDO, IMPEDIDO DE SER EXECUTADO OU DE SER LIDO, DEVERÁ O RELATOR ASSEGURAR A POSSIBILIDADE DE SANAR O VÍCIO, NOS TERMOS DO ART. 938, § 1º.

● *Grupo: Impacto do CPC no processo do trabalho.* ● *Referências: arts. 938, § 1º e 15.*

► *Frederico Koehler*

Trata-se de mais um enunciado que privilegia os princípios da primazia do julgamento do mérito (art. 4º do NCPC) e da cooperação (art. 6º do NCPC).

---

razão de ser a dicotomia original x cópia nesses casos. Confira-se: STJ, REsp 1415790, Rel. Min. Nancy Andrighi, 3ª T., DJe 13.2.2014.

844. FARIA, Márcio Carvalho. "O novo Código de Processo Civil vs. a jurisprudência defensiva". *In*: FREIRE, Alexandre; MACÊDO, Lucas Buril de; PEIXOTO, Ravi (Coord.). *Doutrina Selecionada*: processo nos tribunais e meios de impugnação às decisões judiciais. vol. 6. 2. ed. Salvador: Juspodivm, 2016. p. 589-590.

845. MACHADO SEGUNDO, Hugo B. Os recursos no novo CPC e a jurisprudência defensiva. *In*: FREIRE, Alexandre; MACÊDO, Lucas Buril; PEIXOTO, Ravi (Coord.). *Doutrina Selecionada*: processo nos tribunais e meios de impugnação às decisões judiciais. vol. 6. 2. ed. Salvador: Juspodivm, 2016. p. 519.

A ideia contida no enunciado é, mais uma vez, o combate à jurisprudência defensiva[846], isto é, aos formalismos exacerbados pelos tribunais para se eximirem de julgar o mérito da avalanche de recursos que recebem periodicamente.

Assim, quando a guia de custas e o depósito recursal inseridos no sistema eletrônico estiverem, por algum motivo, impossibilitados de serem acessados e lidos, deverá o relator, com espeque no artigo 938, § 1º, do NCPC, assegurar a possibilidade de sanação do vício.

Como já explicitado nos comentários ao enunciado nº 332, o artigo 938, §§ 1º e 2º, trazem um dever geral de correção de defeitos processuais nos tribunais[847], regra essa que repete a prevista no artigo 932, parágrafo único (*"Antes de considerar inadmissível o recurso, o relator concederá o prazo de cinco dias ao recorrente para que seja sanado vício ou complementada a documentação exigível".*).

É importante registrar-se que o artigo 938, § 1º traz um *dever* e não apenas uma faculdade do relator, consoante explicitado no enunciado 82 do FPPC: *"É dever do relator, e não faculdade, conceder o prazo ao recorrente para sanar o vício ou complementar a documentação exigível, antes de inadmitir qualquer recurso, inclusive os excepcionais".*[848].

Especificamente sobre a questão da juntada de arquivo eletrônico corrompido ou com peças ilegíveis, a Resolução nº 427, de 20 de abril de 2010 (que regulamenta o processo eletrônico no âmbito do STF), dispõe:

> Art. 25 Serão devolvidos à origem, para diligência, os recursos remetidos ao Supremo Tribunal Federal com arquivo eletrônico corrompido, com peças ilegíveis ou, ainda, quando não observados os requisitos do artigo 24 desta Resolução (com a redação alterada pela Resolução nº 476, de 16 de dezembro de 2011).

Portanto, o próprio STF já criara, bem antes do advento do NCPC, norma prevendo a necessidade de que seja assegurada à parte a juntada de uma versão correta da petição/documentação ilegível ou corrompida.

Em suma, as preocupações formais com a guia de custas recursais existem para que se possa aferir se houve o efetivo preparo do recurso. Ou seja, os aspectos formais são instrumentos para se verificar se o pagamento das custas recursais de fato ocorreu[849]. O fato de existirem advogados que se utilizam de guias falsas, ou de uma mesma guia para recursos diferentes, não deve servir como pretexto para não se conhecer

---

846. Sobre o tema *jurisprudência defensiva*, remetemos o leitor aos comentários feitos por este autor ao enunciado nº 332 do FPPC nessa obra.

847. CUNHA, Leonardo C.; DIDIER JR. Fredie. *Curso de direito processual civil*: meios de impugnação às decisões judiciais e processo nos tribunais. vol. 3. 13. ed. Salvador: Juspodivm, 2016. p. 50.

848. No mesmo sentido: JORGE, Flávio Cheim; SIQUEIRA, Thiago Ferreira. "A sanabilidade dos requisitos de admissibilidade dos recursos". *In*: FREIRE, Alexandre; MACÊDO, Lucas Buril de; PEIXOTO, Ravi (Coord.). Doutrina Selecionada: processo nos tribunais e meios de impugnação às decisões judiciais. vol. 6. 2. ed. Salvador: Juspodivm, 2016. p. 630-631; CÂMARA, Alexandre F. *O novo processo civil brasileiro*. São Paulo: Atlas, 2015. p. 450.

849. FARIA, Márcio Carvalho. "O novo Código de Processo Civil vs. a jurisprudência defensiva". *In*: FREIRE, Alexandre; MACÊDO, Lucas Buril de; PEIXOTO, Ravi (Coord.). *Doutrina Selecionada*: processo nos

de recursos por formalismos ligados à guia de custas, cabendo, isto sim, a punição do recorrente por litigância de má-fé ou ato atentatório à dignidade da justiça, bem como a comunicação à OAB para as devidas providências[850].

Por fim, como já analisado nos comentários ao enunciado nº 332, importa enfatizar a novidade contida no artigo 1.007, abaixo transcrito. Ora, seria ilógico que o legislador tivesse inovado ao prever uma segunda chance de recolhimento do preparo mesmo quando não tenha havido pagamento algum, e não oportunize a mesma chance àquele recorrente que junta guia comprovando o pagamento, mas essa guia apresente algum problema formal.

► **NCPC. Art. 15.** Na ausência de normas que regulem processos eleitorais, trabalhistas ou administrativos, as disposições deste Código lhes serão aplicadas supletiva e subsidiariamente. ► **Art. 938. § 1º** Constatada a ocorrência de vício sanável, inclusive aquele que possa ser conhecido de ofício, o relator determinará a realização ou a renovação do ato processual, no próprio tribunal ou em primeiro grau de jurisdição, intimadas as partes. ► **Art. 1.007. § 4º** O recorrente que não comprovar, no ato de interposição do recurso, o recolhimento do preparo, inclusive porte de remessa e de retorno, será intimado, na pessoa de seu advogado, para realizar o recolhimento em dobro, sob pena de deserção.

ENUNCIADO 462. É NULA, POR USURPAÇÃO DE COMPETÊNCIA FUNCIONAL DO ÓRGÃO COLEGIADO, A DECISÃO DO RELATOR QUE JULGAR MONOCRATICAMENTE O MÉRITO DO RECURSO, SEM DEMONSTRAR O ALINHAMENTO DE SEU PRONUNCIAMENTO JUDICIAL COM UM DOS PADRÕES DECISÓRIOS DESCRITOS NO ART. 932.

● *Grupo: Poderes do juiz.* ● *Referências: arts. 932, 489, § 1º, V e VI.*

► ***Frederico Koehler***

O enunciado em comento informa que não basta decidir monocraticamente, cabendo ao relator demonstrar que a decisão pela via monocrática – e não colegiada – se justifica com base em alguma das hipóteses do artigo 932 do NCPC[851].

É mais uma hipótese que demonstra o fenômeno de valorização da fundamentação nas decisões judiciais, conforme prescreve o artigo 489 do NCPC. O julgamento monocrático pelo relator, apenas mencionando o artigo 932, mas, sem explicitar especificamente como se dá o enquadramento nos parâmetros trazidos na norma, fere o artigo 489, § 1º, inc. I (*"§ 1º Não se considera fundamentada qualquer decisão judicial, seja ela interlocutória, sentença ou acórdão, que: I – se limitar à indicação, à reprodução ou à paráfrase de ato normativo, sem explicar sua relação com a causa ou a questão decidida"*).

---

tribunais e meios de impugnação às decisões judiciais. vol. 6. 2. ed. Salvador: Juspodivm, 2016. p. 589-590.

850. MACHADO SEGUNDO, Hugo de Brito. "Os recursos no novo CPC e a jurisprudência defensiva". *In*: FREIRE, Alexandre; MACÊDO, Lucas Buril de; PEIXOTO, Ravi (Coord.). *Doutrina Selecionada*: processo nos tribunais e meios de impugnação às decisões judiciais. vol. 6. 2. ed. Salvador: Juspodivm, 2016. p. 519.

851. No mesmo sentido: CÂMARA, Alexandre F. *O novo processo civil brasileiro*. São Paulo: Atlas, 2015. p. 451.

A regra nos tribunais deveria ser a decisão colegiada, reservando-se o julgamento monocrático a hipóteses excepcionais[852]. O número excessivo de recursos, especialmente nos Tribunais Superiores, propiciou a propagação dessa técnica de julgamento isolado[853].

Justamente por se tratar de uma inversão da forma natural de julgamento em órgãos colegiados, o relator deve demonstrar concretamente qual o fundamento legal que o leva a entender possível o julgamento monocrático, sob pena de configuração de nulidade em razão da ausência de fundamentação. O artigo 927, § 1º prescreve que os juízes e os tribunais observarão o disposto nos artigos 10 e 489, § 1º, quando decidirem com fundamento nos precedentes vinculantes ali listados, o que corrobora o que ora se defende, pois é justamente o caso da maioria das situações previstas nos julgamentos unipessoais embasados no artigo 932[854].

O relator, portanto, só pode decidir monocraticamente um recurso caso demonstre o enquadramento nas hipóteses do artigo 932. Não o fazendo, estará julgando de forma isolada o que apenas deveria ser julgado pelo órgão colegiado, o que pode ser passível de anulação.

Note-se que o NCPC não trilhou o mesmo caminho do CPC/73, que permitia o julgamento unipessoal de mérito em hipóteses muito abertas, como as de "manifesta procedência" ou "evidente improcedência" (vide art. 557, *caput*, e § 1º-A, do CPC/73). O NCPC foi mais restritivo com relação aos julgamentos monocráticos do mérito recursal, por exemplo, conferindo este poder ao relator nas hipóteses referentes à aplicação de precedentes vinculantes (vide art. 932, incs. IV e V).

Atente-se, ainda, ao fato de que, para dar provimento monocraticamente a recurso, o relator deve propiciar ao recorrido o contraditório prévio, nos termos do artigo 932, inc. V, do CPC. Permanece, entretanto, o poder de conceder tutela provisória recursal antes de ouvido o recorrido, art. 932, inc. II, c/c os arts. 300, § 2º, e 311, parágrafo único, do NCPC[855].

► **NCPC. Art. 489. § 1º** Não se considera fundamentada qualquer decisão judicial, seja ela interlocutória, sentença ou acórdão, que: V – se limitar a invocar precedente ou enunciado de súmula, sem identificar seus fundamentos determinantes nem demonstrar que o caso sob julgamento se ajusta àqueles fundamentos; VI – deixar de seguir enunciado de súmula, jurisprudência ou precedente invocado pela parte, sem demonstrar a existência de distinção no caso em julgamento ou a superação do entendimento. ► **Art. 932.** Incumbe ao relator: I – dirigir e ordenar

852. MIRANDA, Francisco Cavalcanti Pontes de. *Comentários ao Código de Processo Civil.* Rio de Janeiro: Forense, 1975, t. VII. p. 7.
853. FREIRE, Rodrigo C. L. Comentários ao art. 932 do CPC/2015. *In*: WAMBIER, Tereza A. *et al.* (Coords.). *Breves comentários ao novo Código de Processo Civil.* São Paulo: RT, 2015. p. 2088.
854. BORGES, Flávio Buonaduce. O julgamento monocrático em órgão colegiado sob a ótica do CPC de 2015. *In*: LUCON, Paulo Henrique S. *et al.* (Coord.). *Processo em jornadas.* Salvador: Juspodivm, 2016. p. 307-311.
855. CUNHA, Leonardo C.; DIDIER JR. Fredie. *Curso de direito processual civil*: meios de impugnação às decisões judiciais e processo nos tribunais. vol. 3. 13. ed. Salvador: Juspodivm, 2016. p. 55.

o processo no tribunal, inclusive em relação à produção de prova, bem como, quando for o caso, homologar autocomposição das partes; II – apreciar o pedido de tutela provisória nos recursos e nos processos de competência originária do tribunal; III – não conhecer de recurso inadmissível, prejudicado ou que não tenha impugnado especificamente os fundamentos da decisão recorrida; IV – negar provimento a recurso que for contrário a: a) súmula do Supremo Tribunal Federal, do Superior Tribunal de Justiça ou do próprio tribunal; b) acórdão proferido pelo Supremo Tribunal Federal ou pelo Superior Tribunal de Justiça em julgamento de recursos repetitivos; c) entendimento firmado em incidente de resolução de demandas repetitivas ou de assunção de competência; V – depois de facultada a apresentação de contrarrazões, dar provimento ao recurso se a decisão recorrida for contrária a: a) súmula do Supremo Tribunal Federal, do Superior Tribunal de Justiça ou do próprio tribunal; b) acórdão proferido pelo Supremo Tribunal Federal ou pelo Superior Tribunal de Justiça em julgamento de recursos repetitivos; c) entendimento firmado em incidente de resolução de demandas repetitivas ou de assunção de competência; VI – decidir o incidente de desconsideração da personalidade jurídica, quando este for instaurado originariamente perante o tribunal; VII – determinar a intimação do Ministério Público, quando for o caso; VIII – exercer outras atribuições estabelecidas no regimento interno do tribunal.

Enunciado 463. O parágrafo único do art. 932 e o art. 933 devem ser aplicados aos recursos interpostos antes da entrada em vigor do CPC/2015 e ainda pendentes de julgamento.

● *Grupo: Direito intertemporal.* ● *Redação revista (VII FPPC).* ● *Referências: arts. 9º, 10, 932, par. ún. e 933.*

▸ ***Frederico Koehler***

O enunciado trata de problema de direito intertemporal surgido em virtude do advento do NCPC. Mais especificamente, busca-se explicitar que os novos deveres do relator previstos no artigo 932, parágrafo único, e no artigo 933, devem ser aplicados aos recursos interpostos antes da entrada em vigor do NCPC e ainda pendentes de julgamento.

Sobre a aplicação de uma nova lei processual aos processos pendentes, são de inolvidável valia as lições de Galeno Lacerda, em sua obra magistral escrita logo após a chegada do CPC/73[856].

Esclareça-se que a presente hipótese é diversa dos casos em que se perquire sobre qual o recurso cabível, em caso de supressão de recurso pelo NCPC. Para tais casos, remetemos o leitor aos comentários ao enunciado 466. Lá será explicitado que a regra básica é que lei do recurso é a lei do dia em que tornada pública a decisão, a fim de que se resguarde o direito adquirido processual ao recurso e à sua forma de processamento[857]-[858]. A questão aqui é outra.

---

856. LACERDA, Galeno. *O novo direito processual civil e os feitos pendentes.* Rio de Janeiro: Forense, 2006.
857. *Ibidem*, p. 47-48.
858. CUNHA, Leonardo C. *Direito intertemporal e o novo Código de Processo Civil.* Rio de Janeiro: Forense, 2016. p. 131-133.

O artigo 932, parágrafo único, e o artigo 933 prescrevem novas competências para o relator[859], todas ligadas à proibição da decisão-surpresa, prevista no artigo 10 do NCPC.

Trata-se de competências funcionais do relator e, portanto, absolutas. Em se tratando de competências absolutas, aplicam-se imediatamente aos processos pendentes, por não incidir a regra da *perpetuatio jurisdictionis*[860]. Isso porque incide uma das exceções à *perpetuatio jurisdictionis* prevista no artigo 43 do NCPC (alterações posteriores ao registro/distribuição que alterem a competência absoluta). Ou seja, caso o relator, ao examinar um recurso interposto na vigência do CPC/73, depare-se, por exemplo, com um vício que torne o recurso inadmissível, deverá conceder prazo de cinco dias ao recorrente para que se oportunize a sua sanação.

Não se desconhece o teor de enunciado administrativo do STJ, segundo o qual:

> Enunciado Administrativo STJ 5. Nos recursos tempestivos interpostos com fundamento no CPC/73 (relativos a decisões publicadas até 17 de março de 2016), não caberá a abertura de prazo prevista no artigo 932, parágrafo único, c/c o art. 1.029, § 3º, do novo CPC.

Ocorre que tal enunciado viola os arts. 14 e 1.046 do NCPC, aplicando normas do CPC/73 que já estão revogadas. Tal entendimento equivale a conferir direito adquirido a regime jurídico, em contrariedade à jurisprudência pacífica e consolidada no STF e no STJ[861].

► **NCPC. Art. 9°** Não se proferirá decisão contra uma das partes sem que ela seja previamente ouvida. (...). ► **Art. 10.** O juiz não pode decidir, em grau algum de jurisdição, com base em fundamento a respeito do qual não se tenha dado às partes oportunidade de se manifestar, ainda que se trate de matéria sobre a qual deva decidir de ofício. ► **Art. 932. Parágrafo único.** Antes de considerar inadmissível o recurso, o relator concederá o prazo de 5 (cinco) dias ao recorrente para que seja sanado vício ou complementada a documentação exigível. ► **Art. 933.** Se o relator constatar a ocorrência de fato superveniente à decisão recorrida ou a existência de questão apreciável de ofício ainda não examinada que devam ser considerados no julgamento do recurso, intimará as partes para que se manifestem no prazo de 5 (cinco) dias. **§ 1°** Se a constatação ocorrer durante a sessão de julgamento, esse será imediatamente suspenso a fim de que as partes se manifestem especificamente. **§ 2°** Se a constatação se der em vista dos autos, deverá o juiz que a solicitou encaminhá-los ao relator, que tomará as providências previstas no caput e, em seguida, solicitará a inclusão do feito em pauta para prosseguimento do julgamento, com submissão integral da nova questão aos julgadores.

---

859. A propósito, o enunciado 82 do FPPC esclarece que a aplicação dos referidos dispositivos é obrigatória, e não apenas uma faculdade do relator: "*É dever do relator, e não faculdade, conceder o prazo ao recorrente para sanar o vício ou complementar a documentação exigível, antes de inadmitir qualquer recurso, inclusive os excepcionais*". No mesmo sentido: JORGE, Flávio Cheim; SIQUEIRA, Thiago Ferreira. A sanabilidade dos requisitos de admissibilidade dos recursos. *In*: FREIRE, Alexandre; MACÊDO, Lucas Buril de; PEIXOTO, Ravi (Coord.). *Doutrina Selecionada*: processo nos tribunais e meios de impugnação às decisões judiciais. vol. 6. 2. ed. Salvador: Juspodivm, 2016. p. 630-631.

860. CUNHA, Leonardo C. *Op. cit.* p. 47-49.

861. Nesse exato sentido: CUNHA, Leonardo C. *Op. cit.* p. 49.

Enunciado 464. A decisão unipessoal (monocrática) do relator em Turma Recursal é impugnável por agravo interno.

● *Grupo: Impacto nos Juizados e nos procedimentos especiais da legislação extravagante.* ● *Referências: arts. 932 e 1.021; Leis 9.099/95, 10.259/01, 12.153/09.*

▸ ***Frederico Koehler***

Inicialmente, cabe enfrentar-se a polêmica questão de aplicabilidade ou não do NCPC ao microssistema dos juizados especiais.

Os que entendem pela total inaplicabilidade do NCPC ao microssistema dos juizados especiais o fazem baseados em uma suposta autossuficiência desse microssistema, que estaria, assim, protegido das influências do procedimento comum, mais formal e burocrático. Nesse sentido dispõe a Nota Técnica nº 1/16 do Fórum Nacional de Juizados Especiais – FONAJE[862]:

> Desde sua entrada em vigor, a Lei 9.099 veio convivendo com o CPC de 1.973 sem que o procedimento nela estatuído sofresse influências da lei processual comum codificada, posto sustentar-se esta em princípios absolutamente inconciliáveis com os aludidos critérios informadores. Estabeleceu-se, assim, a convicção de que as disposições codificadas não se aplicam ao rito dos processos que tramitem em sede de Juizados Especiais Cíveis em sua fase de conhecimento, mas tão só – e no que couber – à fase de execução (cumprimento) de sentença, assim como, subsidiariamente, à execução de título extrajudicial.

Ocorre que o argumento da autossuficiência é insustentável. O microssistema dos juizados especiais nunca foi autossuficiente, tendo buscado, desde sempre, o suprimento de suas – diversas – lacunas nas codificações processuais civis anteriores à de 2015 e na legislação esparsa. Exemplos disso – em que se busca a aplicação subsidiária de legislação processual extravagante em virtude de lacuna no microssistema – são vários: 1) cabimento de mandado de segurança contra ato jurisdicional nos juizados especiais, o que encontra guarida na Lei 12.016/09; 2) agravo para destrancar RE, por aplicação do CPC/73 (art. 544) e do NCPC (art. 1.042); 3) litisconsórcio, regulado pelas normas do CPC/73 (arts. 46 a 49) e do NCPC (arts. 113 a 118); 4) multa por litigância de má-fé (arts. 17 e ss. do CPC/73 e arts. 80 e ss. do NCPC) e por ato atentatório à dignidade da justiça (art. 14 do CPC/73 e art. 77 do NCPC); 5) teoria da causa madura (art. 515, § 3º do CPC/73 e art. 1.013, § 3º do NCPC); 6) impugnação ao valor da causa (art. 261 do CPC/73 e art. 293 do NCPC) etc.

Portanto, é inegável que o NCPC tem aplicação subsidiária no microssistema dos juizados especiais. A dificuldade reside em delimitar o âmbito dessa aplicabilidade.

A fim de criar alguma metodologia que permita lidar com essa situação, propomos uma técnica de verificação em quatro passos da (in)aplicabilidade das normas do NCPC no microssistema dos juizados especiais, a ser utilizada em cada caso concreto em que surja essa dúvida.

862. "Nancy Andrighi: prazos do novo CPC não devem valer para Juizados Especiais". Disponível no site Migalhas. Acesso em: 28.set.2016.

Ao deparar-se com um caso concreto em trâmite nos juizados especiais, e na dúvida sobre a (in)aplicabilidade de norma específica do NCPC, o intérprete deverá trilhar os seguintes passos:

Passo 1: observar se há norma sobre o ponto controvertido na lei do juizado especial em que o processo esteja tramitando (Lei 9.099/95, Lei 10.259/01 ou Lei 12.153/09, a depender do caso concreto). Em caso positivo, aplica-se a norma própria do juizado especial e encerra-se o processo de verificação;

Passo 2: em caso negativo, observar se há norma nas outras leis que compõem o microssistema[863]. Se existir uma norma adequada no microssistema, deverá ser aplicada, encerrando-se o processo de verificação;

Passo 3: caso tal norma não exista no microssistema dos juizados especiais, observar se há norma sobre o tema no NCPC;

Passo 4: se a resposta for positiva, deve-se observar se a norma do NCPC ofende os princípios positivados no artigo 2º da Lei 9.099/95, hipótese em que será inaplicável. Caso não haja a ofensa referida, o NCPC será aplicável na questão concreta em trâmite nos juizados especiais.

O ponto 4, faz-se mister admitir, é o momento em que há maior dificuldade na prática, haja vista a excessiva abertura semântica de princípios como simplicidade, informalidade e celeridade.

Aplicando-se os quatro passos da técnica de verificação à regra do artigo 1.021 do NCPC[864], temos:

Passo 1: não há norma que regule o cabimento de agravo interno para o respectivo órgão colegiado contra decisão proferida pelo relator na lei do juizado especial em que o processo esteja tramitando;

Passo 2: não há norma sobre o tema nas outras leis que compõem o microssistema;

Passo 3: existe norma no NCPC sobre o ponto (o art. 1.021);

Passo 4: a referida norma não ofende os princípios positivados no artigo 2º da Lei 9.099/95. Portanto, conclui-se pela aplicação da norma contida no artigo 1.021 do

---

863. Note-se que essa complementariedade não é uma relação de mão única no sentido de que as lacunas das Leis nº 10.259/2001 e 12.153/2009 devam sempre buscar o suprimento na Lei nº 9.099/95. O caminho pode ser feito em qualquer direção, justamente por se tratar de um microssistema em que as normas são todas complementares entre si, quando houver compatibilidade. A título ilustrativo, os arts. 4º e 5º da Lei nº 10.259/2001 ("Art. 4º O Juiz poderá, de ofício ou a requerimento das partes, deferir medidas cautelares no curso do processo, para evitar dano de difícil reparação. Art. 5º Exceto nos casos do art. 4º, somente será admitido recurso de sentença definitiva") e os arts. 3º e 4º da Lei nº 10.259/2001 (com norma similar) podem perfeitamente ser aplicados aos processos tramitando nos juizados especiais cíveis, sob a égide da Lei nº 9.099/95, a fim de permitir o cabimento de recurso contra providências cautelares e antecipatórias decididas no curso do processo.

864. Art. 1.021. Contra decisão proferida pelo relator caberá agravo interno para o respectivo órgão colegiado, observadas, quanto ao processamento, as regras do regimento interno do tribunal.

NCPC ao microssistema dos juizados especiais. Foi a essa conclusão, ao fim e ao cabo, a que chegou o Enunciado, ora em comento.

Corroborando essa conclusão, o Regimento Interno da Turma Nacional de Uniformização dos Juizados Especiais Federais prevê o cabimento de agravo regimental contra as decisões monocráticas do relator:

> Art. 32. Cabe agravo regimental da decisão do relator, no prazo de quinze dias. Se não houver retratação, o relator apresentará o processo em mesa, proferindo seu voto. (NR) (Alterado pela Resolução n. 392, de 19.4.2016).

Sobre o tema, a Resolução 347/2015 CJF, de 2 de junho de 2015, que dispõe sobre a compatibilização dos regimentos interno das turmas recursais e das turmas regionais de uniformização dos juizados especiais federais, prescreve o seguinte:

> Art. 2º. § 4º Da decisão do relator e do presidente da turma recursal caberá agravo regimental no prazo de quinze dias. Se não houver retratação, o prolator da decisão apresentará o processo em mesa, proferindo voto. (NR) (Alterado pela Resolução n. 393, de 19.4.2016).

► **NCPC. Art. 932.** Incumbe ao relator: I – dirigir e ordenar o processo no tribunal, inclusive em relação à produção de prova, bem como, quando for o caso, homologar autocomposição das partes; II – apreciar o pedido de tutela provisória nos recursos e nos processos de competência originária do tribunal; III – não conhecer de recurso inadmissível, prejudicado ou que não tenha impugnado especificamente os fundamentos da decisão recorrida; IV – negar provimento a recurso que for contrário a: a) súmula do Supremo Tribunal Federal, do Superior Tribunal de Justiça ou do próprio tribunal; b) acórdão proferido pelo Supremo Tribunal Federal ou pelo Superior Tribunal de Justiça em julgamento de recursos repetitivos; c) entendimento firmado em incidente de resolução de demandas repetitivas ou de assunção de competência; V – depois de facultada a apresentação de contrarrazões, dar provimento ao recurso se a decisão recorrida for contrária a: a) súmula do Supremo Tribunal Federal, do Superior Tribunal de Justiça ou do próprio tribunal; b) acórdão proferido pelo Supremo Tribunal Federal ou pelo Superior Tribunal de Justiça em julgamento de recursos repetitivos; c) entendimento firmado em incidente de resolução de demandas repetitivas ou de assunção de competência; VI – decidir o incidente de desconsideração da personalidade jurídica, quando este for instaurado originariamente perante o tribunal; VII – determinar a intimação do Ministério Público, quando for o caso; VIII – exercer outras atribuições estabelecidas no regimento interno do tribunal. ► **Art. 1.021.** Contra decisão proferida pelo relator caberá agravo interno para o respectivo órgão colegiado, observadas, quanto ao processamento, as regras do regimento interno do tribunal.

Enunciado 466. A técnica do art. 942 não se aplica aos embargos infringentes pendentes ao tempo do início da vigência do CPC, cujo julgamento deverá ocorrer nos termos dos arts. 530 e seguintes do CPC de 1973.

● *Grupo: Direito intertemporal.* ● *Referências: art. 942.*

▸ ***Frederico Koehler***

O enunciado trata de problema de direito intertemporal surgido em virtude do advento do NCPC. Mais especificamente, busca-se explicitar como se deve proceder com relação aos embargos infringentes interpostos antes da vigência da nova legislação, em 18.3.2016.

Sobre a aplicação de uma nova lei processual aos processos pendentes, são de inolvidável valia as lições de Galeno Lacerda, em sua obra magistral escrita logo após a chegada do CPC/73[865]. O autor esclarece que a regra básica no assunto é que lei do recurso é a lei do dia em que tornada pública a decisão, a fim de que se resguarde o direito adquirido processual ao recurso[866]-[867].

Importante notar-se que o vocábulo *publicação* da decisão tem dois sentidos que podem confundir o intérprete da norma. Em uma primeira acepção, *publicação* de uma decisão significa a publicação no órgão oficial de divulgação das decisões judiciais, ou seja, a data em que a decisão passa a circular para conhecimento geral, sendo comumente considerada como a data da intimação das partes. Em uma segunda acepção, *publicação* de uma decisão remete ao dia em que é tornada pública, o que, em primeiro grau, corresponde ao dia em que lançada nos autos e disponibilizada na secretaria da vara. Em julgamentos colegiados, a decisão é tornada pública no momento em que o presidente do órgão anuncia o resultado do julgamento e proclama o acórdão.

Para as questões de direito intertemporal ora colocadas, o que importa é a *publicação* da decisão na segunda acepção, ou seja, o dia em que a decisão é lançada nos autos e disponibilizada na secretaria da vara (em primeiro grau), ou a data em que o presidente do órgão proclama o resultado do julgamento (nos órgãos colegiados). O recurso cabível é regido pela lei vigente nessa data, pouco importa ainda não tenha sido interposto quando da entrada em vigor da nova codificação[868].

A data da publicação da decisão no órgão oficial de divulgação representa apenas a intimação das partes, gerando o início da fluência do prazo recursal. O direito de impugnar a decisão preexiste à publicação no diário oficial, nascendo no dia em que é tornada pública, como acima explicitado[869]-[870].

Assim, chega-se à conclusão e que o enunciado disse menos do que deveria ter dito, pois além da técnica do artigo 942 não se aplicar aos embargos infringentes pendentes ao tempo do início da vigência do novo CPC, também não pode ser aplicada àquelas decisões tornadas públicas na vigência do CPC anterior, quando fosse

865. LACERDA, Galeno. *O novo direito processual civil e os feitos pendentes*. Rio de Janeiro: Forense, 2006.
866. *Ibidem*, p. 47-48.
867. CUNHA, Leonardo C. *Direito intertemporal e o novo Código de Processo Civil*. Rio de Janeiro: Forense, 2016. p. 131-133.
868. No mesmo sentido: LACERDA, Galeno. *Op. cit.* p. 49-51; AMARAL, Guilherme Rizzo. *Estudos de direito intertemporal e processo*. Porto Alegre: Livraria do Advogado, 2007. p. 36-37.
869. LACERDA, Galeno. *Op. cit.* p. 50-51.
870. Por ter adotado expressamente esse entendimento, aliás, é que o art. 218, § 4º dispõe: "*Será considerado tempestivo o ato praticado antes do termo inicial do prazo*". Sobre a superação da jurisprudência que não admitia o recurso "prematuro", confira-se: MACHADO SEGUNDO, Hugo de Brito. Os recursos no novo CPC e a jurisprudência defensiva. *In*: FREIRE, Alexandre; MACÊDO, Lucas Buril de; PEIXOTO, Ravi (Coord.). *Doutrina Selecionada*: processo nos tribunais e meios de impugnação às decisões judiciais. vol. 6. 2. ed. Salvador: Juspodivm, 2016. p. 533-534.

admissível a interposição dos embargos infringentes[871]. Nesse último caso, proclamando-se, até o dia 17.3.2016, o resultado do julgamento colegiado por maioria (e obedecidos aos requisitos do artigo 530 do CPC/73), a parte vencida tem direito adquirido ao recurso de embargos infringentes, os quais devem ser processados nos termos dos artigos 530 e seguintes CPC/73.

► **NCPC. Art. 942.** Quando o resultado da apelação for não unânime, o julgamento terá prosseguimento em sessão a ser designada com a presença de outros julgadores, que serão convocados nos termos previamente definidos no regimento interno, em número suficiente para garantir a possibilidade de inversão do resultado inicial, assegurado às partes e a eventuais terceiros o direito de sustentar oralmente suas razões perante os novos julgadores.

Enunciado 550. A inexistência de repercussão geral da questão constitucional discutida no recurso extraordinário é vício insanável, não se aplicando o dever de prevenção de que trata o parágrafo único do art. 932, sem prejuízo do disposto no art. 1.033.

● *Grupo: Recursos (menos os repetitivos) e reclamação.* ● *Referências: arts. 6º, 10, 932, par. ún., 1.029, § 3º, 1.033 e 1.035.*

▸ *Frederico Koehler*

Inicialmente, cabe registrar que o recorrente deverá demonstrar, no corpo do seu recurso extraordinário, a existência de repercussão geral, conforme disposto no artigo 1.035, § 2º do NCPC. É prescindível, no entanto – embora seja altamente recomendável, por se tratar de questão preliminar e a fim de facilitar a leitura – que o recurso contenha preliminar específica (conforme exigia o artigo 543-A, § 2º do CPC/73). Esse o entendimento firmado no[872]:

> Enunciado 224/FPPC: A existência de repercussão geral terá de ser demonstrada de forma fundamentada, sendo dispensável sua alegação em preliminar ou em tópico específico.

A existência em si de repercussão geral, a ser decidida pelo STF nos termos do artigo 1.035, não é um requisito de admissibilidade passível de correção[873]. É justamente a isso que se reporta o enunciado nº 550 do FPPC, ao dispor que a inexistência de repercussão geral discutida no recurso extraordinário é vício insanável, não se aplicando o dever de prevenção de que trata o parágrafo único do artigo 932[874].

A situação é diversa da prevista no artigo 1.032 do NCPC, em que o relator do STJ, caso entenda que o recurso especial verse sobre questão constitucional, deve conceder prazo de quinze dias para que o recorrente demonstre a existência de repercussão geral e se manifeste sobre a questão constitucional, após o que será o recurso

---

871. CUNHA, Leonardo C. *Op. cit.* p. 136-137.

872. No mesmo sentido: OLIVEIRA, Pedro de Miranda. "Aspectos destacados da repercussão geral no novo CPC". *In*: LUCON, Paulo Henrique S. *et al.* (Coord.). *Processo em jornadas*. Salvador: Juspodivm, 2016. p. 783.

873. JORGE, Flávio Cheim. *Teoria geral dos recursos cíveis*. 7. ed. São Paulo: RT, 2015. p. 244.

874. Como o próprio enunciado coloca em seu final, tudo isso deve ocorrer sem prejuízo do disposto no art. 1.033. Ou seja, deve o STF, caso considere reflexa a ofensa à CF/88, por pressupor a revisão da interpretação de lei federal ou de tratado, remeter o recurso ao STJ para julgamento como recurso especial.

remetido ao STF. Trata-se de aplicação direta do princípio da fungibilidade recursal entre recurso extraordinário e especial[875].

▶ **NCPC. Art. 6º** Todos os sujeitos do processo devem cooperar entre si para que se obtenha, em tempo razoável, decisão de mérito justa e efetiva. ▶ **Art. 10.** O juiz não pode decidir, em grau algum de jurisdição, com base em fundamento a respeito do qual não se tenha dado às partes oportunidade de se manifestar, ainda que se trate de matéria sobre a qual deva decidir de ofício. ▶ **Art. 932. Parágrafo único.** Antes de considerar inadmissível o recurso, o relator concederá o prazo de 5 (cinco) dias ao recorrente para que seja sanado vício ou complementada a documentação exigível. ▶ **Art. 1.029. § 3º** O Supremo Tribunal Federal ou o Superior Tribunal de Justiça poderá desconsiderar vício formal de recurso tempestivo ou determinar sua correção, desde que não o repute grave. ▶ **Art. 1.033.** Se o Supremo Tribunal Federal considerar como reflexa a ofensa à Constituição afirmada no recurso extraordinário, por pressupor a revisão da interpretação de lei federal ou de tratado, remetê-lo-á ao Superior Tribunal de Justiça para julgamento como recurso especial. ▶ **Art. 1.035.** O Supremo Tribunal Federal, em decisão irrecorrível, não conhecerá do recurso extraordinário quando a questão constitucional nele versada não tiver repercussão geral, nos termos deste artigo.

Enunciado 551. Cabe ao relator, antes de não conhecer do recurso por intempestividade, conceder o prazo de cinco dias úteis para que o recorrente prove qualquer causa de prorrogação, suspensão ou interrupção do prazo recursal a justificar a tempestividade do recurso.

● *Grupo: Recursos (menos os repetitivos) e reclamação.* ● *Referências: arts. 6º, 10, 932, pár. ún. e 1.003, § 6º.*

▸ *Frederico Koehler*

Esse enunciado resulta da materialização dos princípios da primazia do julgamento do mérito (art. 4º do NCPC), da cooperação (art. 6º do NCPC) e da proibição da decisão-surpresa (art. 10 do NCPC).

Cabe esclarecer o seguinte. A intempestividade de um recurso é um vício insanável. Nesse sentido, o artigo 223 do NCPC, o qual dispõe: "*decorrido o prazo, extingue-se o direito de praticar ou de emendar o ato processual*". Por conta disso, não incide o parágrafo único do artigo 932 – que trata de concessão de prazo para vício sanável – para o fim de sanar uma intempestividade. O que se pretende é a intimação da parte para comprovar alguma causa que justifique que o recurso era, de fato, tempestivo[876].

Em nosso entender, o intuito do enunciado é permitir que ao recorrente que tenha alegado alguma causa de prorrogação, suspensão ou interrupção do prazo recursal – e tenha se esquecido de anexar prova da referida causa – seja oportunizado a comprovação no prazo de cinco dias úteis.

---

875. Sobre o que designam como *livre trânsito de recursos* entre STF e STJ, vide: MARINONI, Luiz G.; ARENHARDT, Sérgio Cruz; MITIDIERO, Daniel. *Curso de Processo Civil*: tutela dos direitos mediante procedimento comum. vol. 2. 2. ed. São Paulo: RT, 2016. p. 563.

876. No sentido do texto: JORGE, Flávio Cheim. *Teoria geral dos recursos cíveis*. 7. ed. São Paulo: RT, 2015. p. 239-240.

Se não houve alegação do recorrente quanto a alguma causa de prorrogação, suspensão ou interrupção do prazo recursal, não cabe a concessão de prazo. Cabe à parte suscitar tal causa (como previsto no artigo 1.003, § 6º), não sendo adequado que o Judiciário o faça no seu lugar[877].

▶ **NCPC. Art. 6º** Todos os sujeitos do processo devem cooperar entre si para que se obtenha, em tempo razoável, decisão de mérito justa e efetiva. ▶ **Art. 10.** O juiz não pode decidir, em grau algum de jurisdição, com base em fundamento a respeito do qual não se tenha dado às partes oportunidade de se manifestar, ainda que se trate de matéria sobre a qual deva decidir de ofício. ▶ **Art. 932. Parágrafo único.** Antes de considerar inadmissível o recurso, o relator concederá o prazo de 5 (cinco) dias ao recorrente para que seja sanado vício ou complementada a documentação exigível. ▶ **Art. 1.029. § 3º** O Supremo Tribunal Federal ou o Superior Tribunal de Justiça poderá desconsiderar vício formal de recurso tempestivo ou determinar sua correção, desde que não o repute grave. ▶ **Art. 1.003. § 6º** O recorrente comprovará a ocorrência de feriado local no ato de interposição do recurso.

ENUNCIADO 552. NÃO SE APLICA A TÉCNICA DE AMPLIAÇÃO DO COLEGIADO EM CASO DE JULGAMENTO NÃO UNÂNIME NO ÂMBITO DOS JUIZADOS ESPECIAIS.

● *Grupo: Impacto nos Juizados e nos procedimentos especiais da legislação extravagante.* ● *Referências: art. 942; Lei 9.099/95.*

▸ *Frederico Koehler*

Uma questão preliminar que se coloca é a polêmica da aplicabilidade ou não do NCPC ao microssistema dos juizados especiais. O ponto foi tratado em detalhes nos comentários ao Enunciado 464/FPPC, aos quais remetemos o leitor. Ali explicitou-se detalhadamente, ainda, a metodologia que permite a verificação em quatro passos da (in)aplicabilidade das normas do NCPC no microssistema dos juizados especiais, a ser utilizada em cada caso concreto em que surja essa dúvida. Portanto, para um maior aprofundamento sobre a metodologia ora aplicada, recomenda-se a leitura dos comentários ao Enunciado 464/FPPC.

Aplicando-se os quatro passos da técnica de verificação à regra do artigo 942 do NCPC[878], temos: *Passos 1 e 2:* existe toda uma regulamentação específica e peculiar do procedimento e do caminho recursal em cada uma das três leis que compõem o microssistema dos juizados especiais. E o fato é que a previsão da nova "técnica de ampliação do colegiado" ou "técnica do julgamento ampliado" é incompatível com a sistemática recursal de qualquer uma das leis que compõem o microssistema dos

877. Corroborando o nosso entendimento: JORGE, Flávio Cheim; SIQUEIRA, Thiago Ferreira. A sanabilidade dos requisitos de admissibilidade dos recursos. *In*: FREIRE, Alexandre; MACÊDO, Lucas Buril de; PEIXOTO, Ravi (Coord.). *Doutrina Selecionada*: processo nos tribunais e meios de impugnação às decisões judiciais. vol. 6. 2. ed. Salvador: Juspodivm, 2016. p. 636.

878. Art. 942. Quando o resultado da apelação for não unânime, o julgamento terá prosseguimento em sessão a ser designada com a presença de outros julgadores, que serão convocados nos termos previamente definidos no regimento interno, em número suficiente para garantir a possibilidade de inversão do resultado inicial, assegurado às partes e a eventuais terceiros o direito de sustentar oralmente suas razões perante os novos julgadores.

juizados. Assim, ficam prejudicados os *Passos 3 e 4* da técnica de verificação utilizada. O Enunciado sob análise chegou a essa mesma conclusão.

Além disso, pode-se ainda agregar os seguintes argumentos no sentido da não aplicabilidade do artigo 942 no microssistema dos Juizados Especiais: 1) o dispositivo se encontra localizado no capítulo que versa sobre a ordem dos processos no tribunal, e as turmas/colégios recursais e demais órgãos recursais existentes nos juizados especiais não se enquadram no conceito de "tribunal", sendo, inclusive, compostos por juízes de primeiro grau, como ordenado pelo artigo 98, inc. I, da Constituição Federal; 2) não cabiam, na vigência do CPC/73, embargos infringentes no âmbito dos juizados especiais[879]; 3) as turmas recursais não se dividem em órgãos fracionários e pleno, sendo a composição mais comum a de três juízes. Assim, não haveria como cumprir a regra do artigo 942 do NCPC, uma vez que – ao revés do que ocorre em um tribunal – não se dispõe de outros juízes dentro da turma recursal que possam ser convocados a fim de se dar cumprimento à técnica de ampliação do colegiado.

▶ **NCPC. Art. 942.** Quando o resultado da apelação for não unânime, o julgamento terá prosseguimento em sessão a ser designada com a presença de outros julgadores, que serão convocados nos termos previamente definidos no regimento interno, em número suficiente para garantir a possibilidade de inversão do resultado inicial, assegurado às partes e a eventuais terceiros o direito de sustentar oralmente suas razões perante os novos julgadores.

Enunciado 592. Aplica-se o inciso V do art. 932 ao agravo de instrumento.

● *Grupo: Ordem do processo nos tribunais e regimentos internos.* ● *Referências: arts. 932, V e 1.019.*

▸ ***Marcelo Lima Guerra e Angélica Mota Cabral***

O enunciado em questão entende aplicável especificamente ao procedimento do agravo de instrumento o dispositivo legal de aplicabilidade geral relativo à ordem dos processos nos Tribunais, o qual determina que após facultada a apresentação de contrarrazões, deve ser dado provimento ao recurso quando a decisão recorrida for contrária a súmula do STF, do STJ ou do próprio tribunal, quando a decisão recorrida for contrária a acórdão proferido pelo STF ou pelo STJ em julgamento de recursos repetitivos ou quando for contrária a entendimento firmado em incidente de resolução de demandas repetitivas ou de assunção de competência.

A tônica das disposições de caráter geral relativas à ordem dos processos nos Tribunais, como, aliás, ocorre também em outras disposições do NCPC diretamente relacionadas, é no sentido de maior fortalecimento e otimização das decisões paradigmáticas proferidas pelos Tribunais, na tentativa de fortalecer a observância das decisões jurisdicionais pelos órgãos jurisdicionais. Até este ponto, o enunciado (e mesmo o dispositivo legal aludido) não encerra maiores controvérsias.

879. Nesse sentido, o Enunciado 63/FONAJE (Fórum Nacional de Juizados Especiais): "Contra decisões das Turmas Recursais são cabíveis somente os embargos declaratórios e o recurso extraordinário".

No entanto, o dispositivo legal em questão, apesar da singeleza de suas disposições, pode suscitar importantes problemáticas. A literalidade do inciso V, do artigo 932 é singela: quando a decisão recorrida contrariar uma das hipóteses previstas em suas respectivas alíneas, será dado provimento ao recurso, após se facultar o prazo para contrarrazões.

Porém, imagine-se um cenário em que a decisão recorrida encaixa-se, em tese, no artigo 932, V, sem que o juiz tenha devidamente realizado o "distinguish". Em sede de contrarrazões, a parte recorrida aduz fundamentada argumentação no sentido de que o caso em questão é diferente do caso paradigmático que deu ensejo a alguma das hipóteses previstas nas alíneas do inciso V, do artigo 932, o que poderia afastar, de fato, sua incidência.

A princípio, por força do inciso VI do art. 489, considera-se que a decisão do juiz, que não procedeu ao "distinguish", não foi fundamentada. Eis um ponto de fronteira. A total ausência de fundamentação configura *error in procedendo*. A fundamentação errada configura *error in judicando*. Mas nem sempre é fácil distinguir uma da outra. Afinal, é possível que as locuções proferidas pelo juiz "a título de fundamentação", não admitam, rigorosamente, serem qualificadas como tais.

Pois bem. Parece difícil distinguir se a ausência de "distinguish" se trata de um caso de *error in procedendo* ou de *error in judicando*, pois há fortes possibilidades da situação se enquadrar ao mesmo tempo nos dois tipos de erro. Esse é um caso claro de conceitos vagos, ou seja, de uma situação que se encontra na zona de penumbra interligando dois conceitos supostamente descontínuos, o conceito de *error in procedendo* e de *error in judicando*. Tem-se que conceitos dicotômicos descontínuos são conceitos que, dado um certo universo, um item deste universo ou se subsume num desses conceitos ou se subsume em outro deles, não podendo nem se subsumir nos dois, nem deixar de se subsumir em algum dos dois.

Esse é o caso dos erros judiciais: ou eles são *error in procedendo* ou *error in judicando*. No presente caso, na medida em que, esse tipo de erro judicial pode ser enquadrado tanto em um como em outro, tem-se que ele se situa precisamente na zona de penumbra tanto do conceito de um como de outro.

O fato de existir uma norma processual determinando que o juiz realize o *distinguish* ao julgar contra uma súmula, permite caracterizar a omissão do juiz em realizar essa "distinção", como um *error in procedendo*, como erro da mesma família que tem como caso prototípico o cerceamento de defesa. Por outro lado, considerando que os precedentes se inserem no ordenamento jurídico como complementação das normas jurídicas ou, como diria Juraci Mourão, como ganho hermenêutico em relação ao texto, o que significa produção de normas mais específicas do que aquelas que se pode extrair por interpretação puramente semântica dos textos normativos, julgar contra uma súmula, sem realizar a devida "distinção", aproxima-se mais de um *error in judicando*, que tem como caso prototípico uma interpretação errada de texto legal.

Sendo assim, a definição de em qual dos conceitos a situação se enquadra deve ser decidida com base não apenas em critérios ontológicos, mas em argumentos que evidenciem quais os valores em jogo e qual seria a melhor solução para o caso numa perspectiva funcional, tendo em vista que, diante da vagueza, a perspectiva ontológica é insuficiente. No fundo, portanto, tratar-se-á de uma questão ética: qual é a melhor solução à luz dos valores constitucionais vigentes?

▶ **NCPC. Art. 932.** Incumbe ao relator: (...). V – depois de facultada a apresentação de contrarrazões, dar provimento ao recurso se a decisão recorrida for contrária a: a) súmula do Supremo Tribunal Federal, do Superior Tribunal de Justiça ou do próprio tribunal; b) acórdão proferido pelo Supremo Tribunal Federal ou pelo Superior Tribunal de Justiça em julgamento de recursos repetitivos; c) entendimento firmado em incidente de resolução de demandas repetitivas ou de assunção de competência; (...). ▶ **Art. 1.019.** Recebido o agravo de instrumento no tribunal e distribuído imediatamente, se não for o caso de aplicação do art. 932, incisos III e IV, o relator, no prazo de 5 (cinco) dias: I – poderá atribuir efeito suspensivo ao recurso ou deferir, em antecipação de tutela, total ou parcialmente, a pretensão recursal, comunicando ao juiz sua decisão; II – ordenará a intimação do agravado pessoalmente, por carta com aviso de recebimento, quando não tiver procurador constituído, ou pelo Diário da Justiça ou por carta com aviso de recebimento dirigida ao seu advogado, para que responda no prazo de 15 (quinze) dias, facultando-lhe juntar a documentação que entender necessária ao julgamento do recurso; III – determinará a intimação do Ministério Público, preferencialmente por meio eletrônico, quando for o caso de sua intervenção, para que se manifeste no prazo de 15 (quinze) dias.

Enunciado 593. Antes de inadmitir o recurso especial ou recurso extraordinário, cabe ao presidente ou vice-presidente do tribunal recorrido conceder o prazo de cinco dias ao recorrente para que seja sanado o vício ou complementada a documentação exigível, nos termos do parágrafo único do art. 932.

● *Grupo: Recursos (menos os repetitivos) e reclamação.* ● *Referências: arts. 932, par. ún. e 1.030.*

▸ ***Marcelo Lima Guerra e Angélica Mota Cabral***

O enunciado em questão, em harmonia com o dever-poder geral de saneamento, inclui, de maneira específica, o recurso especial e o recurso extraordinário, na esfera de abrangência geral do parágrafo único do artigo 932, o qual prevê o dever do relator de possibilitar ao recorrente sanar vícios na esfera dos Tribunais (como, aliás, também está previsto no artigo 938, § 1º).

Tal entendimento aponta no sentido da adequada superação de certos entendimentos vigentes anteriormente ao NCPC, que não permitiam correção ou emenda em sede especial, como, por exemplo, a Súmula 115/STJ.

▶ **NCPC. Art. 932. Parágrafo único.** Antes de considerar inadmissível o recurso, o relator concederá o prazo de 5 (cinco) dias ao recorrente para que seja sanado vício ou complementada a documentação exigível. ▶ **Art. 1.030.** Recebida a petição do recurso pela secretaria do tribunal, o recorrido será intimado para apresentar contrarrazões no prazo de 15 (quinze) dias, findo o qual os autos serão conclusos ao presidente ou ao vice-presidente do tribunal recorrido, que deverá: (...).

Enunciado 594. O art. 933 incide no controle concentrado-abstrato de constitucionalidade.

● *Grupo: Ordem do processo nos tribunais e regimentos internos.* ● *Referências: arts. 10 e 933.*

▸ ***Marcelo Lima Guerra e Angélica Mota Cabral***

O artigo 933 consagra, no âmbito recursal e nos casos em que o Tribunal atua como primeiro grau de jurisdição, o princípio geral do artigo 10, que veda o proferimento de decisões-surpresa, ou seja, de decisões em que não foi oportunizada às partes a possibilidade de manifestação, a fim de influenciar na decisão final.

O enunciado em questão estende a aplicação do artigo 933 ao controle abstrato de constitucionalidade – que é exercido em única instância pelo Supremo Tribunal Federal (quando o parâmetro for a Constituição Federal) ou pelo Tribunal de Justiça do estado ou do Distrito Federal (quando o parâmetro for a Constituição Estadual ou Lei orgânica do Distrito Federal – no sentido de que, mesmo nessas causas, a vedação ao proferimento de decisões-surpresa seja aplicada, como nítida aplicação do princípio do contraditório, que deriva do modelo constitucional do direito processual civil.

Embora o processo de controle abstrato de normas não seja considerado um "processo contraditório", sendo comumente chamado de processo "objetivo", no sentido de não existir direitos subjetivos em litígio, não se pode olvidar que o próprio conceito de processo, segundo preciosa lição de Fazzallari, é uma sequência dotada de uma estrutura dialética, isto é, organizada de tal forma que assegure aos destinatários do ato final por ela preparado, a possibilidade de participarem de modo a influir o próprio conteúdo do ato final. A possibilidade de influenciar, através de ativa participação ao longo do processo, na decisão final a ser proferida pelo órgão julgador, concerne ao próprio regime democrático.

O processo constitucional, mesmo com as peculiaridades inerentes ao controle concentrado e abstrato de constitucionalidade, não escapa a esta dimensão do princípio do contraditório, mesmo por que a eficácia vinculante e o efeito *erga omnes* decorrentes das decisões proferidas em sede desse controle fazem com que o processo reclame uma participação ainda maior das partes aptas a influir no decisum final, legitimando-o.

Desta feita, considera-se um avanço que a vedação ao proferimento de decisões surpresa norteie os casos de controle concentrado e abstrato de constitucionalidade, de forma que as partes legitimadas possam influenciar ativamente na decisão, não sendo esta proferida com base em argumentos a respeito dos quais não foi oportunizado o efetivo debate, fortalecendo, assim, a próprio regime democrático.

▸ **NCPC. Art. 10. O** juiz não pode decidir, em grau algum de jurisdição, com base em fundamento a respeito do qual não se tenha dado às partes oportunidade de se manifestar, ainda que se trate de matéria sobre a qual deva decidir de ofício. ▸ **Art. 933.** Se o relator constatar a ocorrência de fato superveniente à decisão recorrida ou a existência de questão apreciável de ofício ainda não examinada que devam ser considerados no julgamento do recurso, intimará as partes para que se manifestem no prazo de 5 (cinco) dias. (...).

Enunciado 595. No curso do julgamento, o advogado poderá pedir a palavra, pela ordem, para indicar que determinada questão suscitada na sessão não foi submetida ao prévio contraditório, requerendo a aplicação do § 1º do art. 933.

● *Grupo: Ordem do processo nos tribunais e regimentos internos.* ● *Referências: art. 933, § 1º.*

▸ *Marcelo Lima Guerra e Angélica Mota Cabral*

O enunciado em questão, seguindo o princípio da cooperação, bastante fortalecido no NCPC, e, principalmente, sempre primando pelo contraditório, possibilita que o advogado peça a palavra, pela ordem, em sessão de julgamento, quando constatado que certa questão suscitada na respectiva sessão não foi submetida ao contraditório, requerendo, assim, a aplicação do § 1º do artigo 933, suspendendo-se o julgamento.

Tal enunciado, além de privilegiar o princípio da cooperação, que, aliás, é previsto no artigo 6º do NCPC, harmoniza-se com o princípio da economia processual. Ora, permitir a imediata atuação do advogado, nesses casos, pode evitar que a sessão seja prolongada desnecessariamente, permitindo a imediata suspensão de julgamento para fins de que seja oportunizada às partes a possibilidade de se manifestar sobre questão ainda não debatida. É importante frisar que os Regimentos Internos dos Tribunais normalmente não permitem a intervenção do advogado em sessão de julgamento, algo que deve, seguindo a lógica do NCPC, ser modificado.

▶ **NCPC. Art. 933. § 1º** Se a constatação ocorrer durante a sessão de julgamento, esse será imediatamente suspenso a fim de que as partes se manifestem especificamente.

Enunciado 596. Será assegurado às partes o direito de sustentar oralmente no julgamento de agravo de instrumento que verse sobre tutela provisória e que esteja pendente de julgamento por ocasião da entrada em vigor do CPC de 2015, ainda que o recurso tenha sido interposto na vigência do CPC de 1973.

● *Grupo: Direito intertemporal.* ● *Referências: art. 937, VIII.*

▸ *Marcelo Lima Guerra e Angélica Mota Cabral*

Tal enunciado, que veicula verdadeira disposição de direito intertemporal, segue a tônica do NCPC de ampliação da possibilidade de realização de sustentação oral, aplicando o inciso VIII do artigo 937 mesmo aos agravos de instrumentos interpostos antes da vigência do NCPC.

Como a lei processual aplica-se aos procedimentos em curso, seja impondo, seja suprimindo atos ainda não praticados, tal enunciado já decorre da própria sistemática processual vigente, assegurando-se às partes o direito de sustentar oralmente em agravo de instrumento interposto contra decisões interlocutórias que versem sobre tutela provisória, que tenha sido interposto ainda na vigência do CPC/73, porém ainda pendente de julgamento quando da entrada em vigor do NCPC.

▶ **NCPC. Art. 937.** Na sessão de julgamento, depois da exposição da causa pelo relator, o presidente dará a palavra, sucessivamente, ao recorrente, ao recorrido e, nos casos de sua intervenção, ao membro do Ministério Público, pelo prazo improrrogável de 15 (quinze) minutos para cada um, a fim de sustentarem suas razões, nas seguintes hipóteses, nos termos da parte final do caput do art. 1.021: (...). VIII – no agravo de instrumento interposto contra decisões interlocutórias que versem sobre tutelas provisórias de urgência ou da evidência; (...).

ENUNCIADO 597. AINDA QUE O RESULTADO DO JULGAMENTO SEJA UNÂNIME, É OBRIGATÓRIA A INCLUSÃO NO ACÓRDÃO DOS FUNDAMENTOS EMPREGADOS POR TODOS OS JULGADORES PARA DAR BASE À DECISÃO.

● *Grupo: Sentença, coisa julgada e ação rescisória.* ● *Referências: arts. 941, caput e 943.*

▸ *Marcelo Lima Guerra e Angélica Mota Cabral*

A devida fundamentação da decisão judicial, entre outros aspectos, é elemento inerente à construção de uma cultura jurídica de efetivo fortalecimento dos precedentes. Não há uma "cultura de precedentes" sem decisões adequadamente fundamentadas, que enfrentem, sob amplo contraditório, as questões suscitadas, explicitando as razões pelas quais se chegou à decisão, bem como sua específica relação com o caso concreto apresentado em juízo. A importância da fundamentação avulta na medida em que o ônus argumentativo da aplicabilidade de julgado anteriormente proferido é, também, do julgador.

O enunciado em questão, nessa toada, entende ser imprescindível que os fundamentos empregados por todos os julgadores, mesmo em julgamento unânime, constem do acordão. Tal é necessário pois só através do efetivo conhecimento de todos os fundamentos de uma decisão judicial, mormente colegiada, pode-se alcançar uma efetiva racionalidade do sistema, possibilitando análise da forma como os precedentes foram utilizados pelos julgadores, bem como verificando-se a correlação dos fundamentos da decisão com o caso concreto apresentado, especialmente para fins de possível distinção entre casos aparentemente similares.

▸ **NCPC. Art. 941.** Proferidos os votos, o presidente anunciará o resultado do julgamento, designando para redigir o acórdão o relator ou, se vencido este, o autor do primeiro voto vencedor. (...). ▸ **Art. 943.** Os votos, os acórdãos e os demais atos processuais podem ser registrados em documento eletrônico inviolável e assinados eletronicamente, na forma da lei, devendo ser impressos para juntada aos autos do processo quando este não for eletrônico. **§ 1º** Todo acórdão conterá ementa. **§ 2º** Lavrado o acórdão, sua ementa será publicada no órgão oficial no prazo de 10 (dez) dias.

ENUNCIADO 599. A REVISÃO DO VOTO, APÓS A AMPLIAÇÃO DO COLEGIADO, NÃO AFASTA A APLICAÇÃO DA TÉCNICA DE JULGAMENTO DO ART. 942.

● *Grupo: Ordem do processo nos tribunais e regimentos internos.* ● *Referências: art. 942.*

▸ *Marcelo Lima Guerra e Angélica Mota Cabral*

O artigo 942 do NCPC dispõe sobre a técnica de julgamento de ampliação do colegiado nos casos determinados, no sentido de possibilitar o alcance de número suficiente de julgadores para garantir a possibilidade de inversão do resultado inicial, prologando-se o julgamento de apelações, ações rescisórias e agravos de instrumento quando não houver unanimidade na votação.

O parágrafo segundo do mesmo dispositivo legal permite que os julgadores que já tenham votado possam, quando do prolongamento do julgamento, rever seu posicionamento anterior.

O Enunciado sob comento prevê, justamente, que o fato de que certos julgadores modifiquem seu voto, por ocasião do prolongamento de julgamento, não afasta a necessidade de ampliação do colegiado. Por exemplo, após o prolongamento do julgamento pode ser que passa a existir unanimidade entre os julgadores originários (que julgaram de forma não unânime). Mesmo assim, indispensável a ampliação do colegiado, com o proferimento dos votos de todos os julgadores convocados à respectiva sessão.

> ▶ **NCPC. Art. 942.** Quando o resultado da apelação for não unânime, o julgamento terá prosseguimento em sessão a ser designada com a presença de outros julgadores, que serão convocados nos termos previamente definidos no regimento interno, em número suficiente para garantir a possibilidade de inversão do resultado inicial, assegurado às partes e a eventuais terceiros o direito de sustentar oralmente suas razões perante os novos julgadores. (...).

ENUNCIADO 645. AO RELATOR SE CONFEREM OS PODERES E OS DEVERES DO ART. 139.

● *Grupo: Poderes do juiz e intervenção do Ministério Público.* ● *Referência: arts. 139, 932, 933 e 938.*

▶ ***Rinaldo Mouzalas***

O artigo 139 do Código de Processo Civil elenca alguns dos poderes e deveres do juiz na condução processual. Dentre eles, estão: a) assegurar às partes igualdade de tratamento; b) velar pela duração razoável do processo; b) prevenir ou reprimir qualquer ato contrário à dignidade da justiça e indeferir postulações meramente protelatórias; d) determinar todas as medidas indutivas, coercitivas, mandamentais ou sub-rogatórias necessárias para assegurar o cumprimento de ordem judicial, inclusive nas ações que tenham por objeto prestação pecuniária; e) promover, a qualquer tempo, a autocomposição, preferencialmente com auxílio de conciliadores e mediadores judiciais; f) dilatar os prazos processuais e alterar a ordem de produção dos meios de prova, adequando-os às necessidades do conflito de modo a conferir maior efetividade à tutela do direito; g) exercer o poder de polícia, requisitando, quando necessário, força policial, além da segurança interna dos fóruns e tribunais; h) determinar, a qualquer tempo, o comparecimento pessoal das partes, para inquiri-las sobre os fatos da causa, hipótese em que não incidirá a pena de confesso; i) determinar o suprimento de pressupostos processuais e o saneamento de outros vícios processuais; j) quando se deparar com diversas demandas individuais repetitivas, oficiar o Ministério Público, a Defensoria Pública e, na medida do possível, outros legitimados para, se for o caso, promover a propositura da ação coletiva respectiva.

O dispositivo legal, entretanto, faz referência apenas a "juiz", pelo que se poderia entender que, ao relator, ou seja, desembargador ou ministro responsável, dentre outras atividades, pela condução do processo no tribunal, não seriam conferidos os poderes descritos. A suposta restrição de poderes ao relator poderia se dar também pelo fato de, em regra geral, ele integrar órgão recursal e, a par da função específica (julgar recurso), não disporia dos poderes elencados pelo artigo 139 do Código de Processo Civil.

Contudo, não se pode esquecer que o relator é "juiz", pelo que não há distinção para incidência da norma e consequente aplicação do comando do texto legal pelo órgão competente que ocupa, caso preenchido o respectivo suporte fático.

Ademais, o recurso, segundo consenso jurisprudencial (embora haja consistente entendimento doutrinário de limites conceituais mais amplos), tem natureza jurídica de faculdade de extensão do direito de ação. Logo, sendo o recurso uma faculdade de extensão do direito de ação, não cabe ao legislador, nem muito menos ao intérprete, sobretudo diante da inexistência de ressalvas no texto legal, fazer restrição de poderes ao relator, a não ser quando, evidentemente, a situação específica mostre ser descabida ou desnecessária sua aplicação.

Não por outra razão, entende Rodrigo da Cunha Lima Freire que[880]:

> Além de elaborar o relatório e o voto, ou de julgar monocraticamente o recurso ou o reexame necessário, o relator também poderá decidir o processo, decidindo sobre os pedidos de produção de provas ou determinando a sua realização de ofício, até mesmo no âmbito recursal.

Por outro aspecto, deve-se observar que, ao relator, cabe processar e julgar as ações processualizadas diretamente no tribunal, as quais poderão ser julgadas colegiadamente ou de forma unipessoal. A desempenhar, assim, as mesmas atividades do juízo monocrático, não poderia haver restrição de poderes. Se há algo que diferencia os juízos monocráticos de primeira instância daqueles integrantes do tribunal, no processamento e no julgamento de ações originárias, é a estrutura, e isso em razão apenas da usualidade, e não da exclusividade, das atividades desempenhadas pelo "juiz" em relação àquelas desempenhadas pelo "relator". Assim, até pela coerência sistêmica, ao relator, são (e devem ser) conferidos os poderes elencados pelo artigo 139 do Código de Processo Civil.

► **NCPC. Art. 139.** O juiz dirigirá o processo conforme as disposições deste Código, incumbindo--lhe: I – assegurar às partes igualdade de tratamento; II – velar pela duração razoável do processo; III – prevenir ou reprimir qualquer ato contrário à dignidade da justiça e indeferir postulações meramente protelatórias; IV – determinar todas as medidas indutivas, coercitivas, mandamentais ou sub-rogatórias necessárias para assegurar o cumprimento de ordem judicial, inclusive nas ações que tenham por objeto prestação pecuniária; V – promover, a qualquer tempo, a autocomposição, preferencialmente com auxílio de conciliadores e mediadores judiciais; VI – dilatar os prazos processuais e alterar a ordem de produção dos meios de prova, adequando--os às necessidades do conflito de modo a conferir maior efetividade à tutela do direito; VII – exercer o poder de polícia, requisitando, quando necessário, força policial, além da segurança interna dos fóruns e tribunais; VIII – determinar, a qualquer tempo, o comparecimento pessoal das partes, para inquiri-las sobre os fatos da causa, hipótese em que não incidirá a pena de confesso; IX – determinar o suprimento de pressupostos processuais e o saneamento de outros

880. *In*: WAMBIER, Tereza A. *et al.* (Coords.). *Breves comentários ao novo Código de Processo Civil.* São Paulo: RT, 2015. p. 2.089.

vícios processuais; X – quando se deparar com diversas demandas individuais repetitivas, oficiar o Ministério Público, a Defensoria Pública e, na medida do possível, outros legitimados a que se referem o art. 5º da Lei no 7.347, de 24 de julho de 1985, e o art. 82 da Lei no 8.078, de 11 de setembro de 1990, para, se for o caso, promover a propositura da ação coletiva respectiva. Parágrafo único. A dilação de prazos prevista no inciso VI somente pode ser determinada antes de encerrado o prazo regular. ▶ **Art. 932.** Incumbe ao relator: I – dirigir e ordenar o processo no tribunal, inclusive em relação à produção de prova, bem como, quando for o caso, homologar autocomposição das partes; II – apreciar o pedido de tutela provisória nos recursos e nos processos de competência originária do tribunal; III – não conhecer de recurso inadmissível, prejudicado ou que não tenha impugnado especificamente os fundamentos da decisão recorrida; IV – negar provimento a recurso que for contrário a: a) súmula do Supremo Tribunal Federal, do Superior Tribunal de Justiça ou do próprio tribunal; b) acórdão proferido pelo Supremo Tribunal Federal ou pelo Superior Tribunal de Justiça em julgamento de recursos repetitivos; c) entendimento firmado em incidente de resolução de demandas repetitivas ou de assunção de competência; V – depois de facultada a apresentação de contrarrazões, dar provimento ao recurso se a decisão recorrida for contrária a: a) súmula do Supremo Tribunal Federal, do Superior Tribunal de Justiça ou do próprio tribunal; b) acórdão proferido pelo Supremo Tribunal Federal ou pelo Superior Tribunal de Justiça em julgamento de recursos repetitivos; c) entendimento firmado em incidente de resolução de demandas repetitivas ou de assunção de competência; VI – decidir o incidente de desconsideração da personalidade jurídica, quando este for instaurado originariamente perante o tribunal; VII – determinar a intimação do Ministério Público, quando for o caso; VIII – exercer outras atribuições estabelecidas no regimento interno do tribunal. Parágrafo único. Antes de considerar inadmissível o recurso, o relator concederá o prazo de 5 (cinco) dias ao recorrente para que seja sanado vício ou complementada a documentação exigível. ▶ **Art. 933.** Se o relator constatar a ocorrência de fato superveniente à decisão recorrida ou a existência de questão apreciável de ofício ainda não examinada que devam ser considerados no julgamento do recurso, intimará as partes para que se manifestem no prazo de 5 (cinco) dias. § 1º Se a constatação ocorrer durante a sessão de julgamento, esse será imediatamente suspenso a fim de que as partes se manifestem especificamente. § 2º Se a constatação se der em vista dos autos, deverá o juiz que a solicitou encaminhá-los ao relator, que tomará as providências previstas no caput e, em seguida, solicitará a inclusão do feito em pauta para prosseguimento do julgamento, com submissão integral da nova questão aos julgadores. ▶ **Art. 938.** A questão preliminar suscitada no julgamento será decidida antes do mérito, deste não se conhecendo caso seja incompatível com a decisão. § 1º Constatada a ocorrência de vício sanável, inclusive aquele que possa ser conhecido de ofício, o relator determinará a realização ou a renovação do ato processual, no próprio tribunal ou em primeiro grau de jurisdição, intimadas as partes. § 2º Cumprida a diligência de que trata o § 1º, o relator, sempre que possível, prosseguirá no julgamento do recurso. § 3º Reconhecida a necessidade de produção de prova, o relator converterá o julgamento em diligência, que se realizará no tribunal ou em primeiro grau de jurisdição, decidindo-se o recurso após a conclusão da instrução. § 4º Quando não determinadas pelo relator, as providências indicadas nos §§ 1º e 3º poderão ser determinadas pelo órgão competente para julgamento do recurso.

Enunciado 646. Constatada a necessidade de produção de prova em grau de recurso, o relator tem o dever de conversão do julgamento em diligência.

● *Grupo: Ordem do processo nos tribunais e regimentos internos.* ● *Referência: arts. 932, I e 938, § 3º.*

▸ ***Rinaldo Mouzalas***

Aos litigantes são assegurados o contraditório e a ampla defesa. Por isso, devem-se conceder, às partes, iguais oportunidades de pleitear e produzir provas, bem como de se pronunciar sobre elas. Por isso, a proposição de provas, a princípio, cabe às partes, pois conhecem bem os fatos e, por conseguinte, encontram-se em melhores condições de identificar as fontes. Contudo, o juiz indeferirá, em decisão fundamentada, as diligências inúteis ou meramente protelatórias.

Não quer isso dizer que o juiz (tanto de primeira quanto de segunda instância: STJ, REsp 1.010.559, DJe 16.10.2008) não tenha poder de instrução. Ao contrário, o artigo 370 do CPC contempla disposição expressa em sentido contrário, segundo a qual caberá ao juiz, de ofício ou a requerimento da parte, determinar as provas necessárias ao julgamento do mérito. Como assentou o STJ, "nada impede que o órgão julgador, para evitar decisão em estado de perplexidade, converta o julgamento em diligência para complementação de instrução probatória" (STJ, REsp 208582, DJU 23.5.2005).

Com efeito, o juiz deixou de ser mero espectador inerte da batalha judicial, passando a assumir uma posição ativa, que lhe permite, dentre outras prerrogativas, determinar a produção de provas, desde que o faça com imparcialidade e resguardando o contraditório (STJ, REsp 222445, DJU 29.4.2002).

Porém, esse poder de instrução do juiz deve ser mitigado quando, diante da inércia de iniciativa probatória das partes, puder comprometer a razoável duração do processo e, também, por consequência, a efetividade da prestação jurisdicional. Da mesma forma, se ele, o juiz, não constatar a existência de outros meios de prova que não aqueles produzidos por iniciativa das partes. Estas circunstâncias legitimam a aplicação da regra de julgamento baseada na distribuição do ônus da prova.

A iniciativa probatória do juiz se justifica pelas desigualdades existentes entre as partes litigantes, que pode impossibilitar sua aproximação da verdade. O interesse em alcançar um justo deslinde ao processo suplanta as técnicas processuais fundadas no princípio do dispositivo. Mas as partes não podem transferir ao juiz diligências probatórias que estão ao seu alcance (STJ, REsp 235638).

Portanto, é correto concluir que a iniciativa probatória do juiz está expressamente autorizada pelo Código de Processo Civil e varia de acordo com a sua pessoa, ante a subjetividade do convencimento.

Poder-se-ia até defender que a excessiva iniciativa probatória pelo juiz estaria em desacordo com o seu dever de imparcialidade. Acontece que a observância do dever de motivação das decisões e o eventual reexame da decisão em segundo grau de jurisdição permitem o controle de eventuais desvios na conduta do juiz. Além disso, o contraditório é a mais eficaz garantia contra o risco de uma atuação parcial do juiz.

Notadamente, a imparcialidade é preservada ao passo que o juiz não sabe (pelo menos em regra), previamente, qual o conteúdo da prova e, por conseguinte, a quem ela favorecerá. Às vezes, chega-se até se imaginar qual o possível conteúdo, mas, quando apresentada ou produzida em juízo, a prova possui outro. Não raras vezes, ouve-se uma testemunha de maneira informal e ela narra fatos de determinada maneira, chegando o ouvinte a certa conclusão. Quando ouvida em juízo, a testemunha conta outros fatos, ou mesmo de forma diversa, causando ao destinatário da prova impressões diferentes.

Logo, é mais crível colocar-se o juiz em posição de parcialidade quando ele se recusa ou não se esforça em se aproximar à verdade a partir da investigação processual. O sentimento de ilegitimidade do julgado chega a colocar em xeque a atuação jurisdicional. E isso é da natureza das pessoas. Elas aceitam o julgado, legitimando-o, quando constatam que o juiz decidiu dentro de um cenário que o aproximou da verdade. Ao contrário, ficam avessas às conclusões judiciais quando observam que o juiz decidiu sem se aproximar da verdade.

E um detalhe mais: não se descarta a possibilidade de as partes utilizarem o processo para alcançar fins escusos. O poder de instrução, além de inibir, pode frustrar tal prática.

Nos termos do artigo 139, VI, do Código de Processo Civil, "o juiz dirigirá o processo conforme as disposições deste Código, incumbindo-lhe: (...) dilatar os prazos processuais e alterar a ordem de produção dos meios de prova, adequando-os às necessidades do conflito de modo a conferir maior efetividade à tutela do direito; (...). A esse poder, associa-se aquele disposto no artigo 370, que impõe ao juiz, de ofício ou a requerimento da parte, determinar as provas necessárias ao julgamento do mérito".

Por outro lado, conforme Enunciado 645/FPPC, "ao relator se conferem os poderes e os deveres do artigo 139". Assim, se entender necessária a produção de provas, muitas vezes indispensável à ampla defesa, ao próprio convencimento do julgador e à consequente legitimação da atividade jurisdicional, o relator do processo determinará que tal ocorra, mesmo que o processo encontre-se no tribunal para julgamento de recurso ou remessa necessária.

Acontece que, se a produção de prova é necessária à concretização do contraditório e da ampla defesa, bem como para a formação do convencimento judicial e para a consequente legitimação da atividade jurisdicional, não deve o relator, quando em estado de perplexidade, proceder de imediato com o julgamento. Cabe-lhe, antes, converter o julgamento em diligência.

A não ser assim, comprometidos ficariam a ampla defesa, o convencimento judicial e a legitimação do julgamento. O próprio Código de Processo Civil, no artigo 313, V, "b", ao estabelecer a necessidade de suspensão do processo quando a decisão de mérito "tiver de ser proferida somente após a verificação de determinado fato ou a produção de certa prova, requisitada a outro juízo", torna inequívoco que a conversão em diligência à produção de provas é dever que precede ao do julgamento.

Não se trata de mera faculdade do julgador produzir ou não provas necessárias ao julgamento justo, mas de dever indispensável à concretização de diversas normas fundamentais.

Não por outra razão, o artigo 932, I, do CPC dispõe: "incumbe ao relator: (...) dirigir e ordenar o processo no tribunal, inclusive em relação à produção de prova, bem como, quando for o caso, homologar autocomposição das partes". No mesmo sentido, o artigo 938, § 3º, do mesmo Código: "reconhecida a necessidade de produção de prova, o relator converterá o julgamento em diligência, que se realizará no tribunal ou em primeiro grau de jurisdição, decidindo-se o recurso após a conclusão da instrução".

Perceba-se que, de acordo com o comando trazido pelo último dispositivo legal transcrito, a diligência probatória pode ser realizada diretamente pelo tribunal ou, se for o caso, no primeiro grau de jurisdição, que, estruturalmente, goza de melhoras condições para essa atividade. Mas não se descarta a possibilidade de o relator, para produzir provas, solicitar a cooperação de outros órgãos que não estejam vinculados ao próprio tribunal.

(...). As partes não podem transferir ao Juiz diligências probatórias que estão ao seu alcance. (...). (STJ, REsp 235.638, Rel. Min. Ari Pargendler, 3ª T., DJ 7.2.2000)

▶ **NCPC. Art. 932.** Incumbe ao relator: I – dirigir e ordenar o processo no tribunal, inclusive em relação à produção de prova, bem como, quando for o caso, homologar autocomposição das partes; (...). ▶ **Art. 938.** A questão preliminar suscitada no julgamento será decidida antes do mérito, deste não se conhecendo caso seja incompatível com a decisão. (...). **§ 3º** Reconhecida a necessidade de produção de prova, o relator converterá o julgamento em diligência, que se realizará no tribunal ou em primeiro grau de jurisdição, decidindo-se o recurso após a conclusão da instrução. (...)

Enunciado 647. A tutela provisória pode ser concedida pelo relator liminarmente ou após justificação prévia.

● *Grupo: Poderes do juiz e intervenção do Ministério Público.* ● *Referência: arts. 932, II, 938 e art. 300, § 2º.*

▸ *Rinaldo Mouzalas*

A tutela definitiva dos direitos advém de provimento jurisdicional formado em cognição exauriente e que, por tal razão, tem a aptidão para formar coisa julgada material. Apesar de ser passível de recurso, a tutela definitiva dispensa qualquer outro pronunciamento jurisdicional para regular a situação jurídica que legitima a sua atuação. Sua oferta possui natural vocação à afirmação da segurança jurídica.

A tutela definitiva engloba: a) tutela de conhecimento: provimento de acertamento ou definição; b) tutela executiva: que opera efeitos sobre o plano fático.

No primeiro caso (tutela de conhecimento), a atividade jurisdicional predominante volta-se ao conhecimento dos fatos que enlaçam o objeto litigioso definido pelas partes para, só então, depois de percurso processual, ser proferido pronunciamento jurisdicional decisório definitivo, fundado em cognição exauriente, onde o juiz realiza uma análise profunda e abrangente da causa (cognição plena), para ao fim solucionar a crise de direito, certificando o direito material.

No segundo caso (cumprimento de sentença ou processo de execução autônomo), a atividade jurisdicional predominante se volta à satisfação fática do direito subjetivo da parte credora de obrigação fazer, não fazer, entregar coisa ou de pagar quantia certa, com a efetiva entrega do bem da vida.

Esse é o tratamento clássico da tutela dos direitos, técnica completamente, neutra às peculiaridades do direito material e à própria necessidade de se conferir efetividade.

A doutrina, então, passou a perceber que, em concreto, o cumprimento de todos os passos do devido processo legal regidos pela tutela padrão, invariavelmente, acarretava delongas suscetíveis de causar danos irreparáveis à parte, presumidamente, merecedora da tutela jurisdicional favorável, a violar a efetividade e a razoável duração do processo.

Nesse passo, foi visando a redistribuir, de forma mais equitativa e justa, o ônus do tempo no processo e para evitar os danos marginais oriundos da demora da prestação jurisdicional, que foram criadas técnicas diferenciadas de sumarização para regular provisoriamente a crise do direito e dar respostas mais rápidas e efetivas aos jurisdicionados.

Surge, então, a tutela provisória, instituto que promove a simplificação do procedimento (sumariedade procedimental) com vistas a acolher uma situação emergencial casuística, equalizando os efeitos maléficos do tempo, sem solucionar de forma definitiva a causa.

A primeira nota essencial da tutela provisória é a restrição da cognição do plano vertical. O juízo provisório é de cognição sumária quando a convicção do magistrado encontra-se em um ponto intermediário da linha de convencimento, onde há um conhecimento ainda rarefeito da situação trazida pelas partes, a formar um juízo de probabilidade sobre o feito.

Assim, as tutelas provisórias vindicam do magistrado uma apreciação perfunctória da relação jurídica por meio de uma estrutura simplificada, para que, só assim, a decisão seja concedida com mais rapidez, sem que se comprometa a finalidade do procedimento, deixando para momento superveniente a cognição ampla e profunda.

A segunda característica, que é decorrência lógica da primeira, é que o provimento emitido por juízo não exauriente de mera probabilidade não tem aptidão para formação da coisa julgada material, já que não houve um debate profundo e com todas as possibilidades probatórias em contraditório amplo a respeito da causa.

As tutelas provisórias são, então, instrumentos de combate às repercussões decorrentes da demora da prestação jurisdicional e possuem o escopo comum de redistribuir de forma mais igualitária o tempo do processo, rumo a dotar o procedimento de maior efetividade, ao antecipar sua efetivação ou prevenir sua inutilidade.

O Código promove grande salto qualitativo ao conceder às tutelas diferenciadas, em regra, natureza jurídica de incidente processual e não de processos autônomos veiculados em autos distintos, a se evitar a malfada "duplicação de processos".

Nessa linha, em afirmação à operabilidade e ao sincretismo processual, o NCPC acaba com a dualidade entre processo principal (conhecimento ou execução) e processo cautelar. Todas as tutelas (principais ou sumárias) passam a ser veiculadas em um mesmo processo.

Assim, sob o rótulo genérico de tutela provisória, o legislador concentrou técnicas processuais de complemento eficacial da tutela principal: a tutela de urgência e a de evidência.

Nos termos do artigo 294 do Código, "a tutela provisória pode fundamentar-se em urgência ou evidência". Por seu turno, a tutela de urgência subdivide-se, então, em cautelar ou antecipada (satisfativa).

A primeira é voltada essencialmente à garantia do resultado útil do processo (tutela assecuratória). O interessado apresenta uma situação de risco, evidenciando a probabilidade de procedência de sua ação e pede a concessão de medida acautelatória para preservar um bem jurídico e, por conseguinte, resguardar a eficácia da tutela principal, de tal sorte que o direito daquele (do interessado) mantenha a susceptibilidade de reintegração.

Já a tutela provisória de urgência antecipada (satisfativa), buscando responder a este reclamo por efetividade, surge como medida tutelar de urgência a conceder satisfatividade imediata à parte que a pediu (entrega do bem da vida), ainda que antes de o Estado impulsionar o processo para além da fase postulatória ou de proferir sua decisão definitiva de mérito.

Por fim, a última espécie de tutela' provisória é a tutela de evidência, que, além de ser satisfativa, dispensa o elemento da urgência. Ela tem o escopo de tutelar posições jurídicas de alta carga de evidência, redistribuindo o ônus do tempo do processo e transferindo a espera àquele que está em situação jurídica de desvantagem ou incerteza, seja por apresentar uma defesa inconsistente, seja por praticar atos abusivos.

O artigo 300 do Código de Processo Civil dispõe que "a tutela de urgência será concedida quando houver elementos que evidenciem a probabilidade do direito e o perigo de dano ou o risco ao resultado útil do processo". Em seguida, seu § 2º estabelece que: "a tutela de urgência pode ser concedida liminarmente ou após justificação prévia".

Por usa vez, o artigo 932, II, do Código de Processo Civil é expresso quando dispõe que "incumbe ao relator: apreciar o pedido de tutela provisória nos recursos e nos processos de competência originária do tribunal". Pela conjugação dos comandos dos textos legais, conclui-se que o relator poderá conceder tutela provisória.

O enunciado tem o objetivo apenas de deixar claro que o relator, a desempenhar suas funções em órgão colegiado (a despeito de, quando autorizado, possa decidir de forma unipessoal), pode apreciar o pedido de tutela provisória liminarmente ou após justificação prévia. É que o artigo 932, II, não faz alusão à apreciação liminar ou após justificação prévia, referidas apenas no artigo 300, § 2º, do CPC.

Poder-se-ia indagar como a tutela provisória liminar seria objeto de análise pelo tribunal *ad quem* se, antes, a matéria é submetida ao juízo *a quo* numa cognição mais ampla. É óbvio que, se isso ocorrer, não se falará em tutela liminar. Mas pode ocorrer de não ter havido justificação prévia, como ocorre com alguns recursos interpostos contra decisões liminares proferidas pelo juízo *a quo*, além do que os tribunais são originariamente competentes para algumas ações.

► **NCPC. Art. 932.** Incumbe ao relator: (...). II – apreciar o pedido de tutela provisória nos recursos e nos processos de competência originária do tribunal; (...). ► **Art. 938.** A questão preliminar suscitada no julgamento será decidida antes do mérito, deste não se conhecendo caso seja incompatível com a decisão. **§ 1°** Constatada a ocorrência de vício sanável, inclusive aquele que possa ser conhecido de ofício, o relator determinará a realização ou a renovação do ato processual, no próprio tribunal ou em primeiro grau de jurisdição, intimadas as partes. **§ 2°** Cumprida a diligência de que trata o § 1°, o relator, sempre que possível, prosseguirá no julgamento do recurso. **§ 3°** Reconhecida a necessidade de produção de prova, o relator converterá o julgamento em diligência, que se realizará no tribunal ou em primeiro grau de jurisdição, decidindo-se o recurso após a conclusão da instrução. **§ 4°** Quando não determinadas pelo relator, as providências indicadas nos §§ 1° e 3° poderão ser determinadas pelo órgão competente para julgamento do recurso. ► **Art. 300.** A tutela de urgência será concedida quando houver elementos que evidenciem a probabilidade do direito e o perigo de dano ou o risco ao resultado útil do processo. (...). § **2°** A tutela de urgência pode ser concedida liminarmente ou após justificação prévia.

Enunciado 648. Viola o disposto no art. 932 a previsão em regimento interno de tribunal que estabeleça a possibilidade de julgamento monocrático de recurso ou ação de competência originária com base em "jurisprudência dominante" ou "entendimento dominante".

● *Grupo: Ordem do processo nos tribunais e regimentos internos.* ● *Referências: art. 932; art. 926, § 1º.*

► *Frederico Koehler*

Os poderes do relator foram sendo gradativamente ampliados, inicialmente com previsão em regimentos internos, e depois com sucessivas reformas legislativas durante a vigência do CPC/73[881]. A Lei 9.756/98 introduziu uma alteração no artigo 557, *caput* e § 1º-A do CPC então vigente, permitindo ao relator o julgamento monocrático do mérito dos recursos, com base não mais apenas em enunciados de súmula, mas também na "jurisprudência dominante" de determinados tribunais[882]. Assim dispunha a norma referida:

> Art. 557. O relator negará seguimento a recurso manifestamente inadmissível, improcedente, prejudicado ou em confronto com súmula ou com jurisprudência dominante do respectivo tribunal, do Supremo Tribunal Federal, ou de Tribunal Superior.
>
> § 1º-A Se a decisão recorrida estiver em manifesto confronto com súmula ou com jurisprudência dominante do Supremo Tribunal Federal, ou de Tribunal Superior, o relator poderá dar provimento ao recurso.

Tal orientação legal foi amplamente seguida pelos tribunais pátrios, que inclusive alteraram seus regimentos internos para acrescentar disposições similares às do texto legal.

---

881. Sobre o ponto, confira-se: JORGE, Flávio C. *Teoria geral dos recursos cíveis*. 7. ed. São Paulo: RT, 2015. p. 104.

882. Confira-se: NOGUEIRA, Gustavo S. *Precedentes vinculantes no direito comparado e brasileiro*. 2. ed. Salvador: Juspodivm, 2013. p. 228; BORGES, Flávio Buonaduce. O julgamento monocrático em órgão colegiado sob a ótica do CPC de 2015. *In*: LUCON, Paulo Henrique S. (Coord.) *et al*. *Processo em Jornadas*: XI Jornadas Brasileiras de Direito Processual/XXV Jornadas Ibero-Americanas de Direito Processual. Salvador: Juspodivm, 2016. p. 307.

Ocorre que o artigo 932 do NCPC deu nova conformação legal aos poderes do relator, passando a prever que:

> Art. 932. Incumbe ao relator:
>
> (...).
>
> IV – negar provimento a recurso que for contrário a: a) súmula do Supremo Tribunal Federal, do Superior Tribunal de Justiça ou do próprio tribunal; b) acórdão proferido pelo Supremo Tribunal Federal ou pelo Superior Tribunal de Justiça em julgamento de recursos repetitivos; c) entendimento firmado em incidente de resolução de demandas repetitivas ou de assunção de competência;
>
> V – depois de facultada a apresentação de contrarrazões, dar provimento ao recurso se a decisão recorrida for contrária a: a) súmula do Supremo Tribunal Federal, do Superior Tribunal de Justiça ou do próprio tribunal; b) acórdão proferido pelo Supremo Tribunal Federal ou pelo Superior Tribunal de Justiça em julgamento de recursos repetitivos; c) entendimento firmado em incidente de resolução de demandas repetitivas ou de assunção de competência.

Como se vê, não há mais a previsão de apreciação unipessoal do processo pelo relator em caso de "jurisprudência dominante"[883]. Na verdade, o artigo 926, § 1º, prescreve que "*na forma estabelecida e segundo os pressupostos fixados no regimento interno, os tribunais editarão enunciados de súmula correspondente à sua jurisprudência dominante*". Ou seja, "jurisprudência dominante" é apenas aquela consolidada nos enunciados de súmula do respectivo tribunal.

Nem se diga que o artigo 932, inc. VIII do NCPC ("*Incumbe ao relator: exercer outras atribuições estabelecidas no regimento interno do tribunal*") autorizaria um regimento interno a atribuir ao relator competência para julgar recursos de forma unipessoal com base em "jurisprudência dominante".

Isso porque a matéria "julgamento monocrático pelo relator" é exaustivamente tratada no artigo 932 do NCPC, não podendo os regimentos internos dos tribunais disporem sobre essa mesma atribuição de forma diversa. Com efeito, consoante o citado artigo 932, inc. VIII do NCPC, os regimentos internos podem prever *outras* atribuições ao relator, desde que não se encaixem nos incisos anteriores do referido artigo, caso em que não se enquadrariam como *outras* atribuições.

O conceito de "jurisprudência dominante" sempre apresentou o problema de ser ambíguo e de difícil determinação[884] – máxime por nunca ter tido seus contornos delimitados pela lei –, levando a diferentes interpretações pelos desembargadores e ministros, o que causava confusão em sua aplicação. Muitas vezes considerava-se que um só julgado representava a "jurisprudência dominante" de um tribunal, quando, na verdade, existia entendimento em sentido oposto em outra turma/câmara da corte.

---

883. CÂMARA, Alexandre F. *O novo processo civil brasileiro*. São Paulo: Atlas, 2015. p. 451.

884. No mesmo sentido: LIMA, Lucas R. S. "Comentários ao art. 932 do CPC". *In*: ALVIM, Angélica A. *et al. Comentários ao Código de Processo Civil*. São Paulo: Saraiva, 2016. p. 1.071; NOGUEIRA, Gustavo Santana. *Precedentes vinculantes no direito comparado e brasileiro*. 2. ed. Salvador: Juspodivm, 2013. p. 231; DINAMARCO, Cândido R. *A reforma da reforma*. São Paulo: Malheiros, 2002. p. 187.

Foi esse o motivo de o legislador do NCPC ter expressamente retirado a expressão "jurisprudência dominante" do texto legal que prevê os poderes dos relatores[885]-[886]. Entretanto, a manutenção da expressão em vários regimentos internos de tribunais, sem base legal[887], foi a razão de ser da elaboração do enunciado do FPPC ora em comento.

► **NCPC. Art. 932.** Incumbe ao relator: I – dirigir e ordenar o processo no tribunal, inclusive em relação à produção de prova, bem como, quando for o caso, homologar autocomposição das partes; II – apreciar o pedido de tutela provisória nos recursos e nos processos de competência originária do tribunal; III – não conhecer de recurso inadmissível, prejudicado ou que não tenha impugnado especificamente os fundamentos da decisão recorrida; IV – negar provimento a recurso que for contrário a: a) súmula do Supremo Tribunal Federal, do Superior Tribunal de Justiça ou do próprio tribunal; b) acórdão proferido pelo Supremo Tribunal Federal ou pelo Superior Tribunal de Justiça em julgamento de recursos repetitivos; c) entendimento firmado em incidente de resolução de demandas repetitivas ou de assunção de competência; V – depois de facultada a apresentação de contrarrazões, dar provimento ao recurso se a decisão recorrida for contrária a: a) súmula do Supremo Tribunal Federal, do Superior Tribunal de Justiça ou do próprio tribunal; b) acórdão proferido pelo Supremo Tribunal Federal ou pelo Superior Tribunal de Justiça em julgamento de recursos repetitivos; c) entendimento firmado em incidente de resolução de demandas repetitivas ou de assunção de competência; VI – decidir o incidente de desconsideração da personalidade jurídica, quando este for instaurado originariamente perante o tribunal; VII – determinar a intimação do Ministério Público, quando for o caso; VIII – exercer outras atribuições estabelecidas no regimento interno do tribunal. Parágrafo único. Antes de considerar inadmissível o recurso, o relator concederá o prazo de 5 (cinco) dias ao recorrente para que seja sanado vício ou complementada a documentação exigível. ► **Art. 926. § 1°** Na forma estabelecida e segundo os pressupostos fixados no regimento interno, os tribunais editarão enunciados de súmula correspondentes a sua jurisprudência dominante.

Enunciado 649. A retomada do julgamento após devolução de pedido de vista depende de inclusão em nova pauta, a ser publicada com antecedência mínima de cinco dias, ressalvada a hipótese de o magistrado que requereu a vista declarar que levará o processo na sessão seguinte.

● *Grupo: Ordem do processo nos tribunais e regimentos internos.* ● *Referências: art. 940, § 1º.*

► ***Frederico Koehler***

O enunciado em tela visa a impedir uma conduta bastante comum nos tribunais, qual seja, um dos julgadores pede vista dos autos e, após bastante tempo, devolve o feito para julgamento sem realizar a inclusão em nova pauta.

---

885. Nesse sentido: FREIRE, Rodrigo C. L. "Comentários ao art. 932". *In*: WAMBIER, Tereza A. *et al.* (Coords.). *Breves comentários ao novo Código de Processo Civil*. São Paulo: RT, 2015. p. 2.088.

886. Ressalte-se que o conceito de "jurisprudência dominante" foi mantido no art. 927, § 3º do CPC, que trata de modulação dos efeitos em caso de superação de precedente: "Na hipótese de alteração de jurisprudência dominante do Supremo Tribunal Federal e dos tribunais superiores ou daquela oriunda de julgamento de casos repetitivos, pode haver modulação dos efeitos da alteração no interesse social e no da segurança jurídica". Nesse sentido: CÂMARA, Alexandre F. O novo processo civil brasileiro. São Paulo: Atlas, 2015. p. 428.

887. O STJ, por exemplo, apesar de ter alterado seu Regimento Interno para adequá-lo ao CPC/2015, por meio da Emenda Regimental nº 22, de 16 de março de 2016, manteve no art. 34, inc. XVIII, alíneas "b" e "c", a referência à possibilidade de o relator negar ou dar provimento a recurso ou pedido com base na "jurisprudência dominante" acerca do tema.

Tal atitude impede o advogado de acompanhar a continuação do julgamento do processo, pois, se não há inclusão em nova pauta, o advogado interessado teria que se fazer presente em todas as sessões seguintes ao pedido de vista, para evitar que o processo fosse devolvido a julgamento sem que tivesse ciência.

A propósito, o artigo 941, § 1º prevê que o voto poderá ser alterado até o momento da proclamação do resultado pelo presidente, salvo aquele já proferido por juiz afastado ou substituído, norma essa que inexistia no CPC/73[888]. Isso aumenta a importância de o advogado diligente acompanhar a sessão de julgamento em que o membro do órgão julgador apresente seu voto-vista.

Assim, salvo a hipótese de o magistrado que requereu a vista declarar que levará o processo na sessão seguinte, a retomada do julgamento após devolução de pedido de vista dependerá de inclusão em nova pauta, a ser publicada com antecedência mínima de cinco dias.

Note-se a redação do artigo 940 do NCPC, adiante transcrita. Em razão do disposto na norma referida, a não publicação da nova pauta de julgamento após o pedido de vista acarretará a nulidade do processo[889]. Registre-se o posicionamento do STJ no sentido da inexistência de nulidade pelo fato de um recurso ser julgado sem anterior inclusão em pauta, quando se trate de recurso em que não se admite a sustentação oral, em virtude do princípio do máximo aproveitamento dos atos processuais[890]. No entanto, pode-se argumentar contra o entendimento do STJ que a presença do advogado é importante não somente para fazer sustentação oral, mas também para suscitar eventual questão de ordem ou esclarecer situação de fato durante o julgamento.

► **NCPC. Art. 940.** O relator ou outro juiz que não se considerar habilitado a proferir imediatamente seu voto poderá solicitar vista pelo prazo máximo de 10 (dez) dias, após o qual o recurso será reincluído em pauta para julgamento na sessão seguinte à data da devolução. **§ 1º** Se os autos não forem devolvidos tempestivamente ou se não for solicitada pelo juiz prorrogação de prazo de no máximo mais 10 (dez) dias, o presidente do órgão fracionário os requisitará para julgamento do recurso na sessão ordinária subsequente, com publicação da pauta em que for incluído.

888. NUNES, Dierle. Colegialidade corretiva e CPC/2015. *In*: FREIRE, Alexandre; MACÊDO, Lucas Buril de; PEIXOTO, Ravi (Coord.). *Doutrina Selecionada*: processo nos tribunais e meios de impugnação às decisões judiciais. vol. 6. 2. ed. Salvador: Juspodivm, 2016. p. 48; HILL, Flávia P. Breves comentários às principais inovações quanto aos meios de impugnação das decisões judiciais no novo CPC. *In*: FREIRE, Alexandre; MACÊDO, Lucas Buril de; PEIXOTO, Ravi (Coord.). *Doutrina Selecionada*: processo nos tribunais e meios de impugnação às decisões judiciais. vol. 6. 2. ed. Salvador: Juspodivm, 2016. p. 493.

889. CÔRTES, Osmar M. P. Comentários ao art. 939. *In*: WAMBIER, Tereza A. *et al.* (Coords.). *Breves comentários ao novo Código de Processo Civil*. São Paulo: RT, 2015. p. 2.100.

890. CUNHA, Leonardo C.; DIDIER JR. Fredie. *Curso de direito processual civil*: meios de impugnação às decisões judiciais e processo nos tribunais. vol. 3. 13. ed. Salvador: Juspodivm, 2016. p. 62. Os autores citam como exemplo: STJ, REsp 1.183.774, 3ª T., Rel. Min. Nancy Andrighi, j. 18.6.2013, publicado no Informativo 526.

ENUNCIADO 650. OS EMBARGOS DE DECLARAÇÃO, SE NÃO SUBMETIDOS A JULGAMENTO NA PRIMEIRA SESSÃO SUBSEQUENTE À SUA OPOSIÇÃO, DEVERÃO SER INCLUÍDOS EM PAUTA.

● *Grupo: Ordem do processo nos tribunais e regimentos internos.* ● *Referências: art. 1.024, § 1º.*

▸ ***Frederico Koehler***

Inicialmente, perceba-se que, em virtude do disposto no artigo 934, todos os recursos previstos no Livro III do CPC deverão ser incluídos em pauta previamente ao seu julgamento: "*Art. 934. Em seguida, os autos serão apresentados ao presidente, que designará dia para julgamento, ordenando, em todas as hipóteses previstas neste Livro, a publicação da pauta no órgão oficial*". A exceção é justamente o recurso de embargos declaratórios, por causa do artigo 1.024, § 1º do CPC.

O Enunciado em tela visa a impedir uma conduta bastante comum nos tribunais, qual seja, que haja uma grande demora no julgamento dos embargos declaratórios e que o feito seja levado a julgamento sem que haja a inclusão em pauta, surpreendendo as partes.

Tal atitude impede o advogado de acompanhar o julgamento dos embargos de declaração, pois, se não há o julgamento na sessão subsequente à oposição dos embargos e não há a inclusão em pauta, o advogado interessado teria que se fazer presente em todas as sessões seguintes à oposição dos embargos declaratórios, para evitar que o recurso fosse levado a julgamento sem que tivesse ciência.

Assim, salvo a hipótese de os embargos de declaração serem levados a julgamento na primeira sessão subsequente à sua oposição, deverão ser incluídos em pauta, tudo para salvaguardar o mais amplo contraditório.

Nesse sentido, o artigo 1.024 prescreve: "*O juiz julgará os embargos em 5 (cinco) dias. § 1º Nos tribunais, o relator apresentará os embargos em mesa na sessão subsequente, proferindo voto, e, não havendo julgamento nessa sessão, será o recurso incluído em pauta automaticamente*".

A propósito, a importância da inclusão em pauta seria mitigada pela previsão dos julgamentos por meio eletrônico no artigo 945 do CPC, que seria autorizado sempre que o recurso não admitisse sustentação oral[891], justamente o caso dos embargos de declaração. Ocorre que tal norma foi revogada pela Lei 13.256/16, o que reforça a importância da inclusão dos embargos de declaração em pauta na hipótese do artigo 1.024, § 1º do CPC.

Registre-se o posicionamento do STJ no sentido de que a não publicação da nova pauta de julgamento após o pedido de vista acarretará a nulidade do processo[892], sal-

---

891. HILL, Flávia P. Breves comentários às principais inovações quanto aos meios de impugnação das decisões judiciais no novo CPC. *In*: MACÊDO, Lucas Buril de; PEIXOTO, Ravi; FREIRE, Alexandre (Coords.). *Novo CPC*: doutrina selecionada. v. 6: Processo nos tribunais e meios de impugnação às decisões judiciais. 2. ed. Coleção. Salvador: Juspodivm, 2016. p. 492.

892. CÔRTES, Osmar M. P. Comentários ao art. 939. *In*: WAMBIER, Tereza A. *et al.* (Coords.). *Breves comentários ao novo Código de Processo Civil*. São Paulo: RT, 2015. p. 2.100.

vo quando se trate de recurso em que não se admite a sustentação oral, em virtude do princípio do máximo aproveitamento dos atos processuais[893].

Sabe-se que não há possibilidade de sustentação oral para os embargos de declaração, consoante disposto no artigo 937 do CPC, salvo se previsto no regimento interno do respectivo tribunal. De toda forma, a presença do advogado é importante para suscitar eventual questão de ordem ou esclarecer situação de fato durante o julgamento, razão pela qual deve ser apreciado no caso concreto se a nulidade trouxe ou não prejuízo às partes.

▶ **NCPC. Art. 1.024.** O juiz julgará os embargos em 5 (cinco) dias. **§ 1º** Nos tribunais, o relator apresentará os embargos em mesa na sessão subsequente, proferindo voto, e, não havendo julgamento nessa sessão, será o recurso incluído em pauta automaticamente.

Enunciado 651. É admissível sustentação oral na sessão de julgamento designada para o juízo de admissibilidade do incidente de resolução de demandas repetitivas ou do incidente de assunção de competência, sendo legitimados os mesmos sujeitos indicados nos arts. 984 e 947, § 1º.

● *Grupo: IRDR, Recursos Repetitivos e Assunção de competência.* ● *Referência: arts. 937, 947, 976 e 984.*

▸ *Rinaldo Mouzalas*

O artigo 937 do Código de Processo Civil, que trata da ordem dos processos nos tribunais, permite a realização de sustentação oral, ao recorrente, ao recorrido e, nos casos de sua intervenção, ao membro do Ministério Público, nas seguintes hipóteses (e conforme as regras do regimento interno do tribunal): a) no recurso de apelação; b) no recurso ordinário; c) no recurso especial; d) no recurso extraordinário; e) nos embargos de divergência; f) na ação rescisória, no mandado de segurança e na reclamação; g) no agravo de instrumento interposto contra decisões interlocutórias que versem sobre tutelas provisórias de urgência ou da evidência; h) em outras hipóteses previstas em lei ou no regimento interno do tribunal. Portanto, o *caput* do artigo 937 estabelece, de uma forma geral, quem são os legitimados para realizar sustentação oral e quais são as hipóteses em que ela é cabível.

Logo em seguida, o parágrafo 1º do artigo 937 dispõe que a sustentação oral no incidente de resolução de demandas repetitivas observará o disposto no artigo 984, no que couber. Este dispositivo estabelece que, no julgamento do IRDR, poderão sustentar suas razões, sucessivamente: a) o autor e o réu do processo originário e o Ministério Público, pelo prazo de 30 (trinta) minutos; b) os demais interessados, no prazo de 30 (trinta) minutos, divididos entre todos, sendo exigida inscrição com 2 (dois) dias de antecedência. Em ambas as hipóteses, há a possibilidade de o prazo de sustentação oral ser ampliado, a considerar o número de inscritos. Seja como for, da

---

893. CUNHA, Leonardo C.; DIDIER JR. Fredie. *Curso de direito processual civil*: meios de impugnação às decisões judiciais e processo nos tribunais. vol. 3. 13. ed. Salvador: Juspodivm, 2016. p. 62. Os autores citam como exemplo: STJ, REsp 1.183.774, 3ª T., Rel. Min. Nancy Andrighi, j. 18.6.2013, publicado no Informativo 526.

conjugação do § 1º do artigo 937 e do artigo 984, alcança-se a ilação de que, no IRDR, também é possível a realização de sustentação oral, a identificar, de forma específica, os legitimados para tal ato processual.

Quanto ao incidente de assunção de competência, o parágrafo 1º do artigo 947 dispõe que, ocorrendo a hipótese de assunção de competência, o relator proporá, de ofício ou a requerimento da parte, do Ministério Público ou da Defensoria Pública, que seja o recurso, a remessa necessária ou o processo de competência originária julgado pelo órgão colegiado que o regimento indicar. A legitimidade, pois, para requerer a instauração (ou instaurar de ofício) o respectivo incidente é do relator, do MP e/ou da DP, sendo admissível quando do julgamento de recurso, de remessa necessária ou de processo de competência originária envolver relevante questão de direito, com grande repercussão social, sem repetição em múltiplos processos. Assim, se a instauração do IAC deve ocorrer em tais hipóteses, é comumente possível realização de sustentação oral.

O Enunciado em análise reconhece ser admissível sustentação oral na sessão de julgamento designada para o juízo de admissibilidade do IRDR ou do IAC. Num primeiro momento, poder-se-ia pensar que a possibilidade de realizar sustentação oral estaria adstringida ao julgamento do mérito do IRDR e do IAC. Só que, como o juízo de admissibilidade constitui fase necessária ao julgamento do IAC e do IRDR, não haveria razão para nela se impossibilitar a realização de sustentação oral. Se a referência legislativa à possibilidade de realização de sustentação oral foi ao julgamento de tais incidentes, não se pode excluir, evidentemente, a fase de admissibilidade, já que compõe aquele (e é necessária àquele).

Portanto, não caberia ao intérprete restringir o que o legislador não restringiu, nomeadamente se, assim ele proceder, nos casos específicos do incidente de resolução de demandas repetitivas e do incidente de assunção de competência, estará por cercear a ampla defesa e a própria cooperação. As construções do intérprete devem estar alinhadas às normas fundamentais. Estas servem de vetor às formulações do intérprete. Se a realização de sustentação oral em IRDR e em IAC concretizam diversas normas fundamentais, ante a não explicitação do texto legal, aquela deve ser permitida em favor das pessoas indicadas. Logo, aos legitimados indicados nos artigos 984 e 947, § 1º, cabe a realização de sustentação oral em tais incidentes processuais.

Enunciado 652. Cada questão preliminar suscitada será objeto de votação específica no julgamento.

● *Grupo: Ordem do processo nos tribunais e regimentos internos.* ● *Referências: arts. 938 e 939.*

▸ ***Frederico Koehler***

O Enunciado nada mais é do que uma salutar medida de organização do julgamento nos órgãos colegiados.

De fato, cada questão preliminar aventada deve ser apreciada separadamente, colhendo-se os votos de cada um dos julgadores com relação a cada preliminar específica antes de adentrar-se no mérito.

Note-se que um julgador vencido em uma preliminar deve votar na seguinte, sendo independente cada uma das votações. Dá-se aqui o mesmo raciocínio previsto no artigo 939 para quando a preliminar for rejeitada e seguir-se o julgamento do mérito do recurso, sobre a qual devem se pronunciar os juízes vencidos na preliminar[894].

▶ **NCPC. Art. 938.** A questão preliminar suscitada no julgamento será decidida antes do mérito, deste não se conhecendo caso seja incompatível com a decisão. ▶ **Art. 939.** Se a preliminar for rejeitada ou se a apreciação do mérito for com ela compatível, seguir-se-ão a discussão e o julgamento da matéria principal, sobre a qual deverão se pronunciar os juízes vencidos na preliminar.

ENUNCIADO 653. DIVERGINDO OS JULGADORES QUANTO ÀS RAZÕES DE DECIDIR, MAS CONVERGINDO NA CONCLUSÃO, CABERÁ AO MAGISTRADO QUE PRIMEIRO DEDUZIU O FUNDAMENTO DETERMINANTE VENCEDOR REDIGIR O ACÓRDÃO.

● *Grupo: Ordem do processo nos tribunais e regimentos internos.* ● *Referências: art. 941.*

▸ *Frederico Koehler*

O Enunciado insere-se no contexto de valorização do sistema de precedentes vinculantes. O mais importante deixa de ser apenas a conclusão do voto, elevando-se a *ratio decidendi* ao papel fundamental de gerar vinculação para os casos futuros que se enquadrarem na situação fático-jurídica do processo paradigma.

De fato, a porção do precedente que goza de eficácia vinculante é a que se constitui nos motivos determinantes da decisão, sendo esta a eficácia transcendente da motivação. Apenas identificando-se os motivos determinantes da decisão pode-se depreender a sua *ratio decidendi,* que vai servir de paradigma para os casos posteriores[895].

Em acórdãos constituídos por voto médio – quando a conclusão é atingida por juízes que se basearam em razões diversas em seus votos – não há *ratio decidendi* discernível, não sendo possível falar-se, no caso, de eficácia vinculante do precedente[896]. São os casos em que ocorre a chamada *decisão plural*, ou seja, embora haja maioria em relação ao resultado, nenhum dos fundamentos foi acolhido pela maioria do

894. CÔRTES, Osmar M. P. Comentários ao art. 939. *In*: WAMBIER, Tereza A. *et al.* (Coords.). *Breves comentários ao novo Código de Processo Civil.* São Paulo: RT, 2015. p. 2.099.

895. ATAÍDE JR., Jaldemiro R. *Precedentes vinculantes e irretroatividade do direito no sistema processual brasileiro*: os precedentes dos tribunais superiores e sua eficácia temporal. Curitiba: Juruá, 2012. p. 80; NUNES, Dierle. Colegialidade corretiva e CPC/2015. *In*: FREIRE, Alexandre; MACÊDO, Lucas Buril de; PEIXOTO, Ravi (Coord.). *Doutrina Selecionada*: processo nos tribunais e meios de impugnação às decisões judiciais. vol. 6. 2. ed. Salvador: Juspodivm, 2016. p. 38.

896. ATAÍDE JR., Jaldemiro R. *Precedentes vinculantes e irretroatividade do direito no sistema processual brasileiro*: os precedentes dos tribunais superiores e sua eficácia temporal. Curitiba: Juruá, 2012. p. 81; MARINONI, Luiz G.; ARENHART, Sérgio Cruz; MITIDIERO, Daniel. *Novo Curso de Processo Civil*: tutela dos direitos mediante procedimento comum. v. 2. 2. ed. São Paulo: RT, 2016. p. 654-656.

colegiado. Aí se dá o fenômeno do *voto concorrente*, quando o julgador adere ao resultado vencedor sem aderir ao fundamento do voto do relator[897]. Além disso, se for difícil identificar a *ratio decidendi* de uma decisão, seja porque a sua fundamentação é insuficiente, seja porque não há uma tese jurídica bem delineada, entende-se que ela é desprovida de *ratio*, não possuindo força vinculante[898]. Nesse sentido, aliás, dispõem os enunciados 317 e 319 do FPPC.

É imprescindível que haja uma alteração na forma de julgar dos tribunais. Não é interessante para um sistema de precedentes que os votos de um julgamento colegiado tenham fundamentos dispersos, uma vez que não haverá uma *ratio decidendi* para gerar o efeito vinculante. A preocupação com a formação da *ratio decidendi* no momento do julgamento é essencial para que o precedente seja respeitado futuramente. O ideal é que a votação seja feita por tese/questão debatida, fazendo com que cada membro do colegiado exponha sua concordância ou não com a *ratio* exposta no voto do relator[899].

Fredie Didier Jr. e Leonardo Carneiro da Cunha defendem que houve a inauguração de um novo formato de lavratura de acórdão no NCPC, pois no regime anterior, o acórdão era lavrado pelo relator sempre que a conclusão fosse unânime, não importando que ele restasse vencido na fundamentação. No regime atual, o acórdão deve ser lavrado pelo membro que primeiro defendeu a fundamentação ao final prevalecente. Isso para evitar incidentes como o ocorrido na ADPF nº130/DF, em que – como o STF constatou posteriormente, na Reclamação nº9.428 – a ementa redigida não refletiu com fidelidade a tese jurídica acolhida pela maioria do colegiado, tendo o relator feito constar na ementa e no acórdão a sua fundamentação, que restara vencida no colegiado. É por esse motivo que o relator não deve lavrar o acórdão quando ficar vencido na conclusão ou quando ficar vencido na fundamentação[900].

Na lição de Marcelo Neves: "Na perspectiva do desenho institucional formal, o fato de que cada voto é elaborado separadamente e constitui parte do acórdão torna altamente improvável qualquer aprendizado colegiado. A esse respeito, o que conta é o dispositivo. Em casos de alta relevância constitucional, a decisão é tomada por unanimidade, mas os fundamentos são diversos e, às vezes, contraditórios. Não há *ratio decidendi* comum. Configura-se um decisionismo em relação à maioria convergente em torno do dispositivo. Em matéria de declaração de inconstitucionalidade, que exige maioria absoluta do pleno, é comum alcançar-se essa maioria quanto ao *dispositivo*, sem que isso ocorra em relação aos *fundamentos*. Nesse

---

897. CUNHA, Leonardo C.; DIDIER JR. Fredie. *Curso de direito processual civil*: meios de impugnação às decisões judiciais e processo nos tribunais. vol. 3. 13. ed. Salvador: Juspodivm, 2016. p. 40-41.

898. DIDIER JR. Fredie; OLIVEIRA, Rafael A.; BRAGA, Paula S. *Curso de direito processual civil*: teoria da prova, direito probatório, decisão, precedente, coisa julgada e tutela provisória. v. 2. 10. ed. Salvador: Juspodivm, 2015. p. 448.

899. NOGUEIRA, Gustavo Santana. *Precedentes vinculantes no direito comparado e brasileiro*. 2. ed. Salvador: Juspodivm, 2013. p. 241-242.

900. CUNHA, Leonardo C.; DIDIER JR. Fredie. *Curso de direito processual civil*: meios de impugnação às decisões judiciais e processo nos tribunais. vol. 3. 13. ed. Salvador: Juspodivm, 2016. p. 44.

sentido, a construção de precedentes fica prejudicada e, portanto, o aprendizado constitucional bloqueado. Muitas vezes, a própria ementa não consegue expressar o fundamento e resultado da decisão, dadas as incongruências argumentativas no procedimento decisório"[901].

É fundamental, pois, para o sistema de precedentes que fiquem claros os *fundamentos determinantes*[902]do precedente, pois são justamente eles que têm efeito vinculante. Há no Brasil uma tradição de julgamento colegiado por *adesão à conclusão*, quando o correto seria a *adesão à fundamentação*. O modo tradicional de julgamento colegiado no Brasil se faz somando-se as conclusões dos votos dos membros do órgão jurisdicional, a fim de chegar a um acórdão com dispositivo unânime ou majoritário. O julgamento por adesão à fundamentação permitiria que se chegasse mais facilmente aos fundamentos determinantes (as *ratione decidendi*), constituindo-se, assim, um precedente com eficácia vinculante. Por isso entendemos que a votação deve passar a ser feita por tese/questão debatida, fazendo com que cada membro do colegiado exponha sua concordância ou não com a *ratio* exposta no voto do relator, a fim de que se atinja com clareza uma *ratio decidendi* do órgão colegiado[903]. Os colegiados não podem mais funcionar como se cada membro fosse uma ilha, devendo-se buscar qual a posição e qual a *ratio decidendi* em que se embasou o colegiado sobre um determinado tema debatido.

Segundo Marinoni, Arenhart e Mitidiero[904]:

> Sustenta-se, nos Estados Unidos, que para a Corte Suprema não resolver o recurso mediante a afirmação de fundamentos não compartilhados pela maioria seria correto impor o julgamento dos fundamentos em separado, estabelecendo-se o resultado do recurso após a votação individualizada de cada um dos fundamentos.

► **NCPC. Art. 941.** Proferidos os votos, o presidente anunciará o resultado do julgamento, designando para redigir o acórdão o relator ou, se vencido este, o autor do primeiro voto vencedor.

ENUNCIADO 654. ERRO MATERIAL IDENTIFICADO NA EMENTA, INCLUSIVE DECORRENTE DE DIVERGÊNCIA COM O ACÓRDÃO, É CORRIGÍVEL A QUALQUER TEMPO, DE OFÍCIO OU MEDIANTE REQUERIMENTO.

● *Grupo: Ordem do processo nos tribunais e regimentos internos.* ● *Referências: arts. 494, I e 943, § 1º.*

▸ ***Rinaldo Mouzalas***

A ementa constitui simples adereço facultativo, a possibilitar a imediata compreensão do ato decisório. No acórdão, a ementa representa um breve resumo do

901. NEVES, Marcelo. "A 'desrazão' sem diálogo com a 'razão': teses provocativas sobre o STF". Disponível no site Conjur. Acesso em: 6.jul.2017.
902. Expressão essa adotada expressamente nos arts. 489, § 1º, inc. V, e no art. 979, § 2º do CPC.
903. CÂMARA, Alexandre F. *O novo processo civil brasileiro*. São Paulo: Atlas, 2015. p. 440-442.
904. MARINONI, Luiz G.; ARENHART, Sérgio Cruz; MITIDIERO, Daniel. *Novo Curso de Processo Civil*: tutela dos direitos mediante procedimento comum. v. 2. 2. ed. São Paulo: RT, 2016. p. 656.

resultado do julgamento trazido em consideração ao voto vencedor, sendo ela por isso veiculada em Diário de Justiça Eletrônico para fins de comunicação das partes (por advogados) (art. 205, § 3º c/c art. 943, § 2º, ambos do CPC).

Não há uma regra que especifique como elaborar uma ementa, mas, em geral, ela indica a área do direito da (e a espécie de) ação processualizada, bem como a questão jurídica resolvida e o resultado da decisão respectiva. Ela deva ser elaborada pelo juiz (relator, em caso de decisão colegiada) que proferiu o ato decisório (o primeiro voto vencedor, em caso de decisão colegiada).

Quanto aos acórdãos, art. 944 do CPC dispõe: "não publicado o acórdão no prazo de 30 (trinta) dias, contado da data da sessão de julgamento, as notas taquigráficas o substituirão, para todos os fins legais, independentemente de revisão". Em seguida, o parágrafo único estabelece que: "o presidente do tribunal lavrará, de imediato, as conclusões e a ementa e mandará publicar o acórdão".

O parágrafo 1º do artigo 943 do Código de Processo Civil dispõe que todo acórdão conterá ementa. Apesar disso, a sua ausência (mesmo nos acórdãos), por não constituir elemento do ato decisório, não enseja qualquer irregularidade. De fato, "presentes o relatório, os fundamentos da decisão e a parte dispositiva, não se decreta a invalidade do julgado" (STJ, REsp 995751, DJe 25.11.2008).

Pode-se, por isso, até defender que, mesmo que a ementa trouxesse uma compreensão absolutamente diversa daquela apresentada pelos elementos do acórdão, a compreensão trazida pelos elementos do acórdão é que prevaleceria, sem que, portanto, fosse necessária qualquer correção oficiosa ou provocada.

Por idênticas razões, se na ementa for identificado erro material, inclusive decorrente de divergência com o ato decisório, ainda que este seja um acórdão, aquele poderá ser corrigido a qualquer tempo (independentemente do grau de jurisdição em que se encontre a tramitação processual, pois não há preclusão), de ofício ou a requerimento de qualquer pessoa interessada.

Inclusive, o artigo 494, I, do Código de Processo Civil estabelece que, publicada a sentença, o juiz poderá (ou seja, não se trata sequer de obrigação) alterá-la para corrigir, de ofício ou a requerimento da parte, inexatidões materiais ou erros de cálculo nela contida. Evidentemente, o vocábulo sentença é emprego em acepção ampla.

Logo, se o acórdão é quem traz qualquer desses vícios, eles podem ser corrigidos oficiosamente ou a requerimento da parte (inclusive mediante interposição de embargos de declaração, conforme art. 1.022, III, do CPC), porque, o erro material, como a própria nomenclatura faz compreender, não representa o conteúdo da decisão, mas uma falha da expressão escrita.

Pode até ocorrer de o erro material trazido pela ementa exasperar a própria limitação do ato decisório (a fazer referência a objeto absolutamente estranho), mas isso não afetará a sua compreensão, que deve ser realizada em observância ao todo, em especial pela conjugação dos elementos do ato decisório, quais sejam, relatório, fundamentação e dispositivo.

O objetivo do enunciado é deixar claro que o erro material contido até em ementa pode ser corrigido, mesmo que não se trate de um requisito da decisão e que o artigo 494, I, do CPC não faça referência específica a acórdão (mas apenas a sentença). Se a ementa do acórdão traz erro material, sua correção poderá ocorrer a qualquer tempo, de ofício ou mediante provocação de alguma das partes.

► **NCPC. Art. 943.** Os votos, os acórdãos e os demais atos processuais podem ser registrados em documento eletrônico inviolável e assinados eletronicamente, na forma da lei, devendo ser impressos para juntada aos autos do processo quando este não for eletrônico. **§ 1º** Todo acórdão conterá ementa. (...). ► **Art. 494.** Publicada a sentença, o juiz só poderá alterá-la: I – para corrigir-lhe, de ofício ou a requerimento da parte, inexatidões materiais ou erros de cálculo; (...).

ENUNCIADO 681. CABE SUSTENTAÇÃO ORAL NO JULGAMENTO DO AGRAVO DE INSTRUMENTO INTERPOSTO CONTRA DECISÃO QUE VERSA SOBRE EFEITO SUSPENSIVO EM EMBARGOS À EXECUÇÃO OU EM IMPUGNAÇÃO AO CUMPRIMENTO DE SENTENÇA.

● *Grupo: Ordem dos processos no tribunal e regimentos internos.* ● *Referência: art. 937, VIII; art. 1.015, I e X e parágrafo único; art. 919, §1º; art. 525, §6º.*

▸ ***Thiana Cabral***

Os embargos à execução e a impugnação ao cumprimento de sentença não possuem efeito suspensivo *ope legis*, conforme disposto, respectivamente, nos arts. 919 e 525, §6º, do CPC. Desse modo, como regra, prossegue-se com a prática de atos executivos enquanto são processados e julgados os embargos à execução ou a impugnação ao cumprimento de sentença. Entretanto, os referidos dispositivos estabelecem a possibilidade de atribuição do referido efeito suspensivo *ope iudicis*, mediante requerimento da parte interessada (art. 919, §1º; art. 525, §6º, segunda parte).

A atribuição de efeito suspensivo aos embargos à execução ou ao cumprimento de sentença corresponde à concessão de uma tutela provisória. Efetivamente, o seu propósito é sobrestar o trâmite da execução e acautelar eventual direito do executado, que figura na condição de embargante ou impugnante. Inclusive, observa-se que os requisitos para o deferimento do efeito suspensivo em questão são semelhantes aos legalmente exigidos para a concessão da tutela provisória de urgência, com uma sutil diferença: enquanto, ao cuidar da tutela provisória, o legislador estabelece a *possibilidade* do magistrado exigir da parte interessada o oferecimento de garantia, tratando da atribuição de efeito suspensivo aos embargos à execução ou à impugnação ao cumprimento de sentença, o legislador prevê a *necessidade* de se garantir a futura satisfação da obrigação perseguida na execução.

Nesse passo, é certo que a decisão que aprecia o pedido de atribuição de efeito suspensivo aos embargos à execução ou à impugnação ao cumprimento de sentença é uma decisão que versa sobre tutela provisória. A sua recorribilidade imediata por meio da interposição de agravo de instrumento é indiscutível. O art. 1.015, inciso I, do

CPC estabelece o cabimento de agravo de instrumento contra as decisões interlocutórias que versarem sobre tutelas provisórias. Ainda, o inciso X do referido dispositivo cuida do cabimento desse recurso para a impugnação de decisões que versem sobre concessão, modificação ou revogação do efeito suspensivo aos embargos à execução; o parágrafo único do citado artigo dispõe sobre o cabimento de agravo contra todas as decisões interlocutórias proferidas na fase de cumprimento de sentença e no processo de execução.

O art. 937, inciso VIII, do CPC prevê o direito das partes realizarem sustentação oral na sessão de julgamento do agravo de instrumento que versa sobre tutela provisória. Considerando que a decisão judicial que defere ou indefere o pedido de atribuição de efeito suspensivo aos embargos à execução ou à impugnação ao cumprimento de sentença é uma decisão que versa sobre tutela provisória, caberá sustentação oral na sessão de julgamento deste agravo.

Ainda, é importante ressaltar que o direito à sustentação oral deverá ser garantido no julgamento do agravo de instrumento interposto contra qualquer decisão que verse sobre a atribuição de efeito suspensivo aos embargos à execução ou à impugnação ao cumprimento de sentença. Por exemplo, se enquadram nessa categoria as decisões que concedem ou negam, total ou parcialmente, o referido pedido de atribuição de efeito suspensivo e também as que reformam ou revogam, no todo ou em parte, anterior decisão concessiva ou denegatória.

Por fim, ressalte-se que o direito à sustentação oral nas situações indicadas é garantido independentemente do disposto no regimento interno do tribunal competente para processar e julgar o agravo de instrumento. Trata-se de direito garantido pela lei (Código de Processo Civil) e que, portanto, não pode ser suprimido pela norma regimental.

► **NCPC. Art. 937.** Na sessão de julgamento, depois da exposição da causa pelo relator, o presidente dará a palavra, sucessivamente, ao recorrente e, nos casos de sua intervenção, ao membro do Ministério Público, pelo prazo improrrogável de 15 (quinze) minutos para cada um, a fim de sustentarem suas razões, nas seguintes hipóteses, nos termos da parte final do caput do art. 1.021: VIII – no agravo de instrumento interposto contra decisões interlocutórias que versem sobre tutelas provisórias de urgência ou da evidência. ► **Art. 1.015.** Cabe agravo de instrumento contra as decisões interlocutórias que versarem sobre: I – tutelas provisórias; [...] X – concessão, modificação ou revogação de efeito suspensivo aos embargos à execução; [...] Parágrafo único. Também caberá agravo de instrumento contra decisões interlocutórias proferidas na fase de liquidação de sentença ou de cumprimento de sentença, no processo de execução e no processo de inventário. ► **Art. 919.** §1°. O juiz poderá, a requerimento do embargante, atribuir efeito suspensivo aos embargos quando verificados os requisitos para a concessão da tutela provisória e desde que a execução já esteja garantida por penhora, depósito ou caução suficientes. ► **Art. 525.** §6° A apresentação de impugnação não impede a prática dos atos executivos, inclusive os de expropriação, podendo o juiz, a requerimento do executado e desde que garantido o juízo com penhora, caução ou depósito suficientes, atribuir-lhe efeito suspensivo, se seus fundamentos forem relevantes e se o prosseguimento da execução for manifestamente suscetível de causar ao executado grave dano de difícil ou incerta reparação.

ENUNCIADO 682. É ASSEGURADO O DIREITO À SUSTENTAÇÃO ORAL PARA O COLEGIADO AMPLIADO PELA APLICAÇÃO DA TÉCNICA DO ART. 942, AINDA QUE NÃO TENHA SIDO REALIZADA PERANTE O ÓRGÃO ORIGINÁRIO.

● *Grupo: Ordem dos processos no tribunal e regimentos internos.* ● *Referência: art. 942, caput.*

▸ *Thiana Cabral*

O art. 942 do CPC cuida de técnica de julgamento que exige a ampliação da turma julgadora para análise do recurso de apelação ou de agravo de instrumento em determinados casos. O dispositivo garante às partes e eventuais terceiros o direito de sustentar oralmente suas razões perante os novos julgadores[905].

O direito de realizar sustentação oral perante o colegiado ampliado não pode ser condicionado à realização prévia de sustentação oral junto ao colegiado originário. O colegiado ampliado é órgão julgador diverso do originário, razão pela qual o CPC é expresso ao assegurar "às partes e a eventuais terceiros o direito de sustentar oralmente suas razões perante os novos julgadores", sem exigir que a parte tenha realizado sustentação oral perante os julgadores que originalmente já integravam o colegiado. Se a lei garante o direito sem condição, o regimento interno não por restringir esse direito prevendo, por exemplo, que a sustentação perante o colegiado ampliado só possa ser realizada se já o foi antes da ampliação.

Importante observar que o enunciado também se aplica aos casos de julgamento de agravo de instrumento interposto contra decisão que julgar parcialmente o mérito da ação, quando a contagem inicial de votos for não unânime e apontar para a reforma da decisão recorrida (art. 942, §3º, inciso II, do CPC). É dizer que também no julgamento do recurso de agravo de instrumento sujeito à ampliação do colegiado deve-se garantir às partes o direito de sustentar oralmente suas razões perante o colegiado ampliado independentemente da realização de sustentação oral perante a turma julgadora original.

▸ **NCPC. Art. 942.** Quando o resultado da apelação for não unânime, o julgamento terá prosseguimento em sessão a ser designada com a presença de outros julgadores, que serão convocados nos termos previamente definidos no regimento interno, em número suficiente para garantir a possibilidade de inversão do resultado inicial, assegurado às partes e a eventuais terceiros o direito de sustentar oralmente suas razões perante os novos julgadores.

---

905. Os regimentos internos alterados após a vigências do novo CPC vêm tendo o cuidado de prever expressamente esse direito. A título de exemplo, confira-se o art. 196, §5º, do RITJBA: "Retomado o julgamento da apelação cível em sessão posterior, será garantida, aos Advogados das partes, nova oportunidade para que sustentem oralmente suas razões diante dos Desembargadores que não participaram da sessão inicial." A respeito da ação rescisória, eis o teor do art. 197, §4º, do RITJBA: "Retomado o julgamento da ação rescisória no Órgão Julgador de maior composição, será garantido aos Advogados das partes nova oportunidade para que sustentem oralmente suas razões". Na mesma linha, o art. 119 do RITJDF: "Quando o resultado da apelação não for unânime, o julgamento terá prosseguimento em sessão a ser designada, com a presença de outros dois magistrados convocados na forma deste Regimento, assegurada nova sustentação oral."

Enunciado 683. A continuidade do julgamento de recurso de apelação ou de agravo de instrumento pela aplicação do art. 942 exige quórum mínimo de cinco julgadores.

● *Grupo: Ordem dos processos no tribunal e regimentos internos.* ● *Referência: art. 942, caput, §§1º e 2º.*

▸ *Thiana Cabral*

O art. 942 do CPC prevê a necessidade de ampliação do colegiado quando o resultado do julgamento do recurso de apelação for não unânime. O dispositivo determina a necessidade de convocação de julgadores em número suficiente para garantir a possibilidade de inversão do resultado inicial.

O art. 941, §1º, do CPC estabelece que, no julgamento de recurso de apelação ou de agravo de instrumento, a decisão será tomada pelo voto de 3 (três) magistrados. Desse modo, para o fiel cumprimento do disposto no art. 942 do CPC, é necessária a convocação de mais 2 (dois) magistrados para a composição do colegiado ampliado.

A lei exige que a convocação seja realizada em número suficiente para possibilitar a inversão do resultado inicial. Assim, não se mostra possível dar-se continuidade ao julgamento sem a presença de 5 (cinco) magistrados aptos a proferir voto.

O §2º do art. 942 do CPC é expresso ao indicar que os julgadores que já tiverem votado podem rever seus votos por ocasião do prosseguimento do julgamento. Sem dúvidas, a *ratio* da norma exige o quórum de 5 (cinco) magistrados para que seja possível a continuidade do julgamento, com os debates inerentes à conclusão colegiada, nos casos em, diante da falta de unanimidade, o julgamento não possa ser encerrado após o voto dos 3 (três) magistrados que originalmente integravam o órgão julgador competente.

Ressalte-se que mesmo nos casos de aplicação do §1º do art. 942 do CPC é indispensável o quórum de 5 (cinco) julgadores, sendo imprescindível a colheita dos votos dos dois magistrados convocados para a composição do colegiado ampliado, independentemente do resultado apurado após a prolação do quarto voto.

Ainda, é importante observar que o enunciado também se aplica aos casos de julgamento de agravo de instrumento interposto contra decisão que julgar parcialmente o mérito da ação, quando a contagem inicial de votos for não unânime e apontar para a reforma da decisão recorrida (art. 942, §3º, inciso II, do CPC). O julgamento do recurso de agravo de instrumento sujeito à ampliação do colegiado só pode ocorrer com a presença de 5 (cinco) julgadores e com o cômputo de todos os cinco votos.

▸ **NCPC. Art. 942.** Quando o resultado da apelação for não unânime, o julgamento terá prosseguimento em sessão a ser designada com a presença de outros julgadores, que serão convocados nos termos previamente definidos no regimento interno, em número suficiente para garantir a possibilidade de inversão do resultado inicial, assegurado às partes e a eventuais terceiros o direito de sustentar oralmente suas razões perante os novos julgadores. §1º Sendo possível, o prosseguimento do julgamento dar-se-á na mesma sessão, colhendo-se os votos de outros julgadores que porventura componham o órgão colegiado. §2º Os julgadores que já tiverem votado poderão rever seus votos por ocasião do prosseguimento do julgamento.

Enunciado 684. Ofende o juiz natural a convocação de julgadores no caso do art. 942, ou no de qualquer substituição, sem critério objetivo estabelecido previamente em ato normativo.

● *Grupo: Ordem dos processos no tribunal e regimentos internos.* ● *Referência: art. 942; art. 5º, XXXVII da CF.*

▸ *Thiana Cabral*

O art. 942 do CPC determina a convocação de julgadores em número suficiente para garantir a possibilidade de inversão do resultado inicial quando o resultado do julgamento do recurso de apelação for não unânime. O §3º, inciso II, do mesmo dispositivo prevê a necessidade de ampliação do colegiado mediante a convocação de novos magistrados também nos casos de julgamento de agravo de instrumento interposto contra decisão que julgar parcialmente o mérito da ação, quando a contagem inicial de votos for não unânime e apontar para a reforma da decisão recorrida.

As hipóteses de convocação de magistrados prevista no art. 942 do CPC só podem ser interpretadas à luz da Constituição e, portanto, com observância da garantia do juiz natural, dentre outras garantias constitucionais. Desse modo, é imprescindível que o tribunal estabeleça critérios claros, objetivos e previamente estabelecidos de forma expressa em ato normativo, preferencialmente no regimento interno, para a convocação dos magistrados.

O critério para convocação é delegado aos tribunais, que poderão o definir de formas variadas. A título de exemplo, observa-se que, no Tribunal de Justiça do Estado de Pernambuco, o regimento interno traz uma lista prevendo a convocação, na ordem crescente de antiguidade, de desembargadores de outro órgão colegiado pré-definido[906]. No Tribunal de Justiça do Estado da Bahia, as apelações e agravos de instrumento são julgados por turmas compostas por três desembargadores em sessões das câmaras, instaladas com a presença de, no mínimo, cinco julgadores; assim, o regimento interno prevê que, nos casos de aplicação do art. 942 do CPC, serão chamados a votar os dois Desembargadores que sucederem o terceiro julgador na ordem

906. "Art. 200. [...] § 1º O julgamento prosseguirá, mediante inclusão em pauta, na última sessão ordinária de cada mês, com a presença de mais dois desembargadores convocados em ordem crescente de antiguidade, dentre os integrantes da: I – 3ª Câmara Cível e, supletivamente, da 5ª Câmara Cível, para o julgamento de recursos da 1ª Câmara Cível; II – 4ª Câmara Cível e, supletivamente, da 6ª Câmara Cível, para o julgamento de recursos da 2ª Câmara Cível; III – 5ª Câmara Cível e, supletivamente, da 1ª Câmara Cível, para o julgamento de recursos da 3ª Câmara Cível; IV – 6ª Câmara Cível e, supletivamente, da 2ª Câmara Cível, para o julgamento de recursos da 4ª Câmara Cível; V – 1ª Câmara Cível e, supletivamente, da 3ª Câmara Cível, para o julgamento de recursos da 5ª Câmara Cível; VI – 2ª Câmara Cível e, supletivamente, da 4ª Câmara Cível, para o julgamento de recursos da 6ª Câmara Cível; VII – 2ª Câmara de Direito Público e, supletivamente, da 3ª Câmara de Direito Público, para o julgamento de recursos da 1ª Câmara de Direito Público; VIII – 3ª Câmara de Direito Público e, supletivamente, da 4ª Câmara de Direito Público, para o julgamento de recursos da 2ª Câmara de Direito Público; IX – 4ª Câmara de Direito Público e, supletivamente, da 1ª Câmara de Direito Público, para o julgamento de recursos da 3ª Câmara de Direito Público; X – 1ª Câmara de Direito Público e, supletivamente, da 2ª Câmara de Direito Público, para o julgamento de recursos da 4ª Câmara de Direito Público; XI – 2ª Turma da Câmara Regional, para o julgamento de recursos da 1ª Turma da Câmara Regional; XII – 1ª Turma da Câmara Regional, para o julgamento de recursos da 2ª Turma da Câmara Regional."

decrescente de antiguidade e que estejam presentes da sessão[907]. Como se observa, a solução encontrada pode variar de tribunal para tribunal, devendo atender às peculiaridades da estrutura de cada corte; imprescindível que o critério, seja qual for, seja definido previamente, ou seja, antes da inclusão do recurso na pauta de julgamento, e de forma clara e objetiva em ato normativo devidamente publicado para conhecimento de todos os interessados.

▶ **NCPC. Art. 942.** Quando o resultado da apelação for não unânime, o julgamento terá prosseguimento em sessão a ser designada com a presença de outros julgadores, que serão convocados nos termos previamente definidos no regimento interno, em número suficiente para garantir a possibilidade de inversão do resultado inicial, assegurado às partes e a eventuais terceiros o direito de sustentar oralmente suas razões perante os novos julgadores. §1° Sendo possível, o prosseguimento do julgamento dar-se-á na mesma sessão, colhendo-se os votos de outros julgadores que porventura componham o órgão colegiado. ▶ **CF. Art. 5°. XXXVII.** não haverá juízo ou tribunal de exceção.

Enunciado 700. O julgamento dos embargos de declaração contra o acórdão proferido pelo colegiado ampliado será feito pelo mesmo órgão com colegiado ampliado.

● *Grupo: Ordem do processo nos Tribunais, Regimento interno e Incidente de Assunção de Competência.* ● *Referência: art. 942; art. 1.022.*

▶ *Arnoldo Camanho de Assis*

O art. 942 impõe que, não sendo unânime o resultado da apelação, o julgamento do recurso, realizado originariamente com o quórum de três juízes (art. 941, § 2º), deva ser estendido, convocando-se julgadores em número suficiente para garantir a inversão do resultado inicial. Essa técnica, prevista de início apenas para o recurso de apelação, aplica-se, por igual, à ação rescisória, quando o resultado for a rescisão da sentença, e ao agravo de instrumento, quando houver reforma da decisão que julgar parcialmente o mérito (art. 942, § 3º). O modo de convocação dos outros julgadores, que passarão a integrar o chamado "quórum estendido", haverá de ser definido no regimento interno de cada tribunal.

Caso tenha sido aplicada a técnica do art. 942 a determinado caso concreto, com extensão do quórum de julgamento, como deve ser formada a turma julgadora para os embargos de declaração eventualmente interpostos contra o acórdão respectivo? Com o quórum originário (três juízes) ou com o quórum ampliado (cinco juízes)? A resposta não é tão pacífica quanto deveria ser, na medida em que há, ainda, grave dissenso sobre esse tema, não só entre tribunais, mas, com frequência, até mesmo dentro do mesmo tribunal.

Cabe, aqui, fazer necessária referência ao pioneiro Incidente de Assunção de Competência na Ação Rescisória nº 467.197-0, decidido pelo Tribunal de Justiça de Pernambuco, em que essa questão, entre outras, foi levada a debate, tendo-se chegado

907. "Art. 196 – Nas apelações cíveis, proferido voto divergente por qualquer dos três membros da Turma julgadora, serão chamados a proferir voto os dois Desembargadores que sucederem o Terceiro Julgador na ordem decrescente de antiguidade e que estejam presentes na sessão de julgamento."

à conclusão de que, tendo sido proferido o julgamento pelo órgão com composição ampliada, é esse mesmo órgão fracionário, com essa mesma composição, que deve julgar os embargos de declaração.

Nesse IAC, o Departamento de Direito Público e Geral da Faculdade de Direito da Universidade Federal de Pernambuco interveio na qualidade de *amicus curiae*. No parecer ofertado nesse feito, no que interessa a esse tema específico, constou a seguinte manifestação: "os embargos de declaração devem ser julgados pelo órgão que proferiu o acórdão embargado. Se o julgamento foi proferido com composição ampliada, é esta mesma composição que deve julgar os embargos de declaração". A tese jurídica firmada nesse julgamento, acolhendo essa fundamentação, foi a de que "compete ao órgão colegiado de composição ampliada que proferiu o acórdão julgar os embargos de declaração respectivos, mantidos os julgadores que participaram do ato embargado, se não estiverem afastados por qualquer motivo".

O enunciado 700, aprovado pelo FPPC de Brasília, seguiu essa mesma orientação.

► **NCPC. Art. 942.** Quando o resultado da apelação for não unânime, o julgamento terá prosseguimento em sessão a ser designada com a presença de outros julgadores, que serão convocados nos termos previamente definidos no regimento interno, em número suficiente para garantir a possibilidade de inversão do resultado inicial, assegurado às partes e a eventuais terceiros o direito de sustentar oralmente suas razões perante os novos julgadores. ► **Art. 1.022.** Cabem embargos de declaração contra qualquer decisão judicial para: I – esclarecer obscuridade ou eliminar contradição; II – suprir omissão de ponto ou questão sobre o qual devia se pronunciar o juiz de ofício ou a requerimento; III – corrigir erro material.

2.3.1.3. Do Incidente de Assunção de Competência (art. 947)

ENUNCIADO 202. O ÓRGÃO COLEGIADO A QUE SE REFERE O § 1º DO ART. 947 DEVE ATENDER AOS MESMOS REQUISITOS PREVISTOS PELO ART. 978.

● *Grupo: Incidente de Resolução de Demandas Repetitivas e Assunção de Competência.* ● *Referências: arts. 947, § 1º, 978.*

► ***Vinicius Silva Lemos***

O incidente de assunção de competência – IAC – foi a escolha do NCPC como a técnica de uniformização de jurisprudência quando não há multiplicidade, baseada na transferência da competência[908] recursal para um colegiado maior do que a câmara ou turma, para o julgamento de recurso – ou reexame necessário e ação de competência originária – quando houver relevante questão de direito com repercussão social[909]

908. "Trata-se de um deslocamento interno de competência, para que o órgão colegiado especial, com quorum representativo, julgue o processo com força vinculante a todos juízes e órgãos fracionários a ele ligados". THEODORO JR, Humberto. *Regime das Demandas Repetitivas no Novo Código de Processo Civil.* Doutrina Selecionada, v. 6, Processo nos Tribunais e Meios de Impugnação às Decisões Judiciais. Organizadores: DIDIER JR., Fredie; FREIRE, Alexandre; MACEDO, Lucas Buril de; PEIXOTO, Ravi. 2. ed. Juspodivm, Salvador, 2016. p. 442.

909. Cristiano Reis Jiuliani, ao explicar a necessidade de interesse público, cita as hipóteses que Dinamarco enumera como "cinco hipóteses, não taxativas, de verificação do interesse público: a) quantidade significativa de causas pendentes no tribunal versando a mesma tese jurídica; b) direitos ou interesses

com o intuito de prevenir ou compor divergência, ressalvando, novamente, a inexistência de multiplicidade de demandas sobre esta questão.

Pelas características do julgamento do incidente, por haver exatamente uma assunção, ou seja, uma modificação da competência para um colegiado maior, o regimento de cada tribunal deve indicar qual deve ser este órgão específico para tal julgamento. A questão, de organização judiciária, não pode ser resolvida pela norma processual, pelo fato de que cada tribunal organiza-se, mediante a sua própria composição quantitativa, internamente. Entretanto, com o advento do NCPC, importante que alterações sejam realizadas em cada regimento interno para que se especifique a competência para os novos institutos a serem julgados pelo tribunal, no caso, o incidente de assunção de competência.

O enunciado especifica que a escolha deste órgão competente internamente para julgar a assunção deva ter as mesmas características que aquele terá competência para julgar o incidente de resolução de demandas repetitivas ou, simplesmente, IRDR. Conceituando de maneira sintética este incidente, é aquele que pode ser suscitado quando houver questão de direito - processual ou material - que cause risco à segurança jurídica e a isonomia, com a presença de uma grande quantidade de demandas, para fixação pelo tribunal de segundo grau - estadual ou regional - de tese jurídica a ser aplicada a todas estas demandas[910].

O artigo 978 determina que a competência para o julgamento do IRDR seja daquele órgão responsável pela uniformização da jurisprudência daquele tribunal. Algumas características são necessárias para tal desiderato, primeiramente este órgão deve ser maior[911] do que uma câmara ou turma, com uma composição que tenha a autoridade quantitativa de julgar.

Se o IAC também tem a característica de formar um precedente vinculante - em segundo grau ou tribunal superior, os cuidados regimentais para a estipulação de sua

---

transindividuais "de particular relevância ou de pertinência a grupos bastante numerosos"; c) direito ou preceito fundamental; d) repercussão macroeconômica; e) "tema processual bastante repetitivo". Entretanto, na nova codificação, não há mais o interesse público, substituído pela repercussão social. É uma forma diferente, um impacto social, não um interesse público em si. JIULIANI, Cristiano Reis. "A nova redação do art. 555 do cpc e a uniformização de jurisprudência". *Revista de Processo*. vol. 111. p. 146, Jul./2003. DINAMARCO, Candido Rangel. *A reforma da reforma*. São Paulo: Malheiros, 2002. Cap. XIV, n. 91. p. 137.

910. "Nos termos do art. 976, caput, do Novo CPC, é cabível o incidente de resolução de demandas repetitivas, conhecido por IRDR, quando houver simultaneamente a efetiva repetição de processos que contenham controvérsia sobre a mesma questão unicamente de direito e o risco de ofensa à isonomia e à segurança jurídica". NEVES, Daniel A. A. *Manual de processo civil*. Volume único. Salvador: Juspodivm, 2016. p. 1914. "Somente quando houver efetiva repetição de processos que contenham controvérsia sobre a mesma questão unicamente de direito e risco de ofensa à isonomia e à segurança jurídica, haverá possibilidade de instauração do incidente, nos moldes do artigo 976, I e II". LEMOS, Vinicius S. *Recursos e processos nos tribunais no novo CPC*. 2. ed. São Paulo. Lexia. 2016.

911. "A ser assim, o órgão colegiado, que julgará (além do recurso, da remessa necessária e da ação originária) o incidente de assunto de competência, deve ser mais amplo que o fracionário, mas não precisa ser, necessariamente, o plenário ou o órgão especial". MADRUGA, Eduardo; MOUZALAS, Rinaldo; TERCEIRO NETO, João Otávio. *Processo Civil*. Volume único. 8. ed. Salvador: Juspodivm, 2016. p. 932

competência devem ser idênticos aqueles para o julgamento dos casos repetitivos. No presente enunciado, preocupou-se em igualar[912], em importância procedimental os institutos do IAC e IRDR, estipulando que o órgão para o primeiro deve ser de mesmo nível ou características do que o do segundo, ainda que não seja o mesmo. De certa maneira, o correto seria ser o mesmo órgão, todavia o enunciado preocupa-se que tenha as mesmas características[913].

Não há especificação mínima ou máxima, somente deve ser, nos moldes daquele tribunal, com a competência para pacificar a jurisprudência, logo deve ser um órgão com ascendência sobre os demais – câmaras ou turmas, ainda que não seja o pleno ou órgão especial. Outra característica deste órgão deve ser a função precípua de uniformizar a jurisprudência, ou seja, já conter a ciência de que ali se formam não somente julgados para o caso, mas análises pormenorizadas, com uma busca do exaurimento das possibilidades materiais para proceder com o melhor resultado da uniformização de jurisprudência.

A preocupação do artigo 947. § 1º ao indicar que o incidente será julgado por um outro órgão visa sistematizar e enfatizar que não será julgado por aquele mesmo órgão originário do recurso, obviamente, tampouco por outros órgãos de mesma competência horizontal. O incidente de assunção de competência, quando julgado pela conjunção dos artigos 927, III e 947,§ 3º, tem caráter vinculante[914], com a aplicabilidade do ali decidido, diante de sua limitação fática e material, para as demais ações já existentes ou, ainda, as futuras[915], o que leva a necessitar um trâmite cuidadoso, o que o enunciado sistematiza para equiparar este órgão a ser indicado, com as mesmas características daquele que será competente para julgar o IRDR, conforme o próprio artigo 978 indica.

No entanto, o enunciado faz menção à isonomia, indicando a necessidade de órgão com as mesmas características, contudo não especifica, nem poderia, que seria o mesmo órgão competente para julgar o IRDR. Deve, então, conter as características

---

912. "Cumpre, de certa forma, o mesmo objetivo do incidente de resolução de demandas repetitivas, com um destaque, todavia, visto que a assunção ocorre em caráter preventivo, quando ainda não se instalou a pluralidade de entendimento em decisórios de diferentes processos (art. 947, *in fine*)". THEODORO JR, Humberto. *Regime das Demandas Repetitivas no Novo Código de Processo Civil.* Doutrina Selecionada. v. 6. 2. Juspodivm, Salvador, 2016. p. 442.

913. O Enunciado teve o cuidado de guardar que a competência deve ser em órgão com as mesmas características do que o IRDR, contudo pertinente que se amplie, enquanto não haja outro enunciado específico, que seja ampliado para o órgão que julga as questões repetitivas, ainda que em âmbito federal, nos recursos especiais ou extraordinários repetitivos.

914. "Cabe anotar que é o único caso em que o CPC de 2015 vale-se da palavra "vinculante" ao não se referir às súmulas vinculantes de maneira expressa. É afirmação que merece ser lida e refletida em conjunto com as anotações feitas ao art. 926 na construção do direito jurisprudencial decorrente do sistema do CPC de 2015". BUENO, Cassio Scarpinella. *Novo Código de Processo Civil anotado.* 2. ed. São Paulo: Saraiva. 2016. p. 765.

915. "A maior amplitude de composição, ao passo que amplia a discussão em torno da questão de direito relevante e de ampla repercussão social, evita o surgimento de ações repetidas e resolve as que eventual estejam (ou venham a se tornar) pendentes". MADRUGA, Eduardo; MOUZALAS, Rinaldo; TERCEIRO NETO, João Otávio. *Processo civil.* Volume único. 8. ed. Salvador, Juspodivm, 2016. p. 932.

que atendem os mesmos requisitos: colegialidade maior e autoridade para a uniformização de jurisprudência.

Importante salientar que a amplitude do incidente de assunção de competência é maior do que o IRDR, pelo seu alcance no sistema processual recursal, enquanto este último é vinculado aos tribunais de segundo grau, o IAC é plenamente cabível em tribunais superiores, suscetível a ser pleiteado perante o STJ e o STF[916].

No STJ é importante a determinação regimental específica para a definição sobre a competência da seção ou do órgão especial, porém a solução deve ser instaurar a competência com os mesmos critérios dos embargos de divergência: da seção quando for matéria inerente somente a competência daquela seção e do órgão especial quando a matéria for divergente ou impactante à matéria de outra seção. Já no STF, pela sua própria composição, o pleno será o competente para o julgamento do IAC.

► **NCPC. Art. 947. § 1º** Ocorrendo a hipótese de assunção de competência, o relator proporá, de ofício ou a requerimento da parte, do Ministério Público ou da Defensoria Pública, que seja o recurso, a remessa necessária ou o processo de competência originária julgado pelo órgão colegiado que o regimento indicar. ► **Art. 978.** O julgamento do incidente caberá ao órgão indicado pelo regimento interno dentre aqueles responsáveis pela uniformização de jurisprudência do tribunal.

ENUNCIADO 334. POR FORÇA DA EXPRESSÃO "SEM REPETIÇÃO EM MÚLTIPLOS PROCESSOS", NÃO CABE O INCIDENTE DE ASSUNÇÃO DE COMPETÊNCIA QUANDO COUBER JULGAMENTO DE CASOS REPETITIVOS.

● *Grupo: Precedentes.* ● *Referências: art. 947.*

► ***Vinicius Silva Lemos***

O incidente de assunção de competência – IAC – configura-se como uma possibilidade processual, diante de uma matéria com relevância e grande repercussão social, contudo sem a existência, sobre aquela questão de direito, de demandas repetitivas, diferenciando-se dos demais meios do microssistema de resolução de demandas dessa natureza.

Desse modo, se houver a multiplicidade de demandas, recursos ou questões de direito, outros meios de uniformização serão possíveis, como recursos repetitivos nos tribunais superiores ou incidente de resolução de demandas repetitivas nos tribunais de segundo grau. O incidente de assunção de competência tem função diversa[917] destes, apesar da mesma finalidade precípua de uniformizar a jurisprudência.

---

916. "Esse mecanismo processual que já é conhecido nos procedimentos do STF e do STJ agora se amplia para os julgamentos de todos os Tribunais". THEODORO JR, Humberto. "Regime das Demandas Repetitivas no Novo Código de Processo Civil". *In*: DIDIER JR., Fredie. *et al.* (Coords.). Doutrina selecionada: processo nos tribunais e meios de impugnação às decisões judiciais. 2. Juspodivm, Salvador, 2016 p. 442

917. "Surge outra função prevalecente, qual seja, o seu caráter preventivo, na medida em que há cláusula limitativa de cabimento do incidente. Diz a lei que o incidente não se instaura quando houver "repetição

De certa maneira, o IAC se molda aos outros ritos, sendo possível quando da inaplicabilidade destes, permitindo ao tribunal ou as partes, a utilização de um dos incidentes ou ritos para formação de precedentes, somente adequando corretamente à situação imaginada pelo legislador: se houver multiplicidade, IRDR ou recursos repetitivos, caso não haja, IAC.

O processo a se suscitar o IAC deve ser único sobre a matéria[918]? Se formos imaginar uma literalidade da norma, com base no artigo 947, talvez conseguiríamos chegar em conclusão neste sentido, contudo, há um evidente equívoco a se imaginar que não se poderia ter diversos processos, somente há óbice que exista multiplicidade. O entendimento deve ser que algumas demandas não configuram, necessariamente, multiplicidade, mesmo o artigo 1.036, § 1º dispondo que pode afetar-se uma matéria com a existência de 2 ou mais recursos para atribuir-se o rito repetitivo em tribunais superiores, não configuraria multiplicidade somente pela presença de poucos processos, há de se entender que a litigiosidade deve ser massificada para entender-se como múltiplos processos.

Realizada essa distinção, o IAC será possível, também, quando houver divergência[919], importando em existência de processos[920] sobre a mesma matéria, somente não sendo possível a característica de multiplicidade.

Entretanto, há a dificuldade de estabelecer-se o que seria a pragmaticamente essa multiplicidade. A partir de quantos processos ou demandas que temos uma multiplicidade? É uma questão pertinente para que se configure uma diferença plausível e objetiva, também que se entenda que o IAC não será quando houver somente uma demanda. O fato da impossibilidade de IAC em hipóteses em que couberem julgamentos repetitivos, não exclui, automaticamente, que este instituto, quando houver uma certa

---

em múltiplos processos", pois, para uma tal situação, o novo sistema prevê o incidente de recursos repetitivas. Em outras palavras, procurar-se obter para a jurisdição sob égide de um terminado Tribunal a definição de tese sobre questão de direito para vincular órgãos fracionários (juízes e câmaras) pela simples razão de que a definição dessa tese exsurge de uma colegialidade mais ampla e representativa sobre "questões relevantes com grande repercussão na sociedade de uma forma mais prudente e diferenciada de questões corriqueiras e ordinárias". (Paixão Cortês, ob. cit. p. 2112)". RODRIGUES, Walter P. "Breves anotações sobre o incidente de assunção de competência no Novo CPC/2015". *Revista Síntese de Direito Civil e Processual Civil*. v. 13 n. 97, set/out. 2015, IOB. p. 17.

918. "Ou seja, deve existir, ao menos em tese, a possibilidade de existirem decisões diferentes sobre uma mesma relevante questão jurídica com grande repercussão social". NEVES, Daniel A. A. *Manual de processo civil*. Volume único. Salvador: Juspodivm, 2016 p. 1850.

919. Comentário do autor: O que não retira a possibilidade de suscitar-se preventivamente, como o próprio art. 947 preconiza.

920. Neste sentido: "De qualquer sorte, é irrecusável que a instauração deste incidente pressupõe, ao menos em tese, a possibilidade existirem decisões diferentes sobre uma mesma tese jurídica". BUENO, Cassio Scarpinella. *Novo Código de Processo Civil Anotado*. 2. ed. São Paulo: Saraiva. 2016. p. 764. " (d) Que não se trate de direito de massa/causas repetitivas – o que não impede, é claro, que a mesma questão jurídica possa se repetir ou tenha-se em outras ações, mas não às dezenas, às centenas, aos milhares!" WAMBIER, Teresa A. *et al*. (Coords.). *Primeiros comentários ao novo Código de Processo Civil*. São Paulo: RT, 2015. p. 1345.

quantidade de processos, não muitos, mas, ainda assim, uma quantidade, plenamente cabível a assunção de competência[921].

Outro ponto a se considerar com o enunciado passa pela parte em que dispõe "quando couber julgamento de casos repetitivos". Essa referência é um pouco complexa, num primeiro momento entende-se, facilmente, o que já expusemos, a exclusão de possibilidades, quando há multiplicidade não cabe IAC e vice-versa.

► **NCPC. Art. 947.** É admissível a assunção de competência quando o julgamento de recurso, de remessa necessária ou de processo de competência originária envolver relevante questão de direito, com grande repercussão social, sem repetição em múltiplos processos.

Enunciado 335. O incidente de assunção de competência aplica-se ao processo do trabalho.

● *Grupo: Impacto do CPC no processo do trabalho.* ● *Referências: arts. 947 e 15.*

▸ *Vinicius Silva Lemos*

O artigo 15 do NCPC preconiza que há aplicabilidade subsidiária e supletiva ao processo do trabalho, o que leva a crer que os institutos e regras que não encontram naquela norma processual especial, tem o processo civil para o preenchimento desta lacuna. Ou, então, na segunda hipótese, quando houver a regulamentação de um instituto na lei processual trabalhista, contudo o correspondente no NCPC tem maior ou melhor regulamentação, o que ocasiona uma aplicabilidade para tornar mais perfeito o processo do trabalho.

Dessa maneira, no tocante o incidente de assunção de competência - IAC - não há, no processo do trabalho, instituto que tenha a mesma conceituação, tampouco outro que tenha o mesmo intuito processual de uniformizar - compor ou prevenir divergência - em demandas com relevância e grande repercussão social, sem a presença de uma multiplicidade, possibilitando, pela lacuna legal, a utilização e aplicabilidade subsidiária na normal especial processual trabalhista.

Em 2014, com o advento da Lei 13.015/14, o TST tem a possibilidade de julgar casos repetitivos, com a fixação de tese jurídica, com o intuito de aplacar uma determinada multiplicidade existente, aplicando os mesmos moldes imaginados nos recursos repetitivos e o julgamento do representativo da controvérsia.

Com a relação antagônica da multiplicidade com o IAC, a Lei 13.015/14 não atentou para as possibilidades de divergência sobre matérias que não contém essa repetitividade, apesar da imposição da necessidade de uniformização da jurisprudência.

921. A questão de multiplicidade é, também, um conceito indeterminado, com a dificuldade a se definir o que seria isso. Daniel Amorim Assumpção Neves entende que para que se configure a ausência de multiplicidade preconizada para a configuração da assunção de competência, necessário é a raridade da questão de direito, apesar de transcendente e relevante. "A par disso, o objetivo do legislador parece claro: criar um incidente em processos únicos ou raros de alta relevância social". NEVES, Daniel A. A. *Manual de processo civil.* Volume único. Salvador: Juspodivm, 2016. p. 1850.

Sem um instituto, na legislação processual trabalhista, que se aplica à composição e à prevenção de entendimentos quando não houver multiplicidade, mas houver relevância de questão de direito e grande repercussão sócia, o IAC é plenamente encaixável subsidiariamente.

Nesta linha de pensamento, já que a lei processual trabalhista primou somente por tentar resolver as questões repetitivas mediante a Lei 13.015/14, este instituto, se bem utilizado, completa um microssistema trabalhista de precedentes vinculantes. Quando houver multiplicidade, os repetitivos, em contrapartida, se houver relevância e repercussão social sem multiplicidade, o IAC. O que leva a um perfeito encaixe processual deste incidente com o sistema recursal trabalhista, como instituto viável para a composição ou prevenção de questão de direito, sem a presença da multiplicidade.

Dessa maneira, o enunciado expõe, conforme exposto no supracitado artigo 15, que há total aplicabilidade subsidiária do IAC ao processo do trabalho[922], sem nenhuma objeção ou contraponto existente na normal processual trabalhista, com o preenchimento desta lacuna pela utilização do NCPC.

► **NCPC. Art. 15.** Na ausência de normas que regulem processos eleitorais, trabalhistas ou administrativos, as disposições deste Código lhes serão aplicadas supletiva e subsidiariamente. ► **Art. 947.** É admissível a assunção de competência quando o julgamento de recurso, de remessa necessária ou de processo de competência originária envolver relevante questão de direito, com grande repercussão social, sem repetição em múltiplos processos.

ENUNCIADO 461. O DISPOSTO NO § 2º DO ART. 927 APLICA-SE AO INCIDENTE DE ASSUNÇÃO DE COMPETÊNCIA.

● *Grupo: Precedentes, IRDR, Recursos Repetitivos e Assunção de competência.* ● *Referências: arts. 927, § 2º, e art. 947.*

▸ *Vinicius Silva Lemos*

Um dos equívocos do NCPC sobre o incidente de assunção de competência – IAC – está na falta de regulamentação de seu rito procedimental. Basicamente, há somente a disposição legal de sua existência, sem menção sobre o rito a ser seguido. E a importância desta matéria é enorme, pela própria vinculação[923] que a norma processual concedeu à decisão oriunda deste incidente.

922. "Caso tenha sido proferido por Tribunal Regional do Trabalho, caberão recurso ordinário ou recurso de revista, para o Tribunal Superior do Trabalho, a depender da causa que tenha sido julgada; caso o julgamento tenha sido proferido pelo Tribunal Superior do Trabalho, caberá recurso extraordinário, uma vez preenchida uma de suas hipóteses de cabimento". CUNHA, Leonardo J. C.; DIDIER JR, Fredie. *In*: CABRAL, Antonio P.; CRAMER, Ronaldo. (Coords.). *Comentários ao novo Código de Processo Civil.* Rio de Janeiro: Forense, 2015. p. 1378.

923. "O CPC, quando trata da observância e do respeito à orientação firmada pelos tribunais, evita falar em "vinculação" dos juízes. O intuito do código não é (não deve ser) o de apostar em soluções que impeçam os juízes singulares de interpretar o direito. Nesse sentido, não há verdadeira vinculação, senão dever de respeito e observância. Já há algum tempo se sabe que, embora o sistema processual tolere decisões divergentes para casos idênticos, ele não as deseja". STRECK, Lenio. *et al.* (Orgs.). *Comentários ao Código de Processo Civil.* São Paulo: Saraiva, 2016. p. 1226.

Desse modo, cada tribunal acabará por regulamentar o procedimento para o IAC, o que pode ocasionar, apesar do mesmo instituto, distorções em cada tribunal. Com isso, há a pertinência de se estabelecer critérios mínimos para o procedimento do IAC, com o claro intuito de que guardem mais semelhanças do que diferenças quando regulamentados regimentalmente pelos tribunais.

Alguns pontos devem ser considerados para o procedimento do IAC, primeiramente, a bipartição do reconhecimento da admissibilidade, com a primeira análise pelo órgão fracionário competente originariamente para o conhecimento daquele recurso, remessa ou processo em competência originária, de maneira preliminar. Com resultado negativo, o próprio órgão segue normalmente a julgamento da questão principal, por outro lado, se vislumbrarem a presença dos requisitos dispostos no artigo 947, com a admissibilidade positiva do IAC, suspendem o julgamento daquela questão principal, com a remessa ao órgão competente para o julgamento do incidente.

Remetido ao órgão competente, aquele que deve ser definido no regimento interno de cada tribunal, contudo com características pertinentes à uniformização de jurisprudências, com amplo colegiado, deve este realizado novamente a admissibilidade, com a revisão do preenchimento dos requisitos explicitados no artigo 947. Em caso negativo, devolve-se o processo para que o órgão fracionário julgue a questão principal.

O ponto consequente e importante do resultado positivado da admissibilidade do IAC está nos próximos passos, na necessidade de ampliação do contraditório[924], com a possibilidade de manifestação de terceiros, via *amicus curiae*, o próprio Ministério Público e, ainda, em caso de necessidade, realização de audiências públicas. Se o IAC tem o intuito de criar um precedente, com a evidente vinculação[925] do que for ali decidido para os outros casos, seja os já existentes ou os futuros[926], deve ampliar-se o contraditório para um total exaurimento da questão de direito ali discutida,

924. "Vale-se da palavra vinculante (...) Justamente por este elemento – e diferentemente do que sugere a literalidade do Capítulo dedicado ao incidente aqui anotado – é que todas as técnicas de legitimação da decisão paradigmática constantes do CPC de 2015 (oitiva de amicus curiae, realização de audiências públicas e fundamentação específica nos moldes do art. 927, § 1º, para destacar os principais) devem ser observadas ao longo de seu processamento". BUENO, Cassio Scarpinella. *Novo Código de Processo Civil Anotado.* 2. ed. São Paulo: Saraiva. 2016. p. 765.

925. "Com o julgamento realizado, o conteúdo específico sobre o incidente no acórdão serve de base de aplicabilidade nos outros processos nesta matéria delimitada, conforme disposto no artigo 947, § 3º". LEMOS, Vinicius S. "O Incidente de Assunção de Competência: o Aumento da Importância e sua Modernização no Novo Código de Processo Civil". *Revista Dialética de Direito Processual*, v. 1. p. 106-116, 2015. p. 114.

926. "Pois a admissão da existência desse microssistema implica a necessidade de que as disposições relativas aos institutos que o compõem sejam invocadas para complementar a regulamentação dos demais institutos que o integram. Assim, é preciso reconhecer a possibilidade de, antes do julgamento do processo de competência originária, remessa necessária ou recurso em que se tenha suscitado o incidente de assunção de competência, ser admitida a intervenção de amici curiae (art. 983) e a realização de audiência pública (art. 983, § 1º)". CÂMARA, Alexandre F. *O Novo Processo Civil.* Atlas, São Paulo, 2015. p. 453-454.

demonstrando a total maturidade da discussão e, consequencialmente, a qualidade do precedente, coadunando com as expectativas jurídicas ali expostas.

Após a fixação da tese jurídica e a sua aplicabilidade, em momento posterior, caso haja novas possibilidades jurídicas, novas leis ou necessidade de superação de precedentes, é possível, posteriormente, um pleito pela revisão da tese fixada, conforme a dicção do artigo 947, § 2º.

Se houver novas alegações ou conjunturas sociais, o precedente ali criado via IAC pode ser alterado, por conta de não existir imutabilidade do precedente, no entanto, há de observar a necessidade de novos aspectos materiais não enfrentados anteriores para que se tenha a possibilidade da revisão da tese, a qual será feita pelo mesmo órgão que a fixou.

Se para a criação do precedente necessita-se de um contraditório ampliado, com a possibilidade de manifestação de terceiros, via *amicus curiae*, do Ministério Público e a realização de audiências públicas, quando houver a suscitação de revisão de tese, o mesmo cuidado procedimental desta ampliação deve ser concedido, para que a decisão que revoga, reforma ou supera o precedente, tenha, não somente a qualidade jurídica sobre a questão, com o exaurimento material, mas a mesma autoridade daquele precedente que será ou não superado.

O enunciado propõe a aplicabilidade destas técnicas quando houver a revisão de tese do incidente, justamente pelo que se encontra no artigo 927, § 2º não incluir o IAC. A preocupação passa por estabelecer critérios universais para os ritos de revisão de tese de julgamentos que trarão vinculação de precedente, o qual o IAC está inserido nestes, merecendo a equiparação[927] proposta pelo enunciado, com a necessidade de um contraditório ampliado para a revisão da tese jurídica vinculante[928] anteriormente fixada.

A revisão de tese, ou análise para superação de precedente, deve guardar semelhanças procedimentais[929], não somente no contraditório ampliado, com todas as outras espécies de precedentes vinculantes, imputando, dessa maneira, uma

927. "Não poderia ser diferente porque, como ocorre com os enunciados de súmula ou os julgamentos de casos repetitivos, os acórdãos proferidos em incidente de assunção de competência também são vinculantes. Por isso a adoção do mesmo cuidado (destinado àqueles outros casos) para a alteração da tese jurídica adotada pelo incidente de assunção de competência". MADRUGA, Eduardo; MOUZALAS, Rinaldo; TERCEIRO NETO, João Otávio. *Processo civil.* Volume único. 8. ed. Salvador: Juspodivm, 2016. p. 932.

928. Essa eficácia vinculante só cessará se e quando ocorrer revisão da tese (art. 947, § 3º), com a superação do precedente, o que exige a instauração de procedimento próprio, em que também deverá ser admitida a participação de amici curiae e a realização de audiência pública (art. 927, § 2º, aplicável por força da existência do microssistema de formação de precedentes vinculantes)". CÂMARA, Alexandre F. *O Novo Processo Civil.* 1º. Ed. Atlas, São Paulo, 2015. p. 454

929. "Com base ainda na utilização do microssistema para a assunção de competência e em interpretação expansiva do artigo 982, I, além dos legitimados e dos terceiros que efetivamente participaram do incidente". LEMOS, Vinicius S. *Recursos e processos nos tribunais no novo CPC.* 2. ed. São Paulo: Lexia, 2016. p. 512.

consolidação de um microssistema de formação de precedentes vinculantes, o que cabe para um caberá para outro[930]. Neste enunciado, especificadamente, se os outros precedentes paradigmáticos, quando forem revistos, passam pelo contraditório ampliado, de igual maneira, a revisão de tese do IAC, deve guardar o mesmo cuidado pelo órgão que realizará essa análise revisional, sendo este, o mesmo que fixou, anteriormente, o precedente[931].

▶ **NCPC. Art. 927. § 2º** A alteração de tese jurídica adotada em enunciado de súmula ou em julgamento de casos repetitivos poderá ser precedida de audiências públicas e da participação de pessoas, órgãos ou entidades que possam contribuir para a rediscussão da tese. ▶ **Art. 947.** É admissível a assunção de competência quando o julgamento de recurso, de remessa necessária ou de processo de competência originária envolver relevante questão de direito, com grande repercussão social, sem repetição em múltiplos processos.

Enunciado 468. O incidente de assunção de competência aplica-se em qualquer tribunal.

● *Grupo: Precedentes, IRDR, Recursos Repetitivos e Assunção de competência.* ● *Referências: art. 947.*

▸ ***Vinicius Silva Lemos***

Nos moldes legislativos do NCPC, o incidente de assunção de competência - IAC - tem a aplicabilidade amplificada para qualquer tribunal, diferentemente do que se previa no ordenamento revogado, quando naquele antigo art. 555 revogado[932], previa-se o cabimento para o julgamento da apelação e o agravo. Já a redação do artigo 947 deixa essa aplicabilidade aberta para qualquer recurso, de remessa necessária ou de processo de competência originária.

Partindo dessa visão, cabe o IAC também nos tribunais superiores - STJ e STF - já que estes têm a função jurisdicional para o julgamento de recursos e processo de competência originária, enquadrando-se no que preconiza o caput do artigo 947, tornando totalmente aplicável em qualquer tribunal. Somente há a limitação que o

---

930. "A alteração da tese jurídica adotada no incidente de assunção de competência, que deve observar a necessidade de fundamentação adequada e específica, considerando os princípios da segurança jurídica, da proteção da confiança e da isonomia, poderá ser precedida de audiências públicas e da participação de pessoas, órgãos ou entidades que ofereçam condições de contribuir para a rediscussão da tese, podendo haver modulação dos efeitos da alteração no interesse social e no da segurança jurídica. Enfim, ao incidente de assunção de competência aplicam-se os §§ 2º, 3º e 4º do art. 927 do CPC". CUNHA, Leonardo J. C.; DIDIER JR, Fredie. *In*: CABRAL, Antonio P.; CRAMER, Ronaldo. (Coords.). *Comentários ao novo Código de Processo Civil*. 2. ed. Rio de Janeiro: Forense, 2016. p. 1378

931. Neste sentido: "A revisão, ao ser oficiada ou requerida, deve ser encaminhada ao órgão do tribunal que realizou a estabilização da tese". LEMOS, Vinicius S. "O incidente de assunção de competência: o aumento da importância e sua modernização no novo Código de Processo Civil". Revista Dialética de Direito Processual, v. 1. p. 106-116, 2015. p. 116. "A revisão da tese há de ocorrer por obra do órgão que a fixou, e não por meio dos órgãos fracionários nem de juízes singulares, vinculados ao Tribunal. Do contrário, ficaria inteiramente esvaziada a vinculatividade". WAMBIER, Teresa A. *et al.* (Coords.). *Primeiros comentários ao novo Código de Processo Civil.* São Paulo: RT, 2015. p. 1346.

932. CPC/73. Art. 555. No julgamento de apelação ou de agravo, a decisão será tomada, na câmara ou turma, pelo voto de 3 (três) juízes.

IAC cabe para a remessa necessária, a qual é impossibilitada nestes tribunais, contudo não impede a possibilidade de o instituto ser possível nas demais situações.

Assim, há plena aplicabilidade do IAC nos tribunais superiores, perante os recursos que guardam competência para julgamento nestes, como[933]: recurso ordinário, recurso especial, recurso extraordinário e embargos de divergência. Também é plenamente cabível a utilização do incidente nas ações de competência originário do STJ e do STF[934].

Importante ressaltar que o STJ[935] e o STF[936] já tinham a possibilidade de assunção de competência ou um deslocamento de competência, já que o relator, nestes tribunais, pode propor a transferência do julgamento para a seção no STJ ou para o pleno no STF. Contudo, apesar de o intuito preventivo ser o mesmo, com uma técnica parecida de deslocamento de competência, não era o instituto real do IAC, seja aquele existente no CPC/73, tampouco o instituído, reformulado e amplificado pelo NCPC, até pelo fato que, neste atual instituto, se forma precedente com poder vinculante.

A utilização do IAC – tanto nos tribunais ordinários quanto nos excepcionais – representa a possibilidade de alteração na forma de se julgar as questões de direito pelos tribunais, com o intuito de imbuir-se cada vez mais da função preconizada pelo artigo 926 do dever de uniformizar a jurisprudência, agindo, mesmo que sem multiplicidade (ainda), para prevenir ou compor divergência, num claro intuito de já se esgotar materialmente aquela questão de direito, definindo um precedente vinculante para tal desiderato.

---

933. Leonardo Cunha e Fredie Didier Jr corroboram o cabimento nos tribunais superiores quando manifestam sobre os recursos possíveis das decisões destes, o que seria, caso julgado no STJ: "caso tenha sido proferido pelo Superior Tribunal de Justiça, caberá recurso extraordinário; se proferido pelo Supremo Tribunal Federal, caberão apenas embargos de declaração". CUNHA, Leonardo J. C.; DIDIER JR, Fredie. *In*: CABRAL, Antonio P.; CRAMER, Ronaldo. (Coords.). *Comentários ao novo Código de Processo Civil*. 2. ed. Rio de Janeiro: Forense, 2016. p. 1.388.

934. Em sentindo contrário: "Trata-se de incidente processual a ser instaurado quando o julgamento de recurso, de remessa necessária ou de processo de competência originária de tribunal de segunda instância envolver relevante questão de direito, com grande repercussão social, sem repetição em múltiplos processos". CÂMARA, Alexandre F. *O Novo processo civil*. Atlas, São Paulo, 2015. p. 454

935. Regimento Interno STJ: Art. 14. As Turmas remeterão os feitos de sua competência à Seção de que são integrantes: I – quando algum dos Ministros propuser revisão da jurisprudência assentada em Súmula pela Seção; II – quando convier pronunciamento da Seção, em razão da relevância da questão, e para prevenir divergência entre as Turmas da mesma Seção; III – nos incidentes de uniformização de jurisprudência (art. 118). Parágrafo único. A remessa do feito à Seção far-se-á independentemente de acórdão, salvo no caso do item III (art. 118, § 1º). Art. 127. Quando convier pronunciamento da Corte Especial ou da Seção, em razão da relevância da questão jurídica, ou da necessidade de prevenir divergências entre as Turmas, o relator, ou outro Ministro, no julgamento de qualquer recurso, poderá propor a remessa do feito à apreciação da Seção respectiva, ou da Corte Especial, se a matéria for comum às Seções.

936. Regimento Interno STF: Art. 22. O Relator submeterá o feito ao julgamento do Plenário, quando houver relevante arguição de inconstitucionalidade ainda não decidida. Parágrafo único. Poderá o Relator proceder na forma deste artigo: a) quando houver matérias em que divirjam as Turmas entre si ou alguma delas em relação ao Plenário b) quando em razão da relevância da questão jurídica ou da necessidade de prevenir divergência entre as Turmas, convier pronunciamento do Plenário.

Com este olhar para o instituto, a utilização pelos tribunais superiores, se realizada, adequada e bem utilizada, principalmente nos recursos excepcionais, representará uma transcendência maior da atual destes cortes, moldando e atuando como verdadeiras cortes de precedentes[937], com a pacificação de entendimentos.

O Enunciado interpreta, acertadamente, o artigo 947 como plenamente possível para a atuação em tribunais superiores, seja na forma de incidente recursal ou, ainda, em processo de competência originário, somente impossibilitado de utilizar-se na parte sobre remessa necessária, pela própria inexistência de tal feito naquelas instâncias, por não terem tal competência.

▶ **NCPC. Art. 947.** É admissível a assunção de competência quando o julgamento de recurso, de remessa necessária ou de processo de competência originária envolver relevante questão de direito, com grande repercussão social, sem repetição em múltiplos processos.

Enunciado 469. A "grande repercussão social", pressuposto para a instauração do incidente de assunção de competência, abrange, dentre outras, repercussão jurídica, econômica ou política.

● *Grupo: Precedentes, IRDR, Recursos Repetitivos e Assunção de competência.* ● *Referências: art. 947.*

▶ *Vinicius Silva Lemos*

Para o cabimento do incidente de assunção de competência – IAC – há a requisito da presença da grande repercussão social daquela questão de direito. Sem a possibilidade de visualizar a importância da questão suscitada pelo advento da multiplicidade, até pelo próprio requisito de cabimento de ausência desta, outro aspecto de transcendência deve ser constatado e o artigo 947 estipula a existência de grande repercussão social.

O legislador optou por um conceito jurídico indeterminado[938] sobre a repercussão social, pelo fato de que não há como se conceituar objetivamente em quais hipóteses incidirá esta repercussão, com a necessidade de visualizar-se caso a caso, pleito a pleito. Somente na análise individual de cada suscitação[939] de IAC que conseguir-se-á verificar se a questão de direito ali ventilada tem a repercussão social.

937. "As Cortes Supremas definem o sentido da lei federal e da Constituição, agregando sentido à ordem jurídica, e apenas por isso os seus precedentes devem ser obrigatoriamente respeitados pelos juízes e tribunais. Toca às raias do absurdo elencar entre os pronunciamentos com força obrigatória as decisões proferidas em recursos repetitivos, esquecendo-se das demais decisões, inclusive das tomadas em repercussão geral pelo STF. Isso apenas teria lógica se a função das Cortes Supremas estivesse limitada a otimizar o trabalho do Poder Judiciário". MARINONI, Luiz G. "A função das cortes supremas e o novo CPC". *Revista Magister de Direito Civil e Processual Civil*, n. 65, mar/abr. 2015. p. 21

938. "Pensamos estar-se, aqui, em hipótese típica de interpretação de conceito vago ou indeterminado" MEDINA, José Miguel G.; WAMBIER, Luiz R.; WAMBIER, Teresa A. *Breves Comentários à nova sistemática processual civil*. 3. São Paulo: RT, 2007. p. 242

939. Assim como na Repercussão Geral, somente os casos em concreto que poderão definir quando é aplicável o incidente: "que deverá ser demonstrado pelo recorrente, cuja interpretação e conclusão acerca de sua presença são tarefas do STF, que, por meio de decisão fundamentada, reconhecerá ou afastará

O enunciado tem o intuito de dar uma ampliação sistêmica para o requisito do IAC, dispondo que esta grande repercussão social, pela sua própria subjetividade, tem uma amplitude que abarca também outras espécies de impactos sociais, culminando sua existência quando houver, também, repercussão jurídica, econômica ou política. Até pela semântica da palavra social possibilitar que outras interpretações mais específicas sejam possíveis. Por esta visão, se há repercussão jurídica, econômica ou política, por via consequencial, há também uma repercussão social.

De certo modo, essa interpretação tenta compreender este requisito com parâmetros semelhantes ao que a repercussão geral[940], requisito de admissibilidade do recurso extraordinário, impõe em seu cabimento, tanto pela Constituição Federal, quanto pela normal processual. O próprio artigo 947, quando impõe a grande repercussão social como requisito ao IAC, já preconiza a necessidade de uma transcendência[941] e, ainda, conjuga que está não se dará por meio de multiplicidade, o que impõe a necessidade de um impacto na sociedade, um interesse além daquela demanda, mas, não necessariamente, naquele momento, impactando outras demandas. A mesma transcendência sem multiplicidade que possibilita a admissão do recurso extraordinário permite a admissão do IAC.

A sensibilidade diante da análise de existência desta repercussão social é imensa, diante da necessidade de uma percepção sobre a importância daquela questão de direito e suas possibilidades, sobre o impacto social daquele julgamento. Há uma grande carga de subjetividade, dependendo da argumentação dos requerentes ou do próprio julgador que suscitar o incidente, qualquer deles deve justificar essa importância para aquela questão de direito, com seus impactos e efeitos.

Para uma grande repercussão social que não importe em multiplicidade, deve haver um enorme impacto na sociedade daquela questão a ser uniformização ou prevenida, até pelo fato de que o IAC, mediante uma análise bem-feita de um impacto social, pode, mediante o julgamento e pacificação daquela questão de direito, prevenir que posteriormente houvesse sobre aquele ponto múltiplas demandas.

► **NCPC. Art. 947.** É admissível a assunção de competência quando o julgamento de recurso, de remessa necessária ou de processo de competência originária envolver relevante questão de direito, com grande repercussão social, sem repetição em múltiplos processos.

---

o requisito" ARAÚJO, José Henrique Mouta. "A eficácia da decisão envolvendo a repercussão geral e os novos poderes dos relatores e dos tribunais locais". *Revista de Processo*, São Paulo, v. 32, n. 152. p. 185- 186, 2007. p. 57

940. "O termo é indeterminado, concretizando-se a partir dos elementos do caso, mas é possível utilizar como parâmetro ou diretriz o disposto no art. 1.035, § 10, do CPC, que trata da repercussão geral, devendo-se considerar a existência de questões relevantes do ponto de vista econômico, político, social ou jurídico que ultrapassem os interesses subjetivos do processo". CUNHA, Leonardo J. C.; DIDIER JR., Fredie. *Curso de direito processual civil*. vol. 3. 13. ed. Salvador: Juspodivm, 2016. p. 665.

941. "Há vários conceitos indeterminados para serem preenchidos no caso concreto, como o que é relevante, quais questões têm grande repercussão social e quantos são os processos para serem considerados diversos". NEVES, Daniel A. A. *Manual de processo civil*. Volume único. Salvador: Juspodivm, 2016. p. 1850.

Enunciado 600. O incidente de assunção de competência pode ter por objeto a solução de relevante questão de direito material ou processual.

● *Grupo: IRDR, Recursos repetitivos e assunção de competência.* ● *Referências: art. 947.*

▸ *Vinicius Silva Lemos*

O incidente de assunção de competência - IAC - tem o intuito de aplacar a dispersão de entendimentos[942] nos tribunais, e isto, em qualquer espécie material, sem guardar diferenças entre o direito material ou o processo.

Não existe diferença entre possíveis divergências jurisprudenciais de direito material ou processual, em ambas há a necessidade preconizada pelo artigo 926 de uniformização, com a consequente manutenção de entendimento para garantir a estabilidade, integridade e coerência. Com isso, os legitimados para suscitar o IAC podem fazê-lo sobre questões de direito material, tanto quanto de direito processual.

Outras técnicas do microssistema de formação de precedentes vinculantes, ou seja, o incidente de demandas repetitivas[943] ou os recursos excepcionais repetitivos[944], também permitem a amplitude da discussão sobre questões processuais, indo além das questões somente materiais. Um precedente a ser criado em IAC tem vinculação de entendimento, na dicção do artigo 947, § 3º, a todos os juízes e órgãos fracionários hierarquicamente subordinados àquele tribunal, o que concede ao instituto uma grande valia, não podendo ser limitada a questões de direito material, até pela relevância que uma matéria processual pode conter, o que uma divergência em entendimentos processuais em um tribunal, causaria danos à sociedade.

---

942. "Trata-se, neste sentido, de técnica disposta a evitar dispersão jurisprudencial - "prevenção ou composição de divergência entre câmaras ou turmas do tribunal", como se lê do § 4º - e, por isso, não é considerada pelo CPC de 2015 como uma das técnicas de julgamento de "casos repetitivos", nos moldes do art. 928". BUENO, Cassio Scarpinella. *Novo Código de Processo Civil anotado.* 2. ed. São Paulo: Saraiva. 2016. p. 765.

943. "O incidente de resolução de demandas repetitivas, técnica processual destinada a contingenciar litígios seriados, assenta-se em três pilares principais, quais sejam: o princípio constitucional da isonomia, que exige tratamento uniforme dos litígios isomórficos, a segurança jurídica, estampada na previsibilidade e uniformidade das decisões judicias e, por fim, a prestação jurisdicional em tempo razoável. Tais princípios, além de nortearem todo o ordenamento jurídico processual (como se infere, dentre outros, dos artigos 1º a 12º do CPC), são a base constitucional do incidente ora analisado". MENDES, Aluisio G. C. TEMER, Sofia. "O Incidente de resolução de demandas repetitivas do novo Código de Processo Civil". *In*: DIDIER JR., Fredie. *et al.* (Coords.). *Coleção Novo CPC: doutrina selecionada.* v. 6. Salvador: Juspodivm, 2015. p. 230.

944. Neste sentido: "até porque a questão central discutida poderá ser de natureza processual, como, por exemplo, a que diz respeito à legitimidade do proponente da ação coletiva". WAMBIER, Luiz R.; VASCONCELOS, Rita de Cássia C. "Recursos especiais repetitivos (Lei 11.672/2008) e ações coletivas". Disponível no site Migalhas. "Os recursos podem ter diferentes matérias, mas devem ter algum ponto em comum. Não há como exigir-se que os recursos somente falem daquela questão de direito, a cumulação de pedidos recursais é comum". LEMOS, Vinicius S. *Recursos e processos nos tribunais no novo CPC.* 2. ed. São Paulo. Lexia. 2016. p. 398.

Não há limitação[945], tampouco diferenças materiais para a suscitação do IAC. Todavia, em qualquer das alegações, há a necessidade que o requerimento de instauração do incidente cumpra os requisitos inerentes a este[946]: versar sobre questão de direito; a relevância da matéria; a grande repercussão social; a ausência de repetição em múltiplos processos desta questão. Ou seja, a questão ali suscitada para o IAC deve cumprir todos os requisitos, sendo ela material ou processual, somente contendo uma questão de direito, não possibilitando que se discuta questões fáticas neste incidente, e, de igual maneira, deve conter ainda a presença dos demais requisitos acima mencionados.

Muitas vezes, a divergência existente ou possível de existir, no caso da prevenção, está em uma situação processual, nas discussões de ritos, procedimentos, detalhes processuais que podem interferir no julgamento e servir de base para uma possível divergência, como no caso, por exemplo, do rol taxativo do agravo de instrumento e a sua possibilidade de interpretação extensiva.

> ▶ **NCPC. Art. 947.** É admissível a assunção de competência quando o julgamento de recurso, de remessa necessária ou de processo de competência originária envolver relevante questão de direito, com grande repercussão social, sem repetição em múltiplos processos. (...).

ENUNCIADO 655. DESDE QUE PRESENTES OS REQUISITOS DE CABIMENTO, OS INCIDENTES DE UNIFORMIZAÇÃO DE JURISPRUDÊNCIA PENDENTES DE JULGAMENTO NA VIGÊNCIA DO CPC/2015 DEVERÃO SER PROCESSADOS CONFORME AS REGRAS DO INCIDENTE DE RESOLUÇÃO DE DEMANDAS REPETITIVAS OU DO INCIDENTE DE ASSUNÇÃO DE COMPETÊNCIA, ESPECIALMENTE AS ATINENTES AO CONTRADITÓRIO.

● *Grupo: IRDR, Recursos Repetitivos e Assunção de competência.* ● *Referências: arts. 476, 947 e 976. CPC/73.*

▸ *Vinicius Silva Lemos*

No CPC/73, existia o incidente de uniformização de jurisprudência[947], delineado no revogado artigo 476, com a possibilidade de qualquer juízo, ao proferir o voto pudesse suscitar a existência de divergência sobre a matéria, com a existência de

945. "A questão de direito envolvida no caso, além de relevante, pode ser de direito material ou de direito processual. Não há restrição de matéria. Qualquer questão de direito que seja relevante, independentemente do tema, pode ensejar a instaura- ção do incidente de assunção de competência, transferindo o julgamento para um órgão de maior composição que, ao julgar o caso, irá firmar precedente obrigatório". CUNHA, Leonardo J. C.; DIDIER JR., Fredie. *Curso de direito processual civil.* vol. 3. 13. ed. Salvador: Juspodivm, 2016. p. 665.

946. "Há, porém, questões de direito – material ou processual – que, se manifestando fora daquele estrito campo, têm grande repercussão social e podem gerar divergência jurisprudencial, o que deve ser evitado para assegurar-se a estabilidade, integridade e coerência da jurisprudência". CÂMARA, Alexandre F. *O novo processo civil.* São Paulo: Atlas, 2015. p. 452.

947. Sobre a conceituação do instituto no código revogado: "A uniformização de jurisprudência é um incidente processual, através do qual se suspende um julgamento no Tribunal, a fim de que seja apreciado, em tese, o Direito aplicável à hipótese concreta, determinando-se a correta interpretação da norma jurídica que incide, ficando assim aquele julgado vinculado a esta determinação". CÂMARA, Alexandre F. *Lições de direito processual civil.* 18 ed. vol. II. Rio de Janeiro: Lúmen Júris, 2010. p. 49-50.

julgamento, por outro colegiado, dentro daquele Tribunal, no momento de proferir o voto na turma, câmara, ou grupo de câmaras, solicitar o pronunciamento prévio do tribunal acerca da interpretação do direito, levando a questão, caso a admissibilidade preliminar fosse positiva, para um colegiado maior, variando de acordo com cada tribunal.

O instituto era um incidente recursal, com a necessidade de que houvesse tal proposição até o momento do julgamento, justamente pelo caráter preventivo do incidente. Ou seja, o intuito da própria existência da uniformização era prevenir[948] de que, naquele julgamento, houvesse uma discrepância com entendimento de outro colegiado, demonstrando a existência, naquela determinada matéria somente de direito, de divergência entre os órgãos fracionários.

A princípio os legitimados para a suscitação do incidente eram os membros do colegiado, oficiosamente, contudo pelo fato de que qualquer das partes pode suscitar o que o juízo pode manifestar-se de ofício, ampliava-se, nos moldes do parágrafo único do mencionado artigo 476, para as partes e, consequentemente, para o Ministério Público, tal requerimento de suscitação.

A existência do incidente de uniformização de jurisprudência pretendia garantir a busca pela segurança jurídica[949] e previsibilidade[950], permitindo esse mecanismo processual ser utilizado para garantir maior racionalidade e isonomia dentro daquele próprio tribunal, fosse de revisão ou superior. A existência de divergência interna nos tribunais nunca foi salutar, o que necessitava, mesmo diante do ordenamento anterior, um meio para possibilitar uma pacificação, com a possível edição de súmula, em caso de instauração do incidente e julgamento uniformizante.

No entanto, tal incidente era meramente facultativo, sem nenhuma obrigatoriedade pelos tribunais e, muitas vezes, apesar de notória divergência entre órgãos, não havia a suscitação de tal incidente. O seu caráter não era vinculante, tampouco a própria

948. "É destinado a fazer com que seja mantida a unidade da jurisprudência interna de determinado tribunal". NERY JR., Nelson; NERY, Rosa Maria de Andrade. *Código de Processo Civil comentado*. 5. ed. São Paulo: RT, 2001. p. 476.

949. "A segurança jurídica é um meio de promoção da liberdade e da igualdade. A segurança jurídica pode ser decomposta analiticamente em cognoscibilidade, estabilidade, confiabilidade e efetividade da ordem jurídica. (...). Nesse quadro conceitual, a conexão existente entre segurança jurídica, liberdade e igualdade é evidente. O tratamento isonômico depende antes de qualquer coisa de prévio conhecimento de qual é o Direito aplicável". MARINONI, Luiz G.; MITIDIERO, Daniel. *In*: MARINONI, Luiz G.; ARENHART, Sérgio Cruz; MITIDIERO, Daniel. (Coord.). *Comentários ao novo Código de Processo Civil: artigos 926 a 975*. São Paulo: RT, 2016. p. 38-39

950. "Para que o cidadão possa esperar um comportamento ou se postar de determinado modo, é necessário que haja univocidade na qualificação das situações jurídicas. Além disso, há que se garantir-lhe previsibilidade em relação às consequências das suas ações. O cidadão deve saber, na medida do possível, não apenas os efeitos que as suas ações poderão produzir, mas também como os terceiros poderão reagir diante delas. Note-se, contudo, que a previsibilidade das consequências oriundas da prática de conduta ou ato pressupõe univocidade em relação à qualificação das situações jurídicas, o que torna esses elementos indissociavelmente ligados". MARINONI, Luiz G. "O precedente na dimensão da segurança jurídica". *In*: MARINONI, Luiz G. (Coord.). *A força dos precedentes: estudos dos cursos de mestrado e doutorado em direito processual civil da UFPR*. 2. ed. Salvador: Juspodivm, 2012. p. 560

súmula editada tinha tal grau de autoridade argumentativa, apesar de ser uma boa construção de pacificação.

No NCPC, o instituto da uniformização de jurisprudência não foi reeditado, substituído de certo modo, pela reedição e ampliação do incidente da assunção de competência e pela criação do incidente de resolução de demandas repetitivas. Esses institutos existentes no novel ordenamento se completam, uma vez que o primeiro tem, entre os seus requisitos, a impossibilidade de multiplicidade de demandas sobre a matéria de direito e, por outro lado, o IRDR tem como própria existência a repetitividade, não sendo possível a comprovação de que múltiplas demandas têm as mesmas questões de direito a ser resolvida.

De certa maneira, a uniformização de jurisprudência, tal qual no ordenamento revogado, não existe mais e, não há uma adequação específica a nenhum dos dois incidentes, apesar da possibilidade de em cada caso concreto relacioná-lo com o IAC ou o IRDR. E, justamente dessa relação que surge a dúvida: se ainda houver uniformização de jurisprudência instaurada na época do CPC/73, com pendência de julgamento, qual rito se utilizará? Ainda será nos mesmos moldes do ordenamento revogado ou adaptar-se-á aos institutos correlatos do NCPC? A primeira dúvida é a força motriz do enunciado, pelo fato da necessidade de solução tal questão, elucidando de maneira a entender que esses eventuais incidentes de uniformização de jurisprudências devem se adaptar aos novos institutos – IAC e IRDR – com a devida aplicação do rito de cada qual, adequando-o ao caso em concreto, com a adaptação diante da situação fático-jurídica. Caso não haja multiplicidade de demandas, o rito a seguir deve ser o do IAC, com a aplicabilidade de toda sua procedimentalidade, com a transferência para o julgamento da questão divergente e da questão principal, em um só julgamento. Se houver multiplicidade naquele tribunal, o antigo incidente deve ser adaptado aos moldes do IRDR, com a remessa ao órgão competente, com um julgamento via procedimento-modelo, com decisão de afetação e, ainda, possibilidade de suspensão dos processos com identidade fática e material.

O enunciado propõe a adaptação o incidente de uniformização de jurisprudência aos ritos desses dois incidentes constantes no NCPC, principalmente, pelo fato de que, em ambos, o contraditório é ampliado, com a busca do exaurimento material,

Um equívoco na construção do enunciado foi o esquecimento que tal instituto revogado era cabível em grau superior, com a possibilidade de que pendência de julgamento de alguma dessas pacificações em tribunal superior, impedindo a adaptação do rito, caso haja repetitividade, com o IRDR, conforme o enunciado preconiza, pelo fato de que esse último instituto somente é cabível em grau de revisão, sem a incidência nos tribunais superiores. O correto, portanto, seria a inclusão dos repetitivos em recursos excepcionais, caso o incidente de uniformização esteja em algum desses tribunais – seja o STJ ou STF – e contemple a existência dos requisitos para tanto.

De um certo modo, com a revogação do incidente de uniformização de jurisprudência, por mais que ainda haja a pendência de julgamento de algum anteriormente instaurado, há a necessidade de adequação desse para o rito proporcionado pelos institutos paritários dispostos no NCPC.

O enunciado primou por enfatizar, em qualquer das adaptações procedimentais a ser realizada, que o contraditório deve ser priorizado, com a devida ampliação preconizada em qualquer procedimento de formação de precedentes previsto no NCPC. Tanto no IAC[951], quanto no IRDR[952], com a afetação realizada pela admissibilidade positiva do incidente, o relator permite a manifestação das partes, do Ministério Público, do *amicus curiae*, da realização de audiências públicas, tudo com o intuito de possibilitar o exaurimento da matéria ali discutida e, também, a construção decisória de um modo muito mais democrático, com um contraditório prévio e influenciante, resultando num precedente que tenha enfrentado todos os pontos materiais elencados nesse contraditório ampliado.

Dessa maneira, o enunciado se preocupa, principalmente, com a utilização do contraditório ampliado, seja pelo rito do IAC, do IRDR ou até se for ampliar o entendimento para os recursos excepcionais repetitivos, possibilitando que no incidente de uniformização de jurisprudência ainda existente e pendente de julgamento, esse cuidado com o procedimento primando pelo viés democrático, com a construção por todos os atores legitimados para um contraditório ampliado e influenciante.

▶ **NCPC. Art. 947.** É admissível a assunção de competência quando o julgamento de recurso, de remessa necessária ou de processo de competência originária envolver relevante questão de direito, com grande repercussão social, sem repetição em múltiplos processos. ▶ **Art. 976.** É cabível a instauração do incidente de resolução de demandas repetitivas quando houver, simultaneamente: I – efetiva repetição de processos que contenham controvérsia sobre a mesma questão unicamente de direito; II – risco de ofensa à isonomia e à segurança jurídica.

---

951. Escrevi sobre tal ponto anteriormente da seguinte maneira: "Deve-se, também, instaurar-se uma tramitação maior, com um contraditório ampliado, para instaurar-se uma tramitação democrática, até pelo fato de que a tese jurídica firmada vinculará os processos existentes e, de igual maneira, servirá como precedente vinculante para os posteriores. Abre-se, então, a necessidade de tramitação ampla, com a possibilidade de admissão e manifestação de *amicus curiae*, a remessa ao Ministério Público e, também, de audiência pública sobre a matéria, assim como vemos a possibilidade de suspensão dos poucos processos idênticos". LEMOS, Vinicius S. *O procedimento do microssistema de formação de precedentes vinculantes: desafios, deficiências e ponderações.* Dissertação de Mestrado. Niterói: Programa de Pós-Graduação em Sociologia e Direito da Universidade Federal Fluminense, 2017. p. 114.

952. O IRDR apesar de prever uma ampliação do contraditório, não tem redação clara sobre todos os legitimados, mesmo que em seu bojo especifique alguns dos legitimados para a instauração, como as partes, o juízo de ofício, o Ministério Público e a Defensoria Pública, contudo há também a possibilidade do *amicus curiae* e uma gama de outros interessados, os quais podemos entender que sejam terceiros interessados afetados no incidente, bem como entidades que tenha interesse coletivo na resolução daquele incidente e fixação do precedente vinculante. Sobre as pessoas interessadas, há concordância com a visão de que não seriam mesmo *amicus curiae* propriamente dito, mas as entidades se confundem com a intervenção do *amicus curiae*: "A participação de tais pessoas e órgãos não se confunde com a participação do *amicus curiae*: neste caso, a pessoa, órgão ou entidade deve auxiliar o juízo no esclarecimento da matéria que é posta em questão. No caso do incidente de demandas repetitivas, o CPC 982 dá a entender que essas pessoas e órgãos funcionariam como espécie de terceiros intervenientes, com interesse na solução do incidente e que poderiam agir de forma direcionada a determinado objetivo". NERY JR, Nelson; NERY, Rosa Maria de Andrade. *Código de Processo Civil comentado.* 16. ed. São Paulo: RT, 2016. p. 2.120

Enunciado 701. O pedido de revisão da tese jurídica firmada no incidente de assunção de competência pode ser feito pelas partes.

● *Grupo: Ordem do processo nos Tribunais, Regimento interno e Incidente de Assunção de Competência.* ● *Referência: art. 947; art. 977; art. 986.*

▸ *Arnoldo Camanho de Assis*

Toda a extensa regulamentação procedimental que o legislador processual cuidou de dedicar ao incidente de resolução de demandas repetitivas (IRDR) não se repetiu em relação ao incidente de assunção de competência (IAC). De fato, o CPC dispôs sobre o IRDR em doze artigos (arts. 976 a 987), tendo-se valido de apenas um artigo para disciplinar o IAC (art. 947). Os tribunais vêm, de algum modo, suprindo essa lacuna em seus regimentos internos, buscando pormenorizar o roteiro procedimental do IAC a partir do modelo estabelecido para o IRDR.

No que se refere ao IRDR, o incidente pode ser instaurado pelo juiz ou relator, por ofício; pelas partes, por petição; e pelo Ministério Público ou pela Defensoria Pública, também por petição (art. 977, incisos I, II e III, respectivamente). Já a revisão da tese jurídica firmada no julgamento do incidente somente pode ser feita, nos termos do art. 986, pelo mesmo tribunal, de ofício, ou mediante requerimento "dos legitimados mencionados no art. 977, inciso III", ou seja, pelo Ministério Público ou pela Defensoria Pública. Em outras palavras, não há previsão legal para que as partes – legitimadas no art. 977, inciso II, para provocar o incidente – possam requerer a revisão da tese jurídica firmada no incidente cuja instauração tenha sido por elas mesmas requerida.

Cabe destacar que, no substitutivo da Câmara dos Deputados, havia expressa previsão da legitimidade das partes para o pedido de revisão da tese jurídica, sendo certo que tal disposição acabou sendo excluída no Senado Federal, circunstância que acabou redundando na afirmação, feita por BUENO (2016), no sentido de que a restrição do art. 986 padeceria de inconstitucionalidade formal, daí porque se haveria de conferir, por igual, legitimidade às partes para o pedido de revisão[953]. No mesmo sentido, mas não sem antes afirmar que o texto legal somente poderá ser afastado após declaração de sua inconstitucionalidade, CAVALCANTI (2016) pondera que, uma vez que "os tribunais podem suscitar a revisão da tese de ofício, nada impede que as partes façam o requerimento a ele, que poderá acolhê-lo ou não após o exame da presença de fundamentos para a revisão do precedente"[954]. O FPPC, aliás, em reforço a essa argumentação, fixou, no Enunciado 473: "A possibilidade de o tribunal revisar de ofício a tese jurídica do incidente de resolução de demandas repetitivas autoriza as partes a requerê-la".

Assim, não só a doutrina, mas, também, os tribunais, em seus regimentos internos, têm conferido legitimidade às partes para o pedido de revisão da tese jurídica firmada em IRDR. É exemplo disso o Regimento Interno do Tribunal de Justiça do

---

953. BUENO, Cassio Scarpinella. *Novo Código de Processo Civil Anotado.* São Paulo: Saraiva, 2015, p. 630.
954. CAVALCANTI, Marcos de Araújo. *Incidente de Resolução de Demandas Repetitivas (IRDR).* São Paulo: Revista dos Tribunais, 2016, p. 348.

Distrito Federal e dos Territórios, que, em seu art. 311, prevê expressamente a legitimidade das partes para o pedido de revisão.

Ora, levando em consideração que, a rigor, o IRDR e o IAC integram um mesmo e único microssistema de incidentes de formação de precedentes vinculantes, nada mais acertado do que estender toda essa argumentação, que conclui pela legitimidade das partes para o pedido de revisão da tese jurídica no IRDR, para o IAC, permitindo, pois, que as partes, legitimadas para a instauração do IAC (art. 947, § 1º), o sejam também para o pedido de revisão da tese jurídica fixada no julgamento desse incidente específico.

► **NCPC. Art. 947.** É admissível a assunção de competência quando o julgamento de recurso, de remessa necessária ou de processo de competência originária envolver relevante questão de direito, com grande repercussão social, sem repetição em múltiplos processos. § 3º O acórdão proferido em assunção de competência vinculará todos os juízes e órgãos fracionários, exceto se houver revisão de tese. ► **Art. 977.** O pedido de instauração do incidente será dirigido ao presidente de tribunal: II – pelas partes, por petição. ► **Art. 986.** A revisão da tese jurídica firmada no incidente far-se-á pelo mesmo tribunal, de ofício ou mediante requerimento dos legitimados mencionados no art. 977, inciso III.

Enunciado 702. É possível a conversão de incidente de assunção de competência em incidente de resolução de demandas repetitivas e vice-versa, garantida a adequação do procedimento.

● *Grupo: Ordem do processo nos Tribunais, Regimento interno e Incidente de Assunção de Competência.* ● *Referência: art. 947; art. 976.*

► *Arnoldo Camanho de Assis*

Como afirmado acima, em comentário ao enunciado 701, o IRDR e o IAC integram um mesmo e único microssistema de incidentes de formação de precedentes vinculantes. Cabe pontuar, entretanto, que o IAC tem lugar quando o caso a ser julgado envolver questão de direito com grande repercussão social e sem repetição em múltiplos processos. Já o IRDR pressupõe repetição de processos que versem sobre a mesma questão de direito e que essa multiplicidade de feitos seja capaz de gerar risco de ofensa à isonomia e à segurança jurídica.

É perfeitamente possível, assim, que, requerida a instauração de IRDR pela parte, por exemplo (art. 977, inciso II), verifique-se, todavia, que a hipótese não autoriza a instauração desse incidente, mas seria possível, apesar disso, instaurar IAC. Nesse caso, é importante não perder a oportunidade de formação do precedente vinculante pelo só fato de ter havido eventual equívoco na escolha original do incidente, permitindo-se a conversão do IAC em IRDR (caso se verifique a presença da efetiva repetição de processos tratando de questão idêntica) ou de IRDR em IAC (caso não haja a repetição da matéria em múltiplos processos).

O enunciado 702 cuida de proclamar, assim, preceito de máxima eficiência entre os incidentes destinados a uniformizar a jurisprudência, aproveitando-se o que for possível aproveitar e permitindo-se a adequação do procedimento para a instauração do outro incidente.

► **NCPC. Art. 947.** É admissível a assunção de competência quando o julgamento de recurso, de remessa necessária ou de processo de competência originária envolver relevante questão de direito, com grande repercussão social, sem repetição em múltiplos processos. ► **Art. 976.** É cabível a instauração do incidente de resolução de demandas repetitivas quando houver, simultaneamente: I – efetiva repetição de processos que contenham controvérsia sobre a mesma questão unicamente de direito; II – risco de ofensa à isonomia e à segurança jurídica.

2.3.1.4. Do Incidente de Arguição de Inconstitucionalidade (arts. 948 a 950)

ENUNCIADO 601. INSTAURADO O INCIDENTE DE ARGUIÇÃO DE INCONSTITUCIONALIDADE, AS PESSOAS JURÍDICAS DE DIREITO PÚBLICO RESPONSÁVEIS PELA EDIÇÃO DO ATO NORMATIVO QUESTIONADO DEVERÃO SER INTIMADAS PARA QUE TENHAM CIÊNCIA DO TEOR DO ACÓRDÃO DO ÓRGÃO FRACIONÁRIO QUE O INSTAUROU.

● *Grupo: Ordem do processo nos tribunais e regimentos internos.* ● *Referências: arts. 10 e 950, §§ 1º.*

► ***Fábio Victor da Fonte Monnerat***

O incidente de constitucionalidade decorre do disposto no artigo 97 da Constituição Federal e encontra-se disciplinado no artigo 948 a 950 do Código de Processo Civil.

Trata-se de um incidente voltado à declaração de (in)constitucionalidade de lei ou ato normativo, em controle difuso de constitucionalidade reservada ao plenário (ou corte especial) do tribunal, que possui, portanto, a competência funcional para uniformizar internamente a questão constitucional, ou, mais precisamente, a declaração de inconstitucionalidade.

O incidente é exigência da própria Constituição Federal, que, em seu artigo 97, determina que somente pelo voto da maioria absoluta de seus membros ou dos membros do respectivo órgão especial poderão os tribunais declarar a inconstitucionalidade de lei ou ato normativo do Poder Público.

A denominada cláusula de reserva de plenário, portanto, exige que a composição maior do tribunal se reúna para afastar a aplicação de uma lei tida por inconstitucional.

Através desse mecanismo, resta garantida a uniformização da questão constitucional no âmbito de todo o Tribunal e, considerando a competência para a o processamento e julgamento do incidente e o disposto no artigo 927, V do CPC, é forçosa a conclusão que o decidido nesta sede deve ser observado pelos órgãos fracionários do mesmo tribunal e pelos juízes a ele subordinados, quando do julgamento das causas que envolvam a mesma questão constitucional.

O acórdão proferido no incidente de arguição de inconstitucionalidade configura-se, portanto, como um precedente qualificado.

Conforme asseveramos em uma outra sede[955], por precedentes qualificados devem ser entendidos os julgamentos proferidos em procedimentos previstos em lei voltados a formação de um enunciado, apto a expressar o entendimento do Tribunal sobre uma questão de direito e a ser aplicado nos demais casos que envolverem a mesma matéria".

Estes precedentes são qualificados, não apenas pelo fato de serem vinculantes e por legitimarem cortes procedimentais, mas também porque os procedimentos previstos para sua formação são dotados de uma maior influência dos princípios do contraditório, motivação e publicidade.

Nesse sentido, é nítida da análise do sistema do Código a preocupação em maximizar a publicidade, o contraditório e a motivação nos procedimentos voltados à formação do precedente qualificado, o que pode se depreender da leitura dos artigos 950, 979, 983, 1.038, 1.040, por exemplo.

Portanto, tais precedentes podem ser tidos por qualificados: a) pela sua autoridade (força) e capacidade de influenciar nos demais processos que versem sobre a mesma questão jurídica, e; b) pela maior qualidade do procedimento de sua produção.

O intuito do enunciado é deixar clara a necessidade de maximização do contraditório no procedimento voltado a analisar, uniformizar e formalizar o entendimento do tribunal acerca de uma questão constitucional, dado o alcance e autoridade do decidido nesta sede.

Esta maximização do contraditório, aliás, é consagrada no artigo 950 do CPC que admite expressamente a manifestação das partes legitimadas à propositura das ações previstas no artigo 103 da Constituição Federal (§ 2º), das "pessoas jurídicas de direito público responsáveis pela edição do ato questionado" (§ 1º), bem como de outros órgãos ou entidades com representatividade sobre o tema (§ 3º).

A possibilidade de manifestação "pessoas jurídicas de direito público responsáveis pela edição do ato questionado" prevista no § 1º talvez seja a mais relevante uma vez que o ato normativo que pode vir a ser declarado inconstitucional nada mais é do que um ato de sua autoria e, considerado que o pronunciamento no incidente ultrapassa a esfera jurídica das partes litigantes, conclui-se que o decidido no incidente a atingirá diretamente.

Portanto, não obstante da leitura do artigo 950, § 1º do CPC, ser possível a conclusão no sentido de que esta intervenção das pessoas jurídicas de direito público responsáveis pela edição do ato questionado seja voluntária e independa de prévia de intimação, o enunciado, com o intuito de garantir a possibilidade de manifestação, sugere que a mesma seja intimada quando da instauração do incidente.

---

955. "O Precedente Qualificado no Processo Civil Brasileiro: formação, eficácia vinculante e impactos procedimentais". *In*: *Sistemi Processuali a confronto: il Nuovo Codice di Procedura Civile del Brasile tra tradizinoe e rinnovamento*, Publicações Específicas da Escola da AGU. vol. 8, 2016. p. 100).

A ideia é impedir a formação de um precedente qualificado e vinculante que declare inconstitucional e retire do mundo jurídico um ato normativo, sem a ciência inequívoca por parte da pessoa jurídica de direito público que o produziu.

▶ **NCPC. Art. 10.** O juiz não pode decidir, em grau algum de jurisdição, com base em fundamento a respeito do qual não se tenha dado às partes oportunidade de se manifestar, ainda que se trate de matéria sobre a qual deva decidir de ofício. ▶ **Art. 950. § 1º** As pessoas jurídicas de direito público responsáveis pela edição do ato questionado poderão manifestar-se no incidente de inconstitucionalidade se assim o requererem, observados os prazos e as condições previstos no regimento interno do tribunal.

2.3.1.5. Da Homologação de Decisão Estrangeira e da Concessão do Exequatur à Carta Rogatória (arts. 960 a 965)

ENUNCIADO 85. DEVE PREVALECER A REGRA DE DIREITO MAIS FAVORÁVEL NA HOMOLOGAÇÃO DE SENTENÇA ARBITRAL ESTRANGEIRA EM RAZÃO DO PRINCÍPIO DA MÁXIMA EFICÁCIA. (ART. 7º DA CONVENÇÃO DE NOVA YORK – DECRETO Nº 4.311/2002).

● *Grupo: Arbitragem. Redação revista (III FPPC).* ● *Referência: arts. 960 a 965.*

▸ ***Thiago Rodovalho***

Homologar quer significar oficializar, isto é, conferir caráter oficial (e consequente eficácia jurídica em território nacional) à decisão estrangeira.[956]-[957]

Nesse contexto, o NCPC, ainda que podendo avançar mais, conferiu um melhor tratamento à homologação *"de decisão"* estrangeira, é dizer, não apenas *sentença*,

956. CARMONA, Carlos Alberto. "Comentários ao NCPC 960". *In*: WAMBIER, Tereza A. *et al.* (Coords.). *Breves comentários ao novo Código de Processo Civil.* São Paulo: RT, 2015. p. 2132.

957. A esse respeito, cfr. p. ex.: "Homologação de sentença arbitral estrangeira contestada. Competência Do Superior Tribunal de Justiça (CF, art. 105, I, "i"; Lei 9.307/96, art. 35). Pedido adequadamente instruído. Deferimento. I. A sentença estrangeira não terá eficácia no Brasil sem a prévia homologação pelo e. Superior Tribunal de Justiça ou por seu Presidente (Resolução nº 9/STJ, art. 4º). II. A atuação jurisdicional do e. STJ no processo de homologação de sentença arbitral estrangeira encontra balizas nos artigos 38 e 39 da Lei de Arbitragem (Lei 9.307/96). Se não houver transgressão aos bons costumes, à soberania nacional e à ordem pública, não se discute a relação de direito material subjacente à sentença arbitral. III. In casu, verifica-se a existência de contrato assinado pelas partes com cláusula compromissória. Sem embargo, no âmbito de processo de homologação de sentença arbitral estrangeira, é inviável a análise da natureza do contrato a ela vinculado, para fins de caracterizá-lo como contrato de adesão. Precedente do e. STF. IV. Não há inexistência de notificação e cerceamento de defesa "ante a comprovação de que o requerido foi comunicado acerca do início do procedimento de arbitragem, bem como dos atos ali realizados, tanto por meio das empresas de serviços de courier, como também, correio eletrônico e fax" (SEC 3.660/GB, Corte Especial, Rel. Min. Arnaldo Esteves Lima, DJe 25.6.2009) V. "A propositura de ação, no Brasil, discutindo a validade de cláusula arbitral porque inserida, sem destaque, em contrato de adesão, não impede a homologação de sentença arbitral estrangeira que, em procedimento instaurado de acordo com essa cláusula, reputou-a válida" (AgRg na SEC 854/GB, Corte Especial, Rel. p/ ac. Min. Nancy Andrighi, DJe 14.4.2011). VI. Constatada a presença dos requisitos indispensáveis à homologação da sentença estrangeira (Resolução nº 9/STJ, arts. 5º e 6º), é de se deferir o pedido. Sentença arbitral homologada" (STJ, Corte Especial, SEC 6335, Rel. Min. Felix Fischer, v.u., DJ 12.4.2012).

prestigiando o *princípio da cooperação entre os povos* (CF art. 4º, IX). Nesse sentido, Carlos Alberto Carmona, para quem[958]:

> Desnecessário dizer que, em pleno terceiro milênio, as relações interpessoais globalizaram-se de tal modo que há necessidade imediata de facilitar o trânsito no território nacional das decisões (não apenas das sentenças) proferidas em outros países. Assim – além de resultar em uma maior valoração do princípio constitucional da cooperação entre os povos (art. 4º, IX, da CF) – a agilização dos trâmites para o reconhecimento e execução de provimentos judiciais (ou não!) oriundos de outros países que devam surtir efeitos no território nacional.

Deste modo, o NCPC *prestigia*, como há de ser, o *princípio da eficácia máxima* ou *máxima efetividade* (*more favourable right provision*), de sorte a consagrar (*rectius*: aplicar-se) a norma, interna ou internacional (tratados, *v.g.*), que conferir tratamento mais benéfico ao reconhecimento e à execução da decisão estrangeira.[959]

O *princípio da eficácia máxima* já se encontrava em nosso ordenamento jurídico com a internalização da Convenção de Nova Iorque de 1958 sobre o Reconhecimento e a Execução de Sentenças Arbitrais Estrangeiras (CNI):

> Artigo 7º (I). As disposições da presente Convenção não afetarão a validade de acordos multilaterais ou bilaterais relativos ao reconhecimento e à execução de sentenças arbitrais celebrados pelos Estados signatários nem privarão qualquer parte interessada de qualquer direito que ela possa ter de valer-se de uma sentença arbitral da maneira e na medida permitidas pela lei ou pelos tratados do país em que a sentença é invocada.

Esse princípio não é incompatível com o NCPC; ao revés, é consentâneo com seu artigo 960. Ou seja, é possível que tratados prevejam tratamento mais benéfico ao reconhecimento e à execução da decisão estrangeira, como, por exemplo, simplificar o procedimento, tornando-o menos burocrático e mais fácil e célere, ou, mesmo, *dispensando* a homologação em certas hipóteses, conferindo, assim, maior trânsito às decisões e à cooperação internacional.

> ▶ **NCPC. Art. 960.** A homologação de decisão estrangeira será requerida por ação de homologação de decisão estrangeira, salvo disposição especial em sentido contrário prevista em tratado.

ENUNCIADO 86. NA APLICAÇÃO DO ART. 964 CONSIDERAR-SE-Á O DISPOSTO NO PARÁGRAFO 3º DO ART. 960.

● *Grupo: Arbitragem. Redação revista (V FPPC).* ● *Referência: art. 964; art. 960, § 3º.*

▸ ***Thiago Rodovalho***

O presente Enunciado tem por objetivo apenas evitar interpretação equivocadamente ampliativa do sentido dos artigos 964 e 23 do NCPC. Esses artigos têm por fito

958. Nesse sentido, CARMONA, Carlos Alberto. "Comentários ao NCPC 960". *In*: WAMBIER, Tereza A. *et al.* (Coords.). *Breves comentários ao novo Código de Processo Civil*. São Paulo: RT, 2015. p. 2131/2132.

959. Ver: LEE, João Bosco. "A homologação de sentença arbitral estrangeira: a convenção de Nova Iorque de 1958 e o direito brasileiro de arbitragem". *In*: LEMES, Selma F. *et al.* (Coords.). *Arbitragem: estudos em homenagem ao Prof. Guido Fernando Silva Soares, in memoriam*. São Paulo: Atlas, 2007. p. 186-188; e NUNES, Thiago Marinho. "A Convenção de Nova Iorque de 10 de Junho de 1958: alguns pontos polêmicos". *In*: *Revista Brasileira de Arbitragem*, n. 23, jul-set/2009. p. 51.

a preservação da competência *exclusiva* da autoridade judiciária brasileira, e, entre suas hipóteses, encontra-se a de competência exclusiva para *conhecer de ações relativas a imóveis situados no Brasil* (NCPC art. 23, inc. I).

Uma leitura excessivamente ampliativa teria o condão de quase inviabilizar a participação de brasileiros ou empresas brasileiras em arbitragens internacionais (ou até mesmo em arbitragem *doméstica*), que, como é comum, por vezes têm repercussão em imóveis no país.[960] Entretanto, ao NCPC art. 23, inc. I, deve dar-se "*interpretação restritiva*", jamais ampliativa.[961]

Nesse contexto, a redação do Enunciado, que alude à necessidade de que interpretação do artigo 964, relativamente às arbitragens internacionais, observe o artigo 960 § 3º, que preceitua que a *homologação de decisão arbitral estrangeira obedecerá ao disposto em tratado e em lei, aplicando-se, subsidiariamente, as disposições deste Capítulo.*

Ou seja, em atendendo os requisitos de arbitrabilidade subjetiva e objetiva (LArb art. 1º: "As pessoas capazes de contratar poderão valer-se da arbitragem para dirimir litígios relativos a direitos patrimoniais disponíveis"), em especial, na situação ora em comento, este último, é dizer, em se tratando direitos patrimoniais disponíveis, ainda que haja repercussão patrimonial em imóvel situado no Brasil (como não é incomum, por exemplo, numa disputa societária resolvida em arbitragem internacional, ou mesmo em arbitragem doméstica), não se impede que a matéria possa ser decidida através de arbitragem, e, se porventura for em arbitragem internacional, que a decisão possa ser objeto de homologação.

▶ **NCPC. Art. 960. § 3º** A homologação de decisão arbitral estrangeira obedecerá ao disposto em tratado e em lei, aplicando-se, subsidiariamente, as disposições deste Capítulo. ▶ **Art. 964.** Não será homologada a decisão estrangeira na hipótese de competência exclusiva da autoridade judiciária brasileira.

Enunciado 553. A sentença arbitral parcial estrangeira submete-se ao regime de homologação.

● *Grupo: Arbitragem.* ● *Referências: art. 961, § 1º; art. 23 da Lei 9.307/96.*

▸ ***Thiago Rodovalho***

Embora a *literalidade* do artigo 961 § 1º do NCPC ("*É passível de homologação a decisão judicial definitiva, bem como a decisão não judicial que, pela lei brasileira, teria natureza jurisdicional*", destacamos) dê a *falsa* impressão de que apenas a decisão *final* do processo (judicial ou arbitral) possa ser objeto de homologação, isto não é verdadeiro.

---

960. A esse respeito, conferir, p. ex., GRECO FILHO, Vicente. *Homologação de sentença estrangeira*, São Paulo: Saraiva, 1978. p. 72-73.

961. Sobre a necessária interpretação restritiva do CPC/2015 art. 23 inc. I, v. POLIDO, Fabrício B. P. "Comentários NCPC 23". *In*: STRECK, Lenio. *et al.* (Orgs.). *Comentários ao Código de Processo Civil.* São Paulo: Saraiva, 2016. p. 76-77.

Tanto o NCPC quanto a Lei de Arbitragem convivem também com a possibilidade de proferimento de *decisão interlocutória de mérito* (NCPC art. 356) ou *sentença parcial* (LArb art. 23, § 1º).[962]

Nesse contexto, tanto a *decisão interlocutória de mérito estrangeira* quanto a *sentença arbitral parcial estrangeira* podem, em potencial, ser objeto de homologação.

Assim se passará com a *decisão interlocutória de mérito estrangeira* caso não haja interposição de recurso contra ela, que, nessa hipótese, tornar-se-á *definitiva*, com força de *coisa julgada*, podendo ser homologada.[963]

No tocante à *sentença arbitral parcial estrangeira*, como, *ao menos em regra*, não há recurso na arbitragem, [964] ela, desde logo, torna-se *definitiva* (salvo países em que ainda haja a necessidade de homologação judicial prévia, como era o caso do Brasil e o "laudo arbitral" antes do advento da Lei de Arbitragem), [965] produzindo os *efeitos de coisa julgada*, devendo a parte interessada, no prazo legal, propor contra ela *ação anulatória*, por *vícios procedimentais* ou *falta de arbitrabilidade*, objetiva ou subjetiva (no Brasil, LArb, arts. 32 e 33 § 1º). Deste modo, como a ação anulatória não é recurso, a menos que haja decisão liminar suspendendo seus efeitos - situação que deve ser examinado no caso concreto, ante a repercussão do *princípio da eficácia máxima* (v. comentários ao Enunciado 85), haja vista que nem sempre a anulação da decisão arbitral levará *necessariamente* ao impedimento à sua homologação[966]–, a *sentença arbitral parcial estrangeira* pode, sim, ser objeto de homologação.

---

962. A distinção de nomenclatura (*decisão interlocutória de mérito* e *sentença*, referindo-se apenas à final) tem mais relevância para o processo judicial do que para o procedimento arbitral. No processo judicial, o conceito de *sentença* possui maior relevo, pois tem o condão de pôr fim à fase cognitiva do procedimento comum ou extinguir a execução (CPC/2015 art. 203 § 1º), bem como, e *especialmente*, com importante consequência no tipo de recurso cabível, diferente conforme se trate de *decisão interlocutória de mérito* ou de *sentença*. No procedimento arbitral, em que, como regra, não há recurso (dizê-lo *como regra*, ante a discussão e possibilidade de as partes convencionarem recurso na arbitragem, tema mais complexo e que demandaria maior divagação; não obstante, a esse respeito, conferir interessante tese proposta pelo Prof. Fabio Nusdeo sobre cabimento de embargos infringentes na arbitragem: NUSDEO, Fabio. *Embargos infringentes na arbitragem? In*: VERÇOSA, Haroldo M. D. *Aspectos da arbitragem institucional: 12 anos das Lei 9.307/1996*, São Paulo: Malheiros, 2008. p. 45-52), os pronunciamentos dos árbitros só possuem duas naturezas: ou (i) são *ordens processuais* (decisões *sem* resolução de mérito); ou (ii) são *sentenças*, "parciais" ou "finais", sempre quando o *mérito* for enfrentado, daí o fato de a Lei de Arbitragem usar, em nosso sentir, corretamente, o termo *sentença (arbitral) parcial*.

963. Nesse sentido, CARMONA, Carlos Alberto. "Comentários ao NCPC 960 *In*: WAMBIER, Tereza A. *et al.* (Coords.). *Breves comentários ao novo Código de Processo Civil*. São Paulo: RT, 2015. p. 2139.

964. Dizê-lo *como regra*, ante a discussão e possibilidade de as partes convencionarem recurso na arbitragem, tema mais complexo e que demandaria maior divagação; não obstante, a esse respeito, conferir interessante tese proposta pelo Prof. Fabio Nusdeo sobre cabimento de embargos infringentes na arbitragem: NUSDEO, Fabio. *Embargos infringentes na arbitragem? In*: VERÇOSA, Haroldo M. D. *Aspectos da arbitragem institucional*... cit. p. 45-52.

965. Ver: ARAUJO, Nadia. (Coord.). *Cooperação jurídica internacional no Superior Tribunal de Justiça: comentários à Resolução nº 9/2005*. Rio de Janeiro: Renovar, 2010. p. 37-41.

966. Conferir: ABBUD, André A. C. *Homologação de sentenças arbitrais estrangeiras*, São Paulo: Atlas, 2008. p. 189-192; e NUNES, Thiago Marinho. *A Convenção de Nova Iorque de 10 de Junho de 1958*... cit. p. 51-52.

O Enunciado tem o condão justamente de *esclarecer* essa possibilidade, evitando uma leitura equivocada do artigo 961, § 1º, do NCPC.

- **NCPC. Art. 961. § 1º** É passível de homologação a decisão judicial definitiva, bem como a decisão não judicial que, pela lei brasileira, teria natureza jurisdicional.

- **Lei 9.307/96. Art. 23.** A sentença arbitral será proferida no prazo estipulado pelas partes. Nada tendo sido convencionado, o prazo para a apresentação da sentença é de seis meses, contado da instituição da arbitragem ou da substituição do árbitro.

2.3.1.6. Da Ação Rescisória (arts. 966 a 975)

ENUNCIADO 203. NÃO SE ADMITE AÇÃO RESCISÓRIA DE SENTENÇA ARBITRAL.

● *Grupo: Arbitragem.* ● *Referências: art. 966.*

▸ *Jaldemiro Rodrigues de Ataíde Jr. e José Humberto Pereira Muniz Filho*

Crescimento da arbitragem no Brasil.

A arbitragem ganhou grande impulso no Brasil, após a edição da Lei 9.307/96, eis que, antes disso, inúmeros obstáculos – tais como: (i) o desprestígio da cláusula compromissória e a ausência de meios a impor sua consideração e, (ii) a necessidade de homologação do "laudo arbitral" (na época era essa a denominação) para que pudesse produzir os mesmos efeitos da sentença judicial – desestimulavam a utilização da arbitragem, como meio alternativo de resolução de conflitos. Com o advento da Lei 9.307/96 – que no seu artigo 7º estabeleceu um meio para se fazer cumprir a cláusula compromissória, mesmo contra a vontade da parte adversa, assim como dispensou a exigência de homologação da sentença arbitral e equiparou-a à sentença judicial, atribuindo-lhe, exequibilidade – a arbitragem tornou-se um relevante meio de resolução de conflitos no Brasil, mormente em casos complexos, que exigem conhecimentos técnicos especializados e uma solução mais célere.

Como se vê, a Lei 9.307/96, que teve sua constitucionalidade reconhecida pelo STF no ano de 2001, fortaleceu o princípio da autonomia da vontade, possibilitando às partes de uma relação jurídica – tratando-se de pessoas capazes a contratar e versando seus litígios sobre direitos patrimoniais disponíveis – convencionarem a resolução arbitral de sua controvérsia, excluindo-a, pois, da apreciação do Judiciário, e, ainda, estabelecerem, com ampla liberdade, o procedimento a ser seguido (compromisso arbitral), não podendo apenas desrespeitar o devido processo legal, conforme se depreende do § 2º, do artigo 21, da Lei 9.307/96, que estabelece: "serão, sempre, respeitados no procedimento arbitral os princípios do contraditório, da igualdade das partes, da imparcialidade do árbitro e de seu livre convencimento". Pois bem, foi nesse contexto que o Brasil se tornou o quarto país do mundo em número de arbitragens realizadas[967].

Restrição ao controle judicial da sentença arbitral.

---

967. GUERRERO, Luis Fernando. *Convenção de arbitragem e processo arbitral.* São Paulo: Atlas, 2009, p. 1.

Como se percebe do escrito nas linhas acima, uma das causas que impulsionou a arbitragem no Brasil foi a mitigação ao máximo das hipóteses de controle judicial da sentença arbitral. Daí a opção política de não se admitir a Ação Rescisória para desconstituir sentença arbitral. Não fosse assim, haveria grande insegurança jurídica para aqueles que submeteram a solução de seus litígios ao juízo arbitral, pois sob o argumento de que a sentença arbitral, por exemplo, violou manifestamente norma jurídica (art. 966, V, CPC) possibilitar-se-ia a revisão judicial de praticamente qualquer sentença arbitral.

Por isso é que a sentença arbitral, via de regra, não se encontra submetida ao controle judicial, exceto nas estritas hipóteses de cabimento da Ação Anulatória, prevista art. 32, incisos I a VIII, da Lei 9.307/96, quais sejam: quando for nula a convenção de arbitragem; quando a sentença arbitral tiver emanado de quem não podia ser árbitro; quando a sentença arbitral não contiver os requisitos do artigo 26 citada Lei; quando a sentença arbitral for proferida fora dos limites da convenção de arbitragem; quando restar comprovado que a sentença arbitral fora proferida por prevaricação, concussão ou corrupção passiva; quando a sentença arbitral tiver sido proferida fora do prazo, respeitado o disposto no artigo 12, inciso III, da citada Lei e, quando forem desrespeitados os princípios de que trata o artigo 21, § 2º, da mencionada Lei.

Ao ver deste autor, a outra exceção à exclusão do controle judicial da sentença arbitral consiste na impugnação ao cumprimento de sentença (art. 525, III, §§ 12 e 14, CPC), ou melhor, quando o executado suscita a inexigibilidade do título executivo (no caso a sentença arbitral), sob o argumento de que a sentença arbitral encontra-se fundada em lei ou ato normativo considerado inconstitucional pelo STF, ou fundada em aplicação ou interpretação da lei ou do ato normativo tido pelo STF como incompatível com a Constituição Federal, em controle de constitucionalidade concentrado ou difuso. É importante destacar que, nesse caso, a decisão do STF deve ser anterior à estabilização da sentença arbitral.

> ▶ **NCPC. Art. 966.** A decisão de mérito, transitada em julgado, pode ser rescindida quando: I – se verificar que foi proferida por força de prevaricação, concussão ou corrupção do juiz; II – for proferida por juiz impedido ou por juízo absolutamente incompetente; III – resultar de dolo ou coação da parte vencedora em detrimento da parte vencida ou, ainda, de simulação ou colusão entre as partes, a fim de fraudar a lei; IV – ofender a coisa julgada; V – violar manifestamente norma jurídica; VI – for fundada em prova cuja falsidade tenha sido apurada em processo criminal ou venha a ser demonstrada na própria ação rescisória; VII – obtiver o autor, posteriormente ao trânsito em julgado, prova nova cuja existência ignorava ou de que não pôde fazer uso, capaz, por si só, de lhe assegurar pronunciamento favorável; VIII – for fundada em erro de fato verificável do exame dos autos.

ENUNCIADO 284. APLICA-SE À AÇÃO RESCISÓRIA O DISPOSTO NO ART. 321.

● *Grupo: Sentença, Coisa Julgada e Ação Rescisória.* ● *Referências: arts. 321 e 968, § 3º.*

▸ ***Jaldemiro Rodrigues de Ataíde Jr. e José Humberto Pereira Muniz Filho***

Dos requisitos da inicial da ação rescisória.

A inicial da ação rescisória, além de atender aos requisitos genéricos de qualquer petição inicial, estabelecidos no artigo 319 do NCPC, deve, ainda, (i) invocar, como causa de pedir, uma das hipóteses de rescindibilidade previstas nos incisos I a VIII, do artigo 966, do NCPC, ou esparsamente, no Código (arts. 525, § 15; 535, § 8º; 658 e 701, § 3º, NCPC); (ii) vir instruída com os documentos indispensáveis à propositura da ação, como se afigura a *prova nova*, na rescisória com fulcro no artigo 966, VII, do NCPC; (iii) cumular ao pedido de rescisão, se for o caso, o de novo julgamento e, (iv) vir acompanhada do comprovante de depósito de cinco por cento sobre o valor da causa. Não é ocioso destacar que, em caso de desatendimento a quaisquer desses requisitos, o autor deve ser intimado para emendar a inicial, suprindo o vício, nos termos do artigo 321, NCPC. Ademais, tendo em vista o modelo de processo cooperativo adotado pelo NCPC – de onde exsurgem os *deveres de esclarecimento, de prevenção, de consulta e de auxílio* – e o *princípio da primazia da análise do mérito* (arts. 4º e 6º, NCPC), não se poderá extinguir a ação rescisória sem resolução do mérito, mesmo em decorrência daquelas matérias de ordem pública e conhecimento *ex officio*, sem que antes seja ouvido o autor e lhe dada oportunidade de sanar o vício.

Do indeferimento da inicial.

Nos termos do artigo 968, § 3º c/c o artigo 330, do NCPC, a inicial da rescisória será indeferida quando: (i) não efetuado o depósito exigido no artigo 968, II, do NCPC; (ii) for inepta, em virtude de lhe faltar pedido ou causa de pedir; o pedido ser indeterminado e a demanda não ser daquelas em que se admite o pedido genérico; da narrativa dos fatos não decorrer logicamente o pedido e, contiver pedidos incompatíveis entre si; (iii) a parte for manifestamente ilegítima (ilegitimidade *in status assertiones*) e, (iv) não restar configurado o interesse processual (*v.g.*, uma rescisória atacando decisão que indeferiu a inicial). Nunca é demasiado relembrar que, diante do artigo 321, do NCPC, do modelo de processo cooperativo adotado pelo NCPC e do *princípio da primazia da análise do mérito* (arts. 4º e 6º, NCPC), não se poderá indeferir a inicial da rescisória, sem oportunizar ao autor a emenda ou a complementação da inicial, no prazo de quinze dias.

▶ **NCPC. Art. 321.** O juiz, ao verificar que a petição inicial não preenche os requisitos dos arts. 319 e 320 ou que apresenta defeitos e irregularidades capazes de dificultar o julgamento de mérito, determinará que o autor, no prazo de 15 (quinze) dias, a emende ou a complete, indicando com precisão o que deve ser corrigido ou completado. ▶ **Art. 968. § 3°** Além dos casos previstos no art. 330, a petição inicial será indeferida quando não efetuado o depósito exigido pelo inciso II do caput deste artigo.

Enunciado 336. Cabe ação rescisória contra decisão interlocutória de mérito.

● *Grupo: Sentença, Coisa Julgada e Ação Rescisória.* ● *Referências: art. 966.*

▶ ***Jaldemiro Rodrigues de Ataíde Jr. e José Humberto Pereira Muniz Filho***

Disposições gerais.

A ação rescisória é uma *ação autônoma de impugnação* (ação contra sentença, logo, remédio jurídico processual com que se instaura outra relação jurídica processual; e não um recurso, que é uma impugnação *dentro* da mesma relação processual da decisão judicial que se impugna) de força *constitutiva negativa*, que visa desconstituir decisão transitada em julgado,[968] (i) seja *de mérito* – que versa sobre o objeto litigioso do processo –; (ii) seja a decisão que, embora *não* sendo *de mérito*, impeça a repropositura da demanda, ou impeça a rediscussão acerca da inadmissibilidade de recurso (art. 966, § 2º, I e II, NCPC).

No que concerne especificamente ao Enunciado em comento, cumpre ressaltar que andou bem o legislador ao substituir o termo *sentença*, constante do *caput do artigo* 485 do CPC/73, por *decisão* (art. 966, *caput*, NCPC), uma vez que aquele signo era insuficiente para abarcar toda a tipologia de decisões rescindíveis (sentenças, acórdãos, *decisões interlocutórias de mérito* e decisões monocráticas de relator); sobretudo, diante do NCPC, que permite o julgamento antecipado parcial do mérito (art. 356), isto é, o julgamento do mérito através de decisão de natureza *interlocutória*; porém, apta à coisa julgada e, por conseguinte, rescindível[969].

Rescisão de capítulo de sentença.

No regime do CPC/73, o STJ pacificou o entendimento de que os diversos capítulos de sentença trânsitos em julgados em instâncias distintas, não faziam coisa julgada material, mas apenas formal, ou seja, o STJ rejeitou a teoria da coisa julgada progressiva, de modo que a via rescisória só se abria após o trânsito em julgado do último capítulo de sentença, inclusive, o termo *a quo* do prazo decadencial da ação rescisória se daria nesse momento, conforme restou assentado na Súmula 401/STJ. O NCPC, que tem o princípio da razoável duração do processo como uma de suas normas fundamentais (art. 4º) e que adotou a técnica do julgamento antecipado parcial do mérito (art. 356), andou bem ao permitir a rescisão dos capítulos de sentença, inclusive, da *"decisão interlocutória" de mérito* (entre aspas por ser discutível sua natureza), à medida que forem se tornando definitivos (§ 3º, art. 356), tanto assim que o prazo de dois anos contados do trânsito em julgado da última decisão proferida no processo passa a ser o termo *ad quem* para o ajuizamento da ação rescisória, e não mais o termo *a quo* (art. 975).

Súmula STJ 401. O prazo decadencial da ação rescisória só se inicia quando não for cabível qualquer recurso do último pronunciamento judicial.

NCPC. Art. 966. A decisão de mérito, transitada em julgado, pode ser rescindida quando: I – se verificar que foi proferida por força de prevaricação, concussão ou corrupção do juiz; II – for proferida por juiz impedido ou por juízo absolutamente incompetente; III – resultar de dolo ou coação da parte vencedora em detrimento da parte vencida ou, ainda, de simulação ou colusão entre as partes, a fim de fraudar a lei; IV – ofender a coisa julgada; V – violar manifestamente norma jurídica; VI – for fundada em prova cuja falsidade tenha sido apurada em processo

968. MIRANDA, Francisco Cavalcanti Pontes de. *Comentários ao Código de Processo Civil*. t. VI. 3. ed., Rio de Janeiro, Editora Forense, 1998. p. 177; 187.

969. Nesse sentido: DIDIER JR., Fredie; BRAGA, Paula S.; OLIVEIRA, Rafael A. *Curso de direito processual civil*. vol. 2.10. ed. Salvador: Juspodivm, 2015. p. 306-307; SILVA, Ricardo Alexandre. "Do Julgamento Antecipado Parcial do Mérito". *In*: WAMBIER, Tereza A. *et al.* (Coords.). *Breves comentários ao novo Código de Processo Civil*. São Paulo: RT, 2015. p. 962-963.

criminal ou venha a ser demonstrada na própria ação rescisória; VII – obtiver o autor, posteriormente ao trânsito em julgado, prova nova cuja existência ignorava ou de que não pôde fazer uso, capaz, por si só, de lhe assegurar pronunciamento favorável; VIII – for fundada em erro de fato verificável do exame dos autos.

ENUNCIADO 337. A COMPETÊNCIA PARA PROCESSAR A AÇÃO RESCISÓRIA CONTRA CAPÍTULO DE DECISÃO DEVERÁ CONSIDERAR O ÓRGÃO JURISDICIONAL QUE PROFERIU O CAPÍTULO RESCINDENDO.

● *Grupo: Sentença, Coisa Julgada e Ação Rescisória.* ● *Referências: art. 966, § 3º.*

▸ ***Jaldemiro Rodrigues de Ataíde Jr. e José Humberto Pereira Muniz Filho***

Competência para processar e julgar a ação rescisória.

Como dizia Pontes de Miranda[970], "não há princípio *a priori* que subordine a ação rescisória à competência do juiz superior, nem à competência do mesmo juiz. O princípio, se o queremos extrair, é o da *par maior ve potestas* (do juízo igual ou superior)". No direito brasileiro, a competência para processamento e julgamento da ação rescisória é exclusiva dos tribunais; a cada tribunal compete o julgamento da rescisória dos seus próprios julgados (e o dos juízes a si vinculados). Isso é o que se depreende: do artigo 102, I, "j", da CF, de acordo com o qual cabe ao STF processar e julgar as ações rescisórias de seus julgados; do artigo 105, I, da CF, que estabelece o mesmo para o STJ e, do o artigo 108, I, b, da CF, que atribui competência aos TRF's para rescindir os seus próprios julgados. Por fim, constrói-se idêntica norma para os Tribunais Estaduais, a partir do artigo 125, § 1º, da CF, iluminado pelo princípio da simetria.

Competência para julgar a ação rescisória e capítulo de decisão impugnado.

Conforme se deduz das considerações *supra*, andou bem o Enunciado em comento ao estabelecer que a competência para processar a ação rescisória contra capítulo de decisão impugnado deverá considerar o órgão jurisdicional que proferiu o capítulo de decisão rescindendo. É que, comumente, capítulos de sentença de uma demanda transitam em julgado em juízos distintos; é possível, por exemplo, que numa mesma demanda, um capítulo de sentença transite em julgado (i) no 1º grau; (ii) outro no 2º grau; (iii) outro no STJ e (iv) outro no STF. Por conseguinte, como a cada tribunal é compete para o julgamento da rescisória dos seus próprios julgados (e o dos juízes a si vinculados), temos que nas hipóteses (i) e (ii) a competência é do tribunal local; na hipótese (iii) a competência é do STJ e, na hipótese (iv) a competência. Isso é o que o Enunciado em comento visa esclarecer. Há uma exceção ao estabelecimento no Enunciado em comento que se configura quando há uma relação de dependência entre os capítulos de decisão.

▸ **NCPC. Art. 966. § 3º** A ação rescisória pode ter por objeto apenas 1 (um) capítulo da decisão.

970. Op. cit., 1998, p. 182.

Enunciado 338. Cabe ação rescisória para desconstituir a coisa julgada formada sobre a resolução expressa da questão prejudicial incidental.

● *Grupo: Sentença, Coisa Julgada e Ação Rescisória.* ● *Referências: art. 966, caput e § 3º, 503, § 1º.*

▸ ***Jaldemiro Rodrigues de Ataíde Jr. e José Humberto Pereira Muniz Filho***

Questão prejudicial decidida com eficácia de coisa julgada.

A *norma individual e concreta* constante da sentença, onde o juiz estabelece os direitos e deveres das partes litigantes, tem relevância (i) tanto para fins de cumprimento e execução do julgado, onde as partes, o juiz e os auxiliares da justiça (*v. g.*, o oficial de justiça) encontram-se vinculados à norma individual e concreta; (ii) como para fins de produção de outra norma individual e concreta, ou melhor, para fins de julgamento de uma futura demanda, cuja solução dependa da declaração de direito cristalizada na norma individual e concreta com eficácia de coisa julgada, como ocorreria, quando uma questão prejudicial decidida com eficácia de coisa julgada voltasse a ser discutida, numa futura demanda, como questão principal ou prejudicial (eficácia de coisa julgada da questão prejudicial, art. 503, § 1º, NCPC), por exemplo, "A" ajuíza em face de "B" uma ação de alimentos, que tem como questão prejudicial o reconhecimento da paternidade; em tendo sido reconhecida a filiação na ação de alimentos, em uma futura ação ajuizada por "A" visando a anulação de venda havida entre "B" e "C" (outro filho de "B"), em virtude da coisa julgada da questão prejudicial, a decisão desta segunda demanda deverá considerar que "A" é filho de "B".

Por conseguinte, em caso de decisão da questão prejudicial com eficácia de coisa julgada, o juiz da demanda seguinte estará muito fortemente vinculado à *norma individual e concreta* produzida na primeira demanda (decisão da questão prejudicial), de forma que, para se afastar de tal norma, terá que se desincumbir do pesado ônus argumentativo de demonstrar que: (α) que a resolução do caso em julgamento não depende da questão prejudicial decidida na primeira demanda; (β) que não houve contraditório prévio e efetivo na demanda em que se decidiu a questão prejudicial; (π) que o juiz que decidiu a questão prejudicial, na primeira demanda, não tinha competência para resolvê-la como questão principal e, (Ω) que, na demanda em que restou decidida a questão prejudicial, ocorreram restrições probatórias ou limitações à cognição, impedindo o aprofundamento da análise de tal questão, tudo conforme estabelecido no § 1º, I a III, e § 2º, do artigo 503, do NCPC. Por conseguinte, salta aos olhos o interesse processual da parte vencida na decisão sobre a questão prejudicial (mesmo que se sagra vencedora na questão principal) de ajuizar ação rescisória visando desconstituí-la.

Do interesse processual e pressupostos na rescisão da decisão sobre a questão prejudicial com eficácia de coisa julgada.

Destarte, não deve haver qualquer óbice à ação rescisória para desconstituir a coisa julgada formada sobre a resolução expressa da questão prejudicial incidental, desde que atendidos (para além dos pressupostos gerais, interesse e legitimidade) os pressupostos processuais específicos da ação rescisória – quais sejam: (i) a existência de decisão transitada em julgado, (a) seja de mérito, que versa sobre o objeto litigioso do processo; (b) seja a decisão que, embora não sendo de mérito, impeça a repropositura da demanda, ou impeça a rediscussão acerca da inadmissibilidade de recurso (art. 966, § 2º, I e II, NCPC) – hipótese esta incompatível com a questão prejudicial; (ii) a afirmação pelo autor, como causa de pedir, de uma das hipóteses de rescindibilidade previstas nos incisos I a VIII, do artigo 966, do NCPC, ou esparsamente, no Código (arts. 525, § 15; 535, § 8º; 658 e 701, § 3º, NCPC) e, (iii) o ajuizamento da ação rescisória no prazo decadencial de dois anos (art. 975, NCPC).

▶ **NCPC. Art. 503. § 1º** O disposto no caput aplica-se à resolução de questão prejudicial, decidida expressa e incidentemente no processo, se: I – dessa resolução depender o julgamento do mérito; II – a seu respeito tiver havido contraditório prévio e efetivo, não se aplicando no caso de revelia; III – o juízo tiver competência em razão da matéria e da pessoa para resolvê-la como questão principal. ▶ **Art. 966.** A decisão de mérito, transitada em julgado, pode ser rescindida quando: I – se verificar que foi proferida por força de prevaricação, concussão ou corrupção do juiz; II – for proferida por juiz impedido ou por juízo absolutamente incompetente; III – resultar de dolo ou coação da parte vencedora em detrimento da parte vencida ou, ainda, de simulação ou colusão entre as partes, a fim de fraudar a lei; IV – ofender a coisa julgada; V – violar manifestamente norma jurídica; VI – for fundada em prova cuja falsidade tenha sido apurada em processo criminal ou venha a ser demonstrada na própria ação rescisória; VII – obtiver o autor, posteriormente ao trânsito em julgado, prova nova cuja existência ignorava ou de que não pôde fazer uso, capaz, por si só, de lhe assegurar pronunciamento favorável; VIII – for fundada em erro de fato verificável do exame dos autos.

ENUNCIADO 339. O CADE E A CVM, CASO NÃO TENHAM SIDO INTIMADOS, QUANDO OBRIGATÓRIO, PARA PARTICIPAR DO PROCESSO (ART. 118, LEI N. 12.529/2011; ART. 31, LEI N. 6.385/1976), TÊM LEGITIMIDADE PARA PROPOR AÇÃO RESCISÓRIA CONTRA A DECISÃO ALI PROFERIDA, NOS TERMOS DO INCISO IV DO ART. 967.

● *Grupo: Sentença, Coisa Julgada e Ação Rescisória.* ● *Referências: arts. 118 e 967, IV; Leis 12.529/11; art. 31 e 6.385/76.*

▸ ***Jaldemiro Rodrigues de Ataíde Jr. e José Humberto Pereira Muniz Filho***

Legitimidade ativa para ajuizar ação rescisória.

O artigo 967 do NCPC trata apenas da legitimidade ativa, estabelecendo que a tem: (i) quem foi parte no processo (autor e réu no processo originário) ou o seu sucessor a título universal (*v.g.*, o espólio, os herdeiros) ou singular (*v.g.*, o adquirente de coisa litigiosa, os cessionários, os credores, os fiadores etc.); (ii) o terceiro juridicamente interessado – aquele que teve sua esfera jurídica afetada pela decisão, mesmo não tendo sido parte na relação processual originária, *v.g.*, o condômino; o sublocatário; aquele que participou do processo através de uma das formas de intervenção de terceiro; aquele que poderia ter intervindo no processo, na qualidade de litisconsorte ou assistente (simples ou litisconsorcial) e, o substituído processualmente, nos casos de legitimação extraordinária; (iii) o Ministério Público: (a) se não foi ouvido no processo em que lhe era obrigatória a intervenção (*vide* as hipóteses do artigo 178, *caput* e inc. I a III, NCPC); (b) quando a decisão rescindenda decorreu de simulação ou de colusão das partes, a fim de fraudar a lei e, (c) em outros casos em que se imponha sua atuação; (iv) aquele que não foi ouvido no processo em que era obrigatória a sua intervenção. Por exemplo, o INPI, nas ações de nulidade de patente (art. 57 da

Lei 9.279/96); o CADE, nos processos judiciais em que se discuta a aplicação da Lei que estrutura o Sistema Brasileiro de Defesa da Concorrência - SBDC e dispõe sobre a prevenção e a repressão às infrações contra a ordem econômica (art. 118 da Lei 12.529/11) e, a CVM, nos processos judiciais que tenham por objeto matéria incluída na sua competência (art. 31 da Lei 6.385/76).

Como se percebe o Enunciado em comento apenas exemplifica duas hipóteses de legitimidade para o ajuizamento de ação rescisória com fulcro no artigo 967, IV, do CPC, isto é, a legitimidade ativa daquele que não foi ouvido no processo em que era obrigatória a sua intervenção. Assinale-se, por oportuno, que diferentemente do *terceiro juridicamente interessado* (art. 967, II, CPC) - que tem o ônus de demonstrar o prejuízo suportado com a decisão rescindenda, ou melhor, que esta afeta negativamente sua esfera jurídica -, ao CADE, a CVM, o INPI etc. não se faz necessária a demonstração de interesse processual, eis que já presumido, nos termos do artigo 967, IV, do CPC.

- **NCPC. Art. 967.** Têm legitimidade para propor a ação rescisória: I – quem foi parte no processo ou o seu sucessor a título universal ou singular; II – o terceiro juridicamente interessado; III – o Ministério Público: a) se não foi ouvido no processo em que lhe era obrigatória a intervenção; b) quando a decisão rescindenda é o efeito de simulação ou de colusão das partes, a fim de fraudar a lei; c) em outros casos em que se imponha sua atuação; IV – aquele que não foi ouvido no processo em que lhe era obrigatória a intervenção.

- **Lei 12.529/11. Art. 118.** Nos processos judiciais em que se discuta a aplicação desta Lei, o Cade deverá ser intimado para, querendo, intervir no feito na qualidade de assistente.

- **Lei 6.358/76. Art. 31.** Para a constituição da rede de transmissão de telegrama, é assegurada à empresa exploradora do serviço de telegrama, a utilização dos meios de telecomunicações das empresas exploradoras de serviços públicos de telecomunicações, bem como suas conexões internacionais, mediante justa remuneração.

Enunciado 340. Observadas as regras de distribuição, o relator pode delegar a colheita de provas para juízo distinto do que proferiu a decisão rescindenda.

● *Grupo: Sentença, Coisa Julgada e Ação Rescisória.* ● *Referências: art. 972.*

▸ ***Jaldemiro Rodrigues de Ataíde Jr. e José Humberto Pereira Muniz Filho***

Produção de prova em ação rescisória.

Determinadas causas de rescindibilidade permitem a produção de provas na ação rescisória, como se depreende, claramente, do inciso VI, do artigo 966, do NCPC, que prevê a rescisão da decisão fundada em prova falsa, permitindo que a falsidade seja comprovada na própria ação rescisória. Outras causas de rescindibilidade também admitem a produção de provas na própria ação rescisória, por exemplo, quando a decisão rescindenda foi proferida: por força de prevaricação, concussão ou corrupção do juiz; por juiz impedido; em decorrência de dolo ou coação da parte vencedora em detrimento da parte vencida ou, ainda, de simulação ou colusão entre as partes, a fim de fraudar a lei. Por outro lado, há causas de rescindibilidade que inadmitem produção de provas na ação rescisória, como sói ocorrer na hipótese de violação manifesta de norma jurídica (*vide*: Súmula 410/STJ, nessa hipótese admite-se apenas a requalificação jurídica dos fatos) e na hipótese de a sentença ter-se fundado em erro de fato verificável do exame dos autos. Contudo, vale salientar que, mesmo nesses casos, embora não se admita a produção de provas para fins do *iudicium rescindens*, como bem percebeu Barbosa Moreira[971], pode-se admitir a produção de provas para fins do *iudicium rescissorium*, haja vista que, em regra, não se abre uma segunda etapa probatória após a desconstituição da decisão impugnada.

Procedimento da produção de prova.

O próprio relator pode presidir a produção de provas (*v.g.*, tomar depoimento de partes; inquirir testemunhas; proceder inspeções etc.); entretanto, questões estruturais do tribunal podem levar o relator a delegar competência ao órgão que proferiu a decisão rescindenda, fixando prazo de um a três meses para a devolução dos autos. A redação do dispositivo, na parte em que consigna a delegação de competência ao *órgão que proferiu a decisão rescindenda*, não é das melhores. É que, se tal delegação de competência, no mais das vezes, dá-se por questões estruturais do *tribunal*, só haverá conveniência em se delegar competência a juízo de primeiro grau. Contudo, nem sempre o *órgão que proferiu a decisão rescindenda* é um juízo de primeiro grau. Suponha-se que o tribunal está a julgar rescisória que impugna decisão monocrática do Desembargador Relator de uma apelação, sendo este o órgão prolator da decisão rescindenda; como ficará a produção de provas nesse caso?

A redação do Enunciado em comento também não é das mais felizes, pois, nos seus termos, observadas as regras de distribuição, o relator pode delegar, irrestritamente, a colheita de provas para juízo distinto do que proferiu a decisão rescindenda. Ora, tal enunciado deve ser interpretado restritivamente, a fim de que não colida com o *programa da norma* (art. 972, CPC), que, expressamente, estabelece a possibilidade de delegação de competência para colheita de prova *ao órgão que proferiu a decisão rescindenda*.

Releitura do Enunciado.

Do exposto, ao ver deste autor, a interpretação que se deve dar ao Enunciado em comento é aquela que induz à sua aplicabilidade aos casos em que a decisão rescindenda tiver sido proferida por órgão diverso de juízo de primeiro grau (*v. g.*, o Relator de uma apelação; determinada Câmara Cível de um Tribunal etc.), ou melhor, quando a decisão rescindenda houver sido proferida por órgão de tribunal, observadas as regras de distribuição, o relator pode delegar a colheita de provas para juízo distinto do que proferiu a decisão rescindenda – juízo esse que, via de regra, será de primeiro grau.

► **NCPC. Art. 972.** Se os fatos alegados pelas partes dependerem de prova, o relator poderá delegar a competência ao órgão que proferiu a decisão rescindenda, fixando prazo de 1 (um) a 3 (três) meses para a devolução dos autos.

---

971. MOREIRA, José Carlos B. *Comentários ao Código de Processo Civil.* vol. v. Rio de Janeiro: Forense, 2013. p. 195.

Enunciado 341. O prazo para ajuizamento de ação rescisória é estabelecido pela data do trânsito em julgado da decisão rescindenda, de modo que não se aplicam as regras dos §§ 2 º e 3º do art. 975 do CPC à coisa julgada constituída antes de sua vigência.

● *Grupo: Direito intertemporal e disposições finais e transitórias.* ● *Referências: arts. 975, §§ 2 º e 3º, e 1.046.*

▸ ***Jaldemiro Rodrigues de Ataíde Jr. e José Humberto Pereira Muniz Filho***

Mudanças no prazo decadencial da rescisória e o direito intertemporal.

A regra geral de direito intertemporal quanto às normas processuais é a estabelecida no artigo 14 do NCPC – em perfeita sintonia com o artigo 5º, XXXVI, da CF/88 e com o artigo 6º do DL 4.657/42 –, o qual dispõe que "a norma processual não retroagirá e será aplicável imediatamente aos processos em curso, respeitados os atos processuais já praticados e as situações jurídicas consolidadas sob a vigência da norma revogada". Isso se dá, porque[972]-[973]:

> Como o processo compreende uma sequência complexa de atos que se projetam no tempo, preordenados para um fim, que é a sentença, deve ele ser considerado, em termos de direito transitório, como um fato jurídico complexo e pendente, sobre o qual a normatividade inovadora há de incidir.

Pois bem, a partir do artigo 14 do NCPC, infere-se, sem maiores dificuldades, que, apesar de as regras do NCPC serem aplicáveis aos atos processuais vindouros das ações rescisórias em curso; *o direito à rescisória, as causas de rescindibilidade e o prazo decadencial para a sua propositura são os da lei vigente ao tempo do trânsito em julgado da decisão rescindenda.* Nesse sentido, as lições de Pontes de Miranda são valiosas[974]:

> Quanto ao momento a que se há de ligar a lei reguladora da ação rescisória, é ele o do proferimento da sentença rescindenda, e não o da propositura da ação rescisória (...). Assim, se no dia em que transitou em julgado a sentença não era rescindível, não há pensar-se em "lex" nova que a faça rescindível. Se era rescindível, pelos pressupostos a, b, c, d e e, não pode ser acrescentado o pressuposto f. O prazo preclusivo não pode ser encurtado porque o direito e a pretensão à rescisão já nasceram no dia em que transitou em julgado a sentença, e diminuir o prazo é extingui-lo por lei nova (Não se confunda a espécie com a da prescrição: o prazo prescricional é para nascer a exceção, ao passo que o prazo preclusivo supõe, aí, direitos e pretensões já nascidos).

Por conseguinte, andou bem o Enunciado em comento, ao estabelecer que a forma de contagem mais benéfica do prazo para o ajuizamento de ação rescisória, prevista no artigo 975, §§ 2º e 3º, do CPC, não se aplica aos casos em que a decisão rescindenda houver transitado em julgado na vigência do CPC/73.

---

972. LACERDA, Galeno. *O novo direito processual civil e os efeitos pendentes.* Rio de Janeiro: Forense, p. 12.
973. Nesse mesmo sentido, o elucidativo artigo: WAMBIER, Teresa A. "Anotações sobre o direito intertemporal e as mais recentes alterações do CPC". *Revista de Processo.* vol. 150, p. 262-270, 2007.
974. *Op. cit.*, 1998, p. 189.

▶ **NCPC. Art. 975. § 2º** Se fundada a ação no inciso VII do art. 966, o termo inicial do prazo será a data de descoberta da prova nova, observado o prazo máximo de 5 (cinco) anos, contado do trânsito em julgado da última decisão proferida no processo. **§ 3º** Nas hipóteses de simulação ou de colusão das partes, o prazo começa a contar, para o terceiro prejudicado e para o Ministério Público, que não interveio no processo, a partir do momento em que têm ciência da simulação ou da colusão. ▶ **Art. 1.046.** Ao entrar em vigor este Código, suas disposições se aplicarão desde logo aos processos pendentes, ficando revogada a Lei n. 5.869, de 11 de janeiro de 1973.

ENUNCIADO 554. NA AÇÃO RESCISÓRIA FUNDADA EM VIOLAÇÃO AO EFEITO POSITIVO DA COISA JULGADA, HAVERÁ O REJULGAMENTO DA CAUSA APÓS A DESCONSTITUIÇÃO DA DECISÃO RESCINDENDA.

● *Grupo: Sentença, coisa julgada e ação rescisória.* ● *Referências: art. 966, IV.*

▶ ***Jaldemiro Rodrigues de Ataíde Jr. e José Humberto Pereira Muniz Filho***

Rescisória por ofensa à coisa julgada e eficácia positiva desta.

A coisa julgada constitui-se em uma garantia processual de assento constitucional (art. 5º, XXXVI, CF), sendo uma das maiores expressões do princípio *fundante* da segurança jurídica. O legislador atribuiu-lhe relevância tal a ponto de prevê-la como pressuposto de validade processual negativo e, para além disso, como causa de rescindibilidade, ou melhor, como um daqueles vícios que podem ser discutidos mesmo após o trânsito em julgado. Quando a ação rescisória for julgada procedente por ofensa à coisa julgada, a princípio, haverá apenas o *iudicium rescindens* quando se tiver em conta o *efeito negativo da coisa julgada*, pois tudo o que se pretende é restabelecer a primeira decisão.

Por outro lado, haverá o *iudicium rescissorium* quando se tiver em conta o *efeito positivo da coisa julgada*, pois o que se pretende é "incorporar na decisão de um segundo processo o conteúdo que se tornou estável em um processo anterior. Trata-se do *efeito positivo* da coisa julgada, que atua quando uma questão decidida no primeiro processo, for uma questão prejudicial no segundo".[975] Por exemplo, se uma ação de alimentos fora julgada improcedente em virtude de o juiz entender inexistente o vínculo de parentesco, que já havia sido reconhecido em ação de paternidade transitada em julgado; o acolhimento da rescisória ensejará a desconstituição da decisão e o rejulgamento da ação de alimentos, com a consideração da coisa julgada anteriormente ofendida.

▶ **NCPC. Art. 966.** A decisão de mérito, transitada em julgado, pode ser rescindida quando: (...). IV – ofender a coisa julgada.

975. CABRAL, Antônio P. "Coisa Julgada". *In*: WAMBIER, Tereza A. *et al.* (Coords.). *Breves comentários ao novo Código de Processo Civil*. São Paulo: RT, 2015. p. 1284.

Enunciado 555. Nos casos em que tanto a decisão de inadmissibilidade do recurso quanto a decisão recorrida apresentem vícios rescisórios, ambas serão rescindíveis, ainda que proferidas por órgãos jurisdicionais diversos.

● *Grupo: Sentença, coisa julgada e ação rescisória.* ● *Referências: art. 966, § 2º.*

▸ ***Jaldemiro Rodrigues de Ataíde Jr. e José Humberto Pereira Muniz Filho***

Rescindibilidade das decisões que impeçam a rediscussão acerca da inadmissibilidade de recurso. Diversas decisões rescindíveis. Competência para a rescisória.

O enunciado em comento encontra-se umbilicalmente ligado ao Enunciado nº 337 do FPPC e ao art. 966, § 2º, II, de acordo com o qual a decisão transitada em julgado, embora não sendo de mérito, impeça a repropositura da demanda, ou impeça a rediscussão acerca da inadmissibilidade de recurso (art. 966, § 2º, I e II, NCPC).

No direito brasileiro, a competência para processamento e julgamento da ação rescisória é exclusiva dos tribunais; a cada tribunal compete o julgamento da rescisória dos seus próprios julgados (e o dos juízes a si vinculados). Isso é o que se depreende: do artigo 102, I, "j", da CF, de acordo com o qual cabe ao STF processar e julgar as ações rescisórias de seus julgados; do artigo 105, I, da CF, que estabelece o mesmo para o STJ e, do o artigo 108, I, b, da CF, que atribui competência aos TRFs para rescindir os seus próprios julgados. Por fim, constrói-se idêntica norma para os Tribunais Estaduais, a partir do artigo 125, § 1º, da CF, iluminado pelo princípio da simetria.

Por conseguinte, nos casos em que tanto a decisão de inadmissibilidade do recurso, quanto a decisão recorrida apresentem vícios rescisórios, ambas serão rescindíveis, embora, nestes casos, a competência para o julgamento das ações rescisórias possa pertencer de tribunais distintos. Com efeito, a competência para processar a ação rescisória contra capítulo de decisão impugnado deverá considerar o órgão jurisdicional que proferiu o capítulo de decisão rescindendo. Assim, por exemplo, se a decisão recorrida é de um tribunal local e a decisão de inadmissibilidade do recurso especial é do STJ, ao tribunal local competirá o julgamento da rescisória da decisão outrora recorrida e ao STJ competirá o julgamento da decisão de inadmissibilidade do recurso especial.

▸ **NCPC. Art. 966. § 2º** Nas hipóteses previstas nos incisos do caput, será rescindível a decisão transitada em julgado que, embora não seja de mérito, impeça: I – nova propositura da demanda; ou II – admissibilidade do recurso correspondente.

Enunciado 602. A prova nova apta a embasar ação rescisória pode ser produzida ou documentada por meio do procedimento de produção antecipada de provas.

● *Grupo: Direito probatório.* ● *Referências: arts. 381, III e 966, VII.*

▸ ***Jaldemiro Rodrigues de Ataíde Jr. e José Humberto Pereira Muniz Filho***

Ação rescisória com base em prova nova.

O julgado também pode ser rescindido quando o autor, posteriormente à decisão rescindenda, obtiver *prova nova*, cuja existência ignorava ou de que não pôde fazer uso. Observe-se que, neste ponto, o inciso VII, do artigo 966, do NCPC inovou com relação ao art. 485, VII, do CPC, pois refere-se à *prova nova*, hipótese bem mais ampla que o *documento novo* referido neste dispositivo legal. Assim, no regime do Novo Código de Processo Civil, não apenas um *documento novo*, mas também uma prova pericial, um exame de DNA etc., renderão ensejo à ação rescisória.

Ao contrário do que faz crer a literalidade do enunciado legal, a *prova nova* não é a surgida após a decisão rescindenda, e sim aquela que já existia ao tempo da decisão, mas cuja existência a parte ignorava ou dela não pôde fazer uso, ou melhor, é a prova que não fora apresentada no curso da ação originária, sendo, pois, estranha à causa. Outrossim, apesar de a literalidade do inciso VII, do artigo 966, do NCPC induzir à conclusão de que a descoberta da *prova nova* tem que ser posterior à decisão rescindenda, a melhor conclusão é a de que o momento da descoberta da *prova nova* deva ser "a partir do instante em que não se possa mais juntá-lo aos autos ou a partir do momento em que não possa mais ser apreciado no processo originário"[976].

Tendo em vista que a "prova nova" não pode ser produzida nos autos da ação rescisória, uma vez que tem que ser pré-existente ao seu ajuizamento, andou bem o Enunciado em comento ao possibilitar a produção da prova nova pode ser produzida ou documentada por meio do procedimento de produção antecipada de provas, previsto no artigo 381 do CPC.

▶ **NCPC. Art. 381.** A produção antecipada da prova será admitida nos casos em que: (...). III – o prévio conhecimento dos fatos possa justificar ou evitar o ajuizamento de ação. (...). ▶ **Art. 966.** A decisão de mérito, transitada em julgado, pode ser rescindida quando: (...). VII – obtiver o autor, posteriormente ao trânsito em julgado, prova nova cuja existência ignorava ou de que não pôde fazer uso, capaz, por si só, de lhe assegurar pronunciamento favorável; (...).

ENUNCIADO 603. NÃO SE CONVERTERÁ EM MULTA O DEPÓSITO INICIAL EFETUADO PELO AUTOR, CASO A EXTINÇÃO DA AÇÃO RESCISÓRIA SE DÊ POR DECISÃO DO RELATOR TRANSITADA EM JULGADO.

● *Grupo: Sentença, coisa julgada e ação rescisória.* ● *Referências: art. 968, II.*

▸ *Jaldemiro Rodrigues de Ataíde Jr. e José Humberto Pereira Muniz Filho*

Depósito obrigatório e conversão em multa.

A inicial da ação rescisória deve vir acompanhada do comprovante de depósito de cinco por cento sobre o valor da causa, exceto quando ajuizada pela União; pelos Estados; pelo Distrito Federal; pelos Municípios, suas respectivas autarquias e fundações de direito público; pelo Ministério Público; pela Defensoria Pública e por quem tenham obtido o benefício da gratuidade de justiça. O valor do depósito obrigatório não será superior a 1.000 (mil) salários mínimos, ou seja, mesmo nas causas de valor superior a 20.000 (vinte mil) salários mínimos, o teto do depósito será quantia equivalente a 1.000 (mil) salários mínimos.

976. DIDIER JR., Fredie; CUNHA, Leonardo C. ob. cit., p. 451.

Ressalte-se, ainda, que tal depósito será convertido em multa e revertido em favor do réu, caso a ação seja, por unanimidade de votos, declarada inadmissível ou improcedente (arts. 968, II e 974, parágrafo único, NCPC). Observe-se que a *hipótese de incidência* da norma que estabelece a conversão do depósito em multa tem como um de seus elementos *que a inadmissibilidade ou improcedência da ação se dê em órgão colegiado e por unanimidade de votos*. Logo, a decisão monocrática do relator extinguindo a ação rescisória não se constitui em *suporte fático* da norma que estabelece a conversão do depósito em multa.

► **NCPC. Art. 968.** A petição inicial será elaborada com observância dos requisitos essenciais do art. 319, devendo o autor: (...). II – depositar a importância de cinco por cento sobre o valor da causa, que se converterá em multa caso a ação seja, por unanimidade de votos, declarada inadmissível ou improcedente. (...).

Enunciado 656. A expressão "prova nova" do inciso VII do art. 966 do CPC/2015 engloba todas as provas típicas e atípicas.

● *Grupo: Sentença, ação rescisória e coisa julgada.* ● *Referências: art. 966, VII.*

► ***Jaldemiro Rodrigues de Ataíde Júnior e Ravi Peixoto***

Uma das hipóteses de cabimento da ação rescisória é quando a parte obtiver uma prova *nova*, cuja existência ignorava ou de que não pôde fazer uso. Observe-se que, neste ponto, o inciso VII, do artigo 966, do NCPC inovou com relação ao art. 485, VII, do CPC, pois refere-se à *prova nova*, hipótese bem mais ampla que o *documento novo* referido neste dispositivo legal. Assim, no regime do Novo Código de Processo Civil, para o ajuizamento de ação rescisória é possível a utilização não apenas de um *documento novo*, mas de qualquer meio de prova.

O CPC, em seu artigo 369, permite às partes a utilização de qualquer meio legítimo para a prova das suas alegações fáticas, ou seja, é possível a utilização das provas típicas e atípicas. É possível interpretar que o legislador, ao utilizar a expressão prova nova no cabimento da ação rescisória, admitiu que a liberdade probatória seja utilizada também na rescisão de julgados, seguindo a mesma lógica existente no artigo 369.

Portanto, para além da prova documental, mencionada no revogado CPC/73, a parte poderá usar provas típicas, tais como a prova pericial, a testemunhal, a ata notarial, a prova emprestada, o depoimento pessoal, dentre outras e igualmente as provas atípicas. Por mais que algumas delas tenham sido tipificadas (prova emprestada e a ata notarial), são incontáveis os exemplos de provas atípicas, tais como as declarações extrajudiciais, as perícias extrajudiciais, a reconstituição simulada dos fatos, a reconstituição de fatos, a sentença como meio de prova etc.[977]

---

977. Os exemplos foram retirados de: AMARAL, Paulo O. *Provas*: atipicidade, liberdade e instrumentalidade. São Paulo: RT, 2015. p. 87-96. O autor não admite a sentença como meio de prova. Em sentido contrário: MACÊDO, Lucas Buril de. "Coisa julgada sobre fato? Análise comparativa com o *collateral estoppel* de sua possibilidade de *lege lata* ou de *lege ferenda*". *Revista de Processo*. São Paulo: RT, v. 260, out/2015, versão eletrônica, tópico 5.3.

Em outros termos, deixa de haver o problema da admissibilidade de meios probatórios para além dos documentais, sendo possível a utilização de qualquer meio probatório típico ou atípico.

Essa abertura pode trazer riscos à segurança jurídica, mediante a possibilidade de que a parte, interessada na rescisão de um julgado, venha a produzir uma determinada prova, apenas para reabrir a discussão por meio da ação rescisória. Como uma forma de tutelar a segurança jurídica, deve-se entender que o termo "prova nova" é, na verdade, prova documentada[978] cuja produção seja anterior ao trânsito em julgado da decisão rescindenda, mas cuja existência a parte ignorava ou dela não pôde fazer uso, ou melhor, é a prova que não fora apresentada no curso da ação originária, sendo, pois, estranha à causa. Isso significa que a sua produção não pode ter sido realizada após o trânsito em julgado, sob pena de passar a existir uma coisa julgada *secundum eventum probationis.*

Em outros termos, "a prova nova não é aquela constituída após o trânsito em julgado. O adjetivo novo diz respeito ao conhecimento e ao acesso da parte à prova".[979] Essa é a forma mais adequada de equilibrar a abertura à prova apta a servir de suporte para uma ação rescisória com a tutela da segurança jurídica, evitando a existência de uma coisa julgada que sempre estaria apta a ser questionada por meio da produção de novas provas.

▶ **NCPC. Art. 966.** A decisão de mérito, transitada em julgado, pode ser rescindida quando: (...). VII – obtiver o autor, posteriormente ao trânsito em julgado, prova nova cuja existência ignorava ou de que não pôde fazer uso, capaz, por si só, de lhe assegurar pronunciamento favorável;

---

978. É importante que se compreenda a diferença entre *prova documental* e *prova documentada*. A prova *documental* é aquela em que o fato é representado diretamente pelo documento. A prova *documentada* é decorrência do formalismo do processo, que exige a documentação dos atos neles praticados. Por conta disso, qualquer prova que não a documental – testemunhal, pericial etc. – será representada por meio de um documento, mas isso não faz com que perca a sua natureza originária. Note-se que a representação do fato que se deseja provar é realizada por meio da prova testemunhal, não por meio do documento no qual esta foi representada. Pode-se pensar em uma prova testemunhal ou pericial produzida antecipadamente e que são documentadas, mas, no processo principal, chegarão como provas documentadas. "Isso quer dizer que a declaração testemunhal e o laudo pericial obtidos antecipadamente provam apenas o que as testemunhas disseram e o perito concluiu. Nesse sentido apenas documentam um testemunho e uma perícia, sem constituírem provas documentais capazes de representar (MARINONI, Luiz G.; ARENHART, Sergio C. *Prova.* São Paulo: RT, 2009. p. 300). Uma prova testemunhal documentada, que venha a ser utilizada como prova emprestada em outro processo não deixa de ser prova testemunhal. A grande importância dessa diferenciação ocorre nos procedimentos em que há alguma restrição cognitiva, como ocorre no mandado de segurança, em que apenas se admite a prova documental, portanto, não se admitiria, por exemplo, que a parte se utilizasse de uma prova testemunhal documentada para ingressar com um mandado de segurança.

979. DIDIER JR., Fredie; CUNHA, Leonardo Carneiro. *Curso de direito processual civil.* 13. ed. Salvador: Juspodivm, 2016, v. 3. p. 503.

2.3.1.7. *Do Incidente de Resolução de Demandas Repetitivas (arts. 976 a 987)*

Enunciado 87. A instauração do incidente de resolução de demandas repetitivas não pressupõe a existência de grande quantidade de processos versando sobre a mesma questão, mas preponderantemente o risco de quebra da isonomia e de ofensa à segurança jurídica.

● *Grupo: Recursos Extraordinários e Incidente de Resolução de Demandas Repetitivas.* ● *Referências: art. 976, II.*

▸ *Sofia Temer*

Durante a tramitação do projeto de lei que culminou no Código de Processo Civil de 2015, houve inúmeras modificações atinentes ao incidente de resolução de demandas repetitivas, algumas das quais merecem ser brevemente analisadas para compreensão deste enunciado.

O PLS 166/10 previa, inicialmente, que o incidente poderia ser instaurado quando houvesse *potencial* de multiplicação de processos versando sobre a mesma controvérsia.[980] O incidente tinha, então, caráter preventivo, pois permitia a fixação da tese jurídica antes mesmo de se constatar a proliferação de demandas sobre a questão. Esta previsão foi bastante criticada pela doutrina, que destacou o risco de que a instauração em caso de *potencial* repetição poderia impedir o necessário amadurecimento do debate antes que houvesse a uniformização do entendimento.[981]

Diante de tais críticas, a versão do projeto de lei aprovada pela Câmara alterou os pressupostos de cabimento do incidente, para fixar a necessidade de *efetiva repetição de processos,* [982]o que foi mantido na versão promulgada (art. 976 da Lei 13.105/15). O incidente deixou, então, de ter caráter *preventivo.*

---

980. PLS 166/2010, versão de 15.12.2010: "Art. 930. É admissível o incidente de demandas repetitivas sempre que identificada controvérsia com potencial de gerar relevante multiplicação de processos fundados em idêntica questão de direito e de causar grave insegurança jurídica, decorrente do risco de coexistência de decisões conflitantes".

981. Leonardo Carneiro da Cunha defendeu, à época, que "para que se possa fixar uma tese jurídica a ser aplicada a casos futuros, é preciso que sejam examinados *todos* os pontos de vista, com a possibilidade de análise do *maior número possível* de argumentos. E isso não se concretiza se o incidente for preventivo, pois não há, ainda, amadurecimento da discussão. Definir uma tese sem que o assunto esteja amadurecido ou amplamente discutido acarreta o risco de haver novos dissensos, com a possibilidade de surgirem, posteriormente, novos argumentos que não foram debatidos ou imaginados naquele momento inicial em que, previamente, se fixou a tese jurídica a ser aplicada a casos futuros" (CUNHA, Leonardo C. "Anotações sobre o incidente de resolução de demandas repetitivas previsto no Projeto do novo Código de Processo Civil". *Revista de Processo. vol.* 193, março/2011. p. 255). O autor destacou, ainda, a conveniência de se admitir o incidente apenas quando já houvesse sentenças antagônicas sobre o tema.

982. PLC 8.046/2010, versão de 17.7.2013: "Art. 988. É admissível o incidente de resolução de demandas repetitivas quando, estando presente o risco de ofensa à isonomia e à segurança jurídica, houver efetiva repetição de processos que contenham controvérsia sobre a mesma questão unicamente de direito".

O enunciado em análise foi editado no Fórum Permanente de Processualistas Civis ocorrido em Salvador, em novembro de 2013, logo após a inserção do requisito da "efetiva repetição", e tangencia a problemática relativa à quantidade de processos em que se discuta a questão de direito, como requisito à instauração do IRDR.

Tal questão é de difícil equacionamento, uma vez que a lei não definiu critério objetivamente aferível, dando liberdade ao órgão julgador para decidir sobre o cabimento do incidente.[983] O juízo sobre a (in)suficiência numérica dos casos ficará a critério do órgão colegiado por ocasião do exame de admissibilidade, sendo possível, ainda, que normas regimentais fixem balizas mínimas para orientar esta análise.[984]

O que o enunciado destaca, então, é que para a instauração do IRDR não se dispensa a *efetiva* repetição de processos (o que contrariaria o texto legal), mas, de outro lado, não se exige *grande quantidade* de processos, desde que haja risco de quebra de isonomia e de ofensa à segurança jurídica.

Destaca-se, portanto, a função do incidente de resolução de demandas repetitivas enquanto técnica processual diferenciada que se sustenta sob os pilares da isonomia, que exige o tratamento uniforme às mesmas questões submetidas à apreciação do judiciário, e da segurança jurídica, estampada na previsibilidade e coerência das decisões judiciais.[985]Ao fixar tese jurídica aplicável às mesmas questões, o Judiciário consolida seu entendimento e possibilita o estabelecimento de padrões decisórios confiáveis aos jurisdicionados.[986]

---

983. Há, na doutrina, quem sustente o mínimo de algumas dezenas ou centenas, o que parece ser um parâmetro razoável. Nesse sentido: "não há um número mágico ou indicação cartesiana, cabendo à doutrina e à jurisprudência balizar a aplicação do incidente pela construção de parâmetros. Não há necessidade de uma enorme quantidade de causas repetitivas (como expresso no enunciado nº 87 do Fórum Permanente de Processualistas Civis), mas deve haver uma quantidade razoável, na casa das dezenas ou centenas, a fim de justificar a adoção desta técnica". CABRAL, Antonio P. "Comentários aos arts. 976 a 987". *In*: CABRAL, Antonio P.; CRAMER, Ronaldo. (Coords.). *Comentários ao novo Código de Processo Civil*. Rio de Janeiro: Forense, 2015. p. 1421.

984. Contudo, não há até o presente momento notícia de regra neste sentido nos regimentos internos dos tribunais estaduais e regionais federais. Sobre a importância do regimento interno como fonte de regulamentação complementar ao CPC/2015, especialmente no que se refere ao incidente de resolução de demandas repetitivas, ver: DIDIER JR., Fredie; TEMER, Sofia. *A decisão de organização do incidente de resolução de demandas repetitivas: importância, conteúdo e o papel do regimento interno do tribunal*. Artigo aprovado para publicação na *Revista de Processo*, jul./2016. vol. 258. Neste estudo, analisaram-se os regimentos internos dos tribunais estaduais e regionais federais já adaptados para a Lei 13.105/2015, alguns dos quais consagram regras destinadas a preencher a lacuna legal.

985. Nesse sentido: "Tudo leva a crer que [o incidente] contribuirá de forma significativa para a efetivação dos princípios da segurança jurídica, da isonomia, da economia processual e da duração razoável do processo, ao possibilitar uma maior uniformização nos julgamentos proferidos no país, contribuindo, assim, para a construção de um sistema jurisdicional mais racional e harmônico" (MENDES, Aluisio G. C.; RODRIGUES, Roberto A. R. Reflexões sobre o incidente de resolução de demandas repetitivas previsto no projeto de novo Código de Processo Civil. *Revista de Processo*. vol. 211, set/2012. p. 191).

986. Marinoni orienta que "tratar da mesma forma casos similares é algo fundamental para a estabilidade do poder e para a manutenção da segurança necessária ao desenvolvimento das relações sociais" (MARINONI, Luiz G. *Precedentes obrigatórios*. 2 ed. São Paulo: RT, 2011. p. 109)

Esta é a principal função do incidente de resolução de demandas repetitivas, o que é destacado no enunciado ora analisado, evitando-se a resolução pulverizada de questões similares – que pode gerar ofensa à isonomia e à segurança jurídica – ainda que não haja *grande* quantidade de processos. Pensamos, como já apontado, que havendo dezenas ou centenas de processos sobre a questão de direito, deve ser viabilizada a instauração do IRDR.

Por fim, é importante destacar que nem sempre a inexistência de repetição de processos impedirá que se possa atingir um padrão decisório com eficácia vinculativa, eis que, caso preenchidos os requisitos específicos do artigo 947 do NCPC, poderá ser instaurado o incidente de assunção de competência, que justamente dispensa a repetitividade de processos.

► **NCPC. Art. 976.** É cabível a instauração do incidente de resolução de demandas repetitivas quando houver, simultaneamente: II – risco de ofensa à isonomia e à segurança jurídica.

Enunciado 88. Não existe limitação de matérias de direito passíveis de gerar a instauração do incidente de resolução de demandas repetitivas e, por isso, não é admissível qualquer interpretação que, por tal fundamento, restrinja seu cabimento.

● *Grupo: Recursos Extraordinários e Incidente de Resolução de Demandas Repetitivas.* ● *Referência: art. 976; art. 928, par. ún.*

► ***Sofia Temer***

O incidente de resolução de demandas repetitivas pode ser instaurado quando houver repetição de processos sobre a mesma "questão unicamente de direito" (art. 976, I, NCPC). Embora em uma das versões do projeto de lei tivesse sido aventado o cabimento do incidente também para questões fáticas[987], a dicção do texto legal é clara ao reduzir o cabimento do incidente às questões de direito.

Quanto a estas, contudo, é ampla a possibilidade de instauração do IRDR, tanto para solucionar problemas de direito material como de direito processual (art. 928, parágrafo único e Enunciado 327/FPPC[988]). Ou seja, no IRDR, o tribunal tanto pode fixar tese relativa à legalidade de cláusulas de contratos bancários, como de invalidade de intimação por vício formal[989].

---

987. O que inclusive levou Antonio Adonias Aguiar Bastos a escrever artigo sobre o precedente sobre questão fática: "O precedente sobre questão fática no projeto do novo CPC". *In*: FREIRE, Alexandre *et al* (Orgs.). *Novas tendências do processo civil*. vol. II. Salvador: Juspodivm, 2014. p. 85-100.

988. Enunciado nº 327 do FPPC: "Os precedentes vinculantes podem ter por objeto questão de direito material ou processual".

989. Este é o regime aplicável sob a égide do CPC/73 aos recursos repetitivos. Veja, como exemplos, que o STJ afetou para julgamento as questões relativas à "legalidade da cláusula que, em contratos bancários, prevê a cobrança da comissão de permanência na hipótese de inadimplência do consumidor" (Tema nº 49), e também a "discussão a respeito da possibilidade de se dispensar a juntada da certidão de intimação da decisão agravada para a formação de agravo de instrumento, nos casos em que há vista pessoal à Fazenda Nacional" (Tema nº 809).

Tratando-se de questão *predominantemente* de direito[990] e havendo repetição de processos que gere risco de ofensa à isonomia e à segurança jurídica, deve ser possível a utilização desta técnica processual.

O Enunciado visa a coibir a restrição do emprego do incidente por motivos de conveniência política, por exemplo, à semelhança do que ocorreu com as ações civis públicas, nas quais são vedadas algumas discussões sobre tributos e contribuições previdenciárias[991]. Claro que, advindo modificação legislativa que restrinja o cabimento do incidente, outra será a realidade normativa, a ensejar a revisão do enunciado. Por ora, destaca-se a impossibilidade de que seja limitada a abrangência do incidente, haja vista a inexistência de restrição no texto legal.

É importante destacar, ademais, que o incidente não visa – ao contrário do que enuncia seu nome – apenas à resolução de *demandas repetitivas*, mas de todas as questões de direito que possam surgir no contexto do processo judicial, ainda que tais questões não representem questões principais do conflito subjetivo a ser resolvido em juízo, e que tratem de problemas pontuais, como questões preliminares ou prejudiciais.[992]

Assim, também com este sentido deve ser compreendido o enunciado, que destaca que o emprego do incidente deve ser amplo: todas as questões de direito material ou processual, constituam ou não parte considerável da demanda, devem ser passíveis de resolução pelo IRDR.

► **NCPC. Art. 928. Parágrafo único.** O julgamento de casos repetitivos tem por objeto questão de direito material ou processual. ► **Art. 976.** É cabível a instauração do incidente de resolução de demandas repetitivas quando houver, simultaneamente: I – efetiva repetição de processos que contenham controvérsia sobre a mesma questão unicamente de direito; II – risco de ofensa à isonomia e à segurança jurídica.

990. A distinção entre questões de direito e questões de fato é um problema complexo, que não poderá ser enfrentado neste estudo. Propusemos a adoção do raciocínio tipológico no incidente, para permitir a abstração das circunstâncias fáticas, sem que haja descolamento dos elementos concretos de onde se extrai a problemática de direito, em: TEMER, Sofia. *Incidente de resolução de demandas repetitivas*. Salvador: Juspodivm, 2016. p. 69-77.

991. Lei 7.347/85. Art. 1º (...). Parágrafo único. Não será cabível ação civil pública para veicular pretensões que envolvam tributos, contribuições previdenciárias, o Fundo de Garantia do Tempo de Serviço – FGTS ou outros fundos de natureza institucional cujos beneficiários podem ser individualmente determinados.

992. Por isso que já defendemos, com parte da doutrina, que o incidente resolve *questões repetitivas* e não necessariamente *demandas repetitivas*. Ver: TEMER, Sofia. *Incidente de resolução de demandas repetitivas*. Salvador: Juspodivm, 2016. p. 58 e ss.; CAVALCANTI, Marcos. *Incidente de resolução de demandas repetitivas e ações coletivas*. Salvador: Juspodivm, 2015. p. 527.

Enunciado 89. Havendo apresentação de mais de um pedido de instauração do incidente de resolução de demandas repetitivas perante o mesmo tribunal todos deverão ser apensados e processados conjuntamente; os que forem oferecidos posteriormente à decisão de admissão serão apensados e sobrestados, cabendo ao órgão julgador considerar as razões neles apresentadas.

● *Grupo: Recursos Extraordinários e Incidente de Resolução de Demandas Repetitivas.* ● *Referência: art. 976.*

▸ *Sofia Temer*

Considerando que o pressuposto para instauração do IRDR é a efetiva repetição de processos, é possível que haja mais de um pedido ou ofício requerendo a instauração do IRDR em relação à mesma questão de direito, dirigido ao mesmo tribunal. O enunciado em análise explicita que, nestas hipóteses, os pedidos ou ofícios deverão ser reunidos para processamento conjunto.[993]

Assim, caberá à presidência ou vice-presidência do tribunal encaminhar todos os pedidos para o órgão indicado no regimento interno (art. 978), a quem incumbirá processar e julgar o incidente de resolução de demandas repetitivas.

Não há óbice, contudo, a que o órgão julgador escolha alguns processos representativos da controvérsia, elegendo alguns sujeitos dentre os que formularam o pedido para a condução do incidente. Aliás, mesmo nos casos em que seja facultada à presidência do tribunal a escolha dos representativos[994], não se retira a possibilidade de o órgão julgador realizar nova seleção (art. 1.036, § 4º, do NCPC).

Caso, contudo, se constate novos pedidos ou ofícios após a decisão de admissão de incidente sobre referida questão – o que deve ser excepcional, porque a admissão gera a suspensão dos processos e, por consequência, dos pedidos de instauração do IRDR – haverá a prevenção do órgão que tiver admitido o incidente, devendo lhe ser encaminhados os pedidos e ofícios posteriores para instrução do IRDR. Neste caso, estes pedidos ou ofícios serão juntados aos autos do incidente, e as razões ali apresentadas deverão ser consideradas por ocasião do julgamento (art. 984, § 2º).[995]

▸ **NCPC. Art. 976.** É cabível a instauração do incidente de resolução de demandas repetitivas quando houver, simultaneamente: I – efetiva repetição de processos que contenham controvérsia sobre a mesma questão unicamente de direito; II – risco de ofensa à isonomia e à segurança jurídica.

---

993. Este entendimento foi incorporado ao RITJPA (redação de 11.5.2016): "Art. 189, § 2º Se houver, simultaneamente, mais de um requerimento de instauração de incidente, todos serão apensados e processados conjuntamente, aplicando-se as regras de prevenção".

994. É o que consta, por exemplo, no RITJBA (17.3.2016), que, em vez de apensamento e processamento conjunto, prevê a escolha dos mais representativos da controvérsia: "219. § 2º Se houver mais de um pedido de instauração de incidente, tendo por objeto a mesma questão de direito, o Presidente do Tribunal escolherá o caso que mais bem represente a controvérsia, observado o disposto no § 6º do art. 1.036 do Código de Processo Civil, e determinará que os demais pedidos integrem a autuação a fim de que o Relator conheça dos argumentos levantados; os requerentes dos pedidos não escolhidos serão informados do número do incidente instaurado e as partes dos respectivos casos poderão participar do processo como intervenientes".

995. Ver comentários ao Enunciado 305, infra.

ENUNCIADO 90. É ADMISSÍVEL A INSTAURAÇÃO DE MAIS DE UM INCIDENTE DE RESOLUÇÃO DE DEMANDAS REPETITIVAS VERSANDO SOBRE A MESMA QUESTÃO DE DIREITO PERANTE TRIBUNAIS DE 2º GRAU DIFERENTES.

● *Grupo: Recursos Extraordinários e Incidente de Resolução de Demandas Repetitivas.* ● *Referência: art. 976.*

▸ *Sofia Temer*

As leis federais regulam, no Brasil, os principais aspectos da vida em sociedade, a citar, apenas a título de exemplo, o Código Civil, o Código Penal, o Código de Defesa do Consumidor, a Lei de Incorporações, a Lei de Licitações. Esta circunstância, aliada com a intensificação das relações entre sujeitos de diferentes estados, com o espraiamento dos efeitos das relações jurídicas, indica que a repetição de processos sobre a mesma questão de direito possivelmente ocorrerá em nível nacional, e não limitadamente a algum Estado ou Região.

Assim, e considerando que o incidente de resolução de demandas repetitivas será julgado, via de regra, por tribunal de justiça ou tribunal regional[996], é plenamente possível que haja, perante tribunais distintos, IRDRs sobre a mesma problemática. Por exemplo, não é difícil de imaginar que o Tribunal de Justiça do Estado do Rio de Janeiro possa instaurar IRDR para decidir sobre a legalidade de um índice de atualização de contas poupança, enquanto haja no Tribunal de Justiça do Estado de São Paulo outro IRDR sobre a mesma controvérsia.

Embora não pareça aconselhável esta tramitação paralela de incidentes sobre a mesma questão, sobretudo diante da provável uniformização nacional (que ocorrerá após eventual interposição de recursos aos tribunais superiores – art. 987 do NCPC), se não houver a concessão de suspensão dos processos repetitivos e, por consequência, dos demais IRDRs, pelo Superior Tribunal de Justiça ou pelo Supremo Tribunal Federal (art. 982, §§ 3º e 4º, do NCPC), os incidentes tramitarão autonomamente[997], que é o que destaca o enunciado em análise.

996. Nas versões do projeto que gerou a Lei 13.105/2015 (CPC), havia previsão expressa no sentido de que o IRDR deveria ser instaurado em tribunal de justiça ou tribunal regional federal (art. 988, § 1º, PL 8.046/2010). À vista da supressão de tal redação, grande parte da doutrina vem admitindo a instauração do IRDR também nos TRTs, especialmente por força da Lei 13.015/2014 (assim reconheceu o TST, ao editar a Instrução Normativa n. 39/2016), nos TREs (CABRAL, Antonio P. Comentários aos arts. 976 a 987. *In*: CABRAL, Antonio P.; CRAMER, Ronaldo. (Coords.). *Comentários ao novo Código de Processo Civil*. Rio de Janeiro: Forense, 2015. p. 1427). Há, ainda, posição doutrinária que admite a instauração do IRDR nos tribunais superiores: DIDIER JR., Fredie; CUNHA, Leonardo C. *Curso de direito processual civil. vol.* 3. 13. ed. Salvador: Juspodivm, 2016. p. 630. Em sentido contrário, inadmitindo a instauração nos tribunais superiores: CAVALCANTI, Marcos. *Incidente de resolução de demandas repetitivas*. São Paulo: RT, 2016. p. 267.

997. Luiz Henrique Volpe Camargo parece não concordar com a tramitação de incidentes perante tribunais distintos: "se a reprodução de causas com a mesma questão jurídica transcender a competência do tribunal de 2º grau onde o incidente for instaurado em primeiro lugar, não poderão ser instalados outros incidentes em outros tribunais, sob pena de permitir que se concretize o oposto da razão de existir do incidente: o tratamento desigual" (CAMARGO, Luiz Henrique V. "O incidente de resolução de demandas repetitivas no projeto de novo CPC: a comparação entre a versão do Senado Federal e a da

O enunciado destaca que esta tramitação paralela ocorrerá apenas quando os incidentes forem processados nos *tribunais de segundo grau*, porque não é possível a instauração de IRDR quando já houver sido admitido o julgamento sobre a mesma questão mediante a técnica de resolução de recursos repetitivos nos tribunais superiores (art. 976, § 4º, NCPC)[998], ou, claro, quando já haja tese fixada pelo STJ ou STF.

► **NCPC. Art. 976.** É cabível a instauração do incidente de resolução de demandas repetitivas quando houver, simultaneamente: I – efetiva repetição de processos que contenham controvérsia sobre a mesma questão unicamente de direito; II – risco de ofensa à isonomia e à segurança jurídica.

Enunciado 91. Cabe ao órgão colegiado realizar o juízo de admissibilidade do incidente de resolução de demandas repetitivas, sendo vedada a decisão monocrática.

● *Grupo: Recursos Extraordinários e Incidente de Resolução de Demandas Repetitivas.* ● *Referência: art. 981.*

▸ *Sofia Temer*

O juízo de admissibilidade do incidente de resolução de demandas repetitivas é necessariamente colegiado, por força da expressa dicção do artigo 981 do NCPC. O que o enunciado destaca, portanto, é a vedação da prolação de decisão unipessoal nesta seara.

Isso porque o juízo de admissibilidade do incidente tem importantes efeitos, como a suspensão de todos os processos que versem sobre a questão e que tramitem no âmbito do Estado ou Região (art. 982, I)[999], e a comunicação e inserção nos cadastros públicos do CNJ e Tribunais (art. 979). Estas consequências devem decorrer de uma decisão colegiada e refletida, prolatada pelo órgão indicado no regimento interno como o responsável pela uniformização de jurisprudência (art. 978).

O juízo de admissibilidade é delicado, ademais, porque os requisitos para instauração do incidente nem sempre serão de simples apreciação, especialmente quando não houver clara definição sobre o número de processos necessários para instaurar o IRDR e quando não for clara a definição se se trata de "questão de direito". Assim, também por este motivo deve ser privilegiada a colegialidade, rechaçando-se

---

Câmara dos Deputados". *In*: FREIRE, Alexandre. *et al.* (Orgs.). *Novas tendências do processo civil*. vol. III. Salvador: Juspodivm, 2014. p. 295).

998. Nesse sentido: "não é possível consentir com a coexistência de duas técnicas distintas de definição da questão jurídica, sob pena de possibilitar a formação de duas orientações antagônicas, o que seria um contrassenso. Faltará, na verdade, interesse de agir para a instauração do incidente posto que a insegurança jurídica, que é pressuposto do incidente, já estará na iminência de ser extirpada do sistema pela Corte superior" (CAMARGO, Luiz Henrique V. "O incidente de resolução de demandas repetitivas no projeto de novo CPC: a comparação entre a versão do Senado Federal e a da Câmara dos Deputados". *In*: FREIRE, Alexandre. *et al.* (Orgs.). *Novas tendências do processo civil*. vol. III. Salvador: Juspodivm, 2014. p. 287).

999. Sobre a abrangência aos juizados especiais, ver comentários ao Enunciado nº 93/FPPC.

a possibilidade de julgamento unipessoal, ainda que isto seja autorizado por norma regimental.[1000]

Caso seja prolatada decisão unipessoal, pensamos ser cabível recurso de agravo interno (art. 1.021), não só pelo sujeito que requereu a instauração (quando for parte, Ministério Público ou Defensoria Pública), ou pela parte adversa no processo de onde surgiu o pedido ou ofício, mas pelos demais sujeitos que estariam interessados em atuar no incidente.[1001]

Embora não se admita o julgamento unipessoal da admissibilidade do incidente, é possível invocar a norma do artigo 932, parágrafo único, do NCPC ao IRDR, de modo a conceder ao relator a possibilidade de determinar a complementação ou aditamento do pedido ou ofício de instauração, quando constatar que, embora haja vícios que impeçam sua admissão, haja probabilidade de existência dos seus requisitos. É o caso, por exemplo, de a parte não demonstrar minimamente a efetiva repetição de processos, embora seja de conhecimento do tribunal que há outras causas sobre a mesma questão.

Pensamos ser viável, inclusive, que o julgador requisite a complementação ou outras informações aos sujeitos que também seriam legitimados a propor o incidente (art. 977).[1002] Do mesmo modo, parece possível aplicar o disposto no artigo 982, II, do NCPC, também para o juízo de admissibilidade, quando se mostrar necessário obter esclarecimentos ou informações sobre a matéria cuja uniformização se requer.

Por fim, é importante anotar que, não havendo prazo superior em normas regimentais[1003], a inclusão em pauta de julgamento do juízo de admissibilidade deve ser feita com antecedência *mínima* de cinco dias úteis (arts. 935 e 219, NCPC). E, ainda que a lei não trate expressamente desta possibilidade, parece recomendável autorizar a realização de sustentação oral na sessão de julgamento da admissibilidade do IRDR, como, aliás, já consta do regimento interno de alguns tribunais.[1004]

1000. Alguns tribunais passaram a contemplar hipótese de julgamento unipessoal da admissibilidade do incidente, contrariando a norma do art. 981 do CPC/2015. É o caso do TJMG (atualizado em 26.4.2016): "Art. 368-C. Distribuído o incidente, o relator poderá: II – indeferir liminarmente o incidente quando formulado por parte ilegítima". Na mesma linha, há norma regimental do TJMT que autoriza o indeferimento liminar não só na hipótese de ilegitimidade, mas também quando houver ausência dos pressupostos para instauração: "Art. 181-G. Distribuído o incidente, o relator poderá: I – indeferi-lo liminarmente, quando formulado por parte ilegítima e por ausência dos pressupostos".

1001. Para uma abordagem sobre os sujeitos e suas possibilidades de atuação, ver: TEMER, Sofia. *Incidente de resolução de demandas repetitivas.* Salvador: Juspodivm, 2016.

1002. Neste sentido: TEMER, Sofia. *Incidente de resolução de demandas repetitivas.* Salvador: Juspodivm, 2016. p. 120.

1003. Como, por exemplo, fez o RITJBA para a publicação da pauta para o julgamento do mérito do IRDR, que fixou em 20 dias (art. 221).

1004. O que, inclusive, já passou a ser regulado no regimento interno do TJMG: "Art. 368-D Em seguida, o relator pedirá dia para julgamento e a turma julgadora fará o juízo de admissibilidade do incidente considerando a presença dos requisitos mencionados na lei processual civil. Art. 368-E Será admitida a sustentação oral pelas partes, pelo Ministério Público e pela Defensoria Pública pelo prazo de 15 (quinze) minutos" e no RITJMT (art. 181-G).

► **NCPC. Art. 981.** Após a distribuição, o órgão colegiado competente para julgar o incidente procederá ao seu juízo de admissibilidade, considerando a presença dos pressupostos do art. 976.

Enunciado 92. A suspensão de processos prevista neste dispositivo é consequência da admissão do incidente de resolução de demandas repetitivas e não depende da demonstração dos requisitos para a tutela de urgência.

● *Grupo: Recursos Extraordinários e Incidente de Resolução de Demandas Repetitivas. Redação revista (III FPPC).* ● *Referência: art. 982, I; art. 313, IV.*

► *Sofia Temer*

A admissão do incidente de resolução de demandas repetitivas tem como efeito a automática suspensão dos processos que versem sobre a matéria submetida a julgamento (art. 982, I, do NCPC). Esta suspensão é *ope legis*, de modo que dispensa a aferição dos requisitos específicos da tutela provisória, não se confundindo com a concessão de efeito suspensivo enquanto medida de urgência (como, por exemplo, preveem os arts. 995, parágrafo único, e 1.019, I, do NCPC).

A suspensão ocorrerá pelo simples enquadramento do caso sob julgamento à matéria discutida no âmbito do incidente de resolução de demandas repetitivas[1005], e perdurará, a princípio, pelo prazo de um ano, o que poderá ser prorrogado por decisão fundamentada (art. 980 do NCPC)[1006].

► **NCPC. Art. 313.** Suspende-se o processo: IV – pela admissão de incidente de resolução de demandas repetitivas. ► **Art. 982.** Admitido o incidente, o relator: I – suspenderá os processos pendentes, individuais ou coletivos, que tramitam no Estado ou na região, conforme o caso.

Enunciado 93. Admitido o incidente de resolução de demandas repetitivas, também devem ficar suspensos os processos que versem sobre a mesma questão objeto do incidente e que tramitem perante os juizados especiais no mesmo estado ou região.

● *Grupo: Recursos Extraordinários e Incidente de Resolução de Demandas Repetitivas.* ● *Referência: art. 982, I.*

► *Sofia Temer*

Um dos aspectos mais delicados sobre o incidente de resolução de demandas repetitivas diz respeito à compatibilização do instituto com os juizados especiais. Os

1005. O Código prevê a possibilidade de requerer a distinção do caso e seu prosseguimento, hipótese em que, caso negada, será cabível o recurso de agravo de instrumento ou agravo interno, nos termos do art. 1.037, §§ 8º a 13, aplicável ao IRDR por força da interpretação conjunta das regras relativas ao microssistema de resolução de questões repetitivas (Enunciado n. 345 do FPPC: "O incidente de resolução de demandas repetitivas e o julgamento dos recursos extraordinários e especiais repetitivos formam um microssistema de solução de casos repetitivos, cujas normas de regência se complementam reciprocamente e devem ser interpretadas conjuntamente").

1006. Nos tribunais superiores, parecia possível defender que houvesse novo prazo de um ano, até porque este era o prazo previsto nos artigos 1.035, § 10 e 1.037, § 5º para o julgamento de repercussão geral e recursos repetitivos, mas, diante da revogação de tais dispositivos pela Lei 13.256/16, não há mais a fixação de prazo máximo para resolução da questão no STF e STJ.

juizados têm autonomia em relação aos tribunais de justiça e tribunais regionais e o órgão hierarquicamente superior é a turma recursal, formada por juízes. Os juizados não estão propriamente no âmbito de circunscrição dos tribunais, para fins jurisdicionais. Assim, e como a princípio os tribunais de justiça e os tribunais regionais é que julgarão o IRDR, resta um problema de como equacionar a suspensão e aplicação da tese aos processos em trâmite nos juizados especiais.

Na versão do projeto de lei aprovada pelo Senado, em 2010 (PLS 166/10), não havia menção aos juizados especiais, que estavam excluídos da sistemática do incidente. O substitutivo da Câmara inseriu previsão que foi mantida na versão aprovada, que dispõe que a tese firmada no incidente será aplicada aos processos repetitivos, "inclusive àqueles que tramitem nos juizados especiais do respectivo Estado ou região" (art. 985, I)[1007]. Embora o CPC não fale sobre a suspensão de tais processos, seria incoerente determinar a aplicação da tese sem o sobrestamento, de modo que, sendo possível a aplicação, deve ocorrer a suspensão, o que dispõe o enunciado em análise.

Não obstante a previsão legal de aplicação da tese aos juizados, há bastante controvérsia doutrinária sobre o tema[1008]. Há quem defenda sua inconstitucionalidade[1009], e há quem seja partidário da aplicação, alguns afirmando que, nesse caso, o IRDR deve ser processado e julgado pelas turmas de uniformização próprias dos juizados[1010].

1007. Luiz Henrique Volpe Camargo foi um dos defensores da inclusão dos juizados no sistema do IRDR, porque o objetivo de resolver uniformemente as questões jurídicas deve ocorrer em qualquer esfera do Poder Judiciário. O autor utilizou como argumento favorável a esta posição a autorização conferida ao juiz para suscitar o incidente, já que, se esta iniciativa fosse exclusiva dos tribunais, se reduziria "a possibilidade de instauração de incidente a partir de questões que se reproduzem nos Juizados Especiais, pois, somente juízes atuam neste ramo do Poder Judiciário" (CAMARGO, Luiz Henrique V. "O incidente de resolução de demandas repetitivas no projeto de novo CPC: a comparação entre a versão do Senado Federal e a da Câmara dos Deputados". *In*: FREIRE, Alexandre. *et al.* (Orgs.). *Novas tendências do processo civil*. vol. III. Salvador: Juspodivm, 2014. p. 288).

1008. Diversas potenciais incongruências são apontadas em: KOEHLER, Frederico A. L. "Incidente de resolução de demandas repetitivas e os juizados especiais". *Revista de Processo*. vol. 237, nov/2014.

1009. Como, por exemplo, Georges Abboud e Marcos Cavalcanti, que afirmam que "o STF decidiu, diversas vezes, que os juizados especiais não estão sujeitos à jurisdição dos Tribunais de Justiça dos Estados e dos Tribunais Regionais Federais. Isto é, os juízes que integram os juizados não estão subordinados (para efeitos jurisdicionais às decisões dos Tribunais de Justiça dos Estados ou Tribunais Regionais Federais). A suspensão e a imposição vinculativa da tese jurídica aos processos repetitivos em tramitação nos juizados especiais violam o texto constitucional" (ABBOUD, Georges; CAVALCANTI, Marcos. "Inconstitucionalidades do incidente de resolução de demandas repetitivas e riscos ao sistema decisório". *Revista de Processo*. vol. 240, fev./2015, versão digital).

1010. Foram aprovados dois enunciados no Fórum da Escola Nacional de Formação e Aperfeiçoamento de Magistrados (ENFAM), admitindo a aplicação, mas ressalvando que o órgão julgador deverá ser o de uniformização do sistema dos juizados, no seguinte sentido: "21) O IRDR pode ser suscitado com base em demandas repetitivas em curso nos juizados especiais; 44) Admite-se o IRDR nos juizados especiais, que deverá ser julgado por órgão colegiado de uniformização do próprio sistema". Disponível no site da ENFAM.

Essa solução, embora desvie do problema relativo à vinculação jurisdicional dos juizados aos tribunais de justiça estaduais e regionais, não está imune a críticas[1011]. Primeiro porque não parece aconselhável haver dois órgãos diversos, com competências muitas vezes coincidentes, aptos a uniformizar a jurisprudência através do IRDR, porque isso pode resultar na quebra de isonomia que o incidente pretende evitar. Não se pode admitir que o Tribunal de Justiça firme um entendimento sobre uma determinada questão e a Turma Recursal tenha outro posicionamento, ambos com caráter vinculativo.

Ainda, caso o IRDR seja instaurado perante órgão de uniformização de jurisprudência do sistema dos juizados, surge outra questão, que diz respeito ao cabimento de recurso especial (art. 987). É que, a rigor, não se admite a interposição de recurso especial contra decisões oriundas do sistema dos juizados especiais (arts. 98 e 105 da CRFB e súmula 203 do STJ). Assim, corre-se o risco de criar uma "bolha" para os processos dos juizados, especialmente estaduais, que não poderão atingir uniformização nacional. Quanto aos juizados federais e da fazenda pública, a situação é um pouco diversa, porque estes podem contar com as turmas de uniformização nacional[1012], com eventual manifestação do STJ em caso de divergência[1013].

1011. Aluisio Mendes e Odilon Neto apontam alguns problemas do sistema de uniformização dos juizados: "A primeira deficiência interna diz respeito à própria abrangência dos mecanismos de uniformização de jurisprudência atualmente existentes, que não alcançam os juizados especiais cíveis estaduais, como adiante haveremos de comentar. A segunda deficiência interna consiste na limitação material imposta pelo legislador aos mecanismos de uniformização de jurisprudência, que não alcançam (...) questões de direito processual, mas unicamente questões de direito material. Por fim, a terceira deficiência, que anteriormente referimos como externa, diz respeito à ausência de instrumentos que permitam a uniformização da jurisprudência dos juizados com os respectivos Tribunais de Justiça ou Tribunais Regionais Federais, em decorrência do que se faz possível a existência de posicionamentos conflitantes a respeito de um mesmo tema, no âmbito de um mesmo Estado ou Região, sem que haja qualquer mecanismo por meio do qual esse impasse possa ser superado" (MENDES, Aluisio G. C.; ROMANO NETO, Odilon. "Análise da relação entre o novo incidente de resolução de demandas repetitivas e o microssistema dos juizados especiais". *Revista de Processo*. vol. 245, jul./2015, versão digital).

1012. Essa questão é abordada por Frederico Koehler, que também menciona a caótica situação dos recursos especiais repetitivos e os juizados. Ver: KOEHLER, Frederico A. L. "Incidente de resolução de demandas repetitivas e os juizados especiais". *Revista de Processo*. vol. 237, nov./2014.

1013. Nesse sentido, Aluisio Mendes e Odilon Neto afirmam que a integração entre juizados e STJ "já se faz presente em alguma medida no regramento atual dos Juizados Especiais Federais e dos Juizados Especiais da Fazenda Pública, na medida em que as respectivas leis (...) preveem que o Superior Tribunal de Justiça integra os respectivos mecanismos de uniformização de jurisprudência. Com efeito, a Lei 10.259/2001 prevê, no § 4º de seu art. 14, que, em havendo divergência entre o entendimento consolidado na Turma Nacional de Uniformização de Jurisprudência e a jurisprudência do Superior Tribunal de Justiça, este poderá ser provocado a se manifestar e a dirimir a divergência, dando a palavra final quanto à interpretação da questão de direito material controvertida. Dispositivo semelhante está presente na Lei 12.153/2009, que prevê, no âmbito dos Juizados Especiais da Fazenda Pública, a manifestação do Superior Tribunal de Justiça quando houver divergência de interpretação de lei federal entre Turmas Recursais de diferentes Estados da Federação (art. 18, § 3º)". (MENDES, Aluisio G. C.; ROMANO NETO, Odilon. "Análise da relação entre o novo incidente de resolução de demandas repetitivas e o microssistema dos juizados especiais". *Revista de Processo*. vol. 245, jul/2015, versão digital).

Não é aconselhável, sob a perspectiva da integridade do ordenamento jurídico, desenhar esferas impermeáveis no que se refere aos juizados e aos demais processos. Com efeito, há hipóteses de interseção de competências, o que pode gerar a situação de a parte poder escolher um determinado entendimento, já que a ela compete, em alguns casos, a opção pelo procedimento abreviado.

Há, certamente, um longo caminho até que se estabeleça um sistema coerente de aplicação do incidente de resolução de demandas repetitivas aos juizados, o que se dará precipuamente por construção doutrinária, ao menos até que haja legislação específica sobre o tema, já que o novo Código é praticamente silente[1014].

Contudo, enquanto houver a aplicação da tese aos juizados (determinada pelo artigo 985, I), deve haver a prévia suspensão, nos termos do enunciado em análise.

► **NCPC. Art. 982.** Admitido o incidente, o relator: I – suspenderá os processos pendentes, individuais ou coletivos, que tramitam no Estado ou na região, conforme o caso.

ENUNCIADO 94. A PARTE QUE TIVER O SEU PROCESSO SUSPENSO NOS TERMOS DO INCISO I DO ART. 982 PODERÁ INTERPOR RECURSO ESPECIAL OU EXTRAORDINÁRIO CONTRA O ACÓRDÃO QUE JULGAR O INCIDENTE DE RESOLUÇÃO DE DEMANDAS REPETITIVAS.

● *Grupo: Recursos Extraordinários e Incidente de Resolução de Demandas Repetitivas. Redação revista (V FPPC).* ● *Referência: art. 982, § 4º; art. 987.*

▸ ***Sofia Temer***

Contra a decisão proferida no IRDR poderão ser interpostos os recursos especial e extraordinário (art. 987), além dos embargos de declaração, cabíveis contra qualquer decisão judicial (art. 1.022). Quanto aos recursos excepcionais, o legislador optou por facilitar o acesso aos tribunais superiores, concedendo-lhes efeito suspensivo e criando presunção de repercussão geral da questão constitucional. Uma vez julgado

1014. Aluisio Mendes e Odilon Costa desenvolveram estudo específico sobre IRDR e juizados, no qual concluem ser "possível sustentar a constitucionalidade da extensão do IRDR aos Juizados Especiais, observada uma interpretação no sentido de que (a) diante de hipótese de competência concorrente entre a justiça ordinária e os juizados especiais, a suspensão e a vinculação estabelecidas a partir do IRDR possam produzir efeitos em relação aos processos em tramitação nos juizados especiais, a partir de incidentes instaurados nos tribunais, estaduais ou federais, conforme o caso, suscitados a partir de processos existentes na justiça ordinária, tal como ocorre na produção da jurisprudência do STJ, sem prejuízo da participação de interessados que tenham processos em tramitação nos juizados especiais; e que (b) diante de hipótese de competência material exclusiva dos juizados especiais ou, ainda, na hipótese de inexistência de IRDR nos tribunais estaduais e federais, quando concorrente a competência, o IRDR possa ser suscitado, instaurado e apreciado no âmbito do próprio Juizado Especial, cabendo a sua admissibilidade e julgamento a um dos órgãos responsáveis pela uniformização da jurisprudência, no âmbito estadual ou regional, conforme o caso, observado o procedimento estabelecido pelo novo Código de Processo Civil, enquanto não regulado de maneira própria por eventual previsão legal específica para os Juizados Especiais" (MENDES, Aluisio G. C.; ROMANO NETO, Odilon. "Análise da relação entre o novo incidente de resolução de demandas repetitivas e o microssistema dos juizados especiais". *Revista de Processo*. vol. 245, jul/2015, versão digital).

o recurso pelo tribunal superior competente, a tese passa a ser aplicável a todos os processos que versem sobre a controvérsia e que tramitem no território nacional.

Muito se questiona, então, a quem caberá interpor tais recursos, considerando que o artigo 987 do NCPC não trata da legitimação e interesse recursais. É que, embora houvesse previsão, na versão inicial do projeto de lei aprovado pelo Senado (PLS 166/10), de cabimento de recursos por "terceiros interessados" no incidente, essa disposição não foi mantida na versão final da Lei, que silencia a respeito do tema.

Não há dissenso quanto à legitimidade recursal dos sujeitos condutores do incidente, que são inclusive denominados como "partes" no texto legal. Os sujeitos que forem escolhidos pelo tribunal para apresentar a controvérsia poderão se irresignar contra a tese fixada, levando a discussão aos tribunais superiores para reapreciação.

Também não há muita controvérsia quanto à interposição de recursos pelo *amicus curiae*, considerando que há disposição legal expressa admitindo esta atuação (art. 138, § 3º, NCPC)[1015].

A legitimação recursal do Ministério Público, do mesmo modo, parece não suscitar muitos debates, considerando não só a sua ampla possibilidade de participação, já que atuará na condição de "fiscal da ordem jurídica", mas pela previsão específica do artigo 996 do NCPC, que dispõe que o recurso pode ser interposto pelo órgão ministerial "como parte *ou como fiscal da ordem jurídica*". Assim, o MP poderá recorrer se for condutor do incidente, mas também quando atue apenas como *custos legis.* A Defensoria, por sua vez, poderá recorrer nas hipóteses que for parte, ou que se coadunem com suas atribuições constitucionais de defesa dos necessitados.

A situação mais problemática refere-se, então, à legitimação e interesse dos sujeitos dos processos sobrestados pela instauração do IRDR. O enunciado em análise explicita que poderão interpor os recursos todos os sujeitos dos processos que contenham a questão repetitiva, o que deve abranger não só os efetivamente suspensos, mas os demais que, por algum equívoco no enquadramento do caso, não o tenham sido.[1016]

1015. Paulo Cezar Pinheiro Carneiro afirma que a possibilidade de interpor recursos decorre de dois motivos principais: "primeiro, porque no referido incidente, diferentemente de todas as outras espécies de técnicas de julgamentos vinculantes (seja aquela embasada nos recursos repetitivos, seja aquela decorrente da aplicação de texto de súmulas), o precedente poderá ser construído com muita rapidez, antes do momento em que, normalmente, são formados (art. 976), ou seja, depois de anos de discussão e após julgamentos de diversos processos e em várias instâncias. Segundo, porque o legislador tem interesse em admitir vários legitimados para levar a discussão da matéria, por meio de recurso especial ou extraordinário, ao Superior Tribunal de Justiça ou ao Supremo Tribunal Federal, conforme o caso, para uniformizar nacionalmente o precedente (art. 987, § 2º)". (CARNEIRO, Paulo Cezar P. "Comentários ao art. 138". *In*: CABRAL, Antonio P.; CRAMER, Ronaldo. (Coords.). *Comentários ao novo Código de Processo Civil.* Rio de Janeiro: Forense, 2015. p. 252).

1016. Essa é a posição de Antonio Adonias: "Qualquer um dos legitimados a suscitar o incidente de resolução de causas repetitivas pode interpor recursos de decisões nele proferidas pelo tribunal. Com efeito, qualquer das partes, o Ministério Público e a Defensoria Pública podem interpor recursos no referido incidente. Quem atuou – ou quem poderia atuar – como interveniente no incidente também pode interpor recursos no mencionado incidente" (BASTOS, Antonio A. A. *O devido processo legal*

O reconhecimento da possibilidade de interposição de recursos a tais sujeitos decorre do fato de possuírem interesse jurídico na fixação da tese, considerando que seus casos serão afetados posteriormente, por ocasião do julgamento de suas demandas.[1017]

Para nós, que entendemos que o IRDR é *técnica processual de natureza objetiva*, com a fixação da tese sem a resolução direta de conflitos subjetivos[1018], resta mais evidente a possibilidade de interposição de recursos pelos sujeitos interessados, considerando a dessubjetivação que ocorre no âmbito do incidente, que, ao afastar o interesse jurídico de um único sujeito na resolução de sua *lide*, aproxima os interesses jurídicos de todos os sujeitos em situação análoga à definição da *tese* no incidente.

A intervenção na fase recursal não é consequência de um vínculo entre as relações de direito material (que, por exemplo, permite o recurso do assistente)[1019], mas

---

nas demandas repetitivas. Tese de doutorado. Universidade Federal da Bahia, Faculdade de Direito. Salvador, 4.4.2012. p. 190). No mesmo sentido: ARENHART, Sérgio. "O recurso de terceiro prejudicado e as decisões vinculantes". Disponível no site Academia.edu. Acesso em: 8.nov.2015. Também é a posição de: CABRAL, Antonio P. "Comentários aos arts. 976 a 987". *In*: CABRAL, Antonio P.; CRAMER, Ronaldo. (Coords.). *Comentários ao novo Código de Processo Civil*. Rio de Janeiro: Forense, 2015. p. 1454; CAVALCANTI, Marcos. *Incidente de resolução de demandas repetitivas e ações coletivas*. Salvador: Juspodivm, 2015. p. 466; NEVES, Daniel A. A. *Novo CPC comentado*. Salvador: Juspodivm, 2016. p. 1614.

1017. A posição dos sujeitos processuais, especialmente dos sujeitos sobrestados, foi aprofundada em: TEMER, Sofia. *Incidente de resolução de demandas repetitivas*. Salvador: Juspodivm, 2016.

1018. Nesse sentido também é a posição de: MENDES, Aluisio G. C.; RODRIGUES, Roberto A. R. "Reflexões sobre o incidente de resolução de demandas repetitivas previsto no projeto de novo Código de Processo Civil". *Revista de Processo*. vol. 211, set/2012, versão digital; NUNES, Dierle. "Comentários aos arts. 1.036 a 1.040". *In*: WAMBIER, Tereza A. *et al*. (Coords.). *Breves comentários ao novo Código de Processo Civil*. São Paulo: RT, 2015. p. 2320; CAMBI, Eduardo; FOGAÇA, Mateus. "Incidente de resolução de demandas repetitivas no novo Código de Processo Civil". *Revista de Processo. vol.* 243, mai/2015. p. 333-362, versão digital; CAMARGO, Luiz Henrique V. "O incidente de resolução de demandas repetitivas no projeto de novo CPC: a comparação entre a versão do Senado Federal e a da Câmara dos Deputados". *In*: FREIRE, Alexandre. *et al*. (Orgs.). *Novas tendências do processo civil*. vol. III. Salvador: Juspodivm, 2014. p. 283; OLIVEIRA, Guilherme P. "Incidente de resolução de demandas repetitivas: uma proposta de interpretação de seu procedimento". *In*: FREIRE, Alexandre. *et al*. (Orgs.). *Novas tendências do processo civil*. vol. II. Salvador: Juspodivm, 2014. p. 670. Há, contudo, posições divergentes: CÂMARA, Alexandre F. *O novo processo civil brasileiro*. São Paulo: Atlas, 2015. p. 479. CABRAL, Antonio P. "Comentários aos arts. 976 a 987". *In*: CABRAL, Antonio P.; CRAMER, Ronaldo. (Coords.). *Comentários ao novo Código de Processo Civil*. Rio de Janeiro: Forense, 2015. p. 1418. DIDIER JR., Fredie; CUNHA, Leonardo C. *Curso de direito processual civil*. vol. 3. 13. ed. Salvador: Juspodivm, 2016. p. 593-599. Todos estes autores ressalvam a situação de desistência da "causa-piloto", hipótese em que o incidente assumiria natureza distinta, porque não haveria julgamento do conflito subjetivo. Sobre esta problemática, com a abordagem de pontos de vista distintos, que consideram que no IRDR já julgamento de "causa", ver: TEMER, Sofia. *Incidente de resolução de demandas repetitivas*. Salvador: Juspodivm, 2016, capítulo 3.

1019. Fredie Didier e Leonardo Carneiro da Cunha defendem a participação das partes dos processos repetitivos no incidente, por terem interesse jurídico na resolução da questão. Entendem, contudo, que o fazem também na condição de assistentes do caso-piloto, até porque defendem que o IRDR julga também a causa (conflito subjetivo). Ver: DIDIER JR., Fredie; CUNHA, Leonardo C. *Curso de direito processual civil*. vol. 3. 13. ed. Salvador: Juspodivm, 2016. p. 607. Também é a posição de Daniel

da necessidade de ampliar o debate, o que deve ser feito sob a perspectiva da intensificação dos argumentos levados à apreciação judicial. Com efeito, o interesse e a legitimidade recursais não são analisados a partir de uma relação substancial conflituosa, sendo desnecessário perquirir qualquer vínculo material entre o terceiro recorrente e a "parte" condutora do IRDR[1020].

A possibilidade de interpor recursos decorre do fato de possuírem interesse jurídico na definição da tese (o que inclui, por óbvio, a etapa recursal em que pode haver sua revisão). Trata-se de uma *especial* categoria de recurso de terceiro prejudicado. Dizemos *especial* porque, ao contrário do processo subjetivo tradicional, o interesse jurídico não decorre de vínculos materiais entre situações substanciais[1021].

O interesse na formação do precedente decorre do fato de que tais sujeitos serão afetados pela tese jurídica, já que é como se a discussão travada no IRDR tivesse ocorrido em cada um dos processos de que sejam partes. O vínculo que justifica a intervenção não é entre esferas jurídicas de sujeitos distintos (o condutor e o sobrestado), mas entre o sujeito sobrestado e o objeto debatido no incidente.

Todos os sujeitos afetados pela definição da tese terão, então, interesse jurídico para interposição de recursos visando à rediscussão da tese. O exercício deste direito potencial, contudo, ficará sujeito ao filtro da *utilidade da intervenção recursal*, que diz respeito à apresentação de novos e relevantes fundamentos para o debate[1022]. Não havendo utilidade na intervenção, não devem ser admitidos os recursos[1023], o que se aplica tanto aos sujeitos sobrestados como aos demais legitimados recursais, como

---

Neves, que entende que a intervenção ocorrerá na modalidade de assistência litisconsorcial. *In*: *Novo CPC comentado*. Salvador: Juspodivm, 2016. p. 1610.

1020. Sobre a problemática dos recursos contra a *ratio* dos precedentes, ver: LIPIANI, Julia. "Reconstrução do interesse recursal no sistema de força normativa do precedente". *Civil Procedure Review*, v. 5, n. 2, mai-ago/2014. p. 45-72; ARENHART, Sérgio. "O recurso de terceiro prejudicado e as decisões vinculantes". Disponível no site Academia.edu. Acesso em: 8.nov.2015.

1021. Por isso, apesar de entendermos que a situação do sujeito sobrestado possa se enquadrar no art. 996 do CPC/2015, temos algumas ressalvas com a inclusão irrefletida deste recurso no IRDR como recurso de terceiro prejudicado, porque, como este instituto esteve tradicionalmente ligado ao processo subjetivo, sempre se exigiu a vinculação entre o direito de terceiro e a "relação jurídica submetida à apreciação judicial" (o que fica claro do parágrafo único do art. 996), o que não se aplica à lógica objetiva do IRDR.

1022. Já tivemos a oportunidade de defender a revisitação do requisito da utilidade para os recursos no IRDR: "A utilidade deixa de ser apreciada sob uma perspectiva subjetivista – ou seja, vinculada com benefício prático direto na esfera de direito do sujeito –, e passa a ter um caráter objetivo. Será útil a intervenção que contribuir racionalmente para o debate, visando à definição de uma tese jurídica. Por isso, aliás, que são admitidas manifestações não só dos sujeitos sobrestados, mas também de *amicus curiae*, do Ministério Público, de *experts*, entre outros (art. 983). A utilidade deixa de ser analisada sob a perspectiva do sujeito e passa a ser aferida sob o prisma do objeto do IRDR, no plano das razões apresentadas" (TEMER, Sofia. *Incidente de resolução de demandas repetitivas*. Salvador: Juspodivm, 2016. p. 178).

1023. Fredie Didier Jr. e Leonardo Carneiro da Cunha defendem, nessa linha, que "para serem admitidos como intervenientes no incidente, é preciso que demonstrem a utilidade de sua intervenção. É preciso, em outras palavras, que demonstrem que têm novos argumentos para apresentar, podendo contribuir efetivamente (e com utilidade) da discussão e da formação do precedente" (DIDIER JR.,

Ministério Público, Defensoria Pública (na condição de sujeito condutor ou sujeito sobrestado) e *amicus curiae*.

Este filtro da utilidade leva à conclusão de que "quanto mais completo e abrangente for o recurso do sujeito condutor, menos espaço haverá para os sujeitos sobrestados atuarem. Do contrário, na ausência de recurso do sujeito condutor, os sujeitos sobrestados atuarão de forma mais ampla"[1024]. Com efeito, os recursos dos sujeitos não condutores apenas serão admitidos na parte em que não sejam mera reprodução dos argumentos já aventados.

Analisando o tema, Fredie Didier Jr. e Leonardo Carneiro da Cunha propõem uma sistemática específica para o processamento de recursos excepcionais contra a decisão que julga o IRDR. Embora os autores admitam a legitimidade dos sujeitos dos processos sobrestados, entendem que a multiplicidade de recursos pode ser tão grande a ponto de inviabilizar o julgamento, o que os leva a defender que seria razoável considerar a legitimidade como concorrente e disjuntiva, de modo que "todos os legitimados são considerados como sendo a mesma pessoa. Assim, interposto um recurso especial ou extraordinário, não é possível mais haver a interposição de outro, sob pena de caracterizar-se uma litispendência"[1025].

Pensamos que o raciocínio é interessante, desde que seja conjugado ao critério da utilidade de que tratamos acima. Ou seja, tratando-se de recursos iguais, com os mesmos fundamentos, configurar-se-ia a impossibilidade do processamento; havendo novos fundamentos recursais, contudo, não se configuraria a ficção de que os recorrentes seriam a mesma pessoa, sendo possível acrescer à matéria do primeiro recurso o que haja de novo nos demais.

Pensando nisso, aliás, é que entendemos possível uma nova decisão de afetação para a fase recursal, com a escolha de novos sujeitos condutores para o debate nas instâncias especiais. Com efeito, tratar-se-ia de uma espécie de seleção de recursos especiais e/ou extraordinários representativos da controvérsia, tal como no regime dos artigos 1.036 e seguintes, mas em âmbito do IRDR.

Afinal, não havendo defesa direta de direito subjetivo, o critério que deve nortear a escolha dos líderes (também para a fase recursal) deve ser objetivo: aqueles que melhor conduzam o debate, apresentando tantas *perspectivas argumentativas* quantas forem possíveis. Se for constatado que o até então líder não teve a melhor atuação ou, ainda, que há, para a fase recursal, sujeitos que possam melhor apresentar o debate para os tribunais superiores, não há óbice para que o tribunal faça nova afetação e escolha novos sujeitos condutores para os recursos[1026]. Assim, caso o julgador

---

Fredie; CUNHA, Leonardo C. *Curso de direito processual civil*. vol. 3. 13. ed. Salvador: Juspodivm, 2016. p. 608).

1024. TEMER, Sofia. *Incidente de resolução de demandas repetitivas*. Salvador: Juspodivm, 2016. p. 247.

1025. DIDIER JR., Fredie; CUNHA, Leonardo C. *Curso de direito processual civil*. vol. 3. 13. ed. Salvador: Juspodivm, 2016. p. 641.

1026. É interessante notar que no *Musterverfahren*, que serviu de inspiração para o IRDR brasileiro, há a possibilidade de nomeação de novos líderes para a fase recursal, como aponta Antonio Cabral:

constate a existência de muitos recursos contra a mesma decisão, poderá selecionar apenas alguns, com o objetivo de formar o melhor conjunto de argumentos para a fase recursal[1027].

► **NCPC. Art. 982. § 4°** Independentemente dos limites da competência territorial, a parte no processo em curso no qual se discuta a mesma questão objeto do incidente é legitimada para requerer a providência prevista no § 3° deste artigo. ► **Art. 987.** Do julgamento do mérito do incidente caberá recurso extraordinário ou especial, conforme o caso.

Enunciado 95. A suspensão de processos na forma deste dispositivo depende apenas da demonstração da existência de múltiplos processos versando sobre a mesma questão de direito em tramitação em mais de um Estado ou região.

● *Grupo: Recursos Extraordinários e Incidente de Resolução de Demandas Repetitivas.* ● *Referência: art. 982, §§ 3º, 4º e 5º.*

► *Sofia Temer*

A admissão do incidente gera a suspensão dos processos individuais e coletivos que versem sobre a matéria objeto do julgamento, nos termos do artigo 982, I, do NCPC. Esta suspensão, a princípio, abrange apenas o Estado ou Região em que tramitar o incidente.[1028]

Não obstante, verificando-se a repetição de processos ocorre além dos limites do Estado ou Região – o que é bastante comum, considerando que nossas leis são, em maioria, federais – é possível que haja pedido de suspensão nacional, o qual deverá ser dirigido ao Superior Tribunal de Justiça ou ao Supremo Tribunal Federal, conforme a matéria debatida seja infraconstitucional ou constitucional. É o que regula o artigo 982, §§ 3º a 5º do NCPC.

A medida tem o objetivo de garantir que haja segurança jurídica e isonomia na resolução dos conflitos levados ao Poder Judiciário, além de evitar inútil atividade jurisdicional (caso ocorra a uniformização nacional posteriormente, por força de interposição de recurso especial ou extraordinário).

O Código dispõe que são legitimados para requerer a suspensão nacional as partes, Ministério Público ou Defensoria Pública (art. 977, II e III), o que é estendido para as partes de processos que discutam a questão e que estejam fora do âmbito do Estado ou Região em que houver sido instaurado o incidente (982, § 4º). Pensamos, contudo, que nada obsta que a suspensão nacional também seja requerida por juiz ou

---

"Os intervenientes também podem recorrer ou aderir a recursos de outrem. A lei disciplina ainda a nomeação de outros líderes para as partes caso o *Musterkläger* ou o *Musterbeklagte* não recorram ou desistam dos recursos interpostos". (CABRAL, Antonio P. "O novo procedimento-modelo (*Musterverfahren*) alemão: uma alternativa às ações coletivas". *Revista de Processo*, 2007. vol. 147. p. 142).

1027. Também defendemos essa possibilidade em: MENDES, Aluisio G. C.; TEMER, Sofia. "O incidente de resolução de demandas repetitivas do novo Código de Processo Civil". *Revista de Processo*. vol. 243, maio/2015. p. 323-324.

1028. Sobre a abrangência aos juizados especiais, ver comentários ao Enunciado 93/FPPC.

relator (art. 977, I), que terá liberdade para oficiar ao Superior Tribunal de Justiça ou ao Supremo Tribunal Federal.

Caso seja demonstrado que a repetição alcança processos em mais de um Estado ou Região, a suspensão *deverá* ser deferida pelo STJ ou STF, sem que haja – em princípio – análise de outros requisitos ou de juízo de conveniência sobre a suspensão. É o que dispõe o enunciado: havendo multiplicidade de processos em outros Estados ou Regiões, deve ocorrer a suspensão nacional.[1029]

A suspensão perdurará até que haja julgamento dos recursos eventualmente interpostos contra a decisão do tribunal de origem. Caso, contudo, não haja interposição de recursos aos tribunais superiores, a suspensão nacional cessará, como dispõe o artigo 982, § 5º. Entendemos que a interposição de embargos de declaração prorroga a suspensão, já que, por ser recurso integrativo, poderá ser seguido dos recursos especial e/ou extraordinário.[1030]

► **NCPC. Art. 982. § 3º** Visando à garantia da segurança jurídica, qualquer legitimado mencionado no art. 977, incisos II e III, poderá requerer, ao tribunal competente para conhecer do recurso extraordinário ou especial, a suspensão de todos os processos individuais ou coletivos em curso no território nacional que versem sobre a questão objeto do incidente já instaurado. **§ 4º** Independentemente dos limites da competência territorial, a parte no processo em curso no qual se discuta a mesma questão objeto do incidente é legitimada para requerer a providência prevista no § 3º deste artigo. **§ 5º** Cessa a suspensão a que se refere o inciso I do caput deste artigo se não for interposto recurso especial ou recurso extraordinário contra a decisão proferida no incidente.

Enunciado 201. Aplicam-se ao incidente de assunção de competência as regras previstas nos arts. 983 e 984.

● *Grupo: Incidente de Resolução de Demandas Repetitivas e Assunção de Competência.* ● *Referência: arts. 947, 983 e 984.*

▸ **Sofia Temer**

O incidente de assunção de competência é um dos mecanismos previstos no NCPC para a formação de decisão com eficácia vinculativa, e será cabível quando houver "relevante questão de direito, com grande repercussão social, sem repetição em múltiplos processos" (art. 947). É técnica que visa a concretizar a tutela da segurança jurídica.[1031]

1029. Não obstante, cogitamos, em outra sede, a possibilidade de a suspensão ser modulada ou reduzida: DIDIER JR., Fredie; TEMER, Sofia. *A decisão de organização do incidente de resolução de demandas repetitivas: importância, conteúdo e o papel do regimento interno do tribunal.* Artigo aprovado para publicação na *Revista de Processo*, em julho/2016, vol nº. 258.

1030. Defendemos a mesma consequência para os embargos de declaração que precedem apelação com efeito suspensivo em: MENDES, Aluisio G. C.; TEMER, Sofia. "Comentários ao art. 1.026". *In*: CABRAL, Antonio P.; CRAMER, Ronaldo. (Coords.). *Comentários ao novo Código de Processo Civil.* Rio de Janeiro: Forense, 2015. p. 1517.

1031. DIDIER JR., Fredie; CUNHA, Leonardo C. *Curso de direito processual civil. vol.* 3. 13. ed. Salvador: Juspodivm, 2016. p. 655.

A disciplina legal do incidente de assunção de competência, contudo, é bem tímida, tendo seu processamento sido regulado em apenas um dispositivo do NCPC. Por se tratar de mecanismo do microssistema de precedentes[1032], é possível aplicar a este instituto algumas das regras relativas aos outros mecanismos, como o incidente de resolução de demandas repetitivas.

O enunciado em análise destaca a aplicabilidade do disposto nos artigos 983 e 984 ao IAC, os quais tratam do procedimento e consequências da admissão do IRDR, bem como do procedimento para o seu julgamento.

Em linhas gerais, é possível defender que, admitido o IAC, o órgão julgador poderá requisitar informações aos órgãos judiciais (art. 983, II), devendo intimar o Ministério Público para manifestar-se (art. 983, III). Deverá permitir a manifestação de interessados, como também dos *amici curiae,* designando, se for o caso, a realização de audiências públicas sobre a matéria em julgamento.

E, embora a repetição de processos não seja requisito para instauração do IAC (pelo contrário, é praticamente um pressuposto negativo), parece adequado que, caso haja alguns processos (e não *efetiva repetição*)[1033] sobre a matéria afetada para julgamento no IAC, estes permaneçam suspensos até o julgamento (aplicando-se, assim, o artigo 983, I, e §§ 1º a 5º, inclusive com suspensão nacional)[1034], já que a tese fixada deverá ser aplicada.

Quanto ao julgamento, é indispensável que haja possibilidade de realização de sustentação oral (art. 984, II), e, em especial, que o acórdão prolatado no IAC contenha a análise de todos os argumentos debatidos, sejam eles favoráveis ou contrários à tese fixada (art. 984, § 2º)[1035], em razão da eficácia vinculativa que lhe é conferida por lei (art. 947, § 3º, NCPC). São cabíveis, também, os recursos previstos no artigo 987 do NCPC.[1036]

Aplicam-se, ademais, todas as regras referentes à publicidade na instauração e julgamento do IAC, como a inclusão em cadastros do CNJ e dos tribunais.

▶ **NCPC.** ▶ **Art. 947.** É admissível a assunção de competência quando o julgamento de recurso, de remessa necessária ou de processo de competência originária envolver relevante questão de direito, com grande repercussão social, sem repetição em múltiplos processos. ▶ **Art. 983.** O relator ouvirá as partes e os demais interessados, inclusive pessoas, órgãos e entidades com interesse na controvérsia, que, no prazo comum de 15 (quinze) dias, poderão requerer a juntada

1032. DIDIER JR., Fredie; CUNHA, Leonardo C. *Curso de direito processual civil. vol.* 3. 13. ed. Salvador: Juspodivm, 2016. p. 658.

1033. Mais uma vez a problemática relativa ao requisito numérico para instauração do IRDR é relevante, eis que pode indicar a possibilidade de instauração do IAC. Sobre esta questão, vide comentários ao Enunciado nº 87.

1034. Em sentido contrário: DIDIER JR., Fredie; CUNHA, Leonardo C. *Curso de direito processual civil.* vol. 3. 13 ed. Salvador: Juspodivm, 2016. p. 669.

1035. Ver, sobre a questão, os comentários ao Enunciado 305/FPPC.

1036. Neste sentido, mas afastando o efeito suspensivo automático aos recursos excepcionais: DIDIER JR., Fredie; CUNHA, Leonardo C. *Curso de direito processual civil.* vol. 3. 13 ed. Salvador: Juspodivm, 2016. p. 669.

de documentos, bem como as diligências necessárias para a elucidação da questão de direito controvertida, e, em seguida, manifestar-se-á o Ministério Público, no mesmo prazo. ▶ **Art. 984.** No julgamento do incidente, observar-se-á a seguinte ordem: I – o relator fará a exposição do objeto do incidente; II – poderão sustentar suas razões, sucessivamente: a) o autor e o réu do processo originário e o Ministério Público, pelo prazo de 30 (trinta) minutos; b) os demais interessados, no prazo de 30 (trinta) minutos, divididos entre todos, sendo exigida inscrição com 2 (dois) dias de antecedência.

ENUNCIADO 205. HAVENDO CUMULAÇÃO DE PEDIDOS SIMPLES, A APLICAÇÃO DO ART. 982, I E § 3º, PODERÁ PROVOCAR APENAS A SUSPENSÃO PARCIAL DO PROCESSO, NÃO IMPEDINDO O PROSSEGUIMENTO EM RELAÇÃO AO PEDIDO NÃO ABRANGIDO PELA TESE A SER FIRMADA NO INCIDENTE DE RESOLUÇÃO DE DEMANDAS REPETITIVAS.

● *Grupo: Incidente de Resolução de Demandas Repetitivas e Assunção de Competência.* ● *Referência: art. 982, caput, I e § 3º.*

▶ ***Sofia Temer***

A admissão do incidente de resolução de demandas repetitivas gera a suspensão dos processos que versem sobre a questão sob apreciação (art. 982, I). Havendo processos em que haja cumulação simples de pedidos, é possível que a suspensão atinja apenas o pedido que será afetado pelo IRDR.[1037]

Neste caso, o processo prosseguirá em relação aos pedidos que não mantenham alguma relação de prejudicialidade com a matéria sob julgamento no IRDR, viabilizando, inclusive, a prolação de decisão parcial de mérito (art. 356 do NCPC).

Embora o enunciado trate apenas da cumulação de pedidos, pensamos que a suspensão pode ser parcial também sob a perspectiva dos atos processuais isolados, ainda que tenham alguma relação com o pedido cuja questão comum esteja em definição no IRDR. Embora muitas vezes não vá ser recomendado o prosseguimento da produção probatória, por possivelmente redundar em atividade inútil (caso, por exemplo, possa ocorrer improcedência liminar em razão da aplicação da tese), pensamos que em algumas hipóteses a produção de prova poderá ser exigida, como, por exemplo, nos casos em que seja necessária justamente para fins de distinção do caso em relação à matéria debatida no IRDR.[1038]

1037. Nesse sentido: "Se, no processo, houver cumulação de pedidos simples, em que cada pedido seja independentemente dos demais (art. 327), pode haver a suspensão apenas parcial do processo, seguindo-se a tramitação em relação ao pedido que não sofre condicionamento da tese a ser firmada no incidente de resolução de demandas repetitivas, conforme consolidado no enunciado nº 205 do Fórum Permanente de Processualistas Civis" (CABRAL, Antonio P. "Comentários aos arts. 976 a 987". *In*: CABRAL, Antonio P.; CRAMER, Ronaldo. (Coords.). *Comentários ao novo Código de Processo Civil*. Rio de Janeiro: Forense, 2015. p. 1433).

1038. Nesse sentido, o Fórum Permanente de Processualistas Civis editou o Enunciado nº 364, aplicável aos recursos repetitivos e, conforme pensamos, também ao IRDR: "O sobrestamento da causa em primeira instância não ocorrerá caso se mostre necessária a produção de provas para efeito de distinção de precedentes".

► **NCPC. Art. 982.** Admitido o incidente, o relator: I – suspenderá os processos pendentes, individuais ou coletivos, que tramitam no Estado ou na região, conforme o caso (...). **§ 3º** Visando à garantia da segurança jurídica, qualquer legitimado mencionado no art. 977, incisos II e III, poderá requerer, ao tribunal competente para conhecer do recurso extraordinário ou especial, a suspensão de todos os processos individuais ou coletivos em curso no território nacional que versem sobre a questão objeto do incidente já instaurado.

ENUNCIADO 305. NO JULGAMENTO DE CASOS REPETITIVOS, O TRIBUNAL DEVERÁ ENFRENTAR TODOS OS ARGUMENTOS CONTRÁRIOS E FAVORÁVEIS À TESE JURÍDICA DISCUTIDA, INCLUSIVE OS SUSCITADOS PELOS INTERESSADOS.

● *Grupo: Precedentes. Redação revista (V FPPC).* ● *Referência: arts. 489, § 1º, IV, 984, § 2º, 1.038, § 3º.*

► ***Sofia Temer***

O incidente de resolução de demandas repetitivas é uma das técnicas processuais previstas pelo NCPC para a formação de decisões com eficácia vinculativa. Já se afirmou, com razão, que o IRDR cria "precedente de propósito"[1039], ou seja, visa a atingir um padrão decisório, um entendimento único sobre uma determinada questão de direito repetitiva.

O IRDR trabalha, assim como os recursos repetitivos, com a lógica de seleção e julgamento por amostragem: objetiva-se reproduzir a controvérsia que vem se repetindo em inúmeros processos, para que o tribunal possa apreciar os diversos argumentos acerca do tema, definido a melhor "tese" sobre a interpretação, alcance e constitucionalidade de uma determinada questão de direito.

Por isso, o debate que precede a tese deve ser o mais amplo possível, o que perpassa tanto a escolha dos sujeitos mais preparados para conduzir o debate, quanto a oitiva dos interessados, de especialistas, de *amicus curiae* e a realização de audiências públicas (art. 983). Todos os sujeitos poderão trazer aos autos do incidente novos argumentos sobre a questão debatida.[1040]

Estes argumentos devem ser levados em consideração por ocasião do julgamento, merecendo apreciação específica e fundamentada por parte do órgão julgador. É o que consta do enunciado ora analisado.

Isso porque a "tese jurídica" fixada no IRDR compreende o raciocínio empreendido pelo tribunal para, diante de uma categoria fática, apreciar e resolver uma questão jurídica problemática, apontando para a melhor conclusão. Para compreensão da tese jurídica fixada no IRDR, portanto, é preciso identificar: a) a categoria fática em relação à qual a questão de direito é apreciada; b) o raciocínio empreendido pelo tribunal na análise dos fundamentos aventados; c) a conclusão sobre a controvérsia jurídica, apontando para uma solução.[1041]

1039. CÂMARA, Alexandre F. *O novo processo civil brasileiro*. São Paulo: Atlas, 2015. p. 437.

1040. Ver, sobre o tema, os comentários ao Enunciado nº 94/FPPC.

1041. Dissertando sobre a definição da *holding* do precedente, Patrícia Campos Mello afirma que é preciso analisar os fatos relevantes do caso concreto (que, aqui, são ilustrados por uma categoria fática ou

Para bem compreender e aplicar a tese, então, é indispensável conhecer todos os fundamentos e argumentos sopesados, inclusive os não acolhidos, que levaram à conclusão sobre a questão de direito[1042]. Apenas será possível ter a visão panorâmica da controvérsia[1043] e da resolução da questão jurídica pela análise e refutação dos argumentos contrários, considerados pelo tribunal como insuficientes para infirmar a conclusão sobre a questão jurídica (é o que exige o artigo 984, § 2º, NCPC). O dever de fundamentação exaustiva serve para convencer os destinatários da superioridade racional da solução adotada pelo tribunal, mas também para possibilitar que as decisões dos casos concretos possam enquadrá-los ou distingui-los adequadamente (art. 489, § 2º, V e VI).

Assim, ao contrário do que ocorre na fundamentação da decisão sobre um caso concreto específico, em que a análise de um argumento favorável ao acolhimento da tese pode dispensar a análise dos demais[1044], no acórdão do incidente o tribunal deverá debater e acolher ou não cada um dos fundamentos aventados[1045], porque apenas assim será possível defender a distinção do caso, seja por não enquadramento na categoria fática, seja por se tratar de discussão jurídica distinta. Ademais, apenas assim

---

fato-tipo); a questão analisada; a fundamentação e o que restou decidido (p. 120). Embora a autora reconheça a complexidade de tal tarefa, aponta que são dois os elementos extraídos da fundamentação do precedente, quais sejam: "a) a classe de eventos a ser abrangida por seu comando (*breadth component*) e b) o *standard* jurídico emergente da decisão, que interfere sobre a determinação do primeiro elemento e que é simultaneamente influenciado por ele '*content component*')" (MELLO, Patrícia P. C. *Precedentes: o desenvolvimento judicial do direito no constitucionalismo contemporâneo.* Rio de Janeiro: Renovar, 2008. p. 131). Pensamos que raciocínio similar pode ajudar a compreender o que é a "tese jurídica".

1042. Defendemos, em outra sede, que "em relação à decisão do IRDR, há um regime de estabilidade e de eficácia vinculativa do conjunto fundamentos apreciados à luz de uma determinada categoria fática + conclusão". (TEMER, Sofia. *Incidente de resolução de demandas repetitivas.* Salvador: Juspodivm, 2016. p. 212.

1043. Dierle Nunes fala na fundamentação como uma "radiografia argumentativa", defendendo que "os acórdãos, na atualidade, deveriam possuir uma linearidade argumentativa para que realmente pudessem ser percebidos como verdadeiros padrões decisórios (standards) que gerariam estabilidade decisória, segurança jurídica, proteção da confiança e previsibilidade. De sua leitura deveríamos extrair um quadro de análise panorâmica da temática, a permitir que em casos futuros pudéssemos extraur uma 'radiografia argumentativa' daquele momento decisório" (NUNES, Dierle; LACERDA, Rafaela. "Contraditório e precedentes: primeiras linhas". *In*: FREIRE, Alexandre. *et al.* (Orgs.). *Novas tendências do processo civil.* vol. II. Salvador: Juspodivm, 2014. p. 366).

1044. Dos demais argumentos favoráveis. O juiz continua tendo que se manifestar sobre os argumentos contrários. Nesse sentido, sobre a regra do art. 489, § 1º, IV: "para acolher o pedido do autor, o juiz não precisa analisar todos os fundamentos da demanda, mas necessariamente precisa analisar todos os fundamentos de defesa do réu; já para negar o pedido do autor, o magistrado não precisa analisar todos os fundamentos da defesa, mas precisa analisar todos os fundamentos da demanda" (DIDIER JR., Fredie; OLIVEIRA, Rafael Alexandria; BRAGA, Paula S. "Comentários ao art. 489". *In*: CABRAL, Antonio P.; CRAMER, Ronaldo. (Coords.). *Comentários ao novo Código de Processo Civil.* Rio de Janeiro: Forense, 2015. p. 715).

1045. É necessário que tenha havido debate sobre os fundamentos apreciados, conforme o Enunciado 2/FPPC: "Para a formação do precedente, somente podem ser usados argumentos submetidos ao contraditório".

será possível pensar em revisão ou superação da tese com base em fundamentos não sopesados pelo tribunal por ocasião de sua fixação.

Os interessados que contribuam com o debate devem ter seus argumentos analisados, sob pena de reputar-se violado o contraditório, que gera ao órgão julgador o dever de consideração.[1046]

Por fim, é importante anotar que embora a Lei 13.256/16 tenha revogado regra similar relativa ao sistema dos recursos repetitivos[1047], permanece vigente o artigo 984, § 2º, que trata do conteúdo do acórdão do IRDR e exige a apreciação dos argumentos favoráveis e contrários. A rigor, por força da existência do microssistema de demandas repetitivas (Enunciado 345/FPPC), esta regra também pode continuar sendo exigida no julgamento dos recursos repetitivos.

▶ **NCPC. Art. 489. § 1º** Não se considera fundamentada qualquer decisão judicial, seja ela interlocutória, sentença ou acórdão, que: IV – não enfrentar todos os argumentos deduzidos no processo capazes de, em tese, infirmar a conclusão adotada pelo julgador. ▶ **Art. 984. § 2º** O conteúdo do acórdão abrangerá a análise de todos os fundamentos suscitados concernentes à tese jurídica discutida, sejam favoráveis ou contrários. ▶ **Art. 1.038. § 3º** O conteúdo do acórdão abrangerá a análise dos fundamentos relevantes da tese jurídica discutida.

Enunciado 342. O incidente de resolução de demandas repetitivas aplica-se a recurso, à remessa necessária ou a qualquer causa de competência originária.

● *Grupo: Precedentes.* ● *Referência: art. 976.*

▸ ***Eduardo Cambi e Mateus Vargas Fogaça***

Durante a tramitação legislativa do NCPC, buscou-se agregar caráter preventivo ao incidente de resolução de demandas repetitivas (IRDR), com a intenção de se promover a pacificação antecipada de controvérsias jurídicas, sem que elas tramitassem por diversas instâncias judiciais, conforme se verifica no artigo 930 do PLS 166/10.

A redação final do artigo 976, inciso I, do NCPC, contudo, abandonou o caráter preventivo e deu outra roupagem ao instituto. Prevaleceu a exigência de *efetiva repetição de processos que contenham controvérsia sobre a mesma questão de direito* para a instauração do incidente, em consonância com a orientação segundo a qual seria mais prudente a definição da tese jurídica em IRDR quando a controvérsia acerca de seu objeto já estivesse razoavelmente amadurecida e debatida. O objetivo da alteração foi o de evitar que, a todo instante, surgissem novos argumentos, ainda não analisados, capazes de, em abstrato, alterarem a tese jurídica definida, prejudicando a própria efetividade do instituto.

1046. Sobre os sujeitos e seu interesse jurídico, ver comentários ao Enunciado 94/FPPC.

1047. A Lei 13.256/16 alterou o art. 1.038, § 3º, que dispunha: "O conteúdo do acórdão abrangerá a análise de todos os fundamentos da tese jurídica discutida, favoráveis ou contrários", para a seguinte redação: "O conteúdo do acórdão abrangerá a análise dos fundamentos relevantes da tese jurídica discutida".

Afastado seu caráter preventivo, mesmo que sua instauração decorra de causa em trâmite perante o primeiro grau de jurisdição, sempre serão necessários o preenchimento dos requisitos da efetiva *repetição de processos* sobre a mesma questão e o *risco de ofensa* à isonomia e à segurança jurídica, potencialmente capazes de produzir decisões dissonantes, seja em primeira ou segunda instâncias. Essa constatação é importante, porque, se existir uma infinidade de processos repetitivos, mas não houver controvérsia sobre o assunto, tampouco risco à isonomia e à segurança jurídica, o incidente não será instaurado.

Poderá ser instaurado um incidente sem que sequer exista causa pendente em primeira instância, por exemplo, se ocorrer repetição de demandas de competência originária no tribunal, como é o caso da ação rescisória e do mandado de segurança. Assim, reitere-se, existindo efetiva repetição de processos que contenham controvérsia sobre a mesma questão de direito, seja em primeira ou segunda instância, será possível a instauração do IRDR.

De qualquer forma, uma vez atribuída ao tribunal de justiça ou regional federal a competência para processar e julgar o IRDR, caso ele tenha sido instaurado em causa em grau de recurso, em remessa necessária ou qualquer outra causa de competência originária, o órgão colegiado proferirá a decisão correspondente à aplicação daquilo que tiver concluído no incidente ao recurso, remessa necessária ou causa de competência originária, concomitantemente à fixação da tese jurídica definida.

Em razão da técnica de cisão de julgamento, poderá ocorrer de o tribunal fixar a tese jurídica e ela ser aplicada a processo ainda em primeiro grau de jurisdição. Nesta hipótese, sendo interposto recurso contra a decisão do juízo de origem, o órgão colegiado que tiver decidido o incidente estará prevento para conhecer do recurso respectivo (art. 978, parágrafo único, do NCPC).

Não se exige causa em fase recursal para a instauração do incidente de resolução de demandas repetitivas, o que justifica seu cabimento não apenas a recurso, mas também a remessa necessária e a causas de competência originária do tribunal. Apesar de não existir unanimidade quanto ao tema, isso não significa a viabilidade de sua instauração perante tribunal superior, porque o artigo 987, *caput*, do NCPC prevê o cabimento de recurso extraordinário ou especial, conforme se trate de matéria constitucional ou infraconstitucional, contra a decisão proferida no IRDR. Contra o cabimento do IRDR em tribunal superior, também milita a reserva constitucional (arts. 103 e 105) para a fixação das competências do Supremo Tribunal Federal e do Superior Tribunal de Justiça, sendo vedada a outorga de competência originária para instauração e julgamento do IRDR àquelas cortes por lei infraconstitucional, como é o NCPC.

Por fim, o pedido de instauração do incidente poderá ser realizado até o final da sessão de julgamento do recurso, da remessa necessária ou da causa de competência originária, pois, com a finalização do julgamento, ela não estará mais pendente, e, então, somente serão cabíveis os recursos previstos na legislação processual.

▶ **NCPC. Art. 976.** É cabível a instauração do incidente de resolução de demandas repetitivas quando houver, simultaneamente: I – efetiva repetição de processos que contenham controvérsia sobre a mesma questão unicamente de direito; II – risco de ofensa à isonomia e à segurança jurídica.

Enunciado 343. O incidente de resolução de demandas repetitivas compete a tribunal de justiça ou tribunal regional.

● *Grupo: Precedentes.* ● *Referência: art. 976.*

▸ ***Eduardo Cambi e Mateus Vargas Fogaça***

O artigo 977 do NCPC fixa a competência do tribunal de justiça ou tribunal regional federal do respectivo Estado ou região, para o processamento e o julgamento do incidente de resolução de demandas repetitivas (IRDR), quando direciona o pedido de instauração ao seu presidente.

Durante a tramitação legislativa do NCPC, o Substitutivo da Câmara dos Deputados ao PLS nº 166/10 chegou a contar com dispositivo específico sobre o tema (art. 988, § 1º), onde era firmada a competência do tribunal de justiça ou regional federal para processar e julgar o IRDR. Desde a supressão do dispositivo, há quem sustente a possibilidade de instauração do incidente já a partir do primeiro grau de jurisdição.

O fato de regra similar não constar na versão final do NCPC, todavia, em nada interfere na competência para processamento e julgamento do IRDR, que continua a ser do respectivo tribunal, em segundo grau de jurisdição. Essa conclusão é sustentada, aliás, pela interpretação sistemática de diversos dispositivos do Código.

Com efeito, além do artigo 977 direcionar o pedido de instauração do incidente ao presidente de tribunal, o artigo 978, *caput*, indica o órgão competente para seu julgamento o órgão competente para a uniformização da jurisprudência *do tribunal*, conforme estiver previsto em seu regimento interno, ao passo que o juízo de admissibilidade também será realizado pelo *órgão colegiado* competente para seu julgamento, consoante dispõe o artigo 981.

Não bastasse isso, a previsão de suspensão de todos os processos pendentes no Estado ou região (art. 982, inciso I) também indica a competência de tribunal – portanto, em segundo grau – para processar e julgar o IRDR. Tal conclusão é reforçada pelo cabimento de recurso extraordinário ou especial, conforme o caso, contra a decisão de mérito do incidente (art. 987, *caput*).

Mesmo não havendo unanimidade quanto ao tema, entende-se que, sendo previsto o cabimento de recurso especial ou extraordinário contra a decisão proferida no incidente, é inviável a sua instauração perante tribunal superior. Sob esse aspecto, é importante considerar que a atribuição de competências ao Supremo Tribunal Federal e ao Superior Tribunal de Justiça é reservada à Constituição Federal, em seus arts. 103 e 105, razão pela qual o NCPC não poderia lhes outorgar competência originária para instauração e julgamento do IRDR.

Por fim, merece destaque a modificação por que passou a redação do artigo 978, *caput*, do NCPC desde a elaboração do Anteprojeto pela Comissão de Juristas do Senado Federal (art. 898), para adequá-la aos ditames constitucionais. É que, na versão do Anteprojeto, mantida no Projeto de Lei do Senado nº 166/10 (art. 933), a competência para processar e julgar o IRDR eram atribuídas ao plenário ou ao órgão especial do respectivo tribunal. Tal disposição contrariava diretamente a disposição contida no artigo 96, inc. I, letra *"a"*, da Constituição Federal, segundo a qual os tribunais possuem competência privativa para dispor acerca da competência e funcionamento dos respectivos órgãos jurisdicionais e administrativos, tendo sido objeto de adequada alteração perante a Câmara dos Deputados.

► **NCPC. Art. 976.** É cabível a instauração do incidente de resolução de demandas repetitivas quando houver, simultaneamente: I – efetiva repetição de processos que contenham controvérsia sobre a mesma questão unicamente de direito; II – risco de ofensa à isonomia e à segurança jurídica.

ENUNCIADO 344. A INSTAURAÇÃO DO INCIDENTE PRESSUPÕE A EXISTÊNCIA DE PROCESSO PENDENTE NO RESPECTIVO TRIBUNAL.

● *Grupo: Precedentes. Redação revista (V FPPC).* ● *Referência: art. 978, par. ún.*

▸ ***Eduardo Cambi e Mateus Vargas Fogaça***

O Capítulo que regulamenta o IRDR foi inserido no Livro III (Dos processos nos tribunais e dos meios de impugnação das decisões judiciais) do NCPC, abrindo margem à interpretação segundo a qual o instituto somente teria cabimento quando o respectivo tribunal possuísse causa aguardando julgamento, embora não se possa admitir tal requisito.

No início da tramitação legislativa do NCPC, o PLS nº 166/10 continha disposição autorizando a instauração do IRDR já em primeiro grau, quando existisse *potencial repetição de causas* (art. 930). Na sequência, o Substitutivo da Câmara dos Deputados deu outra roupagem ao instituto, que não se contentava mais com a mera potencialidade de repetição de demandas, ao exigir causa pendente de julgamento no tribunal para a sua instauração (art. 988, §§ 2º do SCD).

No entanto, antes de finalizado o processo legislativo, o NCPC teve revigorada sua redação inicial, com a supressão da exigência de causa pendente no tribunal. À época, argumentou-se ser danosa a opção por sua instauração somente depois de os processos adentrarem nos tribunais, pois isso contribuiria para prorrogar a incerteza acerca da tese jurídica aplicável ao caso, estimulando a indevida reprodução de demandas e tornando-o similar à hipótese de uniformização de jurisprudência prevista no CPC/73.

Apesar de o NCPC não quantificar um número mínimo de processos repetitivos para possibilitar a instauração do incidente, devendo prevalecer o bom senso e a prévia maturação do debate, tendo como critérios norteadores o risco de quebra dos princípios da isonomia e da segurança jurídica, isso não justifica a vedação à instauração do incidente a partir de causa ainda em trâmite perante o primeiro grau de jurisdição. A existência de causa pendente no tribunal nem sempre será um bom indicativo da repetição de processos, do mesmo modo que nem sempre processos repetitivos serão julgados de forma díspar e causarão risco de quebra de isonomia e segurança jurídica.

Nesse sentido, a própria legitimação atribuída ao juiz de primeiro grau para suscitar o incidente (art. 977, inciso I, NCPC) indica a desnecessidade de existir causa pendente no tribunal, quando já se tenha verificado a existência de efetiva repetição e processos com a possibilidade de existirem decisões dissonantes e que o magistrado, antes de proferir decisão em processo sob sua jurisdição, pretenda ver dissipado o risco de ofensa à isonomia e à segurança jurídica, mediante a fixação da tese jurídica pelo tribunal a que estiver vinculado na hierarquia jurisdicional.

Parcela da doutrina tem identificado no artigo 978, parágrafo único, do NCPC, a necessidade de causa pendente no tribunal como *requisito implícito* do IRDR, com o que não se pode concordar, pois referido dispositivo legal, apesar de atribuir ao órgão colegiado que julgar o incidente a competência para julgamento do recurso, remessa necessária ou processo de competência originária, em nenhum momento indicou que tal julgamento ocorreria de modo *simultâneo*.

A regra do artigo 978, parágrafo único, do NCPC deve ser tratada como regra de prevenção do órgão julgador, não como veiculadora de requisito implícito do IRDR. Assim, considerando a cisão de julgamento promovida pelo incidente, uma vez julgado o IRDR, o órgão colegiado ficará prevento para o julgamento dos recursos decorrentes dos processos nos quais os juízes de primeiro grau aplicaram a tese jurídica definida no incidente, bem como a remessa necessária e o processo de competência originária que versem sobre a mesma questão de direito.

Uma análise detalhada dos incisos do artigo 976 do NCPC também permite identificar dois motivos suficientes à dispensa de causa pendente no tribunal para a instauração do IRDR. O *primeiro* consiste no fato de que repetição de processos contendo "controvérsia acerca da mesma questão", não significa "decisões contraditórias acerca da mesma questão". Por isso, mesmo antes de proferidas decisões divergentes (em outras palavras: sem que seja possível existir processo pendente no tribunal) estaria satisfeito o requisito do inciso I. *Segundo*, que o inciso II exige "risco de ofensa" à isonomia e à segurança jurídica, não "efetiva ofensa" a tais valores. Assim, recursos contra decisões de mérito contraditórias não seriam obrigatórios para o cabimento do IRDR.

A exigência de causa pendente no tribunal, embora seja recomendável, sob o ângulo do amadurecimento da questão, limitaria demasiada e indevidamente a aplicação do instituto, cuja eficácia na promoção da isonomia e da segurança jurídica seria reduzida drasticamente se a tese jurídica demorasse a ser fixada, obrigando o julgamento de um sem número de processos versando sobre a mesma questão jurídica controversa. Em sentido oposto ao ideal inspirador do instituto, a reprodução de causas e a existência de julgamentos díspares continuaria a acontecer por período desnecessário, caso se tivesse que aguardar que os processos fossem sentenciados em primeira instância e ascendessem ao tribunal para a instauração do incidente.

Por essas razões, compreende-se necessária a revisão do enunciado sob comento, para o fim de se admitir a instauração do incidente de resolução de demandas repetitivas já a partir dos processos em trâmite perante o primeiro grau de jurisdição.

▶ **NCPC. Art. 978. Parágrafo único.** O órgão colegiado incumbido de julgar o incidente e de fixar a tese jurídica julgará igualmente o recurso, a remessa necessária ou o processo de competência originária de onde se originou o incidente.

ENUNCIADO 345. O INCIDENTE DE RESOLUÇÃO DE DEMANDAS REPETITIVAS E O JULGAMENTO DOS RECURSOS EXTRAORDINÁRIOS E ESPECIAIS REPETITIVOS FORMAM UM MICROSSISTEMA DE SOLUÇÃO DE CASOS REPETITIVOS, CUJAS NORMAS DE REGÊNCIA SE COMPLEMENTAM RECIPROCAMENTE E DEVEM SER INTERPRETADAS CONJUNTAMENTE.

● *Grupo: Precedentes. Redação revista (V FPPC).* ● *Referência: arts. 976, 928 e 1.036.*

▶ *Eduardo Cambi e Mateus Vargas Fogaça*

A existência de inúmeras demandas de massa, nas quais se discutam as mesmas questões jurídicas, compeliu o desenvolvimento de técnicas processuais capazes de tratar rápida, adequada e eficazmente tais demandas. Por isso, surgiram diversas reformas processuais nos últimos anos, pelas quais foram introduzidos vários institutos jurídicos destinados a proporcionar julgamentos uniformes, previsíveis, isonômicos e céleres.

Esses institutos acabaram por desenvolver um regime processual próprio para o trato da litigiosidade de massa ou repetitiva, composto por variados instrumentos jurídicos, como é o caso da súmula impeditiva de recurso, o julgamento liminar de improcedência, a repercussão geral, a súmula vinculante e os recursos especial e extraordinário repetitivos, desenhados ainda sob a égide do CPC/73.

Nesse sentido, ciente de que os processos repetitivos necessitam de tratamento diferente daquele dispensado aos processos individuais ou coletivos, o NCPC também lançou mão de mecanismos destinados a promover o julgamento de questões de direito material ou processual existentes em processos seriados. Por isso, de acordo com o artigo 928 do NCPC, será considerado julgamento de caso repetitivo a decisão proferida em incidente de resolução de demandas repetitivas e no julgamento dos recursos extraordinário e especial repetitivos.

As normas regentes de tais institutos são reciprocamente complementares, devendo ser interpretadas conjuntamente, dado que compõem um microssistema de solução de casos repetitivos, dotado de regime processual próprio, com regramento específico, voltado à apresentação de solução prioritária, racional e uniforme às demandas em massa, para se assegurar a isonomia e a segurança jurídica, bem como a celeridade e a eficiência da prestação jurisdicional.

Com efeito, o incidente de resolução de demandas repetitivas desempenha papel fundamental no tratamento dos casos repetitivos, por proporcionar segurança jurídica, minimizar a possibilidade de decisões díspares para questões similares ventiladas em processos diversos – causadora da nociva *jurisprudência lotérica* –, evitando a submissão da parte ao calvário recursal para fazer valer o seu direito, além de contribuir para os tribunais cumpram os deveres de estabilidade, integridade e coerência, indispensáveis para garantir a uniformização da jurisprudência.

A propósito, a técnica de julgamento dos recursos extraordinário e especial repetitivos, que foi aperfeiçoada em relação àquela prevista no CPC/73, é de extrema importância para a estabilidade, integridade e coerência da jurisprudência, mediante a construção de decisões acerca de questões relevantes. Isso porque pode afetar a esfera jurídica de muitas pessoas, que se encontram em situação semelhante, justificando-se a abertura de espaço para a participação do Ministério Público, como fiscal da ordem jurídica (art. 178, *caput*, NCPC), e de *amicus curiae*.

As normas de regência dos referidos institutos possuem entrelaçamento e influência recíproca, sendo caracterizadas pela sua complementariedade, como se verifica na possibilidade de ser requerido o prosseguimento do feito indevidamente suspenso em razão da admissão de um IRDR, por meio do procedimento previsto para os recursos extraordinário e especial repetitivos (art. 1.038, §§ 8º a 13). Do mesmo modo, legitima-se a intervenção do Ministério Público no incidente de assunção de competência, embora ausente previsão específica no artigo 947, pelo fato de aquele instituto também sofrer influência do microssistema de solução de casos repetitivos.

► **NCPC. Art. 928.** Para os fins deste Código, considera-se julgamento de casos repetitivos a decisão proferida em: I – incidente de resolução de demandas repetitivas; II – recursos especial e extraordinário repetitivos. ► **Art. 976.** É cabível a instauração do incidente de resolução de demandas repetitivas quando houver, simultaneamente: I – efetiva repetição de processos que contenham controvérsia sobre a mesma questão unicamente de direito; II – risco de ofensa à isonomia e à segurança jurídica. ► **Art. 1.036.** Sempre que houver multiplicidade de recursos extraordinários ou especiais com fundamento em idêntica questão de direito, haverá afetação para julgamento de acordo com as disposições desta Subseção, observado o disposto no Regimento Interno do Supremo Tribunal Federal e no do Superior Tribunal de Justiça.

ENUNCIADO 346. A LEI Nº 13.015, DE 21 DE JULHO DE 2014, COMPÕE O MICROSSISTEMA DE SOLUÇÃO DE CASOS REPETITIVOS.

● *Grupo: Precedentes.* ● *Referência: art. 976.*

► ***Eduardo Cambi e Mateus Vargas Fogaça***

A Lei 13.015/14 veio a lume com o intento de alterar o regime recursal, consolidando os precedentes judiciais na Justiça do Trabalho, mediante a instituição de um procedimento de recurso de revista repetitivo (arts. 896-B e 896-C da CLT) e a introdução de um incidente de uniformização de jurisprudência perante os Tribunais Regionais do Trabalho, com o objetivo de extirpar a divergência interna entre os órgãos fracionários daqueles tribunais.

Mesmo fazendo referência ao CPC/73, a Lei 13.015/14 está plenamente alinhada aos princípios norteadores do NCPC, notadamente à necessidade de os tribunais uniformizarem sua jurisprudência, mantendo-a estável, íntegra e coerente, em prestígio à isonomia e à segurança jurídica (art. 927, *caput*). As remissões, portanto, devem ser consideradas como se feitas aos dispositivos do NCPC, por força do que dispõe seu artigo 1.046, § 4º.

A maior inovação legislativa é a instituição de um procedimento para o julgamento do recurso de revista do processo de trabalho semelhante àquele desenhado pelo NCPC para os recursos extraordinário e especiais repetitivos, com destaque para o fato de os precedentes decorrentes do julgamento serem obrigatórios perante toda a Justiça do Trabalho.

A aplicação do microssistema de solução de casos repetitivos ao processo do trabalho foi admitida, além do mais, pelo Tribunal Pleno do Tribunal Superior do Trabalho, com a edição da Resolução nº 203, de 15 de março de 2016, mediante a qual foi aprovada a Instrução Normativa nº 39/16, que "dispõe sobre as normas do Código de Processo Civil de 2015 aplicáveis e inaplicáveis ao Processo do Trabalho, de forma não exaustiva". Referida Instrução Normativa considerou aplicáveis ao processo do trabalho as disposições do NCPC concernentes à jurisprudência dos tribunais (arts. 926 a 928), conforme seu artigo 3º, inciso XXIII, bem como ao incidente de resolução de demandas repetitivas (art. 976 a 986), consoante prevê o artigo 8º deste ato normativo.

Ao prever o manejo dos recursos de revista repetitivos, é possível a identificação da Lei 13.015/14 como integrante do microssistema de julgamento de casos repetitivos, também composto pelo incidente de resolução de demandas repetitivas e pelo julgamento dos recursos extraordinário e especial repetitivos, devendo haver interpretação conjunta e sistemática de suas normas, dada a sua recíproca complementariedade.

> ▶ **NCPC. Art. 976.** É cabível a instauração do incidente de resolução de demandas repetitivas quando houver, simultaneamente: I – efetiva repetição de processos que contenham controvérsia sobre a mesma questão unicamente de direito; II – risco de ofensa à isonomia e à segurança jurídica.

ENUNCIADO 347. APLICA-SE AO PROCESSO DO TRABALHO O INCIDENTE DE RESOLUÇÃO DE DEMANDAS REPETITIVAS, DEVENDO SER INSTAURADO QUANDO HOUVER EFETIVA REPETIÇÃO DE PROCESSOS QUE CONTENHAM CONTROVÉRSIA SOBRE A MESMA QUESTÃO DE DIREITO.

● *Grupo: Impacto do CPC no processo do trabalho.* ● *Referência: arts. 976 e 15.*

▸ ***Eduardo Cambi e Mateus Vargas Fogaça***

Dispõe o artigo 15 do NCPC que suas normas serão aplicadas, *supletiva* e *subsidiariamente*, quando ausentes normas que regulamentem os processos eleitorais, trabalhistas e administrativos. O artigo 769 da CLT, por sua vez, admite apenas a aplicação *subsidiária* do direito processual civil ao do trabalho nos casos omissos, desde que exista compatibilidade com os princípios que regem o processo trabalhista.

Conforme a justificativa apresentada durante a tramitação legislativa do NCPC, a *"aplicação subsidiária visa ao preenchimento de lacuna; aplicação supletiva, à complementação normativa"*. Portanto, por aplicação *subsidiária* das normas do direito processual, compreende-se situação em que exista lacuna ou omissão absoluta a respeito de determinado instituto, como é o caso do *amicus curiae* (art. 138 do NCPC) e da distribuição dinâmica do ônus da prova (art. 373, §§ 1º e 2º, do NCPC), não previstos na CLT. A aplicação *supletiva* terá lugar se ocorrer omissão parcial, ou seja, quando a regulamentação de determinado instituto, mesmo existente, não é completa, a exemplo do impedimento do cônjuge para depor como testemunha.

A contrariedade do artigo 15 do NCPC com o artigo 769 da CLT é apenas aparente, não havendo incompatibilidade de normas ou eventual revogação deste último dispositivo. No caso específico, a lei nova possui caráter geral e, por esse motivo, não tem o condão de revogar a regra especial anterior, conforme prevê o artigo 2º, § 2º, da Lei de Introdução às normas do Direito Brasileiro (DL nº 4.657/42).

Note-se que a CLT (art. 769) permite a aplicação subsidiária das normas do processo comum quando o processo trabalhista for omisso e desde que sejam observadas as normas e princípios do direito laboral. O NCPC (art. 15), por sua vez, empregou boa técnica legislativa ao distinguir a omissão total (subsidiariedade) da omissão parcial (supletividade), mantendo-se em vigor o artigo 769 da CLT e tornando-se aplicáveis as normas do NCPC ao processo do trabalho.

As disposições do NCPC relativas ao incidente de resolução de demandas repetitivas, sobre o qual a CLT é inteiramente omissa, são plenamente aplicáveis ao processo trabalhista, devendo ser instaurado quando for constatada a efetiva repetição de processos que contenham controvérsia sobre a mesma questão jurídica.

Aliás, a aplicação do IRDR ao processo do trabalho foi chancelada pelo Tribunal Pleno do Tribunal Superior do Trabalho, com a edição da Resolução nº 203, de 15 de março de 2016, mediante a qual foi aprovada a Instrução Normativa nº 39/16, que "dispõe sobre as normas do Código de Processo Civil de 2015 aplicáveis e inaplicáveis ao Processo do Trabalho, de forma não exaustiva". Referida Instrução Normativa previu em seu artigo 8º a aplicação do IRDR ao Processo do Trabalho.

► **NCPC. Art. 976.** É cabível a instauração do incidente de resolução de demandas repetitivas quando houver, simultaneamente: I – efetiva repetição de processos que contenham controvérsia sobre a mesma questão unicamente de direito; II – risco de ofensa à isonomia e à segurança jurídica.

Enunciado 348. Os interessados serão intimados da suspensão de seus processos individuais, podendo requerer o prosseguimento ao juiz ou tribunal onde tramitarem, demonstrando a distinção entre a questão a ser decidida e aquela a ser julgada no incidente de resolução de demandas repetitivas, ou nos recursos repetitivos.

● *Grupo: Precedentes.* ● *Referência: arts. 987, 1.037, II, §§ 5º, 6º, 8º e seguintes.*

► ***Eduardo Cambi e Mateus Vargas Fogaça***

Durante a tramitação legislativa do NCPC, o Substitutivo da Câmara dos Deputados previa (art. 990, § 4º), a possibilidade de o interessado requerer a desafetação do seu processo, quando entendesse não ser hipótese de suspensão, porque seu caso não tratava da questão de direito submetida ao incidente. De igual forma, havendo necessidade de suspensão, a parte interessada poderia dirigir requerimento ao juízo, onde o processo estivesse tramitando, pleiteando tal diligência. O requerimento e a decisão que apreciasse o pedido de suspensão ou não do processo, seria impugnável por agravo de instrumento. No entanto, tal disposição não encontrou correspondente no texto final do NCPC.

Na versão final, com acerto, o NCPC não tratou do procedimento adequado para a desafetação dos casos, devido ao fato de que o tema estava satisfatoriamente disciplinado nos §§ 8º a 13, do artigo 1.037, relacionados ao julgamento dos recursos extraordinário e especial repetitivos, plenamente aplicáveis ao IRDR, em decorrência da complementação recíproca das normas de regência do microssistema de solução de casos repetitivos.

Assim, as partes devem ser intimadas da suspensão do seu processo, por força da aplicação análoga do artigo 1.037, § 7º, do NCPC. A suspensão de todos os processos ou recursos que tratem da idêntica questão de direito controvertida é um poder-dever do relator do IRDR, que independe da formação do seu convencimento. É da essência desse incidente a paralisação do julgamento de casos similares até que o tribunal decida qual o posicionamento jurídico deve ser adotado. Caso não fosse a suspensão desses processos e recursos uma consequência automática da admissão do IRDR, ficaria comprometida a segurança jurídica e, principalmente, a concretização do princípio da isonomia, necessária para conferir a mesma decisão aos processos idênticos.

Ademais, quando um processo for suspenso por força de decisão de admissão de um incidente de resolução de demandas repetitivas ou pela afetação de recurso especial ou extraordinário repetitivo, havendo discordância de quaisquer das partes, será cabível o requerimento de desafetação, demonstrando a distinção entre a questão a ser decidida em seu processo e aquela a ser julgada, dirigido (i) ao juiz, se o processo sobrestado estiver em primeiro grau; (ii) ao relator, se o processo sobrestado estiver no tribunal de origem; (iii) ao relator do acórdão recorrido, se for sobrestado recurso especial ou recurso extraordinário no tribunal de origem; ou (iv) ao relator, no tribunal superior, de recurso especial ou de recurso extraordinário cujo processamento houver sido sobrestado (art. 1.037, §§ 9º e 10, do NCPC).

A legislação não prevê a existência de prazo para a formalização do pedido de distinção e prosseguimento do processo. Em qualquer hipótese, em homenagem à garantia do contraditório, a parte adversária deverá ser ouvida, em cinco dias, findo o qual será proferida decisão. Acolhido o pedido, o processo será desafetado e terá seu curso normal; caso indeferido, querendo, a parte poderá interpor agravo de instrumento, se o processo tramitar em primeiro grau, ou agravo interno, caso se localize no tribunal.

► **NCPC. Art. 987.** Do julgamento do mérito do incidente caberá recurso extraordinário ou especial, conforme o caso. ► **Art. 1.037.** Selecionados os recursos, o relator, no tribunal superior, constatando a presença do pressuposto do caput do art. 1.036, proferirá decisão de afetação, na qual: II – determinará a suspensão do processamento de todos os processos pendentes, individuais ou coletivos, que versem sobre a questão e tramitem no território nacional. (...). **§ 6º** Ocorrendo a hipótese do § 5º, é permitido a outro relator do respectivo tribunal superior afetar 2 (dois) ou mais recursos representativos da controvérsia na forma do art. 1.036. § **7º** Quando os recursos requisitados na forma do inciso III do caput contiverem outras questões além daquela que é objeto da afetação, caberá ao tribunal decidir esta em primeiro lugar e depois as demais, em acórdão específico para cada processo. § **8º** As partes deverão ser intimadas da decisão de suspensão de seu processo, a ser proferida pelo respectivo juiz ou relator quando informado da decisão a que se refere o inciso II do caput.

Enunciado 452. Durante a suspensão do processo prevista no art. 982 não corre o prazo de prescrição intercorrente.

● *Grupo: Precedentes, IRDR, Recursos Repetitivos e Assunção de competência.* ● *Referência: arts. 921, § 1 a 5º, 980 e 982.*

▸ ***Eduardo Cambi e Mateus Vargas Fogaça***

Durante a tramitação legislativa do NCPC, o Substitutivo da Câmara dos Deputados previa (art. 994, § 4º) a suspensão da prescrição das pretensões nos casos em que se repete a questão de direito, na hipótese de cabimento do IRDR prevista no artigo 976, inc. I, do NCPC. Tal suspensão deveria perdurar até o trânsito em julgado do incidente, momento em que os processos suspensos voltariam a tramitar. Apesar da regra não ter sido mantida na redação final do NCPC, a admissão do IRDR deve gerar a suspensão dos processos pendentes, pois, caso contrário, tal incidente se tornaria uma forma de *eliminação de processos*, que poderiam ser atingidos pela prescrição. Com isso, restaria comprometida a relevância prática do novo instituto que é racionalização e a agilização do julgamento de litígios idênticos ou, ao menos, a questões que lhes são comuns, para atingir o objetivo de reduzir a quantidade de processos ou a intensidade da litigância.

Logo, a simples admissão do incidente de resolução de demandas repetitivas tem o condão de suspender todos os processos que versem sobre a mesma questão jurídica, no âmbito da competência do respectivo tribunal, conforme determina o artigo 313 do NCPC. A interpretação do referido dispositivo legal, em conjunto com o artigo 982, inciso I, do NCPC, permite concluir que, admitido o IRDR pelo órgão colegiado competente (art. 981), os efeitos da suspensão atingirão os processos imediatamente, tendo o relator, neste particular, função de meramente informar os demais órgãos jurisdicionais acerca de tal fato.

A comunicação pelo relator, com posterior intimação das partes dos processos suspensos, é medida indispensável para possibilitar o exercício do direito de manifestação no incidente (art. 983), bem como para, eventualmente, requerer o prosseguimento de seu processo, caso demonstre que a controvérsia não corresponde àquela veiculada no incidente (art. 1037, § 9º, do NCPC).

Quando a suspensão decorrente da admissão do IRDR atingir um processo de execução, em homenagem à segurança jurídica, as partes possuirão especial interesse em saber se o curso da prescrição será afetado.

Nesse aspecto, as cinco hipóteses apresentadas pelo artigo 921 do NCPC como capazes de suspensão do processo de execução, evidentemente, compõem um rol meramente exemplificativo. É perfeitamente admissível a ocorrência de outras situações nas quais será suspenso o processo de execução, como é o caso da decisão proferida em ação de embargos de terceiro, que determinará sejam obstados todos os atos executórios sobre determinado bem, até decisão final (art. 678 do NCPC).

A discussão é importante porque, segundo os §§ 1º a 4º do artigo 921 do NCPC, a execução e o prazo prescricional ficarão suspensos pelo prazo de um ano, quando o devedor não possuir bens penhoráveis. Findo esse prazo, não sendo localizado o devedor ou bens passíveis de penhora, não tendo havido manifestação do exequente, começará a correr a prescrição intercorrente e o processo será arquivado.

Apesar de se admitir a existência de hipóteses de suspensão do processo diferentes daquelas previstas no artigo 921 do NCPC, não se pode concordar com a prescrição do direito de ação em situação não prevista nele ou em outro dispositivo legal. Note-se que há possibilidade de suspensão do processo em hipóteses diversas daquelas arroladas no artigo 921 do NCPC; não pode existir, contudo, a criação de nova hipótese de prescrição do direito sem previsão legal.

Assim, se mencionado dispositivo prevê a possibilidade de ocorrer prescrição intercorrente somente quando o executado não possuir bens penhoráveis (inciso III), caso o exequente não se manifeste após um ano de suspensão, não seria lógico admitir-se a continuidade do curso prescricional, durante a suspensão dos atos executivos em decorrência da admissão do IRDR.

Dessa maneira, uma vez admitida a instauração do incidente de resolução de demandas repetitivas pelo órgão colegiado competente, estará automaticamente suspenso o curso do prazo prescricional dos processos executivos nos quais exista controvérsia sobre a mesma questão unicamente de direito.

► **NCPC. Art. 921. § 1º** Na hipótese do inciso III, o juiz suspenderá a execução pelo prazo de 1 (um) ano, durante o qual se suspenderá a prescrição. § **2º** Decorrido o prazo máximo de 1 (um) ano sem que seja localizado o executado ou que sejam encontrados bens penhoráveis, o juiz ordenará o arquivamento dos autos. § **3º** Os autos serão desarquivados para prosseguimento da execução se a qualquer tempo forem encontrados bens penhoráveis. § **4º** Decorrido o prazo de que trata o § 1º sem manifestação do exequente, começa a correr o prazo de prescrição intercorrente. § **5º** O juiz, depois de ouvidas as partes, no prazo de 15 (quinze) dias, poderá, de ofício, reconhecer a prescrição de que trata o § 4º e extinguir o processo. ► **Art. 980.** O incidente será julgado no prazo de 1 (um) ano e terá preferência sobre os demais feitos, ressalvados os que envolvam réu preso e os pedidos de "habeas corpus". ► **Art. 982.** Admitido o incidente, o relator: I – suspenderá os processos pendentes, individuais ou coletivos, que tramitam no Estado ou na região, conforme o caso; II – poderá requisitar informações a órgãos em cujo juízo tramita processo no qual se discute o objeto do incidente, que as prestarão no prazo de 15 (quinze) dias; III – intimará o Ministério Público para, querendo, manifestar-se no prazo de 15 (quinze) dias.

Enunciado 467. O Ministério Público deve ser obrigatoriamente intimado no incidente de assunção de competência.

● *Grupo: Precedentes, IRDR, Recursos Repetitivos e Assunção de competência.* ● *Referência: arts. 947, 179, 976, § 2º, 982, III, 983, caput, 984, II, "a".*

▸ ***Eduardo Cambi e Mateus Vargas Fogaça***

O incidente de assunção de competência, previsto no artigo 947 do NCPC, será cabível quando o julgamento de recurso, de remessa necessária ou de processo de competência originária envolver relevante questão de direito, com grande repercussão social, sem repetição em múltiplos processos. O instituto, embora pouco conhecido, já constava no CPC/73 e foi aperfeiçoado pelo NCPC.

Fiel ao desejo do NCPC por estabilidade, integridade e coerência da jurisprudência (art. 926, *caput*, NCPC), o incidente de assunção de competência visa a prevenir a existência de divergência entre órgãos de um mesmo tribunal, bem como compor aquelas que já existirem. Para tanto, a competência será deslocada para o órgão indicado pelo regimento interno, quando este reconhecer a existência de interesse público em tal medida, desde que essa questão de direito seja relevante e revestida de repercussão social, embora não seja o caso de repetição em múltiplos processos (do contrário, poderia ser cabível o incidente de resolução de demandas repetitivas).

No CPC/73, o deslocamento da competência somente podia ser sugerido pelo relator, enquanto que o NCPC autoriza a proposição de dito incidente pelo relator, de ofício ou a requerimento da parte, do Ministério Público ou da Defensoria Pública.

Embora o órgão indicado pelo regimento interno do tribunal possa se negar a assumir a competência quando entender ausentes os requisitos legais, a repaginação do instituto tem o claro objetivo de torná-lo instrumento de efetivo desestímulo à dispersão ou conflito jurisprudencial sobre o mesmo tema.

O redimensionamento do incidente de assunção de competência, aliás, tem a natureza de processo objetivo, tendente à construção de precedente dotado de observância obrigatória pelos juízes e tribunais (art. 927, inciso III, do NCPC), sendo certo que a decisão nele proferida vinculará, salvo a revisão da tese, a todos os juízes e órgãos fracionários do respectivo tribunal (art. 947, § 3º, do NCPC).

O incidente de assunção de competência e o julgamento dos recursos repetitivos (leia-se: IRDR e recursos extraordinário e especial repetitivos) compõem o *microssistema de formação concentrada de precedentes obrigatórios*, conjunto de normas voltadas à ampliação do debate e da atividade cognitiva, buscando qualificar o debate e proporcionar reforço à fundamentação e à publicidade da decisão. Busca-se, por meio da recíproca complementariedade de suas regras, a *ampliação do debate* e *maior qualificação da motivação* da decisão a ser proferida pelos órgãos jurisdicionais.

A ampliação do debate, em referido microssistema, é realizada pela seleção de causas representativas da controvérsia com abrangente argumentação e discussão acerca da questão a ser decidida (art. 1.036, § 6º, do NCPC); a intervenção do *amicus curiae* (art. 1.038, inciso I, e art. 983, *caput*, do NCPC); a realização de audiências públicas (art. 1.038, inciso II, e art. 983, § 1º, do NCPC); maior divulgação e publicidade do processo (art. 979 do NCPC); referência na decisão a todos os fundamentos da tese jurídica discutida, favoráveis ou contrários (art. 984, § 2º, do NCPC).

O precedente firmado no âmbito do IRDR possui o efeito de vincular os órgãos do Poder Judiciário no julgamento de situações idênticas. Logo, a *ratio decidendi* da tese firmada no julgamento desses incidentes deverá ser seguida e incorporada na fundamentação de decisões futuras que envolvam a resolução de controvérsias sobre questões de direito idênticas. Com isso, é possível promover os valores da segurança jurídica e da isonomia processual, conferindo maior eficiência e racionalidade ao Direito.

Para a qualificação do debate e o aprimoramento da formação dos precedentes judiciais vinculantes, é de extrema importância a participação do Ministério Público nas causas submetidas ao microssistema de formação concentrada de precedentes obrigatórios, a partir do seu perfil de atuação desenhado pelo NCPC, como instituição voltada à defesa da ordem jurídica, do regime democrático e dos interesses e direitos sociais e individuais indisponíveis, como reflexo de suas atribuições constitucionais (arts. 127, *caput*, CF, e 178, *caput*, CPC).

Justamente por atuar na defesa da ordem jurídica que, instaurado incidente destinado à fixação de tese jurídica, o direito não será mais individual, mas coletivizado, justificando-se a intimação obrigatória do Ministério Público, mesmo quando não for requerente, no incidente de resolução de demandas repetitivas (art. 976, § 2º, do NCPC) no julgamento dos recursos extraordinário e especial repetitivos (art. 1.038, inciso III, do NCPC) ou no incidente de assunção de competência (art. 947 do NCPC).

A defesa da ordem jurídica nas causas que envolvam interesse público ou social é atribuição do Ministério Público e visa a assegurar o resultado da prestação jurisdicional em conformidade com o direito e os valores por ele tutelados. O incidente de assunção de competência, cabível quando a causa "envolver relevante questão de direito, com grande repercussão social", certamente contém interesse público ou social capaz de legitimar a intervenção do Ministério Público no incidente (art. 178, inc. I, NCPC), dada sua capacidade de formação de precedentes que vincularão todos os juízes e órgãos fracionários do respectivo tribunal.

Por tais razões, mesmo não constando expressamente no artigo 947 do CPC, dada a recíproca complementação das normas do microssistema, deve-se ter como obrigatória a intimação e a intervenção do Ministério Público, quando não for requerente, no incidente de assunção de competência, sob pena de nulidade absoluta da tese jurídica firmada, de modo a propiciar o enriquecimento do debate e atribuir maior legitimidade democrática à construção judicial do direito. Além disso, caso haja desistência da parte requerente ou mesmo composição entre os litigantes no processo que originou o incidente, caberá ao Ministério Público assumir a titularidade desse incidente, para permitir que o tribunal prossiga no seu julgamento, não obstante outra possa ter sido a solução particular do litígio que o originou.

▶ **NCPC. Art. 179.** Nos casos de intervenção como fiscal da ordem jurídica, o Ministério Público: I – terá vista dos autos depois das partes, sendo intimado de todos os atos do processo; II – poderá produzir provas, requerer as medidas processuais pertinentes e recorrer. ▶ **Art. 947.** É admissível a assunção de competência quando o julgamento de recurso, de remessa necessária ou de processo de competência originária envolver relevante questão de direito, com grande repercussão social, sem repetição em múltiplos processos. ▶ **Art. 976. § 2º** Se não for o requerente, o Ministério Público intervirá obrigatoriamente no incidente e deverá assumir sua titularidade em caso de desistência ou de abandono. ▶ **Art. 982.** Admitido o incidente, o relator: III – intimará o Ministério Público para, querendo, manifestar-se no prazo de 15 (quinze) dias. ▶ **Art. 983.** O relator ouvirá as partes e os demais interessados, inclusive pessoas, órgãos e entidades com interesse na controvérsia, que, no prazo comum de 15 (quinze) dias, poderão requerer a juntada de documentos, bem como as diligências necessárias para a elucidação da questão de direito controvertida, e, em seguida, manifestar-se-á o Ministério Público, no mesmo prazo. ▶ **Art. 984.** No julgamento do incidente, observar-se-á a seguinte ordem: II – poderão sustentar suas razões, sucessivamente: a) o autor e o réu do processo originário e o Ministério Público, pelo prazo de 30 (trinta) minutos.

Enunciado 471. Aplica-se no âmbito dos juizados especiais a suspensão prevista no art. 982, § 3º.

● *Grupo: Precedentes, IRDR, Recursos Repetitivos e Assunção de competência.* ● *Referência: art. 982, § 3º.*

▸ ***Eduardo Cambi e Mateus Vargas Fogaça***

Enquanto tramitar perante o tribunal local, visando à garantia da segurança jurídica, é admissível requerimento das partes do processo, do Ministério Público ou da Defensoria Pública ao presidente do STJ ou do STF, a depender da índole constitucional ou infraconstitucional da questão a ser enfrentada, para a suspensão de todos os processos individuais ou coletivos em trâmite no território nacional que versem sobre a mesma questão de direito objeto do incidente de resolução de demandas repetitivas (art. 982, § 3º, NCPC).

Para o deferimento da suspensão, deverá o presidente do STF ou do STJ verificar a existência de efetiva repetição de processos que contenham controvérsia sobre a mesma questão unicamente de direito e risco de ofensa à isonomia e segurança jurídica também em Estados ou Regiões diversas daquela onde o IRDR foi inicialmente instaurado.

Mesmo quando alheio à competência territorial do tribunal onde foi instaurado o IRDR, a suspensão de todos os processos individuais ou coletivos em trâmite no país também poderá ser requerida por aquele que for parte em processo em curso no qual se discuta a mesma questão de direito, diretamente ao presidente do STJ ou do STF. Assim, mesmo figurando como parte em processo em trâmite em Estado ou região diversa daquela onde tramita originalmente o IRDR, há permissão para pedido de suspensão dos processos em todo território nacional nos quais se discuta a mesma questão objeto do incidente já instaurado (art. 982, § 4º, NCPC).

De todo modo, independentemente da análise e do conteúdo da decisão proferida no requerimento direcionado ao presidente do STF ou do STJ para suspensão dos processos em âmbito nacional, o IRDR continuará tramitando perante o tribunal local, que o decidirá, definindo a tese jurídica a ser adotada.

Em qualquer hipótese, a suspensão dos processos durará até o julgamento do incidente, caso não seja interposto recurso extraordinário ou especial – conforme a índole constitucional ou infraconstitucional da questão de direito – contra a referida decisão (art. 982, § 5º, NCPC).

Ocorrido o trânsito em julgado da decisão proferida no incidente, seja pelo tribunal de origem ou pelo STJ ou STF, caso interpostos recursos excepcionais, a decisão proferida terá aplicação obrigatória a todos os processos individuais e coletivos que versem sobre idêntica questão de direito e que tramitem na área de jurisdição do respectivo tribunal, inclusive àqueles estiverem em tramitação nos juizados especiais do respectivo Estado ou região (art. 985, inciso I, NCPC), sob pena de cabimento de reclamação (art. 988, inc. IV, NCPC).

A extensão da aplicação da tese jurídica firmada aos juizados especiais do mesmo Estado ou região em que instaurado o incidente de resolução de demandas repetitivas está alinhada ao objetivo principal do instituto, de impedir o surgimento de decisões antagônicas, mediante a prévia definição de uma tese central comum a diversas ações individuais ou coletivas repetitivas, as quais poderão tramitar perante juízos, juizados especiais e tribunais diversos. De igual modo, ficam prestigiadas a estabilidade das decisões, a previsibilidade do ordenamento jurídico e a segurança jurídica (proteção da confiança) do cidadão.

Uma vez admitida a aplicação da tese jurídica firmada no IRDR aos processos em curso perante os juizados especiais, mostra-se inevitável a conclusão no sentido de que, sendo determinada a suspensão de todos os processos individuais coletivos em curso no território nacional (art. 982, § 3º), também serão afetadas as demandas cujo trâmite ocorra junto aos juizados especiais que versarem sobre a mesma questão de direito, pois a tese jurídica firmada na decisão final também lhes será aplicável.

> ► **NCPC. Art. 982. § 2º** Durante a suspensão, o pedido de tutela de urgência deverá ser dirigido ao juízo onde tramita o processo suspenso. **§ 3º** Visando à garantia da segurança jurídica, qualquer legitimado mencionado no art. 977, incisos II e III, poderá requerer, ao tribunal competente para conhecer do recurso extraordinário ou especial, a suspensão de todos os processos individuais ou coletivos em curso no território nacional que versem sobre a questão objeto do incidente já instaurado.

ENUNCIADO 472. APLICA-SE O INCISO I DO ART. 985 AO JULGAMENTO DE RECURSOS REPETITIVOS E AO INCIDENTE DE ASSUNÇÃO DE COMPETÊNCIA.

● *Grupo: Precedentes, IRDR, Recursos Repetitivos e Assunção de competência.* ● *Referência: art. 985, I.*

► ***Eduardo Cambi e Mateus Vargas Fogaça***

Os deveres de estabilidade, integridade e coerência da jurisprudência, que deverá ser uniformizada pelos tribunais (art. 926 do NCPC) coaduna-se com a paulatina valorização da força dos das decisões judiciais verificada no Brasil ao longo das últimas duas décadas. Fiel a esse intento, o artigo 927 do NCPC apresenta um rol escalonado e meramente exemplificativo das decisões que os tribunais observarão de modo imperativo, dentre as quais se encontram (inciso III) "os acórdãos em incidente de assunção de competência ou de resolução de demandas repetitivas e em julgamento de recursos extraordinário e especial repetitivos".

O respeito ao precedente judicial ultrapassa a barreira da igualdade no ordenamento jurídico, para alcançar também a igualdade na aplicação do direito, tal como se deve exigir no âmbito de um Estado Democrático de Direito. O artigo 926 e seguintes do NCPC impõe o respeito horizontal e vertical às decisões pretéritas, desestimulando divergências internas nos tribunais e impedindo que os ocupantes de posições inferiores na hierarquia judiciária decidam de modo diverso, salvo quando aplicáveis as técnicas de distinção ou revogação do precedente.

No mesmo sentido, visando a assegurar a observância da autoridade da decisão proferida em incidente de resolução de demandas repetitivas, o artigo 985 do NCPC prevê a aplicação da tese jurídica firmada a todos os processos individuais ou coletivos que versem sobre idêntica questão de direito e que tramitem na área de jurisdição do respectivo tribunal, inclusive àqueles que estejam pendentes nos juizados especiais do respectivo Estado ou região. O mesmo valerá para os casos futuros, aos quais a tese jurídica firmada também será aplicada, ressalvada, como já asseverado, a possibilidade de revisão dessa tese, bem como a hipótese de existir distinção entre os fatos relevantes do incidente e do novo caso a ser julgado, sob pena de cabimento de reclamação (art. 988, inc. IV, NCPC).

A decisão de mérito do IRDR, que resolver a questão jurídica veiculada em processos repetitivos, bem como os julgamentos proferidos nos recursos repetitivos e no incidente de assunção de competência, compõem o microssistema de formação concentrada de precedentes obrigatórios. Todos os órgãos do Poder Judiciário que tenham processos sobre a mesma questão de direito estarão vinculados às decisões neles proferidas, porque o escopo do NCPC é atribuir efeito vinculante sobre todas as demais causas em tramitação na área de competência do respectivo tribunal que fixa o referido precedente.

Aliás, no rol dos processos repetitivos, o artigo 928 do NCPC determina sejam incluídos não apenas o julgamento do incidente de resolução de demandas repetitivas, mas também o dos recursos especial e extraordinário repetitivos.

Sobre os recursos especial e extraordinário repetitivos, é de se destacar que, também no intento de racionalizar a apreciação pelo Superior Tribunal de Justiça ou Supremo Tribunal Federal dos recursos que envolvem questões de massa, o NCPC (art. 1036 a 1041) reservou uma Subseção específica para tratar do procedimento para o julgamento de tais recursos, quando eles se apresentarem múltiplos perante aquelas Cortes.

O incidente de assunção de competência (art. 947 do NCPC), por sua vez, autoriza o órgão colegiado indicado pelo regimento interno do tribunal a assumir a competência para julgamento de recurso, remessa necessária ou processo de competência originária que envolva relevante questão de direito, com grande repercussão social, sem repetição em múltiplos processos.

Os temas veiculados nos incidentes de resolução de demandas repetitivas, nos recursos especial e extraordinário repetitivos, bem como no incidente de assunção de competência envolvem questões de direito cujo desate transborda o interesse particular das partes envolvidas, repercutindo em toda a sociedade (ocorrendo múltiplos processos, será caso de IRDR, RE ou RE repetitivo; não havendo múltiplos processos, caberá assunção de competência), sendo imperativa a observância de suas decisões, tal como estabelece o artigo 927, inciso III, do NCPC. É por essa razão que tais institutos compõem o microssistema de formação concentrada de precedentes obrigatórios, possibilitando a recíproca complementação de suas normas, que deverão ser mutuamente interpretadas, de modo a se permitir a extensão das disposições do artigo 985, inciso I, do NCPC às decisões emanadas do julgamento dos recursos repetitivos e ao incidente de assunção de competência.

▶ **NCPC. Art. 985.** Julgado o incidente, a tese jurídica será aplicada: I – a todos os processos individuais ou coletivos que versem sobre idêntica questão de direito e que tramitem na área de jurisdição do respectivo tribunal, inclusive àqueles que tramitem nos juizados especiais do respectivo Estado ou região.

ENUNCIADO 473. A POSSIBILIDADE DE O TRIBUNAL REVISAR DE OFÍCIO A TESE JURÍDICA DO INCIDENTE DE RESOLUÇÃO DE DEMANDAS REPETITIVAS AUTORIZA AS PARTES A REQUERÊ-LA.

● *Grupo: Precedentes, IRDR, Recursos Repetitivos e Assunção de competência.* ● *Referência: art. 986.*

▶ ***Eduardo Cambi e Mateus Vargas Fogaça***

O tribunal que julgou o IRDR poderá proceder à revisão da tese jurídica nele firmada, de ofício, ou mediante requerimento do Ministério Público ou da Defensoria Pública (art. 986 do NCPC), salvo quando tiver sido interposto recurso extraordinário ou especial contra a sua decisão, hipótese na qual, desde que apreciado o mérito recursal, a tese adotada pelo Supremo Tribunal Federal ou Superior Tribunal de Justiça será aplicada a todos os processos individuais ou coletivos que versem sobre idêntica questão de direito, em todo o território nacional (art. 987, *caput* e § 2º, do NCPC).

A falta de referência à legitimidade das partes do processo para formular o requerimento de revisão da tese jurídica, no entanto, constava no artigo 988, § 3º, inciso II, do Substitutivo da Câmara dos Deputados (SCD). Tal previsão foi indevidamente suprimida do texto aprovado quando da revisão do texto final aprovado pelo Senado Federal.

Com efeito, ao tratar dos legitimados para o IRDR, o inciso II, do § 3º, do artigo 988, do SCD, dentre outros, fazia referência às partes, ao Ministério Público e à Defensoria Pública. No NCPC, tal artigo corresponde ao art. 977, incisos II e III. No entanto, equivocadamente, o artigo 986 faz menção apenas ao inciso III do artigo 977, omitindo-se quanto ao inciso II. Esta deficiência textual viabiliza uma interpretação segundo a qual as partes não seriam legitimadas para buscar a revisão da tese jurídica firmada, não espelhando a realidade do processo legislativo e resultando em evidente inconstitucionalidade formal do artigo 986 do NCPC.

O vício legislativo fica ainda mais evidente pelo fato de que, sendo diretamente afetadas pelo resultado do processo judicial, as partes – na verdade, as "partes" de que trata o Enunciado em comento, são as do processo novo, ainda não julgado, não as "partes" do processo do qual se originou o incidente, cuja tese firmada ora se pretende revisar –, são as maiores interessadas no conteúdo da tese jurídica fixada por meio do IRDR, não sendo nem mesmo razoável a retirada de sua legitimidade para a promoção do pedido de revisão.

Diante disso, enquanto não existir declaração formal de inconstitucionalidade do artigo 986 do NCPC, as partes poderão provocar o Ministério Público e a Defensoria Pública para que elaborem pedido de revisão em nome próprio, quando preenchidos os demais requisitos legais, bem como poderão formular requerimento ao tribunal, para processamento *ex officio* da revisão da tese firmada em incidente de resolução de demandas repetitivas.

► **NCPC. Art. 986.** A revisão da tese jurídica firmada no incidente far-se-á pelo mesmo tribunal, de ofício ou mediante requerimento dos legitimados mencionados no art. 977, inciso III.

Enunciado 556. É irrecorrível a decisão do órgão colegiado que, em sede de juízo de admissibilidade, rejeita a instauração do incidente de resolução de demandas repetitivas, salvo o cabimento dos embargos de declaração.

● *Grupo: Precedentes, IRDR, Recursos Repetitivos e Assunção de competência.* ● *Referências: art. 981.*

► ***Ravi Peixoto***

De início, cabe ressaltar que a decisão de admissibilidade do IRDR deve ser necessariamente colegiada, como aponta o enunciado n. 91, reforçado pelo enunciado 556. Essa decisão inicial tem por objetivo tão somente o de verificar a presença dos requisitos positivo e negativos para a sua instauração, constantes do art. 976 do CPC.

Na análise dos requisitos de admissibilidade do IRDR, o tribunal pode entender que não há, ainda, a efetiva repetição de processo. *Em tal situação, haverá um juízo negativo de admissibilidade, o qual será irrecorrível, salvo o cabimento de embargos de declaração, consoante o enunciado ora comentado.* Ou seja, não será cabível, nesse caso, a interposição de recurso extraordinário ou especial.

Note-se que essa decisão está sujeita à cláusula *rebus sic stantibus*, portanto, não há qualquer impedimento de que os requisitos venham a ser preenchidos posteriormente e volte o IRDR a ser suscitado. Afinal, em um primeiro momento poderia ainda não ter sido verificada uma efetiva repetição de processos, a qual venha a surgir posteriormente, caso em que pode ser suscitada novamente a instauração do IRDR.

► **NCPC. Art. 976.** É cabível a instauração do incidente de resolução de demandas repetitivas quando houver, simultaneamente: I – efetiva repetição de processos que contenham controvérsia sobre a mesma questão unicamente de direito; II – risco de ofensa à isonomia e à segurança jurídica. ► **Art. 981.** Após a distribuição, o órgão colegiado competente para julgar o incidente procederá ao seu juízo de admissibilidade, considerando a presença dos pressupostos do art. 976.

Enunciado 557. O agravo de instrumento previsto no art. 1.037, § 13, I, também é cabível contra a decisão prevista no art. 982, inc. I.

● *Grupo: Recursos (menos os repetitivos) e reclamação.* ● *Referências: arts. 982, I e 1.037, § 13, I.*

▸ *Ravi Peixoto*

No tratamento do IRDR há uma evidente omissão quanto ao tratamento da suspensão em relação aos processos individuais e coletivos que são atingidos pela decisão de suspensão geral. 4

Tem-se apenas a afirmação de que os processos serão suspensos pelo relator do IRDR (art. 982, I), com a comunicação dos órgãos jurisdicionais competentes, que, no caso, são aqueles que devem analisar individualmente quais processos serão suspensos. Para que se compreenda a função do enunciado ora comentado, é preciso que haja um detalhamento da individualização da suspensão e a razão pela qual deve haver a aplicação do art. 1.037, § 13, I ao IRDR.

De início, deve haver a aplicação do disposto no art. 1.037, § 8º, do CPC, decorrente da existência do microssistema de gestão e julgamento de casos repetitivos.[1048] Por meio desse texto normativo, tem-se a obrigatoriedade da intimação das partes em que o processo seja suspenso por meio de decisão do respectivo juiz ou relator, cuja função é a de permitir que a parte atue no sentido de alegar eventual distinção e também de permitir que ela tenha conhecimento acerca da instauração do IRDR, sendo a ela possível participar de tal julgamento.[1049]

Outra questão omissa no tratamento do IRDR é relativa ao procedimento para a alegação de distinção, caso um processo seja suspenso indevidamente. Esse tratamento detalhado existe na regulação dos recursos especial e extraordinário (art. 1.037, § 9º ao art. 13, do CPC), que deve ser aplicado por analogia ao IRDR.[1050] Como mencionando anteriormente, as partes deverão ser intimadas da decisão de suspensão individual. Feita tal intimação, as partes poderão alegar a distinção entre a questão jurídica a ser decidida no processo e aquela a ser julgada no IRDR (art. 1.037, § 6º, do CPC).

O requerimento de distinção deverá ser dirigido ao juiz, nos casos em que o processo esteja sobrestado no primeiro grau (art. 1.037, § 10, I, CPC) ou ao relator, se o processo estiver em tribunal (art. 1.037, § 10, II, CPC). Destaque-se que não há prazo para que seja feito tal requerimento, podendo ser realizado até a efetiva aplicação da tese jurídica do IRDR ao seu caso concreto[1051]. Após realizado, a outra parte deve ser

1048. CUNHA, Leonardo C.; DIDIER JR., Fredie. *Curso de direito processual civil.* 14. ed. Salvador: Juspodivm, 2017, v. 3, p. 730; TEMER, Sofia. *Incidente de resolução de demandas repetitivas.* Salvador: Juspodivm, 2016, p. 121.

1049. TEMER, Sofia. *Incidente de resolução de demandas repetitivas...* cit., p. 122.

1050. No mesmo sentido: CAVALCANTI, Marcos de Araújo. *Incidente de resolução de demandas repetitivas.* São Paulo: RT, 2016, p. 286.

1051. CUNHA, Leonardo C.; DIDIER JR., Fredie. *Curso de direito processual civil.* 14. ed. Salvador: Juspodivm, 2017, v. 3, p. 685.

ouvida no prazo de cinco dias (art. 1.037, § 11, CPC). A suspensão dos processos não pode impedir eventual produção probatória para a comprovação da distinção.[1052]

Acolhido o pedido de distinção, o processo terá seguimento; não acolhida, por óbvio, será mantida a suspensão. Da decisão que resolver o requerimento de distinção, seja ela de acolhimento ou de denegação, o recurso dependerá de onde esteja o processo suspenso: a) caso esteja no primeiro grau, será cabível o recurso de agravo de instrumento (art. 1.037, § 13, I, CPC), que é justamente o posicionamento defendido pelo enunciado 557;[1053] b) estando no tribunal, se a decisão for de relator, será cabível o agravo interno (art. 1.037, § 13, II, CPC).

A importância da aplicação do microssistema de gestão e julgamento de casos repetitivos é verificada pelo fato de que, caso contrário, a decisão do juiz de primeiro grau seria irrecorrível, eis que ela não se encaixaria em nenhuma das hipóteses do art. 1.015 do CPC. Por outro lado, quando o processo suspenso estivesse no tribunal, seria viável a utilização do art. 1.021, com a interposição do agravo interno. Assim, por meio da aplicação o art. 1.037, § 13, I, CPC, tem-se a tutela do princípio da igualdade, não permitindo que uma decisão de igual conteúdo seja recorrível quando o processo esteja em tribunal e irrecorrível quando o processo esteja no primeiro grau. Além disso, impede uma situação de injustiça que é a manutenção de suspensão de um processo quando há a possibilidade de haver distinção entre o caso concreto e a situação julgada no IRDR.

► **NCPC. Art. 982.** Admitido o incidente, o relator: I – suspenderá os processos pendentes, individuais ou coletivos, que tramitam no Estado ou na região, conforme o caso; ► **Art. 1.037. § 9°** Demonstrando distinção entre a questão a ser decidida no processo e aquela a ser julgada no recurso especial ou extraordinário afetado, a parte poderá requerer o prosseguimento do seu processo. (...). **§ 13.** Da decisão que resolver o requerimento a que se refere o § 9° caberá: I – agravo de instrumento, se o processo estiver em primeiro grau.

ENUNCIADO 558. CABERÁ RECLAMAÇÃO CONTRA DECISÃO QUE CONTRARIE ACÓRDÃO PROFERIDO NO JULGAMENTO DOS INCIDENTES DE RESOLUÇÃO DE DEMANDAS REPETITIVAS OU DE ASSUNÇÃO DE COMPETÊNCIA PARA O TRIBUNAL CUJO PRECEDENTE FOI DESRESPEITADO, AINDA QUE ESTE NÃO POSSUA COMPETÊNCIA PARA JULGAR O RECURSO CONTRA A DECISÃO IMPUGNADA.

● *Grupo: Precedentes, IRDR, Recursos Repetitivos e Assunção de competência.* ● *Referências: arts. 927, III, 947, § 3º e 988, IV e § 1º.*

► *Ravi Peixoto*

A reclamação possui diversas funções e, dentre elas, está a de atuar como remédio jurídico processual apto a controlar a aplicação de algumas espécies de precedentes. Dentre os precedentes cuja aplicação indevida ou não aplicação nos casos que a eles correspondam (art. 988, § 4º, CPC) pode ser controlada pela reclamação tem-se

1052. Enunciado 364/FPPC: "O sobrestamento da causa em primeira instância não ocorrerá caso se mostre necessária a produção de provas para efeito de distinção de precedentes".

1053. Na doutrina: MENDES, Aluisio G. C. *Incidente de resolução de demandas repetitivas.* Rio de Janeiro: Forense, 2917, p. 193.

aqueles advindos do incidente de resolução de demandas repetitivas e do incidente de assunção de competência (art. 988, IV, CPC).

Uma situação curiosa, no entanto, pode ocorrer: o precedente pode ser fixado por meio de um IRDR ou um IAC, mas ele vir a ser indevidamente aplicado por um órgão jurisdicional que não faz parte da mesma estrutura organizativa do judiciário.

Tal situação pode ocorrer em julgamentos de tribunais de justiça e tribunais regionais federais e os respectivos juizados. Embora não estejam os juizados em situação hierarquicamente inferior aos tribunais, não estando a eles submetidos, tem se afirmado, por exemplo, que a suspensão do IRDR de tribunais gera a suspensão dos processos de juizados (E. 93, FPPC). Seguindo essa lógica, seria possível afirmar que os juizados estariam obrigados a seguir os precedentes dos respectivos tribunais de justiça e tribunais regionais federais, muito embora os recursos nesses processos sejam dirigidos a turmas recursais e não aos tribunais.

Note-se que esse enunciado parte do pressuposto de que as decisões de tribunais locais e de tribunais regionais federais são vinculantes para os juizados, mesmo que não estejam na mesma estrutura do Poder Judiciário e, sobre essa possibilidade, remete-se o leitor para o enunciado n. 549 em que o tema é abordado. De toda forma, os comentários a esse enunciado partem do pressuposto de que isso seria possível.

Nessa situação mencionada, embora o recurso das decisões não seja de competência do tribunal local ou do tribunal regional federal, ainda assim, seria possível que, caso precedente de IRDR ou IAC não seja adequadamente aplicado ou não seja aplicado quando deveria ser, que a reclamação seja dirigida ao respectivo tribunal. Esse alargamento da atuação de tais tribunais iria partir do que menciona o art. 988, § 1º, do CPC, segundo o qual a reclamação pode ser proposta *perante qualquer tribunal, cuja autoridade se pretenda garantir*.

▶ **NCPC. Art. 927.** Os juízes e os tribunais observarão: (...). III – os acórdãos em incidente de assunção de competência ou de resolução de demandas repetitivas e em julgamento de recursos extraordinário e especial repetitivos; ▶ **Art. 947. § 3º** O acórdão proferido em assunção de competência vinculará todos os juízes e órgãos fracionários, exceto se houver revisão de tese. ▶ **Art. 988.** Caberá reclamação da parte interessada ou do Ministério Público para: (...). IV – garantir a observância de acórdão proferido em julgamento de incidente de resolução de demandas repetitivas ou de incidente de assunção de competência; (...). **§ 1º** A reclamação pode ser proposta perante qualquer tribunal, e seu julgamento compete ao órgão jurisdicional cuja competência se busca preservar ou cuja autoridade se pretenda garantir.

ENUNCIADO 604. É CABÍVEL RECURSO ESPECIAL OU EXTRAORDINÁRIO AINDA QUE TENHA OCORRIDO A DESISTÊNCIA OU ABANDONO DA CAUSA QUE DEU ORIGEM AO INCIDENTE.

● *Grupo: IRDR, Recursos repetitivos e assunção de competência.* ● *Referências: arts. 976, § 1º e 987.*

▸ ***Fábio Victor da Fonte Monnerat***

Quatro premissas precisam ser estabelecidas para a compreensão do enunciado, são elas: a) a decisão proferida no incidente de resolução de demandas repetitivas (IRDR) extrapola (e muito) a esfera jurídica das partes uma vez que, a formação de um precedente qualificado[1054], como no caso do julgamento do IRDR, vincula os órgãos fracionários do tribunal e os juízes daquele estado ou região; b) afetado um recurso paradigma, a desistência do recurso com base no artigo 998 do CPC é admissível, porém a desistência não impede o exame da questão repetitiva que deu origem a instauração do incidente (arts. 976, § 2º e 998, par. ún. do CPC; c) em razão do efeito vinculante da tese firmada no julgamento do IRDR, seu o procedimento possui um contraditório maximizado e admite a participação de pessoas, órgãos ou entidades com interesse na solução da controvérsia, inclusive as partes de outros processos que versam sobre a matéria, o que dá a estes sujeitos legitimidade para recorrer; d) contra o acórdão que julga o IRDR é cabível recurso especial e recurso extraordinário, conforme deixa claro o artigo 987 do CPC.

Sobre cada uma das premissas serão tecidas as breves considerações, para melhor compreensão do enunciado.

A primeira premissa envolve a própria razão de ser do IRDR: formar um precedente qualificado cuja tese fixada em sua fundamentação será obrigatoriamente aplicada a todos os litígios que versem sobre a matéria.

Portanto, a par de "julgar o litígio existente entre as partes" gerando uma norma individual e concreta para estas, o acórdão proferido no IRDR "fixa uma tese" sobre a questão repetitiva sendo este entendimento apto a ser aplicado em todos os processos pendentes e também nos processos que venham a versar sobre a matéria nos termos do artigo 985, I e II do Código de Processo Civil.

Nesse sentido, Fredie Didier Jr. e Leonardo Cunha[1055] esclarecem que o modelo adotado pelo CPC no IRDR é o de causa piloto já que o tribunal julga a causa e fixa o entendimento a ser aplicado aos demais casos repetitivos.

Ao contrário do "julgamento do litígio", que gera efeito entre as partes e possui aptidão de ser acobertado pela coisa julgada e que, topologicamente, se encontra no dispositivo da decisão, a tese jurídica, ou *ratio decidendi,* encontra-se na fundamentação e, por esta estar sendo produzida em um procedimento de julgamento de casos repetitivos, vincula os demais órgãos subordinados ao tribunal.

Esta tese jurídica encontrada na fundamentação não diz respeito apenas às partes litigantes uma vez que, em razão de seus efeitos vinculantes (art. 927, III e 985, I e II do CPC), alcançará todos os processos que versem sobre a questão decidida.

Em suma, ao afetar um processo como paradigma, para processamento e julgamento via IRDR, o tribunal, em primeiro lugar, na fundamentação, fixará o entendimento

---

1054. Sobre o tema nosso: "O precedente qualificado no processo civil brasileiro: formação, eficácia vinculante e impactos procedimentais". *In*: *Sistemi processuali a confronto: il nuovo Codice di Procedura Civile del Brasile tra tradizinoe e rinnovamento*, Publicações Específicas da Escola da AGU. vol. 8, 2016. p. 100).

1055. DIDIER, Fredie e CUNHA, Leonardo. *Curso de direito processual civil*. vol. 3. 14. ed. Salvador: Juspodivm. p. 678.

acerca da questão repetitiva para, na sequência, julgar o litígio aplicando o entendimento firmado ao caso concreto[1056].

Fredie Didier Jr. e Leonardo Cunha[1057] esclarecem que, em razão desta dupla função do IRDR, sua decisão possui dois núcleos decisórios: no primeiro ('a') há a fixação da tese jurídica aplicável e, o segundo ('b'), conterá a decisão sobre o caso-piloto em que ocorrerá a aplicação da tese jurídica formada no primeiro núcleo decisório ao caso concreto apreciado.

A tese firmada no núcleo primeiro decisório ('a') é o precedente qualificado que deverá ser observado pelos demais órgãos vinculados ao tribunal, cabendo a estes em cada um dos processos individuais que versem sobre a matéria realizar a atividade própria do núcleo segundo decisório ('b'), ou seja, aplicar a norma consagrada no precedente ao caso concreto.

A aptidão deste entendimento firmado na fundamentação do julgamento do IRDR, isto é, no primeiro núcleo decisório do acórdão que julga o incidente, vir a ser aplicável aos demais litígios que versem sobre a mesma questão de direito, leva a uma segunda premissa importante para a compreensão do enunciado, qual seja: a desistência do recurso não impede que o tribunal prossiga no julgamento e se posicione sobre a questão repetitiva que deu causa a afetação do processo.

Em outras palavras, a desistência do recurso torna desnecessária um pronunciamento do órgão julgador acerca do caso concreto (segundo núcleo decisório – 'b') mas não obsta a manifestação do tribunal acerca da questão de direito repetitiva, tema objeto do primeiro núcleo decisório ('a').

O tema, agora textualmente consagrado no NCPC, já havia sido objeto de discussão no âmbito do Superior Tribunal de Justiça, na hipótese de desistência pelo recorrente do recurso especial afetado para julgamento na forma do repetitivo (art. 543-C do CPC/73), que igualmente permitia que o acórdão, a par de julgar o litígio entre as partes, fixasse a tese sobre a questão de direito controvertida.

Em um primeiro momento, o Superior Tribunal de Justiça, na Questão de Ordem no REsp 1.063.343, afirmou que admitir que a desistência pelo recorrente impeça o julgamento da idêntica questão de direito é "entregar ao recorrente o poder de determinar ou manipular, arbitrariamente, a atividade jurisdicional que cumpre o dever constitucional do Superior Tribunal de Justiça, podendo ser caracterizado como verdadeiro atentado à dignidade da Justiça", e por esta razão, ao final decidiu que deveriam ser indeferidos os pedidos de desistência formulados em recursos representativos processados nos termos do artigo 543-C do CPC.

Já neste momento restou afirmado em um voto vencido que "a todo recorrente é dado o direito de dispor de seu interesse recursal, jamais do interesse coletivo. A homologação do pedido de desistência deve ser deferida, mas sem prejuízo da

1056. *Ibidem*, p. 619.
1057. *Idem*.

formulação de uma orientação quanto à questão idêntica de direito existente em múltiplos recursos".

Esta orientação, em um primeiro momento vencida, terminou por vir a ser consagrada pelo STJ no REsp 1.067.237 onde, não obstante o acolhimento da desistência, foi dado prosseguimento ao julgamento do recurso especial sendo decididas as duas teses afetadas, *sem efeitos para o caso concreto*, que foi julgado prejudicado.

Também no REsp 1.370.698 a terceira turma do STJ após afirmar que "o direito potestativo da parte de desistir do recurso interposto em seu interesse particular (CPC, art. 501[1058]) não poderia prejudicar o andamento dos processos de inúmeros litigantes suspensos no aguardo do julgamento do recurso representativo da controvérsia, nos termos do artigo 543-C "acolheu o pedido de desistência mas enfrentou a tese fixando o entendimento acerca da questão repetitiva".

Esta lógica foi apropriada pelo NCPC que deixa claro tanto no artigo 976, § 2º, em se tratando de IRDR, quanto no artigo 998, par. ún. CPC, nas hipóteses de recursos especial e extraordinário repetitivos, que a desistência não impede o exame da questão repetitiva pelo Tribunal.

Tal posicionamento se justifica considerando que, uma vez afetado o processo o interesse na solução da controvérsia transcende a esfera de interesse individual das partes vez que a orientação firmada será aplicada a todos os processos pendentes sobre o tema que, ademais, encontram-se suspensos aguardando o julgamento do incidente.

Entretanto, vale destacar que, a desistência não é de todo indiferente nestes casos, uma vez que este ato do recorrente impede o julgamento do caso concreto.

Em outras palavras, ao exercer o direito previsto no artigo 998 do CPC a parte obsta que o acórdão proferido no IRDR cumpra uma de suas funções, qual seja, julgar o litígio que originou o recurso, devendo ser considerada transitada em julgado a decisão recorrida. Como pressuposto de admissibilidade, a desistência impede o exame do mérito e, portanto, mesmo que a questão de direito seja enfrentada no IRDR para fins de fixação da tese, o efeito substitutivo para as partes não se opera.

Portanto, a desistência é admitida e impede o julgamento do litígio individual, mas não obsta que o julgamento do IRDR cumpra sua função de fixar a tese.

Nesta hipótese, excepcionalmente, o IRDR não possuirá os contornos de uma causa piloto aproximando-se assim do sistema de causa modelo, onde o órgão julgador ocupa-se apenas de formar o precedente fixando a tese jurídica geral[1059].

Uma terceira premissa torna-se importante para a compreensão do enunciado: em razão do efeito vinculante da tese firmada no julgamento do IRDR: seu o procedimento possui um contraditório maximizado e admite a participação de pessoas,

---

1058. Equivalente ao atual art. 998 do CPC/2105.

1059. DIDIER, Fredie e CUNHA, Leonardo. *Curso de direito processual civil*. vol. 3. 14. ed. Salvador: Juspodivm. p. 596.

órgãos ou entidades com interesse na solução da controvérsia, inclusive as partes de outros processos que versam sobre a matéria.

Esta amplitude do contraditório no incidente se justifica em função da eficácia vinculante e, consequente capacidade de atingir todos sujeitos envolvidos em relações jurídicas reguladas pela questão repetitiva apreciada.

Trata-se, de rigor, de uma maneira de se legitimar o efeito vinculante do precedente firmado pela via da maximização do contraditório.

Nesse sentido, o Código estabelece que, além da oitiva obrigatória do Ministério Público (art. 982, III), é possível a participação de pessoas, órgãos ou entidades com interesse na controvérsia (art. 983), neste conjunto incluídas as partes dos processos suspensos em razão da instauração do incidente, que, considerando que terão a tese jurídica aplicada ao seu processo, possuem interesse jurídico no julgamento do incidente.

Esta amplitude do contraditório e consequente legitimidade para atuar no incidente alcança a legitimidade para recorrer.

Tal legitimidade, para aqueles que atuaram como *amicus curiae* é expressamente reconhecida pelo artigo 138, § 3º do CPC e alcança também as partes dos processos suspensos em função do incidente, como dito.

Nesse sentido, José Miguel Garcia Medina[1060]assevera que "o recurso poderá ser interposto pela parte do processo referido no pedido de instauração do incidente e também por parte em processo que tenha ficado suspenso".

O interesse recursal destes sujeitos revela-se pela vinculação do juiz de sua causa à *ratio decidendi* do julgamento da causa piloto.

Neste contexto, Fredie Didier Jr.[1061], destaca a necessidade de redefinição do interesse recursal e reconhece sua existência para a definição do precedente ainda que não se discuta a norma no caso concreto, exatamente o que ocorre quando um terceiro, na qualidade de *amicus curiae* recorre da decisão que julgar o incidente de resolução de demandas repetitivas.

Igualmente, o autor, ao lado de Leonardo Cunha[1062] afirma que os recursos cabíveis contra o acórdão que julga o IRDR podem ser interpostos pelos *amicus curie* e por uma das partes que teve seu processo suspenso[1063].

Portanto, os mesmos legitimados para intervir no incidente possuem interesse e legitimidade para recorrer, sendo certo que o objeto do recurso interposto por estes

1060. *Novo Código de Processo Civil comentado*, 3. ed., RT, 2015. p. 1330.

1061. *Ibidem*, p. 640.

1062. *Idem*.

1063. Nesse sentido o Enunciado 94/FPPC: "A parte que tiver seu processo suspenso nos termos inciso I do art. 882 poderá interpor recurso especial ou extraordinário contra o acórdão que julgar o incidente de resolução de demandas repetitivas".

sujeitos será apenas a tese jurídica consagrada na fundamentação (primeiro núcleo decisório – 'a') nunca a decisão sobre o caso concreto.

Uma quarta premissa precisa ser esclarecida para a compreensão do enunciado: contra o acórdão que julga o IRDR cabe recurso especial e recurso extraordinário, conforme deixa claro o artigo 987 do CPC.

Tal recurso, inclusive, possui repercussão geral reconhecida *ope legis* e efeito suspensivo automático nos termos do artigo 987, § 1º do CPC, o que impede a aplicação imediata da orientação firmada pelo tribunal de segundo grau caso interposto um destes recursos excepcionais.

Ademais, nesta hipótese, o principal desdobramento é a "nacionalização" dos efeitos vinculantes da tese objeto do IRDR agora decida pelo tribunal superior deverá ser observada por todos os demais juízes e tribunais brasileiros.

Assim, "apreciado o mérito do recurso excepcional interposto contra o acórdão que julga o IRDR, a tese jurídica adotada pelo Supremo Tribunal Federal ou pelo Superior Tribunal de Justiça será aplicada no território nacional a todos os processos individuais ou coletivos que versem sobre idêntica questão de direito" (987, § 2º do CPC).

Portanto, julgado o IRDR pelo tribunal de segundo grau, e tendo este cumprido sua dupla função, "julgado o litígio" e "fixada a tese", natural o cabimento do RE e do RESP por força do citado artigo 987 e dos artigos 102, III e 105, III da Constituição Federal, desde que, obviamente preenchidos os demais pressupostos de admissibilidade.

Ocorre que, em função da terceira premissa supraestabelecida, além das partes cujo interesse em recorrer decorre do fato de sua esfera jurídica ser diretamente atingida pelo dispositivo da decisão, outros sujeitos com interesse na solução da controvérsia, igualmente possuem interesse e legitimidade para recorrer desta decisão.

Conforme já afirmado, o recurso destes outros sujeitos, não se volta a atacar o dispositivo que resolve o litígio individual (segundo núcleo decisório – 'b') mas sim, atacar a fundamentação da decisão (primeiro núcleo decisório – 'a') dado que este contém a orientação vinculante apta a ser aplicada aos demais casos.

O problema enfrentado pelo enunciado gira em torno da situação em que a desistência é apresentada, ficando impedido o julgamento do caso concreto que originou a interposição do recurso.

Nesta hipótese, repita-se, o julgamento do IRDR prossegue rumo à fixação da tese e, portanto, será proferido um acordão.

Este acórdão não se ocupa de resolver o litígio e não opera efeito substitutivo, mas, nos termos do enunciado em comento é suscetível de impugnação via recursos especial e extraordinário.

Duas questões importantes decorrem desta conclusão: 1) uma primeira ligada a legitimidade e interesse para recorrer, considerando que o julgamento do IRDR após a desistência do recurso não interfere na esfera jurídica das partes originais do processo, e 2) por não haver o "julgamento da causa", o cabimento do recurso especial restaria impedido pela interpretação literal do artigo 105, III "a" da Constituição Federal que faz alusão a expressão "causa decidida".

Sobre a questão da legitimidade, considerando que, conforme já asseverado, a desistência impede o julgamento do litígio, servindo o acórdão apenas para a fixação da tese é forçoso concluir que as partes litigantes do processo afetado não possuem interesse recursal, uma vez que o acórdão proferido atinge a esfera jurídica destas.

Destarte, por força de desistência, o eventual conhecimento e julgamento do mérito do recurso especial ou extraordinário não altera em nada a situação jurídica das partes originais, o que revela que tal recurso não é útil nem necessário para nenhuma delas.

Contudo, dada a aptidão do julgamento proferido em sede de IRDR "fixar a tese" e a consequente possibilidade de outros sujeitos atuarem no processamento do incidente, é plenamente possível imaginar que o mesmo interesse que legitima o ingresso de pessoas instituição ou órgãos para atuarem perante o tribunal de segundo grau, legitima estes sujeitos a interporem recurso contra o acórdão proferido nesta sede, conforme já asseverado, linhas atrás.

Nos termos do artigo 987 do CPC são cabíveis nesta hipótese recurso especial e extraordinário sendo legitimados para recorrer os mesmos sujeitos que nos termos do artigo 983 do Código possuem legitimidade para intervir no incidente, restando excluídas a legitimidade das partes originais do processo afetado em razão da desistência apresentada.

Um outro ponto, sensível suscitado pelo enunciado diz respeito a constitucionalidade do cabimento do RE e RESP contra um acórdão que, de rigor, não julga uma causa, assim compreendida como o caso concreto, mas apenas fixa uma tese.

Isso porque os arts. 102, II e 105, III da CF estabelecem que compete ao STF e STJ processar e julgar os recursos extraordinários e especial, respectivamente, contra "causas decididas em única ou última instancia pelos tribunais".

Por esta razão, Marco Cavalcanti[1064] aduz que "o cabimento de recurso especial ou extraordinário contra julgamento em abstrato, fixação da tese jurídica no IRDR, é inconstitucional. Conforme estabelecem os arts. 102, III e 105, III, da Constituição da República, competem ao STF e ao STJ julgar em recurso extraordinário e especial, respectivamente, as causas decididas, em única ou última instância, pelos Tribunais Regionais Federais ou pelos tribunais dos Estados, do Distrito Federal e Territórios. Ou seja, os recursos especial e extraordinário somente são cabíveis quando houver causas decididas pelos tribunais de justiça e regionais federais. No IRDR, como já se demonstrou, inexiste julgamento de qualquer lide. Não há que se falar em causa decidida, pois o julgamento somente fixa a tese jurídica abstrata que será aplicada aos

1064. *Incidente de resolução de demandas repetitivas*, 2. ed., RT, 2016. p. 396.

processos repetitivos. Somente existirá causa decidida após a aplicação concreta da tese jurídica estabelecida no julgamento do IRDR.

No mesmo sentido Antonio do Passo Cabral[1065] aduz que "não havendo julgamento da causa (porque houve desistência desta), mas apenas a resolução da questão comum nos moldes de uma jurisdição objetiva, não são cabíveis recurso especial ou extraordinário".

Tais posicionamentos vão de encontro ao disposto no enunciado que defende o cabimento do RE e do REsp mesmo quando não houver julgamento do litígio em função da desistência.

Note-se que, esta concepção decorre da equiparação da expressão "causa" expressa no texto constitucional à "resolução do litígio intersubjetivo" e revela uma compreensão da função jurisdicional como única e exclusivamente voltado a resolver a lide entre dois ou mais sujeitos.

O próprio Antonio do Passo Cabral[1066], apesar de afirmar que a admissibilidade de RE e RESP poderia levar a inconstitucionalidade do artigo 987 por estabelecer uma hipótese de cabimento destes recursos fora da Constituição considera que o tema ainda merece reflexão, sobretudo à luz do impacto que o IRDR terá no conceito de jurisdição e também na definição de "causa" para esses fins.

Portanto, a viabilidade do cabimento do recurso especial e extraordinário contra acórdãos proferidos em sede de IRDR que 'apenas' fixam a tese sem apreciar o caso concreto é plenamente possível a partir de uma visão mais ampla do conceito de "causa decidida" e da própria função jurisdicional.

Não é de hoje que o conceito de "causa" para fins de cabimento de RE e REsp é considerado amplo não sendo, necessariamente, equiparado ao de "julgamento do litígio".

Ademais, atualmente a função jurisdicional não pode ser vista como unicamente voltada à resolução do litígio.

Isso porque, conforme destaca Sofia Temer[1067] na realidade atual, nas decisões proferidas em incidente de resolução de demandas repetitivas, recursos excepcionais repetitivos, dentre outros institutos assemelhados, a atividade jurisdicional não visa precipuamente a resolução do caso concreto, mas, pelo contrário, o transcendem, sendo a vocação para atingir outros sujeitos a verdadeira razão de ser do instituto.

Portanto, a compreensão de que, além de julgar os litígios individuais, a jurisdição, no modelo jurídico atual, exerce outros papeis igualmente importantes, se destacando, neste contexto, o de estabelecer "referências normativas" através de pronunciamentos intencionalmente produzidos com a finalidade de ir além dos autos do

---

1065. CABRAL, Antonio P.; CRAMER, Ronaldo. (Coords.). *Comentários ao novo Código de Processo Civil*. Rio de Janeiro: Forense, 2015. p. 1453.
1066. *Idem*.
1067. *Incidente de resolução de demandas repetitivas*. Salvador: Juspodivm, 2016. p. 242.

processo e, não apenas vincular os órgãos judiciários responsáveis pelos demais processos como também pautar as condutas dos sujeitos "fora" do ambiente processual.

Esta conclusão possibilita uma leitura mais aberta do dispositivo constitucional que disciplina o cabimento dos recursos extraordinário e especial, notadamente da interpretação do conteúdo e do alcance da acepção "causa decidida".

Sobre esta última, vale destacar que nem toda a doutrina equipara "causa decidida" à "resolução do litígio intersubjetivo", dando aquela expressão uma acepção ainda mais ampla.

É o caso, por exemplo, de Pedro Miranda de Oliveira[1068] para quem "o termo causa não sofre qualquer limitação quanto à natureza do processo (cognitivo, execução, cautelar ou procedimentos especiais), nem quanto à qualidade da decisão (terminativa, definitiva ou interlocutória), nem quanto ao tipo de jurisdição que foi proferida (contenciosa ou voluntária). O sentido de causa é o mais amplo possível". O autor se apoia nas lições de Athos Gusmão Carneiro[1069] que por sua vez aduz que "o conceito de causa decidida alcança a totalidade dos processos em que tenha sido proferida decisão jurisdicional".

Sofia Temer[1070], igualmente destaca que "não se justifica a adoção de uma concepção limitada para o termo "causa decidida" sobretudo porque a restritiva interpretação do termo burla o desígnio constitucional de atribuir ao STF e STJ a uniformização da Constituição e da lei federal, o que vai de encontro aos próprios fundamentos da criação do incidente de resolução de demandas repetitivas.

Ademais, nestas situações, dada a vocação da tese firmada pelo tribunal superior ter eficácia vinculante em todo o território nacional (art. 987, § 2º do CPC), é inegável que o julgamento do RE ou do REsp, ainda que 'apenas' para a fixação da tese possibilita que os tribunais superiores cumpram uma de suas principais funções, a nomofilácica[1071].

Em outras palavras, restringir a revisão da questão de direito federal ou constitucional objeto do IRDR pelo STF ou STJ respectivamente, pelo só fato de que em razão da desistência, o litígio que deu origem ao incidente não será impactado pelo acórdão contraria a correta acepção da função do incidente, impede que os tribunais superiores cumpram sua função nomofilácica e inviabiliza que a jurisdição, em si, cumpra um de seus papeis que neste caso, vai além da resolução do conflito objeto do processo, dado que o pronunciamento jurisdicional funciona como uma referência normativa,

---

1068. "Causa decidida como requisito de admissibilidade do recurso especial". *In*: *O papel da Jurisprudência do STJ*. GALLOTI, Isabel. *et al.* (Coord.). São Paulo: RT, 2014. p. 779.

1069. "Requisitos específicos de admissibilidade do recurso especial", RF 347/31, jul/set 1999 *apud* OLIVEIRA, Pedro Miranda. *Op. e loc. cit.*

1070. *Ibidem*, 244.

1071. Sobre o tema, nosso: "Função Nomofilácica dos Tribunais Superiores no Brasil e na Itália e a necessidade de respeito aos seus precedentes". *In*: Publicações Específicas da AGU. vol. 21, Brasília, 2012. p. 79 a 103.

vinculante, apta a pautar o julgamento dos processos pendentes e futuros que versam sobre a questão múltipla.

Em se tratando de legislação federal ou de normas constitucionais, nada mais lógico do que este entendimento vinculante possua alcance nacional, algo possível apenas se o acórdão produzido em sede de IRDR seja revisto pelo STJ ou STF em sede de RE ou REsp, conforme o caso.

Portanto, justifique-se o enunciado em comento ao dispor que "é cabível recurso especial ou extraordinário ainda que tenha ocorrido a desistência ou abandono da causa que deu origem ao incidente" sendo das pessoas, órgãos ou entidades com interesse na controvérsia, aí incluídas as partes dos processos sobrestados, o interesse e a legitimidade para o enfrentamento da questão.

Nesta hipótese, o recurso interposto terá por objeto unicamente a "tese jurídica" firmada no julgamento do IRDR, sendo indiferente sua interposição e julgamento em relação ao litígio individual que lhe deu origem, o qual, aliás, sequer foi atingido pelo julgamento do próprio incidente em razão da desistência.

Em se tratando de recurso extraordinário, a presença da repercussão geral é presumida pela lei (art. 987, § 2º do CPC) e sua interposição, nos termos do mesmo dispositivo impede a eficácia do acórdão impugnado haja vista o efeito suspensivo automático excepcionalmente previsto nesta hipótese.

Na prática, portanto, interposto RE ou REsp contra a acórdão que julgar o IRDR os processos continuarão sobrestados até o pronunciamento do tribunal superior não devendo ser a tese consagrada pelo tribunal de 2º grau aplicada a nenhum deles.

Julgado o mérito do recurso, a tese consagrada pelo tribunal superior, ao contrário do acórdão recorrido, possui alcance nacional devendo ser obrigatoriamente observado por todos os juízes e tribunais do país.

► **NCPC. Art. 976. § 1º** A desistência ou o abandono do processo não impede o exame de mérito do incidente. (...). ► **Art. 987.** Do julgamento do mérito do incidente caberá recurso extraordinário ou especial, conforme o caso. (...).

Enunciado 605. Os juízes e as partes com processos no Juizado Especial podem suscitar a instauração do incidente de resolução de demandas repetitivas.

● *Grupo: IRDR, Recursos repetitivos e assunção de competência.* ● *Referências: arts. 977 e 985, I.*

► *Fábio Victor da Fonte Monnerat*

O Enunciado procura esclarecer que as partes e os juízes dos processos que tramitam perante os juizados especiais também possuem legitimidade para requerer a instauração do incidente de resolução de demandas repetitivas.

O artigo 985, I do CPC, deixa claro que, fixada a orientação acerca da questão de direito repetitiva esta deve ser obrigatoriamente aplicada por todos os órgãos dos juizados especiais, expressamente referidos na parte final do dispositivo.

O dispositivo reza que "julgado o incidente, a tese jurídica será aplicada: I – a todos os processos individuais ou coletivos que versem sobre idêntica questão de direito e que tramitem na área de jurisdição do respectivo tribunal, inclusive àqueles que tramitem nos juizados especiais do respectivo Estado ou região".

Até por isso, instaurado o IRDR, os processos pendentes nos juizados também deverão ser suspensos.

Portanto, o precedente do tribunal formado no incidente de resolução de demandas repetitivas vincula também os juízes dos juizados especiais do respectivo território ou região.

Assim, apesar do tribunal de segundo grau não funcionar como instância recursal nas causas que tramitam pelos juizados especiais, os precedentes qualificados formados por aquele órgão vinculam os juízes destes, assim como, inobstante o não cabimento de recurso especial para o STJ contra decisão de última instância dos juizados, a jurisprudência e, sobretudo, as súmulas e precedentes qualificados formados por este tribunal superior devem ser observados por todos os órgãos nacionais, por óbvio incluídos os juizados especiais.

Isso porque, não há porque se associar diretamente o sistema recursal e o sistema de precedentes.

O sistema recursal volta-se a viabilizar a reanálise da decisão, isto é, seu acerto ou desacerto. Já o sistema de precedentes volta-se a viabilizar que o mesmo tratamento jurídico seja dado a todos os sujeitos que se encontram na mesma situação jurídica do ponto de vista do direito material, possuindo, inclusive, um mecanismo de controle próprio de respeito ao precedente, sem natureza recursal, a reclamação.

Obviamente, os dois sistemas se comunicam e se autoinfluenciam. A grande maioria dos precedentes qualificados é oriunda do processamento e julgamento de recursos – afetados para tramitação em um regime especial – e, uma vez existente estes precedentes, além do conteúdo do julgamento do recurso, o próprio procedimento é sobremaneira afetado pela pré-existência de um precedente qualificado[1072].

O que não se justifica é o estabelecimento de uma relação indissociável entre o sistema recursal e o sistema de precedentes a ponto de se concluir que o não cabimento de um recurso para determinado órgão leva a desnecessidade de observância dos seus precedentes. Em outras palavras, o órgão competente para julgar o (s) recurso (s) contra determinada decisão não precisa, necessariamente, ser o único órgão capaz de gerar precedentes vinculantes para os magistrados responsáveis por estas decisões.

1072. Sobre o tema nosso: "O Precedente qualificado no processo civil brasileiro: formação, eficácia vinculante e impactos procedimentais" in Sistemi Processuali a confronto: il Nuovo Codice di Procedura Civile del Brasile tra tradizinoe e rinnovamento". Publicações Específicas da Escola da AGU. vol. 8, 2016. p. 100).

Nesse contexto, cumpre pontuar que, o sistema de precedentes qualificados é construído inclusive para, entre outras coisas, diminuir os recursos ou simplificar sua tramitação a partir da observância de seus comandos.

Em outras palavras, a intenção do sistema é moldar o conteúdo das decisões judiciais sobre temas objeto de precedentes qualificados de modo a, desde logo, dar razão a parte que possui sua pretensão compatível com o precedente e, desestimular a parte derrotada a recorrer dada a quase certeza de insucesso do recurso contrário à tese fixada pelo tribunal.

O ideal, portanto, é que o juiz dos juizados especiais observe os precedentes qualificados consagrados pelo tribunal em sede de IRDR e, caso não observado tal entendimento, que a turma recursal do próprio juizado, também vinculada ao precedente, analise o recurso dando-lhe provimento, ou mais precisamente adaptando a decisão ao entendimento do tribunal.

De toda sorte, como mecanismo (assessório) de preservação da autoridade e eficácia vinculante do precedente, contra as decisões proferidas em sede de juizados especiais que desrespeitem os precedentes formados via IRDR é cabível reclamação, conforme deixam claro os arts. 985, I, c/c § 1º e art. 988, IV, todos do Código de Processo Civil.

O tema, entretanto, não é pacífico na doutrina, havendo autorizadas vozes que defendem a impossibilidade os precedentes forjados em sede de IRDR serem obrigatórios no microssistema dos juizados especiais.

Marcos Cavalcanti[1073], em uma excelente obra sobre o tema sustenta que "os juízes que integram os juizados especiais não estão subordinados (para efeitos jurisdicionais) às decisões dos Tribunais de Justiça dos Estados e dos Tribunais Regionais Federais. A suspensão e a imposição vinculativa da tese jurídica em tramitação nos juizados especiais violam o texto constitucional".

Nelson Nery Jr. e Rosa Maria de Andrade Nery[1074] também entendem não haver vinculação dos juízes dos juizados à tese consagrada no tribunal. Os autores fazem uma expressa associação entre a sistemática recursal dos juizados e a desnecessidade de respeito aos precedentes sustentando que o TJ pode reformar a decisão do juiz de direito, mas não decisão do juizado especial. Esse é o sentido de que trata o artigo 105, inciso I, "d", da CF: "o juiz de direito é 'vinculado' ao TJ, mas o juiz do juizado especial não o é. Como não há subordinação das decisões dos juízes do juizado ao TJ, esse juiz é 'não vinculado' ao TJ para efeitos jurisdicionais"

Já Frederico Koehler[1075]entende que o NCPC deveria ter previsto a possibilidade de um órgão do microssistema dos juizados como responsável pela uniformização da

---

1073. *Incidente de resolução de demandas repetitivas.* 2. ed., Revista do Tribunais, São Paulo, 2016. p. 392-393.

1074. *Comentários ao Código de Processo Civil.* 15. ed. São Paulo: RT, 2015. p. 1966.

1075. *"Questões Polêmicas da aplicação do incidente de resolução de demandas repetitivas (IRDR) ao microssistema dos juizados especiais".* *In*: DIDIER, Fredie. *et al.* (Coords.). *Precedentes.* 2. ed., Salvador:

jurisprudência. Esse aliás é o entendimento da Escola Nacional de Magistratura que, em enunciado, dispõe que:

> Enunciado ENFAM 44. Admite-se o IRDR nos juizados especiais, que deverá ser julgado por órgão colegiado de uniformização do próprio sistema.

Tal posição, conforme noticia Koehler[1076], já encontra ressonância no âmbito judiciário conforme se depreende do acórdão da Turma Regional de Uniformização da 5ª Região, que no Proc. 0502847-71.2014.4.05.8302 decidiu que é inconstitucional a aplicação do julgamento do IRDR pelo TRF ao microssistema dos juizados em virtude da violação ao art. 98, inc. I da Constituição Federal.

Compreendido o enunciado neste contexto, tem-se que a legitimidade nele estabelecida seria para que as partes e os juízes dos juizados suscitassem a instauração do IRDR perante o órgão de uniformização do próprio juizado, que teria competência para processá-lo, julgá-lo e formar um precedente qualificado vinculante no âmbito deste microssistema.

Contudo, respeitados os posicionamentos citados, os comentários a seguir tecidos partem de outras premissas quais sejam: a) o processamento e julgamento do IRDR são de exclusividade de tribunais, não sendo possível sua instauração perante qualquer órgão dos juizados especiais; b) uma vez julgado um IRDR no tribunal, o precedente qualificado ali formado vincula os juízes e demais órgãos dos juizados especiais (art. 985, *in fine*, do CPC), caso o tema também se submeta a competência destes órgãos, sem que haja qualquer ofensa ao texto constitucional; c) os processos pendentes nos juizados e as decisões nele proferidas podem ser levados em consideração para fins de caracterização da multiplicidade de processos e o risco de ofensa a isonomia possuindo as partes e os juízes destes órgãos legitimidade para suscitar a instauração do incidente; d) entretanto, o processo pendente nos juizados não pode ser escolhido como a causa piloto para formação do precedente qualificado vez que o tribunal, neste caso é incompetente para julgar o caso concreto pendente nos juizados.

Sobre as referidas premissas serão tecidas considerações na sequência:

A primeira premissa estabelece que não cabe a qualquer órgão dos juizados processar e julgar incidentes de resolução de demandas repetitivas, sendo esta competência exclusiva de tribunais.

A conclusão se extrai da literalidade do artigo 978, verbis "o julgamento do incidente caberá ao órgão indicado pelo regimento interno dentre aqueles responsáveis pela uniformização de jurisprudência do tribunal", sendo reforçada por diversas outras passagens de onde se conclui que o IRDR é um instrumento exclusivo destes órgãos jurisdicionais.

Juspodivm, 2016.

1076. *Idem.*

Nesse sentido, o artigo 977 estabelece que "pedido de instauração do incidente será dirigido ao presidente de tribunal" e o artigo 987 estabelece que "do julgamento do mérito do incidente caberá recurso extraordinário ou especial", recurso como é sabido, incabível no microssistema dos juizados.

Ademais, conforme se verá adiante, a capacidade de formar um precedente vinculante em um determinado território é incompatível com a possibilidade de existência de dois precedentes com esta natureza no mesmo território e no mesmo momento.

Destarte, admitir a instauração do IRDR também perante órgãos recursais dos juizados é, em última análise, admitir a existência de dois precedentes igualmente vinculantes no âmbito de um mesmo estado ou região, o que pode gerar, inclusive, a existência de entendimentos distintos (e vinculantes) sobre a mesma matéria.

Toda a lógica do IRDR e do sistema do CPC é voltada a combater a existência de decisões contraditórias, quiçá dois pronunciamentos vinculantes, capazes de impor decisões distintas no mesmo território no mesmo momento histórico.

A lógica do IRDR é exatamente o contrário, qual seja, que exista um único posicionamento acerca da questão de direito repetitiva apta a ser aplicada a todos os processos pendentes no âmbito do estado ou região, inclusive dos juizados, conforme repita-se estabelece textualmente o artigo 985, I, *in fine*.

A aplicação não pode ser influenciada por normas de repartição de competência, pelo menos, não dentro de um mesmo território.

A hipótese contrária levaria ao absurdo lógico de se obrigar o juiz dos juizados a aplicar um entendimento contrário ao firmado pelo tribunal apenas pelo fato de que, em razão do valor da causa, por exemplo, o feito se submeteu aos juizados especiais.

Portanto a tese que defende a inexistência de vinculação dos juizados ou mais do que isso a possibilidade de um órgão do próprio juizado poder instaurar um IRDR e formar seu próprio precedente, não pode ser admitida pois levaria à possibilidade de existirem em uma mesma circunscrição territorial de dois entendimentos igualmente vinculantes, o que poderia levar o Judiciário a ter de, obrigatoriamente, proferir julgamentos absolutamente distintos para situações exatamente iguais pelo só fato da causa ser da competência dos juizados especiais, muitas vezes definida pelo valor da causa.

Nesse sentido, Fredie Didier Jr. e Leonardo Cunha[1077] afirmam expressamente que "o IRDR pode ser suscitado perante o tribunal de justiça ou tribunal regional federal (no âmbito trabalhista em tribunais regionais do trabalho; no âmbito eleitoral em tribunal regional eleitoral, ambos por força do artigo 15 do CPC). Nos juizados especiais federais e nos juizados da Fazenda Pública, há pedido de uniformização, não sendo cabível o IRDR".

1077. *Curso de direito processual civil*. 14. ed. Salvador: Juspodivm, 2017. p. 723.

Cumpre registrar ademais que o Conselho Nacional de Justiça, em decisão liminar ainda sujeita a confirmação pelo colegiado, proferida pelo Conselheiro Henrique Ávila no Pedido de Providências nº 0002624-56.2017.2.00.0000 determinou a suspensão da eficácia da Resolução TJES nº 23/16 no que diz respeito a admissibilidade do IRDR nos juizados especiais. Em sua fundamentação, o Conselheiro autor da decisão liminar aduz que "o microssistema de Juizados Especiais, de nobres propósitos embora, nada mais é do que a concretização de um método facilitador de natureza procedimental, nada justificando que nele se permita a produção de um direito diferenciado".

Portanto, apenas o tribunal possui competência para instaurar, processar e julgar o IRDR.

Uma segunda premissa se faz necessária: o precedente do tribunal formado em sede de IRDR vincula todos os órgãos dos juizados.

Esta premissa decorre da literalidade da lei, no caso, o já citado artigo 985, inc. I do CPC, assim como também de uma questão sistêmica igualmente já tratada, qual seja, a impossibilidade de existirem dois precedentes vinculantes sobre a mesma questão jurídica, no mesmo território e no mesmo momento histórico.

A tese de que a ausência de hierarquia entre o tribunal (TJ ou TRF) e os órgãos dos juizados especiais, pela impossibilidade de controle destas decisões pela via recursal implica possibilidade de inobservância por parte destes órgãos dos precedentes vinculantes formados por aqueles não merece prosperar.

Isso porque, os recursos, ou mesmo o mandado de segurança contra decisão judicial excepcionalmente utilizado como sucedâneo recursal, possuem como objeto, pura e simplesmente, verificar o acerto ou desacerto da decisão atacada.

Entretanto, a impossibilidade de o tribunal controlar as decisões dos juizados especiais pela via recursal não implica automática impossibilidade dos pronunciamentos vinculantes destes tribunais vincularem os juízes daqueles órgãos.

Ademais, especificamente para fins de controle da observância dos precedentes qualificados, o sistema processual prevê um outro mecanismo de controle, sem natureza recursal (a reclamação), cabível contra as decisões proferidas no âmbito dos juizados.

Nesse contexto, a reclamação, a par de possibilitar o controle do acerto da decisão (exclusivamente sob a perspectiva da observância do precedente, nesta hipótese), possui a função de preservar a autoridade do precedente qualificado e a eficácia vinculante deste, inclusive nos juizados, repita-se.

Não por acaso, ao contrário da competência para processar e julgar os recursos que segue uma lógica hierárquica onde o órgão imediatamente superior aprecia o recurso, a competência para apreciar a reclamação é do órgão autor do precedente desrespeitado, no caso do IRDR, do tribunal.

Por esta razão, não possuir competência para processar e julgar recursos não se traduz em absoluta independência dos juizados especiais, como se estes órgãos não precisassem aplicar a mesma lei, ou mais precisamente consagrar em seus julgamentos o mesmo ordenamento jurídico. Não se trata disso, pois devem também os órgãos dos juizados especiais observarem e respeitarem a norma jurídica, inclusiva aquelas consagradas nos precedentes, que no sistema do Código são vinculantes.

Portanto, não só a vinculação dos juizados especiais aos entendimentos firmados em sede de IRDR como o cabimento da reclamação contra a decisão proferida em processos que tramitam perante os juizados que não o observem é, além de absolutamente compatível com o ordenamento jurídico pátrio, essencial ao sistema de precedentes vinculantes.

Admitir o contrário, seria aceitar que a resposta a uma questão repetitiva já pacificada pelo tribunal e vinculante no ambiente dos órgãos de primeiro grau de jurisdição de fora dos juizados pudesse ser diferente daquilo que, obrigatoriamente está sendo aplicado por todo o sistema judiciário, o que na prática implicaria na admissão da existência de duas (ou mais) normas jurídicas tutelando a mesma situação, conclusão absolutamente contrária a essência do NCPC que preza pela coerência e integridade da jurisprudência e das respostas jurisdicionais.

Se somarmos a esta não vinculação a possibilidade de existência de um outro precedente vinculante do órgão de uniformização do próprio juizados, atraímos todos aqueles problemas citados linhas atrás.

Por isso, a acertada opção legislativa de vincular também os órgãos dos juizados ao mesmo precedente ao qual estão vinculados os juízes de fora desse microssistema.

Tal conclusão, não viola o artigo 98, inc. I da Constituição Federal que dispõe que "a União, no Distrito Federal e nos Territórios, e os Estados criarão: I – juizados especiais, providos por juízes togados, ou togados e leigos, competentes para a conciliação, o julgamento e a execução de causas cíveis de menor complexidade e infrações penais de menor potencial ofensivo, mediante os procedimentos oral e sumariíssimo, permitidos, nas hipóteses previstas em lei, a transação e o julgamento de recursos por turmas de juízes de primeiro grau".

A referida norma não permite que os juízes integrantes dos órgãos dos Juizados interpretem e apliquem as normas jurídicas, sobretudo as de direito material, completamente dissociada da jurisprudência do tribunal daquele estado ou mesmo do Superior Tribunal de Justiça sobre a questão.

A terceira premissa considera que os processos pendentes nos juizados e as decisões nele proferidas podem ser levados em consideração para fins de caracterização da multiplicidade de processos e do risco de ofensa a isonomia possuindo as partes e os juízes destes órgãos legitimidade para suscitar a instauração do incidente.

Como é sabido, são pressupostos para a instauração do incidente de resolução de demandas repetitivas a "efetiva repetição de processos que contenham controvérsia sobre a mesma questão unicamente de direito" e o "risco de ofensa a isonomia"[1078]

1078. Art. 976, incs. I e II do CPC.

não havendo razão para excluir desta equação os processos e decisões proferidas no ambiente dos juizados especiais.

A competência dos juizados especiais é, em grande medida, definida pelo valor da causa, sendo a questão jurídica submetida a estes órgãos, rigorosamente, a mesma submetida aos demais órgãos de fora do microssistema.

Por isso, a depender exclusivamente do montante pleiteado, a causa pode se sujeitar aos juizados especiais ou não, inexistindo qualquer outra distinção do ponto de vista do direito material que justifique minimamente uma resposta jurisdicional diferente.

Assim, a existência de pronunciamentos divergentes entre os órgãos dos juizados especiais ou entre estes órgãos e os daqueles de fora do microssistema, colocam a isonomia em risco.

Isso porque, mesmo neste contexto em que há repartição de competências, respostas divergentes ofendem a isonomia de maneira intolerável vez que o valor da causa, determinante para fins de definição da competência dos juizados é absolutamente indiferente para fins de definição de interpretação das normas do direito material que tutelam a situação e, por via de consequência, do conteúdo e alcance da decisão judicial.

A existência de pronunciamentos judiciais divergentes é, em essência, a o fato que caracteriza o risco de ofensa a isonomia.

O fato de parcela destas decisões que se contrapõem estarem sendo proferidas por órgãos integrantes do microssistema dos juizados especiais é absolutamente indiferente.

Da mesma forma, o número de processos pendentes nos juizados e que versam sobre a questão de direito repetitiva deve ser levado em consideração para fins de caracterização da "efetiva repetição" de processos referida no artigo 976 do Código. O fato dos processos tramitarem no âmbito dos juizados não afasta a caracterização haja vista que não se pode simplesmente pretender desconsiderar o número de causas pendentes neste ambiente que, se elevado, demandam um tratamento coletivizado via instauração, processamento e julgamento do Incidente de Resolução de Demandas Repetitivas.

Aliás, é muito comum que o mesmo tema dê origem a um significativo número de processos em dois ambientes – dos juizados e dos órgãos jurisdicionais fora deste microssistema.

Por esta razão, os processos pendentes nos juizados especiais e as decisões neles proferidas devem ser levados em consideração para fins de preenchimento dos requisitos exigidos pelo artigo 976 do CPC.

Entretanto, o processo pendente nos juizados não pode ser escolhido como a causa piloto para formação do precedente qualificado uma vez que o processo instaurado perante os juizados especiais nunca estará pendente de julgamento no tribunal, até porque o tribunal, neste caso, é incompetente para julgar o caso concreto originado nos juizados.

Portanto, considerando o disposto no artigo 978, par. ún. do Código, que determina que o tribunal, ao instaurar o IRDR, além de fixar a tese jurídica a ser aplicada a todos os processos que versem sobre a matéria, deve julgar a causa (o mérito) do processo paradigma, é forçoso concluir que o tribunal não possui competência para proceder a segunda atividade na hipótese de a causa ser oriunda do microssistema dos juizados.

Assim, apesar de a quantidade de processos pendentes nos juizados especiais poder ser levada em consideração para fins de caracterização da multiplicidade de demandas, e de as decisões proferidas nesta sede poderem ser utilizadas para caracterização do risco de ofensa a isonomia, o processo a ser afetado deve necessariamente estar pendente de julgamento no tribunal em sede de recurso, reexame necessário ou ação originária e, portanto, nunca poderá ser oriundo dos juizados especiais.

Desta feita, na hipótese de um tema repetitivo não se encontrar debatido no sistema externo aos juizados e, portanto, se restringir, apenas a este âmbito não será possível a instauração de IRDR.

Nestas hipóteses, resta mantido intacto o espaço e a utilidade dos mecanismos de uniformização da jurisprudência dos juizados especiais, instrumentos que não se confundem com o incidente de resolução de demandas repetitivas, não possuem a capacidade de formar um precedente qualificado ou vinculante e, que, até por isso, podem ser objeto de processamento e julgamento pelo órgão competente integrante do microssistema, conforme já asseverado linhas atrás.

Ocorre que, ao estabelecer a legitimidade das partes e dos juízes dos juizados especial para suscitar o IRDR o enunciado sugere que uma causa pendente neste órgão pode ser o processo paradigma para fixação da tese repetitiva o que gera alguns problemas.

O principal deles é ligado a competência para apreciar o litígio, uma vez que se entende que ao afetar o processo para processamento e julgamento via IRDR, o tribunal deve, também, julgar a causa, conforme asseverado a pouco.

Ademais, causa pendente no tribunal, é um dos requisitos de admissibilidade do IRDR.

Portanto, admitir a possibilidade das partes e dos juízes dos juizados especiais suscitarem a instauração do IRDR atraem estas duas dificuldades práticas não enfrentadas pelo enunciado.

Três soluções possíveis podem ser aventadas, uma vez suscitados e instaurado um IRDR por provocação de juízes ou partes dos juizados: a) excepcionalmente o tribunal de segundo grau competente para processamento e julgamento do IRDR avoca a causa e julga o litígio, b) nesta hipótese, excepcionalmente, ao invés de fixar a tese e julgar o litígio aplicando-a ao caso concreto o tribunal limita-se a fixar a tese devolvendo o caso concreto para apreciação pelo órgão do juizado especial, ou; c) admitida a provocação do juiz ou parte dos juizados, caberá ao tribunal afetar um processo que versa sobre o tema e que esteja pendente de julgamento em seu âmbito.

Nesta última situação ('c') que nos parece a mais acertada, portanto, a provocação dos juízes ou partes dos juizados não implicaria em afetação do processo pendente nesta seara, mas viabilizaria a uniformização do tema via instauração de um IRDR em outro processo pendente no tribunal.

Do contrário, pouca utilidade poderia se extrair do enunciado em comento uma vez que se chegaria a conclusão que, independentemente da legitimidade para suscitar a instauração do incidente o mesmo nunca seria admitido em razão da falta de causa pendente no tribunal ou pela incompetência do tribunal para julgar o caso individual e concreto pendente nos juizados.

▶ **NCPC. Art. 977.** O pedido de instauração do incidente será dirigido ao presidente de tribunal: I – pelo juiz ou relator, por ofício; II – pelas partes, por petição; III – pelo Ministério Público ou pela Defensoria Pública, por petição. (...). ▶ **Art. 985.** Julgado o incidente, a tese jurídica será aplicada: I – a todos os processos individuais ou coletivos que versem sobre idêntica questão de direito e que tramitem na área de jurisdição do respectivo tribunal, inclusive àqueles que tramitem nos juizados especiais do respectivo Estado ou região; (...).

Enunciado 606. Deve haver congruência entre a questão objeto da decisão que admite o incidente de resolução de demandas repetitivas e a decisão final que fixa a tese.

● *Grupo: IRDR, Recursos repetitivos e assunção de competência.* ● *Referências: arts. 982 e 985.*

▸ *Fábio Victor da Fonte Monnerat*

O princípio da congruência ou correlação (art. 2º do CPC), em seu sentido clássico, impossibilita o juiz de, em sua decisão, ampliar ou modificar os contornos da pretensão do autor.

Tal limitação é expressa no artigo 141 do CPC e consiste em uma decorrência da inércia jurisdicional, segundo a qual o Poder Judiciário não age senão quando provocado e nos limites da provocação, sendo, desta feita, vedado ao magistrado extrapolar esses limites, julgando matéria para a qual não tenha sido provocado.

Portanto, o juiz, quando de seu julgamento deve se ater aos limites propostos pelas partes, sendo, por via de consequência, vedado ao magistrado conhecer de matéria ou julgar questões que não lhe foram apresentadas pelas partes interessadas.

Uma vez proferida fora destes limites, a decisão resta viciada e passível de anulação, podendo ser categorizadas como *ultra* ou *extra* petita.

A adstrição do juiz ao pedido ou, mais amplamente, a inércia jurisdicional que limita a atuação do juiz à provocação das partes, garante, a um só tempo, a preservação da imparcialidade do magistrado que não pode conhecer e jugar questões por ele mesmo inseridas no processo, bem como garante às partes a observância de seus direitos de ação e de defesa, dado que estas podem ter a certeza de que apenas obterão o pronunciamento jurisdicional sobre exatamente aquilo que propuseram e debateram no curso do processo.

A mesma lógica da inércia jurisdicional e congruência aplica-se, quiçá com mais razão à produção de precedentes qualificados como no caso do IRDR cabendo ao Judiciário forma-los quando houver significativa controvérsia em processos repetitivos pendentes de julgamento e sempre se limitando a decidir o caso concreto posto no processo selecionado como paradigma, ainda que, para tanto, tenha de, na fundamentação, formular uma "norma genérica" aplicável à situação apreciada e com aptidão para ser aplicada aos outros processos que veiculem os mesma bases fáticas.

De rigor, a observância da congruência e adstrição aos fatos da causa paradigma, no processamento do incidente de resolução de demandas repetitivas se revela em dois momentos.

Isso porque o procedimento do IRDR é bipartido, cabendo ao tribunal inicialmente decidir sobre o cabimento do incidente e afetação do processo e, em um segundo momento, se admiti-lo, julgar o mérito fixando a tese.

Esta decisão de afetação deve deixar claro o objeto da controvérsia, de modo a "projetar" quais situações jurídicas serão alcançadas pela decisão final do IRDR, até como uma forma de permitir que eventuais interessados identifiquem a necessidade e legitimidade de participarem e exercerem contraditório no incidente.

Por isso, nos termos estabelecidos no enunciado em comento, exige-se a observância da congruência quando da formação do precedente vinculante e a consequente adstrição do órgão julgador do IRDR à decisão de admissão que, por sua vez, deve se ater ao caso concreto selecionado.

A exigência se justifica haja vista que, por mais que se entenda que a tese fixada no precedente qualificado é norma jurídica, é fundamental que se tenha em mente que esta não caracteriza como uma norma geral e abstrata fruto da vontade política, mas sim, como uma norma produzida à luz de um caso individual e concreto.

Como se sabe a produção de normas gerais e abstratas a partir da expressão da vontade política pertence ao Poder Legislativo. A função do Judiciário é aplicar estas normas gerais e abstratas aos casos individuais e concretos sendo certo que para tanto, o Judiciário estabelece conclusões acerca da interpretação, alcance e aplicação destas normas gerais na fundamentação da decisão.

Estas conclusões acerca das normas gerais e abstratas, formadas na fundamentação do julgado individual e concreto, ao contrário do dispositivo da decisão, podem ter um caráter geral, ou mais precisamente uma capacidade de ser generalizada e, por via de consequência, ser aplicada a outros casos concretos.

Entretanto, ao contrário das normas gerais e abstratas produzidas pelo Legislativo, onde os fatores (políticos) levados em consideração para a tomada de decisão se desprendem da norma ao final produzida, a norma do precedente permanece ligada de uma maneira indissociável aos fatos do caso concreto submetido à apreciação.

Permitir que o Poder Judiciário, na produção da norma-precedente, se desprenda do caso concreto e estabeleça normas regulamentadoras de situações não submetidas a apreciação no processo afetado é admitir que o Judiciário crie normas desprendidas de qualquer caso concreto, função que não é sua, mas do Poder Legislativo.

Ademais, a observância do princípio da congruência, como dito inicialmente, é indispensável para que seja respeitado o contraditório uma vez que apenas sobre a situação concreta posta em juízo, as partes, Ministério Público e terceiros interessados irão debater.

Obviamente, considerando o princípio da *jura novit curia*, em relação às normas jurídicas gerais e abstratas aplicáveis ao caso concreto, o órgão julgador não está adstrito apenas aos argumentos trazidos pelas partes e demais sujeitos que participem do processo, podendo ao apreciar a causa aplicar outras normas jurídicas, não sem antes submeter estes pontos ao contraditório prévio conforme determina o artigo 10 do Código de Processo Civil[1079].

Contudo, já no que tange aos fatos, o órgão julgador responsável por formar o precedente deve ficar absolutamente adstrito àqueles que integrem a causa afetada não podendo se valer deste conjunto fático como pretexto para regulamentar, via precedente qualificado, situações fáticas distintas não postas e, até por isso, não discutidas pelas partes e demais sujeitos que intervenham no processo.

O Código demonstra a mesma preocupação de limitar a atividade do Judiciário na formação de pronunciamentos vinculantes aos fatores submetidos à sua apreciação concreta também na produção de súmulas quando estabelece art. 926, § 2º que "ao editar enunciados de súmula, os tribunais devem ater-se às circunstâncias fáticas dos precedentes que motivaram sua criação".

Esta mesma lógica aplica-se à formação de precedentes qualificados, como é o caso do IRDR e recurso especial e extraordinário repetitivos.

A clareza acerca dos fatos e temas integrantes do caso concreto deve inclusive ser definida com precisão já na decisão de afetação do processo piloto e, uma vez ali definidos, ficam estabelecidos os limites e o objeto da tese a ser fixada, conforme esclarece o enunciado em comento.

É a decisão de afetação que deve definir com precisão quais são os limites da controvérsia e os fatos determinantes levados em consideração para a tomada de decisão, devendo esta ser inexoravelmente o parâmetro para a formação do precedente.

Assim, é forçoso concluir a partir do enunciado que: 1) a decisão de afetação deve, de plano, delimitar o objeto da controvérsia, até como forma de definir o alcance do precedente a ser formado e permitir a aferição da legitimidade de terceiros, assim como; 2) uma vez estabelecidos os limites da controvérsia na decisão de afetação, resta definido objeto do IRDR sendo imperioso que a tese jurídica consagrada no

---

1079. Nesse sentido, o Enunciado 2/FPPC: "Para a formação do precedente, somente podem ser usados argumentos submetidos ao contraditório".

julgamento do incidente seja exclusivamente voltada a regular o contexto fático definido na decisão de afetação e debatido no incidente.

Destarte, tanto a decisão de afetação, quanto o julgamento do IRDR não podem acrescentar fatos hipotéticos não integrantes do litígio objeto do processo selecionado, uma vez que não cabe ao Judiciário decidir sobre questões abstratas e não colocadas em juízo pelos sujeitos interessados e legitimados.

▶ **NCPC. Art. 982.** Admitido o incidente, o relator: I – suspenderá os processos pendentes, individuais ou coletivos, que tramitam no Estado ou na região, conforme o caso; II – poderá requisitar informações a órgãos em cujo juízo tramita processo no qual se discute o objeto do incidente, que as prestarão no prazo de 15 (quinze) dias; III – intimará o Ministério Público para, querendo, manifestar-se no prazo de 15 (quinze) dias. (...). ▶ **Art. 985.** Julgado o incidente, a tese jurídica será aplicada: I – a todos os processos individuais ou coletivos que versem sobre idêntica questão de direito e que tramitem na área de jurisdição do respectivo tribunal, inclusive àqueles que tramitem nos juizados especiais do respectivo Estado ou região; II – aos casos futuros que versem idêntica questão de direito e que venham a tramitar no território de competência do tribunal, salvo revisão na forma do art. 986. (...).

Enunciado 607. A decisão em recursos especial ou extraordinário repetitivos e a edição de enunciado de súmula pelo STJ ou STF obrigam os tribunais de segunda instância a rever suas decisões em incidente de resolução de demandas repetitivas, incidente de assunção de competência e enunciados de súmula em sentido diverso, nos termos do art. 986.

● *Grupo: IRDR, Recursos repetitivos e assunção de competência.* ● *Referências: arts. 926 e 986.*

▸ ***Fábio Victor da Fonte Monnerat***

Três premissas são fundamentais para a compreensão do enunciado, são elas: a) entre os pronunciamentos qualificados previstos no Código de Processo Civil, em especial no artigo 927, existe uma espécie de hierarquia que segue a lógica hierárquica existente entre os órgãos jurisdicionais e respectivas instâncias que estes representam; b) fixada uma tese por um determinado tribunal, o sistema de precedentes admite a revisão ou superação da mesma, desde que haja modificações jurídicas, políticas ou sociais; c) a existência de um pronunciamento vinculante por parte de um órgão hierarquicamente superior que contrarie um pronunciamento também vinculante de instância inferior constitui uma espécie de modificação jurídica que impõe a revisão do enunciado superado pelo entendimento superior.

A primeira premissa sugere a seguinte reflexão: se, de um lado, é possível que órgãos de diferentes graus de jurisdição, não apenas tribunais superiores mas também tribunais de segundo grau, fixem entendimentos vinculantes circunscritos ao âmbito de seus territórios, de outro, em razão dos deveres de estabilidade, integridade e coerência consagrados no artigo 926 do CPC, não é possível admitir que existam entendimentos vinculantes conflitantes, devendo prevalecer o entendimento consagrado pelo tribunal de maior hierarquia.

Esta lógica pode ser sentida pelo pressuposto negativo de instauração do IRDR consagrado no artigo 976, § 4º do CPC, que estabelece ser vedada a instauração do incidente de resolução de demandas repetitivas quando já existir no STF ou STJ recurso extraordinário ou especial repetitivo que verse sobre a matéria.

A vedação é totalmente compreensível e justificável exatamente porque a existência de pronunciamento nesta seara por parte de um dos tribunais superiores torna inútil e desnecessária a edição de um pronunciamento vinculante por parte dos tribunais de 2º grau, dado o alcance nacional e a própria vinculação destes tribunais ao decidido pelas cortes superiores.

Contudo, é possível que ocorra o contrário, isto é, o tribunal de 2º grau instaurar, processar e julgar um IRDR ou assunção de competência, por exemplo, e apenas após a formação do referido precedente vinculante, o tribunal superior instaurar, processar e julgar um recurso excepcional repetitivo ou mesmo editar uma súmula.

A melhor compreensão do enunciado, portanto, passa pela classificação dos pronunciamentos vinculantes.

Tal classificação deve conjugar dois fatores: a) a posição hierárquica do órgão julgador dentro da organização do Poder Judiciário e, em especial, sua missão constitucional; b) a espécie de pronunciamento que formaliza o entendimento do tribunal e consagra a tese jurídica.

Ambos os critérios aqui propostos para referida classificação não são de *lege ferenda*, mas de *lege lata*, ou seja, são assim reconhecidos pelo ordenamento jurídico processual.

Nesse contexto, possuem maior força (no sentido de influenciar o conteúdo da decisão e o procedimento) os pronunciamentos dos tribunais superiores arrolados no artigo 927 do CPC, se comparados aos pronunciamentos dos tribunais de 2º grau de jurisdição previstos no mesmo dispositivo, assim como simples julgados de órgãos fracionários ou mesmo a "jurisprudência dominante" dos tribunais não tem a mesma força vinculante dos entendimentos formalizados em súmulas ou em precedentes qualificados[1080].

Portanto, é igualmente importante verificar: a) se o entendimento está formalmente enunciado em súmula ou precedente qualificado tipificados no artigo 927 do CPC, e; b) o grau de hierarquia do órgão produtor deste enunciado.

Seguindo esta linha temos que os pronunciamentos com maior força no sistema jurídico brasileiro são os produzidos pelo Supremo Tribunal Federal, notadamente quando formalizados em: a) decisões em ações de controle concentrado de constitucionalidade (arts. 103, § 2º da CF e 927, I do CPC; b) súmula vinculante (arts. 103-A da CF e 927, II do CPC); c) recurso extraordinário repetitivo ou acórdão proferido em extraordinário com repercussão geral reconhecida (art. 927, III e V, e 1.040 do CPC); d) súmulas (art. 927, IV do CPC), e) demais pronunciamentos do plenário do STF (art. 927, V do CPC).

1080. Nesse sentido Enunciado 315/FPPC: "Nem todas as decisões formam precedentes vinculantes".

Em segundo lugar, no grau de hierarquia entre os provimentos vinculantes, estão os pronunciamentos formais do Superior Tribunal de Justiça consagrados em: a) recurso especial repetitivo; (art. 927, III e 1.040 do CPC); b) súmulas (art. 927, IV do CPC), c) demais pronunciamentos de sua corte especial (art. 927, V do CPC).

Estão subordinadas aos entendimentos consagrados nos pronunciamentos dos tribunais superiores supra referidos todos os pronunciamentos dos tribunais de segundo grau de jurisdição, inclusive e sobretudo, aqueles que no sistema do Código de Processo Civil são vinculantes em relação aos seus órgãos fracionários e juízes de seu respectivo território, notadamente os acórdãos proferidos em: a) incidente de resolução de demandas repetitivas; b) assunção de competência (art. 927, III do CPC), e "demais orientação de plenário" (art. 927, V do CPC).

Em função desta hierarquia e subordinação dos entendimentos dos tribunais de 2º grau é forçosa a conclusão no sentido de que estes sequer devem ser produzidos se já houver entendimento consagrado pelo STF ou pelo STJ em um de seus pronunciamentos vinculantes acima arrolados e que, caso existam, por terem sido produzidos antes do pronunciamento dos órgãos superiores sobre o tema, devem a estes serem adaptados e, se for o caso, revistos ou revogados.

A possibilidade de revisão do enunciado vinculante é prevista e regulamentada no artigo 926, §§ 2º a 4º, e especificamente em relação ao IRDR também no artigo 986 ambos do CPC.

A edição de súmula ou precedente qualificado pelo tribunal superior é sem sombra de dúvidas um fator que não só legitima como impõe, pelas razões acima expostas a revisão da súmula ou precedente qualificado produzido pelo tribunal de segundo grau, conforme estabelece o enunciado em comento.

Vale notar, em conclusão, que o mesmo raciocínio se impõe na hipótese de um entendimento consagrado pelo Superior Tribunal de Justiça a partir da interpretação da legislação federal infraconstitucional e consagrado em uma súmula ou em recurso repetitivo por esta corte, vier a ser contrariado pelo Supremo Tribunal Federal em sede de pronunciamento reconhecido pela lei ou pela Constituição Federal como vinculante, o que obrigado o STJ a revisar seu entendimento, superando-o e deixando de aplica-lo, se for o caso.

▶ **NCPC. Art. 926.** Os tribunais devem uniformizar sua jurisprudência e mantê-la estável, íntegra e coerente. (...). ▶ **Art. 986.** A revisão da tese jurídica firmada no incidente far-se-á pelo mesmo tribunal, de ofício ou mediante requerimento dos legitimados mencionados no art. 977, inciso III.

Enunciado 608. O acórdão que revisar ou superar a tese indicará os parâmetros temporais relativos à eficácia da decisão revisora.

● *Grupo: IRDR, Recursos repetitivos e assunção de competência.* ● *Referências: arts. 927, §§ 3º e 4º e 986.*

▶ ***Fábio Victor da Fonte Monnerat***

Não obstante o Código de Processo Civil consagrar o que podemos denominar de princípio da estabilidade da jurisprudência, ao estabelecer, no artigo 926, o dever dos tribunais "uniformizarem sua jurisprudência e mantê-la estável, íntegra e coerente", e arrolar, no artigo 927, os pronunciamentos de obrigatória observância por parte dos juízes e tribunais, resta admitida a revisão, superação ou modificação da tese vinculante quando, em virtude das alterações das circunstâncias jurídicas, políticas ou sociais, entre o momento da formação do precedente e a ocasião de sua aplicação, esta não mais se justifique.

A denominada *superação* é inerente a ao sistema de precedentes, uma vez que, conforme ensina Luiz Guilherme Marinoni[1081]"nenhum precedente tem pretensão de ser eterno", e sua revogação justifica-se sempre que "um precedente deixa de corresponder aos padrões de congruência social quando passa a negar proposições morais, políticas e de experiência".

A mudança de orientação jurisprudencial, portanto, é admitida pelo Código por exceção, desde que observadas as condições e procedimentos previstos nos §§ 2º a 4º do próprio artigo 926, assim como no artigo 986, no caso do IRDR.

Portanto, a valorização dos precedentes consagrados no CPC não implica um engessamento da jurisprudência, estando esta sempre suscetível a modificações com o passar do tempo, quer por força de alterações legislativas, quer mesmo por força de alterações sociais.

O indesejável engessamento é combatido no próprio corpo do artigo 926 que, em seu § 2º, prevê a possibilidade de existência de um procedimento autônomo voltado à revisão e eventual modificação do precedente onde a alteração de tese jurídica adotada em enunciado de súmula ou em julgamento de casos repetitivos poderá ser precedida de audiências públicas e da participação de pessoas, órgãos ou entidades que possam contribuir para a rediscussão da tese.

Com isso, garantidas estão as observâncias da ampla publicidade e do contraditório maximizado, tão importantes na revisão da tese quanto são em sua edição.

A revisão da tese, portanto, demanda um incidente próprio o que indica, ou pelo menos aponta, para a impossibilidade de um órgão fracionário da corte no julgamento de um recurso específico, simplesmente, afastar a tese até então consagrada.

Ademais, para evitar simples viradas jurisprudenciais, as decisões judiciais que contrariem a jurisprudência consolidada devem ser especialmente motivadas, exigindo-se "fundamentação adequada e específica, considerando os princípios da segurança jurídica, da proteção da confiança e da isonomia", o que parece apontar para a necessidade de uma demonstração detalhada, na decisão antagônica, de sensíveis modificações no plano jurídico, social ou político, que autorizem uma mudança de entendimento (art. 926, § 4º).

Ademais, até por admitir a hipótese de mudança do entendimento vinculante, devidamente fundamentada e precedida de um procedimento específico para tanto, mas sempre preocupado, por outro lado, com a estabilidade das relações jurídicas de

1081. *Precedentes obrigatórios*, São Paulo: RT, 2010. p. 215.

acordo com a jurisprudência até então consolidada, o 926, § 3º do CPC, prevê a possibilidade de modulação de efeitos da nova orientação jurisprudencial.

A referida modulação de efeitos, nitidamente inspirada no modelo do controle concentrado de constitucionalidade (art. 27 da Lei 9.868/99), consiste em possibilitar que o entendimento pacificado surta efeitos apenas a partir do trânsito em julgado da decisão (*ex nunc*) ou a partir de determinada data fixada na decisão, não atingindo os processos já julgados, *sub judice*, ou ajuizados até determinada data, por exemplo[1082].

A modulação é igualmente importante para definição das situações decididas e, sobretudo, já transitadas em julgado com fulcro na aplicação do precedente até então vigente, agora revisto ou revogado.

Portanto, o reconhecimento da existência de modificações jurídicas, políticas ou sociais e a consequente modificação do precedente ou súmula até então observada implica, inevitavelmente, na necessidade de um posicionamento expresso do tribunal acerca da eficácia temporal deste novo posicionamento.

O enunciado em comento não adentra em todas as possibilidades de modulação de efeitos que podem, como dito, ir desde a eficácia *ex tunc* até a fixação do dever de observância em um ponto futuro[1083].

Entretanto, o enunciado deixa claro que sempre que houver modificação da tese deve existir na mesma decisão um pronunciamento sobre a modulação dos efeitos do novo entendimento o que é fundamental em um contexto onde a tese revista era até então vinculante e, portanto, sobremaneira aplicada pelos juízes e tribunais.

Em outras palavras, sempre que modificada uma tese consagrada em súmula ou pronunciamento vinculante surge de imediato uma questão de direito intertemporal a ser resolvida pela modulação de efeitos.

Assim, é imperativo que o mesmo acórdão que decida pela revisão ou superação da tese se posicione acerca dos impactos deste novo entendimento nas situações já consolidadas, julgadas e transitadas em julgado, vedando ou deixando aberta a porta para rediscussão destas situações à luz do novo entendimento consagrado.

1082. Discorrendo sobre as semelhanças e distinções entre a modulação de efeitos no controle de constitucionalidade e no sistema de precedentes, Ravi Peixoto (*Superação dos Precedentes e Segurança Jurídica*, 2. ed., Salvador: Juspodivm. p. 230) aduz que "não se pode ignorar que, embora tenham semelhanças – ambas tutelam a segurança jurídica – a sua sustentação é diversa. No caso da modulação de efeitos realizada no controle concentrado de constitucionalidade e no difuso, pode não existir precedente prévio e o conflito ocorre entre a regra da nulidade da decisão de inconstitucionalidade e a segurança jurídica pela consolidação das situações jurídicas geradas a partir da lei, principalmente pela atuação da presunção de constitucionalidade da lei. Na superação de precedentes, a segurança jurídica, por sua vez, atua de forma a "justificar ações que se pautaram em precedente revogado. Muito embora a superação do precedente, em regra, seja retroativa, a segurança jurídica pode atuar como forma de justificar uma modulação de efeitos, protegendo aqueles que atuaram com base no precedente superado. A segurança jurídica atua de forma diferente em cada um dos casos".

1083. Sobre as diversas possibilidades e condicionantes que envolvem a modulação de efeitos da superação dos precedentes: PEIXOTO, Ravi. *Superação dos precedentes e segurança jurídica*. 2. ed. Salvador: Juspodivm, 2016.

Caso o acórdão não se posicione sobre a modulação dos efeitos, este é passível de ser obtido pela via dos embargos de declaração que, dado o impacto e alcance da revogação que um entendimento vinculante possui, pode ser interposto não apenas pelas partes, como também por todos os sujeitos potencialmente atingidos e que, por isso, possuem legitimidade para atuar como *amicus curiae*, inclusive interpondo o referido recurso.

▶ **NCPC. Art. 927. § 3º** Na hipótese de alteração de jurisprudência dominante do Supremo Tribunal Federal e dos tribunais superiores ou daquela oriunda de julgamento de casos repetitivos, pode haver modulação dos efeitos da alteração no interesse social e no da segurança jurídica. **§ 4º** A modificação de enunciado de súmula, de jurisprudência pacificada ou de tese adotada em julgamento de casos repetitivos observará a necessidade de fundamentação adequada e específica, considerando os princípios da segurança jurídica, da proteção da confiança e da isonomia. (...). ▶ **Art. 986.** A revisão da tese jurídica firmada no incidente far-se-á pelo mesmo tribunal, de ofício ou mediante requerimento dos legitimados mencionados no art. 977, inciso III.

ENUNCIADO 657. O RELATOR, ANTES DE CONSIDERAR INADMISSÍVEL O INCIDENTE DE RESOLUÇÃO DE DEMANDAS REPETITIVAS, OPORTUNIZARÁ A CORREÇÃO DE VÍCIOS OU A COMPLEMENTAÇÃO DE INFORMAÇÕES.

● *Grupo: IRDR, Recursos Repetitivos e Assunção de competência.* ● *Referências: arts. 6º, 10, 317, 938, § 1º e 976.*

▸ *Sofia Temer*

O enunciado em análise prevê a aplicação, ao incidente de resolução de demandas repetitivas, dos deveres de prevenção, e da primazia do julgamento de mérito, previstos nos artigos 932, parágrafo único, e 317, do Código de Processo Civil.

Assim, caso formulado pedido ou ofício para instauração do incidente que não demonstre o preenchimento dos requisitos do artigo 976, seja pela ausência de indicação, seja pela deficiência na sua comprovação, deve ser oportunizado prazo para correção ou complementação de documentação, antes de se considerar, em decisão colegiada (v. sobre o tema, comentários ao Enunciado nº 91), inadmissível sua instauração.

A regra dos artigos 932, parágrafo único e 317, do CPC, aplica-se com ainda mais vigor no âmbito do IRDR, considerando que se intenta definir entendimento que se aplique a repetidos casos, em clara transcendência dos conflitos subjetivos, reforçando-se a importância do incidente para a promoção de isonomia e segurança jurídica.

ENUNCIADO 658. O DEVER DE COMUNICAÇÃO PREVISTO NO INCISO X DO ART. 139 NÃO IMPEDE NEM CONDICIONA QUE O JUIZ SUSCITE A INSTAURAÇÃO DE INCIDENTE DE RESOLUÇÃO DE DEMANDAS REPETITIVAS NOS TERMOS DO INCISO I DO ART. 977.

● *Grupo: Poderes do juiz e intervenção do Ministério Público.* ● *Referências: arts. 139, X, e 977, I.*

▸ *Sofia Temer*

O enunciado visa a encerrar controvérsia existente sobre o papel do juiz em relação à instauração do incidente de resolução de demandas repetitivas.

Isso porque o artigo 139, X, inclui dentre os poderes e deveres do juiz a expedição de ofício ao Ministério Público e/ou Defensoria Pública e outros legitimados, quando se deparar com demandas repetitivas, para que, se for o caso, promovam ação civil pública ou ação coletiva, o que levou ao questionamento sobre tal providência poderia influenciar na autorização conferida pelo inciso I do artigo 977, que prevê que o juiz pode requerer a instauração do IRDR[1084], por ofício.

O enunciado esclarece, portanto, que as providências podem ser adotadas autonomamente, sem qualquer óbice ou condicionamento. Em realidade, a adoção de uma outra (ofício ao MP ou Defensoria ou pedido de instauração de IRDR), dependerá da aferição das circunstâncias concretas, vez que é possível que seja hipótese apenas de cabimento de ações coletivas, como a ação civil pública, ou apenas de IRDR, ou de ambos, simultaneamente.

Com efeito, as ações coletivas se distanciam do IRDR, na medida em que este visa apenas à definição sobre a questão de direito – que inclusive pode ser apenas de direito processual (art. 928, parágrafo único) – extraída de demandas repetitivas[1085]. Ambas as técnicas se complementam, e a atuação do magistrado deve ponderar qual se adequa melhor à espécie – se não forem ambas possíveis – para adotar as medidas previstas no artigo 139, X e no 977, I.

Enunciado 659. O relator do julgamento de casos repetitivos e do incidente de assunção de competência tem o dever de zelar pelo equilíbrio do contraditório, por exemplo solicitando a participação, na condição de "amicus curiae", de pessoas, órgãos ou entidades capazes de sustentar diferentes pontos de vista.

● *Grupo: IRDR, Recursos Repetitivos e Assunção de competência.* ● *Referências: arts. 7º, 138, 927, III, 928, 983 e 1.038, I.*

▸ ***Liana Cirne Lins***

Em boa hora o NCPC veio a disciplinar a figura do *amicus curiae*, qualificando-o em capítulo próprio, como terceiro interveniente, dando-lhe tratamento geral e admitindo-o em qualquer caso em que estiverem preenchidos seus requisitos de cabimento[1086], o que permitiu superar o caráter pontual e restritivo dessa intervenção às hipóteses em que havia sua previsão em legislação específica.

O *amicus curiae* é visto como um especialista na área objeto da discussão processual, cuja função é a de ampliar o conhecimento da Corte sobre o tema, seja do ponto de vista acadêmico, político, cultural, social ou econômico. O conhecimento

1084. Sobre a possibilidade de o juiz de primeiro grau requerer a instauração do IRDR e a exigência (ou não) de causa pendente no tribunal, remetemos para: TEMER, Sofia. *Incidente de resolução de demandas repetitivas.* 2. ed. Salvador: Juspodivm, 2017.

1085. Sobre o tema, com análise de tal diferenciação: TEMER, Sofia. Incidente de resolução de demandas repetitivas. 2 ed. Salvador: Juspodivm, 2017.

1086. As hipóteses de cabimento para intervenção do *amicus curiae* são alternativas e consistem nos requisitos apresentados no caput do art. 138: relevância da matéria, especificidade do tema objeto da demanda ou repercussão social da controvérsia. Neste sentido é o Enunciado n. 395 FPPC: "Os requisitos objetivos exigidos para a intervenção do amicus curiae são alternativos".

especializado do *amicus curiae* é não apenas visto como pedagógico, mas também como uma ferramenta para superar as limitações colocadas no tribunal por um sistema adversarial[1087].

O *amicus* tenciona o princípio do contraditório para além do binômio informação--reação, ressaltando que a jurisdição se exerce em colaboração com os sujeitos do processo, o que não apenas leva à ampliação da participação da sociedade, inclusive através de manifestações trazidas aos autos pelo amigo da corte, reforçando a dialética processual, como assegurando participação política através do processo, tornando manifesto o interesse ideológico desse interveniente e o aporte democrático do instituto[1088].

Uma vez que seu propósito é promover o aumento da complexidade argumentativa, refinar as discussões e permitir aos tribunais a projeção (ou as projeções) dos impactos sociais de suas decisões, o *amicus curiae* tem uma especial importância para o IRDR, o incidente de assunção de competência e os recursos especial e extraordinários repetitivos, que por sua vocação para formar precedentes vinculantes (art. 927, III), exigem ampliação do debate e da participação para que a decisão deles decorrente possa ser dotada de legitimidade[1089].

Afirma-se que o *amicus* configura uma espécie atípica de terceiro pela natureza de seu interesse, que não pode ser qualificado como interesse jurídico e nem tampouco de interesse público, a despeito dos contornos voltados ao crescimento da compreensão do tema e de suas repercussões práticas. Qualifica-se o interesse do *amicus curiae*, assim, como um interesse institucional, sem reflexos subjetivos imediatos[1090]. Seria ele um sujeito desinteressado, cuja participação seria desvinculada de qualquer relação material, "que não a mais eficiente realização do interesse público"[1091].

Entretanto, não se exige que o *amicus curiae* seja um terceiro imparcial, desde que ele possa cooperar com o juízo[1092]. Assim, sua contribuição reside antes no seu notó-

---

1087. LARSEN, Allison Orr. The Trouble with Amicus Facts. *In*: *William & Mary Law School Scholarship Repository. Faculty Publications* (1730), 2014. p. 1760. Disponível no site: The W&M Law School Scholarship Repository. Acesso em: 20.outubro.2016.

1088. Cf. CABRAL, Antonio P. "Pelas asas de Hermes: a intervenção do amicus curiae, um terceiro especial. Uma análise dos institutos interventivos similares – o amicus e o Vertreter des öffentlichen Interesses". *In*: *Revista de Processo*. vol. 117, set-out 2004. p. 120; 127.

1089. Sofia Temer afirma que a ampliação do debate é ínsita à própria natureza e finalidade do instituto. A autora também recomenda cautela na utilização do termo "precedente" para fazer alusão à tese jurídica fixada em sede de julgamento do IRDR, esclarecendo que só se pode falar em precedente na medida em que desta tese puder ser extraído um padrão decisório. TEMER, Sofia. *Incidente de resolução de demandas repetitivas*. Salvador: Juspodivm, 2017. p. 189, 214.

1090. Cf. NEVES, Daniel A. A. *Manual de direito processual civil*. Volume único. Salvador: Juspodivm, 2016. p. 303-304.

1091. Cf. CABRAL, Antonio P. Despolarização do Processo e "Zonas de Interesse": Sobre a Migração Entre Polos da Demanda. *In*: DIDIER JR., Fredie. *Reconstruindo a Teoria Geral do Processo*. Salvador: Juspodivm, 2012. p. 162-163.

1092. Cf. CARNEIRO, Paulo Cezar P. "Comentários ao art. 138". *In*: CABRAL, Antonio P.; CRAMER, Ronaldo. (Coords.). *Comentários ao novo Código de Processo Civil*. 2. ed. Rio de Janeiro: Forense, 2016. p. 244.

rio conhecimento da matéria do que na neutralidade ou na qualidade desinteressada da sua intervenção[1093].

Ocorre que, a despeito de o *amicus curiae* ser considerado um amigo da corte, sua intervenção pode se dar – e com frequência se dá – com cunho estratégico, sobretudo por parte dos litigantes habituais[1094], que viabilizam *lobbies* jurídicos em favor de grupos de interesses específicos, com o fito de construir padrões decisórios que lhes sejam benéficos, havendo o risco de se constituir um ativismo seletivo atuando em prol de grupos organizados com melhores condições[1095].

Allison Orr Larsen afirma que frequentemente os *amici* são comparados a lobistas e que inclusive muitos grupos de interesse são criados com o propósito de atuar judicialmente em favor de determinados litigantes. Esses grupos chamam a si próprios de "adversários reconhecidos", abandonando completamente a posição de espectador neutro para atingir uma posição de "arma adversarial"[1096].

Isso não nos deve levar a uma avaliação cética do instituto. Mas deve nos forçar a enxergar o *amicus* como ele de fato *é* e tem sido utilizado, e não a partir de idealizações um tanto quanto romantizadas do seu papel. Uma abordagem dialética dessa forma de intervenção se impõe, pois, tanto a participação do *amicus curiae* pode efetivamente contribuir para pluralização do debate processual e para o aumento das alternativas interpretativas, como pode levar a um "desequilíbrio do jogo informacional", desequilíbrio este marcado pela "distribuição assimétrica de informações entre todas as partes envolvidas no processo de tomada de decisão"[1097].

Assim, embora seja verdade que o *amicus curiae* possibilite a participação política e a abertura democrática através do processo, não é menos verdade que essa democracia tem sido, em não raros casos, assegurada tão-somente do ponto de vista formal

---

1093. Neste sentido: TEMER, Sofia. *Incidente de resolução de demandas repetitivas*. Salvador: Juspodivm, 2017. p. 190; NEVES, Daniel A. A. *Manual de direito processual civil*. Volume único. Salvador: Juspodivm, 2016. p. 303-304; NUNES, Dierle. "Comentários ao art. 1.038". *In*: WAMBIER, Tereza A. *et al.* (Coords.). *Breves comentários ao novo Código de Processo Civil*. São Paulo: RT, 2015. p. 2333.

1094. Cappelletti tornou clássica a distinção entre litigantes eventuais e litigantes habituais. Enquanto os primeiros utilizam-se do judiciário em caráter excepcional, os últimos não apenas são usuários regulares dos órgãos jurisdicionais, como frequentemente organizam a própria atividade econômica (ou aspectos econômicos de sua atividade) a partir dos resultados esperados de uma litigância planejada, o que lhes confere inúmeras vantagens em relação ao litigante eventual. Conforme: CAPPELLETTI, Mauro; GARTH, Bryant. *Acesso à Justiça*. Porto Alegre: SAFE, 1988. p. 25-26.

1095. Conforme: NUNES, Dierle. Comentários ao art. 1.038. *In*: WAMBIER, Tereza A. *et al.* (Coords.). *Breves comentários ao novo Código de Processo Civil*. São Paulo: RT, 2015. p. 2333.

1096. "Now *amici* are often compared to lobbyists. Many interest groups are established at least in part for the purpose of participation as *amici* in appellate cases, even calling themselves "acknowledged adversaries" or "litigating amic[i]". The evolution of the amicus from neutral bystander to "adversarial weapon" has generated a fair amount of criticism-both past and present". LARSEN, Allison Orr. The Trouble with Amicus Facts. *In*: *William & Mary Law School Scholarship Repository. Faculty Publications* (1730), 2014. p. 1767. Disponível no site: The W&M Law School Scholarship Repository. Acesso em: 20.outubro.2016.

1097. MARTINS, Keila Aparecida dos Santos; SILVEIRA, Daniel Barile da. Amicus Curiae e Seu Papel na Revisão Judicial de Constitucionalidade. *In*: *Revista da AJURIS*, v. 40, n. 129, mar/2013. p. 95.

e que, quando contrastada pelo perfil econômico daqueles que dela têm feito uso, tem servido para agravar as desigualdades de acesso à justiça, majorando o potencial de convencimento do juízo em benefício de uma das partes, através de lobbies de advocacia especializada, ao passo que os interesses jurídicos, políticos e econômicos dos grupos destituídos de força econômica suficiente para fazer frente ao grau de organização institucional de seus adversários, ficam, nesse cenário, ainda mais fragilizados.

Surge então um paradoxo na aplicação prática do *amicus curiae*, pois embora ele tenha o propósito de fortalecer a participação democrática no processo, inclusive para fins de legitimação das decisões judiciais[1098], sua materialização processual opera uma assimetria das formas de direito, pois uma das formas se apresenta demasiadamente forte em relação à outra, conduzindo a mecanismos difusos de opressão de uma pela outra[1099].

Seria necessário então promover o que Habermas chama de uso simétrico das liberdades comunicativas de cada uma das partes, pois "iguais direitos políticos fundamentais para cada um resultam, pois, de uma *juridificação simétrica da liberdade comunicativa de todos os membros do direito*"[1100].

A simetria das liberdades comunicativas deve, então, ser promovida pelo órgão jurisdicional, a fim de impedir a violação do princípio da isonomia em sede do debate jurisdicional.

Felizmente, o que a princípio poderia constituir um grave problema de assimetria processual e colocar em xeque a legitimidade política do *amicus curiae*, encontra no procedimento padrão previsto na lei uma solução igualmente simples e eficaz: a possibilidade de o juiz *solicitar* a participação de pessoa natural ou jurídica, órgão ou entidade especializada, com representatividade adequada para participar do debate, sempre que for necessário *promover o equilíbrio do contraditório*.

O Enunciado n. 659 do FPPC ressalta, portanto, que aquela que seria uma faculdade do juiz, prevista no artigo 138, converte-se em um *dever* para o relator do julgamento de casos repetitivos e do incidente de assunção de competência, qual seja, o dever de promoção do princípio constitucional da igualdade, inclusive como requisito de efetivo contraditório, impondo ao relator a solicitação da participação de pessoas, órgãos ou entidades que possam, pelo perfil de sua atuação especializada, prover o juízo de informações, conhecimentos e argumentos capazes de equilibrar o debate judicial pela sustentação de pontos de vista diferentes, sempre que tenha sido admitida

---

1098. Interessante observação de Medina, em sentido oposto, de que a figura do *amicus curiae* pode acabar se reduzindo à função de conferir legitimidade à decisão judicial. Cf. MEDINA, José Miguel G. *Novo Código de Processo Civil comentado*. São Paulo: RT, 2017.

1099. "Essa maneira de sobreposição de uma forma de direito a uma outra não implica a formação de uma ordem ou organização hierárquica no sentido tradicional de uma estrutura escalonada, mas, antes, conduz a mecanismos difusos de opressão ou negação da autonomia de formas de direito por outras" NEVES, Marcelo. *Transconstitucionalismo*. São Paulo: Martins Fontes, 2009. p. 280.

1100. HABERMAS, Jurgen. *Direito e democracia: entre facticidade e validade*. vol. I. Rio de Janeiro: Tempo Brasileiro, 1994. p. 164.

a participação de amigo da corte cuja intervenção fortaleça um dos grupos de interesse em conflito.

Ressaltamos, finalmente, que embora o Enunciado n. 659 do FPPC tenha sido elaborado no âmbito do grupo "IRDR, Recursos Repetitivos e Assunção de competência", com ênfase para a fixação da tese jurídica prevista no artigo 927, III, entendemos que sua disposição seja extensível a todas as situações em que o debate jurídico possa ser desequilibrado pela participação assimétrica dos *amici curiae*.

▶ **NCPC. Art. 138.** O juiz ou o relator, considerando a relevância da matéria, a especificidade do tema objeto da demanda ou a repercussão social da controvérsia, poderá, por decisão irrecorrível, de ofício ou a requerimento das partes ou de quem pretenda manifestar-se, solicitar ou admitir a participação de pessoa natural ou jurídica, órgão ou entidade especializada, com representatividade adequada, no prazo de 15 (quinze) dias de sua intimação. ▶ **Art. 927.** Os juízes e os tribunais observarão: III – os acórdãos em incidente de assunção de competência ou de resolução de demandas repetitivas e em julgamento de recursos extraordinário e especial repetitivos ▶ **Art. 928.** Para os fins deste Código, considera-se julgamento de casos repetitivos a decisão proferida em: I – incidente de resolução de demandas repetitivas; II – recursos especial e extraordinário repetitivos. ▶ **Art. 983.** O relator ouvirá as partes e os demais interessados, inclusive pessoas, órgãos e entidades com interesse na controvérsia, que, no prazo comum de 15 (quinze) dias, poderão requerer a juntada de documentos, bem como as diligências necessárias para a elucidação da questão de direito controvertida, e, em seguida, manifestar-se-á o Ministério Público, no mesmo prazo. ▶ **Art. 1.038.** O relator poderá: I – solicitar ou admitir manifestação de pessoas, órgãos ou entidades com interesse na controvérsia, considerando a relevância da matéria e consoante dispuser o regimento interno.

Enunciado 660. O recurso especial ou extraordinário interposto contra o julgamento do mérito do incidente de resolução de demandas repetitivas, ainda que único, submete-se ao regime dos recursos repetitivos.

● *Grupo: IRDR, Recursos Repetitivos e Assunção de competência.* ● *Referências: arts. 987 e 1.036.*

▸ ***Sofia Temer***

Da decisão final, que julga o mérito do IRDR, cabe recurso especial ou extraordinário, conforme o caso (art. 987, ver, sobre tais recursos, comentários ao Enunciado 604).

O enunciado prevê que será adotado, por ocasião do julgamento do recurso interposto contra a decisão que fixa a tese no incidente, o rito previsto nos artigos 1.036 e seguintes do CPC, para o processamento dos recursos repetitivos perante os tribunais superiores, mesmo na eventualidade de haver apenas um recurso.

Claro que, nesta hipótese, não haverá escolha ou seleção dos recursos que melhor representem a controvérsia (art. 1.036), mas o objetivo do enunciado é aplicar à hipótese as regras como (i) a identificação precisa da questão a ser submetida ao julgamento, com a síntese dos argumentos recursais a serem apreciados[1101]; (ii) a manutenção

1101. Sobre a decisão, v.: DIDIER JR., Fredie; TEMER, Sofia. A decisão de organização do Incidente de resolução de demandas repetitivas: Importância, conteúdo e o papel do regimento interno do Tribunal.

da suspensão dos processos já sobrestados pela instauração do IRDR, e extensão da suspensão para âmbito nacional (salvo se já concedida a suspensão nacional anteriormente, na forma do artigo 982, §§ 3º a 5º, do CPC, hipótese que apenas será mantida até julgamento final); (iii) a requisição de informações ou cópias de outros casos que versem sobre a questão, para o tribunal de origem e outros tribunais; (iv) a participação ampliada de sujeitos interessados, *amici curiae* e designação de audiências públicas, oitiva do Ministério Público; (v) completa e adequada fundamentação do acórdão; e, ao final (vi) as consequências previstas no artigo 1.040 e ao longo do Código (arts. 311, II, 332, II, entre outros), quanto ao julgamento das demandas afetadas pela decisão do tribunal superior, como negativa de seguimento a recursos, possibilidade de retratação pelo tribunal *a quo*, improcedência liminar do pedido, dentre outros.

A razão do enunciado é, então, dispor que o regime a ser aplicado ao recurso contra a decisão que fixa a tese no IRDR é aquele dos recursos repetitivos, porque o acórdão que o julgar gerará os mesmos efeitos e consequências do julgamento dos recursos repetitivos pelos tribunais superiores, ou seja, a aplicação da tese para todas as demandas repetitivas que versem sobre a questão e que tramitem no território nacional. Assim, mesmo que haja apenas um recurso, todas as garantias, sobretudo as de ampliação de participação e qualificação do debate deverão ser seguidas.

2.3.1.8. Da Reclamação (arts. 988 a 993)

ENUNCIADO 207. CABE RECLAMAÇÃO, POR USURPAÇÃO DA COMPETÊNCIA DO TRIBUNAL DE JUSTIÇA OU TRIBUNAL REGIONAL FEDERAL, CONTRA A DECISÃO DE JUIZ DE 1º GRAU QUE INADMITIR RECURSO DE APELAÇÃO.

● *Grupo: Ordem dos Processos nos Tribunais e Recursos Ordinários.* ● *Referência: arts. 988, I, 1.010, § 3º, 1.027, II, "b".*

▸ ***Eduardo Fonseca da Costa***

A CF só previu a reclamação, explicitamente, para o STF e o STJ. O artigo 102, I, l, da CF, imputa ao STF competência originária para processar e julgar reclamação para a preservação da sua competência e a garantia da autoridade das suas decisões. Por sua vez, o artigo 105, I, f, da CF, atribui ao STJ competência originária para processar e julgar reclamação para a preservação da sua competência e garantia da autoridade de suas decisões. Já o artigo 103-A, § 3º, da CF (introduzido pela EC 45/04), atribui ao STF competência originária para processar e julgar reclamação contra decisão judicial ou ato administrativo que contrariar a súmula vinculante aplicável, ou que a aplicar indevidamente; se procedente a reclamação, anular-se-á o ato administrativo ou cassar-se-á a decisão judicial reclamada, e determinar-se-á que outra seja proferida com ou sem a aplicação da súmula, conforme o caso. Afeitos a uma interpretação sistêmico-literal dos dispositivos supramencionados, e alegando a dificuldade e lentidão no acesso ao STF e ao STJ a partir da primeira instância, alguns juristas de escol sustentam que só caberia reclamação a esses dois tribunais.

Revista de Processo, v. 258. p. 257-278, 2016.

Quando muito, admitem, por um princípio de simetria, reclamação para garantir observância de decisão ou precedente de Tribunal de Justiça em controle abstrato de constitucionalidade de leis e atos normativos estaduais e municiais em face de constituição estadual[1102]. Nesse caso, em face do NCPC, esses respeitáveis juristas serão obrigados a sustentar que: (α) os incisos I e II do artigo 988 são válidos, desde que o vocábulo "tribunal" compreenda tão apenas o STF, o STJ e os Tribunais de Justiça em exercício de controle abstrato de constitucionalidade local [= inconstitucionalidade parcial sem redução de texto]; (β) o inciso III é indiscutivelmente válido [= constitucionalidade total]; (γ) o inciso IV é constitucional, dês que se entenda que só cabe reclamação para garantir a observância de acórdão proferido pelo STF ou STJ em julgamento de incidente de assunção de competência [= inconstitucionalidade parcial sem redução de texto] (obs.: por força de uma interpretação sistemática dos artigos 976 a 987 do NCPC, conclui-se que não cabe instauração de incidente de resolução de demandas repetitivas perante o STF e o STJ).

Contudo, esse entendimento deixaria sem solução, p. ex., o grave problema da apelação inadmitida pelo juiz de primeiro grau. Lembre-se que, aqui, não é mais dado ao órgão a quo tecer juízo de admissibilidade, o qual cabe exclusivamente ao tribunal ad quem (art. 1.023, § 3º). Por outro lado, o artigo 1.010 não prescreve *in casu* a interponibilidade de agravo de instrumento. Portanto, cabe reclamação "por usurpação da competência do tribunal de justiça ou tribunal regional federal, contra decisão de juiz de 1º grau que inadmitir apelação" (Enunciado 207FPPC). Outrossim, não há mais juízo de admissibilidade a quo em RO. Logo, é cabível reclamação: "por usurpação da competência do Superior Tribunal de Justiça, contra decisão de juiz de 1º grau que inadmitir recurso ordinário, no caso do artigo 1040, II, 'b'" [*rectius*: art. 1.027] (Enunciado 208/FPPC); "por usurpação da competência do Superior Tribunal de Justiça, contra decisão de presidente e vice-presidente do tribunal de 2º grau que inadmitir recurso ordinário interposto com fundamento o artigo 1.040, II, 'a'" (Enunciado 209/FPPC) [*rectius*: art. 1.027]; "por usurpação da competência do Supremo Tribunal Federal, contra decisão de presidente e vice-presidente de tribunal superior que inadmitir recurso ordinário interposto com fundamento no artigo 1040, I'" (Enunciado 210/FPPC) [*rectius*: art. 1.027]. Vê-se, pois, que a reclamação passou a desempenhar relevante função no sistema instituído pelo NCPC, motivo pelo qual o seu eventual descabimento perante tribunais de justiça e tribunais regionais federais poderia provocar o que a constitucionalística alemã chama de "lacuna jurídica ameaçadora" [*bedrölicheRechtslucken*]. Por isso, quando muito a reclamabilidade a TJ e TRF poderia sofrer uma "declaração de inconstitucionalidade sem pronúncia de nulidade".

Não obstante, no STF convivem duas teorias mutuamente excludentes, que asseguram a constitucionalidade do artigo 991 do NCPC. Nos julgamentos das ADI 2212 (Rel. Min. Ellen Gracie, DJ 14.11.2003) e 2480 (Rel. Min. Sepúlveda Pertence, DJ 15.6.2007), o Pleno do STF entendeu – por maioria – que: (a) a reclamação não é ação, mas "direito constitucional de petição" (CF, art. 5º, XXXIV); portanto, a adoção

---

1102. Assim. p. ex., NOBRE JR., Edilson P. "Reclamação e tribunais de justiça". *In*: COSTA, Eduardo José F. *et al.* (Coords.). *Reclamação constitucional*. Salvador: Juspodivm, 2013. p. 109-129

de reclamação por Estado-membro não ofende o artigo 22, I, da CF; (b) a adoção sintoniza com os princípios da simetria e da efetividade das decisões; (c) a reclamação deriva dos poderes implícitos atribuídos aos tribunais de justiça para fazerem valer os poderes explícitos que lhes foram conferidos [*impliedandinherentpowerstheory*]. O entendimento influencia-se pela origem histórico-evolutiva do instituto: surgiu como construção jurisprudencial do STF, que entendeu a reclamação – à margem de qualquer previsão legal e regimental – como um mero desdobramento de suas atribuições constitucionais; só após tornar-se realidade prática ganhou assento no RISTF em 2.10.1957 e, posteriormente, na CF/88[1103].

Em contrapartida, transita no STF corrente segundo a qual reclamação é ação, instituto jurídico-processual, que só pode ser criado por lei ordinária federal (CF, art. 22, I). Assim se decidiu na Rp 1092 (Pleno, Rel. Min. Djaci Falcão, DJ 19.12.1984) (em que se entreviu inconstitucionalidade, por maioria, nos artigos 194 a 201 no Regimento Interno do TFR, que havia criado para si a reclamação), e no RE 405.031 (Pleno, Rel. Min. Marco Aurélio, DJe 17.4.2009) (em que, por maioria, se divisou inconstitucionalidade nos artigos 190 a 194 do Regimento Interno do TST, que criara para si a reclamação). Daí se percebe que ora prevalece a teoria dos poderes implícitos, ora a teoria da reserva legal. Ainda assim, a reclamação no NCPC atende tanto a uma teoria quanto a outra.

► **NCPC. Art. 988.** Caberá reclamação da parte interessada ou do Ministério Público para: I – preservar a competência do tribunal. ► **Art. 1.010. § 3º** Após as formalidades previstas nos §§ 1º e 2º, os autos serão remetidos ao tribunal pelo juiz, independentemente de juízo de admissibilidade. ► **Art. 1.027.** Serão julgados em recurso ordinário: II – pelo Superior Tribunal de Justiça: b) os processos em que forem partes, de um lado, Estado estrangeiro ou organismo internacional e, de outro, Município ou pessoa residente ou domiciliada no País.

ENUNCIADO 350. CABE RECLAMAÇÃO, NA JUSTIÇA DO TRABALHO, DA PARTE INTERESSADA OU DO MINISTÉRIO PÚBLICO, NAS HIPÓTESES PREVISTAS NO ART. 988, VISANDO A PRESERVAR A COMPETÊNCIA DO TRIBUNAL E GARANTIR A AUTORIDADE DAS SUAS DECISÕES E DO PRECEDENTE FIRMADO EM JULGAMENTO DE CASOS REPETITIVOS.

● *Grupo: Impacto do CPC no processo do trabalho.* ● *Referência: arts. 988 e 15.*

▸ ***Eduardo Fonseca da Costa***

O objetivo do Enunciado é simplesmente dizer que cabe reclamação na Justiça do Trabalho.

Sob o argumento de que a reclamação é *ação*, instituto jurídico-processual, já entendeu o STF que ela só pode ser criada por *lei ordinária federal* (CF, art. 22, I). Assim já se decidiu na Rp 1092 (Pleno, Rel. Min. Djaci Falcão, DJ 19.12.1984) (em que se entreviu inconstitucionalidade, por maioria, nos artigos 194 a 201 no Regimento

1103. Sobre a história da reclamação no Brasil, v. g.: DANTAS, Marcelo N. R. *Reclamação constitucional no direito brasileiro*. Porto Alegre: SAFE, 2000; PACHECO, José da Silva. "A reclamação no STF e no STJ com a nova Constituição". *Revista dos Tribunais*. 78, v. 646. p. 19-23, ago. 1992

Interno do TFR, que havia criado para si a reclamação), e no RE 405.031 (Pleno, Rel. Min. Marco Aurélio, DJe 17.4.2009) (em que, por maioria, se divisou inconstitucionalidade nos artigos 190 a 194 do Regimento Interno do TST, que criara para si a reclamação).

Ora, como o advento do artigo 988 do NCPC, que é *lei ordinária federal*, o problema foi resolvido. Afinal, o seu § 1º prescreve que "a reclamação pode ser proposta perante *qualquer* tribunal (...)". Logo, no que concerne à Justiça do Trabalho, pode ela ser ajuizada perante os Tribunais Regionais do Trabalho e perante o Tribunal Superior do Trabalho. É importante sublinhar que os mencionados dispositivos são aplicados ao específico âmbito da Justiça do Trabalho justamente porque não ferem as particularidades do microssistema processual trabalhista[1104].

► **NCPC. Art. 988.** Caberá reclamação da parte interessada ou do Ministério Público para: I – preservar a competência do tribunal; II – garantir a autoridade das decisões do tribunal; III – garantir a observância de enunciado de súmula vinculante e de decisão do Supremo Tribunal Federal em controle concentrado de constitucionalidade; IV – garantir a observância de acórdão proferido em julgamento de incidente de resolução de demandas repetitivas ou de incidente de assunção de competência.

Enunciado 208. Cabe reclamação, por usurpação da competência do Superior Tribunal de Justiça, contra a decisão de juiz de 1º grau que inadmitir recurso ordinário, no caso do art. 1.027, II, 'b'.

● *Grupo: Ordem dos Processos nos Tribunais e Recursos Ordinários.* ● *Referência: arts. 988, I, 1.010, § 3º, 1.027, II, "b".*

▸ ***Eduardo Fonseca da Costa***

Vide comentários ao Enunciado 207/FPPC.

► **NCPC. Art. 988.** Caberá reclamação da parte interessada ou do Ministério Público para: I – preservar a competência do tribunal. ► **Art. 1.010. § 3º** Após as formalidades previstas nos §§ 1º e 2º, os autos serão remetidos ao tribunal pelo juiz, independentemente de juízo de admissibilidade. ► **Art. 1.027.** Serão julgados em recurso ordinário: II – pelo Superior Tribunal de Justiça: b) os processos em que forem partes, de um lado, Estado estrangeiro ou organismo internacional e, de outro, Município ou pessoa residente ou domiciliada no País.

Enunciado 209. Cabe reclamação, por usurpação da competência do Superior Tribunal de Justiça, contra a decisão de presidente ou vice-presidente do tribunal de 2º grau que inadmitir recurso ordinário interposto com fundamento no art. 1.027, II, "a".

● *Grupo: Ordem dos Processos nos Tribunais e Recursos Ordinários.* ● *Referência: arts. 988, I, 1.027, II, 1.028, § 2º.*

▸ ***Eduardo Fonseca da Costa***

Vide comentários ao Enunciado 207/FPPC.

1104. Observação: o artigo 15 do NCPC prescreve que ele se aplica não só subsidiariamente (isto é, em caso de lacunas da lei processual trabalhista), mas também supletivamente (isto é, de forma complementar).

▶ **NCPC. Art. 988.** Caberá reclamação da parte interessada ou do Ministério Público para: I – preservar a competência do tribunal. ▶ **Art. 1.027.** Serão julgados em recurso ordinário: II – pelo Superior Tribunal de Justiça: a) os mandados de segurança decididos em única instância pelos tribunais regionais federais ou pelos tribunais de justiça dos Estados e do Distrito Federal e Territórios, quando denegatória a decisão; b) os processos em que forem partes, de um lado, Estado estrangeiro ou organismo internacional e, de outro, Município ou pessoa residente ou domiciliada no País. ▶ **Art. 1.028. § 2º** O recurso previsto no art. 1.027, incisos I e II, alínea "a", deve ser interposto perante o tribunal de origem, cabendo ao seu presidente ou vice-presidente determinar a intimação do recorrido para, em 15 (quinze) dias, apresentar as contrarrazões.

ENUNCIADO 210. CABE RECLAMAÇÃO, POR USURPAÇÃO DA COMPETÊNCIA DO SUPREMO TRIBUNAL FEDERAL, CONTRA A DECISÃO DE PRESIDENTE OU VICE-PRESIDENTE DE TRIBUNAL SUPERIOR QUE INADMITIR RECURSO ORDINÁRIO INTERPOSTO COM FUNDAMENTO NO ART. 1.027, I.

● *Grupo: Ordem dos Processos nos Tribunais e Recursos Ordinários.* ● *Referência: arts. 988, I, 1.027, I, 1.028, § 2º.*

▸ ***Eduardo Fonseca da Costa***

Vide comentários ao Enunciado 207/FPPC.

▶ **NCPC. Art. 988.** Caberá reclamação da parte interessada ou do Ministério Público para: I – preservar a competência do tribunal. ▶ **Art. 1.010. § 3º** Após as formalidades previstas nos §§ 1º e 2º, os autos serão remetidos ao tribunal pelo juiz, independentemente de juízo de admissibilidade. ▶ **Art. 1.027.** Serão julgados em recurso ordinário: I – pelo Supremo Tribunal Federal, os mandados de segurança, os habeas data e os mandados de injunção decididos em única instância pelos tribunais superiores, quando denegatória a decisão. ▶ **Art. 1.028. § 2º** O recurso previsto no art. 1.027, incisos I e II, alínea "a", deve ser interposto perante o tribunal de origem, cabendo ao seu presidente ou vice-presidente determinar a intimação do recorrido para, em 15 (quinze) dias, apresentar as contrarrazões.

ENUNCIADO 661. É CABÍVEL A FIXAÇÃO DE HONORÁRIOS ADVOCATÍCIOS NA RECLAMAÇÃO, ATENDIDOS OS CRITÉRIOS LEGAIS.

● *Grupo: Recursos (menos os repetitivos).* ● *Referências: arts. 85 e 988.*

▸ ***Eduardo Fonseca da Costa***

Na reclamação, há o exercício de pretensão *pré-processual* à tutela jurídica do Estado, que se faz por meio do remédio processual chamado "ação" [= ação em sentido processual]. Uma vez presentes os "pressupostos processuais" e as "condições da ação", haverá um salto: o Estado-juiz passará a ter o dever *processual* de decidir sobre o mérito da reclamação e, correlativamente, nascerá à parte a pretensão *processual* à sentença de mérito. Decidir sobre o mérito é decidir sobre a res *in iudicium deducta*, ou seja, sobre a existência ou não da pretensão *material* afirmada em juízo. Existente essa pretensão, ao Estado caberá realizar a respectiva ação [= ação em sentido material] em lugar do autor. Não por outra razão na reclamação: há procedimento pré-definido; o magistrado não procede *ex officio*, dependendo de pedido de interessada ou do Ministério Público; forma-se relação processual autônoma; é possível conceder-se tutela provisória; desafia interposição de recurso. Não sem motivo o acórdão que julga o pedido reclamatório faz coisa julgada material: se o mencionado acórdão não for mais sujeito a recurso, a mesma demanda não poderá ser reproposta (cf., *e.g.*, STF, Pleno, Rcl 532-AgR, Rel. Min. Sydney Sanches, DJ 20.9.1996).

É preciso ressaltar que a reclamação é continente de conteúdo variável. É "ação" [= ação em sentido processual] em que se podem realizar diferentes ações [= ação em sentido material]. Essa variabilidade conteudística decorre da variabilidade de seus *fundamentos*. De cada um deles emanam pretensões materiais diferentes entre si. Quantos são os fundamentos, tantos são os espectros de eficácia sentencial. O CPC prevê, taxativamente, *quatro* fundamentos (o que faz da reclamação uma "ação de fundamentação vinculada"): a) "preservação da competência do tribunal"; b) "garantia da autoridade das decisões do tribunal"; c) "garantia da observância de enunciado de súmula vinculante e de decisão do STF em controle concentrado de constitucionalidade"; d) "garantia da observância de acórdão proferido em julgamento de incidente de resolução de demandas repetitivas ou de incidente de assunção de competência" (art. 988).

Se se trata "ação", então o pedido reclamatório é julgado por *sentença* (art. 203, § 1º), ou seja, por pronunciamento por meio do qual o juiz põe fim ao processo com fundamentos nos artigos 485 e 487 (obs.: na verdade, é julgada por *acórdão*, que, em essência, é o nome que se dá às sentenças proferidas pelos tribunais). Logo, na sentença deverá haver condenação do vencido a pagar honorários advocatícios ao vencedor (art. 85).

Decididamente, reclamação e correição parcial não se confundem. Correição parcial é um remédio que regimentos internos de tribunais soem prever para atacarem-se omissões judiciais ilegais (p. ex., recusa obstinada à apreciação do pedido de liminar) ou (b) inversões tumultuárias da ordem legal do processo (p. ex., exigência dos memoriais escritos antes do saneamento do processo), das quais não caiba recurso de agravo. Hoje, a maior funcionalidade do instituto está no combate às omissões, já que não cabe agravo de instrumento de omissão, que é uma não decisão, um nada. Não tem natureza recursal (pois sem previsão em lei), administrativa (pois repercute em processo jurisdicional) ou disciplinar (pois não apura infração funcional de magistrado). Daí a enorme dificuldade de aceitar-se sua constitucionalidade. De todo modo, nota-se *simpliciter et de plano* que a reclamação não traz as feições acima descritas. Quando muito debela descumprimento omissivo de dever já imposto por decisão, precedente ou súmula, não de dever imposto diretamente por lei. Defendendo, entretanto, o caráter correicional da reclamação, v., p. ex.: STF, Pleno, Rcl 691, Rel. Min. Carlos Medeiros, DJ 24.08.1966).

A reclamação também não é mero incidente (sem razão, portanto, STJ, 1ª S., Rcl 502, Rel. Min. Adhemar Maciel, DJ 22.03.1999). O incidente destina-se a evitar tumulto processual: i) nele se resolvem questões prévias (preliminares ou prejudiciais); ii) os debates e a decisão são autuados em apartado; iii) o procedimento principal pode ou não ser suspenso ou interrompido em função da simples instauração do incidente; iv) o procedimento principal pode findar-se ou não em função do que se decidir no incidente; v) o incidente é resolvido pelo próprio juiz da causa ou por tribunal; vi) o incidente deve ser decidido antes da questão principal ou do mérito da causa; vii) o procedimento incidental é acessório ao procedimento principal. Mais uma vez se nota que esses traços não descrevem a reclamação: formalmente, não se resume a um pedaço procedimental processado em paralelo; objetivamente, não se debruça sobre questão prévia (a menos que o juiz reclamado, ao decidi-la, afronte decisão de tribunal, precedente ou súmula vinculante); teleologicamente, não é antitumultuária. Ademais, o processo reclamatório não é acessório, mas autônomo; nem sempre se refere a processo preexistente (ex.: reclamação para a garantia da observância de súmula vinculante).

Por fim, reclamação não é recurso (sem razão, portanto, STJ, 1ª Seção, Rcl 16194-AgRg, Rel. Min. Mauro Campbell Marques, DJe 2.4.2014). A questão é saber o que é um. Infelizmente, as definições clássicas da doutrina brasileira são meras importações – geralmente de Itália e Alemanha – não adaptadas às particularidades do País. Recurso é conceito *jurídico-positivo*, não lógico-jurídico. É preciso ter uma noção a partir do sistema processual vigente e não apesar dele. Se assim for, duas peculiaridades fazem impróprias as definições difundidas: 1) no provimento do apelo de sentença *citra petita*, não há propriamente invalidação, mas *mandado de preenchimento*, *i.e.*, ordem ao juiz *a quo* para apreciar o ainda não apreciado; 2) no mandado de segurança, o reexame obrigatório não impede que a sentença produza efeitos imediatamente; logo, não se lhe trata de "condição de eficácia", mas de recurso *ex officio*, puramente provocativo, sem a impugnação. Portanto, no Brasil, recorrer é provocar um órgão revisor a que – dentro do mesmo processo – reforme, invalide ou determine o suprimento de uma decisão (o que exclui os embargos declarativos, que são recurso *ex vi legis*, não *ex essentia sua*). Assim sendo, descarta-se sem dificuldades a natureza recursal da reclamação: a) o provimento reclamatório não é concedido no mesmo processo em que praticado o ato reclamado; b) na reclamação não há ensejo para reforma, pois não se profere outra decisão em lugar da decisão reclamada [= efeito substitutivo]; c) só haverá mandamento para suprimento da decisão reclamada se a parcela faltante decorrer de inobservância a decisão de tribunal, precedente ou súmula, não se decorrer de descumprimento do dever legal de julgar.

Como se vê, trata-se de "ação", cuja ação material afirmada se julga por sentença, na qual deve haver condenação em honorários.

ENUNCIADO 685. CABE RECLAMAÇÃO, POR USURPAÇÃO DE COMPETÊNCIA DO TRIBUNAL SUPERIOR, CONTRA DECISÃO DO TRIBUNAL LOCAL QUE NÃO ADMITE AGRAVO EM RECURSO ESPECIAL OU EM RECURSO EXTRAORDINÁRIO.

● *Grupo: Recursos (menos repetitivos), reclamação e remessa necessária* ● *Referências: arts. 988 e 1.042, §4º do CPC e Súmula STF n. 727.*

▸ *Beatriz Galindo*

A princípio pode parecer óbvia a norma extraída do enunciado, já que o art. 1.042, §4º do CPC não deixa brechas para que o Tribunal de Justiça julgue a admissibilidade do agravo em recurso especial ou extraordinário, todavia, na prática, alguns Tribunais estão exercendo este juízo, e inadmitindo o recurso. Na medida em que a lei não foi suficiente para garantir o julgamento do recurso pelos Tribunais Superiores, o Fórum Permanente de Processualistas Civis atua reforçando a competência exclusiva do Superior Tribunal de Justiça para analisar a admissibilidade do agravo em recurso especial, e do Supremo Tribunal Federal para o agravo em recurso extraordinário.

O problema foi primeiramente percebido no Tribunal de Justiça de Santa Catarina, no qual a Câmara de Agravos Internos em Recursos Constitucionais e Conflitos de Competência, sob relatoria do 2º Vice-Presidente, vem inadmitindo agravos do art. 1.042 do CPC sob o fundamento de estar configurado "erro grosseiro", como se observa dos processos n. 0000956-56.2009.8.24.0034; n. 0046047-95.2015.8.24.0023; n. 0905656-28.2015.8.24.0038; n. 0016469-53.2016.8.24.0023; n. 0001221-08.2016.8.24.0036; n. 0006257-44.2016.8.24.0064; dentre inúmeros outros.

Ainda que haja erro grosseiro, o art. 1.042 do Código de Processo Civil determina que diante de um agravo em recurso especial ou extraordinário compete ao Tribunal *a quo* questões meramente burocráticas, tais como intimar o agravado a oferecer contrarrazões, sobrestá-lo ou realizar o juízo de retratação, mas em hipótese alguma analisar a admissibilidade do recurso – que dirá seu mérito – a qual compete exclusivamente ao STJ ou ao STF, a depender do recurso.

Neste passo, se o agravo em recurso especial for evidentemente intempestivo, ainda assim deverá ser remetido ao Superior Tribunal de Justiça, pois compete a ele – e somente ele – declarar a intempestividade. Caso o Tribunal *a quo* inadmita o recurso, declarando a intempestividade, caberá reclamação ao STJ, na forma do art. 988, I do CPC, para preservar a competência da Corte Superior.

Pode parecer uma perda de tempo remeter um recurso a um Tribunal Superior – que já sofre com o volume excessivo de processos – quando se está diante de um vício de admissibilidade insanável e de fácil percepção, porém algumas questões justificam a subida dos autos. Em primeiro lugar é assim que a lei determina; não havendo justificativa plausível para o Poder Judiciário ignorar norma expressa, criada, amplamente discutida, e aprovada pelo Poder Legislativo, em respeito ao princípio da separação dos poderes.

Em segundo lugar, a subida dos autos às Cortes Superiores permite a pacificação do entendimento em âmbito nacional. O próprio exemplo utilizado acima foi objeto de análise pelo STJ, que firmou entendimento para impedir a comprovação de feriado local após a interposição do recurso (AgInt no AREsp 957.821/MS, Rel. Ministro Raul Araújo, Rel. p/ Acórdão Ministra Nancy Andrighi, Corte Especial, julgado em 20/11/2017, DJe 19/12/2017). Se cada Tribunal de 2º grau tivesse represado seus recursos intempestivos, a matéria nunca seria analisada pelo STJ, gerando insegurança jurídica, uma vez que a legislação dá margem a inúmeras interpretações.

Em terceiro lugar, no regime atual é leviano associar o agravo em recurso especial ou extraordinário ao assoberbamento da Cortes Superiores, por ser este recurso medida excepcionalíssima. Para que o agravo seja cabível: (i) é preciso que o recurso extraordinário discuta questão que ainda não tenha sido analisada a repercussão geral, ou que tenha sido reconhecida a repercussão e suas razões estejam de acordo com o decidido pelo STF; (ii) nos recursos especiais e extraordinários, as razões recursais precisam estar de acordo com o entendimento firmado no regime de julgamento de recurso repetitivos pelo STJ ou STF, ou que não haja precedente a respeito; (iii) é preciso que o Tribunal *a quo* não tenha se retratado; (iv) o recurso não pode estar sobrestado para julgamento de casos repetitivos ainda não julgados pelo STJ ou STF; (v) o presidente ou vice-presidente do Tribunal *a quo* tenha julgado inadmissível o recurso especial ou extraordinário na forma do art. 1.030, V do CPC. Portanto, o sistema de precedentes instituído pelo CPC inviabiliza o acesso ao STJ e ao STF por meio do agravo nos mais variados casos, reduzindo significativamente as hipóteses de cabimento do agravo do art. 1.042 do CPC.

A título de curiosidade, vale lembrar que o enunciado 685 é uma adaptação de dois enunciados editados em abril de 2014 no Fórum Permanente de Processualistas Civis do Rio de Janeiro: (i) nº 211 "Cabe reclamação, por usurpação da competência do Superior Tribunal de Justiça, contra a decisão de presidente ou vice-presidente do tribunal de 2º grau que inadmitir recurso especial não repetitivo". (ii) nº 212 "Cabe reclamação, por usurpação da competência do Supremo Tribunal Federal, contra a decisão de presidente ou vice-presidente do tribunal de 2º grau que inadmitir recurso extraordinário não repetitivo".

Interessante pensar que ambos foram cancelados – e não adaptados – no Fórum de São Paulo, em março de 2016, pois imaginava-se que com o advento da Lei 13.256/2016 haviam se tornado obsoletos, tendo o novo art. 1.042 suprido eventuais dúvidas. Agora, em Recife, fez-se necessário reeditá-los, com os devidos ajustes, mostrando que, na prática, as mesmas dúvidas permaneciam.

À época da edição dos enunciados 211 e 212, a redação do art. 1.030 do Projeto de Lei do Código de Processo Civil previa juízo de admissibilidade dos recursos especiais e extraordinários exclusivamente pelos Tribunais Superiores, de modo que não competia aos Tribunais de 2º grau esta análise.

- **Súmula STF. Nº 727.** Não pode o magistrado deixar de encaminhar ao Supremo Tribunal Federal o agravo de instrumento interposto da decisão que não admite recurso extraordinário, ainda que referente a causa instaurada no âmbito dos juizados especiais.

- **NCPC. Art. Art. 988.** Caberá reclamação da parte interessada ou do Ministério Público para: I – preservar a competência do tribunal (...). ► **Art. 1.042.** Cabe agravo contra decisão do presidente ou do vice-presidente do tribunal recorrido que inadmitir recurso extraordinário ou recurso especial, salvo quando fundada na aplicação de entendimento firmado em regime de repercussão geral ou em julgamento de recursos repetitivos. §2º A petição de agravo será dirigida ao presidente ou ao vice-presidente do tribunal de origem e independe do pagamento de custas e despesas postais, aplicando-se a ela o regime de repercussão geral e de recursos repetitivos, inclusive quanto à possibilidade de sobrestamento e do juízo de retratação. §3º O agravado será intimado, de imediato, para oferecer resposta no prazo de 15 (quinze) dias. §4º Após o prazo de resposta, não havendo retratação, o agravo será remetido ao tribunal superior competente (...).

Enunciado 703. É admissível a reclamação contra acórdão de órgão fracionário que viole entendimento vinculante do próprio tribunal.

● *Grupo: Ação Rescisória e reclamação.* ● *Referências: arts. 988, II e §1º; 926.*

▸ ***Edilson Vitorelli***

O enunciado aborda uma importante questão, relacionada com aquele que é talvez o mais nebuloso inciso do art. 927, o inciso V. O art. 927 determina que os juízes e tribunais observarão as decisões elencadas nos seus incisos, desde que sejam produzidas de acordo com determinado procedimento. Diferentemente do que acontece nos Estados Unidos, o legislador brasileiro optou por não transformar em vinculantes todas as decisões dos tribunais, mas apenas aquelas que sejam produzidas de acordo com alguns tipos de ritos, eleitos pela lei.

No inciso V, o art. 927 determina a observância da "orientação do plenário ou do órgão especial aos quais estiverem vinculados". O inciso é problemático porque não define o que se deve entender por "orientação". Essa palavra não é utilizada em qualquer outro dispositivo da legislação processual, nem por qualquer tribunal brasileiro. Não existe um procedimento ou recurso chamado "orientação". Em termos linguísticos, apenas o Tribunal Superior do Trabalho – TST edita documentos chamados "orientações jurisprudenciais", conhecidos como OJs, mas elas seguem a estrutura do que se denomina, na justiça comum, súmulas, as quais já estão contempladas nos incisos II e IV do art. 927, em relação ao STF e STJ. As OJs, além disso, não são produzidas pelo plenário ou órgão especial, mas pelas Seções do Tribunal.

Nesse contexto, seria a "orientação do plenário ou órgão especial" qualquer decisão tomada por esse órgão, independentemente da matéria ou do tipo de processo julgado? Poderia abranger direito federal ou seria apenas sobre direito local, como menciona o art. 332, IV? Ou a vinculação dependeria de edição de uma súmula, nos moldes do que mencionam os incisos II e IV do art. 927?

Nenhuma dessas questões está suficientemente clara e é possível que não sejam resolvidas por um bom tempo. É que como os tribunais superiores não vêm admitindo o ajuizamento de reclamação tendo como paradigma decisões que não estejam expressamente previstas no art. 988 do CPC, não há um remédio ao qual se possa recorrer, em caso de descumprimento da "orientação" do plenário. Assim, independentemente da forma de exteriorização do entendimento obrigatório ao qual se refere o art. 927, V, sua imposição deverá ser buscada pelos mecanismos recursais.

De toda sorte, uma coisa é certa. O art. 927 deixa claro que os órgãos fracionários de um tribunal devem obediência ao entendimento do plenário ou órgão especial. Embora tradicionalmente se afirma que não há hierarquia entre os diversos órgãos de um tribunal, é preciso reconhecer que, se um colegiado maior define uma linha de interpretação, não há como se admitir, em um sistema que pretende primar pela integridade, coerência e estabilidade do direito (art. 926, CPC), que os relatores, isoladamente, ou os colegiados menores (turmas, câmaras etc.) continuem se manifestando contra o pensamento do órgão maior. A colegialidade é a única força que impede que um tribunal se fragmente em um conjunto desconexo de juízes.

O problema que o enunciado pretende resolver, nesse contexto, é o seguinte: em relação ao STF e ao STJ, o descumprimento do entendimento do plenário ou do órgão especial enseja a apresentação de embargos de divergência (art. 1.043-1.044 do CPC). Em relação aos demais tribunais, contudo, o código não prevê uma solução, uma vez que o incidente de uniformização de jurisprudência, previsto no art. 476-479 do CPC de 1973 foi revogado. Assim, em tese, se um órgão fracionário de um tribunal de justiça descumpre um precedente do plenário do mesmo tribunal, não há solução no sistema que permita a imposição do precedente. Mais ainda, se a questão não se referir a direito federal ou constitucional, não há solução alguma para a revisão do julgado, uma vez que não será cabível recurso especial ou extraordinário.

Em outras palavras, sem uma solução hermenêutica, uma turma de tribunal local ou regional poderia, permanentemente, ignorar entendimentos do plenário do tribunal e, caso se trate de interpretação de direito local, impor, definitivamente, sua opinião divergente.

Com base nesse contexto foi aprovado o enunciado em comento, para permitir que, nessa hipótese, seja cabível a reclamação. É preciso ter atenção, no entanto, para o fato de que o STJ vem entendendo que o cabimento de reclamação está restrito às hipóteses estritamente elencadas no art. 988 do CPC (AgInt na Rcl 31.637/PE, Rel. Ministro BENEDITO GONÇALVES, PRIMEIRA SEÇÃO, julgado em 12/12/2018, DJe 17/12/2018). Assim, o entendimento expresso acima, embora pareça o mais adequado, não deve ser visto como incontroverso.

De outro lado, e com menor alcance, o presente enunciado também se presta a esclarecer que a hipótese do art. 988, IV, CPC, que prevê o cabimento de reclamação para "garantir a observância de acórdão proferido em julgamento de incidente de resolução de demandas repetitivas ou de incidente de assunção de competência" se aplica não apenas em relação a decisões de juízes inferiores, que violem o entendimento firmado nos incidentes, mas também de órgãos fracionários do próprio tribunal. Nesse ponto, aliás, a reclamação é de maior importância, uma vez que, embora caiba agravo interno da decisão monocrática para o colegiado, não cabe recurso da decisão de um colegiado para outro, no mesmo tribunal local ou regional (no STF ou STJ, cabem os embargos de divergência, conforme mencionado). Assim, a reclamação será o único remédio viável. É bom recordar, no entanto, que o não cabimento de recurso não é, em si, requisito de admissibilidade da reclamação, salvo nas hipóteses em que a lei exige o "esgotamento das vias ordinárias". O que se pretende apontar aqui é a especial importância da reclamação em situações de recorribilidade limitada.

Enunciado 704. Cabe reclamação baseada nos fundamentos determinantes da decisão vinculante.

● *Grupo: Ação Rescisória e reclamação.* ● *Referências: arts. 988, III e IV; 489, §1º, V e VI*

▸ **Edilson Vitorelli**

A adoção de um sistema de precedentes vinculantes pelo CPC inaugurou uma considerável disputa doutrinária e jurisprudencial acerca do conteúdo vinculante de um precedente. A praxe forense e os tribunais tendem a considerar vinculantes as conclusões do acórdão, consubstanciadas no dispositivo do julgado ou em enunciados de súmulas. Esses textos acabam se desvinculando do teor das decisões que os originaram, sendo aplicados e interpretados como se fossem textos legais, abstratos. Ainda na década de 1970, o Ministro Xavier de Albuquerque se voltava contra essa prática, no julgamento do RE 74.355, rel. Min. Bilac Pinto, j. 6.12.73. Afirmava o Ministro:

> "O Sr. Ministro Xavier de Albuquerque: – Antes que seja sustado o julgamento, quero destacar que, para bem precisar os termos em que está formulando sua proposta o Sr. Ministro Thompson Flores, indaguei a S. Exa. se propunha o cancelamento da súmula. Mas, se o Tribunal cuida é de redigir outra vez a súmula...
>
> O Sr. Ministro Eloy da Rocha (Presidente): – Cuida-se de alterá-la, fundamentalmente...
>
> O Sr. Ministro Xavier de Albuquerque: – Alterá-la fundamentalmente? Pior ainda. Fazendo com que ela enuncie regra diversa da que encerra? Data venia, a súmula não é regra legislativa. Ela expressa o resultado de várias decisões que se hajam tomado, sintetiza a ideia desses julgados. Certa ocasião, aqui revimos a Súmula 359, e eu aderi à supressão de sua cláusula final porque o Tribunal, repetidamente, a despeito da súmula, vinha decidindo que não era preciso a apresentação do requerimento de aposentadoria para caracterizar-se o direito adquirido.
>
> O Sr. Ministro Aliomar Baleeiro: – Permite V. Exa. Desde que há uma decisão, e talvez ela seja até unânime, partiremos da aplicação da Súmula 286, que nos permite até arquivar um recurso, se por acaso existir já pronunciamento do Pleno do Supremo tribunal no sentido da decisão recorrida. Em muitos casos, o pronunciamento do Supremo tribunal é por diferença de apenas um ou dois votos. Quando o Estado do Paraná criou um empréstimo compulsório, há 10 anos, a União, que estava com vontade de fazer o mesmo, encorajou-o, e foi decidido que não tinha caráter tributário, contra o voto do Ministro Luiz Gallotti, acompanhado dos Ministros Victor Nunes Leal e, creio, Hahnemann Guimarães e outro. Esse acórdão foi tremendamente criticado, porque ia de encontro a duzentos anos de doutrina sobre a matéria e, entretanto, passou a ser súmula, havendo uma diferença de três ou quatro votos dos juízes mais prestigiosos contra ela. (...)
>
> O Sr. Ministro Xavier de Albuquerque: – A minha concepção do processo de revisão de súmula difere substancialmente da que vejo estar prevalecendo. Não me parece que possamos mudar uma súmula como o legislador muda um preceito normativo, trocar-lhe o enunciado para que ela dite regra inteiramente diferente, substancialmente diversa da que rezava.
>
> O Sr. Ministro Antonio Neder: – A súmula resulta dos acórdãos que a suportam. Se o Tribunal passar a decidir contra as súmulas, ou se este Plenário decidir hoje contra a súmula e entender que com essa decisão se modifica sua jurisprudência, estarei de acordo. Mas a súmula será cancelada e não redigida outra vez para dizer coisa que os acórdãos que a suportam não dizem. (...)
>
> O Sr. Ministro Eloy da Rocha (Presidente): – Considere-se, também, que, às vezes, o enunciado não coincide inteiramente, com os julgados referidos na súmula.
>
> O Sr. Ministro Xavier de Albuquerque: – Então, tais súmulas deveriam ser canceladas por falta de base. A meu ver, a súmula só é súmula quando retrata os acórdãos que a formam". (...) Estou em completo desacordo (...) Reescrever a súmula, com abstração dos acórdãos que a fundaram, não me parece certo. Se já não traduz o pensamento do Tribunal, cancele-se a Súmula e, depois, aprove-se outra, com base em novos acórdãos".

No entanto, o STF não parece se aliar a esse pensamento. Quando se consultam os debates de aprovação das súmulas vinculantes, percebe-se que eles se centram mais em questões linguísticas, que orbitam uma ideia geral, do que em refletir o teor dos precedentes que embasam a criação da súmula. A colocação de vírgulas, pronomes e advérbios ocupa esses debates mais do que a discussão do conteúdo dos respectivos precedentes.

Mais recentemente, essa questão passou a ser debatida relativamente ao controle de constitucionalidade. A coisa julgada, nas ações de controle abstrato, tem eficácia *erga omnes*, para retirar do mundo jurídico a norma cuja constitucionalidade foi questionada. No entanto, debate-se se os fundamentos determinantes da decisão também poderiam ser aplicados para outras normas jurídicas, que carreguem o mesmo vício, por terem teor idêntico ou análogo. Seria o caso, por exemplo, de uma norma estadual de conteúdo idêntico à de outro estado, cuja lei foi declarada inconstitucional pelo STF. Seria cabível aplicar os motivos determinantes do primeiro julgado para considerar inconstitucional também a norma de outro estado, ainda que sobre ela o tribunal nada tenha dito?

No julgamento da Rcl 1987, Relator(a): Min. MAURÍCIO CORRÊA, Tribunal Pleno, julgado em 01/10/2003, o STF aceitou essa tese, afirmando que se estava diante de "Hipótese a justificar a transcendência sobre a parte dispositiva dos motivos que embasaram a decisão e dos princípios por ela consagrados, uma vez que os fundamentos resultantes da interpretação da Constituição devem ser observados por todos os tribunais e autoridades, contexto que contribui para a preservação e desenvolvimento da ordem constitucional". Mais adiante, na Rcl nº 2986, Rel. Min. Celso de Mello, DJU de 18.03.2005, o Ministro Celso, monocraticamente, asseverou que "o Plenário do Supremo Tribunal Federal, no exame final da Rcl 1.987/DF, Rel. Min. MAURÍCIO CORREA, expressamente admitiu a possibilidade de reconhecer-se, em nosso sistema jurídico, a existência do fenômeno da "transcendência dos motivos que embasaram a decisão" proferida por esta Corte, em processo de fiscalização normativa abstrata, em ordem a proclamar que o efeito vinculante refere-se, também, à própria "ratio decidendi", projetando-se, em conseqüência, para além da parte dispositiva do julgamento, "in abstracto", de constitucionalidade ou de inconstitucionalidade. Essa visão do fenômeno da transcendência parece refletir a preocupação que a doutrina vem externando a propósito dessa específica questão, consistente no reconhecimento de que a eficácia vinculante não só concerne à parte dispositiva, mas refere-se, também, aos próprios fundamentos determinantes do julgado que o Supremo Tribunal Federal venha a proferir em sede de controle abstrato, especialmente quando consubstanciar declaração de inconstitucionalidade".

Porém, nesse mesmo período, o número de reclamações apresentadas ao STF cresceu exponencialmente, como demonstrou Lívia Pitelli Zamarian Houaiss, em tese de doutorado[1105]. Em 2007, as reclamações representavam menos de 1% da movimentação processual do STF. Em 2008, superaram os 5%. Nesse contexto de pressão quantitativa, o STF afirmou:

1105. HOUAISS, Lívia Pitelli Zamarian. Reclamação Constitucional E Recalcitrância Judicial Na Medida Das Decisões Do Supremo Tribunal Federal. Tese de Doutorado apresentada ao PPGD-UFF. Orientador: Fernando Gama de Miranda Netto. Niterói, 2019, p. 79.

RECLAMAÇÃO CONSTITUCIONAL. ALEGADO DESRESPEITO AO ACÓRDÃO DA AÇÃO DIRETA DE INCONSTITUCIONALIDADE 2.868. INEXISTÊNCIA. LEI 4.233/02, DO MUNICÍPIO DE INDAIATUBA/SP, QUE FIXOU, COMO DE PEQUENO VALOR, AS CONDENAÇÕES À FAZENDA PÚBLICA MUNICIPAL ATÉ R$ 3.000,00 (TRÊS MIL REAIS). FALTA DE IDENTIDADE ENTRE A DECISÃO RECLAMADA E O ACÓRDÃO PARADIGMÁTICO. 1. O Supremo Tribunal Federal, ao julgar a ADI 2.868, examinou a validade constitucional da Lei piauiense 5.250/02. Diploma legislativo que fixa, no âmbito da Fazenda estadual, o quantum da obrigação de pequeno valor. Por se tratar, no caso, de lei do Município de Indaiatuba/SP, o acolhimento do pedido da reclamação demandaria a atribuição de efeitos irradiantes aos motivos determinantes da decisão tomada no controle abstrato de normas. Tese rejeitada pela maioria do Tribunal. 2. Inexistência de identidade entre a decisão reclamada e o acórdão paradigmático. Enquanto aquela reconheceu a inconstitucionalidade da Lei municipal 4.233/02 "por ausência de vinculação da quantia considerada como de pequeno valor a um determinado número de salários mínimos, como fizera a norma constitucional provisória (art. 87 do ADCT)", este se limitou "a proclamar a possibilidade de que o valor estabelecido na norma estadual fosse inferior ao parâmetro constitucional". 3. Reclamação julgada improcedente.

(Rcl 3014, Relator(a): Min. AYRES BRITTO, Tribunal Pleno, julgado em 10/03/2010)

Não parece que o STF tenha qualquer outra razão para sustentar esse entendimento, que não a necessidade de reduzir o número de reclamações dirigidas a si. O teor da decisão, fora desse contexto, não faz sentido. Se o tribunal já declarou inconstitucional uma lei do Piauí, qual motivo haveria para não reconhecer a violação da sua autoridade em razão da aplicação de uma lei de mesmo teor, do Município de Indaiatuba? Parece claro que um sistema de precedentes exige a coerência não apenas de conclusões de julgados ou textos de súmulas, mas, sobretudo, das razões, dos motivos que levaram à decisão. O conteúdo vinculante de um precedente não é a decisão. A decisão é obrigatória para as partes ou, no caso do controle de constitucionalidade, para todos, mas apenas nos limites da causa de pedir, por força da coisa julgada. O sistema de precedentes só faz sentido se a vinculação for da norma jurídica que se extrai dos motivos determinantes dessa decisão, que pode ser expandida para outros casos, idênticos ou análogos[1106].

Nesses termos, o enunciado reafirma que o cabimento da reclamação se estende a toda e qualquer violação aos motivos determinantes de uma decisão vinculante, não apenas às suas conclusões.

Mais recentemente, o assunto voltou à tona no STF. O Ministro Barroso, ao julgar a Rcl 11.473, mencionou que "não se aplica a teoria da transcendência dos motivos determinantes das decisões às reclamações ajuizadas na vigência do CPC/1973", deixando entrever a possibilidade de que a Reclamação poderia vir a ser cabível no contexto do código atual. Também no julgamento da Rcl 22.328, o STF admitiu que "tem sido mais flexível na admissão de reclamação em matéria de liberdade de expressão,

1106. LILE, William M. et. al. Brief Making and the Use of Law Books. 3. ed. St. Paul: West, 1914, p. 288: "In law a precedent is an adjudged case or decision of a court of justice, considered as furnishing a rule or authority for the determination of an identical or similar case afterwards arising, or of a similar question of law. The only theory on which it is possible for one decision to be an authority for another is that the facts are alike, or, if the facts are different, that the principle which governed the first case is applicable to the variant facts".

em razão da persistente vulneração desse direito na cultura brasileira, inclusive por via judicial". Embora sem mencionar a teoria dos motivos determinantes, aplicou-a ao paradigma da ADPF 130, para cassar decisão que determinou a retirada de publicação jornalística de site. O mesmo debate foi feito na Rcl. 21.504, tendo o Ministro Zavascki alertado, no entanto, que a "aceitação incondicional desse instrumento poderá transformar o Tribunal em instância praticamente originária e universal de apreciação de questões sobre liberdade de imprensa".

Finalmente, no julgamento das ADIs 3406/RJ e 3470/RJ, Rel. Min. Rosa Weber, j. 29/11/2017, o STF apreciava a constitucionalidade da lei estadual 3.579/2001, do Rio de Janeiro, mas julgou inconstitucional, como questão preliminar, a lei federal 9.055/95, "com efeito vinculante e *erga omnes*".

Por enquanto, contudo, não parece que o STF vá seguir esse rumo. Decisões mais recentes continuam negando a aplicação da teoria dos motivos determinantes:

> Agravo regimental na reclamação. Ausência de identidade de temas entre o ato reclamado e as ações paradigmas. Não aplicação da teoria da transcendência dos motivos determinantes à reclamação. Agravo regimental não provido. 1. Há necessidade de aderência estrita do objeto do ato reclamado ao conteúdo da decisão do STF dotada de efeito vinculante e eficácia erga omnes para que seja admitida a reclamatória constitucional. 2. Inadmissível o uso da reclamação constitucional como sucedâneo de recurso ou de ações judiciais em geral. 3. Agravo regimental não provido.
>
> (Rcl 25880 AgR, Relator(a): Min. DIAS TOFFOLI, Segunda Turma, julgado em 04/04/2018, PROCESSO ELETRÔNICO DJe-082 DIVULG 26-04-2018 PUBLIC 27-04-2018)

Em alguma medida, avançar nesse entendimento é condição fundamental para que o Brasil possa desenvolver um sistema de precedentes adequados. Criar eficácia vinculante para conclusões de julgados ou, pior ainda, para textos descontextualizados de súmulas, será uma lamentável distorção.

2.3.2. Dos Recursos (arts. 994 a 1044)

2.3.2.1. Disposições Gerais (arts. 994 a 1.008)

Enunciado 96. Fica superado o Enunciado 216 da Súmula do STJ após a entrada em vigor do CPC ("A tempestividade de recurso interposto no Superior Tribunal de Justiça é aferida pelo registro no protocolo da Secretaria e não pela data da entrega na agência do correio").

● *Grupo: Ordem dos Processos no Tribunal, Teoria Geral dos Recursos, Apelação e Agravo.* ● *Referência: art. 1.003, § 4º.*

▸ ***Vinicius Silva Lemos***

O protocolo recursal, nos moldes do disposto no artigo 1.003, § 4º, pode ser realizado pelo correio, com a validade para contagem do protocolo da sua postagem na agência postal. Este dispositivo enfrenta de modo antagônico o que o STJ entendia sobre a matéria, uma vez que o disposto na Súmula 216 deste tribunal superior considerava a data da chegada do documento na Secretaria, com o devido protocolo. Ou seja, de acordo com o entendimento do STJ sobre a matéria no código revogado, o que importava era a data da recepção do recurso, com a necessidade de o recorrente postar o documento recursal com um tempo hábil para a chegada naquele tribunal dentro do prazo de interposição do recurso, mesmo que este trâmite dependesse do correio e não da parte.

Desse modo, com a alteração imposta pelo NCPC, há uma nova visão sobre este ponto, com uma evidente influência do princípio da primazia de mérito contra o entendimento defensivo do STJ, eximindo, portanto, o recorrente sobre o tempo gasto no traslado do correio. Como não há, pela parte, como gerenciar o trabalho estatal de postagem, somente há o seu controle sobre a data da postagem, a guarda do recibo e comprovação desta. Não há, então, como o recorrente responder por eventual demora no serviço postal, o que impõe, no novel ordenamento, um novo entendimento sobre esta matéria, priorizando a tempestividade do recurso, se o recorrente postou na data corretamente, ou seja, dentro do prazo recursal[1107].

Este novo entendimento impõe aos tribunais – de segundo grau ou superiores – alguns pontos a serem reconsiderados, primeiro pelo fato de que a interposição via correio, naturalmente, resulta num lapso temporal processual, como uma consequência do departamento, ou cartório daquele tribunal ou vara, pensar/imaginar que ocorreu a preclusão do prazo recursal, com a expedição de uma certidão para tanto. Todavia, mesmo se ocorrer tal certidão, o recurso via correio será recebido normalmente, mesmo que posteriormente, com o devido processamento, ainda que anteriormente tenha parecido transitar em julgado.

Sobre o enunciado, o ponto que deve ser reconsiderado, especialmente pelo STJ, recai sobre a Súmula 216 que materialmente não coaduna com o dispositivo legal acima mencionado, necessitando de sua revogação[1108], apesar do protocolo pelo correio tratar-se de hipótese cada vez menos usual no sistema jurídico.

1107. "Na hipótese de recurso a ser interposto por réu contra decisão proferida antes de sua citação, aplicam-se as regras do art. 231, I a VI, de acordo com a previsão do § 2º do art. 1.003 do Novo CPC. Portanto, o prazo recursal será contado da juntada do aviso de recebimento (AR) se a intimação for pelo correio; da juntada do mandado, se a intimação for por oficial de justiça; da data da intimação por ato do escrivão ou do chefe de secretaria e do dia útil seguinte ao fim da dilação assinada pelo juiz, quando realizada por edital. Nos termos do § 4º do art. 1.003 do Novo CPC, para aferição da tempestividade do recurso remetido pelo correio, será considerada como data da interposição a data da postagem. Fica superado o entendimento consolidado na Súmula 216/STJ, nos termos do Enunciado 96 do Fórum Permanente de Processualistas Civis (FPPC)". NEVES, Daniel A. A. *Manual de processo civil*. Volume único. Salvador: Juspodivm, 2016. p. 2088.

1108. "Esta previsão contraria o disposto no STJ 216 e a jurisprudência firme do STJ e do STF a esse respeito. Mas é um facilitador do contato entre rincões distantes do Brasil e os tribunais a que estão subordinados – não obstante crie o risco de maior lentidão na prestação jurisdicional, já que é preciso aguardar a remessa do recurso até o Tribunal, a sua recepção pelo protocolo e o seu posterior entranhamento nos autos". NERY JR, Nelson; NERY, Rosa Maria A. *Código de Processo Civil comentado*. 16. ed. São Paulo: RT, 2016. p. 2184.

Súmula STJ 216. A tempestividade de recurso interposto no Superior Tribunal de Justiça é aferida pelo registro no protocolo da secretaria e não pela data da entrega na agência do correio.

▶ **NCPC. Art. 1.003. § 4º** Para aferição da tempestividade do recurso remetido pelo correio, será considerada como data de interposição a data de postagem.

ENUNCIADO 97. NOS CASOS PREVISTOS NO §4º DO ART. 1.007 DO CPC, É DE CINCO DIAS O PRAZO PARA EFETUAR O PREPARO.

● *Grupo: Ordem dos Processos no Tribunal, Teoria Geral dos Recursos, Apelação e Agravo.* ● *Referência: art. 1.007, § 4º.*

▸ ***Vinicius Silva Lemos***

O NCPC atentou-se, no tocante ao preparo recursal, na ênfase ao princípio da primazia de mérito[1109], repetindo a disposição do código revogado sobre a possibilidade de correção no pagamento das custas, com a abertura de prazo para a complementação, em hipótese de pagamento insuficiente. Esta matéria está disposta no artigo 1.007, § 2º e, ainda, estipula o prazo de cinco dias para tal desiderato.

O intuito do novel ordenamento foi positivar também na seara recursal o máximo possível de aproveitamento processual, almejando, essencialmente, a retirada de empecilhos formais para chegar-se ao mérito e, com isso, a manutenção da possibilidade de complemento do preparo se mostrou pertinente, sem nenhuma novidade prática sob tal aspecto, o recorrente devendo ser intimado para complementação do valor em cinco dias[1110].

No entanto, no ordenamento revogado, não havia previsão legal para a correção do vício sobre o não recolhimento do preparo, o que gerava, consequentemente, a inadmissão do recurso interposto. Já o NCPC, com o intuito de relativizar ainda mais

---

1109. "Consolida-se, aí, um princípio fundamental: o de que se deve dar primazia à resolução de mérito (e à produção do resultado satisfativo do direito) sobre o reconhecimento de nulidades ou de outros obstáculos à produção do resultado normal do processo civil. Eis, aí, portanto, o princípio da primazia da resolução do mérito. " CÂMARA, Alexandre F. O princípio da primazia da resolução do mérito e o novo Código de Processo Civil. *Revista de Direito da ADVOCEF.* Ano XI, nº 21, nov/2015. p. 16.

1110. Flavio Cheim Jorge preconiza uma diferença entre as espécies de preparo: aqueles que têm valores variáveis e aqueles que têm valores fixos. Nessa visão, o art. 1.007, § 2º somente seria cabível naqueles em que há a possibilidade de variação no valor das custas, sem cabimento para as hipóteses em que o valor é pré-fixado, o que importaria em má-fé e erro grosseiro, não podendo o recorrente utilizar o referido artigo para locupletar-se de um prazo maior para o pagamento do preparo. O argumento é interessante e guarda uma coerência enorme, contudo o princípio à primazia de mérito ultrapassa essa discussão, sendo maior do que essa celeuma, estimulando todo e qualquer julgamento de mérito, flexibilizando as formas, ainda que tenha coerência a visão: "O que não nos parece ser adequado defender é que a complementação deva ser irrestrita, atingindo mesmo aquelas situações onde a legislação local estabeleça um valor fixo. Defender posição contrária, significa ir à contramão ao escopo do legislador processual, permitindo que as partes sempre recolham valores inferiores ao incontroversamente previsto e interfiram no trâmite processual da causa". JORGE, Flavio C. *Teoria geral dos recursos.* 7. ed. São Paulo: RT, 2016. p. 215.

os eventuais erros na interposição recursal, dispôs no artigo 1.007, § 4º sobre o não pagamento das custas, ou seja, o recurso interposto sem custas anexas, possibilitando o pagamento da quantia não paga, com a devida intimação via seu advogado, contudo para realizar o mesmo no valor de sua dobra. Ou seja, a regra do artigo 1.007, § 4º impõe uma multa de 100% sobre o não recolhimento do preparo para que o recorrente possa ainda ter o seu recurso julgado em seu mérito. Uma demonstração clara do princípio da primazia de mérito.

Apesar da regra contida no parágrafo 4º do artigo 1.007[1111] ser clara sobre a possibilidade de recolhimento e sanabilidade da ausência de comprovação, não deixou especificado o prazo para o cumprimento de tal questão. Esse é o ponto chave do enunciado, estipular que o prazo para este ato deve ser de cinco dias, seja pela conjunção do artigo 218, § 3º com o 1.007, § 2º, que também trata da sanabilidade de ato das custas, porém, no caso, versa sobre a insuficiência, especificando o prazo de cinco dias. Se não há prazo estipulado para a comprovação das custas não pagas, o normal será utilizar o prazo geral de cinco dias, utilizando também como parâmetro o dever de prevenção[1112] existente no artigo 932, parágrafo único, que, de igual maneira, dispõe sobre cinco dias.

► **NCPC. Art. 218. § 3º** Inexistindo preceito legal ou prazo determinado pelo juiz, será de 5 (cinco) dias o prazo para a prática de ato processual a cargo da parte. ► **Art. 1.007. § 4º** O recorrente que não comprovar, no ato de interposição do recurso, o recolhimento do preparo, inclusive porte de remessa e de retorno, será intimado, na pessoa de seu advogado, para realizar o recolhimento em dobro, sob pena de deserção.

1111. José Miguel Garcia Medina entende, como no enunciado, que o prazo do art. 1.007, § 4º será também de cinco dias, sem grandes problematizações, somente com a comparação com o art. 1.007, § 2º. No entanto, entende que se o que faltou foi a comprovação, ou seja, com o pagamento no prazo do recurso, sem a devida juntada, o prazo seria de cinco dias, mas não para a dobra e, sim para o pagamento normal, já que não necessitaria de multa para tal ponto, fato que discordamos: "De acordo com o § 4º do art. 1.007 do CPC/2015, não comprovado o preparo no ato da interposição, será o recorrente intimado a realizá-lo, recolhendo-o em dobro, sob pena de deserção. A regra não incide: 1º) em caso de complementação de preparo (cf. § 2º do art. 1.007 do CPC/2015); 2º) quando o preparo tiver sido realizado antes da interposição do recurso, tendo faltado, apenas, juntar-se a prova de sua realização (nesse caso, o requisito estará suprido apenas com a juntada, no prazo de cinco dias, do comprovante do pagamento das despesas respectivas, nos termos do parágrafo único do art. 932 do CPC/2015). Não nos parece adequada a solução escolhida pelo legislador, impondo recolhimento em dobro do preparo. Ora, no caso, está-se diante de taxas e de despesas relacionadas ao transporte dos autos (porte de remessa e de retorno), que devem corresponder ao custo da atividade realizada. O recolhimento em dobro, assim, torna-se desproporcional ao serviço prestado (cf. comentário ao art. 82 do CPC/2015)". MEDINA, José Miguel G. *Novo Código de Processo Civil comentado.* São Paulo: RT, 2015. p. 905.

1112. "Dever de prevenção: cabe ao magistrado apontar as deficiências postulatórias das partes, para que possam ser supridas (ex.: emenda da inicial, indeferimento da inicial por escolha inadequada do procedimento somente quando for impossível adaptá-la)". LEMOS, Vinicius S. *Recursos e processos nos tribunais no novo CPC.* 2. ed. São Paulo: Lexia. 2016. p. 74.

Enunciado 98. O disposto nos §§ 2º e 4º do art. 1.007 do CPC aplica-se aos Juizados Especiais.

• *Grupo: Ordem dos Processos no Tribunal, Teoria Geral dos Recursos, Apelação e Agravo.* • *Referência: art. 1.007, §§ 2º e 4º.*

▸ *Vinicius Silva Lemos*

Uma grande dúvida que surge sobre o NCPC está em sua aplicabilidade ao microssistema de juizados especiais, seja de competência geral ou da Fazenda Pública. O artigo 1.007 versa sobre as custas recursais e o seu recolhimento, possibilitando duas regras de sanabilidade: o § 2º permite a correção do vício de pagamento em valor insuficiente, com a intimação para complementação em cinco dias e o § 4º, por outro lado, dispõe sobre a falta de comprovação do preparo, com a intimação do recorrente para que realize o mesmo, porém, no valor dobrado.

Ambas as regras, cada uma a seu modo e com suas peculiaridades, são exemplos da manifestação do princípio da primazia de mérito na fase recursal, um implemento maior e consequencial da instrumentalidade das formas em prol de possibilitar o julgamento meritório, nestes casos, do recurso interposto com estes possíveis vícios.

O prazo para tais atos de sanabilidade é de cinco dias, o que não gera, em termos temporais, nenhuma impossibilidade ou incompatibilidade com o princípio da celeridade que rege o procedimento dos juizados especiais. Esta possibilidade deve ser visualizada por outro prisma, a viabilidade da sanabilidade dos recursos – via art. 1.007, §§ 2º e 4º – abre um acesso maior do próprio sistema de juizados a melhor resolução das lides, permitindo correção processual com o intuito claro de que se julgue o mérito, neste ponto, recursal.

O enunciado é importante por entender, corretamente, que há compatibilidade entre as normas de correção do recolhimento do preparo em cinco dias e o microssistema de juizados especiais, sem ocasionar prejuízo para o devido andamento processual e os princípios que regem estas normas especiais.

▶ **NCPC. Art. 1.007. § 2º** A insuficiência no valor do preparo, inclusive porte de remessa e de retorno, implicará deserção se o recorrente, intimado na pessoa de seu advogado, não vier a supri-lo no prazo de 5 (cinco) dias.... **§ 4º** O recorrente que não comprovar, no ato de interposição do recurso, o recolhimento do preparo, inclusive porte de remessa e de retorno, será intimado, na pessoa de seu advogado, para realizar o recolhimento em dobro, sob pena de deserção.

Enunciado 106. Não se pode reconhecer a deserção do recurso, em processo trabalhista, quando houver recolhimento insuficiente das custas e do depósito recursal, ainda que ínfima a diferença, cabendo ao juiz determinar a sua complementação.

• *Grupo: Impacto do CPC no Processo do Trabalho.* • *Referência: arts. 6º, 8º, 1.007, § 2º.*

▸ *Vinicius Silva Lemos*

O artigo 15 do NCPC preconiza que há aplicabilidade subsidiária e supletiva ao processo do trabalho, o que leva a crer que os institutos e regras que não se encontram naquela norma processual especial, tem o processo civil para o preenchimento desta lacuna. Ou, então, na segunda hipótese, quando houver a regulamentação de um instituto na lei processual trabalhista, contudo o correspondente no NCPC tem maior ou melhor regulamentação, o que ocasiona uma aplicabilidade para tornar mais perfeito o processo do trabalho.

Dessa maneira, o enunciado expõe a possibilidade de utilização da norma contida no artigo 1.007, § 2º no processo do trabalho. O referido artigo dispõe sobre o pagamento insuficiente do preparo recursal, impondo ao relator competente para análise de tal ato, intimar o advogado do recorrente para a complementação do valor no prazo de cinco dias. Importante o entendimento de que a insuficiência é o pagamento a menor do valor das custas, ou seja, houve um pagamento anexado ao recurso, mas não foi o valor total necessário para preparar o mesmo.

Não há empecilhos para que o artigo 1.007, § 2º seja plenamente aplicável[1113] ao processo do trabalho, por não trazer nenhuma alteração drástica no procedimento, tampouco empecilho processual, somente haverá a abertura de um prazo de cinco dias para a complementação do valor. A deserção passa a ser possível se o recorrente, devidamente intimado, não realizou essa complementação no prazo concedido pelo relator.

Desse modo, pertinente entender que o princípio da primazia ao julgamento de mérito é plenamente enquadrável na sistemática do processo do trabalho, sem nenhum prejuízo sobre a celeridade e especialidade daquele rito processual. Todavia, o enunciado preconiza defender uma aplicabilidade do artigo 1.007, § 2º recaindo, também, quando houver a insuficiência do depósito recursal, instituto este inexistente no processo civil, mas pertinente à sistemática de admissibilidade recursal do processo do trabalho. Tal aplicabilidade é possível? O instituto do depósito recursal tem as características procedimentais semelhantes ao pagamento do preparo, contudo o intuito é diverso, com a necessidade de depositar um valor estipulado da condenação ou estabelecido pelo regimento do respetivo tribunal.

Para a interposição do recurso, deve-se realizar o depósito recursal, sendo igualmente um requisito de admissibilidade, importando no caso de ausência ou insuficiência em impossibilidade de conhecimento da matéria, guardando semelhanças com a admissibilidade do preparo recursal, o que permite o enquadramento na mesma situação do artigo 1.007, § 2º, conforme o enunciado dispõe.

1113. Em sentido contrário, o Enunciado 62/FNPT – Fórum Nacional de Processo do Trabalho, no qual reputam que existe regra própria, contudo há a possibilidade de supletivamente a utilização do CPC/2015 quando o regramento existente neste for melhor e mais condizente com a norma processual, como o próprio enunciado do FPPC dispõe. O enunciado do FNPT tem a seguinte disposição: "A necessidade de intimação da parte para complementar ou efetuar o preparo recursal prevista no art. 1.007, §§ 2º e 4º, do NCPC é incompatível com o processo do trabalho por existência de regra própria".

▶ **NCPC. Art. 6º** Todos os sujeitos do processo devem cooperar entre si para que se obtenha, em tempo razoável, decisão de mérito justa e efetiva. ▶ **Art. 8º** Ao aplicar o ordenamento jurídico, o juiz atenderá aos fins sociais e às exigências do bem comum, resguardando e promovendo a dignidade da pessoa humana e observando a proporcionalidade, a razoabilidade, a legalidade, a publicidade e a eficiência. ▶ **Art. 1.007. § 2º** A insuficiência no valor do preparo, inclusive porte de remessa e de retorno, implicará deserção se o recorrente, intimado na pessoa de seu advogado, não vier a supri-lo no prazo de 5 (cinco) dias.

ENUNCIADO 213. NO CASO DO ART. 998, PARÁGRAFO ÚNICO, O RESULTADO DO JULGAMENTO NÃO SE APLICA AO RECURSO DE QUE SE DESISTIU.

● *Grupo: Ordem dos Processos nos Tribunais e Recursos Ordinários.* ● *Referência: art. 998, par. ún.*

▸ *Vinicius Silva Lemos*

A desistência recursal é direito do recorrente, com independência, não necessitando de anuência, nem da parte adversa, tampouco dos litisconsortes. O ato recursal é faculdade das partes, necessitando de interesse e iniciativa daquele que almeja recorrer. Desse modo, o recorrente pode dispor, a qualquer momento, de sua escolha recursal, não recorrendo, se for o caso, ou desistindo do mesmo, na hipótese de interposição já realizada.

Com a desistência realizada – seja de maneira expressa ou tácita – o recurso não será mais julgado, com o evidente trânsito em julgado da decisão anterior, a qual havia a impugnação recursal. Entretanto, nos moldes do artigo 998, parágrafo único, quando o recorrente exercer o seu direito pela desistência do ato recursal, se aquele recurso desistente for um dos representativos da controvérsia, com afetação dada pelo STF ou STJ em rito repetitivo, independentemente do pedido de desistência, a matéria afetada pela questão de direito será julgada, somente não incidindo a decisão repetitiva ou em repercussão geral sobre aquele recurso em que promoveu-se a desistência, com o julgamento da controvérsia, com a aplicabilidade aos processos sobrestados.

Como o rito repetitivo tem funcionamento de julgamento por amostragem, com matéria afetada e teses jurídicas suscitadas nas impugnações das razões recursais ou pelas diversas manifestações possíveis neste rito – *amicus curiae*, Ministério Público, interessados e audiências, o que se decide tem um reflexo muito maior do que o julgamento daqueles processos representativos da controvérsia, impactando outros processos outrora suspensos. O entendimento firmado anteriormente pelo STJ, quando do ordenamento revogado, entendia que o recurso, quando afetado como representativo da controvérsia em matéria repetitiva, não possibilitava a desistência, pela existência de interesse público na demanda, confrontando o que já preconizava a matéria sobre este ponto.

A análise sobre a existência da repercussão geral tem caráter de relevância e transcendência, com uma consequente afetação da matéria, seja naquele processo, mas, sobretudo, em processos que têm matérias idênticas. Há um evidente interesse geral naquele julgamento, muito maior do que o alcance *inter partes* da lide. No entanto, mesmo diante desse impacto, o recurso ou os recursos escolhidos em caráter de repercussão geral podem ter o ato unilateral da desistência pelo recorrente. Qual a incidência desse ato sobre a matéria afetada para ser julgada em regime de repercussão geral? No CPC/73, como a norma da teoria geral dos recursos foi elaborada sem a existência deste instituto, havia uma total omissão sobre este ponto, o qual, no entendimento do STF, era possível a desistência[1114], sem o enfrentamento da matéria pelo tribunal, com a necessidade de afetação posterior da repercussão geral em outro recurso com a mesma matéria.

O novel ordenamento contemporiza, conforme o artigo 998, parágrafo único, os entendimentos do STF e do STJ, concedendo parcial razão a cada qual. Se o STF admitia a desistência em repercussão geral, mas sofria com o prejuízo de não julgar aquela matéria ou demorar a julgar a matéria pela necessidade de afetar outro recurso, o STJ[1115] entendia que não havia motivos para homologar a desistência, impondo ao recurso representativo da controvérsia um interesse público maior do que o interesse da causa, contrariando a disposição sobre a possibilidade de desistência por pura declaração manifestada do recorrente. O artigo 998, parágrafo único, consegue sistematizar de forma que, se o recurso representativo da controvérsia em repetitivo ou em repercussão geral, optar o recorrente pela desistência, este não sofrerá os efeitos da ulterior decisão, porém, haverá a continuidade da discussão jurídica sobre a questão de direito. Este julgamento não afeta o recurso desistido, pela escolha do recorrente, mantendo a transcendência aos demais processos.

► **NCPC. Art. 998. Parágrafo único.** A desistência do recurso não impede a análise de questão cuja repercussão geral já tenha sido reconhecida e daquela objeto de julgamento de recursos extraordinários ou especiais repetitivos.

1114. O STF tinha entendimento, correto, diga-se de passagem, de que a desistência era ato unilateral, previsto no ordenamento de 1973, com a necessidade de homologação do pedido de desistência recursal, ainda que este ato acarretasse atraso na definição daquela matéria já afetada pela repercussão geral: "(...). Desistência do recurso paradigma. Futura substituição. Decisão que determina a devolução dos autos à origem para observância do art. 543-B do Código de Processo Civil. Identidade material: irrecorribilidade. (...)". (RE 784034, Rel. Min. Cármen Lúcia, 2ª T., DJe 24.6.2014)

1115. O STJ na vigência do CPC/73 resolvia a problemática do pedido de desistência do recurso representativo da controvérsia com o indeferimento de tal ponto, como podemos ver no acórdão abaixo ementado: "Recurso repetitivo. Desistência. A Corte Especial, ao prosseguir o julgamento, por maioria, entendeu que, submetido o recurso ao disposto na Resolução n. 8/2008-STJ e no art. 543-C do CPC, na redação que lhe deu a Lei n. 11.672/2008 (recurso repetitivo), não há como ser deferido pedido de desistência. Admitiu-se que, quando submetido o recurso ao regime daquela legislação, surge o interesse público ditado pela necessidade de uma pronta resolução da causa representativa de inúmeras outras, interesse esse que não se submete à vontade das partes. O Min. João Otávio de Noronha (vencido) entendia possível acolher a desistência, visto que é a lei quem a garante, além do fato de que a desistência, de acordo com a doutrina, é ato unilateral. Outros Ministros ficaram vencidos em parte, por entenderem diferir a análise da desistência para depois do julgamento da questão de direito tida por idêntica, garantindo, assim, a produção dos efeitos previstos no § 7º do art. 543-C do CPC, solução que, segundo essa linha, atenderia tanto ao interesse público quanto ao das partes. Dessarte, os autos retornaram à Segunda Seção para o julgamento do recurso repetitivo". (QO no REsp 1.063.343, Rel. Min. Nancy Andrighi, j. 17.12.2008)

Enunciado 215. Fica superado o enunciado 187 da Súmula do STJ ("É deserto o recurso interposto para o Superior Tribunal de Justiça, quando o recorrente não recolhe, na origem, a importância das despesas de remessa e retorno dos autos").

● *Grupo: Ordem dos Processos nos Tribunais e Recursos Ordinários.* ● *Referência: art. 1.007, §§ 2º e 4º.*

▸ *Vinicius Silva Lemos*

Na antiga sistemática recursal do CPC/73, o não recolhimento das despesas de remessa e retorno dos autos quando da interposição de recurso gerava a deserção recursal. Com ao advento do NCPC e a sua opção pela relativização da admissibilidade, com uma possibilidade de flexibilização, não há mais motivos para que o não pagamento da importância de remessa e retorno importe em uma deserção automática, seja pelo preconizado no artigo 932, parágrafo único, permitindo ao recorrente sanar a irregularidade no prazo de cinco dias, a contar da intimação para tal feito ou, ainda, se o recurso for para tribunal superior, tem a dicção do artigo 1.029, § 3º, que além de permitir a flexibilização para a correção, ainda pode desconsiderar tal vício, desde que não o repute como grave.

De todo modo, em qualquer dos dispositivos legais que possam ser utilizados para a flexibilização do juízo de admissibilidade diante da existência de um vício sanável, o não recolhimento das despesas de remessa e retorno dos autos se encaixa perfeitamente nas hipóteses em que há total possibilidade de sanabilidade, com a intimação para que o recorrente realize tal ato, seja de complementação, nos moldes do artigo 1.007. § 2º, ou de comprovação do pagamento em dobro, pelo § 4º do mesmo artigo.

A Súmula 187/STJ preconizava que era considerado como deserto o recurso que não tivesse realizado o recolhimento de tal despesa na origem, o que não permanece juridicamente conter um sentido, uma vez que o princípio da primazia ao julgamento de mérito, cominada com as manifestações legais existentes nos artigos 932, parágrafo único e 1.029 § 3º, permitem tal sanabilidade de requisito de admissibilidade corrigível e, ainda, a total correspondência com a dicção das medidas típicas possíveis do artigo 1.007, §§ 2º e 4º.

Não há como a Súmula 187/STJ permanecer com a sua validade, já que não encontra mais respaldo na sistemática recursal preconizada pelo NCPC, uma vez que o princípio da primazia de mérito não permite mais o entendimento de jurisprudência defensiva nestes moldes.

Súmula STJ 187. É deserto o recurso interposto para o Superior Tribunal de Justiça, quando o recorrente não recolhe, na origem, a importância das despesas de remessa e retorno dos autos.

▸ **NCPC. Art. 1.007. § 2º** A insuficiência no valor do preparo, inclusive porte de remessa e de retorno, implicará deserção se o recorrente, intimado na pessoa de seu advogado, não vier a supri-lo no prazo de 5 (cinco) dias (...). **§ 4º** O recorrente que não comprovar, no ato de interposição do recurso, o recolhimento do preparo, inclusive porte de remessa e de retorno, será intimado, na pessoa de seu advogado, para realizar o recolhimento em dobro, sob pena de deserção.

Enunciado 233. Ficam superados os enunciados 88, 169, 207, 255 e 390 da súmula do STJ como consequência da eliminação dos embargos infringentes ("São admissíveis embargos infringentes em processo falimentar"; "São inadmissíveis embargos infringentes no processo de mandado de segurança"; "É inadmissível recurso especial quando cabíveis embargos infringentes contra o acórdão proferido no tribunal de origem"; "Cabem embargos infringentes contra acórdão, proferido por maioria, em agravo retido, quando se tratar de matéria de mérito"; "Nas decisões por maioria, em reexame necessário, não se admitem embargos infringentes").

● *Grupo: Ordem dos Processos nos Tribunais e Recursos Ordinários.*

▸ *Ravi Peixoto*

O NCPC extinguiu o recurso de embargos infringentes. Por conta disso, devido à revogação dos textos normativos sobre os quais atuavam os enunciados 88, 169, 207, 255 e 390 da súmula do STJ ficam automaticamente superados, eis que todos eles visavam interpretar o cabimento dos embargos infringentes.

Enunciado 234. A decisão de improcedência na ação proposta pelo credor beneficia todos os devedores solidários, mesmo os que não foram partes no processo, exceto se fundada em defesa pessoal.

● *Grupo: Coisa julgada, Ação Rescisória e Sentença.* ● *Referência: arts. 1.068, 506, 1.005, par. ún.*

▸ *Vinicius Silva Lemos*

O enunciado apresenta a matéria sobre coisa julgada e a sua limitação, com a inovação sobre a possibilidade de beneficiar terceiros e seus reflexos, já que há inviabilidade para o prejuízo para quem não participou da demanda. Se o credor intenta uma demanda, resultando numa improcedência, esta impacta todos os devedores solidários. A princípio, pela dicção do artigo 506, a coisa julgada somente ocorre entre as partes, com impacto para todos os devedores que foram chamados como réus na demanda.

No entanto, a parte final deste referido artigo explica que a coisa julgada não causa prejuízo a terceiros, o que leva a crer que o impacto perante aqueles devedores solidários que não constaram como réus na demanda, somente é possível se o resultado for pelo benefício[1116], nunca pelo prejuízo. Analisando, portanto, o proposto no enunciado, o credor intentou a demanda de cobrança perante aqueles que entendia como devedores solidários, resultando numa eventual improcedência, a qual causará benefício, evidentemente, para todos os réus naquela demanda e, ainda, para os terceiros, igualmente devedores solidários, que não foram incluídos como réus na demanda.

1116. "O CPC 506 excluiu a referência à proibição de a sentença fazer coisa julgada em benefício de terceiros. Mas esse fato não altera a interpretação que deva ser dada a esse dispositivo, visto que, se alguém pretender aproveitar-se da sentença proferida em determinada ação, estará prejudicando a outrem, em contrapartida – o que ainda é vedado. Além disso, o dispositivo ainda é bastante claro no sentido de que a sentença faz coisa julgada apenas entre as partes entre as quais é dada". NERY JR, Nelson; NERY, Rosa Maria A. *Código de Processo Civil comentado.* 16. ed. São Paulo: RT, 2016. p. 1238.

Esse alcance da coisa julgada é possível pela transcendência do resultado para o benefício[1117], fato que não seria possível se fosse pela procedência, uma vez que esta configuraria prejuízo aos terceiros eventualmente devedores e que, por algum motivo, não foram incluídos na lide.

O artigo 1.005, parágrafo único, ao dispor sobre o efeito expansivo[1118] dos recursos, dispõe que se "solidariedade passiva, o recurso interposto por um devedor aproveitará aos outros quando as defesas opostas ao credor lhes forem comuns". Desse modo, se um recurso interposto por um dos litisconsortes aproveita aos demais, evidentemente que uma improcedência, já na sentença prolatada pelo juízo singular, também ocasiona o mesmo efeito para aqueles que serão beneficiados destes, ainda que não participaram da demanda.

Nessa análise, o devedor tido como terceiro, ausente do processo, também pode se beneficiar de pronunciamento favorável – neste caso a improcedência – ao devedor solidário que sofreu com a demanda.

A ressalva que o enunciado carrega é a da existência de defesa pessoal[1119], ou seja, aquela em que aquele devedor em específico não tem fato impeditivo, modificativo ou extintivo da sua relação com a dívida ou da sua relação com a outra parte, sem desonerar os demais, o que ocasionaria a improcedência em relação a este devedor, mas que não seria possível de aproveitamento para os demais, já que o fundamentado da improcedência seria o fato pessoal da relação autor e aquele réu específico, com a possibilidade de intento de demandas em face dos demais devedores solidários e, consequentemente, a impossibilidade de aproveitamento da coisa julgada para estes, ainda que aparentemente lhes favorável.

1117. "Não sei se o objetivo da supressão foi transformar a coisa julgada *secundum eventum litis in utilib*us para terceiros, mas aparentemente é possível extrair tal conclusão da redação do art. 506 do Novo CPC. Significa que terceiros poderão se aproveitar da coisa julgada material, não podendo apenas prejudicá-los, tornando regra a exceção atualmente prevista no art. 274 do CC". (NEVES, Daniel A. A. *Manual de processo civil*. Volume único. Salvador: Juspodivm, 2016. p. 1135).

1118. "Dá-se o efeito expansivo subjetivo quando o recurso interposto por apenas um dos litisconsortes é provido e, no caso, aplica-se o regime da unitariedade, ainda que apenas em relação a uma determinada questão ou fundamento (cf. art. 1.005 do CPC/2015; na doutrina, sob o prisma do CPC/1973, cf. Nelson Nery Junior, Teoria geral dos recursos, 6. ed. p. 477-482; parte da doutrina prefere afirmar que, no caso, está-se diante de extensão subjetiva dos efeitos do julgamento do recurso, cf. José Carlos Barbosa Moreira, Comentários... cit., v. V, n. 143. p. 259 e n. 210. p. 380). Note-se que, como se disse, é desnecessário que o litisconsórcio formado entre os réus seja informado, no diz respeito ao mérito da causa, pelo regime da unitariedade (a respeito do litisconsórcio unitário, cf. comentário ao art. 114 do CPC/2015), bastando que o princípio que informa a solução unitária aplique-se em relação ao fundamento ou tese sustentada no recurso que seja comum aos litisconsortes". MEDINA, José Miguel G. *Novo Código de Processo Civil comentado*. 4. ed. São Paulo: RT, 2015. p. 902.

1119. "Segundo o qual o terceiro, credor ou devedor solidário, desde que o resultado do processo tenha lhe sido favorável e não fundado em qualidade especial ligada tão-somente ao autor ou réu da demanda, pode aproveitar a coisa julgada formada *inter alios*". MARINONI, Luiz G. Marinoni; e outros. *Novo curso de processo civil*. v. 2. São Paulo: RT, 2015. p. 630.

▶ **NCPC. Art. 506.** A sentença faz coisa julgada às partes entre as quais é dada, não prejudicando terceiros. ▶ **Art. 1.005. Parágrafo único.** Havendo solidariedade passiva, o recurso interposto por um devedor aproveitará aos outros quando as defesas opostas ao credor lhes forem comuns.

Enunciado 352. É permitida a desistência do recurso de revista repetitivo, mesmo quando eleito como representativo da controvérsia, sem necessidade de anuência da parte adversa ou dos litisconsortes; a desistência, contudo, não impede a análise da questão jurídica objeto de julgamento do recurso repetitivo.

● *Grupo: Impacto do CPC no processo do trabalho.* ● *Referência: arts. 998, caput e par. ún., e 15.*

▸ ***Vinicius Silva Lemos***

A desistência recursal é direito do recorrente[1120], com independência, não necessitando de anuência, nem da parte adversa, tampouco dos litisconsortes. O ato recursal é faculdade das partes, necessitando de interesse e iniciativa daquele que almeja recorrer. Desse modo, o recorrente pode dispor, a qualquer momento, de sua escolha recursal, não recorrendo, se for o caso, ou desistindo do mesmo, na hipótese de interposição já realizada.

Com a desistência realizada – seja de maneira expressa ou tácita – o recurso não será mais julgado, com o evidente trânsito em julgado da decisão anterior, a qual havia a impugnação recursal. Entretanto, nos moldes do artigo 998, parágrafo único, quando o recorrente exercer o seu direito pela desistência do ato recursal, se aquele recurso desistente for um dos representativos da controvérsia, com afetação dada pelo STF ou STJ em rito repetitivo, independentemente do pedido de desistência, a matéria afetada pela questão de direito será julgada, somente não incidindo a decisão repetitiva sobre aquele recurso em que promoveu-se a desistência, com o julgamento da controvérsia[1121], com a aplicabilidade aos processos sobrestados.

Como o rito repetitivo tem funcionamento de julgamento por amostragem, a matéria afetada e as teses jurídicas ali expostas, sejam pelas argumentações existentes nos recursos representativos da controvérsia sejam pelas diversas manifestações possíveis neste rito, não há impedimento para a continuidade da discussão jurídica sobre a questão de direito. Este julgamento não afeta o recurso desistido, pela escolha do recorrente, mantendo a transcendência aos demais processos.

1120. "Em primeiro lugar, porque a desistência não se pede. Não há pedido de desistência do recurso. A parte simplesmente desiste do recurso. Desistir de um recurso é revogá-lo. Uma vez formulada a desistência, seus efeitos são imediatamente produzidos, nos termos do art. 200 do CPC". CUNHA, Leonardo J. C.; DIDIER JR., Fredie. *Curso de direito processual civil.* vol. 3. 13. ed. Salvador: Juspodivm, 2016. p. 102-103.

1121. "Cumpre, ainda, registrar que a desistência do recurso não impede análise da repercussão geral ou da tese a ser fixada no julgamento dos recursos repetitivos (art. 998, par. ún., CPC)". CUNHA, Leonardo J. C.; DIDIER JR., Fredie. *Curso de direito processual civil.* vol. 3. 13. ed. Salvador: Juspodivm, 2016. p. 103

Outro ponto a ser considerado é que o recurso afetado em repetitivo não será único[1122], já que há a necessidade de, no mínimo, dois recursos[1123] para que se proceda a afetação. Diante dessa visão, o recurso desistente dificilmente realizaria a impossibilidade de julgamento do repetitivo, no máximo, dificultaria a sua análise, caso o seu conteúdo material argumentativo tivesse pontos que os demais representativos não tivessem. De todo modo, com a previsão do artigo 998, parágrafo único, os argumentos e o teor do recurso serão considerados no julgamento repetitivo, somente não será aplicada a tese para aquele caso, ainda que este influencie o resultado final por um resultado ou por outro.

O intuito da inserção desta possibilidade, no NCPC, prima pela continuidade dos argumentos e impugnação contidas naquele recurso, com a possibilidade de utilização no julgamento formador do repetitivo. Evidentemente que, neste caso, o julgamento passa a ser em abstrato, ao menos sobre os argumentos contidos naquele recurso desistente, contudo há o enfrentando do mérito da questão de direito controversa, não resolvendo o recurso em que houve o pedido de desistência, com a resolução da questão repetitiva e, impactando, da mesma maneira, a multiplicidade de processos sobrestados. Se o rito repetitivo, com aquele recurso como representativo da controvérsia, cumpriu toda a sua atribuição: análise de requisitos, sobrestamento dos processos em esfera estadual, regional ou federal e trâmite para julgamento, é prudente que o impacto coletivo tenha maior importância com o prosseguimento do julgamento do que a desistência de um ou alguns recorrentes, com a continuidade da análise da questão de direito controversa, permitindo ao STJ a resolução daquela questão e o impacto jurisprudencial em todos os outros tribunais, ocasionando uma uniformização de entendimento sobre a matéria e maior segurança jurídica na prestação jurisdicional.

Além deste intuito, a norma processual, ao positivar tal ponto, resolve a lacuna existente no ordenamento revogado, bem como enfrenta com maestria o entendimento firmado anterior pelo STJ que entendia que o recurso, quando afetado como representativo da controvérsia em matéria repetitiva, não possibilitava a desistência, pela existência de interesse público na demanda, confrontando o que já preconizada a matéria sobre este ponto.

No entanto, o enunciado versa sobre a seara trabalhista, com a possibilidade do recurso de revista repetitivo, preconizando que a mesma regra do artigo 998, parágrafo

1122. "De outro modo, cumpre salientar que dificilmente um rito desses é concebido somente com um recurso, geralmente há escolha de recursos, em forma plúrima, para representar melhor a controvérsia e todos os argumentos nela dispostos. Dessa forma, com a desistência de um dos recursos, a questão argumentada neste recurso em específico continua a impor a necessidade de análise e resposta, ainda que haja outro recurso". LEMOS, Vinicius S. "A desistência no microssistema de formação de precedentes". *Revista Síntese Direito Civil e Processual Civil*, v. 97. p. 602-624, 2015. p. 618

1123. Existe a possibilidade de um REsp ou RE repetitivo único, se pensarmos que o recurso excepcional que impugnar o IRDR tem as mesmas características procedimentais do rito repetitivo, sem ser, necessariamente uma multiplicidade de recursos excepcionais e, ainda, somente um recurso representativo da controvérsia, já que não há necessidade de dois ou mais recursos para esse representativo da controvérsia.

único, quando dispõe sobre a desistência em recurso especial ou extraordinário repetitivo, deve ser utilizada nos recursos de revista repetitivos, apesar de o citado artigo não fazer nenhuma referência à área trabalhista, há a possibilidade de utilização pelo que dispõe o artigo 15, quando determina que a matéria processual civil deve ser utilizada subsidiária e supletivamente no direito processual do trabalho, o que importa que o mesmo deve ser considerado pertinente em hipóteses de desistências recursais trabalhistas. Se o recurso representativo da controvérsia repetitiva trabalhista tiver um pedido de desistência, deve-se homologar tal ato, com o prosseguimento de julgamento para a questão de direito suscitada como repetitiva.

Desse modo, o enunciado corrobora a matéria, com a ênfase à ausência de necessidade de anuência dos demais e o julgamento em abstrato da questão repetitiva, abarcando, também, a mesma hipótese para o recurso de revista repetitivo.

> **NCPC. Art. 998.** O recorrente poderá, a qualquer tempo, sem a anuência do recorrido ou dos litisconsortes, desistir do recurso. **Parágrafo único.** A desistência do recurso não impede a análise de questão cuja repercussão geral já tenha sido reconhecida e daquela objeto de julgamento de recursos extraordinários ou especiais repetitivos.

ENUNCIADO 353. NO PROCESSO DO TRABALHO, O EQUÍVOCO NO PREENCHIMENTO DA GUIA DE CUSTAS OU DE DEPÓSITO RECURSAL NÃO IMPLICARÁ A APLICAÇÃO DA PENA DE DESERÇÃO, CABENDO AO RELATOR, NA HIPÓTESE DE DÚVIDA QUANTO AO RECOLHIMENTO, INTIMAR O RECORRENTE PARA SANAR O VÍCIO NO PRAZO DE CINCO DIAS.

● *Grupo: Impacto do CPC no processo do trabalho.* ● *Referência: arts. 1.007, § 7º, e 15.*

▸ *Vinicius Silva Lemos*

Outro ponto que o NCPC primou para a aplicabilidade do princípio da primazia de mérito no âmbito recursal foi o preenchimento da guia de custas. A jurisprudência dos tribunais, principalmente os superiores, ainda nos ditames da legislação anterior, era no sentido de não conhecer o recurso com algum equívoco no preenchimento de guia de custas, qualquer que fosse este equívoco.

Essa intransigência dos tribunais com um vício plenamente sanável era incongruente com a própria atividade jurisdicional, não permitindo o julgamento de recurso por equívocos que podiam ser facilmente sanados. Já no NCPC, há a relativização do equívoco no preenchimento da guia de recolhimento recursal, possibilitando a correção deste equívoco, qualquer que seja, no prazo de cinco dias, positivando como um vício sanável, de acordo com o artigo 1.007, § 7º, tornando esta situação em um simples vício plenamente sanável, de forma diversa do que entendiam os tribunais superiores.

A competência para essa relativização pertinente ao cumprimento do requisito do preparo, com a possibilidade de sanabilidade do equívoco – complementação, ausência ou correção das informações do preparo – é pelo mesmo juízo competente para realizar o juízo de admissibilidade daquele recurso, utilizando o dever de prevenção existente no artigo 932, parágrafo único, em conjunção com o artigo 1007 e seus parágrafos.

A dúvida que ensejou a necessidade deste enunciado está na aplicabilidade ou não da mesma regra para o processo do trabalho, na hipótese de equívoco no preenchimento da guia de custas ou de depósito recursal. O artigo 15 preconiza que há aplicabilidade subsidiária e supletiva ao processo do trabalho, o que leva a crer que os institutos e regras que não encontram naquela norma processual especial, tem o processo civil para o preenchimento desta lacuna. Ou, então, na segunda hipótese, quando houver a regulamentação de um instituto na lei processual trabalhista, contudo o correspondente no NCPC tem maior ou melhor regulamentação, o que ocasiona uma aplicabilidade para tornar mais perfeito o processo do trabalho.

Desse modo, pertinente entender que o princípio da primazia ao julgamento de mérito é plenamente enquadrável na sistemática do processo do trabalho, sem nenhum prejuízo sobre a celeridade e especialidade daquele rito processual. E, num modo mais específico, se houver um equívoco no preenchimento da guia de custas ou de depósito recursal a regra do artigo 1.007, § 7º deve ser plenamente aplicável, com a possibilidade de sanabilidade do vício em questão, no prazo de cinco dias, para o regular recebimento e processamento do recurso.

O vício do equívoco no preenchimento da guia de custas é plenamente sanável, somente com a necessidade de imaginar-se qual o ato que realizará o devido saneamento, contendo evidente correlação e dependência com a espécie de equívoco. Se houver somente o erro na numeração do processo ou no nome das partes, uma simples petição com a indicação do equívoco e a correção já supre o equívoco[1124], por outro lado, se a referência do pagamento das custas foi equivocada, talvez a melhor maneira de sanabilidade seja o novo pagamento[1125] das custas recursais, com possibilidade ulterior de ressarcimento da quantia paga na referência equivocada.

O outro ponto que o enunciado preconiza para defender uma aplicabilidade do artigo 1.007, § 7º recai no equívoco do preenchimento do depósito recursal, instituto este inexistente no processo civil, mas pertinente à sistemática de admissibilidade recursal do processo do trabalho. Tal aplicabilidade é possível? O instituto do depósito recursal tem as características procedimentais semelhantes ao pagamento do preparo, contudo o intuito é diverso, com a necessidade de depositar um valor estipulado da condenação ou estabelecido pelo regimento do respetivo tribunal.

Todavia, deve-se, para recorrer, realizar o depósito recursal, sendo igualmente um requisito de admissibilidade, importando no caso de ausência em impossibilidade de conhecimento da matéria, guardando semelhanças com a admissibilidade do preparo recursal, o que permite o enquadramento na mesma situação do artigo 1.007, § 7º, apesar desta versar sobre o equívoco no preenchimento da guia de custas.

1124. "O simples erro no preenchimento da guia de custas não acarreta a deserção. Isto porque ocorreu o ato do pagamento (ainda que incorreto). Mas a guia incorretamente preenchida deve ter sido apresentada juntamente com o recurso". NERY JR, Nelson; NERY, Rosa Maria A. *Código de Processo Civil comentado.* 16. ed. São Paulo: RT, 2016. p. 2195.

1125. "Havendo certeza acerca do código correto, o pagamento deverá ser novamente efetuado, intimada a parte para tanto". NERY JR, Nelson; NERY, Rosa Maria de Andrade. *Código de Processo Civil comentado.* 16. ed. São Paulo: RT, 2016. p. 2195.

▶ **NCPC. Art. 1.007. § 7º** O equívoco no preenchimento da guia de custas não implicará a aplicação da pena de deserção, cabendo ao relator, na hipótese de dúvida quanto ao recolhimento, intimar o recorrente para sanar o vício no prazo de 5 (cinco) dias.

Enunciado 465. A concessão do efeito suspensivo ao recurso inominado cabe exclusivamente ao relator na turma recursal.

● *Grupo: Impacto nos Juizados e nos procedimentos especiais da legislação extravagante.* ● *Referência: arts. 995, par. ún.; 1.012, § 3º; Lei 9.099/95, Lei 10.259/01, Lei 12.153/09.*

▸ *Vinicius Silva Lemos*

O juízo de admissibilidade é a análise do cumprimento pelo recorrente de todos os requisitos processuais existentes para a interposição do recurso. Se a legislação impõe uma diversidade de requisitos que devem ser cumpridos para a manifestação do direito de recorrer, em algum momento, o juízo deve debruçar-se a analisar se o recorrente preencheu ou não estes requisitos. O resultado dessa análise ganha a denominação de juízo de admissibilidade recursal.

Anteriormente, no CPC/73, o juízo de admissibilidade era realizado em dois momentos processuais diversos, ensejando, desse modo, uma forma bifásica a esta análise: o recurso passava pelo juízo *a quo*, onde podia ser recebido ou não, e, posteriormente, caso positivo, era remetido ao juízo *ad quem*, onde era conhecido ou não. Eram esses os momentos em que ocorria a análise sobre as condições de admissibilidade do recurso.

O NCPC primou pela alteração do juízo de admissibilidade dos recursos ordinários, com a intenção do órgão *ad quem* ter a competência para julgar, tanto a admissibilidade quanto o mérito do recurso. A alteração realizada na nova codificação para os recursos ordinários – apelação e ordinário – visa a simplificação dos ritos recursais, não necessitando da duplicidade de atos por juízos diversos realizando o mesmo trabalho por dois juízos diferentes. Com a mudança para somente um juízo de admissibilidade não só se espera a agilidade processual, bem como encerram discussões sobre eventual negativa de admissibilidade e sua recorribilidade. Diante de tal alteração, com a análise realizada por um só juízo, o mesmo competente para o julgamento recursal meritório, os recursos que almejavam somente destrancar eventual inadmissibilidade não necessitam mais existir.

A pergunta pertinente para entender o enunciado versa sobre a aplicabilidade ou não deste novo sistema de admissibilidade para os juizados especiais. A dúvida[1126] é pertinente pelo fato de que o recurso inominado segue a admissibilidade monofásica proposta pelo NCPC ou se mantém a anterior, com a divisão entre o juízo de primeiro grau, numa análise preliminar e o juízo recursal, naquela definitiva.

1126. A dúvida persiste pelo fato de que algumas turmas recursais não utilizam da sistemática da apelação, o que tornaria o enunciado equivocado em sua validade. No entanto, seria contraproducente o entendimento que o juízo de admissibilidade bifásico persiste no âmbito do juizado especial, justamente por prezar pela celeridade.

O entendimento padrão deve ser que o recurso inominado segue a regra da apelação, com a adaptação a somente um juízo de admissibilidade, realizado pela turma recursal. Com isso, o artigo 43[1127] da Lei 9.099/95 que determina que o juiz de primeira instância pode conceder o efeito suspensivo torna-se inócuo, uma vez que este não tem mais a competência para realizar a admissibilidade, com a única função de remeter o processo, acompanhado do recurso interposto para a turma recursal.

Importante salientar que a regra do artigo 43 da referida lei coloca o efeito suspensivo como excepcional, com a normalidade do recurso inominado conter somente o devolutivo automaticamente. Desse modo, se o recurso inominado não passa mais pelo juízo de admissibilidade no primeiro grau, não há como mais ser função e competência deste juízo em proferir a decisão de concessão excepcional de efeito suspensivo, obedecendo, portanto, a regra do artigo 995, parágrafo único, na qual essa função[1128] passa a ser do relator[1129], quando recebe o recurso ou quando recebe o pedido de efeito suspensivo em petição avulsa, conforme especificado na hipótese do artigo 1.012, § 3º.

Então, se o recorrente tiver provas ou argumentos recursais suficientes para que se conceda o efeito suspensivo, a competência, para tanto, será da turma recursal, na figura do seu relator, não podendo o juízo recorrido versar sobre a questão.

O enunciado elucida esta questão com o intuito de aplicar a sistemática do juízo de admissibilidade da apelação ao recurso inominado, com as devidas adequações, importando na mudança da concessão do efeito suspensivo para remodelá-lo em sintonia com os ditames da apelação.

► **NCPC. Art. 995. Parágrafo único.** A eficácia da decisão recorrida poderá ser suspensa por decisão do relator, se da imediata produção de seus efeitos houver risco de dano grave, de difícil ou impossível reparação, e ficar demonstrada a probabilidade de provimento do recurso. ► **Art. 1.012. § 3º** O pedido de concessão de efeito suspensivo nas hipóteses do § 1º poderá ser formulado por requerimento dirigido ao: I – tribunal, no período compreendido entre a interposição da apelação e sua distribuição, ficando o relator designado para seu exame prevento para julgá-la; II – relator, se já distribuída a apelação.

1127. Lei 9.099/1995. Art. 43. O recurso terá somente efeito devolutivo, podendo o Juiz dar-lhe efeito suspensivo, para evitar dano irreparável para a parte.

1128. O relator para conceder o efeito suspensivo ao recurso deve ater-se a requisitos do próprio recurso, sobre a plausibilidade do que se pretende no próprio recurso e os malefícios da eficácia imediata da decisão. "Mas, se a lei não prever, para ser atribuído tal efeito (suspensivo), deve haver decisão judicial neste sentido, a ser proferida pelo relator do respectivo recurso, fundada na existência de risco de dano grave, de difícil reparação, e na demonstração da probabilidade de provimento do recurso (parágrafo único do art. 995)". MADRUGA, Eduardo; MOUZALAS, Rinaldo; TERCEIRO NETO, João Otávio. *Processo civil.* Volume único. 8. ed. Salvador, Juspodivm, 2016. p. 1057.

1129. "Chama atenção a competência atribuída exclusivamente ao órgão ad quem para a concessão do efeito suspensivo. Essa disciplina guarda sintonia com a modificação introduzida pelo CPC/2015 quanto à admissibilidade dos recursos. (...). Essa competência é funcional e de natureza absoluta, de modo que ainda que o juízo a quo, ante ao recebimento do recurso, entenda que deva ser concedido efeito suspensivo, não poderá fazê-lo". JORGE, Flavio Cheim. Teoria geral dos recursos. 7. ed., RT: São Paulo, 2016. p. 414.

Enunciado 609. O pedido de antecipação da tutela recursal ou de concessão de efeito suspensivo a qualquer recurso poderá ser formulado por simples petição ou nas razões recursais.

● *Grupo: Recursos (menos os repetitivos) e reclamação.* ● *Referências: art. 995, par. ún.*

▸ *Vinicius Silva Lemos*

A regra prevista no NCPC sobre as decisões e os efeitos de sua recorribilidade passa pela não automaticidade – fora a apelação – sobre o efeito suspensivo, com a visualização de eficácia imediata da decisão proferida. Essa visão de eficácia imediata está contida no artigo 995, *caput*, quando preconiza que "os recursos não impedem a eficácia da decisão, salvo disposição legal ou decisão judicial em sentido diverso".

Por esta disposição, toda decisão tem eficácia mesmo com a interposição do recurso, somente podendo ser alterada com a concessão do efeito *ope iudicis*[1130], aquele que fica a critério do juízo, o poder de atribuição de tal efeito, dependendo do caso em concreto e da análise das particularidades da causa.

O recorrente, então, pleiteia a concessão do efeito suspensivo. Mas, como realizar esse pedido? Depende evidentemente de qual recurso seria aquele em que se realizaria o pedido. No caso da apelação, o qual serve de base para outros em que há alteração de instância, o recorrente, para tal desiderato, se o recurso ainda estiver para ser remetido ao tribunal, deve requerer a concessão do efeito suspensivo ao seu recurso, preferencialmente, em petição avulsa, direcionada ao tribunal competente, expondo os motivos que entende serem necessários para a concessão de tal efeito. Com a distribuição deste pedido em petição avulsa e a devida escolha de um relator, este restará prevento para receber a apelação.

Por outro lado, no caso do recurso estar distribuído perante o tribunal, o pedido em petição avulsa[1131] será direcionado ao relator definido na distribuição para o recurso, ficando com deslinde mais fácil e célere para a concessão do efeito suspensivo, entretanto, em caso de urgência esta segunda hipótese se torna demorada pelo tempo que um recurso demora a ser remetido ao tribunal.

O artigo 1.012, § 3º especifica "por requerimento dirigido", o qual entendo que não deve ser inserido na apelação – ou nos recursos de alteração de instância – o pedido de efeito suspensivo, devendo ser, sempre que possível, em um requerimento

---

1130. "Efeito suspensivo *ope legis e ope judicis*. No direito brasileiro, existem situações em que a definição do efeito suspensivo dos recursos deriva de disposição legal, e casos em que a possibilidade de suspensão dos efeitos da decisão recorrida depende de decisão judicial (assim também, sob o prisma do CPC/1973, cf. escrevemos em 'O prequestionamento')". MEDINA, José Miguel G. *Novo Código de Processo Civil comentado*. 4. ed. São Paulo: RT, 2015. p. 888.

1131. "Com essa disposição, o CPC/2015 resolveu o problema atinente ao limbo que existia entre a interposição do recurso e a sua distribuição ao respectivo relator. Nessa hipótese não haverá mais necessidade de ajuizamento de ação cautelar, como descrito no inc. I, o pedido formulado por simples petição será objeto de distribuição a um relator, que se tornará prevento para julgar a apelação. De outra parte, se já distribuída a apelação, a petição será direcionada diretamente ao relator". JORGE, Flavio Cheim. Teoria geral dos recursos. 7. ed., RT: São Paulo, 2016. p. 415.

à parte, criando um incidente recursal para o relator decidir quando chegar a esta situação. No entanto, não há óbice de que o pedido do efeito suspensivo seja realizado no próprio bojo do recurso, contudo este meio é menos producente, uma vez que não cria um incidente recursal e fica à espera da análise pelo relator, o que pode demorar um tempo demasiado, tornando-se, de certo modo, estranho ao próprio pedido, pela urgência inerente ao próprio pleito de suspensão da eficácia da decisão recorrida.

Evidentemente que existem recursos que o pedido de efeito suspensivo deve ser realizado no próprio recurso, como no agravo de instrumento e nos embargos de declaração, mas são situações recursais peculiares, que fogem à regra da apelação e dos recursos correlatos.

Se o pedido de efeito suspensivo pode ser realizado tanto em petição avulsa quanto nas razões recursais, o mesmo pode dizer-se sobre a antecipação da tutela recursal, presente no agravo de instrumento, positivado no artigo 1.019, I, mas que pode ser utilizado em outros recursos[1132], ainda que tenha aplicabilidade quase inexistente fora do agravo.

> ▶ **NCPC. Art. 995. Parágrafo único.** A eficácia da decisão recorrida poderá ser suspensa por decisão do relator, se da imediata produção de seus efeitos houver risco de dano grave, de difícil ou impossível reparação, e ficar demonstrada a probabilidade de provimento do recurso.

ENUNCIADO 610. QUANDO RECONHECIDO O JUSTO IMPEDIMENTO DE QUE TRATA O § 6º DO ART. 1.007, A PARTE SERÁ INTIMADA PARA REALIZAR O RECOLHIMENTO DO PREPARO DE FORMA SIMPLES, E NÃO EM DOBRO.

● *Grupo: Recursos (menos os repetitivos) e reclamação.* ● *Referências: art. 1.007, §§ 4º e 6º.*

▶ ***Vinicius Silva Lemos***

O NCPC trouxe a ênfase efetividade processual, priorizando o julgamento de mérito, em qualquer grau de jurisdição, aprofundando ainda mais a instrumentalidade das formas, resultando no princípio da primazia de mérito. Esse princípio encontra-se no artigo 4º com a disposição de que o juízo deve desprender-se das formas para priorizar, sempre que possível, sem prejuízo processual, o julgamento do mérito e a efetividade da execução.

1132. A antecipação da tutela recursal aparece positivada no CPC/2015 somente para o agravo de instrumento, no entanto, não há inviabilidade de realizar-se o pedido em outras espécies recursais. José Miguel Garcia Medina entende no mesmo sentido, ao dispor: "O art. 1.019, I, do CPC/2015 refere-se à antecipação de tutela recursal expressamente, em relação ao agravo de instrumento, mas o art. 932, II, do CPC/2015, de modo mais amplo, refere-se à competência do relator para apreciar pedido de tutela provisória (que abrange a antecipação de tutela) em relação a quaisquer recursos. Logo, deve-se admitir a possibilidade de antecipação de tutela recursal não apenas em relação ao agravo de instrumento, mas, também, em relação aos demais recursos. Devem ser considerados, para tanto, os requisitos necessários à concessão de tutela provisória, a que se referem os arts. 294 ss. do CPC/2015, evidentemente, adaptados ao modo como se passam as coisas, em sede recursal". MEDINA, José Miguel G. *Novo Código de Processo Civil comentado.* 4. ed. São Paulo: RT, 2015. p. 890.

Um dos pontos mais lembrados como exemplos do princípio da primazia de mérito recai sobre o preparo recursal, com diversas possibilidades de sanabilidade do vício, seja pela insuficiência, não comprovação ou declaração de justo impedimento, todos constantes do artigo 1.007 e seus parágrafos.

No artigo 1.007, § 2º está a possibilidade do recorrente, no prazo de cinco dias, complementar o valor faltante das custas recursais, se for constatado que houve pagamento em valor menor do que o devido. Por outro lado, no § 4º do mesmo artigo está a regra da possibilidade de sanabilidade da não comprovação do pagamento das custas, ou seja, ainda que não se realize o adimplemento das custas recursais, o recorrente será intimado para providenciar a correção do vício no igual prazo de cinco dias, porém, o valor a ser recolhido, pela ausência de pagamento anterior, será no importe da dobra do valor original. Uma maneira de possibilitar a sanabilidade mesmo com a ausência completa de pagamento, mas, de todo modo, punindo o recorrente com a aplicabilidade de uma multa de 100%.

O enunciado retira a dúvida e sistematiza estas duas regras com o parágrafo 6º do mesmo artigo, aquele que possibilita ao recorrente a apresentação de justo impedimento para o pagamento das custas, o que leva a não utilização da regra da dobra quando apresentar justo impedimento. Nesse caso, o relator não aplicará a deserção, com a possibilidade de recolhimento por parte do recorrente, porém qual o valor? O pagamento das custas no valor normal[1133], no prazo de cinco dias[1134], já que o recorrente comprovou que não realizou o pagamento por motivo justo e plausível.

Por mais que o recorrente não tenha realizado o pagamento no prazo correto, ao demonstrar o justo impedimento, o juízo deve relevar a deserção[1135], com a intimação para novo recolhimento, sem nenhuma sanção e, por isso, a sem utilizar-se do artigo 1.007, § 4º, uma vez que o recorrente demonstrou fato que impossibilitou de realizar o pagamento e a comprovação das custas recursais.

1133. Sobre este ponto, Nelson Nery Jr e Rosa Maria de Andrade Nery especificam bem sobre a devolução do prazo e, consequentemente, a impossibilidade da dobra. Se o prazo é devolvido para a realização do ato anteriormente não realizado, o juízo deve considerar como a realização do primeiro ato e, com isso, sem a dobra, aceitando o recolhimento somente do valor normal: "Demonstrado o justo impedimento, o juiz devolverá ao recorrente a oportunidade para efetuar o preparo. Esta previsão, antes restrita ao processamento da apelação, agora é expressamente estendida a todos os recursos". NERY JR, Nelson; NERY, Rosa Maria A. *Código de Processo Civil comentado.* 16. ed. São Paulo: RT, 2016. p. 2194.

1134. "Além disso, é mais adequada a nova redação, porque já estipula que o prazo para o recolhimento do preparo será de cinco dias, ao contrário do CPC/1973 que deixava a fixação de tal prazo ao alvedrio do julgador". JORGE, Flavio C. *Teoria geral dos recursos.* 7. ed. RT: São Paulo, 2016. p. 218.

1135. "De acordo com o § 6º do art. 1.007 do CPC/2015 (mais abrangente que o art. 519 do CPC/1973, já que referente a quaisquer recursos, e não apenas à apelação, como sugeria o Código revogado), havendo "justo impedimento" provado pelo recorrente, deverá o juiz, em decisão irrecorrível, relevar a deserção e fixar novo prazo para a realização do preparo. Deve admitir-se recurso contra a decisão que não relevar a pena de deserção, no caso (cf. STJ, REsp 514.344, 4ª T., j. 19.02.2004, Rel. Min. Aldir Passarinho Júnior). Há justo impedimento. p. ex., quando a apelação é protocolada no último dia do prazo, tendo-se encerrado o expediente bancário (cf. comentário infra)". MEDINA, José Miguel G. *Novo Código de Processo Civil comentado.* 4. ed. São Paulo: RT, 2015. p. 905.

No entanto, o que seria considerado como justo impedimento que ensejasse tal ponto? Essa é uma pergunta pertinente. O justo impedimento[1136] passa pela impossibilidade da parte ou do advogado no recolhimento do preparo, principalmente por uma situação em que qualquer outro indivíduo, de igual maneira, não conseguiria realizar o pagamento, como numa greve bancária ou falta de sistema de internet nos bancos.

> ▶ **NCPC. Art. 1.007. § 4º** O recorrente que não comprovar, no ato de interposição do recurso, o recolhimento do preparo, inclusive porte de remessa e de retorno, será intimado, na pessoa de seu advogado, para realizar o recolhimento em dobro, sob pena de deserção. (...). **§ 6º** Provando o recorrente justo impedimento, o relator relevará a pena de deserção, por decisão irrecorrível, fixando-lhe prazo de 5 (cinco) dias para efetuar o preparo.

2.3.2.2. Da Apelação (arts. 1.009 a 1.014)

Enunciado 99. O órgão "a quo" não fará juízo de admissibilidade da apelação.

● *Grupo: Ordem dos Processos no Tribunal, Teoria Geral dos Recursos, Apelação e Agravo.* ● *Referências: art. 1.010, § 3º.*

▶ *Ticiano Alves e Silva*

À luz do Código de Processo Civil de 1973 (CPC/73), ao juízo *a quo*, perante o qual se interpunha a apelação, competia realizar o primeiro juízo de admissibilidade do recurso (art. 518, CPC/73).

Ausente um dos requisitos de admissibilidade, a apelação não era recebida. Contra esse pronunciamento, cabia agravo de instrumento (art. 522, CPC/73), haja vista a inutilidade da modalidade retida (ora, se a apelação não subia, muito menos subiria o agravo).

Se o agravo de instrumento interposto não obtivesse êxito ou a parte não recorresse, a sentença apelada transitava em julgado. Se o órgão julgador recebesse a apelação, não se admitia nenhum recurso, e a apelação seguia seu trâmite legal.

O Código de Processo Civil de 2015 (NCPC), por sua vez, traz regramento diferente.

Segundo o parágrafo 3º do artigo 1.010 do NCPC, interposta a apelação, o juízo *a quo* deve, depois de intimar para a apresentação de contrarrazões, remeter os autos ao tribunal, *independentemente de juízo de admissibilidade*. Isso significa, pois, que "o órgão *a quo* não fará juízo de admissibilidade da apelação". Noutras palavras, o juízo de admissibilidade da apelação será, de acordo com o NCPC, feito *exclusivamente* pelo

1136. "De forma adequada entende Barbosa Moreira, que o justo impedimento nada mais é do que um caso especial da figura contemplada no art. 183 do CPC/1973 (atual art. 223, CPC/2015), ou seja, o evento imprevisto, alheio à vontade da parte e que a impediu de praticar o ato por si ou por mandatário. (...). Revela-se como um evento de tal porte que, qualquer advogado, na mesma situação, também não seria capaz de efetuar preparo". JORGE, Flavio C. *Teoria geral dos recursos.* 7. ed., RT: São Paulo, 2016. p. 218.

tribunal; primeiramente, pelo relator; depois, se for o caso, pelo órgão julgador colegiado, que poderá não conhecer do apelo.

Pretendeu o legislador aqui, evidentemente, impor mais celeridade ao processo. Suprimiu o duplo juízo de admissibilidade que existia no CPC/73 – o primeiro feito pelo juízo *a quo* e o segundo pelo tribunal – e extinguiu uma etapa que intuitivamente se seguia à inadmissibilidade da apelação, vale dizer, a interposição do recurso de agravo de instrumento para rediscutir a questão no tribunal. Com efeito, a previsão de um incidente recursal para discutir a admissibilidade de *outro* recurso parecia contraproducente; ao final, o próprio tribunal faria o juízo de admissibilidade, tornando desnecessária essa etapa.

Algumas possibilidades se abrem em face da nova regra e dizem respeito, essencialmente, às situações de seu descumprimento.

Em primeiro lugar, deve-se dizer que a regra não tem exceções. Nem mesmo uma intempestividade chapada autoriza o órgão *a quo* a realizar o juízo de admissibilidade. O NCPC não traz, explícita ou implicitamente, nenhuma exceção à regra do § 3º do artigo 1.010, de modo que qualquer posicionamento nesse sentido configurará usurpação de competência do tribunal.

Mesmo nos casos em que o procedimento da apelação permite o juízo de retratação (apelação interposta contra (1) sentença de improcedência liminar do pedido (art. 332, § 3º, NCPC); (2) sentença terminativa (art. 485, § 7º, NCPC); (3) sentença a respeito de infância e adolescência (art. 198, VII, Estatuto da Criança e do Adolescente)), não deve o órgão julgador emitir juízo sobre a admissibilidade da apelação. Essa observação é importante, já que a retratação pressupõe que o recurso seja admissível. Afinal, se o recurso é inadmissível, a sentença transitou em julgado e nenhuma retratação é possível.

Nestes casos, o juízo deve verificar se os requisitos de admissibilidades encontram-se presentes *apenas para fins de* juízo de retratação. Limita-se, então, o órgão julgador a dizer que não é possível o juízo de retratação, porque, por exemplo, a apelação é intempestiva, sem, contudo, em hipótese alguma, emitir juízo de admissibilidade, seja positivo, seja negativo, que pertence exclusivamente ao tribunal[1137]. Em suma, o órgão julgador, nas hipóteses em que é possível o juízo de retratação, verifica a presença dos requisitos de admissibilidade apenas para poder fazer a retratação, mas nunca para, chegando a um juízo negativo, inadmitir a apelação[1138].

Em segundo lugar, tem-se que, ao realizar o juízo de admissibilidade da apelação, contrariando os termos do § 3º do artigo 1.010 do NCPC, o juízo *a quo* usurpa competência do tribunal, a quem compete, segundo o Código, apreciar, com exclusividade, a

1137. Nesse sentido, o Enunciado 293/FPPC: "Se considerar intempestiva a apelação contra sentença que indefere a petição inicial ou julga liminarmente improcedente o pedido, não pode o juízo *a quo* retratar-se".

1138. DIDIER JR., Fredie; CUNHA, Leonardo J. C. *Curso de direito processual civil. vol. 3*. 13. ed. Salvador: Juspodivm, 2016. p. 193.

admissibilidade do apelo. Contra este pronunciamento será cabível, portanto, reclamação (art. 988, I, NCPC)[1139].

Ocorre que, conforme o parágrafo 5º do artigo 988 do NCPC, é inadmissível a reclamação proposta após o trânsito em julgado da decisão. O próprio Código, porém, minora os efeitos dessa previsão, ao dispor, no § 6º do mesmo art. 988, que a inadmissibilidade ou o julgamento do recurso interposto contra a decisão proferida pelo órgão reclamado não prejudica a reclamação.

Tem-se, assim, forte na jurisprudência do Supremo Tribunal Federal (enunciado 734 da súmula não vinculante do tribunal), que a reclamação não cumpre a função de ação rescisória. Não pode, pois, voltar-se contra decisão já transitada em julgado. Mas, ajuizada no prazo de interposição de recurso ou pendente este de julgamento, o resultado desfavorável de tal recurso (inadmissibilidade ou desprovimento) não afeta a sorte da reclamação, que deve ser processada e julgada regularmente.

O problema é que a decisão interlocutória do juízo *a quo* que inadmite a apelação, embora contrária à lei, não é recorrível por agravo de instrumento, à luz do rol taxativo do artigo 1.015 do NCPC. Assim, diante deste quadro, pode-se (1) criar uma exceção ao § 5º do artigo 988 do NCPC, admitindo-se a reclamação contra decisão transitada em julgado, uma vez que a interposição do "recurso correspondente", na hipótese, é impossível, considerada a irrecorribilidade da decisão de inadmissibilidade; (2) não reputar cabível reclamação nestes casos, aplicando-se o parágrafo 5º do artigo 988 do NCPC, exceto quando forem cabíveis embargos de declaração. No segundo caso, haverá um provável aumento na utilização da ação rescisória ou dos embargos de declaração, muitas vezes incabíveis, apenas para evitar o trânsito em julgado da decisão a ser reclamada.

Por fim, a decisão do juízo *a quo* que não admite a apelação, mesmo não sendo decisão de mérito, pode ser atacada por ação rescisória, consoante o inciso II do § 2º do artigo 966 do NCPC.

Ao contrário do CPC/73, o novo Código prevê expressamente a rescindibilidade das decisões transitadas em julgado que *não* sejam de mérito, a exemplo das sentenças terminativas que impedem a nova propositura da demanda (art. 966, § 2º, I, NCPC).

A outra hipótese expressamente prevista é aquela de que ora se trata. Realizando a admissibilidade do recurso de apelação, o juízo *a quo* profere uma decisão que usurpa a competência do tribunal e *impede a admissibilidade do recurso* (art. 966, § 2º, II, NCPC). Esta decisão, conforme se viu, é irrecorrível, de modo que, considerando essas circunstâncias, o sistema admite o ajuizamento de ação rescisória. Rescindida a decisão de inadmissibilidade, a apelação volta a tramitar e é encaminhada ao tribunal.

1139. Nesse sentido, o Enunciado 207/FPPC: "Cabe reclamação, por usurpação da competência do tribunal de justiça ou tribunal regional federal, contra a decisão de juiz de 1º grau que inadmitir recurso de apelação".

▶ **NCPC. Art. 1.010. § 3°** Após as formalidades previstas nos §§ 1° e 2°, os autos serão remetidos ao tribunal pelo juiz, independentemente de juízo de admissibilidade.

Enunciado 100. Não é dado ao tribunal conhecer de matérias vinculadas ao pedido transitado em julgado pela ausência de impugnação.

● *Grupo: Ordem dos Processos no Tribunal, Teoria Geral dos Recursos, Apelação e Agravo.* ● *Referências: art. 1.013, § 1º, parte final.*

▶ *Ticiano Alves e Silva*

A apelação, como todo e qualquer recurso, produz efeito devolutivo, assim entendido como *o exame da matéria impugnada no recurso admitido por outro ou pelo mesmo órgão julgador*. O efeito devolutivo leva, em síntese, a um novo pronunciamento do Poder Judiciário.

Trabalhando o conceito apresentado, deve-se dizer que o efeito devolutivo só terá lugar, evidentemente, se o recurso for admitido, ou seja, se estiverem presentes os requisitos de admissibilidade recursal. Mesmo o recurso interposto contra decisão que inadmitiu outro recurso (por exemplo: agravo interno contra decisão do relator que inadmitiu a apelação) deve ser primeiro admitido para só depois dar ensejo ao exame da matéria impugnada (efeito devolutivo).

Além disso, é preciso dizer que o efeito devolutivo está presente também nos casos em que o novo julgamento é feito pelo *mesmo* órgão julgador que proferiu a decisão, como acontece na oposição dos embargos de declaração. A nota essencial aí é a oportunidade de novo julgamento por juízo competente, seja outro ou o mesmo juízo que proferiu a decisão recorrida[1140].

Tem-se, ainda, que o efeito devolutivo pode ser estudado quanto à extensão (horizontal) e quanto à profundidade (vertical) da atividade cognitiva exercida pelo órgão *ad quem*. Quanto à extensão, a cognição do órgão julgador se limita à matéria impugnada (*tantum devolutum quantum appellatum*). A extensão é *limitada* pelo pedido recursal.

Quanto à profundidade, por sua vez, o tribunal poderá, para emitir novo pronunciamento *sobre a matéria impugnada*, conhecer, *amplamente, de forma integral e plena*, de todas as questões e fundamentos, de fato e de direito, suscitados e discutidos (submetidos ao contraditório) no processo, ainda que não tenham sido objeto de anterior pronunciamento jurisdicional (art. 1.013, §§ 1º e 2º, NCPC).

1140. No mesmo sentido do texto, por entender que "o efeito devolutivo decorre da interposição de qualquer recurso, equivalendo a um efeito de transferência da matéria ou de renovação de julgamento para *outro* ou para o *mesmo* órgão julgador": DIDIER, Fredie, CUNHA, Leonardo J. C. *Curso de direito processual civil. vol. 3.* 13. ed. Salvador: Juspodivm, 2016. p. 143. Aderi a essa posição em: SILVA, Ticiano A. "Os embargos de declaração no novo Código de Processo Civil". *Doutrina Selecionada.* v. 6. MACÊDO, Lucas Buril. *et al.* (Coords.). Salvador: Juspodivm, 2015. *Contra*, entendendo que a devolução não ocorre para o mesmo juízo que proferiu a decisão recorrida: BARBOSA MOREIRA, José Carlos. *Comentários ao Código de Processo Civil. vol. 5.* 16. ed. Rio de Janeiro: Forense, 2011. p. 261.

Assim, primeiro, mede-se a extensão do efeito devolutivo, ou seja, *o que*, dentro de tudo aquilo que poderia ter sido objeto do recurso, foi efetivamente impugnado. Dentro desses limites é que poderá o órgão *ad quem* proferir novo julgamento, vinculando-se ao quanto impugnado pelo recorrente.

Depois, dentro daquilo que foi pedido, ou seja, do que se apresentou para o tribunal para novo pronunciamento, deve-se saber *com o que* poderá o órgão *ad quem* trabalhar para julgar, e, nesse sentido, sua cognição é ampla, podendo mergulhar no acervo de questões e fundamentos do processo de forma profunda e integral, limitado somente por aquilo que poderia ter sido impugnado pelo recorrente e não o foi (extensão).

Fixadas essas premissas, passa-se ao estudo do enunciado 100.

Conforme explicado, quanto à extensão, o efeito devolutivo é delimitado pela vontade do recorrente. É a parte, no exercício de sua vontade autônoma, que decide se vai recorrer ou não (segundo o artigo 996, NCPC, "o recurso *pode* ser interposto..."). Decidindo interpor o recurso, cabe ao recorrente decidir o que será objeto de impugnação, que poderá coincidir no todo ou em parte com o objeto da decisão (conforme o artigo 1.002, NCPC, "a decisão pode ser impugnada no todo ou em parte").

Assim, a interposição do recurso e o que será objeto de sua impugnação se inserem no âmbito da autonomia da vontade. Vige aqui o princípio dispositivo. Aplicável à dedução da demanda (art. 141, NCPC), o princípio dispositivo, por força das mesmas razões, se aplica igualmente na seara recursal, até porque o recurso é visto classicamente como extensão do direito de ação.

Como decorrência disso, a atividade cognitiva do órgão *ad quem* no julgamento do recurso fica limitada à matéria impugnada. Não por outra razão, o artigo 1.008, NCPC, dispõe que "o julgamento proferido pelo tribunal substituirá a decisão impugnada no que tiver sido objeto de recurso", porque, afinal, somente aquilo que foi devolvido a novo julgamento pela vontade autônoma do recorrente pode ser reexaminado e decidido.

Diante disso, aquilo que é decidido e não é impugnado no recurso transita em julgado, não podendo o tribunal, em razão da delimitação feita pelo recorrente, avançar sobre o que se tornou imutável, aí incluindo matérias vinculadas ao capítulo ou parte da decisão não impugnada. Mesmo questões que podem ser conhecidas de ofício, uma vez decididas pelo tribunal, repercutem apenas sobre aquilo que foi impugnado, restando imutável, pelo trânsito em julgado, aquilo que não foi impugnado, ainda que, em tese, atingido pela questão oficiosamente decidida[1141]. Conclui-se, então, que o efeito devolutivo termina limitando mesmo o chamado efeito translativo.

1141. Conforme Flávio Cheim Jorge, "De fato, não tendo o recorrente se insurgido contra determinado pedido, este capítulo da sentença se torna imutável, não podendo ser modificado nem mesmo pelo reconhecimento posterior de que estaria ausente uma das condições da ação ou um dos pressupostos processuais. Por isso, mesmo que o tribunal acolha uma questão de ordem pública e decida pela anulação da sentença e pela extinção do processo, aquela parte da sentença não alcançada pelo

▶ **NCPC. Art. 1.013. § 1°** Serão, porém, objeto de apreciação e julgamento pelo tribunal todas as questões suscitadas e discutidas no processo, ainda que não tenham sido solucionadas, desde que relativas ao capítulo impugnado.

ENUNCIADO 102. O PEDIDO SUBSIDIÁRIO OU ALTERNATIVO NÃO APRECIADO PELO JUIZ É DEVOLVIDO AO TRIBUNAL COM A APELAÇÃO.

● *Grupo: Ordem dos Processos no Tribunal, Teoria Geral dos Recursos, Apelação e Agravo.* ● *Redação revista (VIII FPPC).* ● *Referências: arts. 1.013, § 1º, e 326.*

▸ *Ticiano Alves e Silva*

A cumulação de pedidos por ser *própria* ou *imprópria*.

A cumulação de pedidos é *própria* quando são feitos dois ou mais pedidos e se requer o deferimento de todos eles (art. 327, NCPC).

A cumulação própria de pedidos pode ser *simples* ou *sucessiva*.

É *simples* quando os pedidos formulados são independentes entre si, ou seja, quando a procedência ou improcedência de um pedido não *afeta* nem *depende* do resultado do julgamento de outro.

É *sucessiva* quando, ao contrário, há relação de *dependência* entre os pedidos, de modo que o pedido sucessivo só é *apreciado* (podendo ou não ser acolhido) se o pedido precedente for deferido.

A cumulação de pedidos é *imprópria* quando são feitos dois ou mais pedidos e se cria uma ordem de preferência no acolhimento dos pedidos (*cumulação eventual ou subsidiária*) ou se requer indiferentemente o acolhimento de qualquer um deles (*cumulação alternativa*). Diz-se "imprópria" referida cumulação porque apenas um dos pedidos realizados poderá ser atendido; acolhido um requerimento, o acolhimento do outro se torna inviável.

A *cumulação eventual ou subsidiária* tem lugar quando os pedidos são formulados segundo uma ordem de preferência e o pedido posterior (subsidiário) só é *analisado* se o pedido anterior (principal) for rejeitado ou não examinado (art. 326, *caput*, NCPC).

Não se deve falar no primeiro pedido como pedido principal e no segundo pedido como pedido subsidiário, a não ser que a cumulação seja limitada a dois pedidos. É que, havendo, por exemplo, três pedidos, o primeiro é principal em relação ao

---

recurso permanecerá íntegra, em face da coisa julgada já existente. O art. 1.013, § 1º, do CPC/2015, que permite o conhecimento de questões de ordem pública no julgamento do recurso de apelação – aplicado subsidiariamente aos demais recursos –, é enfático ao dizer que tais questões podem ser conhecidas, 'desde que relativas ao capítulo impugnado'". E mais à frente arremata: "Admitir que o tribunal possa atingir um capítulo da decisão que não foi objeto de impugnação, consistiria em aceitar que o recurso pode desconstituir a coisa julgada". JORGE, Flávio C. *Teoria geral dos recursos cíveis.* 7. ed. São Paulo: RT, 2015. p. 351-352.

segundo e ao terceiro; o segundo, por sua vez, é principal em relação ao terceiro, que é subsidiário em relação a todos. Saber se o pedido é principal ou subsidiário depende, portanto, da relação dos pedidos entre si, frente à ordem de preferência estabelecida por quem pede, a qual se vincula o magistrado no momento do exame dos pedidos.

Observa-se que, na cumulação imprópria subsidiária, o pedido subsidiário só é apreciado se o pedido principal é rejeitado. Na cumulação própria sucessiva, dá-se o contrário, o pedido sucessivo só é analisado se o pedido anterior for julgado procedente.

A *cumulação alternativa* ocorre quando são formulados dois ou mais pedidos e se requer, sem preferência por qualquer deles, o deferimento de qualquer um (art. 326, parágrafo único, NCPC). Somente um dos pedidos poderá ser acolhido, não se tendo propriamente uma cumulação de demandas.

Na cumulação subsidiária, quando o pedido principal é rejeitado e o pedido subsidiário é acolhido, existe interesse recursal do autor em apelar, porque, afinal, a ordem de preferência não foi precisamente atendida, vale dizer, o autor não obteve a situação mais favorável possível (há sucumbência parcial). Nesse sentido, o enunciado 288 do Fórum Permanente de Processualistas Civis: "Quando acolhido o pedido subsidiário, o autor tem interesse de recorrer em relação ao principal".

Pode ocorrer, além disso, que um pedido principal ou um dos pedidos alternativos seja deferido e o réu apele, devolvendo a matéria à cognição do tribunal. Indaga-se a partir disso sobre a possibilidade de o órgão ad quem decidir desde logo o (s) pedido (s) subsidiário (s) em relação ao pedido principal deferido pelo juízo *a quo* ou o pedido alternativo não decidido.

À primeira vista, pode-se entender que não seria dado ao tribunal decidir desde logo o pedido subsidiário ou o pedido alternativo, porquanto a extensão da recorribilidade, delimitada pelo réu na apelação, circunscreve-se ao pedido principal, de modo que o pedido subsidiário ou alternativo não foi devolvido ao órgão *ad quem*.

Ocorre que o NCPC inova no tratamento do que se convencionou chamar de "causa madura", consagrada no revogado artigo 515, § 3º, CPC/73. O novo Código amplia as hipóteses em que pode o tribunal decidir imediatamente o mérito, sem necessidade de devolver os autos para que o juiz profira nova sentença, desde que o processo esteja em "condições de imediato julgamento", ou seja, "maduro" (art. 1.013, § 3º, NCPC).

Esclarece Daniel Amorim Assumpção Neves que se cuida de "causa madura" somente no inciso I do § 3º do artigo 1.013 do NCPC, já que "nos demais incisos essa questão não se coloca, porque não há nesses casos sentença prematuramente proferida, mas sim sentença viciada proferida no momento adequado"[1142].

Seja como for, o NCPC traz um rol de hipóteses de julgamento imediato de mérito da apelação sensivelmente alterado e que não se pode reputar exaustivo.

1142. NEVES, Daniel A. A. *Novo Código de Processo Civil comentado*. Salvador: Juspodivm, 2016. p. 1678.

Conforme ensina o Professor Leonardo Greco[1143]:

> Ainda assim, a enumeração não é exaustiva, porque esse julgamento também deverá ocorrer em todas as hipóteses em que, embora não apreciados na sentença de primeiro grau todas as questões, todos os pedidos ou todos os argumentos de defesa, todos eles poderiam ter sido examinados na sentença, porque já devidamente suscitados, discutidos e instruídos. Assim, por exemplo, se o autor formulou em cumulação sucessiva dois pedidos e o juiz desacolheu o primeiro, deixando de examinar o segundo, e o tribunal reformar a sentença para julgar o primeiro pedido procedente, julgará desde logo o segundo. A regra é simplesmente a seguinte: se o juiz estava em condições de decidir todas as questões, embora não o tenha feito, o tribunal, reformando a sentença, pode examinar todas as demais questões. Se a causa estava madura para o juiz de primeiro grau, estará madura para o tribunal de apelação.

O mesmo acontece com o pedido subsidiário e o pedido alternativo. Uma vez reformada a sentença que julgara procedente o pedido principal, deve o tribunal julgar imediatamente o pedido subsidiário ou alternativo, estando o processo em condições de imediato julgamento, vale dizer, suficientemente instruído e com o contraditório efetivamente exercido.

Observa-se que a referência legislativa do enunciado é o parágrafo 1º do artigo 1.013 do NCPC. Nesse sentido, o pedido subsidiário e o pedido alternativo se qualificariam como "todas as questões suscitadas e discutidas no processo, ainda que não tenham sido solucionadas". A meu ver, contudo, o fundamento legal *imediato* para o exame desses pedidos pelo tribunal é mesmo, como exposto, o inciso III do § 3º do artigo 1.013 do NCPC. É que "as questões suscitadas e discutidas no processo, ainda que não tenham sido solucionadas" de que cuida a lei são aquelas relativas "ao capítulo impugnado". No caso, o "capítulo impugnado" pelo réu na apelação é aquele que deferiu o pedido principal, e não o pedido subsidiário ou alternativo. A extensão do efeito devolutivo delimitado pelo réu apelante não alcança a demanda subsidiária ou alternativa.

Por outro lado, o inciso III do § 3º do artigo 1.013 do NCPC, quando alude à omissão judicial, aplica-se, por analogia, ao caso examinado. O inciso III refere-se à hipótese em que o órgão *a quo* profere decisão *citra petita*, omitindo-se em relação a algum dos pedidos. Declarado o vício, pode o tribunal, desde logo, avançar sobre o pedido omitido e julgá-lo. Vê-se, assim, que a omissão, no caso, preexiste ao julgamento da apelação.

A hipótese do pedido subsidiário ou alternativo, prevista no enunciado 102, é diversa, mas ainda assim se trata de uma omissão (em potencial). Estando a "causa madura", ao reformar a sentença que deferiu o pedido principal, o tribunal deve passar imediatamente ao julgamento do pedido subsidiário ou alternativo, e não remeter os autos para o juiz sentenciar novamente. Se o pedido subsidiário ou alternativo poderia ter sido julgado pelo juiz de primeiro grau, também pode ser julgado pelo tribunal, que incorre inclusive em omissão se não o fizer, desafiando a oposição de embargos de declaração.

1143. GRECO, Leonardo. *Instituições de Processo Civil*. vol. III. Rio de Janeiro: Forense, 2015. p. 105-106.

O estudo dessa hipótese oferece resposta, ainda, a outra questão, que diz sobre a necessidade de pedido do recorrente para que o tribunal possa julgar imediatamente o mérito da apelação, ou seja, aplicar o parágrafo 3º do artigo 1.013 do NCPC.

Parece intuitivo que o réu apelante dificilmente formulará pedido ao tribunal para que este, após reformar a sentença que deferiu o pedido principal do autor, julgue logo o pedido subsidiário ou alternativo, aplicando a "teoria da causa madura". Isso, porém, é irrelevante. Deve o tribunal, independentemente de pedido do réu apelante, julgar de imediato o pedido subsidiário ou alternativo, o que revela que o parágrafo 3º do artigo 1.013 do NCPC é técnica de estruturação do processo que visa a ganho de celeridade, eficiência e economia processual, escapando da temática do efeito devolutivo, embora topologicamente situado no dispositivo-sede deste efeito recursal. Vale lembrar, ainda, que o novo CPC dispõe que "o tribunal *deve* decidir desde logo o mérito", ao contrário do CPC/73, em que constava "*pode* julgar desde logo a lide"[1144]. Desnecessário, pois, pedido expresso do recorrente para o que o tribunal possa aplicar o artigo 1.013, § 3º, do NCPC.

Diante disso, o pedido subsidiário ou alternativo não apreciado pelo juiz é devolvido ao tribunal com a apelação.

▶ **NCPC. Art. 326.** É lícito formular mais de um pedido em ordem subsidiária, a fim de que o juiz conheça do posterior, quando não acolher o anterior. ▶ **Art. 1.013. § 1º** Serão, porém, objeto de apreciação e julgamento pelo tribunal todas as questões suscitadas e discutidas no processo, ainda que não tenham sido solucionadas, desde que relativas ao capítulo impugnado.

ENUNCIADO 217. A APELAÇÃO CONTRA O CAPÍTULO DA SENTENÇA QUE CONCEDE, CONFIRMA OU REVOGA A TUTELA ANTECIPADA DA EVIDÊNCIA OU DE URGÊNCIA NÃO TERÁ EFEITO SUSPENSIVO AUTOMÁTICO.

● *Grupo: Ordem dos Processos nos Tribunais e Recursos Ordinários.* ● *Baseado na versão da Câmara dos Deputados. Na redação, final, o termo "tutela antecipada" foi substituído por "tutela provisória"; o termo "satisfativa", por "antecipada".* ● *Referências: arts. 311 e 1.012, § 1º, V.*

▸ ***Ticiano Alves e Silva***

À luz do CPC/73, afirmava-se, como *regra*, o efeito suspensivo dos recursos. O recurso não teria efeito suspensivo somente se a lei expressamente o *excepcionasse*, como fazia o artigo 497 do CPC/73 com o recurso extraordinário, o recurso especial e o agravo de instrumento[1145]. Tanto é assim que, em relação aos embargos de declaração (não excepcionados), entendia-se majoritariamente que possuíam efeito suspensivo.

1144. No mesmo sentido: CHEIM JORGE, Flávio. *Teoria geral dos recursos cíveis*. 7. ed. São Paulo: RT, 2015. p. 365.

1145. Por todos, conferir: BARBOSA MOREIRA, José Carlos. *Comentários ao Código de Processo Civil*. vol. 5. 16. ed. Rio de Janeiro: Forense, 2011. p. 284: "É que a regra, na matéria, é a da suspensividade, como aliás ressumbra do tratamento dado, no particular, à apelação. Por conseguinte, sempre que o texto silencie, deve-se entender que o recurso é dotado de efeito suspensivo: assim ocorre com os embargos infringentes. Esse já era, aliás, o princípio no sistema do Código de 1939".

No NCPC, ao contrário do CPC/73, os recursos, como regra, não possuem efeito suspensivo. Segundo o artigo 995, os recursos não impedem a eficácia da decisão, salvo (1) disposição legal ou (2) decisão judicial em sentido diverso. *A lógica se inverteu.*

Portanto, os recursos podem ter efeito suspensivo por força de lei (*ope legis*), a exemplo da apelação (art. 1.012, NCPC), ou podem ter efeito suspensivo atribuível por decisão judicial (*ope judicis*), como ocorre com o agravo de instrumento (art. 1.019, I, NCPC).

O efeito suspensivo *ope legis* ou automático da apelação foi um dos temas mais palpitantes e controvertidos durante a tramitação legislativa do NCPC.

De um lado, uns defendiam que a permanência do efeito suspensivo automático desvalorizava o juízo de primeiro grau, incentivava a interposição de recurso, prolongava consequentemente o feito e resultava em perda de efetividade por força da inexecutividade da sentença[1146].

De outro lado, outros respondiam que as taxas de reforma das sentenças ainda eram altas e que o procedimento recursal era importante para o aprofundamento do debate da causa por um colegiado, potencializando as chances de correção da decisão[1147].

Ao fim, após longas discussões, o NCPC manteve o efeito suspensivo automático da apelação, buscando um ponto de equilíbrio entre as posições na ampliação das hipóteses em que a apelação, como regra, não teria efeito suspensivo *ope legis* (art. 1.012, § 1º, NCPC; correspondente ao art. 520, CPC/73). *Em síntese, embora o efeito suspensivo da apelação tenha sido mantido, o NCPC ampliou as hipóteses de executividade imediata, se comparado com o CPC/73.*

No CPC/73, a apelação era desprovida de efeito suspensivo quando interposta contra sentença que confirmasse a antecipação dos efeitos da tutela (art. 520, VII, CPC/73). Embora a lei utilizasse "confirmar", o Superior Tribunal de Justiça, sem antes estabelecer certa celeuma, compreendeu que a apelação não teria efeito suspensivo automático também nos casos de revogação e de concessão da tutela antecipada na sentença, prevalecendo a "cognição exauriente" sobre a "cognição sumária"[1148].

O NCPC, por sua vez, dispõe que "começa a produzir efeitos imediatamente após a sua publicação a sentença que confirma, concede ou revoga tutela provisória" (art. 1.012, § 1º, V, NCPC).

Assim, em primeiro lugar, o novo Código incorporou o entendimento jurisprudencial, a fim de entender que, não apenas no caso de *concessão*, mas igualmente na hipótese de *confirmação* (ratificação) e *revogação* (cassação) da tutela provisória, o

---

1146. Por todos, conferir: GAJARDONI, Fernando. "Efeito suspensivo automático da apelação deve acabar". Disponível no site *Consultor Jurídico*. Acesso em 31.maio.2016.

1147. Por todos, conferir: NUNES, Dierle. "Novo CPC acerta em manter o efeito suspensivo em certas apelações". Disponível no site *Consultor Jurídico*. Acesso em: 31.maio.2016.

1148. Conferir, por todos: STJ, Segunda Turma, AgRg no REsp 985.734, Rel. Min. Humberto Martins, DJE 13.2.2009.

capítulo da sentença correspondente produz efeitos imediatos, vale dizer, nestes casos a apelação não terá efeito suspensivo *ope legis* ou automático quando atacar a parte, item ou capítulo da sentença com referido conteúdo.

Essa informação é importante, porque, sendo a sentença um ato decomponível, em que se podem vislumbrar duas ou mais decisões sobre pedidos diversos, a apelação não terá efeito suspensivo apenas em relação ao capítulo que concede, confirma ou revoga a tutela provisória, salvo se estiver presente outra hipótese de executividade imediata prevista em um dos incisos do § 1º do artigo 1.012 do NCPC ou na legislação extravagante. Embora uno o ato decisório e uno o recurso, pode acontecer de a apelação produzir o efeito suspensivo em relação a um capítulo da sentença e ser recebida apenas no efeito devolutivo em relação a outro.

Imagine-se que, na sentença, o juiz confirme a tutela de urgência relativa ao fornecimento de medicamento e, ao mesmo tempo, condene o réu ao pagamento de indenização por danos extrapatrimoniais. A apelação eventualmente interposta terá efeito suspensivo em relação ao pagamento de quantia, que não poderá ser provisoriamente executada, mas não terá efeito suspensivo automático no que diz respeito à obrigação de fornecer o medicamento, que deverá continuar sendo prestado.

Em segundo lugar, o artigo 1.012, § 1º, V, do NCPC traz inovação que se comunica com outra novidade (parcial[1149]) do Código: a tutela da evidência.

A tutela provisória pode ser (1) *tutela provisória de urgência* e (2) *tutela provisória da evidência* (art. 294, NCPC). Em qualquer caso, ela é tutela jurisdicional *não definitiva*, ou seja, *revogável* a qualquer tempo (art. 296, NCPC), por fundar-se em *cognição não exauriente*. A tutela de urgência, que pode ser *cautelar* ou *satisfativa*, tem também como requisito, como revela o seu nome, a urgência. Por sua vez, a tutela da evidência é satisfativa e pode ser concedida independentemente da urgência (art. 311, NCPC)[1150].

Segundo o artigo 311 do NCPC, a tutela de evidência pode ser concedida quando: (1) ficar caracterizado o abuso do direito de defesa ou o manifesto propósito protelatório da parte; (2) as alegações de fato puderem ser comprovadas apenas documentalmente e houver tese firmada em julgamento de casos repetitivos ou em súmula vinculante; (3) se tratar de pedido reipersecutório fundado em prova documental adequada do contrato de depósito, caso em que será decretada a ordem de entrega do objeto custodiado, sob cominação de multa; ou (4) a petição inicial for instruída com prova documental suficiente dos fatos constitutivos do direito do autor, a que o réu não oponha prova capaz de gerar dúvida razoável.

1149. Salvo no que toca ao inciso I do art. 311 do CPC/2015, que guarda correspondência com o art. 273, II, do CPC/73: tutela antecipada sancionatória, por abuso do direito de defesa ou o manifesto propósito protelatório do réu.

1150. O tema tutela provisória demanda grandes explicações e permite numerosos e polêmicos questionamentos, que não cabem no comentário a este enunciado. Remete-se o leitor aos comentários aos enunciados do FPPC sobre o tema, onde certamente poderá aprofundar-se para além das parcas premissas ora expostas, embora suficientes para o que se propõe o comentário.

Tem-se, assim, que o NCPC, embora tenha mantido o efeito suspensivo *ex lege* da apelação, ampliou as hipóteses de executividade imediata. É que, se no CPC/73 apenas a apelação interposta contra sentença que confirmava, concedia ou revogava a tutela de urgência era desprovida de efeito suspensivo automático, agora, à luz do NCPC, também a apelação contra sentença que confirma, concede ou revoga a tutela da evidência não possui efeito suspensivo *ope legis*, dependendo a concessão de efeito suspensivo de requerimento do recorrente e decisão do órgão julgador (art. 1.012, § 3º, NCPC).

Diante disso, pode-se concluir que a apelação contra o capítulo da sentença que concede, confirma ou revoga a tutela antecipada da evidência ou de urgência não terá efeito suspensivo automático.

Por fim, deve-se pôr em relevo que a hipótese de concessão de tutela da evidência prevista nos incisos II (fundada em precedente obrigatório) e IV (fundada em prova documental contra a qual não foi oposta contraprova capaz de infirmar ou pôr em xeque as conclusões derivadas daquela) do artigo 311 do NCPC tem grande potencialidade aplicativa, de modo que não serão poucos os casos em que a apelação não terá efeito suspensivo. Como destacado por Fredie Didier e Leonardo Carneiro da Cunha, trata-se de "avanço inegável e grande mudança promovida pelo NCPC"[1151].

► **NCPC. Art. 311.** A tutela da evidência será concedida, independentemente da demonstração de perigo de dano ou de risco ao resultado útil do processo, quando: I – ficar caracterizado o abuso do direito de defesa ou o manifesto propósito protelatório da parte; II – as alegações de fato puderem ser comprovadas apenas documentalmente e houver tese firmada em julgamento de casos repetitivos ou em súmula vinculante; III – se tratar de pedido reipersecutório fundado em prova documental adequada do contrato de depósito, caso em que será decretada a ordem de entrega do objeto custodiado, sob cominação de multa; IV – a petição inicial for instruída com prova documental suficiente dos fatos constitutivos do direito do autor, a que o réu não oponha prova capaz de gerar dúvida razoável. ► **Art. 1.012. § 1º** Além de outras hipóteses previstas em lei, começa a produzir efeitos imediatamente após a sua publicação a sentença que: V – confirma, concede ou revoga tutela provisória.

Enunciado 307. Reconhecida a insuficiência da sua fundamentação, o tribunal decretará a nulidade da sentença e, preenchidos os pressupostos do § 3º do art. 1.013, decidirá desde logo o mérito da causa.

● *Grupo: Competência e invalidades processuais.* ● *Referências: arts. 489, § 1º, 1.013, § 3º, IV.*

► ***Ticiano Alves e Silva***

Uma das principais inovações do NCPC é a conformação infraconstitucional do direito fundamental à motivação.

Segundo o inciso IX do artigo 93 da Constituição Federal (CF), "todos os julgamentos dos órgãos do Poder Judiciário serão públicos, e fundamentadas todas as decisões, sob pena de nulidade".

1151. DIDIER, Fredie, CUNHA, Leonardo J. C. *Curso de direito processual civil.* vol. 3. 13. ed. Salvador: Juspodivm, 2016. p. 187.

Embora não previsto no artigo 5º da CF, o direito à motivação das decisões qualifica-se como direito fundamental, uma vez que exige *justificação racional* dos atos decisórios de um Poder da República cujos membros não são eleitos democraticamente pelo povo, fazendo valer, *no* e *pelo* processo, a democracia participativa.

Além disso, a fundamentação *reflete* o contraditório que existiu no processo, servindo como genuíno *teste final* da existência de debate judicial. A consideração dos argumentos das partes pode ser testada na motivação do ato decisório. Ligam-se umbilicalmente, pois, o contraditório e a motivação. A visão apequenada de um termina por atingir os dois.

Forte nessas ideias, o NCPC densificou, no plano infralegal, aquilo que a CF previu genericamente, muito embora, de forma bastante atípica, acompanhado da previsão de sanção de invalidade em caso de descumprimento.

Segundo o parágrafo 1º do artigo 489 do NCPC, "não se considera fundamentada qualquer decisão judicial, seja ela interlocutória, sentença ou acórdão, que (1) se limitar à indicação, à reprodução ou à paráfrase de ato normativo, sem explicar sua relação com a causa ou a questão decidida; (2) empregar conceitos jurídicos indeterminados, sem explicar o motivo concreto de sua incidência no caso; (3) invocar motivos que se prestariam a justificar qualquer outra decisão; (4) não enfrentar todos os argumentos deduzidos no processo capazes de, em tese, infirmar a conclusão adotada pelo julgador; (5) se limitar a invocar precedente ou enunciado de súmula, sem identificar seus fundamentos determinantes nem demonstrar que o caso sob julgamento se ajusta àqueles fundamentos; (6) deixar de seguir enunciado de súmula, jurisprudência ou precedente invocado pela parte, sem demonstrar a existência de distinção no caso em julgamento ou a superação do entendimento". Além disso, segundo o parágrafo 2º do mesmo artigo, "no caso de colisão entre normas, o juiz deve justificar o objeto e os critérios gerais da ponderação efetuada, enunciando as razões que autorizam a interferência na norma afastada e as premissas fáticas que fundamentam a conclusão".

Sem estabelecer um rol exaustivo, pretendeu o NCPC criar *parâmetros negativos* de controle da fundamentação das decisões judiciais, qualquer que seja ela, tomando o cuidado de referenciar expressamente decisão interlocutória, sentença e acórdão.

Assim, se ao decidir, o órgão julgador (e não apenas o juiz, como também os órgãos colegiados) incorrer *em qualquer uma* e *ao menos em uma* das hipóteses previstas nos incisos do § 1º do artigo 489 ou descumprir o parágrafo 2º do mesmo artigo, ter-se-á uma decisão viciada pela falta ou insuficiência de fundamentação, a atrair, conforme determina a CF, a sanção de invalidade.

Mais do que isso, e reforçando a protetividade, o artigo 1.022, parágrafo único, II, NCPC equipara as hipóteses do § 1º do artigo 489 à omissão para fins de cabimento dos embargos de declaração. Considerando que este recurso é *devolvido* para julgamento ao mesmo órgão que proferiu a decisão viciada, tem-se aí importante via para constranger o juízo que proferiu *decisão* incompleta a corrigir o vício e prestar finalmente de forma íntegra a tutela jurisdicional.

Persistindo o vício ou não querendo opor embargos de declaração, o interessado deve, para atacar o vício de fundamentação da *sentença*, interpor apelação. Ao julgar a apelação, o tribunal poderá declarar ou não a existência do vício alegado. Se o órgão *ad quem* entender que a sentença não é viciada, porque há motivação e esta é suficiente, negará provimento à apelação. Se, por outro lado, o tribunal entender que a sentença é de fato viciada, declarará (reconhecerá) o vício e decretará a sanção de nulidade, dando provimento ao apelo.

Contudo, ao invés de os autos retornarem ao juízo a quo *para nova decisão, o artigo 1.013, § 3º, IV, NCPC determina que o tribunal deve, desde logo, decidir o mérito, se o processo estiver em condições de imediato julgamento, ou seja, com a causa suficientemente instruída (produção de prova) e debatida (contraditório).*

Ou seja, reconhecida a insuficiência da sua fundamentação, o tribunal decretará a nulidade da sentença e, preenchidos os pressupostos do § 3º do artigo 1.013, decidirá desde logo o mérito da causa.

Com efeito, trata-se de inovação do NCPC, que ampliou as hipóteses em que pode o tribunal julgar diretamente o mérito.

À luz do CPC/73, o tribunal poderia fazer isso depois de reformar a sentença terminativa (art. 515, § 3º, CPC/73; art. 1.013, § 3º, I, NCPC).

No NCPC, o tribunal poderá julgar diretamente o mérito, além da hipótese de sentença terminativa, depois de decretar a invalidade da sentença *extra petita* (art. 1.013, § 3º, II, NCPC) ou com fundamentação deficiente ou inexistente (art. 1.013, § 3º, IV, NCPC) e ainda depois de integrar a sentença *citra petita* (art. 1.013, § 3º, III, NCPC).

A meu sentir, a previsão (art. 1.013, § 3º, IV, NCPC), no que toca ao vício de fundamentação, esvazia a potencialidade aplicativa do artigo 489, § 1º, do NCPC, porque, ciente de que o tribunal procederá diretamente ao julgamento de mérito após a decretação da invalidade da sentença, o juiz pode, intencionalmente ou não, descurar do dever de fundamentação qualificada previsto no novo Código, já que o processo, estando pronto para julgamento, não será devolvido a ele. Em outras palavras, o *efeito pedagógico* de devolver o processo, após a invalidação da sentença, para novo julgamento pelo juízo *a quo* deixa de existir, de modo que a ameaça de invalidação não tem o condão de estimular a *prática da boa fundamentação* entre aqueles raríssimos órgãos julgadores com tendência recalcitrante[1152].

1152. Forma de minorar esse efeito é considerar o número de decisões anuladas por falta de fundamentação para fins de promoção do magistrado. Nessa linha: DIDIER, Fredie, CUNHA, Leonardo J. C. *Curso de direito processual civil. vol. 3.* 13. ed. Salvador: Juspodivm, 2016. p. 199.

A regra, possivelmente, teve inspiração prática, acreditando-se que o retorno dos autos ao juízo *a quo*, na maioria das vezes, não resolveria o problema. *Eventualmente*, uma *nova* sentença mal fundamentada daria ensejo a uma *nova* apelação com pedido de invalidação e uma *nova* decisão do tribunal com retorno dos autos à origem, correndo-se o risco de "um ir e vir infinito...".

Não entendo, contudo, que a previsão do artigo 1.013, § 3º, IV, NCPC seja inconstitucional[1153], porquanto não afasta a sanção de nulidade estabelecida constitucionalmente para as sentenças sem fundamentação ou com fundamentação deficiente.

De fato, o dispositivo apenas permite ao tribunal, após dar provimento à apelação e invalidar a sentença, julgar diretamente o mérito, se a causa estiver em condições de imediato julgamento. Perceba-se bem: a sanção não é afastada; a nulidade é decretada. O NCPC permite, contudo, que, após a invalidação, o tribunal proceda ao julgamento diretamente, se presentes as condições do § 3º do artigo 1.013. A técnica foi criada não para permitir sentenças mal fundamentadas, mas sim para racionalizar os julgamentos[1154].

▶ **NCPC. Art. 489. § 1º** Não se considera fundamentada qualquer decisão judicial, seja ela interlocutória, sentença ou acórdão, que: I – se limitar à indicação, à reprodução ou à paráfrase de ato normativo, sem explicar sua relação com a causa ou a questão decidida; II – empregar conceitos jurídicos indeterminados, sem explicar o motivo concreto de sua incidência no caso; III – invocar motivos que se prestariam a justificar qualquer outra decisão; IV – não enfrentar todos os argumentos deduzidos no processo capazes de, em tese, infirmar a conclusão adotada pelo julgador; V – se limitar a invocar precedente ou enunciado de súmula, sem identificar seus fundamentos determinantes nem demonstrar que o caso sob julgamento se ajusta àqueles fundamentos; VI – deixar de seguir enunciado de súmula, jurisprudência ou precedente invocado pela parte, sem demonstrar a existência de distinção no caso em julgamento ou a superação do entendimento. ▶ **Art. 1.013. § 3º** Se o processo estiver em condições de imediato julgamento, o tribunal deve decidir desde logo o mérito quando: IV – decretar a nulidade de sentença por falta de fundamentação.

1153. Refletindo sobre a inconstitucionalidade do dispositivo, escreve Marco Antonio Perez de Oliveira: "Nesse sentido, é pertinente ressaltar que o texto constitucional comina ele próprio a sanção de nulidade para as decisões não fundamentadas, o que salvo melhor juízo proscreve do legislador ordinário a faculdade de permitir que sua pronúncia seja genericamente relevada, nos moldes do que foi feito no art. 1.013. De fato, simplesmente declarar a invalidade da sentença, sem retirá-la do mundo jurídico para que um novo julgamento seja imposto ao órgão de origem, não corresponde materialmente a uma anulação, mas sim a uma simples observação marginal na fundamentação do acórdão. Por essa razão, a regra aqui comentada nos parece irremediavelmente inconstitucional". OLIVEIRA, Marco Antonio P. "Fundamentação e nulidade na nova lei processual". Disponível no site *Portal Processual*. Acesso em: 1.junho.2016.

1154. Contrapondo-se expressamente a Marco Perez, Thiago Ferreira Siqueira afirma que: "Em arremate, não há, a nosso ver, que se falar em qualquer inconstitucionalidade do art. 1013, § 3º, IV do Novo CPC. Inconstitucionalidade, se houvesse, decorreria da infringência a uma suposta garantia ao duplo grau de jurisdição. Mas um vício de tal espécie estaria presente em qualquer hipótese de aplicação da 'teoria da causa madura', inclusive no ainda vigente § 3º do art. 515, dispositivo contra o qual praticamente não foi levantada qualquer voz na doutrina". SIQUEIRA, Thiago Ferreira. A aplicação da "teoria da causa madura" em caso de nulidade da sentença por falta de fundamentação: um diálogo com Marco Antonio Perez de Oliveira. Disponível no site *Portal Processual*. Acesso em: 1.junho.2016.

Enunciado 354. O Art. 1.009, § 1º, não se aplica às decisões publicadas em cartório ou disponibilizadas nos autos eletrônicos antes da entrada em vigor do CPC.

● *Grupo: Direito intertemporal e disposições finais e transitórias.* ● *Redação revista (V FPPC).* ● *Referências: arts. 1.009, § 1º e 1.046.*

▸ *Ticiano Alves e Silva*

À luz do CPC/73, a apelação era o recurso cabível contra sentença (art. 513).

Segundo o NCPC, a apelação é o recurso cabível contra sentença (art. 1.009, *caput*), *mas não só contra sentença*. É que, de acordo com o novo sistema recursal inaugurado pelo Código de 2015, cabe apelação também contra decisões interlocutórias não agraváveis.

Consoante o NCPC, há decisões interlocutórias recorríveis por agravo de instrumento e decisões interlocutórias não recorríveis por agravo de instrumento.

As decisões interlocutórias agraváveis estão previstas *genericamente* no artigo 1.015, NCPC. O rol do artigo 1.015, NCPC é *taxativo*, porém *não exaustivo*. Em outras palavras, é a lei que prevê se uma decisão interlocutória é agravável ou não (taxatividade), mas o rol do artigo 1.015, NCPC não é exaustivo, uma vez que o próprio inciso XIII dispõe que também caberá agravo de instrumento contra decisão interlocutória em "outros casos expressamente referidos em lei". Em todo caso, sempre caberá agravo de instrumento contra decisões interlocutórias proferidas na fase de liquidação de sentença ou de cumprimento de sentença, no processo de execução e no processo de inventário (art. 1.015, parágrafo único, NCPC).

As decisões interlocutórias não agraváveis, contudo, não são irrecorríveis. Segundo o parágrafo 1º do artigo 1.009 do NCPC, "as questões resolvidas na fase de conhecimento, se a decisão a seu respeito não comportar agravo de instrumento, *não são cobertas pela preclusão* e devem ser suscitas em preliminar de apelação, eventualmente interposta contra a decisão final, ou nas contrarrazões".

Depreende-se, portanto, que cabe apelação contra as decisões interlocutórias não agraváveis. A contrarrazão à apelação que ataca decisão interlocutória tem, na parte em que se volta contra a interlocutória, natureza recursal, ou seja, será uma apelação. Assim, o NCPC pôs fim ao agravo retido e transferiu o momento de impugnação recursal das decisões interlocutórias não agraváveis para a apelação, independentemente de qualquer protesto prévio.

Vê-se, também, que, ao contrário do que afirma o parágrafo 1º do artigo 1.009 do NCPC, as questões decididas por decisões interlocutórias não agraváveis estão sim sujeitas à preclusão.

Segundo a doutrina que tem se formado, esta preclusão, porém, não seria *imediata*, uma vez que essas decisões não são recorríveis por agravo de instrumento. A preclusão seria *diferida*[1155]. Não interposta apelação contra a decisão interlocutória não agravável, as questões aí então precluiriam.

1155. DIDIER JR., Fredie; CUNHA, Leonardo J. C. *Curso de direito processual civil. vol. 3*. 13. ed. Salvador: Juspodivm, 2016. p. 165.

A meu ver, não se deve falar em preclusão diferida[1156], prorrogada, elástica[1157] etc., exceto para fins didáticos. É que, a rigor, não há diferimento da preclusão; o momento da preclusão é exatamente aquele, nos termos da lei. Diferimento haveria se, sendo agraváveis, tais decisões pudessem ser discutidas, *alternativamente*, em sede de apelação, o que não acontece. Se aquelas decisões interlocutórias são recorríveis apenas por apelação, o momento de discussão é aquele, e a preclusão ocorre ao tempo certo. Cuida-se de preclusão temporal, que acontece pela omissão da parte interessada em alegar oportunamente. Ou ainda de preclusão consumativa, se o recurso, bem ou mal, já foi interposto.

Diferido é o momento de impugnação; não a preclusão. A impugnação da decisão interlocutória que pode ser *imediata*, por agravo de instrumento, ou *diferida*, por apelação. Mas a preclusão não. Essa ocorre em qualquer caso sempre *imediatamente*, quando o interessado interpõe (preclusão consumativa) ou não interpõe (preclusão temporal) oportunamente o agravo de instrumento ou a apelação contra a decisão interlocutória.

Visto isso, surge problema de direito intertemporal, que o enunciado ora em comento pretende responder. A partir de quando se aplicam as novas regras de cabimento de recurso, aí incluídas aquelas expostas acima sobre recorribilidade das decisões interlocutórias? A pergunta pode ser formulada de outra maneira também: a partir de quando o interessado tem direito adquirido ao recurso?

Segundo o artigo 14 do NCPC, "a norma processual não retroagirá e será aplicável imediatamente aos processos em curso, respeitados os atos processuais praticados e as situações jurídicas consolidadas sob a vigência da norma revogada".

Diante disso, tem-se que, como regra, o sistema processual adota a teoria do isolamento dos atos processuais. Isso quer dizer que a lei processual aplicável é aquela vigente ao tempo da prática do ato (*tempus regit actum*)[1158]. O novo CPC incide imediatamente aos processos em curso, e não apenas aos processos que surgirem após a sua vigência (art. 1.046, *caput*, NCPC).

Por outro lado, e como imperativo de segurança jurídica, a lei processual nova não retroage – regra da não retroatividade das leis –, de modo que (1) os atos processuais

1156. BARIONI, Rodrigo Otávio. "Preclusão diferida, o fim do agravo retido e a ampliação do objeto da apelação no novo Código de Processo Civil". *Revista de Processo*, v. 40, n. 243, maio 2015. São Paulo: RT, 2015. p. 269-280.

1157. DUARTE, Zulmar. "Preclusão elástica no Novo CPC: protesto antipreclusivo, uma oportunidade perdida". *In*: MACÊDO, Lucas Buril. (Coords.). *Doutrina Selecionada: Parte geral.* Salvador: Juspodivm, 2016. p. 1503.

1158. CUNHA, Leonardo C. *Direito intertemporal e o novo Código de Processo Civil.* Rio de Janeiro: Forense, 2016. p. 27: "O sistema do isolamento dos atos processuais considera cada ato processual isoladamente, devendo ser regido pela lei em vigor no momento de sua prática. Isoladamente considerado, o ato processual deve sempre ser praticado de acordo com a lei em vigor ao tempo de sua realização. Por esse sistema, não se considera as fases do processo, mas cada ato isoladamente. Não importa em que fase se encontre o processo. O ato deve atender aos termos da lei em vigor no momento de sua prática".

já praticados não podem ser desconstituídos e (2) as situações jurídicas já consolidadas devem ser respeitadas, regendo-se pela lei anterior.

As referidas premissas se aplicam evidentemente ao recurso. Assim, a lei processual que rege o recurso é aquela lei vigente ao tempo do nascimento do direito ao recurso. Aplica-se a lei vigente de quando o recurso já poderia ser interposto. E o direito de recorrer, por sua vez, nasce a partir do momento que a decisão é tornada pública. É a publicação da decisão o marco temporal para aplicação da nova lei processual.

Nesse sentido, o Enunciado 476/FPPC dispõe que "o direito ao recurso nasce com a publicação em cartório, secretaria da vara ou inserção nos autos eletrônicos da decisão a ser impugnada, o que primeiro ocorrer".

Publicar uma decisão é torná-la pública. Leciona Alexandre Câmara que "não se deve confundir, aqui, os conceitos de publicação (ato de tornar pública) e de intimação da sentença (ato pelo qual se dá ciência a alguém do teor da sentença). Mesmo antes de intimidas as partes, a sentença tornada pública já produzirá efeitos"[1159].

Imagine-se, por exemplo, que o juízo profira decisão interlocutória indeferindo o pedido de produção de prova pericial. Se a decisão for publicada (tornada pública) antes da entrada em vigor do novo CPC, o interessado poderá impugná-la por agravo, ainda que o prazo recursal termine quando já vigente a nova lei processual. É que o direito ao recurso de agravo surgiu quando a decisão foi publicada, ainda ao tempo do CPC/73. Mesmo que a intimação da parte interessada aconteça depois, quando já vigente o NCPC, o recurso a ser interposto deve ser aquele previsto quando a decisão foi publicada.

Diferentemente ocorreria se a decisão fosse publicada em cartório, secretaria da vara ou inserida nos autos eletrônicos já na vigência do novo Código. Nessa hipótese, a publicação ocorreu na vigência da nova lei processual e o direito ao recurso rege-se segundo o novo regime recursal, de acordo com o qual decisão que indefere produção de prova é não agravável, devendo ser impugnada eventualmente na apelação ou nas contrarrazões à apelação, conforme o caso.

Conclusivamente, pode-se afirmar, portanto, que o artigo 1.009, § 1º, não se aplica às decisões publicadas em cartório ou disponibilizadas nos autos eletrônicos antes da entrada em vigor do CPC.

Como consequência, as decisões interlocutórias que, ao tempo do CPC/73, não foram agravadas, não poderão depois, na vigência do NCPC, ser impugnadas em apelação ou em contrarrazões à apelação, caso se qualifiquem como decisões não agraváveis à luz do novo sistema recursal (art. 1.015 c/c art. 1.009, § 1º, NCPC). Isso porque a não interposição do recurso, na vigência da legislação revogada, fez operar a

---

1159. CÂMARA, Alexandre F. *O novo processo civil brasileiro*. São Paulo: Atlas, 2015. p. 513. No mesmo sentido, ensina Leonardo Cunha: "Assim, uma vez lançada aos autos, a decisão torna-se pública, passando a parte interessada a dispor do direito de recorrer. Aplica-se, quanto à admissibilidade do recurso, a lei em vigor no momento em que a decisão tornou-se pública, passando a integrar o processo". CUNHA, Leonardo C. *Direito intertemporal e o novo Código de Processo Civil*. Rio de Janeiro: Forense, 2016. p. 134-135.

preclusão, criando situação jurídica consolidada, preservada pela segurança jurídica contra a incidência retroativa do novo Código[1160].

Com base nessa conclusão e nas premissas que a antecederam é que devem ser interpretados os recentes enunciados administrativos do Superior Tribunal de Justiça, aprovados quando da entrada em vigor do novo Código e que objetivam orientar a comunidade jurídica sobre as questões mais palpitantes de direito intertemporal. Embora não sejam, evidentemente, vinculantes, porquanto de natureza administrativa, referidos enunciados trazem previsibilidade na interpretação e aplicação do direito.

Segundo o Enunciado administrativo n. 2, "aos recursos interpostos com fundamento no CPC/73 (relativos a decisões publicadas até 17 de março de 2016) devem ser exigidos os requisitos de admissibilidade na forma nele prevista, com as interpretações dadas, até então, pela jurisprudência do Superior Tribunal de Justiça". De acordo com o Enunciado administrativo n. 3, "aos recursos interpostos com fundamento no NCPC (relativos a decisões publicadas a partir de 18 de março de 2016) serão exigidos os requisitos de admissibilidade recursal na forma do novo CPC".

"Publicadas" aí, portanto, deve ser compreendido como "tornadas públicas", o que acontece a partir do momento que as decisões podem ser conhecidas, ou seja, com a publicação em cartório, secretaria da vara ou inserção nos autos eletrônicos da decisão a ser impugnada, o que primeiro ocorrer.

► **NCPC. Art. 1.009. § 1º** As questões resolvidas na fase de conhecimento, se a decisão a seu respeito não comportar agravo de instrumento, não são cobertas pela preclusão e devem ser suscitadas em preliminar de apelação, eventualmente interposta contra a decisão final, ou nas contrarrazões. ► **Art. 1.046.** Ao entrar em vigor este Código, suas disposições se aplicarão desde logo aos processos pendentes, ficando revogada a Lei n. 5.869, de 11 de janeiro de 1973.

ENUNCIADO 355. SE, NO MESMO PROCESSO, HOUVER QUESTÕES RESOLVIDAS NA FASE DE CONHECIMENTO EM RELAÇÃO ÀS QUAIS FOI INTERPOSTO AGRAVO RETIDO NA VIGÊNCIA DO CPC/1973, E QUESTÕES RESOLVIDAS NA FASE DE CONHECIMENTO EM RELAÇÃO ÀS QUAIS NÃO SE OPEROU A PRECLUSÃO POR FORÇA DO ART. 1.009, § 1º, DO CPC, APLICAR-SE-Á AO RECURSO DE APELAÇÃO O ART. 523, § 1º, DO CPC/1973 EM RELAÇÃO ÀQUELAS, E O ART. 1.009, § 1º, DO CPC EM RELAÇÃO A ESTAS.

● *Grupo: Direito intertemporal e disposições finais e transitórias.* ● *Referências: arts. 1.009, § 1º, e 1.046.*

► *Ticiano Alves e Silva*

À luz do CPC/73, a apelação era o recurso cabível contra sentença (art. 513). Segundo o NCPC, a apelação é o recurso cabível contra sentença (art. 1.009, *caput*) e *também* contra decisões interlocutórias não agraváveis (art. 1.009, § 1º, NCPC).

De acordo com o NCPC, há decisões interlocutórias recorríveis por agravo de instrumento e decisões interlocutórias não recorríveis por agravo de instrumento.

1160. Nesse sentido: ROQUE, André V. "Breves questões sobre direito transitório no novo CPC". *In*: DIDIER JR, Fredie. *et al.* (Coords.). *Direito intertemporal.* Salvador: Juspodivm, 2016. p. 62-63.

As decisões interlocutórias agraváveis estão previstas *genericamente* no artigo 1.015, NCPC. O rol do artigo 1.015, NCPC é *taxativo*, porém *não exaustivo*. Em outras palavras, é a lei que prevê se uma decisão interlocutória é agravável ou não (taxatividade), mas o rol do artigo 1.015, NCPC não é exaustivo, uma vez que o próprio inciso XIII dispõe que também caberá agravo de instrumento contra decisão interlocutória em "outros casos expressamente referidos em lei". Em todo caso, sempre caberá agravo de instrumento contra decisões interlocutórias proferidas na fase de liquidação de sentença ou de cumprimento de sentença, no processo de execução e no processo de inventário (art. 1.015, parágrafo único, NCPC).

As decisões interlocutórias não agraváveis, contudo, não são irrecorríveis. Segundo o parágrafo 1º do artigo 1.009 do NCPC, "as questões resolvidas na fase de conhecimento, se a decisão a seu respeito não comportar agravo de instrumento, *não são cobertas pela preclusão* e devem ser suscitas em preliminar de apelação, eventualmente interposta contra a decisão final, ou nas contrarrazões".

Depreende-se, portanto, que cabe apelação contra as decisões interlocutórias não agraváveis. A contrarrazão à apelação que ataca decisão interlocutória tem, na parte em que se volta contra a interlocutória, natureza recursal, ou seja, será uma apelação. Assim, o NCPC pôs fim ao agravo retido e transferiu o momento de impugnação recursal das decisões interlocutórias não agraváveis para a apelação, independentemente de qualquer protesto prévio.

À luz do artigo 522, CPC/73, decisões interlocutórias sobre (1) inadmissão da apelação, (2) os efeitos em que a apelação era recebida e (3) capazes de causar à parte lesão grave ou de difícil reparação eram atacadas por agravo de instrumento.

Decisões interlocutórias que decidissem outras questões eram atacadas por agravo retido, que deveria ser conhecido preliminarmente pelo tribunal no julgamento da apelação, se houvesse requerimento do recorrente nesse sentido. No NCPC, as decisões interlocutórias não agraváveis são recorríveis na apelação ou nas contrarrazões à apelação. O novo CPC extinguiu o agravo retido, e não estabeleceu, no lugar, nenhum instrumento antipreclusivo. Desse modo, independente de protesto ou qualquer sinalização imediata, as partes podem recorrer contra essas decisões interlocutórias não agraváveis na apelação.

Segundo o artigo 14 do NCPC, "a norma processual não retroagirá e será aplicável imediatamente aos processos em curso, respeitados os atos processuais praticados e as situações jurídicas consolidadas sob a vigência da norma revogada".

Diante disso, tem-se que, como regra, o sistema processual adota a teoria do isolamento dos atos processuais. Isso quer dizer que a lei processual aplicável é aquela vigente ao tempo da prática do ato (*tempus regit actum*)[1161]. O novo CPC incide ime-

1161. CUNHA, Leonardo C. *Direito intertemporal e o novo Código de Processo Civil*. Rio de Janeiro: Forense, 2016. p. 27: "O sistema do isolamento dos atos processuais considera cada ato processual isoladamente, devendo ser regido pela lei em vigor no momento de sua prática. Isoladamente considerado, o ato processual deve sempre ser praticado de acordo com a lei em vigor ao tempo de sua realização. Por

diatamente aos processos em curso, e não apenas aos processos que surgirem após a sua vigência (art. 1.046, *caput*, NCPC).

Por outro lado, e como imperativo de segurança jurídica, a lei processual nova não retroage – regra da não retroatividade das leis –, de modo que os atos processuais já praticados não podem ser desconstituídos e as situações jurídicas já consolidadas devem ser respeitadas, regendo-se pela lei anterior.

Sendo assim, se, na vigência do CPC/73, foi publicada decisão interlocutória, tem-se que investigar primeiro se era caso de agravo de instrumento ou agravo retido. Se for caso de agravo de instrumento, este será processado e julgado regularmente. Se for caso de agravo retido, este permanecerá nos autos e se aplicará o regime do CPC/73 no momento da apelação, ou seja, a parte precisará requerer expressamente o julgamento do agravo retido pelo tribunal preliminarmente ao julgamento da apelação.

Por outro lado, se, na vigência do NCPC, for publicada decisão interlocutória, tem-se que investigar primeiro se ela é agravável ou não agravável. Se for caso de agravo de instrumento, este será processado e julgado regularmente. Se não for caso de agravo de instrumento, a parte, sem precisar peticionar nos autos para evitar a preclusão, deverá recorrer da decisão na apelação, porque, de acordo com o parágrafo 1º do artigo 1.009 do NCPC, a apelação é o recurso cabível contra sentença e decisão interlocutória não agravável.

Como novo CPC incide imediatamente aos processos em curso, e não apenas aos processos que surgirem após a sua vigência, pode acontecer que, num mesmo processo, haja decisões interlocutórias proferidas na vigência do CPC/73 e decisões interlocutórias proferidas na vigência do NCPC.

Nestes casos, aplicar-se-á ao recurso de apelação o artigo 523, § 1º, do CPC/73 em relação aos agravos retidos interpostos contra as decisões publicadas na vigência do Código anterior, e o artigo 1.009, § 1º, do CPC ao recurso contra as decisões publicadas na vigência do novo Código.

Se, no mesmo processo, houver questões resolvidas na fase de conhecimento em relação às quais foi interposto agravo retido na vigência do CPC/73, e questões resolvidas na fase de conhecimento em relação às quais não se operou a preclusão por força do artigo 1.009, § 1º, do CPC, aplicar-se-á ao recurso de apelação o artigo 523, § 1º, do CPC/73 em relação àquelas, e o artigo 1.009, § 1º, do CPC em relação a estas.

Bem analisado o enunciado, parece que sua redação tem um equívoco. É que pode ocorrer de a decisão recorrível por agravo retido ser publicada na vigência do CPC/73 e o recurso só ser interposto na vigência do NCPC. O direito ao recurso surge no momento da publicação da decisão e, considerado o prazo do agravo, pode ser que este só venha a ser interposto quando vigente o novo Código. Enfim, o agravo retido interposto na vigência do NCPC, mas referente à decisão publicada na vigência do CPC/73, também se enquadra na hipótese do enunciado.

---

esse sistema, não se considera as fases do processo, mas cada ato isoladamente. Não importa em que fase se encontre o processo. O ato deve atender aos termos da lei em vigor no momento de sua prática".

▶ **NCPC. Art. 1.009. § 1°** As questões resolvidas na fase de conhecimento, se a decisão a seu respeito não comportar agravo de instrumento, não são cobertas pela preclusão e devem ser suscitadas em preliminar de apelação, eventualmente interposta contra a decisão final, ou nas contrarrazões. ▶ **Art. 1.046.** Ao entrar em vigor este Código, suas disposições se aplicarão desde logo aos processos pendentes, ficando revogada a Lei n. 5.869, de 11 de janeiro de 1973.

Enunciado 356. Aplica-se a regra do art. 1.010, § 3º, às apelações pendentes de admissibilidade ao tempo da entrada em vigor do CPC, de modo que o exame da admissibilidade destes recursos competirá ao Tribunal de 2º grau.

● *Grupo: Direito intertemporal e disposições finais e transitórias.* ● *Referências: arts. 1.010, § 3º, e 1.046.*

▸ *Ticiano Alves e Silva*

À luz do Código de Processo Civil de 1973 (CPC/73), ao juízo *a quo*, perante o qual se interpunha a apelação, competia realizar o primeiro juízo de admissibilidade do recurso (art. 518, CPC/73).

Ausente um dos requisitos de admissibilidade, a apelação não era recebida. Contra esse pronunciamento, cabia agravo de instrumento (art. 522, CPC/73), haja vista a inutilidade da modalidade retida (ora, se a apelação não subia, muito menos subiria o agravo).

Se o agravo de instrumento interposto não obtivesse êxito ou a parte não recorresse, a sentença apelada transitava em julgado. Se o órgão julgador recebesse a apelação, não se admitia nenhum recurso, e a apelação seguia seu trâmite legal.

O Código de Processo Civil de 2015 (NCPC), por sua vez, traz regramento diferente.

Segundo o parágrafo 3º do artigo 1.010 do NCPC, interposta a apelação, o juízo *a quo* deve, depois de intimar para a apresentação de contrarrazões, remeter os autos ao tribunal, *independentemente de juízo de admissibilidade*. Isso significa, pois, que "o órgão *a quo* não fará juízo de admissibilidade da apelação" (Enunciado 99/FPPC).

Noutras palavras, o juízo de admissibilidade da apelação será, de acordo com o NCPC, feito *exclusivamente* pelo tribunal; primeiramente, pelo relator; depois, se for o caso, pelo órgão julgador colegiado, que poderá não conhecer do apelo.

Pretendeu o legislador aqui, evidentemente, impor mais celeridade ao processo. Suprimiu o duplo juízo de admissibilidade que existia no CPC/73 – o primeiro feito pelo juízo *a quo* e o segundo pelo tribunal – e extinguiu uma etapa que intuitivamente se seguia à inadmissibilidade da apelação, vale dizer, a interposição do recurso de agravo de instrumento para rediscutir a questão no tribunal. Com efeito, a previsão de um incidente recursal para discutir a admissibilidade de *outro* recurso parecia contraproducente; ao final, o próprio tribunal faria o juízo de admissibilidade, tornando desnecessária essa etapa[1162].

1162. Para maiores considerações, ver os comentários ao Enunciado 99/FPPC.

Questão que se apresenta diz respeito a partir de quando o parágrafo 3º do artigo 1.010 do NCPC se aplica?

Segundo o artigo 14 do NCPC, "a norma processual não retroagirá e será aplicável imediatamente aos processos em curso, respeitados os atos processuais praticados e as situações jurídicas consolidadas sob a vigência da norma revogada".

Diante disso, tem-se que, como regra, o sistema processual adota a teoria do isolamento dos atos processuais. Isso quer dizer que a lei processual aplicável é aquela vigente ao tempo da prática do ato (*tempus regit actum*)[1163]. O novo CPC incide imediatamente aos processos em curso, e não apenas aos processos que surgirem após a sua vigência (art. 1.046, *caput*, NCPC).

Por outro lado, e como imperativo de segurança jurídica, a lei processual nova não retroage – regra da não retroatividade das leis –, de modo que (1) os atos processuais já praticados não podem ser desconstituídos e (2) as situações jurídicas já consolidadas devem ser respeitadas, regendo-se pela lei anterior.

Dessa forma, também nesta hipótese, a regra é a aplicação imediata da nova lei processual. Se vigente o NCPC, o juízo *a quo* não fará juízo de admissibilidade da apelação, mesmo que a apelação tenha sido interposta na vigência do CPC/73. A incidência do novo Código sobre o procedimento recursal é imediata. Deverá o magistrado encaminhar os autos ao tribunal.

Por isso que se aplica a regra do artigo 1.010, § 3º, às apelações pendentes de admissibilidade ao tempo da entrada em vigor do CPC, de modo que o exame da admissibilidade destes recursos competirá ao Tribunal de 2º grau.

Entretanto, se a decisão que inadmitiu a apelação for publicada (levada aos autos)[1164] antes da entrada em vigor do novo Código, ter-se-á situação jurídica consolidada e o ato decisório não poderá ser desconstituído por incompatibilidade com a nova lei processual; afinal, a decisão foi proferida em conformidade com a lei vigente ao tempo da prática do ato. A decisão de inadmissibilidade da apelação será recorrível então por agravo de instrumento, mesmo que o recurso venha a ser interposto já na vigência do NCPC. Trata-se de direito adquirido ao recurso.

Hipoteticamente, se o juiz escreve a decisão antes da entrada em vigor do NCPC e a secretaria, por qualquer razão, só a leva aos autos (publica) quando já vigente o

---

1163. CUNHA, Leonardo C. *Direito intertemporal e o novo Código de Processo Civil.* Rio de Janeiro: Forense, 2016. p. 27: "O sistema do isolamento dos atos processuais considera cada ato processual isoladamente, devendo ser regido pela lei em vigor no momento de sua prática. Isoladamente considerado, o ato processual deve sempre ser praticado de acordo com a lei em vigor ao tempo de sua realização. Por esse sistema, não se considera as fases do processo, mas cada ato isoladamente. Não importa em que fase se encontre o processo. O ato deve atender aos termos da lei em vigor no momento de sua prática".

1164. Leciona Alexandre Câmara que "não se deve confundir, aqui, os conceitos de publicação (ato de tornar pública) e de intimação da sentença (ato pelo qual se dá ciência a alguém do teor da sentença). Mesmo antes de intimidas as partes, a sentença tornada pública já produzirá efeitos". CÂMARA, Alexandre F. *O novo processo civil brasileiro*. São Paulo: Atlas, 2015. p. 513.

novo Código, a decisão é ilegal, cabendo reclamação por usurpação de competência do tribunal ou ação rescisória, conforme o caso[1165].

▶ **NCPC. Art. 1.010. § 3°** Após as formalidades previstas nos §§ 1° e 2°, os autos serão remetidos ao tribunal pelo juiz, independentemente de juízo de admissibilidade.

Enunciado 357. Aplicam-se ao recurso ordinário os arts. 1.013 e 1.014.

● *Grupo: Recursos.* ● *Referências: arts. 1.013, 1.014, 1.027, § 2º.*

▸ *Ticiano Alves e Silva*

Por previsão constitucional, a competência para processar e julgar o recurso ordinário pertence ao Supremo Tribunal Federal (STF) (art. 102, II, CF) e ao Superior Tribunal de Justiça (STJ) (art. 105, II, CF). É também a CF que prevê as hipóteses de cabimento do recurso ordinário. A fim de evitar confusão terminológica[1166], e considerando esse lineamento constitucional, o recurso ordinário é denominado *recurso ordinário constitucional*.

Embora seja um recurso endereçado ao STF e ao STJ, o recurso ordinário, como indica o seu próprio nome, não se submete às restrições típicas dos recursos excepcionais (recurso extraordinário e recurso especial). Não há limite ao reexame das questões de fato, por exemplo, como existe no recurso extraordinário (Súmula 279/STF) e no recurso especial (Súmula 7/STJ).

Ao julgar o recurso ordinário, o STF e o STJ desempenham função idêntica àquela exercida pelos tribunais no julgamento da apelação. Vale dizer, o recurso ordinário constitucional está para o STF e o STJ como a apelação está para os tribunais (tribunais de justiça e tribunais regionais federais). Atuam aí STF e STJ como tribunais de segundo grau de jurisdição.

Esse paralelismo com a apelação faz com que, ao regime jurídico do recurso ordinário, que é próprio, se apliquem muitas regras do regime da apelação. Até porque o recurso ordinário constitucional, sendo espécie de recurso ordinário, não sofre limitações cognitivas, como acontece com os recursos excepcionais.

Justamente por isso, o NCPC dispõe que "aplica-se ao recurso ordinário o disposto nos artigos 1.013, § 3º, e 1.029, § 5º" (art. 1.027, § 2º, NCPC).

À primeira vista, poder-se-ia compreender que o novo Código previu expressamente as disposições do regime da apelação aplicáveis ao recurso ordinário, de modo que tudo o mais seria inaplicável. Não é assim, porém.

O que pretendeu o legislador foi *ressaltar* a possibilidade de aplicação do julgamento de mérito diretamente pelo STF e pelo STJ (art. 1.013, § 3º, NCPC) e a

---

1165. Para maiores considerações, ver os comentários ao Enunciado 99/FPPC.

1166. A confusão poderia existir com o recurso ordinário trabalhista e em vista da classificação dos recursos cíveis em recursos ordinários e recursos extraordinários.

possibilidade de atribuição de efeito suspensivo ao recurso ordinário (art. 1.027, § 2º, NCPC)[1167]. Isso fica ainda mais evidente quando se rememora que o STF e o STJ, à luz do CPC/73, entendiam que o artigo 515, § 3º, CPC/73 (correspondente ao art. 1.013, § 3º, I, NCPC) não se aplicava ao julgamento do recurso ordinário em mandado de segurança.

Sendo assim, para além da previsão do artigo 1.027, § 2º, NCPC, pode-se entender que se aplicam ao recurso ordinário outras disposições do recurso de apelação, entre elas aquelas dos artigos 1.013 e 1.014 do NCPC.

Diante disso, o efeito devolutivo amplo da apelação, previsto no artigo 1.013, *caput* e §§ 1º e 2º, NCPC, aplica-se ao recurso ordinário.

Além disso, quando reformar acórdão que reconheça a decadência ou a prescrição, o STF ou o STJ, se possível, julgará o mérito, examinando as demais questões, sem determinar o retorno do processo ao juízo *a quo* (art. 1.013, § 4º, NCPC)[1168].

Na mesma linha, o capítulo do acórdão *final* que confirma, concede ou revoga a tutela provisória é impugnável no recurso ordinário (art. 1.013, § 5º, NCPC)[1169].

Por fim, as questões de fato não propostas no tribunal inferior poderão ser suscitadas no recurso ordinário, se a parte provar que deixou de fazê-lo por motivo de força maior[1170].

Tudo isso, repita-se, deriva desse paralelismo – não absolutamente coincidente (não se aplica, por exemplo, o artigo 942, NCPC[1171]) – entre a apelação e o recurso ordinário constitucional.

1167. No sentido do texto, pontua Alexandre Freitas Câmara que: "Estabelece expressamente a lei processual a aplicação, em sede de recurso ordinário constitucional, do disposto no art. 1.013, § 3º (que trata do efeito translativo da apelação). Não se pense, porém, que esta disposição serviria para, interpretada *a contrario sensu*, afastar a incidência das demais normas integrantes do regime de apelação. (...). Há, porém, no CPC uma disposição que reforça a incidência, no recurso ordinário constitucional, da norma que disciplina o efeito translativo da apelação, o que evita a possibilidade de o STF ou o STJ afirmarem que nos casos ali mencionados não se deveria julgar desde logo o mérito da causa, fazendo-se necessário o retorno dos autos ao juízo de origem para seu exame". CÂMARA, Alexandre F. *O novo processo civil brasileiro*. São Paulo: Atlas, 2015. p. 537.

1168. O mesmo deve acontecer quando o STJ reformar sentença que reconheça a decadência ou a prescrição proferida por juízo federal de primeira instância, nas demandas em que são partes, de um lado, Estado estrangeiro ou organismo internacional, e, de outro, Município ou pessoa, natural ou jurídica, residente ou domiciliada no Brasil (art. 1.027, II, b, CPC/2015).

1169. O capítulo da sentença que confirma, concede ou revoga a tutela provisória é impugnável no recurso ordinário, quando a sentença é proferida por juízo federal de primeira instância, nas demandas em que são partes, de um lado, Estado estrangeiro ou organismo internacional, e, de outro, Município ou pessoa, natural ou jurídica, residente ou domiciliada no Brasil (art. 1.027, II, *b*, CPC/2015).

1170. As questões de fato não propostas no juízo federal de primeira instância, nas demandas em que são partes, de um lado, Estado estrangeiro ou organismo internacional, e, de outro, Município ou pessoa, natural ou jurídica, residente ou domiciliada no Brasil (art. 1.027, II, *b*, CPC/2015), poderão ser suscitadas no recurso ordinário, se a parte provar que deixou de fazê-lo por motivo de força maior.

1171. Conforme ensinam Fredie Didier e Leonardo Carneiro da Cunha: "O art. 942 do CPC incide apenas para a apelação, cujo julgamento é feito por um colegiado de apenas 3 (três) membros. Havendo

Súmula STJ 7. A pretensão de simples reexame de prova não enseja recurso especial.

▶ **NCPC. Art. 1.013.** A apelação devolverá ao tribunal o conhecimento da matéria impugnada. ▶ **Art. 1.014.** As questões de fato não propostas no juízo inferior poderão ser suscitadas na apelação, se a parte provar que deixou de fazê-lo por motivo de força maior. ▶ **Art. 1.027. § 2º** Aplica-se ao recurso ordinário o disposto nos arts. 1.013, § 3º, e 1.029, § 5º.

ENUNCIADO 559. O EFEITO SUSPENSIVO "OPE LEGIS" DO RECURSO DE APELAÇÃO NÃO OBSTA A EFICÁCIA DAS DECISÕES INTERLOCUTÓRIAS NELE IMPUGNADAS.

● *Grupo: Recursos (menos os repetitivos) e reclamação.* ● *Referências: arts. 995, 1.009, § 1º e 1.012.*

▸ *Ticiano Alves e Silva*

À luz do CPC/73, afirmava-se, como *regra*, o efeito suspensivo dos recursos. O recurso não teria efeito suspensivo somente se a lei expressamente o *excepcionasse*, como fazia o artigo 497 do CPC/73 com o recurso extraordinário, o recurso especial e o agravo de instrumento. Tanto é assim que, em relação aos embargos de declaração (não excepcionados), entendia-se majoritariamente que possuíam efeito suspensivo[1172].

No NCPC, ao contrário do CPC/73, os recursos, como regra, não possuem efeito suspensivo. Segundo o artigo 995, os recursos não impedem a eficácia da decisão, salvo (1) disposição legal ou (2) decisão judicial em sentido diverso. *A lógica se inverteu.*

Portanto, os recursos podem ter efeito suspensivo por força de lei (*ope legis*), a exemplo da apelação (art. 1.012, NCPC), ou podem ter efeito suspensivo atribuível por decisão judicial (*ope judicis*), como ocorre com o agravo de instrumento (art. 1.019, I, NCPC).

O efeito suspensivo *ope legis* ou automático da apelação foi um dos temas mais palpitantes e controvertidos durante a tramitação legislativa do NCPC.

De um lado, uns defendiam que a permanência do efeito suspensivo automático desvalorizava o juízo de primeiro grau, incentivava a interposição de recurso, prolongava consequentemente o feito e resultava em perda de efetividade por força da inexecutividade da sentença[1173].

De outro lado, outros respondiam que as taxas de reforma das sentenças ainda eram altas e que o procedimento recursal era importante para o aprofundamento do

---

maioria, convocam-se mais outros para que se prossiga no julgamento. No caso do recurso ordinário julgado pelo STF ou pelo STJ, o colegiado que decide já é composto por 5 (cinco) membros, não se encaixando na hipótese prevista no referido art. 942 do CPC". DIDIER, Fredie, CUNHA, Leonardo J. C. *Curso de direito processual civil.* v. 3. 13. ed. Salvador: Juspodivm, 2016. p. 299.

1172. Por todos, conferir: MOREIRA, José Carlos Barbosa. *Comentários ao Código de Processo Civil.* v. 5. 16. ed. Rio de Janeiro: Forense, 2011. p. 562.

1173. Por todos, conferir: GAJARDONI, Fernando. "Efeito suspensivo automático da apelação deve acabar". Disponível no site *Consultor Jurídico*. Acesso em 31.05.2016.

debate da causa por um colegiado, potencializando as chances de correção da decisão[1174].

Ao fim, após longas discussões, o NCPC manteve o efeito suspensivo automático da apelação, buscando um ponto de equilíbrio entre as posições na ampliação das hipóteses em que a apelação, como regra, não teria efeito suspensivo *ope legis* (art. 1.012, § 1º, NCPC; correspondente ao art. 520, CPC/73). *Em síntese, embora o efeito suspensivo da apelação tenha sido mantido, o NCPC ampliou as hipóteses de executividade imediata, se comparado com o CPC/73.*

Entretanto, somente a eficácia da sentença apelada fica obstada pela apelação. Essa afirmação é relevante porque, de acordo com o novo sistema recursal inaugurado pelo Código de 2015, cabe apelação *também* contra decisões interlocutórias não agraváveis (art. 1.009, § 1º, NCPC).

De acordo com o NCPC, há decisões interlocutórias recorríveis por agravo de instrumento e decisões interlocutórias não recorríveis por agravo de instrumento.

As decisões interlocutórias agraváveis estão previstas *genericamente* no artigo 1.015, NCPC. O rol do artigo 1.015, NCPC é *taxativo*, porém *não exaustivo*. Em outras palavras, é a lei que prevê se uma decisão interlocutória é agravável ou não (taxatividade), mas o rol do artigo 1.015, NCPC não é exaustivo, uma vez que o próprio inciso XIII dispõe que também caberá agravo de instrumento contra decisão interlocutória em "outros casos expressamente referidos em lei". Em todo caso, sempre caberá agravo de instrumento contra decisões interlocutórias proferidas na fase de liquidação de sentença ou de cumprimento de sentença, no processo de execução e no processo de inventário (art. 1.015, parágrafo único, NCPC).

As decisões interlocutórias não agraváveis, contudo, não são irrecorríveis. Segundo o parágrafo 1º do artigo 1.009 do NCPC, "as questões resolvidas na fase de conhecimento, se a decisão a seu respeito não comportar agravo de instrumento, *não são cobertas pela preclusão* e devem ser suscitas em preliminar de apelação, eventualmente interposta contra a decisão final, ou nas contrarrazões".

Depreende-se, portanto, que cabe apelação contra as decisões interlocutórias não agraváveis. A contrarrazão à apelação que ataca decisão interlocutória tem, na parte em que se volta contra a interlocutória, natureza recursal, ou seja, será uma apelação. Assim, o NCPC pôs fim ao agravo retido e transferiu o momento de impugnação recursal das decisões interlocutórias não agraváveis para a apelação, independentemente de qualquer protesto prévio.

Diante disso, a parte, item ou capítulo da apelação que impugna decisão interlocutória não agravável não tem efeito suspensivo. Vale dizer, o efeito suspensivo "ope legis" do recurso de apelação não obsta a eficácia das decisões interlocutórias nele impugnadas.

1174. Por todos, conferir: NUNES, Dierle. "Novo CPC acerta em manter o efeito suspensivo em certas apelações". Disponível no site *Consultor Jurídico*. Acesso em 31.05.2016.

▶ **NCPC. Art. 995.** Os recursos não impedem a eficácia da decisão, salvo disposição legal ou decisão judicial em sentido diverso. ▶ **Art. 1.009. § 1°** As questões resolvidas na fase de conhecimento, se a decisão a seu respeito não comportar agravo de instrumento, não são cobertas pela preclusão e devem ser suscitadas em preliminar de apelação, eventualmente interposta contra a decisão final, ou nas contrarrazões. ▶ **Art. 1.012.** A apelação terá efeito suspensivo.

Enunciado 662. É admissível impugnar, na apelação, exclusivamente a decisão interlocutória não agravável.

● *Grupo: Recursos (menos os repetitivos).* ● *Referências: art. 1.009, § 1º.*

▸ *Ticiano Alves e Silva*

À luz do CPC/73, a apelação era o recurso cabível contra sentença (art. 513). Segundo o NCPC, a apelação é o recurso cabível contra sentença (art. 1.009, *caput*) e *também* contra decisões interlocutórias não agraváveis (art. 1.009, § 1º).

De acordo com o NCPC, há decisões interlocutórias recorríveis por agravo de instrumento e decisões interlocutórias não recorríveis por agravo de instrumento.

As decisões interlocutórias agraváveis estão previstas *genericamente* no artigo 1.015, NCPC. O rol do artigo 1.015, NCPC é *taxativo*, porém *não exaustivo*. Em outras palavras, é a lei que prevê se uma decisão interlocutória é agravável ou não (taxatividade), mas o rol do artigo 1.015, NCPC não é exaustivo, uma vez que o próprio inciso XIII dispõe que também caberá agravo de instrumento contra decisão interlocutória em "outros casos expressamente referidos em lei". Em todo caso, sempre caberá agravo de instrumento contra decisões interlocutórias proferidas na fase de liquidação de sentença ou de cumprimento de sentença, no processo de execução e no processo de inventário (art. 1.015, parágrafo único, NCPC).

As decisões interlocutórias não agraváveis, contudo, não são irrecorríveis. Segundo o parágrafo 1º do artigo 1.009 do NCPC, "as questões resolvidas na fase de conhecimento, se a decisão a seu respeito não comportar agravo de instrumento, *não são cobertas pela preclusão* e devem ser suscitas em preliminar de apelação, eventualmente interposta contra a decisão final, ou nas contrarrazões".

O NCPC parece sugerir que as decisões interlocutórias não agraváveis apenas podem ser atacadas por apelação se este recurso for interposto também contra a decisão final, ao referir-se à apelação "eventualmente interposta contra a decisão final". Acontece, porém, que o recorrente pode apelar exclusivamente contra a decisão interlocutória.

Imagine-se a situação em que o apelante impugna decisão interlocutória que versa sobre um pressuposto processual e não ataca a sentença. Eventual provimento da apelação repercutirá sobre a manutenção da sentença (a questão de admissibilidade do processo é preliminar à questão de mérito), assim como o não conhecimento ou o desprovimento da apelação fará com que a sentença transite em julgado.

Por isso que é admissível impugnar, na apelação, exclusivamente a decisão interlocutória não agravável.

2.3.2.3. Do Agravo de Instrumento (arts. 1.015 a 1.020)

ENUNCIADO 103. A DECISÃO PARCIAL PROFERIDA NO CURSO DO PROCESSO COM FUNDAMENTO NO ART. 487, I, SUJEITA-SE A RECURSO DE AGRAVO DE INSTRUMENTO.

● *Grupo: Sentença, Coisa Julgada e Ação Rescisória. Redação revista (III FPPC).* ● *Referência: arts. 1.015, II, 203, § 2º, 354, par. ún., 356, § 5º.*

▸ *Gilberto Gomes Bruschi*

De acordo com o disposto no artigo 203, § 1º para que uma decisão judicial seja considerada sentença é necessário ter conteúdo nos artigos 485 e 487 e, ainda, encerrar o procedimento em primeiro grau na fase de conhecimento de procedimento comum ou extinguir a execução.

Portanto, se uma decisão tiver conteúdo de sentença, mas não seus efeitos, é considerada uma decisão interlocutória, pela expressa disposição do artigo 203, § 2º.

A típica decisão de mérito é aquela prevista no artigo 487, I, eis que o juiz analisa o pedido e define se o autor tem ou não razão. Nas demais hipóteses previstas no artigo 487 (II – reconhecimento de prescrição e decadência; e III – sentença homologatória) não há propriamente análise do mérito do processo.

Consoante dispõe o artigo 356, poderá haver o julgamento antecipado parcial do mérito, quando ocorrer cumulação de pedidos, em duas hipóteses: (i) um ou mais dos pedidos cumulados, ou parcelas deles, mostrar-se incontroverso; e (ii) sobre um dos pedidos cumulados o juiz entender que não há necessidade de produção de provas (art. 355, I) ou, ainda, se operar os efeitos da revelia (art. 355, II).

Na eventualidade de ser proferida tal decisão que julgará (analisando o mérito) apenas um ou mais dos pedidos cumulados o recurso cabível será o agravo de instrumento, de acordo com o que prevê o parágrafo 5º do artigo 355, bem como o artigo 1.015, II.

Ocorre, porém, que havendo decisão proferida nos termos do artigo 354, com ou sem resolução de mérito, também haverá a possibilidade, por expressa previsão legal, do cabimento do agravo de instrumento (parágrafo único do artigo 354).

▶ **NCPC. Art. 203. § 2º** Decisão interlocutória é todo pronunciamento judicial de natureza decisória que não se enquadre no § 1º. ▶ **Art. 354. Parágrafo único.** A decisão a que se refere o caput pode dizer respeito a apenas parcela do processo, caso em que será impugnável por agravo de instrumento. ▶ **Art. 356. § 5º** A decisão proferida com base neste artigo é impugnável por agravo de instrumento.

ENUNCIADO 177. A DECISÃO INTERLOCUTÓRIA QUE JULGA PROCEDENTE O PEDIDO PARA CONDENAR O RÉU A PRESTAR CONTAS, POR SER DE MÉRITO, É RECORRÍVEL POR AGRAVO DE INSTRUMENTO.

● *Grupo: Procedimentos Especiais.* ● *Referência: arts. 550, § 5º e 1.015, inc. II.*

▸ *Gilberto Gomes Bruschi*

O enunciado é de suma importância, tendo em vista que a decisão que julga a primeira fase da ação de exigir contas diferentemente do que ocorria com o CPC/73 é interlocutória e não sentença, portanto, não há que se falar em interposição de apelação.

Convém, nesse passo, destacar a opinião da doutrina sobre a natureza jurídica da decisão prevista no artigo 550, § 5º[1175]:

> Esgotada a instrução, o juiz proferirá decisão (art. 550, § 5º, CPC) no qual examinará o dever de apresentação ou não de contas. Não se trata de sentença, mas de decisão interlocutória de mérito. O réu poderá ser revel na primeira fase, e não apresentar qualquer manifestação, o que motivará a incidência do artigo 550, § 4º, CPC. O juiz estará habilitado a proferir encerramento imediato da primeira fase por meio de decisão interlocutória.

No mesmo sentido[1176]:

> Considera-se, porém, tão intensa a cisão entre essas duas fases, que essa separação equivaleria, na prática, à existência de dois processos sucessivos. Isso, aliado a literalidade do texto da lei, levava a conclusão de que as duas fases eram resolvidas por sentença. Foi, como tudo, o que prevaleceu. Como tal, era impugnável por apelação e dotada de duplo efeito. Não é preciso esforço para perceber a dimensão do entrave que essa opção legislativa causou ao procedimento: duas sentenças, ambas impugnáveis por apelação e ambas dotadas de efeito suspensivo! O NCPC em nosso sentir adotou caminho diverso. A começar pelo aspecto formal: a primeira fase é textualmente resolvida por decisão (§ 5º), enquanto a segunda o é por sentença (art. 552). Essa diferença terminológica não é irrelevante e também pode ser ignorada.

Outra questão relevantíssima é a de se analisar se é ou não cabível agravo de instrumento contra tal interlocutória.

Ora, a decisão proferida com base no artigo 550, § 5º analisa o mérito da primeira parte da ação de exigir contas, portanto, se enquadra perfeitamente na regra do inciso II do artigo 1.015.[1177]

Em outras palavras, a decisão do § 5º do artigo 550 é impugnável por agravo de instrumento e a sentença do artigo 552, por apelação.

1175. ARAÚJO, Fábio C. *In*: ALVIM, Angélica A. *et al.* (Coords.). *Comentários ao Código de Processo Civil.* São Paulo: Saraiva, 2016. p. 677.

1176. SANTOS, Evaristo A. *In*: WAMBIER, Teresa A. *et al.* (Coords.). *Breves comentários ao novo Código de Processo Civil.* 2. ed. São Paulo: RT, 2016. p. 1.505.

1177. Nesse sentido: BUENO, Cassio Scarpinella. *Manual de direito processual civil.* São Paulo: Saraiva, 2015. p. 437: "A decisão a que se refere o precitado § 5º do art. 550 é recorrível? A melhor resposta é a positiva, entendendo-a como decisão interlocutória de mérito e, portanto, agravável de instrumento com fundamento no inciso II do art. 1.015".

► **NCPC. Art. 550.** **§ 5º** A decisão que julgar procedente o pedido condenará o réu a prestar as contas no prazo de 15 (quinze) dias, sob pena de não lhe ser lícito impugnar as que o autor apresentar. ► **Art. 1.015.** Cabe agravo de instrumento contra as decisões interlocutórias que versarem sobre: II – mérito do processo.

ENUNCIADO 435. CABE AGRAVO DE INSTRUMENTO CONTRA A DECISÃO DO JUIZ QUE, DIANTE DO RECONHECIMENTO DE COMPETÊNCIA PELO JUÍZO ARBITRAL, SE RECUSAR A EXTINGUIR O PROCESSO JUDICIAL SEM RESOLUÇÃO DE MÉRITO.

● *Grupo: Arbitragem.* ● *Referência: arts. 485, VII, 1015, III.*

► ***Gilberto Gomes Bruschi***

O artigo 1.015, III estabelece que é agravável na forma instrumentada a decisão que rejeita a alegação de convenção de arbitragem.

Tal alegação é feita, via de regra, em preliminar de contestação, consoante dispõe o artigo 337, X. Entretanto, deve ser feita pelo réu impreterivelmente, tendo em vista o disposto nos §§ 5º[1178] e 6º[1179] do artigo 337, não se tratando, portanto, de matéria cognoscível de ofício pelo juiz.

Equipara-se à alegação em preliminar para fins de sentença terminativa a situação de ação ajuizada por um dos contratantes e procedimento arbitral instaurado pelo outro. Nesse caso, o árbitro pode analisar a convenção de arbitragem e comunicar ao juízo que reconheceu sua própria competência, para que o processo judicial seja extinto. Havendo decisão do juiz não acatando tal reconhecimento do árbitro e determinando o prosseguimento do feito caberá agravo de instrumento.

Sobre tal questão, Alexandre Freitas Câmara[1180] nos ensina que:

> Situação análoga é a daquela em que há dois processos instaurados simultaneamente com o mesmo objeto, sendo um deles perante o órgão do Judiciário e outro perante árbitro ou tribunal arbitral. Pois neste caso, reconhecida pelo árbitro (ou tribunal arbitral) sua competência, e chegando tal decisão ao conhecimento do juiz, deverá ser extinto o processo judicial sem resolução do mérito. Isto se dá em respeito ao princípio por força do qual incumbe ao árbitro apreciar e afirmar sua própria competência (princípio *Kompetenz-Kompetenz*). Neste caso, então, o processo arbitral prosseguirá e o processo judicial será extinto sem resolução do mérito. Caso se queira discutir a validade da convenção de arbitragem ou do processo arbitral, isto só poderá acontecer após a prolação da sentença arbitral, em processo que se instaure para apreciação de demanda de anulação de sentença arbitral (art. 20, § 2º, da Lei de Arbitragem).

1178. Excetuadas a convenção de arbitragem e a incompetência relativa, o juiz conhecerá de ofício das matérias enumeradas neste artigo.

1179. A ausência de alegação da existência de convenção de arbitragem, na forma prevista neste Capítulo, implica aceitação da jurisdição estatal e renúncia ao juízo arbitral.

1180. *O novo processo civil brasileiro: de acordo com a Lei 13.256/2016.* 2. ed., São Paulo: 2016. p. 270

Sobre o princípio da competência-competência, relevante elucidar seu significado, trazendo à colação os ensinamentos de Paulo Magalhães Nasser e Felipe Vollbrecht Sperandio[1181]:

> É certo que de nada adiantaria a vontade das partes de resolver seus conflitos futuros ou atuais fora do âmbito jurisdicional se, a todo e qualquer momento, o Judiciário fosse chamado a intervir. Mais do que isso, impedir que o juízo arbitral decida sobre a sua própria jurisdição para processar e julgar conflitos de interesse a eles submetido representaria, na verdade, uma outorga frágil e precária de poder ao tribunal arbitral para decidir a disputa travada entre as partes contratantes. Isso porque, a todo momento, o tribunal arbitral poderia ver seus atos questionados ou sua autonomia restringida por decisões concomitantes ao procedimento arbitral emanadas pelo Poder Judiciário: o mesmo Poder a que as partes decidiram não recorrer quando tivessem um conflito de interesses. (...). Exatamente por situações como a relatada é que ganhou relevo o princípio da competência-competência, que confere ao tribunal arbitral a prerrogativa de decidir se ele, tribunal arbitral, tem competência para processar a arbitragem que se pretende instituir, abrangendo-se nesta análise a invalidade da convenção de arbitragem, sem a possibilidade de se buscar perante o Judiciário, concomitantemente, um provimento que decrete eventual nulidade ou que anule a convenção.

Significa dizer que o inciso III do artigo 1.015 não se restringe a rejeição da alegação feita pelo réu, em preliminar de contestação, pois deve ser estendida tal hipótese de cabimento do agravo de instrumento a situação de equivalente rejeição a alegação de convenção de arbitragem, porém quando a alegação foi oriunda do próprio árbitro.

▶ **NCPC. Art. 485.** O juiz não resolverá o mérito quando: VII – acolher a alegação de existência de convenção de arbitragem ou quando o juízo arbitral reconhecer sua competência. ▶ **Art. 1.015.** Cabe agravo de instrumento contra as decisões interlocutórias que versarem sobre: III – rejeição da alegação de convenção de arbitragem.

Enunciado 560. As decisões de que tratam os arts. 22, 23 e 24 da Lei 11.340/2006 (Lei Maria da Penha), quando enquadradas nas hipóteses do inciso I, do art. 1.015, podem desafiar agravo de instrumento.

● *Grupo: Impacto nos Juizados e nos procedimentos especiais da legislação extravagante.* ● *Referências: art. 1.015, I; arts. 22 a 24 da Lei 11.340/06.*

▸ ***Gilberto Gomes Bruschi***

As situações especificadas nos art. 22 a 24 da Lei 11.340/06 (Lei Maria da Penha) tratam de hipóteses que podem estar enquadradas nas chamadas ações de família (encartadas nos procedimentos especiais) e nesse caso são perfeitas situações de tutelas provisórias no âmbito do direito de família, visando evitar danos irreparáveis.

1181. "Arbitragem como forma de resolução de conflitos empresariais". *In*: BRUSCHI, Gilberto G. *et al.* (Coords.). *Direito processual empresarial: estudos em homenagem a Manoel de Queiroz Pereira Calças.* Rio de Janeiro: Elsevier, 2012. p. 638.

Encartando tais casos como tutelas provisórias atreladas às ações de família, perfeitamente cabível o agravo de instrumento, consoante dispõe o artigo 1.015, I.

► **NCPC. Art. 1.015.** Cabe agravo de instrumento contra as decisões interlocutórias que versarem sobre: I – tutelas provisórias.

► **Lei 11.340/06. Art. 22.** Constatada a prática de violência doméstica e familiar contra a mulher, nos termos desta Lei, o juiz poderá aplicar, de imediato, ao agressor, em conjunto ou separadamente, as seguintes medidas protetivas de urgência, entre outras: (...). ► **Art. 23.** Poderá o juiz, quando necessário, sem prejuízo de outras medidas: (...). ► **Art. 24.** Para a proteção patrimonial dos bens da sociedade conjugal ou daqueles de propriedade particular da mulher, o juiz poderá determinar, liminarmente, as seguintes medidas, entre outras: (...).

ENUNCIADO 611. NA HIPÓTESE DE DECISÃO PARCIAL COM FUNDAMENTO NO ART. 485 OU NO ART. 487, AS QUESTÕES EXCLUSIVAMENTE A ELA RELACIONADAS E RESOLVIDAS ANTERIORMENTE, QUANDO NÃO RECORRÍVEIS DE IMEDIATO, DEVEM SER IMPUGNADAS EM PRELIMINAR DO AGRAVO DE INSTRUMENTO OU NAS CONTRARRAZÕES.

● *Grupo: Recursos (menos os repetitivos) e reclamação.* ● *Referências: arts. 354, par. ún., 356, § 5º, 485, 487, 1.009, §§ 1º e 2º e 1.015, II.*

▸ ***Gilberto Gomes Bruschi***

O agravo de instrumento manejado com base no § 5º do artigo 356 do NCPC, por atacar decisão de mérito apta a formar coisa julgada é, ontologicamente, um substitutivo do recurso de apelação e, por coerência, deve ter tratamento idêntico ao da própria apelação, no que diz respeito às preliminares de apelação ou de contrarrazões de apelação em que se ataca decisão interlocutória contra a qual não cabe agravo de instrumento.

Tal fato também se aplica ao agravo de instrumento que desafia a decisão proferida com base no artigo 354, conforme previsão de seu parágrafo único.

A ideia de trazer tal possibilidade de se atacar em preliminar de agravo de instrumento as decisões interlocutórias relacionadas ao capítulo decidido de forma parcial é primordial, tendo em vista que na sentença, que será proferida posteriormente, não haverá manifestação sobre aquele capítulo já decidido, nos termos dos artigos 354 (com ou sem resolução do mérito) ou 356 (com resolução do mérito e analisando o pedido formulado pelo autor, julgando-o procedente ou improcedente).

Havendo decisão interlocutória que resolva questão na fase de conhecimento e a seu respeito não caiba agravo de instrumento, sendo que tal questão esteja relacionada direta e exclusivamente ao capítulo julgado parcialmente, é premente, caso queira ataca-la, que o agravante suscite em preliminar ao agravo de instrumento, manejando, portanto, recurso contra aquela decisão não prevista no rol do artigo 1.015 no bojo do recurso que atacar a decisão que tenha conteúdo de sentença, mas que se trata de decisão interlocutória (art. 203, § 2º), uma vez que tal agravo de instrumento faz às vezes de apelação.

► **NCPC. Art. 354. Parágrafo único.** A decisão a que se refere o caput pode dizer respeito a apenas parcela do processo, caso em que será impugnável por agravo de instrumento. ► **Art. 356. § 5º** A decisão proferida com base neste artigo é impugnável por agravo de instrumento. ► **Art. 485.** O juiz não resolverá o mérito quando: (...). ► **Art. 487.** Haverá resolução de mérito quando o juiz: (...). ► **Art. 1.009.** (...). **§ 1º** As questões resolvidas na fase de conhecimento, se a decisão a seu respeito não comportar agravo de instrumento, não são cobertas pela preclusão e devem ser suscitadas em preliminar de apelação, eventualmente interposta contra a decisão final, ou nas contrarrazões. **§ 2º** Se as questões referidas no § 1º forem suscitadas em contrarrazões, o recorrente será intimado para, em 15 (quinze) dias, manifestar-se a respeito delas. (...). ► **Art. 1.015.** Cabe agravo de instrumento contra as decisões interlocutórias que versarem sobre: (...). II – mérito do processo; (...).

Enunciado 612. Cabe agravo de instrumento contra decisão interlocutória que, apreciando pedido de concessão integral da gratuidade da Justiça, defere a redução percentual ou o parcelamento de despesas processuais.

● *Grupo: Recursos (menos os repetitivos) e reclamação.* ● *Referências: arts. 98, §§ 5º e 6º e 1.015, V.*

▸ ***Gilberto Gomes Bruschi***

Tendo sido requerida a gratuidade da justiça na inicial somente ensejará agravo de instrumento se houver o indeferimento, ou, sendo deferida, o réu pleitear sua revogação em preliminar de contestação e tal pleito for atendido pelo juiz, ou seja, for "acolhido o pedido de sua revogação".

Situação interessante ocorre se houver uma decisão que defere os benefícios da gratuidade, mas de forma modulada, isto quer dizer, apenas para determinados atos do processo ou, ainda, uma verdadeira "redução percentual de despesas processuais que o beneficiário tiver de adiantar no curso do procedimento".

Poderá também, ao invés de deferir os benefícios o juiz determinar que as custas e despesas do processo sejam recolhidas de forma parcelada, para não o onerar tanto.

Nesse caso a decisão analisou o requerimento feito pelo autor ou réu de gratuidade integral da justiça e entendeu por bem em modular tal benefício.

Sem sombra de dúvidas foi uma decisão interlocutória que não concedeu os benefícios tal e qual pleiteados pela parte interessada em obtê-los, tratando-se, portanto, de um indeferimento parcial da concessão, ensejando, assim, a interposição do agravo de instrumento.

► **NCPC. Art. 98. (...). § 5º** A gratuidade poderá ser concedida em relação a algum ou a todos os atos processuais, ou consistir na redução percentual de despesas processuais que o beneficiário tiver de adiantar no curso do procedimento. **§ 6º** Conforme o caso, o juiz poderá conceder direito ao parcelamento de despesas processuais que o beneficiário tiver de adiantar no curso do procedimento. (...). ► **Art. 1.015.** Cabe agravo de instrumento contra as decisões interlocutórias que versarem sobre: (...). V – rejeição do pedido de gratuidade da justiça ou acolhimento do pedido de sua revogação; (...).

ENUNCIADO 663. A PROVIDÊNCIA PREVISTA NO *CAPUT* DO ART. 1.018 SOMENTE PODE PREJUDICAR O CONHECIMENTO DO AGRAVO DE INSTRUMENTO QUANDO OS AUTOS DO RECURSO NÃO FOREM ELETRÔNICOS.

● *Grupo: Recursos (menos os repetitivos).* ● *Referências: art. 1.018, caput e § 2º.*

▸ **Gilberto Gomes Bruschi**

Tratando-se de processo físico, devidamente interposto o agravo de instrumento, terá o agravante o prazo de três dias úteis para comunicar tal fato ao juízo a quo, fazendo-o por meio de petição a ele dirigida e acompanhada de cópia da petição recursal e relação das peças juntadas. Se, por outro lado, o processo for eletrônico, tal providência passa a ser facultativa, como está a indicar o caput do artigo 1.018 do NCPC.

A diligência não tem o objetivo de intimar a parte contrária, porque sua cientificação será promovida diretamente pelo tribunal (art. 1.019, II). Sua função é, precipuamente, de documentação, servindo, também, como meio de provocar o juízo de retratação, que, na hipótese de ser positivo, altera a decisão agravada, tornando o agravo prejudicado (art. 1.018, § 1º).

A falta de observação desse particular pelo agravante ocasionará o não conhecimento do recurso, desde que se trate de processo físico e, o agravado, por ocasião da resposta, argua e comprove tal descumprimento (art. 1.018, § 2º, segunda parte).

Há que se ressaltar que o prazo para arguição e comprovação do descumprimento é preclusivo.

Quanto à forma de comprovação do não cumprimento pelo agravado, a mera arguição desprovida de qualquer prova não é capaz de ensejar a consequência prevista pelo legislador, pois, como a própria lei estabelece, tal fato deverá ser provado, *v.g.* por meio de uma certidão obtida na serventia em primeiro grau de jurisdição.

Se o juiz comunicar o tribunal que reformou inteiramente a decisão (*rectius*, se retratou), o relator considerará prejudicado o agravo, sendo que, ocorrendo a retratação do juiz, a nova decisão, até por questão de lógica, será irrevogável, não dando espaço a uma terceira decisão por parte do juiz que havia proferido a decisão agravada e acabou por retratar-se.

▸ **NCPC.** ▸ **Art. 1.018. O** agravante poderá requerer a juntada, aos autos do processo, de cópia da petição do agravo de instrumento, do comprovante de sua interposição e da relação dos documentos que instruíram o recurso. (...). § **2º** Não sendo eletrônicos os autos, o agravante tomará a providência prevista no caput, no prazo de 3 (três) dias a contar da interposição do agravo de instrumento.

2.3.2.4. Do Agravo Interno (art. 1.021)

ENUNCIADO 358. A APLICAÇÃO DA MULTA PREVISTA NO ART. 1.021, § 4º, EXIGE MANIFESTA INADMISSIBILIDADE OU MANIFESTA IMPROCEDÊNCIA.

● *Grupo: Recursos.* ● *Referência: art. 1.021, § 4º.*

▸ **Gilberto Gomes Bruschi**

O artigo 1.021, § 4º deixa dúvidas se a manifesta declaração é apenas acerca da inadmissibilidade do recurso ou também está relacionada à improcedência.

O grupo entendeu por bem esmiuçar tal redação para não deixar dúvidas aos operadores do direito que somente será aplicada multa se e quando houver a declaração de manifesta inadmissibilidade do recurso, o que também ocorrerá no caso de sua manifesta improcedência.

Significa dizer que, não basta que o recurso seja inadmissível ou improcedente. O órgão julgador deve decidir que tal inadmissibilidade ou tal improcedência deve ser manifesta, ou seja, que o equívoco do recorrente é patente.

> ▶ **NCPC. Art. 1.021. § 4º** Quando o agravo interno for declarado manifestamente inadmissível ou improcedente em votação unânime, o órgão colegiado, em decisão fundamentada, condenará o agravante a pagar ao agravado multa fixada entre um e cinco por cento do valor atualizado da causa.

Enunciado 359. A aplicação da multa prevista no art. 1.021, § 4º, exige que a manifesta inadmissibilidade seja declarada por unanimidade.

● *Grupo: Recursos.* ● *Referência: art. 1.021, § 4º.*

▸ ***Gilberto Gomes Bruschi***

Assim como ocorreu no enunciado 358, a redação do artigo 1.021, § 4º não é clara sobre a questão do que deve ser decidido por votação unânime do órgão colegiado.

Na eventualidade de haver a interposição de agravo interno contra decisão monocrática do relator, nos termos do *caput do artigo* 1.021, para que haja a incidência da multa, deve ser considerada, por votação unânime do órgão competente para o julgamento do recurso, sua manifesta inadmissibilidade ou sua manifesta improcedência.

Na verdade, qualquer que seja o motivo para a aplicação da multa, pela inadmissibilidade manifesta ou pela improcedência manifesta, tal interpretação deve ser feita por votação unânime do órgão colegiado que julgará o agravo interno.

> ▶ **NCPC. Art. 1.021. § 4º** Quando o agravo interno for declarado manifestamente inadmissível ou improcedente em votação unânime, o órgão colegiado, em decisão fundamentada, condenará o agravante a pagar ao agravado multa fixada entre um e cinco por cento do valor atualizado da causa.

Enunciado 613. A interposição do agravo interno prolonga a dispensa provisória de adiantamento de despesa processual de que trata o § 7º do art. 99, sendo desnecessário postular a tutela provisória recursal.

● *Grupo: Recursos (menos os repetitivos) e reclamação.* ● *Referências: arts. 99, § 7º e 1.021.*

▸ ***Gilberto Gomes Bruschi***

Na eventualidade de ser requerida a concessão dos benefícios da gratuidade da justiça por ocasião da interposição do recurso de apelação, cabe única e exclusivamente ao relator a análise de tal concessão.

Sendo tal requerimento indeferido, como toda e qualquer decisão monocrática do relator, ensejará a possibilidade de interposição do agravo interno, viabilizando que o órgão colegiado que é o competente para julgar o mérito do recurso, também reaprecie a decisão monocrática que se restringiu a rejeitar o requerimento da gratuidade da justiça.

Nesse caso, haverá o prolongamento do efeito suspensivo da apelação ou, ainda, a suspensão da exigibilidade da decisão com relação à necessidade de recolhimento do valor do preparo até que haja revisão pelo órgão colegiado. Se entenderem pelo desprovimento do agravo interno, aí sim, haverá necessidade de recolhimento do preparo no prazo que vier a ser fixado para tanto.[1182]

► **NCPC. Art. 99. § 7º** Requerida a concessão de gratuidade da justiça em recurso, o recorrente estará dispensado de comprovar o recolhimento do preparo, incumbindo ao relator, neste caso, apreciar o requerimento e, se indeferi-lo, fixar prazo para realização do recolhimento. ► **Art. 1.021.** Contra decisão proferida pelo relator caberá agravo interno para o respectivo órgão colegiado, observadas, quanto ao processamento, as regras do regimento interno do tribunal. (...).

Enunciado 693. Cabe agravo de instrumento contra a decisão interlocutória que converte o rito da tutela provisória de urgência requerida em caráter antecedente.

► *Fernanda Medina Pantoja*

Ao reunir as tutelas cautelares e antecipatórias sob o mesmo gênero das "tutelas de urgência", o CPC/2015 reconheceu a sua unidade ontológica, caracterizada pela sumariedade da cognição, pela provisoriedade de sua eficácia e pela identidade dos requisitos para a sua concessão, sem distinção em grau ou intensidade – quais sejam, a probabilidade do direito alegado (*fumus boni iuris*) e o perigo de dano ou risco ao resultado útil do processo (*periculum in mora*).

Existem, contudo, diferenças relevantes entre as diferentes espécies de tutela de urgência. Em primeiro lugar, em relação à sua finalidade: a tutela cautelar tem por fim garantir a utilidade do resultado buscado por outra tutela, de natureza cognitiva ou satisfativa; já a tutela antecipatória permite à parte, desde logo, de forma satisfativa, usufruir dos efeitos da concessão do próprio direito pretendido.

Em segundo lugar, há particularidades também em relação ao procedimento de cada tipo de tutela de urgência, em especial quanto às normas que disciplinam a sua concessão na forma antecedente, isto é, previamente à propositura da ação com o

---

1182. No mesmo sentido: Rafael Alexandria de Oliveira. *In*: WAMBIER, Tereza A. *et al.* (Coords.). *Breves comentários ao novo Código de Processo Civil.* 2. ed. São Paulo: RT, 2016. p. 397: "Indeferida, pelo relator, a gratuidade, deverá ele fixar prazo para que o recorrente promova o preparo – aí, sim, sob pena de não conhecimento do recurso. Da decisão caberá agravo interno. Se ele for interposto, parece razoável aplicar aqui o disposto no § 1º do art. 101, (...). Esse dispositivo confere ao recurso interposto contra a decisão que indefere a gratuidade uma espécie de efeito suspensivo provisório, permitindo que o requerente não seja compelido a efetuar o adiantamento até que o órgão a quem compete apreciar o recurso profira a sua decisão".

pedido de tutela final. Por exemplo, as cautelares antecedentes perdem a eficácia se o pedido principal não for deduzido em trinta dias, nos termos dos artigos 308 e 309 do CPC-2015; e as antecipadas antecedentes têm a aptidão de se estabilizarem, desde que presentes os requisitos legais, conforme previsto no artigo 304 do CPC-2015.

Diante das peculiaridades de cada espécie, é certo que a decisão de determinação de conversão de rito da tutela de urgência, autorizada pelo parágrafo único do art. 305, pode ser prejudicial para o autor ou para o réu, configurando, assim, o seu respectivo interesse recursal.

O enunciado dispõe justamente sobre o cabimento da interposição de agravo de instrumento, pela parte prejudicada pela conversão do rito da tutela de urgência, com base no artigo 1015, I, do CPC, por se tratar de decisão que "versa sobre tutela provisória".

Note-se que a decisão de conversão de rito abarca tanto a possibilidade de conversão da tutela cautelar antecedente em tutela antecipatória antecedente, quanto a alternativa inversa, de conversão da tutela antecipatória antecedente em tutela cautelar antecedente. Nesse sentido, o enunciado nº 502 do FPPC evidencia o amplo consenso entre os doutrinadores a respeito da conversibilidade de mão-dupla das tutelas de provisórias de urgência, ao consignar que "caso o juiz entenda que o pedido de tutela antecipada em caráter antecedente tenha natureza cautelar, observará o disposto no art. 305 e seguintes".

► **CPC. Art. 305.** A petição inicial da ação que visa à prestação de tutela cautelar em caráter antecedente indicará a lide e seu fundamento, a exposição sumária do direito que se objetiva assegurar e o perigo de dano ou o risco ao resultado útil do processo. Parágrafo único. Caso entenda que o pedido a que se refere o caput tem natureza antecipada, o juiz observará o disposto no art. 303. Art. 1.015. Cabe agravo de instrumento contra as decisões interlocutórias que versarem sobre: I – tutelas provisórias;

Enunciado 705. Aplicam-se os §§ 3º e 4º do art. 1.013 ao agravo de instrumento interposto contra decisão parcial de mérito.

▸ *Fernanda Medina Pantoja*

Como se extrai do parágrafo único do art. 354 do CPC-2015, o legislador optou por conferir, ao pronunciamento judicial que julga parcialmente o mérito da demanda, a natureza de decisão interlocutória, impugnável por meio de agravo de instrumento. A natureza do pronunciamento judicial é identificada a partir de seu conteúdo e da sua aptidão para encerrar ou não uma fase processual; sendo irrelevantes, para o fim de distingui-la, outros aspectos, como a profundidade da cognição ou a idoneidade do pronunciamento para formar coisa julgada material.

Assim, muito embora a profundidade da cognição de uma decisão interlocutória parcial de mérito seja idêntica à de uma sentença que disponha do mesmo objeto, são diversos os recursos cabíveis para impugná-las – a primeira por meio de agravo de instrumento; a segunda, através da apelação.

Se, de um lado, apelação e agravo se assemelham por dispor de fundamentação livre e ampla devolutividade, de outro estão sabidamente sujeitos a normas distintas de processamento e julgamento. Por exemplo, o agravo não dispõe de efeito suspensivo *ope legis*, como se dá com a apelação; e não há previsão de recurso adesivo no agravo, como existe para o apelo. Essas diferenças não parecem justificáveis quando se trata de um agravo de instrumento interposto contra decisão interlocutória de mérito, e decerto poderiam ter sido evitadas pelo legislador, bastando que houvesse equiparado as normas aplicáveis ao agravo de instrumento contra o julgamento parcial de mérito àquelas que regem a apelação.

A possibilidade de aplicação da chamada "teoria da causa madura" também ilustra um desses casos: o seu cabimento está previsto exclusivamente nas normas que dizem respeito à apelação, no artigo 1.013, §§ 3º e 4º, e não na disciplina atinente ao agravo.

Trata-se, em síntese, da ampliação *ope legis* do efeito devolutivo da apelação, por meio da qual se outorga ao tribunal a competência para que, no julgamento do apelo, quando da reforma ou da anulação da sentença, decida desde logo o mérito, desde que o processo esteja em condições de imediato julgamento. Como define Cândido Rangel Dinamarco, a situação retrata um "atalho" legítimo na prestação jurisdicional (DINAMARCO, Cândido Rangel. *A Reforma da Reforma*. 3ª ed., rev. e atual. São Paulo: Malheiros, 2002, p. 162).

Ainda que o Código não o tenha feito de forma expressa, é razoável que se estenda a possibilidade de julgamento direto do mérito pelo tribunal também aos casos de agravo de instrumento contra decisão parcial de mérito, diante (i) da proximidade ontológica dos provimentos impugnados; (ii) da inexistência de restrições cognitivas, no agravo de instrumento, quanto à matéria devolvida; e (iii) do reconhecimento de que a técnica atende aos princípios da duração razoável do processo e da eficiência. Justamente por essas razões, a aplicabilidade da técnica ao agravo de instrumento já fora sedimentada na doutrina e na jurisprudência, inclusive sob a égide do CPC anterior.

▶ **CPC Art. 354.** Ocorrendo qualquer das hipóteses previstas nos arts. 485 e 487, incisos II e III, o juiz proferirá sentença. Parágrafo único. A decisão a que se refere o caput pode dizer respeito a apenas parcela do processo, caso em que será impugnável por agravo de instrumento. Art. 1.013. (...) § 3º Se o processo estiver em condições de imediato julgamento, o tribunal deve decidir desde logo o mérito quando: I – reformar sentença fundada no art. 485; II – decretar a nulidade da sentença por não ser ela congruente com os limites do pedido ou da causa de pedir; III – constatar a omissão no exame de um dos pedidos, hipótese em que poderá julgá-lo; IV – decretar a nulidade de sentença por falta de fundamentação. § 4º Quando reformar sentença que reconheça a decadência ou a prescrição, o tribunal, se possível, julgará o mérito, examinando as demais questões, sem determinar o retorno do processo ao juízo de primeiro grau.

Enunciado 706. (Art. 1.015, parágrafo único) É cabível a interposição de agravo de instrumento contra as decisões interlocutórias proferidas após a decretação da falência ou o deferimento da recuperação judicial.

▸ *Fernanda Medina Pantoja*

O enunciado consolida o entendimento de que a recuperação judicial e a falência são processos de execução coletiva, sendo-lhes aplicável, portanto, o parágrafo único do artigo 1.015 do CPC, que estabelece serem agraváveis as decisões interlocutórias proferidas em processos de execução.

É de se destacar que a recorribilidade das decisões interlocutórias proferidas na recuperação judicial e na falência é imprescindível para a eficácia desses procedimentos, na medida em que diversas decisões acerca de matérias relevantes (como liberação de trava bancária, fixação da remuneração do administrador judicial e peritos, competência do juízo) devem estar definitivamente decididas antes da sentença de encerramento da recuperação judicial ou da falência.

▸ **CPC. 1.015.** Parágrafo único. Também caberá agravo de instrumento contra decisões interlocutórias proferidas na fase de liquidação de sentença ou de cumprimento de sentença, no processo de execução e no processo de inventário.

2.3.2.5. Dos Embargos de Declaração (arts. 1.022 a 1.026)

Enunciado 104. O princípio da fungibilidade recursal é compatível com o CPC e alcança todos os recursos, sendo aplicável de ofício.

● *Grupo: Ordem dos Processos no Tribunal, Teoria Geral dos Recursos, Apelação e Agravo.* ● *Referência: art. 1.024, § 3º.*

▸ *Rodrigo Mazzei e Leriane Drumond Bento*

O Enunciado em análise consagra a aplicação do princípio da fungibilidade no NCPC, afirmando que o mesmo alcança todos os recursos e deve ser aplicado de ofício. Tal comando tem incidência concreta no artigo 1.024, § 3º, dispositivo que embasa a formulação do enunciado em comento, e que dispõe sobre a conversão e processamento de embargos de declaração contra decisões unipessoais dos relatores como agravo interno. Como os embargos de declaração possuem devolutividade limitada, isto é, somente podem invocar questões eleitas pelo legislador (obscuridade, contradição, omissão e erro material), a conversão muitas vezes causa prejuízo ao embargante, já que os horizontes da devolutividade do agravo interno são bem mais abertos, admitindo-se fundamentação ampla para impugnar os fundamentos da decisão recorrida (§ 1º, art. 1.021).

Aplicam-se, no particular, os ditames do dever de prevenção que, sem dúvida alguma, vincula (isto é, obriga) o órgão judiciário a determinar o saneamento das postulações, em caso de deficiência destas (como pode se tirar, por exemplo, do disposto parágrafo único do artigo 932). Possibilita-se, assim, todo o ajuste formal da peça, notadamente a complementação das razões recursais, de modo que devolutividade restrita dos embargos de declaração se abrirá para que seja ajustada aos contornos do § 1º do artigo 1.021. Espera-se que os Tribunais não usem da inteligente válvula do § 3º do artigo 1.024 como procedimento compulsório para todas as hipóteses de embargos de declaração contra decisão monocrática, pois tal medida mutilaria o recurso para tais situações e criaria espaço para que vício pontual (obscuridade, contradição, omissão e erro material) não possa ser alegado isoladamente.

A conversão indiscriminada criará prejuízo evidente à marcha célere do processo, encarecendo (no seu sentido mais amplo) de forma desnecessária a postulação recursal. O objetivo, com este comando, é permitir a busca pelo aproveitamento dos atos processuais, de modo a conceder a tutela mais adequada ao caso, focando sempre na prevalência do julgamento de mérito[1183]. Importante destacar que a conversão dos embargos de declaração em agravo interno deve ser realizada no prazo de cinco dias. O legislador não usou como parâmetro a diferença de prazos dos embargos de declaração (cinco dias) em relação ao agravo interno, que é de quinze dias. Aparentemente, optou pela regra geral do artigo 218.

> ▶ **NCPC. Art. 1.024. § 3º** O órgão julgador conhecerá dos embargos de declaração como agravo interno se entender ser este o recurso cabível, desde que determine previamente a intimação do recorrente para, no prazo de 5 (cinco) dias, complementar as razões recursais, de modo a ajustá-las às exigências do art. 1.021, § 1º.

Enunciado 218. A inexistência de efeito suspensivo dos embargos de declaração não autoriza o cumprimento provisório da sentença nos casos em que a apelação tenha efeito suspensivo.

● *Grupo: Ordem dos Processos nos Tribunais e Recursos Ordinários.* ● *Referência: art. 1.026.*

▸ ***Rodrigo Mazzei e Leriane Drumond Bento***

O NCPC inovou ao trazer a regra da não-suspensividade dos recursos, conforme se extrai de seu art. 995. Deste modo, salvo disposição legal expressa ou decisão judicial em sentido diverso, os recursos não obstam a eficácia das decisões. Reforçando tal ideia, o artigo 1.026 do novo diploma processual afirma que os embargos de declaração não possuem efeito suspensivo *ope legis*, muito embora permita que em determinadas situações, tal efeito possa ser concedido *ope judicis* (§ 3º).

De todo modo, é certo que pela nova sistemática dos embargos de declaração, o efeito suspensivo não é mais uma característica que lhe é inerente. Tratando deste tema, o enunciado em análise traz o entendimento de que apesar desta característica, nos casos em que o recurso posterior aos embargos de declaração detenha efeito suspensivo, não será possível a execução provisória da decisão até que aquele recurso (dotado de efeito suspensivo) seja julgado, pouco importando a falta de efeito suspensivo dos embargos de declaração.

1183. FREIRE, Alexandre; STRECK, Lenio Luiz. "Art. 1.024". *In*: STRECK, Lenio. *et al.* (Orgs.). *Comentários ao Código de Processo Civil*. São Paulo: Saraiva, 2016, p. 1.355.

Observa-se que neste caso, a razão do impedimento da incidência direta dos efeitos da decisão decorre do efeito suspensivo atribuído ao recurso posterior aos embargos de declaração, e não aos embargos em si. Neste sentido[1184]:

> A aferição quanto ao efeito suspensivo deve ser feita não em relação aos embargos, mas sim quanto ao recurso previsto pelo Código para atacar a decisão possivelmente embargada. Os embargos, em si mesmos, seja a sua interposição, seja a mera potencialidade no seu manejo, não influenciam na eficácia da decisão judicial.

Imperioso, portanto, analisar se a sentença comporta apelação com ou sem efeito suspensivo, a partir da análise das hipóteses previstas no artigo 1.012 do NCPC.

▶ **NCPC. Art. 1.026.** Os embargos de declaração não possuem efeito suspensivo e interrompem o prazo para a interposição de recurso.

Enunciado 360. A não oposição de embargos de declaração em caso de erro material na decisão não impede sua correção a qualquer tempo.

● *Grupo: Recursos.* ● *Referência: art. 1.022.*

▶ ***Rodrigo Mazzei e Leriane Drumond Bento***

O erro material, trazido como 'nova' hipótese de admissão dos embargos de declaração (art. 1.022, III, do NCPC), não reflete um juízo de valor em si, sendo, em verdade, atropelo levado a cabo e que é tratado como falha de expressão, provavelmente fruto de distração do próprio julgador. Os embargos de declaração permitem a retificação da fala descuidada, expressada disforme na redação do ato judicial, saneando e esclarecendo o enleio contido na fala embargada.

Deste modo, o erro material se configura quando fica claro que o ato judicial contém falha de expressão escrita. É o uso de palavras e/ou algarismos que não representam as ideias do julgador, que comete deslize no plasmar destas para o ato judicial. Por exemplo, o magistrado julga improcedente o pedido contido em ação de cobrança e condena o autor a pagar 10% (dez por cento) sobre o valor da condenação corrigido.

Se o pedido condenatório foi afastado, há evidente erro material na fixação da verba honorária, pois a base de cálculo (condenação) não existe. Tirando outro exemplo, em ação reivindicatória de João contra José, o julgador julga procedente o pedido, mas na parte dispositiva, por descuido, troca o nome de outras partes, colocando João como réu e José como autor.

Enfim, haverá erro material quando a falha de expressão é evidente e clara para o leitor. Em tais circunstâncias, o erro material pode ser retificado de ofício ou a requerimento da parte (art. 494 do NCPC), não se sujeitando à preclusão ou à coisa julgada. Neste sentido está o enunciado em análise, na medida em que aduz que o erro material pode ser corrigido a qualquer tempo, mesmo que não tenham sido opostos embargos de declaração. Importante realçar que erro de conta ou desvios

1184. JORGE, Flávio C. *Teoria geral dos recursos cíveis*. 7. ed. São Paulo: RT, 2015, p. 397.

de elementos aritméticos, para se caracterizarem como erros materiais, devem estar flagrantes, aferíveis de imediato pelo homem comum (ainda que com conhecimentos jurídicos para identificar os deslizes, como a troca do nome de um recurso, citado em exemplo acima).

Dessa forma, não se encaixa como erro material discussões sobre critério levado a cabo, mas tão somente a operação aritmética falha ou a colocação de números que não representam a conta. Como o erro material pode ser retificado de ofício, é possível encartar a hipótese como uma forma de omissão indireta, autorizando os embargos declaratórios a partir da tríade consagrada (obscuridade, contradição e omissão). Embora seja possível sanar o erro material de ofício ou através de simples petição, nada impede que a correção se dê através dos embargos declaratórios, até porque tal cautela afastará os efeitos da preclusão para posterior recurso, caso seja a postulação saneadora indeferida.

Diferentemente, caso a parte prejudicada opte por denunciar ao julgador aquilo que lhe parece apenas um erro material por simples petição, não obtendo êxito, poderá amargar revés processual, pela inexistência de interrupção dos prazos recursais, pois o ato postulatório não terá o efeito interruptivo dos embargos de declaração (art. 1.026 do NCPC).

Ainda sobre erro material, cabe destacar a diferença de tratamento conferida à temática nos artigos 1.022, 1.023 e 1.025, já que apenas o primeiro destes traz a expressão "erro material", ao passo que os outros dois referem-se apenas a "erro", situação que parece ter relevância na medida em que, caso seja dada a interpretação de que se admite embargos de declaração para outros tipos de erro, o NCPC estará aumentando o espectro de cabimento dos embargos de declaração. Registre-se que a jurisprudência tem admitido o manejo de embargos de declaração para atacar outros tipos de erro [comumente tratados como 'lapso manifesto' (erro de fato, erro manifesto e erro evidente)] que transbordam o conceito de "erro material", já que envolvem questões sujeitas à preclusão e que costumam trazer algum juízo de valor, ou seja, com contornos que fogem às noções de erro material.

Assim, estará ocorrendo a aproximação do NCPC em relação à CLT, pois, como é curial, a legislação processual do trabalho admite expressamente, em seu art. 897-A, a possibilidade de efeitos modificativos nos embargos de declaração para o caso de manifesto equívoco no exame dos pressupostos extrínsecos do recurso (só se pode admitir o efeito modificativo na hipótese a partir da ideia de que a oponibilidade está franqueada para corrigir tal erro de aferição, que na maioria das vezes não é um simples erro material, no seu conceito mais restrito).

▶ **NCPC. Art. 1.022.** Cabem embargos de declaração contra qualquer decisão judicial para: I – esclarecer obscuridade ou eliminar contradição; II – suprir omissão de ponto ou questão sobre o qual devia se pronunciar o juiz de ofício ou a requerimento; III – corrigir erro material.

Enunciado 361. Na hipótese do art. 1.026, § 4º, não cabem embargos de declaração e, caso opostos, não produzirão qualquer efeito.

● *Grupo: Recursos.* ● *Referência: art. 1.026, § 4º.*

▸ ***Rodrigo Mazzei e Leriane Drumond Bento***

O artigo 1.026, dentre outras regras, trata das técnicas disponíveis para coibir o manejo dos embargos de declaração protelatórios. Neste sentido, dispõe o parágrafo segundo que caso seja tal situação identificada, deverá ser fixada pelo órgão julgador, em decisão fundamentada, multa não excedente a dois por cento sobre o valor atualizado da causa. Trata-se corolário lógico e, por conseguinte, não depende de pedido da parte interessada, devendo a multa ser aplicada de ofício.

Em sendo verificado que o embargante apresentou embargos de declaração manifestamente protelatórios reiterados, ou seja, a mesma parte manejou novos embargos de declaração padecendo do mesmo vício, a multa poderá ser elevada a até 10% (dez por cento) sobre o valor atualizado da causa, consoante prevê o parágrafo terceiro. Aduz ainda o § 3º que, nesta situação, a interposição de qualquer recurso ficará condicionada ao depósito prévio do valor da multa, à exceção do beneficiário de gratuidade da justiça e da Fazenda Pública, que a recolherão ao final.

Considerando que a parte final do dispositivo não pode ser interpretada de forma desapegada da parte inicial, afigura-se que a exigência do depósito da multa como pressuposto processual especial apenas deverá aplicada nas hipóteses de embargos de declaração manifestamente protelatórios reiterados. O parágrafo quarto, por sua vez, prevê o bloqueio da admissibilidade de embargos de declaração em caso de reiteração manifestamente protelatória.

Assim, caso dois embargos de declaração tenham sido considerados como (manifestamente) protelatórios, além da penalização pecuniária (art. 1.026, § 2º e § 3º), haverá a interdição do manejo de novos embargos de declaração, impedindo a eternização da questão com a apresentação de infindáveis declaratórios, situação crítica que não é incomum no âmbito nos Tribunais.

Trata-se de medida que interdita a admissão dos embargos de declaração, sendo hipótese de não conhecimento. Neste sentido está o enunciado 361 do FPPC, na medida em que explicita o não cabimento de novos embargos no caso explicitado acima, bem como expressamente consigna que, caso opostos, não produzirão qualquer efeito.

Conclui-se, portanto, que a reiteração de embargos de declaração manifestamente protelatórios abre espaço para triplo apenamento: (a) elevação da multa; (b) bloqueio da via recursal se não for depositada judicialmente a multa pela reiteração; (c) impossibilidade de manejo de novos embargos de declaração se os dois anteriores houverem sido considerados protelatórios (§ 4º, art. 1.026). Válido destacar sobre o tema que o NCPC não alterou o entendimento da Súmula 98/STJ, de modo que esta é totalmente aplicável ao novo sistema processual, e por tal razão, os embargos com notório propósito de prequestionamento não tem caráter protelatório, não incidindo sobre eles quaisquer dos apenamentos supracitados.

▶ **NCPC. Art. 1.026. § 4º** Não serão admitidos novos embargos de declaração se os 2 (dois) anteriores houverem sido considerados protelatórios.

ENUNCIADO 475. CABEM EMBARGOS DE DECLARAÇÃO CONTRA DECISÃO INTERLOCUTÓRIA NO ÂMBITO DOS JUIZADOS ESPECIAIS.

● *Grupo: Impacto nos Juizados e nos procedimentos especiais da legislação extravagante.* ● *Referência: arts. 1.022 e 1.064; art. 48 da Lei 9.099/95.*

▸ ***Rodrigo Mazzei e Leriane Drumond Bento***

A compreensão do enunciado em exame, que trata do cabimento dos embargos de declaração no âmbito dos juizados especiais, inclusive contra decisão interlocutória, perpassa pela análise do princípio da ampla embargabilidade, bem como da necessidade de uniformização de tratamento dos embargos em todo o sistema processual.

Neste sentido, importante salientar que NCPC, através do artigo 1.022, adota o princípio da ampla embargabilidade, na medida em que permite a apresentação dos embargos de declaração contra qualquer decisão judicial bastando, para tanto, a abstrata existência dos deslizes decisórios que a figura se propõe a corrigir: omissão, contradição, obscuridade e erro material.

Não poderia ser diferente, eis que o princípio da ampla embargabilidade – aplicável aos embargos de declaração – está autorizado pela Constituição Federal, especialmente pelos incs. IX e X do artigo 93 e pelo inc. XXXV do artigo 5º, pois não há espaço – pelo texto constitucional – para qualquer ato decisório sem fundamentação hígida (isto é: clara, completa e não contraditória) e que, se judicial, negue o direito à jurisdição. Assim, a fundamentação decisória implica não apenas em constar formalmente motivos no corpo da decisão, mas sim os motivos que justificam a decisão. Ao se perquirir os motivos que justificam a decisão, a motivação (fundamentação) utilizada pelo julgador deverá ser apresentada de forma coerente, completa e clara, capaz de permitir a identificação da imparcialidade do julgador, o controle da sua legalidade, assim como aferir se a garantia de defesa foi exercida.

Por tal passo, não se pode imaginar que a motivação se esgota na (simples) existência de fundamentos decisórios, mas na apresentação destes dentro de um gabarito mais amplo, a saber: (a) *coerência* – os fundamentos necessitam ser *coerentes*, pois indicam que o julgador decidiu com os versados nos autos e que o resultado poderia ser diferente se fundamentos outros – que não os dos autos – fossem aplicados; (b) *completude* – a fundamentação necessita também ser *completa, eis que* não se permite que a não análise de questões importantes possam levar a resultado diferente; (c) *clareza* – finalmente, a fundamentação há de ser *clara*, haja vista que deve ser não só compatível, mas também permitir a exata compreensão da decisão e da motivação que a sustenta.

Os embargos de declaração funcionam, com tais noções, como instrumento processual que permitem ao jurisdicionado buscar a motivação plena das decisões judiciais. Observa-se, também, que o NCPC buscou sistematizar de forma mais coesa questões que envolvem os embargos de declaração, inclusive no diálogo entre codificação processual civil e leis especiais, tendo diminuído algumas diferenças injustificadas no manejo dos embargos de declaração. No rol das mudanças que alcançam expressamente as leis especiais, consoante se depreende dos arts. 1.064, 1.065, 1.066 (postados no Livro Complementar).

Das Disposições Finais e Transitórias, percebe-se a tentativa de uniformização, no que era possível, em relação aos Juizados Especiais (Lei 9.099/1995), aplicando-se, a partir da vigência do NCPC, o mesmo rol de hipóteses de oponibilidade dos embargos de declaração (com o descarte da *dúvida* do cardápio de tais leis especiais).

Nesta esteira, o Enunciado, conjugando a análise da ampla embargabilidade com a busca por uma sistematização do tratamento dos embargos, aduz que caberão embargos de declaração contra decisão interlocutória em sede de juizados especiais, indo além da literalidade do artigo 48 da Lei 9.099/95, que prescreve o cabimento de tal recurso apenas contra sentença ou acórdão. Sobre o assunto, importante salientar que a divergência quanto à possibilidade do manejo dos embargos de declaração contra as decisões interlocutórias repousa, ainda, na não uniformidade quanto ao cabimento ou não de agravo de instrumento contra essas decisões.

Ou seja, há divergência se apenas seriam cabíveis os embargos de declaração contra as decisões que expressamente fossem recorríveis pelos meios de impugnação citados na Lei 9.099/95, "como se a função dos embargos de declaração se esgotasse em corrigir vícios de expressão das decisões recorríveis, à guisa de preparação da decisão para o questionamento objeto de posterior recurso de natureza distinta"[1185].

Contudo, mesmo as decisões irrecorríveis serão passíveis de embargos de declaração, pois não se pode admitir - à margem da Constituição Federal - que se cristalizem atos decisórios incompletos, ou acoimados de contradição, obscuridade e/ou erro material. Com tal bússola, a cláusula de *irrecorribilidade*, embora admissível no nosso sistema processual, não se aplica aos embargos de declaração[1186].

Assim, independentemente de qualquer discussão quanto a recorribilidade das decisões interlocutórias, partindo-se do pressuposto do objetivo maior dos embargos de declaração - conceder à parte uma decisão com fundamentação hígida - é certo que este mecanismo é cabível contra qualquer ato decisório, mesmo que seja dela não sejam cabíveis outros recursos.

► **NCPC. Art. 1.022.** Cabem embargos de declaração contra qualquer decisão judicial para: I – esclarecer obscuridade ou eliminar contradição; II – suprir omissão de ponto ou questão sobre o qual devia se pronunciar o juiz de ofício ou a requerimento; III – corrigir erro material.

► **Lei 9.099/95. Art. 48.** Caberão embargos de declaração quando, na sentença ou acórdão, houver obscuridade, contradição, omissão ou dúvida.

1185. PESSOA, Fabio G. T. "Art. 1.064". *In*: STRECK, Lenio. *et al.* (Orgs.). *Comentários ao Código de Processo Civil*. São Paulo: Saraiva, 2016, p. 1.425.

1186. MOREIRA, José Carlos B. *Comentários ao Código de Processo Civil*. 15. ed. Rio de Janeiro: Forense, 2010, vol. V, p. 549-550.

Enunciado 477. Publicada em cartório ou inserida nos autos eletrônicos a decisão que julga embargos de declaração sob a vigência do CPC de 2015, computar-se-ão apenas os dias úteis no prazo para o recurso subsequente, ainda que a decisão embargada tenha sido proferida ao tempo do CPC de 1973, tendo em vista a interrupção do prazo prevista no art. 1.026.

● *Grupo: Direito intertemporal.* ● *Referência: arts. 1.026 e 219.*

▸ ***Rodrigo Mazzei e Leriane Drumond Bento***

Trata-se de enunciado que visa solucionar questões de direito intertemporal, especificamente na seara dos embargos de declaração. Deste modo, aplica-se a regra do artigo 219 para os embargos de declaração opostos contra decisões, ainda que proferidas na vigência do CPC/73, que tenham sido publicadas ou inseridas nos autos eletrônicos quando em vigor o NCPC, de modo que o prazo para o recurso posterior deverá ser contado computando-se apenas os dias úteis.

Tal ocorre devido à regra de interrupção de prazo prevista no artigo 1.026, eis que o efeito interruptivo faz com que a contagem do prazo volte à estaca zero, ou seja, não serão levados em consideração os dias consumidos no aviamento dos embargos de declaração.

Assim, a nova contagem dos prazos processuais deverá seguir o regramento introduzido pelo NCPC, qual seja, consideração apenas dos dias úteis.

► **NCPC. Art. 219.** Na contagem de prazo em dias, estabelecido por lei ou pelo juiz, computar-se-ão somente os dias úteis. ► **Art. 1.026.** Os embargos de declaração não possuem efeito suspensivo e interrompem o prazo para a interposição de recurso.

Enunciado 483. Os embargos de declaração no sistema dos juizados especiais interrompem o prazo para a interposição de recursos e propositura de reclamação constitucional para o Superior Tribunal de Justiça.

● *Grupo: Impacto nos Juizados e nos procedimentos especiais da legislação extravagante.* ● *Referência: art. 1.065; art. 50 da Lei 9.099/95; Res. 12/09 do STJ.*

▸ ***Rodrigo Mazzei e Leriane Drumond Bento***

O NCPC implementou diversas alterações na Lei 9.099/95 no que tange à temática dos embargos de declaração, com vistas a sistematizar o tratamento do instituto de forma mais coesa, tendo diminuído algumas diferenças injustificadas no manejo deste recurso. Nesta esteira, destaca-se o artigo 1.065 do diploma processual, que modificou a redação do artigo 50 da Lei dos Juizados Especiais, sendo este o tema abordado pelo enunciado ora analisado.

Observa-se, assim, que diferentemente da redação original do artigo 50 (que dispunha sobre suspensão do prazo para recurso), a oposição dos embargos de declaração conduzirá à interrupção do prazo para a interposição de outros recursos, de modo que se estende ao microssistema dos juizados especiais o regramento previsto no artigo 1.026. O efeito interruptivo, decorrente da apresentação dos embargos de declaração, faz com que a contagem do prazo volte à estaca zero, ou seja, não são levados em consideração os dias consumidos no aviamento dos embargos de declaração.

Tal fenômeno difere do efeito suspensivo dos prazos, segundo o qual o manejo dos embargos faria cessar a contagem do prazo recursal, voltando este a fluir a partir do seu julgamento, ou seja, os dias consumidos até a apresentação dos embargos de declaração eram reputados na contagem do prazo do eventual recurso interposto após o julgamento dos embargos de declaração.

Sobre o efeito interruptivo, válido destacar que este é amplo e se aplica para todas as partes e para eventuais terceiros, não se limitando apenas para o embargante (STJ, REsp 712.319), sendo extensivo até mesmo para novos embargos de declaração. Todavia, não é permitido que a parte que não embargou da primeira decisão, após o julgamento dos embargos de declaração apresentados pela contraparte ou terceiro, venha a apresentar embargos declaratórios contra a decisão primária (STJ, EDcl nos EDcl no AgRg no REsp 1.228.132), pois tal postura criaria uma contramarcha no processo, pois o julgamento teria foco em decisão que já foi alvo de embargos de declaração.

Portanto, novos embargos de declaração podem ser apresentados (por qualquer das partes e eventuais interessados), desde que voltados apenas para os vícios da decisão derivada. Aplica-se no particular a inteligência adaptada da Súmula 317/STF, que define que não devem ser prestigiados embargos de declaração se não foi pedida a declaração do julgado anterior, em que teria se verificado a omissão.

Cabe também salientar que haverá efeito interruptivo mesmo que os embargos de declaração não sejam conhecidos, a exceção dos casos marcados pela intempestividade (STJ, AgRg no Ag 908.561). Contudo, a intempestividade dos embargos de declaração manejados por uma parte não pode contaminar o prazo recursal da contraparte, aplicando-se a esta o efeito interruptivo (STJ, REsp 869.366) sob pena de violação, inclusive, da conduta de confiança e boa-fé que deve estar presente no ambiente processual (art. 5º, NCPC).

Feitas estas considerações sobre o efeito interruptivo, voltando-se à análise das modificações realizadas no artigo 50 da Lei 9.099/95, observa-se que, diferentemente da redação original, não é mais atrelado o cabimento dos embargos apenas contra sentença, na medida em que se afirma genericamente que os embargos interrompem o prazo para interposição de recurso posterior. Disto conclui-se que em sendo opostos embargos de declaração contra qualquer decisão, o prazo para apresentação de recurso subsequente será interrompido.

Tal interrupção estende-se, inclusive, à propositura de reclamação constitucional para o STJ em caso de decisão prolatada por Turma Recursal Estadual que seja divergente da orientação jurisprudencial da supracitada Corte, consolidada em incidente de assunção de competência e de resolução de demandas repetitivas, em julgamento de recurso especial repetitivo e em enunciados das súmulas do STJ, bem como para garantir a observância de precedentes (art. 1º, Resolução STJ 3/2016).

► **Lei 9.099/95. Art. 50.** Quando interpostos contra sentença, os embargos de declaração suspenderão o prazo para recurso.

ENUNCIADO 561. A DECISÃO QUE JULGAR PROCEDENTE OU IMPROCEDENTE O PEDIDO EM ARGUIÇÃO DE DESCUMPRIMENTO DE PRECEITO FUNDAMENTAL É IMPUGNÁVEL POR EMBARGOS DE DECLARAÇÃO, APLICANDO-SE POR ANALOGIA O ART. 26 DA LEI Nº 9.868/1999.

● *Grupo: Impacto nos Juizados e nos procedimentos especiais da legislação extravagante.* ● *Referências: art. 1.022; art. 12 da Lei 9.882/99.*

▸ ***Rodrigo Mazzei e Leriane Drumond Bento***

Os embargos de declaração, em razão de sua natureza e escopo, são cabíveis mesmo em face de decisões que sejam irrecorríveis. Neste sentido, podem ser manejadas contra decisão que julgar o pedido de arguição de descumprimento de preceito fundamental, da qual, conforme o artigo 12 da Lei 9.882/99, não cabe recursos. Isto ocorre na medida em que não se pode admitir – à margem da Constituição Federal – que se cristalizem atos decisórios incompletos, ou acoimados de contradição, obscuridade e/ou erro material.

Esta premissa foi respeitada pelo legislador infraconstitucional em algumas situações, como se observa no artigo 30 da Lei 9.307/1996 (Arbitragem) e no artigo 26 da Lei 9.869/1999 (que trata da ação direta de inconstitucionalidade e da ação declaratória de constitucionalidade), pois, embora a legislação vede a interposição de recursos, o legislador não deixou de prever expressamente o cabimento dos embargos de declaração. Diferentemente, em outros casos, a legislação manteve-se omissa, não ressalvando a possibilidade de manejo dos embargos de declaração. Isto ocorre, dentre outras hipóteses, em relação ao pedido em arguição de descumprimento de preceito fundamental, na medida em que a Lei 9.882/99 não traz expressamente a previsão de cabimento dos embargos de declaração.

Entretanto, mesmo em caso de omissão legislativa, a ordem constitucional impõe sempre o cabimento dos declaratórios. Isso porque será absolutamente inconstitucional cercear o manejo de remédio jurídico que visa concretizar garantias previstas no ventre da Carta Magna, do quilate do princípio da motivação decisória (art. 93, IX e X) e do acesso à justiça de forma plena (art. 5º, XXXV). Deve-se interpretar que nestes casos, a regra de irrecorribilidade restringe-se aos recursos que visam à revisão total da decisão, mas jamais aos embargos de declaração, que possuem escopo outro e função de concretização de garantias processuais insertas na Constituição[1187].

Nesta esteira está o Enunciado, que orienta a aplicação analógica do regramento das ações declaratórias de constitucionalidade e ações diretas de inconstitucionalidade para as arguições de descumprimento de preceito fundamental, admitindo, portanto, o manejo dos embargos de declaração.

1187. CUNHA JR., Dirley da. *Controle de constitucionalidade*. 7. ed. Salvador: Juspodivm, 2014, p. 13.

► **NCPC. Art. 1.022.** Cabem embargos de declaração contra qualquer decisão judicial para: I – esclarecer obscuridade ou eliminar contradição; II – suprir omissão de ponto ou questão sobre o qual devia se pronunciar o juiz de ofício ou a requerimento; III – corrigir erro material.

► **Lei 9.882/99. Art. 12.** A decisão que julgar procedente ou improcedente o pedido em arguição de descumprimento de preceito fundamental é irrecorrível, não podendo ser objeto de ação rescisória.

► **Lei 9.868/99. Art. 26.** A decisão que declara a constitucionalidade ou a inconstitucionalidade da lei ou do ato normativo em ação direta ou em ação declaratória é irrecorrível, ressalvada a interposição de embargos declaratórios, não podendo, igualmente, ser objeto de ação rescisória.

ENUNCIADO 562. CONSIDERA-SE OMISSA A DECISÃO QUE NÃO JUSTIFICA O OBJETO E OS CRITÉRIOS DE PONDERAÇÃO DO CONFLITO ENTRE NORMAS.

● *Grupo: Sentença, coisa julgada e ação rescisória.* ● *Referências: arts. 489, § 2º e 1.022, par. ún., II.*

► ***Rodrigo Mazzei e Leriane Drumond Bento***

O enunciado em análise trata da omissão, uma das hipóteses que permitem o cabimento dos embargos de declaração. A análise da redação do inc. II do artigo 1.022 do NCPC já anuncia que o vício da omissão poderá ocorrer de diversas formas e em pontos distintos da decisão, já que dispõe que será considerada omissão para efeito dos embargos de declaração a não análise de ponto ou questão sobre o qual devia se pronunciar o juiz de ofício ou a requerimento.

Assim, se o órgão julgador (singular ou plúrimo) deixa de analisar determinado pedido (fundamento e postulação), ele será omisso. A omissão também será vislumbrada nas hipóteses em que o pedido é julgado sem análise (total ou parcial) dos fundamentos trazidos pelas partes ou quando, embora tenha examinado toda a fundamentação, o julgador deixa de resolver a questão na parte dispositiva.

Como se vê, da simples exemplificação, as formas de omissão podem ser variadas e, para tais vícios, os embargos de declaração são o *remédio de saneamento*, sendo pouco relevante a forma e o local da decisão em que o órgão julgador deixou de apreciar o *ponto* ou questão sobre o qual devia se pronunciar. Dentre as formas de omissão, tem-se a ontológica e a relacional.

A primeira delas ocorrerá quando o ato judicial decisório deixar de abordar ponto(s) relevante(s); ou seja, quando o vazio decisório estiver na incompletude do corpo da motivação e do dispositivo pela não análise e deliberação de alguma(s) questão(ões) importante(s). Já a omissão relacional estará presente quando o ponto relevante for traçado parcialmente, faltando-lhe a respectiva correspondência formal à direção adotada. Deste modo, haverá fundamento, mas não estará presente dispositivo respectivo, ou vice-versa (se vislumbrará parte dispositiva, mas não se verificará a motivação que dê amparo ao comando judicial cravado).

Assim, na *omissão relacional*, faltará elemento formal de estrutura lógica à saúde do ato judicial[1188]. Em outros termos, na *omissão ontológica*, a atividade judicante não foi completa por existir material para se examinar e proferir comando. Exemplificando: o julgador examinou fundamentos atrelados à causa, mas não todos aqueles que deveriam ter sido apreciados e decididos. Haverá vazio na fundamentação, merecendo que a decisão seja *complementada*, de modo que o julgador possa apresentar nova motivação – que, por sua vez, redundará em nova parte dispositiva. Na omissão *relacional*, por seu turno, a matéria poderá estar presente em uma parte (motivação ou dispositivo), mas lhe faltará o correspondente elemento formal para que o ato judicial esteja completo.

Por exemplo, há, no ato judicial, a motivação, tendo o julgador analisado a matéria, mas não se vislumbra a respectiva parte dispositiva. Observa-se, ainda, a existência de omissões diretas e indiretas, eis que o órgão julgador fica obrigado, sob pena de nulidade, a decidir (e motivar) sobre todo o material relevante trazido pelas partes em seus respectivos atos postulatórios, através dos contornos que são dados à lide com base no princípio dispositivo, e de igual modo, fica o julgador compelido, também, a decidir (e motivar) sobre as questões que são remetidas ao seu domínio independentemente de requerimento das partes, bastando, para tanto, que seja invocada a prestação jurisdicional (princípio inquisitório).

Assim, ao decidir, o julgador estará jungido a observar as questões relevantes colacionadas pelas partes (princípio dispositivo) e, ainda, as que, em razão de seu dever de ofício (princípio inquisitório), devem ser alvo de análise. Esse ambiente misto permite observar duas formas de omissão distintas: (a) *omissão direta*, que irá ocorrer quando a decisão judicial deixa de deliberar acerca de questão relevante trazida para debate pelas partes; (b) *omissão indireta*, que surge quando o ato judicial deixar de se pronunciar sobre questão que, embora não tenha sido suscitada pelo(s) interessado(s), deveria ter sido resolvida de ofício pelo julgador, eis que independe de provocação das partes e não foi acometida pelos efeitos da preclusão.

Em resenha apertada, não apenas as questões trazidas pelas partes podem gerar a omissão, haja vista que a falta de atividade judicial sobre matéria que o Judiciário poderia (deveria) se manifestar (e resolver) de ofício também é capaz de gerar a omissão (de natureza indireta). O inciso II do artigo 1.022 do NCPC prevê de forma expressa a omissão indireta, pois considera omisso o ponto ou a questão não resolvidos pelo juiz, mesmo sem requerimento das partes, caso se trate de tema que deveria ter sido conhecido de ofício pelo Julgador.

Nessa linha, servem como alguns exemplos de matérias que devem ser resolvidas pelo julgador, ainda que não invocadas pelas partes, autorizando o manejo de embargos de declaração com base em omissão indireta: (a) aplicação de juros legais, correção monetária e verbas de sucumbência (art. 322, § 1º); (b) prestações periódicas (art.

1188. MIRANDA, Francisco Cavalcanti Pontes de. *Comentários ao Código de Processo Civil*. Rio de Janeiro: Forense, 1975, vol. 7, p. 416.

323); (c) matérias de defesa que possuem cognição de ofício, tais como inexistência ou nulidade da citação, incompetência absoluta, inépcia da petição inicial, perempção, litispendência, coisa julgada, conexão, incapacidade da parte, defeito de representação ou falta de autorização, ausência de legitimidade ou de interesse processual, falta de caução ou de outra prestação que a lei exige como preliminar e indevida concessão do benefício da gratuidade de justiça (art. 337, § 5º c/c art. 485, § 3º); (d) decadência ou prescrição (art. 487, II); (e) fato superveniente (arts. 493 e 933); (f) saneamento dos erros materiais (art. 494); (g) a assunção de competência (art. 947, § 1º), (h) sobrestamento do conflito de competência (art. 955); (i) cognição oficiosa vinculada ao efeito devolutivo do apelante (art. 1.013).

Ainda sobre a omissão, importante destacar o parágrafo único do artigo 1.022, na medida em que este especifica situações em que a decisão será considerada omissa. Embora louváveis na sua intenção, estas disposições não aumentam o espectro de cabimento dos embargos de declaração, tratando-se, pois, de hipóteses de omissão indireta, que já estavam contempladas na segunda parte do inc. II do artigo 1.022. Isso porque será considerada omissa (de forma indireta) a decisão judicial que tratar de ponto ou questão sobre o qual devia se pronunciar o juiz de ofício.

Como o julgador tem o dever de ofício de tratar da tese firmada em julgamento de casos repetitivos ou em incidente de assunção de competência aplicável ao caso sob julgamento (art. 927, III), se submetendo também a apresentação de motivação decisória moldada ao art. 489, § 1º, a não observância de tais comandos implica em omissão indireta. Interpretação descabida (e que deve ser fortemente combatida), mas possível a partir de uma exegese puramente gramatical, pode levar a limitação (equivocada) das hipóteses de omissão indireta para as questões tratadas nos incisos do parágrafo único do artigo 1.022 do NCPC.

Assim, devem ser consideradas omissas (omissão indireta) não apenas as questões versadas no parágrafo único do artigo 1.022 do NCPC, mas todas aquelas sobre o qual de ofício devia se pronunciar o juiz (= órgão judicial), em coerência ao disposto no inc. II do artigo 1.022.

No sentido da não limitação das hipóteses de omissão, o Enunciado ressalta que se o órgão julgador não justificar, no caso de colisão de normas, o objeto e os critérios gerais da ponderação efetuada (art. 489, § 2º), configurada estará a omissão, sendo admitido, portanto, o manejo dos embargos de declaração.

▶ **NCPC. Art. 489. § 2º** No caso de colisão entre normas, o juiz deve justificar o objeto e os critérios gerais da ponderação efetuada, enunciando as razões que autorizam a interferência na norma afastada e as premissas fáticas que fundamentam a conclusão. ▶ **Art. 1.022. Parágrafo único.** Considera-se omissa a decisão que: (...) II – incorra em qualquer das condutas descritas no art. 489, § 1º.

Enunciado 563. Os embargos de declaração no âmbito do Supremo Tribunal Federal interrompem o prazo para a interposição de outros recursos.

● *Grupo: Impacto nos Juizados e nos procedimentos especiais da legislação extravagante.* ● *Referências: art. 1.026; art. 339 do RISTF.*

▸ ***Rodrigo Mazzei e Leriane Drumond Bento***

O NCPC, na temática dos embargos de declaração, buscou sistematizar as regras referentes ao recurso, de modo a criar um regramento uniforme sobre o assunto e permitir o diálogo entre a codificação processual civil e as leis especiais.

Nesta esteira, o Enunciado estende aos embargos de declaração opostos no Supremo Tribunal Federal o mesmo efeito interruptivo para a interposição de outros recursos previsto no artigo 1.026 do NCPC.

Deste modo, diferentemente da redação do artigo 339 do RISTF, apresentados embargos de declaração, o prazo para interposição de recursos deverá ser interrompido e não mais suspenso.

▸ **NCPC. Art. 1.026.** Os embargos de declaração não possuem efeito suspensivo e interrompem o prazo para a interposição de recurso.

▸ **RISTF. Art. 339.** Os embargos declaratórios suspendem o prazo para interposição de outro recurso, salvo na hipótese do § 2º deste artigo. **§ 1º** O prazo para a interposição de outro recurso, nos termos deste artigo, é suspenso na data de interposição dos embargos de declaração, e o que lhe sobejar começa a correr do primeiro dia útil seguinte à publicação da decisão proferida nos mesmos embargos. **§ 2º** Quando meramente protelatórios, assim declarados expressamente, será o embargante condenado a pagar ao embargado multa não excedente de um por cento sobre o valor da causa.

Enunciado 598. Cabem embargos de declaração para suprir a omissão do acórdão que, embora convergente na conclusão, deixe de declarar os fundamentos divergentes.

● *Grupo: Ordem do processo nos tribunais e regimentos internos.* ● *Referências: arts. 941 e 1.021.*

▸ ***Rodrigo Mazzei e Leriane Drumond Bento***

O enunciado indica, de forma correta, que o julgamento não se limita a análise do pedido. Por tal passo, o foco dos embargos de declaração podem ser os fundamentos, ainda que a conclusão seja convergente em relação ao pedido. Assim, havendo pedido com mais de um fundamento, é importante que cada um seja analisado, a fim de que a conclusão se faça simétrica a cada fundamento.

Perceba-se, no ponto, que até mesmo para que possa dizer que há voto vencido, é necessário que este esteja voltado ao fundamento vencedor. Se o "voto vencido" é simétrico à posição "vencedora" acerca de determinado fundamento e, na verdade, traz nova fundamentação, que não é analisada pelos demais votos, não se pode dizer que há "voto vencido".

Com efeito, ocorrerá, no particular, hipótese de "omissão", na medida em que a posição "vencedora" não decidiu acerca do fundamento no voto "vencido". O Enunciado, portanto, demonstra a relevância de analisar a decisão colegiada não apenas a partir da sua conclusão, mas da convergência desta com os seus fundamentos.

▶ **NCPC. Art. 941.** Proferidos os votos, o presidente anunciará o resultado do julgamento, designando para redigir o acórdão o relator ou, se vencido este, o autor do primeiro voto vencedor. (...). **§ 1°** O voto poderá ser alterado até o momento da proclamação do resultado pelo presidente, salvo aquele já proferido por juiz afastado ou substituído. **§ 2°** No julgamento de apelação ou de agravo de instrumento, a decisão será tomada, no órgão colegiado, pelo voto de 3 (três) juízes. **§ 3°** O voto vencido será necessariamente declarado e considerado parte integrante do acórdão para todos os fins legais, inclusive de pré-questionamento. ▶ **Art. 1.021.** Contra decisão proferida pelo relator caberá agravo interno para o respectivo órgão colegiado, observadas, quanto ao processamento, as regras do regimento interno do tribunal.

ENUNCIADO 614. NÃO TENDO HAVIDO PRÉVIA INTIMAÇÃO DO EMBARGADO PARA APRESENTAR CONTRARRAZÕES AOS EMBARGOS DE DECLARAÇÃO, SE SURGIR DIVERGÊNCIA CAPAZ DE ACARRETAR O ACOLHIMENTO COM ATRIBUIÇÃO DE EFEITO MODIFICATIVO DO RECURSO DURANTE A SESSÃO DE JULGAMENTO, ESSE SERÁ IMEDIATAMENTE SUSPENSO PARA QUE SEJA O EMBARGADO INTIMADO A MANIFESTAR-SE NO PRAZO DO § 2º DO ART. 1.023.

● *Grupo: Recursos (menos os repetitivos) e reclamação.* ● *Referências: arts. 9º, 933, § 1º e 1.023, § 2º.*

▸ ***Rodrigo Mazzei e Leriane Drumond Bento***

O Enunciado em análise trata da necessidade de intimação do embargado para se manifestar quanto aos embargos de declaração quando estes tiverem efeitos modificativos. Isto ocorre na medida em que os embargos de declaração não podem ser tratados como exceção (não justificada) à diretriz inserta no artigo 9º do NCPC, de que não se proferirá decisão contra uma das partes sem que esta seja previamente ouvida, ainda que se trate de matéria sobre a qual o órgão judicial deva decidir de ofício (art. 10).

Assim, mais do que justificada a previsão de manifestação da parte embargada para se manifestar sobre os embargos de declaração (art. 1.023, § 2º). Há, contudo, que se observar com atenção a parte final caso seu eventual provimento implique a modificação da decisão embargada, pois tal noção dever ser aplicada a todo e qualquer capítulo decisório que possa ser alterado e não apenas aos referentes aos temas principais da decisão embargada, postura que vinha sendo adotada, por construção jurisprudencial, antes do texto no NCPC.

Em suma, o contraditório deve ser amplo e aplicável também nos capítulos que tratam - por exemplo - de honorários de advogado, correção monetária e juros, pois a parte que não embargou não pode ser surpreendida com decisão contrária proveniente de postulação da contraparte, que ela sequer tomou conhecimento da apresentação, ainda que se trate de decisão sobre capítulo decisório periférico. A formação do contraditório não implicará em perda de agilidade diante da simplicidade procedimental dos embargos de declaração (que trabalha com *efeito regressivo)*, do campo limitado de hipóteses fixadas para o saneamento decisório (*recurso de natureza vinculada*) e da presença de válvula de repulsa para coibir o uso transviado (e protelatório) da figura jurídica (art. 1.026).

Devido à importância da manifestação do embargado, o enunciado 614 do FPPC salienta que caso esta intimação não tenha ocorrido previamente e venha a surgir divergência que possa conduzir ao acolhimento dos embargos de declaração com efeitos modificativos, deve-se suspender o julgamento a fim de que o embargado seja intimado a manifestar-se.

Busca-se, com isso, corrigir eventual falha na participação efetiva das partes na formação da decisão, a fim de utilizar-se da técnica prevista no artigo 933, § 1º, que versa sobre a ocorrência de fato superveniente ou constatação de questão de ofício não examinada, a fim de preservar o contraditório. Destaca-se que o prazo colocado à disposição do embargado nesta situação será o mesmo de que dispõe caso fosse se manifestar previamente, qual seja, cinco dias (art. 1.023, § 2º).

Por fim, cabe pontuar que há posição doutrinária no sentido de que deve ser aberto prazo para o embargado se manifestar em todos os casos, e não apenas quando os embargos de declaração puderem ter efeitos modificativos[1189].

▶ **NCPC. Art. 9º** Não se proferirá decisão contra uma das partes sem que ela seja previamente ouvida. (...). ▶ **Art. 933. § 1º** Se a constatação ocorrer durante a sessão de julgamento, esse será imediatamente suspenso a fim de que as partes se manifestem especificamente. ▶ **Art. 1.023. § 2º** O juiz intimará o embargado para, querendo, manifestar-se, no prazo de 5 (cinco) dias, sobre os embargos opostos, caso seu eventual acolhimento implique a modificação da decisão embargada.

ENUNCIADO 650. OS EMBARGOS DE DECLARAÇÃO, SE NÃO SUBMETIDOS A JULGAMENTO NA PRIMEIRA SESSÃO SUBSEQUENTE À SUA OPOSIÇÃO, DEVERÃO SER INCLUÍDOS EM PAUTA.

● *Grupo: Ordem do processo nos tribunais e regimentos internos.* ● *Referências: arts. 935 e 1.024, caput e § 1º.*

▸ ***Rodrigo Mazzei e Leriane Drumond Bento***

O enunciado em análise corrobora com o disposto no artigo 1.024, *caput* e § 1º, que determina que o juiz julgará os embargos em cinco dias, e que, nos tribunais, o relator apresentará os embargos em mesa na sessão subsequente, proferindo voto e, caso não ocorra o julgamento em tal sessão, será o recurso incluído em pauta automaticamente (§ 1º).

Observe-se, no ponto, que se houver pedido de modificação do acórdão, em razão da necessidade de contraditório prévio à decisão (art. 1.203, § 2º), provavelmente será necessário pautar o julgamento do recurso de saneamento pelo órgão colegiado. Isso porque dificilmente haverá tempo hábil para a manifestação do embargado no hiato entre a apresentação dos embargos declaratórios até a ocorrência da primeira sessão de julgamento.

1189. MENDES, Aluisio Gonçalves de Castro; TEMER, Sofia. Art. 1.023. *In*: CABRAL, Antonio do Passo; CRAMER, Ronaldo (coords.). *Comentários ao Novo Código de Processo Civil*. 2. ed. Rio de Janeiro: Forense, 2016, p. 1535.

▶ **NCPC. Art. 935.** Entre a data de publicação da pauta e a da sessão de julgamento decorrerá, pelo menos, o prazo de 5 (cinco) dias, incluindo-se em nova pauta os processos que não tenham sido julgados, salvo aqueles cujo julgamento tiver sido expressamente adiado para a primeira sessão seguinte (...) ▶ **Art. 1.024.** O juiz julgará os embargos em 5 (cinco) dias. **§ 1º** Nos tribunais, o relator apresentará os embargos em mesa na sessão subsequente, proferindo voto, e, não havendo julgamento nessa sessão, será o recurso incluído em pauta automaticamente.

2.3.2.6. Dos Recursos para o Supremo Tribunal Federal e para o Superior Tribunal de Justiça (arts. 1.027 a 1.044)

2.3.2.6.1. Do Recurso Extraordinário e do Recurso Especial (arts. 1.029 a 1.041)

Enunciado 219. O §3º do art. 1.029 do CPC pode ser aplicado pelo relator ou pelo órgão colegiado.

● *Grupo: Recursos Extraordinários.* ● *Referências: art. 1.029, § 3º.*

▶ ***Pedro Miranda de Oliveira***

O NCPC adotou o *princípio da primazia do julgamento do mérito recursal*, que tem como fundamento teórico um tripé formado pelos seguintes dispositivos legais: (a) art. 4º, que positivou expressamente o princípio da primazia da decisão de mérito; (b) art. 932, parágrafo único, que obriga o relator a intimar o recorrente para sanar eventual vício antes de o recurso ser inadmitido; (c) art. 1.029, § 3º, que permite aos Tribunais Superiores desconsiderar vício formal não grave de recurso tempestivo ou determinar sua correção. Em outras palavras, no que se refere aos recursos excepcionais (recurso especial, recurso extraordinário e embargos de divergência), o CPC também consagra o princípio da primazia do julgamento do mérito recursal.

A regra que o positivou (art. 1.029, § 3º) diz, de modo inequívoco, que defeitos formais não graves não devem impedir a apreciação do mérito do recurso. O referido dispositivo é dirigido aos Tribunais Superiores e trata de uma *faculdade* (desconsiderar vício formal de recurso tempestivo) e um *dever* (determinar sua correção). O limite colocado pelo legislador à desconsideração de vício é apenas a tempestividade recursal. Por outro lado, é *dever* do Tribunal (relator ou órgão fracionário) conceder o prazo de cinco dias ao recorrente para que seja sanado vício ou complementada a documentação exigível (art. 932, parágrafo único) em qualquer hipótese, inclusive em relação à tempestividade[1190]:

> Esta é uma grande novidade no NCPC que tem em vista desestimular a jurisprudência defensiva e está em perfeita consonância com uma das linhas mestras do novo Código, que é a de que haja relevação ou sanação de vícios, para que o mérito (da ação ou do recurso) seja julgado.

1190. WAMBIER, Teresa A. *et al.* (Coords.). *Primeiros comentários ao novo Código de Processo Civil.* São Paulo: RT, 2015. p. 1496.

Os defeitos devem ser ignorados ou sanados, sendo "dever do relator, e não faculdade, conceder o prazo ao recorrente para sanar o vício ou complementar a documentação exigível, antes de inadmitir qualquer recurso, inclusive os excepcionais" (Enunciado 82/FPPC). Quanto à competência, conforme aduz o Enunciado em comento, "o relator ou o órgão colegiado poderá desconsiderar o vício formal de recurso tempestivo ou determinar sua correção, desde que não o repute grave". Nessa perspectiva, o NCPC segue a tendência de maior objetivação do julgamento dos recursos excepcionais, que deixam de ter caráter marcadamente subjetivo ou de defesa de interesse das partes, para assumir, de forma decisiva, a função de uniformização da jurisprudência relativa ao direito substancial. Em outras, palavras, a decisão judicial proferida pelos Tribunais Superiores desempenha dupla função: antes de mais nada, define a controvérsia, ou seja, decide o caso, resolvendo a lide; em segundo lugar, no sistema de "precedente judicial" acolhido pelo NCPC, a decisão judicial também terá valor paradigmático.

Dito isso, a questão que deve ser feita é saber o que deve ser considerado *vício formal não grave*. Nessa primeira reflexão, tem-se que a regra está adstrita aos requisitos extrínsecos de admissibilidade, quais sejam, tempestividade, preparo e, sobretudo, regularidade formal. Em relação à *gravidade*, trata-se de conceito vago, cujo preenchimento dependerá da posição mais ou menos formalista dos Tribunais Superiores.

Sendo assim, pode-se dizer que o dispositivo afasta o excesso de rigorismo formal no que tange a: (a) preliminar da repercussão geral no recurso extraordinário (Enunciado 224/FPPC), (b) ausência de procuração (o Enunciado 83 do FPPC afasta a Súmula 115/STJ); (c) não juntada do acórdão paradigma em recurso especial interposto com fundamento na divergência jurisprudencial; (d) defeito no preparo (o Enunciado 215/FPPC afasta a Súmula 187/STJ).

Súmula STJ 115. Na instância especial é inexistente recurso interposto por advogado sem procuração nos autos.

Súmula STJ 187. É deserto o recurso interposto para o Superior Tribunal de Justiça, quando o recorrente não recolhe, na origem, a importância das despesas de remessa e retorno dos autos.

► **NCPC. Art. 1.029. § 3º** O Supremo Tribunal Federal ou o Superior Tribunal de Justiça poderá desconsiderar vício formal de recurso tempestivo ou determinar sua correção, desde que não o repute grave.

ENUNCIADO 220. O SUPREMO TRIBUNAL FEDERAL OU O SUPERIOR TRIBUNAL DE JUSTIÇA INADMITIRÁ O RECURSO EXTRAORDINÁRIO OU O RECURSO ESPECIAL QUANDO O RECORRENTE NÃO SANAR O VÍCIO FORMAL DE CUJA FALTA FOI INTIMADO PARA CORRIGIR.

● *Grupo: Recursos Extraordinários.* ● *Referências: art. 1.029, § 3º.*

▸ ***Pedro Miranda de Oliveira***

Conforme o parágrafo 3º do artigo 1.029 do NCPC, os Tribunais Superiores, por meio do relator ou do órgão colegiado, deverão intimar o recorrente para determinar a correção de vício formal não grave. Porém, uma vez concedido prazo de cinco dias, se o vício não for sanado, o recurso excepcional não será conhecido.

> ▶ **NCPC. Art. 1.029. § 3º** O Supremo Tribunal Federal ou o Superior Tribunal de Justiça poderá desconsiderar vício formal de recurso tempestivo ou determinar sua correção, desde que não o repute grave.

Enunciado 224. A existência de repercussão geral terá de ser demonstrada de forma fundamentada, sendo dispensável sua alegação em preliminar ou em tópico específico.

● *Grupo: Recursos Extraordinários.* ● *Referências: art. 1.035, § 2º.*

▸ ***Pedro Miranda de Oliveira***

A EC 45/04 introduziu no ordenamento jurídico brasileiro o instituto denominado *repercussão geral das questões constitucionais*. Com a inovação, a ordem constitucional em vigor, no § 3º do artigo 102, passou a dispor: "No recurso extraordinário o recorrente deverá demonstrar a repercussão geral das questões constitucionais discutidas no caso, nos termos da lei, a fim de que o Tribunal examine a admissão do recurso, somente podendo recusá-lo pela manifestação de dois terços de seus membros".

Trata-se de um "novo" requisito de admissibilidade do recurso extraordinário. Por outro lado, serve de filtro para que o STF possa efetivamente dirigir o foco de sua atividade para questões que têm maior relevância para a sociedade, com o que tem, pode-se dizer, repercussão geral. Esse mecanismo de filtragem tem três objetivos principais: (a) diminuir o número de processos no STF; (b) uniformizar a interpretação constitucional sem exigir que a Corte decida múltiplos casos idênticos sobre a mesma questão constitucional; e (c) firmar o papel deste tribunal como Corte Constitucional e não como instância recursal, delimitando sua competência no julgamento de recursos extraordinários a questões constitucionais com relevância social, política, econômica ou jurídica, que transcendam os interesses subjetivos da causa.

Dessa forma, atribui-se ao STF a função de julgar as questões constitucionais de maior relevo para a sociedade brasileira e a contrapartida é a redução do número de recursos que comumente teria de apreciar. Essa restrição de acesso ao STF somente àquelas questões constitucionais que têm repercussão geral se afeiçoa à índole deste tribunal, de Corte Constitucional. O advento do instituto da repercussão geral reflete uma mudança de paradigma no sistema jurídico brasileiro. Com ela, equilibram-se os interesses dos jurisdicionados e os da distribuição da justiça, particularmente com a manutenção de uma estrutura funcional do STF.

Ademais, com o julgamento de recursos extraordinários apenas quando houver relevância da questão constitucional, ainda que em menor número, tem-se a garantia da salvaguarda de valores fundamentais do Direito contemporâneo presentes na ordem constitucional vigente. Quando o STF decide, espera-se que fixe diretrizes para a sociedade. A expectativa é sempre pela tomada de decisões paradigmáticas.

Os dois elementos caracterizadores da qualificação da repercussão geral, segundo se extrai do dispositivo legal, são a *relevância* ("do ponto de vista econômico, político, social ou jurídico") e a *transcendência* (que ultrapassa "os interesses subjetivos da causa"). Levam-se em consideração duas perspectivas: a relevância (*elemento qualitativo*) e a transcendência (*elemento quantitativo*). Na primeira, evidencia-se a importância da questão constitucional debatida para a sistematização e desenvolvimento do direito. Na segunda, destaca-se o número de pessoas e de processos susceptíveis de alcance, atual ou futuro, pela decisão daquela matéria.

Cabe ao STF distinguir quais são os grupos sociais que potencialmente serão atingidos pelos efeitos da decisão (*transcendência*) e definir aquelas matérias constitucionais que, de tempos em tempos, são representativos do interesse da sociedade (*relevância*). Se a relevância está relacionada com o próprio conteúdo (objeto) do recurso, a transcendência tem a ver não propriamente com a matéria recursal, mas com a sua potencial projeção extraprocessual, tanto que a legislação admite a intervenção do *amicus curiae*. Dessa forma, a *transcendência* reflete o *elemento quantitativo*, podendo ser aferida sob três aspectos: (a) número de pessoas alcançadas pela decisão, (b) número de processos que tratam daquela questão constitucional e (c) possibilidade de repetição da hipótese futuramente, transformando a primeira decisão em paradigma.

Pois bem. Dispunha o parágrafo 2º do artigo 543-A do CPC/73 que "o recorrente deverá demonstrar, em preliminar do recurso, para apreciação exclusiva do Supremo Tribunal Federal, a existência da repercussão geral". O referido dispositivo imputava ao recorrente o ônus de demonstrar a existência de repercussão geral em "preliminar de recurso". Ficava claro que o capítulo sobre a repercussão geral da questão constitucional deveria preceder todas as demais considerações do recurso extraordinário. E era esse o posicionamento do STF a respeito do assunto: "Inobservância ao que disposto no artigo 543-A, § 2º, do CPC, que exige a apresentação de preliminar formal e fundamentada sobre a repercussão geral, significando a demonstração da existência de questões constitucionais relevantes sob o ponto de vista econômico, político, social ou jurídico, que ultrapassem os interesses subjetivos das partes, em tópico destacado na petição de recurso extraordinário."

É imprescindível a observância desse requisito formal mesmo nas hipóteses de presunção de existência da repercussão geral prevista no artigo 323, § 1º, do RISTF (atual § 2º). O Plenário desta Corte afastou a alegação de repercussão geral implícita (STF, AgIn 703.374 AgRg, 2ª T., Rel. Min. Ellen Gracie, DJU 7.11.2008). No entanto, tratava-se de formalismo exacerbado e sem significado prático rejeitar recurso extraordinário que verse sobre tema de grande relevância para a nação apenas porque os argumentos da repercussão geral da questão constitucional foram deduzidos em capítulo no final do recurso. Por tal motivo, o NCPC dá nova regulamentação ao referido requisito de admissibilidade, limitando-se a dizer que o recorrente deverá demonstrar a existência da repercussão geral para apreciação exclusiva do STF.

Fica evidente a incidência do princípio da primazia do julgamento do mérito dos recursos excepcionais, pois no novo modelo "a existência de repercussão geral terá de ser demonstrada de forma fundamentada, sendo dispensável sua alegação em preliminar ou em tópico específico" (redação do Enunciado em análise). Permanece, porém, o dever de deduzir a relevância do fundamento da impugnação, que terá de ostentar significativa repercussão do ponto de vista econômico, político, social ou jurídico, como motivação bastante e apta a ultrapassar os interesses subjetivos da causa.

► **NCPC. Art. 1.035. § 2º** O recorrente deverá demonstrar a existência de repercussão geral para apreciação exclusiva pelo Supremo Tribunal Federal.

ENUNCIADO 363. O PROCEDIMENTO DO INCIDENTE DE RESOLUÇÃO DE DEMANDAS REPETITIVAS APLICA-SE ÀS CAUSAS REPETITIVAS DE COMPETÊNCIA ORIGINÁRIA DOS TRIBUNAIS SUPERIORES, COMO A RECLAMAÇÃO E O CONFLITO DE COMPETÊNCIA, E AOS RECURSOS ORDINÁRIOS A ELES DIRIGIDOS.

● *Grupo: Precedentes.* ● *Referências: arts. 1.036 e 1.040.*

► ***Pedro Miranda de Oliveira***

O Ministro relator, no STJ ou STF, em qualquer processo (RESp, RE, reclamação, rescisória ou conflito de competência), constatando a presença de multiplicidade de demandas com fundamento em idêntica questão de direito, após identificar com precisão a questão a ser submetida a julgamento, determinará a suspensão do processamento de todas as ações pendentes que versem sobre a questão e tramitem no território nacional.

► **NCPC. Art. 1.036.** Sempre que houver multiplicidade de recursos extraordinários ou especiais com fundamento em idêntica questão de direito, haverá afetação para julgamento de acordo com as disposições desta Subseção, observado o disposto no Regimento Interno do Supremo Tribunal Federal e no do Superior Tribunal de Justiça. ► **Art. 1.040.** Publicado o acórdão paradigma: I – o presidente ou o vice-presidente do tribunal de origem negará seguimento aos recursos especiais ou extraordinários sobrestados na origem, se o acórdão recorrido coincidir com a orientação do tribunal superior; II – o órgão que proferiu o acórdão recorrido, na origem, reexaminará o processo de competência originária, a remessa necessária ou o recurso anteriormente julgado, se o acórdão recorrido contrariar a orientação do tribunal superior; III – os processos suspensos em primeiro e segundo graus de jurisdição retomarão o curso para julgamento e aplicação da tese firmada pelo tribunal superior; IV – se os recursos versarem sobre questão relativa a prestação de serviço público objeto de concessão, permissão ou autorização, o resultado do julgamento será comunicado ao órgão, ao ente ou à agência reguladora competente para fiscalização da efetiva aplicação, por parte dos entes sujeitos a regulação, da tese adotada.

ENUNCIADO 364. O SOBRESTAMENTO DA CAUSA EM PRIMEIRA INSTÂNCIA NÃO OCORRERÁ CASO SE MOSTRE NECESSÁRIA A PRODUÇÃO DE PROVAS PARA EFEITO DE DISTINÇÃO DE PRECEDENTES.

● *Grupo: Precedentes.* ● *Referências: art. 1.036, § 1º.*

▸ *Pedro Miranda de Oliveira*

Demonstrando distinção entre a questão a ser decidida no processo e aquela a ser julgada no recurso especial ou extraordinário afetado, a parte poderá requerer o prosseguimento do seu processo. Sendo imprescindível dilação probatória para demonstrar o *distinguishing*, o processo não deverá ser sobrestado. Da decisão que resolver o referido requerimento caberá agravo de instrumento (art. 1.037, § 13, inciso I).

► **NCPC. Art. 1.036. § 1º** O presidente ou o vice-presidente de tribunal de justiça ou de tribunal regional federal selecionará 2 (dois) ou mais recursos representativos da controvérsia, que serão encaminhados ao Supremo Tribunal Federal ou ao Superior Tribunal de Justiça para fins de afetação, determinando a suspensão do trâmite de todos os processos pendentes, individuais ou coletivos, que tramitem no Estado ou na região, conforme o caso.

ENUNCIADO 480. APLICA-SE NO ÂMBITO DOS JUIZADOS ESPECIAIS A SUSPENSÃO DOS PROCESSOS EM TRÂMITE NO TERRITÓRIO NACIONAL, QUE VERSEM SOBRE A QUESTÃO SUBMETIDA AO REGIME DE JULGAMENTO DE RECURSOS ESPECIAIS E EXTRAORDINÁRIOS REPETITIVOS, DETERMINADA COM BASE NO ART. 1.037, II.

● *Grupo: Precedentes, IRDR, Recursos Repetitivos e Assunção de competência.* ● *Referências: arts. 1.037, II, 928 e 985, I.*

▸ *Pedro Miranda de Oliveira*

O legislador do NCPC fez a opção (discutível, é verdade) pela aplicação do sistema de demandas repetitivas nos juizados especiais.

► **NCPC. Art. 928.** Para os fins deste Código, considera-se julgamento de casos repetitivos a decisão proferida em: I – incidente de resolução de demandas repetitivas; II – recursos especial e extraordinário repetitivos. ► **Art. 985.** Julgado o incidente, a tese jurídica será aplicada: I – a todos os processos individuais ou coletivos que versem sobre idêntica questão de direito e que tramitem na área de jurisdição do respectivo tribunal, inclusive àqueles que tramitem nos juizados especiais do respectivo Estado ou região. ► **Art. 1.037.** Selecionados os recursos, o relator, no tribunal superior, constatando a presença do pressuposto do caput do art. 1.036, proferirá decisão de afetação, na qual: I – identificará com precisão a questão a ser submetida a julgamento; II – determinará a suspensão do processamento de todos os processos pendentes, individuais ou coletivos, que versem sobre a questão e tramitem no território nacional; III – poderá requisitar aos presidentes ou aos vice-presidentes dos tribunais de justiça ou dos tribunais regionais federais a remessa de um recurso representativo da controvérsia.

Enunciado 482. Aplica-se o art. 1.040, I, aos recursos extraordinários interpostos nas turmas ou colégios recursais dos juizados especiais cíveis, federais e da Fazenda Pública.

● *Grupo: Precedentes, IRDR, Recursos Repetitivos e Assunção de competência.* ● *Referências: art. 1.040, I.*

▸ ***Pedro Miranda de Oliveira***

O legislador do NCPC fez a opção (discutível, é verdade) pela aplicação do sistema de demandas repetitivas nos juizados especiais.

▸ **NCPC. Art. 1.040.** Publicado o acórdão paradigma: I – o presidente ou o vice-presidente do tribunal de origem negará seguimento aos recursos especiais ou extraordinários sobrestados na origem, se o acórdão recorrido coincidir com a orientação do tribunal superior.

Enunciado 564. Os arts. 1.032 e 1.033 devem ser aplicados aos recursos interpostos antes da entrada em vigor do CPC de 2015 e ainda pendentes de julgamento.

● *Grupo: Direito Intertemporal.* ● *Referências: arts. 1.032 e 1.033.*

▸ ***Pedro Miranda de Oliveira***

A regra positivada pelos art. 1.032 e 1.033 do NCPC (fungibilidade entre RE e REsp) nasceu da dificuldade que há em se distinguir ofensa à lei de ofensa à Constituição. De fato, há questões que são simultaneamente, constitucionais e legais. Há matérias que comportam análise sob a ótica constitucional e sob a perspectiva de lei ordinária. Em muitas ocasiões, a distinção entre ofensa direta e reflexa à Constituição Federal é tarefa bastante difícil, senão impossível[1191].

Esta situação pode gerar duplicidade de julgamento (STJ e STF). Mas não é aí que reside o núcleo da questão. No regime anterior, a grande problema surgia quando nenhum dos dois órgãos julgava os recursos. Ainda que a parte interpusesse recurso extraordinário e recurso especial, o que acabava ocorrendo, diante da inadmissibilidade de ambos os recursos pelo motivo inverso, é que decisões inconstitucionais ou ilegais acabavam transitando em julgado. Com isso, os Tribunais Superiores incorriam em flagrante negativa de prestação jurisdicional, muitas vezes justificada pela divisão de competência entre STF e STJ.

Ao determinar que o recurso seja remetido para outra Corte a fim de ter o mérito apreciado, a nova regra evita a inadmissibilidade do RE ou do REsp, dando-lhes maior rendimento, condizente com o sistema do CPC. Por esse motivo, a regra deve ser aplicada a todos recursos pendentes de julgamento nos Tribunais Superiores, mesmo aqueles interpostos na vigência do CPC/73.

1191. WAMBIER, Teresa A. "Reforma do processo civil: são os recursos o grande vilão?" *In*: DIDIER JR., Fredie. *et al.* (Coords.). *Novas tendências do processo civil.* Salvador: Juspodivm, 2013. p. 741-742.

► **NCPC. Art. 1.032.** Se o relator, no Superior Tribunal de Justiça, entender que o recurso especial versa sobre questão constitucional, deverá conceder prazo de 15 (quinze) dias para que o recorrente demonstre a existência de repercussão geral e se manifeste sobre a questão constitucional. **Parágrafo único.** Cumprida a diligência de que trata o caput, o relator remeterá o recurso ao Supremo Tribunal Federal, que, em juízo de admissibilidade, poderá devolvê-lo ao Superior Tribunal de Justiça. ► **Art. 1.033.** Se o Supremo Tribunal Federal considerar como reflexa a ofensa à Constituição afirmada no recurso extraordinário, por pressupor a revisão da interpretação de lei federal ou de tratado, remetê-lo-á ao Superior Tribunal de Justiça para julgamento como recurso especial.

ENUNCIADO 565. NA HIPÓTESE DE CONVERSÃO DE RECURSO EXTRAORDINÁRIO EM RECURSO ESPECIAL OU VICE-VERSA, APÓS A MANIFESTAÇÃO DO RECORRENTE, O RECORRIDO SERÁ INTIMADO PARA, NO PRAZO DO CAPUT DO ART. 1.032, COMPLEMENTAR SUAS CONTRARRAZÕES.

● *Grupo: Recursos (menos os repetitivos) e reclamação.* ● *Referências: art. 1.032 e 1.033.*

► *Pedro Miranda de Oliveira*

Aplicando-se o princípio da fungibilidade entre recurso extraordinário e recurso especial, apesar de não haver previsão expressa, por respeito ao contraditório substancial, o recorrido deve ser intimado para que se manifeste a respeito dos novos argumentos deduzidos pelo recorrente, complementando suas contrarrazões.

► **NCPC. Art. 1.032.** Se o relator, no Superior Tribunal de Justiça, entender que o recurso especial versa sobre questão constitucional, deverá conceder prazo de 15 (quinze) dias para que o recorrente demonstre a existência de repercussão geral e se manifeste sobre a questão constitucional. **Parágrafo único.** Cumprida a diligência de que trata o caput, o relator remeterá o recurso ao Supremo Tribunal Federal, que, em juízo de admissibilidade, poderá devolvê-lo ao Superior Tribunal de Justiça. ► **Art. 1.033.** Se o Supremo Tribunal Federal considerar como reflexa a ofensa à Constituição afirmada no recurso extraordinário, por pressupor a revisão da interpretação de lei federal ou de tratado, remetê-lo-á ao Superior Tribunal de Justiça para julgamento como recurso especial.

ENUNCIADO 566. NA HIPÓTESE DE CONVERSÃO DO RECURSO EXTRAORDINÁRIO EM RECURSO ESPECIAL, NOS TERMOS DO ART. 1.033, CABE AO RELATOR CONCEDER O PRAZO DO CAPUT DO ART. 1.032 PARA QUE O RECORRENTE ADAPTE SEU RECURSO E SE MANIFESTE SOBRE A QUESTÃO INFRACONSTITUCIONAL.

● *Grupo: Recursos (menos os repetitivos) e reclamação.* ● *Referências: arts. 1.032, par. ún. e 1.033.*

► *Pedro Miranda de Oliveira*

Não obstante a omissão legislativa, em respeito ao princípio da dialeticidade e por questão de simetria, é imprescindível a intimação do recorrente para adequar o recurso (manifestando-se agora sobre matéria infraconstitucional). Consequentemente, o recorrido deve ser intimado para complementar suas contrarrazões.

▶ **NCPC. Art. 1.032. Parágrafo único.** Cumprida a diligência de que trata o caput, o relator remeterá o recurso ao Supremo Tribunal Federal, que, em juízo de admissibilidade, poderá devolvê-lo ao Superior Tribunal de Justiça. ▶ **Art. 1.033.** Se o Supremo Tribunal Federal considerar como reflexa a ofensa à Constituição afirmada no recurso extraordinário, por pressupor a revisão da interpretação de lei federal ou de tratado, remetê-lo-á ao Superior Tribunal de Justiça para julgamento como recurso especial.

Enunciado 615. Na escolha dos casos paradigmas, devem ser preferidas, como representativas da controvérsia, demandas coletivas às individuais, observados os requisitos do art. 1.036, especialmente do respectivo § 6º.

● *Grupo: IRDR, recursos repetitivos e assunção de competência.* ● *Referências: arts. 1.036 e 1.037.*

▶ *Ravi Peixoto*

Um elemento essencial para que haja a formação de um precedente de qualidade no incidente de resolução de demandas repetitivas, incidente de assunção de competência e também para os recursos repetitivos é a adequada escolha do caso paradigma.[1192] Tanto o recurso ou ação originária, como a defesa respectiva devem ser escolhidos com cuidado para que apresentem o maior número de argumentos, cuidado esse nem sempre presente nos tribunais superiores, existindo casos em que sequer foram apresentadas contrarrazões.[1193]

Os requisitos para a escolha dos casos paradigmas não são adequadamente regulamentados no NCPC, contendo apenas uma singela referência, no art. 1.036, § 6º, de que deve ser exigida "abrangente argumentação e discussão a respeito da questão a ser decidida". Em estudo específico sobre a escolha desses casos, Antonio do Passo Cabral propõe dois vetores básicos que podem vir a servir de guia: i) *a amplitude do contraditório*, relacionado a aspectos objetivos da causa, subdividido em: i.i) completude da discussão; i.ii) qualidade da argumentação; i.iii) diversidade da argumentação; i.iv) contraditório efetivo e i.v) existência de restrições à cognição e à prova; ii) *pluralidade de representatividade dos sujeitos do processo originário*, que teria aspectos subjetivos.[1194]

O enunciado toca em ambos os temas, mas foca principalmente no segundo, qual seja, a preferência por processos coletivos em detrimento dos individuais. A justificativa para tanto viria pela constatação de que em tais incidentes, há uma tendência de multiplicação de processos com questão comum, sendo necessário o desenvolvimento de formas de fomentar a participação no incidente e redução dos déficits de

1192. Sobre o tema, cf.: CABRAL, Antonio do Passo. A escolha da causa-piloto nos incidentes de resolução de processos repetitivos. *Revista de Processo*. São Paulo: RT, v. 231, 2014.

1193. STJ: 1ª S., REsp 1.111.003, Rel. Min. Humberto Martins, DJe 25.5.2009, Tema 115; 1ª S., REsp 1.112.862, Rel. Min. Humberto Martins, DJe 4.5.2011, Tema 149; Corte Especial, REsp 1.112.943, Rel. Min. Nancy Andrighi, DJe 23.11.2010, Temas 218 e 219; Corte Especial, REsp 1.160.435, Rel. Min. Benedito Gonçalves, DJe 28.4.2011, Temas 352 e 353.

1194. Idem, *ibidem*, p. 210.

contraditório.[1195] Uma das formas de redução desse déficit *é a busca de casos paradigmas que envolvam uma maior pluralidade subjetiva, eis que, presume-se, nesses casos, o debate seja mais aprofundado.*

Como é natural que o participante do caso paradigmático escolhido tenha uma participação de destaque, eis que, por exemplo, apenas ele terá trinta minutos para realizar a sua sustentação oral (art. 984, II, *a*), enquanto os demais interessados dividirão a mesma quantidade de prazo (art. 984, II, *b*), é importante que ele seja um caso com a maior representatividade possível. Por isso, quanto maior a quantidade de sujeitos agrupados em cada polo, maior será a sua representatividade, a qual é ainda maior quando um dos polos é preenchido por um representante adequado em uma ação coletiva.

Tendo por base a importância de um representante adequado de uma ação coletiva, para além de haver uma preferência pela escolha de um processo coletivo no lugar de um individual, "se vários processos coletivos estiverem tramitando, devem ser preferidos aqueles ajuizados por órgãos independentes (que atuem com base no interesse público e sem hierarquia), e aqueles defensores de direitos das comunidades de substituídos mais amplas em termos geográficos e quantitativos (*absent class members*)".[1196]

Enfim, a proposta do enunciado é a de que haja preferência pela escolha de processos coletivos para a atuação como casos paradigmáticos devido à sua maior representatividade. Além disso, deve haver o cuidado também com a qualidade da argumentação no caso concreto, portanto, os requisitos objetivos e subjetivos da causa devem ser avaliados em conjunto para que haja a escolha dos casos paradigmáticos, também não havendo óbice à escolha de mais de um que venha a atuar nessa situação.

▶ **NCPC. Art. 1.036.** Sempre que houver multiplicidade de recursos extraordinários ou especiais com fundamento em idêntica questão de direito, haverá afetação para julgamento de acordo com as disposições desta Subseção, observado o disposto no Regimento Interno do Supremo Tribunal Federal e no do Superior Tribunal de Justiça. (...). ▶ **Art. 1.037.** Selecionados os recursos, o relator, no tribunal superior, constatando a presença do pressuposto do caput do art. 1.036, proferirá decisão de afetação, na qual: (...).

2.3.2.6.2. Do Agravo em Recurso Especial e em Recurso Extraordinário (art. 1.042)

ENUNCIADO 225. O AGRAVO EM RECURSO ESPECIAL OU EXTRAORDINÁRIO SERÁ INTERPOSTO NOS PRÓPRIOS AUTOS.

● *Grupo: Recursos Extraordinários.* ● *Referências: art. 1.042.*

▸ ***Pedro Miranda de Oliveira***

No regime anterior, a decisão do Presidente ou Vice-Presidente no tribunal de origem que não admitia recurso excepcional era impugnável por meio do agravo

1195. Idem, *ibidem*, p. 218.
1196. Idem, *ibidem*.

previsto no artigo 544 revogado. O dispositivo referia-se apenas a *agravo*, sem nominá-lo. Ressalta-se que o recurso de *agravo*, previsto no inc. II do artigo 496 do CPC/73, era gênero, do qual eram espécies: agravo de instrumento, agravo retido, agravo interno, agravo regimental e agravo nos autos do processo.

O *agravo nos autos do processo*, como o próprio "nome" sugeria, era interposto nos próprios autos, sem necessidade de formação de instrumento (cópias de peças do processo). Mas nem sempre foi assim. Até o advento da Lei 12.322/10, cabia *agravo de instrumento* para "destrancar" recurso extraordinário ou especial. O antigo agravo, invariavelmente, tornava-se um verdadeiro tormento para as partes e advogados, ante as inúmeras formalidades exigidas pelos Tribunais Superiores quanto à formação do instrumento. O recurso, não raro, era inadmitido sob o fundamento de que, por exemplo, faltavam cópias necessárias ou o carimbo de alguma página estava ilegível.

Nos dois sistemas o objeto do agravo era exclusivamente a análise dos fundamentos em que se apoiava o juízo negativo de admissibilidade proferido no tribunal local. A propósito, uma semelhança entre o agravo do CPC/73 e o agravo em recurso especial ou extraordinário do NCPC[1197]:

Está no processamento desses recursos, que se dá nos próprios autos, independentemente de da formação de instrumento específico. O recurso sobre para o tribunal superior competente juntamente com os autos do processo em que foi interposto RE ou REsp. Essa forma de processamento é, sem dúvida, muito mais célere e econômica do que a do antigo agravo de instrumento contra despacho denegatório de RE/REsp, vigente até 2010.

Assim como o RE e o REsp, as razões de recurso do agravo em recurso especial ou extraordinário deverão referir-se ao STF ou STJ, mas o recurso deve ser protocolizado perante o tribunal local. Mais especificamente, o referido agravo será interposto nos próprios autos, cuja petição deverá ser endereçada ao Presidente ou Vice-Presidente do tribunal de origem. Na hipótese de interposição conjunta de RE e REsp, o agravante deverá interpor um agravo para cada recurso inadmitido. Trata-se de regra já constava no regime anterior (CPC/73, art. 544, § 1º) e foi mantida no CPC em vigor. Com efeito, não é lógico que o mesmo agravo sirva para "destrancar" dois recursos dirigidos a Tribunais Superiores distintos.

> ▶ **NCPC. Art. 1.042.** Cabe agravo contra decisão do presidente ou do vice-presidente do tribunal recorrido que inadmitir recurso extraordinário ou recurso especial, salvo quando fundada na aplicação de entendimento firmado em regime de repercussão geral ou em julgamento de recursos repetitivos.

1197. NERY JR., Nelson; NERY, Rosa Maria A. *Comentários ao Código de Processo Civil*. São Paulo: RT, 2015. p. 2220.

ENUNCIADO 228. FICA SUPERADO O ENUNCIADO 639 DA SÚMULA DO STF APÓS A ENTRADA EM VIGOR DO CPC ("APLICA-SE A SÚMULA 288 QUANDO NÃO CONSTAREM DO TRASLADO DO AGRAVO DE INSTRUMENTO AS CÓPIAS DAS PEÇAS NECESSÁRIAS À VERIFICAÇÃO DA TEMPESTIVIDADE DO RECURSO EXTRAORDINÁRIO NÃO ADMITIDO PELA DECISÃO AGRAVADA").

● *Grupo: Recursos Extraordinários.* ● *Referências: art. 1.042, § 4º.*

▸ ***Pedro Miranda de Oliveira***

O agravo em recurso especial ou em recurso extraordinário "será interposto nos próprios autos" (Enunciado 225/FPPC).

► **NCPC. Art. 1.042. § 4º** Após o prazo de resposta, não havendo retratação, o agravo será remetido ao tribunal superior competente.

ENUNCIADO 229. FICA SUPERADO O ENUNCIADO 288 DA SÚMULA DO STF APÓS A ENTRADA EM VIGOR DO CPC ("NEGA-SE PROVIMENTO A AGRAVO PARA SUBIDA DE RECURSO EXTRAORDINÁRIO, QUANDO FALTAR NO TRASLADO O DESPACHO AGRAVADO, A DECISÃO RECORRIDA, A PETIÇÃO DE RECURSO EXTRAORDINÁRIO OU QUALQUER PEÇA ESSENCIAL À COMPREENSÃO DA CONTROVÉRSIA").

● *Grupo: Recursos Extraordinários.* ● *Referências: art. 1.042, § 4º.*

▸ ***Pedro Miranda de Oliveira***

O agravo em recurso especial ou em recurso extraordinário "será interposto nos próprios autos" (Enunciado 225/FPPC).

► **NCPC. Art. 1.042. § 4º** Após o prazo de resposta, não havendo retratação, o agravo será remetido ao tribunal superior competente.

ENUNCIADO 664. O PRESIDENTE OU VICE-PRESIDENTE DO TRIBUNAL DE ORIGEM TEM COMPETÊNCIA PARA HOMOLOGAR ACORDO CELEBRADO ANTES DA PUBLICAÇÃO DA DECISÃO DE ADMISSÃO DO RECURSO ESPECIAL OU EXTRAORDINÁRIO.

● *Grupo: Recursos Extraordinários.* ● *Referências: art. 932, I.*

▸ ***Pedro Miranda de Oliveira***

Por razões de economia processual e até mesmo de ordem prática, é atribuída a um dos componentes do órgão colegiado a função de conduzir o processo até o seu julgamento final, inclusive em relação à produção de prova. Tem-se, assim, a figura do relator-instrutor no novo Código.

Competirá ao relator a prática de todos os atos necessários à condução do processo rumo ao julgamento, culminando com a elaboração do relatório, onde fará uma exposição dos pontos controvertidos sobre o que versar o recurso.

Também cabe ao relator homologar autocomposição das partes. A regra pretendeu acabar com a equivocada prática existente no sistema anterior, em que o relator remetia os autos para que o juiz de primeiro grau homologasse acordo firmado entre os litigantes.

No período compreendido entre a interposição do recurso excepcional (especial ou extraordinário) e a publicação da decisão de admissão, a competência para homologar eventual acordo entabulado pelas partes é transferida para o Presidente ou Vice-Presidente do Tribunal de origem, a quem cabe fazer a admissibilidade do recurso.

Enunciado 665. A negativa de seguimento ou sobrestamento de recurso especial ou extraordinário, ao fundamento de que a questão de direito já foi ou está selecionada para julgamento de recursos sob o rito dos repetitivos, não pode ser feita via carimbo ou outra forma automatizada nem por pessoa não investida no cargo de magistrado.

● *Grupo: IRDR, Recursos Repetitivos e Assunção de competência.* ● *Referências: arts. 205, 489, § 1º, e 1.030, § 1º.*

▸ ***Pedro Miranda de Oliveira***

A motivação das decisões judiciais é garantia político-constitucional consagrada na Constituição Federal de 1988, própria do Estado Democrático de Direito, que corresponde à vocação democrática do poder de julgar.

Dispõe o artigo 93, IX, da Constituição Federal que "todos os julgamentos dos órgãos do Poder Judiciário serão públicos, e fundamentadas todas as decisões, sob pena de nulidade", revelando, assim, a importância que o constituinte dispensou a este princípio, eis que, usualmente, os preceitos constitucionais não trazem em seu bojo a norma sancionadora.

Todavia, a ausência de fundamentação adequada constitui-se em vício de tamanha gravidade, a ponto de o constituinte, abandonando a técnica legislativa, prescrever no próprio texto constitucional a pena de nulidade. Como se constata, as decisões judiciais têm como pressuposto de validade a fundamentação.

Diz-se que fundamentar significa dar as razões, de fato e de direito, pelas quais se justifica a procedência ou improcedência do pedido. Assim, o ministro, desembargador ou juiz tem necessariamente de explicar o *porquê* do seu posicionamento.

Não basta que a autoridade jurisdicional escreva: "ausentes os pressupostos recursais, não conheço o recurso".

A dicção constitucional inadmite a chamada motivação implícita, ou seja, quando o julgado não evidencia um raciocínio lógico, direto, explicativo e convincente da postura adotada.

O fundamento é a garantia da parte contra dois pecados que se possam atribuir ao juiz: o arbítrio e a parcialidade. A decisão deve indicar sempre os fatos e as circunstâncias que motivaram o convencimento do magistrado.

Afinal, é dever do Poder Judiciário entregar às partes uma decisão clara, objetiva e devidamente fundamentada. Se há obscuridade, contradição ou omissão no *decisum*, o Estado não cumpriu devidamente o seu dever de entrega da prestação jurisdicional.

Dessa forma, a inadmissão ou a suspensão de recurso excepcional (especial ou extraordinário), ao fundamento de que a questão de direito é repetitiva, é da competência exclusiva de magistrado (a decisão deve ser fundamentada!), não podendo ser feita via carimbo ou por outra forma automatizada.

2.3.2.6.3. Dos Embargos de Divergência (arts. 1043 a 1.044)

ENUNCIADO 230. CABEM EMBARGOS DE DIVERGÊNCIA CONTRA ACÓRDÃO QUE, EM AGRAVO INTERNO OU AGRAVO EM RECURSO ESPECIAL OU EXTRAORDINÁRIO, DECIDE RECURSO ESPECIAL OU EXTRAORDINÁRIO.

● *Grupo: Recursos Extraordinários.* ● *Referência: art. 1.043.*

▸ ***Ronaldo Cramer***

O artigo 1.043 prevê as hipóteses de cabimento dos embargos de divergência. Nele, verifica-se que o referido recurso tem lugar quando houver divergência entre acórdão proferido em recurso especial, recurso extraordinário ou ação de competência originária e outro acórdão do mesmo tribunal superior. Essa dissidência deve ser de mérito, podendo dizer respeito à aplicação do direito processual ou do direito material.

Os incisos I e III do artigo 1.043, especificamente, referem-se à divergência entre acórdão de recurso especial ou recurso extraordinário e outra decisão do mesmo tribunal superior.

O recurso especial e o recurso extraordinário podem ser julgados no mérito diretamente pelo colegiado ou por meio de outro recurso que os submete ao colegiado. Esse recurso pode ser o agravo interno ou o agravo em REsp ou RE. Assim, caso a parte tenha seu recurso especial ou extraordinário decidido no mérito no âmbito de agravo interno ou de agravo do artigo 1.042, e esse julgado divergir de outro acórdão do mesmo tribunal superior, os embargos de divergência são possíveis.

Com efeito, o agravo interno remete o recurso especial ou extraordinário para julgamento do colegiado, a fim de confirmar ou não a decisão de mérito do relator. O entendimento pelo cabimento dos embargos de divergência nesse caso já era consagrado pela Súmula 316/STJ.

O mesmo raciocínio deve ser aplicado ao agravo de RE ou REsp, se, no julgamento desse recurso, o recurso especial ou extraordinário for apreciado no mérito. No julgamento do agravo de RE ou REsp, o próprio recurso especial ou extraordinário também pode ser apreciado, conforme autoriza o parágrafo 5º do artigo 1.042. Ressalte-se que a Súmula 315/STJ não configura posicionamento contrário ao cabimento de embargos de divergência contra acórdão de agravo de RE ou REsp que julga o mérito de recurso excepcional, mas apenas contra decisão de agravo de RE ou REsp que inadmite recurso excepcional.

Dessa forma, o Enunciado ora comentado traz entendimento que pode ser extraído, sem dificuldade, dos incisos I e III do artigo 1.043.

Súmula STJ 315. Não cabem embargos de divergência no âmbito do agravo de instrumento que não admite recurso especial.

Súmula STJ 316. Cabem embargos de divergência contra acórdão que, em agravo regimental, decide recurso especial.

▶ **NCPC. Art. 1.043.** É embargável o acórdão de órgão fracionário que: I – em recurso extraordinário ou em recurso especial, divergir do julgamento de qualquer outro órgão do mesmo tribunal, sendo os acórdãos, embargado e paradigma, de mérito; II – (revogado); III – em recurso extraordinário ou em recurso especial, divergir do julgamento de qualquer outro órgão do mesmo tribunal, sendo um acórdão de mérito e outro que não tenha conhecido do recurso, embora tenha apreciado a controvérsia. IV – (Revogado).

Enunciado 232. Fica superado o Enunciado 353 da Súmula do STF após a entrada em vigor do CPC ("São incabíveis os embargos da Lei 623, de 19.02.49, com fundamento em divergência entre decisões da mesma turma do Supremo Tribunal Federal").

● *Grupo: Recursos Extraordinários.* ● *Referência: art. 1.043, § 3".*

▶ ***Ronaldo Cramer***

A Súmula 353/STF deve ser superada diante da previsão contida no § 3º do artigo 1.043, que admite embargos de divergência com base na dissidência entre julgados da mesma turma, desde que a composição dessa turma tenha sido modificada em mais da metade dos seus membros.

Isto é, se o acórdão embargado for proferido pela mesma turma do acórdão paradigma, mas houve mudança em mais da metade da composição do colegiado, são cabíveis, nessa hipótese, os embargos de divergência.

▶ **NCPC. Art. 1.043. § 3º** Cabem embargos de divergência quando o acórdão paradigma for da mesma turma que proferiu a decisão embargada, desde que sua composição tenha sofrido alteração em mais da metade de seus membros.

2.4. Disposições Finais e Transitórias (arts. 1.045 a 1.072)

Enunciado 366. O protesto genérico por provas, realizado na petição inicial ou na contestação ofertada antes da vigência do CPC, não implica requerimento de prova para fins do Art. 1.047.

● *Grupo: Direito intertemporal e disposições finais e transitórias.* ● *Referência: art. 1.047.*

▶ ***Ronaldo Cramer***

Diferentemente do preceito geral previsto no artigo 1.045, segundo o qual a nova lei processual incide imediatamente ao processo, preservados os atos processuais já praticados e seus respectivos efeitos, o artigo 1.047 dispõe que o novo CPC apenas regulará as provas que foram requeridas ou deferidas de ofício após a sua entrada em vigor. Ou, a *contrario sensu*, mesmo depois do novo Código, o Código revogado ainda regerá as provas requeridas ou deferidas de ofício ao tempo da sua vigência.

Atente-se para os termos usados pelo referido dispositivo para definir a aplicação ou não do novo CPC: "provas requeridas" e "provas determinadas de ofício".

Como se sabe, o requerimento de provas dá-se para o autor na petição inicial, e para o réu na contestação. Não confundir esse momento com a oportunidade que as partes têm para especificar as provas que pretendem produzir (manifestação em resposta ao conhecido despacho "em provas"), pois o que ocorre nesse último caso não é requerimento, mas esclarecimento sobre as provas já requeridas. Por exemplo, se o novo Código entrou em vigor, mas o autor já requereu na petição inicial a produção de prova pericial, esta prova se submeterá ao regime do Código revogado. Simples assim.

Questão interessante diz respeito ao requerimento genérico de provas (aquela famosa frase "protesta-se por todas as provas admitidas em Direito"), que não raras vezes aparece nas petições iniciais e é considerado válido pelo STJ (REsp 1376551, 2ª T., Rel. Min. Humberto Martins, DJe 28.06.2013, dentre outros). O protesto genérico deve ser considerado requerimento para os fins do artigo 1.047?

Não, e é nesse sentido que está disposto o Enunciado.

Apesar de ser considerado válido pelo STJ, o protesto genérico não define quais provas estão sendo requeridas. Logo, seria exagerado que, apenas por força desse requerimento, qualquer prova que a parte posteriormente especificasse devesse ser submetida às regras do Código revogado.

> ▶ **NCPC. Art. 1.047.** As disposições de direito probatório adotadas neste Código aplicam-se apenas às provas requeridas ou determinadas de ofício a partir da data de início de sua vigência.

Enunciado 367. Para fins de interpretação do art. 1.054, entende-se como início do processo a data do protocolo da petição inicial.

● *Grupo: Direito intertemporal e disposições finais e transitórias.* ● *Referência: arts. 1.054, 312, 503.*

▸ ***Ronaldo Cramer***

O parágrafo 1º do artigo 503 contém uma novidade importante do novo CPC. Segundo esse dispositivo, a coisa julgada abrange também a questão prejudicial, se concorrerem quatro pressupostos: 1) tiver sido decidida expressamente pelo juiz; 2) da sua solução depender o julgamento de mérito do processo; 3) tiver havido sobre ela contraditório prévio; 4) o juízo que a decidiu tiver competência material e pessoal para julgá-la também como questão principal.

Como se trata de uma mudança de grande repercussão sobre o processo e as estratégias das partes, o novo CPC trouxe uma regra específica de direito intertemporal para essa nova norma. O artigo 1.054 diz que o parágrafo 1º do artigo 503 somente se aplicará aos processos iniciados após a entrada em vigor do novo Código.

Entenda-se processo iniciado como a data do protocolo da petição inicial, conforme, aliás, dispõe o artigo 312.

> ▶ **NCPC. Art. 312.** Considera-se proposta a ação quando a petição inicial for protocolada, todavia, a propositura da ação só produz quanto ao réu os efeitos mencionados no art. 240 depois que for validamente citado. ▶ **Art. 503.** A decisão que julgar total ou parcialmente o mérito

tem força de lei nos limites da questão principal expressamente decidida. ► **Art. 1.054.** O disposto no art. 503, § 1º, somente se aplica aos processos iniciados após a vigência deste Código, aplicando-se aos anteriores o disposto nos arts. 5º, 325 e 470 da Lei n. 5.869, de 11 de janeiro de 1973.

ENUNCIADO 368. A IMPUGNAÇÃO AO RECONHECIMENTO EXTRAJUDICIAL DA USUCAPIÃO NECESSITA SER FEITA MEDIANTE REPRESENTAÇÃO POR ADVOGADO.

● *Grupo: Advogado e Sociedade de Advogados. Prazos.* ● *Referência: art. 1.071.*

► ***Ronaldo Cramer***

Conforme o § 10 do artigo 1.071, havendo impugnação ao pedido de reconhecimento extrajudicial de usucapião, o oficial do registro de imóveis não pode decidir a questão e deve remeter o requerimento ao juízo competente da comarca da situação do imóvel. Ou seja, o pedido de reconhecimento extrajudicial de usucapião converte-se em ação de usucapião, devendo o requerimento ser tomado como petição inicial e a impugnação como contestação.

Exatamente porque é um ato que apresenta questões a serem julgadas pelo Judiciário, a impugnação deve ser subscrita por advogado, em atenção à regra do artigo 105, segundo a qual a parte deve sempre ser representada em juízo por advogado.

Ressalte-se que todo ato praticado ou julgado em juízo, como ocorre com essa impugnação, deve ser exercido por meio de advogado, salvo disposição especial em sentido contrário, o que não ocorre nessa hipótese.

ENUNCIADO 449. O ART. 806 DO CPC DE 1973 APLICA-SE ÀS CAUTELARES PROPOSTAS ANTES DA ENTRADA EM VIGOR DO CPC DE 2015.

● *Grupo: Direito Intertemporal.* ● *Referências: arts. 1.046, § 1º.*

► ***Ronaldo Cramer***

O artigo 806 do antigo CPC previa que, após o deferimento da tutela cautelar no processo cautelar, o autor devia propor o processo principal no prazo de 30 dias, sob pena de perda da eficácia da tutela concedida, nos termos do artigo 808, inciso I, daquele mesmo Código.

Como se sabe, o novo Código de Processo Civil extinguiu o processo cautelar. A tutela cautelar passou a ser buscada no âmbito do próprio processo de conhecimento ou de execução.

Após a entrada em vigor do novo CPC, o processo cautelar pendente deve continuar respeitando as regras sobre tutela cautelar do antigo Código, inclusive o artigo 806, já que as novas regras foram criadas para disciplinar a tutela cautelar postulada sem processo cautelar. Por isso, há manifesta incompatibilidade procedimental para aplicar as regras do NCPC ao processo cautelar ainda em curso.

Apesar de não se encontrar expressamente previsto no novo Código, esse entendimento, retratado no Enunciado 449, acompanha a lógica do § 1º do artigo 1.046, o qual dispõe que o procedimento sumário e os procedimentos especiais extintos pelo novo CPC que ainda estiverem em curso seguirão as regras do antigo Código, se ainda não foram sentenciados.

▶ **NCPC. Art. 1.046. § 1º** As disposições da Lei nº 5.869, de 11 de janeiro de 1973, relativas ao procedimento sumário e aos procedimentos especiais que forem revogadas aplicar-se-ão às ações propostas e não sentenciadas até o início da vigência deste Código.

ENUNCIADO 476. INDEPENDENTEMENTE DA DATA DE INTIMAÇÃO, O DIREITO AO RECURSO CONTRA AS DECISÕES UNIPESSOAIS NASCE COM A PUBLICAÇÃO EM CARTÓRIO, SECRETARIA DO JUÍZO OU INSERÇÃO NOS AUTOS ELETRÔNICOS DA DECISÃO A SER IMPUGNADA, O QUE PRIMEIRO OCORRER, OU, AINDA, NAS DECISÕES PROFERIDAS EM PRIMEIRA INSTÂNCIA, SERÁ DA PROLAÇÃO DE DECISÃO EM AUDIÊNCIA.

● *Grupo: Direito intertemporal; redação alterada no VII FPPC – São Paulo* ● *Referências: arts. 1.046 e 14.*

▸ *Ravi Peixoto*

O direito ao recurso surge com a prolação da decisão, a qual gera um direito adquirido aos recursos eventualmente cabíveis. Uma vez prolatada a decisão, a lei superveniente que venha a modificar, extinguir ou criar um recurso, não poderá atingir o direito adquirido das partes. O regime recursal será alterado apenas se a lei for anterior à decisão[1198]. Afinal, como destaca a doutrina, "a lei processual nova não retroagirá para atingir direito processual adquirido nos termos da lei revogada"[1199]. São irrelevantes o momento em que intimada a parte ou de interposição do recurso.

O enunciado objetiva regular o momento em que a decisão unipessoal é considerada proferida, pois, sendo decisão de primeira instância ou de relator, em tribunal, o direito ao recurso nasce do momento em que ela foi publicada em cartório, secretaria do juízo ou inserida nos autos eletrônicos da decisão a ser impugnada, o que ocorrer primeiro. Ainda há a possibilidade da decisão unipessoal de primeira instância da decisão proferida em audiência, quando é nesse momento que surge o direito ao recurso.

Por outro lado, quando a decisão for colegiada, o momento em que a decisão é tornada pública e o direito ao recurso considera-se adquirido é na data em que proclamado o resultado da sessão de julgamento, independentemente da data de intimação ou da disponibilização do seu inteiro teor, consoante consagrado pelo Enunciado 616/FPPC[1200].

1198. CUNHA, Leonardo C. *Direito intertemporal e o novo Código de Processo Civil.* Rio de Janeiro: Forense, 2016. p. 131; AMARAL, Guilherme Rizzo. *Estudos de direito intertemporal e processo.* Porto Alegre: Livraria do Advogado, 2007. p. 18. De forma semelhante: STJ, Corte Especial, EREsp 649.526, Rel. Min. Carlos Alberto Menezes Direito, DJ 13.2.2006.

1199. AMARAL, Guilherme R. *Estudos de direito intertemporal e processo...* cit. p. 18.

1200. Na doutrina, cf.: CUNHA, Leonardo C. *Direito intertemporal e o novo Código de Processo Civil...* cit. p. 132; LACERDA, Galeno. *O novo direito processual civil e os feitos pendentes.* Rio de Janeiro: Forense, 1974. p. 68.

Um aspecto que não se pode confundir é o momento de publicização da decisão e a intimação das partes, e que inclusive geram efeitos diversos. Por exemplo, em um processo físico que esteja no primeiro grau e que envolva a fazenda pública, mesmo que a sua intimação seja pessoal (art. 183, caput, CPC), o direito ao recurso nasce do momento em que a sentença seja lançada aos autos. Portanto, é irrelevante o momento da intimação, devendo, sim, ser buscado o momento em que a decisão é tornada pública. Isso porque a intimação rege o início da contagem dos prazos, a publicização do ato gera o direito adquirido ao recurso.

Leonardo Carneiro da Cunha bem resume essa importante diferenciação[1201]:

> Publicar e intimar são momentos distintos até porque há quem seja intimado pessoalmente, há quem seja intimado pelo Diário de Justiça, há quem seja intimado por meio eletrônico; todos esses meios podem ocorrer em momentos diferentes, não sendo esse o marco definidor do direito ao recurso. Adquire-se o direito ao recurso quando a decisão torna-se pública, ou seja, quando ela é lançada aos autos, passando a integrar o processo.

Essa diferenciação é importante inclusive para evitar que surjam situações esdrúxulas, pois caso o direito ao recurso surgisse com a intimação e o processo envolva um réu intimado por publicação no diário de justiça e a outro seja intimado pessoalmente, seria bastante provável que as partes tivessem regime recursal diverso entre si.

Fixados esses conceitos, é possível concretizá-los em relação ao NCPC. A lógica, então, é a seguinte: tornada pública a decisão sob a égide do CPC/73, o direito ao recurso será regido por essa legislação, mesmo que revogada; publicada a decisão na vigência do NCPC, o direito ao recurso será regido pela nova lei.

O STJ seguiu lógica semelhante quando, em sessão administrativa do dia 9 de março de 2016 editou alguns enunciados administrativos com o objetivo de orientar os jurisdicionados e tratou do tema em dois deles, que consagram o quanto afirmado nesses comentários[1202]:

> Enunciado Administrativo 2. Aos recursos interpostos com fundamento no CPC/1973 (relativos a decisões publicadas até 17 de março de 2016) devem ser exigidos os requisitos de admissibilidade na forma nele prevista, com as interpretações dadas, até então, pela jurisprudência do Superior Tribunal de Justiça.
>
> Enunciado Administrativo 3. Aos recursos interpostos com fundamento no CPC/2015 (relativos a decisões publicadas a partir de 18 de março de 2016) serão exigidos os requisitos de admissibilidade recursal na forma do novo CPC.

1201. CUNHA, Leonardo C. *Direito intertemporal e o novo Código de Processo Civil*... cit. p. 135. Com o mesmo raciocínio: SILVA, André Garcia Xerez; LIMA, Tiago Asfor Rocha. *Recursos sob a ótica do direito intertemporal*. YARSHELL, Flávio Luiz; PESSOA, Fabio Guidi Tabosa (Coords). *Direito intertemporal*. Salvador: Juspodivm, 2016. p. 476; LACERDA, Galeno. *O novo direito processual civil e os feitos pendentes*... cit. p. 71. O STJ também já reconheceu tratarem-se de situações diversas: STJ, Corte Especial, EREsp 649.526, Rel. Min. Carlos Alberto Menezes Direito, DJ 13.2.2006.

1202. Vale mencionar que, para o STJ, o CPC/2015 entrou em vigor no dia 18 de março de 2016, como afirmado no enunciado administrativo n. 1 O Plenário do STJ, em sessão administrativa em que se interpretou o art. 1.045 do novo Código de Processo Civil, decidiu, por unanimidade, que o Código de Processo Civil aprovado pela Lei n. 13.105/2015, entrará em vigor no dia 18 de março de 2016.

A lógica desses enunciados é a de que as decisões tornadas públicas até o dia 17 de março de 2016, quanto aos recursos, serão regidas pelo CPC/73, com as interpretações dadas pelo STJ. Sendo ela publicada a partir do dia 18 de março, os recursos serão regidos pelo NCPC.

Um exemplo concreto pode auxiliar na compreensão do raciocínio, tendo por base o recurso de embargos infringentes, extinto pelo NCPC: se uma decisão for tornada pública no dia 17 de março de 2016, mesmo que a parte seja intimada dela no dia 30 de março, esse recurso será cabível. Isso porque esse direito foi iniciado no dia 17 de março e não no dia 30, relevante tão apenas para a contagem do prazo.

► **NCPC. Art. 14**. A norma processual não retroagirá e será aplicável imediatamente aos processos em curso, respeitados os atos processuais praticados e as situações jurídicas consolidadas sob a vigência da norma revogada. ► **Art. 1.046.** Ao entrar em vigor este Código, suas disposições se aplicarão desde logo aos processos pendentes, ficando revogada a Lei no 5.869, de 11 de janeiro de 1973. **§ 1º** As disposições da Lei nº 5.869, de 11 de janeiro de 1973, relativas ao procedimento sumário e aos procedimentos especiais que forem revogadas aplicar-se-ão às ações propostas e não sentenciadas até o início da vigência deste Código. **§ 2º** Permanecem em vigor as disposições especiais dos procedimentos regulados em outras leis, aos quais se aplicará supletivamente este Código. **§ 3º** Os processos mencionados no art. 1.218 da Lei nº 5.869, de 11 de janeiro de 1973, cujo procedimento ainda não tenha sido incorporado por lei submetem-se ao procedimento comum previsto neste Código. § **4º** As remissões a disposições do Código de Processo Civil revogado, existentes em outras leis, passam a referir-se às que lhes são correspondentes neste Código. **§ 5º** A primeira lista de processos para julgamento em ordem cronológica observará a antiguidade da distribuição entre os já conclusos na data da entrada em vigor deste Código. (...).

ENUNCIADO 479. AS NOVAS REGRAS DE COMPETÊNCIA RELATIVA PREVISTAS NO CPC DE 2015 NÃO AFETAM OS PROCESSOS CUJAS PETIÇÕES INICIAIS FORAM PROTOCOLADAS NA VIGÊNCIA DO CPC/73.

● *Grupo: Direito intertemporal.* ● *Referência: arts. 1.046 e 43.*

► ***Ronaldo Cramer***

Muito embora o novo CPC aplica-se imediatamente aos processos em curso, conforme o artigo 1.046, essa regra geral comporta exceções.

As disposições sobre competência, no entanto, não seguem essa regra geral. Isso porque, conforme o preceito da *perpetuatio jurisdictionis*, previsto no artigo 43, a competência do órgão jurisdicional fixa-se no momento do protocolo (distribuição) da petição inicial.

Dessa forma, o Enunciado nada mais faz do que consagrar a referida norma do artigo 43.

► **NCPC. Art. 43.** Determina-se a competência no momento do registro ou da distribuição da petição inicial, sendo irrelevantes as modificações do estado de fato ou de direito ocorridas posteriormente, salvo quando suprimirem órgão judiciário ou alterarem a competência absoluta. ► **Art. 1.046.** Ao entrar em vigor este Código, suas disposições se aplicarão desde logo aos processos pendentes, ficando revogada a Lei n. 5.869, de 11 de janeiro de 1973.

Enunciado 484. A revogação dos arts. 16 a 18 da Lei de Alimentos, que tratam da gradação dos meios de satisfação do direito do credor, não implica supressão da possibilidade de penhora sobre créditos originários de aluguéis de prédios ou de quaisquer outros rendimentos do devedor.

● *Grupo: Execução.* ● *Referência: art. 1.072, V.*

▸ *Ronaldo Cramer*

O novo CPC revogou os arts. 16 a 18 da Lei de Alimentos, que diziam respeito à execução da sentença de alimentos, porque regulou, nos artigos 528 a 533, o procedimento para executar essa sentença.

No entanto, essa revogação não pode ser interpretada para limitar os direitos do alimentando na execução. Logo, a supressão do artigo 17 da Lei de Alimentos, que se refere a créditos originários de alugueis ou de quaisquer outros rendimentos do devedor apenas para fazer a gradação dos meios de satisfação do direito do alimentando, não significa que esses mesmos bens não podem ser penhorados.

O Enunciado tem a serventia de deixar esse ponto claro.

▸ **NCPC. Art. 1.072.** Revogam-se: V – os arts. 16 a 18 da Lei n. 5.478, de 25 de julho de 1968.

▸ **Lei 5.478/68. Art. 16.** Na execução da sentença ou do acordo nas ações de alimentos será observado o disposto no artigo 734 e seu parágrafo único do Código de Processo Civil. ▸ **Art. 17.** Quando não for possível a efetivação executiva da sentença ou do acordo mediante desconto em folha, poderão ser as prestações cobradas de alugueres de prédios ou de quaisquer outros rendimentos do devedor, que serão recebidos diretamente pelo alimentando ou por depositário nomeado pelo juiz. ▸ **Art. 18.** Se, ainda assim, não for possível a satisfação do débito, poderá o credor requerer a execução da sentença na forma dos artigos 732, 733 e 735 do Código de Processo Civil. (Revogados p/ NCPC).

Enunciado 567. Invalidado o ato processual praticado à luz do CPC de 1973, a sua repetição observará o regramento do CPC/2015, salvo nos casos de incidência do art. 1.047 do CPC/2015 e no que refere às disposições revogadas relativas ao procedimento sumário, aos procedimentos especiais e às cautelares.

● *Grupo: Direito Intertemporal.* ● *Referências: arts. 1.046, § 1º e 1.047.*

▸ *Ronaldo Cramer*

O Enunciado consagra entendimento que se respalda na regra de direito intertemporal prevista no artigo 1.046, que, como se sabe, determina a aplicação imediata do novo CPC aos processos pendentes (teoria do isolamento dos atos processuais).

Assim, se, na vigência do novo CPC, algum ato processual praticado conforme o CPC de 1973 for invalidado, sua repetição deverá respeitar as regras do novo Código, exatamente porque todo ato processual deve ser exercido conforme as regras em vigor. Se, porventura, esse ato processual pudesse ser repraticado de acordo com o antigo CPC, ter-se-ia a ultratividade de um Código revogado, o que não condiz com a disposição do artigo 1.046.

Esse entendimento, no entanto, não se aplica aos casos que o novo CPC prevê expressamente a aplicação CPC/73, mesmo após a sua revogação. São eles: para as provas requeridas ou deferidas de ofício antes da entrada em vigor do novo CPC (art. 1.047) e para os procedimentos sumário, especiais e cautelares revogados pelo novo Código, mas ainda não sentenciados até o início da sua vigência (art. 1.046, § 1º).

> ▶ **NCPC. Art. 1.046. § 1º** As disposições da Lei nº 5.869, de 11 de janeiro de 1973, relativas ao procedimento sumário e aos procedimentos especiais que forem revogadas aplicar-se-ão às ações propostas e não sentenciadas até o início da vigência deste Código. ▶ **Art. 1.047.** As disposições de direito probatório adotadas neste Código aplicam-se apenas às provas requeridas ou determinadas de ofício a partir da data de início de sua vigência.

Enunciado 568. As disposições do CPC/1973 relativas aos procedimentos cautelares que forem revogadas aplicar-se-ão às ações propostas e não sentenciadas até o início da vigência do CPC/2015.

● *Grupo: Direito Intertemporal.* ● *Referências: art. 1.046, § 1º.*

▸ ***Ronaldo Cramer***

O novo CPC extinguiu o processo cautelar e seus procedimentos. Entretanto, não previu regra de transição para os processos cautelares que estão em curso.

Na falta de regra específica, é adequado se usar por analogia o parágrafo 1º do artigo 1.046, que contém regra de direito intertemporal para as ações em curso que adotem o extinto procedimento sumário ou determinados procedimentos especiais também abolidos pelo novo CPC. Segundo o parágrafo 1º do artigo 1.046, a essas ações se aplica ainda o CPC de 1973, desde que não tenham sido sentenciadas até o início da vigência do novo CPC. Prevê-se, assim, a ultratividade CPC/73 para ainda regular essas demandas. Porém, se já tiverem sido sentenciadas antes da entrada em vigor do NCPC, essas ações deverão se adaptar ao procedimento comum do novo Código, que é o rito padrão de qualquer processo, conforme o artigo 318.

Logo, a mesma solução deve ser estendida para o processo cautelar, que, assim como o procedimento sumário e alguns especiais, foi extinto pelo novo CPC.

> ▶ **NCPC. Art. 1.046. § 1º** As disposições da Lei nº 5.869, de 11 de janeiro de 1973, relativas ao procedimento sumário e aos procedimentos especiais que forem revogadas aplicar-se-ão às ações propostas e não sentenciadas até o início da vigência deste Código.

Enunciado 569. O art. 1.047 não impede convenções processuais em matéria probatória, ainda que relativas a provas requeridas ou determinadas sob vigência do CPC/1973.

● *Grupo: Direito Intertemporal.* ● *Referências: arts. 190 e 1.047.*

▸ ***Ronaldo Cramer***

Como sabido, o artigo 1.047 prevê uma regra de direito intertemporal especial para o direito probatório. Segundo esse dispositivo, as novas regras de direito probatório somente se aplicam às provas requeridas ou deferidas de ofício após a entrada em vigor do novo CPC. Em sentido contrário, as provas requeridas ou deferidas de ofício ao tempo de CPC de 1973 serão realizadas conforme as disposições revogadas.

O novo CPC previu, no artigo 190, as convenções processuais atípicas, nas quais as partes podem modificar qualquer aspecto do procedimento ou dos comportamentos processuais, antes ou durante a demanda, ajustando o processo às especificidades da causa. O novo Código também aumentou as disposições sobre as convenções processuais típicas, que são aquelas em que a lei já prevê o tipo de mudança no procedimento ou nos comportamentos processuais que as partes podem fazer (exemplo: a famosa cláusula de eleição de foro)

O objeto das convenções processuais atípicas encontra alguns limites, como a impossibilidade de se pactuar sobre matéria de reserva legal; por exemplo, não se admite convenção processual para criar recurso, em decorrência do princípio da taxatividade recursal.

Nesse contexto, discute-se se as partes podem celebrar negócio processual sobre direito probatório, como, por exemplo, ampliar ou limitar os meios de prova, graduar os meios de prova ou, ainda, ampliar ou restringir a admissibilidade dos meios de prova[1203].

Apesar de a possibilidade de convenções processuais sobre prova não ser tema pacífico, o Enunciado parte da premissa de que esse negócio jurídico é cabível. E, justamente a partir dessa premissa, o Enunciado dispõe que as convenções processuais probatórias podem ser celebradas sobre as provas a serem produzidas conforme o novo CPC, o que é evidente, e sobre as provas realizadas de acordo com o CPC de 1973.

Ou seja, o fato de a prova ter sido requerida ou deferida de ofício ao tempo do antigo CPC, e, por isso, não ter sua produção de acordo com o novo CPC, não impede que sobre ela as partes possam pactuar. O importante, para a celebração de convenções processuais atípicas, é que estejam vigor as regras sobre essa matéria. Assim, uma prova testemunhal requerida sob a égide CPC/73, que será produzida conforme as regras desse Código, pode ser modificada por convenção entre as partes, uma vez que as regras previstas no novo CPC sobre convenções processuais atípicas estão vigendo.

► **NCPC. Art. 190.** Versando o processo sobre direitos que admitam autocomposição, é lícito às partes plenamente capazes estipular mudanças no procedimento para ajustá-lo às especificidades da causa e convencionar sobre os seus ônus, poderes, faculdades e deveres processuais, antes ou durante o processo. **Parágrafo único.** De ofício ou a requerimento, o juiz controlará a validade das convenções previstas neste artigo, recusando-lhes aplicação somente nos casos de nulidade ou de inserção abusiva em contrato de adesão ou em que alguma parte se encontre em manifesta situação de vulnerabilidade. ► **Art. 1.047.** As disposições de direito probatório adotadas neste Código aplicam-se apenas às provas requeridas ou determinadas de ofício a partir da data de início de sua vigência.

1203. Vide, entre outros, GODINHO, Robson R. "A possibilidade de negócios jurídicos processuais atípicos em matéria probatória". *In*: CABRAL, Antonio P.; NOGUEIRA, Pedro Henrique. (Coords.). *Negócios processuais*. Salvador: Juspodivm, 2005. p. 415-416; DIDIER JR., Fredie; BRAGA, Paulo Sarno; OLIVEIRA, Rafael A. *Curso de direito processual civil*. v. 2. Salvador: Juspodivm, 2015. p. 91.

ENUNCIADO 570. AS AÇÕES REVISIONAIS DE ALUGUEL AJUIZADAS APÓS A ENTRADA EM VIGOR DO CÓDIGO DE PROCESSO CIVIL DEVERÃO TRAMITAR PELO PROCEDIMENTO COMUM, APLICANDO-SE, COM AS ADAPTAÇÕES PROCEDIMENTAIS QUE SE FAÇAM NECESSÁRIAS, AS DISPOSIÇÕES DOS ARTIGOS 68 A 70 DA LEI 8.245/1991.

● *Grupo: Impacto nos Juizados e nos procedimentos especiais da legislação extravagante.* ● *Referências: art. 1.049, par. ún.; Lei 8.245/91.*

▸ *Ronaldo Cramer*

O artigo 68 da Lei 8.245/91 dispõe que a ação revisional de aluguel deve adotar o procedimento sumário. Como o procedimento sumário foi abolido pelo novo CPC, impõe-se o emprego da regra do parágrafo único do artigo 1.049, que prescreve a observância do procedimento comum para as hipóteses em que a lei remeter àquele extinto procedimento.

Assim, as ações revisionais de aluguel propostas após o início da vigência do novo CPC deverão seguir o procedimento comum, respeitadas, por óbvio, as adaptações procedimentais previstas na Lei 8.245/91. No que concerne às ações revisionais de aluguel ajuizadas antes do novo CPC, essas poderão ainda continuar tramitando pelo procedimento sumário.

▸ **NCPC. Art. 1.049. Parágrafo único.** Na hipótese de a lei remeter ao procedimento sumário, será observado o procedimento comum previsto neste Código, com as modificações previstas na própria lei especial, se houver.

ENUNCIADO 616. INDEPENDENTEMENTE DA DATA DE INTIMAÇÃO OU DISPONIBILIZAÇÃO DE SEU INTEIRO TEOR, O DIREITO AO RECURSO CONTRA AS DECISÕES COLEGIADAS NASCE NA DATA EM QUE PROCLAMADO O RESULTADO DA SESSÃO DE JULGAMENTO.

● *Grupo: Direito intertemporal* ● *Referências: arts. 1.046 e 14.*

▸ *Ravi Peixoto*

Ver os comentários ao Enunciado 476/FPPC.

▸ **NCPC.** ▸ **Art. 14**. A norma processual não retroagirá e será aplicável imediatamente aos processos em curso, respeitados os atos processuais praticados e as situações jurídicas consolidadas sob a vigência da norma revogada. ▸ **Art. 1.046.** Ao entrar em vigor este Código, suas disposições se aplicarão desde logo aos processos pendentes, ficando revogada a Lei no 5.869, de 11 de janeiro de 1973. **§ 1º** As disposições da Lei nº 5.869, de 11 de janeiro de 1973, relativas ao procedimento sumário e aos procedimentos especiais que forem revogadas aplicar-se-ão às ações propostas e não sentenciadas até o início da vigência deste Código. **§ 2º** Permanecem em vigor as disposições especiais dos procedimentos regulados em outras leis, aos quais se aplicará supletivamente este Código. **§ 3º** Os processos mencionados no art. 1.218 da Lei nº 5.869, de 11 de janeiro de 1973, cujo procedimento ainda não tenha sido incorporado por lei submetem-se ao procedimento comum previsto neste Código. **§ 4º** As remissões a disposições do Código de Processo Civil revogado, existentes em outras leis, passam a referir-se às que lhes são correspondentes neste Código. § 5º A primeira lista de processos para julgamento em ordem cronológica observará a antiguidade da distribuição entre os já conclusos na data da entrada em vigor deste Código. (...).

CAPÍTULO II

DIREITO PROCESSUAL COLETIVO

ENUNCIADO 619. O PROCESSO COLETIVO DEVERÁ RESPEITAR AS TÉCNICAS DE AMPLIAÇÃO DO CONTRADITÓRIO, COMO A REALIZAÇÃO DE AUDIÊNCIAS PÚBLICAS, A PARTICIPAÇÃO DE "AMICUS CURIAE" E OUTROS MEIOS DE PARTICIPAÇÃO.

● *Grupo: Impacto do novo CPC e os processos coletivos.* ● *Referências: arts. 6º, 138, 982, II, 983, § 1º.*

▸ *Hermes Zaneti Jr, Juliana Provedel Cardoso e Tamyres Tavares de Lucena*

O princípio do contraditório consubstancia-se como um dos mais importantes corolários do devido processo legal e o Enunciado em comento, por sua vez, tomou o cuidado de acentuar que, no processo coletivo, o exercício dessa garantia merece uma atenção especial, observando-se técnicas ampliativas, que dilatem o alcance do debate entre os sujeitos interessados, citando as hipóteses de intervenção de *amicus curiae* e realização de audiências públicas, de forma exemplificativa.

Ainda antes de se desenvolver efetivamente um microssistema de tutela coletiva no Brasil, dando-se tratamento legal específico ao processo coletivo, Ada Pellegrini Grinover já alertava que, quando se tratasse da defesa em juízo dos direitos coletivos e difusos, a noção clássica de devido processo legal deveria ser revista, no sentido de se reformular institutos processuais, a fim de amoldarem-se as garantias clássicas à configuração típica dos conflitos de massa, "numa dimensão que será necessariamente diversa, mas não significará seu abandono"[1]. Já em uma perspectiva mais contemporânea, à luz do NCPC, Fredie Didier Jr. e Hermes Zaneti Jr. retomam essa mesma lógica de adaptação do devido processo legal ao processo coletivo, defendendo a ideia de um devido processo legal coletivo. Os autores reconhecem que atualmente nosso direito já dispõe de um regramento próprio e bem adequado às peculiaridades do processo coletivo (competência, legitimidade, coisa julgada, intervenção de terceiro etc.). Contudo, asseveram que é possível e preciso ir além, trazendo-se para o processo coletivo adequações procedimentais, mesmo sem texto expresso de lei, como as decorrentes das *class actions* norte-americanas[2].

Essa pretendida construção de um devido processo legal coletivo é um movimento que ainda não se encerrou, não obstante a existência de considerável legislação específica sobre processo coletivo no Brasil, no cenário atual. Com efeito, contribuições do direito estrangeiro – em especial as *class actions* – podem servir para suprir

1. GRINOVER, Ada P. "As garantias constitucionais do processo nas ações coletivas". Revista de Processo, v. 11, n. 43, jul.-set/1986. p. 19-30.
2. DIDIER JR., Fredie; ZANETI JR., Hermes. *Curso de direito processual civil.* v. 4. 11. ed. Salvador: Juspodivm, 2017. p. 105.

eventuais lacunas legais acerca do tratamento peculiar do processo coletivo, todavia, nem sempre se precisa ir tão longe, podendo-se extrair boas contribuições diretamente do NCPC.

De fato, o próprio princípio do contraditório sofreu uma revalorização no âmbito do NCPC, a exemplo de outras garantias processuais que passaram a ter tratamento expresso e destacado no Capítulo inicial do Código, denominado Das Normas Fundamentais do Processo Civil. Em seu artigo 7º, o NCPC dispõe que: "é assegurada às partes paridade de tratamento em relação ao exercício de direitos e faculdades processuais, aos meios de defesa, aos ônus, aos deveres e à aplicação de sanções processuais, competindo ao juiz zelar pelo efetivo contraditório". Vê-se, portanto, que o zelo pelo efetivo contraditório passou a ser um dever do julgador, encargo a ser observado juntamente com a garantia de tratamento paritário das partes.

Esse tratamento conjunto do princípio do contraditório com o princípio da igualdade processual, dado pelo NCPC em seu artigo 7º, é aspecto que merece uma consideração especial, por ser relevante para o tema em apreço. Leonardo Carneiro da Cunha adverte que esse dispositivo é complementado pelo art. 139, inciso I, que ao tratar dos poderes do juiz, determina a este a obrigação de assegurar às partes igualdade de tratamento, conferindo aos litigantes igualdade de oportunidades, para que, exercendo o contraditório, possam ter a chance de participar do convencimento, apresentando elementos necessários e suficientes a demonstrar o acerto de determinada tese jurídica[3].

Desse modo, garantir um efetivo contraditório também é uma forma de se assegurar o tratamento paritário das partes e, como se sabe, muitas vezes, a correta observância da paridade processual requer que se dê tratamento desigual aos litigantes, na medida de suas desigualdades, na tentativa de se nivelar eventuais desequilíbrios materiais, sendo exemplo disso a regra que determina tramitação prioritária de processos de pessoas idosas, ou portadoras de doença grave (art. 1.048, NCPC), entre outros casos, sem prejuízo da possibilidade genérica de o próprio julgador adaptar o procedimento em favor de circunstâncias do caso concreto (art. 139, VI, NCPC). Essa correlação de princípios proposta pelo NCPC em seu artigo 7º é bastante pertinente para a seara do processo coletivo, em que a complexidade inerente ao seu objeto de tutela faz necessário, justamente, um procedimento mais flexível e aberto, em especial quando se trata de garantir um contraditório efetivo.

Ainda acerca do contraditório à luz da nova codificação, merece destaque o papel de maior protagonismo dado pelo NCPC aos sujeitos processuais: primeiramente, ao juiz que, como visto, possui o claro dever de equalizar diferenças e zelar pelo efetivo contraditório; mas também às partes e demais sujeitos interessados na lide, que passam a dispor de maior poder de influência no resultado final e na própria conformação do procedimento (vide art. 138 e art. 190, p. ex.). Todo esse novo aporte legal, que traz novas funções ao princípio do contraditório, também se mostra pertinente

3. CUNHA, Leonardo C. "Comentários ao art. 7º". STRECK, Lenio. *et al.* (Orgs.). *Comentários ao Código de Processo Civil*. São Paulo: Saraiva, 2016. p. 45.

para o processo coletivo, na medida em que ajuda a superar uma noção puramente individualista desse princípio, que dificulta a adequação do contraditório ao devido processo legal coletivo.

Antônio do Passo Cabral explica essa nova conjuntura, ao expor que a noção tradicional do princípio do contraditório se identifica com a ideia de "informação-reação no processo", no sentido de se garantir às partes oportunidades de reagir ou evitar posições jurídicas processuais desfavoráveis. Adverte, contudo, que a conexão necessária entre contraditório e o interesse ou prejuízo individual das partes ou terceiros importa limitações ao princípio. Outras formas de se encarar o contraditório o afastariam dessa noção tão individualista e patrimonialista, aproximando-o mais da concepção da democracia deliberativa e dos objetivos políticos do processo[4].

Nesse sentido, destaca a compreensão do contraditório também como direito de influência, em que o processo é tido como espaço de democracia deliberativa, no qual a sociedade pode influir nos atos decisórios estatais por meio da argumentação discursiva, devendo o julgador fazer menção expressa às teses dos sujeitos processuais em suas razões de decidir, abrindo o palco jurisdicional para o debate pluralista e participativo. Essa vertente democrática do contraditório também permite a abertura do direito de manifestação no processo a outros sujeitos que não as partes, como no caso de intervenção do *amicus curiae*, p. ex., fomentando o ingresso de diversas entidades no processo, para enriquecer o debate e oxigenar o litígio com outros pontos de vista argumentativos. Antônio Cabral também frisa a função colaborativa do contraditório, que impõe deveres às partes, as quais devem colaborar para uma solução justa, atuando de forma proba e ética, impondo igualmente deveres ao juiz, sujeito que, além do dever de atenção e consideração dos argumentos das partes, tem a obrigação de também instaurar um verdadeiro debate judicial sobre as questões discutidas no processo, assumindo uma postura mais ativa[5].

Em suma, o princípio do contraditório não mais se resume a uma mera garantia de audiência bilateral das partes, criando maiores deveres e a necessidade de uma postura mais ativa para todos os sujeitos processuais, inclusive o juiz, devendo ser também um espaço aberto à participação da sociedade, até mesmo de figuras inicialmente alheias ao processo, como o *amicus curiae*, conferindo-se um caráter mais democrático ao âmbito jurisdicional. Evidentemente, esses outros entendimentos acerca do princípio do contraditório afastam a pecha puramente individualista dessa garantia, adequando o contraditório ao devido processo legal coletivo e conferindo respaldo teórico à aplicação das técnicas de ampliação do contraditório no processo coletivo.

A título exemplificativo, o Enunciado 619 ora em análise faz menção expressa à figura do *amicus curiae* como técnica de ampliação do contraditório compatível com a prestação da tutela coletiva. Antes do advento do NCPC já havia previsão dessa figura

---

4. CABRAL, Antônio P. "Princípio do Contraditório". *In*: TORRES, Ricardo L. *et al.* (Coords.). *Dicionário de princípios jurídicos.* Rio de Janeiro: Elsevier, 2011. p. 194-195.
5. *Ibidem*, p. 200-202.

em nosso ordenamento, no âmbito do processo objetivo de controle de constitucionalidade (art. 7º, § 2º, Lei nº 9.868/1999), além das hipóteses de intervenção da Comissão de Valores Mobiliários – CVM nos processos relativos ao mercado de capitais (art. 31, Lei nº 6.385/1976) e do Conselho Administrativo de Defesa Econômica – CADE, nos processos referentes à concorrência no mercado mobiliário (art. 118, Lei nº 12.529/2011), além de previsão genérica para o processo administrativo (art. 31, Lei nº 9.784/1999). Ou seja, mesmo antes de o NCPC passar a tratar do *amicus curiae* como espécie típica de intervenção de terceiro (art. 138), já havia respaldo legal para intervenção dessa figura dentro do microssistema da tutela coletiva.

Contudo, as previsões trazidas pelo NCPC a esse respeito não devem ser desconsideradas de todo quando se tratar da admissão de *amicus curiae* no processo coletivo. Isso porque, ainda que tenha tratado do tema de forma sucinta, o artigo 138 e parágrafos do NCPC dispõem a respeito da intervenção do *amicus curiae* estabelecendo como requisitos para sua admissão a relevância da matéria e a repercussão social da controvérsia, exigências que restringem a aplicação desse instituto a litígios que transbordem o mero interesse individual das partes, justamente o que ocorre nos processos coletivos. A compatibilidade do disposto no artigo 138 e parágrafos do NCPC com o sistema da tutela coletiva, portanto, é notável, podendo-se estabelecer um intercâmbio de contribuições entre esses regimes legais.

Assim sendo, é importante ressaltar que, a despeito de eventuais entendimentos doutrinários em contrário, o NCPC tomou uma posição que não deve ser desconsiderada, ao tratar a hipótese de *amicus curiae* como espécie de intervenção de terceiros. Admitido essa intervenção, o *amicus curiae* passa a ser parte, mesmo que não provoque alteração de competência, exercendo o contraditório sem exigências de imparcialidade, como se dá com os simples auxiliares da justiça. Ademais, o sistema instaurado pela nova codificação optou por não estabelecer a priori todos os poderes do *amicus curiae* no processo, deixando a extensão desses poderes a critério do juiz no caso concreto, ressalvando, contudo, que o *amicus curiae* admitido deve ter representatividade adequada – tema tão caro ao processo coletivo e bem desenvolvido nessa seara. Enfim, o regramento do NCPC também admite que pessoas naturais possam assumir esse papel de "amigo da Corte" no processo. Tudo isso deve ser levado em conta quando da admissão do *amicus curiae*, mesmo no âmbito do processo coletivo.

A possibilidade de realização de audiências públicas (art. 983, § 3º, NCPC), também citada expressamente no Enunciado em exame, já não conta com um tratamento legal tão claro e abrangente como atualmente dispõe a hipótese de *amicus curiae* em nosso sistema. Tal circunstância, porém, não deve ser óbice para a adoção dessa medida no processo coletivo. Com efeito, a carência ou completa ausência de previsão legal não deve ser impeditivo para a aplicação de qualquer outra técnica de ampliação do contraditório no processo coletivo, cujo procedimento deve ser sempre aberto à aplicação de providências atípicas, desde que sirvam para ampliar e qualificar o debate jurídico.

Por fim, é importante frisar que a possibilidade de intervenção direta dos integrantes da classe substituída nos processos coletivo (como assistentes litisconsorciais) é uma questão ainda não pacificada pela doutrina. Conquanto se possa defender no plano teórico a participação individual dos sujeitos representados, ao lado do representante da classe no processo coletivo, é evidente que isso provocaria sérios entraves pragmáticos ao andamento da ação ajuizada. O uso das técnicas de ampliação do contraditório pode ser uma forma de minimizar esse problema, contudo, advirta-se: isso não retira do julgador o dever de controlar a representatividade adequada, mesmo em caso de intervenções atípicas dos integrantes da classe na ação coletiva, por meio de audiências públicas, *amicus curiae*, entre outros. É necessário que se verifique se o interesse da classe realmente está sendo representado por quem quer que tome a iniciativa de intervir no processo e participar do contraditório[6].

Enunciado 620. O ajuizamento e o julgamento de ações coletivas serão objeto da mais ampla e específica divulgação e publicidade.

● *Grupo: Impacto do novo CPC e os processos coletivos.* ● *Referências: arts. 8º, 11, 554, § 3º.*

▸ ***Hermes Zaneti Jr, Juliana Provedel Cardoso e Tamyres Tavares de Lucena***

O princípio da publicidade, previsto no artigo 5º, LX, CF/88, estabelece que "a lei só poderá restringir a publicidade dos atos processuais quando a defesa da intimidade ou o interesse social o exigirem". Essa garantia é tão importante que o ordenamento jurídico brasileiro considera nulos os julgamentos dos órgãos do Poder Judiciário que não forem públicos, salvo nos casos de sigilo legalmente autorizados (art. 93, IX, CF/88 e art. 11, NCPC).

A publicidade tem como função proteger as partes de julgamentos arbitrários e secretos, bem como proporcionar a participação dos cidadãos e o controle da opinião pública sobre os serviços públicos, sobretudo a atividade jurisdicional[7], ressalvadas as hipóteses de segredo de justiça[8].

---

6. Quanto ao exercício do contraditório no processo coletivo, Jordão Violin pondera que de nada adianta o juiz considerar os argumentos do legitimado coletivo se este não considerar os argumentos da comunidade representada. Já que o representante não litiga na defesa de interesse próprio, mas do grupo representado, deve exercer essa representação de forma adequada, sendo necessário que o ordenamento jurídico se preocupe não apenas com a conduta do juiz frente ao representante coletivo, mas também com a conduta do representante coletivo diante do grupo (VIOLIN, Jordão. O contraditório no processo coletivo: amicus curiae e o princípio da cooperação. DIDIER JR., Fredie; ZANETI JR., Hermes (Coords). *Curso de direito processual civil.* vol. 4. Salvador: Juspodivm, 2016 p. 271). Como explicitado no texto, essa mesma preocupação referente à adequação do representante da classe também deve valer para os representados que intervenham por meio das técnicas de ampliação do contraditório, devendo o juiz controlar se os argumentos deduzidos por estes no processo realmente traduzem os interesses da classe de que alegam fazer parte.
7. DIDIER JR., Fredie. *Curso de direito processual civil.* v. 1. 17. ed. Salvador: Juspodivm, 2015. p. 86. ABDO, Helena Najjar. "A publicidade do processo e a atuação da mídia na divulgação de atos processuais". *Revista Forense*, Rio de Janeiro, v. 398. p. 133-154.
8. A exemplo do art. 189 do NCPC.

Essas funções, segundo Fredie Didier Jr[9] e Helena Najjar Abdo[10], são exercidas em duas dimensões: interna, para as partes e seus procuradores, que deve ser mais ampla com o objetivo de assegurar a garantia do contraditório (art. 5º, LV, CF/88 e arts. 7º, 9º e 10, NCPC), e externa, para os terceiros alheios à relação processual, que, por dizer respeito ao controle dos atos do Poder Judiciário e não à garantia do contraditório, não precisa ser tão ampla para atender às suas finalidades e é limitada nas hipóteses de sigilo, como já ressalvado.

Os deveres de informação e de publicidade são uma consequência do desenvolvimento da democracia e do Estado de Direito[11]. O ponto fundamental, nesse sentido, "é a transparência da conduta dos agentes públicos em geral, eleitos ou não, com a possibilidade da fiscalização pelos cidadãos de seus atos, que, em regra, deverão ser públicos e acessíveis a todos do povo"[12].

No direito processual, o direito ao acesso às fontes de informação está relacionado aos atos processuais, escritos ou orais[13]. A Lei 12.527/11, que disciplina o acesso à informação (arts. 5º, XXXIII, 37, § 3º, II, e 216, § 2º, CF/88), justifica a necessidade de uma virada nos mecanismos de acesso aos interessados na tramitação de processos judiciais.

Com efeito, os arts. 8º, 11 e 554, § 3º, NCPC, fomentam a publicidade, sendo que o último dispositivo disciplina a ampla publicidade da existência de ações possessórias coletivas (art. 554, § 1º, CPC), podendo o juiz, para tanto, valer-se de anúncios em jornal ou rádio locais, da publicação de cartazes na região do conflito e de outros meios.

Neste sentido, já existe a Resolução Conjunta CNMP/CNJ nº 2/11, um ato conjunto do Conselho Nacional de Justiça com o Conselho Nacional do Ministério Público, que disciplina o cadastro nacional de ações coletivas, inquéritos civis e termos de ajustamento de conduta[14].

O Enunciado reafirma o direito fundamental à publicidade dos atos processuais, garantido pelos artigos 5º, LX, e 93, IX, CF/88, e pelos artigos 8º e 11, NCPC, no âmbito das ações coletivas, sobre as quais o ajuizamento e o julgamento serão objeto da mais ampla e específica divulgação e publicidade.

9. DIDIER JR., Fredie. *Curso de direito processual civil.* v. 1. 17. ed. Salvador: Juspodivm, 2015. p. 86.
10. ABDO, Helena N. "A publicidade do processo e a atuação da mídia na divulgação de atos processuais". *Revista Forense*, Rio de Janeiro, v. 398. p. 133-154.
11. Sobre democracia, Judiciário, politização do Direito e constitucionalização do processo, ler: ZANETI JR., Hermes. *A constitucionalização do processo: o modelo constitucional da justiça brasileira e as relações entre processo e constituição.* 2. ed. Salvador: Juspodivm, 2014.
12. CARNEIRO, Paulo Cezar P. "Comentários aos arts. 1º a 15". *In*: WAMBIER, Tereza A. *et al.* (Coords.). *Breves comentários ao novo Código de Processo Civil.* 2. ed. São Paulo: RT, 2016. Livro digital.
13. ABDO, Helena N. "A publicidade do processo e a atuação da mídia na divulgação de atos processuais". *Revista Forense*, Rio de Janeiro, v. 398. p. 133-154.
14. Para atender à Resolução foi desenvolvido, no site do CNMP, o "Portal de Direitos Coletivos".

A adequação da publicidade das ações coletivas, como afirmam Fredie Didier Jr e Hermes Zaneti Jr[15], é um dos principais aspectos do devido processo legal coletivo.

Proposta a ação coletiva envolvendo direitos individuais homogêneos, necessariamente haverá comunicação e ampla divulgação para que o indivíduo possa, se quiser, intervir no processo coletivo (art. 94, CDC) ou exercer o seu direito de se excluir da incidência da decisão em ação coletiva (art. 104, CDC).

Além disso, a coisa julgada coletiva produz efeitos no plano individual, se for em benefícios dos titulares dos direitos individuais, tendo, assim, destacada importância a divulgação da ação coletiva para a execução individual da sentença coletiva. Em execução de sentença genérica na ação coletiva para pretensões de direitos difusos ou coletivos em sentido estrito, é possível a extensão *in utilibus* da coisa julgada coletiva para o plano individual. Já na execução da sentença genérica sobre direitos individuais homogêneos, a regra da extensão subjetiva *secundum eventum litis* da coisa julgada coletiva (art. 103, III, CDC), pode atingir favoravelmente os titulares dos direitos individuais[16].

A garantia da publicidade, prevista como direito fundamental[17] e norma fundamental processual, será, portanto, observada também no ajuizamento e no julgamento de ações coletivas, precedidas da mais ampla e específica divulgação e publicidade.

Enunciado 627. Em processo coletivo, a decisão que fixa multa coercitiva é passível de cumprimento provisório, permitido o levantamento do valor respectivo após o trânsito em julgado da decisão de mérito favorável.

● *Grupo: Impacto do novo CPC e os processos coletivos.* ● *Referências: arts. 297, 537, § 3º. Lei 7.347/85, art. 12, § 2º.*

▸ ***Hermes Zaneti Jr, Juliana Provedel Cardoso e Tamyres Tavares de Lucena***

O desenvolvimento da tutela coletiva no Brasil deu-se de forma fragmentada, a partir de leis esparsas, que traçaram o perfil do processo coletivo de maneira apartada do sistema até então vigente no Código de Processo Civil de 1973. Essa tendência culminou com a edição do Código de Defesa do Consumidor, que em seu Título III trata da defesa em juízo dos direitos e interesses coletivos, com destaque para o seu artigo 90, que determina a aplicação conjunta desse título com as disposições da Lei da Ação Civil Pública, diploma legal que, por sua vez, também faz referência ao Título III do CDC, formando entre essas duas leis um sistema intercomunicante de normas.

---

15. DIDIER JR., Fredie; ZANETI JR., Hermes. *Curso de direito processual civil.* v. 4. 11. ed. Salvador: Juspodivm, 2017. p. 110.
16. DIDIER JR., Fredie; ZANETI JR., Hermes. *Curso de direito processual civil.* v. 4. 11. ed. Salvador: Juspodivm, 2017, p. 474. GIDI, Antonio. *Coisa julgada e litispendência em ações coletivas.* São Paulo: Saraiva, 1995. p. 73.
17. Sobre direitos fundamentais e processo, Carlos Alberto Alvaro de Oliveira afirma uma "interdependência relacional entre direitos fundamentais e processo", de modo que, o processo é compreendido como "instrumento de realização de valores e especialmente de valores constitucionais". OLIVEIRA, Carlos Alberto A. "O processo civil na perspectiva dos direitos fundamentais". Disponível no site da ABDPC. Acesso em: 10.jun.2017.

Essa conformação legal de aplicação recíproca de normas foi o pontapé inicial para o desenvolvimento no Brasil do chamado Microssistema da Tutela Coletiva, teoria que propõe a integração e o intercâmbio, não apenas do CDC e da Lei da Ação Civil Pública, mas de todas as demais normas contidas na legislação esparsa, voltadas à regulação da tutela coletiva, abarcando também a lei da ação popular, a lei de improbidade administrativa, a Lei 12.016/09 na parte que trata do mandado de segurança coletivo, entre outros diplomas legais que tratam de ações coletivas, dispersos no sistema.

Rodrigo Mazzei discorreu bem acerca desse tema, destacando que um dos pilares do microssistema está na existência de diferença principiológica do diploma especial com a norma geral, circunstância existente no direito processual coletivo, de essência distinta da postura individualista do antigo Código de Processo Civil de 1973. Logo, as omissões internas das leis que tratam do direito coletivo seriam supridas pelas normas dos outros diplomas que fazem parte do microssistema, aplicando-se o Código de Processo Civil de forma residual. Isto é, primeiro se buscaria a solução para uma lacuna entre as outras leis que compõem o microssistema da tutela coletiva, para só então se cogitar de aplicar o CPC, mesmo assim tentando adaptar suas normas de cunho individualista para a situação de direito transindividual[18].

Essa construção teórica encontrou apoio na jurisprudência do Superior Tribunal de Justiça, que reiteradamente faz uso da ideia de microssistema da tutela coletiva, afirmando o caráter intercambiante de suas normas componentes, para suprir lacunas no trato do direito coletivo em juízo[19].

A ideia de microssistema ganhou força nos estudos da tutela coletiva no Brasil, pois serviu para conferir unidade e coerência a um sistema desenvolvido de forma fragmentada, mas também porque o CPC de 1973 não havia se preocupado com o tratamento em juízo dos direitos metaindividuais, já que tal problemática sequer era considerada pelos estudiosos de processo no Brasil, quando da edição desse código.

Contribuiu ainda para esse cenário profícuo ao desenvolvimento de uma teoria do microssistema a circunstância de que fracassaram as tentativas de se regular o processo coletivo por meio da edição deum Código específico no Brasil, não tendo demonstrado as Casas Legislativas qualquer interesse em seguir no trâmite dos projetos de lei propostos sobre essa questão nos últimos anos[20].

---

18. MAZZEI, Rodrigo R. "Ação popular e o microssistema da tutela coletiva". *In*: DIDIER JR, Fredie; MOUTA, José Henrique. (Orgs.). *Tutela jurisdicional coletiva*. v. 1. Salvador: Juspodivm, 2009, p. 382-384.
19. A 1ª Turma do STJ, em julgado de 2006, já deixou consignado, na ementa do REsp 791042/PR, que "A lei de improbidade administrativa, juntamente com a lei da ação civil pública, da ação popular, do mandado de segurança coletivo, do Código de Defesa do Consumidor e do Estatuto da Criança e do Adolescente e do Idoso, compõem um microssistema de tutela dos interesses transindividuais e sob esse enfoque interdisciplinar, interpenetram-se e subsidiam-se".
20. Acerca das frustradas tentativas de se dar um tratamento legal unificado ao processo coletivo no Brasil, André Roque noticia que, após intensos debates entre especialistas na matéria, encaminhou-se ao Congresso Nacional um anteprojeto de uma nova Lei da Ação Civil Pública, proposta que na Câmara dos Deputados foi registrada como projeto de lei nº 5.139/2009. Em que pese ter recebido parecer

Desse modo, o posicionamento periférico do CPC/73 dentro do microssistema da tutela coletiva e sua aplicação residual, de fato, mostrava-se como a solução mais adequada.

O Código de Processo Civil de 2015, ao contrário, exsurgiu quando os estudos e o tratamento da tutela coletiva já haviam atingido certo grau de maturidade. Apesar de eventuais retrocessos legais, o processo coletivo no Brasil é uma realidade e o NCPC, embora não tenha tido a intenção de efetivamente regrar essa espécie, em diversos pontos faz deferência ao sistema da tutela coletiva, como, por exemplo, no artigo 139, inc. X, em que impõe ao juiz o dever de cientificar os legitimados para ação coletiva quando se deparar com a propositura de demandas individuais repetitivas, bem como a regra do artigo 982, inc. I, que determina a suspensão dos processos coletivos quando instaurado IRDR com mesmo objeto.

Fredie Didier Jr. e Hermes Zaneti Jr. observaram esse novo cenário, afirmando que diferentemente da codificação anterior, o NCPC dialoga com o microssistema do processo coletivo, "seja porque o pressupõe expressamente, seja porque incorporou a esse sistema novas normas jurídicas". Apontam os autores que a eficácia do CPC sobre o microssistema da tutela coletiva deixou de ser unicamente supletiva e residual, passando a ser também direta[21].

O Enunciado em comento é um bom exemplo de como pode se dar essa influência direta do NCPC nas ações coletivas. Por mais que a teoria do microssistema tenha trazido grandes contribuições para o preenchimento de lacunas no trato das ações coletivas, certos temas simplesmente não possuem regramento legal algum dentro do microssistema, razão pela qual a incidência direta do NCPC é medida que se impõe em certos casos.

No que tange à aplicação de multa coercitiva, também conhecida como astreinte, o NCPC trouxe um regime legal bem mais detalhado, em relação ao seu antecessor, com destaque para o disposto no § 3º do artigo 537, o qual determina que "a decisão que fixa a multa é passível de cumprimento provisório, devendo ser depositada em juízo, permitido o levantamento do valor após o trânsito em julgado da sentença favorável à parte".

O dispositivo em epígrafe é uma novidade do NCPC, sem correspondente na codificação anterior, que tratava das multas coercitivas de forma bem mais abreviada.

---

favorável da Comissão de Constituição e Justiça da Câmara dos Deputados quanto a sua constitucionalidade, foi rejeitado no mérito, tendo sido interposto recurso para o Plenário da Câmara, ainda pendente de apreciação até a presente data. Outra proposta, dessa vez destinada a reformar o trato da tutela coletiva no CDC – Projeto 282/2012 encaminhado ao Senado Federal – também não teve melhor sorte em sua tramitação. Referido projeto de lei restou arquivado ao fim da legislatura de 2014. (ROQUE, André V. "As ações coletivas após o novo Código de Processo Civil: para onde vamos?" *In*: DIDIER JR., Fredie; ZANETI JR., Hermes. (Coords). *Processo coletivo.* São Paulo: Juspodivm, 2016. p. 176-178).

21. DIDIER JR., Fredie; ZANETI JR., Hermes. *Curso de direito processual civil.* v. 4. 11. ed. Salvador: Juspodivm, 2017. p. 59.

O artigo 537, § 3º, do NCPC traz mais segurança à utilização da multa coercitiva para as obrigações de fazer, não fazer, ou entregar coisa, primeiramente, ao franquear a possibilidade de cumprimento provisório dessa espécie, espancando eventuais dúvidas a esse respeito e conferindo, consequentemente, mais efetividade a tal medida, porquanto a possibilidade de execução provisória serve para incrementar o seu efeito coercitivo sobre o devedor da obrigação pendente de cumprimento.

Contudo, esse mesmo dispositivo, na tentativa de inibir eventuais abusos, ainda oferece uma contracautela ao devedor, impondo que, não obstante instaurado o cumprimento provisório, o levantamento do valor só poderia se dar após o trânsito em julgado favorável ao exequente[22].

Como é cediço, o regime de cumprimento provisório pressupõe decisão judicial com recurso, sem efeito suspensivo, pendente de julgamento. Ora, por mais que uma decisão reconheça determinada posição de vantagem ao exequente, enquanto estiver passível de reforma, não será possível lhe atribuir efeitos de ordem definitiva e/ou irreversíveis. Mesmo sendo objetiva a responsabilidade do exequente na execução provisória, tal providência legal não é suficiente para afastar todos os riscos inerentes ao cumprimento provisório de uma decisão passível de reforma, razão pela qual se exige caução para realização dos atos de expropriação, sem prejuízo de se exigir compensação por eventuais prejuízos adicionais sofridos pelo executado. A exigência de trânsito em julgado para levantamento da multa coercitiva segue essa lógica de fornecer contracautelas ao devedor na execução provisória.

Outro aspecto milita em favor da restrição imposta pela regra do artigo 537, § 3º, do NCPC: como a multa coercitiva tem caráter acessório, servindo apenas para forçar o cumprimento da obrigação principal, o levantamento do seu valor após o trânsito em julgado não impede que se atinja sua finalidade. Ademais, caso se permitisse o recolhimento do valor da multa coercitiva, depositada em juízo, antes do trânsito em julgado, o cumprimento provisório ficaria menos rígido que o cumprimento definitivo de obrigação de pagar quantia certa, que requer intimação prévia do executado, exigência de garantia do juízo para suspender a execução, além de um regime de adjudicação de bens de executado bem mais solene que o mero levantamento de valores depositados em juízo.

Vê-se, portanto, que o tratamento legal da execução provisória de multa coercitiva no NCPC, além de atualmente dispor de um regramento abrangente, a princípio não se mostra incompatível com a lógica própria das ações coletivas. Em verdade, a aplicação direta do NCPC sobre o microssistema da tutela coletiva, nesse caso, serviria para

22. Fredie Didier Jr., Paula Sarno Braga, Rafael Alexandria e Leonardo Carneiro da Cunha destacam que há posicionamento doutrinário ainda mais restritivo, no sentido de se entender que o levantamento do valor respectivo da multa coercitiva não poderia se dar antes do trânsito em julgado, nem mesmo se apresentada caução. Opinam, contudo, que essa não é a melhor visão, devendo a regra disposta no art. 537, § 3º, ser compreendida em conjunto com o disposto no art. 520, IV, do CPC/2015 e dos incisos XXXV e XXXVI, art. 5º, da CR/88, de modo que só se daria acesso à quantia para o exequente mediante prestação de caução ou, sem caução, nas hipóteses do art. 521 do CPC/2015 (DIDIER JR., Fredie. *et al. Curso de direito processual civil.* v. 5. 7. ed. Salvador: Juspodivm, 2017. p. 512).

garantir mais segurança e previsibilidade no uso de astreintes no âmbito da tutela coletiva, cujas leis do microssistema carecem de regulação nesse sentido.

Por fim, frise-se que o NCPC conferiu um amplo poder de efetivação das decisões judiciais ao juiz, a partir do disposto no artigo 139, inciso IV, autorizando o uso de medidas atípicas. Esta cláusula geral de efetivação também se mostra compatível com o microssistema da tutela coletiva, sendo até mesmo tomada como base legal para a aplicação em nosso sistema das chamadas decisões estruturantes, que permitem uma execução mais pormenorizada e efetiva de políticas públicas pelo Judiciário. Apesar de ampliadas as hipóteses de medidas executivas aplicáveis pelo julgador, as multas coercitivas ainda se mostram como medidas com amplo potencial de aplicação e efetividade, razão pela qual se mostra pertinente a contribuição trazida pelo disposto no artigo 537, § 3º, do NCPC para a tutela coletiva, como propõe o Enunciado ora em comento.

Enunciado 633. Admite-se a produção antecipada de prova proposta pelos legitimados ao ajuizamento das ações coletivas, inclusive para facilitar a autocomposição ou permitir a decisão sobre o ajuizamento ou não da demanda.

● *Grupo: Impacto do novo CPC e os processos coletivos.* ● *Referências: art. 381.*

▸ *Hermes Zaneti Jr, Juliana Provedel Cardoso e Tamyres Tavares de Lucena*

O Código de Processo Civil de 2015 ampliou a autonomia do direito à produção probatória, de modo a desvincular o requisito perigo da antecipação da prova. Além da já autorizada hipótese da medida quando houver fundado receio de que venha a tornar-se impossível ou muito difícil a verificação de certos fatos na pendência da ação (inciso I, art. 381), o texto legal passou a permitir a antecipação da prova para viabilizar a autocomposição ou outro meio adequado de solução de conflito (inciso II, art. 381) ou para o prévio conhecimento dos fatos que possa justificar ou evitar o ajuizamento de ação (inciso III, art. 381).[23]

Ao permitir a ação probatória em situações que não pressupõem perigo, o Código de Processo Civil de 2015 positivou o "direito autônomo à prova"[24]. A produção antecipada de prova, por isso, envolve a demonstração de fatos e se esgota na produção da prova, em atividade tipicamente jurisdicional, desenvolvida pelo juiz e pelas partes.

A ação de produção antecipada de prova é, assim, é "demanda pela qual se afirma o direito à produção de uma determinada prova e se pede que essa prova seja produzida antes da fase instrutória do processo para o qual ela serviria"[25].

---

23. O parágrafo primeiro do art. 381 do NCPC ainda traz uma quarta hipótese de produção antecipada de prova, nos casos em que se busca o arrolamento de bens apenas para a realização de documentação e não a prática de atos de apreensão.
24. YARSHELL, Flávio Luiz. Comentários aos arts. 381 a 383. *In*: WAMBIER, Tereza A. *et al.* (Coords.). *Breves comentários ao novo Código de Processo Civil.* 2. ed. São Paulo: RT, 2016. Livro digital.
25. DIDIER JR., Fredie; BRAGA, Paula S.; OLIVEIRA, Rafael A. *Curso de direito processual civil.* v. 2. 10. ed. Salvador: Juspodivm, 2015. p. 137.

Devido a essa autonomia, o processo de produção antecipada de prova não busca a valoração da prova e independe do ajuizamento de futura demanda com base na prova produzida. Pode servir, inclusive, como um "contraestímulo"[26] ao ajuizamento de outra ação, em que se perceba que não há lastro probatório mínimo para a propositura da respectiva demanda.

A produção antecipada da prova, além de cumprir com o escopo jurídico do direito de ação (art. 5º, XXXV, CF), uma vez que autoriza o interessado, sem necessariamente invocar direito material, a buscar providências de instrução processual através do Poder Judiciário, ainda se afeiçoa à pacificação social pela superação da controvérsia, através do maior conhecimento dos fatos relevantes ao ajuizamento de uma demanda potencialmente melhor instruída.[27]

Medidas probatórias com natureza autônoma já eram conhecidas para a exibição de documentos (arts. 396 a 404, NCPC), a justificação e o poder de investigação conferido ao Ministério Público, sobretudo no âmbito do inquérito civil[28].

Além de ampliar a autonomia e as hipóteses de cabimento da ação de produção antecipada de prova, o artigo 381, NCPC, consolidou os procedimentos da justificação (art. 381, § 5º, NCPC)[29], agora não mais restrita à prova testemunhal, e da produção antecipada de provas, já sem a exigência do perigo e da limitação às provas oral e pericial. Diferentemente do CPC/73, o NCPC tratou de não restringir às provas periciais e orais, como era o correlato art. 846, do CPC/73, passando a admitir todas as espécies de provas.

Essa medida atende, portanto, em um único procedimento, a produção de todas as espécies de provas, sem exigir a demonstração de perigo.

A produção antecipada de provas dirige-se às partes, ligadas à situação substancial, ainda considerada a autonomia da medida. Deste modo, o interesse (processual) e a legitimidade estão intimamente relacionados, porque "é no plano material que estão os elementos indispensáveis à determinação do objeto e, especialmente, da utilidade da prova", segundo Flávio Luiz Yarshell[30]. A utilidade somente é entendida no contexto da legitimidade, ou seja, "da titularidade de alguma posição no plano substancial"[31].

---

26. DIDIER JR., Fredie; ZANETI JR., Hermes. *Curso de direito processual civil.* v. 4. 11. ed. Salvador: Juspodivm, 2017, p. 271. DIDIER JR., Fredie; BRAGA, Paula S.; OLIVEIRA, Rafael A. *Curso de direito processual civil.* v. 2. 10. ed. Salvador: Juspodivm, 2015. p. 139.
27. DIDIER JR., Fredie; ZANETI JR., Hermes. *Curso de direito processual civil.* v. 4. 11. ed. Salvador: Juspodivm, 2017, p. 272. YARSHELL, Flávio Luiz. "Comentários aos arts. 381 a 383". *In*: WAMBIER, Tereza A. *et al.* (Coords.). *Breves comentários ao novo Código de Processo Civil.* 2. ed. São Paulo: RT, 2015. Livro digital. CALDAS, Adriano; JOBIM, Marco F. "A produção antecipada de prova e o novo CPC". *In*: DIDIER JR., Fredie. *et al.* (Coords.). *Direito probatório.* Salvador: Juspodivm, 2015. p. 462.
28. Criado pela Lei da Ação Civil Pública (Lei 7.347/85) e consagrado no art. 129, III, da CF/88.
29. No CPC/73, correspondia ao art. 861.
30. YARSHELL, Flávio L. "Comentários aos arts. 381 a 383". *In*: WAMBIER, Tereza A. *et al.* (Coords.). *Breves comentários ao novo Código de Processo Civil.* 2. ed. São Paulo: RT, 2016. Livro digital.
31. *Idem.*

O direito autônomo de produção da prova, nesse sentido, é exercido pelo legitimado que tenha, em alguma medida, relação com o objeto da controvérsia deduzida em demanda que aproveite a prova produzida, seja ele um legitimado individual ou coletivo.

Nesse sentido, o Enunciado trata da produção antecipada de prova proposta pelos legitimados ao ajuizamento das ações coletivas, inclusive para facilitar a autocomposição ou permitir a decisão sobre o ajuizamento ou não da demanda (art. 381, I, II e III).

Deste modo, garante-se a produção antecipada de provas também aos legitimados às ações coletivas, previstos no artigo 5º, da Lei da Ação Civil Pública, no artigo 82, do Código de Defesa do Consumidor, dentre outras normas da sistemática que rege o processo coletivo.

A produção antecipada de prova pode servir, portanto, ao Ministério Público e, especialmente, aos órgãos públicos e entidades privadas que não possuem o instrumento de investigação do inquérito civil e os poderes de requisição para produzir, desde logo, prova judicial com a finalidade das hipóteses do artigo 381.

O inquérito civil[32], como um procedimento administrativo investigatório, de caráter inquisitivo, para produção de provas extrajudicialmente, de uso não obrigatório, é exclusivo do Ministério Público.

A medida probatória do artigo 381 se aplica mesmo para os legitimados que não possuem a prerrogativa de investigação do Ministério Público, segundo Fredie Didier Jr e Hermes Zaneti Jr.[33]. Assim, quaisquer dos colegitimados podem requerer a produção antecipada de provas para analisar o cabimento da demanda coletiva.

Dessa forma, a antecipação da produção autônoma da prova prestigia a economia e a efetividade processual proporcionando um meio importante de preparação de demandas coletivas, naturalmente complexas. Daniel Amorim Assumpção Neves, nesse sentido, ainda antes da previsão legal da antecipação da produção da prova, desvinculada do requisito perigo, como disposto no Código de Processo Civil de 2015, ressaltou a importância desse meio probatório para a demonstração de prova nova exigida para a propositura de segunda demanda coletiva, na hipótese de formação de coisa julgada *secundum eventum probationis.* [34]

Isto posto, a ação coletiva pode ter lastro tanto em prova extrajudicial, por meio do inquérito civil instaurado pelo Ministério Público, quanto em prova produzida em

---

32. MAZZILLI, Hugo N. "O inquérito civil e o poder investigatório do Ministério Público". *In*: MILARÉ, Édis. (Coord.). *A ação civil pública após 20 anos: efetividades e desafios.* São Paulo: RT, 2005. p. 223. DIDIER JR., Fredie; ZANETI JR., Hermes. *Curso de direito processual civil.* v. 4. 11. ed. Salvador: Juspodivm, 2017. p. 253. TESHEINER, José Maria; PEZZI, Sabrina. "Inquérito civil e compromisso de ajustamento de conduta". *Revista de Direito Administrativo*, Rio de Janeiro, v. 263. p. 67-94, maio/ago. 2013.
33. DIDIER JR., Fredie; ZANETI JR., Hermes. *Curso de direito processual civil.* v. 4. 11. ed. Salvador: Juspodivm, 2017. p. 272.
34. NEVES, Daniel A. A. *Ações probatórias autônomas.* São Paulo: Saraiva, 2008. p. 387.

procedimento judicial de produção antecipada de prova, por atuação dos legitimados ao ajuizamento de ações coletivas. Note-se que também para as ações coletivas, a produção antecipada de prova serve com a finalidade de todas as hipóteses já mencionadas, previstas no artigo 381, NCPC.

ENUNCIADO 666: O PROCESSO COLETIVO NÃO DEVE SER EXTINTO POR FALTA DE LEGITIMIDADE QUANDO UM LEGITIMADO ADEQUADO ASSUMIR O POLO ATIVO OU PASSIVO DA DEMANDA.

● *Grupo: Impacto do novo CPC e os processos coletivos.* ● *Referência: arts. 4º, 139, X, 317, 488 e 932, parágrafo único; art. 5º, §3º, Lei 7.347/1985 e art. 9º da Lei de Ação Popular.*

▸ ***Gabriela Expósito***

O art. 5º, §3º da Lei de Ação Civil Pública ("Em caso de desistência infundada ou abandono da ação por associação legitimada, o Ministério Público ou outro legitimado assumirá a titularidade ativa") e o art. 9 da Lei de Ação Popular ("Se o autor desistir da ação ou der motiva à absolvição da instância, serão publicados editais nos prazos e condições previstos no art. 7º, inciso II, ficando assegurado a qualquer cidadão, bem como ao representante do Ministério Público, dentro do prazo de 90 (noventa) dias da última publicação feita, promover o prosseguimento da ação") autorizam a sucessão processual dos legitimados que desistirem ou abandonarem, no caso da LACP, de forma infundada, a ação coletiva.

Os dispositivos citados são regras que têm por função dar efetividade ao princípio da primazia do exame do mérito já reconhecido, pelo Superior Tribunal de Justiça[35], nas ações coletivas.

A intensão do enunciado é firmar a influência cruzada de determinados dispositivos do CPC nas ações coletivas para permitir um melhor tratamento dogmático do tema. Diante dessa influência, a referência realizada aos arts. 4º, 139, X, 317, 488 e o parágrafo único do art. 932 fornecerá mais fundamento dogmático para a sucessão processual no processo coletivo para além dos casos de desistência ou abandono da ação. Com base nos dispositivos citados, o enunciado estabelece uma ampliação da possibilidade de sucessão processual nas ações coletivas para casos de ilegitimidade quando houver possibilidade de o legitimado adequado assumir o polo processual.

▸ **NCPC. Art. 4º** As partes têm o direito de obter em prazo razoável a solução integral do mérito, incluída a atividade satisfativa. ▸ **Art. 139.** O juiz dirigirá o processo conforme as disposições deste Código, incumbindo-lhe: X – quando se deparar com diversas demandas individuais repetitivas, oficiar o Ministério Público, a Defensoria Pública e, na medida do possível, outros legitimados a que se referem o art. 5º da Lei no 7.347, de 24 de julho de 1985, e o art. 82 da Lei no 8.078, de 11 de setembro de 1990, para, se for o caso, promover a propositura da ação coletiva respectiva. ▸ **Art. 317.** Antes de proferir decisão sem resolução de mérito, o juiz deverá conceder à parte oportunidade para, se possível, corrigir o vício. ▸ **Art. 488.** Desde que possível,

35. O STJ reconhece o princípio do julgamento do mérito nas ações coletivas no julgamento do REsp: 1177453 RS 2010/0014773-0, Relator: Ministro MAURO CAMPBELL MARQUES, Data de Julgamento: 24/08/2010, T2 – SEGUNDA TURMA, Data de Publicação: DJe 30/09/2010)

o juiz resolverá o mérito sempre que a decisão for favorável à parte a quem aproveitaria eventual pronunciamento nos termos do art. 485. ► **Art. 932.** Incumbe ao relator: Parágrafo único. Antes de considerar inadmissível o recurso, o relator concederá o prazo de 5 (cinco) dias ao recorrente para que seja sanado vício ou complementada a documentação exigível.

ENUNCIADO 667: ADMITE-SE A MIGRAÇÃO DE POLOS NAS AÇÕES COLETIVAS, DESDE QUE COMPATÍVEL COM O PROCEDIMENTO.

● *Grupo: Impacto do novo CPC e os processos coletivos.* ● *Referência: arts. 6º, 8º e 18; art. 6º, § 3º, da Lei n.º 4.717/1965.*

► *Gabriela Expósito*

A migração interpolar possibilita a atuação dos sujeitos processuais independentemente do polo da demanda que originalmente ocupava[36]. No direito brasileiro existe duas hipóteses típicas de migração interpolar: tem-se o art. 6º §3º da Lei de Ação Popular que é estendida pelo art. 17, §3º da Lei n. 8.429/92 às ações de improbidade administrativa[37].

O objetivo do enunciado é ressaltar que as normas integrantes do microssistema de ações coletivas devem ser interpretadas de maneira integrativa, de modo que, existindo omissão em determinada lei, norma de outra, que compõe com aquela o microssistema, deve ser utilizada, naquilo, evidentemente, que for compatível.

Com isso posto, a norma constante no art. 6º §3º da Lei de Ação Popular deve ser entendida como norma geral do microssistema das ações coletivas, devendo ser aplicada a todas as ações coletivas e não apenas às demandas reguladas por essa lei e às ações de improbidade administrativa. O Superior Tribunal de Justiça já vem decidindo no sentido apresentado em diversos julgamentos, como REsp 791.042/PR, Relator Ministro LUIZ FUX, primeira turma, julgado em 19/10/2006, DJ 09/11/2006 e STJ – AgRg no REsp 1012960/PR 2007/0295248-7, Relator Ministro HERMAN BENJAMIN, segunda turma, julgado em 06/10/2009, DJe 04/11/2009).

► **NCPC. Art. 6º** Todos os sujeitos do processo devem cooperar entre si para que se obtenha, em tempo razoável, decisão de mérito justa e efetiva. ► **Art. 8º** Ao aplicar o ordenamento jurídico, o juiz atenderá aos fins sociais e às exigências do bem comum, resguardando e promovendo a dignidade da pessoa humana e observando a proporcionalidade, a razoabilidade, a legalidade, a publicidade e a eficiência. ► **Art. 18.** Ninguém poderá pleitear direito alheio em nome próprio, salvo quando autorizado pelo ordenamento jurídico. ► **Lei 4.717/1965. Art. 6º** A ação será proposta contra as pessoas públicas ou privadas e as entidades referidas no art. 1º, contra as autoridades, funcionários ou administradores que houverem autorizado, aprovado, ratificado ou praticado o ato impugnado, ou que, por omissas, tiverem dado oportunidade à lesão, e contra os beneficiários diretos do mesmo. § 3º A pessoas jurídica de direito público ou de direito privado, cujo ato seja objeto de impugnação, poderá abster-se de contestar o pedido, ou poderá atuar ao lado do autor, desde que isso se afigure útil ao interesse público, a juízo do respectivo representante legal ou dirigente.

36. CABRAL, Antonio do Passo. Despolarização do processo e zonas de interesse: sobre a migração entre polos da demanda. *Revista Forense.* Rio de Janeiro, vol. 404, ano 105, pp. 3-42, jul./ago. 2009, p. 4.
37. Ibid., p. 4.

ENUNCIADO 676. A AUDIÊNCIA DE SANEAMENTO COMPARTILHADO É MOMENTO ADEQUADO PARA QUE O JUIZ E AS PARTES DELIBEREM SOBRE AS ESPECIFICIDADES DO LITÍGIO COLETIVO, AS QUESTÕES FÁTICAS E JURÍDICAS CONTROVERTIDAS, AS PROVAS NECESSÁRIAS E AS MEDIDAS QUE INCREMENTEM A REPRESENTAÇÃO DOS MEMBROS DO GRUPO.

● *Grupo: Impacto do novo CPC e os processos coletivos.* ● *Referência: arts. 357, §3º, e 6º, CPC.*

▸ *Gabriela Expósito*

No âmbito dos processos coletivos, as leis de ação popular e ação civil pública não versam sobre a audiência de saneamento compartilhado. Contudo, apesar de não regularem a matéria, o enunciado em questão fixa a possibilidade de utilização da disciplina do CPC nas ações coletivas, de modo a possibilitar a ocorrência da audiência regulada pelo art. 357 do CPC. Pode-se aplicar o CPC, especialmente porque o §3º do referido artigo determina que o juiz, diante de causa que apresenta complexidade em matéria de fato ou de direito, deve designar audiência para que o saneamento seja feito em cooperação com as partes.

Não se trata de impor a todos os litígios coletivos a obrigatoriedade da audiência de saneamento compartilhado, mas, tão somente, indicar que é recomendável que, antes de iniciar a instrução, o juiz considere as necessidades do caso para, por exemplo, evitar o prolongamento desnecessário do processo e que é oportuno que as deliberações que visam organizar o processo sejam adotadas de modo colaborativo, conforme preconiza o art. 357, §3º do Código de Processo Civil.

▶ **NCPC. Art. 6º** Todos os sujeitos do processo devem cooperar entre si para que se obtenha, em tempo razoável, decisão de mérito justa e efetiva. ▶ **Art. 357.** Não ocorrendo nenhuma das hipóteses deste Capítulo, deverá o juiz, em decisão de saneamento e de organização do processo: § 3º Se a causa apresentar complexidade em matéria de fato ou de direito, deverá o juiz designar audiência para que o saneamento seja feito em cooperação com as partes, oportunidade em que o juiz, se for o caso, convidará as partes a integrar ou esclarecer suas alegações.

ENUNCIADO 691. A DECISÃO QUE NEGA A TUTELA PROVISÓRIA COLETIVA NÃO OBSTA A CONCESSÃO DA TUTELA PROVISÓRIA NO PLANO INDIVIDUAL.

● *Grupo: CPC e processo coletivo.*

▸ *Thaís Amoroso Paschoal*

Não há dúvidas acerca da possibilidade de concessão de tutelas provisórias no âmbito das ações coletivas[38]. Além do regramento da tutela provisória do Código de Processo Civil (previsto a partir do art. 294), há previsão específica no art. 12 da

38. Fredie Didier Jr. e Hermes Zaneti Jr. entendem aplicável ao processo coletivo, em regra, todos os pressupostos e fundamentos da tutela provisória aplicáveis ao processo individual, incluindo a estabilização da tutela provisória prevista nos arts. 304 e 305 do CPC (DIDIER JR., Fredie; ZANETI JR., Hermes. *Curso de Direito Processual Civil*, v. 4 – Processo Coletivo. Salvador: JusPodivm, 2019, p. 416).

Lei 7.347/85, que autoriza a concessão, no âmbito de ação civil pública, de "mandado liminar, com ou sem justificação prévia"[39].

A autorização legal para uso dessa técnica no âmbito coletivo, porém, não alcança alguns problemas práticos decorrentes, em especial, da convivência entre ações coletivas e ações individuais, admissível no sistema brasileiro em razão da previsão do art. 104 do Código de Defesa do Consumidor. A opção nesse caso será do autor da ação individual[40]: poderá, se assim desejar, pleitear a suspensão de sua demanda no aguardo do julgamento da ação coletiva, vinculando-se, com isso, ao seu resultado[41]-[42].

---

39. "[...] além das medidas antecipatórias (de natureza satisfativa), foram sempre possíveis no âmbito coletivo, conforme esta disposição da LACP, liminares cautelares (de cunho assecuratório). Assim, este dispositivo, unindo-se à previsão do art. 4º da LACP e dos arts. 83 e 84 do CDC, completa o instrumental à disposição da tutela dos interesses coletivos e de massa, permitindo que esta ocorra de forma tempestiva, ou seja, desde logo assegurada" (MOREIRA, Egon Bockmann; BAGATIN, Andreia Cristina; ARENHART, Sérgio Cruz; FERRARO, Marcella Pereira. *Comentários à Lei de Ação Civil Pública* – revisitada, artigo por artigo, à luz do novo CPC e temas atuais. São Paulo: Revista dos Tribunais, 2016, p. 468).
40. "O sistema brasileiro de tutela coletiva de direitos individuais privilegiou a autonomia individual, optando por um regime em que as ações individuais têm sempre preferência sobre as demandas coletivas e em que o particular só é atingido pelos efeitos da sentença coletiva se assim expressamente pretender (sistema *opt in*). Vale dizer que, no sistema vigente, a demanda coletiva tem aplicação apenas subsidiária e eventual aos indivíduos, que podem escapar de seus efeitos, seja promovendo demandas individuais, seja não aderindo expressamente à ação coletiva. Ainda que o sistema tenha algumas variações nesse critério – como é o caso do regime da coisa julgada *secundum eventum litis* (com a sua extensão aos indivíduos, no caso de sentença coletiva favorável) ou do transporte *in utilibus* dos efeitos da sentença favorável às relações individuais – o sistema segue, basicamente, as linhas gerais da proteção da ação individual" (ARENHART, Sérgio Cruz. *A tutela coletiva de interesses individuais – para além da proteção dos interesses individuais homogêneos*. São Paulo: Revista dos Tribunais, 2014, p. 55).
41. Em 28.10.2009, a 2ª Seção do STJ pacificou, no julgamento de recurso especial repetitivo, o entendimento de que "ajuizada ação coletiva atinente a macro-lide geradora de processos multitudinários, suspendem-se as ações individuais, no aguardo do julgamento da ação coletiva" (REsp 1.110.549-RS; 2ª Seção; Rel. Min. Sidnei Beneti; j. 28.10.2009; DJe 14.12.2009). Decisão no mesmo sentido – referendando o entendimento da 2ª Seção – foi proferida pela 1ª Seção mais recentemente, também sob o rito dos recursos repetitivos(REsp 1353801/RS; Rel. Min. Mauro Campbell Marques; j. 14.08.2013; DJe 23.08.2013). Ainda mais recentemente (DJe 01/03/2019), esse entendimento foi reiterado no âmbito da 2ª Seção, no julgamento do REsp 1525327/PR, também sob a modalidade dos recursos repetitivos.
42. Em artigo específico sobre o tema, Kazuo Watanabe defende que "a solução que seria mais apropriada, em nosso sentir, na conformidade das ponderações acima desenvolvidas, seria a proibição de demandas individuais referidas a uma relação jurídica global incindível. Porém, a suspensão dos processos individuais poderá, em termos práticos, produzir efeitos bem próximos da proibição, se efetivamente for aplicada pelo juiz da causa" (WATANABE, Kazuo. *Relação entre demanda coletiva e demandas individuais*. In GRINOVER, Ada Pellegrini; MENDES, Aluisio Gonçalves de Castro; WATANABE, kazuo (coord). Direito processual coletivo e o anteprojeto de Código brasileiro de processos coletivos. São Paulo: Revista dos Tribunais, 2007, p. 160). No mesmo sentido, Fredie Didier Jr. e Hermes Zaneti Jr.: "a jurisprudência poderia, de maneira criativa, dando concreção aos direitos fundamentais da efetividade da tutela jurisdicional, da duração razoável do processo e da segurança jurídica, encaminhar-se no sentido de reconhecer como de interesse público (não ficando na dependência da vontade do particular, que muitas vezes desconhece a existência de uma ação coletiva) a suspensão das ações individuais, se pendente ação coletiva que versa sobre direitos individuais homogêneos. Trata-se de uma exigência decorrente da necessária racionalização do exercício da função jurisdicional, como forma de evitar decisões diversas para situações semelhantes, o que violaria o princípio da igualdade. A aplicação dessa regra, permitindo a suspensão dos processos individuais por prejudicialidade, conforme o disposto

O enunciado em comento pretende esclarecer, justamente, as dúvidas decorrentes de tutelas provisórias que venham a ser indeferidas no âmbito de ação coletiva, notadamente no que se refere aos efeitos que esse indeferimento pode (ou não) gerar sobre as ações individuais de mesmo objeto. Neste caso, e ainda que tenha havido indeferimento da tutela provisória no âmbito coletivo, nada obsta sua concessão nas demandas individuais, desde que atendidos os requisitos necessários para tanto.

De fato, não há previsão, no sistema de tutela coletiva, quanto aos efeitos das decisões proferidas em tutela provisória. O art. 103 do Código de Defesa do Consumidor refere-se apenas à coisa julgada, afirmando que a decisão desfavorável proferida na ação coletiva não alcança os titulares dos direitos individuais (salvo aqueles que, nos termos do já referido art. 104 do CDC, requereram a suspensão de sua demanda individual). Tratando-se, de outro lado, de decisão favorável, o mesmo dispositivo autoriza o transporte *in utilibus* da coisa julgada, para beneficiar todos os titulares do direito, que poderão dar início à liquidação e/ou execução individual da sentença coletiva.

Sabe-se, porém, que o CPC de 2015 trouxe um novo regime para a tutela provisória, possibilitando sua concessão para hipóteses que vão muito além daquela prevista no art. 12 da Lei 7.347/1985, e revelando a importância de se definir a extensão dos efeitos de eventual tutela provisória deferida ou indeferida no âmbito de ações coletivas.

A racionalidade, neste caso, deverá ser a mesma: tratando-se de decisão favorável, os membros do grupo poderão beneficiar-se da tutela provisória concedida na ação coletiva. Porém, em caso de indeferimento da tutela provisória na demanda coletiva, nada impede que o pedido seja formulado e deferido nas ações individuais, para concessão da tutela provisória.

Desse modo, aplicando-se a sistemática da coisa julgada coletiva[43], prevista no art. 103 do CDC, conclui-se que também a decisão que nega a tutela provisória coletiva não tem o condão de impedir sua concessão no plano individual[44], pois a ação coletiva não pode resultar em prejuízo aos direitos individuais.

---

no art. 313, V, a do CPC, já foi utilizada com sucesso em diversos precedentes do Rio Grande do Sul no caso dos expurgos inflacionários da poupança. Trata-se de evidente aplicação do princípio da efetividade, adequação e da flexibilização dos procedimentos aos processos coletivos". E complementam, com base na análise do já citado recurso especial paradigmático julgado pelo STJ: "de nada adiantaria não autorizar a suspensão ex officio, quando os recursos especiais provenientes destas causas repetitivas poderiam ter o seu curso sobrestado, ex officio, por decisão do ministro do STJ. Era preciso dar coerência ao sistema" (DIDIER JR., Fredie; ZANETI JR., Hermes. *Curso...* v. 4, op. cit., p. 191-193).

43. DIDIER JR., Fredie; ZANETI JR., Hermes. *Curso...* op. cit., p. 421. Pelos mesmos motivos – aplicação, à tutela provisória pleiteada na ação coletiva, da sistemática prevista para a coisa julgada –, a decisão que concede a tutela provisória na ação coletiva beneficia os titulares do direito individual, que poderão "promover a liquidação ou a execução provisória individual com base em tutela provisória favorável ao grupo concedida em processo coletivo". Isso porque "se a decisão final favorável ao grupo estende seus efeitos ao plano individual, beneficiando o membro do grupo, por coerência a decisão provisória favorável ao grupo também deve seguir esse mesmo padrão dogmático" (Ibid.).

44. "[...] mantendo a coerência, a tutela provisória coletiva desfavorável ao grupo (a liminar requerida em ação civil pública fora denegada, por exemplo), não impede que o membro do grupo peça, e obtenha,

► **CPC. Art. 294.** A tutela provisória pode fundamentar-se em urgência ou evidência. Parágrafo único. A tutela provisória de urgência, cautelar ou antecipada, pode ser concedida em caráter antecedente ou incidental. ► **Lei 7.347/1985. Art. 12.** Poderá o juiz conceder mandado liminar, com ou sem justificação prévia, em decisão sujeita a agravo.

Enunciado 692. O pedido de quebra de sigilo prévio ao ajuizamento de ações de improbidade administrativa, por não configurar tutela provisória, não fica sujeito à complementação prevista nos arts. 303, §1º, I e 308, caput.

● *Grupo: CPC e processo coletivo*

▸ ***Thaís Amoroso Paschoal***

Não raramente, os pedidos de quebra de sigilo bancário[45] formulados para a apuração da prática de atos de improbidade administrativa são equivocadamente classificados como requerimentos de tutela provisória, resultando na aplicação do regramento aplicável a essa técnica, inclusive no que se refere à complementação prevista nos arts. 303, §1º, I e 308 do Código de Processo Civil de 2015.

De fato, segundo esses dispositivos, o pedido de tutela antecipada (art. 303) ou cautelar (art. 308) em caráter antecedente tem como requisito o aditamento do pedido, sob pena de extinção do processo sem resolução do mérito (no caso de tutela antecipada) ou perda da eficácia da tutela concedida (no caso de tutela cautelar).

Essas regras não se aplicam ao pedido de quebra de sigilo prévio ao ajuizamento de ações de improbidade administrativa, que não possui natureza de tutela provisória[46], mas serve para justificar ou evitar o ajuizamento da ação de improbidade. Embora com uma configuração evidentemente singular, a hipótese aproxima-se

---

tutela provisória em seu processo individual. Se a decisão final desfavorável ao grupo não estende seus efeitos ao plano individual, para prejudicar o membro do grupo, por coerência a decisão provisória desfavorável ao grupo também deve seguir esse mesmo padrão dogmático, não prejudicando o membro do grupo" (Ibid., p. 422).

45. Vale lembrar o entendimento do STF sobre a questão: "Operações financeiras que envolvam recursos públicos não estão abrangidas pelo sigilo bancário a que alude a Lei Complementar nº 105/2001, visto que as operações dessa espécie estão submetidas aos princípios da administração pública insculpidos no art. 37 da Constituição Federal" (MS-33.340/STF, Relator Ministro Luiz Fux, 1ª Turma, DJe de 3/8/2015).

46. "Em face do entendimento jurisprudencial dominante acima mencionado, no sentido de necessidade de prévia autorização judicial para a quebra do sigilo bancário e fiscal, cumpre estabelecer o instrumento processual adequado para se afastar o sigilo, ou seja, verificar se dedutível por meio de procedimento cautelar e, também, se incide o contraditório e a ampla defesa. Em nosso entendimento, não se trata de medida cautelar necessária ao afastamento do risco de perecimento do direito ou dos elementos de prova, tampouco de meio necessário para se garantir a utilidade e eficácia do provimento jurisdicional. Cuida-se, na realidade, de medida pré-processual de caráter investigativo, necessária para que o Ministério Público aquilate a viabilidade do direito de ação e a presença do interesse de agir, em face dos elementos de prova obtidos no inquérito civil. Evidencia natureza administrativa, sem a necessidade de observância do contraditório" (VITORELLI, Edison. *A tutela do patrimônio público*. In VITORELLI, Edilton (org.). Manual de Direitos Difusos. Salvador: JusPodivm, 2018, p. 447).

daquelas que, nos incisos II e III do art. 381 do CPC, autorizam a produção antecipada de provas.

Justamente por isso é que não se aplicam os prazos para a formulação do pedido principal a que aludem os arts. 303, § 1º, I, e 308, *caput*, do CPC.

▶ **CPC. Art. 303.** Nos casos em que a urgência for contemporânea à propositura da ação, a petição inicial pode limitar-se ao requerimento da tutela antecipada e à indicação do pedido de tutela final, com a exposição da lide, do direito que se busca realizar e do perigo de dano ou do risco ao resultado útil do processo. § 1° Concedida a tutela antecipada a que se refere o caput deste artigo: I – o autor deverá aditar a petição inicial, com a complementação de sua argumentação, a juntada de novos documentos e a confirmação do pedido de tutela final, em 15 (quinze) dias ou em outro prazo maior que o juiz fixar; ▶ **Art. 308.** Efetivada a tutela cautelar, o pedido principal terá de ser formulado pelo autor no prazo de 30 (trinta) dias, caso em que será apresentado nos mesmos autos em que deduzido o pedido de tutela cautelar, não dependendo do adiantamento de novas custas processuais.

Enunciado 696. Aplica-se o regramento da coisa julgada sobre questão prejudicial incidental ao regime da coisa julgada nas ações coletivas.

● *Grupo: CPC e processo coletivo.*

▸ ***Thaís Amoroso Paschoal***

O art. 103 do Código de Defesa do Consumidor apresenta a disciplina da coisa julgada produzida nas ações coletivas, diferenciando o regime aplicável aos direitos difusos, coletivos ou individuais homogêneos.

Em se tratando de direito difusos, a eficácia será *erga omnes*, atingindo todas as pessoas indeterminadas, ligadas por circunstâncias de fato, titulares do direito transindividual. Trata-se, na verdade, de consequência decorrente da própria natureza indivisível desses direitos. No caso de direitos coletivos *stricto sensu*, os efeitos produzem-se *ultra partes*, alcançando o grupo, categoria ou classe.

Já em caso de direitos individuais homogêneos, a sentença coletiva fará coisa julgada apenas no caso de procedência, para beneficiar todas as vítimas e seus sucessores[47]. A vinculação do titular do direito individual à autoridade da sentença ocorrerá

47. "A extensão dos efeitos foi regulada, em parte, *secundum eventum litis*, ou seja, dependendo do resultado do julgamento. No caso do pedido ser julgado procedente, haverá sempre ampliação subjetiva da eficácia. Mas, do contrário, quando a pretensão for negada, o tratamento será diverso, conforme esteja em jogo interesses essencialmente coletivos (interesses difusos ou coletivos em sentido estrito) ou individuais homogêneos. Em relação aos primeiros, o pedido julgado improcedente não será vinculativo, para todos os interessados e legitimados apenas se o resultado desfavorável decorrer da falta ou insuficiência de provas. Quanto aos interesses ou direitos individuais homogêneos, contudo, não há qualquer reserva. Assim o julgamento contrário à parte que efetuou a defesa coletiva não produzirá efeitos erga omnes, o que merece ser criticado, pois viola o princípio da isonomia. Ao estabelecer, de modo limitado, como legitimados, apenas os órgãos públicos e as associações, a representatividade adequada foi presumida. Por conseguinte, torna-se desproporcional e despropositada a diferenciação dos efeitos *secundum eventum litis*, pois não leva em consideração, tal qual nos incisos I e II do art. 103, motivo significativo, como a falta ou insuficiência de provas, para afastar a extensão" (MENDES,

apenas se, tendo conhecimento da existência da ação coletiva (por meio, por exemplo, da publicação do edital previsto no art. 94 do CDC), o autor de eventual ação individual pedir sua suspensão ou qualquer titular pedir seu ingresso na ação coletiva como litisconsorte.

Não há dúvidas de que, após a edição do Código de Processo Civil de 2015, o mesmo regramento deve ser aplicado à decisão sobre as questões prejudiciais, desde que atendidos os requisitos do art. 503 do CPC.

De fato, ao contrário do que previa o art. 469 do CPC/73 – que excluía taxativamente do alcance da coisa julgada as questões prejudiciais[48] – o Código de Processo Civil de 2015 prevê, no art. 503, a extensão da coisa julgada a algumas das premissas utilizadas pelo juiz para a análise do pedido. A justificativa é possibilitar "que cada processo tenha maior rendimento possível"[49]. Assim, tratando-se de premissa para a solução do mérito, havendo contraditório prévio e efetivo[50], sendo o juiz absolutamente competente para resolver a questão como principal e não havendo no procedimento limitações à cognição e à prova[51] (art. 503, §1º), a coisa julgada se estenderá à questão prejudicial decidida expressa e incidentemente no processo.

Não é diferente nas ações coletivas. Também nessas demandas a questão prejudicial receberá, atendidos os requisitos do art. 503 do CPC, a autoridade da coisa julgada material, tornando-se indiscutível para processos futuros. Por consequência, todos os titulares dos direitos representados adequadamente na demanda serão alcançados por essa indiscutibilidade.

Assim, havendo questão prejudicial decidida na ação coletiva, que também seja objeto de ações individuais, haverá o transporte *in utilibus* da coisa julgada coletiva

---

Aluísio Gonçalves de Castro. *Ações coletivas no direito comparado e nacional.* São Paulo: Revista dos Tribunais, 2002, p. 263).

48. "Questão prejudicial é aquela que condiciona o conteúdo do julgamento de outra questão, que nessa perspectiva passa a ser encarada como questão subordinada. Assim, não basta para caracterização da prejudicialidade a simples antecedência de uma questão em relação à outra" (MARINONI, Luiz Guilherme; ARENHART, Sérgio Cruz; MITIDIERO, Daniel. *Curso de processo civil*, v. 2 – tutela dos direitos mediante procedimento comum. São Paulo: Revista dos Tribunais, 2018, p. 691).

49. BRASIL. Código de Processo Civil e normas correlatas, 7. ed. Exposição de motivos. Brasília: Senado Federal, Coordenação de Edições Técnicas, 2015, p. 34.

50. "Identificando o juiz a existência de questão prejudicial que entenda conveniente solucionar definitivamente desde logo, deve indica-la às partes a fim de que todos os participantes do processo possam debate-la previamente, inclusive viabilizando o exercício do direito à prova a respeito. Contraditório prévio e efetivo abarca, em sendo o caso, direito à prova das alegações que a partir da indicação judicial poderão ser acobertadas pela coisa julgada" (MARINONI; Luiz Guilherme; ARENHART, Sérgio; MITIDIERO, Daniel. *Curso...* v. 2, op. cit., p. 634).

51. "A fim de que o direito à prova seja possível em toda a sua profundidade, não poderá ser objeto de coisa julgada a questão prejudicial decidida em processo de cognição sumária ('limitações à cognição que impeçam o aprofundamento da análise da questão') e em processo de cognição exauriente *secundum eventum probationis* (processos com 'restrições probatórias', como, por exemplo, o mandado de segurança). Nessas hipóteses, tendo em conta o ambiente desfavorável ao direito à prova das alegações em toda sua extensão, não poderá a resolução da questão prejudicial ser objeto de coisa julgada" (MARINONI; Luiz Guilherme; ARENHART, Sérgio; MITIDIERO, Daniel. *Curso...* v. 2, op. cit., p. 692).

incidente sobre essas questões, apenas para beneficiar os autores das individuais, de acordo com a previsão do art. 103 do CDC.

Veja-se que esse aproveitamento poderá ocorrer mesmo que as ações individuais possuam pedidos diversos daqueles formulados na ação coletiva. O que interessa, para fins de aplicação do art. 503 do CPC, é que a questão decidida na ação coletiva seja prejudicial[52] – ou seja, verse sobre relação jurídica controvertida e sirva de premissa para o julgamento do pedido[53]. Nestes casos, e desde que atendidos os demais requisitos previstos naquele dispositivo, a decisão sobre a questão prejudicial, desde que favorável aos titulares dos direitos, será transportada para as demandas individuais, revestida da autoridade da coisa julgada, o que impedirá, nessas ações, a rediscussão da questão.

► **CPC. Art. 503.** § 1º O disposto no caput aplica-se à resolução de questão prejudicial, decidida expressa e incidentemente no processo, se: I – dessa resolução depender o julgamento do mérito; II – a seu respeito tiver havido contraditório prévio e efetivo, não se aplicando no caso de revelia; III – o juízo tiver competência em razão da matéria e da pessoa para resolvê-la como questão principal. § 2º A hipótese do § 1º não se aplica se no processo houver restrições probatórias ou limitações à cognição que impeçam o aprofundamento da análise da questão prejudicial. ► **Art. 506.** A sentença faz coisa julgada às partes entre as quais é dada, não prejudicando terceiros.

► **CDC Art. 103.** Nas ações coletivas de que trata este código, a sentença fará coisa julgada: I – erga omnes, exceto se o pedido for julgado improcedente por insuficiência de provas, hipótese em que qualquer legitimado poderá intentar outra ação, com idêntico fundamento valendo-se de nova prova, na hipótese do inciso I do parágrafo único do art. 81; II – ultra partes, mas limitadamente ao grupo, categoria ou classe, salvo improcedência por insuficiência de provas, nos termos do inciso anterior, quando se tratar da hipótese prevista no inciso II do parágrafo único do art. 81; III – erga omnes, apenas no caso de procedência do pedido, para beneficiar todas as vítimas e seus sucessores, na hipótese do inciso III do parágrafo único do art. 81.

---

52. "Qualificam-se como prejudiciais as questões atinentes à existência, inexistência ou modo de ser de uma relação ou situação jurídica que, embora sem constituir propriamente o objeto da pretensão formulada (mérito da causa), são relevantes para a solução desse mérito (por exemplo, relação de filiação, na ação de alimentos ou petição de herança; validade do contrato na ação de cobrança de uma de suas parcelas)" (WAMBIER, Luiz Rodrigues; TALAMINI, Eduardo. *Curso avançado de processo civil*, v. 2, 16ª ed. São Paulo: Revista dos Tribunais, 2016, p. 798). "Embora seja correto afirmar que nem sempre a autonomia se faz presente nas questões subordinantes processuais, pode-se afirmar que as questões prejudiciais de mérito sempre serão autônomas. É justamente essa autonomia que permitia sua declaração incidental sob o CPC/1.973. Acrescente-se que é também o caráter autônomo das questões prejudiciais de mérito que justifica separá-las dos motivos e da verdade dos fatos, elementos integrantes da parte lógica da sentença que, contrariamente às questões, não podem ser atingidos pela res judicata (CPC, art. 504, incs. I e II)" (SILVA, Ricardo Alexandre da. *Limites objetivos da coisa julgada e questões prejudiciais* (tese de doutorado). Curitiba: UFPR, 2016, p. 128).
53. Em seu clássico "Questões prejudiciais e coisa julgada", Barbosa Moreira considera a prejudicialidade instituto pertinente ao direito processual, "que não se deixa reduzir a simples fenômeno de ordenação procedimental, senão que postula, em sua essência, uma prioridade logicamente necessária na solução de determinadas questões, em razão do condicionamento que daí resulta para a de outras e que se refletirá especificamente no sentido em que essas outras hão de ser, por sua vez, resolvidas" (BARBOSA MOREIRA, José Carlos. Questões prejudiciais e coisa julgada. Rio de Janeiro: Borsoi, 1967, p. 41-42).

CAPÍTULO III

LEIS ESPARSAS

SUMÁRIO:

1. LEI DE ARBITRAGEM (LEI 9.307/96)

ENUNCIADO 571. A PREVISÃO NO EDITAL DE LICITAÇÃO NÃO É PRESSUPOSTO PARA QUE A ADMINISTRAÇÃO PÚBLICA E O CONTRATADO CELEBREM CONVENÇÃO ARBITRAL.

● *Grupo: Arbitragem.* ● *Referências: art. 1º, §§ 1º e 2º, da Lei 9.307/96.*

▸ ***Andre Roque***

É duvidosa a pertinência temática do enunciado em tela, o qual, a rigor, trata apenas da interpretação de dispositivo da Lei 9.307/96 inserido pela Lei 13.129/15, sem relação direta com o Código de Processo Civil de 2015, que é, este sim, o objeto precípuo de discussão nos enunciados do FPPC.

De todo modo, de acordo com o enunciado em tela, a convenção de arbitragem em contrato administrativo não necessita estar prevista no edital de licitação. Tal orientação se afigura correta, pois, para além de não constar tal requisito na Lei 9.307/96, cujo art. 1º, §§ 1º e 2º, na redação conferida pela Lei 13.129/15 expressamente consagra a possibilidade de a Administração Pública celebrar convenção de arbitragem, não se pode descartar que, a qualquer momento, as partes decidam submeter o litígio ao árbitro, mesmo após a conclusão do contrato.

A matéria em discussão remete a famoso precedente do Superior Tribunal de Justiça no caso "Compagás", em que a Terceira Turma decidiu que "[o] fato de não haver previsão da arbitragem no edital de licitação ou no contrato celebrado entre as partes não invalida o compromisso arbitral firmado posteriormente" (STJ, REsp 904.813, 3ª T.,Rel. Min. Nancy Andrighi, julg. 20.10.2011). De acordo com a fundamentação do acórdão, "não se pode dizer que a licitação teria outro resultado ou dela participariam mais ou menos concorrentes unicamente pelo fato de estar ou não previsto determinado foro para solução de controvérsias". Além disso, fazendo analogia com a cláusula de eleição de foro, a Terceira Turma observou que "[e]mbora seja cláusula obrigatória do contrato administrativo, nos termos do artigo 55, XIII, § 2º da Lei 8.666/93, a cláusula de foro não pode ser considerada essencial aos contratos administrativos".

A celebração de convenção de arbitragem posteriormente à licitação e à assinatura do contrato administrativo ou mesmo à deflagração do litígio entre as partes contratantes (caso em que se estará diante de compromisso arbitral, nos termos do artigo 9º da Lei 9.307/96), portanto, não ofende a Lei 8.666/93, pois não se trata de cláusula essencial do contrato administrativo ou que devesse estar contemplada no edital de licitação, não havendo qualquer exigência legal nesse sentido.

É verdade que, ao longo da tramitação da Lei 13.129/15, tentou-se incorporar dispositivo, na Câmara dos Deputados, que estabelecia de forma explícita a exigência de a convenção arbitral constar do edital de licitação. Tal proposta foi criticada pela doutrina[1], por contemplar restrição já afastada pelo STJ no precedente do caso "Compagás" e impedir que a Administração Pública celebre compromisso arbitral (hipótese prevista, por exemplo, no art. 3º, § 2º do Decreto 46.245/2018, do Estado do Rio de Janeiro), não tendo sido, ao final, contemplada na Lei 13.129/15.

Manteve-se, assim, de forma correta, a orientação de que a convenção de arbitragem em contratos administrativos não necessita estar contemplada no edital de licitação.

► **Lei 9.307/96. Art. 1º. § 1º** A administração pública direta e indireta poderá utilizar-se da arbitragem para dirimir conflitos relativos a direitos patrimoniais disponíveis. **§ 2º** A autoridade ou o órgão competente da administração pública direta para a celebração de convenção de arbitragem é a mesma para a realização de acordos ou transações.

ENUNCIADO 572. A ADMINISTRAÇÃO PÚBLICA DIRETA OU INDIRETA PODE SUBMETER-SE A UMA ARBITRAGEM "AD HOC" OU INSTITUCIONAL.

● *Grupo: Arbitragem.* ● *Referências: art. 1º, § 1º, da Lei 9.307/96.*

► *Andre Roque*

Assim como apontado em relação ao enunciado anterior, é duvidosa a pertinência temática do enunciado em tela, o qual, a rigor, trata apenas da interpretação de dispositivo da Lei 9.307/96 inserido pela Lei 13.129/15, sem relação direta com o Código de Processo Civil de 2015, que é o objeto precípuo de discussão nos enunciados do FPPC.

Sem prejuízo de tal consideração, de acordo com o enunciado em destaque, a Administração Pública direta ou indireta pode se submeter a uma arbitragem *ad hoc* ou institucional. Com efeito, nos termos do artigo 2º da Lei 9.307/96, modificado pela Lei 13.129/15, a arbitragem envolvendo entes da Administração Pública apenas necessita ser de direito (vedada, portanto, a arbitragem de equidade) e respeitar o princípio da publicidade (ficando afastada, desse modo, a confidencialidade, característica frequente nos procedimentos arbitrais). Não há, por outro lado, exigência legal no sentido de que a arbitragem envolvendo interesse da Administração Pública direta ou indireta deva ser necessariamente institucional, nem *ad hoc*.

A submissão das partes às regras de algum órgão arbitral institucional (art. 5º da Lei 9.307/96), portanto, insere-se dentro de sua autonomia privada e a eventual

1. Exemplificativamente, ROCHA, Caio Cesar. "Regulamento para arbitragem na administração é retrocesso". Disponível no site Consultor Jurídico, e LEMES, Selma Ferreira. "Por que criar amarras à arbitragem?" Valor Econômico, publicado em 15.8.2014

participação da Administração Pública não afasta tal constatação[2]. Não custa lembrar que somente se admite a submissão à arbitragem de direitos patrimoniais disponíveis (art. 1º, *caput* da Lei 9.307/96), de sorte que a Administração Pública estará atuando, em tais litígios, no exercício de sua capacidade de contratar.

Nada impede, porém, que a Administração Pública edite normativa vinculante para seus próprios órgãos e entes administrativos, no sentido de que estes apenas se submetam à arbitragem institucional (por exemplo, art. 4º da Lei 19.477/11, do Estado de Minas Gerais e art. 2º do Decreto 46.245/2018, do Estado do Rio de Janeiro). Caso, entretanto, tais entes desobedeçam à normativa e se submetam ainda assim à arbitragem *ad hoc*, em atendimento ao princípio da boa-fé objetiva perante o particular e à vedação do comportamento contraditório por parte da Administração Pública, tal convenção de arbitragem será reputada válida (inclusive para fins de impedir a apreciação da controvérsia pelo Poder Judiciário), sem prejuízo de eventuais sanções aos responsáveis, que permitiram a celebração de convenção de arbitragem em desacordo com a normativa editada pela Administração Pública a que se vinculam.

Optando a Administração Pública pela arbitragem institucional, não há que se cogitar de prévia licitação, pois não é possível estabelecer critérios objetivos entre instituições de arbitragem para qualquer forma de competição, caracterizando-se hipótese de inexigibilidade do certame, nos termos do artigo 25 da Lei 8.666/93.[3] Nada impede, por outro lado, que a Administração Pública estabeleça, em normas gerais, critérios mínimos de elegibilidade da instituição de arbitragem, como tempo mínimo de funcionamento e prévia experiência na condução de procedimentos arbitrais (nesse sentido, por exemplo, art. 10 da Lei 19.477/11, do Estado de Minas Gerais e art. 14 do Decreto 46.245/2018, do Estado do Rio de Janeiro).

Ainda que inexistam tais critérios mínimos de elegibilidade, contudo, isso não significa que a escolha da instituição possa ser arbitrária, devendo a Administração Pública considerar a sua tradição, a localização de sua sede, a reputação e a experiência dos árbitros constantes da lista disponibilizada pela própria instituição, além do valor das custas e dos honorários dos árbitros por esta praticados. Todas essas considerações devem ser fundamentadas, como ocorre em qualquer caso de contratação direta pela Administração Pública (art. 26 da Lei 8.666/93).

► **Lei 9.307/96. Art. 1º. § 1º** A administração pública direta e indireta poderá utilizar-se da arbitragem para dirimir conflitos relativos a direitos patrimoniais disponíveis.

---

2. Nesse sentido, AMARAL, Paulo O. *Arbitragem e Administração Pública*. Belo Horizonte: Fórum, 2012. p. 75
3. Nesse sentido, AMARAL, Paulo O. *Arbitragem e Administração Pública*. Belo Horizonte: Fórum, 2012. p. 75 e SALLES, Carlos Alberto. *Arbitragem nos contratos administrativos*. Rio de Janeiro: Forense, 2011. p. 279-280

2. LEI DO MANDADO DE SEGURANÇA (LEI 12.016/09)

Enunciado 235. Aplicam-se ao procedimento do mandado de segurança os arts. 7º, 9º e 10 do CPC.

● *Grupo: Impactos do CPC nos Juizados e nos procedimentos especiais de legislação extravagante.* ● *Referências: arts. 7º, 9º e 10, CPC; arts. 6º, 7º e 12 da Lei 12.016/09.*

▸ *Ravi Peixoto*

Os artigos 7º, 9º e 10º do NCPC tratam de diferentes acepções do princípio do contraditório. O art. 7º, de certa forma, trata de forma geral do princípio do contraditório, afirmando que este deve ser efetivo e também exige que o princípio da igualdade seja assegurado pelo magistrado. O art. 9º, por sua vez, foca na acepção formal do contraditório, relacionada com o binômio informação-reação, exigindo que, em regra, a parte seja ouvida antes que decisão que a ela seja desfavorável venha a ser proferida. Por sua vez, o art. 10 do CPC trata de um aspecto do contraditório substancial, relacionado com o direito de influência das partes, seja nas questões fáticas, seja nas questões jurídicas, vedando a prolação de decisões surpresa.

O procedimento do mandado de segurança, por mais que tenha sido formatado para ser mais simples do que o procedimento comum regulado pelo CPC, por óbvio, não pode ignorar os direitos fundamentais dos sujeitos processuais. E um dos direitos fundamentais processuais é justamente o princípio do contraditório. Como inexiste qualquer incompatibilidade entre o procedimento do mandado de segurança e a efetivação do princípio do contraditório, enquanto regulado pelo CPC, os arts. 7º, 9º e 10 do CPC também devem ser respeitados nesse procedimento especial.

Lembre-se que, de acordo com a Súmula 625/STF "controvérsia sobre matéria de direito não impede concessão de mandado de segurança". Em tais hipóteses, é viável que alguma particularidade jurídica seja percebida apenas pelo juiz e, mesmo que o procedimento do mandado de segurança seja mais simplificado do que o comum ordinário, as partes possuem o direito de influência na construção da norma jurídica pelo magistrado.

Em resumo, é possível afirmar que o direito fundamental ao contraditório, já garantido pela Constituição, no art. 5º, LV, e devidamente regulamentado pelo CPC é plenamente compatível com o procedimento do mandado de segurança.

▸ **NCPC. Art. 7º** É assegurada às partes paridade de tratamento em relação ao exercício de direitos e faculdades processuais, aos meios de defesa, aos ônus, aos deveres e à aplicação de sanções processuais, competindo ao juiz zelar pelo efetivo contraditório. ▸ **Art. 9º** Não se proferirá decisão contra uma das partes sem que ela seja previamente ouvida. Parágrafo único. O disposto no caput não se aplica: I – à tutela provisória de urgência; II – às hipóteses de tutela da evidência previstas no art. 311, incisos II e III; III – à decisão prevista no art. 701. ▸ **Art. 10.** O juiz não pode decidir, em grau algum de jurisdição, com base em fundamento a respeito do qual não se tenha dado às partes oportunidade de se manifestar, ainda que se trate de matéria sobre a qual deva decidir de ofício.

▶ **Lei 12.016/09. Art. 6º** A petição inicial, que deverá preencher os requisitos estabelecidos pela lei processual, será apresentada em 2 (duas) vias com os documentos que instruírem a primeira reproduzidos na segunda e indicará, além da autoridade coatora, a pessoa jurídica que esta integra, à qual se acha vinculada ou da qual exerce atribuições. ▶ **Art. 7º** Ao despachar a inicial, o juiz ordenará: I – que se notifique o coator do conteúdo da petição inicial, enviando-lhe a segunda via apresentada com as cópias dos documentos, a fim de que, no prazo de 10 (dez) dias, preste as informações; II – que se dê ciência do feito ao órgão de representação judicial da pessoa jurídica interessada, enviando-lhe cópia da inicial sem documentos, para que, querendo, ingresse no feito; III – que se suspenda o ato que deu motivo ao pedido, quando houver fundamento relevante e do ato impugnado puder resultar a ineficácia da medida, caso seja finalmente deferida, sendo facultado exigir do impetrante caução, fiança ou depósito, com o objetivo de assegurar o ressarcimento à pessoa jurídica. ▶ **Art. 12.** Findo o prazo a que se refere o inciso I do caput do art. 7º desta Lei, o juiz ouvirá o representante do Ministério Público, que opinará, dentro do prazo improrrogável de 10 (dez) dias.

ENUNCIADO 351. O REGIME DA RECORRIBILIDADE DAS INTERLOCUTÓRIAS DO CPC APLICA-SE AO PROCEDIMENTO DO MANDADO DE SEGURANÇA.

● *Grupo: Impactos do CPC nos Juizados e nos procedimentos especiais de legislação extravagante.* ● *Referências: arts. 1.009, § 1º, e 1.015.*

▶ *Ticiano Alves e Silva*

À luz do CPC/73, a apelação era o recurso cabível contra sentença (art. 513).

Segundo o NCPC, a apelação é o recurso cabível contra sentença (art. 1.009, *caput*), *mas não só contra sentença*. É que, de acordo com o novo sistema recursal inaugurado pelo Código de 2015, cabe apelação também contra decisões interlocutórias não agraváveis.

Consoante o NCPC, há decisões interlocutórias recorríveis por agravo de instrumento e decisões interlocutórias não recorríveis por agravo de instrumento.

As decisões interlocutórias agraváveis estão previstas *genericamente* no artigo 1.015, NCPC. O rol do artigo 1.015, NCPC é *taxativo*, porém *não exaustivo*. Em outras palavras, é a lei que prevê se uma decisão interlocutória é agravável ou não (taxatividade), mas o rol do artigo 1.015, NCPC não é exaustivo, uma vez que o seu próprio inciso XIII dispõe que também caberá agravo de instrumento contra decisão interlocutória em "outros casos expressamente referidos em lei". Em todo caso, sempre caberá agravo de instrumento contra decisões interlocutórias proferidas na fase de liquidação de sentença ou de cumprimento de sentença, no processo de execução e no processo de inventário (art. 1.015, parágrafo único, NCPC).

As decisões interlocutórias não agraváveis, contudo, não são irrecorríveis. Segundo o parágrafo 1º do artigo 1.009 do NCPC, "as questões resolvidas na fase de conhecimento, se a decisão a seu respeito não comportar agravo de instrumento, *não são cobertas pela preclusão* e devem ser suscitas em preliminar de apelação, eventualmente interposta contra a decisão final, ou nas contrarrazões".

Depreende-se, portanto, que cabe apelação contra as decisões interlocutórias não agraváveis. A contrarrazão à apelação que ataca decisão interlocutória tem, na parte em que se volta contra a interlocutória, natureza recursal, ou seja, será uma apelação. Assim, o NCPC pôs fim ao agravo retido e transferiu o momento de impugnação recursal das decisões interlocutórias não agraváveis para a apelação, independentemente de qualquer protesto prévio.

Vê-se, também, que, ao contrário do que afirma o parágrafo 1º do artigo 1.009 do NCPC, as questões decididas por decisões interlocutórias não agraváveis estão sim sujeitas à preclusão.

Segundo a doutrina que tem se formado, esta preclusão, porém, não seria *imediata*, uma vez que essas decisões não são recorríveis por agravo de instrumento. A preclusão seria diferida[4]. Não interposta apelação contra a decisão interlocutória não agravável, as questões aí então precluiriam.

A meu ver, não se deve falar em preclusão diferida[5], prorrogada, elástica[6] etc., exceto para fins didáticos. É que, a rigor, não há diferimento da preclusão; o momento da preclusão é exatamente aquele, nos termos da lei. Diferimento haveria se, sendo agraváveis, tais decisões pudessem ser discutidas, *alternativamente*, em sede de apelação, o que não acontece. Se aquelas decisões interlocutórias são recorríveis apenas por apelação, o momento de discussão é aquele, e a preclusão ocorre ao tempo certo. Cuida-se de preclusão temporal, que acontece pela omissão da parte interessada em alegar oportunamente. Ou ainda de preclusão consumativa, se o recurso, bem ou mal, já foi interposto.

Diferido é o momento de impugnação; não a preclusão. A impugnação da decisão interlocutória que pode ser *imediata*, por agravo de instrumento, ou *diferida*, por apelação. Mas a preclusão não. Essa ocorre em qualquer caso sempre *imediatamente*, quando o interessado interpõe (preclusão consumativa) ou não interpõe (preclusão temporal) oportunamente o agravo de instrumento ou a apelação contra a decisão interlocutória.

Fixadas essas premissas, deve-se dizer que, de acordo com o Enunciado, o regime da recorribilidade das interlocutórias do CPC aplica-se ao procedimento do mandado de segurança.

Não existe incompatibilidade entre o procedimento do mandado de segurança e o regime de recorribilidade das interlocutórias do NCPC.

Consoante o artigo 7º, § 1º, da Lei 12.016/09 (Lei do Mandado de Segurança), "da decisão do juiz de primeiro grau que conceder ou denegar a liminar caberá agravo de

---

4. DIDIER JR., Fredie; CUNHA, Leonardo J. C. *Curso de direito processual civil. vol. 3*. 13. ed. Salvador: Juspodivm, 2016. p. 165.
5. BARIONI, Rodrigo Otávio. Preclusão diferida, o fim do agravo retido e a ampliação do objeto da apelação no novo Código de Processo Civil. *Revista de Processo*, v. 40, n. 243, mai/2015. São Paulo: RT, 2015. p. 269-280.
6. DUARTE, Zulmar. "Preclusão elástica no Novo CPC: protesto antipreclusivo, uma oportunidade perdida". *In*: MACÊDO, Lucas Buril. *et al.* (Coords.). *Doutrina Selecionada: Parte geral.* Salvador: Juspodivm, 2016. p. 1503.

instrumento, observado o disposto na Lei 5.869, de 11 de janeiro de 1973 – Código de Processo Civil".

A previsão é perfeitamente compatível com o regime do NCPC, segundo o qual cabe agravo de instrumento contra as decisões interlocutórias que versarem sobre tutelas provisórias (art. 1.015, I, NCPC).

Ou seja, tanto a decisão que concede quanto a decisão que indefere a medida liminar em mandado de segurança insere-se na hipótese de decisão interlocutória agravável.

Em relação a outras decisões interlocutórias, agraváveis ou não agraváveis, menos ocorrentes na prática do procedimento do mandado de segurança, aplica-se o regime de recorribilidade do NCPC, que, imprimindo mais celeridade ao feito com a diminuição do número de agravos de instrumento possíveis, compatibiliza-se com o perfil sumário do procedimento do mandado de segurança.

▶ **NCPC. Art. 1.009. § 1º** As questões resolvidas na fase de conhecimento, se a decisão a seu respeito não comportar agravo de instrumento, não são cobertas pela preclusão e devem ser suscitadas em preliminar de apelação, eventualmente interposta contra a decisão final, ou nas contrarrazões. ▶ **Art. 1.015.** Cabe agravo de instrumento contra as decisões interlocutórias que versarem sobre: I – tutelas provisórias; II – mérito do processo; III – rejeição da alegação de convenção de arbitragem; IV – incidente de desconsideração da personalidade jurídica; V – rejeição do pedido de gratuidade da justiça ou acolhimento do pedido de sua revogação; VI – exibição ou posse de documento ou coisa; VII – exclusão de litisconsorte; VIII – rejeição do pedido de limitação do litisconsórcio; IX – admissão ou inadmissão de intervenção de terceiros; X – concessão, modificação ou revogação do efeito suspensivo aos embargos à execução; XI – redistribuição do ônus da prova nos termos do art. 373, § 1º; XII – (vetado); XIII – outros casos expressamente referidos em lei.

ENUNCIADO 487. NO MANDADO DE SEGURANÇA, HAVENDO SUBSTITUIÇÃO PROCESSUAL, O SUBSTITUÍDO PODERÁ SER ASSISTENTE LITISCONSORCIAL DO IMPETRANTE QUE O SUBSTITUIU.

● *Grupo: Impacto nos Juizados e nos procedimentos especiais da legislação extravagante.* ● *Referências: arts. 18, par. ún. e 119, par. ún; art. 3º da Lei 12.016/09.*

▸ *Tamyres Tavares de Lucena*

O mandado de segurança possui uma importância destacada dentro do ordenamento brasileiro, não apenas por consistir em uma garantia fundamental por si só (art. 5º, LXIX, CF), mas especialmente porque o tratamento dado a esse rito específico é resultado de longa maturação histórica, sendo imprescindível, para sua compreensão, o estudo dos entendimentos jurisprudenciais consolidados ao longo dos anos sobre a matéria.

Desse modo, para melhor se entender o enunciado em comento, é importante, de início, destacar que os Tribunais Superiores sempre trataram a demanda veiculada no mandado de segurança como de natureza *personalíssima,* restringindo bastante as hipóteses, tanto de *sucessão,* como de *substituição* processual, havendo posicionamento consolidado no sentido de vetar as intervenções de terceiro, mesmo na modalidade *assistência*, porquanto o ingresso de sujeito alheio à lide principal tornaria mais complexa a causa, prejudicando a celeridade que se espera do rito do mandado de segurança[7].

A atual lei do mandado de segurança, repetindo comando já existente na lei anterior (art. 3º, Lei 1.533/51), traz hipótese de substituição processual que, por se tratar de situação excepcional, acaba por confirmar a regra de que a demanda veiculada no mandado de segurança é mesmo de ordem *personalíssima,* vejamos:

> Art. 3º O titular de direito líquido e certo decorrente de direito, em condições idênticas, de terceiro poderá impetrar mandado de segurança a favor do direito originário, se o seu titular não o fizer, no prazo de 30 (trinta) dias, quando notificado judicialmente.

Esse dispositivo permite que sujeito impetre mandado de segurança, em nome próprio, para defesa de direito alheio, quando o titular desse direito se mantiver inerte, por 30 (trinta) dias, após ter sido notificado judicialmente. Observe-se, contudo, que essa espécie de *legitimação extraordinária* não se confere a qualquer um, mas apenas para aquele titular de direito líquido e certo *decorrente,* do direito líquido e certo originário do sujeito substituído.

Ao comentar o referido artigo 3º, da Lei do Mandado de Segurança, José Henrique Mouta Araújo traz um exemplo prático de aplicação desse dispositivo, descrevendo situação na qual a Administração Pública faz contratação precária, nomeando servidor não aprovado em concurso público já realizado, em que apenas se disponibilizou uma única vaga. Nesse caso, o aprovado em primeiro lugar teria *direito líquido e certo* para anulação do ato de nomeação de terceiro, bem como para sua própria nomeação e posse. Já o candidato aprovado em segundo lugar, teria apenas direito a requerer judicialmente o atendimento à ordem classificatória do certame, não tendo direito à nomeação e posse enquanto não houver nova vaga disponível para a carreira.

Em tal situação, o candidato aprovado em segundo lugar seria titular apenas de um *direito líquido e certo decorrente*, podendo impetrar mandado de segurança para discutir direito líquido e certo seu (para meramente se anular o ato de nomeação irregular), podendo ainda discutir direito líquido e certo do primeiro colocado (nomeação imediata deste), desde que observados os requisitos do artigo 3º, da Lei 12.016, isto é: notificação judicial do titular do direito líquido e certo originário (candidato aprovado em primeiro lugar), para se manifestar no prazo de 30 (trinta) dias[8].

O Enunciado trata justamente dessa hipótese de substituição processual, de ordem excepcional, garantindo ao titular do *direito líquido e certo originário* a possibilidade de atuar como assistente litisconsorcial, quando o titular do *direito líquido e certo decorrente* tenha impetrado o mandado de segurança, substituindo-o.

Desse modo, garante-se a aplicação, ao rito do mandado de segurança, do quanto disposto no parágrafo único, art. 18, do NCPC, no qual se autoriza o substituído a intervir no feito como assistente litisconsorcial.

---

7. Nesse sentido, vide STJ, AgRg no REsp 1279974, Rel. Min. Humberto Martins, 2ª T., DJe 3.4.2012.
8. ARAÚJO, José Henrique Mouta. *Mandado de segurança.* 5. ed. Salvador: Juspodivm, 2015. p. 191-192.

Nesse ponto, é importante destacar que a assistência litisconsorcial é hipótese de *litisconsórcio unitário facultativo ulterior*, razão pela qual o assistente litisconsorcial, ao contrário do assistente simples, não sofre limitações quanto a sua atuação no processo, podendo praticar, inclusive, atos discordantes da disposição de vontade do assistido. Isso porque o assistente litisconsorcial é efetivamente litisconsorte do assistido e, assim, tem todos os poderes de uma parte.

Aplicando-se a regra do artigo 18, parágrafo único, do NCPC, ao rito do mandado de segurança, garante-se ao substituído (nos termos do artigo 3º, da Lei do MS) ingressar posteriormente no feito, atuando como parte, dessa forma, podendo apresentar razões, requerer providências e até mesmo recorrer, de forma independente à atuação do seu substituto.

Com efeito, mais uma vez se excepciona a lógica básica do *mandado de segurança,* em que há vedação legal expressa ao litisconsórcio ativo ulterior, após o despacho da petição inicial (art. 10, § 2º). Autorizar-se o ingresso posterior de sujeito que figurará como parte – na qualidade de assistente litisconsorcial – não importa na total derrogação da regra expressa no artigo 10, § 2º, da Lei do MS, pois tal dispositivo tem por fito impedir burlas ao princípio do juiz natural, situação que não ocorreria com o ingresso subsequente do substituído, nos termos do enunciado em comento, pois o *direito líquido e certo* deste sujeito já se encontraria submetido à apreciação de determinado juízo, não havendo nesse caso possibilidade de "escolha".

Para poder influenciar na decisão acerca do seu *direito líquido e certo,* já afirmado em sede de mandado de segurança, auxiliando seu substituto processual, ao substituído caberia apenas ingressar posteriormente no feito como litisconsorte, pois não poderia discutir esse seu alegado direito em outra sede, sob pena de se incorrer em *litispendência.*

Logo, vê-se que a autorização expressa no parágrafo único, art. 18, do NCPC, pode ser aplicada ao rito do mandado de segurança, ainda que para situação excepcional, sem que com isso se afronte o caráter peculiar desse procedimento. Até mesmo porque, muito embora o mandado de segurança constitua-se como um procedimento específico, previsto em legislação esparsa, à evidência, não se encontra imune aos influxos do NCPC, em especial quanto às inovações que concretizam os valores fundamentais do processo, como o parágrafo único, art. 18, do NCPC, que qualifica o *contraditório.*

Por fim, ressalte-se apenas que, tudo o quanto ora discutido acerca do Enunciado em epígrafe, não se aplica ao *mandado de segurança coletivo.* A excepcional hipótese de *substituição processual* disposta no artigo 3º, da Lei do MS, não se coaduna com a lógica própria do mandado de segurança coletivo e, *a fortiori,* não há sentido em se cogitar acerca do ingresso posterior dos substituídos processuais como litisconsortes, nos termos do artigo 18, parágrafo único, do NCPC.

A doutrina dedicada ao estudo do processo coletivo ainda debate acerca de como enquadrar, juridicamente, a atuação dos sujeitos autorizados a representar toda a coletividade, nas demandas transindividuais (no caso do mandado de segurança coletivo, esses sujeitos seriam: *partido político, organização sindical, entidade de classe,* ou *associação legalmente constituída há pelo menos um ano).* Contudo, ainda que não haja consenso doutrinário quanto a se tratar tal representação de legitimação ordinária ou extraordinária, ou mesmo legitimação autônoma, ainda assim é seguro concluir que, uma vez impetrado um mandado de segurança coletivo, aos sujeitos daquela coletividade representada, não pode ser conferida a possibilidade de ingressar posteriormente no feito como assistentes litisconsorciais, nos termos do artigo 18, parágrafo único, do NCPC.

Primeiramente, por razões práticas. Confere-se legitimidade a determinada entidade, para propositura de ações coletivas, justamente, para, entre outros motivos, evitar-se o arrebatamento das vias judiciais por uma multiplicidade de sujeitos, dificultando uma justa solução dos litígios, nos casos em que o direito poderia ser melhor debatido de forma concentrada, conferindo-se uma solução padrão para todos aqueles vinculados à coletividade, seja por razões de direito ou de fato.

No caso específico do mandado de segurança, a Lei 12.016/09 ainda deixa claro que o mandado de segurança coletivo não induz litispendência para as ações individuais, exigindo-se apenas que o impetrante desista da sua demanda individual, para que possa beneficiar-se dos efeitos da coisa julgada coletiva (art. 21, § 1º).

Desse modo, caso se permitisse o ingresso dos sujeitos individuais substituídos, como litisconsortes, no mandado de segurança coletivo, a representação das entidades legitimadas perderia todo sentido, além de inevitavelmente se turbar a marcha processual, com a intervenção de uma multiplicidade de sujeitos, situação que poderia até inviabilizar totalmente a conclusão do feito.

Ademais, caso determinado sujeito não se julgue adequadamente representado no mandado de segurança coletivo, ainda lhe restará a alternativa de impetrar seu próprio mandado de segurança individual, sem risco de *litispendência* (vide art. 21, § 1º, da Lei do MS), razão pela qual não haveria interesse de ingressar como litisconsorte da entidade representativa, pois para si não haveria prejuízo, já que a coisa julgada coletiva o alcançaria apenas para beneficiar.

É possível, portanto, concluir que o Enunciado tenta viabilizar uma harmoniosa interação entre o NCPC e o procedimento específico do mandado de segurança, ainda que para situação excepcional de substituição processual nesse rito que, de toda forma, apenas se mostra possível no âmbito do mandado de segurança individual.

► **NCPC. Art. 18. Parágrafo único.** Havendo substituição processual, o substituído poderá intervir como assistente litisconsorcial. ► **Art. 119. Parágrafo único.** A assistência será admitida em qualquer procedimento e em todos os graus de jurisdição, recebendo o assistente o processo no estado em que se encontre.

► **Lei 12.016/09. Art. 3º** O titular de direito líquido e certo decorrente de direito, em condições idênticas, de terceiro poderá impetrar mandado de segurança a favor do direito originário, se o seu titular não o fizer, no prazo de 30 (trinta) dias, quando notificado judicialmente.

ENUNCIADO 488. NO MANDADO DE SEGURANÇA, HAVENDO EQUIVOCADA INDICAÇÃO DA AUTORIDADE COATORA, O IMPETRANTE DEVE SER INTIMADO PARA EMENDAR A PETIÇÃO INICIAL E, CASO HAJA ALTERAÇÃO DE COMPETÊNCIA, O JUIZ REMETERÁ OS AUTOS AO JUÍZO COMPETENTE.

● *Grupo: Impacto do novo CPC e os processos da Fazenda Pública.* ● *Referências: arts. 4º, 64, §§ 3º e 4º e 968, § 5º; Lei 12.016/2009.*

▸ *Tamyres Tavares de Lucena*

A correta identificação da autoridade coatora é providência imprescindível para a regular tramitação do mandado de segurança, não apenas para se garantir a representação devida da pessoa de direito público, que irá arcar com as consequências de uma eventual ordem judicial, ou mesmo para se assegurar a defesa adequada do ato impugnado, mas especialmente porque será a partir da autoridade coatora que será possível definir a competência para processamento da ação mandamental.

Caso a autoridade apontada como coatora atue no âmbito federal, o juízo competente para processamento do mandado de segurança será a Justiça Federal, sendo competente a Justiça Estadual para os demais casos. Importante ainda frisar que, em certas situações, a autoridade coatora ainda poderá gozar de foro privilegiado, quando se questionam seus atos por mandado de segurança, como, por exemplo, o Presidente da República, cujos atos impugnados por mandado de segurança deverão ser julgados perante o Supremo Tribunal Federal, nos termos do artigo 102, I, "d", da Constituição.

A esse respeito, a Lei 12.016/09 dispõe que "considera-se autoridade coatora aquela que tenha praticado o ato impugnado ou da qual emane a ordem para a sua prática" (art. 6º, § 3º).

Essa definição legal, contudo, não é suficiente para, corretamente, se identificar a autoridade coatora. Isso porque, como se trata de uma ação mandamental, é importante que a autoridade apontada seja aquela que, de fato, tenha poder para decidir sobre a prática do ato impugnado e, eventualmente, desfazer a ilegalidade, já que a ordem judicial, emanada do mandado de segurança, será dirigida a esse sujeito.

A Lei do mandado de segurança ainda traz outras disposições quanto aos critérios relevantes para definição da autoridade coatora (art. 1º, §§ 1º e 2º), equiparando a esta mesmo aqueles sujeitos que não titularizam cargos públicos, como administradores de concessionárias de serviço público, entre outros.

A principal ideia que se pode extrair desses comandos é que poderá ser considerada autoridade coatora aquele que atua albergada por um regime jurídico eminentemente de direito público, independente de compor formalmente o quadro de pessoal da Administração Pública. No caso de empresas públicas, por exemplo, apenas determinados atos deverão estar submetidos aos ditames do direito público, como nos casos em que a entidade seja obrigada a contratar mediante concurso público, ou certames licitatórios, ainda que de forma simplificada. Contudo, caso um determinado ato seja decorrente de uma típica relação de direito privado, como nos casos de gestão comercial apontados na lei, mesmo que tenham sido praticados por uma empresa pública, não serão sujeitos a mandado de segurança.

O conjunto de critérios ora apontados como relevantes para definição correta da autoridade coatora em concreto, de forma alguma exaurem toda a problemática referente ao assunto, porquanto a complexidade sempre crescente das relações sociais (em especial daquelas que envolvem entes públicos) nunca deixa de desafiar os estudiosos do mandado de segurança. Porém, a miríade de questões brevemente expostas neste ponto serve para apresentar a grande problemática subjacente ao enunciado ora em comento: a substancial dificuldade prática em se definir corretamente a autoridade coatora em muitos casos, circunstância que submete o impetrante a um risco concreto de não obter o provimento jurisdicional necessário, por inadmissibilidade de sua demanda.

Não é difícil encontrar-se na jurisprudência dos Tribunais brasileiros decisões que simplesmente extinguem, sem julgamento do mérito, ações de mandado de segurança, por erros do impetrante quanto à indicação da autoridade coatora e, por consequência, em certos casos, também da competência para a demanda, sem oportunizar ao impetrante corrigir referidos vícios[9].

Esse tipo de *jurisprudência defensiva* já poderia ser criticável, mesmo no regime do CPC/73, pois tal rigor formal resulta por obstar, de forma extremamente severa, o exercício do mandado de segurança, que além de tudo consiste em uma garantia fundamental do cidadão, consagrada no próprio texto constitucional (art. 5º, inc. LXIX).

Com o advento do NCPC, o aspecto patológico desse tipo de julgamento ficou mais evidente, porquanto o artigo 4º desta codificação, ao estabelecer as *normas fundamentais* do processo, confere às partes o direito de obter a "solução integral do mérito, incluída a atividade satisfativa". Com isso, garante-se que o processo não será extinto por erros formais sanáveis, ideia batizada pela doutrina como princípio da *primazia do julgamento do mérito*.

Diversas regras do NCPC podem ser apontadas como formas de se concretizar o ideal consagrado no referido preceito, entre as quais se destaca o artigo 64, § 3º, dispositivo que determina a remessa do feito ao juízo competente, quando acolhida alegação de incompetência.

Como visto, no mandado de segurança, a indicação da autoridade coatora e a definição da competência são questões que, em certos casos, se imiscuem, especialmente quando se trata de autoridade que dispõe de foro privilegiado.

Todavia, isso não deve impedir a aplicação do disposto no artigo 64, § 3º, do NCPC, ao procedimento do mandado de segurança, tampouco do próprio princípio

9. A título exemplificativo, destaca-se o julgamento de Recurso Ordinário em mandado de segurança, pelo Superior Tribunal de Justiça, no qual se deixou claramente assentado o entendimento de que não cabe a correção da autoridade apontada como coatora, mediante aditamento da inicial do MS, quando isso importar em modificação da competência, devendo ser extinto o processo sem julgamento de mérito. Nas razões do voto, a relatora, inclusive, destacou tratar-se de entendimento sedimentado na Corte a impossibilidade de se corrigir o equívoco relacionado à indicação da autoridade coatora no MS, mediante emenda à inicial, citando diversos precedentes do STJ nesse sentido. (STJ, RMS 31915, Rel. Min. Eliana Calmon, 2ª T., DJe 20.8.2010).

da *primazia do julgamento do mérito*, de sorte que, mesmo quando a modificação da autoridade coatora provoque alteração da competência, o processo não deverá ser extinto sem julgamento do mérito, mas sim remetido ao juízo competente, após oportunizado ao impetrante o aditamento da Inicial, aproveitando-se, na medida do possível, os atos já praticados no processo, nos termos do artigo 64, § 4º, do NCPC.

Desse modo, garante-se a efetividade do mandado de segurança, como garantia fundamental, postura mais consentânea com os ideais fundantes do atual Código de Processo Civil, mormente quanto à *primazia do julgamento do mérito.*

► **NCPC. Art. 4º** As partes têm o direito de obter em prazo razoável a solução integral do mérito, incluída a atividade satisfativa. ► **Art. 64. § 3º** Caso a alegação de incompetência seja acolhida, os autos serão remetidos ao juízo competente. **§ 4º** Salvo decisão judicial em sentido contrário, conservar-se-ão os efeitos de decisão proferida pelo juízo incompetente até que outra seja proferida, se for o caso, pelo juízo competente. (...). ► **Art. 968. § 5º** Reconhecida a incompetência do tribunal para julgar a ação rescisória, o autor será intimado para emendar a petição inicial, a fim de adequar o objeto da ação rescisória, quando a decisão apontada como rescindenda: I – não tiver apreciado o mérito e não se enquadrar na situação prevista no § 2º do art. 966; II – tiver sido substituída por decisão posterior.

ENUNCIADO 511. A TÉCNICA PROCESSUAL PREVISTA NOS ARTS. 338 E 339 PODE SER USADA, NO QUE COUBER, PARA POSSIBILITAR A CORREÇÃO DA AUTORIDADE COATORA, BEM COMO DA PESSOA JURÍDICA, NO PROCESSO DE MANDADO DE SEGURANÇA.

● *Grupo: Impacto do novo CPC e os processos da Fazenda Pública.* ● *Referências: arts. 338, caput e 339; Lei 12.016/09.*

► *Tamyres Tavares de Lucena*

A indicação do polo passivo no mandado de segurança dá-se de forma bem específica, pois a lei exige que se indique na petição inicial não apenas a *autoridade coatora*, mas também a *pessoa jurídica* a qual esse sujeito encontra-se vinculado (art. 6º, da Lei 12.016/09).

A autoridade coatora é que será notificada para prestar informações, ato por meio do qual se poderá manifestar resistência à pretensão mandamental, funcionando de forma análoga a uma defesa. A pessoa jurídica, por seu turno, será apenas cientificada acerca da pendência do mandado de segurança, porquanto já será "presentada" em juízo pela autoridade coatora.

A Lei 12.016/09 superou celeuma da legislação revogada, ao conferir expressamente à autoridade coatora legitimidade para recorrer da sentença (art. 14, § 2º). Os interesses discutidos em juízo, contudo, pertencem à pessoa jurídica, a qual deverá ter sido cientificada desde o início, razão pela qual também terá legitimidade em recorrer.

A correta observância das regras acima aventadas, acerca do devido preenchimento do polo passivo da ação, consiste em medida de grande relevância para o regular processamento do mandado de segurança, trazendo repercussões para a definição da competência, além de garantir o adequado exercício do contraditório, possibilitando que os sujeitos e órgãos efetivamente responsáveis pelo ato atacado manifestem suas razões e arquem com as eventuais consequências jurídicas.

Contudo, para que o impetrante não seja impedido de obter o provimento jurisdicional cabível, em razão de dificuldades práticas na definição dos sujeitos legitimados a compor a lide, os Tribunais Superiores passaram a adotar a chamada *teoria da encampação*.

Em suma, a *teoria da encampação* permite o processamento do mandado de segurança, mesmo com a indicação errônea da autoridade coatora, desde que o sujeito apontado de forma equivocada seja hierarquicamente superior àquele que deu a ordem impugnada, bem como, ao prestar informações, não se atenha a meramente alegar sua ilegitimidade, mas efetivamente defenda o mérito do ato impugnado. Enfim, ainda se exige que a "encampação" não provoque alteração na competência, nos termos da Constituição.

Na ausência desses requisitos (superioridade hierárquica; defesa do mérito do ato impugnado; não alteração da competência constitucional), a *teoria da encampação* não poderá ser aplicada, razão pela qual referida via não se mostra suficiente para combater todas as eventuais falhas na composição do polo passivo.

O NCPC, por sua vez, trouxe um conjunto de regras que facilita a correção do polo passivo, nos artigos 338 e 339, em que se confere ao autor a faculdade de indicar outro sujeito para compor o polo passivo da demanda, de forma isolada ou em litisconsórcio com o réu originário, quando este suscitar sua ilegitimidade.

Consoante pontua Arlete Inês Aurelli, o referido regime consiste em inovação do NCPC. O antigo instituto da *nomeação à autoria* – não mais uma intervenção de terceiro – teria, em verdade, sofrido uma "supressão *lato sensu*", tendo sido reinserido no sistema em outro contexto, o qual seria, justamente, o regime disposto nos artigos 338 e 339, com maior abrangência. A processualista ainda observa que a finalidade da *nomeação à autoria* – correção do polo passivo – subsiste no conjunto de artigos em referência, mas não apenas para as "hipóteses raras previstas no CPC/73", pois agora tal possibilidade foi ampliada para todos os processos, indistintamente, inclusive os procedimentos especiais. [10]

O Enunciado adota esse mesmo raciocínio. Em razão da maior abrangência do regime disposto nos artigos 338 e 339, até mesmo em virtude da acentuada simplicidade dessa hipótese legal, não haveria, a princípio, impedimento lógico para sua aplicação ao procedimento do mandado de segurança. Até mesmo para se viabilizar o julgamento do mérito, nos casos em que a *teoria da encampação* não possa ser aplicada.

► **NCPC. Art. 338.** Alegando o réu, na contestação, ser parte ilegítima ou não ser o responsável pelo prejuízo invocado, o juiz facultará ao autor, em 15 (quinze) dias, a alteração da petição inicial para substituição do réu. ► **Art. 339.** Quando alegar sua ilegitimidade, incumbe ao réu

10. AURELLI, Arlete I. "Art. 338". *In*: STRECK, Lenio. *et al.* (Orgs.). *Comentários ao Código de Processo Civil*. São Paulo: Saraiva, 2016. p. 494.

indicar o sujeito passivo da relação jurídica discutida sempre que tiver conhecimento, sob pena de arcar com as despesas processuais e de indenizar o autor pelos prejuízos decorrentes da falta de indicação. **§ 1º** O autor, ao aceitar a indicação, procederá, no prazo de 15 (quinze) dias, à alteração da petição inicial para a substituição do réu, observando-se, ainda, o parágrafo único do art. 338. **§ 2º** No prazo de 15 (quinze) dias, o autor pode optar por alterar a petição inicial para incluir, como litisconsorte passivo, o sujeito indicado pelo réu.

3. LEI DOS JUIZADOS ESPECIAIS (LEI 9.099/95)

ENUNCIADO 474. O RECURSO INOMINADO INTERPOSTO CONTRA SENTENÇA PROFERIDA NOS JUIZADOS ESPECIAIS SERÁ REMETIDO À RESPECTIVA TURMA RECURSAL INDEPENDENTEMENTE DE JUÍZO DE ADMISSIBILIDADE.

● *Grupo: Impacto nos Juizados e nos procedimentos especiais da legislação extravagante.* ● *Referências: art. 1.010, § 3º, in fine; art. 41 da Lei 9.099/95.*

▸ *Ticiano Alves e Silva*

No comentário ao Enunciado 99/FPPC, ao qual se remete o leitor para maiores aprofundamentos, viu-se que "o órgão *a quo* não fará juízo de admissibilidade da apelação".

A partir disso, questão que se coloca diz respeito à aplicação do § 3º do artigo 1.010 do NCPC ao microssistema dos juizados especiais. Noutras palavras, ao procedimento do recurso inominado deve incidir a regra do regime jurídico da apelação?

Uma das questões mais polêmicas que surgiram com o novo Código é a referente à aplicação do NCPC aos juizados especiais.

Por expressa disposição legal (art. 1.046, § 2º, NCPC), o novo Código aplica-se *supletivamente* aos juizados especiais.

De forma contrária, argumenta-se que o NCPC foi expresso em relação às disposições aplicáveis ao processo dos juizados especiais, ao prever, por exemplo, que o incidente de desconsideração da personalidade jurídica (arts. 133 a 137, NCPC) aplica-se aos juizados (art. 1.062, NCPC). Diz-se, ainda, que o próprio NCPC promoveu alterações pontuais na Lei 9.099/95, conforme se depreende da leitura dos artigos 1.064 a 1.066 (que modificam disposições dos embargos de declaração nos juizados especiais). Diante disso, o espaço de aplicação do NCPC aos juizados especiais restaria muito limitado.

A polêmica, que já era grande, ganhou dimensão ainda maior quando, na abertura do XI Encontro de Juízes dos Juizados Especiais e Turmas Recursais, em maio de 2016, a Ministra do STJ e Corregedora Nacional de Justiça Nancy Andrighi defendeu que[11]:

> Jamais poderíamos aplicar o Código de Processo Civil, nem em caráter subsidiário e tampouco nas eventuais omissões da Lei 9.099, porque, enquanto o processo nos juizados é regido pela

11. "Regras do novo CPC não se aplicam aos juizados, defende Nancy Andrighi". Disponível no site *Consultor Jurídico*. Acesso em: 2.junho.2016.

simplicidade, informalidade e oralidade, na Justiça tradicional, o processo é orientado pelo rigorismo das formas e pelo tecnicismo previsto no CPC.

E, logo depois, arrematou, sobre a Lei 9.099/95[12]:

> Essa é uma das leis das mais avançadas e democráticas existentes no sistema legal. Então, vou ser repetitiva: é vedada, é proibida a aplicação do Código de Processo Civil, o novo ou o velho, no âmbito dos juizados especiais, sob pena de cometermos um pecado capital, que é igualar os juizados especiais à Justiça tradicional.

Tem-se, assim, que a preocupação daqueles contrários à aplicação do NCPC aos juizados liga-se diretamente à possibilidade de o procedimento diferenciado lá previsto ser desnaturado pelo maior formalismo do processo civil comum.

Sem alimentar ainda mais a polêmica, e para fins somente de elucidar o acerto do Enunciado, pode-se afirmar, sem discordar daqueles contrários à aplicação maior do novo Código aos juizados especiais, grupo no qual não me incluo, enfim, pode-se afirmar que se a aplicação supletiva resultar em mais informalidade, simplicidade, economia processual e celeridade, princípios informadores dos juizados especiais (art. 2º, Lei 9.099/95), a aplicação supletiva deve ser, antes de obstada, incentivada.

Esse é um standard aplicativo sobre o qual certamente deve haver consenso. Pensar o contrário é permitir que, pelo menos em parte, o sistema dos juizados especiais seja menos célere, informal e efetivo que aquele "tradicional" regulado pelo NCPC.

Sem prejuízo da formulação de outros standards aplicativos[13] – como, por exemplo, imposição constitucional expressa, como é o caso do dever de fundamentação (art. 93, IX, CF) – pode-se dizer que, *quando o dispositivo do novo Código a ser aplicado nos juizados especiais potencializar o procedimento sumaríssimo, tornando-o ainda mais efetivo e célere, o NCPC aplica-se, sim.*

Embora a turma recursal não constitua um segundo grau de jurisdição, o recurso inominado assemelha-se em tudo à apelação, porque se volta contra sentença e a matéria impugnada é transferida a julgamento de órgão julgador diverso e superior, mesmo que de mesmo grau de jurisdição.

A Lei 9.099/95 nada dispõe sobre o juízo de admissibilidade do recurso inominado. Sendo omissa, aplica-se, subsidiariamente, o CPC[14]. Forte nessa premissa, à luz do

---

12. *Idem.*
13. Remete-se o leitor para os comentários deste livro referentes aos enunciados que tratam da aplicação do CPC/2015 aos juizados especiais, onde o assunto é, em razão da pertinência temática, melhor desenvolvido, evitando-se, aqui, repetições desnecessárias.
14. Nesse sentido, aduzem Nathalia Bonin e Rafael Vinheiro Monteiro Barbosa que: "Não obstante inexistir regra expressa na Lei nº 9.099/1995 traçando, por completo, o procedimento do recurso inominado na origem, o artigo 43 dá conta de que a impugnação será endereçada para o julgador que proferiu a decisão, que poderá, dependendo do caso, atribuir ao recurso efeito suspensivo. A norma, contudo, não menciona que o juiz *a quo* fará a admissibilidade recursal, porém é o que se vê na prática, uma vez que o CPC se aplica subsidiariamente ao Juizado Especial". BONIN, Nathalia; BARBOSA, Rafael V. M. A nova teoria geral dos recursos e as alterações no recurso inominado. *In*: DIDIER; Fredie. *et al.* (Coords.). *Juizados Especiais*. Salvador: Juspodivm, 2015, p. 638.

CPC/73, o órgão julgador sentenciante no juizado especial, ao receber o recurso inominado, realizava o primeiro juízo de admissibilidade do recurso. Sendo este positivo, o recurso era encaminhado à turma recursal, que, então, procedia a outro e renovado juízo de admissibilidade.

No NCPC, interposta a apelação, o juízo a quo deve, depois de intimar para a apresentação de contrarrazões, remeter os autos ao tribunal, independentemente de juízo de admissibilidade. Isso significa, pois, que "o órgão a quo não fará juízo de admissibilidade da apelação" (Enunciado 99/FPPC). Noutras palavras, o juízo de admissibilidade da apelação será, de acordo com o NCPC, feito exclusivamente pelo tribunal; primeiramente, pelo relator; depois, pelo órgão julgador colegiado, que poderá não conhecer do apelo.

Pretendeu o legislador aqui, evidentemente, impor mais celeridade ao processo. Suprimiu o duplo juízo de admissibilidade que existia no CPC/73 – o primeiro feito pelo juízo *a quo* e o segundo pelo tribunal – e extinguiu uma etapa que intuitivamente se seguia à inadmissibilidade da apelação, vale dizer, a interposição do recurso de agravo de instrumento para rediscutir a questão no tribunal. Com efeito, a previsão de um incidente recursal para discutir a existência de um requisito de admissibilidade de *outro* recurso parecia contraproducente; ao final, o próprio tribunal faria o juízo de admissibilidade, tornando desnecessária essa etapa.

Diante disso, e utilizando o standard anteriormente exposto, segundo o qual o NCPC aplica-se quando maximizar as potencialidades dos juizados especiais, fica fácil perceber que o recurso inominado interposto contra sentença proferida nos juizados especiais será remetido à respectiva turma recursal independentemente de juízo de admissibilidade, uma vez que isso imprime mais celeridade e efetividade ao processo, prevenindo o surgimento de incidentes desnecessários e levando mais rapidamente ao julgamento de mérito final. Em suma, nos juizados especiais, a partir do NCPC, o juízo de admissibilidade do recurso inominado será feito exclusivamente pela Turma Recursal[15].

Por fim, cabem aqui, *com apenas uma ressalva*, as mesmas considerações que foram feitas nos comentários ao enunciado 99 do FPPC quanto ao descumprimento da regra do § 3º do artigo 1.010 do NCPC. Aquelas considerações, em resumo, são as seguintes:

---

15. Destaca-se que mesmo antes do CPC/2015 já era possível sustentar a competência exclusiva da Turma Recursal para fazer o juízo de admissibilidade do recurso inominado, conforme explica Felipe Borring Rocha: "Importante destacar que antes mesmo da edição do Novo CPC já defendíamos que a admissibilidade do recurso inominado deveria ser feita diretamente nas Turmas Recursais. Aduzíamos isso não apenas em razão da própria dicção da Lei nº 9.099/1995, que não prevê a realização do juízo de admissibilidade na origem, mas também por conta da posição prevalente na doutrina e nos tribunais que não aceitava o cabimento do agravo de instrumento contra a decisão de inadmissão do recurso inominado preferida no juízo de interposição". ROCHA, Felipe B. "Os impactos do novo CPC no recurso inominado dos juizados especiais". *In*: DIDIER; Fredie. *et al.* (Coords.). *Juizados Especiais*. Salvador: Juspodivm, 2015, p. 655 e 656.

(1) Deve-se dizer que a regra não tem exceções. Nem mesmo uma intempestividade chapada autoriza o órgão julgador *a quo* a realizar o juízo de admissibilidade.

(2) O órgão julgador, nas hipóteses em que é possível o juízo de retratação (sentença de improcedência liminar do pedido, por exemplo), verifica a presença dos requisitos de admissibilidade apenas para poder fazer a retratação, mas nunca para inadmitir o recurso inominado. Nestes casos, o juízo deve verificar se os requisitos de admissibilidade encontram-se presentes *apenas para fins de* juízo de retratação. Limita-se, então, o juiz a dizer que não é possível o juízo de retratação, porque, por exemplo, o recurso inominado é intempestivo, sem, contudo, em hipótese alguma, emitir juízo de admissibilidade, seja positivo, seja negativo, que pertence exclusivamente à Turma Recursal.

(3) Ao realizar o juízo de admissibilidade do recurso inominado, contrariando os termos do § 3º do artigo 1.010 do NCPC, o juízo *a quo* usurpa competência da Turma Recursal, a quem compete apreciar, com exclusividade, a admissibilidade do recurso inominado. Contra este pronunciamento será cabível, portanto, reclamação (art. 988, I, NCPC).

Não há dúvida que Turma Recursal não é "tribunal", o que poderia afastar, no caso, o cabimento de reclamação, já que esta é cabível para "preservar a competência do *tribunal*" (art. 988, I, NCPC). Contudo, *por simetria*, aplica-se ao recurso inominado o procedimento da apelação, incluindo, além da previsão do § 3º do artigo 1.010 do NCPC, as *correspondentes* vias impugnativas típicas para o caso de descumprimento da regra. A Turma Recursal cumpre papel em tudo semelhante àquele desempenhado pelo tribunal no julgamento da apelação. Em suma, *equipara-se* a um tribunal no julgamento do recurso inominado.

Além disso, defender o cabimento de mandando de segurança no lugar da reclamação esbarraria no mesmo óbice, haja vista que, a rigor, a competência para processar e julgar mandado de segurança contra ato de juiz (inclusive de juizado especial) é do tribunal, embora o STJ (Súmula 376) reconheça há muito tempo a competência da turma recursal para tanto, que julga, sem sê-lo, como se tribunal fosse.

Por último, a ressalva. A decisão do juízo *a quo* que não admite a apelação, mesmo não sendo decisão de mérito, pode ser atacada por ação rescisória, consoante o inciso II do § 2º do artigo 966 do NCPC[16]. Esse dispositivo, porém, não se aplica aos juizados especiais, uma vez que, por expressa disposição legal, "não se admitirá ação rescisória nas causas sujeitas ao procedimento instituído por esta Lei" (art. 59, Lei 9.099/95).

Súmula STJ 376. Compete à turma recursal processar e julgar o mandado de segurança contra ato de juizado especial.

▶ **NCPC. Art. 1.010. § 3º** Após as formalidades previstas nos §§ 1º e 2º, os autos serão remetidos ao tribunal pelo juiz, independentemente de juízo de admissibilidade.

16. Ao contrário do CPC/73, o novo Código prevê expressamente a rescindibilidade das decisões transitadas em julgado que não sejam de mérito.

▶ **Lei 9.099/95. Art. 41.** Da sentença, excetuada a homologatória de conciliação ou laudo arbitral, caberá recurso para o próprio Juizado.

Enunciado 510. Frustrada a tentativa de autocomposição na audiência referida no art. 21 da Lei 9.099/1995, configura prejuízo para a defesa a realização imediata da instrução quando a citação não tenha ocorrido com a antecedência mínima de quinze dias.

● *Grupo: Impacto nos Juizados e nos procedimentos especiais da legislação extravagante.* ● *Referências: art. 335; arts. 21 e 27 da Lei 9.099/95.*

▸ *Tamyres Tavares de Lucena*

Um dos claros objetivos do NCPC – consagrado de forma expressa, logo no início do seu texto (art. 3º, § 2º) – consiste na viabilização da *solução consensual dos conflitos*, orientação que se intenta concretizar, entre outras medidas, por meio da *audiência de mediação e conciliação*, regulada a partir do artigo 334 deste Código, de forma que, quando cabível, o prazo para o réu apresentar defesa só passará a correr após frustrada essa tentativa inicial de composição das partes (art. 335, inc. I).

Nesse ponto, o sistema do NCPC aproxima-se um pouco dos Juizados Especiais, cujo procedimento diferencia-se por força de uma lógica diversa, mais simplificada e informal, no qual o esforço pela resolução consensual de conflitos também é exortado de forma clara pela Lei dos Juizados (art. 2º, Lei 9.099/95), devendo as partes serem informadas e advertidas, na fase inicial deste rito, acerca das vantagens e riscos da autocomposição (art. 21, Lei 9.099/95).

Muito embora as audiências de mediação e conciliação nos Juizados e no procedimento comum do NCPC tenham o mesmo objetivo – viabilizar a resolução consensual do conflito – não necessariamente dão ensejo às mesmas consequências.

Nos Juizados, caso o autor não compareça à audiência de conciliação (ou mesmo à de instrução e julgamento), o processo será extinto e, caso seja o réu que não compareça, esse será declarado revel, podendo o juiz já proferir a sentença (art. 51, inc. I; art. 20 e art. 23, da Lei 9.099/95).

No procedimento comum do NCPC, as consequências do não comparecimento das partes são menos drásticas, pois, nos termos do artigo 334, § 8º, o não comparecimento injustificado do autor ou do réu será sancionado com multa, de até dois por cento da vantagem econômica pretendida ou do valor da causa, sendo considerada esta ausência como ato atentatório à dignidade da justiça. Prevê-se aplicação de multa, mas o processo não será extinto, como nos Juizados.

No regime do NCPC, ainda se permite que qualquer das partes constitua representante, por meio de procuração específica, com poderes para negociar e transigir (art. 334, § 10, NCPC); ao passo que nos Juizados, a lei só admite que o réu, quando pessoa jurídica, seja representado por preposto, desde que tenha poderes para transacionar (§ 4º, art. 9º, Lei 9.099/95).

Uma das principais diferenças entre as audiências para autocomposição nos dois sistemas, contudo, é que, frustrada a conciliação no Juizado, a depender da situação, já se poderá passar, imediatamente, para a fase de instrução e julgamento (que só poderá ser conduzida pelo juiz togado, ou pelo juiz leigo, sob supervisão daquele). Isso porque a defesa no Juizado é mais simplificada, podendo até mesmo ser feita de forma oral, logo após frustrada a conciliação.

No procedimento comum do NCPC, somente após frustrada a conciliação é que iniciará a contar o prazo para apresentação de defesa pelo réu (art. 335, inc. I), não sendo possível, na mesma oportunidade, o julgador conduzir audiência de conciliação e logo após já julgar, como ocorre nos Juizados.

Em que pesem as diferenças práticas entre as fases iniciais de conciliação e mediação nos dois sistemas, ainda assim é possível se vislumbrar contribuições do NCPC para o rito dos Juizados, até mesmo porque a nova codificação instituiu um regramento muito mais aprimorado nesse sentido, consolidando aquilo que se passou a chamar de *sistema multiportas* de resolução de conflitos, em que a mediação e a conciliação são tidas como vias possíveis para barrar a litigiosidade, entre outras formas disponíveis.

Por isso que, conquanto a Lei dos Juizados autorize, a princípio, que já se instrua e julgue a causa, logo após frustrada a conciliação, mesmo assim faz-se necessária a observância de um lapso temporal mínimo entre essas fases, para assim se permitir ao réu a elaboração de uma defesa consistente, garantindo-lhe o exercício efetivo do contraditório e da ampla defesa.

A Lei dos Juizados não dispõe acerca de qual seria esse prazo, omissão que poderá ser sanada a partir do que determina o NCPC para situação similar. No regime do Código, frustrada a conciliação, o réu passará a dispor de 15 dias (úteis) para apresentar defesa, prazo que poderá ser tomado como parâmetro mínimo para que se proceda à instrução e julgamento da causa, no âmbito dos Juizados Especiais, caso frustrada a tentativa de conciliação.

É justamente essa a solução aventada pelo Enunciado 510 ora em comento. Por força dessa interpretação, traz-se para o regime dos Juizados Especiais a exigência de uma instrução e julgamento mais qualificados, privilegiando-se o contraditório em sua acepção mais substancial.

► **NCPC. Art. 335.** O réu poderá oferecer contestação, por petição, no prazo de 15 (quinze) dias, cujo termo inicial será a data: I – da audiência de conciliação ou de mediação, ou da última sessão de conciliação, quando qualquer parte não comparecer ou, comparecendo, não houver autocomposição; II – do protocolo do pedido de cancelamento da audiência de conciliação ou de mediação apresentado pelo réu, quando ocorrer a hipótese do art. 334, § 4º, inciso I; III – prevista no art. 231, de acordo com o modo como foi feita a citação, nos demais casos.

► **Lei 9.099/95. Art. 21.** Aberta a sessão, o juiz togado ou leigo esclarecerá as partes presentes sobre as vantagens da conciliação, mostrando-lhes os riscos e as consequências do litígio, especialmente quanto ao disposto no § 3º do art. 3º desta Lei. ► **Art. 27.** Não instituído o juízo arbitral, proceder-se-á imediatamente à audiência de instrução e julgamento, desde que não resulte prejuízo para a defesa.

ÍNDICE CRONOLÓGICO-REMISSIVO

1. ENUNCIADOS APLICÁVEIS

002 – Para a formação do precedente, somente podem ser usados argumentos submetidos ao contraditório.>>**633**

004 – A carta arbitral tramitará e será processada no Poder Judiciário de acordo com o regime previsto no Código de Processo Civil, respeitada a legislação aplicável.>>**78**

005 – O pedido de cooperação jurisdicional poderá ser realizado também entre o árbitro e o Poder Judiciário.>>**79**

006 – O negócio jurídico processual não pode afastar os deveres inerentes à boa-fé e à cooperação.>>**206**

007 – O pedido, quando omitido em decisão judicial transitada em julgado, pode ser objeto de ação autônoma.>>**91**

008 – Fica superado o Enunciado 453 da Súmula do STJ após a entrada em vigor do CPC ("Os honorários sucumbenciais, quando omitidos em decisão transitada em julgado, não podem ser cobrados em execução ou em ação própria").>>**93**

010 – Em caso de desmembramento do litisconsórcio multitudinário, a interrupção da prescrição retroagirá à data de propositura da demanda original.>>**120**

011 – O litisconsorte unitário, integrado ao processo a partir da fase instrutória, tem direito de especificar, pedir e produzir provas, sem prejuízo daquelas já produzidas, sobre as quais o interveniente tem o ônus de se manifestar na primeira oportunidade em que falar no processo.>>**121**

012 – A aplicação das medidas atípicas sub-rogatórias e coercitivas é cabível em qualquer obrigação no cumprimento de sentença ou execução de título executivo extrajudicial. Essas medidas, contudo, serão aplicadas de forma subsidiária às medidas tipificadas, com observação do contraditório, ainda que diferido, e por meio de decisão à luz do art. 489, § 1º, I e II.>>**181**

013 – O disposto no inciso IV do art. 189 abrange todo e qualquer ato judicial relacionado à arbitragem, desde que a confidencialidade seja comprovada perante o Poder Judiciário, ressalvada em qualquer caso a divulgação das decisões, preservada a identidade das partes e os fatos da causa que as identifiquem.>>**207**

015 – As arbitragens que envolvem a Administração Pública respeitarão o princípio da publicidade, observadas as exceções legais (vide art. 2º, § 3º, da Lei n. 9.307/1996, com a redação da Lei n. 13.129/2015).>>**208**

016 – O controle dos requisitos objetivos e subjetivos de validade da convenção de procedimento deve ser conjugado com a regra segundo a qual não há invalidade do ato sem prejuízo.>>**209**

017 – As partes podem, no negócio processual, estabelecer outros deveres e sanções para o caso do descumprimento da convenção.>>**210**

018 – Há indício de vulnerabilidade quando a parte celebra acordo de procedimento sem assistência técnico-jurídica.>>**211**

019 – São admissíveis os seguintes negócios processuais, dentre outros: pacto de impenhorabilidade, acordo de ampliação de prazos das partes de qualquer natureza, acordo de rateio de despesas processuais, dispensa consensual de assistente técnico, acordo para retirar o efeito suspensivo de recurso, acordo para não promover execução provisória; pacto de mediação ou conciliação extrajudicial prévia obrigatória, inclusive com a correlata previsão de exclusão da audiência de conciliação ou de mediação prevista no art. 334; pacto de exclusão contratual da audiência de conciliação ou de mediação prevista no art. 334; pacto de disponibilização prévia de documentação (pacto de "disclosure"), inclusive com estipulação de sanção negocial, sem prejuízo de medidas coercitivas, mandamentais, sub-rogatórias ou indutivas; previsão de meios alternativos de comunicação das partes entre si; acordo de produção antecipada de prova; a escolha consensual de depositário-administrador no caso do art. 866; convenção que permita a presença da parte contrária no decorrer da colheita de depoimento pessoal.>>**212**

020 – Não são admissíveis os seguintes negócios bilaterais, dentre outros: acordo para

modificação da competência absoluta, acordo para supressão da primeira instância.>>**216**

021 – São admissíveis os seguintes negócios, dentre outros: acordo para realização de sustentação oral, acordo para ampliação do tempo de sustentação oral, julgamento antecipado do mérito convencional, convenção sobre prova, redução de prazos processuais.>>**217**

022 – O Tribunal não poderá julgar extemporâneo ou intempestivo recurso, na instância ordinária ou na extraordinária, interposto antes da abertura do prazo.>>**264**

023 – Fica superado o Enunciado 418 da Súmula do STJ após a entrada em vigor do CPC ("É inadmissível o recurso especial interposto antes da publicação do acórdão dos embargos de declaração, sem posterior ratificação").>>**265**

024 – Independentemente da sede da arbitragem ou dos locais em que se realizem os atos a ela inerentes, a carta arbitral poderá ser processada diretamente pelo órgão do Poder Judiciário do foro onde se dará a efetivação da medida ou decisão, ressalvadas as hipóteses de cláusulas de eleição de foro subsidiário.>>**275**

025 – A inexistência de procedimento judicial especial para a ação de usucapião e de regulamentação da usucapião extrajudicial não implica vedação da ação, que remanesce no sistema legal, para qual devem ser observadas as peculiaridades que lhe são próprias, especialmente a necessidade de citação dos confinantes e a ciência da União, do Estado, do Distrito Federal e do Município.>>**278**

026 – Os requisitos legais mencionados no inciso I do art. 267 são os previstos no art. 260.>>**284**

027 – Não compete ao juízo estatal revisar o mérito da medida ou decisão arbitral cuja efetivação se requer por meio da carta arbitral, salvo nos casos do §3º do art. 26 do CPC. >>**285**

029 – É agravável o pronunciamento judicial que postergar a análise do pedido de tutela provisória ou condicionar sua apreciação ao pagamento de custas ou a qualquer outra exigência.>>**300**

030 – O juiz deve justificar a postergação da análise liminar da tutela provisória sempre que estabelecer a necessidade de contraditório prévio.>>**301**

031 – O poder geral de cautela está mantido no CPC.>>**309**

032 – Além da hipótese prevista no art. 304, é possível a estabilização expressamente negociada da tutela antecipada de urgência antecedente.>>**315**

033 – Não cabe ação rescisória nos casos estabilização da tutela antecipada de urgência.>>**316**

034 – Considera-se abusiva a defesa da Administração Pública, sempre que contrariar entendimento coincidente com orientação vinculante firmada no âmbito administrativo do próprio ente público, consolidada em manifestação, parecer ou súmula administrativa, salvo se demonstrar a existência de distinção ou da necessidade de superação do entendimento.>>**328**

035 – As vedações à concessão de tutela provisória contra a Fazenda Pública limitam-se às tutelas de urgência.>>**330**

037 – É presumida a relevância social na hipótese do inciso I do art. 333, sendo dispensável a verificação da "dificuldade de formação do litisconsórcio".>>**356**

038 – Os requisitos de relevância social e de dificuldade de formação do litisconsórcio são alternativos.>>**357**

039 – É dever do juiz intimar os legitimados do art. 333 do CPC para, se for o caso, requerer a conversão, aplicando-se, por analogia, o art. 139, X, do CPC.>>**357**

040 – Havendo requerimento de conversão, o juiz, antes de decidir, ouvirá o autor e, caso já tenha sido citado, o réu.>>**357**

041 – A oposição das partes à conversão da ação individual em coletiva limita-se à alegação do não preenchimento dos seus pressupostos.>>**357**

042 – O dispositivo aplica-se mesmo a procedimentos especiais que não admitem intervenção de terceiros, bem como aos juizados especiais cíveis, pois se trata de mecanismo saneador, que excepciona a estabilização do processo.>>**371**

044 – A responsabilidade a que se refere o art. 339 é subjetiva.>>**374**

045 – Para que se considere proposta a reconvenção, não há necessidade de uso desse "nomen iuris", ou dedução de um capítulo próprio. Contudo, o réu deve manifestar inequivocamente o pedido de tutela jurisdicional qualitativa ou quantitativamente maior que a simples improcedência da demanda inicial.>>**378**

046 – A reconvenção pode veicular pedido de declaração de usucapião, ampliando subjetivamente o processo, desde que se observem os arts. 259, I, e 327, § 1º, II.>>**379**

047 – A competência do juízo estatal deverá ser analisada previamente à alegação de convenção de arbitragem.>>**429**

048 – A alegação de convenção de arbitragem deverá ser examinada à luz do princípio da competência-competência.>>**431**

050 – Os destinatários da prova são aqueles que dela poderão fazer uso, sejam juízes, partes ou demais interessados, não sendo a única função influir eficazmente na convicção do juiz.>>**410**

051 – A compatibilização do disposto nestes dispositivos com o art. 5º, LXIII, da CF/1988, assegura à parte, exclusivamente, o direito de não produzir prova contra si em razão de reflexos no ambiente penal.>>**411**

052 – Para a utilização da prova emprestada, faz-se necessária a observância do contraditório no processo de origem, assim como no processo de destino, considerando-se que, neste último, a prova mantenha a sua natureza originária.>>**412**

053 – Na ação de exibição não cabe a fixação, nem a manutenção de multa quando a exibição for reconhecida como impossível.>>**412**

054 – Fica superado o Enunciado 372 da Súmula do STJ ("Na ação de exibição de documentos, não cabe a aplicação de multa cominatória") após a entrada em vigor do CPC, pela expressa possibilidade de fixação de multa de natureza coercitiva na ação de exibição de documento.>>**413**

055 – Pelos pressupostos do § 3º do art. 927, a modificação do precedente tem, como regra, eficácia temporal prospectiva. No entanto, pode haver modulação temporal, no caso concreto.>>**634**

056 – É cabível alegação de causa modificativa ou extintiva da obrigação na impugnação de executado, desde que tenha ocorrido após o início do julgamento da apelação, e, uma vez alegada pela parte, tenha o tribunal superior se recusado ou omitido de apreciá-la.>>**496**

057 – A prescrição prevista nos arts. 525, § 1º, VII e 535, VI, é exclusivamente da pretensão executiva.>>**497**

058 – As decisões de inconstitucionalidade a que se referem os art. 525, §§ 12 e 13 e art. 535 §§ 5º e 6º devem ser proferidas pelo plenário do STF.>>**499**

059 – Em ação de consignação e pagamento, quando a coisa devida for corpo que deva ser entregue no lugar em que está, poderá o devedor requerer a consignação no foro em que ela se encontra. A supressão do parágrafo único do art. 891 do Código de Processo Civil de 1973 é inócua, tendo em vista o art. 341 do Código Civil.>>**530**

060 – Na ação de consignação em pagamento que tratar de prestações sucessivas, consignada uma delas, pode o devedor continuar a consignar sem mais formalidades as que se forem vencendo, enquanto estiver pendente o processo.>>**531**

061 – É permitido ao réu da ação de consignação em pagamento levantar "desde logo" a quantia ou coisa depositada em outras hipóteses além da prevista no § 1º do art. 545 (insuficiência do depósito), desde que tal postura não seja contraditória com fundamento da defesa.>>**533**

062 – A regra prevista no art. 548, III, que dispõe que, em ação de consignação em pagamento, o juiz declarará efetuado o depósito extinguindo a obrigação em relação ao devedor, prosseguindo o processo unicamente entre os presuntivos credores, só se aplicará se o valor do depósito não for controvertido, ou seja, não terá aplicação caso o montante depositado seja impugnado por qualquer dos presuntivos credores.>>**534**

063 – No caso de ação possessória em que figure no polo passivo grande número de pessoas, a ampla divulgação prevista no § 3º do art. 554 contempla a inteligência do art. 301, com a possibilidade de determinação de registro de protesto para consignar a informação do litígio possessório na matricula imobiliária respectiva.>>**537**

065 – O art. 557 do projeto não obsta a cumulação pelo autor de ação reivindicatória e de ação possessória, se os fundamentos forem distintos.>>**540**

066 – A medida liminar referida no art. 565 é hipótese de tutela antecipada.>>**544**

067 – A audiência de mediação referida no art. 565 (e seus parágrafos) deve ser compreendida como a sessão de mediação ou de conciliação, conforme as peculiaridades do caso concreto.>>**544**

068 – Também possuem legitimidade para a ação demarcatória os titulares de direito real de gozo e fruição, nos limites dos seus respectivos

direitos e títulos constitutivos de direito real. Assim, além da propriedade, aplicam-se os dispositivos do Capítulo sobre ação demarcatória, no que for cabível, em relação aos direitos reais de gozo e fruição.>>**550**

069 – Cabe ao proprietário ação demarcatória para extremar a demarcação entre o seu prédio e do confinante, bem como fixar novos limites, aviventar rumos apagados e a renovar marcos destruídos (art. 1.297 do Código Civil)>>**553**

070 – Do laudo pericial que traçar a linha demarcanda, deverá ser oportunizada a manifestação das partes interessadas, em prestígio ao princípio do contraditório e da ampla defesa.>>**554**

071 – Poderá ser dispensada a garantia mencionada no parágrafo único do art. 654, para efeito de julgamento da partilha, se a parte hipossuficiente não puder oferecê-la, aplicando-se por analogia o disposto no art. 300, § 1º.>>**559**

072 – O rol do art. 693 não é exaustivo, sendo aplicáveis os dispositivos previstos no Capítulo X a outras ações de caráter contencioso envolvendo o Direito de Família.>>**571**

073 – No caso de homologação do penhor legal promovida pela via extrajudicial, incluem-se nas contas do crédito as despesas com o notário, constantes do § 2º do art. 703.>>**584**

074 – No rol do art. 704, que enumera as matérias de defesa da homologação do penhor legal, deve-se incluir a hipótese do art. 1.468 do Código Civil, não tendo o CPC/73 o citado dispositivo.>>**585**

075 – No mesmo ato em que nomear o regulador da avaria grossa, o juiz deverá determinar a citação das partes interessadas.>>**586**

076 – Localizados os autos originários, neles devem ser praticados os atos processuais subsequentes, dispensando-se a repetição dos atos que tenham sido ultimados nos autos da restauração, em consonância com a garantia constitucional da duração razoável do processo (CF/88, 5º, LXXVIII) e inspiração no art. 964 do Código de Processo Civil Português.>>**590**

079 – Não sendo possível a inquirição tratada no art. 768 sem prejuízo aos compromissos comerciais da embarcação, o juiz expedirá carta precatória itinerante para a tomada dos depoimentos em um dos portos subsequentes de escala.>>**588, 591**

080 – A tutela provisória a que se referem o § 1º do art. 919 e o art. 969 pode ser de urgência ou de evidência. >>**622**

081 – Por não haver prejuízo ao contraditório, é dispensável a oitiva do recorrido antes do provimento monocrático do recurso, quando a decisão recorrida: (a) indeferir a inicial; (b) indeferir liminarmente a justiça gratuita; ou (c) alterar liminarmente o valor da causa.>>**682**

082 – É dever do relator, e não faculdade, conceder o prazo ao recorrente para sanar o vício ou complementar a documentação exigível, antes de inadmitir qualquer recurso, inclusive os excepcionais.>>**685**

083 – Fica superado o Enunciado 115 da Súmula do STJ após a entrada em vigor do CPC ("Na instância especial é inexistente recurso interposto por advogado sem procuração nos autos").>>**687**

084 – A ausência de publicação da pauta gera nulidade do acórdão que decidiu o recurso, ainda que não haja previsão de sustentação oral, ressalvada, apenas, a hipótese do § 1º do art. 1.024, na qual a publicação da pauta é dispensável.>>**688**

085 – Deve prevalecer a regra de direito mais favorável na homologação de sentença arbitral estrangeira em razão do princípio da máxima eficácia. (art. 7º da Convenção de Nova York – Decreto nº 4.311/2002).>>**764**

086 – Na aplicação do art. 964 considerar-se-á o disposto no parágrafo 3º do art. 960.>>**765**

087 – A instauração do incidente de resolução de demandas repetitivas não pressupõe a existência de grande quantidade de processos versando sobre a mesma questão, mas preponderantemente o risco de quebra da isonomia e de ofensa à segurança jurídica.>>**783**

088 – Não existe limitação de matérias de direito passíveis de gerar a instauração do incidente de resolução de demandas repetitivas e, por isso, não é admissível qualquer interpretação que, por tal fundamento, restrinja seu cabimento.>>**785**

089 – Havendo apresentação de mais de um pedido de instauração do incidente de resolução de demandas repetitivas perante o mesmo tribunal todos deverão ser apensados e processados conjuntamente; os que forem oferecidos posteriormente à decisão de admissão serão apensados e sobrestados, cabendo ao órgão julgador considerar as razões neles apresentadas.>>**787**

090 – É admissível a instauração de mais de um incidente de resolução de demandas repetitivas versando sobre a mesma questão de direito perante tribunais de 2º grau diferentes.>>**788**

091 – Cabe ao órgão colegiado realizar o juízo de admissibilidade do incidente de resolução de demandas repetitivas, sendo vedada a decisão monocrática.>>**789**

092 – A suspensão de processos prevista neste dispositivo é consequência da admissão do incidente de resolução de demandas repetitivas e não depende da demonstração dos requisitos para a tutela de urgência.>>**791**

093 – Admitido o incidente de resolução de demandas repetitivas, também devem ficar suspensos os processos que versem sobre a mesma questão objeto do incidente e que tramitem perante os juizados especiais no mesmo estado ou região.>>**791**

094 – A parte que tiver o seu processo suspenso nos termos do inciso I do art. 982 poderá interpor recurso especial ou extraordinário contra o acórdão que julgar o incidente de resolução de demandas repetitivas.>>**794**

095 – A suspensão de processos na forma deste dispositivo depende apenas da demonstração da existência de múltiplos processos versando sobre a mesma questão de direito em tramitação em mais de um estado ou região.>>**799**

096 – Fica superado o Enunciado 216 da Súmula do STJ após a entrada em vigor do CPC ("A tempestividade de recurso interposto no Superior Tribunal de Justiça é aferida pelo registro no protocolo da Secretaria e não pela data da entrega na agência do correio").>>**872**

097 – Nos casos previstos no §4º do art. 1.007 do CPC, é de cinco dias o prazo para efetuar o preparo.>>**874**

098 – O disposto nos §§ 2º e 4º do art. 1.007 do CPC aplica-se aos Juizados Especiais.>>**876**

099 – O órgão "a quo" não fará juízo de admissibilidade da apelação.>>**892**

100 – Não é dado ao tribunal conhecer de matérias vinculadas ao pedido transitado em julgado pela ausência de impugnação.>>**895**

102 – O pedido subsidiário ou alternativo não apreciado pelo juiz é devolvido ao tribunal com a apelação.>>**897**

103 – A decisão parcial proferida no curso do processo com fundamento no art. 487, I, sujeita-se a recurso de agravo de instrumento.>>**920**

104 – O princípio da fungibilidade recursal é compatível com o CPC e alcança todos os recursos, sendo aplicável de ofício.>>**931**

106 – Não se pode reconhecer a deserção do recurso, em processo trabalhista, quando houver recolhimento insuficiente das custas e do depósito recursal, ainda que ínfima a diferença, cabendo ao juiz determinar a sua complementação.>>**876**

107 – O juiz pode, de ofício, dilatar o prazo para a parte se manifestar sobre a prova documental produzida.>>**413**

108 – No processo do trabalho, não se proferirá decisão contra uma das partes, sem que esta seja previamente ouvida e oportunizada a produção de prova, bem como não se pode decidir com base em causa de pedir ou fundamento de fato ou de direito a respeito do qual não se tenha oportunizado manifestação das partes e a produção de prova, ainda que se trate de matéria apreciável de ofício.>>**35**

109 – No processo do trabalho, quando juntadas novas provas ou alegado fato novo, deve o juiz conceder prazo, para a parte interessada se manifestar a respeito, sob pena de nulidade.>>**71**

110 – Havendo substituição processual, e sendo possível identificar o substituído, o juiz deve determinar a intimação deste último para, querendo, integrar o processo.>>**72**

111 – Persiste o interesse no ajuizamento de ação declaratória quanto à questão prejudicial incidental.>>**461**

112 – No processo do trabalho, se a transação ocorrer antes da sentença, as partes ficam dispensadas do pagamento das custas processuais, se houver.>>**95**

113 – Na Justiça do Trabalho, o empregador pode ser beneficiário da gratuidade da justiça, na forma do art. 98.>>**96**

115 – O negócio jurídico celebrado nos termos do art. 190 obriga herdeiros e sucessores.>>**218**

116 – Quando a formação do litisconsórcio multitudinário for prejudicial à defesa, o juiz poderá substituir a sua limitação pela ampliação de prazos, sem prejuízo da possibilidade de

desmembramento na fase de cumprimento de sentença.>>**122**

117 – Em caso de desmembramento do litisconsórcio multitudinário ativo, os efeitos mencionados no art. 240 são considerados produzidos desde o protocolo originário da petição inicial.>>**124**

118 – O litisconsorte unitário ativo pode optar por ingressar no processo no polo ativo ou passivo ou, ainda, adotar outra postura que atenda aos seus interesses.>>**126**

119 – Em caso de relação jurídica plurilateral que envolva diversos titulares do mesmo direito, o juiz deve convocar, por edital, os litisconsortes unitários ativos incertos e indeterminados (art. 259, III), cabendo-lhe, na hipótese de dificuldade de formação do litisconsórcio, oficiar ao Ministério Público, à Defensoria Pública ou a outro legitimado para que possa propor a ação coletiva.>>**128**

120 – A ausência de denunciação da lide gera apenas a preclusão do direito de a parte promovê-la, sendo possível ação autônoma de regresso.>>**135**

121 – O cumprimento da sentença diretamente contra o denunciado é admissível em qualquer hipótese de denunciação da lide fundada no inciso II do art. 125.>>**136**

122 – Vencido o denunciante na ação principal e não tendo havido resistência à denunciação da lide, não cabe a condenação do denunciado nas verbas de sucumbência.>>**137**

123 – É desnecessária a intervenção do Ministério Público, como fiscal da ordem jurídica, no incidente de desconsideração da personalidade jurídica, salvo nos casos em que deva intervir obrigatoriamente, previstos no art. 178.>>**138**

124 – A desconsideração da personalidade jurídica no processo do trabalho deve ser processada na forma dos arts. 133 a 137.>>**139**

125 – Há litisconsórcio passivo facultativo quando requerida a desconsideração da personalidade jurídica, juntamente com outro pedido formulado na petição inicial ou incidentemente no processo em curso.>>**147**

126 – No processo do trabalho, da decisão que resolve o incidente de desconsideração da personalidade jurídica na fase de execução cabe agravo de petição, dispensado o preparo.>>**149**

127 – A representatividade adequada exigida do "amicus curiae" não pressupõe a concordância unânime daqueles a quem representa.>>**156**

128 – No processo em que há intervenção do "amicus curiae", a decisão deve enfrentar as alegações por ele apresentadas, nos termos do inciso IV do § 1º do art. 489.>>**159**

129 – A autorização legal para ampliação de prazos pelo juiz não se presta a afastar preclusão temporal já consumada.>>**183**

130 – A obtenção da certidão prevista no art. 828 independe de decisão judicial.>>**610**

131 – Aplica-se ao processo do trabalho o disposto no art. 190 no que se refere à flexibilidade do procedimento por proposta das partes, inclusive quanto aos prazos.>>**219**

132 – Além dos defeitos processuais, os vícios da vontade e os vícios sociais podem dar ensejo à invalidação dos negócios jurídicos atípicos do artigo 190.>>**221**

133 – Salvo nos casos expressamente previstos em lei, os negócios processuais do art. 190 não dependem de homologação judicial.>>**222**

134 – Negócio jurídico processual pode ser invalidado parcialmente.>>**223**

135 – A indisponibilidade do direito material não impede, por si só, a celebração de negócio jurídico processual.>>**224**

136 – A citação válida no processo judicial interrompe a prescrição, ainda que o processo seja extinto em decorrência do acolhimento da alegação de convenção de arbitragem.>>**280**

137 – Contra sentença transitada em julgado que resolve partilha, ainda que homologatória, cabe ação rescisória.>>**560**

138 – A partilha amigável extrajudicial e a partilha amigável judicial homologada por decisão ainda não transitada em julgado são impugnáveis por ação anulatória.>>**561**

139 – No processo do trabalho, é requisito da petição inicial a indicação do endereço, eletrônico ou não, do advogado, cabendo-lhe atualizá-lo, sempre que houver mudança, sob pena de se considerar válida a intimação encaminhada para o endereço informado nos autos.>>**296**

140 – A decisão que julga improcedente o pedido final gera a perda de eficácia da tutela antecipada.>>**303**

141 – O disposto no art. 298, CPC, aplica-se igualmente à decisão monocrática ou colegiada do Tribunal.>>**304**

142 – Da decisão monocrática do relator que concede ou nega o efeito suspensivo ao agravo de instrumento ou que concede, nega, modifica ou revoga, no todo ou em parte, a tutela provisória nos casos de competência originária ou recursal, cabe agravo interno nos termos do art. 1.021 do CPC.>>**305**

143 – A redação do art. 300, caput, superou a distinção entre os requisitos da concessão para a tutela cautelar e para a tutela satisfativa de urgência, erigindo a probabilidade e o perigo na demora a requisitos comuns para a prestação de ambas as tutelas de forma antecipada.>>**310**

145 – No processo do trabalho, é requisito da inicial a indicação do número no cadastro de pessoas físicas ou no cadastro nacional de pessoas jurídicas, bem como os endereços eletrônicos do autor e do réu, aplicando-se as regras do novo Código de Processo Civil a respeito da falta de informações pertinentes ou quando elas tornarem impossível ou excessivamente oneroso o acesso à justiça.>>**337**

146 – Na aplicação do inciso I do art. 332, o juiz observará o inciso IV do caput do art. 927.>>**351**

151 – Na Justiça do Trabalho, as pautas devem ser preparadas com intervalo mínimo de uma hora entre as audiências designadas para instrução do feito. Para as audiências para simples tentativa de conciliação, deve ser respeitado o intervalo mínimo de vinte minutos.>>**358**

152 – O autor terá prazo único para requerer a substituição ou inclusão de réu (arts. 338, caput; 339, §§ 1º e 2º), bem como para a manifestação sobre a resposta (arts. 350 e 351).>>**375**

153 – A superveniente instauração de procedimento arbitral, se ainda não decidida a alegação de convenção de arbitragem, também implicará a suspensão do processo, à espera da decisão do juízo arbitral sobre a sua própria competência.>>**432**

154 – É cabível agravo de instrumento contra ato decisório que indefere parcialmente a petição inicial ou a reconvenção.>>**384**

155 – No processo do trabalho, as testemunhas somente serão intimadas judicialmente nas hipóteses mencionadas no § 4º do art. 455, cabendo à parte informar ou intimar as testemunhas da data da audiência.>>**414**

156 – Não configura induzimento, constante do art. 459, caput, a utilização de técnica de arguição direta no exercício regular de direito.>>**414**

157 – Deverá ser facultada às partes a formulação de perguntas de esclarecimento ou complementação decorrentes da inquirição do juiz.>>**415**

158 – Constitui direito da parte a transcrição de perguntas indeferidas pelo juiz.>>**415**

159 – No processo do trabalho, o juiz pode retratar-se no prazo de cinco dias, após a interposição do recurso contra sentença que extingue o processo sem resolução do mérito.>>**434**

160 – A sentença que reconhece a extinção da obrigação pela confusão é de mérito.>>**435**

161 – É de mérito a decisão que rejeita a alegação de prescrição ou de decadência.>>**436**

162 – Para identificação do precedente, no processo do trabalho, a decisão deve conter a identificação do caso, a suma do pedido, as alegações das partes e os fundamentos determinantes adotados pela maioria dos membros do colegiado, cujo entendimento tenha ou não sido sumulado.>>**443**

164 – A sentença arbitral contra a Fazenda Pública não está sujeita à remessa necessária.>>**450**

165 – A análise de questão prejudicial incidental, desde que preencha os pressupostos dos parágrafos do art. 503, está sujeita à coisa julgada, independentemente de provocação específica para o seu reconhecimento.>>**462**

166 – A aplicação dos enunciados das súmulas deve ser realizada a partir dos precedentes que os formaram e dos que os aplicaram posteriormente.>>**638**

167 – Os tribunais regionais do trabalho estão vinculados aos enunciados de suas próprias súmulas e aos seus precedentes em incidente de assunção de competência ou de resolução de demandas repetitivas.>>**639**

168 – Os fundamentos determinantes do julgamento de ação de controle concentrado de constitucionalidade realizado pelo STF caracterizam a "ratio decidendi" do precedente e possuem efeito vinculante para todos os órgãos jurisdicionais.>>**640**

169 – Os órgãos do Poder Judiciário devem obrigatoriamente seguir os seus próprios precedentes, sem prejuízo do disposto nos § 9º do art. 1.037 e § 4º do art. 927.>>**641**

170 – As decisões e precedentes previstos nos incisos do caput do art. 927 são vinculantes aos órgãos jurisdicionais a eles submetidos.>>**642**

171 – Os juízes e tribunais regionais do trabalho estão vinculados aos precedentes do TST em incidente de assunção de competência em matéria infraconstitucional relativa ao direito e ao processo do trabalho, bem como às suas súmulas.>>**643**

172 – A decisão que aplica precedentes, com a ressalva de entendimento do julgador, não é contraditória.>>**643**

173 – Cada fundamento determinante adotado na decisão capaz de resolver de forma suficiente a questão jurídica induz os efeitos de precedente vinculante, nos termos do Código de Processo Civil.>>**644**

174 – A realização da distinção compete a qualquer órgão jurisdicional, independentemente da origem do precedente invocado.>>**645**

175 – O relator deverá fundamentar a decisão que inadmitir a participação de pessoas, órgãos ou entidades e deverá justificar a não realização de audiências públicas.>>**645**

176 – Compete exclusivamente ao Supremo Tribunal Federal modular os efeitos da decisão prevista no § 13 do art. 525.>>**503**

177 – A decisão interlocutória que julga procedente o pedido para condenar o réu a prestar contas, por ser de mérito, é recorrível por agravo de instrumento.>>**921**

178 – O valor da causa nas ações fundadas em posse, tais como as ações possessórias, os embargos de terceiro e a oposição, deve considerar a expressão econômica da posse, que não obrigatoriamente coincide com o valor da propriedade.>>**546**

179 – O prazo de cinco dias para prestar caução pode ser dilatado, nos termos do art. 139, inciso VI.>>**547**

180 – A prestação de caução prevista no art. 559 poderá ser determinada pelo juiz, caso o réu obtenha a proteção possessória, nos termos no art. 556.>>**548**

181 – A previsão do parágrafo único do art. 647 é aplicável aos legatários na hipótese do inciso I do art. 645, desde que reservado patrimônio que garanta o pagamento do espólio.>>**562**

182 – Aplica-se aos legatários o disposto no parágrafo único do art. 647, quando ficar evidenciado que os pagamentos do espólio não irão reduzir os legados.>>**563**

183 – A ação rescisória de partilha com fundamento na preterição de herdeiro, prevista no inciso III do art. 658, está vinculada à hipótese do art. 628, não se confundindo com a ação de petição de herança (art. 1.824 do Código Civil), cujo fundamento é o reconhecimento do direito sucessório e a restituição da herança por aquele que não participou, de qualquer forma, do processo de inventário e partilha.>>**564**

184 – Os embargos de terceiro também são oponíveis na fase de cumprimento de sentença e devem observar, quanto ao prazo, a regra do processo de execução.>>**568**

185 – O juiz deve ouvir as partes antes de determinar a intimação pessoal do terceiro.>>**569**

186 – A alusão à "posse" ou a "domínio" nos arts. 677, 678 e 681 deve ser interpretada em consonância com o art. 674, caput, que, de forma abrangente, admite os embargos de terceiro para afastar constrição ou ameaça de constrição sobre bens que possua ou sobre quais tenha "direito incompatível com o ato constritivo".>>**570**

187 – No emprego de esforços para a solução consensual do litígio familiar, são vedadas iniciativas que gerem constrangimento ou que sejam intimidatórias para que as partes obtenham autocomposição.>>**572**

188 – Com a emenda da inicial, o juiz pode entender idônea a prova e admitir o seguimento da ação monitoria.>>**578**

189 – O art. 765 deve ser interpretado em consonância com o art. 69 do Código Civil, para admitir a extinção da fundação quando inútil a finalidade a que visa.>>**592**

190 – O art. 782, § 3º, não veda a inclusão extrajudicial do nome do executado em cadastros de inadimplentes, pelo credor ou diretamente pelo órgão de proteção ao crédito.>>**602**

191 – O prazo de quinze dias para opor embargos de terceiro, disposto no § 4º do art. 792, é aplicável exclusivamente aos casos de declaração de fraude à execução; os demais casos de embargos de terceiro são regidos na forma do caput do art. 675.>>**604**

192 – Alienação por iniciativa particular realizada por corretor ou leiloeiro não credenciado perante o órgão judiciário não invalida o negócio jurídico, salvo se o executado comprovar prejuízo.>>**610**

193 – Não justifica o adiamento do leilão, nem é causa de nulidade da arrematação, a falta de fixação, pelo juiz, do preço mínimo para a arrematação.>>**611**

194 – A prescrição intercorrente pode ser reconhecida no procedimento de cumprimento de sentença.>>**630**

195 – O prazo de prescrição intercorrente previsto no art. 921, § 4º, tem início automaticamente um ano após a intimação da decisão de suspensão de que trata o seu § 1º.>>**631**

196 – O prazo da prescrição intercorrente é o mesmo da ação.>>**631**

197 – Aplica-se o disposto no parágrafo único do art. 932 aos vícios sanáveis de todos os recursos, inclusive dos recursos excepcionais.>>**691**

198 – Identificada a ausência ou a irregularidade de publicação da pauta, antes de encerrado o julgamento, incumbe ao órgão julgador determinar sua correção, procedendo a nova publicação.>>**692**

199 – No processo do trabalho, constatada a ocorrência de vício sanável, inclusive aquele que possa ser conhecido de ofício pelo órgão jurisdicional, o relator determinará a realização ou a renovação do ato processual, no próprio tribunal ou em primeiro grau, intimadas as partes; cumprida a diligência, sempre que possível, prosseguirá no julgamento do recurso.>>**693**

200 – Fica superado o enunciado 320 da súmula do STJ ("A questão federal somente ventilada no voto vencido não atende ao requisito do prequestionamento").>>**694**

201 – Aplicam-se ao incidente de assunção de competência as regras previstas nos arts. 983 e 984.>>**800**

202 – O órgão colegiado a que se refere o § 1º do art. 947 deve atender aos mesmos requisitos previstos pelo art. 978.>>**742**

203 – Não se admite ação rescisória de sentença arbitral.>>**768**

205 – Havendo cumulação de pedidos simples, a aplicação do art. 982, I e § 3º, poderá provocar apenas a suspensão parcial do processo, não impedindo o prosseguimento em relação ao pedido não abrangido pela tese a ser firmada no incidente de resolução de demandas repetitivas.>>**802**

207 – Cabe reclamação, por usurpação da competência do tribunal de justiça ou tribunal regional federal, contra a decisão de juiz de 1º grau que inadmitir recurso de apelação.>>**858**

208 – Cabe reclamação, por usurpação da competência do Superior Tribunal de Justiça, contra a decisão de juiz de 1º grau que inadmitir recurso ordinário, no caso do art. 1.027, II, 'b'.>>**861**

209 – Cabe reclamação, por usurpação da competência do Superior Tribunal de Justiça, contra a decisão de presidente ou vice-presidente do tribunal de 2º grau que inadmitir recurso ordinário interposto com fundamento no art. 1.027, II, "a".>>**861**

210 – Cabe reclamação, por usurpação da competência do Supremo Tribunal Federal, contra a decisão de presidente ou vice-presidente de tribunal superior que inadmitir recurso ordinário interposto com fundamento no art. 1.027, I.>>**862**

213 – No caso do art. 998, parágrafo único, o resultado do julgamento não se aplica ao recurso de que se desistiu.>>**878**

215 – Fica superado o enunciado 187 da Súmula do STJ ("É deserto o recurso interposto para o Superior Tribunal de Justiça, quando o recorrente não recolhe, na origem, a importância das despesas de remessa e retorno dos autos").>>**880**

217 – A apelação contra o capítulo da sentença que concede, confirma ou revoga a tutela antecipada da evidência ou de urgência não terá efeito suspensivo automático.>>**900**

218 – A inexistência de efeito suspensivo dos embargos de declaração não autoriza o cumprimento provisório da sentença nos casos em que a apelação tenha efeito suspensivo.>>**932**

219 – O §3º do art. 1.029 do CPC pode ser aplicado pelo relator ou pelo órgão colegiado. >>**947**

220 – O Supremo Tribunal Federal ou o Superior Tribunal de Justiça inadmitirá o recurso extraordinário ou o recurso especial quando o recorrente não sanar o vício formal de cuja falta foi intimado para corrigir.>>**948**

224 – A existência de repercussão geral terá de ser demonstrada de forma fundamentada, sendo dispensável sua alegação em preliminar ou em tópico específico.>>**949**

225 – O agravo em recurso especial ou extraordinário será interposto nos próprios autos.>>**956**

228 – Fica superado o Enunciado 639 da Súmula do STF após a entrada em vigor do CPC ("Aplica-se a Súmula 288 quando não constarem do traslado do agravo de instrumento as cópias das peças necessárias à verificação da tempestividade do recurso extraordinário não admitido pela decisão agravada").>>**958**

229 – Fica superado o Enunciado 288 da Súmula do STF após a entrada em vigor do CPC ("Nega-se provimento a agravo para subida de recurso extraordinário, quando faltar no traslado o despacho agravado, a decisão recorrida, a petição de recurso extraordinário ou qualquer peça essencial à compreensão da controvérsia").>>**958**

230 – Cabem embargos de divergência contra acórdão que, em agravo interno ou agravo em recurso especial ou extraordinário, decide recurso especial ou extraordinário.>>**960**

232 – Fica superado o Enunciado 353 da Súmula do STF após a entrada em vigor do CPC ("São incabíveis os embargos da Lei 623, de 19.02.49, com fundamento em divergência entre decisões da mesma turma do Supremo Tribunal Federal").>>**961**

233 – Ficam superados os enunciados 88, 169, 207, 255 e 390 da súmula do STJ como consequência da eliminação dos embargos infringentes ("São admissíveis embargos infringentes em processo falimentar"; "São inadmissíveis embargos infringentes no processo de mandado de segurança"; "É inadmissível recurso especial quando cabíveis embargos infringentes contra o acórdão proferido no tribunal de origem"; "Cabem embargos infringentes contra acórdão, proferido por maioria, em agravo retido, quando se tratar de matéria de mérito"; "Nas decisões por maioria, em reexame necessário, não se admitem embargos infringentes").>>**881**

234 – A decisão de improcedência na ação proposta pelo credor beneficia todos os devedores solidários, mesmo os que não foram partes no processo, exceto se fundada em defesa pessoal.>>**881**

235 – Aplicam-se ao procedimento do mandado de segurança os arts. 7º, 9º e 10 do CPC.>>**996**

236 – O art. 44 não estabelece uma ordem de prevalência, mas apenas elenca as fontes normativas sobre competência, devendo ser observado o art. 125, § 1º, da Constituição Federal.>>**74**

237 – O rol do art. 55, § 2º, I e II, é exemplificativo.>>**74**

238 – O aproveitamento dos efeitos de decisão proferida por juízo incompetente aplica-se tanto à competência absoluta quanto à relativa.>>**75**

240 – São devidos honorários nas execuções fundadas em título executivo extrajudicial contra a Fazenda Pública, a serem arbitrados na forma do § 3º do art. 85.>>**98**

241 – Os honorários de sucumbência recursal serão somados aos honorários pela sucumbência em primeiro grau, observados os limites legais.>>**100**

242 – Os honorários de sucumbência recursal são devidos em decisão unipessoal ou colegiada.>>**101**

243 – No caso de provimento do recurso de apelação, o tribunal redistribuirá os honorários fixados em primeiro grau e arbitrará os honorários de sucumbência recursal.>>**103**

244 – Ficam superados o Enunciado 306 da Súmula do STJ ("Os honorários advocatícios devem ser compensados quando houver sucumbência recíproca, assegurado o direito autônomo do advogado à execução do saldo sem excluir a legitimidade da própria parte") e a tese firmada no REsp Repetitivo n. 963.528/PR, após a entrada em vigor do CPC, pela expressa impossibilidade de compensação.>>**104**

245 – O fato de a parte, pessoa natural ou jurídica, estar assistida por advogado particular não impede a concessão da justiça gratuita na Justiça do Trabalho.>>**106**

246 – Dispensa-se o preparo do recurso quando houver pedido de justiça gratuita em sede recursal, consoante art. 99, § 6º, aplicável ao processo do trabalho. Se o pedido for indeferido, deve ser fixado prazo para o recorrente realizar o recolhimento.>>**108**

247 – Aplica-se o incidente de desconsideração da personalidade jurídica no processo falimentar.>>**151**

248 – Quando a desconsideração da personalidade jurídica for requerida na petição inicial, constitui ônus do sócio ou da pes_oa jurídica, na contestação, impugnar não somente a própria

desconsideração, mas também os demais pontos da causa.>>**153**

249 – A intervenção do "amicus curiae" é cabível no mandado de segurança.>>**161**

250 – Admite-se a intervenção do "amicus curiae" nas causas trabalhistas, na forma do art. 138, sempre que o juiz ou relator vislumbrar a relevância da matéria, a especificidade do tema objeto da demanda ou a repercussão geral da controvérsia, a fim de obter uma decisão respaldada na pluralidade do debate e, portanto, mais democrática.>>**163**

251 – O inciso VI do art. 139 do CPC aplica-se ao processo de improbidade administrativa.>>**185**

252 – O descumprimento de uma convenção processual válida é matéria cujo conhecimento depende de requerimento.>>**225**

253 – O Ministério Público pode celebrar negócio processual quando atua como parte.>>**226**

254 – É inválida a convenção para excluir a intervenção do Ministério Público como fiscal da ordem jurídica.>>**227**

255 – É admissível a celebração de convenção processual coletiva.>>**228**

256 – A Fazenda Pública pode celebrar negócio jurídico processual.>>**229**

257 – O art. 190 autoriza que as partes tanto estipulem mudanças do procedimento quanto convencionem sobre os seus ônus, poderes, faculdades e deveres processuais.>>**230**

258 – As partes podem convencionar sobre seus ônus, poderes, faculdades e deveres processuais, ainda que essa convenção não importe ajustes às especificidades da causa.>>**231**

259 – A decisão referida no parágrafo único do art. 190 depende de contraditório prévio.>>**232**

260 – A homologação, pelo juiz, da convenção processual, quando prevista em lei, corresponde a uma condição de eficácia do negócio.>>**232**

261 – O art. 200 aplica-se tanto aos negócios unilaterais quanto aos bilaterais, incluindo as convenções processuais do art. 190.>>**233**

262 – É admissível negócio processual para dispensar caução no cumprimento provisório de sentença.>>**234**

263 – A mera juntada de decisão aos autos eletrônicos não necessariamente lhe confere publicidade em relação a terceiros.>>**254**

264 – Salvo hipóteses de segredo de justiça, nos processos em que se realizam intimações exclusivamente por portal eletrônico, deve ser garantida ampla publicidade aos autos eletrônicos, assegurado o acesso a qualquer um.>>**256**

265 – É possível haver documentos transitoriamente confidenciais no processo eletrônico.>>**259**

266 – Aplica-se o art. 218, § 4º, ao processo do trabalho, não se considerando extemporâneo ou intempestivo o ato realizado antes do termo inicial do prazo.>>**266**

267 – Os prazos processuais iniciados antes da vigência do CPC serão integralmente regulados pelo regime revogado.>>**267**

268 – A regra de contagem de prazos em dias úteis só se aplica aos prazos iniciados após a vigência do Novo Código.>>**269**

269 – A suspensão de prazos de 20 de dezembro a 20 de janeiro é aplicável aos Juizados Especiais.>>**269**

270 – Aplica-se ao processo do trabalho o art. 224, § 1º.>>**270**

271 – Quando for deferida tutela provisória a ser cumprida diretamente pela parte, o prazo recursal conta a partir da juntada do mandado de intimação, do aviso de recebimento ou da carta precatória; o prazo para o cumprimento da decisão inicia-se a partir da intimação da parte.>>**271**

272 – Não se aplica o § 2º do art. 231 ao prazo para contestar, em vista da previsão do § 1º do mesmo artigo.>>**272**

273 – Ao ser citado, o réu deverá ser advertido de que sua ausência injustificada à audiência de conciliação ou mediação configura ato atentatório à dignidade da justiça, punível com a multa do art. 334, § 8º, sob pena de sua inaplicabilidade.>>**282**

274 – Aplica-se a regra do § 6º do art. 272 ao prazo para contestar, quando for dispensável a audiência de conciliação e houver poderes para receber citação.>>**286**

275 – Nos processos que tramitam eletronicamente, a regra do art. 229, § 1º, não se aplica aos prazos já iniciados no regime anterior.>>**272**

276 – Os atos anteriores ao ato defeituoso não são atingidos pela pronúncia de invalidade.>>**287**

277 – Para fins de invalidação, o reconhecimento de que um ato subsequente é dependente de um ato defeituoso deve ser objeto de fundamentação específica à luz de circunstâncias concretas.>>**289**

278 – O CPC adota como princípio a sanabilidade dos atos processuais defeituosos.>>**291**

279 – Para os fins de alegar e demonstrar prejuízo, não basta a afirmação de tratar-se de violação a norma constitucional.>>**294**

280 – O prazo de quinze dias a que se refere o art. 290 conta-se da data da intimação do advogado.>>**299**

281 – A indicação do dispositivo legal não é requisito da petição inicial e, uma vez existente, não vincula o órgão julgador.>>**339**

282 – Para julgar com base em enquadramento normativo diverso daquele invocado pelas partes, ao juiz cabe observar o dever de consulta, previsto no art. 10.>>**339**

283 – Aplicam-se os arts. 319, § 1º, 396 a 404 também quando o autor não dispuser de documentos indispensáveis à propositura da ação.>>**340**

284 – Aplica-se à ação rescisória o disposto no art. 321.>>**769**

285 – A interpretação do pedido e dos atos postulatórios em geral deve levar em consideração a vontade da parte, aplicando-se o art. 112 do Código Civil.>>**341**

286 – Aplica-se o § 2º do art. 322 à interpretação de todos os atos postulatórios, inclusive da contestação e do recurso.>>**342**

287 – O pedido subsidiário somente pode ser apreciado se o juiz não puder examinar ou expressamente rejeitar o principal.>>**343**

288 – Quando acolhido o pedido subsidiário, o autor tem interesse de recorrer em relação ao principal.>>**344**

289 – Se houver conexão entre pedidos cumulados, a incompetência relativa não impedirá a cumulação, em razão da modificação legal da competência.>>**344**

290 – A enumeração das espécies de contrato previstas no § 2º do art. 330 é exemplificativa.>>**345**

291 – Aplicam-se ao procedimento do mandado de segurança os arts. 331 e parágrafos e 332, § 3º do CPC.>>**346**

292 – Antes de indeferir a petição inicial, o juiz deve aplicar o disposto no art. 321.>>**346**

293 – O juízo de retratação, quando permitido, somente poderá ser exercido se a apelação for tempestiva.>>**347**

294 – O julgamento liminar de improcedência, disciplinado no art. 332, salvo com relação ao § 1º, se aplica ao processo do trabalho quando contrariar: a) enunciado de súmula ou de Orientação Jurisprudencial do TST; b) acórdão proferido pelo TST em julgamento de recursos de revista repetitivos; c) entendimento firmado em resolução de demandas repetitivas.>>**352**

295 – As regras sobre intervalo mínimo entre as audiências do CPC só se aplicam aos processos em que o ato for designado após sua vigência.>>**359**

296 – Verificando liminarmente a ilegitimidade passiva, o juiz facultará ao autor a alteração da petição inicial, para substituição do réu sem ônus sucumbenciais.>>**376**

297 – O juiz que promove julgamento antecipado do mérito por desnecessidade de outras provas não pode proferir sentença fundamentada em não atendimento ao ônus probatório. >>**387**

298 – A audiência de saneamento e organização do processo em cooperação com as partes poderá ocorrer independentemente de a causa ser complexa.>>**393**

299 – O juiz pode designar audiência também (ou só) com objetivo de ajustar com as partes a fixação de calendário para fase de instrução e decisão.>>**395**

300 – O juiz poderá ampliar ou restringir o número de testemunhas a depender da complexidade da causa e dos fatos individualmente considerados.>>**397**

301 – Aplicam-se ao processo civil, por analogia, as exceções previstas nos §§ 1º e 2º do art. 157 do Código de Processo Penal, afastando a ilicitude da prova.>>**415**

302 – Aplica-se o art. 373, §§ 1º e 2º, ao processo do trabalho, autorizando a distribuição

dinâmica do ônus da prova diante de peculiaridades da causa relacionadas à impossibilidade ou à excessiva dificuldade da parte de cumprir o seu encargo probatório, ou, ainda, à maior facilidade de obtenção da prova do fato contrário. O juiz poderá, assim, atribuir o ônus da prova de modo diverso, desde que de forma fundamentada, preferencialmente antes da instrução e necessariamente antes da sentença, permitindo à parte se desincumbir do ônus que lhe foi atribuído.>>**416**

303 – As hipóteses descritas nos incisos do § 1° do art. 489 são exemplificativas.>>**444**

304 – As decisões judiciais trabalhistas, sejam elas interlocutórias, sentenças ou acórdãos, devem observar integralmente o disposto no art. 499, sobretudo o seu § 1°, sob pena de se reputarem não fundamentadas e, por conseguinte, nulas.>>**445**

305 – No julgamento de casos repetitivos, o tribunal deverá enfrentar todos os argumentos contrários e favoráveis à tese jurídica discutida, inclusive os suscitados pelos interessados.>>**803**

306 – O precedente vinculante não será seguido quando o juiz ou tribunal distinguir o caso sob julgamento, demonstrando, fundamentadamente, tratar-se de situação particularizada por hipótese fática distinta, a impor solução jurídica diversa.>>**445**

307 – Reconhecida a insuficiência da sua fundamentação, o tribunal decretará a nulidade da sentença e, preenchidos os pressupostos do § 3° do art. 1.013, decidirá desde logo o mérito da causa.>>**903**

308 – Aplica-se o art. 489, § 1°, a todos os processos pendentes de decisão ao tempo da entrada em vigor do CPC, ainda que conclusos os autos antes da sua vigência.>>**447**

309 – O disposto no § 1° do art. 489 do CPC é aplicável no âmbito dos Juizados Especiais.>>**446**

310 – Não é título constitutivo de hipoteca judiciária a decisão judicial que condena à entrega de coisa distinta de dinheiro.>>**446**

311 – A regra sobre remessa necessária é aquela vigente ao tempo da publicação em cartório ou disponibilização nos autos eletrônicos da sentença, de modo que a limitação de seu cabimento no CPC não prejudica os reexames estabelecidos no regime do art. 475 do CPC de 1973.>>**452**

312 – O inciso IV do § 4° do art. 496 do CPC aplica-se ao procedimento do mandado de segurança.>>**453**

313 – São cumulativos os pressupostos previstos nos § 1° e seus incisos, observado o § 2° do art. 503.>>**478**

314 – As decisões judiciais devem respeitar os precedentes do Supremo Tribunal Federal, em matéria constitucional, e do Superior Tribunal de Justiça, em matéria infraconstitucional federal.>>**646**

315 – Nem todas as decisões formam precedentes vinculantes.>>**647**

316 – A estabilidade da jurisprudência do tribunal depende também da observância de seus próprios precedentes, inclusive por seus órgãos fracionários.>>**646**

317 – O efeito vinculante do precedente decorre da adoção dos mesmos fundamentos determinantes pela maioria dos membros do colegiado, cujo entendimento tenha ou não sido sumulado.>>**648**

318 – Os fundamentos prescindíveis para o alcance do resultado fixado no dispositivo da decisão ("obiter dicta"), ainda que nela presentes, não possuem efeito de precedente vinculante.>>**649**

319 – Os fundamentos não adotados ou referendados pela maioria dos membros do órgão julgador não possuem efeito de precedente vinculante.>>**650**

320 – Os tribunais poderão sinalizar aos jurisdicionados sobre a possibilidade de mudança de entendimento da corte, com a eventual superação ou a criação de exceções ao precedente para casos futuros.>>**651**

321 – A modificação do entendimento sedimentado poderá ser realizada nos termos da Lei n° 11.417, de 19 de dezembro de 2006, quando se tratar de enunciado de súmula vinculante; do regimento interno dos tribunais, quando se tratar de enunciado de súmula ou jurisprudência dominante; e, incidentalmente, no julgamento de recurso, na remessa necessária ou causa de competência originária do tribunal.>>**652**

322 – A modificação de precedente vinculante poderá fundar-se, entre outros motivos, na revogação ou modificação da lei em que ele se baseou, ou em alteração econômica, política, cultural ou social referente à matéria decidida.>>**653**

323 – A formação dos precedentes observará os princípios da legalidade, da segurança jurídica, da proteção da confiança e da isonomia.>>**655**

324 – Lei nova, incompatível com o precedente judicial, é fato que acarreta a não aplicação do precedente por qualquer juiz ou tribunal, ressalvado o reconhecimento de sua inconstitucionalidade, a realização de interpretação conforme ou a pronúncia de nulidade sem redução de texto.>>**656**

325 – A modificação de entendimento sedimentado pelos tribunais trabalhistas deve observar a sistemática prevista no art. 927, devendo se desincumbir do ônus argumentativo mediante fundamentação adequada e específica, modulando, quando necessário, os efeitos da decisão que supera o entendimento anterior.>>**658**

326 – O órgão jurisdicional trabalhista pode afastar a aplicação do precedente vinculante quando houver distinção entre o caso sob julgamento e o paradigma, desde que demonstre, fundamentadamente, tratar-se de situação particularizada por hipótese fática distinta, a impor solução jurídica diversa.>>**660**

327 – Os precedentes vinculantes podem ter por objeto questão de direito material ou processual.>>**661**

328 – Os arts. 554 e 565 do CPC aplicam-se à ação de usucapião coletiva (art. 10 da Lei 10.258/2001) e ao processo em que exercido o direito a que se referem os §§ 4º e 5º do art. 1.228, Código Civil, especialmente quanto à necessidade de ampla publicidade da ação e da participação do Ministério Público, da Defensoria Pública e dos órgãos estatais responsáveis pela reforma agrária e política urbana.>>**548**

329 – Na execução trabalhista deve ser preservada a quota parte de bem indivisível do coproprietário ou do cônjuge alheio à execução, sendo-lhe assegurado o direito de preferência na arrematação do bem em igualdade de condições.>>**612**

330 – Na Justiça do Trabalho, o juiz pode deferir a aquisição parcelada do bem penhorado em sede de execução, na forma do art. 895 e seus parágrafos.>>**613**

331 – O pagamento da dívida objeto de execução trabalhista fundada em título extrajudicial pode ser requerido pelo executado nos moldes do art. 916.>>**623**

332 – Considera-se vício sanável, tipificado no art. 938, § 1º, a apresentação da procuração e da guia de custas ou depósito recursal em cópia, cumprindo ao relator assinalar prazo para a parte renovar o ato processual com a juntada dos originais.>>**696**

333 – Em se tratando de guia de custas e depósito recursal inseridos no sistema eletrônico, estando o arquivo corrompido, impedido de ser executado ou de ser lido, deverá o relator assegurar a possibilidade de sanar o vício, nos termos do art. 938, § 1º.>>**698**

334 – Por força da expressão "sem repetição em múltiplos processos", não cabe o incidente de assunção de competência quando couber julgamento de casos repetitivos.>>**745**

335 – O incidente de assunção de competência aplica-se ao processo do trabalho.>>**747**

336 – Cabe ação rescisória contra decisão interlocutória de mérito.>>**770**

337 – A competência para processar a ação rescisória contra capítulo de decisão deverá considerar o órgão jurisdicional que proferiu o capítulo rescindendo.>>**772**

338 – Cabe ação rescisória para desconstituir a coisa julgada formada sobre a resolução expressa da questão prejudicial incidental.>>**773**

339 – O CADE e a CVM, caso não tenham sido intimados, quando obrigatório, para participar do processo (art. 118, Lei n. 12.529/2011; art. 31, Lei n. 6.385/1976), têm legitimidade para propor ação rescisória contra a decisão ali proferida, nos termos do inciso IV do art. 967.>>**774**

340 – Observadas as regras de distribuição, o relator pode delegar a colheita de provas para juízo distinto do que proferiu a decisão rescindenda.>>**775**

341 – O prazo para ajuizamento de ação rescisória é estabelecido pela data do trânsito em julgado da decisão rescindenda, de modo que não se aplicam as regras dos §§ 2 º e 3º do art. 975 do CPC à coisa julgada constituída antes de sua vigência.>>**777**

342 – O incidente de resolução de demandas repetitivas aplica-se a recurso, a remessa necessária ou a qualquer causa de competência originária.>>**805**

343 – O incidente de resolução de demandas repetitivas compete a tribunal de justiça ou tribunal regional.>>**807**

344 – A instauração do incidente pressupõe a existência de processo pendente no respectivo tribunal.>>**808**

345 – O incidente de resolução de demandas repetitivas e o julgamento dos recursos extraordinários e especiais repetitivos formam um microssistema de solução de casos repetitivos, cujas normas de regência se complementam reciprocamente e devem ser interpretadas conjuntamente.>>**810**

346 – A Lei nº 13.015, de 21 de julho de 2014, compõe o microssistema de solução de casos repetitivos.>>**811**

347 – Aplica-se ao processo do trabalho o incidente de resolução de demandas repetitivas, devendo ser instaurado quando houver efetiva repetição de processos que contenham controvérsia sobre a mesma questão de direito.>>**812**

348 – Os interessados serão intimados da suspensão de seus processos individuais, podendo requerer o prosseguimento ao juiz ou tribunal onde tramitarem, demonstrando a distinção entre a questão a ser decidida e aquela a ser julgada no incidente de resolução de demandas repetitivas, ou nos recursos repetitivos.>>**813**

350 – Cabe reclamação, na Justiça do Trabalho, da parte interessada ou do Ministério Público, nas hipóteses previstas no art. 988, visando a preservar a competência do tribunal e garantir a autoridade das suas decisões e do precedente firmado em julgamento de casos repetitivos.>>**860**

351 – O regime da recorribilidade das interlocutórias do CPC aplica-se ao procedimento do mandado de segurança.>>**997**

352 – É permitida a desistência do recurso de revista repetitivo, mesmo quando eleito como representativo da controvérsia, sem necessidade de anuência da parte adversa ou dos litisconsortes; a desistência, contudo, não impede a análise da questão jurídica objeto de julgamento do recurso repetitivo.>>**883**

353 – No processo do trabalho, o equívoco no preenchimento da guia de custas ou de depósito recursal não implicará a aplicação da pena de deserção, cabendo ao relator, na hipótese de dúvida quanto ao recolhimento, intimar o recorrente para sanar o vício no prazo de cinco dias.>>**885**

354 – O Art. 1.009, § 1º, não se aplica às decisões publicadas em cartório ou disponibilizadas nos autos eletrônicos antes da entrada em vigor do CPC.>>**907**

355 – Se, no mesmo processo, houver questões resolvidas na fase de conhecimento em relação às quais foi interposto agravo retido na vigência do CPC/1973, e questões resolvidas na fase de conhecimento em relação às quais não se operou a preclusão por força do art. 1.009, § 1º, do CPC, aplicar-se-á ao recurso de apelação o art. 523, § 1º, do CPC/1973 em relação àquelas, e o art. 1.009, § 1º, do CPC em relação a estas.>>**910**

356 – Aplica-se a regra do art. 1.010, § 3º, às apelações pendentes de admissibilidade ao tempo da entrada em vigor do CPC, de modo que o exame da admissibilidade destes recursos competirá ao Tribunal de 2º grau.>>**913**

357 – Aplicam-se ao recurso ordinário os arts. 1.013 e 1.014.>>**915**

358 – A aplicação da multa prevista no art. 1.021, § 4º, exige manifesta inadmissibilidade ou manifesta improcedência.>>**926**

359 – A aplicação da multa prevista no art. 1.021, § 4º, exige que a manifesta inadmissibilidade seja declarada por unanimidade.>>**927**

360 – A não oposição de embargos de declaração em caso de erro material na decisão não impede sua correção a qualquer tempo.>>**933**

361 – Na hipótese do art. 1.026, § 4º, não cabem embargos de declaração e, caso opostos, não produzirão qualquer efeito.>>**935**

363 – O procedimento do incidente de resolução de demandas repetitivas a aplica-se às causas repetitivas de competência originária dos tribunais superiores, como a reclamação e o conflito de competência, e aos recursos ordinários a eles dirigidos.>>**951**

364 – O sobrestamento da causa em primeira instância não ocorrerá caso se mostre necessária a produção de provas para efeito de distinção de precedentes.>>**952**

366 – O protesto genérico por provas, realizado na petição inicial ou na contestação ofertada antes da vigência do CPC, não implica requerimento de prova para fins do Art. 1.047.>>**961**

367 – Para fins de interpretação do art. 1.054, entende-se como início do processo a data do protocolo da petição inicial.>>**962**

368 – A impugnação ao reconhecimento extrajudicial da usucapião necessita ser feita mediante representação por advogado.>>**963**

369 – O rol de normas fundamentais previsto no Capítulo I do Título Único do Livro I da Parte Geral do CPC não é exaustivo.>>**38**

370 – Norma processual fundamental pode ser regra ou princípio.>>**38**

371 – Os métodos de solução consensual de conflitos devem ser estimulados também nas instâncias recursais.>>**192**

372 – O art. 4º tem aplicação em todas as fases e em todos os tipos de procedimento, inclusive em incidentes processuais e na instância recursal, impondo ao órgão jurisdicional viabilizar o saneamento de vícios para examinar o mérito, sempre que seja possível a sua correção.>>**39**

373 – As partes devem cooperar entre si; devem atuar com ética e lealdade, agindo de modo a evitar a ocorrência de vícios que extingam o processo sem resolução do mérito e cumprindo com deveres mútuos de esclarecimento e transparência.>>**40**

374 – O art. 5º prevê a boa-fé objetiva.>>**42**

375 – O órgão jurisdicional também deve comportar-se de acordo com a boa-fé objetiva.>>**45**

376 – A vedação do comportamento contraditório aplica-se ao órgão jurisdicional.>>**50**

377 – A boa-fé objetiva impede que o julgador profira, sem motivar a alteração, decisões diferentes sobre uma mesma questão de direito aplicável às situações de fato análogas, ainda que em processos distintos.>>**53**

378 – A boa-fé processual orienta a interpretação da postulação e da sentença, permite a reprimenda do abuso de direito processual e das condutas dolosas de todos os sujeitos processuais e veda seus comportamentos contraditórios.>>**64**

379 – O exercício dos poderes de direção do processo pelo juiz deve observar a paridade de armas das partes.>>**64**

380 – A expressão "ordenamento jurídico", empregada pelo Código de Processo Civil, contempla os precedentes vinculantes.>>**65**

381 – É cabível réplica no procedimento de tutela cautelar requerida em caráter antecedente.>>**323**

382 – No juízo onde houver cumulação de competência de processos dos juizados especiais com outros procedimentos diversos, o juiz poderá organizar duas listas cronológicas autônomas, uma para os processos dos juizados especiais e outra para os demais processos.>>**67**

383 – As autarquias e fundações de direito público estaduais e distritais também poderão ajustar compromisso recíproco para prática de ato processual por seus procuradores em favor de outro ente federado, mediante convênio firmado pelas respectivas procuradorias.>>**90**

384 – A lei regulamentadora não poderá suprimir a titularidade e o direito à percepção dos honorários de sucumbência dos advogados públicos.>>**109**

385 – Havendo risco de perecimento do direito, o poder do juiz de exigir do autor a comprovação dos pressupostos legais para a concessão da gratuidade não o desincumbe do dever de apreciar, desde logo, o pedido liminar de tutela de urgência.>>**111**

386 – A limitação do litisconsórcio facultativo multitudinário acarreta o desmembramento do processo.>>**129**

387 – A limitação do litisconsórcio multitudinário não é causa de extinção do processo.>>**132**

388 – O assistente simples pode requerer a intervenção de "amicus curiae".>>**133**

389 – As hipóteses previstas no art. 122 são meramente exemplificativas.>>**134**

390 – Resolvida a desconsideração da personalidade jurídica na sentença, caberá apelação.>>**154**

391 – O "amicus curiae" pode recorrer da decisão que julgar recursos repetitivos.>>**163**

392 – As partes não podem estabelecer, em convenção processual, a vedação da participação do "amicus curiae".>>**165**

393 – É cabível a intervenção de "amicus curiae" no procedimento de edição, revisão e cancelamento de enunciados de súmula pelos tribunais.>>**166**

394 – As partes podem opor embargos de declaração para corrigir vício da decisão relativo aos argumentos trazidos pelo "amicus curiae".>>**170**

395 – Os requisitos objetivos exigidos para a intervenção do "amicus curiae" são alternativos.>>**171**

396 – As medidas do inciso IV do art. 139 podem ser determinadas de ofício, observado o art. 8º.>>**186**

397 – A estrutura para autocomposição, nos Juizados Especiais, deverá contar com a conciliação e a mediação.>>**194**

398 – As câmaras de mediação e conciliação têm competência para realização da conciliação e da mediação, no âmbito administrativo, de conflitos judiciais e extrajudiciais.>>**195**

399 – Os arts. 180 e 183 somente se aplicam aos prazos que se iniciarem na vigência do CPC de 2015, aplicando-se a regulamentação anterior aos prazos iniciados sob a vigência do CPC de 1973.>>**200**

400 – O art. 183 se aplica aos processos que tramitam em autos eletrônicos.>>**201**

401 – Para fins de contagem de prazo da Fazenda Pública nos processos que tramitam em autos eletrônicos, não se considera como intimação pessoal a publicação pelo Diário da Justiça Eletrônico.>>**201**

402 – A eficácia dos negócios processuais para quem deles não fez parte depende de sua anuência, quando lhe puder causar prejuízo.>>**235**

403 – A validade do negócio jurídico processual, requer agente capaz, objeto lícito, possível, determinado ou determinável e forma prescrita ou não defesa em lei.>>**237**

404 – Nos negócios processuais, atender-se-á mais à intenção consubstanciada na manifestação de vontade do que ao sentido literal da linguagem.>>**238**

405 – Os negócios jurídicos processuais devem ser interpretados conforme a boa-fé e os usos do lugar de sua celebração.>>**239**

406 – Os negócios jurídicos processuais benéficos e a renúncia a direitos processuais interpretam-se estritamente.>>**240**

407 – Nos negócios processuais, as partes e o juiz são obrigados a guardar nas tratativas, na conclusão e na execução do negócio o princípio da boa-fé.>>**69**

408 – Quando houver no contrato de adesão negócio jurídico processual com previsões ambíguas ou contraditórias, dever-se-á adotar a interpretação mais favorável ao aderente.>>**241**

409 – A convenção processual é autônoma em relação ao negócio em que estiver inserta, de tal sorte que a invalidade deste não implica necessariamente a invalidade da convenção processual.>>**243**

410 – Aplica-se o art. 142 do CPC ao controle de validade dos negócios jurídicos processuais.>>**187**

411 – O negócio processual pode ser distratado.>>**244**

412 – A aplicação de negócio processual em determinado processo judicial não impede, necessariamente, que da decisão do caso possa vir a ser formado precedente.>>**245**

413 – O negócio jurídico processual pode ser celebrado no sistema dos juizados especiais, desde que observado o conjunto dos princípios que o orienta, ficando sujeito a controle judicial na forma do parágrafo único do art. 190 do CPC.>>**246**

414 – O disposto no § 1º do artigo 191 refere-se ao juízo.>>**247**

415 – Os prazos processuais no sistema dos Juizados Especiais são contados em dias úteis.>>**263**

416 – A contagem do prazo processual em dias úteis prevista no art. 219 aplica-se aos Juizados Especiais Cíveis, Federais e da Fazenda Pública.>>**274**

417 – São requisitos para o cumprimento da carta arbitral: i) indicação do árbitro ou do tribunal arbitral de origem e do órgão do Poder Judiciário de destino; ii) inteiro teor do requerimento da parte, do pronunciamento do árbitro ou do Tribunal arbitral e da procuração conferida ao representante da parte, se houver; iii) especificação do ato processual que deverá ser praticado pelo juízo de destino; iv) encerramento com a assinatura do árbitro ou do presidente do tribunal arbitral conforme o caso.>>**285**

418 – As tutelas provisórias de urgência e de evidência são admissíveis no sistema dos Juizados Especiais.>>**305**

419 – Não é absoluta a regra que proíbe tutela provisória com efeitos irreversíveis.>>**311**

420 – Não cabe estabilização de tutela cautelar.>>**319**

421 – Não cabe estabilização de tutela antecipada em ação rescisória.>>**320**

422 – A tutela de evidência é compatível com os procedimentos especiais.>>**334**

423 – Cabe tutela de evidência recursal.>>**335**

424 – Os parágrafos do art. 319 devem ser aplicados imediatamente, inclusive para as petições iniciais apresentadas na vigência do CPC/1973.>>**348**

425 – Ocorrendo simultaneamente as hipóteses dos art. 106, § 1º, e art. 321, caput, o prazo de emenda será único e de quinze dias.>>**116**

426 – O juízo para o qual foi distribuída a contestação ou a carta precatória só será considerado prevento se o foro competente for o local onde foi citado.>>**378**

427 – A proposta de saneamento consensual feita pelas partes pode agregar questões de fato até então não deduzidas.>>**399**

428 – A integração e o esclarecimento das alegações nos termos do art. 357, § 3º, não se confundem com o aditamento do ato postulatório previsto no art. 329.>>**400**

429 – A arbitragem a que se refere o art. 359 é aquela regida pela Lei 9.307/1996.>>**407**

430 – A necessidade de licença concedida pelo juiz, prevista no parágrafo único do art. 361, é aplicável também aos Defensores Públicos.>>**409**

431 – O julgador, que aderir aos fundamentos do voto-vencedor do relator, há de seguir, por coerência, o precedente que ajudou a construir no julgamento da mesma questão em processos subsequentes, salvo se demonstrar a existência de distinção ou superação.>>**662**

432 – A interposição de apelação parcial não impede a remessa necessária.>>**456**

433 – Cabe à Administração Pública dar publicidade às suas orientações vinculantes, preferencialmente pela rede mundial de computadores.>>**664**

434 – O reconhecimento da competência pelo juízo arbitral é causa para a extinção do processo judicial sem resolução de mérito.>>**439**

435 – Cabe agravo de instrumento contra a decisão do juiz que, diante do reconhecimento de competência pelo juízo arbitral, se recusar a extinguir o processo judicial sem resolução de mérito.>>**922**

436 – Preenchidos os demais pressupostos, a decisão interlocutória e a decisão unipessoal (monocrática) são suscetíveis de fazer coisa julgada.>>**479**

437 – A coisa julgada sobre a questão prejudicial incidental se limita à existência, inexistência ou modo de ser de situação jurídica, e à autenticidade ou falsidade de documento.>>**479**

438 – É desnecessário que a resolução expressa da questão prejudicial incidental esteja no dispositivo da decisão para ter aptidão de fazer coisa julgada.>>**480**

439 – Nas causas contra a Fazenda Pública, além do preenchimento dos pressupostos previstos no art. 503, §§ 1º e 2º, a coisa julgada sobre a questão prejudicial incidental depende de remessa necessária, quando for o caso.>>**481**

440 – O art. 516, III e o seu parágrafo único aplicam-se à execução de decisão interlocutória estrangeira, após a concessão do exequatur à carta rogatória.>>**483**

441 – O § 5º do art. 536 e o § 5º do art. 537 alcançam situação jurídica passiva correlata a direito real.>>**517**

442 – O § 5º do art. 536 e o § 5º do art. 537 alcançam os deveres legais.>>**521**

443 – Em ação possessória movida pelo proprietário é possível ao réu alegar a usucapião como matéria de defesa, sem violação ao art. 557.>>**556**

444 – Para o processo de execução de título extrajudicial de obrigação de não fazer, não é necessário propor a ação de conhecimento para que o juiz possa aplicar as normas decorrentes dos arts. 536 e 537.>>**524**

445 – O fiador judicial também pode ser sujeito passivo da execução.>>**601**

446 – Cabe ação monitória mesmo quando o autor for portador de título executivo extrajudicial.>>**580**

447 – O exequente deve providenciar a intimação da União, Estados e Municípios no caso de penhora de bem tombado.>>**606**

448 – As medidas urgentes previstas no art. 799, VIII, englobam a tutela provisória urgente antecipada.>>**608**

449 – O art. 806 do CPC de 1973 aplica-se às cautelares propostas antes da entrada em vigor do CPC de 2015.>>**963**

450 – Aplica-se a regra decorrente do art. 827, § 2º, ao cumprimento de sentença.>>**614**

451 – A regra decorrente do caput e do § 1º do art. 827 aplica-se às execuções fundadas em título executivo extrajudicial de obrigação de fazer, não fazer e entrega de coisa.>>**616**

452 – Durante a suspensão do processo prevista no art. 982 não corre o prazo de prescrição intercorrente.>>**815**

453 – A estabilidade a que se refere o caput do art. 926 consiste no dever de os tribunais observarem os próprios precedentes.>>**665**

454 – Uma das dimensões da coerência a que se refere o caput do art. 926 consiste em os tribunais não ignorarem seus próprios precedentes (dever de autorreferência).>>**667**

455 – Uma das dimensões do dever de coerência significa o dever de não- contradição, ou seja, o dever de os tribunais não decidirem casos análogos contrariamente às decisões anteriores, salvo distinção ou superação.>>**669**

456 – Uma das dimensões do dever de integridade consiste em os tribunais decidirem em conformidade com a unidade do ordenamento jurídico.>>**671**

457 – Uma das dimensões do dever de integridade previsto no caput do art. 926 consiste na observância das técnicas de distinção e superação dos precedentes, sempre que necessário para adequar esse entendimento à interpretação contemporânea do ordenamento jurídico.>>**672**

458 – Para a aplicação, de ofício, de precedente vinculante, o órgão julgador deve intimar previamente as partes para que se manifestem sobre ele.>>**674**

459 – As normas sobre fundamentação adequada quanto à distinção e superação e sobre a observância somente dos argumentos submetidos ao contraditório são aplicáveis a todo o microssistema de formação dos precedentes.>>**675**

460 – O microssistema de aplicação de formação dos precedentes deverá respeitar as técnicas de ampliação do contraditório para amadurecimento da tese, como a realização de audiências públicas prévias e participação de "amicus curiae".>>**172**

461 – O disposto no § 2º do art. 927 aplica-se ao incidente de assunção de competência.>>**748**

462 – É nula, por usurpação de competência funcional do órgão colegiado, a decisão do relator que julgar monocraticamente o mérito do recurso, sem demonstrar o alinhamento de seu pronunciamento judicial com um dos padrões decisórios descritos no art. 932.>>**700**

463 – O parágrafo único do art. 932 e o art. 933 devem ser aplicados aos recursos interpostos antes da entrada em vigor do CPC/2015 e ainda pendentes de julgamento.>>**702**

464 – A decisão unipessoal (monocrática) do relator em Turma Recursal é impugnável por agravo interno.>>**704**

465 – A concessão do efeito suspensivo ao recurso inominado cabe exclusivamente ao relator na turma recursal.>>**887**

466 – A técnica do art. 942 não se aplica aos embargos infringentes pendentes ao tempo do início da vigência do CPC, cujo julgamento deverá ocorrer nos termos dos arts. 530 e seguintes do CPC de 1973.>>**706**

467 – O Ministério Público deve ser obrigatoriamente intimado no incidente de assunção de competência.>>**817**

468 – O incidente de assunção de competência aplica-se em qualquer tribunal.>>**751**

469 – A "grande repercussão social", pressuposto para a instauração do incidente de assunção de competência, abrange, dentre outras, repercussão jurídica, econômica ou política.>>**753**

471 – Aplica-se no âmbito dos juizados especiais a suspensão prevista no art. 982, § 3º.>>**819**

472 – Aplica-se o inciso I do art. 985 ao julgamento de recursos repetitivos e ao incidente de assunção de competência.>>**820**

473 – A possibilidade de o tribunal revisar de ofício a tese jurídica do incidente de resolução de demandas repetitivas autoriza as partes a requerê-la.>>**822**

474 – O recurso inominado interposto contra sentença proferida nos juizados especiais será remetido à respectiva turma recursal independentemente de juízo de admissibilidade.>>**1007**

475 – Cabem embargos de declaração contra decisão interlocutória no âmbito dos juizados especiais.>>**936**

476 – Independentemente da data de intimação, o direito ao recurso contra as decisões unipessoais nasce com a publicação em cartório, secretaria do juízo ou inserção nos autos eletrônicos da decisão a ser impugnada, o que primeiro ocorrer, ou, ainda, nas decisões proferidas em primeira instância, será da prolação de decisão em audiência.>>**964**

477 – Publicada em cartório ou inserida nos autos eletrônicos a decisão que julga embargos de declaração sob a vigência do CPC de 2015, computar-se-ão apenas os dias úteis no prazo para o recurso subsequente, ainda que a decisão embargada tenha sido proferida ao tempo do CPC de 1973, tendo em vista a interrupção do prazo prevista no art. 1.026.>>**938**

479 – As novas regras de competência relativa previstas no CPC de 2015 não afetam os processos cujas petições iniciais foram protocoladas na vigência do CPC/73.>>**966**

480 – Aplica-se no âmbito dos juizados especiais a suspensão dos processos em trâmite no território nacional, que versem sobre a questão submetida ao regime de julgamento de recursos especiais e extraordinários repetitivos, determinada com base no art. 1.037, II.>>**952**

481 – O disposto nos §§ 9º a 13 do art. 1.037 aplica-se, no que couber, ao incidente de resolução de demandas repetitivas.>>**677**

482 – Aplica-se o art. 1.040, I, aos recursos extraordinários interpostos nas turmas ou colégios recursais dos juizados especiais cíveis, federais e da fazenda pública.>>**953**

483 – Os embargos de declaração no sistema dos juizados especiais interrompem o prazo para a interposição de recursos e propositura de reclamação constitucional para o Superior Tribunal de Justiça.>>**938**

484 – A revogação dos arts. 16 a 18 da Lei de Alimentos, que tratam da gradação dos meios de satisfação do direito do credor, não implica supressão da possibilidade de penhora sobre créditos originários de aluguéis de prédios ou de quaisquer outros rendimentos do devedor.>>**967**

485 – É cabível conciliação ou mediação no processo de execução, no cumprimento de sentença e na liquidação de sentença, em que será admissível a apresentação de plano de cumprimento da prestação.>>**188**

486 – A inobservância da ordem cronológica dos julgamentos não implica, por si, a invalidade do ato decisório.>>**69**

487 – No mandado de segurança, havendo substituição processual, o substituído poderá ser assistente litisconsorcial do impetrante que o substituiu.>>**999**

488 – No mandado de segurança, havendo equivocada indicação da autoridade coatora, o impetrante deve ser intimado para emendar a petição inicial e, caso haja alteração de competência, o juiz remeterá os autos ao juízo competente.>>**100**3

489 – Observado o dever de revelação, as partes celebrantes de convenção de arbitragem podem afastar, de comum acordo, de forma expressa e por escrito, hipótese de impedimento ou suspeição do árbitro.>>**191**

490 – São admissíveis os seguintes negócios processuais, entre outros: pacto de inexecução parcial ou total de multa coercitiva; pacto de alteração de ordem de penhora; pré-indicação de bem penhorável preferencial (art. 848, II); pré-fixação de indenização por dano processual prevista nos arts. 81, § 3º, 520, inc. I, 297, parágrafo único (cláusula penal processual); negócio de anuência prévia para aditamento ou alteração do pedido ou da causa de pedir até o saneamento (art. 329, inc. II).>>**248**

491 – É possível negócio jurídico processual que estipule mudanças no procedimento das intervenções de terceiros, observada a necessidade de anuência do terceiro quando lhe puder causar prejuízo.>>**249**

492 – O pacto antenupcial e o contrato de convivência podem conter negócios processuais.>>**251**

493 – O negócio processual celebrado ao tempo do CPC/1973 é aplicável após o início da vigência do CPC/2015.>>**252**

494 – A admissibilidade de autocomposição não é requisito para o calendário processual.>>**253**

495 – O distrato do negócio processual homologado por exigência legal depende de homologação.>>**260**

496 – Preenchidos os pressupostos de lei, o requerimento de tutela provisória incidental pode ser formulado a qualquer tempo, não se submetendo à preclusão temporal.>>**306**

497 – As hipóteses de exigência de caução para a concessão de tutela provisória de urgência devem ser definidas à luz do art. 520, IV, CPC.>>**308**

498 – A possibilidade de dispensa de caução para a concessão de tutela provisória de urgência, prevista no art. 300, § 1º, deve ser avaliada à luz das hipóteses do art. 521.>>**313**

499 – Efetivada a tutela de urgência e, posteriormente, sendo o processo extinto sem resolução do mérito e sem estabilização da tutela, será possível fase de liquidação para fins de responsabilização civil do requerente da medida e apuração de danos.>>**314**

500 – O regime da estabilização da tutela antecipada antecedente aplica-se aos alimentos provisórios previstos no art. 4º da Lei 5.478/1968, observado o § 1º do art. 13 da mesma lei.>>**324**

501 – A tutela antecipada concedida em caráter antecedente não se estabilizará quando for interposto recurso pelo assistente simples, salvo se houver manifestação expressa do réu em sentido contrário.>>**321**

502 – Caso o juiz entenda que o pedido de tutela antecipada em caráter antecedente tenha natureza cautelar, observará o disposto no art. 305 e seguintes.>>**325**

503 – O procedimento da tutela cautelar, requerida em caráter antecedente ou incidente, previsto no Código de Processo Civil é compatível com o microssistema do processo coletivo.>>**326**

504 – Cessa a eficácia da tutela cautelar concedida em caráter antecedente, se a sentença for de procedência do pedido principal, e o direito objeto do pedido foi definitivamente efetivado e satisfeito.>>**327**

505 – Na ação de despejo cumulada com cobrança, julgados procedentes ambos os pedidos, são passíveis de execução, além das parcelas vencidas indicadas na petição inicial, as que se tornaram exigíveis entre a data de propositura da ação e a efetiva desocupação do imóvel locado.>>**350**

506 – A expressão "procedimentos especiais" a que alude o § 2º do art. 327 engloba aqueles previstos na legislação especial.>>**349**

507 – O art. 332 aplica-se ao sistema de Juizados Especiais.>>**354**

508 – Interposto recurso inominado contra sentença que julga liminarmente improcedente o pedido, o juiz pode retratar-se em cinco dias.>>**356**

509 – Sem prejuízo da adoção das técnicas de conciliação e mediação, não se aplicam no âmbito dos juizados especiais os prazos previstos no art. 334.>>**360**

510 – Frustrada a tentativa de autocomposição na audiência referida no art. 21 da Lei 9.099/1995, configura prejuízo para a defesa a realização imediata da instrução quando a citação não tenha ocorrido com a antecedência mínima de quinze dias.>>**101**1

511 – A técnica processual prevista nos arts. 338 e 339 pode ser usada, no que couber, para possibilitar a correção da autoridade coatora, bem como da pessoa jurídica, no processo de mandado de segurança.>>**100**5

512 – A decisão ilíquida referida no § 1º do art. 356 somente é permitida nos casos em que a sentença também puder sê-la.>>**401**

513 – Postulado o despejo em cumulação com outro (s) pedido (s), e estando presentes os requisitos exigidos pelo art. 356, o juiz deve julgar parcialmente o mérito de forma antecipada, para determinar a desocupação do imóvel locado.>>**402**

514 – O juiz não poderá revogar a decisão que determinou a produção de prova de ofício sem que consulte as partes a respeito.>>**416**

515 – Aplica-se o disposto no art. 489, § 1º, também em relação às questões fáticas da demanda.>>**417**

516 – Para que se considere fundamentada a decisão sobre os fatos, o juiz deverá analisar todas as provas capazes, em tese, de infirmar a conclusão adotada.>>**417**

517 – A decisão judicial que empregar regras de experiência comum, sem indicar os motivos pelos quais a conclusão adotada decorre daquilo que ordinariamente acontece, considera-se não fundamentada.>>**418**

518 – Em caso de exibição de documento ou coisa em caráter antecedente, a fim de que seja autorizada a produção, tem a parte autora o ônus de adiantar os gastos necessários, salvo hipóteses em que o custeio incumbir ao réu.>>**419**

519 – Em caso de impossibilidade de obtenção ou de desconhecimento das informações relativas à qualificação da testemunha, a parte

poderá requerer ao juiz providências necessárias para a sua obtenção, salvo em casos de inadmissibilidade da prova ou de abuso de direito.>>**419**

520 – Interposto recurso inominado contra sentença sem resolução de mérito, o juiz pode se retratar em cinco dias.>>**441**

521 – Apenas a decadência fixada em lei pode ser conhecida de ofício pelo juiz.>>**442**

522 – O relatório nos julgamentos colegiados tem função preparatória e deverá indicar as questões de fato e de direito relevantes para o julgamento e já submetidas ao contraditório.>>**447**

523 – O juiz é obrigado a enfrentar todas as alegações deduzidas pelas partes capazes, em tese, de infirmar a decisão, não sendo suficiente apresentar apenas os fundamentos que a sustentam.>>**448**

524 – O art. 489, § 1º, IV, não obriga o órgão julgador a enfrentar os fundamentos jurídicos deduzidos no processo e já enfrentados na formação da decisão paradigma, sendo necessário demonstrar a correlação fática e jurídica entre o caso concreto e aquele já apreciado.>>**449**

525 – A produção do resultado prático equivalente pode ser determinada por decisão proferida na fase de conhecimento.>>**460**

526 – A multa aplicada por descumprimento de ordem protetiva, baseada no art. 22, incisos I a V, da Lei 11.340/2006 (Lei Maria da Penha), é passível de cumprimento provisório, nos termos do art. 537, § 3º.>>**526**

527 – Os créditos referidos no art. 515, inc. V, e no art. 784, inc. X e XI do CPC/2015 constituídos ao tempo do CPC/73 são passíveis de execução de título judicial e extrajudicial, respectivamente.>>**485**

528 – No cumprimento provisório de sentença por quantia certa iniciado na vigência do CPC/73, sem garantia da execução, deve o juiz, após o início de vigência do CPC/2015 e a requerimento do exequente, intimar o executado nos termos dos arts. 520, § 2º, 523, § 1º e 525, caput.>>**491**

529 – As averbações previstas nos arts. 799, IX e 828 são aplicáveis ao cumprimento de sentença.>>**488**

530 – Após a entrada em vigor do CPC/2015, o juiz deve intimar o executado para apresentar impugnação ao cumprimento de sentença, em quinze dias, ainda que sem depósito, penhora ou caução, caso tenha transcorrido o prazo para cumprimento espontâneo da obrigação na vigência do CPC/73 e não tenha àquele tempo garantido o juízo.>>**505**

531 – É possível, presentes os pressupostos do § 6º do art. 525, a concessão de efeito suspensivo à simples petição em que se alega fato superveniente ao término do prazo de oferecimento da impugnação ao cumprimento de sentença.>>**507**

532 – A expedição do precatório ou da RPV depende do trânsito em julgado da decisão que rejeita as arguições da Fazenda Pública executada.>>**515**

533 – Se o executado descumprir ordem judicial, conforme indicado pelo § 3º do art. 536, incidirá a pena por ato atentatório à dignidade da justiça (art. 774, IV), sem prejuízo da sanção por litigância de má-fé.>>**528**

534 – A decisão a que se refere o inciso III do art. 548 faz coisa julgada quanto à extinção da obrigação.>>**536**

535 – Cabe ação rescisória contra a decisão prevista no inciso III do art. 548.>>**537**

536 – O juiz poderá, na execução civil, determinar a quebra de sigilo bancário e fiscal.>>**596**

537 – A conduta comissiva ou omissiva caracterizada como atentatória à dignidade da justiça no procedimento da execução fiscal enseja a aplicação da multa do parágrafo único do art. 774 do CPC/15.>>**598**

538 – Aplica-se o procedimento do § 4º do art. 517 ao cancelamento da inscrição de cadastro de inadimplentes do § 4º do art. 782.>>**603**

539 – A certidão a que se refere o art. 828 não impede a obtenção e a averbação de certidão da propositura da execução (art. 799).>>**608**

540 – A disciplina procedimental para penhora de dinheiro prevista no art. 854 é aplicável ao procedimento de execução fiscal.>>**616**

541 – A responsabilidade que trata o art. 854, § 8º, é objetiva e as perdas e danos serão liquidadas de forma incidental, devendo ser imediatamente intimada a instituição financeira para preservação do contraditório.>>**617**

542 – Na hipótese de expropriação de bem por arrematante arrolado no art. 890, é possível o desfazimento da arrematação.>>**617**

543 – Em execução de título executivo extrajudicial, o juízo arbitral é o competente para

conhecer das matérias de defesa abrangidas pela convenção de arbitragem.>>**624**

544 – Admite-se a celebração de convenção de arbitragem, ainda que a obrigação esteja representada em título executivo extrajudicial.>>**627**

545 – Aplicam-se à impugnação ao cumprimento de sentença, no que couber, as hipóteses previstas nos incisos I e III do art. 918 e no seu parágrafo único.>>**510**

546 – O efeito suspensivo dos embargos à execução e da impugnação ao cumprimento de sentença pode ser requerido e deferido a qualquer momento do seu trâmite, observados os pressupostos legais.>>**627**

547 – O efeito suspensivo dos embargos à execução e da impugnação ao cumprimento de sentença pode ser parcial, limitando-se ao impedimento ou à suspensão de um único ou de apenas alguns atos executivos.>>**628**

548 – O simples desarquivamento dos autos é insuficiente para interromper a prescrição.>>**632**

549 – O rol do art. 927 e os precedentes da Turma Nacional de Uniformização dos Juizados Especiais Federais deverão ser observados no âmbito dos Juizados Especiais.>>**678**

550 – A inexistência de repercussão geral da questão constitucional discutida no recurso extraordinário é vício insanável, não se aplicando o dever de prevenção de que trata o parágrafo único do art. 932, sem prejuízo do disposto no art. 1.033.>>**708**

551 – Cabe ao relator, antes de não conhecer do recurso por intempestividade, conceder o prazo de cinco dias úteis para que o recorrente prove qualquer causa de prorrogação, suspensão ou interrupção do prazo recursal a justificar a tempestividade do recurso.>>**709**

552 – Não se aplica a técnica de ampliação do colegiado em caso de julgamento não unânime no âmbito dos Juizados Especiais.>>**710**

553 – A sentença arbitral parcial estrangeira submete-se ao regime de homologação.>>**766**

554 – Na ação rescisória fundada em violação ao efeito positivo da coisa julgada, haverá o rejulgamento da causa após a desconstituição da decisão rescindenda.>>**778**

555 – Nos casos em que tanto a decisão de inadmissibilidade do recurso quanto a decisão recorrida apresentem vícios rescisórios, ambas serão rescindíveis, ainda que proferidas por órgãos jurisdicionais diversos.>>**779**

556 – É irrecorrível a decisão do órgão colegiado que, em sede de juízo de admissibilidade, rejeita a instauração do incidente de resolução de demandas repetitivas, salvo o cabimento dos embargos de declaração.>>**823**

557 – O agravo de instrumento previsto no art. 1.037, § 13, I, também é cabível contra a decisão prevista no art. 982, inc. I.>>**824**

558 – Caberá reclamação contra decisão que contrarie acórdão proferido no julgamento dos incidentes de resolução de demandas repetitivas ou de assunção de competência para o tribunal cujo precedente foi desrespeitado, ainda que este não possua competência para julgar o recurso contra a decisão impugnada.>>**825**

559 – O efeito suspensivo "ope legis" do recurso de apelação não obsta a eficácia das decisões interlocutórias nele impugnadas.>>**917**

560 – As decisões de que tratam os arts. 22, 23 e 24 da Lei 11.340/2006 (Lei Maria da Penha), quando enquadradas nas hipóteses do inciso I, do art. 1.015, podem desafiar agravo de instrumento.>>**923**

561 – A decisão que julgar procedente ou improcedente o pedido em arguição de descumprimento de preceito fundamental é impugnável por embargos de declaração, aplicando-se por analogia o art. 26 da Lei nº 9.868/1999.>>**940**

562 – Considera-se omissa a decisão que não justifica o objeto e os critérios de ponderação do conflito entre normas.>>**941**

563 – Os embargos de declaração no âmbito do Supremo Tribunal Federal interrompem o prazo para a interposição de outros recursos.>>**944**

564 – Os arts. 1.032 e 1.033 devem ser aplicados aos recursos interpostos antes da entrada em vigor do CPC de 2015 e ainda pendentes de julgamento.>>**953**

565 – Na hipótese de conversão de recurso extraordinário em recurso especial ou vice-versa, após a manifestação do recorrente, o recorrido será intimado para, no prazo do caput do art. 1.032, complementar suas contrarrazões.>>**954**

566 – Na hipótese de conversão do recurso extraordinário em recurso especial, nos termos do art. 1.033, cabe ao relator conceder o prazo do caput do art. 1.032 para que o recorrente adapte

seu recurso e se manifeste sobre a questão infraconstitucional.>>**954**

567 – Invalidado o ato processual praticado à luz do CPC de 1973, a sua repetição observará o regramento do CPC/2015, salvo nos casos de incidência do art. 1.047 do CPC/2015 e no que refere às disposições revogadas relativas ao procedimento sumário, aos procedimentos especiais e às cautelares.>>**967**

568 – As disposições do CPC/1973 relativas aos procedimentos cautelares que forem revogadas aplicar-se-ão às ações propostas e não sentenciadas até o início da vigência do CPC/2015.>>**968**

569 – O art. 1.047 não impede convenções processuais em matéria probatória, ainda que relativas a provas requeridas ou determinadas sob vigência do CPC/1973.>>**968**

570 – As ações revisionais de aluguel ajuizadas após a entrada em vigor do Código de Processo Civil deverão tramitar pelo procedimento comum, aplicando-se, com as adaptações procedimentais que se façam necessárias, as disposições dos artigos 68 a 70 da Lei 8.245/1991.>>**970**

571 – A previsão no edital de licitação não é pressuposto para que a Administração Pública e o contratado celebrem convenção arbitral.>>**993**

572 – A Administração Pública direta ou indireta pode submeter-se a uma arbitragem "ad hoc" ou institucional.>>**994**

573 – As Fazendas Públicas devem dar publicidade às hipóteses em que seus órgãos de Advocacia Pública estão autorizados a aceitar autocomposição.>>**363**

574 – A identificação de vício processual após a entrada em vigor do CPC de 2015 gera para o juiz o dever de oportunizar a regularização do vício, ainda que ele seja anterior.>>**70**

575 – Verificada a relevância da matéria, a repercussão social da controvérsia ou a especificidade do tema objeto da demanda, o juiz poderá promover a ampla divulgação do processo, inclusive por meio dos cadastros eletrônicos dos tribunais e do Conselho Nacional de Justiça, para incentivar a participação de mais sujeitos na qualidade de "amicus curiae".>>**173**

576 – Admite-se a solução parcial do conflito em audiência de conciliação ou mediação.>>**360**

577 – A realização de sessões adicionais de conciliação ou mediação depende da concordância de ambas as partes.>>**361**

578 – Em razão da previsão especial do § 1º do art. 183, estabelecendo a intimação pessoal da Fazenda Pública por carga, remessa ou meio eletrônico, a ela não se aplica o disposto no § 1º do art. 269.>>**203**

579 – Admite-se o negócio processual que estabeleça a contagem dos prazos processuais dos negociantes em dias corridos.>>**261**

580 – É admissível o negócio processual estabelecendo que a alegação de existência de convenção de arbitragem será feita por simples petição, com a interrupção ou suspensão do prazo para contestação.>>**262**

581 – O poder de dilação do prazo, previsto no inciso VI do art. 139 e no inciso I do § 1º do art. 303, abrange a fixação do termo final para aditar o pedido inicial posteriormente ao prazo para recorrer da tutela antecipada antecedente.>>**190**

582 – Cabe estabilização da tutela antecipada antecedente contra a Fazenda Pública.>>**322**

583 – O intervalo mínimo entre as audiências de mediação ou de conciliação não se confunde com o tempo de duração da sessão.>>**362**

584 – É possível que um litisconsorte requeira o depoimento pessoal do outro.>>**420**

585 – Não se considera fundamentada a decisão que, ao fixar tese em recurso especial ou extraordinário repetitivo, não abranger a análise de todos os fundamentos, favoráveis ou contrários, à tese jurídica discutida.>>**450**

586 – O oferecimento de impugnação manifestamente protelatória é ato atentatório à dignidade da justiça que enseja a aplicação da multa prevista no parágrafo único do art. 774 do CPC.>>**599**

587 – A limitação de que trata o § 3º do art. 529 não se aplica à execução de dívida não alimentar.>>**513**

588 – Aplicam-se subsidiariamente à execução, além do Livro I da Parte Especial, também as disposições da Parte Geral, do Livro III da Parte Especial e das Disposições Finais e Transitórias.>>**601**

589 – O termo "multa" constante no art. 898 refere-se à perda da caução prevista no art. 897.>>**618**

590 – Na impugnação ao cumprimento de sentença e nos embargos à execução, o executado que alegar excesso de execução deverá elaborar demonstrativo de débito em conformidade

com os incisos do art. 524 e do parágrafo único do art. 798, respectivamente.>>**629**

591 – O tribunal dará ampla publicidade ao acórdão que decidiu pela instauração do incidente de arguição de inconstitucionalidade, incidente de assunção de competência ou incidente de resolução de demandas repetitivas, cabendo, entre outras medidas, sua publicação em seção específica no órgão oficial e indicação clara na página do tribunal na rede mundial de computadores.>>**680**

592 – Aplica-se o inciso V do art. 932 ao agravo de instrumento.>>**711**

593 – Antes de inadmitir o recurso especial ou recurso extraordinário, cabe ao presidente ou vice-presidente do tribunal recorrido conceder o prazo de cinco dias ao recorrente para que seja sanado o vício ou complementada a documentação exigível, nos termos do parágrafo único do art. 932.>>**713**

594 – O art. 933 incide no controle concentrado-abstrato de constitucionalidade.>>**714**

595 – No curso do julgamento, o advogado poderá pedir a palavra, pela ordem, para indicar que determinada questão suscitada na sessão não foi submetida ao prévio contraditório, requerendo a aplicação do § 1º do art. 933.>>**715**

596 – Será assegurado às partes o direito de sustentar oralmente no julgamento de agravo de instrumento que verse sobre tutela provisória e que esteja pendente de julgamento por ocasião da entrada em vigor do CPC de 2015, ainda que o recurso tenha sido interposto na vigência do CPC de 1973.>>**715**

597 – Ainda que o resultado do julgamento seja unânime, é obrigatória a inclusão no acórdão dos fundamentos empregados por todos os julgadores para dar base à decisão.>>**716**

598 – Cabem embargos de declaração para suprir a omissão do acórdão que, embora convergente na conclusão, deixe de declarar os fundamentos divergentes.>>**944**

599 – A revisão do voto, após a ampliação do colegiado, não afasta a aplicação da técnica de julgamento do art. 942.>>**716**

600 – O incidente de assunção de competência pode ter por objeto a solução de relevante questão de direito material ou processual.>>**755**

601 – Instaurado o incidente de arguição de inconstitucionalidade, as pessoas jurídicas de direito público responsáveis pela edição do ato normativo questionado deverão ser intimadas para que tenham ciência do teor do acórdão do órgão fracionário que o instaurou.>>**762**

602 – A prova nova apta a embasar ação rescisória pode ser produzida ou documentada por meio do procedimento de produção antecipada de provas.>>**779**

603 – Não se converterá em multa o depósito inicial efetuado pelo autor, caso a extinção da ação rescisória se dê por decisão do relator transitada em julgado.>>**780**

604 – É cabível recurso especial ou extraordinário ainda que tenha ocorrido a desistência ou abandono da causa que deu origem ao incidente.>>**826**

605 – Os juízes e as partes com processos no Juizado Especial podem suscitar a instauração do incidente de resolução de demandas repetitivas.>>**835**

606 – Deve haver congruência entre a questão objeto da decisão que admite o incidente de resolução de demandas repetitivas e a decisão final que fixa a tese.>>**844**

607 – A decisão em recursos especial ou extraordinário repetitivos e a edição de enunciado de súmula pelo STJ ou STF obrigam os tribunais de segunda instância a rever suas decisões em incidente de resolução de demandas repetitivas, incidente de assunção de competência e enunciados de súmula em sentido diverso, nos termos do art. 986.>>**847**

608 – O acórdão que revisar ou superar a tese indicará os parâmetros temporais relativos à eficácia da decisão revisora.>>**849**

609 – O pedido de antecipação da tutela recursal ou de concessão de efeito suspensivo a qualquer recurso poderá ser formulado por simples petição ou nas razões recursais.>>**889**

610 – Quando reconhecido o justo impedimento de que trata o § 6º do art. 1.007, a parte será intimada para realizar o recolhimento do preparo de forma simples, e não em dobro.>>**890**

611 – Na hipótese de decisão parcial com fundamento no art. 485 ou no art. 487, as questões exclusivamente a ela relacionadas e resolvidas anteriormente, quando não recorríveis de imediato, devem ser impugnadas em preliminar do agravo de instrumento ou nas contrarrazões.>>**924**

612 – Cabe agravo de instrumento contra decisão interlocutória que, apreciando pedido

de concessão integral da gratuidade da Justiça, defere a redução percentual ou o parcelamento de despesas processuais.>>**925**

613 – A interposição do agravo interno prolonga a dispensa provisória de adiantamento de despesa processual de que trata o § 7º do art. 99, sendo desnecessário postular a tutela provisória recursal.>>**927**

614 – Não tendo havido prévia intimação do embargado para apresentar contrarrazões aos embargos de declaração, se surgir divergência capaz de acarretar o acolhimento com atribuição de efeito modificativo do recurso durante a sessão de julgamento, esse será imediatamente suspenso para que seja o embargado intimado a manifestar-se no prazo do § 2º do art. 1.023.>>**945**

615 – Na escolha dos casos paradigmas, devem ser preferidas, como representativas da controvérsia, demandas coletivas às individuais, observados os requisitos do art. 1.036, especialmente do respectivo § 6º.>>**955**

616 – Independentemente da data de intimação ou disponibilização de seu inteiro teor, o direito ao recurso contra as decisões colegiadas nasce na data em que proclamado o resultado da sessão de julgamento.>>**970**

617 – A mediação e a conciliação são compatíveis com o processo judicial de improbidade administrativa.>>**196**

618 – A conciliação e a mediação são compatíveis com o processo de recuperação judicial.>>**198**

619 – O processo coletivo deverá respeitar as técnicas de ampliação do contraditório, como a realização de audiências públicas, a participação de "amicus curiae" e outros meios de participação.>>**971**

620 – O ajuizamento e o julgamento de ações coletivas serão objeto da mais ampla e específica divulgação e publicidade.>>**975**

621 – Ao cumprimento de sentença do capítulo relativo aos honorários advocatícios, aplicam-se as hipóteses de penhora previstas no § 2º do art. 833, em razão da sua natureza alimentar.>>**495**

622 – A execução prevista no § 4º do art. 95 também está sujeita à condição suspensiva de exigibilidade prevista no § 3º do art. 98.>>**112**

623 – O deferimento da gratuidade de justiça não afasta a imposição de multas processuais, mas apenas dispensa sua exigência como condição para interposição de recursos.>>**114**

624 – As regras que dispõem sobre a gratuidade da justiça e sua impugnação são aplicáveis ao procedimento de mediação e conciliação judicial.>>**115**

625 – O sucesso ou insucesso da mediação ou da conciliação não deve ser apurado apenas em função da celebração de acordo.>>**365**

626 – O requerimento previsto no § 2º do art. 186, formulado pela Defensoria Pública ou pelas entidades mencionadas no § 3º do art. 186, constitui justa causa para os fins do § 2º do art. 223, quanto ao prazo em curso.>>**204**

627 – Em processo coletivo, a decisão que fixa multa coercitiva é passível de cumprimento provisório, permitido o levantamento do valor respectivo após o trânsito em julgado da decisão de mérito favorável.>>**977**

628 – As partes podem celebrar negócios jurídicos processuais na audiência de conciliação ou mediação.>>**367**

629 – Se o réu reconvier contra o autor e terceiro, o prazo de contestação à reconvenção, para ambos, iniciar-se-á após a citação do terceiro.>>**381**

630 – A necessidade de julgamento simultâneo de causas conexas ou em que há continência não impede a prolação de decisões parciais.>>**76**

631 – A existência de saneamento negocial ou compartilhado não afasta a incidência do art. 493.>>**404**

632 – A redistribuição de ofício do ônus de prova deve ser precedida de contraditório.>>**420**

633 – Admite-se a produção antecipada de prova proposta pelos legitimados ao ajuizamento das ações coletivas, inclusive para facilitar a autocomposição ou permitir a decisão sobre o ajuizamento ou não da demanda.>>**981**

634 – Se, na pendência do processo, ocorrer a hipótese do art. 381, I ou II, poderá ser antecipado o momento procedimental de produção da prova, seguindo-se o regramento próprio do meio de prova requerido e não o procedimento dos arts. 381 a 383.>>**422**

635 – Antes de decidir sobre a conduta da parte no depoimento pessoal, deverá o magistrado submeter o tema a contraditório para evitar decisão surpresa.>>**423**

636 – As conversas registradas por aplicativos de mensagens instantâneas e redes sociais podem ser admitidas no processo como prova, independentemente de ata notarial.>>**424**

637 – A escolha consensual do perito não impede as partes de alegarem o seu impedimento ou suspeição em razão de fato superveniente à escolha.>>**425**

638 – A formação de coisa julgada sobre questão prejudicial incidental, cuja resolução como principal exigiria a formação de litisconsórcio necessário unitário, pressupõe contraditório efetivo por todos os legitimados, observada a parte final do art. 506.>>**482**

639 – O juiz poderá, excepcionalmente, dispensar a audiência de mediação ou conciliação nas ações em que uma das partes estiver amparada por medida protetiva..>>**573**

640 – O disposto no parágrafo único do art. 723 não exime o juiz de observar o disposto nos §§ 1º e 2º do art. 489.>>**593**

641 – O exequente deve providenciar a intimação do coproprietário no caso da penhora de bem imóvel indivisível ou de direito real sobre bem imóvel indivisível.>>**609**

642 – A decisão do juiz que reconhecer o direito a indenização, decorrente de indevida averbação prevista no art. 828 ou do não cancelamento das averbações excessivas, é apta a ensejar a liquidação e o posterior cumprimento da sentença, sem necessidade de propositura de ação de conhecimento.>>**619**

643 – A intimação prevista no art. 859, para que seja efetuado o depósito de prestação ou restituição (em favor do executado), deve ser direcionada ao devedor do executado.>>**620**

644 – A ação autônoma referida no § 4º do art. 903 com base na alegação de preço vil não pode invalidar a arrematação.>>**621**

645 – Ao relator se conferem os poderes e os deveres do art. 139.>>**717**

646 – Constatada a necessidade de produção de prova em grau de recurso, o relator tem o dever de conversão do julgamento em diligência.>>**719**

647 – A tutela provisória pode ser concedida pelo relator liminarmente ou após justificação prévia.>>**722**

648 – Viola o disposto no art. 932 a previsão em regimento interno de tribunal que estabeleça a possibilidade de julgamento monocrático de recurso ou ação de competência originária com base em "jurisprudência dominante" ou "entendimento dominante".>>**725**

649 – A retomada do julgamento após devolução de pedido de vista depende de inclusão em nova pauta, a ser publicada com antecedência mínima de cinco dias, ressalvada a hipótese de o magistrado que requereu a vista declarar que levará o processo na sessão seguinte.>>**727**

650 – Os embargos de declaração, se não submetidos a julgamento na primeira sessão subsequente à sua oposição, deverão ser incluídos em pauta.>>**729, 946**

651 – É admissível sustentação oral na sessão de julgamento designada para o juízo de admissibilidade do incidente de resolução de demandas repetitivas ou do incidente de assunção de competência, sendo legitimados os mesmos sujeitos indicados nos arts. 984 e 947, § 1º.>>**730**

652 – Cada questão preliminar suscitada será objeto de votação específica no julgamento.>>**731**

653 – Divergindo os julgadores quanto às razões de decidir, mas convergindo na conclusão, caberá ao magistrado que primeiro deduziu o fundamento determinante vencedor redigir o acórdão.>>**732**

654 – Erro material identificado na ementa, inclusive decorrente de divergência com o acórdão, é corrigível a qualquer tempo, de ofício ou mediante requerimento.>>**734**

655 – Desde que presentes os requisitos de cabimento, os incidentes de uniformização de jurisprudência pendentes de julgamento na vigência do CPC/2015 deverão ser processados conforme as regras do incidente de resolução de demandas repetitivas ou do incidente de assunção de competência, especialmente as atinentes ao contraditório.>>**756**

656 – A expressão "prova nova" do inciso VII do art. 966 do CPC/2015 engloba todas as provas típicas e atípicas.>>**781**

657 – O relator, antes de considerar inadmissível o incidente de resolução de demandas repetitivas, oportunizará a correção de vícios ou a complementação de informações.>>**852**

658 – O dever de comunicação previsto no inciso X do art. 139 não impede nem condiciona que o juiz suscite a instauração de incidente de resolução de demandas repetitivas nos termos do inciso I do art. 977.>>**852**

659 – O relator do julgamento de casos repetitivos e do incidente de assunção de competência tem o dever de zelar pelo equilíbrio do contraditório, por exemplo solicitando a participação, na condição de "amicus curiae", de pessoas, órgãos ou entidades capazes de sustentar diferentes pontos de vista.>>**853**

660 – O recurso especial ou extraordinário interposto contra o julgamento do mérito do incidente de resolução de demandas repetitivas, ainda que único, submete-se ao regime dos recursos repetitivos.>>**857**

661 – É cabível a fixação de honorários advocatícios na reclamação, atendidos os critérios legais.>>**862**

662 – É admissível impugnar, na apelação, exclusivamente a decisão interlocutória não agravável.>>**919**

663 – A providência prevista no caput do art. 1.018 somente pode prejudicar o conhecimento do agravo de instrumento quando os autos do recurso não forem eletrônicos.>>**926**

664 – O Presidente ou Vice-Presidente do Tribunal de origem tem competência para homologar acordo celebrado antes da publicação da decisão de admissão do recurso especial ou extraordinário.>>**958**

665 – A negativa de seguimento ou sobrestamento de recurso especial ou extraordinário, ao fundamento de que a questão de direito já foi ou está selecionada para julgamento de recursos sob o rito dos repetitivos, não pode ser feita via carimbo ou outra forma automatizada nem por pessoa não investida no cargo de magistrado.>>**959**

666 – O processo coletivo não deve ser extinto por falta de legitimidade quando um legitimado adequado assumir o polo ativo ou passivo da demanda.>>**984**

667 – Admite-se a migração de polos nas ações coletivas, desde que compatível com o procedimento.>>**985**

668 – A convenção de arbitragem e a cláusula de eleição de foro para os atos que necessitem da participação do Poder Judiciário não se excluem, ainda que inseridas em um mesmo instrumento contratual. >>**77**

669 – O regimento interno pode regulamentar a cooperação entre órgãos do tribunal.>>**80**

670 – A cooperação judiciária pode efetivar-se pela prática de atos de natureza administrativa ou jurisdicional. >>**79**

671 – O inciso II do §2º do art. 69 autoriza a produção única de prova comum a diversos processos, assegurada a participação dos interessados. >>**79**

672 – É admissível a cumulação do pedido de alimentos com os pedidos relativos às ações de família, valendo-se o autor desse procedimento especial, sem prejuízo da utilização da técnica específica para concessão de tutela provisória prevista na Lei de Alimentos.>>**574**

673 – A presença do ente público em juízo não impede, por si, a designação da audiência do art. 334. >>**368**

674 – A admissibilidade da reconvenção com ampliação subjetiva não se restringe às hipóteses de litisconsórcio necessário.>>**382**

675 – O assistente e o amicus curiae têm direito de pedir esclarecimentos ou solicitar ajustes na decisão de saneamento e organização do processo, nos limites dos seus poderes e interesse processual.>>**177**

676 – A audiência de saneamento compartilhado é momento adequado para que o juiz e as partes deliberem sobre as especificidades do litígio coletivo, as questões fáticas e jurídicas controvertidas, as provas necessárias e as medidas que incrementem a representação dos membros do grupo.>>**986**

677 – É possível a ampliação do número de testemunhas, em razão da complexidade da causa e dos fatos individualmente considerados. >>**426**

678 – É lícita a imposição de multa por ato atentatório à dignidade da justiça, em caso de descumprimento injustificado por terceiro da ordem de informar ao juiz os fatos e as circunstâncias de que tenha conhecimento ou de exibir coisa ou documento que esteja em seu poder.>>**428**

679 – A Anotação da propositura da ação à margem do título protestado não se restringe à ação rescisória, podendo abranger outros meios de desfazimento da coisa julgada.>>**490**

680 – Admite-se pedido de autointerdição e de levantamento da própria interdição a partir da vigência do Estatuto da Pessoa com Deficiência.>>**594**

681 – Cabe sustentação oral no julgamento do agravo de instrumento interposto contra decisão que versa sobre efeito suspensivo em embargos à execução ou em impugnação ao cumprimento de sentença.>>**736**

682 – É assegurado o direito à sustentação oral para o colegiado ampliado pela aplicação da técnica do art. 942, ainda que não tenha sido realizada perante o órgão originário.>>**738**

683 – A continuidade do julgamento de recurso de apelação ou de agravo de instrumento pela aplicação do art. 942 exige quórum mínimo de cinco julgadores. >>**739**

684 – Ofende o juiz natural a convocação de julgadores no caso do art. 942, ou no de qualquer substituição, sem critério objetivo estabelecido previamente em ato normativo.>>**740**

685 – Cabe reclamação, por usurpação de competência do Tribunal Superior, contra decisão do tribunal local que não admite agravo em recurso especial ou em recurso extraordinário. >>**864**

686 – Aplica-se o art. 64, § 4.º à hipótese de ato de cooperação que invada a competência do juízo requerente.>>**81**

687 – A dispensa legal de forma específica para os atos de cooperação judiciária não afasta o dever de sua documentação nos autos do processo.>>**85**

688 – Por ato de cooperação judiciária, admite-se a determinação de um juízo para a penhora, avaliação ou expropriação de bens de um mesmo devedor que figure como executado em diversos processos.>>**87**

689 – A desconsideração da personalidade jurídica requerida em reconvenção processa-se da mesma forma que a deduzida em petição inicial. (Grupo: Intervenção de terceiros, gratuidade de justiça, fase de organização e saneamento).>>**155**

690 – A "representatividade adequada" do amicus curiae não pressupõe legitimidade extraordinária.>>**180**

691 – A decisão que nega a tutela provisória coletiva não obsta a concessão da tutela provisória no plano individual.>>**986**

692 – O pedido de quebra de sigilo prévio ao ajuizamento de ações de improbidade administrativa, por não configurar tutela provisória, não fica sujeito à complementação prevista nos arts. 303, §1º, I e 308, caput. >>**989**

693 – Cabe agravo de instrumento contra a decisão interlocutória que converte o rito da tutela provisória de urgência requerida em caráter antecedente.>>**928**

694 – Modificada a decisão de saneamento quanto à delimitação das questões de fato sobre as quais recairá a produção de prova testemunhal, poderá a parte complementar ou alterar seu rol de testemunhas. >>**406**

695 – A suspensão do julgamento da causa de que trata o art. 377 do CPC é aplicável ao requerimento de produção de prova ou de verificação de determinado fato veiculado por qualquer meio de cooperação judiciária.>>**89**

696 – Aplica-se o regramento da coisa julgada sobre questão prejudicial incidental ao regime da coisa julgada nas ações coletivas. (Grupo: CPC e processo coletivo).>>**990**

697 – A caução exigida em sede de cumprimento provisório de sentença pode ser prestada por terceiro, devendo o juiz aferir a suficiência e a idoneidade da garantia.>>**512**

698 – O §4º do art. 664 remete às disposições do art. 662, e não à do art. 672, quanto ao lançamento, ao pagamento e à quitação da taxa judiciária e do imposto sobre a transmissão da propriedade dos bens do espólio.>>**566**

699 – Aplicam-se o art. 11 e o §1º do art. 489 à decisão que aprecia o pedido de expedição do mandado monitório. >>**582**

700 – O julgamento dos embargos de declaração contra o acórdão proferido pelo colegiado ampliado será feito pelo mesmo órgão com colegiado ampliado. >>**741**

701 – O pedido de revisão da tese jurídica firmada no incidente de assunção de competência pode ser feito pelas partes. >>**760**

702 – É possível a conversão de incidente de assunção de competência em incidente de resolução de demandas repetitivas e vice-versa, garantida a adequação do procedimento.>>**761**

703 – É admissível a reclamação contra acórdão de órgão fracionário que viole entendimento vinculante do próprio tribunal.>>**867**

704 – Cabe reclamação baseada nos fundamentos determinantes da decisão vinculante. >>**868**

705 – Aplicam-se os §§ 3º e 4º do art. 1.013 ao agravo de instrumento interposto contra decisão parcial de mérito.>>**929**

706 – É cabível a interposição de agravo de instrumento contra as decisões interlocutórias proferidas após a decretação da falência ou o deferimento da recuperação judicial.>>**931**

2. ENUNCIADOS CANCELADOS

001 – O árbitro é dotado de jurisdição para processar e julgar a controvérsia a ele apresentada, na forma da lei.

003 – O árbitro é juiz de fato e de direito e como tal exerce jurisdição sempre que investido nessa condição, nos termos da lei.

009 – A decisão que não redistribui o ônus da prova não é impugnável por agravo de instrumento, conforme dispõem os arts. 381, § 1º, e 1.022, havendo preclusão na ausência de protesto, na forma do art. 1.022, §§ 1º e 2º.

014 – Mesmo no caso de decretação do segredo de justiça, o Poder Judiciário deve providenciar a divulgação das decisões a respeito de arbitragem, preservada a identidade das partes e os fatos da causa que as identifiquem.

028 – Tutela antecipada é uma técnica de julgamento que serve para adiantar efeitos de qualquer tipo de provimento, de natureza cautelar ou satisfativa, de conhecimento ou executiva.

036 – As hipóteses de impossibilidade jurídica do pedido ensejam a improcedência liminar do pedido.

043 -Submetem-se ao prévio controle judicial as alterações subjetivas do processo previstas nos §§ 1º e 2º do artigo 340, no momento das providencias preliminares (art. 359) e/ou no momento do saneamento (art. 364, I).

049 – Na hipótese de não alegação de convenção de arbitragem mesmo diante de arbitragem em curso, a questão se revolverá com base no princípio da boa-fé objetiva.

064 – Em ação de consignação e pagamento, quando a coisa devida for corpo que deva ser entregue no lugar em que está, poderá o devedor requerer a consignação no foro em que ela se encontra. A supressão do parágrafo único do art. 891 do Código de Processo Civil de 1973 é inócua, tendo em vista o art. 341 do Código Civil.

077 – A audiência de ratificação de dissolução conjugal prevista no art. 747 não tem caráter obrigatório.

078 – Se qualquer dos cônjuges não ratificar o pedido ou não comparecer à audiência prevista no art. 747, o juiz, antes de proferir sentença sem resolução de mérito, deverá intimar pessoalmente as partes a fim de possibilitar a emenda e conversão.

101 – Em razão da celeridade e do dinamismo próprios do processo arbitral, bem como em razão do princípio do "favor arbitratis", a apelação de sentença que julga procedente o pedido de instituição de arbitragem não terá efeito suspensivo. Caberá agravo de instrumento contra decisão interlocutória que rejeitar a alegação de convenção de arbitragem.

105 – O § 3º do art. 33 da Lei de Arbitragem também se aplica aos embargos à execução contra a Fazenda Pública.

114 – A celebração de negócio jurídico processual, pelo advogado em nome da parte, exige a outorga de poder especial.

144 – Ocorrendo a hipótese do art. 303, § 1º, II, será designada audiência de conciliação ou mediação e o prazo para a defesa começará a correr na forma do art. 335, I ou II.

147 – O autor poderá requerer a intimação, prevista no caput do art. 333, para a conversão da ação individual em coletiva.

148 – Nos casos em que o juiz reconhecer a ilegitimidade do autor individual para requerer a tutela de interesse de alcance coletivo, será possível a conversão, como forma de saneamento do vício, no prazo de noventa dias.

149 – Caso o aditamento ou emenda da petição inicial para a ação coletiva não seja realizado no prazo fixado pelo juiz ou não seja recebido, o processo seguirá como individual.

150 – O prazo do art. 333, § 5º, poderá ser dilatado, nos termos do art. 139, I e VI, para assegurar direito ao contraditório e à ampla defesa.

163 – As exceções materiais dilatórias previstas no art. 503 são meramente exemplificativas.

204 – Quando se deparar com diversas demandas individuais repetitivas, poderá o juiz oficiar o Ministério Público, a Defensoria Pública e os demais legitimados a que se refere o art. 988, § 3º, II, para que, querendo, ofereça o incidente de resolução de demandas repetitivas, desde que atendidos os seus respectivos requisitos.

206 – A prescrição ficará suspensa até o trânsito em julgado do incidente de resolução de demandas repetitivas.

211 – Cabe reclamação, por usurpação da competência do Superior Tribunal de Justiça, contra a decisão de presidente ou vice-presidente do tribunal de 2º grau que inadmitir recurso especial não repetitivo.

212 – Cabe reclamação, por usurpação da competência do Supremo Tribunal Federal, contra a decisão de presidente ou vice-presidente do tribunal de 2º grau que inadmitir recurso extraordinário não repetitivo.

214 – Diante do § 2º do art. 1.007, fica prejudicada a OJ nº 140 da SDI-I do TST ("Ocorre deserção do recurso pelo recolhimento insuficiente das custas e do depósito recursal, ainda que a diferença em relação ao "quantum" devido seja ínfima, referente a centavos").

216 – A apresentação do protesto previsto no § 2º do art. 1.022 não gera preclusão para a interposição de agravo de instrumento.

221 – Fica superado o Enunciado 634 da Súmula do STF após a entrada em vigor do CPC ("Não compete ao Supremo Tribunal Federal conceder medida cautelar para dar efeito suspensivo a recurso extraordinário que ainda não foi objeto de juízo de admissibilidade na origem").

222 – Fica superado o Enunciado 635 da Súmula do STF após a entrada em vigor do CPC ("Cabe ao presidente do tribunal de origem decidir o pedido de medida cautelar em recurso extraordinário ainda pendente do seu juízo de admissibilidade").

223 – Fica superado o Enunciado 528 da Súmula do STF após a entrada em vigor do CPC ("Se a decisão contiver partes autônomas, a admissão parcial, pelo presidente do tribunal 'a quo', de recurso extraordinário que, sobre qualquer delas se manifestar, não limitará a apreciação de todas pelo Supremo Tribunal Federal, independentemente de interposição de agravo de instrumento").

226 – Fica superado o entendimento firmado pelo Supremo Tribunal Federal na Questão de Ordem no AI 760358 após a entrada em vigor do CPC ("Questão de Ordem. Repercussão Geral. Inadmissibilidade de agravo de instrumento ou reclamação da decisão que aplica entendimento desta Corte aos processos múltiplos. Competência do Tribunal de origem. Conversão do agravo de instrumento em agravo regimental. 1. Não é cabível agravo de instrumento da decisão do tribunal de origem que, em cumprimento do disposto no § 3º do art. 543-B, do CPC, aplica decisão de mérito do STF em questão de repercussão geral. 2. Ao decretar o prejuízo de recurso ou exercer o juízo de retratação no processo em que interposto o recurso extraordinário, o tribunal de origem não está exercendo competência do STF, mas atribuição própria, de forma que a remessa dos autos individualmente ao STF apenas se justificará, nos termos da lei, na hipótese em que houver expressa negativa de retratação. 3. A maior ou menor aplicabilidade aos processos múltiplos do quanto assentado pela Suprema Corte ao julgar o mérito das matérias com repercussão geral dependerá da abrangência da questão constitucional decidida. 4. Agravo de instrumento que se converte em agravo regimental, a ser decidido pelo tribunal de origem".).

227 – Fica superado o entendimento firmado pelo Superior Tribunal de Justiça na Questão de Ordem no Ag n. 1154599/SP ("Não cabe agravo de instrumento contra decisão que nega seguimento a recurso especial com base no art. 543, § 7º, inciso I, do CPC").

231 – Fica superado o Enunciado 315 da Súmula do STJ após a entrada em vigor do CPC ("Não cabem embargos de divergência no âmbito do agravo de instrumento que não admite recurso especial").

239 – Fica superado o Enunciado n. 472 da Súmula do STF ("A condenação do autor em honorários de advogado, com fundamento no art. 64 do Código de Processo Civil, depende de reconvenção"), pela extinção da nomeação à autoria.

349 – Cabe reclamação para o tribunal que julgou o incidente de resolução de demandas repetitivas caso afrontada a autoridade dessa decisão.

362 – O recurso extraordinário interposto contra acórdão proferido pela Turma Recursal será remetido ao Supremo Tribunal Federal, independentemente de juízo de admissibilidade.

365 – Aplica-se a regra do art. 1.030, parágrafo único, aos recursos extraordinário e especial pendentes de admissibilidade ao tempo da entrada em vigor do CPC, de modo que o exame da admissibilidade destes recursos competirá ao STF e STJ.

470 – Aplica-se no âmbito dos juizados especiais a suspensão prevista no art. 982, I.

478 – Os pedidos de uniformização previstos no art. 14 da Lei 10.259/2001 e nos arts. 18 e 19 da Lei 12.153/2009 formulados contra acórdão proferido pela Turma Recursal devem ser remetidos à Turma Nacional de Uniformização ou à Turma Regional de Uniformização respectiva independentemente de juízo de admissibilidade, aplicando-se por analogia a regra decorrente do art. 1.030, parágrafo único.

ÍNDICE ALFABÉTICO-REMISSIVO

A

D

M

N

O

P

Q

R

S

T

U

V

EDITORA
JusPODIVM
www.editorajuspodivm.com.br